D1718877

Lexikon zur Parteiengeschichte
Band 1

Geschichte der bürgerlichen und
kleinbürgerlichen Parteien und Verbände

Herausgegeben von Dieter Fricke
in Zusammenarbeit mit Manfred Weißbecker,
Siegfried Schmidt, Herbert Gottwald und Werner Fritsch

Lexikon zur Parteiengeschichte

Die bürgerlichen und kleinbürgerlichen Parteien und Verbände in Deutschland (1789–1945)

In vier Bänden

Herausgegeben
von Dieter Fricke (Leiter des Herausgeberkollektivs),
Werner Fritsch, Herbert Gottwald, Siegfried Schmidt
und Manfred Weißbecker

Band 1

Alldeutscher Verband – Deutsche Liga für Menschenrechte

Pahl-Rugenstein

Unter Mitarbeit von Lutz Bäse, Claudia Hohberg
und Gerhard Müller

Pahl-Rugenstein Verlag, Köln 1983
© VEB Bibliographisches Institut Leipzig, 1983
Lizenzausgabe
Redaktionsschluß: November 1981
Printed in the German Democratic Republic
ISBN 3-7609-0782-2

Vorwort

Die positive Aufnahme, die das 1968/1970 veröffentlichte zweibändige Handbuch »Die bürgerlichen Parteien in Deutschland«[1] gefunden hat, bestärkte Herausgeber und Verlag darin, ein neues, nunmehr vierbändiges Lexikon zur Parteiengeschichte vorzulegen. Der gegenwärtige Stand seiner Erarbeitung ist so, daß diesem ersten Band möglichst bald auch die anderen Bände folgen werden. Wie sein Vorläufer ist das Lexikon als ein Nachschlagewerk gedacht, das einen hohen Informationswert anstrebt und sich nicht nur an den Fachhistoriker wendet. Vielmehr will es jedem an der Thematik Interessierten ermöglichen, sich sowohl über den spezifischen Charakter einzelner Parteien und Verbände als auch über die Hauptentwicklungslinien und Etappen ihrer Geschichte ebenso zu informieren wie über die sie betreffenden wichtigsten Fakten und Dokumente.

Trotz vieler Gemeinsamkeiten in Konzeption und Form unterscheidet sich dieses Lexikon wesentlich vom Handbuch. Das betrifft einmal seinen Inhalt, der den in den vergangenen 15 Jahren erzielten Forschungsergebnissen gerecht zu werden sucht. Das äußert sich zum andern in einem weitaus größeren Spektrum der in das Lexikon aufgenommenen Parteien und Verbände; und zwar sowohl in bezug auf den größeren Zeitraum als auch hinsichtlich der Zahl der Artikel. Waren es beim Handbuch 217 Parteien und Verbände, so sind es jetzt etwa 340, denen jeweils ein Artikel gewidmet ist. Hinzu kommt eine nicht unbeträchtliche Zahl bürgerlicher und kleinbürgerlicher Organisationen, die in den Artikeln mit dargestellt oder in Sammelartikeln behandelt werden. Für ihre Erschließung sei auf das Parteien- und Organisationsregister verwiesen, das am Ende des vierten Bandes zu finden sein wird. Schließlich ist im Interesse der inhaltlichen Geschlossenheit des Lexikons auf die Abstimmung der hierfür in Frage kommenden Artikel bzw. -gruppen besonderer Wert gelegt worden. Das konnte allerdings nur im Rahmen des für ein Lexikon Möglichen geschehen. Der eigenständige und in seiner Konzeption bewährte Charakter des Werkes ermöglichte weder eine monographische Darstellung der einzelnen Organisationen noch erlaubte er einen geschlossenen Überblick im Sinne einer Gesamtdarstellung. Es wurde jedoch angestrebt, daß sich im Lexikon wesentliche Grundzüge der historischen Entwicklung der bürgerlichen Parteien und Verbände für einen Zeitraum von mehr als anderthalb Jahrhunderten deutscher Geschichte widerspiegeln.

Im Rahmen der Reihe, die mit diesem Lexikon weitergeführt wird[2], ist die Veröffentlichung einer umfassenden Geschichte der bürgerlichen und kleinbürgerlichen Parteien und Verbände in Deutschland von ihren Anfängen bis 1945 vorgesehen. Außer einigen Dokumentenbänden soll ihr dann noch ein Biographisches Lexikon zu dieser Thematik folgen.

Zu den konzeptionellen Problemen, deren Lösung die Herausgeber besonders beschäftigte, gehörte die Auswahl der in das Lexikon aufzunehmenden Parteien und Verbände. Sie wurde nicht dadurch leichter, daß sich ihre Zahl im Vergleich zum Handbuch um mehr als ein Drittel erhöht hat. Es waren hauptsächlich die folgenden Kriterien, die bei der Auswahl zugrundegelegt worden sind.

Erstens. Das Lexikon konzentriert sich auf die bürgerlichen und kleinbürgerlichen Parteien und Verbände, die in den politischen und ideologischen sowie in den ökonomischen Auseinandersetzungen ihrer Zeit wirksam wurden. Bei den ökonomischen Interessenorganisationen konnte das allerdings nur im Hinblick auf die für das Gesamtanliegen des Lexikons wichtigsten bzw. oft auch hier nur mehr exemplarisch erfolgen. Diese Einschränkung gilt ebenfalls für andere Gruppen von Organisationen, wie z. B. die konfessionellen, die zwar Gegenstand einer größeren Zahl von Artikeln sind, wobei aber immer das Kriterium ihrer objektiven Rolle und Funktion im politischen Klassenkampf für ihre Aufnahme in das Lexikon ausschlaggebend war.

Zweitens. Das vorliegende Werk ist der Geschichte der *bürgerlichen* bzw. *kleinbürgerlichen* Parteien und Verbände gewidmet. Dabei sind sich die Herausgeber nach wie vor der Tatsache bewußt, daß vor allem die Bezeichnung »bürgerlich« sehr summarisch und nur als eine Art Oberbegriff berechtigt ist. Ihm werden alle Parteien und Verbände zugeordnet, »die auf dem Standpunkt des Kapitalismus«[3] stehen. Bereits die den Artikeln vorangestellten Kurzcharakteristiken verdeutlichen das Bemühen der Autoren um eine differenzierte Darstellung der einzelnen Organisationen. Das betrifft auch die Berücksichtigung der fließenden Übergänge zu anderen Parteien oder Verbandstypen bzw. zu sozialreformistischen oder in einzelnen Fällen zu revolutionären Organisationen der Arbeiterklasse.

Drittens. In einem relativ großen, aber dennoch infolge der historischen Entwicklung in Deutschland begrenzten Umfang wurden in das Lexikon Parteien und Verbände aufgenommen, in denen sich friedliebende, demokratische Interessen des Kleinbürgertums bzw. der Mittelschichten und der nichtmonopolistischen Bourgeoisie widerspiegeln. Dabei handelt es sich vornehmlich sowohl um Parteien und Verbände der kleinbürgerlichen Demokratie als auch um Organisationen, die sich gegen Imperialismus, Faschismus und Krieg wandten und ein bürgerlich-humanistisches, pazifistisches Anliegen hatten.[4] Den in reaktionären Parteien und Verbänden bei Teilen der Mitglieder möglichen und unter bestimmten historischen Bedingungen besonders hervorgetretenen demokratischen Tendenzen wurde ebenfalls die notwendige Beachtung gewidmet.

Viertens. Durch die Ausweitung des behandelten Zeitraums konnten bestimmte Grundlinien stärker herausgearbeitet werden. Der nunmehr bereits mit 1789 einsetzende Beginn ermöglichte es, die Rolle der bürgerlichen und kleinbürgerlichen Parteien und Verbände bei der Durchsetzung des revolutionären Weges der bürgerlichen Umwälzung in Deutschland bis 1871 geschlossener und umfassender darzustellen. Das betrifft vor allem auch die wesentlichen Aspekte der Parteiengenese, wie sie sich in Deutschland besonders in den Jahrzehnten nach 1789 vollzog. In bezug auf das Ende des Untersuchungszeitraums erfolgte vor allem dadurch eine wesentliche Verstärkung, daß nunmehr eine Reihe in unmittelbarem Zusammenhang mit der NSDAP stehender faschistischer Organi-

sationen in gesonderten Artikeln dargestellt wird.

Fünftens. Schließlich enthält das Lexikon weitaus mehr Artikel über kleinere Organisationen. Bei ihnen handelt es sich vorwiegend um solche, die für die Rolle und Funktion einer oft fast unübersehbaren Zahl regionaler, »völkischer«, bürgerlich-republikanischer und ähnlicher Organisationen symptomatisch sind. Da gerade ihre Geschichte bisher zumeist nicht erforscht wurde und es dem Benutzer nicht möglich ist, sich über sie in anderen, weiterführenden Publikationen zu informieren, sind sie verschiedentlich relativ ausführlicher dargestellt worden.

Diese Kriterien verdeutlichen bereits die methodologischen Ausgangspositionen von Herausgebern und Autoren. Bei der Konzipierung und Erarbeitung des Lexikons ließen sie sich von der für sie entscheidenden Erkenntnis leiten, daß der Klassenkampf in der antagonistischen Gesellschaft die »Triebfeder« der geschichtlichen Ereignisse und ihr Hintergrund ist. Das Wesen und die Politik der von ihnen dargestellten Parteien und Verbände sehen sie durch die Interessen der Klassen bzw. Klassenschichten oder -gruppierungen bestimmt, die sie vertreten. Unter grundsätzlicher Berücksichtigung der Einheit von Ökonomie, Politik und Ideologie handelt es sich hierbei um einen keineswegs geradlinigen, sondern objektiven dialektischen Prozeß, der in der Regel durch eine Reihe sehr verschiedenartiger Umstände verdeckt werden kann.[5]

Für die Anordnung der Artikel war das alphabetische Prinzip maßgebend. Ihr Aufbau folgt weitgehend dem bewährten Schema des alten Handbuches. Von den kleineren Artikeln abgesehen, wurde dem Textteil ein Artikelkopf vorangestellt. Die Überschrift informiert über den bzw. die Namen der betreffenden Organisation sowie ihr Gründungs- und Endjahr. Nach einer Kurzcharakteristik und einem Inhaltsverzeichnis folgen dann Angaben über die leitenden Gremien, besonders die Vorsitzenden und Generalsekretäre, die Partei- oder Verbandstage, die Presseorgane und die angeschlossenen bzw. abhängigen Organisationen sowie statistische Daten über die Zahl der Mitglieder und Wähler. Obwohl die Erforschung einzelner Organisationen inzwischen beträchtlich vorangeschritten ist, war es dennoch nicht immer möglich, eine Vollständigkeit der Angaben zu erreichen.

Der Hauptteil des Artikels wurde in der Regel chronologisch-historisch aufgebaut und in einem dem Anliegen des Lexikons weitmöglichst entsprechenden Stil verfaßt. Programmatische Dokumente und Statuten der jeweiligen Organisation sowie charakteristische Verlautbarungen ihrer führenden Politiker sind auf das Wesentliche gekürzt worden und werden durch den Druck hervorgehoben. Die Zitierweise wurde weitgehend vereinheitlicht, Rechtschreibung und Zeichensetzung in den zitierten Quellen sind den gültigen Regeln angepaßt worden. Hervorhebungen in den Zitaten sowie die Namen von Personen und Organisationen im Text wurden durch besonderen Druck gekennzeichnet. Verweispfeile ↗ machen den Leser auf Artikel im Lexikon über andere Organisationen aufmerksam, deren Beachtung für den jeweiligen Zusammenhang empfehlenswert ist.

In einem abschließenden Abschnitt über Quellen und Literatur findet der Benutzer für die jeweilige Organisation besonders wichtige und hauptsächlich in der Deutschen Demokratischen Republik vorhandene Archivalien, andere Primärquellen und die wichtigste Spezialliteratur. Allerdings haben Platzgründe vielfach nur eine Auswahl der bibliographischen Angaben ermöglicht, die außerdem noch in Anmerkungen enthalten sein können.

Der ersten vollständigen Nennung eines Partei- oder Verbandsnamens wird in der Regel die gebräuchliche bzw. für das Lexikon verwandte Abkürzung in Klammern beigefügt. Diese Abkürzungen — einschließlich derjenigen, die für die Namen von Organisationen ohne einen selbständigen Artikel benutzt worden sind — werden in einem für den vierten Band vorgesehenen Gesamtverzeichnis zu finden sein. Es soll eine Ergänzung des allgemeinen Abkürzungsverzeichnisses am Anfang des ersten Bandes darstellen, das auch die Abkürzungen der Namen jener Parteien und Verbände enthält, die in vielen Artikeln genannt und dort zumeist nur in abgekürzter Form erwähnt werden. Für den Anhang des vierten Bandes ist außer einem Personenverzeichnis noch ein Partei- und Organisationsregister vorgesehen. Beide Register werden alle im Lexikon genannten Personen bzw. Parteien und Verbände mit entsprechenden Verweisen enthalten.

Das Lexikon entstand als das Ergebnis einer Gemeinschaftsarbeit, an der insgesamt mehr als 70 Autoren beteiligt waren. Methodologische und inhaltliche Grundfragen wurden in den Arbeitsgruppen 1789–1870/71 (Leiter: Siegfried Schmidt), 1871–1917/18 (Leiter: Herbert Gottwald) und 1917/18–1945 (Leiter: Manfred Weißbecker) bzw. auf Arbeitstagungen und Konferenzen[6] beraten. Für den von ihm verfaßten und mit seinem Namen gezeichneten Artikel ist der Autor in jeder Hinsicht selbst verantwortlich. Bei Doppelautoren wird ihr spezieller Anteil vermerkt. Wo das nicht möglich war, erscheinen ihre Namen in alphabetischer Reihenfolge.

Die Herausgeber danken allen Bibliotheken und Archiven, vornehmlich dem Zentralen Staatsarchiv Potsdam und seiner Dienststelle Merseburg, für die ihnen und den Autoren bei der Erarbeitung des Lexikons zuteil gewordene Unterstützung. Ihr besonderer Dank gilt Ernst Engelberg. Er bestärkte sie darin, das vorliegende Werk neu zu erarbeiten, und erklärte sich auch dankenswerterweise dazu bereit, das Gesamtmanuskript zu begutachten.

Dieter Fricke

Anmerkungen

1 Siehe Die bürgerlichen Parteien in Deutschland. Handbuch der Geschichte der bürgerlichen Parteien und anderer bürgerlicher Interessenorganisationen vom Vormärz bis zum Jahre 1945. In 2 Bänden. Hrsg. von einem Redaktionskollektiv (Dieter Fricke, Manfred Weißbecker, Herbert Schwab, Siegfried Schmidt, Gerd Fesser, Herbert Gottwald) unter der Leitung von Dieter Fricke. Bd. I, Leipzig bzw. Berlin (West) 1968 und Bd. II, Leipzig bzw. Berlin (West) 1970.

2 Siehe Deutsche Demokraten. Die nichtproletarischen demokratischen Kräfte in der deutschen Geschichte 1830 bis 1945. Von einem Autorenkollektiv unter Leitung von Dieter Fricke, Berlin 1981 bzw. Köln 1980.

3 W. I. Lenin: Ergebnis und Bedeutung der Präsidentschaftswahlen in Amerika. In: Werke, Bd. 18, Berlin 1962, S. 395.

4 Siehe Deutsche Demokraten; Sturm läutet das Gewissen. Nichtproletarische Demokraten auf der Seite des Fortschritts. Hrsg. Werner Fritsch/

Siegfried Schmidt/Gustav Seeber/Rolf Weber/
Manfred Weißbecker unter der Leitung von
Dieter Fricke, Berlin 1980 (Als Lizenzausgabe
unter dem Titel: Für Eures Volkes Zukunft
nehmt Partei, Köln 1980); Werner Fritsch: Nichtproletarische demokratische Kräfte und revolutionäre Arbeiterbewegung. Die Herausbildung und Entwicklung von Bündnisbeziehungen
zur Arbeiterklasse 1917–1933, Diss. B, Jena
1978.

5 Siehe u. a. Dieter Fricke: Forschungen zur Ge-
schichte der bürgerlichen Parteien. In: Histori-
sche Forschungen in der DDR 1960–1970.
Analysen und Berichte. Zum XIII. Internationa-
len Historikerkongreß in Moskau (ZfG, 18. Jg.
1970, Sonderheft), Berlin 1970, S. 257 ff.; ders.:
Grundfragen einer marxistischen Analyse des
Charakters der bürgerlichen Parteien. In: Anna-
les Universitatis Scientiarum Budapestinensis de
Rolando Eötvös nominatae. Sectio Historica,
Tomus XIII, Budapest 1972, S. 183 ff.; Manfred
Weißbecker/Herbert Gottwald: Zur Rolle der
Führer bürgerlicher Parteien. Biographische
Aspekte in der Geschichte der politischen Par-
teien des deutschen Imperialismus von der Jahr-

hundertwende bis 1945. In: ZfG, 27. Jg. 1979, H. 4,
S. 299 ff.

6 Hier sei vor allem verwiesen auf die von der
Sektion Geschichte der Friedrich-Schiller-
Universität Jena veranstalteten wissenschaftlichen Konferenzen von 1970 über die Erforschung der Geschichte der nichtproletarischen
demokratischen Kräfte in Deutschland (Siehe
vor allem: JBP, Nr. 26/27, 1970; ZfG, 18. Jg. 1970,
H. 8, S. 981 ff. u. S. 1068 ff. [Bericht]); von 1976
über »Bürgerliche Parteien und werktätige Massen. Grundfragen der Erforschung des Kampfes
der bürgerlichen Parteien und Interessenorganisationen gegen die Arbeiterbewegung und um den
Einfluß unter den Massen in Deutschland vom
Vormärz bis 1945« (Siehe u. a.: JBP, Nr. 39, 1976;
ZfG, 25. Jg. 1977, H. 2, S. 125 ff.; JBP, Nr. 40–43,
1977/78); von 1979 über »Konservative Politik
und Ideologie. Probleme ihrer Darstellung im
›Handbuch der Geschichte der bürgerlichen und
kleinbürgerlichen Parteien und Verbände im
kapitalistischen Deutschland‹ (Siehe u. a. JBP,
Nr. 44, 1980; ZfG, 1979, H. 8, S. 707 ff.; H. 11,
S. 1058 ff. u. 1074 ff. [Bericht] u. H. 12,
S. 1139 ff.).

Inhalt

Abkürzungsverzeichnis

AA	Auswärtiges Amt	MA	Militärarchiv
ADB	Allgemeine Deutsche Biographie	MdA	Mitglied des Abgeordnetenhauses
ADGB	Allgemeiner Deutscher Gewerkschaftsbund	MdBayL	Mitglied des Bayerischen Landtages
		MdR	Mitglied des Reichstages
adh.	adhibendum (angehängt)	MEW	Karl Marx/Friedrich Engels: Werke
AEG	Allgemeine Elektrizitäts-Gesellschaft	NF	Neue Folge
		NL	Nachlaß
AfA	Arbeitsgemeinschaft freier Angestelltenverbände	NSDAP	Nationalsozialistische Deutsche Arbeiterpartei
Afa-Bund	Allgemeiner freier Angestelltenbund	ÖStA	Österreichisches Staatsarchiv
ao.	außerordentlich	PA	Politisches Archiv des Auswärtigen Amtes
AStA	Allgemeiner Studentenausschuß		
BA	Bundesarchiv	Pr. J.	Preußische Jahrbücher
BdI	Bund der Industriellen	R	Rückseite
BdL	Bund der Landwirte	RAD	Reichsarbeitsdienst
BVP	Bayerische Volkspartei	RDI	Reichsverband der Deutschen Industrie
BzG	Beiträge zur Geschichte der Arbeiterbewegung		
		Rez.	Rezension
D.	Doktor der Theologie	RGBL	Reichsgesetzblatt
DAF	Deutsche Arbeitsfront	RGG	Die Religion in Geschichte und Gegenwart. Handwörterbuch für Theologie und Religionswissenschaft
DBB	Deutscher Beamtenbund		
DDP	Deutsche Demokratische Partei		
ders.	derselbe	RKO	Reichskommissar zur Überwachung der öffentlichen Ordnung
DFG	Deutsche Friedensgesellschaft		
DHV	Deutschnationaler Handlungsgehilfen-Verband	RLB	Reichs-Landbund
		RM	Reichsmark
dies.	dieselbe	RMdI	Reichsministerium des Innern
DNVP	Deutschnationale Volkspartei	SA	Sturm-Abteilung
DVP	Deutsche Volkspartei	SPD	Sozialdemokratische Partei Deutschlands
erw.	erweitert(e)		
e. V., E. V.	(in das Vereinsregister) eingetragener Verein	SS	Schutz-Staffel
		StA	Staatsarchiv
fasc.	fasciculum (Heft)	StBV	Stenographische Berichte über die Verhandlungen
fol.	folium (Blatt)		
HAPAG	Hamburg-Amerikanische Paketfahrt-Actien-Gesellschaft (Hamburg-Amerika-Linie)	StBV Rei.	Stenographische Berichte über die Verhandlungen des Reichstages (seit 1907: Verhandlungen des Reichstages. Stenographische Berichte)
HBP	Die bürgerlichen Parteien in Deutschland. Handbuch der Geschichte der bürgerlichen Parteien und anderer bürgerlicher Interessenorganisationen vom Vormärz bis zum Jahre 1945. Herausgegeben von einem Redaktionskollektiv unter der Leitung von Dieter Fricke. 2 Bde.	unfol.	unfoliiert (ohne Blattzählung)
		unpag.	unpaginiert (ohne Seitenzählung)
		USPD	Unabhängige Sozialdemokratische Partei Deutschlands
		VDA	Verein (ab 1933: Volksbund) für das Deutschtum im Ausland
		Vf.	Verfasser
HHStA	Haus-, Hof- und Staatsarchiv	VgDA	Vereinigung der Deutschen Arbeitgeberverbände
HJ	Hitler-Jugend		
HZ	Historische Zeitschrift	VjZ	Vierteljahrshefte für Zeitgeschichte
IML	Institut für Marxismus-Leninismus beim ZK der SED		
		WAP	Wojewódzkie Archiwum Państwowe
JBP	Jenaer Beiträge zur Parteiengeschichte		
		WP	Reichspartei des deutschen Mittelstandes (Wirtschaftspartei)
KPD	Kommunistische Partei Deutschlands		
		WZ	Wissenschaftliche Zeitschrift, Ge-

	sellschafts- und sprachwissenschaftliche Reihe
Z	Zentrum
ZAG	Zentralarbeitsgemeinschaft der industriellen und gewerblichen Arbeitgeber und Arbeitnehmer Deutschlands
z. D.	zur Disposition
ZDI	Zentralverband Deutscher Industrieller

ZfG	Zeitschrift für Geschichtswissenschaft
ZPA	Zentrales Parteiarchiv
ZStA	Zentrales Staatsarchiv

Abgekürzte archivalische Bezeichnungen wie Loc., Rep., Tit. usw. sowie weitere verwendete und im »Großen Duden« (Leipzig 1980) verzeichnete Abkürzungen sind nicht aufgelöst worden.

Alldeutscher Verband (ADV)
1891–1939

(1891–1894 Allgemeiner Deutscher Verband)

Der ADV war eine politische Interessenorganisation extrem reaktionärer und besonders aggressiver Gruppen der herrschenden Klasse in Deutschland, die vor allem durch rheinisch-westfälische Schwerindustrielle und Gruppen von preußischen Junkern repräsentiert wurden. Er konzentrierte sich auf die Verbreitung imperialistischer Ideologie und auf die Verschärfung der Politik aller Institutionen und Organisationen der herrschenden Klasse, insbesondere des Staates.

In der Phase des endgültigen Übergangs des Kapitalismus in sein imperialistisches Stadium übernahm der ADV die Rolle eines politischen und ideologischen Schrittmachers dieses Prozesses. Im Verlauf der imperialistischen Epoche verstärkte er kontinuierlich seine Bestrebungen zur Vernichtung der revolutionären Arbeiterbewegung und aller demokratischen Kräfte sowie zur Vorbereitung eines imperialistischen Raubkrieges. Diese Linie kulminierte in seiner Kriegszielpolitik während des ersten Weltkrieges. In der Zeit der Weimarer Republik war die Politik des Verbandes in zunehmendem Maße durch den Antikommunismus als der dominierenden Doktrin gekennzeichnet, die auch seinen Bestrebungen zur Errichtung einer Diktatur faschistischen Charakters zugrundelag.

Vorsitzende

Karl VON DER HEYDT (9. April 1891–5. Juli 1893); Prof. Dr. Ernst HASSE (5. Juli 1893 bis 12. Januar 1908); Heinrich CLASS (9. Februar 1908–13. März 1939)

Mitglieder siehe Tabelle.

Verbandstage

9. September 1894 in Berlin
6. September 1896 in Berlin
9.–10. Juni 1897 in Leipzig
10. September 1898 in München

Mitglieder des Alldeutschen Verbandes

1891 (Ende Juni)	ca. 2 000
1891 (Dezember)	ca. 10 000
1892 (Mai)	ca. 21 000
1894 (1. Juli)	4 637
1895 (1. August)	7 583
1900 (1. April)	21 361
1914	ca. 18 000
1918 (9. November)	36 377
1919 (1. Januar)	34 658
1920 (1. Januar)	24 292
1921 (Mai)	ca. 40 000
1922	ca. 52 000
1924	ca. 19 000
1926 (Ende)	18 830
1932	ca. 8 000

30. August 1899 in Hamburg
7. Juni 1900 in Mainz
25. Mai 1902 in Eisenach
12. September 1903 in Plauen
28. Mai 1904 in Lübeck
17. Juni 1905 in Worms
17. Dezember 1905 in Leipzig
2. September 1906 in Dresden
8. September 1907 in Wiesbaden
6. September 1908 in Berlin

21. November 1908 in Leipzig
 5. September 1909 in Bad Schandau
11. September 1910 in Karlsruhe
10. September 1911 in Düsseldorf
 8. September 1912 in Erfurt
 7. September 1913 in Breslau
 7. Oktober 1917 in Kassel
15. September 1918 in Hannover
 1. September 1919 in Berlin
26. September 1920 in Frankfurt (Main)
 4. September 1921 in Goslar
 3. September 1922 in Essen
31. August 1924 in Stuttgart
 6. September 1925 in Detmold
 5. September 1926 in Bayreuth
 4. September 1927 in Halberstadt
 9. September 1928 in Plauen
 1. September 1929 in Würzburg
21. September 1930 in Hannover
 6. September 1931 in Berlin
11. August 1932 in Rudolstadt
 3. September 1933 in Chemnitz
 6. Januar 1935 in Hannover
 8. September 1935 in Wildbad (Schwarz-
wald)
20. September 1936 in Hamburg
29. August 1937 in Essen
28. August 1938 in Bad Harzburg

Publikationsorgane

»Mitteilungen des Allgemeinen Deutschen
Verbandes« (1. Juni 1891–Ende 1893), Ort:
Berlin, Auflage: 12 000, es erschienen 14 Ausgaben
»Alldeutsche Blätter« (1. Januar 1894 bis
5. März 1939), Ort: Berlin, Mainz, Auflage:
meist 10 000, Erscheinen meist wöchentlich
»Flugschriften des Alldeutschen Verbandes«
(1894–1914), Ort: Berlin, München, Leipzig,
34 Hefte in unterschiedlicher Auflagenhöhe
»Der Kampf um das Deutschtum«
(1897–1911), Ort: München, 16 Hefte
»Handbuch des Alldeutschen Verbandes« (ab
1896), Ort: München
»Alldeutsches Werbe- und Merkbüchlein« (ab
1897), Ort: München
Weitere Schriften und Werbematerialien erschienen in unregelmäßiger Folge.

1. Gründung und Programm des Allgemeinen Deutschen Verbandes (1890/1891)

Der Alldeutsche Verband entstand aus zwei
politischen Strömungen innerhalb der Bourgeoisie und der bürgerlichen Intelligenz, die
dem wachsenden Streben der erstarkten
deutschen Monopolbourgeoisie nach einem
möglichst großen Anteil bei der zu Ende gehenden Verteilung der Welt unter die Großmächte und nach einer Neuaufteilung zugunsten des sich endgültig herausbildenden deutschen Imperialismus entsprachen.

Am 13. September 1886 wurde von Dr. Carl
PETERS ein *Allgemeiner Deutscher Verband
zur Förderung überseeischer deutsch-nationaler Interessen* gegründet, dessen Programm als
Symptom des Übergangs von der für den
vormonopolistischen Kapitalismus charakteristischen Kolonialpolitik zur imperialistischen Kolonialpolitik gewertet werden kann.
Als das erste Ziel dieses Verbandes, der zunächst im politischen Leben nicht in Erscheinung trat, wurde die »Fortführung der deutschen Kolonialbewegung zu praktischen
Resultaten« genannt.[1] Vor allem die im Programm dieses Verbandes festgelegten politischen Leitlinien einer aggressiven deutschen Außenpolitik fanden in der Konzeption
des späteren Allgemeinen Deutschen Verbandes bzw. Alldeutschen Verbandes ihren
Niederschlag.

In Übereinstimmung mit den durch den *Allgemeinen Deutschen Verband zur Förderung
überseeischer deutsch-nationaler Interessen*
repräsentierten Kräften entwickelte sich kurz
vor dem Abschluß des Helgoland-Vertrages
vom 1. Juli 1890 eine Protestbewegung, die
von 4 in der Schweiz lebenden Deutschen
ausging. Auf Initiative des Augenarztes
Dr. Adolf FICK, dessen Familie enge Beziehungen zu großkapitalistischen Kreisen, zur
↗ *Deutschen Kolonialgesellschaft (DKG)* und
zum *Allgemeinen Deutschen Schulverein*
hatte, wurde am 28. Juni 1890 in verschiedenen Zeitungen ein Aufruf zum Kampf gegen
den bevorstehenden Vertragsabschluß veröffentlicht, der forderte, daß Deutschlands
»Machtstellung benützt werden müsse, um
endlich einmal bei der Verteilung der Erde als
Empfänger mitzuwirken«.[2]

Unter den Zustimmungserklärungen, die den Verfassern zugingen, befand sich die einer Gruppe von Kapitalisten und bürgerlichen Intellektuellen aus Nord- und Nordwestdeutschland. Als ihr Sprecher trat der damalige Regierungsassessor HUGENBERG auf, der den Vorschlag unterbreitete, »eine Art Nationalverein« zu gründen, der künftig die Durchsetzung deutscher Kolonialforderungen erzwingen müsse. Durch ein Rundschreiben vom 1. August 1890 sammelte HUGENBERG Unterschriften für eine Adresse an C. PETERS, um diesen exponierten Vertreter der deutschen Kolonialpolitik an die Spitze der geplanten Organisation zu stellen. Hier hieß es:

»Es gibt ... auch jetzt noch große Gebiete – man denke nur an den mittleren Sudan, das natürliche Hinterland Kameruns – deren Schicksal noch durch keine Verträge entschieden ist. Derjenige wird sie besitzen, der am schnellsten zugreift und am zähesten festhält ... › Über See‹ muß in Zukunft der Blick des deutschen Bürgers ... gerichtet sein, als ›Weltbürger‹ soll der Deutsche sich fühlen, nicht im Sinne desjenigen, der sich überall in alles schickt, sondern im Sinne des Briten, der sich in jedem Kontinent zu Hause fühlt.«[3]

Am 28. September 1890 fand auf Einladung HUGENBERGS in Frankfurt(Main) eine Beratung statt, die der spätere Alldeutsche Verband als seine Geburtsstunde betrachtete. Zu den Vertretern der Ruhrmonopole, die direkten Einfluß auf diese Beratung nahmen und sich an ihr beteiligten, gehörte Theodor REISMANN-GRONE, damals Generalsekretär des *Vereins für die bergbaulichen Interessen von Rheinland und Westfalen*. Auf der Zusammenkunft wurde eine programmatische Erklärung beschlossen, die zum großen Teil wörtlich Formulierungen aus dem Rundschreiben HUGENBERGS übernahm. Es hieß hier u. a.:

»In die Mitte national geschlossener Volkskörper gezwängt und selbst erst spät zu einer staatlichen Einigung seiner Hauptbestandteile gelangt, hat das Deutschtum mit größeren Schwierigkeiten der Entwicklung zu kämpfen als fast alle übrigen Völker ... Die Beschränktheit des deutschen Wirtschaftsgebietes führt zu einer Verzettelung seines Kapitals ... Schwere Verluste hat unser Volk erst neuerdings wieder durch die Zerstörung der Hoffnungen erlitten, welche auf den friedlichen Gewinn eines großen tropischen Kolonialreiches in Afrika gerichtet waren. Die Liebe zu der eigenen Art, zu der eigenen Sprache und Sitte muß mehr als bisher Ehrensache jedes Einzelnen werden. Denn nur ein Volk, in dessen breiten Massen ein empfindliches Nationalgefühl lebendig ist, wird auf die Dauer eine Weltmachtstellung behaupten. Daneben muß eine Reihe von nationalpolitischen Grundsätzen und Überzeugungen, welche den nationalen Wünschen Inhalt und Maß verleihen und die Richtung kennzeichnen, in der eine die Diplomatie zugleich unterstützende und treibende Mitarbeit des Volkes an der großen Aufgabe möglich und notwendig ist, Gemeingut des Volkes ... Es ist zunächst unerläßlich, daß der im Reiche vereinte Hauptteil der Deutschen lerne, sich für die Erhaltung des Deutschtums der im Auslande lebenden Volksgenossen – neben diesen selbst verantwortlich (zu) fühlen. Es ist die Anknüpfung und Pflege von über den Familienzusammenhang hinausreichenden Beziehungen zu ihnen anzustreben, namentlich eine Verwertung ihres Vereinswesens für nationale Zwecke ...«[4]

Auf Initiative HUGENBERGS fand am 25. Januar 1891 erstmalig eine Beratung von Vertretern der beiden genannten Strömungen in Berlin statt.[5] Ein hier gewähltes Komitee bereitete eine vertrauliche Versammlung vor, die am 23. Februar 1891 unter Beteiligung zahlreicher Parlamentarier veranstaltet und zur Klärung von Grundsatzfragen im Hinblick auf die geplante Verbandsgründung benutzt wurde. Ihrem objektiven Inhalt nach spitzte sich die Auseinandersetzung auf die Frage zu, wie die bürgerlichen Parteien aus ihren eingefahrenen Gleisen herauszubringen und den Erfordernissen imperialistischer Politik anzupassen seien. Gegen die Vorschläge für die Gründung einer neuen Partei behauptete sich die Auffassung, einen Verband zu schaffen, der die Parteien vorwärtszudrängen habe. Die Bedenken, daß ein solcher Verband die *DKG*, den *Deutschen Sprachverein*, den *Deutschen Schulverein* und andere Organisationen in ihren Wirkungsmöglichkeiten beeinträchtigen könnte, entkräftete man mit der Hervorhebung des allgemeinpolitischen Charakters des geplanten Unternehmens. Die Versammlung vom 23. Februar 1891 erklärte sich zum vorbereitenden Komitee und bestimmte einen Siebener-Ausschuß, der innerhalb weniger Tage einen Satzungsentwurf vorlegte.[6] Die durch das Komitee ausgesprochene Einladung zur konstituierenden Versammlung trug die Unterschriften von 63 Personen, die maßgebende Kräfte extrem reaktionärer und aggressiver Teile der Bourgeoisie und des Junkertums, aber auch einflußreiche Kreise von Intellektuellen repräsentierten. Unter den Vertretern des Monopolkapitals befanden sich Wilhelm VON KARDORFF, Eduard KLEINE, Th. REISMANN-GRONE und K. VON DER HEYDT; das Junkertum war u. a. durch Hermann GRAF VON ARNIM-MUSKAU, Carl GRAF VON BEHR-BEHRENHOFF, Julius GRAF VON MIRBACH-SORQUITTEN und Wilhelm GRAF VON DOUGLAS vertreten. Unter den mitunterzeichnenden Intellektuellen befanden sich Professor Ernst HAECKEL, Professor Theobald FISCHER und Franz VON LENBACH.[7]

Schon die Liste der Unterzeichner ließ sichtbar werden, daß der neue Verband ein Sammelbecken besonders aggressiver Kräfte werden sollte. Das bedeutete keineswegs, daß die Vertreter der schwerindustriellen Monopole zahlenmäßig das Übergewicht hatten. In einigen Fällen versagten namhafte Monopolisten ihr öffentliches Engagement.[8] Hingegen gehörten zu den Initiatoren auch einige Propagandisten, die sich als Verfechter imperialistischer Kolonialpolitik hervorgetan hatten, so Fritz BLEY, Herausgeber der Kolonial-Politischen Korrespondenz, und Dr. Otto ARENDT, Gründer des »Deutschen Wochenblattes«.

Die konstituierende Versammlung des Allgemeinen Deutschen Verbandes fand am 9. April 1891 in Berlin statt. Daß der Name der alten Organisation in gekürzter Form übernommen wurde, war ein Zeichen für die umfassendere, imperialistisch orientierte Zielstellung des Verbandes. In der programmatischen Rede, die C. PETERS anläßlich der Konstituierung hielt, beschränkte er sich nicht auf kolonialpolitische Forderungen, sondern er legte auf der von HUGENBERG konzipierten prinzipiellen Grundlage die Aufgaben des Verbandes dar, wobei er — sich wörtlich an HUGENBERGS Formulierungen anlehnend — hervorhob, daß man die Regierung nicht unbedingt bekämpfen, sondern sie gemäß dem Programm des Verbandes stützen und zugleich treiben werde.[9] Die in den Satzungen (Abschn. I, § 1) beschlossenen politischen Leitsätze lauteten:

»Der Allgemeine Deutsche Verband ist gegründet zur Förderung deutsch-nationaler Interessen im In- und Auslande und verfolgt als Zweck:

›1. Belebung des vaterländischen Bewußtseins in der Heimat und Bekämpfung aller der nationalen Entwicklung entgegengesetzten Richtungen.

2. Pflege und Unterstützung deutsch-nationaler Bestrebungen in allen Ländern, wo Angehörige unseres Volkes um die Behauptung ihrer Eigenart zu kämpfen haben, und Zusammenfassung aller deutschen Elemente auf der Erde für diese Ziele.

3. Förderung einer tatkräftigen deutschen Interessenpolitik in Europa und über See. Insbesondere auch Fortführung der deutschen Kolonialbewegung zu praktischen Ergebnissen.‹«[10]

Als »Wahlspruch« des Verbandes wurden die Worte des Kurfürsten FRIEDRICH WILHELM I. bestimmt: »Gedenke, daß du ein Deutscher bist!«

In den Bestimmungen über die Mitgliedschaft hieß es u. a.: »Mitglied des Allgemeinen Deutschen Verbandes kann jeder Angehörige der deutschen Nationalität werden, gleichviel zu welchem Staatsverbande er gehört.«

Vereine konnten körperschaftliche Mitglieder werden. Nach dem Statut von 1891 wurde ein Vorstand von 150 Mitgliedern gebildet. 75 von ihnen waren in einer Bevollmächtigten-Versammlung auf je 3 Jahre zu wählen, die weiteren durch Zuwahl aufzunehmen. Aus seiner Mitte wählte der Vorstand für die Dauer von 3 Jahren das Präsidium, das aus 5 Mitgliedern und dem Schatzmeister bestehen sollte, außerdem für die Dauer eines Jahres den geschäftsführenden Ausschuß. Zu ihm gehörten die Mitglieder des Präsidiums, der Schatzmeister und weitere 15 Mitglieder. Der geschäftsführende Ausschuß hatte mindestens zweimal im Jahr den Vorstand einzuberufen und ihm Rechenschaft abzulegen. Dem Vorstand stand nach den Satzungen das Recht zu, dem Ausschuß allgemeine Anweisungen zu erteilen. Andererseits legten die Satzungen ausdrücklich fest, daß dem geschäftsführenden Ausschuß nicht nur die Geschäftsführung, sondern die Leitung des Allgemeinen Deutschen Verbandes zustand. Er ernannte aus seiner Mitte auch den aus 5 Personen bestehenden Agitationsausschuß, der für die »Leitung des Versammlungs- und Pressewesens« verantwortlich war. Der geschäftsführende Ausschuß entschied außerdem über die Anstellung der Beamten. Der Allgemeine Deutsche Verband gliederte sich in Ortsgruppen, die aus mindestens 30 Mitgliedern bestehen mußten.[11] Wo keine Ortsgruppen bestanden, wurden die Mitglieder vorwiegend durch Vertrauensleute erfaßt, die der geschäftsführende Ausschuß einsetzte. Außerdem gab es Einzelmitglieder, die weder in Ortsgruppen noch durch das System der Vertrauensmänner organisatorisch gebunden waren.

Die Ortsgruppen und die ihnen nicht zugehörigen Mitglieder eines bestimmten Gebietes wurden in Gauverbänden zusammengefaßt. Der in der Regel alljährlich stattfindende Verbandstag hatte in zunehmendem Maße die Aufgabe, die politische Orientierung durchzusetzen, die in den Leitungsgremien festgelegt worden war. Entscheidungsbefugnis hatten die Verbandstage nicht.

2. Krise und Konsolidierung.
Umbenennung in »Alldeutscher Verband« (1891–1894)

Unmittelbar nach der Gründung des Allgemeinen Deutschen Verbandes entwickelte sein Vorstand eine rege Aktivität, deren Schwerpunkte der Aufbau der Organisation und eine imperialistisch orientierte Propaganda waren. In der Mitgliederwerbung richtete er seine besondere Aufmerksamkeit darauf, solche Personen zu gewinnen, die auf die öffentliche Meinung und das Bildungswesen, auf bürgerliche Parteien und andere politische Organisationen sowie auf staatliche Institutionen Einfluß hatten. Bereits im Mai 1892 war mit 21 000 Mitgliedern die Zahl erreicht, die der Verband in der Vorkriegszeit nicht wesentlich überschritten hat. Bei der Bildung von Ortsgruppen traten die Initiatoren der Verbandsgründung besonders hervor. Am 5. Februar 1892 gründete z. B. HUGENBERG in Hildesheim eine Ortsgruppe mit 150 Mitgliedern, am 17. März 1892 Th. REISMANN-GRONE die Ortsgruppe Essen.[12] Die Ortsgruppen Berlin und Leipzig zählten Ende Juni 1891 je 500 Mitglieder. Trotz der Aktivität einiger Ortsgruppen, an der führende Monopolvertreter wie W. VON KARDORFF maßgeblichen Anteil hatten, blieb der Aktionsradius des Verbandes zunächst noch relativ klein. In den Führungsgremien bestanden Meinungsverschiedenheiten über die Wirkungsmöglichkeiten, die Methoden und auch über den politischen Inhalt der Verbandstätigkeit, die sowohl unterschiedliche Interessen bestimmter Gruppen der herrschenden Klasse als auch taktische Differenzen und mangelnde Erfahrung in der Handhabung der neuen Organisation widerspiegelten.

Während HUGENBERG und seine Anhänger an den taktischen Grundsätzen festhielten, auf die sich der Verband bei seiner Gründung festgelegt hatte, strebte eine Gruppe um den Verbandsvorsitzenden K. VON DER HEYDT eine radikale Änderung dieser Grundsätze an, um den Verband aus der wachsenden Isolierung zu befreien. Mit besonderer Schärfe wurden die Differenzen über die grundsätzlichen Fragen der Verbandstaktik Ende 1892 ausgetragen, als K. VON DER HEYDT und andere Mitglieder des geschäftsführenden Ausschusses eine »Nationalpartei« zu gründen versuchten. Die für den 15. Januar 1893 geplante Gründung dieser Partei wurde damit motiviert, daß alle anderen Parteien nicht energisch genug für die »nationalen Aufgaben« gekämpft hätten. Die Initiatoren dieses Versuchs stellten sich insbesondere das Ziel, die ↗ Reichs- und freikonservative Partei (RFKP) sowie die ↗ Nationalliberale Partei (NLP) zu sprengen. Sie deklarierten die geplante Partei als »eine Vereinigung aller Patrioten nicht auf dem Boden eines schwächlichen Vermittlungsprogrammes, sondern zu festem und entschlossenem Auftreten«. Der Hauptakzent des Programms lag auf der Forderung nach Zurückdrängung des sozialdemokratischen Einflusses: »Wir mißbilligen den Ausspruch, daß heute alle Gesetze auf ihre Wirkung auf diese Partei hin zu prüfen seien, und verlangen eine Selbstbefreiung unserer staatlichen Faktoren von Sozialfurcht und Sozialstrebertum.«[13] Dieses Vorhaben stellte die Existenzberechtigung des Verbandes in Frage, zu dessen wesentlichen Aufgaben es gehörte, die Politik der bestehenden Parteien im reaktionären Sinne zu forcieren. Im Zusammenhang mit den Auseinandersetzungen um die Gründung der »Nationalpartei« kamen weitere Differenzen zum Austrag, die die Prinzipien der Verbandsarbeit betrafen. Die Befürworter des Planes traten für eine schärfere und offenere Opposition gegen die Regierung ein, weil sie »die

Erfahrung, die weitblickende Energie und den sieghaften Glauben« eines BISMARCK nicht besitze.[14] Ihre Kontrahenten befürworteten eine größere taktische Wendigkeit, die neben der Kritik an der Regierung ihre Unterstützung für den Fall einschloß, daß sie den Forderungen des Verbandes Genüge tat. Angesichts der am 23. November 1892 von CAPRIVI begründeten Militärvorlage, die die Militarisierungspolitik beträchtlich zu forcieren versprach, lehnten E. HASSE und seine Anhänger die »unzeitige Agitation gegen den Neuen Kurs« ab.[15]

Eine schärfere Repressionspolitik gegen die Sozialdemokratie hielten die Gegner der Parteigründung in der Situation am Ende des Jahres 1892 für unzweckmäßig. Diese Zurückhaltung trug den Differenzen in der Haltung verschiedener Teile der herrschenden Klasse in bezug auf die zweckmäßigsten Formen des Kampfes gegen die revolutionäre Arbeiterbewegung Rechnung. Im Interesse einer möglichst breiten Front der reaktionären Kräfte lehnten sie auch die von den Initiatoren der Parteigründung geforderte Mißbilligung der antisemitischen Propaganda ab. Trotz offensichtlich vorherrschender antisemitischer Haltung bestanden die Gegner der »Nationalpartei« darauf, daß auch dieser Differenzpunkt nicht zum Gegenstand von Auseinandersetzungen innerhalb des Verbandes gemacht wurde.

Mit der Orientierung der Gruppe um K. VON DER HEYDT auf die Parteigründung verband sich die Vernachlässigung einer systematisch organisierten Verbandsarbeit. Das führte, in Verbindung mit der dargestellten Uneinheitlichkeit der Leitung und der geringen Wirksamkeit des Verbandes, zu einer Krise, die schließlich auch in deutlichen Zerfallserscheinungen zum Ausdruck kam (finanzielles Defizit, Rückgang des Mitgliederbestandes von 21 000 auf 4 000, Einstellung von Publikationen). In der ökonomischen und politischen Entwicklung waren aber bis Mitte 1893 Bedingungen entstanden, die das Wirken der Kräfte begünstigten, die die Wiederbelebung des Verbandes anstrebten. In Verbindung mit der wachsenden Macht und der Gründung neuer Monopolorganisationen erhielt die reaktionäre, imperialistisch orientierte Politik Auftrieb, wie sie in den Auseinandersetzungen um die Militärvorlage im Frühjahr 1893, gen in der Auflösung des Deutschen Reichstages am 6. Mai und in der Reaktion auf den Wahlsieg der Sozialdemokratie am 15. Juni 1893 und in verschiedenen Staatsstreichplänen sichtbar wurde. In dieser Situation bewährte sich die von HUGENBERG vertretene Konzeption einer systematisch betriebenen Politik der Scharfmacherei, auf deren Grundlage er als Kopf der maßgeblichen Führungsgruppe den Verband regenerierte. Auf Betreiben dieser Kräfte fand am 5. Juli 1893 eine Vorstandssitzung in Frankfurt (Main) statt. Hier wurde eine grundlegende Erneuerung des Verbandes beschlossen und E. HASSE zum Vorsitzenden gewählt.

Durch Bildung eines »Garantiefonds« von jährlich 10 000 M, für den vor allem die rheinisch-westfälischen Industriellen größere Beträge beisteuerten, entstand die finanzielle Grundlage für die weitere Arbeit. In der Vorstandssitzung am 10. Dezember 1893 wurden Leitungsgremien gebildet, die der Gruppe um HUGENBERG größeren Einfluß sicherten. Die Hauptleitung bestand nun aus E. HASSE, Ludwig VON FISCHER, W. VON KARDORFF, Johannes WISLICENUS, Alexander LUCAS und C. PETERS. HUGENBERG selbst blieb im Hintergrund, er wurde Mitglied des geschäftsführenden Ausschusses.

In der Sitzung des Vorstandes des Allgemeinen Deutschen Verbandes vom 12. April 1894 wurde die Umbenennung in Alldeutscher Verband beschlossen. Offiziell trug der Verband diese Bezeichnung ab 1. Juli 1894. Mit dieser Bezeichnung sollte seine imperialistische Konzeption stärker hervorgehoben und zum Ausdruck gebracht werden, daß der Verband die Deutschen in der ganzen Welt in einer nationalistischen Bewegung zusammenzufassen suchte.

3. Schrittmacher imperialistischer Politik (1894—1903)

In den 90er Jahren half der Verband in wachsendem Maße, den politischen Einfluß der reaktionärsten Teile des Monopolkapitals zu sichern. Er trat als ideologischer und politischer Schrittmacher des deutschen Imperialismus auf und kämpfte meist für Forderungen, die über die jeweiligen Nahziele der reaktionären und aggressiven Politik der

Regierung und der bürgerlichen Parteien weit hinausgingen. Der ADV hat bereits Mitte der 90er Jahre des 19. Jh. in wesentlichen Zügen das Programm ausgearbeitet und verfochten, das die Politik des deutschen Imperialismus bei der Vorbereitung des ersten Weltkrieges bestimmte. Seine Aktivität konzentrierte sich in diesen Jahren auf die folgenden, eng miteinander verbundenen Schwerpunkte:

a) Ausarbeitung und Propagierung der Expansionspläne,
b) Kampf für die Flottenverstärkung,
c) Arbeit mit dem »Deutschtum im Ausland«,
d) Kampf gegen die nationalen Minderheiten in Deutschland, besonders gegen die Polen.

Seit Beginn des Jahres 1894 wandte sich der ADV mit gesteigerter Aktivität der Ausarbeitung und Propagierung von Weltherrschaftsplänen zu. »Heraus aus der bloßen Großmachtstellung in eine Weltmachtstellung!« – forderten die »Alldeutschen Blätter« vom 7. Januar 1894.

Kernstück der alldeutschen Expansionspläne war die Errichtung eines mitteleuropäischen Reiches unter Führung des Deutschen Reiches. Dieses Projekt sollte dem deutschen Monopolkapital in militärischer, wirtschaftlicher und politischer Hinsicht eine feste Grundlage für die Erringung der Weltherrschaft geben. In den »Alldeutschen Blättern« vom 7. Januar 1894 hieß es: »... die angestrebte Weltstellung ... werden wir nimmer erringen können und noch viel weniger aufrechterhalten können, wenn uns nicht die nationale Zusammenfassung des gesamten deutschen Volkstums in Mitteleuropa, d. h. die schließliche Herstellung Großdeutschlands gelingt«.

Die vor allem von E. HASSE seit 1894 propagierte mitteleuropäische Zollunion, in der Österreich-Ungarn, Belgien, Holland, die Schweiz und Rumänien unter der Führung Deutschlands zusammengeschlossen werden sollten, wurde als zweckmäßigste Vorstufe für ein mitteleuropäisches Reich unter deutscher Führung betrachtet. Zur Ergänzung dieser Zollunion waren weitere wirtschaftliche und politische Maßnahmen geplant, die die Vormachtstellung des deutschen Imperialismus sichern sollten, u. a. die Schaffung einer gemeinsamen Kriegsflotte.

Die Unterjochung der anderen Völker sollte durch die Ansiedlung des »reichsdeutschen Bevölkerungsüberschusses« und den allmählichen Abbau der nationalen Rechte dieser Völker zugunsten der Zentralgewalt vervollständigt, die Vormachtstellung des deutschen Imperialismus durch die Annexion weiter Gebiete verstärkt werden. Seit 1891 wurde wiederholt die Annexion der baltischen Provinzen gefordert. Die imperialistische Konzeption des Mitteleuropa-Projektes kennzeichneten die »Alldeutschen Blätter« vom 1. Januar 1894 mit folgenden Worten:

»... den Blick nicht zimperlich, sondern bewußt und entschlossen nach dem Südosten als einer naturgemäßen deutschen Interessensphäre gerichtet! Die Donau ... zeigt dem Blicke den Weg nach dem Schwarzen Meere, nach der Balkanhalbinsel, nach Kleinasien. Der alte Drang nach Osten soll wieder lebendig werden. Nach Osten und Südosten hin müssen wir Ellenbogenraum gewinnen, um der germanischen Rasse diejenigen Lebensbedingungen zu sichern, deren sie zur vollen Entfaltung ihrer Kräfte bedarf, selbst wenn darüber solch minderwertige Völklein wie Tschechen, Slowenen und Slowaken ... ihr für die Zivilisation nutzloses Dasein einbüßen sollten ... Deutsche Kolonisation, deutscher Gewerbefleiß und deutsche Bildung ... sollen bis nach Kleinasien als ein Bindemittel dienen, durch das sich große und zukunftsreiche Wirtschaftsgebiete ... uns angliedern ...«

Der zweite Schwerpunkt der alldeutschen Welteroberungspolitik war der Kampf um ein großes deutsches Kolonialreich. Nach dem Helgoland-Vertrag nahm der Verband 1894 die deutsch-französischen Verhandlungen über Kamerun zum Anlaß, gemeinsam mit der DKG eine große Kampagne für eine imperialistische Kolonialpolitik einzuleiten. Der Verband erklärte das Abkommen in einer Denkschrift an den Reichskanzler und einer Immediateingabe an den Kaiser als für Deutschland unannehmbar und verlangte, »dem deutschen Volke endlich einmal einen kolonial vorteilhaften Vertrag« zu bieten. Die Eingaben forderten für Deutschland zentralafrikanische Gebiete in einer solchen Ausdehnung, daß eine Verbindung des deutschen Kolonialbesitzes in Kamerun mit dem zentralafrikanischen Sudan geschaffen worden wäre. Im April 1894 veröffentlichte der Verband ein umfassendes Kolonialprogramm, nach dem die deutschen Besitzungen wesentlich erweitert werden sollten (Sansibar, Südufer des Ujanasees, Walfischbai, Erweiterung Kameruns und Togos, Samoa u. a.). Seit 1894 verlangte er die Aufteilung der portugiesischen Kolonien zugunsten Deutschlands. 1895 wartete er wieder mit einer Eingabe an den Reichskanzler auf, in der die »Erwerbung« eines »ausreichenden, starken und gesicherten Besitzes ... in den chinesischen Gewässern« gefordert wurde.[16] Mit den Ergebnissen der Aggression gegen China waren die Alldeutschen bei weitem nicht zufrieden.

In den letzten Jahren des 19. Jahrhunderts wurde die alldeutsche Kolonialpolitik auf Kleinasien konzentriert. Der Verband verlangte in der Hoffnung auf den Zerfall des türkischen Reiches die Annexion von fast ganz Kleinasien, die Verwandlung Mesopotamiens und Syriens in Kolonien, in ein »deutsches Indien«, sowie die Sicherung Arabiens als »Interessensphäre«. Eine entsprechende Eingabe richtete der geschäftsführende Ausschuß im Jahre 1896 an den Kaiser.

In engem Zusammenhang mit den Expansionsplänen forderte der ADV, die militärischen Machtmittel für die Verwirklichung dieser Pläne zu schaffen. Dabei stand die Forderung nach dem Aufbau einer starken Flotte im Vordergrund. Der ADV hat besonders auf diesem Gebiet der Regierung durch seine umfassende Propaganda, zahlreiche Versammlungen, Kundgebungen, Denkschriften, Flugschriften und andere Publikationen Rückhalt gegeben. Mit dem Reichsmarineamt arbeiteten die Verbandsführer seit 1897 aufs engste zusammen. HUGENBERG und J. WISLICENUS hatten seit Anfang 1896 mehrmals Vorstöße unternommen, um den ADV stärker in die Flottenpropaganda einzubeziehen. Im Januar 1896 gab J. WISLICENUS mit einer Versammlung in Leipzig den Auftakt für die Flottenagitation. Im April 1896 arbeitete HUGENBERG den Entwurf eines Aufrufs zur Flottenverstärkung aus. Es ist kennzeichnend für den Kampf, den die aggressivsten Kräfte im Verband in diesen Jahren um ihre Durchsetzung noch führen mußten, daß dieser Aufruf wegen seiner Aggressivität von einigen Mitgliedern des Präsidiums zunächst nicht unterzeichnet wurde. Erst nach dreimaliger Beratung wurde er in stark abgemilderter Form am 28. Oktober 1896 beschlos-

sen. Seit Ende 1896 trat der Verband unablässig mit immer massiveren Forderungen nach Verstärkung der Flotte auf. Jede Maßnahme der Flottenrüstung wurde begrüßt, stets wurde aber gleichzeitig festgestellt, daß das Erreichte keineswegs genüge. Dem speziell für die Flottenpropaganda des ADV gegründeten »Flottenwerbeschatz« flossen bereits 1896 nach offiziellen Angaben 39 000 M zu.

Seit seiner Gründung versuchte der ADV, die im Ausland lebenden Deutschen für seine imperialistische Politik einzuspannen. Bereits als Allgemeiner Deutscher Verband bezeichnete er es als seine Aufgabe, »eine aus kleinen Einzelgruppen sich bildende Vorpostenkette zu entwickeln und sie allmählich so weit auszudehnen, als deutsche Siedelungen, deutsche Interessen, deutsche Kultur einer sorgsamen Hut bedürfen«.[17]

Der ADV konzentrierte sich dabei auf diejenigen Länder, die das Ziel der imperialistischen Expansionsbestrebungen waren (Österreich-Ungarn, die baltischen Provinzen Rußlands, Donauländer, Afrika, Südamerika, Südseeinseln). Die »Alldeutschen Blätter« vom 9. September 1894 hoben in diesem Zusammenhang hervor: »Deutschlands Weltmachtstellung ist undenkbar ohne den Besitz von Kolonien, ist undenkbar, wenn wir nicht dafür sorgen, daß unsere Volksgenossen im Ausland dem Deutschtum erhalten bleiben.« Der Verband verlangte seit 1894 die gesetzliche Festlegung, daß die deutsche Reichsangehörigkeit bei Auswanderung nicht verlorengehe und daß den Auswandernden auch im Auswanderungsgebiet der »Schutz« des Reiches gewährt werde. Zu den vielfältigen Maßnahmen auf diesem Gebiet gehörten die Unterstützung der deutschen Schulen im Ausland und die Pflege der Verbindungen mit den Deutschen im Ausland durch Korrespondenzen, gegenseitige Besuche, Ausstellungen usw. Der Verband arbeitete mit dem *Deutschen Schulverein* (↗ *Verein für das Deutschtum im Ausland [VDA]*) zusammen.

Den Kampf gegen alle Nichtdeutschen in Deutschland betrachtete der Verband gewissermaßen als Schule des Chauvinismus. Die Alldeutschen führten diesen Kampf gegen die nationalen Minderheiten, vor allem gegen die Polen, aber auch gegen in Deutschland lebende Ausländer, besonders gegen ausländische Studenten. Zahlreiche Beschlüsse, Gesetzentwürfe, Denkschriften, Kundgebungen und praktische Unterdrückungsmaßnahmen waren Ausdruck einer außerordentlichen Aktivität auf diesem Gebiet. Der ADV hielt auch bei dieser Tätigkeit die Gründung von Spezialorganisationen für zweckmäßig. Am 27. Mai 1894 versandte der Verbandsvorsitzende E. HASSE im Namen des Präsidiums ein vertrauliches Schreiben, in dem zur Bildung einer Organisation gegen die sogenannte slawische Gefahr aufgerufen wurde.[18] Dieser Anregung, die auch an Ferdinand VON HANSEMANN, Hermann KENNEMANN und Heinrich VON TIEDEMANN-SEEHEIM ging, wurde mit der Gründung des *Vereins zur Förderung des Deutschtums in den Ostmarken* (↗ *Deutscher Ostmarkenverein [DOV]*) entsprochen. Von den zahlreichen vom Verband geforderten Maßnahmen spielten der Ankauf und die Enteignung des polnischen Grundbesitzes sowie die Ansiedlung deutscher Bauern eine besonders große Rolle. HUGENBERG hatte als Regierungsassessor bei der Ansiedlungskommission in Posen und als Sachbearbeiter für Ostfragen im preußischen Finanzministerium maßgeblichen Anteil daran, daß diese Maßnahmen vom preußischen Staat verwirklicht wurden. Diese Politik richtete sich in erster Linie gegen die revolutionäre Arbeiterbewegung. Auf dem Verbandstag 1899 wurde erklärt: »Die Polenfrage ist heute keine Adelsfrage mehr, sondern eine Arbeiterfrage ... Gegenüber der Gefährlichkeit der polnischen Massen tritt die Bedeutung des Adels zurück ... Entscheidend ist, durch den Ankauf die polnische Arbeitermasse zurückzudrängen.«[19]

Die Führung des ADV erkannte, daß die Landarbeiter der östlichen Provinzen eine Reserve der revolutionären Arbeiterbewegung waren; sie hoffte, mit Hilfe einer vom Junkertum abhängigen Bauernschaft in diesen Gebieten ein Gegengewicht gegen das Proletariat schaffen zu können, und sie sah in den in patriarchalischer Abhängigkeit gehaltenen Bauern der ostelbischen Gebiete zugleich eine wesentliche Stütze des Militarismus. Deshalb hielt der Verband die Schaffung des »deutschen Ostens« für eine Existenzfrage des deutschen Imperialismus.

Der ADV erhob mit zunehmender Offenheit den Anspruch des deutschen Imperialismus auf die Neuaufteilung der Welt zu seinen Gunsten. Der Verbandsvorsitzende erklärte wenige Tage vor der Jahrhundertwende: »Die Welt hat jeweilig den Starken und Mächtigen gehört, und diese haben die Schwachgewordenen von der Weltschaubühne immer wiederum weggeschoben ... Es ist nicht nur möglich, die Brosamen, die Brocken noch zu erhalten, sondern recht beträchtliche gute Teile dieses Kuchens, wenn wir uns nur auf diese Teilung genügend vorbereiten.«[20]

Den engen Zusammenhang dieser aggressiven außenpolitischen Konzeption mit den reaktionären innenpolitischen Zielen veranschaulichte u. a. ein Plan HUGENBERGS für eine alldeutsche Wirtschaftspolitik, in dem es hieß:

»Das bisher unverwirklichte Wort des Herrn von Bülow, daß wir unseren Platz an der Sonne uns nicht nehmen lassen wollen, muß zur Tat und zur Richtschnur unserer ganzen Politik werden... Also stellen wir es als alldeutsches Programm auf: Beschäftigung unserer Industrie ... mit großen Staatsaufträgen im Interesse des Verkehrs und der Stärkung unserer Flotte, Erhöhung der landwirtschaftlichen Zölle, Schluß unserer Grenze gegen die polnische Arbeitereinwanderung und eine Sozialreform zugunsten des ländlichen Arbeiters und Bauern.

Wenn Krone, Landwirtschaft und Industrie über dieses Programm einig sind, so gibt es dagegen keinen Widerstand ... Durch die wirtschaftlichen Segnungen, die seine Verwirklichung in sich birgt, müssen wir Sozialdemokratie und Freisinn mit ihren Theorien Lügen strafen: Das ist der einzige Weg, der roten und der sonstigen Internationalen praktisch Herr zu werden.«[21]

Die Jahre von 1898 bis 1903 waren für den ADV eine Übergangszeit, in der nach der Phase der Konsolidierung die Vorbereitung der Organisation auf ein in allen Teilen konsequentes imperialistisches Programm erfolgte. Das schloß die einheitliche Ausrichtung der gesamten Mitgliedschaft und die allmähliche Ausschaltung des Einflusses verschiedener Richtungen auf die Führung aus. Offizieller Repräsentant der »schärferen Richtung« war H. CLASS, neben ihm war HUGENBERG ihr Initiator. Der Verbandsvorsitzende E. HASSE spielte erfolgreich die Rolle eines Vermittlers mit dem Ziel, den gesamten Verband auf den verschärften Kurs festzulegen. Er hob häufig seine tolerante Haltung hervor und wandte sich dagegen, »Bestrebungen, die an sich gut, edel und schön sein mögen, über die aber keine Übereinstimmung unter *allen* Mitgliedern des Verbandes herrscht, in die Verbandsdogmen oder in die Verbandsarbeit einzubeziehen«.[22] Auch gelegentliche Einwände gegen den scharfmacherischen Kurs verfolgten nur das Ziel, diesem zum Durchbruch zu verhelfen und dabei eine Spaltung des Verbandes zu verhindern.

Ein Ausdruck dieses Bemühens war die Art und Weise, in der E. HASSE half, den Rassismus als Verbandsgrundsatz einzuführen. E. HASSE berücksichtigte zwar die auch in der Mitgliedschaft geltend gemachten Einwände gegen die Rassenideologie, wenn er auf dem Verbandstag 1899 bemerkte, daß »weite und auch politisch geschulte Kreise ... im Formalismus befangen« seien. Sein Bestreben war jedoch darauf gerichtet, die nationalistischen Tendenzen durch eine pseudowissenschaftliche, sozialdarwinistisch gefärbte Argumentation in seine rassistische Konzeption zu integrieren. Völker seien von Natur aus ungleich, meinte E. HASSE, und es sei »eine Beleidigung des deutschen Volkes, wenn man es mit Tschechen, Slowenen oder Magyaren« vergleiche.[23]

Derartige Anschauungen wurden seitens der Leitung zur einheitlichen Formierung des gesamten Verbandes benutzt. Alle Mitglieder mußten »Farbe bekennen ..., laue Elemente und Mitläufer« wurden im Interesse »innerer Festigkeit, Einheitlichkeit und Aktionsfähigkeit« ausgesondert.[24] Neben der verstärkten Behandlung ideologischer Grundfragen in allen Verbandspublikationen diente diesem Zweck auch die offiziell seit 1902 von Paul LANGHANS herausgegebene Zeitschrift »Deutsche Erde«, die die spezielle Aufgabe erhielt, »das wissenschaftliche Rüstzeug alldeutscher Weltanschauung« zu liefern.[25]

4. Kurs auf den Weltkrieg (1903–1914)

Eine neue Etappe in der Entwicklung des ADV wurde mit dem Verbandstag 1903 in Plauen eingeleitet. Dieses Ereignis wurde allgemein als endgültiger Übergang des Verbandes zur »nationalen Opposition« bezeichnet. Der Inhalt der von H. CLASS gehaltenen Rede, als »eine *gewollte*, wohlüberlegte Kundgebung des Gesamtverbandes« etikettiert, wurde von H. CLASS, HUGENBERG und seinen Anhängern unter Boykottdrohungen gegen andere Führungskräfte als schließlich beschlossene Generallinie durchgesetzt.

Den sich verstärkenden Widerspruch zwischen den ökonomischen Potenzen des deutschen Imperialismus und den relativ engen Grenzen seines politischen Machtbereichs interpretierte H. CLASS als Ergebnis einer falschen Politik der nachbismarckschen Regierungen:

»In Marokko und Fernando Po haben wir die Gelegenheit verpaßt ... Wir haben weder Flotten- und Kohlen- noch Kabelstationen gewonnen ... Wir haben weder Petroleumquellen noch Baumwollfelder — vor allem keine wirklichen Siedlungsgebiete gewonnen ... Als Beute jener Jahre bringen wir heim: Helgoland, Kiautschou, die Karolinen und Samoa. Dabei hat die Regierung es nicht verstanden, unserer bürgerlichen nationalen Bevölkerung die Überzeugung einzuflößen, daß sie hohen deutschvölkischen Bestrebungen ... zustrebe ...«[26]

In seinem Wesenskern konstatierte der als »Bilanz des Neuen Kurses« bezeichnete Bericht, daß die Politik des Deutschen Reiches und die Tätigkeit zahlreicher Institutionen und Organisationen der herrschenden Klasse den Forderungen nicht genügte, die die maßgeblichen Monopolgruppen seit dem endgültigen Eintritt des Kapitalismus in sein imperialistisches Stadium erhoben.

Die Verbandsführung hob jedoch ihre Bereitschaft zur Kooperation mit der Regierung hervor:

»Wo es sein muß: ernste Warnung und scharfer Tadel; wo es sein kann: Anerkennung und Dank! Darum also keine grundsätzliche Opposition um der Opposition willen; wir wollen vielmehr eine deutschnationale öffentliche Meinung schaffen helfen, die der Regierung die Regungen der Volksseele offenbart, die sie in ihrem Auftreten nach außen stärkt und ihr gestattet, den Fremden zu sagen: ›Seht! Das ist der Wille des deutschen Volkes ...!‹«[27] In einer offiziellen Erklärung unmittelbar nach dem Plauener Verbandstag bekräftigte der Vorstand diesen Standpunkt: »Das Idealverhältnis zwischen dem Alldeutschen Verband und der Regierung wäre dies, daß sich die Regierung das Vorwärtsdrängen des Verbandes sowohl den Parteien des Inlands wie dem Auslande gegenüber für ihre Zwecke nutzbar mache.«[28]

Dieses Angebot der Arbeitsteilung, das von BÜLOW und anderen maßgeblichen Repräsentanten der Regierung akzeptiert wurde, schloß außerordentliche Zuspitzungen verschiedener Differenzen nicht aus.

Die Schlußfolgerung aus der »Bilanz des Neuen Kurses« war nicht Resignation, sondern die im Bewußtsein der gewachsenen Stärke des deutschen Monopolkapitals erhobene Forderung nach einer Forcierung der imperialistischen Politik: »Die Industrie hat sich gewaltig entwickelt ... und die Möglichkeit einer Kolonisation im großen Stile gegeben ... Unsere politische Mannespflicht erfüllend, müssen wir die politische Wiedergeburt unseres Volkes vorbereiten ...«[29]

Die Durchsetzung der zur »nationalen Opposition« drängenden Kräfte kam auch in Satzungsänderungen zum Ausdruck, die vom Vorstand am 10. Mai 1903 beschlossen wurden und am 1. Oktober (§ 1–45) bzw. am 7. November 1903 (§ 46–49) in Kraft traten. Sie brachten die verstärkte reaktionäre, aggressive Linie zur Geltung und entsprachen den inzwischen durchgesetzten ideologischen, vor allem den rassistischen Grundsätzen:

»§ 1 Der Alldeutsche Verband erstrebt Belebung der deutsch-nationalen Gesinnung, insbesondere Weckung und Pflege des Bewußtseins der rassenmäßigen und kulturellen Zusammengehörigkeit aller deutschen Volksteile.

§ 2 Diese Aufgabe schließt in sich, daß der Alldeutsche Verband eintritt:
1. für die Erhaltung des deutschen Volkstums in Europa und über See und Unterstützung desselben in bedrohten Teilen;
2. für Lösung der Bildungs-, Erziehungs- und Schulfragen im Sinne des deutschen Volkstums;
3. für Bekämpfung aller Kräfte, die unsere nationale Entwicklung hemmen;
4. für eine tatkräftige deutsche Interessenpolitik in der ganzen Welt, insbesondere Fortführung der deutschen Kolonialbewegung zu praktischen Ergebnissen.«[30]

Zur Beschaffung finanzieller Mittel für die umfangreichen Aufgaben wurde durch den Vorstand am 11. September 1903 die Bildung des »alldeutschen Wehrschatzes« auf der Grundlage einer freiwilligen Selbstbesteuerung seiner Mitglieder beschlossen. Von den Mitgliedern des »Wehrschatzes« (1917: 248) und durch besondere Spenden für diesen

Fonds wurden bis 1917 etwa 660 000 M aufgebracht. Zum Teil beträchtliche Summen kamen durch verschiedene Spendenaktionen ein (Burensammlung 1903: 634 111 M, Sammlung für die Kämpfer in Deutsch-Südwest bis 1909: 192 135 M u. a.).

Angesichts seiner weitreichenden Expansionspläne kennzeichnete der ADV Großbritannien als den Hauptkonkurrenten im Kampf um die Weltmachtstellung des Deutschen Reiches. So war auch seine Stellungnahme zum Burenkrieg, die Hilfe für die »Stammesbrüder« in Südafrika, durch das Bestreben bestimmt, den deutsch-englischen Gegensatz für die Rechtfertigung der aggressiven deutschen Außenpolitik zu nutzen.

Durch die weltpolitische Entwicklung entstanden im Jahre 1904 Bedingungen, die eine Verlagerung des Schwerpunktes der aktuellen außenpolitischen Forderungen begünstigten. Die Verbandsführung empfahl, die Wertminderung, die das russisch-französische Bündnis durch den russisch-japanischen Krieg erlitt, zu einem aggressiven Vorgehen gegen Frankreich zu nutzen. Der Verbandstag von 1904 beschloß, die »Erwerbung des atlantischen Gebietes *Marokkos* (zu) fordern«, und verlangte von der deutschen Regierung, die »gebotene Gelegenheit« wahrzunehmen, um dort »festen Fuß zu fassen«.[31] H. CLASS »rechtfertigte« die Ansprüche mit der Notwendigkeit, Neuland für den deutschen Bevölkerungsüberschuß zu gewinnen, Flottenstützpunkte zu errichten, Baumwolle anzubauen, Erzlager zu erwerben und neue Absatzgebiete für die deutsche Industrie zu erschließen. Wenn man nicht »von des Gedankens Blässe angekränkelt« sei, müsse man schnell zugreifen und »eine vollendete Tatsache schaffen«, wobei für das militärische Eingreifen die Ermordung eines deutschen Staatsangehörigen »gerechten Anlaß« biete.[32]

Die Führung des ADV kalkulierte »die Möglichkeit eines Waffenganges« aus diesem Anlaß ein und vertrat die Auffassung, daß der Krieg möglichst bald beginnen müsse, weil sie die deutsche Armee für am besten gerüstet hielt, die gegen Deutschland gerichtete Mächtekonstellation sich noch nicht konsolidiert hatte und Rußland wegen des Krieges gegen Japan und der revolutionären Bewegung im eigenen Lande lahmgelegt war.

Eine der Schlußfolgerungen aus der ersten Marokko-Krise war die Forderung nach weiterer Forcierung der militärischen Rüstung, insbesondere der Flottenrüstung. Der Verbandstag von 1905 verlangte »Beschleunigung des Schiffsbaues, Verstärkung des Typs der Panzerschiffe, Verstärkung an Panzer- und Artilleriematerial, erhebliche Beschleunigung der Ersatzbauten für 13 völlig veraltete Panzerschiffe, so daß das Deutsche Reich von 1912 an als achtunggebietende Seemacht dasteht«.[33] Nach der Veröffentlichung der Flottenvorlage der Regierung am 17. November 1905 begrüßte der ADV »mit Freude« die Initiative der Regierung, kennzeichnete sie zugleich als unzureichend und stellte wiederum weiterreichende Forderungen (schnellerer Ersatz der Kriegsschiffe, Verkürzung der Bauzeiten u. a.).

Die Haltung des ADV zur Praxis imperialistischer Kolonialpolitik trat insbesondere im Zusammenhang mit dem Krieg gegen die Hereros und Hottentotten hervor, den der Verband nur noch verschärft wissen wollte und den er als »Kriegsschule ... von unvergleichlichem Wert« betrachtete, weil er die Überzeugung neu erweckt habe, daß man »zuversichtlich und vertrauensvoll auch in größere militärische Konflikte hineingehen« könne.[34]

Vorstand und Verbandstag faßten im Mai 1904 hierzu Beschlüsse, die in den folgenden Jahren mehrfach bekräftigt wurden. Im Mittelpunkt stand das Ziel, die Bevölkerung von ihrem Boden zu vertreiben und in »Reservaten« zu isolieren, von wo aus sie zu beliebiger Zwangsarbeit herangezogen werden könnte. Es entsprach der Linie dieser Politik, wenn der Verbandstag von 1906 den Rat gab, »man solle die sentimentale Prüderie in menschlichen ... Dingen endlich ablegen, ... nicht den faulen Neger verhätscheln«, denn die Kolonien sollten Geld bringen.[35]

Nach wiederholten Vorstößen zur Etablierung der Rassenideologie als Verbandsgrundsatz sollte der Verbandstag von 1905 die endgültige entsprechende Festlegung der gesamten Organisation bringen, die mit der Aufnahme rassistischer Formeln in die Satzungen von 1903 durchaus noch nicht gesichert war. Das Referat Ludwig KUHLENBECKS zum Thema »Die politischen Ergebnisse der Rassenforschung« setzte drei Akzente: Es verwertete wissenschaftliche Erkenntnisse zur Konstruktion eines pseudowissenschaftlichen biologischen Systems des Rassismus. Die Komponente einer aggressiven Außenpolitik trat noch stärker hervor. Die innenpolitischen Konsequenzen des Rassismus wurden konkreter formuliert (»Säuberung der Hochschulen«, »eugenische Maßnahmen« u. a.).

Auf die Revolution in Rußland reagierte der ADV mit einem außerordentlichen Verbandstag, der eine mit dem »Schutz des Deutschtums« gerechtfertigte militärische Intervention verlangte:

»Der Alldeutsche Verband hält ... das *gesamte Deutschtum Rußlands* in seinem *Eigentum und Leben für ernstlich gefährdet* durch die russische Revolutionsbewegung ... Der Alldeutsche Verband bittet daher die deutsche Reichsregierung ... um *sofortige Entsendung deutscher Kriegs- und Transportschiffe* in die Häfen von *Riga, Libau* und *Reval* ...«[36]

Auf dem Verbandstag von 1906 forderte der ADV unter Hinweis auf die revolutionären Ereignisse in Rußland und auf die Möglichkeit eines künftigen Zweifrontenkrieges eine durchgreifende Verstärkung der Heeresrüstung, die zugleich als Mittel der reaktionären Innenpolitik betrachtet wurde: zur Verstärkung des Unterdrückungsapparates, zur militaristischen Erziehung und Propaganda und schließlich zur Sicherung von Machtpositionen, von denen aus der Druck auf die Regierung und alle Teile der herrschenden Klasse verstärkt werden konnte. Trotzdem engagierte sich die Leitung des ADV auch im ersten Jahrzehnt des 20. Jh. nicht so für die Verstärkung des Heeres wie für die der Flotte. Die Zuspitzung des deutsch-englischen Gegensatzes ließ zunächst die Flottenrüstung als das dringlichere Anliegen erscheinen. Außerdem wurde die Heeresverstärkung auf Grund der Traditionen des deutschen Militarismus auch ohne großes Drängen vorangetrieben.

Die seit 1903 unternommenen Anstrengungen zur Aktivierung des Verbandes waren mit dem umfassenden Ausbau der Organisation verbunden. Die systematische Zusammenarbeit mit anderen Vereinen und Verbänden erweiterte sich. 1905 gehörten dem ADV 101 Vereine mit 130 000 Personen als korporative Mitglieder an.[37] Die Verbandstage wurden immer mehr im »großen Stil« organisiert und mit Kundgebungen (meist an »nationalen Erinnerungsstätten«) und geselligen Veranstaltungen öffentlichkeitswirksam gestaltet. Die schriftliche Propaganda nahm einen beträchtlich größeren Umfang an, wobei die nichtoffiziellen alldeutschen Schriften einen wesentlichen Anteil an der Verbreitung der seitens des Verbandes propagierten Ideologie hatten. Das Handbuch des ADV für das Jahr 1905 empfahl über 200 Publikationen, deren Autoren zum großen Teil führende Alldeutsche waren.[38] Der ADV unterstützte die Herausgabe einer »Vaterländischen Jugendbücherei«, einer Vielzahl von Kartenwerken (»Alldeutscher Atlas«, »Karte der fremden Volksstämme im Deutschen Reich«, »Karte der Verteilung der Deutschen und Slawen«, »Karte der Verbreitung der Organisationen des Alldeutschen Verbandes« u. a.) und gab offiziell »Vaterländische Kunstblätter« heraus (»Kaiser Wilhelms Ritt über das Schlachtfeld von Sedan« u. ä.). Trotz der gewachsenen Aktivität der Verbandsleitung ging der Einfluß des ADV besonders seit 1905 zurück. Angesichts der wachsenden Kampfbereitschaft größerer Teile der Arbeiterklasse, die sich im Ergebnis der Verschärfung der imperialistischen Widersprüche und der bürgerlich-demokratischen Revolution in Rußland entwickelte, machten sich auch innerhalb des Verbandes stärkere Schwankungen bemerkbar. H. CLASS polemisierte auf dem Verbandstag von 1906 gegen »die politische Einsichtslosigkeit und Gleichgültigkeit im Volke«, dem es vor allem an nationalem Willen fehle.[39] In der Aktivität der Ortsgruppen gab es einen Rückschlag. Im Jahre 1905 traten 1 538 Mitglieder aus dem Verband aus.

Das Anwachsen der Reaktion, das u. a. in der Auflösung des Reichstages am 13. Dezember 1906, der Vorbereitung der »Hottentottenwahlen« und der Bildung des »Bülow-Blocks« seinen Ausdruck fand, schuf günstigere Bedingungen für das Wirken des ADV, dessen antisozialistische Stoßrichtung nun stärker hervortrat. Die Regierung erntete nun Beifall, und BÜLOW wurde sogar als »Lehrling Bismarcks« gefeiert, der anstelle der schwarzrot-goldenen Flagge wieder die schwarzweiß-rote gehißt habe. Als Beispiel für die zunehmend systematisch betriebene Politik

kann die Weiterführung der nationalistischen Aktivitäten gegen die in Deutschland lebenden nationalen Minderheiten und gegen die Völker in den alldeutschen »Zukunftsländern« gelten. Diese Politik wurde zunehmend als »völkisch« etikettiert (was wiederum mehr und mehr synonym für antidemokratisch gebraucht wurde). Auf dem Verbandstag von 1907 wurde hierzu eine detaillierte Aufgabenstellung entwickelt, deren Schwerpunkt die Unterdrückungspolitik gegenüber den Polen war. Der ADV forderte eine »Wende in der Ostmarkenpolitik«[40] durch die Enteignung polnischen Grundbesitzes, die Stärkung des deutschen Großgrundbesitzes und die Ansiedlung deutscher Mittelbauern. Nachdem das unter maßgeblicher Beteiligung HUGENBERGS erarbeitete Enteignungsgesetz am 18. Januar 1908 im preußischen Abgeordnetenhaus beschlossen worden war, verlangte der ADV unablässig seine Durchsetzung sowie die politische Entrechtung der Polen mit dem Ziel, die polnische Minderheit aus Deutschland zu verdrängen. Der Verband trat für die Erhaltung der kulturellen Rückständigkeit der polnischen Gebiete ein und bekämpfte hierbei oft sogar die reaktionäre Kulturpolitik des preußischen Staates als zu fortschrittlich. Er forderte die Aufhebung der allgemeinen Schulpflicht in den polnischen Gebieten und bei »Disziplinverstößen« den dauernden Ausschluß der polnischen Kinder vom Schulbesuch.

Berücksichtigt man die engen Beziehungen des ADV zu maßgeblichen Kräften der rheinisch-westfälischen Schwerindustrie und anderen Monopolkapitalisten, dann sind seine permanenten, auf die Entfesselung des Krieges orientierten Äußerungen und Aktionen unbedingt als ein wesentlicher Ausdruck der Kontinuitätslinie zu werten, die die Vorkriegs- und die Kriegspolitik des deutschen Imperialismus verband. E. HASSE entwickelte 1906 ein umfassendes Kriegszielprogramm, das den Kriegszielforderungen des Verbandes von 1914 sehr nahe kam.[41] Der Verbandstag von 1907 tadelte die »reservierte Haltung« bei der französischen Beschießung von Casablanca und verlangte, die »Weltpolitik« bei der nächsten Gelegenheit »durch eine Tat zu krönen«.[42] Nach der Entstehung der Triple-Entente häuften sich die alldeutschen Forderungen, die Isolierung Deutschlands durch einen möglichst baldigen Krieg zu beenden. H. CLASS erklärte auf dem Verbandstag von 1908, daß die »Mehrheit vor einem Kriege nicht zurückschrecken wird«, der »eine wertvolle Gegenwirkung gegen entnervende Einflüsse einer ... langen Friedenszeit« ausüben werde.[43]

Angesichts der internationalen Mächtekonstellation veränderte der ADV in den Jahren 1908/09 grundlegend seine taktische Haltung gegenüber Österreich-Ungarn. Während er zuvor die wirtschaftliche und politische Unterjochung der Donaumonarchie gefordert und auch den Krieg gegen sie ins Kalkül gezogen hatte, beschwor er nach der durch die Bildung der Triple-Entente kompletten Isolierung Deutschlands die »Nibelungentreue«, »das Nebeneinanderleben der beiden Reiche, ... an der Spitze die beiden deutschem Blute entsprungenen Häuser Hohenzollern und Habsburg«.[44] Das Bündnis zwischen Deutschland und Österreich-Ungarn stellte der Verband nun als Kernstück des mitteleuropäischen Staatenbundes hin. Diese Umorientierung wurde durch direkten Einfluß der deutschen Regierung gefördert. BÜLOW persönlich hatte verschiedene Versuche in dieser Richtung unternommen.

H. CLASS begründete den Wandel, der insbesondere zu Differenzen mit einigen Monopolvertretern der rheinisch-westfälischen Schwerindustrie führte: »In dem Augenblick ..., wo ich erkannt habe, daß mein eigenes Vaterland auf Österreichs Hilfe ... angewiesen ist, bin ich verpflichtet, ... den Kampf gegen das Bündnis einzustellen ..., solange die Lage nicht zu unseren Gunsten im Guten oder Bösen geändert ist.«[45]

Je stärker der unüberbrückbare Gegensatz der imperialistischen Politik zu den Interessen der übergroßen Mehrheit der deutschen Nation sichtbar wurde, um so deutlicher traten die reaktionären innenpolitischen Forderungen des ADV in den Vordergrund seiner Politik. Am 20. November 1909 schrieben die »Alldeutschen Blätter«: »Die Zeiten sind ernst, ... im Innern ist die Sorge gewachsen, die das Heer der staatsfeindlichen Sozialdemokratie erwecken muß. Bange fragt sich der Vaterlandsfreund: wie lange wird es dauern, und die Umsturzwollenden haben die Mehrheit? Ja: sind die Erhaltenwollenden nicht schon heute in der Minderheit?«

Eine umfassende Darstellung der politischen Konzeption des ADV gab H. CLASS mit seiner »Deutschen Geschichte«, die Anfang April 1909 unter dem Pseudonym »Einhart« erschien und mit Unterstützung von Ruhrindustriellen verbreitet wurde. Die Darstellung mündete in zwei Schlußfolgerungen ein: Erstens brauche das deutsche Volk einen »gewaltigen Mann«. Das war der Keim der wenig später detailliert begründeten These von der Notwendigkeit eines Diktators. Zweitens wurde der Krieg gewissermaßen als aktuelle Konsequenz aus der deutschen Geschichte abgeleitet.

H. CLASS schrieb: »Drei Millionen Volksgenossen, die ihr Volk verleugnen, die im Reiche ihren Feind sehen... — eine furchtbare Tatsache ... Und gering die Hoffnungen, daß es besser werde.«[46] Die besondere Feindschaft der Alldeutschen galt den marxistischen Linken in der deutschen Sozialdemokratie. Im Oktober 1909 forderte ein Sprecher des Verbandes die Ausweisung Rosa LUXEMBURGS aus Deutschland. Scharfe Angriffe richteten sich gegen Karl LIEBKNECHT, weil er die Machenschaften der deutschen Rüstungsmonopole, insbesondere des KRUPP-Konzerns, enthüllt hatte.

Unter dem Eindruck der Anzeichen, die die Möglichkeit einer Destabilisierung des imperialistischen Herrschaftssystems sichtbar werden ließen, forcierte der ADV seit 1910 seinen reaktionären und aggressiven Kurs beträchtlich. Der Verbandstag von 1910 forderte einen umfassenden Ausbau der Landstreitkräfte für den kommenden Zweifrontenkrieg. Unter direkter Mithilfe des ADV wurde der ↗ Deutsche Wehrverein (DWV) gegründet, dessen Vorsitzender, August KEIM, im Jahre 1911 Mitglied der Hauptleitung des ADV wurde, während H. CLASS in die Hauptleitung des DWV eintrat.

Ein charakteristisches Beispiel für das Zusammenwirken des Verbandes mit verschiedenen Instanzen und Repräsentanten des Staates und zugleich für die relative Selbständigkeit beider »Partner« war das Verhalten in der Marokko-Krise von 1911. Am 19. April 1911 führte der Staatssekretär Alfred VON KIDERLEN-WAECHTER mit H. CLASS ein vertrauliches Gespräch, in dem u.a. die Absichten des deutschen Imperialismus in Marokko besprochen wurden. Beide vereinbarten, daß der ADV Forderungen nach marokkanischem Gebiet stellen sollte. Dieser Empfehlung entsprechend, verlangte der Vorstand des ADV am 23. April 1911 in einer Entschließung das Eingreifen des Deutschen Reiches, weil »der derzeitige Sultan von Marokko außerstande ist, Ruhe im Lande zu stiften«. Gleichzeitig wurde die Annexion des ganzen atlantischen Marokko gefordert.[47]

Einige Tage vor dem berüchtigten »Panthersprung« wurde die Verbandsführung davon in Kenntnis gesetzt, daß in Kürze »die Öffentlichkeit durch einen großen Erfolg, an dem man nicht zweifelt, überrascht werden« solle. Es wurde mitgeteilt, daß durch die von A. VON KIDERLEN-WAECHTER geplante Aktion die deutsche Marokkopolitik »aus der Bahn, in die sie durch die Akte von Algeciras gedrängt worden ist, in eine völlig neue gelenkt werden« solle.[48] Am 29. Juni 1911 hat der Staatssekretär persönlich den Verbandsvorsitzenden für den 1. Juli 1911, 11 Uhr, ins Auswärtige Amt. Nach den Aufzeichnungen des Verbandsvorsitzenden eröffnete ihm der Unterstaatssekretär Arthur ZIMMERMANN in dieser Unterredung folgendes:

»Jetzt, heute in einer Viertelstunde, platzt die Bombe. Um 12 Uhr teilen unsere Botschafter usw. den Regierungen mit, daß zur selben Zeit ein deutsches Kriegsschiff vor Agadir erscheint, das Kanonenboot Panther. Wir haben deutsche Firmen und Unternehmer veranlaßt, uns Beschwerden und Hilferufe zu schicken. Agadir haben wir gewählt, weil dort weder Franzosen noch Spanier stehen; es ist der Zugang zum Sus, dem an Erzen reichsten und landwirtschaftlich wertvollsten Teile Südmarokkos. Vertraulichste Behandlung bis Nachmittag 4 Uhr, wo Nachricht in NAZ. Absicht: Hand auf das Gebiet zu legen, das Land zu behalten ... Nach außen erklären wir, daß es sich nur um die Sicherung unserer Reichsangehörigen handelt ...«[49]

Am Abend des 2. Juli führte Reinhard MANNESMANN mit 8 Mitgliedern des Ausschusses ein vertrauliches Gespräch, in dem die Linie für eine Presseversammlung wie folgt festgelegt wurde: »1. Eine neue Konferenz ist abzulehnen. 2. Jede Kompensation ist abzulehnen. 3. Das atlantische Marokko ist zu fordern.«[50] In diesem Sinne wurde am 3. Juli die Pressekonferenz zu dem Ergebnis geführt, daß der größte Teil der bürgerlichen Presse die alldeutschen Forderungen vertrat. Nach den Marokko-Ereignissen wurden die Kolonialforderungen immer lauter erhoben.

»Jetzt muß es heißen: Mittelafrika deutsch!«[51] wurde im geschäftsführenden Ausschuß am 9. Dezember 1911 erklärt. Auf dem Verbandstag 1912 wurde diese Losung in der Weise erläutert, wie sie in der Kriegszieldenkschrift von H. CLASS wiederzufinden ist.

Die Annexionsforderungen, die der ADV in Flugschriften und anderen Publikationen während der Vorkriegsjahre erhob, deckten sich im wesentlichen mit jenen Zielen, die während des ersten Weltkrieges in den alldeutschen Kriegszieldenkschriften aufgestellt wurden. In der Flugschrift »Westmarokko deutsch!« wurde allerdings auf Empfehlung des Auswärtigen Amtes im Korrekturabzug die folgende Stelle gestrichen:

»Es gibt ... Teile des französischen Gebietes, die wir sehr wohl gebrauchen können ... Das Deutsche Reich müßte verlangen, daß ihm der Landstrich von Nancy nordwestlich über Toul, Verdun bis an die Mündung der Somme, und von Nancy südlich über Besançon, Grenoble bis Toulon abgetreten würde, wobei vom Rhônetal mitzunehmen wäre, was militärisch notwendig erscheint ... wir aber müßten die abgetretenen Gebiete frei von Menschen erhalten.«[52]

Im Jahre 1912 veröffentlichte der Verbandsvorsitzende unter dem Pseudonym »Daniel Frymann« sein Buch »Wenn ich der Kaiser wär'«. Es hatte programmatischen Charakter und bestimmte grundlegend die Politik des Verbandes bis zum Machtantritt des Faschismus. H. CLASS hatte die Schrift unter dem Eindruck der Antikriegsaktionen während der zweiten Marokkokrise und des Reichstagswahlergebnisses von 1912 geschrieben. Er forderte schärfste Terrormaßnahmen gegen die revolutionäre Arbeiterbewegung und die Beseitigung aller demokratischen Rechte:

»Man greife zurück auf den Entwurf des Sozialistengesetzes, den Bismarck im Jahre 1878 dem Reichstag vorgelegt hat und lasse ihn Gesetz werden ohne die Verwässerungen, die damals vom Parlament beliebt wurden. Danach wäre zu verbieten alles, was Bestrebungen dient, die darauf ausgehen, die bestehende Staats- und Gesellschaftsordnung zu untergraben, oder solches befürchten lassen; also Versammlungen, Vereine, Zeitungen, Zeitschriften solcher Richtungen werden nicht geduldet, im übrigen müssen alle die Vorbeugungsmaßregeln eingeführt werden, die der Entwurf vom September 1878 vorsah. Aber man muß einen Schritt weitergehen ... Es gilt deshalb

der Masse die Gelegenheit zur Umkehr oder zum
Haltmachen dadurch zu bereiten, daß man sie von
der jetzigen Führerschaft befreit, indem alle
Reichstags- und Landtagsabgeordneten, alle Partei-
beamten, alle Herausgeber, Verleger, Schriftleiter
sozialistischer Zeitungen und Zeitschriften, alle
sozialistischen Gewerkschaftsführer – kurz alle im
Dienste der sozialistischen Bewegung Stehenden
aus dem Deutschen Reiche ausgewiesen werden.«[53]

H. CLASS forderte, diese Unterdrückungsmaßnahmen »um jeden Preis, auch den des
Konfliktes oder des Staatsstreichs« durchzuführen. Der Kaiser sollte als »Diktator« an
die Spitze des Staates treten, der Reichstag
beseitigt und der Staatsapparat durch solche
Kräfte erneuert werden, die uneingeschränkt
den reaktionären Forderungen entsprachen.
H. CLASS setzte seine Hoffnung auf den herannahenden Krieg, in dem er auch eine
günstige Möglichkeit zur Liquidierung aller
fortschrittlichen Bewegungen sah. In einer
persönlichen Notiz vermerkte H. CLASS:
»Krieg einziges Heilmittel für unser
Volk.«[54]

Unter außenpolitischem Aspekt wurden Heer
und Flotte immer deutlicher als Offensiv-
instrumente imperialistischer Politik charakterisiert. Auch in seinem »Kaiserbuch« hat
H. CLASS das ausgesprochen:

»Eines aber soll zum Gemeingut der öffentlichen
Meinung unseres Vaterlandes werden, wie kläglich
die Auffassung ist, die unsere Wehrmacht zu Lande
und zu Wasser als Verteidigungsmittel gegen feindliche Angriffe ansieht. Das heißt sie des besten
Teiles ihres Wertes berauben, drückt sie herab zu
Werkzeugen philiströser Politik ... Heer und Flotte
sind auch Waffen des Angriffs, wenn die Sicherung
unseres Daseins es verlangt.«[55]

Nach den Rüstungsmaßnahmen am Beginn
des zweiten Jahrzehnts hielt die alldeutsche
Führung die Zeit für gekommen, den Krieg
endlich zu beginnen. H. CLASS erklärte am
20. April 1913:

»Wenn wir heute wie ein Mann hinter der Regierung
stehen und ihr für die großzügige Heeresvorlage
danken, so wollen wir aber auch zum Ausdruck
bringen, daß die deutsche Wehrmacht auch ihre
Verwendung finde, falls mißgünstige Nebenbuhler
oder Nachbarn unseren völkischen Bedürfnissen
sich entgegenstellen ... Immer wieder müssen wir
es aussprechen: Die Welt ist niemals endgültig
verteilt; dem Starken, Mutigen gehört sie heute wie
je.«[56]

5. Der ADV im ersten Weltkrieg (1914–1918)

Daß der Ausbruch des ersten Weltkrieges den
Zielen und Wünschen der alldeutschen Führung entsprach, formulierte sie in einem
»Waffensegen« aus Anlaß des Kriegsaus-
bruchs:

»Die Stunde haben wir ersehnt – unsere Freunde
wissen es –, wo wir vor die gewaltigste Schick-
salsentscheidung gestellt werden, weil wir glauben
und wissen, daß sie neben furchtbar Schwerem
Rettung und Segen bringen wird. Nun ist sie da, die
heilige Stunde! Der Atem der Welt stockt, und jedes
Volk zeigt, was es ist ... Gewaltigstes bereitet sich
vor, ein Riesenkampf, wie ihn die Weltgeschichte
noch nicht gesehen hat, gegen den alles, was sie
bisher an Völkerringen aufzuweisen hat, sich aus-
nehmen wird wie das Geplänkel gegen die Schlacht
– derartiges mitzuerleben lohnt ein Leben. Aber
dieser Lebensinhalt soll noch reicher werden durch
das Ergebnis des blutigen Kampfes.«[57]

H. CLASS schrieb an seinen Stellvertreter:
»Ich betrachte den Ausbruch des Krieges für
das größte Glück, das uns widerfahren
konnte.«[58]

In den letzten Tagen vor Kriegsausbruch
wurden bereits die außen- und innenpolitischen Hauptziele des Krieges klar formuliert: Vormachtstellung des deutschen Imperialismus in der Welt und Vernichtung der
revolutionären Arbeiterbewegung und aller
demokratischen Bewegungen. Konstantin
FREIHERR VON GEBSATTEL erklärte: »Die
Ziele des Krieges müssen zweierlei sein:
1. Sicherung unserer Weltstellung, unseres
Platzes an der Sonne und unserer Bewegungsfreiheit. 2. Entfernung des ... Giftes aus
unserem Volkskörper.«[59]

Der Geschäftsführer arbeitete nach Beratungen mit HUGENBERG und H. CLASS einen
Leitfaden für eine Denkschrift aus, der am
28. August die Zustimmung des geschäftsführenden Ausschusses erhielt und danach an
alle Ortsgruppen verschickt wurde. Auf dieser Grundlage verfaßte H. CLASS seine
»Denkschrift betreffend die national-, wirt-
schafts- und sozialpolitischen Ziele des deutschen Volkes im gegenwärtigen Kriege«, die
Anfang September 1914, »als Handschrift
gedruckt«, in 2 000 Exemplaren vorlag.[60]

H. CLASS erwartete »... nach innen die Gesundung unseres Volkes, die Gewährleistung

seiner körperlichen und sittlichen Gesundheit für alle Zeit«.[61]

Im vertraulichen Briefwechsel wurde genauer gesagt, was die Alldeutschen unter der »Gesundung« des Volkes verstanden:

»Auf alle Fälle muß erreicht werden: Lösung der 1. Juden- und 2. Wahlrechtsfrage im Sinne Frymanns, 3. Regelung des Pressewesens, 4. Stabilisierung der Staatsautorität als eines Rocher de Bronce, 5. Zurückführung des deutschen Volkes zur Landwirtschaft und Basierung seiner Volkskraft auf diese ..., der Schein der Vergewaltigung tapferer Streiter fürs Vaterland wird schwer zu vermeiden sein — aber nachdem uns der Existenzkampf aufgezwungen ist, muß er ausgenutzt werden.«[62]

Die außenpolitischen Kriegsziele des Verbandes wurden durch das Interesse vor allem der Ruhrmonopole an Rohstoffquellen und Absatzgebieten, durch das Streben nach Beherrschung des Weltmarktes, durch die Interessen der Monopole und der Junker am Raub landwirtschaftlich ertragreicher Gebiete und durch militärstrategische Gesichtspunkte bestimmt.

Die Mitteleuropapläne und Kolonialprogramme des ADV aus der Vorkriegszeit bestimmten nun in ihrem Kern den Inhalt der Kriegsziele.

Belgien sollte in eine »vlämische Mark« und in eine »wallonische Mark« geteilt werden: »Beide Marken werden ›diktatorisch‹ verwaltet und erhalten etwa die Stellung der Provinzen im römischen Reiche ... die zum Reiche kommenden bisherigen Belgier dürfen keine politischen Rechte erhalten.«[63] Frankreich sollte so »zerschmettert« werden, daß es »nicht mehr aufstehen kann«. Für die Neugestaltung der französischen Ostgrenze wurde im wesentlichen die Linie vorgeschlagen, die H. CLASS bereits 1911 fixiert hatte. Rußland sollte nach der Denkschrift »im wesentlichen in die Grenzen vor Peters des Großen Zeit zurückgeworfen werden«.[64] Die russischen Ostseeprovinzen und andere Gebiete im Westen Rußlands sollten unmittelbar annektiert, alle anderen Teile Rußlands westlich des Dnepr ebenfalls von Rußland abgetrennt und in verschiedenen Formen dem Deutschen Reich angeschlossen oder untergeordnet werden. Die Bevölkerung sollte aus den annektierten Gebieten zum größten Teil ausgewiesen werden. England gegenüber

wurde als Hauptziel die Beseitigung seiner Weltherrschaft genannt.

Im Hinblick auf den Raub neuer Kolonialgebiete proklamierte H. CLASS: »... wir werden dabei auf einen Schlag nachholen, was wir bei der Teilung der Welt versäumt haben.«[65] Die Forderungen nach offener Annexion wurden durch Vorschläge zur indirekten Machterweiterung des deutschen Imperialismus ergänzt. Unter Führung des imperialistischen Deutschlands sollte »ein großes, einheitliches Wirtschaftsgebiet« geschaffen werden, dem neben »Großösterreich« die Niederlande, die Schweiz, Norwegen, Schweden, Dänemark, Finnland, Italien, Rumänien und Bulgarien angeschlossen werden sollten.

Die Denkschrift schlug vor, den »afrikanischen Weltteil in seinen nördlichen Zweidritteln wesentlich deutsch« zu bestimmen.[66] Um die Seewege nach Indien, Indonesien, den ostasiatischen und südostasiatischen Ländern unter die Kontrolle des deutschen Imperialismus zu bringen, forderte H. CLASS zum Ausbau des deutschen Stützpunktsystems Tanger, Bizerta, Damiette, Französisch-Somaliland, Goa, die Inseln Ceylon und Sabang, die Azoren, die Kapverdischen Inseln, Saigon und die Nordspitze von Madagaskar. Durch Anschluß der »Nebenländer und Kolonien« der unter Deutschlands Vorherrschaft gebrachten europäischen Staaten sollte das System der Herrschaft des deutschen Imperialismus über die ganze Welt vervollständigt werden.

H. CLASS hat die Denkschrift vor ihrer Verbreitung mit mehreren führenden Monopolkapitalisten besprochen. Gustav KRUPP VON BOHLEN UND HALBACH hatte bereits das maschinenschriftliche Manuskript erhalten. Auf G. KRUPPS Einladung besuchte ihn H. CLASS am 24. September 1914. G. KRUPP forderte den Vorsitzenden »zur Fortsetzung der gewonnenen Beziehung, die ihm sehr wertvoll sei«, auf.[67] Auf seine Bitte übersandte ihm H. CLASS mit einem am 10. November 1914 entworfenen Schreiben ein gedrucktes Exemplar der inzwischen ergänzten Denkschrift. H. CLASS unterbreitete seine Vorschläge für die Taktik des weiteren Vorgehens in der Kriegszielbewegung und erbat das Urteil G. KRUPPS über sein »politisches Programm«. Kennzeichnend für den vertraulichen Charakter der Beziehungen ist z. B. auch die Tatsache, daß H. CLASS »als ein Stimmungsbild und als Beispiel, wie wir jetzt arbeiten«, neben anderen Materialien auch einen Bericht des Hauptgeschäftsführers des ADV »über seine Unterredung in der KW« beifügte.[68] In einer vertraulichen Besprechung zwischen H. CLASS und G. KRUPP, die Ende November in Berlin stattfand, kam dann allerdings zum Ausdruck, daß G. KRUPP angesichts der ausbleibenden militärischen Erfolge den alldeutschen Optimismus nicht mehr teilte, was aber die prinzipielle Übereinstimmung in bezug auf die Ziele des Krieges keineswegs ausschloß.[69] Die Meinung des Verbandsvorsitzenden, daß G. KRUPPS Stellungnahme sich »jeweils nach der militärischen Lage« richte und daß er deshalb »auf schwanker Leiter der Gefühle auf- und absteigt«[70], fand u. a. ihre Bestätigung durch einen persönlichen Brief G. KRUPPS vom 18. Juli 1917, mit dem dieser seine Zustimmung zu der inzwischen erweiterten und als Broschüre vertriebenen Kriegszieldenkschrift zum Ausdruck brachte und H. CLASS seinen Dank aussprach.[71]

Als H. CLASS (später widerrufene) Meldungen von »großen Siegen Hindenburgs« an der Ostfront erhielt, wurde die Denkschrift im Dezember 1914 an ca. 1950 einflußreiche Personen in ganz Deutschland verschickt.

Parallel mit der Ausarbeitung der Denkschrift begann der Verband bereits in den ersten Kriegstagen, die »Kriegszielbewegung« zu entwickeln. Nachdem Ende September auf Anregung des ADV eine Besprechung mit führenden Vertretern der großen Wirtschaftsverbände stattgefunden hatte, wurde Anfang November 1914 in Berlin unter dem Vorsitz von HUGENBERG eine weitere Beratung durchgeführt, auf der H. CLASS einen Vortrag über die Kriegsziele hielt. Unter den Anwesenden befanden sich Hugo STINNES, Conrad FREIHERR VON WANGENHEIM, Emil KIRDORF, Paul REUSCH, Ernst VON BORSIG und zahlreiche andere einflußreiche Finanzkapitalisten. Am 20. Mai 1915 fand eine große Kriegszielkundgebung statt, die eine vom ↗ *Bund der Landwirte (BdL)*, vom ↗ *Deutschen Bauernbund (DB)*, vom *Westfälischen Bauernverein*, vom ↗ *Zentralverband Deutscher Industrieller (ZDI)* und vom ↗ *Bund der Industriellen (BdI)* und vom *Reichsdeutschen Mittelstandsverband (RMV)* unterzeichnete Kriegszieldenkschrift beschloß. Der Verband war auch Organisator einer großen Kriegszielkundgebung von Intellektuellen, die am 20. Juni 1915 stattfand und auf der eine Denkschrift beschlossen wurde, die dann in kurzer Zeit von 1341 Intellektuellen unterschrieben wurde. Aus den Kreisen dieser Intellektuellen ging auf Initiative des ADV der ↗ *Unabhängige Ausschuß für einen Deutschen Frieden (UA)* hervor. Der Verband war der Urheber zahlreicher ähnlicher Kundgebungen, Eingaben an die Regierung und an den Kaiser, von Flugschriften u. a. Diese Tätigkeit setzte er bis kurz vor Beginn der Novemberrevolution fort. Die Forderungen wurden dabei wesentlich erweitert. Seine Kriegszielpropaganda wandte sich vor allem an das Kleinbürgertum. Der direkte Einfluß auf das Proletariat war relativ gering. In den chauvinistischen Taumel zu Beginn des Krieges wurden große Teile der Arbeiterklasse mit Hilfe rechter Führer der Sozialdemokratie unter Ausnutzung der Lüge vom Verteidigungskrieg hineingezogen, aber nicht unmittelbar durch die chauvinistische Hetze der Alldeutschen.[72]

Einen prinzipiellen Kampf gegen die alldeutsche Kriegszielpolitik führten nur die fortgeschrittensten Teile der deutschen Arbeiterklasse, mit den marxistischen Linken an der Spitze. Der Spartakusbrief Nr. 7 kennzeichnete an Hand der Eingabe der Wirtschaftsverbände vom 20. Mai 1915 den Weltkrieg als einen »imperialistischen Krieg, durch den die herrschende Klasse Deutschlands die Weltherrschaft erringen will«.[73] Im August 1915 veröffentlichte die *Gruppe Internationale* eine von Hermann DUNCKER verfaßte Flugschrift unter dem Titel »Der Annexionswahnsinn«, die sich mit der Kriegszieldenkschrift der 6 Wirtschaftsverbände und der Eingabe der Intellektuellen auseinandersetzte.[74] Die zunehmende Kriegsmüdigkeit fand auch ihren Ausdruck in einer sich verschärfenden Stellungnahme der Werktätigen gegen die Forderungen des Verbandes. In einem der Briefe, die H. CLASS Ende 1916 von der Front erhielt, hieß es: »Gewiß, Calais und Marseille müssen wir haben!!! Nur wäre es erwünscht, wenn Sie mit Ihren Gesinnungsgenossen das bißchen machen würden. Stahlhelme, Hand- und andere Granaten,

Feuerspritzen, Maschinengewehre und andere niedliche Dingerchen, welche dazu gehören, werden Ihnen sicher bereitwilligst zur Verfügung gestellt.«[75]
Im Zusammenhang mit der Diskussion um die Kriegsziele verschärften sich die Differenzen zwischen der Verbandsführung und Reichskanzler BETHMANN HOLLWEG erheblich. Am 9. Dezember 1914 sandte H. CLASS seine Denkschrift an den Reichskanzler. Dieser bat ihn in einem Schreiben vom 27. Dezember 1914, »die Propaganda bis zu einem Zeitpunkt aufzuschieben, wo sich bestimmt übersehen läßt, was wir fordern und was wir erreichen können«.[76] Der Reichskanzler wandte sich nicht gegen den Inhalt der Denkschrift, sondern gegen die öffentliche Diskussion der Annexionsziele. Wohl gab es Unterschiede zwischen den Annexionszielen der hinter BETHMANN HOLLWEG stehenden Kreise und den alldeutschen Zielen, sowohl was das Ausmaß als auch die Form der Annexion betraf; prinzipielle Übereinstimmung bestand jedoch in dem Bestreben, eine möglichst große Raubbeute für den deutschen Imperialismus zu sichern. Gegenüber den Vertretern der wirtschaftlichen Verbände entrüstete sich BETHMANN HOLLWEG darüber, »daß man ihm überhaupt etwas so ›Miserables‹ habe zutrauen können, daß er einen Frieden schließen würde, in dem nicht alles herausgeholt würde, was für Deutschland herauszuholen wäre«.[77]
Die Alldeutschen hielten im Gegensatz zu den Kreisen um BETHMANN HOLLWEG den »Burgfrieden« und die »Mäßigkeits«-Parolen für untaugliche Mittel zur Aufrechterhaltung der Kriegsbegeisterung. Sie stellten dem andere untaugliche Mittel entgegen: noch schärferen Terror und Propaganda für den »Siegfrieden« und weitgehende Annexionsforderungen. Der stellvertretende Verbandsvorsitzende begründete die Haltung des Verbandes in einem Schreiben an den Reichskanzler wie folgt:

»Mein Gewissen gebietet mir, vor ... einem Verzicht zu warnen — es wäre der verhängnisvollste politische Fehler, der gemacht werden könnte, und seine nächste Folge wäre die Revolution ... So reden, so denken, das fürchten ungezählte tapfere Männer, die bedingungslos zur Monarchie stehen, die aber wissen, was in unserem Volke vorgeht. Solcher Aussicht gegenüber gibt es ein sicher wirkendes Ableitungsmittel: ein Friede, der die Notwendigkeiten unseres Volkes nach jeder Richtung hin erfüllt ...«[78]

Der erbitterte Kampf zwischen den Führern des ADV und BETHMANN HOLLWEG widerspiegelte die Ausweglosigkeit der Politik des deutschen Imperialismus. Weder die »Burgfriedenspolitik« und die Losung des »Verständigungsfriedens« noch der brutale Terror und die Propagierung des »Siegfriedens« vermochten das Wachsen der Antikriegsstimmung und die Niederlage des deutschen Imperialismus aufzuhalten. Je offensichtlicher diese Ausweglosigkeit wurde, um so mehr verschärften sich die Differenzen. Der ADV führte seit Beginn des Jahres 1915 einen erbitterten Kampf um den Sturz BETHMANN HOLLWEGS. Neben den meist illegalen Schriften spielten dabei die zahlreichen Verbindungen des Verbandes zu den Bundesfürsten und hohen Staatsbeamten, zu Abgeordneten des Reichstages, des preußischen Abgeordnetenhauses und des Herrenhauses eine wichtige Rolle.
Der ADV entwickelte eine große Aktivität für die Durchsetzung des rücksichtslosen U-Boot-Krieges. Auch in dieser Frage bekämpften Verband und Regierung einander zeitweilig mit großer Schärfe, weil es gegensätzliche Meinungen über die taktische Zweckmäßigkeit und die Erfolgsaussichten des U-Boot-Krieges gab. BETHMANN HOLLWEG hatte keine grundsätzlichen Einwände gegen die rücksichtslose Anwendung der U-Boot-Waffe. In einem Brief vom 10. Oktober 1916 erklärte er zum U-Boot-Krieg: »Entscheidend für mich ist lediglich seine praktische Wirkung. Überzeuge ich mich davon, daß er uns einer siegreichen Beendigung des Krieges nähert, so wird er gemacht, sonst nicht.«[79] In der Argumentation gegen diese Zweifel stützte sich die Verbandsführung häufig auf die Informationen aus dem Reichsmarineamt. Im März 1916 wurde z. B. einigen Vertrauten des Verbandsvorsitzenden mitgeteilt, in einem der Verbandsführung zugegangenen Gutachten des Reichsmarineamtes sei ausdrücklich ausgesprochen, »daß das Amt durch rücksichtslose Anwendung der U-Boot-Waffe ein Niederkämpfen Englands in längstens 6 Monaten erwarte«.[80]
Als sich im Frühjahr 1917 die Differenzen innerhalb der herrschenden Klasse ver-

schärften, unternahm der ADV noch größere Anstrengungen, um den Gruppierungen, die durch Scheinzugeständnisse und kleine Reformen die Massenbewegung zu lähmen und den Imperialismus durch den »Verständigungsfrieden« zu retten suchten (Wahlrechtsversprechen, »Friedensresolution« des Reichstages usw.), eine geschlossene Front der Anhänger des »starken Friedens« entgegenzustellen.

Die Hauptleitung des ADV erarbeitete einen detaillierten Plan für die Schaffung einer »Vereinigung der nationalen Verbände«, an deren Spitze Johann Albrecht HERZOG VON MECKLENBURG-SCHWERIN stehen sollte. Der stellvertretende Verbandsvorsitzende Max VON GRAPOW legte am 10. und 11. Mai 1917 in Besprechungen mit dem Herzog den alldeutschen Plan dar:

»Die nationalgesinnten Kreise des Volkes müssen sich gegen die Sozialdemokratie wehren ... Wenn die Parteien nicht führen wollen, so bleibt den nationalen Kreisen nur übrig, sich selbst zusammenzuschließen. Die Kristallisationspunkte dieser Kreise sind aber die nationalen Verbände aller Art ... Will man umfassendere und dauernde Ziele erreichen, so ist eine festere Zusammenschließung und Organisation nötig. Eine solche würde die ›Kartellierung‹ obiger Verbände bringen.«[81]

Der Herzog erklärte sich mit den Vorschlägen einverstanden. Auf seine Forderung, die Angelegenheit streng vertraulich zu behandeln und den ADV nicht in den Vordergrund zu stellen, versicherte M. VON GRAPOW, »daß es nicht die Absicht des Alldeutschen Verbandes sei, eine führende Rolle dabei zu spielen; der Verband hätte schon manche andere Schöpfung in die Welt gesetzt und dann das Kind seine eigenen Wege gehen lassen«.[82]

Während der Verhandlung mit den anderen Verbänden kam es zu Protesten von Mitgliedern der *DKG*, die vorwiegend dem ↗ *Zentrum (Z)* nahestanden. Die im Sommer 1917 wachsenden Differenzen innerhalb der herrschenden Klasse fanden ihren Ausdruck auch darin, daß die Gegner des alldeutschen Vorhabens rasch eine starke Anhängerschaft gewannen, so daß der Plan schließlich nicht in der beabsichtigten Form verwirklicht werden konnte. Daraufhin unterstützte der ADV die Schaffung der *Hauptvermittlungsstelle der vaterländischen Vereine und Verbände*, aus der später die ↗ *Vereinigten vaterländischen Verbände Deutschlands (VvVD)* hervorgingen. Nachdem die Verbandsleitung die Gründung der ↗ *Deutschen Vaterlandspartei (DVLP)* zunächst als Konkurrenz für die Vereinigung der »nationalen« Verbände abgelehnt hatte, sah sie sich nun gezwungen, »gute Miene zum bösen Spiel zu machen«.[83] H. CLASS, Dietrich SCHÄFER, E. KIRDORF und andere führende Verbandsmitglieder wurden Mitglieder des Engeren Ausschusses der *DVLP*.

Im Verlaufe des Jahres 1917 aktivierte der Verband auch seine Propaganda beträchtlich. Hunderttausende von Broschüren und Flugschriften wurden vertrieben. Die Flugschrift »Deutschlands Zukunft bei einem guten und bei einem schlechten Frieden« wurde z.B. durch persönliche Vermittlung LUDENDORFFS und des preußischen Kriegsministers Hermann VON STEIN in großen Mengen im Heer, in den Schulen usw. verteilt.[84] Im Frühjahr 1917 machte der ADV die »Deutsche Zeitung« zu seinem offiziösen Organ. Sie wurde durch ein Konsortium aufgekauft und unter die Leitung der Neudeutschen Verlags- und Treuhandgesellschaft gestellt, die völlig unter alldeutschem Einfluß stand. Im Aufsichtsrat der Gesellschaft waren unter dem Vorsitz von H. CLASS mehrere führende Alldeutsche tätig.[85] Den Rückgang seines Einflusses suchte der Verband durch eine große Werbekampagne zu kompensieren, die ihm 1917 ca. 15000 neue Mitglieder zuführte.

Als Antwort auf den wachsenden Kampf gegen den imperialistischen Krieg verstärkte der Verband in den letzten Kriegsmonaten seine Bestrebungen zur Errichtung einer unumschränkten Militärdiktatur unter alldeutscher Führung.[86] Nachdem einige Vorschläge für den »Diktator« aus verschiedenen Gründen hatten aufgegeben werden müssen (Erich VON FALKENHAYN, K. VON GEBSATTEL, Alfred VON TIRPITZ, Friedrich VON BERNHARDI, H. VON STEIN, LUDENDORFF), orientierte sich H. CLASS darauf, selbst diese Rolle zu übernehmen. Auf einer Tagung in Danzig rief die Verbandsführung am 12. Oktober 1918 einen *Ausschuß für nationale Verteidigung* ins Leben, mit dessen Hilfe ein Staatsstreich durchgeführt werden sollte.

H. CLASS und seine Anhänger, die ihren bestimmenden Einfluß auf den ADV behielten, vertraten im Gegensatz zu anderen Kräften auch in den Tagen vor und während der Revolution eine Offensivstrategie, in die sie jedoch stärker eine vor allem antisemitisch-demagogische Ablenkungstaktik einbeziehen wollten. Am 3. Oktober 1918 erklärte H. CLASS: »Als unsere wichtigste Aufgabe denke ich mir die große, tapfere und schneidige Nationalpartei und rücksichtslosen Kampf gegen das Judentum, auf das all der nur zu berechtigte Unwille unseres guten und irregeleiteten Volkes abgelenkt werden muß.«[87] Aber die Verbandsführung mußte auch von vielen ihrer treuesten Anhänger erfahren, daß sie größere Zugeständnisse für unerläßlich hielten, um die Revolution zu verhindern. Anton VON RIEPPEL, der sich an den seit Juli 1918 geführten Verhandlungen einiger Monopolgruppen mit rechten Gewerkschaftsführern beteiligt hatte[88], kennzeichnete am 30. Oktober 1918 die Gründe für die Zurückhaltung gegenüber der bisherigen alldeutschen Taktik: »Das Volk hört jetzt nur noch die sozialistischen Führer. Alle Aufrufe von Professoren, Rittergutsbesitzern, Industriellen und Offizieren verpuffen spurlos oder können höchstens Schaden anrichten, wenn in ihnen alldeutsche, schwerindustrielle, konservative oder reaktionäre Ziele vermutet werden.«[89] Ende Oktober 1918 empfahl der Vertreter A. VON RIEPPELS, Dr. Otto GERTUNG, auch eine Änderung des Verbandsnamens, die H. CLASS allerdings prinzipiell ablehnte. Angesichts des offensichtlichen militärischen Zusammenbruchs richteten die durch H. CLASS vertretenen Kräfte ihre ganze Aufmerksamkeit darauf, die sozialistische Revolution zu verhindern und langfristig den Revanchekrieg vorzubereiten. Zu den entsprechenden Vorhaben gehörten eine stärkere Orientierung auf die nationalistische Propaganda, als deren Schwerpunkt die »Kriegsschuldfrage« hervorgehoben wurde, die Beeinflussung der Jugend, die umfassendere Ausnutzung der Presse und aller kulturellen Einrichtungen, die möglichst weitgehende Erhaltung und der Wiederaufbau von Heer und Flotte sowie die politische Beeinflussung der Auslandsdeutschen. Eine programmatische Festlegung in diesem Sinne erfolgte in Sitzungen des geschäftsführenden Ausschusses, vor allem am 25. Oktober 1918.[90] Die Dominanz der

Machtfrage bedingte auch eine zeitweilige Tolerierung des Rates der Volksbeauftragten. H. CLASS forderte am 9. November 1918 die Schriftleitung der »Alldeutschen Blätter« auf, sich offiziell als Organ des ADV hinter die Regierung zu stellen, wenn sie »Ruhe und Ordnung« gewährleiste.[91] Die wiederholt unterbreiteten Vorschläge zur Gründung einer »Nationalpartei« tendierten in dem Maße, in dem die alldeutsche Führung die Weiterentwicklung der Revolution in sozialistische Bahnen befürchtete, zu einer außerordentlichen Erweiterung des Bündnisses gegen die revolutionären Kräfte. Nach einem Rundschreiben des Vorsitzenden an die Ortsgruppen vom 15. November 1918, das der Grundlinie der Beratung vom 25. Oktober folgte, sollte diese Partei alle gegen die Revolution gerichteten Kräfte von den Konservativen bis zu den Freisinnigen zusammenschließen.[92] Unter dem Eindruck der Novemberrevolution, die H. CLASS das »größte ... politische Verbrechen der Weltgeschichte« zu nennen beliebte, kam der ADV in eine Krise, die sich in der Fluktuation der Mitglieder, der Abwendung führender Leitungskräfte und Hintermänner, der Inaktivität und Auflösung von Ortsgruppen sowie in einer weitverbreiteten politischen Ratlosigkeit äußerte. Nach den Worten von H. CLASS hatte die Revolution die Auslieferung des Verbandes an die »zuchtlosen Massen« gebracht.[93] Vom 9. November 1918 bis zum 1. Februar 1919 lösten sich 96 Ortsgruppen auf.[94] Auch einige Projekte zur Umorganisierung des Verbandes offenbarten seine beschränkte Aktionsfähigkeit. So wurde durch die Ortsgruppe Würzburg, die dem Verbandsvorsitzenden während der Revolution Unterschlupf bot, am 1. Januar 1919 eine Denkschrift verbreitet, die u. a. den Zusammenschluß der reaktionären Verbände in einem einheitlichen Bund vorschlug, für den auch der Name des ADV »geopfert« werden sollte.[95] H. CLASS meinte, eine solche Vereinigung, für die die Bezeichnung »Bismarck-Verband« in Frage komme, sei erstrebenswert, aber kaum erreichbar. Er verfaßte deshalb zur gleichen Zeit einen Aufruf an alle »Nationalen«, sich dem ADV anzuschließen, dessen Umbenennung in »Bismarck-Verband« er zunächst zu akzeptieren bereit war.[96] A. KEIM hatte allerdings seine Unterschrift für diesen Appell verweigert und empfahl »Enthaltung« in einem Maße, das H. CLASS nicht billigte.[97]

Daß sich die Verbandsführung unter dem Eindruck der Novemberrevolution bis Mitte Januar 1919 zu stärkerem Lavieren gezwungen sah, kam auch in der Stellungnahme zur Monarchie zum Ausdruck. Noch Ende 1918 rechneten maßgebliche Kräfte nicht mit der Möglichkeit, sich in absehbarer Zeit offiziell zum »monarchischen Gedanken« zu bekennen. Der Hauptgeschäftsführer formulierte die schließlich bestimmende Auffassung:

»Die Beseitigung der verschiedenen Dynastien im Reiche halte ich für kein Übel allzuschlimmer Art, glaube dagegen freilich, daß ein wirklich starkes deutsches Reich noch auf lange hinaus nur unter einem starken deutschen Kaisertum möglich ist. Aber ich glaube auch, daß die Wiederaufrichtung eines solchen nur angestrebt werden darf, nachdem die wohl recht lange während Wirren und Kämpfe ... hinter uns liegen ... Ich meine daher, daß der Alldeutsche Verband im Augenblick sich nicht offiziell für ein deutsches Kaisertum entscheiden darf, freilich ebensowenig für eine republikanische Staatsordnung.«[98]

6. Das Programm einer »völkischen Diktatur« (1919–1933)

Die Politik des ADV in der Zeit nach dem ersten Weltkrieg war in erster Linie darauf konzentriert, der deutschen Arbeiterklasse den Weg zur Errichtung ihrer Macht zu versperren.

Die alldeutschen Führer überschätzten ihre Rolle als »Kern eines politischen Generalstabes für die Wiederaufrichtung des Vaterlandes«; zweifellos haben sie aber die politische, ideologische und militärische Aktivität der konterrevolutionären Kräfte beträchtlich beeinflußt und zeitweise wesentlich mitbestimmt. Noch Ende Januar 1919 befürchteten die alldeutschen Führungskreise eine revolutionäre Wende. Otto FÜRST ZU SALM-HORSTMAR hielt es für geboten, daß die Entente Berlin besetzt und die Arbeiter- und Soldatenräte auseinanderjagt. Daß sie das nicht tat, bedauerte er als Zurückweichen vor dem Bolschewismus.[99] In den Verleumdungen Sowjetrußlands gab es viele Variationen, wobei der primitive Antisowjetismus dominierte. Als Hauptzweck des Antisowjetismus trat eindeutig hervor, die Nachahmung

des russischen Beispiels zu verhindern. In Rußland würden »die Sozialdemokraten nach dem Vorgange ihres Parteigottes Marx im Fabrikarbeiter den alleinigen Normalmenschen sehen«, die Arbeiterkomitees hätten zwar überall die Leitung an sich gerissen, aber »die Herren Arbeiter« dächten nicht daran zu arbeiten. »Man hatte den achtstündigen Arbeitstag, die Arbeiter hatten sich in den Besitz der Produktionsmittel gesetzt und sich zum herrschenden Stande gemacht. Wann die russische Industrie zu neuem Leben erstehen wird, kann niemand sagen. Solange die rote Herrschaft dauert, wird es nicht der Fall sein.«[100] Der ADV förderte die ↗ Antibolschewistische Liga (AL), ohne allerdings die pseudosozialistische Demagogie Eduard STADTLERS gutzuheißen. Im engeren Aktionsausschuß der AL war der ADV durch Oskar MÜLLER (»Deutsche Zeitung«) vertreten. Der ADV beteiligte sich an verschiedenen Versuchen, die Sowjetmacht zu stürzen. Zu diesem Zweck knüpfte er Kontakte mit KOLTSCHAK, DENIKIN und der »westrussischen Regierung« in Berlin. Von einem konterrevolutionären Regime in Rußland erhoffte die Verbandsführung Unterstützung bei den Versuchen, die Ergebnisse des Weltkrieges zu revidieren.[101] In diesem Interesse förderte der ADV auch die Bildung einer einheitlichen konterrevolutionären russischen Emigrantenorganisation in Deutschland.[102]

Der Mord an Karl LIEBKNECHT und Rosa LUXEMBURG fand den Beifall der Verbandsführung, die im offiziellen Verbandsorgan erklären ließ: »Das Spiel ist aus! Wir sind überzeugt, daß das Geschlecht der Spartakusse dem Verfall entgegengeht, wenn auch naturgemäß noch eine Zeitlang ihr Wirken zu spüren sein wird. Aber ihre treibenden Kräfte sind dahin ... Zu ihrem Ahnherrn Karl Liebknecht und zu ihrer Ahnfrau Rosa Luxemburg wird dereinst keine Enkelschar bewundernd emporblicken können.«[103]

Zahlreiche Alldeutsche beteiligten sich aktiv am konterrevolutionären Terror.[104] Der geschäftsführende Ausschuß forderte durch einen am 11. Mai 1919 beschlossenen Aufruf alle Mitglieder auf, in die ↗ Freikorps einzutreten.[105] Besondere Aktivität entwickelte der ADV dabei in Bayern, dessen rückständige und reaktionäre Elemente günstige Anknüpfungspunkte für seine Politik boten. Mit

Unterstützung der ⁊ *Thule-Gesellschaft* (*ThG*) sammelte er konterrevolutionäre Kräfte, die durch den Innenminister in der EISNER-Regierung, Erhard AUER, bereits am 18. November 1918 als Bürgerwehr anerkannt wurden und unablässig auf den Sturz oder die Ermordung Kurt EISNERS hinarbeiteten.[106] Um den Abschluß des Versailler Vertrages zu verhindern, war der ADV noch im Mai 1919 bereit, den Krieg aufs neue zu beginnen. Der geschäftsführende Ausschuß beschloß am 11. Mai 1919, den »Volkskampf« gegen Polen zu führen, um Polen und die baltischen Gebiete zu erobern und einem ostdeutschen Separatstaat unter der Militärdiktatur des Generals Otto VON BELOW einzugliedern. Carl GOERDELER, der sich in den Dienst dieser Bestrebungen stellte, inszenierte einen fingierten »polnischen Angriff«, um die Aggression zu rechtfertigen.[107]

Die Nachkriegskonzeption des ADV wurde offiziell in einer Grundsatzerklärung verkündet, die der geschäftsführende Ausschuß am 16. Februar 1919 in Bamberg beschloß. Nach dieser »Bamberger Erklärung« verfolgte der ADV »einzig und allein das Ziel, die Zukunft des deutschen Volkes zu retten, indem der Staat vor den verderblichen Künsten der Umsturzleute und ihrer Gefolgschaft gerettet wird«.[108]

Die reaktionären innenpolitischen Ziele des Verbandes erhielten einen exponiert hohen Stellenwert. Die extrem reaktionäre Linie implizierte den Kampf gegen jegliche bürgerlich-demokratische Tendenz, auch gegen alle Formen parlamentarischer Tarnung der imperialistischen Klassenherrschaft. Unter diesem Gesichtspunkt sagte die »Bamberger Erklärung« der Republik den Kampf an: »Die Ereignisse nach dem 9. November 1918 haben unzweideutig bewiesen, daß ein Volk, das so sehr sicheren politischen Sinnes entbehrt wie das unsrige, für die sogenannte freistaatliche Staatsform nicht geschaffen ist, sondern der festen Führung anvertraut werden muß, wie sie die Monarchie besser verbürgt als die Republik. Um deswillen halten wir insbesondere fest an dem Kaisergedanken.«[109] 300 000 Exemplare der Erklärung wurden als Beilage in 20 Zeitungen vertrieben.[110]

Die Grundsätze der »Bamberger Erklärung« fixierte der Vorstand des ADV am 31. August

1919 durch eine Satzungsänderung, in der folgende politische Ziele proklamiert wurden:

»1. Sittliche Ertüchtigung aller Kreise und Schichten unseres Volkes, Wiedererweckung der Eigenschaften, die unsere Vorfahren aus Zeiten tiefster Not immer wieder emporgehoben haben;

2. Wiederaufrichtung eines starken deutschen Kaisertums;

3. Wiederaufbau einer starken deutschen Wehrmacht;

4. Wiedergewinnung der dem Deutschen Reiche geraubten Gebiete;

5. Eingliederung Deutsch-Österreichs in das Deutsche Reich;

6. Schutz und Hilfe für das bedrängte Auslandsdeutschtum;

7. Gestaltung und Ausbau aller Gebiete des Volks-, Staats- und Einzellebens gemäß deutscher Eigenart, insbesondere des Schul-, Erziehungs-, Bildungs-, Gesundheits- und Siedlungswesens, sowie Beeinflussung der deutschen Jugend- und Frauenbewegung im völkischen Sinne;

8. Planmäßige rassische Höherentwicklung des deutschen Volkes durch Auslese und Förderung aller im Sinne guter deutscher Art hervorragend Begabten;

9. Bekämpfung aller Kräfte, welche die völkische Entwicklung des deutschen Volkes hemmen oder schädigen, insbesondere der Fremdsucht und der auf fast allen staatlichen, wirtschaftlichen und kulturellen Gebieten bestehenden jüdischen Vorherrschaft.«[111]

Durch Beschluß des geschäftsführenden Ausschusses vom 19. Oktober 1918 bekannte sich der ADV offiziell zum Antisemitismus, den er bereits während der Novemberrevolution und der revolutionären Nachkriegskrise dazu benutzte, von den Ursachen des Krieges, der Niederlage Deutschlands und des Massenelends abzulenken sowie seine konterrevolutionäre und aggressive Politik, besonders den Antisowjetismus, zu rechtfertigen. Der Verbandstag am 1. September behandelte das Thema »Der Einfluß des Judentums, der deutsche Zusammenbruch und die Wiederaufrichtung«:

»Auf seinem Wege (des ›Judentums zur Weltherrschaft‹, E. H.) stand ihm das ... deutsche Volk mit seinem geschlossenen monarchischen Staatswesen ... seiner Schaffenskraft und Redlichkeit entgegen. Und darum faßte es schon vor Jahrzehnten den Plan, das Deutschtum zu vernichten ...

Zahllose hervorragende Männer ... haben die offenen und geheimen Fäden dargelegt, die die Schuld Judas an diesem Weltkriege ... beweisen ... Und doch war unser Volk in der Feldschlacht nicht zu besiegen, und darum gesellte sich zu dem kriegerischen Aufgebot fast der ganzen Erde die innere, vom Judentum betriebene ... Zersetzung ..., bis es dem jüdisch-angelsächsischen und jüdisch-russischen Gelde gelang, durch Verrat unserem Heere den Todesstoß zu versetzen ... Aus der Fremde ist das jüdische Volk gekommen ..., es hat großenteils bewußt unser Volk in einen Abgrund der Verzweiflung, der Tränen und des Blutes, der wirtschaftlichen und politischen Ohnmacht gestürzt ... Machen wir uns aber nicht von unseren Schwächen frei, so sind wir verloren, verloren durch den Betrug und die Macht eines asiatischen Volkes.«[112]

Die Auswirkungen des Krieges begünstigten den Einfluß antisemitischer Propaganda dieses Stils besonders auf die in ihrer Existenz bedrohten Kleinbürger. Die Führung des ADV versuchte jedoch, mit der antisemitischen Propaganda auch solche Schichten anzusprechen, in denen die sonstige alldeutsche Politik keine Resonanz fand. Sie gründete zu diesem Zweck eine besondere Organisation, den ↗ *Deutschvölkischen Schutz- und Trutzbund (DSTB)*. Es gab einige Versuche, neue Formen der Massenbeeinflussung direkt in die Verbandsarbeit einzubeziehen. Sie scheiterten nicht nur am Widerspruch zwischen den Interessen des ADV und denen der Volksmassen, sondern auch an einer gewissen Starrheit in der Taktik. Das Unvermögen, sich auf eine den Nachkriegsverhältnissen angepaßte massenwirksame Demagogie umzustellen, trug z. B. zum Scheitern der in den Jahren 1920 bis 1922 unternommenen Versuche bei, eine alldeutsche Jugendorganisation aufzubauen.

Die Grundlinie seines Expansionsprogramms verfolgte der ADV auch nach dem ersten Weltkrieg weiter. Er benutzte in demagogischer Weise den imperialistischen Raubvertrag von Versailles und die imperialistischen Kriegsziele der Ententemächte, um das eigene imperialistische Programm zu rechtfertigen und den Chauvinismus zu verbreiten. Auf dem Verbandstag von 1919 wurde der Zusammenhang der aggressiven Außenpolitik mit den reaktionären innenpolitischen Plänen durch den Hauptgeschäftsführer hervorgehoben, der es als eine der wichtigsten Aufgaben bezeichnete, »den festen Willen« zur Rück-

eroberung der durch den Versailler Vertrag verlorengegangenen Gebiete »im deutschen Volk entstehen zu lassen ... und die Stunde der Wiedergewinnung ... zu predigen und vorzubereiten«.[113]

Die Verbandsführung erhob die Forderung nach dem »Anschluß Österreichs«.[114] Im Januar 1919 entsandte die Hauptleitung des ADV ihren ehemaligen Geschäftsführer Alfred GEISER nach Österreich, der eine Geschäftsstelle in Graz aufbaute und mit seinen Mitarbeitern eine umfangreiche Werbung organisierte, so daß Ostern 1920 annähernd 4 000 Mitglieder registriert werden konnten. Im Oktober 1919 wurde durch die Hauptleitung des ADV und führende österreichische Alldeutsche beschlossen, einen formal selbständigen Verband in Österreich zu gründen. Als offizieller Gründungstag galt der 1. April 1920. Der *Alldeutsche Verband in Deutsch-österreich* wurde als Teil des »Gesamtverbandes« betrachtet; die »Alldeutschen Blätter« waren fortan das gemeinsame Verbandsorgan, die Hauptleitung in Berlin wurde als oberste Leitung anerkannt.[115]

Trotz der Weiterführung der Aktivitäten auf den verschiedensten Gebieten stellte der ADV nach der Novemberrevolution die Vorbereitungen für die Errichtung der unumschränkten Diktatur der reaktionärsten Teile des Finanzkapitals und des Junkertums, der »völkischen Diktatur«, in den Mittelpunkt seiner Tätigkeit. Die Ausarbeitung verschiedener Staatsstreichpläne wurde das Hauptarbeitsgebiet der Verbandsführer. In pseudowissenschaftlicher Verbrämung hat das am ausführlichsten der langjährige Hauptgeschäftsführer Leopold BARON VON VIETINGHOFF-SCHEEL getan. Anknüpfend an das »Frymann«-Buch, entwickelte er unmittelbar nach der Novemberrevolution ein Gesellschafts- und Staatsprojekt, das im Kern ein Staatsstreichprogramm zur Wiedererrichtung der Monarchie war. Es erschien 1921 unter dem Titel »Grundzüge des völkischen Staatsgedankens«.[116] Der konservative »organische Staatsgedanke« war hier völlig mit dem Rassismus verwoben. Als entscheidende Aufgaben für den Aufstieg der Nation wurden die Zeugung von mehr Nachwuchs durch Angehörige der »gehobenen Schichten mit der wertvollen Erbmasse« und die Bekämpfung der Fortpflanzung »Unwertiger« bezeichnet.

Zu den Forderungen gehörten u. a.: Öffentliche »Gattenwahl« durch die Sippenältesten, Beseitigung des gleichen Wahlrechts, Bildung einer »Führerschaft« durch Berufungen, Einführung der 56-Stunden-Arbeitswoche und »Brechung der Raumenge«, vor allem durch die Annexion polnischer Gebiete.

Die Konzeption für die Errichtung der »völkischen Diktatur« unter den neuen Bedingungen der Weimarer Republik wurde von H. CLASS und einem Stab spezialisierter Mitarbeiter bereits im 1. Halbjahr des Jahres 1919 erarbeitet. Nach dem damaligen alldeutschen Plan sollte zunächst durch einen Putsch die Militärdiktatur errichtet werden. Der militärische Diktator sollte die eroberten Machtpositionen umgehend an den politischen Diktator übergeben. Das alldeutsche Programm sah vor, daß nach der Konsolidierung der konterrevolutionären Macht der interimistische Diktator einem berufenen Hohenzollern Platz macht. Entsprechend diesem Plan führte das »Diktaturkabinett« sogar eine Generalprobe für den »Tag X« in der Art einer Stabsübung durch, deren vordringliche Aufgabe es war zu überprüfen, wie das »Kabinett« funktioniert, wie entsprechend wirksame Gesetze erlassen werden und andere Maßnahmen des Staatsstreichs gelenkt werden könnten.[117]

Die alldeutsche Führung versuchte, die konterrevolutionären Truppen nach Kriegsende so lange in den baltischen Gebieten zu halten, bis sie für die Errichtung der Militärdiktatur in Deutschland eingesetzt werden konnten.[118] Zu den vielfältigen Vorbereitungen gehörten die seit März 1919 unternommenen Versuche, LUDENDORFF in die militärische Vorbereitung einzubeziehen[119], und die Schaffung einer verbandseigenen »Geheimpolizei« im Februar 1920.[120]

Die Führung des Verbandes brachte dem KAPP-Putsch Sympathie entgegen, kritisierte seine Organisation jedoch, weil er »so planlos und unzulänglich vorbereitet, so kopflos und unentschlossen durchgeführt« worden sei.[121] Unter diesem Gesichtspunkt bezeichnete H. CLASS den Putsch als ein »Verbrechen an der nationalen Sache«.[122] An der Vorbereitung war ein Mitglied des geschäftsführenden Ausschusses des ADV, Paul BANG, beteiligt. Er hatte die Rolle des Finanzministers im geplanten Diktaturkabinett übernommen.

Nach dem Scheitern des Putsches mahnten die alldeutschen Führer, ähnliche Unternehmen zunächst zu unterlassen[123], aber ihre systematische Vorbereitung um so intensiver zu betreiben.

Im Bemühen, sich militärische Machtmittel für das konterrevolutionäre Komplott zu sichern, gewann die Gründung des *Norddeutschen Ordnungsblocks (NOB)* im Frühjahr 1920 besondere Bedeutung. Durch Zusammenarbeit mit z. T. schon früher gegründeten Organisationen sollte ein Netz von Stützpunkten in ganz Deutschland geschaffen werden. In einem von H. CLASS entworfenen Gründungsaufruf vom 26. Februar 1920 wurde als Ziel des *NOB* angegeben, »in Stadt und Land alle Ordnungsliebenden gegen die bolschewistische Gefahr fest zusammenzuschließen«.[124] Für diese Organisation wurden erhebliche finanzielle Mittel beschafft, z. B. in der Zeit vom 25. Mai bis 10. Juni 1920 durch eine Sammlung über 1 Mill. M.[125] Die Gelder wurden für Ausrüstung und Besoldung konterrevolutionärer bewaffneter Kräfte verwendet. Erhebliche Teile dieses Betrages wurden z. B. vom stellvertretenden Verbandsvorsitzenden Gertzlaff VON HERTZBERG-LOTTIN an den Führer der Abteilung Mecklenburg des *NOB*, Generalmajor VON BRANDENSTEIN, überwiesen.

Die Verbandsführung erhielt im Mai/Juni 1920 durch hohe Offiziere im Reichswehrministerium (General Arnold RITTER VON MÖHL und General BEHRENDT) aktive Unterstützung.[126] Der *NOB* war zunächst als militärische und politische Organisation geschaffen worden. Im Sommer 1920 vereinbarte H. CLASS mit Georg ESCHERICH in einer Besprechung in München eine Arbeitsteilung zwischen der ↗ *Orgesch* und dem *NOB*. Danach hatte die »Orgesch die militärische, der NOB die politische Seite zu bearbeiten«.[127] Im Interesse einer Koordinierung der politischen und militärischen Maßnahmen arbeitete G. ESCHERICH mit einem ihm von H. CLASS vorgeschlagenen politischen Berater zusammen. Die Zusammenarbeit mit der *Orgesch* zerbrach bald an Machtstreitigkeiten zwischen H. CLASS und G. ESCHERICH. Auch mit der konterrevolutionären terroristischen ↗ *Organisation Consul (OC)* arbeitete die Führung des ADV zusammen.[128]

Zu den Bemühungen, in Bayern das Zentrum

der Konterrevolution auszubauen, gehörte die Zusammenarbeit mit dem ↗ *Bayerischen Ordnungsblock (BOB)*, besonders mit dessen zweitem Vorsitzenden, Dr. Ing. Paul TAFEL, der führendes Mitglied der *ThG* und seit 1920 Vorstandsmitglied des ADV war. Mindestens ab Mai 1920 gab es zwischen dem ADV, vertreten u. a. durch Julius F. LEHMANN, P. BANG, P. TAFEL und Otto Helmut HOPFEN, dem *BOB*, der Reichswehr und der Münchener Polizei, vertreten durch den alldeutschen Polizeipräsidenten Ernst PÖHNER, eine Zusammenarbeit, in deren Rahmen sich der *BOB* besonders der gegen die *KPD* und andere Arbeiterorganisationen gerichteten Spitzeltätigkeit und ideologischen Unterwanderung widmete.[129] Vor allem über E. PÖHNER übte der ADV großen Einfluß auf die im ↗ *Bund Bayern und Reich (BBR)* zusammengefaßten reaktionären ↗ *Einwohnerwehren (EW)* aus.[130] P. TAFEL trug durch seinen Einfluß auf Anton DREXLER zur Gründung der *Deutschen Arbeiterpartei* am 5. Januar 1919 bei. Alldeutsche Propagandisten wie Erich KÜHN arbeiteten nach der Gründung der Partei auch mit HITLER eng zusammen. Der geschäftsführende Ausschuß des ADV bekräftigte am 7. Dezember 1919 die Notwendigkeit, die *Deutsche Arbeiterpartei* mehr zu unterstützen. H. CLASS, O. H. HOPFEN, J. F. LEHMANN und andere führende Alldeutsche unterstützten HITLER und die ↗ *NSDAP* bzw. ihre Vorläuferin besonders intensiv bis zum November 1923, u. a. auch mit finanziellen Mitteln. Die persönlichen Kontakte zwischen HITLER und H. CLASS begannen im August 1920 und bestätigten wiederholt, daß die faschistische Partei nicht nur ihre politische und ideologische Plattform zum großen Teil aus alldeutschen Bausteinen errichtet hatte, sondern in der Frühphase ihrer Entwicklung noch unmittelbar von den Alldeutschen inspiriert wurde.[131] Die Vorbehalte der alldeutschen Führung, die aber die Unterstützung der *NSDAP* nicht in Frage stellten, bezogen sich vor allem auf zwei miteinander verbundene Fragen: Sie fürchtete erstens, daß die Hitlerfaschisten ihre soziale Demagogie zu weit treiben und dadurch einen Bumerang-Effekt auslösen könnten. Zweitens erschien ihr die Politik der Nazis als unvereinbar mit alldeutschen elitären Grundsätzen, die nicht nur den Stil des politischen

Kampfes, sondern auch die politische Programmatik betrafen (Gesellschaftsaufbau, Monarchie u. a.).
Um einen Vorwand für den Staatsstreich zu schaffen, versuchten die alldeutschen Führer, linkssektiererische Elemente in der Arbeiterbewegung zu einem Putschversuch zu bewegen. Die von Mai 1920 bis zum Sommer 1921 geführten Besprechungen, an denen der Vorsitzende der Ortsgruppe Hamburg, Pastor EBERT, maßgeblich beteiligt war, scheiterten an den politischen und ideologischen Differenzen. Sie traten vor allem in der Haltung zur Monarchie und zum Antisemitismus in Erscheinung.[132] Trotz der weitergeführten, mehr und mehr aber längerfristig konzipierten Staatsstreichvorbereitungen tendierte die Verbandsführung unter dem Eindruck des Scheiterns des KAPP-Putsches und der Imponderabilien der verschiedenen Pläne seit Mitte 1920 dazu, den bürgerlichen Parlamentarismus zeitweise zu tolerieren.[133] Angesichts der unlösbaren Probleme sollten die Rechtskräfte nicht die Regierungsverantwortung übernehmen. Erwägungen, HINDENBURG als Präsidenten zu installieren, lehnte der ADV unter diesen Bedingungen ab. Friedrich EBERT erschien ihm als der geeignetste Präsident, Gustav NOSKE als der ideale Kriegsminister, dessen Rücktritt bedauert wurde. Die Alldeutschen stellten ihm folgendes Zeugnis aus: »Er führt das Ebert-Scheidemannsche Schwert, und man muß es ihm lassen, er führt es im großen und ganzen mit der geruhsamen Festigkeit eines alten Haudegens, sein Bild kann dereinst mit dem des alten Feldmarschalls Wrangel in einer Feldherrnhalle der deutschen Städteeroberer aufgestellt werden, als Beispiel zur Nacheiferung.«[134]
Die politische Konzeption der alldeutschen Führung wurde permanent durch die Unterschätzung der Kraft der *KPD* mitbestimmt. H. CLASS konstatierte ihren Zusammenbruch z. B. nach der Niederschlagung der Roten Ruhrarmee im April 1920 und meinte im Februar 1921, der Höhepunkt der kommunistischen Bewegung sei überschritten.[135]
Der ADV genoß in den letzten Jahren der revolutionären Nachkriegskrise noch die Unterstützung relativ großer Teile der herrschenden Klasse, wenn diese auch in Abhängigkeit von den wechselnden poli-

tischen Situationen zunehmend unbeständiger wurde. An der Finanzierung des ADV beteiligten sich z. B. manche Ruhrindustrielle zeitweise außerordentlich stark, zeitweise demonstrativ zurückhaltend. Nach der Besetzung des Ruhrgebietes im Januar 1923 verstärkten größere Gruppen der Bourgeoisie ihre finanzielle Unterstützung für den ADV beträchtlich. Der Rückhalt bei großen Teilen der Großgrundbesitzer und bestimmten Gruppen von mittleren und kleinen Kapitalisten war relativ beständig. Das offenbarten u. a. auch die verschiedenen Spendenaktionen.[136]

Als sich in den ersten Monaten des Jahres 1923 unter der Führung der *KPD* die antiimperialistische Massenbewegung rasch entwickelte, begann H. CLASS auf noch breiterer Front mit der Vorbereitung der Militärdiktatur. Im Februar 1923 hatte H. CLASS eine Besprechung mit General Hans VON SEECKT. Bei dieser Gelegenheit legte H. CLASS seinen Plan zur Errichtung der Militärdiktatur dar und erzielte Einigkeit in der Auffassung, daß die zunächst für Mai 1923 geplante militärische Auseinandersetzung mit Frankreich für die Verwirklichung dieses Planes ausgenützt werden müsse. Eine solche Auseinandersetzung wurde von verschiedenen Kräften angestrebt, und das Anliegen der Verbandsführung war es, die einzelnen Bestrebungen zu vereinigen. Die Ruhrindustriellen, als deren Exponent Fritz THYSSEN auftrat, hatten für diesen Zweck ein illegales Heer unter der Leitung des Generalleutnants Karl Oskar Heinrich FREIHERR VON WATTER aufgestellt. H. VON SEECKT gab dem alldeutschen Führer zur Kenntnis, daß er außerhalb des Reichswehrministeriums einen »kleinen Generalstab« unter der Leitung des Oberstleutnants Friedrich Wilhelm FREIHERR VON WILLISEN gebildet habe, dessen spezielle Aufgabe darin bestehe, den Krieg mit Frankreich vorzubereiten. Durch die Vermittlung von H. CLASS kam der Kontakt zwischen F. THYSSEN und H. VON SEECKT zustande. Das hob gewisse Rivalitäten und die ablehnende Haltung der Reichswehrführung gegenüber einer Zusammenarbeit mit K. O. H. VON WATTER nicht auf, die H. CLASS persönlich zwischen F. W. VON WILLISEN und K. O. H. VON WATTER zu vermitteln suchte. Der Verbandsvorsitzende erbot sich, auch eine enge Zu-

sammenarbeit zwischen der Reichswehr und den *Freikorps*, mit denen er in Verbindung stand, zu gewährleisten.[137]

Am 11. April 1923 beriet H. CLASS in Hamm mit allen beteiligten Führungskräften und hob besonders das Ziel hervor, die revolutionäre Arbeiterbewegung zu zerschlagen, wobei er den Putsch als »Kampf für die innere und äußere Befreiung« kennzeichnete.[138] Die Führer der Wehrverbände und *Freikorps*, die sich H. CLASS zur Verfügung stellten, gaben die Stärke ihrer Einheiten mit insgesamt 95 000 Mann an.

F. THYSSEN und andere Ruhrindustrielle einigten sich im Frühjahr 1923 mit H. CLASS und H. VON SEECKT über ein gemeinsames Vorgehen und übertrugen H. CLASS schließlich die politische Leitung des gesamten Vorhabens. Die Ruhrindustriellen sicherten zu, H. CLASS hierfür 20 Mill. M wertbeständig zur Verfügung zu stellen.[139] Die Putschpläne kamen nicht in der vorgesehenen Form zur Durchführung, weil ihre Urheber aus den Erfahrungen der Novemberrevolution und vor allem des KAPP-Putsches heraus die Tatsache richtig einschätzten, daß die Reaktion nicht stark genug sei, die revolutionären Kräfte zu vernichten.

Im Mai 1923 teilte H. VON SEECKT dem Verbandsvorsitzenden mit, daß eine Auseinandersetzung mit Frankreich frühestens im Juli in Frage käme, was ebenso wie die zunehmende Rivalität zwischen den beteiligten Kräften das Gelingen des konterrevolutionären Anschlags zusätzlich in Frage stellte. Die Vorbereitung eines Putschversuches mit Unterstützung des Majors Bruno Ernst BUCHRUCKER, der über eine gut ausgerüstete Truppe von 35 000 Mann verfügt haben soll[140], scheiterte, obwohl H. CLASS, P. BANG und B. E. BUCHRUCKER Anfang September 1923 Einigkeit über das Ziel des alldeutschen Planes erreicht hatten. Auch diesem Mißerfolg lag im wesentlichen der Komplex der genannten Ursachen zugrunde. Trotzdem hat die alldeutsche Rückendeckung ihren Anteil an der Errichtung der parlamentarisch verbrämten Militärdiktatur des Generals H. VON SEECKT.

Seit dem Sommer 1923 ging der Einfluß des ADV auf die *NSDAP* stark zurück, weil die faschistisch orientierten Monopolisten die *NSDAP* angesichts des Scheiterns der alldeutschen Pläne mehr direkt unterstützten. Als Ausdruck dieser Veränderung widersetzte sich HITLER anläßlich eines Treffens mit H. CLASS zu Pfingsten 1923 den Prioritätsansprüchen des ADV.[141]

Der revolutionären Krise im Herbst 1923 suchte die Verbandsführung zu begegnen, indem sie durch eine Vereinigung der putschistischen Kräfte in Bayern mit den unter Führung des Generals O. VON BELOW stehenden konterrevolutionären bewaffneten Kräften im Norden Deutschlands den Sturz der Republik betrieb. H. CLASS vereinbarte mit Gustav RITTER VON KAHR die Einzelheiten des Vorgehens. Die putschistische Reichswehrdivision unter General Otto VON LOSSOW, Einheiten der bayrischen Landespolizei, die *Brigade Ehrhardt* und andere »Wehrverbände« sollten über Thüringen nach Norden vorstoßen, gleichzeitig sollten die konterrevolutionären Kräfte des Nordens unter Führung des Generals O. VON BELOW losschlagen.[142] Der Beginn des Putsches war für die Nacht vom 8. zum 9. November 1923 angesetzt. Im Interesse dieses Zieles trat die Verbandsführung trotz taktischer Differenzen für ein Zusammengehen mit HITLER ein. J. F. LEHMANN kennzeichnete das Ziel des schließlich gescheiterten Putsches: »Es wären ... durch Kahr auch die katholischen Kreise, durch Hitler alle nationalen und völkischen Kreise zu einem starken Heerbann vereinigt worden, und in einem Anlauf wäre es möglich gewesen, von den Alpen bis zur Nordsee den Bolschewismus zu überrennen und eine nationale Diktatur aufzustellen.«[143]

Zwei Tage nach dem Putsch vom 8. November 1923 begaben sich H. CLASS und P. BANG nach München, um eine Amnestie für die Nazis zu erreichen.[144]

Die verschärfte reaktionäre Linie der Verbandspolitik, insbesondere der zunehmend militante Antisemitismus, fand in einer Satzungsänderung vom 30. August 1924 ihren Niederschlag. In den § 4 wurde die folgende Formulierung aufgenommen: »Angehörige des jüdischen Volkstums und der farbigen Rassen sowie Personen, die solche zu Vorfahren oder Ehegatten haben, dürfen nicht aufgenommen werden.«[145]

Mit dem Ziel, den Staatsstreichplänen eine breitere Basis zu schaffen, bemühte sich der ADV um einen festeren Zusammenschluß aller antidemokratischen Organisationen. Er arbeitete eng mit den ↗ VvVD zusammen. Auf seine Initiative wurde am 14. Mai 1924 die ↗ *Deutsche Industriellenvereinigung (DI)* gegründet.

Gegen Ende des Jahres 1925 orientierte sich die alldeutsche Führung unter Berücksichtigung der relativen Stabilität der kapitalistischen Verhältnisse darauf, die Staatsstreichpläne unter Zuhilfenahme des Artikels 48 der Weimarer Verfassung auf formal legalem Wege zu verwirklichen. Der Reichspräsident HINDENBURG sollte die Regierung entlassen, den Reichstag auflösen und eine Diktaturregierung ernennen. Er selbst sollte durch einen Reichsverweser ersetzt werden, bis schließlich die oberste Gewalt an den Monarchen überging.[146] Die Versuche einer entsprechenden Einwirkung auf HINDENBURG begannen bereits im Sommer 1925. Im November richteten 14 ehemalige kaiserliche Heerführer ein diesbezügliches Ersuchen an den Reichspräsidenten, das H. CLASS entworfen hatte.[147]

Der Anlaß für den Staatsstreich sollte durch die Aussperrung von Arbeitern Berliner Großbetriebe geschaffen werden, durch die man Unruhen zu provozieren hoffte. Die um Berlin zusammengezogenen Reichswehreinheiten und »Wehrverbände« hatten daraufhin die Hauptstadt zu besetzen. Nach der bereits 1923 ausgearbeiteten Notverfassung sollten das Verbot der Gewerkschaften, der allgemeine Arbeitszwang und Standgerichte für politische Gegner eingeführt sowie alle demokratischen Rechte beseitigt werden.[148] Die unter direkter Beteiligung HUGENBERGS, E. KIRDORFS und Albert VÖGLERS getroffenen Vorbereitungen gingen bis zur Fertigstellung der Kabinettsliste. Als künftigen Reichskanzler gewann H. CLASS den Bürgermeister von Lübeck, Johannes NEUMANN.[149]

Der ADV behielt stets das Ziel im Auge, eine einheitliche Partei der extrem rechten Kräfte zu schaffen. Die Vorbereitungen, die hierfür bereits während der Novemberrevolution getroffen worden waren, führten auf Grund der allgemeinen Zerfahrenheit innerhalb der herrschenden Klasse nicht zum Erfolg. Daraufhin setzte die Verbandsführung alles daran, die ↗ DNVP zu einer solchen Partei auszubauen und dazu die entscheidenden Positionen in der Partei zu besetzen. Diese

Konzeption machte den Kampf gegen solche Gruppen innerhalb der *DNVP* notwendig, die einen Zusammenschluß der extrem reaktionären Kräfte durch ihre Abspaltung anstrebten. Die aus dem äußersten antisemitischen Flügel der *DNVP* hervorgegangene ↗ *Deutschvölkische Freiheitspartei (DVFP)* wurde aus diesem Grund durch H. CLASS und die Mehrheit des Vorstandes des ADV bekämpft. Die Führung des ADV bot der *NSDAP* eine Million Mark unter der Bedingung an, nicht mit der *DVFP* zusammenzugehen.[150] Die alldeutsche Führung hatte wesentlichen Anteil am Sieg der »Palastrevolution« in der *DNVP*, durch die HUGENBERG am 20. Oktober 1928 an die Spitze der Partei kam.

Ein weiterer Versuch des Zusammenschlusses der extrem reaktionären Kräfte war das von der Führung des ADV inspirierte Volksbegehren gegen den Youngplan vom 29. Oktober 1929, das in demagogischer Weise die berechtigte Ablehnung dieses Planes durch breite Volksmassen ausnutzte. Im Präsidium des am 9. Juli 1929 gebildeten Reichsausschusses für das Volksbegehren saßen neben H. CLASS und HUGENBERG auch HITLER und Franz SELDTE. Den Gesetzentwurf, der dem Volksbegehren zugrundegelegt wurde, arbeiteten H. CLASS und andere Alldeutsche aus. Die Hauptforderungen waren: Widerrufung des Kriegsschuldparagraphen des Versailler Vertrages, bedingungslose Räumung aller besetzten Gebiete durch Deutschlands Kriegsgegner, Einstellung der Reparationen. Wenn das Volksbegehren auch nicht den angestrebten Erfolg brachte, so war durch diese Initiative doch eine relativ einheitliche Front von ADV, *DNVP*, *NSDAP* und anderen Organisationen entstanden.

Angesichts der sich Ende 1929 in Deutschland entwickelnden politischen Krise verlagerte das Finanzkapital das Schwergewicht seiner Unterstützung noch stärker auf die *NSDAP*. Die Faschisten gingen vor allem in zweierlei Hinsicht über die Alldeutschen hinaus: 1. in ihrer sozialen Demagogie, 2. in ihrem brutalen Terror, den sie unmittelbar im täglichen politischen Kampf praktizierten. Der frühere Hauptschriftleiter der »Alldeutschen Blätter« bemerkte hierzu: »Vorbei die Zeiten, in denen man in Mitgliederversammlungen ein Stürmchen im Wasserglase entfesselte. Was will

heute eine Entschließung, eine Eingabe oder selbst ein Verbandstag bedeuten, wenn im gleichen Augenblicke der Stahlhelm oder die Nationalsozialisten in der Zahl von fünf starken Armeekorps auf der Straße demonstrieren.«[151] Angesichts des wachsenden Einflusses der *NSDAP* spitzten sich in einigen Punkten die politischen Differenzen und die Prioritätsstreitigkeiten seit 1930 erheblich zu. Alldeutsche Führer beschuldigten die Nazis wiederholt der Zusammenarbeit mit den Gewerkschaften, suchten die finanziellen Zuwendungen an die Partei zu blockieren und warnten vor ihrer »Linksentwicklung«. Trotz solcher Differenzen setzte sich aber auf der Grundlage der wiederholt ausdrücklich hervorgehobenen Klassengemeinsamkeit und prinzipiellen politischen Übereinstimmung die Zusammenarbeit als bestimmend durch. In der Verbandsführung agierten J. F. LEHMANN und P. BANG als die konsequentesten Verfechter der Kooperation, die auch H. CLASS und HUGENBERG als die einzige Möglichkeit akzeptierten, das politische Programm des ADV unter den Bedingungen der beginnenden 30er Jahre zu verwirklichen. Das bedeutete andererseits keineswegs, daß die Leitung des ADV ihren Führungsanspruch in der »nationalen Bewegung« aufgegeben hatte, was in den letzten Jahren der Weimarer Republik zunehmend anachronistisch wurde. P. BANG hat 1930 die in der Verbandsführung bestimmende Haltung zu den Hitlerfaschisten erläutert: »Es geht auch nicht an, eine Bewegung, in der Kirdorf mit maßgeblich ist und in der, wie ich weiß, ein Großteil der Söhne der führenden Industriemagnaten aus dem Westen ... tätig sind, als rein marxistisch abzutun. Es geht auch nicht an, die Partei ..., die täglich ihre Knochen im Kampf gegen den Kommunismus riskiert, als bolschewistisch abzutun.« P. BANG bezeichnete es als selbstverständliche Aufgabe des ADV, die hitlerfaschistische »Bewegung auf Bahnen zu halten, die nicht im Marxismus auslaufen«. Gerade deshalb müsse man HITLER als Garanten einer richtigen Linie unterstützen, nicht den Nationalsozialismus als solchen, sondern diejenigen Kräfte bekämpfen, die von der durch HITLER repräsentierten Richtung abzuleiten drohten.[152] Diese Erwägungen lagen auch dem aktiven Bemühen der alldeutschen Führung zugrunde, mit den Hitlerfaschisten in der »Harzburger Front« zusammenzuarbeiten.

Angesichts sich verschärfender Differenzen (Verhältnis zur PAPEN-Regierung, Anspruch auf das Reichskanzleramt) gefördert durch Gerüchte über Koalitionsverhandlungen zwischen *NSDAP* und *Z*, verschärften sich im September 1932 die Kritiken an der *NSDAP*. H. CLASS meinte, HITLER habe der *NSDAP* den Todesstoß gegeben. Der ADV müsse als Gewissen der Nation auftreten und die Rechtskräfte in die *DNVP* leiten. J. F. LEHMANN, der mit H. CLASS die Auffassung teilte, »daß Hitler ein gemeingefährlicher Narr ist«, setzte jedoch voll auf die Hitlerfaschisten. Trotz der zugespitzten Differenzen dominierten die Gemeinsamkeiten und beschloß der geschäftsführende Ausschuß, daß »das Tischtuch zwischen AV und den Nationalsozialisten noch nicht zerschnitten ist«.[153] Ende 1932 arbeitete die Hauptleitung ein »Sofortprogramm« aus, das vom Reichspräsidenten forderte, den »übergesetzlichen Notstand« zu erklären, die Verfassung außer Kraft zu setzen, den Ausnahmezustand zu verhängen und die *KPD* sowie den Reichstag aufzulösen. Zu den Forderungen gehörten weiter »Bestimmungen zur Unfruchtbarmachung des Bevölkerungsballastes«. Im Zusammenhang mit diesem Punkt hieß es: »Daneben muß die Unterwelt, das Gesindel, dauernd unschädlich gemacht werden; dies geschieht durch Dauerverwahrung mit schwerem Arbeitsdienst.«[154]

Als PAPEN am 1. Dezember 1932 HINDENBURG einen Staatsstreich vorschlug, der in wesentlichen Zügen den alldeutschen Vorstellungen entsprach, und auch führende Alldeutsche für die Regierung in Aussicht nahm, versagte SCHLEICHER einer solchen Regierung die Unterstützung der Reichswehr. Die *NSDAP* hatte den ADV und HUGENBERG wiederholt beschuldigt, durch ihre Beziehungen zu HINDENBURG die Kanzlerschaft HITLERS hintertrieben zu haben. Die Entscheidung gegen PAPEN zeigte die Umorientierung maßgeblicher Kräfte des Finanzkapitals vom ADV und anderen Gruppen auf die *NSDAP*. Für H. CLASS war der 1. Dezember 1932 »der schwärzeste Tag« seit dem November 1918.[155]

7. Der ADV in der Zeit der faschistischen Herrschaft (1933–1939)

Die Errichtung der faschistischen Diktatur feierten die Alldeutschen als den »Sieg der nationalen Opposition«. Der ADV war während der Herrschaft des Faschismus nicht der *NSDAP* angeschlossen. Am 12. November 1933 zogen u. a. auch H. CLASS und HUGENBERG als Gäste der nationalsozialistischen Fraktion in den Reichstag ein. Besonders starken Beifall ernteten die Faschisten wegen ihres Terrors gegenüber der Arbeiterklasse und den Kommunisten. In der Schlußansprache auf dem Hamburger Verbandstag wurde z. B. erklärt:

»Sie wissen, daß die Weltrevolution so lange nicht gelingen wird, als Deutschland aufrecht steht. Wir Deutschen haben allen Grund, auf diese Sendung stolz zu sein. Und es ist das hohe, das geschichtliche Verdienst des Führers und Reichskanzlers, daß er diese deutsche Sendung erkannt und daß er nicht allein die bolschewistische Seuche mit starker Hand ausgerottet, sondern auch durch die Wiederherstellung der deutschen Rüstung das deutsche Volk in den Stand gesetzt hat, diese seine geschichtliche Sendung des 20. Jahrhunderts zu erfüllen.«[156]

Die Verbandsführung unterstützte mit einer Vielzahl öffentlicher Stellungnahmen die Politik des faschistischen Staates und der *NSDAP*. Sie prophezeite einen »Frühling für das deutsche Volk«, der anderen Völkern nicht zukomme.[157]

Der Antikommunismus, speziell der Antisowjetismus, steigerte sich in absurde Formen. Der Sowjetstaat bzw. die internationale kommunistische Bewegung waren gemeint, wenn von den »roh niedertrampelnden Kräfte(n) des Tiermenschentums« die Rede war, »dem sich das Untermenschentum der internationalen Verbrecherwelt« zugesellt habe.[158]

Die Praxis der faschistischen Machtausübung ließ mehr und mehr hervortreten, daß der ADV keine Funktion mehr zu erfüllen hatte. Dazu kam, daß eine der historischen Wahrheit entsprechende Rezeption des »alldeutschen Erbes« im Widerspruch zum Wesen des Faschismus selbst stand. Die alldeutsche Urheberschaft zahlreicher faschistischer Ideen und Handlungen war offensichtlich; HITLER und alldeutsche Führer hatten das wiederholt bekräftigt.[159] Unter den Bedingungen der faschistischen Herrschaft war aber eine solche Einschränkung der Originalität der Nazis nicht denkbar. Bei der Besprechung eines Artikels zum 70. Geburtstag von H. CLASS, für dessen Veröffentlichung im »Völkischen Beobachter« vom 4. März 1938 Alfred ROSENBERG persönlich sorgte, forderte ein alldeutscher Vertrauensmann in der faschistischen Führung, »jede, auch die leiseste Äußerung, aus der irgendwie gefolgert werden könnte, daß wir (die Alldeutschen, E. H.) uns als Vorläufer der heutigen Zeit betrachten, zu unterlassen; in dieser Richtung sei man sehr empfindlich. Also Claß als Kämpfer, nicht als Vorkämpfer schildern«.[160] In der tausendfach bekundeten Zustimmung zur faschistischen Politik klang der Anspruch auf die Urheberrechte am faschistischen Ideengut immer wieder durch, so auch in dem erwähnten Artikel, dessen Text peinlich genau überprüft worden war, um entsprechend der Weisung A. ROSENBERGS die Originalität der Hitlerfaschisten nicht anzuzweifeln. Daß der ADV ein geistiger Wegbereiter des Hitlerfaschismus gewesen war, brauchte nicht betont zu werden, sondern lag in der Natur der Sache. Die Beseitigung des ADV war die logische Konsequenz aus diesem Sachverhalt. Durch eine Verfügung Reinhard HEYDRICHS vom 8. März 1939 wurde der Verband am 13. März 1939 mit der Begründung aufgelöst, daß sein Programm erfüllt sei.

8. Quellen und Literatur

Eine gute Quellengrundlage bietet das Verbandsarchiv[161], dessen Reste von Heinrich Claß im Jahre 1942 an das Reichsarchiv übergeben wurden, nachdem der Inhalt von 8 Aktenschränken eingestampft worden war.[162] Weiteres Material befindet sich in den NL führender Alldeutscher, vor allem im NL Konstantin Freiherr von Gebsattel[163], in den Akten der ehemaligen Reichskanzlei[164] und in verschiedenen Akten des ZStA Merseburg.[165] Wichtige Quellen sind auch die »Mitteilungen des Allgemeinen Deutschen Verbandes« (Berlin 1891–1893), die »Alldeutschen Blätter« (Berlin 1894–1909, Mainz 1909–1917, Berlin 1917–1939), die »Flugschriften des Alldeutschen Verbandes« (34 Hefte,

1896–1913) und die Reihe »Kampf um das Deutschtum« (16 Hefte, 1897–1904).
Die Quellensammlung »Zwanzig Jahre alldeutscher Arbeit und Kämpfe« enthält vorwiegend aus den »Alldeutschen Blättern« ausgewähltes Material.
Von den zahlreichen Veröffentlichungen führender Alldeutscher sind die Lebenserinnerungen von H. Claß hervorzuheben.[166] Jürgen Kuczynskis Studie über den Alldeutschen Verband ist die erste marxistisch-leninistische Analyse der Politik des ADV.[167] Die Arbeiten des ungarischen Historikers Gyula Tokody befassen sich vornehmlich mit der Tätigkeit des ADV in Österreich-Ungarn.[168] Der sowjetische Historiker Anatoli Ivanovič Balabaev hat die Politik des ADV in der Marokko-Krise 1911 untersucht.[169] Edgar Hartwig schildert die Politik des ADV ebenfalls in einer Dissertation und in kleineren Arbeiten.[170] Willi Krebs untersucht in seiner Dissertation die Politik des ADV als Instrument des deutschen Imperialismus von 1918–1939.[171] Joachim Petzold hat besonders den Einfluß des ADV auf die nazistische Ideologie und die Förderung der Nazibewegung durch den ADV dargestellt.[172] Die »Geschichte des Alldeutschen Verbandes 1890–1939« von Alfred Kruck enthält die ausführlichste Analyse der Verbandspolitik nach dem ersten Weltkrieg.[173] A. Kruck hat die unveröffentlichten Aufzeichnungen des Verbandsvorsitzenden H. Claß ausgewertet, jedoch das aus dem reichhaltigen Material ersichtliche Klassenwesen der Organisation nicht gekennzeichnet.
Otto Bonhards »Geschichte des Alldeutschen Verbandes« gibt eine von der Verbandsführung gebilligte Darstellung der Verbandsgeschichte.[174] Von besonderem Wert ist der Dokumentenanhang. Das handschriftliche Manuskript befindet sich im ZStA Potsdam.[175] Die Dissertation »The Pan-German League 1840–1914« von Mildred S. Werthemer bietet einiges Material über die Zusammensetzung der Mitgliederschaft und der Leitungen, die Finanzen und die Verbindung des Verbandes zu anderen nationalistischen Organisationen. Der Wert dieses Materials wie der gesamten Arbeit wird durch die Negierung des Klasseninhalts der Verbandspolitik stark gemindert.[176]

Die Dissertationen von Lothar Werner und
Dietrich Jung sind von geringem wissen-
schaftlichem Wert. Sie enthalten vorwiegend
Neuzusammenstellungen bekannter Tatsachen. Beide Autoren versuchen die Verbandspolitik zu rechtfertigen.[177] Diese
Einschätzung gilt auch für die Dissertationen
von Siegfried Wehner und Josefine Husmann.[178]
In der Dissertation von Ludwig Freisel über
die Stellung des ADV zu Bismarck[179] wird
nachgewiesen, daß durch den vom ADV betriebenen Bismarck-Kult die politischen
Grundsätze Bismarcks, auch die realistischen Züge seiner Außenpolitik, im Sinne der
alldeutschen Konzeption verfälscht wurden.
Die klassenbedingten Gemeinsamkeiten,
durch die Bismarck mit den Alldeutschen
verbunden war, bleiben außerhalb der Betrachtung.

Anmerkungen

1 Aufruf zum ersten allgemeinen deutschen
 Kongreß zur Förderung überseeischer Inter-
 essen, 1886. In: ZStA Potsdam, Alldeutscher
 Verband (im folgenden: ADV), Nr. 6/1,
 Bl. 21.
2 Frankfurter Zeitung, 27.6.1890, Drittes Morgenblatt.
3 Rundschreiben A. Hugenbergs, 1.8.1890. In:
 ZStA Potsdam, ADV, Nr. 6, Bl. 291 ff.
4 Erklärung vom 28.9.1890 (gedruckt). In: ZStA
 Potsdam, ADV, Nr. 6/1, Bl. 46.
5 Einladungsschreiben von C. Peters, 20. 1. 1891.
 In: ZStA Potsdam, ebenda, Bl. 47. A. Hugenberg und J. Wislicenus an die Teilnehmer der
 Frankfurter Beratung, Februar 1891. In:
 Ebenda, Nr. 6, Bl. 48.
6 Edgar Hartwig: Zur Politik und Entwicklung
 des Alldeutschen Verbandes von seiner Gründung bis zum Beginn des ersten Weltkrieges
 (1891–1914), phil. Diss. (MS), Jena 1966,
 S. 19 f.
7 Einladung (gedruckt). In: ZStA Potsdam,
 ADV, Nr. 2, Bl. 11 f.
8 E. Hartwig: Zur Politik und Entwicklung des
 Alldeutschen Verbandes, S. 23.
9 Leipziger Zeitung, 11.4.1891.
10 Mitteilungen des Allgemeinen Deutschen
 Verbandes, Nr. 1, Berlin 1891, S. 6 f.
11 Ebenda.
12 Siehe Berichte in: ZStA Potsdam, ADV, Nr. 4,
 Bl. 28.
13 Werbeschreiben an E. Hasse, Anfang 1893. In:
 Ebenda, Nr. 3, Bl. 11.

14 Ebenda.
15 Credner an Hasse, 27.1.1893. In: Ebenda,
 Bl. 8 f.
16 Zwanzig Jahre alldeutscher Arbeit und
 Kämpfe. Hrsg. von der Hauptleitung des Alldeutschen Verbandes, Leipzig 1910 (im folgenden: Zwanzig Jahre), S. 32.
17 Mitteilungen des Allgemeinen Deutschen
 Verbandes, Nr. 7, Berlin 1892 (Beilage).
18 Rundschreiben vom 27. Mai 1894. In: ZStA
 Potsdam, ADV, Nr. 3, Bl. 125.
19 Zwanzig Jahre, S. 72 f.
20 Alldeutsche Blätter (im folgenden: ADB),
 1.1.1900.
21 Zwanzig Jahre, S. 66 f.
22 ADB, 31.5.1902.
23 Ebenda, 10.9.1899.
24 Ebenda, 20.7.1901.
25 Handbuch des Alldeutschen Verbandes,
 München 1905 (im folgenden: Handbuch),
 S. 43.
26 Zwanzig Jahre, S. 186 f.
27 Kundgebungen, Beschlüsse und Forderungen
 des Alldeutschen Verbandes 1890–1902,
 München 1902, S. 74 = Flugschriften des Alldeutschen Verbandes, Heft 14.
28 Zwanzig Jahre, S. 228.
29 ADB, 19.9.1903.
30 Handbuch, S. 25.
31 ADB, 4.6.1904.
32 Ebenda, 18.6.1904.
33 Ebenda, 24.6.1905.
34 Ebenda, 30.6.1906.
35 Ebenda, 8.9.1906.
36 Ebenda, 23.12.1905.
37 Ebenda, 30.6.1906.
38 Handbuch, S. 63 ff.
39 ADB, 8.9.1906.
40 Ebenda, 14.9.1907.
41 Ernst Hasse: Deutsche Grenzpolitik, München
 1906, S. 57 ff.
42 ADB, 14.9.1907.
43 Ebenda, 11.9.1908.
44 Ebenda, 18.9.1909.
45 H. Claß an Max Baumann, 9.6.1914. In: ZStA
 Potsdam, ADV, Nr. 241, Bl. 89.
46 Einhart: Deutsche Geschichte, Leipzig 1909,
 S. 309.
47 ADB, 29.4.1911.
48 Durchschrift eines Schreibens (vermutlich von
 H. Claß), Ende Juni 1911. In: ZStA Potsdam,
 ADV, Nr. 531, Bl. 254.
49 Aufzeichnungen von H. Claß. In: Ebenda,
 Nr. 531, Bl. 57.
50 Niederschrift über die Besprechung vom
 2.7.1911. In: Ebenda, Bl. 60.
51 Protokoll der Sitzung des geschäftsführenden
 Ausschusses vom 9.12.1911. In: Ebenda,
 Bl. 214.

52 Korrekturabzug der Broschüre »Westmarokko deutsch!«. In: Ebenda, Bl. 102.
53 Daniel Frymann: Wenn ich der Kaiser wär'. Politische Wahrheiten und Notwendigkeiten, 3. Aufl., Leipzig 1912, S. 62f.
54 Notizzettel von H. Claß (»Grundzüge«). In: ZStA Potsdam, ADV, Nr. 531, Bl. 46.
55 D. Frymann, S. 86.
56 ADB, 26. 4. 1913.
57 Ebenda, 3. 8. 1914.
58 H. Claß an Konstantin von Gebsattel, 11. 8. 1914. In: ZStA Potsdam, Nachlaß K. von Gebsattel, Nr. 1, Bl. 190.
59 K. von Gebsattel an H. Claß, 6. 8. 1914. In: Ebenda, Bl. 185.
60 Erstdruck der Denkschrift in: Ebenda, ADV, Nr. 197a, Bl. 5.
61 H. Claß: Denkschrift betreffend die national-, wirtschafts- und sozialpolitischen Ziele des deutschen Volkes im gegenwärtigen Kriege. Als Handschrift gedruckt. O. O., o. J., S. 8.
62 K. von Gebsattel an H. Claß, 4. 8. 1914. In: ZStA Potsdam, Nachlaß K. von Gebsattel, Nr. 1, Bl. 178.
63 H. Claß: Denkschrift, S. 22f.
64 Ebenda, S. 37ff.
65 Ebenda, S. 54.
66 Ebenda, S. 55.
67 H. Claß an K. von Gebsattel, 28. 9. 1914. In: ZStA Potsdam, Nachlaß K. von Gebsattel, Nr. 1, Bl. 225ff.
68 H. Claß an G. Krupp, 10. 11. 1914 (Entwurf). In: Ebenda, ADV, Nr. 197b, Bl. 145 (KW = Kaiser-Wilhelm-Straße).
69 Siehe auch: Krupp und die Hohenzollern. Aus der Korrespondenz der Familie Krupp 1850–1916, hrsg. von Willi Boelcke, Berlin 1956, S. 149ff.
70 H. Claß an K. von Gebsattel, 3. 12. 1914. In: ZStA Potsdam, Nachlaß K. von Gebsattel, Nr. 1, Bl. 292.
71 G. Krupp an H. Claß, 18. 7. 1917. In: Ebenda, ADV, Nr. 197d, Bl. 779.
72 Geschichte der deutschen Arbeiterbewegung. Hrsg. vom Institut für Marxismus-Leninismus beim ZK der SED, Bd. 2: Vom Ausgang des 19. Jahrhunderts bis 1917, Berlin 1966, S. 211ff.
73 Spartakusbriefe. Hrsg. vom Institut für Marxismus-Leninismus beim ZK der SED, Berlin 1958, S. 52.
74 Spartakus im Kriege. Die illegalen Flugblätter des Spartakusbundes im Kriege. Gesammelt und eingeleitet von Ernst Meyer, Berlin 1927, S. 68ff.
75 Schreiben an H. Claß. In: ZStA Potsdam, ADV, Nr. 197d, Bl. 937f.
76 Bethmann Hollweg an H. Claß, 27. 12. 1914. In: Ebenda, Nr. 197b, Bl. 179.
77 Ebenda, Nachlaß K. von Gebsattel, Nr. 1, Bl. 690.
78 K. von Gebsattel an Bethmann Hollweg, Anfang Mai 1915. In: Ebenda, Reichskanzlei, Nr. 1415, Bl. 146f.
79 Bethmann Hollweg an Prof. Wach, 10. 10. 1916. In: Ebenda, Nr. 1418, Bl. 306.
80 K. von Gebsattel an H. Claß, 18. 3. 1916. In: Ebenda, Nachlaß K. von Gebsattel, Nr. 3, Bl. 76.
81 Ebenda, Nr. 6, Bl. 416f.
82 Ebenda, Bl. 418.
83 Stellungnahme von H. Claß zu einer alldeutschen Werbeschrift (1930). In: ZStA Potsdam, ADV, Nr. 188, Bl. 27.
84 Ebenda, Reichskanzlei, Nr. 1419, Bl. 54ff.; Verleger J. F. Lehmann. Ein Leben im Kampf für Deutschland. Lebenslauf und Briefe. Hrsg. von Melanie Lehmann, München 1935, S. 139ff.
85 Siehe ZStA Potsdam, ADV, Nr. 177.
86 Siehe Alfred Kruck: Geschichte des Alldeutschen Verbandes 1890–1939, Wiesbaden 1954, S. 103.
87 H. Claß an Rösch, 3. 10. 1918. In: ZStA Potsdam, ADV, Nr. 245/1, Bl. 689.
88 Werner Richter: Gewerkschaften, Monopolkapital und Staat im ersten Weltkrieg und in der Novemberrevolution (1914–1919), Berlin 1959, S. 241ff.
89 Anton von Rieppel an K. von Gebsattel, 30. 10. 1918. In: ZStA Potsdam, Nachlaß K. von Gebsattel, Nr. 5, Bl. 328.
90 Ebenda, ADV, Nr. 245/1, Bl. 696f.
91 H. Claß an die Geschäftsstelle des ADV, 9. 11. 1918. In: Ebenda, Nr. 529/1, Bl. 1.
92 H. Claß an K. von Gebsattel. In: Ebenda, Nachlaß K. von Gebsattel, Nr. 5, Bl. 353ff.
93 H. Claß an die Mitglieder der Hauptleitung und des geschäftsführenden Ausschusses, 27. 1. 1919 (Abschrift). In: ZStA Potsdam, ADV, Nr. 246, Bl. 95.
94 Willi Krebs: Der Alldeutsche Verband in den Jahren 1918–1939 – ein politisches Instrument des deutschen Imperialismus, phil. Diss. (MS), Berlin 1970.
95 Denkschrift der Ortsgruppe Würzburg, 1. 1. 1919 (mit handschriftlichen Bemerkungen von Claß). In: ZStA Potsdam, ADV, Nr. 246, Bl. 1f.
96 ADB, 4. 1. 1919.
97 Leopold von Vietinghoff-Scheel an H. Claß, 30. 12. 1918. In: ZStA Potsdam, ADV, Nr. 245/1, Bl. 740.
98 Ebenda.
99 Otto Fürst zu Salm-Horstmar an H. Claß, 21. 1. 1919. In: Ebenda, Nr. 219, Bl. 359.
100 ADB, 4. 1. 1919.
101 ZStA Potsdam, ADV, Nr. 125, Bl. 12f.

102 Ebenda, Nr. 248, Bl. 202 und 273.
103 ADB, 25. 1. 1919.
104 M. Lehmann, S. 47 ff.
105 ZStA Potsdam, ADV, Nr. 125, Bl. 20 ff.
106 Ebenda, Nr. 177, Bl. 652, Otto H. Hopfen an H. Claß, 1. 1. 1919; W. Krebs, S. 54 ff.
107 Gerhard Ritter: Carl Goerdeler und die deutsche Widerstandsbewegung, Stuttgart 1955, S. 22 ff. Der Bruder C. Goerdelers war führend in der Leitung des ADV tätig. Siehe die Verwechselung beider Personen in: E. Hartwig: Alldeutscher Verband. In: Die bürgerlichen Parteien, Bd. I, S. 20.
108 ADB, 1. 3. 1919.
109 Ebenda.
110 ZStA Potsdam, Alldeutscher Verband, Nr. 416/3, Bl. 14.
111 ADB, 13. 9. 1919.
112 Ebenda, 6. 9. 1919.
113 Ebenda.
114 ZStA Potsdam, Nachlaß K. von Gebsattel, Nr. 5, Bl. 337.
115 Der Alldeutsche Verband in Deutsch-Österreich wurde am 5. Dezember 1935 aufgelöst.
116 L. F. A. von Vietinghoff-Scheel: Grundzüge des völkischen Staatsgedankens, Berlin 1921.
117 Nach Alfred Kruck: Geschichte des Alldeutschen Verbandes 1890–1939, Wiesbaden 1954, S. 137 f.
118 G. von Hertzberg vor dem geschäftsführenden Ausschuß, 6. 12. 1919. In: ZStA Potsdam, ADV, Nr. 125, Bl. 12 ff. Siehe auch ebenda, Nr. 124, Bl. 43.
119 H. Claß vor dem geschäftsführenden Ausschuß, 11. 5. 1919. In: Ebenda, Nr. 123, Bl. 20 f.
120 Ebenda, Nr. 537, Bl. 11.
121 ADB, 27. 3. 1920.
122 H. Claß an K. von Gebsattel, 27. 3. 1920. In: ZStA Potsdam, ADV, Nr. 205, Bl. 268.
123 H. Claß an K. von Gebsattel, 22. 5. 1920. In: Ebenda, Nr. 205, Bl. 277 ff.
124 Ebenda, Nr. 467/3, Bl. 10.
125 Ebenda, Bl. 201 ff.
126 Ebenda, Bl. 19.
127 Ebenda, Bl. 116.
128 Ebenda, Nr. 460/2, Bl. 134 ff.
129 Ebenda, Nr. 468, Bl. 17, 55 ff.; O. H. Hopfen an H. Claß, 17. 5. 1920. In: Ebenda, Nr. 177, Bl. 767.
130 Ebenda, Nr. 460/2, Bl. 134 ff.
131 Siehe W. Krebs, S. 127 ff.; Joachim Petzold: Claß und Hitler. Über die Förderung der frühen Nazibewegung durch den Alldeutschen Verband und dessen Einfluß auf die nazistische Ideologie (mit einem Dokumentenanhang). In: Jahrbuch für Geschichte, Bd. 21, Berlin 1980, S. 253 ff.
132 Bericht Eberts vor dem geschäftsführenden Ausschuß, 2. 9. 1921. In: ZStA Potsdam, ADV, Nr. 129, Bl. 24.
133 H. Claß vor dem geschäftsführenden Ausschuß, 19. 6. 1920. In: Ebenda, Nr. 125/2, Bl. 9 ff.
134 ADB, 8. 3. 1919.
135 H. Claß vor dem geschäftsführenden Ausschuß, 5. 2. 1921. In: ZStA Potsdam, Nr. 127, Bl. 6.
136 Ebenda, Nr. 202, Bl. 49 f. Siehe auch W. Krebs, S. 35 f.
137 Nach: A. Kruck, S. 140 f.
138 Ebenda, S. 143.
139 Ebenda.
140 Ebenda, S. 144.
141 W. Krebs, S. 134.
142 Siehe A. Kruck, S. 197.
143 M. Lehmann; S. 188.
144 W. Krebs, S. 139.
145 ADB, 6. 9. 1924.
146 ZStA Potsdam, ADV, Nr. 533, Bl. 3 f.
147 Dommes an H. Claß, 18. 11. 1925. In: Ebenda, Bl. 6.
148 Ebenda, Nr. 503, Bl. 214.
149 Ebenda, Bl. 332.
150 Siehe W. Krebs, S. 134.
151 Junius Alter, Nationalisten. Deutschlands nationales Führertum der Nachkriegszeit, Leipzig 1932, S. 24.
152 ZStA Potsdam, ADV, Nr. 232, Bl. 90–93; J. Petzold, S. 274, 287.
153 Siehe J. Petzold: Claß und Hitler, S. 275.
154 ADB, 31. 12. 1932.
155 ZStA Potsdam, ADV, Nr. 166. Bl. 37.
156 ADB, 3. 10. 1936.
157 Ebenda.
158 Ebenda, 31. 10. 1936.
159 J. Petzold: Die Entstehung der Naziideologie. In: Faschismusforschung. Positionen, Probleme, Polemik, Berlin 1980, S. 261 ff.
160 L. von Vietinghoff-Scheel an Gebhard, 22. 1. 1938. In: ZStA Potsdam, ADV, Nr. 201, Bl. 15.
161 Ebenda, Nr. 1–531.
162 Ebenda, Reichsarchiv, Nr. 29, Bl. 1 ff.
163 Ebenda, Nachlaß K. von Gebsattel.
164 Ebenda, Reichskanzlei, Nr. 1 415–1 420.
165 ZStA Merseburg, Rep. 77, Tit. 885, Nr. 4; Rep. 89H, Tit. XXVI, Milit. 11c; Rep. 92, NL A. Bovenschen, Nr. A VIII.
166 Heinrich Claß: Wider den Strom. Vom Werden und Wachsen der nationalen Opposition im alten Reich, Leipzig 1932. Der 2. Teil der Lebenserinnerungen (maschinenschriftliches Manuskript) befindet sich in: Bundesarchiv Koblenz, Kleine Erwerbungen.
167 Jürgen Kuczynski: Studien zur Geschichte des deutschen Imperialismus, Bd. II: Propaganda-

organisationen des Monopolkapitals, Berlin 1950, S. 7 ff.

168 Gyula Tokody: Zur Frage der Verbindung zwischen dem Alldeutschen Verband und der ungarländischen alldeutschen Bewegung vor dem ersten Weltkrieg. In: Jahrbuch des Historischen Instituts der Lajos-Kossuth-Universität Debrecen, Bd. 1, 1962, Budapest 1962;
ders.: Zur Frage der politischen Beziehungen zwischen Österreich-Ungarn und Deutschland von 1900 bis 1914. In: Österreich-Ungarn in der Weltpolitik 1900 bis 1918, Berlin 1965, S. 148 ff.;
ders.: Die Pläne des Alldeutschen Verbandes zur Umgestaltung Österreich-Ungarns (Mit russischer Zusammenfassung). In: Acta hist. Acad. scient. Hung., Budapest 1963, S. 39 ff.;
ders.: Ausztria — Magyarország a Pangermán Szövetzég (Alldeutscher Verband) Vilaguralmi terveiben (1890–1918), Budapest 1936.

169 Anatoli Ivanovič Balabaev: Is istorii militaristskoj propagandy Pangermanskogo sojuza vo vremja Marokkanskogo krizisa 1911. In: Trudy Tomskogo gosudarstvennogo Universiteta, t. 171, 1963.

170 E. Hartwig: Zur Politik und Entwicklung des Alldeutschen Verbandes von seiner Gründung bis zum Beginn des ersten Weltkrieges (1891–1914), phil. Diss. (MS), Jena 1966;
ders.: Alldeutscher Verband. In: Die bürgerlichen Parteien in Deutschland, Bd. I, Leipzig 1968, S. 1 ff.;
ders.: Zum Charakter des Alldeutschen Verbandes. In: WZ der Friedrich-Schiller-Universität Jena, Gesellschafts- und Sprachwissenschaftliche Reihe, Nr. 2/1965, S. 261 f.;
ders.: Der Alldeutsche Verband und Polen. In: Ebenda, Nr. 2/1970, S. 251 ff.

171 W. Krebs: Der Alldeutsche Verband in den Jahren 1918–1939 — ein politisches Instrument des deutschen Imperialismus, phil. Diss. (MS), Berlin 1970.

172 J. Petzold: Claß und Hitler. Über die Förderung der frühen Nazibewegung durch den Alldeutschen Verband und dessen Einfluß auf die nazistische Ideologie (mit einem Dokumentenanhang). In: Jahrbuch für Geschichte, Bd. 21, Berlin 1980, S. 247 ff.

173 A. Kruck: Geschichte des Alldeutschen Verbandes 1890–1939, Wiesbaden 1954 = Veröffentlichungen des Instituts für europäische Geschichte Mainz, Bd. 3.

174 Otto Bonhard: Geschichte des Alldeutschen Verbandes, Leipzig — Berlin 1920.

175 ZStA Potsdam, ADV, Nr. 6.

176 Mildred S. Wertheimer: The Pan-German League 1890–1914, phil. Diss., New York 1924.

177 Lothar Werner: Der Alldeutsche Verband 1890–1918, phil. Diss., Berlin 1935;
Dietrich Jung: Der Alldeutsche Verband und die Marokkofrage, phil. Diss., Bonn 1934. (Teildruck; Dietrich Jung: Der Alldeutsche Verband, Würzburg 1936).

178 Siegfried Wehner: Der Alldeutsche Verband und die deutsche Kolonialpolitik der Vorkriegszeit, phil. Diss., Greifswald 1935;
Josefine Husmann: Die Alldeutschen und die Flottenfrage, phil. Diss., Freiburg 1945.

179 Ludwig Freisel: Das Bismarckbild der Alldeutschen. Bismarck im Bewußtsein und in der Politik des Alldeutschen Verbandes von 1890 bis 1933. Ein Beitrag zum Bismarckverständnis des deutschen Nationalismus, phil. Diss., Würzburg 1964.

Edgar Hartwig

Allgemeiner deutscher Frauenverein (AdF)

Die bürgerliche Frauenbewegung fand ihre erste Organisationsform in dem 1865 in Leipzig gegründeten AdF, der in seinen Anfängen eine bürgerlich-demokratische Vereinigung darstellte und bis zur Bildung des ↗ Bundes deutscher Frauenvereine (BdF) die repräsentativste und umfassendste bürgerliche Frauenorganisation Deutschlands blieb. Der AdF trat zunächst vorwiegend in publizistischer Aktivität zahlreicher Frauen aus dem Bürgertum und dem Kleinbürgertum für die staats- und privatrechtliche Gleichstellung der Frauen und Mädchen mit dem Manne durch die Überwindung des Bildungsprivilegs in Erscheinung. Diese Beschränkung als Bildungs- und Berufsbewegung läßt erkennen, daß die Frauenemanzipation noch nicht in den vielverzweigten sozialen Zusammenhängen erfaßt wurde. Andererseits kooperierte der AdF in der Verfolgung der genannten Ziele mit zahlreichen anderen Vereinen und Organisationen, auch mit Arbeiterorganisationen der Bebelschen Richtung.

1. Die Anfänge der bürgerlichen Frauenbewegung
2. Gründung und Wirksamkeit des AdF
3. Beziehungen des AdF zu sozialdemokratischen Arbeiterorganisationen
4. Quellen und Literatur

Vorsitzende Louise OTTO-PETERS (seit 1865); Auguste SCHMIDT (seit 1895); Helene LANGE (seit 1902). Die *Mitgliederzahlen* stiegen von 34 im Jahre 1865 auf 95 im Jahre 1866 und 12 000 im Jahre 1877 an. Zum AdF gehörten nach dem Stand von 1915 14 Ortsgruppen mit 12 000 direkten Mitgliedern und 57 angeschlossene Mitgliedsvereine mit ca. 14 000 Mitgliedern.

Mitgliedsvereine des AdF 1865–1889

1. *Frauenbildungsverein*, Leipzig, (gegr. 1865)
2. *Frauenbildungsverein*, Braunschweig (gegr. 1868)
3. *Frauenbildungsverein*, Kassel (gegr. 1869)
4. *Frauenbildungsverein*, Dresden (gegr. 1870)
5. *Verein für weibliche Fortbildung*, Dresden (gegr. 1871, später: *Frauenerwerbsverein*)
6. *Verein für Familien- und Volkserziehung*, Leipzig (gegr. 1871)
7. *Frauenbildungsverein*, Eisenach (gegr. 1872)
8. *Frauenbildungsverein*, Zwickau (lt. Vereinsbericht existent im Jahre 1873)
9. *Schwäbischer Frauenverein*, Stuttgart (gegr. 1873)
10. *Frauenbildungsverein*, Borna (gegr. 1873)
11. *Frauenbildungsverein*, Gotha (gegr. 1875)
12. *»Zweigverein« Frankfurt (Main)* (gegr. 1876)
13. *»Lokalverein« Hannover* (gegr. 1877)
14. *»Zweigverein« Heidelberg* (gegr. 1879)
15. *»Lokalverein« Lübeck* (gegr. zwischen 1881 und 1885)
16. *»Lokalverein« Arolsen*
17. *»Lokalverein« Hamburg*
18. *»Lokalverein« Tübingen*

Die Anzahl der dem Allgemeinen deutschen Frauenverein angeschlossenen Vereine darf jedoch höher angesetzt werden, da sich ihm auch andere größere und selbständige Vereinsorganisationen anschlossen, so z. B.:

19. *(Berliner) Hausfrauenverein* (gegr. 1873)
20. *Verein »Frauenwohl«*, Berlin (gegr. Februar 1888 als *Frauengruppe der Deutschen Akademischen Vereinigung*)

Generalversammlungen

Leipzig	1867	Hannover	1877
Braunschweig	1868	Heidelberg	1879
Kassel	1869	Lübeck	1881
Eisenach	1872	Düsseldorf	1883
Stuttgart	1873	Leipzig	1885
Gotha	1875	Augsburg	1887
Frankfurt (Main)	1876	Erfurt	1889

Presse

»Neue Bahnen«, hrsg. von L. OTTO-PETERS und A. SCHMIDT, 3.–4. Jg., 1868/69; 10.–11. Jg., 1875/76; 18.–19. Jg., 1883/84;

31.–54. Jg., 1896–1919; hrsg. nacheinander von A. SCHMIDT, Elsbeth KRUKENBERG, Gertrud BÄUMER, Elisabeth ALTMANN-GOTTHEIMER.

DITTMAR, Kathinka ZITZ, Fanny LEWALD, Ida FRICK, Ida VON DÜRINGSFELD, Emilie WÜSTENFELD.

1. Die Anfänge der bürgerlichen Frauenbewegung

Mit der Herausbildung bürgerlich-demokratischer Auffassungen bei bestimmten Teilen der Bourgeoisie und des Kleinbürgertums in Deutschland in der ersten Hälfte des 19. Jh. wurden auch unter den Frauen dieser Schichten bürgerlich-demokratische Forderungen lebendig. Träger der deutschen bürgerlichen Frauenbewegung waren anfangs »Achtundvierzigerinnen«. L. OTTO-PETERS (1819 bis 1895), die bedeutendste Vertreterin, veröffentlichte bereits 1843 in den von Robert Blum redigierten »Vaterlandsblättern« als Antwort auf die von der Zeitung aufgeworfene Frage »Haben Frauen ein Recht zur Teilnahme an den Interessen des Staates?« einen Aufsatz unter dem Pseudonym »ein sächsisches Mädchen«, in dem es hieß: »Die Teilnahme der Frauen an den Interessen des Staates ist nicht allein ein Recht, sie ist eine Pflicht der Frauen.«[1] L. OTTO-PETERS nahm an den Auseinandersetzungen um die sozialen Probleme ihrer Zeit leidenschaftlichen Anteil. Ihrer »Frauen-Zeitung« (1849–1852), deren erste Nummer am 21. April 1849 erschien, gab sie das Motto »Dem Reich der Freiheit werb' ich Bürgerinnen«. L. OTTO-PETERS unterstützte alle Einrichtungen, die sich die Berufsausbildung der Frauen zum Ziel setzten: die Fröbelschen Kindergärtnerinnen-Institute und die Hamburger Frauenhochschule. Im Programm dieser Zeitung legte sie den Inhalt der Rechte und Pflichten der »Bürgerinnen« dar.[2]
L. OTTO-PETERS' Ziel bestand darin, die Frau dem Manne »gleichzustellen«, sie im persönlichen, wirtschaftlichen und gesellschaftlichen Leben zu einem selbständigen, selbstverantwortlichen Menschen zu erheben. Neben L. OTTO-PETERS waren nur wenige Frauen in der Lage, über die Presse Einfluß auf das gesellschaftliche Leben auszuüben. Zu jenen Frauen gehörten Malvida VON MEYSENBUG, Louise ASTON, Louise

2. Gründung und Wirksamkeit des AdF

Am 15. Oktober 1865 trat unter Leitung von L. OTTO-PETERS und A. SCHMIDT die erste deutsche Frauenkonferenz zusammen, einberufen durch den von L. OTTO-PETERS, A. SCHMIDT, Ottilie VON STEYBER und Dr. Henriette GOLDSCHMIDT gegründeten *Frauenbildungsverein.*[3] Diese Frauenkonferenz erlangte durch die Konstituierung des AdF vom 16.–18. 10. 1865 in Leipzig besondere Bedeutung. Der AdF stellte für fast 30 Jahre die umfassendste Frauenorganisation in Deutschland dar. Bei der Gründung des AdF war der Gedanke einer Verbindung von nationaler Einigung, sozialer Gerechtigkeit, politischer Freiheit und Mitarbeit der Frau im öffentlichen Leben noch sehr lebendig. Der AdF stellte sich »die Aufgabe, für die erhöhte Bildung des weiblichen Geschlechts und die Befreiung der weiblichen Arbeit von allen ihrer Entfaltung entgegenstehenden Hindernissen mit vereinten Kräften zu wirken.« Dies war in den Statuten des AdF, angenommen am 17. 10. 1865 auf der Frauenkonferenz in Leipzig, deutlich formuliert. Mit dem AdF wurde die organisierte bürgerliche Frauenbewegung in Deutschland ins Leben gerufen. Sie war jedoch politisch rechtlos und finanziell ohnmächtig. 1867 verzeichnete der AdF lediglich eine Einnahme von 281 Talern.[4]
Schon wenige Jahre nach der Konferenz wurden in verschiedenen Orten Deutschlands Lokalvereine gegründet, die im Sinne des AdF wirkten. Die von der Gründungskonferenz geforderte Gleichberechtigung der Frau reduzierte sich in der Folgezeit auf die Forderung des Rechts auf freie Berufsarbeit. Während jedoch der AdF die Erringung der politischen Gleichberechtigung vornehmlich aus taktischen Gründen nicht erhoben hatte, betonte der *Lette-Verein* (*Verein zur Förderung der Erwerbstätigkeit des weiblichen Geschlechts*, am 27. 2. 1866 gegründet), der zum AdF in kooperative Beziehungen trat: »Was wir nicht wollen und niemals . . ., ist die politische Emanzipation und Gleichberechti-

gung der Frauen ...«[5] Der *Lette-Verein* forderte den AdF zum Beitritt auf. A. Schmidt und H. Goldschmidt lehnten das mit der berechtigten Begründung ab: »Ihr habt einen anderen Geist als wir.«[6]

Obwohl die kapitalistischen Produktionsverhältnisse ökonomisch die Voraussetzungen dafür schufen, daß die Frau wirtschaftlich unabhängig vom Manne ihr Leben meistern konnte, kam es für die Frauen der Bourgeoisie und des Kleinbürgertums in der Gesamtheit sowohl darauf an, die ökonomische Selbständigkeit zu erlangen als auch ihrem Leben einen Sinn zu geben und sich der geistigen Abhängigkeit vom Manne zu entledigen. Deshalb rückte das Streben nach höherer Bildung als Voraussetzung für die Erweiterung der Berufstätigkeit der Frauen in den Vordergrund.[7] Darin widerspiegelten sich sowohl sozialökonomische Auswirkungen des Industriekapitalismus als auch, wie Clara Zetkin betonte, der geistig-sittliche Gehalt der bürgerlichen Frauenbewegung.[8]

Neben und mit dem AdF machten sich zahlreiche Frauenberufsorganisationen die Lösung der Frauenberufs- und Frauenbildungsfrage zur Aufgabe. Sie versuchten, mit der Einrichtung von Industriekursen, Stellenvermittlungen und Schreibbüros, den Berufsmöglichkeiten der Frauen Rechnung zu tragen. Der AdF wandte sich, den bestehenden Vorurteilen zum Trotz, folgenden Aufgaben zu: der stärkeren wissenschaftlichen und materiellen Unterstützung der Lehrerinnen, der Fortbildung der schulentlassenen Mädchen, der höheren Mädchenschulbildung, der Gymnasialbildung für Mädchen und der Zulassung der Frauen zum Studium. Vergleicht man die Entwicklung mit den Vorgängen in England, Frankreich, der Schweiz, den USA, Nordeuropa und Rußland, so müssen die Parallelentwicklungen in Deutschland als schleppend und rückständig bezeichnet werden.

Im Kreise des AdF war zu diesem Zeitpunkt die beste Pädagogin ohne Zweifel A. Schmidt, selbst Leiterin eines Mädcheninstitutes und eines Lehrerinnenseminars in Leipzig. C. Zetkin war bis 1878 eine ihrer begabtesten Schülerinnen.[9] A. Schmidt forderte zurecht eine erhöhte Verstandesbildung und wissenschaftlichen Unterricht, eine harmonische Entfaltung aller im Mädchen ruhenden Anlagen und Fähigkeiten.[10] Die höhere Mädchenbildung blieb fast ausschließlich Privatschulen überlassen. Von 1800 bis 1870 wurden im Deutschen Reich nur 115 öffentliche Mädchenschulen gegründet.[11] Um das zu ändern, wurde auf der Leipziger Generalversammlung des AdF 1867 auf Antrag von H. Goldschmidt beschlossen: »...der Verein wolle sich auf dem Wege der Petition an Regierungen und Kommunalbehörden dahin verwenden, daß die bestehenden Unterrichtsanstalten auch dem weiblichen Geschlecht zugänglich, auch solche für das weibliche Geschlecht besonders gegründet würden, um dasselbe höherer Bildung teilhaftig und besser erwerbsfähig zu machen.«[12]

Nach weiteren Diskussionen erfolgten keine konkreten Maßnahmen. Eine rein karitative Tätigkeit zählte nicht zum Aktionsbereich des AdF. In gemeinnütziger Tätigkeit widmeten sich die Mitglieder Hilfseinrichtungen zur Betreuung und Erziehung von Kindern. Auf den Generalversammlungen 1868, 1869, 1873, 1875 und 1877 forderte Vorstandsmitglied H. Goldschmidt den Einsatz der Frauen im Gemeindedienst zur Armen- und Waisenpflege, zur Aufsicht in Kranken- oder Siechenhäusern, in Schulen, Kindergärten, Volksküchen oder Gefängnissen. Damit wandte sich der AdF einer ähnlichen Tätigkeit zu wie der *Vaterländische Frauenverein* (in Preußen am 11.11.1866 gegründet), der gezielt freiwillige Krankenpflegerinnen ausbilden sollte. Verwandte Organisationen bestanden bereits, es folgten weitere derartige Gründungen, die am 12.8.1871 im *Verband der deutschen vaterländischen Frauenvereine* zusammengefaßt wurden.

Der AdF erhöhte mit Petitionen zum Frauenstudium seine Öffentlichkeitswirksamkeit, als er durch bedeutsame Spenden des Ehepaares Ferdinand und Luise Lenz an den AdF (1885–1888) die Basis für ein Vereinsunternehmen gewonnen hatte, das in »Selbsthilfe« Mädchen auf das Abitur und für ein Universitätsstudium vorbereiten wollte. Außerdem kam es im Jahre 1888 zu entscheidenden Kontakten zwischen den Führungskräften des AdF und H. Lange (1848–1930), Oberlehrerin einer privaten höheren Töchterschule und Leiterin der dort eingerichteten Lehrerinnenseminarklasse in Berlin. H. Lange richtete gemeinsam mit

M. CAUER (Vorsitzende des *Vereins Frauenwohl, Frauengruppe der Akademischen Vereinigung Berlin*), mit dem *Lette-Verein*, mit
Henriette SCHRADER-BREYMANN (Fröbelbe-
wegung Berlin) und Marie LOEPER-HOUSSEL-
LE (Lehrerinnenbewegung Süddeutschland)
eine Petition an den preußischen Unterrichts-
minister und an das preußische Abgeordnetenhaus bezüglich der wissenschaftlichen
Ausbildung der Lehrerinnen an den höheren
Mädchenschulen. In H. LANGES Begleitschrift zur Petition »Die höhere Mädchenschule und ihre Bestimmung« prangerte
diese mit beißender Ironie das von männlichen Pädagogen verfochtene Bildungsziel
an: das Mädchen sei zu bilden um des Mannes
willen, auf daß sich der deutsche Mann am
häuslichen Herd nicht langweile.[13] Diese
Schrift, später unter dem Namen »gelbe
Broschüre« bekannt, rief in der Tagespresse
lebhafte Auseinandersetzungen hervor und
löste eine Agitationskampagne für die
Frauenbildungsbewegung aus.[14]
Der AdF richtete 1888 außerdem Petitionen
an alle Kultusministerien, in denen um Zulassung der Frauen zum Studium der Medizin
gebeten wurde und ferner darum, »daß auch
diejenigen Studien und Prüfungen, durch
welche Männer die Befähigung zum wissenschaftlichen Lehramt erlangen, den Frauen
freigegeben werden.«[15] Diese Forderungen
blieben unbeachtet.
Dem AdF trat der 1888 gegründete *Deutsche
Frauenverein Reform* zur Seite, allerdings mit
modifizierten Forderungen. Im Jahre 1890
gründete H. LANGE zusammen mit
A. SCHMIDT den *Allgemeinen deutschen
Lehrerinnenverein*. 1896 bestanden die ersten
Abiturientinnen aus den unter großen
Schwierigkeiten und persönlichen Opfern von
H. LANGE eingerichteten Real- und Gym-
nasialkursen für Frauen das Abitur. H. LANGE
nimmt infolge ihres außergewöhnlichen Ein-
satzes für die Formulierung wesentlicher
Frauenbildungsprobleme in Deutschland
einen bedeutenden Platz in der bürgerlichen
Frauenbewegung ein.

3. Beziehungen des AdF zu sozial-demokratischen Arbeiterorganisationen

Neben der bürgerlichen Frauenbewegung war
Ende der 70er Jahre die sozialistisch-pro-
letarische entstanden. Beide unterschieden
sich grundsätzlich nach Inhalt, Ziel und Arbeitsmethoden. C. ZETKIN bezeichnete die
Behauptung, die klassenbewußte proletarische Frauenbewegung sei aus der bürgerlichen hervorgewachsen, als eine Legende.
Ebensowenig sind die Anfänge der einen mit
denjenigen der anderen ideologisch verbunden gewesen.
Die bürgerliche Frauenbewegung erhielt, wie
L. OTTO-PETERS wiederholt anerkannte, wertvolle Hilfe durch sozialdemokratische Arbeiterorganisationen. »Dank besonders auch
den Mitgliedern des Arbeiterbildungsvereins,
die unserem Wirken schon oft ihre Teilnahme
bezeigten. Wie die Arbeiter überhaupt die
Stütze der Nationen sind, so erfüllt es uns mit
gerechtem Stolze, gemeinsam mit ihnen zu
wirken.«[16]
Die Bemühungen um die Arbeiterinnen gingen fast ausschließlich von Frauen und Vereinen aus, die dem AdF zugehörten. Ihr
Wirken konzentrierte sich auf den gewerblichen (Fabrik-Handarbeiterinnen) und auf den
kaufmännischen Bereich für Mädchen und
Frauen kleinbürgerlicher Schichten. Fortbil-
dungsschulen, Abendkurse und Sonntags-
schulen mit unterschiedlicher Qualität waren
im Einflußbereich des AdF nachweisbar.[17]
Dem AdF waren ca. 40 Ausbildungsstätten
und Organisationen angeschlossen. Diese
zermürbende Kleinarbeit mit teilweise geringen Schülerzahlen erhöhte das Gewicht des
AdF in der Öffentlichkeit. Der *Leipziger
Arbeiterbildungsverein* stellte an Sonntagen
sein Vereinslokal zur Errichtung einer Sonn-
tagsschule für Mädchen zur Verfügung.[18]
Dabei könnte ein engerer Kontakt zwischen
L. OTTO-PETERS und August BEBEL entstanden sein.
L. OTTO-PETERS Stellungnahmen zur Frauen-
fabrikarbeit und die proletarische Arbei-
terinnenbewegung in Sachsen wurden
offensichtlich auch durch die frauenfeind-
liche Haltung der Lassalleaner veranlaßt, die
gegen Frauenarbeit und Frauenwahlrecht
waren.
L. OTTO-PETERS bezeichnete als Ziel des AdF

und der Arbeiterbewegung »ein menschen-
würdiges Dasein für alle«. Sie suchte eine
Bundesgenossenschaft zwischen den sozialen
Bewegungen ihrer Zeit. Arbeiterinnen sollten
an der Seite der Arbeiter stehen und von deren
Vereinigungen nicht mehr ausgeschlossen
sein. Sie war zutiefst von der Notwendigkeit
der Solidarität zwischen Männern und Frauen
der Arbeiterklasse überzeugt.

Der *Leipziger Frauenbildungsverein* und der
AdF traten für die Solidarität zwischen den
bürgerlichen Frauen und den Arbeiterinnen
ein. Gemeinsame Unterhaltungsabende erfreuten sich des besonderen Zuspruchs aus
Arbeiterkreisen.[19]

Galten die Bemühungen des AdF den Fabrik-
und Handarbeiterinnen in gleicher Weise, so
fehlten besonders den Handarbeiterinnen im
Kampf um bessere Lohn-, Arbeits- und Lebensbedingungen die männlichen Partner. Die
Handwerker, Zwischenmeister und Vor-
arbeiter organisierten sich in eigenen Innungen, von denen die Frauen ausgeschlossen
waren. Der AdF verfolgte deshalb verschiedene Initiativen, um sich für die Verbesserung
der Lage der Handarbeiterinnen einzusetzen.
Die kostspieligen Vorschläge im Programm
des AdF von 1865 (Gründung von Produk-
tivassoziationen, Durchführung von Indu-
strieausstellungen, Gründung von Industrie-
schulen für Mädchen, Errichtung von Mäd-
chenherbergen) ließen sich nicht realisieren.
Gertrud GUILLEAUME-SCHACK und Johanna
F. WECKER riefen zur Gründung von Arbei-
terinnen- und Gewerkvereinen auf. Vom
Frauentag des AdF 1883 gingen neue Impulse
in drei Richtungen aus: in die des Rechtsschutzes, des Frauenhilfsvereins und des
Arbeiterinnenvereins. Die Arbeiterinnen- und
Kinderschutzgesetzgebung wurde vorbehaltlos bejaht.[20] Grundlage dieser Vereine für die
arbeitenden Frauen Deutschlands sollte die
Gründung von Hilfs- und Unterstützungskassen für Alter, Krankheit, schwierige Situationen, Fortbildungskurse für häusliche
und Berufszwecke sein. Lohnfragen wurden
mit diesen Maßnahmen noch nicht berührt.
Die Arbeiterinnen wandten sich verstärkt der
Sozialdemokratie zu.

Die Neugründung von Frauenorganisationen
des AdF erfolgte mit einer gewissen Plan-
mäßigkeit. Zwischen 1868 und dem Beginn
der 80er Jahre wurden 9 von 16 Lokalvereinen

nach Generalversammlungen des AdF gegründet. Diese fanden ausschließlich deshalb
stets an einem anderen Ort statt. Weitere
Vereine konstituierten sich nach Vorträgen
der Frauen des AdF. Neu gewonnene Mitglieder, die in konventionellen Vorstellungen
befangen waren, mußten behutsam an die
Probleme herangeführt werden. Der große
Unterschied zwischen dem hohen Entwick-
lungsgrad und dem persönlichen Engagement
der Führerinnen des AdF und dem der Mitglieder hatte mit zur Folge, daß der AdF nicht
der führende Verband der politischen bürgerlichen Frauenbewegung bleiben konnte. Es
vergrößerte sich der Abstand zu den
Frauenstimmrechtsforderungen der sozialistischen Arbeiterbewegung. Weiterhin wurde
das Wirken der bürgerlich-demokratischen
Frauenbewegung dadurch begrenzt, daß die
Mehrheit der bürgerlichen und kleinbürgerlichen Frauen nicht die gesellschaftlichen
Konventionen zu überwinden vermochte und
gleichgültig und engstirnig blieb. Die Organisationen des AdF hatten sich inmitten der sich
rapide umgestaltenden Gesellschaft kaum
verändert. Seit den 80er Jahren wurde im AdF
eine gewisse Stagnation spürbar, vor allem
fehlte es an jüngerem Nachwuchs.[21]

Da die Zahl unterschiedlicher Frauenvereine
in den 90er Jahren des 19. Jh. dennoch erheblich angestiegen war, erfolgte 1894 die
Gründung einer zentralen Dachorganisation
zur Förderung gemeinsamer Interessen unter
dem Namen ↗ *Bund deutscher Frauenvereine
(BdF).*

4. Quellen und Literatur

Aussagekräftige Quellen sind die Zeitschrift
»Neue Bahnen«, die insgesamt 20 »Quellen-
hefte zum Frauenleben in der Geschichte«,
herausgegeben von Emmy Beckmann und
Irma Stoß durch die Verlagsbuchhandlung
F. A. Herbig G. m. b. H. Berlin, sowie zahl-
reiche Schriften der Führerinnen des AdF.
Wichtiges Material über das Wirken des AdF
enthalten: Margrit Twellmann »Die deutsche
Frauenbewegung. Ihre Anfänge und erste
Entwicklung 1843–1889« (Marburger Ab-
handlungen zur Politischen Wissenschaft,
Bd. 17. Hrsg. Wolfgang Abendroth, Meisen-
heim am Glan 1972); »Die Deutsche Frauen-

bewegung im Spiegel repräsentativer Frauenzeitschriften, ihre Anfänge und ihre erste Entwicklung 1843–1889« (Inaugural-Dissertation Marburg [Lahn] 1968).
Weitere Hinweise und Einschätzungen zur bürgerlichen Frauenbewegung enthalten August Bebel »Die Frau und der Sozialismus« (Berlin 1962) und Clara Zetkin »Ausgewählte Reden und Schriften« (Bd. I–III, Berlin 1960), »Zur Frage des Frauenwahlrechts« (Berlin 1907), »Die Frauen und die Kommunistische Partei« (Leipzig 1921), »Zur Geschichte der proletarischen Frauenbewegung« (Berlin 1958). Eine populärwissenschaftliche marxistische Darstellung der Geschichte der bürgerlichen Frauenbewegung vornehmlich bis 1917 bringt Luise Dornemann »Für Gleichberechtigung, Frieden und Sozialismus« (o. O., o. J.). Ebenso geht die Herausgeberin Florence Hervé in »Brot & Rosen. Geschichte und Perspektiven der demokratischen Frauenbewegung« (Frankfurt [Main] 1979) auf die Herausbildung der proletarischen und bürgerlichen Frauenbewegung in Deutschland ein.
An bürgerlichen Überblicksdarstellungen sind zu nennen: Orla-Maria Fels »Die deutsche bürgerliche Frauenbewegung als juristisches Phänomen (dargestellt an der Erscheinung Gertrud Bäumers)« (phil. Diss., Freiburg [Breisgau] 1959). Dorothea Götze »Der publizistische Kampf um die höhere Frauenbildung in Deutschland von den Anfängen bis zur Zulassung der Frau zum Hochschulstudium« (phil. Diss., München 1957). Agnes von Zahn-Harnack »Die Frauenbewegung. Geschichte, Probleme, Ziele« (Berlin 1929). Ilse Reicke »Die Frauenbewegung. Ein geschichtlicher Überblick« (Leipzig 1929). Gabriele Strecker »100 Jahre Frauenbewegung in Deutschland« (Wiesbaden 1951).
Als eine der wenigen bürgerlichen Darstellungen geht die Diss. von Irmgard Remme »Die internationalen Beziehungen der deutschen Frauenbewegung vom Ausgang des 19. Jahrhunderts bis 1933« (phil. Diss., Berlin [West] 1955) auf die Herausbildung der linken Kräfte innerhalb der bürgerlichen Frauenbewegung ein.

Anmerkungen

1 Louise Otto-Peters: Das Recht der Frauen auf Erwerb, Hamburg 1866, S. 76. Dies.: Adresse eines Mädchens. In: Leipziger Arbeiterzeitung, Nr. 4 vom 26. 5. 1848.
2 Gertrud Bäumer: Gestalt und Wandel, Berlin-Grunewald 1950, S. 336 und 337.
3 L. Otto-Peters: Das erste Vierteljahrhundert des Allgemeinen Deutschen Frauenvereins, Leipzig 1890, S. 3.
4 Siehe Neue Bahnen, 3. Jg., 1868, Nr. 22, S. 174.
5 Wilhelm Lette: Über die Eröffnung neuer und die Verbesserung bisheriger Erwerbsquellen für das weibliche Geschlecht. In: Der Arbeiterfreund, Berlin 1865, S. 349 ff. Jenny Hirsch: Geschichte der fünfundzwanzigjährigen Wirksamkeit (1866–1891) des unter dem Protektorat Ihrer Majestät der Kaiserin und Königin stehenden LETTE-VEREINS zur Förderung höherer Bildung und Erwerbsfähigkeit des weiblichen Geschlechts, Berlin 1891, S. 9 ff.
6 Handbuch der Frauenbewegung. Hrsg. Helene Lange/G. Bäumer, Bd. 1, Berlin 1901, S. 59.
7 L. Otto-Peters: Das erste Vierteljahrhundert, S. 22. Dies.: Das Recht der Frauen, S. 3 u. 4.
8 Clara Zetkin: Rede zur Frauenfrage auf dem Parteitag der Sozialdemokratischen Partei Deutschlands am 16. Oktober 1896. In: Ausgewählte Reden und Schriften, Berlin 1957, Bd. I, S. 95.
9 C. Zetkin: Leben und Lehren einer Revolutionärin, Berlin 1949, S. 6.
10 Neue Bahnen, 4. Jg., 1869, Nr. 1, S. 3 ff. u. 10. Jg., 1875, Nr. 22, S. 170.
11 Joseph Wychgram: Handbuch des Höheren Mädchenschulwesens, Leipzig 1897, S. 55 ff.
12 Handbuch der Frauenbewegung, Bd. 1, S. 54.
13 H. Lange: Die höhere Mädchenschule und ihre Bestimmung. Begleitschrift zu einer Petition an das preußische Unterrichtsministerium und das preußische Abgeordnetenhaus. Berlin 1888, S. 14 ff.
14 Handbuch der Frauenbewegung, Bd. 1, S. 85.
15 L. Otto-Peters: Das erste Vierteljahrhundert, S. 79 ff.
16 Dies.: Das Recht der Frauen, S. 83.
17 Ebenda, S. 80 f. Neue Bahnen, 3. Jg., 1868, Nr. 13, S. 45 f., 1875, Nr. 11, S. 84.
18 August Bebel: Aus meinem Leben, Berlin 1964, Erster Teil, S. 94.
19 L. Otto-Peters: Das Recht der Frauen, S. 67. Neue Bahnen, 3. Jg., 1868, Nr. 16, S. 121 ff. und Nr. 12, S. 95.
20 L. Otto-Peters: Das Recht der Frauen, S. 23. Dies.: Das erste Vierteljahrhundert, S. 61 f. Neue Bahnen, 4. Jg., 1869, Nr. 3, S. 23 f. und 19. Jg., 1884, Nr. 3, S. 17 ff. und Nr. 1, S. 18.
21 L. Otto-Peters: Das erste Vierteljahrhundert, S. 54.

Hiltrud Bradter

Allgemeiner Deutscher Handwerkerbund (ADH)
1883 — Ende des Jahrhunderts

Der ADH war in den letzten zwei Jahrzehnten des 19. Jh. einer der Initiatoren und Träger der Handwerkerbewegung. In dieser kleinbürgerlich-reaktionären Organisation sammelten sich extrem zünftlerische Kräfte. Ihr Wirken war darauf gerichtet, die allgemeine Gewerbefreiheit zumindest für das Handwerk aufzuheben und dafür mittelalterliche Organisationsformen und überholte Traditionen — vor allem die Zwangsinnung und den Befähigungsnachweis — unter den Bedingungen der kapitalistischen Großproduktion wiederaufleben zu lassen. In ihrer reaktionären Opposition gegenüber dem Großkapital und ihrem Kampf gegen die revolutionäre Arbeiterbewegung fanden sie insbesondere im ↗ Zentrum (Z), in der Deutschkonservativen Partei (DkP) (↗ Konservative Partei) und im ↗ Bund der Landwirte (BdL) einflußreiche Verbündete, die zugleich wesentlich auf Entwicklung und Tätigkeit des ADH einwirkten.

Leitung

Zentralkomitee in Berlin (1883); Zentralvorstand in Köln (1883—1884), Generalsekretär: Schneidermeister FASSHAUER; Hauptvorstand in München (seit 1884), Präsident: Bildhauer Georg BIEHL[1]; Kommerzienrat M. NAGLER (seit 1895)

Wichtigste korporative Mitglieder

↗ *Verein selbständiger Handwerker und Fabrikanten Deutschlands* (*VHF*, Vorläufer des ADH); *Westdeutscher Bund selbständiger Handwerker* (1882); *Ostdeutscher Handwerkerbund* (1883); *Bayerischer Handwerkerbund* (1883)

Mitglieder

1883 ca. 15 300
1884 ca. 40 000[2]
1885 ca. 24 000
1897 ca. 15 000[3]

Handwerkertage

31. Mai bis 2. Juni 1882 Allgemeine Deutsche Handwerkerversammlung, Magdeburg
Allgemeine Deutsche Handwerkertage und Delegiertentage des ADH fanden statt:
1. 20.—23. Mai 1883, Hannover
2. 21.—23. Juli 1884, Frankfurt (Main)
3. 16.—18. August 1885, Köln
4. 5.— 8. September 1886, Kösen
5. 13.—17. August 1887, Dortmund
6. 13.—15. August 1888, München
7. 5.— 6. August 1889, Hamburg
1.—3. Juni 1890 Handwerkertag, Berlin*
15.—17. Februar 1892 Deutscher Innungs- und Allgemeiner Handwerkertag* und 8. Delegiertentag des ADH, Berlin
9.—11. April 1894 Deutscher Innungs- und Allgemeiner Handwerkertag* und 9. Delegiertentag des ADH, Berlin
21.—24. August 1895 8. Allgemeiner Deutscher Handwerkertag, Halle
8.—10. September 1896 Allgemeine Deutsche Handwerkerkonferenz, Berlin
26.—27. April 1897 Deutscher Innungs- und Allgemeiner Handwerkertag*, Berlin.
* Gemeinsam vom ADH und dem ↗ *Zentralausschuß der Vereinigten Innungsverbände Deutschlands* (*ZVI*) durchgeführt

Presse

Offizielles Organ des ADH seit 1883 »Allgemeines Gewerbeblatt«, seit 1886 »Allgemeine Handwerkerzeitung«

Die Handwerkerbewegung hatte ihren Höhepunkt in den 80er und 90er Jahren des 19. Jh. und war auf das engste mit dem Wirken des ADH verbunden. Er setzte die Bestrebungen zünftlerischer Interessenvertreter der Handwerker fort, wie sie bereits 1848 im »Handwerkerparlament« in Frankfurt (Main) zum Ausdruck kamen und später neben regionalen Handwerkerorganisationen insbesondere vom ↗ *Deutschen Handwerkerbund* (*DHb*) und dem ↗ *Verein selbständiger Handwerker und Fabrikanten* (*VHF*) fortgeführt wurden. Als der Reichstag 1881 vor allem auf Initiative der *Deutschkonservativen Partei* (*DkP*) und des ↗ *Zentrums* (*Z*) die Gewerbegesetzgebung dahingehend veränderte, daß auf der Basis freiwilligen Zusammenschlusses wieder Innungen gebildet werden konnten, mußte sich die Handwerkerbewegung in ihren Zielsetzungen bestärkt sehen. Die bald folgenden Vorstöße konservativer Kräfte, die in Norddeutschland noch erhaltenen und sich in den anderen Gebieten erneut bildenden Innungen gesetzlich zu verankern, förderten die weitgehend utopisch-reaktionären Illusionen von den Möglichkeiten zur Verbesserung der sozialökonomischen Situation der Handwerker. Gelang es der Handwerkerbewegung auch nicht, ihre extremsten Forderungen durchzusetzen, so trugen ihre Aktivitäten doch wesentlich dazu bei, die politischen Vertreter der herrschenden Klassen auf die Probleme der Handwerker aufmerksam zu machen und sie anzuregen, durch gesetzliche Regelungen den Platz der Kleinproduktion in der kapitalistischen Gesellschaft zu bestimmen. Das kam in der Abänderung der Gewerbeordnung von 1897 zum Ausdruck. Neben Bestimmungen, die die Aufgabe hatten, das Handwerk in den kapitalistischen Wirtschaftsorganismus einzufügen und seine Potenzen zu nutzen (Handwerkskammern und Regelung der Lehrlingsausbildung), entsprangen die »freiwilligen Zwangsinnungen« mehr der politischen Sympathie der Junker wie der Großbourgeoisie für die eindeutig antisozialdemokratische Position der hier zusammengeschlossenen Kleinbürger.

Mit der vollen Entfaltung des Kapitalismus der freien Konkurrenz und dem bald einsetzenden Übergang zum Monopolkapitalismus setzte sich der Prozeß der Verdrängung des Handwerks aus der Produktionssphäre verstärkt fort. Die kapitalistische Großindustrie ergriff einen Produktionszweig nach dem anderen und vielen Handwerken verblieb nur das Gebiet der Reparaturen, Dienstleistungen und Sonderanfertigungen. Von diesem Prozeß wurden jedoch nicht alle Handwerke in gleichem Maße betroffen. Einigen verschaffte die mit dem Kapitalismus eng verbundene Urbanisierung größere und bessere Entfaltungsmöglichkeiten. Derartige Unterschiede in der Entwicklung der einzelnen Handwerke hinderten den ADH wie auch seine Vorgänger allerdings nicht daran, die Situation dieser Schicht in den schwärzesten Farben zu schildern und für das gesamte Handwerk zu sprechen.

Noch unter dem Eindruck des Erfolges nutzten die zünftlerischen Handwerkervertreter die Allgemeine Deutsche Handwerkerversammlung am 31. Mai 1882 in Magdeburg, wo sie unter den 323 Abgesandten von 398 Innungen dominierten, um ihre Forderungen nach der Einführung von obligatorischen Innungen und Befähigungsnachweis als Meinung aller deutschen Handwerker der Öffentlichkeit kundzutun. Hier wurde die Gründung eines allgemeinen Handwerkerbundes beschlossen, der das Programm dieser Handwerkerversammlung realisieren sollte. Zur Gründung des Bundes kam es erst im März 1883.

Ausgehend von den »Magdeburger Beschlüssen« stellte sich der Allgemeine Deutsche Handwerkerbund das Ziel, zumindest für alle Handwerker die Zwangsinnung wieder einzuführen, staatliche Maßnahmen gegen jede Konkurrenz des Handwerks zu erwirken — von der Großindustrie über die Konsumvereine bis zum Hausierhandel —, und erklärte den Befähigungsnachweis zu dem »großen Mittel«, das allein bewirken könne, das Handwerk zu retten. In seinem Statut hielt der ADH fest, daß er solche Kandidaten und Abgeordnete unterstützen werde, die im Reichstag bzw. in den Länderparlamenten seine Forderungen vertreten.[4] Diese änderten sich in den knapp 20 Jahren seiner nachweisbaren Existenz nicht. Mit derartigen Zielen, die auf eine Sonderstellung des Handwerks im kapitalistischen Wirtschaftsorganismus, auf seine Privilegierung und Erneuerung als Stand hinausliefen, vermochte sich der ADH zwar die Sympathien und die Unterstützung vieler konservativer und Zentrumspolitiker zu sichern, jedoch die objektiven Entwicklungsbedingungen für das Handwerk konnte er nicht ändern.

Der ADH wurde anfangs von einem Zentralkomitee in Berlin geleitet. Es setzte sich aus 5 Mitgliedern zusammen. Seine Hauptaufgabe bestand darin, die Agitation des VHF in konservativ-klerikaler Richtung fortzusetzen. Landes- bzw. Provinzialbundesämter und Bezirksbundesämter auf der Basis der Wahlkreise vervollständigten den organisatorischen Aufbau des ADH.

Bereits im Mai 1883 fand unter Federführung des ADH ein weiterer Allgemeiner Deutscher Handwerkertag mit 348 Delegierten statt. Der sich anschließende 1. Delegiertentag des Bundes nahm das Statut des ADH an. Dem Z nahestehende sog. Handwerkerführer erwirkten hier die Bildung eines Zentralvorstandes und die Verlegung des Vorortes von Berlin nach Köln. Damit sollte der Einfluß der liberaleren Berliner Vertreter ausgeschaltet werden und der Bund einen stärker föderalistischen Charakter erhalten. Reichlich ein Jahr später nahm der nun an der Spitze der Organisation stehende Hauptvorstand seinen Sitz in München. Ebenso wie die Verlegung der Vororte Köln und München zeugte auch der neue Präsident, der Zentrumspolitiker G. Biehl, vom engen Anschluß des ADH an das Z.

Den Weg zur Durchsetzung seiner Forderungen sah der ADH in Gesetzesänderungen bzw. der Annahme neuer Gesetze. Folglich richtete er seine Tätigkeit darauf, durch Petitionen und eine möglichst spektakuläre Wirkung der von ihm veranstalteten Handwerkertage die Öffentlichkeit und insbesondere die Reichstagsabgeordneten zu den gewünschten Veränderungen der Gewerbegesetzgebung zu bewegen. So stellte der ADH beispielsweise Mitte der 80er Jahre allen jenen Interessenten vorgedruckte Petitionen zur Verfügung, die sich für die Einführung des Befähigungsnachweises aussprachen. Das Wirken des ADH war in jeder Phase seiner Existenz auf das engste mit den ständigen Vorstößen einer Gruppe deutschkonservativer und Zentrumsabgeordneter im Deutschen Reichstag zugunsten der Handwerkerforderungen verbunden. Diese Vorstöße mündeten in nicht wenige Novellen, die Teilforderungen der Handwerkerbewegung zum Gesetz erhoben. Damit sicherten sich beide Parteien Wählerstimmen und verhinderten nicht zuletzt die Bildung einer Handwerkerpartei oder eine stärkere Entwicklung des ADH in eine solche Richtung.

Im Januar 1890 wurde im Deutschen Reichstag schließlich mit 130 gegen 92 Stimmen eine Gesetzesvorlage über die Wiedereinführung des Befähigungsnachweises für 63 Handwerke angenommen. Obwohl sie vom Deutschen Bundesrat abgelehnt wurde und nicht in Kraft trat, sprach das Abstimmungsergebnis im Reichstag für die Aktivitäten des ADH und nährte seine reaktionär-utopischen Illusionen.

Die Annäherung des ADH und des ZVI, die vor allem 1890 in Berlin mit der gemeinsamen Immediateingabe beider Organisationen an Wilhelm II. demonstriert wurde, setzte sich dennoch in der Folgezeit in einer nicht ungetrübten Zusammenarbeit fort. Zweifellos aber stärkte das gemeinsame Vorgehen der Verbände die Handwerkerbewegung.

Auf der Handwerkerkonferenz, die 1891 im Ergebnis der Immediateingabe zusammentrat, fanden allerdings die Forderungen der Handwerkerbewegung bei den Regierungsvertretern kein positives Echo. Dennoch hielt der ADH an seinen extremen Vorstellungen fest. So wiederholten sich auf den Deutschen Innungs- und allgemeinen Handwerkertagen von 1892, 1894, 1897 sowie auf der Handwerkerkonferenz 1896 die starren, unbedingten Forderungen nach dem Befähigungsnachweis und der Zwangsinnung. Sowohl Versuche, die Genossenschaftsbewegung stärker im Handwerk zum Tragen zu bringen[5], als auch die Vorschläge des preußischen Handelsministers, Hans Hermann Freiherr von Berlepsch, zur Organisierung des Handwerks in Fachgenossenschaften stießen auf kategorische Ablehnung.[6]

Um Regierungen und Parteien von der Notwendigkeit der Realisierung ihrer Forderungen zu überzeugen, drohten die Funktionäre des ADH immer wieder mit dem wachsenden Einfluß der Sozialdemokratie auf die Handwerker und verwiesen demgegenüber auf den konservativen und staatserhaltenden Charakter ökonomisch selbständiger Handwerker. Mit großem Eifer suchten sie aus allen Plänen zur Organisierung der Handwerker die Punkte heraus, die ihrer Ansicht nach der Sozialdemokratie eine Möglichkeit eröffnen konnten, Einfluß zu gewinnen. Bereits bei dem Organisationsprojekt H. H. von Berlepschs von 1894 wie auch bei der Vorlage zum »Handwerkerschutzgesetz« von 1897 konzentrierte sich ein großer Teil ihrer ablehnenden Kritik auf die dort vorgesehenen Vertretungen der Gesellen und deren Mitspracherecht in den sie betreffenden Fragen. Ebenso wurde die Aufsicht der Gemeinden über die Handwerkerorganisationen mit der Begründung zurückgewiesen, daß in den kommunalen Verwaltungen zunehmend Sozialdemokraten Sitz und Stimme erhielten. Der ADH ließ keine Gelegenheit ungenutzt, um seine prinzipielle Gegnerschaft zur Sozialdemokratie kundzutun. Mit dem Argument, daß eine straffe Organisation aller Handwerker auch bei den Arbeitern den Einfluß der revolutionären Arbeiterbewegung zurückdrängen würde, suchte er Vertreter der herrschenden Klasse gegenüber seinen reaktionären Forderungen zugänglich zu machen. Die Einführung von Arbeitsbüchern für alle Gesellen und Gehilfen[7], die Schaffung von Innungsschiedsgerichten statt der bestehenden allgemeinen Gewerbegerichte, der Ausbau von Innungskrankenkassen[8] und ähnliche Maßnahmen, die der ADH forderte, machten deutlich, mit welchen Mitteln und Methoden er zumindest Teile der Arbeiterklasse unter seine Vormundschaft bringen wollte. Andererseits verschloß sich der ADH gegenüber allen Vorschlägen der *Sozialistischen Arbeiterpartei Deutschlands* selbst dann, wenn sie eigene Vorstellungen berührten. Unbeachtet blieben so z. B. 1885 Anträge August BEBELS und anderer sozialdemokratischer Reichstagsabgeordneter, die eine Einschränkung der Arbeit von Strafgefangenen und die Regelung des Lehrlingswesens zum Inhalt hatten.[9] Das gleiche wiederholte sich 1890 mit dem analogen »Antrag Auer und Genossen«.[10]

Der 8. Allgemeine Deutsche Handwerkertag wurde 1895 allein vom ADH nach Halle einberufen. Anlaß zu dieser Demonstration hatte eine Beratung von Delegierten der Innungsverbände und der drei hanseatischen Gewerbekammern mit Vertretern des Vororts der deutschen Gewerbekammern über Fragen der Handwerkerorganisation gegeben. Dieser Hallenser Handwerkertag rief bei Zeitgenossen »ein Gefühl des Unwillens über den überhebenden und verletzenden Ton«[11] hervor, der sich gegen alle richtete, die nicht mit gleicher Vehemenz auf Zwangsinnung und Befähigungsnachweis eingeschworen waren. Neben den üblichen Resolutionen wurde erklärt, daß die Gründung einer speziellen Mittelstandspartei, wie sie der Deutsche Innungs- und Allgemeine Handwerkertag 1892 noch empfohlen hatte, überflüssig und schädlich sei. Demzufolge war auch nicht zu erwarten, daß der ADH den im Mai 1895 in Halle unternommenen Versuch zur Gründung einer Mittelstandspartei unterstützte.[12]

Die seit mehr als einem Jahrzehnt vom ADH eingenommene Position, daß vor allem das Handwerk des besonderen Schutzes des Staates bedürfe, war keine Basis für ein Zusammenwirken mit Organisationen, die die Interessen anderer sog. Mittelstandsangehöriger vertraten. Darüber hinaus spielten bei der Ablehnung einer Mittelstandspartei auch die bisher guten Beziehungen zum Z, zu den Konservativen und zum ↗ *Bund der Landwirte (BdL)*, die alle nicht an einer solchen Partei interessiert waren, eine Rolle.

Während der überarbeitete und in erster Lesung diskutierte Entwurf des »Handwerkerschutzgesetzes« in der zuständigen Kommission des Reichstages nochmals beraten und verbessert werden sollte, trat Ende April 1897 in Berlin der Deutsche Innungs- und Allgemeine Handwerkertag zusammen. Die Resolution der letzten großen Kundgebung der sog. Handwerkerbewegung offenbarte die Meinungsverschiedenheiten der hier vertretenen Handwerkerverbände und -organisationen über die zu erwartenden Gesetze. Es wurde die Zwangsinnung gefordert, zugleich aber eingeräumt, daß, wenn die Zwangsinnung selbst nicht zu erreichen sei, dann die bestehenden Innungen erneut mit besonderen Rechten ausgestattet werden müßten. Analog wurde der Befähigungsnachweis verlangt; anderenfalls sollten nur geprüfte Meister das Recht zur Lehrlingsausbildung erhalten. Wie die Resolution zeigte, war es den Vertretern des ADH nicht mehr gelungen, die Position des »Alles oder Nichts« durchzusetzen. Eine weitere Resolution, die an den Deutschen Bundesrat gerichtet wurde, verlangte die Aufhebung der Bäckereiverordnung von 1896.[13]

Mit der Annahme der Handwerkernovelle im Juli 1897, die die Handwerkskammern einführte, die Bedeutung der Innungen weiter erhöhte und Regelungen zur Lehrlingsausbildung beinhaltete, kamen die staatlichen Stellen in begrenztem Maße auch Forderungen des ADH entgegen. Der Bund betrachtete die neuen Bestimmungen, die nicht zu Unrecht als »Handwerkerschutzgesetz« bezeichnet wurden, wiederum als eine Abschlagszahlung. Die Handwerkerbewegung fand — wie das die Verhandlungen der ersten Handwerks- und Gewerbekammertage zeigten — in den Handwerkskammern und Innungsverbänden ihre Fortsetzung. Ein Teil der Bewegung schloß sich nach der Jahrhundertwende der sog. Mittelstandsbewegung an. Die Existenz des ADH läßt sich nach 1900 nicht mehr nachweisen.

Quellen und Literatur

In den Archiven der DDR konnte bisher kein zentrales Material des ADH ermittelt werden. Angaben über den ADH enthält das Pressearchiv des ehemaligen RLB im ZStA Potsdam. Weitere Hinweise sind im ZStA Merseburg folgenden Beständen zu entnehmen: Rep. 120, BB, 1, Nr. 13, vol. 6 ff. und Rep. 77, Tit. 1 569, Nr. 1, Bd. 1. An ausgewählten Darstellungen liegen Magnus Biermer »Mittelstandsbewegung« (in: Handwörterbuch der Staatswissenschaften, 3. Aufl., Bd. 6, Jena 1910), Wilhelm Stieda »Handwerk« (siehe Anm. 7) und Hugo Böttger »Das Programm der Handwerker. Eine gewerbepolitische Studie« (Braunschweig 1893) vor. Siehe auch Bernhard Eschrich »Allgemeiner Deutscher Handwerkerbund« (in: HBP, Bd. I, Leipzig 1968, S. 27–29).

Anmerkungen

1 Laut Protokoll über die Verhandlungen des Deutschen Innungs- und Allgemeinen Handwerkertages am 9. und 10. April 1894 in den Prachtsälen des Gewerkshauses der »Germania-Bäcker-Innung«, Berlin 1894, S. 4, gab es 1894 einen »engeren Vorstand« des ADH, zu dem als erster Vorsitzender Georg Biehl, als zweiter Vorsitzender M. Nagler und als Bundes-Schatzmeister Leib gehörten.

2 Generalsekretär Faßhauer auf dem Allgemeinen Deutschen Handwerkertag 1884 in Frankfurt (Main). In: Frankfurter Zeitung, 23. 7. 1884.

3 Staatsbürgerzeitung, 12. 4. 1894.

4 Siehe Statut des ADH. In: Weserzeitung, 23. 5. 1883.

5 Siehe F. Steinberg: Die Handwerkerbewegung in Deutschland, ihre Ursachen und Ziele. In: Zeitfragen des christlichen Volkslebens, Bd. XXII, H. 3, Stuttgart 1897, S. 28.

6 Siehe Protokoll über die Verhandlungen des Deutschen Innungs- und Allgemeinen Handwerkertages am 9. und 10. April 1894, Berlin 1894, passim.

7 Siehe Wilhelm Stieda: Handwerk. In: Handwörterbuch der Staatswissenschaften, 3. Auflage, Bd. 5, Jena 1910, S. 385.

8 Siehe Vorwärts, 28. 4. 1897.

9 Siehe Übersicht der Geschäftstätigkeit des Deutschen Reichstags betr. die II. und III. Session der VI. Legislaturperiode, Berlin 1887, S. 309.

10 Siehe StBV Rei., VIII. Legislaturperiode, I. Session 1890/91, erster Anlagenband, Berlin 1890, S. 128 ff.

11 Wilhelm Kulemann: Das Kleingewerbe. Notlage und Abhilfe, Göttingen 1895, S. 5.

12 W. Stieda: Die Mittelstandsbewegung. In: Jahrbücher für Nationalökonomie und Statistik, III. Folge, Bd. 29, Jena 1905. S. 6.

13 Siehe Soziale Praxis, Centralblatt für Sozialpolitik, VI. Jg., Nr. 32 vom 6. 5. 1897, S. 775.

Gertraude Remer

Altliberale (Al)
1849—1876

Die Al waren eine rechtsliberale Fraktion des preußischen Abgeordnetenhauses, welche die Bestrebungen von Teilen der Großbourgeoisie und des liberalen Adels vertrat. Die Fraktions-bezeichnung wechselte mehrfach. Während der »Ära Manteuffel« standen die Al in scharfer Opposition zur Regierung. Sie forderten die Aufrechterhaltung jener politischen Zugeständ-nisse, welche Junkertum und Krone der Bourgeoisie 1848/49 gemacht hatten, und strebten ein Klassenbündnis zwischen Bourgeoisie und Junkertum sowie die nationalstaatliche Einigung Deutschlands durch Preußen an. 1858 wurden die Al de facto Regierungspartei. Ihre verfehlte politische Taktik trug wesentlich zum Scheitern der »Neuen Ära« bei. Während des Ver-fassungskonflikts standen sie in Opposition zu Bismarck, seit 1866 unterstützten sie unein-geschränkt dessen »Revolution von oben«. Nach 1866 schlossen die Al sich nach und nach der ↗ Nationalliberalen Partei (NLP) bzw. der ↗ Reichs- und freikonservativen Partei (RFKP) an.

Führende Persönlichkeiten

Georg FREIHERR VON VINCKE (1849—1855, 1859—1863 und 1866—1868 MdA); Robert FREIHERR VON PATOW (1849—1863 und 1866—1869 MdA); August VON SAUCKEN (-JU-LIENFELDE) (1849—1873 MdA); Eduard VON SIMSON (1849—1852 und 1859—1861 MdA); Maximilian GRAF VON SCHWERIN (-PUTZAR) (1849—1862 MdA); Karl FREIHERR VON VIN-CKE (-OLBENDORF) (Vetter G. VON VINCKES, 1849—1854 Mitglied des Herrenhauses, 1859—1869 MdA); August WENTZEL (1849—1860 MdA)

Publikationsorgane

»Preußische Jahrbücher« (seit 1858), Redak-teur 1858—1864 Rudolf HAYM, Auflage vor 1866 unter 1 000 Stück;
»Berliner Allgemeine Zeitung« (1862/63), Redakteur Julian SCHMIDT

1. Die Al während der »Ära Manteuffel« 1850—1858

Nach der Niederwerfung der bürgerlich-demokratischen Revolution ging in Preußen die junkerlich-bürokratische Reaktion im Jahre 1850 dazu über, einen großen Teil jener politischen Zugeständnisse wieder zurück-zunehmen, die sie der Bourgeoisie 1848/49 notgedrungen hatte machen müssen.
Die Opposition der Bourgeoisie und der libe-ralen Adelskreise gegen diese Politik wurde

Fraktionsstärke der Al im preußischen Ab-geordnetenhaus

Legislatur-periode	Fraktionen	Stärke
2. 1849—1852	*Fraktion Auerswald/ Beckerath*	70
3. 1852—1854 (1854/55	*Fraktion Vincke*	60
geteilt in:	*Fraktion Patow*	40
	Fraktion Wentzel/ Vincke	20)
4. 1855—1858	*Fraktion Patow*	32
5. 1859—1861	*Fraktion Vincke*	151
6. 1862	*Fraktion Grabow*	95
7. 1862/63	*Konstitutionelle Fraktion bzw. Fraktion Vincke*	24
8. 1863—1866	*Konstitutionelle Fraktion*	9
9. 1866/67		26
10. 1867—1870	1867/68 *Rechtes Zentrum,* 1868—1870 *Zentrum*	22
11. 1870—1873	seit 1871/72 *Liberales Zentrum*	8
12. 1873—1876		4

in erster Linie von der altliberalen[1] Fraktion des Abgeordnetenhauses getragen. Dieser Fraktion gehörten u. a. an: Alfred VON AUERS-WALD (1849–1852, 1854/55 und 1859–1863 MdA), Florens VON BOCKUM-DOLFFS (1852–1877 MdA), Max DUNCKER (1849–1852 und 1860–1861 MdA), Friedrich HARKORT (1849–1870 MdA), Ludwig KÜHNE (1852–1863 MdA), Karl MILDE (1851–1855 und 1859–1861 MdA), R. VON PATOW, Karl VON SAENGER (1850–1855, 1859–1863 und 1865/66 MdA), A. VON SAUCKEN, E. VON SIMSON, M. VON SCHWERIN, G. VON VINCKE, A. WENTZEL.

Die Al bejahten uneingeschränkt die Unterdrückung aller revolutionären Kräfte. Sie befürchteten aber, die durch Polizeiwillkür und Rechtsanarchie gekennzeichnete Politik der Regierung MANTEUFFEL werde auf längere Distanz die durch die revidierte Verfassung von 1850 abgesteckte politische Ordnung nicht *sichern*, sondern sie *gefährden*. K. VON VINCKE schrieb in diesem Sinne im März 1851 an Augusta PRINZESSIN VON PREUSSEN, die politisierende Gattin des Thronfolgers, das »Treiben unserer Reaktion« und der »unredliche Gang der Regierung« würden »alle Achtung gegen das Gesetz« vernichten und schließlich zwangsläufig einen neuerlichen Ausbruch der Revolution herbeiführen. Es sei zu befürchten, daß diese Revolution dann »über Verfassung und Thron fort zur Republik« schreiten werde.[2] Die Al forderten, die Regierung solle der Bourgeoisie jenen »bescheidnen Anteil an der politischen Macht«[3] garantieren, den die Verfassung ihr einräumte, und sie erstrebten ein Klassenbündnis zwischen Junkertum und Bourgeoisie. Während ein Teil der Al sich mit der Forderung begnügte, die Verfassung strikt zu respektieren (so K. VON VINCKE), strebte ein anderer Teil eine Verschiebung der Machtverhältnisse zugunsten des Abgeordnetenhauses an (so G. VON VINCKE).[4] Die Al waren großenteils Mitglieder des Erfurter Unionsparlaments gewesen und vertraten das »Gothaer« Konzept, Deutschland »von oben« her durch Preußen staatlich zu einigen (Ludolf PARISIUS verwendete deshalb später die Termini »Altliberale« und »Gothaer« synonym).[5] Die außenpolitische Konzeption der Al stimmte weitgehend mit der der ↗ *Wochenblattpartei (WB)* überein, während ihre innenpolitischen Forderungen entschiedener waren.

Führer der Al war G. VON VINCKE[6], der 1848/49 die reaktionäre ↗ *Fraktion Milani (FM)* geführt, sich aktiv an der Niederwerfung der Revolution beteiligt und zunächst sogar die Bildung der Regierung MANTEUFFEL begrüßt hatte. Die Al prangerten im Abgeordnetenhaus die Verfassungsbrüche und Rechtsverletzungen der Regierung scharf an, wobei sich insbesondere G. VON VINCKE als glänzender Debattenredner hervortat. K. VON VINCKE und auch A. VON SAUCKEN hielten engen Kontakt zu Wilhelm PRINZ VON PREUSSEN und wirkten im Sinne ihrer Fraktion auf ihn ein. Auf den gesetzgeberischen Prozeß gewannen die Al keinen maßgeblichen Einfluß, da die Mehrheitsverhältnisse im Abgeordnetenhaus für sie sehr ungünstig waren und sich infolge der massiven behördlichen Wahlbeeinflussungen noch zunehmend verschlechterten (1849–1852 hatten die Al 70 Mandate und die Konservativen 114, während in der Legislaturperiode 1855–58 die Relation 32 zu 236 Mandate betrug).

Nach den Wahlen des Jahres 1855 griff unter den Al Resignation um sich. G. VON VINCKE war wiedergewählt worden, nahm aber sein Mandat nicht an. Sein Vetter K. VON VINCKE schrieb ihm am 21. November 1856: »... das rollende Rad aufzuhalten, ist selbst kein Herkules imstande, ehe nicht von höherer Hand eine große Veränderung eintritt, ist an keine Besserung zu denken!«[8]

Noch vor dem politischen Kurswechsel des Jahres 1858 gelang es den Al, sich ein Publikationsorgan zu schaffen, das dann in den folgenden Jahren ungeachtet seiner geringen Auflage großen Einfluß auf die liberale Öffentlichkeit gewann. Im Mai 1857 wurde in Berlin der Aufruf zur Gründung der »Preußischen Jahrbücher« und zur Zeichnung des erforderlichen Garantiefonds von 10000 Talern veröffentlicht.[9] Der Aufruf enthielt ein Bekenntnis zur »konstitutionellen und nationalen Partei in Preußen«. Seine Unterzeichner waren die Al F. HARKORT, K. MILDE (Textilfabrikant in Breslau, 1851–1855 und 1859–1861 MdA) und A. VON SAUCKEN sowie der Kaufmann und katholische Abgeordnete Theodor MOLINARI. Fortan bestand zwischen den altliberalen Politikern und rechtsliberalen Publizisten wie M. DUNCKER, R. HAYM, Gustav DROYSEN, Theodor VON BERNHARDI eine enge Verbindung, weshalb diese zumeist zu den Al gerechnet wurden.

2. Die Al als »Regierungspartei« 1858 bis 1862

Am 7. Oktober 1858 übernahm Wilhelm PRINZ VON PREUSSEN anstelle seines geistesgestörten Bruders FRIEDRICH WILHELM IV. die Regentschaft, und am 7. November berief er die Regierung HOHENZOLLERN. Von den Kabinettsmitgliedern gehörten fünf der ↗ WB an bzw. standen ihr nahe, zwei waren Altliberale (R. VON PATOW seit November 1858 Finanzminister, M. VON SCHWERIN seit Juli 1859 Innenminister). Im November fanden Wahlen zum Abgeordnetenhaus statt, die zu einer völligen Umkehrung der bisherigen Mehrheitsverhältnisse führten. Die Konservativen besaßen nunmehr nur noch 57 Mandate, während die Al zusammen mit der ihnen nahestehenden *Fraktion Mathis* (der Nachfolgerin der ↗ WB) eine sichere absolute Mehrheit besaßen. Der große Wahlerfolg der Al war dadurch begünstigt worden, daß die kleinbürgerlichen Demokraten und selbst die Linksliberalen nicht kandidiert hatten, um den Prinzregenten nicht zu verschrecken. Zur Vorbereitung der Wahlen hatten Al und Mitglieder der *WB* am 12. Oktober das sog. Breslauer Programm[10] veröffentlicht, das u. a. von K. VON VINCKE und K. MILDE unterzeichnet worden war. Darin wurden u. a. die Aufhebung der gutsherrlichen Polizei und ein Ministerverantwortlichkeitsgesetz gefordert.

Die Al waren gleichsam über Nacht »Regierungspartei« geworden – und die meisten von ihnen verkannten völlig die bestehenden Machtverhältnisse. Sie begriffen nicht, daß der Prinzregent ungeachtet aller sachlichen und persönlichen Distanz zur ultrareaktionären ↗ Kreuzzeitungspartei das Gesamtinteresse der Junkerklasse vertrat und mit Hilfe der Bourgeoisie das bestehende junkerlich-bürokratische Herrschaftssystem stabilisieren und modernisieren wollte, ohne dafür einen nennenswerten Preis zu zahlen.[11] Ebensowenig erkannten sie, daß zwar die Regierung gewechselt worden war, der Verwaltungsapparat auf mittlerer und unterer Ebene

sich aber nach wie vor fest in den Händen der ultrareaktionären Kräfte befand. Die Al beherzigten getreulich die Mahnung des Regenten vom 8. November 1858, er brauche »ruhige politische Zustände – und Geld«[12], und folgten der Losung ihres Wortführers G. VON VINCKE, das neue Kabinett nicht zu »drängen«. Das Gros der Al war in der naiven Vorstellung befangen, der preußische Staat könne schrittweise konfliktlos in liberalem Sinne umgestaltet werden. Der 1860 aufbrechende Heereskonflikt machte dann deutlich, daß die Al keinerlei realistisches politisches Konzept besaßen und es G. VON VINCKE völlig an Führungsqualitäten und selbst an taktischem Geschick mangelte.

Am 10. Februar 1860 legte die Regierung dem Abgeordnetenhaus den Entwurf eines neuen Kriegsdienstgesetzes[13] und einen Nachtragsetat zur Finanzierung der geplanten Heeresreform vor. Zwei Elemente dieser Heeresreform waren politisch besonders relevant: die Herausnahme der Landwehr ersten Aufgebots aus der mobilen Feldarmee und die Wiedereinführung der (gesetzlich feststehenden, seit 1833 aber nicht praktizierten dreijährigen) Militärdienstpflicht. Die Auflösung der Landwehr ersten Aufgebots war militärisch völlig gerechtfertigt, verfolgte aber eindeutig den Nebenzweck, mit der Landwehr den Einfluß der Bourgeoisie auf die Armee zu beseitigen. Dagegen wäre eine zweijährige Dienstzeit militärisch vollkommen ausreichend gewesen. Das dritte Dienstjahr sollte nach dem Willen des Regenten vorrangig der politischen Beeinflussung der Soldaten im Sinne der Reaktion dienen.

Da der Prinzregent sich starr auf die Durchführung der Heeresreform festgelegt hatte, lag es im Interesse der Bourgeoisie, der Reform trotz aller berechtigten Bedenken zuzustimmen und dabei der Regierung als Gegenleistung eine Anzahl politischer Konzessionen abzufordern. Die Bourgeoisie mußte, so schrieb Friedrich ENGELS, »... diese Reorganisation und die dafür zu bewilligenden Gelder benutzen, um sich dafür von der ›Neuen Ära‹ möglichst viel Äquivalente zu kaufen, um die 9 oder 10 Mill. neue Steuern in möglichst viel politische Gewalt für sich selbst umzusetzen«.[14]

Die Al nahmen aber eine denkbar konfuse und kurzsichtige Haltung ein. Die Militärkommission des Abgeordnetenhauses, in der sie das Übergewicht hatten und mit G. VON VINCKE den Vorsitzenden, mit dem Generalmajor z. D. Friedrich STAVENHAGEN (1860–1869 MdA) den Berichterstatter stellten, sprach sich gegen die beiden Regierungsvorlagen aus. Sie forderte die Aufrechterhaltung der Landwehr ersten Aufgebots, die zweijährige Militärdienstzeit sowie eine Reduzierung der vorgesehenen Ausgaben. Die Regierung sah sich deshalb am 5. Mai 1860 gezwungen, ihre Vorlagen zurückzuziehen. Durch trügerische Vorspiegelungen der Regierung ließen die Al sich aber am 15. Mai dazu verleiten, die beantragten Militärausgaben »provisorisch« zu bewilligen. G. VON VINCKE erklärte nun am 21. Mai, die Regierung sei vor der Militärkommission zurückgewichen, und dies bedeute einen Sieg des Abgeordnetenhauses.[15] Tatsächlich aber hatten die Al einen verhängnisvollen Fehler begangen: sie hatten sich ihres Druckmittels gegenüber der Regierung beraubt, ohne das geringste politische Zugeständnis erlangt zu haben.

Von dieser politischen Fehlleistung der Al stach das taktisch sehr geschickte Vorgehen der »Militärpartei« um Edwin VON MANTEUFFEL kraß ab. Diese reaktionären Militärs hatten die Forderungen der Militärvorlagen bewußt hochgeschraubt, um deren Ablehnung zu provozieren und auf diese Weise dem Regenten Mißtrauen gegen die Al und auch gegen die rechtsliberalen Minister einzuflößen.

Am 17. Mai 1860 feierte die »Volks-Zeitung«, das auflagenstärkste Berliner Presseorgan, die Bewilligung des Provisoriums noch als »klug und politisch«. Bald aber begann sich in der Bourgeoisie und auch innerhalb der altliberalen Fraktion selbst Kritik an der verfehlten Taktik G. VON VINCKES zu regen. Zu dieser Zeit spitzte sich in Preußen die innenpolitische Situation rasch zu. Einerseits drängten die Junker und die reaktionäre »Militärpartei« den Regenten, der »Neuen Ära« ein Ende zu setzen, andererseits begann sich eine vom Kleinbürgertum und der Arbeiterklasse getragene demokratische Bewegung zu entfalten. Große Teile der Bourgeoisie vollzogen nun eine Linksschwenkung und stießen heftig mit dem Junkertum zusammen. G. VON VINCKE und die eigentlichen Al vertraten auch weiterhin den am weitesten rechts stehenden,

am meisten antirevolutionär und antidemokratisch eingestellten Teil der liberalen Bourgeoisie und der liberalen Adelskreise. Der altliberalen Fraktion gehörte aber auch eine Anzahl entschiedener Liberaler an. Die Linksschwenkung der Bourgeoisie äußerte sich deshalb auch darin, daß diese Kräfte nach und nach aus der Fraktion ausschieden. Am 2. März 1861 konstituierten 11 ehemalige Mitglieder der Fraktion (unter ihnen Leopold FREIHERR VON HOVERBECK und Max VON FORCKENBECK) den *Parlamentarischen Verein Ancker und Genossen* (»*Fraktion Junglitauen*«). Am 7. Juni 1861 erklärte die »Volks-Zeitung« über G. VON VINCKE, er sei immer mehr in den Fehler verfallen, »sich schwach zu erweisen gegen die gegnerische und stark im Kampf gegen eine befreundete Macht«. Über die altliberale Fraktion hieß es: »... einer solchen redenden Majorität, wie sie jetzt geschieden, rufen wir nicht zu ›Auf Wiedersehen!‹ «[16]. Zwei Tage später wurde die ↗ *Deutsche Fortschrittspartei (DFP)* gegründet.

Die Linksschwenkung der Bourgeoisie hatte auch zur Folge, daß die großen liberalen Zeitungen sich nun gegen die Al wandten. Trotz aller Anstrengungen, welche die Al unternahmen – sie schufen sich mit der »Berliner Allgemeinen Zeitung« ein eigenes Parteiorgan, legten am 12. März 1862 ein recht entschiedenes neues Wahlprogramm[17] vor und gründeten ein »konstitutionelles« Zentralwahlkomitee –, konnten sie die schweren Wahlniederlagen der Jahre 1862/63 nicht abwenden. Die namhaften Fraktionsmitglieder F. VON BOCKUM-DOLFFS, F. HARKORT und F. STAVENHAGEN schlossen sich der neuen ↗ *Fraktion Bockum-Dolffs (FBD)* an, die mit der *DFP* zusammenarbeitete.

Am 6. März 1862 nahm das preußische Abgeordnetenhaus gegen die Stimmen der Konservativen, Katholiken und Al den Antrag HAGEN[18] an, welcher der Regierung die Möglichkeit entzog, die Militärausgaben durch solche Mittel zu finanzieren, die im Etat für andere Zwecke vorgesehen waren. WILHELM I. entließ daraufhin am 17. März die altliberalen und gemäßigt konservativen Minister, unter ihnen R. VON PATOW und M. VON SCHWERIN. Die »Neue Ära« war damit zu Ende.

3. Der Niedergang der Al 1862–1876

G. VON VINCKES Position war selbst innerhalb
der altliberalen Fraktion so erschüttert, daß
an seiner Stelle Wilhelm GRABOW zum Fraktionsvorsitzenden gewählt wurde. Hatte
G. VON VINCKE die *DFP* aufs schärfste bekämpft, so suchte W. GRABOW eine Verständigung mit dieser Partei. In den Jahren
1862–1864 übten dann auch die Al scharfe
Kritik an der Politik BISMARCKS, die sie als
einen Rückfall in die »Ära Manteuffel« ansahen.[19] K. VON VINCKE arbeitete im Juni 1863
eine Denkschrift »Über den inneren Konflikt
in Preußen«[20] aus, die er WILHELM I. im
Oktober 1863 überreichte. In einem Begleitschreiben vom 4. Oktober griff er die An-
kündigung des Königs auf, das Abgeordnetenhaus so lange auflösen zu wollen, bis es
eine ihm genehme Zusammensetzung haben
werde, und erklärte dazu: »Ich halte diesen
Weg für sehr gefährlich, er muß alles demoralisieren, aufs tiefste erbittern, alle Bande
lösen, und dürfte zuletzt zur Revolution
führen.«[21]
Nachdem BISMARCK durch den Krieg gegen
Dänemark 1864 demonstriert hatte, daß er
ernstlich auf eine gewaltsame staatliche Einigung Deutschlands Kurs nahm, begannen
die Al als erste bourgeoise Gruppierung
damit, ihre Opposition gegen den »Kon-
fliktsminister« abzubauen. 1866 stellten sich
dann zwei einflußreiche Al unmittelbar in den
Dienst der Kriegspolitik BISMARCKS: Th. VON
BERNHARDI wirkte in geheimer Mission im
Hauptquartier der italienischen Armee,
M. DUNCKER verwaltete als Zivilkommissar
das besetzte Kurhessen. Als BISMARCK durch
die Einreichung der Indemnitätsvorlage zu
erkennen gab, daß er künftig die Verfassung
respektieren wolle, gingen die Al endgültig
dazu über, seine Politik uneingeschränkt zu
unterstützen.
Die Al hatten bei den Wahlen vom Juli 1866
15 Mandate hinzugewonnen, und infolge der
knappen Mehrheitsverhältnisse fiel ihnen im
preußischen Abgeordnetenhaus zeitweise
sogar eine Schlüsselrolle zu. Nach den
Wahlen vom Februar 1867 konnten sie im
Konstituierenden Reichstag des Norddeutschen Bundes eine 27 Köpfe starke
Fraktion mit August Moritz VON BERNUTH als
Vorsitzendem bilden. In beiden Parlamenten
votierten die Al vorwiegend mit den Konservativen, im Norddeutschen Reichstag hielt
ihre Fraktion sogar gemeinsame Sitzungen
mit den Freikonservativen ab. Die Al nahmen
nun gegenüber der *DFP* wieder eine schroff
feindselige Haltung ein und bekundeten auch
gegenüber den zur ↗ *Nationalliberalen Partei
(NLP)* übergetretenen ehemaligen Fort-
schrittlern tiefes Mißtrauen. Sie rechneten
darauf, daß sie »jetzt wieder mehr Chancen
als je« hätten.[22] Tatsächlich aber begann bald
ihr Abstieg in ein Schattendasein. Zahlreiche
frühere Al gingen zur ↗ *Reichs- und freikonservativen Partei (RFKP)* oder zur ↗ *NLP*
(so E. VON SIMSON, M. VON SCHWERIN,
R. HAYM, Gustav FREYTAG, Wilhelm WEH-
RENPFENNIG) über, wo sie deren rechten
Flügel stärkten. Der Niedergang der Al nach
1866 hatte vor allem zwei Gründe. Zum einen
billigte der größere Teil der Bourgeoisie nicht
die *bedingungslose* Unterstützung der Politik
BISMARCKS durch G. VON VINCKE und dessen
Gesinnungsgenossen, sondern war bestrebt,
auch im Rahmen des Klassenbündnisses mit
dem Junkertum schrittweise eine Anzahl
politischer und ökonomischer Forderungen
durchzusetzen.[23] Zum anderen waren die Al
als klassische »Honoratiorenpartei« weitaus
weniger als die Nationalliberalen geeignet, die
Interessen der Bourgeoisie effektiv zu vertreten.[24] Bereits 1868 löste die altliberale
Reichstagsfraktion sich auf, und 6 ihrer ehemaligen Mitglieder schlossen sich den Freikonservativen an. G. VON VINCKE resignierte
und legte im Oktober 1868 sein Mandat zum
Abgeordnetenhaus nieder. Im Abgeordnetenhaus bestand noch bis 1876 eine altliberale
Splittergruppe, während die 1871 in den
Reichstag gewählten Al (unter ihnen R. VON
PATOW und A. M. VON BERNUTH) sich der
↗ *Liberalen Reichspartei (LRP)* anschlossen.
Als nach 1866 der endgültige Zerfall der altliberalen Gruppierung einsetzte, war die
Realisierung ihres politischen Programms
bereits gesichert. Die Al hatten sich durch den
Widerstand, den sie 1850–1858 der ultrareaktionären Politik der GERLACH-Clique und
der Regierung MANTEUFFEL entgegensetzten,
ein gewisses Verdienst um den Fortgang der
bürgerlichen Umwälzung erworben. Sie
haben aber dann durch ihre Stillhaltetaktik
während der »Neuen Ära« und auch durch

ihre enge Zusammenarbeit mit BISMARCK und den Konservativen nach 1866 maßgeblich dazu beigetragen, daß in Deutschland bürgerliche Umwälzung und nationalstaatliche Einigung zum Abschluß gebracht wurden – aber eben unter der Vorherrschaft des reaktionären preußischen Junkertums.

4. Quellen und Literatur

Der umfangreiche und ergiebige NL Karl Freiherr von Vincke befindet sich im ZStA Merseburg, der NL Georg Freiherr von Vincke im StA Osnabrück, der NL Eduard Simson im BA Koblenz. Briefe G. von Vinckes sind u. a. im NL Justus von Gruner (ZStA Merseburg) enthalten. In verschiedenen Dokumentenbänden sind Briefe altliberaler Politiker veröffentlicht worden.[25] Rudolf Haym und E. Simson haben Memoiren hinterlassen.[26] Die veröffentlichten Tagebücher Theodor von Bernhardis[27] bieten wichtige interne Aufschlüsse.
Eine Gesamtdarstellung über die Al gibt es bisher nicht. Die Politik der Al im Zeitraum von 1858 bis 1862 skizziert aus marxistischer Sicht Karl Heinz Börner.[28] Von bürgerlicher Seite liegen die Arbeiten von Ludolf Parisius[29] (Kritik an den Al von linksliberaler Position aus), Herbert Kaltheuner[30], Erich Fülling[31] (eindeutig apologetisch) und neuerdings die materialreiche Studie von Siegfried Bahne[32] vor.

Anmerkungen

1 Der Terminus »Altliberale« hat sich erst im Jahre 1861 endgültig durchgesetzt und bezeichnete jene Liberalen, die sich nicht der ⁄ Deutschen Fortschrittspartei anschlossen. Zuvor wurden die preußischen Rechtsliberalen meist als »Konstitutionelle« bezeichnet, doch ist der Begriff »Altliberale« gelegentlich schon zu Beginn der 50er Jahre des 19. Jh. verwendet worden.

2 ZStA Merseburg, Rep. 92, NL Karl von Vincke, Nr. 18d, Bl. 10–10R.

3 Friedrich Engels: Die Rolle der Gewalt in der Geschichte. In: MEW, Bd. 21, S. 408.

4 Siehe Siegfried Bahne: Vor dem Konflikt. Die Altliberalen in der Regentschaftsperiode der »Neuen Ära«. In: Soziale Bewegung und politische Verfassung. Beiträge zur Geschichte der modernen Welt. Hrsg. Ulrich Engelhardt/

Volker Sellin/Horst Stuke, Stuttgart 1976, S. 162 ff.

5 Ludolf Parisius: Deutschlands politische Parteien und das Ministerium Bismarck, Berlin 1878, S. 16.

6 Über Georg von Vincke siehe Karl Marx: Herr Vogt. In: MEW, Bd. 14, S. 606 ff. Schmidt-Weißenfels: Preußische Landtagsmänner. Beiträge zur Partei- und parlamentarischen Geschichte in Preußen, Breslau 1862, S. 132 ff.

7 Siehe ZStA Merseburg, Hausarchiv, Rep. 51J, NL Kaiser Wilhelm I., Nr. 687.
Zahlreiche Briefe Wilhelms I. an K. von Vincke sind veröffentlicht in: Kaiser Wilhelms I. Briefe an Politiker und Staatsmänner. Bearb. von Johannes Schultze, 2 Bde, Berlin–Leipzig 1930/31.

8 Zit. in: Herbert Kaltheuner: Der Freiherr Georg von Vincke und die Liberalen in der zweiten preußischen Kammer, Münster 1928, S. 95 f.

9 Text in: Otto Westphal: Welt- und Staatsauffassung des deutschen Liberalismus, München – Berlin 1919, S. 307 ff.

10 Text in: Im Widerstreit um die Reichsgründung. Hrsg. Ernst Engelberg, Berlin 1970, S. 104 f.

11 Siehe Karl Heinz Börner: Die Krise der preußischen Monarchie von 1858 bis 1862, Berlin 1976, S. 39 ff.

12 Im Widerstreit um die Reichsgründung, S. 108.

13 Text (gekürzt): Ebenda, S. 150 ff.

14 F. Engels: Die preußische Militärfrage und die deutsche Arbeiterpartei. In: MEW, Bd. 16, S. 58.

15 Aus dem Leben Theodor von Bernhardis, 3. Teil, Leipzig 1895, S. 340 f.

16 Volks-Zeitung, Berlin, Nr. 130.

17 Text in: L. Parisius, S. 55.

18 Text in: Dokumente zur deutschen Verfassungsgeschichte. Hrsg. Ernst Rudolf Huber, Bd. 2, Stuttgart 1964, S. 36.

19 Siehe etwa August von Saucken an Max Duncker am 14. 6. 1863. In: Max Duncker. Politischer Briefwechsel aus seinem Nachlaß. Hrsg. J. Schultze, Stuttgart–Berlin 1923, S. 351.

20 ZStA Merseburg, Hausarchiv, Rep. 51 J, NL Kaiser Wilhelm I., Nr. 687, Bl. 44 ff.

21 Ebenda, Bl. 56.

22 August Anschütz an M. Duncker, 20. 2. 1867. In: Max Duncker. Politischer Briefwechsel aus seinem Nachlaß, S. 438.

23 Siehe Herbert Schwab: Von Königgrätz bis Versailles. In: Die großpreußisch-militaristische Reichsgründung 1871. Hrsg. Horst Bartel/E. Engelberg, Berlin 1971, bes. S. 319 f., 324 f.

24 Siehe dazu Wilhelm Wehrenpfennig an Heinrich von Treitschke, 22. 6. 1867: »Der Fehler der alten Herren (Dunckers und der Altliberalen)

ist: Sie treiben die Verachtung des Publikums, der Wähler und der jedesmal populären Parteien — früher des Fortschritts, jetzt der Nationalen — bis zu einem Punkt, wo die Möglichkeit des Wirkens innerhalb parlamentarischer Formen aufhört. Was hilft es, eine fehlerlose Staatsweisheit zu besitzen und höchst ›regierungsfähig‹ zu sein, wenn man in den Reichstag keine zwölf Menschen mehr durchbringt und aus der Zahl der Parteien, die Einfluß haben und mit denen die Krone also rechnen muß, völlig verschwindet. Die Tür Bismarcks ist für Bennigsen und Genossen allezeit offen, Duncker dagegen verweist er an seine Unterbeamten.« In: Deutscher Liberalismus im Zeitalter Bismarcks. Eine politische Briefsammlung, Bd. 1. Ausgewählt und bearbeitet von Julius Heyderhoff, Bonn — Leipzig 1925, S. 386, Anm. 1.

25 Johann Gustav Droysen: Briefwechsel. Hrsg. Rudolf Hübner, Bd. 2, Stuttgart—Berlin—Leipzig 1929. Max Duncker, Politischer Briefwechsel aus seinem Nachlaß. Ausgewählter Briefwechsel Rudolf Hayms. Hrsg. Hans Rosenberg, Berlin—Leipzig 1930. Deutscher Liberalismus im Zeitalter Bismarcks, Bd. 1.
26 Rudolf Haym. Aus meinem Leben. Erinnerungen. Aus dem Nachlaß hrsg., Berlin 1902. Eduard von Simson: Erinnerungen aus seinem Leben. Zusammengestellt von B. v. Simson, Leipzig 1900.
27 Aus dem Leben Theodor von Bernhardis, Bd. 2–8, Leipzig 1893–1901.
28 Siehe Anm. 11. Ders.: Bourgeoisie und Neue Ära in Preußen. In: Bourgeoisie und bürgerliche Umwälzung in Deutschland 1789–1871. Hrsg. Helmut Bleiber unter Mitwirkung von Gunther Hildebrandt und Rolf Weber, Berlin 1977, S. 395 ff.
29 Siehe Anm. 5.
30 Siehe Anm. 8.
31 Erich Fülling: Die preußischen Altliberalen im Heeresreform- und Verfassungskampf und die Entstehung der Nationalliberalen Partei, Marburg 1933.
32 Siehe Anm. 4.

Gerd Fesser

Antibolschewistische Liga (AL)
1918—1919

Liga zum Schutze der deutschen Kultur
1919—1925

Während der Novemberrevolution 1918/19 betätigte sich die AL neben einer Vielzahl »antibolschewistischer« Gruppen als die führende, teilweise auch als koordinierende antikommunistische und antisowjetische Propagandavereinigung des deutschen Imperialismus. Ihr extrem reaktionärer, chauvinistischer und pseudosozialistischer Kurs wies sie zunächst als eine Organisation des frühen Faschismus in Deutschland aus. Sie wandte sich mit zahllosen »Aufklärungs«-Schriften und -Vorträgen hauptsächlich an proletarische und mittelständische Kreise. Ihr Versuch, eine große Partei der Konterrevolution zu schaffen und alle bürgerlichen Parteien zu vereinigen, scheiterte mit der schrittweisen Festigung des bürgerlich-parlamentarischen Herrschaftssystems der Weimarer Republik. Seit 1919 ergänzte sie ihre antisowjetischen Hetzkampagnen durch größere Aktionen gegen den Versailler Friedensvertrag. Sie »beobachtete« intensiv die Entwicklung und Tätigkeit der KPD, in deren Reihen sie Spitzel einzuschleusen bestrebt war. Ihr antikommunistisches »Sozialwirtschaftliches Redner-Archiv« (Sowireda) erhielt hohe Zuwendungen von Unternehmern und von Dienststellen der Reichsregierung. Die Bedeutung der Liga ging nach ihrer Umwandlung im Frühjahr 1919 und vor allem nach 1922/23 zurück. 1925 stellte die Presse der Liga ihr Erscheinen ein. Die Bemühungen, 1927 und 1928 erneut eine AL zu gründen, blieben ergebnislos.

1. Herausbildung und Tätigkeit der AL in den ersten Wochen der Novemberrevolution
2. Das konterrevolutionäre Programm Eduard STADTLERS
3. Der Übergang von der AL zur Liga
4. Die Entwicklung der Liga seit 1920
5. Quellen und Literatur

Generalsekretär

Eduard STADTLER (1918–März 1919);
Pfarrer Iwan Alexander SCHILBACH (1919 bis Januar 1920)

Vorsitzender

Adolf VOM BERG (1919–1925)

Organisation

1919: 15 Landes- und 162 Ortsgruppen
1921: 13 Landes- und 300 Ortsgruppen
1923: 8 Landes- und 200 Ortsgruppen

Mitglieder

1920: ca. 30 000–40 000

Tagungen

11.–13. 5. 1919 in Berlin
23.–24. 4. 1920 in Berlin
15.–16. 4. 1921 in Dresden
28.–29. 9. 1922 in Erfurt und Eisenach
 1.– 2. 11. 1923 in Berlin

Presse

»Antibolschewistische Correspondenz«
(ABC),
ab 1. 10. 1920: »Nachrichtenblatt über Ostfragen und ihre politisch-wirtschaftlichen Auswirkungen in Deutschland«,
Auflage 1920: 6 000,
Schriftleiter: Heinz FENNER,
Abnehmer: 2 000 Zeitungen
»Die Liga. Mitteilungsblatt der Liga zum Schutze der deutschen Kultur«, 1920–1925,
Schriftleiter: A. VOM BERG, Auflage 1922: 10 000
»Die Wirtschaftswarte. Volkswirtschaftliche Zeitungskorrespondenz«, Abnehmer 1922: 1 450 Zeitungen
»Die Provinzkorrespondenz«, Abnehmer 1922: 500 Zeitungen
»Unser Volk. Blätter für Politik, Wirtschaft, Kunst«
»Volk und Heimat«, seit 1920

Schriftenreihen

»Revolutionäre Streitfragen«

»Revolutionäre Streitfragen. Neue Folge«
»Revolutions-Flugschriften«
»Revolutions-Flugschriften. Neue Folge«
»Sammlung von Quellen zum Studium des Bolschewismus«
»Beiträge zu den Problemen der Zeit«
»Volkswirtschaftliche Streitfragen«
»Frankreichs Ringen an Rhein und Ruhr«, Hrsg. Hermann COBLENZ
»Politische Gespräche. 1. Reihe: Die Schuld am Weltkrieg«, Hrsg. A. GEBHARDT

1. Herausbildung und Tätigkeit der AL in den ersten Wochen der Novemberrevolution

Die deutschen Monopolherren, Großgrundbesitzer und Militaristen, die am Ende des Jahres 1918 ihre Macht erschüttert und ernsthaft gefährdet sahen, versuchten mit allen Mitteln, die revolutionäre Bewegung aufzuspalten und dadurch eine Weiterführung der Novemberrevolution zu verhindern. Sie orientierten sich auf die Erhaltung ihrer Macht in der Form einer bürgerlich-parlamentarischen Republik und traten für baldige Wahlen zu einer Nationalversammlung und daher für die Neuformierung der bürgerlichen Parteien ein. Für die Realisierung ihrer konterrevolutionären Taktik schufen sich einflußreiche Kreise des Monopolkapitals jedoch auch eine spezielle Organisation gegen die revolutionärsten Teile der Arbeiterklasse. Von führenden Konzernherren finanziert, entstand am 1. Dezember 1918 die AL. Einen Tag später konstituierte sich das »Generalsekretariat zum Studium und zur Bekämpfung des Bolschewismus«, das die Arbeit der AL leitete. In der Öffentlichkeit fungierte das »Generalsekretariat ...« teilweise auch als selbständige Organisation. Weiterhin entstanden in der Zeit der Novemberrevolution ein *Deutscher Reichsverband für die geistige Bekämpfung des Bolschewismus*[1], dessen Vorsitz Alexander Georg GRAF ZU DOHNA und Paul VON LETTOW-VORBECK übernahmen und der die Zeitschrift »Michel, wach auf« herausgab, ein *Großdeutscher Volksbund zur Abwehr und zur Bekämpfung des Bolschewismus*[2], der »Die Volksstimme« und zahlreiche Flugblätter verbreitete und

ebenso wie der von J. PELTZER geleitete *Ausschuß für Volksaufklärung*[3] antikommunistische und antisemitische Hetze miteinander verband sowie nach einem »großgermanischen Zukunftstaat« strebte.

Gemeinsam war allen diesen Organisationen eine spezifisch antikommunistische und antisowjetische Zielsetzung. Ihre Führer und Mitglieder ließen sich fast ausschließlich von ihrem wütenden Haß gegen die gesellschaftlichen Veränderungen in Sowjetrußland leiten. Sie sprachen der revolutionären deutschen Arbeiterbewegung jeden nationalen Charakter ab und bezeichneten diese als von einer ausländischen Partei abhängig. In der Großen Sozialistischen Oktoberrevolution und in der Tätigkeit der ersten sozialistischen Staatsmacht liege die alleinige Ursache für die Entwicklung in Deutschland während der Jahre 1917 und 1918.

In der AL, der von Anfang an größten und wichtigsten antikommunistischen Organisation, wuchs Dr. E. STADTLER zur »Schlüsselfigur«[4] des organisierten Antibolschewismus während der Novemberrevolution empor. E. STADTLER hatte früher der katholischen Gewerkschaftsbewegung angehört und war während des ersten Weltkrieges in russische Kriegsgefangenschaft geraten. Nach Abschluß des Vertrages von Brest-Litowsk wurde er in den Mitarbeiterstab des diplomatischen Vertreters Deutschlands in Moskau aufgenommen, wo er bald als ein fanatischer Antikommunist in Erscheinung trat. An der Seite von Botschafter Karl HELFFERICH setzte er alle Kräfte für die Verwirklichung eines Planes zum Überfall deutscher Truppen auf Sowjetrußland ein. Nach Deutschland zurückgekehrt, hielt er Vorträge zu den Themen »Der Bolschewismus als Weltgefahr« und »Der Bolschewismus und das Wirtschaftsleben«. Seine wichtigste Aufgabe sah er — wie die gesamte herrschende Klasse — darin, »Deutschland noch im letzten Augenblick vor dem Hinabgleiten in eine bolschewistisch-marxistische Diktatur des Proletariats zu bewahren«.[5]

Wenige Tage nach dem Ausbruch der Novemberrevolution trug sich E. STADTLER mit dem Gedanken, eine breite antikommunistische Kampagne zu entfalten und eine eigene Organisation zu gründen. Darüber informierte er Generalkonsul Herbert HAUSCHILD und den ehemaligen Botschafter K. HELFFERICH, der wieder als Direktionsmitglied der Deutschen Bank tätig war. Beide begrüßten den Plan, wollten jedoch nur »aus dem Hintergrund heraus« helfen. K. HELFFERICH stellte persönlich eine Telefonverbindung zu Julius MANKIEWITZ, ebenfalls Direktor der Deutschen Bank, her. Dieser unterstützte sofort die geplante Gründung der AL mit einer Spende von 5 000 M. K. HELFFERICH empfahl ferner, Verbindung mit Friedrich NAUMANN aufzunehmen, den er als führenden Kopf der im Entstehen begriffenen ↗ DDP betrachtete. Nach E. STADTLERS Eindruck war F. NAUMANN froh, »daß sich ein Mann fand, der die Sache in die Hand nahm«.[6] Aus einem von ihm verwalteten politischen Fonds stellte F. NAUMANN 3 000 M zur Verfügung.

In der AL vereinten sich zunächst Politiker aus unterschiedlichsten Parteien der Bourgeoisie. Sie waren alle wie F. NAUMANN der Meinung, die »Abwehr des Bolschewismus« sei »vordringlicher als bürgerliche Parteigründung«.[7] Von der DDP gehörten auch Adolf GRABOWSKY und GRAF BERNSTORFF zu den Begründern der AL, vom ↗ Zentrum (Z) bzw. vom ↗ Gesamtverband der christlichen Gewerkschaften Deutschlands (GCG) kamen Adam STEGERWALD und Franz RÖHR. Dem engeren Aktionsausschuß der AL gehörten auch Heinrich FREIHERR VON GLEICHEN-RUSSWURM (vom Klub der Solidarier), Cäsar VON SCHILLING (ein baltischer Adliger und Direktor einer Bank), Oskar MÜLLER (von der »Deutschen Zeitung«, einem der Schwerindustrie und dem ↗ Alldeutschen Verband (ADV) nahestehenden Organ), Siegfried DOERSCHLAG (ein Christlichsozialer, den E. STADTLER aus der Zeit seiner Gefangenschaft in Rußland kannte), Axel SCHMIDT (ein Baltendeutscher) sowie die beiden Offiziere Fritz SIEBEL und MOMM an.

Das Generalsekretariat gliederte sich zunächst in drei Abteilungen. Die erste sollte alles zugängliche Material über die revolutionäre Arbeiterbewegung und Sowjetrußland sammeln und eine Schriftenreihe »Revolutionäre Streitfragen« herausgeben. Schon im Dezember 1918 erschienen in dieser Reihe von E. STADTLER »Der Bolschewismus und seine Überwindung« sowie »Der Bolschewismus und das Wirtschaftsleben« mit einer Massenauflage von 50 000 bzw. 100 000 Ex-

emplaren. Bis März 1919 umfaßte die Reihe bereits 14 Hefte, in denen von einer »Asiatisierung Europas«, vom »Imperialismus der Bolschewiki«, von den »Despoten der Sowjetrepublik« und »bolschewistischen Weltherrschaftsplänen« gesprochen wurde. Der dafür verantwortliche Leiter der ersten Abteilung (die sich als »Wissenschaftliche Abteilung« bezeichnete!), C. VON SCHILLING, war gleichzeitig für das Archiv und den Verlag der AL verantwortlich.

Unter der Leitung von S. DOERSCHLAG stand die zweite Abteilung, deren Aufgabe es war, Flugblätter und Plakate zu verbreiten. Außerdem sollte sie die Gründung von Geschäftsstellen der AL in Deutschland und in anderen Ländern vorbereiten. Bis Ende Januar 1919 konnte die AL organisatorisch in Bremen, Breslau, Dresden, Düsseldorf, Essen, Halle, Hamburg, Königsberg und Leipzig Fuß fassen. Die Presseabteilung unter H. FENNER belieferte die Presseorgane der deutschen Bourgeoisie mit »Nachrichtenmaterial« über Ereignisse in Sowjetrußland. Sie gab die »Antibolschewistische Correspondenz« heraus, die seit dem 15. Dezember 1918 drei- bis viermal wöchentlich in hohen Auflagen erschien. Ihr Material diente auch der systematischen Ausbildung von Agitatoren und Rednern der AL. Kurze Zeit später entstand noch eine vierte Abteilung. F. SIEBEL organisierte sie als Nachrichten- und Spionagedienst sowie als eine Art militärischer Schutztruppe der AL. Diese Abteilung hielt Verbindung zur politischen Polizei und zu einzelnen Einrichtungen des Heeres. Sie baute einen Apparat zur Bespitzelung der KPD auf.

2. Das konterrevolutionäre Programm Eduard Stadtlers

Um die Jahreswende 1918/19 verstärkte die Konterrevolution ihre Aktivitäten, um die revolutionären Kräfte militärisch niederzuwerfen. Dies sollte noch vor den Wahlen zur Nationalversammlung am 19. Januar 1919 erfolgen. Angesichts des Widerstandes der Arbeiterklasse, der sich besonders in den Berliner Januarkämpfen zeigte, drängte E. STADTLER auf neue, wirksamere Aktionen der AL sowie auf eine größere finanzielle

Unterstützung durch die Monopolbourgeoisie. Er verhandelte am 9. Januar 1919 mit Gustav NOSKE, den er zu einem »entscheidenden« militärischen Schlag gegen die Berliner Arbeiter veranlassen wollte. In G. NOSKE glaubte er, trotz dessen Zugehörigkeit zur *SPD*, den möglichen Diktator des über die Revolution siegenden Staates gefunden zu haben. E. STADTLER führte am 7. Januar 1919 auch ein Gespräch mit Major GIBSON von der britischen Militärmission in Berlin, um die Unterstützung der Siegermächte für die antikommunistischen Aktionen zu gewinnen. Hauptsächlich versuchte E. STADTLER jedoch, die führenden Angehörigen der deutschen Monopolbourgeoisie selbst zu mobilisieren. Er regte bei K. HELFFERICH an, einige Monopolherren zu einer Versammlung nach Berlin zu rufen. Auf telegrafische Einladung von J. MANKIEWITZ hin erschienen am 10. Januar 1919 etwa 50 Monopolkapitalisten. Unter ihnen befanden sich Hugo STINNES, Albert VÖGLER, Ernst VON BORSIG, Carl Friedrich VON SIEMENS, Ludwig DEUTSCH, Arthur SALOMONSOHN und Otto HENRICH. In einer zweistündigen Rede schilderte E. STADTLER die Gefahren, die durch den »Bolschewismus« für die deutsche Wirtschaft heraufbeschworen worden seien und schlug entschiedene Gegenmaßnahmen vor. Im Anschluß daran erklärte H. STINNES, jede Diskussion sei »überflüssig« und fügte hinzu: »Ich teile in jedem Punkte die Ansichten des Referenten. Wenn die deutsche Industrie-, Handels- und Bankwelt nicht willens und in der Lage (ist), gegen die hier aufgezeigte Gefahr eine Versicherungsprämie von 500 Millionen Mark aufzubringen, dann sind sie nicht wert, deutsche Wirtschaft genannt zu werden.« Sein Vorschlag wurde angenommen, so daß für den Kampf gegen die Kommunisten eine nahezu unbegrenzte Summe an Geldern zur Verfügung stand.[8] Seine beim Berliner Treffen von Monopolherren verkündete Linie fand E. STADTLER 5 Tage später auch bei einer Veranstaltung im Stahlhof zu Düsseldorf bestätigt, an der neben H. STINNES und A. VÖGLER auch Emil KIRDORF, Paul REUSCH, Fritz SPRINGORUM und Fritz THYSSEN teilnahmen. Mit diesen Geldmitteln versuchten die AL und andere Organisationen, das Programm des deutschen Imperialismus für die Nach-

kriegszeit mit ihren spezifischen Mitteln durchzusetzen. Dieses Programm sah vor: »1. Befreiung Rußlands von der bolschewistisch-terroristischen Anarchie; 2. Rettung Deutschlands vor der bolschewistischen Anarchie; 3. Schutz und Rettung der Entente vor den revolutionär-anarchistischen und bolschewistischen Zersetzungserfolgen des Weltkrieges.«[9] Zu seiner Realisierung verkündete E. STADTLER einen entsprechenden antiparlamentarischen Weg über die »nationale Konzentration von unten oder einer Diktatur von oben ...«, d. h. über die Beseitigung des in der Revolution geschaffenen bürgerlich-demokratischen Staates und seine Ablösung durch die Diktatur »eines parteifreien starken Mannes ...«.[10] Nach Meinung E. STADTLERS sollten noch unmittelbar vor den Wahlen zur Nationalversammlung die bekanntesten Führer der revolutionären Arbeiterbewegung ermordet werden. In ihrem Wirken sah er »Umsturz- und Zusammenbruchsgefahren«. Bei den Absprachen zwischen ihm, F. SIEBEL, Waldemar PABST (Stabschef der Gardekavallerie-Schützendivision) und Heinz PFLUGK-HARTUNG (Adjutant von W. PABST) vertrat er den Standpunkt, wenn »auf unserer Seite vorerst keine Führer zu sehen seien, dann dürfe wenigstens die Gegenseite auch keine haben«. Offensichtlich nahm die AL einen größeren Anteil an der Organisierung der Mordaktion, der am 15. Januar 1919 Karl LIEBKNECHT und Rosa LUXEMBURG zum Opfer fielen, als bisher bekannt ist. Die Aktionen der revolutionären Arbeiterbewegung vom Frühjahr 1919 kommentierte E. STADTLER triumphierend: »Es war aber nur noch ein ohnmächtig verzweifeltes Ringen ohne Führung.«[11] Im Kampf gegen die revolutionäre Arbeiterbewegung verfolgte die AL das Ziel, eine antikommunistisch und chauvinistisch verhetzte Massenbewegung aufzubauen. Sie verstand sich selbst als Rahmen- und Dachorganisation aller antikommunistisch orientierten Organisationen. E. STADTLER bemühte sich um ihre Umwandlung in eine konservativ-christliche bzw. nationalsozialistische Partei, die eine einheitliche und alle taktisch bedingten Richtungskämpfe überwindende Partei der Bourgeoisie darstellen sollte. Er erklärte, die seit November/Dezember 1918 in

Deutschland existierenden bürgerlichen Parteien seien auch nach ihren »ganz minderwertige(n) taktische(n) Änderungen« während der ersten Revolutionswochen dem »Bolschewismus« weder innen- noch außenpolitisch gewachsen. Seine Forderung sah die Umwälzung des gesamten Parteiwesens vor, d. h. vor allem die Bildung einer großen, einheitlichen Partei der gesamten Konterrevolution.[12]

Einen wichtigen Ausgangspunkt dieser Forderung bildeten die Überlegungen einiger extrem reaktionärer Ideologen, daß auf die Dauer gesehen eine rein negierende Hetze sowie ein lediglich defensiv geführter Kampf gegen die revolutionären Kräfte ihre Wirkung verfehlten, wenn die Parteien des Monopolkapitals nicht ein eigenständiges massenwirksames Programm entwickelten und mit einer politisch-ideologischen Offensive begannen. In diesem Sinne hatte Arthur MOELLER VAN DEN BRUCK sogar die Revolution bejaht, weil er sie mit Hilfe einer geschlossenen imperialistischen Weltanschauung »zu gewinnen« hoffte.[13] E. STADTLER formulierte:

»Wir müssen all das, was Deutschland in der Vergangenheit großgemacht hat — und davon steckt auch viel im konservativen Preußen —, verbinden mit dem, was das Lebendigste ist an der deutschen und an der russischen Revolution: das ist der sozialistische Gedanke, damit durch die Zusammenfassung dieser beiden Grundgedanken die deutsche Revolution etwas Eigenartiges nach dem Osten und nach dem Westen darstellt.«[14]

An anderer Stelle wurde von der AL demagogisch behauptet: »Die Arbeiterkreise sollten wissen, hören und erleben, daß unser Antibolschewismus unter keinen Umständen nur negativ sei oder gar eine Spitze gegen die Arbeiterschaft enthalte.«[15] E. STADTLER betrachtete sein Programm als das einer »nationalsozialistischen Vereinigung«, als das einer »Partei der Zukunft«, in der alle alten Parteien eingeschmolzen werden.[16] Die skrupellosen Verleumdungen gegenüber dem Sowjetstaat und der revolutionären deutschen Arbeiterbewegung verband er mit faschistischer Sozialismus-Demagogie. Er sprach von einer »sozialistischen Zukunft« und versuchte die Arbeiterklasse glauben zu machen, die Großindustriellen wären bereit, gemeinsam mit ihr einen »Deutschen Sozialismus« aufzubauen. In diesem Sinne trat er am 27. Januar 1919 vor etwa 5 000 Arbeitern der Berliner Borsig-Werke auf, wobei er sich gegen den »Herr-im-Hause«-Standpunkt der Unternehmer wandte und den Rätegedanken positiv nannte.

3. Der Übergang von der AL zur Liga

Zu diesem Zeitpunkt ging jedoch den Geldgebern der AL das Spielen mit dem Rätebegriff und die Sozialismus-Demagogie zu weit. Die Warnungen E. STADTLERS vor einem unmittelbar bevorstehenden Sieg der Kommunisten erwiesen sich als haltlos; in den Januarkämpfen waren die Berliner Arbeiter niedergeworfen worden, am 19. Januar 1919 hatten die bürgerlichen Parteien die Wahlen zur Nationalversammlung zu ihren Gunsten entscheiden können. Die imperialistische Bourgeoisie begann mit dem schrittweisen Ausbau ihrer Klassenherrschaft in Form einer bürgerlich-parlamentarischen Republik. An E. STADTLER erfolgte daher eine Einladung zu einem Gespräch mit den Finanziers der AL und den Verwaltern des berüchtigten Antibolschewistenfonds. In Anwesenheit von E. VON BORSIG, A. SALOMONSOHN, C. F. VON SIEMENS und H. STINNES wurde er von L. DEUTSCH mit den Worten empfangen: »Wir haben gehört, daß Sie als Führer der Antibolschewistischen Liga den Rätegedanken propagieren, statt ihn zu bekämpfen.« Damit errege er »die größte Unruhe in Arbeiterkreisen«. Nach der Erläuterung des demagogischen Wesens seiner Überlegungen, daß es entscheidend sei, wer die Führung der Arbeiterräte in den Händen habe, stimmte H. STINNES zu: Wenn »der Arbeitergedanke so aufgefaßt wird, ... dann ist er zweifellos ein gesunder Gedanke«.[17]

Als E. STADTLER Anfang März 1919 sein »Aktionsprogramm zur Überwindung der bolschewistischen Anarchie«[18] verbreitete, geriet er in offenen Gegensatz zu den meisten seiner Geldgeber. Seine Forderungen nach einer Neugestaltung des bürgerlichen Parteienwesens, nach einem rigorosen Bruch mit der Politik einer Koalition zwischen den bürgerlichen Parteien und der SPD, nach Aufkündigung des am 15. November 1918 abgeschlossenen Arbeitsgemeinschaftsabkommens zwischen den Unternehmerverbänden und den Gewerkschaften, nach dem Abbruch der Friedensverhandlungen mit den Westmächten sowie nach einer Verankerung des Rätegedankens in der Verfassung der Weimarer Republik führten zu offenen Auseinandersetzungen um Funktion und Weiterentwicklung der AL. E. STADTLER forderte:

»Der Wille zur Rettung der deutschen Heimat muß von oben her in der Nationalversammlung, wie von unten her durch Bildung von lokalen Aktionsausschüssen zum Schutze der deutschen Kultur gegen Terror und Anarchie sich so stark durchsetzen, daß der Nationalgedanke von diesem starken Willen wieder neubelebt wird. Gelingt es nicht, dieses oder ein ähnliches frei von Parteischablone bleibendes Aktionsprogramm über alle Parteigedanken hinweg schnellstens zu verwirklichen, so wird der Bürgerkrieg noch wilder toben als bisher.«[19]

Seine Einschätzung, daß in Deutschland bereits zu neun Zehnteln »bolschewistische Zustände« herrschten, ging an der Realität weit vorbei. Eine AL, die auf solchen Positionen stand, konnte nicht mehr dem Gesamtinteresse der herrschenden Klasse dienen. Dennoch waren einflußreiche Kreise nach wie vor an der Existenz einer schlagkräftigen Organisation wie der AL mit ihrer spezifischen Zielstellung interessiert.

Ende März 1919 mußte E. STADTLER als Leiter der AL zurücktreten. Diese wurde in die Liga zum Schutze der deutschen Kultur umgewandelt. In den Diskussionen über die Frage, wie »tatsächlich dem Bolschewismus Anhänger zu entziehen« seien, stellten sich einflußreiche Kreise auf den Standpunkt, daß zwar auch eine Organisation mit überparteilichem Charakter, vor allem aber eine »entschlossenere Handhabung der Staatsgewalt« notwendig sei.[20] Ausführlich erläuterte F. NAUMANN die Gründe seines Ausscheidens aus der AL, als er am 17. März 1919 an E. STADTLER schrieb und dessen Forderung nach Abschaffung der alten bürgerlichen »Parteischablone« ablehnte:

»In ein Parlament kann man nur gehen, wenn man nach parlamentarischer Methode arbeiten will. Diese letztere Methode ist nun offenbar bei Ihnen und Ihren Freunden vom Solidarierprogramm stark in Mißkredit gekommen. Ich nehme es nicht tragisch, wenn jüngere Kreise, die erst in die Politik hineintreten wollen, sich als Reformatoren des Parteiwesens ankündigen. Nur glaube ich, vorher sagen zu können, daß man zwar im Laufe der Zeit Personen und Ideen ändern kann, aber sehr wenig

an dem, was von Ihnen die Mechanik des Parteiwesens bezeichnet wird. Der von Ihnen hervorgehobene Führergedanke läßt sich auf Grund demokratischer Wahlrechte gar nicht anders verwirklichen als durch Gestaltung von Parteien.«

Daran schloß F. NAUMANN den folgenden Gedanken an, der für die Beurteilung des Problems der Arbeitsteilung zwischen den verschiedenen bürgerlichen Organisationen wichtig ist: »Im übrigen hat mir manches am Solidarierprogramm recht gut gefallen und wird gewiß im ganzen vorteilhaft wirken können. Mein Satz von der Unvermeidlichkeit der Parteimechanik bedeutet nicht, daß man freie Nebenbewegungen von vornherein mißachten oder bekämpfen soll.«[21]

Während E. STADTLER über seine »Vereinsamung« in der AL klagte[22], setzten sich mit C. VON SCHILLING, A. VOM BERG und I. A. SCHILBACH Kräfte durch, die bereit waren, die AL den neuen Forderungen ihrer Geldgeber völlig unterzuordnen. Sie änderten das Firmenschild, weil der Name »Antibolschewistische Liga« nach dem Zeugnis E. STADTLERS« auf die proletarischen Massen aufreizend wirkte«.[23] Zwar blieb in der neuen Liga zum Schutze der deutschen Kultur der Kampf gegen den »Bolschewismus« die entscheidende Grundlage, doch hatte sie damit ihre faschistischen Positionen aufgegeben. Der Kampf wurde nunmehr »vor allem von bürgerlich-parlamentarischen Positionen aus geführt und noch nicht mit für zweischneidig geltenden Alternativlösungen wie dem ›National-Sozialismus‹ verbunden«.[24]

Die Liga stellte sich bald offen auf den Boden der Weimarer Verfassung und wandte sich verstärkt der chauvinistischen »Aufklärung über Versailles«[25] sowie der Propagandatätigkeit auf wirtschaftspolitischem und kulturellem Gebiet zu. Über den »Schutz der deutschen Kultur« — was begrifflich von der Liga niemals konkret erläutert wurde — wollte sie einen Beitrag »zur sittlichen Erneuerung unseres Volkes, zum staatlichen und wirtschaftlichen Wiederaufbau des Vaterlandes« leisten. Dies bestimmte ihre programmatischen »Grundgedanken«, in denen es u. a. hieß:

»Wir wollen den Zusammenschluß derer fördern, die in sittlichem Ernst und persönlichem Verantwortungsgefühl jedes einzelnen dem Volksganzen gegenüber den wichtigsten Grundstein zum geistigen und wirtschaftlichen Wiederaufbau erkennen.

Wir wollen von Schlagworten zur nüchternen Sachlichkeit, von stimmungsmäßiger Kundgebung zu bewußter Arbeit, vom Straßenleben zurück ins Familienleben führen.

Wir wollen die Parteigegensätze in ihrer unsachlichen Schärfe überbrücken, indem wir auf dem neutralen Boden der Liga eine Annäherung der Parteigegner und den Gedanken der überparteilichen Arbeitsgemeinschaft auf allen Tätigkeitsgebieten fördern.

Wir wollen durch Vermittlung sachlicher Kenntnisse über das Staats- und Wirtschaftsleben und dessen Bedingungen die Erkenntnis wecken, daß alle Teile unseres Volkes auf gegenseitiges Wohlergehen angewiesen sind.

Wir wollen mit allen Kräften den geistigen Kampf führen gegen den von Grund aus antisozialen Materialismus, in welcher Form er immer sich äußern möge: in Schiebertum, brutalen Gewaltakten und unsinnigen Eingriffen in unser Staats- und Wirtschaftsleben, in kulturwidrigem Protzentum.

Wir wollen vor Hetzreden und doktrinären Utopien warnen, die mit wirklichkeitsfremden Schlagworten zu gewaltsamem Umsturz und gewagten Experimenten verleiten möchten; denn der vollständige Zusammenbruch unseres gesamten Wirtschafts- und Kulturlebens wäre die Folge solcher Versuche; die Erfahrungen anderer Staaten erbringen hierfür den sachlichen Nachweis.«[26]

4. Die Entwicklung der Liga seit 1920

Nach den inneren Auseinandersetzungen vom Frühjahr 1919 vermochte sich die Liga vor allem im Jahre 1920 wieder zu stabilisieren und eine umfangreiche Tätigkeit zu entfalten. Sie baute 15 Landesgruppen (Brandenburg, Bremen und Oldenburg, Frankfurt [Main], Halle, Hamburg, Hessen-Nassau, Leipzig, Magdeburg, Mecklenburg, Sachsen und Reuß, Schlesien, Südwestdeutschland, Thüringen, Westfalen, Württemberg) mit 162 mehr oder weniger stabilen Ortsgruppen auf, wobei kein allzu fester organisatorischer Rahmen angestrebt wurde. Allein in Hessen und Hessen-Nassau soll es 20 000 Mitglieder gegeben haben; andere Zahlen wurden nicht veröffentlicht.[27]

Aus den Angaben über die Orte, in denen die Liga ihre umfangreiche Vortragstätigkeit entfaltete, ist zu erkennen, daß sie nur wenige große Veranstaltungen in Berlin, dafür aber zahlreiche in mittleren und kleineren Städten durchführte. Im Durchschnitt sollen die Veranstaltungen ca. 200 Teilnehmer angezogen haben. Ihre Ausstellungen sollen in den Kleinstädten jeweils von 30% der Bevölkerung besucht worden sein.[28] Im Jahre 1920 führte die Liga auch 230 volkswirtschaftliche Bildungskurse für ihre Mitglieder durch. Sie galten auch als »Rednerkurse«, dauerten 2 bis 4 Monate und wurden von 20 000 Teilnehmern besucht.[29]

Bis Ende 1922 führte die Liga insgesamt ca. 9 000 Veranstaltungen durch.[30]

Der Kulturliga-Verlag erweiterte 1920 seine Produktion in vielfältiger Weise. Er brachte 19 antikommunistische Broschüren in 231 150 Exemplaren heraus, legte Neuauflagen von 16 weiteren Broschüren mit 93 800 Exemplaren vor und verbreitete im Jahre 1920 insgesamt 1 821 397 Flugblätter und Plakate. Unter dem Titel »Weltkriegsrevolution« veröffentlichte der Verlag eine »zeitgemäße überarbeitete Ausgabe der Stadtlerischen Vorträge« und pries diese als »vortreffliches geistiges Rüstzeug zur Bekämpfung der ständig zunehmenden Radikalisierung«.[31] Die Liga stellte auch einen Propaganda-Film mit dem Titel »Kohlennot und Friedensvertrag« her, von dem sie 24 Kopien in Umlauf brachte.[32]

Die umfangreiche Tätigkeit der Liga wäre ohne großzügige Spenden aus privaten und regierungsamtlichen Fonds nicht möglich gewesen. Als die Liga im Sommer 1919 beantragte, öffentliche Werbung von Mitgliedern und Sammlungen von Geldmitteln durchführen zu dürfen, stimmte der Berliner Polizeipräsident zwar zu, sprach jedoch gleichzeitig die Empfehlung aus, »die Verwaltungskosten herabzumindern« und erklärte: »Die drei Vorstandsmitglieder, Bankdirektor Cäsar von Schilling, Syndicus Adolf vom Berg und Direktor Paul Herfurt, beziehen ein monatliches Gehalt von 750 M und 250 M Teuerungszulage, während die in 22 Städten bestehenden Sektionen monatlich 750 M erhalten.«[33]

Zwischen der Liga und einigen Führern der Reichswehr bestanden enge Beziehungen. Mehrfach wurde die Tätigkeit der Liga gelobt, so beispielsweise in einem Bericht des Generalkommandos des II. Armeekorps vom 9. April 1919 aus Stettin, in dem es hieß: »In

Stettin besteht ein Verein zur Bekämpfung des Bolschewismus. Er arbeitet durch Mundpropaganda, so wie O. H. L. es wünscht, und versucht, bis in die kleinsten Orte vorzudringen. Ich habe den Verein gebeten, mit allen Offizieren enge Fühlung zu halten.«[34] In einem Brief an seine Frau formulierte General Wilhelm GROENER am 17. Mai 1919 offenherzig, E. STADTLER schreibe »gegen Spartakus im Auftrag der Regierung und von uns« und kündigte dessen Besuch in der OHL an.[35] Am 9. Dezember 1919 übermittelte die Liga dem Reichsinnenminister Erich KOCH ein Schreiben, in dem es hieß:

»Die Tätigkeit der Liga wurde bereits von vielen militärischen Stellen, die dem Herrn Reichswehrminister unterstehen, lobend anerkannt. An eine größere Anzahl Reichswehrformationen wird schon regelmäßig das Schriftenmaterial geliefert... Es wird beabsichtigt, unsere ohne Zweifel auf die Gesinnung der Mannschaften aufklärend wirkenden Schriften nunmehr auch bei den Ew. Excellenz unterstellten Sicherheitsbataillonen teils gratis, teils gegen Bezahlung zu verbreiten.«[36]

In Dresden schuf sich die Liga eine »Sonderstelle F«. Ihre Aufgabe bestand darin, Material über die französische Fremdenlegion zu sammeln und deren Werbetätigkeit in Deutschland bloßzustellen. Unter der Leitung Ferdinand VON PAPENS organisierte die »Sonderstelle F« insbesondere im Jahre 1922 zahlreiche Veranstaltungen für Schüler oberer Klassenstufen. Über sie knüpfte die Liga auch Verbindungen zur ↗ DVP und zur ↗ DNVP sowie zur Reichszentrale für Heimatdienst. Die »Aufklärung« über die Fremdenlegion war ein Teil der Propaganda, die die Liga gegen den Versailler Vertrag betrieb. Neben der Durchführung von Vortragsveranstaltungen galt die Aufmerksamkeit dem Aufbau größerer revanchistischer Ausstellungen. Von Juni 1921 bis Ende 1922 zeigte die Liga beispielsweise in 80 Städten die Ausstellung »Deutschland und der Friedensvertrag«. 1923 brachte sie sogar zwei Ausstellungen zustande: »Ruhr, Rhein und Saar im Abwehrkampf« und »Ruhrnot — Ruhrstolz«, von denen die letztere gemeinsam mit dem *Reichsverband der Rheinländer* und dem ↗ *Bund der Saarvereine (BSv)* organisiert wurde.
Vordergründig unterstützte die Liga die »Erfüllungspolitik«, die Teile der deutschen Monopolbourgeoisie gegenüber den Reparationsforderungen der Entente betrieben. Sie zielte dabei nicht nur gegen den äußeren Feind: »Alle die, die in der Friedensvertragsaufklärung nur außenpolitische Bildung sehen, haben die harte Notwendigkeit der Zeit noch nicht erfaßt. Friedensvertragsaufklärung ist — *Einhämmern* und *Härten* des Willens zur Selbstbehauptung. Dies ist zur Zeit die wichtigste Aufgabe *aller* Parteien und *aller* überparteilichen wirtschaftlichen Organisationen.«[38] Ihre Anti-Versailles-Propaganda richtete sich in erster Linie gegen die deutsche Arbeiterklasse, der es — wie A. VOM BERG schrieb — an »allen psychologischen Grundlagen zu einer echten Gemeinschaftsgesinnung und Gemeinschaftsbereitschaft« fehle.[39] Dies zeigte sich auch in den heftigen Auseinandersetzungen der Liga mit den sog. Nationalbolschewisten um Professor Paul ELTZBACHER in der *DNVP*, in denen ständig die Prophezeihung vom baldigen und vollständigen Bankrott Sowjetrußlands ausgesprochen wurde. Man brauche in Deutschland eine »Volksgemeinschaft«, die sich gleichermaßen gegen den äußeren wie gegen den »inneren Feind« zu wehren habe.[40]
Je stärker die *KPD* hervortrat und sich zur revolutionären Massenpartei entwickelte, desto intensiver wurden die Bemühungen der Liga, die deutschen Kommunisten zu diffamieren und aktiv zu bekämpfen. 1921 rühmten einige Liga-Vertreter in ihren Erinnerungen an die Zeit der Novemberrevolution, ihre Organisation habe 1918/19 den »Straßen- und Wirtschaftsbolschewismus ... zurückgedrängt und gehemmt«; sie setzten jedoch unmittelbar hinzu, daß er leider immer noch nicht »überwunden« sei.[41] Die Liga verlegte sich daher verstärkt auf die Einschleusung von Spitzeln in die Reihen der *KPD*. Sie aktivierte 1924 die Tätigkeit des Sowireda, das etwa 70 Mitglieder umfaßte und allein aus Berliner Unternehmerkreisen einen jährlichen Zuschuß von 40 000 RM erhielt.[42] Am 24. Mai 1925 enthüllte die »Rote Fahne« das Treiben dieser antikommunistischen Organisation, was zu einer weitgehenden Lähmung des Sowireda führte. Ein Versuch seines Leiters, Kapitän a. D. VON PUSTAU, im Frühjahr 1928 eine »Antira« (Antiradikale Liga) zu schaffen, schlug fehl. Ebenso scheiterten 1927 die Bemühungen anderer Kreise, in

Anlehnung an die Reichszentrale für Heimatdienst eine neue AL ins Leben zu rufen.[43] In
den Jahren 1927 bis 1929 war lediglich eine
Landesgruppe Westdeutschland der Liga
tätig. Sie führte ca. 500 Veranstaltungen
durch.[44] Ob sich die Reste der Liga an der
Gründung des *Bundes zum Schutze der abendländischen Kultur*, die am 14. März 1930 auf
Initiative des ↗ *Deutschen Herrenklubs
(DHK)* und einer Reihe führender Monopolherren erfolgte[45], beteiligten oder dessen
Tätigkeit unterstützten, konnte nicht ermittelt
werden.

Am Ende des eigenen Entwicklungsweges,
das sich bereits mit dem Übergang zur Periode
der relativen Stabilisierung des Kapitalismus
deutlich abgezeichnet hatte, stand jedoch das
Eingeständnis, im Kampf gegen die *KPD* so
gut wie nichts erreicht zu haben. Diese sei, so
stellte A. VOM BERG 1924 fest, nicht »nur
Partei«, sondern auch eine »die Massen nicht
nur mit dem Stimmzettel erfassende sozio-
gische Machtgruppe.«[46] Die *KPD* sei durch
ihre neue Gewerkschaftspolitik und ihre intensive Arbeit in den Betrieben »gefährlicher
geworden«.[47] Dem setzte die Liga ihren »Ruf
nach klarer Führung« entgegen, der die Politik
der Bürgerblock-Regierung unterstützte und
die Positionen der *DNVP* zu stärken trachtete. In diesem Zusammenhang beklagte die
Liga auch den Kampf der *Komintern* und der
KPD gegen den Faschismus, den sie als eine
Äußerung »kraftvoller nationaler Gesinnung
und Würde« pries.[48] Enttäuscht zeigte sie sich
vom Scheitern des HITLER-Putsches sowie
von den sog. parlamentarischen Bemühungen
MUSSOLINIS im Jahre 1924.[49]

Der Übergang E. STADTLERS von der *DNVP*
zur ↗ *NSDAP*, den er im Mai 1933 vollzog,
war in vieler Hinsicht für die Entwicklung und
die Bedeutung der Liga typisch. Diese Organisation zielte von Anfang an auf den Untergang der Weimarer Republik, auf die Errichtung einer offenen Diktatur sowie auf die
Beseitigung aller sozialen und politischen
Errungenschaften der revolutionären Arbeiterbewegung. E. STADTLER hielt am
17. Februar 1933 im Berliner Rundfunk einen
Vortrag, in dem er erklärte: »Will man die
geistige Wurzel des heutigen Kabinetts bloß-
legen, dann muß man sie in der antibolschewistischen Kampfbewegung des Winters
1918/19 sehen ... Die Soldaten der antibol-

schewistischen Zeit sind die eigentlichen
Väter der neuen Regierungsmacht.«[50] AL und
in gewisser Weise auch die Liga können
tatsächlich ebenso wie der *Bund zum Schutze
der abendländischen Kultur* und andere antibolschewistische Organisationen als Wegbereiter der faschistischen Diktatur, aber
auch als Vorläufer des *Gesamtverbandes
deutscher antikommunistischer Vereinigungen* gelten, der im Mai 1933 von den Nazifaschisten ins Leben gerufen und Ende 1933 in
Antikomintern umbenannt wurde. Diese war
jedoch eine getarnte staatliche Institution und
dem Goebbelsministerium für Volksaufklärung und Propaganda direkt angeschlossen.
Sie wurde von Eberhard TAUBERT geleitet, der
einen umfangreichen antisowjetischen Hetz-
und Spionageapparat aufbaute und die Durchführung eines »Antikommunistischen Welt-
kongresses« anstrebte bzw. eine antikommunistische Weltbewegung unter Führung
des faschistischen deutschen Imperialismus
schaffen wollte.[51] Die deutschen Faschisten
knüpften in ihrer politischen und ideologischen Vorbereitung des Überfalls auf die
Sowjetunion unmittelbar an antibolschewistische Organisationen der Weimarer Republik an, ohne deren Tätigkeit direkt hervorzuheben.[52]

5. Quellen und Literatur

Die in den Anmerkungen 1, 2, 19, 20, 25 und
43 genannten Akten des ZStA Potsdam enthalten aussagekräftiges Quellenmaterial über
die AL, in geringerem Maße auch über die
Liga. Vor allem stehen die zeitgenössischen
Publikationen der AL und der Liga zur Verfügung, darunter die Jahrgänge 1919 bis 1922
der »Antibolschewistischen Correspondenz«
in der Universitäts-Bibliothek Marburg
(BRD). Trotz maßloser Selbstüberschätzung
gibt Eduard Stadtler in seinen dreibändigen
»Lebenserinnerungen« (Düsseldorf 1935/36)
sowie in seinen zahllosen kleineren Schriften
einen Einblick in die Praktiken und Auffassungen des frühen deutschen Faschismus.[53]

In marxistischen Publikationen ist bisher lediglich die Tätigkeit der AL behandelt worden. Jürgen Kuczynski stellte sie als eine der
Propagandaorganisationen des Monopolkapitals dar[54], während Joachim Petzold dem

Zusammenhang zwischen E. Stadtlers Auffassungen und denen Jungkonservativer
nachforscht.[55] Zwei Beiträge von Manfred
Weißbecker untersuchen den Platz der Al im
bürgerlichen Parteien- und Organisationswesen.[56] Bürgerliche Historiker gehen in der
Regel über die AL mit kurzen Erwähnungen
hinweg.[57] Zur Geschichte der Liga existiert
keine Literatur.
Siehe auch Herbert Blechschmidt »Antibolschewistische Liga« (in: HBP, Bd. I, Leipzig
1968, S. 30–35).

Anmerkungen

1 ZStA Potsdam, RMdI Nr. 13 318, Bl. 90.
2 ZStA Potsdam, RMdI Nr. 14 200, Bl. 104 ff.
3 Ebenda, Bl. 112 ff.
4 Gewalten und Gestalten. Miniaturen und Por-
träts zur deutschen Novemberrevolution
1918/19, Leipzig – Jena – Berlin 1978, S. 300.
5 Eduard Stadtler: Als Antibolschewist 1918/19,
Düsseldorf 1935, S. 12 f.
6 Ebenda.
7 Zit. in: Günter Fischenberg: Der deutsche Liberalismus und die Entstehung der Weimarer
Republik. Die Krise einer politischen Bewegung, phil. Diss., Münster 1958, S. 16.
8 E. Stadtler: Als Antibolschewist, S. 46 ff. Ob die
von Stinnes genannte Summe tatsächlich in
voller Höhe aufgebracht und von Stadtler nur
für die AL verwandt worden ist, muß noch von
der Forschung geklärt werden. Die Frage ist
jedoch von untergeordneter Bedeutung, da die
AL auf jeden Fall reichlich Geld zur Verfügung
hatte. Siehe Wolfgang Ruge: Monopolbourgeoisie, faschistische Massenbasis und NS-Pro-
grammatik in Deutschland vor 1933. In: Faschismusforschung. Positionen, Probleme, Polemik.
Hrsg. Dietrich Eichholtz/Kurt Gossweiler, Berlin 1980, S. 131 f.
9 E. Stadtler: Bolschewismus und Weltgefahr.
Vorträge, Düsseldorf 2./1934, S. 240 f.
10 E. Stadtler: Die Weltkriegsrevolution. Vorträge
(Mein Aktionsprogramm), Leipzig 1920,
S. 221 f.
11 E. Stadtler: Als Antibolschewist, S. 51 ff.
12 E. Stadtler: Die Revolution und das alte Partei-
wesen, Berlin 1919, S. 4 ff. Siehe dazu auch
Manfred Weißbecker: Zur Herausbildung extrem antikommunistischer Organisationen und
der »antibolschewistischen « Propaganda in
Deutschland während der ersten Jahre nach der
Großen Sozialistischen Oktoberrevolution. In:
WZ Jena, 4/1967, S. 491 ff.
13 Arthur Moeller van den Bruck: Das dritte Reich.
Hrsg. Hans Schwarz, Hamburg 3./1932, S. 12.

14 E. Stadtler: Der kommende Krieg – bolschewistische Weltrevolutionspläne, Berlin 1919,
S. 15.
15 E. Stadtler: Als Antibolschewist, S. 76 f.
16 Ebenda, S. 28.
17 Ebenda, S. 70 f.
18 E. Stadtler: Die Weltkriegsrevolution, S. 205 ff.
19 ZStA Potsdam, NL Friedrich Naumann, Nr. 14,
Bl. 193.
20 Ebenda, Nr. 13, Bl. 17 f. Brief von Hans Arnold
an F. Naumann vom 17. 2. 1919.
21 Ebenda, Nr. 14, Bl. 194.
22 Ebenda, Bl. 188.
23 Ebenda, Bl. 189.
24 Joachim Petzold: Konservative Theoretiker des
deutschen Faschismus. Jungkonservative Ideologen in der Weimarer Republik als geistige
Wegbereiter der faschistischen Diktatur, Berlin
1978, S. 52.
25 ZStA Potsdam, RKO, Nr. 471, Bl. 13 ff.
26 Die Liga, Nr. 1 vom Januar 1921, S. 6.
27 Die Liga, Nr. 4 vom April 1921, S. 42.
28 Die Liga, Nr. 2 vom Februar 1922, S. 17.
29 Die Liga, Nr. 4 vom April 1921, S. 43 f.
30 ZStA Potsdam, RKO Nr. 471, Bl. 14.
31 Antibolschewistische Correspondenz (ABC),
Ausgabe B, Nr. 60 vom 28. 4. 1920, S. 4.
32 Ebenda, S. 44.
33 ZStA Potsdam, RMdI Nr. 13 318, Bl. 91.
34 Zit. in: Zwischen Revolution und Kapp-Putsch.
Militär und Innenpolitik 1918–1920. Bearbeitet
von Heinz Hürten, Düsseldorf 1977, S. 89.
35 Zit. in: Ebenda.
36 ZStA Potsdam, RMdI Nr. 13 318, Bl. 260.
37 Ebenda, Bl. 265.
38 Die Liga, Nr. 7/8 vom Juli/August 1921, S. 74.
39 Die Liga, Nr. 1 vom Januar 1922, S. 2.
40 Die Liga, Nr. 7/8 vom Juli/August 1921, S. 73.
41 Die Liga, Nr. 1 vom Januar 1921, S. 1.
42 ZStA Potsdam, RKO Nr. 471, Bl. 71.
43 ZStA Potsdam, RKO Nr. 445, Bl. 5 f.
44 BA Koblenz, Deutsches Auslands-Institut,
Nr. 1 044/30. Von den 251 Vorträgen, die in der
Zeit von Juni 1927 bis Mai 1928 gehalten wurden,
galten 14 (8,1 %) allgemeinen politischen Themen, 7 (4,1 %) der Kriegsschuldfrage, 21 (12,2 %)
kulturellen Fragen, 47 (27,3 %) volkswirtschaftlichen Problemen und 83 (48,3 %) der direkten
antikommunistischen Hetze.
45 Siehe Herbert Gottwald: Zum Antikommunismus und Antisowjetismus der deutschen Monopolbourgeoisie in der Weimarer Republik. In:
JBP, Nr. 24 (September 1968), S. 46 ff.
46 Die Liga, Nr. 12/1924, S. 72. Die Zeitschrift
verzichtete seit September 1923 auf die Angabe
des Erscheinungsmonats.
47 Ebenda.
48 Die Liga, Nr. 9/1924, S. 47.
49 Die Liga, Nr. 12/1924, S. 69.

50 ZStA Potsdam, RLB-Pressearchiv, Nr. 446, Bl. 15.

51 Siehe Eberhard Taubert: Der antisowjetische Apparat des deutschen Propagandaministeriums. Maschinenschriftliches, nach 1945 entstandenes Manuskript. In: BA Koblenz, Kleine Erwerbungen, Nr. 617, Bl. 1—18. Das Manuskript schließt mit folgenden Sätzen: »So hat denn der antibolschewistische Apparat des deutschen Propagandaministeriums auf dem gesamten Erdball, wenn auch mit sehr unterschiedlicher Intensität, 12 Jahre lang den Ideenkrieg gegen den Weltfeind geführt. Er war der umfassendste, der je existiert hat und ist zum Modell für ähnliche Einrichtungen auf der ganzen Welt geworden.«

52 Siehe das Protokoll der Antikomintern-Tagung vom 4. bis 10. 11. 1936 in München. In: Gerhard Kade: Die Bedrohungslüge. Zur Legende von der »Gefahr aus dem Osten«, Köln 1979, S. 104.

53 Siehe die Anm. 5, 9, 10, 12 und 14.

54 Jürgen Kuczynski: Studien zur Geschichte des deutschen Imperialismus, Bd. II (Propagandaorganisationen des Monopolkapitals), Berlin 1950, S. 259 ff.

55 Siehe die Anm. 4 und 24.

56 Siehe die Anm. 12 und M. Weißbecker: Konservative Politik und Ideologie· in der Konterrevolution 1918/19. In: ZfG, 27. Jg. (1979), H. 8, S. 707 ff.

57 Siehe z. B. Hans-Joachim Schwierskott: Arthur Moeller van den Bruck und der revolutionäre Nationalismus in der Weimarer Republik, Göttingen 1962. Klemens von Klemperer: Konservative Bewegung. Zwischen Kaiserreich und Nationalsozialismus, München — Wien 1962.

Manfred Weißbecker

Antisemitische Parteien
1879–1894

Seit 1879 entstanden im Deutschen Reich verschiedene antisemitische Parteien und Gruppierungen[1], deren Mitglieder sich vorwiegend aus städtischen Kleinbürgern, Klein- und Mittelbauern, Angehörigen der unteren und mittleren Schichten der Intelligenz und deklassierten Arbeitern zusammensetzten und die objektiv politische Interessen extrem reaktionärer Kräfte in den herrschenden Klassen vertraten. 1889 bildeten die zersplitterten antisemitischen Parteien die Antisemitische Deutschsoziale Partei, die jedoch nicht zur Einigung der Antisemiten führte. Aus ihr ging die Deutschsoziale Partei hervor. Eine liberale Richtung bildete 1890 die Antisemitische Volkspartei, die sich seit 1893 ↗ Deutsche Reformpartei (DRP) nannte. Beide Parteien vereinigten sich 1894 zur ↗ Deutschsozialen Reformpartei (DSRP).

1. Antisemitenliga, Soziale Reichspartei und Deutscher Volksverein (1879–1881)
2. Deutsche Antisemitische Vereinigung und Antisemitentag von 1889 in Bochum (1882–1889)
3. Deutschsoziale Partei, Antisemitische Volkspartei bzw. Deutsche Reformpartei (1889–1894)
4. Quellen und Literatur

1. Antisemitenliga, Soziale Reichspartei und Deutscher Volksverein (1879–1881)

Wie in anderen kapitalistischen Ländern ist die Entwicklung des Antisemitismus auch in Deutschland seit der Mitte der 70er Jahre des 19. Jh. durch bedeutende quantitative und qualitative Veränderungen gekennzeichnet. Die bürgerliche Umwälzung und der beginnende Übergang vom Kapitalismus der freien Konkurrenz zum Monopolkapitalismus waren von einem starken Prozeß der Konzentration der Produktion und des Kapitals begleitet. Viele kleinbürgerliche Existenzen wurden vernichtet oder standen vor dem Ruin. Zusammen mit den Junkern, die ebenfalls von der raschen kapitalistischen Umwälzung betroffen wurden, suchten sie im Antisemitismus einen Ausweg aus ihrer Notlage. Diese wurde durch die ökonomische Krise von 1873 und die ihr folgende schwere Depression noch wesentlich verschlechtert. Wie dann immer wieder in solchen Situationen, schürten die herrschenden Ausbeuterklassen die Feindschaft der »von Not gepeinigten« Arbeiter und Bauern gegen die Juden, um so deren »Aufmerksamkeit von dem wirklichen Feind der Werktätigen — vom Kapital — abzulenken«.[2]

Zu den Wegbereitern des politischen Antisemitismus, wie er sich bis Ende der 70er Jahre in Deutschland herausbildete, gehörten zunächst mehrere Publizisten. So erschien 1874/75 in der »Gartenlaube« die Artikelserie »Der Börsen- und Gründungsschwindel in Berlin«. Ihr Verfasser, Otto GLAGAU, unterschied zwischen »schaffendem« und »raffendem« Kapital, setzte letzteres mit jüdischem gleich und prägte das antisemitische Schlagwort: »Die soziale Frage ist heute wesentlich Juden-Frage.«[3] Eine Welle des Antisemitismus ging 1875 durch die Konservativen. Die »Kreuzzeitung« führte in ihren »Ära«-Artikeln eine Kampagne gegen das »jüdische Regierungssystem« BISMARCKS und dessen nationalliberale und »jüdische Drahtzieher«.[4] Aber auch die »Germania« bezeichnete den »Kulturkampf« als »eine Folge jener Judenwirtschaft«.[5]

Organisierte Formen nahm der politische Antisemitismus am Ende der 70er Jahre an, also zu einer Zeit, die mit dem Sozialistengesetz und dem Übergang zur Schutzzollpolitik durch eine verstärkte Wende nach rechts und den Beginn einer neuen antisemi-

Reichstagswahlen

Wahljahr	Stimmen	Mandate
1887	11 663	1
1890	47 536	5
1893	263 861	16

tischen Welle gekennzeichnet war. 1879 veröffentlichte Wilhelm MARR, der seit 1861 als Antisemit hervorgetreten war, seine Hetzschrift »Der Sieg des Judenthums über das Germanenthum. Vom nichtconfessionellen Standpunkt aus betrachtet. Vae Victis!« In Anknüpfung an die Rassentheorie GOBINEAUS vertrat er hier anstelle eines religiösen einen rassistischen Antisemitismus. Im selben Jahr wurde Heinrich VON TREITSCHKE zum Wortführer eines »Antisemitismus der Gebildeten«.[6] H. VON TREITSCHKE gab im November 1879 in den »Preußischen Jahrbüchern« die berüchtigte Losung aus: »Die Juden sind unser Unglück!«[7] Während er wesentlich mit dazu beitrug, den Antisemitismus »hoffähig« zu machen, übte dann Eugen DÜHRING mit seinen 1883 veröffentlichten Schriften einen direkten und besonders großen Einfluß auf die antisemitische Bewegung aus, wobei er diese rassistisch begründete.[8]

Die Forderung nach der Gründung einer Partei, in der sich Antisemitismus und Sozialdemagogie paarten, war bereits 1876 erhoben worden.[9] Neben der ↗ Christlichsozialen Partei (CSP) Adolf STOECKERS, die dem politischen Antisemitismus seit 1878 den Weg bereitete, bildete sich eine Reihe radikaler antisemitischer Organisationen und Splittergruppen heraus, die oft nur kurze Zeit bestanden bzw. dahinsiechten. Gemeinsam war den meisten von ihnen ein im Unterschied zur CSP nicht religiös, sondern rassistisch begründeter Antisemitismus, ein exaltierter Nationalismus und eine — unterschiedlich ausgeprägte — antikapitalistische Phraseologie. In der Skrupellosigkeit und dem Sadismus der antisemitischen Hetze, die bis zur Forderung nach der physischen Vernichtung der jüdischen Bürger ging, traten in einzelnen dieser Parteien besonders deutlich präfaschistische Züge hervor.

Zur Verwirklichung der Ideen W. MARRS, auf den der Begriff des Antisemitismus als Schlagwort zurückgeführt wird, erfolgte Anfang Oktober 1879 in Berlin die Gründung der Antisemiten-Liga.

Nach den Statuten hatte dieser »Verein von nichtjüdischen Männern ... mit Hintansetzung aller Sonderinteressen ... mit allem Ernst, mit aller Energie und Fleiß«, ein Ziel, »Deutschland vor der vollständigen Verjudung zu retten und den Nachkommen der Urbewohner den Aufenthalt in demselben erträglich zu machen.« Das sollte dadurch geschehen, »daß er sich der weiteren Verdrängung des Germanentums durch das Judentum mit allen erlaubten Mitteln widersetzt, daß er sich die Zurückdrängung der Semiten in die ihrer numerischen Stärke entsprechende Stellung zur Aufgabe macht, daß er das Germanentum von dem auf ihm lastenden Druck des jüdischen Einflusses in sozialer, politischer und kirchlicher Richtung befreit und den Kindern der Germanen ihr altes Recht zu Ämtern und Würden im deutschen Vaterlande sichert«.[10]

In der Antisemiten-Liga, die nach unbewiesenen Angaben im Herbst 1879 etwa 6 000 Mitglieder gehabt haben soll[11] und vorwiegend publizistisch wirksam war,[12] herrschte ein hierarchisches Führerprinzip. Der Name jedes Mitglieds sollte geheimgehalten werden. Als Organ erschien seit Oktober 1879 14täglich die »Deutsche Wacht«.

Seit August 1880 betrieben die Antisemiten eine große Kampagne für die von dem Schwager Friedrich NIETZSCHES, Bernhard FÖRSTER, und Max LIEBERMANN VON SONNENBERG verfaßte und in 100 000 Exemplaren in Umlauf gesetzte »Antisemiten-Petition« für die Beschränkung der bürgerlichen Rechte der Juden. Gefordert wurden u. a. das Verbot bzw. die Einschränkung der jüdischen Einwanderung, der Ausschluß der Juden von allen obrigkeitlichen Ämtern und vom Lehramt an der Volksschule sowie ihre beschränkte Anstellung bzw. Verwendung in den höheren Schulen und in der Justiz.[13] Die Petition erhielt bis zum 13. April 1881 267 000 Unterschriften. Gegen sie sowie gegen den »wie eine ansteckende Seuche die Verhältnisse vergiftenden« Antisemitismus wandte sich ein vor allem von bekannten Freisinnigen mit dem Berliner Oberbürgermeister Max VON FORCKENBECK an der Spitze unterzeichneter »Protest« vom 12. November 1880 mit der Forderung, das »Vermächtnis Lessings« zu retten.[14]

In der Kampagne für die Petition bedienten sich die Antisemiten zur Verhetzung der Volksmassen und zur Einflußnahme auf diese in verstärktem Maße der Praktiken des Radauantisemitismus. In der Silvesternacht 1880 terrorisierten organisierte Banden die Berliner Friedrichstadt, riefen taktmäßig »Juden raus!«, provozierten Prügelszenen und zertrümmerten Fensterscheiben. In Pommern wurden jüdische Geschäfte unter antisemitischen »Hep-hep«-Rufen gestürmt. Erst durch den Einsatz von Militär konnte der Aufruhr unterdrückt werden.

»Die Bewegung in der Judenfrage«, schrieb Anfang 1881 O. GLAGAU über die Bedeutung des Internationalen in der Petitionskampagne, »geht jetzt in hohen Wogen, so daß noch mehr ›Klarheit‹ durchaus nicht vonnöten ist. Um die Massen in Bewegung zu setzen, bedarf es überhaupt weniger der ›Klarheit‹ als zündender Schlagworte. Es ist aber der Deutschen Unglück, daß womöglich jeder von uns auf eigene Hand agitieren, jeder seinen besonderen Weg gehen, seine besonderen Mittel aufwenden will und seine Privat-Sympathien und -Antipathien verfolgt. Es kommt jetzt zunächst darauf an, die Petition von Förster und Genossen *massenhaft* zu unterschreiben resp. unterschreiben zu lassen, und so eine wahrhaft *großartige Demonstration* zu veranstalten. Das Weitere findet sich dann schon.«[15]

Der Radauantisemitismus rief selbst bei antisemitisch eingestellten Kreisen in den herrschenden Klassen Ablehnung hervor, und zwar sowohl aus Aversion gegen die antisemitischen Exzesse als auch vor allem aus Angst vor einer Aufhetzung der Volksmassen, die außer Kontrolle geraten konnten.

Im politischen Antisemitismus traten zu Beginn der 80er Jahre stärker radikale Strömungen hervor. Unter Führung von Ernst HENRICI wurde in Berlin 1880 der *Soziale Reichsverein* und am 11. März 1881 die *Soziale Reichspartei* gegründet. Diese Organisation bestand bis 1882 und diente dazu, gegen die konservativen Parteien gerichtete antisemitische Bestrebungen zusammenzufassen und mit sozialpolitischen Forderungen unter den Arbeitern Einfluß zu erlangen. Für E. HENRICI war »die Judenfrage eine Rassenfrage ..., nicht eine religiöse oder ein Teil der sozialen Frage«.[16] Seine feindliche Haltung gegenüber der konservativen »Berliner Bewegung« führte bald zu Differenzen mit der *CSP* und dem 1881 durch M. LIEBERMANN VON SONNENBERG und B. FÖRSTER in Berlin begründeten *Deutschen Volksverein*. In diesem, der zunächst der »Berliner Bewegung« nahestand und den Kampf vor allem gegen die »verjudete« ↗ *Deutsche Fortschrittspartei (DFP)* führte[17], fanden sich die extrem-konservativen Antisemiten zusammen. Wie die *CSP* soll auch er von dem Berliner Großkonfektionär Rudolf HERZOG durch bedeutende Geldmittel — mehrmals 80 000 bis 100 000 M — unterstützt worden sein.

Neben Berlin war damals Sachsen das zweite antisemitische Zentrum. Von Alexander PINKERT wurde 1879 in Dresden der antisemitische *Deutsche Reformverein* gegründet, dem sowohl Kleinbürger als auch deklassierte Arbeiter angehörten und in dem sich 1880 auch etwa 10 Pastoren organisiert hatten. Seit Anfang 1880 gab A. PINKERT die Zeitung »Deutsche Reform« heraus, die im Herbst desselben Jahres mit einer Auflage von 4 000 Exemplaren erschien.[18] A. PINKERT, der 1881 in einem »Appell an das deutsche Volk« zum Selbstschutz gegen die »Judenpest«[19] aufgerufen hatte, befand sich mit seiner Organisation nach der Überwindung von Ressentiments seitens A. STOECKERS in enger Nachbarschaft zur *CSP*. Wie diese lehnte er den Radauantisemitismus ab und wollte »Reformer sein ... aber kein Radikaler«.[20] Die antisemitischen Parolen des *Deutschen Reformvereins*, der auf dem Dresdener Parteitag vom 18./19. September 1881 in die *Deutsche Reformpartei (DRP)* umgewandelt wurde, wandten sich hauptsächlich an die Mittelschichten in Sachsen; so z. B. die Forderung nach der Beschränkung des »jüdischen Elements« in der Wirtschaft oder die Beseitigung »der Vorrechte des mobilen Großkapitals«.[21] Im Unterschied zu anderen antisemitischen Zusammenschlüssen dieser Zeit wuchs die *DRP* über ihren lokalen Charakter hinaus. Sie verfügte in anderen Städten, bis nach Hessen und Westfalen, in Gestalt von *Deutschen Reform-Vereinen* über selbständige lokale Organisationen, von denen die in Kassel und Leipzig[22] eine herausragende Rolle spielten.

Eine wesentliche Ausweitung auf Teile des Kleinbürgertums und der Intelligenz fand der organisierte Antisemitismus 1881 mit der Gründung des *Kyffhäuserverbands der Vereine Deutscher Studenten (KVDS)*.

2. Deutsche Antisemitische Vereinigung und Antisemitentag von 1889 in Bochum (1882—1889)

Vom 10. bis 12. September 1882 tagte in Dresden der »Erste internationale antijüdische Kongreß«.[23] Unter den etwa 300 bis 400 antisemitischen Teilnehmern waren auch österreichische, russische und ungarische. Nach den von A. STOECKER vorgelegten 8 Thesen »zur vertraulichen Besprechung der Judenfrage« wurde eine internationale Vereinigung mit dem Ziel, »die Übermacht des Judentums zu brechen«, als »eine unabweisliche Kulturaufgabe der christlichen Welt« angesehen.[24] Außer den Thesen nahm der Kongreß 4 von Karl Ernst FREIHERR VON THÜNGEN-ROSSBACH und FREIHERR VON FECHENBACH-LAUDENBACH vorgelegte Resolutionen zur Brechung des »jüdischen Einflusses auf unser gesamtes Volks- und Staatsleben« an.[25] Die einstimmige Annahme dieser Beschlüsse konnte jedoch nicht über die starken Gegensätze hinwegtäuschen, die sich bereits bei der Vorbereitung des Kongresses zwischen führenden Antisemiten gezeigt hatten. Eine u. a. von A. PINKERT und A. STOECKER vertretene Richtung sah in den »Brandreden« solcher Antisemiten wie E. HENRICI »eine Gefahr für die ganze antisemitische Bewegung« und wollte jene auf dem Kongreß »unbedingt zu beschwören suchen«.[26] Diese Richtung unterlag jedoch der radikaleren, die dann auch bald das nach dem Kongreß gebildete ständige Komitee des internationalen antijüdischen Kongresses beherrschte. Die Aufgaben des von Ernst SCHMEITZNER in Chemnitz geleiteten Komitees, dem etwa 25 Mitglieder angehörten, bestanden in der Sammlung von Geldmitteln, in der Propagierung der Resolutionen des Kongresses und in der Vorbereitung eines zweiten, der am 27./28. April 1883 in Chemnitz veranstaltet wurde.[27] Im Zusammenhang mit der weiteren Abschwächung der Depression begann der Antisemitismus nach 1882 als politische Bewegung zeitweilig abzuflauen. Eine wesentliche Ursache spielten hierfür die durch sein reaktionäres Wesen bedingten Widersprüche. Als »ein beschränkter und dumpfer Widerstand der kleinbürgerlichen Bevölkerung gegen das Wüten des großen Kapitals«[28] konnte er nur für eine begrenzte Zeit als angeblicher Sachwalter der Mittelschichten auftreten. Der Widerspruch zwischen seinem reaktionären Wesen und deren objektiven Interessen war so tief, daß sein Einfluß unter bestimmten Teilen der Mittelschichten bei allen zeitweiligen Erfolgen immer instabil bleiben mußte. Hinzu kamen die Streitigkeiten unter den Antisemiten, die bereits bei der

Frage einsetzten, was unter dem Begriff des Antisemitismus zu verstehen sei. Sie wurden nicht unwesentlich auch dadurch verschärft, daß durchweg politisch und moralisch zwielichtige, hauptsächlich mit den Mitteln der politischen Demagogie operierende Gestalten an der Spitze der antisemitischen Gruppen standen. Wie August BEBEL feststellte, repräsentierte der Antisemitismus, »der nach seinem Wesen nur auf die niedrigsten Triebe und Instinkte einer rückständigen Gesellschaftsschicht sich stützen kann, ... die moralische Verlumpung der ihm anhängenden Schichten«.[29]
Im Februar 1884 wurde in Berlin der *Deutsche Antisemitenbund* gegründet, der es sich zum Ziel gesetzt hatte, »dem organisierten Judentum ein organisiertes Deutschtum« entgegenzustellen. Diese von Wilhelm PICKENBACH und E. HENRICI geführte und hauptsächlich auf Berlin begrenzte Organisation verfolgte antikonservative Bestrebungen und wollte ihre antisemitischen Ziele vor allem durch »eine *sehr weitgehende Sozialreform*« erreichen.[30] Auf Versammlungen wurde behauptet, daß der *Deutsche Antisemitenbund* keine »Judenhetze treibe ...«, sondern nur die Ausbeutung der Arbeiter durch das jüdische Kapital zu verhindern bestrebt sei«[31]. Im Februar 1885 hatte der Bund etwa 975 eingeschriebene Mitglieder.[32]
Ein Versuch, die antisemitische Bewegung im Reichsmaßstab neu zu beleben, erfolgte 1885 durch Theodor FRITSCH, der unter dem Einfluß des österreichischen rassistischen Antisemiten Georg RITTER VON SCHÖNERER stand. In Zusammenarbeit mit M. LIEBERMANN VON SONNENBERG gab Th. FRITSCH seit Oktober 1885 in dem von ihm 1880 in Leipzig begründeten antisemitischen Hammer-Verlag als »Sprechsaal« für alle Schattierungen antisemitischer Auffassungen und Bestrebungen die »Antisemitische Correspondenz« heraus. Das Blatt, das seit dem 1. April 1888 mit dem Untertitel »Centralorgan der Deutschen Antisemiten« und seit Januar 1890 unter dem neuen Titel »Deutsch-Soziale Blätter« erschien, wurde durch einige Mitglieder des *Deutschsozialen Reform-Vereins* in Leipzig finanziert. Es propagierte als das »letzte Ziel« der antisemitischen Bewegung »summa summarum: Ausscheidung der jüdischen Rasse aus dem Völkerleben«[33] und wandte

sich an »jeden Landwirt, Industriellen, Kaufmann, Handwerker, Gelehrten, Künstler, Beamten, Geistlichen, Lehrer usw.«.[34] Als »streng unter sich« gedacht, sollte die Korrespondenz nicht für die Werbung neuer Anhänger genutzt werden, sondern ausschließlich dem »Zusammenschluß aller besseren Elemente unserer Partei-Genossen« dienen. Unter diesen wurden »fürerst alle anständigen Deutschen« verstanden, welche »die drohende Judengefahr erkannt haben und willens sind, gegen dieselbe anzukämpfen«.[35] Unter dem Pseudonym Thomas Frey veröffentlichte Th. FRITSCH in der Reihe »Brennende Fragen« zwei- bis dreiwöchentlich in hoher Auflage kleine antisemitische Flugschriften, die gezielt an einflußreiche Persönlichkeiten versandt wurden. Eine besonders große Wirkung hatte der von ihm seit 1887 in Leipzig herausgegebene »Antisemiten-Katechismus. Eine Zusammenstellung des wichtigsten Materials zum Verständnis der Judenfrage«. Er erschien bereits 1893 in der 25. Auflage und wurde seit 1907 neu bearbeitet als »Handbuch der Judenfrage« herausgebracht.

Obwohl Th. FRITSCH zunächst gegen die Bildung einer »Nichts-als-Antisemitenpartei« war und statt dessen alle Parteien antisemitisch durchsetzen wollte, wurde dennoch unter seiner Führung am 13./14. Juni 1886 in Kassel die *Deutsche Antisemitische Vereinigung* gegründet. Th. FRITSCH hatte hierzu in Kassel ein »Indirektes Programm« vorgelegt. Mit Rücksicht »auf gewisse zaghafte Kreise«, erklärte er, sei es aufgestellt worden, »*ohne* seine antijüdische Tendenz an der Stirn zu tragen«.[36]

In einem Flugblatt bezeichnete es der Zentral-Ausschuß der Vereinigung als »die höchste Zeit, daß alle einsichtigen und mutigen und opferwilligen Männer der Nation sich verbünden zu vereinter Gegenwehr — daß wir der jüdischen Allianz eine *deutsche* — eine *germanische Allianz* entgegenstellen zum Schutze unseres bedrohten Volkstums«.[37]

Die *Deutsche Antisemitische Vereinigung* wollte nicht als besondere politische Partei auftreten, aber der »Grundstein zu einer künftigen großen *deutsch-nationalen Partei*« sein.[38] An ihrer Gründung war maßgeblich Otto BOECKEL beteiligt, der unter dem Einfluß der Schriften von W. MARR, E. DÜHRING

und vor allem O. GLAGAU zu einem enragierten Antisemiten geworden war. Unter dem Pseudonym Dr. Capistrano veröffentlichte er seine antisemitischen Hetzschriften »Die europäische Judengefahr« (1883) und »Die Juden, die Könige unserer Zeit« (1886). In seiner 1887 erschienen Schrift »Die Quintessenz der Judenfrage« bezeichnete er »die Partei- und Fraktionswirtschaft« als das größte Unglück Deutschlands.

»Unser Parlamentarismus schmachtet unter dem Druck der politischen, abgelebten Parteien. Konservativ, ultramontan, liberal, freisinnig, alle diese Parteischlagwörter müssen fallen ... Die Zukunft Deutschlands beruht auf einer Neubildung der Parteien. Gelingt dies schwere Werk, dann gut, gelingt es nicht, dann gehen wir zugrunde. Der Antisemitismus birgt in seinem Schoß die Keime einer großen nationalen Zukunftspartei; die Zukunft wird nun lehren, ob das deutsche Volk noch gesund und unverdorben genug ist, um diese Keime ausreifen zu lassen.«[39]

Als antisemitischer Agitator verfügte O. BOECKEL unter dem ländlichen und städtischen Kleinbürgertum des damals besonders rückständigen und armen preußischen Oberhessen und Großherzogtums Hessen über einen so großen Einfluß, daß er 1887 im Reichstagswahlkreis Kassel 5 — Marburg in den Reichstag gewählt wurde. Der »Hessische Bauernkönig«, wie O. BOECKEL bald genannt wurde, förderte seinen antisemitischen Einfluß unter den Bauern, indem er für diese Einkaufs- und Absatzgenossenschaften sowie Spar- und Darlehenskassen einrichtete, sog. judenfreie Viehmärkte veranstaltete und auf diesen die Festrede hielt. Zur verstärkten Einwirkung auf das städtische Kleinbürgertum gründete O. BOECKEL den *Mitteldeutschen Handwerkerverein*, mit dem die Gründung einer allgemeinen deutschen Mittelstandspartei angestrebt wurde. Der von O. BOECKEL in Marburg herausgegebene »Reichsherold« hatte bald 14000 Leser.

Aus Protest gegen den auf die *Deutschkonservative Partei (DkP)* (↗ *Konservative Partei*) orientierten Kurs der *Deutschen Antisemitischen Vereinigung* und gegen deren Annäherung an die *CSP* distanzierte sich O. BOECKEL am 1. April 1888 öffentlich von ihr und bemühte sich nun um die Gründung einer eigenen antisemitischen Partei. Das geschah im Bündnis mit dem 1884 von

W. Pickenbach in Berlin gegründeten *Deutschen Antisemitenbund* und dem führenden Antisemiten Oswald Zimmermann, der seit 1887 in Dresden die Wochenzeitung »Deutsche Wacht« herausgab und hier an der Spitze der wieder ins Leben gerufenen *DRP* stand.

Ein erneuter Versuch zur Einigung aller antisemitischen Gruppierungen von A. Stoecker bis O. Boeckel und zur Gründung einer einheitlichen antisemitischen Partei wurde auf dem Antisemitentag vom 10./11. Juni 1889 in Bochum unternommen. Seine 283 Teilnehmer beschlossen mit den »Grundsätzen und Forderungen« ein umfangreiches gemeinsames Programm.[40]

Von einer Würdigung der »hohen Bedeutung der christlichen Weltanschauung« ausgehend, wurde eine »starke kaiserliche Gewalt« und zur »Sicherung der Machtstellung Deutschlands nach außen« sowie gegen »gewaltsame Umsturzversuche« eine »starke Heeresmacht zu Lande und zu Wasser« gefordert. In den Vordergrund stellte das Programm die »Judenfrage«, in der es »nicht nur eine Rassen- oder Religionsfrage, sondern eine Frage internationalen, nationalen, sozialpolitischen und sittlich-religiösen Charakters« sah. »Auch in einem deutschsozialistisch eingerichteten Staate würde das Judentum, dessen jahrtausendalte Geschichte die Unmöglichkeit seines Aufgehens in den Völkern beweist, der Pfahl in unserem Fleische sein und durch seine bösen Triebe und Einflüsse unser Volk zerfressen und verschlechtern, unsere Gesetze und Ordnungen durchlöchern. Die Deutschsoziale Partei erachtet es daher für ihre Pflicht, den volksschädlichen und staatsgefährlichen Einfluß des internationalen Judentums auf allen Gebieten des öffentlichen, gesellschaftlichen und wirtschaftlichen Lebens mit gesetzlichen Mitteln zu bekämpfen, das deutsche Volk über die Judengefahr aufzuklären und die Regierung zum Abschluß internationaler Vereinbarungen, insbesondere gegen die gefahrdrohende Anhäufung des jüdischen Kapitals, zu drängen.« Das Programm forderte »die Aufhebung der Gleichberechtigung und die Stellung der Juden unter Fremdenrecht«. Außer den daraus abzuleitenden Maßnahmen bezeichnete es als »vorläufige notwendige Maßregeln...: Ausweisung der nicht naturalisierten Juden, Verbot der Judeneinwanderung von Osten, Beschränkung der Juden in der Zulassung zu obrigkeitlichen Stellen usw.«

Die neue Partei wollte ihr Programm nicht auf die »bloße Bekämpfung der Juden« beschränken, sondern auch »schöpferisch an der Neuorganisation unseres Volkes und Staates auf wirtschaftlichem und geistigem Gebiet mitarbeiten. Der Brennpunkt der ›sozialen Frage‹ besteht in dem bisher rechtlich unvermittelten, beharrlich verkannten und verhängnisvoll unbeachteten Gegensatz zwischen Besitzesherrschaft und Besitzesabhängigkeit oder zwischen ›Kapital und Arbeit‹. Es muß daher auch jede den ›inneren Frieden‹ fördernde Sozialreform gutgeheißen und unterstützt werden. Wir fordern Beschränkung aller derjenigen Freiheiten, die dem aussaugenden, nicht wertschaffenden Judentum Vorschub leisten und den schaffenden, ehrlich arbeitenden Deutschen schwer schädigen.« Da die »Entwicklung des herrschenden wirtschaftlichen Systems ... eine öffentliche Gefahr« geworden sei, bezeichnete es die Partei als ihre »patriotische Pflicht, auf eine zeitgemäße Neuordnung der Erwerbsverhältnisse hinzudrängen«. Das sollte durch »staatssozialistische Maßnahmen, gründliche Reform des Börsenwesens, Aufhebung bzw. Beschränkung der zügellosen Gewerbefreiheit« sowie Schutz gegen »unreelle Konkurrenz« und »Güterschlächter und Wucherer« geschehen.

Das Programm war ein Konglomerat der verschiedensten antisemitischen Auffassungen. In ihm fanden sich extrem-konservative Forderungen neben mehr liberalen, die aber nicht weniger gefährlich als jene waren. Es wollte sowohl den Interessen der herrschenden Klassen als auch denen des Kleinbürgertums und der Arbeiterklasse gerecht werden und entsprach, wie August Bebel 1893 feststellte, »ganz und gar der widerspruchsvollen reaktionär-revolutionären Natur des Antisemitismus«. Es »ist in den meisten seiner Forderungen sogar unausführbar, weil es nicht dem Judentum, sondern dem gesamten Kapitalismus Beschränkungen auferlegte, die wider die Natur desselben gehen, und gegen die er deshalb mit aller ihm zu Gebote stehenden Macht ankämpfen muß«.[41]

Die Gegensätze zwischen den Antisemiten führten in Bochum bereits bei der Annahme des Programms dazu, daß sich die Vertreter der *CSP* mit diesem vor allem wegen der geforderten »vorläufigen notwendigen Maßregeln« nicht einverstanden erklärten und sich vom Antisemitentag distanzierten. O. Boeckel und seine Anhänger waren für eine Betonung des antisemitischen Charakters der Partei, der bereits in ihrem Namen zum Ausdruck kommen sollte, und für deren Selbständigkeit und Unabhängigkeit von der *DkP*. M. Liebermann von Sonnenberg und seine Anhänger wollten statt dessen die neue Partei als deutschsozial bezeichnen und schließlich nur das Zugeständnis machen, den

Namen auf *Antisemitische Deutschsoziale Partei* zu erweitern. O. BOECKEL ließ sich jedoch auf diesen Kompromiß nicht ein und verließ mit seinen hessischen und Dresdner Anhängern den Kongreß.

3. Deutschsoziale Partei, Antisemitische Volkspartei bzw. Deutsche Reformpartei (1889—1894)

Die antisemitische Richtung um M. LIEBER-MANN VON SONNENBERG, Th. FRITSCH und Paul FÖRSTER schloß sich unmittelbar nach dem Bochumer Antisemitentag zur Deutschsozialen Partei zusammen. Für ihren Charakter ist der Aufruf besonders kennzeichnend, den ihr geschäftsführender Parteiausschuß (P. FÖRSTER, Th. FRITSCH, Adolf KÖNIG und M. LIEBERMANN VON SONNENBERG) zum deutschsozialen Parteitag vom 18./19. Mai 1891 in Leipzig erließ.

Eingeladen wurde: »Wer überzeugt ist, daß die *soziale* Frage für unser Vaterland nur im *deutschen* Sinne, d. h. auf *monarchischer* Grundlage und unter Zuhilfenahme aller lebendig im deutschen Volke wirkenden Kräfte und eines *praktischen* Christentums befriedigt gelöst werden kann, und wer Einsicht, Mut und Unabhängigkeit genug besitzt, offen zu bekennen, daß ohne Beseitigung des jüdischen Einflusses keine soziale Wiedergeburt unseres deutschen Volkes möglich ist.«[42]

Der Leipziger Parteitag beschloß ein Programm, das mit seinen Grundsätzen und Forderungen in starker Anlehnung an das von 1889 auf die Mittelschichten orientiert war. Bis auf den letzten Punkt, in dem »Aufhebung der Judenemanzipation und Stellung der in Deutschland lebenden Juden unter ein Fremdenrecht (Judenrecht); Verbot der Einwanderung fremder Juden« verlangt wurden, enthielt es nur indirekt antisemitische Forderungen.[43]

Das Hauptorgan der *Deutschsozialen Partei* war die in Leipzig von Th. FRITSCH herausgegebene »Antisemitische Correspondenz«. Angeblich sollen 1890 von seinem Hammer-Verlag täglich 3 000 bis 4 000 antisemitische Flugblätter und andere Schriften, d. h. etwa eine Million jährlich, versandt worden sein. Zentren der *Deutschsozialen Partei* waren Westfalen, Sachsen, einige ostelbische Gebiete und in Norddeutschland vor allem Hamburg. Hier entfaltete der *Antisemitische Wahlverein von 1890* eine besonders große und auch vielfältige Aktivität. An seinen öffentlichen Versammlungen nahmen jeweils bis zu 2 000 Personen teil. Mehrmals trat G. VON SCHÖNERER als Redner auf, zu dem ein besonders enger Kontakt bestand. Der Hamburger Verein, der 1892 2 000 Mitglieder zählte, förderte die Gründung antisemitischer Jugendbünde, Turn- und Kegelvereine sowie von Bürgervereinen, durch die der antisemitische Einfluß auf das städtische Kleinbürgertum zu erweitern versucht wurde. Die relativ zahlreichen antisemitischen Jugendbünde vereinigten sich am 13. August 1893 zum *Norddeutschen Jugendbund zu Hamburg*. Sie besaßen einen ausgesprochen »völkischen«, antisozialdemokratischen Charakter. Besonders auch unter dem Einfluß G. VON SCHÖNERERS propagierten sie eine »deutschnationale Idee«, die sich zum »weltnationalen, allgermanischen Standpunkt« erweitern sollte und eine wesentliche Komponente in der Verachtung anderer Völker und im Antisemitismus hatte. »Nie mehr wird es gelingen, den internationalen Gedanken des allgemeinen Menschheitskreises zu völliger Geltung in unserem Vaterlande zu bringen. Nie werden wir in allgemeiner Menschenverbrüderung künftig Botokuden und Hottentotten, Australneger und Juden liebend in unsere Arme schließen.«[44] Deutschsoziale, wie Friedrich RAAB, Wilhelm SCHACK und Johannes IRWAHN, waren führend an der im September 1893 erfolgten Gründung des ↗ *Deutschnationalen Handlungsgehilfen-Verbandes (DHV)* beteiligt.

Die antisemitischen Reichstagsabgeordneten O. BOECKEL, W. PICKENBACH, Ludwig WERNER und O. ZIMMERMANN bildeten am 14. Juni 1890 die Fraktion der Antisemiten. Die Ablehnung M. LIEBERMANNS VON SONNENBERG, dieser beizutreten, nahmen O. BOECKEL und seine Anhänger zum Anlaß, am 6./7. Juli 1890 in Erfurt die politisch radikalere *Antisemitische Partei* zu gründen, die sich seit ihrem Magdeburger Parteitag vom 24./25. Mai 1891 *Antisemitische Volkspartei* nannte.

In ihrem Programm von 1890 dominierten in besonderem Maße antikapitalistische Demagogie und gegen den Konservatismus gerichtete Losungen.

Sie nahm für sich in Anspruch, als einzige Partei »keine Partei der Sonderinteressen, sondern eine Partei *aus dem Volk für das Volk*« zu sein und »ein echt volkstümliches Programm« zu haben.[45] Die Antisemitische Volkspartei wollte u. a. eintreten für:[46] »Aufhebung der Judenemanzipation auf gesetzlichem Wege, Stellung der Juden unter Fremdgesetze und Schaffung einer gesunden sozialen Gesetzgebung.« »Weise Sparsamkeit im Staatshaushalt ... Aufbringung der für den Staat erforderlichen Mittel ... unter Berücksichtigung der wirtschaftlichen Lage der unteren Volksklassen und unter stärkerer Heranziehung des Großkapitals.« Einführung einer progressiven Einkommensteuer und Ausdehnung der indirekten Steuer auf die Einfuhr von Luxusgegenständen. Gründung einer nationalen Reichsbank. »Hebung des Handwerks durch Beseitigung der zügellosen Gewerbefreiheit«, Verbesserung der sozialen Lage der Arbeiter durch eine Arbeiterschutzgesetzgebung, Einführung eines Maximalarbeitstages »nach Maßgabe der einzelnen Betriebe«, gesetzliche Beschränkung der Sonntagsarbeit »auf das geringste Maß«, Wahl bzw. Berufung nur »christlich-deutscher Männer (nichtjüdischer Abkunft)« in gesetzgebende Körperschaften und Staats- und Gemeindeämter, Ausdehnung des allgemeinen, geheimen und direkten Wahlrechts auf die Parlamente der anderen Bundesstaaten, d. h. Beseitigung des Dreiklassenwahlrechts in Preußen, Meinungs-, Versammlungs- und Vereinsfreiheit, Verhinderung »gemeingefährlicher Einwanderung«.

Auf dem Parteitag der *Antisemitischen Volkspartei* am 19./20. Juni 1892 in Dresden vertraten 119 Delegierte die antisemitischen Reformvereine in: Alsfeld, Bannewitz, Beeskow, Berlin, Bischofswerda, Charlottenburg, Chemnitz, Darmstadt, Dippoldiswalde, Dresden, Ebersbach, Eibau, Eisleben, Erfurt, Frankfurt (Main), Freiberg, Gießen, Großenhain, Groß-Gerau, Hainichen, Helmsdorf, Hochheim, Hofgeismar, Kamenz, Kassel, Liehlaf, Łódź, Magdeburg, Marburg, Neustadt, Offenbach, Pulsnitz, Radeberg, Stolpen, Storkow, Strehlen, Striesen, Teltow und Wölsnitz. Ein wesentliches Ergebnis des Parteitages bestand darin, daß das Programm nach einem Referat O. BOECKELS über die Handwerkerfrage und entsprechend von ihm vorgelegten Leitsätzen im Sinne »einer besonderen Förderung des werktätigen Mittelstandes« geändert wurde.[47] Hauptorgan der Partei war der »Reichsherold«, der mit dem »Kehrauskalender« von O. BOECKEL in Marburg

herausgegeben, zeitweilig bis zu 50 000 Leser hatte. Mitte 1892 büßte O. BOECKEL seine führende Rolle in der Partei zugunsten von O. ZIMMERMANN ein, der im Juni 1892 ihr erster Vorsitzender wurde. Nach dem Anschluß der von ihm geführten sächsischen Antisemiten wurde der Name der Partei in *Deutsche Reformpartei* umgeändert.

Während die *Antisemitische Partei* bei den Reichstagswahlen 1890 in Hessen 4 Mandate erhielt, wurde von der *Deutschsozialen Partei* nur M. LIEBERMANN VON SONNENBERG in den Reichstag gewählt.

In der antisemitischen Agitation zu den Reichstagswahlen von 1893 trat der ehemalige Berliner Rektor Hermann AHLWARDT als typischer Radauantisemit hervor. Er schloß sich zwar keiner der beiden antisemitischen Parteien an, hat aber dennoch zu dem Aufschwung, den sie in der ersten Hälfte der 90er Jahre nahmen, maßgeblich beigetragen. In seinem Buch »Der Verzweiflungskampf der arischen Völker mit dem Judentum« (Berlin 1890) griff er den »jüdischen Oktopus« an, der seine Fangarme in alle Sphären der deutschen Gesellschaft ausgestreckt hätte. 1892 erschien seine Broschüre »Judenflinten«, in der er das »internationale Judentum« beschuldigte, die Niederlage Deutschlands in einem zukünftigen Krieg durch die Lieferung untauglicher Gewehre vorbereitet zu haben. H. AHLWARDT erhielt in einer Reihe großer Volksversammlungen tosenden Beifall, wurde mit Lorbeerkränzen geschmückt und als Retter des Vaterlandes und »zweiter Luther« gefeiert. Über seine demagogische Agitation in Pommern, die ihm 1892 ein Reichstagsmandat einbrachte — 1893 wurde er dann sogar in 2 Wahlkreisen gewählt —, berichtete Hellmut VON GERLACH: »Mit seinem Sekretär hatte er systematisch die Bauernhöfe besucht und jeden gefragt, wieviel Morgen Landes er habe und wieviel Vieh. Dann wandte er sich zum Sekretär, der ein Riesennotizbuch zückte, und diktierte ihm: ›Notieren Sie! Gussow hat 30 Morgen, 3 Kühe, 4 Schweine, müßte haben: 60 Morgen, 12 Kühe, 10 Schweine‹.«[48] Während H. AHLWARDT und seine Anhänger mit Hilfe solcher Praktiken vor allem in der ländlichen Bevölkerung Brandenburgs, Pommerns und Westpreußens Fuß faßten, konnte O. BOECKEL in Hessen seinen Einfluß weiter festigen. Der von ihm 1890 gegründete und geführte *Mitteldeutsche Bauernverein*, der bis zu 10 000 Mitglieder zählte, und der *Kurhessische Bauernverein* diente den Antisemiten hauptsächlich zur Organisierung ihrer bäuerlichen Anhänger. Maßgeblichen Einfluß übten sie auch auf den *Thüringer Bauernbund* aus.

Wie in den Jahren zuvor lasteten die Antisemiten den Juden die Folgen der Agrarkrise an. In Flugblättern wandten sie sich an die Bauern mit Namenslisten »der jüdischen Güterausschlächter und Eurer von Haus und Hof gejagten hessischen Brüder«, deren Schicksal es erfordern würde, die *Antisemitische Volkspartei* zu wählen.[49] Im Unterschied zu den Vorjahren traten nun in der antisemitischen Landagitation die junkerfeindlichen und antikapitalistischen Züge besonders deutlich hervor. Von H. AHLWARDT in Pommern durchgeführte Volksversammlungen standen unter der Losung »Gegen Junker und Juden!« Der antisemitische Reichstagsabgeordnete L. WERNER gab ihr in Hessen die für die gegen die Kirche gerichtete Tendenz der radikalen Antisemiten bezeichnende Ergänzung: »Juden, Junker und Pfaffen gehören in einen Topf!« Der ↗ *Bund der Landwirte (BdL)* wurde von den Agitatoren der *Deutschen Reformpartei* als »Bund der Bauernfänger« und Interessenvertretung der »konservativen Manschettenbauern« bekämpft.

Durch diese antisemitische Agitation wurde, nach Kuno GRAF VON WESTARP, die »Einigkeit« der Wähler in seinem ostelbischen Wahlkreis »schwer erschüttert«. »Eine lebhaft betonte Judenfeindschaft verband sich mit einem in diesem Kreise bis dahin unbekannten Ton einer Agitation, die sich mit weitgehenden Versprechungen und schärfster Kritik bestehender Zustände gerade auch lokaler Art an die kleinen Landwirte und Gewerbetreibenden wandte.«[50] Die Regierung war über die antisemitische Bewegung ebenfalls sehr beunruhigt. Sie sah in ihr »eine ernste Gefahr, weil der Sozialdemokratie dadurch in die Hände gearbeitet« wurde. Sie wollte zwar bestimmte antisemitische Tendenzen anerkennen, hielt es aber für »höchst bedenklich, wenn die Antisemiten gegen das jüdische Kapital predigen. Sie verrichten dadurch nur Handlangerarbeiten für die Sozialdemokraten, welche gegen jedes Kapi-

tal agitieren.«[51] Am 17. Februar 1893 erklärte der Reichskanzler CAPRIVI im Reichstag, daß die antisemitische Bewegung »vielfach schon ... die Grenzen (überschreite), die mit dem Staatswohl vereinbar sind ... Welche Garantie haben denn die Männer, die die Geister wachrufen dafür, daß der Strom, von dem sie nun vorwärts getrieben werden, nicht schließlich mit anderen Strömen zusammenfließt, die sich gegen den Besitz und die staatliche Ordnung richten?«[52]

Diese Befürchtungen bezogen sich hauptsächlich auf die von O. BOECKEL geführten und mit H. AHLWARDT sympathisierenden Kräfte in der *DRP*, die selbst im eigenen Lager als »wilde Anarchisten« bezeichnet wurden.[53] In Sachsen wandten sich die meisten der in etwa 80 Vereinen organisierten Mitglieder der *DRP* von O. BOECKEL ab.[54] Die *Deutschsoziale Partei* distanzierte sich auf ihrem Parteitag vom 22./23. Mai 1893 in Hannover durch eine Resolution von H. AHLWARDT. In gleichem Sinne handelten die *CSP* und die *DkP*. Sie wandten sich gegen die *DRP*, weil diese als »eine durchaus unkonservative Richtung ... nicht mehr bei der Bekämpfung gemeinschädlicher Einflüsse des Judentums verblieben, sondern zum Angriff auf bewährte vaterländische Institutionen sowie die Gesamtheit der führenden Stände übergegangen ist, wodurch sie lediglich die Sache des Antisemitismus diskreditiert hat«.[55] Die *CSP*, die *DkP*, die sich auf ihrem »Tivoli«-Parteitag von 1892 eindeutig zum Antisemitismus bekannt hatte, und der *BdL* sympathisierten dagegen mit der *Deutschsozialen Partei* und gingen mit dieser für die Reichstagswahlen von 1893 ein Wahlbündnis ein. Jeder konservative Kandidat wurde unterstützt, der sich verpflichtete, für eine Heeresvermehrung und die »gerechten Forderungen des Antisemitismus« einzutreten. Das Bekenntnis zur neuen Heeresvorlage machte erneut das reaktionäre, gegen die Interessen der Volksmassen gerichtete Wesen der Antisemiten deutlich. Dadurch legten sie dem kleinen Warenproduzenten Lasten auf, »die mehr als der Jude seine soziale Existenz vernichten«.[56] Während die *DkP* durch das Wahlbündnis mit den Deutschsozialen 8 Reichstagsmandate gewann, erhielten diese nur 4.

Im Vergleich zu den Reichstagswahlen von 1890 kam 1893 auf die antisemitischen Kandidaten fast das Sechsfache an Stimmen. Die Tabelle verdeutlicht die territoriale Gliederung der antisemitischen Wahlergebnisse von 1893.

	Kandidaturen	Stimmen	Mandate
Provinz Brandenburg	8	26 869	1
Provinz Pommern	4	5 056	1
Regierungsbezirk Kassel	7	26 981	5
Königreich Sachsen	11	93 364	6
Großherzogtum Hessen	9	24 200	3

Seit 1890 hatte es in beiden antisemitischen Parteien immer wieder Bestrebungen nach ihrem Zusammenschluß gegeben. Beschlüsse, sich nicht mehr gegenseitig zu bekämpfen, wie sie von einer gemeinsamen, von beiden Parteien mit je 20 Delegierten beschickten Konferenz in Berlin am 20. November 1892 gefaßt wurden, führten auf dem Zweiten Norddeutschen Antisemitentag am 17. September 1893 in Berlin zur Gründung der *Antisemitischen Vereinigung für Norddeutschland*. Wie ihr Vorläufer, der *Agitations-Verband der Antisemitischen Partei Norddeutschlands*, sollte sie der Sammlung aller Antisemiten unabhängig von ihrer Parteizugehörigkeit dienen.[57]

Das Haupthindernis auf dem Wege zu einer Einigung bestand jedoch weiterhin in der von H. AHLWARDT und O. BOECKEL betriebenen Politik gegen die *DkP*. Dieser erklärte am 8. August 1893 im »Reichsherold«: »Das zweideutige Spiel der christlich- und deutschsozialen Führer, ihr unermüdliches Minieren und Intrigieren in unseren eigenen Reihen kann nicht länger geduldet werden. Mögen die Herren sein, was sie wirklich sind – Konservative, das heißt Feinde.« Th. FRITSCH war wegen ähnlicher Auffassungen bereits auf dem deutschsozialen Parteitag vom Mai 1893 mit M. LIEBERMANN VON SONNENBERG zusammengestoßen. Im September 1894 trennte er sich von der Partei und mußte M. LIEBERMANN VON SONNENBERG als deren Vorsitzendem die »Deutsch-Sozialen Blätter« überlas-

sen.[58] Die meisten Anhänger O. BOECKELS und Th. FRITSCHS sagten sich im September 1894 öffentlich von diesen los und bekannten sich zur konservativen Richtung. O. BOECKEL wurde zugleich aus der Leitung des *Mitteldeutschen Bauernvereins* verdrängt. Nachdem auf dem 3. Antisemitentag am 30. September 1894 in Berlin 200 Delegierte beider antisemitischer Parteien deren Fusion beschlossen hatten, erfolgte diese am 7. Oktober 1894 auf einer Konferenz ihrer Vertrauensmänner in Eisenach mit der Gründung der ↗ *Deutschsozialen Reformpartei (DSRP)*.

4. Quellen und Literatur

Wichtige Materialien enthalten die NL Max Liebermann von Sonnenberg (ZStA Potsdam) und Adolf Stoecker (ZStA Merseburg, Rep. 92). Im StA Potsdam finden sich in Rep. 30, Tit. 94 u. 95 zahlreiche Akten aus der Sicht der Berliner Politischen Polizei über die organisierte antisemitische Bewegung. Das betrifft sowohl einzelne Parteien und Organisationen, wie die Antisemiten-Liga, den Deutschen Antisemitenbund und deutschsoziale Vereine, als auch führende Antisemiten, wie Otto Boeckel, Paul Förster, M. Liebermann von Sonnenberg und Oswald Zimmermann.

Von marxistischer Seite liegen direkt oder indirekt auf das Thema eingehende Untersuchungen vor von Siegbert Kahn,[59] Hans Schleier/Gustav Seeber[60] und Walter Mohrmann.[61] Ausgesprochen deskriptiven Charakter hat die Dissertation von Hans-Christian Gerlach.[62] Als regionale Studie faktenreich ist die Dissertation von Kurt-Gerhard Riquarts,[63] die auf Archivbeständen in nördlichen Städten der BRD basiert. Von älteren Darstellungen ist immer noch die von Kurt Wawrzinek[64] zu nennen. Von fortschrittlichem Standpunkt aus geschrieben, allerdings zu einer Psychologisierung des Themas neigend, ist die 1949 in den USA veröffentlichte Arbeit von Paul W. Massing.[65] Ähnliche Tendenzen zeigt Reinhard Rürup.[66] Besonders hinsichtlich der Analyse antisemitischer Wahlkreise aufschlußreich ist die Arbeit von Richard S. Levy.[67] Von den Arbeiten, die sich mit der antisemitischen Bewegung in Hessen beschäftigen, seien hier vor allem die von Karl

Holl,[68] Erwin Knauß[69] und Rüdiger Mack[70] genannt. Auf die Beziehungen zwischen Konjunkturverlauf und politischem Antisemitismus geht Hans Rosenberg[71] ein.

Anmerkungen

1 Die Christlichsoziale Partei wird in einem besonderen Artikel behandelt.
2 W. I. Lenin: Über die Pogromhetze gegen die Juden. In: Werke, Bd. 29, S. 239.
3 Siehe Otto Glagau: Der Bankrott des Nationalliberalismus und die Reaktion, Berlin 1879, S. 71. Die antisemitische Bewegung wurde durch die von O. Glagau seit 1881 herausgegebene Zeitschrift »Der Kulturkämpfer« wesentlich gefördert.
4 Siehe Kreuzzeitung, 1875, Nr. 148–152.
5 Siehe Germania, 1875, Nr. 174 u. 185.
6 Hellmut von Gerlach: Vom deutschen Antisemitismus. In: Patria. Jahrbuch der »Hilfe« 1904, Berlin-Schöneberg o. J., S. 147.
7 Heinrich von Treitschke: Unsere Aussichten. In: Preußische Jahrbücher, Bd. 44 (1879), S. 575. Über die Auseinandersetzungen zwischen Treitschke und Theodor Mommsen siehe die Dokumente in: Der Berliner Antisemitismusstreit. Hrsg. Walter Boehlich, Frankfurt (Main) 1965.
8 Siehe Eugen Dühring: Die Judenfrage als Rassen-, Sitten- und Culturfrage, Berlin 1883. Ders.: Ersatz der Religion durch Vollkommeneres und die Ausscheidung alles Judentums aus dem modernen Völkergeist, Berlin 1883.
9 Siehe Karl Wilmanns: Die »goldene« Internationale und die Notwendigkeit einer sozialen Reformpartei, Berlin 1876. Hier auch das Programm für eine solche Partei.
10 StA Potsdam, Rep. 30, Tit. 95, Sekt. 5, Lit. A, Nr. 62, Bl. 5.
11 Siehe dagegen die Mitgliederlisten in: Ebenda, Bl. 16, 19, 35, 54 und 64.
12 Siehe die Flugblätter der Antisemiten-Liga I und II. In: Ebenda, Bl. 1 u. 2.
13 Siehe ihren Wortlaut in: ZStA Merseburg, Rep. 92, NL Stoecker, I 7a–b, Bl. 828.
14 Siehe Antisemiten-Spiegel. Die Antisemiten im Lichte des Christentums, des Rechts und der Moral, Danzig 1892, S. 24–26.
15 O. Glagau an Freiherr von Fechenbach-Laudenbach, 2. 1. 1881. In: BA Koblenz, NL Fechenbach, Akte Glagau (unpaginiert).
16 Walther Kolmas: Ernst Henrici, Doctor der Philosophie und Meister der freien Künste. Ein Lebensbild, S. 7. In: ZStA Merseburg, Rep. 92, NL Stoecker, XI 3, Bl. 47–50 R.
17 Siehe das Flugblatt des Deutschen Volksvereins

vom August 1881 unter dem Titel »Was wollen wir?«. In: StA Potsdam, Rep. 30, Tit. 94, Lit. L., Nr. 595, Bl. 26.
18 Siehe Alexander Pinkert an Adolf Stoecker, 4. 9. und 19. 9. 1880. In: ZStA Merseburg, Rep. 92, NL Stoecker, I 7, Bl. 625 und 639.
19 Deutsche Reform (Dresden), 13. 3. 1881.
20 Siehe A. Pinkert an A. Stoecker, 19. 9. 1880 u. 19. 8. 1882. In: ZStA Merseburg, Rep. 92, NL Stoecker, I 7, Bl. 639 und 616.
21 Siehe das Programm der Deutschen Reformpartei. In: StA Potsdam, Rep. 30, Tit. 94. Lit. A, Nr. 297, Bd. 1., Bl. 15 R.
22 Über den Deutschsozialen Reform-Verein, der 1884 in Leipzig gegründet wurde und seit dem 1. Juli 1890 über eine eigene Zeitung – den »Leipziger Tages-Anzeiger« – verfügte, siehe u. a. ZStA Merseburg, Rep. 92, NL Stoecker, XI 6, Bl. 358–363.
23 Über diesen und den zweiten antijüdischen Kongreß von 1883 siehe: StA Potsdam, Rep. 30 Berlin C, Tit. 95, Sekt. 5, Lit. 3, Nr. 25.
24 Österreichischer Volksfreund. Organ der Österreichischen Reform-Partei (Wien), 24. 9. 1882. In: ZStA Merseburg, Rep. 92, NL Stoecker, I 7, Bl. 644.
25 Ebenda, Bl. 644 R.
26 A. Pinkert an A. Stoecker, 19. 8. und 26. 8. 1882. In: Ebenda, Bl. 616 u. 619.
27 Siehe über das Komitee u. a.: Ernst Schmeitzner an A. Stoecker, 17. 9. 1882, und das Rundschreiben über die Komiteearbeit vom 3. 11. 1882. In: Ebenda, Bl. 638 und 663 f.
28 Franz Mehring: Kapitalistische Agonie. In: Die Neue Zeit. 10. Jg. 1891/92, Bd. 2, S. 547.
29 August Bebel: Sozialdemokratie und Antisemitismus, Berlin 1906, S. 38.
30 Siehe hierzu StA Potsdam, Rep. 30, Tit. 95, Sekt. 5, Lit. A, Nr. 89, Bd. 1, Bl. 1–4 R, 12 f, 139 u. a., und Bd. 2, Bl. 624.
31 Ebenda, Bd. 2, Bl. 32.
32 Siehe die Mitgliederliste. In: Ebenda, Bd. 1, Bl. 141–158 R. Siehe aber auch das Verzeichnis von Anfang Januar 1890 mit 221 Mitgliedern. In: Ebenda, Bd. 2, Bl. 513 f.
33 Antisemitische Correspondenz, Januar 1886, Nr. 3, S. 2 f.
34 Werbeprospekt der »Antisemitischen Correspondenz«. In: ZStA Merseburg, Rep. 92, NL Stoecker, IX 4e, Bl. 14.
35 Nach einem von Theodor Fritsch im September 1885 versandten vertraulichen Rundschreiben. In: Ebenda, XV 2, Bl. 122.
36 Antisemitische Correspondenz, September 1886, Nr. 7, S. 3. Siehe auch das von Th. Fritsch am 1. Juni 1886 versandte Material zur Vorbereitung des Kasseler Kongresses. In: ZStA Merseburg, Rep. 92, NL Stoecker, XV 2, Bl. 18–22 R.

37 StA Potsdam, Rep. 30, Tit. 94, Lit. A, Nr. 297, Bd. 1, Bl. 1.

38 Nach der Satzung. In: Ebenda, Bl. 1 R.

39 Zit. in: Erwin Knauß: Der politische Antisemitismus im Kaiserreich (1871–1900) unter besonderer Berücksichtigung des mittelhessischen Raumes. In: Mitteilungen des Oberhessischen Geschichtsvereins. NF Bd. 53/54, Gießen 1969, S. 53.

40 Siehe seinen vollen Wortlaut in: StA Potsdam, Rep. 30, Tit. 94, Lit. A, Nr. 297, Bd. 1, Bl. 44.

41 A. Bebel: Sozialdemokratie und Antisemitismus, S. 26.

42 Aufruf vom 22. 4. 1891. In: ZStA Merseburg, Rep. 92, NL Stoecker, XV 2, Bl. 57.

43 Siehe den Text des Programms in: StA Potsdam, Rep. 30, Tit. 94, Lit. A, Nr. 297, Bd. 1, Bl. 92.

44 Flugblatt des Norddeutschen Jugendbundes zu Hamburg, März 1894. Zit. in: Iris Hamel: Völkischer Verband und nationale Gewerkschaft. Der Deutschnationale Handlungsgehilfen-Verband 1893–1933, Frankfurt (Main) 1967, S. 74 f.

45 Siehe das antisemitische Wahlflugblatt »Wie der Jude im Hessenlande ›arbeitet‹«. In: ZStA Merseburg, Rep. 92, NL Stoecker, IX 2, Bl. 218 R.

46 Siehe seinen Text in: Felix Salomon: Die deutschen Parteiprogramme, H. III, Leipzig/Berlin 1907, S. 74–76.

47 Siehe die Statuten und ein Mitgliederverzeichnis der Antisemitischen Volkspartei für Berlin. In: StA Potsdam, Rep. 30, Nr. 14977, Bl. 1 f.

48 H. von Gerlach: Von rechts nach links, Zürich 1937, S. 113 f.

49 ZStA Merseburg, Rep. 92, NL Stoecker, IX 2, Bl. 218.

50 Kuno Graf von Westarp: Konservative Politik im letzten Jahrzehnt des Kaiserreiches, Bd. 1, Berlin 1935, S. 21.

51 Bericht der österreichischen Gesandtschaft in Berlin vom 12. Dezember 1892. In: HHStA, Wien, Ministerium des Äußeren PA III, Preußen, Karton 142, Bl. 376 f.

52 Die Reden des Grafen von Caprivi im Deutschen Reichstage, Preußischen Landtage und bei besonderen Anlässen. 1883–1893. Hrsg. Rudolf Arndt, Berlin 1894, S. 307.

53 Siehe Mehnert (Dresden) an A. Stoecker, 5. 8. 1893. In: ZStA Merseburg, Rep. 92, NL Stoecker, III 10, Bl. 24 f.

54 Siehe Erhard Segnitz an A. Stoecker, 20. 7. 1893. In: Ebenda, Bl. 11–14 R. In Sachsen, schrieb der ehemalige zweite Vorsitzende der Deutschen Reformpartei, sei die Masse der Mitglieder »christlich-monarchisch ... bis ins Mark«; jedoch sei die Partei nicht »gouvernemental ...

und noch weniger ... feudal, wie es die Konservative gewesen und z. T. noch ist«. (Bl. 12).

55 Konservatives Handbuch, 2. Aufl., Berlin 1894, S. 14.

56 A. Bebel: Die Tätigkeit des Deutschen Reichstages von 1890 bis 1893, Berlin 1893, S. 120.

57 Siehe Staatsbürger-Zeitung, 2. 9. 1893.

58 Fritsch gründete 1901 die Zeitschrift »Hammer«. Ihre Leser schlossen sich zu Hammer-Gemeinden zusammen, die sich 1912 im ↗ Reichshammerbund vereinigten.

59 Siegbert Kahn: Antisemitismus und Rassenhetze. Eine Übersicht über ihre Entwicklung in Deutschland, Berlin 1948.

60 Hans Schleier/Gustav Seeber: Zur Entwicklung und Rolle des Antisemitismus in Deutschland von 1871 bis 1917. In: ZfG, 1961, H. 7, S. 1592 ff.

61 Walter Mohrmann: Antisemitismus. Ideologie und Geschichte im Kaiserreich und in der Weimarer Republik, Berlin 1972.

62 Zit. in: Hans-Christian Gerlach: Agitation und parlamentarische Wirksamkeit der deutschen Antisemitenparteien 1873–1895, phil. Diss., Kiel 1956, S. 218.

63 Kurt-Gerhard Riquarts: Der Antisemitismus als politische Partei in Schleswig-Holstein und Hamburg 1871–1914, phil. Diss., Kiel 1975.

64 Kurt Wawrzinek: Die Entstehung der deutschen Antisemitenparteien (1873–1890), Berlin 1927.

65 Paul W. Massing: Vorgeschichte des politischen Antisemitismus, Frankfurt (Main) 1959.

66 Reinhard Rürup: Die »Judenfrage« der bürgerlichen Gesellschaft. In: Emanzipation und Antisemitismus, Göttingen 1975, S. 74 ff.

67 Richard S. Levy: The Downfall of the Anti-Semitic Political Parties in Imperial Germany, New Haven (London 1975).

68 Karl Holl: Antisemitismus, kleinbäuerliche Bewegung und demokratischer Liberalismus in Hessen. Drei Briefe Philipp Köhlers an Adolf Korell. In: Archiv für hessische Geschichte. NF, 36.1, 2, 1967/68, S. 130 ff.

69 Erwin Knauß: Der politische Antisemitismus im Kaiserreich (1871–1900) unter besonderer Berücksichtigung des mittelhessischen Raumes. In: Mitteilungen des Oberhessischen Geschichtsvereins, NF, Bd. 53/54, Gießen 1969, S. 43–68.

70 Rüdiger Mack: Otto Böckel und die antisemitische Bauernbewegung in Hessen 1887–1897. In: Wetterauer Geschichtsblätter. Bd. 16, 1969, S. 113 ff.

71 Hans Rosenberg: Große Depression und Bismarckzeit. Wirtschaftsablauf, Gesellschaft und Politik in Mitteleuropa, Berlin (West) 1967.

Dieter Fricke

Antiultramontaner Reichsverband (AUR)
1906—etwa 1925

(1916—1920 Deutscher Reichsverband für staatliche und kulturelle Unabhängigkeit)

Der AUR wurde von extremen Kreisen des Protestantismus gegründet, die neben dem ↗Evangelischen Bund zur Wahrung der deutsch-protestantischen Interessen (EB) eine stärker politisch ausgerichtete antiultramontane Organisation für erforderlich hielten. Der von extrem reaktionären und chauvinistischen Positionen aus geführte Kampf gegen das ↗Zentrum (Z) blieb ohne größeren Erfolg. Während des ersten Weltkrieges unterstützte der AUR die Kriegszielpolitik des ↗Alldeutschen Verbandes (ADV). In der Weimarer Republik besaß der AUR keinerlei Bedeutung mehr.

Vorsitzende

Thankmar FREIHERR VON MÜNCHHAUSEN (1906–1907); Admiral Eduard VON KNORR (1907–1920)

Geschäftsführer

E. HORN (1906–1910); Lorenz WAHL (ab 1910)

Mitglieder

Offizielle Mitgliederzahlen hat der AUR nicht bekanntgegeben. Nach Angaben des 5. Vertretertages betrug die Mitgliederzunahme pro Jahr mehr als 1 000.

Verbandstage

26. Mai 1907 in Eisenach
28. Juni 1908 in Eisenach
6. Juni 1909 in Eisenach
23. Mai 1910 in Eisenach
11. Juni 1911 in Frankfurt (Main)
1. u. 2. Juni 1912 in Mannheim
18. Mai 1913 in Eisenach
30. Mai 1920 in Berlin

Presse

Bis 1917 gab der AUR insgesamt 17 Flugschriften heraus, die in einer durchschnittlichen Auflage von ca. 10 000 Exemplaren erschienen. Ein Verzeichnis der 17 Flugschriften enthält die 1917 erschienene Flugschrift: »Die satzungsmäßigen Aufgaben des D. R. U. und ihre praktische Durchführung.« Neben diesen Flugschriften erschienen während des ersten Weltkrieges noch folgende Mitteilungen und Denkschriften: »Kriegsjahr 1915 — Vertrauliche Mitteilungen an die Mitglieder«; »Belgien — Eine Denkschrift von Paul Grafen von Hoensbroech«; »Mitteilungen an die Mitglieder — Ende April 1916«; »Graf Hoensbroech. Die nationale Unzuverlässigkeit der Zentrumspartei. Vertrauliche Mitteilung an unsere Mitglieder, ausgegeben Mitte November 1917«.

Die um die Jahrhundertwende sich endgültig vollziehende weitgehende Integration des politischen Katholizismus und besonders der Zentrumspartei in das Lager des deutschen Imperialismus bewirkte neben der unverhohlenen Genugtuung breiter Kreise der herrschenden Klassen auch den erbitterten Widerstand ultraorthodoxer und extrem reaktionärer Gruppen des deutschen Protestantismus. Einen Kristallisationspunkt dieser Gruppierungen bildete der Exjesuit Paul GRAF VON HOENSBROECH und die von ihm herausgegebene Monatsschrift »Deutschland«. P. VON HOENSBROECH verband die Forderung nach einer wirksameren Bekämpfung des Ultramontanismus mit scharfer Kritik an den angeblich unzureichenden Ergebnissen der antikatholischen Tätigkeit des ↗*Evangelischen Bundes zur Wahrung der deutsch-protestantischen Interessen (EB)*. Hauptursachen der Erfolglosigkeit des *EB* sah P. VON HOENSBROECH in der Aufnahme des sog. Bekenntnisparagraphen in die Satzungen des *EB*, im Übergewicht der Theologen und Pastoren in dieser Organisation, in der unklaren und widerspruchsvollen Haltung des *EB* gegenüber der Politik sowie in der völligen Unzulänglichkeit und vielfach inneren Wertlosigkeit seiner publizistischen Arbeit.[1]

Die von P. VON HOENSBROECH auf den Generalversammlungen des *EB* in Dresden 1904 und Hamburg 1905 unternommenen Versuche, diese protestantische Organisation unter Ausschaltung konfessioneller Streitfragen stärker in die Richtung eines antiultramontanen Kulturbundes zur politischen Bekämpfung des Ultramontanismus zu drängen[2], blieben erfolglos und führten P. VON HOENSBROECH in die antiultramontane Vereinsbewegung. Der in Berlin 1903 gegründete erste antiultramontane Wahlverein war aus dem *EB* heraus erwachsen und sollte mit ähnlicher Argumentation wie die P. VON HOENSBROECHS alle Kräfte vereinigen, die neben dem *EB* »eine rein politische, antiultramontane Organisation als unbedingt geboten erachten«.[3] Durch Zusammenschluß der *Antiultramontanen Wahlvereinigung* (Sitz Berlin) mit den *Antiultramontanen Vereinen* Badens entstand im Oktober 1906 der AUR. Nach den im Dezember 1906 beschlossenen Satzungen war die Bekämpfung des »Ultramontanismus« Zweck des AUR. Er sollte über »Wesen und Größe der ultramontanen Gefahr Aufklärung verbreiten und die kommunalen und politischen Wahlen in diesem Sinne beeinflussen«.[4] Nach einem vom 4. Vertretertag 1910 angenommenen Beschluß zu den Satzungen erstrebte der AUR folgende Ziele:

»1. Unabhängigkeit des Staates von der Kirche. 2. Freiheit aller nichtkirchlichen Angelegenheiten von kirchlicher Autorität. 3. Geistes- und Gewissensfreiheit als Grundlage unserer Kultur. 4. Anerkennung der Schule als staatliche und nationale Einrichtung. 5. Allseitige Förderung des konfessionellen Friedens.«[5]

Dominierender Grundzug des AUR war der Kampf gegen die Zentrumspartei. Nach Auffassung des AUR war die Zentrumspartei »der schlimmste Schädling in unserem politischen Leben«[6] und der Kampf gegen diese Partei »politische und kulturelle Pflicht«.[7] Der weitgehend reaktionäre Charakter des AUR liegt darin begründet, daß der Kampf gegen den politischen Katholizismus von imperialistischen und nationalistischen Positionen aus geführt wurde. So erwies sich für die Ausbreitung des AUR als überaus günstig, daß das Z durch seine Angriffe auf die Kolonialver-

waltung die von ihm mitgetragene Ablehnung zusätzlicher finanzieller Mittel für den Kolonialkrieg in Südwestafrika und durch seine vereinzelten Stichwahlabkommen mit der Sozialdemokratie bei der Reichstagswahl 1907 dem Vorwurf, eine »national unzuverlässige« Partei zu sein, einen gewissen Nährboden gab. In einem Aufruf zum Ergebnis der Reichstagswahlen stellte der AUR mit Befriedigung fest: »Die antiultramontane – nicht antikatholische – Stimmung ist bedeutend gewachsen, die Erkenntnis, daß im Ultramontanismus, den das Zentrum verkörpert, der gefährlichste Feind vor uns steht, dringt in immer weitere Kreise.«[8] Dementsprechend versicherte E. VON KNORR als Vorsitzender des AUR in einem Schreiben an WILHELM II., daß der AUR bereit sei, »den von Ew. Majestät Regierung begonnenen Kampf (gegen das Zentrum, H. G.) weiter zu führen.«[9] Der AUR verkannte, daß die herrschenden Kreise trotz bestimmter Konflikte mit dem Z nicht gewillt waren, ständig auf eine Zusammenarbeit mit dieser Partei zu verzichten, auch wenn sie zeitweise zu einer »unzuverlässigen Stütze ... für die großzügige Politik nationaler Interessen« geworden war.[10] Aus dieser falschen Einschätzung der politischen Konstellation, aber auch generell aus der Priorität des AUR, die »ultramontane Gefahr« gegenüber der sozialdemokratischen für größer zu erachten,[11] erklärt sich die betonte Zurückhaltung von Regierungskreisen gegenüber dem AUR.

Die Jahre des sog. BÜLOW-Blocks bildeten den Höhepunkt in der Entwicklung des AUR. Von seinen Schwerpunkten Berlin und Baden breitete er sich nach Sachsen, Bayern und der Pfalz aus. Bereits im März 1907 wurde für die Pfalz ein eigener Landesverband gegründet, dem Ende 1907 ein Landesverband für Bayern folgte. Im Juni 1914 entstand schließlich noch ein Landesverband Thüringen. Die führenden Positionen im Reichsverband und in den Landesverbänden wurden vorwiegend von höheren Marineoffizieren – neben dem langjährigen Vorsitzenden Admiral E. VON KNORR gehörten auch die Vizeadmirale z. D. Carl PASCHEN und Johann Hermann KIRCHHOFF dem AUR an –, Universitätsprofessoren, Redakteuren – so z. B. der Herausgeber der »Täglichen Rundschau«, Heinrich RIPPLER – und liberalen Abgeordneten eingenommen. Parteipolitisch war der AUR offiziell neutral. Er wollte, wie P. VON HOENSBROECH 1908 feststellte, »nicht eine Partei für sich (sein), sondern ein antiultramontanes Ferment in allen Parteien bilden«.[12] Die parteipolitischen Beziehungen beschränkten sich jedoch fast ausschließlich auf die liberalen Parteien. Der nationalliberale Regierungsrat Otto POENSGEN gehörte jahrelang dem Vorstand des AUR an, wie auch seit 1911 der nationalliberale Landtagsabgeordnete Walter LOHMANN. Von geringerer Bedeutung als in der ↗ Deutschen Vereinigung (DVg) blieb im AUR das »nationalkatholische« Element. Lediglich Victor Maria GRAF VON MATUSCHKA, der sich 1893 in den Auseinandersetzungen um die Militärvorlage vom Z getrennt hatte, spielte als Schriftführer und Vorstandsmitglied eine größere Rolle.

Den stärksten Anklang fand der AUR in akademischen Kreisen, vor allem auch bei der studentischen Jugend. Neben Kontakten zum Akademischen Bismarck-Bund[13] kam der AUR zeitweise auch mit konsequenten Gegnern des politischen Klerikalismus in Berührung. Damit erhielt seine Tätigkeit phasenweise bestimmte progressive Elemente. Nach Aussage der »Germania« zählte Ernst HAECKEL zu den »ersten Agitatoren« des AUR.[14] Damit stimmt überein, daß der AUR enge Beziehungen zu dem 1906 gegründeten freidenkerischen ↗ Deutschen Monistenbund (DMB) unterhielt. Wilhelm OSTWALD, der bedeutende Chemiker und Physiker, sprach 1910 als Vorsitzender des DMB in einer Versammlung des AUR über »Ultramontanismus und Kultur«.[15] Während W. OSTWALD in seinem konsequenten Kampf gegen den politischen Klerikalismus sogar zeitweise mit Karl LIEBKNECHT in Berührung kam, versandete der AUR in nationalistischen Spielarten des Antiklerikalismus. In seinem blinden Katholikenhaß, der dem Z durch die Auffrischung der Kulturkampfstimmung schließlich nur nützen konnte, blieb der AUR ohne größeren Erfolg. Seine Tätigkeit, die neben der Herausgabe von Flugschriften und Flugblättern insbesondere darin bestand, Volksversammlungen zu veranstalten,[16] erschöpfte sich im Wecken antikatholischer Stimmungen. So bildete der AUR lediglich eine extreme Variante und Ergänzung des EB, wie er auch selbst zum Ausdruck brachte. Auf

dem 1. Delegiertentag 1907 erklärte Th. VON MÜNCHHAUSEN: »Der Reichsverband sollte keine Konkurrenz des Evangelischen Bundes bilden, sondern eine Ergänzung. Der Evangelische Bund und der AUR seien zwei Kolonnen, die auf verschiedenen Straßen gegen einen gemeinsamen Feind marschieren, um diesen vereint zu schlagen.«[17]

Parteipolitisches Ideal für den AUR war der BÜLOW-Block, durch den das Z aus seiner ausschlaggebenden Stellung verdrängt wurde. Dagegen erblickte der 3. Vertretertag des AUR 1909 »in der Wiedereinsetzung des Zentrums in die parlamentarische Machtstellung eine schwere Schädigung des nationalen Gedankens«.[18] Unter den Bedingungen des schwarz-blauen Blocks brachte der AUR sein Programm auf die knappe Formel: »Der deutsche Reichstag muß antiultramontan sein.«[19] In den Jahren 1909 bis 1912 lag auch die Zeit der lebhaftesten Tätigkeit des AUR, die neben den Volksversammlungen vor allem in Eingaben an die Parlamente und in Aufrufen bestand. Im März 1909 richtete der Ausschuß des AUR eine Eingabe an das Preußische Abgeordnetenhaus, in der gegen eine Entscheidung der Wahlprüfungskommission protestiert wurde, wonach »Mitgliedern der kirchlich-ultramontanen Orden die Wahlbeteiligung zustehe«.[20] In einer Eingabe vom Januar 1911 forderte der AUR, die diplomatische Vertretung Preußens beim Vatikan aufzugeben. Eine rege Versammlungstätigkeit entfaltete der AUR schließlich besonders gegen die Ernennung von Georg FREIHERR VON HERTLING zum bayerischen Ministerpräsidenten[21] und in Vorbereitung der Reichstagswahlen 1912. In einer Entschließung der 5. Vertreterversammlung wurde im Hinblick auf die bevorstehenden Reichstagswahlen festgestellt, daß »der Kampf gegen das Zentrum politische und kulturelle Pflicht« sei.[22] Hauptangriffspunkt des AUR blieben dabei die angeblich noch nicht ausreichend ausgeprägten proimperialistischen und nationalistischen Positionen der Zentrumspartei.[23]

Mit Beginn des ersten Weltkrieges unterbrach der AUR seine Tätigkeit: »Nicht Konfessionen sind mehr vorhanden, nur das Deutschtum regiert die Stunde. ... Damit aller Anlaß oder Vorwand zu falscher Deutung wegfällt, stellt der antiultramontane Reichsverband, bis die schwere Gewitterwolke vorübergezogen ist, seine Tätigkeit ein.«[24] Doch bereits 1916 trat der AUR erneut an die Öffentlichkeit. Er versandte eine von P. VON HOENSBROECH ausgearbeitete Denkschrift an seine Mitglieder, in der zum Schicksal Belgiens nach dem Krieg Stellung genommen wurde. Diese Denkschrift, in der blindwütiger Katholikenhaß mit imperialistischen Kriegszielen verbunden wurde, übertraf teilweise sogar alldeutsche Projekte. So wurde nicht nur »Belgiens Eindeutschung« zu einem »Gebot weltgeschichtlicher Notwendigkeit« erhoben,[25] sondern auch gefordert, daß die »französisierte wallonische Bevölkerung mitsamt der Geistlichkeit allmählich (in fünf bis zehn Jahren) zu enteignen und auszuweisen« sei.[26] Abgeleitet wurde dieses barbarische Kriegsziel aus einem maßlos übersteigerten Katholikenhaß und aus fiktiven Befürchtungen, daß durch Übernahme der ganzen belgischen Bevölkerung in den deutschen Volkskörper das ultramontan-katholische Zentrumselement derart gestärkt wird, daß schwerste Gefahren für das Deutschtum entstehen.[27] Die Flugschriften und Mitteilungen des AUR in den Jahren 1917/18 waren um den Nachweis bemüht, daß die Zentrumspartei »auch während des Krieges ihre national schwankende Haltung, ihr ständiges Zusammengehen ... mit national zweifelhaften und international stark beeinflußten Parteien unentwegt fortgesetzt«[28] hat. Aus der nicht unberechtigten Erkenntnis, daß angesichts der parlamentarischen Schlüsselposition des Z nach dem Kriege »der Ultramontanismus stärker ... denn je« sein dürfte[29], entwickelte der AUR Überlegungen für eine intensivere Bekämpfung des politischen Katholizismus. So war der Ausbau der Organisation des AUR durch »Vermehrung von Provinzial- und Lokalvereinigungen« und »Aufstellung von Vertrauensmännern« sowie die »Errichtung einer antiultramontanen Zeitungskorrespondenz in Verbindung mit einem Pressearchiv« vorgesehen.[30] Diese Pläne konnten nicht realisiert werden. Angesichts der großen Bedeutung des politischen Katholizismus, insbesondere auch der Zentrumspartei, bei der Erhaltung der Grundlagen der ökonomischen und politischen Macht des deutschen Imperialismus in der Novemberrevolution, erwies sich die Programmatik des AUR für die herrschenden Kreise noch anachronistischer

und schädlicher als in den Jahren vor 1914. Mit der konterrevolutionären Losung »Schutz des Vaterlandes vor dem Chaos!« stellte sich der AUR der Novemberrevolution entgegen, vermochte aber auf ihren Verlauf und ihre Ergebnisse keinen Einfluß auszuüben. Auf seinem Vertretertag im Mai 1920 proklamierte der AUR noch einmal die »Notwendigkeit des verschärften Kampfes gegen den Ultramontanismus und das Zentrum, mit Rücksicht auf den neuen Reichstag und die Errichtung einer Nuntiatur in Berlin«[31], ohne jedoch eine nennenswerte Resonanz zu erzielen. Mit dem Tod seines langjährigen Vorsitzenden E. VON KNORR (1920) und seines eifrigsten Publizisten und Versammlungsredners P. VON HOENSBROECH (1923) vollzog sich endgültig der Abstieg des AUR zu einer der zahlreichen bedeutungslosen politischen Vereinigungen der Weimarer Republik.

Quellen und Literatur

Einige Materialien über die Gründungszeit enthält: ZStA Potsdam, Reichskanzlei, Nr. 1412. Über Pressemeldungen zum AUR siehe ZStA Potsdam, Pressearchiv des RLB, Nr. 8556. Die Stellungnahme des AUR zu den verschiedenen Einzelfragen des politischen Katholizismus enthält neben den Flugschriften das vom AUR herausgegebene »Antiultramontane Handbuch« (Berlin 1913). Eine Darstellung des AUR gibt es bisher nicht.

Anmerkungen

1 Siehe (Paul) Graf von Hoensbroech: Der Evangelische Bund. Eine Kritik. In: Deutschland. Monatsschrift für die gesamte Kultur, Bd. VIII, Berlin 1906, S. 629ff. Siehe ferner G. Rauter: Die Tätigkeit des Evangelischen Bundes. In: Ebenda, Bd. VI, Berlin 1905, S. 559ff., sowie (P.) Graf von Hoensbroech: Was tut not? In: Die Wartburg. Deutsch-evangelische Wochenschrift, III. Jg., München 1904, S. 362f.

2 Siehe Bayerischer Kurier, Nr. 260 vom 18. 9. 1906. Siehe auch D. Bärwinkel: Hat der Evangelische Bund politische Aufgaben?, Leipzig 1904.

3 Thankmar Freiherr von Münchhausen an den weiteren Vorstand der Antiultramontanen Wahlvereinigung, 26. 9. 1904. In: ZStA Potsdam, NL Friedrich Lange, Nr. 21, Bl. 3.

4 Ebenda, Reichskanzlei, Nr. 1412, Bl. 16.
5 Was ist Ultramontanismus? und: Was will der Antiultramontane Reichsverband?, Berlin 1911, S. 20. In: Flugschrift Nr. 7 des Antiultramontanen Reichsverbandes.
6 So in einer Kundgebung des geschäftsführenden Ausschusses des AUR zu den Reichstagswahlen 1912. In: Berliner Tageblatt, Nr. 658 vom 28. 12. 1911.
7 Entschließung der 5. Vertreterversammlung des AUR in Frankfurt (Main), 11. 6. 1911. In: Tägliche Rundschau, Nr. 270 vom 12. 6. 1911.
8 Berliner Neueste Nachrichten, Nr. 102 vom 25. 2. 1907.
9 Brief vom 30. 6. 1907. In: ZStA Potsdam, Reichskanzlei, Nr. 1412, Bl. 33.
10 Leo von Savigny: Die Reichstagsauflösung, das Zentrum und die nationalen Parteien, Berlin 1907, S. 10.
11 Siehe Pfälzische Zeitung, Nr. 118 vom 27. 4. 1907.
12 P. von Hoensbroech: Ist das Zentrum eine nationale Partei? In: Tägliche Rundschau, Nr. 144 vom 25. 3. 1908.
13 Nach einer Entschließung des 2. Delegiertentages wollte sich der AUR mit dem Akademischen Bismarck-Bund zu »gemeinsamer Arbeit ohne festen Zusammenschluß oder Abhängigkeit« verbinden. In: Tägliche Rundschau, Nr. 301 vom 30. 6. 1908.
14 Germania, Nr. 137 vom 18. 6. 1907.
15 Siehe Tägliche Rundschau, Nr. 535 vom 15. 11. 1910. Bereits Ende 1907 war vom Deutschen Monistenbund die Hoffnung geäußert worden, »daß zwischen dem AUR und dem Monistenbund sich recht fruchtbare Beziehungen entwickeln möchten«. In: Schlesische Volkszeitung, Nr. 565 vom 8. 12. 1907.
16 Tägliche Rundschau, Nr. 243 vom 28. 5. 1907.
17 Ebenda.
18 Vossische Zeitung, Nr. 260 vom 7. 6. 1909. Ähnlich auch die Erklärung des Brandenburgischen Provinzialverbandes des AUR. In: Ebenda, Nr. 541 vom 18. 11. 1909.
19 Kundgebung des Ausschusses des AUR. In: Post, Nr. 302 vom 1. 7. 1909.
20 Frankfurter Zeitung, Nr. 88 vom 29. 3. 1909.
21 Siehe Germania, Nr. 240 vom 18. 10. 1912.
22 Tägliche Rundschau, Nr. 270 vom 12. 6. 1911.
23 So glaubte der AUR »bei Bemessung des Tempos unseres Flottenbaus ... den bremsenden Einfluß des Zentrums zu spüren« und bei der »Deckungsfrage für unsere neuen Wehrvorlagen« kam nach Auffassung des AUR der »Zentrumswille im Bundesrat offensichtlich zum Durchbruch«. In: Berliner Neueste Nachrichten, Nr. 186 vom 12. 4. 1912.
24 Kundgebung des AUR. In: Ebenda, Nr. 354 vom 6. 8. 1914.
25 P. von Hoensbroech: Belgien. Eine Denkschrift, als Handschrift gedruckt, o. O., o. J., S. 5.
26 Ebenda, S. 34.
27 Ebenda, beigefügte Drucksache an die Mitglieder.
28 (P.) Graf (von) Hoensbroech: Die nationale Unzuverlässigkeit der Zentrumspartei. Vertrauliche Mitteilung an unsere Mitglieder, ausgegeben Mitte November 1917, S. 9.
29 Die satzungsmäßigen Aufgaben des D. R. U. und ihre praktische Durchführung, o. O., o. J., S. 16. In: Flugschrift Nr. 17 des Deutschen Reichsverbandes für staatliche und kulturelle Unabhängigkeit.
30 Ebenda.
31 Kreuzzeitung, Nr. 251 vom 31. 5. 1920.

Herbert Gottwald

Arbeiterwohl, Verband katholischer Industrieller und Arbeiterfreunde (Aw) 1880–1928

(ab 1905 Arbeiterwohl, Verband für soziale Kultur und Wohlfahrtspflege)

Der Aw entstand als Reaktion des deutschen Katholizismus auf die kapitalistische Entwicklung und die sich daraus ergebenden Veränderungen in der Sozial- und Klassenstruktur, vorrangig jedoch als Antwort auf das Wachstum der sozialistischen Arbeiterbewegung. Er war eine katholisch-konfessionelle Unternehmervereinigung, der auch Vertreter der Geistlichkeit angehörten. Der Verband fußte auf der katholischen Soziallehre und trug durch seine Tätigkeit zur Spaltung der Arbeiterklasse bei. Mit Hilfe der von ihm initiierten und mitgegründeten katholisch-sozialen Organisationen suchte er eine breite antisozialistische Bewegung aufzubauen, um so der Sozialdemokratie und den Freien Gewerkschaften wirksam begegnen zu können. Der Aw, der eng mit dem ↗ Zentrum (Z) zusammenarbeitete und dessen Sozialpolitik wesentlich beeinflußte, erreichte nicht den erhofften Einfluß auf die katholischen Industriellen und den Klerus. Er trat nach der unter seiner maßgeblichen Beteiligung erfolgten Gründung des ↗ Volksvereins für das katholische Deutschland (VkD) in den Hintergrund. Im Zusammenhang mit der im Jahre 1905 erfolgten Umbenennung in »Verband für soziale Kultur und Wohlfahrtspflege« modifizierte er seinen Wirkungsbereich und koordinierte unter Zurückstellung seines konfessionellen Charakters seine Tätigkeit stärker mit anderen antisozialistischen Organisationen der herrschenden Klasse. Während des ersten Weltkrieges stellte sich der Aw völlig in den Dienst der antinationalen Politik des deutschen Imperialismus und gehörte in der Novemberrevolution zu den konterrevolutionären Kräften. In der Weimarer Republik verlor der Verband, bedingt durch die zunehmende Wirkungslosigkeit seiner reaktionären Ideologie, weiter an Bedeutung und bestand in den letzten Jahren im wesentlichen nur noch aus Traditionsgründen fort. Im Jahre 1928 löste sich der Aw selbst auf.

Vorsitzende

1. Vorsitzender: Franz BRANDTS (1880–1914)
2. Vorsitzender: Dr. Georg FREIHERR VON HERTLING (1880–?)
Generalsekretär: Franz HITZE (1880–1921)
Direktor: Wilhelm HOHN (1905–1928)

Verbandsorgan

Der AW verfügte während der gesamten Zeit seines Bestehens über ein Publikationsorgan. Bis Ende 1880 waren es die von Arnold BONGARTZ herausgegebenen »Christlich-sozialen Blätter«. Ab Januar 1881 erschien unter der Leitung von F. HITZE die Zeitschrift »Arbeiterwohl« im Verlag J. P. Bachem, Köln. Deren und der »Christlich-sozialen Blätter« Fortsetzung bildete ab Januar 1905 die im Verlag des ↗ Volksvereins für das katholische Deutschland (VkD) in München-Gladbach erschienene »Soziale Kultur«. Sie wurde bis 1921 unter der Redaktion von W. HOHN in Verbindung mit F. HITZE herausgegeben und danach bis 1928 unter der Leitung von W. HOHN fortgeführt.[2]

Mitglieder und Auflagenhöhe des Verbandsorgans

Jahr[1]	Mitglieder	Auflagenhöhe des Verbandsorgans
1881	500	550
1890	ca. 1 000	ca. 1 850
1899	ca. 1 230	—
1905	1 038	—
1908	1 800	—
1912	1 250	3 300
1919	900	3 000
1928	800	

Der Aw konstituierte sich am 20. Mai 1880 in Aachen mit Sitz in München-Gladbach.[3] Der Katholikentag 1880 in Konstanz bezeichnete es als Aufgabe des Verbandes, »die vielfach gespannten Verhältnisse zwischen Arbeitnehmern und Arbeitgebern zu ordnen und zu bessern«[4]. Er bestätigte das Statut des Aw. Darin hieß es im § 1:

»Ausgehend von der Überzeugung, daß eine wirksame Bekämpfung der mit der Großindustrie verbundenen vielfachen Übelstände und der dadurch der bürgerlichen Gesellschaft drohenden Gefahren nur auf dem Boden des Christentums möglich ist, haben sich katholische Industrielle und andere Arbeiterfreunde Deutschlands zu einem Verbande vereinigt, um mit Ausschluß aller politischen Zwecke die Verbesserung der Lage des Arbeiterstandes anzustreben.«[5]

Diesen für die bürgerliche Ordnung erwachsenden Gefahren suchte der politische Katholizismus durch sein Eintreten für die Sozialreform und die weitere Vervollkommnung seiner Organisation zu begegnen.
Die Bildung des Verbandes leitete einen neuen Abschnitt der katholisch-sozialen Bewegung ein. Das Ende des »Zweifrontenkampfes« der katholischen Sozialreformbewegung gegen Kapitalismus und Sozialismus zeichnete sich deutlich ab.[6] Die kapitalistische Gesellschaft wurde nicht mehr in Frage gestellt. Der Aw war sogar bereit, den Staat bei der Beseitigung der Gefahren, die dieser Gesellschaft drohten, zu unterstützen.
Der Aw war von vornherein als katholisch-konfessionelle Vereinigung konzipiert. Er war keinem der zahlreichen Unternehmerverbände organisatorisch in irgendeiner Form angegliedert. Der Verband stellte sich auf den Boden der katholischen Soziallehre und nahm die Autorität der Kirche bei seiner sozialreformerischen Tätigkeit weitgehend in Anspruch. Der praktische Nutzen von guten Beziehungen der Unternehmer zum Klerus bestand nach den Worten des Verbandsvorsitzenden F. BRANDTS darin, daß die Geistlichen behilflich sind, »die Arbeiter in Zucht und der Sozialdemokratie fern zu halten«[7]. Zu den Mitbegründern des Aw gehörte der Mainzer Domkapitular Christoph MOUFANG. Er war viele Jahre Mitglied des Vorstandes. Ch. MOUFANG hat den Verband auf dem Katholikentag 1881 in einer längeren Rede als

katholische Organisation eingeführt und propagiert.[8]
Die Zielsetzung des Aw stieß jedoch in katholischen Kreisen auch auf Einwände, und der Verband mußte sogar »mit direktem Widerstande« kämpfen[9]. Insbesondere Teile der Geistlichkeit beurteilten die Gründung des Verbandes, der sich eindeutig zur kapitalistischen Gesellschaftsordnung bekannte und die Notwendigkeit staatlicher Hilfe bei der Lösung der sozialen Probleme anerkannte, »von vornherein sehr skeptisch«; sie argwöhnten »eine stillschweigende Kapitulation vor dem liberalistischen Wirtschaftsprinzip«.[10]
Ein Hauptanliegen, das die Initiatoren des Aw verfolgten, bestand darin, eine fachliche Beratungsstelle und Zentrale für die Sozialpolitik des ↗ Z zu schaffen. Deren theoretisches Fundament bildete der Neuthomismus.[11] Es ging vor allem darum, die klerikale Lehrmeinung organisiert in die Arbeiterklasse hineinzutragen, eine möglichst große Wirksamkeit zu erreichen und dadurch erfolgreich der sozialistischen Arbeiterbewegung entgegenzuwirken.
Die Furcht vor dem Erstarken der Sozialdemokratie und ihrem zunehmenden Einfluß auf die Massen war von Anbeginn Leitmotiv der Tätigkeit des Verbandes. Diese ideologisch-politische Stoßrichtung dokumentierte bereits der Anfang 1881 veröffentlichte »Aufruf an die Industriellen und Arbeiterfreunde des katholischen Deutschlands«, der mit den Worten schloß: »Nur eine allgemeine, kräftige und durchschlagende Initiative kann uns vor dem Schrecken der sozialen Revolution retten — wohlan, das katholische Deutschland zeige den Weg.«[12]
Der antisozialistischen Zielsetzung entsprachen auch die Aufgaben, die der Aw im Zusammenwirken mit klerikalen Kräften zu lösen suchte. Die verschiedenen Seiten seiner Tätigkeit sind Zeugnis für seinen Kampf gegen die politisch, ideologisch und organisatorisch erstarkende Arbeiterklasse. Sie vermitteln zugleich einen Überblick über seine Funktion innerhalb des vom politischen Katholizismus im letzten Drittel des 19. Jh. geschaffenen Organisationsgefüges.
Das Hauptbetätigungsfeld des Aw lag auf sozialpolitischem Gebiet. Mit der sozialen Zielsetzung sollten auch jene katholischen Arbeiter wiedergewonnen werden, die sich

bereits von konfessionellen Bindungen befreit hatten oder ausgesprochen konfessionellen Kampfzielen ablehnend gegenüberstanden. Das sozialpolitische Wirken des Verbandes umfaßte im wesentlichen drei Bereiche: 1. die »innerbetriebliche Sozialpolitik«, 2. die Unterstützung der Sozialpolitik der Zentrumspartei, 3. die weitere Ausgestaltung des katholisch-sozialen Vereinswesens, insbesondere die Organisierung der katholischen Arbeiter.

Die »innerbetriebliche Sozialpolitik« wurde vor allem als »private Wohlfahrtspflege« seitens der Industriellen verstanden. Darauf konzentrierte sich in den ersten Jahren nach der Gründung das Wirken des Aw. Die sog. innerbetriebliche Sozialpolitik fußte auf der Behauptung, den Arbeitern »fehle die führende, lenkende Hand des Unternehmers und der katholischen Kirche«. Von dieser Grundthese aus versuchte der Aw vor allem auf sittlich-religiösem Gebiet auf die Arbeiter einzuwirken. Dabei gab er vor, »durch Flüssigmachung der sittlichen und karitativen Fonds, die der Glaube in sich birgt, eine Besserung der sozialen Übelstände« erreichen zu können, die aus der »christlich-liebreichen Herablassung der Industriellen« resultieren sollte.[13] Der Verband propagierte die in der patriarchalisch organisierten Fabrik des Verbandsvorsitzenden F. BRANDTS und von anderen Industriellen geschaffenen »Wohlfahrtseinrichtungen« und die dabei gewonnenen Erfahrungen und suchte sie mit Hilfe seines Organs breiteren Unternehmerkreisen zugänglich zu machen. Durch derartige Einrichtungen sollten die Arbeiter in den Betrieben der katholischen Industriellen gebunden und die sozialen Gegensätze gemildert werden. Auf der Generalversammlung des Aw 1882 in Frankfurt (Main) erklärte F. BRANDTS: »In einer Fabrik, die die Arbeiter durch Wohlfahrtseinrichtungen zu engagieren verstehe, sei zunächst der Arbeiterwechsel ein geringerer, die Maschinen ständen weniger still, ... das Ineinandergreifen der Arbeiten werde weniger gestört ... Ferner sei die Produktionsleistung eine erhöhte, ... weil sie (die Arbeiter, *K. G.*) mehr auf das Interesse auch der Fabrik bedacht sind und ein gewisses Ehrgefühl sie abhält, ... das Geschäft zu schädigen.«[14] Diese Worte bestätigten, daß »die ultramontane Bourgeoisie ... um kein Haarbreit besser als die liberale Bourgeoisie«[15] war. Soweit Maßnahmen zur Verbesserung der sozialen Lage der Arbeiter erfolgten, waren sie in der Regel Ergebnis ihres Kampfes gegen die Kapitalisten. Das weitere politische, ideologische und organisatorische Erstarken der Arbeiterbewegung zwang den Aw, sich auf die neuen Bedingungen einzustellen; die Propagierung von »Wohlfahrtseinrichtungen« trat in den 90er Jahren zurück.

Die enge Verbindung des Aw zur Zentrumspartei war bereits bei der Gründung des Verbandes durch die Wahl des Sozialreferenten der Zentrumsfraktion im Reichstag, G. von HERTLING, deutlich geworden. Sie gestaltete sich noch enger, nachdem der Generalsekretär F. HITZE 1882 in den preußischen Landtag und 1884 auch in den Reichstag gewählt worden war. Der Verband wurde in vielerlei Hinsicht als fachliche Beratungsstelle für die Sozialpolitik des *Z* wirksam. Er erarbeitete Stellungnahmen zur Gesetzgebung auf sozialpolitischem Gebiet und zu entsprechenden Vorlagen. Zum anderen legte er in Eingaben, Vorschlägen oder Hinweisen an die Reichstagsfraktion der Partei bestimmte Schlußfolgerungen aus seiner praktischen sozialpolitischen Arbeit dar. Dadurch beeinflußte er wesentlich die Stellung des *Z* zur Arbeiterschutzgesetzgebung. Nach Auffassung des Verbandes besonders wichtige Abhandlungen wurden auch an Parlamentsabgeordnete anderer Parteien, an maßgebliche Angehörige der herrschenden Klassen und an staatliche Stellen versandt. Bereits verabschiedete sozialpolitische Gesetze wurden im Verbandsorgan dargelegt und erläutert, und die Unternehmer erhielten Hinweise für deren praktische Umsetzung. Diese Aktivitäten verliehen dem Aw zunehmend größere Bedeutung für die Zentrumspartei. Der Führer der Zentrumsfraktion im Reichstag, Ludwig WINDTHORST, nahm regelmäßig an den bis 1890 in Verbindung mit den Katholikentagen durchgeführten Generalversammlungen des Aw teil. Auf der Generalversammlung des Verbandes 1890 in Coblenz würdigte er die Tätigkeit des Aw, der »in verdienstvollster Weise der Lösung der sozialen Frage die größte Kraft und Beachtung gewidmet« hat, und empfahl, »daß die sozialen Bestrebungen mehr und mehr in M. Gladbach konzentriert werden«.[16]

Die organisatorische Tätigkeit auf sozial-politischem Gebiet war ein weiterer wesentlicher Bereich der Arbeit des Verbandes. Sie dokumentierte eine sehr wichtige Seite seiner Funktion als Bestandteil des politischen Klerikalismus. Insbesondere galt dies für die Organisierung der katholischen Arbeiter in konfessionellen Vereinen, der Entwicklung einer sog. Arbeiterstandesbewegung. Dieser Aufgabe wandte sich der Aw schon bald nach seiner Gründung zu. Das Verbandsorgan veröffentlichte zahlreiche Darlegungen, grundsätzliche Abhandlungen und Anleitungen für die Gründung von Vereinen für katholische Arbeiter, Arbeiterinnen und jugendliche Arbeiter seitens des Klerus, und auch auf den Katholikentagen rief Generalsekretär F. HITZE die Geistlichkeit immer wieder zur Bildung entsprechender Organisationen auf. Mit der Gründung von ⁊ *Katholischen Arbeitervereinen (KA)* verband der politische Katholizismus vor allem die Absicht, der Sozialdemokratie »eine wohlgeschulte, wohlgewaffnete Armee«[17] entgegenzustellen. Die Zahl der Vereine und der in ihnen organisierten Mitglieder blieb jedoch hinter den Erwartungen zurück. Auch der Aw erreichte in den ersten zehn Jahren seines Bestehens nicht die von seinen Gründern erhoffte Ausbreitung.

Der Bergarbeiterstreik 1889, der triumphale Erfolg der Sozialdemokratie bei der Reichstagswahl 1890, die Beseitigung des Sozialistengesetzes und der Sturz BISMARCKS schufen eine neue Situation. Für den politischen Katholizismus in Deutschland begann eine neue Phase in seiner antisozialistischen Tätigkeit und damit auch in seiner Sozial- und Massenpolitik. Sichtbarer Ausdruck dessen war die Bildung des *VkD*, an dessen Gründung und Entwicklung die Aw führend beteiligt war.[18] Es ist bezeichnend für die Rolle des katholischen Unternehmerverbandes beim Auf- und Ausbau des Organisationssystems des politischen Klerikalismus, daß mit F. BRANDTS als erstem Vorsitzenden und F. HITZE als Schriftführer wichtige Funktionen im *VkD* mit führenden Funktionären des Aw besetzt wurden.

»Im Volksverein gewann Arbeiterwohl einen mächtigen Bundesgenossen, der die sozialen Ideen, für welche der Verband ein Jahrzehnt hindurch in den führenden katholischen Kreisen gearbeitet hatte, auch in die breiten Volksmassen hineintrug.«[19] Beide Organisationen wirkten fortan eng zusammen. Wesentliche Aufgaben des Sekretariats des Aw, wie beispielsweise die Auskunfterteilung und Beratung zu sozialen Fragen, wurden von der neu geschaffenen Zentralstelle des *VkD* übernommen. Auf Anregung von F. HITZE und des Aw[20] führten beide Vereinigungen ab 1892 sog. praktisch-soziale Kurse durch, die »die Ideen des Arbeiterwohl hinaus in alle Gegenden Deutschlands« tragen[21] sollten. Nach den Vorstellungen von F. BRANDTS und F. HITZE hatten diese Kurse vor allem die Aufgabe, einen Stamm von geschulten Führern für die Arbeit in den katholisch-sozialen Vereinen heranzubilden.[22]

Hinter der vom *VkD* bei der Beeinflussung der katholischen Volksmassen entfalteten organisatorischen und agitatorischen Aktivität trat der Aw in seiner öffentlichen Wirksamkeit zurück. Dennoch blieb der Verband auch nach 1890 ein wichtiges Instrument bei der Verbreitung der katholischen Soziallehre und für den Auf- und Ausbau des katholisch-sozialen Organisationssystems. Größere Bedeutung erlangten neben dem Verbandsorgan die jährlichen Generalversammlungen, an denen auch Regierungsvertreter, Parlamentarier, Kommunalbeamte, Stadtverordnete, Gewerbeinspektoren u. a. teilnahmen. Die Generalversammlungen gaben häufig den Anstoß für die Bildung weiterer Organisationen bzw. die Zentralisierung der bestehenden.

Die führende und organisierende Tätigkeit des Aw wurde erneut deutlich, als sich in der ersten Hälfte der 90er Jahre die Bildung christlicher Gewerkschaften anbahnte. Ab 1890 war die Verbandszeitschrift bemüht, den hartnäckigen Widerstand der übergroßen Mehrheit der katholischen Industriellen gegen die gewerkschaftliche Organisation der Arbeiter aufzulockern. Der Verband bereitete in diesen Jahren auch den Boden für die Bildung des katholischen *Caritasverbandes*, für die Gründung von katholischen Vereinen für Handlungsgehilfinnen, weibliche Dienstboten u. a. und nahm insbesondere Einfluß auf die weitere Ausgestaltung und organisatorische Festigung der *KA*. Das Verbandsorgan unterstützte dieses Wirken durch die Propagierung von Vereinseinrichtungen wie Hospizen,

Haushaltsschulen, Sparkassen, Krankenkassen und Sterbekassen. In Verbindung damit suchte der Aw auch auf die Haushaltsführung und Erziehung in den katholischen Arbeiterfamilien und auf die sittliche Entwicklung der jugendlichen Arbeiter Einfluß zu nehmen. Dem dienten die sog. Volksschriften, die in den Jahren bis zum ersten Weltkrieg – zum Teil in mehreren Ausgaben und in hohen Auflagen – verbreitet wurden. Diese publizistische Tätigkeit des Aw fand auch die Anerkennung von Regierungsbehörden.[23]

Dem Streben der Verbandsführung, über den Kreis der Mitglieder hinaus wirksam zu werden, entsprach auch die Mitarbeit in anderen von den herrschenden Klassen geschaffenen sozialreformerisch-propagandistisch tätigen Vereinigungen. So war der Aw im ↗ *Verein für Sozialpolitik (VfS)*, im ↗ *Zentralverein für das Wohl der arbeitenden Klassen (ZWAK)*, in der ↗ *Gesellschaft für soziale Reform (GfsR)* und weiteren Organisationen und Verbänden vertreten.

Nach der Jahrhundertwende verlor der Aw weiter an Bedeutung. Seine organisatorischen Aufgaben waren erfüllt. Andere konfessionelle Organisationen übernahmen bestimmte Aufgabenbereiche des Verbandes, dem es nicht gelungen war, seinen Einfluß unter den katholischen Industriellen und dem Klerus weiter auszudehnen. Die Zahl seiner Mitglieder ging zurück. Dazu hatte auch sein Eintreten für die Bildung christlicher Gewerkschaften beigetragen.[24] Diese Entwicklungen sowie die verstärkte Hinwendung der von der Bourgeoisie geschaffenen Wirtschaftsverbände zu sozialpolitischen Fragen und deren erhöhter Einfluß auf die Sozial- und Wirtschaftspolitik im wilhelminischen Deutschland schmälerten die Wirksamkeit des Aw und veranlaßten die Führung, seine Tätigkeit zu modifizieren. Es entstand der Plan, den Verband in einen Verein für allgemeine Sozialpolitik umzuwandeln und der Verbandszeitschrift den Charakter einer sozialpolitischen Revue zu geben, »welche sich an die gebildeten und besitzenden Klassen unter den Mitgliedern des Volksvereins wendet, um sie für die Sozialreform zu gewinnen«[25].

Die Generalversammlung des Aw Ende Dezember 1904 in Neuß beriet über das Programm, die Erweiterung der Statuten und die Umwandlung der Zeitschrift des Verbandes. In seinem Referat zum 25. Jubiläum des Aw schätzte dessen Vorsitzender F. BRANDTS ein, daß die frühere Beschränkung der Tätigkeit auf die industrielle Arbeiterschaft angesichts der »großen Gefolgschaft der Sozialdemokratie« und der damit aufgeworfenen neuen Fragen nicht mehr zulässig sei. Über den Kreis der Industriellen und der Geistlichkeit hinaus sollte sich der Verband fortan an die »gebildeten und besitzenden Klassen (wenden), um sie für die sozialen Ideen und Aufgaben der Gegenwart zu gewinnen, sie für die Mitarbeit heranzuziehen und ihr Interesse zu wecken für die wissenschaftliche und praktische Seite der großen Frage der Zeit, der sozialen Frage«.[26] Der Verband nahm den Namen »Arbeiterwohl. Verband für soziale Kultur und Wohlfahrtspflege« an und gab sich ein neues Statut. Darin hieß es in § 1:

»Der Verband erstrebt die Förderung der geistigen und wirtschaftlichen Kultur und des sozialen Fortschritts in unserem Volke auf dem Boden des Christentums.
Er wendet sich vor allem an die Gebildeten und Besitzenden, um sie über die einschlägigen Fragen zu orientieren und zur Mitarbeit an deren Lösung anzuregen.
Getreu seiner Tradition wird er sich insbesondere die Förderung der religiösen, sittlichen und materiellen Interessen des Arbeiterstandes angelegen sein lassen.«[27]

Die Verbandszeitschrift unter ihrem neuen Titel »Soziale Kultur« wurde in eine »allgemeine Revue über die sozialen und kulturellen Bewegungen der Gegenwart«[28] umgewandelt, ihre Schriftleitung von der Zentralstelle des *VkD* übernommen. Sie bildete die Fortsetzung von »Arbeiterwohl« und der »Christlich-sozialen Blätter« und erschien bis 1921 unter der Redaktion von F. HITZE und W. HOHN im Verlag des *VkD*. W. HOHN war Direktor des *VkD* und in dessen Zentralstelle nach 1905 verantwortlich für den Aw. Unter seiner Leitung erschien die »Soziale Kultur« nach dem Tode F. HITZES weiter bis zur Auflösung des Aw im Jahre 1928.

Nach der Umwandlung des Aw in einen Verband »für eine allgemeine deutsche Sozialpolitik«[29] und seine volle Eingliederung in das von der Bourgeoisie geschaffene System von wirtschafts- und sozialpolitischen Organisationen erhöhte sich noch einmal kurzzeitig seine Mitgliederzahl. Ihren höchsten Stand erreichte sie mit 1 800 Mitgliedern um 1908. Sie ging aber bereits in den folgenden fünf Jahren wieder bedeutend zurück.

Nach Ausbruch des ersten Weltkrieges stellte sich der Aw gänzlich in den Dienst der antinationalen Politik des deutschen Imperialismus. An der Seite des *VkD* trug er mit seinen Mitteln und Möglichkeiten, vor allem mit der Verbandszeitschrift, zur Manipulierung der Bevölkerung und zur Propagierung der Kriegsziele des deutschen Imperialismus bei. Die Betriebsamkeit des Verbandes konnte seinen weiteren Niedergang nicht verhindern. Die Zahl der Mitglieder sank von 1 250 im Jahre 1912 auf 900 im Jahre 1919.

Während der Novemberrevolution 1918/19 gehörte der Aw zu den konterrevolutionären Kräften. Er unterstützte die von rechtssozialdemokratischen Führern und bourgeoisen Politikern erhobene Forderung nach Wahlen zu einer Nationalversammlung und betrieb eine wüste antikommunistische Hetze. Der revolutionäre Kampf der deutschen Arbeiterklasse in der Novemberrevolution hatte offenkundig bezeugt, daß die vom Aw seit seiner Gründung praktizierte Methode des Eintretens für »soziale Reformen« mit dem Ziel, der sozialen Revolution zuvorzukommen, gescheitert war.

In den Jahren der revolutionären Nachkriegskrise gewannen im Aw jene Kräfte an Einfluß, die sich für die Beseitigung von bedeutenden sozialen Errungenschaften der Novemberrevolution einsetzten. So bezeichnete der an der Zentralstelle des *VkD* in München-Gladbach tätige Emil VAN DEN BOOM 1920 in der »Sozialen Kultur« die Einführung des Achtstundentages als »Widersinn und langsame(n) Selbstmord« und sprach sich für dessen Beseitigung und die Wiedereinführung der Akkordarbeit aus. Als erstes Gebot des Wiederaufbaus nach dem vom deutschen Imperialismus verlorenen ersten Weltkrieg empfahl er »die *Rückkehr* zu intensivster *Arbeit*« und die Reduzierung des Verbrauchs.[30]

Die revolutionären Kämpfe des Proletariats nach der Großen Sozialistischen Oktoberrevolution hatten die Führung des Aw zu der Einsicht geführt, daß selbst noch so weitgehende sozialpolitische Zugeständnisse seitens der Bourgeoisie und des imperialistischen Staates zur Sicherung und Aufrechterhaltung der kapitalistischen Gesellschaftsordnung nicht genügten. Die Vorstellungen seiner Gründer und Initiatoren — die August PIEPER später als eine »kleine Gruppe vermeintlicher Liebhaber sozialer Experimente«[31] bezeichnete — von einer »Zuständereform« hatten sich totgelaufen. Noch einmal wandte sich der Verband einem neuen Aufgabengebiet zu. Ziel seiner Arbeit wurde der »Zusammenschluß führender Persönlichkeiten des Wirtschaftslebens zur Aussprache über die Ausgestaltung der wirtschaftlichen und sozialen Volksgemeinschaft«[32]. Diese »Volksgemeinschaft« bedeutete nichts anderes als eine illusionäre Interessengemeinchaft von monopolistischer Bourgeoisie und Volksmassen.

Auch mit dieser veränderten Aufgabenstellung gelang es dem Aw nicht, sich den veränderten Klassenkampfbedingungen in der Weimarer Republik anzupassen. Der Verband bestand schließlich nur noch aus Traditionsgründen fort und löste sich 1928 selbst auf. Mit beigetragen zu seiner Auflösung hat auch die finanzielle Krise des *VkD* und des Volksvereins-Verlages nach 1925.

Quellen und Literatur

Wichtigste Quelle ist die Verbandszeitschrift »Arbeiterwohl, Organ des Verbandes katholischer Industrieller und Arbeiterfreunde«, Köln, bzw. ab 1905 die »Soziale Kultur«, München-Gladbach. Einige wenige Materialien zur Gründung und zum Wirken des Verbandes befinden sich im ZStA Potsdam, Vo 74. Berichte über die Generalversammlungen des Aw sind im Verbandsorgan und für die Jahre bis 1890 in den Protokollen der Generalversammlungen der Katholiken Deutschlands enthalten. Auszüge aus Reden des langjährigen Verbandsvorsitzenden Franz Brandts sind in Wilhelm Hohn (Hrsg.) »Franz Brandts« (1. Aufl. 1913, 2. Aufl. 1920) veröffentlicht. Eine umfangreiche Sammlung des Schrifttums des Aw und seiner führenden Köpfe befindet sich in der Stadtbibliothek Mönchengladbach. Der NL W. Hohn wird im Stadtarchiv Mönchengladbach aufbewahrt. Von marxistischer Seite liegt bisher keine geschlossene Spezialuntersuchung zur Geschichte des Aw vor. Angaben zur Vorgeschichte, Gründung und Entwicklung des Verbandes, vor allem für die Zeit bis zur Jahrhundertwende, enthalten: Marlis Allendorf »Zur Geschichte der Sozialenzykliken des Vatikans. Die im Kampf gegen den wissenschaftlichen Sozialismus und die sozialistische Arbeiterbewegung ausgearbeiteten Sozialtheorien der deutschen Katholischen Sozialreform im neunzehnten Jahrhundert« (Diss., Berlin 1963). Horst van der Meer »Die Bildung und Entwicklung des internationalen Bundes Christlicher Gewerkschaften (IBCG) unter dem Einfluß der deutschen christlichen Gewerkschaften« (Diss., Berlin 1963). Roman Vesper »Über das katholische Unternehmerverbandswesen in Deutschland« (Diss., Berlin 1964). August Erdmann »Die christliche Arbeiterbewegung in Deutschland« (Stuttgart 1908).

Auch von bürgerlicher Seite liegt bisher keine umfassende Darstellung zum Aw vor. Umfangreichere Angaben sind enthalten in: Emil Ritter »Die katholisch-soziale Bewegung Deutschlands im neunzehnten Jahrhundert und der Volksverein« (Köln 1954) und Karl Heinz Brüls »Geschichte des Volksvereins, Teil 1: 1890 bis 1914« (Münster 1960). Beide Veröffentlichungen stützen sich wesentlich auf August Pieper »Die Geschichte des Volksvereins für das katholische Deutschland 1890 bis 1928« (1932, [MS], Stadtbibliothek Mönchengladbach).

Anmerkungen

1 Die Angaben für die Jahre 1881 und 1890 wurden der Verbandszeitschrift »Arbeiterwohl. Organ des Verbandes katholischer Industrieller und Arbeiterfreunde«, Köln, entnommen. Der Hinweis für 1899 entstammt dem »Großen Herder«, 4. Aufl., Bd. 1, Freiburg (Breisgau) 1931, Sp. 848. Die Angabe für 1905 ist enthalten in der »Sozialen Kultur. Der Zeitschrift Arbeiterwohl und der Christlich-sozialen Blätter Neue Folge«, Mönchengladbach, 26. Jg. 1906, H. 2, S. 132. Die übrigen Zahlen wurden entnommen dem »Kirchlichen Handbuch für das katholische Deutschland. Hrsg. H. A. Krose S. J.«, Band 1: 1907–1908, Band 4: 1912–1913, Band 9: 1919–1920, Band 15: 1927–1928, Freiburg im Breisgau 1908ff.

2 Siehe Georg Hölscher: Hundert Jahre J. P. Bachem. Buchdruckerei, Verlagsbuchhandlung, Zeitungsverlag, Köln 1918, S. 79. Der Volksverein für das katholische Deutschland 1890–1933. Eine Bibliographie. Bearb. von Georg Schoelen. Mit einer Einleitung von Rudolf Morsey und einem Nachlaßverzeichnis von Wolfgang Löhr, Stadtbibliothek Mönchengladbach 1974.

3 Zur Vorgeschichte und Gründung des Aw siehe August Pieper: Die Geschichte des Volksvereins für das katholische Deutschland 1890 bis 1928, 1932, MS, S. 102 ff. In: Stadtbibliothek Mönchengladbach. Emil Ritter: Die katholisch-soziale Bewegung Deutschlands im 19. Jahrhundert und der Volksverein, Köln 1954, S. 129 ff. Gründungsaufruf und Statutenentwurf des Aw vom 21. September 1879 befinden sich im ZStA Potsdam, Volksverein für das katholische Deutschland, Nr. 159, Bl. 1/1 R.

4 Zit. in: E[phrem] Filthaut: Deutsche Katholikentage 1848–1958 und soziale Frage, Essen 1960, S. 82.

5 Arbeiterwohl, 1. Jg. 1881, H. 1, S. 19.

6 Siehe Herbert Gottwald: Grundfragen der Sozial- und Arbeiterpolitik des Zentrums und anderer Organisationen des politischen Katholizismus (1871–1914). In: JBP, Nr. 41, Juli 1977, S. 31–43. Klaus Kreppel: Entscheidung für den Sozialismus. Die politische Biographie Pastor Wilhelm Hohoffs 1848–1923. Mit einem Vorwort von Walter Dirks (Schriftenreihe des Forschungsinstituts der Friedrich-Ebert-Stiftung, Bd. 114), Bonn–Bad Godesberg 1974, S. 22/23.

7 Wilhelm Hohn (Hrsg.): Franz Brandts (Führer des Volkes. Eine Sammlung von Zeit- und Lebensbildern, Band 12), 2. Aufl., Mönchengladbach 1920, S. 52.

8 Siehe Protokoll der 28. Generalversammlung der Katholiken Deutschlands in Bonn 1881. Nach stenografischer Aufzeichnung, Bonn 1881, S. 181–192.

9 Otto Thissen: Fünfundzwanzig Jahre sozialer Kulturarbeit. Aus der Geschichte des Verbandes Arbeiterwohl. In: Soziale Kultur, 25. Jg. 1905, H. 1, S. 7.

10 Wilhelm Schwer: Der Kapitalismus und das wirtschaftliche Schicksal der deutschen Katholiken. In: Der deutsche Katholizismus im Zeitalter des Kapitalismus, Augsburg 1932, S. 71.

11 Die Enzyklika »Aeterni Patris« Leos XIII. vom 4. August 1879 forderte zur Auferweckung und Wiedereinführung des theoretischen Lehrgebäudes des mittelalterlichen Kirchenvaters Thomas von Aquin, des Thomismus, auf. Die klerikalen Theoretiker erhielten einheitliche Richtlinien für die Ausarbeitung eines politisch-ideologischen Systems zur Verteidigung des Kapitalismus. Die Enzyklika besaß programmatischen Charakter.

12 Arbeiterwohl, 1. Jg. 1881, H. 1, S. 18.

13 August Erdmann: Die christliche Arbeiterbewegung in Deutschland, Stuttgart 1908,
   S. 206.
14 W. Hohn (Hrsg.), S. 62.
15 Franz Mehring: Geschichte der deutschen Sozialdemokratie, Zweiter Teil: Von Lassalles
   »Offenem Antwortschreiben« bis zum Erfurter
   Programm, 1863 bis 1891 (Gesammelte Schriften, Bd. 2), Berlin 1960, S. 488.
16 Verhandlungen der 37. Generalversammlung
   der Katholiken Deutschlands zu Koblenz vom
   24.–28. August 1890. Hrsg. vom Lokal-Komitee
   zu Koblenz, Koblenz 1890, S. 425.
17 Arbeiterwohl, 4. Jg. 1884, H. 8/9, S. 129.
18 Siehe H. Gottwald, S. 43 und 45.
19 O. Thissen, S. 11.
20 Siehe Protokoll der Sitzung des Gesamtvorstandes des Volksvereins für das katholische
   Deutschland im Frankfurter Hofe zu Frankfurt
   am Main am Donnerstag, den 9. Juni 1892. In:
   ZStA Potsdam, Volksverein für das katholische
   Deutschland, Nr. 309, Bl. 1/1 R. Horstwalter
   Heitzer: Der Volksverein für das katholische
   Deutschland im Kaiserreich 1890–1918 (Veröffentlichungen der Kommission für Zeitgeschichte, Reihe B: Forschungen, Bd. 26),
   Mainz 1979, S. 233.
21 O. Thissen, S. 11.
22 Siehe H. Heitzer, S. 228/229, 233–236.
23 Siehe   E. Ritter,   S. 136   und   O. Thissen,
   S. 15–17.
24 Siehe E. Ritter, S. 206.
25 ZStA Potsdam, 74 Vo 1, Nr. 2, Bl. 142/143.
26 Soziale Kultur, 25. Jg. 1905, H. 2, S. 103 und
   104.
27 Ebenda, S. 106.
28 Ebenda, S. 105.
29 Ebenda, S. 104.
30 Emil van den Boom: Zusammenbruch und
   Wiederaufbau. In: Soziale Kultur, 40. Jg. 1920,
   H. 2, S. 94 und 96.
31 Zit. in: H. Heitzer, S. 211.
32 Kirchliches Handbuch für das katholische
   Deutschland. Hrsg. von der amtlichen Zentralstelle für kirchliche Statistik des katholischen   Deutschlands,   Köln,   15. Band
   1927–1928, Freiburg im Breisgau 1928, S. 219.

Klaus Grosinski/Roman Vesper

Arbeitsausschuß Deutscher Verbände (AADV) 1921–1937

Der AADV war ein Dachverband, der von Angehörigen der deutschen Monopolbourgeoisie geschaffen worden war, um die Volksmassen in eine einheitlich ausgerichtete chauvinistische Front gegen den Versailler Vertrag führen und vom revolutionären Kampf gegen den Imperialismus ablenken zu können. Gleichzeitig bestand das Ziel darin, im Ausland Verbündete zu finden, die aus politischen und wirtschaftlichen Gründen diesen Friedensvertrag verurteilten. Der AADV wurde von den großen Wirtschaftsverbänden und vom Staat gestützt und gelenkt, sammelte eine Vielzahl bürgerlicher Verbände um sich und spielte eine Leit-, Vermittler- und Koordinierungsrolle im ideologischen Kampf der herrschenden Klasse gegen den Versailler Vertrag und besonders gegen dessen Artikel 231.

1. Entstehung, Charakter und Organisation
2. Mittel und Methoden des ideologischen Kampfes
3. Die Tätigkeit des AADV in der Weimarer Republik
4. Der AADV in der Zeit der faschistischen Diktatur
5. Quellen und Literatur

Präsidenten

Kurt FREIHERR VON LERSNER (1921–1924); Heinrich SCHNEE (1925–1937)

Geschäftsführende Vorstandsmitglieder

Wilhelm VON VIETSCH (1921–1923); Wilhelm VON SCHWEINITZ (1923–1924); Hans DRAEGER (1923–1937, seit 1931 Vizepräsident)

Führende Mitarbeiter der Geschäftsstelle

Walter KLEIN; Emil VON MANGOLDT; Werner MAHRHOLZ; Wilhelm SCHAER; Werner SCHWARZ; Richard STEGEMANN; Kurt TRAMPLER; Wilhelm ZIEGLER; Emmy VOIGTLÄNDER; Wilhelm ZIETZ

Angeschlossene und sympathisierende Verbände und Parteien

1922 ca. 500–600; 1930 ca. 1 700–2 000

Presse

»Der Weg zur Freiheit«, ursprünglich »Mitteilungsblatt des Arbeitsausschusses Deutscher Verbände«, erschien ab 1921 unregelmäßig, seit 1926 als Halbmonatsschrift und von 1931 bis 1937 als Monatsschrift.
Für Mitglieder erschienen noch besondere Arbeitsrichtlinien wie »Anhaltspunkte für

Schuldfragearbeit«, »Erweiterung der deutschen Volksbewegung für die Revision von Versailles zur Weltbewegung« und viele andere Druckschriften.

1. Entstehung, Charakter und Organisation

Der Versailler Vertrag hatte für die deutschen Imperialisten erhebliche Verluste an Auslandsvermögen sowie die Einbuße von Rohstoffquellen und Absatzmärkten gebracht. Ihre Profitrate war dadurch bedeutend geschmälert und die Einflußsphären waren eingeengt worden. Das Bestreben der herrschenden Klasse in Deutschland richtete sich deshalb nach 1919 trotz »Erfüllungspolitik« und »friedlicher internationaler Gesten« darauf, den Versailler Vertrag so bald wie möglich abzuschütteln. Ihre Aufmerksamkeit zielte, entsprechend dem nationalen und internationalen Kräfteverhältnis, zunächst darauf, die Volksmassen für die imperialistische Revision des Versailler Vertrages zu gewinnen und im Ausland Verbündete für diesen Kampf gegen den Versailler Vertrag zu finden. Als zu Beginn des Jahres 1921 die imperialistischen Siegermächte in Paris und London Gespräche über die Höhe der von Deutschland zu zahlenden Reparationen führten, wurde von der deutschen Monopolbourgeoisie die Forderung nach einer einheitlichen und zielgerichteten Kampfführung gegen den Versailler Vertrag und seine ideologische Basis immer nachhaltiger und

energischer erhoben. In dieser Situation gründeten einige Vertreter der deutschen Monopolbourgeoisie am 30. April 1921 den Arbeitsausschuß Deutscher Verbände. Die Bestrebungen zur Gründung des Arbeits-ausschusses gingen von den großen Wirtschaftsverbänden und den Führern des ↗ *Reichsbürgerrates (RBR)*, des ↗ *Deutschen Schutzbundes (DtSB)*, der *Liga zum Schutze der deutschen Kultur*, der *Reichszentrale für Heimatdienst*, der ↗ *Deutschen Liga für Völkerbund (DLfV)* und der *Arbeitsgemeinschaft für vaterländische Aufklärung* aus. Außerdem entwickelten die Führer der ↗ *DVP* in dieser Richtung Initiative. Zu den Gründern gehörten u. a. Ernst JÄCKH, der Präsident der Hochschule für Politik, der deutschnationale Geschichtsprofessor Otto HOETZSCH, der ehemalige Vorsitzende der deutschen Friedensdelegation, K. VON LERSNER von der ↗ *DVP*, der ehemalige Staatssekretär und rechte Sozialdemokrat August MÜLLER, Philipp STEIN von der *Arbeitsstätte für sachliche Politik*, Max PFEIFFER vom ↗ *Zentrum (Z)* und der rechte Sozialdemokrat Albert SÜDEKUM.[1] Die deutsche Monopolbourgeoisie wollte mit der Gründung dieses Dachverbandes verhindern, daß die revolutionäre deutsche Arbeiterbewegung, die gegen den »ungeheuerlichen Raubfrieden« und seine imperialistischen Urheber kämpfte, innerhalb der Volksbewegung gegen den Versailler Vertrag die Führung gewann.[2] Die *KPD* war die einzige Partei, deren Stellung zum Versailler Vertrag den nationalen Interessen des deutschen Volkes entsprach. Sie erkannte, daß dieser Vertrag einen imperialistischen und gegenrevolutionären Charakter hatte und die Keime für einen zweiten Weltkrieg in sich barg und daß er für die Werktätigen Deutschlands eine doppelte Ausbeutung bedeutete. Die *KPD* versuchte, die Massen für den revolutionären Ausweg zu mobilisieren.[3]
Der AADV schloß alle bürgerlichen Splittergruppen und örtlichen Verbände zu einer Einheitsfront gegen den Versailler Vertrag zusammen, um erfolgreicher und rationeller wirken zu können.[4] Den Angelpunkt zur Vorbereitung einer Revision des Vertrages sahen die deutschen Imperialisten vorerst darin, den »geschichtswissenschaftlichen Nachweis« dafür zu liefern, daß sie und

das kaiserliche Deutschland am Ausbruch des ersten Weltkrieges unschuldig oder nicht allein schuld seien. Der Angriff richtete sich deshalb besonders gegen den Artikel 231 des Versailler Vertrages, der die alleinige Schuld Deutschlands am Kriege hervorhob und dessen Inhalt die Ideologen der deutschen Bourgeoisie als »Kriegsschuldlüge« bezeichneten.[5]
Die Propaganda gegen die sog. Kriegsschuldlüge war in Wirklichkeit nichts anderes als ein demagogisches Mittel der deutschen Imperialisten, das dazu diente, die Hauptschuld der deutschen Militaristen und Monopolisten am ersten Weltkrieg und ihre aggressiven Kriegsziele zu verschleiern, die Weltöffentlichkeit zu täuschen und die Deutschen im In- und Ausland ideologisch zur Revanche für die erlittene große Niederlage vorzubereiten.
Die Bildung des AADV war für die deutschen Imperialisten notwendig, weil die an den Koalitionsregierungen beteiligten Parteien den Versailler Vertrag anerkannt hatten und die aus diesen Parteien kommenden Regierungsmitglieder als Vertreter des Staates für seine Realisierung verantwortlich waren und so den Kampf gegen diesen Vertrag nur im beschränkten Maße führen konnten. Erst Ende der 20er Jahre, als sich der deutsche Imperialismus mit Hilfe des amerikanischen Kapitals wieder gestärkt und gefestigt hatte, als er die Weimarer bürgerlich-parlamentarische Demokratie schrittweise abzubauen begann, übernahmen mehr und mehr die rechten bürgerlichen Parteien diese Funktion. Mit Beginn des Faschisierungsprozesses wurden die Forderungen des AADV bedeutend schärfer und aggressiver. 1931 hielt der AADV den Zeitpunkt für gekommen, »den gemeinsamen Willen zu einem aktiven Handeln nach außen einzusetzen, um die Befreiung von Versailles zu bringen.«[6] »Aktives Handeln zur Befreiung von Versailles« bezeichneten die Ideologen des AADV damals als das außenpolitische Ziel Deutschlands; sie meinten aber eine Neuaufteilung der Welt im Interesse des deutschen Imperialismus. Dieses Ziel versuchte dann einige Jahre später der reaktionärste Teil des deutschen Monopolkapitals mit Hilfe des Faschismus in die Tat umzusetzen. Dieser Versuch endete 1945 mit einer totalen Niederlage des deutschen Imperialismus, mit der Zerschlagung des Fa-

schismus durch die UdSSR und die anderen Verbündeten der Antihitlerkoalition.

Während der Gründungssitzung des AADV wurde ein »Neunzehner-Ausschuß« als oberstes Führungsgremium gewählt. Ihm gehörten neben den Gründern und Vorsitzenden des AADV u. a. auch Benedict KREUTZ vom *Deutschen Caritas-Verband*, P. Stein von der *Arbeitsstätte für sachliche Politik* und Otto HARTWICH vom ↗ *Volksbund »Rettet die Ehre«* an. Im September 1921 erließ ein Finanzausschuß einen Aufruf in der »Kreuzzeitung«, in dem um finanzielle Unterstützung gebeten wurde, um damit einen Beitrag zur Aufdeckung der Lüge von der deutschen Alleinschuld am Kriege zu leisten, weil dies eine Vorbedingung für die Revision des Versailler Vertrages sei. Zu den Unterzeichnern gehörten 54 exponierte Vertreter aus allen Bereichen der herrschenden Klasse. Das waren u. a. Ernst VON BORSIG, Hans DELBRÜCK, FÜRST VON DONNERSMARCK, Florian KLÖCKNER, Friedrich Wilhelm VON LOEBELL, Max GRAF MONTGELAS, Heinrich RIPPLER, Carl Friedrich VON SIEMENS, STRESEMANN, A. SÜDEKUM, Conrad FREIHERR VON WANGENHEIM und Kuno GRAF VON WESTARP.[7] Dieser Finanzausschuß wurde ständig erweitert. Seine Mitglieder zahlten einen Jahresbeitrag von mindestens 100 Goldmark.[8]

1924/25 erfolgte eine Um- und Neugestaltung der Führungsorgane des AADV. Als oberstes Gremium wurde ein Kuratorium gebildet, das die Aufgabe hatte, die politischen und organisatorischen Richtlinien zu beraten und zu beschließen und den Präsidenten zu wählen. Diesem Kuratorium gehörten ca. 60 Vertreter des deutschen Imperialismus an, die aus allen Bereichen der herrschenden Klasse kamen. Meist vertraten sie einen bürgerlichen Spitzenverband. Das waren u. a.: Theodor GRAF VON BAUDISSIN, Regierungspräsident und Präsident der Hauptlandwirtschaftskammer; Adalbert VON BOETTICHER, Direktor des *Vereins Deutscher Zeitungsverleger*; Roland BRAUWEILER, Regierungspräsident und Geschäftsführendes Vorstandsmitglied der ↗ *Vereinigung der Deutschen Arbeitgeberverbände (VgDA)*; Otto DE LA CHEVALLERIE, Vorstandsmitglied der Altherrenschaft des ↗ *Deutschen Hochschulringes (DHR)*; Heinz DÄHNHARDT, Vorsitzender des ↗ *Reichsaus-*

schusses der deutschen Jugendverbände (RAJ); J. DEGENER, Mitglied des Bundesvorstandes des ↗ *Gewerkschaftsbundes der Angestellten (GDA)*; Bernhard DÖRING, Mitglied der Geschäftsführung des ↗ *Reichsverbandes der Deutschen Industrie (RDI)*; Eduard HAMM, Reichsminister a. D. und Erstes Geschäftsführendes Präsidialmitglied des ↗ *Deutschen Industrie- und Handelstages (DIHT)*; Hans VON HAEFTEN, Generalmajor a. D. und stellvertretender Präsident des Reichsarchivs; Philippine FREIIN VON HERTLING, Geschäftsführende Vorsitzende der *Rheinischen Frauenliga*; Rudolf HERZOG, Vorstandsmitglied der *Hauptgemeinschaft des deutschen Einzelhandels*; Albert HOPPSTAEDTER, Vorstandsmitglied des *Vereins für die bergbaulichen Interessen* und des *Zechenverbandes Essen*; Eberhard GRAF VON KALCKREUTH, Präsident des ↗ *Reichs-Landbundes (RLB)*; Otto KEINATH, Geschäftsführendes Vorstandsmitglied des *Reichsverbandes des Deutschen Groß- und Überseehandels*; Ernst LEMMER, Generalsekretär des *Gewerkschaftsrings deutscher Arbeiter-, Angestellten- und Beamtenverbände (Gwr)*; Bernhard LEOPOLD, Bergwerksdirektor und Vorsitzender des *Halleschen Bergwerksvereins*; Friedrich Wilhelm VON LOEBELL, Staatsminister und Präsident des ↗ *Reichsbürgerrates*; Karl Christian VON LOESCH, Präsident des ↗ *DtSB*; Clara MENDE, Vorsitzende des *Deutschen Frauenausschusses zur Bekämpfung der Schuldlüge*; Gustav RICHTER, Generaldirektor des *Reichsverbandes der deutschen Presse*; Friedrich SIEGMUND-SCHULTZE, Pfarrer und Internationaler Sekretär des *Internationalen Weltbundes für Freundschaftsarbeit der Kirchen*; Ludwig SUDENOW, Pfarrer und Geschäftsführer des *Kirchlichen Jugenddienstes*; Emil Georg VON STAUSS, Direktor der Deutschen Bank und Disconto-Gesellschaft; Otto VON STÜLPNAGEL, Generalleutnant; Johannes TEWS, Geschäftsführer der *Gesellschaft für Volksbildung*; Ferdinand WERNER, Vorsitzender des *Deutschen Bundes für Recht und Wahrheit*.

Am 1. April 1924 übernahm H. DRAEGER die Geschäftsführung des AADV, am 3. Februar 1925 wurde der ehemalige kaiserliche Gouverneur der Kolonie Deutsch-Ostafrika, H. SCHNEE, zum Präsidenten gewählt.[9]

Zu dieser Zeit entstand auch ein Parlamentarischer Beirat, der die Aufgabe hatte, die Parteien der Weimarer Republik einheitlich mit chauvinistischen Gedanken und Ideen gegen den Versailler Vertrag auszurüsten. Dieser Beirat setzte sich aus führenden Vertretern der bürgerlichen Parteien und der *SPD* zusammen. Das waren u. a. von der ↗ *DNVP* Franz BEHRENS, Emil BERNDT und O. HOETZSCH, von der ↗ *DVP* Hans VON KEMNITZ, Otto MOST und Hans VON RAUMER, von der ↗ *DDP* Bernhard DERNBURG, A. MÜLLER, Eugen SCHIFFER und Walther SCHÜCKING, von der ↗ *BVP* Johann LEICHT, vom ↗ *Z* Georg SCHREIBER und Adam STEGERWALD.[10]

Die *SPD* hatte sich organisatorisch nicht dem AADV angeschlossen. Verschiedene rechte sozialdemokratische Führer wie A. SÜDEKUM, Adolph KÖSTER, Wilhelm SOLLMANN u. a. gehörten jedoch zum Führungsstab dieser Einrichtung und unterstützten deren chauvinistische Tätigkeit.

Für die Lösung bestimmter Probleme existierten innerhalb des AADV zeitweilig gebildete Ausschüsse, so u. a. ein Jugend-, ein Presse- und ein Frauenausschuß sowie ein Ausschuß der Lehrerorganisationen.

Die gesamte Finanzverwaltung des AADV wurde von einem besonderen Finanzausschuß gesteuert und überwacht. Ihm gehörten ca. 20 führende Vertreter der deutschen Großbourgeoisie aus allen Bereichen der Wirtschaft und aus dem Staatsapparat an. Der AADV wurde von den großen Wirtschaftsverbänden, von einigen Industrie- und Bankkapitalisten und vom Staatsapparat finanziell unterstützt. Vom deutschen Reichstag wurden allein im Jahre 1921 650 000 M zur Unterstützung von Veröffentlichungen über die Ursachen des ersten Weltkrieges von der Budgetkommission bewilligt.[11] Das Auswärtige Amt stellte dem AADV Mitte der 20er Jahre jährlich einen Zuschuß von 20 000 M zur Verfügung. 1927 wurde nach einer Auskunft von H. SCHNEE von der gleichen Stelle eine zusätzliche Summe von 40 000 M gewährt.[12] Besonders wohlwollend förderte die preußische Landesregierung die Arbeit dieser großbürgerlichen Propagandazentrale, weil die Monopolisten und Großgrundbesitzer Preußens im Vergleich zu den Kapitalisten anderer deutscher Länder am empfindlichsten durch

den Versailler Vertrag getroffen wurden.[13] Im Geschäftsbericht für das Jahr 1925, zu einer Zeit, als die Währung in Deutschland wieder stabil war, gab H. DRAEGER an, daß allein 15 000 M für Porto ausgegeben wurden. Das läßt den Umfang der Verbindungen und der ideologischen Einflußnahme dieser Propagandastelle erkennen.[14] Über die Höhe der Ausgaben des AADV gibt auch ein Finanzbericht vom 24. Januar 1929 Auskunft, in dem es heißt:

»Die Ausgaben ließen wiederum eine umfangreiche Tätigkeit erkennen. Außer der vielseitigen laufenden Arbeit seien u. a. genannt: Die Reichspressetagung des AADV in Heidelberg, die Veranstaltung von Schulungskursen, die Beteiligung an der Presseausstellung in Köln, der Besuch wichtiger ausländischer Persönlichkeiten, die Förderung von Übersetzungen ausländischer Werke, die Verbreitung von Literatur über die Kriegsschuldfrage und das Versailler Diktat im In- und Ausland, insbesondere auch in Lehrer- und Schülerkreisen ...«[15]

Am 4. März 1925 errichtete der AADV in München eine Zweiggeschäftsstelle. Zur gleichen Zeit entstand im Bayerischen Landtag ein Parlamentarischer Beirat, den Fritz SCHÄFFER leitete.[16]

2. Mittel und Methoden des ideologischen Kampfes

Zur Verbreitung der imperialistischen Thesen gegen den Versailler Vertrag wurde vom AADV ein umfangreicher und vielseitiger Publikations- und Propagandaapparat aufgebaut. Die Skala der aufgebotenen ideologischen Beeinflussungsmittel reichte von Flugblättern und Tageszeitungen über Zeitschriften, Bücher, Romane, Ausstellungen, Massenversammlungen, Schulungs- und Informationskurse bis zu Rundfunkvorträgen und Filmen. Die nationalistischen Propagandaerzeugnisse des AADV wurden von der Geschäftsstelle oft kostenlos unter die angeschlossenen und sympathisierenden Verbände und unter die im In- und Ausland wirkenden Vertrauensleute verteilt, die sie dann weiterverbreiteten bzw. in ihren Bereichen verwendeten. Der AADV offerierte seine chauvinistischen Schriften in Krankenhäusern, Lesehallen und Volksbibliotheken, in Wartezimmern von Ärzten und Rechtsanwälten, in Betrieben, Schulen und Universitäten. Er versandte Propagandamaterial an die Mitglieder des Reichstages und der Länderparlamente und richtete für einzelne Organisationen und auf Schiffen kostenlos Bibliotheken ein, die er besonders mit seinen Büchern und Broschüren ausstattete. Der AADV unterhielt 1925 Beziehungen zu 39 Pressekorrespondenzen sowie zu 1 500 Tageszeitungen, darunter zu ausländischen Blättern, und lieferte ihnen Meldungen und Aufsätze. Der Schriftsteller Otto PIETSCH schrieb im Auftrag des AADV einen nationalistischen Roman gegen die »Kriegsschuldlüge«, dem er den Titel »Das Netz Luzifers« gab.[17]

Der Arbeitsausschuß versuchte bei seiner ideologischen Tätigkeit den Nachweis zu liefern, daß alle Bevölkerungsschichten unter den Auswirkungen der »Kriegsschuldlüge« zu leiden hätten. Er wollte damit breite Kreise des deutschen Volkes gewinnen, sie vom Klassenkampf ablenken und bei ihnen Illusionen über eine Volksgemeinschaft erwecken, um so zu einer einheitlichen imperialistischen außenpolitischen Front zu gelangen. Der AADV gestaltete deshalb seine Propaganda zur Manipulierung der Volksmassen sehr variabel und vielseitig.[18]

Besonderen Wert legte der AADV darauf, unter der Jugend Einfluß zu gewinnen. Mit der Parole »Der Versailler Vertrag versklavt nicht nur die heutige Generation, sondern auch die Kinder und Kindeskinder! Wir aber wollen leben!«[19] wurde die junge Generation zum Haß gegen die Völker der Entente-Staaten aufgewiegelt. Im März 1921, nach dem Scheitern der Londoner Reparationskonferenz, forderte STRESEMANN im Reichstag, gegen die »Kriegsschuldlüge« in allen Schulen Propaganda zu treiben.[20] Der AADV gab bald darauf an die Länderregierungen Anregungen, den Inhalt des Versailler Vertrages in Verbindung mit der »Kriegsschuldlüge« im Unterricht zu behandeln. In einem Bericht vom 22. September 1924 schätzte das Reichsministerium des Inneren ein, daß sämtliche Unterrichtsverwaltungen die eingehende Behandlung der Schuldfrage in den Schulen für notwendig erachten.[21] In Kursen und Lehrgängen wurden die Lehrer vom AADV für die vom imperialistischen Staat gestellten erzieherischen Aufgaben vorbereitet. Durch Hilfsmittel, Handbücher, Tabellen und Übersichten wurden sie befähigt, die deutsche Jugend zu der Erkenntnis zu führen: »Das Diktat von Versailles ist der Tod des deutschen Volkes, seine Beseitigung kann nur erreicht werden durch den Kampf gegen seine Grundlage, gegen die Lüge von Deutschlands Schuld am Weltkriege.«[22] Alle Lehrbücher, insbesondere die nach 1923 erschienenen, enthielten fast durchweg die Tendenz, die Schuljugend mit der Legende von der relativen oder absoluten Unschuld des deutschen Imperialismus am ersten Weltkrieg zu vergiften. Der AADV empfahl den Schulverwaltungen bei der Entlassung der Schüler aus der Schule, neben der Verfassung, die jedem Absolventen überreicht wurde, ein allgemein verständliches Merkblatt über die Auswirkungen des Versailler Vertrages und der »Kriegsschuldlüge« zu übergeben.[23] Am 10. Oktober 1932 gab der damalige nationalsozialistische Volksbildungsminister Thüringens, Fritz WÄCHTLER, die Anweisung, daß der Versailler Vertrag in der Schule behandelt und von den Schülern als Ursache des Elends erkannt werden sollte. Dazu wurde festgelegt, daß in allen Schulen vom siebenten Jahrgang an regelmäßig die letzte Wochenstunde mit einem Wechselspruch geschlossen werden mußte. Ein Lehrer oder Schüler verlas den Artikel 231 des Versailler Vertrages, darauf hatte die Klasse im Chor zu antworten: »Die deutsche Schande soll brennen in unseren Seelen bis zu dem Tage der Ehre und Freiheit.«[24]

Auch an den Hochschulen fand die Anregung des AADV Resonanz. Seit 1921 gab es in fast allen deutschen Universitäten Lehrveranstaltungen, vor allem in den Fächern Geschichte und Völkerrecht, bei denen das große Maß an Kriegsschuld des deutschen Imperialismus geleugnet oder verschleiert und die Schuld der Entente-Staaten in den Mittelpunkt der Vorlesungen, Seminare und Kolloquien gerückt wurde. Die Berliner Universität und die Universitäten Marburg und Tübingen entwickelten dabei eine besondere Aktivität.[25]

In einem Schreiben vom 5. März 1923 an das Preußische Ministerium für Wissenschaft, Kunst und Volksbildung unterstrich ein geschäftsführendes Vorstandsmitglied des AADV: »Es lag im Zuge unserer Arbeit, daß wir der Jugendarbeit ein besonderes Interesse entgegen brachten. Dabei wurden alle diejenigen Faktoren in Rechnung gestellt, die auf die Gemüts- und Willensbildung der Heranwachsenden Einfluß haben, das Elternhaus, die Schule, die Kirche, die eigenen Zusammenschlüsse der Jugend u. a.«[26]

Neben den Schulen und Hochschulen übten die Kirchen auf die Erziehung der Jugend einen großen Einfluß aus. Bereits am 29. April 1922 gab die in Fulda tagende katholische Bischofskonferenz derselben unerschütterlichen Überzeugung Ausdruck, der sie 1919 in ihrem gemeinsamen Hirtenschreiben Zeugnis gegeben hat: »Wir sind unschuldig am Ausbruch des Krieges, er ist uns aufgezwungen worden. Das können wir vor Gott und der Welt bezeugen.«[27]

Eine außerordentlich große Aktivität entwickelten die evangelisch-lutherische Kirche und die ihr nahestehenden Organisationen und Einrichtungen. Am 3. November 1922 nahm der Gesamtvorstand des ↗ *Evangelischen Bundes zur Wahrung der deutschprotestantischen Interessen* in Weimar eine Entschließung an, in der er es als eine Gewissenspflicht erachtete, gegen die »die ganze Kulturwelt vergiftende Anklage, daß Deutschland den Krieg verschuldet habe, auch an seinem Teil einmütigen Widerspruch zu erheben«.[28]

Der AADV fand bei einem großen Teil der Volksmassen Gehör, weil er es verstand, die Innen- und Außenpolitik des deutschen Imperialismus als »nationale Politik« zu tarnen, weil er die von ihm verbreiteten bürgerlichen Propagandathesen pseudowissenschaftlich umkleidete und sich als überparteilich ausgab. Mit einem Stab schriftgewandter Akademiker und Schriftsteller, mit großem finanziellen Aufwand schuf der AADV zahlreiche Gesellschaften, die in Broschüren und Vorträgen immer wieder die eine These einhämmerten: »Deutschland ist unschuldig am ersten Weltkrieg.« Bestimmte Tatsachen wurden, aus dem Zusammenhang herausgelöst, als Argumente benutzt und so aneinandergereiht, daß als logische Konsequenz nur die Schuld der anderen, d. h. der Entente, übrigblieb. Deutsche bürgerliche Ideologen verfertigten Darstellungen über den ersten Weltkrieg und veröffentlichten Dokumente, die keine oder so gut wie keine belastenden Tatsachen über

den deutschen Imperialismus enthielten. Oft wurden die Kriegsziele und die Kriegspropaganda der ehemaligen Ententestaaten in den Mittelpunkt der Kritik gestellt, während die äußerst aggressiven Kriegsabsichten der deutschen Militaristen und Monopole und ihrer Verbündeten verschwiegen wurden.[29]

In der Zeit der relativen Stabilisierung des Kapitalismus, als sich der deutsche Imperialismus wieder einigermaßen gefestigt hatte, gelangten die Ideologen dieser Propagandazentrale nach der Darstellung von bestimmten Teilwahrheiten zu solch ungerechtfertigten Verallgemeinerungen wie dieser:

»Für Frankreich und Rußland war demnach der Weltkrieg schon lange vor seinem Ausbruch und erst recht seit seinem Beginn ein Eroberungskrieg größten Stiles. Die Absicht einer grundlegenden Veränderung der politischen Verhältnisse im Sinne der eigenen Machterweiterung bestand demnach nicht in Wien oder in Berlin, sondern in Paris und in Petersburg. Diese Feststellung wirft ein neues und entscheidendes Licht auf den Fehlspruch von Versailles.«[30]

Während dieser Propagandaoffensive gab es zwei grundsätzliche taktische Varianten, die sich gegenseitig ergänzten. Die in der bürgerlich-sozialdemokratischen Regierungskoalition vertretenen Parteien und die ihnen nahestehenden Verbände führten den Kampf gegen die »Kriegsschuldlüge«, indem sie eine Teilschuld Deutschlands eingestanden und die Mitschuld der Entente herausstellten. Sie griffen mit dieser Taktik, die sie in der Losung »Kampf gegen die Lüge von der Alleinschuld Deutschlands« zusammenfaßten, die gestürzte deutsche Monarchie und gleichzeitig die Siegerstaaten an. Ihre Propaganda wurde von großen Teilen des Volkes auch deshalb geglaubt, weil sie sich auf die Tatsache stützte, daß der erste Weltkrieg ein allseitig ungerechter imperialistischer Raubkrieg war. Den von der bürgerlich-sozialdemokratischen deutschen Propaganda angegriffenen Regierungen war tatsächlich eine Schuld nachzuweisen. Diese Taktik war in Deutschland bis zu Beginn der Weltwirtschaftskrise vorherrschend.

Während der Zeit des Faschisierungsprozesses wurde sie von einer anderen taktischen Variante verdrängt, und zwar von der Propagierung der völligen Unschuld Deutschlands am ersten Weltkrieg. Schuld am Kriege sei lediglich die Entente gewesen. So behaupteten es die reaktionärsten nationalistischen Kräfte seit Kriegsschluß. Die Regierungsparteien würden das Eingeständnis einer Teilschuld Deutschlands nur gebrauchen, um die Revolution zu rechtfertigen. Von der Propagierung der völligen Unschuld Deutschlands am ersten Weltkrieg bis zur Forderung nach Revision der Ergebnisse des Krieges durch einen Revanchekrieg war es nur ein kleiner, den Volksmassen psychologisch leicht plausibel zu machender Schritt. Diese Propagandathese wurde seit 1929 immer mehr zur bestimmenden Parole im Kampf gegen die »Kriegsschuldlüge« in Deutschland und nach 1933, in der Zeit des Faschismus, zu dessen Staatsdoktrin.[31] Die Propagandisten des AADV verstanden es, bei ihrer Tätigkeit die Widersprüche auszunutzen, die es innerhalb des imperialistischen Lagers im allgemeinen und im besonderen zwischen den USA einerseits und Frankreich und England andererseits gab. Ein besonderes politisches Ziel bestand darin, Frankreich zu isolieren. Bei ihrer Propaganda gegen den Versailler Vertrag ließen sie oft Amerikaner zu Wort kommen, die mit nationalistischen Kreisen in Deutschland sympathisierten und den Vertrag ablehnten, weil er auch ihren politischen Interessen widersprach.[32] Außerdem wurden Meinungen rechter sozialdemokratischer Führer und Gewerkschaftsfunktionäre zur Kriegsschuldfrage und zum Versailler Vertrag, die der Konzeption des AADV entsprachen, dazu benutzt, einen Teil des Volkes irrezuführen.[33]

Mit der abgewandelten Losung WILHELMS II.: »Im Kampf gegen den Versailler Vertrag gibt es keine Parteien mehr, sondern nur noch Deutsche«, verschleierten die Ideologen des deutschen Imperialismus ihre revanchistischen und aggressiven Absichten, versuchten sie die Klassengegensätze zu verwischen und die Arbeiterklasse und ihre Verbündeten vom Klassenkampf abzuhalten. Diese Taktik ebnete den deutschen Faschisten den Weg zum 30. Januar 1933 und zum 1. September 1939.

Der AADV beschränkte seine Tätigkeit nicht auf Deutschland. Er wirkte auch im Ausland für eine Revision des Versailler Vertrages. Eine besondere Rolle spielten dabei die Aus-

landsdeutschen. Bereits im Mai 1922 betrachtete es der Arbeitsausschuß als eine außenpolitische Aufgabe, überall »in der Welt regionale Deutschtumszentren entstehen« zu lassen, »die sich selbst tragen und selbständig, aber im Rahmen der allgemeinen Offensive, gegen den Versailler Vertrag vorgehen«.[34] Zu diesem Zweck arbeitete der AADV unmittelbar mit auslandsdeutschen Verbänden und Persönlichkeiten zusammen. So wurde beispielsweise Propagandamaterial direkt an auslandsdeutsche Organisationen und Einzelpersonen versandt. Engen Kontakt hielt der AADV auch mit der auslandsdeutschen Presse. Nach Angaben H. DRAEGERS waren die Beziehungen zu den auslandsdeutschen Publikationsorganen in den USA, in Mexiko und zu denen einiger südamerikanischer Staaten und Südafrikas besonders eng und fruchtbringend. Der AADV beeinflußte die Auslandsdeutschen auch mittelbar über die chauvinistischen Inlandverbände, die sich dem AADV angeschlossen und sich u. a. die Bildung von »Fünften Kolonnen« als Ziel gestellt hatten. Die ideologische Diversionstätigkeit des AADV wurde durch eine große Anzahl von Auslandsvertretungen deutscher Firmen unterstützt.[35]

Gleichzeitig begann der AADV mit der Agitation unter den Ausländern. In einer programmatischen Schrift heißt es dazu: »Die von der deutschen Bewegung gegen Versailles erfaßten Ausländer spielen die Rolle von Fermenten, die den entsprechenden Gärungsprozeß unter ihren Landsleuten in Gang bringen.«[36] Der Präsident des AADV, H. SCHNEE, unternahm mehrere Auslandsreisen; Ausländer kamen zu Besuch nach Deutschland. So wurden u. a. die Amerikaner Harry Elmer BARNES, Sidney B. FAY und Robert L. OWEN empfangen, die in ihrem Lande die Propaganda gegen den Versailler Vertrag besonders forcierten.

Nach Ansicht der Führer des AADV hatte sich für die Auslandsarbeit die massive Verwendung von Broschüren und Flugblättern als unbrauchbar erwiesen. Wirkungsvoller waren nach ihrer Meinung bei der Auslandspropaganda das persönliche Gespräch, der Vortrag in ausgewählten Kreisen und die Übersendung individuell ausgewählter Schriften an einzelne Persönlichkeiten. Die Funktionäre des AADV kamen zu dem

Schluß, besonders solche Schriften für die ideologische Arbeit im Ausland zu verwenden, die von Angehörigen der betreffenden Nation geschrieben und die, in der betreffenden Landessprache verfaßt, der Denkart des betreffenden Landes angepaßt waren. Auch bei der Arbeit mit Ausländern erhielt der AADV Hilfe und Unterstützung durch deutsche Auslandsvertretungen.

Bei seiner ideologischen Diversionstätigkeit im Ausland arbeitete der AADV eng mit der ↗ *Wirtschaftspolitischen Gesellschaft* und dem *Aufklärungsausschuß Hamburg* zusammen.[37]

3. Die Tätigkeit des AADV in der Weimarer Republik

Der AADV trat nach seiner Gründung zum ersten Male am 13. Juni 1922 in größerem Maße an die Öffentlichkeit, als auf einer von ihm organisierten Veranstaltung die ersten sechs Bände der Aktenpublikation des Außenministeriums mit dem Titel »Die große Politik der Europäischen Kabinette 1871/1914« vom Außenminister RATHENAU und dem Leiter der Geschäftsstelle des AADV, W. VON VIETSCH, der Öffentlichkeit übergeben wurden.

Das Jahr 1923 benutzte der AADV vor allem dazu, entsprechend seiner Zielsetzung gegen die französische Okkupation des Ruhrgebietes und gegen die Besatzung im Rheinland und in der Pfalz zu protestieren. Er sammelte die Anhänger bürgerlicher Parteien um sich, veranstaltete verschiedene Kundgebungen, rief zum passiven Widerstand auf und vergab Almosen »zur Linderung der im besetzten Gebiet durch den Separatismus hervorgerufenen Not«.[38]

Im Verlaufe des Jahres 1923, als die revolutionäre Nachkriegskrise ihren Höhepunkt erreichte, versuchten die bürgerlichen Propagandisten, den Währungsverfall, die Produktions- und Absatzkrise, den Rückgang in der landwirtschaftlichen Produktion, die Arbeitslosigkeit und Hungersnot, das Steigen der Kindersterblichkeit, die Schulraumnot, die Zunahme des Krankenstandes, die kulturelle Dekadenz und andere Erscheinungen der allgemeinen Krise des Kapitalismus allein auf den Versailler Vertrag und den darin enthaltenen Kriegsschuldartikel zurückzuführen. Das ermöglichte es ihnen, die Klassengegensätze zu verwischen und die zunehmende Aktivität des Volkes gegen das imperialistische Herrschaftssystem in Deutschland abzufangen und in eine revanchistische Richtung zu lenken.[39]

Im April 1924 übergab der AADV anläßlich einer Kundgebung im Reichstagsgebäude, zu der Vertreter aller angeschlossenen und sympathisierenden Organisationen erschienen waren, der Öffentlichkeit und der Reichsregierung einen »Aufruf zur amtlichen Aufrollung der Kriegsschuldfrage«. Nach verschiedenen Debatten im Reichstag wurde von der Reichsregierung am 19. August 1924 eine Erklärung abgegeben, in der es heißt: »Die uns durch den Versailler Vertrag unter dem Druck übermächtiger Gewalt auferlegte Feststellung, daß Deutschland den Weltkrieg durch seinen Angriff entfesselt habe, widerspricht den Tatsachen der Geschichte. Die Reichsregierung erklärt daher, daß sie diese Feststellung nicht anerkennt.«[40]

In der Periode der relativen Stabilisierung des Kapitalismus widmete sich der AADV nicht nur der täglichen ideologischen »Kleinarbeit«, sondern organisierte auch einige zentrale Tagungen, die u. a. 1925 auf Schloß Rosenstein bei Stuttgart und 1927 in Goslar stattfanden. 1928 lud der AADV zu einer zentralen Pressekonferenz nach Heidelberg ein, 1929 wurden aus Anlaß des 10. Jahrestages der Unterzeichnung des Versailler Vertrages zahlreiche Protestkundgebungen veranstaltet. Aus diesem Grunde versandte der AADV an alle angeschlossenen und sympathisierenden Parteien und Verbände Richtlinien, in denen es u. a. im Punkt 2 heißt:

»Diese Kundgebungen, die die Entstehung, Grundlagen und Auswirkung des Diktats zum Gegenstand haben, sollen das deutsche Volk an dessen verhängnisvolle Bedeutung für sein politisches, wirtschaftliches und kulturelles Leben erinnern; sie sollen aber vor allen Dingen auf die öffentliche Meinung des Auslandes einwirken.« Im Punkt 4 wird verlangt: »Die Einheitlichkeit muß dadurch gewahrt werden, daß in den Entschließungen die Forderung nach Beseitigung des Versailler Kriegsschuldurteils, insbesondere des Artikels 231, durchweg und gleichmäßig in den Vordergrund tritt.«

Der Kampf gegen die »Kriegsschuldlüge« hatte 1929 einen Stand erreicht, der breiteste

Kreise des deutschen Volkes einbezog. So versammelten sich beispielsweise bereits am Vorabend des 10. Jahrestages der Unterzeichnung des Versailler Vertrages 50 000 Kölner auf dem Domplatz zu einer Kundgebung, die von den Glocken des Doms eingeleitet wurde. Der Stadtverordnete SCHAEVEN von der Zentrumspartei sprach Worte des Protestes, die von der Menge aufgegriffen wurden, als sie gemeinsam mit dem Kölner Männergesangverein die letzte Strophe des Niederländischen Dankgebetes sang, in der es heißt: »O Herr, mach uns frei«.[41] Ebenfalls aus Anlaß des 10. Jahrestages der Unterzeichnung des Versailler Vertrages veröffentlichten H. SCHNEE und H. DRAEGER auch die beiden ersten der drei Bände »Zehn Jahre Versailles«.[42]

In der ersten Zeit seiner ideologischen Tätigkeit kam es dem AADV besonders darauf an, bürgerlich-chauvinistische Revanchegedanken gegen den Versailler Vertrag zu wecken und die Kräfte zu sammeln. Die Propaganda des AADV stand dabei oft im scheinbaren Widerspruch zur offiziellen Regierungspolitik. Die Führer des AADV waren jedoch der Meinung, daß »es die Aufgabe der Regierung ist, diese außenpolitische Opposition ihrer praktischen Tagespolitik nutzbar zu machen«.[43] Es gab in der Frage der Revision des Versailler Vertrages innerhalb der deutschen Bourgeoisie keine wesentlichen Gegensätze, sondern nur eine Arbeitsteilung.

Während der Weltwirtschaftskrise befaßte sich der AADV auch mit einigen speziellen Problemen, die im Zusammenhang mit dem Versailler Vertrag standen und die den allgemeinen Faschisierungsprozeß förderten.

Bei den Pariser und Haager Verhandlungen um den YOUNG-Plan und in der darauffolgenden Zeit spielte die Frage der Reparationen auch beim AADV eine Rolle. Seine Stellung zum YOUNG-Plan war zunächst abwartend. Anfänglich erörterte der AADV sogar die Vorteile, die dieser Plan gegenüber dem Dawesplan für die deutsche Bourgeoisie brachte. Als jedoch diejenigen imperialistischen Kräfte, die die Methode der Gewalt bevorzugten und den Reparationsplan ablehnten, immer heftigere Angriffe gegen die Weimarer Republik führten, stellte sich auch der AADV hinter sie und unterstützte ihre politischen Manöver. In der Entschließung auf der Reichstagung des AADV 1931 in Dresden wurde eine Revision des YOUNG-Planes bzw. eine vorübergehende Einstellung der Reparationszahlungen gefordert. Das nun folgende HOOVER-Jahr, in dem die Zahlungen für ein Jahr aufgeschoben wurden (Juli 1931–Juni 1932), wurde vom AADV ebenso begrüßt wie die Räumung des Rheinlandes und der Pfalz. In dieser Periode erhob der AADV auch aggressiver als bisher territoriale Forderungen. In einer Entschließung »Zum 28. Juni 1930« verlangte er »die baldige, bedingungslose Rückgliederung des Saargebietes«, »wirksamen Minderheitenschutz«, »eigene koloniale Betätigung Deutschlands«, »die Revision der politisch unmöglichen, wirtschaftlich unerträglichen Grenzziehung im Osten« und »die Berücksichtigung des unzweifelhaft feststehenden Willens der Bewohner von Eupen und Malmedy«. Weiterhin forderte er den Anschluß Österreichs und die Erörterung der sudetendeutschen Frage.[44]

Als der Völkerbund für das Jahr 1932 eine Abrüstungskonferenz plante, spielte diese Frage auch in der Propagandatätigkeit des AADV eine Rolle. Am 25. November 1931 veranstaltete er im Plenarsaal des Reichstages eine Kundgebung zum Abrüstungsproblem. In der von dieser Versammlung angenommenen Entschließung wurde »eine Angleichung der Rüstung« aller Länder gefordert. Diese Forderung, die militärische Stärke der »abgerüsteten« Weimarer Republik an die der ehemaligen Ententestaaten anzugleichen, d. h. Abrüstung der Entente oder Aufrüstung Deutschlands, bedeutete jedoch nichts anderes als das Verlangen des deutschen Imperialismus nach offener und rückhaltloser Militarisierung, die von den Westmächten sanktioniert werden sollte.[45]

Drei Tage, nachdem sich die Genfer Abrüstungskonferenz vertagt hatte, am 25. Juli 1932, gründete der AADV gemeinsam mit der *Arbeitsgemeinschaft für Deutsche Wehrverstärkung E. V.* und dem ↗ *Kyffhäuser-Bund der Deutschen Landeskriegerverbände (KB)* einen *Aufklärungsausschuß für nationale Sicherheit.* Sein Ziel war es, der angeblich von seiten der ehemaligen Siegermächte Deutschland drohenden Gefahr entgegenzutreten und »das verbriefte deutsche Recht auf Gleichberechtigung und nationale Sicherheit« zu fordern.[46] Dieser Pakt und ähnliche Zusammenschlüsse rechtgerichteter Organisationen und Verbände lassen erkennen, daß die deutsche Bourgeoisie Wege suchte, der damaligen Tendenz zur Zersplitterung des Systems der bürgerlichen Parteien und Verbände entgegenzuwirken. Schon 1931 hatte der AADV einen Versuch unternommen, andere nationalistische Verbände fester um sich zu scharen. Im Dezember 1931 gründete er gemeinsam mit dem ↗ *Bund der Auslandsdeutschen (BdA)* und der ↗ *Kolonialen Reichsarbeitsgemeinschaft (Korag)* die *Deutsche Arbeitsgemeinschaft 1931.* Im Gründungsprotokoll wurde als Ziel der *Deutschen Arbeitsgemeinschaft 1931* angegeben, »den Kampf um die Freiheit, Einheit und Gleichberechtigung Deutschlands zu führen, die Verbundenheit der Deutschen in der Welt zu fördern und ein bewußtes nationales Empfinden herauszubilden«. Dem Präsidium dieser neuen Arbeitsgemeinschaft gehörten H. SCHNEE, H. DRAEGER, Franz RITTER VON EPP, Theodor HEUSS und Hermann GÖRCKE an.[47]

Von 1931 an finden sich Anzeichen dafür, daß die ↗ *NSDAP* bzw. einzelne ihrer Mitglieder mit dem AADV zusammenarbeiteten. Zum 10jährigen Bestehen des AADV, am 30. April 1931, übersandte Franz STÖHR im Auftrag der Reichstagsfraktion der *NSDAP* ein Glückwunschschreiben.[48] Auf der schon erwähnten Kundgebung zur Abrüstungsfrage am 25. November 1931 im Reichstag trat auch der Reichstagsabgeordnete der *NSDAP*, F. VON EPP, auf und lobte die Tätigkeit des Arbeitsausschusses. Der »Völkische Beobachter« vom 8. Dezember 1931 wies im gleichen Zusammenhang auf die besonders »gute« Arbeit des AADV hin, der gemeinsam mit anderen Gruppen das »geistige Rüstzeug geschaffen habe, auf das sich die praktische Politik zu stützen vermag«.

4. Der AADV in der Zeit der faschistischen Diktatur

Die Machtergreifung der Faschisten wurde von der Führung des AADV mit Genugtuung aufgenommen. Am 27. Februar 1933 richteten H. SCHNEE und H. DRAEGER ein Schreiben an den Innenminister Wilhelm FRICK, in dem sie sein Wirken als ehemaliger thüringischer Innen- und Volksbildungsminister würdigten, das einen bedeutsamen Beitrag zur Erziehung der Jugend gegen den Versailler Vertrag und dessen Kriegsschuldartikel geleistet hätte. H. SCHNEE und H. DRAEGER erläuterten in ihrem Brief weiter, daß sie und die *NSDAP* gleiche Ziele hätten, und baten W. FRICK, eine Anweisung an alle Schulen Deutschlands zu erlassen, wonach die Problematik des Versailler Vertrages auf der Grundlage einer vom AADV herausgegebenen Schrift zu behandeln sei. W. FRICK bedankte sich für den Brief und versprach, entsprechende Maßnahmen einzuleiten.[49] Nach der Reichstagssitzung am 23. März 1933, auf der die Faschisten das Ermächtigungsgesetz erließen und auf der HITLER u. a. auch die Annullierung des Versailler Vertrages forderte, sandten H. SCHNEE und H. DRAEGER an ihn ein Telegramm, in dem es u. a. heißt: »Der AADV, der seit 1920 den Kampf gegen die Kriegsschuldlüge und für die Revision des Versailler Vertrages führt, dankt Ihnen, sehr verehrter Herr Reichskanzler, dafür, daß Sie an den Anfang des neuen Abschnittes der deutschen Politik und Geschichte die Zurückweisung der Kriegsschuldlüge gestellt haben ... Wir begrüßen es mit besonderer Genugtuung, daß die von Ihnen geführte Regierung den Kampf für die deutsche Befreiung von den Fesseln von Versailles nach den auch vom AADV seit Jahren vertretenen Grundsätzen führen will.«[50]

Am 28. Juni 1933, dem Jahrestag der Unterzeichnung des Versailler Vertrages, organisierte der AADV eine Kundgebung in der Krolloper in Berlin, auf der der führende Ideologe der *NSDAP*, Alfred ROSENBERG, sprach. H. SCHNEE, der die Versammlung leitete, bekannte sich erneut zum Nationalsozialismus.[51]

Auch in der Folgezeit stellte sich der AADV hinter die *NSDAP* und die faschistische Regierung. Er setzte sich weiter für die Revision des Versailler Vertrages und die anderen aggressiven Ziele des deutschen Imperialismus ein. Der AADV bejahte in den kommenden Jahren alle von der faschistischen Regierung in dieser Richtung unternommenen Vorstöße, wie beispielsweise die Wiedereinführung der Wehrpflicht, die Besetzung der entmilitarisierten Zone im Rheinland, die Saarabstimmung u. a. Der AADV hatte sich

vollkommen dem faschistischen Regime angepaßt und war selbst zu einer faschistischen
Einrichtung geworden. Seine beiden Führer
waren der *NSDAP* beigetreten. H. SCHNEE
gehörte seit 1933 der Reichstagsfraktion der
NSDAP an. H. DRAEGER wurde Abteilungs-
leiter beim Wehrpolitischen Amt der *NSDAP*
in Berlin.
Die Funktionen des AADV wurden immer
mehr von der *NSDAP* und ihren Organisationen sowie von bestimmten Regierungsstellen
selbst übernommen. Die deutschen Faschisten hatten den Kampf gegen den Versailler
Vertrag zur offiziellen Staatsdoktrin erklärt.
Nachdem die Wiederaufrüstung Deutschlands so weit fortgeschritten war, daß HITLER
am 30. Januar 1937 erklären konnte: »Ich
ziehe damit vor allem aber die deutsche
Unterschrift feierlichst zurück von jener
damals einer schwachen Regierung wider
deren besseres Wissen abgepreßten Erklärung, daß Deutschland die Schuld am Kriege
besitze«[52], betrachtete der AADV seine Aufgabe als gelöst. Im Laufe des Jahres 1937
stellte er seine Tätigkeit ein.

5. Quellen und Literatur

Archivalien, die Auskunft über den AADV
geben, befinden sich verstreut in den Beständen des ZStA Potsdam: Deutsche Kolonialgesellschaft, Bd. 340; RLB, Bd. 63; RMdI,
Bd. 13 512, 13 515 und 13 516; RKO, Bd. 58,
98 und 101. Der NL Heinrich Schnee, über
den das Geheime Staatsarchiv Preußischer
Kulturbesitz Berlin (West) verfügt, ermöglicht einen guten Einblick in die Tätigkeit der
Führungsorgane des AADV. Außerdem gibt
es gelegentlich Angaben in den Beständen des
BA Koblenz wie beispielsweise im NL Ludwig Kastl. Wichtige Hinweise über die Zielsetzung und Taktik des AADV sind in den
Berichten und Beschlüssen der einzelnen
Reichstagungen enthalten, die meist als
Broschüren erschienen sind. Aufschlußreich
ist ferner das »Mitteilungsblatt des AADV«
bzw. »Der Weg zur Freiheit«. Über Mittel und
Methoden des Kampfes gegen den Versailler
Vertrag gibt eine Vielzahl von Broschüren,
Büchern, Romanen und anderem Propagan-
damaterial Aufschluß.
Eine zusammenfassende Darstellung über die

Tätigkeit des AADV und dessen Ziele gab
Hans Draeger als Geschäftsführendes Vorstandsmitglied anläßlich des 10jährigen Bestehens dieser Einrichtung in seinem Buch
»Der Arbeitsausschuß Deutscher Verbände
1921–1931« (Berlin 1931). Einen Einblick in
den vom AADV geführten Kampf gegen die
»Kriegsschuldlüge« gewährt auch die in der
Schriftenreihe »Jugend — Staat — Gesellschaft« von Jörg Richter verfaßte Schrift
»Kriegsschuld und Nationalstolz, Politik
zwischen Mythos und Realität« (Tübingen
1972).
Eine Darstellung über den AADV in der
Periode der revolutionären Nachkriegskrise
wurde in der Dissertation von Max Wolkowicz »Die Kriegsschuldlüge — eine Ge-
schichtslegende der revanchistischen deutschen Monopolbourgeoisie zur Bekämpfung
des Versailler Vertrages 1919–1923« (Jena
1970) vorgelegt.

Anmerkungen

1 Siehe Hans Draeger: Der Arbeitsausschuß
  Deutscher Verbände 1921–1931, Berlin 1931,
  S. 20.
2 Siehe dazu einen Brief von Arno Kriegsheim,
  Direktor des RLB, an Alfred von Wegerer,
  Leiter für die Zentralstelle für die Erforschung der
  Kriegsursachen in Berlin. In: ZStA Potsdam,
  RLB, Nr. 63, Bl. 82.
3 Siehe Autorenkollektiv: Ernst Thälmann, Eine
  Biographie, Berlin 1980.
4 Siehe H. Draeger, S. 149.
5 Der Artikel 231 des Versailler Vertrages lautet:
  »Die alliierten und assoziierten Regierungen
  erklären und Deutschland erkennt an, daß
  Deutschland und seine Verbündeten als Urheber für alle Verluste und Schäden verantwortlich sind, die die alliierten und assoziierten
  Regierungen und ihre Staatsangehörigen infolge
  des Krieges, der ihnen durch den Angriff
  Deutschlands und seiner Verbündeten aufgezwungen wurde, erlitten haben.«
6 Bericht über die Reichstagung des Arbeitsausschusses Deutscher Verbände auf dem Weißen
  Hirsch bei Dresden vom 1. bis 3. Juni 1931,
  S. 4.
7 Siehe Kreuzzeitung, Nr. 441 vom 21. 9. 1921.
8 Siehe BA Koblenz, Kleine Erwerbungen,
  Nr. 480, dem Verfasser zur Verfügung gestellt
  von Manfred Weißbecker (Jena).
9 Siehe H. Draeger, S. 20 ff.
10 Siehe ebenda, S. 31.
11 Siehe Welt am Montag, Nr. 44 vom
   30. 10. 1922.

12 Siehe BA Koblenz, NL Ludwig Kastl, Nr. 36.
13 Siehe H. Draeger, S. 27.
14 Siehe Der Weg zur Freiheit, Mitteilungsblatt des Arbeitsausschusses Deutscher Verbände, 6. Jg. Nr. 2, Berlin Februar 1926, S. 25–33.
15 Siehe H. Draeger, S. 30.
16 Siehe ebenda, S. 31.
17 Siehe ebenda, S. 79.
18 Siehe Arbeitsausschuß Deutscher Verbände, Bericht über die Sitzung des Neunzehner Ausschusses am 21. 10. 1921, S. 4.
19 Arbeitsausschuß Deutscher Verbände: Wir aber wollen leben, Berlin 1923.
20 Siehe Verhandlungen des Reichstages, I. Wahlperiode 1920, Bd. 348, Berlin 1921, S. 3004.
21 Siehe Der Weg zur Freiheit, 17. Jg., Nr. 4/5, Berlin April/Mai 1937, S. 31.
22 Richard Neumann: Die Lüge von der deutschen Kriegsschuld im Geschichtsunterricht der deutschen Schulen (Friedrich Manns Pädagogisches Magazin), Langensalza 1924, S. 104.
23 Siehe Anm. 21.
24 Amtsblatt des Thüringischen Ministeriums für Volksbildung, Nr. 12, 1932, S. 87 f.
25 Siehe Mitteilungsblatt des Arbeitsausschusses Deutscher Verbände, Jg. 1, H. 8/9, Berlin 1921.
26 Der Weg zur Freiheit, 17. Jg., Nr. 4/5, Berlin April/Mai 1937, S. 31.
27 Hugo Grothe: Die Schuldlüge und das Diktat von Versailles im Urteil führender Geister Deutschlands und des Auslandes, Bd. I, Berlin o. J. (1923), S. 70.
28 Ebenda, S. 74.
29 Die Erforschung und Darstellung der Kriegsursachen und des Charakters des ersten Weltkrieges erfolgte nicht nach der von Wladimir Iljitsch Lenin belegten wissenschaftlichen Erkenntnis über das Wesen der Kriege, wonach der Krieg die Fortsetzung einer bestimmten Klassenpolitik mit gewaltsamen Mitteln ist. Siehe dazu Wladimir Iljitsch Lenin: Krieg und Revolution. In: Werke, Bd. 24, Berlin 1959, S. 397.
30 H. Draeger: Anklage und Widerlegung, Taschenbuch zur Kriegsschuldfrage, Berlin 1928, S. 64.
31 Siehe Max Wolkowicz: Einige Probleme der Strategie und Taktik des deutschen Imperialismus im Kampf gegen die »Kriegsschuldlüge«. In: WZ Jena, Jg. 18, H. 3, S. 153.
32 Beispielsweise veröffentlichte der AADV bevorzugt Schriften von Sidney B. Fay, einem Professor aus Northampton und Hrsg. der Zeitschrift »Current History«, von Harry Elmer Barnes, von Robert L. Owen und anderen Amerikanern.
33 Siehe Mitteilungsblatt des Arbeitsausschusses Deutscher Verbände, 2. Jg., Nr. 13, August 1922, S. 1.
34 Erweiterung der deutschen Volksbewegung für die Revision von Versailles zur Weltbewegung, hrsg. vom Arbeitsausschuß Deutscher Verbände, Berlin 1922, S. 10.
35 Siehe H. Draeger: Der Arbeitsausschuß Deutscher Verbände, S. 65.
36 Erweiterung der deutschen Volksbewegung, S. 13.
37 Siehe H. Draeger: Der Arbeitsausschuß Deutscher Verbände, S. 66 f.
38 Ebenda, S. 106.
39 Siehe Die deutsche Not und Versailles, Flugblatt des Arbeitsausschusses Deutscher Verbände, Nr. 8, Berlin o. J. (1923).
40 Der Weg zur Freiheit, 4. Jg., Nr. 9, September 1929, S. 1.
41 Siehe Jörg Richter: Kriegsschuld und Nationalstolz, Politik zwischen Mythos und Realität, Tübingen 1972, S. 43 f.
42 Zehn Jahre Versailles, Bd. I: Der Rechtsanspruch auf Revision / Der Kampf um die Revision / Die wirtschaftlichen Folgen des Versailler Vertrages. Hrsg. Heinrich Schnee / H. Draeger, Berlin 1929. Bd. II: Die politischen Folgen des Versailler Vertrages. Hrsg. H. Schnee / H. Draeger, Berlin 1929.
43 H. Draeger: Der Arbeitsausschuß Deutscher Verbände, S. 47.
44 Siehe Der Weg zur Freiheit, 10. Jg., Nr. 13 vom 1. Juli 1930, S. 18.
45 Siehe Der Kampf um die Abrüstung, hrsg. vom Arbeitsausschuß Deutscher Verbände, Berlin 1932, S. 30.
46 Siehe H. Draeger: Gleiches Recht für Deutschland, für den Aufklärungsausschuß für nationale Sicherheit, Berlin 1932, S. 30.
47 Siehe ZStA Potsdam, RLB, Nr. 63, Bl. 172.
48 Siehe H. Draeger: Der Arbeitsausschuß Deutscher Verbände, S. 143.
49 Siehe Der Weg zur Freiheit, 17. Jg., Nr. 2/3 (1937), S. 38 f.
50 Ebenda, 13. Jg., Nr. 4 vom 15. 4. 1933, S. 1.
51 Siehe ebenda, 13. Jg., Nr. 7 vom 15. 7. 1933, S. 1.
52 Ebenda, 17. Jg., Nr. 2/3 (1937), S. 1.

Max Wolkowicz

Arbeitsausschuß zur Verteidigung deutscher und katholischer Interessen im Weltkrieg (AzV) 1915–1918

Der auf Initiative Erzbergers gegründete AzV war in den Jahren des ersten Weltkrieges die führende katholische Organisation zur propagandistischen Bearbeitung der herrschenden Kreise in den neutralen Staaten im Sinne des deutschen Imperialismus. Trotz umfangreicher und zumeist klerikal gefärbter Aktivitäten vermochte es der AzV ebensowenig wie die sonstige Auslandspropaganda des deutschen Imperialismus, die öffentliche Meinung in den neutralen Staaten zugunsten des imperialistischen Deutschlands wirksam zu beeinflussen.

Ehrenvorsitzender

Georg GRAF VON HERTLING

Vorsitzender

Joseph MAUSBACH

2. Vorsitzender

Hermann VON GRAUERT

Sekretär

Arnold STRUKER

Presse

»Katholische Monatsbriefe« (Dezember 1915–Februar 1919), Auflage ca. 30 000
»Evangelische Wochenbriefe« (November 1914–Juni 1919), Auflage 1 500
»Katholische Wochenbriefe«

Im Rahmen der »Auslandsaufklärung« des deutschen Imperialismus während des ersten Weltkrieges gehörte der AzV zu den wenigen Propagandaorganisationen, die neben der regierungsamtlichen Auslandspropaganda tätig waren und über die »Aufklärung der Katholiken im neutralen und auch im feindlichen Ausland«[1] das Prestige des kaiserlichen Deutschlands zu verbessern suchten. Den unmittelbaren Anlaß für die Bildung des AzV bildete eine Anfang 1915 von maßgebenden katholischen Kreisen in Frankreich unter Führung des Rektors der Katholischen Universität in Paris, Alfred BAUDRILLART, herausgegebene Anklageschrift gegen den deutschen Katholizismus »La Guerre Allemande et le Catholicisme«, in der von französisch-nationalistischen Positionen aus der Nachweis zu erbringen versucht wurde, daß die »deutschen Katholiken vom ›Geist des Pangermanismus‹, d.i. des brutalen Machtstrebens, und vom ›Geiste Luthers‹, d.i. des kirchlichen Libertinismus, durchseucht seien«.[2] Auf Initiative ERZBERGERS begann sich im Mai 1915 ein Ausschuß deutscher Katholiken zu formieren, der eine »Gegenaktion gegen die französische Schmähschrift«[3] einleiten sollte. ERZBERGERS Konzeption war auf eine recht breite Basis dieses Ausschusses gerichtet, wobei er davon ausging, daß »diese Basis nicht in erster Linie von Gelehrten und Wissenschaftlern gebildet werden soll, sondern daß bekannte Katholiken, namentlich solche, die politisch tätig sind, herangezogen werden sollen«.[4] Parallel zu ERZBERGERS Aktion entstanden an den theologischen Fakultäten der Universitäten Freiburg und Münster Pläne zu einem Protestunternehmen gegen den französischen Katholizismus, das vorwiegend von der hohen katholischen Geistlichkeit und katholischen Theologen getragen werden sollte. ERZBERGERS Versuche zur Vereinigung der verschiedenen Bestrebungen scheiterten zunächst an der Frage einer Teilnahme des Episkopats. Während ERZBERGER es unter Hinweis auf entsprechende Wünsche des Papstes »für ganz falsch und verkehrt (hielt), den hochwürdigen Episkopat zu der Protestaktion mit heranzuziehen«[5], war der Münsteraner Professor für Moral und Apologetik J. MAUSBACH davon überzeugt, daß »ein würdiger Protest der Bischöfe unumgänglich und vor allem im neutralen Auslande, z. B. Südamerika, *allein* eindrucksvoll sein wird«.[6] Begünstigt durch die Unterstützung größerer Teile des Episkopats, vermochte sich ERZBERGER durchzusetzen, so daß sich Anfang August 1915 ohne direkte Teilnahme der katholischen

Geistlichkeit der AzV bilden konnte. Der Mitte Juli 1915 sich konstituierende geschäftsführende Ausschuß erweiterte sich in wenigen Wochen durch die Aufnahme von etwa 70 katholischen Wissenschaftlern (unter ihnen Konrad BEYERLE, Adolph FRANZ, Karl MUTH und Georg PFEILSCHIFTER), Parlamentariern (z. B. Carl BACHEM, Johannes BELL, Konstantin FEHRENBACH, Johannes GIESBERTS, Adolf GRÖBER, Heinrich HELD, Georg HEIM, Georg GRAF VON HERTLING, Franz HITZE, Wilhelm MARX, Felix PORSCH, Martin und Peter SPAHN), aber auch Vertretern der katholischen Großbourgeoisie wie August THYSSEN, MÜLLER-HOBERG, W. A. RIEDEMANN und Franz WOERNER sowie des katholischen Adels (Heinrich FREIHERR VON ARETIN, Valentin GRAF BALLESTREM, Joachim VON SCHÖNBURG-GLAUCHAU, Ferdinand FREIHERR VON SCHÖNBERG-THAMMENHAIN) zu einem repräsentativen Organ der führenden Kreise des deutschen Katholizismus.[7]

Die ersten Ergebnisse des AzV lagen noch im Jahre 1915 mit der Herausgabe einiger direkter Gegenschriften zu dem französischen Pamphlet vor. Nach einer ersten Antischrift unter dem Titel »Der deutsche Krieg und der Katholizismus. Deutsche Abwehr französischer Angriffe, herausgegeben von deutschen Katholiken« erschien im November 1915 unter der Regie des AzV der Sammelband »Deutsche Kultur, Katholizismus und Weltkrieg. Eine Abwehr des Buches ›La Guerre allemande et le catholicisme‹«, herausgegeben von Georg PFEILSCHIFTER. Diese Schrift, nach ERZBERGERS Auffassung »ein ausgezeichnetes und äußerst vollkommenes Material für die Katholiken der ganzen Welt«,[8] erschien in 7 Sprachen in einer Gesamtauflage von fast 100 000 Exemplaren und stellte sich die Aufgabe, den ersten Weltkrieg von seiten des deutschen Imperialismus zum Schulbeispiel eines »gerechten und heiligen Krieges«[9] zu erheben.

Die direkten antifranzösischen Schriften des AzV bildeten nur den Auftakt seiner umfassenden propagandistischen Aktionen. Auf Anregung ERZBERGERS erschienen seit Dezember 1915 die von dem Freiburger Theologieprofessor Engelbert KREBS herausgegebene »Katholischen Monatsbriefe«, die sich die Aufgabe stellten, »ihr deutsches Vaterland ... wider den Vorwurf der Barbarei und des Immoralismus in Schutz zu nehmen«, aber auch »den guten Namen und die freundlichen Beziehungen, deren sich der deutsche Katholizismus bei seinen ausländischen Glaubensbrüdern erfreut, zu verteidigen und mit erhöhter Sorgfalt zu pflegen.«[10] Empfänger der »Katholischen Monatsbriefe«, die in 7 Sprachen vor allem nach der Schweiz, nach Luxemburg, Holland, Dänemark, Skandinavien, aber auch teilweise Rumänien und Nordamerika versandt wurden, waren »Staatsmänner und Bischöfe, Priester, Beamte und Ärzte, Journalisten und Kaufleute, Adlige und Industrielle, Lehrer und Professoren, Journalisten und Politiker«,[11] aber auch im Ausland lebende Deutsche. Der Inhalt der »Katholischen Monatsbriefe« wurde u. a. von folgenden Themen bestimmt: »Wie wir Katholiken in Deutschland den Krieg bis jetzt religiös getragen haben«; »Vom deutschen Geist und seinem Kriegsziel«; »Recht oder Unrecht des Tauchbootkrieges«; »Das katholische Leben an der deutschen Front«.

Neben den »Katholischen Monatsbriefen« gab der AzV »Katholische Wochenbriefe« heraus, die in erster Linie für Klöster und Kongregationen sowie für katholische Wochenschriften des Auslandes bestimmt waren;[12] und bereits seit November 1914 erschienen als eine der ersten auslandspropagandistischen Unternehmungen ERZBERGERS die »Evangelischen Wochenbriefe«. Auf Veranlassung ERZBERGERS wurden sie von dem Berliner Theologieprofessor Adolf DEISSMANN verfaßt und zunächst fast ausschließlich an Pfarrer, Universitätsprofessoren, evangelische Lehranstalten und Zeitungen in Nordamerika versandt, bevor durch den uneingeschränkten U-Boot-Krieg und die dadurch hervorgerufenen Transportschwierigkeiten evangelische Kreise in der Schweiz, in Holland und den skandinavischen Ländern den hauptsächlichen Empfängerkreis der »Evangelischen Wochenbriefe« ausmachten.[13] Zu den genannten Zeitschriften trat eine Reihe von Büchern und Propagandabroschüren, für die der AzV verantwortlich zeichnete.[14] Auch nach der Auflösung des Erzbergerschen Nachrichtenbüros im Sommer 1918 setzte der AzV seine propagandistische Tätigkeit fort; die »Katholischen Monatsbriefe« und die »Evangelischen Wochenbriefe« erschienen über die Novemberrevolution hinaus und stellten ihr Erscheinen erst im Februar bzw. Juni 1919 ein. Die letzten Beiträge der »Katholischen Monatsbriefe« waren der Propagierung des Völkerbundes gewidmet, der »als das einzige Gegengift gegen den Weltbolschewismus«[15] charakterisiert wurde.

Die Wirksamkeit der propagandistischen Tätigkeit des AzV wie generell der Auslandspropaganda ERZBERGERS blieb selbst in den eigenen Reihen umstritten. Während ERZBERGER z. B. in bezug auf die »Katholischen Monatsbriefe« davon ausging, daß sie »erfolgreich gewirkt (haben), was am besten die Nachahmung derselben von französischer und englischer Seite bestätigt«,[16] und noch im Dezember 1918 »mit Entschiedenheit« für ihr weiteres Erscheinen eintrat,[17] kam ihr Herausgeber E. KREBS im Februar 1919 zu der resignierenden Erkenntnis, daß »deren Erfolg im Ausland aber immerhin ohne entscheidenden Einfluß geblieben ist«.[18] Am geschicktesten redigiert und der protestantischen Mentalität in Nordamerika wirkungsvoll angepaßt waren die »Evangelischen Wochenbriefe«. Sie waren nach dem Urteil Friedrich NAUMANNS »weit besser als fast alle diejenige Literatur, mit der die Gesinnung des Auslandes von uns beeinflußt werden sollte.«[19]

Insgesamt gesehen, waren Existenz und Tätigkeit des AzV einer der zahllosen Beweise für die weitgehende Identifikation des deutschen Katholizismus mit dem Imperialismus, zugleich aber auch mit seiner begrenzten Wirksamkeit ein Symbol der durch propagandistische Effekte nicht mehr aufzuhaltenden politischen und militärischen Niederlage des kaiserlichen Deutschlands.

Quellen und Literatur

Wichtiges Quellenmaterial zur Geschichte des AzV befindet sich in den Akten der Zentralstelle für Auslandsdienst im ZStA Potsdam. Einige Briefe zur Genesis des AzV sowie den größten Teil der sehr selten gewordenen »Katholischen Monatsbriefe« enthält der NL Kardinal Adolf Bertram (Archiwum archidiecezjalne we Wrocławiu). Im Rahmen seiner »Erlebnisse im Weltkrieg«

geht Erzberger auch auf den AzV ein. Hinweise zur Tätigkeit des AzV enthalten die Arbeiten von Carl Bachem »Vorgeschichte, Geschichte und Politik der deutschen Zentrumspartei« (Köln 1932, Bd. 9, S. 488 f.) und Klaus Epstein »Matthias Erzberger und das Dilemma der deutschen Demokratie« (Berlin—Frankfurt [Main] 1962, S. 122 f.). Eine knappe marxistische Einschätzung der Auslandspropaganda Erzbergers gibt Wolfgang Ruge »Matthias Erzberger. Eine politische Biographie« (Berlin 1976, S. 48 ff.).

Anmerkungen

1 Matthias Erzberger: Erlebnisse im Weltkrieg, Stuttgart und Berlin 1920, S. 11.
2 Engelbert Krebs: Vom deutschen Geist und seinem Kriegsziel. In: Katholische Monatsbriefe, Nr. 2, Januar 1916, S. 14.
3 Joseph Mausbach an Kardinal Bertram, 12.6.1915. In: Archiwum archidiecezjalne we Wrocławiu (AAW), NL Kardinal Bertram, I A 25110 (unpag.).
4 M. Erzberger an Konstantin Fehrenbach, 9.6.1915 (Abschrift). In: Ebenda.
5 Ebenda.
6 J. Mausbach an Kardinal Bertram, 12.6.1915. In: Ebenda.
7 Siehe die Mitgliederliste des AzV. In: AAW, NL Kardinal Bertram, I A 25110.
8 M. Erzberger an Generalkonsul Thiel, 12.6.1915. In: Archiwum archidiecezjalne we Amt, Zentralstelle für Auslandsdienst, Nr. 1267, Bl. 40.
9 Heinrich Finke: Recht und Notwendigkeit des Weltkrieges. In: Deutsche Kultur, Katholizismus und Weltkrieg. Hrsg. Georg Pfeilschifter, Freiburg (Breisgau) 1916, S. 19.
10 Katholische Monatsbriefe, Nr. 1, Dezember 1915, S. 1.
11 Über die Aufnahme der ersten Katholischen Monatsbriefe. In: Ebenda, Beilage zum fünften Monatsbrief, April 1916.
12 Siehe M. Erzberger: Erlebnisse im Weltkrieg, S. 16.
13 Über die Evangelischen Wochenbriefe siehe einen ausführlichen undatierten Bericht von Adolf Deißmann. In: ZStA Potsdam, Auswärtiges Amt, Zentralstelle für Auslandsdienst, Nr. 1267, Bl. 63—71.
14 Als Beispiele seien genannt: Religion und Religionen im Weltkrieg. Auf Grund des erreichbaren Tatsachenmaterials dargestellt von Georg Pfeilschifter, Freiburg 1915. Deutschland und der Katholizismus. Hrsg. M. Meinertz/H. Sacher, Freiburg 1918. Joseph Löhr: Der Krieg und

das Schicksal der Kirchen Frankreichs. Eine deutsche Antwort auf französische Anklagen, Köln 1915. Feldbriefe katholischer Soldaten. Hrsg. Georg Pfeilschifter, Freiburg 1918.
15 Völkerbund und Weltfriede. In: Katholische Monatsbriefe, 4. Jg., Nr. 1 (Januar 1919), S. 8.
16 M. Erzberger an das Auswärtige Amt, 25. 2. 1919. In: ZStA Potsdam, Auswärtiges Amt, Zentralstelle für Auslandsdienst, Nr. 1101, Bl. 62.
17 So berichtet E. Krebs in einem Schreiben an die Nachrichtenabteilung des Auswärtigen Amtes, Abt. K, 10. 12. 1918. In: Ebenda, Nr. 1101, Bl. 38.
18 E. Krebs an Nachrichtenabteilung des Auswärtigen Amtes, Abt. K, 28. 2. 1919. In: Ebenda, Nr. 1101, Bl. 65.
19 Friedrich Naumann an Ernst Freiherr Langwerth von Simmern, 12. 6. 1919 (Auszug). In: Ebenda, Nr. 1264.

Herbert Gottwald

Arbeitsgemeinschaft Katholischer Deutscher (AKD) 1933–1934

Die AKD wurde von extrem reaktionären Kreisen des deutschen Katholizismus gegründet und stellte faktisch eine Untergliederung der ↗ NSDAP dar. Sie verfolgte das Ziel, die auch nach der Errichtung der faschistischen Diktatur im katholischen Volksteil fortbestehenden Vorbehalte und teilweisen Widerstände gegenüber dem Faschismus zu beseitigen und den Katholizismus in das faschistische System zu integrieren. Vom faschistischen Staat wurde die AKD als einzige maßgebliche Stelle zur Klärung von Fragen des Verhältnisses zwischen Staat und Kirche anerkannt. Demgegenüber fand die AKD im katholischen Klerus insgesamt gesehen nur eine bedingte Tolerierung und partielle Anerkennung. Die dadurch reduzierten Erfolgsaussichten, aber auch die weitere Konzentration des faschistischen Machtapparates führten im September 1934 zur Auflösung der AKD.

Reichsleitung

Oberster Reichsleiter

PAPEN

Mitglieder

Hans DAUSER; Major a. D. Hermann VON DETTEN; Rudolf ZUR BONSEN

Reichsgeschäftsführer

Roderich GRAF VON THUN

Presse

»Mitteilungsblatt der AKD«. Es erschienen 8 Hefte. Außerdem gab die AKD noch »Merkblätter« heraus, die in unregelmäßiger Folge erschienen.

Führertagungen

29. April 1934 in Baden-Baden
9. und 10. Juni 1934 in Frankfurt (Main)

Nach der Errichtung der faschistischen Diktatur diente zur Einschläferung des starken Mißtrauens des katholischen Volksteils, vor allem der katholischen Werktätigen, gegenüber der Hitlerdiktatur neben dem Abschluß des Reichskonkordats vom 20. Juli 1933 die Tätigkeit zahlreicher »nationalkatholischer« Organisationen, die für eine Eingliederung des deutschen Katholizismus in den faschistischen Staat arbeiteten. In den ersten Monaten des Jahres 1933 waren in diesem Sinne vor allem der ↗ *Bund katholischer Deutscher »Kreuz und Adler« (BkD)* und die *Katholische Vereinigung für nationale*

Politik tätig. Die Gründung der AKD, die am 3. Oktober 1933 durch einen Erlaß der Reichsleitung der *NSDAP* bekanntgegeben wurde, war mit einer Auflösung aller gleichartigen Organisationen verbunden. Die AKD wurde eng mit dem faschistischen Parteiapparat verbunden und stellte eine Konzentration aller der Kräfte des politischen Katholizismus in Deutschland dar, die zu bedingungsloser Unterstützung des faschistischen Regimes bereit und willig waren.

Der Erlaß stellte der AKD folgende Aufgaben:

»1. In dem katholischen Volksteil das deutsche Nationalbewußtsein zu stärken, eine *ehrliche, rückhaltlose Mitarbeit* am Nationalsozialismus zu vertiefen und zu vermehren, die Reihen aktiver Kämpfer zu vermehren. 2. Insbesondere für ein *klares Verhältnis zwischen Kirche, Staat und NSDAP* bis in die letzten Instanzen zu sorgen, Mißverständnisse von vornherein aus dem Wege zu räumen und alle Störungsversuche im Keime zu verhindern. Auf diese Weise soll trotz der konfessionellen Grenzen die völkische Einheit vertieft und ausgebaut werden und sollen die *katholischen Werte restlos dem Neubau des Reiches* fruchtbar gemacht werden.«[1]

Nach einer Erklärung PAPENS sollte die AKD vor allem »für jene alten Mitglieder der Partei (d. h. der *NSDAP*, H. G.), die auf dem Boden der katholischen Kirche stehend, schon lange für ein Verständnis und für den Siegeszug der nationalsozialistischen Idee und eine Ausschaltung der Politik aus der Kirche gearbeitet haben«[2], eine Plattform sein. Doch konnten nach PAPEN auch jene Katholiken, die nicht der *NSDAP* angehörten, »durch aktiven Einsatz ihren ehrlichen Willen und vorbehaltlosen Glauben an den nationalsozialistischen Staat« beweisen.

In bezug auf die organisatorische Struktur wurde im Gründungserlaß festgelegt, daß die AKD »keine Massenorganisation« ist, auf »Massenwerbung« verzichtet und »korporativen Beitritt« nicht entgegennimmt.[3] Mit diesen eingrenzenden Bestimmungen ließ die faschistische Führung keinen Zweifel darüber aufkommen, daß von vornherein allen eventuellen Möglichkeiten der Entwicklung der AKD zu einer Konkurrenzorganisation vorgebeugt werden sollte. In diesem Sinne erklärte R. von Thun unmißverständlich, daß es sich bei der AKD »nicht um eine politische Sonderaktion der Katholiken oder um eine neue Massenorganisation handeln darf, sondern nur um einen im Rahmen des neuen Staates geführten, auf die Fragen des katholischen Volksteils spezialisierten, politisch Hand in Hand mit dem evangelischen Volksteil geleisteten Arbeitseinsatz«.[4]

Bis zum Frühjahr 1934 war der organisatorische Aufbau der AKD weitgehend abgeschlossen. Dem Obersten Reichsleiter unterstanden Gaubeauftragte, die sich wiederum auf Kreis- und Ortsbeauftragte stützten. Der Führungsstab der AKD wurde fast ausschließlich von katholischen Mitgliedern der *NSDAP* gestellt. Ein beträchtlicher Teil der Gaubeauftragten der AKD rekrutierte sich aus dem katholischen Adel. So war Georg FREIHERR VON LÜNINCK Gaubeauftragter für Hessen, Joseph FREIHERR VON ROSSLER für Württemberg und Georg GRAF HENCKEL VON DONNERSMARCK Kreisbeauftragter der AKD in Mittelschlesien. Weitere Gaubeauftragte waren der Schriftsteller Fritz SCHLEGEL für den Gau Essen und der faschistische Publizist Robert WEISS für Schlesien. Zum Führungsstab der AKD gehörten ferner Universitätsprofessoren, wie der Münsteraner Anton BAUMSTARK, der als Gaubeauftragter für Westfalen Nord eingesetzt wurde, und Rechtsanwälte. Nach dem detaillierten Arbeitsprogramm der AKD sollten sich um die Gau- und Kreisbeauftragten »Referenten für die verschiedenen Fragen der AKD gruppieren: insbesondere werden eigene Referenten die Angelegenheiten der Presse, des Rundfunks, des Films und des Verlags, berufs-

ständische Fragen, Fragen der katholisch-evangelischen Zusammenarbeit, und unter Mitwirkung von Theologen ganz besonders die Probleme des Konkordats zu behandeln haben.«[5]

Die Lösung ihrer Aufgaben erstrebte die AKD durch theoretische und praktische Arbeit. Zur praktischen Arbeit wurden von der AKD gezählt: »1. Werbung im katholischen Volksteil für den NS-Gedanken. 2. Sorge für ein klares Verhältnis zwischen Kirche, Staat und NSDAP bis in die letzten Instanzen.«[6] Diese Aufgaben sollten in erster Linie durch die Beauftragten auf den verschiedenen Ebenen gelöst werden. Die theoretische Arbeit sollte in Arbeitsausschüssen geleistet werden, die sich »im Prinzip überörtlich«[7] konstituieren sollten, doch konnten nach dem Arbeitsprogramm der AKD theoretische Fragen auch in den Gauen, Kreisen und Ortsgruppen behandelt werden. Diese Möglichkeit wurde allerdings mit der Einschränkung versehen, daß »Mitgliederversammlungen mit ›Diskussionen‹ ... nicht in den Rahmen« der AKD-Arbeit gehören würden. In den Arbeitsausschüssen sollte zunächst das Material zusammengestellt werden, das »die grundlegenden Beziehungen zwischen der nationalsozialistischen und der katholischen Auffassung zeigt, um so die Heranführung des katholischen Volksteiles an den Nationalsozialismus zu erleichtern«, sowie Fragen behandelt werden, »die aus der Überschneidung des staatlichen und kirchlichen Interessenkreises entstehen«.[8] Wie R. von Thun zum Inhalt der theoretischen Arbeit der AKD erläuterte, handelte es sich dabei vor allem um die »Grundsätze und Leitgedanken der katholischen Gesellschaftslehre über das Autoritätsprinzip, den ständischen Aufbau u. a. mehr«, die nach seiner Auffassung so »weitgehend dem nationalsozialistischen Ideengute« entsprachen, daß es vielfach nur der Aufklärung bedürfe, um im katholischen Volksteil statt »Zurückhaltung den Willen zu freudigem Mitkämpfen zu erzielen.«[9]

Angesichts der großen Autorität des Episkopats in der katholischen Bevölkerung mußten Erfolg oder Mißerfolg der AKD von der Stellungnahme des hohen katholischen Klerus zu dieser Organisation in hohem Maße abhängen. In dieser Erkenntnis wandte sich PAPEN noch am Tage der Bekanntmachung

der Gründung an den Vorsitzenden der Fuldaer Bischofskonferenz, Kardinal Adolf
BERTRAM, um die »volle und rückhaltlose
Unterstützung und Mitarbeit des hochwürdigsten Episkopats und Klerus« zu erbitten.[10]
PAPEN hielt es nicht für wünschenswert, daß
»Geistliche und Ordensleute die aktive Mitgliedschaft der Arbeitsgemeinschaft erwerben«, doch war es für ihn ganz selbstverständlich, »die Mitarbeit des hochwürdigsten
Klerus insbesondere in den zu bildenden
Arbeitsausschüssen auf das wärmste (zu)
begrüßen und eine starke Beteiligung (zu)
erhoffen«.[11]   In   seiner   »sehr   zurück-
haltend(en)«[12] Antwort beklagte A. BERTRAM
zunächst, daß der Episkopat erst nach der
Gründung der AKD zur Mitarbeit aufgefordert worden sei, um dann fortzufahren:

»Nur das eine sei hier wiederholt bezeugt, daß der
katholische Volksteil in seiner loyalen Haltung zum
neuen Reich und neuen Staat mustergültig dasteht
und in seinem Verhalten zur Obrigkeit auch im
neuen Reich aus religiöser Gewissenhaftigkeit der
Mahnung des Völkerapostels gefolgt ist. Auch das
ist genügend bekannt, daß der katholische Volksteil
rückhaltlos und dankbar alles Gute anerkennt, das
das neue Reich gebracht hat ... Ingleichen herrscht
in allen katholischen Organisationen ein treuer
Eifer, die katholischen Werte restlos dem neuen
Reiche fruchtbar zu machen, selbst wenn so
manche leitende Stelle noch etwas Mißtrauen
hegt.«[13]

Von diesen Voraussetzungen ausgehend,
stellte A. BERTRAM die »anerkennenswerte
Absicht« der AKD nicht in Frage, verband
dies allerdings mit der Einschränkung, »daß
die Rechte, Aufgaben und direkten Verhandlungen der Bischöfe von der Stellung der
Arbeitsgemeinschaft nicht berührt werden,
und daß die Katholische Aktion und alle unter
Schutz der Kirche arbeitenden Vereine und
Organisationen in ihrem Wirkungsgebiete
nicht behindert werden«.[14] Damit versuchte
A. BERTRAM von vornherein der Gefahr zu
begegnen, daß die AKD sich zum regierungs-
offiziellen Kontrollorgan der noch bestehenden katholischen Vereine entwickeln und der
Katholischen Aktion Konkurrenz machen
könne, Befürchtungen, die nicht unbegründet
waren und im katholischen Klerus auch
geäußert wurden.[15]
Die fehlende »Abgrenzung der Arbeitsziele
(der AKD, H. G.) gegenüber der kirchlichen

Obrigkeit und den dieser unterstehenden
kirchlichen Verbänden« und das nicht »sorgsam und rücksichtsvoll« genug abgewogene
Programm der AKD veranlaßten A. BERTRAM,
der neuen Arbeitsgemeinschaft kein »unein-
geschränktes Plazet« auszusprechen, obwohl
er sie nicht grundsätzlich ablehnte.
Einzelne Vertreter des Episkopats gingen
über die Positionen A. BERTRAMS noch weit
hinaus. Bereits am 4. Oktober 1933 unterbreitete das Bischöfliche Ordinariat Berlin
dem Breslauer Kardinal den Vorschlag, allen
Diözesen die Anweisung zukommen zu lassen, daß der Episkopat gegen die AKD nichts
einzuwenden habe, da die »oberste Leitung
und ihre Unterführer für ein gutes Zusammenwirken« von AKD und Episkopat Gewähr bieten würden.[16] Wenige Tage später
wurde die AKD im »Kirchenblatt für das
Bistum Berlin« auf »das wärmste« begrüßt
und von ihrer Tätigkeit »reicher Segen für
Volk und Kirche« erwartet.[17]
Noch einen beträchtlichen Schritt weiter ging
der Erzbischof von Freiburg, Conrad GRÖ-
BER. Auf eine Bitte von R. VON THUN[18] stellte
C. GRÖBER der AKD eine Erklärung zu, in der
er diese Organisation uneingeschränkt begrüßte:

»Wir brauchen ... Männer mit Führer-Talenten und
weitreichendem Einfluß, der sich aus ihrem politischen Bekenntnis und aus ihren geistigen Quali-
täten ergibt. ... Die Arbeitsgemeinschaft ist ...
nicht die politische Vertretung des katholischen
Volkes, aber eine Elite will und soll sie sein, die die
Brauchbarkeit auch des überzeugten katholischen
Menschen für das neue Reich beweist, ja die besonderen Werte offenbart, die gerade im katholischen Glauben und Volksteil zugunsten eines
dauerhaften christlichen Volksaufbaus liegen.«[19]

Diese Erklärung machte deutlich, daß die von
der NSDAP bewußt gewählte elitäre Struktur
der AKD sich in der Tat als geeignet erwies,
die bisher geübte Zurückhaltung der katholischen Hierarchie gegenüber »katholischen
Nationalsozialisten« zumindest teilweise zu
überwinden.[20] Zwar fand die Erklärung
C. GRÖBERS bei seinen Amtsbrüdern insgesamt gesehen eine kritische Aufnahme,
doch war diese Ablehnung weniger inhaltlich
bestimmt, sondern war in erster Linie gegen
die durch C. GRÖBERS Vorgehen offen sichtbare Spaltung der Bischofsfront im Verhältnis
zur AKD gerichtet. So verstand der aus Rom

die politische Szenerie im deutschen Katholizismus beobachtende ehemalige Zentrumsführer Ludwig KAAS C. GRÖBERS AKD-Verlautbarung deshalb nicht, weil damit ein »direktes Gegenstück zu der ganz anders gearteten Stellungnahme von Breslau geschaffen« worden sei.[21] Zwar blieb C. GRÖBER trotz solcher Mahnungen bei seiner positiven Stellungnahme zur AKD und teilte im Februar 1934 einem Vertreter des Führungsstabes der AKD mit, daß er »um jeden Preis für die AKD« eintrete[22], doch konnte dies die fehlende Zustimmung der Fuldaer Bischofskonferenz nicht ersetzen. Ungeachtet nochmaliger Bemühungen von PAPEN lehnte es A. BERTRAM ab, einen Vertreter des Episkopats in den zentralen Arbeitsausschuß der AKD zu delegieren.[23] Zwar kam es im Februar 1934 zu Besprechungen zwischen dem Mitglied der Reichsleitung der AKD, H. DAUSER, und dem Münchener Kardinal Michael VON FAULHABER, in denen nach Presseberichten »eine erfreuliche Übereinstimmung über den Aufgabenkreis der AKD« festgestellt wurde[24], doch blieben sichtbare Ergebnisse dieser Gespräche aus. Im März 1934 wandte sich PAPEN an den Kölner Erzbischof Karl Joseph SCHULTE mit der Bitte, »vom Gesamtepiskopat ein für den katholischen Volksteil bestimmtes Urteil« über die AKD zu erhalten, damit nicht der Eindruck entstünde, »als seien die Katholiken Deutschlands an einer solch vermittelnden Tätigkeit (der AKD, H.G.) völlig desinteressiert oder ständen ihr gar mißbilligend gegenüber«.[25] Die Einschätzung von K.J. SCHULTE, daß er sich in letzter Zeit wiederholt »von dem guten Willen verschiedener Vertreter der AKD in Westdeutschland (habe) überzeugen können, weniger aber von entsprechenden Erfolgen«[26], war nicht dazu angetan, den Episkopat zu einer grundsätzlichen Kurskorrektur zu veranlassen.

Die innere Tätigkeit der AKD beschränkte sich bis Anfang 1934 vorwiegend auf den Aufbau der Organisation, d. h. die Einsetzung von bekannten katholischen Mitgliedern der NSDAP als Gau-, Kreis- und Ortsbeauftragte. Bis zum März 1934 war die Besetzung der Gaue und Kreise mit den entsprechenden Beauftragten im wesentlichen zum Abschluß gebracht, während Ortsbeauftragte nur in einzelnen wichtigen Orten eingesetzt waren.[27]

Ende 1933 begann der Aufbau »propagandistischer, publizistischer Gruppen« der AKD mit der Gruppe Verlag und der Gruppe Presse. Die Aufgabe der Gruppe Presse bestand darin, alle katholischen Zeitungen »zu hundertprozentig nationalsozialistischen« zu machen, »mit Garantie der Umbesetzung von Redaktion und Aufsichtsrat, und andererseits Anerkennung durch die Partei« (d. h. NSDAP, H. G.).[28] Zur »Erziehung« der oppositionellen katholischen Zeitungen im faschistischen Sinne diente der von der AKD herausgegebene »Neue politische Pressedienst für katholische Tageszeitungen«. Leisteten katholische Presseorgane gegen die Aufnahme des »Pressedienstes« Widerstand, dann erfolgten in Zusammenarbeit der AKD mit dem faschistischen Machtapparat »personelle Veränderungen« in Schriftleitung und Aufsichtsrat. So wurde im Dezember 1933 die Zusammensetzung des Aufsichtsrates der »Schlesischen Volkszeitung« völlig verändert und die Hauptschriftleitung dieses führenden katholischen Organs in Schlesien dem Gaubeauftragten der AKD für Schlesien übergeben.[29] Bezeichnend für die Stellung der katholischen Bevölkerung zur AKD war die Tatsache, daß die »Schlesische Volkszeitung« nach ihrer Umwandlung in ein Organ der AKD in 6 Wochen über 1 000 Abonnenten verlor.[30]

In der Öffentlichkeit trat die AKD vor allem durch große Kundgebungen hervor, in denen zumeist PAPEN über »Pflichten und Rechte der Katholiken im neuen Staat« sprach. Auf der ersten Großveranstaltung der AKD am 9. November 1933 in Köln versuchte PAPEN den Nachweis dafür zu erbringen, daß die »Strukturelemente des Nationalsozialismus ... der katholischen Lebensauffassung ... in fast allen Beziehungen« entsprächen und daß dieser »jene Weltordnung herzustellen sich bemuht, die wir als die von Gott gesetzte erkennen«.[31] Mit einer ähnlichen Argumentation wandte sich die AKD in einem Aufruf zur Reichstagswahl und Volksabstimmung am 12. November 1933 vor allem an »die geschlossenen katholischen Gebietsteile« und forderte die Katholiken auf,

»zu beweisen, daß wir nicht nur zu Adolf Hitler stehen, sondern uns auch zu dem bekennen, was er mit dem Gedankengute des Nationalsozialismus ...

geschaffen hat«.[32] Der faschistische Staat wurde in diesem Aufruf als »Reich der Sauberkeit, der Arbeit, der sozialen Versöhnung, des ständischen Aufbaues, der Fundierung des Staates auf dem christlichen Sittengesetz, der Wiederherstellung vertrauensvoller Zusammenarbeit zwischen Kirche und Staat durch einen beide Teile befriedigenden Konkordatsabschluß«[33] gefeiert.

Mit den verstärkten Anstrengungen des faschistischen Machtapparates im Sommer 1934, das katholische Vereinswesen und kirchliche Rechte weiter einzuschränken, wurde die Fragwürdigkeit der Existenz der AKD immer offenkundiger. Das wachsende Mißtrauen auf katholischer Seite, die teilweise offene Ablehnung im mittleren und niederen Klerus, aber auch Bemühungen der *NSDAP*, die weitere Entwicklung des Hitlerregimes neben brutalem Terror auch durch eine noch stärkere Konzentration des faschistischen Organisationswesen zu sichern, besiegelten das Schicksal der AKD. Eine diesbezügliche Vorentscheidung fiel bereits am 27. Februar 1934, als Rudolf HESS die Bildung einer dem faschistischen Parteiapparat eingegliederten Abteilung für kulturellen Frieden bekanntgab, die »jenseits aller konfessionellen Grenzen sich um völkische Einheit«[34] bemühen sollte. Leiter dieser Abteilung wurde H. VON DETTEN, der damit aus der Reichsleitung der AKD ausschied.[35] Mit der Bildung dieser Abteilung wurde die Existenz der AKD zunehmend fragwürdiger. Endgültig wurde ihr Schicksal besiegelt, als sie über die Person PAPENS auch in die Ereignisse des 30. Juni 1934 verwickelt wurde. Die Marburger Rede PAPENS am 17. Juni 1934 wies auch auf die Möglichkeit einer Konzentrierung der oppositionellen katholischen Kräfte in der AKD hin. So wurde das Büro der AKD durch die Gestapo besetzt, R. VON THUN zeitweilig in Haft genommen, und die Akten der AKD wurden beschlagnahmt.[36]. Aus taktischen Erwägungen gab die Reichsleitung der *NSDAP* den offiziellen Auflösungsbeschluß erst am 19. September 1934 bekannt. In der Mitteilung hieß es u.a.: »Nachdem die Reichsparteileitung durch ihre Abteilung für den kulturellen Frieden sämtliche kulturellen und das Verhältnis von Staat und Kirche betreffenden Fragen in zunehmendem Maße und unmittelbar bearbeiten läßt, erscheint es im Interesse einer noch strafferen Zusam-

menfassung dieser Arbeitsgebiete nunmehr geboten, auch die zunächst der Arbeitsgemeinschaft Katholischer Deutscher überwiesenen Aufgaben in diejenigen der Reichsparteileitung einzubeziehen.«[37] In Ergänzung dazu erklärte PAPEN lediglich, daß er infolge seiner Sondermission in Wien nicht mehr in der Lage sei, die AKD »weiterhin verantwortlich zu leiten«[38] und deshalb ihre Liquidierung unumgänglich sei. Lediglich in Danzig und im Saargebiet wurde die AKD noch bis 1935 weitergeführt, wobei sie vor allem im Saargebiet bei der Vorbereitung der Volksabstimmung am 13. Januar 1935 eine unrühmliche Rolle spielte.[39]

Quellen und Literatur

Reichhaltiges Material über die AKD befindet sich im NL Kardinal Adolf Bertram (Archiwum archidiecezjalne we Wrocławiu). Auch in verschiedenen Quellenpublikationen sind punktuelle Hinweise über die AKD enthalten.[40] Von Bedeutung für Fragen des organisatorischen Aufbaus und der Tätigkeit der AKD ist ihr »Mitteilungsblatt«. Größere Darstellungen zur Geschichte der AKD liegen nicht vor, doch vermitteln die bürgerlichen Arbeiten von Leonore Siegele-Wenschkewitz[41] und Klaus Breuning[42] ein allerdings fragmentarisches und auf wenige Eckdaten beschränktes Bild der AKD.

Anmerkungen

1 Zit. in: Schlesische Volkszeitung, Nr. 459 vom 3. 10. 1933.
2 Eine Erklärung des Vizekanzlers. In: Germania, Nr. 273 vom 4. 10. 1933.
3 Schlesische Volkszeitung, Nr. 459 vom 3. 10. 1933.
4 Germania, Nr. 275 vom 6. 10. 1933.
5 Das Arbeitsprogramm der Arbeitsgemeinschaft Katholischer Deutscher. In: Mitteilungsblatt der AKD, Nr. 1 vom 22. 11. 1933.
6 Germania, Nr. 289 vom 20. 10. 1933.
7 Siehe Anm. 5.
8 Germania, Nr. 289 vom 20. 10. 1933.
9 Ebenda, Nr. 276 vom 7. 10. 1933.
10 Brief vom 3. 10. 1933. In: Archiwum archidiecezjalne we Wrocławiu, NL Kardinal A. Bertram, I A 25 z, Nr. 55. Dieser Brief und auch die Antwort von A. Bertram sind enthalten in Akten deutscher Bischöfe über die Lage der

Kirche 1933–1945, I 1933–1934, bearbeitet von Bernhard Stasiewski, Mainz 1968, S. 403 ff. = Veröffentlichungen der Kommission für Zeitgeschichte bei der katholischen Akademie in Bayern, Reihe A, Bd. 5.

11 Ebenda.

12 So das Urteil des dem Kardinal Pacelli nahestehenden Pater Robert Leiber in einem Brief an Conrad Gröber, 11. 10. 1933. In: Kirchliche Akten über die Reichskonkordatsverhandlungen 1933, bearbeitet von Ludwig Volk, Mainz 1969, S. 272. = Veröffentlichungen der Kommission für Zeitgeschichte bei der katholischen Akademie in Bayern, Reihe A, Bd. 11.

13 A. Bertram an Papen, 7. 10. 1933. In: NL Kardinal A. Bertram, Nr. 55.

14 A. Bertram an Hans Graf Praschma, 13. 11. 1933. In: Ebenda.

15 Siehe H. Graf Praschma an A. Bertram, 23. 10. 1933. In: Ebenda.

16 Schreiben des Bischöflichen Ordinariats Berlin an A. Bertram, 4. 10. 1933. In: Ebenda.

17 Schlesische Volkszeitung, 9. 10. 1933.

18 Roderich Graf von Thun an Conrad Gröber, 17. 11. 1933. In: Akten deutscher Bischöfe, S. 461, Anm. 1.

19 Schlesische Volkszeitung, Nr. 542 vom 21. 11. 1933. Auch in: Akten deutscher Bischöfe, Dokument 105 a, S. 462.

20 Siehe Leonore Siegele-Wenschkewitz: Nationalsozialismus und Kirche. Religionspolitik von Partei und Staat bis 1935, Düsseldorf 1974, S. 152. = Tübinger Schriften zur Sozial- und Zeitgeschichte, Bd. 5.

21 Ludwig Kaas an C. Gröber, 12. 12. 1933. In: Akten deutscher Bischöfe, Dokument 115, S. 483.

22 C. Gröber an Kuno Brombacher, 1. 2. 1934. In: Akten deutscher Bischöfe, Dokument 127, S. 532.

23 Siehe Papen an A. Bertram, 29. 10. 1933. In: NL Kardinal A. Bertram, Nr. 55. Eine gewisse Antwort auf dieses Papen-Schreiben stellt das Schreiben A. Bertrams an H. Graf Praschma vom 13. 11. 1933 dar. In: Ebenda.

24 Mitteilungsblatt der AKD, Nr. 5 vom 15. 3. 1934.

25 Papen an Karl Joseph Schulte, 23. 3. 1934 (Abschrift). In: NL Kardinal A. Bertram, Nr. 55.

26 K. J. Schulte an A. Bertram, 27. 3. 1934. In: Ebenda.

27 Siehe Mitteilungsblatt der AKD, Nr. 5 vom 15. 3. 1934.

28 Merkblatt II/6 der AKD, 20. 2. 1934.

29 Siehe Mitteilungsblatt der AKD, Nr. 3 vom 22. 1. 1934. Siehe ferner: Briefwechsel von Vertretern des oberschlesischen katholischen Adels mit der Direktion der »Schlesischen Volkszeitung«. In: WAP Opole, Praschmasches Schloßarchiv Falkenberg, Nr. III – 1/1142.

30 Siehe Nikolaus Graf Ballestrem und G. Henckel von Donnersmarck an A. Bertram, 6. 2. 1934. In: NL Kardinal A. Bertram, Nr. s 42.

31 Franz von Papen: Der 12. November 1933 und die deutschen Katholiken, Münster 1934, S. 9.

32 Mitteilungsblatt der AKD, Nr. 1 vom 22. 11. 1933.

33 Ebenda.

34 Siehe L. Siegele-Wenschkewitz, S. 155.

35 Neuer Politischer Pressedienst, Nr. 111 vom 21. 9. 1934.

36 Siehe F. von Papen: Der Wahrheit eine Gasse, München 1952, S. 320.

37 Mitteilungsblatt der AKD, Nr. 8 vom 20. 9. 1934.

38 Ebenda.

39 Siehe Guenter Lewy: Die katholische Kirche und das Dritte Reich, München 1965, S. 203 ff.

40 Siehe Anm. 10 und 12.

41 Siehe Anm. 20.

42 Die Vision des Reiches. Deutscher Katholizismus zwischen Demokratie und Diktatur (1929–1934), München 1969 (Rez.: ZfG, 1970, H. 4, S. 561 f.).

Herbert Gottwald

Ausschuß zur Förderung der Bestrebungen vaterländischer Arbeitervereine (FA) 1907–1914

(1913/14 Förderungsausschuß für die wirtschaftsfriedliche nationale Arbeiterbewegung)

Der FA war eine anfangs wesentlich vom ↗ Reichsverband gegen die Sozialdemokratie (RgS) gelenkte antisozialistische Organisation zur Unterstützung und Koordinierung der »vaterländischen« Arbeitervereine, vor allem zunächst des ↗ Bundes vaterländischer Arbeitervereine (BvA). In dem Maße, wie sich der FA dann vom RgS löste, vertieften sich seine Beziehungen zur ↗ Hauptstelle Deutscher Arbeitgeberverbände (HDA) und zum ↗ Verein Deutscher Arbeitgeberverbände (VA), was sich auch in seiner zunehmenden Orientierung auf die Förderung der ↗ Gelben Werkvereine äußerte. Für diese und den BvA spielte der FA bei der Kontaktnahme mit dem junkerlich-bourgeoisen Staat und dem Monopolkapital bzw. der Einwirkung dieser auf die Gelben eine entscheidende Rolle.

Vorsitzender des Geschäftsführenden Vorstands

Generalmajor z.D. Arthur VON LOEBELL (1907–1914)

Geschäftsführer

Karl SCHEDA

Presse

»Korrespondenz des Ausschusses zur Förderung der Bestrebungen vaterländischer Arbeitervereine«, erschien seit Ende April 1908 wöchentlich

Der FA wurde im Juli 1907 auf Betreiben des *RgS* als angeblich konfessionell und parteipolitisch neutrale, aber erklärt antisozialistische Vereinigung zur Unterstützung des *BvA* durch die Sammlung von Geldmitteln gegründet. Durch den FA sollte gewährleistet werden, daß die nationalistischen Arbeitervereine nach außen hin selbständig erschienen und so unauffällig wie möglich von der herrschenden Klasse unterstützt wurden. Deshalb durften ihm auch »keine gewerblichen Arbeitgeber« angehören[1], und auch führende monopolistische Kreise hielten sich öffentlich dem FA gegenüber zurück. In einem Aufruf bekannten sich zum FA 18 Reichstagsabgeordnete, die zumeist der ↗ *Reichs- und freikonservativen Partei (RFKP)* oder der ↗ *Nationalliberalen Partei*

(NLP) — unter ihnen Otto ARENDT und Hermann PAASCHE — angehörten, die Professoren Richard EHRENBERG und Theodor SCHIEMANN, der Generaldirektor der Farbenfabriken Bayer, Carl DUISBERG, der Syndikus des *Bayerischen Industriellen-Verbandes*, Alfred KUHLO, der Chefredakteur der »Deutschen Arbeitgeber-Zeitung«, Wilhelm FREIHERR VON REISWITZ, und der Generalsekretär des ↗ *Deutschen Ostmarkenvereins (DOV)*, V. SCHOULTZ, 6 pensionierte Generäle und zahlreiche höhere Offiziere.[2] Die Beziehungen der Mitglieder des FA zu leitenden Stellen des junkerlich-bourgeoisen Staates wurden reichlich genutzt.[3]

Der FA veröffentlichte für den *BvA* gültige »Leitsätze« mit hauptsächlich folgendem Inhalt:[4]

»1. Deutsche Treue zu Kaiser und Reich ist unser oberster Grundsatz. Wir verwerfen alle internationalen, sozialistischen Hirngespinste und betrachten einzig und allein die Sorge für deutsches Blut und Gut als das Gebot eines gesunden Nationalgefühls. ...

4. Dagegen trennt uns eine unüberbrückbare Kluft von der internationalen, revolutionären Sozialdemokratie, die wir als den Todfeind wahrer Freiheit, Wohlfahrt und Gesittung unbedingt bekämpfen. Wir sind überzeugt, daß Fehler der heutigen, durch zweitausendjährige Entwicklung entstandenen Gesellschafts- und Wirtschaftsordnung nur durch eine organische, d.h. durch eine allmähliche, aber stetige Reform, gemindert und

beseitigt werden können und betrachten daher den gewaltsamen Umsturz als ein aberwitziges Verbrechen gegen Volk und Vaterland. ...

6. Ganz besonders verabscheuen wir als vernunftwidrig und unsittlich die Lehre vom Klassenhaß und Klassenkampf und bekämpfen die von der Sozialdemokratie und ihren Gesinnungsgenossen so oft lediglich im parteipolitischen Interesse angezettelten frivolen Streiks, durch die die Arbeiter mit ihren Familien in bitterste Not geraten.

7. Wir erstreben den sozialen Frieden mit den Arbeitgebern und suchen grundsätzlich, ohne Beeinträchtigung der Arbeiterrechte, die Hebung der Arbeiterschaft in gutem Einvernehmen mit den Arbeitgebern herbeizuführen und zu erhalten. Wir sind davon durchdrungen, daß die Arbeit der Arbeitgeber als Organisatoren unserer nationalen Arbeit unersetzlich ist, und daß die Interessen der Arbeiter und die der Arbeitgeber überwiegend gleichlaufend sind, weil die Vorteile beider von dem Gedeihen ihres Unternehmens abhängen.

9. Wir erstreben eine Gestaltung der Gesetzgebung, die dem tüchtigen und gewissenhaften Arbeiter das soziale und wirtschaftliche Aufsteigen ermöglicht.

10. Wir erstreben ferner Einrichtungen, die dem Arbeiter gestatten, seinen Bildungstrieb zu befriedigen und die ihm die nach der Arbeit erforderliche Erholung in edler Form bieten.«

Im Sinne dieser Gedanken forderte der FA die Arbeitgeberverbände 1906 in einem Rundschreiben auf, den »bis jetzt noch überall stiefmütterlich behandelten vaterländisch gesinnten Arbeitern einen Beweis des Wohlwollens und der Unterstützung zu gewähren«. Bei eventuellen Entlassungen sollten diese Arbeiter nicht auf die Straße gesetzt werden, damit so der Zulauf zu den nationalistischen Verbänden vermehrt und der Sozialdemokratie und den freien Gewerkschaften ein »nicht unbedeutender Abbruch« zugefügt werden könne.[5]

Eine der wichtigsten Aufgaben des FA bestand in der Eintreibung von Geldmitteln zur »Befreiung der deutschen Arbeiterschaft vom Joche der Sozialdemokratie durch die Arbeiter selbst«[6] bei den kapitalistischen Unternehmern und -verbänden. Vor allem im ↗ *Zentralverband Deutscher Industrieller (ZDI)* zeichneten sich hierbei folgende Richtungen ab:[7]

Die eine förderte die nationalistischen Arbeitervereine und bewirkte auch, daß der *ZDI* dem FA bei seiner Gründung 100 000 M zur Verfügung stellte. Zu ihr gehörten u. a. Wilhelm BEUMER, C. DUISBERG, Emil KIRDORF und Julius VORSTER.

Die andere lehnte eine Unterstützung der »vaterländischen« Arbeitervereine und diese überhaupt zunächst ab, weil sie in ihnen rein konservative Organisationen sah und die ↗ *Gelben Werkvereine* für sie leichter und direkter zu beeinflussen waren. Solche Auffassungen vertraten z. B. Emil GUGGENHEIMER, Eugen LEIDIG und Richard VOPELIUS.

Eine dritte schließlich distanzierte sich grundsätzlich von der gelben Arbeiterbewegung, wobei das entweder von einer »Herr im Haus«-Position aus geschah oder, wie bei Emil RATHENAU, aus einer prinzipiellen Ablehnung der Gelben überhaupt.[8]

Versuche des FA, von der *Deutschkonservativen Partei (DkP)* (↗ *Konservative Partei),* der ↗ *RFKP* und der ↗ *NLP* Geldmittel für diejenigen nationalistischen Arbeitervereine zu bekommen, die diesen Parteien bei einer möglichen Stichwahl gegen sozialdemokratische Kandidaten Wahlhilfe leisten könnten, blieben ergebnislos.

Der FA orientierte sich anfänglich fast ausschließlich auf die direkte oder indirekte finanzielle Unterstützung des *BvA* unter Negierung der ↗ *Gelben Werkvereine.* Seine Geldmittel dienten hauptsächlich der Gründung von »Arbeitersekretariaten« (bis 1912 in Hamburg, Hannover, Minden [Westfalen], Rostock, Sorau, Wilhelmshaven und Zittau) und der Unterstützung der nationalistischen Arbeitervereinspresse, die vor allem durch die Aufgabe von Annoncen subventioniert wurde. Hierzu gründete der FA 1908 eigens eine Vermittlungsstelle für Inserateaufträge. Vorträge des Geschäftsführers K. SCHEDA über den FA in Arbeitgeberverbänden hatten zum Ergebnis, daß diese mit dessen Hilfe zur planmäßigen Gründung nationalistischer Arbeitervereine bzw. gelber Werkvereine übergingen.

Eine entscheidende Rolle spielten für den FA die engen Beziehungen, die von ihm bzw. vom *RgS* hauptsächlich über den Chef der Reichskanzlei, Friedrich Wilhelm VON LOEBELL,[9] zum Reichskanzler BÜLOW unterhalten wurden.

Auf Anregung des Vorsitzenden des *BvA,* Ludwig SCHAPER, fand vom 18. bis 20. April 1908 in Kiel unter dem Vorsitz A. VON LOEBELLS eine Konferenz von Vertretern der

»vaterländischen« Arbeitervereine und der *Gelben Werkvereine* statt. Das mit der Konferenz verfolgte Anliegen, einen Zentralverband der vaterländischen und gelben Vereine zu schaffen, scheiterte an den divergierenden Auffassungen der hinter beiden Richtungen stehenden Klassenkräfte über die Rolle und Funktion einer »wirtschaftsfriedlichen« Arbeiterbewegung. Den Gelben waren der »Hurrapatriotismus« der in den Arbeitervereinen führenden ehemaligen Offiziere und deren Unkenntnis über die Verhältnisse unter den Arbeitern »für den gesunden Fortgang einer vernünftigen Arbeiterbewegung nicht vorteilhaft«.[10] Für den FA blieben die *Gelben Werkvereine* zunächst weiterhin nebensächlich, kamen doch für sie, wie er in völliger Verkennung der Situation feststellte, nur $2^3/_4$ bis $3^3/_4$ Mill., für die »vaterländischen« Arbeitervereine dagegen 7 bis 8 Mill. Arbeiter in Betracht.[11] Tatsächlich waren es aber nur einige zehntausend Arbeiter, die der FA für seine Ziele mobilisieren konnte.

In der Tätigkeit des FA spielte die von ihm seit dem 28. April 1908 herausgegebene »Korrespondenz« eine wesentliche Rolle. Durch sie stellte er der nationalistischen Presse wöchentlich Aufsätze für den Abdruck zur Verfügung. Sie sollten »die Arbeiterschaft über die Irrlehren der Sozialdemokratie aufklären sowie *vaterländische Ideale* und das gute Einvernehmen zwischen Arbeitern und Unternehmern pflegen«.[12]

Bereits in der ersten Ausgabe der »Korrespondenz« wurde z. B. in einem längeren Artikel die Frage behandelt, welches Interesse der deutsche Arbeiter an Deutsch-Ostafrika habe. »Deutsch-Ostafrika ist ein sehr reiches Land, in dem und durch das in Zukunft noch sehr viel Geld verdient werden wird. Der Arbeiter hat ein Interesse daran, daß von diesem Geld für ihn und seinen Berufsgenossen möglichst viel abfällt.«[13] Durch frisiertes Material wurde der »Nachweis« erbracht, »daß das Wohl und Wehe der Arbeiter großer deutscher Industriezweige« von den deutschen Kolonien abhängig wäre.[14] Die Ausbeutung Hunderttausender von ausländischen Wanderarbeitern in der deutschen Landwirtschaft und Industrie wurde von der »Korrespondenz« ebenfalls als eine durchaus vaterländische Tat gepriesen. Die kapitalistischen Unternehmer hätten das gute Recht,

wurde festgestellt, »die Arbeiter fremder Länder gegen die nationale Arbeiterschaft auszuspielen. Vielleicht gibt gerade die Konkurrenz der fremden Arbeitskräfte der Sozialdemokratie im Laufe der Zeit Veranlassung, sich auf die vaterländischen Interessen der Arbeiterschaft zu besinnen.«[15] Die entscheidende Rolle bei der chauvinistischen Verhetzung der Arbeiter spielten demagogische Appelle an ihre Vaterlandsliebe und an ihr Nationalgefühl sowie die Diffamierung des konsequenten Kampfes gegen den deutschen Imperialismus und Militarismus »als ein aberwitziges Verbrechen gegen Volk und Vaterland«.[16]

Veranlaßt durch den Aufschwung der revolutionären Massenbewegung, wie er in den Wahlrechtsdemonstrationen und in Aussperrungen zum Ausdruck kam, verstärkte der FA im Frühjahr 1910 seine Bemühungen zur Vereinigung der nationalistischen Arbeitervereine mit den *Gelben Werkvereinen.* Diesem Ziel diente eine Versammlung, die er am 25. Mai 1910 mit Parlamentariern »verschiedener Fraktionen«, Industriellen, Handwerksmeistern und »Arbeitervertretern« durchführte. Allerdings gelang es ihm zunächst nicht, seinen Einfluß auf die *Gelben Werkvereine* auszubauen. Die Versammlung nahm einen Beschluß an, in dem sie sich für die weitere Unterstützung des FA durch »moralische und materielle Mittel« aussprach.[17] Dieser Beschluß fand u. a. die Unterstützung von 10 freikonservativen, 5 nationalliberalen und 2 deutschkonservativen Reichstagsabgeordneten, führenden Konzernherren wie C. DUISBERG, und Verbandsfunktionären wie Heinrich CLASS, Diederich HAHN, A. KUHLO, W. VON REISWITZ und V. SCHOULTZ, Professoren wie R. EHRENBERG und Th. SCHIEMANN sowie 6 Generälen.

Wesentlichen Anteil hatte der FA an den Einigungsverhandlungen, die Ende 1910 zur Bildung des ↗ *Hauptausschusses nationaler Arbeiter- und Berufsverbände Deutschlands (HA)* führten. Aus diesem Anlaß betonte der FA erneut, daß er die Werkvereine als eine durchaus notwendige Form der gelben Arbeiterbewegung ansah. Während diese aber nur in den großen Betrieben lebensfähig wären, würden die Arbeiter der kleineren in »vaterländischen« Arbeitervereinen »Schutz gegen den roten Terrorismus« finden.[18]

Seit der Bildung des *HA* ergaben sich für den FA hauptsächlich zwei sich gegenseitig bedingende Aufgaben. Einmal war er bemüht, alle gelben und andere bürgerliche Arbeiterorganisationen in eine einheitliche Front gegen die sozialistische Arbeiterbewegung zu bringen. Weil deren Knebelung für ihn Bedingung zur erfolgreichen Verwirklichung seiner nationalistischen Ziele war, gehörte der FA zu den eifrigsten Verfechtern von Ausnahmegesetzen gegen die freien Gewerkschaften und die deutsche Sozialdemokratie als der »Vorbedingung für eine umfassende, nationale Organisation der Arbeiterschaft«.[19] Zum anderen sah der FA seine Aufgabe darin, »Bahnbrecher« der gelben Arbeiterbewegung »bei Behörden, Parlamenten, Verbänden, Zeitungen und anderen in Betracht kommenden Kreisen zu sein«.[20]

Verstärkt bemühte er sich nun um eine weitere Ausdehnung der nationalistischen Arbeitervereine auf die in den Reichs- und Staatsbetrieben beschäftigten Arbeiter. Vorschläge, solche Betriebe nur mit »nationalen« Arbeitern zu besetzen, mußte er jedoch als »zur Zeit nicht durchführbar« erklären.[21] Statt dessen schlug der FA in seinen zahlreichen Eingaben an die Behörden die Gründung bzw. Unterstützung »nationaler« Arbeitervereine oder Arbeitersekretariate und die Förderung ihrer Mitglieder in den Reichs- und Staatsbetrieben durch vorrangige Einstellungen und Beförderungen vor, wobei er nachdrücklich auf ihre Rolle bei politischen Streiks als Streikbrecher und im Kriegsfall hinwies.

A. VON LOEBELL bezeichnete es als »zunächst empfehlenswert, daß nationale Arbeiter nicht Werkmeistern oder anderen Vorgesetzten unterstellt werden, die nicht auch national erprobt sind. Allmählich könnte dann eine Arbeitertruppe nach der anderen durch nationale Arbeiter besetzt werden. Selbstverständlich mit größter Vorsicht und unauffällig.«[22]

Allerdings hatte der FA dabei nicht immer Erfolg. Das zeigt seine Eingabe an das Reichsmarineamt wegen der angeblichen Benachteiligung »vaterländischer« Arbeiter auf den Kaiserlichen Werften. Sie hatte eine auf Anordnung des Reichskanzlers am 10. April 1911 durchgeführte kommissarische Beratung zum Ergebnis, an der Vertreter des Staatssekretariats des Innern, des Reichsmarine-

und des Reichspostamtes, des Ministeriums des Innern, des Kriegsministeriums, des Ministeriums für Handel und Gewerbe und des Ministeriums für öffentliche Arbeiten teilnahmen. Dieser Beratung kam eine grundsätzliche Bedeutung zu, da hier faktisch die Linie der Regierung gegenüber den gelben Organisationen festgelegt wurde.

Die Anwesenden erklärten sich zwar damit einverstanden, daß die »vaterländischen« Arbeiter im Sinne der Vorschläge des FA durch die Reichs- und Staatsbetriebe gefördert werden sollten; sie waren jedoch der übereinstimmenden Meinung, daß den Gelben hierzu »eine bevorzugte Stellung« nicht eingeräumt und z. B. ihre Subventionierung seitens der Regierung nicht vorgenommen werden könne, »weil sonst auch die übrigen nationalgesinnten Arbeitervereine (die christlichen, evangelischen, katholischen, Hirsch-Dunckerschen usw.) dasselbe Verlangen an die Regierung richten würden«.[24]

Besonders seit 1910 war der FA darum bemüht, den ↗ *Bund der Landwirte (BdL)* für die gelbe Arbeiterbewegung zu interessieren. In seiner »Korrespondenz« schlug er Maßnahmen gegen die sozialdemokratische Agitation unter den Landarbeitern vor.[25] Wie der FA selbst betonte, lag der Schwerpunkt der Gelben in der Industrie.[26] Durch die Errichtung eines »Bollwerks gegen die Sozialdemokratie« auf dem Lande[27] erhoffte er sich jedoch eine nicht unwesentliche Ausdehnung seines Einflusses. Der *BdL* war zwar durch die Wirksamkeit des 1909 gegründeten *Verbandes der Land-, Wald- und Weinbergarbeiter* beunruhigt,[28] den Bestrebungen des FA stand er jedoch ablehnend gegenüber. Seine positive, unterstützende Haltung gegenüber dem FA stellte er hinter die Wahrung seines Interessenbereiches auf dem Lande und des besonders von Gustav ROESICKE verfolgten Prinzips vom »Verschmelzen des Interesses der ländlichen Arbeiter mit dem der Arbeitgeber durch eine gemeinschaftliche Organisation«.[29] Dem FA war es infolgedessen nur möglich, vor allem über die Landwirtschaftskammern an Landarbeiter und Handwerker in ländlichen Kleinstädten heranzukommen und in Mecklenburg und Sachsen auch aus Landarbeitern »vaterländische« Arbeitervereine bilden zu lassen.

Bestrebungen des FA, Einfluß auf Organisationen des ↗ *Gesamtverbandes evangelischer Arbeitervereine Deutschlands (GEA)* zu gewinnen, blieben in der Regel ohne größeren Erfolg. Die dem FA gesetzten engen Grenzen seiner Wirksamkeit hinderten ihn jedoch nicht daran zu erklären, er sei von dem Gedanken beseelt, »daß die überwiegende Mehrheit der deutschen Arbeiterschaft, darunter auch zahlreiche Mitglieder der sozialdemokratischen Organisationen ... für die nationale Arbeiterbewegung zugänglich seien«.[30]

Mit dem *RgS* faßte der FA 1911/12 in der Redaktion der gelben Zeitung »Der Werkverein« Fuß und suchte von hier aus mit Unterstützung der Essener Leitung des *Bundes Deutscher Werkvereine* die gesamte Werkvereinsbewegung zu beeinflussen.[31]

Seit Anfang 1912 verstärkte das Mitglied des *RgS*-Vorstandes Friedrich LANGE seine Bemühungen, ein engeres Zusammenwirken von *RgS* und FA im Interesse einer noch wirksameren Förderung der nationalistischen und gelben Arbeiterorganisationen herbeizuführen. Der Plan zur Schaffung einer gemeinsamen Zentrale für nationale Arbeitersekretariate scheiterte dann jedoch an den zwischen dem FA und dem *RgS* vorhandenen Differenzen über den Führungsanspruch gegenüber den nationalistischen Arbeitervereinen, aber auch an persönlichen Streitigkeiten zwischen Albert BOVENSCHEN und K. SCHEDA.[32]

Eine Reorganisation des FA im Jahre 1912 hatte vor allem eine Erweiterung und Gliederung des Vorstandes zum Ergebnis und kam auch in der Umwandlung seines Namens zum Ausdruck. In Hamburg und für Mecklenburg in Rostock bildeten sich neue Förderungsausschüsse, deren Vorsitzende dem Berliner FA beitraten. Die Reorganisation erfolgte hauptsächlich, um den FA noch stärker auf die Entwicklung der *Gelben Werkvereine* einzustellen.

Im Herbst 1913 schlossen FA und *HA* ein Abkommen, das sie noch enger zusammenführte und auch die Vereinigung ihrer Geschäftsstellen in einem Gebäude zur Folge hatte.[33]

Wesentlich für die neue Taktik des FA war eine noch stärkere Betonung seines überparteilichen Charakters, durch die er einen größeren Zugang zu den führenden Kräften im *ZDI* und auch zu denen im *Bund der Industriellen* fand. Öffentlich traten nun auch so bekannte Nationalliberale wie Ernst BASSERMANN und Hugo BÖTTGER für ihn ein. Zu den namhaften Geldgebern und Förderern des FA gehörten jetzt solche Konzernherren bzw. -politiker wie W. BEUMER, C. DUISBERG, E. KIRDORF, Karl RÖCHLING, Max ROETGER, Hugo STINNES und J. VORSTER. Im Geschäftsjahr 1912/13 hatte der FA allein aus »Beiträgen« 77 634 M Einnahmen. Die mit dem FA im *ZDI* sympathisierenden Kräfte trugen maßgeblich mit dazu bei, daß die ↗ *Vereinigung der Deutschen Arbeitgeberverbände (VgDA)* dem FA im Februar 1914 mit einem Jahresbeitrag von 15 000 M beitrat. Durch einen vor allem von M. ROETGER geplanten öffentlichen Fonds in Höhe von 1 bis 2 Mill. M sollten die *Gelben Werkvereine* über den FA einheitlich gefördert werden. Zugleich wurde ihm deren verstärkte ideologische Durchdringung durch die Veranstaltung von Arbeiterfortbildungskursen und die Herausgabe von Zeitungen übertragen. Der Beginn des ersten Weltkrieges verhinderte die Verwirklichung solcher Vorhaben und führte dazu, daß sich der FA selbst auflöste. Seine Hauptaufgaben übernahmen in gewissem Maße seit 1915 der Konferenzausschuß (↗ *HA*) bzw. die ↗ *Deutsche Vereinigung (DVg)*.

Quellen und Literatur

Siehe hierzu die Angaben in ↗ Bund vaterländischer Arbeitervereine und ↗ Hauptausschuß nationaler Arbeiter- und Berufsverbände Deutschlands.

Anmerkungen

1 Siehe das vom FA erarbeitete Manuskript »Der Förderungsausschuß«. In: ZStA Potsdam, 90 La 5 NL Friedrich Lange, Nr. 32, Bl. 1.
2 Siehe den Text des Aufrufes in: ZStA Merseburg, Rep. 89 H, XXI, Gen., Nr. 18, Bl. 2 u. 3.
3 Siehe z. B. Karl Scheda an Arthur von Loebell, 22. 3. 1907, mit der Anfrage, ob für den BvA finanzielle Mittel aus dem Wahlfonds des Komitees Patria noch zu erhalten wären. In: ZStA Potsdam, Reichskanzlei, Nr. 1798, Bl. 313 f.
4 ZStA Merseburg, Rep. 89 H, XXI Gen., Nr. 18, Bl. 5 R. – Ohne Hervorhebungen.
5 Sozialdemokratische Partei-Correspondenz, 4. Jg. (1909), S. 27.

6 A. von Loebell am 27. Oktober 1908 in einem solchen Werbeschreiben. In: ZStA Potsdam, Reichskanzlei, Nr. 2 268, Bl. 110.

7 Siehe zum folgenden Klaus Mattheier: Drei Führungsorganisationen der wirtschaftsfriedlichen-nationalen Arbeiterbewegung. Reichsverband gegen die Sozialdemokratie, Förderungsausschuß und Deutsche Vereinigung in der Auseinandersetzung um die »Gelben Gewerkschaften« in Deutschland 1904 bis 1918. In: Rheinische Vierteljahresblätter, 37. Jg. (1973), S. 261. Ders.: Die Gelben. Nationale Arbeiter zwischen Wirtschaftsfrieden und Streik, Düsseldorf 1973, S. 193 ff.

8 So erklärte Emil Rathenau 1911 in einem Gespräch: »Die gemeinsten Kerle, die schlimmsten Heuchler allein seien in den gelben Verbänden, anständige Arbeiter würden nie in dieselben gehen.« Zit. in: Ebenda, S. 205.

9 Einem Bruder des FA-Vorsitzenden.

10 Zit. in Klaus Saul: Staat, Industrie, Arbeiterbewegung im Kaiserreich. Zur Innen- und Sozialpolitik des Wilhelminischen Deutschland 1903–1904, Düsseldorf 1974, S. 161.

11 Siehe ZStA Merseburg, Rep. 89 H, XXI, Gen., Nr. 18, Bd. 3, Bl. 3.

12 ZStA Potsdam, Reichskanzlei, Nr. 1395/5, Bl. 188.

13 Adolf Zimmermann: Welches Interesse hat der deutsche Arbeiter an Deutsch–Ostafrika? In: Korrespondenz des Ausschusses zur Förderung der Bestrebungen vaterländischer Arbeitsvereine, 28. 4. 1908, S. 4.

14 Ebenda, S. 5.

15 Internationale Arbeiter- und Gewerkschaftsbewegung und vaterländische Arbeiterinteressen. In: Ebenda, 1. 9. 1908, S. 3.

16 Ausschuß zur Förderung der Bestrebungen vaterländischer Arbeitervereine. Leitsätze. In: ZStA Merseburg, Rep. 89 H, XXI, Gen., Nr. 18, Bd. 3, Bl. 5 R.

17 Siehe den Aufruf des FA und die Liste seiner Befürworter in: Ebenda, Bl. 2, S. 2 R.

18 Korrespondenz des Ausschusses zur Förderung der Bestrebungen vaterländischer Arbeitsvereine, 18. 10. 1910, S. 2.

19 A. von Loebell am 10. Januar 1911 an den Chef der Reichskanzlei, Arnold Wahnschaffe. In: ZStA Potsdam, Reichskanzlei, Nr. 2269, Bl. 75.

20 Förderungsausschuß für die wirtschaftsfriedliche nationale Arbeiterbewegung. Bericht über das 7. Geschäftsjahr vom 1. April 1913 bis 31. März 1914, S. 1.

21 Siehe das Schreiben A. von Loebells vom 11. November 1909. In: ZStA Potsdam, Reichskanzlei, Nr. 1395/5, Bl. 183 R.

22 Ebenda, Bl. 184 R. Siehe auch die Eingabe des FA vom 10. Januar 1911. In: Ebenda, Nr. 2269, Bl. 75 f.

23 Siehe ebenda, Bl. 77 ff.

24 Protokoll der kommissarischen Besprechung vom 10. April 1911. In: Ebenda, Bl. 125. Siehe das entsprechende Antwortschreiben an A. von Loebell. In: Ebenda, Bl. 127.

25 Siehe: Sozialdemokratie und Landarbeiter. In: Korrespondenz, 30. 6. 1910.

26 Siehe ebenda, 18. 7. 1910.

27 Ebenda, 5. 6. 1910.

28 Siehe das Memorandum »Zur Landarbeiterfrage« vom 7. November 1910. In: ZStA Potsdam, NL Conrad Freiherr von Wangenheim, Nr. 5, Bl. 114.

29 Gustav Roesicke an C. von Wangenheim, 15. 10. 1908. In: Ebenda, Nr. 3, Bl. 82. Der Bund der Landwirte strebte zugleich an, »Ortsvereine zu gründen, die die vaterländische und königstreue Gesinnung zu pflegen haben, um dadurch einen Gegensatz gegen die Sozialdemokratie zu bilden«. (G. Roesicke an C. von Wangenheim, 22. 3. 1913. In: Ebenda, Nr. 8, Bl. 16.) Aber auch hier ging es stets um seinen dominierenden Einfluß.

30 Soziale Praxis, 20. Jg. (1910/11), Sp. 1031.

31 Siehe K. Mattheier: Die Gelben. S. 121 f.

32 Siehe die entsprechenden Aufzeichnungen F. Langes und die Korrespondenz zwischen FA und RgS. In: ZStA Potsdam, 90 La 5, NL F. Lange, Nr. 30, Bl. 8–19 R, 31–68, und Nr. 31, Bl. 73–95.

33 Siehe J. C. Jensen an F. Lange, 1. 12. 1913. In: Ebenda, Nr. 33, Bl. 96.

Dieter Fricke

Bayerische Patriotenpartei (BP) 1868—1887

Die BP entstand 1868/69 durch den Zusammenschluß katholisch-partikularistischer Abgeordneter in der bayerischen Zweiten Kammer zu einer Patriotischen Fraktion. Diese Fraktion konnte sich auf eine bäuerlich-kleinbürgerliche Massenbasis stützen, die in den Bayerisch-Patriotischen Bauernvereinen auf dem Lande und in den Katholischen Kasinos bzw. Patriotischen Vereinen in den Städten ihre organisatorischen Grundlagen besaß. Gemeinsame Klammer der sozial heterogenen Basis der BP bildeten der von reaktionären Positionen aus geführte Kampf gegen die kleindeutsche Einigungspolitik und der Kampf gegen die weitere Durchsetzung des Kapitalismus und den mit ihm verbundenen Liberalismus. In den Jahren vor der Reichseinigung besaß die BP ihren stärksten Masseneinfluß, der durch den Kulturkampf weitgehend stabilisiert werden konnte. Die konfessionelle Gemeinsamkeit wie die gemeinsame Frontstellung gegen die Kulturkampfgesetzgebung in Preußen und Bayern führte zu einer wachsenden Zusammenarbeit der BP mit dem ↗ Zentrum (Z), die 1887 zum Anschluß der BP unter Übernahme des Namens Bayerische Zentrumspartei an das Zentrum führte.

Führende Vertreter

Josef Edmund JÖRG (Führer der BP im bayerischen Landtag bis 1881); Aloys RITTLER; Balthasar DALLER; Georg ORTERER

Presse

»Historisch-politische Blätter für das katholische Deutschland«, München 1838—1922 (seit 1852 geleitet von J. E. JÖRG)
»Augsburger Postzeitung«, Augsburg (Auflage 1881: 17 000)
»Bayerischer Kurier«, München (gegr. 1856)
»Volksbote für den Bürger und Landmann«, München (hrsg. von Ernst ZANDER)
»Das Bayerische Vaterland«, München, gegr. 1868 von Johann Baptist SIGL (Auflage 1876: 6 000)

Wahlergebnisse

Zollparlament 1867	26 Mandate
Abgeordnetenkammer Mai 1869	79 Mandate
Abgeordnetenkammer November 1869	80 Mandate
Abgeordnetenkammer Juni 1875	79 Mandate
Abgeordnetenkammer Juni 1881	89 Mandate

Mit der Niederlage Österreichs im Kriege von 1866 und seinem Ausscheiden aus dem deutschen Staatsverband setzte auch in Süddeutschland eine Neuformierung der politischen Kräfte ein, deren wichtigstes Ergebnis in Bayern die Herausbildung der BP darstellte. Die ultramontanen Kräfte in Bayern erkannten in den Ereignissen von 1866 und der in ihrem Gefolge sich vollziehenden Bildung des Norddeutschen Bundes nicht nur eine ernsthafte Gefährdung ihrer bisherigen politischen Machtpositionen unter dem Schutz des katholischen Österreichs, sondern auch den Zusammenhang der fortschreitenden Revolution von oben mit der weiteren Durchsetzung der kapitalistischen Entwicklung und die damit verbundene Bedrohung ihrer überholten sozialökonomischen Struktur.[1] Die Abwehrstellung der adlig-partikularistischen und katholisch-klerikalen Gruppen in Bayern wurde noch dadurch verstärkt, daß im Ergebnis des Krieges von 1866 die auf Preußen orientierten bourgeoisen Kräfte und die von ihnen getragenen Parteien ihren Einfluß erhöhten. Dies galt auch für Bayern und die gut organisierte und publizistisch rührige ↗ Deutsche Fortschrittspartei (DFP).[2] Die sich abzeichnenden Vorboten des Kulturkampfes trugen zur Verschärfung der Spannungen bei und bewirkten, daß auch in Bayern der katholische Klerus in massiver Form in die politischen Auseinandersetzungen eingriff. Insbesondere die Einbringung einer die Schulaufsicht des Klerus reduzierenden Schulgesetzvorlage der Regierung Chlodwig FÜRST ZU HOHENLOHE-SCHILLINGSFÜRST im Oktober 1867[3] führte zu einer raschen Aktivierung des bayrischen Klerus und in ihrem

Reichstagswahlergebnisse

Jahr	Stimmen	abgegebene gültige Stimmen in % in Bayern	Abge-ordnete
1871	220331	38,0	19
1874	480468	59,6	32
1877	395581	54,3	31
1878	360362	53,8	31
1881	266459	55,1	32
1884	349751	55,3	33
1887	412587	49,9	33

Ergebnis zu einer beträchtlichen Massenbasis des ultramontanen Partikularismus. Den Beweis dafür erbrachten die Wahlen zum Zollparlament im Frühjahr 1868, als die ultramontane Bewegung mehr als das Doppelte der liberalen Mandate erreichte. In der Wahlbewegung und noch stärker in den Monaten danach entstanden zahlreiche patriotische Vereine und Kasinos, die sich zu einer wichtigen organisatorischen Grundlage der in ihren Konturen bereits sichtbar werdenden BP entwickelten. Von ihnen wurde am bedeutendsten der im Februar 1868 gegründete *Verein der bayerischen Patrioten in München*, dem u.a. Max HUTTLER, Eigentümer der »Augsburger Postzeitung«, J. B. SIGL, A. RITTLER sowie Angehörige des bayerischen katholischen Adels beitraten und der der BP auch den Namen gab.[4] Von noch größerer Bedeutung für die Massenbasis der Partei wurde es, daß durch die Gründung *Bayerisch-Patriotischer Bauernvereine* die katholische Bauernschaft weitgehend gewonnen wurde und fortan das stärkste Wählerpotential der BP darstellte.

Die endgültige Formierung der BP erfolgte im Wahlkampf für die Landtagswahlen vom Mai 1869, in dem sie auch erstmals mit einer programmatischen Kundgebung hervortrat. Die folgenden Auszüge verdeutlichen, in welch starkem Maße die BP durch die Nachwirkungen der Ereignisse von 1866 bestimmt war:

»Die patriotische Partei will die Selbständigkeit Bayerns auf das entschiedenste gewahrt wissen und verwirft jeden wie immer gearteten Anschluß, die Anlehnung an den sogenannten norddeutschen Bund. Sie verdammt die Schöpfung des norddeutschen Bundes, weil sie durch völlige Ver-

leugnung aller deutschnationalen Gesinnung ins Leben gerufen ist. ... Sie ist der durch eine dreijährige Erfahrung festgegründeten Überzeugung, daß aus diesem Nordbund nimmermehr eine staatliche Gestaltung sich entwickeln könne, welche den Wünschen, Bedürfnissen und Interessen der deutschen Stämme eine wahrhafte Befriedigung gewährt.«[5]

In bezug auf die innere Politik bekannte sich die BP als »Widersacherin des Liberalismus« und proklamierte als Ziel ihrer Forderungen die »ehrliche, vollkommene, unverkümmerte Verwirklichung des freien Rechtsstaates«, eine Formel, hinter der sich das Interesse der BP an gesellschaftlicher Beharrung und Stagnation verbarg. Die »soziale Frage« wollte die BP einer »friedlichen und gedeihlichen Lösung entgegenführen« und wandte sich dabei sowohl gegen die »selbstsüchtigen, doch stets ›gesetzlichen‹ Gewalteingriffe der zunächst interessierten Bourgeoisieklassen« als auch gegen Versuche des »vierten Standes«, sich »in unberechtigter Weise zur Alleingeltung zu bringen«.[6] Die BP trat ferner für die »sorgfältige Wahrung der Autorität des Klerus« ein sowie auch dafür, daß die »Kirchen so viele Eigenmacht, Selbständigkeit und Autorität im Volke (besitzen), als notwendig ist, um den Staat in seinem sozialen Richteramte wirksam zu unterstützen«. Schließlich bekannte sich die BP noch zum föderalistischen Prinzip und den unbeeinträchtigten Souveränitätsrechten des bayerischen Königs.

Die Wahlen zur Abgeordnetenkammer endeten mit einem vollen Erfolg der BP, die zunächst sogar die absolute Mehrheit besaß und auch nach der Kassierung einiger Mandate noch ein zahlenmäßiges Gleichgewicht gegenüber den Liberalen behaupten konnte. Durch dieses Wahlergebnis wurde nicht nur die Wahl eines Landtagspräsidenten unmöglich gemacht, sondern vor allem die Stellung des Ministeriums HOHENLOHE entscheidend geschwächt. Als Neuwahlen im November 1869 sogar eine absolute Mehrheit der BP erbrachten, war der Sturz von HOHENLOHE nur noch eine Frage der Zeit.[7]

Beginnend mit den Wahlen des Jahres 1869, stellte die BP bzw. ab 1887 die bayerische Zentrumspartei bis zu den Wahlen des Jahres 1912 die stärkste Fraktion in der Abgeordnetenkammer. Die Voraussetzung dafür bildete das stabile Wählerpotential der BP in den ländlichen Gegenden, vor allem in Oberbayern, Niederbayern und der Oberpfalz, und das katholisch-konservative Kleinbürgertum in den kleineren Städten. Die heterogene soziale Basis der BP wurde komplettiert durch den katholischen Klerus und den katholischen Adel. Über eine feste Parteiorganisation verfügte die BP nicht, lediglich bei der Vorbereitung von Wahlen traten Wahlkomitees und vereinzelt Wahlvereine in Erscheinung. Die Fraktion der BP im Landtag stellte das eigentliche Führungszentrum der Partei dar. Die Abgeordneten entstammten vorwiegend der Beamtenschaft (Lehrer, Richter und Verwaltungsbeamte) und dem Klerus; in der Kammer der Reichsräte war die BP insbesondere durch Vertreter des Hochadels präsent, die teilweise über Bayern hinaus im deutschen politischen Katholizismus eine bedeutende Rolle spielten, wie z. B. Georg FREIHERR VON HERTLING, Georg FREIHERR VON UND ZU FRANCKENSTEIN und Karl FÜRST ZU LÖWENSTEIN.

Aus der heterogenen sozialen Basis wie aus der weitgehend gesellschaftspolitischen Defensivposition ergab sich die Unfähigkeit der BP zu einem positiven politischen Programm. So mußten die der BP eng verbundenen »Historisch-politischen Blätter« 1869 konstatieren, daß die »Patrioten« einig waren nur »in zwei, freilich mehr negativen Punkten: erstens, kein weiteres Anschließen an Preußen und an den Norddeutschen Bund, zweitens, daß die Regierung in Bayern aufhören solle, eine Parteiregierung zu sein.«[8] Auch J. E. JÖRG, ideologischer und politischer Führer der BP und eine der markantesten Erscheinungen im deutschen Katholizismus in der zweiten Hälfte des 19. Jh., mußte angesichts der weiteren Entwicklung der BP, ihrer geringen Stoßkraft und mangelnden Homogenität, im Jahre 1874 im Landtag feststellen, daß die ›Patrioten‹ keinen »artikulierten politischen Katechismus mit positiven Dogmen (haben); wir sind nichts anderes als die Koalition all derjenigen Elemente im Volke, welche noch Mut und Kraft besitzen, gegen die Tyrannei des Liberalismus Widerspruch zu erheben.«[9]

Die programmatische Verschwommenheit und das defensive politische Konzept der BP beeinträchtigten zwar nicht die Massenwirkung der Partei, konnten aber andererseits innere Differenzierungsprozesse, das Hervortreten unterschiedlicher Strömungen nicht verhindern. Die Differenzen innerhalb der BP ergaben sich sowohl aus der heterogenen sozialen Basis als auch aus dem »Widerspruch zwischen Ziel und Methode, zwischen Konservativismus und Volksagitation«.[10] Bei einem hohen Maß an kirchen- und kulturpolitischen Gemeinsamkeiten bestanden zwischen einer vorwiegend von der Aristokratie, dem hohen katholischen Klerus und Teilen des katholischen Bürgertums gebildeten aristokratisch-konservativen Richtung und einer zweiten Strömung, die sich auf die Bauernschaft, kleinbürgerliche Kreise und die niedere Geistlichkeit stützte, eine Reihe von Gegensätzlichkeiten und Meinungsverschiedenheiten. Die Differenzen konzentrierten sich letztlich auf das Spannungsverhältnis zwischen der konservativen Grundstruktur und der intensiven Nutzung der Volksmassen für die Durchsetzung der Ziele der Partei. Der bayerische Episkopat und der katholische Hochadel standen der hemmungslosen Agitation zur Gewinnung und Stabilisierung der bäuerlich-kleinbürgerlichen Massenbasis der BP, insbesondere auch der Einbeziehung des niederen Klerus in die parteipolitischen Kämpfe, mit höchster Skepsis und teilweiser Ablehnung gegenüber. Aus »Sorge vor einer Demokratisierung des Ultramontanismus, vor einer Politisierung der Massen über ein den eigenen Interessen zuträgliches Maß hinaus«[11] bezog der aristokratische Flügel gegenüber der Forderung in der Landtagswahl 1869, das Wahlgesetz im Sinne der Einführung allgemeiner und direkter Wahlen zu revidieren, eine zurückhaltende Position.

Noch deutlicher traten unterschiedliche Auffassungen in der Frage nach dem Verhältnis zur Arbeiterklasse hervor. Radikale, an der Ausweitung der Massenbasis interessierte ultramontane Kreise, zu denen auch die »Historisch-politischen Blätter« zählten, waren in der Anfangsphase der Entwicklung der BP bereit, auch die anwachsende Arbeiterbewegung in klerikal-katholische Bahnen zu lenken und damit in ihren Dienst zu stellen. Der reaktionäre ultramontane Sozialismus, der auch bei gelegentlicher verbaler Radikalität in keiner Weise echte Aufgabenstellungen des proletarischen Klassenkampfes aufgriff, erschien der restaurativ orientierten Aristokratie bereits als abzulehnender sozialer Radikalismus. Die sich daraus ergebenden Konfliktstoffe wurden aber schon 1869/70 in dem Maße gegenstandslos, wie mit der Zuspitzung des Klassenkampfes zwischen Bourgeoisie und Proletariat und der Herausbildung einer selbständigen proletarischen Partei alle Gruppierungen der BP sich auf dem Boden eines uneingeschränkten Antisozialismus trafen. Fortan stieß selbst die Gründung katholischer Arbeitervereine auf den offenen oder versteckten Widerstand der »katholischpatriotischen Bürgerschaft und Klerisei«.[12]

Mit dem Deutsch-Französischen Krieg und der Bildung des kleindeutschen Nationalstaates war für die BP eine erste größere Krise verbunden. Als die Kammer der Abgeordneten bei Kriegsausbruch über einen außerordentlichen Kredit zur Bestreitung der Kriegskosten zu entscheiden hatte, spaltete sich die Fraktion. Eine Gruppe um den Münchener Professor Johann Nepomuk SEPP und den Verleger M. HUTTLER stimmte einem Vermittlungsantrag zu und brachte damit der Mehrheit der BP um J. E. JÖRG eine Niederlage bei. Die gleiche Gruppierung bewirkte durch ihr positives Votum im Januar 1871, daß in der Kammer der Abgeordneten die erforderliche Zweidrittelmehrheit für die Versailler Verträge, d. h. den Anschluß Bayerns an den Deutschen Bund, zustande kam.[13] Die schroffe Haltung der Mehrheit der BP um J. E. JÖRG in der Einigungsfrage führte zu einem Rückschlag bei den Reichstagswahlen im März 1871. Im Ergebnis der Reichstagswahlen schlossen sich die Abgeordneten der BP der Zentrumsfraktion im Deutschen Reichstag an. Bis zum Jahre 1887 wurde nun für den Reichstag unter dem Zentrumsnamen gewählt, während für die Wahlen zum bayerischen Landtag die BP bestehen blieb.

Die Tätigkeit der BP in den 70er Jahren konzentrierte sich auf die Bewahrung des kirchenpolitischen Status quo gegenüber den kulturkämpferischen Bestrebungen des liberalen Kultusministers Johannes VON LUTZ. In den Auseinandersetzungen um das staatliche Plazet für die vatikanischen Beschlüsse, um die Übertragung von Reichs wegen erlassener Kulturkampfgesetze auf Bayern und im Kampf um die konfessionelle Volksschule war die BP, gestützt auf ihre Mehrheit in der zweiten Kammer, bestrebt, durch parlamentarische Angriffe gegen die Regierung einen innerpolitischen Kurswechsel zu erzwingen. Diese Politik war angesichts des den Rechten der konstitutionellen Monarchie eng verpflichteten Königs LUDWIG II. zum Scheitern verurteilt. Weitgehend erfolglos blieben auch die Bemühungen der BP, sich dem Prozeß der weiteren Vereinheitlichung des Reiches entgegenzustemmen. So nahm die BP wiederholt Stellung gegen liberale Anträge im Landtag auf Erweiterung der Kompetenz des Reiches, wie z. B. im Jahre 1876 gegen die Aufhebung der Gesandtschaften der einzelnen Bundesstaaten und 1877 gegen die Einführung einer Reichserbschaftssteuer.[14]

Als nach den Landtagswahlen 1875 die Fraktion der BP in einer Adresse an die Krone eine neue, die »Volksmeinung« repräsentierende Regierung forderte[15], der König diese Adresse aber nicht einmal annahm, entstanden daraus neue Auseinandersetzungen innerhalb der Partei über die einzuschlagende politische Taktik. Während die Mehrheit der Landtagsfraktion um J. E. JÖRG und den Münchener Advokaten Andreas FREYTAG einen völligen Bruch mit der Regierung zu vermeiden suchte und angesichts der komplizierten verfassungsrechtlichen Situation einer gewissen Kompromißpolitik zuneigte, trat ein extremer ultramontaner Flügel in der Partei hervor, der eine radikale »katholische Politik« forderte und für eine Verschärfung des Kampfes gegen die Regierung z. B. in Form einer parlamentarischen Obstruktion eintrat. Unter Führung des Theologen A. RITTLER und J. B. SIGLS konstituierte sich im März 1877 in München eine *Katholische Volkspartei* mit einem extrem partikularistischen und konfessionellen Programm.[16] Es gelang zwar der neuen Partei, in den folgenden Landtagswahlen 14 Mandate zu erringen, doch schlossen sich die Abgeordneten der *Katholischen Volkspartei* mit der Mehrheit der BP und den Abgeordneten der ↗ *Konservativen Partei* zu einer Vereinigten Rechten zusammen. Versuche des Fürsten K. ZU LÖWENSTEIN, die eingetretene Spaltung der bayerischen Katholiken zu überwinden, scheiterten in den Jahren 1877 und 1881.[17]

Bei den Landtagswahlen 1881, die der Vereinigten Rechten einen bedeutenden Wahl-

erfolg brachten, zog sich J. E. JÖRG aus dem
politischen Leben zurück und beschränkte
sich in der Folgezeit auf die Herausgabe der
»Historisch-politischen Blätter«. Mit B. DAL-
LER und G. ORTERER gelangten neue Führungskräfte an die Spitze der Partei. Durch sie
wurde auch der Annäherungsprozeß an das
↗ Zentrum (Z) noch intensiver gefördert. Der
von BP und Z gemeinsam intensiv geführte
Wahlkampf bei den Faschingswahlen 1887
trug dazu bei, die letzten Hemmnisse für einen
Anschluß der BP an das Z aus dem Wege zu
räumen. Eine Obmännerversammlung der BP
beschloß im Februar 1887, sich unter Übernahme des Namens »Bayerische Zentrumspartei« dem Z anzuschließen.

Quellen und Literatur

Wichtige ungedruckte Quellen zur Geschichte
der BP enthält das Bayerische Hauptstaatsarchiv München. Siehe hierzu die Hinweise
bei Karl Möckl »Die Prinzregentenzeit. Gesellschaft und Politik während der Ära des
Prinzregenten Luitpold in Bayern« (München
1972). Für das geistig-politische Selbstverständnis der BP und seiner wichtigsten
Führergestalt Josef Edmund Jörg sind unentbehrlich die »Historisch-politischen Blätter«.
Eine grundlegende marxistische Einschätzung des Wesens des bayerischen klerikalen
Partikularismus in den Jahren vor der Reichseinigung gibt Rolf Weber (siehe Anm. 1). Von
bürgerlicher Seite sind durch ihren Material-
reichtum auch heute noch nützlich die entsprechenden Abschnitte in der Zentrums-
geschichte von Karl Bachem (siehe Anm. 3
und 14) und Fritz von Rummel (siehe
Anm. 15). Der neueste Abriß der Geschichte
der BP von Dieter Albrecht ordnet die Partei
in den »Strom der christlich-demokratischen
Bewegung« ein und bewegt sich damit im
Gefolge der These von Karl Buchheim über
den demokratischen Charakter des politischen Klerikalismus von der Mitte des vo-
rigen Jahrhunderts bis zur Gegenwart.[18]

Anmerkungen

1 Siehe Rolf Weber: Ultramontanismus und Demokratie in Süddeutschland 1866 bis 1870. In:
Die großpreußisch-militaristische Reichsgründung 1871. Voraussetzungen und Folgen. Hrsg.
Horst Bartel/Ernst Engelberg, Bd. 1, Berlin
1971, S. 414f.
2 Siehe Hans Spielhofer: Bayerische Parteien und
Parteipublizistik in ihrer Stellung zur deutschen
Frage 1866–1870. In: Oberbayerisches Archiv
für vaterländische Geschichte, Bd. 63, München
1922, S. 148f.
3 Zur Schulgesetzvorlage aus katholischer Sicht
siehe Karl Bachem: Vorgeschichte, Geschichte
und Politik der Deutschen Zentrumspartei,
Bd. 2, Köln 1927, S. 233f.
4 Siehe Hans Zitzelsberger: Die Presse des bayerischen Partikularismus von 1848–1900, Diss.
München 1937, S. 27f.
5 Programmatische Kundgebung der bayrischen
Patriotenpartei. Zit. in: Felix Salomon: Die
deutschen Parteiprogramme, Heft I: Von 1844
bis 1871, Leipzig – Berlin 1907, S. 95ff.
6 Ebenda, S. 99.
7 Siehe H. Spielhofer, S. 226ff.
8 Historisch-politische Blätter für das katholische
Deutschland, Jg. 64, 1869, S. 656.
9 Zit. in: Johannes Kißling: Geschichte des Kulturkampfes im Deutschen Reiche, Freiburg
(Breisgau) 1913, Bd. 2, S. 427.
10 R. Weber, S. 419.
11 Ebenda, S. 420.
12 Michael Gasteiger: Die christliche Arbeiterbewegung in Süddeutschland, München 1908,
S. 61.
13 Siehe H. Spielhofer, S. 231.
14 Siehe Bachem: Vorgeschichte, Geschichte und
Politik, Bd. 4, Köln 1928, S. 323.
15 Siehe Fritz von Rummel: Das Ministerium Lutz
und seine Gegner 1871–1882. Ein Kampf um
Staatskirchentum, Reichstreue und Parlamentsherrschaft in Bayern, München 1935, S. 84.
16 Das Programm der Katholischen Volkspartei ist
enthalten bei H. von Kremer-Auenrode: Aktenstücke zur Geschichte des Verhältnisses zwischen Staat und Kirche im 19. Jh., Teil 4, Berlin
1880, Nr. 6163.
17 Siehe Paul Siebertz: Karl Fürst zu Löwenstein.
Ein Bild seines Lebens und Wirkens, München
– Kempten 1924, S. 173ff.
18 Dieter Albrecht: Patriotenpartei – Zentrum. In:
Handbuch der Bayerischen Geschichte. Hrsg.
Max Spindler, Bd. IV/1, München 1974,
S. 298–307.

Herbert Gottwald

Bayerischer Bauernbund (BB)
1895–1933

(ab 1922: Bayerischer Bauern- und Mittelstandsbund)

Die bayerische Bauernbundsbewegung entstand 1893 unter den Auswirkungen der langen Agrarkrise ähnlich wie der ↗ Bund der Landwirte (BdL) aus Opposition gegen die Caprivische Handelsvertragspolitik und mit besonderer Stoßrichtung gegen die regierungsfreundliche Politik des ↗ Zentrums. Der entsprechend der bayerischen Agrarverfassung vorwiegend mittel- und kleinbäuerliche Charakter des 1895 aus verschiedenen bayerischen Bauernbünden hervorgegangenen BB bestimmte seine widersprüchliche Politik. Der BB verfocht die Notwendigkeit agrarischer Schutzzölle, arbeitete mit föderalistischen Losungen, verkörperte aber auch demokratische Tendenzen. Im ersten Jahrzehnt des 20. Jh. durch innere Gegensätze und durch den starken Gegendruck des Zentrums bis an die Grenze der Auflösung getrieben, erfuhr der BB 1910 nach der Trennung vom stark mittel- und großbäuerlichen Fränkischen Bauernbund und der Orientierung auf die kleinbäuerlichen Kräfte Ober- und Niederbayerns eine gewisse Konsolidierung. In der Novemberrevolution verbündete sich der BB unter dem Einfluß seines linken Flügels vorübergehend mit der Arbeiterklasse und unterstützte die Eisner-Regierung. Nach der Niederschlagung der bayerischen Räterepublik spielten jedoch die rechten Kräfte wieder eine dominierende Rolle. Der BB gehörte bis 1930 den von der ↗ BVP geführten bayerischen Landesregierungen an. Er bekannte sich grundsätzlich zur Weimarer Republik und trat für die bürgerliche Demokratie ein, behielt allerdings seine föderalistische Einstellung bei. Das Bemühen des BB, durch einen Zusammenschluß mit anderen Bauernorganisationen im Rahmen der ↗ Deutschen Bauernschaft (DBs) und der Deutschen Bauernpartei den zunehmenden Rückgang seines Einflusses aufzuhalten, scheiterte. Am Ende der Weimarer Republik entwickelte sich der BB immer mehr nach rechts und gab seine demokratischen Grundsätze auf. Er trat der ↗ Grünen Front bei und unterstützte das Kabinett Brüning sowie die Papenregierung. In seiner Kritik an der Nazipartei blieb er inkonsequent und setzte der Errichtung der faschistischen Diktatur keinen ernsthaften Widerstand entgegen.

1. Vorgeschichte, Gründung und Programm des BB
2. Die Tätigkeit und die Entwicklung des BB bis 1918
3. Die Haltung des BB während der Novemberrevolution 1918–1919
4. Die Rolle des BB in der Weimarer Republik
5. Quellen und Literatur

1. Vorsitzende

Karl Hans FREIHERR VON THÜNGEN (1895–1896); Franz WIELAND (1896–1900); Georg EISENBERGER und Martin SCHUNK (1901–1907); G. EISENBERGER und Karl PRIEGER (1907–1911); G. EISENBERGER (1911 bis 1930); Fritz KLING (1930–1933)

2. Vorsitzende

M. SCHUNK (1896–1897); G. EISENBERGER (1897–1899); Johann SCHÄFER (1899); Theodor DIRR (1919–1929); F. KLING (1929–1930); Anton STÄDELE (1930–1933)

3. Vorsitzende

Karl GANDORFER (1919–1932); Ignatz WEINZIERL (1932–1933)

Mitglieder

1896	15 000	1914	7 000
1905	ca. 12 000	1921	ca. 50 000
1908	ca. 14 000	1924	ca. 35 000

Presse

»Neue Freie Volkszeitung«, München
Auflage (1901): 25 700
»Neue Bayerische Landeszeitung«, Würzburg
Auflage (1901): 12 000 (Nach der Jahrhundert-

Reichstagswahlergebnisse

Jahr	Stimmen für den BB bzw. ab 1928 für die *Deutsche Bauernpartei*	Mandate	abgegebene gültige Stimmen in %
1893	81 350	4	1,06
1898	139 651	5	1,8
1903	100 228	3	1,05
1907	71 602	1	0,6
1912	47 804	2	0,4
1919 (National-versamm-lung)	275 127	4	0,7
1920	218 596	4	0,8
1924 (Mai)	168 996	3	0,6
1924 (Dezember)	296 321	6	1,0
1928	481 254	8	1,6
1930	339 434	6	1,0
1932 (Juli)	137 133	2	0,4
1932 (November)	149 002	3	0,4
1933 (März)	114 077	2	0,3

Landtagswahlergebnisse in Bayern

Jahr	Stimmen für den BB	Mandate	abgegebene gültige Stimmen in %
1893	833 Wahlmänner	9	8,3 der Wahl-männer
1899	138 391	12	9,8
1905	130 708	15 (gemeinsam mit *Bund der Landwirte*)	8,8
1907	84 394	13 (gemeinsam mit *Bund der Landwirte*)	10,51
1912	85 919	5	6,7
1919	310 165	16	9,1
1920	234 918	12	7,8
1924	213 450	10	7,1
1928	382 104	17	11,5
1932	252 256	9	6,5
1933	101 689	3	2,3

wende erschien in der »Neuen Bayerischen Landeszeitung« die volks- und landwirtschaftliche Wochenbeilage »Bayerischer Bauernbund«)
»Niederbayerischer Anzeiger«, Straubing
»Bauernbündlerische Flugschriften« (Von den Geschäftsstellen des BB für Altbayern und Schwaben sowie in Franken in loser Folge zwischen 1907 und 1910 herausgegeben)
»Der Bündler«, München (1919–1926)
»Landauer Volksblatt«

Angeschlossene Organisationen

Deutscher Jungbauernbund (gegr. 1929)

1. Vorgeschichte, Gründung und Programm des BB

Die Entstehung der bayerischen Bauernbundsbewegung fällt mit dem Tiefpunkt der langfristigen Agrarkrise zusammen, die auch in Bayern die hier zahlenmäßig vorherrschenden Klein- und Mittelbauern in starkem Maße wirtschaftlich belastete. Die Unzufriedenheit der ländlichen Bevölkerung entzündete sich vor allem an der Zoll- und Handelsvertragspolitik der Regierung CAPRIVI, die unter dem Druck des Industriekapitals die Importzölle für Getreide teilweise modifizierte und dadurch eine heftige agrarische Bewegung auslöste. Im Unterschied zum ↗ Bund der Landwirte (BdL) entstand der BB nicht nur in Abwehr angeblich antiagrarischer Züge der Regierungspolitik, sondern insbesondere in betonter Frontstellung zum ↗ Zentrum (Z). Diese Partei, die vor allem in Ober- und Niederbayern traditionell von der Mehrheit der Landbevölkerung gewählt wurde, verletzte bereits mit der noch unter BISMARCK eingeleiteten und unter CAPRIVI verstärkt fortgesetzten Annäherung an das Regierungslager die besonders in Bayern sehr zählebigen antipreußischen und partikularistischen Stimmungen breiter Kreise der Volksmassen und wurde nun als einer der parlamentarischen Träger der Handelsvertragspolitik CAPRIVIS auch für die bald nach dem Abschluß der Handelsverträge fallenden Preise für landwirtschaftliche Erzeugnisse verantwortlich gemacht.

Einen ersten deutlichen Ausdruck fand die zentrumsfeindliche Stimmung ländlicher Wählerkreise bei der Reichstagsersatzwahl in dem niederbayerischen Wahlkreis Kelheim—Rottenburg—Mallersdorf im Oktober 1892. Der gegen das Z aufgestellte Redakteur der scharf antipreußisch orientierten Tageszeitung »Das Bayerische Vaterland«, Johann Baptist SIGL, unterlag in diesem bis dahin unangefochtenen Z-Wahlkreis nur mit wenigen Stimmen Differenz zum Z-Kandidaten. Auch die im Dezember 1892 stattfindende Reichstagswahl im Wahlkreis Kaufbeuren—Mindelheim—Oberndorf—Füssen, bei der erneut J. B. SIGL als Kandidat auftrat, zeigte ein ähnliches Ergebnis. Die bei diesen Wahlen sichtbar gewordenen Tendenzen zu einer vom Z und den christlichen Bauernvereinen un-

abhängigen bäuerlichen Interessenvertretung erhielten im Frühjahr 1893 durch die Gründung des BdL einen zusätzlichen Auftrieb. Insbesondere über K. H. VON THÜNGEN, führender Vertreter der ↗ Vereinigung der Steuer- und Wirtschaftsreformer (VSW) und durch seinen Briefwechsel mit BISMARCK bekannt gewordener Vorkämpfer der Schutzzollpolitik, unternahm der BdL bald nach seiner Gründung energische Versuche, auf der Grundlage der sich abzeichnenden zentrumsfeindlichen Bauernbewegung auch in Bayern Fuß zu fassen. Auf einer am 18. März 1893 in Straubing vom BdL inszenierten Versammlung war dessen Einführung in Niederbayern beabsichtigt.[1] Der Verlauf dieser Bauernversammlung wie auch die entsprechenden Pressekommentare demonstrierten aber betont eigenständigen, teilweise partikularistischen Tendenzen zu einer bayerischen Bauernpartei. Daruberhinaus verhinderten der soziale Gegensatz der Klein- und Mittelbauern Niederbayerns zu den ostelbischen Großgrundbesitzern, die antipreußischen Stimmungen gegen den preußischen Konservatismus, vor allem auch die Ablehnung des preußischen Militarismus, einen direkten Anschluß des am 10. April 1893 in Straubing gegründeten Bundes der niederbayerischen Landwirte und Gewerbetreibenden an den BdL. Doch wurde in den Satzungen festgelegt, daß der neue Bund in allen die »Landwirtschaft berührenden Fragen« mit dem BdL Fühlung zu halten hatte.[2] In der Folgezeit wechselten Perioden gewisser Anlehnung an den BdL mit Phasen schärfsten Kampfes, bevor ab 1901 eine relativ kontinuierliche Zusammenarbeit erfolgte, die in der Aufteilung von bayerischen Interessensphären bei der Reichstagswahl 1903 gipfelte.[3]

Seine ersten Erfolge erreichte der Bund der niederbayerischen Landwirte und Gewerbetreibenden bei den Reichstagswahlen 1893, als er in den 6 niederbayerischen Wahlkreisen in betontem Gegensatz zum Z eigene Kandidaten aufstellte und davon 3 gewählt wurden. Bei den im gleichen Jahr stattfindenden Landtagswahlen wurden 7 Abgeordnete des neuen Bundes gewählt. Neben den überraschend starken Gewinnen in Niederbayern war besonders bezeichnend, daß auch in oberbayerischen, oberpfälzischen und schwäbischen Wahlkreisen zahlreiche Stimmen für den Bauernbund abgegeben wurden. Doch ergab sich andererseits aus der Genesis des BB, seinem prononcierten Antiklerikalismus und der aggressiven Feindschaft gegenüber dem Z, daß er in den überwiegend evangelischen Teilen Bayerns keine Ausbreitungsmöglichkeiten fand.

Neben dem *Niederbayerischen Bund der Landwirte* entstanden 1893/94 in rascher Folge der *Bund oberbayerischer Landwirte und Gewerbetreibender*, der *Schwäbische Bund der Landwirte und Gewerbetreibenden* und im Jahre 1895 eine Sektion des *Niederbayerischen Bundes der Landwirte* in der Oberpfalz. Bereits im April 1893 war unter Führung K. H. VON THÜNGENS der *Fränkische Bauernbund* in enger Verbindung mit dem *BdL* gegründet worden. Das in Franken gegenüber Niederbayern stärker vertretene großbäuerliche Element bestimmte den eindeutig agrarischen und auf Schutzzölle ausgerichteten Charakter dieses Bundes.

Die bereits 1893 in der der Bauernbundsbewegung nahestehenden Presse diskutierte Einigung der verschiedenen Bünde scheiterte zunächst vor allem an dem Gegensatz zwischen dem nieder- und oberbayerischen Bund auf der einen und dem *Fränkischen Bauernbund* auf der anderen Seite. Gegenüber dem von K. H. VON THÜNGEN geführten *Fränkischen Bauernbund* erklärte G. EISENBERGER, einer der Führer des *Oberbayerischen Bauernbundes*, am 19. August 1894 in Altötting: »Wo der Adel blühe, verderbe der Bauer, denn die Adligen seien die Drachen im Bienkorb.«[4] Der *Oberbayerische Bauernbund*, vorwiegend eine Organisation der in schwieriger wirtschaftlicher Lage befindlichen oberbayerischen Waldbauern, nahm die schärfste Stellung gegen K. H. VON THÜNGEN ein. In einer am 2. Dezember 1894 in Murnau angenommenen Resolution wurde »jede Gemeinschaft mit Vereinigungen oder Personen ab(gelehnt), welche in Verkennung der Bundeszwecke als Anhänger der deutschkonservativen Junkerpartei anläßlich der Militärfragen und dergleichen erscheinen ...«[5]

Der *Niederbayerische Bauernbund*, der zunächst dem *Fränkischen Bauernbund* gegenüber ebenfalls eine scharf ablehnende Haltung eingenommen hatte, tendierte seit Ende 1894 zu einer Einigung mit K. H. VON THÜN-

GEN. Entscheidend dafür war, daß es dem *BdL* gelungen war, auch die bayerische Bauernbundsbewegung für den Antrag KANITZ (Staatliche Regelung der Getreidepreise durch Monopolisierung des Getreidehandels mit dem Ausland) zu gewinnen. Lediglich der *Oberbayerische Bauernbund*, unter dessen Mitgliedern der Getreideanbau keine wesentliche Rolle spielte, lehnte den Antrag KANITZ wie auch die Schutzzollpolitik ab.

Der am 2. März 1895 in Regensburg unter dem Zeichen des Antrages KANITZ stehende Zusammenschluß der bündlerischen Organisationen Frankens, Schwabens und Niederbayerns zum BB erfolgte ohne Beteiligung des *Oberbayerischen Bauernbundes*. Die Orientierung des neugegründeten BB auf die Agrarpolitik des *BdL* zeigte sich nicht zuletzt in der Wahl K. H. VON THÜNGENS zum 1. Vorsitzenden. Der *BdL* sandte der Gründungsversammlung ein Glückwunschtelegramm.[6]

Das Programm des BB enthielt neben typischen agrarischen Forderungen wie dem Antrag KANITZ, der »Kündigung der Meistbegünstigungsverträge allen Ländern gegenüber, deren landwirtschaftliche Erzeugnisse den heimischen Produkten gefährliche Konkurrenz machen können«,[7] auch Ziele, die den BB als Vertreter des bayerischen Kleinbauerntums charakterisieren, z. B. die Forderung nach Aufhebung der Bodenzinse. Unter antiindustriellen Aspekten appellierte die Gründungsversammlung an die städtischen Mittelschichten, insbesondere die »Gewerbetreibenden«, sich dem BB anzuschließen. In einer Resolution nahm der BB gegen die Umsturzvorlage Stellung, »welche die Freiheit der Rede und Presse gefährdet, die Bewegungsfreiheit bedroht und als Ausnahmegesetz verwerflich ist«.[8]

Nach seinen Satzungen sollten die Zwecke des BB erreicht werden

»1. durch Besprechungen und Beschlüsse der Mitglieder in Versammlungen; 2. durch Einwirkungen auf die Wahlen, damit unabhängige Männer in die Parlamente gewählt werden, welche bereit sind, die Interessen der Landwirtschaft und des Gewerbes energisch wahrzunehmen und volle Bürgschaft dafür leisten, daß sie das Wohl dieser Bevölkerungsklassen nicht politischen oder Parteirücksichten unterordnen, sondern in wichtigen Fällen im Einverständnis mit dem Bundesvorstand stimmen und handeln werden.«[9]

Für den organisatorischen Aufbau des BB war vorgesehen, daß sich über den Orts- bzw. Ortsgruppenabteilungen, die je einen Vertrauensmann wählten, die Bezirksabteilungen mit je einem Obmann erheben sollten. In jedem Reichs- und Landtagswahlkreis bildeten die Bezirksabteilungen eine Wahlkreisabteilung mit einem Vorstand an der Spitze. Dieser Organisationsplan konnte nur in begrenztem Maße verwirklicht werden. Die regionalen Einzelbünde behielten unverändert eine relativ große Selbständigkeit, wodurch Schlagkraft und Geschlossenheit des BB empfindlich beeinträchtigt und die vor allem im Zeitraum bis 1914 stattfindenden zahlreichen Richtungskämpfe und internen Auseinandersetzungen begünstigt wurden.

2. Die Tätigkeit und die Entwicklung des BB bis 1918

Bereits wenige Wochen nach seiner Gründung erlitt der BB in einer Reichstagsersatzwahl in Passau Ende März 1895 durch das Z eine schwere Niederlage. Ihre Ursachen lagen in der innerhalb des BB umstrittenen Führung durch K. H. VON THÜNGEN und der damit verbundenen großagrarischen Orientierung sowie in der zeitweisen Annäherung des stärker kleinbäuerlich-demokratisch orientierten *Niederbayerischen Bauernbundes* um F. WIELAND und Albert GÄCH an die mit dem *BdL* eng verbundene fränkische Richtung unter K. H. VON THÜNGEN und Friedrich LUTZ.[10] Neben diesen Gruppierungen bestand eine mehr partikularistisch-antisemitische Strömung innerhalb des BB, die vor allem mit dem Namen J. B. SIGL und Georg RATZINGER verbunden war. Der ehemalige Zentrumsabgeordnete G. RATZINGER gehörte als erster Führer der Landtagsfraktion des BB in den 90er Jahren zu den wichtigsten parlamentarischen Repräsentanten der Bauernbundbewegung.
Die latente Frontstellung innerhalb des BB gegen K. H. VON THÜNGEN wurde im Sommer 1895 erneut offen sichtbar, als dieser den — allerdings vergeblichen — Versuch unternahm, zwischen dem BB und dem *BdL* ein Kartellverhältnis herzustellen.[11] Am schärfsten wurde K. H. VON THÜNGEN von den oberbayerischen Bauernbündlern angegrif-

fen, die ihren Anschluß an den BB von dem Rücktritt K. H. VON THÜNGENS als Vorsitzendem abhängig machten. Auf der Delegiertentagung des BB am 7. Oktober 1896 in Nürnberg legte K. H. VON THÜNGEN den Vorsitz nieder, und bereits am 26. September 1896 erfolgte in Kenntnis des bevorstehenden Rücktritts die Vereinigung des *Bayerischen Bauern- und Bürgerbundes*, wie sich der *Bund oberbayerischer Landwirte und Gewerbetreibender* seit dem 30. März 1895 nannte, mit dem BB.
Auf Anregung der neuen oberbayerischen Gruppe erhielt der BB nun auch ein politisches Programm, in dem neben föderalistischen Zielen wie der Aufrechterhaltung der Selbständigkeit Bayerns auch demokratische Forderungen enthalten waren, so die nach voller Vereins-, Versammlungs- und Pressefreiheit, allgemeinem, gleichem, direktem und geheimem Wahlrecht für alle gesetzlichen Vertretungskörperschaften und Verstaatlichung des gesamten Schulwesens.[12]
Dieses Programm löste im BB neue innere Auseinandersetzungen aus. Der fränkische und schwäbische Bund lehnten einzelne demokratische Forderungen, wie die Verstaatlichung der Volksschulen, ab und schufen sich 1899 eine selbständige Organisation. Nach dem für den BB enttäuschenden Ausgang der Reichstagswahlen 1898 trennte sich auch der oberbayerische Bund vom BB. Da sich auch in Niederbayern verschiedene Richtungen gegenüberstanden, bot der BB am Ende des Jahrhunderts ein Bild völliger Zersplitterung. Vom bayerischen Z wurden diese inneren Gegensätze eifrig geschürt. Insbesondere seit dem Landshuter Katholikentag 1897 entfaltete das Z und der unter seiner Regie im Oktober 1898 gegründete *Bayerische Christliche Bauernverein* eine lebhafte Kampagne gegen den BB.[13] Das unter dem Motto »Gründet christliche Bauernvereine!« erfolgreich praktizierte Gegenrezept des Z, die weitgehend vergeblichen Anstrengungen des BB, in den städtischen Mittelschichten seine Massenbasis zu verbreitern, und die ständige Konkurrenz des *BdL* engten den Aktionsradius des BB in wachsendem Maße ein und führten ihn bis an die Grenze völliger Bedeutungslosigkeit. Erst die massiven Versuche des *BdL*, unter Ausnutzung der Zersplitterung des BB in Bayern einzudringen

und die Reste der Bauernbundsbewegung in seine Organisation zu integrieren, führten zu einer erneuten Einigung des BB am 3. November 1900 in Würzburg. Wesentlichen Anteil an der Einigung hatte der Schriftführer des *Fränkischen Bauernbundes* Anton MEMMINGER. Zu den wenigen bedeutenderen Journalisten der Bauernbundsbewegung gehörend und neben zahlreichen Romanen vor allem durch seine »Geschichte der Bauernlasten« (1900) in breiteren Kreisen bekannt geworden, vertrat A. MEMMINGER kleinbürgerliche und antisemitische Auffassungen, die mit einer gewissen antikapitalistischen Phraseologie verbunden waren. In seinem Referat auf der Würzburger Einigungsversammlung wandte er sich gegen eine Reichspolitik, »welche die Interessen des Großkapitalismus, Großhandels und der Großindustrie auf Kosten der deutschen Landwirtschaft zu heben sucht«.[14] In seiner Resolution sprach die Einigungsversammlung »der gesamten Reichspolitik des neuen Kurses nach innen und außen, insbesondere aber auch dem neuen Reichskanzler Grafen Bülow ihr unbegrenztes Mißtrauen aus«.[15] Obwohl in einer weiteren Resolution auch gegen den *BdL* Stellung genommen wurde, bedeutete die Einigung von 1900 doch eine Wendung nach rechts, für die die fränkischen und schwäbischen Bauernbündler verantwortlich zeichneten. Trotz fast ununterbrochener Pressefehde und scharfen Urteilen über den *BdL* als einer Organisation, die »nur die politisch-reaktionären Geschäfte des östlichen Junkertums« besorge[16], ist in den Jahren 1901/02 eine Annäherung des BB an die junkerliche Interessenorganisation unverkennbar. In seiner ideologischen Fundierung übernahm der BB nicht nur das Dogma von der Vorrangstellung der Landwirtschaft vom *BdL*, sondern auch die aus antikapitalistischen Motivationen abgeleitete gleichwertige Ablehnung der revolutionären Arbeiterbewegung und des Börsen- und Handelskapitals: »Der politische Anarchismus der Proletarier (d. h. die revolutionäre Arbeiterbewegung, H. G.) wächst auf den gleichen Mistbeeten wie der wirtschaftliche und soziale Anarchismus der Börsianer, Gründer, Spekulanten, Bankräuber und Bankrottierer, in denen das für Handelsverträge schwärmende, den Bauernstand als unersättliche Kornwucherer und Brotverteuerer beschimpfende Freihändlertum seine besten Stützen findet.«[17]

Am 16. Februar 1901 kam es zu gemeinsamen Beratungen des BB mit dem *BdL* und der ↗ *Vereinigung der deutschen Bauernvereine (VdB)* über den bevorstehenden Zolltarif.[18] Wenige Tage später forderte der BB in einer Denkschrift zur Zollfrage einen Maximal- und Minimaltarif von mindestens 7 M auf alle Hauptgetreidearten.[19] Lediglich die oberbayerischen Vertreter des BB nahmen gegen die Getreidezölle Stellung, forderten dafür aber hohe Viehzölle.[20] In Schwaben, Franken und auch in Niederbayern gelang es dem *BdL*, durch die Schutzzollfrage und die damit verbundene demagogische Losung von der Einheitsfront der Landwirtschaft gewisse Kontakte mit dem BB wieder aufzunehmen. Der 1900 erfolgte Übertritt von etwa 20 Vertrauensmännern des BB in den *BdL*, die Unterstützung eines Kandidaten des Bundes der Landwirte durch die fränkischen Bündler bei der Reichstagsersatzwahl in Forchheim 1902 und die Teilnahme von Vertretern des *BdL* an den Versammlungen des *Fränkischen Bauernbundes* verdeutlichen die Rechtsentwicklung des BB am Anfang des 20. Jh.

Für die Organisation des BB war die Delegiertenversammlung 1901 in Würzburg von Bedeutung. Danach behielten die einzelnen Bünde weiterhin eine relativ große Selbständigkeit, die dem BB bis 1918 starke Züge einer Arbeitsgemeinschaft der verschiedenen regionalen Bauernbünde gab. Die Satzungen des Bundesvorstandes und die Zusammenarbeit der Abgeordneten des BB in der *Freien wirtschaftlichen Vereinigung* des bayerischen Landtages bildeten insgesamt nur eine lockere Klammer. Die *Freie wirtschaftliche Vereinigung* war 1895 von den 7 Abgeordneten des BB und den 4 Abgeordneten des *Mittelfränkischen Bauernvereins* gegründet worden, um der Bauernbundsbewegung größere parlamentarische Schlagkraft zu verleihen. Die Wirksamkeit des BB im bayerischen Landtag blieb auf Grund der kleinen Parlamentsfraktion bis 1918 insgesamt gering. Die bekanntesten Sprecher des BB waren in der Anfangsphase G. RATZINGER und nach der Jahrhundertwende G. EISENBERGER. Weitgehend bedeutungslos war die Wirksamkeit der Reichstagsabgeordneten des BB. In der Legislaturperiode 1893/98 zog J. B. SIGL durch seine scharfen Angriffe gegen die Regierung gelegentlich die Aufmerksamkeit auf sich. Im Dezember 1903 schlossen sich die beiden Abgeordneten des BB mit den Abgeordneten des *BdL*, der ↗ *Christlichsozialen Partei (CSP)* der ↗ *Deutschsozialen Partei (DSP)* und der ↗ *Deutsch-Hannoverschen Partei* zur *Wirtschaftlichen Vereinigung* zusammen, um damit die Rechte einer Fraktion im Reichstag zu erhalten. Während des ersten Weltkrieges gehörte der BB zu den Parteien und Organisationen, die sich am 17. Januar 1916 zur *Deutschen Fraktion* im Reichstag zusammenschlossen.[21] Zu den ständigen Forderungen, die der BB in den Jahren nach der Jahrhundertwende an die Landes- bzw. Reichsgesetzgebung stellte, gehörten neben agrarpolitischen Postulaten, wie ausreichendem Zollschutz, Aufhebung der Bodenzinse und Errichtung von Landwirtschaftskammern, auch föderalistische und demokratische Losungen, wie die Aufrechterhaltung der Selbständigkeit Bayerns, Presse- und Versammlungsfreiheit, ein demokratisches Wahlrecht und Herabsetzung der Militärlasten.[22]

Bei den Reichstagswahlen 1903 erhielt der BB lediglich 2 Mandate.[23] Auch diese Wahlen hatte der BB in Frontstellung gegen das *Z* ausgefochten, das für den nach Auffassung des BB zu niedrigen Gerstenzoll des Zolltarifes 1902 verantwortlich gemacht wurde. In den Stichwahlen 1903 proklamierte der BB zwischen *Z* und Sozialdemokratie Stimmenthaltung. Bei den Reichs- und Landtagswahlen 1907 setzte sich der Rückgang der Stimmenzahl des BB fort. Neben den inneren Gegensätzen war dafür die seit der Jahrhundertwende verstärkte agrarische Orientierung des *Z* maßgebend, durch die die Agitationsmöglichkeiten des BB eingeengt wurden. Vor allem die Tätigkeit der christlichen Bauernvereine unter Georg HEIM trug zum Rückgang des BB bei.

Die reaktionären Elemente in der Politik des BB kamen auch in den Jahren 1905—1910 vor allem auf dem agrarischen Sektor zum Ausdruck. So nahm er in der Frage der Dienstbotenorganisation einen gewerkschaftsfeindlichen Standpunkt ein. Auf der Generalversammlung des BB für Franken wandte sich A. MEMMINGER gegen jede Form der Dienstbotenorganisation.[24] In seiner täglichen Argumentation arbeitete der BB wie der *BdL* mit

dem summarischen Begriff der »deutschen Landwirtschaft« und vermied jegliche Herausarbeitung der klassenmäßigen Gegensätze auf dem Lande. In einer Flugschrift wandte sich der BB 1907 gegen jede Erhöhung der direkten Steuern für die Landwirtschaft und verteidigte damit auch den deutschen Grundbesitz.[25] Am schärfsten wurde der Gedanke einer angeblichen Solidarität der gesamten Landbevölkerung im *Fränkischen Bauernbund* vertreten. Er nahm auf seiner Generalversammlung im Dezember 1908 gegen die Erbschaftssteuer Stellung, die nach der Auffassung des *Fränkischen Bauernbundes* »einen unheilvollen und verderblichen Eingriff in den wirtschaftlichen Bestand der Familie ... darstellt, dem der Mittelstand und besonders der Bauernstand am schutzlosesten preisgegeben ist«.[26]

Zu einem bedeutsamen Einschnitt in der Geschichte des BB wurde das Jahr 1910, in dem der *Fränkische Bauernbund* zu seinem größeren Teil in den ↗ *Deutschen Bauernbund (DB)* überging, während der Rest unter der Führung des Großgrundbesitzers K. PRIEGER sich dem *BdL* anschloß.[27] Obwohl der BB durch das Ausscheiden der fränkischen Bündler fast die Hälfte seiner Mitglieder verlor, leitete die nunmehrige Konzentration auf Altbayern eine neue Konsolidierungs- und Aufstiegsphase des BB ein.

Die heranreifende politische Krise in den Jahren vor dem ersten Weltkrieg führte zu einer gewissen Radikalisierung des BB, die sich u. a. in den Wahlkämpfen in einer zunehmenden Zusammenarbeit mit den bayerischen Liberalen, teilweise auch mit der Sozialdemokratie, äußerte. Zwar hatte bereits 1897 Adolf GRÖBER auf dem Landshuter Katholikentag den BB mit der Sozialdemokratie gleichgestellt[28], doch bestanden in Wirklichkeit, von einzelnen Wahlkompromissen abgesehen, bis 1912 keine ernsthaften Berührungspunkte. Erst bei den Landtagswahlen 1912 kam es zu einem gemeinsamen Vorgehen des BB, des *DB*, der verschiedenen liberalen Parteien und der bayerischen Sozialdemokratie gegen das *Z*. Für eine über die Wahlen hinausgehende Zusammenarbeit mit der Sozialdemokratie trat aber innerhalb des BB nur der sich in den ersten Ansätzen formierende linke Flügel um K. GANDORFER ein. K. GANDORFER, bei einer Nachwahl 1913 in

Mallersdorf in den Landtag gewählt, wurde von seiten des *Z* 1914 offen als »Landsozi« tituliert.[29] Wie K. GANDORFER lehnte es auch der Kreisvorsitzende Nikolaus EBNER auf einer Versammlung des *Altbayerischen Bauernbundes* im Juni 1914 ab, »die Kampffront nach links zu wenden, da zur Zeit die größeren Volksfeinde rechts ständen.«[30] Der rechte Flügel des BB – zwar noch nicht scharf ausgebildet, aber in der Abgrenzung zu K. GANDORFER bereits sichtbar – wurde von G. EISENBERGER und Th. DIRR, Bürgermeister im schwäbischen Anhofen, geführt.

In den ersten Jahren des Weltkrieges entfaltete der BB im Zeichen der Burgfriedenspolitik keine nennenswerten politischen Aktivitäten. Das Auftreten der Abgeordneten des BB im bayerischen Landtag beschränkte sich auf zumeist kritische Stellungnahmen zur Ernährungswirtschaft und Lebensmittelversorgung. Auf verschiedenen Kriegstagungen des BB im Frühjahr 1916 rief die noch relativ geschlossen auftretende Führung zur Erhaltung des Burgfriedens und zum »Durchhalten« auf. Auf der Kriegstagung des BB am 20. Februar 1916 in München versicherte der Reichstagsabgeordnete BAUER, »daß das deutsche Volk durchhalten werde, daß das deutsche Volk durch Hunger nicht zu besiegen sei und die Hoffnungen unserer Feinde zuschanden werden«.[31] Im gleichen Sinne empfahl auch K. GANDORFER auf einer weiteren Kriegstagung in Pfarrkirchen »mit voller Kraft und Leib und Seele das Durchhalten bis zum endlichen Siege, der uns bald winken möge«.[32] Diese Stellungnahmen waren verbunden mit Forderungen nach besserer Berücksichtigung des »Kleingewerbes bei Kriegslieferungen« und mit der Kritik an der angeblich »einseitigen Höchstpreispolitik zuungunsten der Landwirte«.[33]

Im Oktober 1916 stellte sich der Vorstand des BB hinter den politischen Kurs von BETHMANN HOLLWEG und wandte sich in scharfer Form gegen die »alldeutschen Kanzlerfrondeure«, »weil sie die Spannkraft des Volkes im Innern schwächen und unseren Feinden neuen Mut machen«.[34]

Auch in den ersten Monaten des Jahres 1917 waren starke Kräfte des BB bereit, die allseitige Verschärfung der Kriegspolitik zu unterstützen. Auf einer Kriegstagung des BB im Januar 1917 forderte Th. DIRR die Regierung

auf, »rücksichtslos alle unsere Kampfmittel zu Wasser und zu Lande anzuwenden. Gegen den Vernichtungswillen unserer Feinde gibt es nur eins: Kampf bis zum letzten Mann.«[35] Erneut stellte sich der BB hinter die Kriegszielpolitik der Reichsregierung, indem er ausdrücklich feststellte, daß der BB keine anderen Kriegsziele besitze, als sie der Reichskanzler verzeichnet hat: »Es muß Sicherheit geschaffen werden, daß Belgien nicht wieder der Tummelplatz der Feinde werden kann, Sicherheit gegen französische Revanchegelüste und russische Eroberungsgelüste.«[36] Erst mit der rapiden Verschlechterung der wirtschaftlichen Lage breiter Kreise der bayerischen Bauernschaft 1917/18 erfolgten im BB stärkere Differenzierungsprozesse und eine deutlichere Profilierung der linken Gruppierung. Zwar stellte sich der BB noch relativ geschlossen auf den Boden der Friedensresolution[37], doch ging der linke Flügel unter der Führung von K. GANDORFER und Konrad KÜBLER über diese Aktion imperialistischer Friedensheuchelei bald hinaus. Gestützt auf die wachsende Erbitterung breiter Mitgliederkreise, bekämpfte er das alldeutsche Annexionsprogramm der ↗ *Deutschen Vaterlandspartei (DVLP)* und rief zur raschen Beendigung des Krieges und der damit verbundenen Kriegszwangswirtschaft auf.[38]

3. Die Haltung des BB während der Novemberrevolution 1918–1919

Als der von der imperialistischen Propaganda unmittelbar in Aussicht gestellte »Endsieg« nicht eintraf, die Truppen des deutschen Imperialismus im Sommer 1918 an der Westfront entscheidend geschlagen wurden und gleichzeitig die wirtschaftliche Lage sich weiter verschlechterte, trat bei den bäuerlichen Massen ein tiefgehender Stimmungsumschwung ein. Die wirtschaftliche Ruinierung der in Bayern besonders zahlreichen Klein- und Mittelbetriebe und die hohen Blutopfer führten zu wachsender Erbitterung und Unzufriedenheit bei den Mitgliedern des BB und bewirkten dessen immer stärkeres Abrücken von den imperialistischen Kräften und eine Stärkung seines linken Flügels.[39] K. GANDORFER, K. KÜBLER und weitere linke Führer verlangten die sofortige Beendigung des

Krieges und eine Änderung der bestehenden Verhältnisse. Das »Landauer Volksblatt«, das zum Organ des linken Flügels des BB wurde, hatte bereits am 1. Januar 1918 einen Artikel von K. KÜBLER veröffentlicht, in dem es hieß: »Das Jahr 1918 ... soll dem deutschen Volk auch im Innern zur Auferstehung werden ... Die Völker, die aus Rußland das Morgenrot des Friedens herüberleuchten sehen, werden nicht mehr so willenlos der Verblendung ihrer Regierung die Menschenopfer bringen.«[40] In einer vielbeachteten Rede forderte K. GANDORFER am 24. Juli 1918 zum offenen Kampf gegen die Kriegspolitik der Regierung und gegen alle Kräfte auf, die für die Fortsetzung des Krieges eintraten. Er schloß seine Rede mit den Worten: »Das Volk will Frieden, und ich erkläre deshalb, daß wir Vaterlandspartei, Alldeutsche oder sonst eine Partei, die den Krieg verlängern will, bekämpfen bis auf das äußerste.«[41]

Während G. EISENBERGER, Th. DIRR, A. STÄDELE und andere die Bildung der Regierung unter Max PRINZ VON BADEN begrüßten, nach wie vor dem bayerischen Königshaus ihre Treue versicherten und die Mitglieder aufforderten, »ruhig Blut zu bewahren und jegliche Unterstützung Ruhe und Ordnung störender Elemente zu vermeiden«[42], sympathisierten der linke Flügel und immer größere Teile der Mitgliedschaft mit der Arbeiterklasse. Bereits am 31. Oktober 1918 verlangten die linken Führer in Flugblättern die Absetzung der bayerischen Regierung.[43] K. GANDORFER nahm aktiv an der Vorbereitung der Novemberrevolution in Bayern teil. Sein Bruder Ludwig GANDORFER bekannte sich zu sozialistischen Ideen und war mit Kurt EISNER befreundet.[44] Auf der Kundgebung am 7. November 1918, von der die revolutionäre Erhebung in München ihren Ausgang nahm, übermittelte L. GANDORFER die Sympathiegrüße der bayerischen Bauern und erklärte, diese würden eine ausreichende Lebensmittelversorgung garantieren. An der Seite K. EISNERS nahm er dann an den Demonstrationen und am Marsch zu den Kasernen teil. Neben dem Arbeiter- und Soldatenrat wurde am Abend auch ein Bauernrat gebildet, der sich fast ausschließlich aus Vertretern des BB zusammensetzte.[45] Vorsitzender dieses Landesbauernrates in München wurde L. GANDORFER. Als dieser wenige Tage darauf auf

der Fahrt zu einer Bauernversammlung tödlich verunglückte, trat sein Bruder K. GANDORFER an dessen Stelle. Im BB konnten K. GANDORFER und der linke Flügel vorübergehend die Führung an sich reißen und die rechten Kräfte um G. EISENBERGER zurückdrängen. Auf der ersten Sitzung des provisorischen Nationalrates am 8. November erklärte K. GANDORFER die Bereitschaft des BB, die EISNER-Regierung zu unterstützen. Der Vorstand des BB bestätigte diese Erklärung und versicherte am 14. November in einer Entschließung, daß er gewillt sei, »mit der neuen Regierung vertrauensvoll zum Wohle des Volkes zusammenzuarbeiten«.[46] Die Beteiligung von linken Kräften des BB an der Revolution und deren enge Anlehnung an die USPD verdeutlichten die Bestrebungen von Teilen der Bauernschaft, einen Weg an die Seite der Arbeiterklasse zu finden, und zeigten die vorhandenen Möglichkeiten für die Herstellung eines festen Bündnisses zwischen Arbeiterklasse und werktätigen Bauern.

Die als Stützen der EISNER-Regierung auf dem Lande geschaffenen Bauernräte bestanden vorwiegend aus Mitgliedern und Anhängern des BB, während Angehörige des BdL und auch der christlichen Bauernvereine nur in einigen Gebieten in den Räten vertreten waren. Die Mehrzahl dieser Räte unterschied sich wesentlich von den auf Anordnung des »Rates der Volksbeauftragten« gebildeten Bauernräten in anderen Teilen Deutschlands, die größtenteils konterrevolutionären Charakter hatten. Vertreter des linken Flügels des BB standen an der Spitze des Landesbauernrates in München und auch der meisten Räte in Niederbayern. Viele Bauernräte verlangten die Aufteilung des Großgrundbesitzes.[47] Die Forderungen der Bauern nach einer Bodenreform waren so nachhaltig, daß sich selbst die gemäßigten rechten Kräfte im BB um G. EISENBERGER gezwungen sahen, für die Aufteilung des Großgrundbesitzes zu votieren. Das neue Programm des BB, das im Januar 1919 aufgestellt und von der Generalversammlung am 1. Februar bestätigt worden war, enthielt folgenden Punkt: »Vermehrung der kleinbäuerlichen Betriebe durch Aufteilung großer Güter (über 1 000 Tagewerk).«[48] Ferner wurden die Forderungen für die Bauernschaft weiter ausgebaut und die demokratischen Bestrebungen, die allerdings teilweise mit föderalistischen Tendenzen vermischt waren, noch stärker in den Vordergrund gestellt. Der BB sprach sich hierin, wenn auch in vorsichtiger Form, für die Trennung von Kirche und Staat sowie für die Einheitsschule aus.

Das aktive Eintreten des BB für die Interessen der werktätigen Bauern sowie der gemeinsame Kampf mit der Arbeiterklasse führten zu einer bedeutenden Stärkung des Bundes und zu einer Erweiterung seines Masseneinflusses. 1918/19 konnte der BB rund 20 000 neue Mitglieder gewinnen. Auch die Landtagswahlen und die Wahlen zur Nationalversammlung im Januar 1919 spiegelten den wachsenden Masseneinfluß des BB wider. Es gelang ihm, gegenüber den Wahlen von 1912 bei den Landtagswahlen die Mandate von 5 auf 16 und bei den Wahlen zur Nationalversammlung von 2 auf 4 zu erhöhen.[49]

Durch die inkonsequente Haltung der EISNER-Regierung und deren Auftreten gegen eine Weiterführung der Revolution war es der Konterrevolution gelungen, ihre Positionen auszubauen. In erbitterten Klassenauseinandersetzungen trat die Arbeiterklasse den konterrevolutionären Anschlägen entgegen und versuchte, die Revolution weiterzutreiben.[50] Die Enttäuschung der Bauern über die Ergebnisse der Revolution sowie das Vordringen der Konterrevolution hatten dazu geführt, daß sie immer mehr unter den Einfluß der Bourgeoisie gerieten. Auch ein erheblicher Teil der Mitglieder des BB wandte sich von der revolutionären Arbeiterklasse ab. Dadurch konnte es der Führungsgruppe um G. EISENBERGER gelingen, ihren Einfluß in der Organisation zu verstärken und in dieser wieder die Oberhand zu gewinnen. Sie unterstützte die nach der Ermordung K. EISNERS gebildete konterrevolutionäre rechtssozialdemokratische Regierung unter Johannes HOFFMANN und wandte sich gegen die revolutionären Aktionen der Arbeiterklasse. Der BB übernahm in der Regierung HOFFMANN das Landwirtschaftsministerium (Martin STEINER). Die nach wie vor an der Spitze des Landesbauernrates stehenden linken Kräfte orientierten sich jedoch weiterhin auf die USPD. Ihrem Einfluß war es zuzuschreiben, daß sich der BB an der Aus-

rufung der Scheinräterepublik Anfang April 1919 beteiligte und K. KÜBLER, M. STEINER und Johann WUTZLHOFER in den von Führern der USPD, der SPD und der Anarchisten gebildeten sog. Rat der Volksbeauftragten eintraten.[51]

Der von K. GANDORFER geführte Landesbauernrat war bestrebt, die Bauernschaft für die Unterstützung der Räteherrschaft zu gewinnen. Er verbreitete einen Aufruf an die Landbevölkerung, in dem versucht wurde, den Bauern die Vorteile des Zusammengehens mit der Arbeiterschaft und die Notwendigkeit der Errichtung einer Räterepublik in Bayern zu erläutern. Hierbei wurde an die unter der Bauernschaft besonders ausgeprägte traditionelle Abneigung gegenüber der Vorherrschaft Preußens und gegenüber den Machtansprüchen des preußischen Militarismus sowie an die bei ihnen vorhandenen starken föderalistischen und partikularistischen Tendenzen angeknüpft. In dem Aufruf hieß es: »Das Wiedererwachen des preußischen Militarismus unter Noske und seinen Freikorpsführern haben die anfänglichen Erfolge der Revolution zunichte gemacht ... Die Sozialisierung des Großgrundbesitzes, der Großindustrie duldet keinen Aufschub mehr ... Volks- und Standesgenossen! Ihr müßt die neue Zeit verstehen lernen! Sie arbeitet nicht gegen Euch und bringt Euch nur Gutes! ... Die neue Räteregierung wird Euch schützen!«[52]

Der Landesbauernrat in München geriet jedoch immer stärker in die Isolierung. Zahlreiche Bauernräte, vornehmlich in Franken, der Oberpfalz, in Schwaben und im Allgäu, versagten K. GANDORFER die Unterstützung und erließen Aufrufe zu einer gegen die Räteregierung gerichteten Lebensmittelsperre.[53] G. EISENBERGER und andere Führer des BB unterhielten enge Verbindungen zu der nach Bamberg geflüchteten konterrevolutionären Regierung HOFFMANN. Nach der Bildung einer wirklichen Räterepublik unter führender Beteiligung der KPD und der Offensive weißer Truppen zur gewaltsamen Niederschlagung der Arbeiterklasse unterstützten sie offen die Konterrevolution. K. GANDORFER, K. KÜBLER und andere Mitglieder des Landesbauernrates verließen Mitte April München. Sie erkannten jedoch nach wie vor nicht die Regierung HOFFMANN, sondern die

Räteregierung als rechtmäßige Regierung Bayerns an und sprachen sich für Lebensmittellieferungen an die Arbeiter Münchens aus. Die Stellung des linken Flügels des BB ging aus einem Artikel im »Bündler« über das Verhältnis des Bauernrates zur sog. dritten Revolution deutlich hervor, in dem es u. a. hieß:

»Der Bauernrat hat nicht Lust, die Ansprüche des Kapitalismus und der arbeitslosen Einkommen zu schützen ... Bauern und mittelständische Berufe gehören zu denen, die in der Zeit des Gottesgnadentums in Fesseln lagen. Die neue Zeit soll mit den Arbeitern auch ihnen die Befreiung von Junkerhochmut, kapitalistischem Machthunger und Bürokratendünkel bringen und vollenden, was die erste und zweite Revolution nicht zu erreichen vermochten.«[54]

Nach der blutigen Niederschlagung der Räterepublik in München wurden K. GANDORFER und K. KÜBLER wegen ihres Eintretens für die Räteherrschaft verhaftet. Auf Betreiben der rechten Führergruppe wurden sie gleichzeitig aus dem BB ausgeschlossen. Große Teile der Mitglieder, vor allem in Niederbayern, hielten jedoch weiterhin zu ihnen. Um eine Spaltung des BB zu verhindern, sah sich schließlich der Bundesvorstand im November 1919 gezwungen, den Ausschluß wieder rückgängig zu machen.[55]

4. Die Rolle des BB in der Weimarer Republik

Nach der Niederwerfung der Räterepublik wurde Bayern zu einem Hort der Konterrevolution und zu einem Tummelplatz der faschistischen und militaristischen Organisationen. Die Veränderung des Klassenkräfteverhältnisses zugunsten der Reaktion hatte zur Folge, daß der BB sich wieder eng an die Bourgeoisie anlehnte und seine Tätigkeit vorwiegend auf die parlamentarische Ebene beschränkte. Die Führergruppe um G. EISENBERGER nahm Verbindungen zur ↗ BVP auf. Ende 1919/Anfang 1920 kam es sogar zu Einigungsverhandlungen zwischen dem BB und den von G. HEIM geführten christlichen Bauernvereinen und zu Vereinbarungen über den Zusammenschluß auf der Grundlage eines »Einigungsprogramms«. Nachdem gewisse Differenzen zwischen G. HEIM und der

Führung der BVP behoben waren und es klar wurde, daß die christlichen Bauernvereine ihre Verbindungen zur BVP nicht zu lösen beabsichtigten, hätte der Zusammenschluß praktisch einen Übertritt des BB zur BVP bedeutet. Der linke Flügel des BB und mit ihm zahlreiche dem BB angehörende Volksschullehrer, deren im Programm des Bundes verankerte Forderungen nach Abbau des klerikalen Einflusses im Schulwesen geopfert werden sollten, nahmen gegen den geplanten Zusammenschluß Stellung. Auf einem außerordentlichen Bundestag am 11. Februar 1920 sprach sich schließlich die Mehrheit der Delegierten gegen die Einigung aus.[56] G. EISENBERGER, Th. DIRR u. a. behielten jedoch ihre Orientierung auf eine Zusammenarbeit mit den bürgerlichen Parteien, vor allem mit der BVP, bei. In der 1920 gebildeten Landesbauernkammer, deren Präsident G. HEIM war und die als Nachfolgerin des Landesbauernrates ausgegeben wurde, arbeiteten sie eng mit den Vertretern der christlichen Bauernvereine zusammen.[57] Der BB trat im März 1920 in die rein bürgerliche Regierung unter Gustav RITTER VON KAHR (BVP) ein und blieb auch im Kabinett, als die ↗ DNVP (Bayerische Mittelpartei) in die Regierungskoalition einbezogen wurde. In der Regierung unter G. VON KAHR und in allen folgenden Landesregierungen während der revolutionären Nachkriegskrise stellte der BB den Landwirtschaftsminister (J. WUTZLHOFER). Mit seiner Regierungsbeteiligung unterstützte der BB den Vormarsch der konterrevolutionären monarchistisch-separatistischen Kräfte. Er war vornehmlich für die BVP ein »demokratisches Feigenblatt« für ihre reaktionäre Politik. Auf dem Bundestag im Februar 1921 betonte zwar G. EISENBERGER, daß der BB nicht mit allem einverstanden sein könne, was die bayerische Regierung mache, und daß deren Politik »zu weit nach rechts« gehe. Als aber K. GANDORFER vorschlug, das weitere Verbleiben in der Regierung unter G. VON KAHR von der Erfüllung einer Reihe von Forderungen abhängig zu machen, wurde dies abgelehnt.[58]

Während der BB auf Grund seines Einflusses unter der Bauernschaft und seiner relativen Stärke im Landtag im politischen Leben Bayerns eine gewisse Rolle spielte, auf die die herrschenden Kreise Rücksicht nehmen mußten, blieb er im Reichsmaßstab eine Splitterpartei. Da er mit seinen 4 Abgeordneten keine Fraktionsstärke hatte, konnte er in der Nationalversammlung bzw. im Reichstag kaum in Erscheinung treten. Wiederholt zeigte sich, wie sehr der BB an seinen föderalistisch-partikularistischen Vorstellungen festhielt. So hatten z. B. die Abgeordneten des BB gegen die Weimarer Verfassung gestimmt, weil diese den Verlust einiger Sonderrechte Bayerns brachte.[59]

1920 arbeiteten die rechten Kräfte in der Führung des BB ein neues Programm[60] aus, in dem viele »radikale« Punkte abgeschwächt wurden, um den BB koalitionsfähig zu machen. Die Forderung nach einer »Aufteilung von Großgrundbesitz« war aber nach wie vor, wenn auch in sehr unverbindlicher Form, enthalten. Neben den Bauernforderungen versuchte der BB auch erstmalig, seine Auffassungen über die Staats- und Wirtschaftspolitik grundsätzlicher zu fassen. Er trat für das Festhalten »am Eigentum«, die »Schaffung und Erhaltung vieler selbständig wirtschaftender Existenzen«, den Schutz »vor der Ausbeutung durch das Großkapital« sowie die Unterbindung des Bodenwuchers und die Ausschaltung der »Privatmonopole« ein. Gleichzeitig widerspiegelte das Programm sein Abrücken von den revolutionären Bestrebungen der Arbeiterklasse. Im Programm kennzeichnete sich der BB selbst als »Partei der Mitte zwischen reaktionären Rechtsparteien und radikalen Linksparteien«. Erstmalig waren auch im Programm besondere Forderungen für Handwerk, Gewerbe und Kleinhandel sowie für die Beamten aufgenommen. Hierin zeigte sich das Bemühen des BB, seinen Einfluß auch auf die städtischen Mittelschichten auszudehnen und so seinen Masseneinfluß zu vergrößern. Ein Ausdruck dieser Bestrebungen war die auf der Generalversammlung am 27. November 1922 erfolgte Namensänderung in Bayerischer Bauern- und Mittelstandsbund.[61]

In der Periode der relativen Stabilisierung des Kapitalismus war der BB stärker bemüht, durch Verbindungen mit mittelständischen Organisationen in anderen Gebieten größeren politischen Einfluß auf die Reichspolitik zu nehmen. Bei den Reichstagswahlen im Mai und Dezember 1924 ging er ein Wahlbündnis mit der ↗ *Reichspartei des deutschen Mittel-* *standes (Wirtschaftspartei) (WP)* ein und bildete mit ihr und der ↗ *Deutsch-Hannoverschen Partei (DHP)* im Reichstag eine gemeinsame Fraktion, *die Wirtschaftliche Vereinigung*. Diese Fraktionsgemeinschaft ermöglichte es den Abgeordneten des BB, bei der Behandlung landwirtschaftlicher Fragen stärker hervorzutreten. Sie blieb jedoch nur ein sehr loser Zusammenschluß. In vielen grundsätzlichen Fragen stimmten die einzelnen Organisationen unterschiedlich.

In Bayern bildete der BB 1924 erneut mit der *BVP* und der *DNVP* eine Koalition und übernahm in der Regierung HELD das Landwirtschaftsministerium. Professor Anton FEHR, der bereits 1922 für kurze Zeit im Kabinett WIRTH Ernährungsminister gewesen war, wurde Landwirtschaftsminister. Da die *BVP* auf die Unterstützung durch den BB angewiesen war, mußte sie seinen Forderungen zeitweise nachkommen. Andererseits war der BB durch seine Koalitionspolitik gezwungen, in allen Grundfragen den Rechtskurs der Regierung HELD und die Politik der *BVP* zu unterstützen. Verschiedentlich kam es allerdings zu Differenzen zwischen *BVP* und BB. So bekämpfte der BB bei den Reichspräsidentenwahlen 1925 das Eintreten der *BVP* für HINDENBURG und sprach sich für den Kandidaten der Weimarer Koalitionsparteien, Wilhelm MARX, aus. Der linke Flügel im BB trat wiederholt gegen die Koalitionspolitik mit der *BVP* auf und kritisierte die reaktionäre Politik der bayerischen Regierung. Er forderte entschiedene Maßnahmen zur Behebung der Not der werktätigen Bauern und verlangte vor allem, gestützt auf das Programm des Bundes, die Aufteilung des Großgrundbesitzes. Die Gruppe um K. GANDORFER sympathisierte nach wie vor mit der Arbeiterklasse. K. KÜBLER hatte z. B. im Oktober 1923 am ersten internationalen Bauernkongreß in Moskau teilgenommen. Die Presse der *BVP* griff ihn deshalb, besonders nachdem das Protokoll des Kongresses veröffentlicht und damit der Wortlaut seiner Rede auf dem Kongreß bekannt geworden war, heftig an. Der Bundesvorstand des BB beeilte sich zu versichern, daß K. KÜBLER als »Privatperson« in Moskau gewesen sei, und zwang ihn schließlich in Februar 1926, seinen Austritt aus dem BB zu erklären. Eine Vertrauensmännerversammlung sprach ihm jedoch erneut das Vertrauen aus, so daß sein Austritt wieder rückgängig gemacht werden mußte.[62]

Zu erneuten Meinungsverschiedenheiten kam es über die Stellung des BB zur Fürstenenteignung. Während die Mehrheit des Vorstandes sich mit dem Argument, es sei notwendig, am Privateigentum festzuhalten, gegen die Fürstenenteignung aussprach, setzte sich der linke Flügel für eine Unterstützung des Volksbegehrens für die entschädigungslose Enteignung der Fürsten ein. Es wurde schließlich ein Kompromiß geschlossen und den Mitgliedern die Entscheidung beim Volksentscheid freigestellt. In den Dörfern Niederbayerns und anderen Gebieten, in denen die linken Kräfte des BB starken Einfluß hatten, waren viele Ja-Stimmen beim Volksentscheid zu verzeichnen.[63] Auf den Einfluß des linken Flügels war es auch zurückzuführen, daß der BB 1928 gegen den Panzerkreuzerbau Stellung nahm. Vertreter des linken Flügels, z. B. das MdR Johann EDERER, traten sogar für eine Beteiligung an dem von der KPD eingeleiteten Volksbegehren gegen den Panzerkreuzerbau ein.[64] Die antikommunistische Haltung der Mehrheit der Bundesführung verhinderte jedoch eine feste Zusammenarbeit zwischen der KPD und dem BB. Obwohl auch die linken Kreise im BB nicht frei von antikommunistischen Vorurteilen waren und oft eine inkonsequente Haltung einnahmen, vertraten sie doch sehr entschieden die Interessen der werktätigen Bauern. Die KPD unterstützte daher auch ihre Forderungen zur Verbesserung der Lage der werktätigen Bauern und war bemüht, mit ihnen eng zusammenzuarbeiten. So wurden auf Vorschlag der Abteilung Land des ZK Verbindungen zum linken Flügel des BB aufgenommen, wobei die KPD an den von K. GANDORFER verbreiteten Aufruf zur Schaffung einer »Front der wirklich Arbeitenden« anknüpfte. Kommunisten nahmen wiederholt an Versammlungen des BB teil und erläuterten die Politik der Partei.[65]

1927/28 trat die chronische Krise der deutschen Landwirtschaft in ein akutes Stadium. Die zunehmende Notlage veranlaßte die Bauernschaft, sich enger zusammenzuschließen. Anfang April 1927 bildeten der DB, der BB und der Reichsverband landwirtschaftlicher Klein- und Mittelbetriebe die ↗ DBs, die

sich zum Ziel setzte, durch ein einheitliches Auftreten den Forderungen der notleidenden Bauernschaft im Parlament und gegenüber der Regierung mehr Gewicht zu verleihen. Vorsitzender dieser neuen Dachorganisation wurde A. FEHR vom BB.[66] Durch den Zusammenschluß des BB mit anderen Organisationen der Bauernschaft lockerten sich seine Verbindungen zur WP. Im Februar 1928 lösten die MdR des BB ihre Fraktionsgemeinschaft mit der WP und traten aus der Wirtschaftlichen Vereinigung aus. Bei den Reichstagswahlen 1928 versuchte der BB, gestützt auf den Zusammenschluß in der Deutschen Bauernschaft, seine Basis zu erweitern und reichte unter dem Namen Deutsche Bauernpartei eine Kandidatenliste ein, auf der neben Mitgliedern des BB auch einige Bauernvertreter aus anderen Gebieten Deutschlands aufgeführt waren. Diese Bestrebungen wurden jedoch nicht von allen in der DBs zusammengeschlossenen Organisationen unterstützt. Viele Organisationen der Klein- und Mittelbauern in den einzelnen Ländern standen der ↗ DDP oder auch der SPD nahe und wollten die DBs auf die Vertretung rein landwirtschaftlicher Interessen beschränkt wissen.[67] Wie die Wahlergebnisse zeigten, erhielt die Deutsche Bauernpartei in den Gebieten außerhalb Bayerns nur sehr wenige Stimmen. Lediglich in Schlesien, wo sie von der dortigen Bauernorganisation unterstützt worden war, besaß sie größeren Einfluß. Von den 8 gewählten MdR gehörten 7 dem BB und einer dem Schlesischen Bauernbund (August HILLEBRAND) an. Unter den neuen MdR befand sich auch der Führer des linken Flügels des BB, K. GANDORFER. Die Deutsche Bauernpartei hatte zwar im Vergleich zur bisherigen Stimmenzahl des BB den Stimmenanteil erhöht, jedoch keine Fraktionsstärke erlangt. Daher traten die Abgeordneten der Deutschen Bauernpartei der Fraktion der WP als Hospitanten bei.

Mit dem Ausbruch der Weltwirtschaftskrise nahm die Agrarkrise katastrophale Formen an und führte zum völligen Ruin breiter Massen der werktätigen Bauern. Immer mehr Klein- und Mittelbauern wurden von ihren Wirtschaften vertrieben. In Bayern kam es allein im Jahre 1930 zu 2 417 Zwangsvollstreckungen.[68] Die erbärmliche Lage der werktätigen Bauern erforderte noch dringlicher als bisher, ein festes Bündnis mit der Arbeiterklasse einzugehen und gemeinsam mit ihr eine grundlegende Veränderung der bestehenden Verhältnisse zu erkämpfen. Die Führung des BB trug diesen objektiven Erfordernissen jedoch nicht Rechnung. Durch die wachsende Radikalisierung der Bauernschaft sah sie sich zwar gezwungen, ihre Beziehungen zur *BVP* etwas zu lockern, und sie nahm im Juli 1930 die Einführung einer Schlachtsteuer, durch die den werktätigen Bauern weitere hohe Lasten auferlegt werden sollten, zum Anlaß, um aus der bayerischen Regierung auszuscheiden. Anstatt jedoch ein Bündnis mit der Arbeiterklasse und anderen antifaschistischen Kräften herzustellen, orientierte sich der BB unter der Führung von A. FEHR und F. KLING, der im November 1930 zum neuen Bundesvorsitzenden gewählt wurde, immer mehr nach rechts und suchte eine Verbesserung der Lage der Bauernschaft durch ein Zusammenwirken mit Kreisen der Junker und Großgrundbesitzer und der 1929 gebildeten sog. ↗ *Grünen Front (GF)* zu erreichen. Die Bestrebungen von A. FEHR und anderen Vertretern des BB, die *DBs* fest in die *GF* einzugliedern, führten zu immer stärkeren Differenzen mit Führern anderer Bauernorganisationen, die mit der Anlehnung an die Junker und Großgrundbesitzer nicht einverstanden waren. Ende 1930 kam es zum offenen Bruch und zum Ausscheiden des BB aus der *DBs*. Nach den Reichstagswahlen vom September 1930 spalteten sich auch die auf der Liste der *Deutschen Bauernpartei* gewählten MdR. Die Mitglieder des BB schlossen sich der Fraktion der ↗ *Christlich-Nationalen Bauern- und Landvolkpartei (CNBL)* an, während A. HILLEBRAND als Vertreter des *Schlesischen Bauernbundes* der Fraktion der *Deutschen Staatspartei* als Hospitant beitrat.[69] Damit war der Versuch, die verschiedenen Bauernverbände in den einzelnen Ländern zu einer Partei zu vereinigen, endgültig gescheitert. Der BB reichte zwar bei den folgenden Reichstagswahlen seinen Wahlvorschlag noch unter der Bezeichnung *Deutsche Bauernpartei* ein, doch waren die aufgestellten Kandidaten nunmehr ausnahmslos Vertreter des BB.

Die linken Kräfte im BB traten den Absichten der Führung, sich der *GF* anzuschließen, entgegen, konnten sich aber nicht durchsetzen. Einige Vertreter des linken Flügels des BB beteiligten sich an der vorwiegend von Klein- und Mittelbauern getragenen Bewegung für die Einberufung eines Reichsbauernkongresses. Am 31. Mai 1931 begründete J. EDERER, der Vertreter des BB und MdR war, auf einer Konferenz oppositioneller Bauernvertreter aus ganz Deutschland in Fulda die Notwendigkeit eines Bauernkongresses. Er wurde zur Zusammenfassung der werktätigen Bauern gegen die reaktionäre Politik der *GF* und zur Bildung von Dorfkomitees zum Kampf gegen die Steuer-, Pacht- und Zinslasten und gegen die Zwangsversteigerungen aufgerufen. Die Veranstalter trugen dem großen Interesse der werktätigen Bauern für das Bauernhilfsprogramm der *KPD* Rechnung und hatten einige Kommunisten eingeladen, die das Programm und die Bauernpolitik der *KPD* erläuterten. Die Inkonsequenz der linken Kräfte im BB kam jedoch darin zum Ausdruck, daß sie sich zwar für ein Bündnis von Arbeitern und Bauern im Kampf um die Verbesserung der Lebenslage aussprachen, jedoch ein engeres Zusammengehen mit der *KPD* ablehnten.[70]

Der BB kritisierte wiederholt die Politik der BRÜNING-Regierung, sprach ihr jedoch bei entscheidenden Abstimmungen im Reichstag das Vertrauen aus.[71] Auch die bayerische Landesregierung unter Heinrich HELD *(BVP)* wurde vom BB weitgehend toleriert. Im Dezember 1931 schlossen Vertreter des BB, der christlichen Bauernvereine und des ↗ *Reichs-Landbundes (RLB)* sogar eine Vereinbarung über die Bildung einer »Grünen Front für Bayern« und riefen zur Bildung gemeinsamer Aktionsausschüsse auf. Diese als »Bauerneinigung« ausgegebene Arbeitsgemeinschaft brach jedoch bald wieder auseinander.[72]

Einzelne Führer des BB übten verschiedentlich Kritik an der ↗ *NSDAP* und wiesen auf die Gefahren hin, die eine faschistische Diktatur bringen würde. So erklärte z. B. der langjährige Vorsitzende und nunmehrige Ehrenvorsitzende des BB, G. EISENBERGER, in einem Aufruf vom 9. März 1932: »Wir Bauern haben von dieser Diktatur nichts zu erwarten, sondern nur eine Knechtschaft, wie es im Mittelalter war.«[73] Diese Erkenntnis, die später bittere Wahrheit werden sollte, diente jedoch nicht dazu, die Bauern zum gemeinsamen antifaschistischen Kampf mit der

Arbeiterklasse aufzurufen. Der Aufruf bezweckte lediglich, die Mitglieder zu überzeugen, daß sie bei den Reichspräsidentenwahlen für HINDENBURG stimmen müßten. Die zunehmende Rechtsorientierung der Führung erleichterte es der *NSDAP*, unter den Anhängern des BB Einfluß zu gewinnen. Anstatt gemeinsam mit der Arbeiterklasse gegen die wachsende faschistische Gefahr zu kämpfen, versuchte der BB, durch ein Abrücken von der bürgerlichen Demokratie die Mitglieder vom Übertritt zur *NSDAP* abzuhalten. Der BB warf immer mehr seine demokratischen Grundsätze über Bord und sprach sich für eine »autoritäre Staatsführung«, die Abkehr von der »Parteiherrschaft«, eine Verfassungsreform in föderativem Sinne und eine Änderung des Wahlrechts (Heraufsetzung des Wahlalters, Abschaffung des Frauenwahlrechts u. a. m.) aus. Im Herbst 1932 beschloß die Führung des BB sogar, die PAPEN-Regierung zu unterstützen.[74]
Der Errichtung der faschistischen Diktatur setzte der BB keinen Widerstand entgegen. Er betonte ausdrücklich, daß er keinerlei Opposition betreiben wolle und zur »Mitarbeit« bereit sei.[75] Bei der Reichstagswahl im März 1933 stellte er mit der ↗ *DVP* und dem ↗ *Christlich-Sozialen Volksdienst (CSVD)* eine gemeinsame Kandidatenliste auf und erhielt 2 Mandate. Im Zusammenhang mit der Gleichschaltung der landwirtschaftlichen Organisationen und ihrer Eingliederung in den »Agrarpolitischen Apparat« und die »Bauernschaften« der *NSDAP* löste sich der BB auf. Am 11. April 1933 beschloß der Vorstand des BB die Auflösung der Organisation und empfahl den Mitgliedern, den nationalsozialistischen Bauernschaften beizutreten.[76]

5. Quellen und Literatur

Reichhaltiges Material über den BB bietet das im ZStA Potsdam befindliche Pressearchiv des RLB (Nr. 910–919). Archivalische Quellen zum BB besitzt das Bayerische Hauptstaatsarchiv München. Memoiren von Georg Eisenberger, die bis 1919 reichen, befinden sich im BA Koblenz (NS 26, Nr. 950). Eine marxistische Einschätzung über den BB enthalten die »Materialien über den Stand der Bauernbewegung in den wichtigsten Län-

dern« (Hrsg. Eugen Varga, Hamburg 1925). Wilhelm Mattes, ein Schüler Max Webers, gibt in seiner soziologisch angelegten Untersuchung über die bayerischen Bauernräte einen Einblick in die Haltung des BB während der Novemberrevolution.[77] Eine Geschichte des BB bis zum Jahre 1922, die wichtige Details enthält, liegt von Alois Hundhammer vor.[78] Sie stellt faktisch eine Kampfschrift der christlichen Bauernvereine und der BVP gegen den BB dar und attackiert insbesondere die Haltung der Vertreter des linken Flügels. Die Abwertung bzw. Negierung progressiver Tendenzen im BB ist auch für andere bürgerliche Darstellungen charakteristisch.[79] Einen Abriß zur Gesamtentwicklung des BB hat Heinz Haushofer verfaßt.[80] Er überträgt die Theorie der »Industriegesellschaft« auf den agrarischen Bereich und ist sorgfältig bemüht, den Grundfragen der kapitalistischen Produktionsweise in der Landwirtschaft auszuweichen und den Klassenkampf als Triebkraft auch in der Agrargeschichte zu leugnen. Auf den BB wird ebenfalls in verschiedenen anderen in der BRD erschienenen Arbeiten zur Agrargeschichte sowie zur bayerischen Geschichte eingegangen.[81]

Anmerkungen

1 Siehe Alois Hundhammer: Geschichte des Bayerischen Bauernbundes, München 1924, S. 25.
2 Siehe ebenda, S. 26.
3 Siehe Hans-Jürgen Puhle: Agrarische Interessenpolitik und preußischer Konservatismus im Wilhelminischen Reich (1893–1914), Hannover 1966, S. 147.
4 Zit. in: Norddeutsche Allgemeine Zeitung, 21. 8. 1894. Siehe auch Korrespondenz des Bundes der Landwirte, Nr. 12 vom 9. 2. 1895.
5 Zit. in: A. Hundhammer, S. 53. Über den Gegensatz zwischen dem Oberbayerischen Bauernbund und Karl Hans Freiherr von Thüngen siehe auch Frankfurter Zeitung, 10. 1. 1896. Zur Spezifik der oberbayerischen Land- und Forstwirtschaft siehe Die Landwirtschaft im Regierungsbezirk Oberbayern 1885–1898, hrsg. vom landwirtschaftlichen Kreisausschuß von Oberbayern.
6 Siehe Bayerischer Kurier, 5. 3. 1895.
7 Zit. in: Hamburger Echo, Nr. 60 vom 12. 3. 1895.
8 Münchener Post, Nr. 54 vom 6. 3. 1895.
9 Zit. in: A. Hundhammer, S. 55.
10 Siehe Ein Fiasko des bayerischen Bauernbun-

des. In: Sozialdemokrat (Berlin), Nr. 14 vom 4. 4. 1895.

11 Bereits im März 1895 rügte der Bund der Landwirte den »partikularistischen Sinn« der bayerischen Bauernbündler, der bisher einen Anschluß an die norddeutsche Agrarorganisation verhindert habe. Korespondenz des Bundes der Landwirte. Nr. 18 vom 2. 3. 1895.

12 Siehe den Wortlaut des Programms des BB von 1897 in: Frankfurter Zeitung. 28. 9. 1897.

13 Siehe Adalbert Knapp: Das Zentrum in Bayern 1893–1912. Soziale, organisatorische und politische Struktur einer katholisch-konservativen Partei, phil. Diss., München 1973, S. 104 ff.

14 Neue Bayerische Landeszeitung, Nr. 257 vom 9. 11. 1900.

15 Ebenda.

16 Ebenda, Nr. 138 vom 19. 6. 1901.

17 Resolution einer Vorstandssitzung vom 30. 9. 1901. In: Neue Bayerische Landeszeitung, Nr. 225 vom 3. 10. 1901.

18 Siehe den zustimmenden Artikel Die gemeinsamen Forderungen der bayerischen Agrarier. In: Korrespondenz des Bundes der Landwirte. Nr. 16 vom 26. 2. 1901.

19 Siehe Augsburger Abend-Zeitung, Nr. 55 vom 24. 2. 1901.

20 Siehe Korrespondenz des Bundes der Landwirte, Nr. 60 vom 8. 11. 1901.

21 Siehe das Abkommen zwischen den verschiedenen Parteien und das Protokoll der Konstituierung der Deutschen Fraktion. In: ZStA Potsdam, NL Reinhard Mumm, Nr. 34, Bl. 88 ff.

22 In bezug auf die Stellung zur Monarchie überwog zwar bis 1918 innerhalb des BB ein traditionelles Festhalten am Haus Wittelsbach, doch unterschied sich das monarchische Prinzip des BB beträchtlich von dem bedingungslosen Legitimismus der preußischen Konservativen: »Eine Monarchie kann gut oder schlecht sein, eine Republik ebenso, oder noch schlechter. Das entscheidende Merkmal für das nüchterne, steuerzahlende, militärpflichtige, lastentragende Volk ist nicht die auf dem Papier stehende Staatsform, sondern die in Wirklichkeit bestehende Staatsverwaltung.« Neue Bayerische Landeszeitung, Nr. 187 vom 13. 8. 1902.

23 Siehe den Aufruf des BB zur Reichstagswahl. In: Neue Bayerische Landeszeitung, Nr. 139 vom 21. 6. 1903.

24 Siehe ebenda, Nr. 285 vom 12. 12. 1907.

25 Siehe Das Volk soll bluten. In: Bauernbündlerische Flugschriften, hrsg. von der Geschäftsstelle des Bayerischen Bauernbundes für Altbayern und Schwaben in München, Geschäftsjahr 1907, Nr. 1, S. 13.

26 Ausführlicher Bericht über die Generalversammlung der fränkischen Bauernbündler am 5. 12. 1908. In: Bauernbündlerische Flugschrif-

ten, hrsg. von der Geschäftsstelle des Bayerischen Bauernbundes für Franken in Würzburg, Geschäftsjahr 1909, Nr. 1, S. 10.

27 Der Anschluß der fränkischen Bauernbündler an den Deutschen Bauernbund. In: Neue Bayerische Landeszeitung, Nr. 47 vom 26. 2. 1910.

28 Der Reichsbote, 9. 9. 1897.

29 Siehe Bayerischer Kurier, Nr. 56 vom 25. 2. 1914.

30 Zit. in: Vorwärts, Nr. 170 vom 25. 6. 1914.

31 Neue Freie Volkszeitung, Nr. 52 vom 24. 2. 1916.

32 Ebenda, Nr. 86 vom 22. 3. 1916.

33 Münchener Neueste Nachrichten, Nr. 93 vom 21. 2. 1916.

34 Freisinnige Zeitung, Nr. 242 vom 14. 10. 1916.

35 Bayerische Staatszeitung, Nr. 6 vom 9. 1. 1917.

36 Neue Freie Volkszeitung, Nr. 9 vom 11. 1. 1917.

37 Siehe Bayerischer Kurier, Nr. 269 vom 26. 9. 1917.

38 Siehe ebenda, Nr. 36 vom 5. 2. 1918.

39 Siehe Hans Beyer: Von der Novemberrevolution zur Räterepublik in München, Berlin 1957, S. 51.

40 Zit. in: A. Hundhammer, S. 123.

41 Zit. in: Wilhelm Mattes: Die bayerischen Bauernräte. Eine soziologische und historische Untersuchung über bäuerliche Politik, Stuttgart u. Berlin 1921, S. 58.

42 Zit. in: A. Hundhammer, S. 124.

43 Siehe H. Beyer, S. 11.

44 Siehe Illustrierte Geschichte der deutschen Novemberrevolution 1918/1919, Berlin 1978, S. 107 ff. Nach seiner Haftentlassung am 14. 10. 1918 hielt sich Kurt Eisner bei Ludwig Gandorfer in Pfaffenberg (Niederbayern) auf. L. Gandorfer hatte auch während des Krieges den Sohn Karl Liebknechts, Helmi (Wilhelm), bei sich aufgenommen.

45 Siehe W. Mattes, S. 82 ff. und 116 ff.

46 Neue Freie Volkszeitung, 15. 11. 1918.

47 Siehe W. Mattes, S. 132 und 147.

48 Der Bündler, 18. 5. 1919. Siehe auch A. Hundhammer, S. 229 ff.

49 Siehe A. Hundhammer, S. 135 ff. und 186.

50 Siehe Illustrierte Geschichte der deutschen Novemberrevolution 1918/1919, S. 345 ff.

51 Siehe ebenda, S. 406 ff. und W. Mattes, S. 183 ff.

52 IML, ZPA, S 236/7/29/68 f.

53 Siehe A. Hundhammer, S. 161.

54 Der Bündler, 18. 5. 1919.

55 Siehe Der Bündler, 13. 4., 1. 6. und 7. 12. 1919. Siehe auch A. Hundhammer, S. 138 ff.

56 Siehe A. Hundhammer, S. 171 ff.

57 Siehe Alois Schlögl (Hrsg.): Bayerische Agrargeschichte, München 1954, S. 574 ff.

58 ZStA Potsdam, Pressearchiv des RLB, Nr. 914, Bl. 69 ff.

59 Siehe Der Bayerische Bauernbund im Jahre 1919, S. 11. Flugschriften des Bayerischen Bauernbundes, Nr. 1 (1920).

60 Siehe A. Hundhammer, S. 237 ff.

61 Siehe ebenda, S. 189.

62 Siehe ZStA Potsdam, RKO, Nr. 282, Bl. 3 ff. und Bayerisches Bauernblatt, 9. und 16. 2. 1926.

63 ZStA Potsdam, RKO, Nr. 282, Bl. 8.

64 Bayerischer Kurier, 20. 10. 1928 und Kölner Zeitung, 31. 10. 1928.

65 Siehe IML, ZPA, 3/13/814/46 und St. 17/50/42 sowie Neue Zeitung, Organ der KPD, München, 23. 1. 1926.

66 Deutsche Bauernzeitung, Berlin 17. 4. und 9. 9. 1927.

67 Deutsche Bauernzeitung, 26. 2. und 1. 4. 1928.

68 Die Rote Fahne, 14. 11. 1931.

69 Deutsche Bauernzeitung, 16. 2. und 7. 12. 1930. Pressestelle des Bayerischen Bauern- und Mittelstandsbundes, München, Nr. 158 vom 3. 12. 1930.

70 Siehe Elfriede Liening: Das Bauernhilfsprogramm der Kommunistischen Partei Deutschlands und die Anfänge einer Bauernbewegung unter Führung der Arbeiterklasse gegen den drohenden Faschismus in Deutschland, Diss., Hochschule für Ökonomie. Berlin 1965, S. 84 ff. und Edwin Hoernle. Ein Leben für die Bauernbefreiung. Das Wirken Edwin Hoernles als Agrarpolitiker und eine Auswahl seiner agrarpolitischen Schriften, Berlin 1965, S. 105 ff.

71 Siehe Pressestelle des Bayerischen Bauern- und Mittelstandsbundes, Nr. 19 vom 9. 2. 1931, Nr. 146 vom 16. 10. 1931, Nr. 150 vom 25. 10. 1931.

72 Siehe ebenda, Nr. 183 vom 18. 12. 1931, Nr. 26 vom 19. 2. 1932, Nr. 61 vom 20. 4. 1932.

73 Ebenda, Nr. 37 vom 9. 3. 1932.

74 Siehe ebenda, Nr. 141 vom 10. 10. 1932, Nr. 142 vom 12. 10. 1932, Nr. 146 vom 21. 10. 1932.

75 Siehe ebenda, Nr. 14 vom 30. 1. 1933, Nr. 25 vom 16. 2. 1933, Nr. 31 vom 27. 2. 1933, Nr. 42 vom 26. 3. 1933.

76 Münchener Neueste Nachrichten, 12. 4. 1933 und Fränkischer Bauern- und Mittelstandsbund, Würzburg, 20. 2. u. 30. 4. 1933.

77 Siehe Anm. 41.

78 Siehe Anm. 1.

79 Siehe z. B. A. Schlögl sowie Handbuch der Bayerischen Geschichte, Bd. IV/1, Hrsg. Max Spindler, München 1974.

80 Siehe Heinz Haushofer: Der Bayerische Bauernbund (1893–1933). In: Europäische Bauernparteien im 20. Jahrhundert, Hrsg. Heinz Gollwitzer, Stuttgart—New York 1977 (Quellen und Forschungen zur Agrargeschichte, Bd. 29), S. 562–586.

81 Siehe u. a. Dieter Gessner: Agrarverbände in der Weimarer Republik. Wirtschaftliche und soziale Voraussetzungen agrarkonservativer Politik vor 1933, Düsseldorf 1976. H. J. Puhle: Politische Agrarbewegungen in kapitalistischen Industriegesellschaften. Deutschland, USA und Frankreich im 20. Jahrhundert, Göttingen 1975 (Kritische Studien zur Geschichtswissenschaft, Bd. 16). Klaus Schönhoven: Die Bayerische Volkspartei 1924–1932, Düsseldorf 1972. Falk Wiesemann: Vorgeschichte der nationalsozialistischen Machtübernahme in Bayern 1932/1933, Berlin (West) 1975.

Werner Fritsch/Herbert Gottwald

Bayerischer Ordnungsblock (BOB)
1920–1923

Der BOB entstand unmittelbar nach dem Scheitern des Kapp-Putsches als ein konterrevolutionärer alldeutsch-völkischer Dachverband von ca. 40 antikommunistischen Organisationen, die Bayern zur »Ordnungszelle« für die politische »Gesundung« Deutschlands gestalten wollten. Er unterstützte bedingungslos die antirepublikanische, konservativ-nationalistische Politik der bayerischen Regierung unter Gustav Ritter von Kahr.

Präsidenten
Fritz BEHN (1920); Erwin PIXIS (1920–1923)

Vorsitzender
Paul TAFEL (1920–1923)

Mitglieder
50 000[1]

Presse
»Nachrichtenblatt des Bayerischen Ordnungsblocks«, »Werbeschrift des Bayerischen Ordnungsblocks« (Schriftenreihe, in der ca. 30 Hefte erschienen sind)

Angeschlossene Organisationen[2]

↗ *Alldeutscher Verband (ADV)*
Andreas-Hofer-Bund
Arbeitsgemeinschaft für Wahrheit, Ehre und Recht
Bayerische Königspartei
Bayerischer Heimat- und Königsbund
Bayerischer Kriegerbund
↗ *Bund Bayern und Reich (BBR)*
↗ *Bund Wiking (BW)*
Bürgerblock
Bürgerrat
Christlich-soziale Bürgervereinigung für Kleinhandel
Deutscher Offiziersbund
↗ *Deutschnationaler Handlungsgehilfen-Verband (DHV)*
Deutschnationaler Jugendbund
Deutsch-Völkische Arbeitsgemeinschaft
↗ *Deutschvölkischer Schutz- und Trutzbund (↗ DSTB)*
Frontkriegerbund
Hochschulring deutscher Art
Interessengemeinschaft der Heeres- und Marineangehörigen
↗ *Nationalsozialistische Deutsche Arbeiterpartei (NSDAP)*

Nationalverband Deutscher Offiziere
Neudeutscher Bund
Reichsbund der Kriegsteilnehmer an den deutschen Hochschulen
↗ *Thule-Gesellschaft (ThG)*
Vaterländische Vereinigungen München
Verband deutscher Regimentsvereinigungen
Verband nationalgesinnter Soldaten
↗ *Verein für das Deutschtum im Ausland (VDA)*
Zentralverband der deutschen Kriegsbeschädigten, Kriegsteilnehmer und Hinterbliebenen

Ende März 1920 veröffentlichte ein sog. Geschäftsführender Ausschuß den Aufruf zur Gründung des BOB. Er enthielt scharfe Angriffe gegen die nach der Zerschlagung des Kapp-Putsches durch die Aktionseinheit der deutschen Arbeiterklasse wieder ins Amt gelangte Reichsregierung des rechten Sozialdemokraten Gustav A. BAUER. Hauptsächlich wurde ihr vorgeworfen, mit den streikenden Arbeitern zu verhandeln: »Der Generalstreik bedroht uns jeden Tag wieder. Die Reichsregierung identifiziert sich mit den radikalen Bestrebungen, sie unterstützt dadurch den Klassenkampf, sie verletzt damit selbst die Verfassung.« Die von dem deutschnationalen Pfarrer Gottfried TRAUB geleitete großbürgerliche »München-Augsburger-Abendzeitung«, die den Aufruf am 30. März publizierte, setzte kommentierend hinzu: Wenn es nicht gelingt, »auch Norddeutschland endlich auf- und zusammenzurufen zum Kampfe gegen den Bolschewismus, dann wollen wir nicht davor zurückschrecken, eine neue Mainlinie zu ziehen. Der einige und starke Süden mag dann die Wacht halten für deutsches Leben und deutsche Art, bis der zersplitterte Norden den Bürgerkrieg und das Chaos überwunden hat.«[3]

Der Aufruf zur Gründung des BOB war von einer Reihe führender Kräfte der Monopolbourgeoisie, von hohen Beamten und Intellektuellen verfaßt worden. Dazu gehörten Alfred KUHLO, einer der beiden Geschäftsführer des *Bayerischen Industriellen-Verbandes* und Mitglied des *Münchener Herrenklubs*, Bankdirektor ULRICH sowie P. TAFEL, der eine führende Stellung im *ADV*, im *DSTB* sowie in der *ThG* einnahm. P. TAFEL, der führende Kopf des BOB, gehörte auch als Mitglied Nr. 670 der *NSDAP* an und trat mit Schriften hervor, die seine geistige Verwandtschaft mit Gottfried FEDER, Dietrich ECKARDT und anderen frühfaschistischen Ideologen erkennen lassen.[4] Zu den aktiven Förderern des BOB zählte Ernst PÖHNER, der als Polizeipräsident von München auch die *NSDAP* unterstützte und deren Putsch vom 9. November 1923 vorbereiten half.[5] Der BOB ging aus der konterrevolutionären Münchener Bürgerratsbewegung von 1918/19 hervor und knüpfte direkt an den *Bayerischen Bürgerblock* an, der am 3. Dezember 1918 gegründet und im Sommer 1919, nach der blutigen Niederschlagung der Räterepublik, aufgelöst worden war.[6] Dies widerspiegelte sich auch im Programm, in dem es u. a. hieß:

»Der Bayerische Ordnungsblock (BOB) ist keine Partei und keiner Partei dienstbar. Er hat kein anderes politisches Ziel als eine reinliche Scheidung herbeizuführen zwischen den staatserhaltenden und den staatszerstörenden Elementen ohne Rücksicht auf Parteien oder Staatsform. Er verurteilt alle Putsche von rechts wie von links. Er will Ordnung und Staatsautorität unterstützen auf christlicher und nationaler Grundlage. Er will sein ein Kristallisationspunkt aller Vaterlandsfreunde jeden Standes und Ranges in Bayern wie im Deutschen Reich. Er strebt an die Einigung aller im vaterländischen Sinne arbeitenden Organisationen und bekämpft als Erzübel deutschen Wesens den Streit und die Zwietracht in den eigenen Reihen. Er bekennt sich zum deutschen Bundesstaat im Bismarckschen Sinne und verwirft den Gedanken des Einheitsstaates.«[7]

Im einzelnen leitete die Führung des BOB daraus folgende politische Aufgaben ab: »1. Sammlung aller nationalen Kräfte und Organisationen [...] 2. Ausbau der Organisationen innerhalb des Ordnungsblocks [...] 3. Beschaffung von Nachrichten und deren Übermittlung an die zuständigen Stellen (Fühlungnahme mit schon vorhandenen Nachrichtenstellen, Einrichtung eigener Nachrichtenstellen, Kurierverbindung, Abstellung von Ver-

bindungsleuten der wichtigsten Stellen untereinander) [...] 4. Beeinflussung der öffentlichen Meinung im Sinne der Regierung in allen nationalen Fragen [...] 5. Sicherstellung von Druckereien, Ausbildung des dazu nötigen Personals, Beschaffung von Material dazu im Falle von Unruhen. 6. Ausbau der Technischen Ordnungshilfe als streikbrechendes Werkzeug im Falle von Streiks. 7. Gemeinsame Finanzierung [...]«[8]

Eine der ersten Aktionen des BOB, die Verbreitung einiger Plakate mit provozierenden antirepublikanischen Texten, stieß unter den extrem reaktionären Kräften auf ein lebhaftes und zustimmendes Echo. Otto Helmut HOPFEN begrüßte den BOB und seine rasche Formierung in 206 Ortsgruppen als »Hoffnungsstrahl« und schrieb am 3. Mai 1920 in der »Deutschen Zeitung«, der BOB habe überall »mit der Kraft des in seinem Namen liegenden Schlagwortes wie ein leuchtender Blitz in schwarzer Gewitternacht gewirkt«. Dem Enthusiasmus stand die politisch-praktische Entscheidung von General Arnold RITTER VON MÖHL, Chef des bayerischen Reichswehrgruppenkommandos, zur Seite, der gegen den BOB gerichtete Plakate der Reichszentrale für Heimatdienst/Landesabteilung Bayern einfach verbieten ließ.[9]

Der BOB versuchte, die Vielzahl der in Bayern existierenden nationalistisch-völkischen Verbände zusammenzuführen, mit Nachrichtenmaterial von Spitzeln und Denunzianten über die »Gegner« auszustatten und deren Tätigkeit zu koordinieren. Der Vorschlag P. TAFELS, im Juni 1920 einen »Bund der Werktätigen« zu gründen und die Zusammenarbeit der am BOB beteiligten Arbeiter- und Angestelltengruppen konsequenter zu betreiben, ließ sich jedoch nicht realisieren.[10] Daher blieb es bei einer allmonatlichen Einladung des BOB an die angeschlossenen 40 Organisationen zum »Gedankenaustausch«. Dazu gehörte auch die im Bayern jener Jahre stark anwachsende ⌐ *NSDAP*, wobei P. TAFEL offensichtlich die Schaltstelle zwischen HITLER und Heinrich CLASS, dem Vorsitzenden des *ADV*, darstellte.[11]

Enge Kontakte bestanden ferner zwischen dem BOB und der *BVP*, der ⌐ *DVP* und der *Bayerischen Mittelpartei*. Auf der Reichstagswahlliste der letzteren kandidierte 1920 auch P. TAFEL.[12] Der BOB versuchte auch, seine Fühler über Bayern hinaus auszustrek-

ken und am 20. Mai 1920 einen *Nord-deutschen Ordnungsblock* (↗ *Alldeutscher Verband*) ins Leben zu rufen. Dort geriet er sofort in Konflikt mit der ↗ *Organisation Escherich (Orgesch)*, wobei Finanzierungsfragen im Vordergrund standen.[13]
Nach dem Londoner Ultimatum der Siegermächte, das zur Auflösung einiger militaristischer Verbände führte, und nach dem Rücktritt G. VON KAHRs als bayerischer Ministerpräsident gab sich der BOB am 15. Oktober 1921 ein neues Programm, dessen Text wenig aussagekräftig war, das aber auch starke antisemitische Passagen enthielt.[14]
Gegenüber der bayerischen Regierung unter Hugo GRAF VON UND ZU LERCHENFELD betrieb der BOB eine grundsätzliche Opposition. Er warf ihr Versagen im Verhältnis zur Reichsregierung vor und wandte sich gegen »Tendenzen der Mutlosigkeit und der Anlehnung an Frankreich«, die nach dem Rücktritt G. VON KAHRs aufgetreten wären.[15] An H. VON UND ZU LERCHENFELD schrieben P. TAFEL und E. PIXIS am 15. August 1922 einen offenen Brief, der in der Warnung gipfelte: »Sie sind im Begriffe, Bayerns Totengräber zu werden, Herr Graf!!«[16]
Als sich Anfang November 1922 unter Eugen VON KNILLING eine neue bayerische Regierung bildete, die einen Rechtsruck der politischen Verhältnisse mit sich brachte und wie G. VON KAHR zu enger Zusammenarbeit mit den Rechtsverbänden bereit war, ging der BOB in der von ihm initiierten und gemeinsam mit dem *BBR* zur gleichen Zeit gegründeten *Vereinigung vaterländischer Verbände Bayerns* auf. Im Frühjahr 1923 beschloß der Bundesausschuß, den BOB endgültig aufzulösen und in die »Staatspolitische Gesellschaft« umzuwandeln.[17]
Offensichtlich sahen seine führenden Kräfte in diesen Maßnahmen sowie in anderen Organisationen eine effektivere Möglichkeit, die Ziele des BOB zu verwirklichen, die von P. TAFEL auf die kurze Formel gebracht worden waren: »Den Bolschewismus kann man auf die Dauer nicht mit Maschinengewehren bekämpfen, sondern nur dadurch, daß man dafür sorgt, daß der Mann, der das Maschinengewehr bedient, nicht Bolschewist wird.«[18]

Quellen und Literatur

Im Bestand Alldeutscher Verband des ZStA Potsdam sind mehrere Akten mit aufschlußreichem Material über den BOB enthalten. Andere archivalische Quellen sind nicht bekannt. Die ca. 30 Werbeschriften des BOB sowie die Publikationen Paul Tafels[19] verdeutlichen Ziele und Auffassungen der BOB-Führung, jedoch nicht deren Aktivitäten. In der Literatur ist die Geschichte des BOB noch nicht dargestellt worden, obwohl er mehrfach erwähnt wird.[20] Am ausführlichsten geht der marxistische Historiker Kurt Gossweiler auf ihn ein.[21]

Anmerkungen

1 Diese sicher weit überhöhte Angabe findet sich bei Rudolf Kanzler: Bayerns Kampf gegen den Bolschewismus. Geschichte der bayerischen Einwohnerwehren, München 1931, S. 72.
2 Siehe ebenda, S. 74f.
3 ZStA Potsdam, Alldeutscher Verband, Nr. 244, Bl. 2f.
4 Paul Tafel: Das neue Deutschland. Ein Rätestaat auf nationaler Grundlage, München 1920. Ders.: Parlamentarismus und Volksvertretung (Werbeschrift Nr. 28 des Bayerischen Ordnungsblocks), München 1922. Ders.: Die Teuerung. Ihre Ursachen und ihre Überwindung, Leipzig 1922.
5 ZStA Potsdam, Alldeutscher Verband, Nr. 258, Bl. 136.
6 Siehe Hans Fenske: Konservativismus und Rechtsradikalismus in Bayern nach 1918, Bad Homburg v. d. H., Berlin (West) – Zürich 1969, S. 166.
7 Zit. in: R. Kanzler, S. 73.
8 ZStA Potsdam, Alldeutscher Verband, Nr. 244, Bl. 183.
9 ZStA Potsdam, RMdI, Nr. 14 200, Bl. 232ff.
10 ZStA Potsdam, Alldeutscher Verband, Nr. 253, Bl. 67ff.
11 Siehe ZStA Potsdam, Alldeutscher Verband, Nr. 258, Bl. 240ff.
12 Uwe Lohalm: Völkischer Radikalismus. Die Geschichte des Deutschvölkischen Schutz- und Trutz-Bundes 1919–1923, Hamburg 1970, S. 434.
13 ZStA Potsdam, Alldeutscher Verband, Nr. 258, Bl. 130.
14 Siehe ZStA Potsdam, Alldeutscher Verband, Nr. 468.
15 Unsere politische und wirtschaftliche Lage. Bericht des Vorsitzenden des Bayerischen Ordnungsblocks Dr. Paul Tafel, erstattet in einer

Ausschußsitzung des BOB vom 3. November 1921 (Werbeschrift Nr. 27 des BOB), München o. J., S. 1.

16 ZStA Potsdam, Alldeutscher Verband, Nr. 244, Bl. 189.

17 R. Kanzler, S. 75.

18 Unsere politische und wirtschaftliche Lage, S. 2.

19 Siehe die Anm. 4 und 15.

20 Siehe die Anm. 6 und 12.

21 Kurt Gossweiler: Kapital, Reichswehr und NSDAP 1919–1924, Berlin 1982.

Manfred Weißbecker

Bayerische Volkspartei (BVP)
1918–1933

Die katholisch-konservative Partei der Industrie- und Handelsbourgeoisie sowie der Groß- und Mittelbauern Bayerns ging aus dem bayerischen Teil des ↗ Zentrums (Z) hervor, der sich am 12. November 1918 in Regensburg als eine selbständige Regionalpartei konstituierte. Die BVP wollte vor allem die revolutionäre Bewegung der deutschen Arbeiterklasse mit Hilfe einer partikularistischen, klerikalen und teilweise auch separatistisch-monarchistischen Politik eindämmen. Sie verstand sich selbst als Bewahrerin der Traditionen einer eigenständigen »bayerischen Staatlichkeit« innerhalb der von ihr grundsätzlich anerkannten Weimarer Republik. Ihre antikommunistischen und fortschrittsfeindlichen Grundpositionen prägten den Kurs aller Regierungen des Landes Bayern, die von ihr seit 1920 ununterbrochen geführt wurden. Sie strebte eine Vereinigung des Deutschen Reiches mit Österreich im Rahmen einer Konföderation von weitgehend selbständigen Ländern an. Die BVP baute Bayern vor allem in der Periode der revolutionären Nachkriegskrise zur reaktionären »Ordnungszelle« Deutschlands aus. Sie ermöglichte in starkem Maße die Herausbildung und das rasche Wachstum der faschistischen, darunter auch der nazifaschistischen Kräfte in Bayern. Als stärkste unter den zahlreichen, in allen Ländern des Deutschen Reiches existierenden Regionalparteien übte die BVP beträchtlichen Einfluß auf die Reichsregierungen aus. Sie unterstützte den rechten Flügel des Zentrums und insbesondere die ↗ Deutschnationale Volkspartei (DNVP) in allen gegen die deutsche Arbeiterklasse gerichteten Aktionen. Ab Ende der 20er Jahre bekämpfte sie die ↗ NSDAP als ihren größten politischen Konkurrenten sowie deren unitaristische und ideologisch-weltanschauliche Postulate. Nachdem sie dem faschistischen Ermächtigungsgesetz zugestimmt hatte, löste sich die BVP am 4. Juli 1933 auf.

Vorsitzende

Karl Friedrich SPECK (1918–1929); Fritz SCHÄFFER (1929–1933)

Generalsekretär

Anton PFEIFFER (1918–1933, hauptamtlich 1919–1927), Stellvertreter: Joseph OESTERLE

Vorsitzender der Reichstagsfraktion

Johann LEICHT (1920–1933)

Vorsitzende der bayerischen Landtagsfraktion

Heinrich HELD (1919–1924); Prälat Georg WOHLMUTH (1924–1933); Prof. Hans MÜLLER (1933)

Mitglieder

ca. 50 000–60 000 in 11 Kreisverbänden und 2 561 Ortsvereinen (1927 bei 8 024 bayerischen Gemeinden)[1]

Landesversammlungen (Parteitage)

3.–4. Juni 1919 in Nürnberg
9. Oktober 1919 in München (Parteitag)
9.–11. Januar 1920 in München

11. Juni 1920 in München
16.–18. September 1920 in Bamberg
28.–29. Oktober 1921 in München
27.–29. Oktober 1922 in München
11.–12. Oktober 1924 in München
5.–6. Dezember 1925 in München
4.–5. Dezember 1926 in München
17.–18. Dezember 1927 in München
2.–3. Dezember 1928 in München
23.–24. November 1929 in München
15.–16. November 1930 in München (Jahresversammlung der Landesparteileitung der BVP)

Reichspräsidentenwahlen

1925 1 007 450 Stimmen für H. HELD im ersten Wahlgang

Reichstagswahlen

Jahr	Stimmen	in %	Mandate
1919	1 145 328		18
1920	1 173 344	4,3	21
1924 (Mai)	946 684	3,2	16
1924 (Dezember)	1 334 035	3,7	19
1928	945 674	3,0	16
1930	1 058 637	3,0	19
1932 (Juli)	1 323 969	3,5	22
1932 (November)	1 215 473	3,1	20
1933	1 072 893	3,0	19

Landtagswahlen in Bayern

Jahr	Stimmen	in %	Mandate
1919	1 193 101	35,0	66
1920	1 168 896	39,4	65
1924	982 348	32,9	46[2]
1928	1 044 752	31,2	46
1932	1 272 005	32,6	45

Presse

Die BVP besaß bzw. beeinflußte insgesamt 120 Publikationsorgane, vor allem die Lokalpresse mit einer Gesamtauflage von 500 000 Exemplaren. Die wichtigsten Tageszeitungen der BVP, die in mehr als 20 000 Exemplaren erschienen, waren:

»Bayerischer Kurier«,
»Augsburger Postzeitung«,
»Regensburger Anzeiger«,
»Fränkisches Volksblatt«,
»Beobachter am Main«,
»Bayerische Staatszeitung und Bayerischer Staatsanzeiger«.
Sonstige Organe waren:
»Bayerische-Volkspartei-Korrespondenz« (Chefredakteur: seit 1920 Karl SCHWEND),
»Reichstagskorrespondenz der Bayerischen Volkspartei« (Chefredakteur: Georg MIESGANG),
»Politische Zeitfragen« (Hrsg. vom Generalsekretariat der BVP; 1919–1923),
»Mitteilungen für die Vertrauensleute der Bayerischen Volkspartei« (1924–1933),
»Korrespondenzblatt des Wirtschaftsbeirates der Bayerischen Volkspartei« (1926–1927),
»Der Deutsche Süden« (Organ des Wirtschaftsbeirates der BVP, 1927–1933),
»Süddeutsche Monatshefte« (Hrsg. von Professor Paul COSSMANN; obwohl sie kein direktes Organ der BVP waren, widerspiegelten sie doch die politisch-ideologischen Auffassungen dieser Partei),
»Treu zur Fahne. Mitteilungsblatt des Münchener Kreisverbandes der BVP« (1919 bis 1933),
»Agitationsmaterial« (Hrsg. vom Generalsekretariat der BVP; 1918–1932)

Angeschlossene und integrierte Organisationen

Bayernwacht (1931–1933), Landesführer: Hans RITTER VON LEX, 30 000 Mitglieder;
Bayerischer Christlicher Bauernverein, Führer: Georg HEIM, 120 000 Mitglieder;
Jungbayernring;
Wirtschaftsbeirat der BVP, Vorsitzender: Joseph DORN, 809 Mitglieder (1930) in 12 Fachgruppen, von denen die der Industrie die wichtigste und einflußreichste war.

1. Die Gründung der BVP

Die bourgeoisen und großagrarischen Kräfte in Bayern orientierten sich 1918/19 in ihrem Kampf gegen die Novemberrevolution ebenso wie die überwiegende Mehrheit des deutschen Monopolkapitals auf die Spaltung der Arbeiterbewegung und den Aufbau einer

eigenen Massenbasis, um das weitere Vordringen der revolutionären Bewegung verhindern und ihre gefährdete Macht retten zu
können. Im Unterschied zu anderen Teilen
der herrschenden Klasse waren sie jedoch nur
zu relativ geringfügigen bürgerlich-parlamentarischen und sozialpolitischen Zugeständnissen an die Arbeiterklasse bereit,
die sie außerdem mit ihren traditionellen
föderalistischen und zum Teil sogar separatistischen Absichten verbanden.

Für die bayerische Zentrumsorganisation
kamen der Beginn der Novemberrevolution
und der Sturz der Wittelsbacherdynastie
(7. November 1918) völlig unerwartet. Ihre
führenden Köpfe erkannten jedoch rasch, daß
die Partei unter den neuen Bedingungen des
Klassenkampfes nicht einfach als bürgerlich-
großagrarischer Honoratiorenverein weiter
existieren konnte. Sie bemühten sich in einem
intensiv betriebenen Reorganisations- und
Neuorientierungsprozeß, selbst Einfluß auf
größere Teile der Arbeiterklasse zu gewinnen[3]
und insbesondere das sich in Bayern – stärker
als in anderen Ländern – anbahnende Bündnis zwischen der revolutionären Arbeiterbewegung und der Bauernschaft zu verhindern. Tatsächlich hatten in Bayern die revolutionären Ereignisse auch viele Bauern
erfaßt, die sich unter anderem im ↗ Bayerischen Bauernbund (BB) organisierten und
teilweise den Kurs der USPD, weniger den
des Spartakushundes, unterstützten. Für das
Zentrum (Z), das sich bisher in starkem Maße
auf die Bauern stützen konnte,[4] bestand die
reale Gefahr, seinen Einfluß unter den werktätigen Massen und damit wesentliche Voraussetzungen für die weitere Mitwirkung an
der politischen Machtausübung im Interesse
des deutschen Monopolkapitals einzubüßen.
Um dem begegnen und alle verfügbaren
konterrevolutionären Mittel zur Sicherung
der bürgerlichen Klassenherrschaft mobilisieren zu können, orientierten sich die rechten
Kräfte im bayerischen Z[5] nicht nur auf die
Gründung einer eigenen Partei und auf die
Verstärkung der in Bayern besonders stark
verwurzelten föderalistischen Politik, sondern zeitweilig auch auf die Schaffung eines
selbständigen Staates der Donauländer, der
mit anderen imperialistischen Mächten, vor
allem mit Frankreich, im Bündnis stehen
sollte. Dafür waren sie selbst zu separatisti-

schen und die Einheitlichkeit des deutschen
Staates bedrohenden Aktionen bereit.[6]

Im ↗ Z waren verschiedentlich bereits vor der
Novemberrevolution und sogar schon vor der
Jahrhundertwende Ansätze einer Sonderentwicklung der bayerischen Landesorganisationen deutlich geworden. Als sich die
Führung der Partei in den letzten Jahren des
ersten Weltkrieges offen dem bürgerlichen
Parlamentarismus zuwandte und eine »De-
mokratisierung« des Kaiserreiches anstrebte,
verstärkten sie sich. Gegen die stark von
ERZBERGER beeinflußte Entwicklung der
Zentrumspartei kursierte nach der Annahme
der Friedensresolution im Reichstag 1917 das
Wort, das bayerische Z lasse sich nicht »ver-
erzbergern«.[7] Am 28. Juni 1918 hatte Sebastian SCHLITTENBAUER (Generalsekretär des
Bayerischen Christlichen Bauernvereins und
Direktor der landwirtschaftlichen Genossenschaften in Regensburg) in der bayerischen
Landtagsfraktion die Trennung vom Z be-
antragt, er war aber noch auf größeren Widerstand gestoßen. Eine Woche vor dem Ausbruch der Revolution besaß er jedoch bereits
die schriftliche Unterstützung von 28 Landtagsabgeordneten für die Loslösung bzw. für
die Neugründung einer Partei »auf breiterer
bayerischer Basis«. Gleichzeitig wurde die
Forderung erhoben, Bayern solle mit der
Entente einen Sonderfrieden abschließen.[8]

Während sich die letzte Delegiertentagung
des bayerischen Z von Ende Oktober 1918 für
die Erhaltung der Monarchie und faktisch
gegen die Einführung des parlamentarischen
Systems aussprach – obwohl LUDWIG III.
Anfang November 1918 ein parlamentari-
sches System einführen und H. HELD und
K. F. SPECK zu Ministern ernennen wollte –,
versuchte der Flügel um G. HEIM (einfluß-
reichster Zentrumspolitiker in Bayern und
Führer des Bayerischen Christlichen Bauernvereins) und S. SCHLITTENBAUER, an die
Spitze der sich umgruppierenden und neu
formierenden konterrevolutionären Kräfte zu
gelangen.[9] Nach ihrer Auffassung sollte die
neue politische Partei eine »wahre Volkspartei«[10], eine überkonfessionelle[11] Sammelpartei des Bürgertums gegen die revolutionäre Arbeiterbewegung sein. Von
Anfang an war eine Zusammenarbeit mit
denjenigen politischen Kräften der Bourgeoisie beabsichtigt, die rechts vom Z standen,

d. h. vor allem mit der kurze Zeit später entstandenen ↗ *DNVP*.

Am 10. November luden G. HEIM und S. SCHLITTENBAUER die Vertrauensleute des *Bayerischen Christlichen Bauernvereins* für den 12. November zu einer Tagung nach Regensburg ein. G. HEIM erläuterte die hier vor ca. 120 Teilnehmern erfolgte Gründung und das Programm der BVP folgendermaßen:

»Alle müssen sich uns anschließen, die für die christliche Kultur eintreten, im Gegensatz zu dem alles zerstörenden und zerfressenden Materialismus ... Wir müssen vergessen, was hinter uns liegt, was uns vier Jahrhunderte zum Schaden des Volkes trennte, wir müssen an das Gemeinschaftliche denken, was alles überschattet, an das Christentum, dem die Welt von heute alle Errungenschaften wahrer Kultur verdankt. Noch leichter wird es uns werden, uns die Bruderhand zu reichen, wenn wir an das denken, was vor uns liegt, an die Zukunft: die christlichen Kirchen müssen den Weg nach Golgatha gemeinschaftlich antreten.«[12]

G. HEIM äußerte ferner:

»Wir wollen die ohnmächtigen Versuche, den Marxismus, das theoretische Produkt jüdisch-zersetzenden Geistes in die Praxis umzusetzen, den Norden machen lassen, bis er zur Besinnung kommt. Wir wollen uns der Gefahr entziehen, nachdem Deutschland schon politisch ohnmächtig geworden ist, auch noch durch seine eigenen Volksgenossen ruiniert zu werden. In Norddeutschland werden die Wirren ... jahrelang kein Ende nehmen. In den reinen Industriegebieten des Nordens wird die radikale Richtung immer mehr und mehr an Boden gewinnen. Der wirtschaftliche Niedergang Deutschlands, der kommen muß, wird von den armen, irregeführten Volksgenossen nicht in der Erfüllung ihrer Forderungen erkannt werden, sondern ein Übel wird das andere ablösen. Die Forderungen werden immer radikaler werden, jahrelange Wirren sind die Folgen ... Damit ist die große Gefahr der Verarmung verbunden und die noch größere Gefahr, daß das Ausland in den Besitz unserer Reichtumsquellen und unserer wirtschaftlichen Kräfte kommt. Bayern muß sich schon aus diesem Grunde mit der Hoffnung späterer Wiedervereinigung unbedingt abtrennen und von dem wirtschaftlichen Zerstörungsprozeß durch die eigenen Volksgenossen so viel wie möglich freihalten.«[13]

Die Gründung der BVP erfolgte ohne die aktive Teilnahme der eigentlichen, bisher dominierenden bayerischen Zentrumsführer. Sie ging hauptsächlich von den Repräsentanten der christlichen Bauernorganisationen aus.[14] Allerdings empfahl der sog. Neunerausschuß des bayerischen *Z* am 15. November den Zentrumsangehörigen den Beitritt zur BVP und billigte den Regensburger Programmentwurf.[15] Eine der wichtigsten Forderungen vom 12. November wurde jedoch fallengelassen: Die endgültige Staatsform sollte nicht mehr durch eine Volksabstimmung, sondern durch die Nationalversammlung entschieden werden.[16] Damit begruben die klerikalen bayerischen Politiker relativ rasch ihre Hoffnung, zur Monarchie zurückkehren zu können.

Die Gründung der BVP verkörperte eine politische Taktik, die sich als eine der reaktionärsten Varianten der sog. wendig-parlamentarischen Taktik des deutschen Imperialismus erweisen sollte.[17] Mit ihrem Programm, ihrer Konzeption und ihrer Organisation befand sich die BVP während der Novemberrevolution und auch in den folgenden Jahren der Weimarer Republik stets auf dem rechten Flügel der sich auf den bürgerlichen Parlamentarismus orientierenden Parteien. Sie stand häufig der ↗ *DNVP* näher als dem ↗ *Z* und bekämpfte energisch die ↗ *Deutsche Demokratische Partei (DDP)*.

Aus ihren politischen und geistigen Grundpositionen ergab sich auch die starke Betonung föderalistisch-separatistischer Auffassungen, die sich sowohl in der Gründung als auch in der Politik der BVP widerspiegelten. In seinen stark beachteten Artikeln, die am 30. November und 1. Dezember 1918 im »Bayerischen Kurier« erschienen, entwickelte G. HEIM eindeutig separatistische Gedanken. Unter der Überschrift »Eisners Irrgänge und die Zukunft Bayerns« erwog er zwei Möglichkeiten: 1. »Das einstige Altdeutschland bleibt Staatenbund wie bisher.« Und 2. »Deutsch-Österreich oder Teile von Deutsch-Österreich vereinigen sich mit Teilen des bisherigen Deutschlands.« Das letztere sei, vom bayerischen Standpunkt aus betrachtet, entschieden vorzuziehen, wobei der engste Zusammenschluß von Bayern, Vorarlberg, Tirol, Steiermark und Oberösterreich zu wünschen sei. Sollten die Alliierten die Vereinigung von Deutschland und Österreich verhindern, dann hätte Bayern allein diesen Anschluß zu vollziehen. Allerdings sah G. HEIM auch gewisse Gefahren voraus: »Das neue Wirtschaftsgebiet (nämlich Österreich-

Bayern) hat keinen Zugang zum Meer, kein genügendes Erz- und Kohlevorkommen. Hierfür gäbe es aber eine Lösung, kurz bezeichnet mit dem erweiterten alten Rheinbund: Hannover, Westdeutschland bis zur Elbe und Süddeutschland mit Österreich.«[18]

Darin kamen alte, z. T. noch sehr lebendige großdeutsche Vorstellungen der süddeutschen Bourgeoisie zum Ausdruck, die – mit antipreußischen und profranzösischen Tendenzen gepaart – unter den konkreten Bedingungen des Klassenkampfes während der Novemberrevolution einen in vieler Hinsicht neuen Inhalt annahmen. Die bayerischen Föderalisten und Separatisten wollten zunächst einmal vor allem verhindern, daß Bayern Teil eines demokratischen und antiimperialistischen Deutschlands würde. Das geht besonders aus der Tatsache hervor, daß G. HEIM in der damaligen Situation das vom »internationalen Bolschewismus versumpfte« Wien nicht in den süddeutsch-österreichischen Staat einbeziehen wollte![19]

G. HEIM unterhielt jahrelang auch enge Beziehungen zu den rheinischen Separatisten (Hans DORTEN), zu reaktionären österreichischen und französischen Politikern (Jean-Louis BARTHOU), wobei er sich der Vermittlung von Karl GRAF VON BOTHMER und anderer Alldeutscher bediente. Die französischen Imperialisten, die keinerlei Interesse an einem wirtschaftlich und militaristisch gestärkten deutschen Konkurrenten haben konnten und die ihren Einflußbereich in Südosteuropa zu erweitern bestrebt waren, unterstützten die bayerischen Separatisten auch finanziell.[20]

Die Absichten der bayerischen Separatisten deckten sich mit den Plänen französischer Monopolherren, die ihre eigenen Vorherrschaftsansprüche in Europa geltend machten, sich aber gleichzeitig gegen die revolutionäre Bewegung in Deutschland durch dessen weitgehende Zerstückelung sichern wollten. G. HEIM erklärte zu den Vorwürfen, er sei ein Landesverräter, eindeutig: Wenn der Bolschewismus nach Westen marschiere, dann gelte es, die christliche Kultur zu retten, und das bedeute Interessengemeinschaft Bayerns mit Frankreich.[21]

Die Klassengebundenheit und die politische Funktion des bayerischen Föderalismus und Separatismus traten Ende 1918 wesentlich stärker als bisher in den Vordergrund. Die Beziehungen zwischen dem Reich und den Ländern – in der Geschichte des deutschen Staates seit langem ein Streitpunkt divergierender Gruppen der herrschenden Klasse – wurden mit dem Beginn der allgemeinen Krise des Kapitalismus und erst recht während der Novemberrevolution eindeutig von den Positionen des Kampfes der Ausbeuterklasse gegen die revolutionäre Arbeiterbewegung bestimmt, wobei sozialökonomische, politische, religiöse u. a. Faktoren in den einzelnen regionalen Gebieten den Charakter und den Grad der jeweiligen föderalistisch-separatistischen Aktionen weitgehend formten. In der Zeit der Novemberrevolution kam daher die dialektische Einheit von Fortschrittsfeindlichkeit, bürgerlichem Föderalismus und Separatismus nicht nur in Bayern zum Vorschein. Die klerikale Reaktion in West- und Süddeutschland erarbeitete Ende 1918 einen detaillierten Plan, der die Gründung von 4 Republiken im Dienste der Konterrevolution vorsah:

1. der Rheinisch-Westfälischen Republik, bestehend aus der Rheinprovinz, Westfalen, Hessen-Nassau, Hessen, Baden und der Rheinpfalz;
2. der Donauländer-Republik; bestehend aus Württemberg, Bayern und Deutsch-Österreich;
3. der Nord-Ostsee-Republik, bestehend aus Oldenburg, Hannover, den Hansestädten, Schleswig-Holstein, Mecklenburg, Pommern, Westpreußen und Ostpreußen;
4. der Mitteldeutschen Republik, bestehend aus dem restlichen Preußen, Sachsen sowie allen übrigen mitteldeutschen Staaten.[22]

Die Mehrheit der Monopolisten und Junker im gesamten Deutschland verfolgte dagegen das Ziel der Wiederherstellung der Vorkriegsmacht des deutschen Imperialismus auf unitaristischem Wege. Ein zentralisierter Aufbau des neuen bürgerlich-parlamentarischen Staates entsprach wesentlich mehr den Bedürfnissen nach einer gefestigten politischen Macht sowie der durch den ersten Weltkrieg geförderten staatsmonopolistischen Entwicklung. Unter den bayerischen Parteien vertrat das Z am stärksten den Föderalismus, während die Deutschnationalen (in Bayern als *Bayerische Mittelpartei* neu konstituiert) und die Deutschdemokraten (zeitweilig unter der Bezeichnung *Deutsche Volkspartei*) in dieser Frage eine gemäßigte Haltung einnahmen.

Föderalismus und Separatismus besaßen nicht zufällig in Bayern eine besonders breite Basis, die sich aus dem engen Zusammenspiel einer Reihe von Faktoren ergab und einen Rückstand auf wesentlichen Gebieten der gesamten gesellschaftlichen Entwicklung widerspiegelte. Das galt insbesondere in wirtschaftlicher Hinsicht. In Bayern hatte zum Zeitpunkt der Entstehung der BVP die Entwicklung der monopolisierten Unternehmungen und der sozialökonomischen Verhältnisse noch nicht jenen Grad erreicht, der in anderen deutschen Gebieten bereits erreicht worden war. In Bayern gab es nur relativ kleine Industriezentren und wenig Schwerindustrie. Die Monopolisierung der Unternehmen war wenig fortgeschritten. Maschinenindustrie und Konsumguterproduktion herrschten vor und prägten das industrielle Gesicht Bayerns.[23] Auf dem Lande wurde die Wirtschaftsstruktur von den mittel- und großbäuerlichen Kräften bestimmt, die traditionell über einen großen politischen Einfluß verfügten und die im *Bayerischen Christlichen Bauernverein* sowie im ↗ BB organisiert waren.

Die in Bayern herrschenden Klassenkräfte stützten sich im Kampf um die Realisierung ihrer konterrevolutionär-föderalistischen Pläne und in ihrer ideologischen Beeinflussung der Massen vor allem auf die außerordentlich große Wirksamkeit des politischen Katholizismus, aber auch auf starke monarchistische und antipreußische Stimmungen, auf vielfach vorhandene kleinbürgerliche Ressentiments und Vorbehalte gegenüber revolutionären Veränderungen, auf die Furcht vor der Beseitigung althergebrachter Vorstellungen. Da die katholische Kirche in Bayern, einem Land mit relativ großer konfessioneller Homogenität, seit vielen Jahrhunderten einen nahezu dominierenden Einfluß besaß, spielte der Klerikalismus bei der Verschleierung der wahren Ziele bürgerlicher Politik eine wesentliche Rolle. Katholisch-konservative Wertvorstellungen, die kirchliche Bekenntnistreue und die katholische Sozialmoral standen im Denken eines sehr großen Teils der bayerischen Bevölkerung an vorderster Stelle. Daher konnte es der

herrschenden Klasse in Bayern relativ leicht gelingen, die revolutionären Kräfte zu »verteufeln« und die Alternative zwischen Christentum und »Antichristentum« als die angeblich ausschlaggebende Hauptfrage der Zeit zu deklarieren. Die katholischen Politiker der BVP und der bayerische Klerus nutzten dies in hohem Maße und bekämpften die Novemberrevolution auf Gebieten, die in der Klassenauseinandersetzung zwischen Proletariat und Bourgeoisie nicht im Vordergrund standen. Sie rangen erbittert um die Aufrechterhaltung des bisherigen engen Verhältnisses zwischen Kirche und Staat sowie der konfessionellen Schulen. Lautstarke Propaganda wurde gegen sozialistische bzw. »bolschewistische« Kulturpolitik getrieben, die als gottlos und landesfremd galt.

Dem in Bayern weit verbreiteten und von den konterrevolutionären Kräften hochgespielten »Antipreußentum«, das von außen durch entsprechende Diffamierung gewisser Rückständigkeiten in Bayern natürlich immer wieder gefördert wurde, lag das Bestreben kleinbürgerlicher Kreise in Stadt und Land zugrunde, außerhalb Bayerns einen Schuldigen für ihre objektiv durch die Monopole und durch den Krieg verursachte Existenzangst zu finden. Aus den gleichen Gründen fand auch der Antisemitismus in Bayern einen günstigen Nährboden.

2. Die soziale Basis und die Organisationsstruktur der BVP

Die soziale Hauptstütze der Bourgeoisie waren in Bayern weniger die von den rechten Führern der SPD und der Gewerkschaften beeinflußten Arbeiter — mit Ausnahme der Regierungszeit von Johannes HOFFMANN —, sondern das ländliche und städtische Kleinbürgertum, auf dessen Verhetzung im antikommunistischen und antidemokratischen Sinne sich die großbürgerlich-imperialistische BVP in allen Jahren ihrer Existenz konzentrierte. Die BVP stützte sich auf die nichtmonopolistische Bourgeoisie sowie vor allem auf die bäuerlichen und mittelständischen Kreise Bayerns, die ihr entscheidendes Wählerreservoir darstellten und auch den größten Anteil an der Mitgliedschaft besaßen.

Daß insbesondere der Agrarflügel im Massenanhang der BVP dominierte, geht auch aus einer Analyse der sozialen Zusammensetzung der Fraktionen der BVP im Reichstag und im Bayerischen Landtag hervor. Unter den 46 im Jahre 1924 gewählten Abgeordneten der BVP im Bayerischen Landtag waren 13 Ökonomieräte bzw. Landwirte, ferner 16 Beamte, 5 Geistliche und 4 freiberuflich Tätige, dagegen nur 5 Arbeiter- bzw. Gewerkschaftssekretäre und 5 Vertreter des Mittelstandes. Die Tatsache, daß der Fraktion außerdem 4 Kleriker angehörten und diese mit Prälat G. WOHLMUTH für lange Zeit den Vorsitzenden stellten (über dessen »tyrannische« Herrschaft oft geklagt wurde)[24], unterstreicht die Rolle des Klerikalismus in der BVP. 1930 wurden in den Reichstag 19 Abgeordnete der BVP gewählt, von denen allein 7 die »grüne Front« vertraten. Ferner gehörten 3 Angestellte, 2 Vertreter des Mittelstandes, 5 Intellektuelle, 1 Kleriker und 1 Vertreter der Großindustrie der Fraktion an. Unter den Reichstagsabgeordneten der BVP befand sich eine einzige Frau. Auch hier hatten katholische Akademiker und Geistliche die Führung inne.

Die industriellen Kreise der BVP, die ihren Einfluß immer stärker geltend machten und weitgehend den in der Weimarer Republik ständig reaktionärer werdenden Kurs der BVP durchsetzen halfen, benutzten vor allem den am 11. Mai 1920 (also kurze Zeit nach dem KAPP-Putsch!) konstituierten *Wirtschaftsbeirat der BVP*, um ihre Interessen in der Parteipolitik zur Geltung zu bringen. Seit 1920 gehörten zum Vorstand dieses Beirates Franz August SCHMITT als Syndikus und Geheimer Kommerzienrat DORN als erster Vorsitzender.[25] F. A. SCHMITT war Spezialist für süddeutsche und österreichische Wirtschaftsfragen und Vorstandsmitglied der ↗ *Deutsch-Österreichischen Arbeitsgemeinschaft (DÖAG)*, während J. DORN eine Textilfabrik in München besaß und Vorsitzender des Aufsichtsrates der Karlstor Immobilien-AG (München), erster Vorsitzender des Aufsichtsrates der Deutschen Hansabank AG, erster Vorsitzender des *Bayerischen Arbeitgeberverbandes des Großhandels* sowie Vorstandsmitglied der *Vereinigten Bayerischen Arbeitgeber-Verbände* war. Zum Vorstand des *Wirtschaftsbeirates der BVP* gehörte auch

ein Gewerkschaftssekretär, womit die Partei ihren Standpunkt hinsichtlich des »gerechten Ausgleichs der Interessen aller Stände« – wie es im ersten Parteiprogramm formuliert worden war – dokumentieren wollte.[26] Der Fabrikbesitzer Georg HAINDL forderte auf der zweiten Vollsitzung des Wirtschaftsbeirates Anfang 1921 in seinem Referat »Die Grundfragen unseres Wirtschaftslebens« ein rascheres Einstellen der Parlamentarier auf die unmittelbaren Interessen der Industrie. Dazu erschienen ihm regelmäßige, unmittelbare und informatorische Besprechungen der Abgeordneten mit den Vertretern der einzelnen Wirtschaftszweige sowie eine enge Zusammenarbeit mit den Wirtschaftsverbänden als gangbarer Weg, um nicht länger »dem heute nur zu oft und zu rasch sich vollziehenden Wandel der politischen Konstellation ausgesetzt« sein zu müssen. Außerdem verlangte G. HAINDL die Übertragung »gesetzgeberischer Gewalt« auf die bayerischen Unternehmer. Neben dem Landtag sollte noch eine Ständekammer eingerichtet werden.[27]

Unter den 12 Gruppen des *Wirtschaftsbeirates der BVP*[28] dominierten die für Industrie und Handel zuständigen. Von den Mitgliedern des gesamten *Wirtschaftsbeirates der BVP* gehörten 1921 ca. 40% zu diesen beiden Gruppen, 1928 waren es sogar 52,8%.[29] Darin widerspiegelten sich auch die rasche industrielle Entwicklung und die Herausbildung von zahlreichen Großbetrieben während der 20er Jahre in Bayern, das in dieser Hinsicht eine höhere Steigerungsrate als das Reich aufwies.

Nach ihren Satzungen hatte die BVP den Zweck, »das am 15. November 1918 festgestellte Programm zu verwirklichen, namentlich auf Grund desselben Mitglieder zu werben, Geldmittel zu sammeln und die öffentlichen Wahlen in Verbindung mit ihren lokalen Organisationen und den ihr korporativ angeschlossenen Verbänden durchzuführen«.[30] Mitglieder wurden vom 18. Lebensjahr an aufgenommen. Sie hatten einen Jahresbeitrag von 2 RM zu entrichten; eine einmalige Leistung von mindestens 100 RM erbrachte lebenslängliche Mitgliedschaft. Auch korporativ angeschlossene Organisationen mußten einen angemessenen Beitrag zahlen. Vor allem die zahlreichen Spenden

der Mitglieder des *Wirtschaftsbeirates der BVP* halfen ihr, »manchen finanziell kritischen Punkt (zu) überwinden«.[31]
Der Landesverband der BVP gliederte sich in Kreisverbände, Bezirksverbände und Ortsvereine. Es gab insgesamt 11 Kreisverbände (Oberbayern, München-Stadt, Niederbayern, Pfalz, Oberpfalz, Oberfranken, Unterfranken, Mittelfranken und Nürnberg-Stadt sowie Schwaben und Augsburg-Stadt).[32] Jede dieser Gliederungen hatte »als Organ eine Vorstandschaft zur Leitung der Geschäfte und einen Ausschuß als engeren Beratungskörper«.
Als Zentralorgane der Partei fungierten: Landesvorstandschaft, Landesausschuß und Landesversammlung. Die Landesvorstandschaft bestand aus dem Vorsitzenden, 2 Schriftführern, 2 Kassierern, 31 Beisitzern, dem Vorsitzenden der Landtagsfraktion und einem Vertreter der Reichstagsabgeordneten. Sie war die eigentliche geschäftsführende Zentralstelle der Partei mit dem Generalsekretariat als Vollzugsorgan. Die Landesvorstandschaft wurde vom Landesausschuß gewählt. Der Landesausschuß seinerseits setzte sich aus der Landesvorstandschaft, aus 3 Vertretern jedes Kreisausschusses und aus Vertretern der Standesorganisationen, der Landtags- und Reichstagsfraktion zusammen. Von besonderem Interesse ist, daß in dem entscheidenden Organ, der Landesvorstandschaft, die Vertreter der sog. Standesorganisationen maßgeblich vertreten waren.
Die Landesversammlung sollte regelmäßig in jedem Jahr zusammentreten und das Forum für die Beratung grundsätzlicher Fragen und Anträge sein. Sie wurde jedoch nach 1920 zu einem bloßen Organ von Deklamation und Akklamation, ihre politische Bedeutung nahm ständig ab. Nach 1930 betrachtete die Führung der BVP eine Landesversammlung als überflüssig.[33]
Außer der eigentlichen Parteiorganisation gab es einen *Kommunalpolitischen Landesverband der BVP*, einen *Landesverband der Beamtenvereinigung der BVP*, eine *Vereinigung für Kleinhandel, Gewerbe und Handwerk der BVP*, eine *Arbeiter- und Angestelltengruppe der BVP* sowie einen *Hochschulverband der BVP*. Die Journalisten waren im *Landesverband der Presse der BVP* zusammengeschlossen. In der *Vereinigung der Geistesarbeiter der BVP*, der sog. *Mittwoch-*

Vereinigung, trafen sich die ideologisch-theoretischen Führer der BVP, in der Regel Akademiker und höhere Beamte. Der *Jungbayernring* war zwar ein Glied der Parteiorganisation, besaß aber seit 1925/26 weitgehendes Selbstverwaltungsrecht.[34] Die Jugendarbeit der BVP stützte sich in starkem Maße auf die katholischen Vereine. Der Versuch, einen »Landesverband der Jugendgruppen der Bayerischen Volkspartei« zu schaffen, führte zu keinem Ergebnis.

3. Das erste Programm der BVP von 1918

Die bereits in der Gründung der BVP spürbare politische Grundkonzeption der führenden bourgeoisen und agrarischen Kreise in Bayern fand in folgender Formel ihren Niederschlag: »Föderalistisch-christlich-katholisches Bayern gegen zentralistisches, atheistisches, marxistisches Berlin und Preußen; schwarzweißrotes nationales Bayern gegen schwarzrotgoldenes und blutrot-international-marxistisches Berlin!«[35] Diese Schlagworte spiegelten sich in ausführlicher Weise in den Programmen der BVP wider und wurden oft gemeinsam mit dem ↗ *Volksverein für das katholische Deutschland (VkD)* während der Revolution in zahlreichen Kursen, Versammlungen, Lehrgängen und systematischen Vortragszyklen unter den Vertrauensleuten der Partei und unter den Werktätigen Bayerns verbreitet.
Das erste Programm der BVP[36], das 7 Punkte umfaßte und von S. Schlittenbauer ausgearbeitet worden war, stimmte in 6 Punkten weitgehend mit der allgemeinen Taktik der herrschenden Klasse überein, die mit Hilfe der Losungen »Ruhe und Ordnung« und »Nationalversammlung statt Rätemacht« sowie mit sozialpolitischen Zugeständnissen die Massen von der Weiterführung der Revolution abhalten wollte. Die BVP bezeichnete ihr Programm selbst als »großzügig, weitherzig, wahrhaft, volksfreundlich und ehrlich fortschrittlich«, was alles in keiner Weise zutraf.[37] Die wichtigsten programmatischen Forderungen lauteten:

»1. Die Mitglieder der Bayerischen Volkspartei betrachten den gegenwärtigen staatspolitischen Zustand Bayerns ... als eine gegebene geschichtliche Tatsache. Sie sind mit der Art, wie er herbeigeführt wurde, grundsätzlich nicht einverstanden, erklären aber auf das bestimmteste, daß sie eine Änderung dieses Zustandes nur auf dem Wege von Recht und Gesetz erstreben. Äußere Gewalt betrachten sie nicht als erlaubtes Mittel zur Erreichung politischer Zwecke.

2. Die Bayerische Volkspartei ist eine Verfassungspartei, sie verlangt von der provisorischen Regierung, daß sie entsprechend den demokratischen Grundsätzen ohne jeden Verzug eine konstituierende Nationalversammlung einberuft, die sich ausschließlich aus Vertretern des Volkes zusammensetzt und unter Ausschluß jeder anderweitigen Vertretung des Volkes oder einzelner Teile, Stände oder Gruppen hervorgeht aus freien, von den gegenwärtigen Machthabern unbeeinflußten Wahlen ... Diese konstituierende Nationalversammlung bestimmt die künftige Staatsform und die Verfassung des bayerischen Staates.

3. Die Bayerische Volkspartei erwartet von der konstituierenden Nationalversammlung die Einführung des parlamentarischen Regierungssystems ...

4. Die Bayerische Volkspartei steht in allen Fragen der Kultur auf dem Boden der christlichen Weltanschauung. Sie verlangt volle Freiheit aller Konfessionen und ihrer Einrichtungen ...[38] Die Bayerische Volkspartei wird mit allem Nachdruck eintreten für den Schutz der Ehe und der Familie sowie für religiössittliche Erziehung der Jugend in konfessionellen Schulen.

5. Die Bayerische Volkspartei steht in wirtschaftlichen Fragen auf dem Standpunkt des gerechten Ausgleiches der Interessen aller Stände. Standesoder Klassenpolitik, Anerkennung von Vorrechten des Standes oder der Geburt lehnt die Bayerische Volkspartei grundsätzlich ab. Die Bayerische Volkspartei wird Eigentum und Erbrecht als Grundlage der heutigen Wirtschaftsordnung schützen und erhalten, unbeschadet weitgehender sozialer Einschränkungen und Schutzmaßnahmen gegen Auswüchse des Kapitalismus ... Die Bayerische Volkspartei fordert Bekämpfung wucherischer Ausbeutung in jeder Form und gesetzliche Maßnahmen gegen die Auswüchse des Kartellwesens. Die durch die Kriegswirtschaft geschaffene Vorzugsstellung der Großbetriebe muß durch geeignete Maßnahmen in der Rohstoff- und Auftragserteilung wieder ausgeglichen werden, wobei durch den Krieg geschädigte Betriebe besonders zu berücksichtigen sind ...

6. Die Steuerpolitik der Bayerischen Volkspartei wird getragen sein von den Grundsätzen der ausgleichenden Gerechtigkeit. Je leistungsfähiger ein Steuerzahler ist, desto stärker soll er belastet werden. Die Rücksicht auf die Familie bei der Bemessung der Steuer muß noch mehr als bisher als das leitende Prinzip durch die ganze Steuergesetzgebung hindurchgehen. Mit allem Nachdruck werden wir zu verhindern trachten, daß die ungeheuren Gewinne, welche infolge verkehrter Maßnahmen der Kriegswirtschaft gemacht worden sind, dem Zugriff des Staates irgendwie entzogen werden.«

Während in den ersten 3 Punkten nichts anderes als eine aus der Not geborene Anpassung an die neuen Verhältnisse zum Ausdruck kam, ließ der Punkt 4 — wenn auch in verschwommener Formulierung — erkennen, daß die BVP nicht gewillt war, an ihren geistig-weltanschaulichen Grundpositionen rütteln zu lassen. In der propagandistischen Arbeit spielte dieser Punkt eine große Rolle. Die BVP polemisierte bei allen sich bietenden Gelegenheiten gegen den »neuheidnischen Geist« und die »völlige sittliche Ungebundenheit«, die angeblich durch die Revolution auf die Tagesordnung gesetzt worden seien.[39] Konfessionspolitische Fragen sollten für die BVP eine integrierende Funktion ausüben. Hinter ihnen verbargen sich traditionalistisch-restaurative Ziele der Parteiführer, was insbesondere auch in ihrer Kultur- und Schulpolitik zum Ausdruck kam. 1919/20 lehnte die BVP-Fraktion im Bayerischen Landtag alle Gesetzesvorlagen ab, die auf eine gewisse Verbesserung der Schulausbildung, der Situation der Lehrerinnen und der Lehrerbildung zielten.[40]

Mit dem 5. und dem 6. Punkt war eine Reihe sozialpolitischer und demokratischer Versprechungen in das Programm aufgenommen worden, die für die Wirtschaftspolitik der BVP bindend sein sollten. Die Partei griff damit echte Interessen vor allem der ländlichen und städtischen Mittelschichten in Bayern auf. Sie ließ erkennen, daß sie sich in erster Linie auf eine kleinbürgerliche Massenbasis zu stützen beabsichtigte. Die BVP hat in ihrer Tätigkeit während der Weimarer Republik kaum etwas unternommen, um die antimonopolistischen Forderungen (z. B. die nach Aufhebung der »Vorzugsstellung der Großbetriebe«) zu verwirklichen. Dies zeigt, daß sich hinter den genannten Formulierungen — soweit sie nicht völlig demagogischen Charakter trugen — die gegen andere kapitalistische Gruppen außerhalb der Landesgrenzen gerichteten Interessen der Industrie- und Handelsbourgeoisie in Bayern verbargen. Gleichzeitig versuchte die BVP — wenn auch ohne größeren Erfolg — mit den Schutzforderungen gegen die »Auswüchse« der in der Novemberrevolution erschütterten kapitalistischen Wirtschafts- und Gesellschaftsordnung unter den bayerischen Arbeitern zu werben.

Der letzte und letztlich zentrale Punkt des Programms beschäftigte sich mit den föderalistischen Plänen der bayerischen Bourgeoisie:

»7. Die Bayerische Volkspartei gibt hinsichtlich der Stellung zu den übrigen deutschen Staaten, die Parole aus: Zusammenschluß der deutschen Staaten auf föderativer Grundlage ohne Vorherrschaft eines Einzelstaates. Die bisherige weitgehende staats-, wirtschafts- und steuerpolitische Abhängigkeit Bayerns von dem übermächtigen Norden muß unter allen Umständen aufhören. Wir lehnen auf allen diesen Gebieten die bisherige einseitige, rücksichtslose preußische Vorherrschaft ab. Jenes Maß politischer und wirtschaftlicher Zusammenarbeit aber, welches durch die Gemeinsamkeit der Bedürfnisse der deutschen Staaten von Natur sich ergibt, wünschen wir durchaus. Wir werden uns bestreben, hierfür den geeigneten Rahmen zu finden. Der Forderung, daß alle Einzelstaaten aufgehoben werden und eine einheitliche deutsche Republik geschaffen wird, werden wir den äußersten Widerstand entgegensetzen. Die für das Reich zu schaffende neue Verfassung bedarf der Zustimmung der in den Einzelstaaten demnächst auf der Grundlage des allgemeinen, gleichen und geheimen Wahlrechts und der Verhältniswahl zu wählenden Parlamente. Wir haben es satt für die Zukunft, von Berlin bis ins kleinste regiert zu werden. Berlin darf nicht Deutschland werden und Deutschland nicht Berlin. Voraussetzung des Zusammenschlusses der deutschen Staaten ist, daß die Grundlagen, welche das Wesen der politischen, kulturellen und wirtschaftlichen Selbständigkeit Bayerns bilden, Bayern verfassungsmäßig gewährleistet und gegen Verfassungsänderungen, die wider den Willen Bayerns erfolgen können, sichergestellt werden. In diesem Sinne fordern wir: Bayern den Bayern. Wir wünschen einheitliche Vertretung der gemeinsamen Interessen der deutschen Staaten nach außen, gemeinsame Abwehr aller Angriffe auf die deutschen Staaten, freien Handelsverkehr ohne Zollschranken zwischen den deutschen Staaten, einheitliche Grundsätze für die soziale Gesetzgebung, Garantie für die Sicherheit der Kriegsanleihen. Die Wiederholung von Zuständen, wie sie sich im Kriege durch die Berliner Zentralwirtschaft herausgebildet haben, muß unter allen Umständen ausgeschlossen bleiben. Den Anschluß unserer deutschen Brüder in Böhmen und in den deutsch-österreichischen Ländern an den deutschen Staatenbund begrüßen und fördern wir auf das allerwärmste.«

Diese föderalistischen Vorstellungen gingen weit über die verfassungsmäßigen Rechte hinaus, die Bayern als Mitglied des deutschen Bundesstaates vor 1918 besessen hatte, und zielten auf die Herstellung einer umfassenden bayerischen Eigenstaatlichkeit, auf die Wiedergewinnung traditioneller Sonderrechte im Rahmen einer föderativen Autonomie. Sie stellten eine spezifische Widerspiegelung der Klasseninteressen von Bourgeoisie, Großagrariern und städtischen Kleinbürgertum in Bayern dar.

4. Der Kampf der BVP gegen die Münchener Räterepublik und um die politische Führung in Bayern

Nach der Ermordung Kurt EISNERS am 21. Februar 1919 spitzten sich die Auseinandersetzungen in Bayern wieder zu. Die blutige Tat hatte den Massen die akute Gefahr der Konterrevolution gezeigt und die Frage der Macht erneut auf die Tagesordnung gesetzt. Große Teile der Arbeiter folgten nunmehr der *USPD* und der *KPD* und forderten immer häufiger die Schaffung einer Räterepublik.[41] Die BVP sah sich in dieser Zeit gezwungen, zur Rätefrage Stellung zu nehmen und sie mit ihren ständischen Vorstellungen in Einklang zu bringen. »Die BVP ist bereit, mitzuwirken am Ausbau der Räte auf gesetzmäßiger Grundlage zur Verwirklichung des berechtigten Kerns der Rätefrage. Ein Rätesystem unter Ausschluß einzelner schaffender Stände lehnt die BVP entschieden ab.«[42] Angesichts der Situation mußte sich die BVP trotz ihrer zahlreichen diesbezüglichen Vorwürfe gegen das *Z* auf die rechten sozialdemokratischen Führer stützen, mit denen Anfang März 1919 in Bamberg über die Regierungsbildung und den Entwurf eines Regierungsprogramms beraten wurde. Sie billigte sogar eine »rein sozialistische« Regierung, da sie ihren Einfluß unter den werktätigen Massen trotz des Erfolges bei den Landtagswahlen vom Januar als gering einschätzte. Die Landesvorstandschaft befürwortete am 19. März einhellig die Wahl J. HOFFMANNS zum Ministerpräsidenten und die Aufhebung der Familienfideikommisse. Die Führer der BVP hofften, daß »die Opfer

(!, M. W., G. W.), welche die BVP zusammen mit den anderen bürgerlichen Parteien gebracht hat, unserem aus tausend Wunden blutenden Vaterland den Bürgerkrieg ersparen und eine Zeit fruchtbaren Neuaufbaues bringen werden ...«[43]

Während der Wochen der Scheinräterepublik und der wirklichen Räteherrschaft in München stand die BVP an der Seite der nach Bamberg geflohenen Regierung und unterstützte deren Bitte an die Reichsregierung, mit preußischen Truppen die Arbeiterklasse in München niederzuschlagen. Gleichzeitig forderte das Bamberger Erzbischöfliche Ordinariat alle Pfarrämter Bayerns auf, in ihren Gemeinden für den Eintritt in die ↗ Freikorps zu werben.[44] Trotz ihrer föderalistischen Grundposition nahmen die herrschenden Kreise in Bayern gern die Hilfe des Reichs an, als die Entwicklung in ihrem Land in eine antiimperialistische und revolutionäre Richtung tendierte. Die BVP nahm so an der brutalen Niederschlagung der Münchener Arbeiter aktiven Anteil.

Die Gegner des Unitarismus konnten aber nicht auf der einen Seite die NOSKE-Truppen für die Niederschlagung der Räterepublik ausnutzen und auf der anderen Seite die alten separatistischen Pläne unverändert weiter verfolgen. Deshalb gab die Mehrheit der Parteiführung ihren Widerstand gegen die in Ausarbeitung befindliche Weimarer Verfassung auf. Sie entsandte den Rechtshistoriker Konrad BEYERLE in den Verfassungsausschuß, und mit Wilhelm MEYER-KAUFBEUREN trat ein Mitglied der Partei als Schatzminister in die Regierung Gustav Adolf BAUER ein. Beide, K. BEYERLE und W. MEYER-KAUFBEUREN, traten auch in den folgenden Jahren als Mittler zwischen der BVP und dem Z auf, letzterer war 1920 und 1922 sogar als Reichskanzler vorgesehen.[45] In seinen Gesprächen mit Führern der Zentrumspartei versuchte er häufig, den Einfluß ERZBERGERS und dessen zentralistischen Kurs zurückzudrängen, und zwar mit dem »Hinweis auf die Gefahren, die der Bayerischen Volkspartei durch die Bestrebungen des Abgeordneten Dr. Heim und durch den Bayerischen Bauernbund drohen«.[46]

Während Bayern im Januar 1919 noch energischen Protest gegen den Entwurf der Verfassung erhoben hatte, stimmte die Fraktion der BVP schließlich am 31. Juli 1919 der Weimarer Verfassung zu. Lediglich G. HEIM blieb wie in der Abstimmung über den Versailler Vertrag bei seinem Nein. Im Gegensatz zur Fraktion suchte er noch wesentlich stärker die politische Nachbarschaft der ↗ DNVP und der ↗ DVP, die sich ebenfalls — wenn auch aus anderen Gründen — gegen die Verfassung aussprachen. Der Landesausschuß der BVP erkannte an, »daß die Gründe, welche diese Abgeordneten veranlaßten, trotz vieler für Bayern kaum erträglicher Artikel dem Gesamtwerk ihre Zustimmung zu geben, um dem Reiche in seiner größten Not nicht den Rechtsboden für den staatlichen Neuaufbau zu versagen, im Geiste der Verständigung zu würdigen« seien.[47] G. HEIM, der als der eigentliche Führer der BVP galt, blieb im Sommer 1919 ohne Resonanz in der Partei.

Die gleiche Taktik wie in den großen Abstimmungen der Weimarer Nationalversammlung verfolgte die BVP auch in der bayerischen Innenpolitik. Die bürgerlichen Parteien waren nach der Zerschlagung der Räteherrschaft noch nicht in der Lage, eine Regierung ohne die rechten sozialdemokratischen Führer zu bilden. Die BVP fürchtete die Auflösung des Landtags und die sich anschließenden Neuwahlen, weil dadurch der Ausnahmezustand einschließlich der Versammlungsverbote auch für die KPD hätte aufgehoben werden müssen.[48]

Der Abgeordnete der DDP Ernst MÜLLER-MEININGEN schlug J. HOFFMANN erneut als Ministerpräsidenten vor. Die Regierung erweiterte sich zu einem Koalitionskabinett, in dem 5 bürgerliche Politiker 4 Sozialdemokraten gegenüberstanden. Die BVP stellte mit K. F. SPECK den Finanzminister und mit Heinrich FREIHERR VON FREYBERG den Minister für Landwirtschaft, d. h. sie besetzte 2 für Bayern besonders wichtige Funktionen. Dennoch ließ sie verlauten, es handele sich um ein Opfer, um ein großes Zugeständnis an die Sozialdemokratie, wie auch erklärt wurde, daß die BVP bereits in der Zeit der ersten sozialdemokratischen Regierung ein »bis zur Selbstverlegung gehendes Entgegenkommen« gezeigt habe, vor allem bei der Aufhebung des Adels und der Familienfideikommisse.[49]

Je mehr sich im Sommer und Herbst 1919 die Macht der Bourgeoisie festigte — nicht zuletzt dank der Unterstützung durch die rechten sozialdemokratischen Führer –, desto stärker wurde wieder der rechte, von G. HEIM geführte Flügel der BVP. G. HEIM wandte sich erneut und scharf gegen den Eintritt in die bayerische Koalitionsregierung. Als sich bei den Gemeindewahlen vom 15. Juni 1919 der Stimmenanteil für die bürgerlichen Parteien erhöhte[50], begann in der Presse der BVP eine regelrechte Kampagne gegen J. HOFFMANN und die Koalition, wobei kulturpolitische Fragen in den Vordergrund gespielt wurden. Die Forderungen der Partei liefen darauf hinaus, selbst die Führung der bayerischen Regierung in die Hände zu bekommen.[51]

Die Diskrepanz zwischen den Forderungen der BVP und dem Kräfteverhältnis der bayerischen Parteien führte zu einer Krise in der führenden bürgerlich-klerikalen Organisation Bayerns. So nahm die Landesversammlung der BVP am 9. Oktober 1919 eine Resolution an, nach der zumindest eine Verbreiterung der parlamentarischen Regierungsbasis erreicht werden sollte. Das bedeutete eine Koalition mit den bayerischen Deutschnationalen und dem ↗ BB.[52] Da sich das ↗ Z im Reich gegen eine Koalition mit der ↗ DNVP sträubte und gerade in dieser Zeit von ERZBERGER starke unitaristische Impulse ausgingen, zielte die Politik der Gruppe um G. HEIM auf die Lösung der BVP aus der parlamentarischen Arbeitsgemeinschaft, die am 5. Februar 1919 mit dem Z vereinbart worden war, und damit auf die endgültige Trennung beider Parteien. Am 9. Januar 1920 erfolgte der entsprechende Beschluß der Landesversammlung der BVP gegen die Stimmen der Abgeordneten der Nationalversammlung. G. HEIM setzte die Partei unter Druck, indem er Ende 1919 mit Verhandlungen zwischen dem *Bayerischen Christlichen Bauernverein* – der Stütze der BVP – und dem *BB* über die Bildung einer neuen Partei begann. Als mit den Beschlüssen der Landesversammlung vom 9. Januar 1920 G. HEIMs Einfluß in der BVP entscheidend gestärkt war, zog dieser seine Pläne zur Bildung einer neuen Bauernpartei zurück und erklärte: »Wir wollen uns von der BVP nicht trennen, solange sie ihre und unsere Grundsätze vertritt.«(!)[53] Damit hatten die reaktionärsten Kräfte in der BVP binnen kurzer Zeit innerhalb der Partei die Voraussetzungen für die in den folgenden Jahren

immer stärker hervortretende Rechtsentwicklung der BVP und der Politik in Bayern geschaffen.

5. Die Politik der BVP in der revolutionären Nachkriegskrise

Die BVP hatte es im Verlauf des Jahres 1919 verstanden, ihre Positionen so zu stärken und auszubauen, daß sie im Gegensatz zu den bürgerlichen Parteien in den anderen Ländern und im Reich den konterrevolutionären KAPP-Putsch vom März 1920 sofort für eine weitere Veränderung des Kräfteverhältnisses zugunsten der reaktionären, eine parlamentarisch verbrämte Militärdiktatur anstrebenden Gruppen in Bayern ausnutzen konnte. Reichswehr und ↗ *Einwohnerwehren (EW)* zwangen J. HOFFMANN zum Rücktritt. Am 16. März 1920 begann die Kette jener bayerischen Kabinette, die bis 1933 ausschließlich von der BVP geführt wurden.[54]

Auf Vorschlag von G. HEIM und Georg ESCHERICH entschied sich die Landtagsfraktion der BVP für Gustav RITTER VON KAHR als neuen Ministerpräsidenten. Die von weiten Kreisen der Partei erwartete Kandidatur G. HEIMs wollte und konnte dieser nicht annehmen. Die Situation erforderte die Wahl eines politisch bisher wenig hervorgetretenen Beamten, der als Vertrauensmann der *Einwohnerwehren*, der Wehrverbände und der BVP gelten konnte. Auch die folgenden Leiter der reaktionären bayerischen Kabinette – Hugo GRAF VON UND ZU LERCHENFELD und Eugen VON KNILLING – waren Beamte. Die Regierung G. VON KAHR war die erste rein bürgerliche Koalitionsregierung in Deutschland nach der Novemberrevolution; die bayerischen Deutschnationalen konnten lediglich infolge des Widerstandes der ↗ DDP erst kurze Zeit später aufgenommen werden. Ende März 1920 entstand unter der Führung von Alfred KUHLO, geschäftsführendem Präsidialmitglied des *Bayerischen Industriellen-Verbandes*, der ↗ BOB der bürgerlichen Parteien, dessen Zentralausschuß wesentlich dazu beitrug, die Vorbereitung der Reichstagswahlen vom 6. Juni 1920 zu koordinieren.

G. VON KAHR versprach in seiner Antrittsrede – sich der völkischen Terminologie bedie-

nend — »strenges Einschreiten gegen Überfremdung und Verhinderung der Zuwande-
rung von Stammesfremden, Freihaltung
unseres Volkes von fremden Elementen«.[55]
Diese Formulierungen vermochten nicht das
eigentliche Ziel seiner von der BVP gestützten
Regierung zu verdecken, das darin bestand,
»der Staatsautorität durch ungeschmälerte
Erhaltung aller im letzten Jahre geschaffenen
Machtmittel eine feste Stütze zum Schutz der
öffentlichen Ordnung und Werte schaffender
Arbeit, von Gesetz und Recht zu sichern und
die Verhältnisse in Bayern zum Wohle des
Reiches zielbewußt als Gegengewicht gegen
alle bolschewistischen Störungen zu festigen«[56]. In diesem antikommunistischen
Kampf gingen die katholische Kirche und die
bayerische Regierung Hand in Hand, was z. B.
in der Verleihung eines päpstlichen Ordens an
den Protestanten G. VON KAHR zum Ausdruck
kam.[57] Die führenden Kreise der bayerischen
Industrie- und Handelsbourgeoisie unterstützten in den Jahren der revolutionären
Nachkriegskrise aus den gleichen Gründen
die Entwicklung der ↗ NSDAP. Es wäre ein
leichtes gewesen, die kleine faschistische
Partei zu verbieten, jedoch lag eine solche
wirklich demokratische Maßnahme nicht in
ihrem Interesse. G. VON KAHR stützte sich
stark auf den Münchener Polizeipräsidenten
Ernst PÖHNER, der sein Amt ständig zugunsten der völkisch-faschistischen Organisationen ausnutzte.[58] Als jedoch dann G. VON
KAHRS Ziele barbarische Wirklichkeit wurden, gehörte auch er zu den zahlreichen
Opfern des faschistischen Terrors.
Nach dem Londoner Ultimatum mußten im
Sommer 1921 auch in Bayern die ↗ EW aufgelöst und nach der Ermordung von ERZ-
BERGER der bayerische Ausnahmezustand
aufgehoben werden. Nunmehr zog sich die
Führung der BVP scheinbar von G. VON
KAHR, der hartnäckig an den EW festhielt,
zurück und trat für einen Kompromiß zwischen Bayern und dem Reich ein. Sie warf ihm
»Mangel an jeglicher politischer Elastizität«[59]
vor und schlug auf Initiative des Generalsekretärs der BVP, A. PFEIFFER, H. VON
UND ZU LERCHENFELD als Nachfolger vor.
Das Kabinett blieb in der gleichen Besetzung
wie unter G. VON KAHR bestehen, lediglich der
deutschnationale Vertreter wurde nicht wieder aufgenommen.

H. VON UND ZU LERCHENFELD verfolgte die
Politik einer »mittleren Linie«. Auf dieser
Linie lag auch die Zustimmung der Reichstagsfraktion der BVP zur Verordnung des
Reichspräsidenten vom 24. Juni 1922, mit der
nach dem Mord an RATHENAU die Republikschutzgesetzgebung eingeleitet wurde.
In der sich zuspitzenden Situation traten jedoch innerhalb der Partei starke Differenzen
auf. Anfang Juli 1922 schrieb die »Bayerische
Volkspartei-Korrespondenz«, man habe in
Bayern »kein Verständnis« dafür, daß die
Situation »dazu ausgenützt oder geradezu
mißbraucht wird, um einen ganz einseitigen
linkspolitischen Kurs« zu steuern. Bayern sei
»der Hüter wahrer Demokratie«.[60] Die Landtagsfraktion interpellierte gegen die Einrichtung eines Gerichtshofes zum Schutz der
Republik; sie schlug vor, erneut eine eigene
bayerische Notverordnung zu erlassen, was
am 24. Juli 1922 auch erfolgte. Am 21. Juli
hatte der Landesausschuß der BVP die Regierung aufgefordert, »mit allen gesetzlichen und
parlamentarischen Mitteln den Standpunkt
Bayerns auf das entschiedenste zu wahren«.[61]
Die Verhandlungen zwischen Bayern und der
Reichsregierung führten zum sog. Berliner
Protokoll vom 11. August 1922. Es brachte
den Föderalisten große Vorteile, so daß die
BVP ihm zustimmte. Allerdings war dafür die
bayerische Notverordnung zurückzuziehen,
worauf die Führer der BVP glaubten, sich von
H. VON UND ZU LERCHENFELD trennen zu
müssen. Die rechtsextremistische Propaganda hatte den Ministerpräsidenten und das
Berliner Protokoll immer heftiger abgelehnt,
wobei die Wehrverbände und die NSDAP der
Republikschutzgesetzgebung jeden Stachel
gegen rechts zu nehmen und zu diesem Zweck
die reaktionäre »Ordnungszelle« Bayern auszunutzen gedachten. Die BVP griff, da sie
politisch nichts gegen H. VON UND ZU LER-
CHENFELD vorbringen konnte, zu zweifelhaften »Hintertreppenmethoden«[62], um ihn am
30. Oktober 1922 zu stürzen.
Der neue, wiederum von der BVP gestellte
Ministerpräsident, E. VON KNILLING, knüpfte
unmittelbar an die Politik G. VON KAHRS an.
Das bedeutete vor allem eine entscheidende
Stärkung der völkisch-faschistischen Bewegung. In der Landtagsdebatte vom November
1922 über die NSDAP und über deren Putsch-

pläne wies F. SCHÄFFER als Sprecher der BVP auf die Gemeinsamkeiten in den Programmen seiner und der nationalsozialistischen Partei hin.[63] Alle Vorbehalte gegen die offen terroristischen Methoden sowie gegen die »kulturkämpferischen« Bestrebungen der Faschisten beeinflußten die Stellung der BVP zur *NSDAP* zunächst nur wenig. Erst als die faschistische Partei ein ernsthafter Konkurrent im Kampf um die Macht wurde, traten diese »Vorbehalte« in den Vordergrund. Das zeigte sich im Januar 1923 bei der »Machtprobe« um die Zulassung des ersten Reichsparteitages der *NSDAP*. Die BVP unterstützte das von der Regierung erlassene Verbot aller Kundgebungen unter freiem Himmel und den Ausnahmezustand. Unter dem Druck des bayerischen Reichswehrkommandos mußte sie aber nachgeben. Die bereits eingeleiteten Maßnahmen wurden, soweit sie sich gegen die *NSDAP* richteten, größtenteils zurückgenommen, soweit sie die *SPD* betrafen, jedoch durchgesetzt.

Im Herbst 1923 verfolgte die BVP Pläne, die einmal eine teilweise Zerschlagung des bürgerlich-demokratischen Parlamentarismus und ferner die Lösung Bayerns vom Reich durch einen Putsch beinhalteten. So ließ sich G. VON KAHR am Tag der Einstellung des passiven Widerstandes im besetzten Ruhrgebiet zum »Generalstaatskommissar für den Freistaat Bayern« ausrufen. E. VON KNILLING distanzierte sich dagegen in seiner Tuntenhausener Rede[64] von Diktaturabsichten aller Art, weil er durch sie die »Gefahr« einer Arbeiterregierung wachsen sah. G. VON KAHRS Politik zielte auf den Sturz der Regierung STRESEMANN und auf die Bildung einer konservativ-militärdiktatorischen Regierung in Berlin, unter welcher die bayerische Monarchie wiederhergestellt und den Ländern mehr Selbständigkeit gewährt werden sollte. Wieder zog er die völlige Lösung vom Reich und die Bildung eines süddeutschen Staates in Betracht. Der Abgeordnete der BVP Karl ROTHMEIER entwickelte in einer Denkschrift für E. VON KNILLING u. a. den Plan einer eigenen bayerischen Währung.[65]

Zur Verwirklichung dieser Pläne mußten die Nationalsozialisten einbezogen bzw. ausgenutzt werden. Hatte die bayerische Regierung am 1. Mai einen Putsch der ↗ *NSDAP*

vereitelt, so wurde im Herbst nichts gegen die Vorbereitung eines neuen Unternehmens getan. G. VON KAHR und General Otto Hermann VON LOSSOW, Kommandeur der Reichswehr in Bayern, lehnten das von Hans VON SEECKT ausgesprochene Verbot des »Völkischen Beobachters« ab und trieben den Bruch zwischen Bayern und dem Reich immer weiter. Das bayerische Kommando wurde aus der Reichswehr herausgelöst und hatte einen Eid auf die Landesregierung zu leisten. Am 27. Oktober 1923 wies G. VON KAHR einen dringenden Appell des Reichspräsidenten zurück und forderte den Rücktritt der Regierung in Berlin. Gleichzeitig wurden die Wehrverbände mobilisiert; sie hatten sich auf einen Marsch gegen Berlin vorzubereiten, wobei die Zerschlagung der Arbeiterregierungen in Sachsen und Thüringen bzw. der Schutz der Nordgrenze des Landes als Vorwand dienen sollten. Den faschistischen Bierkellerputsch der ↗ *NSDAP* vom 8. und 9. November 1923 konnten jedoch die Kreise um G. VON KAHR nicht unterstützen. Sie befürchteten, die Arbeiterklasse werde sich wieder wie in den Tagen des KAPP-Putsches zu machtvollen, einheitlichen Aktionen erheben, und schwenkten mit der Niederschlagung des Hitlerschen Unternehmens auf die Linie STRESEMANNS und H. VON SEECKTS ein, d. h. auf die Linie der Kräfte, die die Machtpositionen des Monopolkapitals festigen wollten, ohne offen den bürgerlichen Parlamentarismus fallenzulassen.

Die BVP hat sich nach dem Scheitern der Kahrschen Absichten stets gehütet, diese öffentlich zu behandeln. In dem offiziellen Bericht über die Tätigkeit der Landtagsfraktion der BVP von 1920 bis 1924 ist nicht ein Wort über das Verhältnis der Partei zu den Putschversuchen enthalten.[66] Die BVP tat alles, um einen Prozeß vor dem Staatsgerichtshof der Weimarer Republik zu verhindern, in dem ihre zwielichtige Politik nicht so hätte verheimlicht werden können wie vor dem bayerischen »Volksgericht«. Dennoch erhielt die Partei bei den Landtagswahlen vom 6. April 1924 ca. 180 000 Stimmen weniger als 1920, während die völkischen Gruppen $1/5$ der bayerischen Wähler für sich gewinnen konnten. Am 31. Juli 1924 setzte der Bayerische Landtag noch einen Untersuchungsausschuß ein, der die Vorgänge vom 26. September bis

9. November 1923 klären sollte. Diesem Ausschuß stand ein Vertreter der BVP vor, der die Arbeit mehr hemmte als förderte, so daß nach 4 Jahren immer noch nichts geklärt zu sein schien.[67]

6. Die föderalistischen Programme der BVP von 1920 und 1922

Parallel zu den politischen Aktionen der BVP in der Periode der revolutionären Nachkriegskrise verstärkte sich die Betonung der föderalistischen Programmpunkte immer dann, wenn die revolutionäre deutsche Arbeiterklasse ihre Stärke bewies: Kampf für den Föderalismus war für die BVP immer gleichbedeutend mit dem Kampf gegen die revolutionäre deutsche Arbeiterbewegung und selbst gegen die Sozialdemokratie. Die Höhepunkte des Klassenkampfes in den Jahren 1920, 1922 und 1923 waren zugleich Tiefpunkte in den Beziehungen zwischen Bayern und der Reichsregierung.[68] Unmittelbar im Zusammenhang mit der Zuspitzung des Klassenkampfes, mit dem Anwachsen der revolutionären Bewegung der deutschen Arbeiterklasse und ihrer Verbündeten ließ sich die Führung der BVP besonders stark von föderalistischen, hin und wieder auch von separatistischen Ideen leiten und beschloß jeweils neue programmatische Dokumente.

Im Frühjahr 1920, als der Kapp-Putsch von der einheitlich kämpfenden Arbeiterklasse zurückgeschlagen wurde, erwog G. von Kahr, eine besondere süddeutsche Verfassung ausarbeiten und verkünden zu lassen. Im Prozeß der allgemeinen Rechtsorientierung der herrschenden Kreise im Sommer 1920 entfaltete die BVP eine neue »föderalistische Initiative«.[69] Die *Mittwoch-Vereinigung* fixierte in einer Denkschrift vom 9. Juni 1920 Forderungen zur Revision der Weimarer Verfassung.[70] In ihr wurde dargelegt, daß Bayern eine Reihe von staatlichen Rechten zurückerhalten müsse (z. B. Verfassungsautonomie, Verfügung über die militärischen Machtmittel, Finanzhoheit).

Die Denkschrift der »politischen Elite« der BVP bildete auch die Grundlage für das föderalistische Programm, das von der Bamberger Landesversammlung beschlossen

wurde. Diese »Bamberger Entschließung«[71] ging davon aus, daß die »föderalistische Ausgestaltung« der deutschen Verfassung die »einzige Bürgschaft« für den Wiederaufbau der Macht des deutschen Imperialismus sei. Sie verlangte die Einsetzung »eines dem früheren Bundesrate gleichwertigen Organes der Staaten« sowie für die einzelnen Länder das Recht, »ihre Staatsform und Staatsverfassung selbst zu bestimmen«. Die BVP wandte sich mit Nachdruck gegen jede »weitere Beeinträchtigung der Selbständigkeit der Staaten durch neue Gesetze und Verordnungen« und wollte sogar selbständig mit auswärtigen Staaten Verträge abschließen dürfen. Auch auf steuerpolitischem Gebiet sowie in Angelegenheiten des Post- und Eisenbahnwesens verlangte sie »entscheidende Mitwirkung« der Länder. Ein wichtiger Punkt der »Bamberger Entschließung« forderte die Aufgliederung der »Reichswehr zu Lande in bundesstaatliche Kontingente« und das »selbständige Recht der Staaten, für Zwecke der öffentlichen Sicherheit und Ordnung den Ausnahmezustand für das Staatsgebiet zu erklären und für diese Zwecke über ihre Kontingente zu verfügen«. Natürlich beanspruchte die BVP auf kulturpolitischem Gebiet und im Schulwesen völlige Autonomie.[72]

Bezeichnend für den reaktionären Charakter dieser föderalistischen Forderungen war die Tatsache, daß in den gleichzeitigen Verhandlungen mit dem Reichskanzler Fehrenbach über den Eintritt der BVP in das Kabinett von dieser nur ein Teil der 12 Bamberger Punkte als Bedingung gestellt wurde. Die »Bamberger Entschließung« wich ebenfalls stark vom Programm der bayerischen Regierung ab, das diese am 16. Juli 1920 verkündet hat.[73] Praktische Politik und programmatische Zielsetzung gingen somit auseinander, was zu großen Auseinandersetzungen innerhalb und außerhalb der Partei führte. Die Führung der BVP hatte einen Teil ihrer Bamberger Forderungen zurückgestellt, weil sie unter allen Umständen in der ersten rein bürgerlichen Reichsregierung vertreten sein wollte.

Der bayerische Föderalismus erlebte auch zur Zeit der großen Klassenschlachten des Jahres 1922 einen Höhepunkt. Nach dem Mord an Rathenau und den machtvollen Protestbewegungen von Millionen deutschen Arbeitern und Werktätigen verschärfte Bayern erneut das Verhältnis zur Reichsregierung. Vor allem die antikommunistische, aber auch die antisozialdemokratische Haltung der BVP zeigte sich in den Auseinandersetzungen um das Republikschutzgesetz, wobei hauptsächlich der Reichstagsabgeordnete der BVP und spätere Reichsjustizminister Erich EMMINGER mit besonderer Schärfe gegen die Pläne der Regierung WIRTH auftrat. Der damalige bayerische Ministerpräsident, H. VON UND ZU LERCHENFELD, erklärte, »es wird Zeit, daß wir uns in Bayern zum Aussteigen herrichten«, da die »Dinge ... immer mehr dem Bürgerkrieg« zutreiben würden.[74] Die BVP sprach sich anstelle des Gesetzes zum Schutz der Republik für eine eigene bayerische Notverordnung aus, die von vornherein ausschließlich gegen die politische Linke angewendet werden sollte. Sie stürzte H. VON UND ZU LERCHENFELD, als dieser die bayerische Notverordnung wieder aufheben mußte. Im Herbst 1922 erfolgte auf der Landesversammlung der BVP die endgültige Annahme des Parteiprogramms, des sog. »Bamberger Programms«[75], in dem vor allem diejenigen Forderungen erweitert wurden, die nach Meinung der BVP noch vor der anzustrebenden Änderung der Weimarer Verfassung erreicht werden sollten.

Das konterrevolutionäre Element in der föderalistischen Politik der BVP gipfelte schließlich in ihren Maßnahmen im Herbst 1923, als die Massenkämpfe der deutschen Arbeiterklasse einen Höhepunkt erreichten und sich eine revolutionäre Krise entwickelte, als die antinationale Haltung der deutschen Großbourgeoisie sich offen in der Verschärfung der Revanchehetze und in der Mobilisierung der faschistischen und separatistischen Kräfte zeigte. Die BVP nahm entscheidenden Anteil an der Vorbereitung eines Putsches in Bayern, der für den 12. November 1923 vorgesehen und von militärdiktatorischen, teilweise auch von blau-weißen monarchistischen Restaurationsbestrebungen getragen war. Die Aktion der ↗ NSDAP durchkreuzte diese Absichten.

In der Periode der relativen Stabilisierung des Kapitalismus trat ein anderes Element des Föderalismus in den Vordergrund der Politik der BVP. Großdeutsche Ambitionen verstärkten sich zusehends. F. A. SCHMITT betonte 1929, daß »das Festhalten am föderativen Gedanken das Festhalten am großdeutschen Gedanken bedeutet und daß Zentralismus eine Verewigung unvollkommenen Kleindeutschtums« sei.[76] Die Landesversammlung des Jahres 1929 beschloß sogar ein regelrechtes »Bekenntnis zum großdeutschen Gedanken«.[77]

Die Auswirkungen der föderalistisch-separatistisch-großdeutschen Politik der BVP führten zwangsläufig zu Ergebnissen, die letztlich das ganze deutsche Volk in eine neue Katastrophe stürzten. Die Spannungen zwischen Bayern und dem Reich, genährt und verschärft durch die antikommunistische und antidemokratische Politik der BVP, nützten in erster Linie der völkisch-faschistischen NSDAP. Die führende bürgerliche Partei Bayerns machte dieses Land zum »Asyl und zur Heimstätte der konterrevolutionären Bestrebungen der gesamten Rechtsbewegung, die zuletzt im Sammelbecken der Hitlerbewegung mündete«.[78]

Selbst bürgerliche Historiker kommen nicht umhin, der föderalistischen Konzeption der BVP zu bescheinigen, daß der »demokratische Grundgehalt föderalistischen Staatsdenkens« zu wenig berücksichtigt worden sei.[79] Tatsächlich gehörte der auf die Zersplitterung der fortschrittlichen Kräfte gerichtete Föderalismus zu den reaktionärsten Bestandteilen des bürgerlich-parlamentarischen Demokratismus in der Weimarer Republik. Er wurde allerdings in gewissem Sinne zu einer »positiven« demokratischen Erscheinung, als ihn der faschistische Unitarismus zu überrollen begann und als die reaktionäre Grundlinie der BVP durch die extrem reaktionäre Politik der NSDAP ersetzt wurde.

7. Die BVP in der Periode der relativen Stabilisierung des Kapitalismus (1924–1929)

Die bis 1923 konzipierte Politik wurde von der Führung der BVP im wesentlichen auch in den folgenden Jahren betrieben. Allerdings war diese zu gewissen taktischen Änderungen gezwungen. So mußte sich die BVP am Beginn der Periode der relativen Stabilisierung

von G. VON KAHR und E. VON KNILLING trennen, um sich offiziell vom HITLER-Putsch und
vom Versuch, das Modell der bayerischen
»Ordnungszelle« auf Deutschland zu übertragen, distanzieren zu können. Die BVP
suchte nun das stärkere koalitionspolitische
Zusammenspiel mit der *DNVP* unter Um-
gehung der von den Beamtenregierungen
vorher mit den terroristisch-faschistischen
Kräften eingeleiteten Komplotte. Auf einer
Wahlveranstaltung erklärte H. HELD am
20. März 1924: »Wir brauchen in Bayern eine
nach rechts gerichtete Politik, die das nationale Empfinden der Massen hebt.« Kurze Zeit
später formulierte er: »In Bayern muß unter
allen Umständen ein Rechtskurs eingehalten
werden, ein Rechtskurs bayerischer konservativer nationaler Politik, welcher entfernt ist
von jedem revolutionären Radikalismus.«[80]
Die Landesvorstandschaft vertrat in ihrer
Sitzung vom 17. Mai 1924 die Meinung, »daß
die kommende Regierung, einzig und allein
gestützt auf die legitimen Machtmittel des
Staates, eine rücksichtslose und restlose Liquidierung der Zustände vornehmen müsse,
die die verhängnisvolle Lage verschuldet
haben, in welche der bayerische Staat geraten
war«.[81]
Einen Teil dieser scheinbaren »Liquidierung«
stellte der im November 1923 eingeleitete
neue Vorstoß der BVP zur Umgestaltung der
Weimarer Verfassung und der bayerischen
Landesverfassung dar, wozu Anfang 1924 ein
Volksbegehren für die Auflösung des Landtages und zur Umgestaltung der Verfassung
eingeleitet wurde. Dieses Volksbegehren und
auch der am 6. April 1924 durchgeführte
Volksentscheid scheiterten jedoch, da sich
keine Zweidrittelmehrheit für die Verfassungsänderung ergab. Andererseits erreichte
die BVP einen wichtigen politischen Erfolg,
als die seit 1920 geführten Verhandlungen mit
dem Vatikan beendet und am 29. März 1924
das bayerische Konkordat unterzeichnet
wurde, das voll und ganz der klerikal-föde-
ralistischen Politik der BVP entsprach. Das
Konkordat war ein Faktor, auf den sich die
neue bayerische Regierung im Ringen um die
Stabilisierung ihrer Macht und um die Beeinflussung der Reichspolitik in starkem
Maße stützen konnte.
Eine der Hauptforderungen der föderalistischen Denkschrift vom 4. Januar 1924 an die

Reichsregierung, die der am 28. Juni 1924 —
nach langen innerparteilichen Auseinandersetzungen — zum neuen bayerischen Ministerpräsidenten gewählte H. HELD ausdrücklich als Grundlage seiner Regierungserklärung
bezeichnete, war die nach der Bildung eines
dem Reichstag gegenüber gleichberechtigten
Reichsrates. Auch die anderen Abschnitte der
Denkschrift waren ihrem Charakter nach
gegen die bürgerlich-parlamentarische Demokratie gerichtet. Sie enthielten Überlegungen, »wie die Bildung des Regierungswillens
besser erfolgen, wie man zu einem richtigen
Machtausgleich zwischen Regierung und
Parlament kommen, wie die Stellung der
politischen Parteien im Staatsleben besser
geordnet, wie der überspitzte formale Parlamentarismus auf ein besonderes Maß zu-
rückgebracht werden könnte«.[82]
Aus Anlaß einer Feier zum 10jährigen Bestehen der BVP nannte Professor Franz
Xaver EGGERSDORFER die Herstellung einer
»organischen Demokratie« als Ziel der Partei.
F. X. EGGERSDORFER erklärte 1928:

»Die organische Demokratie also, wie sie der Ideenwelt der Bayerischen Volkspartei entspricht, verwirft die Mehrheitsentscheidung, dieses Grund-
prinzip aller Demokratie, nicht. Aber sie schreibt
dem Mehrheitsbeschluß keine rechtsschöpferische
Kraft zu ... Recht wird nicht dadurch zum Recht,
daß es eine Mehrheit verhängt. Das seinsollende
Recht ist der Idee nach vor jedem Mehrheitsvotum
gegeben, es ist gegeben in der ewigen Rechtsordnung Gottes.«[83]

G. HEIM fand für seine antidemokratischen
Vorstellungen den Begriff der »gesunden
Demokratie«, womit er allerdings auch ein zu
starkes Vordringen des Faschismus verhindern wollte. Darunter verstand er die Einführung der Arbeitsdienstpflicht, die Erweiterung der Rechte des Reichspräsidenten und
vor allem eine Änderung des Wahlrechts
(Erhöhung des wahlfähigen Alters, Plural-
wahlrecht für Familienväter, eine Zusatz-
stimme ab dem 40. Lebensjahr und für Haus-
und Grundbesitz).[84] Dieser Plan G. HEIMS war
so abwegig, daß er von der BVP nicht völlig
unterstützt werden konnte. G. HEIM stand
jedoch nicht allein, z. B. forderte J. LEICHT
1926 die Heraufsetzung des Wahlalters.[85]
Die katholisch-konservative Grundhaltung
der BVP ist in allen ihren Aktionen und
Maßnahmen während der Periode der relati-

ven Stabilisierung und in der Zeit der Faschisierung zu erkennen. Die BVP unterstützte die Bildung und Tätigkeit jeder rein bürgerlichen Reichsregierung und stemmte sich eindeutig gegen eine erneute Einbeziehung der rechten sozialdemokratischen Führer in den Machtmechanismus des imperialistischen Staates. Sie betrachtete es als ihre Aufgabe, eine »Brücke« für die Koalition von ↗ Z, ↗ DVP und selbstverständlich auch ↗ DNVP zu bilden und das Z von seinen Bindungen an die SPD zu lösen.[86] Ihr Ziel bestand darin, die Einigung und eine »wirkliche bürgerliche Politik der Rechten« durchzusetzen, was erst möglich sei, »wenn die Deutschnationalen auch an der Regierung teilzunehmen haben«. Man war sogar bereit, in eine bürgerliche Minderheitsregierung »rechts vom Zentrum« einzutreten.[87]

Diese Taktik war auch entscheidend für die aufsehenerregende Haltung der BVP während des zweiten Wahlganges der Reichspräsidentenwahlen 1925. Nachdem ihr Drängen nach Nominierung eines einzigen bürgerlichen Kandidaten der Rechtsparteien gescheitert war, versagte sie dem Z die Unterstützung. H. HELDS Kandidatur im ersten Wahlgang war mehr eine Verlegenheitslösung. Im zweiten Wahlgang entschied sich die BVP für den protestantischen preußischen Militaristen HINDENBURG, während Wilhelm MARX — obwohl Katholik und Kandidat des ↗ Z — wegen der für ihn angekündigten sozialdemokratischen Unterstützung abgelehnt wurde. Auf der Sitzung der Landesvorstandschaft am 7. April 1925 gab wieder einmal G. HEIM den Ausschlag für die Entscheidung der BVP zugunsten HINDENBURGS, nachdem er in scharfen Worten gegen den »Linkskurs« des Z opponiert hatte.[88] Das Verhalten der BVP-Führer im zweiten Wahlgang offenbarte einen Tiefpunkt in den Beziehungen zwischen ihnen und dem Z. Ihre Auffassungen über die Situation in Deutschland unterschieden sich erheblich von denen der Zentrumspolitiker, obwohl sich beide als katholische und insofern wesensgleiche Parteien verstanden. Die konservativrestaurativen Vorstellungen der BVP dominierten eindeutig gegenüber den vielfach beschworenen Prinzipien des politischen Katholizismus.[89] Es hat der Führung der BVP einige Mühe gemacht, den überraschten und zum Teil unzufriedenen Anhängern[90] diesen Beschluß zu erläutern. Für den Ausgang der Wahl wurde er jedoch in gewisser Hinsicht ein entscheidender Faktor, denn HINDENBURG hatte ca. 900 000 Stimmen mehr als W. MARX zu verzeichnen.

Es war selbstverständlich, daß sich die BVP eindeutig gegen den von der KPD eingeleiteten Kampf für eine entschädigungslose Enteignung der Fürsten aussprach. Wie fast alle anderen bürgerlichen Parteien kämpfte sie für den Boykott des Volksbegehrens und des Volksentscheides. In ihrem Aufruf vom 1. März 1926 bezeichnete sie das Volksbegehren ganz im Sinne des Prinzips der »organischen Demokratie« als »brutalsten Gewaltakt« und als Verstoß »gegen Gottes Ordnung«, der ein »Wegbereiter für bolschewistische Ideen« sei. Überhaupt sei das Ansinnen der Abstimmung für Bayern überflüssig: »Sollte es so weit gekommen sein, daß ein Volk mit einer ehrenvollen Tradition nur Undank hätte für seine Führer und sein jahrhundertealtes verdientes Herrschergeschlecht? Das wäre häßlich und verachtenswert.« Die BVP betrachtete die Volksabstimmung als einen »frechen Versuch« der »roten Zentralen in Sachsen, Thüringen, Berlin, Hamburg und im Ruhrgebiet ...«, mit ihrer großen Stimmenzahl« die bayerische Selbständigkeit zu vergewaltigen.[91] Die Ergebnisse des Volksentscheides lagen in Bayern schließlich auch weit unter dem Reichsdurchschnitt.

Auch in außenpolitischer Hinsicht verfolgte die BVP eine Politik, die den nationalistischen Praktiken der ↗ DVP und vor allem der ↗ DNVP sehr nahe kam. Sie stimmte für die Annahme des DAWES-Planes, obwohl sie sich gegen das entscheidende Eisenbahngesetz wandte, weil es nicht die von ihr geforderte Rückgabe der Verkehrshoheit an Bayern vorsah. In der Kriegsschuldfrage und auch bezüglich des Eintritts Deutschlands in den Völkerbund opponierte die BVP gegen STRESEMANN, der entsprechend der Situation nur das jeweils für den deutschen Imperialismus Erreichbare forderte.[92] Die nationalistische Demagogie der BVP, bei der sich vor allem H. HELD hervortat, sollte den außerparlamentarischen Druck auf die deutsche Regierung sowie auf die Westmächte verstärken. Der Wirtschaftsbeirat der BVP verstärkte seine auf den Anschluß Österreichs gerichtete Tätigkeit und ließ in seinen Jahresversammlungen 1926 und 1927 führende österreichische Politiker sprechen. Selbst der Bundeskanzler des Nachbarstaates wurde für einen Vortrag gewonnen.[93] Anfang Mai 1926 fand eine Beratung von Vertretern der *Christlichsozialen Partei Österreichs* und des *Wirtschaftsbeirates der BVP* über handelspolitische Fragen statt. Am 10. Jahrestag der Niederschlagung der Räterepublik veranstaltete die BVP in München eine »großdeutsche Kundgebung«, die dem »Deutschtum in Österreich und im Saargebiet« gewidmet war.[94]

Die allgemeine Rechtsentwicklung der deutschen Innen- und Außenpolitik während der Periode der relativen Stabilisierung des Kapitalismus führte zu einer schrittweisen Annäherung von *Z* und BVP. Letztere stellte die Abkehr der Zentrumspartei von ihrem linken Flügel unter WIRTH[95] in den Vordergrund. Charakteristisch hierfür ist ein am 17. März 1927 in der »Augsburger Postzeitung« abgedruckter, eine halbe Druckseite umfassender Leitartikel »Um Dr. Wirth« von einem bestellten oder fingierten »badischen Zentrumsmann«, in dem erst demagogisch die Persönlichkeit und die Verdienste WIRTHS hoch gewürdigt werden, um dann um so schärfer zu formulieren: »... überall, wohin man hört, vernimmt man bei der überwältigenden Mehrheit der Parteifreunde die Stimme: ›*So kann es nicht mehr weitergehen! Entweder — oder!*‹ ... Das ›Problem Dr. Wirth‹ ist überreif zur Lösung.« Der Kampf gegen WIRTH zielte jedoch in erster Linie auf die Sprengung der in einzelnen Ländern noch bestehenden Koalitionen des *Z* mit der *SPD*.

Die BVP-Führung war mehr und mehr bereit, ihren Kurs teilweise zu revidieren, und hob die konfessionell-weltanschauliche Gemeinsamkeit mit dem *Z* stärker hervor. Die Bestrebungen zur Wiederherstellung einer Arbeitsgemeinschaft stießen in Bayern allerdings auf den Widerstand monarchistischer Kreise, die sich auf den ↗ *Bund Bayern und Reich (BBR)* und auf den von G. HEIM inspirierten *Bayerischen Heimat- und Königsbund* stützten. Die Führer der BVP sahen sich daher in dieser Zeit mehrfach gezwungen, zur monarchistischen Frage und zu Gerüchten über mon-

archistische Putschpläne Stellung zu nehmen, sich dabei aber von den Monarchisten so abzugrenzen,[96] daß sich dieser Wählerstamm nicht vor den Kopf gestoßen fühlen konnte. K. F. SPECK erklärte dennoch auf der Landesversammlung der BVP am 4. Dezember 1926: »Wer heute die Frage der Staatsform in den Vordergrund schiebe, verrate keinen politischen Weitblick«.[97]

Nach langwierigen und komplikationsreichen Verhandlungen wurden am 20. November 1927 die »Regensburger Vereinbarungen« beschlossen, die eine parlamentarische Zusammenarbeit der Fraktionen, eine Regelung der Beziehungen beider Parteiorganisationen und ihrer Presse, eine Klärung der verworrenen parteipolitischen Situation in der bayerischen Pfalz – hier existierten BVP und *Z* nebeneinander — sowie konkrete Abmachungen zu den kommenden Landtags- und Reichstagswahlen enthielten. Ein paritätisch zusammengesetzter Ausschuß sollte die Verwirklichung der Vereinbarungen überwachen. Die Presse beider Parteien wertete die vom Parteitag der BVP am 17. und 18. Dezember einhellig bestätigten Vereinbarungen als »ersten Schritt zu dem Endziel einer Wiederherstellung der politischen Einheit«.[98] Die »Regensburger Vereinbarungen« führten jedoch erst mit Beginn der Weltwirtschaftskrise zu einer engeren Zusammenarbeit beider Parteien. Die BVP unterstützte vor allem den autoritären Kurs, den die Regierung BRÜNING 1930 einleitete.[99] Die Mischung von klerikal-antidemokratischen und föderalistischen Elementen in der Politik der BVP führte zu bestimmten Differenzen innerhalb der Partei und des bayerischen Katholizismus, die allerdings zu keiner Zeit einen direkten linken Flügel ausbildeten wie den WIRTH-Flügel im ↗ *Z*.[100] Der Widerstand einzelner fortschrittlicher Kräfte gegen reaktionäre Entscheidungen der Parteiführung wurde zwar in einigen Fällen[101] sichtbar, er beeinflußte aber kaum die politische Linie der BVP. Ein Teil der fortschrittlichen katholischen Kräfte organisierte sich — vor allem auf rechtsrheinischem Boden — in den bayerischen Zentrumsorganisationen, die bis zur Mitte der 20er Jahre fast mit der ↗ *Christlich-Sozialen Reichspartei (CSRP)* identisch waren. Der führende Sprecher dieser Kräfte im bayerischen Katholizismus jener Zeit war der 1924 in den Landtag gewählte Abgeordnete Dr. Leo WEISMANTEL. Er und Paul DISSINGER hatten sich mit Abgeordneten der ↗ DDP und mit unabhängigen Abgeordneten zu der Fraktion *Freie Vereinigung* im Bayerischen Landtag zusammengefunden.

L. WEISMANTEL nahm als Landtagsabgeordneter vor allem zu kulturpolitischen Problemen das Wort, wobei er sich gegen die Konfessionsschule wandte und 1926 bei der Etatdebatte eine so begründete Stellungnahme gegen die Politik des Ministers für Unterricht und Kultus, Franz MATT, abgab, daß dieser zurücktreten mußte.[102] Hierbei fand L. WEISMANTEL Anschluß an linksbürgerlich-demokratische Kräfte; so sprach er 1926 zusammen mit Thomas und Heinrich MANN auf einer öffentlichen Kundgebung in München. Auch hinsichtlich allgemeiner sozialer, schul- und kulturpolitischer Probleme nahm er eine gegen die reaktionäre Politik der BVP gerichtete Haltung ein.[103] 1924 warnte er in einem Schreiben an die Leitung der *CSRP* in Würzburg:

»Beweist der Umstand, daß es mehrere, sich befehdende ›christliche Parteien‹ gibt, nicht schon das, daß wir heute überhaupt keine christliche Partei haben — wie wir auch keine ›unchristliche‹ haben, — in manchem Sozialisten steckt mehr wahres Christentum als in manchem Katholikenführer. Ich bin im Leben Atheisten begegnet, die Gott näher waren, als solche, die Gott in jedem ihrer Worte im Munde trugen und im gleichen Ausspruch Gott verleugnet haben … Hüten wir uns …, die Partei einer christlichen Geschichtsauffassung schlechthin mit der Partei Gottes, die Partei einer materialistisch-atheistischen Geschichtsauffassung schlechthin der Partei des Bösen gleichzusetzen.«[104]

Es war daher kein Wunder, daß nach dem Regensburger Abkommen L. WEISMANTEL von der Führung der BVP in den Hintergrund gedrängt wurde. Die ihm gegenüber angewendeten Mittel der Bestechung und Drohung sind ein geradezu skandalöses Zeugnis für die inquisitorische Skrupellosigkeit, mit der die Führungen der sog. christlichen Parteien gegen progressive Kräfte innerhalb der eigenen Organisationen vorgingen.[105] L. WEISMANTEL wurde 1928 von der Kandidatenliste zurückgezogen und aus dem parlamentarischen Leben Bayerns ausgeschaltet. Danach suchte und fand er Anschluß an die Gruppe um WIRTH in der Zentrumspartei.[106]

Die Differenzierung in der BVP verstärkte sich mit der zunehmenden Gefahr der Errichtung einer faschistischen Diktatur in Deutschland. Der Chefredakteur der über Interna der *NSDAP* ungewöhnlich gut informierten Zeitschrift »Der Gerade Weg«, Fritz Michael GERLICH, verlieh am 11. September 1932 sehr deutlich seiner Empörung über die Verhandlungen des *Z* und der BVP mit der *NSDAP* Ausdruck.[107] Die katholischen Parteien seien dabei für die *NSDAP* lediglich »Zutreiber für die eigene Machtergreifung«.[108] Außerdem traten einige konservative katholische Kräfte vor allem aus religiösen Gründen gegen den Faschismus auf. Als Exponent dieser Kreise galt Emil MUHLER, der auf Grund einer nationalsozialistischen Intervention beim Kardinal Michael VON FAULHABER von der Funktion des Vorsitzenden der *Katholischen Aktion* in München entfernt wurde.[109] Die Faschisten ermordeten ihn 1944 im KZ Dachau.

8. Die BVP und der Faschisierungsprozeß (1929–1933)

In der letzten Periode ihrer Existenz wurde für die sich selbst immer stärker nach rechts entwickelnde BVP die Stellung zur Faschisierung des Deutschen Reiches und insbesondere zur nationalsozialistischen Bewegung immer mehr zu einer Existenzfrage. Die *NSDAP* hatte sich zu einem parteipolitischen Instrument der extrem reaktionären und aggressivsten Kräfte der deutschen Monopolbourgeoisie entwickelt und suchte ihre kleinbürgerlich-chauvinistische Massenbasis in Bayern hauptsächlich in den Bevölkerungsschichten, die bis dahin vor allem von der BVP beeinflußt wurden. Aus einem von der BVP geduldeten und sogar geförderten Mittel zum Zweck war also eine im Kampf um die Macht konkurrierende Organisation herangewachsen, gegen die vereinzelt bereits 1922, verstärkt aber nach dem HITLER-Putsch Stellung genommen wurde.

Die Stellungnahmen der meisten BVP-Politiker ließen nur in seltenen Fällen antifaschistische Positionen erkennen. In der Regel wurden Differenzen in taktischen Fragen hervorgehoben. Gegen die *NSDAP* wurde vor allem geltend gemacht, daß ihr Programm die Aufhebung der bayerischen Eigenstaatlichkeit vorsah und sie auf einer gegen Kirche und Religion gerichteten Politik beharre. Damit war fast immer auch eine andere bemerkenswerte Feststellung verbunden, die z. B. im »Agitationsmaterial« des Generalsekretariats der BVP getroffen wurde. Dort wurde den Nazifaschisten der Vorwurf gemacht, sie würden lediglich eine »Zersplitterung der bürgerlichen Front« herbeiführen wollen und hätten ihren eigentlichen sozialen Auftrag nicht erfüllen können: »Die Nationalsozialisten haben bis jetzt noch keinen Arbeiter aus dem roten Lager herübergezogen. Im Gegenteil: Seit dem Bestehen der Nationalsozialisten sind die Sozialisten immer stärker geworden.«[110] Eine allgemeine, daraus abgeleitete Befürchtung brachte G. HEIM zum Ausdruck, als er am 1. August 1930 in einem Brief schrieb: »Das Ende des Nationalsozialismus ist die Überantwortung Deutschlands an den Bolschewismus.«[111]

F. SCHÄFFER, der 1929 als Repräsentant der »aktiveren jüngeren Richtung« in der Partei deren Vorsitzender geworden war[112], warnte in einer Rede vor der »kommunistisch-bolschewistischen Gefahr« und erklärte: »Das ist die große Sünde Adolf Hitlers, daß er sie nicht sieht und wohl auch nicht sehen will, weil ihn sonst vor seiner eigenen Zukunft das Grauen packen müßte.«[113] Vor allem das Mißtrauen in die Stabilität der nationalsozialistischen Massenbasis[114], aber auch das Verharren auf ihren politischen und weltanschaulichen Positionen, führten die Partei zu einer stärkeren antinationalsozialistischen Tätigkeit in den letzten Jahren der Weimarer Republik. Dennoch war die Politik der BVP-Führung darauf gerichtet, die gemeinsame Frontstellung beider Parteien gegen die Arbeiterklasse dazu auszunutzen, die weitere Entwicklung der politischen Verhältnisse in reaktionäre Bahnen zu drängen. Daraus resultierte eine folgenreiche Unterschätzung der Gefährlichkeit der faschistischen Bewegung durch die Führer der BVP. HITLER war 1924 nicht ausgewiesen worden[115] und hatte seit 1926 auch in Bayern wieder in öffentlichen Veranstaltungen auftreten dürfen. Immer wieder wurde das nicht ganz unzutreffende, letztlich aber doch demagogische Argument verwendet, die

↗ *NSDAP* sei ja aus Bayern hinausgedrängt worden. Seit 1930, als das bayerische Kabinett H. HELD nach dem Austritt des ↗ *BB* geschäftsführend und ohne parlamentarische Basis zu regieren begann, verstärkte sich der Druck des *Wirtschaftsbeirates der BVP* auf die Parteiführung, »ein entschiedenes Zusammengehen mit den Parteien der Rechten« anzustreben. Immer wieder brachten führende BVP-Politiker ihre Idee einer Regierung der »nationalen Konzentration« ins Spiel, die einen Block aller Rechtsparteien darstellen sollte. Ende 1930 fand eine Industriellentagung der BVP statt, zu der Hjalmar SCHACHT eingeladen worden war. In seiner Rede plädierte er für die *NSDAP* und eine enge Zusammenarbeit mit ihr. In einem vertraulichen Memorandum des *Wirtschaftsbeirates der BVP* wurde nach den bayerischen Landtagswahlen vom Frühjahr 1932 die Zusammenarbeit zwischen der BVP und der *NSDAP* im »Interesse Bayerns und seiner Wirtschaft« gefordert. Ziel der Partei müsse es sein, die »Niederkämpfung des Marxismus im Innern« zu erreichen.[116]

In der Periode der Weltwirtschaftskrise unterstützte die BVP grundsätzlich, wenn auch nicht in allen Detailfragen, den autoritären Kurs des ↗ *Z* und der BRÜNING-Regierung. Das führte in der Vorbereitung der Reichspräsidentenwahlen 1932 sogar zu dem gegen HINDENBURG gerichteten Vorschlag der BVP, BRÜNING kandidieren zu lassen. Dieser Plan mußte jedoch nach den ersten Gesprächen mit den Führern des *Z* fallengelassen werden.[117]

Im Gegensatz zu 1925 betrieb die BVP schließlich von vornherein Wahlpropaganda für HINDENBURG, der in ihrer Presse sogar als »Symbol für Deutschlands Größe in der Vergangenheit und für Deutschlands Ehre und Freiheit in der Zukunft« gepriesen wurde.[118] Bei der Vorbereitung der Reichstagswahlen vom 31. Juli 1932 ließ die BVP auch verlauten, sie sei »immer und heute erst recht für eine zeitgemäße Reform des übersteigerten Parlamentarismus gewesen. Auch dem Verlangen nach verfassungsrechtlicher Verstärkung des persönlichen Führergedankens im Staate stimmt die Bayerische Volkspartei zu.«[119]

Die BVP verfolgte ebenso wie das *Z* und andere bürgerliche Parteien das Konzept der »Zähmung« bzw. der Einbeziehung der *NSDAP* und unterstützte nachdrücklich die

Verhandlungen mit der faschistischen Partei im August und September 1932.

Nach den Reichstagswahlen vom 6. November 1932 gab F. SCHÄFFER bei den Konsultationen HINDENBURGS mit den Parteiführern ein günstiges Urteil über HITLER ab und befürwortete die Bildung einer Regierung der »nationalen Konzentration«.[120] Am 24. November 1932 trafen sich F. SCHÄFFER und HITLER zu einer persönlichen Aussprache.[121] Die BVP wandte sich allerdings gegen eine Einbeziehung PAPENS in die Regierung der »nationalen Konzentration«, dessen Staatsstreich vom 20. Juli 1932 als Schlag gegen die Selbständigkeit auch der anderen Länder eingeschätzt wurde.[122]

Unter diesen Gesichtspunkten betrachtet, kann der 1932 erfolgende Ausbau der parteieigenen Wehrorganisationen, der *Bayernwacht*, als ein Mittel bezeichnet werden, das die *NSDAP* in eine Front mit dem *Z* und der BVP zwingen sollte. Die BVP gab in diesem Sinne auch illusorische Mitgliederzahlen (620 000![123]) an. Die Gründung des eigenen Wehrverbandes, der unter der Führung H. VON LEX' stand und für dessen Finanzierung G. HEIM sorgte, richtete sich jedoch auch gegen das *Z* und dessen Mitarbeit im *Reichsbanner Schwarz-Rot-Gold*. Die Antwort der *NSDAP* bestand in der Erklärung, F. SCHÄFFER versuche, sich auf ein »Systemreservat« zurückzuziehen.[124] Am 24. April 1932 konnte die BVP bei den bayerischen Landtagswahlen noch einmal einen gewissen Aufschwung ihrer Tätigkeit erreichen. Gegenüber den Landtagswahlen von 1928 stimmten 200 000 Wähler mehr für die Partei, die einen aktiven Kampf gegen die drohende faschistische Diktatur zu betreiben schien. In ihrem Bestreben, die eigenen Machtpositionen in Bayern aufrechtzuerhalten, ließ die Führung der BVP zu dieser Zeit sogar Diskussionen über die Möglichkeiten einer Koalition mit den rechten Führern der *SPD* zu, d. h. über einen Punkt, mit dem die BVP stets ihre Distanz zum ↗ *Z* begründet hatte. Zwischen F. SCHÄFFER und Wilhelm HOEGNER *(SPD)* kam es zu Kontakten, die jedoch ohne jegliche politische Konsequenz blieben, weil F. SCHÄFFER im Grunde — und im Gegensatz zu H. HELD — eine »schwarz-braune« Koalition und eine Verbindung mit den »vernünftigeren Elementen der Nationalsozialisten«

anstrebte.[125] Ende Januar 1933 erklärte er in Verhandlungen mit PAPEN, die BVP sei bereit, sich an einer von HITLER geführten Mehrheitsregierung zu beteiligen. Sein Kurs zielte auf eine Ausweitung der sog. Harzburger Front, des Bündnisses von ↗ *DNVP* und ↗ *NSDAP*, unter Einschluß seiner Partei, selbst »wenn es den Tod des Zentrums und der Bayerischen Volkspartei erreichen sollte«.[126]

Was die BVP von ihren konservativen und föderalistischen Grundpositionen aus gegen die *NSDAP* unternahm, war also kein wirklicher antifaschistischer Kampf, da er weder die demokratischen und sozialen Interessen der Arbeiterklasse berücksichtigte noch eine echte Alternative zur hitlerfaschistischen Diktatur aufwies. Der Katholizismus und der Föderalismus erwiesen sich zwar als Hindernis für den Machtkampf der *NSDAP*, jedoch in keiner Beziehung als letzte demokratische Schutzkraft, wie das in der bürgerlichen Geschichtsschreibung behauptet wird.[127]

9. Das Ende der BVP

Den Führern der BVP ging es in der letzten Phase der Existenz ihrer Partei vorrangig darum, ihre Positionen in Bayern zu halten und die in Aussicht stehende »Gleichschaltung« des Landes durch einen Reichskommissar zu verhindern. Sie priesen das von ihnen geführte Bayern immer wieder als »feste Burg gegen die kommunistische Gefahr« und ihre Organisation als eine »nationale« Partei, die zu Unrecht bei der Bildung der HITLER-Regierung übergangen worden sei. Im Ringen um eine Mitwirkung an der faschistischen Diktatur, das in gewisser Weise ein »Lavieren zwischen kaltherziger Anpassung und verzweifelter Selbstbehauptung« war, überbot sich die BVP in ihren reaktionären Parolen und Erklärungen. Alois SCHLÖGL erklärte Anfang Februar im Bayerischen Landtag — am 13. Juni 1933 sollte er dafür von den Faschisten barbarisch mißhandelt werden —, zur *NSDAP*-Fraktion gewandt: »Wir lassen uns weder in dem, was national ist, noch im Kampfe gegen den Kommunismus auch nicht von Ihnen übertreffen.«[128] Am 2. Februar 1933 verkündete Dr. H. HELD auf einer von der BVP und dem *Bayerischen Christlichen*

Bauernverein gemeinsam durchgeführten Beratung in Eichstätt: »Ein verfassungsmäßig berufenes Kabinett wird von der BVP *keine Opposition bekommen um der Opposition willen.*« Gleichzeitig wurden die föderalistischen, konfessionellen und kulturpolitischen Vorbehalte angemeldet, als H. HELD hinzufügte: »Die jetzige Regierung nennt sich zu Unrecht eine Regierung der nationalen Konzentration. Es gibt Parteien, die nicht in der Regierung sind und ebenso national sind wie die Leute um Hugenberg und Hitler.«[129] In der Wahlzeitung der BVP vom 4. März 1933, die unter dem Titel »Für Volk und Heimat« erschien, wurde auf 4 Plakate aus dem Jahre 1919 verwiesen und dazu erklärt: »So hat die Bayerische Volkspartei schon 1918/19 gekämpft gegen Sozialismus und Bolschewismus. Wo sind die Wahlplakate der Nationalsozialisten und der Kampffront ›Schwarz-Weiß-Rot‹ von damals? Die gibt es nicht.« Nur eine starke und mächtige BVP biete wie bisher »in Bayern den sichersten Schutz gegen den Bolschewismus«.[130]

Nach dem 30. Januar 1933 gingen die Meinungen innerhalb der Führung der BVP auseinander, wie ihre Ziele weiter zu erreichen wären. Der mehr agrarisch orientierte, rechtskonservative Flügel trat für eine relative Selbständigkeit Bayerns auch unter einer von den Nazifaschisten beherrschten Reichsregierung ein und versuchte, dafür sogar den monarchistischen Gedanken erneut zu aktivieren. Die »Süddeutschen Monatshefte« hatten schon im Januar 1933 eine Sondernummer mit dem beziehungsvollen Titel »König Rupprecht« herausgebracht. Am 2. Februar 1933 beschäftigte sich der Landesausschuß der BVP mit dieser Frage, wobei hoffnungsvoll von einer »nahe bevorstehenden Restauration« gesprochen wurde.[131] An der großen monarchistischen Kundgebung vom 10. Februar in der Münchener Oper beteiligten sich auch zahlreiche Angehörige der BVP, aus deren Reihen der Vorschlag kam, den Kronprinzen zunächst zum Generalstaatskommissar des Landes zu berufen. H. HELD, G. HEIM und vor allem F. SCHÄFFER verhandelten mit Rupprecht KRONPRINZ VON BAYERN über dessen Ernennung zum Generalstaatskommissar, durch die der Weg zur Wiedereinführung der Monarchie frei gemacht werden sollte. Obwohl mit solchen

Plänen mehr eine Warnung an die HITLER-Regierung ausgesprochen werden sollte, wollten sich auch sozialdemokratische Führer in Bayern einer monarchistischen Restauration nicht verschließen. Diese betrachteten sie als das »kleinere Übel« gegenüber einer nazifaschistischen Diktatur. Selbst eine solche Haltung vermochte die grundsätzlich antisozialdemokratische Position der BVP nicht ins Wanken zu bringen.

Mit ihren monarchistischen Plänen fand die BVP auch bei HINDENBURG keine Unterstützung. Dieser empfahl am 17. Februar 1933 in einem Gespräch mit F. SCHÄFFER, die BVP solle »in Bayern selbst in enge Verbindung mit den Nationalsozialisten treten«.[132] Das entsprach auch völlig der Orientierung des großindustriellen Flügels der BVP, der für eine sofortige und vollständige »Eingliederung in die nationale Front« plädierte.[133]

Es lag im taktischen Interesse beider Strömungen in der BVP, in der Öffentlichkeit die Stärke der Partei zu demonstrieren. So wurde lautstark verkündet, daß sich die BVP mit dem Einsatz eines Reichskommissars in Bayern nicht widerstandslos abfinden werde. F. SCHÄFFER trat wiederholt mit der Erklärung auf, ein Reichskommissar werde an der Grenze von den bayerischen Wehrverbänden, einschließlich des ↗ *Stahlhelm-Bundes der Frontsoldaten (Stahlhelm)*, verhaftet werden. Konkrete Vorbereitungen zu einer solchen Aktion oder zu ähnlichen gab es nicht.

Erst nach dem Scheitern aller ihrer Pläne erwog die Führung der BVP, in Bayern zu einer Koalitionsregierung auf einer breiteren parlamentarischen Basis als bisher zu gelangen. Allen Landtagsfraktionen – mit Ausnahme der kommunistischen – wurden »Richtlinien für ein Arbeitsprogramm« als Grundlage für die Bildung einer Mehrheitsregierung sowie ein »Vorläufiger Entwurf für eine Verfassungsänderung in Bayern« übergeben. Beide Dokumente sollten die letzte programmatische Äußerung der BVP darstellen. Die traditionellen föderalistischen und kulturpolitischen Auffassungen verbanden sich darin mit einem Versuch, die Position des bayerischen Ministerpräsidenten sowohl im Land als auch in der BVP zu stärken, d. h. den antidemokratischen »Führer«-Gedanken der Faschisten auf bayerische Art zu variieren.

Auch diese Materialien vom 1. März 1933 waren Ausdruck der Rückzugsgefechte, die die BVP begonnen hatte. Am 5. März wurde die *NSDAP* in Bayern zur stärksten Partei (43,1%), so daß der Handlungsspielraum der BVP — sie hatte in den bayerischen Wahlbezirken nur 27,2% der Stimmen erhalten — und des Ministerpräsidenten H. HELD weiter eingeschränkt erschien. Zahlreiche ehemalige Wähler der BVP waren zur *NSDAP* übergewechselt, nicht zuletzt unter dem Eindruck eines Aufrufes von Kardinal M. VON FAULHABER. Am 9. März stürzten die Faschisten H. HELD und ernannten Franz RITTER VON EPP zum Reichskommissar für Bayern. Zwar legte die BVP in den folgenden Wochen noch ein gewisses Maß an Aktivität an den Tag, mehr als das *Z*, jedoch geschah dies ohne Konzeption und offensichtlich unter dem Druck von unten. In der BVP vollzog sich ein weiterer Differenzierungsprozeß. Die Politiker um H. HELD, G. WOHLMUTH und J. LEICHT zogen sich resignierend zurück, andere verstärkten ihre Zusammenarbeit mit der *NSDAP*, wie z. B. H. VON LEX und F. A. SCHMITT.

Die Reichstagsfraktion der BVP stimmte schließlich am 23. März 1933 dem Ermächtigungsgesetz zu, wozu sie sich aus den gleichen antikommunistischen Gründen entschloß, die auch alle anderen bürgerlichen Parteien zu diesem ihr Ende unmittelbar herbeiführenden Schritt bewogen haben. Auch die zuungunsten der BVP wirkenden Veränderungen im Bayerischen Landtag wurden vom neuen Vorsitzenden der Fraktion, H. MÜLLER, faktisch widerstandslos akzeptiert.[134] Ein Vertreter des industriellen Flügels der BVP, Eugen VON QUADT ZU WYKRADT UND ISNY, trat in das neue Kabinett unter dem Faschisten Ludwig SIEBERT ein. E. VON QUADT ZU WYKRADT UND ISNY wurde schließlich, nach der Verhaftung von 1917 Mitgliedern der BVP (darunter 21 MdR und MdBayL), Beauftragter der Landesleitung für die Liquidierung der Partei, die von der *NSDAP* mit dem Argument gefordert worden war, die BVP stünde in landesverräterischen Beziehungen zur *Christlichsozialen Partei Österreichs* und hätte Anteil an dem »österreichischen Abwehrkampf« gegen die Nationalsozialisten.[135] Am 4. Juli 1933 erklärte E. VON QUADT ZU WYKRADT UND ISNY

die offizielle Auflösung der Partei, worauf alle verhafteten BVP-Politiker wieder freigelassen wurden. Der *Wirtschaftsbeirat der BVP* hatte sich bereits am 23. Juni 1933 selbst aufgelöst. Unterstützt wurde der Auflösungsprozeß der Partei auch durch den hohen katholischen Klerus in Bayern. Unmittelbar nach der faschistischen Machtergreifung hatte Kardinal M. VON FAULHABER zwar erklärt, die BVP müsse ihre Tätigkeit im Interesse der Kirche fortsetzen. Diese Haltung änderte sich jedoch im Zusammenhang mit den Konkordatsverhandlungen zwischen der Reichsregierung und dem Vatikan.[136] Am 29. Juni 1933 sprach sich der Bamberger Erzbischof gegen eine »parteipolitische« Haltung der kirchlichen Presse aus. Prälat J. LEICHT trat als einer der ersten aus der BVP aus.

Im Juli 1933 war damit auch der Untergang derjenigen deutschen bürgerlichen Partei besiegelt, die außerordentlich stark zum Emporkommen der *NSDAP* beigetragen und deren Sieg durch ihre antidemokratische Politik erleichtert hatte. Trotz der zahlreichen antinationalsozialistischen Erklärungen und Aktionen der BVP, die natürlich auch einen wahrhaft demokratischen Antifaschismus breiter Kreise der Anhängerschaft widerspiegelten[137], war auch diese bürgerliche Partei so diskreditiert, daß Versuche einer Wiederbelebung 1945 scheiterten.[138] Dennoch erscheint in der Geschichte und in der Politik der *Christlich-Sozialen Union* vieles analog zur Entwicklung der BVP.[139]

10. Quellen und Literatur

Vielfältiges Quellenmaterial ist 1933 nach einem Aufruf von Eugen von Quadt zu Wykradt und Isny vernichtet worden.[140] Die Darstellungen von BRD-Historikern wie Klaus Schönhoven, Karl Schwend und Herbert Speckner, die unmittelbar die Geschichte der BVP zum Gegenstand haben, und von Falk Wiesemann, Ortwin Domröse, Richard Keßler, Hans Fenske, Hans Renner, Georg Franz-Willing, Werner Gabriel Zimmermann u. a.,[141] die sich mit einzelnen Aspekten der Geschichte Bayerns befassen, stützen sich im wesentlichen auf Materialien des Bayerischen Hauptstaatsarchivs in München, des BA Koblenz sowie auf die »Bayerische-Volkspartei-Korrespondenz« und zahlreiche andere gedruckte Quellen. Von ihnen wird das Material hauptsächlich — mit zahlreichen Unterschieden hinsichtlich einzelner Details und Personen — für den Versuch genutzt, die BVP als eine demokratische Partei bzw. als eine Partei der »bürgerlichen Mitte« erscheinen zu lassen.

Das damalige private Archiv Leo Weismantels konnte in den 60er Jahren in Jungenheim an der Bergstraße eingesehen werden. Naturgemäß enthalten die Archive der DDR nur sekundäres Material, darunter den Bestand »Vertretung der Reichsregierung in München«, der sich im ZStA Potsdam befindet. An gleicher Stelle befinden sich auch der NL Konrad Beyerle sowie die Nachlaßfragmente von Karl Köhl (MdR und MdBayL) und Liborius Gerstenberger. Aufschlußreiche Materialien enthält das Pressearchiv des ehemaligen RLB. Zahlreiche Pressematerialien finden sich an verstreuten Stellen im Historischen Archiv beim Sekretariat des Hauptvorstandes der CDU.

Das Schrifttum der BVP und einzelner Politiker der BVP konnte herangezogen werden.[142] Über das Problem des Föderalismus und der Reichsreform informieren von bürgerlicher Seite am besten die Werke von Gerhard Schulz, Hans Nawiasky und Ernst Deuerlein.[143] Von Belang sind auch die Arbeiten von James Donohoe und Allan Mitchell.[144] Von den marxistischen Historikern hat sich vor allem Hans Beyer mit Teilfragen der bayerischen Geschichte befaßt.[145] Eine eindrucksvolle und z. T. authentische Schilderung der bayerischen Verhältnisse ist in Lion Feuchtwangers Roman »Erfolg« gegeben. Weitere Literatur ist den Anmerkungen sowie dem Artikel über das ↗ Zentrum zu entnehmen.

Anmerkungen

1 Die Zahl der Mitglieder kann nur geschätzt werden. Der Kreisvorstand München erfaßte 13 000 Mitglieder (Dezember 1925) bzw. 15 900 (Januar 1931: 11 700 Männer und 4 200 Frauen). Siehe Klaus Schönhoven: Die Bayerische Volkspartei 1924–1932 (= Beiträge zur Geschichte des Parlamentarismus und der politischen Parteien, Bd. 46), Düsseldorf 1972, S. 65.

2 Der Rückgang ergab sich hauptsächlich aus der 1924 erfolgten Verkleinerung des Bayerischen Landtages, aber auch daraus, daß sich an der Wahl einige von der BVP abgesplitterte Gruppen beteiligten. Dazu gehörten z. B. das Bayerische Zentrum (↗ Christlich-Soziale Reichspartei), die Beamtengruppe Kratofiel und die Partei Stühler.

3 Siehe Kurt Gossweiler: Kapital, Reichswehr und NSDAP, Berlin 1982, S. 102 ff.

4 In den politischen katholischen Organisationen Bayerns waren vor 1914 ca. 350 000 Mitglieder erfaßt. Siehe Adalbert Knapp: Das Zentrum in Bayern 1893–1912. Soziale, organisatorische und politische Struktur einer katholisch-konservativen Partei, phil. Diss. München 1973, S. 314.

5 Diese Feststellung gilt auch für linksbürgerliche Kräfte. Dr. Gerhard Desczyk, der spätere sächsische Zentrumspolitiker, erlebte als Student die Münchener Ereignisse 1918/19 und stellte fest, daß sich »in jenen Tagen« ein »Mann des linken Fortschritts« wie Ludwig Thoma »in einen Parteigänger der Bayerischen Volkspartei Dr. Georg Heim verwandelte«. Dr. Gerhard Deszyk: Revolution in München. In: Gerhard Fischer/Günter Wirth (Hrsg.): November 1918 — Lehre und Verpflichtung, Berlin o. J. (1958).

6 Siehe Peter Klein: Separatisten an Rhein und Ruhr. Die konterrevolutionäre separatistische Bewegung der deutschen Bourgeoisie in der Rheinprovinz und in Westfalen November 1918 — Juni 1919, Berlin 1961.

7 Siehe Max Buchner: Zur Haltung Bayerns am Vorabend der Revolution von 1918. In: Staat und Volkstum. Neue Schriften zur bayrischen und deutschen Geschichte und Volkskunde. Festgabe für Karl Alexander von Müller, Diessen bei München 1933, S. 47.

8 Siehe Friedrich Hilpert: Die Grundlagen der bayerischen Zentrumspolitik 1918–1921, phil. Diss., München–Berlin 1941, S. 25 f. und S. 121.

9 Siehe Herbert Speckner: Die Ordnungszelle Bayern. Studien zur Politik des bayerischen Bürgertums, insbesondere der Bayerischen Volkspartei, von der Revolution bis zum Ende des Kabinetts Dr. von Kahr, phil. Diss., Erlangen 1955, S. 15.

10 Den Namen »Bayerische Volkspartei« hatte früher die ↗ Bayerische Patriotenpartei als Untertitel geführt. Der Bayerische Bauernbund verwendete ihn seit 1912 als Nebenbezeichnung.

11 Zu den protestantischen Kreisen, die für die BVP gewonnen werden konnten, gehörten u. a. Gustav Ritter von Kahr und Wilhelm Freiherr von Pechmann, der Direktor der Bayerischen Handelsbank, der nach 1933 als aktiver Gegner des Faschismus galt. Im Vergleich zum

↗ Zentrum spielte überhaupt der konfessionelle Hintergrund in der BVP eine etwas geringere Rolle.

12 Zit. in: Anton Pfeiffer: Gedankenwelt und Tätigkeit der Bayerischen Volkspartei, München (1922), S. 4 f.

13 H. Speckner, S. 20.

14 Im Bayerischen Kurier vom 16. April 1923 schrieb G. Heim selbst in der Rückschau: »Ich gehörte nicht dem Parlamente an. Mich hat erst die Revolution wieder auf den Damm gerufen, und bereits acht Tage nach der Revolution ... bin ich in Wort und Schrift der Revolution entgegengetreten und habe in der Zeit vom 16. November 1918 bis Ende Februar 1919 ungefähr 60 Versammlungen in ganz Bayern abgehalten.« Und: »Ich wollte als Mindestziel erreichen, daß sich bei uns in Bayern die Gesundung durchsetzt, um sich dann − ich gebrauche den vielfach bespöttelten Ausdruck − als Zelle zur Wiedergesundung für das ganze Deutschland im gegebenen Augenblick als äußerst wertvoll zu zeigen. Die vielen Hunderte, die mich in vertraulichen Programmberatungen bei der Gründung der Bayer. Volkspartei 1918 reden hörten, wissen, daß dies immer das Leitmotiv für meine Einstellung war.«

15 Der Verlauf der Sitzung ist ausführlich dargestellt in Richard Keßler: Heinrich Held als Parlamentarier. Eine Teilbiographie 1868 bis 1924, Berlin (West), 1971, S. 333 ff.

16 Siehe Appelle einer Revolution. Das Ende der Monarchie. Das revolutionäre Interregnum. Die Rätezeit. Mit einem Vorwort von Carl Amery. Zusammenstellung und historische Einführung von Karl Ludwig Ay, München 1968, Anlage Nr. 40.

17 Zum Begriff »wendig-parlamentarisch« siehe Wolfgang Ruge: Zur Taktik der deutschen Monopolbourgeoisie im Frühjahr und Sommer 1919. In: ZfG, 11. Jg. (1963), H. 6, S. 1090 ff.

18 Zit. in: Karl Schwend: Bayern zwischen Monarchie und Diktatur. Beiträge zur Bayerischen Frage in der Zeit von 1918 bis 1933, München 1954. S. 66. Bei K. Schönhoven: Die Bayerische Volkspartei, S. 27, finden diese bezeichnenden Artikel nur eine kurze Erwähnung in einer Anmerkung.

19 Zit. in: H. Speckner, S. 20.

20 Siehe Wilhelm Hoegner: Die verratene Republik. Geschichte der deutschen Gegenrevolution, München 1958, S. 46 und 100 f. Siehe auch Saarbrücker Landeszeitung, 4. 4. 1923.

21 Georg Franz-Willing: Die Hitlerbewegung. Der Ursprung 1919−1922, Hamburg−Berlin (West) 1962, S. 55.

22 Kölnische Volkszeitung, 10. 12. 1918. Siehe auch Werner Gabriel Zimmermann: Bayern und das Reich 1918−1923. Der bayerische Föderalismus zwischen Revolution und Reaktion, München 1953, S. 150 ff. Wolfgang Benz: Süddeutschland in der Weimarer Republik. Ein Beitrag zur deutschen Innenpolitik 1918−1923 (= Beiträge zu einer historischen Strukturanalyse Bayerns im Industriezeitalter, Bd. 4), Berlin (West) 1970, S. 53 ff.

23 Siehe Wolfgang Zorn: Kleine Wirtschafts- und Sozialgeschichte Bayerns 1806−1933 (= Bayerische Heimatforschungen, H. 14), München−Pasing 1962. Bayern im Umbruch. Die Revolution von 1918, ihre Voraussetzungen, ihr Verlauf und ihre Folgen. Hrsg. Karl Bosl u. a., München−Wien 1969. Falk Wiesemann: Die Vorgeschichte der nationalsozialistischen Machtübernahme in Bayern 1932/1933 (= Beiträge zu einer historischen Strukturanalyse Bayerns im Industriezeitalter, Bd. 12), Berlin (West) 1975, S. 48 ff.

24 Siehe Erwein von Aretin: Krone und Ketten. Erinnerungen eines bayerischen Edelmannes. Hrsg. Karl Buchheim/Karl Otmar von Aretin, München 1955, S. 86.

25 Siehe Maximilian Müller-Jabusch: Handbuch des öffentlichen Lebens, Berlin 1929, S. 330.

26 In der bürgerlichen Geschichtsschreibung wird in diesem Zusammenhang sogar die BVP als inhomogen und aus zwei Flügeln bestehend charakterisiert. Als Repräsentant des »linken« Flügels wird der völlig bedeutungslose Linus Funke genannt, der Leiter der Sektion Bayern im ↗ Gesamtverband der christlichen Gewerkschaften Deutschlands, von 1919 bis 1933 MdBayL und 1931 Staatssekretär im Bayerischen Staatsministerium für Landwirtschaft und Arbeit war. Siehe Karl Bosl: Bayerische Geschichte im 20. Jahrhundert. In: Bayern − ein Rechts-Staat? Porträt eines deutschen Bundeslandes. Hrsg. Carl Amery/Jochen Kölsch, Reinbek bei Hamburg 1974, S. 73. Bezeichnend ist auch folgender Vorgang: 1928 wurde das bayerische Sozialministerium aufgelöst, seine Kompetenzen wurden auf das Innen- und Landwirtschaftsministerium (!) verteilt, und sein Minister, Heinrich Oswald, ein Vertreter des Gewerkschaftsflügels, ging als Staatssekretär ins Landwirtschaftsministerium. Dieser Vorgang löste im Sommer 1928 eine heftige Diskussion über »Arbeiterschaft und Bayerische Volkspartei« (etwa in der »Augsburger Postzeitung«, 17. und 18. 8. 1928, vor allem aber in dem Organ der christlichen Gewerkschafter, »Arbeiter«) aus. Im »Arbeiter« war (zitiert nach der »Augsburger Postzeitung«, 17. 8. 1928) hierzu geschrieben worden: »Glaubt sie (die bayerische Staatsregierung, M. W., G. W.) wirklich, daß sich dieses Monstrum von einem Ministerium für ›Land-

wirtschaft und Arbeit‹, das wohl nach dem Tiroler Rezept ›Theologie und Schankwirtschaft‹ formuliert ist, auf die Dauer wird halten können?«

27 Georg Haindl: Die Grundfragen unseres Wirtschaftslebens. In: Politische Zeitfragen, München, 3. Jg. (1921), H. 12, S. 292 ff.

28 1. Land- und Forstwirtschaft, Jagd und Fischerei, 2. Gewerbe, Handwerk und Kleinhandel, 3. Industrie, 4. Handel, 5. Verkehrswesen, 6. Bank- und Versicherungswesen, 7. Energiewirtschaft und Technik, 8. Beamte und Angestellte, 9. Arbeiter, 10. Frauen, 11. Freie Berufe, 12. Fremdenausschuß (ab 1928).

29 F. Wiesemann, S. 57.

30 Richard Ringelmann: Die Bayerische Volkspartei. Ein Handbuch für die Wählerschaft, München 1920, S. 9. Dort auch die folgenden Angaben.

31 Mitteilungen für die Vertrauensleute der Bayerischen Volkspartei, 1924, Nr. 15–17, S. 116.

32 Siehe K. Schönhoven: Die Bayerische Volkspartei, S. 63 ff.

33 Siehe ebenda, S. 59.

34 Zur Funktion des Jungbayernringes siehe Georg Schreiber: Politisches Jahrbuch 1926, Mönchengladbach 1927, S. 437 f.

35 Zit. in: G. Franz-Willing, S. 237. Dieses Motto wurde nach 1945 von Teilen der Bourgeoisie in den westlichen Besatzungszonen bzw. in der BRD wieder aufgegriffen. Der Verfassungsrechtler Friedrich August von der Heydte sprach von der »Nichtsnutzigkeit« eines deutschen Einheitsstaates, weil »heute die deutschen Kommunisten kompromißlose Vertreter eines deutschen Einheitsstaates« seien. Im Förderalismus sah er »das stärkste Bollwerk gegen die Verwirklichung bolschewistischer Pläne in Deutschland«. Friedrich August von der Heydte: Das Weiß-Blau-Buch zur deutschen Bundesverfassung und zu den Angriffen auf Christentum und Staatlichkeit der Länder, Regensburg 1948, S. 47.

36 Der vollständige Text findet sich in Walter Nimtz: Die Novemberrevolution 1918 in Deutschland, Berlin 2./1965, S. 255 ff. Zu den ideologisch-theoretischen und weltanschaulichen Auffassungen, die in der katholisch-konservativen Publizistik vertreten wurden und die auch für die Programmatik der BVP aufschlußreich sind, siehe Friedhelm Mennekes: Die Republik als Herausforderung. Konservatives Denken in Bayern zwischen Weimarer Republik und antidemokratischer Reaktion (1918–1925) (= Beiträge zu einer historischen Strukturanalyse Bayerns im Industriezeitalter, Bd. 8), Berlin (West) 1972.

37 Was ist und was will die Bayerische Volkspartei?, München 1919, S. 9.

38 Das hinderte die BVP nicht daran, auch eine verhaltene antisemitische Propaganda zu betreiben. In den Erläuterungen ihres Programms hieß es, die BVP »achtet jeden ehrlichen Juden ... was aber bekämpft werden muß, das sind die zahlreichen atheistischen Elemente eines gewissen internationalen Judentums mit osteuropäischer Färbung«. Ebenda, S. 31.

39 A. Haas: Das Programm der Bayerischen Volkspartei. In: Sozialismus und Bayerische Volkspartei. Vorträge gehalten im Dezember 1918 in Augsburg. Veranstaltet von der Ortsgruppe Augsburg des Volksvereins für das katholische Deutschland, Augsburg 1918, 102 ff.

40 Siehe Franz Xaver Eggersdorfer: Die Schulpolitik in Bayern von der Revolution bis zum Abgang des Ministeriums Hoffmann, München 1920. Anton Scharnagl: Die Schulpolitik in Bayern seit der Revolution, Mönchengladbach 1924. Ursula Haaß: Die Kulturpolitik des Bayerischen Landtags in der Zeit der Weimarer Republik 1918–1933, phil. Diss., München 1967.

41 Siehe Illustrierte Geschichte der deutschen Novemberrevolution 1918/1919, Berlin 1978, S. 345 ff. und 406 ff. Hans Beyer: Von der Novemberrevolution zur Räterepublik in München (= Schriftenreihe des Instituts für deutsche Geschichte an der Karl-Marx-Universität, Bd. 2), Berlin 1957.

42 Zit. in: H. Speckner, S. 36.

43 Münchner Neueste Nachrichten, 19. 3. 1919.

44 Siehe K. Schwend: Bayern zwischen Monarchie und Diktatur, S. 92.

45 Siehe BA Koblenz, Kleine Erwerbungen 442-1, Bl. 26.

46 Dr. Fortmann an Felix Porsch, 5. 12. 1919. In: Archiwum archidiecezjalne we Wrocławiu, NL Porsch Ia 13, unpag.

47 Zit. in H. Speckner, S. 56.

48 Generalmajor Arnold von Möhl schrieb in einem Bericht an die bayerische Regierung: »... Die Ausschreibung von Neuwahlen würde eine Freigabe des Versammlungsrechtes, einen äußerst gesteigerten Gebrauch von diesem Recht und politische Aufregungen jeder Art zur sicheren Folge haben ... Ich sage nicht, daß die Reichswehr außerstande ist, diese Probe zu bestehen, aber ich halte mich für verpflichtet, davor zu warnen, ohne dringende Not jetzt oder in den nächsten Monaten Maßnahmen zu ergreifen, die neuerdings eine schwere Erschütterung unseres Staatslebens zur Folge haben könnten ...« Zit. in: Ebenda, S. 78 f.

49 R. Ringelmann, S. 22.

50 Siehe A. Pfeiffer, S. 77. Gleichzeitig machte sich eine starke Abwanderung von der SPD zur USPD bemerkbar.

51 Siehe Fränkische Tagespost, 29.9.1919.

52 Siehe Münchner Neueste Nachrichten, 10.10.1919.

53 Münchner Neueste Nachrichten, 4.2.1920.

54 Eine Liste aller bayerischen Kabinette von 1918 bis 1933 findet sich in: K. Schwend: Bayern zwischen Monarchie und Diktatur, S. 569ff.

55 Münchner Neueste Nachrichten, 21.3.1920.

56 Münchner Neueste Nachrichten, 16.7.1920.

57 Siehe G. Franz-Willing, S. 220.

58 Siehe ebenda, S. 201.

59 K. Schwend: Bayern zwischen Monarchie und Diktatur, S. 183.

60 Bayerischer Kurier, 3.7.1922.

61 Siehe K. Schwend: Bayern zwischen Monarchie und Diktatur, S. 192.

62 Siehe ebenda, S. 197.

63 Siehe G. Franz-Willing, S. 227f. Wörtlich erklärte er damals: »Soll es unsere Aufgabe sein, dem Marxismus einen Gegner zu ersparen?«

64 Siehe K. Schwend: Bayern zwischen Monarchie und Diktatur, S. 213.

65 Siehe ebenda, S. 230.

66 Welche Auffassungen die Führer der BVP über den ersten Abschnitt in der Geschichte ihrer Partei von 1918 bis 1923 verbreiteten, geht aus dem Bericht »Die Tätigkeit der Bayerischen Volkspartei im Bayerischen Landtag 1920–1924« (München o.J., S. 3) hervor: »Die Überwindung der Revolution hatte sich die junge Bayerische Volkspartei bei ihrer Gründung als ein Hauptziel gesteckt. Diesem Ziele ist die Partei in ihrem Wirken stets treu geblieben. Sie hat die christlich und vaterländisch denkenden Männer und Frauen in Bayern über alle künstlichen Trennungslinien hinweg zusammengesucht, sie hat das bayerische Volk gegen die Machthaber der Revolution des Jahres 1918 und die Diktatur der Räterepublik geführt. Sie hat im Jahre 1919 die Macht der Revolution und der Räteherrschaft gebrochen. Im Jahre 1920/21 hat sie dann dem Lande Bayern den Namen des ›Ordnungsstaates‹ verschafft, welchen Namen Bayern heute noch besäße, wenn nicht ein Teil seiner Bevölkerung den Verführungen politisch unverantwortlicher, großenteils landfremder Leute erlegen wäre. Vom Jahre 1920/21 ab hat sie dann zielbewußt den Kampf gegen das Kind der Revolution aufgenommen, eggersdorfer unter dem Drucke und der geistigen Herrschaft der Revolution in Bamberg im Jahre 1919 entstandene bayerische Verfassung.«

67 Hanns Hubert Hofmann: Der Hitlerputsch. Krisenjahre deutscher Geschichte 1920–1924, München (1961), S. 269f.

68 Siehe Albert Norden: Um die Nation. Beiträge zu Deutschlands Lebensfrage, Berlin 1952, S. 115.

69 Siehe Konrad Beyerle: Föderalistische Reichspolitik, München 1924, S. 50.

70 Weitere große Denkschriften der bayerischen Regierung zur Verfassungs- und Reichsreform sind vom 4.1.1924, vom Januar 1926, vom Oktober 1928 und vom 23.8.1932 datiert. Siehe Erika Schnitzer: Das Ringen der Regierung Held um die Stellung Bayerns im Reich, phil. Diss., Erlangen–Nürnberg 1968.

71 Siehe R. Keßler, S. 411.

72 Siehe K. Beyerle, S. 87ff. Siehe auch Günther Grünthal: Reichsschulgesetzgebung und Zentrumspartei in der Weimarer Republik (= Beiträge zur Geschichte des Parlamentarismus und der politischen Parteien, Bd. 39), Düsseldorf 1968.

73 Siehe H. Speckner, S. 149f.

74 Zit. in: G. Franz-Willing, S. 215.

75 Siehe Deutsche Parteiprogramme. Hrsg. Wilhelm Mommsen (= Deutsches Handbuch der Politik, Bd. 1), München 1960, S. 506f

76 Franz August Schmitt: Föderalismus und Süddeutsche Wirtschaft. Regionale oder zentralistische Wirtschaftspflege in Deutschland?, München 1929 (= Flugschriften der Bayerischen Volkspartei, Nr. 2), S. 34.

77 Programmatische Kundgebungen der Bayerischen Volkspartei von November 1918 bis Dezember 1930, o.O., o.J., S. 11.

78 G. Franz-Willing, S. 56. Siehe auch Hans Fenske: Konservativismus und Rechtsradikalismus in Bayern nach 1918, Bad Homburg v.d.H. 1969.

79 Siehe K. Schwend: Bayern zwischen Monarchie und Diktatur, S. 334. Diese Aussage trifft auch auf K. Beyerle zu, der die föderalistischen Vorschläge Bayerns so interpretierte, daß »die Weimarer Verfassung in ihrer Grundstruktur aufrechterhalten« bleiben soll. Die BVP habe allerdings alles zu unterstützen, was »der Volksvertretung zu Ansehen und Geltung zu verhelfen und oft beklagte Auswüchse des Parlamentarismus zu beseitigen« vermag. K. Beyerle, S. 150f.

80 Zit. in: K. Schönhoven: Die Bayerische Volkspartei, S. 92 und 100.

81 Zit. in: K. Schwend: Bayern zwischen Monarchie und Diktatur, S. 264.

82 Ebenda, S. 334.

83 F.X. Eggersdorfer: Die Krise des staatlichen Lebens in Deutschland und die Ideenwelt der Bayerischen Volkspartei, München 1929, S. 11.

84 Siehe Hans Renner: Georg Heim, der Bauerndoktor. Lebensbild eines »ungekrönten Königs«, München–Bonn–Wien (1960), S. 238ff.

85 Siehe ZStA Potsdam, RMdI, Nr. 13 596, Bl. 14.

86 Siehe Materialien zur Reichspolitik 1924–1928, München o. J., S. 18.

87 Zit. in: K. Schönhoven: Die Bayerische Volkspartei, S. 110 und 114.

88 Siehe H. Renner, S. 226f.

89 Siehe auch K. Schönhoven: CDU/CSU-Querelen: Erinnerungen an Weimar. In: Die Neue Gesellschaft, Bonn, 24. Jg. (1977), H. 1, S. 61.

90 In der »Bayerischen Volksstimme«, dem Organ der kleinen bayerischen Zentrumspartei, wurden damals scharfe Kommentare veröffentlicht. So schrieb Pfarrer Nikolaus Hackel in Nr. 18/1925 (9. Mai 1925) über »Das Krebsgeschwür am bayerischen Katholizismus« und sah dieses im Rückzug »in das freiwillige Ghetto der bayerischen Stammesart und des Bamberger Föderalismus« (G. Leicht war Bamberger Domkapitular). Ausdrücklich verwies der Autor auf die persönliche Verantwortung von G. Heim an diesem Kurs der BVP.

91 Materialien zur Reichspolitik, S. 12f.

92 Siehe W. Ruge: Stresemann. Ein Lebensbild, Berlin 1965, S. 222f.

93 Siehe ZStA Potsdam, Vertretung der Reichsregierung in München, Nr. 32, Bl. 12 und 40.

94 Ebenda, Bl. 71. Die BVP veranstaltete auch zahlreiche »Grenzlandfahrten« in den Bayerischen Wald und in die von deutschen Minderheiten in der ČSR bewohnten Gebiete. Sie betrieb aktiv sog. Deutschtums- und Grenzlandpolitik, im Ton häufig »etwas schriller« sogar als andere Regionalparteien und pries das Land Bayern als »festes Bollwerk gegen die Slawen«. Siehe Rudolf Jaworski: Grenzlage, Rückständigkeit und nationale Agitation: Die »Bayerische Ostmark« in der Weimarer Republik. In: Zeitschrift für bayerische Landesgeschichte, 1978, Bd. 41, H. 1, S. 248ff. und 270.

95 Siehe ZStA Potsdam, Vertretung der Reichsregierung in München, Nr. 33, Bl. 69. Siehe auch Herbert Gottwald: Franz von Papen und die »Germania«. Ein Beitrag zur Geschichte des politischen Katholizismus und der Zentrumspresse in der Weimarer Republik. In: Jahrbuch für Geschichte, Bd. 6, Berlin 1972, S. 561f.

96 Zum Beispiel schrieb ein führendes Mitglied der BVP am 14. 12. 1926 in der »Kölnischen Volkszeitung« von der monarchistischen »Gefahrenquelle«, die nicht unterschätzt werden dürfe. Siehe auch ZStA Potsdam, Reichskanzlei, Film-Nr. 19 186 N.

97 ZStA Potsdam, RMdI, Nr. 13 596, Bl. 41.

98 Materialien zur Reichspolitik, S. 31 f. G.

Schreiber, Politisches Jahrbuch 1927/28, Mönchengladbach 1928, S. 145f. Siehe auch Die Protokolle der Reichstagsfraktion und des Fraktionsvorstandes der Deutschen Zentrumspartei 1926–1933. Hrsg. von der Kommission für Geschichte des Parlamentarismus und der politischen Parteien, bearbeitet von Rudolf Morsey (= Veröffentlichungen der Kommission für Zeitgeschichte bei der Katholischen Akademie in Bayern, Reihe A, Bd. 9), Mainz 1969, S. 156. Zur Vorgeschichte der Regensburger Vereinbarungen siehe ZStA Potsdam, Reichskanzlei, Film-Nr. 19 186 N.

99 Siehe u. a. Neue Pfälzische Landeszeitung, 23. 5. 1931.

100 Siehe G. Wirth: Zur Polarisierung der Kräfte in der Zentrumspartei in den Jahren 1920–1922. In: WZ Jena, Jg. 14 (1965), H. 2, S. 323ff.

101 Zur Haltung des Landtagsabgeordneten Ferdinand Müller, Gerbermeister und Vorsitzender des Bayerischen Gerberverbandes, siehe Vincenz Müller: Ich fand das wahre Vaterland. Hrsg. Klaus Mammach, Berlin 1963, S. 123 und 178.

102 Siehe Leo Weismantel: Bayern und die Wende der Bildung, Würzburg 1926, sowie den damit zusammenhängenden umfangreichen Briefwechsel im privaten Archiv des bekannten Schriftstellers.

103 Siehe Tagesgebote christlicher Politik, Drittes Tagesgebot, Würzburg (1924), S. 28. Siehe auch U. Haaß, S. 78ff.

104 Enthalten im privaten Archiv von L. Weismantel.

105 So schrieb L. Weismantel am 14. 3. 1928 an Generaldirektor Hohn vom Volksverein für das katholische Deutschland, daß er »irgendeine Professur oder irgendeine andere Position« von seiten der BVP entschieden ablehne. Weismantel-Archiv.

106 Bereits am 24. 9. 1926 lud J. Wirth L. Weismantel zur Mitarbeit an der Zeitschrift »Deutsche Republik« ein, und L. Weismantel antwortete umgehend positiv am 28. 9. 1926. Weismantel-Archiv.

107 Siehe Rudolf Morsey: Die Deutsche Zentrumspartei. In: Das Ende der Parteien 1933. Hrsg. Erich Matthias/R. Morsey, Düsseldorf 1960, S. 322.

108 Prophetien wider das dritte Reich. Aus den Schriften des Dr. Fritz Gerlich und des Paters Ingbert Naab O. F. M. Cap. Gesammelt von Dr. Johannes Steiner, München (1946), S. 473. F. Gerlichs Zeitschrift wurde am 13. 3. 1933 verboten, er selbst am 1. 7. 1934 im Konzentrationslager Dachau ermordet. Siehe auch E. von Aretin: Fritz Michael Gerlich. Ein Märtyrer unserer Zeit, München 1949.

109 Siehe K. Schwend: Die Bayerische Volks-

partei. In: Das Ende der Parteien 1933, S. 502
und 513f.

110 Agitationsmaterial vom 1. 11. 1929, Bl. 8.
111 Zit. in: H. Renner, S. 235.
112 Siehe ZStA Potsdam, Vertretung der Reichsregierung in München, Nr. 32, Bl. 74.
113 ZStA Potsdam, RMdI Nr. 26 149/1, Bl. 27.
114 Siehe Manfred Weißbecker: Die bürgerlichen
Parteien und die politische Reaktion in der
Weimarer Republik. In: WZ Jena, Jg. 14 (1965),
H. 2, S. 218. Ders.: Extrem reaktionäre Organisationen des Imperialismus und werktätige
Massen. In: ZfG, 25. Jg. (1977), H. 3, S. 280ff.
115 Siehe D. C. Watt: Die bayerischen Bemühungen um Ausweisung Hitlers 1924. In: VjZ, Jg. 6
(1958), H. 3, S. 270ff.
116 Siehe Heinrich Brüning: Memoiren 1918–1934,
Stuttgart 1970, S. 212. Siehe auch Berliner
Börsenzeitung, 19. 3. 1933.
117 Siehe K. Schwend: Die Bayerische Volkspartei, S. 459f.
118 Fränkisches Volksblatt, 11. 3. 1932.
119 Reichstagswahlen 1932! Materialien für die
politischen Erörterungen im Wahlkampf,
München 1932, S. 5.
120 Siehe K. Gossweiler: Karl Dietrich Brachers
»Auflösung der Weimarer Republik«. In: ZfG,
6. Jg. (1958), H. 3, S. 552f. Siehe auch
K. Schönhoven: Der Untergang der Bayerischen Volkspartei 1932/33. In: HZ, Bd. 224
(1977), S. 360.
121 Siehe K. Schwend: Die Bayerische Volkspartei, S. 477.
122 Siehe K. Schwend: Bayern zwischen Monarchie und Diktatur, S. 454f.
123 ZStA Potsdam, RMdI, Nr. 26 149/1, Bl. 9.
124 Völkischer Beobachter, 12. 6. 1932.
125 Siehe F. Wiesemann, S. 115 und 119. Analog
hierzu wurden die Beziehungen zu den Christlich-Sozialen in Österreich aktiviert. Friedrich
Funder schreibt in seinen Erinnerungen »Als
Österreich den Sturm bestand. Aus der Ersten
in die Zweite Republik« (Wien–München 1957)
S. 91 f.: »In Salzburg trafen sich am 19. November 1932 Österreicher mit ihren bayrischen
Freunden – der christlichsoziale Parteiobmann
Vaugoin, Bundeskanzler Dollfuß, Landeshauptmann   Dr. Rehrl,   Dr. Kienböck,
Dr. Ramek,   Parteisekretär   Abgeordneter
Schönsteiner, ich – und ihre Gäste: Ministerpräsident Dr. Held, der Präsident der Landtagsfraktion, Prälat Dr. Wohlmuth, die Abgeordneten Dr. Schlittenbauer, Dr. Hundhammer, Prälat Dr. Leicht und Dr. Schäffer und
noch einige Herren. Der eingehende Gedankenaustausch galt zunächst der in Deutschland durch die jüngste Entwicklung geschaffenen Lage. Die Darstellung aus bayerischer
Sicht war ernst, aber zuversichtlich, jäher

überwältigender Ereignisse nicht gewärtig. Um
die Person des greisen Reichspräsidenten
konzentrierte sich der Kampf um die Macht;
die Besorgnis sei, ob Hindenburg, der am
Grabesrande stehende alte Mann, den in seiner
Nähe nach der Herrschaft greifenden Elementen gewachsen sein werde. Alles werde darauf
ankommen, daß die Nachfolgerschaft Hindenburgs in redliche Hände gelangen werde.
Scharfe Kritik wandte sich gegen Papen, der
als Reichskanzler und Vertrauensmann Hindenburgs die Verordnungsgewalt des Reichspräsidenten   zugunsten   parteipolitischer
Mächte mißbrauche.«
126 Zit. in: F. Wiesemann, S. 162f. Hier auch die
Widerlegung späterer Behauptungen von
F. Schäffer, er habe jede Koalition mit der
NSDAP abgelehnt.
127 Siehe K. Schwend: Bayern zwischen Monarchie und Diktatur, S. 438. Hans Ehard: Das
Verhältnis zwischen Bund und Ländern und
der Bundesrat. In: Bayerische Verwaltungs-
blätter, NF, 7. Jg. (1961), S. 1ff.
128 Zit. in: F. Wiesemann, S. 189, 185 und 191.
129 Bayerischer Kurier, 3. 2. 1933.
130 BA Koblenz, Zeitgeschichtliche Sammlung 1 –
8/2 (9).
131 Zit. in: K. O. von Aretin: Die bayerische Regierung und die Politik der bayerischen Monarchisten in der Krise der Weimarer Republik
1930–1933. In: Festschrift für Hermann Heim-
pel. Zum 70. Geburtstag am 19. September
1971, Bd. 1. Hrsg. von den Mitarbeitern des
Max-Planck-Instituts für Geschichte (= Veröffentlichung des Max-Planck-Instituts für
Geschichte, 36/I), Göttingen 1971, S. 228.
132 So J. Dorn an F. Schäffer, 16. 3. 1933. Zit. in:
Ebenda S. 494.
133 Augsburger Postzeitung, 24. 2. 1933.
134 Bayerische-Volkspartei-Korrespondenz, 8. 4.
1933. Siehe auch Ortwin Domröse: Der
NS-Staat in Bayern von der Machtergreifung
bis zum Röhm-Putsch (= Miscellanea Bavarica
Monacensia, H. 47), München 1974, S. 80ff.
135 Siehe dazu auch Thomas Mann: Gesammelte
Werke, 3., durchges. Aufl., Bd. 12, Berlin–
Weimar 1965, S. 115.
136 K. Schwend: Die Bayerische Volkspartei,
S. 504ff.: »Unterdessen waren die Erwägungen, alles zu unterlassen, was Schwierigkeiten
in den zwischen der Reichsregierung und dem
Vatikan schwebenden Konkordatsverhandlungen erzeugen könnte, so entscheidend für
das Verhalten des Münchener Kardinals geworden, daß von seiner Seite irgendeine aktive
Stützung der in Not geratenen Partei nicht
mehr erwartet werden konnte.« Das habe eine
große Enttäuschung in der BVP zur Folge
gehabt. Für die »Gegenseite« sei es »eine un-

gewollte Ermunterung« gewesen, nunmehr »ungestört an die Auflösungsoperation der Bayerischen Volkspartei« heranzugehen. Siehe auch G. Wirth: Vom Schicksal christlicher Parteien 1925–1934. Eine vergleichende Studie, o. O. 1964. (= Hefte aus Burgscheidungen, Nr. 109).

137 Einige BVP-Politiker, beispielsweise Alois Hundhammer und Alfred Loritz, beteiligten sich an der Widerstandtätigkeit bayerischer Monarchisten. Siehe K. O. von Aretin: Die bayerische Regierung, S. 235.

138 Solch einen Versuch unternahm z. B. F. Schäffer in München. Siehe Günter Olzog: Die politischen Parteien, München–Wien (1964), S. 36. (= Geschichte und Staat, Bd. 104).

139 Siehe CDU/CSU — Kreuzritter des Kapitals. Ein Blaubuch, herausgegeben vom Sekretariat des Hauptvorstandes der CDU, Berlin 1968, S. 169 ff. und 201 ff. Zur Rolle der sog. BVP-Traditionalisten in der CSU siehe auch Alf Mintzel: Geschichte der CSU. Ein Überblick, Opladen 1977, S. 59, 78 und passim.

140 Siehe K. Schwend: Die Bayerische Volkspartei, S. 518.

141 Siehe Anm. 18, 109, 1, 120, 9, 134, 15, 78, 84, 21, 22. Fast alle Darstellungen fußen auf den Werken von K. Schwend, die jedoch trotz ihrer großen Materialfülle, welche aus eigener Erfahrung und aus der »Bayerischen-Volkspartei-Korrespondenz« stammt, im Detail oft falsche Angaben machen und inhaltlich die Politik der BVP apologetisch darstellen. K. Schwend hat keine Distanz zum Problem des Föderalismus und verkennt den Anteil der BVP an der Entwicklung des deutschen Faschismus. Siehe auch Heinz Gollwitzer: Bayern 1918–1933. In: VjZ, Jg. 3 (1955), H. 4, S. 363 ff. Völlig wertlos ist der Versuch, die BVP und sich selbst zu rehabilitieren, von Fritz Schäffer: Die Bayerische Volkspartei (BVP).

In: Politische Studien, 14. Jg. (1963), Jan./Febr., H. 147, S. 46–63.

142 Siehe Anm. 83, 86, 30. 76, 37 und H. Held: Die Verfassung des Freistaates Bayern vom 12. August 1919. Sozialismus und Bayerische Volkspartei. Gesammelte Vorträge. Hrsg. Georg Lindermayer, Augsburg 1918. F. Schäffer: Die Aushöhlungs- und Aushungerungspolitik des Reiches gegenüber den Ländern, München 1929 (= Flugschriften der Bayerischen Volkspartei, Nr. 4). F. A. Schmitt: Die neue Zeit in Bayern, München 1919. Die Tätigkeit der Bayerischen Volkspartei im Bayerischen Landtag von 1920–1924, München o. J. K. K. Troßmann: Die Tätigkeit der Bayerischen Volkspartei im Bayerischen Landtag (Tagungsabschnitt 1920/21), Nürnberg o. J. Für Volk und Vaterland — Aus der Tätigkeit der Landtagsfraktion der Bayerischen Volkspartei im Tagungsabschnitt 1928/29, München o. J. Franz Xaver Zehnbrecher: Die Wirtschafts- und Sozialpolitik der Bayerischen Volkspartei im Bayerischen Landtag (1919/20), München 1920. Im Zeichen des Föderalismus, München 1924.

143 Gerhard Schulz: Zwischen Demokratie und Diktatur. Verfassungspolitik und Reichsreform in der Weimarer Republik. Bd. 1, Berlin (West) 1963. Hans Nawiasky: Der föderative Gedanke in und nach der Reichsverfassung, München 1921. Ernst Deuerlein: Föderalismus. Die historischen und philosophischen Grundlagen des föderativen Prinzips, München 1972.

144 James Donohoe: Hitler's Conservative Opponents in Bavaria 1930–1945, a study of Catholic, monarchist and separatist anti Nazi activities, Leiden 1961. Allan Mitchell: Revolution in Bavaria 1918–1919, Princetown University Press 1965.

145 Siehe Anmerkung 41.

Manfred Weißbecker/Günter Wirth

Bund Bayern und Reich (BBR)
1922–1929

Der BBR war eine antikommunistische und antidemokratische militaristische Organisation, deren Aktivitäten auf Bayern beschränkt blieben. Die Führung des Bundes erstrebte die Beseitigung der Errungenschaften der Novemberrevolution und die Überwindung der Folgen des verlorenen Krieges durch die Wiederherstellung eines monarchistischen, föderalistisch gegliederten und durch den Anschluß Österreichs erweiterten Reiches unter Führung des Hauses Wittelsbach. Die Anhängerschaft des BBR rekrutierte sich weitgehend aus Bewohnern ländlicher Gebiete bzw. kleinerer Städte. Die Zentren des Bundes deckten sich in den meisten Fällen mit denen der ↗ Bayerischen Volkspartei (BVP). In der Zeit der relativen Stabilisierung des Kapitalismus zerfiel der Bund. Seine Reste gingen zum ↗ Stahlhelm-Bund der Frontsoldaten (Stahlhelm) über.

Führer des Bundes

Otto PITTINGER (1922–1926); Otto VON STETTEN und Rudolf RITTER VON XYLANDER (1926–1929)

Mitglieder

Am 1. Juli 1923 zählte der BBR 56715 Mitglieder, davon waren 37649 kriegsdiensttauglich.[1]

Presse

»Heimatland. Wochenzeitung der Einwohnerwehren Bayerns«, ab 2. Juli 1921: »Vaterländisches Wochenblatt für das bayerische Volk«, München

»Neue Heimatland-Briefe. Wöchentliches Nachrichtenblatt für den Bund Bayern und Reich«, erschien ab 20. April 1923 in München

»Bayern und Reich. Vaterländisches Wochenblatt, zugleich Nachrichtenblatt für den Bund Bayern und Reich«, erschien ab 11. Mai 1923 in München

»Bayern und Reich. Deutsche Wochenschrift«, mit Sonderbeilage »Nachrichtenblatt der vaterländischen Bewegung«, erschien ab Januar 1925 in München

Im Sommer 1921 mußte die bayerische Regierung unter dem Druck der Siegermächte und der werktätigen Massen die in ihrem Land noch bestehenden, zentral gelenkten ↗ Einwohnerwehren (EW) offiziell auflösen. Um diese paramilitärische Einrichtung jedoch illegal weiterführen zu können, erhielt der Sanitätsrat O. PITTINGER aus Regensburg –

bisher Kreishauptmann der EW in der Oberpfalz – den Auftrag, unter strengster Geheimhaltung einen neuen Verband aufzubauen, der nach ihm »Organisation Pittinger«, oft auch nur kurz »Org. Pi.«, genannt wurde.

Diese Geheimorganisation, die enge Beziehungen zur bayerischen Reichswehrführung unterhielt, setzte sich zuerst nur aus einer Landesleitung mit einigen wenigen »Stäben« zusammen. Ihre Aufgabe bestand darin, der nach dem KAPP-Putsch im März 1920 entstandenen »Ordnungszelle« Bayern die notwendigen militärischen Machtmittel zu erhalten, die – wie O. PITTINGER einmal erklärte – das Land brauche, um seine »historische Mission« zur Gestaltung der »Zukunft des nationalen deutschen Staates« zu erfüllen.[2] Im einzelnen gehörte dazu, die noch vorhandenen Mitgliederkarteien der ehemaligen EW zu verwahren, um mit ihrer Hilfe nicht nur die Ergänzung der Mannschaften der Reichswehr – und in gewissem Umfang auch der Landespolizei – zu sichern, sondern darüber hinaus dem »künftigen Befreier Deutschlands« die allgemeine Volkserhebung oder besser die schlagartige Wiedereinführung der allgemeinen Wehrpflicht« zu ermöglichen.[3] Außerdem hatte die Org. Pi. die geheime militärische Ausbildung von »vaterländisch« gesinnten wehrfähigen Männern in Bayern zu lenken und zu koordinieren. Ein weiteres Tätigkeitsfeld der »Stäbe« O. PITTINGERS bildete die Sammlung der noch vorhandenen Waffen und militärischen Geräte, die trotz der Auflösung der EW weiterhin der Ablieferungspflicht entzogen wurden.

Alle diese illegalen, gegen den Friedensvertrag verstoßenden Aktivitäten geschahen mit Wissen des Reichswehrministeriums und erfreuten sich einer aktiven Förderung durch die bayerische Regierung.[4]

Ende 1921/Anfang 1922 entschlossen sich die hinter Gustav RITTER VON KAHR und der bayerischen Reichswehrführung stehenden Kreise des Landes, die *Org. Pi.* aus der bisherigen Geheimhaltung herauszuführen und sie zu einem offiziellen Wehrverband mit einem starken personellen Unterbau zu erweitern. Sie erwarteten, daß es ihnen auf diesem Wege besser als bisher gelingen werde, ihre Vorstellungen von den Aufgaben einer paramilitärischen Vereinigung zu propagieren. Schon der Name der neuen Organisation — Bund Bayern und Reich — sollte ein Programm sein und den Gedanken suggerieren: Wir wollen durch ein »starkes« und damit eine führende Position in Deutschland einnehmendes Bayern ein »besseres«, vom »Bolschewismus« befreites und zu gewaltsamem Widerstand gegen die Forderungen der Siegermächte bereites Reich schaffen, das sich als fähig erweist, alle bestehenden sozialen und wirtschaftlichen Probleme zu lösen.

Unter bewußter Anknüpfung an die Schützenvereinstradition und die ehemaligen *EW* gelang es O. PITTINGER und seinen »Stäben« relativ schnell — insbesondere in den kleineren Ortschaften des Allgäus, in Nordschwaben, aber auch in Ober- und Unterfranken —, oft fast die gesamte wehrfähige Bevölkerung für den Eintritt in den Bund zu bewegen. In den anderen Gebieten des Landes setzte sich der BBR dagegen nicht durch. Vor allem in Mittelfranken fand seine »blauweiß« gefärbte Agitation nur wenig Echo. Hier hatte die ↗ *Reichsflagge* die in Frage kommenden Bevölkerungsgruppen bereits weitgehend organisatorisch erfaßt. Auch in den größeren Städten erhielt der Bund kaum Zulauf. So zählte z. B. seine Münchener Organisation gerade 100 Personen, während zur gleichen Zeit die *Vaterländischen Verbände Münchens* etwa 30 000—35 000 Mitglieder umfaßten.

Mitte 1922 war der BBR die stärkste paramilitärische Vereinigung Bayerns. Er übertraf in Bezug auf die Zahl seiner Mitglieder, seine als überreichlich bezeichnete Bewaffnung, den Umfang und die Qualifikation seines Offizierskorps sowie den Ausbildungsstand seiner Mannschaften alle anderen Wehrorganisationen des Landes.

Nach der Ermordung RATHENAUS am 24. Juni 1922 kam es um die Durchführung des Republikschutzgesetzes zu erheblichen Auseinandersetzungen innerhalb der herrschenden Klasse in Bayern. O. PITTINGER wollte sogar — im Gegensatz zu den hinter der Landesregierung stehenden Kreisen — einen Putsch zur Beseitigung der Weimarer Republik unternehmen. Die bayerische Reichswehrführung verschloß sich zunächst seinen Absichten nicht; lehnte aber eine Beteiligung ab, als ausschlaggebende *BVP*-Politiker Zweifel am Gelingen des Unternehmens äußerten. Diese Kursänderung seiner wichtigsten Protektoren zwang O. PITTINGER, allein zu handeln. Er versuchte starke Einheiten seines Bundes zu mobilisieren und nach München zu dirigieren, um sie — gemeinsam mit anderen »vaterländischen« Verbänden — den angeblichen Willen des »Volkes« demonstrieren zu lassen. Auf diese Weise sollten die Behörden unter Druck gesetzt und die Reichswehrführung bewogen werden, doch noch mitzumachen. Die Masse der Bundesmitglieder folgte seinen Anordnungen jedoch nicht und lehnte es ab, gegen die legalen Staatsorgane vorzugehen.

Das Jahr 1923 brachte eine erhebliche Verschärfung der Klassenauseinandersetzungen. Da es dem BBR nicht gelungen war, größere Teile der »vaterländisch« gesinnten Bevölkerung zu mobilisieren, wollte die bayerische Reichswehrführung ihre weitreichenden innenpolitischen Ziele nicht mehr vorrangig mit dieser Organisation zu erreichen suchen. Sie wandte sich vielmehr verstärkt den unter dem Einfluß der ↗ *NSDAP* stehenden Wehrverbänden zu. Gleichzeitig entzog sie dem BBR offiziell das Monopol auf dem Gebiete der Verwaltung der illegalen Waffenlager sowie bei der geheimen Ausbildung, das in der Vergangenheit auf ihre ausdrückliche Anordnung hin nur diesem einen Verband zugestanden worden war. Selbst die Mitarbeit am »Heimatland« wurde O. PITTINGER streitig gemacht. Als er daraufhin die »Neuen Heimatland-Briefe« herausbrachte, zwang ihn ein Gerichtsbeschluß, den Namen zu ändern, angeblich, um Verwechslungen zu vermeiden.

Diese schweren Rückschläge veranlaßten die Bundesleitung, sich stärker als bisher ihren ländlichen Anhängern zuzuwenden. Um auch diese Bevölkerungsgruppen eher zu politischen Aktionen bewegen zu können, griff O. PITTINGER auf alte konservative Schlagworte zurück. So behauptete er u. a., daß das »flache Land« der »beste Lehrmeister ... in der Verteidigung der nationalen Belange« sei, und verlangte, daß die bayerische Politik »aus dem Dunstkreis der Großstadt« herausgeführt werden müßte.[5] Um den Anschein der Vertretung vor allem der Interessen der kleinen und mittleren Besitzer zu erwecken, stellte er sich darüber hinaus an die Spitze der Kampagne für eine »Ständevertretung« bzw. eine zweite Kammer. Angeblich würde diese Institution besser als der Landtag sowohl den Kampf gegen die »Marxisten« als auch die »mächtigen Geldmagnaten« zu führen in der Lage sein. Außerdem trat er für die Einsetzung eines Staatspräsidenten ein, der die »Eigenstaatlichkeit« Bayerns in einem föderalistischen Großdeutschland zu repräsentieren hätte. Dieser Staatspräsident – als Steigbügelhalter eines zukünftigen bayerischen Königs gedacht – sollte für den »Gesamtstaatsbetrieb« verantwortlich zeichnen und über den Parteien stehen. Ihm zur Seite waren »eine aus den Besten und Tüchtigsten des Volkes zusammengesetzte und über dem Parlament stehende Volksvertretung« sowie ein »unabhängiges Beamtenministerium« vorgesehen.[6]

Die Einsetzung G. VON KAHRS als Generalstaatskommissar im Herbst 1923 schien dieses »staatspolitische Programm« weitgehend zu erfüllen. Die Bundesleitung stellte sich daher hinter den geplanten »Marsch auf Berlin«. Für dieses Unternehmen mobilisierte sie starke Verbände, die bald den zahlenmäßig umfangreichsten und am besten ausgerüsteten Teil der zum Vormarsch auf die Industriezentren bestimmten bayerischen Armee bildeten.

Während des HITLER/LUDENDORFF-Putsches im November 1923 nahm O. PITTINGER eine zwiespältige Haltung ein. Einerseits unterstützte er die Ziele der Verschwörer, andererseits mußte er damit rechnen, daß eine Stellungnahme gegen den Generalstaatskommissar und die Reichswehrführung von der Masse seiner Anhänger nicht akzeptiert

werden würde. Er versuchte daher G. VON KAHR – allerdings vergeblich – zu bewegen, sich unter Ausnutzung seiner Vollmachten und damit auf scheinbar legalem Wege zum Diktator zu machen, den Landtag aufzulösen sowie die Landesregierung auszuschalten.

Das Ende der revolutionären Nachkriegskrise brachte auch den Zusammenbruch der bisherigen »Ordnungszellen« – Politik. Damit hatte der Bund seine Rolle als eine vorrangig paramilitärische Aufgaben erfüllende Organisation endgültig verloren. Zwar widmete er sich weiterhin einer intensiven, gegen den »Internationalismus« und »Pazifismus« gerichteten Wehrpropaganda; in den Vordergrund seiner Tätigkeit trat nun jedoch die Verbreitung monarchistischer Gedankengänge. Er arbeitete dabei eng mit dem *Bayerischen Heimat- und Königsbund* zusammen.

Ab Mitte der 20er Jahre war deutlich zu erkennen, daß sich der Schwerpunkt der konservativen Bewegung immer mehr nach Norddeutschland verlagerte. Die Bundesleitung entschloß sich daher zu Verhandlungen mit der *Stahlhelm*-Führung, die auf Grund des Festhaltens der bayerischen Seite an Sonderrechten immer wieder scheiterten. Am 12. März 1929 kam endlich eine Vereinbarung zustande, nach der der BBR zusammen mit den *Vaterländischen Verbänden Münchens*, der *Reichsflagge* und der in Bayern bereits bestehenden *Stahlhelm-Organisationen* im ↗ *Stahlhelm-Bund der Frontsoldaten (Stahlhelm)*, Landesverband Bayern, aufzugehen habe.

Quellen und Literatur

Archivalische Quellen über den BBR befinden sich im ZStA Potsdam u. a. in den Beständen: RKO (insbesondere Bd. 369 und 578/49), Vertretung der Reichsregierung in München und RMdI. Den im Bayerischen Hauptarchiv München (Abteilung IV, Kriegsarchiv) lagernden Bestand hat der Verfasser nicht eingesehen.

Als Selbstdarstellung des BBR ist Karl Hofberger »Vom Bund und seiner Arbeit. Bayern und Reich – Deutscher Freiheitsbund« (München o. J.) zu nennen.

Im Zusammenhang mit anderen, weitergehenden Themen sind Darstellungen über den BBR vor allem in dem Buch des marxistischen Historikers Kurt Gossweiler »Kapital, Reichswehr und NSDAP 1919–1924« (Berlin 1982) zu finden. Aus der bürgerlichen Geschichtsschreibung sind zu erwähnen: Hans Fenske (Siehe Anm. 4), Harold J. Gordon (Siehe Anm. 1), Horst G. W. Nußer »Konservative Wehrverbände in Bayern, Preußen und Österreich. 1918–1933« (München 1973). Diese Historiker hellen jedoch den sozialökonomischen Hintergrund nur ungenügend auf und reduzieren im allgemeinen das Entstehen und die Entwicklung des BBR auf Personen und ihr Verhalten.

Anmerkungen

1 Siehe Harold J. Gordon: Hitlerputsch 1923. Machtkampf in Bayern 1923–1924, Frankfurt (Main) 1971, S. 106.
2 Bayern und Reich, 11. 5. 1923. In: ZStA Potsdam, RKO, Nr. 369, Bl. 33.
3 Denkschrift Epp. Zit. in: Hans Fenske: Konservativismus und Rechtsradikalismus in Bayern nach 1918, Berlin (West) – Zürich 1969, S. 147.
4 Siehe Brief Lerchenfeld an Wirth, 4. 3. 1922. In: ZStA Potsdam, Vertreter der Reichsregierung in München, Nr. 84, Bl. 14/15 und Hans Meier-Welcker: Seeckt, Frankfurt (Main) 1967, S. 320.
5 Neue Heimatland-Briefe, 20. 4. 1923. In: ZStA Potsdam, RKO, Nr. 369, Bl. 25.
6 Ebenda, Bl. 27.

Werner Rösler

Bund Christlicher Demokraten (BCD) (Evangelischer Zweigverein der Zentrumspartei) 1919–1920

Der BCD entsprang einem Versuch von protestantischen Theologen und Vertretern des protestantischen Bürgertums in Berlin, einen evangelischen Flügel des ↗ Zentrums (Z) zu begründen und damit die interkonfessionellen Sammlungsbestrebungen dieser Partei im Kampf gegen die revolutionäre Arbeiterbewegung zu unterstützen. Nach der Niederschlagung der Novemberrevolution scheiterte der BCD an den neu aufbrechenden konfessionellen und politischen Gegensätzen innerhalb des bürgerlichen Lagers.

Während der Novemberrevolution und der damit verbundenen ernsthaften Bedrohung der politischen und ökonomischen Grundlagen der bürgerlichen Klassenherrschaft kam es zu zahlreichen Versuchen, völlig neue, einheitliche bürgerliche Parteien und Organisationen zu schaffen und sie der revolutionären Arbeiterbewegung entgegenzustellen.[1] In diesen Rahmen reaktionärer Einigungsbestrebungen sind auch die Versuche einzuordnen, die konfessionellen Gegensätze parteipolitisch zu überbrücken und mit einer »christlichen Sammelpartei« der Revolution zu begegnen. Von den im einzelnen sehr unterschiedlich gelagerten Bestrebungen, die seit dem Kulturkampf eindeutig katholisch geprägte Zentrumspartei zu einer auch die Protestanten umfassenden Partei umzugestalten, blieben verschiedene Anläufe auf provinzieller und lokaler Ebene bereits im Ansatz stecken, weil sich die verkrustete Konfessionslandschaft trotz der Revolutionsfurcht als nicht aufweichbar erwies. Lediglich in Berlin kam es mit der Gründung des BCD am 15. Januar 1919 zu einem zunächst erfolgversprechenden interkonfessionellen Sammlungsversuch. Der Gründungsaufruf des BCD trug die Überschrift »Für evangelische Christen zur Aufklärung! Warum wir uns der Christlichen Volkspartei-Zentrum- anschließen«. In ihm hieß es:

»Nachdem ... das alte Zentrum als neue christliche Volkspartei auf den Plan getreten ist, nachdem es den von ihm grundsätzlich stets betonten interkonfessionellen Charakter durch die politische Entwicklung der Verhältnisse fortan viel stärker als früher zur Geltung bringen kann, und nachdem es das evangelische Deutschland zu gemeinsamer Arbeit an unserem Volke wachgerufen hat, halten wir dafür, daß die Stunde des Zusammengehens und Zusammenwirkens für Evangelische und Katholiken innerhalb der gesetzgebenden Körperschaften geschlagen hat.«[2]

An dem konterrevolutionären Charakter ihres interkonfessionellen Sammlungsrufes hatten bereits in den Wochen vor der Gründung des BCD der protestantische Theologieprofessor Karl DUNKMANN und der protestantische Pfarrer an der Berliner Lutherkirche, Johannes HAECKER, keinen Zweifel gelassen. Beide gehörten neben dem Bankier Arno VON REHBINDER und dem Rechtsanwalt Albert WEIDNER zu den Gründern des BCD. K. DUNKMANN erklärte Ende Dezember 1918, daß das ↗ Zentrum (Z) als kommende »christliche Volkspartei, die der christlichen Religion keinerlei Dogmatik, sondern lediglich Ethik entnimmt«, sich insbesondere gegen den »Nur-Proletarier« richten müsse, der seinem »alten orthodoxen Sozialismus treu«[3] bleibt. Noch deutlicher schrieb J. HAECKER am 12. Januar 1919 in der »Germania«:

»Ich sehe nicht in der gemäßigten Sozialdemokratie den Wolf, das sage ich gleich. Aber ich sehe eine ungeheure Gefahr, wenn es nicht gelingt, die sozialistische Majorität abzuwenden. Der Sozialismus mag stark vertreten sein, aber er darf nicht die Majorität haben, auch nicht zusammen mit den deutschen Demokraten. Sonst wird er in eine Versuchung geführt, der er nicht widerstehen kann, in einen Radikalismus gedrängt, der ihm selbst schädlich, der für das deutsche Volk katastrophal wäre.«[4]

Unter der Losung »Gemeinsam gegen den Unglauben kämpfen« standen auch die Ausführungen J. HAECKERS in der Versammlung eines Berliner Zentrumsvereins am 14. Januar 1919.[5] Von dieser Voraussetzung ausgehend, wandte sich der BCD an »diejenigen Elemente des deutschen Volkes, die eine ausgesprochene positive Stellung zur Religion, speziell zur christlichen Religion haben«.[6]

Mit den theoretischen Grundlagen der auf dem *Z* fußenden neuen interkonfessionellen Partei befaßte sich innerhalb des BCD am stärksten K. DUNKMANN. Nach seiner Auffassung handelte es sich darum, »zwei in ihrer Eigenart bestimmte Gestaltungen in der christlichen Religion gegen eine unchristliche materialistische Weltanschauung zu verbinden. Hätten wir eine christliche Volkspartei, die sich auf beide Kirchen stützte, so wäre der Sieg einer christlichen Kultur gewiß.«[7] Die »christliche Volkspartei« konnte nach K. DUNKMANN nur das erweiterte *Z* sein, da diese Partei »in ihren Zielen wahrhaft sozial, wahrhaft demokratisch und wahrhaft national« sei.[8] Da ihm die traditionelle Ablehnung des *Z* in weiten protestantischen Kreisen nicht unbekannt war, spekulierte K. DUNKMANN in hohem Maße auf das »Gespenst des ›Bolschewismus‹«[9], von dem er hoffte, daß es den Protestantismus an das *Z* annähern würde. So war er insbesondere auch bestrebt, interkonfessionelle Züge in der Geschichte des *Z* herauszuarbeiten und nachzuweisen, daß diese Partei grundsätzlich stets »ihren interkonfessionellen Standpunkt vertreten (hat), d. h. den allgemein christlichen, und sie hat jetzt seit dem Ausbruch der Revolution erkannt, wo ihre Aufgabe liegt, nämlich in der Richtung einer religiösen Wiedergeburt des deutschen Volkes.«[10] Gegenüber den starr orthodoxen Kreisen des Protestantismus hob K. DUNKMANN hervor, daß das »neue Zentrum« zwar eine »Religionspartei« sein möchte, eine »auf breiter christlicher Grundlage errichtete Gesinnungsgemeinschaft«, die die beiden Konfessionen einander näherzubringen bestrebt sein würde, daß es aber nicht das Ziel hätte, die »Unterschiede irgendwie zu verwischen.«[11]

Wie das *Z*, stellte sich auch der BCD auf den »Boden der Tatsachen« und kam sogar zu der Schlußfolgerung, daß »eine demokratische Verfassung der Religion leichter förderlich sei, als eine monarchistische«.[12] Sozialpolitisch forderte der BCD eine Milderung der Klassengegensätze, vor allem eine Beseitigung der gröbsten Unterschiede im »Lohn- und Gehaltssystem«.

Der Schwerpunkt der Tätigkeit des BCD lag in den Wochen vor den Wahlen zur National-

versammlung. K. DUNKMANN und J. HAECKER traten in Zentrumsversammlungen auf und versuchten hier, protestantische Wähler für die »Christliche Volkspartei« zu werben. Dabei sprach J. HAECKER am 16. Januar 1919 auf einer Versammlung des Zentrumsvereins Pankow-Schönhausen von einer bei den Wahlen stattfindenden »Geistesschlacht« und fuhr fort: »Nichts trennt die christlichen Konfessionen, in diesem politischen Kampfe in der Christlichen Volkspartei, im Zentrum Schulter an Schulter zu kämpfen.«[13] Die Reaktion auf diese Bestrebungen des BCD war in den Berliner protestantischen Kreisen und darüber hinaus weitgehend ablehnend. Weit über den ↗ *Evangelischen Bund zur Wahrung der deutsch-protestantischen Interessen (EB)* hinaus wurde das Auftreten von K. DUNKMANN und J. HAECKER als »Rekord politischer Unreife« und »Donquichotterie«[14] empfunden. Am deutlichsten wurde die Ablehnung des BCD in protestantischen Kreisen durch die noch im Januar 1919 stattfindende Verdrängung K. DUNKMANNS aus der Theologischen Fakultät der Greifswalder Universität sichtbar.[15] Auch bei ihrem Auftreten in Zentrumsversammlungen waren K. DUNKMANN und J. HAECKER wiederholt heftigen Angriffen von protestantischer Seite ausgesetzt.[16] Für die ungünstige Aufnahme des BCD war neben der Ablehnung des *Z* als einer »römisch-katholischen Partei« auch dessen Abkehr vom Monarchismus maßgebend, die in dem mit dem kaiserlichen Deutschland eng liierten Protestantismus in den preußischen Provinzen keinerlei Resonanz fand. Auch die taktisch bewegliche Politik des *Z* im Jahre 1919 stieß vor allem im protestantischen Bürgertum auf schroffe Ablehnung. Bezeichnend dafür ist auch die Erklärung von J. HAECKER zu seinem im Juni 1919 erfolgten Austritt aus dem BCD. Darin heißt es u. a.: »Die politische Entwicklung seit den Wahlen zur Nationalversammlung hat mich gelehrt, daß mein Eintreten für die ›Christliche Volkspartei‹, wie sich das Zentrum damals nannte, ein Fehler gewesen ist. ... Zumal der politischen Leitung des Herrn Erzberger mag ich mich nicht anvertrauen.«[17] J. HAECKER trat im September 1919 der ↗ *DNVP* bei. Dieser Schritt J. HAECKERS macht deutlich, daß neben konfessionellen vor allem politische Aspekte, insbesondere unterschiedliche Auffassungen über das Maß der Anpassung an die durch die Novemberrevolution geschaffene neue Situation, zum Scheitern des BCD beitrugen.

Aber auch innerhalb des Katholizismus fand der BCD nur eine zwiespältige Aufnahme. Die vom BCD geforderte paritätische Stellung in der Zentrumspartei rief starke Widerstände der »Integralen«, d.h. der extrem katholischen Kreise, hervor, die im Reichsausschuß des Z die Annahme der vom BCD gestellten Bedingungen verhinderten.[18] Die integralistischen Trierer »Petrus-Blätter« befürchteten von der Tätigkeit des BCD eine Aufweichung der katholischen Grundlagen des Z.[19] Zwar fand der BCD vor den Wahlen zur Nationalversammlung vor allem aus wahltaktischen Erwägungen heraus innerhalb des Z ein lebhaftes Echo, doch wurde seine theoretische Position fast nur in Kreisen der christlichen Gewerkschaften befürwortet.

J. HAECKER und A. WEIDNER wurden vom Z in Berlin als Kandidaten für die Nationalversammlung aufgestellt, während J. HAEKKER und K. DUNKMANN für die preußische Landesversammlung kandidierten. Doch keiner von ihnen wurde gewählt, ein Mißerfolg, zu dem die Ablehnung des BCD durch die protestantische Kirchenführung Berlins wesentlich beigetragen hatte.[20] Mandate als Stadtverordnete für Großberlin erhielten A. VON REHBINDER und A. WEIDNER, doch legte A. WEIDNER noch 1919 sein Mandat nieder und trat aus dem Z aus.[21] A. VON REHBINDER dagegen wurde auf dem 1. Parteitag des Z 1920 als einziger evangelischer Vertreter Mitglied des 60köpfigen Reichsausschusses und erhielt bei den preußischen Landtagswahlen 1921 ein Zentrumsmandat. Die Behauptung von A. VON REHBINDER auf dem Zentrumsparteitag, daß die »evangelische Zentrumsbewegung« auch heute noch besteht und weiter fortbestehen muß[22], konnte nicht darüber hinwegtäuschen, daß der BCD bereits Ende 1919 endgültig gescheitert war. Zu diesem Zeitpunkt unternahm K. DUNKMANN mit der Gründung der Zeitschrift »Deutsche Monatshefte für christliche Politik und Kultur« einen erneuten Versuch zur Durchsetzung seiner theoretischen Konzeption. Diese Zeitschrift, die K. DUNKMANN gemeinsam mit dem christlichen Gewerkschaftsführer Johannes GIESBERTS und dem katholischen

Sozialtheoretiker Götz BRIEFS herausgab, enthielt Beiträge katholischer und protestantischer Autoren. Noch einmal beschwor K. DUNKMANN die Protestanten, nicht »einem untergegangenen, nie mehr zu erweckenden Ideal eines deutschen Reiches unter Führung einer protestantischen Großmacht«[23] nachzutrauern, sondern sich dem Z anzuschließen. Zur Versöhnung der Klassen und Konfessionen propagierte K. DUNKMANN eine »gemeinsame nationale Linie«. So schrieb er im April 1920: »Deutschland braucht eine Politik, die über der Kluft von Unternehmern und Arbeitern, über der Kluft der Glaubensspaltung die gemeinsame nationale Linie sucht und innehält. Deutschland braucht eine nationaldemokratische, eine national-christliche Politik.«[24] Dieser neue Versuch einer »nationalen« Sammlungspolitik trug wie der BCD eindeutig antikommunistische Züge, wie auch zahlreiche Beiträge der Zeitschrift über das »Wesen des russischen Bolschewismus« zum Ausdruck bringen. In einer Sonderausgabe der »Deutschen Monatshefte« im Juli 1920 rief K. DUNKMANN seinen Lesern zu: »Die weltgeschichtliche Stunde der Annäherung der beiden Konfessionen im Vaterlande ist da. Dem proletarischen Einigungsruf setzen wir den christlichen entgegen und rufen ›Christen aller Länder, Christen im Vaterlande, vereinigt euch‹.«[25] Der reaktionäre Charakter der DUNKMANNschen Zeitschrift wurde auch von LUDENDORFF bestätigt, der die »Deutschen Monatshefte« in einer Zuschrift »für gut und nötig« befand, da es jetzt gelte, »den gemeinsamen Feind, den Geist des Unglaubens und Umsturzes zu bekämpfen«.[26] Im Sommer 1920 war K. DUNKMANN gezwungen, nicht nur das endgültige Scheitern des BCD, sondern auch die Erfolglosigkeit seiner Zeitschrift mitzuteilen. Während er für den Mißerfolg der »Deutschen Monatshefte« die Abstinenz der protestantischen Theologen von dieser Zeitschrift verantwortlich machte, sah K. DUNKMANN die Ursachen der Erfolglosigkeit der Berliner »Evangelischen Bewegung im Zentrum« in ihrem verfrühten Zeitpunkt und in der ungenügenden Unterstützung durch die führenden Kreise des Berliner Z. Entscheidend aber war für K. DUNKMANN die falsche Konzeption, »eine interkonfessionelle Annäherung sofort auf dem heißen Boden der politischen Par-

teien zu versuchen«.[27] Daraus zog K. DUNK-
MANN die Schlußfolgerung, die »Herstellung
einer gemeinsamen christlichen Front gegenüber unchristlichen und antichristlichen Zeit-
strömungen«[28] im Rahmen eines interkonfessionellen Friedensbundes in die Wege zu
leiten. Die großangelegten Pläne K. DUNK-
MANNS, mit diesem Friedensbund eine
»umfassende nationale Vereinigung« zu
schaffen, eine »Zentralstelle für gemeinsame
christliche Bestrebungen im ganzen Vaterlande«[29], kamen über allererste Ansätze nicht
hinaus.
In bestimmter Weise knüpfte Adam STEGER-
WALD auf dem 10. Kongreß der christlichen
Gewerkschaften im November 1920 in Essen
mit seiner Forderung, eine neue interkonfessionelle Partei unter den Schlagworten
»deutsch, christlich, demokratisch, sozial« zu
gründen, an die Bestrebungen des BCD an.
Aber erst nach der schweren militärischen
und politischen Niederlage des deutschen
Imperialismus im Ergebnis des zweiten Weltkrieges entstanden mit *CDU* und *CSU* in
der BRD überkonfessionelle bürgerliche
Sammelparteien.

Quellen und Literatur

Archivmaterialien über den BCD sind bisher
nicht bekannt geworden. Lediglich der Per-
sonaliabestand des Pressearchivs des Bundes
der Landwirte im ZStA Potsdam enthält eine
Reihe von Presseberichten über die Tätigkeit
Karl Dunkmanns im Rahmen des BCD
(Nr. 103). Für die theoretische Konzeption
des BCD sind am wichtigsten die Schriften
und Aufsätze von K. Dunkmann.[30] Zahlreiche
Informationen über den BCD vermitteln auch
die zeitgenössischen protestantischen und
katholischen Presseorgane. An bürgerlichen
Darstellungen, die sich mit dem BCD knapp
beschäftigen, sind die Arbeiten von Gottfried
Mehnert[31] und Rudolf Morsey[32] zu nennen.
Der konterrevolutionäre Charakter des BCD
bleibt in ihnen unberücksichtigt.

Anmerkungen

1 Siehe Manfred Weißbecker: Untersuchungen
über die Auswirkungen der Großen Sozialistischen Oktoberrevolution und der Novemberrevolution auf die Parteien und das Parteiensystem des deutschen Imperialismus in den
Jahren 1917 bis 1923, Phil. Habil., Jena 1967,
S. 136ff.
2 Unterm Zentrumsbanner. Dokumente zur Zeitgeschichte. Hrsg. H. Broermann/Karl Grobbel,
Berlin 1926, S. 89.
3 Karl Dunkmann: Religion und Politik im neuen
Deutschland. In: Der Tag, Nr. 303 vom
31. 12. 1918.
4 Johannes Haecker: Evangelische und Katholiken in der Christlichen Volkspartei. In: Germania, Nr. 19 vom 12. 1. 1919.
5 Siehe ebenda, Nr. 30 vom 18. 1. 1919.
6 K. Dunkmann: Religion, Konfession, Politik.
Ein politisches Glaubensbekenntnis, Berlin
1919, S. 8. = Flugschriften für christliche Politik
und Kultur, H. 1.
7 K. Dunkmann: Zentrum und Protestantismus.
In: Kölnische Volkszeitung, Nr. 121 vom
12. 2. 1919.
8 Professor D. Karl Dunkmann im Zentrumsver-
ein Steglitz. In: Germania, Nr. 30 vom
18. 1. 1919.
9 K. Dunkmann: Religion, Konfession, Politik,
S. 4.
10 Ebenda, S. 15.
11 Ebenda, S. 34.
12 Ebenda, S. 32.
13 Germania, Nr. 28 vom 17. 1. 1919.
14 Siehe Gottfried Mehnert: Evangelische Kirche
und Politik 1917–1919. Die politischen Strömungen im deutschen Protestantismus von der
Julikrise 1917 bis zum Herbst 1919, Düsseldorf
1959, S. 172.
15 Siehe Evangelische Kirchen-Zeitung. Organ der
Vereinigung der Evangelisch-Lutherischen innerhalb der preußischen Landeskirche, Nr. 5
vom 2. 2. 1919.
16 Siehe z. B. Germania, Nr. 30 vom 18. 1. 1919.
17 Neues Sächsisches Kirchenblatt, Leipzig,
Nr. 30 vom 27. 7. 1919.
18 Siehe G. Mehnert, S. 172.
19 Petrus-Blätter (Trier), Nr. 20 vom 11. 2. 1919.
20 Siehe hierzu Hinweise bei Rudolf Morsey: Die
Deutsche Zentrumspartei 1917–1923, Düsseldorf 1966, S. 147. = Beiträge zur Geschichte
des Parlamentarismus und der politischen Parteien, Bd. 32.
21 Siehe G. Mehnert, S. 171.
22 Offizieller Bericht des 1. Reichsparteitages der
deutschen Zentrumspartei, Tagung zu Berlin
vom 19. bis 22. Januar 1920, Berlin 1920, S. 83.
23 K. Dunkmann: Deutsches Volk erwache! Ein
Wachruf an Katholiken, Protestanten und Sozialdemokraten. In: Deutsche Monatshefte für
christliche Politik und Kultur, 2. Jg., H. 4 (1920),
S. 211.
24 K. Dunkmann: Zwischen Abgründen. In:
Ebenda, 2. Jg., H. 7 (1920), S. 370.

25 An unsere Leser! In: Ebenda, Sonderausgabe, Juli 1920, S. 1.
26 Ebenda, H. 5/6, Februar/März 1920, S. 262.
27 K. Dunkmann: Grundlagen und Aufgaben des interkonfessionellen Friedensbundes. In: Ebenda, H. 10/12, Juli/September 1920, S. 499.
28 Ebenda, S. 496.
29 Ebenda, S. 498.
30 Siehe insbesondere Anm. 6.
31 Siehe Anm. 14.
32 Siehe Anm. 20.

Herbert Gottwald

Bund der Aufrechten (BA)
1919–1934

*(1922–1932 Lesergemeinde des Aufrechten;
1932–1934 Kampfring der monarchistischen Bewegung.
Bund der Aufrechten)*

Der BA war eine Organisation von Gruppierungen der herrschenden Klasse, die die Wiedererrichtung der Hohenzollern-Monarchie erstrebten. Unter der Losung »Mit Gott für König und Vaterland! Mit Gott für Kaiser und Reich!« bekämpfte der BA die revolutionäre Arbeiterbewegung unter Führung der KPD, aber auch solche bürgerliche Parteien und Politiker, die die Herrschaft der imperialistischen Bourgeoisie in Form der bürgerlich-parlamentarischen Republik ausüben wollten. Der BA wollte politischer Stoßtrupp der Rechtsparteien sein und ihnen den Weg zur Diktatur ebnen helfen.

Führer des BA

1. Vorsitzender
Hans Joachim VON BROCKHUSEN-JUSTIN (1919–1933); Karl VON EINEM (1933–1934)

2. Vorsitzender
Ernst PFEIFFER (1919–1932); Friedrich EVERLING (1932–1934)

1. Schatzmeister
Servatius VON GERLACH (1919–1922)

2. Schatzmeister
Martin BOMBE-LANKWITZ (1919–1922)

Geschäftsführer
B. MITHOFF (1919–1920); Paul SCHMIDT (1920–1921); Werner Walther WUNDERLICH (1921–1922)

Mitglieder
August 1919: 800 Mitglieder
Oktober 1919: ca. über 1000 Mitglieder
Weitere detaillierte Angaben liegen nicht vor. Aus der Zahl der Ortsgruppen läßt sich schlußfolgern, daß der BA nur einige tausend Mitglieder zählte.

Hauptversammlungen
8.–9. Oktober 1919, Berlin
29. März 1922, Berlin

Presse
»Der Aufrechte. Ein Kämpfer für christlich-deutsche Erneuerung«, Berlin, 1919–1938;

1919–1922 erschien er monatlich viermal, 1923–1924 monatlich zweimal, ab 1.1.1925 monatlich dreimal

Dem BA nahestehende Presseorgane
»Kreuzzeitung«, »Deutsche Tageszeitung«, »Reichsbote«, »Deutsche Zeitung« u. a.

Im BA fanden sich extrem reaktionäre Verfechter der Interessen des Monopolkapitals sowie Militärs, gestürzte Fürsten, preußische Junker, Geistliche, Professoren, Beamte und Anwälte zusammen, die sich mit dem nach der Niederlage der Novemberrevolution entstandenen politischen Kräfteverhältnis nicht abfinden wollten und eine Politik der offenen Gewalt gegenüber der deutschen Arbeiterbewegung und allen demokratischen und republikanischen Kräften betrieben. Es handelt sich hierbei um konservative und alldeutsche Kreise, die bis zur Novemberrevolution im ↗ *Bund der Kaisertreuen (BK)* und in der ↗ *Deutschen Vaterlandspartei (DVLP)* ihre politische und geistige Heimstatt gefunden hatten und die ab 1918 dem rechten Flügel der ↗ *Deutschnationalen Volkspartei (DNVP)* nahestanden.

Am 1. Januar 1919 erschien in der »Deutschen Allgemeinen Zeitung« ein Aufruf des *Bundes deutscher Männer und Frauen zum Schutze der persönlichen Freiheit und des Lebens Wilhelms II.* Mit dem Ziel, die Auslieferung des gestürzten Kaisers an die Entente zu verhindern, sollte eine Massenorganisation geschaffen werden. An der Spitze stand

H. J. VON BROCKHUSEN-JUSTIN, Schwiegersohn HINDENBURGS und ehemaliger preußischer Landrat. Dieser Bund betrieb eine rege Propaganda- und Werbetätigkeit, für die ihm große Geldmittel zur Verfügung standen.[1] Nachdem im Juni 1919 demokratische Zeitungen ihn der Bestechung der holländischen Presse überführten, verschwand diese Organisation von der Bildfläche.

Ab 1. Januar 1919 erschien als ein Sprachrohr der Monarchisten das Sonntagsblatt »Der Aufrechte«, das in seiner Werbung als die billigste volkstümliche monarchistische Zeitschrift charakterisiert wurde. Politisch bekannte sich das Blatt zur Wiedererrichtung der »alte(n) Reichs- und Kaiserherrlichkeit«.[2] Bereits Anfang Januar proklamierte »Der Aufrechte« in diesem Zusammenhang drei grundlegende Punkte zur Rettung der »gefährdeten deutschen Seele« und zur Überwindung der Not: das Christentum, die Vaterlandsliebe (Liebe zum Kaisertum) und die Sozialreform (»... vorwärts weiter auf der Bahn der sozialen deutschen Hohenzollern-Kaiser«).[3] Im Kampf gegen die Weimarer Republik und gegen den Abschluß des Versailler Vertrages forderte »Der Aufrechte« seine Leser auf, eine Gemeinschaft des christlichen und nationalen Glaubens zu bilden: »Es ist einfach vaterländische Pflicht, die Tausende, die heute oft verstreut und einsam durch die rote Wüste der Republik wandern, zusammenzuschließen.«[4] Am 13. Juni 1919 wurde der BA gegründet. Ihm gehörten u. a. an: der ehemalige Kriegsminister General Hermann VON STEIN, Kuno GRAF VON WESTARP, LUDENDORFF, Eitel Friedrich PRINZ VON PREUSSEN, Oskar PRINZ VON PREUSSEN, der die Ehrenmitgliedschaft besaß, Detlef GRAF VON MOLTKE, Friedrich Wilhelm Bernhard VON BERG, der baltische Baron Axel FREIHERR VON FREYTAGH-LORINGHOVEN, Fritz GRAF ZU EULENBURG-PRASSEN. Als Hauptredner traten auf den Veranstaltungen des BA u. a. auf: Lizentiat Dr. Otto DIBELIUS, Lizentiat Dr. J. RUMP, Pfarrer Richard H. HARDER, Hofprediger Dr. J. VOGEL, F. EVERLING, Prof. Dr. Gustav ROETHE, Major a. D. Kurt ANKER. Als politisches Programm des BA dienten die »Richtlinien«[5] für die »christlich-deutsche und soziale Erneuerung«, in denen u. a. gefordert wurde: Sicherung der religiösen sittlichen Arbeit der christlichen Kirchen und Gemeinschaften; Einstellung des gesamten Bildungs- und Erziehungswesens auf die Stärkung des christlich-nationalen Glaubens der deutschen Jugend; Schutz und Förderung der christlichen Familie; Wiederherstellung einer starken Monarchie; Wiedererrichtung von Preußens Führerschaft unter der Hohenzollern-Monarchie; Fortführung der »ruhmvollen hohenzollernschen Sozialreform«; geschickte und selbstbewußte Außenpolitik, die darauf ausgerichtet war, auf diplomatischem Wege die »Wiedergewinnung der deutschen Stellung« anzubahnen; scharfe Abkehr von aller »Internationalitätsschwärmerei« durch den Ausbau der nationalen Kraft; Kampf gegen die »Klassenhetze« der revolutionären Arbeiterbewegung durch die Proklamation der Brüderlichkeit aller Deutschen; Schaffung eines Volksheeres und Einführung der allgemeinen Wehrpflicht.[6]

Die Leitung des BA bestand aus einem Arbeitsausschuß (Vorstand bestehend aus 7 Mitgliedern) sowie 3 Arbeitsgruppen (Organisations-, Werbe- und Geldausschuß).[7] Bereits im Juli 1919 begannen sich die ersten Ortsgruppen zu bilden. Der BA sollte sich — im Unterschied zum ↗ Preußenbund (PB), mit dem er zusammenarbeitete[8] — auf ganz Deutschland ausdehnen[9], faßte aber nur in den preußischen und ostelbischen Provinzen festen Fuß.[10] Außerhalb Preußens bestanden in Hamburg, Bremen, Dresden, Chemnitz, Weimar und Nürnberg Ortsgruppen. Bis 1922 waren dem BA über 60 Ortsgruppen angeschlossen[11], 2 bildeten sich in Kolumbien (Bogotá 1920, Barranquilla 1921).[12] In den BA wurden Juden und Ausländer nicht aufgenommen. Eine Beitragspflicht bestand nicht; die Mitglieder wurden aufgefordert, jährlich einen freiwilligen Beitrag von 2 RM zu leisten, wobei die Grenze nach oben offen war.

Der BA verstand sich als eine über den Parteien stehende Organisation und suchte seinen Platz auf dem »rechten Flügel der nationalen Gesamtfront«.[13] Er war gedacht als eine Art Sammelbecken aller dem monarchistischen Gedanken besonders verbundenen nationalistischen, preußisch-junkerlichen, rassistischen und revanchistischen Kräfte. Durch keinerlei parlamentarische Rücksichten gebunden, sollte der BA die Arbeit der bürgerlichen Parteien ergänzen. Er befreite diese vom »Hindernis« der monarchistischen Propaganda.[14] Als außerparlamentarisches Kampfinstrument der Rechtsextremisten wirkte er gegen die Arbeiterbewegung, gegen Demokratie und Fortschritt.[15]

Mit der Losung von der »christlich-deutschen und sozialen Erneuerung« wurde versucht, in »allen Volkskreisen« Anhänger zu gewinnen.[16] Zu diesem Zweck betrieb der BA eine rege Propagandaarbeit, die durch Flugblätter und Werbeschriften unterstützt wurde. Zur Aufrechterhaltung des monarchistischen Gedankens dienten die Veranstaltungen anläßlich von Gedenk-, Erinnerungs- und Geburtstagen der Hohenzollern. In den Spalten des »Aufrechten« nahmen Berichte über die Kaiserfamilie sowie historische Rückblicke breiten Raum ein. Zu Beginn der 20er Jahre trat der BA für die Schaffung einer »Volksgemeinschaft« ein, an der sich der »Sozialismus aller Schattierungen seine Giftzähne«[17] ausbrechen sollte. Der BA verfolgte dabei das Ziel, deutsch-national gesinnte Arbeiter heranzuziehen, um so die Arbeiterklasse zu spalten. So wurde versucht, über die ⌐ Vereinigten vaterländischen Verbände Deutschlands (VvVD) in die werksgemeinschaftlichen gelben Arbeiter- und Angestelltenverbände einzudringen und Teile der Arbeiterklasse für die national-monarchistischen Ideen zu gewinnen.[18] Reinhard MUMM, ehemaliger Generalsekretär der monarchistisch-antisemitischen ⌐ Freien Kirchlichsozialen Konferenz (FKSK), propagierte die »Volksgemeinschaft zur Volkserhebung«, um dadurch den Klassenkampf aufzuheben. Er rief in diesem Sinne die »national gesinnten Arbeitgeber« auf, Verhandlungen mit den christlichen und nationalen Arbeiterverbänden zu führen.[19]

Der BA betonte des weiteren seine »Festigkeit in der Judenfrage« und bezeichnete seine antisemitischen Ausfälle als Antisemitismus positiver Art. Er rief die Arbeiter auf, ihr »Deutschtum« zu stärken.[20]

Am Ende der Weimarer Republik mündete die Volksgemeinschaftsthese, die eine Verbindung von sozialer Demagogie mit Nationalismus und Chauvinismus darstellte, in die Propagierung des faschistischen Führer-Gefolgschaft-Prinzips.

Der BA führte gegen die marxistischen und anderen fortschrittlichen Kräfte in der deutschen Arbeiterbewegung eine Verleumdungskampagne: Die Novemberrevolution wurde als »Verbrechen« gekennzeichnet, als »gewissenloses Experiment mit dem Volk«. In den revolutionären Tagen von 1918 erhoben sich nach Ansicht des BA nur »Streikende« und »Deserteure«.[21] Die Volksbewegung für die entschädigungslose Enteignung der Fürsten wurde als ein »von Moskau« vorgegebener Angriff verunglimpft.[22] Den Marxismus bezeichnete der BA als ein für das Volk »tödliches Gift«. Dieser verfolge nur das Ziel, die »Selbstsucht des Proletariats an die Stelle des Gemeinwohls zu setzen«.[23]

Entsprechend seiner Grundforderung nach Wiedererrichtung der Monarchie trat der BA gegen die Weimarer Republik, deren Repräsentanten, deren Verfassung, gegen das Versailler Vertragssystem auf und lehnte zunächst jede Mitarbeit im bürgerlichen Staat ab.[24] Jedoch klang bereits 1919 im »Aufrechten« die Meinung an, mit der Waffe des Stimmzettels die Wiedererrichtung des deutschen Kaisertums anzustreben.[25] Nach der Niederschlagung des KAPP-Putsches vertrat der BA die Auffassung, auf rein verfassungsmäßigem Weg seine monarchistischen Ziele durchzusetzen.[26] Dennoch betrieb der BA auch weiterhin offene Mordhetze gegen die Mitglieder der Reichsregierung. Beispielsweise wurde im November 1921 ein Flugblatt gegen RATHENAU verbreitet.[27] Der im Zusammenhang mit der Ermordung RATHENAUS verhaftete Student Wilhelm GUENTHER war Mitglied des BA.[28] Auf Grund der §§ 1 und 2 der »Verordnung zum Schutze der Republik vom 26. Juni 1922« wurden der BA sowie die angeschlossenen Orts- und Bezirksgruppen in Preußen und später auch in anderen Teilen Deutschlands verboten.[29] Als Gründe wurden angegeben: Vorbereitung des Bodens für Gewalttätigkeiten und Mittäterschaft an der Ermordung RATHENAUS (W. GUENTHER).[30] Das Organ »Der Aufrechte« wurde in diese Maßnahme nicht einbezogen.[31] Nach einem 4wöchigen Verbot konnte es wieder erscheinen, so daß der BA nun als Lesergemeinde des Aufrechten weiterexistierte. Der BA konnte auf diese Weise faktisch unbehelligt seine die Republik untergrabende Tätigkeit fortsetzen. Die KPD entlarvte die reaktionären Machenschaften der monarchistischen Kreise und

deren Duldung durch die Behörden. Bezugnehmend auf die Ursachen schrieb »Die Rote Fahne«: »Die Regierung muß Kommunistenhetze betreiben und kann sich daher nicht darum kümmern, wenn offen monarchistische Propaganda gemacht wird.«[32]
Der BA trat weiter für die Rückkehr der Monarchie ein, wobei aber zunächst offen blieb, auf welchem Wege dieses Ziel erreicht werden sollte. 1923 wurden die Vorstellungen konkreter: Errichtung einer nationalen Diktatur als Übergangslösung für die Wiedererrichtung des preußischen Königtums.[33] Es zeigte sich jedoch, daß diese Maßnahmen nicht ohne weiteres realisiert werden konnten. Der BA nahm 1924 während der Reichstagswahlen nunmehr Kurs auf eine im Rahmen der Verfassung liegende Änderung der bürgerlich-parlamentarischen Verhältnisse.[34] Zur Bekämpfung der »Volksvertreterherrschaft« forderte der BA die Einsetzung eines zielklaren Führers, treue Gefolgschaft und »wahre Freiheit« in einem »starken Staat«.[35]
Auf einem Preußenabend des »Aufrechten« wurde folgende Resolution angenommen:

»In Erwägung, daß die Aufrechterhaltung der republikanischen Staatsform in Deutschland ein Mittel zur ferneren Niederhaltung Deutschlands durch seine Todfeinde ist und von unseren Todfeinden daher begünstigt und verlangt wird – muß es jedem Deutschen als eine Pflicht der nationalen Ehre und Sauberkeit gelten, im Interesse seines Volkes und Vaterlandes auf verfassungsmäßigem Wege für die Aufrichtung der völkischen Monarchie zu wirken. Über tausende deutsche Männer und Frauen ... richten daher an die nationalen Aufbauparteien das dringende Ersuchen, bei der Aufstellung von Kandidaten für die kommenden Reichstagswahlen nur solche Männer und Frauen dem deutschen Volke zur Wahl vorzuschlagen, die entschlossen sind, nach der alten preußisch-deutschen Losung zu handeln: ›Mit Gott für König und Vaterland, für Kaiser und Reich!‹«[36]

Der BA strebte auch an, eine Wiedereinsetzung der Hohenzollern-Monarchie über einen Volksentscheid zu erreichen.[37] Diese Konzeptionen verfolgten die monarchistischen Kräfte bis in die Zeit der faschistischen Diktatur hinein.[38] 1924 unterstützte der BA die Wahl HINDENBURGS, in dem das »Sinnbild des besseren, kaiserlichen Deutschlands« gesehen wurde.[39] 1928 trat »Der Aufrechte« gegen die vom ↗ *Bund zur Erneuerung des Reiches (BER)* zentralistisch orientierten Vorschläge einer »Reichsreform« auf und betonte, daß die »deutsche Erneuerung« nur in der Monarchie ihre Krönung finden könne.[40] Der BA plädierte für die vor 1918 praktizierte Form des Föderalismus und der preußischen Hegemonie. Grundtenor der Diskussion um die Frage Diktatur oder Monarchie blieb die Frage »nach dem Verhältnis von zeitweiliger und Endlösung, des Primats bzw. der Unterordnung der einen Form unter die andere«.[41] Der BA vertrat auch in der Endphase der Weimarer Republik und in den ersten Jahren der faschistischen Diktatur die Auffassung, daß der Diktator durch die Monarchie abzulösen sei. »Das geheiligte Führertum, die Monarchie, ist die logische Folge eines organischen Aufbaus ... Der Führergedanke zu Ende gedacht, der organische Staatsgedanke zu Ende geführt: sie fordern mit dem Zwang der Logik den König.«[42]
1927 unternahm H.J. VON BROCKHUSEN-JUSTIN den erfolglosen Versuch, die Wiederzulassung des BA zu erreichen. Zur Reichstagswahl 1928 betrieb der BA mit dem *PB* und der *Deutsch-Konservativen Vereinigung* eine rege Wahlagitation. Abkommen über Zusammenarbeit bestanden auch mit anderen nationalistischen Organisationen. So schloß die Ortsgruppe Nürnberg 1932 ein Abkommen mit lokalen Organisationen des ↗ *Alldeutschen Verbandes (ADV)*, des *Bayerischen Treubundes* und des *Nationalverbandes deutscher Offiziere*. Enge Verbindungen bestanden auch zum ↗ *Stahlhelm-Bund der Frontsoldaten (Stahlhelm)*, zum *Verband der Baltikumkämpfer* und zu verschiedenen monarchistischen Jugendorganisationen. Der BA war Mitglied der *Arbeitsgemeinschaft der monarchistischen Bewegung*, die 1932 in Berlin geschaffen wurde.
Nach dem Staatsstreich in Preußen am 20. Juli 1932 wurde das Verbot des BA aufgehoben (zuvor war er bereits in einigen anderen Ländern wieder zugelassen worden). Er nannte sich nun Kampfring der monarchistischen Bewegung. Bund der Aufrechten. In seine Führung trat F. EVERLING, zugleich 2. Vorsitzender des *PB*, ein. Im Frühjahr 1933 wurde Generaloberst K. VON EINEM »Führer« des BA. Zusammen mit anderen monarchistischen Organisationen wurde der BA am

11. Februar 1934 aufgelöst. Ein großer Teil der Mitglieder trat in die Organisationen der ↗ *NSDAP* ein. Die reaktionäre politische Grundorientierung des BA, geprägt von der Verherrlichung der Monarchie, von Aggressivität, Nationalismus, Chauvinismus, Antikommunismus, Demokratiefeindlichkeit und Antisemitismus, erhielt in der Ideologie und Propaganda der *NSDAP* eine extreme Vollendung.[43]

Quellen und Literatur

An bisher unveröffentlichten Materialien sind für die Geschichte des BA die Bestände des ZStA Potsdam RKO, Nr. 353, RMdI, Nr. 26 013 sowie die NL Reinhard Mumm und Kurt Anker sehr aufschlußreich. Roswitha Berndt verfolgt in ihrer Studie »Monarchistisch-restaurative Organisationen im Kampf gegen die bürgerlich-parlamentarische Staatsform der Weimarer Republik« (in: JBP, Nr. 43, Februar 1978) erstmalig einige konzeptionelle politische Grundforderungen monarchistischer Organisationen, vorrangig des BA, über die Zeit der Weimarer Republik. Als Darstellungen über den Monarchismus sind weiter zu nennen: Ludwig Franz Gengler »Die deutschen Monarchisten 1919 bis 1925. Ein Beitrag zur Geschichte der politischen Rechten von der Novemberrevolution 1918 bis zur ersten Übernahme der Reichspräsidentschaft durch Generalfeldmarschall von Hindenburg« (Kulmbach 1932) und Walther H. Kaufmann »Monarchism in the Weimar Republic« (New York 1953). Grundlegend für die Einordnung der monarchistischen Bewegung als eines Wegbereiters der faschistischen Diktatur ist Joachim Petzolds Studie »Konservative Theoretiker des deutschen Faschismus. Jungkonservative Ideologen in der Weimarer Republik als geistiger Wegbereiter der faschistischen Diktatur« (Berlin 1978). Der vorliegende Artikel stützt sich auch auf den Beitrag von Robert Ullrich »Bund der Aufrechten« (HBP, Bd. 1, Leipzig 1968, S. 102–104).

Anmerkungen

1 Siehe Leipziger Volkszeitung, Nr. 132 vom 20.6.1919.

2 Der Aufrechte, Nr. 6 vom 23.2.1919.

3 Siehe ebenda, Nr. 1 vom 5.1.1919.

4 Ebenda, Nr. 17 vom 11.5.1919.

5 Die »Richtlinien« wurden auch als Werbeschrift des BA herausgegeben.

6 Siehe ebenda, Nr. 23 vom 22.6.1919.

7 Siehe ebenda, Nr. 29 vom 3.8.1919.

8 Siehe ebenda, Nr. 29 vom 23.7.1922.

9 Siehe Flugblatt. In: ZStA Potsdam, RKO, Nr. 353, Bl. 2.

10 Ende 1920 bestanden Ortsgruppen in Königsberg, Breslau, Naumburg, Neuken bei Preußisch-Eylau, Mohrungen, Köslin, Stettin, Kolberg, Tilsit, Potsdam, Köpenick, Kassel, Forst, Neustettin, Vegesack bei Bremen, Münster, Berlin, Osthavelland und eine Bezirksgruppe »Nord-Ost«.

11 Siehe Der Aufrechte, Nr. 22 vom 28.5.1922.

12 Siehe ebenda, Nr. 44 vom 31.10.1920 und Nr. 7 vom 13.2.1921.

13 Ebenda, Nr. 35 vom 25.9.1921.

14 Siehe Roswitha Berndt: Monarchistisch-restaurative Organisationen im Kampf gegen die bürgerlich-parlamentarische Staatsform der Weimarer Republik. In: JBP, Nr. 43, Februar 1978, S. 18.

15 Siehe Reichsbote, Nr. 296 vom 27.6.1919.

16 Siehe Der Aufrechte, Nr. 49 vom 5.12.1920.

17 Ebenda, Nr. 26 vom 25.6.1922.

18 Siehe R. Berndt, S. 18.

19 Der Aufrechte, Nr. 6 vom 25.3.1924.

20 Siehe Anlage zur Beschwerde des Bundes der Aufrechten gegen die Verfügung seiner Auflösung (vom 1. Juli 1922) durch das Ministerium des Innern. In: ZStA Potsdam, NL Reinhard Mumm, Nr. 375, Bl. 28. (Im folgenden: Anlage zur Beschwerde.)

21 Siehe Friedrich Everling: Republik oder Monarchie?, Berlin 1924, S. 5 und 13.

22 Siehe Der Aufrechte, Nr. 11 vom 15.4.1926.

23 Ebenda, Nr. 26 vom 15.9.1928.

24 Siehe Robert Ullrich: Bund der Aufrechten. In: HBP, Bd. 1, Leipzig 1968, S. 103.

25 Siehe Der Aufrechte, Nr. 16 vom 4.5.1919.

26 Siehe ebenda, Nr. 32 vom 8.8.1920. Siehe auch R. Berndt, S. 19.

27 Siehe ZStA Potsdam, RKO, Nr. 353, Bl. 7 ff. und 31.

28 Wilhelm Guenther war für das Geschäftsjahr 1919/1920 Mitglied. Er bezahlte einen einmaligen Beitrag von 5 RM. Siehe Der Aufrechte, Nr. 18 vom 3.7.1922. Auf den von R. Ullrich genannten Hans Stubenrauch (R. Ullrich, S. 103) wurde im »Aufrechten« sowie in der Beschwerde des BA gegen seine Auflösung nicht eingegangen.

29 Das Verbot bezog sich nicht auf Danzig, Baden, Bayern und Übersee (Siehe Der Aufrechte, Nr. 29 vom 23.7.1922).

30 Siehe ebenda. Nr. 18 vom 3. 7. 1922. Siehe auch Anlage zur Beschwerde, Bl. 22f.

31 Der Schriftführer Ernst Pfeiffer wurde u. a. 1923 wegen Beleidigung des Staatsgerichtshofes zum Schutze der Republik zu einer Geldstrafe von 50 000 RM oder einem Jahr Gefängnis verurteilt (Siehe Der Aufrechte, Nr. 13 vom 1. 7. 1923).

32 Die Rote Fahne, Nr. 509 vom 16. 11. 1922. Siehe auch Die monarchistische Gefahr und die Taktik der KPD, Berlin 1925.

33 Siehe R. Berndt, S. 19.

34 Siehe ebenda, S. 22.

35 Siehe Der Aufrechte, Nr. 23 vom 4. 12. 1924.

36 Der Aufrechte, Nr. 6 vom 25. 3. 1924.

37 Siehe ebenda, Nr. 34 vom 5. 12. 1928, Nr. 30 vom 25. 10. 1929, Nr. 35 vom 15. 12. 1929.

38 Siehe R. Berndt, S. 22.

39 Der Aufrechte, Nr. 14 vom 15. 5. 1925. Siehe auch Nr. 12 vom 25. 4. 1925. Siehe Ernst Thälmann. Eine Biographie, Bd. 1, Berlin 1980, S. 271.

40 Siehe F. Everling: Reichszerstörung oder Reichsreform? Zugleich eine Auseinandersetzung mit den Plänen des »Bundes zur Erneuerung des Reiches«, Berlin 1928, S. 35.

41 R. Berndt, S. 23.

42 F. Everling: Wiederentdeckte Monarchie, Berlin 1932, S. 177f.

43 Siehe R. Berndt, S. 24.

Claudia Hohberg / Robert Ullrich

Bund der Auslandsdeutschen (BdA)
1919–1939

Der BdA entstand als eine nationalistisch-revanchistische Organisation und setzte sich für den erneuten Ausbau der ökonomischen und politischen Stellung des sog. Deutschtums im Ausland nach dem ersten Weltkrieg ein. Gleichzeitig suchte der BdA die speziellen Interessen der nach Deutschland zurückgekehrten Deutschen zu vertreten und die Entschädigungsgesetzgebung der Weimarer Republik zu beeinflussen. Der BdA unterstützte den Mißbrauch der Bürger deutscher Nationalität im Ausland durch den deutschen Imperialismus. Er beteiligte sich an der Schaffung der »Fünften Kolonne« und damit an der Vorbereitung des zweiten Weltkrieges. Viele Ortsgruppen und Vereine des BdA gingen 1932 und 1933 direkt in der Auslandsorganisation der ↗NSDAP auf. 1934 wurde er zu einem Bund umgestaltet, in dem sich lediglich die in Deutschland lebenden ehemaligen »Auslandsdeutschen« sammeln sollten. Im System der faschistischen Organisationen verlor er rasch jegliche Bedeutung.

1. Die Herausbildung des BdA. Sein Ringen um eine Entschädigungsgesetzgebung
2. Die auslandspolitischen Aktivitäten des BdA
3. Quellen und Literatur

1. Vorsitzende bzw. Präsidenten
Otto SCHALLERT (1919–1926); Heinrich SCHNEE (1926–1933); Wolfgang ROEMER (seit 1934)

1. stellvertretende Vorsitzende
Heinrich GEBHARD (1919–1926); Theodor HEUSS (1926–1932); Hellmuth GOERZ (seit 1933)

Geschäftsführendes Präsidialmitglied
Ernst GROSSE (1926–1936)

Mitglieder
1920: ca. 60 000 in 9 Landesverbänden und 250 Ortsgruppen (in Deutschland)
1928: 75 Vereine aus 41 Ländern
1929: 93 Vereine aus 44 Ländern
1933: 160 Vereine aus 55 Ländern

Tagungen
Neben den jährlichen Vertreterversammlungen fanden statt:
Kongreß der Auslandsdeutschen, 6. bis 7. Dezember 1920 in Hamburg
Welttagung des Auslandsdeutschtums in der Heimat, 29. August bis 5. September 1925 in Berlin
Europatagung des Auslandsdeutschtums in der Heimat, 26. bis 30. August 1927 in Dresden und Leipzig

Rheinlandtagung des BdA, 5. bis 8. Juni 1928 in Köln
Welttagung des Auslandsdeutschtums in der Heimat, 31. August bis 5. September 1929 in Berlin, Magdeburg und Goslar.
Bei den von 1929 bis 1938 jährlich durchgeführten Reichstagungen der Auslandsdeutschen trat der BdA kaum in Erscheinung.

Presse
»Auslandswarte«. Zeitschrift des Bundes der Auslandsdeutschen (mit wechselnden Untertiteln), 1920–1936. Schriftleiter: C. FINK (bis 1930), Paul NASSEN (1930–1933), Heinrich Wilhelm HEROLD (1933–1934)
»Mitteilungen der Abteilung Rußland des Bundes der Auslandsdeutschen« (1920–?)
»Jahrbuch des Bundes der Auslandsdeutschen« (1932, hrsg. von E. GROSSE und H. W. HEROLD)
Im Ausland erschienen Hunderte von Publikationsorganen.[1]

Angeschlossene Organisationen (1931)
a) im Ausland: 116 Vereine, Verbände, Klubs und Gesellschaften in 45 Staaten aller Kontinente[2]
b) im Inland: *Arbeitsgemeinschaft für Auslands- und Kolonialtechnik (Akotech), Centro Hispania*, Berlin, *Turn- und Sportverein Auslandsdeutscher, Verband der Frauengruppen des Bundes der Auslandsdeutschen (Willkommen-Klub).*
Der BdA stand in Arbeitsgemeinschaft mit folgenden Organisationen:

↗ *Arbeitsausschuß Deutscher Verbände (AADV),*
↗ *Deutsche Kolonialgesellschaft (DKG)*
Weltwirtschaftliche Gesellschaft
Hauptgemeinschaft Ausländischer Studierender
Arbeitsgemeinschaft für den Ersatz von Kriegs- und Verdrängungsschäden
↗ *Zweckverband der freien Deutschtumsvereine (ZfD)*
Deutsche Arbeitsgemeinschaft 1931.

1. Die Herausbildung des BdA.
Sein Ringen um eine Entschädigungsgesetzgebung

Vor dem ersten Weltkrieg hatte sich der deutsche Imperialismus im Ausland mit Hilfe der Bürger deutscher Nationalität und ihrer Bankfilialen, Handelseinrichtungen und gewerblichen Niederlassungen großen ökonomischen und politischen Einfluß verschaffen können. Seine Kapitalausfuhr erreichte 1914 die Höhe von 44 Mrd. Francs.[3] Die Ententemächte vermochten im Ergebnis des ersten Weltkrieges den Einfluß der deutschen Konkurrenten in ihren Ländern sowie in fast allen Teilen der Welt weitgehend zurückzudrängen. Große Teile des Vermögens der sog. Auslandsdeutschen wurden beschlagnahmt und von den Siegermächten als Vorleistung für die Reparationen betrachtet. Zunächst gab der BdA den »Wert des der Liquidation unterliegenden deutschen Privateigentums im Ausland« mit 5 Mrd. Goldmark an[4], rechnete aber bald mit der Summe von 11,74 Mrd. Goldmark, wobei das »geraubte« deutsche Eigentum in den USA, in der Sowjetunion, in Brasilien und auf Kuba noch nicht berücksichtigt sei.[5]
Seit dem Beginn des ersten Weltkrieges waren etwa 150 000 Bürger deutscher Nationalität interniert bzw. nach Deutschland ausgewiesen worden.[6] Diese schlossen sich seit 1914 zu verschiedenen Hilfsorganisationen zusammen, die karitative Zwecke in den Vordergrund ihrer Tätigkeit stellten. Ihre Mitglieder gehörten vorwiegend der nichtmonopolisierten und kleinen Bourgeoisie an; proletarische Kräfte befanden sich unter diesen Auslandsdeutschen kaum. Einige der deutschen Groß-

banken schufen 1915 – mit Unterstützung der kaiserlichen Regierung, des Auswärtigen Amtes sowie insbesondere des nationalliberalen Politikers STRESEMANN – sog. Darlehnskassen, deren Tätigkeit allerdings bereits 1923 eingestellt wurde.
Die Herausbildung des BdA erfolgte parallel zur schrittweisen Konstituierung der bürgerlich-parlamentarischen Weimarer Republik und nach der Annahme des Versailler Friedensvertrages. Die Reichsregierung forderte von den Vertretern der zahlreichen Hilfsorganisationen sowie des *Rates der Reichsdeutschen im Ausland* und des *Reichsverbandes der geschädigten Auslandsdeutschen*, die in Weimar anreisten und Gespräche über die Entschädigung ihres im Kriege verlorenen privaten Vermögens führen wollten, den Zusammenschluß zu einer einheitlichen Organisation.[7] Etwa 200 Delegierte der Hilfsorganisationen gründeten am 18. August 1919 in München den BdA, wobei das Auswärtige Amt, das Reichsfinanzministerium und das 1917 entstandene Deutsche Auslands-Institut großen Anteil nahmen. Zu den Mitbegründern zählten u. a. Fritz BACH, der bis 1928 Mitglied des Präsidiums des BdA und Leiter der Abteilung Rußland war, Gustav BEHRENDT, ehemaliger Leiter der Ostabteilung im Auswärtigen Amt und ebenfalls langjähriges Mitglied des Präsidiums, und O. SCHALLERT.
In den Satzungen formulierte der BdA als Ziel seines Wirkens:
»1. Die Auslandsdeutschen, insbesondere die deutschen Kolonien (dieser Begriff wurde vom BdA nicht im staatsrechtlichen Sinne gebraucht, M. W.) im Auslande und die Einwanderungsdeutschen[8] in enger Fühlung mit der Heimat zu halten und ihren Zusammenhalt zu stärken, den Auslandsdeutschen, insbesondere den Angehörigen der deutschen Kolonien im Auslande und den Einwanderungsdeutschen mit Rat und Tat beizustehen,
2. die Interessen der in die Heimat zurückgekehrten Auslandsdeutschen wahrzunehmen,[9]
3. sich mit allen zur Verfügung stehenden Mitteln für eine endgültige, gerechte und zufriedenstellende Lösung der Entschädigungsfrage einzusetzen,
4. gute Beziehungen zwischen den Gastvölkern und den deutschen Kolonien im Auslande und mit den Einwanderungsländern zu pflegen und durch jede diesem Zweck dienende Tätigkeit im In- und Auslande zu fördern.« Demagogisch wurde dem hinzugefügt: »Der Bund der Auslandsdeutschen verfolgt keine politischen Ziele.«[10]

Die gesamte Tätigkeit des BdA in der Weimarer Zeit und in den ersten Jahren der faschistischen Diktatur widerlegt eindeutig diese Behauptung. Das ebenfalls vom BdA verkündete Ziel des Anschlusses Österreichs und anderer Gebiete an Deutschland sowie auch die Aufgabe, eine »Weltgemeinschaft« der auslandsdeutschen Gruppen zu schaffen[11], waren in höchstem Maße politischer Natur. In gewisser Weise kann der BdA jedoch als »überparteilich« gelten, weil er ständig versuchte, mit allen und insbesondere mit den regierenden Parteien zusammenzuarbeiten.

Die Organisation des BdA wurde rasch aufgebaut. Ortsgruppen entstanden u. a. in Berlin, Breslau, Hagen, Elberfeld-Barmen, Dortmund und Freiburg i. Br., Landesverbände wurden in Nordwestdeutschland, Südwestdeutschland, Bayern sowie in anderen deutschen Ländern gebildet. Die Leitung des BdA hatte ein Präsidium, das aus dem Geschäftsführenden Vorstand und 20 weiteren Mitgliedern bestand. Dem Präsidium stand ein Beirat zur Seite, in dem je 1 Vertreter der Vereine und Verbände mit Sitz und Stimme mitwirkte. Dem Beirat gehörten außerdem bürgerliche Politiker an, die sich um die imperialistische deutsche Außenpolitik »verdient« gemacht hatten, so z. B. der frühere Direktor der Deutschen Bank M. JOACHIMSOHN, der 1928 auch als einer der Schatzmeister in das Präsidium gewählt wurde, der Reichsbankdirektor Anton ARNOLD, Paul ROHRBACH, Carl BOSCH, Hans-Erdmann VON LINDEINER-WILDAU und Paul STAUDINGER. Im Beirat arbeiteten Vertreter der deutschen Regierung, des Reichstages, der Monopole und Banken, der Presse, der Kirche und des Schulwesens mit. Seit Dezember 1923 gab es auch ein Ehrenpräsidium, dem u. a. STRESEMANN, Konrad ADENAUER, Ernst VON BORSIG, Franz VON MENDELSOHN, Paul LÖBE, Carl PETERSEN, Wilhelm KÜLZ, P. ROHRBACH und bekannte auslandsdeutsche Politiker angehörten. Bis 1931 berief der BdA 156 Personen als »Ehrenmitglieder«.

Zunächst stand die Entschädigungsfrage im Vordergrund der Tätigkeit des BdA. Der deutsche Imperialismus versuchte auch auf diesem Gebiet, die durch seine Niederlage von 1918 entstandenen Lasten auf die Schultern der Werktätigen abzuwälzen und die Bestimmungen des imperialistischen Friedens zu nutzen, um »in breiten Kreisen der Bevölkerung Nationalismus, Chauvinismus und Revanchismus zu entfachen und die Schuld für die Verarmung und Verelendung von Millionen Werktätigen sowie andere drängende soziale Fragen den Siegermächten des ersten Weltkrieges zuzuschieben.«[12] Durch den Artikel 297(i) des Versailler Vertrages war dem Reich offiziell die Regreßpflicht für das konfiszierte Eigentum der Auslandsdeutschen auferlegt worden. Das Reichsfinanzministerium übertrug dem BdA die Abwicklung bestimmter Teile der mit den Entschädigungsgesetzen[13] verbundenen finanziellen Aufgaben. Der BdA schuf zu diesem Zweck auch die *Arbeitsgemeinschaft der Interessenvertretungen für den Ersatz von Kriegs- und Verdrängungsschäden*, der außer ihm auch die *Freie Interessenvertretung der im Ausland geschädigten Inlandsdeutschen*, der *Reichsverband der Kolonialdeutschen und Kolonialinteressierten*, der ↗ *Deutsche Ostbund (DO)*, der *Hilfsbund für die Elsaß-Lothringer im Reich*, die *Vereinigten Verbände heimattreuer Oberschlesier* sowie der *Verein »Wiederaufbau im Auslande«* angehörten. Mit dieser Arbeitsgemeinschaft stand auch Reichsbankpräsident Hjalmar SCHACHT in enger Verbindung. Der BdA vertrat die Forderungen der »Geschädigten« in den Parteien und Parlamenten sowie bei der Regierung. Die Abteilung Entschädigung des BdA verfügte zeitweilig über 700 Angestellte und bearbeitete allein in den Jahren 1919/20 über 43 000 Schadensanmeldungen. Ihre Leitung übernahm E. GROSSE, der als Oberregierungsrat im Reichsentschädigungsamt »beurlaubt« und faktisch zum BdA delegiert wurde. Bis 1925 wurden vom Bund insgesamt 84 000 Eingaben begutachtet und für das Reichsfinanzministerium vorgeprüft.[14]

Obwohl der BdA die von der Regierung gezahlten Entschädigungen als »dürftige Nothilfe« bezeichnete[15], erreichte er bis 1928 die Zahlung von 500 Mill. RM an die »Geschädigten«. Das Kriegsschädenschlußgesetz vom 30. März 1928 basierte auf einem Plan des BdA und der Arbeitsgemeinschaft für eine abschließende Regelung der Ansprüche der geschädigten Auslandsdeutschen, dessen Realisierung etwa 2,6 Mrd. RM erfordert hätte. Die Entschädigungsquoten wurden so festgelegt, daß jene Auslandsdeutschen eine besondere Unterstützung erhielten, die gewillt waren, wieder ins Ausland zu gehen und dort neu anzufangen.[16] Der »Wiederaufbauzuschlag« betrug 2 bis 3 %. Als der Reichstag nur 1,3 Mrd. RM Entschädigungskapital bewilligte, erklärte der BdA, weiterhin Protestdemonstrationen organisieren und für eine »gerechte« Entschädigung kämpfen zu wollen.[17] Doch damit meinte der BdA etwas anderes als die von der *KPD* und von Otto Buchwitz für die *SPD* geforderte Gestaltung der Entschädigung zugunsten der »kleinen Leute« unter den Auslandsdeutschen.[18]

Die Zeit der Weltwirtschaftskrise wurde in den Entschädigungsbemühungen lediglich als eine ökonomisch bedingte »Ruhepause« angesehen[19], nachdem auch das staatliche Reichsentschädigungsamt am 30. März 1930 aufgelöst worden war.[20] In der Propaganda des BdA spielten die Fragen der finanziellen Hilfe für die Auslandsdeutschen auch weiterhin eine große Rolle, wobei sich ihr Antisowjetismus außerordentlich verstärkte. Der BdA stellte sich als Interessenvertreter der »Bolschewistengeschädigten« und der »geschädigten Rußlanddeutschen« dar.[21] Als grundsätzliches Ziel betrachtete er die »Wiederherstellung des ... völkerrechtlichen Grundsatzes der Unantastbarkeit des Privateigentums« und die Aufhebung des »Versailler Bolschewismus«.[22]

2. Die auslandspolitischen Aktivitäten des BdA

Mit Beginn der Periode der relativen Stabilisierung des Kapitalismus verstärkte der BdA seine Tätigkeit im Ausland. Gespeist von den Finanzquellen des Weimarer Staates, vor allem des Reichsministeriums des Innern, und darüber hinaus von privaten Förderbeiträgen, verfügte der BdA jährlich über ca. 200 Mill. RM, wobei die finanziellen Geschäfte von der Kreditbank für Auslands- und Kolonialdeutsche GmbH erledigt wurden. Kredite erhielten ebenfalls vor allem solche Bürger, die neue Unternehmungen im Ausland gründen wollten. Die deutsche Industrie erhoffte sich dadurch eine Unterstützung ihres Kampfes gegen die »Entdeutschung des Weltmarktes«[23] sowie eine leichtere und billigere Roh-

stoffversorgung. In einer Propagandaschrift des BdA hieß es: »Die deutschen Kolonien im Auslande sind die von Natur gegebenen Stützen des deutschen Außenhandels; sie müssen heute, in einer Zeit mühevollen Wiederaufbaues, für die deutsche Wirtschaft als besonders wertvoll hinsichtlich der Ausweitung der deutschen Betätigungsmöglichkeiten auf dem Weltmarkt betrachtet werden.«[24] Im Jahre 1928 waren z.B. in Guatemala zahlreiche Kaffee- und Zuckerplantagen wieder in deutschem Besitz. Vor dem ersten Weltkrieg lebten in diesem Land etwa 1 100 Plantagenbesitzer, Kaufleute und Angestellte deutscher Nationalität, 10 Jahre nach dem Krieg waren es 4 000. Jedoch vollzog sich der Prozeß des »Wiedereindringens« der Auslandsdeutschen »in die Stätten ihres früheren Wirkens ...« sehr ungleichmäßig.[25]

Von Anfang an beschäftigten den BdA neben den Entschädigungsfragen auch politisch-kulturelle Fragen. Er war bemüht, die Auslandsdeutschen ideologisch auf das revanchistische und aggressive Programm des deutschen Nachkriegsimperialismus festzulegen.[26] »Die Betreibung des Entschädigungsverfahrens, das naturgemäß zunächst im Vordergrund stand, war nur die Brücke zu diesen anderen Aufgaben ...«, erklärte die »Auslandswarte« in einem Artikel über die Ziele des BdA.[27] In einer Würdigung des BdA anläßlich seines 10jährigen Bestehens hieß es, daß er sich von Anfang an bewußt gewesen sei, »nicht nur die vorübergehenden Aufgaben auf dem Gebiete der Kriegsentschädigung, sondern auch andere große dauernde Aufgaben im Dienste des Auslandsdeutschtums« erfassen zu müssen.[28]

Seit Mitte der 20er Jahre strebte der BdA den organisatorischen Zusammenschluß aller in anderen Ländern existierenden Vereine der Auslandsdeutschen unter seiner Führung an. Er unterstützte die Schulen der deutschen Kolonien und intensivierte den »Auslandsversand von Büchern und staatspolitischem Aufklärungsmaterial«.[29] Seine Auslandskulturpolitik ging prinzipiell davon aus, daß jede Aktivität durch die Vereine zu leisten wäre. Staatliche Bestrebungen würden »sofort auf das größte Mißtrauen« der anderen Länder stoßen.[30]

Je mehr die Entschädigungsfragen in den

Hintergrund traten und die politisch-ideologische Arbeit das Gesicht des BdA bestimmte, desto schwieriger wurde es, eine Abgrenzung zu den anderen außenpolitisch orientierten Verbänden zu finden, vor allem zum ↗ *Verein für das Deutschtum im Ausland (VDA)* und zum Deutschen Auslands-Institut. Vereinigungsbestrebungen scheiterten, da sich die anderen Organisationen und Institutionen nicht mit einer angeblich reinen wirtschaftlichen Interessenvertretung der »Geschädigten« belasten wollten.[31] Selbst der Vorschlag des BdA, gemeinsam »Welttagungen« durchzuführen, fand keinen Anklang. Der *Verband Deutscher Handelskammern Übersee*, der vor einer »Überorganisationssucht« warnte[32], konnte 1924 eine Welttagung der Auslandsdeutschen unter Führung des BdA verhindern. 1925 und 1929 veranstaltete der BdA allein und unter großen Schwierigkeiten die Welttagungen, obwohl diese sich einer besonderen Unterstützung durch STRESEMANN erfreuten. Die anderen Verbände mißbilligten offensichtlich die Taktik des Auswärtigen Amtes[32], die vom BdA weitgehend eingehalten wurde.

Nachdem die Vereinigungsbestrebungen gescheitert waren, versuchte der BdA seinerseits Grenzen zwischen den Verbänden zu ziehen und diese mit den Unterschieden zwischen den einzelnen Gruppen der Auslandsdeutschen zu begründen. E. GROSSE differenzierte auf der »Welttagung« von 1925 die Auslandsdeutschen nach folgendem Schema:

a) »Grenzlanddeutsche« oder »Heimatdeutsche« seien diejenigen, die in den durch den Versailler Vertrag abgetrennten Gebieten sowie in den mitteleuropäischen Nachbarstaaten Österreich, Dänemark und Polen lebten;

b) »Siedlungsdeutsche« oder »Auslandsdeutsche« seien die in geschlossenen Siedlungsgebieten lebenden Bürger deutscher Herkunft (z. B. in Siebenbürgen, im Wolgagebiet, in Bessarabien, Brasilien und Südafrika), die trotz der fremden Staatsbürgerschaft eine »kulturelle Autonomie« beanspruchen müßten;

c) »Auslandsdeutsche« seien vor allem die Angehörigen der in fast allen mittleren und größeren Städten der Welt existierenden deutschen Handels- oder Gewerbekolonien, die — unabhängig von ihrer Staatsbürgerschaft — in ihrem Kampf um die »Gleichberechtigung« energisch unterstützt werden sollten;

d) »Einwanderungsdeutsche« seien jene, die in anderen Staaten eine »dauernde Heimat« gesucht hätten oder suchten.[34]

Der BdA sah neben dem »Einwanderungsdeutschtum« sein Hauptwirkungsfeld in den deutschen Handels- und Gewerbeniederlassungen, in denen ca. 2 Mill. Auslandsdeutsche lebten.[35] Der deutsche Imperialismus maß diesen Menschen deutscher Nationalität bei der Verwirklichung seiner revanchistischen Pläne große Bedeutung zu. Insbesondere versuchte er, den Einfluß auf die »Einwanderungsdeutschen« nicht zu verlieren, denn: »Manche Entwicklungen in der Vergangenheit hätten einen anderen Weg genommen, wenn nicht große Teile des Einwanderungsdeutschtums so schnell ihr inneres Verhältnis zur alten Heimat einmal durch die Gleichgültigkeit der Heimat, andererseits durch einen Mangel an Pflege von Heimatliebe verloren hätten.«[36]

Um eine weitere Abstimmung der Tätigkeit der einzelnen Deutschtumsorganisationen zu erreichen, gründeten der BdA, die ↗ *DKG* und der ↗ *AADV* unter Wahrung der organisatorischen Selbständigkeit die *Deutsche Arbeitsgemeinschaft 1931*, die sich als Ziel stellte, »den Kampf um die Freiheit, Einheit und Gleichberechtigung Deutschlands zu führen, die Verbundenheit der Deutschen in der Welt zu fördern und ein bewußtes nationales Empfinden herauszubilden, das alle politischen Kräfte über parteimäßige Bindungen hinaus der Nation dienstbar macht.«[37]

Der BdA veranstaltete regelmäßig am 18. Januar sog. Reichsgründungsfeiern, seit 1926 jährlich den »Ball der Nationen«, zahlreiche Begrüßungsabende für ausländische Gäste, und er betreute vor allem »deutschfreundliche« Studenten. Diese Betreuungsarbeit oblag insbesondere den Frauengruppen des BdA, die zu diesem Zweck in allen größeren Städten *Willkommen-Klubs* gründeten. Höhepunkte in der öffentlichen Tätigkeit des BdA waren die beiden »Welttagungen«, die Europatagung sowie eine Reihe von landsmannschaftlich orientierten Großveranstaltungen. Von der weniger offen betriebenen, aber sehr aktiven Tätigkeit des BdA profitierten vor allem das Reichswirtschaftsministerium und die deutschen Monopolherren; diese bekamen laufend Wirtschaftsberichte und andere für den imperialistischen Konkurrenzkampf wertvolle Informationen vermittelt.[38] Die Nachrichtensammelstelle des Reichswehrministeriums versuchte seit 1928 ebenfalls, den BdA »zur Berichterstattung über die Verhältnisse im Ausland heranzuziehen«.[39] H. SCHNEE hielt am 6. Juni 1928 vor der Vertreterversammlung des BdA sogar ein Referat zum Thema »Das Auslandsdeutschtum als Nachrichtenquelle für die Heimat«.[40]

Der »überparteiliche« Revanchismus führte den BdA direkt zur Anerkennung des Faschismus, dessen neue Ideen ausdrücklich begrüßt wurden.[41] Gegenüber der *NSDAP* verhielt er sich zunächst noch etwas zurückhaltend, weil sie sich »einer Vernunftehe« mit dem politischen Katholizismus verschloß.[42] Ab 1931/32 kam es jedoch zu einer immer offeneren Unterstützung für die Nazifaschisten. Im Sommer 1932 vereinbarten beide Organisationen, eine politische Spaltung der »Vereine und Verbände draußen« zu vermeiden. In die neu zu bildenden Landesverbände der deutschen Vereine im Ausland sollten die *NSDAP*-Organisationen aufgenommen werden und eine führende Stellung erhalten.[43] Obwohl dieser Plan im einzelnen nicht realisiert werden konnte, errang die *Auslandsorganisation der NSDAP* Schritt für Schritt die politische Führung unter den Bürgern deutscher Nationalität im Ausland.

Nach der Errichtung der faschistischen Diktatur erklärte die Führung des BdA, sie setze ihre Tätigkeit verstärkt fort und wolle vor allem gegen die »Lügenpropaganda« im Ausland wirken. Gleichzeitig erklärte der BdA: »Die Vereine und Verbände müssen dem Auslande ein Spiegelbild der in der Heimat erreichten deutschen Einigkeit geben.«[44] In einem Aufruf an seine Mitglieder bekannte sich der BdA zum Nationalsozialismus, dem »Dienst an der Volksgemeinschaft« und der Antwort auf die »hilflosen, perversen und z. T. korrupten Verhältnisse in der Weimarer Republik«.[45] Der BdA stellte sich voll in den Dienst der faschistischen Diktatur, die den nationalistischen Mißbrauch ethnischer Solidaritätsempfindungen unter der deutschen Bevölkerung außerordentlich verstärkte und rassenchauvinistisch weiterentwickelte. Das Ausscheiden von H. SCHNEE, der 1941 mit dem »Adler-Schild des Deutschen Reiches« bedacht wurde, aus dem

Vorstand des BdA erfolgte im Frühjahr 1933 aus taktischen Gründen. Damit sollte vermieden werden, wie E. GROSSE am 29. Mai 1933 an den Staatssekretär der Reichskanzlei, Hans Heinrich LAMMERS, schrieb, »daß sich draußen deutsche Oppositionsgruppen bilden, wie es leider z. T. bereits der Fall ist«.[46] Als neue Führer des BdA wurden der ERBPRINZ ZU WALDECK und später sogar Fritz THYSSEN vorgeschlagen.[47]

Seit der Errichtung der faschistischen Diktatur verstärkte der BdA seine antikommunistische und antisowjetische Propaganda. Er unterstützte aktiv den neuen Reichsausschuß zur Organisierung der seit 1921 betriebenen Sammelaktion »Brüder in Not«, der von der *Nationalsozialistischen Volkswohlfahrt*, dem *VDA*, dem ↗ *Deutschen Schutzbund (DtSB)*, dem Roten Kreuz und konfessionellen Hilfsorganisationen gegründet worden war, um von den Ereignissen in Deutschland ablenken zu können, und der den angeblich »notleidenden deutschen Volksgenossen« im Ausland, vor allem in der Sowjetunion, Hilfe bringen sollte.[48]

1934 bekam der BdA von der Führung der faschistischen Partei einen neuen Aufgabenbereich zugewiesen. Er hatte nunmehr lediglich als landsmannschaftliche Organisation zu wirken, d. h. jene in Deutschland lebenden Auslandsdeutschen zu erfassen, »deren Kenntnisse und Erfahrungen für den Wiederaufbau des deutschen Volkes nutzbar gemacht werden müssen«.[49] Ferner sollte er die ehemaligen Auslandsdeutschen veranlassen, ihre »rückwärtigen Beziehungen für den darniederliegenden Außenhandel zur Verfügung zu stellen und ... dem Ausland aus eigener Anschauung und Feststellung das wahre Bild Deutschlands ... (zu) übermitteln«.[50] Neuer Leiter des BdA wurde das Mitglied der *NSDAP* W. ROEMER, seit 1936 gleichzeitig Hauptstellenleiter der Sozialabteilung im Rückwanderungsamt der *Auslandsorganisation der NSDAP*. Die Auseinandersetzungen um die neuen Aufgaben führten 1934 zum Rücktritt H. W. HEROLDS von der Schriftleitung der »Auslandswarte«[51] und 1936 zum Ausscheiden von E. GROSSE aus seiner Funktion. Den 1936 neu gebildeten Vertrauensrat, der W. ROEMER unterstützen sollte, leitete O. SCHALLERT.

Der BdA vermochte jedoch von den 300 000

in Deutschland lebenden Auslandsdeutschen trotz eifriger Werbung noch nicht einmal die Hälfte zu erfassen und verlor rasch an Bedeutung. 1936 mußte die »Auslandswarte« ihr Erscheinen einstellen. Ein Jahr später wurde der BdA der *Volksdeutschen Mittelstelle* angegliedert, die unter der Führung der *SS* stand. Im Jahre 1939 löste er sich völlig auf. In Westberlin fand am 23. Juni 1952 anläßlich des dritten Todestages von H. SCHNEE eine Neugründung des BdA statt.[52]

3. Quellen und Literatur

Eine geschlossene Überlieferung von Quellenmaterial des BdA existiert nicht. Verschiedenen Beständen des ZStA Potsdam, des BA Koblenz sowie des Geheimen Staatsarchivs Preußischer Kulturbesitz Berlin (West) — im letzteren vor allem dem NL Heinrich Schnee — ist jedoch aufschlußreiches Material zu entnehmen. Die »Auslandswarte« sowie die in den Anmerkungen 1, 5, 6 und 8, 11 und 25 angeführte zeitgenössische Literatur bieten wesentliche Tatsachen zur Geschichte des BdA. Monographische Darstellungen fehlen noch; der Beitrag von Gerhard Jacob (siehe Anmerkung 52) umfaßt nur wenige Seiten und trägt apologetische Züge. Der BdA wird in vielen Publikationen über das Auslandsdeutschtum (↗ Zweckverband der freien Deutschtumsvereine) mehr beiläufig erwähnt, wobei in der bürgerlichen Literatur das Bestreben erkennbar ist, den BdA als eine notwendige und nichtfaschistische Organisation zu rechtfertigen.[53] Siehe auch Werner Börner / Manfred Weißbecker »Bund der Auslandsdeutschen« (in: HBP, Bd. I, Leipzig 1968, S. 105—109).

Anmerkungen

1 Siehe das Verzeichnis dieser Organe in: Jahrbuch des Bundes der Auslandsdeutschen. Hrsg. Ernst Grosse / Heinrich Wilhelm Herold, o. O. 1932, S. 137ff.
2 Siehe ZStA Potsdam, RMdI, Nr. 13 129, Bl. 5f. Solche Organisationen waren z. B. die Deutsche Gesellschaft in Stockholm, der Bund der Reichsdeutschen in Danzig, der Deutsche Verein in Brüssel, der Verein Germania in Madrid, der Bund der Reichsdeutschen in Österreich usw.

3 Siehe W. I. Lenin: Der Imperialismus als höchstes Stadium des Kapitalismus. In: Werke, Bd. 22, Berlin 1960, S. 246.
4 Auslandswarte, Nr. 2 (1923), S. 13.
5 H. W. Herold: Das Schicksal des deutschen Eigentums im Auslande, Berlin 1926, S. 4.
6 H. W. Herold: Die deutschen Handels- und Gewerbekolonien im Auslande, Berlin-Lichterfelde o. J., S. 16 (Taschenbuch des Grenz- und Auslandsdeutschtums, H. 43/44).
7 ZStA Potsdam, Reichskanzlei, Nr. 542, Bl. 98.
8 Unter »Einwanderungsdeutschen« verstand der BdA solche Bürger deutscher Nationalität, die bestrebt waren, sich in ihren neuen Staaten völlig zu assimilieren. H. W. Herold forderte für sie: »Dieses Einwanderungsdeutschtum wird verlangen können, daß ihm Gleichachtung mit Einwanderern aus anderen Ländern entgegengebracht wird, daß es wegen seiner deutschen Herkunft die Wertschätzung findet, auf die es rechnen darf.« In: Auslandsdeutschtum und Heimat. Die Tagung des Auslandsdeutschtums in der Heimat, Berlin August/September 1925. Gehaltene Ansprachen und erstattete Berichte, Berlin 1926, S. 25.
9 Es ist bezeichnend, daß für diese Gruppe nach wie vor der Begriff »Auslandsdeutsche« verwendet wurde. Er galt für alle, die sich länger als 2 Jahre im Ausland aufgehalten hatten.
10 ZStA Potsdam, RMdI, Nr. 13 129, Bl. 2.
11 Siehe Bund der Auslandsdeutschen (E. V.). Aufgaben und Ziele, o. O., o. J., S. 6. Seit Mitte 1921 wurde vom nordwestdeutschen Landesverband des BdA sogar versucht, den organisatorischen Rahmen eines »Weltbundes der Auslandsdeutschen« zu schaffen. Dieser Weltbund trat unter Leitung von Heinrich Siemer bald als Konkurrenzorganisation des BdA auf. Sein Ziel war die totale organisatorische Erfassung des gesamten Deutschtums im Ausland. Er strebte nach dem Reichstagswahlrecht für die Auslandsdeutschen, wurde jedoch vom Reichsministerium für Auswärtiges nicht unterstützt, da es vor »unangebrachtem Lärm im Auslande« zu warnen für notwendig hielt. Siehe ZStA Potsdam, RMdI Nr. 18 467, Bl. 251.
12 Grundriß der deutschen Geschichte. Von den Anfängen der Geschichte des deutschen Volkes bis zur Gestaltung der entwickelten sozialistischen Gesellschaft in der Deutschen Demokratischen Republik. Klassenkampf — Tradition — Sozialismus, Berlin 1979, S. 388.
13 Dazu gehörten das Entschädigungsgesetz (Auslandsschädengesetz, Kolonialschädengesetz, Verdrängungsschädengesetz) vom 30. 7. 1921, das Reichsausgleichsgesetz vom 20. 11. 1923 und das Gesetz zur endgültigen Regelung der Liquidations- und Gewaltschäden vom 30. 3. 1928.

14 Siehe Auslandswarte, Nr. 16 (1925), S. 12f.
15 Siehe Auslandswarte, Nr. 23/24 (1923), S. 306.
16 Die »Vossische Zeitung« schrieb dazu am 28. 1. 1921: »Die Heimat sollte die Abwanderung der Auslandsdeutschen – besonders der auslandsdeutschen Kaufleute – nach Kräften fördern, denn nur dadurch kann eine Wiederaufnahme der vor dem Krieg mit der Außenwelt bestandenen Handelsbeziehungen und damit eine allmähliche Wiederaufrichtung der deutschen Weltgeltung möglich werden.«
17 Siehe Bund der Auslandsdeutschen (E. V.). Aufgaben und Ziele, o. O., o. J., S. 7.
18 ZStA Potsdam, RLB-Pressearchiv, Nr. 8099, Bl. 118ff.
19 Auslandswarte, Nr. 1 (1931), S. 3.
20 Im Abschlußbericht dieses Amtes wurde festgestellt, daß 395 500 Schadensfälle bearbeitet und insgesamt 2 285,3 Mill. RM an Entschädigung gewährt bzw. anerkannt worden seien. Siehe Auslandswarte, Nr. 8 (1930), S. 96.
21 Auslandswarte, Nr. 15/16 (1930), S. 207.
22 Auslandswarte, Nr. 3/4 (1932), S. 27.
23 Auslandswarte, Nr. 2 (1928), S. 47.
24 Ebenda, S. 3.
25 Siehe E. Grosse: Das Deutschtum im Auslande. In: Zehn Jahre Deutsche Geschichte 1918 bis 1928, Berlin 1928, S. 550f.
26 Selbst mit der Zahl der Auslandsdeutschen wurde demagogisch operiert: Der BdA kolportierte Meldungen, wonach es in der ganzen Welt über 94 Mill. Deutsche gäbe und daß von 5 Deutschen 2 im Ausland leben würden. Siehe Auslandswarte, Nr. 5 (1928), S. 114 und Nr. 9 (1928), S. 201ff. Er stützte sich dabei vor allem auf das von Wilhelm Winkler 1927 herausgegebene Statistische Handbuch des gesamten Deutschtums (S. 25f.).
27 Auslandswarte, Nr. 21/22 (1923), S. 291.
28 Auslandswarte, Nr. 2 (1929), S. 21.
29 Auslandswarte, Nr. 3 (1930), S. 29.
30 Auslandswarte, Nr. 23 (1930), S. 325.
31 Siehe ZStA Potsdam, RMdI, Nr. 13 129, Bl. 9f. 1924 wurde vom BdA sogar die Vereinigung mit dem Verein für das Deutschtum im Ausland als vollzogen gemeldet. Siehe Auslandswarte, Nr. 6/7 (1924), S. 74.
32 ZStA Potsdam, Reichskanzlei, Nr. 545, Bl. 185f.
33 Siehe dazu Wolfgang Ruge: Stresemann. Ein Lebensbild, Berlin 1965.
34 E. Grosse: Die Heimat im Dienste des Auslandsdeutschtums. In: Auslandsdeutschtum und Heimat, S. 25ff. Jahrbuch des Bundes der Auslandsdeutschen, S. 9ff.
35 Siehe ebenda, S. 42.
36 Bund der Auslandsdeutschen (E. V.). Aufgaben und Ziele, o. O., o. J., S. 5.
37 Auslandswarte, Nr. 3/4 (1932), S. 32.
38 Siehe ZStA Potsdam, RMdI, Nr. 13 129, Bl. 10. Siehe auch Theodor Heuss: Erinnerungen 1905–1933, Tübingen 1963, S. 336ff.
39 ZStA Potsdam, Reichskanzlei, Nr. 1406, Bl. 222.
40 Auslandswarte, Nr. 12 (1928), S. 274.
41 Auslandswarte, Nr. 9 (1930), S. 99.
42 Auslandswarte, Nr. 15/16 (1932), S. 194.
43 ZStA Potsdam, Reichskanzlei, Nr. 1406, Bl. 222f.
44 Auslandswarte, Nr. 15/16 (1933), S. 239f.
45 Zit. in: Hans-Adolf Jacobsen: Nationalsozialistische Außenpolitik 1933–1938, Frankfurt (Main)–Berlin (West) 1968, S. 169.
46 ZStA Potsdam, Reichskanzlei, Nr. 1406, Bl. 121.
47 Ebenda und Bl. 195.
48 Auslandswarte, Nr. 13/14 (1933), S. 229.
49 Ebenda, Nr. 15/16 (1934), S. 259.
50 Preußische Zeitung, 14. 7. 1935.
51 H. W. Herold gab seit 1935 den »Heimatbrief« als Organ des Verbandes Deutscher Vereine im Ausland heraus.
52 Gerhard Jacob: Aus der Geschichte des »Bundes der Auslandsdeutschen« (BdA). Manuskript vom 18. 10. 1953. In: BA Koblenz, Kleine Erwerbungen, Nr. 108, Bl. 2.
53 Siehe Anm. 45 und vor allem Ernst Ritter: Das Deutsche Auslands-Institut in Stuttgart 1917–1945. Ein Beispiel deutscher Volkstumsarbeit zwischen den Weltkriegen, Wiesbaden 1976.

Manfred Weißbecker

Bund der Geächteten (BdG) 1834–1840/41

Der BdG war ein nach karbonaristischem Vorbild aufgebauter kleinbürgerlich-republikanischer Geheimbund, der 1834 von emigrierten kleinbürgerlichen Intellektuellen und wandernden Handwerksgesellen in Paris gegründet wurde und sich von 1836 bis 1840 auch in Deutschland ausbreitete. Der von den kleinbürgerlichen Intellektuellen geleitete Geheimbund trat für die Herstellung einer deutschen Republik nach den politischen und sozialen Grundsätzen der jakobinischen »Erklärung der Menschen- und Bürgerrechte« ein. Der BdG in Paris zerfiel um 1836/37, als sich die proletarischen Kräfte der Verbindung einer kommunistischen Zielsetzung zuwandten und den proletarischen Bund der Gerechten gründeten. Die Bundesabteilungen in Deutschland wurden 1840 aufgedeckt und zerschlagen.

1. Die Entstehung der deutschen kleinbürgerlich-republikanischen Verbindungen im Ausland 1833/34
2. Der konspirative Charakter des Bundes der Geächteten
3. Die kleinbürgerlich-republikanischen Programmschriften
4. Die Zeitschrift »Der Geächtete«
5. Die Ausbreitung des Bundes in Deutschland
6. Der Zerfall des Bundes
7. Quellen und Literatur

Leitung

Die »Nationalhütte«, später umbenannt in »Brennpunkt«. Dieses den Mitgliedern unbekannte Komitee leiteten mutmaßlich Jakob Venedey und Theodor Schuster.

Mitglieder

Schätzungsweise 200–300 in Paris und 200–300 in Deutschland.

Publikationsorgan

»Der Geächtete. Zeitschrift in Verbindung mit mehreren deutschen Volksfreunden, hrsg. von J. Venedey«, 1. und 2. Jg., Nr. 1–12, Paris, Juli 1834 bis Januar 1836.

1. Die Entstehung der deutschen kleinbürgerlich-republikanischen Verbindungen im Ausland 1833/34

Der Charakter und die Entwicklung der deutschen politischen Verbindungen, die 1833/34 in Frankreich und der Schweiz aus dem Zusammenschluß von emigrierten Intellektuellen und wandernden Handwerksgesellen entstanden, sind wesentlich durch den Verlauf und den Ausgang der zweiten Welle der bürgerlichen Oppositionsbewegung (1830–1834) in Deutschland bestimmt worden. Der ↗ *Deutsche Volksverein (DVV)* und der BdG in Paris sowie das ↗ *Junge Deutschland (JD)* in der Schweiz waren eine Fortsetzung und Weiterentwicklung der demokratischen Volksbewegung, die während des erneuten revolutionären Aufschwunges im Kampf um ein geeintes bürgerliches Deutschland politischen Einfluß gewonnen hatte.

Ein verschärfter, auf der Ebene des Deutschen Bundes koordinierter Polizei- und Justizterror der herrschenden Feudalklasse unterdrückte 1833/34 die öffentliche Einigungsbewegung, so daß Friedrich Engels ein Jahrzehnt später konstatieren mußte: »Von 1834 bis 1840 starb in Deutschland jede öffentliche Bewegung aus.«[1] Die politischen Verfolgungen trafen insbesondere den linken Flügel der bürgerlichen Oppositionsbewegung, was dazu beitrug, daß die im Ausland während der 30er Jahre des 19. Jh. gegründeten deutschen Verbindungen sich schnell von anfänglichen liberalen Tendenzen befreiten, an die revolutionär-demokratische Tradition der Jahre 1830–1834 anknüpften und sich mit kleinbürgerlich-republikanischen Programmen konstituierten.

Die organisatorische Einheit zwischen den wandernden Handwerksgesellen, einem Teil der sich formierenden deutschen Arbeiterklasse, und den intellektuellen Wortsprechern der ihnen politisch und sozial nahestehenden Schicht des Kleinbürgertums entsprach den historischen Bedingungen vor der Entstehung einer selbständigen deutschen Arbeiterbewegung. Diese zeitweilige organisatorische Einheit hatte eine positive Wirkung auf die weitere Entwicklung der bürgerlich-demokratischen Einigungsbewegung, wenn auch mit der Entstehung einer selbständigen deutschen Arbeiterbewegung die organisatorische Einheit durch ein politisches Bündnis ersetzt wurde. Die ideologischen Auseinandersetzungen in den kleinbürgerlich-republikanischen Verbindungen hatten zu einer fruchtbaren Diskussion über die Methoden und Ziele des revolutionären Kampfes geführt; und die von den kleinbürgerlichen Intellektuellen verfaßten und von den wandernden Handwerksgesellen mitgeprägten Programmschriften dieser Verbindungen enthalten die am weitesten gehenden Forderungen der deutschen bürgerlichen Oppositionsbewegung im Vormärz über die politische und soziale Gestaltung eines geeinten bürgerlich-republikanischen Nationalstaates.

2. Der konspirative Charakter des Bundes der Geächteten

Nach der Auflösung des *DVV* schlossen sich 1834 in Paris aus Deutschland von der Feudalreaktion vertriebene kleinbürgerliche Intellektuelle und nach Paris gewanderte proletarisierte Handwerksgesellen zum Kampf für ein einiges, republikanisches Deutschland illegal im BdG zusammen.
Schon seit Anfang 1834 bereitete sich der republikanische Flügel des *DVV* unter dem Eindruck des reaktionären Kurses der französischen Julimonarchie auf die Illegalität vor. Es wurden die ideologischen und organisatorischen Prinzipien des späteren BdG entworfen und in einer Flugschrift, betitelt »Aufruf eines Geächteten an die deutschen Volksfreunde«, zur Gründung eines über ganz Deutschland verzweigten Geheimbundes aufgefordert.
»Vereinigt Euch!« heißt es in der Flugschrift, und die Verfasser sind sicher, »daß dies Wort die Throne der Fürsten Deutschlands ganz anders erzittern macht als der verhallende Ruf eines Unklugen: ›Auf, zu den Waffen!‹, als

der Schall einer vereinzelten Sturmglocke, als das Sausen der Kugeln einer vereinzelten Schar noch so hingebender Freunde der Freiheit.«[2] In jedem Dorf und jeder Stadt, wo Freiheitsfreunde leben, sollen sie geheim zusammentreffen, revolutionäre Druckschriften verbreiten, freiwillige Beiträge sammeln und sich mit den Patrioten in den benachbarten Dörfern und Städten verbünden. Die Flugschrift erläutert sogar die Organisationsstruktur des geplanten Geheimbundes.

»Aber es ist dies nichts«, schreiben die Verfasser, »woran man Anstoß nehmen darf. Den deutschen Regierungen, der deutschen Polizei ist dieser Plan nichts Neues und kann ihr daher nichts verraten, da eben hier nur ein Plan und sonst nichts mitgeteilt ist. Vielleicht aber kommt er in die Hände manches Vaterlandsfreundes, dem er den rechten Weg zeigt, auf welchem er für die Freiheit wirken kann, daher er ein Mittel an die Hand gibt, seiner Freiheitsliebe einen Wirkungskreis zu verschaffen. Gelingt dies nur hier und dort, so hat dieser Aufruf schon sein Gutes bewirkt. Ist er aber imstande, den Deutschen zu beweisen, wie notwendig eine durchgreifende Verbindung ist, ist er vielleicht die Ursache mit, daß dereinst eine solche entsteht, so ist er vielleicht einer der Grundsteine des Tempels der Freiheit in Deutschland; denn nochmals: mit einer so durchgreifenden Verbindung in Deutschland ist der Sieg der Freiheit gesichert.«[3]

Der Aufbau eines über Deutschland verzweigten republikanischen Geheimbundes stieß auf große Schwierigkeiten. Der BdG mußte sich daher vorerst auf die Organisierung der deutschen Republikaner in Paris beschränken. Bei der Gründung des Geheimbundes sicherten sich die schon im *DVV* leitend tätig gewesenen kleinbürgerlichen Intellektuellen, insbesondere der Schriftsteller J. VENEDEY und Th. SCHUSTER die Führung. Sie prägten auch die Ideologie, Taktik und Organisation des BdG.
Politische Propaganda wurde, obgleich die Statuten dazu aufforderten, vom BdG nur in geringem Maße betrieben. Seine Hauptaufgabe sah der Bund in der konspirativen Vorbereitung eines revolutionären Umsturzes in Deutschland. Auf diesen Zweck war seine Organisationsstruktur zugeschnitten. Der nach karbonaristischem Vorbild aufgebaute Geheimbund besaß eine hierarchische Stufenleiter, deren Grade von unten nach oben

urspr. »Hütten«, »Berge«, »Dikasterien« und »Nationalhütte«, später »Zelte«, »Lager«, »Kreislager« und »Brennpunkt« hießen.

Der »Brennpunkt« stand nach den Statuten als »höchste und gesetzgebende und vollziehende Gewalt« an der Spitze des BdG. Er wählte und ergänzte sich selbst, verschwieg allen übrigen Bundesmitgliedern seinen Sitz und die Namen seiner Mitglieder, verkehrte mit den untergeordneten Bundesteilen nur durch Bevollmächtigte und verlangte unbedingten Gehorsam, der bis zu der Forderung gehen konnte, eine vom »Brennpunkt« verhängte Todesstrafe gegen Verräter auszuführen.

Die zweithöchste Stufe der Hierarchie bildeten die »Kreislager«, welche die ihnen untergeordneten »Lager« und »Zelte« eines Bezirkes zu leiten hatten. Das »Kreislager« besaß diktatorische Vollmachten gegenüber den »Lagern« und »Zelten«, war aber wie diese dem von den kleinbürgerlichen Intellektuellen beherrschten »Brennpunkt« zu blindem Gehorsam verpflichtet. Der »Brennpunkt« ernannte die Mitglieder des »Kreislagers«, konnte es auflösen oder einzelne Mitglieder daraus entfernen.

Die Basis der gesamten Bundeshierarchie bildeten die »Lager« und »Zelte«, die sich in der Mehrzahl aus Handwerksgesellen zusammensetzten. Die »Lager« und »Zelte« waren im wesentlichen gleich aufgebaut. Sie wählten halbjährlich einen Vorsteher und Beistand und das »Lager« zusätzlich einen Kassenführer für die Verwaltung der freiwilligen Beiträge. In beiden Bundesabteilungen betrug die Mitgliederzahl wenigstens 3 und höchstens 10. Stieg die Zahl über das in den Statuten vorgeschriebene Maximum, so wurden die »Lager« respektive »Zelte« geteilt. Die Verbindung zwischen den geteilten »Lagern« respektive »Zelten« müßte sofort abgebrochen werden.

Das »Lager« stand über den »Zelten«. Seine Mitglieder nahmen insgeheim an den »Zelt«-Versammlungen teil und setzten in ihrem Bereich die Befehle des »Brennpunktes« durch. Die »Zelte« hingegen bildeten nur den vorbereitenden Grad der Verbindung, die »Pflanz- und Prüfungsschule« für die »Lager«. Den einfachen »Zelt«-Mitgliedern wurde aus diesem Grunde der hierarchische Aufbau der Organisation verschwiegen, und die »Zelte« erhielten eigene, von denen des »Lagers« abweichende Statuten. Die »Zelt«-Mitglieder kamen in der Regel wöchentlich oder 14täglich auf dem Zimmer eines Mitgliedes zusammen, besprachen und vollzogen Neuaufnahmen, diskutierten über die Freiheit und Gleichheit, die verschiedenen Staatsformen, die Lage in Deutschland und lasen politische Schriften, besonders die Programmschriften des Bundes und die vom Bund herausgegebene Zeitschrift »Der Geächtete«.

Die »Zelte« hatten nach den Statuten die »numerische Stärke des Bundes« zu mehren, d.h., die Handwerksgesellen insbesondere sollten unter ihren Arbeitskameraden für die Verbindung neue Mitglieder werben. Erklärte sich jemand zum Eintritt bereit, wurde er mit verbundenen Augen in die »Zelt«-Versammlung oder vor eine Bundeskommission geführt und mit den Grundsätzen des Bundes bekannt gemacht. Wenn er einwilligte, leistete er das Aufnahmegelöbnis: »Ich gelobe bei meiner Ehre: Verschwiegenheit über das Bestehen des Bundes und treuen, aufopfernden Eifer für seinen erhabenen Zweck. Mich treffe Ehrlosigkeit und Tod, wenn ich wortbrüchig werde.«[4] Forderte der Kandidat Bedenkzeit, dann wurde er, falls er die Existenz des Bundes verraten würde, mit dessen Rache bedroht.

Wie bei dem Aufnahmezeremoniell arbeitete der Bund auch sonst mit karbonaristischen Formen der Geheimbündelei. Es gab Decknamen, Geheimschrift, Erkennungszeichen und Losungsworte.

Gemeinsame Interessen im Kampf für ein geeintes bürgerlich-demokratisches Deutschland hatten wandernde Handwerksgesellen und kleinbürgerliche Intellektuelle im BdG zusammengeführt. Aber der hierarchische Aufbau der Organisation sowie die fehlende demokratische Mitbestimmung der Mitglieder sicherten den Vertretern des Kleinbürgertums in ideologischen, taktischen und organisatorischen Fragen die Führung. Als sich die Mitglieder von der Erfolglosigkeit der Verschwörertaktik überzeugten und unter den Handwerksgesellen das proletarische Bewußtsein aufkeimte, zerbrach der BdG wie ähnliche bürgerlich-republikanische Verbindungen an seiner klassenmäßig heterogenen Zusammensetzung.

3. Die kleinbürgerlich-republikanischen Programmschriften

Klassenmäßige Gegensätze spalteten von Anfang an den BdG. Aber bei der Gründung des Bundes 1834 konnten die latenten Gegensätze noch überbrückt und ein sowohl für die kleinbürgerlichen Intellektuellen als auch für die proletarisierten Handwerksgesellen annehmbares politisches Programm gefunden werden.

Nach Artikel 2 der »Lager«-Statuten bezweckte die Verbindung

»die Befreiung Deutschlands von dem Joche schimpflicher Knechtschaft und Begründung eines Zustandes, der, soviel als Menschenvorsicht vermag, den Rückfall in Knechtschaft und Elend verhindert. Die Erreichung dieses Hauptzweckes ist nur möglich bei Begründung und Erhaltung der sozialen und politischen Gleichheit, Freiheit, Bürgertugend und Volkseinheit zunächst in den der deutschen Sprache und Sitte angehörenden Ländergebieten, sodann aber auch bei allen übrigen Völkern des Erdkreises.«[5]

Eine ausführliche Erläuterung dieser politischen Zielsetzung geben die Programmschriften des Bundes, das »Glaubensbekenntnis eines Geächteten« und die »Erklärung der Menschen- und Bürgerrechte«, die als Einweihungs- und Diskussionslektüre an alle Mitglieder verteilt wurden.

Die vom BdG herausgegebenen »Erklärung der Menschen- und Bürgerrechte« und das »Glaubensbekenntnis eines Geächteten« knüpften — wie die Programmschriften der gleichzeitig bestehenden französischen republikanischen Geheimgesellschaften — an die jakobinischen Traditionen der bürgerlichen französischen Revolution von 1789 bis 1794 an. Im »Glaubensbekenntnis eines Geächteten« wird die Auffassung des BdG über die politische und soziale Gestaltung des zukünftigen Deutschlands dargelegt. Er war für die Beseitigung der absoluten und der konstitutionellen Monarchie und forderte die Schaffung einer demokratischen Republik. In dieser Republik sollte die Gesamtheit der Bürger die Gesetze entwerfen sowie deren Vollziehung überwachen und das souveräne Volk im Sinne Rousseaus und der Jakobiner in Freiheit herrschen. Die Programmschriften des BdG forderten im Gegensatz zu kompromißbereiten Oppositionsgruppen des Bürger-

tums neben politischen auch sozialökonomische Veränderungen in Deutschland zugunsten des werktätigen Volkes, um auch ihm die unabhängige Ausübung der politischen Rechte und Freiheiten zu ermöglichen.

»Damit der Bürger seine Bürgerrechte ausüben könne«, heißt es im »Glaubensbekenntnis eines Geächteten«, »muß er vor allem unabhängig sein. Unabhängig ist aber nur der, dessen Dasein und Lebensunterhalt nicht seiner äußern Stellung wegen in die Hand eines Dritten gegeben ist. Aber von Unabhängigkeit reden, wo oft ein Reicher über Tausende von Arbeitern verfügt, deren Los ohne ihn Entblößung und Hunger ist, wo oft eine Klasse von Bevorrechteten herrscht über Scharen geächteter Mitmenschen, mit deren Dasein sie spielt, deren Schweiß sie verpraßt und deren Leben sie fristet durch spärlichen Tagelohn oder durch die beschimpfende Gunst eines Almosens — bei einem solchen Zustande von Gleichheit, von Unabhängigkeit reden, wäre Spott, wäre schneidender Hohn.«[6]

Die Geächteten sahen die Lösung des sozialen Problems in der »Annäherung der Gleichheit in den äußeren Verhältnissen«, denn »das Recht auf Existenz steht höher als das Recht auf Eigentum«[7]. Und aus diesem, bereits von den utopischen Sozialisten ausgesprochenen, Gedanken wurde abgeleitet, daß die Gesellschaft das Recht habe, in die Eigentumsverhältnisse einzugreifen, um das Glück aller Bürger sicherzustellen. Die kleinbürgerlichen Intellektuellen im BdG hofften, die Sicherstellung der sozialen Existenz aller Bürger durch die Einführung einer Progressivsteuer zu erreichen, die jede Konzentration des Privatvermögens zum Schaden der Mitbürger unmöglich machen sollte.

Das soziale Programm der Geächteten enthielt die im einzelnen utopische, in der Zielsetzung objektiv reaktionäre Forderung nach einem Staat der Kleineigentümer. Progressiv waren die Gedanken über die Notwendigkeit einer sozialen Befreiung als Voraussetzung politischer Freiheit.

4. Die Zeitschrift »Der Geächtete«

Über die innere Entwicklung des BdG liegen nur wenige Quellen vor. Die wertvollste ist das seit Juli 1834 in Paris erscheinende Bundesjournal »Der Geächtete«. Diese Zeitschrift war ein Publikationsorgan der kleinbürgerlichen Intellektuellen für ihre Propaganda unter den deutschen Wanderarbeitern in Paris und der Schweiz. In ihr kamen ausschließlich Intellektuelle zu Wort. Unter ihnen gab es aber graduelle Unterschiede in den politischen Anschauungen. J. VENEDEY z. B. verfocht in der Zeitschrift einen kleinbürgerlich-republikanischen Standpunkt, während etwa Th. SCHUSTER für einen kleinbürgerlichen Sozialismus eintrat.

J. VENEDEY leitete bis Frühjahr 1835 die Redaktion des Bundesjournals und schrieb einen großen Teil der Leitartikel, darunter als die wichtigsten folgende:

»Deutschland. Sklave, Leibeigener, Untertan« (Jg. 1, H. 1).

»Die Propaganda« (Jg. 1, H. 2).

»Deutschlands große Nationalschuld« (Jg. 1, H. 3).

»Der Kampf für eine bessere Zukunft« (Jg. 1, H. 4 u. 6).

»Die Vorboten der nahenden Krisis in Deutschland« (Jg. 2, H. 1).

In den ersten Artikeln schilderte J. VENEDEY die materielle Not und die revolutionäre Energie des Volkes. Verallgemeinernd schrieb er: »Das Unglück der Menge ist der wuchernde Stoff der Revolution, ist die große Weltpropaganda, die durch alle Völker durchgeht. In Amerika regt sie das Volk auf wie in Europa, und dort wie hier wird sie dereinst das Bestehende angreifen und vernichten.«[8] J. VENEDEY verließ aber in der Folgezeit seine ursprünglich kleinbürgerlich-demokratische Position, näherte sich mehr und mehr dem bourgeoisen Standpunkt und propagierte ihn im Bundesjournal. Gleichzeitig bekämpfte er nunmehr in der Zeitschrift jede selbständige Regung der werktätigen Massen für eine Verbesserung ihrer drückenden sozialen und politischen Lage.

Ende 1834 und verstärkt seit Frühjahr 1835 brachte Th. SCHUSTER in der Zeitschrift »Der Geächtete« seine kleinbürgerlich-sozialistischen Anschauungen vor allem in den nachstehend genannten Artikeln zur Sprache:

»Der Kampf für eine bessere Zukunft« (Jg. 1, H. 5).

»Gedanken eines Republikaners« (Jg. 2, H. 2 u. 3).

»Freiheit« (Jg. 2, H. 5).

Die Konzeption Th. SCHUSTERS war nicht neu, und er hatte seine wichtigsten Anregungen den Schriften Jean SISMONDIS entnommen. Aber daß er auf die von der bürgerlichen Opposition vernachlässigten sozialen Fragen einging, erhob ihn zeitweise auch zum Wortsprecher der proletarischen Elemente im BdG.

Th. SCHUSTER wies mit Nachdruck auf die Klassenscheidung in der Gesellschaft hin, die »von Jahr zu Jahr stärker hervortritt, in die Klasse der verzehrenden, nichts hervorbringenden Reichen und in die Klasse der alles hervorbringenden und entbehrenden Armen«.[9] Die bürgerliche Republik habe bereits historisch versagt. In Deutschland dürfe es nach diesen geschichtlichen Lehren nicht mehr darum gehen, das Joch eines Königs zu brechen, um Krämern zu gehorchen. »Wenn es Licht werden soll für das Volk«, schrieb Th. SCHUSTER, »so muß es sich in der nächsten Revolution darum handeln, nicht bloß den Monarchen zu stürzen, sondern die Monarchie. Die Monarchie aber besteht nicht im Wappenschilde noch in der Königskrone – sie besteht im Vorrecht – das Vorrecht aller Vorrechte aber ist der Reichtum.«[10]

Th. SCHUSTER konzentrierte sich in seinen Artikeln besonders auf die Pauperisierung des Handwerks infolge der kapitalistischen Entwicklung. Gleich anderen kleinbürgerlichen Sozialisten deckte er scharfsinnig die zerstörenden Wirkungen der Maschinerie und der Teilung der Arbeit, die Konzentration der Kapitalien und des Grundbesitzes, die Überproduktion, den notwendigen Untergang der kleinen Bürger und Bauern, das Elend des Proletariats und die schreienden Mißverhältnisse in der Verteilung des Reichtums auf. Warnend verlangte Th. SCHUSTER Maßnahmen gegen die fortschreitende Industrialisierung, Reformen zur Stärkung des Mittelstandes durch eine Nivellierung des Nationalreichtums, handwerkliche Assoziationen, sog. Nationalwerkstätten mit Staatshilfe, wodurch er, wie es im »Manifest der Kommunistischen Partei« heißt, »die modernen Produktions- und Verkehrsmittel in den Rahmen der alten Eigentumsverhältnisse, die von ihnen gesprengt wurden, gesprengt werden mußten, gewaltsam wieder einsperren« wollte.[11] So desorientierte der SISMONDI-Schüler Th. SCHUSTER die Kleinbürger und proletarisierten Handwerksgesellen im BdG mit der historisch falschen, utopischen und reaktionären Perspektive eines gutsituierten Kleineigentümers ohne Bedrohung durch die kapitalistische Konkurrenz.

Insgesamt gesehen, spielten die in den Programmschriften und dem Journal des BdG formulierten Anschauungen der kleinbürgerlichen Intellektuellen eine fortschrittliche Rolle in der deutschen Einigungsbewegung. Der Bund der Geächteten hat zu einer Zeit, da in Deutschland jede öffentliche Bewegung ausgestorben war, den Kampf für die nationale Einheit auf revolutionär-demokratischer Grundlage fortgesetzt, die Frage der zukünftigen politischen und sozialen Gestaltung Deutschlands aufgeworfen und vom kleinbürgerlich-revolutionären Standpunkt im Sinne der Schaffung einer einigen, demokratischen Republik beantwortet.

Die wandernden Handwerksgesellen stießen unter dem Druck der unerträglichen politischen und sozialen Verhältnisse Deutschlands zur revolutionären Einigungsbewegung, ehe sie sich ihrer besonderen Klassenstellung und Klasseninteressen bewußt geworden waren und bevor sie eine selbständige Ideologie und eigene Organisationen besaßen. Sie traten daher im Kampf gegen die feudal-absolutistischen Verhältnisse und für die nationale Einheit zuerst in die vorgefundenen bürgerlichen Verbindungen ein und akzeptierten vor der Ausarbeitung einer selbständigen proletarischen Ideologie die bürgerlichen Programme. Erst mit dem Erwachen und Anwachsen ihres Klassenbewußtseins entstanden selbständige proletarische Ideologien und Organisationen.

5. Die Ausbreitung des Bundes in Deutschland

Durch zurückwandernde Handwerksgesellen verbreitete sich der BdG nach Deutschland, wo seit 1836 zuerst in Frankfurt (Main) und Mainz »Zelte« entstanden. Sie wurden zumeist von Handwerkern gegründet und gebildet, so daß in Deutschland im Unterschied zu Paris kein unmittelbarer Konflikt zwischen einer kleinbürgerlich-intellektuellen Führung und einer mehr proletarischen Mitgliederbasis auftrat. Von Frankfurt aus, wo bis 1839 wahrscheinlich 5 bis 6 »Zelte« und das einzige »Lager« in Deutschland entstanden waren,

wurden »Zelte« 1839/40 in Homburg vor der Höhe, Obereschbach, Dörnigheim und Höchst gebildet. Gleichfalls entstanden »Zelte« in Darmstadt, wo dem BdG auch ehemalige Mitglieder der ↗ *Gesellschaft der Menschenrechte (GdM)* Georg BÜCHNERS beitraten, und in Schleiz sowie Bundesverbindungen in Hannover, Süd- und Norddeutschland.

Die Bundesteile in Deutschland und Paris traten häufig in Kontakt, so durch Emissäre aus Paris, durch reisende Handwerksgesellen oder Sendboten aus Frankfurt. Die Geächteten in Deutschland bewahrten jedoch gegenüber dem Mutterbund in Paris ihre Selbständigkeit. Sie druckten auf eigener Presse und in bearbeiteter Fassung Statuten und Programmschriften des BdG und nahmen nach der Entstehung des *Bundes der Gerechten*, der ersten selbständigen politischen Organisation des deutschen Proletariats, auch zu diesem Kontakt auf. Die kommunistische Programmschrift des *Bundes der Gerechten*, Wilhelm WEITLINGS »Die Menschheit, wie sie ist und wie sie sein sollte«, gelangte unmittelbar nach dem Druck in Paris an die Mitglieder des BdG in Frankfurt. 1840, als in Paris bereits die meisten »Zelte« und »Lager« vom »Brennpunkt« abgefallen waren, beabsichtigten auch die Bundesteile in Deutschland, sich gänzlich von Paris zu trennen. Die Verzweigungen des BdG in Deutschland wurden schließlich im Herbst 1840 aufgedeckt, viele ihrer Mitglieder verhaftet und vor Gericht gestellt. Wie die Untersuchungen ergaben, hatten dem BdG Mitglieder aus fast allen Staaten des Deutschen Bundes angehört.

6. Der Zerfall des Bundes

Um 1836/37 waren unter den deutschen proletarisierten Handwerksgesellen in Paris die Bedingungen für die Entstehung einer selbständigen Arbeiterorganisation herangereift. Durch die Teilnahme an den ökonomischen und politischen Kämpfen der französischen Arbeiterklasse, durch die Auswirkungen der zweiten zyklischen Krise des Kapitalismus 1836/37, durch den Einfluß der englischen Chartistenbewegung und die Aneignung der progressiven Ideen des utopischen Sozialismus und Kommunismus war ihnen ihre proletarische Lage soweit bewußt geworden, daß sie auf eine ideologische und organisatorische Trennung von der bürgerlichen Opposition drängten und den proletarischen *Bund der Gerechten* gründeten.

Die entscheidende Auseinandersetzung zwischen den proletarisierten Handwerksgesellen und den kleinbürgerlichen Intellektuellen im BdG, die schließlich zum Zerfall des Bundes führte, entzündete sich an organisatorischen Fragen, und zwar protestierten die Bundesmitglieder gegen den diktatorischen Führungsanspruch des von Vertretern des Kleinbürgertums beherrschten »Brennpunktes«. Die Auseinandersetzung begann sehr früh. Ein Mitglied des BdG, das bereits 1834 in die Verbindung eintrat, berichtete darüber:

»Allein in unserem Zelt gab es gleich anfangs Streit, weil man von uns unbedingten Gehorsam verlangte und weil die höchste Behörde für unwählbar erklärt war. Wir haben uns dagegen sehr aufgelehnt, da wir keinen unbedingten Gehorsam leisten wollten und dieses für widersinnig erklärten, indem es ja sonst der höchsten Behörde einfallen könnte, uns zu allem zu gebrauchen. Wir sind öfters in unsern Vorstand gedrungen, daß er hier Abhilfe schaffen soll, allein von der höheren Behörde wurde durchaus unbedingter Gehorsam verlangt.«[12]

Es gibt eine Reihe ähnlicher Berichte, aus denen hervorgeht, daß die »Zelte« und »Lager« zunehmend gegen die Forderung nach unbedingtem Gehorsam opponierten und eine Revision der Statuten zugunsten einer demokratischen Mitbestimmung verlangten. Der »Brennpunkt« versuchte jedoch, den von der Entwicklung überholten politischen Status in der Verbindung aufrecht zu erhalten und verharrte, um nicht die leitenden Positionen im Bund aus den Händen geben zu müssen, bei der unbedingten Gehorsamspflicht. Das bildete den äußeren Anlaß zum Abfall der »Zelte« und »Lager« vom »Brennpunkt«. Weil der hierarchische Aufbau des Bundes keine allgemeinen Verabredungen zwischen den Mitgliedern erlaubte, war der Zerfall des BdG ein langandauernder und in verschiedenen »Zelten« und »Lagern« unabhängig einsetzender Prozeß, der etwa 1835 begann, 1836/37 den Höhepunkt erreichte und sich bis 1840 hinzog. Die abgefallenen Mitglieder in Paris sammelten und organisierten sich im *Bund der Gerechten*. Friedrich

ENGELS hat in einem Bericht über die Frühzeit der deutschen Arbeiterbewegung besonders auf den klassenmäßigen Hintergrund des Zerfalls des BdG hingewiesen: »Aus dem im Jahr 1834 in Paris von deutschen Flüchtlingen gestifteten demokratisch-republikanischen Geheimbund der ›Geächteten‹ sonderten sich 1836 die extremsten, meist proletarischen Elemente aus und bildeten den neuen geheimen Bund der Gerechten. Der Mutterbund, worin nur die schlafmützigsten Elemente à la Jacobus Venedey zurückgeblieben, schlief bald ganz ein ...«[13].

Die Bundesabteilungen in Deutschland hielten auch nach dem Zerfall des BdG in Paris weiterhin Kontakt zu Th. SCHUSTER, der durch Verleumdungen und Intrigen deren Anschluß an den neu entstandenen *Bund der Gerechten* zu verhindern vermochte. Diese Abteilungen des Bundes in Deutschland bestanden noch bis 1840, als die Polizei dem Geheimbund auf die Spur kam und ihn unterdrückte. 1841/42 wurden in Preußen, Österreich, Sachsen, Bayern, Hannover, Württemberg, Baden, beiden Hessen, Nassau, Weimar, Waldeck, Greiz, Schleiz, Homburg, Frankfurt (Main), Bremen und Hamburg 382 Mitglieder des BdG und teilweise des *Bundes der Gerechten* namhaft gemacht und gegen 197 Gerichtsprozesse eingeleitet. Die Terrorwelle traf die Mitglieder respektive ehemaligen Mitglieder des BdG zu einer Zeit, als die Geheimgesellschaft bereits den Höhepunkt ihrer politischen Tätigkeit auch in Deutschland überschritten hatte und die Oppositionsbewegung gegen den Feudalabsolutismus und für Deutschlands Einheit, ausgehend von den rheinpreußischen Gebieten, eine neue, höhere und breitere Stufe erreichte.

7. Quellen und Literatur

Die Hauptquellen zur Geschichte des Bundes der Geächteten sind: »Der Geächtete. Zeitschrift in Verbindung mit mehreren deutschen Volksfreunden, hrsg. von J. Venedey« (1. u. 2. Jg., Nr. 1–12, Paris Juli 1834 bis Januar 1836). Nachdrucke: Zentralantiquariat der DDR, Leipzig 1972; Verlag Auvermann, Glashütten/Ts. 1972. »Aufruf eines Geächteten an die deutschen Volksfreunde« (Paris 1834).

»Glaubensbekenntnis eines Geächteten« (Paris 1834). »Erklärung der Menschen- und Bürgerrechte« (Paris 1834). »Allgemeine Statuten des Bundes der Geächteten« (Paris 1834). »Statuten des Bundes der Geächteten« (Paris 1834). Originale der Programmschriften des Bundes liegen im ZStA Merseburg, Rep. 77, Tit. 509, Nr. 47, Vol. 1, Fol. 104–123. Ein Abdruck der sog. Zelt- und Lagerstatuten siehe »Der Bund der Kommunisten. Dokumente und Materialien« (Bd. 1, Berlin 1970, S. 975–985). »Vom kleinbürgerlichen Demokratismus zum Kommunismus. Die Hauptberichte der Bundeszentralbehörde in Frankfurt am Main von 1838 bis 1842 über die deutsche revolutionäre Bewegung« (Archivalische Forschungen zur Geschichte der deutschen Arbeiterbewegung, Bd. 5/II, Berlin 1978, S. 286–297). Hier auch S. 121–156, 201–227, 243–273 eine Zusammenfassung der gerichtlichen Untersuchungsergebnisse aus den Prozessen Anfang der 40er Jahre des 19. Jh.

Unter den marxistisch-leninistischen Darstellungen siehe A. M. Bobkow »K istorii raskola otveržennych v 1836–1837 godach« (Novaja i novejšaja istorija, 1959, H. 5, S. 92 bis 109). W. Kowalski »Vorgeschichte und Entstehung des Bundes der Gerechten« (Berlin 1962, S. 57–81, 144–152). Hier auch S. 183–190 im Abdruck das »Glaubensbekenntnis eines Geächteten«. Unter den zusammenfassenden Arbeiten von nichtmarxistischer Seite siehe W. Schieder »Anfänge der deutschen Arbeiterbewegung. Die Auslandsvereine im Jahrzehnt nach der Ju-

lirevolution von 1830.« (Stuttgart 1963). H.-J. Ruckhäberle »Frühproletarische Literatur. Die Flugschriften der deutschen Handwerksgesellenvereine in Paris 1832–1839« (Kronberg/Ts. 1977).

Anmerkungen

1 Friedrich Engels: Deutsche Zustände. In: MEW, Bd. 2, Berlin 1957, S. 583.
2 Aufruf eines Geächteten an die deutschen Volksfreunde, Paris 1834, S. 23 f.
3 Ebenda, S. 22 f.
4 Vom kleinbürgerlichen Demokratismus zum Kommunismus. Die Hauptberichte der Bundeszentralbehörde in Frankfurt am Main von 1838 bis 1842 über die deutsche revolutionäre Bewegung. Archivalische Forschungen zur Geschichte der deutschen Arbeiterbewegung, Bd. 5/II, Berlin 1978, S. 289 f.
5 Ebenda. S. 290.
6 Glaubensbekenntnis eines Geächteten, Paris 1834, S. 7.
7 Ebenda, S. 9.
8 Die Propaganda. In: Der Geächtete, Jg. 1, S. 57.
9 Gedanken eines Republikaners. In: Der Geächtete, Jg. 2, S. 112.
10 Der Kampf für eine bessere Zukunft. In: Der Geächtete, Jg. 1, S. 216 f.
11 K. Marx/F. Engels: Manifest der Kommunistischen Partei. In: MEW, Bd. 4, Berlin 1959, S. 485.
12 ZStA Merseburg, Rep. 77, Tit. 509, Nr. 47, Bd. 2, Bl. 218.
13 F. Engels: Zur Geschichte des Bundes der Kommunisten. In: MEW Bd. 8, Berlin 1960, S. 577 f.

Werner Kowalski

Bund der Industriellen (BdI)
1895–1919 (1920)

Der BdI entstand 1895 als Dachorganisation der kleinen und mittleren Unternehmerverbände der verarbeitenden und stark exportabhängigen, weitgehend nichtmonopolistischen Leicht- und Fertigwarenindustrie. Einen starken Rückhalt fand der BdI in der sächsischen und süddeutschen Fertigwarenindustrie. Der Zusammenschluß erfolgte mit dem Ziel, die spezifischen zollpolitischen und wirtschaftlichen Interessen dieser Industriezweige zu vertreten und stärkeren Einfluß auf die wirtschaftspolitischen Entscheidungen des Deutschen Reiches zu nehmen. Der BdI bildete neben dem ↗ Zentralverband Deutscher Industrieller (ZDI) die bedeutendste zentrale Unternehmerorganisation in Deutschland. Der BdI unterstützte die aggressive, auf Expansion ausgerichtete Kolonial- und Rüstungspolitik des deutschen Imperialismus, die den Interessen der im Bund zusammengeschlossenen Industriellen an der Erweiterung des Warenexports und der Schaffung neuer Absatzmärkte sowie Rohstoffquellen entsprach. Auf sozialpolitischem Gebiet orientierte der BdI auf die Anwendung einer liberalen Taktik. In der Handels- und Zollpolitik ging der BdI von seiner anfänglich freihändlerischen Orientierung ab und bekannte sich zum »gemäßigten Schutzzoll«. Diese Basis sicherte eine zeitweilige Zusammenarbeit mit dem schwerindustriell ausgerichteten ZDI. Nach 1905 versuchte der BdI seine Einflußmöglichkeiten auf die staatliche Wirtschaftspolitik über eine parlamentarische Interessenvertretung zu erweitern, wobei besonders der durch Stresemann repräsentierte Flügel der ↗ Nationalliberalen Partei (NLP) und die ↗ Freisinnige Volkspartei (FVP) die Politik des BdI unterstützten. 1919 schlossen sich der BdI und der ZDI zum ↗ Reichsverband der Deutschen Industrie zusammen.

1. Die Gründung des BdI
2. Die Tätigkeit des BdI von 1895 bis 1903
3. Der BdI in den Jahren von 1903 bis 1914
4. Der BdI 1914 bis 1919
5. Quellen und Literatur

Vorsitzende

Hermann WIRTH (1895–1911); Heinrich FRIEDRICHS (1911–1919)

Generalsekretäre

Wilhelm WENDLANDT (1895–1911); Rudolf SCHNEIDER (1911–1919); ab 1914 in Vertretung: Jakob HERLE

Vorstände des BdI

Provisorischer Vorstand 1895/96
Vorsitzende: H. WIRTH; Carl BREUER; August KRAUSE
Vorstand 1896 und 1898
1. Vorsitzender: H. WIRTH
2. Vorsitzender: Wilhelm SCHULTZE
3. Vorsitzender: Nicolaus VON DREYSE
1. stellvertretender Vorsitzender: Hermann DONATH
2. stellvertretender Vorsitzender: Max JASPER

3. stellvertretender Vorsitzender: A. KRAUSE
Vorstand 1912
Präsidium: H. FRIEDRICHS, Albert HIRTH, STRESEMANN, W. SCHULTZE, Ernst Stephan CLAUSS, Ewald PFERDEKÄMPER, Max HOFFMANN
Zum Vorstand gehörten weiter: Theodor BOEHM, N. VON DREYSE, Nicolaus EICH, Max FISCHER, Carl GREIERT, Fritz GUGGENHEIM, David HEILNER, J. HILDEBRAND, Otto HOFFMANN, Alfred HONSBERG, Louis Bernhard LEHMANN, Emil NUSCH, Otto REIER, Josef SCHLOSSMACHER, W. WENDLANDT, Karl Georg ZÖPHEL

Publikationsorgane

»Mitteilungen des Bundes der Industriellen«, 1896–1899
»Hand in Hand. Amtliches Organ des Bundes der Industriellen«, 1899–1903
»Jahresbericht des Bundes der Industriellen für das Geschäftsjahr 1895/96« (bis 1908/09)
»Deutsche Industrie. Zeitschrift für die Gesamtvertretung der Interessen von Industrie und Handel. Amtliches Organ des Bundes der Industriellen«, hrsg. von W. WENDLANDT

1904–1911, ab Juli 1911: »Deutsche Industrie.
Zeitschrift des Bundes der Industriellen«,
Schriftleitung R. SCHNEIDER
»Veröffentlichungen des Bundes der Indu-
striellen«, 9 Hefte in zwangloser Folge,
1912–1917
Politische Tagespresse, die dem BdI nahe-
stand:
»Deutsche Warte. Tageblatt für Politik und
Gesellschaft, geistiges und wirtschaftliches
Leben«
»Berliner Tageblatt«
»Vossische Zeitung«
»Berliner Neueste Nachrichten«

Mitgliederbewegung

Jahr (Okt.)	Einzel- mitglieder	angeschlos- sene Verbände/ Vereine	Gesamt- mitglieder
1895	über 500	–	
1896	900	–	
1897	1 000	12	1 500
1898	1 100	16	2 000
1899	1 260	20	4 000
1900	1 390	26	
1901	1 390	17	4 000
1902	1 027	22	
1903	1 227	30	13 000
1904	2 027	43	14 000
1905	2 147	51	
1906	3 957	77	30 000
1907	ca. 4 500	80	
1908	ca. 6 000	87	
1916	445	204	30 000[1]

Verbände des BdI

Verband Sächsischer Industrieller, gegründet
1902, Vorsitzende: Franz HOFFMANN
(1902–1907); L. B. LEHMANN (ab 1907)
Verband Thüringischer Industrieller, gegrün-
det 1907,
Vorsitzender: E. PFERDEKÄMPER
Verband Württembergischer Industrieller,
gegründet 1909, Ende 1913 ausgetreten,
Vorsitzender: A. HIRTH
Bund der Industriellen am Riesengebirge,
gegründet 1910,
Vorsitzender: J. HILDEBRAND

Verband Mitteldeutscher Industrieller, gegründet 1911

Wichtige nahestehende Organisationen

*Deutscher Feuerversicherungs-Schutzver-
band* (später: *Deutscher Versicherungs-
schutzverband*)
*Gesellschaft des Verbandes Sächsischer In-
dustrieller zur Entschädigung bei Arbeits-
einstellungen* (ab 1911: ↗ *Deutscher Industrieschutzverband, Sitz Dresden*)
Bayerischer Industriellen-Verband

Der BdI war 1912 vertreten im:
*Wirtschaftlichen Ausschuß zur Vorbereitung
und Begutachtung handelspolitischer Maß-
nahmen* – 5 Vertreter
*Ständigen Wirtschaftlichen Ausschuß der
Reichskolonialverwaltung* – 1 Vertreter
Vorstand des *Kolonialwirtschaftlichen Ko-
mitees* – 1 Vertreter
Vorstand der *Ständigen Ausstellungskommis-
sion für die deutsche Industrie* – 7 Vertreter
Ausschuß des *Mitteleuropäischen Wirt-
schaftsvereins* – 2 Vertreter
Handelspolitischen Verständigungs-Komitee
– 5 Vertreter
Ausschuß des *Vereins gegen das Bestechungs-
wesen* – 5 Vertreter
Vorstand des *Deutschen Versicherungs-
schutzverbandes* – 2 Vertreter
Vorstand des *Vereins zur industriellen Ent-
wicklung der Südeifel* – 2 Vertreter
*Handelspolitischen Verständigungs-Komi-
tee* – 5 Vertreter
Des weiteren war der BdI dem *Deutschen
Verband für das kaufmännische Unterrichts-
wesen* angeschlossen und gehörte zu den
Veranstaltern des ↗ *Deutschen Kolonialkon-
gresses (DKg)*

Wichtige Themen der Generalversammlungen des BdI

Berlin, 24. Juni 1896: 1. Satzungsannahme.
2. Über die Novelle zu den Arbeiterversiche-
rungs-Gesetzen. 3. Bildung eines Generalsekretariats.
Berlin, 4.–5. Oktober 1897: 1. Über die
»Zentralstelle zur Handhabung des Gesetzes
über den unlauteren Wettbewerb«. 2. Handelsverträge. 3. Die Organisation der Arbeitgeber. 4. Satzungsänderungen.
Berlin, 10.–11. Oktober 1898: 1. Über den

Wirtschaftlichen Ausschuß. 2. Über die Bundesstelle zur Vorbereitung neuer Handelsverträge. 3. Zur Errichtung eines Reichshandelsmuseums. 4. Organisation des Arbeitsnachweises.

Berlin, 16.–17. Oktober 1899: 1. Bildung eines »Deutschen Industrierates«. 2. Mittel und Wege zum Schutz von Streikbrechern (Stellung zur »Zuchthausvorlage«).

Berlin, 15.–16. Oktober 1900: 1. Zollanschluß benachbarter Staaten. 2. Verstaatlichung der Feuerversicherungsgesellschaften. 3. Überwindung des Kohlenmangels. 4. Stellung zum neuen Zolltarif.

Berlin, 21.–22. Oktober 1901: 1. Die »amerikanische Gefahr« (USA) und der neue Zolltarifentwurf. 2. Errichtung eines Reichsarbeitsamtes. 3. Stellung zu den »Feuerversicherungs-Monopolen«.

Berlin, 9. Oktober 1902: Kartelle und Kartellwesen.

Berlin, 19. Oktober 1903: Begünstigung des Veredlungsverkehrs.

Berlin, 22. Oktober 1904: 1. Verstaatlichung des Kohlenbergbaus. 2. Stellung zum Flottenbau.

Berlin, 27.–28. November 1905: 1. Flottenvorlage. 2. Zusammenschluß der deutschen Industrie. 3. Industrie und Parlament.

Berlin, 15. Oktober 1906: 1. Staatliche Versicherung der Privatangestellten. 2. Gründung einer Streikversicherungskasse.

Berlin, 21. Oktober 1907: Sozialpolitische Gesetzesvorlagen.

Eisenach, 30. Mai 1908 (außerordentliche): 1. Gründe des Austritts des BdI aus der »Interessengemeinschaft der deutschen Industrie«. 2. Unternehmer und Politik. 3. Kohlenfrage.

Berlin, 23.–24. November 1908: 1. Kohlenfrage. 2. Reichsfinanzreform.

Berlin, 24. Januar 1910: 1. Industrie und Hansabund. 2. Die Reichsversicherungsordnung.

Dresden, 3.–5. September 1911: 1. BdI und Hansabund. 2. Die Angestelltenversicherung. 3. Weltwirtschaftliche Aufgaben Deutschlands.

Stuttgart, 19.–20. Oktober 1912: 1. Wirtschaftspolitische Zielstellungen für die neuen Handelsverträge. 2. Stellung zu den Arbeiterorganisationen. 3. Industrie und Parlament.

Leipzig, 10.–12. Oktober 1913: 1. Ausfuhr-

industrie und Mittelland-Kanal. 2. Haltung des BdI zum »Kartell der schaffenden Stände«.

Berlin, 24. Oktober 1916: 1. Die Zusammenarbeit des BdI mit dem ZDI im »Kriegsausschuß der deutschen Industrie«. 2. Auslands-Nachrichtendienst. 3. Krieg und Industrie. 4. Satzungsänderungen.

Jena, 4. Februar 1919: Über die künftige Organisation des BdI entsprechend den Vorstandsbeschlüssen vom 3. Februar 1919 und der Mitgliederversammlung vom 4. Februar 1919.

1. Die Gründung des BdI

Die Gründung des BdI war Ausdruck des Gegensatzes zwischen der monopolistischen Schwer- und Rohstoffindustrie einerseits und der noch nicht vom Monopolisierungsprozeß erfaßten, stark differenzierten Fertigwaren- und Exportindustrie andererseits. Diese Widersprüche ergaben sich vorrangig aus der Bismarckschen Schutzzollpolitik, deren Träger der 1876 gegründete ↗ ZDI war. Der schwerindustriell ausgerichtete ZDI trat für hohe Schutzzölle ein, während die Fertigwaren- und Exportindustrie dagegen niedrige Zölle forderte, um die Importländer zu niedrigen Einfuhrzöllen zu bewegen und dadurch den eigenen Export zu steigern. Er trug wesentlich zur Festigung des Bündnisses zwischen Großbourgeoisie und Junkertum auf der Basis der Schutzzollpolitik bei. Es wurde ein Klassenkompromiß auf Kosten der Werktätigen sowie der kleinen und mittleren Bourgeoisie geschlossen.

Unmittelbar auslösende Momente für den industriellen Zusammenschluß der nicht im ZDI vertretenen nichtmonopolistischen Unternehmer bildeten der wirtschaftliche und politische Bedeutungsverlust der Leicht- und Fertigwarenindustrie durch das praktizierte Schutzzollsystem, deren wirtschaftliche Situation, die sich durch die Wirtschaftskrise zu Beginn der 90er Jahre verschlechterte, sowie die Caprivische Handelsvertragspolitik. Die Vertreter dieser Industriezweige begrüßten einerseits die Handelsverträge, da sie durch ihre lange Laufzeit kurzfristige Zollveränderungen der Importländer ausschlossen, aber andererseits wurden die spezifischen Exportinteressen bei den Verhandlungen (besonders im Falle des deutsch-russischen Handelsvertrages) ungenügend berücksichtigt.

Die mit dem Sturz CAPRIVIS eingeleitete neue Formierung des reaktionären Klassenbündnisses zwischen Junkertum und Großbourgeoisie hatte das Ziel, erneut die Einheitsfront der herrschenden Klassen unter Führung der Junker und Montanindustriellen zu schaffen und den konservativ-imperialistischen Charakter des deutschen Kaiserreiches gegenüber der liberalen Opposition und der Arbeiterklasse zu wahren. In zoll- und handelspolitischen Maßnahmen (hohe Schutzzölle, Erhöhung der Agrarzölle und Beibehalten der Industriezölle) unterstützten die im *ZDI* zusammengeschlossenen monopolistischen Kreise der Rohstoffindustrie die Forderungen des preußischen Junkertums nach Stärkung ihrer Machtstellung. Die Festigung des Bündnisses zwischen Rittergut und Hochofen sowie die daraus resultierende eingeschränkte wirtschaftliche und politische Bedeutung der stark differenzierten, nichtmonopolistischen Fertigwaren- und Exportindustrie förderten die Versuche dieser Industriellen, eine gegen den *ZDI* und den ↗ *Bund der Landwirte (BdL)* gerichtete neue industrielle Organisationsform zu bilden.

Der 1889 aus dem *ZDI* ausgetretene *Verein zur Wahrung der Interessen der chemischen Industrie Deutschlands* regte die Schaffung einer staatlich sanktionierten industriellen Zwangsorganisation an (Plan des Chemieindustriellen Carl Alexander MARTIUS), um die Vormachtstellung des *ZDI* zu brechen. Im Rahmen des 1893 gegründeten *Ausschusses deutscher Industrieller* wurden die weiteren Diskussionen geführt, in denen sich letztlich die Alternativkonzeption W. WENDLANDTS in Richtung auf eine »Gesamtvertretung der deutschen Industrie« durchsetzte[2]. Am 27. 11. 1895 wurde der Bund der Industriellen ins Leben gerufen, als eine dem *ZDI* und dem *BdL* entgegengesetzte zentrale Organisation der deutschen Industrie. In § 1 der Bundessatzungen wurde als Ziel formuliert: »Der ›Bund der Industriellen‹ bezweckt die Wahrung der gemeinsamen Interessen der deutschen Industrie sowie ein Zusammenwirken in allen die deutsche Industrie betreffenden Fragen.«[3]

Mit dem »Ersten Aufruf an die deutsche Industrie« legte der BdI einen Arbeitsplan vor, in dem die Ziele und Forderungen allgemein und zum Teil verschwommen formuliert wurden:

»1. Einwirkung auf die Gesetzgebung hinsichtlich der Steuer- und Zollpolitik, der Handelsverträge, der Tarifpolitik, der Arbeiter-Versicherung und des gewerblichen Rechtsschutzes (...);
2. Einsetzung von industriellen Schiedsgerichten, deren Aufgabe sein soll, den gerade in der Industrie vielbeklagten Mißständen auf dem Gebiet der Rechtspflege zu begegnen;
3. Beseitigung der Mißstände im Konzessions- und Verdingungswesen;
4. Anbahnung von Maßnahmen gegen die Schädigung der Industrie durch Arbeiterausstände und Boykotterklärungen;
5. Beseitigung der durch übermäßige Kreditgewährung herbeigeführten Übelstände;
6. Schutz des redlichen Geschäftsverkehrs durch Bekämpfung des unlauteren Wettbewerbs [ ]«[d]

In einer späteren umfassenderen Programmfassung hieß es:

»Der Bund der Industriellen vertritt die Interessen der deutschen Industrie gegenüber den Ansprüchen anderer Erwerbsstände sowie gegenüber den Regierungen, Parlamenten und der Öffentlichkeit.
Auf handelspolitischem Gebiet tritt der Bund der Industriellen ein für Schutz des inländischen Markts und der inländischen Produktion, für Schutz der deutschen Ausfuhrinteressen, für Handelsverträge, welche besser als die jetzt geltenden das Interesse der deutschen Ausfuhrindustrie wahren [...]
Der Bund der Industriellen bekämpft die Auswüchse der großen Rohstoffsyndikate. Denn die deutsche Industrie wird durch Verteuerung der Rohstoffe und durch die Ausfuhr von Syndikatsprodukten zu billigen Auslandspreisen in ihrer Wettbewerbsfähigkeit schwer geschädigt.
Der Bund der Industriellen tritt dafür ein, daß in der deutschen Handels- und Zollpolitik und im Eisenbahntarifwesen der deutschen Bundesstaaten die Interessen der Rohstoff verbrauchenden Industrie, der Fertigungsindustrie und der Ausfuhrindustrie, mehr als bisher gegenüber den Interessen der Urproduktion gewahrt werden. Angesichts der gewaltigen Lasten, welche die deutsche Industrie auf sozialpolitischem Gebiet vor allen anderen Industrieländern der Erde auf sich genommen hat, fordert der Bund der Industriellen, daß bei der Durchführung der sozialpolitischen Gesetze auch Berücksichtigung der Wünsche der Industrie, weitgehende Selbstverwaltung der Versicherungsträger, rücksichtsvolle Handhabung der Gewer-

beinspektion gewährt wird und daß vor allem be-
ständige Rücksicht auf die Wettbewerbsfähigkeit
der deutschen Industrie gegenüber dem Auslande
genommen wird.
Der Bund der Industriellen tritt dafür ein, daß die
Industrie im Reiche wie in den Bundesstaaten mehr
Einfluß auf die Gesetzgebung und Verwaltung er-
halte. Er vertritt den Anspruch der Industrie auf
gesetzliche Vertretung im preußischen Herren-
hause wie in den Ersten Kammern anderer Bundesstaaten. Der Bund der Industriellen und die in ihm
vereinigten industriellen Verbände bemühten sich
ferner für die Wahl von Angehörigen der Industrie
zum Reichstage und zu den Parlamenten der
Bundesstaaten.«[5]

Unter der Devise eines »einheitlichen Vorgehens in Zoll- und Steuerfragen«[6], einer
vorwiegend antiagrarischen, die Interessen
der Mehrheit der deutschen Industriellen
tangierenden Maßnahme, unternahm der BdI
bis 1900 den Versuch, sich zu einer »machtvollen Gesamtvertretung der Industrie«[7] zu
entwickeln.
Angesichts der auf zoll- und handelspolitischem Gebiet bestehenden grundlegenden
Gegensätze zwischen der monopolistischen
und nichtmonopolistischen Bourgeoisie
konnte dieser Anspruch nicht realisiert werden. Primär organisierten sich im BdI die
ökonomisch starken, nichtmonopolistischen
Unternehmer der Fertigwarenbranche, die
sich durch eine starke Exportabhängigkeit
und auch ein deutliches Niveaugefälle von
den monopolistischen Industriellen der
Zweige der Montan-, Chemie- und Elektroindustrie unterschieden.[8] Die Devise des BdI,
den Interessen seiner Mitglieder »von Fall zu
Fall« zu dienen[9], motivierte den Zusammenschluß. Den Anschluß kleinerer und mittlerer
Fabrikanten förderte man durch einen nach
Betriebsgröße gestaffelten Beitragsmodus:

Beschäftigte	Jahresbeitrag in Mark
weniger als 25	10
25–50	15
50–100	20

für je weitere 100 Beschäftigte 10 M, bis zu
einer Höchstgrenze von 150 M. Außerordentliche Mitglieder zahlten einen Jahresbeitrag von 10 M.[10]

In den ersten Jahren bildeten Einzelmitglieder
die Massenbasis des BdI. Mit der Verschär-
fung des Gegensatzes zwischen der mono-
polistischen und nichtmonopolistischen
Bourgeoisie und dem nach 1900 einsetzenden
Ausbau des Bundes zu einem Dachverband
der verarbeitenden und exportorientierten
Branchen vollzog sich eine organisatorische
Umstrukturierung. Diese hatte eine regionale,
dezentralistische Gliederung und den Aufbau
von Landesverbänden (Sachsen, Thüringen,
Württemberg, Baden und Hessen) zur Folge.
Schwerpunktmäßig blieb der BdI auf die
Nahrungs- und Genußmittelindustrie, die
Holz-, Schnitzstoff- und Textilindustrie sowie
den Maschinenbau, vorwiegend auf die kleine
und mittelbetriebliche Produktionsgruppe,
beschränkt. Als Organe des BdI fungierten:
Generalversammlung, Vorstand (Vorsit-
zende, stellvertretende Vorsitzende, Schriftführer, Schatzmeister, Beisitzer) und Großer
Ausschuß. Im Verlaufe der Reorganisierung
des BdI 1911 erfolgte eine Umbesetzung der
Verbandsführung. Es wurde ein einheitlicher
Vorstand gebildet, dem ein siebenköpfiges
Präsidium vorgeordnet war. Den weiteren
Vorstand bildete wiederum der Große Ausschuß, der neben dem Präsidium das eigentliche Entscheidungsorgan des BdI darstellte.
Zum Vorsitzenden des Großen Ausschusses
wurde ein Präsidiumsmitglied berufen.

2. Die Tätigkeit des BdI von 1895 bis 1903

In den ersten Monaten nach der Gründung
bestimmte die scharfe Abgrenzung von den
Agrariern des BdL und vom schwerindustriell
ausgerichteten ZDI die Politik des BdI. Jedoch zeigte sich bereits im Jahr 1896 ein
Umschwung, der in einer Abmilderung der
Konfrontationsstimmung gegen den ZDI
sowie das preußische Junkertum erkennbar
war. Verursacht wurde diese Entwicklung vor
allem durch den Kampf des BdL zur Revision
der Agrarzölle des Caprivischen Handels-
vertragssystems. In den Diskussionen und bei
der Neufestlegung der Zolltarife bot eine
Zusammenarbeit mit den weit einflußreicheren Interessengruppen des ZDI eine günstigere Möglichkeit, die bisher ungenügend be-

rücksichtigten Forderungen und Wünsche der Fertigwaren- und Exportbranchen durchzusetzen. Dieser Kurswechsel dokumentierte sich im Einschwenken auf die Linie der Sammlungspolitik, zumal die von BÜLOW und Alfred VON TIRPITZ propagierte deutsche Flotten- und Weltpolitik den BdI-Interessen an der Erweiterung der Absatzmärkte sowie an der Schaffung billiger Rohstoffreserven entgegenkam. Unter dem Gesichtspunkt, daß die deutsche Industrie »an der riesigen Konjunktur in Ostasien, in China«[11] teilnehmen wollte, trat der BdI für den Ausbau der deutschen Kriegsflotte ein und beteiligte sich in den Folgejahren an der ↗ Deutschen Kolonialgesellschaft (DKG), dem Kolonial-Wirtschaftlichen Komitee, dem ↗ Deutschen Flotten-Verein (DFV) und dem ↗ Alldeutschen Verband (ADV). Des weiteren forderte der BdI eine wertmäßige und territoriale Ausweitung des deutschen Exports, die in den Plänen zur Schaffung einer Reichshandelsstelle (hierbei kam es zu einer kurzfristigen Zusammenarbeit mit dem ZDI) zum Ausdruck kam.

Der BdI vertrat bis 1904 die unmittelbaren Interessen der ihm angeschlossenen Industriellen gegenüber der organisierten Arbeiterklasse und mußte so zur antisozialistischen Komponente der Sammlungspolitik Stellung beziehen. Die 1898/99 ausgetragenen Diskussionen um die Zuchthausvorlage sowie die Art und Weise des »Arbeitswilligenschutzes« zeigten, daß sich im BdI eine Differenzierung vollzog: Auf der einen Seite versuchte der von W. WENDLANDT repräsentierte rechte Flügel, den BdI in das Fahrwasser der Repressivmaßnahmen gegen die Sozialdemokratie und der Einschränkung des Koalitionsrechtes zu lenken. Diese Positionen stießen in der Generalversammlung 1899 auf den Widerstand der Mitgliedermehrheit, der sich im Ablehnen der Zuchthausvorlage und der Forderung nach einem starken Schutz der »Arbeitswilligen« niederschlug[12]. Die liberale Taktik des BdI im Verhältnis zur Arbeiterbewegung war darauf ausgerichtet, die Streikkämpfe der Arbeiter und somit eine Verschärfung des Klassenkampfes zu vermeiden. Auf der Generalversammlung des BdI 1901 wurden Fragen der Errichtung eines Reichsarbeitsamtes erörtert. Entgegen den, wie es hieß, »sozialfeindlichen Äußerungen« des ZDI-Vorsitzenden Henry Axel BUECK sprach sich der BdI dafür aus, »einer die Interessen der Arbeitgeber und Arbeitnehmer gleichmäßig fördernden sozialen Reform in Gestalt eines Reichsarbeitsamtes die Hand zu bieten ...«[13]. Andererseits führte der BdI den Kampf gegen die Sozialdemokratie (Beitritt zum ↗ Reichsverband gegen die Sozialdemokratie [RgS]), hielt an Eingriffen in das Koalitionsrecht fest und lehnte Forderungen nach Festlegung eines Maximalarbeitstages oder Arbeitszeitverkürzungen für Arbeiterinnen ab[14].

Der BdI versuchte, die angeschlossenen Einzelmitglieder und Verbände im Kampf gegen die Arbeiterbewegung zu stärken. Die Gründung der Industria-Versicherungs-Aktien-Gesellschaft ist in diese Offensivmaßnahmen der Unternehmer gegen die Arbeiter und deren gewerkschaftliche Organisation einzureihen. Sie scheiterte aber ebenso wie die Pläne des BdI, sich zu einem deutschen Arbeitgeberverband zu etablieren.

Das Einschwenken des BdI auf die Sammlungspolitik und somit seine Abwendung von den Verfechtern der Caprivischen Handelsvertragspolitik unterstützte die Annäherung von BdI und ZDI. 1899 gingen vom BdI Bestrebungen aus, die bereits auf einigen Gebieten praktizierte Zusammenarbeit im Rahmen eines »Deutschen Industrierates« (BdI, ZDI, Verein zur Wahrung der Interessen der chemischen Industrie Deutschlands) zu institutionalisieren[15]. Der BdI verfolgte dabei das Ziel, seine Einflußmöglichkeiten als gleichberechtigte Spitzenorganisation der deutschen Industrie bedeutend zu erweitern, bei den neuen Zolltarifverhandlungen verstärkt die Forderungen der Export- und Fertigwarenbranchen durchzusetzen und gemeinsame Aktionen gegen die Arbeiterbewegung zu organisieren. Die Pläne zur Schaffung des »Deutschen Industrierates« scheiterten 1900 an der Haltung des ZDI, der eine Beteiligung des Vereins zur Wahrung der Interessen der chemischen Industrie Deutschlands aus Gründen einer möglichen Majorisierung von BdI und Verein zur Wahrung der Interessen der chemischen Industrie Deutschlands ablehnte[16].

Parallel zu den Versuchen des BdI, sich zu einem Gesamtverband der deutschen Industrie zu entwickeln, wurden am Ende der 90er

Jahre verschiedene ständige Einrichtungen des Bundes geschaffen, um die spezifischen Interessen der angeschlossenen Mitglieder in zoll- und handelspolitischen Angelegenheiten besser durchzusetzen: Zentralbureau für industrielle Angelegenheiten, Bundesstelle zur Vorbereitung neuer Handelsverträge, Zentralstelle zur Handhabung des Gesetzes gegen den unlauteren Wettbewerb, Syndikat für unentgeltliche Rechtsauskünfte, Industrielles Schiedsgericht[17].

Bereits das Scheitern des »Deutschen Industrierates« zeigte, daß sich um die Jahrhundertwende die Interessengegensätze zwischen BdI und ZDI sowie den in beiden Verbänden vertretenen Mitgliedern verstärkten[18]. Der BdI nahm in den Zolltarifverhandlungen, in der Frage des Feuerversicherungskartells sowie in den Auseinandersetzungen um die Kohlennot und -teuerung als Interessenvertreter der nichtmonopolistischen Fertigwarenindustrie gegen den ZDI und die ihm angeschlossene Rohstoffindustrie Stellung:

»Während die Industrie in allen diesen Dingen von anderer Seite im Stich gelassen worden ist, hat sich gezeigt, daß der Bund der Industriellen keine Rücksicht zu nehmen braucht auf Großindustrielle, die zugleich Grubenbesitzer oder treibende Faktoren von Feuerversicherungsgesellschaften sind und im Gegensatz zu den Fertigindustrien hohe Schutzzölle auf ausländische Rohmaterialien beantragen, wodurch die große Masse der Industrie ... in ihrer bisherigen erfreulichen Entwicklung aufgehalten würde, die begreifliche Folge dieser Umstände ist dann auch gewesen, daß fast alle Fertigindustrien Deutschlands sich an den Bund als ihren natürlichen Mittelpunkt gewendet haben und sich ihm täglich mehr anschließen.«[19]

Die Gegensätze zwischen BdI und ZDI wurden durch die unterschiedlichen ökonomischen und politischen Sonderinteressen in strategisch-taktischen Fragen der Innenpolitik bestimmt. Die bestehenden Meinungsverschiedenheiten bezogen sich neben den spezifisch ökonomischen Forderungen vor allem auf Formen und Methoden der Unterdrückung der Arbeiterklasse, des Kampfes gegen die Arbeiterbewegung und des Einflusses unter den Massen. Sie bedingten einen zeitweisen, gegen den ZDI gerichteten Kurs des BdI. Im Kampf um die Sicherung ihrer Klassenherrschaft verfochten BdI und ZDI aber gemeinsame imperialistische Klas-

seninteressen, was zu einer Annäherung und Zusammenarbeit beider industrieller Spitzenverbände führte.

Einen breiten Raum in den jährlichen Generalversammlungen des BdI nahmen die Verhandlungen und Diskussionen über den künftigen Zolltarif und die auf dieser Basis neu abzuschließenden Handelsverträge ein. Der BdI wandte sich in diesem Zusammenhang gegen die vom ZDI aufgestellten Forderungen, die im Zolltarifentwurf vorgesehenen Sätze für verschiedene Eisen- und Stahlsorten zu erhöhen, da sie die Produktion der verarbeitenden Industrie stark belasteten. Zum anderen nahm der BdI gegen den BdL Stellung, der eine Agrarzollsteigerung beantragte, zumal diese in der Endkonsequenz »zu einer Erhöhung der Arbeitslöhne führen und erschwerend auf die ganze Produktion des Vaterlandes wirken« mußten[20]. Der BdI forderte die deutschen Industriellen auf, den Kampf gegen den BdL und die Festlegung höherer Getreidezölle zu führen und dies durch den Beitritt zum BdI, der zu einem »agitatorischen Gegengewicht zur Landwirtschaft« ausgebaut werden sollte, zu bekunden.

Der BdI ging mit seinen Forderungen zur Veränderung des Zolltarifentwurfs zwar ins Lager der Tarifgegner über, verband sich aber aus Furcht vor einem Scheitern der ganzen Tarifvorlage nicht mit der von der deutschen Sozialdemokratie und der ↗ Freisinnigen Vereinigung (FVg) repräsentierten antimonopolistischen Opposition[21]. Dieser Gesichtspunkt war auch der bestimmende, als der BdI dem KARDORFF-Kompromiß aus »handelspolitischen und innenpolitischen Gründen« zustimmte.

Die BdI-Führung verfolgte dabei eine Politik des Kompromisses zwischen dem schutzzöllnerisch und dem freihändlerisch orientierten Flügel; als einigendes Band fungierte dabei die »amerikanische Gefahr«.

Im Rahmen der Feuerversicherungsfrage organisierte der BdI die Abwehrmaßnahmen der von den Auswirkungen des Feuerversicherungskartells betroffenen Industriebranchen in Form von Selbsthilfeaktionen (1901 Gründung des Deutschen Feuerversicherungs-Schutzverbandes, Vorsitzender: H. WIRTH)[22], die aber ohne entscheidende Ergebnisse blieben. Erst im Deutschen Versicherungs-

schutzverband konnte sich der BdI einen maßgeblichen Einfluß und so den Schutz der Mitglieder gegenüber den Versicherungsmonopolen sichern.

Durch die Auseinandersetzungen um den BÜLOW-Tarif, die Feuerversicherungsfrage und letztlich die Kohlennot wurde die Polarisierung der deutschen Industrie vorangetrieben: Es zeichnete sich ab, daß sich der *ZDI* zum Mittelpunkt der Kartellverteidigung und der BdI, indem er sich zum Vorkämpfer der Fertigindustrie profilierte, zum Mittelpunkt der Abwehrmaßnahmen entwickelte. Diese Position versuchte der BdI im Rahmen der Kartellfrage auszubauen, indem er zur Sammlung der verarbeitenden Industrie gegen den *ZDI* und die von ihm vertretenen Kartelle aufrief:

»Der Centralverband ist von jeher der Verfechter der Interessen der großen Kartelle gewesen, welche den Fertigindustrien als Lieferanten von Rohstoffen und Halbfabrikaten gegenüberstehen. Die innerhalb der Fertigindustrie vorhandenen Kartelle haben deshalb ein großes Interesse daran, diese vom Centralverband geforderten und geschützten Kartelle ... nicht zu unabhängiger Herrschaft gelangen zu lassen, weil die Fertigindustrien als Konsumenten in ihrer Leistungsfähigkeit durch hohe Preise dieser Kartelle geschädigt werden ... Die beste Abwehr der Angriffe der großen Roh- und Halbstoff-Kartelle wird stets die Gegenorganisation der Fertigindustrie sein.«[23]

Auf der Generalversammlung 1902 bildete die Kartellfrage einen speziellen Tagesordnungspunkt. Dabei wurden folgende Positionen bezogen: Die Kartellbildung wurde als »natürliche Entwicklungsstufe des Wirtschaftslebens« angesehen und ihr wirtschaftlicher Vorteil anerkannt. Man wandte sich demzufolge gegen die »gegenwärtige Übermacht und die sich daraus ergebenden Auswüchse«, gegen die Ausnutzung der Kartelle als »Mittel zur Ausbeutung der abhängigen Konsumenten«.[24] Der BdI forderte als Abwehrmaßnahme die industrielle Selbsthilfe in Form von Abnehmer-(Preis-)Kartellen und bemühte sich in den folgenden Jahren verstärkt um die Kartellisierung ,der Fertigindustrie (bis 1906/07 bildeten sich unter direkter Mitwirkung des BdI erst 4 Kartelle heraus). Am Ende der Wirtschaftskrise klangen im BdI die Kartelldiskussionen ab. Die Fronten zwischen *ZDI* und BdI zeichneten sich 1903 klar

ab: Gegenüber dem *ZDI*, als offiziellem Organ der schwerindustriellen Kartelle, erfaßte der BdI vorwiegend solche Fertigwarenindustriellen, die noch nicht vom Kartellierungsprozeß erfaßt worden waren.[25]

1902 wurde der *Verband Sächsischer Industrieller (VSI)*[26] gegründet, der als Vorbild für den weiteren Aufbau landesverbandlicher Organisationen des BdI diente. Die Umstrukturierung des BdI führte zu einer erfolgreichen Erfassung fertigwarenindustrieller Branchen außerhalb des preußischen Territoriums. Sie leitete eine neue Phase der wirtschaftlichen und politischen Wirksamkeit des Bundes ein: Während sich bisher die Interessenvertretung auf Eingaben konzentrierte, bot das landesverbandliche Organisationsprinzip größere Möglichkeiten, den Einfluß auf die Parlamente und die Öffentlichkeit zu verstärken. In den Folgejahren gelang es aber nicht, begründet durch die einsetzenden Selbständigkeitsbestrebungen der eigenständigen Verbände, die dem BdI nur locker, als korporative Mitglieder angeschlossen waren, diese neue Form für eine Stärkung des Gesamtbundes nutzbar zu machen. Nach der Gründung des *VSI* unternahm die Berliner BdI-Zentrale den Versuch, die Bildung eines neuen Landesverbandes in Bayern zu fördern. Der sich herausbildende *Bayerische Industriellen-Verband (BIV)* tendierte aber stark zum *ZDI*; auch ein zwischen BdI und *BIV* abgeschlossener Freundschaftsvertrag führte nicht dazu, in Bayern einen Landesverband des BdI zu schaffen[27].

3. Der BdI in den Jahren 1903 bis 1914

Unter dem Eindruck des sozialdemokratischen Wahlsieges 1903 und der ersten großen Klassenauseinandersetzung zwischen Monopolkapital und Arbeiterklasse in der Epoche des Imperialismus, dem Crimmitschauer Textilarbeiterstreik von 1903/04, sowie der machtvollen Solidaritätsaktionen traten die in Ansätzen verfolgte gemäßigte Politik des BdI im Verhältnis zur Arbeiterbewegung und damit die Differenzen zum *ZDI* vorübergehend in den Hintergrund. Der BdI reihte sich in die gemeinsame Offensivfront der Unternehmer gegen die Arbeiter und deren gewerkschaftliche Organisationen ein, die aber bereits am Ende des Streiks durch die Gründung der ↗ *Hauptstelle Deutscher Arbeitgeberverbände (HDA)*, die mit dem *ZDI* personell und organisatorisch eng verbunden war, wieder zerfiel. Der BdI erneuerte seine Versuche, einen eigenen, selbständigen Arbeitgeberverband zu schaffen[28]. Am 23. Juni 1904 entstand der ↗ *Verein Deutscher Arbeitgeberverbände (VA)*[29] als zentrale Interessenorganisation der im BdI zusammengeschlossenen kapitalistischen Unternehmer, nichtmonopolistischen Betriebe und Handwerksbetriebe. Seine Aufgabe bestand vorrangig darin, die finanzielle Unterstützung der von Streikkämpfen betroffenen Industriellen zu sichern (Bildung von Gesellschaften zur Entschädigung der Unternehmer in Streikfällen). Im Unterschied zur *HDA* verfocht der *VA* eine flexiblere Taktik gegenüber der organisierten Arbeiterbewegung und sprach sich für Verhandlungen mit den Gewerkschaften aus[30]. Ende 1904 vollzog sich mit dem Abschluß eines Kartellvertrages[31] zwischen den beiden Arbeitgeberspitzenverbänden *(HDA, VA)* eine langsame Annäherung, die 1913 zur Fusion unter der Vorherrschaft des *ZDI* führte.

Begünstigt durch die nach 1903 einsetzende wirtschaftliche Konjunktur sowie die ablehnende Haltung der deutschen Industrie zu den 1905/06 neu abgeschlossenen Handelsverträgen, die nicht den Wünschen und Forderungen deutscher Industrieller entsprachen, minderten sich die Widersprüche zwischen dem BdI und dem *ZDI*. Eine zweite Phase der Zusammenarbeit bahnte sich an.

Der BdI schloß sich 1906 an die aus den Kontakten zwischen *ZDI* und der ↗ *Zentralstelle für Vorbereitung von Handelsverträgen* hervorgegangene *Interessengemeinschaft der deutschen Industrie* an. Die Interessengemeinschaft, die den bereits seit längerer Zeit vom BdI verfolgten Projekt der Gründung einer zentralen Industrievertretung entsprach, verfolgte das Ziel, »eine einheitliche Stellungnahme der Industriezentrale gegen agrarische Überforderungen«[32] zu organisieren, Einfluß auf die handels- und wirtschaftspolitischen Entscheidungen der Regierung zu nehmen und somit den Forderungen der deutschen Unternehmer stärkeren Nachdruck zu verleihen. Ihre Tätigkeit konzentrierte sich auf die Herausbildung von zwei halbstaatlichen Organisationen, die die Positionen der deutschen Industrie im Ausland sichern sollten: 1906 wurde die *Ständige Ausstellungskommission für die deutsche Industrie* (Koordinierung des Ausstellungswesens) geschaffen. Bei der Durchsetzung des vom BdI verfolgten Projekts zur Errichtung einer *Reichshandelsstelle* (Exportförderung) brachen letztendlich die alten Gegensätze, gefördert durch STRESEMANNS Kritik an den Rohstoffsyndikaten im Reichstag sowie durch das Desinteresse des *ZDI* an diesen Plänen, erneut auf. Am 2. 5. 1908 trat der BdI aus der Interessengemeinschaft aus, was von der außerordentlichen Generalversammlung im Mai 1908 einstimmig gebilligt wurde[33].

Die Gegensätze zwischen monopolistischer und nichtmonopolistischer Bourgeoisie spitzten sich in der Kartelldebatte des Reichstages 1907/08 zu. Dabei zeichnete sich ab, daß sich der BdI von der Propagierung der Selbsthilfe, da diese keine entscheidenden Resultate erbrachte, löste und Forderungen nach staatlichen Antikartellmaßnahmen aufstellte. STRESEMANN, Exponent des BdI und seit 1907 Angehöriger des gemäßigten Flügels der *Nationalliberalen Partei (NLP)*, wandte sich gegen die ausschließliche Verfügungsgewalt des Rheinisch-Westfälischen-Kohlensyndikats und trat für gesetzliche Maßnahmen gegen den Kartellmißbrauch ein. Auf der Generalversammlung des BdI von 1908 wurde in der Resolution zur Kohlenfrage gegen den Preiswucher der Kohlensyndikate Stellung genommen[34]. Obwohl die *Interessengemeinschaft der deutschen Industrie* nur eine lockere Verbindung der angeschlossenen Verbände war, die ihre Selbständigkeit behielten[35], ließen die zoll- und sozialpolitischen Gegensätze zwischen den monopolistischen und nichtmonopolistischen Unternehmern es nicht zu, eine dauerhafte Zusammenarbeit zu organisieren. Es gab aber weiterhin Versuche, erneut einheitliche Industrievertretungen zu schaffen[36].

Dem 1909 gegründeten ↗ *Hansa-Bund für Gewerbe, Handel und Industrie (HB)* schloß sich der BdI an[37]. Die Verbindung mit dem Bank- und Handelskapital konnte eine Verbesserung der Einflußmöglichkeiten des BdI sichern, zumal die umfangreichen Finanzmittel, Presseverbindungen sowie die damit verbundene Wahl- und Parteienbeeinflussung zum Ausbau der industriellen Massenbasis genutzt werden konnten. Der *HB* bot die Grundlage, die von STRESEMANN verfolgte Konzeption des »Werbens um den neuen Mittelstand«, die Heranziehung der Angestellten durch eine besondere Privatangestelltenversicherung, zu realisieren[38]. Der BdI unterstützte den *HB* auf parlamentarischem Gebiet[39], so auch in den Diskussionen um die preußische Wahlrechtsvorlage 1910: Es wurden die Forderungen aufgestellt, auch in Preußen das geheime und direkte Wahlrecht einzuführen und die Wahlrechtsvorlage in der Fassung des preußischen Herrenhauses abzulehnen, »zumal die bisherige Wahlkreiseinteilung beibehalten werden soll, die der agrarischen Bevölkerung ein der gegenwärtigen Bedeutung von Handel, Industrie und Gewerbe nicht entsprechendes Übergewicht in der preußischen Volksvertretung auch für die Zukunft sichert«.[40] Der Austritt des *ZDI* aus dem *HB* 1911 brachte dem BdI einen beträchtlichen Mitgliederzuwachs[41]. Der BdI rief die deutschen Industriellen dazu auf, die Politik des *ZDI* nicht mehr zu unterstützen und ihre Abkehr durch den Anschluß an den Bund zu dokumentieren[42].

Der BdI war einer der ersten industriellen Verbände, der sich für eine eigene parlamentarische Vertretung einsetzte. Die »Hinwendung zum parlamentarischen Leben« resultierte aus der Schlußfolgerung, daß

»nicht in letzter Linie Eingaben, Bittschriften und Gesuche es sein können, in denen die Wünsche der Industrie an zuständiger Stelle vertreten werden können. Sondern durch Einflußnahme auf die Öffentlichkeit und durch Ausbau ihrer Organisation in möglichst allen Teilen des Reiches muß die Industrie darauf wirken, daß sie mehr als bisher Einfluß auf Gesetzgebung, auf die Zusammensetzung der Parlamente erlangt«[43].

Nicht von Anfang an verfolgte der BdI diese Positionen, sondern beharrte auf der Taktik der »persönlichen Fühlungnahme«. 1907 wurden STRESEMANN und Anton MERKEL, führende Vertreter des *VSI*, als Abgeordnete der *NLP* in den Reichstag gewählt. 1908 schwenkte die BdI-Führung auf die von STRESEMANN propagierte Politik ein, daß die Industrie von sich aus Vertreter in die Par-

lamente entsenden muß. Dies zeigte sich in der außerordentlichen Generalversammlung vom Mai 1908, in der aufgerufen wurde, mit den liberalen Parteien in Verbindung zu treten[44]. Im Jahresbericht des BdI 1907/08 forderte man eine »ausreichende Vertretung der Industrie durch Industrielle in jeder staatserhaltenden Partei ...«[45]. Die Reichstagsfraktion der *NLP* bildete bis 1912 die Plattform des Interessenkampfes des BdI[46]. Die direkten parlamentarischen Einflußmöglichkeiten blieben aber beschränkt. Der BdI bemühte sich um eine stärkere Vertretung der deutschen Industrie im *Wirtschaftlichen Ausschuß zur Vorbereitung und Begutachtung von handelspolitischen Maßnahmen*[47], einem von der Reichsregierung eingesetzten beratenden Organ. Jedoch gehörten diesem Ausschuß 1912 nur 5 BdI-Mitglieder an.

Der BdI verfolgte ab 1905, verstärkt ab 1911, mit dem Ausbau der »Deutschen Industrie« sowie der Herausgabe der »Veröffentlichungen des Bundes der Industriellen« eine planmäßige Öffentlichkeitsbeeinflussung.

Ein durchgängiges Thema der Generalversammlungen des BdI bis 1914 war die Frage des »Arbeitswilligenschutzes« in den bestreikten Betrieben. Die spezifischen Interessen der streikanfälligen Fertigwaren- und Exportindustrie berücksichtigend, forderte der BdI, die auf dem Gebiet des Arbeitskampfes bestehenden Mißstände zu beseitigen. Im Sinne seiner gemäßigten Politik wurde betont, die Verhandlungen zwischen Unternehmern und Gewerkschaften grundsätzlich zu billigen.[48] Der BdI wandte sich gleichzeitig gegen extreme Forderungen rechter Industriellenkreise und lehnte das gesetzliche Verbot des Streikpostenstehens als ungeeignetes Mittel ab. Aus der Kampfkraft der deutschen Arbeiterklasse wurde die Schlußfolgerung gezogen: »Ein solches Verbot wäre nur im Wege eines gegen die Arbeiter gerichteten Ausnahmegesetzes denkbar, dem wegen der zu erwartenden Verschärfung des Arbeitskampfes, einer weiteren Radikalisierung der Arbeitermassen, der Zurückdrängung der nationalen Arbeiterbewegung unbedingt zu widerraten ist.«[49] Die Konzeption des BdI war darauf ausgerichtet, die offene Gewalt zwar nur im äußersten Falle anzuwenden, aber den Polizeiknüppel als Druckmittel gegen die Arbeiter stets parat zu halten[50]. Dies widerspiegelte sich in den Forderungen, gegen die streikenden Arbeiter stärker die gegebenen Machtmittel und Gesetze zu gebrauchen wie: schärferes polizeiliches Vorgehen gegen die Streikposten, Beschleunigung der Strafverfahren (Schnelljustiz), Schadenersatzpflicht der Gewerkschaften für die finanziellen Streikauswirkungen[51].

Mit diesen Forderungen, die indirekt das Streikrecht der Arbeiter angriffen, stand der BdI keineswegs den Vorstellungen des *ZDI* nach, der Kurs auf die Aufhebung des Streik- und Koalitionsrechtes nahm. »Diese Pläne«, so hob der »Vorwärts« in einer Einschätzung 1912 hervor, »sind so arbeiterfeindlich, daß sie, in die Praxis übertragen, mindestens so schlimm wirken würden, wie ein Ausnahmegesetz.« Der Unterschied zum *ZDI* bestände nur darin, daß der BdI im Verhältnis zur Arbeiterbewegung raffinierter vorginge[52]. Im Mai 1911 wurde in Dresden der ↗ *Deutsche Industrieschutzverband, Sitz Dresden (DIV)* ins Leben gerufen, dessen Tätigkeit sich auf die Streikversicherung und die Vermittlung bei drohenden Streiks konzentrierte[53]. Auf sozialpolitischem Gebiet stand des weiteren die Stellung der Industrie zur Frage der Privatangestelltenversicherung im Mittelpunkt der Politik des BdI. Unter der Devise, daß die Angestellten »stets zur nationalen Sache gehalten und unsere Schlachten für die nationalen Ideen mitgeschlagen«[54] haben, unterstützte der BdI die Bestrebungen dieser Kräfte um eine soziale Sicherstellung sowie Gleichstellung mit den Staatsbeamten. Der Bund versuchte, über die Propagierung einer Privatangestelltenversicherung, diese Schicht der kaufmännischen und technischen Angestellten als Verbündete und Massenbasis der Industrie heranzuziehen. Die besonders von STRESEMANN geförderte Politik des »Werbens um den neuen Mittelstand« diente der Korruption, um die Angestellten von dem durch die Arbeiterklasse geführten ökonomischen und politischen Kampf zu isolieren. »Der ›neue Mittelstand‹ soll nicht nur gerettet, sondern auch geknebelt sowie als Schutztruppe des Unternehmertums und Mitläufer der bürgerlichen Parteien erhalten werden.«[55] Der BdI bemühte sich nicht nur gegenüber den Privatangestellten, sondern auch bei den Arbeitern eine eigene Versicherungspolitik zu betreiben. In einer »Eingabe zur Verbesserung des Entwurfs der Reichsversicherungsordnung« (1909) formulierte der BdI sein Interesse an der Erhaltung der Selbstverwaltung der Berufsgenossenschaften, am Wegfall der Versicherungsämter in der Arbeiterversicherung sowie an der Aufrechterhaltung der Selbständigkeit der Berufsgenossenschaften, Betriebskrankenkassen und freien Hilfskassen in der Krankenversicherung[56]. Diesem »Einspruch der Industrie gegen die Bürokratisierung der Arbeiterversicherung«, gegen eine staatliche Aufsicht, wurde durch die Regierung weitgehend entsprochen[57].

Ab 1910 wurden auch die fertigindustriellen Branchen von einem starken Kartellisierungsprozeß (Konditionen-Kartelle) erfaßt, der dazu führte, daß der BdI, nunmehr Interessenorganisation der Monopole der verarbeitenden Industrie, die von ihm geforderten staatlichen Antikartellmaßnahmen zurücknahm. Ein Waffenstillstand zwischen beiden Lagern bahnte sich an. Ein sich im BdI durchsetzender Rechts- und Aggressionskurs wirkte sich auf diese erneute Annäherung förderlich aus. Dieser Kurs kam besonders in den Forderungen des BdI nach der Schaffung neuer Absatzmärkte sowie im Drängen nach einer Weltwirtschaftspolitik deutlich zum Ausdruck: »Denn Weltpolitik ist heute im wesentlichen Weltwirtschaftspolitik, Teilhabe an den wirtschaftlichen Möglichkeiten auf dieser Erde, Spielraum und Ellenbogenfreiheit für wirtschaftliche Arbeit, wo immer sie sich lohnend erweist. Das ist's, was als letzte Triebkraft hinter allen unseren weltpolitischen Aufgaben steht.«[58] In den 1911/12 einsetzenden Diskussionen um die Vorbereitung der 1917 neu abzuschließenden Handelsverträge Deutschlands vertrat der BdI die Position, daß in diesen Handelsvertragsvereinbarungen im Gegensatz zu 1906 »diesmal vor allem dem notwendigen Schutz der Industrie und der Ausfuhr erhöhte Aufmerksamkeit zugewandt wird«.[59] Auf der Stuttgarter Generalversammlung von 1912 wurde gegen die Meistbegünstigungsformel Stellung genommen, denn diese bevorteilte nach der Auffassung des BdI die anderen Staaten, so daß Deutschland bei den Zollverhandlungen keine Handhabe besäße, gegenseitige Zollsenkungen durchzusetzen. Zum anderen wurde wiederum betont, die wirtschaftlichen und politischen Einflußmöglichkeiten des BdI durch eine stärkere Einbeziehung von Industriellen der Fertigwaren- und Exportbranchen in den *Wirtschaftlichen Ausschuß zur Vorbereitung und Begutachtung von handelspolitischen Maßnahmen* zu verbessern.[60] Dies war auch eine der Aufgaben des 1913 zur Vorbereitung der Handelsverträge gegründeten Handelspolitischen Ausschusses des BdI (Vorsitzender: N. VON DREYSE)[61].

Wenn auch Gegensätze auf dem Gebiet der Innenpolitik BdI und *ZDI* zeitweise trennten, so verfochten sie in außenpolitischen Fragen einheitliche Standpunkte. Beide industrielle Spitzenvertretungen unterstützten die imperialistische Kolonialpolitik der kaiserlichen Regierung. Der BdI strebte den Ausbau der deutschen Kolonien »als Absatzgebiet der deutschen Industrie und ihre Erschließung für die deutsche Rohstoffversorgung«[62] an und forderte eine stärkere wirtschaftliche Ausbildung der deutschen Diplomaten im Ausland. Im Sinne der auf Expansion und Aggression gerichteten Politik des deutschen Imperialismus ersuchte der BdI darum, »neue Futterplätze« für die deutsche Industrie zu schaffen[63] und diesen Forderungen auch »militärischen Nachdruck« zu verleihen[64]. 1913 erklärte STRESEMANN, daß, wenn ». . . der Rest der Welt unter den großen Kulturvölkern Europas verteilt wird, Deutschland dabei nicht fehlen darf«[65]. Der BdI unterstützte die imperialistische deutsche Heeres- und Flottenpolitik. So erklärte man bereits 1904, »daß die Vermehrung und der schnellere Ausbau der Flotte in Rücksicht auf unseren Außenhandel und mithin auf unsere Industrie und das ganze arbeitende und schaffende Volk ebenso wie auf das Ansehen Deutschlands erstrebenswert seien«.[66] Unter dem Gesichtspunkt, daß die weltpolitische Stellung Deutschlands gesichert werden müsse, stimmte der BdI in den Jahren von 1911 bis 1913 der Erhöhung der Heeresstärke zu.[67] Die Mitteleuropapläne, die der BdI seit dem Beginn des Jahrhunderts verfolgte und die im Projekt einer mitteleuropäischen Zollunion zusammengefaßt wurden, der neben Deutschland Österreich, Belgien und die Schweiz angehören sollten[68], prägten sich ab 1910/11 weiter aus. Sie liefen darauf hinaus, ein zollpolitisch geeintes Mitteleuropa (Zollunion Deutschland–Österreich/Ungarn) zu schaf-

fen. Ausdruck der intensivierten Mitteleuropapolitik am Vorabend des ersten Weltkrieges war der auf Initiative des BdI und unter Beteiligung der Deutschen Bank sowie der Commerz- und Discontobank gegründete *Deutsch-Österreichisch-Ungarische Wirtschaftsverband* (12. 9. 1913)[69].

4. Der BdI 1914 bis 1919

Bereits kurz nach dem Ausbruch des ersten Weltkrieges befürwortete der BdI in einem Aufruf die Kriegs- und Expansionspolitik des deutschen Imperialismus:

»Durch unaufrichtige und neidische Gegner ist Deutschland nach einer 43jährigen Friedenszeit, die in erster Linie ihm zu verdanken ist, in den Krieg hineingetrieben worden . . . Gerade die im Bund der Industriellen vornehmlich vertretene Ausfuhrindustrie ist sich bei dem allgemeinen Ringen der europäischen Völker nach Ausdehnung ihrer politischen Beziehungen im Hinblick auf das enge Verbundensein von weltpolitischen mit volkswirtschaftlichen Interessen stets bewußt gewesen, daß Deutschlands Stellung in der Welt unerschütterlich bleiben muß . . .«[70].

Mit dem Ausbruch des ersten Weltkrieges verstärkten sich innerhalb der herrschenden imperialistischen Kreise die Bemühungen, ihre bereits in den Vorkriegsjahren propagierten Weltherrschaftsansprüche in konkrete Kriegszielforderungen umzusetzen. Es bildeten sich zwei Hauptströmungen heraus, die in der Forderung nach Vorherrschaft Deutschlands in Europa und der Welt einheitliche Zielstellungen vertraten, in strategisch-taktischer Hinsicht (Methoden und Hauptstoßrichtung der Expansion), begründet durch die unterschiedlichen wirtschaftlichen Interessen, divergierende Auffassungen verfochten. Der BdI nahm aktiv an der Formulierung der imperialistischen Kriegsziele – im Sinne der Erweiterung und Sicherung des Exportmarktes und der Schaffung billiger Rohstoffquellen – teil. Die liberal-imperialistische Strömung, zu der der BdI zu, rechnen war, nahm Kurs auf die deutsche Hegemonie über Europa ohne umfangreiche direkte Annexionen und auf einen Kompromiß mit England. Ihr primäres Kriegsziel war die Herausbildung eines mitteleuropäischen Wirtschaftsblocks. In der Hauptstoßrichtung wurde im

Gegensatz zu den konservativ-imperialistischen Kräften auf die ost- und südosteuropäischen Länder orientiert (Gebiete, auf die sich vor dem Krieg ein großer Teil des Waren- und Kapitalexports konzentrierte). Der BdI gehörte zu den Unterzeichnern der Kriegszieldenkschriften des deutschen Monopolkapitals und der Junker an den Reichskanzler BETHMANN-HOLLWEG vom 10. 3. und 20. 5. 1915[71] sowie im März 1915 neben dem *ZDI*, dem *HB* und dem ↗ *Reichsdeutschen Mittelstandsverband (RMV)* zu den Befürwortern einer Eingabe an den Reichstag, in der gefordert wurde, die Erörterung der deutschen Friedensbedingungen schnell freizugeben. Letztere wurde mit dem Ziel formuliert, daß Deutschland aus dem »aufgezwungenen Existenzkampf« gestärkt hervorgehen soll, mit gesicherten Grenzen, kolonialem und europäischem Gebietserwerb[72].

Eine ab 1913 erneut einsetzende Annäherung zwischen dem BdI und dem *ZDI* dokumentierte sich in den Plänen zur Schaffung einer Deutschen Gesellschaft für Welthandel, die der Vermittlung und Propagierung des deutschen Exports auf dem Weltmarkt[73] sowie dem stärkeren Zusammenschluß der Industriellen im Kampf gegen die Arbeiterbewegung dienen sollte[74]. Diese Projekte scheiterten bereits kurze Zeit nach ihrer Verkündung im Frühjahr 1914[75].

Eine weitaus stabilere Basis für die Zusammenarbeit beider industriellen Spitzenvertretungen sicherte der nach dem Ausbruch des ersten Weltkrieges am 8. 8. 1914 von *ZDI* und BdI geschaffene *Kriegsausschuß der deutschen Industrie*. Dieser Ausschuß war ein staatsmonopolistisches Leitungsorgan, in dem Monopolkapital und Staat institutionell, ökonomisch und personell eng verschmolzen waren. Seine Aufgaben bestanden, wie es im Gründungsaufruf formuliert wurde, vor allem darin, die Wirtschaft und Versorgung in Deutschland aufrechtzuerhalten und die Verteilung der Arbeitskräfte in der Landwirtschaft und der Industrie zu organisieren[76]. Über den *Kriegsausschuß der deutschen Industrie* versuchten die angeschlossenen Organisationen, ihre imperialistischen Expansionsforderungen durchzusetzen. In den Beratungen des *Unterausschusses für Kriegszielfragen* wandte sich der BdI gegen die vom *ZDI* propagierten maximalen Kriegszielforderungen und gegen die geplante Annexion Belgiens. Der BdI forderte demgegenüber eine indirekte Herrschaft Deutschlands über Belgien mit Hilfe des mitteleuropäischen Wirtschaftsvereins[77].

Zu Beginn des Jahres 1916 erarbeitete der *Kriegsausschuß der deutschen Industrie* eine Denkschrift über die »Wahrung der deutschen Interessen im Ausland«, in der aufgerufen wurde, die deutschen Forderungen im Ausland zu registrieren sowie in diesem Zusammenhang eine zwischenstaatliche Ausgleichsstelle einzurichten[78]. Im *Kriegsausschuß der deutschen Industrie*, als Dachorganisation der deutschen Industrie, der in den Kriegsjahren entscheidenden Einfluß auf die kriegswirtschaftlichen und -politischen Entscheidungen der Regierung ausübte, geriet der BdI, gefördert durch die starken Positionen des rechten Verbandsflügels, in das Fahrwasser des *ZDI*, der die entscheidenden Prioritäten setzte. Der BdI verwies aber stets auf die erfolgreiche Zusammenarbeit im *Kriegsausschuß der deutschen Industrie*, und in der Generalversammlung 1916 wurde hervorgehoben, diese auch nach dem Kriege unter Hinzuziehung des *Vereins zur Wahrung der Interessen der chemischen Industrie Deutschlands*, bei voller Gewährleistung der organisatorischen Selbständigkeit, fortzusetzen[79]. Im Oktober 1916 schlossen sich die industriellen Spitzenverbände: *ZDI*, BdI und der *Verein zur Wahrung der Interessen der chemischen Industrie Deutschlands* zu einer »einheitlichen Interessenvertretung der deutschen Industrie«, dem *Deutschen Industrierat*, zusammen. Zwei Jahre imperialistischer Kriegs- und Eroberungspolitik auswertend, formulierten die 3 Verbände in einem Telegramm an den deutschen Kaiser, daß die Industrie entschlossen sei, keine Mühen und Opfer zu scheuen, damit »das Deutsche Reich aus diesem Kriege gekräftigt und erweitert und gegen neue Überfälle im Westen und Osten gesichert hervorgehe als fester Hort einer friedlichen wirtschaftlichen Entwicklung, der Vorbedingung jedes kulturellen und sozialen Emporsteigens«[80]. Der *Deutsche Industrierat* wurde mit dem Ziel gegründet, den wirtschaftlichen und politischen Einfluß der deutschen Industrie auf Regierung, Parlament, Presse und Öffentlichkeit zu erhöhen und die divergierenden Interessen auszugleichen. Als einigendes Band propagierten die Verbände die Verteidigung der »gemeinsamen Lebensinteressen der deutschen Industrie«: die Aufrechterhaltung eines starken Staatswesens mit einer monarchistischen Führung und einer Wirtschaftsordnung, die dem Privateigentum die notwendigen Existenz- und Entwicklungsmöglichkeiten bot[81].

Auf der ersten Vollsitzung des *Deutschen Industrierates* im Februar 1918 hob der Vorsitzende des BdI, H. FRIEDRICHS, hervor, daß es nach den Kriegsjahren und -verlusten vor allem darauf ankomme, den Wiederaufbau des deutschen Kapitals zu sichern und die Zusammenarbeit zwischen der Regierung und den industriellen Verbänden sowie die Mitarbeit an der Gesetzgebung und Verwaltung zu organisieren. Die Tätigkeit des *Deutschen Industrierates* konzentrierte sich in der Gründungsphase bis 1918 vorrangig darauf, die Bildung eines »Preußischen Industrieausschusses« zu initiieren, der das Vorschlagsrecht für die in das preußische Herrenhaus zu entsendenden Vertreter der Industrie ausüben sollte (1918 gebildet).[82] Dem *Deutschen Industrierat* gehörten 60 Mitglieder an. Den Vorsitz übernahmen Max ROETGER *(ZDI)* und H. FRIEDRICHS *(BdI)*. Zu den Geschäftsführern wurden Ferdinand SCHWEIGHOFFER und J. HERLE gewählt.[83]

STRESEMANN, ab 1917 Vorsitzender der Reichstagsfraktion der *NLP*, agitierte im Reichstag für den uneingeschränkten U-Boot-Krieg und wies die Friedensvermittlungsangebote des amerikanischen Präsidenten WILSON zurück[84] (analog dazu warnte der *Kriegsausschuß der deutschen Industrie* davor, sich auf einen internationalen Kongreß zur Beendigung des Krieges einzulassen). 1917 unterstützte STRESEMANN den Reichskanzler im Kampf gegen die Konservativen und sprach sich für die Einführung demokratischer Reformen aus, z. B. Wahlrechtsreform in Preußen[85], um die Auswirkungen der Februarrevolution in Rußland zu kanalisieren und ein Anwachsen der Antikriegsbewegung aufzuhalten.

Der BdI gehörte zu den Mitunterzeichnern der im Februar 1915 gegründeten ↗ *Freien Vaterländischen Vereinigung (FVV)*, die die Burgfriedenspolitik beschwor.

Im *Kriegsausschuß der deutschen Industrie* sowie im *Deutschen Industrierat* wurden am Ende des ersten Weltkrieges Fragen der kommenden Übergangs- und Friedenswirtschaft behandelt. Die industriellen Spitzenverbände verwahrten sich entschieden gegen propagierte staatssozialistische Ideen und Pläne von staatlichen Zwangsorganisationen und forderten, nach einem siegreichen Friedensschluß, die volle privatwirtschaftliche Bewegungsfreiheit der deutschen Industrie. Der BdI unterstützte diese Positionen, zumal 1917, mit der Bildung eines Zwangssyndikats innerhalb der Schuhindustrie, der Versuch unternommen wurde, die Fertigwarenindustrie von staatlicher Seite aus zu reglementieren[86]. Unter der Losung »Freie Bahn für Handel und Industrie« kämpften der BdI, der *HB* sowie eine Vielzahl export- und importorientierter Handelsverbände u. a. um ungehinderten Spielraum für die Realisierung ihrer Interessen. Sie rangierten die »Ausfuhrpolitik« als wichtigste, als nationale Lebensfrage Deutschlands in den ersten Friedensjahren ein[87].

Unter dem Eindruck der Novemberrevolution sprach sich der BdI im Dezember 1918 für eine schnelle Einberufung der Nationalversammlung aus und begründete diesen Schritt damit: »Die Führer der Arbeiterschaft dürften sich nicht von Fanatikern und jugendlichen Schreiern zu unsinnigen Forderungen drängen lassen, die durch Willkür und Anarchie jede Produktion unmöglich machten.«[88] Mit der Forderung nach dem Wiederaufbau Deutschlands trat der BdI »gegen die Experimente der Sozialisierung« auf und proklamierte die rege Mitarbeit an den Wahlen zur Nationalversammlung als oberstes Gebot der deutschen Industrie. Unter dem Eindruck der eklatanten militärischen Niederlage des imperialistischen Deutschlands im ersten Weltkrieg und des Anwachsens der revolutionären Aktionen der deutschen Arbeiterklasse gegen den imperialistischen Krieg schlossen sich am 4. 2. 1919 in Jena der BdI und der *ZDI* mit dem Ziel zusammen, eine einheitliche Spitzenvertretung der Schwer- und Leichtindustrie Deutschlands zu schaffen. Es entstand der ↗ *Reichsverband der Deutschen Industrie (RDI)*[89], in dem sich die schwerindustriellen Kreise entscheidende Einflußpositionen sicherten. Am 20. 4. 1920 wurde der BdI aufgelöst.

5. Quellen und Literatur

Wichtige Quellen für die Erforschung der
Tätigkeit des Bundes der Industriellen sind
die Verbandspublikationen sowie die zeitgenössische bürgerliche und sozialdemokratische Presse. Von großem Wert ist dabei das
Pressearchiv des ehemaligen Reichs-Landbundes (ZStA Potsdam, RLB, Pressearchiv,
Nr. 6018–6022). Helga Nussbaum erschließt
in ihrer Studie »Unternehmer gegen Monopole. Über Struktur und Aktionen antimonopolistischer bürgerlicher Gruppen zu Beginn
des 20. Jahrhunderts« (Berlin 1966) wertvolles
Material über die Entwicklung und Tätigkeit
des BdI von 1895 bis 1903, wobei auch die
Grundlinien der weiteren Politik des BdI bis
1914 bestimmt werden.
Eine erste bürgerliche Untersuchung über die
Rolle des BdI stellt die Arbeit von Hans-Peter
Ullmann »Der Bund der Industriellen. Organisation, Einfluß und Politik klein- und mittelbetrieblicher Industrieller im Deutschen
Kaiserreich 1895–1914« (Göttingen 1976) dar.
Auf einer quellen- und materialreichen Basis
werden hierbei besonders die organisatorische Entwicklung des BdI sowie Fragen der
politischen   Einflußmöglichkeiten   erörtert. Kursorisch wird die im Interesse der
Fertigwaren- und Exportindustrie verfolgte
Politik des BdI beleuchtet. In den Hintergrund
traten bei dieser vorrangig quantitativen
Darstellung solche Probleme wie der mit dem
Übergang zum Imperialismus eingeleitete
Differenzierungsprozeß innerhalb der deutschen Bourgeoisie und die Herausbildung von
zwei auf Grund unterschiedlicher ökonomischer und politischer Sonderinteressen in
strategisch-taktischen Fragen konkurrieren-
den, sich aber zunehmend auf der Grundlage
gemeinsamer   imperialistischer   Interessen
annähernden   Hauptströmungen   der
herrschenden Klasse.
Siehe auch Utz Merkel »Bund der Industriellen« (in: HBP, Bd. I, Leipzig 1968,
S. 117–126).

Anmerkungen

1 Siehe Hans-Peter Ullmann: Der Bund der Industriellen. Organisation, Einfluß und Politik
klein- und mittelbetrieblicher Industrieller im
Deutschen Kaiserreich 1895–1914, (= Kritische
Studien zur Geschichtswissenschaft, Bd. 21)
Göttingen 1976, S. 37 und 39. Helga Nussbaum:
Unternehmer gegen Monopole. Über Struktur
und Aktionen antimonopolistischer bürgerlicher
Gruppen zu Beginn des 20. Jahrhunderts, Berlin
1966, S. 163.
Die Zahlenangaben über die Mitgliederbewegung sind nicht eindeutig; erstmalig wurde
1916 eine Liste der Einzelmitglieder veröffentlicht.
2 Siehe H.-P. Ullmann, S. 29ff.
3 Hand in Hand. Amtliches Organ des Bundes der
Industriellen, Nr. 16 vom 15. 8. 1901.
4 Kölnische Volkszeitung und Handelsblatt,
29. 12. 1895.
5 Deutsche Industrie, Nr. 20, Oktober 1912.
6 Kölnische Volkszeitung und Handelsblatt,
29. 12. 1895.
7 Hand in Hand, Nr. 16 vom 15. 8. 1901.
8 Siehe H. Nussbaum, S. 166.
9 Kölnische Volkszeitung und Handelsblatt,
29. 12. 1895.
10 Hand in Hand, Nr. 16 vom 15. 8. 1901.
11 Berliner Neueste Nachrichten, Nr. 484 vom
16. 10. 1900.
12 Siehe Hamburgischer Correspondent, Nr. 490
vom 18. 10. 1899.
13 Berliner Neueste Nachrichten, Nr. 495 vom
22. 10. 1901.
14 Siehe Norddeutsche Allgemeine Zeitung,
Nr. 117 vom 19. 5. 1905.
15 Siehe Berliner Neueste Nachrichten, Nr. 517
vom 3. 11. 1899.
16 Siehe ebenda, Nr. 484 vom 16. 10. 1900.
17 Hand in Hand, Nr. 16 vom 15. 8. 1901.
18 Siehe H. Nussbaum, S. 169f.
19 Zit. in: H. Nussbaum, S. 170f.
20 Berliner Neueste Nachrichten, Nr. 484 vom
16. 10. 1900.
21 Siehe H. Nussbaum, S. 202ff.
22 Siehe Berliner Neueste Nachrichten, Nr. 474
vom 9. 10. 1902.
23 Zit. in: H. Nussbaum, S. 177.
24 Siehe Berliner Neueste Nachrichten, Nr. 474
vom 9. 10. 1902.
25 Siehe H. Nussbaum, S. 178.
26 Siehe Festschrift zur Feier des zehnjährigen
Bestehens des Verbandes Sächsischer Industrieller, Dresden am 11. und 12. März 1912,
Dresden o. J.
27 Siehe Freisinnige Zeitung, Nr. 25 vom
30. 1. 1902, Nr. 56 vom 7. 3. 1902.
28 Siehe Münchner Allgemeine Zeitung, Nr. 16
vom 13. 1. 1904.
29 Siehe Vossische Zeitung, Nr. 498 vom
22. 10. 1904.
30 Siehe Gustav Stresemann: Der Zusammenschluß der deutschen Arbeitgeber. Vortrag,
gehalten auf der Generalversammlung des

Verbandes Sächsischer Industrieller am 5. Dezember 1904 in Dresden. In: Wirtschaftspolitische Zeitfragen, Dresden 1911, S. 44 ff.

31 Siehe Rheinisch-Westfälische Zeitung, Nr. 690 vom 25. 9. 1904.

32 Nationalzeitung, Nr. 216 vom 30. 3. 1906.

33 Siehe Berliner Tageblatt, Nr. 274 vom 31. 5. 1908.

34 Siehe ebenda.

35 Siehe Nationalzeitung, Nr. 216 vom 30. 3. 1906.

36 1908 unternahm der ZDI den Versuch, eine politische Partei der Arbeitgeber zu gründen, die unabhängig von bestehenden Parteien bleiben sollte. Der BdI wandte sich gegen dieses Projekt. (Siehe Vossische Zeitung, Nr. 538 vom 14. 11. 1908.)

37 Siehe Hamburgischer Correspondent, Nr. 585 vom 6. 8. 1909.

38 Siehe G. Stresemann: Hansabund-Aufgaben. Rede, gehalten anläßlich der Gründung der Ortsgruppe Dresden des Hansabundes am 1. September 1909. In: Wirtschaftspolitische Zeitfragen, S. 209 ff.

39 Siehe Deutsche Industrie, Nr. 18, September 1911.

40 Sozialdemokratische Partei-Correspondenz, Nr. 11 vom 28. 5. 1910, S. 212.

41 Siehe Vossische Zeitung, Nr. 439 vom 4. 9. 1911. Deutsche Industrie, Nr. 22, November 1911.

42 Siehe Frankfurter Zeitung, Nr. 185 vom 6. 7. 1911.

43 Veröffentlichungen des Bundes der Industriellen, H. 1, April 1912, S. 39.

44 Siehe Berliner Tageblatt, Nr. 274 vom 31. 5. 1908.

45 Vossische Zeitung, Nr. 538 vom 14. 11. 1908.

46 1912 wurden Stresemann und Merkel nicht wieder gewählt. Vertreter des BdI im Reichstag wurde Ludwig Roland-Lücke.

47 Siehe Deutsche Industrie, Nr. 11, Juni 1912.

48 Siehe Kölnische Volkszeitung und Handelsblatt, Nr. 114 vom 7. 2. 1909.

49 Deutsche Industrie, Nr. 22, November 1912.

50 Siehe Willibald Gutsche: Grundtendenzen der innenpolitischen Strategie und Taktik der herrschenden Klasse im deutschen Imperialismus vor 1917 unter besonderer Berücksichtigung der Rolle bürgerlicher Parteien und Interessenorganisationen. In: JBP, Nr. 41, Juli 1977, S. 62 ff.

51 Siehe Vorwärts, Nr. 271 vom 19. 11. 1912.

52 Ebenda.

53 Siehe Veröffentlichungen des Bundes der Industriellen, H. 3, November 1912, S. 59 ff.

54 G. Stresemann: Die Pensions-Versicherung der Privatbeamten. Rede, gehalten auf dem Allgemeinen Vertretertag der nationalliberalen Partei zu Wiesbaden am 6. Oktober 1907. In: Wirtschaftspolitische Zeitfragen, S. 84.

55 Paul Lange: Die staatliche Versicherung und die Rettung des »neuen Mittelstandes«. In: Die Neue Zeit, Revue des geistigen und öffentlichen Lebens, Nr. 27 vom 3. 4. 1908, S. 25.

56 Siehe Veröffentlichungen des Bundes der Industriellen, H. 1, April 1912, S. 36.

57 Deutsche Industrie, Nr. 18, September 1911.

58 Veröffentlichungen des Bundes der Industriellen, H. 1, April 1912, S. 18.

59 Ebenda, H. 3, November 1912, S. 24.

60 Ebenda, H. 1, April 1912, S. 32.

61 Siehe Norddeutsche Allgemeine Zeitung, Nr. 98 vom 26. 4. 1913.

62 Schwäbischer Merkur, Nr. 429 vom 21. 10. 1912.

63 Jahresbericht des Bundes der Industriellen für das Geschäftsjahr 1908/09 (Teil 2), Berlin 1910, S. 49.

64 Veröffentlichungen des Bundes der Industriellen, H. 1, April 1912, S. 21.

65 Ebenda, H. 5, Mai 1913, S. 10.

66 Vossische Zeitung, Nr. 498 vom 22. 10. 1904.

67 Siehe Veröffentlichungen des Bundes der Industriellen, H. 5, Mai 1913, S. 10 ff.

68 Auf den Generalversammlungen des BdI 1900 und 1901 wurde als Maßnahme zur Abwehr von Zollerhöhungen auf deutsche Waren die Schaffung einer mitteleuropäischen Zollunion beraten. Dem 1904 gegründeten Mitteleuropäischen Wirtschaftsverein in Deutschland trat der BdI als korporatives Mitglied bei. Im Aufruf vom April 1905 wurde die mitteleuropäische Zollunion (gegen die USA und England) als ein Mittel propagiert, die bei den Handelsverträgen 1905/06 ungenügend berücksichtigten Interessen der deutschen Industrie durchzusetzen.

69 Siehe Vossische Zeitung, Nr. 465 vom 13. 9. 1913. Siehe auch Herbert Gottwald: Gemeinsamkeiten und Unterschiede in der Mitteleuropapolitik der herrschenden Klasse in Deutschland von der Jahrhundertwende bis 1918. In: Jahrbuch für Geschichte, Bd. 15, Berlin 1977, S. 146 ff.

70 Deutsche Industrie, Nr. 15, August 1914.

71 Neben dem BdI unterzeichneten: am 10. 3. 1915 – Bund der Landwirte, Deutscher Bauernbund, Reichsdeutscher Mittelstandsverband, Zentralverband Deutscher Industrieller, am 20. 3. 1915 – folgte als Unterzeichner der Vorort der christlichen deutschen Bauernvereine. Die Kriegszieldenkschriften sind veröffentlicht in: Weltherrschaft im Visier. Dokumente zu den Europa- und Weltherrschaftsplänen des deutschen Imperialismus von der Jahrhundertwende bis Mai 1945, Berlin 1975, S. 108 ff.

72 Deutsche Tageszeitung, Nr. 129 vom 11. 3. 1915.

73 Siehe Berliner Tageblatt, Nr. 105 vom 27. 2. 1914.

74 Siehe Vorwärts, Nr. 65 vom 7. 3. 1914.

234 Bund der Industriellen

75 Siehe ebenda, Nr. 78 vom 20. 3. 1914.
76 Siehe Berliner Lokalanzeiger, Nr. 400 vom 9. 8. 1914.
77 Siehe Aufzeichnungen von Gustav Stresemann, nationalliberaler Reichstagsabgeordneter und stellvertretender Vorsitzender des Bundes der Industriellen, über die Beratung des Unterausschusses für Kriegszielfragen des Kriegsausschusses der deutschen Industrie am 7. November 1914. In: Weltherrschaft im Visier, S. 95 ff.
78 Siehe Deutsche Tageszeitung, Nr. 19 vom 11. 1. 1916.
79 Siehe Mitteilungen des Kriegsausschusses der deutschen Industrie, Nr. 121 vom 28. 10. 1916, S. 1948 ff.
80 Ebenda, S. 1946.
81 Siehe ebenda, Nr. 151 vom 23. 2. 1918, S. 2873.
82 Siehe ebenda, S. 2870 ff.
83 Siehe ebenda, Nr. 192 vom 2. 3. 1918, S. 2879.
84 Der BdI übermittelte ein Telegramm an Wilhelm II., in dem man die Entrüstung über die Friedensnote Wilsons zum Ausdruck brachte (Siehe Deutsche Zeitung, Nr. 497 vom 29. 9. 1917).
85 Siehe Frankfurter Zeitung, Nr. 95 vom 6. 4. 1917.
86 Siehe Mitteilungen des Kriegsausschusses der deutschen Industrie, Nr. 157 vom 30. 6. 1917, S. 2503 f.
87 Siehe Dieter Baudis / H. Nussbaum: Wirtschaft und Staat in Deutschland vom Ende des 19. Jahrhunderts bis 1918/19, Bd. 1, Berlin 1978, S. 328.
88 Deutsche Allgemeine Zeitung, 9. 12. 1918.
89 Siehe Die Post, Nr. 65 vom 5. 2. 1919. Siehe auch Deutsche Allgemeine Zeitung, Nr. 186 vom 13. 4. 1919.

Claudia Hohberg

Bund der Kaisertreuen (BK)
1917–1919
(1922)

Der BK war eine monarchistische, antidemokratische und antibolschewistische Hilfsorganisation der ↗ Deutschen Vaterlandspartei (DVLP).

Unter dem Einfluß der Oktoberrevolution in Rußland Anfang Dezember 1917 gegründet, bekämpfte der BK die revolutionäre Arbeiterbewegung wie auch alle anderen demokratischen Bewegungen. Er trat für die Beibehaltung der offen reaktionären Politik des rechtsextremen Flügels der Monopolbourgeoisie und der preußischen Junker ein. Daher war der BK auch gegen den ↗ *Volksbund für Freiheit und Vaterland (VfFV)* gerichtet, der etwa zur gleichen Zeit als Gegenorganisation zur *DVLP* von dem zu einer wendigeren Politik der Versprechungen und kleinen Zugeständnisse an die Volksmassen neigenden Teil der Bourgeoisie ins Leben gerufen worden war. Da die *DVLP* vorgab, sich nicht in die Innenpolitik einmischen zu wollen, erschien der BK als ihre innenpolitische Ergänzung. Während die *DVLP* behauptete, sich nur mit den Kriegszielen und Annexionsfragen beschäftigen zu wollen, sollte der BK, wie es im Gründungsaufruf gesagt wurde, offen den innenpolitischen Kampf führen.[1]

Die Gründung des BK brachte die Zerfahrenheit und Perspektivlosigkeit der Politik der herrschenden Klassen im vierten Jahr des ersten Weltkrieges zum Ausdruck.

Der BK konnte sich vor allem auf einflußreiche Gruppen des Monopolkapitals, des Adels und auf den junkerlichen Großgrundbesitz stützen. Eine maßgebliche Rolle spielte bei seiner Gründung Berthold KÖRTING aus Hannover. Mitbegründer waren der Direktor der Ansiedlungsbank, Dr. Friedrich KARBE, und der Stadtverordnete Albert ABEL, in dessen Haus in Berlin-Schöneberg sich auch die Geschäftsstelle des BK befand. Ferner gehörten zu den Gründern u. a. Generalleutnant z. D. Erdmann K. FREIHERR VON REITZENSTEIN, Elisabeth PRINZESSIN RADZIWILL, Rittergutsbesitzer Wilhelm FREIHERR VON MALTZAN und Gutsbesitzer Georg MODROW.

An der Spitze des BK stand als Repräsentant Karl Eduard HERZOG VON SACHSEN-COBURG-GOTHA. Vorsitzender war Major a. D. VON KNOBELSDORFF, Hauptgeschäftsführer der Schriftsteller Alexander VON SCHLIEBEN. Im Ehrenausschuß des BK war u. a. Elard von OLDENBURG-JANUSCHAU tätig.

Der BK wirkte weniger durch die Zahl seiner Mitglieder (Angaben darüber fehlen), als vielmehr durch den politischen Einfluß seiner führenden Personen und Gruppierungen. Deren Tätigkeit im Staatsapparat bzw. deren Verbindungen zu ihm ermöglichten nicht nur eine wohlwollende Förderung des BK durch die Behörden, sondern auch ein enges Zusammenwirken zwischen beiden, das letztlich gegen die revolutionäre Arbeiterbewegung gerichtet war.[2] Juden und Ausländer wurden nicht in den BK aufgenommen.[3]

Es ging dem BK – genau wie der *DVLP* – darum, jede demokratische Bestrebung zu unterbinden und das Dreiklassenwahlrecht in Preußen zu erhalten. Mit den gleichen Argumenten wie die *DVLP* versuchte auch der BK, die Lösung der innenpolitischen Probleme bis zur Beendigung des Krieges aufzuschieben, wobei darauf spekuliert wurde, daß ein militärischer Sieg die Gewährung von Rechten und Freiheiten für das Volk ohnehin illusorisch machen würde. Da jedoch in Anbetracht des Sieges der Bolschewiki in Rußland und der rasch um sich greifenden revolutionären Bewegung in Deutschland die Verwirklichung dieser Absicht äußerst zweifelhaft war, versuchte der BK alle Kräfte der Reaktion politisch und organisatorisch zu vereinen, um sie geschlossen gegen die Arbeiterklasse und ihre revolutionäre Vorhut ins Feld führen zu können. In einem anläßlich seiner Gründung herausgegebenen Rundschreiben drohte der BK seinen Gegnern,

»daß nicht nur einzelne politische Parteien ihnen gegenüberstehen, sondern eine festgeschlossene... Macht. Wenn aber nicht vorher, so wird zweifellos unmittelbar nach dem Friedensschluß dieser Kampf mit einer Wucht losbrechen, von der jetzt die wenigsten eine Ahnung haben. Da heißt es gerüstet sein! Im Toben des Parteikampfes kann unsere Organisation nicht durchgeführt werden: Sie muß bis in die fernsten Gaue hineingetragen und vollendet sein, sobald von gegnerischer Seite das Angriffssignal erschallt.«[4]

Der ultrareaktionären Zielsetzung entsprachen auch die Kampfmittel des BK. Mit maßlosen Lügen sollte die Arbeiterbewegung diffamiert und von der übrigen Bevölkerung isoliert werden. In einem Flugblatt vom Sommer 1918 wurde z. B. die Behauptung aufgestellt, die Sozialdemokratie habe aus Nordamerika 2,4 Mrd. M erhalten, um damit Zwietracht zwischen den Parteien zu schüren und die innere Kraft des deutschen Volkes zu lähmen.[5] Andererseits übten die hinter dem BK stehenden Klassenkräfte auf Grund ihrer ökonomischen und politischen Macht nach wie vor einen verderblichen Einfluß auf die Geschicke des Reiches aus, so daß sich der BK in dem genannten Flugblatt brüsten konnte, entscheidenden Anteil an der Verschärfung der Friedensbedingungen von Brest-Litowsk, am Sturz des Chefs des Zivilkabinetts, Rudolf von VALENTINI, und des Staatssekretärs im Auswärtigen Amt, Richard von KÜHLMANN, zu haben. »Wir streiten für die Rechte der Krone«, heißt es darin, »wo es sein muß, auch gegen die Regierung.«
Offenbar verfügte der BK über reichliche Geldmittel, denn seine Flug- und Denkschriften wurden in Massenauflagen hergestellt und verbreitet. Einige Titel von Flugschriften seien hier genannt: »Deutscher Kaiser, höre dein Volk!«; »Politische Verbrecher und Narren«; »Wir klagen an!« Auch zusammen mit dem ↗ Preußenbund (PB) gab der BK Flugblätter heraus.[6]
Nach dem Sturz des Kaiserreiches versuchte der BK, sich rasch den neuen Verhältnissen anzupassen. Bereits am 13. November 1918 richtete er ein Schreiben an Friedrich EBERT. Diesem war der Text eines Rundschreibens an die Mitglieder des BK beigefügt, in dem sie zur Unterstützung der neuen Regierung aufgerufen wurden, um »Ruhe und Ordnung« aufrechtzuerhalten. Das Schreiben, in dem

die Monarchie als Staatsform verteidigt wurde, strotzte von antibolschewistischen Ausfällen und Verleumdungen.[7]
Seit dem Tode des Hauptgeschäftsführers A. von SCHLIEBEN am 28. März 1919 war der BK zersplittert. Einige Organisationen, die hauptsächlich von ehemaligen Offizieren deutschnationaler Gesinnung getragen waren, haben jedoch an einzelnen Orten unter verschiedenen Decknamen noch weiterbestanden. So nannte sich die Organisation in Hannover *Bund der Kaufleute*.[8] In Dresden ist der BK im Jahre 1922 aufgelöst worden.
Einige Hinweise lassen darauf schließen, daß die Bestrebungen des BK vom ↗ *Bund der Aufrechten (BA)* fortgesetzt wurden, nachdem vor dessen Gründung für kurze Zeit ein *Bund deutscher Männer und Frauen zum Schutze der persönlichen Freiheit und des Lebens Wilhelms II.* von sich reden machte.[9]

Quellen und Literatur

Als Quellen finden sich Archivmaterialien im ZStA Potsdam in den Beständen RKO, Nr. 358 (Bund der Kaisertreuen) sowie im Pressearchiv des RLB im ZStA Potsdam, ferner im StA Leipzig ein kleiner Bd. unter Nr. 4319. Literatur über den BK ist nicht nachweisbar.

Anmerkungen

1 Gründungsaufruf des BK. Zit. in: Vorwärts, Nr. 335 vom 7. 12. 1917.
2 So arbeitete z. B. Berthold Körting mit der Polizei zusammen gegen die Sozialdemokratie. Siehe ebenda.
3 Siehe ZStA Potsdam, RKO, Nr. 358, Bl. 5.
4 Rundschreiben des BK. Zit. in: Vorwärts, Nr. 335 vom 7. 12. 1917.
5 Siehe Vorwärts, Nr. 208 vom 30. 7. 1918.
6 Siehe ZStA Potsdam, RKO, Nr. 373, Bl. 17.
7 Ebenda, Nr. 358, Bl. 4.
8 Ebenda, Bl. 5.
9 So wird z. B. im Bd. 38 K 3 des Pressearchivs des RLB im ZStA Potsdam die Sammlung der Zeitungsartikel und -notizen über den BK unmittelbar und ohne Unterbrechung fortgesetzt durch die entsprechenden Materialien des Bundes der Aufrechten.

Robert Ullrich

Bund der Kriegsdienstgegner (BdK)
1919–1933

Der BdK war eine kleinbürgerlich-pazifistische Organisation, die für die absolute Gewaltlosigkeit und für die Kriegsdienstverweigerung eintrat. Als deutscher Zweig der Internationale der Kriegsdienstgegner stand er in enger Verbindung mit Gleichgesinnten im Ausland. Im Rahmen des ↗ Deutschen Friedenskartells (DFK) beteiligte er sich an zahlreichen antimilitaristischen Aktionen in der Weimarer Republik. Nachdem in der ↗ Deutschen Friedensgesellschaft (DFG) diejenigen Kräfte die Führung erlangt hatten, die in der Kriegsdienstverweigerung ein wichtiges Mittel des Antikriegskampfes sahen, verlor der BdK zunehmend an Bedeutung.

Geschäftsführer bzw. Sekretäre

Martha STEINITZ (1919–1924); Erna KALISCH (1924–1927 und 1931–1933); Alfred OEHMKE (1927–1931)

Mitglieder

1926   3 000
1929   1 000

Publikationsorgane

»Der Kriegsdienstgegner«. Nachrichtenblatt der *Internationale der Kriegsdienstgegner* (1923–1926 unter dem Titel »Internationale der Kriegsdienstgegner«. Bulletin)
»Die Friedensfront« (1929–1933, erschien als Beilage der Zeitschrift der norddeutschen Friedensbewegung »Deutsche Zukunft«)

Der bürgerliche Pazifismus erhielt durch den ersten Weltkrieg neue Impulse. Die Kriegserlebnisse hatten vornehmlich viele Intellektuelle zu erbitterten Kriegsgegnern gemacht. Neben der traditionellen Organisation der bürgerlichen Pazifisten, der *DFG*, bildeten sich neue pazifistische Verbände, die bestrebt waren, aktiv gegen Militarismus und Krieg zu kämpfen und hierbei neue Formen und Methoden anzuwenden. Eine Gruppe Intellektueller sah das entscheidende Mittel in der Verweigerung des Kriegsdienstes. Sie orientierte sich am Vorbild der Kriegsdienstverweigerer in England, die es mit Unterstützung von Führern der *Unabhängigen Arbeiterpartei* wie Fenner BROCKWAY verstanden hatten, die Kriegsdienstverweigerung als Massenbewegung zu entwickeln, und von denen viele eingekerkert worden waren.[1] Auf Initiative von G. W. MEYER, Robert POHL und

Armin T. WEGNER wurde am 29. Juni 1919 der BdK gegründet. Dem Arbeitsausschuß gehörten ferner Kurt RENGEL, Magnus SCHWANTJE und Helene STÖCKER an. Die Geschäftsführung übernahm M. STEINITZ.[2] Einige Vertreter des BdK waren zugleich in anderen pazifistischen Organisationen tätig, so H. STÖCKER, die der Geschäftsleitung der *DFG* angehörte.

Der BdK bekannte sich zur absoluten Gewaltlosigkeit. Er ließ sich vorwiegend von sittlich-moralischen Motiven leiten, wobei er sich insbesondere auf die Lehren von Leo TOLSTOI und GANDHI berief. Es gab kein festumrissenes Programm des Bundes. Seine Ziele kamen in einer Verpflichtungsformel zum Ausdruck, die jedes Mitglied beim Beitritt unterschrieb: »Der Krieg ist ein Verbrechen gegen die Menschheit. Wir sind daher entschlossen, keine Art von Krieg zu unterstützen und für die Beseitigung aller seiner Ursachen zu kämpfen.[3] Die Ablehnung jedes Krieges wurde in den Erläuterungen zur Verpflichtungsformel damit begründet, daß fast jede Regierung den von ihr geführten Krieg als Verteidigungskrieg hinstellen würde. Der BdK unterschied zwar zwischen Kriegen »zur Verteidigung des Staates«, »zur Verteidigung der bestehenden Gesellschaftsordnung mit ihren Sicherungen und Vorrechten für die Besitzenden« und »zur Verteidigung und Befreiung des bedrückten Proletariats«, lehnte aber alle Arten von Kriegen ab. Es wurde erklärt, daß die Weigerung, zur Befreiung des Proletariats die Waffen zu ergreifen, »sehr schwer« sei, doch könne durch Gewalt das Proletariat nicht wahrhaft befreit werden, zumal durch »jeden Krieg eine erschreckende Verwilderung und Verrohung, die Vernichtung aller Freiheit« eintrete und die Leiden des Proletariats in Wahrheit vermehrt würden. Gleichzeitig forderte der Bund dazu auf, für die Beseitigung der Ursachen des Krieges zu kämpfen. Diese Ursachen lägen hauptsächlich in den Gegensätzen der Klassen und der Nationen, einer falschen Staatsauffassung sowie in Unterschieden der Rassen und der Glaubensbekenntnisse. Man müsse deshalb, so wurde erklärt, »für die Beseitigung von Klassen« und für eine auf gegenseitiger Hilfe begründeten »weltumfassenden Brüderlichkeit« wirken.[4] Als entscheidend für die Verhinderung des Krieges sahen einige Vertreter des BdK die Verbindung der individuellen Kriegsdienstverweigerung mit einem Generalstreik der Arbeiterklasse an. Hierfür setzte sich insbesondere H. STÖCKER auf dem Internationalen Friedenskongreß 1922 in Den Haag ein.[5]

Mit seiner kleinbürgerlich-idealistischen Grundhaltung und der Aufforderung zur absoluten Gewaltlosigkeit stand der BdK in Widerspruch zu den objektiven Erfordernissen eines wirksamen Kampfes gegen Imperialismus und Militarismus. In der zugespitzten Situation der Klassenauseinandersetzung in der Zeit der revolutionären Nachkriegskrise mußte die Verbreitung der Illusion, es sei mit dem Bekenntnis »Ohne mich« alles getan, besonders schädlich und desorientierend wirken. Nachdrücklich hatte W. I. LENIN bereits während des Krieges auf die Gefährlichkeit derartiger Auffassungen für das Proletariat hingewiesen: »Kriegsdienstverweigerung, Streik gegen den Krieg usw. ist einfach eine Dummheit, ein jämmerlicher und feiger Traum von unbewaffnetem Kampf gegen die bewaffnete Bourgeoisie, ein Seufzen nach Beseitigung des Kapitalismus ohne erbitterten Bürgerkrieg oder eine Reihe solcher Kriege.«[6]

In verschiedenen Ländern hatten sich nach dem ersten Weltkrieg Organisationen der Kriegsdienstverweigerer gebildet. Im März 1921 schlossen sie sich auf einer Konferenz in Bilthoven (Holland) zu einer *Internationale der Kriegsdienstgegner (Paco)* zusammen. 1923 wurde die Zentrale von Holland nach England verlegt. Die Führer der englischen Kriegsdienstgegner, die sich nach wie vor auf Kräfte in der *Unabhängigen Arbeiterpartei* stützen konnten, setzten sich aktiv für eine

weitere Ausbreitung der Bewegung ein. Vorsitzender des *Internationalen Ausschusses* war F. BROCKWAY. Als Sekretär fungierte H. Runham BROWN. H. STÖCKER gehörte dem Ausschuß als Vertreter des BdK an. Der bisherige Geschäftsführer des BdK, M. STEINITZ, wirkte seit 1924 in der Geschäftsstelle der Internationale. 1925 gehörten der Internationale 42 Organisationen aus 18 Ländern an.[7]

Im Unterschied zu Organisationen der Kriegsdienstverweigerer in einer Reihe anderer Länder besaß der BdK nur eine geringe Mitgliederzahl. Dies war insbesondere darauf zurückzuführen, daß es in Deutschland keine allgemeine Wehrpflicht gab und daher eine unmittelbare Interessenvertretung für Kriegsdienstverweigerer entfiel. Der BdK gehörte dem ↗ *Deutschen Friedenskartell (DFK)* seit dessen Gründung 1921 an. Er setzte sich hier dafür ein, den Gedanken der Kriegsdienstverweigerung in die gesamte pazifistische Bewegung zu tragen und gemeinsame antimilitaristische Aktionen durchzuführen. Eine aktive Arbeit leistete er z. B., als die *Internationale der Kriegsdienstgegner* 1925 eine Unterschriftenaktion für ein »Internationales Manifest gegen die Wehrpflicht« einleitete. Dieses Manifest wurde von zahlreichen namhaften Persönlichkeiten und führenden Pazifisten unterzeichnet; aus Deutschland u. a. von Albert EINSTEIN, Harry GRAF VON KESSLER, General a. D. Berthold VON DEIMLING, Generalmajor a. D. Paul FREIHERR VON SCHOENAICH, Pater Franziskus STRATMANN und Fritz VON UNRUH.[8] Nach und nach sprachen sich weitere pazifistische Organisationen für die Kriegsdienstverweigerung als wichtiges Mittel des Antikriegskampfes aus, so die *Weltjugendliga, Verband Deutschland*, der *Deutsche Pazifistische Studentenbund*, die katholische *Großdeutsche Volksgemeinschaft*, der ↗ *Friedensbund Deutscher Katholiken (FDK)* und die *Gruppe revolutionärer Pazifisten*. In der ↗ *DFG* setzten sich immer stärker Kräfte durch, die die Kriegsdienstverweigerung als Massenbewegung zu entwickeln suchten. 1927 wurde nach dem Beispiel der »Ponsonby-Aktion«[9] der Kriegsdienstgegner Englands im Zwickauer Gebiet und in Rheinland/Westfalen eine Unterschriftensammlung durchgeführt, im Rahmen derer über 220 000 Personen erklärten, sie würden im Falle eines Krieges der Regierung die Unterstützung versagen und den Kriegsdienst verweigern. Diese Aktion wurde nicht allein vom BdK getragen, sondern hauptsächlich vom *DFK*, von der *DFG* sowie linkssozialdemokratischen Kräften organisiert.[10]

Der BdK hatte sich 1926 mit der *Gruppe revolutionärer Pazifisten*, der *Weltjugendliga, Verband Deutschland* und anderen Organisationen zu einem *Verband radikalpazifistischer Gruppen Deutschlands* zusammengeschlossen, dessen Leitung in den Händen von Kurt HILLER, H. STÖCKER und Ernst THRASOLT lag.[11] Die weitere Existenz des Bundes wurde jedoch immer mehr in Frage gestellt, nachdem sich die *DFG* seine Forderungen zu eigen gemacht und auch in ihr neues Programm aufgenommen hatte. Um seine Eigenständigkeit stärker zu betonen, gab der BdK ab 1. Oktober 1929 eine eigene Zeitschrift, »Die Friedensfront« heraus, die als Beilage der »Deutschen Zukunft« erschien. Im Mittelpunkt seiner Tätigkeit standen der Kampf gegen die Wehrpflicht und die Schaffung eines Milizheeres, Unterschriftensammlungen, die Herausgabe pazifistischer Schriften, Treffen mit ausländischen Kriegsdienstgegnern u. a. m.[12] Während die *Gruppe revolutionärer Pazifisten* und andere pazifistische Kräfte die Notwendigkeit einer Gewaltanwendung durch das Proletariat im Klassenkampf und in einem Bürgerkrieg nicht von vornherein ausschlossen, beharrte der BdK auf dem Grundsatz der absoluten Gewaltlosigkeit. Auch grenzte er sich von denjenigen Pazifisten ab, die in der Kriegsdienstverweigerung ein »politisches Mittel« für einen »politischen Zweck« sahen. Führende Vertreter des Bundes erklärten, sie ließen sich allein vom ethischen Prinzip der »Heiligkeit des menschlichen Lebens« leiten.[13] Vor der Reichstagswahl 1930 trat der BdK mit Fragen an die politischen Parteien heran, die sich auf die Stellung zum Kriegsächtungspakt, zur Abrüstung, zum Wehretat sowie zur Wehrpflicht und zur Arbeitsdienstpflicht bezogen. Auf Grund der hierzu eingegangenen Antworten rief er zur Wahl von *SPD, KPD* oder ⁊ *Christlich-Sozialer Reichspartei (CSRP)* auf, da sie seinen Auffassungen am nächsten stünden, wenn auch alle 3 Parteien »ihre Mängel« hätten.[14]

Führende Mitglieder des Bundes setzten sich mit den inhumanen Zügen des Faschismus auseinander, ohne allerdings dessen Klassencharakter zu durchschauen. Arnold KALISCH, Schriftleiter der »Friedensfront«, erklärte, Faschismus sei »Ultranationalismus plus individueller Terror«.[15] Nach dem Wahlerfolg der ⁊ *NSDAP* bei der Reichstagswahl 1930 gab der BdK ein Flugblatt gegen die »nationalsozialistische Kriegsgefahr« heraus. Hierin wurde erklärt, die Politik der *NSDAP* führe zu einem »neuen Weltkrieg« und sei ein Unglück für Deutschland.[16] Dennoch vermochte der BdK nicht, die Erfordernisse des Kampfes gegen den drohenden Faschismus zu erkennen und isolierte sich immer mehr von der antifaschistischen Bewegung. Nach der Errichtung der faschistischen Diktatur mußte der BdK ebenso wie die anderen pazifistischen Organisationen die Tätigkeit einstellen.

Quellen und Literatur

Siehe hierzu die entsprechenden Angaben im Artikel ⁊DFG. Spezielle Hinweise zur Entwicklung des BdK enthalten die angeführten Publikationsorgane sowie die Tätigkeitsberichte des BdK, die von der »Friedens-Warte« und ab 1929 von der »Friedensfront« veröffentlicht wurden. Ferner gab der BdK bzw. die Internationale der Kriegsdienstgegner eine Reihe pazifistischer Schriften heraus.[17] Einen Einblick in die Tätigkeit des BdK gibt die Diplomarbeit von Manfred Rauer »Der Bund der Kriegsdienstgegner in der Zeit der Weimarer Republik von 1919 bis 1933 unter besonderer Berücksichtigung seiner Haltung zur Arbeiterklasse« (Jena 1973).

Anmerkungen

1 Siehe Siegfried Bünger: Die sozialistische Antikriegsbewegung in Großbritannien 1914–1917, Berlin 1967, S. 75ff. und 92ff. sowie Fenner Brockway: Auf der Linken, Hamburg 1947, S. 78ff.

2 Die Friedensbewegung. Ein Handbuch der Weltfriedensströmungen der Gegenwart. Hrsg. Kurt Lenz / Walter Fabian, Berlin 1922, S. 295.

3 Gewalt und Gewaltlosigkeit. Handbuch des aktiven Pazifismus. Im Auftrag der Internatio-

nale der Kriegsdienstgegner hrsg. von Franz Kobler, Zürich–Leipzig 1928, S. 361.

4 Ebenda, S. 361f.

5 Siehe Bericht über den Internationalen Friedenskongreß, abgehalten im Haag (Holland) vom 10. bis 15. Dezember 1922, unter den Auspizien des Internationalen Gewerkschaftsbundes, Amsterdam o. J., S. 141ff.

6 W. I. Lenin: Lage und Aufgaben der Sozialistischen Internationale, Werke, Bd. 21, Berlin 1960, S. 27.

7 Siehe Internationale der Kriegsdienstgegner. Bulletin, Nr. 1 (Oktober 1923), Nr. 9 (November 1925) sowie Tätigkeitsbericht des Bundes der Kriegsdienstgegner. In: Die Friedens-Warte, XXV. Jg. 1925, H. 5, S. 152ff.

8 Gewalt und Gewaltlosigkeit, S. 362ff.

9 Auf Initiative Lord Arthur Ponsonbys, ehemaliger Unterstaatssekretär für auswärtige Angelegenheiten, waren in England 128 770 Unterschriften zu einem von ihm verfaßten »Friedensbrief« gesammelt worden. Der Brief lautete: »Die hier Unterzeichneten sind überzeugt, daß alle zwischenstaatlichen Streitigkeiten durch diplomatische Verhandlungen oder irgendeine Form internationaler Schiedsgerichtsbarkeit geschlichtet werden können. Sie erklären daher hierdurch feierlich, daß sie einer Regierung, die zu den Waffen greift, jede Unterstützung und jede Art Kriegsdienst verweigern werden.« Am 8. 12. 1927 überreichte Ponsonby diesen Brief dem englischen Ministerpräsidenten. (Gewalt und Gewaltlosigkeit, S. 364).

10 Siehe ebenda und Georg Schulze-Moehring: Deutsche Friedensbewegung. In: Der Kriegsdienstgegner. Nachrichtenblatt der Internationale der Kriegsdienstgegner, Nr. 20 (Juni 1928), S. 9.

11 Siehe IML, ZPA, St. 12/105/7 und 34.

12 Siehe Tätigkeitsberichte des Bundes der Kriegsdienstgegner (1. 4. 1929 – 31. 3. 1930 und 1. 4. 1930–31. 3. 1931). In: Die Friedensfront, 2. Jg., Nr. 9 vom 1. 5. 1930 und 3. Jg., Nr. 9 vom 1. 5. 1931.

13 Siehe Arnold Kalisch: Die mehreren Kriegsdienstverweigerungen. In: Ebenda, 2. Jg., Nr. 4 vom 15. 2. 1930.

14 Siehe Die Friedensfront, 2. Jg., Nr. 17 vom 1. 9. 1930 und Nr. 19 vom 1. 10. 1930.

15 A. Kalisch: Bürgerkrieg und Dienstverweigerung. In: Ebenda, 2. Jg., Nr. 12 vom 15. 6. 1930.

16 Die Friedensfront, 2. Jg., Nr. 21 vom 1. 11. 1930 und Nr. 22 vom 15. 11. 1930.

17 Siehe Anmerkung 3 sowie Martha Steinitz/ Olgar Misař/Helene Stöcker: Kriegsdienstverweigerer in Deutschland und Österreich, Berlin-Nikolassee o. J. Die Kriegsdienstgegner der ganzen Welt. Bericht über die Bewegung in 20 Ländern und über die Internationale Konferenz in Hoddesdon, Juli 1925, London-Enfield 1925. H. Runham Brown: Der Durchbruch, hrsg. vom Bund der Kriegsdienstgegner, Berlin 1930. Moderne Märtyrer. Dokumente der Internationale der Kriegsdienstgegner, Berlin 1928. Kriegsdienstgegner in vielen Ländern (1929). Die Kriegsdienstgegner der ganzen Welt in Frankreich, Heide in Holstein 1931.

Werner Fritsch

Bund der Landwirte (BdL)
1893–1920

Im Kampf gegen die Zollpolitik der Regierung Caprivi gegründet, entwickelte sich der BdL zur führenden politischen Interessenorganisation der preußischen Junker neben der Deutschkonservativen Partei (DkP) (↗ Konservative Partei [KoP]). Der BdL gab die ökonomische und politische Vorrangstellung der Großagrarier, insbesondere der preußischen Junker, unter Berufung auf agrarkonservative Auffassungen als Voraussetzung für die Wahrung der Interessen der herrschenden Klasse und des Volkes aus. In seiner demagogischen Stellungnahme gegen den Kapitalismus und im Kampf gegen die revolutionäre Arbeiterbewegung nutzte er insbesondere die soziale Zwischenstellung und reale Interessen der Mittelschichten sowie die zur Reaktion tendierenden Seiten des kleinbürgerlichen Bewußtseins aus. Er konnte sich einen relativ beständigen Massenanhang unter den Bauern schaffen. Obwohl sein direkter Einfluß auf die städtischen Mittelschichten geringer und unbeständig war, hatte er großen Anteil an der Verbreitung solcher Varianten imperialistischer Ideologie, die speziell diese Schichten ansprachen. Das sich mit dem Übergang des Kapitalismus in sein imperialistisches Stadium weiter entwickelnde Bündnis zwischen Junkertum und Monopolbourgeoisie und deren zunehmende Verschmelzung förderte der BdL in Zusammenarbeit mit anderen extrem reaktionären Kräften, die vorwiegend schwerindustrielle Monopole vertraten. Das schloß die teilweise Verschärfung der Widersprüche mit verschiedenen Gruppierungen der herrschenden Klasse ein. Mit der DkP stimmte der BdL in allen Grundfragen überein; er übernahm ihr gegenüber in entscheidenden Fragen der Politik und Ideologie mehr und mehr eine Führungsrolle und war maßgeblich daran beteiligt, sie an die Bedingungen des Imperialismus anzupassen sowie ihren Masseneinfluß zu sichern.

Im ersten Weltkrieg gehörte der BdL zu den reaktionärsten und aggressivsten Kräften, die um den ↗ Alldeutschen Verband (ADV) gruppiert waren. Die sich seit seiner Gründung tendenziell verstärkende antisozialistische und antidemokratische Grundlinie kulminierte während der Novemberrevolution und zu Beginn der revolutionären Nachkriegskrise in einem militanten Antikommunismus und Antisowjetismus, im verschärften Kampf gegen soziale und politische Rechte der Werktätigen und in den Bestrebungen zur Wiederherstellung der Hohenzollernmonarchie. Die Nachfolgeorganisation des BdL war der ↗ Reichs-Landbund (RLB).

Vorsitzende

Berthold VON PLOETZ (1893–1898); Conrad FREIHERR VON WANGENHEIM (1898–1920); Gustav ROESICKE (1898–1920)

Stellvertretende Vorsitzende

G. ROESICKE (1893–1898); Karl LUCKE (1900–1914); Ernst ENDELL (1900–1914); Henning AUS DEM WINCKEL (1909–1920); Luitpold WEILNBÖCK (1915–1920)

Direktoren: Heinrich SUCHSLAND (1893 bis 1897); Diederich HAHN (1897–1914); Paul PLASKUDA und Otto VON KIESENWETTER (1914 bis 1918 als »amtierende Vertreter«); Siegfried Wilhelm Lothar VON VOLKMANN (1918 bis 1920)

Mitglieder siehe Tabelle

Konstituierende Versammlung am 18. Februar 1893

Generalversammlungen (sämtliche in Berlin im Februar des angegebenen Jahres)

1. 17. Februar 1894	14. 11. Februar 1907
2. 18. Februar 1895	15. 17. Februar 1908
3. 18. Februar 1896	16. 22. Februar 1909
4. 15. Februar 1897	17. 21. Februar 1910
5. 14. Februar 1898	18. 20. Februar 1911
6. 13. Februar 1899	19. 19. Februar 1912
7. 12. Februar 1900	20. 17. Februar 1913
8. 11. Februar 1901	21. 16. Februar 1914
9. 10. Februar 1902	22. 21. Februar 1917
10. 9. Februar 1903	25.ʔ 18. Februar 1918
11. 15. Februar 1904	26. 17. Februar 1919
12. 13. Februar 1905	27. 17. Februar 1920
13. 12. Februar 1906	

Presse

»Bund der Landwirte« (erschien als offizielles Organ des BdL seit 1. April 1893 wöchentlich in Berlin, seit 1. April 1907 mit einer monatlich erscheinenden illustrierten Beilage; 1900 wöchentlich 7, 1906 noch 6 Regionalausgaben)
Auflagen der Zentralausgabe siehe Tabelle

Auflagen der Zentralausgabe der Zeitschrift »Bund der Landwirte«

1893	167 000	1908	221 000
1894	171 000	1911	242 000
1895	163 000	1912	247 000
1896	180 000	1913	243 000
1900	171 000	1918	191 480
1903	150 000	1919	183 360
1907	210 000		

Quelle: Geschäftsberichte des Direktors des BdL

Auflagen der Regionalausgaben: 1905 — 74 000, 1919 — 124 000 »Korrespondenz des Bundes der Landwirte« (erschien seit Frühjahr 1893 ein- bis dreimal wöchentlich, Auflagen 1895 — 2 000, 1907 — 3 600)
»Mitteilungen des BdL«

Der Engere Vorstand des BdL lenkte folgende Presseorgane, die als angeblich un-

Mitglieder des Bundes der Landwirte

1893 (Mai)	162 000	1904	250 000
1893 (Ende		1905	270 000
Oktober)	152 600	1906	282 000
1894	178 200	1907	283 000
1896	189 800	1908	290 000
1897	184 300	1909	309 000
1899	188 000	1910	312 000
1900	206 000	1911	323 000
1901	232 000	1912	328 000
1902	250 000	1914	330 000

Quelle: Geschäftsberichte des Direktors des BdL

Territoriale Verteilung der Mitglieder des BdL

	östl. d. Elbe	westl. d. Elbe
1895	etwa 99 000	89 000
1898	91 000	96 000
1900	100 600	105 400
1901	110 000	122 000
1902	115 000	135 000
1904	111 000	139 000
1906	121 000	151 000
1910	134 000	178 000

Quelle: Geschäftsberichte des Direktors des BdL

abhängig herausgegeben wurden: »Deutsche Tageszeitung« (erschien seit 1. September 1894 in Berlin, täglich 2 Ausgaben, auf Beschluß des Engeren Vorstandes gegründet, Auflagen: seit 1894 etwa 40 000, 1914 etwa 37 000, 1918 etwa 69 000); »Berliner Blatt« (erschien seit 1. Oktober 1897 täglich, als »Volksblatt« gegründet); »Illustrierte Landwirtschaftliche Zeitung« (Anfang 1901 offiziell vom Verlag der Deutschen Tageszeitung übernommen, aber ein als »Fachzeitung« getarntes Organ des Engeren Vorstandes des BdL, auch als »Beilage für die Hausfrau« zu »Der Bund der Landwirte« vertrieben, Auflage: 1895 über 10 000); »Der Getreidemarkt« (hrsg. von Gustav RUHLAND); »Deutsche Agrarkorrespondenz« (ab 1897 hrsg. von Edmund KLAPPER); »Die Deutsche Agrarzeitung« (erschien ab 1897 in Berlin); »Deutsche

Lehrerzeitung« (seit der Jahrhundertwende zunehmend unter dem Einfluß des BdL); »Die Gutsfrau« (erschien ab Ende 1918) u. a.

1. Gründung, Programm, organisatorische Grundlagen und Charakter des BdL

Eine außergewöhnlich lange Agrarkrise, die seit Beginn der 70er Jahre andauerte, verstärkte auch nach 1890 die wirtschaftlichen Belastungen besonders der Klein- und Mittelbauern. Die preußischen Junker konnten so ihre Rolle als Wortführer des Kampfes für den Schutz der »notleidenden deutschen Landwirtschaft« weiter spielen, wie sie das bereits seit Mitte der 70er Jahre in der ↗ *Vereinigung der Steuer- und Wirtschaftsreformer (VSW)*, in verschiedenen konservativen Bauernvereinen und seit 1885 insbesondere im ↗ *Deutschen Bauernbund (DBb)* getan hatten.

Die Zoll- und Handelsvertragspolitik der Regierung CAPRIVI, die die gewachsene Macht der industriellen Bourgeoisie berücksichtigte und sie begünstigte, wurde von der junkerlichen Reaktion heftig angegriffen. Ihre politisch führenden Kräfte werteten das Sinken der Getreidepreise, das sie ausschließlich auf die Ermäßigung der Zölle zurückführten, prinzipiell als Ausdruck des Verfalls der Gesellschaft. Eine zusätzliche Gefährdung ihrer Vorrechte sahen sie im Sturz BISMARCKS und im Fall des Sozialistengesetzes, so daß sie entsprechende staatliche Sicherungen durch ein bonapartistisches Regime forderten. Die Agitation für die Erhöhung der Getreidezölle heizten maßgebliche Gruppen der preußischen Junker vor dem Abschluß des Handelsvertrages mit Rußland weiter an. Ihr Vorhaben, hierfür in der Bauernschaft einen Massenanhang zu mobilisieren, wurde dadurch begünstigt, daß die Auswirkungen der Agrarkrise durch die schlechte Kartoffel- und Rübenernte des Jahres 1892 sowie durch eine schnell um sich greifende Maul- und Klauenseuche verschärft wurden.[1] Besondere Bedeutung erlangte ein Artikel des Vorsitzenden der konservativen Fraktion im preußischen Abgeordnetenhaus, Friedrich Wilhelm GRAF VON LIMBURG-STIRUM. Er

brachte zum Ausdruck, daß mit den herkömmlichen Mitteln konservativer Politik die Interessen der Junker nicht mehr gewahrt werden konnten.[2] Am 21. Dezember 1892 rief der schlesische Generalpächter Alfred RUPRECHT-RANSERN alle Landwirte zum Zusammenschluß auf, um mehr Einfluß auf die Gesetzgebung zu gewinnen:

»Ich schlage nichts mehr und nichts weniger vor, als daß wir unter die Sozialdemokraten gehen und ernstlich gegen die Regierung Front machen, ihr zeigen, daß wir nicht gewillt sind, uns weiter so schlecht behandeln zu lassen wie bisher, und sie unsere Macht fühlen zu lassen ...

Wir müssen schreien, daß es das ganze Land hört, wir müssen schreien, daß es bis in die Parlamentssäle und Ministerien dringt — wir müssen schreien, daß es bis an den Stufen des Thrones vernommen wird!

Aber wir müssen, damit unser Geschrei nicht auch wieder unbeachtet verhallt, gleichzeitig handeln. Wir müssen handeln, indem wir aufhören, was wir bis jetzt immer für selbstverständlich hielten, für die Regierung in unseren Bezirken die Wahl zu machen, wir müssen alle Ehrenämter usw. ablehnen, zu denen wir nicht gesetzlich verpflichtet werden können, wir müssen es dahin bringen, daß unsere Herren Landräte nach oben berichten, in den Kreisen der Landwirte herrsche die größte Unzufriedenheit, so daß ihre frühere so regierungsfreundliche Gesinnung in das Gegenteil umgeschlagen ist.

Wir müssen ... Politik, und zwar Interessenpolitik, ... rücksichtslose und ungeschminkte Interessenpolitik treiben.«[3]

C. VON WANGENHEIM reagierte auf diesen Aufruf mit einer von einigen Junkern gebilligten Resolution unter dem Titel »Eine Frage an die Regierung, eine Mahnung an die Landwirtschaft!«[4] Am 4. Februar 1893 beschlossen etwa 130 Großagrarier im »Klub der Landwirte« in Berlin, im Sinne der beiden Aufrufe den BdL zu gründen.[5] Die Vorbereitung und Durchführung der konstituierenden Versammlung übernahm ein Ausschuß von 25 Personen, dem unter der Leitung des Präsidenten des *DBb*, B. VON PLOETZ, u. a. angehörten: Hans Wilhelm Alexander GRAF VON KANITZ, Friedrich LUTZ, Otto Karl Gottlob FREIHERR VON MANTEUFFEL, Julius GRAF VON MIRBACH-SORQUITTEN, Robert VON PUTTKAMER, G. ROESICKE, A. RUPRECHT-RANSERN, Felix TELGE, Karl Ernst FREIHERR VON THÜNGEN-ROSSBACH und C. VON WANGENHEIM. Als Berater nahmen an der Arbeit des Ausschusses u. a. F. W. VON LIMBURG-STIRUM und Wilhelm FREIHERR VON HAMMERSTEIN teil.[6] Zur finanziellen Sicherstellung der ersten Maßnahmen brachten die Anwesenden 10 000 M auf.

Der BdL konstituierte sich am 18. Februar 1893 in Berlin in zwei aufeinanderfolgenden Versammlungen mit etwa 10 000 Teilnehmern.[7] Dem hier gewählten Vorstand gehörten B. VON PLOETZ als Vorsitzender und 6 Stellvertreter an.[8] C. VON WANGENHEIM betonte, daß mit dem BdL ein vielseitig einsetzbares Instrument der junkerlichen Interessenvertretung geschaffen werden sollte, durch das zugleich die Gesamtinteressen der herrschenden Klasse in einer den Zielen der Junker angepaßten Form zu sichern waren:

»Das augenblickliche Ziel, welches uns veranlaßt hat, mit etwas stürmischer Eile die Vorbereitungen zu treffen, ... war, Front zu machen durch eine imposante Kundgebung gegen die drohenden neuen Handelsverträge ... das zweite Ziel war, eine dauernde Einrichtung zu schaffen, um unsere Interessen besser vertreten zu können ... Wenn die Vereinigung in Berlin ihren Zentralvorstand hat, in den Provinzen Provinzialvorstände und weiterhin Kreisvorstände in allen deutschen Landesteilen, und bis in die kleinsten Orte hinein Vertrauensmänner, so braucht in Berlin nur auf den Knopf gedrückt zu werden, und die deutsche Landwirtschaft hat ihr gewichtiges Wort zu rechter Zeit ausgesprochen ... Stellen Sie sich vor, welchen riesigen Zuwachs die Ordnungsparteien erhalten, wenn wir die ganze träge Masse, welche bisher den Wahlen fernbleibt, heranziehen, wenn wir mit einer Macht zu den Wahlen kommen wie nie zuvor. Und vergessen Sie das eine nicht: wenn diesen Parteien ein Gewinn geschafft wird, welche zu gemeinschaftlicher Arbeit sich vereinigen können, wie werden sich da auch die Gegensätze abschleifen, die heutzutage vielfach zum Schaden aller Parteien existieren. Und wenn wir auf den äußersten Grund gehen: wem kommt es zustatten? Unserer Regierung, die noch stärker und mächtiger wird als heute.«[9]

Auf der Gründungsversammlung wurde folgendes Programm angenommen:

»Die deutsche Landwirtschaft ist das erste und bedeutendste Gewerbe, die festeste Stütze des deutschen Reiches und der Einzelstaaten. Dieselbe zu schützen und zu kräftigen ist unsere erste und ernsteste Aufgabe, weil durch das Blühen und Gedeihen der Landwirtschaft die Wohlfahrt aller anderen Berufszweige gesichert ist. Wir fordern daher:

1. Genügenden Zollschutz für die Erzeugnisse der Landwirtschaft und deren Nebengewerbe.

2. Deshalb keinerlei Ermäßigung der bestehenden Zölle, keine Handelsverträge mit Rußland und anderen Ländern, welche die Herabsetzung der deutschen landwirtschaftlichen Zölle zur Folge haben, und eine entsprechende Regelung unseres Verhältnisses zu Amerika.

3. Schonung der landwirtschaftlichen, besonders der bäuerlichen Nebengewerbe in steuerlicher Beziehung.

4. Absperrung der Vieheinfuhr aus seuchenverdächtigen Ländern.

5. Einführung der Doppelwährung als wirksamsten Schutz gegen den Rückgang des Preises der landwirtschaftlichen Produkte und Erzeugnisse.

6. Gesetzlich geregelte Vertretung der Landwirtschaft durch Bildung von Landwirtschaftskammern.

7. Anderweitige Regelung der Gesetzgebung über den Unterstützungswohnsitz, die Freizügigkeit und den Kontraktbruch der Arbeiter.

8. Revision der Arbeiterschutzgesetzgebung, Beseitigung des Markenzwanges und Verbilligung der Verwaltung.

9. Schärfere staatliche Beaufsichtigung der Produktenbörse, um eine willkürliche, Landwirtschaft und Konsum gleichmäßig schädigende Preisbildung zu verhindern.

10. Ausbildung des privaten und öffentlichen Rechts, auch der Verschuldungsformen des Grundbesitzes und der Heimstättengesetzgebung auf Grundlage des deutschen Rechtsbewußtseins, damit den Interessen von Grundbesitz und Landwirtschaft besser wie bisher genügt wird.

11. Möglichste Entlastung der ländlichen Organe der Selbstverwaltung.«[10]

Die Satzungen des BdL lehnten sich an die des ↗ DBb an. Sie wurden, ohne auf der konstituierenden Versammlung beschlossen worden zu sein, bereits 1893 in Kraft gesetzt. Auf der 1. Generalversammlung am 17. Februar 1894 verkündete sie G. ROESICKE in einer Fassung, die, von unwesentlichen Änderungen abgesehen, bis 1920 gültig blieb. In den Satzungen hieß es:

»§ 1: Der Bund der Landwirte umfaßt das Gebiet des Deutschen Reiches und hat seinen Sitz in Berlin.

§ 2: Der Zweck des Bundes ist, alle landwirtschaftlichen Interessenten ohne Rücksicht auf politische Parteistellung und Größe des Besitzes zur Wahrung des der Landwirtschaft gebührenden Einflusses auf die Gesetzgebung zusammenzuschließen, um der Landwirtschaft eine ihrer Bedeutung entsprechende Vertretung in den parlamentarischen Körperschaften zu verschaffen.

§ 3: Dieser Zweck soll erreicht werden:
1. durch Besprechungen und Beschlüsse der Mitglieder in Versammlungen;
2. durch Einwirkung auf die Wahlen, damit unabhängige Männer in die Parlamente gewählt
werden, welche bereit sind, auch die Interessen der
Landwirtschaft gerechterweise energisch wahrzunehmen und zu diesem Zwecke sofort nach ihrem
Eintritt in eine gesetzgebende Körperschaft einer
wirtschaftlichen Vereinigung beizutreten;
3. durch angemessene Vertretung der landwirtschaftlichen Interessen in der Öffentlichkeit, besonders in der Presse.«[11]

Die im § 4 formulierte Bedingung, daß Mitglied des BdL nur werden könne, wer »einem
der christlichen Bekenntnisse angehört«, war
eine taktisch zurückhaltende Orientierung auf
den Antisemitismus. Gemäß den Festlegungen im § 25 der Satzungen wurde unmittelbar
nach der Gründung eine zentralisierte Organisation aufgebaut, über die die Bundesführung trotz Verstoßes gegen das Koalitions-
verbot der Vereinsgesetze ungehindert verfügen konnte. Die unterste Organisations-
einheit waren die Ortsgruppen (1893: 25 000),
die in sog. Hauptgruppen zusammengefaßt
waren. Die Hauptgruppen der Kreise oder
Verwaltungsbezirke bildeten die Bezirksabteilungen (1893: 504). Im Interesse der
Anpassungsfähigkeit an die Erfordernisse des
Wahlkampfes war die nächsthöhere Organi-
sationseinheit nicht an der Verwaltungsglie-
derung orientiert, sondern wurde in den
Reichstagswahlbezirken Wahlkreisabteilun-
gen des BdL geschaffen (1893: 71). In den
Teilstaaten des Deutschen Reiches bestanden
Landesabteilungen, in den Provinzen Preußens Provinzialabteilungen. Deren Vorsitzende wurden gemeinsam von den Wahl-
kreis- und Bezirksvorsitzenden gewählt. Die
Provinzial- und Landesvorsitzenden sowie je
1 bis 3 weitere Vertreter der Länder bildeten
den Ausschuß (1893: 42 Mitglieder, 1898:
71 Mitglieder), der den Vorstand (1893:
14 Mitglieder) und aus dessen Mitte den
Engeren Vorstand wählte. Der Engere Vorstand bestand bis zum Tode von B. VON
PLOETZ (24. 7. 1898) aus dem Vorsitzenden,
dessen Erstem Stellvertreter und dem Direktor (B. VON PLOETZ, G. ROESICKE, H. SUCHS-
LAND, ab 21. Juni 1897 D. HAHN) und ab
8. August 1898 aus den beiden Vorsitzenden
und dem Direktor (C. VON WANGENHEIM,
G. ROESICKE, D. HAHN). Nach § 6 der Sat-

zungen war die Generalversammlung die
oberste Instanz des BdL. Das proklamierte
Recht der Mitglieder zur Mitentscheidung
erschöpfte sich in der Akklamation der von
den Bundesführern verkündeten Richtlinien.
Die äußerlich demokratisch anmutende Orga-
nisations- und Leitungsstruktur hinderte den
Engeren Vorstand nicht, den BdL diktatorisch zu leiten.[12] Entscheidende Grundlagen
wurden bereits 1893 mit der Ernennung aller
Funktionäre geschaffen, die durch spätere
»Wahlen« nur bestätigt werden konnten.[13]

Da die Vereinsgesetze den unmittelbaren
Anschluß des *DBb* an den BdL nicht zuließen,
löste er sich in 2 aufeinanderfolgenden Generalversammlungen auf. Die faktische Eingliederung seiner 40 000 Mitglieder vollzog
sich am 17. Juni 1893 dadurch, daß die Über-
gabe seiner finanziellen Mittel als Zahlung des
Jahresbeitrages für den Bund der Landwirte
anerkannt wurde.

Der BdL hat auf verschiedene Weise versucht, seinen Charakter als junkerliche Interessenorganisation zu verbergen. Erstens war
er angeblich eine berufsständische Organisation, »in hervorragender Weise ein Bund
der Bauern und Kleingrundbesitzer«.[14] Das
sollte mit deren beträchtlichem Anteil an der
Mitgliedschaft nachgewiesen werden. In den
Führungsgremien des Bundes hatten preußische Junker und andere Großagrarier die
Schlüsselpositionen inne. Im Gesamtvorstand
war nie ein Landwirt mit mittlerem oder
kleinem Besitz vertreten. Auch auf regionaler
Ebene standen Junker und andere Großagrarier an der Spitze.

Zweitens gab sich der BdL als Fürsprecher
einer »nationalen Wirtschaftspolitik« aus, um
sein Vordringen in den westelbischen Gebieten glaubhaft zu machen (siehe Tabelle 3).
Abgesehen davon, daß Repräsentanten des
preußischen Junkertums nicht nur östlich der
Elbe lebten und daß auch in nichtpreußischen
Gebieten reaktionäre Großagrarier die Politik
des BdL vertraten, hatten die Junker aus den
ostelbischen Provinzen Preußens doch im
Vorstand, im Ausschuß und bei den Wahlkreisvorsitzenden das Übergewicht.

Drittens wurde der Charakter des BdL als
junkerliche Interessenorganisation durch
seine »Mittelstandspolitik« verschleiert,
wobei deren antikapitalistische Demagogie
besondere Bedeutung erlangte.

Bereits die Gründungsversammlung verdeutlichte, daß der BdL in der Anpassung der konservativen Ideologie an die Bedingungen der 90er Jahre über ähnliche Versuche hinausging. Das galt vor allem für die Theorie der »organischen« Gesellschaft. Die konservative Auffassung vom Primat der Landwirtschaft war der Ausgangspunkt grundsätzlicher Erörterungen, in denen die Ansätze anderer Ideologiekomponenten enthalten waren. Dazu gehörten Antisozialismus, Nationalismus, militaristische Grundsätze, »monarchische Staatsauffassung« und die demagogischen Kritiken am Kapitalismus, die sowohl der Ablehnung der industriellen Entwicklung durch zahlreiche Junker und den Vorbehalten kleinbürgerlicher Schichten Rechnung trugen als auch eine differenzierte Haltung zu den verschiedenen Gruppen der Bourgeoisie ermöglichten. Rassismus und Antisemitismus wurden zwar noch nicht als ideologische Grundsätze verkündet, aber doch durch zahlreiche Äußerungen und durch die demonstrative Teilnahme Adolf STOECKERS ins Blickfeld gebracht.[15]

2. Die Präzisierung der politischen Leitlinien im Kampf gegen die Handelsvertragspolitik (1893–1897)

Die ersten Jahre nach der Gründung standen im Zeichen des Kampfes gegen die Handelsverträge und gegen CAPRIVI, an dessen Sturz der BdL maßgeblichen Anteil hatte. Heftig befehdete er die angeblich »ausschließliche Begünstigung des kapitalistischen Groß-Industrialismus in allen Erwerbszweigen« als »nicht nur antimonarchisch, sondern auch vaterlandsfeindlich«.[16] Die Ablehnung des deutsch-russischen Handelsvertrages ging so weit, daß er sogar einen Krieg mit Rußland in Erwägung zog.[17] Nach dem Abschluß der Handelsverträge stellte sich der BdL seit April 1894 auf die neuen Realitäten ein und suchte die Handelsvertragspolitik in erster Linie durch die Unterstützung des sog. Antrags KANITZ zu bekämpfen.[18] In der Kampagne für dessen Annahme operierte er mit der demagogischen Losung »Das Vaterland ist in Gefahr!«[19] Im gleichen Sinne motivierte die 2. Generalversammlung den Kampf des BdL

mit dem angeblichen Zwang, »die edelsten Güter gegen die Umstürzler zu verteidigen«.[20]

Die Forderung nach staatlich festgesetzten hohen Getreidepreisen gehörte zu den drei »großen Mitteln«, die in einer Erklärung des Vorstandes vom 9. November 1895 im Zusammenhang mit den »Grundanschauungen eines wirtschaftspolitischen Systems«[21] begründet und in der Resolution der 3. Generalversammlung am 18. Februar 1896 beschlossen wurden: »Befestigung des Getreidepreises auf mittlerer Höhe«, Einführung der Doppelwährung und Börsenreform.[22] Der Forderung nach Doppelwährung lag die Auffassung zugrunde, daß das Steigen des Goldwertes ausschließlich auf dem Sinken der Getreidepreise beruhte. Die freie Silberprägung propagierte der BdL als Garantie für ihr kontinuierliches Ansteigen. Die Resonanz der Doppelwährungspropaganda erklärt sich auch aus der Hoffnung, die in Goldwährung gemachten Schulden mit entwertetem Geld tilgen zu können.[23] Durch die Börsenreform sollte die Produktenbörse abgeschafft, zumindest aber das freie Börsengeschäft eingeschränkt werden, das in der Wechselwirkung von Angebot und Nachfrage die Stabilität hoher Getreidepreise gefährdete. Das am 6. Juni 1896 im Reichstag beschlossene Börsenreformgesetz verbot entsprechend den Forderungen des BdL den Börsenterminhandel in Getreide und Mühlenfabrikaten.[24] Bei der Propaganda für dieses Gesetz knüpfte der BdL mit den Forderungen nach Schutz vor Konkurrenz und Spekulation an Interessen der Bauern und der städtischen Mittelschichten an. Mit der Brandmarkung der Börse als Inkarnation des »internationalen Judentums« förderte er antisemitische Haltungen.

Der engere Vorstand maß der ideologischen Fundierung seiner gesamten Politik eine so große Bedeutung bei, daß er hierzu verschiedene offizielle Verlautbarungen herausgab. Die wichtigsten waren die programmatischen Leitsätze, die vom Ausschuß in der Sitzung vom 3./4. Dezember 1894 beschlossen wurden[25], und eine Erklärung über die Grundanschauungen des BdL vom 9. November 1895.[26] Mit dieser war ein gewisser Abschluß der Bemühungen um eine komplexe Ideologie erreicht, die für eine einheitliche Ausrichtung aller Aktivitäten des BdL geeignet war. Aus dem sozialen Standort des preußischen Junkertums resultierte das Bekenntnis des BdL zum agrarischen Konservatismus, dessen Grundzüge sich mit verschiedenen wirtschafts-, staats- und gesellschaftstheoretischen Auffassungen verbanden, die im Sinne der Junker rezipiert wurden. Zum Kristallisationspunkt der unterschiedlichen Ideologiekomponenten wurde die Parole der »nationalen Wirtschaftspolitik«.[27] Sie entsprach der spezifischen Aufgabenstellung des BdL, insbesondere seiner angeblich ausschließlich wirtschaftspolitischen Orientierung und enthielt eine dementsprechende Anpassung traditioneller konservativer Dogmen. Der BdL beharrte auf der »organischen« Gesellschafts- und Staatsauffassung, nach der ein gesunder volkswirtschaftlicher Organismus nur auf agrarischer Grundlage existenz- und entwicklungsfähig sei. In diesem Sinne erklärte die Bundesführung, daß die Auffassung »von der natürlichen Grundlage aller wirtschaftlichen Dinge, vom Grund und Boden« der »Mittelpunkt und Ausgangspunkt« ihrer Anschauungen sei.[28] Die Hervorhebung harmonischer Wechselbeziehungen zwischen den Produktivkräften trug den kapitalistischen Entwicklungstendenzen und dem sich festigenden Bündnis der Junker mit bestimmten Monopolgruppen Rechnung, ohne auf das Postulat einer volkswirtschaftlichen Vorrangstellung der Landwirtschaft zu verzichten. Die organische Theorie wurde besonders von G. RUHLAND für die Politik des BdL aufbereitet.[29]

Die stärkere Ausprägung der biologistischen Momente der agrarkonservativen Ideologie nutzte der BdL zur Rechtfertigung seines zunehmend militanten Charakters. Seine Politik stellte er als Kampf der »gesunden« Kräfte der Nation gegen die »widernatürlichen« Bestrebungen internationaler, »volksfremder Elemente« dar, zu denen sowohl das »internationale Kapital« als auch die revolutionäre Arbeiterbewegung gerechnet wurden. Auf der Grundlage des Biologismus wurde der Nationalismus des BdL zunehmend rassistisch motiviert, was zur allmählichen Ausprägung einer »völkischen« Ideologie beitrug.[30] Der »Bauernstand«, der an die »allnährende Mutter Erde« gebunden sei, war danach die Verkörperung von »Blut und Boden«, aus

dem alle anderen Teile des Volkes ihre Kraft holen mußten.[31] Durch »Gut und Blut« mit dem »Mittelstand« verbunden, bildete er mit diesem angeblich die ehernen Säulen des Volkslebens, an denen der Ansturm der internationalen Sozialdemokratie und des »undeutschen Kapitals« zerschellen mußte.[32]

Die organische Gesellschaftsauffassung gab die Grundlage für die besondere Stellung des BdL zur kapitalistischen Entwicklung und zu den verschiedenen Gruppen der Bourgeoisie. Seit Beginn seiner Tätigkeit hat er gegen das Industrie-, Bank- und Handelskapital Stellung genommen, wobei eine zunehmende Differenzierung in seiner Haltung zu den verschiedenen Gruppierungen festzustellen ist. Das sog. nationale Kapital, d. h. in erster Linie die reaktionärsten Gruppen der Schwerindustrie, wurde mehr und mehr als unverzichtbarer Mitgestalter der »nationalen Wirtschaftspolitik« anerkannt.[33] Vor allem G. ROESICKE und C. VON WANGENHEIM haben solchen Differenzierungen in der Ideologie große Aufmerksamkeit geschenkt und zu plumpe Angriffe kritisiert. Die öffentlichen Stellungnahmen des BdL erweckten den Eindruck, daß er den Auseinandersetzungen mit bestimmten Kapitalgruppen, vor allem mit dem Börsen- und Handelskapital, größere Bedeutung beimaß als dem Kampf gegen die revolutionäre Arbeiterbewegung. Das Verhältnis zu verschiedenen Gruppen der Bourgeoisie berührte unmittelbar die Profitinteressen der Junker und ihre politischen Vorrechte. Außerdem nutzte der BdL die Differenzen mit anderen Gruppen der herrschenden Klasse für die Gewinnung von Anhängern aus deren Reihen und für die Ablenkung von der volksfeindlichen Politik der Junker aus.

Dennoch hatte der Kampf gegen die revolutionäre Arbeiterbewegung die Priorität. Als Hauptmittel dieses Kampfes betrachteten die Führer des BdL aber nicht die Agitation, sondern die Unterdrückung.[34] Doch gewisse Formen der Korrumpierung akzeptierten sie bereits in den 90er Jahren als Ergänzung des Terrors: »... auf dem platten Lande müssen durch Herbeiführung befriedigender wirtschaftlicher Verhältnisse die Wasser abgegraben werden, welche unsere bestehenden Verhältnisse zu überfluten drohen.«[35] Aus der organischen Gesellschaftsauffassung folgte die Forderung, die Verteilung des Besitzes als naturgegeben zu betrachten. »Die Welt steht unter dem Zeichen der Ungleichheit. Die Geschlechter, die Talente sind verschieden... die Natur gibt uns somit selbst einen Fingerzeig für das, was dem Menschen unerreichbar ist.«[36] Der Antisozialismus war ein Wesenszug der Politik und Ideologie des BdL in all ihren Varianten, er wurde als Bedingung für die Erhaltung der »deutschen Art«, als ein Naturgesetz im Sinne des Sozialdarwinismus dargestellt.[37]

Der BdL bekannte sich uneingeschränkt zur Hohenzollernmonarchie und erklärte sich als »königstreu bis in die Knochen«. Er »begründete« seinen »treumonarchischen Standpunkt« mit den Dogmen der konservativen Ideologie und mit politischen Erfordernissen. Die Füße des Thrones wurzelten nach seiner Deutung naturgemäß in dem »gewachsenen Boden« der Bauern und des »Mittelstandes«, in dem die »Saugwurzeln der Kultur« lagen.[38] Parlaments- und Parteiensystem wurden als »undeutscher Kuhhandel« prinzipiell abgelehnt.[39]

Der militante Nationalismus des BdL äußerte sich immer stärker im Antisemitismus, in dem verschiedene seiner ideologischen Varianten, vor allem die antikapitalistische Demagogie, der Antisozialismus und der Biologismus mit zunehmend rassistischer Zuspitzung, vereinigt waren. Im politischen Tageskampf fand der Antisemitismus unterschiedliche Ausdrucksformen. Neben der pseudowissenschaftlich verbrämten Variante und in Wechselwirkung mit ihr wurde bereits Mitte der 90er Jahre ein hemmungsloser Radauantisemitismus praktiziert:

»Die Macht des Goldenen Kalbes ist größer als jemals, und die Schar der Diener dieses Götzen der Zeit ist zugleich die unserer Feinde ... Vor diesem Drachen der goldenen Internationale will der Landwirt Haus und Heim, sich und seine Lieben schützen ... Lassen wir darum in fröhlich-frischem Streit unsere Klingen in der Sonne blitzen und versuchen wir, die Politiker niederzuzwingen, welche die Axt an die historischen Wurzeln deutschen Grundbesitzes legen möchten ... Das ganze markige und tüchtige Geschlecht der jetzigen Grundbesitzer soll von diesen Juden und Judengenossen depossediert werden.«[40]

Die ideologische Propaganda des BdL war durchgängig mit dem Mißbrauch religiöser Gefühle verbunden. Es gab kein politisches Betätigungsfeld, für das er nicht den Segen Gottes in Anspruch genommen hätte. G. ROESICKES Darstellung der »Grundanschauungen« war typisch für eine entsprechende Variation der konservativen Dogmen. Er kennzeichnete »eine christlich-organische und eine christlich-germanische Gestaltung (des) Volkslebens« als Ziel des BdL, das in den natürlichen Lebensbedingungen des Bauern einen unversiegbaren Quell habe.[41] Während der Generalversammlungen fanden Gottesdienste beider Konfessionen statt, für die sich immer Worte aus der Heiligen Schrift fanden, die im Sinne der Junkerforderungen umfunktioniert werden konnten. So wurde auf der ersten Generalversammlung die »segensreiche« Auswirkung hoher Getreidepreise für alle Volksschichten in einer Predigt dargestellt, die in die Aufforderung einmündete, in allen »Mitbrüdern die Erkenntnis zu wecken: ›So ein Glied wird herrlich gehalten, so freuen sich alle Glieder mit‹«.[42] Obwohl die führenden Kräfte des BdL auf die preußische Staatskirche eingeschworen waren, demonstrierten sie Toleranz in Konfessionsfragen. Das geschah vor allem im Interesse des Einflusses auf die süddeutschen Staaten und die westlichen preußischen Provinzen mit vorwiegend katholischer Bevölkerung.

Als Ausdruck der wachsenden Vielfalt in der Politik des BdL profilierte sich seit 1894 die sog. Mittelstandspolitik, mit der im engeren Sinne des Begriffes die Politik gegenüber den städtischen Mittelschichten, insbesondere den Handwerkern und anderen Kleingewerbetreibenden, bezeichnet wurde. Auf der 1. Generalversammlung erklärte C. VON WANGENHEIM, daß in der Selbständigkeit der Existenz die Stärke des deutschen Volkes liege. Deshalb wolle der Bund dafür sorgen,

»daß der Mittelstand, der Bauer, der Handwerker und der Kaufmann, der in den unruhigen Strömungen der Jetztzeit das festeste Element mit seiner Eigenart bildet, erhalten bleibt ... Der Bund will nicht nur die Landwirtschaft – den gesamten Mittelstand will er erhalten. Gern gehen wir Hand in Hand mit Handwerk, Handel und Industrie ... Der deutsche Geist wird erst wieder gesunden, wenn es mit dem deutschen Mittelstand anders wird«.[43]

Der BdL nutzte die soziale Zwischenstellung, die antikapitalistischen Stimmungen und die Existenzangst der durch die kapitalistische

Konkurrenz bedrängten Kleinbürger für seine »Mittelstandspolitik« aus, deren demagogischer Charakter sich im Laufe der 90er Jahre stärker ausprägte und die immer mehr ein Grundzug der gesamten Tätigkeit des BdL wurde. In den 90er Jahren entwickelten sich die »Handwerkerpolitik« und die Warenhausagitation als die wichtigsten speziellen Arbeitsgebiete der »Mittelstandspolitik«. Anknüpfend an rückwärtsgewandte Vorstellungen vieler Handwerker, insbesondere an zünftlerische Traditionen, forderte der BdL seit 1893 ein Handwerkergesetz, das die Einrichtung von Zwangsinnungen und die Einführung des Befähigungsnachweises für Handwerksmeister festlegen sollte. Die Forderung nach Zwangsinnungen stand zunächst im Vordergrund, weil diese als staatlich geleitete Organisationen die Möglichkeit geboten hätten, maßgeblichen Einfluß auf die Masse der Handwerker zu sichern. Gegen beide Forderungen bildete sich eine breite Front der industriellen Bourgeoisie, der deutschen Einzelstaaten und der Reichsregierung. Die ökonomischen Interessen aller Teile der industriellen Bourgeoisie (Ausnutzung der Konkurrenz unter den Handwerkern, Kooperationsbeziehungen, Facharbeiterreservoir u. a.) stimulierten die ablehnende Haltung.[44] Die seit 1894 verstärkten Versuche des BdL, eine Massenbewegung der Handwerker für seine Vorschläge zu entwickeln, fanden zunächst relativ starke Resonanz. Das Gesetz zur Abänderung der Gewerbeordnung vom 26. Juli 1897[45] bot mit der Einführung der sog. fakultativen Zwangsinnungen einen Kompromiß im Sinne des Bündnisses zwischen dem Junkertum und besonders den schwerindustriellen Monopolen an und entsprach den gemeinsamen Interessen aller Teile der herrschenden Klasse an antisozialistischen Organisationen der Handwerker. In dem Maße, in dem sich der BdL davon überzeugen mußte, daß er mit Hilfe der fakultativen Zwangsinnungen und der freiwilligen Innungen seinen Einfluß nicht in beabsichtigter Weise vertiefen konnte, orientierte er sich stärker auf die Förderung anderer Zusammenschlüsse, vor allem bestimmter Genossenschaften und Gewerbevereine.

Mitte der 90er Jahre begann der BdL seine Agitation gegen die Warenhäuser. Diese Agitation, die wesentlich zur Verbreitung des Antisemitismus beitrug, nutzte die wirtschaftliche Notlage großer Teile der Einzelhändler aus und führte sie ausschließlich auf die Konkurrenz der großen Handelsunternehmen zurück. Sie wandte sich aber nicht nur an die Einzelhändler, sondern versuchte, unter dem Deckmantel der Wahrung von Käuferinteressen den Einfluß des Bundes in breiteren Volksschichten zu erweitern.

3. Neue »Sammlungs«-Bestrebungen des BdL (1897–1900)

Der BdL betrieb seit seiner Gründung eine Politik der »Sammlung« mit dem Ziel, eine möglichst einheitliche Front der Ausbeuterklasse zu bilden und dabei zugleich die Vorrechte der Junker zur Geltung zu bringen. Er stellte in Rechnung, daß eine formal parteipolitisch neutrale Interessenorganisation spezifische Wirkungsmöglichkeiten hatte. Auf der Gründungsversammlung wurde erklärt: »Lassen Sie die sogenannte höhere Politik ihren Weg gehen, die geht uns gar nichts an. Wie auch die Firma heißt: konservativ, neukonservativ, vielleicht auch blechkonservativ, ferner nationalliberal usw., das ist alles ganz egal.«[46]

B. VON PLOETZ wollte zunächst eine »neue agrarische Partei« gründen, die sich eng an die *Deutschkonservative Partei (DkP)* (↗KoP) anlehnen sollte. G. ROESICKE und C. VON WANGENHEIM hingegen traten für eine formal überparteiliche Organisation ein. Das Ziel der »Zusammenfassung *aller* Elemente, welche die christliche Monarchie erhalten wollen«, sei »nur auf dem Boden der ... wirtschaftlichen Bewegung (zu) erreichen..., da das Volk parteimüde ist und alle politischen Parteien ihre Unfähigkeit erwiesen haben«.[47] Diese Auffassung setzte sich relativ schnell gegen weitere Bestrebungen zur Gründung einer neuen agrarischen Partei oder zur Umwandlung des BdL in eine Partei durch, die vor allem von D. HAHN ausgingen. In den Auseinandersetzungen hierüber erfolgte eine detaillierte konzeptionelle Festlegung für das Verhalten gegenüber den bürgerlichen Parteien, die 1897 eindeutig formuliert wurde. G. ROESICKE und C. VON WANGENHEIM verloren trotz ihres Auftretens gegen die Pläne

D. HAHNS das Ziel einer großen agrarischen Partei oder einer möglichst umfassenden bürgerlich-konservativen Sammlungspartei und die Perspektive der Beseitigung des Parteiensystems nicht aus dem Auge, wobei sie mit der Hoffnung auf einen »geeigneten Zeitpunkt« einen Staatsstreich in Erwägung zogen.[48] Das Streben der maßgeblichen Führer des BdL, die bürgerlichen Parteien möglichst weitgehend an die Maximen des BdL anzunähern, schloß die folgenden Aufgaben ein:

a) Sicherung einer breiten Massenbasis durch Gewinnung jener Schichten, die einer parteipolitischen Bindung ablehnend gegenüberstanden (organisatorischer Zusammenschluß im BdL, Kooperation mit anderen Interessenorganisationen und verschiedene Formen der Ideologieverbreitung).

b) Beeinflussung der politischen Stimmung in der Mitglied- und Anhängerschaft der bürgerlichen Parteien und deren Ausnutzung als Druckmittel gegenüber den Parteiführungen oder zur Rechtfertigung ihrer reaktionären Politik, insbesondere der »Sammlung« unter der Vorherrschaft des BdL.

c) Zusammenschluß der reaktionären Gruppierungen der verschiedenen bürgerlichen Parteien, auch zeitweiliges Zusammengehen mit bestimmten Kräften im Interesse kurzfristiger Zielstellungen.

d) Möglichst weitgehende, an den Zielen des BdL orientierte Kompensation der Differenzen zwischen bürgerlichen Parteien und innerhalb ihrer Reihen durch die Orientierung auf scheinbar neutrale, zunächst vor allem wirtschaftspolitische Forderungen, die zunehmend antisozialistische, nationalistische und rassistisch-antisemitische Akzente erhielten. Hierbei spielten auch die unterschiedlichen Orientierungen politischer Gruppen in den verschiedenen Teilstaaten des Reiches eine Rolle, insbesondere die preußisch-bayerischen Kontroversen. Entsprechend diesen Aufgaben begründete G. ROESICKE am 13. Mai 1897 seine ablehnende Haltung gegenüber den Parteigründungsplänen von D. HAHN damit, daß »alle deutschen Eigentümlichkeiten auf politischem Gebiet (nicht) in *eine* Partei zusammenzubringen« seien:

»Die Partei, die im Osten ihren Hauptstützpunkt hat, wird im Westen und Süden bekämpft werden, die Partei, die im Süden und Westen ihren Hauptstützpunkt hat, wird im Osten bekämpft werden. Gemeinsame Ideen aber werden auch verschiedene Parteien zur Durchführung bringen können, wenn diese Idee nur richtig geführt wird ... Nach alledem bleibe ich auf dem Standpunkte (natürlich nur nach der augenblicklichen Gestaltung ...): augenblicklich keine besondere Partei, die wiederum nur ein schwaches Fraktiönchen unter den vielen anderen sein würde ... Die Parteien sollen ... untereinander tun ..., was sie wollen; die Hauptsache ist, daß *wir* das Bindeglied geben.«[49]

Er bezeichnete sich als »das beste gemeinsame Hauptquartier«, »wie geschaffen dazu, verwandte Bestrebungen und Parteirichtungen in einer höheren Einheit zusammenzufassen«.[50] Da die Sammlung als naturbedingter Zusammenschluß aller »gesunden« Kräfte der »nationalen Arbeit« deklariert wurde[51], ermöglichte auch das die pragmatische Etikettierung aller Kräfte in den bürgerlichen Parteien als »national« oder »international«. Durch den Prozeß des endgültigen Übergangs des Kapitalismus in sein imperialistisches Stadium erhielt die »Sammlungspolitik« des BdL, die sich in engem Zusammenhang und in der Auseinandersetzung mit ähnlichen Bestrebungen verschiedener Gruppen der herrschenden Klasse entwickelte, neuen Auftrieb. Das relativ einheitliche Handeln des sich herausbildenden junkerlich-bourgeoisen Ausbeuterblocks in den Hauptfragen der imperialistischen Politik schloß aber nicht aus, daß die preußischen Junker, wie auch die mit ihnen liierten Monopolgruppen, ihre Priorität um so nachdrücklicher zu sichern suchten. Deshalb finden wir seit 1897 häufig zwiespältige Erklärungen der Bundesführung, die einerseits die schwerindustriellen Monopole als bündniswürdige Partner »nationaler Wirtschaftspolitik« aufwerteten, andererseits aber auf dem Führungsanspruch des BdL beharrten. Diese Position bestimmte auch die Stellungnahmen zur »Sammlungspolitik« der Regierung. Auf der Generalversammlung 1898 wurde eine Resolution beschlossen, die eine scharfe Kritik an der Sammlungspolitik der Regierung enthielt, weil sie keine klaren Ziele setze. Zustimmung zu den Grundsätzen der »Sammlung«, Gemeinsamkeitsappell an die schwerindustriellen Partner, »mittelständische« Verkleidung, antisozialistische Orientierung und Führungsanspruch des BdL waren hier zusammen-

gefaßt in der Forderung nach der »Politik einer Sammlung, welche zur Stärkung Deutschlands im Innern wie nach außen den Schutz der gesamten vaterländischen schaffenden Arbeit gegen ausländischen Wettbewerb und inländische Ausbeutung« und »die Wiederherstellung gesicherter Existenzbedingungen für den ... Mittelstand« erstrebte.[52]
Es lag in der grundlegenden Gemeinsamkeit des BdL und der *DkP* als Interessenorganisation des preußischen Junkertums begründet, daß die Zusammenarbeit mit dieser am engsten war. Die maßgeblichen Führer des BdL gehörten ihr an und hatten in ihr zum Teil führende Positionen inne. F. W. VON LIMBURG-STIRUM betonte auf der Generalversammlung des BdL von 1902: »... was der Bund der Landwirte erstrebt, entspricht dem konservativen Interesse und der Bund der Landwirte tut nichts, was einen konservativen Politiker hindert, ihm anzugehören.«[53]
Der BdL übernahm die Funktion einer Massenorganisation der *DkP*, ohne sich allerdings darauf zu beschränken. Seine gesonderte Organisation und sein streng hierarchischer Aufbau unter der Führung der preußischen Junker garantierten der *DkP* eine wesentliche Verbreiterung der Massenbasis, nahmen aber diesen Massen die Möglichkeit einer Einwirkung auf die Parteipolitik. Außerdem wurden der *DkP* durch den BdL neue Möglichkeiten des politischen Einflusses in den Städten, insbesondere auf die städtischen Mittelschichten, und in Gebieten West- und Süddeutschlands erschlossen. Die *DkP* mußte sich auf den BdL stützen, da sie den neuen Anforderungen des politischen Kampfes sowohl im Hinblick auf ihre Organisation als auch auf ihre politische Flexibilität und die Technik der Massenbeeinflussung nicht gewachsen war. Das Entscheidende war die gemeinsame Politik, die umfassende gegenseitige Unterstützung und eine weitgehende Arbeitsteilung, die die unterschiedlichen Wirkungsmöglichkeiten berücksichtigte. Keinesfalls kann von einer Unterwerfung des BdL unter die *DkP* gesprochen werden.[54]
Aber trotz der sich verstärkenden Führungsrolle des Bundes in entscheidenden Fragen der Politik und Ideologie bewahrte die *DkP* relative Eigenständigkeit und politische Potenz. Die durch den BdL geförderte Metamorphose traditionell-konservativer Kräfte zu imperialistisch orientierten Konservativen und die Anpassung der Partei lagen in ihrem eigenen Interesse und sicherten ihre Aktionsfähigkeit und schließlich sogar ihre Existenz.[55] Andererseits war die *DkP* auch für den BdL ein unentbehrlicher Partner. Seine Aktionsfähigkeit hing z. B. davon ab, wie er die traditionelle Stellung der Partei im Wilhelminischen Kaiserreich und ihre vielfältigen Einflüsse auf das gesellschaftliche Leben nutzen konnte.
Die Bemühungen des BdL, durch engere Zusammenarbeit mit der ↗ *Nationalliberalen Partei (NLP)* bei den Reichstagswahlen »eine möglichst breite Basis in der Wählerschaft«[56] zu erhalten, verstärkten sich seit Frühjahr 1897. Während verschiedene nationalliberale Gruppierungen darin die Preisgabe industrieller Interessen sahen, werteten eingefleischte konservative Junker die Zusammenarbeit mit der *NLP* als Kniefall vor dem »Manchestertum«. Nach dem Ausschluß D. HAHNS aus der nationalliberalen Reichstagsfraktion, die 1893 wegen seiner Stimmabgabe gegen den deutsch-russischen Handelsvertrag erfolgt war, setzte er seine Angriffe gegen die *NLP* fort. G. ROESICKE trat statt dessen für eine differenzierte Taktik gegenüber den verschiedenen nationalliberalen Gruppierungen ein. Das beste Einvernehmen bestand mit der Gruppe, die durch die nationalliberale Fraktion des preußischen Abgeordnetenhauses repräsentiert wurde und die vorwiegend die Interessen der Hütten- und Montanindustrie vertrat. Kritik, die die Bereitschaft zum Zusammengehen niemals ausschloß, übte der BdL häufig an der Haltung der Reichstagsfraktion, u. a. wegen ihrer Haltung zu den »Mittelstandsgesetzen«.[57] 1897 ergaben sich besondere Gefahren für die »Sammlungspolitik« durch Zerwürfnisse mit den Nationalliberalen in Hannover, die in der Presse wegen »antiagrarischen« und »mittelstandsfeindlichen« Verhaltens angegriffen wurden und die den BdL wegen rücksichtsloser Junkerpolitik kritisierten.[58]
Das Verhältnis des BdL zum ↗ *Zentrum (Z)* war in den einzelnen Gebieten Deutschlands sehr unterschiedlich. Während in Schlesien relativ enge Beziehungen bestanden, waren sie in Rheinland-Westfalen und in Bayern wesentlich lockerer, zuweilen sogar feindse-

lig. Der BdL war bemüht, die innerhalb dieser Partei bestehenden Gegensätze und Gruppenbildungen auszunutzen, wobei er seinen konfessionell neutralen Charakter hervorhob.

In der Zusammenarbeit mit der ↗ *Deutschsozialen Reformpartei (DSRP)* versuchte der BdL, die Widersprüche zwischen ihren beiden Hauptströmungen im Interesse einer Verschärfung der antidemokratischen Politik der gesamten Partei und der gemeinsamen Verbreitung des Antisemitismus zu überdecken. Er rief den deutschreformerischen und den deutschsozialen Flügel zum gemeinsamen Vorgehen gegen die »demokratisch angehauchten« Kräfte in der Partei auf.[59] Das beste Einvernehmen gab es mit der deutschsozialen Richtung, insbesondere mit Max LIEBERMANN VON SONNENBERG. Trotz aller Vermittlungsversuche brachen die Differenzen zwischen dem BdL und dem deutschreformerischen Flügel immer wieder auf, wobei die Rivalität hinsichtlich des Einflusses auf die städtischen Mittelschichten eine dominierende Rolle spielte.

Eine der Hauptformen der »Sammlungspolitik« gegenüber den bürgerlichen Parteien war der interfraktionelle Zusammenschluß der Abgeordneten. Seit 1893 erteilte der BdL imperative Mandate an die Kandidaten, die seine Unterstützung im Wahlkampf in Anspruch nahmen. Auf der Grundlage verbindlicher Verpflichtungen wurden auf Betreiben des BdL erstmals am 14. Juli 1893 die betreffenden 141 Abgeordneten im Reichstag zur *Wirtschaftlichen Vereinigung* zusammengeschlossen. Ähnliche Zusammenschlüsse gab es im Reichstag und teilweise in den Länderparlamenten wiederholt.[60]

Zu den Bestrebungen des BdL, die »Sammlung« unter seiner Führung voranzubringen, gehörten die Versuche der Annäherung an den ↗ *Zentralverband Deutscher Industrieller (ZDI)*, die trotz zeitweiser Störungen seit der Gründung des BdL unternommen wurden. Der Beitritt von Vertretern des ZDI zur 1893 gebildeten *Wirtschaftlichen Vereinigung* war zwar keine Demonstration absoluter Gemeinsamkeit, aber doch ein Symptom für die Bereitschaft zur Wahrung gemeinsamer Grundinteressen. 1893 verlangte der ZDI die Zustimmung des BdL zum rumänischen Handelsvertrag als Beweis praktischer »Solidarität«.[61] Zur gleichen Zeit lehnte Karl

Ferdinand FREIHERR VON STUMM-HALBERG demonstrativ seine Verpflichtung als Reichstagsabgeordneter auf das Programm des BdL ab, worauf ihm dieser die Unterstützung versagte.[62] Kennzeichnend für den Zickzack-Kurs der Annäherung und für sein Voranschreiten war es, daß 1898 G. ROESICKE zugunsten K. F. VON STUMM-HALBERGS auf die Reichstagskandidatur in dessen Wahlkreis verzichtete.[63] In den 90er Jahren gelang dem BdL die beabsichtigte Festigung der Allianz mit dem ZDI nicht im angestrebten Maße. Insbesondere in der seit 1897 zunehmenden Differenzierung der Haltung zu verschiedenen Gruppen in der NLP zeichnete sich aber eine Taktik ab, die auch für die Annäherung an den reaktionärsten Flügel des ZDI im kommenden Jahrzehnt große Bedeutung erlangte.

4. Der BdL am Beginn der Epoche des Imperialismus (1900–1906)

Seine »Sammlungspolitik« weiterführend, betrieb der BdL nach der Jahrhundertwende eine Politik, die die grundsätzliche Bejahung des Imperialismus mit energischeren Schritten zur Wahrung der junkerlichen Sonderinteressen verband. Im ersten Jahrzehnt des 20. Jh. trat die antikapitalistische Demagogie zeitweise noch stärker als in den 90er Jahren hervor, wobei allerdings die Differenzierung im Urteil über das Kapital entsprechend den Erfordernissen des Zusammengehens mit den extrem reaktionären Monopolgruppen deutlicher wurde. Die Bevorrechtung der Junker wurde mit größerem Nachdruck in Form einer »positiven Gesetzgebung« für die »Landwirtschaft« und den »Mittelstand« gefordert.[64] Der BdL verlangte die »Überprüfung jedes Gesetzes, jeder Verfügung, jeder Maßregel unter dem Gesichtspunkt, ob sie stärkend oder schwächend auf den Mittelstand wirken«.[65] Hier wie in anderen Stellungnahmen lag der Akzent nicht mehr auf der Interessenharmonie von »Mittelstand und Landwirtschaft«, sondern wurde »die Landwirtschaft« als »der wichtigste Bestandteil des Mittelstandes« hervorgehoben.[66] Die seit 1897 geführten Auseinandersetzungen um neue Zolltarife, insbesondere um den am 1. Juni 1901 veröffentlichten Tarifentwurf, offenbarten erneut, daß hohe Profite für die Großagrarier der zentrale wirtschaftspolitische Bezugspunkt der gesamten Tätigkeit des BdL waren. Seine Zollforderungen standen in engem Zusammenhang mit dem gesamten Komplex einander bedingender politischer, wirtschaftlicher und ideologischer Fragen, die mit dem Übergang in das imperialistische Stadium des Kapitalismus in zugespitzter Form in Erscheinung traten, vor allem mit der stärkeren Ausprägung der antisozialistischen, antidemokratischen, die Lebensinteressen der Werktätigen negierenden Grundlinie seiner Politik und mit dem Prozeß der weiteren Verschmelzung des Junkertums und verschiedener Gruppen der Monopolbourgeoisie, dessen dialektische Widersprüchlichkeit in der Weiterführung der »Sammlung« und in der Haltung zu den Industriezöllen, zur Flottenrüstung sowie zu den Kanalprojekten besonders relevant wurde.

Nachdem der BdL bereits in den langjährigen Vorverhandlungen für extrem hohe Getreidezölle eingetreten war, forderte er am 17. August 1901 einen Einheitssatz von 7,50 M für die 4 Hauptgetreidearten.[67] Für die Führung des BdL war die Durchsetzung dieser Forderung eine unerläßliche Demonstration des junkerlichen »Herr-im-Hause-Standpunktes«, eine Kraftprobe gegenüber der sozialistischen Arbeiterbewegung, aber auch gegenüber den schwerindustriellen Bündnispartnern. Sie bezeichnete die Zollforderungen als »Schutzforderungen«, ohne deren Berücksichtigung der »endgültige Sieg der Sozialdemokratie« entschieden sei.[68] Hohe Zölle wurden als Segen für alle Volksschichten angepriesen: »Hat der Bauer Geld, hat's die ganze Welt.«[69] Die Kleingewerbetreibenden profitierten angeblich durch die erhöhte Kaufkraft der Bauern, durch Preiserhöhungen und durch die Belebung des inneren Marktes, was auch der Industrie zum Vorteil gereiche. Den Arbeitern würden dadurch neue Arbeitsgelegenheiten geschaffen, die »wertvoller ... (seien) als niedrige Lebensmittelpreise«.[70]

Die Führung des BdL lehnte auch den Vermittlungsvorschlag Wilhelm von KARDORFFS ab, obwohl er ihren Vorstellungen sehr nahe kam. In dieser verhärteten Haltung widerspiegelte sich erstens die Befürchtung, daß selbst mit dem geringsten Abbröckeln von

sog. Prinzipien ein politischer Bergrutsch eingeleitet werden könnte, der das ganze gesellschaftliche System gefährde. Zweitens aber veranschaulichte die Haltung der BdL-Führung, wie weitgehend sie die junkerlichen Interessen in dieser Anfangsphase der imperialistischen Entwicklung für bestimmend und das reaktionäre Klassenbündnis in diesem Sinne für modifizierbar hielt. Nach der Annahme des Zolltarifs auf der Grundlage des Antrags KARDORFF am 14. Dezember 1902 attackierte die Führung des BdL die 30 Befürworter aus den Reihen der *DkP*, unter denen sich auch Mitglieder des BdL befanden, nicht primär wegen der unwesentlichen sachlichen Zugeständnisse, sondern wegen der Untreue zu den Prinzipien, die sie als Grundlage konservativer Politik unter den neuen Bedingungen für unveräußerlich hielt. Wie tief die Differenzen gingen, veranschaulicht ein Brief C. von WANGENHEIMS, in dem es u. a. heißt:

»... in der Fraktion ist eine, wenn auch kleine Clique, welche den Bund und mich wütend haßt und jetzt hofft, es sei der Moment gekommen, mich zu erschlagen und aus der Fraktion herauszuwerfen... Die Sache (die Stellung der Fraktion zum Zolltarif, D. F./E. H.) wurde äußerlich ruhig verhandelt, zeigte aber deutlich, wie unversöhnliche Gegensätze hier vorliegen, zwischen uns und denen, welche nur aus Schlappheit, Neben- oder Privatinteressen andere Wege gehen. Es sind ja auch unter den Gegnern eine Anzahl von Herren, welche wie Salisch und Kanitz ehrlich glauben, etwas Gutes zu tun, aber Leute wie Roon, Kröcher, Limburg-Stirum haben keine Entschuldigung, aber auch ihr schlechtes Gewissen und ihr Zorn gegen uns. Es zeigte sich nur ziemlich bald, daß die Mehrzahl der Herren doch nicht den Mut hatte, einen Krach herbeizuführen. Es wurde deshalb der Antrag, welchen Fürst Hohenlohe, Graf Roon und Praetorius angeblich stellen wollten: mich auszuschließen, gar nicht gestellt, da den Herren wohl inzwischen klar geworden war, daß die Sache auch für sie übel abliefe. Es würden mit mir 9 bis 10 Herren sofort ausgeschieden sein: Oertel, Oldenburg, Schrempf, Hilgendorf, Dewitz, Weitzel, Queis, Treuenfels, Maltzahn, vielleicht noch Will und Gersdorf ... Kommt später eine Trennung, so würden wir eine Gruppe von 25 bis 30 Herren haben, welche dann den Ausgangspunkt für eine neue Partei geben würden.«[71]

Der engere Vorstand des BdL drohte vor allem den im *ZDI* zusammengeschlossenen Schwerindustriellen und deren politischen

Interessenvertretern, wenn er von der Möglichkeit sprach, »auf ein weiteres Zusammengehen mit denjenigen politischen Parteien und Abgeordneten (zu) verzichten, welche seine wichtigsten Ziele durch Annahme des Antrags Kardorff preisgaben«.[72] Der hohe Getreidezoll hatte die Zustimmung des *ZDI* gefunden, weil die Schwerindustriellen auf ihre durch den BdL repräsentierten junkerlichen Partner angewiesen waren, er war ein leibliches Kind der reaktionären Sammlungspolitik. Mit der offiziellen Befürwortung hoher Eisen- und anderer Industriezölle in den seit 1897 geführten Verhandlungen und der wiederholten Drohung, gegen diese Zölle zu obstruieren, lockte und drängte der BdL den *ZDI* zur Befürwortung der hohen Agrarzölle — wobei er sich stets dessen bewußt war, daß die rivalisierenden schwerindustriellen Partner mit den gleichen Waffen hantierten.

Die Annahme der Zolltarife durch den Reichstag am 14. Dezember 1902 konnte der BdL trotz aller Kritik am Kardorffschen Antrag als Erfolg werten. Da das zunächst Erreichbare erreicht war, stand in den folgenden Jahren die Einhaltung der Zölle in der Handelspolitik, nicht ihre Erhöhung, im Zentrum der Forderungen. Daß die »stetig steigenden Getreidepreise« aber unverrückbares Ziel der Bundesführung blieben, wurde z. B. in ihrem Versuch sichtbar, im Frühjahr 1905 gemeinsam mit großagrarischen Kreisen in Österreich-Ungarn die Bildung einer »Agrar-Entente« beider Staaten zu erzwingen und zunächst die Agrarzölle gegenüber den USA und Argentinien zu erhöhen.[73]

Die proimperialistische Grundlinie des BdL und die Versuche, die Priorität der junkerlichen Interessen zu konservieren, kamen auch in der zunehmenden, aber doch mit Vorbehalten versehenen Unterstützung der deutschen Weltmachtpolitik zur Geltung. Auf die sozialdemokratische Forderung nach Räumung von Kiautschau entgegnete er: »Nie und nimmer! Das dürfen wir nicht loslassen!«[74] Die Intervention in China im Jahre 1900 beurteilte er kritisch, weil er den Beuteanteil des Deutschen Reiches als zu geringfügig erachtete.[75] Die imperialistische Weltmachtpolitik wurde durch den BdL ideologisch, besonders durch die Verbreitung des Nationalismus, durch chauvinistische Hetze und die Pflege militaristischer Traditionen

gefördert. Zuweilen hat sich der BdL gegen bestimmte Momente der »Weltpolitik« oder auch gegen diese überhaupt gewandt. So tadelte er, daß sich der »Großkapitalismus in toller Goldhatz« verzehre und die »goldene Internationale« keinen Sinn »für die Bodenständigkeit, für Seßhaftigkeit, ... für Heimat und Vaterland« habe.[76] Es entsprach der Vorrangigkeit der Junkerinteressen, wenn der BdL die »Heimatpolitik« als Voraussetzung für den Erfolg der »Weltpolitik« kennzeichnete. Unter diesem Motto betrieb er auch einen raffinierten Schacher mit seiner Zustimmung zu den Flottenrüstungsplänen, die er nur unter der Voraussetzung gab, daß er von der Regierung und der Schwerindustrie hohe Getreidezölle zugebilligt erhielt.[77] Im Zusammenhang mit den Flottenrüstungsplänen der 90er Jahre prägte er die Parole »Ohne Kanitz keine Kähne!«[78] Die Unterstützung der Flottenrüstung machte der BdL außerdem davon abhängig, daß das deutsche Landheer nicht »in seiner Macht und Bedeutung geschwächt« wurde.[79] Grundsätzlich unterstützte der BdL die Schaffung der militärischen Machtmittel für die aggressive Außenpolitik. Er akzeptierte bereits 1897 eine starke Kriegsflotte als »zeitgemäßes« Mittel zur weiteren Stärkung des deutschen Militarismus und forderte ein »schneidiges, rücksichtsloses Auftreten gegen Uncle Sam wie gegen John Bull«.[80] Einen ähnlichen Schacher gab es um die Projekte zum Bau des Mittellandkanals zwischen Rhein und Elbe. Der BdL stand an der Spitze der »Kanalrebellen« und wandte sich bereits 1897 gegen das Vorhaben.[81] Daß es sich auch hier vornehmlich darum handelte, seine Zustimmung gegen die Bewilligung hoher Getreidezölle einzutauschen, charakterisierte W. VON KARDORFF mit den Worten »erst Getreidezölle, dann Kanalvorlage«.[82] Die Einwände richteten sich speziell gegen die Begünstigung der westdeutschen Schwerindustrie, die der Landwirtschaft immer mehr Arbeitskräfte entziehe und die »sozialdemokratische Gefahr« vergrößere.[83] Eine spezifisch ausgeprägte Demagogie, die diesen Kampf zur »Sache aller deutschen Ackerbauern bis zu den kleinsten Bauern und Büdnern hinab«[84] erklärte, trug dazu bei, daß der BdL unter der Landbevölkerung eine breite Opposition schaffen konnte. Die Gegensätze zwischen der Regierung und den vom BdL geführten »Kanalrebellen« verschärften sich nach der Ablehnung der Kanalvorlage durch den preußischen Landtag im August 1899 so sehr, daß 2 Regierungspräsidenten und 18 Landräte, die gegen sie gestimmt hatten, sofort zur Disposition gestellt wurden. Der BdL ehrte sie ostentativ, z. B. durch Dankschreiben, Abschiedsessen, Sammlungen und Fackelzüge. Am 23. August 1899 beschloß der Kronrat, allen Beamten die Zugehörigkeit zum BdL und seine Unterstützung zu verbieten. Es war kennzeichnend für den weitreichenden Einfluß der Konservativen und des BdL, daß die Gemaßregelten in verschiedenen Formen bald rehabilitiert wurden.[85] Nachdem der BdL 1901 eine zweite Kanalvorlage der Regierung zu Fall gebracht hatte, stimmte er schließlich 1904 einer dritten zu, die weitgehend den Interessen der Großagrarier entsprach. Obwohl der Kampf gegen die revolutionäre Arbeiterbewegung stets das übergeordnete Prinzip der Politik des BdL war, gab es noch zu Beginn des neuen Jahrhunderts hierfür kein detailliertes Programm. Die Führer des BdL bauten darauf, daß die Vernichtung der revolutionären Arbeiterbewegung das Ergebnis einer Politik sein werde, die nach ihrer Gesamtstrategie ausgerichtet war. Diese Auffassung wurde durch die Arroganz begünstigt, mit der die preußischen Junker dem Proletariat politische Mündigkeit absprachen.[86] Unter dem Eindruck wachsender politischer Aktivität der Arbeiterklasse, der sich verstärkenden Streikbewegung und auch der Niederlage des BdL bei der Reichstagswahl 1903[87], beeinflußt von den Auswirkungen der bürgerlich-demokratischen Revolution in Rußland und den Auseinandersetzungen über den politischen Massenstreik in der internationalen Arbeiterbewegung, leitete der Engere Vorstand seit 1905 neue Maßnahmen ein, um der Revolutionierung der Landarbeiter entgegenzuwirken. »Entwicklungsgeschichte, Betätigung, Kampfmittel und Leistungen« der Landarbeiterorganisationen in Deutschland und in anderen Ländern sowie die seitens »der Arbeitgeber unternommenen Gegenaktionen« wurden von Bundesbeamten untersucht.[88] Die im Ergebnis dieser Untersuchungen bis 1908 fertiggestellte Konzeption war zwar unmittelbar gegen die Landarbeiter gerichtet, enthielt aber zugleich die Grund-

gedanken der Bundesführung für den Kampf um die Vernichtung der gesamten revolutionären Arbeiterbewegung.[89] Im Unterschied zu der bisher relativ starren Beschränkung auf die Mittel der gewaltsamen Unterdrückung[90] orientierte sich der BdL nun auf deren Ergänzung durch vielfältigere Formen politischen und ökonomischen Zwanges und der Korrumpierung. Das Projekt schloß die Zusammenarbeit mit den Opportunisten in der Sozialdemokratie und in den Gewerkschaften aus. Die Vorstellungen zielten auf die Liquidierung selbständiger Landarbeiterorganisationen und ihre Ersetzung durch berufsständisch aufgebaute Verbände mit Beitrittszwang.[91] Anläßlich der Reichstagswahlen vom Januar 1907 offenbarte der BdL stärker als je zuvor seinen antisozialistischen und antidemokratischen Charakter. Er verteilte 3 Mill. Flugblätter[92], deren Titel typisch für den Inhalt seines Wahlkampfes waren: »Die Vaterlandslosigkeit der Sozialdemokratie«, »Zarte Bekenntnisse roter Seelen«, »Sozialdemokratische Unwahrheiten«, »Sozialdemokratische Verleumdungen«, »Sozialdemokratische Knechtung«, »Welche Gespenster die Sozialdemokratie malt«.[93] Obwohl der BdL die Freisinnigen heftiger als zuvor angriff, unterstützte er seit der Jahrhundertwende bei allen Wahlen freisinnige Kandidaten, wenn das für den Kampf gegen Sozialdemokraten geeignet war.

5. BdL und »Bülow-Block« (1907–1909)

Den »BÜLOW-Block« unterstützte der BdL, weil er nach den Worten seiner Sprecher »in nationalen Fragen stramm und fest ... auf seiten der kaiserlichen Regierung« stehen wollte und hoffte, daß BÜLOW »mit dem Bund der Landwirte zusammen den Sozialdemokraten an den Kragen geht«.[94] BÜLOW arbeitete mehr als alle anderen Kanzler mit der Führung des BdL zusammen. Er forderte diese bereits im April 1905 auf, mit ihm »an demselben Strang (zu) ziehen«, jedoch »nicht gouvernemental« zu werden.[95] Er erbat sich von den Führern des BdL sogar öffentliche Kritik an seiner Handelsvertragspolitik.[96] Unmittelbar nach der Reichstagswahl von 1907 hob er »dankbar« hervor, daß ihn »insbesondere der BdL ... nicht im Stich gelassen« habe, »vor allem nicht in ... (seinem) Kampfe gegen die Sozialdemokratie«.[97]

Der BdL hatte trotz des relativ guten Einvernehmens Einwände gegen den BÜLOW-Block, vornehmlich wegen der nach seinem Ermessen unzureichenden Berücksichtigung der Junkerinteressen in der Wirtschaftspolitik. Die Differenzen spitzten sich im Zusammenhang mit der Reichsfinanzreform zu. In der Befürwortung der als »staatsgefährdend«, »undeutsch« und »sozialistisch« gebrandmarkten Erbschaftssteuer sah der BdL das Überschreiten »der Grenzlinien für die Möglichkeit einer Aufrechterhaltung des Blockes«.[98] Das war der Kern von Festlegungen, die als verbindlich auch für die deutschkonservative Reichstagsfraktion getroffen wurden.[99] Da BÜLOW den »Block« nur aufrechterhalten konnte, wenn er auf der Einführung der Erbschaftssteuer bestand[100], implizierte diese Konzeption seinen Sturz. Das heißt aber nicht, daß der BdL sich a priori auf dieses Ziel orientiert hätte. Die beiden Vorsitzenden schützten BÜLOW vor Angriffen, die von Elard VON OLDENBURG-JANUSCHAU und von D. HAHN ausgingen.[101] G. ROESICKE begründete diese Haltung, die zur scharfen Konfrontation mit D. HAHN führte: »Wie Bülow ist, wissen wir ... Sein ev.(entueller) Nachfolger ist uns ein unbeschriebenes Blatt.«[102] Die Vorsitzenden setzten auch gegenüber der Führung der DkP durch, daß sie BÜLOW trotz schwerwiegender Differenzen unterstützte. Nachdem die »Konservative Korrespondenz« am 13.11.1908 die »Daily-Telegraph«-Affäre so kommentiert hatte, daß daraus abgeleitet werden konnte, »die Konservativen wollten Bülow stürzen«, wurden der Parteivorstand und O. VON NORMANN »scharf getadelt« und veranlaßt, ihre Stellungnahme in eine Unterstützung BÜLOWS umzudeuten.[103]

Die Parteikonstellation des BÜLOW-Blocks hinderte den BdL nicht daran, die Grundlinie seiner Politik gegenüber dem Z weiter zu verfolgen. Er betonte, daß er sich »an einem allgemeinen, unbedingten Kampf gegen das Zentrum« nicht beteiligen könne, »da eine große Anzahl von Mitgliedern und Anhängern des Zentrums mit ihm auf dem gleichen wirtschaftspolitischen Boden steht und weil hinter dem Zentrum die große Masse der konservativ-agrarischen Katholiken steht«.[104]

Im Z sah der BdL jedoch weiterhin einen unzuverlässigen Partner, dessen »Hauptunglück in der vollkommen demokratischen Richtung«[105] liege. Man könne mit ihm den »Block« stürzen, dann aber werde es »mit der Linken die ihm sympathischere Phalanx bilden und die rechte Seite (werde) ... zur Ohnmacht verurteilt«.[106] Für eine Annäherung an den BdL erschien dessen Vorsitzenden die Auseinandersetzung über die Erbschaftssteuer besonders geeignet. Sie bauten darauf, daß das Z bei dieser Gelegenheit dazu gedrängt werde, mit den Konservativen »einen Pakt zu schließen«.[107] Bereits 6 Wochen vor der Abstimmung über die Reichsfinanzreform stand für die Bundesführer fest, daß ihre Rechnung aufging, so daß sie die Schlußfolgerung zogen: »Das Wichtigste ist, ... daß wir nicht wieder davon abgehen, mit dem Zentrum zusammenzuarbeiten ...«[108]

In den Wahlrechtskämpfen setzte sich der BdL für die Erhaltung des Dreiklassenwahlrechts in Preußen und für die Beibehaltung der reaktionären Wahlkreisgeometrie ein. Die Beseitigung des Reichstagswahlrechts und des bürgerlichen Parlamentarismus hat E. VON OLDENBURG-JANUSCHAU mehrfach in besonders drastischer Weise als Ziel markiert.[109] Die durch seine Äußerungen provozierten Protestdemonstrationen standen z. T. direkt im Zeichen des Kampfes gegen den BdL.

Daß es den bürgerlichen Gegnern des BdL gelang, sich eine breitere Massenbasis in den Mittelschichten zu schaffen und dadurch den Rückhalt des BdL zu schwächen, war besonders in der Gründung und Entwicklung des ↗ DB und des ↗ Hansa-Bundes für Gewerbe, Handel und Industrie (HB) zu erkennen. Jeder der Rivalen kennzeichnete in demagogischer Weise die Verlogenheit der Politik des anderen mit zum Teil zutreffenden Argumenten. Dadurch wirkten diese Auseinandersetzungen besonders desorientierend, was durch das ständige Angebot von Scheinalternativen verstärkt wurde.[110]

6. Versuche zur Bildung eines »Rechts«-Blocks (1910–1914)

Die weitgehende Übereinstimmung des BdL mit der außenpolitischen Linie der extrem reaktionären Monopolgruppen der rheinisch-westfälischen Schwerindustrie zeigte sich besonders deutlich während der Marokko-Krise 1911. Ernst GRAF ZU REVENTLOW, außenpolitischer Berater des engeren Vorstandes des BdL, arbeitete Anfang August 1911 ein Marokko-Programm aus, das im wesentlichen die Billigung der Bundesführer fand.[111] Zu diesem Zeitpunkt waren ihre Pläne auf die »zukünftige Gestaltung eines zusammenhängenden deutschen Kolonialreiches in Mittelafrika« gerichtet.[112]

Bei den Reichstagswahlen von 1912 wurde keiner der Führer des BdL gewählt. Diese Niederlage stimulierte die Zusammenarbeit mit anderen reaktionären Organisationen und den reaktionärsten Kräften in den bürgerlichen Parteien. Anfang Juli 1913 trafen führende Vertreter des ↗ Alldeutschen Verbandes (ADV) und des BdL eine entsprechende Vereinbarung. C. VON WANGENHEIM bezeichnete u. a. die Unterdrückung der polnischen Bevölkerung in den von Alldeutschen geforderten Formen als »ein Gebot wirklich nationaler Politik«. Er gab die Versicherung ab, daß der BdL mit dem ADV »durch dick und dünn« gehen werde.[113]

C. VON WANGENHEIM kennzeichnete es als das Anliegen des BdL, »daß die Konservative Partei aus ihrer früheren Erstarrung zu einer volkstümlicheren und damit natürlich liberalen Richtung gebracht wird«.[114] Das schloß ihr engeres Zusammenwirken mit der ↗ NLP bei der Forcierung des reaktionären Kurses ein. Die Förderung der extrem rechten Kräfte in der NLP wurde seit 1910 verstärkt. Im April 1910 verständigten sich die Bundesvorsitzenden über die Taktik, die »scharfe Agitation« gegen die Nationalliberalen »etwas zurückzustellen«, um der Bereitschaft mehrerer nationalliberaler Gruppierungen (vor allem in Schleswig-Holstein und in Südwestdeutschland) zur Zusammenarbeit entgegenzukommen. Von einer Verbesserung des Verhältnisses zu den Nationalliberalen erhoffte sich der BdL auch die Isolierung des ↗ HB und des ↗ DB sowie »ein Nachlassen der nationalliberalen Agitation im Osten«.[115] Seit Anfang 1912 orientierte sich der BdL stärker auf die Taktik einer Konfrontation der Gruppierungen innerhalb der NLP und auf die offene Zusammenarbeit mit dem Alt-Nationalliberalen Reichsverband. Man muß »alles vermeiden ..., was die Rechts-Nationalliberalen von uns abgraulen könnte«[116], meinte C. VON WANGENHEIM. Ohne den rechten Flügel dieser Partei könne man nichts erreichen.[117] Dabei kalkulierte man ein, daß dieser auf den BdL angewiesen war, weil er ihn gewissermaßen als Sicherheitsfaktor gegenüber dem unbeständigen ↗ Z benötigte und so versuchen werde, durch das Zusammenwirken »mit Rechts und dem Zentrum ... zu einer selbständigen Gestaltung« zu kommen.[118]

Das war nach der Auffassung der Bundesführer die »günstigste Kombination« nach rechts, da eine bessere »z. Zt. nicht zu erreichen« sei.[119] Damit »die rechtsliberale Richtung die Oberhand gewinnt«[120], sollten der BdL und die DkP energischer den »Riß zwischen Rechts und Links in dieser Partei« vertiefen und auch in der Öffentlichkeit die Alt-Nationalliberalen zum Zusammengehen auffordern.[121] Diese Kombination betrachtete der Engere Vorstand des BdL Mitte 1912 zugleich als beste Möglichkeit, das Z an einen »Rechts«-Block zu binden. Insbesondere die Zentrumsfraktion des Reichstags habe ansonsten die Möglichkeit, »sich die Majoritäten, mit denen sie arbeiten will, nach ihren Wünschen« zu gestalten.[122] Der BdL war 1911 an der Gründung des ↗ Reichsdeutschen Mittelstandsverbandes (RMV) maßgeblich beteiligt.[123] Auf dem 3. Reichsdeutschen Mittelstandstag am 24. August 1913 in Leipzig erklärte sich der BdL mit dem ZDI und dem ↗ RMV für ein Zusammengehen zur »Aufrechterhaltung der Autorität in allen wirtschaftlichen Betrieben«, zum »Schutz der nationalen Arbeit« und der »Arbeitswilligen«, zur »Sicherung angemessener Preise« und zur »Bekämpfung der Sozialdemokratie und sozialistischer Irrlehren«.[124] In dieser Erklärung kam zum Ausdruck, daß die Gegensätze zwischen dem BdL und dem ZDI gegenüber dem gemeinsamen Klasseninteresse weiter zurücktraten. Sie waren aber noch so stark, daß die Leipziger Tagung nicht zur Bildung eines funktionsfähigen Kartells führte, sondern einen mehr demonstrativen Charakter besaß und in diesem Sinne für den Zusammenschluß aller extrem reaktionären Kräfte orientierend wirkte. Durch die Führung des BdL, die in diesem Kartell nur eine Zwischenstufe zur Bildung eines »Rechts«-Blocks sah[125], wurden seit 1913 die Staatsstreichpläne zur Errichtung einer offenen Diktatur der reaktionärsten Monopolgruppen unterstützt, wie sie von Heinrich CLASS entwickelt worden waren.[126] Seit seiner Gründung hatte der BdL gefordert, sich auf den kommenden Krieg im Sinne der »alten friderizianischen Vorratspolitik« vorzubereiten. C. VON WANGENHEIM nahm an der Tagung des Wirtschaftlichen Ausschusses aktiven Anteil, die sich unter dem Vorsitz des Staatssekretärs des Innern, Clemens VON DELBRÜCK, am 25./26. Mai 1914 mit der wirtschaftlichen Mobilmachung beschäftigte. Obwohl er dessen Rede als »einseitig vom industriellen und Händlerstandpunkt aus gemacht« empfand[127], unterließ er dennoch in Absprache mit den anderen Vertretern der Großagrarier im Interesse der wirtschaftlichen Kriegsvorbereitung zunächst jede Opposition.

7. Der BdL im ersten Weltkrieg (1914–1918)

Während des ersten Weltkrieges gehörte der BdL zu den reaktionärsten, auf einen imperialistischen »Siegfrieden« und zügellose Annexionspolitik orientierten Kräften. Wenn er sich zur Burgfriedenspolitik bekannte, dann geschah das mit dem Ziel, an der Einigung der extrem reaktionären Parteien und Verbände mitzuwirken und dabei Interessen der Junker zu wahren. Hierzu knüpfte er sogar eine lockere Verbindung zum *HB*. Jakob RIESSER bezeichnete am 10. Dezember 1914 ein Zusammenwirken als durchaus »natürlich«, wenn beide Organisationen jeweils als Vertreter »städtischer und industrieller« bzw. »ländlicher und agrarischer Interessen« aufgefaßt würden.[128] Der BdL bekämpfte die Bestrebungen für einen imperialistischen Verständigungsfrieden, besonders gegenüber Reichskanzler BETHMANN HOLLWEG. Er wandte sich bereits im August 1914 an den *ADV* und den *ZDI*, um die Versuche zur Herbeiführung eines Separatfriedens mit Frankreich und England zu durchkreuzen.[129] In den Besprechungen

zwischen führenden Vertretern dieser Interessenorganisationen, an denen dann auch die *DkP* teilnahm, spielte die Furcht »vor einem faulen Frieden nach außen und vor einem demokratischen Siege im Innern«[130] eine dominierende Rolle. Wie seine Verbündeten wandte sich der BdL dagegen, daß die Reichsleitung der Sozialdemokratie angeblich »völlig freie Hand« ließ.[131] Durch den Krieg erhoffte sich der BdL die Vernichtung der sozialistischen Arbeiterbewegung sowie eine weitere Einschränkung des bürgerlichen Parlamentarismus. In besonderem Maße beunruhigte ihn, daß die flexiblere Politik BETHMANN HOLLWEGS nach dem Krieg zu einer Beseitigung des reaktionären Dreiklassenwahlrechts in Preußen führen konnte. In solchen angeblichen »demokratischen Tendenzen« und Schwächen gegenüber der Sozialdemokratie wollte C. VON WANGENHEIM verschiedentlich »eine sehr viel größere Gefahr für Deutschland ... sehen, als diese uns von außen droht«.[132] Da es ihm jedoch in den ersten Kriegsjahren als ganz unmöglich erschien, öffentlich gegen eine Wahlrechtsänderung zu wirken, sollte »im stillen« mit Organisationen wie dem ADV »eine Bewegung« vorbereitet werden, »welche eine derartige Schlappheit durch einen elementaren Volksausbruch unmöglich machen würde«.[133]

Für den BdL hatte 1914 nicht nur »ein Krieg der Waffen, sondern mehr als je ein Wirtschaftskrieg« begonnen.[134] In diesem Sinne beteiligte er sich an den Beratungen, die seit Kriegsbeginn von den Alldeutschen und den führenden monopolistischen Interessenverbänden über die Formulierung der Kriegszielforderungen und über innenpolitische Fragen geführt wurden. Sie gipfelten in den Denkschriften vom 15. März und 20. Mai 1915. Maßgeblichen Anteil hatte der BdL an der »Professorendenkschrift« vom 20. Juni 1915. Gesondert legte er weiterhin seine Vorstellungen von einer künftigen Gestaltung der handelspolitischen Verhältnisse vor allem nach dem Krieg dar.[135] In bezug auf die Hauptstoßrichtung des Krieges traten in der Führung des BdL zunächst erhebliche Differenzen auf. E. ZU REVENTLOW stimmte einen solchen »Haßgesang« gegen England an, daß er G. ROESICKES und C. VON WANGENHEIMS Mißfallen fand, weil er Bestrebungen zu einem »faulen Frieden« mit Rußland und Frankreich erleichterte. Besonders G. ROE-SICKE engagierte sich für »sehr großen Landerwerb im Osten« und für die Idee, »Rußland möglichst viel abzunehmen«.[136] Diese annexionistischen Ziele korrespondierten mit der »Heimatpolitik« des BdL, als deren Ziel vorgegeben wurde, eine selbständige Ernährung zu gewährleisten und das »Bevölkerungsproblem« zu lösen, die aber vor allem darauf gerichtet war, die sozialistischen und demokratischen Kräfte zu liquidieren. Ihre Verwirklichung hielt G. ROESICKE für »unendlich viel wichtiger als die reinen Industrie- und die reinen Exportinteressen«, weil man diese nur »im Verfolg der vorher zu sichernden heimatpolitischen Grundlagen« wahren könne.[137]

Volle Übereinstimmung herrschte in der Führung des BdL hinsichtlich einer Zuspitzung der Gegensätze zwischen dem deutschen und amerikanischen Imperialismus. Um mit der »Schlappheit« gegenüber den USA endlich Schluß zu machen, wurde die Bildung einer »antiamerikanischen Vereinigung« erwogen und immer nachdrücklicher der »rücksichtslose« U-Boot-Krieg gefordert. Wie sehr sich die Differenzen zwischen dem BdL und der Reichsleitung unter BETHMANN HOLLWEG verschärften, zeigt das Verbot der »Deutschen Tageszeitung« am 10. Oktober 1915.

Wie andere extrem reaktionäre Kräfte des deutschen Imperialismus bemühte sich der BdL seit Beginn des Krieges um enge Kontakte mit den abenteuerlichsten und aggressivsten Militärs. So hatte er maßgeblichen Anteil an der Bildung der III. Obersten Heeresleitung unter HINDENBURG und LUDENDORFF Ende August 1916 sowie an der dadurch bewirkten wesentlichen Verschärfung der Kriegspolitik des deutschen Imperialismus. Immer wieder wandte er sich mit Durchhalteappellen an das deutsche Volk. »Lernen aber sollen wir«, schrieb C. VON WANGENHEIM am 1. Januar 1916 in der »Kreuzzeitung«, »daß nicht schwächliche Allerweltsfreundschaft unsere Zukunft sichert, …, sondern nur Sicherung und Mehrung unserer Macht …«[138] Für den BdL kam kein Frieden in Frage, der mit »der alten romantischen Gänsefeder der Bürokraten und Diplomaten« oder mit der »geschmeidigen

Goldfüllfeder der Bankiers« unterzeichnet wurde. Das sollte vielmehr nur »mit der Spitze des deutschen Schwertes« geschehen, damit so am »deutschen Wesen … doch noch einmal die Welt genesen« werde.[139] Die Vorschläge des amerikanischen Präsidenten WILSON für einen imperialistischen Verständigungsfrieden wurden in einer öffentlichen Erklärung des BdL als unerhörte Verleumdung des deutschen Volkes zurückgewiesen.[140]

Der BdL war in mehr als 30 kriegswirtschaftlichen Organisationen vertreten. Besonders in den letzten Kriegsjahren hatte er im Interesse von Höchstprofiten der Großagrarier entscheidenden Anteil an einer Reihe wirtschaftspolitischer Maßnahmen der Regierung und vor allem des Kriegsernährungsamtes. Eine dominierende Rolle spielte er in dem im Frühjahr 1917 zur Zentralisierung der agrarischen Verbände gegründeten *Kriegsausschuß der Deutschen Landwirtschaft*, im ↗ *Deutschen Landwirtschaftsrat (DLR)* und in einzelnen Landwirtschaftskammern sowie in der im November 1914 gegründeten *Kriegsgetreide-Gesellschaft*. Am 28. Oktober 1914 verordnete die Regierung auf sein Drängen Höchstpreise für Getreide. Der BdL hielt sie für zu niedrig und für eine »Vergewaltigung der Landwirtschaft«[141], obwohl die Großagrarier damit ein Geschenk von 326 Mill. M erhielten. Die wachsende Erbitterung der Volksmassen gegen die Hungerpolitik zwang den BdL zur noch raffinierteren Tarnung seiner Bestrebungen. So ließ sich C. VON WANGENHEIM in seiner Tätigkeit als Vorsitzender der Pommerschen Landwirtschaftskammer von der Auffassung leiten, daß es im Interesse des BdL sei, »wenn man seine Grundsätze in Wirklichkeit durchführt, anstatt stets ihn als den Ausschlaggebenden und Tonangebenden zu nennen«.[142] Es waren vornehmlich taktische Erwägungen, die den BdL Anfang 1917 dazu veranlaßten, der Regierung BETHMANN HOLLWEG »volle Schonzeit zu geben«, wobei er aber für erneute scharfe Auseinandersetzungen »das Pulver trocken« hielt.[143] Gemeinsam mit anderen extrem reaktionären Kräften arbeiteten die Führer des BdL weiterhin auf den Sturz BETHMANN HOLLWEGS hin. Sie sahen zwischen ihren und seinen Auffassungen einen »ungeheuren Spalt« klaffen und hofften auf einen »energischen Führer«.[144]

In den letzten Jahren des Krieges war der BdL bestrebt, sein Verhältnis zu den anderen reaktionären Interessenorganisationen, zur Schwerindustrie und zur *DkP* zu erweitern und zu vertiefen. Er unterstützte die ↗ *Deutsche Vereinigung (DVg)* und war in dem Konferenzausschuß vertreten, der zur Förderung der gelben Arbeiterorganisationen im Dezember 1915 gebildet worden war (↗ *Hauptausschuß nationaler Arbeiter- und Berufsverbände [HA], ↗ DVg*). Zur Vertiefung des Bündnisses mit der Schwerindustrie, »zur Erhaltung wirtschaftspolitischer Verhältnisse, die auch dem landwirtschaftlichen Interesse Rechnung tragen«, forderte der BdL im April 1916 seine Mitglieder auf, die Wahl Max ROETGERS in den preußischen Landtag zu unterstützen.[145] Im Namen des *ZDI* hob M. ROETGER auf der Generalversammlung des BdL 1917 die völlige Übereinstimmung hervor, die zwischen den leitenden Kreisen von Industrie und Landwirtschaft bestünde.

Die Führer des BdL klagten zwar verschiedentlich über das ungenügende Verständnis führender Mitglieder der *DkP* gegenüber einer wirksamen Vertretung großagrarischer Interessen, arbeiteten aber mit ihr weiter besonders eng zusammen. Gleich anderen extrem reaktionären Kräften erkannten sie jedoch immer deutlicher, daß es für sie erforderlich geworden war, »über die politischen Parteien hinwegzugehen«[146] und ein Sammelbecken für alle nationalistischen Kräfte zu schaffen. Ein solches sahen sie im ↗ *Unabhängigen Ausschuß für einen Deutschen Frieden (UA)*, dessen Politik vom BdL gefördert wurde. Nachdrücklich bekannte sich der BdL zur ↗ *Deutschen Vaterlandspartei (DVLP)*. Er forderte von seinen Mitgliedern, sich dieser Partei des »deutschen Siegeswillens« anzuschließen und sie mit allen Kräften zu fördern. C. VON WANGENHEIM, L. WEILNBÖCK und Friedrich BECKH waren als Repräsentanten des BdL im Vorstand der *DVLP* vertreten. Mit wachsender Beunruhigung vermerkte die Führung des BdL eine durch die imperialistische Kriegspolitik bewirkte »große Erbitterung der kleinen Landwirte gegen die größeren«.[147] Sie orientierte sich daher verstärkt auf die *Christlichen Bauernvereine*, um diese für den Kampf gegen die »fortschreitende weitere Demokratisierung, namentlich in

Preußen«,[148] zu gewinnen. Ein von C. VON WANGENHEIM über die Pommersche Landwirtschaftskammer dem Reichskanzler MICHAELIS vorgelegtes und von diesem im Juni 1917 abgelehntes »Reformprogramm« zur Organisation der Kriegsernährungswirtschaft sollte den ökonomischen und politischen Interessen der Junker dienen. Eines seiner Hauptziele bestand darin, die Landwirtschaft als »Berufsstand« zu organisieren und dem Einfluß des Parlaments bzw. der Organe des Staates zu entziehen. Um der Einbeziehung der Landarbeiter in den revolutionären Klassenkampf entgegenzuwirken, beriet der BdL seit 1916 verstärkt Maßnahmen zur »Lösung der Arbeiterfrage«, die er als »heute wichtigste Frage« kennzeichnete.[149] Dazu gehörten die Aufnahme einiger Arbeiter in die Landwirtschaftskammern, die Einführung von Lohnordnungen in den Gemeinden und Gütern »nach gemeinsamer Verständigung zwischen Arbeitgeber und Arbeitnehmer«, die Förderung des »wirtschaftliche(n) und soziale(n) Aufstiegs« der Arbeiter, denen durch die Prämiensparkasse des BdL und Versicherungen »frühzeitig zu eigenem Kapital« verholfen werden sollte. Den sich während des Krieges verschärfenden Klassenkampf wertete der BdL als Verhetzung der verschiedenen Berufsstände ab. Von den deutschen Arbeitern forderte C. VON WANGENHEIM im Juli 1917, endlich einsehen zu lernen, daß ihre Zukunft nur dann gesichert sei, wenn es den »Arbeitgebern« gut ginge.[150] Heftigen Widerstand leistete der BdL gegen die am 6. Juni beschlossene Änderung des Reichsvereinsgesetzes zugunsten der Landarbeiter, die er als Verletzung der Natur der ländlichen Arbeit und des vaterländischen Interesses sowie als Quelle sozialen Unfriedens wertete. Um weitere Mitkämpfer gegen die »demokratische Welle« zu gewinnen, nahmen die Führer des BdL, wenn auch unter großen Vorbehalten, seit 1915 Besprechungen mit Vertretern bürgerlicher Arbeiterorganisationen auf. Sie kalkulierten ein, daß nach dem Kriege »manches Entgegenkommen auf dem Gebiete des Verlangens der Arbeiter« unerläßlich war, fürchteten aber, daß sogar die bürgerlichen Gewerkschaften zu weitgehende Forderungen erheben würden.[151] Als z. B. der christliche Gewerkschaftsführer Franz BEHRENS 1917 in sehr verklausulierter Form einige

Forderungen der Landarbeiter unterstützte, wurde er als »unheilbar ... verloren« abgeschrieben.[152] Gleichzeitig war der BdL bemüht, mit dem ↗ *Gesamtverband der christlichen Gewerkschaften Deutschlands (GCG)* nicht in eine »stärkere Gegnerschaft« zu kommen und Differenzen im *Z* zu seinen Gunsten zu nutzen. Als dessen Generalsekretär, Adam STEGERWALD, im August 1917 die Bereitschaft zur »nationalen Gemeinschaftsarbeit« auch mit dem BdL zu erkennen gab, führten G. ROESICKE und C. VON WANGENHEIM als »Vertreter der Landwirtschaft« mehrere Besprechungen mit ihm und Johannes GIESBERTS. Die Gegensätze zwischen dem scharfmacherischen Kurs des BdL und dem scheinliberalen und sozialdemagogischen der christlichen Gewerkschaften waren aber so groß, daß es bald zur offenen Auseinandersetzung kam. Sie entzündete sich vor allem an der Wahlrechtsvorlage der Regierung, von der sich der BdL, der *ZDI*, der *RMV* und die ↗ *Vereinigung der deutschen Bauernvereine (VdB)* am 6. Dezember 1917 mit der Begründung distanzierten, daß das preußische Dreiklassenwahlrecht »das Gleichgewicht in der wirtschaftlichen Entwicklung der verschiedenen Berufe und Erwerbskreise« sowie »insbesondere dem Mittelstand eine angemessene Vertretung« gesichert habe.[153]

Die Generalversammlung vom Februar 1918 stand im Zeichen des 25. Jahrestages der Gründung des BdL. Sie dokumentierte erneut den extrem reaktionären Charakter des BdL. Noch in den letzten Monaten des Krieges, in denen die Niederlage des deutschen Imperialismus selbst für große Teile der herrschenden Klasse offensichtlich geworden war, traten die führenden Vertreter des BdL für einen imperialistischen »Siegfrieden« ein. E. VON OLDENBURG-JANUSCHAU erklärte, der Krieg sei der »Kampf um die Weltherrschaft«, der, wenn er nicht siegreich beendet werde, nochmals anfange. Zu einer möglichen Kriegsentschädigung sagte er: »Ich glaube, daß das letzte Bild in Rom versteigert werden müßte, der letzte Franken aus Frankreich und allen unseren Feinden herausgepreßt werden muß, ehe ein Deutscher eine Mark bezahlt.«[154] Auf der Generalversammlung wurde das Bekenntnis zu einer »starke(n), von keiner Demokratie geschwächte(n) Monarchie«[155] erneuert und erklärt, daß in Preußen eine

Wahlrechtsreform nur auf »berufsständischer Grundlage« in Frage komme.[156] In der Forderung der Generalversammlung, »daß den Verschleppungs- und Revolutionierungsabsichten der bolschewistischen Regierung« ein Ende gemacht werden sollte[157], kamen der Haß des BdL gegen die Große Sozialistische Oktoberrevolution und die Furcht vor ihren Auswirkungen auch auf die deutsche Landbevölkerung zum Ausdruck. Besonders seit Sommer 1918 mehrten sich Nachrichten aus verschiedenen Teilen des Reiches über eine zunehmende »Mißstimmung« unter den Mittel- und Kleinbauern gegen den BdL. Vielfach griffen diese zur Selbsthilfe und schlossen sich in Bauernvereinen zusammen, die »einen harten Ruck nach links« machten.[158]

8. Der BdL in der Novemberrevolution und zu Beginn der revolutionären Nachkriegskrise (1918–1920)

Entsprechend ihrer Ideologie sahen die Führer des BdL in der Novemberrevolution ein Chaos. Nach G. ROESICKE war »das ganze Land ... geradezu von einer Krankheit befallen ... Die Köpfe sind mit so verworrenen Ideen erfüllt. Seele und Herz sind so angekränkelt, daß man wie vor einem Rätsel steht. Die Verärgerung und Verhetzung ist geradezu gewaltig und unerklärlich«.[159] Mit führenden Alldeutschen und Konservativen erwogen die Vorsitzenden des BdL den Plan, die Hohenzollernmonarchie durch eine Regentschaft zu retten. Falls dieser ebenso scheitern sollte wie die »Schaffung von Ordnung« durch führende Generale »mit einer sicheren Truppe«, sahen sie den Ausweg in einer »Besetzung von Berlin durch die Truppen der Entente« bzw. in einem Zusammenschluß der »ganzen östlichen preußischen Provinzen, einschließlich Sachsen, ... zu einem Sonderbund unter Ausschaltung von Berlin«.[160]

Zugleich sah sich der BdL jedoch gezwungen, sich an das zuungunsten der Junker veränderte neue Kräfteverhältnis anzupassen, »um zu retten aus den Trümmern, was zu retten ist.«[161] Bereits unmittelbar nach dem Beginn der Novemberrevolution war die bisherige Losung »Für Kaiser und Reich« im Untertitel der »Deutschen Tageszeitung«

durch die Worte »Für das deutsche Volk« ersetzt worden. Die Führer des BdL waren Realisten genug, um einzusehen, daß sie an dem im Kaiserreich so erbittert bekämpften Koalitionsrecht nun »nicht mehr vorbeikommen« konnten.[162] Um den BdL »aus dem Zustand eines Objekts, welches seiner Vergewaltigung entgegensieht, zu einem mithandelnden Subjekt« zu machen, schlug Ludwig GRAF ZU REVENTLOW vor, daß er »propagandistisch mit größtem Lärm« positiv zur Landverteilung Stellung nehmen sollte.[163]

Mit der Behauptung, daß eine Veränderung der ländlichen Besitzverhältnisse zuungunsten der Junker die »Volksernährung« gefährde, und mit der demagogischen Losung »Erst leben, dann experimentieren«[164] erwirkte der BdL vom Rat der Volksbeauftragten Unterstützung im Kampf gegen die Bestrebungen revolutionärer Landarbeiter und Kleinbauern nach einer demokratischen Bodenreform. Besonders unter dem Einfluß G. ROESICKES sprach sich der BdL sogar für die Bildung von Bauern- und Landarbeiterräten aus. Von Bayern abgesehen, gelang es ihm in der Regel, diese als Gegengewicht zu den Arbeiter- und Soldatenräten im konterrevolutionären Sinne zu mißbrauchen.

Um eine Formierung der Mitgliedschaft zu erreichen, veröffentlichte der BdL im Dezember 1918 »Richtlinien«, die allen haupt- und ehrenamtlichen Funktionären zur Verfügung gestellt wurden. Sie ließen sowohl den Zwang zur Anpassung an die neue Situation als auch den unverändert konterrevolutionären Charakter des BdL erkennen[165]:

»Wir stellen uns bis zur Schaffung einer auf gesetzlicher Grundlage beruhenden Staatsform unter jede Regierung, die gewillt und fähig ist, Ruhe, Ordnung und Sicherheit für Person und Eigentum aufrechtzuerhalten, die Volksernährung sicherzustellen, die Reichseinheit zu wahren und einen sofortigen Frieden herbeizuführen. Wir halten für geboten:
1. schleunigste Einberufung der Nationalversammlung, bis dahin Unterlassung jeglicher Eingriffe in das wirtschaftliche, rechtliche und kulturelle Leben.
2. Förderung eines starken deutschen Volkstums auf christlicher Grundlage und Bekämpfung undeutscher Einflüsse in Kultur und Wirtschaftsleben. Keine Trennung von Staat und Kirche.
3. Sicherstellung der Tätigkeit der Bauern- und Landarbeiterräte.
4. Wiederaufbau des Wirtschaftslebens, gestützt auf eine starke lebensfähige und unabhängige Landwirtschaft, die baldmöglichst von den Fesseln der Zwangswirtschaft zu befreien ist. Gesunder Wiederaufbau des Mittelstandes und der Industrie.« Weiterhin wurde gefordert: Ansiedlung von Bauern und Arbeitern; »grundsätzliche Erhaltung von Eigentum und Erbrecht«; »schärfste Sicherung gegen Abwanderung und Steuerhinterziehung des mobilen Kapitals«; »wirtschaftliche Hebung des Landarbeiterstandes und Ausbau seiner politischen Rechte«; »starke politische Betätigung der Frauen, insbesondere auf dem Lande«.

Mit den »Richtlinien« stellte sich der BdL auch auf die Agitation zu den Wahlen für die Nationalversammlung ein, für die ihm von der Schwerindustrie durch HUGENBERG 500 000 M zur Verfügung gestellt wurden.[166] Diese Gelder sollte er zugleich zur Wahlagitation für die ↗ DNVP nutzen. In einem Aufruf vom 22. November 1918 hatte der BdL seine Mitglieder aufgefordert, sich der DNVP anzuschließen und sie bei den Wahlen zu unterstützen. Seine Führung selbst trat der neuen Partei geschlossen bei. Auf Vorschlag Kuno GRAF VON WESTARPS wurde G. ROESICKE Mitglied des Vorstandes der DNVP. Er sollte darauf hinwirken, daß sich diese zu einem »möglichst umfassende(n) Zusammenschluß aller staatserhaltenden Elemente ohne scharf ausgeprägte parteipolitische Anschauungen« entwickelte.[167]

Die Wahlen fielen für den BdL auf dem Lande »erschreckend«[168] aus und verdeutlichten die schwere Krise, in der er sich befand. Das Vorstandsmitglied Joachim VON LEVETZOW erblickte die Hauptursache hierfür darin, daß sich der BdL seit den letzten Vorkriegsjahren zu eng an die DkP gebunden hätte und »eine allzu rein-konservative Organisation« geworden sei. Um seine Selbständigkeit wieder deutlicher zu betonen, sollte der BdL, »frei von allen politischen Parteien, ein rein wirtschaftliches Programm aufstellen und so auch die Gefahr einer Vermischung mit der DNVP vermeiden«. Unerläßlich sei es, »unter Berücksichtigung der neuen Verhältnisse, wieder vollkommen zu unseren alten Grundsätzen zurückzukehren«.[169]

Ein völliges Umlernen hielt J. VON LEVETZOW allerdings in der Landarbeiterfrage für unerläßlich. In ihr sah er das »schlimmste Kapitel«. Gelänge es »der Landwirtschaft nicht, die Landarbeiter für sich zu gewinnen, ... dann kommt sie unter den Schlitten; denn in dem Zeitalter des Mehrheits-Wahnsinnes kann sie allein nichts erreichen«.[170] Um die Landarbeiter wieder fester unter den Einfluß der Großagrarier zu bringen, bedienten sich die Führer des BdL verstärkt der bereits vor 1914 angewandten Mittel und Methoden, vor allem auch der demagogischen Behauptung von den angeblich »gemeinsamen Interessen zwischen ländlichen Arbeitgebern und Arbeitnehmern«[171], denen die von Klassenkämpfen zerrissene Stadt feindlich gegenüberstünde. Die Landarbeiter seien »eben noch vollständige Kinder«[172], denen man zunächst ihren Willen lassen und die man nicht durch »eine schroffe Stellungnahme«[173] noch mehr in Gegensatz zu den Großagrariern bringen dürfe.

Im Kampf gegen den sozialdemokratischen *Deutschen Landarbeiter-Verband* ging der BdL aber von der Unversöhnlichkeit dieser Gegensätze aus, wobei er zeitweilig und widerwillig mit dem bürgerlichen *Zentralverband der Landarbeiter* zusammenging. Unter dem führenden Einfluß des BdL wurde im Frühjahr 1919 ein zweiter *Reichs-Bauern- und Landarbeiterrat* gegründet, der dem verstärkten Kampf gegen die Landarbeitergewerkschaften und der Durchsetzung eines berufsständischen Prinzips diente.

Auf seiner Sitzung vom 13. Februar 1919 beschloß der Engere Vorstand eine Reihe von Maßnahmen zur Überwindung der Krise des BdL. Er ließ auf dessen einzelnen Organisationsebenen Ausschüsse bilden, die sowohl der Diskussion politischer Grundsatzfragen und lokaler Probleme als auch einer engeren Verbindung zwischen Führung und Mitgliedschaft dienen sollten. Der Vorstand wurde um 5 Bauern erweitert. Im Interesse einer weitgehenden Dezentralisierung des BdL wurden in den folgenden Monaten 6 Geschäftsstellen und 20 Zweigstellen neugegründet.

Auf der 26. Generalversammlung des BdL am 17. Februar 1919 waren bereits wieder die alten nationalistischen und antikommunistischen Töne zu hören. Die Novemberrevolution wurde hier als »das größte Verbrechen, das jemals Volksgenossen ihrem Volke gegenüber verübt haben«, diffamiert, der Bol-

schewismus als »russisch-tatarisch-jüdisch« beschimpft und die Ursache der Niederlage des deutschen Imperialismus im Sinne der Dolchstoßlegende auf »die Ströme Goldes von Rußland und sicher auch von England« zurückgeführt.[174] Wie sich der BdL jetzt die »Sicherung der Volksernährung« vorstellte, brachte E. VON OLDENBURG-JANUSCHAU in seiner Rede zum Ausdruck: »Her mit dem Koalitionsrecht! Wir wollen, wenn man unseren Industriearbeitern ... das Recht gibt zu streiken, auch ... (zu denen) gehören, die dieses Mittel im schlimmsten Falle anzuwenden gezwungen sind.« Nachdem die neue Regierung konstituiert sei, bleibe dem BdL nichts übrig, »als unseren alten Faden wieder zu spinnen, allerdings in etwas gröberer Form«.[175] Dazu gehörte nach den Worten von Ernst OBERFOHREN, dem »nationalen Gedanken in dem von demokratischem Phrasenschwall umnebelten deutschen Volke erst wieder eine Stätte« zu bereiten. Unter »national« verstand der BdL jetzt wieder das Bekenntnis zur Hohenzollernmonarchie als der »einzigen, dauernden Regierungsform für das deutsche und preußische Volk«.[176] »National« waren für ihn der Antisemitismus sowie die Hetze gegen die revolutionäre Arbeiterbewegung und alle progressiven Kräfte. Als G. ROESICKE auf der Generalversammlung des BdL von 1920 den Namen ERZBERGERS erwähnte, fiel der bezeichnende Zwischenruf »Aufhängen!«. »National« war für den BdL aber auch der Revanchismus. Wenn auf der Generalversammlung über die abgetrennten Ostgebiete gesprochen wurde, kamen Zwischenrufe wie »Die holen wir uns wieder!«[177]

Weder organisatorische noch ideologische Aktivitäten brachten dem BdL jedoch die Mitglieder zurück, die sich von ihm abgewandt hatten. Viele von ihnen gehörten den auf lokaler und Kreisebene neu gegründeten Bauernvereinen an und hatten maßgeblichen Anteil an deren Zusammenschluß auf Landesebene, wie er vor allem in Schlesien, Pommern, Brandenburg, Mecklenburg–Schwerin, Braunschweig, Thüringen, Kurhessen und Nassau erfolgte. Um die Landbundbewegung unter seinen Einfluß zu bringen, beteiligte sich der BdL maßgeblich an ihrem Zusammenschluß zur *Arbeitsgemeinschaft der deutschen Landwirtschaft,* der am 14. April 1919 – ohne den ↗ *DB*, die ↗ *VdB* und andere agrarpolitische Organisationen – erfolgte. Um »Unfug« zu vermeiden, war G. ROESICKE dem vorläufigen Vorstand der Arbeitsgemeinschaft beigetreten, deren leitende Beamte vom BdL stammten. Durch die Arbeitsgemeinschaft wollte die Führung des BdL den bereits auf der Sitzung des Engeren Vorstandes am 13. Februar 1919 bekräftigten Gedanken einer weiteren Dezentralisation des BdL verwirklichen. Die Bauernbünde sollten »nach den Wünschen und dem Bedarf der einzelnen Landesteile im einzelnen« ausgebildet werden. »Jede Provinz, jeder Bundesstaat, außer Preußen, soll seine Spitze haben, und in Berlin würden dann voraussichtlich diese Spitzen schließlich zusammengelegt werden durch den BdL, der sich vielleicht in Form und Namen umbildet, von dem aber dann die ganze Organisation nach Form und Inhalt übernommen würde.«[178]

Mit solchen Überlegungen korrespondierte der Plan für eine Dreiteilung der landwirtschaftlichen Interessenvertretung. Ihre technische Seite sollten die Landwirtschaftskammern übernehmen, in denen der BdL seinen zunächst geschwächten Einfluß wieder festigen und erweitern konnte. Die Vertretung der geschäftlichen Interessen wurde den Genossenschaften zugedacht. Der BdL selbst sollte als wirtschaftspolitischer Interessenvertreter fungieren und zugleich so umgeformt werden, daß mit ihm alles »in der einen Spitze zusammengefaßt« wurde.[179] Als angeblicher Vertreter aller besitzenden Klassen und Schichten auf dem Lande forderte der BdL in Eingaben an die Reichsregierung die Beseitigung der Zwangswirtschaft und den Schutz von Personen und Eigentum oder machte er sich zum Vorreiter ihrer Proteste gegen den vom Reichsarbeitsministerium am 5. April 1919 vorgelegten Gesetzentwurf über Betriebsräte.

Um auch die noch abseits stehenden Bauernbünde zu gewinnen, wandelte sich die Arbeitsgemeinschaft am 9. Juli 1919 in den ↗ *Deutschen Landbund (DLB)* um. Der BdL löste sein bisheriges Mitgliedsverhältnis und trat zum *DLB* in ein Kartellverhältnis. Zwischen beiden Organisationen wurden besonders seit Herbst 1919 Fusionsverhandlungen geführt, wobei sich bei den Landbünden immer wieder starke Aversionen gegen den BdL zeigten. Verschiedentlich wurde gefordert, daß dieser in den *DLB* aufgehen solle.[180] Im Januar 1920 wurden interne Richtlinien für eine nach den Reichstagswahlen bzw. spätestens im Herbst 1920 vorgesehene Verschmelzung beider Organisationen erarbeitet.

BdL und *DLB* waren an der Vorbereitung und Durchführung des KAPP-Putsches maßgeblich beteiligt. Wolfgang KAPP, der seit Mitte Januar 1920 im Hause C. VON WANGENHEIMS gelebt hatte, holte sich diesen als Landwirtschaftsminister in seine »Regierung«. Das Scheitern des KAPP-Putsches offenbarte erneut, wie unsicher die Machtpositionen der Großagrarier selbst auf dem Lande und besonders ihr Einfluß auf die Landarbeiter geworden waren. Die Führer des BdL begannen wieder an eine Erneuerung des Kartells der schaffenden Stände zu denken, »um von diesen aus Front zu machen gegen einseitige Bevorzugung der Arbeiterkreise, bei welcher Deutschland zugrunde gehen muß«.[181] In besonderem Maße verstärkten sie ihre Bemühungen, die agrarischen Interessenorganisationen zu einem gemeinsamen Vorgehen zu veranlassen. Begünstigend wirkte sich hierbei aus, daß der Kampf, den der BdL und der *DLB* 1919/1920 gegen die staatliche Zwangswirtschaft führten, wieder einen großen Teil der Bauern unter den Einfluß der Großagrarier brachte. Am 20. April 1920 begann die Verhandlung zwischen BdL und *DLB*, die zur Gründung des ↗ *Reichs-Landbundes (RLB)* am 1. Januar 1921 führte.

9. Quellen und Literatur

Von den archivalischen Quellen sind die im ZStA Potsdam befindlichen NL Conrad von Wangenheim, Gustav Roesicke und Berthold von Ploetz die ergiebigsten.[182]

Wichtige Materialien über die Arbeit des BdL befinden sich außerdem in folgenden Beständen: ZStA Potsdam, Reichskanzlei, Nr. 420, 461, 463–466, 520–522, 586, 673, 674, 1 128, 2 123, 2 124 und 2 172; Alldeutscher Verband, Nr. 246, Bd. 90; ZStA Merseburg, Rep. 87 B, Nr. 20 559, 20 560, 20 562–20 570; Rep. 77, Tit. 662 Vereine, Generalia, Nr. 1 vol. 4 und Nr. 5 vol. 1; Rep. 169 D, Nr. XIe2; 2.2.1.,

Nr. 31 955 und 31 954; Rep. 92, NL A. Bo-venschen, Nr. CXII. Das Pressearchiv des RLB bietet eine Sammlung von Zeitungs-ausschnitten, deren übersichtliche Ordnung eine umfassende Information über die öffent-liche Arbeit des BdL ermöglicht.[183]
Selbstdarstellungen des BdL: Otto von Kie-senwetter »Zehn Jahre wirtschaftspolitischen Kampfes. Zum 18. 2. 1903« (Berlin 1903), ders. »Zum 18. Februar 1908. Fünf Jahre der Sammlung und Festigung 1903–1908« (Berlin 1908), ders. »Fünfundzwanzig Jahre wirt-schaftspolitischen Kampfes. Geschichtliche Darstellung des Bundes der Landwirte. Zum 18. Februar 1918« (Berlin 1918)[184], Paul Boetticher »Der Bund der Landwirte 1918–1920« (Berlin 1925).
Weitere Publikationen des BdL: »Stenogra-phischer Bericht über die konstituierende Versammlung des BdL am 18. 2. 1893 im Saale der Tivoli-Brauerei zu Berlin« (Berlin 1893). Die Stenographischen Berichte der General-versammlungen erschienen unmittelbar nach ihrer Durchführung in der Korrespondenz des BdL oder in der Zeitschrift »Bund der Land-wirte«[185], außerdem z. T. in besonderen Aus-gaben.[186]
»Agrarisches Handbuch«. Hrsg. Bund der Landwirte (Berlin 1898, 1908, 1911), »Mit-teilungen des Bundes der Landwirte über seine Gründung, Entwicklung, Zwecke, Ziele, wirtschaftlichen Vorteile seiner Mitglieder« (Berlin 1895–1902, 1904), »Kleines Wahl-ABC des Bundes der Landwirte für die Reichstagswahlen 1898« (Berlin 1898, Neuausgaben 1903, 1907, 1912), »Katechis-mus des Bundes der Landwirte« (Berlin 1901), »Bundeskalender des Bundes der Landwirte« (Berlin 1895 ff.), »Stimmen aus dem agra-rischen Lager« (6 Hefte), »Sammlung von Vortragsmaterial des Bundes der Landwirte« (67 Nummern), »Merkbüchlein I des Bundes der Landwirte für 1909/1910«.
Erinnerungen und Biographien: H. Freiherr von Wangenheim (Hrsg.) »Conrad Freiherr von Wangenheim Klein-Spiegel. I: Lebens-bild, II: Briefe und Reden« (Berlin 1934); Gerd-Dieter von Tippelskirch »Agrarhistori-sche Ausschnitte aus der Zeit von 1893 bis 1924 im Lichte des Wirkens von Dr. G. Roesicke« (MS Diss., Berlin 1944); Elard von Oldenburg-Januschau »Erinnerun-gen« (Leipzig 1936).

Darstellungen: Marxistisch-leninistische Analysen der Politik und Entwicklung des Bundes der Landwirte stammen von Dieter Fricke und Erwin David.[187] Die Politik des Bundes der Landwirte gegenüber den städ-tischen Mittelschichten und der revolutionä-ren Arbeiterbewegung hat Edgar Hartwig untersucht.[188] Eine materialreiche kritische Darstellung der Politik des BdL legte Hans-Jürgen Puhle vor, die er durch weitere Unter-suchungen ergänzte.[189] Bedingt durch seine bürgerliche Grundposition, die sich insbeson-dere in seiner Imperialismusauffassung zeigt, durch Fehlinterpretationen des Marxismus und eine weitgehende Negierung marxistisch-leninistischer Forschungsergebnisse, war es Puhle im Widerspruch zu den Konsequenzen seiner Darstellung nicht möglich, die Politik des BdL wissenschaftlich exakt zu werten. Von den zeitgenössischen Darstellungen ist die von Arthur Dix zu beachten, der die Politik des BdL kritisch beurteilt.[190] Die Unter-suchung von Sarah Rebecca Tirrell be-schränkt sich auf die Vorgeschichte und die Entwicklung des BdL bis 1895.[191] Einige Dis-sertationen untersuchen bestimmte Bereiche in der Politik des BdL, ohne zu hervorhebens-werten Aussagen zu gelangen.[192] Die jüngsten bürgerlichen Darstellungen zur Politik des BdL stammen von Jens Flemming und Martin Schumacher.[193]

Anmerkungen

1 Siehe Walther Lotz: Die Handelspolitik des Deutschen Reiches unter Graf Caprivi und Fürst Hohenlohe, 1890–1900, Leipzig 1901, S. 103 f.
2 Kreuzzeitung, 14. 12. 1891.
3 (Alfred) Ruprecht-Ransern: Ein Vorschlag zur Besserung unserer Lage. In: Landwirtschaft-liche Tierzucht (Bunzlau), 21. 12. 1892.
4 (Otto) von Kiesenwetter: Zehn Jahre wirt-schaftspolitischen Kampfes. Zum 18. 2. 1903, Berlin 1903, S. 16 ff.
5 Siehe Stenographischer Bericht über die konstituierende Versammlung des Bundes der Landwirte am 18. Februar 1893 im Saale der Tivoli-Brauerei zu Berlin, Berlin o. J. (1893), S. 1 f.
6 Siehe Agrarisches Handbuch. Hrsg. Bund der Landwirte, 3. Aufl., Berlin 1911, S. 269 f.
7 Die Angaben über die Zahl der Teilnehmer differieren erheblich. B. von Ploetz gab die Gesamtzahl von 8 000 bis 10 000 an. Siehe ebenda, S. 33.

8 G. Roesicke machte von Anfang an Führungs-
ansprüche geltend und schaltete seine Stellvertreter weitgehend aus. Siehe G. Roesicke an
B. von Ploetz, 9. 3. 1893. In: ZStA Potsdam, NL
B. von Ploetz, Nr. 1 ff.
9 Stenographischer Bericht über die konstituierende Versammlung, S. 10 ff.
10 Ebenda, S. 29 f.
11 Satzungen des Bundes der Landwirte, Berlin
1893. Siehe auch Stenographischer Bericht
über die Generalversammlung des Bundes der
Landwirte am 17. Februar 1894 im Feenpalast
und in Kellers Festsälen zu Berlin, Berlin o. J.
(1894).
12 Siehe O. von Kiesenwetter: Zehn Jahre, S. 35
und 106.
13 Ebenda, S. 35.
14 Stenographischer Bericht über die konstituierende Versammlung, S. 7 ff.
15 Ebenda, S. 50.
16 Deutsche Tageszeitung, 18. 7. 1896.
17 Siehe Stenographischer Bericht über die Generalversammlung des Bundes der Landwirte
am 17. Februar 1894, S. 57.
18 Hans-Jürgen Puhle kommt zu der unhaltbaren
Feststellung, daß der Antrag Ausdruck einer
»in der Form durchaus sozialistisch(en)« neu-
konservativen Wirtschaftspolitik war, die
»eine spezifische Art von Sozialismus« verkörperte. Siehe H.-J. Puhle: Agrarische Interessenpolitik und preußischer Konservatismus
im Wilhelminischen Reich (1893–1914). Ein
Beitrag zur Analyse des Nationalismus in
Deutschland am Beispiel des Bundes der Landwirte und der Deutsch-Konservativen Partei,
Hannover 1966, S. 230.
19 Stenographischer Bericht über die Generalversammlung des Bundes der Landwirte am
18. 2. 1895 im Feenpalast zu Berlin, Berlin 1895,
Beilage.
20 Korrespondenz des Bundes der Landwirte,
19. 2. 1895, S. 2 ff.
21 Siehe Stenographischer Bericht über die Generalversammlung des Bundes der Landwirte
àm 18. Februar 1896 im Zirkus Busch zu Berlin,
Berlin 1896, S. 21 und 58 ff.
22 Siehe ebenda.
23 Siehe Friedrich Engels an Friedrich Adolph
Sorge, 2. 12. 1893. In: MEW, Bd. 39, Berlin
1968, S. 172.
24 H.–J. Puhle: Agrarische Interessenpolitik,
S. 234.
25 Siehe Korrespondenz des Bundes der Landwirte, 27. 2. 1895.
26 Stenographischer Bericht über die Generalversammlung des Bundes der Landwirte am
18. Februar 1896.
27 Siehe ZStA Potsdam, NL G. Roesicke,
Nr. 11.
28 Siehe Stenographischer Bericht über die Generalversammlung des Bundes der Landwirte
am 18. Februar 1896, S. 21.
29 Gustav Ruhland war von 1894 bis 1897 mit
einem Jahreshonorar von 7 000 Mark beim BdL
angestellt, das noch durch »Zulagen« beträchtlich erhöht wurde. Der Engere Vorstand,
vertreten vor allem durch G. Roesicke, kontrollierte seine Arbeit und setzte wiederholt die
Gestaltung der durch G. Ruhland vertretenen
Theorien nach den pragmatischen Gesichtspunkten des BdL durch. Obwohl sich der
Vorstand ständig auf G. Ruhlands wissenschaftliche Autorität berief, stellte er diese
intern in drastischer Weise in Frage. Dem
Beschluß vom 21. 4. 1897, das Jahreshonorar
auf 4 000 Mark zu reduzieren und die Kontrolle
zu verstärken, widersetzte sich G. Ruhland,
was aber die weitere Zusammenarbeit nicht
aufhob. Siehe G. Ruhland an B. von Ploetz,
31. 5. 1897. In: ZStA Potsdam, NL B. von
Ploetz, Nr. 5, Bl. 19 ff. Stellungnahme
G. Roesickes in: Ebenda, Bl. 22–38. Siehe
auch: Ebenda, NL G. Roesicke, Nr. 21, 24,
152.
30 Siehe Bund der Landwirte, Nr. 7 vom
14. 2. 1901, S. 49.
31 Siehe Agrarisches Handbuch des Bundes der
Landwirte, Berlin 1898, S. 283. Bund der Landwirte, Nr. 1 vom 7. 1. 1897, S. 2.
32 Siehe Deutsche Tageszeitung, 12. 8. 1894.
33 Siehe ebenda, 18. 3. 1896.
34 Siehe Edgar Hartwig: Zu einigen Konzeptionen, taktischen Varianten und Methoden des
Bundes der Landwirte im Kampf gegen die
revolutionäre Arbeiterbewegung (1893 bis
1910). In: JBP, Nr. 41 (1977), S. 91 ff.
35 Bund der Landwirte, 28. 3. 1896.
36 Ebenda.
37 Siehe Korrespondenz des Bundes der Landwirte, Nr. 13 vom 15. 2. 1905, S. 45.
38 Siehe Deutsche Tageszeitung, Nr. 438 vom
18. 9. 1901.
39 Siehe Bund der Landwirte, Nr. 45 vom
9. 11. 1899, S. 321.
40 Korrespondenz des Bundes der Landwirte,
13. 2. 1897.
41 Stenographischer Bericht über die Generalversammlung des Bundes der Landwirte am
18. Februar 1896.
42 Predigt beim Gottesdienst für die Mitglieder
des Bundes der Landwirte, am Sonntag Re-
miniscere, den 18. Februar 1894 zu Berlin im
Stoecker-Saal gehalten, o. O., o. J., S. 8.
43 Stenographischer Bericht über die Generalversammlung des Bundes der Landwirte am
17. Februar 1894, S. 69.
44 In der ablehnenden Stellungnahme des Zentralverbandes Deutscher Industrieller wurde

neben den erwähnten Einwänden hervorgehoben, daß mit den Zwangsinnungen der »Tätigkeit der Sozialdemokratie auf einem neuen Gebiete Vorschub geleistet« würde (Deutsche Tageszeitung, 2.10.1896).

45 Siehe Deutscher Reichsanzeiger und Königlich Preußischer Staats-Anzeiger, Nr.184 vom 7.8.1897.
46 Stenographischer Bericht über die konstituierende Versammlung ..., S.47.
47 H.Freiherr von Wangenheim (Hrsg.): Conrad Freiherr von Wangenheim Klein-Spiegel, Berlin 1934, S.20f.
48 Siehe G.Roesicke an B.von Ploetz, 13.5.1897. In: ZStA Potsdam, NL Ploetz, Nr.4, Bl.104ff.
49 Ebenda.
50 Korrespondenz des Bundes der Landwirte, 22.3.1898.
51 Deutsche Tageszeitung, 3.3.1898.
52 Korrespondenz des Bundes der Landwirte, Nr.11 vom 15.2.1898.
53 Ebenda, 12.2.1902.
54 Siehe Oscar Stillich: Die politischen Parteien in Deutschland, Bd.I: Die Konservativen, Leipzig 1908, S.241. O.Stillichs' Fehleinschätzung wurde von mehreren bürgerlichen Autoren übernommen, so auch von Hans Booms, der die Rolle der konservativen Partei- und Fraktionsführung überschätzt und die Wandlungen übersieht, die sich in der Partei im Zusammenwirken mit dem BdL vollzogen (siehe Hans Booms: Die Deutsch-Konservative Partei, Düsseldorf 1954).
55 Siehe Lothar Wallraf: Zur Politik der Deutschkonservativen Partei in den letzten Jahrzehnten ihres Bestehens (1898–1918) unter den Bedingungen der imperialistischen Epoche, phil.Diss. (MS), Jena 1970, S.47ff.
56 G.Roesicke an B.von Ploetz, 13.5.1897. In: ZStA Potsdam, NL Ploetz, Nr.4, Bl.104f.
57 Arthur Dix: Der Bund der Landwirte. Entstehung, Wesen und politische Tätigkeit, Berlin 1909, S.32ff.
58 Siehe G.Roesicke an B.von Ploetz, 13.5.1897. In: ZStA Potsdam, NL Ploetz, Nr.4, Bl.104f.
59 HBP, Bd.I, Leipzig 1968, S.760ff.
60 Protokoll der Sitzung des Ausschusses, 17.10.1893. In: ZStA Potsdam, NL G.Roesicke, Nr.22, Bl.2ff. Bund der Landwirte, Nr.40 vom 6.10.1898, S.293. Korrespondenz des Bundes der Landwirte, 22.2.1909.
61 Verhandlungen, Mitteilungen und Berichte des Centralverbandes Deutscher Industrieller, Berlin 1893, Nr.60, S.23ff.
62 Fritz Hellwig: Carl Ferdinand Frhr. von Stumm-Halberg, 1886–1901, Heidelberg 1936, S.471ff.
63 Ebenda, S.555.
64 Deutsche Tageszeitung, Nr.40 vom 25.1.1904.
65 Ebenda, Nr.130 vom 17.3.1904.
66 Ebenda, Nr.424 vom 10.9.1903 und Nr.215 vom 9.5.1903.
67 Beschluß des Ausschusses des BdL, 17.8.1901. In: Bund der Landwirte, Nr.38 vom 19.9.1901.
68 Korrespondenz des Bundes der Landwirte, Nr.12 vom 14.2.1903. Siehe auch ebenda, Nr.36 vom 23.5.1903.
69 Deutsche Tageszeitung, Nr.456 v. 29.9.1902.
70 ZStA Potsdam, RLB/Pressearchiv, Nr.24, Bd.8, Bl.17.
71 H.von Wangenheim (Hrsg.), S.76f.
72 O.von Kiesenwetter: Fünfundzwanzig Jahre wirtschaftspolitischen Kampfes. Geschichtliche Darstellung des Bundes der Landwirte. Zum 18. Februar 1918, Berlin 1918, S.356.
73 Siehe Protokoll einer Konferenz in Wien, 18.3.1905. In: ZStA Potsdam, NL C. von Wangenheim, Nr.1, Bl.13ff.
74 Deutsche Tageszeitung, Nr.39 vom 24.1.1903.
75 Siehe ebenda.
76 Deutsche Tageszeitung, Nr.438 vom 18.9.1901.
77 Eckart Kehr: Schlachtflottenbau und Parteipolitik 1894–1901. Versuch eines Querschnitts durch die innenpolitischen, sozialen und ideologischen Voraussetzungen des deutschen Imperialismus, Berlin 1930, S.50, 122ff., 164, 248ff.
78 Siehe E.Kehr, S.50, 122f. und 164.
79 C.von Wangenheim auf der Generalversammlung 1900. In: Korrespondenz des Bundes der Landwirte, 12.2.1900.
80 Korrespondenz des Bundes der Landwirte, 8.5.1897.
81 Korrespondenz des Bundes der Landwirte, 13.4.1897.
82 Siegfried von Kardorff (Hrsg.): Wilhelm von Kardorff. Ein nationaler Parlamentarier im Zeitalter Bismarcks und Wilhelms II., Berlin 1936, S.345.
83 Hannelore Horn: Der Kampf um den Bau des Mittellandkanals. Eine politologische Untersuchung über die Rolle eines wirtschaftlichen Interessenverbandes im Preußen Wilhelms II., Köln-Opladen 1964, S.39ff.
84 Bund der Landwirte, Nr.16 vom 20.4.1899.
85 Bernhard Fürst von Bülow: Denkwürdigkeiten, Bd.I, Berlin 1930, S.296ff.
86 Elard von Oldenburg-Januschau: Erinnerungen, Leipzig 1936, S.63ff.
87 Der BdL stellte 55 eigene Kandidaten auf, von denen nur 4 gewählt wurden. Insgesamt wur-

den von den 174 Kandidaten, die er unterstützte (einschließlich eigene Kandidaten), nur
89 gewählt (Siehe H.-J. Puhle: Agrarische Interessenpolitik, S. 168 f.).

88 Niederschrift Dr. Koenigs, Mitte Juli 1908. In:
ZStA Potsdam, NL C. von Wangenheim, Nr. 3,
Bl. 30.

89 Johannes Wadehn an C. von Wangenheim,
17. 11. 1910. In: Ebenda, Nr. 5, Bl. 112 f.

90 Siehe Korrespondenz des Bundes der Landwirte, Nr. 35 vom 18. 5. 1900. Bund der Landwirte, Nr. 24 vom 15. 6. 1907.

91 Bericht »Zur Landarbeiterfrage«. In: ZStA
Potsdam, NL C. von Wangenheim, Nr. 5,
Bl. 114 ff. J. Wadehn an C. von Wangenheim,
17. 11. 1910. In: Ebenda, Bl. 112 f.

92 Bund der Landwirte, Nr. 3 vom 19. 1. 1907 und
Nr. 9 vom 2. 3. 1907.

93 Ebenda, Nr. 3 vom 19. 1. 1907.

94 E. von Oldenburg-Januschau, S. 71.

95 Ursula Lindig: Der Einfluß des Bundes der
Landwirte auf die Politik des Wilhelminischen
Zeitalters 1893–1914, unter besonderer Berücksichtigung der preußischen Verhältnisse,
phil. Diss. (MS), Hamburg 1954, Anlage 5.

96 Ebenda, Anlage 4.

97 Die Wirtschaftspolitik im Jahre 1906/7. In:
Sammlung von Vortragsmaterial des Bundes
der Landwirte, Nr. 14, S. 32 f. Bund der Landwirte, Nr. 8 vom 22. 2. 1908.

98 Protokoll einer Besprechung in Kolberg,
2. 9. 1908. In: ZStA Potsdam, NL C. von
Wangenheim, Nr. 3, Bl. 81.

99 Ebenda.

100 Bülow an Wilhelm II., 12. 9. 1908. In: ZStA
Merseburg, Rep. 89 H III Deutsches Reich,
Nr. 1 vol. 3.

101 Siehe C. von Wangenheim an G. Roesicke,
27. 7. 1908. In: ZStA Potsdam, NL C. von
Wangenheim, Nr. 3, Bl. 52.

102 G. Roesicke an C. von Wangenheim,
2. 11. 1908. In: ZStA Potsdam, NL C. von
Wangenheim, Nr. 3, Bl. 88.

103 Siehe G. Roesicke an C. von Wangenheim,
14. 11. 1908. In: ZStA Potsdam, NL C. von
Wangenheim, Nr. 3, Bl. 102 ff.

104 O. von Kiesenwetter: Zum 18. Februar 1908.
Fünf Jahre der Sammlung und Festigung
1903–1908, Berlin 1908, S. 129.

105 C. von Wangenheim an G. Roesicke, 5. 6. 1906.
In: ZStA Potsdam, NL C. von Wangenheim,
Nr. 2, Bl. 39.

106 G. Roesicke an C. von Wangenheim,
2. 11. 1908. In: ZStA Potsdam, NL C. von
Wangenheim, Nr. 3, Bl. 87.

107 Ebenda.

108 G. Roesicke an C. von Wangenheim,
13. 5. 1909. In: ZStA Potsdam, NL C. von
Wangenheim, Nr. 4, Bl. 44.

109 »Der König von Preußen und der deutsche
Kaiser muß jeden Moment imstande sein, zu
einem Leutnant zu sagen: Nehmen Sie zehn
Mann und schließen Sie den Reichstag!«
(E. von Oldenburg-Januschau, S. 110). »Vox
populi, vox Rindvieh.« (Ebenda, S. 118 f.).
E. Hartwig: Die »Mittelstandspolitik« des BdL
1893 bis 1914, Diss. B (MS), Jena 1980,
S. 203.

110 Ebenda, S. 194 ff.
Siegfried Mielke: Der Hansa-Bund für Ge-
werbe, Handel und Industrie 1909–1914,
Göttingen 1976, S. 117 ff.

111 Marokko-Programm. In: ZStA Potsdam, NL
C. von Wangenheim, Nr. 6, Bl. 16 ff.
G. Roesicke an C. von Wangenheim,
12. 8. 1911. In: Ebenda, Bl. 15.

112 Marokko-Programm. In: Ebenda, Bl. 18.

113 Heinrich Claß: Wider den Strom. Vom Werden
und Wachsen der nationalen Opposition im
alten Reich, Leipzig 1932, S. 273. Siehe auch:
C. von Wangenheim an G. Roesicke,
27. 6. 1913. In: ZStA Potsdam, NL C. von
Wangenheim, Nr. 8, Bl. 51; C. von Wangenheim an H. Claß, 30. 7. 1913. In: Ebenda, Alldeutscher Verband, Nr. 246, Bl. 143; Johannes
Neumann an C. Caesar Eiffe, 6. 7. 1913. In:
Ebenda, Bl. 138.

114 C. von Wangenheim an G. Roesicke, 27. 4. 1909
(vermutlich Abschrift). In: ZStA Potsdam, NL
C. von Wangenheim, Nr. 4, Bl. 42.

115 G. Roesicke an C. von Wangenheim, 6. 4. 1910.
In: ZStA Potsdam, NL G. Roesicke, Nr. 5,
Bl. 33 f.

116 C. von Wangenheim an G. Roesicke, 6. 6. 1912.
In: ZStA Potsdam, NL C. von Wangenheim,
Nr. 7, Bl. 52.

117 Siehe G. Roesicke an C. von Wangenheim,
3. 6. 1912. In: ZStA Potsdam, NL C. von
Wangenheim, Nr. 7, Bl. 47.

118 G. Roesicke an von Böcklin, 2. 6. 1912. In:
ZStA Potsdam, NL C. von Wangenheim, Nr. 7,
Bl. 50.

119 Ebenda.

120 Ebenda.

121 C. von Wangenheim an G. Roesicke, 6. 6. 1912
(vermutlich Abschrift). In: ZStA Potsdam, NL
C. von Wangenheim, Nr. 7, Bl. 52.

122 G. Roesicke an von Böcklin, 2. 6. 1912. In:
ZStA Potsdam, NL C. von Wangenheim, Nr. 7,
Bl. 49.

123 E. Hartwig: Die »Mittelstandspolitik«,
S. 208.

124 Bericht über den Dritten Reichsdeutschen
Mittelstandstag (22.–25. 8. 1913), Leipzig o. J.
(1913), S. 66 f. Siehe auch: Bericht über den
Dritten Reichsdeutschen Mittelstandstag am
24. August 1913. In: ZStA Potsdam, Reichskanzlei, Nr. 225. Bl. 65 ff.

125 E. Hartwig: Die »Mittelstandspolitik«, S. 262ff.

126 Daniel Frymann: Wenn ich der Kaiser wär'. Politische Wahrheiten und Notwendigkeiten, Leipzig 1912.

127 C. von Wangenheim an G. Roesicke, 27. Mai 1914. In: ZStA Potsdam, NL C. von Wangenheim, Nr. 9, Bl. 43 R.

128 Jakob Riesser an G. Roesicke, 10. 12. 1914. In: Ebenda, Bl. 250.

129 C. von Wangenheim an G. Roesicke, 31. 8. 1914. In: Ebenda, Bl. 96 R.

130 G. Roesicke an C. von Wangenheim, 28. 8. 1914. In: Ebenda, Bl. 93.

131 G. Roesicke an C. von Wangenheim, 20. 9. 1914. In: Ebenda, Bl. 125 R.

132 C. von Wangenheim an G. Roesicke, 19. 10. 1915. In: Ebenda, Nr. 10, Bl. 259.

133 C. von Wangenheim an G. Roesicke, 31. 8. 1914. In: Ebenda, Nr. 9, Bl. 96 R.

134 G. Roesicke: Landwirtschaft und Industrie. In: O. von Kiesenwetter: Fünfundzwanzig Jahre, S. XVIII.

135 Siehe ZStA Potsdam, NL C. von Wangenheim, Nr. 10, Bl. 187 (S. 1–39).

136 Alfred von Tirpitz: Erinnerungen, Leipzig 1920, S. 492. G. Roesicke an Frhr. von Maltzahn, 8. 10. 1915. In: ZStA Potsdam, NL C. von Wangenheim, Nr. 10, Bl. 225.

137 G. Roesicke an C. von Wangenheim, 24. 11. 1915. In: Ebenda, Bl. 288 und 240f.

138 Zit. in: Wilhelm Siegwart: Groß-Deutschland, Olten 1916, S. 49. Siehe hier auch S. 56ff. und 123ff.

139 C. von Wangenheim auf der Generalversammlung des BdL 1917. In: O. von Kiesenwetter: Fünfundzwanzig Jahre, S. 243.

140 Siehe den Text des Aufrufes in: Ebenda, S. 375f.

141 Siehe ZStA Potsdam, NL C. von Wangenheim, Nr. 9, Bl. 235–243 R.

142 C. von Wangenheim an G. Roesicke, 8. 12. 1916. In: Ebenda, Nr. 11, Bl. 221.

143 C. von Wangenheim an G. Roesicke, 2. 2. 1917. In: Ebenda, Nr. 12, Bl. 26 R.

144 G. Roesicke an E. von Oldenburg-Januschau, 5. 1. 1917. In: Ebenda, NL G. Roesicke, Nr. 2a, Bl. 107f.

145 Siehe ebenda, NL C. von Wangenheim, Nr. 11, Bl. 40 und 44f.

146 C. von Wangenheim an G. Roesicke, 2. 9. 1916. In: Ebenda, Bl. 155.

147 G. Roesicke an C. von Wangenheim, 5. 1. 1916. In: Ebenda, Bl. 10.

148 G. Roesicke an Engelbert Freiherr von Kerkerinck zur Borg, 7. 8. 1917. In: Ebenda, Nr. 12, Bl. 86.

149 C. von Wangenheim an G. Roesicke, 6. 8. 1916. In: Ebenda, Nr. 11, Bl. 102.

150 Siehe C. von Wangenheim: Stadt und Land. In: Süddeutsche Monatshefte, Juli 1917.

151 G. Roesicke an C. von Wangenheim, 21. 4. 1915. In: ZStA Potsdam, NL C. von Wangenheim, Nr. 10, Bl. 108–109 R.

152 G. Roesicke an C. von Wangenheim, 23. 8. 1917. In: Ebenda, Nr. 12, Bl. 95.

153 Zit. in: O. von Kiesenwetter: Fünfundzwanzig Jahre, S. 257.

154 Korrespondenz des BdL, 19. 2. 1918 und ZStA Potsdam, NL C. von Wangenheim, Nr. 13, Bl. 25.

155 H. von Wangenheim (Hrsg.), S. 125.

156 Siehe G. Roesicke an Ludendorff, 22. 6. 1918. In: ZStA Potsdam, NL G. Roesicke, Nr. 4a, Bl. 303.

157 Ebenda, NL C. von Wangenheim, Nr. 13, Bl. 25.

158 Siehe Ernst Behr (Kiel) an den BdL, 25. 6. 1918. In: Ebenda, Bl. 73. Siehe C. von Wangenheim an G. Roesicke, 22. 6. 1918. In: Ebenda, Bl. 65 R.

159 G. Roesicke an A. Hugenberg, 21. 12. 1918. In: Ebenda, NL G. Roesicke, Nr. 4a, Bl. 186.

160 C. von Wangenheim an G. Roesicke, 12. 12. 1918. In: Ebenda, NL C. von Wangenheim, Nr. 13, Bl. 136.

161 Siehe den Entwurf eines Aufrufs des BdL von Ende November 1918. In: ZStA Potsdam, NL C. von Wangenheim, Nr. 13, Bl. 122.

162 C. von Wangenheim an G. Roesicke, 13. 1. 1919. In: Ebenda, Nr. 14, Bl. 36.

163 Ludwig zu Reventlow an G. Roesicke, 6. 1. 1919. In: Ebenda, Bl. 29.

164 Deutsche Tageszeitung, 17. 11. 1918.

165 ZStA Potsdam, NL C. von Wangenheim, Nr. 13, Bl. 126. Siehe auch: Richtlinien des Bundes der Landwirte, Berlin 1918, S. 8–11.

166 Siehe G. Roesicke an A. Hugenberg, 21. 12. 1918. In: ZStA Potsdam, NL G. Roesicke, Nr. 4a, Bl. 186f. Siehe über weitere Finanzierungen u. a.: G. Roesicke an Oskar Hergt, 20. 3. 1919. In: Ebenda, NL G. Roesicke, Nr. 3, Bl. 38f. A. Hugenberg an O. Hergt, 3. 9. 1919. In: Ebenda, Bl. 40. Den versprochenen Betrag von 2 Millionen Mark zahlte Hugenberg nicht aus, weil »durch die Besetzung der Wahllisten... die Hoffnungen der Industrie auf angemessene Berücksichtigung stark enttäuscht worden wären«. O. Hergt an G. Roesicke, 5. 3. 1919. In: Ebenda, Bl. 36f.

167 C. von Wangenheim an G. Roesicke, 13. 12. 1918. In: Ebenda, NL C. von Wangenheim, Nr. 13, Bl. 142.

168 G. Roesicke an C. von Wangenheim, 22. 1. 1919. In: Ebenda, Nr. 14, Bl. 41.

169 Joachim von Levetzow an C. von Wangenheim, 5. 2. 1919. In: Ebenda, NL G. Roesicke, Nr. 4a, Bl. 294.

170 Ebenda, Bl. 295.
171 C. von Wangenheim an G. Roesicke, 14.8.
1919. In: Ebenda, NL C. von Wangenheim,
Nr. 14, Bl. 91 R.
172 Ebenda, Bl. 90.
173 G. Roesicke an C. von Wangenheim, 9.8.1919.
In: Ebenda, Bl. 88.
174 Korrespondenz des Bundes der Landwirte,
18.2.1919, 1. Ausgabe.
175 Ebenda, 2. Ausgabe.
176 Ebenda, 17.2.1919.
177 Ebenda, 17.2.1920.
178 C. von Wangenheim an von Schwerin (Janow),
17.4.1919. In: H. von Wangenheim (Hrsg.),
S. 157.
179 C. von Wangenheim an Ferdinand von
Grumme-Douglas, 31.3.1919. In: Ebenda,
S. 155.
180 Siehe den Bericht über die Wahlvorbereitungs-
versammlung des Brandenburgischen Landbundes am 25.11.1919. In: ZStA Potsdam, NL
C. von Wangenheim, Nr. 14, Bl. 119.
181 C. von Wangenheim an G. Roesicke, 31.3.
und 8.4.1920. In: Ebenda, Nr. 15, Bl. 11 und
12. R.
182 Teile des NL G. Roesicke befinden sich im
BA Koblenz sowie im Besitz von Frau Tippelskirch in Gr. Weeden bei Hamburg. Einen Rest
des NL B. von Ploetz hat die Familie von
Ploetz in Arolsen im Besitz, die unbedeutenden Nachlaßreste von D. Hahn die Familie
Hahn in Ascheberg. Siehe H.—J. Puhle: Agrarische Interessenpolitik, S. 342.
183 ZStA Potsdam, RLB/Pressearchiv. Siehe
auch Übersicht in: Mitteilungsblatt der
Arbeitsgemeinschaft »Geschichte der bürgerlichen Parteien in Deutschland«. Hrsg. vom
Historischen Institut der Friedrich-Schiller-
Universität Jena, Nr. 4 (1964), S. 13 ff., und
Nr. 5 (1964), S. 12 ff.
184 Mit einem Verzeichnis der Publikationen des
BdL (S. 376 ff.) und wichtigen Dokumenten
(S. 335 ff.).
185 Fundstellen siehe H.-J. Puhle: Agrarische
Interessenpolitik, S. 38 (auch für die Ge-
schäftsberichte).
186 Siehe ZStA Potsdam, RLB/Pressearchiv,
Nr. 6088 f.
187 D. Fricke: Bund der Landwirte (BdL) 1893 bis
1920. In: HBP, Bd. 1, S. 129 ff.
Erwin David: Der Bund der Landwirte als
Machtinstrument des ostelbischen Junkertums 1893–1920, phil. Diss. (MS), Halle-
Wittenberg 1967.
188 Siehe Anm. 109 und 34. Ders.: Zur politischen
Haltung der Mittelschichten vor dem ersten
Weltkrieg. In: JBP, Nr. 30 (1972), S. 40 ff.
189 Siehe Anm. 18. Ders.: Parlament, Parteien und
Interessenverbände 1890–1914. In: Das kaiserliche Deutschland. Hrsg. M. Stürmer, Düsseldorf 1970, S. 340 ff. Ders.: Der Bund der
Landwirte im Wilhelminischen Reich. Struktur, Ideologie und politische Wirksamkeit
eines Interessenverbandes in der konstitutionellen Monarchie (1893–1914). In: Zur so-
ziologischen Theorie und Analyse des 19. Jahrhunderts, Göttingen 1971, S. 145 ff. Ders.: Von
der Agrarkrise zum Präfaschismus, Thesen
zum Stellenwert der agrarischen Interessenverbände in der deutschen Politik am Ende
des 19. Jahrhunderts, Wiesbaden 1972. Ders.:
Politische Agrarbewegungen in kapitalistischen Industriegesellschaften, Göttingen
1975.
190 Siehe Anm. 57.
191 Sarah Rebecca Tirrell: German Agrarian Poli-
tics after Bismarck's Fall. The Formation of
the Farmers' League, New York 1951.
192 K. Heller: Der Bund der Landwirte bzw. Landbund und seine Politik, mit besonderer Berücksichtigung der fränkischen Verhältnisse, Diss.
Würzburg 1936. Siehe weiterhin Anm. 95 und
83.
193 Jens Flemming: Landwirtschaftliche Interessen und Demokratie. Ländliche Gesellschaft, Agrarverbände und Staat 1820–1925,
Bonn – Bad Godesberg 1978.
Martin Schumacher: Land und Politik. Eine
Untersuchung über politische Parteien und
agrarische Interessen 1914–1923, Düsseldorf
1978.

Dieter Fricke / Edgar Hartwig

Bund der religiösen Sozialisten Deutschlands (BrSD) (1919) 1926–1933

Die im BrSD organisierten sozialfortschrittlichen Protestanten bildeten die einzige geschlossene antimilitaristische und antifaschistische Gruppe in den evangelischen Landeskirchen vor 1933. Der Protest religiöser Sozialisten richtete sich nach 1918/19 in erster Linie gegen den reaktionären und konservativen deutschen Nationalprotestantismus. Während der größere Teil der Mitglieder des BrSD politisch auf seiten des rechten SPD-Flügels stand und antikommunistische Positionen vertrat, wurden zwischen 1926 und 1931 einige progressive Vertreter im Kampf für die Fürstenenteignung, gegen Militarismus, Antikommunismus und die Faschisierungspolitik reaktionärster Kreise auch als Verbündete der revolutionären Arbeiterbewegung wirksam.

1. Die Gründung des BrSD
2. Die Beteiligung religiöser Sozialisten an den Klassenkämpfen in der Periode der relativen Stabilisierung des Kapitalismus
3. Der BrSD in der Periode der Weltwirtschaftskrise und der »Fall« Eckert
4. Quellen und Literatur

Vorsitzende

Erwin ECKERT (1926–1931, gleichzeitig Geschäftsführer); Bernhard GÖRING (1931 bis 1933)

Stellvertretende Vorsitzende

B. GÖRING (1926–1931); Emil FUCHS (ab 1931 Geschäftsführer und de facto stellvertretender Vorsitzender)

Mitglieder[1]

1931/32: 10000–20000

Kongresse

1. 26./27. 11. 1921 in Berlin
2. 1.–5. 8. 1924 in Meersburg (1. Meersburger Tagung)
3. 1.–4. 8. 1926 in Meersburg (2. Meersburger Tagung)
4. 1.–5. 8. 1928 in Mannheim
5. 1.–5. 8. 1930 in Stuttgart

Presse

»Sonntagsblatt des arbeitenden Volkes«, erschien 1923–1925 als Organ des *Volkskirchenbundes evangelischer Sozialisten*, 1925/26 von der *Arbeitsgemeinschaft der religiösen Sozialisten Deutschlands* herausgegeben, 1926–1931 unter der Schriftleitung von E. ECKERT als Organ des BrSD
»Der Religiöse Sozialist. Sonntagsblatt des arbeitenden Volkes«, erschien 1931–1933 als Organ des BrSD (Fortsetzung des »Sonntagsblatts des arbeitenden Volkes«), Auflagenhöhe im Juni 1931: 17000, Schriftleitung: Gotthilf SCHENKEL
»Zeitschrift für Religion und Sozialismus«, erschien 1929–1933 aller 2 Monate, Hrsg. Georg WÜNSCH
»Religiös-Sozialistischer Pressedienst«, Mitteilungsblatt, hrsg. von der Geschäftsstelle des BrSD, erschien sehr unregelmäßig von Januar 1928–1931 (?), Schriftleitung: E. ECKERT

1. Die Gründung des BrSD

Die Gründung der Bewegung religiöser Sozialisten in Deutschland war eine spezifische Reaktion auf den Ausgang des ersten Weltkrieges sowie auf den Charakter und die Ergebnisse der Novemberrevolution.[2] Im deutschen Protestantismus begannen Kräfte wirksam zu werden, die angesichts des verlorenen Krieges und der revolutionären Nachkriegskrise eine Neubesinnung auf die Grundsätze des Evangeliums verlangten und sich sowohl im politischen als auch sozialen Bereich artikulierten. Man verstand sich zwar als innerkirchliche Erneuerungsbewegung, für die die Formel charakteristisch wurde: »In der Kirche – gegen die Kirche – für die Kirche«[3], doch das erst »in zweiter Linie«[4].

Angestrebt wurde die Erneuerung der »Haltung der Kirche zu allen Lebensfragen«.[5] Meist unabhängig voneinander entstanden 1919/20 verschiedene Gruppierungen sozialfortschrittlicher deutscher Protestanten, die sich zunächst »kirchenfreundliche Sozialisten«, »evangelische Proletarier« oder »sozialistische Kirchenfreunde« nannten, bevor sich die Bezeichnung »religiöse Sozialisten« durchsetzte.[6] Im April 1922 schlossen sich die *Volkskirchliche Vereinigung* (gegründet 1919 in Baden) und der *Bund evangelischer Proletarier* (gegründet 1920 von Vikar E. ECKERT in Pforzheim) zum *Volkskirchenbund evangelischer Sozialisten* zusammen. 1924 entstand aus dem *Pfälzischen Volkskirchenbund* und der *Volkskirchlichen Bewegung in Württemberg* der *Bund religiöser Sozialisten Württembergs*. In Thüringen schlossen sich die »Volksbildungskreise« mit den »Freunden von Pfarrer Fuchs« zusammen. Es kam zur Bildung des *Bundes Religiöser Sozialisten in Thüringen*.

Weitere Gruppen religiöser Sozialisten existierten in Bayern, Hessen, Westfalen, Anhalt, Sachsen und im Rheinland.

Von Bedeutung war vor allem die Gründung des *Bundes sozialistischer Kirchenfreunde* im März 1919 in Berlin durch B. GÖRING und Günther DEHN. Der Bund vereinigte sich im Dezember 1919 mit dem von Karl ANER ins Leben gerufenen *Bund Neue Kirche* zum *Bund religiöser Sozialisten*. Die Mitgliederzahl stieg von 300 im Jahre 1919 auf 1 500 im Jahre 1922.[7] Von 1922 bis 1923 erschien als Monatsblatt »Der religiöse Sozialist«. Ende 1923 wurde zwischen diesem und dem badischen *Volkskirchenbund evangelischer Sozialisten* die Zusammenarbeit beschlossen. Gemeinsam gaben sie das »Sonntagsblatt des arbeitenden Volkes« heraus. Im August 1924 wurde dann in Meersburg am Bodensee aus den verschiedenen Bünden religiöser und evangelischer Sozialisten in den einzelnen Ländern »eine einheitliche religiös-sozialistische Bewegung – die ›Arbeitsgemeinschaft der religiösen Sozialisten Deutschlands‹« gebildet.[8] Auf dem zweiten Meersburger Kongreß im August 1926 vollzog sich der endgültige Zusammenschluß zum BrSD, der seine »Hochburgen« in Süddeutschland (Baden, Württemberg, Pfalz) und in Thüringen hatte. Hier konnte der Bund vor allem in Industriedörfern sowie in Klein- und Mittelstädten Fuß fassen.[9] Der BrSD umfaßte 17 Landesverbände und zahlreiche Ortsgruppen. 1928 schloß sich der *Bund der religiösen Sozialisten Österreichs* als eigener Landesverband und ein Jahr später auch die 1928 in Köln unter Führung von Heinrich MERTENS gegründete *Gruppe der katholischen Sozialisten* als selbständige Arbeitsgemeinschaft dem BrSD an. Bei ihr handelte es sich um eine lockere und ohne Richtlinien und Statuten arbeitende Interessengemeinschaft »linker« Katholiken, die auf dem Boden der katholischen Naturrechtslehre und des »Solidarismus« der katholischen Soziallehre die »Öffnung« des Katholizismus zur Arbeiterbewegung anstrebten. Mit Ernst MICHEL, Franz MÜLLER und Klara-Marie FASSBINDER gehörten ihr auch sehr aktive Mitglieder des ↗ *Friedensbundes Deutscher Katholiken (FDK)* an.[10]

2. Die Beteiligung religiöser Sozialisten an den Klassenkämpfen in der Periode der relativen Stabilisierung des Kapitalismus

Im kirchlichen Bereich bildeten die religiösen Sozialisten eine Partei, die bei Synodalwahlen mit anderen kirchlichen Gruppierungen um die »Sitze« konkurrierte. 1926/27 errangen sie bei den Kirchenwahlen in Baden, Thüringen und der Pfalz 12 % der zu vergebenden Abgeordnetenmandate in den Kirchenvertretungen. Dieses Ergebnis markiert auch die Grenze des parlamentarischen Wirkens.[11] Die religiösen Sozialisten verstanden ihren »Sozialismus« als bewußte Absage an bürgerliche Klasseninteressen, aber vor allem als Protest gegen die »Klassenkirche«. Innerkirchliche Aktivität und politisches Engagement waren oft eng miteinander verknüpft. Religiöse Sozialisten widersetzten sich während der Reichspräsidentenwahl 1925 der eindeutigen Wahlpropaganda evangelischer Landeskirchen für HINDENBURG. Sie unterstützten den »Volksblock«-Kandidaten Wilhelm MARX (↗ *Zentrum [Z]*) und schlossen auch eine Wahl Ernst THÄLMANNS nicht von vornherein aus.[12] Im Kampf für die entschädigungslose Enteignung der deutschen

Fürsten (1926) standen religiöse Sozialisten von Anfang an »auf der Seite des kämpfenden Proletariats«[13] und im Gegensatz zu den protestantischen Landeskirchen, die sich in ihrer großen Mehrheit schützend vor die Fürsten und damit auch vor die bestehenden Eigentums- und Machtverhältnisse der Weimarer Republik stellten.[14] Die Geschäftsstelle der *Arbeitsgemeinschaft religiöser Sozialisten Deutschlands* in Berlin verbreitete einen Aufruf zur Fürstenabfindung, der am 8. Juni im »Sozialistischen Pressedienst« erschien und am 14. Juni vom »Vorwärts« nachgedruckt wurde. Darin erklärte sie abschließend: »Wer entschlossen christlich denkt, wer Ernst macht mit seinem Christentum, wer nicht fromm schwätzt, sondern handelt, der muß aus innerer Wahrhaftigkeit seine Stimme für die entschädigungslose Enteignung der Fürsten abgeben.« Außerdem wurde eine Sondernummer des »Sonntagsblattes des arbeitenden Volkes« in einer Auflage von mehreren 10 000 Exemplaren als Fürstenenteignungsschrift verbreitet. Gegen verschiedene Pfarrer, die sich als religiöse Sozialisten für eine Fürstenenteignung einsetzten, gingen die Kirchenleitungen, oft angeregt und unterstützt von maßgeblichen Kreisen der ↗ *Deutschnationalen Volkspartei (DNVP)*, mit Disziplinierungsmaßnahmen vor. Zu tiefgehenden bundesinternen Auseinandersetzungen kam es angesichts des von der *KPD* initiierten Volksbegehrens gegen den Panzerkreuzerbau im Spätsommer und Herbst 1928. Obwohl die Delegierten auf dem vierten Kongreß des BrSD im August 1928 den Bau des Kriegsschiffes als »Verschwendung öffentlicher Mittel für militaristische Zwecke« entschieden abgelehnt hatten[15], sprach sich der Vorstand gegen eine Beteiligung des Bundes am Volksbegehren aus, da es sich dabei nur um »eine Angelegenheit der KPD« handele und man keine Parole ausgeben könne, »die im Widerspruch mit dem für viele SPD-Genossen bindenden Beschluß des Parteiausschusses steht«.[16] Zahlreiche Mitglieder waren über diese Entscheidung ihres Vorstandes »bitter enttäuscht« und kritisierten sie als »gesinnungslosen Umschwung«.[17] Die Beteiligung am Volksbegehren wurde schließlich jedem religiösen Sozialisten freigestellt.

Die religiösen Sozialisten gehörten in ihrer überwiegenden Mehrheit der *SPD* an. Einige rechtssozialdemokratische Gründer des BrSD (G. Wünsch, B. Göring, G. Schenkel u. a.) beabsichtigten, aus dem Bund eine »Hilfsorganisation der SPD zur Erschließung des Mittelstandes« zu machen.[18] Der preußische Kultusminister Adolf Grimme *(SPD)* unterstützte 1930/32 den Landesverband Preußen aus Staatsmitteln mit finanziellen Beihilfen von insgesamt 2 500 RM.[19] Auf die Gründung der *Gruppe der katholischen Sozialisten* hatte die *SPD* sogar unmittelbar eingewirkt. Als H. Mertens im Jahre 1936 im Zusammenhang mit dem sog. Berliner Katholikenprozeß von der Gestapo verhört wurde, gab er zu Protokoll, im Auftrag des Kölner Sozialdemokraten Wilhelm Sollmann ab Januar 1929 »Das Rote Blatt der katholischen Sozialisten« herausgegeben zu haben. Er fügte hinzu: »Sollmann verfolgte mit meiner Berufung den Zweck, ... die kath. Arbeiterschaft für die S.P.D. zu gewinnen.«[20]

Dagegen orientierte sich die »linke« Gruppierung im BrSD, deren Sprecher der Mannheimer Pfarrer und Bundesvorsitzende E. Eckert (seit 1911 *SPD*-Mitglied) war, von Anfang an auf den linken *SPD*-Flügel, vor allem auf eine Zusammenarbeit an der Parteibasis. Diese religiösen Sozialisten suchten nach Formen eines politisch-sozialen Engagements, die es ihnen ermöglichten, als Verbündete der Arbeiterklasse wirksam zu werden. Obwohl sie sich als Sozialisten empfanden und verstanden, war und blieb ihr Demokratieverständnis bürgerlich. Dem Charakter nach handelte es sich deshalb bei diesem Teil der religiösen Sozialisten um kleinbürgerliche christliche Demokraten.

Am 8. Januar 1928 schrieb E. Eckert im »Sonntagsblatt des arbeitenden Volkes«:

»Die religiösen Sozialisten haben wie alle Sozialisten, die diesen Namen verdienen, nur ein Ziel, sie wollen die kapitalistische Ordnung stürzen und die sozialistische Wirtschafts- und Gesellschaftsordnung erkämpfen. Sie denken nicht daran, die ›sozialistische Arbeiterschaft vom Marxismus zu befreien‹ ...; die religiösen Sozialisten erklären sich im Gegenteil durchaus solidarisch mit der marxistischen Arbeiterschaft«.

E. Eckerts generelles Bekenntnis zur marxistischen Arbeiterbewegung stieß jedoch im BrSD auf heftigen Widerstand. Eine Gegenschrift wurde ausdrücklich unter das Motto gestellt: »Los von Marx – Hin zu Christus. Das ist der Weg zum Sozialismus«. Als wichtigste Aufgabe der religiösen Sozialisten wurde hier die »Christianisierung des Sozialismus« genannt.[21]

Die Vertreter dieses »religiösen Kathedersozialismus«[22] lehnten den Klassenkampf entschieden ab. Ihnen genügte es, sozialreformerische Zugeständnisse innerhalb der kapitalistischen Ordnung zu erreichen (vor allem Hans MÜLLER, Heinrich DIETRICH). Einige befürworteten auch die Koalitionspolitik mit bürgerlichen Parteien. Selbst Mitglied einer bürgerlichen Partei zu sein, war nach den 1928 verabschiedeten Richtlinien des BrSD nicht möglich. Dieses Bestreben wurde zum Teil von einer Gruppe religiöser Sozialisten unterstützt, deren Anhänger dem Bund nicht angehörten (Paul TILLICH, Carl MENNICKE, Eduard HEIMANN, Fritz KLATT u. a.) und die ab 1930 die »Neuen Blätter für den Sozialismus« publizierte. Der TILLICH-MENNICKE-Kreis sah seine Hauptaufgabe in der intellektuellen Auseinandersetzung mit dem wissenschaftlichen Sozialismus, den er ethisch und religiös »vertiefen« und damit letztlich aber grundsätzlich revidieren wollte.[23] Im Redaktionsbeirat der vom TILLICH-MENNICKE-Kreis herausgegebenen »Neuen Blätter für den Sozialismus« saßen auch W. SOLLMANN und H. MERTENS.

Dagegen sahen die »Linken« im BrSD (E. ECKERT, E. FUCHS, Karl KLEINSCHMIDT, Paul PIECHOWSKI u. a.) im Klassenkampf ihren Platz ausdrücklich auf seiten des Proletariats. Sie anerkannten die Begriffe der Klasse und des Klassenkampfes und grenzten sich von den bürgerlichen Parteien ab. Von der KPD trennte sie vor allem die Auffassung über die Rolle der Gewalt. Den Standpunkt der Gewaltfreiheit vertraten sie nicht nur für das Zusammenleben der Staaten, sondern auch in der Auseinandersetzung zwischen den konträren Klassen in der kapitalistischen Gesellschaft.

Obwohl auch die katholischen Sozialisten in der SPD die Partei zur Realisierung ihrer sozialen Reformvorstellungen sahen, schlossen sie sich aber in ihrer Mehrheit der Sozialdemokratie nicht an. Teilweise kritisierten sie nachdrücklich den bürgerlich-reformistischen Kurs der rechten Sozialdemokratie und forderten die »Entbourgeoisierung« der SPD, die sich vom »faulen Frieden des kleinbürgerlichen Daseins lossagen« sollte.[24]

3. Der BrSD in der Periode der Weltwirtschaftskrise und der »Fall« Eckert

In der Periode der Weltwirtschaftskrise bekämpften religiöse Sozialisten das Bestreben reaktionärster politischer Kreise, mit einem Interventionskrieg gegen die UdSSR und der Errichtung der faschistischen Diktatur einen Ausweg aus der kapitalistischen Weltwirtschaftskrise zu finden. In einem Aufruf des BrSD für die am 14. September 1930 stattfindenden Reichstagswahlen hieß es:

»Keine Stimme den bürgerlichen Parteien! Keine Stimme den Splitterparteien! Wählt nur die sozialistischen Parteien des werktätigen Volkes am 14. September. Wählt links! Wählt rot!« Besonders eindringlich wies der BrSD auf die faschistische Gefahr hin: »Wendet euch ab von den völkischen Radaumachern, den Nationalsozialisten, diesen Hetzaposteln und Haßpropheten. Sie sind weder national, denn sie führen unser Volk ins Unglück, noch sind sie Sozialisten, denn sie wollen im Grunde nur die ungerechte kapitalistische Gesellschaft vor dem Sturm der Masse retten.«[25]

Wenngleich sich verschiedene religiöse Sozialisten, vor allem E. ECKERT, gegen den Faschisierungskurs der Brüningregierung wandten, unterstützte jedoch die Mehrheit im Vorstand des BrSD die Tolerierungspolitik der SPD gegenüber BRÜNING und seiner Notverordnungspolitik.

Papst PIUS XI. verurteilte 1931 in der Enzyklika »Quadragesimo anno« die Auffassungen der katholischen Sozialisten: »Religiöser Sozialismus, christlicher Sozialismus sind Widersprüche in sich; es ist unmöglich, gleichzeitig guter Katholik und wirklicher Sozialist zu sein.«[26] Im gleichen Jahr wurde ihr weiteres Wirken durch Karl Joseph Kardinal SCHULTE, Erzbischof von Köln, untersagt. »Das Rote Blatt der katholischen Sozialisten«, das in zwei Jahrgängen selbständig erschienen war, wurde 1931 mit dem dritten Jahrgang der »Zeitschrift für Religion und Sozialismus« weitergeführt.

Angesichts der faschistischen Gefahr wollte

E. ECKERT den BrSD aus seiner Abhängigkeit von der rechten *SPD*-Führung lösen und ihn in die von ihm angestrebte gesamtsozialistische antifaschistische Einheitsfront stellen. Zu besonders tiefgehenden Differenzen im BrSD führte sein Versuch, die UdSSR vor der 1930 einsetzenden kirchlich sanktionierten antibolschewistischen Hetzkampagne in Schutz zu nehmen. Auf dem Deutschen Evangelischen Kirchentag 1930 in Nürnberg hatte er als einziger der 209 Abgeordneten einer Erklärung zur angeblichen »Christenverfolgung in Rußland« seine Zustimmung verweigert. In einer Gegenerklärung sprach er dem Kirchentag überhaupt das Recht ab, eine solche Resolution zu verabschieden.[27] Auf dem fünften Kongreß des BrSD bekräftigte E. ECKERT seine Haltung wider die »Gebetskampagne gegen Sowjetrußland und zugleich natürlich alles, was ernstlich sozialistisch ist«[28]. Nachdem er dann in einem Rundschreiben der Geschäftsstelle des BrSD vom 29. April 1931 forderte, daß in der »Rußlandfrage« »die auch in der SPD-Presse oft eingenommene Haltung unbegründeter Aburteilungen Sowjetrußlands nicht mitgemacht werden soll«, legte man ihm aus dem Vorstand nahe, in die *KPD* einzutreten, da er »auf dem kommunistischen Boden« stünde[29]. Am 2. Oktober 1931 wurde E. ECKERT aus der *SPD* ausgeschlossen. Einen Tag später trat er »nicht als Pfarrer, sondern als revolutionärer Marxist«[30] der *KPD* bei, die diesen Schritt »freudig begrüßt(e)«[31]. Am 18. November 1931 beschloß der Vorstand des BrSD die Absetzung E. ECKERTS als Vorsitzender und als Schriftleiter des Bundesorgans. Am 9. Dezember 1931 erklärte E. ECKERT seinen Austritt aus dem BrSD, in dem er jetzt »eher eine Hemmung für den revolutionären Klassenkampf als eine Vorbereitung des Sozialismus« sah.[32]

Nach dem Ausscheiden E. ECKERTS verlor der BrSD zunehmend an politischer Wirksamkeit.[33] »Der Religiöse Sozialist« erschien im März 1933 zum letzten Mal. Unmittelbar darauf wurde er beschlagnahmt und durch den Polizeipräsidenten von Mannheim verboten.[34] Zwischen April und Juni 1933 lösten sich verschiedene Landesverbände bzw. Ortsgruppen des BrSD selbst auf.[35] Am 18. Juli gab die »Karlsruher Zeitung – Badischer Staatsanzeiger« das Verbot des Bundes

und der »Zeitschrift für Religion und Sozialismus« auf Grund der Notverordnung vom 28. Februar 1933 für den Bereich des Landes Baden bekannt.

4. Quellen und Literatur

Die NL (Privatsammlungen) von Erwin Eckert, Heinz Kappes und Georg Wünsch wurden von Friedrich-Martin Balzer in seiner 1972 vorgelegten Dissertation ausgewertet (siehe Anm. 1). Weitere archivalische Quellen über den BrSD erschloß F.-M. Balzer in den Landeskirchlichen Archiven Karlsruhe, Detmold, Stuttgart, Nürnberg, Köln, Darmstadt, Düsseldorf und Bielefeld. Im ZStA Potsdam befindet sich im Bestand Reichskirchenministerium eine Akte (Nr. 23 137) über Kontakte des preußischen Landesverbandes des BrSD zum preußischen Kultusministerium (1930 bis 1932).

1972 veröffentlichte Renate Breipohl (Hrsg.) »Dokumente zum religiösen Sozialismus in Deutschland. Neudrucke und Berichte aus dem 20. Jahrhundert« (Historische Theologie, Bd. 46, München 1972). Dieser Sammelband enthält Schriften mehrerer bekannter religiöser Sozialisten (z. B. von E. Eckert, Emil Fuchs, G. Wünsch, Eduard Heimann).

An Selbstdarstellungen sind vor allem einige von den in der Reihe »Schriften der religiösen Sozialisten« erschienenen Publikationen zu nennen: E. Eckert »Was wollen die religiösen Sozialisten?« (Karlsruhe-Rüppurr o. J. = Schriften..., Nr. 1). Heinrich Dietrich (siehe Anm. 8). E. Fuchs »Von Naumann zu den religiösen Sozialisten« (Mannheim o. J. = Schriften..., Nr. 12).

Erinnerungen und Biographien: E. Fuchs (siehe Anm. 4). G. Wünsch »Erfahrungen und Gedanken eines religiösen Sozialisten« (Frankfurt [Main] 1964). Herbert Trebs »Emil Fuchs« (Berlin 1965, Reihe Christ in der Welt, H. 4).

Darstellungen: Eine wertvolle und detaillierte Untersuchung gab F.-M. Balzer (siehe Anm. 1). Michael Düsing (siehe Anm. 2) analysiert die weltanschaulich-ideologischen Grundpositionen des BrSD. Mit den linken Kräften im BrSD beschäftigt sich H. Trebs (siehe Anm. 3). Außerdem liegen verschiedene theologische und philosophische Dissertationen und Untersuchungen vor.[36]

Anmerkungen

1 Exakte Angaben über Mitgliederzahlen liegen nicht vor. Siehe Friedrich-Martin Balzer: Klassengegensätze in der Kirche. Erwin Eckert und der Bund der Religiösen Sozialisten Deutschlands. Mit einem Vorwort von W. Abendroth, Köln 1973, S. 54.

2 Siehe Michael Düsing: Der »religiöse Sozialismus« in der Weimarer Republik – eine weltanschaulich-ideologische Analyse, phil. Diss., Freiberg 1977, S. 44 ff. und 142. Hans Beyer: Der »religiöse Sozialismus« in der Weimarer Republik. In: Deutsche Zeitschrift für Philosophie, 8. Jg. (1960), H. 11/12, S. 1464.

3 Zit. in: Herbert Trebs: Die linke Richtung im »Bund der religiösen Sozialisten Deutschlands« – mit der Arbeiterklasse verbündete christliche Demokraten der Weimarer Zeit. In: Zwischen Aufbruch und Beharrung. Der deutsche Protestantismus in politischen Entscheidungsprozessen, Berlin 1978, S. 91.

4 Emil Fuchs: Mein Leben, Teil II. Ein Christ im Kampfe gegen Faschismus, für Frieden und Sozialismus. Leipzig 1959, S. 147.

5 Ebenda, S. 154.

6 Siehe H. Trebs, S. 93 f.

7 Siehe Reinhard Knitt: Zur Geschichte der religiösen Sozialisten in der Weimarer Republik. In: Neuorientierung. Hrsg. Helmut Dressler, Berlin 1966, S. 37.

8 Heinrich Dietrich: Wie es zum Bund der religiösen Sozialisten kam, Karlsruhe-Rüppurr o. J. (1927), S. 39 (= Schriften der religiösen Sozialisten, Nr. 2).

9 Siehe F.-M. Balzer, S. 44.

10 Siehe Konrad Breitenborn: »Weil wir Christen sind …« Die katholischen Sozialisten in der Weimarer Republik. In: Begegnung. Zeitschrift progressiver Katholiken, 15. Jg. (1975), Nr. 3, S. 9 ff.

11 Siehe F.-M. Balzer, S. 30.

12 Siehe ebenda, S. 108.

13 Volksentscheidung für Fürstenenteignung. In: Sonntagsblatt des arbeitenden Volkes (im folgenden: SB), Nr. 20 vom 16. 5. 1926, S. 112.

14 Siehe Walter Bredendiek: Fürstenenteignung und Protestantismus. In: Standpunkt. Evangelische Monatsschrift, 4. Jg. (1976), H. 12, S. 318 bis 321.

15 SB, Nr. 33 vom 12. 8. 1928, S. 175.

16 Schreiben der Geschäftsstelle des BrSD an den Landesausschuß Baden für Volksentscheid gegen Panzerkreuzer und Kriegsgefahr,

27. 9. 1928, Privatarchiv Eckert. Zit. in: F.-M. Balzer, S. 154.

17 F. Schloß (Bruchsal) an Erwin Eckert, 28. 9. 1928, Privatarchiv Eckert. Zit. in: Ebenda.

18 Austrittserklärung E. Eckerts, 9. 12. 1931, Privatarchiv Eckert. Zit. in: Ebenda, S. 17. Siehe M. Düsing, S. 68 ff.

19 Siehe ZStA Potsdam, Reichskirchenministerium (im folgenden: RkM), Nr. 23 137, Bl. 19, 37–39, 50 f.

20 IML/ZPA, St. 3/410.

21 Hans Müller: Vom Wollen und Sollen der religiösen Sozialisten. Eine Auseinandersetzung mit der Schrift Pfarrer E. Eckerts »Was wollen die religiösen Sozialisten?«, Eisenach 1927, S. 5 und 44. Ders.: Kritische Gedanken über die Eckert-marxistischen »Richtlinien« für den Bund religiöser Sozialisten. Denkschrift für die religiös-sozialistische Gruppe im Thüringer Landeskirchentag, Jena, im Dezember 1927.

22 H. Trebs, S. 112.

23 Siehe H. Beyer, S. 1475. M. Düsing, S. 93 ff.

24 Ernst Michel: Warum bin ich katholischer Sozialist? In: Das Rote Blatt der katholischen Sozialisten, 1. Jg. (1929), Nr. 4, S. 1.

25 SB, Nr. 35 vom 31. 8. 1930, S. 276.

26 Die Rundschreiben Leos XIII. und Pius' XI. über die Arbeiterfrage und die gesellschaftliche Ordnung, Köln 1946, S. 114.

27 Siehe F.-M. Balzer, S. 186 ff.

28 SB, Nr. 32 vom 10. 8. 1930, S. 252.

29 Zit. in: F.-M. Balzer, S. 200.

30 Erklärung E. Eckerts beim Übertritt zur KPD gegenüber der Bezirksleitung Baden-Pfalz. Zit. in: Ebenda, S. 264.

31 Schreiben Ernst Schnellers an Paul Piechowski, 15. 10. 1931. Zit. in: Ebenda, S. 271.

32 E. Eckert am 12. 12. 1931 in der »Mannheimer Arbeiterzeitung«. Zit. in: Kirchliches Jahrbuch für die evangelischen Landeskirchen Deutschlands 1932, 59. Jg., Gütersloh o. J., S. 45.

33 Siehe Renate Breipohl: Religiöser Sozialismus und bürgerliches Geschichtsbewußtsein. Studien zur Dogmengeschichte und systematischen Theologie, Bd. 32, Zürich 1971, S. 36 f.

34 Protokoll über die 10. Aufsichtsratssitzung am 23. 3. 1933. In: Sammlung Georg Wünsch (ungeordnet). Siehe F.-M. Balzer: Zur Bedeutung des Bundes der Religiösen Sozialisten in der Weimarer Republik. In: Neue Stimme, Jg. 1974, H. 8, S. 15.

35 Siehe ZStA Potsdam, RkM, Nr. 23 137, Bl. 53 und 58.

36 Ernst August Suck: Der religiöse Sozialismus in der Weimarer Republik, phil. Diss., Marburg 1953. Kurt Kaiser: Materialien über den religiösen Sozialismus in Deutschland aus der Zeit von 1918–1933, phil. Diss., Köln 1962.

R. Breipohl (siehe Anm. 33), 1970 als theol. Diss. von der Universität Göttingen angenommen. Wolfgang Deresch: Predigt und Agitation der religiösen Sozialisten. Konkretionen – Beiträge zur Lehre von der handelnden Kirche, Hamburg 1971. Martin Kupke: Der Klassenkampf im religiösen Sozialismus und seine Hintergründe sowie der praktische Kampf des Bundes der religiösen Sozialisten Deutschlands in der Weimarer Republik, theol. Diss., Leipzig 1977.

Konrad Breitenborn

Bund der Saarvereine (BSv)
1920–1935

Der BSv war eine nationalistische, angeblich überparteiliche landsmannschaftliche Organisation, die nach dem ersten Weltkrieg eine Annexion des Saargebietes durch das imperialistische Frankreich verhindern bzw. die im Friedensvertrag von Versailles vorgesehene Volksabstimmung langfristig zugunsten des Deutschen Reiches vorbereiten wollte. Er erfaßte alle in Deutschland oder im Ausland lebenden ehemaligen Einwohner des Saargebietes. Im Saargebiet selbst schuf er ein gegen die revolutionäre Arbeiterbewegung und in zunehmendem Maße auch gegen die Antifaschisten gerichtetes »Vertrauensmännersystem«. Der BSv unterstützte aktiv die Konsolidierung der faschistischen Diktatur.

Vorsitzende

Otto ZILLESSEN (1920–1922); Otto ANDRES (1922–1933); Gustav SIMON (1933–1934); Ernst DEBUSMANN (1934–1935)

Geschäftsführer

Theodor VOGEL (1919–1935)

Mitglieder

1922	7 000 in 65 Ortsgruppen	
	511 körperschaftliche Mitglieder	
1927	20 000 in 90 Ortsgruppen	
	2 000 körperschaftliche Mitglieder	
1932	120 Ortsgruppen	
1934	400 Ortsgruppen	

Presse

»Saar-Freund« (1920–1935), Hauptschriftleiter: Richard POSSELT
»Saarheimatbilder«

Tagungen

10. November 1920 in Bielefeld
3. April 1921 in Kassel
6./7. Mai 1922 in Dortmund
14./15. Juli 1923 in Karlsruhe
24./25. Mai 1924 in Leipzig
20./21. Juni 1925 in Hannover
14./15. August 1926 in Köln
13./14. August 1927 in Würzburg
30. Juni/1. Juli 1928 in Heidelberg
8./9. Juni 1929 in Münster
5./6. Juli 1930 in Trier
11./12. Juli 1931 in Neustadt a. d. Haardt
11./12. September in Koblenz
26./27. August 1933 in Bingen/Rüdesheim
25./26. August in Koblenz-Oberehrenbreitstein

23. März 1935 in Saarbrücken (Abschlußtagung)

Am 23. November 1918 marschierten französische Truppen in Teile des preußischen Regierungsbezirkes Trier und der bayerischen Pfalz ein und errichteten im Gebiet entlang der Saar ein Militärregime. Französische Monopolherren strebten im Ergebnis des ersten Weltkrieges nach einer Annexion des rohstoffreichen und stark industrialisierten Saargebietes, vor allem um der Erzbasis Frankreichs den dauernden Besitz hochwertiger Kohlevorkommen hinzufügen und die saarländischen Arbeiter zu ihren Gunsten ausbeuten zu können.[1] Laut Saarstatut, das Teil des Friedensvertrages von Versailles war, wurde das besetzte Gebiet für 15 Jahre dem Völkerbund unterstellt und von einer »Regierungskommission« verwaltet. Danach war eine Volksabstimmung über die Frage der Zugehörigkeit zu Frankreich oder Deutschland vorgesehen, wobei jeder stimmberechtigt sein sollte, der am 28. Juni 1919 an der Saar gewohnt und 1935 das 20. Lebensjahr vollendet hatte.

Obwohl die saarländischen Monopolherren Hermann RÖCHLING und Ferdinand Carl FREIHERR VON STUMM-HALBERG die militärische Niederschlagung der revolutionären Arbeiterbewegung in ihrem Revier begrüßten, begannen sie bereits im Dezember 1918 politische Organisationen aufzubauen, deren Ziel es war, die »Befreiung des Saargebietes von der Fremdherrschaft zu fördern«.[2] Insbesondere auf Initiative von H. RÖCHLING entstand der *Saargebietsschutz*, der am 8. Juli 1919 in die von Th. VOGEL — einem aus dem Saargebiet ausgewiesenen Nationalliberalen

– geleitete *Geschäftsstelle Saar-Verein* eingegliedert wurde. Letztere schuf im Deutschen Reich eine Reihe örtlicher Saarvereine und arbeitete eng mit anderen Vereinen zusammen, z. B. mit der *Saarländer-Vereinigung in Berlin*, die von M. FETT geleitet wurde, und mit der *Vereinigung gegen die Lostrennung unseres Saargebietes und der Rheinpfalz*, die in Württemberg, Baden und Bayern wirkte und unter Führung von Otto TEICH stand.

Alle Saarvereine schlossen sich am 10. November 1920 in Bielefeld zum BSv zusammen. Formell existierten die Geschäftsstelle »Saar-Verein« und der BSv unabhängig voneinander, sie waren aber personell in einem solchen Maße miteinander verflochten, daß die Geschäftsstelle als Führung des BSv angesehen werden konnte. Am Ende der Weimarer Republik umfaßte die Geschäftsstelle ca. 70 hauptamtliche Mitarbeiter. Bis 1925/26 wurde häufig von »Geschäftsstelle und Bund Saar-Verein« gesprochen, wobei sich dann – offensichtlich im Zusammenhang mit dem Locarno-Pakt sowie mit der Gründung der Internationalen Rohstoffgemeinschaft durch deutsche, französische, belgische und luxemburgische Monopolherren – die Bezeichnung »Bund der Saarvereine« durchsetzte.

Zu seinen Aufgaben zählte der BSv, das »gefährdete Deutschtum im Saargebiet zu erhalten und zu kräftigen und die Wiedervereinigung des Saarlandes mit seinem Mutterlande durch die Abstimmung zu sichern, allen aus dem Saargebiet vertriebenen und geflüchteten Deutschen mit Rat und Tat zur Seite zu stehen, für die Interessen der geschädigten Saardeutschen einzutreten, für alle das Saargebiet betreffenden Fragen eine Auskunftsstelle zu sein, den landsmannschaftlichen Zusammenschluß der Saarländer im Reiche zu pflegen, Aufklärungsvorträge über die Saarheimat zu halten und alle Saarländer und Freunde des Saarlandes zu sammeln.«[3]

In enger Zusammenarbeit mit dem Auswärtigen Amt, dessen Saar-Referat von Hermann VOIGT geleitet wurde, dem preußischen Innenministerium und dem preußischen Finanzministerium[4] sowie mit einigen Monopolkapitalisten (H. RÖCHLING, Max SCHLENKER, Geschäftsführer der südwestlichen Gruppe des *Vereins Deutscher Eisen- und Stahlindustrieller*, aber auch mit Ewald HILGER, Generaldirektor der Vereinigten Königs- und Laurahütte, u. a.) entfaltete der BSv vor allem in den ersten Jahren der Weimarer Republik

eine nahezu hektische Betriebsamkeit. Um das »Gefühl der Zusammengehörigkeit zwischen den Bewohnern des Saargebiets und des übrigen Deutschlands zu wecken und wachzuhalten«[5], wurde das Deutsche Reich von einem Netz örtlicher Saarvereine überzogen. In den Ortsgruppen wurde eine Kartei der im Deutschen Reich lebenden Saarländer geführt und ständig auf dem neuesten Stand gehalten. In ihr waren 1934 schließlich 52 045 Namen erfaßt.[6] Der BSv gab die Halbmonatsschrift »Saar-Freund« heraus und organisierte alljährlich eine Bundestagung sowie eine damit gekoppelte große Saar-Kundgebung. Im Saargebiet versuchte er, ein System von »Vertrauensmännern« zu schaffen, die Informationen aller Art zu übermitteln und gegen den relativ unbedeutenden frankophilen *Saarbund* aufzutreten hatten.

Der BSv bot sich als Mittler zwischen der Reichsregierung, die außenpolitische Rücksichten zu nehmen hatte, und den etwa 750 000 an der Saar lebenden Menschen an. Große Aufmerksamkeit galt auch der »Aufrechterhaltung« der wirtschaftlichen Beziehungen zwischen dem Reich und dem Saargebiet. Jährlich ließ das Deutsche Reich etwa 75 Mill. RM ins Saargebiet fließen.[7] Im Rahmen der »Reichswesthilfe« wurden ab 1932 vor allem Gebiete unterstützt, die an das Saargebiet grenzten, da »die Aussichten Deutschlands auf eine Rückgewinnung der Saar steigen würden, wenn es gelänge, dem deutschen Grenzstreifen, den die meisten Saarländer von Besuchen her kannten, mit Hilfe staatlicher Interventionen zu einem gewissen wirtschaftlichen Wohlstand zu verhelfen.«[8]

Der BSv war propagandistisch außerordentlich rege. Seine Vertreter hielten Vorträge an Universitäten und anderen Bildungseinrichtungen. Veranstaltungen aller Art wurden in einer großen Vielzahl organisiert. Er sorgte für die Unterbringung von Kindern aus dem Saargebiet während der Ferien bzw. zur Erholung und organisierte zahlreiche Reisen. In der Geschäftsstelle existierte außerdem eine sog. Auskunftsstelle, die sich »Gesuchen aller Art aus dem Saargebiet anzunehmen« hatte.[9] Die gesamte ideologische Manipulierung stand unter einem Motto, das gleichzeitig Titel einer weit verbreiteten Broschüre aus der Feder von Th. VOGEL war: »Deutsch die

Saar — immerdar!« Sie war von Deutschtümelei und angeblich über den Klassen stehender »Pflege deutscher Sitte und Kultur« getragen. Sie nahm die faschistische »Heimins-Reich«-Propaganda vorweg und verbreitete den nationalistisch-konservativen Gedanken der »Volksgemeinschaft«. Die Saarvereinsbewegung zielte durch ihre »in der Liebe zur Heimat wurzelnde Tätigkeit« bewußt auf eine »Abschwächung und Überbrückung der Gegensätze«.[10]

Die Bedeutung des BSv ging in der Zeit der Weltwirtschaftskrise etwas zurück. Ein Teil der saarländischen Monopolherren orientierte sich auf die Zusammenarbeit mit Frankreich, das zunächst nicht so stark wie Deutschland von der Krise erfaßt wurde. Außerdem zeichnete sich immer mehr ab, daß die Volksabstimmung ein eindeutiges Ergebnis zugunsten des Deutschen Reiches bringen würde. Auch das ließ das unmittelbare Interesse am BSv etwas in den Hintergrund treten. In den internen Dokumenten des BSv dominierten die Klagen über »versiegende Mittel« und finanzielle Sorgen.[11]

Als die staatlichen Institutionen, die in der Regel Vertreter des BSv zu ihren Saar-Beratungen hinzuzogen, 1932 über die Frage berieten, wann und wie mit einer größeren Propagandaaktion für die Abstimmung begonnen werden sollte, maßen sie dieser Kampagne keine wesentliche Bedeutung zu. Nach der Errichtung der faschistischen Diktatur hielten die Verantwortlichen allerdings 20 bis 25% oder mehr Gegenstimmen für wahrscheinlich.[12] Das gestand unter anderem auch G. SIMON ein, der als NSDAP-Gauleiter von Koblenz-Trier im Sommer 1933 die Führung des BSv übernahm.[13]

Der BSv hob nach dem 30. Januar 1933 in seiner mehr und mehr gegen die Antifaschisten gerichteten Propaganda zweierlei hervor: er habe schon immer »die Lösung der Saarfrage nur in ausgesprochen nationalem Sinne« angestrebt[14], es müsse aber alles vermieden werden, »was die geradlinige Aufklärungsarbeit zur Durchführung der Volksabstimmung beeinträchtigen könnte«.[15] Aus taktischen Gründen wehrte sich die Führung des BSv gegen den Beitritt zum ↗ Bund Deutscher Westen (BDW), der jedoch von den Faschisten am 23. Juni 1933 endgültig erzwungen wurde.

Dennoch blieb der BSv bis zur Volksabstimmung vom 13. Januar 1935 weitgehend selbständig. Er war aktiv an der Vorbereitung und Durchführung der großen Saar-Kundgebungen der deutschen Faschisten beteiligt, z. B. am 27. August 1933 am antifranzösischen Niederwald-Denkmal (unmittelbar in Verbindung mit der Jahrestagung des BSv) und am 26. August 1934 auf dem Ehrenbreitstein in Koblenz, wo HITLER vor 200 000 Saarländern demagogisch verkündete, die Saarfrage sei die »einzige Territorialfrage, die uns heute noch von Frankreich trennt«.[16] Mit besonderem Engagement bekämpfte der BSv die Herausbildung der antifaschistischen Einheitsfront zwischen Kommunisten und Sozialdemokraten, die angesichts des faschistischen Terrors und des Verbots der Arbeiterorganisationen in Deutschland für die Beibehaltung des Status quo im Saargebiet eintraten.[17] G. SIMON setzte auch die Spitzel der Gestapo-Stelle Trier im Saargebiet ein, ohne jedoch damit seine persönliche Stellung unter den Saarpolitikern des faschistischen deutschen Imperialismus erhöhen zu können.

Eine gewisse Beeinträchtigung ergab sich für den BSv allerdings durch die umfangreichen Bemühungen zur Vorbereitung der Saarabstimmung, die unmittelbar vom faschistischen Staat und von der ↗ NSDAP ausgingen. Letztere ernannte den pfälzischen Gauleiter Joseph BÜRCKEL zu ihrem und am 18. Juli 1934 auch zum staatlichen Saarbeauftragten. Die Taktik zur Rückgewinnung des Saargebiets wurde sogar auf höchster Ebene, in persönlichen Gesprächen zwischen H. RÖCHLING und HITLER am 31. März 1933 sowie am 3. und 15. Mai 1933 festgelegt. Im Saargebiet entstand am 14. Juli 1933 die Deutsche Front, in der sich eine breite nationalistische Sammlungsbewegung unter Führung der NSDAP/ Saar formierte. Der BSv trug dennoch 1933/34 dazu bei, den politisch-ideologischen und terroristischen Druck auf die Saarbevölkerung zu verstärken und einen Teil der antifaschistischen Kräfte einzuschüchtern.

Schließlich half der BSv, die 46 686 in Deutschland und ca. 2 000 im Ausland lebenden Abstimmungsberechtigten zu erfassen[18], für diese Sonderzüge und andere Transporte zu organisieren, mit denen sie unmittelbar vor dem Abstimmungstag in ihre früheren Wohnorte gebracht wurden. Manche von ihnen waren durch die *Nationalsozialistische Volkswohlfahrt* neu eingekleidet worden, um das Erscheinungsbild ihrer Armut nicht gegen die Machthaber im faschistischen Deutschland wirken zu lassen. Die Einreise der ehemaligen Saarländer wurde von der *NSDAP* und der *Deutschen Front* zu einer letzten großen Propagandaaktion genutzt.

Für die Angliederung an den faschistischen Staat sprachen sich am 13. Januar 1935 bei einer Beteiligung von 80,43 % der Stimmberechtigten 477 199 Saarländer aus, während sich 46 613 für den Status quo und 2 197 für den Anschluß an Frankreich entschieden. Dieses Ergebnis stärkte in hohem und verhängnisvollem Maße die Hitlerdiktatur und machte neue Schritte zur Entfesselung des zweiten Weltkrieges möglich. Der BSv löste sich im März 1935 auf; er hatte seine Funktion erfüllt.

Quellen und Literatur

Der Bestand Bund der Saarvereine im ZStA Potsdam erlaubt einen fast lückenlosen Überblick über die Tätigkeit des BSv. Über die umfangreiche zeitgenössische Literatur informieren der Abschlußbericht des BSv[19] und das Buch des sozialdemokratischen Historikers Patrik von zur Mühlen.[20] Die Positionen der bürgerlichen Geschichtsschreibung der BRD sind am deutlichsten in den Publikationen von Fritz Jacoby[21], Fritz Blaich[22] und Maria Zenner zusammengefaßt worden[23], wobei alle die Bedeutung des BSv unterschätzen und sich auf die staatlichen Aktivitäten zur Rückgewinnung des Saargebietes konzentrieren. Eine ausgezeichnete, den BSv allerdings nicht direkt berührende marxistische Arbeit ist von Luitwin Bies vorgelegt worden.[24]

Anmerkungen

1 Siehe Luitwin Bies: Klassenkampf an der Saar 1919–1935. Die KPD im Saargebiet im Ringen um die soziale und nationale Befreiung des Volkes, Frankfurt (Main) 1978, S. 14f.

2 ZStA Potsdam, Bund der Saarvereine, Nr. 7, Bl. 92.

3 Der Saar-Befreiungskampf im Reich 1918–1935. Schlußband der von 1920–1935 erschienenen Jahrgänge der Halbmonatsschrift »Saar-Freund«. Hrsg. Theodor Vogel, Berlin 1935, S. 223.

4 Siehe ZStA Potsdam, Bund der Saarvereine, Nr. 2, Bl. 79.

5 Ebenda, Nr. 7, Bl. 92.

6 Der Saar-Befreiungskampf im Reich 1920–1935, S. 237.

7 Fritz Jacoby: Die nationalsozialistische Herrschaftsübernahme an der Saar. Die innenpolitischen Probleme der Rückgliederung des Saargebietes bis 1935 (Veröffentlichungen der Kommission für saarländische Landesgeschichte und Volksforschung, Bd. VI), Saarbrücken 1973, S. 47.

8 Fritz Blaich: Grenzlandpolitik im Westen 1926–1936. Die »Westhilfe« zwischen Reichspolitik und Länderinteressen (Schriftenreihe der VjZ Nr. 36), Stuttgart 1978, S. 88.

9 Tätigkeitsbericht des Bundes der Saarvereine und der Geschäftsstelle »Saar-Verein« über das Geschäftsjahr 1927, Berlin o. J., S. 30.

10 Tätigkeitsbericht des Bundes der Saarvereine und der Geschäftsstelle »Saar-Verein« über das Geschäftsjahr 1927, Berlin o. J., S. 12.

11 Siehe z. B. Im Endkampf um die Saar! Das Wirken der Geschäftsstelle »Saar-Verein« und des »Bundes der Saarvereine« um die Befreiung der Saar im Jahre 1930, o. O., o. J., S. 2. Die Saar ist in höchster Gefahr! Jahresbericht 1931 des »Bundes der Saarvereine« und der Geschäftsstelle »Saar-Verein«, o. O., o. J., S. 11f. Siehe F. Jacoby, S. 127.

12 Siehe Maria Zenner: Parteien und Politik im Saargebiet unter dem Völkerbundsregime 1920–1935, (phil. Diss., Köln), Saarbrücken 1966, S. 396.

13 Dieser Wechsel, so ließ sich G. Simon vernehmen, »bedeute nicht, daß man den bisherigen Führern Mißtrauen entgegenbringe, sondern man wolle den Saarvereinen die propagandistische Kraft der NSDAP zur Verfügung stellen«. Zit. in: Ebenda, S. 258.

14 ZStA Potsdam, Bund der Saarvereine, Nr. 753, Bl. 88.

15 Ebenda, Bl. 230.

16 Völkischer Beobachter, 27. 8. 1934.

17 Siehe L. Bies, S. 114ff.

18 Der Saar-Befreiungskampf im Deutschen Reich 1918–1935, S. 236.

19 Siehe Anm. 3.

20 »Schlagt Hitler an der Saar!« Abstimmungskampf, Emigration und Widerstand im Saargebiet 1933–1935, Bonn 1979, S. 269ff.

21 Siehe Anm. 7.

22 Siehe Anm. 8.

23 Parteien und Politik im Saargebiet unter dem Völkerbundsregime 1920–1935, Saarbrücken 1966.

24 Siehe Anm. 1.

Manfred Weißbecker

Bund Deutscher Bodenreformer (BDB)
1898—1945

Der BDB war eine sozialreformerische Organisation, deren Führung in den Händen von Angehörigen der Intelligenz und des Bürgertums lag. Der BDB nahm insbesondere während der ersten beiden Jahrzehnte seines Bestehens offen gegen die Grund- und Bodenpolitik des Monopolkapitals Stellung. Er unternahm in dieser Zeit große Anstrengungen, um im Rahmen der bestehenden gesellschaftlichen Verhältnisse gesetzliche Regelungen zur Verbesserung der Wohn- und Lebensbedingungen der Arbeiterklasse, der werktätigen Landbevölkerung und des städtischen Kleinbürgertums durchzusetzen. Erst im Ergebnis der Novemberrevolution 1918/19 konnten praktische Ergebnisse erreicht werden. Auf der Grundlage des im Jahre 1920 verabschiedeten Heimstättengesetzes und der Tätigkeit des im gleichen Jahr durch das Reichsarbeitsministerium gebildeten »Ständigen Beirates für Heimstättenwesen« wurden in vielen Städten und auf dem Lande Heimstättenorganisationen, Baugenossenschaften, Bausparkassen usw. geschaffen. Durch die umfassende Unterstützung dieser Selbsthilfemaßnahmen der Arbeiterklasse und der werktätigen Dorfbevölkerung, die von den Gewerkschaften nachdrücklich gefördert wurden, hat sich der BDB unter Führung von Adolf Damaschke verdient gemacht. Während der Zeit des Faschismus konnte der BDB legal arbeiten, da er wesentliche Teile der Agrarpolitik des deutschen Faschismus unterstützte und die faschistischen Machthaber versuchten, den vorhandenen Masseneinfluß des BDB für die Durchsetzung ihrer Ziele auszunutzen.

1. Gründung und Programm des BDB
2. Seine politische Entwicklung bis 1929/30
3. Das Verhältnis des BDB zum Faschismus
4. Quellen und Literatur

Vorsitzende

A. DAMASCHKE (1898—1935);
Dr. Kurt SCHMIDT (ab 1935)

Stellvertretende Vorsitzende

Adolf POHLMANN (1898—1928); Prof. Heinrich ERMAN (ab 1928)

Mitglieder

Da neben Einzelpersonen auch Behörden und Vereinigungen »körperschaftliche Mitglieder« werden konnten, ist die Mitgliederstärke nicht exakt zu ermitteln. 1898 hatte der BDB ca. 140 Mitglieder. 1934 zählte er u. a. ca. 7 600 »Mitglieder auf Lebenszeit«.

Bundestage

Von 1898 bis 1933 fanden die Bundestage jährlich statt, ab 1933 wurden sie nicht mehr regelmäßig durchgeführt.

Presse

»Bodenreform«, Wochenzeitung des BDB

(1898—1941); »Jahrbuch der Bodenreform«, theoretische Vierteljahresschrift (ab 1905); »Soziale Zeitfragen« (erschienen sind 91 Hefte)

1. Gründung und Programm des BDB

Der Übergang zum Monopolkapitalismus wurde in Deutschland durch den industriellen Aufschwung in der Zeit der Gründerjahre, die sich rasch vollziehenden Konzentrationsprozesse in Industrie und Landwirtschaft während der Krise und der lang anhaltenden Depression beschleunigt. Eine direkte Folge dieser Entwicklung war eine wesentliche Verschlechterung der Arbeits- und Lebensverhältnisse nicht nur der Arbeiterklasse, sondern auch großer Teile der werktätigen Dorfbevölkerung und der städtischen Mittelschichten. Städte, in denen sich die Industrie entfaltete, konnten den Zustrom der Arbeitskräfte nicht mehr bewältigen, weil einerseits nicht genügend Wohnungen vorhanden waren, andererseits aber durch umfangreiche Baumaßnahmen zur Verbesserung des Verkehrs und zur Errichtung neuer Betriebe viele Wohnungen abgerissen wurden.[1]

Die Industrie-, die Bank- und Versicherungsmonopole waren die Nutznießer dieser Entwicklung. Sie hatten in den Jahren der Krise und der Depression große Flächen Bau- und Ackerlandes an sich gerissen. Jetzt machten sie sich ihre Monopolstellung an Grund und Boden zunutze und trieben die Pacht- und Kaufpreise für Bauland in den Städten in die Höhe. Diese Spekulation mit Baugrundstücken und Ackerland führte zu steigenden Mietspreisen, die den Reallohn der Arbeiterklasse ständig herabdrückten, bzw. zu einer großen wirtschaftlichen Belastung der Klein- und Mittelbauern. Viele von ihnen wurden zur Aufgabe ihrer Wirtschaften gezwungen. Gegen diese Auswüchse kapitalistischer Spekulationen mit Grund und Boden richtete sich die Bodenreformbewegung, insbesondere die Tätigkeit des BDB.

Die Anfänge der organisierten bodenreformerischen Arbeit gingen auf das Wirken des Arztes Theodor STAMM zurück. Er gründete 1874 den *Verein für Humanismus,* der die Verstaatlichung des Grundkredits erstrebte. Die politische Wirksamkeit des Vereins war sehr gering. Als sich auch die ↗ *Land-Liga* (gegründet 1886), deren Ehrenpräsident Th. STAMM war, nicht durchsetzen konnte, gründete er 1888 den *Allwohlsbund. Bund für wirtschaftlich-sittliches Gesamtwohl auf der Grundlage der Grundzinsgemeinschaft.* Auch der Allwohlsbund konnte im Vergleich zu den anderen Vereinen seinen Aktionsradius nicht ausweiten.[2] Erst der 1888 von Michael FLÜRSCHEIM geschaffene *Deutsche Bund für Bodenbesitzreform* bedeutete einen sichtbaren Schritt nach vorn. Im Programm wird über die Aufgaben des Bundes ausgeführt: »Zweck des Bundes ist, die öffentliche Meinung über das Verderbliche des Privateigentums an Grund und Boden, als die eigentliche Ursache des wirtschaftlichen Notstandes aufzuklären und für die Überführung des Grundbesitzes bzw. der Grundrente aus Einzelhänden in die Hände der Gesamtheit oder der Gemeinde zu wirken.«[3] Durch die Zeitung »Frei-Land« und durch das öffentliche Auftreten führender Mitglieder des Bundes gelang es, im Sinne des Programms die Aufklärungsarbeit unter der Bevölkerung zu verstärken. Tiefgreifende Differenzen politischer und religiöser Natur

sowie die Beschäftigung vieler Mitglieder des Bundes mit praktischen Siedlungsfragen in Afrika, Mexiko und Deutschland führten 1898, nachdem Heinrich FREESE den Vorsitz niedergelegt hatte, zur Auflösung des Bundes. A. DAMASCHKE, der schon 1890 dem *Deutschen Bund für Bodenbesitzreform* beitrat und 1891 zweiter Vorsitzender wurde, forderte nachdrücklich die Schaffung einer neuen Bodenreformorganisation. Auf seine Initiative hin wurde für den 2. April 1898 die Gründungsversammlung des BDB nach Berlin einberufen. Zu den Begründern gehörten Richard BERG, H. FREESE, Prof. Paul OERTMANN und A. POHLMANN. H. FREESE, der letzte Vorsitzende des *Deutschen Bundes für Bodenbesitzreform,* übernahm den Ehrenvorsitz. Die führende, den BDB entscheidend prägende Rolle spielte in ihm sein Vorsitzender A. DAMASCHKE.

Die deutsche Bodenreformbewegung ging in ihren Anfängen von der vormarxistischen Auffassung aus, daß das Bodenmonopol, das Privateigentum an Grund und Boden, die Quelle allen sozialen Unrechts und Elends sei. Deshalb trat sie, wie das Programm des *Deutschen Bundes für Bodenbesitzreform* zeigte, für die Beseitigung des Privateigentums an Grund und Boden durch Wegsteuern der Grundrente und Ankauf des Bodens durch den Staat ein. Diesen Standpunkt gab der BDB schon auf seiner Gründungsversammlung auf. Seine Forderungen liefen nur noch auf eine gesetzliche Regelung hinaus, die den Mißbrauch des Bodens für spekulative Zwecke ausschloß. Der BDB behauptete, daß der bürgerliche Staat – auch der imperialistische – in der Lage sei, eine den Interessen des Volkes dienende Bodenpolitik durchzuführen. Er erkannte nicht, daß sich gerade der imperialistische Staat selbst entscheidend am Wucher und an der Spekulation mit Grund und Boden beteiligte.

In Gesprächen mit A. DAMASCHKE wiesen führende Vertreter der deutschen Sozialdemokratie – A. DAMASCHKE selbst berichtet über Unterhaltungen mit Wilhelm LIEBKNECHT und Franz MEHRING – entschieden darauf hin, daß der BDB seine Ziele nicht erreichen könne, wenn er mit der Hilfe der herrschenden Klassen rechne. Franz MEHRING erklärte nach A. DAMASCHKES Darstellung, daß nur die Arbeiterklasse in der Lage sei, das Programm der Bodenreformer zu verwirklichen, wenn sie die Macht in die eigenen Hände genommen hätte. Der »Zwecksatz« des Programms gab der Tätigkeit des Bundes folgende Zielstellung:

»Der Bund Deutscher Bodenreformer tritt dafür ein, daß der Boden, die Grundlage alles nationalen Seins, unter ein Recht gestellt werde, das seinen Gebrauch als Werk-Wohnstätte fördert, das jeden Mißbrauch mit ihm ausschließt, und das die Wertsteigerung, die er ohne die Arbeit des einzelnen erhält, möglichst dem Volksganzen nutzbar macht.«[4]

2. Seine politische Entwicklung bis 1929/30

Die Tätigkeit des BDB während der ersten beiden Jahrzehnte seines Bestehens war geprägt durch die Kritik an der Grund- und Bodenpolitik des Monopolkapitals und deren Auswirkungen auf die Wohn- und Lebensbedingungen der Arbeiterklasse, der städtischen Mittelschichten und der werktätigen Landbevölkerung sowie durch den Kampf um eine vom Parlament beschlossene gesetzliche Regelung, auf deren Grundlage der Staat durch Besteuerungsmaßnahmen und Enteignungsbefugnisse die Eigentumsrechte der Besitzer von Grund und Boden einschränken konnte. Durch solche Entscheidungen des Parlaments sollten die Städte und Gemeinden die Möglichkeit erhalten, Land für den Wohnungsbau und für die Schaffung von Grünflächen, Sportplätzen und Kleingärten zu erwerben. In gleicher Richtung liefen die Bemühungen des BDB zur Durchsetzung staatlicher Anordnungen gegen die sich mit der Industrialisierung ständig ausweitende Landspekulation und gegen den Bodenwucher.

In den ersten Jahren seiner Wirksamkeit arbeitete der BDB eng mit dem von A. DA-MASCHKE mitbegründeten ⁊ *Nationalsozialen Verein (NsV)* zusammen. Auf den von A. DA-MASCHKE und A. POHLMANN geführten agrarischen Flügel im *NsV* ist es vornehmlich zurückzuführen, daß dessen programmatische Positionen in der Agrar-, Gemeinde- und Kolonialpolitik ganz im Sinne des BDB bestimmt wurden. Im BDB selbst hatten wie-

derum nationalsoziale Ideen und Bestrebungen maßgeblichen Einfluß. Wesentlich waren weiterhin kathedersozialistische Einflüsse, wie sie vor allem von Adolph WAGNER ausgingen, der wegen seiner Verdienste um den BDB zu dessen Ehrenmitglied ernannt wurde.

Der BDB unterstützte die Weltmachtpolitik des deutschen Imperialismus, wobei er sich besonders für eine starke Flotte und eine intensive Ausbeutung der deutschen Kolonien einsetzte. Als Gewähr hierfür und zur Überwindung einer »Spekulantenpolitik« propagierte er eine Bodenreform in den Kolonien.[5]

Über die soziale Zusammensetzung des BDB geben die Personalien der »Mitglieder auf Lebenszeit«[6] einen gewissen Aufschluß, die in den einzelnen Ausgaben der »Bodenreform« veröffentlicht wurden. Bei ihnen handelte es sich besonders um Angehörige der Intelligenz und der Bourgeoisie, um Regierungsbeamte und Adlige. Korporativ gehörten dem BDB u. a. 39 Gemeinden, 53 Beamtenvereine, 23 Gewerbe-, Bildungs- und Bürgervereine, 17 Gesundheits- und Mäßigkeitsvereine sowie 29 Vereine verschiedener Richtungen, 24 Bau- und Siedlungsgenossenschaften und 27 Mietvereine an. Unter den 106 bürgerlichen Berufs- und Gewerkschaftsorganisationen spielte der ⁊ *Deutschnationale Handlungsgehilfen-Verband* eine führende Rolle. Der ⁊ *Gesamtverband evangelischer Arbeitervereine Deutschlands* forderte seine Mitglieder im Februar 1907 auf, dem BDB beizutreten. 1908 gehörten ihm 60 evangelische und ⁊ *Katholische Arbeitervereine* an. Über seine »körperschaftlichen« Mitglieder konnte der BDB auf Teile der städtischen und ländlichen Mittelschichten sowie auch der Arbeiterklasse einwirken. Die führenden bürgerlichen Parteien und solche junkerlich-großagrarischen Interessenorganisationen wie der ⁊ *Bund der Landwirte* nahmen gegenüber dem BDB eine ablehnende, wenn nicht sogar feindliche Haltung ein. Vor allem auch zum Kampf gegen den BDB wurde 1912 der *Schutzverband für Grundbesitz* gegründet.

Zur Popularisierung und Verwirklichung seiner Forderungen entfaltete der BDB in seinen Publikationsorganen und auf vielen Versammlungen, die großen Zuspruch fanden, eine breite Öffentlichkeitsarbeit. Aber erst im

Ergebnis des revolutionären Kampfes der deutschen Arbeiterklasse gegen Imperialismus und Krieg in den Jahren 1918/19 wurden die Voraussetzungen dafür geschaffen, daß eine Reihe von Vorschlägen des BDB durch die Gesetzgebung berücksichtigt wurde. So hatte der BDB entscheidenden Anteil an der Formulierung des § 155 (Bodenreformartikel) der Weimarer Verfassung:

»Die Verteilung und Nutzung des Bodens wird von Staats wegen in einer Weise überwacht, die Mißbrauch verhütet und dem Ziele zustrebt, jedem Deutschen eine gesunde Wohnung und allen deutschen Familien, besonders den kinderreichen, eine ihren Bedürfnissen entsprechende Wohn- und Wirtschaftsheimstätte zu sichern. Kriegsteilnehmer sind bei dem zu schaffenden Heimstättenrecht besonders zu berücksichtigen.

Grundbesitz, dessen Erwerb zur Befriedigung des Wohnungsbedürfnisses, zur Förderung der Siedlung und Urbarmachung oder zur Hebung der Landwirtschaft nötig ist, kann enteignet werden. Die Fideikommisse sind aufzulösen.

Die Bearbeitung und Nutzung des Bodens ist eine Pflicht des Grundbesitzers gegenüber der Gemeinschaft. Die Wertsteigerung des Bodens, die ohne eine Arbeits- oder Kapitalaufwendung auf das Grundstück entsteht, ist für die Gesamtheit nutzbar zu machen. Alle Bodenschätze und alle wirtschaftlich nutzbaren Naturkräfte stehen unter Aufsicht des Staates. Private Regale sind im Wege der Gesetzgebung auf den Staat zu überführen.«[7]

Dem BDB gelang es, über seine Anhänger in verschiedenen Parteien, insbesondere in der ↗ DDP und der ↗ DVP, und mit Unterstützung der Fraktionen im Reichstag auf der Grundlage des § 155 der Weimarer Verfassung in den ersten Jahren der Weimarer Republik einige wichtige Entscheidungen durchzusetzen. Zeitweilig unterstützten auch die Abgeordneten der KPD Anträge des BDB, sofern sie in ihrer Endkonsequenz auf eine partielle Verbesserung der Wohn- und Lebensbedingungen der Werktätigen abzielten. Dazu gehörten u. a. die Annahme eines Teiles des vom BDB vorgeschlagenen Heimstättengesetzes am 10. Mai 1920 und die im Juli 1920 durch das Reichsarbeitsministerium erfolgte Bildung des »Ständigen Beirates für Heimstättenwesen«. Der Vorsitz im Beirat wurde A. DAMASCHKE übertragen.

In der praktischen Arbeit stützte sich der BDB in der Weimarer Republik auf die Gewerkschaften. Auf Initiative des BDB und des ↗ Deutschen Beamtenbundes wurde am 20. Februar 1920 das Heimstättenamt der deutschen Beamtenschaft geschaffen. Diesem eingetragenen Verein gehörten neben der Deutschen Beamtenschaft und dem Deutschen Beamtenwirtschaftsbund auch der Allgemeine Deutsche Beamtenbund und der Gesamtverband der deutschen Beamten- und Staatsangestelltengewerkschaften an. Vorsitzender wurde Johannes LUBAHN. Das Heimstättenamt der deutschen Beamtenschaft vereinigte bald nach der Gründung sämtliche führenden Gewerkschaften der Beamten, Angestellten und der Arbeiter mit über 10 Mill. Mitgliedern zum Heimstättenausschuß der deutschen Gewerkschaften. Dazu gehörten u. a. der ADGB, der ↗ Deutsche Gewerkschaftsbund, der ↗ Verband der Deutschen Gewerkvereine (Hirsch-Duncker) und der ↗ Gewerkschaftsbund der Angestellten.

Durch die Tätigkeit des Heimstättenausschusses der deutschen Gewerkschaften wurde überall in den Städten und auf dem Lande eine breite Selbsthilfebewegung ins Leben gerufen, die die Gründung von Heimstättenorganisationen, Baugenossenschaften, Bausparkassen usw. zur Folge hatte. Die bedeutende Rolle der Gewerkschaften bei der Entwicklung des Heimstättenwesens veranlaßte die Regierung, einige gesetzliche Regelungen für die Bodenbeschaffung und für die Finanzierung des Heimstättenbaues zu beschließen.

Der BDB hat bei der Organisierung des Heimstättenwesens und bei der Anleitung der praktischen Arbeit der Heimstättenorganisationen, Baugenossenschaften und Bausparkassen eine umfangreiche Hilfe geleistet. In dieser Hinsicht hat sich der BDB in der Zeit der Weimarer Republik besonders verdient gemacht, weil er dadurch einen Beitrag zur Verbesserung der Wohn- und Lebensbedingungen der Arbeiterklasse, der städtischen Mittelschichten und der werktätigen Landbevölkerung geleistet hat.

Von den reaktionären Kräften wurde das erkannt und geschickt ausgenutzt. Dabei rechneten sie mit dem Einfluß, den der BDB in den werktätigen Klassen und Schichten hatte. Bei einem Gespräch am 14. Dezember 1917 mit HINDENBURG wurde A. DAMASCHKE von jenem gefragt, wie er auf den Gedanken der Kriegerheimstätten gekommen wäre. Er antwortete: »Wir wollen und dürfen die Erfahrung von 1871 sich nicht wiederholen lassen. Damals fanden die Landwehrleute nach siegreichem Einzug Mietsteigerungen und Wohnungskündigungen und viele mußten mit Frau und Kind obdachlos auf die Straße.«[8] Von dem durch A. DAMASCHKE anschließend entwickelten Plan zur Schaffung von Wohnheimstätten für Kriegsteilnehmer war HINDENBURG so angetan, daß er ihn bat, noch am gleichen Abend vor Vertretern der Heeresleitung über diese Fragen zu referieren, und ihm 2 Tage später bestätigte, daß er seinem Plan für die ideologische Kriegsbereitschaft der Truppen größte Bedeutung beimaß.[9] Ähnliche Stellungnahmen erhielt A. DAMASCHKE von LUDENDORFF und anderen hohen Militärs. Sie zeigen, wie bestimmte Forderungen des BDB der imperialistischen Durchhaltepolitik dienstbar gemacht wurden.

Allerdings konnte auch während der Weimarer Republik keine grundsätzliche Regelung des Heimstättenwesens durchgesetzt werden. Im Reichstag wurden für die Regierung keine verbindlichen Richtlinien beschlossen. Der Kampf um die Annahme eines den Interessen der Werktätigen entsprechenden Heimstättengesetzes blieb erfolglos. Obwohl der »Ständige Beirat für Heimstättenwesen« schon 1920 einstimmig den Entwurf eines »Gesetzes über den erleichterten Erwerb und besseren Gebrauch des deutschen Bau- und Wirtschaftslandes« (Bodenreformgesetz) beschloß, wurde er dem Reichstag nie zur Abstimmung vorgelegt. Abgeordnete der *DVP* und *DDP* forderten zwar im Reichstag die Annahme eines solchen Gesetzes, aber die Regierung hintertrieb stets die Vorlage des Entwurfs. Deshalb hatte der BDB nach 1920 bei seinen Bemühungen, dem Parlament neue Vorlagen zuzuleiten, keine Erfolge mehr zu verzeichnen. Der BDB kritisierte vor allem die negative Haltung der Regierung zu seinen Aktivitäten. Anläßlich der Reichstagswahlen im Jahre 1930 erklärte er:

»Die Reichsregierung hat bisher nicht den Mut gefunden, dieses Wohnheimstättengesetz dem Reichstag vorzulegen. Es hat sich gezeigt, daß es nicht genügt, daß der Reichstag nur Entschließungen annimmt, in denen die Regierung zur Vorlegung des Wohnheimstättengesetzes aufgefordert wird. Nein, der Reichstag muß jetzt von sich aus, wie er verfassungsmäßig dazu berechtigt ist, das Wohnheimstättengesetz einbringen … Wir müssen jetzt jeden Kandidaten fragen: ›Sind Sie nach Ihrer Wahl bereit, einen Initiativantrag zugunsten des Wohnheimstättengesetzes zu unterstützen?‹«[10]

3. Das Verhältnis des BDB zum Faschismus

In der Zeit der Faschisierung und der offenen faschistischen Diktatur traten Nationalismus und Chauvinismus in der Tätigkeit des BDB verstärkt zutage. Nunmehr erläuterten die Führer des BDB differenzierter und konkreter den Zusammenhang zwischen ihren sozialpolitischen Auffassungen und ihren außenpolitischen Vorstellungen und Zielen. Deutschland könne, das war der Kern ihrer Aussagen, nur eine »Weltmacht« werden, wenn in der Arbeiterklasse durch die Verbesserung ihrer Wohn- und Lebensbedingungen die Bereitschaft geweckt und gefördert würde, für die Festigung und Ausweitung der Macht des »Vaterlandes« zu kämpfen. Das zeigte erneut, wie der BDB durch die Verknüpfung von durchaus berechtigten sozialen Forderungen und nationalistischen und chauvinistischen Zielstellungen der Politik des deutschen Imperialismus und Militarismus eine direkte Hilfestellung leistete.

Auf der Grundlage oben charakterisierter Positionen vollzog sich während der Weltwirtschaftskrise die Zusammenarbeit des BDB mit der ↗ NSDAP und nach der Errichtung der faschistischen Diktatur die offene Unterstützung des Hitlerfaschismus. Der BDB hat sein Verhältnis zur *NSDAP* schon 1931 charakterisiert:

»Wie steht der Bund Deutscher Bodenreformer zur NSDAP? Wie zu jeder anderen Partei. Was jemand jenseits der Bodenreform denkt, auf dem Gebiet der Religion und der Politik, des Genossenschafts- oder Gewerkschaftswesens, der Währungsfrage usw., berührt ihn nicht. Der Bund ist und wird bleiben der geistige ›runde Tisch‹, an dem in ehrlicher Gleichberechtigung Menschen aus allen Lagern sich vereinigen, zu gemeinsamer Arbeit in einer Frage, die sie als eine Lebensfrage unseres Volkes erkannt haben.«[11]

In Verkennung des Klassenwesens des Faschismus und dessen sozialer und nationaler Demagogie glaubten die Führer des BDB, daß die Nazipartei grundlegende Forderungen der

Bodenreformer erfüllen werde. In der ersten Nummer der »Bodenreform« im Jahre 1934 hieß es:

»Wie viele Regierungen haben wir während der letzten Jahrzehnte kommen und gehen sehen; wie haben wir immer von neuem gehofft, und wie sind wir immer von neuem getäuscht worden! Und jetzt – noch sind erst zehn Monate seit den Frühlingsstürmen hingegangen, und schon können wir feststellen, wieviel der Nationalsozialismus für die Durchsetzung grundsätzlicher Bodenreformwahrheiten geleistet hat.
Nicht, als ob nun Alles und Letztes getan sei! Aber der Umbruch ist erfolgt, ein Grund gegraben worden für beste Aufbauarbeit. Ist es nötig, im einzelnen hier davon zu berichten? Der eine leuchtende Gedanke soll uns nur freuen, der Gedanke, der in dem programmatischen Wort ›Blut und Boden‹ Leben geworden ist. Blut und Boden, Volk und Erde, Vaterland! Das Stück Erde, das Gott dem deutschen Volke gab, soll wieder ›Mutter-Erde‹, ›Vater-Land‹ für alle Volksgenossen werden.«[12]

Die Nazis tolerierten die Ansichten des BDB, und Joseph GOEBBELS verkündete:
»Gute Gedanken bleiben deswegen nicht weniger gut, wenn sie von einem Manne ausgesprochen werden, der nicht in unseren Reihen steht ... Die Lösung der Bodenfrage wird die Voraussetzung zur Lösung der Arbeiterfrage, der Rassenfrage und der Erwerbslosenfrage sein. Mögen die Spießer und Interessenbürger auch schreien – hier muß zugegriffen werden.«[13]
Zuvor hatten die Abgeordneten der NSDAP im Reichstag auch alle Anträge des »Ständigen Beirates für Heimstättenwesen« unterstützt. Diese Haltung entsprach einer unmittelbaren Anordnung HITLERS. Als 1931 Richard-Walter DARRÉ in der Artikelreihe »Damaschke, die Bodenreform und der Marxismus« im »Völkischen Beobachter« gegen den BDB auftrat, fand er in der NSDAP kaum Unterstützung. Der BDB selbst bezeichnete die Äußerungen als Aktion eines Außenseiters und Überläufers. Die Antwortartikel des BDB enthielten keine prinzipielle Kritik an der offiziellen Politik der NSDAP. Die Nazis duldeten den BDB, ließen ihn legal arbeiten und nutzten ihn für ihre machtpolitischen Zielstellungen aus.
In den »Briefen an einen jungen Staatsbürger. Von der Arbeitslosigkeit und ihrer Überwindung«[14] vertrat A. DAMASCHKE den Standpunkt, daß die Arbeitslosigkeit neben der

Einschränkung der Beschäftigung ausländischer Arbeiter, der Verlängerung der Schulpflicht und der Arbeitszeitverkürzung besonders durch die »wertschaffende Arbeitslosenfürsorge« bekämpft werden könne. Dadurch sollte Land für Kleingärten und für den Bau von Heimstätten geschaffen werden. Als kurz nach der Errichtung der faschistischen Diktatur Hunderttausende Arbeitslose im ↗ Reichsarbeitsdienst zum Bau der Reichsautobahn und anderer für die Kriegsvorbereitung wichtiger Objekte gezwungen wurden, begrüßten die Führer des BDB diese Maßnahmen zur Versklavung der deutschen Arbeiterklasse als eine große nationale Tat und hielten sie für erste Schritte zur Realisierung des Programms der Bodenreformer.
Wiederholt beschäftigte sich A. DAMASCHKE in den »Staatsbürgerlichen Briefen«[15], die 1934 in loser Folge in der »Bodenreform« erschienen, mit dem faschistischen Reichserbhofgesetz. Er setzte sich entschieden für die Schaffung weiterer Erbhöfe und für die Entwicklung des Erbhofrechts ein und sah in Verkennung der tatsächlichen Zielstellung der Nazis auch in den Erbhöfen ein wichtiges Ergebnis bodenreformerischer Politik. Seines Erachtens schuf das faschistische Reichserbhofgesetz auf dem Lande eine »neue Ideologie«.

»Der Bauer [aber] ist im Besitz seiner Produktionsmittel, solange er seinen Hof behauptet. Er ist also seinem Wesen nach antikommunistisch. Aber der Bauer ist auch nicht mammonistisch. In dem Augenblick, in dem er seinen Hof nur als Ware betrachtet, die je nach wechselnder Konjunktur gekauft oder verkauft werden kann, zerstört er die Grundlage seines Daseins. Ist er also seinem Wesen nach ebenso antikommunistisch wie antimammonistisch, so ist es die große Aufgabe unserer Zeit, für das Bauerntum eine neue Ideologie zu schaffen, die beides – gesicherten Besitz und persönliche Freiheit – vereint.«[16]

Während der Zeit der intensiven Kriegsvorbereitungen und während des Krieges wurde es für die Nazipartei immer schwieriger, ihre Agrarpolitik zu realisieren. Damit wurde auch der praktischen Tätigkeit des BDB mehr und mehr die Basis entzogen. Sein Einfluß schwand schließlich bis zur völligen Bedeutungslosigkeit. Der BDB sah das selbst auch so und stellte fest:

»In dieser Kriegszeit, in der alle Kräfte der Nation auf ein Ziel, die siegreiche Selbstbehauptung Großdeutschlands, gerichtet sein müssen, können Reformen, die nicht unmittelbar mit kriegswichtigen Aufgaben zusammenhängen, nicht auf Verwirklichung rechnen, und so muß auch die Durchführung bodenreformerischer Maßnahmen auf die Zukunft verschoben werden.«[17]

Nach dem Tode von A. DAMASCHKE im Jahre 1935 vollzog sich unter dem neuen Vorsitzenden des BDB die völlige personelle Verflechtung mit dem faschistischen Machtapparat.

Anfang 1936 wurden die Satzungen des BDB unter Berücksichtigung der faschistischen Rassentheorien überarbeitet. Im § 2 hieß es dementsprechend: »Der Bund gewährt jedem Reichsbürger Aufnahme, der sich im Besitz der bürgerlichen Ehrenrechte befindet und diese Satzungen anerkennt. Behörden und Vereinigungen aller Art können körperschaftliche Mitglieder werden.«[18]

Die endgültige »Gleichschaltung« des BDB erfolgte über die systematische Durchsetzung seiner Führungsgremien mit faschistischen Kräften.

Die Zerschlagung des Faschismus 1945 setzte auch der Tätigkeit des BDB ein Ende. Einzelne progressive Elemente der bürgerlichen Bodenreformbewegung fanden in der demokratischen Bodenreform auf dem Territorium der späteren DDR ihre Verwirklichung.

4. Quellen und Literatur

Im ZStA Potsdam, das das Pressearchiv des RLB verwaltet, befindet sich umfangreiches Material zur Politik und zur praktischen Tätigkeit des BDB. Für die Entwicklung des Bodenreformgedankens sind besonders die zahlreichen Arbeiten von Adolf Damaschke von großem Interesse, u. a. »Die Bodenreform, Grundsätzliches und Geschichtliches zur Erkenntnis und Überwindung der sozialen Not« (111.–122. Tausend, Jena 1923), »Marxismus und Bodenreform« (26.–30. Tausend, Jena 1926) und »Ein Kampf um Sozialismus und Nation. Vom Ringen um Boden für jeden Volksgenossen« (Dresden 1935). Wichtige Informationen über die Tätigkeit des BDB sind auch der Wochenzeitung »Bodenreform« zu entnehmen.

Anmerkungen

1 Siehe Friedrich Engels: Vorwort zur zweiten, durchgesehenen Auflage »Zur Wohnungsfrage«. In: MEW, Bd. 21, Berlin 1962, S. 325f.
2 Siehe Adolf Damaschke: Aus meinem Leben, Bd. I, Leipzig–Zürich (1924), S. 271 ff.
3 Ders.: Manchestertum, Antisemitismus oder Bodenbesitzreform. Vortrag, gehalten am 30. 11. 1891. Berlin (Anhang Satzungen des Deutschen Bundes für Bodenbesitzreform).
4 Siehe ders.: Zeitenwende, Leipzig–Zürich (1925), S. 178. Ders.: Aus meinem Leben, Bd. II.
5 Siehe ders.: Kamerun oder Kiautschou? Eine Entscheidung über die Zukunft der deutschen Kolonialpolitik, Jena 1900.
6 »Mitglied auf Lebenszeit« konnte werden, wer einen einmaligen Beitrag in Höhe von 100 M entrichtete.
7 Die Verfassung des Deutschen Reiches vom 11. August 1919, Berlin 1921, S. 249f.
8 Bodenreform, 45. Jg., Nr. 32/33 vom 12. 8. 1934, Sp. 185.
9 Ebenda, Sp. 189.
10 Die Heimstätte, 7. Jg., Nr. 8 (1930), Sp. 120.
11 Bodenreform, 42. Jg., Nr. 28 vom 12. 7. 1931, Sp. 217.
12 Ebenda, 45. Jg., Nr. 1 vom 7. 1. 1934, Sp. 1.
13 Zit. in: Ebenda, 42. Jg., Nr. 28 vom 12. 7. 1931, Sp. 219.
14 Siehe ebenda, Nr. 1 vom 4. 1. 1931 bis Nr. 14 vom 5. 4. 1931.
15 Die »Staatsbürgerlichen Briefe« von A. Damaschke sind in den folgenden Nummern der »Bodenreform«, 45. Jg. (1934), abgedruckt: 11, 12/13, 17, 18/19, 25, 35, 40, 41/42 und 49.
16 Ebenda, 45. Jg., Nr. 12/13 vom 25. 3. 1934, Sp. 73.
17 Ebenda, 51. Jg., Nr. 1 vom 7. 1. 1940, Sp. 1.
18 Ebenda, 47. Jg., Nr. 6 vom 15. 3. 1936, Sp. 46.

Josef Seemann

Bund deutscher Frauenvereine (BdF)
1894–1933

Am 28./29. März 1894 wurde der BdF in Berlin als Dachorganisation unterschiedlicher Frauenvereine konstituiert. Gemäß den Satzungen hatte der BdF weder parteipolitischen noch konfessionellen Charakter. Bis zum Ausbruch des ersten Weltkrieges entwickelte der BdF bedeutsame Aktivitäten im Kampf um die juristische Gleichstellung der Frau mit dem Mann im neuen Bürgerlichen Gesetzbuch sowie in der staatlichen Rechtspflege. Er erstrebte die Einführung des Frauenstudiums, eine Mädchenschulreform und focht um eine freiere Vereinsrechtsregelung, die den Frauen den Zutritt zu politischen Vereinen und Parteien gewährte, wie auch für das Frauenwahlrecht. Mit dem Übergang zum Imperialismus vollzog sich ein fortschreitender Integrationsprozeß der bürgerlichen Frauenbewegung in das imperialistische System, was in der aktiven Unterstützung des deutschen Imperialismus im ersten Weltkrieg gipfelte. In der Weimarer Republik versuchte der BdF, die Rechte der Frauen zu erweitern und ihren politischen Einfluß zu erhöhen. Seine Bemühungen waren nur teilweise erfolgreich, da er sich auf ein gleichberechtigtes Mitwirken der Frau in der kapitalistischen Gesellschaft reduzierte. Der BdF versuchte, seine bisherige Tätigkeit mit den Zielen der Nationalsozialistischen Frauenschaft in Einklang zu bringen.

1. Die Gründung des BdF
2. Wirksamkeit, Arbeitsgebiete und Aufgaben
3. Die Rolle des BdF vom Beginn des Imperialismus bis zum Ende des ersten Weltkrieges
4. Die Stellung des BdF in der Weimarer Republik
5. Quellen und Literatur

Vorsitzende

Auguste SCHMIDT (1894–1899); Marie STRITT (1899–1910); Gertrud BÄUMER (1910–1919); Marianne WEBER (1919–1924); Marie BAUM (1924–1927); Emma ENDER (1927–1931); Agnes VON ZAHN-HARNACK (1931–1933)

Mitglieder

1901 ca.	70 000	1919 ca.	855 000
1911 ca.	298 000	1920 ca.	900 000
1914 ca.	500 000	1933 ca.	1 000 000

Presse

»Die Frau. Monatsschrift für das gesamte Frauenleben unserer Zeit«, hrsg. von Helene LANGE und G. BÄUMER, 1893–1944, Berlin
»Die Frauenfrage. Zentralblatt des Bundes deutscher Frauenvereine (BdF)«, 1899/1900 bis 1921 (bis 1913 unter dem Titel: »Zentralblatt des BdF«)
»Die Frauenbewegung. Revue für die Interessen der Frau«, hrsg. von Minna CAUER (1895–1919), Berlin

[Fortsetzung auf Seite 291]

Vereine und Verbände

direkt angeschlossene Vereine

1894	34 Vereine		
1900	131 Vereine		
1907	193 Vereine		
1908	28 Verbände mit		231 direkt angeschlossenen Vereinen
1912	38 Verbände mit	1 550 Vereinen,	243 direkt angeschlossenen Vereinen
1914	52 Verbände mit	2 362 Vereinen,	289 direkt angeschlossenen Vereinen
1918	58 Verbände mit	3 100 Vereinen,	335 direkt angeschlossenen Vereinen
1920	57 Verbände mit	4 191 Vereinen,	291 direkt angeschlossenen Vereinen
1926	77 Verbände		

Dem BdF angeschlossene Verbände im Jahre 1910/1911

↗ *Allgemeiner deutscher Frauenverein (AdF):*	Gegr. 1865,	ca. 10 000 Mitgl.
Allgemeiner Deutscher Lehrerinnenverein:	Gegr. 1890,	ca. 22 000 Mitgl.
Allgemeiner Deutscher Pensionsbesitzerinnen-Verband EV.:	Gegr. 1906,	ca. 350 Mitgl.
Allgemeiner Deutscher Verein für Hausbeamtinnen EV.:	Gegr. 1895,	ca. 5 000 Mitgl.
Badischer Verband für Frauenbestrebungen:	Gegr. 1911,	ca. 4 000 Mitgl.
Berufsorganisation der Krankenpflegerinnen Deutschlands:	Gegr. 1903,	ca. 3 025 Mitgl.
Deutscher Bund abstinenter Frauen:	Gegr. 1900,	ca. 1 900 Mitgl.
Deutsch-Evangelischer Frauenbund:	Gegr. 1899,	ca. 12 360 Mitgl.
Deutscher Fröbelverband:	Gegr. 1873,	ca. 7 000 Mitgl.
↗ *Deutscher Verband für Frauenstimmrecht:*	Gegr. 1904,	ca. 7 000 Mitgl.
Deutscher Verband für Verbesserung der Frauenkleidung:	Gegr. 1907,	ca. 4 000 Mitgl.
Deutscher Verein gegen Mißbrauch geistiger Getränke EV.:	Gegr. 1883,	ca. 37 600 Mitgl.
Deutscher Zweig der Internationalen Abolitionistischen Föderation:	Gegr. 1904,	ca. 1 200 Mitgl.
Frauenbund der Deutschen Kolonialgesellschaft:	Gegr. als *Deutsch-Kolonialer Frauenbund* 1907 ca. 12 000 Mitgl.	
Frauenstimmrechts-Verband für Westdeutschland:	Gegr. 1909,	ca. 1 500 Mitgl.
Frauenverband der Provinz Sachsen:	Gegr. 1908,	ca. 2 400 Mitgl.
Hauptverband Bayerischer Frauenvereine:	Gegr. 1909,	ca. 18 400 Mitgl.
Jüdischer Frauenbund:	Gegr. 1904,	ca. 30 000 Mitgl.
Kaufmännischer Verband für weibliche Angestellte EV.:	Gegr. 1889,	ca. 30 000 Mitgl.
Kreisverband schwäbischer Frauenvereine:	Gegr. 1909,	ca. 2 780 Mitgl.
Landesverein Preußischer Technischer Lehrerinnen:	Gegr. 1895,	ca. 3 000 Mitgl.
Landesverein Preußischer Volksschullehrerinnen:	Gegr. 1894,	ca. 4 600 Mitgl.
Rheinisch-Westfälischer Frauenverband:	Gegr. 1901,	ca. 18 000 Mitgl.
Rechtsschutzverband für Frauen:	Gegr. 1904,	84 Mitgliedervereine
Schlesischer Frauenverband:	Gegr. 1903,	ca. 12 000 Mitgl.
Schlesischer Verband für Frauenstimmrecht:	Gegr. 1908,	ca. 700 Mitgl.
Verband akademisch gebildeter und studierender Lehrerinnen:	Gegr. 1903,	ca. 650 Mitgl.
Verband der Hauspflege:	Gegr. 1908,	ca. 13 000 Mitgl.
Verband Fortschrittlicher Frauenvereine:	Gegr. 1899,	ca. 1 600 Mitgl.
Verband Mitteldeutscher Frauenvereine:	Gegr. 1908,	ca. 3 000 Mitgl.
Verband Norddeutscher Frauenvereine:	Gegr. 1902,	ca. 16 000 Mitgl.
Verband Ostpreußischer Frauenvereine:	Gegr. 1911,	ca. 4 900 Mitgl.
Verband Pfälzischer Fraueninteressen-Vereine:	Gegr. 1900,	ca. 2 200 Mitgl.
Verband Westpreußischer Frauenvereine:	Gegr. 1905,	ca. 2 400 Mitgl.
Verband Württembergischer Frauenvereine:	Gegr. 1906,	ca. 3 000 Mitgl.
Verband zur Hebung hauswirtschaftlicher Frauenbildung:	Gegr. 1902,	ca. 9 680 Mitgl.

| *Verbündete kaufmännische Vereine für weibliche Angestellte:* | Gegr. 1901, | ca. 17 150 Mitgl. |
| *Verein Frauenbildung – Frauenstudium:* | Gegr. 1888, | ca. 4 500 Mitgl. |

»Nachrichtenblatt des Bundes Deutscher Frauenvereine«, hrsg. vom Vorstand (Alice BENSHEIMER und Dorothee VON VELSEN), 1. Jg. (1921) ff., Mannheim
»Neue Bahnen«, Organ des BdF, 1866–1920 (1907–1911 von G. BÄUMER geleitet)
»Jahrbuch des Bundes Deutscher Frauenvereine«, hrsg. von Elisabeth ALTMANN-GOTTHEINER, später von Else ULRICH-BEIL, dann von Emmy WOLFF, Leipzig/Berlin 1912 ff. (anfangs unter dem Titel: »Jahrbuch der Frauenbewegung«), Leipzig/Berlin/Mannheim

1. Die Gründung des BdF

Den unmittelbaren Anlaß zur Gründung einer zentralen Dachorganisation zur Förderung gemeinsamer Interessen unter dem Namen »Bund deutscher Frauenvereine« bot eine Anregung, die Hanna BIEBER-BÖHM, Auguste FÖRSTER und Anna SIMSON von der Weltausstellung in Chicago, wo sie den 1891 konstituierten *National Council of Women of the United States* kennenlernten, nach Deutschland brachten. Unter Leitung von A. SCHMIDT, der Vorsitzenden des ↗ AdF, wurde ein provisorisches Komitee gebildet, das einen Satzungsentwurf erarbeitete und in einem Aufruf alle »gemeinnützigen« deutschen Frauenvereine zum Beitritt aufforderte. Der Aufforderung folgten zunächst 34 Frauenvereine. Sie repräsentierten so ziemlich alle Richtungen und Interessengruppen der deutschen bürgerlichen Frauenbewegung. Am 28./29. März 1894 fand die Konstituierung des BdF in Berlin statt.[1] Mit den Satzungen und Geschäftsordnungen entsprach der BdF dem Grundsatz des amerikanischen Bundes, nur in solchen Fragen gemeinsames Handeln zu erstreben, in denen alle übereinstimmten.[2] Die »vaterländischen« Frauenvereine hatten den Beitritt abgelehnt, konfessionelle Frauenvereine waren an der Gründung des BdF nicht beteiligt.

Die bürgerliche gemäßigte Frauenbewegung beschränkte ihr Eintreten für die Emanzipation der Frau auf den Kampf gegen die Privilegien des Mannes in Familie, Staat und Gesellschaft. Sie rang um Sozialreformen, als deren Träger der kapitalistische Staat auftreten sollte. Dagegen faßte die Sozialdemokratie, wie August BEBEL feststellte, die Frauenfrage als *eine* Seite der allgemeinen sozialen Frage auf, die ihre endgültige Lösung nur durch die völlige Umgestaltung der gesellschaftlichen Verhältnisse und die Beseitigung der aus ihnen hervorgehenden Übel finden könne.[3] Aus der unterschiedlichen Zielstellung ergab sich die Verschiedenheit der Arbeitsmethoden: Auf der bürgerlichen Seite selbständige, anfangs überparteiliche Agitation der Frauen für die Durchsetzung ihrer Rechte in der kapitalistischen Gesellschaft, auf der sozialistisch-proletarischen Seite volle Eingliederung der Frauen in den Klassenkampf zum Sturz der Ausbeutergesellschaft, für die Errichtung der sozialistischen Gesellschaft.
Lebhaft wurde debattiert, ob der BdF sozialdemokratische Frauen- und Arbeiterinnenvereine zum Beitritt auffordern solle. Die Vorsitzende A. SCHMIDT präzisierte die Stellung des BdF zur proletarischen Frauenbewegung dahin, daß er Arbeiterinnenvereine von unverkennbar politischer Tendenz nicht aufnehmen könne. Die Mehrheit des BdF stellte sich auf diesen Standpunkt. M. CAUER, Lina MORGENSTERN und Lily VON GIŻYCKI veröffentlichten gegen diesen Standpunkt eine Erklärung.[4]
Der BdF wurde Mitglied des *Internationalen Frauenbundes (IFB; International Council of Women)*, der sich aus den Nationalverbänden der einzelnen Länder zusammensetzte. Die Vorsitzende des BdF gehörte ex officio dem Vorstand des *IFB* als Vertreterin des BdF an.

2. Wirksamkeit, Arbeitsgebiete und Aufgaben

Das Programm des BdF knüpfte an die bisherige Tätigkeit des *AdF* an und brachte in den Arbeitsgebieten die Bestrebungen der damaligen bürgerlichen Frauenbewegung zum Ausdruck:

a) Anschluß von Kinderhorten an alle Volksschulen,
b) Aufnahme des Unterrichtsfaches »Gesundheitslehre« in den Lehrplan der Schulen,
c) Arbeiterinnenschutz,
d) Verbreitung der Kenntnis aller die Frauen betreffenden Gesetze,
e) Zulassung der Frauen zu den Staatsprüfungen für den Arztberuf und das höhere Lehramt,
f) Erziehung der Frauen für die öffentliche Armenpflege und ihre Zulassung zu derselben.

Auch der Vorstand des BdF war eine Art Repräsentation nach diesen Arbeitsgebieten und den bedeutendsten Lokalvereinen: A. SCHMIDT als 1. Vorsitzende, Anna SCHEPELER-LETTE (Leiterin des *Lette-Vereins*) als 2. Vorsitzende sowie A. SIMSON, H. BIEBER-BÖHM, A. FÖRSTER, Helene VON FORSTER, Ottilie HOFFMANN, H. LANGE und Betty NAUE als Vorstandsmitglieder. Auf der Generalversammlung von 1896 wurde der Vorstand um 2 Mitglieder erweitert: Jeanette SCHWERIN und Marie STRITT. Nach Ablauf des ersten Vereinsjahres gehörten dem BdF 65 Vereine an.

Eine umfassende Tätigkeit entfaltete die Kommission des BdF auf dem Gebiet des Arbeiterinnenschutzes seit 1898 unter der Leitung von J. SCHWERIN. Nach ihrem Tode im Sommer 1899 übernahmen A. SIMSON und Alice SALOMON diesen Tätigkeitsbereich. Sie traten u. a. ein für den Schutz der Mutter und Wöchnerin, für die Gewährung des aktiven und passiven Wahlrechts zu den Gewerbegerichten an Arbeiter und Unternehmer, für die Organisierung der Kellnerinnen. Die Mitglieder der Rechtskommission des BdF (Anita AUGSPURG, Sera PROELSS, M. STRITT) organisierten Proteste anläßlich der zweiten Lesung des Entwurfs des bürgerlichen Gesetzbuches 1895, das dem Rechtsbewußtsein weiter Volkskreise besonders über die zugedachte Stellung der Frau nicht entsprach. Die Petitionen erreichten geringfügige Zugeständnisse, von denen die Zulassung der Frau zur Vormundschaft das wichtigste war. In bezug auf das Vereins- und Versammlungsrecht richtete die Rechtskommission Petitionen an den Reichstag für die Gewährung einer reichsgesetzlichen, Frauen und Männer gleichstellenden Regelung in allen Bundesstaaten. Obwohl die Petitionen bei sozialdemokratischen und liberalen Volksvertretern energische Befürwortung gefunden hatten, blieben sie erfolglos.[5] Die im BdF wirkende Kommission für Hebung der Sittlichkeit trat für die Abschaffung der gewerblichen Prostitution, für die Einführung der Gesundheitslehre in den Schulunterricht, für die Anstellung gebildeter »Polizeimatronen« nach englischem und amerikanischem Muster ein. Weitere Petitionen blieben fast erfolglos. Die Arbeit der Mäßigkeitskommission, der Kommission für Kinderschutz sowie für Handelsgehilfinnen, Erziehungswesen und für die Erwerbstätigkeit der Frau sind in ihrer Bedeutung geringer anzusetzen.

Die Mitgliederzahl der dem BdF angehörenden Verbände wuchs in den folgenden Jahren ständig. Im siebenten Jahr seines Bestehens zählte der BdF 137 Zweigvereine, die 70 000 Mitglieder vertraten. Es vereinigte sich 1899 ein Kreis von evangelischen Frauen zum *Deutsch-evangelischen Frauenbund.* 1903 folgte in Köln die Bildung des *Katholischen Frauenbundes Deutschlands.* Damit war die konfessionelle Richtung im BdF vertreten. Auf den Generalversammlungen des BdF, die in der Regel alle 2 Jahre im Herbst stattfanden, wurden verschiedentlich die Satzungen geändert, so in Hamburg 1898 und in Heidelberg 1910.[6]

Seit dem 1. April 1899 gab der BdF das »Zentralblatt des Bundes deutscher Frauenvereine« heraus. Auf verschiedenen Gebieten konnten, unterstützt durch die Sozialdemokraten, Zielstellungen der bürgerlichen Frauenbewegung dem Staat abgerungen werden, z. B. im Kampf um das Recht auf Bildung. Seit dem 24. April 1899 waren Frauen auf Beschluß des Bundesrates zu medizinischen und zahnärztlichen Staatsprüfungen zugelassen, desgleichen zu Apothekerprüfungen. Frauen, die sich im Ausland die notwendigen Universitätskenntnisse angeeignet hatten, konnten jetzt ihre staatlichen Prüfungen ablegen. Zu Beginn des 20. Jh. wurde den Frauen das Recht auf Immatrikulation zugesprochen (seit 1901 in Baden, seit 1903/04 in Bayern, seit 1904/05 in Württemberg, seit 1906/07 in Sachsen und Thüringen, seit 1908 in Preußen und Hessen und seit 1909 in Mecklenburg). Die im BdF zusammengefaßten Frauenorganisationen traten auch für die Erweiterung der Berufsausbildung und Berufstätigkeit der Frauen ein. Der Anteil ungelernter berufstätiger Frauen war erheblich gestiegen. Die Berufszählung vom Jahre 1907 zeigte, daß von 31 259 429 damals in Deutschland lebenden Frauen 9,49 Mill. hauptberuflich erwerbstätig waren.[7] 45% aller erwerbstätigen Frauen waren über 30 Jahre alt, in einem Alter also, in dem von der sog. überbrückenden Berufstätigkeit bis zur Ehe kaum mehr die Rede sein konnte. Der überwiegende Teil der Frauen arbeitete in der Landwirtschaft, als »Dienstboten« oder Heimarbeiterinnen. Mit der zunehmenden Industrialisierung entstanden weitere Frauenberufe in der Produktion (Textil-, Bekleidungs- und Zigarettenindustrie) und der Verwaltung. Die Frauen, die für ihre Tätigkeit schlechter entlohnt wurden als die Männer, stellten als billige Arbeitskräfte einen bedeutenden Faktor in der Kalkulation verschiedener Betriebe dar.

Der BdF strebte die formale Rechtsgleichheit der Frau mit dem Mann an. Die wirtschaftliche Selbständigkeit wurde als erste Voraussetzung geistiger Unabhängigkeit betrachtet, als Möglichkeit zu vielseitigerer und freierer Entwicklung der Frau. Das Recht und die Möglichkeit zu arbeiten, galten als Grundlage größerer sozialer Freiheit. Soziale Abhängigkeit wurde als unvereinbar mit der sittlichen Würde der Frau empfunden und jede berufliche Tätigkeit einer Frau daher zunächst als Fortschritt angesehen. H. LANGE und G. BÄUMER wollten unterstreichen, daß bei der Beurteilung der Frauenarbeit außerdem nach deren Wert für die Gesellschaft zu fragen sei. Die Forderung nach Gleichberechtigung fand für den BdF ihre ethische Begründung darin, daß Mann und Frau gleichwertig zusammenwirken müßten. Es ist das Verdienst des BdF, die Bedeutung der Berufsarbeit und die Notwendigkeit höherer Bildung als wichtige Voraussetzungen der

Gleichberechtigung der Frau anerkannt zu haben und aktiv dafür eingetreten zu sein. Objektiv konnten diese Forderungen der Gesamtheit der Frauen zum Nutzen gereichen. Die Verwirklichung der frauenrechtlerischen Forderungen brachte jedoch, wie beabsichtigt, in erster Linie die Reform von Gesetzen im Sinne der Frauen und Mädchen aus bürgerlichen und kleinbürgerlichen Kreisen. In dem Maße, in dem diese im Berufsleben Fuß faßten, erwuchsen dem BdF neue Aufgaben. Zahlreiche Fachvereine und Berufsorganisationen bildeten sich. Der *Verein Frauenbildung – Frauenstudium* setzte sich für die akademische Frauenbildung ein. Im Jahre 1902 wurde in Hamburg der *Deutsche Verein für Frauenstimmrecht* gegründet. Mit der kommunalen Wohlfahrtspflege, besonders mit der Armen- und Waisenpflege und der Organisierung verschiedenster Fürsorgevereine, unternahm der BdF mit Hilfe des *AdF* erste Schritte zur politischen Mitarbeit der Frau zunächst in der Gemeinde und konzentrierte seine Anstrengungen auf die Zuerkennung des kommunalen Wahlrechts für Frauen. Dieser Forderung verlieh der BdF mit Flugschriften, Broschüren und Vorträgen Nachdruck.

3. Die Rolle des BdF vom Beginn des Imperialismus bis zum Ende des ersten Weltkrieges

Seit der Jahrhundertwende verstärkte sich innerhalb der bürgerlichen Frauenbewegung die politische Differenzierung. Die Mitglieder der gemäßigten Richtung, zunächst unter H. LANGE (Vorstandsmitglied des BdF von seiner Gründung bis zum Jahre 1906), später unter G. BÄUMER, hatten im BdF die einflußreichsten Positionen inne. G. BÄUMER trat in enge Beziehungen zu dem liberal gesinnten Kreis um Karl SCHRADER und Theodor BARTH, dem auch H. LANGE und A. SALOMON angehörten.

G. BÄUMERS Staatsauffassung gipfelte beispielsweise darin, daß der Staat nicht nur als eine rechtliche Institution, sondern vor allem als eine aus der Substanz des Volkes – von ihr verstanden als die »Summe der leiblichseelischen Elemente« — hervorgegangene geschichtliche Gemeinschaft zu verstehen sei. G. BÄUMER betonte ausdrücklich, die Forderung nach politischer Gleichberechtigung, die Zuerkennung des Frauenstimmrechts, die Möglichkeit einer parlamentarischen Mitarbeit der Frau dürften nicht als das Primäre angesehen werden. Dementsprechend wurde auch die Forderung nach der staatsbürgerlichen Gleichberechtigung lediglich dahingehend gedeutet, daß »alle Kultur ... auf Ergänzung männlicher und weiblicher Art angelegt ist«.[8]

In Opposition zu diesen Auslegungen eines der wichtigsten Grundsätze des BdF durch die gemäßigte Richtung hatte sich eine linke Richtung gebildet, die durch M. CAUER, A. AUGSPURG, Lily BRAUN, Käthe SCHIRMACHER, Helene STÖCKER und Lida Gustava HEYMANN repräsentiert wurde und sich in der Zeitschrift »Frauenbewegung« und deren Beilage »Zeitschrift für Frauenstimmrecht« ein wirksames Organ geschaffen hatte, während der gemäßigte, hauptsächlich für eine Bildungsemanzipation der Frau wirkende Zweig seine Grundsätze in dem Organ »Die Frau« vertrat. Die konfessionell gebundene Richtung stand in ihren Bestrebungen dem gemäßigten Flügel nahe; als ihr bedeutsamstes Organ erschien »Die Christliche Frau«.

M. CAUER reichte eine Petition an den Preußischen Landtag für die Abschaffung des Dreiklassenwahlrechts ein. In den großen Wahlrechtskämpfen des Jahres 1910 stand M. CAUER auf der Seite der demokratischen Kräfte. L. G. HEYMANN und H. STÖCKER standen an der Spitze derjenigen, die ihre Angriffe gegen die doppelte Moral der bürgerlichen Gesellschaft, besonders gegen die Prostitution und deren staatliche Reglementierung richteten. M. CAUER setzte sich für eine verstärkte Zusammenarbeit mit den Arbeiterinnen ein. Unter der Führung von Margarete FRIEDENSTHAL entstand ein *Ständiger Ausschuß zur Förderung der Arbeiterinneninteressen.*[9]

Die Mitarbeit der führenden Frauen des BdF in den politischen Parteien wurde im 20. Jh. zu einer unausweichlichen Frage. Es entstand — nach Aussage G. BÄUMERS — »eine nähere Verbindung der linksstehenden Parteien mit der Frauenbewegung, nicht, weil sie *partei-*

politische Elemente in sich aufnimmt, sondern umgekehrt, weil diese Parteien sich Frauenfragen zu eigen machen, denen die anderen noch ablehnend gegenüberstehen«. Die bürgerliche Frauenbewegung fügte sich, so G. BÄUMER, der Weltanschauung dieser Parteien leichter ein als der anderer. »Die Freunde der Frauenbewegung sind mehr auf der Linken und die Gegner mehr auf der Rechten zu suchen«.[10]

Nachdem das Reichsvereinsgesetz vom 15. Mai 1908 die Mitarbeit der Frauen in verschiedenen politischen Parteien ermöglichte, war die Leitung des BdF bestrebt, dessen exponierte Mitglieder zugleich zu den Führerinnen der Frauen in den politischen Parteien und Gruppen werden zu lassen. Während das ↗ *Zentrum (Z)* vor der Aufhebung der Vereinsgesetze hinsichtlich des Frauenwahlrechts eine zurückhaltende oder negative Stellung eingenommen hatte, versuchte es nun, die neue Situation zu seinen Gunsten zu nutzen. Als erste Schritte zur Mitarbeit der Frauen in öffentlichen Organisationen sind die Beschlüsse des *Reichsverbandes der deutschen Windthorstbünde* 1910 in Bonn über die Mitgliedschaft der Frauen und die Gründung von Frauenorganisationen des *Zentrums* 1911 in Düsseldorf und Köln zu betrachten. Die katholischen Frauen standen jedoch der Gründung solcher Frauenorganisationen zunächst passiv gegenüber.[11]

Die im *Deutsch-evangelischen Frauenbund* vereinigten Frauen und die Gruppe der Zeitschrift »Neue Zeiten«, die vom *Kapellenverein* herausgegeben wurde, schlossen sich in den Jahren 1912/13 unter Führung von Bertha VON KRÖCHER, Paula MÜLLER-OTFRIED und Selma GRÄFIN VON DER GROEBEN zu einer Vereinigung konservativer Frauen zusammen. Sie beabsichtigten, der »Wohlfahrtsarbeit« den Vorzug vor der politischen Arbeit zu geben. Weite Kreise der Konservativen wollten den Frauen das kommunale und kirchliche Stimmrecht vorenthalten.[12]

Über die Haltung der ↗ *Nationalliberalen Partei (NLP)* zur Mitarbeit der Frauen gibt ein Rundschreiben des Parteivorstandes vom November 1911 Aufschluß, in dem alle lokalen Verbände aufgefordert wurden, eine größere Beteiligung der Frauen am politischen Vereinsleben zu erreichen. Vorerst erfolgte besonders in Westdeutschland die

Gründung nationalliberaler Frauengruppen.[13]

In das Programm der ↗ *Fortschrittlichen Volkspartei (FoVp)* wurde als § 8 ein sog. Frauenparagraph aufgenommen. Er legte u. a. fest: Aktives und passives Wahlrecht der Frauen für die Kaufmanns- und Gewerbegerichte, Gleichberechtigung in den Einrichtungen der Reichsversicherungsgesetzgebung, verstärkte Mitwirkung der Frauen auf dem Gebiet der sozialen Fürsorge und des Bildungswesens, Heranziehung der Frauen zur Kommunalverwaltung. Politisch-ideologisch wurden führende Mitglieder des BdF durch den ↗ *Nationalsozialen Verein (NsV)* und die *FoVp* beeinflußt. G. BÄUMER wurde 1912 Mitarbeiterin der Zeitschrift »Die Hilfe«[14], es begann eine enge Zusammenarbeit mit Friedrich NAUMANN.

Einen Höhepunkt in der Arbeit der bürgerlichen Frauenbewegung vor dem ersten Weltkrieg bildete der deutsche Frauenkongreß in Berlin vom 27. Februar bis 2. März 1912.[15] Die Ausstellung »Die Frau in Haus und Beruf« zeigte, wie der Anteil der Frauen im wirtschaftlichen, sozialen, geistigen und öffentlichen Leben wuchs. Die konfessionellen sowie karitativen Frauenvereine und die Rot-Kreuz-Vereine waren durch Delegierte vertreten. Dieser Frauenkongreß verdeutlichte allerdings erneut, daß die bürgerliche Frauenbewegung mit reaktionärsten Kreisen der deutschen Bourgeoisie zusammenarbeitete. 36 Fürstinnen und die Kaiserin AUGUSTA wurden in das Ehrenpräsidium des Kongresses gewählt. Auf der Tagung des BdF 1912 erfolgte die erste programmatische Formulierung der »Frauendienstpflicht«.

Am ersten Mobilmachungstag unterbreitete der BdF den Vorschlag, ein Nationales Frauenwerk zu schaffen. Er gründete im Einverständnis mit dem Preußischen Ministerium des Innern am 1. August 1914 den *Nationalen Frauendienst*, der alle Kräfte zur Unterstützung des Krieges zusammenführen sollte und dem Frauen aller Richtungen und Parteien angehörten. Es gelang ihm, in seine Tätigkeit neben konfessionellen Verbänden auch einzelne sozialdemokratische Frauen einzubeziehen. Die Arbeitsgebiete des *Nationalen Frauendienstes* waren Beratungs- und Auskunftsdienst, Verwundetenpflege, Familien- und Hinterbliebenenfürsorge, Lebens-

mittelversorgung und Vermittlung von Frauen zur Arbeit in kriegswichtigen Betrieben. Als im Sommer 1915 ein Frauenkongreß in Den Haag zusammentrat, der gegen den Krieg protestierte, lehnte der BdF die Teilnahme mit der Begründung ab, er halte den Kongreß für unvereinbar mit seiner »vaterländischen Gesinnung« und der »nationalen Verpflichtung«. Besonders G. BÄUMER weigerte sich, am Internationalen Frauenfriedenskongreß teilzunehmen, und versuchte darüber hinaus, die internationale Friedensarbeit der Frauen zu diskreditieren.[16]

Ein Beschluß des BdF vom 24. November 1916 besagte, daß die Frauen einer Ausdehnung des Arbeitszwanges auf sie (Kriegshilfsdienst) freudig zustimmen würden. Marie Elisabeth LÜDERS übernahm am 17. November 1916 den Auftrag zur Bildung der Frauenarbeitszentrale und der Frauenreferate[17] beim Kriegsamt, welche die rationelle Verteilung der Arbeitskräfte, verschiedenste Fürsorgemaßnahmen und die Verwendung der Frauen in der Kriegswirtschaft organisierten. Die Frauenarbeitszentrale hatte erheblich Anteil an der aktiven Kriegsführung. Im Januar 1917 wurde die deutsche Zentrale des *Nationalen Frauendienstes* durch den BdF eingerichtet. An ihrer Spitze stand ein Arbeitsausschuß, dessen Vorsitzende Josephine LEVY-RATHENAU war. In einem Aufruf, mit dem G. BÄUMER die Frauen zur Unterstützung des Krieges zu mobilisieren suchte, hieß es: »Wenn wir ... bei unserer Arbeit in jedem Wort und in jeder Handlung fühlen, wie sehr wir eines Sinnes sind, so ist es die Klarheit der Gedanken über die nationale Pflicht, die diese Einheit schafft.«[18] Die chauvinistische Einstellung des BdF im ersten Weltkrieg wurde auch von Ansichten F. NAUMANNS über die »Volksgemeinschaft« geprägt. G. BÄUMER führte noch Ende September und sogar in den ersten Oktobertagen 1918 Werbeversammlungen für die Gewinnung von Munitionsarbeiterinnen durch.[19]

Charakteristisch für die Haltung des BdF am Ende des Krieges sind Äußerungen seiner Vertreterinnen zu den Friedensverhandlungen vom Jahre 1918. Der BdF protestierte gegen den Notenwechsel der Reichsregierung mit dem amerikanischen Präsidenten WILSON vom Oktober 1918 und lehnte einen »Gewaltfrieden« auf Kosten Deutschlands ab. Seine

Erklärung fand allerdings in der Öffentlichkeit wenig Beachtung.

Der BdF war trotz seiner heftigen Kritik am Frieden von Versailles und an der alliierten Politik kein prinzipieller Gegner der Verständigungspolitik. G. BÄUMER schrieb 1919: »Wir müssen auf den Weg der Verständigung – nicht nur weil wir, die Schwachen, ohne andere Waffen sind. Als militaristisches Deutschland haben wir keine Zukunft. Andere Mittel müssen uns helfen.«[20]

4. Die Stellung des BdF in der Weimarer Republik

Der BdF lehnte die Novemberrevolution aus einer antikommunistischen Grundhaltung heraus ab. Er verurteilte den bewaffneten Kampf, stand dem Kieler Matrosenaufstand fassungslos gegenüber und behauptete, der Klassenkampf zerstöre die Nation. So äußerte G. BÄUMER: »... das war die blinde und brutale Gewalt, in deren Fäuste im unglücklichsten Augenblick das deutsche Schicksal gefallen war.«[21] 1921/22 erschienen wiederholt Artikel zur »Kriegsschuldfrage« und weiterhin Publikationen gegen den Versailler Vertrag. Zur Propagierung der chauvinistischen Hetze wurde der *Deutsche Frauenausschuß zur Bekämpfung der Schuldlüge* gebildet.

Den passiven Widerstand im Ruhrgebiet gegen die französische Besetzung bezeichneten Vertreterinnen des BdF nicht nur als heroische Leistung, sondern als ein intensives Erlebnis, das unauslöschliche Stachel hinterlasse, die keiner aus den Seelen reißen könne.[22] Von dieser nationalistischen Haltung aus war es beinahe unmöglich, Kontakte zur internationalen bürgerlichen Frauenbewegung zu finden. Der BdF lehnte die Teilnahme an der Generalversammlung des *IFB* 1920 in Kristiania und auch am Londoner Kongreß 1924 zur Erforschung der Kriegsursachen ab. Er beteiligte sich zwar seit 1922 an Vorstandssitzungen des *IFB*, aber erst 1925 konnte offiziell wieder eine deutsche Delegation des BdF auf einer Hauptversammlung begrüßt werden.

Durch die Novemberrevolution 1918/19 erhielten die Frauen in Deutschland das aktive und passive Wahlrecht. Damit war eine ihrer wichtigsten Forderungen erfüllt. In den Mittelpunkt der Tätigkeit des BdF, der sich nach 1918 stärker der politischen Arbeit zuwandte, rückte der Kampf um die Teilnahme der Frauen an den Wahlen, um Entsendung von Abgeordneten in die Parlamente und die Verabschiedung von Gesetzen auf sozialpolitischem Gebiet. Die Bedeutung des erkämpften Wahlrechts für die bürgerliche Frauenbewegung wurde von einigen Kräften jedoch nicht überschätzt. Im März 1919 schrieb L. G. HEYMANN: »Der alte Reichstag und die neue Nationalversammlung haben ein verflucht ähnliches Aussehen. Viele der alten Abgeordneten aus dem selig dahingeschiedenen Reichstage kehren wieder zurück. Sie haben sich, so unglaublich das auch scheint, von ihrer alten Partei unter neuer Firma aufstellen lassen und sind, was noch unglaublicher ist, von deutschen Männern – und leider auch Frauen – wiedergewählt worden.«[23] Die neuen Formen und Methoden der Einbeziehung der Frauen änderten nichts an der bisherigen Grundhaltung des BdF. Nach wie vor beschränkten sich die »Gemäßigten« auf den Kampf gegen die Vorrechte des Mannes in Familie, Staat und Gesellschaft. Sie wollten auf der Grundlage der Weimarer Verfassung, die die formale Gleichberechtigung von Mann und Frau garantierte, den Weg zur »aufbauenden Arbeit« innerhalb der kapitalistischen Gesellschaftsordnung finden.

Der BdF arbeitete, wie G. BÄUMER bekannte, »fieberhaft an der Politisierung der Frauen. In den Parteien sowohl wie in der Frauenbewegung muß alles aufgeboten werden, um die Frauen zu Wählern zu machen«.[24] Der BdF erließ im November 1918 einen entsprechenden Aufruf an seine Mitglieder.[25]

Die Erlangung des Frauenstimmrechts wirkte sich bereits bei den Wahlen zur Nationalversammlung 1919 mit einer Teilnahme von 78% der weiblichen Stimmberechtigten spürbar aus. Obwohl die Wahlbeteiligung bis 1933 zurückging, konnten die Frauen die Ergebnisse der Wahlen nicht unbeträchtlich beeinflussen. Lina MAYER-KULENKAMPFF, eine führende Vertreterin des BdF, argumentierte, daß in der bürgerlichen Demokratie das Wahlrecht ein größeres Gewicht als in der konstitutionellen Monarchie habe.[26] Der BdF stellte in allen Wahlaufrufen die stereotype Forderung »Frauen, wählt!« in den Vordergrund.

Die Mehrzahl der Frauen gab den konservativen Parteien ihre Stimme. Führende Vertreterinnen des BdF, wie G. BÄUMER, M. WEBER, M. BAUM, M. E. LÜDERS und A. VON ZAHN-HARNACK, gehörten der ↗ DDP an und vertraten deren politische Konzeption.

Der BdF maß der Heranbildung fähiger und geeigneter Frauen für die Arbeit in den Parlamenten vorrangige Bedeutung bei. In diesen Gremien versuchten die Vertreterinnen, sich durch die parlamentarische Tätigkeit Achtung und Anerkennung zu erwerben. An der Diskussion in den Ausschüssen der Nationalversammlung beteiligten sich die Frauen in durchaus angemessener Weise. Ihre Mitarbeit blieb auf einige Sektoren beschränkt, vorwiegend auf Sozial- und Kulturpolitik, das Gebiet der Außen- und Wirtschaftspolitik hingegen wurde vernachlässigt. Der Rückgang der Anzahl der weiblichen Abgeordneten seit 1919[27] beschäftigte den BdF auf fast allen Tagungen und Sitzungen. Das Haupthemmnis sah er letztlich im Verhalten der Parteien gegenüber einer politischen Mitarbeit der Frau. Der Plan zur Bildung einer eigenen »Frauenpartei« oder eigener Frauenlisten, der auf der Generalversammlung 1924 beraten wurde, rief bei führenden Vertreterinnen des BdF Bedenken hervor, u. a. schrieb G. BÄUMER: »Konflikte und Gereiztheiten der parteipolitischen Überzeugungen nagten an der Bundesidee und fraßen ihren Glanz auf.«[28] Nach 1925 begannen Auseinandersetzungen mit Mitgliedern, die der ↗ DNVP angehörten, sich gegen die internationale Arbeit des BdF wandten und Versuche ablehnten, zur Sicherung des Friedens beizutragen. Die parteipolitischen Bindungen und die damit auftretenden Widersprüche wirkten sich stärker aus als vor 1918. Der BdF richtete vor den Reichstagswahlen 1924 und 1928 an die Parteivorstände besonders der ↗ DDP, ↗ DVP und ↗ DNVP die Forderung, bei der Aufstellung von Kandidaten mehr Frauen zu berücksichtigen.[29]

G. BÄUMER und M. E. LÜDERS waren von 1919 bis 1933 MdR. Trotz vieler Bemühungen des BdF um die politische Entwicklung seiner Kandidatinnen und trotz entschiedener Proteste gegen die Zurückdrängung der Frau aus dem gesellschaftlichen Leben blieb die Ausübung des Wahlrechts sehr begrenzt. Im Reichstag betrug der Anteil gewählter Frauen durchschnittlich 7 %.[30] Auf sozialpolitischem Gebiet war die Arbeit des BdF für die Durchsetzung wichtiger Forderungen der bürgerlichen Frauenbewegung in der Weimarer Republik bedeutsam. Sie kamen u. a. in den vom Reichstag am 25. April 1922 verabschiedeten Gesetzen »über die Heranziehung der Frauen zum Schöffen- und Geschworenenamte« und »über die Zulassung der Frauen zu den Ämtern und Berufen der Rechtspflege« zum Ausdruck.[31] Im Frühjahr 1924 trat das »Gesetz zur Jugendwohlfahrt« in Kraft[32], im Jahre 1927 das »Gesetz zur Bekämpfung der Geschlechtskrankheiten«.[33] Der BdF brachte viele Vorschläge zu einer Neuregelung des Familienrechts ein, das der Frau auch in der Ehe eine gleichberechtigte Stellung sichern sollte; er gab Hinweise für ein neues Beamtenrecht, Arbeitsschutzgesetz, Wohlfahrtsgesetz.

Die Zahl der »sozialen Frauenschulen« mit staatlichen »Wohlfahrtsexamen« erhöhte sich, und 1925 wurde die Deutsche Akademie für soziale und pädagogische Frauenarbeit gegründet. Damit trug der BdF zur Erweiterung bürgerlich-demokratischer Rechte im Sinne der Frauen bei, ohne allerdings der Gesamtheit der Frauen gleiches Recht gewähren zu können. Die von der bürgerlichen Frauenbewegung erkämpften Gesetze festigten die bereits erreichten Zugeständnisse hinsichtlich gleicher Berufsbildung und beruflicher Tätigkeit und zwangen den bürgerlichen Staat, die Gleichberechtigung der Frau anzuerkennen und überkommene Vorstellungen von der angeblichen Minderwertigkeit des weiblichen Geschlechts offiziell aufzugeben. Frances MAGNUS-HAUSEN vertrat die Forderung des BdF, den Frauen Zugang zu allen Bereichen des politischen Lebens zu verschaffen, wenn sie äußerte, daß es in der Politik keine besonderen weiblichen Gebiete geben dürfe.[34]

Der BdF beteiligte sich aktiv am Berliner Kongreß des *Weltbundes für Frauenstimmrecht* 1929 in Berlin. In einer Ansprache auf der Friedenskundgebung des *Weltbundes für Frauenstimmrecht* erklärte G. BÄUMER, das Lebensrecht eines jeden Volkes sei auch dort zu achten, wo es einem anderen im Wege stehe.[35] So wie der BdF beteiligten sich auch die konfessionellen Verbände an der Unterschriftensammlung zur Vorbereitung der

Abrüstungskonferenz. Der *Katholische Deutsche Frauenbund* betonte, daß die Abrüstung vom Wesen der Frau her unbedingt zu fordern sei und es in Zukunft keinen Krieg mehr geben dürfe.[36]

Der BdF arbeitete weiterhin mit anderen Verbänden der bürgerlichen Frauenbewegung in einem besonderen Abrüstungsausschuß in Genf zusammen. M. E. LÜDERS war Delegierte der Abrüstungskonferenz, G. BÄUMER Delegierte des Völkerbundes. Diese Arbeit löste oft heftige Angriffe der Frauen aus den Kreisen der *DNVP* aus. Dabei hatte sich der BdF von seiner Beurteilung des Versailler Vertrages und der Kriegsschuldfrage nicht losgesagt, sich aber Fragen zugewandt, die friedliebende und demokratische Kräfte bewegten. Die Vertreterinnen des BdF erhofften sich allerdings von Abrüstungskonferenzen, internationalen Schiedsgerichten und anderen internationalen Institutionen Garantien zur Gewährleistung des Friedens. Befangen in bürgerlichem Nationalismus, sahen sie die Kriegsgefahr lediglich außerhalb der Grenzen Deutschlands.

Im Ergebnis der allgemeinen Rechtsentwicklung gewannen am Ende der Weimarer Republik nationalistische und teilweise sogar nationalsozialistische Auffassungen im BdF-Vorstand an Boden. Die »nationalsozialen« Vorstellungen vor allem G. BÄUMERS, ihre Ideen von einem »großen nationalsozialen Programm«[37], das alle Klassengegensätze aufheben sollte, waren teilweise Grundlage für die Bejahung des »nationalen Aufbruchs« und der von der ↗ *NSDAP* propagierten »Volksgemeinschaft«. Hinzu kam, daß der BdF den Kampf um Gleichberechtigung stets als Kampf um gleichberechtigtes Handeln in der bestehenden gesellschaftlichen Ordnung betrachtet hatte. Daher ergab sich die Schlußfolgerung, die G. BÄUMER im April 1933 zog: Es ist »für das uns gestellte Problem im letzten Grunde vollkommen gleichgültig, wie der Staat beschaffen ist, in dem heute die Einordnung der Frau besteht: ob es ein parlamentarischer, ein demokratischer, ein faschistischer Staat ist«.[38]

Der BdF war heftigen Angriffen der *Nationalsozialistischen Frauenschaft* ausgesetzt und versuchte seine Tätigkeit in Einklang mit deren Zielen zu bringen. Er bejahte den freiwilligen Arbeitsdienst und wies auf die Pläne

H. LANGES zur Einführung der weiblichen Dienstpflicht während des ersten Weltkrieges hin. Er verteidigte die Berufsarbeit als »nationale Leistung« und bezeichnete das Ringen um das Frauenstimmrecht als »Bewegung der germanischen Frauen«.[39] G. BÄUMER, Ministerialrat im Ministerium des Innern mit den Aufgabengebieten Schulwesen und Jugendwohlfahrt, hatte sich bemüht, die Schulen zu »Nationalschulen« zu entwickeln, in denen die Förderung des »Gemeinschaftsbewußtseins« an erster Stelle stehen sollte. Einige Frauen wie M. E. LÜDERS, D. VON VELSEN, Anna PAPPRITZ oder A. VON ZAHN-HARNACK äußerten gegen die faschistische Diktatur ernste Bedenken. M. WEBER verurteilte, daß die innere Einigung des Volkes durch eine Unterwerfung des größeren Teils der Nation erfolge.[40] Mitglieder des Vorstandes des BdF wandten sich gegen den Antisemitismus und die Verdrängung der Frau aus den höheren Berufen und dem staatlichen Leben. Auch G. BÄUMER verlor am 27. Februar 1933 ihr Amt als Ministerialrätin.[41] Das inkonsequente Auftreten des BdF wirkte sich verhängnisvoll auf das Verhalten der Mehrzahl der Mitglieder des BdF bei der Errichtung der faschistischen Diktatur aus. Als »internationale« und »antideutsche« Vereinigung von der Mehrzahl der faschistischen Frauenführerinnen abgelehnt, löste er sich am 15. Mai 1933 auf einen mit einer Gegenstimme gefaßten Beschluß seines Gesamtvorstandes auf.[42] Führende Vertreterinnen des BdF zogen sich nach 1933 ins Privatleben zurück oder emigrierten. G. BÄUMER gab mit Genehmigung des Goebbelsschen Propagandaministeriums das Organ des BdF »Die Frau« bis zum Jahre 1944 heraus. Hier schrieb sie 1934: »Es gibt heute viele Frauen, die in der nationalsozialistischen Weltanschauung eine große Möglichkeit für die Überwindung bisheriger Unstimmigkeiten in den Beziehungen Frau und Volk, Frau und Staat sehen. Ich gehöre zu ihnen wirklich nicht erst seit gestern oder vorgestern.«[43] M. E. LÜDERS war während der Zeit des Faschismus ebenfalls noch publizistisch tätig. Es erschienen zwei Bücher von ihr, »Das unbekannte Heer« mit einem Vorwort des Reichskriegsministers Werner Eduard Fritz VON BLOMBERG und »Volksdienst der Frau«, die den Faschisten Wege und Möglichkeiten zur Einbeziehung der Frau in die Kriegsvorbereitungen und in den Krieg zeigten.

Nach 1945 distanzierten sich führende Mitglieder des ehemaligen BdF mehr oder weniger von der faschistischen Barbarei, ohne aber zu antiimperialistischen Positionen zu gelangen.[44] Dennoch gab es auch Frauen der »gemäßigten« Richtung der bürgerlichen Frauenbewegung, die den Weg zum *Demokratischen Frauenbund Deutschlands (DFD)* fanden oder sich in der BRD der Friedensbewegung anschlossen.[45]

5. Quellen und Literatur

Der überwiegende Teil der Quellen zur Geschichte des BdF wird in den benutzten Publikationen angeführt und ausgewertet. Aufschluß über das Wirken des BdF geben seine Publikationen »Die Frau. Monatsschrift für das gesamte Frauenleben unserer Zeit«, »Die Frauenbewegung. Revue für die Interessen der Frau«, »Nachrichtenblatt des Bundes Deutscher Frauenvereine« (Mannheim 1921–1933), »Die Frau im Staat« (Hrsg. Anita Augspurg/Lida Gustava Heymann, 1919 bis 1933, verschiedene Verlage). Eine sachlich geordnete und erläuterte Quellensammlung gaben Hans Sveistrup und Agnes von Zahn-Harnack unter dem Titel »Die Frauenfrage in Deutschland, Strömungen und Gegenströmungen« (Burg 1934) heraus. Wichtiges Material enthalten das »Handbuch der Frauenbewegung« in 5 Teilen und das »Jahrbuch des Bundes Deutscher Frauenvereine«. Von den bürgerlichen Autoren sind noch zu nennen: Marie Elisabeth Lüders, Else Lüders, Marianne Weber, A. von Zahn-Harnack, Orla-Maria Fels (siehe Anm. 40, 9, 40, 12, 8), Ilse Reicke »Die Frauenbewegung. Ein geschichtlicher Überblick« (Leipzig 1929), Gabriele Strecker »100 Jahre Frauenbewegung in Deutschland« (Wiesbaden 1951). Maria Pauls vergleicht in ihrer Dissertation (siehe Anm. 39) über die deutschen Frauenorganisationen die Ideale der bürgerlichen Frauenbewegung mit der Realisierung der Gleichberechtigung der Frau in der Wirklichkeit der BRD. Die in der BRD erschienenen Arbeiten sind häufig psychologisch akzentuiert. Der Entfaltung der weiblichen Individualität wird in der Regel eine höhere Bewertung beigemessen als der Aktivierung der Frau in der

Gesellschaft sowie deren politische Wirksamkeit. Mit der Dissertation von Werner Huber (siehe Anm. 17) über G. Bäumer liegt eine umfangreiche Quellen- und Literatursammlung vor, die jedoch durch die systematische Darstellung von historischen Parallelentwicklungen teilweise unübersichtlich wirkt. Als eine der wenigen bürgerlichen Darstellungen geht die Dissertation von Irmgard Remme »Die internationalen Beziehungen der deutschen Frauenbewegung vom Ausgang des 19. Jahrhunderts bis 1933« (phil. Diss., Berlin [West] 1955) auf die Herausbildung der linken Kräfte ein.

Aus marxistischer Sicht enthalten die Arbeiten von August Bebel und Clara Zetkin grundsätzliche Einschätzungen. Mit der Internationalen Konferenz des Zentralkomitees der SED aus Anlaß des 100. Jahrestages des Erscheinens von August Bebels Buch »Die Frau und der Sozialismus« (Berlin 1979, Teil I und II) liegt eine ausgewogene Bewertung der aktuellen Bedeutung der Schriften von A. Bebel und C. Zetkin vor. Das Handbuch von Dieter Fricke über »Die deutsche Arbeiterbewegung 1869–1914« enthält mit dem Kapitel VI einen historischen Abriß über die Entstehung und Entwicklung der proletarischen Frauenbewegung. Eine populärwissenschaftliche marxistische Darstellung der Geschichte der bürgerlichen Frauenbewegung bis 1917 ist enthalten in: Luise Dornemann »Für Gleichberechtigung, Frieden und Sozialismus« (o. O., o. J.). In dem Buch »Alle Tage ihres Lebens« (Berlin 1981) stellt L. Dornemann Frauengestalten aus zwei Jahrhunderten vor. Else Sauer legte mit ihrer phil. Dissertation »Die Entwicklung der bürgerlichen Frauenbewegung von der Gründung des Buches deutscher Frauenvereine 1894 bis zum ersten Weltkrieg« (Leipzig 1969) eine wichtige Untersuchung zu den Anfängen der bürgerlichen Frauenbewegung in Deutschland vor. Mit der Biographie von Petra Rantzsch »Helene Stöcker — eine Kämpferin für Frieden, Demokratie und die Emanzipation der Frau. 1869–1943« (phil. Diss., Leipzig 1980) fanden zahlreiche Arbeiten von Mitarbeitern an der Pädagogischen Hochschule Clara Zetkin in Leipzig zur proletarischen Frauenbewegung ihre Fortsetzung. »Brot & Rosen« (Hrsg. Florence Hervé, Frankfurt [Main] 1979) verbindet die Behand-

lung der historischen Wurzeln der Frauenbewegung mit Einschätzungen der heutigen
Lage der Frau in der BRD.

Anmerkungen

1 Else Sauer: Die Entwicklung der bürgerlichen
Frauenbewegung von der Gründung des Bundes
Deutscher Frauenvereine bis zum ersten Weltkrieg, phil. Diss., Leipzig 1969.
2 Siehe Jahrbuch des Bundes Deutscher Frauenvereine. Handbuch der kommunal-sozialen
Frauenarbeit. Hrsg. Elisabeth Altmann-Gottheiner, Berlin—Mannheim—Leipzig 1912—1931.
3 August Bebel: Die Frau und der Sozialismus,
60. Aufl., Berlin 1962, S. 21 ff. Internationale
Konferenz des Zentralkomitees der SED aus
Anlaß des 100. Jahrestages des Erscheinens von
August Bebels Buch »Die Frau und der Sozialismus«, Berlin 1979, Teil I und II.
4 Handbuch der Frauenbewegung. Hrsg. Helene
Lange/Gertrud Bäumer, I. Teil: Die Geschichte
der Frauenbewegung in den Kulturländern,
Berlin 1901, S. 133.
5 Das deutsche Recht und die Frauen, herausgegeben vom Rechtsschutzverein, Dresden
1895. Sera Proelss/Marie Raschke: Die Frau im
neuen bürgerlichen Gesetzbuch, Berlin 1895.
Frauenbewegung und soziale Frauenthätigkeit
in Deutschland nach Einzelgebieten. In: Handbuch der Frauenbewegung, Teil II, Berlin
1901.
6 Handbuch der Frauenbewegung, Teil I, S. 147.
Generalversammlungen des BdF: 1895 in
München, 1896 Kassel, 1898 Hamburg, 1900
Dresden, 1902 Wiesbaden, 1905 Danzig, 1906
Nürnberg, 1908 Breslau, 1910 Heidelberg, 1912
Gotha, 1919 Hamburg, 1921 Köln, 1924 Mannheim, 1925 Dresden, 1928 Eisenach, 1929 in
Königsberg (von 1913—1918 fanden keine Generalversammlungen statt).
7 Statistisches Jahrbuch für das Deutsche Reich.
Hrsg. vom Kaiserlichen Statistischen Amt,
30. Jg., Berlin 1909, S. 4 und 13. Dieter Fricke:
Die deutsche Arbeiterbewegung 1869—1914. Ein
Handbuch über ihre Organisation und Tätigkeit
im Klassenkampf, Berlin 1976, S. 306 ff. und
313—316.
8 Orla-Maria Fels: Die deutsche bürgerliche
Frauenbewegung als juristisches Phänomen
(dargestellt an der Erscheinung Gertrud Bäumers), phil. Diss., Freiburg (Breisgau) 1959,
S. 125.
9 Else Lüders: Der linke Flügel der Frauenbewegung. In: Die Frau von heute, Berlin 1947,
Nr. 5, S. 8. Sturm läutet das Gewissen. Nichtproletarische Demokraten auf der Seite des
Fortschritts, Berlin 1980, S. 243 ff. und 277 f.

10 G. Bäumer: Das Wesen unserer politischen
Neutralität. In: Jahrbuch des Bundes Deutscher
Frauenvereine 1914, Berlin—Leipzig 1914,
S. 192 f. Der Deutsche Frauenkongreß, Berlin
27. Februar bis 2. März 1912. Hrsg. G. Bäumer,
Berlin—Leipzig 1912, S. 190 ff. Sozialdemokra-
tische Frauen-Bibliothek. Luise Zietz: I. Die
Frauen und der politische Kampf, Berlin 1912,
S. 26 f.
11 Liane Becker: Stellung und Mitarbeit der
Frauen in der Zentrumspartei. In: Der Deutsche
Frauenkongreß, S. 190 f.
12 Agnes von Zahn-Harnack: Die Frauenbewe-
gung. Geschichte, Probleme, Ziele, Berlin 1928,
S. 343 ff.
13 Luise Zenker: Stellung und Mitarbeit der
Frauen in der national-liberalen Partei. In: Der
Deutsche Frauenkongreß, S. 194 f.
14 Die Hilfe, Nationalsoziales Volksblatt. Hrsg.
Friedrich Naumann u. a., Berlin 1895 ff.
15 Siehe Anmerkung 10.
16 Protest der Internationalen Frauenliga für Frieden und Freiheit gegen die Rehabilitierung
Dr. Gertrud Bäumers. In: Mitteilungen Demokratischer Frauenbund Deutschlands, 2. Jg.,
Nr. 1, Berlin 1948, S. 2.
17 Theodor Sonnemann: Die Frau in der Landesverteidigung, Oldenburg i. O. — Berlin 1939,
S. 132 ff. Zu diesem Thema siehe insbesondere
Marie Elisabeth Lüders: Die Entwicklung der
gewerblichen Frauenarbeit im Kriege, München—Leipzig 1920. Dies.: Das unbekannte
Heer, Berlin 1936. Dies.: Volksdienst der Frau,
Berlin 1937. Jahrbuch des Bundes Deutscher
Frauenvereine 1919, Leipzig—Berlin 1919,
S. 115 f. Werner Huber: Gertrud Bäumer. Eine
politische Biographie, phil. Diss., Augsburg
1970, S. 57 ff.
18 G. Bäumer: Lebensweg durch eine Zeitenwende, Tübingen 1933, S. 270. Die Frauenfrage,
Zentralblatt des BdF, Jg. XVI., Nr. 9 und 10 vom
16. 8. 1914, S. 67.
19 G. Bäumer, S. 342. Siehe dies.: Die Frauen und
der Krieg. In: Kriegsjahrbuch des Bundes
Deutscher Frauenvereine, Sonderdruck, Leipzig—Berlin 1915, S. 4. Dies.: Heimatchronik
während des Weltkrieges, Berlin 1915, S. 26.
20 G. Bäumer: Die Grundlage nationaler Sammlung. In: Die Frau, Jg. 27 (1919), H. 1, S. 15.
21 G. Bäumer: Lebensweg durch eine Zeitenwende, Tübingen 1933, S. 347.
22 Siehe Gerda Reichel. In: Die Frau, Jg. 30 (1923),
H. 8, S. 248 f.
23 L. Heymann: Das erste Wahlergebnis der deutschen Republik. In: Die Frau im Staat, 1. Jahr
(1919), H. 2, S. 4.
24 G. Bäumer: Heimatchronik während des Weltkrieges, Berlin 1930, S. 173.
25 Quellenhefte zum Frauenleben in der Ge-

schichte. Hrsg. Emmy Beckmann/Irma Stoß, H. 19 b, Teil II: Von der Gründung des Bundes Deutscher Frauenvereine bis 1927, Halle–Berlin, S. 51 f.

26 Siehe Lina Mayer-Kulenkampff: Die staatsrechtliche Stellung der Frau im neuen Deutschland. In: Jahrbuch des Bundes Deutscher Frauenvereine, Berlin–Mannheim–Leipzig 1920, S. 15.

27 G. Bäumer: Die Frau im deutschen Staat, Berlin 1932, S. 42.

28 G. Bäumer: Die Bundestage in Köln. In: Die Frau, Jg. 29 (1921), H. 2, S. 47.

29 Siehe L. Mayer-Kulenkampff: Politischer Frauenwille. In: Die Frau, Jg. 32 (1924), H. 3, S. 66. Siehe Nachrichtenblatt des Bundes Deutscher Frauenvereine, Jg. 8 (1928), Nr. 2, S. 11.

30 Entwicklung im Deutschen Reichstag:

	Abge-ordnete	davon Frauen	%
National-versammlung 1919	423	41	9,6
Reichstagswahl Juni 1920	469	37	8
Reichstagswahl Mai 1924	472	27	5,7
Reichstagswahl Dezember 1924	493	33	6,6
Reichstagswahl 1928	490	35	7,3
Reichstagswahl 1930	575	40	6,97
Stand 1931 durch Nachrücken: Gesamtzahl der Abgeordneten	575	42	7

Siehe Jahrbuch des Bundes Deutscher Frauenvereine 1928–1931. Hrsg. Dr. Emmy Wolff, Mannheim – Berlin – Leipzig 1932, S. 36.

31 RGBL, Jg. 1922, S. 465 und 573.

32 RGBL, Jg. 1924, S. 633.

33 RGBL, Jg. 1927, S. 61.

34 Siehe Frances Magnus-Hausen: 100 Jahre

deutsche Staatsbürgerin. In: Die Frau, Jg. 37 (1930), H. 5, S. 279.

35 Siehe G. Bäumer: Ansprache bei der Friedenskundgebung des Weltbundes für Frauenstimmrecht. In: Die Frau, Jg. 36 (1929), H. 11, S. 681.

36 Siehe Gerta Krabbel: Der Wille zur Abrüstung. In: Frauenland, H. 11 (1931), S. 290.

37 Siehe G. Bäumer: Das Jahr 1920. In: Die Frau, Jg. 27 (1920), H. 4, S. 97. Die Frau im deutschen Staat, Berlin 1932, S. 73.

38 G. Bäumer: Lage und Aufgabe der Frauenbewegung in der deutschen Umwälzung. In: Die Frau, Jg. 40 (1933), H. 7, S. 385.

39 Siehe Hans-Jürgen Arendt: Die »Gleichschaltung« der bürgerlichen Frauenorganisationen in Deutschland 1933/34. In: ZfG 27. Jg., 1979, H. 7, S. 615 ff. Maria Pauls: Die Deutschen Frauenorganisationen. Eine Übersicht über den Bestand, die Ursprünge und die kulturellen Aufgaben, Diss., Aachen 1966.

40 Marianne Weber: Persönliche Existenz und überpersonale Verantwortlichkeit. In: Die Frau, Jg. 40 (1933), H. 6, S. 338 f. E. Lüders: Fürchte Dich nicht. Persönliches und Politisches aus mehr als 80 Jahren 1879–1962, Köln–Opladen 1963, S. 140 f.

41 W. Huber, S. 361 ff.

42 Siehe G. Bäumer: Das Haus ist zerfallen. In: Die Frau, Jg. 40 (1933), H. 9, S. 513 f. Ebenda, H. 6, S. 381 enthält das Wahlflugblatt des BdF zu den Märzwahlen 1933: »Gegen die Verdrängung der Frau im Staatsleben«, »Gegen Volksverhetzung und volkszerstörenden Radikalismus«.

43 G. Bäumer: Spießbürgertum in der Frauenfrage. In: Die Frau, Jg. 41 (1934), H. 6.

44 M. E. Lüders gehörte dem Bundestag 1953/61 als Vertreterin Westberlins an und war Alterspräsidentin des Bundestages. Gegen ein Wiederauftreten G. Bäumers in der bürgerlichen Frauenbewegung nach dem zweiten Weltkrieg protestierten 1948 die Liga und der Demokratische Frauenbund Deutschlands. A. von Zahn-Harnack gründete den Wilmersdorfer Frauenbund 1945, aus dem der Berliner Frauenbund hervorging.

45 Luise Dornemann: Für Gleichberechtigung, Frieden und Sozialismus, o. O., o. J., S. 35.

Hiltrud Bradter

Bund Deutscher Offiziere (BDO)
1943–1945

Der BDO war eine auf Initiative des ZK der KPD und des Nationalkomitees »Freies Deutschland« entstandene Vereinigung von kriegsgefangenen deutschen Generalen und Offizieren in der Sowjetunion. Er schloß sich der Bewegung »Freies Deutschland« an und setzte sich dafür ein, den faschistischen Raubkrieg zu beenden, die Hitlerregierung zu stürzen und die Voraussetzungen für eine demokratische, friedliche Entwicklung Deutschlands zu schaffen. Angehörige des BDO nahmen aktiv an der antifaschistischen Aufklärungsarbeit, besonders unter den höheren Offizieren, aber auch unter den Soldaten der Wehrmacht an der Front, im faschistischen Hinterland und in den Kriegsgefangenenlagern teil.

Führer des BDO

Präsident: General der Artillerie Walther von SEYDLITZ-KURZBACH
Vizepräsidenten: Generalleutnant Alexander EDLER VON DANIELS; Oberst Hans Günther VAN HOOVEN; Oberst Luitpold STEIDLE

Mitglieder

12.9.1943 ca. 100
Anfang 1945 ca. 4000

Presse

»Freies Deutschland«, Organ des *Nationalkomitees* »*Freies Deutschland*« (Wochenzeitung)

Auf Initiative des ZK der *KPD* entstand am 12. und 13. Juli 1943 in Krasnogorsk bei Moskau das *Nationalkomitee* »*Freies Deutschland*« (NKFD), das sich aus Emigranten und antifaschistischen Kriegsgefangenen zusammensetzte und zu dessen Präsidenten Erich WEINERT gewählt wurde. Das *NKFD* wandte sich an die Soldaten der Naziwehrmacht und an das deutsche Volk mit der Aufforderung, das faschistische Regime zu beseitigen und den Krieg unverzüglich zu beenden. In diesem Sinne leistete die Frontorganisation des *NKFD* mit ihren Frontbevollmächtigten, Armeebeauftragten, Divisionshelfern und Frontschulen eine aktive Arbeit.

Unter den Begründern des *NKFD* befand sich jedoch nur ein kleiner Teil der kriegsgefangenen Offiziere. Trotz vieler Aussprachen waren die Generale und die meisten Offiziere zunächst nicht bereit, offen gegen das Hitlerregime aufzutreten. Viele glaubten noch an den Sieg Hitlerdeutschlands; andere scheuten das öffentliche politische Bekenntnis und wollten sich erst entscheiden, wenn in Deutschland selbst ein Umsturz erfolgt sei: manche fürchteten den Vorwurf des »Eidbruches« und »Landesverrats«. Schließlich gab es in den Lagern nicht wenige Faschisten, die mit Boykott und Drohungen versuchten, auf jene Offiziere Druck auszuüben, die dazu neigten, sich der antifaschistischen Bewegung anzuschließen. So beteiligte sich nur eine kleine antifaschistische Offiziersgruppe aktiv an der Gründung des *NKFD*: Oberleutnant Eberhard CHARISIUS, Hauptmann Carl FLEISCHER, Hauptmann Ernst HADERMANN, Major Gerhard KRAUSNICK, Leutnant Bernt VON KÜGELGEN, Oberleutnant Friedrich REYHER, Oberleutnant Fritz RÜCKER. Auch die Katastrophe an der Wolga führte noch nicht zu einem Umschwung unter den Offizieren, obwohl bei vielen das Nachdenken begonnen hatte. Von den 2500 Generalen und Offizieren, die in Stalingrad gefangengenommen worden waren, nahmen nur 3 an der Gründung teil: Major Heinrich HOMANN, Major Karl HETZ und Major Herbert STÖSSLEIN. Generale und höhere Stabsoffiziere gehörten zunächst der antifaschistischen Bewegung nicht an.

Das *NKFD* war sich dessen bewußt, daß die Aufrufe an die kämpfende Truppe zur Beendigung des Krieges ein ungleich größeres Gewicht haben konnten, wenn dahinter auch die Mehrheit der Generale und Offiziere stehen würde. Es verstärkte darum die politische Aufklärungsarbeit unter den Generalen und Offizieren und beschloß, die Bildung einer selbständigen antifaschistischen Offiziersorganisation vorzubereiten. Es zeigte sich, daß die Zahl jener Generale und Offiziere anwuchs, die vom Hitlerregime abrückten und mit den Zielen der Bewegung »Freies Deutschland« sympathisierten, die sich aber davor scheuten, gemeinsam mit einfachen Soldaten in einer politischen Organisation zu wirken. Es sollte ihnen eine Möglichkeit der Mitarbeit gegeben werden, die es gestattete, die in Herkunft und Traditionen des deutschen Offizierskorps wurzelnden Vorbehalte allmählich zu überwinden.

Unter der Leitung Wilhelm PIECKS, Walter ULBRICHTS, Hermann MATERNS und anderer wurden im Lager Nr. 27 zielstrebige Aussprachen mit einer Gruppe von etwa 20 Offizieren durchgeführt, die Anfang August 1943 zur Bildung einer Initiativgruppe führten, die zur Keimzelle des BDO wurde. Als ihre politische Plattform erhob die Initiativgruppe folgende Forderungen:

Sturz der Hitlerregierung durch eine antifaschistische Volksfront aller Hitlergegner; sofortige Beendigung des Krieges und Rückzug der Truppen auf die Reichsgrenzen; Schaffung einer antifaschistischen demokratischen Ordnung in Deutschland; Bestrafung der Kriegsverbrecher.[1]

Unter der Wirkung des Kriegsverlaufs und der überzeugenden Argumente der Vertreter des *NKFD*, besonders der führenden Kommunisten, bekannten sich immer mehr Offiziere zu dieser Plattform, die ihrem Wesen nach den Zielen des *NKFD* entsprach. Den Kern dieser Gruppe bildeten Offiziere, die die Schlacht an der Wolga miterlebt hatten. Die Gründungskonferenz des BDO, an der über 100 Delegierte aus 5 Lagern sowie Vertreter des *NFKD* teilnahmen, fand am 11. und 12. September 1943 in Lunëvo bei Moskau statt. Der BDO bekannte sich zu dem Programm der Bewegung »Freies Deutschland« und erklärte seinen Anschluß an diese Bewegung. Die Konferenz wählte den ehemaligen Kommandierenden General des I. Armeekorps W. VON SEYDLITZ-KURZBACH zum Präsidenten. Zu Vizepräsidenten wurden der ehemalige Kommandeur der 376. Infanteriedivision A. VON DANIELS, der ehemalige Armeenachrichtenführer 6 H. G. VAN HOOVEN und der ehemalige Kommandeur des Grenadierregiments 767 L. STEIDLE gewählt. Zu den 23 weiteren Präsidiumsmitgliedern gehörten u. a. Generalmajor Otto KORFES,

Kommandeur einer Infanteriedivision; Generalmajor Martin LATTMANN, Kommandeur einer Panzerdivision; Major Egbert VON FRANKENBERG UND PROSCHLITZ, Kommodore eines Jagdgeschwaders; Major Bernhard BECHLER und Major Erwin ENGELBRECHT.

Der BDO umriß seine Aufgaben und Ziele in einer Erklärung, in der er auf die dem deutschen Volk drohende Katastrophe hinwies und seine Entschlossenheit bekundete, »dem verderblichen Regime Hitlers den Kampf anzusagen«.[2]

Auf der Plenartagung am 14. September 1943 begrüßte das *NKFD* einmütig die Gründung des BDO und dessen Anschluß an die Bewegung »Freies Deutschland«. Folgende Vertreter des BDO wurden in das *NKFD* gewählt: W. VON SEYDLITZ-KURZBACH, O. KORFES, M. LATTMANN, H. G. VAN HOOVEN, L. STEIDLE, E. VON FRANKENBERG UND PROSCHLITZ, der protestantische Divisionspfarrer Johannes SCHRÖDER, der katholische Divisionspfarrer Josef KAYSER, Kriegsgerichtsrat Isenhardus VON KNOBELSDORFF-BRENKENHOFF, Oberleutnant Heinrich GERLACH. Das Präsidium des *NKFD* wurde durch W. VON SEYDLITZ-KURZBACH, Á. VON DANIELS und den Soldaten Max EMENDÖRFER erweitert.

Mit der Gründung des BDO hatte die Volksfrontpolitik der *KPD*, hatte ihr konsequenter Kampf um die Herstellung einer breiten Front aller Hitler- und Kriegsgegner einen neuen bedeutsamen Erfolg errungen. Der BDO nahm an vielen Aktionen des *NKFD* an der Front, im faschistischen Hinterland und unter den Kriegsgefangenen aktiv teil, wobei er sich, seinem Charakter gemäß, besonders an die Kommandeure in der Wehrmacht wandte. Unter den etwa 1 000 Angehörigen der Bewegung »Freies Deutschland«, die im Sommer 1944 an der sowjetisch-deutschen Front politisch oder militärisch tätig waren,[3] befanden sich auch zahlreiche Mitglieder des BDO, die z. B. den Gründungsaufruf ihrer Organisation in mehreren Millionen Exemplaren verbreiteten. In den Offizierslagern bildete der BDO Lagergruppen, die die politische Aufklärungs- und Schulungsarbeit in Zusammenarbeit mit dem *NKFD* durchführten. Wie das *NKFD*, so wurde auch der BDO in seiner Tätigkeit auf vielfältige Weise durch die Organe der Roten Armee unterstützt.

Die Gründung des BDO löste im Oberkommando der Wehrmacht (OKW) Bestürzung aus, weil in diesem Zusammenhang bekannte und namhafte Offiziere genannt wurden. Der Wehrmachtsführungsstab informierte bereits am 20. September 1943 Hitler persönlich über die Zugehörigkeit von Generalen zum *NKFD*. Die Gestapo leitete Fahndungsmaßnahmen gegen die Offiziere und deren Angehörige ein; 1944 wurden W. von SEYDLITZ-KURZBACH und zahlreiche andere Mitglieder des BDO und des *NKFD* von der faschistischen Justiz in Abwesenheit zum Tode verurteilt. Nachdem es dem OKW nicht gelungen war, die Bewegung »Freies Deutschland« totzuschweigen, versuchte es, mit haßerfüllten Verleumdungen die Wirksamkeit ihrer politischen Aufklärungsarbeit einzudämmen.

Der BDO setzte sich mit allen Kräften für die Verwirklichung der ersten taktischen Hauptlosung des *NKFD* ein: Kampflose Räumung der besetzten Gebiete und geordnete Rückführung der deutschen Truppen zu den Reichsgrenzen gegen den Befehl Hitlers. Der BDO bewies den Kommandeuren der Wehrmachtseinheiten die Aussichtslosigkeit ihrer Lage und forderte sie auf, im Interesse der Erhaltung des Lebens von Millionen Soldaten den Rückzug anzutreten und durch konsequentes gemeinsames Handeln den Rücktritt der Hitlerregierung zu erzwingen.

Vor dem *NKFD* stand Anfang 1944 die Aufgabe, auf Grund der veränderten Lage eine taktische Neuorientierung vorzunehmen. Es war trotz aufopferungsvollen Kampfes nicht gelungen, die Ziele der taktischen Hauptlosung zu erreichen. Zu tief wurzelten noch faschistische Ideologie und Kadavergehorsam in den Köpfen der deutschen Offiziere und Soldaten. Die Generale und Truppenkommandeure waren nicht bereit, die Katastrophe vom deutschen Volk abzuwenden; sie stellten die Interessen der Monopolbourgeoisie und der Naziführer über die Interessen des Volkes und luden damit eine schwere historische Schuld auf sich.[4] Die sechste Plenartagung des *NKFD* am 5. Januar 1944 analysierte die veränderten Bedingungen und formulierte die neue taktische Hauptlosung: Unverzügliche Einstellung der Kampfhandlungen und Übergang auf die Seite des *NKFD*[5]. Durch diese Orientierung sollte den Faschisten Kampfkraft entzogen

werden, sollten Menschenleben gerettet und die Niederlage Hitlerdeutschlands beschleunigt werden. Zugleich gewährte sie den Offizieren, Unterführern und Soldaten größeren Spielraum für selbständige Handlungen. Das *NKFD* forderte nicht nur die Einstellung des Kampfes in geschlossenen Einheiten, sondern wandte sich damit auch an kleine Gruppen und jeden einzelnen Soldaten. Der Übergang auf die Seite des *NKFD* war nicht schlechthin Kapitulation, er war zugleich eine politische Entscheidung: die Abkehr vom Hitlerregime, die Fortsetzung des Kampfes für dessen Sturz.

Einige Mitglieder des BDO traten gegen die neue Losung auf. Sie wandten sich gegen den Appell an die Soldatenmassen und erklärten, daß diese Losung zum Chaos in der Wehrmacht führen würde. Offensichtlich hofften sie auf eine Verständigung Deutschlands mit den Westmächten und die Aufhebung des Beschlusses über die bedingungslose Kapitulation. Solche Auffassungen spiegelten das unterschiedliche Niveau in der Bewußtseinsentwicklung wider. Viele Offiziere beschränkten sich darauf, die Schuld am Kriege und der Niederlage allein mit der Person HITLERS und seiner nächsten Umgebung zu verbinden. Das Wesen des deutschen Imperialismus, der den Faschismus hervorgebracht hatte, hatten sie noch längst nicht erkannt.

Das *NKFD* und die Mehrheit des Präsidiums verteidigten und erläuterten in einer mehrmonatigen Diskussion die zweite politische Hauptlosung. Es zeigte sich jedoch, daß es im BDO eine kleine Gruppe gab, der es nicht um die taktische Losung, sondern um die strategische Linie ging. Sie forderte eine Reorganisierung des *NKFD* im Sinne einer Verstärkung ihres eigenen Einflusses sowie die Übernahme der Frontarbeit in den ausschließlichen Kompetenzbereich des BDO. Dieser Gruppe ging es letztlich darum, unter dem Deckmantel des Kampfes gegen Hitler die Herrschaft des deutschen Imperialismus trotz militärischer Niederlage zu retten.

Dieser Vorstoß scheiterte an der konsequenten politischen Haltung des *NKFD* und der Präsidiumsmehrheit des BDO. Daraufhin ging diese Clique zur offenen Sabotage über, indem sie einige Offiziere, die an der Front eingesetzt werden sollten, beauftragte, dem

OKW den Sitz des *NKFD* mitzuteilen und den Vorschlag zu unterbreiten, durch ein Kommandounternehmen die Mitglieder des *NKFD* nach Deutschland zu bringen. Durch die Wachsamkeit deutscher Antifaschisten und der sowjetischen Abwehrorgane wurde dieser Anschlag zunichte gemacht. Jene Generale und Offiziere, die zeitweilig mit dieser Clique sympathisiert hatten, wandten sich von ihr ab und setzten sich mit ganzer Kraft für die Verwirklichung der Losung des *NKFD* ein.

Besondere Aktivität entwickelte der BDO zusammen mit dem *NKFD* im Februar 1944 gegenüber den im Kessel von Korsun-Schewtschenkowski eingeschlossenen 73 000 deutschen Soldaten und Offizieren. Nachdem die kommandierenden deutschen Generale das sowjetische Kapitulationsangebot abgelehnt hatten, entsandten das *NKFD* und der BDO in Absprache mit den Dienststellen der Roten Armee eine Delegation von Sonderbevollmächtigten an die Front, der folgende Persönlichkeiten angehörten: W. VON SEYDLITZ-KURZBACH, O. KORFES, Major Hermann LEWERENZ und E. HADERMANN. Gemeinsam mit den bereits am Kessel tätigen deutschen Antifaschisten begannen sie eine intensive Arbeit, um die Eingeschlossenen zur Aufgabe des sinnlosen Widerstandes zu bewegen. W. VON SEYDLITZ-KURZBACH, O. KORFES und andere Mitglieder des BDO wandten sich in Briefen, die von zurückgeschickten Kriegsgefangenen überbracht wurden, direkt an die ihnen z. T. bekannten höheren Offiziere im Kessel und forderten sie zum Übertritt auf. Wenn von den Eingeschlossenen 18 200 kapitulierten, dann hatte der BDO daran auch einen großen Anteil.

Die Siege der Roten Armee im Sommer 1944 verstärkten die Aufnahmebereitschaft der deutschen Soldaten und Offiziere für die Argumente des NKFD und des BDO. Am 8. Juli 1944 kapitulierte im Mittelabschnitt der Front Generalleutnant Vincenz MÜLLER mit den Resten der 4. Armee und schloß sich dem BDO an. Am 22. Juli 1944 unterzeichneten 17 gefangene Generale der zerschlagenen Heeresgruppe Mitte einen Aufruf, in dem sie sich vom Hitlerregime lossagten und ihre Kameraden aufforderten, gleiches zu tun. Das Attentat auf HITLER und der Staatsstreichversuch vom 20. Juli 1944 übten be-

sonders auf die Offiziere einen nachhaltigen Eindruck aus, da zum ersten Mal Männer ihres Standes in Deutschland selbständig politisch und militärisch gegen den Faschismus gehandelt hatten. Der BDO wertete die Vorgänge als Ausdruck für die fortschreitende Zersetzung des Regimes und forderte erneut alle Offiziere auf, daraus die Konsequenzen zu ziehen. In einem von E. WEINERT, W. VON SEYDLITZ-KURZBACH, A. VON DANIELS, K. HETZ, Heinrich GRAF VON EINSIEDEL und M. EMENDÖRFER unterzeichneten Aufruf des *NKFD* an das deutsche Volk und an die Wehrmacht wurde auf die Generale und Offiziere der Ostfront verwiesen, die den aussichtslosen Kampf aufgegeben und sich der Bewegung »Freies Deutschland« angeschlossen hatten. Weiter hieß es darin, unter Bezugnahme auf den 20. Juli:

»Nun sind auch in Deutschland verantwortungsbewußte Generale zum Sturm gegen Hitler angetreten.
Das Signal ist gegeben. Die Empörung des Volkes über die sinnlose Fortsetzung des längst verlorenen Krieges hat in dieser Tat ihren ersten Ausdruck gefunden. Jetzt muß der Sturm im ganzen Volk entfacht werden. Alle Waffen der Wehrmacht, alle Kraft im Lande zum Einsatz gegen Hitler und seine Mitverschworenen für die Rettung der Nation!« [6]

In ähnlicher Weise äußerten sich zahlreiche weitere Offiziere und Generale.

Es erregte großes Aufsehen, als sich am 14. August 1944 auch Generalfeldmarschall Friedrich PAULUS dem BDO und der Bewegung »Freies Deutschland« anschloß. Am 8. Dezember 1944 richteten 50 deutsche Generale mit F. PAULUS und W. von SEYDLITZ-KURZBACH an der Spitze einen Aufruf an das deutsche Volk und die Wehrmacht, unverzüglich den Krieg zu beenden und alle Waffen für den Sturz des Hitlerregimes einzusetzen. Im Frühjahr 1945 zählte der BDO etwa 4 000 Mitglieder, darunter ein Generalfeldmarschall, 31 Generale, etwa 40 Oberste, 50 Oberstleutnante, etwa 150 Majore und 400 Hauptleute.

In der letzten Phase des Krieges von Januar bis Mai 1945 sahen *NKFD* und BDO ihre Aufgabe darin, weiteren Widerstand zu verhindern, die Liquidierung der faschistischen Machtorgane in den befreiten deutschen Gebieten zu unterstützen und die Voraussetzung für den Beginn des demokratischen

Neuaufbaus zu schaffen. In enger Zusammenarbeit zwischen ZK der *KPD, NKFD* und BDO und im Einvernehmen mit den sowjetischen Behörden wurde die Rückkehr von Kadern in die Sowjetische Besatzungszone Deutschlands vorbereitet. In dieser letzten Kriegsphase waren etwa 1 800 bis 2 000 deutsche Antifaschisten, unter ihnen viele BDO-Mitglieder, in der Frontorganisation des *NKFD* tätig.[7]

Mit der Zerschlagung des Faschismus durch die Sowjetunion und die anderen Staaten der Antihitlerkoalition ergab sich für das deutsche Volk die historische Chance, die imperialistisch-militaristische Herrschaft mit der Wurzel auszurotten und die Grundlagen für ein demokratisches, friedliebendes Deutschland zu errichten. Die übergroße Mehrheit der Mitglieder des BDO hatte sich diesem Ziel verpflichtet und nahm tatkräftig am Neuaufbau teil. Die historische Wende führte allerdings im BDO zu einer Differenzierung. Eine Gruppe von Mitgliedern — Großgrundbesitzer oder anderweitig mit der herrschenden Klasse verbundene Personen — mißbilligte die Vorbereitung der Kriegsverbrecherprozesse, wandte sich gegen die Abtretung ehemals deutscher Gebiete und die damit verbundene Aussiedlung der deutschen Bevölkerung. Diese Gruppe schürte Unzufriedenheit über die angeblich ungerechte Behandlung Deutschlands durch die Siegermächte und verband dies mit nationalistischer, antisowjetischer Hetze, obwohl diese Offiziere einst selbst an der Vorbereitung und Führung des faschistischen Raubkrieges beteiligt gewesen waren. H. VON EINSIEDEL, Generaloberst Karl STRECKER, Oberst Sigurt-Horstmar FREIHERR VON BEAULIEU-MARCONNAY und einige andere verrieten die Ziele der Bewegung »Freies Deutschland« und beteiligten sich später in den westlichen Besatzungszonen an antikommunistischen Aktionen.

Immer mehr trat die Organisierung des antifaschistisch-demokratischen Neuaufbaus in den Vordergrund. Oft wurden Angehörige des BDO in befreiten Gebieten unmittelbar als Funktionäre der neuen demokratischen Staatsorgane eingesetzt.

Mit dem Entstehen antifaschistisch-demokratischer Parteien in Deutschland, insbesondere der Bildung des Blocks der antifaschistisch-demokratischen Parteien in der Sowjetischen Besatzungszone Deutschlands, entfiel die Notwendigkeit eines Weiterbestehens der Bewegung »Freies Deutschland«. Auf der letzten Vollsitzung des *NKFD* am 2. November 1944 gaben E. WEINERT und W. VON SEYDLITZ-KURZBACH einen Überblick über die Tätigkeit ihrer Organisationen und stellten danach den Antrag auf Selbstauflösung, der einstimmig angenommen wurde.

Zahlreiche ehemalige Angehörige des BDO, wie H. HOMANN, H. G. VAN HOOVEN, L. STEIDLE, O. KORFES, M. LATTMANN, E. VON FRANKENBERG UND PROSCHLITZ, B. BECHLER, E. ENGELBRECHT, H. LEWERENZ und viele andere, nahmen aktiv an der antifaschistisch-demokratischen Umwälzung in der Sowjetischen Besatzungszone und am Aufbau des Sozialismus in der DDR teil.

Quellen und Literatur

Quellen zur Geschichte des NKFD und des BDO befinden sich vor allem im ZPA des IML beim ZK der SED Berlin, im MA der DDR Potsdam, im Militärgeschichtlichen Institut der DDR Potsdam und im ZStA Potsdam.

Eine marxistische Gesamtdarstellung der Geschichte des NKFD und des BDO existiert bisher nicht. In der BRD erschienene Abhandlungen haben vor allem das Ziel, die Bewegung »Freies Deutschland« zu verunglimpfen und antisowjetische Verleumdungen zu verbreiten. Wesentliche Seiten der Tätigkeit des NKFD sind dargelegt bei Willy Wolff »An der Seite der Roten Armee. Zum Wirken des Nationalkomitees ›Freies Deutschland‹ an der sowjetisch-deutschen Front 1943 bis 1945« (Berlin 1975). In dieser Veröffentlichung befindet sich auch ein umfassendes Gesamtverzeichnis der Literatur zur Geschichte der Bewegung »Freies Deutschland«. Bedeutsame Dokumente enthalten Erich Weinert »Das Nationalkomitee ›Freies Deutschland‹ 1943–1945. Bericht über seine Tätigkeit und seine Auswirkung« (Berlin 1957) und »›Sie kämpften für Deutschland‹. Zur Geschichte des Kampfes der Bewegung ›Freies Deutschland‹ bei der 1. Ukrainischen Front der Sowjetarmee« (Berlin 1959). Erinnerungen und Teiluntersuchungen auch zur Rolle des BDO befinden sich in dem Protokoll der Konferenz des Militärgeschichtlichen Instituts der DDR am 27. und 28. März 1963: »Das Nationalkomitee ›Freies Deutschland‹ und seine militärpolitische Bedeutung« (Potsdam 1963). Dem neuesten Erkenntnisstand entspricht die Darstellung der Tätigkcit dcs NKFD bzw. des BDO in »Deutschland im zweiten Weltkrieg« (Bde. 3 und 4, Berlin 1979 und 1981).

Anmerkungen

1 Hermann Lewerenz in: Das Nationalkomitee »Freies Deutschland« und seine militärpolitische Bedeutung, Potsdam 1963, S. 84.

2 Erich Weinert: Das Nationalkomitee »Freies Deutschland« 1943–1945. Bericht über seine Tätigkeit und seine Auswirkung, Berlin 1957, S. 33/34.
3 Willy Wolff: An der Seite der Roten Armee. Zum Wirken des Nationalkomitees »Freies Deutschland« an der sowjetisch-deutschen Front 1943 bis 1945, Berlin 1975, S. 109.
4 Ebenda, S. 70.
5 Ebenda, S. 96.
6 Freies Deutschland, 23. 7. 1944.
7 W. Wolff, S. 244.

Kurt Finker

Bund Deutscher Osten (BDO)
1933–1937 (1945)

Der BDO entstand im Mai 1933 im Ergebnis der Zusammenfassung aller »Ostverbände« durch die ↗ NSDAP. Seine Tätigkeit diente der ideologischen und politisch-organisatorischen Vorbereitung der faschistischen Annexionen in Osteuropa. Er betrieb eine umfangreiche revanchistisch-expansionistische Propaganda insbesondere gegen Polen sowie eine ausgedehnte Tätigkeit zur Bespitzelung und Unterdrückung der in Deutschland lebenden slawischen Minderheiten. Seit 1937 unterstand der BDO der Volksdeutschen Mittelstelle. In den folgenden Jahren ging er faktisch in der ↗ SS und der NSDAP auf, ohne sich jedoch aufzulösen und seine Arbeit einzustellen.

Bundesführer

Franz LÜDTKE (1933–1934); Johannes TIEDJE (1934); Robert ERNST (1934); Theodor OBERLÄNDER (1934–1937); Hermann BEHRENDS, *SS*-Oberführer (seit 1938, 1946 hingerichtet).

Geschäftsführer

Ernst HOFFMEYER, *SS*-Brigadeführer (seit 1938)

Mitglieder

Eine genaue Zahl konnte nicht ermittelt werden. Es existierten 1934 ca. 1 000 Ortsgruppen, die in 16 Landesgruppen erfaßt waren. Für 1942 gab der BDO selbst über 800 000 Mitglieder in 6 700 Ortsgruppen an.[1]

Presse

»Ostland«, Wochenschrift (seit 1935 Halbmonatsschrift, 1933–1943, *Hauptschriftleiter*: Otto KREDEL
»Ostdeutsche Monatshefte«, 1933–1939
»Schulungsbrief des Bundes Deutscher Osten«[2]
»Der heimattreue Ost- und Westpreuße«
»Ostwarte«
»Heilige Ostmark«
»Das Bollwerk«
»Der Oberschlesier«
Schriftenreihe »Bund Deutscher Osten«
BDO-Kalender »Deutscher Osten« (seit 1938)

1. Gründung und Ziele des BDO

Am 3. Februar 1933 verkündete HITLER vor den Befehlshabern der Reichswehr als Ziel seiner Regierung die »Eroberung neuen Lebensraums im Osten und dessen rücksichtslose Germanisierung«.[3] Diese außenpolitische Konzeption der ↗ NSDAP entsprach der generellen Orientierung des faschistischen deutschen Imperialismus auf die Vorbereitung eines Revanchekrieges gegen Polen sowie gegen die Sowjetunion. Um die aggressiven Pläne verwirklichen zu können, formierte das Diktaturregime auch das System der Organisationen neu, das in der Weimarer Republik zwar mit der gleichen Zielstellung geschaffen worden war, sich jedoch wegen seiner Zersplitterung als wenig effektiv erwiesen hatte. Die neuen Zentralisierungsbestrebungen kamen anläßlich des »Tages des deutschen Ostens« am 27. Mai 1933 besonders deutlich zum Vorschein. Ähnliche Bestrebungen gab es auch gegenüber den vielfältigen landsmannschaftlichen Vereinen in den westlichen Gebieten des Reiches, für die der *Bund Deutscher Westen* ↗ *(BDW)* geschaffen wurde.

Wenige Tage nach der außenpolitischen Grundsatzerklärung der faschistischen Regierung vor dem Reichstag wurden rund 10 000 Mitglieder der Ostverbände nach Potsdam beordert, um hier die »neue Einheitsbewegung für den deutschen Osten«[4] ins Leben zu rufen. Im Auftrag der Reichsleitung der *NSDAP* setzte Alfred ROSENBERG den Präsidenten des ↗ *Deutschen Ostbundes (DO)*, F. LÜDTKE, als Kommissar für die Ostverbände ein. Am 27. Mai 1933 wurde der

BDO gegründet, in dem der ↗ *DO*, der ↗ *Deutsche Ostmarkenverein (DOV)*, die *Heimattreuen Oberschlesier*, der *Schlesierbund*, der *Bund heimattreuer Ost- und Westpreußen* sowie andere revanchistische Organisationen, die nach dem ersten Weltkrieg entstanden waren, aufgingen.[5] F. LÜDTKE besaß das Vertrauen der Faschisten, hatte er doch schon 1919 erklärt: »Organisation ist Macht ... Das Deutschtum muß stark werden, stark bleiben, auch im Osten und gerade im Osten, bis der Tag kommt, da die schwarzweißroten Fahnen wieder flattern dürfen, die jetzt zusammengerollt wurden.«[6] F. LÜDTKE, dessen revanchistische Romane in jener Zeit weit verbreitet waren, gehörte gleichzeitig als Hauptabteilungsleiter dem außenpolitischen Amt der Reichsleitung der *NSDAP* an.

Die Zusammenfassung der Ostverbände in einer zentralisierten, unter nationalsozialistischer Führung stehenden Organisation diente den aggressiven Absichten des faschistischen deutschen Imperialismus. Die neuen Kriegspläne wurden als »schöpferische Form für die Umgestaltung des Ostraumes« verschleiert, jedoch mitunter auch offen ausgesprochen:

»Es ist nicht damit getan, daß ein paar hunderttausend ostdeutscher Landsleute im Reich den Heimatgedanken pflegen. Es ist erst recht nicht damit getan, daß bei aller notwendigen Arbeit in den Ostvereinen sich ein paar brave Bürger zusammensetzen und bei Eisbein und Sauerkohl alte Erinnerungen aus der lieben Heimat austauschen. Die Zeit fordert anderes und mehr. Die junge Generation erwartet und fordert die Schaffung einer deutschen Ostbewegung, die vom Volk begriffen wird und die es ergreift.«[7]

F. LÜDTKE erklärte anläßlich einer »Ostland-Treuefahrt« großsprecherisch: »Wir kennen keine Grenzen im Ostraum«[8] und umriß damit das Programm des BDO, der auf seine Fahne geschrieben hatte: »Was wir verloren haben, darf nicht verloren sein!«

Diese allgemeinen und in allen Perioden der Geschichte des deutschen Imperialismus verwendeten Phrasen konkretisierend, stellte sich der BDO zunächst das Ziel, vor allem

»das deutsche Volk mit den geistes- und raumpolitischen Fragen des Ostens vertraut zu machen, Verbindungen zwischen dem deutschen Binnenland und den ostdeutschen Grenzgebieten zu schaffen, kulturelle Stützpunkte im Osten zu errichten und alle Maßnahmen zu ergreifen und zu unterstützen, die geeignet sind, der Förderung des deutschen Ostens zu dienen und schließlich im Ausland für die deutsche Stellung in den Ostfragen Verständnis zu schaffen«.[9]

Im ersten Jahre seines Bestehens entfaltete der BDO eine große propagandistische Aktivität. Ergebnis seiner gemeinsamen Tätigkeit mit den entsprechenden Dienststellen der *NSDAP* waren zahlreiche Weihestunden, Erinnerungsfeiern, Treuekundgebungen für die »Bedrängten« in den Ostgebieten, Ostpreußenfahrten, Ostmessen, Preisausschreiben z.B. für ostmärkische Lieder, Veranstaltungskurse und Grenzlandschulen. Am 4. Dezember 1933 eröffnete der BDO eine große Wanderausstellung in Berlin unter dem Titel »Der Osten – das deutsche Schicksalsland«. In ihr wurden die »deutschen Leistungen« in Ostpreußen, Posen, Schlesien und darüber hinaus auch in Österreich und in den sudetendeutschen Gebieten gepriesen. Vortragszyklen und Filmveranstaltungen ergänzten die Ausstellung.[10] Obwohl die Ausstellung bewußt in die am dichtesten besiedelten Gebiete der Stadt gelegt worden war, mußte der »Völkische Beobachter« am 6. Dezember einen mäßigen Besuch beklagen. Insgesamt sollen es 1933/34 120 000 Besucher gewesen sein, die z.T. mit Sonderzügen aus allen Teilen Deutschlands nach Berlin gebracht worden waren.

Der BDO gliederte sich in 7 Landesgruppen (Ostpreußen, Schlesien, Grenzmark, Ostmark, Pommern, Sachsen und Bayrische Ostmark) sowie in Bezirks- und Ortsgruppen. Als angeschlossene Organisationen galten der *Bund heimattreuer Ost- und Westpreußen*, der *Bund heimattreuer Posener* und der *Bund heimattreuer Schlesier (Vereinigte Oberschlesier und Schlesier)*, was auch in der Ende 1934 eingeführten Gesamtbezeichnung des BDO als »Bund Deutscher Osten (Reichsbund ostdeutscher Heimatverbände)« zum Ausdruck gebracht werden sollte.[11] Die Landesgruppen und die Heimatverbände bestanden formell selbständig nebeneinander, waren aber häufig durch Personalunion verbunden.

Im BDO wurde das faschistische Führerprinzip rasch durchgesetzt. Neben dem Bundesführer spielten der Bundesbeirat und der Bundestag eine völlig untergeordnete Rolle. Die Leitung bestand aus 9 Ämtern, darunter das Amt für Ostwerbung, das Amt für ostpolitische Schulungsarbeit, das Amt für Heimat- und Volkstumspflege, das Bildamt Osten, die Abteilung für neuere Ostgeschichte und Nachkriegsforschung. Finanziert wurde der BDO durch die faschistische Staatspartei sowie durch die ⁊ *Deutsche Stiftung (DStg).*[12] Über den »Deutschtumfonds« des *Deutschen Gemeindetages* erhielt der BDO 1935 und 1936 je 12 000 RM und 10 000 RM im Jahre 1937. 1940 flossen ca. 150 000 RM aus dem Reichsministerium des Innern, das ebenfalls über einen sogenannten Deutschtumsfonds verfügte, in die Kassen des BDO.[13]

2. Der BDO nach dem deutsch-polnischen Nichtangriffsvertrag

Nachdem am 26. Januar 1934 zwischen Deutschland und Polen ein Nichtangriffsvertrag abgeschlossen worden war, mußte sich zwangsläufig die Aufgabenstellung für den BDO verändern. Er hatte sich an neue Richtlinien zu halten, die der Tarnung der aggressiven Absichten des faschistischen Hitlerregimes entsprachen und die in der *Nord- und Ostdeutschen Forschungsgemeinschaft* erörtert wurden: »Polemiken und Revisionsforderungen müssen wegfallen, amtliche Stellen dürfen nicht hervortreten. Die Verkehrswerbung tritt in den Vordergrund. Organisation und Ausdrucksweise sind zu ändern ... Die wissenschaftlichen Arbeiten sollen fortgehen wie bisher, ja sie müssen aktiviert werden.«[14] Der BDO hatte seine großen propagandistischen Aktivitäten einzuschränken und sollte »in aller Stille entsprechend der antipolnischen Grundkonzeption des deutschen Imperialismus dessen Minderheitenprogramm realisieren« helfen.[15] Als Richtschnur der gesamten Arbeit des BDO gegenüber den slawischen Minderheiten in Deutschland und den Bürgern deutscher Nationalität in Polen galt, daß diese »keineswegs die staatliche Außenpolitik belasten« darf.[16] Auf einer streng vertraulichen Besprechung mit Pressevertretern stellte sich der BDO als eine Organisation dar, »die nötigenfalls ... verleugnet und zum Sündenbock gemacht werden kann«.[17] Seine Aufgabengebiete sah der BDO diesseits und jenseits der deutsch-polnischen Grenze in »positiver Volkstumsarbeit« bzw. in sog.

Grenzarbeit, die vom »offenen ritterlichen Ringen bis zum abgefeimten Verfahren ... eine ganze Stufenfolge von Methoden« umfaßte.[18] Neben dem Kampf gegen die »Ausbreitung des Polentums« in Deutschland lag seit 1934 das Schwergewicht der Tätigkeit des Bundes auf der Materialsammlung über Struktur, Bevölkerung, Wirtschaft und andere Fragen osteuropäischer Länder, auf der Erteilung und Ausführung direkter Agentenaufträge für die Zersetzungsarbeit in Polen und in den baltischen Staaten sowie auf der Organisierung einer »Fünften Kolonne«. Der BDO wurde damit zu einem speziellen Bestandteil der faschistischen Maschinerie zur Vorbereitung des militärischen Überfalls auf die osteuropäischen Staaten.[19]

Die neuen Aufgaben ließen sich nicht ohne Auseinandersetzungen in der Führung des BDO durchsetzen. Ende Januar 1934 trat F. LÜDTKE einen »Krankheitsurlaub« an. Mit der Leitung des BDO wurde nicht sein Stellvertreter Ernst Otto THIELE betraut, sondern – kommissarisch – der 2. stellvertretende Bundesführer Wilhelm MÜLLER. Nachdem am 26. Februar 1934 F. LÜDTKE endgültig sein Amt zur Verfügung gestellt hatte, berief Rudolf HESS, dem bis 1927 der BDO unterstand, den Regierungsrat des preußischen Innenministeriums, J. TIEDJE, als Nachfolger, der jedoch bereits am 17. April 1934 die Leitung an R. ERNST, den Leiter der *Arbeitsgemeinschaft der Verbände vertriebener Auslands-, Kolonial- und Grenzlanddeutscher* und des *Bundes Deutscher Westen*, abgab.[20] Am 19. Oktober 1934 gelangte mit Th. OBERLÄNDER der Mann an die Spitze des BDO, der das Profil dieser faschistischen Organisation wesentlich bestimmen half. Th. OBERLÄNDER sollte seine »Erfahrungen« aus der Tätigkeit im ⁊ *Deutschvölkischen Schutz- und Trutzbund (DSTB),* in der Schwarzen Reichswehr, im *Politischen Kolleg* sowie aus der imperialistisch-pseudowissenschaftlichen »Ostforschung« für die in den Vordergrund tretende Wirtschafts- und Militärspionage nutzbar machen. Seit Oktober 1931 hatte er am Institut für Ostdeutsche Wirtschaft und seit 1933 als Direktor des Instituts für osteuropäische Wirtschaft in Königsberg gewirkt. Vor der faschistischen Machtergreifung und vor dem Jahre 1934 sammelte er unter dem Deckmantel von »Studienreisen« Material vor allem über die Sowjetunion. Nach seinem Eintritt in die *NSDAP* wurde Th. OBERLÄNDER erstaunlich rasch mit der Funktion eines Landesgruppenleiters des BDO und des *↗ Vereins für das Deutschtum im Ausland (VDA)* in Ostpreußen betraut. Die Zeitschrift des BDO, »Ostland«, kommentierte seine Ernennung zum Reichsführer des BDO mit den Worten: »Nachdem der Bund Deutscher Osten einer Neuregelung in sich unterzogen ist ..., hat ein Mann die Leitung des Bundes übernommen, der seit Jahren in der vordersten Front der Ostarbeit steht und ein vielseitiger Kenner des Ostens ... ist.«[21] In Th. OBERLÄNDERS Person kam jene Verbindung von »wissenschaftlicher« Erkundung, d. h. im Grunde von Spionage sowie von propagandistischer und agitatorischer Tätigkeit und direkter Organisierung der im Sinne des Faschismus zu beeinflussenden »Volksgruppen« in Polen, in Litauen und im Memelgebiet zum Ausdruck, die den deutschen Faschisten als die ihren Zielen und der Situation entsprechende Form der »Ostpolitik« notwendig schien.

Für die neue Taktik des BDO hatte sich Th. OBERLÄNDER bereits im April 1934 mit einem im »Ostland« veröffentlichten Artikel »Der neue Weg« empfohlen. Er ging davon aus, daß die »neue Volksgruppenpolitik des Nationalsozialismus und der zehnjährige deutsch-polnische Nichtangriffs- und Freundschaftsvertrag ... Dinge (seien), die für die meisten Menschen schwer verständlich sind«. Mit deutlicher Spitze gegen F. LÜDTKE hieß es in diesem Artikel: »Ist nicht der bodengebundene Bauer geeigneter für den Volkstumskampf als der entwurzelte Literat?« Th. OBERLÄNDER entwickelte den Gedanken einer »positiven Volkstumsarbeit«, die nicht mit der Staatspolitik identisch sein könne. Als Kern der Taktik des Bundes und damit der deutschen Faschisten unter den Bedingungen des deutsch-polnischen Vertrages empfahl er folgende Verhaltensweise: »Gebt den anderen jede Freiheit, aber entwickelt euer Volkstum so, daß es euch nichts kostet.«[22] Mit zynischer Offenheit sprach sich Th. OBERLÄNDER einige Zeit später über die wahren Ziele des faschistischen »Kampfes« im Osten aus:

»Der Volkstumskampf ist unter dem Deckmantel des Friedens nichts anderes als die Fortsetzung des Krieges mit anderen Mitteln. Nicht mit Gas, Granaten und Maschinengewehren, sondern ein Kampf um Haus, Hof, um die Schule und um die Seele der Kinder, ein Kampf, dessen Ende im Gegensatz zum Kriege nicht absehbar ist, solange das wahnsinnige Prinzip des Staatsnationalismus den Ostraum beherrscht; ein Kampf, der sich auf Generationen hinzieht, mit dem einzigen Ziel: Ausrottung!«[23]

Entsprechend der neuen Orientierung fanden seit 1935 keine Massenveranstaltungen mehr statt, sondern sog. Arbeitstagungen der Landesgruppen, die in der Regel mit einer kleineren Kundgebung abgeschlossen wurden. Solche Arbeitstagungen führte der BDO 1935 in Frankfurt (Oder), Schneidemühl, Oppeln, Lauenburg, Allenstein, Cham (Oberpfalz), Löbau (Sachsen) und Bomst (Kurmark)[24] durch. 1937 und Anfang 1938 trat er wieder etwas stärker an die Öffentlichkeit. Er veranstaltete größere Tagungen in Stuttgart, Passau, Hirschberg, Rostock und Braunschweig, die der verstärkten revanchistischen Hetze mit ausgesprochen antikommunistischen und antisowjetischen Tönen dienten. Den Auftakt dazu gab A. ROSENBERG mit einer Rede auf der Arbeitstagung des »Amtes Schrifttumspflege beim Beauftragten des Führers für die gesamte geistige und weltanschauliche Erziehung und Schulung der NSDAP« und der »Reichsstelle zur Förderung des deutschen Schrifttums«, die der »weltpolitischen Bedeutung des deutschen Ostens in der Geschichte und nunmehr im Kampf gegen den Bolschewismus«[25] gewidmet war. Am 12. Juni 1939 eröffnete Konrad HENLEIN offiziell die Tätigkeit des BDO im sog. Gau Sudetenland. Damit dehnte der BDO seine Bespitzelungs- und Unterdrückungsfunktion auf die tschechische Bevölkerung aus.[25a]

Am aktivsten beteiligte sich der BDO an der Politik des faschistischen deutschen Imperialismus, an der Terrorisierung und der ideologischen Beeinflussung der in Deutschland lebenden Polen und Sorben. Seine Ortsgruppen und Stützpunkte – darüber hinaus wandte sich die Führung des BDO auch an die Bürgermeister, an die Polizisten und vor allem an die Lehrer – in den Gebieten an der deutschen Ostgrenze mußten regelmäßig über die »Organisation der Polenbewegung« und über das »Verhalten der polnischen Volksgruppen« berichten.[26] Mit Hilfe einer großen

Fragebogenaktion versuchte der Bund, alles für die deutschen Behörden wissenswerte Material zu sammeln. Er unternahm es, »eine umfassende Darstellung sämtlicher kultureller polnischer Einrichtungen im Reich zusammenzustellen. In dieser Darstellung sollten sämtliche Einrichtungen wie Schulen, Sprachkurse, polnische Verbände, Vereine sowie auch die polnischen Gottesdienste verzeichnet sein.«[27] Die monatlichen Berichte der Landesgruppen des BDO wurden dem faschistischen Partei- und Staatsapparat zur weiteren Auswertung zugeleitet. Sie enthielten allgemeine Stimmungsberichte und detaillierte Angaben z.B. über die Zahl und Ursachen der Neinstimmen von in Deutschland lebenden Polen bei der »Wahl« vom 10. April 1938 und über die Teilnahme am »Kongreß der Polen«, der am 6. März 1938 anläßlich des 15jährigen Bestehens des *Bundes der Polen in Deutschland* in Berlin stattfand.[28] Außerdem wurden deutsche Bürger denunziert, wenn sie sich »polenfreundlich« gezeigt hatten.[29]

Gleichzeitig bewirkte der BDO eine systematische Einschränkung der Rechte der in Deutschland lebenden 1,2 Mill. Polen. In einer Erklärung des Hauptvorstandes des *Bundes der Polen in Deutschland* vom 8. Januar 1936 wurde festgestellt, daß der Ausübung des Minderheitenrechts auf schulischem, kirchlichem, kulturellem und sozialem Gebiet ständig Schwierigkeiten bereitet würden.[30] Daran änderte sich auch nichts nach dem Abschluß der deutsch-polnischen Minderheitendeklaration vom 5. November 1937, die den BDO lediglich veranlaßte, seine Arbeit unter den Deutschen in Polen zu verstärken.[31] Der BDO legte eine spezielle Kartei über »grenzpolitisch unzuverlässige« Polen und Deutsche an, die zur Auskunfterteilung an die verschiedensten Ämter des faschistischen Staates und der *NSDAP* diente und während des zweiten Weltkrieges für die Ausrottungs- und Germanisierungspolitik des faschistischen Okkupationsregimes in Polen benutzt wurde.[32]

Rassismus und Chauvinismus bildeten den Kern der gesamten propagandistischen Tätigkeit des BDO in den Grenzgebieten, vor allem in Oberschlesien.[33] Einzelne Kampagnen standen unter den Losungen: »Kein Deutscher spricht ohne Not polnisch!«, »Kein Deutscher besucht polnischen Gottesdienst!«, »Als Repräsentant des deutschen Volkes zeige den Polen gegenüber Haltung!« und ähnliches mehr.[34] In diesem Sinne unterstützte der BDO auch die systematisch betriebene Verdeutschung von polnischen Orts-, Straßen- und Familiennamen in den östlichen Grenzgebieten Deutschlands. Bis 1938 erhielten mehr als 1000 Ortschaften neue Namen, in Ostpreußen etwa 800.[35]

Mit besonderer Sorgfalt widmete sich der BDO der Vorbereitung und Durchführung der Volkszählung am 17. Mai 1939, bei der auch nach der Volkszugehörigkeit geforscht wurde und die das Ziel verfolgte, zumindest statistisch die Zahl der in Deutschland lebenden Polen auf 100 000 bis 150 000 zu reduzieren.[36]

Die überwiegende Beantwortung mit »deutsch« nutzte das faschistische Regime für die ideologische Rechtfertigung des Überfalls auf Polen am 1. September 1939, mit dem der zweite Weltkrieg begann. Der BDO führte das Ergebnis auf seine »Flugblattaktion« und auf »die persönliche Aufklärung durch die Vertrauensmänner des BDO« zurück.[37] Im internen Kreis sah sich die Führung des Bundes jedoch zu dem Eingeständnis gezwungen, daß die »Hoffnung, durch die Volkszählung einen klaren Überblick über die volkstumsmäßige Zusammensetzung zu erhalten..., leider nicht erfüllt (wurde), denn nur ein kleiner Teil bekannte sich offen zum polnischen Volkstum«.[38]

Auch an den Bestrebungen, jede nationale Regung der Sorben zu unterdrücken, nahm der BDO aktiven Anteil. Nach der Besprechung über die »Wendenfrage«, die am 14. Mai 1935 von Vertretern der Regierung, der *NSDAP* und des BDO in der Sächsischen Staatskanzlei stattfand, konnte sich die *Domowina* praktisch nur noch unter dem Protektorat des Bundes in Gestalt »einer nationalsozialistisch anerkannten Brauchtumsorganisation« betätigen.[39] Th. OBERLÄNDER erklärte bei einer weiteren »Wendenbesprechung« am 7. April 1936, »daß nunmehr ein eindeutiger Weg beschritten und schnelle Arbeit geleistet werden müsse...« Dazu empfahl er, ausgehend von den Erfahrungen des BDO: »Möglichst weitgehende Einschränkung der wendischen Sprache, Errichtung von deutschen Kindergärten, um mit der

Deutschtumsarbeit von unten aufzubauen, und vor allem die Verhinderung des Ausbaues des wendenpolitischen Führerstabes.«[40]

3. Der BDO und die faschistische Kriegspolitik

Als die Faschisten zur unmittelbaren Vorbereitung und Entfesselung des zweiten Weltkrieges übergingen, begann für den BDO eine neue Etappe seiner Entwicklung. Der Bund wurde immer stärker, auch in organisatorischer Hinsicht, ein direkter Bestandteil der *NSDAP* und besonders der *SS*. Die Leitung ging im Oktober 1937 in die Hände des *SS*-Oberführers H. BEHRENDS und des *SS*-Brigadeführers E. HOFFMEYER über, nachdem Th. OBERLÄNDER nach einem Konflikt mit dem faschistischen Gauleiter in Ostpreußen, Erich KOCH, als Professor an der Greifswalder Universität neue Aufgaben der Abwehr- und Spionageabteilung des Reichskriegsministeriums zugewiesen bekommen hatte.[41] E. HOFFMEYER wurde 1938 als Geschäftsführer des BDO gleichzeitig Mitarbeiter in der *Volksdeutschen Mittelstelle*[42], die 1936 von der *NSDAP* als Zentrale für den gesamten finanziellen und politischen Verkehr mit den »Volksdeutschen« im Ausland und als Koordinationsstelle der faschistischen Volkstumspolitik geschaffen worden war. Die *Volksdeutsche Mittelstelle* bereitete den unmittelbaren Einsatz der »Fünften Kolonne« im Rahmen der faschistischen Kriegspolitik vor. Bis zum 31. Dezember 1936 stand mit Otto VON KURSELL ein Vertreter des Reichsinnenministeriums an ihrer Spitze, danach ging die Leitung an den *SS*-Obergruppenführer Werner LORENZ über.[43] Die *SS* entwickelte sich zur Leitorganisation für alle Fragen des »Auslandsdeutschtums« und nahm dem BDO wie auch dem *VDA* die organisatorische Selbständigkeit, ohne sie jedoch offiziell auflösen zu lassen.[44]

Seit 1938 war der BDO eine Teil- und Tarnorganisation der *Volksdeutschen Mittelstelle* und damit der *SS*.[45] Innerhalb der *SS* wurden die *Volksdeutsche Mittelstelle* und der BDO zu einer der Dienststellen des von HITLER am 9. Oktober 1939 ernannten Reichskommissars für die Festigung deutschen Volkstums, Heinrich HIMMLER. Dieser wurde »mit der Zurück-

führung der dafür in Betracht kommenden Reichs- und Volksdeutschen aus dem Ausland, mit der Ausschaltung des schädigenden Einflusses von volksfremden Bevölkerungsteilen, die eine Gefahr für das Reich und die deutsche Volksgemeinschaft bedeuten, und mit der Gestaltung neuer Siedlungsgebiete durch Umsiedlung« beauftragt.[46] Als Glied der *SS* hatte der BDO daher auch Anteil an jener faschistischen Umsiedlungsaktion, die bis Januar 1941 etwa 672 000 Menschen aus den osteuropäischen Gebieten erfaßte.[47] E. HOFFMEYER wurde mit der Leitung des Amtes für die Sicherung deutschen Volkstums der *Volksdeutschen Mittelstelle* in den neuen Ostgebieten betraut.

Die Aufgaben des BDO hatten sich in den Jahren 1933 bis 1939 aus der Kriegspolitik des faschistischen deutschen Imperialismus und ihren einzelnen taktischen Schritten ergeben. Nachdem der zweite Weltkrieg entfesselt worden war, ging ein großer Teil seiner Aufgaben an andere Organisationen und neue Institutionen über, u. a. an das 1940 gegründete Institut für Deutsche Ostarbeit in Kraków. Die BDO-Führung wandte sich jedoch scharf gegen Austrittserklärungen von Mitgliedern, die nach der Okkupation Polens meinten, die Aufgaben des BDO seien gelöst. Im Flugblatt »Nun erst recht BDO-Arbeit« vom Januar 1940 wurde demgegenüber von den mit den Grenzen wachsenden Aufgaben gesprochen. Der BDO habe eine »ungeheure Erweiterung seines Aufgabengebietes« erhalten, da man den »Boden im Osten immer wieder gegen fremde Vorstöße verteidigen« müsse. Der Schluß dieses Flugblattes lautete: »Das Heer hat das Land gewonnen, es zu halten und deutsch zu machen, dazu sind wir da! Die aktive Mannschaft gehört an die Grenze, die, denen es nicht vergönnt ist, an der Grenze zu stehen, leisten ihren Beitrag zu dieser großen geschichtlichen Sendung, indem sie wie bisher als Mitglieder des BDO in Treue und Opferbereitschaft hinter diesen Kämpfern stehen!«[48]

Der BDO bemühte sich allerdings auch auf anderen Gebieten um gewisse Eigenständigkeit. So verbreitete er bis 1942 »Volkspolitische Merkblätter« des BDO, die vielerlei Empfehlungen für Wehrmachts- und Polizeioffiziere des faschistischen Okkupationsapparates enthielten. Nach einer Vereinbarung zwischen dem BDO und dem Gauleiter der *NSDAP* in Schlesien sollten die »Volksdeutschen« in den okkupierten Gebieten nicht sofort in die Partei aufgenommen, sondern erst vom BDO organisatorisch zusammengeschlossen und durch eine »politische Ausrichtung« für die Aufnahme vorbereitet werden.[49] Diese Pläne wurden jedoch nicht verwirklicht.

In der Zeitschrift »Ostland« trat nach dem faschistischen Überfall auf die Sowjetunion der Antikommunismus als Grundlage der chauvinistisch-expansionistischen und antisemitischen Propaganda des BDO deutlich zutage. Beispielsweise hieß es in einem Leitartikel: »Es geht nicht bloß um die Niederwerfung des Bolschewismus, sondern darum zu verhindern, daß sich in Osteuropa wieder eine irgendwie geartete Macht konsolidiert ...«[50] Er rechtfertigte den faschistischen Terror, weil nur dieser Europa vor dem Schicksal bewahren könne, »elend an der Pest des Bolschewismus zu krepieren«.[51] Mit der militärischen Zerschlagung des deutschen Faschismus kam auch das endgültige Ende des BDO, der als eine der faschistischen Organisationen im Mai 1945 verboten wurde.

4. Quellen und Literatur

Vereinzelte archivalische Materialien finden sich im ZStA Potsdam, im BA Koblenz, im WAP Wrocław und WAP Opole.[52] Zahlreiche Angaben zur Geschichte des BDO sind in deutschen und polnischen Publikationen über Theodor Oberländer enthalten.[53] Die Zeitschrift »Ostland« gibt nur für die Jahre 1933/34 Aufschluß über die unmittelbare Tätigkeit des BDO. Unter den marxistischen Darstellungen vermitteln die von Maria Rothbart den besten Überblick.[54] In der bürgerlichen Literatur fehlen geschlossene Darstellungen zur Geschichte des BDO.

Anmerkungen

1 Ostland-Schicksalsland. Die Aufgaben des Bundes Deutscher Osten. Hrsg. Gauverband Württemberg-Hohenzollern, o. O. 1942, S. 1.
2 Die ca. 50 Ausgaben Schulungsbriefe erschienen fast nur in hektographischer Form mit jeweils 2000 Exemplaren. Sie waren in der Regel der Geheimhaltung unterworfen.
3 Dokumente zur deutschen Geschichte 1933–1935. Hrsg. Wolfgang Ruge/Wolfgang Schumann, Berlin 1977, S. 24.
4 Völkischer Beobachter, 16. 5. 1933.
5 Ebenda, 27. 5. 1933.
6 Franz Lüdtke: Deutsche Möglichkeiten und Wahrscheinlichkeiten im künftigen Polen. In: Die Ostmark, August 1919, S. 62f.
7 Preußischer Pressedienst der NSDAP, 11. 6. 1933.
8 Deutsche Tageszeitung, 9. 9. 1933.
9 Berliner Morgenpost, 7. 10. 1933.
10 Siehe Deutsche Zeitung, 18. 10. 1933.
11 Siehe Maria Rothbarth: Der »Bund Deutscher Osten« – Instrument des aggressiven faschistischen deutschen Imperialismus (Studien zur Geschichte bürgerlicher Interessenorganisationen), phil. Diss. Rostock 1971, S. 32.
12 ZStA Potsdam, Deutsche Stiftung, Nr. 999, Bl. 113.
13 Ebenda, Nr. 1132, Bl. 472 und 228 M. Rothbarth: Der »Bund Deutscher Osten« – Instrument, S. 36.
14 Zit. in: Karl Dietrich Bracher/Wolfgang Sauer/Gerhard Schulz: Die nationalsozialistische Machtergreifung. Studien zur Errichtung des totalitären Herrschaftssystems in Deutschland 1933/34, 2. Aufl., Köln und Opladen 1962, S. 250. Zur Nord- und Ostdeutschen Forschungsgemeinschaft siehe Felix-Heinrich Gentzen/E. Wolfgramm: »Ostforscher« – »Ostforschung«, Berlin 1960, S. 85ff.
15 M. Rothbarth: Der »Bund Deutscher Osten« und die faschistische Politik gegenüber der polnischen nationalen Minderheit in Deutschland. In: Jahrbuch für Geschichte der sozialistischen Länder Europas, Bd. 22/2, Berlin 1978, S. 107.
16 Information über eine Pressebesprechung Theodor Oberländers vom 8. 3. 1935. In: BA Koblenz, Deutsches Auslands-Institut, Nr. 1004/16, Bl. 1.
17 Ebenda.
18 Zit. in: M. Rothbarth: Der »Bund Deutscher Osten« und die faschistische Politik, S. 109.
19 Siehe ebenda.
20 Diese Angaben stammen aus dem WAP Wrocław, Oberpräsidium der Provinz Oberschlesien zu Oppeln, Nr. 41, Bl. 43, 50f. und 69 und wurden dem Vf. von Frau Dr. Dorothea Fensch zur Verfügung gestellt.
21 Ostland, 1934, Nr. 42 vom 19. 10., S. 494.
22 Ebenda, Nr. 15 vom 13. 4., S. 169f.
23 Theodor Oberländer: Der neue Weg, Königsberg 1936, S. 3.
24 Bomst wurde nicht zufällig als Tagungsort gewählt. Siehe ebenda, Nr. 1131, Bl. 37ff.
25 Völkischer Beobachter, 6. 12. 1937.

25a Ebenda, 13. 6. 1939.

26 Siehe WAP Opole, Bund Deutscher Osten, Untergruppe Schlesien, Kreis Oppeln, Nr. 1, Bl. 14 ff. Im folgenden sei als Beispiel für die Anforderungen in der Berichterstattung der Brief der Untergruppe Schlesien des BDO an einen Vertrauensmann in Boguschütz/Oppeln vom 22. 10. 1935 wiedergegeben: »Vielen Dank für Ihre Zuschrift vom 4. 9. 1935. Wie steht es um den poln. St. Josefsverein unter Leitung des Bauern Niepalla aus Zlönitz. Sie wollten noch darüber berichten. Ist es Ihnen gelungen, jetzt etwas über die Ortsabteilung des Polenbundes in Erfahrung zu bringen? Wer ist der Großpole, der sich in Zlönitz in die Partei eingeschlichen hat? Woran liegt es, daß der dortige Pfarrer dem poln. Gottesdienst in solch auffallender Weise den Vorzug gibt? Was ist sonst aus Zlönitz zu berichten? Wann, wohin und unter welcher Teilnahme fanden von Zlönitz aus Wallfahrten oder Ausflüge nach Polen statt?«. In: Ebenda. Bl. 84.

27 ZStA Potsdam, Deutsche Stiftung, Nr. 999, Bl. 114.

28 Siehe ebenda, Bl. 2 ff. und 77 f.

29 Siehe WAP Opole, Landratsamt Oppeln, Nr. 89, Bl. 170.

30 ZStA Potsdam, Deutsche Stiftung, Nr. 999, Bl. 203.

31 Ostland, 15. 11. 1937, S. 421.

32 Siehe M. Rothbarth: Der »Bund Deutscher Osten« und die faschistische Politik, S. 110 f.

33 Siehe ZStA Potsdam, Deutsche Stiftung, Nr. 1 137, Bl. 73.

34 Siehe Bericht der Kreisgruppe Hindenburg des BDO über ihre Tätigkeit vom September 1938. In: WAP Opole, Kreisgrenzlandamt Hindenburg I/1 (unpag.).

35 Siehe M. Rothbarth: Der »Bund Deutscher Osten« und die faschistische Politik, S. 113 f.

36 Siehe ebenda, S. 118.

37 ZStA Potsdam, Deutsche Stiftung, Nr. 1 133, Bl. 103 ff.

38 WAP Opole, Landratsamt Oppeln, Nr. 89, Bl. 210.

39 M. Kasper/J. Šolta: Aus Geheimakten nazistischer Wendenpolitik, Bautzen 1960, S. 22 ff.

40 Ebenda, S. 33 ff.

41 Siehe Aleksander Drozdzynski/Jan Jaborowski: Oberländer: A Study in German East Policies, Poznań und Warszawa 1960, S. 57 und 159 ff.

42 Siehe Hans Buchheim: Rechtsstellung und Organisation des Reichskommissars für die Festigung deutschen Volkstums. In: Gutachten des Instituts für Zeitgeschichte, München 1958, S. 261.

43 Siehe ebenda, S. 260. Werner Lorenz ist der Schwiegersohn von Axel Caesar Springer und wurde auf dessen Vermittlung nach 1945 aus der Haft entlassen.

44 Nach ebenda, S. 261, soll der BDO 1941 aufgelöst worden sein. Andere Belege haben sich dafür nicht finden lassen. Der BDO fungiert im Impressum der Zeitschrift »Ostland« bis zu deren letztem H. als Hrsg., während Otto Kredel als Hauptschriftleiter verantwortlich zeichnet. Siehe auch die Geheime Anordnung über die Neugruppierung des »Volksbundes für das Deutschtum im Ausland« und des »Bundes Deutscher Osten« vom 3. Februar 1939. In: Polen, Deutschland und die Oder-Neiße-Grenze. Hrsg. vom Deutschen Institut für Zeitgeschichte in Verbindung mit der Deutsch-Polnischen Historiker-Kommission unter der verantwortlichen Redaktion von Rudi Goguel, Berlin (1959), S. 110 f.

45 Siehe Der Prozeß gegen die Hauptkriegsverbrecher vor dem Internationalen Militärgerichtshof Nürnberg, 14. November 1945 bis 1. Oktober 1946 (amtlicher Text in deutscher Sprache), Bd. VII, S. 510.

46 Zit. in: H. Buchheim: Rechtsstellung und Organisation, S. 240.

47 Siehe: Deutsches Blut kehrt heim. Sonderdruck. Hrsg. Reichsorganisationsleiter — Hauptschulungsamt der NSDAP, 1941, S. 30.

48 BA Koblenz, Deutsches Auslands-Institut, Nr. 1 035/31.

49 Ostland, 1939, Nr. 22 vom 15. 11., S. 538.

50 Ostland, 1942, Nr. 18 vom 15. 9., S. 305.

51 Ostland, 1941, Nr. 20 vom 15. 10., S. 348.

52 Siehe die Anm. 12, 13, 16, 20, 26, 29, 33, 34, 37, 38 und 48.

53 Die Wahrheit über Oberländer. Braunbuch über die verbrecherische faschistische Vergangenheit des Bonner Ministers. Hrsg. Ausschuß für Deutsche Einheit, o. O., o. J. M. Kasper/J. Šolta: Aus Geheimakten nazistischer Wendenpolitik, Bautzen 1960. Aleksander Drozdzynski/Jan Zaborowski: Oberländer: A Study in German East Policies, Poznań und Warszawa 1960. Ferner: Der Oberländer-Prozeß. Gekürztes Protokoll der Verhandlung vor dem Obersten Gericht der Deutschen Demokratischen Republik vom 20.—27. und 29. 4. 1960. Hrsg. Ausschuß für Deutsche Einheit, o. O., o. J.

54 Siehe die Anm. 11 und 15.

Manfred Weißbecker

Bund Deutscher Westen (BDW)
1933–1937

Der BDW faßte alle landsmannschaftlichen Organisationen in den westlichen Teilen des Deutschen Reiches zu einem faschistischen Dachverband zusammen und ordnete diese der kriegsvorbereitenden Außenpolitik des deutschen Imperialismus gegen Frankreich und Belgien unter. Er arbeitete in enger Verbindung mit dem Volksbund für das Deutschtum im Ausland (↗ Verein für das Deutschtum im Ausland [VDA]), dem ↗ Bund Deutscher Osten (BDO), ohne deren Bedeutung in der faschistischen »Volkstums«-Politik erreichen zu können. 1937 ging er in der Volksdeutschen Mittelstelle der ↗ SS auf.

Präsident

E. Karl SPIEWOK

Führer

Robert ERNST

Organ

»Westdeutsche Chronik«

Angeschlossene Organisationen

Bund der Elsaß-Lothringer im Reich
Vereinigte Landsmannschaften von Eupen-Malmedy-Monschau
Reichsverband der Rheinländer
↗ Bund der Saarvereine (BSv)
Verein der Rheinpfälzer
Verein der Badener

Unmittelbar nach der Gründung des *BDO* erfolgte die des BDW am 29. Mai 1933. Das nazifaschistische Regime setzte den im sog. *Westausschuß der landsmannschaftlichen Verbände für Rhein, Saar und Pfalz* bzw. in der *Arbeitsgemeinschaft deutscher Verbände* begonnenen Konzentrationsprozeß fort und ordnete sich nach kurzen Auseinandersetzungen — beispielsweise mit dem ↗ *BSv* — die meisten landsmannschaftlichen Vereine unter. An die Spitze des BDW traten der Faschist E. K. SPIEWOK, der aus Elsaß-Lothringen stammte, MdR war und die Berliner Organisation der *Nationalsozialistischen Volkswohlfahrt* leitete, sowie R. ERNST, Westreferent im *VDA* und Vorsitzender des *Bundes der Elsaß-Lothringer im Reich* sowie Leiter des ↗ *Deutschen Schutzbundes* (*DtSB*).
Über die Ziele des BDW äußerte sich am 23. Juni 1933 E. K. SPIEWOK auf der ersten Beratung der Führung dieses Bundes. Nachdem er alle Teilnehmer um »strengste Diskretion« gebeten hatte, nannte er laut Protokoll als außenpolitische Zielsetzungen der HITLER-Regierung: »Im Osten wolle sie Expansionspolitik treiben und großzügig siedeln lassen, wozu die Bevölkerung aller deutschen Stämme herangezogen werden solle. Gesamtbedingung hierfür sei aber eine feste Linie im Westen. Das endgültige Ziel sei, im Westen die politische Grenze mit der Sprachgrenze in Übereinstimmung zu bringen.«[1] Auf der ersten öffentlichen Kundgebung, die der BDW am 30. Juni 1933 in Berlin veranstaltete, sprach E. K. SPIEWOK ebenfalls über den Zusammenhang zwischen faschistischer Ost- und Westpolitik. Man müsse »an der Westgrenze des Reiches die Front stark und geschlossen« machen, denn nur so könnten die »Ziele im Osten« durchgesetzt werden. Zu diesem Zwecke müsse der »Bedrohung des deutschen Volkstums im Westen« entgegengewirkt werden. Der BDW habe daher »der Stärkung des deutschen Selbstbehauptungswillens und der Zusammenfassung der Kräfte« zu dienen.[2]
Um die »Friedensliebe« der faschistischen Regierung zu unterstützen und deren außenpolitische Taktik nicht zu desavouieren, betonte der BDW ständig, daß er keine Irredenta-Arbeit betreibe.[3] Innerhalb der Organisation wurde jedoch keinerlei Rücksicht auf die offizielle Außenpolitik genommen. Obwohl HITLER am 26. August 1934 in Koblenz bei einer Kundgebung vor 400 000 Werktätigen aus dem Saargebiet erklärt hatte, die Saarfrage sei die »einzige Territorialfrage, die uns heute noch von Frankreich trennt.«[4] äußerte sich R. ERNST — ohne darauf Bezug

zu nehmen — auf einer Arbeitstagung des BDW und des *VDA* am 28. Oktober 1934 in Aachen: »Es muß die weitverbreitete Meinung ausgerottet (!, M. W.) werden, als sei im Westen alles in schönster Ordnung, wenn nach der Rückkehr der Saar zwischen dem Reich und Frankreich keine *territorial*politische Frage mehr besteht. Im Westen ist die Arbeit nie zu Ende ...« Dem setzte R. ERNST noch hinzu: »Es ist nicht so: Westen oder Osten, sondern: sowohl der Westen wie der Osten.«[5]

R. ERNST, der im Mai 1933 Mitglied der ↗ *NSDAP* geworden war, geriet mit seinen Auffassungen in Gegensatz zu den »Volkstums«-Politikern um den *VDA*-Bundesführer Hans STEINACHER, die nicht in allen Fragen der außenpolitischen Taktik mit der HITLER-Regierung übereinstimmten und sich auf den im faschistischen Machtapparat an Einfluß verlierenden Rudolf HESS orientiert hatten. Im Zusammenhang mit dem Übergang zur forcierten Kriegsvorbereitung forderte R. ERNST von H. STEINACHER im Juni 1935 eine »Ausrichtung des VDA auf die nationalsozialistische Bewegung bis zur Grenze des außenpolitisch irgendwie Tragbaren«.[6] Er drohte, seine Funktionen im *VDA* niederzulegen, wenn die »Amtswalter des VDA« nicht gleichzeitig »volksdeutsche Referenten« im Rahmen der *NSDAP* würden, so wie es offensichtlich für den BDW und den ↗ *Bund Deutscher Osten (BDO)* bereits der Fall war.[7]

In den ersten Jahren seiner Existenz stand für den BDW die Unterstützung der faschistischen Politik zur Rückgewinnung des Saargebietes sowie des Kampfes gegen die antifaschistischen Emigranten innerhalb des Saargebiets im Vordergrund. Danach vollzog sich seine landsmannschaftlich-revanchistische Tätigkeit mehr in aller Stille. Auch die »Westdeutsche Chronik« wurde nur als hektographiertes Material verbreitet. Offensichtlich nahm die Bedeutung des BDW auch in dem Maße ab, wie sich die faschisti-

sche Führung auf einen Krieg im Osten vorbereitete und für ihr antisowjetisches Konzept die Westmächte zu gewinnen suchte. Der BDW wurde 1937 der *Volksdeutschen Mittelstelle* der *SS* unterstellt und hörte faktisch auf zu existieren.

Quellen und Literatur

Aufschlußreiche Materialien enthält der Bestand Bund der Saarvereine im ZStA Potsdam. Die Erinnerungen von Robert Ernst sind völlig unergiebig.[8] In der Literatur über die Außenpolitik des faschistischen deutschen Imperialismus wird der BDW zwar erwähnt, jedoch nicht im einzelnen dargestellt. Bürgerliche Historiker bemühen sich darum, die Unterschiede zwischen der rechtskonservativen und der nationalsozialistischen »Volkstums«-Politik hervorzuheben, ohne sie als Varianten gleicher faschistischer Zielsetzungen zu erkennen, und den BDW der ersteren zuzuordnen.[9]

Anmerkungen

1 ZStA Potsdam, Bund der Saarvereine, Nr. 753, Bl. 212.
2 Ebenda, Bl. 90.
3 ZStA Potsdam, Bund der Saarvereine, Nr. 754, Bl. 38.
4 Völkischer Beobachter, 27. 8. 1934.
5 ZStA Potsdam, Bund der Saarvereine, Nr. 754, Bl. 38.
6 Hans Steinacher. Bundesleiter des VDA 1933–1937. Erinnerungen und Dokumente. Hrsg. Hans-Adolf Jacobsen, Boppard (Rhein) 1970 (Schriften des Bundesarchivs, Bd. 19), S. 309.
7 Nach dem zweiten Weltkrieg hat Robert Ernst seine faschistische Position in apologetisch-rehabilitierendem Sinne als »Vermittler« darzustellen versucht. Siehe R. Ernst: Rechenschaftsbericht eines Elsässers (Schriften gegen Diffamierung und Vorurteile, Bd. 5), Berlin (West) 2./1954, S. 208.
8 Siehe Anm. 7.
9 Siehe u. a. Anm. 6.

Manfred Weißbecker

Bund Entschiedener Schulreformer (BESch) 1919–1933

Der BESch wandte sich entschieden gegen die Preisgabe bildungspolitischer Forderungen durch die opportunistische Führung der SPD während der Beratung der Schulartikel der Weimarer Verfassung. In den 20er Jahren wurde der BESch zunehmend zu einem Sammelbecken vorwiegend bürgerlich-demokratischer und sozialdemokratischer Lehrer aller Schularten. Er stand in enger Verbindung zur ↗ Deutschen Friedensgesellschaft (DFG) und unterstützte antimilitaristische und antifaschistische Aktionen.

Vorsitzender

Paul OESTREICH (1919–1933)

Mitglieder

3 000

Publikationsorgan

»Die Neue Erziehung«

Von den zahlreichen Lehrergruppierungen nach der Novemberrevolution gehörte der BESch zu jenen fortschrittlichen Organisationen, die für eine demokratische Umgestaltung des Schulwesens eintraten. Nach seinen Satzungen wollte der BESch »den Zusammenschluß aller derer, die gewillt sind, im Geiste der Jugendbewegung und der nach sozialer Lebensauffassung und neuen Lebensformen strebenden kulturellen Entwicklung an der Erneuerung des Erziehungs- und Bildungswesens mitzuarbeiten«.[1] Der BESch wurde unter Führung von P. OESTREICH am 4./5. Oktober 1919 in Berlin gegründet. Im Unterschied zum ↗ Deutschen Lehrerverein (DLV) widmete der BESch seine Tätigkeit nicht hauptsächlich der Vertretung von Standes- und Berufsinteressen. Er betrachtete sich als »Stoßtrupp«, der zur politischen Umerziehung der Lehrerschaft beizutragen hatte. In der prinzipiellen Auseinandersetzung mit der Bildungspolitik der rechten sozialdemokratischen Führer in der revolutionären Nachkriegskrise erklärte P. OESTREICH: »Wir sind alle Republikaner, alle Demokraten, nicht alle Sozialisten.«[2] Mit großem persönlichen Einsatz kämpften die Mitglieder der zahlenmäßig relativ kleinen Lehrerorganisation gegen den Weimarer Schulkompromiß. Um die Stimmen der Zentrumsabgeordneten für die Ratifizierung des Versailler Vertrages zu gewinnen, hatten die rechten Führer der

SPD in Geheimverhandlungen die Beibehaltung der Bekenntnisschulen zugestanden und damit die Grundsätze der Weltlichkeit und Einheitlichkeit des Schulwesens preisgegeben. Nach der Einschätzung Clara ZETKINS war dadurch die Schule zum Schacherobjekt der Parteien geworden.[3] Der BESch stimmte in vieler Hinsicht mit dem von der KPD geführten Kampf gegen die monarchistische, militaristische und antisemitische Propaganda in den Schulen überein. Viele Mitglieder des BESch blieben jedoch in ihrer politischen Haltung inkonsequent, indem sie einerseits Schulfragen als politische Fragen angingen und andererseits in erster Linie Schulreformer sein wollten.[4] Sie lehnten es ab, die Schule direkt in den Klassenkampf einzubeziehen.

Der marxistischen Erziehungsauffassung kamen die Entschiedenen Schulreformer in ihren theoretischen Positionen am nächsten durch ihre Zielsetzung und ihr Bild vom »total entwickelten Menschen« und ihren Plan einer Produktionsschule. Sie erkannten die Rolle der praxisverändernden Tätigkeit für die allseitige Erziehung junger Menschen. Als Motto seiner Tagung im Herbst 1920 wählte der BESch das bekannte Zitat von Karl MARX im »Kapital«: »Aus dem Fabriksystem ... entsproß der Keim der Erziehung der Zukunft ...«. Bei seiner Begründung der Verbindung von Lernen und produktiver Arbeit ging P. OESTREICH von der Persönlichkeitsentwicklung aus. Im Gegensatz zu bürgerlichen Arbeitsschultheoretikern wie DEWEY, GAUDIG, KERSCHENSTEINER verband er den Kampf um die Produktionsschule mit dem Kampf um gesellschaftlichen Fortschritt. Dieses Herangehen an pädagogische Probleme trifft insgesamt für die inhaltliche Gestaltung der Jahrestagungen des BESch zu, und diese Einschätzung spiegelte sich auch in den meisten Beiträgen der »Neuen Erziehung« wider. Es gab daneben eine Reihe widersprüchlicher Einsichten in die Zusammenhänge ökonomischer Entwicklung und in die Funktion der modernen Technik. »Die Tatsache, daß während der Zeit der Weimarer Republik auch in der Strategie der revolutionären Arbeiterklasse noch um das richtige Verhältnis zwischen Gegenwarts- und Zukunftsaufgaben gerungen wurde, erschwerte ihm (P. OESTREICH, P. M.) nicht zuletzt seine Orientierung.«[5] Einen typischen Standpunkt für den BESch vertrat Anna SIEMSEN: die tägliche, langsame Revolution, mit der das Bestehende weggespült wird, sei am dringendsten auf dem Schulgebiet. Und für die künftige Tätigkeit des BESch formulierte sie 1921 folgende Aufgaben:

»Das Ganze umzugestalten, dazu ist der Weg uns heute verbaut; im einzelnen zu revolutionieren, dazu sind hundert Wege und Pfädlein offen. Drei große Aufgaben aber stehen allem voran und müssen unsere nächste Arbeit bestimmen: Verwirklichung der weltlichen Schule, um den Einfluß der Kirche auf unser öffentliches Leben zu brechen, Verwirklichung der Einheitsschule, um alle Hemmungen zu beseitigen, die die Arbeiterschaft von der Kultur und damit von der Macht der Besitzenden trennen, Verwirklichung der Arbeitsschule, um der kommenden sozialistischen Gesellschaft die Menschen zu bilden, deren sie bedarf.«[6]

In zahlreichen Kundgebungen und Tagungen und in der pädagogischen Presse haben die aktiven Mitglieder des BESch ihre Programmpunkte erläutert und ihre Aufgaben präzisiert. Dies gilt für das Modell einer elastischen Einheits- und Produktionsschule, die reichseinheitliche Schulgesetzgebung, die Reform des Geschichtsunterrichts, die politische Bildung der Schuljugend, das Ideal des demokratischen Volkslehrers.[7]

Einige Programmpunkte nahm Fritz KARSEN auf dem Wege einer Versuchsschule in Berlin-Neukölln in Angriff. Er beabsichtigte, mit der Konzipierung eines autonomen »Schulstaates« inmitten der kapitalistischen Umwelt sozialistische Erziehungsarbeit leisten zu können.[8] Nicht nur bei F. KARSEN stellen wir geistige Nachbarschaft zu Auffassungen der utopischen Sozialisten, PESTALOZZIS und FICHTES fest.

Der BESch war insgesamt gesehen eine Vereinigung von vorwiegend radikalen kleinbürgerlichen Pädagogen. Führende Vertreter des BESch wie P. OESTREICH, F. KARSEN, Olga ESSIG, A. SIEMSEN, Siegfried KAWERAU haben als Sozialdemokraten gemeinsam mit bürgerlich-demokratischen und liberalen Pädagogen unermüdlich für die humanistische Erziehung der Jugend gekämpft. Sie wurden auch von kommunistischen Pädagogen zeitweilig unterstützt. Der BESch, besonders P. OESTREICH, zeigte Interesse für den sozialistischen Aufbau in der UdSSR und popularisierte Ergebnisse bzw. würdigte Errungenschaften der sowjetischen Schule und Pädagogik. Beispielsweise wurde auf Initiative des BESch 1921 BLONSKIS »Arbeitsschule« ins Deutsche übersetzt und im Verlag »Gesellschaft und Erziehung« in Berlin-Fichtenau herausgegeben. Dadurch wurde der Begriff der polytechnischen Bildung breiten pädagogischen Kreisen in Deutschland erläutert.[9]

P. OESTREICH selbst sah seine politische Entwicklung als Werdegang eines »proletarischen Empörers«.[10] Wenn er auch die Notwendigkeit der Diktatur des Proletariats in der Sowjetunion noch nicht begriff, so wurde er — seit 1923 Mitglied der *Gesellschaft der Freunde des neuen Rußland* — ein aufrechter Vorkämpfer der deutsch-sowjetischen Freundschaft und unterstützte aktiv die sowjetische Friedenspolitik und Vorschläge zur allgemeinen Abrüstung aller Staaten. Bei den Reichstagswahlen 1924, 1928 und 1930 wies P. OESTREICH die Mitglieder des BESch darauf hin, daß die *KPD* im Kampf für die Demokratisierung des Schulwesens »fraglos in vorderster Linie« steht.[11] Unter seinem Einfluß näherte sich in den letzten Jahren der Weimarer Republik der BESch immer bewußter den Positionen der *KPD*; P. OESTREICH selbst trat 1931 aus der *SPD* aus.

Im Kampf gegen die faschistische Gefahr erkannte er immer mehr die Notwendigkeit des Zusammengehens aller Antifaschisten. Noch im Februar 1933 unterschrieb er zusammen mit Heinrich MANN, Käthe KOLLWITZ und anderen einen Aufruf zur Aktionseinheit von *KPD* und *SPD*, »um Deutschland von der Barbarei zu retten«.[12] Der BESch wurde von den Faschisten als »strafwürdige Organisation« bezeichnet und verboten.

Im Notprogramm des BESch (1931) hatte er

zum Kampf und nicht zur Kapitulation gegenüber der zunehmenden Faschisierung des Schulwesens aufgerufen und sich in mehreren Publikationen offensiv mit der faschistischen Erziehungslehre auseinandergesetzt.[13] Bei P. OESTREICH und weiteren einflußreichen Mitgliedern des BESch reifte dabei die Erkenntnis über den Klassencharakter der Schule und die enge Wechselbeziehung von Politik und Pädagogik. Als politischer Lehrer warnte P. OESTREICH in einem Aufruf die Volksschullehrer vor der Sozialdemagogie der Faschisten und forderte sie zu den Reichstagswahlen am 5. März 1933 zu einer eindeutigen Stellungnahme für die Arbeiterparteien auf: »Keine Stimme den Parteien, die unter der Parole der nationalen Konzentration echte Volksgemeinschaft unterbinden und zerstören. Reihe Dich ein in die Gegenfront des schaffenden Volkes gegenüber der kapitalistischen, feudalistischen und faschistischen Regierungskoalition und fälle eine klare sozialistische Entscheidung.«[14] Im Sinne dieser Orientierung und dem Beispiel von P. OESTREICH folgend, wirkten viele ehemalige Mitglieder des BESch als Antifaschisten und Kämpfer für den Schulfortschritt in der Zeit des Faschismus und nach 1945.[15]

Quellen und Literatur

Für die Beurteilung der Tätigkeit des BESch und seiner aktivsten Mitglieder steht in großem Umfang die Primärliteratur noch zur Verfügung. Wichtige Quellen sind die Protokolle der Jahrestagungen des BESch[16], »Die Neue Erziehung« und Schriften von Paul Oestreich, Siegfried Kawerau, Fritz Karsen u. a. In der DDR wurde das wertvolle Erbe des BESch aufgearbeitet und mehrere wissenschaftliche Arbeiten und Einschätzungen zum Wirken des BESch und besonders seines Vorsitzenden vorgelegt: Manfred Radtke »Paul Oestreichs Kampf für die Demokratisierung des deutschen Schulwesens« (paed. Diss. habil., Greifswald 1961). Lieselotte Paul »Ziele und Inhalt des Produktionsplanes des Bundes Entschiedener Schulreformer – Eine historische Studie zur Verbindung des Unterrichts mit produktiver Arbeit« (paed. Diss., Leipzig 1962). Helmut König/M. Radtke: Einleitung zu P. Oestreich »Entschiedene Schul-

reform« (Berlin 1978). H. König (Hrsg.) »Prof. D. h. c. Paul Oestreich – 1878–1959« (Materialien des Kolloquiums anläßlich des UNESCO-Gedenktages am 30. März 1978, APW der DDR [AGE], Berlin 1978). Sabine Pajung »Das Wirken Paul Oestreichs für den politischen und schulpolitischen Fortschritt nach 1945« (paed. Diss., Berlin [APW] 1979). Christa Uhlig »Die Entwicklung des Bundes Entschiedener Schulreformer und seiner schulpolitischen und pädagogischen Auffassungen« (Diss. B, Berlin [APW] 1980). Das Engagement des BESch und P. Oestreichs für den gesellschaftlichen Fortschritt wird z. B. in der Publikation von B. Reintges »Paul Oestreich und der Bund Entschiedener Schulreformer« (Rheinstetten 1977, 2. Aufl.) verfälscht.

Anmerkungen

1 Zit. in: Paul Oestreich/Otto Tacke: Der neue Lehrer (Beiträge zur entschiedenen Schulreform), Osterwieck 1926, Anhang S. 265.
2 Die Neue Erziehung, 1. Jg., H. 22., 29. Oktober 1919, S. 721. (Der Minister und der entschiedene Schulreformer).
3 Siehe Die Kommunistin, Frauenorgan der KPD, 1. Jg., (1919) Nr. 9, S. 67.
4 Siehe P. Oestreich: Ein großer Aufwand, schmählich!, ist vertan. Rund um die Reichsschulkonferenz. In: Entschiedene Schulreform, H. 23, Leipzig o. J., S. 58. »Die ›Entschiedenen Schulreformer‹, die die Schule als Ort der Selbstentdeckung, der allmählichen Selbstentschleierung wollen, als Stätte der Menschenbildung, der allseitigen Erstarkung durch Erlebnis zum Leben, mußten sich selbstverständlich zur Jugend stellen, und Syneken, Engelbert, Graf, Andreesen usw. arbeiteten mit ihnen Hand in Hand, ohne daß die Auffassungen und Forderungen beider Seiten sich etwa restlos deckten.«
5 Helmut König (Hrsg.): Prof. D. h. c. Paul Oestreich 1878–1959. Materialien des Kolloquiums anläßlich des UNESCO-Gedenktages am 30. März 1978, APW der DDR (AGE), Berlin 1978, S. 45, (Beitrag von Christa Uhlig).
6 Die Neue Erziehung, 3. Jg. (1921), H. 4, S. 98.
7 Wesentliche Quellenstellen aus den Schriften P. Oestreichs wurden anläßlich seines 100. Geburtstages ausgewählt: P. Oestreich: Entschiedene Schulreform, Schriften eines politischen Pädagogen. Eingeleitet, ausgewählt und erläutert von H. König und Manfred Radtke, Berlin 1978, S. 43 ff.
8 Fritz Karsen: Die Schule der werdenden Ge-

sellschaft. Berlin 1922. Siehe auch F. Karsen: Deutsche Versuchsschulen der Gegenwart und ihre Probleme, Leipzig 1923, S. 100ff.

9 Siehe Deutschsprachige Publikationen sowjetischer Pädagogen in der Weimarer Zeit. Ausgewählt, eingeleitet und erläutert von Herbert Flach, Berlin 1962, S. 24 und S. 191ff.

10 P. Oestreich: Aus dem Leben eines politischen Pädagogen. Selbstbiographie, Berlin–Leipzig 1947, S. 9.

11 P. Oestreich: Die Parteien und die Schulreform. Berlin 1924, S. 34.
Die Neue Erziehung, 12. Jg. (1930), H. 8, S. 647.
P. Oestreich: Entschiedene Schulreform, S. 16–19.

12 P. Oestreich: Aus dem Leben ..., S. 77.

13 Siehe Notprogramm des Bundes Entschiedener Schulreformer. In: Die Neue Erziehung, 13. Jg. (1931), H. 11, S. 871/874. P. Oestreich: Die Begabung der Begabten. In: Die Neue Erziehung, 8. Jg. (1926), H. 4, S. 277ff.
P. Oestreich: Der schuldhafte Irrtum. In: Die Neue Erziehung, 14. Jg. (1932), H. 10, S. 729ff.
P. Oestreich: Aus dem Leben ..., S. 84ff.

14 Wo stehst Du, deutscher Volksschullehrer, am 5. März 1933 und bei den ihm folgenden Kämpfen? (Flugblatt 1933). Zit. in: H. König: Paul Oestreich – ein Kämpfer für den politischen und schulpolitischen Fortschritt. In: Pädagogik, 33. Jg. (1978), H. 5, S. 408.

15 Wir verweisen auf Heinrich Deiters, Fritz Helling, Franz Hilker, Richard Meschkat, Erich Paterna, Gertrud Rosenow, O. Tacke, Erich Viehweg.

16 Siehe Schöpferische Erziehung (Vorträge der »freien Reichsschulkonferenz« 31. 3./2. 4. 1920); Zur Produktionsschule (1920); Schule und Beruf (veröffentlicht unter dem Titel Beruf und Menschentum, 1921); Jugendnot (1922); Die Produktionsschule (1923); Die ewige Revolution (internationale Geschichtstagung, 1924); Der neue Lehrer (1925); Der Jugendhelfer (1926); Großstadt und Erziehung (1927); Beruf – Mensch – Erziehung (1928); Erziehung zur Liebe (1929); Frauenbildung und Kultur (1930); Jugend, Erziehung und Politik (1931); Das Kleinkind, seine Not und seine Erziehung (1932).

Paul Mitzenheim

Bundesstaatlich-konstitutionelle Vereinigung (BkV) 1867–1871
(Bundesstaatlich-konstitutioneller Verein)

Die BkV war eine Fraktion des Reichstags des Norddeutschen Bundes, zu der sich anti-preußisch und partikularistisch eingestellte Kräfte sehr unterschiedlicher Couleur zusammen-geschlossen hatten. Ihre Mitglieder stammten größtenteils aus den neu annektierten preu-ßischen Provinzen Hannover und Schleswig-Holstein. Die soziale Basis der BkV wurde von Teilen des Adels, der Bauernschaft und des Kleinbürgertums gebildet. Das Ziel der BkV bestand vor allem darin, die parlamentarische Beratung des Verfassungsentwurfs und über-haupt die Gesetzgebung des Norddeutschen Bundes in föderalistischem Sinne zu beeinflussen. Die sehr inhomogene BkV war ein Produkt des tiefgreifenden Umschichtungsprozesses, dem die bürgerlichen Parteien nach 1866 unterlagen, und sie zerfiel folgerichtig nach wenigen Jahren wieder. 1871 schlossen sich diejenigen ehemaligen Mitglieder der BkV, die in den Deutschen Reichstag gewählt worden waren, dem ↗ Zentrum (Z), der ↗ Liberalen Reichspartei (LRP), der ↗ Deutsch-Hannoverschen Partei (DHP) sowie der ↗ Deutschen Fortschrittspartei (DFP) an.

Die politischen Ereignisse des Jahres 1866 leiteten in Preußen und ganz Norddeutsch-land auch eine tiefgreifende Umwälzung des Gefüges der bürgerlichen Parteien ein. Das Gros der Bourgeoisie, repräsentiert von der ↗ Nationalliberalen Partei (NLP), und ein Teil des preußischen Adels, repräsentiert von der ↗ Reichs- und freikonservativen Partei (RFKP), unterstützte fortan die Bismarck-sche »Revolution von oben«. In den neu an-nektierten Provinzen Hannover und Schles-wig-Holstein übten insbesondere Teile von Adel, Bauernschaft und Kleinbürgertum von legitimistischen und partikularistischen Posi-tionen aus Kritik an der »Revolution von oben«. Breite katholische Bevölkerungs-kreise hatten 1866 die Politik Preußens mit Empörung verfolgt und waren seitdem von tiefer Besorgnis erfüllt. Im alten Deutschen Bund hatte es eine katholische Bevölkerungs-mehrheit gegeben, und die katholische Groß-macht Österreich hatte den Vorsitz im Bun-destag innegehabt. Im Norddeutschen Bund hingegen waren die Katholiken in der Min-derheit, und die protestantische Großmacht Preußen übte in dem neuen Staatsgebilde die Hegemonie aus.
Bei den Wahlen zum konstituierenden Reichstag des Norddeutschen Bundes am 12. Februar 1867 wurde eine Anzahl von Parteigängern des entthronten Königs

GEORG V. VON HANNOVER und von Friedrich (VIII.) PRINZ VON AUGUSTENBURG gewählt. Diese Partikularisten waren sich mit einigen der katholischen Abgeordneten in der anti-preußischen Einstellung sowie in dem Bestre-ben einig, bei der parlamentarischen Beratung des Entwurfs einer Verfassung des Nord-deutschen Bundes und überhaupt bei der künftigen Gesetzgebung allen zentralisti-schen Tendenzen entgegenzuwirken und den neuen Staat so föderalistisch als irgend möglich auszugestalten.
Im konstituierenden Reichstag fanden sich in der BkV zusammen: Conrad BOCKELMANN, Friedrich Wilhelm VON BOTHMER, Ehrenreich EICHHOLZ, Karl GEBERT, Theodor GÜNTHER, Ernst FREIHERR VON HAMMERSTEIN-LOXTEN, Wilhelm FREIHERR VON HAMMERSTEIN-LOX-TEN, Friedrich JENSEN, Arnold KITZ, Her-mann VON MALLINCKRODT, Alexander FREI-HERR VON MÜNCHHAUSEN, Wilhelm OEHMI-CHEN, Eduard REEDER, Alex FREIHERR VON RÖSSING, Friedrich SACHSSE, Rudolf SCHLEI-DEN, Ludwig SCHRADER, Friedrich VON SCHWARZE, Adolf VON WARNSTEDT, Ludwig WINDTHORST, Heinrich ZACHARIÄ.[1] Drei der Fraktionsmitglieder waren ehemalige hanno-versche Minister (W. VON HAMMERSTEIN-LOXTEN, A. VON MÜNCHHAUSEN, L. WINDT-HORST). Nur ein einziges Mitglied (H. VON MALLINCKRODT) war in einer der altpreußi-

schen Provinzen gewählt worden. Der größere Teil der Fraktionsmitglieder war protestantischer Konfession, der kleinere Teil katholischer. Neben dem Fraktionsvorsitzenden R. SCHLEIDEN spielte H. VON MALLINCKRODT in der Fraktion eine führende Rolle (L. WINDTHORST trat erst in den folgenden Jahren in den Vordergrund).

In der Debatte über den Bismarckschen Entwurf einer Verfassung des Norddeutschen Bundes nahm die BkV eine widerspruchsvolle Haltung ein. In mancher Hinsicht war ihre Position ausgesprochen reaktionär. So befürwortete L. WINDTHORST am 28. März 1867 ganz im Sinne des Verfassungsentwurfs die öffentliche Stimmabgabe bei den Reichstagswahlen.[2] In einem wichtigen Punkt ging die Fraktion sogar noch weit über den Bismarckschen Entwurf hinaus, indem sie den Antrag einbrachte, als Gegengewicht zum direkt gewählten Reichstag ein Oberhaus zu errichten[3], in dem »die aristokratischen Elemente des Staates eine dauernde sichere Vertretung finden« sollten.[4] Bei der Begründung des Antrags behauptete L. WINDTHORST: »Ohne Aristokratie in ständischer Verfassung ist weder das monarchische Prinzip dauernd aufrechtzuerhalten, noch ist die Gemeinfreiheit ohne Aristokratie aufrechtzuerhalten.«[5]

Andererseits trat die BkV – in dem Bestreben, der Hegemonie Preußens entgegenzuwirken und die Rechte der Bundesstaaten zu sichern – wiederholt gemeinsam mit der *DFP* und dem linken Flügel der *NLP* dafür ein, die wenigen im Verfassungsentwurf enthaltenen demokratischen Rechte auszubauen. So beantragte sie, die in der preußischen Verfassung verankerten staatsbürgerlichen Grundrechte in die Verfassung des Norddeutschen Bundes zu übernehmen[6] und unterstützte den Antrag WEBER/VON THÜNEN[7], der die Einführung von Diäten für die Abgeordneten und die Erstattung der Reisekosten forderte.

Bei der Schlußabstimmung am 16. April 1867 stimmten dann 12 Mitglieder der BkV gemeinsam mit den Polen und dem Gros der Fortschrittler gegen den Verfassungsentwurf, 10 (C. FRANCKE, K. GEBERT, Th. GÜNTHER, E. VON HAMMERSTEIN-LOXTEN, A. KITZ, F. SACHSSE, R. SCHLEIDEN, F. VON SCHWARZE, A. VON WARNSTEDT, H. ZACHARIÄ) votierten dafür.

Hatten der BkV im konstituierenden Reichstag vor allem welfisch gesinnte Hannoveraner und augustenburgisch gesinnte Schleswig-Holsteiner angehört, so war sie im Reichstag des Norddeutschen Bundes, wo sie anfänglich 20 Mitglieder zählte, noch wesentlich heterogener zusammengesetzt. Neben konservativen sächsischen Partikularisten (Karl ACKERMANN [ab März 1869], Th. GÜNTHER, F. SACHSSE, F. VON SCHWARZE) umfaßte sie zeitweise sogar Linksliberale (Albert HÄNEL, Karl LORENTZEN – beide aus Schleswig-Holstein). Der bisher fraktionslos gebliebene Peter REICHENSPERGER schloß sich nun der BkV an. Fraktionsvorsitzender wurde W. OEHMICHEN. Vier Schleswig-Holsteiner (A. HÄNEL, K. LORENTZEN, W. KRAUS, R. SCHLEIDEN) traten bald wieder aus dem BkV aus. Bereits im September 1867 war das von R. SCHLEIDEN, A. HÄNEL und Th. GÜNTHER verfaßte endgültige Programm der BkV veröffentlicht worden. Es lautete:

»Nachdem der Norddeutsche Bund durch die Annahme der Verfassung vom 16. April d. J. eine bestimmte Gestaltung erhalten hat und durch den Zollvereinsvertrag vom 8. Juli d. J. für wichtige gemeinschaftliche Interessen eine Vertretung ganz Deutschlands mit Ausnahme der deutschen Provinzen Österreichs geschaffen ist, sehen die Unterzeichneten hierin die Grundlage und den Ausgangspunkt ihrer Tätigkeit im Reichstag und im Zollparlament. Sie betrachten es als ihre Hauptaufgabe, nach Kräften dazu mitzuwirken, daß baldmöglichst die völlige Einigung aller deutschen Staaten unter einer und derselben Verfassung, welche in bundesstaatlich-konstitutioneller Form eine selbständige, dem Parlament verantwortliche Zentralgewalt gleichmäßig über alle Staaten organisiert, auf friedlichem Wege erfolge. Die Unterzeichneten finden die besten Mittel zur Erreichung dieses Zieles in der wahrhaft freisinnigen Entwicklung der Verfassung des Norddeutschen Bundes, namentlich durch Sicherung eines umfassenden Selbstverwaltungsrechts der Provinzen, Kreise und Gemeinden sowie durch Feststellung von Garantien der politischen und kirchlichen Freiheit, welche allen Angehörigen des Norddeutschen Bundes zu gewähren ist, in der Förderung der gewerblichen und geistigen Interessen, in der Schonung der persönlichen und materiellen Kraft des Volkes und in der Wahrung möglichster Selbständigkeit und Selbstbestimmung der einzelnen Staaten in allen inneren Angelegenheiten, soweit dies mit der Handhabung einer künftigen Zentralgewalt vereinbar ist. Die Unterzeichneten vereinigen sich deshalb zu regelmäßigen Vorbesprechungen über alle dem

Reichstag und dem Zollparlament zu machenden Vorlagen mit dem Bestreben, die vorstehenden Grundsätze möglichst zur Geltung zu bringen.«[8]

In den Jahren 1867 bis 1870 stand dann bei der Tätigkeit des Reichstags die Wirtschaftsgesetzgebung stark im Vordergrund, und auf diesem Felde trat die BkV auffällig wenig hervor. So gehörte beispielsweise der 28köpfigen Kommission, die am 19. März 1869 zur Vorbereitung der außerordentlich wichtigen Gewerbeordnung gebildet wurde, kein einziges Mitglied der Fraktion an.

Nach den Wahlen zum Deutschen Reichstag im Jahre 1871 löste die BkV sich auf. Soweit ihre ehemaligen Mitglieder wiedergewählt worden waren, schlossen sie sich dem *Z*, der *LRP*, der *DHP* sowie der *DFP* an.

Quellen und Literatur

Hauptquelle für die Geschichte der BkV sind die StBVRei. In der bürgerlichen Literatur finden sich nur knappe Ausführungen über die BkV, so bei Ludolf Parisius[9], Otto Pfülf[10], Eduard Hüsgen[11] und Karl Bachem[12]. Von marxistischer Seite hat sich bisher als einziger Herbert Gottwald[13] über die BkV geäußert.

Anmerkungen

1 Theodor Günther, Wilhelm Oehmichen, Rudolf Schleiden und der später eingetretene Albert Hänel sind bei Max Schwarz »MdR. Biogra-

phisches Handbuch der deutschen Reichstage« (Hannover 1965) nicht als Mitglieder der BkV ausgewiesen. Siehe aber Ludolf Parisius: Deutschlands politische Parteien und das Ministerium Bismarck. Ein Beitrag zur vaterländischen Geschichte mit einem Vorwort über die gegenwärtige Kanzlerkrisis, Bd. 1 [einziger Bd.], Berlin 1878, S. 108. Karl Bachem: Vorgeschichte, Geschichte und Politik der deutschen Zentrumspartei, Bd. 3: Das neue Zentrum und der Kulturkampf in Preußen 1870–1880, Köln 1927, S. 17.

2 StBVRei., 1867, S. 425.

3 Antrag Zachariä. In: Ebenda, Anlagen, S. 53. Der Antrag wurde am 28. 3. 1867 ohne namentliche Abstimmung abgelehnt.

4 Ludwig Windthorst am 28. 3. 1867. In: StBVRei., 1867, S. 426.

5 Ebenda.

6 Antrag Schrader. In: Ebenda, Anlagen, S. 44f. Der Antrag wurde am 19. 3. 1867 mit 189:25 Stimmen abgelehnt.

7 Der Antrag wurde am 30. 3. 1867 mit 136:130 Stimmen angenommen.

8 K. Bachem, S. 17. Text des ursprünglichen Programms der BkV in: Ebenda, S. 16f. L. Parisius, S. 91, Anm.

9 Siehe Anm. 1.

10 Otto Pfülf: Hermann von Mallinckrodt, 2. Aufl. Freiburg (Breisgau) 1901.

11 Ed[uard] Hüsgen: Ludwig Windthorst. Sein Leben und Wirken, neue, vermehrte Ausg., Köln 1911, S. 64ff.

12 Siehe Anm. 1.

13 Herbert Gottwald: Ludwig Windthorst. Vom welfischen Minister zum Zentrumsführer. In: Gestalten der Bismarckzeit. Hrsg. Gustav Seeber, Berlin 1978, S. 199f.

Gerd Fesser

Bund für koloniale Erneuerung (BKE) 1929–1931

Der BKE entstand aus der Verschmelzung der Gesellschaft für koloniale Erneuerung mit dem Bund der Kolonialfreunde und hatte die Aufgabe, durch intensive Propaganda in den bürgerlichen Gewerkschaften, aber auch im ADGB, der kolonialen Rückeroberungspolitik des deutschen Imperialismus eine Massenbasis zu verschaffen. Trotz partieller Erfolge vorwiegend im ↗ Gesamtverband der christlichen Gewerkschaften Deutschlands scheiterte insgesamt das Vorhaben des BKE und führte zu seiner Übernahme in die ↗ Deutsche Kolonialgesellschaft (DKG).

1. Vorgeschichte des BKE
2. Programm und Tätigkeit des BKE
3. Quellen und Literatur

1. Vorsitzender

Wilhelm KÜLZ

Stellvertreter

Max COHEN-REUSS; Wilhelm MICKAUSCH

Presse

»Der Kolonialfreund. Zeitschrift für Kolonisation«, Jg. 1 (1923) – Jg. 9 (1931) (in den Jahren 1929–1931 offizielles Organ des BKE)
Korrespondenz »Wirtschaft und Kolonien«

1. Vorgeschichte des BKE

Neben der *Deutschen Kolonialgesellschaft (DKG)* bestanden in der Weimarer Republik eine Reihe weiterer Kolonialverbände, die mit einem speziellen Aufgabenfeld ihren Beitrag zur kolonialistischen Massenbeeinflussung des deutschen Volkes zu leisten versuchten. Gemeinsam war ihnen, daß sie die Kolonialbestimmungen des Versailler Vertrages nutzten, um Nationalismus und Revanchismus zu entfachen, und dabei versuchten, die von ihnen erhobene Forderung nach »kolonialem Lebensraum« als ein Anliegen des ganzen deutschen Volkes auszugeben. In diesen Rahmen sind auch die kolonialen Organisationen einzuordnen, die in bestimmter Berücksichtigung der neuen Existenzbedingungen des deutschen Imperialismus nach 1918 und in Erkenntnis dessen, daß der Massenwirksamkeit der traditionellen, vielfach noch dem Kaiserreich verhafteten Kolonialorganisationen Grenzen gesetzt waren, den Schwerpunkt ihrer Tätigkeit auf die kolonialpolitische Propaganda in der Arbeiterklasse legten. Für die Notwendigkeit einer intensiven kolonialen Werbetätigkeit in den bestehenden Arbeiterorganisationen – sowohl in den bürgerlichen Gewerkschaften als im *ADGB* – trat seit Anfang der 20er Jahre insbesondere der der ↗ *DVP* nahestehende und an der Hochschule für Politik lehrende Publizist Edgar STERN-RUBARTH ein. In einem Schreiben an den Vorsitzenden der *DKG* Heinrich SCHNEE im Jahre 1931 erinnerte E. STERN-RUBARTH daran, daß er bereits 1923 die Kolonialabteilung des Auswärtigen Amtes darauf aufmerksam gemacht habe,

»daß wegen der grundsätzlichen Einstellung unserer Linken selbst im Falle der Möglichkeit irgendeiner deutschen Wiederbetätigung auf kolonialem Gebiet innerpolitische Widerstände zu erwarten wären, die die Wahrnehmung solcher Chancen vereiteln könnten. Die in der Korag (↗ *Koloniale Reichsarbeitsgemeinschaft,* die Dachorganisation der verschiedenen kolonialen Verbände, H. G.) zusammengeschlossenen Organisationen schienen mir auf Grund ihres Charakters als Vertreter der alten Kolonialtätigkeit nicht geeignet, solche Widerstände abzuschwächen; es müsse vielmehr unter Einbeziehung der Gewerkschaften und ähnlicher, weite Volkskreise anderer Richtung umfassender Organisationen eine neue Kolonialbewegung geschaffen werden, die mit neuen Gesichtspunkten den Gedanken deutscher Kolonialarbeit ins Volk trage und bei der frühere Kolonialoffiziere und -beamte keine führende Rolle spielen dürften.«[1]

Zu den Kolonialorganisationen, die im Sinne der Aufgabenstellung E. STERN-RUBARTHS entstanden, gehörten die *Volksgemeinschaft für kolonialen Wiederaufbau* und der *Bund der*

Kolonialfreunde. Die 1925 gegründete *Volksgemeinschaft für kolonialen Wiederaufbau* wollte »im Einvernehmen mit den bereits bestehenden Verbänden und in Fortführung der bereits geleisteten wertvollen Arbeit jene Kreise des deutschen Volkes zur verständnisvollen kolonialen Mitarbeit heranziehen, die bis jetzt der kolonialen Sache fremd oder gar ablehnend gegenüberstanden — insbesondere die großen Arbeitnehmerverbände und sonstigen Organisationen«.[2] Nach dem Arbeitsprogramm von 1926 war die taktische Konzeption der *Volksgemeinschaft für kolonialen Wiederaufbau* so angelegt, daß die »Aufklärungsarbeit« beim *Gesamtverband der christlichen Gewerkschaften Deutschlands* und beim ↗ *Verband der Deutschen Gewerkvereine (Hirsch-Duncker) (VDG)* beginnen sollte, »um die Plattform für das Eindringen in die freien Gewerkschaften zu schaffen«.[3] Ihre Gründung widerspiegelte den mit dem Übergang zur Periode der relativen Stabilisierung des Kapitalismus wieder erhöhten Stellenwert der Kolonialfrage für den deutschen Imperialismus. Die *Volksgemeinschaft für kolonialen Wiederaufbau,* zu deren Ehrenmitgliedern u. a. E. STERN-RUBARTH, Ernst LEMMER, Adam STEGERWALD und die Reichstagsabgeordneten Otto FISCHBECK, Bernhard DERNBURG und Carl CREMER gehörten, vermochte aber keine wesentliche Wirkung zu erzielen und ging 1927 in der *Gesellschaft für koloniale Erneuerung* auf.

Der im März 1922 in Berlin gegründete *Bund der Kolonialfreunde* war ebenfalls vor allem bestrebt, »in linksgerichteten Kreisen für den kolonialen Gedanken zu werben«.[4] Dieser Aufgabenstellung suchte der *Bund der Kolonialfreunde* durch »häufige Volksversammlungen mit kolonialen Vorträgen, durch Volks-Kolonialfeste im volkstümlichen Rahmen, durch Verbindung mit der Tagespresse, durch Errichtung von Gruppen in allen Teilen des Reiches, durch Errichtung kolonialer Gruppenbüchereien, ... durch die Verbreitung des kolonialen Gedankens in der Jugend, durch Versendung von Werbematerial«[5] gerecht zu werden. Gefördert insbesondere durch Paul ROHRBACH, H. SCHNEE, B. DERNBURG und den Afrikareisenden Hans SCHOMBURGK erhöhte sich die Mitgliederzahl des Bundes von 400 im Jahre 1922 auf etwa 5 000 im Jahre 1926. Nach Auffassung des Präsidenten der *DKG,* Theodor SEITZ, rekrutierte sich die Mitgliedschaft des *Bundes der Kolonialfreunde* »durchweg aus Arbeiterkreisen«.[6]

Größere Bedeutung als der *Bund der Kolonialfreunde* besaß die 1926 gegründete *Gesellschaft für koloniale Erneuerung.* Zwar stellte sich auch diese Gesellschaft die Aufgabe, »in der kolonialen Aufklärung neue Wege zu zeigen ... und die breiten Schichten des Volkes für den kolonialen Gedanken zu gewinnen«[7], unterschied sich aber vom *Bund der Kolonialfreunde* vor allem in zweifacher Hinsicht. Die *Gesellschaft für koloniale Erneuerung* war bestrebt, »eine Arbeitsgemeinschaft der großen wirtschaftlichen Verbände herbei(zu)führen, um schon in den Führerkreisen eine Einigung über die Wege der Kolonialpolitik vorzubereiten«[8], und war davon ausgehend nur an korporativen Mitgliedschaften interessiert. In enger Fühlungnahme mit dem Auswärtigen Amt und der *Kolonialen Reichsarbeitsgemeinschaft*[9] sah die *Gesellschaft für koloniale Erneuerung* ihre Aufgabe in einer Ergänzung der Tätigkeit der bereits bestehenden Kolonialorganisationen:

»Die koloniale Frage darf nicht ausschließlich aus dem Gedanken an Vergangenes betrachtet werden. Pflege der Tradition soll und muß sein, aber die Betätigung muß auf Gegenwart und Zukunft des deutschen Volkes zielen, unter stärkster Berücksichtigung seiner bevölkerungs- und wirtschaftspolitischen Bedürfnisse. Diese Arbeit kann jedoch mit Aussicht auf Erfolg nur unter Beteiligung der weitesten Volkskreise geleistet werden.«[10]

Schwerpunkte des Arbeitsprogramms dieser Kolonialgesellschaft bestanden in der »Aufklärung über die kulturelle und wirtschaftliche Bedeutung eines richtigen Verhältnisses von Raum, Bevölkerungszahl und Wirtschaftskraft eines Volkes«, in der »Herstellung einer wirtschaftlichen Einheitsfront für koloniales und weltwirtschaftliches Wollen und Schaffen«, in der »Gewinnung und Sammlung aller für die Kolonialwirtschafts-Politik in Frage kommenden wirtschaftlichen Verbände und Vereinigungen« und in den dazu erforderlichen propagandistischen Aktivitäten.[11] Dieses Programm erlangte nicht nur die Zustimmung bürgerlicher Gewerkschaftsführer, sondern wurde auch vom ↗ *Reichsverband der Deutschen Industrie*

(RDI) »auf das wärmste« begrüßt.[12] Unter dem Vorsitz des ehemaligen Staatssekretärs Maximilian KEMPNER waren im Vorstand und Beirat der *Gesellschaft für koloniale Erneuerung* u. a. vertreten die christlichen Gewerkschaftsführer A. STEGERWALD, Franz BEHRENS, Bernhard OTTE, Otto THIEL und Peter TREMMEL, E. LEMMER, E. STERN-RUBARTH, Ludwig KASTL als Vertreter des *RDI*, Otto KEINATH vom *Reichsverband des Deutschen Groß- und Überseehandels*, der rechte Sozialdemokrat M. COHEN-REUSS sowie das Vorstandsmitglied des *ADGB* KNOLL. Ungeachtet partieller Erfolge der *Gesellschaft für koloniale Erneuerung* vermochte sich diese Kolonialorganisation den seit 1928 verstärkt wirkenden Bestrebungen zu einer Zentralisierung und Zusammenfassung analog wirkender Kolonialvereine nicht zu entziehen. In der Kolonialabteilung des Auswärtigen Amtes wurde Anfang Februar 1929 ein »grundsätzliches Einverständnis über die Notwendigkeit und Zweckmäßigkeit der Fusion« zwischen dem *Bund der Kolonialfreunde* und der *Gesellschaft für koloniale Erneuerung* erzielt.[13] Mit der Zustimmung des Bundestages des *Bundes der Kolonialfreunde* am 4. Mai 1929 in Görlitz war der Fusionsprozeß abgeschlossen, in dessen Ergebnis der neue Bund für koloniale Erneuerung entstand.

2. Programm und Tätigkeit des BKE

Die Programmatik des BKE war im wesentlichen eine Fortschreibung des Arbeitsprogramms der *Gesellschaft für koloniale Erneuerung.* In seiner Satzung bekannte er sich zur parteipolitischen und religiösen Neutralität und stellte sich die Aufgabe, »auf neue Wege der Kolonialpolitik hinzuweisen. Er will insbesondere die wirtschaftliche Bedeutung kolonialer Betätigung klarstellen, alle Möglichkeiten kolonialer Arbeit untersuchen, das entsprechende Material sammeln, prüfen und es weitesten Volkskreisen zugängig machen«.[14] Daraus ergaben sich für die Arbeit des BKE folgende Schwerpunkte:

»1. Die Aufklärung über die Notwendigkeit kolonialer Arbeit und tätiger Beteiligung Deutschlands an der Erschließung der Brachländer der Erde zwecks Sicherstellung der derzeitigen und künftigen Lebensbedürfnisse des deutschen Volkes,

2. die Untersuchung der Möglichkeiten solcher kolonialen Arbeit, ständig erneute Prüfung und Nutzung der weltpolitischen Möglichkeiten, die sich zur Beseitigung unserer Raumnot bieten und auf die Verbreitung entsprechender Kenntnisse,

3. internationale Zusammenarbeit bei den kolonisatorischen Erschließungsarbeiten zwecks Sicherung sozialer Arbeitsmethoden,

4. Förderung aller Bestrebungen und Organisationen, die auf die Ausbildung von Handwerkern, Landwirten, Kaufleuten, Technikern usw. für koloniale Tätigkeit sowie auf die Hebung der sozialen und kulturellen Lage der unentwickelten Länder hinzielen,

5. die Pflege aller Einrichtungen, die eine Erforschung und Bewahrung des Eingeborenen-Kulturgutes und die weitere Entwicklung in geistiger und leiblicher Beziehung bezwecken, mit dem Ziel, den afrikanischen Menschen allmählich gleichberechtigt in die menschliche Gesellschaft einzugliedern,

6. die Aufnahme von Verbindungen mit all den in- und ausländischen politischen und Wirtschaftskreisen, die unsere Erfolgsaussichten vermehren können.«[15]

Dieses Arbeitsprogramm des BKE war in der Form und auch in der inhaltlichen Stoßrichtung zurückhaltender als die entsprechenden Kolonialkundgebungen der *DKG*, vermied Forderungen nach bedingungsloser Rückgabe der Kolonien und legte den Hauptakzent auf die »wirtschaftliche Kolonialarbeit«. Aus dem Status Deutschlands als offizielles Nichtkolonialland leitete der BKE die Möglichkeit ab, sich in demagogischer Weise zum Vorkämpfer der Rechte der kolonial unterdrückten Bevölkerung aufzuwerfen. Auch die pronnoncierte Betonung der Notwendigkeit internationaler Zusammenarbeit und Kontakte machte deutlich, daß der BKE bereit war, den veränderten weltpolitischen Konstellationen nach dem ersten Weltkrieg und dem vorerst noch eingeschränkten Aktionsradius des deutschen Imperialismus bis zu einem gewissen Grade Rechnung zu tragen. Das änderte aber nichts daran, daß der BKE in seiner täglichen propagandistischen Arbeit weitreichende Kolonialambitionen zum Ausdruck brachte und die Kolonialforderungen des deutschen Imperialismus in breitesten Kreisen der Bevölkerung zu popularisieren versuchte. Für W. KÜLZ, der als Vorsitzender des BKE in der Öffentlichkeitsarbeit besonders hervortrat[16], war es »eine der wesentlichsten der weltwirtschaftlichen Aufgaben, Deutschland wieder in die Reihe der kolonisierenden Mächte einzuordnen«.[17] Im Mai 1930 forderte W. KÜLZ erneut »kolonialwirtschaftliche Betätigung durch Deutschland. . . . Es ist jetzt nach Annahme des YOUNG-Plans Pflicht der deutschen Politik, planmäßig und zielbewußt, wenn auch vorsichtig, auf dieses Ziel los(zu)steuern.«[18]

Es gelang dem BKE, eine im Vergleich zur *Gesellschaft für koloniale Erneuerung* etwas breitere Basis durch den Beitritt weiterer Organisationen *(Deutscher Bankbeamtenverein, Verband der technischen Assistentinnen, ↗ Gewerkschaftsbund der Angestellten [GDA])* zu erreichen und sich auch die Unterstützung bestimmter Exponenten des deutschen Monopolkapitals zu sichern. Neben den Vorstandsmitgliedern L. KASTL und O. KEINATH gehörten dem Beirat des BKE an: Ernst VON BORSIG, Abraham FROWEIN, Max SCHLENKER und der Vorsitzende des Vorstandes der Woermann-Linie A. G. Arnold AMSINCK. Zwar gab der BKE vor, eine »von allen Parteien von der Sozialdemokratie bis zu den Deutschnationalen getragene«[19] Organisation zu sein, doch stand er schwerpunktmäßig der ↗ DDP und ↗ DVP besonders nahe.

Die Weltwirtschaftskrise, unter deren Schatten sich die Tätigkeit des BKE vollzog, versuchte er in der Weise in seine Kolonialpropaganda einzubeziehen, daß er die Kolonien als entscheidendes Mittel zur Überwindung der Arbeitslosigkeit pries: »Weltkolonisation ist Tat – schafft Arbeit – bringt Entwirrung – stiftet Frieden.«[20] Wie Luitpold HOSER, der Geschäftsführer des BKE, in bewußter Untertreibung des erreichten Standes nationalistischer und revanchistischer Verhetzung des deutschen Volkes schrieb, gab die Weltwirtschaftskrise dem BKE die Hoffnung, »daß die Kolonialfragen bei der Gesamtheit unseres Volkes nicht mehr so lau und teilweise moskowitisch gefärbt gesehen werden, sondern daß durch die Erkenntnis von den großen Entwicklungstendenzen der Neuzeit auch eine richtige und der neuzeitlichen Geistesverfassung angepaßte Kolonialpolitik bei den deutschen Parteien eine Förderung erfährt, wie sie der Bedeutung seiner Grundlagen

entspricht«.[21] Vor allem die Flugblätter des BKE, mit denen er sich vorrangig an die gewerkschaftlich organisierten Arbeiter wandte, waren von der Grundthese durchzogen, daß »koloniale Erneuerung«, d. h. Rückeroberung der Kolonien, »wirtschaftliche Wiedergeburt« bedeute:

»Wer der deutschen Arbeiterschaft die Zukunft sichern und den farbigen Völkern helfen will, muß soziale Kolonialpolitik treiben ... Deutscher Arbeiter, die halbe Erdoberfläche harrt noch der Erschließung und da willst Du mit den alten Unken auf den Untergang des Abendlandes warten? Du bist ein Werdender, sichere für Dich und Deine Kinder einen gerechten Anteil an der Erde, freien Raum für Dich und Dein Volk.«[22]

Derartige demagogische Kolonialparolen sollten nicht nur der kolonialistischen Massenbeeinflussung dienen, sondern zielten auch darauf ab, die deutsche Arbeiterklasse von den nationalen antikolonialen Kräften in den ehemaligen Kolonien des deutschen Imperialismus zu trennen. Trotz Unterstützung durch Monopolkreise und das Auswärtige Amt traten unter den Bedingungen der Weltwirtschaftskrise bereits in der zweiten Jahreshälfte 1930 ernsthafte finanzielle Gefährdungen der Existenz des BKE ein. Negativ für den BKE wirkten sich auch frühzeitig hervortretende Spannungen mit der *DKG* aus. Bereits im Juli 1929 stellte der Generalsekretär der *DKG* fest: »Der Bund soll nur in Gewerkschaften arbeiten, er strebt aber auch Rechtskreise zu gewinnen, das müssen wir verhindern.«[23] Entscheidend für das Scheitern des BKE war aber letztlich, daß er seiner eigentlichen Aufgabenstellung, breite Kreise der Arbeiterschaft für eine aktive Kolonialpolitik zu gewinnen, nicht gerecht zu werden vermochte und sich nicht als wirksames Instrument der kolonialistischen Massenbeeinflussung bewährt hatte. Bestimmten Erfolgen in den Beamten- und Angestelltenorganisationen, teilweise auch in den christlichen Gewerkschaften, stand besonders gravierend gegenüber, daß der BKE trotz der Hilfe rechter Führer des *ADGB* – neben KNOLL trat vor allem der Gewerkschaftssekretär Franz Joseph FURTWÄNGLER hervor – in den freien Gewerkschaften keinen tieferen Masseneinfluß erlangen konnte. Nach internen Einschätzungen der *DKG* gehörten Anfang 1931 die Mitglieder des BKE

»zu einem Viertel den politisch linksgerichteten Gruppen an, zu drei Vierteln den Rechtsparteien«.[24] Seit Oktober 1930 fanden Verhandlungen über den Beitritt der Mitglieder des BKE zur *DKG* zwischen beiden Organisationen statt. Nach der Zusicherung des Präsidiums der *DKG*, den besonderen Aufgabenkreis des BKE künftig in ihrer Organisation wahrzunehmen und führende Vertreter des BKE in Hauptausschuß und Vorstand der *DKG* zu kooptieren, stimmte der Bundestag des BKE am 21. März 1931 der Auflösung zu.[25] In einem letzten Schreiben an die Vorsitzenden der Bezirke und der Ortsgruppen vom 25. März 1931 umging der Vorstand des BKE die tieferen Ursachen seines Scheiterns und rechtfertigte den Übergang in die *DKG* als weiterer Schritt »auf dem Wege der Zusammenfassung der für die deutsche koloniale Sache wirkenden Kräfte«.[26] Am 1. April 1931 ging der BKE in der ↗ *DKG* auf.

3. Quellen und Literatur

Der Bestand Deutsche Kolonialgesellschaft im ZStA Potsdam enthält wertvolles Material zur Geschichte der Gesellschaft für koloniale Erneuerung und des BKE (siehe die Anmerkungen). Darstellungen zur Geschichte des BKE liegen bisher nicht vor.

Anmerkungen

1 Edgar Stern-Rubarth an Heinrich Schnee, 9. 5. 1931. In: ZStA Potsdam, Deutsche Kolonialgesellschaft, Nr. 365, Bl. 8.
2 Volksgemeinschaft für kolonialen Wiederaufbau an Theodor Seitz, 2. 12. 1925. In: Ebenda, Nr. 363, Bl. 67.
3 Arbeitsprogramm der Volksgemeinschaft für kolonialen Wiederaufbau von 1926. In: Ebenda, Nr. 363, Bl. 26.
4 So Erich Duems (Generalsekretär der Deutschen Kolonialgesellschaft) an den Divisionspfarrer Breithaupt, 11. 2. 1929 (Durchschlag). In: Ebenda, Nr. 342, Bl. 25.
5 Arbeit und Erfolg des Bundes der Kolonialfreunde im Jahre 1922. In: Ebenda, Nr. 342, Bl. 271 v.
6 Th. Seitz an Kurt Weigelt (Deutsche Bank), 6. 10. 1925 (Durchschlag). In: Ebenda, Nr. 363, Bl. 77.
7 Satzung der Gesellschaft für koloniale Erneuerung (August 1926). In: Ebenda, Nr. 366, Bl. 5.
8 Luitpold Hoser (Geschäftsführer der Gesellschaft für koloniale Erneuerung) an Wilhelm Kutscher, 20. 12. 1926. In: ZStA Potsdam, Deutscher Landwirtschaftsrat, Nr. 72, Bl. 44.
9 Ebenda.
10 Arbeitsprogramm der Gesellschaft für koloniale Erneuerung (1928). In: ZStA Potsdam, Deutsche Kolonialgesellschaft, Nr. 366, Bl. 3.
11 Ebenda.
12 Rundschreiben der Geschäftsführung des Reichsverbandes der Deutschen Industrie. 5. 3. 1928. In: Ebenda, Nr. 366, Bl. 4.
13 Auswärtiges Amt, Abt. III K, an Th. Seitz, 7. 2. 1929. In: Ebenda, Nr. 366, Bl. 12.
14 Satzung des Bundes für koloniale Erneuerung. In: Ebenda, Nr. 365, Bl. 11.
15 Arbeitsprogramm des Bundes für koloniale Erneuerung. In: ZStA Potsdam, NL Reinhard Mumm, Nr. 378, Bl. 51 v.
16 Der Bagatellisierung der Rolle von Wilhelm Külz als Vorsitzendem des BKE durch Armin Behrendt ist nicht zuzustimmen (Siehe Armin Behrendt: Wilhelm Külz. Aus dem Leben eines Suchenden, Berlin 1968, S. 213).
17 Der Kolonialfreund, Zeitschrift für Kolonisation, Nr. 3 vom 5. 3. 1930.
18 Kolonialpolitische Forderungen. In: Ebenda, Nr. 5 vom 5. 5. 1930.
19 Flugblatt »Braucht Deutschland Kolonien?«. In: ZStA Potsdam, Deutsche Kolonialgesellschaft, Nr. 365, Bl. 12.
20 Ebenda.
21 L. Hoser an Reinhard Mumm, 12. 8. 1930. In: ZStA Potsdam, NL R. Mumm, Nr. 378, Bl. 37.
22 Flugblatt des Bundes für koloniale Erneuerung. In: ZStA Potsdam, Deutsche Kolonialgesellschaft, Nr. 365, Bl. 14.
23 E. Duems an H. W. Bauer, 17. 7. 1929 (Durchschlag). In: Ebenda, Nr. 364, Bl. 11.
24 Rundschreiben des Präsidiums der Deutschen Kolonialgesellschaft an die Mitglieder des Vorstands und die Vorstände seiner Abteilungen, 25. 3. 1931. In: Ebenda, Nr. 365, Bl. 221.
25 Siehe Richtlinien für den Beitritt der Mitglieder des Bundes für koloniale Erneuerung zur Deutschen Kolonialgesellschaft. In: Ebenda, Nr. 365, Bl. 134–136.
26 Ebenda, Nr. 365, Bl. 138.

Herbert Gottwald

Bund Jungdeutschland (BJD)
1911–1933

(1924–1933 Arbeitsgemeinschaft der vaterländischen Jugend)

Mit dem BJD schufen sich die führenden deutschen Militärs eine Dachorganisation für alle bürgerlichen Jugendorganisationen. Seine Aufgabe bestand darin, die jahrelange materielle und ideologische Vorbereitung der deutschen Imperialisten auf eine kriegerische Auseinandersetzung durch eine zielstrebige ideologische und körperliche Vorbereitung der Jugend zu ergänzen. In diesem Sinne wurde ihm die Durchführung der vormilitärischen Ausbildung in den verschiedenen Jugendverbänden übertragen. In seinem Bestreben, auch die proletarische Jugend in die Ausbildung einzubeziehen, bekämpfte er besonders die antimilitaristische Haltung der in dieser Zeit erstarkenden Arbeiterjugendbewegung.

In der Weimarer Republik setzte er die Sammlung der militaristischen und chauvinistischen Jugendverbände unter dem Deckmantel der »Überparteilichkeit« und der »Überwindung der Klassengegensätze« fort. Sein Kampf richtete sich gegen die bürgerlich-parlamentarische Republik und galt der Niederhaltung der revolutionären Arbeiterbewegung. Der BJD entwickelte sich mit Unterstützung vor allem der Reichswehrführung wiederum zu einem Zentrum der wehrpolitischen Ausbildung der Jugend, dessen Aufgabe in der Schaffung eines breiten Reservoirs für die Aufstellung einer imperialistischen Massenarmee für einen neuen Aggressionskrieg war. Der BJD trug mit dieser Politik zur Faschisierung eines Teils der Jugend bei, er ging schließlich in der Hitlerjugend, der Jugendorganisation der ↗NSDAP, auf.

1. Gründung und Ziele des BJD
2. Der BJD – eine Organisation zur Vorbereitung der Jugend auf den Krieg
3. Der BJD im ersten Weltkrieg
4. Wiederbelebung, Ziele und Aufbau des BJD in der Weimarer Republik
5. Die propagandistische Tätigkeit des BJD
6. Der BJD – ein Zentrum der Militarisierung der Jugend in der Weimarer Republik
7. Quellen und Literatur

Vorsitzende

Generalfeldmarschall Colmar FREIHERR VON DER GOLTZ (1911–1916); Reichsfinanzminister a. D. Dr. Bernhard DERNBURG (1916 bis 1920); Studienrat Otto WÜLLENWEBER (1920–1924);
Generalmajor a. D. Rüdiger GRAF VON DER GOLTZ (1924–1930);
Generalmajor a. D. Ludwig VOGT (1930 bis 1933)

Stellvertretende Vorsitzende

Dr. Ferdinand GOETZ (ab 1911);
Generalleutnant Robert KRAUSE (1914 bis 1915);
Generalleutnant Rudolf Heinrich VON WACHS (ab 1915);

Studienrat O. WÜLLENWEBER (1924–1926);
Generalmajor a. D. L. VOGT (1928–1930);
Rechtsanwalt Otto KAMECKE (1930–1932)

Geschäftsführer

Generalmajor JUNG (1911–1914);
Oberstleutnant KNOTHE (ab 1914);
Generalmajor VON BAILER;
Hauptmann VON ZITZEWITZ (bis 1924);
Generalmajor a. D. L. VOGT (1926–1928)

Vom BJD erfaßte Jugendliche

1913 ca. 500 000
1914 ca. 745 000 (davon wurden 62 271 Jugendliche durch Neugründungen des BJD zusammengeführt)
1920 ca. 170 000
1921 ca. 140 000
1926/27 ca. 250 000

Presse

»Der Jungdeutschland-Bund«, Bundeszeitschrift, 1912–1917
»Jungdeutschland-Post, Zeitschrift für Deutschlands Jugend, herausgegeben von dem Bunde Jungdeutschland und der Deutschen Turnerschaft«, 1913–1921

»Nachrichtenblatt des Jungdeutschland-Bundes und des Deutschen Jungmädchendienstes«, 1926–1933
»Jugend und Reich«, Vortragsreihe, hrsg. von Dr. Kleo PLEYER
»Jahrbücher des Jungdeutschlandbundes«, 1927–1933.
Obwohl sich die Leitung des BJD von diesen Jahrbüchern distanzierte, publizierten Führer der im BJD zusammengeschlossenen Organisationen in ihnen. Erst ab 1931 wurden sie offiziell vom BJD herausgegeben.

Angeschlossene Jugendorganisationen und -vereine (Stand 1914)

Akademischer Sportbund
Allgemeine Radfahrer-Union
Altherrenbund des akademischen Turnerbundes
Altwandervogel, Bund für Jugendwanderungen
Bayerischer Wehrkraftverein
Bund deutscher Wanderer
↗ *Deutscher Flotten-Verein, Mexiko (DFV)*
Deutscher Fußball-Bund
↗ *Deutscher Pfadfinderbund (DPfB)*
Deutscher Radfahrer-Bund
Deutscher Ruderverband
Deutscher Schwimmerverband
Deutscher Stenographenbund Gabelsberger
Deutscher Verein für ländliche Wohlfahrts- und Heimatpflege
Deutsche Schwimmerschaft
Deutsche Sportbehörde für Athletik
↗ *Deutsche Turnerschaft (DT)*
↗ *Deutschnationaler Handlungsgehilfen-Verband (DHV)*
Flottenverein Jungdeutschland
Gau VI der Germania. Abstinenten-Bund an deutschen Schulen
Jugendfürsorge-Zentrale preußischer Rektoren, Lehrer und Lehrerinnen
Jugendpflege-Beirat des Kreises Herrschaft Schmalkalden
Jugendwehr-Regiment Ostfriesland
Jungdeutschland-Verein Edmonton Canada
Jungsturm, Blau-weiß-blaues Jugendkorps in Jungdeutschland
Kartell der deutschen Jugendwehren
Schwarz-weiß-rotes Regiment
Thüringer Wintersportverband
Verband Deutscher Gewerbe-Vereine und Handwerker-Vereinigungen

Verein für Handlungs-Commis von 1858
Vereinigung alter Burschenschaften von Großberlin
Wandervogel E. V., Mühlheim (Rhein)
Zentralausschuß zur Förderung der Volks- und Jugendspiele
Zentrale für Jugendklubs
Zentralkomitee der Katholischen Jünglingsvereinigungen Deutschlands

Angeschlossene Verbände (Stand 1926/27)

(Der größte Teil dieser Verbände schloß sich dem BJD im Verlauf der 20er Jahre an)

Gesamtverbände

Bund Deutscher Jungmannen
Bund Deutscher Ringpfadfinder
Bündische Reichsschaft
Deutsche Pfadfinderschaft
Deutscher Jugendbund Bismarck
Deutscher Jugendbund Olympia
Deutscher Pfadfinderbund
Deutsches Jugendwerk e. V.
Fahrende Gesellen
Freischar Junge Nation
Großdeutscher Jugendbund
Jugendbund von Alvensleben
Jung-Bayern
Jung-Berlin
Jungnationaler Bund
Jung-Schlesien
Jungstahlhelm
Jungsturm
Jung-Württemberg
Jugendgruppen des ↗ *Kyffhäuser-Bundes der Deutschen Landeskriegerverbände (KB)*
Nordmarkbund Deutscher Jugendkorps
Scharnhorstbund

Neben diesen in ihrer Gesamtheit im BJD vereinigten Verbänden hatten sich mit Teilen dem Bund angeschlossen:
Adler und Falken
Bismarckjugend der ↗ *DNVP*
Jugendgruppen der ↗ *DVP*
↗ *Jungdeutscher Orden (Jungdo)*
Jungwiking
Jungwolf

Eine enge Zusammenarbeit bestand mit der ↗ *DT*.
In einem Förderverhältnis stand der BJD mit folgenden Verbänden:

Deutscher Verein für ländliche Wohlfahrts-
pflege und Heimatpflege, Berlin
↗ *Deutscher Wehrverein (DWV)*
KB
Verband deutscher Gewerbe- und Handwerks-
vereinigungen, Darmstadt
Verband mittlerer Reichspost- und Telegra-
phenbeamten, Berlin
Korporativ war der BJD u. a. folgenden Or-
ganisationen angeschlossen:
↗ *Deutscher Reichsausschuß für Leibes-*
übungen (DRA)
↗ *Deutscher Schutzbund (DtSB)*
↗ *Reichsausschuß der deutschen Jugendver-*
bände (RAJ)
↗ *Vereinigte   vaterländische   Verbände*
Deutschlands (VvVD)

1. Gründung und Ziele des BJD

Die Gründung des BJD bildete einen neuen
entscheidenden Einschnitt der vielseitigen
Versuche seit der Jahrhundertwende, die
Jugend – besonders die schulentlassene proletarische Jugend – für die aggressive Expansionspolitik des deutschen Imperialismus
zu gewinnen.[1] Motiviert wurde die wachsende
Zielstrebigkeit durch tiefgreifende Auswirkungen der gewaltigen technischen Entwicklung auf die Anforderungen der Ausbildung
in der Armee, insbesondere der Infanterie,
und einen durch die zum großen Teil bestehenden verheerenden Lebensverhältnisse
und die wachsende Ausbeutung verursachten
hohen Stand der Untauglichkeit der Wehr-
dienstpflichtigen.[2] Besonders jedoch der antimilitaristische Charakter der sich in breiter
Front entwickelnden Arbeiterjugendbewegung stimulierte die Bemühungen der Monopolbourgeoisie und der Militärs. In einem
Votum zur »Fürsorge um die schulentlassene
männliche Jugend« vom Oktober 1910 forderte der Kriegsminister entschiedenere
Maßnahmen, der antimilitaristischen Erziehung der Arbeiterjugend entgegenzuwirken:
»Wenn wir nicht mit Gesetzen eingreifen,
laufen wir Gefahr, in absehbarer Zeit *ziel-*
bewußte Sozialdemokraten in *größerer* Zahl
(in das Heer, W. B.) einstellen zu müssen...
Die jetzt im Volk seitens gewissenloser
Agitatoren hervorgerufene Verhetzung ist
schon schlimm genug; eine Ausdehnung auf

die Armee hätte nicht nur für diese, sondern
für den ganzen Staat ernste Folgen.«[3]
Als unmittelbare Folge dieser ultimativen
Forderung des Kriegsministers führten alle
Bundesstaaten des Deutschen Reiches eine
staatlich finanzierte und gelenkte Jugendpflege ein. Wegweisend für diese Entwicklung wurde der Jugendpflegeerlaß vom
18. Januar 1911 in Preußen. Diese »Jugendpflege« sollte der heranwachsenden Jugend
eine Erziehung zu »körperlicher und sittlicher
Kraft« ermöglichen. Im wesentlichen reduzierte sich diese demagogische Umschrei-
bung der »Jugendpflege« auf das Bestreben,
alle Jugendlichen körperlich und ideologisch
auf den kommenden Krieg vorzubereiten. Zu
diesem Zweck wurden staatliche Jugend-
pflegeausschüsse aus Vertretern bürgerlicher
Jugendvereine, der Lehrerschaft und der
kommunalen Behörden gebildet.
Sehr schnell erwies sich jedoch diese Form
der Erziehung als nicht wirksam für die Bedürfnisse der Armee. Einmal war die Organisation nicht straff genug, zum anderen war
sie nicht ausreichend auf die militärischen
Anforderungen ausgerichtet. Aus diesem
Grunde befürworteten besonders die Militärs
einen Zusammenschluß der bürgerlichen Jugendorganisationen, um eine von zentraler
Seite gesteuerte vormilitärische Ausbildung
durchsetzen zu können.
Sehr interessiert an diesen Zentralisierungsbestrebungen zeigte sich das Kriegsministerium. Es ist deshalb auch festzustellen, daß
sich derartige Bestrebungen zunächst in den
Organisationen durchzusetzen begannen, die
sich bereits einer unmittelbaren Vorbereitung
auf den Dienst in der Armee zugewandt und
schon eine enge Verbindung zu den Militärs
hatten. So schlossen sich am 24. Juli 1911 die
über Deutschland verstreuten Jugendwehr-
vereine zu einem Kartell unter Führung des
Generals Kurt Wolf VON PFUEL zusammen.
Zu Beginn des Jahres 1911 vereinigten sich
alle Pfadfindergruppen zu einem eigenen
Reichsverband im *DPfB,* der sich im Juli 1911
mit dem *Bayerischen Wehrkraftverein* über
eine territoriale Abgrenzung ihrer Wirkungs-
bereiche einigte. Beide Vereine hatten sich
über große Teile Deutschlands ausgebreitet.
Sie kamen einander in ihren Zielen sowie in
den Mitteln und Methoden ihrer Durchsetzung am nächsten.

Die Tätigkeit dieser Organisationen war unmittelbar auf die vormilitärische Ausbildung gerichtet. Infolge dieser Einseitigkeit waren sie aber nicht geeignet, die Grundlage für eine alle bürgerlichen Jugendvereine umfassende Organisation zu geben. Diese unmittelbare Form der Vorbereitung auf den Heeresdienst stieß in Deutschland auf großen Widerstand. Sie zeigte zu offen die Ziele des Militarismus und konnte deshalb hemmend wirken.[4]

Solche Gesichtspunkte spielten eine bedeutende Rolle, als das preußische Kriegsministerium gemeinsam mit Vertretern des Offizierskorps – an deren Spitze der von WILHELM II. dafür berufene Generalfeldmarschall C. VON DER GOLTZ – die bürgerlichen Jugendorganisationen und -vereine im November 1911 zur Gründungsversammlung des BJD einlud. Die meisten der eingeladenen Vereine traten in der Folgezeit dem BJD bei.

Im § 1 der Satzung des BJD heißt es über dessen Zweck: »Der Bund ›Jungdeutschland‹ bezweckt, dem Zweig der Jugendpflege fördernd zu helfen, welcher durch planmäßige Leibesübungen die körperliche und sittliche Kräftigung der deutschen Jugend in vaterländischem Geist anstrebt.«[5]

Dieser Teil der Satzung galt der Schaffung einer Dachorganisation aller bürgerlichen Jugendvereine und -organisationen, deren verbindendes Band der Wehrgedanke sein sollte.

Im Gründungsaufruf des BJD hieß es: »Wir brauchen ein starkes Geschlecht für die Zukunft unseres Volkes. Nur eine wehrhafte Jugend sichert den Staaten und Nationen eine glückliche Zukunft. Das lehrt die Geschichte aller Zeiten bis in die jüngste Stunde.«[6] Die Sammlung der bürgerlichen Jugendvereine sollte ergänzt werden durch Neugründungen des BJD in Orten, wo bisher keine derartigen Vereine bestanden. Das Ziel war der Aufbau eines dichten Netzes von Jugendvereinen über das gesamte Reich, um möglichst große Teile der Jugendlichen zu erfassen. Mit der Schaffung einer derartigen Dachorganisation sicherten sich die Militärs ihren Einfluß in zweifacher Hinsicht. Einmal war es ihnen so möglich, die Einheitlichkeit der vormilitärischen Ausbildung in den vielen Organisationen zu sichern. Gleichzeitig gelang es ihnen, über die Erhaltung des Organisationspluralis-

mus ihren Einfluß auf große Teile der Jugendlichen zu erweitern. Damit ergänzten und vertieften die imperialistischen und militaristischen Kräfte den Prozeß der Militarisierung in Deutschland.

Zur Bewältigung dieser Aufgabe stellte sich der Bund das Ziel, der »nationalen Jugendpflege« noch fernstehende Kreise zur Mitarbeit heranzuziehen. Dabei orientierte sich der BJD besonders auf eine Erfassung von Offizieren. Dem BJD ging es auch um die Einbeziehung der proletarischen Jugend. Die besonders für die proletarische Jugend in den Städten unbedingt notwendige staatliche Förderung einer körperlichen Betätigung wurde jedoch grundsätzlich in den Dienst einer vormilitärischen Ausbildung zur Vorbereitung des imperialistischen Krieges gestellt. Mit dem Aufbau einer chauvinistisch-militaristischen Organisation schuf der BJD nicht nur ein Gegengewicht zur Arbeiterjugendbewegung, sondern auch gleichzeitig ein Organ zu deren Bekämpfung.

Das unmittelbare Interesse des Staates an einer seinen Bestrebungen dienenden Erziehung der Jugend zeigte sich an seiner Mitwirkung bei der Gründung.[7] Die Koordinierung der Tätigkeit von BJD und Staatsapparat übernahmen Vertreter der verschiedenen Ministerien, die Mitglieder der Bundesleitung wurden. Eine seinen Zielen entsprechende Unterstützung bekam der BJD besonders vom Kriegsministerium. Sie umfaßte alle Gebiete einer modernen vormilitärischen Ausbildung. Die Staatsbahn und eine Reihe von Privatbahnen gewährten Fahrpreisermäßigungen, und das Kultusministerium unterstützte den Abschluß einer großzügigen Haftpflicht- und Unfallversicherung.

Die enge Zusammenarbeit zwischen den staatlichen Organen und dem BJD charakterisierte diesen vor 1918 nicht nur als eine im Sinne der militärischen Ausbildung liegende Ergänzung der sog. Jugendpflegebestrebungen, sondern auch als eine halbstaatliche Organisation.

Die mit besonderem Hinweis auf den staatlichen Jugendpflegeerlaß erfolgte Gründung charakterisierte den BJD im Gegensatz zur Jugendbewegung als eine ausgesprochene »Jugendpflege«-Organisation. Demzufolge bildeten die Erwachsenen als Einzelmitglieder, die sich in fördernde und tätige unterschieden, die organisatorische Grundlage. Sie finanzierten gleichzeitig mit ihren Beiträgen den Bund. Die Mitglieder organisierten sich auf Bezirks- und Ortsgruppenbasis.

Das Arbeitsfeld des BJD, ursprünglich auf den Bundesstaat Preußen begrenzt, erweiterte sich durch den Anschluß der auf Länderbasis organisierten Jugendpflegeverbände auf ganz Deutschland. An der Spitze des Bundes stand die Zentralleitung mit dem Vorstand, der Bundesleitung und dem Ausschuß als Interessenvertretung aller dem Bund angehörenden Verbände. Eigentliche ausführende Organe waren die Vertrauensmänner. Sie wurden eingesetzt für die einzelnen Bundesstaaten und die preußischen Regierungsbezirke. Fast alle vor dem ersten Weltkrieg tätigen Vertrauensmänner waren Militärs. Wie eng die Verbindung zwischen der Armee und dem BJD war, bewies der Einsatz dieser Offiziere. In Preußen wurden sie im Einverständnis mit den Kommandierenden Generalen und der Bundesleitung ernannt, in den einzelnen Bundesstaaten von den Landesfürsten eingesetzt. Diese Vertrauensmänner sollten mit Hilfe eines Beirates aus Vertretern der Behörden und einflußreichen Privatleuten nicht nur die Aufgaben des Bundes in den einzelnen Vereinen wahrnehmen, sondern auch die Finanzierung sichern.[8] Die Leitung des BJD war sehr daran interessiert, die Bedeutung der Vertrauensmänner zu erhöhen; sie empfahl ihnen deshalb, keine Funktionen in einem der Vereine zu übernehmen, um so den Status der Unparteilichkeit zu wahren.

2. Der BJD – eine Organisation zur Vorbereitung der Jugend auf den Krieg

Entsprechend seiner Zielstellung orientierte sich der BJD zunächst sehr einseitig auf denjenigen Zweig der sog. Jugendpflege, welcher die körperliche Ausbildung in den Vordergrund stellte. Die Grundlage dafür bildeten die sog. Jungdeutschland-Übungen, die der körperlichen Kräftigung und der Schärfung der Sinne dienen sollten. Sie waren im eigentlichen Sinne militärische Übungen: Kriegsspiele, Lager-, Aufmerksamkeitsübungen, Entfernungsschätzen, Spähtrupp, Nachtübungen, Samariterübungen u.a. Der Zweck dieser Veranstaltungen war es, die Jugend

»... im Laufen und Marschieren zu üben, angewandtes Turnen beim Überwinden der verschiedenartigsten Hindernisse im Gelände zu pflegen, Auge und Gehör zu schärfen, zur Aufmerksamkeit beim Umherspähen anzuregen, die Entschlußfähigkeit zu stählen, den Körper abzuhärten, Temperament und die Freude an der Überwindung von Schwierigkeiten zu beleben, sowie die Jugend zu befähigen, in klaren Worten über Geschehenes und Erlebtes kurz zu berichten. Das Hauptziel ist, die Jugend wehrfähig und selbständig zu machen.«[9]

So wurden unter Leitung des BJD alle angeschlossenen Organisationen und Vereine zu periodischen Kriegsspielen auf lokaler Ebene zusammengefaßt. In ihnen sollten den Jugendlichen jedoch nicht nur militärische Kenntnisse vermittelt, sondern auch unbedingte Unterordnung und Befehlsausführung anerzogen werden. Die gemeinsamen Übungen der im BJD zusammengeschlossenen Organisationen, die überwiegend von aktiven Offizieren geleitet wurden, hatten zum Ziel, die Teilnehmer einander näherzubringen und die bestehenden sozialen Gegensätze überbrücken zu helfen. Sie sollten weiterhin das Vertrauen zur Armee und besonders zum Offizierkorps stärken, das durch seinen Standesdünkel von den Volksmassen durch eine tiefe Kluft getrennt war.

Diese sportlich verbrämte militärische Ausbildung zog natürlicherweise einen großen Teil Jugendlicher an; appellierten doch die Militärs an die Freude an körperlicher Betätigung, an die Abenteuerlust und die natürliche Kampflust der Jugendlichen. »Mit sicherer Hand hat man die Stelle gefunden, wo die jugendliche Seele zu packen war, und unbedenklich hat man zugepackt, man muß schon hinabsteigen in die Geschichte religiöser Narkosen, um einem ähnlichen Versuch eines pädagogischen Seelenraubes wieder zu begegnen.«[10]

In ihrer Werbung für die Tätigkeit im BJD orientierte sich die Leitung auch auf die Schüler der Volksschulen und der höheren Schulen etwa vom 12. Lebensjahr an. Ihre Haupttätigkeit galt jedoch der Jugend zwischen der Volksschul- und Heerespflicht, zwischen dem 14. und 18. Lebensjahr.

Der Zweck des Bundes, alle in den »vaterländischen« Jugendpflegevereinen tätigen

Kräfte zu sammeln, war schon bald nach seiner Gründung im wesentlichen erfüllt worden. Abseits standen jedoch besonders die konfessionellen Jugendbünde, die einen starken Einfluß des BJD auf ihre Mitglieder befürchteten. Gleichzeitig lehnten sie die einseitige Orientierung auf die körperliche Ertüchtigung ab. Der entscheidende evangelische Jugendverband, die *Nationalvereinigung der evangelischen Jünglingsbündnisse Deutschlands,* begründete seine Ablehnung zum Beitritt mit der Betonung der vorzugsweisen, wenn nicht gar ausschließlichen Orientierung auf die körperliche Ertüchtigung durch den Bund. Dieses Programm stand nicht im Einklang mit der Grundlage und den Zielen der christlichen Vereine, die zwar nicht die körperliche Ertüchtigung ablehnten, aber in erster Linie sich der »religiös-sittlichen« Erziehung widmeten.[11] Diese grundsätzliche Haltung der konfessionellen Jugendvereine war die entscheidende Ursache für die im Februar 1913 im Einvernehmen mit dem Kultusminister Preußens getroffene Erweiterung des Arbeitsgebietes des BJD.

»Zweck des Bundes ›Jungdeutschland‹ ist hiernach die Mitarbeit an der Förderung aller im vaterländischen Geiste wirkenden Jugendpflegebestrebungen, namentlich des Zweiges, welcher durch planmäßige Leibesübungen die körperliche und sittliche Kräftigung der deutschen Jugend anstrebt. Unerläßliche Voraussetzung für den Erfolg dieser Hilfstätigkeit und das Gelingen des ganzen Jugendpflegewerkes ist das vertrauensvolle und einmütige Zusammenwirken des Bundes mit den vaterländischen Jugendvereinigungen aller Art und insonderheit auch mit den großen Körperschaften, den Gemeinden, den kirchlichen und staatlichen Organen, die der Pflege der Jugend sich annehmen.«[12]

Das Ergebnis dieser Erweiterung des Arbeitsgebietes war das Abkommen zwischen dem *Zentralkomitee der katholischen Jünglingsvereinigungen Deutschlands* und dem BJD vom Mai 1913.[13] Mit diesem Abkommen schloß sich das *Zentralkomitee der Katholischen Jünglingsvereinigungen* dem BJD zur Arbeit in der Jugendpflege an. Es empfahl den katholischen Jugendvereinigungen den Anschluß. Trotz dieses auf höchster Ebene getroffenen Abkommens blieben Spannungen zwischen beiden Organisationen bestehen. Die zentrale Leitung der evangelischen Jugendbünde schloß sich dem BJD nicht an.

Diese Haltung wurde jedoch nicht von allen Vereinen geteilt. So arbeitete z. B. der *Jünglingsverein des schlesischen Bundes* schon seit dem Jahre 1912 eng mit dem BJD zusammen.[14]

Im Kampf zwischen den herrschenden Klassen und der Arbeiterbewegung um die proletarische Jugend hatte sich der Staat selbst

»... an die Spitze dieses Kampfes gestellt und führt alle seine Hilfstruppen, vom Generalstaatsanwalt am höchsten Gericht bis zum letzten Dorfnachtwächter, ins Gefecht. Justiz, Polizei, Schule, Bürokratie, Kaserne – sie alle sind in den Dienst des Jugendfanges der Kapitalistengesellschaft gestellt worden, und soweit die schon vorhandenen Machtmittel nicht ausreichten hat man zu ihrer Zusammenfassung und Ergänzung ganz neue geschaffen. Ein derartiges neues Machtmittel ist der Bund Jungdeutschland, an dessen Spitze ein leibhaftiger Generalfeldmarschall steht, dem selbst wieder eine ganze Anzahl Generäle, von dem großen Troß der Majore, Hauptleute, Leutnants und Unteroffiziere ganz zu schweigen, zur Hand gehen.«[15]

Die herrschenden Klassen waren nicht nur an einer Überbrückung der Zeit von der Schulentlassung bis zum Heeresdienst interessiert, sie wollten auch die Kontinuität dieses Erziehungsprozesses für die weitere Entwicklung der Jugendlichen gewährleisten. Daraus entwickelte sich eine enge Zusammenarbeit zwischen den beiden militaristischen Organisationen – BJD und *Deutscher Kriegerbund* –, die ihre Tätigkeit besonders auch auf die ideologisch noch rückständige Jugend der ländlichen Gebiete konzentrierten.[16] Ihre vom Staatsapparat unterstützte Politik von Zuckerbrot und Peitsche brachte jedoch bei weitem nicht das gewünschte Ergebnis. Es gelang den herrschenden Klassen nicht, die proletarische Jugend in die unmittelbare Vorbereitung des Krieges einzubeziehen.

Friedrich REIMER, Mitglied des Bundesausschusses des BJD und zugleich leitender Vertreter der Zentralstelle für Jugend- und Volkswohlfahrt, mußte erklären, es dürfe keine Täuschung darüber bestehen, daß durch die sog. Jugendpflege in erster Linie die Jugend der bürgerlichen Kreise erfaßt worden sei. »Hier ist das Rekrutenmaterial vielfach restlos erfaßt. Aber die Arbeiterwelt der größeren Städte schließt sich mehr und mehr hermetisch ab, lebt vielfach ohne tiefergehende Berührung.«[17] Diese Bankrotterklärung eines leitenden Vertreters der sog. Jugendpflege wird verständlich, wenn man nach der Anzahl der durch den BJD erfaßten Jugendlichen fragt. Es gelang — nach Meldungen des BJD —, bis 1914 lediglich etwa 745 000 Jugendliche zu erfassen.[18] Das waren insgesamt 24 % aller männlichen Jugendlichen im Alter von 14 bis 18 Jahren bei einer Gesamtzahl von 3 549 715 in Deutschland.

Gleichfalls Schwierigkeiten bereitete der Leitung des BJD trotz energischer Unterstützung durch staatliche Stellen die Gewinnung des notwendigen Führungspersonals. Für die etwa 745 000 »Jungmannen« standen nur etwa 18 000 Führer zur Verfügung. Dieses offensichtliche Mißverhältnis[19] bewog den BJD, besonderen Wert auf den Führernachwuchs zu legen. So versuchte er auch die akademische Jugend für diese Aufgabe zu gewinnen. Gleichzeitig wurden Führerkurse organisiert, die völlig auf die militärischen Anforderungen der Ausbildung abgestimmt wurden. Der Führerkurs in Weißenfels im September 1913 hatte folgendes Programm:

1. Tag: Vortrag »Wie fesselt man die Jugend an das Jugendheim und an unsere Arbeit?«; Geländeübungen.

2. Tag: Vortrag »Behandlung und Beschäftigung der Jugend unter besonderer Berücksichtigung des Kriegsspiels in bezug auf Anlage und Durchführung«; Staffellauf, Hirschpirsch.

3. Tag: Pfadfinder- und Kriegsspiele; Übungen (1. Wegnahme eines Transportes, 2. der abgestürzte Flieger, 3. Flaggenraub, 4. Festungsspiel, Abschluß: Kriegsspiel).[20]

Die offensichtlichen Mißerfolge besonders bei dem Versuch, in die proletarische Jugend einzudringen, führten zu einer seit 1913 verstärkten Propagierung der zwangsweisen militärischen Vorbereitung der Jugendlichen auf den Heeresdienst. Diese Bestrebungen lagen auf derselben Linie wie die im gleichen Jahr eingebrachte Wehrvorlage — die größte in der deutschen Geschichte. Beides diente der verstärkten Vorbereitung auf eine kriegerische Auseinandersetzung.

Auf der Grundlage einer Reichstagsresolution vom 24. Juli 1913, wonach der Reichskanzler dafür Sorge tragen sollte, in allen deutschen Bundesstaaten die Wehrfähigkeit der Jugend durch eine bessere körperliche Ausbildung zu heben, wurde auf der Jahresversammlung des BJD im Oktober 1913 die Fortbildungsschule als Grundlage für die vormilitärische Ausbildung gefordert. In einem Gesuch des BJD und des *Zentralausschusses für Volks- und Jugendspiele* vom November 1913 an den Reichskanzler hieß es:

»Die unterzeichneten Verbände ..., die sich seit Jahren zur besonderen Aufgabe gestellt haben, die Wehrhaftigkeit der Jugend zu heben, möchten sich nun erlauben, auch ihrerseits auf die Bedeutung dieser Frage noch besonders hinzuweisen.

Als das einzige durchgreifende Mittel, an die heranwachsende volksschulentlassene Jugend heranzukommen, stellt sich die allgemeine Fortbildungsschule dar. In dem Rahmen und dem Lehrplan dieser Pflichtfortbildungsschule muß nach unserer Überlegung ein mindestens ein- bis zweistündiger Turnunterricht in der Woche obligatorisch eingeführt werden.«[21]

Die vormilitärische Ausbildung der Jugend umfaßte auch die Erziehung zu einem kriegerischen Geist, die u. a. ihren Ausdruck in der Unterstützung der Forderungen der Militaristen, Heer und Flotte zu verstärken, fand. Der Vorsitzende des Bundes, C. VON DER GOLTZ, empfahl den deutschen Eltern:

»Erzieht eure Kinder im kriegerischen Geist und impft ihnen vom frühesten Alter an Liebe zum Vaterland ein, für das sie sich vielleicht einmal opfern müssen.«[22] Diese Kriegspropaganda übernahm auch der BJD, indem er den Krieg als »die hehrste und heiligste Äußerung menschlichen Handelns« pries. »Auch uns wird einmal die frohe große Stunde eines Kampfes schlagen. In Tagen zweifelnder, vorläufig nur heimlich frohlockender Erwartung geht dann von Herz zu Herz und Mund zu Mund der alte königliche Ruf zur Schlacht: ›Mit Gott für König und Vaterland‹. In der Straße, durch die wir heute fröhlich lachend oder plaudernd schreiten, fällt bald ein noch feuchtes Druckblatt, und von den Lippen des ersten deutschen Mannes, der es liest, bricht fest und zuversichtlich: ›es braust ein Ruf wie Donnerhall‹. Ein echter Schlachtenchoral ist das Lied, und doch klingt jauchzend des Deutschen Freude an Krieg und Heldensterben hinein. ... Ja, das wird eine frohe Stunde, die wir uns heimlich wünschen dürfen.«[23]

Diese Verherrlichung des Krieges führte unmittelbar nach Langemarck, wo die deutsche Heeresleitung ganze Regimenter von jugendlichen Freiwilligen sinnlos verbluten ließ.

3. Der BJD im ersten Weltkrieg

Schon zu Beginn des Krieges wurden »Jungmannen« des BJD auf Grund ihrer Ausbildung von der militärischen Führung in die Kämpfe einbezogen. Wie WILHELM II. im Mai 1916 im Elsaß empfahl, die Jugend so zu erziehen, daß sie die regulären Truppen im Kriegsfall auf Schleichwegen durch die Vogesen zu führen vermöge[24], so wurden »Jungmannen« in der Zeit des Krieges als Begleiter von Verwundetentransporten, als Nachrichtenübermittler und als ortskundige Führer eingesetzt. Viele von ihnen wurden dabei verwundet. »Jungmannen« des BJD wurden auch in Brüssel eingesetzt. »Was tun sie denn mitten im Feindesland, im ernsten Krieg? Gerufen durch die bewährtesten Führer der Jungdeutschland-Jugendbewegung ..., ersetzen sie durch ihre Ordonnanz- und Botendienste eine Menge Soldaten, die an anderen Stellen notwendig gebraucht werden.«[25]

Da die Tätigkeit des BJD in der Vorkriegszeit nicht zu den gewünschten Erfolgen geführt hatte, fanden die Forderungen des BJD und anderer Organisationen nach einer obligatorischen vormilitärischen Ausbildung in den Regierungskreisen, besonders aber im Kriegsministerium, einen fruchtbaren Boden. Umfangreiche Vorarbeiten für ein derartiges Gesetz wurden getroffen. Der Kriegsausbruch veränderte jedoch diese Situation. Der bestehende Entwurf wurde zu den Akten gelegt. Die preußische Regierung entsprach jedoch den Forderungen durch den »Erlaß betreffend die militärische Vorbereitung der Jugend während des mobilen Zustandes« zur Bildung von Jugendkompanien auf freiwilliger Basis.[26] Die Jugendlichen vom 16. Lebensjahr an wurden aufgefordert, sich freiwillig zum militärischen Hilfs- und Arbeitsdienst zu melden.

»Hierzu und für ihren späteren Dienst im Heer und der Marine bedarf es einer besonderen militärischen Vorbereitung. Zu diesem Zweck werden am besten ... die jungen Leute aller Jugendpflegevereine vom 16. Lebensjahr ab gesammelt, um nach den ... vom Kriegsministerium gegebenen Richtlinien unverzüglich herangebildet zu werden.

Es darf erwartet werden, daß auch diejenigen jungen Männer, die bis jetzt den Veranstaltungen für die sittliche und körperliche Kräftigung ferngeblieben sind, es nunmehr als eine Ehrenpflicht gegenüber dem Vaterland ansehen, sich freiwillig zu den angesetzten Übungen usw. einzufinden.«[27]

Dieser Erlaß, der vom Minister für geistliche, Unterrichts- und Medizinalangelegenheiten August VON TROTT ZU SOLZ, vom Kriegsminister Erich VON FALKENHAYN und vom Minister des Innern Friedrich Wilhelm VON LOEBELL unterzeichnet war, knüpfte bewußt an die in den Jugendpflegevereinen geübte Tätigkeit an. Dabei wurde die Ausbildung auf die unmittelbare Vorbereitung des Kriegsdienstes abgestimmt. Dieser Akzent fand seine Bestätigung in den Richtlinien[28] des Kriegsministeriums. Hier wurden in 33 Punkten die zu absolvierenden militärischen Übungen zusammengefaßt. Bezeichnenderweise wurden sie alle als »Jungdeutschland-Übungen« deklariert.

Der Kriegsausbruch gab den militaristischen Kreisen die Möglichkeit, ihre Bestrebungen offen darzulegen. Die bis jetzt als Jugendpflegeübungen bezeichnete vormilitärische Ausbildung im BJD fand in den Jugendkompanien ihre folgerichtige Fortsetzung.

Durch den Ausbruch des Krieges wurde der organisatorische Apparat des BJD stark in Mitleidenschaft gezogen. Der größte Teil der Führer und Mitglieder wurde eingezogen bzw. mußte seine Garnisonen verlassen. Ein anderer Teil der inaktiven Offiziere stellte sich für die Ausbildung und die Organisation der Jugendkompanien zur Verfügung. Das bedeutete auch, daß sich der BJD während des Krieges in das System der Jugendkompanien einordnete. Ein Teil der Jungdeutschlandvereine und der angeschlossenen Verbände mußte seine Tätigkeit einstellen. Mit der Erfassung der Jugend in den Hundertmannschaften der Jugendkompanien erhielt der BJD eine neue Aufgabe. »Gelingt es uns, im Verein mit den drei Ministern, die den Erlaß ... unterzeichnet haben, unsere Jugendlichen wirklich in hellen Haufen heranzuziehen, so haben wir dem Vaterlande einen sehr wichtigen Dienst erwiesen; und gleichzeitig hat unser Bund seine Feuerprobe glanzvoll bestanden.«[29]

Mit diesen Jugendkompanien orientierte sich die Leitung des BJD auf die Zusammenführung und Ausbildung der Jungmannschaften vom 14. bis 16. Lebensjahr in praktischen Übungen.[30] Das bedeutete eine Arbeitsteilung des Staates mit dem BJD, der somit die noch nicht landsturmpflichtigen Jugendlichen schon vor der Organisation und Ausbildung in den Jugendkompanien erfassen wollte.

Die gemeinsamen Versuche des Staates, des BJD und anderer politischer Verbände, die Jugendlichen für die vormilitärischen Übungen in den Jugendkompanien zu gewinnen, zeitigten mit der Dauer des Krieges immer geringere Erfolge. Überall wurde von einer überaus beklagenswerten Teilnahmslosigkeit gegenüber den Bestrebungen der militärischen Ausbildung gesprochen. Das Kölner Jugendregiment, das in den ersten Kriegsmonaten 1 600 »Jungmannen« zählte, hatte — auf dem Papier — Ende des Jahres 1916 noch 600 Teilnehmer.[31] Besonders der Einfluß auf die Arbeiterjugend blieb gering. Insgesamt gelang es ihnen nicht einmal, den zehnten Teil aller Jugendlichen über 16 Jahre zu erfassen, ganz abgesehen von den Jahrgängen unter diesem Limit, die sich fast vollständig abseits hielten.[32]

Vor allem diese konsequent antimilitaristische Haltung eines großen Teils der Arbeiterjugend führte zu einem immer stärkeren Ruf nach einer obligatorischen Regelung. Die Novemberrevolution und der Zusammenbruch des Kaiserreiches entzogen jedoch zunächst allen Bemühungen um eine vormilitärische Ausbildung der Jugend den Boden.

4. Wiederbelebung, Ziele und Aufbau des BJD in der Weimarer Republik

Die Niederlage des deutschen Imperialismus im ersten Weltkrieg und die Novemberrevolution 1918/19 hatten auf die weitere Entwicklung der bürgerlichen Jugendorganisationen einen großen Einfluß. Bei dem größten Teil der Jugendverbände und -vereine aus der Vorkriegszeit, auch beim BJD, bewirkten diese Ereignisse ideologische Auseinandersetzungen, in deren Folge eine starke Zersplitterung und Lähmung der bisher bestehenden Organisationen eintrat.

Der BJD erfaßte bei weitem nicht mehr eine so große Anzahl von Jugendlichen wie in der Vorkriegszeit, da sich fast alle Verbände oder Vereine, die ihm zuvor angehört hatten, von ihm trennten. Auch der größte Teil der militaristischen Führerschicht war an den Fronten gefallen, verstorben oder bekämpfte in den reaktionären ↗ Freikorps die revolutionäre Arbeiterklasse. Erst nach dem KAPP-Putsch, dem ersten offenen Angriff auf die Republik, begann der Bund wieder mit seiner Tätigkeit.

In dieser Situation entwickelte sich im BJD eine heftige Kontroverse, die auf der ersten nach Kriegsausbruch stattfindenden Mitgliederversammlung des BJD am 5. September 1920 ausgetragen wurde. Einige Mitglieder des Restvorstandes unter Führung des Reichsfinanzministers a. D. B. DERNBURG und des Oberbürgermeisters von Schöneberg, Alexander DOMINICUS, traten für die Auflösung des Bundes ein. Sie begründeten ihre Auffassung mit dem Argument, der Bund habe sein Ziel, die deutsche Jugend zu vereinen, nicht erreicht und werde es auch in Zukunft nicht erreichen. Sie schlugen vor, den BJD aufzulösen und die noch vorhandenen Mittel dem ↗ DRA zu überweisen. Die Kräfte, die sich für das Weiterbestehen des Bundes einsetzten, bekamen indessen die Oberhand. Sie standen unter der Führung O. WÜLLENWEBERS und des Generalleutnants a. D. Curt LAUBE. Beide wurden in den neuen Vorstand gewählt. Die neugebildete Leitung, die besonders aus Vertretern der Militärkaste sowie nationalistischen Gymnasialschuldirektoren und Oberlehrern bestand[33], bekannte sich weiterhin zu den von C. VON DER GOLTZ vor dem ersten Weltkrieg angestrebten Zielen der Sammlung und Militarisierung der Jugend. Gleichzeitig war der BJD jedoch bestrebt, seine eigentliche Zielsetzung zu tarnen. So wurde in den neuen Satzungen demagogisch erklärt, man wolle durch die Zusammenfassung der Jugend aller Stände »sein Teil zur Überwindung der Klassengegensätze und Herstellung einer wahren Volksgemeinschaft«[34] beitragen.

Mit der Neubelebung widmete sich der BJD auch im stärkeren Maße der Erfassung der Mädchen. Auf der Mitgliederversammlung vom September 1920 wurde auch eine Vertreterin der Mädchengruppen in die Bundesleitung aufgenommen. Vorsitzende der Mädchengruppen wurde zunächst Ilse HAMEL aus Berlin. Diese Gruppen schlossen sich am 7. Dezember 1923 zum *Deutschen Jungmädchendienst* zusammen. Während die Satzung der Zeit »angepaßt« wurde, blieben die Richtlinien für die Bundesarbeit die gleichen. Wiederum diente der BJD der herrschenden Klasse, indem er vor allem systematische Felddienstübungen durchführte, die er als harmlose Geländespiele tarnte. Diese der sog. körperlichen Kräftigung dienenden Veranstaltungen sollten bei den Jugendlichen so erstrebenswerte Eigenschaften wie »Entschlossenheit im Handeln« und »Unterordnung des Eigenwillens unter den selbstgewählten Führer« entwickeln. Feiern »vaterländischer Gedenktage«, Unterweisung in Volks- und Bürgerkunde sollten die körperliche Ertüchtigung in entsprechender Weise ideologisch ergänzen. Die Aufgabe des BJD bestand auch jetzt nicht nur in der körperlichen Ertüchtigung, sondern auch in deren Nutzung für die »... Festigung echten Deutschbewußtseins und Erhaltung einigender vaterländischer Gesinnung!«[35] Diese offensichtlich volksfeindlichen Bestrebungen fanden auch ihre Bestätigung im Kampf gegen die parlamentarische Demokratie der Weimarer Republik. Der sinnfälligste Ausdruck war dafür die Unterstützung des Putschversuches der Schwarzen Reichswehr im Jahre 1923 in Küstrin durch Gruppen des BJD.[36]

Trotz großer Bemühungen gelang es der Leitung des BJD in der Zeit der revolutionären Nachkriegskrise nicht, eine planmäßige, kontinuierliche Arbeit zu entwickeln.

Die beginnende Konsolidierung der herrschenden Klasse durch die relative Stabilisierung des Kapitalismus fand ihren Niederschlag in einer verstärkten Aktivität der militaristischen Kräfte. So übernahm im Jahre 1924 R. VON DER GOLTZ, einer der reaktionärsten und berüchtigtsten Vertreter der Militärkaste, die Führung des BJD. Er war gleichzeitig Spiritus rector der Dachorganisation ↗ VvVD und Vorsitzender des *Nationalverbandes Deutscher Offiziere*. Sein Ziel war die gegenseitige Ergänzung der Tätigkeit der Dachorganisationen bei der Erfassung und Zusammenführung der reaktionären Verbände im Kampf gegen die demokratischen Kräfte.

Nach der Übernahme des Vorstandes durch R. VON DER GOLTZ wurden die Ziele des Bundes schärfer akzentuiert:

»... Autorität, Manneszucht und Einheitlichkeit brauchen wir ... Alles Zersetzende wirkt bolschewistisch. Alle unsere Feinde sind geschlossen und einig im Kampf gegen die deutsche Wiedergeburt. Sie arbeiten sich gegenseitig in die Hände. Die weltanschauungsmäßig verschiedene Internationale hat jetzt mit viel deutschfeindlichem Gelde das einheitliche Banner Schwarz-Rot-Gold geschaffen. Ziel: Soldaten und Jugendbünde und Reichswehr innerlich zu verseuchen und so das deutsche Volk zum Kulivolk in den geplanten ›Vereinigten Staaten von Europa‹ reif zu machen. Gerade deshalb sind Frankreich und England immer wieder einig. Gerade hierfür gibt das internationale Großjudentum sein Geld.«[37]

Diese Aufgabenstellung für den BJD stimmte völlig überein mit den reaktionären innen- und außenpolitischen Zielen der herrschenden Klasse. R. VON DER GOLTZ hatte erkannt, daß eine erfolgreiche Weiterführung der Tätigkeit des Bundes mit dem bisherigen Organisationsaufbau nicht möglich war, und er schuf eine neue, starke, zentralisierte Organisationsstruktur.

Nach der bisher geltenden Satzung vom Jahre 1922 konnten die Mitgliedschaft des Bundes erwerben: alle reaktionären Jugendvereine und -verbände, Schulen, sowie »... alle vaterländisch gesinnten Männer und Frauen, die durch persönliche Mitwirkung oder sachdienliche Unterstützung an der Sammlung und Förderung der deutschen Jugend mitarbeiten wollen«.[38]

Danach hatte der Bund eine zweifache Gliederung: Landesverbände des BJD und angeschlossene Reichsverbände. Von den 11 Landesverbänden (Baden, Bayern, Braunschweig, Hessen, Mecklenburg, Oldenburg, Preußen, Sachsen-Dresden, Sachsen-Leipzig, Thüringische Staaten, Württemberg) war nur der Landesverband Preußen in 14 Provinzialverbände untergliedert. Die Provinzial- und Landesverbände untergliederten sich nach Bedarf in Orts- bzw. Bezirksverbände. Die Vorsitzenden der Provinzial- und Landesverbände, deren Wahl einer Bestätigung durch die Bundesleitung bedurfte, gehörten zugleich der Bundesleitung an. Die Reichsverbände waren in sich selbständige Jugendverbände, die sich in ihrer Gesamtheit dem BJD angeschlossen hatten. Als Reichsverbände gehörten 1923 dem BJD an: *Bund Deutscher Jungmannen, DPfB, Jungsturm* und *Deutscher Jungmädchendienst*. Neben diesen Reichsverbänden hatte sich in dieser Zeit schon eine ganze Reihe örtlicher Gruppen anderer bürgerlicher Jugendverbände dem BJD angeschlossen.

Die Organe des Bundes waren: der Vorstand, die Bundesleitung und die Mitgliederversammlung. Der Vorstand bestand aus dem Vorsitzenden, der Bundesleitung, dem Schatzmeister und dem Schriftführer. Die Bundesleitung wurde von der Mitgliederversammlung gewählt. Mit der Veränderung der Organisationsstruktur im Jahre 1924 wurde der BJD in eine *Arbeitsgemeinschaft der vaterländischen Jugend* umgestaltet. Die bisher in den Landesverbänden organisierten Einzelmitglieder schlossen sich auf Landesebene zu selbständigen Verbänden zusammen (*Jung-Württemberg* u. a.). Damit veränderten sich auch die Organe des Bundes. Anstelle der Mitgliederversammlung erhielt der Vertretertag (Vertreter der in der Arbeitsgemeinschaft zusammengeschlossenen Verbände) eine entscheidende Rolle. Die Bildung dieser Arbeitsgemeinschaft war die Voraussetzung dafür, daß der BJD später eine größere Bedeutung als Zentrum der militaristischen Ausbildung der bürgerlichen Jugendverbände gewann.

Die Zusammenfassung der rechtsgerichteten Jugendorganisationen lag ganz im Sinne der Reichswehrführung, die sich für einen Zusammenschluß aller »nationalen Verbände« im Interesse einer Vereinfachung der Ausbildung einsetzte.[39]

Die mit der Bildung der Arbeitsgemeinschaft vom Bund ausgehende Aktivität veranlaßte eine ganze Reihe von bisher fernstehenden Verbänden zum Anschluß. So wurde die reaktionäre Entwicklung z. B. charakterisiert durch den Beitritt der Jugend der ↗ *DVP*, der *Bismarckjugend der ↗ DNVP* und einzelner Landesverbände des *Jungstahlhelms*[40], des *Scharnhorstbundes* und des *Jungwolfs*.

Diese allgemeinen Sammlungsbestrebungen der reaktionären Organisationen in der Mitte der 20er Jahre fanden auch ihre Bestätigung in der Tätigkeit der Bundesleitung des BJD. Eine Aussprache der Bundesleitung des BJD mit sämtlichen großen rechtsgerichteten Verbänden im Jahre 1926 führte zu der Abmachung, in Zukunft »... auf allen Gebieten vaterländischer Jugendarbeit auf das allerengste zusammenzugehen und die daraus sich ergebenden Forderungen gemeinsam zu vertreten!«[41] Diese Entwicklung entsprach

voll der von R. VON DER GOLTZ propagierten Zielsetzung. Während bis 1924 und 1926 die Tätigkeit des Bundes vorwiegend in der Interessenvertretung seiner angeschlossenen Verbände im ↗ *RAJ*[42] und in einer Erleichterung und Förderung ihrer Bestrebungen gegenüber den Behörden lag, wurde er besonders seit der Oktoberaussprache 1926 immer mehr zu einem Zentrum der Pflege und Förderung militaristischer Traditionen.

Die Vereinigung der Bünde zu einer Arbeitsgemeinschaft schloß natürlich nicht aus, daß jeder Bund seine eigene Zielsetzung weiterhin verfolgte. Deshalb waren die Führer der einzelnen Verbände eifersüchtig darauf bedacht, jeden anderen Einfluß auf ihre Gefolgschaft fernzuhalten. Diese Faktoren hemmten die angestrebte Geschlossenheit dieser reaktionären Arbeitsgemeinschaft und ihre Ausstrahlungskraft. Diese Bedingungen traten jedoch in der weiteren Entwicklung in den Hintergrund zugunsten einer gemeinsamen vormilitärischen Ausbildung der Jugend. Trotzdem hatte der Bund schon bis zu dieser Zeit das Vertrauen eines Teils der rechten Jugendorganisationen gewonnen. Die Jugend der *DVP* z. B. motivierte ihre jahrelange Zugehörigkeit zum BJD mit der Qualität der wehrsportlichen Ausbildung, die sie als eine gute »... Gelegenheit zur mustergültigen Pflege der Leibesübungen in sportlichen Lehrgängen und Sommerlagern unter bester fachlicher Leitung ...«[43] bezeichnete. Die Polarisierung der Klassenkräfte in der Periode der relativen Stabilisierung des Kapitalismus bewirkte auch eine weitere Stärkung der reaktionären militaristischen Kräfte. Es bedeutete zweifellos auch eine Konsolidierung des BJD im Rahmen der reaktionären Jugendorganisationen, wenn gemäß einer Neufassung der Satzung die Auswahl der aufzunehmenden Jugendbünde auf Vorschlag der Bundesleitung erfolgen sollte.[44] Die Organe des Bundes bestanden nach dieser Satzung nur noch aus der Bundesleitung und dem Bundestag. Während die Bundesleitung mit dem bisherigen Vorstand identisch war, übernahm der Bundestag die Rolle des bisherigen Vertretertages. Neu geschaffen wurde die Funktion eines jeweils für ein Jahr gewählten Vertrauensmannes, dem die Bundesleitung alljährlich Rechenschaft über ihre Tätigkeit ablegen mußte. Für 1928 und die folgenden

Jahre wurde der langjährige Vorsitzende des *Jungsturms*, Rittmeister Leopold VON MÜNCHOW, gewählt.

Gleichzeitig wurde der bisherige Geschäftsführer des Bundes, L. VOGT, der schon seit Mitte der 20er Jahre für Jugend- und Wehrertüchtigung eintrat, zum stellvertretenden Vorsitzenden gewählt. Die Wahl L. VOGTS charakterisierte die weitere Entwicklung des Bundes besonders deutlich. Er war Vorsitzender des ↗ *DWV* und gleichzeitig Verbindungsmann des BJD zur Reichswehrführung. 1932 wurde er auf Grund seiner »Verdienste« in das *Reichskuratorium für Jugendertüchtigung* unter General a. D. Edwin VON STÜLPNAGEL berufen. Als nach Errichtung der faschistischen Diktatur Baldur VON SCHIRACH im Juni 1933 als faschistischer Reichsjugendführer eingesetzt wurde, berief er u. a. L. VOGT als Vertreter der Wehrverbandsjugend in den sog. Reichsführerrat[45], der die Aufgabe hatte, die gesamte deutsche Jugend in die Kriegsvorbereitung der Faschisten einzubeziehen. Diese reaktionäre Entwicklung des BJD wurde auch charakterisiert durch die im September 1932 erfolgte Aufnahme des *Deutschen Jugendwerkes e. V.*, der Vereinigung von *Hitlerjugend, Deutschem Jungvolk, Nationalsozialistischem Schülerbund* und *Bund Deutscher Mädchen*.[46] Zweifellos versuchte jedoch die bis etwa 1929 unbedeutende Jugendorganisation der ↗ *NSDAP* über den Anschluß des BJD ihren Einfluß und ihre Positionen in diesen Organisationen weiterhin zu festigen. Vielfache Formen der Zusammenarbeit gingen diesem Anschluß voraus.[47]

5. Die propagandistische Tätigkeit des BJD

Die Satzungen von 1924 und 1928 formulierten als Zweck des Bundes die Erziehung der Jugend in »bewußt deutschem Geiste«. Darunter verstand die Leitung des BJD nicht nur die militärisch-körperliche Ausbildung, sondern auch die Vermittlung einer entsprechenden nationalistischen Ideologie. Diese Erziehung lag im Interesse der in Deutschland herrschenden Kreise, die die Vorherrschaft in Europa anstrebten. Die ideologische Beeinflussung geschah vorwiegend über die sog. Sportlager, in Führerlehrgängen, durch Vortragstätigkeit[48] sowie durch die Presseerzeugnisse der einzelnen Verbände und der zentralen Leitung.

Sie diente ebenfalls der Vorbereitung eines imperialistischen Krieges. Es ging um die Erziehung zur inneren Bereitschaft der Jugend, für die Interessen einiger Monopolgruppen in den Krieg zu ziehen. Aus diesem Grunde bekämpfte der BJD den Parlamentarismus der Weimarer Republik und trat für den Aufbau eines »Führerstaates« ein. Diese reaktionäre Position war der Ausgangspunkt für den Kampf gegen die Arbeiterparteien und die demokratischen Bewegungen.

Am meisten fürchteten die herrschenden Klassen die internationale Solidarität und die Aktionseinheit der Arbeiter gegen die Bourgeoisie.

Um dieser Entwicklung entgegenzutreten, popularisierten sie die These, für Deutschland bedeute der »ewige Frieden auf Erden ewige Sklaverei«, sowie die These, England und Frankreich seien die »naturgegebenen Gegner« Deutschlands. Gleichzeitig fand auch der der aggressiven imperialistischen Ideologie zugehörige Rassismus Verbreitung im BJD. Dabei wurden besonders die Mädchen angesprochen. In einem Artikel über die Rolle der Frau in der Gesellschaft heißt es:

»Die Frau hat Hüterin des Blutes zu sein!« »Blut, das heißt Rasse, ist die Grundlage alles Volkstums, aller Volkserhaltung, aller schöpferischen Taten eines Volkes, all seiner echten Kultur, und es sollte auch die Grundlage und der Kern seines Staatsaufbaus sein. Die Bewahrung germanisch-nordischen Erbgutes, die Möglichkeit der Aufnordung eines Volkes, das rechtzeitig sich seines rassischen Niederganges bewußt wird, sind damit in erster Linie der Frau anvertraut.«[49]

Eine in vielen Varianten abgehandelte und immer wieder erhobene Forderung war die nach Schaffung eines »Großdeutschen Reiches«. R. VON DER GOLTZ verlangte von der Jugend, daß sie ». . . sich in der jetzigen Übergangszeit eines wehrlosen Scheinstaates das wehrhafte Pflichtgefühl gegenüber Volk und Vaterland anzuerziehen hat, als wichtigste Vorbedingung für ein kräftiges Großdeutschland«.[50] Dieses »Dritte Reich« sollte »großdeutsch«, »völkisch« und »sozial« werden. Darin sah R. VON DER GOLTZ die große Lehre des verlorengegangenen Krieges.[51]

Konkrete territoriale Vorstellungen über dieses »Großdeutschland« hatte der stark unter dem Einfluß des Faschisten und »Lebensraum«-Politikers Hans GRIMM stehende Ernst LEIBL. Er bezeichnete die Bodenfrage als die brennendste Frage der Zeit.[52] E. LEIBL forderte die territoriale Ausweitung Deutschlands vom Wasgau bis zum Peipussee und von der Düna bis zur Etsch und versuchte sie geopolitisch und historisch zu begründen.[53] Eine ähnliche Auffassung entwickelte K. PLEYER.[54] Die Hauptstoßrichtung dieser Annexionspolitik zeigte eindeutig nach dem Osten. Das fand Niederschlag in den Führerlehrgängen. So wurde z. B. 1928 die für die imperialistische Expansionspolitik »... dringlicher zur Lösung drängende Problematik des Ostens ... aufgerollt und durchleuchtet«. Dieses Problem wurde so gründlich behandelt, »... daß jeder Teilnehmer damit ins reine kommen und eine Richtschnur seines Handelns mitnehmen konnte«.[55] Die reichen Rohstoffquellen und die fruchtbaren Schwarzerdegebiete der Sowjetunion waren für den deutschen Imperialismus noch immer das Ziel seiner Wünsche. Das war auch der Tenor dieses Lehrganges.[56] Unter den gleichen Gesichtspunkten wurde 1930 die historische Entwicklung der deutschen Volksgruppen in Mitteleuropa außerhalb der politischen Grenzen des deutschen Reiches und ihre wirtschaftliche, kulturelle und politische Lage sowie ihre weiteren Entwicklungsmöglichkeiten zum Gegenstand der Erörterung in einem Lehrgang gemacht.

Es war also ein Ergebnis der ideologischen Übereinstimmung im BJD, wenn der Bund 1929 nach eingehender Behandlung der Ostprobleme den ersten Ostdeutschen Jugendtag in Insterburg organisierte. Dieser formulierte die Ansprüche des deutschen Imperialismus auf Gebiete der Sowjetunion und Polens und diente zur weiteren revanchistischen und antibolschewistischen Verhetzung der Bevölkerung. Der erste Ostdeutsche Jugendtag stand unter dem Protektorat des Reichspräsidenten HINDENBURG, des Generalfeldmarschalls August VON MACKENSEN und des Generals Karl VON LITZMANN. Die Politik der kontinentalen Expansion in Mitteleuropa wurde ergänzt durch den Anspruch auf koloniale Erwerbungen in Übersee. Dabei wurden alle möglichen Argumente ins Feld geführt:

Mangel an »Lebensraum«, Bedarf an Siedlungsland, Rohstoffquellen und Absatzmärkten. Die Jugend versuchte man in einer Gegenüberstellung mit den Perspektiven der englischen, französischen und belgischen Jugend in den Kolonien für eine Politik der Eroberung zu gewinnen. Dabei wurde die Behauptung aufgestellt, daß die weitere Existenz des deutschen Reiches nur von einer wirtschaftlichen Entfaltung in einem neu zu erwerbenden Kolonialreich abhängen würde.

Durch die Propagierung des Blut- und Bodenmythos, der Forderung nach Hegemonie Deutschlands in Mitteleuropa und Erwerbung eines neuen Kolonialreiches in Übersee war auch der BJD an der Vorbereitung der faschistischen Diktatur beteiligt.

6. Der BJD — ein Zentrum der Militarisierung der Jugend in der Weimarer Republik

Nach der Umwandlung des Bundes im Jahre 1924 in eine *Arbeitsgemeinschaft der vaterländischen Jugend* wurde auch sein Tätigkeitsfeld erweitert. Zunächst begann die Bundesleitung mit der Durchführung von alljährlichen Sommer- und Winterlagern sowie »neuzeitlichen Turn- und Sportkursen«.

Die Teilnehmer der Lager setzten sich aus Mitgliedern der zusammengeschlossenen Organisationen zusammen. Diese Veranstaltungen bezweckten mit der körperlichen und geistigen Wehrhaftmachung auch eine Annäherung der Jugendlichen aus den verschiedenen Verbänden. Großen Wert legte die Bundesleitung dabei auf die Teilnahme der grenz- und auslandsdeutschen Jugend. Die politische Aufgabenstellung dieser Lager formulierte der faschistische sudetendeutsche Schriftsteller E. LEIBL: »Welcher andere Gedanke aber konnte dem Wirken unseres Geschlechtes besser Ziel und Richtung geben, als der der Vereinigung aller mitteleuropäischen Deutschen in einem alles deutsche Land in Mitteleuropa überwölbenden festverbündeten Volksstaat.«[57] Die »Sportkurse« wurden auf zwei Ebenen durchgeführt. Sie wurden veranstaltet — mit der finanziellen Unterstützung des preußischen Ministeriums für Volkswohlfahrt – in der Deutschen Hochschule für Leibesübungen in Form von wehrsportlichen Kursen. Der Tagesablauf sah für die Abendstunden politische Veranstaltungen vor, die zum Teil von der militärischen Führung des BJD organisiert wurden.

Eine solche zielstrebige Tätigkeit des BJD kam den Bestrebungen der Reichswehrführung entgegen, die etwa ab 1926 stärkeren Einfluß auf die vormilitärische Ausbildung der Jugendlichen zu nehmen versuchte, indem sie die militaristischen Wehrverbände veranlaßte, sich besonders dieser Aufgabe anzunehmen.[58] Sie unterstützte gleichzeitig bereits die Bemühungen des BJD durch die Möglichkeit, Lehrgänge an den von ihr unterstützten Volkssportschulen zu belegen. Das betraf besonders die Volkssportschule Wünsdorf, die von dem ehemaligen Kommandeur der Militärturnanstalt, Major O. BILLMANN, 1924 gegründet wurde. Sie hatte die Aufgabe, Übungsleiter für den »Volkssport« auszubilden. Unter »Volkssport« verstand O. BILLMANN alle jene Sportdisziplinen, die wir heute unter dem Begriff »Wehrsport« zusammenfassen, so z. B. Hindernis- und Geländeübungen, Nachrichtenwesen, Ordnungsdienst, Schießen und Erste Hilfe.[59] Der Bund schätzte den Wert der Tätigkeit dieser sog. Schulen des Volkssportes sehr hoch ein. Er beschickte regelmäßig die Kurse und schloß sich darüber hinaus der *Volkssportgemeinschaft Wünsdorf, der Vereinigung der Freunde des Volkssportgedankens*, an. Die Ausbildung an der Deutschen Hochschule für Leibesübungen und den Volkssportschulen[60] war nur für Führer der Bünde und Verbände gedacht. Die Bundesleitung achtete aufmerksam auf eine entsprechende Auslese.

Immer mehr wurde die vormilitärische Ausbildung der Jugendlichen außerhalb der Reichswehr in den Jugendverbänden zu einem immanenten Bestandteil der besonders seit Ende der 20er und Anfang der 30er Jahre – trotz Krise und schwerer wirtschaftlicher Erschütterungen – weiter forcierten Aufrüstung des deutschen Imperialismus, der wieder mit eigenen Ansprüchen und Expansionsplänen hervortrat. Wieder waren es die Militärs, die unter diesen Bedingungen nun im Verborgenen, aber äußerst zielstrebig

die »Wehrfähigkeit auf eine neue, zweckvolle und nutzbringende Grundlage« stellten. Sie arbeiteten mit Erfolg darauf hin, die Jugendwehrverbände und auch Organisationen zusammenzuschließen und eine einheitliche Ausbildung, vor allem durch allgemeine körperliche Ertüchtigung unter besonderer Berücksichtigung von Ordnungsübungen, Bewegen im Gelände und Kleinkaliberschießen zu erreichen.[61]

Auf der Grundlage der im BJD zusammengeschlossenen Bünde und Verbände wurde im Sommer 1931 unter aktiver Mitwirkung der Reichswehrführung die *Geländesport-Verbände-Arbeitsgemeinschaft (GVA)* gegründet, der sich in der Folgezeit weitere Verbände anschlossen, so z. B. noch im Sommer 1931 der ↗ *DHV* und der *KB*. Ihr Ziel war es, »die Wehrarbeit nach gemeinsamen Gesichtspunkten und einheitlichen Richtlinien durchzuführen«.[62] Der leitende Ausschuß der *GVA*, an dessen Spitze der BJD seinen Vorsitzenden L. VOGT stellte, sah seine Aufgabe vor allem darin, die vormilitärische Ausbildung in den zusammengeschlossenen Verbänden zu sichern, d. h. in der Aufstellung von Arbeitsrichtlinien, in der Ausbildung von Unterführern für die Verbände, in der Bereitstellung von Lehrkräften und der Unterhaltung eines Schullagers. Innerhalb von einem Jahr erfaßte die *GVA* etwa 1 Mill. Jugendliche.[63] Darunter befanden sich auch die Gruppen der *Hitlerjugend* und ein großer Teil der ↗ *SA*. Die *GVA* wurde aus privaten Mitteln und auch mit großzügiger Unterstützung des Reichsministeriums des Innern finanziert.[64]

Das Ziel der Tätigkeit der militaristischen Jugendverbände bestand vor allem im Ausbau einer gegen die revolutionären Kräfte gerichteten Bürgerkriegsgarde, in der Formierung einer Reserveformation der Reichswehr und in der Schaffung der Voraussetzungen für die rasche Aufstellung einer imperialistischen Massenarmee. Deutlich werden besonders die letzten beiden Zielstellungen der Militärs in einer Geheimen Kommandosache des Chefs der Heeresleitung vom 24. September 1931 akzentuiert. Es heißt dort über die Tätigkeit der *GVA* u. a.: »Wird die Arbeit programmgemäß durchgeführt, kann die so vorgebildete Jugend das Reservoir bilden, aus dem

a) *im Frieden* der ... auszubildende Führernachwuchs;

b) im *A-Fall*... das Gros der in Kürze auszubildenden Ergänzungsmannschaften entnommen werden kann.«[65]

Die *GVA* — mit dem BJD als Kern — zeigte besonders deutlich die Zentralisierungsbestrebungen der herrschenden Klasse in der wehrsportlichen Ausbildung. Neben dieser Arbeitsgemeinschaft bestanden noch andere zentrale Institutionen zur Militarisierung der Jugend, so z. B. die *Vereinigung zur Förderung volkstümlicher Leibesübungen* und die *Reichsarbeitsgemeinschaft Volkssport*, an deren Spitze ebenfalls Angehörige der Militärkaste standen. Mit der Bildung des Reichskuratoriums für Jugendertüchtigung (durch Erlaß des Reichspräsidenten vom 13. September 1932) wurden die Bemühungen, die wehrsportliche Ausbildung zu zentralisieren, staatlich sanktioniert. Im Kuratorium waren Vertreter derjenigen Verbände zusammengefaßt, die sich besonders der wehrsportlichen Ausbildung gewidmet hatten. Neben L. VOGT wurde auch der inzwischen als stellvertretender Vorsitzender des BJD fungierende O. KAMECKE zum Mitglied des Beirats ernannt.

Die Tätigkeit des BJD zeigt, daß er mit Recht für sich in Anspruch nehmen konnte, mit der *GVA* die entscheidende Vorarbeit für die Entwicklung geleistet zu haben, die jetzt auf staatlicher Ebene weitergeführt wurde. Mit der Schaffung des Reichskuratoriums erkannte der Staatsapparat die bisherige militärische Ausbildung der Jugend durch den BJD offiziell an. Das Reichskuratorium für Jugendertüchtigung übernahm die zentrale Wehrausbildung der Jugendlichen über 16 Jahre. Damit wurden die Bestrebungen des BJD aus der Zeit vor dem ersten Weltkrieg verwirklicht. Der Staat nahm die — wenn auch noch auf freiwilliger Basis beruhende — vormilitärische Ausbildung der Jugend unmittelbar in die Hände. Die Einführung der zwangsweisen Vorbereitung auf den Heeresdienst blieb dem faschistischen Staat vorbehalten. Mit dieser staatlichen Zentralisierung hatte die *GVA* ihre Aufgabe erfüllt. L. VOGT stellte deshalb auch die *GVA* auf eine andere Grundlage. Sie konzentrierte sich auf die militärische Ausbildung der Jugendlichen unter 16 Jahren. Zur Lösung dieser Aufgabe bildeten die im BJD zusammengeschlossenen Verbände unter Beteiligung einer Reihe anderer bisher abseitsstehender Organisationen wie z. B. des ↗ *Jungdo*, anstelle der *GVA* den *Deutschen Jugenddienst*.[66] Damit erweiterte die herrschende Klasse ihre nationalistische und militaristische Beeinflussung auch auf die Schuljugend. Die militärische Ausbildung im *Deutschen Jugenddienst* gliederte sich in theoretischen Unterricht und in die praktische Anwendung des Gelernten. Unter Praxis verstand man rein militärische Übungen, z. B. Ordnungsübungen, Erziehung zu Härte, Mut und Ausdauer sowie Kriegsspiele.[67] Die Zielstellung war abgestimmt mit dem Reichswehrministerium und dem General E. VON STÜLPNAGEL, der dem Reichsminister des Innern diese Maßnahmen wie folgt begründet: »Diese Befürwortung erscheint mir auch mit Rücksicht darauf begründet, daß in den vom Reichswehrministerium für den Unterbau (gemeint ist die militaristische Ausbildung der Jugendlichen unter 16 Jahren, W. B.) erhobenen Forderungen auch eine Betreibung des vorbereitenden eingeschränkten Geländesports innerhalb von Bünden, Schulvereinigungen usw. vorgesehen werden wird.«[68] Daraus ergab sich praktisch eine Arbeitsteilung zwischen dem Reichskuratorium und dem *Deutschen Jugenddienst* bei der Wehrertüchtigung der deutschen Jugend.

In die allseitige Vorbereitung des deutschen Imperialismus auf einen neuen Krieg wurden auch die Frauen einbezogen. Der *Deutsche Jungmädchendienst* im BJD, dem sich eine Reihe von Gruppen der weiblichen Jugend angeschlossen hatte (z. B. *Bismarckjugend* der *DNVP*, Jugend der *DVP, Deutsch-Akademischer Frauenbund*, Jugendgruppe des *Königin-Luise-Bundes*), übernahm es, diese Aufgabe im Rahmen der Arbeitsgemeinschaft zu lösen.

Die theoretische und praktische Tätigkeit des *Deutschen Jungmädchendienstes* war neben der Durchführung von Hausfrauenkursen vorwiegend abgestimmt auf die kriegsmäßige Ausbildung der Mädchen als Sanitäterinnen, technische Nothelferinnen für den Telefondienst und Luftschutzhelferinnen. Die Sanitätskurse z. B. wurden verbunden mit der praktischen Ausbildung im Gelände. Seit 1931 arbeitete die Leitung des *Deutschen Jungmädchendienstes* vor allem auf dem Gebiet des Luft- und Gasschutzes. Das Ergebnis war die Bildung des *Deutschen Frauenluftschutz-*

dienstes am 22. Oktober 1931[69], einer neuen Organisation der unmittelbaren Kriegsvorbereitung, die später durch den Hitlerfaschismus zu einer allumfassenden Organisation ausgebaut wurde. Der Luftschutzdienst konnte nach einem Jahr reger Tätigkeit feststellen, daß er gemeinsam mit den staatlichen Behörden in einer ganzen Reihe von Städten die Voraussetzungen für eine selbständige Arbeit im Luft- und Gasschutz geschaffen hatte.

Das Aufgehen einer Anzahl von rechtsgerichteten Jugendorganisationen in der *Hitlerjugend* begann bereits zu Anfang der 30er Jahre. Diese Entwicklung erfaßte auch einen Teil der im BJD vereinigten Organisationen. Jedoch erst im Verlauf des Jahres 1933 lösten sich unter dem Druck der zur Macht gelangten Faschisten die militaristischen Jugendorganisationen auf bzw. gliederten sich in die *Hitlerjugend* ein.[70] Auf einer außerordentlichen Bundesversammlung im Frühjahr 1933 analysierte L. VOGT die Situation der Jugendorganisationen und stellte fest, »... daß die Ziele der Regierung Hitlers, soweit sie sich auf die Heranbildung einer geistig und körperlich wehrhaften Jugend beziehen, die Ziele des Jungdeutschlandbundes seien seit 1911«.[71]

Auf Grund einer Verordnug des faschistischen Reichsjugendführers B. VON SCHIRACH wurde der BJD im Herbst 1933 in die *Hitlerjugend* überführt.

Mit seiner Tätigkeit vor dem Jahre 1933 hatte der BJD schon unmittelbar umfangreiche Voraussetzungen für die Aufstellung der faschistischen Massenarmee geschaffen.

7. Quellen und Literatur

Die entscheidenden gedruckten Quellen zur Einschätzung der Tätigkeit des BJD sind seine Presseorgane. Darüber hinaus bieten die Berichte über die Leitungssitzungen[72] und Vertrauensmänner-Versammlungen[73] sowie die Jahresberichte[74] Einblick in die Ziele und Entwicklung des Bundes vor dem ersten Weltkrieg.

Den Bund unmittelbar betreffende archivalische Quellen für die Jahre bis 1918 sind nur vereinzelt vorhanden, so im ZStA Merseburg, Rep. 77, Tit. 924, Sekt. 18, Nr. 7, StA Potsdam, Pr. Br. Rep. 34, Nr. 43, StA Dresden, Ministerium des Innern, Nr. 17 236, StA Rudolstadt, Ministerium Schwarzburg-Sondershausen, Abt. I, Nr. 1 150. Reichhaltiges Material über den BJD bieten die Bestände Jugendpflege und militärische Vorbereitung der Jugend in allen Staatlichen Archiven. Für die Zeit der Weimarer Republik gibt es nur vereinzelte Akten, im ZStA Potsdam, RKO, Nr. 383 und RMdI, Nr. 25 998, und im ZStA Merseburg, Ministerium des Innern, Rep. 77, Tit. 4 043, Nr. 410. Weitere Hinweise finden sich verstreut besonders in den Beständen der im BJD zusammengeschlossenen Verbände.

Einschätzungen der Ziele und Tätigkeit geben die jeweiligen Vorsitzenden des Bundes in: Colmar Freiherr von der Goltz »Jungdeutschland. Ein Beitrag zur Jugendpflege« (Berlin 1911), Hertha Siemering (Hrsg.) »Fortschritte der deutschen Jugendpflege von 1913–1916« (Berlin 1916) und »Die deutschen Jugendverbände« (in den Auflagen Berlin 1923 und Berlin 1931). Rüdiger Graf von der Goltz »Die Vaterländischen Verbände«. In: Bernhard Harms (Hrsg.) »Volk und Reich der Deutschen. Vorlesungen, gehalten in der deutschen Vereinigung für Staatswissenschaftliche Fortbildung« (Bd. 2, Berlin 1929, S. 155 ff.). Sowie u. a. Günther Ehrenthal »Die deutschen Jugendbünde. Ein Handbuch ihrer Organisation und ihrer Bestrebungen« (Berlin 1929). Eine umfassende Darstellung des BJD, sein Kampf gegen die Arbeiterjugendbewegung und seine Bedeutung für die Vorbereitung der Jugendlichen auf den imperialistischen Krieg gibt Werner Bethge.[75] Angaben finden sich weiterhin bei Helmut Westphal »Die Politik der herrschenden Klassen zur Militarisierung der deutschen Körperkultur am Vorabend des ersten Weltkrieges« (phil. Habilitationsschrift [MS], Potsdam 1964) und Kurt Stenkewitz »Gegen Bajonett und Dividende. Die politische Krise in Deutschland am Vorabend des ersten Weltkrieges« (Berlin 1960. = Schriftenreihe des Instituts für deutsche Geschichte an der Karl-Marx-Universität Leipzig, Bd. 6).

Anmerkungen

1 Siehe Werner Bethge: Bestrebungen in Deutschland bis zum Jahre 1910, die schulentlassene Jugend in die Vorbereitung des im-

perialistischen Krieges einzubeziehen. In: WZ Potsdam, Nr. 1, 1970, S. 717ff.

2 Siehe v. Gersdorf: Volksgesundheit, die Lebensquelle des Heeres. In: Jahrbücher für die deutsche Armee und Marine, Nr. 470, November 1910, S. 484ff.

3 ZStA Merseburg, Rep. 77, Tit. 924, Nr. 1, Bl. 211.

4 Siehe (Colmar Freiherr von der) Goltz: Jungdeutschland, ein Beitrag zur Jugendpflege, Berlin 1911, S. 56.

5 StA Potsdam, Pr. Br., Rep. 34, Provinzialschulkollegium, Nr. 1 236, unpag.

6 Deutsche Tageszeitung, 15. 12. 1911.

7 Siehe Helmut Westphal: Die Politik der herrschenden Klassen zur Militarisierung der deutschen Körperkultur am Vorabend des ersten Weltkrieges, phil. Habilitationsschrift (MS), Potsdam 1964, S. 93ff.

8 Vortrag, gehalten in der Vertrauensmännerversammlung am 21. Oktober 1913 in Berlin, Berlin 1913, S. 3.

9 Jungdeutschland-Nachschlagebuch, Berlin 1914, S. 5.

10 Gustav Wyneken: Die Militarisierung der deutschen Jugend, Jena 1920, S. 207.

11 Siehe Kreuzzeitung, 3. 12. 1911.

12 StA Potsdam, Pr. Br., Rep. 34, Provinzialschulkollegium, Nr. 1 236, unpag.

13 Siehe   Jungdeutschland-Nachschlagebuch, S. 61f.

14 Siehe Kreuzzeitung, 21. 11. 1913.

15 Leipziger Volkszeitung, 12. 3. 1913.

16 Siehe Bericht über die Sitzung der Bundesleitung des Jungdeutschland-Bundes am 21. und 22. Oktober 1913, Berlin 1913, S. 5. In dem Bericht des Generalmajors Jung hieß es über die Grundlagen dieser gemeinsamen Arbeit, daß die Bestrebungen beider in ihrem Endziel die gleichen seien.

17 Der Jungdeutschland-Bund, 3. Jg., Nr. 17 vom 1. 9. 1914, S. 263.

18 Siehe Post, Nr. 293 vom 26. 6. 1914. Der »Vorwärts« vom 29. 5. 1914 bezweifelte die vom BJD angegebenen Zahlen. »Wissen wir doch, mit welchen Mitteln da gearbeitet wird. So werden einfach ganze Regierungsbezirke, wie damals Oppeln, in verblüffend summarischer Weise dem Bunde angeschlossen mit allen Vereinen, die dort vorhanden sind. Dazu gehörten auch diese Vereine, die von einem Anschluß an die Schöpfung des Herrn v. Goltz nichts wissen wollen.«

19 C. von der Goltz vertrat die Meinung, daß eine gründliche Ausbildung der Jugendlichen nur bei Gruppen von 8 bis 10 Mann garantiert würde. Danach fehlten dem BJD etwa 57 000 Führer.

20 Siehe Der Jungdeutschland-Bund, 3. Jg., Nr. 1 vom 1. 1. 1914, S. 13f.

21 Ebenda, 2. Jg., Nr. 24 vom 15. 12. 1913, S. 370.

22 Die Friedenswarte, XII. Jg., H. 2 (1911), S. 59f.

23 Jungdeutschland-Post,   1. Jg.,   Nr. 4   vom 25. 1. 1913, S. 25f.

24 Siehe Dresdener Nachrichten, 21. 5. 1914.

25 Der Jungdeutschland-Bund, 5. Jg., Nr. 15 vom 1. 8. 1916, S. 229.

26 Die übrigen deutschen Bundesstaaten schlossen sich mit entsprechenden Verordnungen dem preußischen Beispiel an.

27 ZStA Potsdam, Reichsamt des Innern, Nr. 13 008, Die militärische Vorbereitung der Jugend für die Dauer des Kriegszustandes, Bl. 60.

28 Die im August 1914 herausgegebenen Richtlinien für die militärische Vorbildung der älteren Jahrgänge der Jugendabteilungen während des Kriegszustandes waren direkt auf die vormilitärische Ausbildung abgestimmt. Der Mißerfolg in der Arbeit mit diesen Richtlinien führte im Herbst 1915 zur Ausarbeitung der »Erläuterungen und Ergänzungen zu den Richtlinien für die militärische Vorbildung der Jugendabteilungen während des Kriegszustandes.« Sie orientierten stärker auf eine sorgfältige Durchbildung aller Kräfte des Körpers. Es wurden aber auch nicht mehr Teilnehmer nach der Herausgabe neuer Richtlinien im Frühjahr 1917, die in stärkerem Maße an die Psyche der Jugendlichen anknüpften.

29 Der Jungdeutschland-Bund, 3. Jg., Nr. 17 vom 1. 9. 1914, S. 258.

30 Ebenda, Nr. 21 vom 1. 11. 1914, S. 305.

31 Siehe Arbeiter-Jugend, 8. Jg., 7. 10. 1916, S. 168 und ebenda, 9. Jg., 10. 2. 1917, S. 24.

32 Siehe Die Wehr, 5. Jg., Nr. 5 vom 15. 5. 1917, S. 11.

33 Siehe StA Potsdam, Pr. Br., Rep. 34, Provinzialschulkollegium, Nr. 1 236, unpag.

34 Ebenda.

35 Jungdeutschland-Post, Nr. 21 vom 1. 9. 1921, S. 137.

36 Siehe ZStA Potsdam, RKO, Nr. 383, Jungdeutschland-Bund, Bl. 12.

37 ZStA Potsdam, RKO, Nr. 383, Jungdeutschland-Bund, Bl. 17.

38 StA Potsdam, Pr. Br., Rep. 34, Provinzialkollegium, Nr. 1236, unpag. Die folgenden Ausführungen über die Satzungen beziehen sich auf diese Quellenangabe.

39 Siehe ZStA Potsdam, Stahlhelm, Nr. 32, Bl. 26.

40 Der Jungstahlhelm schloß sich Ende der 20er Jahre dem BJD an. Siehe Anm. 40.

41 Deutsche Zeitung, Nr. 294 vom 18. 10. 1926.

42 Der BJD war als staatlich anerkannte Jugendpflegorganisation Mitglied des Reichsausschusses der deutschen Jugendverbände. Er

vertrat dort vorwiegend die Interessen der ihm angeschlossenen militaristischen Jugendorganisationen, die erst Anfang der 30er Jahre offiziell in den Reichsausschuß aufgenommen wurden. L. Vogt, der in der 2. Hälfte der 20er Jahre Mitglied des Reichsausschusses war, beugte sich als einer der ersten der Auflösung durch die Hitlerjugend im Jahre 1933. Siehe Politisch-gewerkschaftlicher Zeitungsdienst, 13. 4. 1933.

43 Nationalliberale Correspondenz, Nr. 180 vom 4. 11. 1926.

44 Siehe ZStA Merseburg, RMdI, Rep. 77, Tit. 4043, Nr. 410, Jungdeutschland-Bund, Bl. 37. Die folgenden Ausführungen über die Satzungen beziehen sich auf diese Quellenangabe.

45 Siehe Germania, Nr. 170 vom 23. 6. 1933.

46 Siehe Nachrichtenblatt, 7. Jg., Nr. 3 vom September 1932, S. 3.

47 Siehe ZStA Merseburg, RMdI, Rep. 77, Tit. 4043, Nr. 410, Jungdeutschland-Bund, Bl. 63. So bestand auch eine örtliche Zusammenarbeit des BJD besonders in Ostpreußen mit den Junggefolgschaften des Jungdeutschen Ordens, siehe Nachrichtenblatt, 4. Jg., Nr. 3 vom September 1929, S. 19.

48 Die Leitung der Propagandatätigkeit, besonders aber der Führerlehrgänge, lag in den Händen von Dr. Kleo Pleyer. Für die umfangreiche Vortragstätigkeit stellten sich profilierte Persönlichkeiten des bürgerlichen Lebens zur Verfügung: Professor Dr. Martin Spahn, Professor Dr. Otto Hoetzsch, Professor Dr. Wilhelm Dibelius, Dr. Heinz Dähnhardt, Dr. Eduard Stadtler, Dr. Heinz Brauweiler, Dr. Max Hildebert Boehm, Georg Baron von Manteuffel, Anton Graf Bossi-Fedrigotti.

49 Nachrichtenblatt, 7. Jg., Nr. 2 vom August 1932, S. 5.

50 Ebenda, 3. Jg., Nr. 2 vom 15. 8. 1928, S. 11.

51 Siehe ebenda, Nr. 5 vom 15. 11. 1928, S. 33.

52 Siehe ebenda, 2. Jg., Nr. 6 vom 15. 12. 1927.

53 Ebenda, ZStA Potsdam.

54 ZStA Potsdam, RKO, Nr. 375, Adler und Falken, Bl. 111.

55 Nachrichtenblatt, 3. Jg., Nr. 3 vom 15. 9. 1928, S. 18.

56 Siehe ebenda.

57 Nachrichtenblatt, 1. Jg., Nr. 4 vom Februar 1927, S. 27.

58 Siehe Karl Nuß: Militär und Wiederaufrüstung in der Weimarer Republik, Berlin 1977, S. 189.

59 Siehe H. Westphal: Der Militarismus — der Todfeind des deutschen Sports, o. O., o. J., S. 25.

60 Die Bedeutung der Volkssportschulen, die sich zu einer Reichsarbeitsgemeinschaft zusammengeschlossen hatten, ist daraus ersichtlich, daß sie bis zur Überführung in das Reichskuratorium für Jugendertüchtigung in Kurz- und längeren Lehrgängen über 100 000 Jugendliche ausbildeten; siehe Edmund Neuendorff: Geschichte der neueren deutschen Leibesübung vom Beginn des 18. Jh. bis zur Gegenwart, Bd. IV, Dresden o. J., S. 608.

61 Siehe MA der DDR, RO 2.35/9, S. 578f.

62 Ebenda, S. 590.

63 Siehe Nachrichtenblatt, 7. Jg., Nr. 3 vom September 1932, S. 1.

64 Siehe ZStA Potsdam, RMdI, Abt. IA, Nr. 25 676, Volkssport, Geldmittel, Bl. 11.

65 MA der DDR, RO 2.35/9, S. 595.

66 Siehe Nachrichtenblatt, 7. Jg., Nr. 6 vom Dezember 1932, S. 4.

67 Siehe ZStA Potsdam, RMdI, Abt. IA, Nr. 25 676, Volkssport, Geldmittel, Bl. 388.

68 Ebenda, Bl. 442.

69 Siehe Nachrichtenblatt, 6. Jg., Nr. 6 vom Januar 1932, S. 5.

70 Siehe Josepha Fischer: Die nationalsozialistische Bewegung in der Jugend. In: Das Junge Deutschland, H. 8, August 1930, S. 345f. E. Mögling: Bündische Jugend ist heute Bolschewismus. In: Wille und Macht, Jg. 3, H. 16 vom 15. 8. 1935, S. 16.

71 Nachrichtenblatt, 7. Jg., Nr. 10 vom April 1933, S. 1.

72 Bericht über die Ausschußsitzung des Bundes Jungdeutschland vom 14. Mai 1912. Berichte über die Sitzung der Bundesleitung des Jungdeutschlandbundes am 21. und 22. Oktober 1913, Berlin 1913.

73 Bericht über die Vertrauensmänner-Versammlung des Bundes »Jungdeutschland« am 11. und 12. Dezember 1911, Berlin o. J.

74 Jahresberichte des Jungdeutschland-Bundes für die Zeit vom 13. November 1911 bis 31. März 1913, Berlin 1913.

75 W. Bethge: Bestrebungen der herrschenden Klassen in Deutschland zur Militarisierung der männlichen Jugend in den Jahren 1910 bis 1917/18, phil. Diss., Potsdam 1968.

Werner Bethge

Bund katholischer Deutscher »Kreuz und Adler« (BkD) 1933

Der BkD wurde von extrem reaktionären Kreisen des deutschen Katholizismus mit dem Ziel geschaffen, zur ideologischen und politischen Eingliederung des katholischen Volksteiles in das System der faschistischen Diktatur beizutragen und auf eine aktive Beteiligung der deutschen Katholiken beim Ausbau der faschistischen Herrschaft hinzuwirken. Der BkD bekämpfte das »liberalistische« ↗ Zentrum (Z) und trat für eine ideologische Synthese zwischen Katholizismus und Faschismus ein. Im Oktober 1933 ging der BkD in der neugegründeten ↗ Arbeitsgemeinschaft Katholischer Deutscher (AKD) auf.

»Oberster Schirmherr«

PAPEN

Geschäftsführende Vorsitzende

Emil RITTER (1. 4. 1933–1. 7. 1933); Roderich GRAF VON THUN (2. 7. 1933–2. 10. 1933)

Generalsekretär

R. VON THUN

Tagung

1. Führertagung vom 26. bis 28. April 1933 in Maria Laach

Presse

»Kreuz und Adler. Führerbriefe«, hrsg. von E. RITTER, Nr. 1 (Mai 1933) bis Nr. 3 (Juli/August 1933), Auflage: 2000
»Pressedienst des Bundes katholischer Deutscher ›Kreuz und Adler‹«, Mai/Juni 1933 (2 Probenummern)

Die Vorgeschichte des BkD reicht bis in die Frühzeit der Weimarer Republik zurück. Sie beginnt im weitesten Sinne bei den sog. deutschnationalen Katholiken, die in Verkennung des Kräfteverhältnisses der gesellschaftlichen Hauptklassen die Beteiligung des *Zentrums* (Z) an der Weimarer Koalitionspolitik ablehnten und die Bildung einer Bürgerblockregierung als Grundlage für die Errichtung einer autoritären Herrschaftsform des deutschen Imperialismus forderten.[1] Die zunächst vorwiegend im Reichsausschuß der Katholiken in der ↗ DNVP konzentrierten Aktivitäten katholischer Rechtskreise erfuhren mit dem Übergang zur Weltwirtschaftskrise eine beträchtliche Ausweitung, als eine Reihe von »nationalkatholischen« Verbänden

und rechtsextreme bzw. halbfaschistische Zeitungen und Zeitschriften entstanden. Zu einer ersten losen organisatorischen Zusammenfassung extrem reaktionärer Kreise des politischen Katholizismus kam es im Sommer 1931 durch die Bildung einer *Arbeitsgemeinschaft Katholischer Deutscher (AKD)*, deren Arbeitsausschuß sich aus Edgar VON SCHMIDT-PAULI vom ↗ *Stahlhelm-Bund der Frontsoldaten (Stahlhelm)*, Carl FREIHERR VON SCHORLEMER von der ↗ *NSDAP* und Georg LOSSAU von der *Katholischen Vereinigung für nationale Politik* zusammensetzte.[2] Publizistischer Vorläufer des BkD war die seit 1928 erscheinende Wochenschrift »Der Deutsche Weg«, die nach Worten ihres Herausgebers E. RITTER »ohne Umschweife den Kampf gegen die liberal-sozialistische Überfremdung des katholischen Denkens aufnahm und der nationalkonservativen Idee dienstbar wurde«.[3] Bereits im August 1932 wurde in dieser Zeitschrift »das Wollen und Wirken Adolf Hitlers nach der positiven Seite dankbar gewürdigt«.[4]

Nach der Errichtung der faschistischen Diktatur stellte sich der Rechtskatholizismus bei der Ausschaltung des Z und der publizistischen Beeinflussung des katholischen Volksteils im Sinne der faschistischen Ideologie willig zur Verfügung. Im Wahlkampf für die Reichstagswahl am 5. März 1933 waren vor allem die *AKD* und die *Katholische Vereinigung für nationale Politik* in diesem Sinne tätig.[5] Im Wahlergebnis sahen diese Organisationen einen Beweis dafür,

daß »das Zentrum endgültig von der überwiegenden Mehrheit der Katholiken Deutschlands abgelehnt wird ... Die katholischen Deutschen sehen im Gegenteil in ihrer erdrückenden Mehrheit im Kabinett der nationalen Erhebung und in der Persönlichkeit des Reichskanzlers Adolf Hitler, der selbst katholisch ist, die Garanten dafür, daß auch die Belange des katholischen Teils der deutschen Bevölkerung im Rahmen des gesamten deutschen Volkstums die ihnen zukommende Würdigung erfahre.«[6]

Demgegenüber wurde das Z als angeblicher »Bundesgenosse des gottlosen und volksverräterischen Marxismus«[7] bezeichnet.

Der Gründungsaufruf des BkD vom 2. April 1933 ging von ähnlichen politisch-ideologischen Leitgedanken aus:

»Wir dürfen es nicht genug sein lassen, daß das neue Deutschland Christentum und Kirche achtet, daß es die Irrwege des Liberalismus zu meiden sucht, vielmehr müssen wir uns bereit machen, in freudiger Hingabe am kommenden Reiche mitzubauen.«[8] Satzungsmäßiger Zweck des BkD sollte es sein, »den christlich-konservativen Gedanken im deutschen Volke zu vertiefen, das Nationalbewußtsein der katholischen Deutschen zu stärken und den Aufbau des kommenden Reiches geistig zu fördern«.[9]

Geistige Grundlage für die vom BkD versuchte Synthese von Katholizismus und Faschismus sollte der »konservative Gedanke« sein, d. h. die vor allem von PAPEN propagierte Definition der faschistischen Machtergreifung als »konservative Revolution« bzw. als »Revolution des konservativen Gedankens«.[10] Unter Hervorhebung der autoritären Strukturelemente der katholischen Kirche, der »in ihrer reinen Eigenart ... wesenhaft«[11] konservativen Haltung des Katholiken wurde vom BkD die Brücke zur faschistischen Ideologie geschlagen. In diesem Sinne ergab sich auch nach E. RITTER der Name des BkD durch die Rückbesinnung auf »katholisch-konservatives Erbgut«, »aus der ganz eindeutigen und für Görres, wie für die Gegenwart gültigen Symbolsprache des christlichen Kreuzes und des deutschen Reichsadlers«.[12]

Der Gründungsaufruf des BkD enthält auch nähere Darlegungen über Wege und Ziele seiner Politik. Danach wollte er »geistig anregen, beleben und führen«, »eine Mittelstelle der ihm verwandten Strömungen sein«, »für das seiner Aufgabe förderliche Schrifttum eine Lesergemeinde schaffen« sowie in örtlichen Arbeitskreisen und auf Tagungen für größere Gebiete den »Ideengehalt« seiner Bewegung erschließen.[13]

Mitgliederstruktur und Arbeitsweise des BkD weisen darauf hin, daß er als eine Eliteorganisation gedacht war. PAPEN, der das Startkapital von 30 000 RM stiftete[14], sah im BkD eine »lose Vereinigung intellektueller Katholiken«[15], und in der Tat rekrutierten sich seine Mitglieder aus höheren Beamten und Intellektuellen sowie in besonderem Maße aus dem katholischen Adel Westfalens und Schlesiens (z. B. Nikolaus GRAF VON BALLESTREM und Hubert FREIHERR VON HEEREMANN). Unter Ablehnung eines »schematischen Vereinsbetriebes« sollte der BkD eine »Art geistiger Stoßtrupp derjenigen Katholiken sein, die sich nicht nur mehr oder weniger freiwillig auf den Boden der ›nationalsozialistischen Tatsachen‹ stellen, sondern aktiv an der Neugestaltung der deutschen Politik mitarbeiten wollen«.[16] Parteipolitisch zählte ein großer Teil der Mitglieder des BkD zur NSDAP, doch gingen auch zahlreiche Anhänger des Z (vor allem um ihre Existenz besorgte Beamte) zum BkD über. Neben PAPEN, E. RITTER und N. VON BALLESTREM trat auch der ehemalige Mitarbeiter des ↗ Volksvereins für das katholische Deutschland (VkD) und Theoretiker der christlichen Gewerkschaftsbewegung, Theodor BRAUER, zum BkD über.[17] Die starke Rolle katholischer Kleriker und Theologen im BkD wurde auf der ersten Führertagung im April 1933 in Maria Laach sichtbar, dessen Abt Ildefons VON HERWEGEN dem BkD nahestand. In den von Damasus WINZEN, Alois DEMPF und Albert MIRGELER gehaltenen Referaten wurden die »Idee, die geschichtlichen Voraussetzungen und der politische Aufbau des Reiches der Deutschen«[18] erörtert. Die Führertagung von Maria Laach bestätigte die von PAPEN in einem Interview mit der »Kreuzzeitung« getroffene Feststellung, daß eine Hauptaufgabe des BkD »in der Schulung des politischen Führernachwuchses liegen (muß). Es kann sich dabei nicht um eine theoretische Bildung handeln, sondern um eine politische Erziehung im Sinne des neuen nationalen Reichs.«[19]

Im April 1933 begann der BkD mit dem Aufbau von Ortsgruppen, die keine Vereine, sondern Arbeitskreise sein sollten. Die ersten Ortsgruppen entstanden in Köln und Berlin. Daneben wurde auch die Einrichtung von Landesgeschäftsstellen in Aussicht genommen, von denen jedoch nur die westdeutsche Landesgeschäftsstelle in Düsseldorf ihre Tätigkeit aufnahm.

Die Auflösung des *Z* wurde vom BkD begeistert begrüßt, denn »mit dem Ende des Parteikatholizismus (kann) der neu auflebende katholische Gedanke seine schöpferischen Kräfte für das neue Reich schöner entfalten als je zuvor«.[20]

Als E. RITTER am 1. Juli 1933 sein Amt als geschäftsführender Vorsitzender des BkD niederlegte und die Leitung der »Germania« übernahm, waren bereits durch die laufenden Konkordatsverhandlungen zwischen dem Vatikan und der Hitlerregierung neue Bedingungen für die Arbeit des BkD entstanden. Nach dem Abschluß des Konkordats verengte sich die Tätigkeit des BkD auf die Erziehung des Katholiken zu einem »freudigen, ehrlichen Mitarbeiter am nationalsozialistischen Staate«.[21] Mit der Bildung der ↗ AKD, die diese Aufgabe in ihr Programm übernahm, verfiel der BkD Anfang Oktober 1933 der Auflösung.

Quellen und Literatur

Einen guten Einblick in die programmatischen Grundlagen und die Tätigkeit des BkD geben die allerdings nur dreimal erschienenen »Führerbriefe«. Zahlreiche Informationen über den BkD enthält auch die ihm nahestehende Monatsschrift »Das Volk«.

An Darstellungen, die sich mit dem BkD beschäftigen, ist lediglich die Arbeit von Klaus Breuning[22] zu nennen. Eine knappe Skizzierung findet der BkD auch in der Arbeit von Leonore Siegele-Wenschkewitz, wo er allerdings mit seiner Kennzeichnung als »eine Art politisch-religiöser Herrenklub«[23] verharmlosend bagatellisiert wird.

Anmerkungen

1 Siehe Herbert Gottwald: Franz von Papen und die »Germania«. Ein Beitrag zur Geschichte des politischen Katholizismus und der Zentrumspresse in der Weimarer Republik. In: Jahrbuch für Geschichte, Bd. 6, Berlin 1972, S. 542 ff.

2 Eine neue katholische Front. In: Schlesische Tagespost, Nr. 185 vom 9. 8. 1931.

3 Emil Ritter: Der Weg des politischen Katholizismus in Deutschland, Breslau 1934, S. 243.

4 Richard Kleine: Zur Vorgeschichte unseres Bundes. In: Kreuz und Adler. Führerbriefe, Nr. 1, Mai 1933, S. 5.

5 Siehe Wahlaufruf der AKD und der Katholischen Vereinigung für nationale Politik. In: Preußischer Pressedienst der NSDAP, 21. 2. 1933.

6 Erklärung der AKD und der Katholischen Vereinigung für nationale Politik. In: Ebenda, 12. 3. 1933.

7 Ebenda.

8 Kreuz und Adler. Aufruf »An die katholischen Deutschen«. In: Deutsches Volk. Katholische Monatsschrift für sozialen Aufbau und nationale Erziehung, 1. Jg. 1933/34, Köln, S. 68.

9 Ebenda.

10 Siehe Franz von Papen: Appell an das deutsche Gewissen, Oldenburg 1933. = Stalling-Bücherei »Schriften an die Nation«, H. 32/33.

11 Ildefons Herwegen: Zum Geleit. In: Katholisch-konservatives Erbgut. Eine Auslese für die Gegenwart. Hrsg. Emil Ritter, Freiburg (Breisgau) 1934, S. XII.

12 Kreuz und Adler, Nr. 1, S. 11.

13 Siehe Anm. 8.

14 Siehe Klaus Breuning: Die Vision des Reiches. Deutscher Katholizismus zwischen Demokratie und Diktatur (1929–1934), München 1969, S. 230.

15 Papen an Diego von Bergen, 26. 5. 1933. In: Staatliche Akten über die Reichskonkordatsverhandlungen 1933, bearbeitet von Alfons Kupper, Mainz 1969, S. 73. = Veröffentlichungen der Kommission für Zeitgeschichte bei der Katholischen Akademie in Bayern, Reihe A, Bd. 2.

16 Kreuz und Adler, Nr. 2, Juni 1933, S. 23.

17 Siehe H. Gottwald: Zur Kontinuität klerikaler Wirtschafts- und Gesellschaftstheorien. In: WZ Jena, 18 (1969), H. 3, S. 92.

18 Kreuz und Adler, Nr. 1, S. 14.

19 Ebenda, S. 13.

20 Kuno Brombacher: Hakenkreuz und Christenkreuz. In: Ebenda, Nr. 3, S. 40.

21 Graf Roderich Thun, An unsere Bundesmitglieder. In: Ebenda, Nr. 3, S. 34.

22 Siehe Anm. 14 (Rez.: ZfG, 1970, H. 4, S. 561 f.).

23 Leonore Siegele-Wenschkewitz: Nationalsozialismus und Kirche. Religionspolitik von Partei und Staat bis 1935, Düsseldorf 1974, S. 148. = Tübinger Schriften zur Sozial- und Zeitgeschichte, 5.

Herbert Gottwald

Bund Neues Vaterland (BNV) 1914–1922

Der BNV wurde zur bedeutendsten bürgerlich-demokratischen Organisation während des ersten Weltkrieges in Deutschland. Er vereinigte einen kleinen Kreis engagierter Pazifisten aus dem Bürgertum, dem Adel, den städtischen Mittelschichten und besonders der Intelligenz. Bei allen unterschiedlichen politischen Auffassungen einte sie das Streben nach einem baldmöglichen Ende des Krieges durch einen annexionslosen Frieden. Ohne das sozialökonomische Wesen des Imperialismus und den Charakter des ersten Weltkrieges zu erfassen, und vielfach von den Positionen einer moralisierenden Kritik der gesellschaftlichen Verhältnisse aus wandten sich die Mitglieder des BNV gegen die chauvinistische und annexionistische Politik des deutschen Imperialismus, wobei sie zugleich für ein bürgerlich-demokratisches Nachkriegsdeutschland eintraten. Zu den mit dem BNV Sympathisierenden und ihn Unterstützenden gehörten sowohl kaiserliche Diplomaten als auch führende deutsche Linke. Von den Militärbehörden schwersten Repressalien ausgesetzt, konnte der BNV nur bis Anfang 1916 legal bestehen. Er begrüßte die Novemberrevolution und erhob die Forderung nach einer demokratischen sozialistischen Republik, wobei jedoch bürgerlich-pazifistische Grenzen nicht überwunden werden konnten. In den Nachkriegsjahren stand der BNV in der vordersten Linie des Kampfes der nichtproletarischen Demokraten gegen den deutschen Imperialismus und Militarismus sowie für Völkerverständigung, vor allem mit Frankreich. Anfang 1922 wandelte er seinen Namen in ↗ Deutsche Liga für Menschenrechte (DLfM) um.

1. Gründung und Charakter des BNV
2. Der BNV bis zu seinem Verbot 1916
3. Der BNV in der Novemberrevolution und bis Anfang 1922
4. Quellen und Literatur

1. Vorsitzender: Kurt VON TEPPER-LASKI (1914–1918)
Stellvertreter: Georg GRAF VON ARCO, später Karl BARON VON PUTTKAMER
Seit November 1918 wurde der BNV von einem *Vorstand* geleitet. Ihm gehörten Ende 1918 an: G. VON ARCO, Hermann BECK, Hans Georg VON BEERFELDE, Alexander BLOCH, Elisabeth ROTTES, Hugo SIMON und Helene STÖCKER; im Februar 1921: Hellmut VON GERLACH, Alfons HORTEN, Heinrich STRÖBEL und H. STÖCKER. Dem Vorstand standen ein *Hauptausschuß* und ein *Arbeitsausschuß* zur Seite.
Die operative Arbeit leistete eine *Geschäftsstelle.*
Sekretäre des BNV: Lilli JANNASCH, Otto LEHMANN-RUSSBÜLDT, Elsbeth BRUCK, Ernst REUTER.
Weitere Leitungsgremien zur Bearbeitung besonderer Angelegenheiten waren jeweils (seit 1915) ein *Geschäftsstellen-, Finanz-, Literatur-* bzw. *Kontrollausschuß.*

Sitzungen des BNV
bis zum Verbot in der Regel halbmonatlich; 1919 bis 1922 jährlich als ordentliche Mitgliederversammlungen

Mitglieder
November 1914	10
Juni 1915	64
Herbst 1915	135
1921 etwa	200.

Periodische Publikationen
»Flugschriften des Bundes Neues Vaterland«, Nr. 1–6 (1914/15) und NF, Nr. 1–33 (1919–1922)
»Mitteilungen des Bundes Neues Vaterland«, Nr. 1–6 (Januar/Februar 1915) und NF, Nr. 1–6 (November 1918 bis September 1920)
Diese und die anderen Publikationen des BNV erschienen in dem im Oktober 1914 gegründeten und von L. JANNASCH geleiteten Verlag Neues Vaterland.

1. Gründung und Charakter des BNV

Um den Rittmeister a. D. K. VON TEPPER-LASKI hatte sich am Vorabend des ersten Weltkrieges ein Freundeskreis gebildet, der hauptsächlich aus dem ⁊ *Deutschen Monistenbund (DMB)* hervorging. Kennzeichnend war für ihn ein entschiedener Pazifismus, der sich im Protest gegen die Wehrvorlage der Regierung von 1913, in der Warnung vor einem »Europakrieg« mit den USA und Japan als den lachenden Dritten und in einem besonderen Engagement für eine deutsch-französische Verständigung äußerte. In völliger Verkennung des Wesens des deutschen Imperialismus und damit auch der »Politik des 4. August«, die als reine »Landesverteidigung« aufgefaßt wurde, sollte diese nur vor alldeutschen Verfälschungen geschützt werden.[1]

Durch den Ausgang der Marneschlacht waren alle Illusionen über ein unmittelbar bevorstehendes Kriegsende beseitigt worden. Realistischer denkende bürgerliche Politiker und Ideologen, wie Hans DELBRÜCK, sprachen sich in der Kriegszielfrage für eine Mäßigung aus[2] und wurden deswegen von den Alldeutschen als »Landesverräter« heftig angegriffen. Solche und ähnliche Umstände förderten die Gründung des BNV, die am 16. November 1914 durch einen kleinen Kreis von nicht mehr als 10 Mitgliedern erfolgte. Bei allen politischen und religiösen Differenzen untereinander verstanden sie sich als eine »Freischar« von Gegnern des Krieges.[3] In den seit Mai 1915 gültigen Satzungen wurde im § 1 über den Zweck des BNV festgestellt[4]:

»Der Bund ist eine Arbeitsgemeinschaft deutscher Männer und Frauen, die sich unbeschadet ihrer sonstigen politischen und religiösen Stellungnahme zusammenschließen, um an den Aufgaben, die dem deutschen Volk aus dem europäischen Krieg erwachsen, mitzuarbeiten. Daher beabsichtigt der Bund: 1. Die direkte und indirekte Förderung aller Bestrebungen, die geeignet sind, die Politik und Diplomatie der europäischen Staaten mit dem Gedanken des friedlichen Wettbewerbs und des überstaatlichen Zusammenschlusses zu erfüllen, um eine politische und wirtschaftliche Verständigung zwischen den Kulturvölkern herbeizuführen. Dieses ist nur möglich, wenn mit dem seitherigen System gebrochen wird, wonach einige wenige Wenige über Wohl und Wehe von hunderten Millionen Menschen zu entscheiden haben. 2. Insoweit sich bei der Arbeit für dieses Ziel ein Zusammenhang zwischen innerer und äußerer Politik der Staaten ergibt, darauf hinzuwirken, beide in volle Übereinstimmung zu bringen – zum Besten des deutschen Volkes und der gesamten Kulturwelt.«

Indem sich der BNV damit auch innenpolitische Aufgaben stellte, die sich für das deutsche Volk aus dem Kriege ergaben, unterschied er sich von der ⁊ *Deutschen Friedensgesellschaft (DFG)*, mit der er eng zusammenarbeitete.

Im BNV dominierten zunächst Unklarheiten über das reaktionäre, klassenmäßige Wesen des deutschen Imperialismus und seiner Staatsmacht sowie über den imperialistischen Charakter des Weltkrieges. Dennoch waren die programmatischen Ziele des BNV nicht nur ein bloßer Protest. Mit ihnen vertrat der BNV vielmehr Ansätze zu einem bürgerlich-demokratischen Friedensprogramm, so daß er sich bereits während des ersten Jahres seiner Wirksamkeit im Unterschied zu den anderen pazifistischen Organisationen demokratischen Forderungen der revolutionären Antikriegsbewegung annäherte. Der BNV konnte damit zu einer politischen Plattform zur Sammlung bürgerlich-demokratischer Kriegsgegner werden und ihnen wichtige Impulse für den Kampf um ein »neues Vaterland« geben.[5]

Gute Beziehungen bestanden zwischen dem BNV und führenden Vertretern der deutschen Linken. Karl LIEBKNECHT hatte sich bereits im Oktober 1914 mit »größter Sympathie« für die Aktivitäten zur Gründung des BNV ausgesprochen und wurde von diesem mit Recht zu den mit ihm Sympathisierenden gezählt.[6] Ernst MEYER gehörte dem BNV selbst an, und zu Leo JOGICHES wurden über Eduard FUCHS Kontakte hergestellt. In der Folgezeit nahm dann allerdings der Einfluß der dem BNV angehörenden Sozialpazifisten zu.

Nach § 3 der Satzungen hatte der BNV ordentliche, wissenschaftliche und außerordentliche Mitglieder. Während sich die ersteren bei der Aufnahme »auf die Zwecke des Bundes, die durch kameradschaftliche Zusammenarbeit aller Mitglieder erstrebt werden sollen«[7] verpflichteten, hatten die außerordentlichen kein Stimmrecht. Im BNV galt das Prinzip, daß die Mitgliedschaft nicht durch die Zahlung des relativ hohen Mitgliederbeitrages, sondern nur durch »andauernde und nachdrückliche Mitarbeit« erworben wurde.[8] Dieses Prinzip entsprach auch der äußerst niedrigen Zahl der Mitglieder, zu deren bekanntesten zählten[9]: G. VON ARCO, Eduard BERNSTEIN, Rudolf BREIT-

SCHEID, Lujo BRENTANO, E. BRUCK, Minna CAUER, Albert EINSTEIN, Kurt EISNER, E. FUCHS, H. VON GERLACH, Alexander FREIHERR VON GLEICHEN-RUSSWURM, Rudolf GOLDSCHEID, Kurt GRELLING, Emil GUMBEL, Wilhelm HERZOG, Arthur HOLITSCHER, L. JANNASCH, Gustav LANDAUER, O. LEHMANN-RUSSBÜLDT, E. MEYER, Anton GRAF VON MONTS, Otfried NIPPOLD, Paul OESTREICH, K. von PUTTKAMER, Ludwig QUIDDE, P. Martin RADE, E. REUTER, René SCHICKELE, Walther SCHÜCKING, H. STÖKKER, K. VON TEPPER-LASKI, Ferdinand TÖNNIES und Hans WEHBERG.

Dem BNV gehörten weiterhin seit Juni 1915 die Ortsgruppen der *DFG* in Berlin und Frankfurt (Main) korporativ an. Von seinen Mitgliedern waren u. a. 28 Schriftsteller und Redakteure, 28 Wissenschaftler, 14 Kaufleute, kleine Unternehmer und Bankiers, 6 Rechtsanwälte, 4 Landwirte, 3 Theologen, 2 Ärzte und 2 Architekten. 31 Mitglieder waren Frauen, 59 wohnten in Berlin.[10]

Außer etwa 800 außerordentlichen Mitgliedern verfügte der BNV über eine Anzahl fördernder »Freunde«, die sich vielfach in führenden Positionen befanden und zu ihm in einem ganz losen Verhältnis standen. Ihre oft sehr wirksame Unterstützung, die den BNV von der *DFG* unterschied, hatte in der Regel dann ihre Grenzen, wenn er aus seiner annexionsfeindlichen Haltung die entsprechenden Konsequenzen zog.[11] Zu dem seit Kriegsbeginn in der Schweiz lebenden bedeutenden französischen Schriftsteller Romain ROLLAND hatte der BNV enge Beziehungen.

2. Der BNV bis zu seinem Verbot 1916

In einem vertraulichen Zirkular über die Aufgaben und Absichten sowie den organisatorischen Aufbau des BNV wurde Ende 1914 unter Hinweis auf das Beispiel der *Fabian Society* erklärt, daß der BNV »leistungsfähige Kräfte des deutschen Volkes« sammeln wolle. Als nächstliegende Aufgaben wurden genannt: 1. die Schaffung einer Geschäftsstelle und 2. einer Zeitungskorrespondenz, die unentgeltlich an Zeitungen, Schriftsteller, Politiker, Gelehrte und die Mitglieder des BNV versandt werden sollte; 3. kurze Flugschriften oder eingehendere

Abhandlungen; 4. Eingaben und Denkschriften an die Parlamente und Behörden; 5. Einbeziehung der verschiedensten Kreise in große öffentliche Aktionen, wie Versammlungen und Kundgebungen, und Ausübung von Druck durch die öffentliche Meinung auf die Bürokratie, »diese gefährlichste Feindin des menschlichen Fortschritts«.[12]

Für die Lösung dieser Aufgaben waren die regelmäßig durchgeführten Sitzungen des BNV von großer Bedeutung.[13] In ihrem Mittelpunkt standen der Kampf des BNV für einen annexionslosen, dauerhaften Frieden und die sehr begrenzten Ziele, die er darüber hinaus verfolgte. Auf der Sitzung des BNV am 6. Dezember 1914 wurden als »*durchgreifende* Umwälzung« eine europäische Zollunion und die volle staatsbürgerliche Gleichberechtigung in Wahlrechtsfragen angesehen.[14] Der BNV gab Ratschläge zur Linderung der wirtschaftlichen Not, verurteilte Preistreibereien und war an der Bildung einer Abordnung von Hausfrauen beteiligt, die sich beim Reichsamt des Innern und bei Militärbehörden über die Kartoffelnot beschwerten. Die Sitzungen dienten im Zusammenhang mit Diskussionen über die Vorgeschichte des Krieges, die Möglichkeiten zum Abschluß eines Verständigungsfriedens und die innenpolitischen Verhältnisse in einem Nachkriegsdeutschland der Klärung unterschiedlicher Auffassungen unter den Mitgliedern. Während eine vor allem durch K. VON TEPPER-LASKI, O. LEHMANN-RUSSBÜLDT und L. JANNASCH vertretene Richtung für einen Verständigungsfrieden mit Frankreich eintrat, setzte sich eine andere, hauptsächlich durch W. SCHÜCKING, H. VON GERLACH und R. GOLDSCHEID repräsentierte Richtung für eine Verständigung mit Großbritannien ein.[15] Auf den Sitzungen kam es verschiedentlich zu heftigen Auseinandersetzungen mit als Gäste anwesenden Sozialchauvinisten wie Eduard DAVID und Wolfgang HEINE, die eine Kriegsschuld des deutschen Imperialismus bestritten, gegen die Beendigung des Krieges und für die Annexion Belgiens waren[16] und die Notwendigkeit des Kampfes gegen Annexionen verneinten.

Die Ergebnisse der Sitzungen bestimmten wesentlich den Inhalt der hektographierten Materialien, die seit Januar 1915 vom BNV herausgegeben wurden. Nachdem seine Versuche, durch eine Zeitungskorrespondenz bzw. durch billige Flugschriften in hoher Auflage eine besonders große Breitenwirkung zu erlangen, am Widerstand der Militärbehörden gescheitert waren, versandte der BNV an seine Mitglieder und Freunde vom 19. Januar bis 27. Februar 1915 6 »Mitteilungen«[17]. Der Versuch, diese regelmäßiger und umfassender herauszugeben, wurde durch die Militärbehörden unterbunden, so daß ihr periodischer Versand eingestellt werden mußte.

Der BNV orientierte sich daraufhin auf den »Ausbau der internationalen Verständigung«[18]. Das entsprach dem zunächst starken Einfluß, den ehemalige Diplomaten wie der frühere deutsche Botschafter in London, Max FÜRST VON LICHNOWSKY, die mit der Kriegspolitik des deutschen Imperialismus nicht einverstanden waren, auf den BNV ausübten. Unter ihrer Mitwirkung konnte der BNV im März 1915 die Denkschrift »Über die Bülowsche Weltpolitik« herausgeben[19].

Die publizistische Wirksamkeit des BNV wurde maßgeblich durch den bereits in den Wochen vor seiner Gründung geschaffenen und von L. JANNASCH geleiteten Verlag Neues Vaterland gefördert. Nachdem hier bereits Anfang Oktober 1914 eine Schrift über die »Vereinigten Staaten von Europa« mit der Forderung nach einem sofortigen Verständigungsfrieden veröffentlicht worden war[20], wurden in der Reihe »Flugschriften des Bundes ›Neues Vaterland‹« die Ziele des BNV dargelegt[21], unter Berufung auf Äußerungen BISMARCKS jede Annexion[22] ebenso verurteilt wie die chauvinistische Hetze des ↗ Alldeutschen Verbandes (ADV)[23], die sich besonders gegen England richtete[24] und vorwiegend bei den deutschen Professoren Unterstützung fand[25]. Die geplante 7. Flugschrift über die Konferenz in Den Haag konnte nicht erscheinen, weil die gesamte Reihe Anfang August 1915 verboten wurde.

Obwohl unabhängig voneinander entstanden, hatte der BNV in seinem Charakter und seinen Bestrebungen viele Gemeinsamkeiten mit den ebenfalls zu Beginn des Krieges gegründeten entschieden pazifistischen Organisationen Union of Democratic Control in Großbritannien und Anti-Oorlog Raad in den Niederlanden sowie aber auch mit der League to Enforce Peace in den USA.[26] Der BNV

beteiligte sich an der vom Anti-Oorlog Raad vom 7. bis 18. April 1915 in Den Haag durchgeführten internationalen Konferenz über die Schaffung der Grundlagen eines dauerhaften Friedens, die die Gründung der reformpazifistischen Zentralorganisation für Dauernden Frieden zum Ergebnis hatte.

Die Entsendung von Delegierten nach Amsterdam war dem BNV durch flexiblere Kräfte im Auswärtigen Amt ermöglicht worden, zu denen besonders W. SCHÜCKING enge Kontakte unterhielt. Von dem ihnen zunächst undurchsichtig, aber doch harmlos erscheinenden BNV erhofften sie sich eine Unterstützung ihrer auf eine Verständigung mit Großbritannien abzielenden Kriegspläne. Unter dem Einfluß der gegen einen »flauen Frieden« eingestellten Kreise ließ jedoch die Reichsregierung eine Realisierung dieser Pläne verhindern und jeden Hinweis auf Friedensmöglichkeiten mit Großbritannien schroff dementieren.

Im BNV setzten sich daraufhin gegen W. SCHÜCKING und andere gemäßigte Pazifisten die entschiedeneren durch. Sie wandten sich am 8. Juni 1915 in einem Schreiben an den Reichskanzler und die Mitglieder der Budgetkommission des Reichstages, um »ernsthaften Willen zum Frieden« zu erzwingen.[27] Als die Reichsregierung daraufhin wider Erwarten nicht reagierte und auch K. VON TEPPER-LASKI keine Möglichkeit erhielt, in der »Norddeutschen Allgemeinen Zeitung« eine Erklärung zu den Vorgängen zu veröffentlichen, sorgte Karl LIEBKNECHT für eine Publikation in der »Berner Tagwacht« und machte sie damit auch der Auslandspresse zugänglich. In Übereinstimmung mit den Bestrebungen des BNV nutzte er am 20. August 1915 im Reichstag die parlamentarische Möglichkeit der Kleinen Anfragen und fragte die Reichsregierung, ob sie »bei entsprechender Bereitschaft der anderen Kriegführenden bereit (sei), auf der Grundlage des Verzichts auf Annexionen aller Art in sofortige Friedensverhandlungen einzutreten«.[28] Die Erklärung K. VON TEPPER-LASKIS ließ Karl LIEBKNECHT in den »Spartakusbriefen« abdrucken.[29]

Durch die vom 20. Mai 1915 datierte Kriegszieldenkschrift der 6 großen monopolistischen Interessenverbände schwanden im BNV weitere Illusionen über die Haltung der

Reichsregierung und über den Charakter des Krieges von deutscher Seite als einem »Verteidigungskrieg des Volkes«. Der BNV antwortete auf den zügellosen Annexionismus mit der Denkschrift »Sollen wir annektieren?« Nachdem sie zunächst dem Reichskanzler und allen Reichstagsabgeordneten am 14. Juli 1915 als vertrauliches Manuskript übermittelt und dann aber konfisziert wurde, erfolgte ihre Verbreitung unter dem Titel »Reale Garantien für einen dauernden Frieden«. In der Denkschrift, die mit ihrem vollen Text in Schweden und dann auch von der Pariser »Humanité« veröffentlicht wurde, wurde der Gedanke betont, daß die »Wahnidee, den Frieden durch Vernichtung der Gegner zu sichern«, mit den Interessen des deutschen Volkes unvereinbar sei. Annexionsforderungen mußten dazu führen, daß »deutsche Soldaten weiterbluten, nur damit die Latifundien im Osten nicht deutschen Bauerndörfern Platz zu machen brauchen und damit die Aktien großindustrieller Unternehmungen im Westen noch höhere Dividenden geben und im Kurs steigen«.[30] Allerdings gab es in diesem Dokument auch Widersprüche und Fehleinschätzungen. Die Befürwortung kolonialer Erwerbungen, von Grenzsicherungen und Flottenstützpunkten sowie besetzten Gebieten als »Pfand- oder Kompensationsobjekte«[31] wurde besonders nach dem Krieg von deutschen und ausländischen Pazifisten als annexionistisch verurteilt. Darüber hinaus gab es im BNV noch Meinungen, die einen dauerhaften Frieden »durch eine Zurückdrängung der russischen Grenzen gefördert« wissen wollten.[32]

Zu einem Höhepunkt in der Entwicklung des BNV wurde die vertrauliche Versammlung, die er am 28./29. August 1915 in Berlin durchführte.[33] Zur Beratung stand eine von R. GOLDSCHEID im Auftrag des BNV vorgelegte Skizze für die Erarbeitung einer Schrift »Deutschland nach dem Kriege. Ein Programm für dauernden Frieden«[34]. Während sich die Mehrheit der Anwesenden im Sinne R. GOLDSCHEIDS grundsätzlich für ein Friedensprogramm ohne jegliche Annexionen aussprach, erklärten sich Ignaz JASTROW verklausuliert und Friedrich NAUMANN offen für diese. Er bezeichnete Belgien als »ein Kunstprodukt«, das in »der früheren Form nicht wiederhergestellt« werden dürfe, und be-

dauerte, »daß man die Gegnerschaft gegen die Annexion zu einem Grundbekenntnis« mache.[35] Die Versammlung beschloß die Herausgabe eines Werks bzw. eventuell einer Reihe von Einzelschriften, worin dargelegt werden sollte, »wie ohne Begründung neuer, auf Gewalt beruhender Herrschaftsverhältnisse, die die innere Geschlossenheit des Deutschen Reiches gefährden würden, ein Friede geschlossen werden kann, der die Interessen des deutschen Volkes und seine freie nationale, wirtschaftliche und kulturelle Entwicklung sichert sowie ein dauerndes friedliches Zusammenleben der zivilisierten Völker gewährleistet«.[36]

Der Aufschwung, den die Tätigkeit des BNV seit der Haager Konferenz genommen hatte, führte zu einer Verschärfung der Verfolgungs- und Unterdrückungsmaßnahmen gegen ihn. Zugleich setzte in der großbourgeoisen Presse eine Hetzkampagne ein, wobei die Frage aufgeworfen wurde, ob es die »große Gemeinschaft des Volkes nötig« habe, solche »Feinde im eigenen Lande« zu ertragen.[37] Der Erlaß des preußischen Kriegsministers vom 7. November 1915 zur verschärften Bekämpfung der pazifistischen Bestrebungen richtete sich vor allem auch gegen den BNV[38], dessen Mitglieder durch Haussuchungen, verstärkte Zensur, Verbote und Verhaftungen in ihrer politischen Wirksamkeit eingeschränkt werden sollten. Dennoch vertiefte der BNV in diesen Monaten seine Beziehungen zur sozialistischen Arbeiterbewegung, wobei das allerdings vor allem über führende Sozialpazifisten geschah. Der BNV unterstützte die Vorbereitung und Durchführung von Antikriegskundgebungen am 21. und 30. November 1915 in Berlin, indem er den Organisatoren finanziell half und sich mehrere seiner Mitglieder, u. a. R. BREITSCHEID, L. JANNASCH und O. LEHMANN-RUSSBÜLDT, aktiv beteiligten.[39] Die Kontakte zwischen dem BNV und zentristischen Sozialdemokraten führten vom 28. bis 30. Dezember 1915 zu einer Friedenstagung in Bremen.[40]

Seit dem 7. Februar 1916 durfte der BNV für die Dauer des Krieges nicht mehr durch die Herstellung und Versendung von Mitteilungen, Sonderdrucken und Flugschriften im Sinne seiner Bestrebungen tätig werden. Der Versuch, sich durch Neugründung bzw. Umwandlung des Verlages Neues Vaterland eine neue Organisation und Propagandamöglichkeit zu schaffen[41], wurde von den Militärbehörden durch Verbote und die Verhaftung von L. JANNASCH am 31. März 1916 vereitelt. Die Mitglieder des BNV mußten daher individuell oder in anderer Form organisiert die Bestrebungen des BNV weiterführen. Sie bildeten mit anderen Pazifisten kleine Zirkel, forderten für sich die Freiheit, die Kriegsziele zu erörtern, bzw. die Aufhebung der Verbotsbestimmungen gegen den BNV. Der als Nachfolgeorganisation des BNV und der ebenfalls verbotenen *DFG* seit Ende August 1916 wirksamen *Zentralstelle Völkerrecht* wurde von den Militärbehörden bereits am 25. Januar 1917 ein Ende gesetzt. Mit den Vertretern anderer pazifistischer Organisationen berieten die des BNV am 22. Januar 1917 in Frankfurt (Main) über gemeinsame Aktionen im Friedenskampf, über die Herausgabe und Verbreitung pazifistischer Schriften, gemeinsame Veranstaltungen und einheitliche Maßnahmen gegen die Zensur. Mit diesen Organisationen gehörte der BNV zu den Unterzeichnern der zumeist von L. QUIDDE ausgearbeiteten pazifistischen Denkschriften, die 1917/18 als Eingaben an den Reichstag gingen.[42]

3. Der BNV in der Novemberrevolution und bis Anfang 1922

Angesichts der herannahenden Revolution führte der BNV in den letzten Kriegswochen eine Reihe von Aktionen durch, die einen erneuten Aufschwung seiner Tätigkeit einleiteten. Namhafte Mitglieder forderten am 8. Oktober 1918 vom Reichskanzler die Freilassung aller wegen der Sache des Friedens und der Demokratie hinter Zuchthausmauern Eingekerkerten, also auch die Karl LIEBKNECHTS. Auf einer Versammlung des BNV am 14. Oktober 1918 bezeichnete K. VON TEPPER-LASKI »Militarismus, Kapitalismus und Monarchismus als die Mächte, denen der Kampf des Bundes gelte«.[43] Eine weitere Versammlung forderte am 19. Oktober 1918 in einer in der Presse veröffentlichten Kundgebung[44]:

»Glatte Aufhebung des Belagerungszustandes, der Zensur, der Schutzhaft, sowie Amnestie für alle politischen Vergehen, Unterzeichnung der Schuld-

frage am Kriege, Einführung völliger Versammlungs-, Preß- und Redefreiheit und Bekämpfung des militärischen Geistes besonders in der Jugenderziehung. Darüber hinaus hält der Bund eine völlige Umgestaltung der deutschen Verfassung und Verwaltung im demokratischen Geiste für erforderlich, und zwar durch die Einberufung einer gesetzgebenden Nationalversammlung mit gleichem, geheimem und direktem Wahlrecht auch für Frauen und Soldaten. Die sofortige Erfüllung dieser Forderung würde der Welt den sinnlosen Endkampf ersparen.«

In einer an die Minister und Führer der Parteien gerichteten Erklärung sprach sich der BNV am 28. Oktober 1918 für eine Säuberung der höheren Beamtenstellen von reaktionären Elementen aus. Bei dieser sollte »nicht vor der allerhöchsten Stelle im Staat Halt gemacht« werden.[45]

Die Novemberrevolution wurde vom BNV »als die gewaltige motorische Kraft, die die absolute Machtherrschaft des Kapitalismus gebrochen hat«, begeistert begrüßt.[46] Zahlreiche Mitglieder des BNV befanden sich am 9. November und den folgenden Tagen unter den Arbeitern und Soldaten und unterstützten deren revolutionäre Aktionen.[47] In Aufrufen, Demonstrationen und Versammlungen bekannte sich der BNV zu einer demokratischen sozialistischen Republik und verkündete, daß nur die sozialistische Gesellschaft »die Völker vor dem Verfall in die Barbarei retten« kann.[48]

Besonders in den ersten Wochen der Novemberrevolution nahm der BNV einen bedeutsamen Aufschwung. Die Zahl seiner Mitglieder vergrößerte sich um neue, zum Teil einflußreiche Persönlichkeiten. Mit der Neukonstituierung seiner leitenden Organe Ende November traten mit den alten, bewährten auch neue, frische Kräfte an die Spitze des BNV. Wesentlich erweitert wurden vor allem der Arbeits- und der Hauptausschuß.[49]

Auf einer vom BNV Ende Dezember 1918 veranstalteten Konferenz über die Sozialisierungsfrage nahmen mehrere Mitglieder des BNV eine revolutionär-demokratische, antimonopolistische Haltung ein. Sie distanzierten sich von der konterrevolutionären Politik des »Rates der Volksbeauftragten« und forderten zugleich »eine energische Politik mit sozialistischer Zielrichtung, deren Träger nur die Arbeiterklasse sein kann«.[50]

Solche historisch richtigen und bedeutsamen Zielsetzungen und Aktionen des BNV bzw.

einzelner seiner Mitglieder wurden jedoch nicht in dem erforderlichen Maße wirksam. Letztlich konnte der BNV die Grenzen eines zwar demokratisch geprägten, aber immer noch bürgerlichen Pazifismus nicht überwinden. So widersetzten sich führende Mitglieder sogar dem von E. BRUCK am 11. November gemachten Vorschlag, die in den Schlössern und Villen der Berliner Reichen befindlichen Vorräte an Lebensmitteln und Kleidung zu beschlagnahmen und unter den hungernden Volksmassen zu verteilen. Sie würde damit als Bolschewistin handeln und der Regierung als namhaftes Mitglied des BNV in den Arm fallen.[51] In einem im Auftrage des BNV von H. G. VON BEERFELDE unterzeichneten Flugblatt »Die Waffen nieder! Kameraden von der Front!« wurde die Revolution als einzige Garantie bezeichnet, »als freie Menschen in einem freien Lande und als Gleiche unter Gleichen ein neues, besseres Leben aufzubauen«. Zugleich verwarf der Aufruf »jede Anwendung von Gewalt, außer zur Verhinderung offensichtlicher Verbrechen gegen Eigentum und Leben, und wenn man uns gewaltsam die von uns so hart erkaufte Revolution zu vernichten trachten sollte«.[52] Verstärkt durch zunehmende zentristische und rechtsopportunistische Einflüsse auf den BNV mischte sich auch in dem Programm und den Satzungen, die sich der BNV Ende 1918 neu gab, historisch Richtiges mit Falschem.

Obwohl der BNV betonte, keine politische Partei, sondern weiterhin eine Arbeitsgemeinschaft nach dem Beispiel der Gesellschaft der Fabier zu sein, strebte er jetzt seinen Ausbau zu einer großen Vereinigung mit vielen Mitgliedern als wesentlicher Garantie für die Verwirklichung der folgenden Programmziele an[53]:

»(1.) Mitarbeit an der Verwirklichung des Sozialismus durch wissenschaftliche und propagandistische Arbeit etwa im Sinne der Londoner Gesellschaft der Fabier und vorbereitende Mitwirkung an der Durchführung organisatorischer Maßnahmen der öffentlichen Gewalt unter Heranziehung von Fachleuten. 2. Kampf für die Abschaffung jeder Gewalt- und Klassenherrschaft, für Menschenrechte und soziale Gerechtigkeit durch Einflußnahme auf Presse, Parteien und Regierungen. 3. Kultur der Persönlichkeit durch Pflege aller geistigen und sittlichen Entwicklungsmöglichkeiten des einzelnen unter gleichzeitiger Betonung des Gemeinschaftsinteresses. 4. Mitarbeit an der Völkerversöhnung, insbesondere durch Zusammenarbeit mit ähnlich gerichteten Organisationen des Auslandes; Abschaffung der Gewalt als Mittel politischer Auseinandersetzung der Völker.«

Diese Ziele wollte der BNV entsprechend seinen neuen Satzungen[54] durch aufklärende Flugschriften, Eingaben an Regierungsstellen, Parteien und Fachorganisationen, Diskussionsabende, öffentliche Vorträge und Kundgebungen sowie intensive Kontakte zu pazifistischen in- und ausländischen Organisationen erreichen.

Seit Januar 1919 war der BNV verstärkten Verfolgungen und Pogromen konterrevolutionärer Kräfte ausgesetzt. Führende Mitglieder wurden von der Soldateska verhaftet und mißhandelt, die auch das Büro des BNV besetzte. Während einige nur knapp dem Tode entgingen, wurden 1919/20 4 Mitglieder des BNV ermordet: K. EISNER, G. LANDAUER, Alexander FUTRAN und Hans PAASCHE. Karl LIEBKNECHT und Rosa LUXEMBURG zählte der BNV zu den von der Konterrevolution Ermordeten, die ihm persönlich und sachlich nahestanden. Zu ihrem Gedenken plante er die Errichtung eines Denkmals.[55]

In und nach der Novemberrevolution befand sich der BNV in der vordersten Reihe der nichtproletarischen Demokraten, die gegen die aggressive Politik des deutschen Imperialismus kämpften und die Versuche der imperialistischen Propaganda zur Diffamierung der revolutionären Antikriegskräfte entlarvten. Im Januar 1919 nahm er den Kampf gegen die »Dolchstoßlegende« auf. Nach einer systematischen Erörterung der »Kriegsschuldfrage« veröffentlichte der BNV im August 1919 eine Erklärung, in der er sich von »dem alten militaristischen Deutschland der Autokratie« distanzierte und die »volle Aufklärung über die Verantwortlichkeit am Kriegsursprung (als) eine Vorbedingung für eine wahre Völkerversöhnung und einen dauerhaften Frieden« bezeichnete.[56]

Am 28. März 1919 appellierte der BNV an die Pazifisten aller Länder, auf »einen Frieden der Gerechtigkeit und der Völkerversöhnung« hinzuwirken, wobei er auf den »Völkerbund und die geistige Weltrevolution« illusionäre Hoffnungen setzte.[57] Obwohl er sich in einer

öffentlichen Versammlung am 21. Mai 1919 vom Versailler Vertrag distanzierte, war er dennoch für dessen Annahme, weil sonst »Aufruhr der verzweifelten Massen durch den Hunger und vor allem zweifellos eintretende offene Militärdiktatur« drohe.[58]
In Auseinandersetzung mit den nach dem Kriege besonders starken chauvinistischen Bestrebungen setzte sich der BNV engagiert für die Verständigung zwischen dem deutschen Volk und seinen Nachbarvölkern ein; vornehmlich mit dem französischen, aber auch mit dem polnischen. Im Herbst 1919 protestierte der BNV auf Anregung A. EINSTEINS gegen die von der Entente eingeleitete Hungerblockade Sowjetrußlands. Am 10. Januar 1920 veranstaltete er in Berlin eine Besprechung von Vertretern der deutschen Wirtschaft mit Karl RADEK über die Aufnahme von deutsch-russischen Wirtschaftsbeziehungen. Führende Mitglieder des BNV analysierten in dessen Flugschriftenreihe die Ursachen des ersten Weltkrieges sowie die Politik vor der Novemberrevolution und zogen daraus wichtige Schlußfolgerungen für ein bürgerlich-demokratisches Nachkriegsdeutschland.
Die Versuche des BNV, sich zu einer großen Vereinigung deutscher Pazifisten zu entwickkeln, brachten nicht den gewünschten Erfolg und förderten außerdem deren Zersplitterung. Der BNV kehrte deshalb auf seiner Mitgliederversammlung am 27. Januar 1920 zu seiner früheren Organisationsform der »intensiven Arbeitsgemeinschaft« mit den alten Arten der Mitgliedschaft wieder zurück.[59] Die als nächste Aufgabe des BNV vorgesehene »Kartellierung aller entschiedenen Kultur- und Friedensvereine und sozialistischen Arbeitsgruppen«[60] konnte nicht wie erwartet erfüllt werden.[61]
Der Besuch einer Deputation des BNV um die Jahreswende 1921/22 in Paris bei der Französischen Liga für Menschenrechte hatte ein engeres Zusammenwirken beider Vereinigungen und ein gemeinsames Manifest »An die Demokratie Deutschlands und Frankreichs« zum Ergebnis und führte dazu, daß die Jahresversammlung des BNV vom 20. Januar 1922 die Änderung seines Namens in ↗ Deutsche Liga für Menschenrechte (DLfM) beschloß.[62]

4. Quellen und Literatur

Außer den bereits zitierten Materialien des BNV siehe über dessen Publikationen das Literaturverzeichnis bei Otto Lehmann-Rußbüldt[63]. Diese materialreiche Darstellung ist allerdings für die Jahre 1916/17 wenig aussagekräftig. Eine Reihe wichtiger Dokumente veröffentlichte Pierre Grappin[64]. Zahlreiche Archivalien über die Unterdrückungs- und Verfolgungsmaßnahmen gegen den BNV enthalten Akten im ZStA Merseburg[65] und StA Potsdam[66]. Die umfassendste Sammlung von Quellen zur Geschichte des BNV enthält der NL Wehberg im BA Koblenz. Hier befindet sich auch im NL Quidde das inzwischen von Karl Holl edierte, in der Genfer Emigration (1933–1941) erarbeitete Manuskript von Ludwig Quidde »Der deutsche Pazifismus während des Weltkrieges (1914–1918)«[67]. Aussagekräftig sind weiterhin die Erinnerungen von Hellmut von Gerlach[68] und Hans Wehberg[69]. Wesentliche Dokumente zur Geschichte des BNV enthält der Dokumentenband »Sturm läutet das Gewissen«[70].
Die bisher umfassendste und gründlichste Darstellung des BNV stammt von Erwin Gülzow[71]. Wichtige Hinweise enthält das 3bändige Werk »Deutschland im ersten Weltkrieg«[72]. Zur Einordnung des BNV in die nichtproletarischen demokratischen Kräfte siehe die Darstellung »Deutsche Demokraten. Die nichtproletarischen demokratischen Kräfte in der deutschen Geschichte«[73] und eine Arbeit von Werner Fritsch[74].

Anmerkungen

1 Siehe »Was will der Bund Neues Vaterland? Interview mit Kurt von Tepper-Laski.« In: Pierre Grappin: Le Bund Neues Vaterland (1914–1916) Les Rapports avec Romain Rolland. Lyon/Paris 1952, S. 100.
2 Siehe Hans Delbrück: Die Kriegsereignisse von Ende August bis gegen Ende September. In: Preußische Jahrbücher, Bd. 158, S. 191.
3 Siehe die BNV-Flugschrift »Was will der ›Bund Neues Vaterland‹?«
4 Otto Lehmann-Rußbüldt: Der Kampf der Deutschen Liga für Menschenrechte vormals Bund Neues Vaterland für den Weltfrieden 1914–1927, Berlin 1927, S. 139.
5 Siehe hierzu besonders Erwin Gülzow: Der

Bund »Neues Vaterland«. Probleme der bürgerlich-pazifistischen Demokratie im ersten Weltkrieg (1914–1918). Diss. Berlin 1969, T. I, S. 89 und 172.

6 Siehe O. Lehmann-Rußbüldt: Der Kampf der Deutschen Liga für Menschenrechte, S. 25 und 6.

7 Ebenda, S. 139.

8 Siehe Zur Beachtung. In: BA Koblenz, NL Wehberg, Nr. 14, Bl. 28.

9 Siehe die vollständige Liste der Mitglieder des BNV vom Herbst 1915. In: O. Lehmann-Rußbüldt: Der Kampf der Deutschen Liga für Menschenrechte, S. 140–142.

10 Siehe E. Gülzow: Der Bund »Neues Vaterland«, T. I, S. 197 f.

11 Siehe Ludwig Quidde: Der deutsche Pazifismus während des Weltkrieges 1914–1918. Aus dem Nachlaß Ludwig Quiddes hrsg. von Karl Holl unter Mitwirkung von Helmut Donat, Boppard am Rhein 1979, S. 274.

12 E. Gülzow: Der Bund »Neues Vaterland«, Teil II, S. 501–504.

13 Siehe ihre Protokolle in: BA Koblenz, NL Wehberg, Nr. 14, Bl. 29 ff.

14 Siehe O. Lehmann-Rußbüldt: Der Kampf der Deutschen Liga für Menschenrechte, S. 18.

15 Siehe E. Gülzow: Der Bund »Neues Vaterland«, T. I, S. 78 ff.

16 Siehe z. B. das Protokoll der Sitzung des BNV vom 17./18. 4. 1915. In: BA Koblenz, NL Wehberg, Nr. 14, Bl. 66–76.

17 Siehe ihren Text in: P. Grappin, S. 75–96. Siehe auch mit noch anderen BNV-Materialien BA Koblenz, NL Wehberg, Nr. 14, Bl. 34–64.

18 Siehe die Festlegung der Sitzung des BNV vom 21. März 1915. In: Ebenda Bl. 64.

19 Siehe ihren Text in: O. Lehmann-Rußbüldt: Die Deutsche Liga für Menschenrechte, S. 143 bis 152.

20 Siehe O. Lehmann-Rußbüldt: Die Schöpfung der Vereinigten Staaten von Europa, Berlin 1914.

21 Nr. 1. Was will der »Bund Neues Vaterland«?

22 Nr. 2. Was täte Bismarck? Realpolitik gegen Gefühlspolitik. Eine Studie an Hand von Bismarcks Reden und Schriften von +++, mit einem Vorwort vom Kaiserlichen Gesandten Graf von Leyden.

23 Nr. 4. Kurt Eisner: Treibende Kräfte.

24 Nr. 3. Kurt von Tepper-Laski: Rennsport und Engländerei. Ein Briefwechsel. Nr. 6. Lujo Brentano: England und der Krieg.

25 Nr. 5. Walther Schücking: Die deutschen Professoren und der Krieg.

26 Führende Mitglieder des BNV wie Georg Graf von Arco erklärten, daß der Bund »für seine politische Betätigung« die Leitsätze des Anti-Oorlog Raad und der Union of Democratic Control angenommen hätte. Siehe BA Koblenz, NL Wehberg, Nr. 16, Bl. 6.

27 O. Lehmann-Rußbüldt: Der Kampf der Deutschen Liga für Menschenrechte, S. 34. Hier auch der Text des Briefes (S. 32–34).

28 Karl Liebknecht: Verzicht auf Annexionen — sofortige Friedensverhandlungen. In: Gesammelte Reden und Schriften, Bd. VIII, Berlin 1966, S. 297.

29 Siehe Englische Friedensangebote. In: Spartakusbriefe, Berlin 1958, S. 54–58.

30 Wilhelm Siegwart (S. Grumbach): Groß-Deutschland. Eine Sammlung von Dokumenten zum Verständnis deutschen Willens, Olten (1917), S. 376, 402 und 405. Siehe auch Sturm läutet das Gewissen. Nichtproletarische Demokraten auf der Seite des Fortschritts, Berlin 1980, S. 279–282.

31 Siehe ebenda, S. 408.

32 Siehe das gedruckte Rundschreiben des BNV vom 14. 7. 1915. In: BA Koblenz, NL Wehberg, Nr. 14, Bl. 126. Siehe auch das Protokoll der Sitzung des BNV vom 3. 5. 1915 mit dem Referat von A. Stein »Die Spiegelung der öffentlichen Meinung Rußlands in der russischen Presse« und der Diskussion. In: Ebenda, Bl. 77–95.

33 Zur Bewertung dieser Versammlung siehe Hans Wehberg: Als Pazifist im Weltkrieg, Leipzig 1919, S. 60.

34 Siehe die streng vertrauliche Mitteilung über die Vorbereitung der Schrift vom 6. 8. 1915 und den Text der Skizze mit Vorschlägen für die Bearbeiter. In: BA Koblenz, NL Wehberg, Nr. 14, Bl. 136–154.

35 Protokoll der Versammlung vom 28. 8. 1915. In: Ebenda, Bl. 175.

36 Programmentwurf Quiddes für eine vom BNV geplante Denkschrift »Deutschlands Friede«. September 1915. In: L. Quidde, S. 250.

37 Siehe Gefährlicher Vorwitz oder weltfremde Verstiegenheit. In: Rheinisch-Westfälische Zeitung, 11. 9. 1915.

38 Siehe StA Potsdam, Rep. 30, Tit. 95, Sekt. 7, Lit. F, Nr. 5, Bl. 4 f.

39 Siehe E. Gülzow: Der Bund »Neues Vaterland«, T. I, S. 254 f.

40 Siehe ebenda, S. 258.

41 Siehe das Protokoll der Beratung einiger Mitglieder und Freunde des BNV vom 27. 2. 1916. In: BA Koblenz, NL Wehberg, Nr. 14, Bl. 232–235.

42 Siehe in diesem Bd. den Artikel über die DFG.

43 Mitteilungen des Bundes Neues Vaterland. NF, Nr. 1, Revolutionsnummer, November 1918. Zit. in: P. Grappin, S. 106.

44 Ebenda, S. 107.

45 Ebenda, S. 108.

46 Erklärung des Arbeitsausschusses über Wege und Ziele des BNV. In: Ebenda, S. 114.

47 Siehe Deutsche Demokraten. Die nichtproletarischen demokratischen Kräfte in der deutschen Geschichte 1830 bis 1945, Berlin 1980, S. 192ff.

48 Aufruf des BNV »Arbeiter! Mitbürger!« In: O. Lehmann-Rußbüldt: Der Kampf der Deutschen Liga für Menschenrechte, S. 82.

49 Siehe E. Gülzow: Der Bund »Neues Vaterland«, T. I, S. 416f.

50 Wege und Ziele der Sozialisierung. Hrsg. im Auftrage des Bundes Neues Vaterland von Hermann Beck, Berlin 1919, S. 9. Siehe auch Deutsche Demokraten, S. 206ff.

51 Elsbeth Bruck an L. Quidde, 2. 2. 1937. Zit. in: L. Quidde, S. 355.

52 BA Koblenz, NL Wehberg, Nr. 14, Bl. 236 R.

53 P. Grappin, S. 115–117.

54 Siehe deren Text in: Ebenda, S. 119f.

55 Siehe Protokoll der Mitgliederversammlung des BNV vom 20. 1. 1922. In: BA Koblenz, NL Wehberg, Nr. 14, Bl. 256.

56 Zit. in: O. Lehmann-Rußbüldt: Der Kampf der Deutschen Liga für Menschenrechte, S. 96.

57 Ebenda, S. 94.

58 Der BNV am 20. 6. 1919 in einem Telegramm an die Fraktion des Zentrums, der DDP, SPD und USPD. In: Ebenda, S. 95. Über die Stellung des BNV zum Versailler Vertrag siehe: Mitteilungen des Bundes Neues Vaterland. N. F., Nr. 4, August 1919.

59 Siehe das Flugblatt des BNV-Vorstandes »An unsere Mitglieder!« In: BA Koblenz, NL Wehberg, Nr. 14, Bl. 241.

60 Ebenda.

61 Siehe die Jahresübersicht der BNV-Geschäftsstelle für 1920. In: Ebenda, Bl. 245.

62 Ebenda, Bl. 253 u. 256.

63 O. Lehmann-Rußbüldt: Der Kampf der Deutschen Liga für Menschenrechte, S. 133–136.

64 P. Grappin, S. 71–120 (Siehe Anm. 1).

65 Rep. 77, Tit. 885, Nr. 4, Bd. 1–4.

66 Rep. 30 Berlin C, Tit. 95, Sekt. 7, Lit. F, Nr. 5.

67 Boppard am Rhein 1979.

68 Hellmut von Gerlach: Von rechts nach links. Hrsg. Emil Ludwig, Zürich 1937.

69 Hans Wehberg: Als Pazifist im Weltkrieg, Leipzig 1919.

70 Sturm läutet das Gewissen. Nichtproletarische Demokraten auf der Seite des Fortschritts. Hrsg. Werner Fritsch/Siegfried Schmidt/Gustav Seeber/Rolf Weber/Manfred Weißbecker unter der Leitung von Dieter Fricke, Berlin 1980.

71 E. Gülzow: Der Bund »Neues Vaterland«. Probleme der bürgerlich-pazifistischen Demokratie im ersten Weltkrieg (1914–1918), Diss., Berlin 1969, T. I und II.

72 Von einem Autorenkollektiv unter der Leitung von Fritz Klein/Willibald Gutsche/Jochen Petzold, Berlin 1968–1970.

73 Von einem Autorenkollektiv unter Leitung von D. Fricke, Berlin 1980.

74 W. Fritsch: Nichtproletarische demokratische Kräfte und revolutionäre Arbeiterbewegung. Die Herausbildung und Entwicklung von Bündnisbeziehungen zur Arbeiterklasse 1917–1933 in Deutschland, Diss. B., Jena 1978.

Dieter Fricke

Bund vaterländischer Arbeitervereine (BvA) 1907–1918

Neben den ↗ Gelben Werkvereinen stellte der BvA die zweite Hauptrichtung der gelben Arbeiterbewegung dar. Er faßte eine größere Zahl nationalistischer Arbeitervereine organisatorisch zusammen und stand unter dem Einfluß des ↗ Reichsverbandes gegen die Sozialdemokratie (RgS), den dieser hauptsächlich über den ↗ Ausschuß zur Förderung der Bestrebungen vaterländischer Arbeitervereine (FA) ausübte. Eine hohe Mitgliederzahl hat der BvA niemals erreicht. Dennoch ist er für das Bestreben führender Militaristen und Monopolkapitalisten sowie anfänglich auch des junkerlich-bourgeoisen Staates charakteristisch, mit Hilfe spezieller Organisationen mit einem angeblich proletarischen Charakter auf die deutsche Arbeiterklasse chauvinistisch und antisozialistisch einzuwirken.

Vorsitzender des Bundesvorstandes

Ludwig SCHAPER (1907–1908); Gustav ERMERT (1908–1910); Carl HEUER (1910–1912); Robert MÜLLER (1912–1917) und Josef RIES (1917/18)

Geschäftsführer

C. HEUER (1912–1914); Robert PETER (1915 bis 1918)

Mitglieder[1]

1907	7 000	1912	30 155
1908	10 000	1913	32 841
1909	12 343	1914	26 600
1910	14 520	1915	8 450
1911	26 295	1916	5 248

Hauptversammlungen bzw. Bundestage

1. Hamburg, 19./20. Mai 1907
2. Waldenburg, 4.–6. September 1908
3. Braunschweig, 2.–4. September 1910
4. Essen, 28. Juni–1. Juli 1912
5. Gotha, 5. Mai 1917

Presseorgane

»Deutsche Treue. Eine Zeitung für Vaterlandsfreunde aller Stände«, erschien von 1907–1917, zunächst vierzehntäglich, dann wöchentlich, Aufl. 1911 ca. 12 000.

Die Ziele des BvA verfolgten: »Nationale Volkszeitung« (Crimmitschau), »Südwestdeutsches Arbeiterblatt« (Mannheim), »Feierabend des Arbeiters« (Waldenburg).

1. Die Förderung der »vaterländischen« Arbeitervereine durch den Reichsverband gegen die Sozialdemokratie

Am Ende des 19. Jh. bildeten sich vornehmlich in den sächsischen, schlesischen und Mansfelder Bergbaugebieten »vaterländische«, »nationale« oder »reichstreue« Arbeitervereine heraus. Ihre Entwicklung wurde besonders seit 1906 vom *Reichsverband gegen die Sozialdemokratie (RgS)* gefördert, der sich dabei auf deklassierte Arbeiter und kleinbürgerliche Elemente stützte und chauvinistisch verhetzte Arbeiter mit Hilfe der kapitalistischen Unternehmer in solchen Organisationen wie dem am 10. März 1906 gegründeten *Verband reichstreuer Arbeiter zu Magdeburg* zusammenfaßte.

Dieser Verband verfolgte das Ziel, »alle patriotisch gesinnten, Kaiser und Vaterland liebenden Arbeiter zur Pflege und Betätigung ihrer patriotischen Gesinnung, zum Schutz der Mitglieder gegen den Terrorismus der sozialdemokratischen Organisationen, endlich zur Förderung der geistigen und wirtschaftlichen Interessen seiner Mitglieder zu vereinigen«. Dies wollte er erreichen durch die »Herstellung und Erhaltung eines friedlichen, freundlichen Verkehrs zwischen Arbeitgebern und Arbeitnehmern, durch rege Beteiligung an allen öffentlichen Wahlen, durch Herbeiführung einer Verbindung mit bereits bestehenden Vereinigungen gleicher Tendenz, durch Veranstaltung von Vortragsabenden und Errichtung einer Vereinsbibliothek, durch Gewährung von persönlichem und Rechtsschutz an seine Mitglieder, durch Zahlung eines Begräbnisgeldes und durch Unterstützung solcher Mitglieder, die unverschuldet durch Krankheit, Arbeitslosigkeit oder durch Aussperrung infolge eines sozialdemokratischen Streiks in Not geraten sind.«[2]

Zur Förderung der »vaterländischen« Arbeitervereine führte der RgS spezielle Schulungskurse durch und gab von Anfang 1906 bis Mitte 1907 14täglich ein besonderes Presseorgan unter dem Namen »Der reichstreue Arbeiter« heraus. Nach den Reichstagswahlen vom Januar 1907 war er bemüht, die von ihm beeinflußten »vaterländischen« Arbeitervereine organisatorisch zusammenzufassen. Am 3. März 1907 fand in seinen Berliner Geschäftsräumen eine Beratung statt, bei der 32 Vereine mit 26 000 Mitgliedern vertreten waren. Es wurde ein 7köpfiger Ausschuß gewählt, der die Gründung des BvA vorbereiten sollte und durch einen »Aufruf an vaterländische Arbeitnehmer!« einen konstituierenden Vertretertag nach Hamburg einberief. Der Aufruf enthielt eine Absage an Klassenhaß und Klassenkampf als »Feinde von Menschlichkeit und Wohlstand« sowie ein allerdings zunächst vorsichtiger gehaltenes Bekenntnis zur Klassenharmonie zwischen Arbeitern und Kapitalisten als »natürliche« Bundesgenossen: »Den Unternehmern wird im ›Bunde‹ kein Einfluß auf wirtschaftliche und politische Fragen eingeräumt, doch soll vom ›Bunde‹ und von jedem seiner Vereine mit Freude und Vertrauen jede Gelegenheit ergriffen werden, wo es gilt, eine Kluft durch Berührung, Aussprache, Verkehr zu überbrücken.«[3]

Der RgS erklärte öffentlich, daß er mit der Konstituierung des Ausschusses seine Pflicht getan habe und in der Folgezeit auch die leiseste Einflußnahme auf die neue Organisation vermeiden würde. Die »reichstreuen« Arbeiter sollten nun »selber ihres Glückes Schmied sein und *selbständig ihre Arbeiterbewegung* ausbreiten«.[4] Tatsächlich behielt der RgS aber weiterhin die Fäden in der Hand. In einem Schreiben vom 14. Mai 1907 an den Chef des Geheimen Zivilkabinetts, Hermann VON LUCANUS, stellte der RgS fest:

»Die einzelnen Arbeitervereine, welche den Bund begründen wollen, sind Mitglieder des Reichsverbandes. Der Bund als solcher soll jedoch vorläufig aus taktischen, d. h. Zweckmäßigkeitsgründen, um das Mißtrauen der von der Sozialdemokratie verhetzten Arbeiterschaft zu vermeiden, unabhängig vom Reichsverbande seine Tätigkeit entfalten. Wir werden jedoch stets bemüht sein, dafür zu sorgen, daß der Bund von gleich nationalem Geiste geleitet wird wie der Reichsverband selbst. Wir sind gewiß, daß seine Mitglieder unbedingt zuverlässige Kerntruppen in unserem Kampf gegen die rote Internationale bilden und 1912 mit der Parole ›Für Kaiser und Reich‹ in die Wahlschlacht ziehen werden.«[5]

2. Gründung und Zielsetzung des BvA

Der BvA wurde am 19. und 20. Mai 1907 in Hamburg durch den organisatorischen Zusammenschluß von 37 »reichstreuen« Vereinen mit insgesamt etwa 7 000 Mitgliedern gegründet. Der im März gewählte Ausschuß, dessen Mitglieder als »schlichte Arbeiter« bzw. als »Männer der körperlichen Tätigkeit« hingestellt wurden[6], legte den anwesenden 71 Delegierten vom RgS inspirierte Satzungen vor, in denen es u. a. hieß[7]:

»§ 1. Der ›Bund vaterländischer Arbeitervereine‹ hat die Bestimmung, alle in Treue zu Kaiser und Reich stehenden deutschen Männer, die zu Unternehmern oder Unternehmungen in einem Lohn- oder Gehaltsverhältnis stehen, ohne Unterschied ihrer kirchlichen oder parteipolitischen Stellung zum Kampfe gegen die politisch wie wirtschaftlich irreführende Sozialdemokratie zu vereinigen.

In diesem Sinne betrachtet es der Bund als eine besondere Aufgabe, die Bestrebungen der Arbeitnehmer auf Verbesserung ihrer Lohn- und Arbeitsverhältnisse zu unterstützen, aber im ausdrücklichen Gegensatz zu der Lehre vom Klassenhaß und Klassenkampf [...]

§ 4. Insbesondere erstrebt der Bund: 1. ein gutes Einvernehmen zwischen Arbeitgebern und Arbeitnehmern herbeizuführen und zu erhalten; 2. etwa entstehende Meinungsverschiedenheiten zwischen Arbeitgebern und Arbeitnehmern nach Möglichkeit auf dem Wege friedlicher Verhandlung und ohne Arbeitseinstellung zum Austrag zu bringen; 3. dem sozialdemokratischen Terrorismus auf wirtschaftlichem und politischem Gebiete tatkräftig entgegenzutreten.

§ 5. Als Mittel zur Erreichung dieses Zweckes gelten: 1. friedliche Verhandlungen zwischen Arbeitgebern und Arbeitnehmern zur Regelung der Lohn- und Arbeitsverhältnisse; 2. Eingaben und Anträge an Aufsichtsbehörden, an die Volksvertretung und an die Regierungen zur Wahrung der

Sache der Arbeiter; 3. Belehrende Vorträge über Stand und Entwicklung des Erwerbs- und Wirtschaftslebens sowie über die Fragen der sozialen Fürsorge und Gesetzgebung usw.; 4. Vertretung der Mitglieder in Rechtsschutzsachen am Reichsversicherungsamt zu Berlin durch eine besonders geeignete Kraft.

§ 6. Der Bund wird bestrebt sein und wird in diesem Sinne auch auf seine einzelnen Vereine einwirken, daß jeder Gegensatz zu anderen nichtsozialdemokratischen Arbeitervereinen vermieden werde, vielmehr soll eine Gemeinsamkeit von Fall zu Fall in Rat und Tat erstrebt werden.«

Das einleitende Referat auf dem Gründungskongreß wurde von G. ERMERT, einem Agitator des *RgS*, gehalten. Wenn das in den Satzungen dargelegte Programm des BvA verwirklicht und die Arbeiterbewegung »schwarz-weiß-rot« werden würde, erklärte er unter lebhaftem, lang andauerndem Beifall, »dann, meine Herren, wird an unserem deutschen Wesen noch dereinst die Welt genesen«.[8]

Dieser Chauvinismus fand bei den Delegierten ebensolche Zustimmung wie der junkerlich-bürgerliche, antisozialistische Charakter des BvA. Meinungsverschiedenheiten traten aber in bezug auf die anzuwendende Taktik auf. Sie zeigten sich sehr deutlich in der Diskussion, die allerdings erst geführt werden durfte, nachdem die Satzungen den Delegierten bereits aufgezwungen worden waren.[9]

G. ERMERT legte den Delegierten 4 Leitsätze zu seinem Referat vor, die als Richtlinien des BvA angenommen wurden. In ihnen wandte er sich besonders gegen den Streik. »Der Bund wird deshalb die oft geübte Taktik anderer Berufsvereine, bei den von der Sozialdemokratie angezettelten Ausständen mitzustreiken, nicht mitmachen, im Gegenteil wird er auf die Verhältnisse so einzuwirken suchen, daß der grassierenden Streiklust Abbruch getan wird.«

Mehrere Delegierte wandten sich gegen die völlige Ablehnung des Streiks als Kampfmittel, da sie befürchteten, daß der BvA dadurch seinen wahren Charakter vor den Arbeitern zu deutlich zu erkennen geben würde. Sie forderten deshalb, die »Arbeiterinteressen« mehr in den Vordergrund zu stellen. »Die Arbeitgeber haben im Bunde nichts zu sagen, das muß klar ausgedrückt werden, sonst wird bei vielen Arbeitern Mißtrauen erweckt«, erklärte z. B. ein Delegierter. Ohne die Waffe

des Streiks, so führte er weiter aus, könne ein Arbeiterverein überhaupt nicht bestehen.[10]

Gegen solche Auffassungen traten die Vertrauensleute des *RgS* mit aller Entschiedenheit auf. Der Vorsitzende des Kongresses, L. SCHAPER, erklärte unverblümt, daß die »vaterländischen« Arbeitervereine »Rekruten für die bürgerliche Sache einziehen und erziehen« sollten, »dem Unternehmertum wollen wir zwar selbstbewußte, aber auch treue und rege Arbeiter liefern, unser gesamtes Bürgertum soll mit Stolz auf solche Mitglieder blicken«.[11]

3. Unterschiede zwischen BvA und Gelben Werkvereinen

Obwohl der BvA und die ↗ *Gelben Werkvereine* faktisch die gleichen antisozialistischen Ziele verfolgten, bestanden doch zwischen ihnen gravierende Unterschiede, die bei einer Analyse der gelben Bewegung zu berücksichtigen sind.

Während die Werkvereine in der Regel nur Arbeiter *eines* kapitalistischen Großbetriebes bzw. einer Berufsgruppe organisierten, nahmen die »vaterländischen« Arbeitervereine Arbeiter eines ganzen Ortes ohne Unterschied ihres Berufes bzw. ihrer Betriebszugehörigkeit auf. In gewisser Weise ergänzten sie die Werkvereine, da sie den nationalistischen Arbeitern kleinerer und mittlerer Betriebe, in denen ein Werkverein nicht lebensfähig war, die Möglichkeit boten, sich zu organisieren.

Die *Gelben Werkvereine* vertraten in erster Linie die Interessen der hinter ihnen stehenden Monopolkapitalisten. Der BvA dagegen orientierte sich auf die Belange des junkerlich-bürgerlichen Imperialismus überhaupt. Das einigende Band waren bei ihm die »deutsche Treue zu Kaiser und Reich« und die »Sorge für deutsches Blut und Gut als das Gebot eines gesunden Nationalgefühls«.[12]

Während die *Gelben Werkvereine* immer wieder betonten, daß sie ausschließlich ökonomische Ziele verfolgen würden, stellten die »vaterländischen« Arbeitervereine ihre politischen Aufgaben in den Vordergrund. Neben der chauvinistischen Verhetzung der deutschen Arbeiter war das in erster Linie der Kampf gegen die sozialistische Arbeiterbewegung. Bei diesem sollte es darum gehen, durch den BvA »die sozialdemokratischen Organisationen weit zu überflügeln und dadurch unsere deutschen Brüder im Arbeiterstande von dem auf ihnen schwer lastenden Drucke sozialdemokratischer Parteityrannei zu befreien«.[13] Um dieses illusionäre Ziel zu erreichen, wurden vom BvA alle nur denkbaren Mittel angewandt: Verleumdung als Vaterlandsverräter ebenso wie Rückgriff auf den Lassalleanismus oder Berufung auf den Revisionismus.[14]

Seit seinem Bestehen forderte der BvA immer wieder die Regierung auf, Ausnahmegesetze gegen die sozialistische Arbeiterbewegung zu erlassen. Er verlangte die Einschränkung der Koalitionsfreiheit, den gesetzlichen Schutz von Streikbrechern und das Verbot von Streikposten, wobei er den angeblichen sozialdemokratischen Terrorismus, dem die Arbeiter ausgesetzt waren, als Schreckgespenst an die Wand malte.[15] Damit erhielten die extrem rechten Kräfte innerhalb der herrschenden Klasse die Möglichkeit, ihre antidemokratischen Forderungen als den Wunsch der »nationaldenkenden« Arbeiter hinzustellen.

Im Unterschied zu den Werkvereinen bestanden zwischen dem BvA und dem Staatsapparat während der Reichskanzlerschaft Bülows enge Beziehungen.[16] Eine wesentliche Rolle spielte dabei der ↗ *Ausschuß zur Förderung der Bestrebungen vaterländischer Arbeitervereine (FA)*, der im Juli 1907 gegründet wurde. Anläßlich seiner Konstituierung erhielt der BvA von Wilhelm II. und Bülow Glückwunschtelegramme. Wenige Tage nach seiner Entlassung als Reichskanzler wurde Bülow zum Ehrenmitglied des BvA ernannt.[17]

4. Entwicklung und Tätigkeit des BvA

Entsprechend den in Hamburg angenommenen Satzungen war der BvA in die folgenden Gaue untergliedert:

I. Nordwest (Schleswig-Holstein, Hannover, Oldenburg, Braunschweig, Hansestädte, Lippe-Detmold, Schaumburg-Lippe)

II. Nord (Mecklenburg, Pommern, Provinz Sachsen, Brandenburg, Dessau)

III. Ost (Preußen, Posen, Schlesien)

IV. Mitte (Königreich Sachsen, Thüringen)

V. West (Hessen-Nassau, Rheinland, Westfalen, Waldeck)

VI. Südwest (Hessen-Darmstadt, Baden, Württemberg, Pfalz, Reichslande, Hohenzollern)

VII. Süd (Bayern)

Die Vorsitzenden der einzelnen Vereine wählten durch eine Gauversammlung oder durch Briefwechsel jeweils einen »Gau-Obmann«, der die Verbindung zum Vorstand aufrechterhielt. Mit den Obleuten konnte der Vorstand zwischen den Vertretertagungen gemeinsame Sitzungen durchführen und Beschlüsse fassen.

Wegen seines erklärt antiproletarischen Charakters hatten sich der ↗ *Gesamtverband der christlichen Gewerkschaften Deutschlands (GCG)* und der ↗ *Verband der Deutschen Gewerkvereine (Hirsch-Duncker) (VDG)* vom BvA distanzieren müssen. Dieser wandte sich daraufhin am 2. November 1907 in einer öffentlichen Erklärung des Vorstandes gegen seine Gleichsetzung mit den *Gelben Werkvereinen*. Das geschah mit dem Zugeständnis, daß es sowohl für einen einzelnen Arbeiter als auch für die Arbeitervereine eine »selbstverständliche Pflicht« wäre, »an dem gesetzlich gewährleisteten Vereinigungs- und Ausstandsrecht festzuhalten«. Nur ein solcher Arbeiterverein sollte sich dem BvA anschließen dürfen, der »1. nur Arbeitnehmer als Mitglieder aufnimmt ..., 2. keinerlei Zwang bei Aufnahme und Austritt duldet und ... keinerlei bindende Verpflichtung den Unternehmern gegenüber für den Fall eines Ausstandes eingeht; 3. in Fragen des Vereinigungsrechtes, der Lohn- und Arbeitsverhältnisse frei dasteht«.[18]

Abgesehen von der ganz anders gearteten Praxis des BvA zwangen ihn finanzielle Schwierigkeiten, Anfang 1908 mit den *Gelben Werkvereinen* Verbindung aufzunehmen, um so gleichfalls Zugang zu den Geldmitteln der hinter den Werkvereinen stehenden Monopolkapitalisten zu erhalten. Im Widerspruch zu seiner Erklärung vom 2. November 1907 verkündete der BvA jetzt, daß es falsch sei, »Werkvereine oder vaterländische Arbeitervereine als die allein richtige Vereinsart zu betrachten. Vielmehr sind beide Arten durchaus notwendig und ergänzen einander. In

Betrieben mit mehr als 100 Arbeitern ist ein Werkverein lebensfähig und daher zu empfehlen. In Betrieben mit weniger als 100 Arbeitern ... ist ein Werkverein nicht lebensfähig, und deshalb ein vaterländischer Arbeiterverein die passende Organisation.«[19]

L. SCHAPER versandte zu dieser Zeit ein Rundschreiben, in dem zu Besprechungen zwischen den »vaterländischen« Arbeitervereinen und den *Gelben Werkvereinen* über ein gemeinsames Zusammenwirken im Interesse des »wirtschaftlichen Friedens« und des Kampfes gegen den sozialdemokratischen »Terrorismus« sowie zur Gründung eines Zentralverbandes der vaterländischen Arbeiter- und Werkvereine aufgefordert wurde. Bezeichnenderweise wurde dieses Rundschreiben nicht an die Werkvereine, sondern sogleich an die kapitalistischen Unternehmer gerichtet.[20]

Am 18. April 1908 fand in Kiel eine Konferenz statt, zu der 12 gelbe Organisationen – vor allem der BvA und der *Gelbe Arbeiterbund* – ihre Vertreter entsandt hatten. Die Gegensätze waren aber so groß, daß es nicht zu einer organisatorischen Vereinigung kam.

Im Oktober 1910 war der BvA an der Gründung des ↗ *Hauptausschusses nationaler Arbeiter- und Berufsverbände Deutschlands (HA)* beteiligt, in dem er jedoch keine führende Rolle spielte. Vielmehr ging sein Einfluß bis 1914 immer mehr zugunsten der *Gelbe Werkvereine* zurück. Seine Versuche, Einfluß auf Organisationen des ↗ *Gesamtverbandes evangelischer Arbeitervereine Deutschlands (GEA)* bzw. auf die Mitglieder von Kriegervereinen zu gewinnen, scheiterten. Das betraf auch seine Bestrebungen, der sozialistischen Arbeiterjugendbewegung durch die Bildung »reichstreuer« Jugendabteilungen entgegenzuwirken. Gewisse, aber im Vergleich zu den Werkvereinen bedeutungslose Erfolge erzielte der BvA nur bei ostelbischen Landarbeitern. Im allgemeinen war er jetzt völlig auf die kleineren Betriebe verwiesen.

Während der BvA zwar weiterhin die Unterstützung der Regierung erhielt, flossen ihm über den FA im Vergleich zu den Werkvereinen nur sehr geringe finanzielle Mittel zu. Im Geschäftsjahr 1912/13 wurden ihm vom FA für Verwaltung, Agitation und Presse 21 067 M zur Verfügung gestellt. Obwohl er

seinen Mitgliedern im Vergleich zu den Werkvereinen nur geringe ökonomische Vorteile durch Unterstützungseinrichtungen bieten konnte, häuften sich doch die Klagen darüber, daß »in die vaterländischen Arbeitervereine ... sich zahlreiche Elemente einschleichen, die möglichst wenig für die Sache selbst opfern, dagegen möglichst viel an finanzieller Unterstützung ergattern wollen«.[21] Die Anziehungskraft des BvA litt außerdem an seinem offen antiproletarischen Charakter. Obwohl immer wieder zu vermeiden versucht wurde, »den Anschein zu erwecken, als ob die Arbeitervereine vom Reichsverband aus direkt oder indirekt dirigiert würden«,[22] war die entscheidende Führungsrolle des *RgS*, führender Monopolherren und hoher Offiziere zu offensichtlich. Hier half auch kein Anbiederungsversuch, wie der des *FA*-Vorsitzenden Generalmajor z. D. Arthur VON LOEBELL, der auf einer Konferenz der Gelben darum bat, »ihn als Arbeiter hier zu betrachten, denn er arbeite doch mit für die Ideen der nationalen Arbeiterverbände«.[23]

Wie groß der Widerstand gegen diese chauvinistische und antisozialdemokratische Organisation innerhalb der deutschen Arbeiterklasse war, zeigt die Eingabe der Hauptstelle des *RgS* vom 12. August 1912 an den Reichskanzler. »Es ist leider noch viel zu unbekannt«, heißt es hier, »daß es heutzutage im Deutschen Reiche trotz der geordneten Zustände, die im allgemeinen bei uns herrschen, besonders für den städtischen Arbeiter in wirtschaftlicher und persönlicher Beziehung immer bedenklicher wird, sich offen zu Kaiser und Reich zu bekennen.«[24]

Völlig im Widerspruch zu seiner Bedeutungslosigkeit stand jedoch das weitere Auftreten des BvA als angeblicher Wahrer der Interessen der deutschen Arbeiterklasse. Besonders seit 1910 forderte er den verschärften Kampf gegen die freien Gewerkschaften, vor allem ein Verbot des Streikpostenstehens und den Schutz der »Arbeitswilligen«. Er protestierte gegen »den Mißbrauch des Koalitionsrechts, durch den die Willensfreiheit des Arbeiters in unerträglicher Weise beeinträchtigt und gegen den Willen des Gesetzgebers ein Koalitionszwang geschaffen wird«.[25]

Während des ersten Weltkrieges spielte der BvA keine nennenswerte Rolle. Bereits nach zwei Kriegsjahren war er auf $^1/_5$ der Zahl seiner Mitglieder zusammengeschmolzen. Einen starken Mitgliederausfall hatte er 1916 durch das korporative Ausscheiden des *Verbandes reichstreuer Bergarbeitervereine Niederschlesiens*, der sich dem Hauptausschuß direkt anschloß. Seine Existenz wurde im wesentlichen nur durch die finanziellen Mittel gewährleistet, die ihm seit 1915 über den *Konferenzausschuß* (↗ *HA*) zugingen und in dem er vertreten war.

Führende Mitglieder des BvA traten im Herbst 1917 der ↗ *Deutschen Vaterlandspartei (DVLP)* bei. Der Geschäftsführer des BvA, R. PETER, wurde der Leiter einer von der *DVLP* im März 1918 gegründeten *Abteilung für Werbung und nationalpolitische Aufklärung der Arbeiter*. Nachdem die Novemberrevolution dem BvA ein Ende gemacht hatte, schloß sich ein größerer Teil seiner Mitglieder dem im März 1919 gegründeten *Deutschen Landarbeiterbund* (↗ *Reichslandarbeiterbund*) an.

5. Quellen und Literatur

Über die Entwicklung und Tätigkeit des BvA, des FA und der »vaterländischen« Arbeitervereine überhaupt sowie über seine Beziehungen zum Staatsapparat geben zahlreiche Archivbestände in der DDR Aufschluß. Das trifft besonders zu für ZStA Potsdam: Reichskanzlei, Nr. 2268 ff. und 1395; 90 La5 NL Friedrich Lange. ZStA Merseburg: Rep. 77 CB, Nr. 633; Rep. 89 H, XXI, Gen. Nr. 18, Bd. 2 und 3; Rep. 120 BB. Verwiesen sei auch auf die in mehreren Staatsarchiven, wie im StA Magdeburg, vorhandenen Materialien. Wesentlich sind weiterhin das Presseorgan des BvA »Deutsche Treue« und die von ihm veröffentlichten Materialien und Publikationen.

An zeitgenössischen Darstellungen, die sich teilweise mit dem BvA beschäftigten, sind vor allem zu nennen: Wilhelm Kulemann[2], Heinrich Imbusch[26], Michael Gasteiger »Die gelben Gewerkschaften. Ihr Werden und Wesen« (München 1909, letztere vom Standpunkt der christlichen Gewerkschaften gegen den BvA geschrieben) und Erich Sperling »Die neue deutsche Arbeiterbewegung« (Bonn 1914, befürwortet die Politik des BvA).

Im Vergleich zu diesen Darstellungen bringt Hans-Alexander Apolant »Die wirtschaftsfriedliche Arbeitnehmerbewegung Deutschlands. Werden, Wesen und Wollen der gelben Organisationen« (Berlin 1928) nichts wesentlich Neues.

Die Arbeit von Walter Stephan »Die wirtschaftsfriedliche Arbeiterbewegung in Deutschland bis zum Ausbruch der Revolution« (rechts- u. staatswiss. Diss., Greifswald 1925 [Masch.]) ist zwar ausschließlich vom Standpunkt der Gelben aus geschrieben, enthält aber infolge der Tätigkeit des Vf. als Dezernent beim Pommerschen Landbund z. T. interessante Details.

In den Veröffentlichungen Klaus Mattheiers[27] werden die Gelben unkritisch als »wirtschaftsfriedlich-national« behandelt. Infolge der Auswertung von für das Thema wichtigen Beständen in staatlichen und konzerneigenen Archiven der BRD gibt K. Mattheier dennoch wesentliche Aufschlüsse über die innere Entwicklung der Gelben und die differenzierte Haltung führender Vertreter des Monopolkapitals zu ihnen. Im gleichen Sinne vermittelt Klaus Saul[28] viele detaillierte Angaben.

Anmerkungen

1 Nach der amtlichen Statistik. Angaben des Reichsverbandes gegen die Sozialdemokratie differieren vornehmlich in bezug auf das Jahr 1913, in dem der BvA 36 000 Mitglieder gehabt haben soll. Die Zahl der dem BvA angeschlossenen Vereine betrug nach der Statistik des Reichsverbandes 1907/08 71, 1908/09 78, 1909/10 105, 1910/11 131, 1911/12 157, 1912/13 182.

2 Wilhelm Kulemann: Die Berufsvereine, Erste Abt.: Geschichtliche Entwicklung der Berufsorganisationen der Arbeitnehmer und Arbeitgeber aller Länder, 2. Aufl., Bd. 2: Organisation der Arbeitnehmer II, Jena 1908, S. 480. Siehe hier auch die Satzungen anderer »vaterländischer« Arbeitervereine.

3 ZStA Potsdam, Reichskanzlei, Nr. 2268, Bl. 18.

4 Siehe die Erklärung des FA. In: Ebenda, Nr. 1395/5, Bl. 188 und Korrespondenz des Reichsverbandes gegen die Sozialdemokratie, Jg. 1907, Nr. 22.

5 ZStA Merseburg, Rep. 89 H, XXI, Gen., Nr. 18, Bd. 2, Bl. 203 f. Siehe auch ein vor der Gründung des BvA vom RgS versandtes geheimes Rundschreiben, in dem er es als möglich bezeichnete, »mit Hilfe dieser neuen Organisation, die wir in

der Hand zu halten beabsichtigen, nach und nach den unerträglich werdenden sozialdemokratischen Terrorismus zu brechen und einen Keil in die sozialdemokratische Organisation zu treiben«. Zit. in: Die gelbe Schutztruppe der Unternehmer. Nach einem Vortrag von Heinrich Schneider, Hannover (1912), S. 8.

6 Siehe Deutsche Treue, Jg. 1907, Nr. 3.

7 Siehe den vollen Wortlaut der sehr umfangreichen Satzungen in: ZStA Potsdam, Reichskanzlei, Nr. 1395/4 und ihre wichtigeren Teile bei W. Kulemann, S. 487f.

8 Bericht über die erste Hauptversammlung des Bundes vaterländischer Arbeitervereine. Abgehalten zu Hamburg am 19. und 20. Mai 1907, Berlin 1907, S. 25.

9 Siehe ebenda, S. 26, 32 und 73.

10 Ebenda, S. 29.

11 Ebenda, S. 42f.

12 Siehe die Leitsätze des FA (↗ FA).

13 Der RgS an Hermann von Lucanus, 14. Mai 1907. In: ZStA Merseburg, Rep. 89 H, XXI Gen., Nr. 18, Bd. 2, Bl. 204.

14 Auf der Tagung des Hauptausschusses nationaler Arbeitervereine am 5./6. November 1911 belegte der Vorsitzende des BvA seine These von der angeblichen Nutzlosigkeit des Streiks mit Zitaten aus Eduard Bernsteins Buch »Der Streik«.

15 Einer der Tagesordnungspunkte der ersten Hauptversammlung des BvA lautete: »Gesetzgebung und roter Terrorismus«.

16 Zwischen Staat und Gelben Werkvereinen konnten sie sich schon deshalb nicht herausbilden, weil das Monopolkapital sie als Eingriffe in ihre unmittelbare Interessensphäre ansah und bekämpfte.

17 Siehe Norddeutsche Allgemeine Zeitung, 17. 7. 1909.

18 W. Kulemann, S. 490f.

19 ZStA Potsdam, Reichskanzlei, Nr. 1395/5, Bl. 188.

20 Siehe seinen vollen Wortlaut im »Vorwärts«, 22. Juli 1908.

21 Siehe Albert Bovenschen an die Vorstandsmitglieder des RgS, 20. 6. 1912. In: ZStA Potsdam, 90 La5 NL Friedrich Lange, Nr. 30, Bl. 29.

22 Vorschläge zur Bildung einer Zentralstelle für Arbeitersekretäre pp. In: Ebenda, Bl. 34.

23 Hauptausschuß nationaler Arbeiterverbände. Bericht über die 3. Tagung des Hauptausschusses. Berlin, am 5. und 6. November 1911, o. O., o. J., S. 19.

24 ZStA Merseburg, Rep. 92, NL A. Bovenschen, A II.

25 Entschließung der 3. Hauptversammlung des BvA 1910. Zit. in: Heinrich Imbusch: Die Gelben in der deutschen Arbeiterbewegung, Köln 1913, S. 45.

26 Ebenda.

27 Siehe Klaus Mattheier: Die Gelben. Nationale Arbeiter zwischen Wirtschaftsfrieden und Streik, Düsseldorf 1973. Ders.: Drei Führungsorganisationen der wirtschaftsfriedlich nationalen Arbeiterbewegung – Reichsverband gegen die Sozialdemokratie, Förderungsausschuß und Deutsche Vereinigung in der Auseinandersetzung um die »Gelben Gewerkschaften« in Deutschland 1904 bis 1918. In: Rheinische Vierteljahrsblätter, 37. Jg. (1973), S. 244–275. (Rez.: BzG, 1974, H. 6, S. 1101f.). Ders.: Werkvereine und wirtschaftsfriedlich-nationale (gelbe) Arbeiterbewegung im Ruhrgebiet. In: Arbeiterbewegung an Rhein und Ruhr. Beiträge zur Geschichte der Arbeiterbewegung in Rheinland-Westfalen. Hrsg. Jürgen Reulecke, Wuppertal 1974, S. 173–204.

28 Klaus Saul: Staat, Industrie, Arbeiterbewegung im Kaiserreich. Zur Innen- und Sozialpolitik des Wilhelminischen Deutschland 1903–1914, Düsseldorf 1974. (Rez.: ZfG, 1975, H. 6, S. 708f.)

Dieter Fricke

Bund Wiking (BW)
1923–1928

Der BW war ein aus der ⁊ Organisation Consul (OC) hervorgegangener militaristischer Verband mit starken faschistischen Tendenzen, der von Offizieren der ehemaligen Brigade Ehrhardt geführt wurde und sich die Beseitigung der parlamentarischen Republik, die terroristische Unterdrückung der Arbeiterbewegung und die Vorbereitung eines Revanchekrieges zum Ziel setzte. Er war ein Sammelbecken besonders reaktionärer und chauvinistischer Kräfte und sah seine spezielle Aufgabe darin, politische und militärische Führer heranzubilden, die befähigt waren, an die Spitze der gesamten reaktionären Bewegung zu treten. Es war darum kennzeichnend für den BW, daß seine Führer versuchten, in andere Verbände einzudringen und sie auf die politische Linie des BW festzulegen. Seine Bestrebungen zur gewaltsamen Beseitigung der bürgerlich-parlamentarischen Staatsform veranlaßten die Behörden zum Verbot dieser Organisation.

1. Entstehung, Charakter, militärische Tätigkeit
2. Putschpläne und Auflösung
3. Quellen und Literatur

Vorsitzende

Kapitänleutnant a.D. KAUTTER (1923–Ende 1924); Major a.D. WAHL (Ende 1924–Anfang 1926); Korvettenkapitän a.D. Hermann EHRHARDT (seit Anfang 1926)

Geschäftsführer

Leutnant zur See a.D. Franz LIEDIG

Mitglieder

1923/24: ca. 10000
1924–1926: weniger als 10000

Presse

»Wiking. Zeitschrift für Wehr, Sport und Politik«, Zentrale Monatsschrift der Bundesführung (1923–1926);
»Der Vormarsch, Blätter der Wikinger« (1927–1928)

1. Entstehung, Charakter, militärische Tätigkeit

Die Führer der aus der *Marinebrigade Ehrhardt* hervorgegangenen ⁊ *Organisation Consul (OC)* gründeten am 2. Mai 1923 in München den BW. Um den vereinsrechtlichen Bestimmungen Genüge zu tun und die Öffentlichkeit zu täuschen, verkündete der Bund in seinen offiziellen Satzungen als Ziel die »Erneuerung und Wiedergeburt Deutschlands auf nationaler und völkischer Grundlage durch geistige Erziehung der Mitglieder.«[1]

In Wirklichkeit erstrebte der BW den Sturz der Weimarer Republik, die gewaltsame Unterdrückung der Arbeiterbewegung und die Vorbereitung und Entfesselung eines Revanchekrieges.

Politischer Führer des BW war der ehemalige Chef der IX. Torpedobootflottille und Freikorpsführer H. EHRHARDT, einer der militärischen Initiatoren des KAPP-Putsches vom März 1920. H. EHRHARDT stand seit 1919 mit Wilhelm CANARIS in Verbindung, der später einflußreicher Mitarbeiter in der Marineleitung Ostsee wurde und dem BW illegal Staatsgelder zukommen ließ. Nachdem H. EHRHARDT im November 1922 verhaftet worden war, gelang ihm am 13. Juli 1923 mit Unterstützung von Angehörigen der *OC* die Flucht aus dem Untersuchungsgefängnis in Leipzig. Er hielt sich danach in Österreich, Bayern und zuletzt in Ungarn auf, bis ihm Ende 1925 eine Amnestie die straffreie Rückkehr nach Deutschland gestattete. Während seiner Abwesenheit hatte H. EHRHARDT stets engen Kontakt zu seinen Verbindungsleuten im BW, bis er Anfang 1926 selbst die Leitung übernahm. Die Führerschaft des BW entsprach fast völlig der ehemaligen Leitung der *OC*, die durch einige Offiziere aus dem 1922 aufgelösten *Verband nationalgesinnter Soldaten* verstärkt worden war. Die Wikingführer gehörten zu den brutalsten und reaktionärsten

Elementen des deutschen Militarismus. Wikingführer von Sachsen war das ehemalige Mitglied der *OC* Manfred VON KILLINGER, der zugleich den ↗ *Wehrwolf. Bund deutscher Männer und Frontkrieger (Wehrwolf)* in Sachsen leitete. Bereits zweimal wegen Waffenbesitzes bzw. Geheimbündelei vorbestraft, gehörte Kapitänleutnant a. D. M. VON KILLINGER zum Kreis der Rathenau-Mörder. Aus der *OC* kamen auch der württembergische Wikingführer Oberleutnant zur See a. D. Dietrich VON JAGOW und der rheinisch-westfälische Führer Leutnant a. D. Friedrich Wilhelm HEINZ. F. W. HEINZ ging im August 1925 zum ↗ *Stahlhelm-Bund der Frontsoldaten (Stahlhelm)* und kurz danach zur ↗ *NSDAP.* Wiking-Führer in Berlin war Major a. D. Hans VON SODENSTERN, der dem *Nationalverband Deutscher Offiziere* angehörte und dessen Bundeszeitschrift »Deutsche Treue« leitete. H. VON SODENSTERN war gleichzeitig Hauptschriftleiter der dem ↗ *Alldeutschen Verband (ADV)* nahestehenden »Deutschen Zeitung«, die ebenfalls im Dienst der Wiking-Propaganda stand. Bundesgeschäftsführer war der frühere Adjutant H. EHRHARDTS, der Leutnant zur See a. D. F. LIEDIG, ebenfalls ehemaliges Mitglied der *OC.* Die Rolle eines Protektors spielte Karl Eduard HERZOG VON SACHSEN-COBURG-GOTHA, der den Bund finanziell unterstützte, den Führern auf seinen Schlössern Unterkunft gewährte und dessen Sohn aktives Mitglied war. Im Herbst 1923 formierte der steckbrieflich gesuchte H. EHRHARDT im Auftrag des bayerischen Generalstaatskommissars Gustav RITTER VON KAHR im Raum Coburg aus Angehörigen des BW, des ↗ *Jungdeutschen Ordens (Jungdo)* und anderer Verbände militärische Einheiten, die zum Einmarsch in Thüringen und zur Unterstützung G. VON KAHRS bei der Errichtung der »nationalen Diktatur« bereitstanden. H. EHRHARDT nahm auch Verbindung zu HITLER auf, lehnte aber dessen absoluten Führungsanspruch ab. Das Zusammengehen mit der bayerischen Reichswehr schien ihm sicherer und erfolgversprechender.

Die Truppen des BW und des *Jungdo* in Nordbayern begingen zahlreiche antisemitische Ausschreitungen. Während H. EHRHARDT in Nordbayern seine Verbände konzentrierte, bereiteten die Wiking-Gruppen in

Thüringen deren Einmarsch vor. Die thüringische Regierung sah sich darum gezwungen, am 10. September 1923 den BW zu verbieten. Das Verbot blieb in Thüringen bis zum 30. Januar 1925 in Kraft, wurde aber sehr großzügig gehandhabt, so daß der Bund seine Tätigkeit ohne große Schwierigkeiten fortsetzen konnte. Auch nach dem Scheitern der reaktionären Putschversuche 1923 blieben die Vernichtung der Weimarer Republik und die baldige Entfesselung eines Revanchekrieges das Ziel des BW. In einer Anweisung von F. W. HEINZ an die Führer der Bezirke Rheinland, Wuppertal, Westfalen und Hessen-Nassau von Ende Dezember 1923 hieß es:

»Unser Ziel bleibt dasselbe: Beseitigung der Weimarer Verfassung und des Versailler Vertrages und Schaffung eines freien völkischen Staatswesens. ... Es darf niemals vorkommen, daß nationale Jugend auf nationale Reichswehr und umgekehrt schießt. Wir sehen in der Reichswehr unsere Kameraden, mit denen wir gemeinsam dereinst, nachdem die völkischen Kampfverbände dafür gesorgt haben, daß uns nicht zum zweiten Male ein Dolchstoß in den Rücken fahren kann, die schwarzweißroten Fahnen gegen Paris und Warschau tragen werden.«[2]

Der BW bezeichnete sich als eine »völkische« Organisation und verkündete als sein Ziel die Errichtung des »völkischen« Staates. In den »Wiking-Gesetzen«, die das innere Leben des Bundes bestimmten, wurde die »völkische« Idee als ein Mittel gekennzeichnet, mit Hilfe des Rassegedankens und der »Volksgemeinschaft« die Klassengegensätze zu überwinden.[3] Die »Volksgemeinschaft« sollte die Voraussetzung für den »Befreiungskampf« nach außen sein. Das wirkliche Ziel dieser Demagogie war die Unterdrückung des antimilitaristischen Kampfes der Volksmassen als Voraussetzung für die Entfesselung des Revanchekrieges. Der BW war keine Massenorganisation, und es lag auch nicht in der Absicht der Führer, ihn zu einer solchen werden zu lassen, da sie sich über die Aussichtslosigkeit eines solchen Unterfangens im klaren waren.

Für die Aufnahme in den Bund gab es strenge Auslesebestimmungen. Gestützt auf die reaktionäre »Elite-Theorie«, hielten sich die Wiking-Offiziere für die berufenen Führer in Deutschlands Innen- und Außenpolitik. Im BW wurde eine intensive militärische

Ausbildung der Mitglieder betrieben. Es gab »Dienstanweisungen«, »Ausbildungsvorschriften«, »Gruppenbefehle«, »Dienstpläne« usw. Die militärische Ausbildung sollte nicht nur dem bewaffneten inneren Umsturz, sondern auch dem Revanchekrieg dienen und ihn vorbereiten. Dazu hieß es in einer Richtlinie der Bundesführung: »Eine deutsche Befreiung ist niemals durch Sicherheitspakte und den Völkerbund, sondern nur mit Waffengewalt durchzuführen. Wann die Stunde der Befreiung kommt, wissen wir nicht, aber daß wir bereit sein müssen, das wissen wir. Es gilt also die Wehrhaftmachung unseres Volkes trotz aller einschränkenden Bestimmungen des Versailler Schanddiktates durchzuführen.«[4]

Entsprechend dieser Linie wurde nach 1923 die militärische Tätigkeit im BW wieder intensiviert. Anfang 1924 erhielten die Gaue, die die Untergliederung der Bezirke darstellten, Anweisung, je ein Bataillon für den »Ernstfall« marschfertig aufzustellen. In jeder der 3 Kompanien des Bataillons sollten 3 ausgebildete Maschinengewehr-Mannschaften vorhanden sein, ferner Funker, Fahrer, Artilleristen. Die Gauführer wurden angewiesen, die Beschlagnahme von Autos und Benzin vorzubereiten, da zu jeder Kompanie 3 Lastkraftwagen gehören sollten. Von der Polizei aufgefundene Waffen zeugten davon, daß der BW über geheime Waffenlager verfügte. So wurden z. B. im März 1926 bei 2 Wikingführern in Erfurt 3 Maschinengewehre, 1 Maschinenpistole, 55 Gewehre sowie Seitengewehre, Handgranaten, Munition und anderes Kriegsgerät beschlagnahmt.

Der Bund war nach dem »Führerprinzip« aufgebaut, wobei die Führer volle Befehlsgewalt hatten. Die Mitglieder, die in »Aktive« (Waffenfähige im Alter von 20 bis 45 Jahren) und »Inaktive« (beratende und zahlende Mitglieder) eingeteilt waren, wurden in Stammrollen erfaßt; sie waren einheitlich uniformiert und mußten absolute Schweigepflicht über Bundesangelegenheiten, die auch für den Fall des Austritts gelten sollte, geloben. Die Uniform bestand aus einer Feldmütze, einer Armeefeldbluse mit Kaiserknöpfen (und 4 Verbandspäckchen in den Rockschößen), einer Stiefelhose und einem feldgrauen Mantel. Auf dem linken Oberarm wurde das Abzeichen, ein silbermattiertes Wikingschiff auf schwarzer Tuchunterlage, getragen. Zur Ausrüstung gehörten ferner Armeekoppel, Brotbeutel, Feldflasche, Tornister, Infanteriespaten sowie der Stahlhelm, der auf der rechten Seite ein schwarzweißrotes Wappen und auf der linken Seite ein Hakenkreuz trug. Die militärische Ausbildung umfaßte: Einzel-, Gruppen-, Zug- und Kompanieausbildung, Märsche, Geländeübungen, Übungen am Sandkasten, Schießen, theoretische und praktische Führerausbildung, Hinweise auf Spezialwaffen.[5]

Grundlage für die Ausbildung waren die Lehrbücher und Ausbildungsvorschriften der Reichswehr. Die Erziehung der Führer erfolgte im Sinne der den deutschen Militaristen eigenen Arroganz und in dem Glauben an die eigene Unbesiegbarkeit. So hieß es in einer Anweisung vom Herbst 1925:

»Was liegt uns Wikingern bei den Aufgaben, die unser harren, wohl näher, als das Studium des Nahkampfes, die schönste aller Kampfesarten. Wir müssen Männer heranbilden, die das Handgemenge meistern, also infanteristische Arbeit leisten könnten. Diese Arbeit erfordert nicht nur körperliche Gewandtheit und Kraft, sondern persönlichen Mut. Diese moralische Eigenschaft hat im Weltkrieg den Sieg an unsere Fahnen geheftet und wird uns auch aus den Materialschlachten des Zukunftskrieges als Sieger hervorgehen lassen.«[6]

Den Führern wurden u. a. Aufgaben gestellt – darunter die kriegsmäßige Bewegung ganzer Divisionen –, die in Form von Preisausschreiben gelöst und eingeschickt werden sollten. Zur Ausbildung des Nachwuchses wurde in Gestalt des *Jungwiking* eine besondere Jugendabteilung geschaffen. Er erfaßte männliche Jugendliche im Alter von 14 bis 18 Jahren und hatte Führer heranzubilden, die später an die Spitze der gesamten reaktionären Bewegung treten sollten. In den Richtlinien für den *Jungwiking* hieß es dazu: »Niemals soll der Jungwiking Massenbewegung werden, sondern von vornherein auf Auslese eingestellt sein. Die besonderen Aufgaben des Bundes zwingen darum, für ein Menschenmaterial zu sorgen, das an Leistung, Fähigkeit in jeder Beziehung die anderen Bünde übertrifft.«[7] Das Ausbildungsprogramm für den *Jungwiking* umfaßte neben der Erziehung im Sinne des Militarismus und Revanchismus ebenfalls die Vermittlung mi litärischer Grundkenntnisse, einschließlich der Abwehr von Fliegern und Tanks. Es war auf den modernen Großkampf eingestellt. Bei »guter körperlicher Veranlagung und bei ausreichenden Kenntnissen« wurden die Jungwikinger in den aktiven BW übernommen.

2. Putschpläne und Auflösung

Die militärische Betätigung war für die Wikingführer ein Mittel, ihr reaktionäres politisches Ziel zu verwirklichen. Als die Wahl HINDENBURGS zum Reichspräsidenten im Jahre 1925 eine Verschiebung des Kräfteverhältnisses zugunsten der Reaktion deutlich werden ließ, versuchte der BW, sich zur führenden politischen Kraft im reaktionären Lager zu machen. Im März 1926 veröffentlichte H. EHRHARDT ein politisches Kampfprogramm des BW unter der Losung »Nationale Einheit tut not!«, in dem er zur Vereinigung aller reaktionären Kräfte aufrief und erklärte: »Wir müssen brechen mit der noch teilweisen Ansicht, daß wir nur Wehrverband sein wollen. Klar und zielbewußt muß der politische Kampf aufgenommen werden. Wir haben den Mut zu erklären, daß wir der kommende Staat sein wollen.«[9]

H. EHRHARDT forderte für die nächsten Wahlen das Zusammengehen aller antidemokratischen Kräfte: »Wir müssen die Einheitsfront schaffen von der Deutschen Volkspartei über Deutschnationale und Bayerische Volkspartei bis zu den Deutschvölkischen, und es muß der Kampf um die nationalen Elemente im Zentrum aufgenommen werden.«[10] Auf diese Weise sollte in den Parlamenten die absolute Mehrheit errungen werden. »Dann sind wir so weit, daß die nationalen Elemente ohne Konzessionen, ohne Kompromisse und Verbeugungen nach der internationalen Seite die Macht ergreifen können ...«[11] Das war der offen erhobene Führungsanspruch der im BW vereinigten militaristischen Offiziersclique. Zu der von H. EHRHARDT geforderten Vereinigung kam es jedoch nicht, weil die Interessengegensätze zwischen den einzelnen Gruppen der herrschenden Klasse noch zu stark waren und weil die herrschende Klasse die politische und militärische Führung nicht dem schon 1920 und 1923 gescheiterten Abenteurer H. EHR-

HARDT anvertrauen wollte. Für die Wikingführer war der Aufruf H. EHRHARDTS zur »Einheit« nur die legale Erscheinungsform der zu dieser Zeit laufenden illegalen Vorbereitungen zur gewaltsamen Beseitigung der parlamentarischen Republik.

Ende 1925 und Anfang 1926 beteiligte sich der BW führend an den Putschvorbereitungen gegen die Weimarer Republik. Am 24. Februar 1926 fand in Berlin eine Besprechung zwischen Vertretern des BW, des *Stahlhelms*, des *Jungdo*, des *Wehrwolfs*, des *Nationalverbandes Deutscher Offiziere*, des *Reichsbundes Deutscher Offiziere*, des ↗ *Tannenberg-Bundes. Arbeitsgemeinschaft völkischer Frontkrieger- und Jugendverbände (TB)*, des ↗ *Olympia. Deutscher Verein für Leibesübungen (Olympia)* und des *Sportvereins Kurmark* statt, in der die taktischen Varianten des Unternehmens erörtert wurden. H. VON SODENSTERN führte dabei aus: »Ich spreche hier als Sprachorgan und als ausführendes Organ meines Chefs, des Kapitän Ehrhardt. Meiner Meinung nach ist ein Putsch, der von nationaler Seite veranlaßt wird, so lange von vornherein zum Scheitern verurteilt, solange nicht ein Kommunistenputsch vorhergeht. Sollte dieser von uns erwähnte Kommunistenputsch nicht von selbst kommen, dann muß er eben provoziert werden, dann müssen die Großindustriellen Berlins, wie Borsig, Siemens, Schwarzkopf, Knorrbremse und sonstige Unternehmer, die der Deutschen Industriellenvereinigung angeschlossen sind, nochmals größere Arbeitermassen auf die Straße werfen. In demselben Augenblick, wenn kommunistische Unruhen einsetzen, wird das Wachregiment der Reichswehr aus Berlin herausgezogen und nach Döberitz verlegt. Berlin ist schutzlos, da wenigstens 50 Prozent der grünen Polizei nicht ganz sicher sind. Der ›Wiking‹ wird erst dann seine Hilfe zur Niederschlagung des Kommunistenputsches zur Verfügung stellen, wenn von Regierungsseite aus den Verbänden Garantien gegeben werden in der Richtung, daß ganze Arbeit geleistet wird, d. h. Zerschlagung des Parlamentarismus, Absetzung nicht nationaler Oberpräsidenten und Landräte usw.«[12]

Der *Olympia*-Führer Oberst a. D. Hans VON LUCK wurde mit der Ausarbeitung eines genauen Planes zur Realisierung des Umsturzes beauftragt. Zur gleichen Zeit unternahm H. EHRHARDT eine Inspektionsreise durch ganz Deutschland, wobei er die Einsatzbereitschaft der Wiking-Gruppen überprüfte und Verhandlungen mit dem *Stahlhelm* und mit kleineren Verbänden über die Herstellung einer gemeinsamen Front führte. Mit dem *Stahlhelm* wurde eine Vereinbarung über gemeinsames Handeln bei »etwa plötzlich notwendig werdenden Entscheidungen« getroffen.[13] Nachdem die preußische Regierung Informationen über die Putschvorbereitungen erhalten hatte, führte die Polizei am 11. Mai 1926 Haussuchungen bei einigen reaktionären Führern durch. Das aufgefundene Material offenbarte die Existenz einer antirepublikanischen Verschwörung, so daß die Regierung sich gezwungen sah, am 12. Mai 1926 die Verbände Wiking und *Olympia* zu verbieten. Dem Verbot schloß sich am 4. Oktober 1926 die hessische Regierung an, weil auch in Hessen illegale militärische Betätigung des BW festgestellt worden war. Auf Grund einer Beschwerde des BW kam es im April 1927 vor dem Staatsgerichtshof in Leipzig zu einem Prozeß. Jedoch konnte das Gericht nicht umhin, am 30. April 1927 das Verbot zu bestätigen. Daraufhin schloß sich am 14. Mai 1927 auch die sächsische Regierung dem Verbot an. Das Scheitern der Putschpläne zeigte, daß die Großbourgeoisie zu dieser Zeit derartige Pläne nicht forcierte, weil sie neue Erschütterungen und vor allem einen starken Gegenschlag der Arbeiterklasse fürchtete.

Der BW setzte jedoch seine Tätigkeit illegal fort. An Stelle der Zeitschrift »Wiking« erschien 1927 die Zeitschrift »Der Vormarsch« mit dem Untertitel »Blätter der Wikinger«. Gleichzeitig versuchten die Wikingführer verstärkt, in andere Verbände einzudringen, um dort die Führung zu übernehmen. Bereits im Dezember 1926 war H. EHRHARDT in den Bundesvorstand des *Stahlhelms* aufgenommen worden und hatte offiziell alle Wikinger aufgefordert, auch in die Organisation einzutreten. Dieser Aufforderung schloß sich jedoch nur ein Teil der Mitglieder an, ein anderer Teil ging zur *NSDAP*, zum *Wehrwolf*, zum *Bund Oberland* (➚ *Freikorps Oberland*) oder zum *TB*. D VON JAGOW wurde *Stahlhelm*-Landesführer von Württemberg und ging 1929 zur *NSDAP*, M. VON KILLINGER übernahm für kurze Zeit die Leitung des Landesverbandes Sachsen des *Bundes Oberland*, um danach *SA*-Führer zu werden (im faschistischen Deutschland avancierte er zum sächsischen Ministerpräsidenten und später zum Botschafter in Bukarest, wo er 1944 durch Selbstmord endete). Ihr Hauptbetäti-

gungsfeld sahen die Wikingführer zunächst im *Stahlhelm*, dem zu dieser Zeit größten militaristischen Wehrverband. D. VON JAGOW erhielt von H. EHRHARDT die folgende persönliche Weisung: »Sie müssen eben arbeiten unter der Firma Stahlhelm im Geiste des Wiking«.[14] Den *Stahlhelm*-Führern blieben die Umtriebe der um ihre Machtstellung ringenden Wikingführer nicht verborgen. Im November 1927 forderten sie H. EHRHARDT auf, bis zum 1. Februar 1928 den BW vollständig in den *Stahlhelm* zu überführen. H. EHRHARDT weigerte sich und schied aus dem *Stahlhelm* aus. Im Dezember 1927 nahm die Polizei im Büro H. EHRHARDTS und in den Wohnungen anderer Wikingführer Haussuchungen vor. Das aufgefundene Material bestätigte nicht nur das illegale Fortbestehen des BW, sondern es enthüllte auch die engen Beziehungen von Wikingführern zu hohen Marineoffizieren, insbesondere zum ehemaligen Leiter der Marinestation Ostsee und späteren Chef der Marineleitung, Admiral Erich RAEDER, sowie zum Admiral DOMINIK und zum Kapitänleutnant W. CANARIS (dem späteren Leiter der faschistischen Militärspionage). Die Marineoffiziere hatten nicht nur dem BW Staatsgelder zukommen lassen, sie hatten auch das Einschleusen von Agenten des BW in die Marine begünstigt. Angesichts der Enthüllungen über die Tätigkeit des BW sah H. EHRHARDT keine Möglichkeit für ein Weiterbestehen mehr und löste den Bund Ende April 1928 offiziell auf. Seine Mitglieder und Führer gingen größtenteils in die ➚ SA und ➚ SS. H. EHRHARDT kaufte vom Vermögen seiner Frau, Margarete PRINZESSIN ZU HOHENLOHE-OEHRINGEN, ein Rittergut und zog sich zeitweilig von der aktiven Politik zurück.

1930/31 versuchte er, gegen den absoluten Herrschaftsanspruch der Nazis opponierende reaktionäre Verbände und Splittergruppen zusammenzufassen, um wieder eine eigene politische Basis zu finden. Dieser Versuch schlug fehl. Die herrschende Klasse hatte H. EHRHARDT endgültig fallengelassen, weil er sich zu sehr kompromittiert hatte und als Führer der Reaktion ungeeignet war. Nach dem Attentat auf HITLER vom 20. Juli 1944 wurde er von den Faschisten zeitweilig verhaftet, obwohl er mit der Verschwörung nichts zu tun hatte.

3. Quellen und Literatur

Reichhaltiges Quellenmaterial, bestehend aus polizeilich beschlagnahmten Druckschriften, Dienstanweisungen, Briefen usw., befindet sich im ZStA Potsdam, RKO, Bd. 388–391, und RMdI, Bd. 13 268, 25 673/3. Die wichtigsten Materialien sind in der (in diesen Akten befindlichen) Denkschrift des Preußischen Ministers des Innern an den Präsidenten des Preußischen Landtages vom 5. 11. 1926 über die Bünde Wiking und Olympia enthalten. Die Echtheit dieser Dokumente wurde gerichtsnotarisch festgestellt.

Darstellungen über die Geschichte des BW sind bisher nicht bekannt. Einige Hinweise finden sich bei Carl Severing »Mein Lebensweg« (Bd. 2, Köln 1950), Wilhelm Hoegner »Die verratene Republik« (München 1958) und Heinz Höhne »Canaris. Patriot im Zwielicht« (München 1976).

Anmerkungen

1 ZStA Potsdam, RKO, Bd. 390, Bl. 32. Aus der Denkschrift des Preußischen Ministers des Innern an den Präsidenten des Preußischen Landtages vom 5. 11. 1926 über den BW und den Bund Olympia (im folgenden: Denkschrift), S. II.
2 Denkschrift, S. 4.
3 Ebenda, S. 7.
4 Ebenda, S. 29.
5 Ebenda.
6 Ebenda, S. 80.
7 Ebenda, S. 25.
8 Ebenda, S. 28 f.
9 Ebenda, S. 89.
10 Ebenda, S. 91.
11 Ebenda.
12 Ebenda, S. 96.
13 Ebenda, S. 93 (aus einer Mitteilung des Stahlhelm-Generalsekretärs Ausfeld).
14 ZStA Potsdam, RKO, Bd. 391, Bl. 176.

Kurt Finker

Bund zur Erneuerung des Reiches (BER) 1928–1933

(Erneuerungsbund, Lutherbund)

Der Bund zur Erneuerung des Reiches wurde gegründet, um ideologische Vorarbeit für die Beseitigung der parlamentarischen Demokratie unter dem Deckmantel der »Reform« der Weimarer Verfassung zu leisten. Seine Initiatoren gehörten nahezu allen maßgebenden Monopolkreisen und fast allen politischen Parteien an. Der BER war gedacht als ein Koordinierungszentrum und zugleich als eine Propagandaorganisation; in seinen Schriften zeichnete er den Weg zur allmählichen, stufenweisen Errichtung einer faschistischen Diktatur vor. Wenngleich er in untergeordneten Fragen der Methode und der Taktik andere Auffassungen als die Nationalsozialisten vertrat, bedeuteten die Errichtung der faschistischen Diktatur und die von ihr durchgeführte »Gleichschaltung« der Länder die Verwirklichung der vom BER propagierten Ziele. Im Frühjahr 1933 stellte der BER seine Tätigkeit ein.

1. Zur Vorgeschichte der Gründung des BER
2. Die Gründung und die Gründer des BER
3. Der BER und der Staat
4. Der BER und die Parteien
5. Organisationsstruktur und Arbeitsweise des BER
6. Quellen und Literatur

Vorsitzende

Hans LUTHER (1928–1930); Siegfried GRAF VON ROEDERN (1930–1931); Otto GESSLER (seit 1931)

Stellvertretende Vorsitzende

S. VON ROEDERN (seit 1931); Tilo FREIHERR VON WILMOWSKY (seit 1931)

Geschäftsführer

Oberregierungsrat a. D. Walter ADAMETZ (seit 1928)

Mitglieder

Genaue Angaben liegen nicht vor. Für die Mitgliederversammlung des Bundes am 17. März 1931 wurde ausnahmsweise die Zahl der Anwesenden angegeben; sie betrug ca. 150 Mitglieder aus allen Teilen des Reiches.

Mitgliederversammlungen (nach Angaben des Mitteilungsblattes des Bundes)

6. Januar 1928 Gründungsversammlung
17. Januar 1929 Erste Mitgliederversammlung in Berlin
28. Februar 1930 Zweite Mitgliederversammlung in Berlin
17. März 1931 Dritte Mitgliederversammlung in Berlin
17. März 1932 Vierte Mitgliederversammlung in Berlin

Presseorgane und Schriften des Bundes

»Reichsreform. Mitteilungen des Bundes zur Erneuerung des Reiches e. V.«, erschienen monatlich ab Januar/Februar 1929

»Reich und Länder. Vorschläge, Begründung, Gesetzentwürfe« (Berlin 1928)

»Die Rechte des Deutschen Reichspräsidenten nach der Reichsverfassung. Eine gemeinverständliche Darstellung« (Berlin 1929)

»Das Problem des Reichsrats. Leitsätze mit Begründung. Gesetzentwürfe mit Begründung. Vergleiche mit anderen Staaten« (Berlin 1930)

»Wann kommt die Reichsreform? Auszüge und Ergänzung der früheren Bundesschrift: Reich und Länder« (Berlin 1931)

»Die Reichsreform«, Band 1: »Allgemeine Grundlagen für die Abgrenzung der Zuständigkeiten zwischen Reich, Ländern und Gemeindeverbänden« (Berlin 1933)

1. Zur Vorgeschichte der Gründung des BER

Diejenigen Bestimmungen der Weimarer Verfassung, die gewisse Ansatzpunkte für eine Weiterentwicklung über die bloß formale

Demokratie hinaus zu einer realen Demokratie boten, wurden von der herrschenden Klasse der imperialistischen Weimarer Republik, ihren Politikern, Staatsrechtlern und Publizisten, von Anfang an am heftigsten und hartnäckigsten kritisiert und angegriffen. Außer den Grundrechten, deren Bedeutung freilich bereits in der Nationalversammlung durch Streichung des ursprünglichen Artikels 107 (der besagt hatte, die Grundrechte müßten Richtschnur der Gesetzgebung sein[1]) stark herabgemindert worden war, betraf dies vor allem den Artikel 54. Er bestimmte: »Der Reichskanzler und die Reichsminister bedürfen zu ihrer Amtsführung des Vertrauens des Reichstages. Jeder von ihnen muß zurücktreten, wenn ihm der Reichstag durch ausdrücklichen Beschluß sein Vertrauen entzieht.«

Die Jahre 1919 bis 1923 waren angefüllt mit Versuchen der reaktionärsten Kreise der herrschenden Klasse, den Volksmassen mit Gewalt ihre demokratischen Errungenschaften zu rauben und ihnen eine reaktionäre Verfassung aufzuzwingen. Aber alle diese Versuche — am nachhaltigsten der gescheiterte KAPP-Putsch — hatten die deutsche Bourgeoisie darüber belehrt, daß dieser Weg ungangbar war angesichts der Stärke der organisierten deutschen Arbeiterklasse und deren Bereitschaft, die Errungenschaften der Novemberrevolution zu verteidigen. Diese Erkenntnis und die daraus entspringende taktische Orientierung auf äußerliche Respektierung der Legalität und Verfassungsmäßigkeit bei der Beseitigung der Weimarer Demokratie kann als eine der Grundlehren bezeichnet werden, die fast alle Gruppen der deutschen Monopolbourgeoisie aus den Erfahrungen der Jahre 1919–1923 gezogen hatten.

Das Unbehagen der herrschenden Klasse über die Weimarer Verfassung betraf aber auch die Regelung des Verhältnisses von Reich und Ländern. Nach der Niederlage im ersten Weltkrieg und der empfindlichen Schwächung des deutschen Imperialismus lag die straffste Zusammenfassung aller Kräfte und damit also ein streng zentralistischer, den bisherigen Länderpartikularismus beseitigender Staatsaufbau im Interesse der imperialistischen deutschen Bourgeoisie. Es zeigte sich jedoch sehr bald, daß die Reichsregierung

nicht fähig war, die Interessengegensätze zwischen den Ländern zu überwinden.

Das Ergebnis des hartnäckigen Tauziehens zwischen »Unitariern« und »Föderalisten« war eine Kompromißlösung, die niemanden befriedigte. Es blieben die Länder und Länderregierungen und damit ein besonders unrationeller, aufgeblähter und kostspieliger Staatsapparat, der im Falle Preußens in Berlin geradezu zu einer Art Doppelregierung (»Dualismus Reich – Preußen«) führte, und es blieben die lästigen Länderparlamente. So waren es also vor allem zwei Seiten der Weimarer Verfassung, die von Anfang an das Mißfallen der deutschen Großbourgeoisie erregt hatten und auf deren Beseitigung sie hinarbeitete: die demokratischen Errungenschaften der Massen und die unbefriedigende Lösung des Verhältnisses von Reich und Ländern.

Nach dem 1924 einsetzenden Wirtschaftsaufschwung wurde eine »Verfassungsreform« für die deutsche Bourgeoisie weniger dringlich und deshalb für einige Zeit in den Hintergrund gerückt. Aber bereits im Jahre 1927 verstärkten die Organe und Organisationen der Großbourgeoisie die Kritik an der Weimarer Verfassung und entfalteten eine Kampagne von wachsender Stärke für die euphemistisch »Verfassungsreform« umschriebene Liquidierung der Weimarer Demokratie. Dieser Zeitpunkt für das Wiederaufleben der Angriffe auf die Weimarer Verfassung war keineswegs zufällig. Die wichtigste Ursache dafür war das Wiedererstarken des deutschen Imperialismus und sein daraus resultierendes Bestreben, nunmehr die Ergebnisse der militärischen Niederlage und der Novemberrevolution zu revidieren.

Die propagandistische Vorbereitung des Kampfes gegen die Weimarer Verfassung begann nicht mit einem direkten Angriff auf den Parlamentarismus, sondern mit der Forderung nach einer Reichsreform. Ein solches Vorgehen erklärt sich einmal aus der Furcht der herrschenden Klasse, durch ein unverhülltes Aussprechen des Hauptangriffszieles den sofortigen Widerstand der demokratischen Öffentlichkeit, vor allem der organisierten Arbeiterschaft, herauszufordern. Zum andern aber wurden die Fragen der Reichsreform, d. h. der »Verbilligung« des Staates durch Vereinfachung seines Aufbaus, für das immer dringender nach Steuersenkung verlangende Unternehmertum zu jenem Problem, dessen Lösung angesichts der sich abschwächenden Konjunktur und steigender Reparationsbelastung als erstes in Angriff zu nehmen war. Schließlich — aber keineswegs zuletzt — zielte die Forderung nach Beseitigung des Dualismus' Reich-Preußen in der damaligen Situation darauf ab, eine der Reichsregierung analoge Regierung in Preußen zu bilden, also eine »Bürgerblockregierung« ohne die *SPD*.

Den Auftakt gab der ↗ *Reichsverband der Deutschen Industrie (RDI)*. Auf seiner Jahrestagung Anfang September 1927 forderte das geschäftsführende Präsidialmitglied Ludwig Kastl eine umfassende Senkung der Gesamtsteuerlast für die Unternehmer, die durch Einsparung öffentlicher Ausgaben ermöglicht werden sollte. Dies aber erfordere nicht nur eine Reform der Verwaltung, sondern auch der Verfassung.[2] Der Wunsch nach Verfassungsänderung und Reichsreform war bei der deutschen Bourgeoisie allgemein. Die Vorstellungen darüber, wie diese Veränderungen konkret aussehen sollten, gingen indes weit auseinander. Bereits Anfang 1927 gab es deshalb Bestrebungen, eine Organisation zu schaffen, die zwischen den gegensätzlichen Standpunkten ausgleichend wirken und Vorschläge erarbeiten sollte, auf die sich alle Seiten einigen könnten.

Im Herbst 1927 begann die Vorbereitung zur Schaffung einer solchen Organisation. Ausgangspunkt war die Führertagung des ↗ *Reichs-Landbundes (RLB)* im November 1927 zu Fragen der Reichs- und Verfassungsreform.[3] Das Ziel der Tagung bestand darin, die unterschiedlichen Konzepte zu diesen Fragen auf einen Nenner zu bringen. Deshalb waren nicht nur die *RLB*-Führer eingeladen, sondern darüber hinaus Vertreter der Reichs- und der preußischen Regierung, der Reichswehrführung, der »Wirtschaft«, der Parteien sowie namhafte Staatsrechtler und Historiker. Vor allem ging es darum, die ↗ *DNVP* zum Einschwenken auf die Linie zu veranlassen, auf die sich das Gros der maßgeblichen Vertreter des Monopolkapitals und die Parteien von der ↗ *DVP* bis zur ↗ *DDP* im Grundsätzlichen bereits geeinigt hatten. Danach sollte der Dualismus Reich-Preußen auf dem Wege der Verwandlung Preußens in ein

Reichsland überwunden werden, das von Organen des Reiches verwaltet werden würde, und dem sich auf freiwilliger Basis die anderen norddeutschen Länder anschließen konnten; den süddeutschen Ländern und Sachsen sollte ihre Weiterexistenz auf gleichem Fuße mit dem Reichsland garantiert werden. Dieses Konzept wurde auf der *RLB*-Tagung vom späteren Geschäftsführer des BER, W. Adametz, und von Wilhelm Kitz, Landesrat in Düsseldorf und nach Gründung des BER eines seiner Vorstandsmitglieder, vorgetragen und begründet.

Der Versuch, auf dieser Grundlage eine Einigung mit der *DNVP* zu erreichen, schlug jedoch fehl. Friedrich Everling, Vertreter des unversöhnlich republikfeindlichen Hugenbergflügels dieser Partei, machte deutlich, daß für ihn und seine Gesinnungsgenossen nicht die Reichsreform, sondern die Verfassungsreform auf der Tagesordnung stand. Eine Reichsreform, so meinte er, müsse die Hegemonie Preußens wiederherstellen; das aber könne nur durch Wiedererrichtung der Monarchie geschehen, für die jedoch die Zeit noch nicht reif sei.

Auch der Vertreter des eher zu Kompromissen bereiten Flügels der *DNVP*, der Tübinger Professor Johannes Haller, wandte sich gegen die Vorschläge von W. Adametz und W. Kitz, weil diese eine Regierungsbeteiligung der Sozialdemokratie nicht ausschlossen; aber er sprach sich auch gegen die Forderung nach Restauration der Monarchie aus. Die Weimarer Republik sollte seiner Meinung nach durch eine autoritäre Diktatur abgelöst werden.

Nach der *RLB*-Tagung meldete sich am 27. November 1927 der ↗ *Alldeutsche Verband (ADV)* mit einer scharfen Erklärung gegen das von W. Adametz und W. Kitz vorgeschlagene Konzept zu Wort.[4] Sein zweiter Vorsitzender, Paul Bang, brachte den Standpunkt der Alldeutschen auf die knappe Formel, der Weimarer Staat dürfe nicht geheilt, sondern müsse beseitigt werden. Deshalb müsse ein Zustand herbeigeführt werden, »der die Unmöglichkeit der heutigen Verhältnisse jedem ersichtlich und der das Verlangen nach einer grundlegenden Änderung allgemein« mache.

Allerdings konnte sich der alldeutsche Flügel der *DNVP* (Hugenberg, P. Bang) mit diesem

Konzept der Katastrophenpolitik erst im Herbst 1928, nach Übernahme der Parteiführung durch HUGENBERG, durchsetzen. Am 9. Dezember 1927 dagegen faßte die Reichsleitertagung der *DNVP* eine Entschließung, die als Versuch eines Brückenschlages angesehen werden konnte. Zwar wurden die Reichsreformvorschläge von W. ADAMETZ und W. KITZ mit der Erklärung abgelehnt, nicht der unitarische Einheitsstaat, sondern die Reform der Verfassung und der Verwaltung sei Voraussetzung für die Gesundung der öffentlichen Wirtschaft; zugleich aber enthielt die Entschließung die Bereitschaft zu »konstruktiver Mitarbeit«, indem sie eigene Reichsreformvorschläge unterbreitete und als deren Ziel erklärte, »die geltenden deutschen Verfassungen« unbeschadet der monarchistischen Gesinnung der *DNVP* »durch Weiterentwicklung zu konstitutionellen Regierungsformen, wie sie auch in anderen Republiken bestehen, (zu) verbessern«.[5] Das war eine Absage an die alldeutsche Katastrophenpolitik, die all jene ermutigen mußte, die hofften, durch eine neue Organisation zum Ausgleich der Interessengegensätze und zur Koordinierung des Vorgehens der verschiedenen Gruppen der herrschenden Klasse zu gelangen.

2. Die Gründung und die Gründer des BER

Zu den Initiatoren der Gründung des Bundes gehörten vor allem die Großreedereien der Hansestädte Hamburg und Bremen, Hapag und Norddeutscher Lloyd. Ihre Generaldirektoren, CUNO von der Hapag und Carl Joachim STIMMING vom Norddeutschen Lloyd, waren es denn auch, die auf der Suche nach einem geeigneten Führer der geplanten Organisation auf H. LUTHER verfielen, den ehemaligen Oberbürgermeister der Krupp-Metropole Essen, mehrmaliger Reichsminister und Reichskanzler, also einen erprobten Vertrauensmann führender finanzkapitalistischer Kreise Deutschlands. Auf ihre Bitte, vorgetragen »im Auftrag eines größeren Kreises führender Deutscher«, an die Spitze eines »Bundes zur Erneuerung des Reiches« zu treten, erklärte sich H. LUTHER bereit, dessen Vorsitz zu übernehmen.[6]

Am 6. Januar 1928 wurde der Bund auf einer Versammlung führender Monopolisten, Politiker und Ideologen in Berlin gegründet. Nach einem Referat H. LUTHERS unterzeichneten die Anwesenden den Gründungsaufruf des Bundes und bestätigten H. LUTHER als Vorsitzenden.[7]

Im Gründungsaufruf wurde unverhohlen ausgesprochen, daß es Ziel des BER sei, die Stoßkraft des deutschen Imperialismus nach außen zu stärken: »Nur äußerste Kraftanspannung gewinnt der Nation ihre Stellung im Kreise der Völker zurück«. – Aber es fehle dazu an der inneren Einigkeit.

Sowohl für das Referat H. LUTHERS wie für den Gründungsaufruf ist kennzeichnend, daß als Ziel des Bundes nur von der Vorbereitung der Reichsreform die Rede war, ein direkter und offener Angriff auf das parlamentarische System dagegen vermieden wurde. Indirekt allerdings zielte die Forderung nach Überwindung des »die Staatskraft lahm machenden Nebeneinander der Zentralgewalt des Reichs und Preußens«[8] auf eine Gleichschaltung der sozialdemokratischen Preußenregierung mit der Bürgerblock-Reichsregierung ab. Und in der im letzten Absatz des Aufrufes aufgenommenen Losung vom »dritten Reich« kommt die Feindschaft gegenüber der Weimarer Republik bereits deutlich zum Ausdruck:

»Wegbereiter dieses Zieles zu sein, ist die Aufgabe aller Männer und Frauen, die für sich die Pflicht der Mitarbeit am Staate bejahen. Unter ihnen soll sich ein Bund schließen zur Erneuerung des Reiches. Überall im deutschen Volke muß der Wille aufflammen zur Überwindung von Streit und Vielregiererei. Das dritte Reich gilt es zu zimmern, das die ganze Nation in gesunder Gliederung zusammenschließt nach dem Worte des Freiherrn von Stein: ›Ich habe nur ein Vaterland, das heißt Deutschland‹.«

Die aggressive und expansionistische Zielsetzung des BER wurde von seinem Vorsitzenden H. LUTHER am 7. März 1928 in einem Vortrag vor einem engen Kreise noch deutlicher mit den Worten ausgesprochen, das Reich müsse unter einheitlichem Willen der Mittelpunkt werden, dann hätte Deutschland die Möglichkeit, die verlorenen Gebiete (»Korridor« usw.) wieder zurückzugewinnen.[9]

Den Gründungsaufruf unterzeichneten vor

allem zahlreiche führende Bankiers und Großindustrielle: Carl BERGMANN, Mitglied des Aufsichtsrates der Deutschen Bank; Jakob GOLDSCHMIDT, Geschäftsinhaber der Danat-Bank; Louis HAGEN, Großbankier, Köln; Franz VON MENDELSOHN, Bankhaus Mendelsohn und Co.; Albert VÖGLER, Vorsitzender des Vorstands der Vereinigten Stahlwerke; Fritz THYSSEN, Vorsitzender des Aufsichtsrates der Vereinigten Stahlwerke; Gustav KRUPP VON BOHLEN UND HALBACH; Paul REUSCH, Generaldirektor des Haniel-Konzerns (Vorstandsmitglied des BER); Fritz SPRINGORUM, Generaldirektor des Hoesch-Konzerns; CUNO, Generaldirektor der Hapag; Hermann RÖCHLING, Röchling-Konzern, Saargebiet; Carl Friedrich VON SIEMENS; Robert BOSCH, Stuttgart; Abraham FROWEIN, Bemberg-Konzern, Elberfeld (Vorstandsmitglied des BER).

Zu den Unterzeichnern gehörten ferner prominente Vertreter des Großgrundbesitzes, wie z. B. Hans Bodo GRAF VON ALVENSLEBEN-NEUGATTERSLEBEN, führendes Mitglied des ↗ *Deutschen Herrnklubs (DHK)*; Magnus FREIHERR VON BRAUN, unter PAPEN Reichsminister für Ernährung und Landwirtschaft; Wilhelm FREIHERR VON GAYL, unter PAPEN Reichsinnenminister; Eberhard GRAF VON KALCKREUTH, Präsident des *RLB*; PAPEN; T. VON WILMOVSKY, Schwager G. KRUPPS, führendes Mitglied des Reichs-Landbundes (Vorstandsmitglied des BER).

Eine weitere Gruppe von Unterzeichnern bildeten prominente bürgerliche Kommunalpolitiker, darunter: Konrad ADENAUER, Oberbürgermeister, Köln; Franz BRACHT, Oberbürgermeister, Essen; Karl JARRES, Oberbürgermeister, Duisburg; Carl PETERSEN, Bürgermeister, Hamburg (Vorstandsmitglied des BER). Ferner unterzeichnete den Aufruf als Vertreter der Generalität Wilhelm GROENER (Reichswehr-, später auch Reichsinnenminister). Die Unterstützung der Ziele des BER durch Vertreter der Wissenschaft zeigte sich u. a. in den Unterschriften von Hans DELBRÜCK, Friedrich MEINECKE und Alfred WEBER. Als demokratisches Feigenblatt dienten schließlich die Unterschriften der Gewerkschaftsführer Hans BECHLY, Vorsitzender des ↗ *Deutschnationalen Handlungsgehilfen-Verbandes (DHV)*; Bernhard OTTE, Vorsitzender des ↗ *Gesamtverbandes*

der christlichen Gewerkschaften Deutschlands (GCG), und der Sozialdemokraten Gustav NOSKE, Oberpräsident der Provinz Hannover (Vorstandsmitglied des BER); Paul HIRSCH, Mitglied des Preußischen Landtags, und Hermann BEIMS, Oberbürgermeister von Magdeburg. (Die beiden Letztgenannten zogen allerdings nach einem enthüllenden Artikel der »Roten Fahne« vom 8. Januar 1928 ihre Unterschrift wieder zurück.)

Das Bestreben nach Einigung möglichst aller Gruppen und Interessenvertretungen der herrschenden Klasse auf eine gemeinsame Plattform wurde auch aus der Zusammensetzung des BER-Vorstandes deutlich; außer den bereits oben Genannten gehörten ihm u. a. folgende Persönlichkeiten an: Georg Ernst GRAF VON BERNSTORFF; Karl Robert GRAF DOUGLAS-LANGENSTEIN, Mitglied des Aufsichtsrates der Badischen Bank, der Rheinischen Hypothekenbank, Präsident der Badischen Landwirtschaftskammer; Richard VON FLEMMING, Präsident der Landwirtschaftskammer Pommern, Mitglied des Generalrats der Reichsbank, (bis 1930 *DNVP*); L. KASTL, Geschäftsführendes Präsidialmitglied des *RDI*; Paul KEMPNER, Mitinhaber des Bankhauses Mendelsohn u. Co., (Mitglied des Vorstandes der *DVP*); Hans KRAEMER, Mitglied des Präsidiums des *RDI*, Vorsitzender der Gesamtorganisation der deutschen Papierverarbeitenden Industrie und der Fachgruppe Papier im *RDI*; Paul MOLDENHAUER, Mitglied des Aufsichtsrates der I. G. Farben-Industrie A.G., Minister im Kabinett Hermann MÜLLER und (bis Juni 1930) in der BRÜNING-Regierung, *(DVP);* Eduard HAMM, ehem. Staatsminister für Handel, Industrie und Gewerbe in Bayern (bis 1922), danach Staatssekretär und Chef der Reichskanzlei (bis 1923); im 1. Kabinett Wilhelm MARX, Reichswirtschaftsminister (1923–1925); seit 1925 Geschäftsführer des ↗ *Deutschen Industrie- und Handelstages (DIHT), (DDP);* Johannes HORION, Landeshauptmann[10] der Rheinprovinz, *(↗ Zentrum [Z]);* Otto MOST, Oberbürgermeister von Duisburg, *(DVP)*.

3. Der BER und der Staat

Die gesamte Tätigkeit des BER zielte auf den Staat, auf dessen »Erneuerung« im Sinne des Monopolkapitals. Der BER sollte und wollte diese »Erneuerung« durch Beratung der Reichs- und Länderbehörden und durch enge Zusammenarbeit mit diesen vorantreiben. Besonders enge Kontakte bestanden zum Reichsinnenministerium und hier vor allem zur Unterabteilung IB für Verfassung und Verwaltung.[11] Von Anfang an war deshalb großer Wert darauf gelegt worden, die Leitungsorgane des BER mit Persönlichkeiten zu besetzen, die durch ihre frühere oder gegenwärtige Tätigkeit vielfältige und dauerhafte Beziehungen zu den Führungskräften im Staatsapparat besaßen. Diese Bedingungen erfüllte nicht nur der erste Vorsitzende des BER, H. LUTHER, sondern auch dessen Nachfolger O. GESSLER in hervorragendem Maße; 1911–1914 Oberbürgermeister von Nürnberg, trat er im November 1919 in die Reichsregierung als Reichsminister für Wiederaufbau ein, um im März 1920 in das Wehrministerium als Reichswehrminister überzuwechseln. Dieses wichtige Ministerium leitete er 8 Jahre.

Die Zielstellung wie auch seine Wirksamkeit weisen den BER als eine Organisation aus, der eine zweifache Aufgabe zugewiesen war: zum einen, dem Volk die Notwendigkeit der Reichsreform und der Abkehr vom Parlamentarismus zugunsten einer autoritären Diktatur plausibel zu machen, zum anderen, den Regierenden realisierbare Konzepte zur »legalen« und möglichst geräusch- und konfliktlosen Beseitigung der Weimarer Republik bereitzustellen.

In den Jahren 1928/29, als die maßgeblichen Kreise der Monopolbourgeoisie hofften, auf dem Umweg über die Reichsreform ihrem Ziel am leichtesten näher zu kommen, brachte der BER mit seinen Vorschlägen und seiner im Oktober 1928 veröffentlichten Denkschrift »Reich und Länder« ein Konzept ein, das im Mittelpunkt der jahrelangen Verhandlungen der sog. Länderkonferenz[12] und ihres Verfassungsausschusses stand.

Die Reichsreformdebatten brachten jedoch wegen des Widerstandes der *DNVP* und der Vertreter der süddeutschen Länder, allen voran Bayerns, kein praktisches Ergebnis. In der 2. Hälfte des Jahres 1929 nahmen deshalb die entscheidenden Kräfte der herrschenden Klasse direkten Kurs auf die Ausschaltung des Parlamentes. Wiederum war es der BER, der bereits im Juli 1929 den Beschluß faßte, mit einer Denkschrift über die Rechte des Reichspräsidenten die staatsrechtlichen Möglichkeiten für eine »legale« Lahmlegung des Reichstages aufzuzeigen und diese zugleich in der Öffentlichkeit als Notwendigkeiten zu propagieren. Diese zweite Denkschrift des BER erschien im November 1929 unter dem Titel »Die Rechte des deutschen Reichspräsidenten nach der Reichsverfassung.« Die bekannte vertrauliche Korrespondenz führender Wirtschaftskreise »Deutsche Führerbriefe« kennzeichnete im April 1930, unmittelbar nach der Bildung der BRÜNING-Regierung, die Bedeutung dieser BER-Denkschrift mit den Worten, die Bildung dieser ersten Präsidialregierung sei »eine … praktische Nutzanwendung der jüngsten verdienstvollen Veröffentlichung des Lutherbundes über die … noch so wenig ausgeschöpften Rechte des Reichspräsidenten«.[13]

4. Der BER und die Parteien

Ausgehend davon, daß die »Verfassungsreform« nicht auf gewaltsamem Wege, sondern möglichst »verfassungsmäßig« erreicht werden sollte, stellte sich der BER die Aufgabe, die verschiedenen »Reform«-Pläne und Vorstellungen auf einen gemeinsamen, für alle Kreise der Bourgeoisie annehmbaren Nenner zu bringen. »Wir können und wollen nicht das, was wir treiben, auf irgendeine zugespitzte Formel bringen. Das ist nicht unsere Arbeitsart, mehr die der Parteien. Wir suchen doch die Diagonale«, äußerte sich der Vorsitzende H. LUTHER auf einem Presseabend des Bundes am 15. Juli 1929.[14]

Diese Zielsetzung erklärt, weshalb der Bund großen Wert auf Wahrung seiner Überparteilichkeit legte.

Trotz der offiziellen »Überparteilichkeit« war indessen nicht zu verkennen, daß die politische Linie des BER am meisten mit der Politik der *DVP* korrespondierte, die z. Z. seiner Gründung noch eine führende Partei der deutschen Monopolbourgeoisie darstellte und unter STRESEMANNS Führung ebenfalls um die »Diagonale« zwischen den widerstreitenden Interessen der Hauptgruppen des deutschen Finanzkapitals bemüht war. H. LUTHER selbst gehörte von 1929 bis März 1930 dieser Partei an.

Wohlwollende Unterstützung, die allerdings Meinungsverschiedenheiten in Einzelfragen nicht ausschloß, genoß der BER auch seitens der *DDP* und des ↗ *Z*. Dagegen wurde er von der Partei des bayerischen Katholizismus, der ↗ *BVP*, wegen seiner antipartikularistischen Bestrebungen scharf attackiert.

Zur Sozialdemokratie gab es außer durch G. NOSKE keine sichtbaren Verbindungen. Doch gehörten die sozialdemokratischen Minister zumindest während der Zeit der Hermann-MÜLLER-Regierung zu dem Kreis von Sachverständigen, von dem die Reichsreformvorschläge des Bundes ausgearbeitet wurden. Da jedoch ein wesentlicher Teil der Arbeit des BER gerade darauf gerichtet war, Wege zur Beseitigung des parlamentarischen Systems, also der eigentlichen Wirkungssphäre der Sozialdemokratie, ausfindig zu machen, verhielten sich BER und *SPD* durchaus distanziert zueinander.

Unterstützt wurden die Arbeiten des Bundes auch vom »gemäßigten« Flügel der *DNVP*, während HUGENBERG als Exponent der aggressivsten konservativ-reaktionären Vertreter der Ruhrmagnaten (wie etwa Emil KIRDORF) und der Junker (wie Elard VON OLDENBURG-JANUSCHAU) die Vorschläge des BER scharf bekämpfte, da sie ihm nicht genügend radikal antiparlamentarisch waren. Außerdem lief die Taktik HUGENBERGS darauf hinaus, durch heftige Kritik am »System« und an den »Systemregierungen« große Teile der Werktätigen der Sozialdemokratie und der bürgerlichen Linken abspenstig zu machen und für die reaktionären Kräfte zu gewinnen. Eine solche auf intransigente Obstruktion eingestellte Taktik war aber mit dem Bestreben des Bundes nach möglichst breiter Zusammenfassung aller Kräfte des Bürgertums unvereinbar.

Gegenüber der ↗ *NSDAP* verhielt sich der BER lange Zeit zurückhaltend. Obwohl er im Ziel — der Beseitigung der bürgerlichen Demokratie — mit der *NSDAP* durchaus einig war, bestanden zwischen beiden mannigfache Differenzen. Von 1928 bis zur Septemberwahl 1930 wurde die *NSDAP* weitgehend als Protektionskind HUGENBERGS und als Anhängsel seiner Partei betrachtet; was den BER von der *DNVP* trennte, trennte ihn folglich auch von der *NSDAP*. Die Hitlerpartei konnte in der Tat noch weniger als die *DNVP* darauf ein

gehen, sich an der Suche nach einer »Diagonale« zu beteiligen, verdankte sie doch ihre Anziehungskraft auf die Massen u. a. gerade der scheinbaren Unversöhnlichkeit, mit der sie alle alten Parteien bekämpfte, und der Behauptung, als einzige ein Rezept zur »Rettung« Deutschlands zu besitzen. Zum anderen konnte sie zu einer Massenbewegung nur werden, indem sie als Partei, und zwar als »antikapitalistische« und »Weltanschauungs«-Partei, auftrat. Der BER und seine Initiatoren hingegen wollten den Parlamentarismus gerade dadurch überwinden, daß sie den Einfluß der Parteien auf die Regierung beseitigten. Für den BER wie überhaupt für viele Vertreter der Großbourgeoisie blieben zudem große Teile der Anhängerschaft der *NSDAP* wegen ihrer echten Feindschaft zur bürgerlichen Ordnung und ihrer radikalen Bestrebungen nach revolutionärer Veränderung der bestehenden Verhältnisse verdächtig. Hinzu kam weiter, daß die *NSDAP*, nachdem sie nicht zuerst im Reich, sondern in einigen Ländern (Thüringen, Braunschweig) an die Regierung gekommen war, die Reichsreform-Vorschläge des BER gar nicht unterstützen konnte und wollte, da diese ja gerade darauf hinausliefen, die kleineren und mittleren norddeutschen Länder zu beseitigen.

So kam es vor dem 30. Januar 1933 trotz im Grunde gleicher Zielsetzung nicht zu einer sichtbaren Zusammenarbeit zwischen BER und *NSDAP*, eher zu einer Art Wettbewerb, der allerdings schon seit den Septemberwahlen von 1930, aber endgültig mit der Bildung des Kabinetts HITLER zugunsten der Nazipartei entschieden war.

Die einzige Partei, die von Anfang an den reaktionären, antidemokratischen Charakter des Lutherbundes anprangerte, war die *KPD*; sie kennzeichnete bereits den Gründungsaufruf des Bundes als »Angriff des Trustkapitals« und als »Programm der kapitalistischen Rationalisierung des Staates«[15], eine Einschätzung, die durch folgende Ausführungen in der ersten BER-Denkschrift »Reich und Länder« voll bestätigt wurde: »Die Stellung jedes großen Wirtschaftskonzerns in der Welt hängt heute davon ab, ob seine Leiter es verstehen, den Betrieb auf das äußerste zu rationalisieren, ihn so fest zu gestalten, daß der nach neuester technischer Erfahrung höchstmögliche Grad seiner Wirksamkeit erzielt wird. Sollte dies nicht auch für die rationelle Gestaltung des Staatsaufbaus gelten?«

5. Organisationsstruktur und Arbeitsweise des Bundes

Die ursprünglichen Vorstellungen gingen dahin, den Bund zum Ausgangspunkt und Zentrum einer Volksbewegung für eine Reichs- und Verfassungsreform zu machen. Diese Absicht scheiterte bereits daran, daß die ganze Kraft des BER von der Suche nach einer mittleren Linie, die von allen Ländern und bürgerlichen Interessengruppen akzeptiert werden könnte, absorbiert wurde.

Diese Sachlage bestimmte auch die Organisationsstruktur und die Arbeitsweise des BER. § 2 der Satzung lautete:

»Der Bund bezweckt die Zusammenfassung aller derer, die mitarbeiten wollen an der inneren Erneuerung des Reiches durch Stärkung der Reichsgewalt, an Vereinfachung und Verbilligung der Verwaltung und an der Pflege des Gedankenkreises, in dem Freiherr von Stein das deutsche Volk in früherer Notzeit wieder aufgebaut hat: Nutzbarmachung der Selbstverantwortlichkeit in den geschichtlich gegebenen Brennpunkten deutscher Kultur und Eigenart.«[16]

Die Mitgliedschaft wurde durch schriftliche Anmeldung beim Vorstand des BER in Berlin erworben. Mitglied konnten Einzelpersonen, Vereine und Gesellschaften werden. Die Mitgliedsbeiträge waren minimal; für Einzelpersonen betrug der jährliche Mindestbetrag 6 RM, für juristische Personen 60 RM.

Im Laufe der Zeit entstanden hier und da auch Landesgruppen des BER, deren sichtbare Tätigkeit darin bestand, gelegentlich Vortragsabende und Mitgliederversammlungen zu veranstalten. Insgesamt war die Organisationsform des BER außerordentlich locker. Das Organisationsleben beschränkte sich im wesentlichen auf die Sitzungen des Vorstandes und des Arbeitsausschusses und auf jeweils eine Mitgliederversammlung im Jahr, die immer in Berlin stattfand. In den ersten Jahren trat der BER gewöhnlich im Anschluß an seine Mitgliederversammlung auf einem Presseempfang mit einer Darlegung seiner neuen Vorschläge an die Öffentlichkeit. In

dem Maße allerdings, wie die deutsche Monopolbourgeoisie sich darauf orientierte, den »legalen« Übergang zur Diktatur mit Hilfe der NSDAP zu bewerkstelligen, gingen Rolle und Bedeutung des BER zurück.

Es wäre jedoch falsch, daraus zu schließen, der BER sei bedeutungslos und sein Einfluß gering gewesen. Die Hauptarbeit des BER bestand einmal in der Abfassung und Veröffentlichung von Denkschriften, zum anderen in der Einwirkung auf Parteien, Verbände, Presse und Staatsapparat durch die zahlreichen Querverbindungen seiner einflußreichen Mitglieder. Und diese Einwirkung war — sehr zum Schaden der Weimarer Demokratie — durchaus erfolgreich. Es ist falsch und irreführend, wenn H. Luther und O. Gessler in ihren Büchern[17] behaupten, die Arbeit des BER sei ergebnislos geblieben. Der BER durfte mit vollem Recht für sich in Anspruch nehmen, an der Entwicklung, die über den Sturz der Hermann-Müller-Regierung zu den Präsidialkabinetten Brüning und Papen, zum Staatsstreich gegen die Preußenregierung und schließlich zur Errichtung der faschistischen Diktatur führte, nach Kräften und keineswegs erfolglos mitgewirkt zu haben. Es war keine Übertreibung, wenn im Oktober 1932 im Mitteilungsblatt des BER erklärt wurde:

»Daß der Erneuerungsbund die ›Stärkung des Führergedankens‹ als eines der Hauptprobleme unseres politischen Lebens frühzeitig erkannt hat, beweist seine 1929 erschienene Schrift über ›Die Rechte des Deutschen Reichspräsidenten nach der Reichsverfassung‹. Hier wurde die Überwindung der Parlaments- und Fraktionsherrschaft gefordert und nachgewiesen, daß der Reichspräsident selbst ohne Verfassungsänderung in der Lage ist, zum ausschlaggebenden Faktor der deutschen Politik zu werden. Der Erneuerungsbund kann wohl für sich in Anspruch nehmen, durch Herausstellung der entscheidenden staatsrechtlichen Gesichtspunkte sowie durch Aufklärung der öffentlichen Meinung wesentliche Vorarbeiten zur Durchsetzung des Systems einer autoritären Präsidialregierung geleistet zu haben.«[18]

In seinem Gründungsaufruf hatte der Bund die Errichtung des »Dritten Reiches« gefordert. Als dieses Wirklichkeit geworden war — wenn auch in den Einzelheiten sicherlich nicht völlig den Vorstellungen und Wünschen der Leiter des BER entsprechend —, stellte der BER seine Tätigkeit ein. Sein Gründer und

Ehrenvorsitzender H. Luther aber ging nach Washington, wo er bis 1937 als Botschafter das faschistische »Dritte Reich« vertrat.

6. Quellen und Literatur

Die wichtigsten Quellen zur Einschätzung der Tätigkeit des Erneuerungsbundes sind seine Denkschriften und sein Mitteilungsblatt. Ferner beschäftigen sich mit der Tätigkeit und den Zielen des Bundes folgende Arbeiten und Nachschlagewerke:

Hans Luther »Von Deutschlands eigener Kraft« (Berlin 1928).

Franz Albrecht Medicus »Reichsreform und Länderkonferenz« (Berlin 1930). Otto Gessler »Die Träger der Reichsgewalt« (Hamburg–Berlin–Leipzig 1931). In der nach 1945 erschienenen Literatur finden sich Äußerungen über den Erneuerungsbund in verschiedenen Veröffentlichungen in der BRD, natürlich vor allem in den Büchern der beiden ehemaligen Vorsitzenden des Bundes, H. Luther »Politiker ohne Partei« (Stuttgart 1960) und O. Gessler »Reichswehrpolitik in der Weimarer Zeit« (Stuttgart 1958). Ferner: Karl Dietrich Bracher »Die Auflösung der Weimarer Republik. Eine Studie zum Problem des Machtverfalls in der Demokratie« (4. unveränderte Aufl., Villingen 1964 = Schriften des Instituts für politische Wissenschaft, Bd. 4), Ferdinand Friedensburg »Die Weimarer Republik« (Hannover–Frankfurt [Main] 1957), Albert Schwarz »Die Weimarer Republik« (Konstanz 1958 = Handbuch der Deutschen Geschichte. Begründet von Otto Brandt, fortgeführt von Arnold Oskar Meyer, neu hrsg. von Leo Just, Bd. IV, Abschn. 3), Gerhard Schulz »Zwischen Demokratie und Diktatur. Verfassungspolitik und Reichsreform in der Weimarer Republik«, Bd. I (Berlin [West] 1963).

Eine gründliche marxistische Darstellung der Rolle des BER von 1928–1930 findet sich in der mehrfach zitierten Arbeit von Werner Müller »Die Monopolbourgeoisie und die Verfassung der Weimarer Republik. Eine Studie über die Strategie und Taktik zur Beseitigung des bürgerlich-parlamentarischen Systems (1927–1930)« (phil. Diss., Berlin 1970).

Anmerkungen

1 Die Deutsche Nationalversammlung im Jahre 1919 in ihrer Arbeit für den Aufbau eines neuen deutschen Volksstaates. Hrsg. Eduard Heilfron, Bd. 6, Berlin o. J., S. 3652 und 3797.

2 Schultheß' Europäischer Geschichtskalender. Hrsg. Ulrich Thürauf, NF, 43. Jg., Bd. 68, 1927, München 1928, S. 145.

3 Zu dieser Führertagung des RLB siehe ZStA Potsdam, RMdI, Bd. 25 025. Für die folgenden Ausführungen siehe auch Werner Müller: Die Monopolbourgeoisie und die Verfassung der Weimarer Republik. Eine Studie über die Strategie und Taktik zur Beseitigung des bürgerlich-parlamentarischen Systems (1927–1930), phil. Diss., Berlin 1970, S. 67 ff.

4 Siehe Alldeutsche Blätter, hrsg. vom Alldeutschen Verband, 37. Jg., Nr. 23 vom 10. 12. 1927, S. 210 ff. Zum Folgenden siehe W. Müller, S. 71 ff.

5 Die Entschließung ist nachzulesen in: Deutsche Reichsgeschichte in Dokumenten 1849–1934. Urkunden und Aktenstücke zur inneren und äußeren Politik des Deutschen Reiches in vier Bänden. Hrsg. Dr. Johannes Hohlfeld (im folgenden: Hohlfeld), Band III: Der Ausgang der liberalen Epoche, 1926–1931, Berlin 1934, S. 29 ff. Siehe auch W. Müller, S. 73 f.

6 Hans Luther: Politiker ohne Partei, Stuttgart 1960, S. 419.

7 Wolffsches Telegraphen-Büro (WTB), Nr. 36 vom 7. 1. 1928. Der Gründungsaufruf ist wiedergegeben in: Hohlfeld, Bd. III, S. 52 f.

8 So H. Luther in seiner Ansprache.

9 Siehe die Aufzeichnung des Vortrages in: ZStA Potsdam, RKO, Bd. 81, Bl. 34. Siehe auch W. Müller, S. 76.

10 Der Landeshauptmann (oder Landesdirektor) stand in Preußen an der Spitze der Selbstverwaltung der Provinzen; er wurde vom Provinziallandtag gewählt.

11 Siehe W. Müller, S. 85 f.

12 Die Länderkonferenz tagte erstmals vom 16.–18. Januar 1928; sie war von der Reichsregierung zur Beratung der Reichsreform mit den Vertretern der Länder einberufen worden. Über ihren Verlauf und ihre Ergebnisse siehe W. Müller, S. 95 ff., passim.

13 Deutsche Führerbriefe, Nr. 29 vom 11. 4. 1930. Siehe auch W. Müller, S. 216 ff.

14 Reichsreform, Jg. 1929, S. 32.

15 Die Rote Fahne, 8. 1. 1928.

16 Reichsreform, Jg. 1929, S. 26.

17 H. Luther, S. 424. Otto Gessler: Reichswehrpolitik in der Weimarer Zeit, Stuttgart 1958, S. 83.

18 Reichsreform, Jg. 1932, S. 115 f.

Kurt Gossweiler

Burschenschaft (B)
1815–1832

Die B war eine politische Organisation der Studenten an deutschen Universitäten. In der Zeit des Beginns der bürgerlichen Umwälzung bis zur bürgerlich-demokratischen Revolution trat sie für die Schaffung eines einheitlichen deutschen Nationalstaates und für bürgerliche Rechte und Freiheiten ein. Die Gründung der B 1815 war eine wichtige Etappe in der frühen Entwicklungsphase der bürgerlichen Parteienbewegung. Ihrer sozialen Herkunft nach rekrutierte sich die Burschenschaftsbewegung vorwiegend aus kleinbürgerlichen Schichten der Beamtenschaft und Intelligenz sowie aus Kreisen der Kaufleute und Handwerker. Es war ihr möglich, Interessen des Bürgertums bereits zu einem Zeitpunkt vertreten zu haben, als sich die Bourgeoisie politisch noch nicht konstituiert hatte. In dieser bürgerlichen politischen Parteibewegung der Studenten ragten besonders die an den Universitäten Jena und Halle sowie Gießen und Heidelberg bestehenden Organisationen als treibende Kräfte hervor. Die mit der Gründung der Allgemeinen Deutschen Burschenschaft 1818 zentralisierte selbständige Bewegung wurde seit etwa 1832 immer mehr zu einem Bestandteil der gesamten bürgerlichen Opposition. Seit etwa 1871 entwickelte sich die B zu einer Studentenorganisation, die die Interessen von Bourgeoisie und Junkertum teilte. Sie besteht gegenwärtig in der BRD als konservative Verbindung fort.

1. »Urburschenschaft« und Allgemeine Deutsche Burschenschaft
2. Die Burschenschaft in der Illegalität, ihre politische Differenzierung und Konsolidierung
3. Ausblick auf die weitere Entwicklung
4. Quellen und Literatur

Burschenschaftstage

17.–18. Oktober 1817 Wartburg bei Eisenach
18.–19. Oktober 1818 Jena; zugleich Gründung der *Allgemeinen Deutschen Burschenschaft*
Oktober 1820 Dresden
Oktober 1821 Streitberg (Franken)
Mai 1822 Würzburg *(Jünglingsbund)*
Oktober 1822 Nürnberg
September 1823 Harzgerode
Dezember 1823 Passendorf bei Halle
November 1826 Augsburg
September 1827 Bamberg
April 1829 Würzburg
April 1830 Nürnberg
April 1831 Dresden
September 1831 Frankfurt (Main)
Dezember 1832 Stuttgart

Führende Burschenschafter

Christian Eduard Dürre; Hans Ferdinand Massmann; Karl Follen; Heinrich Herrmann Riemann; Georg Ludwig Rödiger; Robert Wesselhöft; Karl von Sprewitz; Karl Ludwig Sand; Dr. Adolph Lafaurie; Gustav Rothe; Ferdinand Lange

1. »Urburschenschaft« und Allgemeine Deutsche Burschenschaft

Die B entstand im Ergebnis der bürgerlichen Umwälzung und orientierte sich auf bürgerliche Ziele. Sie ging aus einer breiten bürgerlichen Bewegung hervor, die sich 1814 in »Deutschen Gesellschaften« formierte und die in einer weit ausgreifenden Adressenkampagne zur Einführung von Verfassungen in den deutschen Staaten Ausdruck fand.[1] Ihre Vorstellung, durch Erziehung und Bildung ein »einiges deutsches Vaterland« verwirklichen zu helfen, war noch nicht ausgereift genug, um den konkreten Weg zur Herstellung eines deutschen Nationalstaates weisen zu können.[2] In der von liberalen Intellektuellen vor allem an südwestdeutschen Universitäten und von anderen bürgerlichen Kreisen getragenen Verfassungsbewegung wurden Forderungen nach bürgerlichen Rechten, die in Grundgesetzen verankert werden sollten, erhoben. Mitglieder dieser Bewegung traten als Gründer von B auf, wie

Karl und August Adolf Ludwig FOLLEN im Juni 1815 in Gießen, oder setzten ihre Tätigkeit in der B fort. Insgesamt war die ökonomische Basis der bürgerlich-oppositionellen Bewegung noch wenig entwickelt. »So bestand die revolutionäre Partei in Deutschland von 1815 bis 1830 nur aus *Theoretikern.* Sie rekrutierte sich aus den Universitäten; sie bestand ausschließlich aus Studenten«, schrieb Friedrich ENGELS.[3]

Als Antrieb zur Gründung der Burschenschaftsorganisationen wirkten die Befreiungskriege, wo sich die Verbindung zwischen den patriotischen Erziehern und Studenten, von denen viele als Freiwillige am Befreiungskampf teilnahmen, festigte. Auch in der Turnbewegung Friedrich Ludwig JAHNS wurden aktive Kämpfer erzogen, die danach in der B führende Positionen einnahmen. Auf F. L. JAHN und den Mitbegründer des Turnwesens, Friedrich FRIESEN, ging die »Ordnung und Einrichtung der Burschenschaft« von 1811 zurück, die später im Jenaer Gründungsdokument Berücksichtigung fand.[4]

Zur Keimzelle der burschenschaftlichen Organisation entwickelte sich die Universität Jena. Es war von Vorteil, daß diese zum Territorialstaat Sachsen-Weimar-Eisenach gehörte, der mit einer Verfassung auch die Pressefreiheit verkündet hatte.

Außerdem waren günstige Bedingungen durch die Verbindungen zur literarischen Klassik in Weimar sowie in Jena selbst durch das lebendige Bewußtsein der klassischen deutschen Philosophie und durch das Aufleben des Gedankens der Gemeinschaft von Lehrenden und Studierenden vorhanden. Dazu hatte am meisten Heinrich LUDEN beigetragen, der konsequent die Ziele der bürgerlichen antifeudalen Oppositionsbewegung verfocht. Seine Vorlesungen zur deutschen Geschichte wurden oft zu patriotischen Kundgebungen seiner Hörer und hatten auch dazu angeregt, sich dem Lützowschen Freikorps zur Verfügung zu stellen.[5] Die Burschenschafter, die sich nationale Ziele stellten, hielten es für erforderlich, daß eine einheitliche Organisation geschaffen wurde, die sich gegen partikularistisches Bewußtsein und landsmannschaftliche Studentenverbindungen durchsetzen, dünkelhaftes Renommistentum und Rivalitäten bekämpfen mußte. Vorerst knüpften die Studenten an die ge-

gebene Organisationsform an, so daß landsmannschaftliche Verbindungen, teils neugegründete, die Wurzel der B waren. Am 12. Juni 1815 wurde in Jena die Gründung der B im Gasthaus »Zur Tanne« vollzogen. An der Versammlung nahmen 143 Studenten, die Hälfte der hier Studierenden, teil. · Am 19. Oktober 1815 wurde die Verfassungsurkunde der Jenaer B als Statut angenommen. Dieses Programm, das als Muster für gleichartige Gründungen an anderen Universitäten — 1816 in Heidelberg und Erlangen, 1818 in Freiburg und den meisten anderen Universitäten — galt, kann zugleich als das erste Parteiprogramm der bürgerlich-nationalen Bewegung in Deutschland gelten. Als politisches Hauptziel wurde das Streben nach einem »gemeinsamen Vaterland« erklärt. Die Burschenschafter erkannten nur ihre Verbindung an und erklärten die landsmannschaftlichen Vereinigungen für aufgelöst. Nach Maßgabe der »allgemeinen Einrichtung und Form der Burschenschaft«, ähnlich einem Organisationsstatut, bildeten die Vorsteher, aus deren Kreis ein »Sprecher« als Vorsitzender gewählt wurde, einen geschäftsführenden Ausschuß. Dessen Tätigkeit wurde von einem »Ausschuß« aus 21 Mitgliedern kontrolliert. Rechte und Pflichten der Mitglieder wurden festgelegt sowie die Beziehungen zu Nicht-Burschenschaftern und anderen Universitäten geregelt.[6]

Vom Kreis der Turner um F. L. JAHN, H. F. MASSMANN und Ch. E. DÜRRE ging die Anregung aus, eine Versammlung der B aller Universitäten durchzuführen, um untereinander in engere Beziehungen zu treten. Jenaer und die aktiven Hallenser Studenten berieten den Plan. Am 11. August 1817 versandte der Jenaer R. WESSELHÖFT Einladungen an 13 Universitäten zur Teilnahme am Treffen auf der Wartburg. Das Fest sollte »in drei schönen Beziehungen, nämlich der Reformation, des Sieges bei Leipzig und der ersten freudigen und freundschaftlichen Zusammenkunft deutscher Burschen von den meisten vaterländischen Hochschulen« gefeiert werden.[7] Der politische Hauptinhalt wurde vom Kampf um einen einheitlichen Nationalstaat und um Verfassungen in den einzelnen Staaten bestimmt. Am 18. und 19. Oktober 1817 trafen sich auf der Wartburg etwa 450 Studenten und Gäste, unter ihnen

Initiatoren der Adressenbewegung und die Jenaer Professoren Jakob Friedrich FRIES, Dietrich Georg KIESER, Christian Wilhelm SCHWEITZER und Lorenz OKEN. Die Delegierten kamen von den Universitäten Berlin, Erlangen, Gießen, Göttingen, Halle, Heidelberg, Jena — dieses stellte mit 168 von 366 eingetragenen Teilnehmern die stärkste Abordnung —, Kiel, Leipzig, Marburg, Rostock, Tübingen und Würzburg, je ein Teilnehmer vertrat die Bergakademie Freiberg und die Forstschule Rothenburg.[8] In seiner Festrede forderte der Jenaer Student H. H. RIEMANN, daß die Fürsten dem Volk eine Verfassung geben sollten und rief zur Einheit und Freiheit des deutschen Volkes auf. Die Protestrede G. L. RÖDIGERS richtete sich ebenso wie die symbolische Verbrennung von Sinnbildern des Feudalabsolutismus gegen die Reaktion. Es wurde jedoch sichtbar, daß die ideologische und politische Konzeption der B noch unausgereift war. Ihre größte Schwäche bestand darin, daß sie gleich ihren Vorbildern Ernst Moritz ARNDT und F. L. JAHN die französische Revolution — und damit Revolutionen überhaupt — ablehnten. Lediglich der demokratische Flügel der »Schwarzen« in Gießen unter Führung K. FOLLENS trat für radikalere Lösungen ein. Ebenso führte die Anknüpfung an reaktionär-romantische Traditionen in Verquickung mit der Ablehnung alles »Welschen« zu Formen der Deutschtümelei, die auch äußerlich in der altdeutschen Burschenschaftertracht sichtbar wurde. Friedrich ENGELS hat dem Verlangen der Bourgeoisie nach einem einheitlichen »Vaterland« die nebelhafte Deutschtümelei »wartburgfestlicher Burschenschafter« gegenübergestellt.[9] Trotz solcher Unklarheiten trug das Wartburgtreffen zur Ausbreitung der Bewegung bei und war für die bürgerliche politische Opposition von weitreichender und nachhaltiger Wirkung.

Nach dem Wartburgfest drängten die B zur Zusammenfassung der Kräfte. Am 19. Oktober 1818 konstituierte sich in Jena die *Allgemeine Deutsche Burschenschaft* durch Beschluß der Abgesandten von den Universitäten Berlin, Breslau, Erlangen, Gießen, Halle, Heidelberg, Jena, Kiel, Königsberg, Leipzig, Marburg, Rostock, Tübingen und Würzburg. Die einheitliche B war in politischer und organisatorischer Hinsicht ein Fortschritt. Das

Bekenntnis zur Einheit der B und zur Einheit des deutschen Volkes stand an der Spitze der angenommenen Verfassungsurkunde. Die Notwendigkeit, ein politisches Programm auszuarbeiten, wurde mit den von H. H. RIEMANN und Karl MÜLLER verfaßten »Jenaer Grundsätzen und Beschlüssen des 18. Oktober« verwirklicht. Die »deutschen Staaten« sollten als konstitutionelle Monarchien begründet werden, in denen die Fürsten dem Gesetz verpflichtet und die Minister diesem gegenüber verantwortlich seien (§§ 16–18). Forderungen nach demokratischen Rechten und Freiheiten wurden mit sozialen Fragen verbunden. Der Einfluß H. LUDENS ist unverkennbar, wenn u. a. die persönliche Freiheit als soziales Problem, als konsequente Beseitigung der Leibeigenschaft verstanden wurde. Die bloße Erklärung zur Abschaffung der Leibeigenschaft genüge nicht, denn zur Sicherung der errungenen Freiheit seien materielle Voraussetzungen erforderlich. »Der Mensch ist nur frei, wenn er auch Mittel hat, sich selbst nach eigenen Zwecken zu bestimmen«, und jene, die diese Mittel den Leibeigenen entzogen haben, sind verpflichtet, sie ihnen zurückzugeben (§§ 28–29).[10] Dieses Programm wurde insgeheim verbreitet und diskutiert, aber wegen drohenden Zugriffs der Reaktion nicht offiziell verabschiedet.

In Gießen hatte sich mit den »Unbedingten« ein linker Flügel der B herausgebildet. Die Führer, K. und A. A. L. FOLLEN, arbeiteten 1817/18 ein demokratisches Programm, die »Grundzüge für eine künftige deutsche Reichsverfassung«, aus. Der Kern dieses Planes war die Schaffung eines deutschen Einheitsstaates auf republikanischer Grundlage. Nach dem Vorbild der Jakobinerdiktatur 1793/94 sollte die »rechtliche Allmacht und Alleinmacht« des Volkes verwirklicht werden. Dieses Programm wollten die »Unbedingten« hauptsächlich durch Auslösung von Aufständen durchsetzen.[11]

Die Metternichsche Reaktion verstärkte ihre Verfolgungsmaßnahmen gegen die politische Opposition immer mehr. Die Spitzeleien der politischen Polizei konzentrierten sich auf die B, wobei sich die preußischen Behörden besonders hervortaten. Zum entscheidenden Gegenschlag hatte der Student K. L. SAND durch den Mord an dem politisch zwielichtigen August Karl Ferdinand VON KOTZEBUE den gesuchten Anlaß geliefert. Diese Tat des »Unbedingten« gab den letzten Anstoß zum Verbot der B durch die deutsche Bundesversammlung. Mit dem »Universitätsgesetz«, einem wichtigen Teil der durch die Burschenschaftsbewegung ausgelösten »Karlsbader Beschlüsse«, wurde nicht nur die B verboten, sondern sollten die Universitäten künftig durch Kuratoren überwacht werden und diese dafür sorgen, daß Burschenschafter kein Studium mehr aufnehmen können.[12]

Die Karlsbader Beschlüsse markierten einen tiefen Einschnitt in der Entwicklung der B. Mit der Auflösung der meisten ihrer Organisationen an den Universitäten – in Jena am 26. November 1819 – endete die erste Periode, in der, als Periode der »Urburschenschaft« bezeichnet, mehr als bei anderen Organisationen der Oppositionsbewegung Forderungen des Bürgertums erhoben worden waren.

2. Die Burschenschaft in der Illegalität, ihre politische Differenzierung und Konsolidierung

Die Organisationen der B waren zu wenig gefestigt, um insgesamt den härteren Bedingungen des illegalen politischen Kampfes gewachsen zu sein. Nachdem sich auf dem Burschenschaftstag im Oktober 1820 in Dresden die Vertreter von 7 Universitäten ausdrücklich zur Verfassung der *Allgemeinen Deutschen Burschenschaft* bekannt hatten, zeigten sich doch einige Erscheinungen der Instabilität. Gegenüber einem labileren Teil der Mitgliederschaft bildeten sich in den »Engeren Vereinen« feste Kerne der Organisation heraus, die von überzeugten Burschenschaftern getragen wurden. Sie bildeten auch die Mitgliederbasis des *Jünglingsbundes*, der auf Initiative K. FOLLENS 1821 gegründet wurde. Damit knüpfte er an die radikale Strömung der »Unbedingten« an. Nach dem Neun-Punkte-Programm, auf das auch der parallele *Männerbund* verpflichtet war, bestand das Hauptziel darin, auf einen Umsturz der bestehenden einzelstaatlichen Verfassungen hinzuarbeiten, damit sich das Volk durch gewählte Vertreter selbst eine Verfassung geben könne. Die Ansicht, daß revolutionäre Bewegungen, wie etwa in Griechenland oder Italien, auch in Deutschland möglich seien,

führte zur Befürwortung putschistischer Mittel. Als es in Jena K. VON SPREWITZ gelungen war, eine Zelle des *Jünglingsbundes* zu gründen, breitete sich der Bund weiter nach Halle aus, um von dort aus Mitglieder auch in Leipzig, Göttingen und Erlangen zu gewinnen. Die Bundestage in Dresden und Erlangen 1820/21 wurden nur von wenigen Mitgliedern besucht. Nachdem man 1822 in Würzburg ohne Beschluß auseinanderging, beantragte der Jenaer Bundesführer, R. WESSELHÖFT, in Nürnberg die Auflösung.[13] Die Entdeckung der Geheimbünde und die Verhaftung zahlreicher Mitglieder Ende 1823 führte zur Zerschlagung des *Jünglingsbundes*.

Die Kompliziertheit der bürgerlichen Umwälzung in Deutschland forderte auch unter den Burschenschaftern zu Diskussionen über Weg und Ziel heraus. Als nach der Mitte der 20er Jahre die Tätigkeit der B an Aktivität wieder zunahm, war die Differenzierung über den Inhalt, vor allem aber über den Weg der Durchsetzung der Ziele, eine logische Folge. Die Aufspaltung der B in »Germanen« und »Arminen«, die sich erstmals 1825 in Erlangen zeigte, war die organisatorische Konsequenz dieser Entwicklung. Die kleinbürgerlich-demokratischen »Germanen« plädierten stärker für konkrete politische Tätigkeit und orientierten sich immer mehr auf revolutionäre Mittel, während die bürgerlich-liberalen »Arminen« einen gemäßigteren Weg bevorzugten. Die Divergenz beider Strömungen wurde in einem Bericht der zur »Demagogenverfolgung« eingesetzten Bundeszentralbehörde in Frankfurt (Main) vom Jahre 1839 hervorgehoben: »Germanen und Arminen waren nicht gesonderte Verbindungen, sondern verschiedene Parteien, welche, sich bekämpfend, dahin strebten, eine jede ihre Grundsätze als die ausschließlichen ... geltend zu machen.«[14]

Die Julirevolution in Frankreich, die in Deutschland zur Verstärkung des Klassenkampfes und zu Volksaufständen führte, übte nachhaltigen Einfluß auf die B aus. So beteiligten sich in Göttingen Burschenschafter am Aufstand der Bürgerschaft im Januar 1831, arbeiteten in München verstärkt mit Führern der Opposition zusammen, und in Heidelberg sprach sich am ersten Jahrestag der Julirevolution der Student Carl BRÜGGEMANN öffentlich für die Revolution in

Deutschland aus. Nachdem es auf den Jahrestagungen der B in Nürnberg 1830 und in Dresden 1831 noch zu keinen Beschlüssen über die Mittel des politischen Kampfes kam, wurde im September 1831 in Frankfurt (Main) von den anwesenden »Germanen« von 9 Universitäten ein Schritt zur Weiterentwicklung des Programms getan. Sie traten für ein stärkeres Engagement in politischen Fragen ein und befürworteten die Unterstützung polnischer Patrioten.[15] Die Formulierung, bei der es der B um »Vorbereitung« oder direkt um »Herbeiführung eines frei und gerecht geordneten, in Volkseinheit gesicherten Staatslebens« ging, wurde so der Verfassungsurkunde von 1818 hinzugesetzt. Auch der als Ausdruck borbierter »Deutschtümelei« gefaßte Beschluß des Würzburger Burschenschaftstages 1822, der Juden und Ausländern den Beitritt zur B nicht gestattete, wurde aufgehoben.[16] Diesen Kurs machten die B in Bonn, Gießen, Leipzig und Marburg nicht mit und schieden aus. Dessenungeachtet führte die eingeleitete Neuorientierung zu einer weiteren politischen Profilierung. Dazu trug das Hambacher Fest am 27. Mai 1832 bei. Burschenschafter unter anderem aus Heidelberg, Würzburg und Jena beteiligten sich an dem Nationalfest. Die konkreten Forderungen Philipp Jacob SIEBENPFEIFFERS und Dr. Johann August Georg WIRTHS zu Fragen der »Einheit und Freiheit« mußten auch innerhalb der B die Entscheidung in der Auseinandersetzung zwischen dem revolutionär orientierten und dem gemäßigten Flügel reifen lassen. Es zeigte sich immer mehr, daß ein Anschluß der B an die allgemeine bürgerliche Opposition unumgänglich war.

Der Stuttgarter Burschenschaftstag vom 26. bis 27. Dezember 1832 wurde zu einem Höhepunkt in dieser Entwicklung. Die abgesandten »Germanen« aus Erlangen, Heidelberg, Kiel, München, Tübingen und Würzburg – Jena war zu spät eingeladen worden und konnte nicht teilnehmen – gingen davon aus, daß die Idee der Revolution in der Mehrheit des Volkes Anklang gefunden habe, und schlußfolgerten, daß der Weg, eine Revolution herbeizuführen, der einzig gangbare sei, die Ziele zu erreichen. Die enge Verbindung zu den Volksmassen wurde befürwortet: »Es ist Pflicht jeder Burschenschaft, womöglich durch Schrift und Wort ihre politische

Absicht allgemeiner zu machen, politische Clubs mit Bürgern zu errichten, Preßvereine zu gründen, Waffen anzuschaffen und sich im Gebrauche derselben zu üben.« Der Anschluß an die entschiedene bürgerliche Bewegung wurde vollzogen, wenn »Anschließen und Vereinigung zu gemeinschaftlichem Handeln mit dem Vaterlandsverein oder womöglich Herbeiführung gänzlicher Vereinigung pro klamiert wurde.[17] Die Stuttgarter Beschlüsse verkörpern das revolutionäre Programm der bürgerlichen Parteibewegung der Studenten und bezeichnen zugleich den Sieg der »Germanen« über den gemäßigten Flügel der »Arminen«. Sie wurden von der Mehrheit der »Germanen« anerkannt. Es entsprach dieser Konzeption, als die Vorstände der Heidelberger B und des *Vaterlandsvereins* (↗ *Deutscher Preßverein*) in Frankfurt (Main) übereinkamen, mit einem Sturm auf die Hauptwache am Sitz des Bundestages in Frankfurt ein Signal zum Aufstand in ganz Deutschland zu geben. Unter ihrer Führung waren Burschenschafter vorwiegend aus Heidelberg, ebenso aus Würzburg und Erlangen, gemeinsam mit Bürgern aus Frankfurt und polnischen Emigranten, maßgeblich an dem Handstreich am 3. April 1833 beteiligt. Dieses isolierte Unternehmen hatte keine Aussicht auf Erfolg und wurde rasch niedergeschlagen. Mit dem Frankfurter Wachensturm bewiesen die Studenten mutiges Auftreten, demonstrierten aber noch einmal ihre noch nicht überwundenen Illusionen, durch die Tat Einzelner breite revolutionäre Aktionen auslösen zu können.

Die Erfahrung zeigte, daß die enge Verbindung des revolutionären Weges mit dem neuen Verhältnis zur allgemeinen bürgerlichen Bewegung eine objektive Notwendigkeit für den Erfolg der B im politischen Kampf war. Damit markiert der Burschenschaftstag zu Stuttgart eine entscheidende Zäsur in der Geschichte der B, denn seitdem entwickelte sie sich immer mehr zu einem aktiven Element der von breiten Kreisen des Bürgertums getragenen Opposition.

3. Ausblick auf die weitere Entwicklung

Innerhalb der B setzte der »Progreß« den aktiven politischen Kampf in der bürgerlichen Opposition fort. Durch den Rückschlag, den die antifeudale Oppositionsbewegung in den 30er Jahren erfahren hatte, gewannen auch innerhalb der B die vorwiegend landsmannschaftlich organisierten Korporationen konservativen Charakters wieder dominierenden Einfluß. Die B bestand als organisatorisch eigenständige Verbindung weiter, spielte aber als der bürgerlichen Opposition zugehörige Organisation keine selbständige Rolle mehr. Auf dem Hintergrund der ökonomisch erstarkten Bourgeoisie vollzog sich auch in der sozialen Zusammensetzung der Studentenschaft ein Anwachsen des bürgerlichen Elements, das zu einer Differenzierung führen mußte. So verlief auch die ideologisch-politische Entwicklung der B nicht in gleicher Richtung. Entsprechend der gesamten bürgerlichen Opposition spaltete sie sich seit Beginn der 40er Jahre noch mehr auf. Während sich die gemäßigt-liberalen Züge in der Mehrheit der Burschenschaftsbewegung immer mehr verstärkten, ging gleichzeitig aus ihr der studentische Progreß hervor, der an nahezu allen Universitäten feste Organisationen bildete.

In den Verbindungen der B wurden ebenso wie vordem aristokratische Relikte, vor allem das Duellwesen, bekämpft. So sind vielfach Anti-Duell-Vereine die Wurzeln der Progreßbewegung, die sich seit 1840 zu formieren begann. Nach anfänglichen Bestrebungen für die Schaffung bürgerlicher Verhältnisse seit 1838/39 unter Studenten in Göttingen, Jena, Würzburg und Marburg traten die ersten Progreßverbindungen 1842/43 in Bonn, Breslau, Heidelberg, Königsberg, München und Tübingen auf. Bis 1843 wurden gleichartige Organisationen – außer in Rostock – an allen anderen Universitäten gegründet. Der Formierungsprozeß des studentischen Progreß verlief oft wechselvoll und über mehrere Zwischenstufen, wie das z. B. die »Progreß-verbindung auf dem Burgkeller« in Jena zeigt.[18]

In der bürgerlich-demokratischen Revolution 1848/49 reflektierte die Haltung der Studenten, die in verschiedenen Lagern standen, die politischen Hauptströmungen dieser Jahre. Die landsmannschaftlichen Korporationen standen vielfach auf konterrevolutionären, konservativen Positionen. Die Burschenschafter und jene Studenten, die den gemäßigten Flügel des Progreß bildeten, ge-

hörten vorwiegend zum liberalen Lager und teilten die Haltung der kompromißbereiten Bourgeoisie. Diesen Kräften gegenüber standen innerhalb des Progreß die »Unbedingten«, die vor allem in Erlangen, Halle, Heidelberg, Jena, Leipzig, Marburg und Tübingen maßgeblichen Einfluß besaßen. Insgesamt aber bildeten sie innerhalb der hier nur umrißhaft aufgezeichneten studentischen Bewegung während der Revolution die Minderheit. Als aktivste Kräfte im kleinbürgerlich-demokratischen Lager traten sie für demokratische Rechte sowie für die Herstellung eines einheitlichen deutschen Nationalstaates auf republikanischer Grundlage auf. Vielfach wirkten sie aktiv in demokratischen Vereinen. Nur vereinzelt hatten linke Studenten, wie Hermann BECKER in Bonn und Johannes MIQUEL in Göttingen, vermocht, sich den Positionen von Karl MARX und Friedrich ENGELS zu nähern.

Gemäß dem Beschluß des Burschenschaftstages Pfingsten 1847 auf dem Kyffhäuser wurde ein Wartburgtreffen, das ebenfalls an den Pfingsttagen 1848 stattfinden sollte, vorbereitet. Der progressistische Jenaer »Burgkeller« hatte die Umwandlung der Universitäten in Nationalanstalten des Volkes, Lehr- und Lernfreiheit und Aufhebung der akademischen Gerichtsbarkeit vorgeschlagen. Unter den am 12. Juni auf der Wartburg versammelten Studenten waren auch etwa 500 konservative Korpsstudenten vertreten. Obwohl die Anträge der Progressisten mit Mehrheit angenommen wurden, zeigte das Wartburgtreffen die politische Spaltung der Studenten sehr deutlich.[19] Nur an den Universitäten in Berlin, Leipzig und Wien beherrschte die demokratische Linke das politische Leben der Studenten, während sich u. a. in Halle und Erlangen die konservative Haltung durchsetzte.

Die Niederlage der revolutionären Volksbewegung 1849 bedeutete auch das Ende des Progreß, der die aktivste politische Studentenbewegung des 19. Jh. verkörperte. In der Etappe der Vollendung der bürgerlichen Umwälzung durch BISMARCKS »Revolution von oben« dominierte die antidemokratische Richtung. Seit 1850 nahm die Vielfalt der studentischen Verbindungen insgesamt zu, die immer mehr von demokratischen Traditionen abrückten. Auf das Erstarken der

Korps weisen die seit 1856 regelmäßig in Bad Kösen tagenden Seniorenkonvente hin, die als Stütze der Reaktion im akademischen Leben Einfluß ausübten. Unter bewußter Abwendung von den nationalen, bürgerlich-demokratischen Traditionen der B wurde das landsmannschaftlich organisierte Studententum zum Bundesgenossen der reaktionären Klassenkräfte in Deutschland.[20]

4. Quellen und Literatur

Druckschriften der B sind vor allem in Universitätsbibliotheken und -archiven vorhanden, von denen die entsprechenden Einrichtungen der Friedrich-Schiller-Universität (FSU) Jena wichtige Quellen bergen. Archivalische Quellen der B selbst, u. a. aus der Unterdrückungs- und Überwachungsfunktion des Staates resultierend, sind in allen Archiven der DDR und der BRD, die Bestände zentraler Behörden der ehemaligen Staaten des Deutschen Bundes aufbewahren, besonders im ZStA Merseburg, überliefert. Nach Leopold Friedrich Ilse »Geschichte der politischen Untersuchungen, welche durch die neben der Bundesversammlung errichteten Commissionen, der Central-Untersuchungs-Commission zu Mainz und der Bundes-Central-Behörde zu Frankfurt in den Jahren 1819–1827 und 1833–1842 geführt sind« (Frankfurt [Main] 1860), hat neuerdings Werner Kowalski »Vom kleinbürgerlichen Demokratismus zum Kommunismus«, Bd. 2: »Die Hauptberichte der Bundeszentralbehörde in Frankfurt am Main von 1833 bis 1842 über die deutsche revolutionäre Bewegung« (Berlin 1978) Dokumente zur B veröffentlicht. Weitere Quellen sind in den »Quellen und Darstellungen zur Geschichte der Burschenschaft und der deutschen Einheitsbewegung« (Hrsg. Herman Haupt u. a., Bd. 1–17, Heidelberg 1910–1940) veröffentlicht. Hier und in der anschließenden Serie »Darstellungen und Quellen zur Geschichte der deutschen Einheitsbewegung im 19. und 20. Jh.« (Hrsg. Paul Wentzcke, ab Bd. 7 Kurt Stephenson [u. a.], Bd. 1 ff., Heidelberg 1957 ff.) sind zahlreiche Abhandlungen zur Geschichte der B vorwiegend von bürgerlichen Verfassern erschienen. Insgesamt ist die Literatur dazu umfangreich.

Von Vertretern der marxistischen Geschichtswissenschaft der DDR sind besonders im Rahmen der Traditionspflege der progressiven Studentenbewegung an der FSU Jena mehrere Arbeiten erschienen, die bis 1967 von Günter Steiger erfaßt und in seiner Veröffentlichung »Aufbruch. Urburschenschaft und Wartburgfest« (Leipzig–Jena–Berlin 1967, S. 235–241) ausgewählt werden. Auf Auswirkungen der B für Freiheitsbewegungen in anderen Ländern weisen G. Steiger und Otto Köhler »Unbekannte Dokumente der Völkerfreundschaft der Universität Jena 1815–1819. Studenten der Donaumonarchie. Ján Kollár, Metternich und die Universität am Ausgang von Jenas bürgerlicher ›Klassischer‹ Zeit« (»Jenaer Reden und Schriften 1970« [Jena 1970]) hin. In Gesamtdarstellungen zur Geschichte des 19. Jh. wird die Burschenschaftsbewegung berücksichtigt.

Anmerkungen

1 Siehe Siegfried Schmidt: Zur Frühgeschichte der bürgerlichen Parteien in Deutschland. In: ZfG, 1965, H. 6, S. 983.

2 Siehe Karl Obermann: Deutschland von 1815 bis 1849 (Lehrbuch der deutschen Geschichte – Beiträge – 6), 4. überarbeitete Auflage, Berlin 1976, S. 48.

3 Friedrich Engels: Deutsche Zustände. III. In: MEW, Bd. 2, Berlin 1958, S. 581.

4 Siehe Herman Haupt: Die Jenaische Burschenschaft von der Zeit ihrer Gründung bis zum Wartburgfest. In: Quellen und Darstellungen zur Geschichte der Burschenschaft und der deutschen Einheitsbewegung. Hrsg. H. Haupt (im folgenden: Quellen und Darstellungen), Bd. 1, Heidelberg 1910, S. 18–113.

5 Siehe Günter Steiger: Aufbruch. Urburschenschaft und Wartburgfest, Leipzig–Jena–Berlin 1967, S. 41 f.

6 Siehe Die Verfassungsurkunde der Jenaischen Burschenschaft vom 12. Juni 1815. In: Quellen und Darstellungen, Bd. 1, S. 114–161.

7 Einladungsschreiben der Jenaer Burschenschaft zum Wartburgfest am 18. 10. 1817. Zit. in: G. Steiger, Beilage nach S. 96.

8 Die soziale Herkunft der Festteilnehmer mit mehr als 50 % aus Kreisen der Intelligenz und Beamtenschaft, mit etwa 20 % aus Familien von Kaufleuten und Handwerkern, 6 % aus Adelskreisen und nur 2 % aus bäuerlichen und plebejischen Schichten vermittelt einen repräsentativen Querschnitt zur sozialen Struktur der B.

Siehe G. Steiger: Die Teilnehmer des Wartburg-
festes von 1817. Erste kritische Ausgabe der
sog. »Präsenzliste«. In: Darstellungen und
Quellen zur Geschichte der deutschen Einheitsbewegung im 19. und 20. Jh. Hrsg. Kurt Ste-
phenson/Alexander Scharff/Wolfgang Klötzer,
Heidelberg 1963, S. 65–133.

9 F. Engels: Die Rolle der Gewalt in der Geschichte. In: MEW, Bd. 21, Berlin 1962,
S. 410.

10 Die Grundsätze und Beschlüsse des 18. Oktober
... Zit. in: Hans Ehrentreich: Heinrich Luden
und sein Einfluß auf die Burschenschaft. In:
Quellen und Darstellungen, Bd. 4, Heidelberg
1913, S. 123 f.

11 Siehe Willi Schröder: Politische Ansichten und
Aktionen der »Unbedingten« in der Burschenschaft. In: WZ Jena, 1966, H. 2, S. 223–246.

12 Siehe Dokumente zur deutschen Verfassungsgeschichte. Hrsg. Ernst Rudolf Huber, Bd. 1,
Stuttgart 1961, S. 90 f.

13 Siehe Hans Fraenkel: Politische Gedanken und
Strömungen in der Burschenschaft um
1821–1824. Männerbund und Jünglingsbund. In:
Quellen und Darstellungen, Bd. 3, Heidelberg
1912, S. 241 ff.

14 Vom kleinbürgerlichen Demokratismus zum
Kommunismus. Die Hauptberichte der Bundeszentralbehörde in Frankfurt am Main von 1833
bis 1842 über die deutsche revolutionäre Bewegung. Bearbeitet und eingeleitet von Werner Kowalski (Archivalische Forschungen zur
Geschichte der deutschen Arbeiterbewegung.
Hrsg. Leo Stern, Bd. 5/II), Berlin 1978, S. 15.

15 Siehe Georg Heer: Die allgemeine deutsche
Burschenschaft und ihre Burschentage
1827–1833. In: Quellen und Darstellungen,
Bd. 4, S. 311–333.

16 Siehe Vom kleinbürgerlichen Demokratismus
zum Kommunismus, Bd. 2, S. 18 f.

17 G. Heer, S. 342 f. (Protokollauszug).

18 Siehe Gerhard Juckenburg: Jenaer Progreß-
studenten (1840–1849). In: Jenaer Reden und
Schriften 1972, Jena 1972, S. 31–49.

19 Siehe ebenda, S. 81–88.

20 Siehe Rainer Güth: Nationalistische Tendenzen
in der Deutschen Burschenschaft von
1871–1900. In: WZ Jena, 1966, H. 2,
S. 287–290.

Hans Herz

Centralausschuß der Demokraten Deutschlands (Centralausschuß) 1848–1849

Der Centralausschuß war das gesamtdeutsche Führungsgremium des republikanischen Teils der »demokratischen Partei« von 1848/49 in Deutschland. Es hatte die Aufgabe, die spontan entstandene und lokal zersplitterte demokratische Volksbewegung zu koordinieren, zu stärken und aktionsfähig zu machen, um die bürgerliche Revolution zum siegreichen Ende führen zu können. Die von ihm repräsentierte Demokratie stand insgesamt unter kleinbürgerlich-demokratischer Führung und umfaßte sozial und politisch heterogene Gruppierungen. Neben bürgerlich-republikanischen und kleinbürgerlich-sozialistischen Kräften gehörten ihr auch die politisch orientierten Arbeitervereine, Turnvereine und vorübergehend auch die deutschen Kommunisten unter Führung von Karl Marx und Friedrich Engels an. Als politische Interessenvertretung der werktätigen Massen erstrebte sie die Schaffung eines demokratisch-republikanischen Nationalstaates auf revolutionärem Wege, war aber infolge ihres vorwiegend kleinbürgerlichen Charakters nur ungenügend in der Lage, im Kampf um die politische Macht revolutionäre Konsequenz und Zielklarheit zu entwickeln. Gegenüber dem ersten Centralausschuß war der zweite politisch klarsichtiger und entschiedener. Die Tätigkeit beider Centralausschüsse war aber insgesamt nicht sehr wirkungsvoll, und die von ihnen geschaffenen organisatorischen Bindungen blieben locker.

1. Aufschwung und Charakter der demokratischen Bewegung
2. Der erste Demokratenkongreß
3. Organisation der deutschen Demokratie und Tätigkeit des ersten Centralausschusses
4. Der zweite Demokratenkongreß
5. Das politische Wirken des zweiten Centralausschusses
6. Quellen und Literatur

Mitglieder des Centralausschusses

Nach dem ersten Demokratenkongreß: Julius FRÖBEL, Gottlieb RAU, Hermann KRIEGE, Adolph HEXAMER, Eduard MEYEN.
Nach dem zweiten Demokratenkongreß: Karl Ludwig Johann D'ESTER, A. HEXAMER, Eduard GRAF VON REICHENBACH.

Sitz des Centralausschusses

Berlin (Juli–November); Köthen (Dezember), danach Leipzig

Demokratenkongresse

14.–17. Juni 1848 in Frankfurt (Main); 26.–30. Oktober 1848 in Berlin

Presse

»Neue Rheinische Zeitung«; Ort: Köln; Abonnenten: 6000

»Mannheimer Abendzeitung«
»Berliner Zeitungshalle«
»Der Urwähler« (nichtperiodische Zeitschrift); Ort: Halle (24. Dezember 1848–Mitte Februar 1849), Abonnenten der ersten Nr.: 15000

1. Aufschwung und Charakter der demokratischen Bewegung

Mit der immer stärkeren Einbeziehung des Volkes in den Kampf gegen den Feudalabsolutismus und mit dem Fortschreiten der industriellen Revolution war es bereits in den letzten Jahren des Vormärz innerhalb der antifeudalen Oppositionsbewegung zu einer Differenzierung gekommen. In einigen Gebieten Deutschlands, vor allem in Baden, Sachsen und in Teilen Preußens, entwickelte sich eine organisatorisch noch kaum ausgeprägte, aber politisch immer deutlicher vom großbürgerlichen Liberalismus unterschiedene kleinbürgerlich-demokratische Bewegung, die die bürgerliche Umgestaltung Deutschlands durch die Entfaltung der Volksinitiative erstrebte, für die konsequente Durchsetzung der bürgerlichen Freiheitsrechte eintrat und in ihrer nationalpolitischen Haltung republikanische Zielsetzungen erkennen ließ. Das Offenburger Programm der badischen Republikaner im Herbst 1847 kennzeichnete die sozialen und politischen Positionen des am weitesten entwickelten Flügels dieser Bewegung.

In der Märzrevolution 1848 waren es die Arbeiter, Bauern, Kleinbürger und demokratischen Intellektuellen, die die vormärzlichen Regierungen zu Fall brachten und von den Fürsten wichtige Zugeständnisse erkämpften. In diesen Klassenkämpfen standen Bourgeoisie und Volksmassen infolge ihrer gemeinsamen Gegnerschaft zum Feudalabsolutismus, obwohl bereits durch Zielsetzung und Taktik unterschieden, noch auf der gleichen Seite der Barrikaden. Daher handelten in den entscheidenden Wochen des März bürgerliche Liberale und kleinbürgerliche Demokraten vielerorts gemeinsam. Diese Klassenkonstellation änderte sich, als die Bourgeoisie mit der Einsetzung der Märzministerien Anteil an der politischen Macht erhielt. Statt sich auf das Volk zu stützen und so ihre Klassenherrschaft endgültig zu sichern, die mit dem Fortbestehen des feudalreaktionären Militär- und Beamtenapparates nach wie vor gefährdet war, betrieb die liberale Bourgeoisie eine Politik, die die Massen um die Früchte ihres Kampfes betrog und die auf Sicherung ausschließlich bourgeoiser Klasseninteressen, auf die baldige Beendigung der Revolution und die Zusammenarbeit mit den noch keineswegs vernichteten feudalen Kräften gerichtet war. Dieser Verzicht auf die Weiterführung der Revolution brachte die Bourgeoisie mit Notwendigkeit in einen immer tiefer werdenden Gegensatz zu den Volksmassen.

In dieser Veränderung der Klassenbeziehungen, in dem stärkeren Hervortreten des sozialen und politischen Interessengegensatzes zwischen Bourgeoisie und werktätigen Schichten unmittelbar nach dem gemeinsam erfochtenen Sieg über den Feudalabsolutismus ist die wichtigste Ursache für die Ausbreitung und das Erstarken der demokratischen Volksbewegung zu sehen. Ihr fiel die Aufgabe zu, auf dem Wege des politischen Kampfes die Ergebnisse der Revolution zu sichern und auszubauen.

Die in der Märzrevolution errungene Versammlungs-, Vereins- und Pressefreiheit ermöglichte es der demokratischen Bewegung, feste organisatorische Grundlagen zu erlangen. Teils spontan, teils von provinziellen Zentren aus angeregt, entstand vor allem in den Städten, später auch auf dem Lande, unter den verschiedensten Bezeichnungen eine Vielzahl von Organisationen, Vereinen, Klubs und Komitees mit teils allgemeiner, teils spezieller Zielsetzung, in denen sich die Bereitschaft breitester Schichten zur Mitarbeit bei der Umgestaltung der politischen Verhältnisse in Deutschland im demokratischen Sinne und bei der Schaffung eines demokratischen Nationalstaates ausdrückte. Die Revolution von 1848 hat in keinem anderen Land ein zahlenmäßig so starkes und weitverbreitetes Netz von demokratischen Vereinen hervorgebracht wie in Deutschland. Insbesondere die Wahlen zur Frankfurter Nationalversammlung und zur preußischen konstituierenden Versammlung trugen zur organisatorischen Ausbildung der demokratischen Bewegung bei, die sich damit unabhängig von der liberalen Bourgeoisie konstituierte.

Das in der damaligen Klassenstruktur Deutschlands begründete zahlenmäßige Übergewicht der kleinbürgerlichen Schichten innerhalb der werktätigen Bevölkerung prägte auch die soziale Zusammensetzung der Mitgliedschaft in den demokratischen Organisationen. In den Städten war diese stark von Handwerkern, Händlern und Intellektuellen bestimmt, während auf dem Lande Klein- und Mittelbauern dominierten. Von nicht zu unterschätzender Bedeutung war die Teilnahme von Handwerksgesellen und Arbeitern, die in den größeren Städten und in den Orten, wo bereits die industrielle Entwicklung größere Fortschritte gemacht hatte, vorzugsweise die soziale Basis der demokratischen Vereine bildeten. Arbeiter und Handwerksgesellen organisierten sich daneben noch selbständig in den Arbeitervereinen, die ebenfalls zu einer Massenerscheinung des politischen Lebens in Deutschland wurden.

In der demokratischen Vereinsbewegung besaß eindeutig die kleinbürgerliche Demokratie die Führung. Ihre Führungskader rekrutierten sich vor allem aus den Intellektuellen. Advokaten, Journalisten und Lehrer waren am häufigsten in den Vorständen der demokratischen Organisationen anzutreffen. Der geringe Reifegrad der deutschen Arbeiterklasse erlaubte es der kleinbürgerlichen Demokratie auch, den überwiegenden politisch-ideologischen Einfluß auf die meisten der politisch orientierten Arbeitervereine auszuüben. Nur in einigen Orten Deutschlands standen während der Revolution bereits Kommunisten an der Spitze von Arbeitervereinen.

Hervorstechender Charakterzug der demokratischen Volksbewegung war ihre Uneinheitlichkeit und lokale Aufsplitterung. Ihre objektive Ursache hatte diese Erscheinung einmal im Fehlen eines ökonomischen und politischen Kraftzentrums in Deutschland, das durch die Fortdauer der Kleinstaaterei bedingt war. Die demokratische Bewegung fand in jedem deutschen Land andere konkrete politische Bedingungen und neben den allgemein-nationalen auch spezifische politische Aufgaben vor, die den revolutionären Umgestaltungsprozeß erschwerten und Lokalborniertheit, geistige Enge und Provinzialismus in der demokratischen Bewegung selbst begünstigten. Andererseits ging die Uneinheitlichkeit der demokratischen Bewegung auch auf ihren vorwiegend kleinbürgerlichen Charakter zurück, denn die Produktionsweise der Kleinproduzenten fördert Zersplitterung und Desorganisation auch im politischen Bereich.

Das hatte zur Folge, daß die deutsche Demokratie von 1848/49 von den unterschiedlichsten sozialen, politischen und ideologischen Auffassungen beherrscht war, die ihre Aktionskraft entscheidend hemmen mußten. Gemeinsam war ihr das Bestreben, in Deutschland einen Nationalstaat auf demokratischer Grundlage zu errichten und die bürgerlich-demokratischen Rechte maximal zu verwirklichen. In den konkreten Grundfragen aber, die der Klassenkampf während der Revolution aufwarf, gab es mehr oder weniger große Gegensätze und Widersprüche. Die »demokratische Partei« umfaßte sowohl Anhänger einer »konstitutionell-demokratischen Monarchie« wie auch Anhänger der Republik; ihr gehörten Patrioten an, die sich mit einer rein politischen Umgestaltung Deutschlands zufrieden geben wollten und solche, die zugleich im Interesse der arbeitenden Schichten sozial-gesellschaftliche Veränderungen erstrebten. In ihr gab es Kräfte, die in parlamentarischen Illusionen befangen waren und alles Heil von der Frankfurter Nationalversammlung und den einzelstaatlichen Parlamenten erwarteten, während andere entschieden für revolutionäre Aktionen der Massen eintraten. Nur wenige Demokraten forderten eine unitarische Republik, die übergroße Mehrheit vertrat in Hinblick auf die nationalstaatliche Einigung Deutschlands föderative Auffassungen, darunter die utopische Vorstellung von der Möglichkeit einer Koexistenz von monarchischen und republikanischen Einzelstaaten im Rahmen eines demokratisch-republikanischen Gesamtstaates.

Daneben rief die Frage nach dem konkreten Vorgehen bei der Beseitigung der feudalen Überreste auf dem Lande und nach dem Verhalten der deutschen Nationalbewegung zu den nationalen Unabhängigkeitsbestrebungen der Polen, Tschechen, Südslawen und Italiener unterschiedliche Antworten hervor. So schlugen sich in der demokratischen Vereinsbewegung entsprechend der unterschiedlichen sozialen Zusammensetzung und der regionalen und lokalen Besonderheiten alle denkbaren Nuancen demokratischer Orientierung nieder, die sich nicht einfach in die beiden Kategorien der gemäßigten und entschiedenen Demokraten einordnen lassen.

2. Der erste Demokratenkongreß

Verlauf und Ausgang der Wahlbewegung zur Frankfurter Nationalversammlung bewiesen den klarsichtigen Kräften in der deutschen Demokratie die Notwendigkeit einer zentralen Zusammenfassung und Führung der entschieden demokratischen Vereine im gesamtnationalen Maßstab. Durchschlagende Erfolge hatten bei den Wahlen die Demokraten nur in jenen Gebieten erringen können, wo sie über Organisationen verfügten, die wie in Baden und Sachsen das ganze Land umfaßten. Insgesamt war aber die kleinbürgerliche Demokratie bei den Wahlen mit Hilfe des indirekten Wahlverfahrens geschlagen worden, und es mußten daher Schritte unternommen werden, um den Gefahren begegnen zu können, die der deutschen Revolution von der Kompromißpolitik der liberalen Bourgeoisie drohten.

Die Initiative zur gesamtnationalen Organisation der deutschen Demokratie ging vom Marburger demokratischen Verein aus, der unter der Leitung von Prof. Karl BAYRHOFFER stand. Seine Aufforderung, Vertreter zu einem demokratischen Kongreß zu entsenden, richtete sich an alle Vereine, die die »soziale demokratische Republik« anstrebten, und an alle Arbeitervereine. Diesem Vorgehen lag der Gedanke zugrunde, eine auf die entschiedenen Demokraten, auf die Arbeiter und Turner gestützte Aktionskraft zu bilden, die eine auf Durchsetzung der Volkssouveränität gerichtete Politik der Frankfurter Nationalversammlung kräftig unterstützen oder im Falle ihres Versagens ein revolutionäres Handeln der deutschen Demokratie gewährleisten konnte.

Der erste Demokratenkongreß fand unter Beteiligung von 234 Delegierten von 89 Vereinen aus 66 Städten vom 14. bis 17. Juni 1848 in Frankfurt (Main) statt.[1] Am stärksten waren die Vereine aus Süd- und Westdeutschland vertreten. Unter den Teilnehmern befanden sich neben Persönlichkeiten, die als Vorkämpfer der Volkssache bereits im Vormärz bekannt geworden waren, wie Ludwig FEUERBACH und Johannes RONGE, auch mehrere kommunistische Mitkämpfer von Karl MARX und Friedrich ENGELS wie Joseph MOLL, Joseph WEYDEMEYER, Ernst DRONKE und Karl Friedrich Theodor ANNEKE. Von der Frankfurter Nationalversammlung beteiligten sich nur die zwei Abgeordneten der äußersten Linken Franz Heinrich ZITZ und Georg Christian KAPP, aber nicht in ihrer Eigenschaft als Parlamentsmitglieder, sondern als Beauftragte demokratischer Organisationen. Das Paulskirchenparlament, einschließlich der demokratischen Linken, stand dem Demokratenkongreß scharf ablehnend gegenüber; es befürchtete von ihm unmittelbare Putschversuche und setzte daher seine eigenen Beratungen während der Dauer des Kongresses aus.

Die Debatten des Kongresses bewiesen, daß es sich bei der Mehrzahl der Teilnehmer um revolutionär gesinnte kleinbürgerliche Demokraten mit vielfach vagen sozialistischen Anschauungen handelte, die jedoch in ihren Vorstellungen über Organisation und Taktik einer demokratischen Partei nicht frei von Unklarheiten und Widersprüchen waren und häufig auch die unmittelbare politische Situation falsch beurteilten. So rechtfertigten die richtige Prognose über das wahrscheinliche Versagen der Frankfurter Nationalversammlung und der berechtigte Unmut über ihre Zusammensetzung und Inaktivität nicht die ultraradikalen Vorschläge für einen Boykott der Paulskirche und der staatlichen Behörden in Deutschland, die auf dem Demokratenkongreß gemacht wurden, aber nicht die Zustimmung der Versammlung fanden. In langen Diskussionen mußten auch massive, aus einer Spontaneitätsauffassung resultierende Bedenken gegen ein zentrales Führungsgremium der deutschen Demokraten überwunden werden. Zu Auseinandersetzungen kam es ferner über den Sitz der künftigen Parteizentrale. Die süddeutschen Delegierten wünschten Frankfurt als Zentrum, weil die deutsche Nationalversammlung am meisten »durch Nichtstun oder durch Tun«[2] zur Revolutionierung der Massen beitragen werde, während die Mehrheit sich schließlich für Berlin entschied, da von allen deutschen Städten Berlin neben Wien die zahlenmäßig stärksten demokratischen Lokalvereine aufweisen konnte. Dem daraufhin von den Süddeutschen gestellten Antrag, den Frankfurter Demokratenkongreß in Permanenz zu erklären, konnte nicht stattgegeben werden, weil mit den Delegierten dieses Kongresses hervorragende Agitatoren der demokratischen Sache für unbestimmte Zeit jeder praktischen Wirksamkeit entzogen worden wären.

Das Hauptergebnis des ersten Demokratenkongresses bestand in der Annahme einer Programmformel und in der Einsetzung eines Centralausschusses der demokratischen Vereine Deutschlands. Das Programm lautete in seiner lapidaren Form:

»Es gibt nur eine für das deutsche Volk haltbare Verfassung, die demokratische Republik, d. h. eine Verfassung, in welcher die Gesamtheit die Verantwortlichkeit für die Freiheit und Wohlfahrt des einzelnen übernimmt.«[3]

Dieser programmatische Satz drückt in aller Eindeutigkeit die Forderung nach der demokratischen Republik aus und weist dieser Republik die Aufgabe einer aktiven Sozialpolitik im Interesse der werktätigen Schichten zu. In dem offenen Bekenntnis zur Republik fand die Entschlossenheit der Demokraten zur Weiterführung der Revolution ihren Ausdruck. Ausgesprochen mit der Autorität des Demokratenkongresses, stellte das republikanische Bekenntnis eine wertvolle Unterstützung der fortschrittlichsten Kräfte im Ringen um größere politische Klarheit innerhalb der demokratischen Gesamtbewegung dar.

Dagegen konnte der Passus über die soziale Aufgabe der demokratischen Republik verschieden ausgelegt werden. Während Delegierte mancher Arbeitervereine in ihm nur ein taktisches Mittel sahen, um die Arbeiterklasse für den Kampf um die politische Macht des demokratischen Kleinbürgertums zu gewinnen, lasen kleinbürgerliche Politiker, die ohne Verständnis für die materiellen Probleme des Volkes waren, aus ihm eine Parteinahme für das Proletariat heraus. Mit großer Wahrscheinlichkeit scheint dieser Punkt aber in erster Linie ein Kompromiß zwischen den auf dem Kongreß vertretenen kommunistischen, kleinbürgerlich-sozialistischen und kleinbürgerlich-republikanischen Kräften gewesen zu sein.

Mit der Wahl eines Centralausschusses nahm der Kongreß die Zentralisation des republikanischen Teils der demokratischen Bewegung in Angriff. Dem Centralausschuß oblagen die Leitung und Organisation der Propaganda für den Gedanken der demokratischen Republik und die politische Anleitung der Gesamtorganisation. Drei seiner Mitglieder – J. FRÖBEL, H. KRIEGE, G. RAU – wurden in einem heftigen Wahlkampf auf dem Demokratenkongreß gewählt; zur Wahl der beiden übrigen Mitglieder im Ausschuß waren die Berliner demokratischen Vereine berechtigt.

Der erste Demokratenkongreß nahm schließlich zwei Adressen an, die von seiner politischen Entschiedenheit Zeugnis ablegten. Die eine richtete sich an die Frankfurter Nationalversammlung und forderte die Einberufung des rechtmäßig gewählten revolutionären Demokraten Friedrich HECKER als Parlamentsmitglied, die andere wurde an die badische Regierung gesandt mit der Aufforderung, alle verhafteten Teilnehmer am HECKER-Putsch in Baden vom April 1848 unverzüglich freizulassen.

Der erste Demokratenkongreß bedeutete einen Wendepunkt in der Entwicklung der demokratischen Bewegung während der Revolution von 1848/49. Es war der erste erfolgreiche Schritt der deutschen Republikaner, den »naturwüchsigen Zustand«[4] und die lokalen Schranken der demokratischen Bewegung durch Bildung einer gesamtnationalen Organisation zu überwinden, und die Annahme ihres Programms hatte gezeigt, »daß die demokratische Partei sich auf dem Boden der revolutionären Praxis bewege«.[5]

Wie die personelle Zusammensetzung des Centralausschusses bewies, fiel die Führung beim Aufbau der demokratischen Gesamtorganisation den kleinbürgerlichen Demokraten zu. Da sich auch die politischen Arbeitervereine weitgehend an dieser Zentralisierung der demokratischen Vereine beteiligten, kamen sie jetzt auch im nationalen Maßstab unter die Führung des Kleinbürgertums und wurden Bestandteil der nationalen Organisation der kleinbürgerlichen Demokratie. Diese Entwicklung war nach den im April und Mai gescheiterten Versuchen, die Arbeitervereine auf im wesentlichen kommunistische Initiative hin national zusammenzufassen, durchaus im Interesse der Revolution, weil sie dem Entwicklungsniveau der politischen Arbeitervereine entsprach und ihnen half, ihren Kampf um die Demokratie in enger Verbindung mit der demokratischen Gesamtbewegung zu führen.

Seit dem ersten Demokratenkongreß schlossen sich auch die deutschen Kommunisten mit Karl MARX und Friedrich ENGELS an der Spitze der vom Kleinbürgertum geführten demokratischen Bewegung organisatorisch an, bewahrten dabei aber ihre politisch-ideologische Selbständigkeit als konsequenteste Vertreter der Interessen des Proletariats. Dieser Anschluß erlaubte ihnen, Einfluß auf größere Teile der Arbeiterklasse zu nehmen, um sie mit dem Bewußtsein ihrer historischen Mission zu erfüllen, und ermöglichte es ihnen zugleich, auf die gesamte demokratische Bewegung im Sinne ihrer revolutionär-demokratischen Linie einzuwirken und sie damit zu größerer Durchschlagskraft zu befähigen. Die »Neue Rheinische Zeitung« wurde auf dem ersten Demokratenkongreß neben der »Berliner Zeitungshalle« und der »Mannheimer Abendzeitung« zu einem Organ der gesamtdeutschen demokratischen Bewegung erklärt, ohne jedoch damit zu einer Zeitung des Kleinbürgertums zu werden. Die »Neue Rheinische

Zeitung« kämpfte auch in dieser Eigenschaft für die Durchsetzung des politischen Standpunktes des von der Arbeiterklasse getragenen äußersten linken Flügels der deutschen Demokratie, der sich durch entschiedene Parteinahme für die Interessen des Proletariats (Pariser Junischlacht), durch die Forderung nach der einen unteilbaren – statt der föderativen – Republik und durch größere Entschlossenheit im revolutionär-demokratischen Kampf vom demokratischen Kleinbürgertum unterschied.

3. Organisation der deutschen Demokratie und Tätigkeit des ersten Centralausschusses

Die auf dem ersten Demokratenkongreß vereinbarte Organisationsstruktur war dadurch gekennzeichnet, daß sie einerseits nur ein Minimum an Zentralisation aufwies, andererseits bewußt den territorialstaatlichen Partikularismus durchbrach. Der Organisationsplan stellte den Lokalvereinen (den untersten Einheiten der demokratischen Organisation) die Aufgabe, Propaganda für die Ideen der Demokratie zu treiben und demokratische Forderungen »bei allen Akten der Gesetzgebung für die einzelnen Staaten sowohl als für das gesamte Vaterland« zu erheben.[6] Die Lokalvereine einer Provinz oder eines deutschen Landes schlossen sich jeweils zu einem Kreisverein zusammen, an dessen Spitze ein von den Lokalvereinen gewählter Kreisausschuß stand. Auf dem ersten Demokratenkongreß wurden 18 Orte bestimmt, in denen Kreisausschüsse ins Leben gerufen werden sollten. Die Kreisausschüsse koordinierten das politische Wirken der Lokalvereine und hatten monatlich dem Centralausschuß in Berlin über die Mitgliederbewegung und die im Kreis gefaßten Beschlüsse zu berichten. Die Kompetenzen des Centralausschusses waren sehr beschränkt; er konnte keine für die Kreisausschüsse und Lokalvereine verbindlichen Beschlüsse fassen, sondern hatte nur die Aufgabe, ihnen Vorschläge und Mitteilungen zu machen, von Zeit zu Zeit Berichte über den Zustand der Gesamtorganisation zu geben und in dringenden Fällen den Kongreß der deutschen Demokratie zu berufen. Centralausschuß und Kreisausschüsse besaßen nicht den Charakter politischer Führungsstäbe, sondern verstanden sich vorwiegend als Korrespondenzkomitees. So war schon von der Anlage her die Struktur der organisierten deutschen Demokratie recht locker, und sie konnte wirkliche Kampfkraft nur dann erlangen, wenn auf jeder Ebene im hohen Verantwortungsgefühl gegenüber dem Ganzen eine energische Tätigkeit entfaltet wurde.

Die Konstituierung der Kreisvereine dauerte länger als vorgesehen und kam auch keinesfalls in allen dafür benannten Orten zustande. Schwierigkeiten gab es in verschiedenen Gebieten, vor allem dort, wo ein starker bürgerlicher Einfluß in der demokratischen Bewegung vorhanden war – durch die Animosität, die dem Centralausschuß wegen seines eindeutigen Republikanismus und wegen seiner sozialpolitischen Färbung entgegengebracht wurde.

Andererseits stießen die republikanischen Vereine in mehreren Ländern auf den sofortigen Widerstand der Regierungen, die mit Verboten und Unterdrückungsmaßnahmen gegen sie vorgingen. Am 12. Juli 1848 verbot das württembergische Ministerium den soeben konstituierten Stuttgarter demokratischen Kreisverein und ließ dessen Mitglieder verfolgen. Die Unterdrückung der demokratischen Vereine in Baden erfolgte am 22. Juli, und wenig später, am 12. August, erklärte eine Verordnung des bayrischen Königs alle republikanischen Bestrebungen für staatsverräterisch und verbrecherisch.

Die auf Initiative des ersten Demokratenkongresses entstandenen Kreisvereine waren am stärksten und besten organisiert in Schlesien, Westfalen, in der preußischen Provinz Sachsen, in Hessen und vor allem im Rheinland. Daneben gab es z. T. schon vorher gebildete demokratische Provinzialorganisationen, die sich wie in Sachsen, Baden, Württemberg und Franken unter Beibehaltung ihrer organisatorischen Besonderheiten dem Centralausschuß nur kurzzeitig anschlossen bzw. anschließen konnten. Während die Kreisausschüsse in vielen Gebieten keine große Wirksamkeit entfalteten, war der in Köln unter maßgeblicher Beteiligung der Kommunisten gebildete rheinische Kreisausschuß außerordentlich aktiv. An seiner Spitze stand neben einem kleinbürgerlichen Demokraten Karl MARX. Durch den Einfluß von Karl MARX im rheinischen Kreisausschuß spielten die Kommunisten, die sich besonders auf den von ihnen geleiteten, zahlenmäßig starken Kölner Arbeiterverein stützten, zeitweise die führende Rolle in der organisierten demokratischen Bewegung des Rheinlandes und trieben eine weitgehend vom Centralausschuß selbständige, den Erfordernissen des Kampfes gegen die Konterrevolution und für die Demokratie entsprechende Politik. Das war insbesondere in der Septemberkrise und bei den Novemberereignissen in Preußen und im Frühjahr 1849 der Fall. Der Centralausschuß suchte vor allem durch Rundschreiben an die demokratischen Vereine und durch Aufrufe an das deutsche Volk zu wirken. Seine Mitglieder nahmen aber auch an der Konstituierung von Kreisausschüssen teil, besuchten demokratische Lokalorganisationen, schrieben in der Presse und unternahmen ausgedehnte Propagandareisen, so J. FRÖBEL nach Wien, H. KRIEGE nach Norddeutschland und G. RAU nach Württemberg.

Die politische Orientierung, die der Centralausschuß in seinen Aufrufen und Erklärungen gab, zeugte oftmals von einem realistischen Blick, war aber in vielen Punkten nicht frei von Widersprüchen, Illusionen und Bedenklichkeiten und kann nicht als eine entschieden revolutionäre Politik gewertet werden. Der Aufruf des Centralausschusses vom 14. Juli enthielt die richtige Erkenntnis, daß vom Sieg der Demokratie in Deutschland das Schicksal der demokratischen Bewegung in ganz Europa abhing. Auch die Einschätzung der Frankfurter Nationalversammlung, die Verurteilung ihrer antidemokratischen Beschlüsse durch den Centralausschuß waren weithin richtig. Als die großbürgerlich-liberale Mehrheit der Frankfurter Paulskirche die aggressiv-reaktionäre Polenpolitik der preußischen Regierung akzeptiert und die Einverleibung eines großen, von polnischer Bevölkerung bewohnten Teils der Provinz Posen in Deutschland beschlossen hatte, protestierte der Centralausschuß in einem Aufruf an das polnische Volk vom 1. August heftig gegen diesen Verrat an den Gesamtinteressen der europäischen Demokratie, trat für die Unabhängigkeit und Selbstbestimmung der polnischen Nation als wichtigstem deutschen Verbündeten gegen den Zarismus und für einen Volksentscheid der in der Provinz Posen lebenden Deutschen, Polen und Juden über die Festlegung der Grenzen ein.

Der Centralausschuß war sich darüber im klaren, welche Gefahr der deutschen Revolution aus der Wahl eines deutschen Fürsten zum unverantwortlichen Reichsverweser und aus der Preisgabe des Prinzips der Volkssouveränität durch die Frankfurter Nationalversammlung erwuchs. Daher forderte er die demokratischen Vereine auf, in einem Adressensturm die Mitglieder der Frankfurter Linken zum Ausscheiden aus dem Parlament zu bewegen und sie zu veranlassen, sich als Kern eines neuen Volksparlaments zu konstituieren, während den reaktionären und den großbürgerlich-liberalen Abgeordneten die Mandate aberkannt werden sollten. Das wichtigste politische Ziel des Centralausschusses bestand seit Anfang Juli darin, mit die Voraussetzungen dafür zu schaffen, daß ein vom Vertrauen der demokratischen Volksmassen getragenes neues Parlament als führendes Zentrum der deutschen Revolution in Berlin zusammentreten konnte. Das scheiterte jedoch stets am Widerstand der Frankfurter Linken, die nicht bereit waren, praktische revolutionäre Schritte zu unternehmen. Es darf nicht verkannt werden, daß der Berliner Centralausschuß bei der Verfolgung dieses Zieles weniger Klarsicht, revolutionäre Energie und Konsequenz entwickelte als der nur wenige Wochen bestehende provisorische Centralausschuß in Frankfurt, der bis zur Konstituierung des Berliner Centralausschusses Mitte Juli die Anleitung der deutschen Demokratie übernommen hatte. Sicher war es richtig, wenn der Centralausschuß in seinem Aufruf vom 14. Juli die Propaganda in den Mittelpunkt der Arbeit der Republikaner stellte, wenn er die gewaltsame Form des Kampfes nur für den Fall eines Angriffs der Reaktion oder ihres Widerstandes gegen den Willen der Mehrheit des Volkes ins Auge faßte und wenn er sich immer wieder darum bemühte, vor nutzlosen Putschen zu warnen. Aber es war schon illusionär zu glauben, papierne Proteste an die Adresse der Regierungen könnten diese veranlassen, antidemokratische Maßnahmen wieder rückgängig zu machen. Und es bedeutete zumindest ein Ausweichen vor dem

Kampf und kam einer politischen Fehlorientierung gleich, wenn der Centralausschuß nach dem Frankfurter Septemberaufstand, nach der gewaltsamen Unterdrückung der revolutionären Volksbewegung durch Großbourgeoisie und Junkertum, weiterhin eine friedliche Entwicklung der deutschen Revolution für möglich hielt und diesen Glauben in die demokratische Gesamtbewegung hineintrug.

Die Ursache für dieses Zurückschrecken vor revolutionären Konsequenzen lag in erster Linie im Mißtrauen des Centralausschusses gegenüber dem Proletariat. Obwohl sich erwiesen hatte, daß die Arbeiterklasse die zuverlässigste Stütze der Demokratie war, lehnte es der Centralausschuß ab, sich im demokratischen Kampf vor allem auf das Proletariat zu orientieren. Er hielt eine revolutionäre Erhebung nur dann für zulässig, wenn sichere Garantien für die Einheit des Bündnisses von Kleinbürgertum und Proletariat vorlagen. Diese Auffassung veranlaßte ihn, sich unter Vernachlässigung der Arbeiterklasse vor allem um die Einbeziehung der Masse des Kleinbürgertums in die demokratische Bewegung zu bemühen. Es war daher kein Zufall, daß J. FRÖBEL es auf Geheiß des Berliner Gesandten der französischen Bourgeoisrepublik bereitwillig unterließ, einen Aufruf zu publizieren, aus dem eine gewisse Sympathie für den Kampf des französischen Proletariats in der Junischlacht herausgelesen werden konnte.

Die ideologischen Auffassungen des Centralausschusses, die besonders von J. FRÖBEL und Arnold RUGE bestimmt wurden, haben zweifellos mit dazu beigetragen, daß aus der Organisation der deutschen Demokratie kein schlagkräftiges Ganzes wurde. Außerdem war J. FRÖBEL auch keineswegs der geeignete Mann an der Spitze der deutschen Demokratie. Mangelhafte Unterstützung von seiten der Kreis- und Lokalvereine, besonders der Berliner, und sehr schwache finanzielle Fundierung stellten weitere Gründe für die geringe Wirksamkeit des Centralausschusses dar.

4. Der zweite Demokratenkongreß

Der zweite Demokratenkongreß, der vom 26. bis 30. Oktober 1848 in Berlin zusammentrat, stand im Zeichen einer gründlich veränderten politischen Konstellation. Das politische Kräfteverhältnis hatte sich trotz des zahlenmäßigen Anwachsens der demokratischen Bewegung zugunsten der von der Großbourgeoisie aktiv unterstützten halbfeudalen Reaktion verschoben, die im Begriffe war, mit Wien ein wichtiges Zentrum der deutschen Revolution zu Fall zu bringen. Angesichts dieser gefahrvollen Lage war dem zweiten Demokratenkongreß eine erhöhte politische Verantwortung gegenüber der deutschen Revolution auferlegt. Er mußte ein klares Aktionsprogramm für den Kampf gegen die Konterrevolution entwickeln und auf den festen Zusammenschluß der in der demokratischen Bewegung vereinigten proletarischen, bäuerlichen und kleinbürgerlichen Schichten bedacht sein.

Die vornehmlich aus Nord- und Ostdeutschland stammenden 226 Delegierten — unter ihnen viele Vertreter von Arbeitervereinen — repräsentierten ähnlich wie auf dem ersten Demokratenkongreß alle möglichen Nuancierungen der deutschen Demokratie. Teilnehmer waren neben bekannten kleinbürgerlichen Demokraten wie A. RUGE, Gottfried KINKEL und Ludwig BAMBERGER auch wiederum mehrere Kommunisten, daneben der ins kommunistische Sektierertum abgeglittene Wilhelm WEITLING und mit Stephan BORN der führende Kopf der *Allgemeinen Deutschen Arbeiterverbrüderung*, einer Vereinigung vieler deutscher Arbeitervereine von zunächst gewerkschaftsähnlichem Charakter. Die mangelhafte Vorbereitung durch den alten Centralausschuß, vor allem das Fehlen von Vorlagen und einer klaren Konzeption über seinen Ablauf, beeinträchtigten entscheidend den zweiten Demokratenkongreß. Die in seinen Debatten herrschende »grenzenlose Unordnung«[7] war aber in erster Linie Ausdruck der weit entwickelten konträren Standpunkte innerhalb der Demokratie. Auf dem Kongreß gab es einen starken rechten Flügel, der sich besonders aus Berliner und schlesischen Demokraten zusammensetzte. Er war politisch wenig entschieden, hielt ängstlich am sog. Rechtsboden fest, wandte sich gegen die Diskussion wichtiger prinzipieller Fragen, und seine Mitglieder desorganisierten den Kongreß, indem sie ihn in den ersten Tagen nacheinander in mehreren Gruppen vorzeitig verließen. Im Verhalten dieses Flügels spiegelte sich der durch Mutlosigkeit und Verwirrung gekennzeichnete Zustand wider, in den ein beträchtlicher Teil des Kleinbürgertums mit der Zuspitzung des Klassenkampfes geraten war. Der linke Flügel — neben entschieden kleinbürgerlich-republikanischen vor allem kleinbürgerlich-sozialistische und kommunistische Teilnehmer — schloß sich am zweiten Tage zu einer Fraktion zusammen, um ein völliges Scheitern des Kongresses zu verhindern. Aber auch in seinen Reihen fehlte es an Einmütigkeit, prinzipieller politischer Klarheit und revolutionärer Entschlossenheit.

Daher hatten die positiven Beschlüsse, die der Kongreß schließlich faßte, wenig politisches Gewicht. Neben einem neuen, nur unwesentlich veränderten Organisationsstatut wurden die von Maximilien DE ROBESPIERRE formulierten Menschenrechte als kleinbürgerlich-demokratische Willenserklärung angenommen und den Vereinen zur Diskussion empfohlen. Bedeutsamer waren die Grundsätze, nach denen die demokratische Partei sich in Verfassungsfragen verhalten sollte. Sie sahen u. a. die unentgeltliche Abschaffung der bäuerlichen Feudallasten, das direkte Wahlrecht, das Einkammersystem in den Verfassungen der Einzelstaaten und für ganz Deutschland sowie das Recht des Volkes auf Abberufung der Volksvertreter bei Nichterfüllung des Mandats vor.

In der drängenden politischen Tagesfrage, nämlich der, wie den kämpfenden Volksmassen in Wien zu helfen sei, begnügte sich der Kongreß mit seiner Zustimmung zu einem von A. RUGE verfaßten Manifest an die deutsche Nation, in dem nicht nur das deutsche Volk, sondern auch die deutsche Regierung aufgefordert wurden, Wien gegen die halbfeudale Konterrevolution Hilfe zu leisten. Diese Aufforderung an die selbst konterrevolutionäre Pläne hegenden deutschen Regierungen war ein unverzeihlicher Verstoß gegen eine demokratische Grundmaxime. Karl MARX schrieb in der »Neuen Rheinischen Zeitung« dazu: »Der ›demokratische Kongreß‹ mußte schweigen von den deut-

schen Regierungen, oder er mußte ihre Konspiration mit Olmütz und Petersburg schonungslos enthüllen«.[8] Nur der entschiedenste Teil der Kongreßmitglieder befürwortete schließlich eine Volksversammlung für die Sache Wiens in Berlin und bewies mit seiner Teilnahme die Verbundenheit mit der demokratischen Volksbewegung.

Zu den langwierigsten und heftigsten Auseinandersetzungen kam es auf dem Kongreß über die Bedeutung des Proletariats in den Reihen der Demokratie und über die sog. soziale Frage. Es führte wohl zu Protesten, daß in dem offiziellen Bericht, den H. KRIEGE erstattete, der antiproletarische Standpunkt des alten Centralausschusses zum Ausdruck gekommen war. Aber der Kongreß ergriff keine Initiative, um im besonderen das deutsche Proletariat aufzufordern, sich an die demokratische Partei anzuschließen, wie S. BORN vorgeschlagen hatte. Daß er ein von dem Kölner Friedrich VON BEUST, dem Mitstreiter von Karl MARX, vorgetragenes rein kommunistisches Kommissionsgutachten, das in enger Anlehnung an die bekannten 17 Forderungen des Bundes der Kommunisten formuliert war, zur Kenntnis nahm, ging auf die Initiative der kommunistischen Teilnehmer zurück, die jedoch dabei auf großen Widerstand stießen.[9] So mußte es auf der einen Seite die Arbeiterdelegierten verbittern, daß die Mehrheit des Kongresses für die materiellen Lebensinteressen des Proletariats wenig Verständnis und nur unverbindliche Empfehlungen hatte, während auf der anderen Seite viele kleinbürgerliche Demokraten über die kommunistischen Töne in Schrecken gerieten, die auf dem Kongreß gefallen waren. Der sich hier politisch manifestierende Gegensatz zwischen Kleinbürgertum und Proletariat beruhte auf dem mit dem Fortschreiten der industriellen Revolution immer mehr hervortretenden ökonomischen Widerspruch zwischen dem besitzenden Kleinproduzenten und dem besitzlosen Arbeiter. Er war eine wichtige Ursache dafür, daß führende kleinbürgerliche Demokraten vor einem engen Kampfbündnis mit der Arbeiterklasse zurückschreckten und eine jakobinische Linie im Kampf gegen die Konterrevolution und für den Sieg der Demokratie in Deutschland ablehnten. Statt die von den Demokraten politisch repräsentierten Bevölkerungsschichten enger zusammenzuführen, war der zweite Demokratenkongreß weder den proletarischen noch den kleinbürgerlichen Interessen gerecht geworden. Diese Tatsache machte die nationale Organisation der Demokratie nicht nur weithin aktionsunfähig, sondern führte auch teilweise zu ihrem Zerfall.

Diese Entwicklung im gesamtnationalen Maßstab bedeutete aber nicht, daß sich in jedem Falle auf provinzieller oder lokaler Ebene ein gleiches Bild zeigte. Gerade in vielen Klein- und Mittelstaaten, besonders in Sachsen und Baden, vermochte die kleinbürgerliche Demokratie ihre Positionen bis zu den Maiaufständen 1849 entscheidend zu stärken.

5. Das politische Wirken des zweiten Centralausschusses

Der auf dem zweiten Demokratenkongreß neugewählte Centralausschuß setzte sich aus wesentlich entschiedeneren Demokraten zusammen als der erste. Sein führender Kopf, K. L. J. D'ESTER, Abgeordneter auf der äußersten Linken im preußischen Parlament, stand als Mitglied des Bundes der Kommunisten mit Karl MARX in Verbindung, obwohl er nicht in allen Fragen genau die politische Konzeption der »Neuen Rheinischen Zeitung« vertrat.

Als der neue Centralausschuß seine Tätigkeit aufnahm, hatten sich die Bedingungen für ein fruchtbares politisches Wirken erheblich verschlechtert. In Berlin stand die Konterrevolution auf dem Sprunge, das preußische Abgeordnetenhaus auseinanderzujagen und die revolutionäre Volksbewegung niederzuschlagen. Begünstigt durch die Feigheit der liberalen Bourgeoisie, gelang der konservative Staatsstreich trotz des passiven Widerstandes und des Steuerverweigerungsbeschlusses der kleinbürgerlich-demokratischen preußischen Abgeordneten. Der Centralausschuß versuchte vergeblich, eine bewaffnete Erhebung des Volkes gegen die Regierung BRANDENBURG vorzubereiten und auszulösen. Nach dem Sieg der Konterrevolution in Preußen wurde der Centralausschuß in die Illegalität getrieben und mußte nach der Ausweisung von K. L. J. D'ESTER

aus Berlin zunächst nach Köthen, dann nach Halle, schließlich Anfang 1849 nach Leipzig übersiedeln.

Der Verlauf des zweiten Demokratenkongresses, insbesondere die Wahl eines neuen Führungsgremiums, das eine revolutionäre Linie verfolgte, hatten dazu geführt, daß eine Anzahl lokaler und provinzieller demokratischer Organisationen, vor allem in Süd- und Mitteldeutschland, den neuen Centralausschuß nicht mehr anerkannte. Diese Vereine schlossen sich jetzt meist dem von den Frankfurter Linken ausgehenden gemäßigt demokratischen ⁊ Centralmärzverein (CMV) an, der dem Centralausschuß hinsichtlich der Einflußnahme auf die deutsche Demokratie erfolgreich Konkurrenz machte.

Unter diesen Umständen verfolgte der Centralausschuß bei der von ihm betriebenen Reorganisation der organisierten demokratischen Bewegung das Ziel, nur die wirklich revolutionär gesinnten demokratischen Vereine zu erfassen. Er grenzte sich in einem geheimen Rundschreiben vom 22. Januar 1849 vom CMV ab, suchte den Einfluß der gemäßigten Demokratie durch die Herausgabe des »Urwählers« zurückzudrängen und entsandte in verschiedene Gebiete Deutschlands Emissäre zum Aufbau der politischen Verbindungen. Durch eine Kombination legaler und illegaler Mittel bemühte sich der Centralausschuß, die Voraussetzungen für einen neuen Aufschwung der revolutionären Bewegung, für die Durchführung einer »zweiten« Revolution zu schaffen, deren Bedingungen im Frühjahr 1849 mit der veränderten außenpolitischen Lage und mit den Auseinandersetzungen um die deutsche Reichsverfassung heranreiften. Zu diesem Zweck beteiligte er sich an der unter dem Einfluß des russischen Anarchisten BAKUNIN entstehenden geheimen Verbindung zwischen preußischen, sächsischen, tschechischen und polnischen Revolutionären, deren Ziel es war, die in diesen Ländern teils vorbereiteten, teils erwarteten Volksaufstände gegen die europäische Konterrevolution zu koordinieren und ihren siegreichen Verlauf zu sichern. In Leipzig arbeitete der Centralausschuß eng mit dem Zentralkomitee der Arbeiterverbrüderung zusammen, das seit Anfang des Jahres 1849 zu revolutionär-demokratischen Positionen gefunden hatte. K. L. J. D'ESTER gab die

Anregung zu neuen Formen der Kontrolle der demokratischen Abgeordneten durch das Volk. Er veranlaßte und förderte die Bildung von Urwählerkomitees, die den Abgeordneten die Wünsche ihrer Wähler nahebrachten und ihre parlamentarische Tätigkeit kritisch prüften.

Die energische Tätigkeit des Centralausschusses, namentlich K. L. J. D'ESTERS, die bei dem rapiden Anwachsen der Zahl der demokratischen Vereine zwischen Oktober 1848 und April 1849 auch organisatorische Erfolge zeitigte, war dennoch nicht in der Lage, die aus ihrem vorwiegend kleinbürgerlichen Klassencharakter resultierenden Schwächen der nationalen Organisation der deutschen Demokratie zu eliminieren. In Erwartung einer neuen revolutionären Welle, die nur vom Proletariat zielbewußt geführt werden konnte, und unter Anknüpfung an das gewachsene Klassenbewußtsein der deutschen Arbeiter orientierten daher Karl MARX und Friedrich ENGELS und die deutschen Kommunisten seit Mitte April 1849 auf das Entstehen einer deutschen Arbeiterpartei. Sie lösten ihre organisatorischen Bindungen zur kleinbürgerlich-demokratischen Parteiorganisation sowohl auf lokaler als auf nationaler Ebene und sagten sich damit auch vom Centralausschuß los.

Einen letzten Versuch, die revolutionäre kleinbürgerliche Demokratie Deutschlands zu zentralisieren und sie zur Führung einer revolutionären Massenbewegung zu befähigen, unternahm der Centralausschuß unmittelbar am Vorabend der Reichsverfassungskampagne gemeinsam mit dem aus dem *CMV* ausgetretenen Teil der ↗ *Fraktion Donnersberg (FD)* vom Frankfurter Parlament. Es wurden Verhandlungen zur Werbung polnischer Offiziere geführt, Aufstandspläne ausgearbeitet und der Gedanke entwickelt, ein nur aus Demokraten zusammengesetztes neues Parlament in Frankfurt als führendes Zentrum der neuen deutschen Revolution zu konstituieren. Jedoch reiften diese Pläne nicht aus, da die Reichsverfassungskampagne vorzeitig losbrach. In ihrem Verlauf kämpften zwar viele kleinbürgerliche Demokraten mutig, jedoch stellte das deutsche Kleinbürgertum als Klasse seine Unfähigkeit, den revolutionären Kampf erfolgreich zu führen, unter Beweis.

6. Quellen und Literatur

Die wichtigste Quelle für die Erforschung der demokratischen Bewegung von 1848/49 ist die zeitgenössische demokratische Tagespresse. Unter ihr nimmt die von Karl Marx und Friedrich Engels geleitete »Neue Rheinische Zeitung«, in der neben Berichten über den ersten und zweiten Demokratenkongreß auch die Manifeste und Aufrufe des ersten Centralausschusses erschienen sind, den bedeutendsten Platz ein. Teilnehmer der beiden Kongresse berichteten über deren Verlauf sehr instruktiv auch in lokalen demokratischen Zeitungen. Das Protokoll des ersten Demokratenkongresses hat Gerhard Becker[10] veröffentlicht; das des zweiten ist als Beilage der Berliner »Volksblätter« erschienen. Viele Dokumente aus der Tätigkeit des ersten Centralausschusses wurden in einer Arbeit von Werner Boldt[11] neu abgedruckt. Wichtige Vorgänge in der demokratischen Bewegung haben nur in den Polizei- und Gerichtsakten der nachrevolutionären Zeit ihren Niederschlag gefunden. Es handelt sich dabei um beschlagnahmte Materialien demokratischer Organisationen und Persönlichkeiten; für die Geschichte des ersten Centralausschusses ist insbesondere der in die Hände der preußischen Polizei geratene NL Eduard Meyens im StA Potsdam wichtig.

Eine umfassende Geschichte der demokratischen Bewegung in Deutschland 1848/49 gibt es weder von bürgerlicher noch von marxistischer Seite. Begonnen hat dagegen die Erforschung der demokratischen Parteientwicklung auf regionaler und lokaler Ebene. Die Untersuchungen von Rolf Weber[12] für Sachsen und von Herbert Peters[13] für die preußische Provinz Sachsen beruhen auf marxistisch-leninistischen Positionen. W. Boldt[14] und Dieter Langewiesche[15] analysierten die württembergische Demokratie; neben sozialgeschichtlichen Aspekten enthalten ihre Arbeiten auch gängige Thesen der älteren bürgerlichen Literatur. Joachim Paschen[16] stellte seine Monographie über die demokratischen Vereine in Preußen in den ideologischen Bezugsrahmen der bürgerlichen Parteiengeschichtsschreibung. Die Geschichte der Wiener Demokratie und ihres Verhältnisses zur Arbeiterbewegung hat durch Wolfgang Häusler[17] eine ertragreiche und niveauvolle Darstellung erfahren. Für Berlin liegt die als Materialdarbietung wichtige, aber zu unproblematisch geschriebene Untersuchung von Gustav Lüders[18] vor. Weiterführende Beiträge thematischer und biographischer Art haben G. Becker[19] und Karl Obermann[20] geliefert.

Anmerkungen

1 Gerhard Becker: Das Protokoll des ersten Demokratenkongresses vom Juni 1848. In: Die bürgerlich-demokratische Revolution von 1848/49 in Deutschland. Studien zu ihrer Geschichte und Wirkung, Bd. 2 = Jahrbuch für Geschichte, Bd. 8, Berlin 1973, S. 379 ff.

2 Dresdner Morgenblatt, Nr. 171 vom 19. 6. 1848.

3 G. Becker, S. 388.

4 Neue Rheinische Zeitung, Nr. 24 vom 24. 6. 1848.

5 Ebenda.

6 Zit. in: Gustav Lüders: Die demokratische Bewegung in Berlin im Oktober 1848, phil. Diss. Leipzig 1908, S. 139.

7 Neue Rheinische Zeitung, Nr. 130 vom 21. 10. 1848.

8 Ebenda. Nr. 133 vom 3. 11. 1848.

9 G. Becker: Die »soziale Frage« auf dem zweiten demokratischen Kongreß 1848. Zur Entstehung und zum Charakter des »Kommissionsgutachtens über die soziale Frage«. In: ZfG, 15. Jg. (1967), H. 2, S. 260 ff.

10 G. Becker, siehe Anm. 1.

11 Werner Boldt: Die Anfänge des deutschen Parteiwesens. Fraktionen, politische Vereine und Parteien in der Revolution 1848. Darstellung und Dokumentation, Paderborn 1971.

12 Rolf Weber: Die Revolution in Sachsen 1848/49. Entwicklung und Analyse ihrer Triebkräfte, Berlin 1970.

13 Herbert Peters: Die preußische Provinz Sachsen in der Revolution 1848/49, phil. Diss. B, Halle 1979 (MS).

14 W. Boldt: Die württembergischen Volksvereine 1848–1852, Veröffentlichungen der Kommission für geschichtliche Landeskunde in Baden-Württemberg, Bd. 59, Stuttgart 1970.

15 Dieter Langewiesche: Liberalismus und Demokratie in Württemberg zwischen Revolution und Reichsgründung = Beiträge zur Geschichte des Parlamentarismus und der politischen Parteien, Bd. 52, Düsseldorf 1974.

16 Joachim Paschen: Demokratische Vereine und preußischer Staat. Entwicklung und Unterdrückung der demokratischen Bewegung während der Revolution von 1848/49 = Studien zur modernen Geschichte, Bd. 22, München–Wien 1977.

17 Wolfgang Häusler: Von der Massenarmut zur Arbeiterbewegung. Demokratie und soziale Frage in der Wiener Revolution von 1848, Wien–München 1979.

18 G. Lüders, siehe Anm. 6.

19 G. Becker, siehe Anm. 9.

20 Karl Obermann: Karl Ludwig Johann D'Ester. In: Aus der Frühgeschichte der deutschen Arbeiterbewegung, Berlin 1964.

Rolf Weber

Centralmärzverein (CMV)
1848–1849

Der CMV war die von der Linken der Frankfurter Paulskirche gegründete und unter ihrer Führung stehende Dachorganisation eines großen Teils der verschiedenartigen demokratischen Vereine, vor allem in Mittel- und Süddeutschland. Mit seiner Hilfe versuchten die linken Parlamentsabgeordneten, eine Einheitsfront der bürgerlich-linksliberalen und kleinbürgerlich-demokratischen Kräfte gegen die vordringende adlige Konterrevolution, zur Verteidigung der im März 1848 errungenen demokratischen Freiheiten zu schaffen und die Einigung Deutschlands auf dem Wege des Zusammenwirkens von Frankfurter Nationalversammlung und Volksbewegung ohne gewaltsame revolutionäre Auseinandersetzung herbeizuführen. Die unentschlossene, zu Kompromissen neigende und von Illusionen erfüllte Haltung des demokratischen Kleinbürgertums fand in der politischen Linie des CMV ihren Ausdruck. Während der Reichsverfassungskampagne brachen die Widersprüche zwischen den heterogenen Gruppen im CMV offen aus und führten zur Abspaltung eines Teils der äußersten Linken. Durch den CMV wurde die demokratische Massenbewegung desorientiert und ihre Radikalisierung behindert, wodurch objektiv den antidemokratischen, partikularistischen Mächten Vorschub geleistet wurde.

Vorstand

Wilhelm Adolph von TRÜTZSCHLER (Dresden); Franz RAVEAUX (Köln); Gottfried EISENMANN (Würzburg); später für W. A. VON TRÜTZSCHLER und G. EISENMANN, Christian SCHÜLER (Jena) und Ludwig SIMON (Trier)

Schriftführer

Max SIMON (Breslau); Hugo WESENDONCK (Düsseldorf); Wenzel RAUS (Mährisch-Wolframitz)

Sitz des Vereins

Frankfurt (Main)

Generalversammlung

am 6. Mai 1849 in Frankfurt (Main)

Vereinspresse

»Parlamentskorrespondenz«, die an die Redaktionen von etwa 100 Zeitungen versandt wurde.

1. Gründung und Charakter des CMV

Die Bildung des CMV stand im engen Zusammenhang mit der durch die Siege der Konterrevolution in Wien und Berlin im Oktober und November 1848 herbeigeführten Änderung im politischen Kräfteverhältnis in Deutschland. Die Niederlage der Demokratie und der Triumph der Reaktion in den zwei größten deutschen Staaten ließen einen Erfolg der demokratischen und liberalen deutschen Nationalbewegung immer fraglicher erscheinen. In dieser Krisensituation hatten sich die völlige Bedeutungslosigkeit des Frankfurter Parlaments, seine Unfähigkeit, auf die Ereignisse Einfluß zu nehmen und sich gegenüber den Regierungen Achtung zu verschaffen, sowie der konterrevolutionäre Charakter seiner großbürgerlichen Mehrheit erneut offenbart. Zugleich verloren die linken Gruppierungen der deutschen Nationalversammlung, die wegen ihrer unentschlossenen Haltung, ihrer mangelnden Verbundenheit mit den revolutionären Kräften des Volkes und ihrer erfolglosen parlamentarischen Opposition schon längere Zeit der Kritik ausgesetzt gewesen waren, immer mehr an politischem Prestige in der demokratischen Gesamtbewegung. Die an sie gerichteten Aufforderungen, aus diesem Parlament, das sich zum

Instrument der Konterrevolution hatte herabwürdigen lassen, auszutreten, waren häufiger geworden.

Als die Linke durch die Weigerung der Mehrheit der Paulskirche, die von der preußischen Nationalversammlung beschlossene Steuerverweigerung als Kampfmittel gegen das Ministerium Brandenburg gutzuheißen, erneut eine parlamentarische Niederlage erlitt, erkannte sie, daß sie vor eine Entscheidung gestellt war. Sie konnte entweder aus der Nationalversammlung austreten und sich ganz der Vorbereitung eines revolutionären Aufschwungs widmen – das setzte allerdings revolutionäre Gesinnung voraus – oder einen Weg beschreiten, der am weiteren parlamentarischen Wirken festzuhalten gestattete, dabei aber erfolgversprechender als der bisherige zu sein schien. Angesichts dieser Lage entstand der Gedanke, den CMV zu bilden. Gegen Stimmen, die für ein Ausscheiden aus der Paulskirche waren, machte am 21. November 1848 auf einer gemeinsamen Sitzung der Abgeordneten der *Fraktion Donnersberg (FD)*, der ↗ *Fraktion Deutscher Hof (FDH)* und der ↗ *Fraktion Westendhall (FW)* der linksliberale ostpreußische Gutsbesitzer Conrad von Rappard den Vorschlag, unter Führung der Linken in Deutschland »großartige Assoziationen« zu bilden[1], deren Aufgabe es sein müsse, gemeinsam mit der Frankfurter parlamentarischen Opposition die Märzerrungenschaften zu erhalten, der Konterrevolution entgegenzutreten und die Einigung Deutschlands herbeizuführen. Ohne den völlig andersartigen Charakter des politischen Kampfes und seiner Bedingungen in Deutschland in Rechnung zu stellen, wurde in der weiteren Diskussion dieser Vorschlag vor allem mit dem Hinweis auf erfolgreiche friedliche Massenbewegungen in England begründet, wie z. B. die Agitation gegen die Getreidezölle. Da die Reaktion augenscheinlich das ganze Einigungswerk zunichte zu machen drohte, gelang es, die nicht unbeträchtlichen politischen Gegensätze zwischen den linken Parlamentsgruppen zeitweilig zu überbrücken und sich in einer einheitlichen Organisation zusammenzufinden.

Auf einer erneuten gemeinsamen Fraktionssitzung erklärten am 23. November unter dem Vorsitz des sächsischen radikalen Demokraten W. A. von Trützschler die Abgeordneten der *FD* und der *FDH* ihre Bereitschaft, den CMV zu gründen. Die innerhalb der vereinigten Linken am weitesten rechts stehende *FW* spaltete sich am 29. November wegen der Frage des Beitritts zum CMV. Nachdem ihr einige programmatische und personelle Konzessionen gemacht worden waren, stieß der linke Flügel dieser Gruppe zum CMV. Das geschah nicht zuletzt in der Absicht, in ihm das gemäßigte Element zu stärken, radikale Beschlüsse zu verhindern und dem Übergang zu einer revolutionären Taktik vorzubeugen.

Der Kompromißcharakter des CMV als eines Konglomerats verschiedener politischer Richtungen kam in der Zusammensetzung des Vorstandes deutlich zum Ausdruck. Sie widerspiegelte zugleich die soziale Struktur der gesamten Frankfurter Linken, in der die bürgerlichen Intellektuellen das Übergewicht über kleinbürgerliche und bourgeoise Elemente besaßen. Mit Ausnahme von F. Raveaux, einem Kölner Kaufmann, und G. Eisenmann, der ursprünglich praktischer Arzt, dann politischer Publizist war, gehörten alle Politiker des Führungsgremiums des CMV dem Advokaten- und Richterstande an.

Da der Gründung des CMV die Konzeption zugrunde lag, eine breite Einheitsfront all derer zu bilden, die positive Ergebnisse von der deutschen Revolution erwarteten, alle Kräfte vom radikalen Kleinbürgertum bis zur linksliberalen Bourgeoisie zusammenzufassen, war sein Programm, das Anfang Dezember gemeinsam mit dem Organisationsstatut und einem Aufruf an das deutsche Volk in der Presse und als Flugblatt verbreitet wurde, sehr kurz, sehr allgemein und verschwommen gehalten:

»Wir wollen die Einheit Deutschlands.
Wir wollen, daß die Freiheit als das natürliche Eigentum der Nation anerkannt werde, nicht als ein Geschenk oder Gabe, die ihm nach Belieben von irgendeiner Seite zugemessen wird.
Wir wollen, daß die Nation die Einschränkungen dieser Freiheit selbst bestimmt und sich nicht aufdrängen läßt, daß aber ein jeder sich diesen Einschränkungen zu unterwerfen hat.
Wir wollen die Berechtigung für das Gesamtvolk, wie für das Volk eines jeden einzelnen Landes, sich seine Regierungsform selbst festzusetzen und einzurichten, zu verbessern und umzugestalten, wie es ihm zweckdienlich erscheint, weil jede Regierung nur um des Volkes willen da ist.

Wir wollen, daß die Verfassungen, welche der Gesamtstaat und die einzelnen deutschen Staaten sich geben, Bestimmungen enthalten, nach denen sie auf friedlichem, gesetzlichem Wege geändert und verbessert werden können.

Wir wollen, daß die auf solcher Grundlage errichteten Verfassungen von dem Gesamtstaate garantiert werden.

Damit auf diese Art die Revolution zu Ende gebracht und ein dauernder Zustand der Gesetzlichkeit, des Friedens und der Wohlfahrt der deutschen Nation und der einzelnen deutschen Volksstämme gesichert werde.«[2]

Aus diesem Programm geht hervor, daß die Errichtung eines auf liberalen Verfassungsprinzipien beruhenden, aber im einzelnen nicht näher charakterisierten deutschen Nationalstaats die Hauptlosung war. Übereinstimmung herrschte darin, daß er eine bundesstaatliche Struktur erhalten sollte, worüber sich die bürgerlichen Liberalen und die Mehrheit der kleinbürgerlichen Demokratie schon stets einig gewesen waren. Die entschiedeneren Kräfte der Frankfurter Linken opferten in diesem Programm ihren Koalitionsabsichten mit der linksliberalen Bourgeoisie zahlreiche demokratische Grundsätze. Sie verleugneten ihre republikanische Überzeugung, indem sie die Frage offenließen, ob das einige Deutschland als Monarchie oder Republik konstituiert werden solle. Sie verzichteten auf die ausdrückliche Wahrung der Volkssouveränität, indem sie sich nicht gegen das Vereinbarungsprinzip aussprachen und sich beeilten, notwendige »Einschränkungen der Freiheit« in Rechnung zu stellen. Vor allem hielten sie am nur parlamentarischen Wege des Kampfes um ihre Ziele fest. Noch stärker als in diesem Programm war in dem beigefügten Aufruf an das deutsche Volk formuliert, daß den antinationalen Kräften nur »auf friedlichem Wege durch gesetzliche Mittel« entgegengetreten werden solle.[3]

Unbestreitbar ist, daß die Gründer des CMV das subjektiv ehrliche Anliegen hatten, nach Mitteln und Wegen zu suchen, um der Konterrevolution, die sie als den Hauptfeind des deutschen Volkes erkannten, zu begegnen und ein einheitliches Deutschland zu schaffen. Daneben spielten parlamentstaktische Erwägungen eine große Rolle bei der Gründung des CMV. Die Frankfurter Linke wollte ihren in der demokratischen Öffentlichkeit stark gesunkenen Kredit durch Einflußnahme auf die Volksbewegung heben, wollte Vertrauen unter den Massen gewinnen und ihre Volksverbundenheit unter Beweis stellen. Sie betrachtete eine von ihr beherrschte demokratische Massenbewegung als williges Werkzeug, mit dem sie, ohne den parlamentarischen Boden zu verlassen, besser als bisher der großbürgerlich-liberalen Mehrheit der Paulskirche entgegenzutreten hoffte.

Zum damaligen Zeitpunkt war der Zustand der demokratischen Bewegung in Deutschland für die Absichten des CMV relativ günstig. Der zweite Demokratenkongreß in Berlin Ende Oktober hatte die dringend notwendige Aufgabe einer strafferen Zentralisierung der demokratischen Vereine Deutschlands, ihrer engen Zusammenarbeit auf der Grundlage eines klaren Programms und einer erfolgversprechenden Taktik nicht gelöst. Dem neugewählten ↗ Centralausschuß der Demokraten Deutschlands (Centralausschuß) hatte sich wegen seiner größeren Entschiedenheit nur ein Teil der demokratischen Vereine West-, Mittel- und Norddeutschlands angeschlossen, so daß die süd- und mitteldeutsche demokratische Volksbewegung ohne zentrale Führung war.

Gründung und Tätigkeit des CMV entsprachen jedoch in keiner Weise den Erfordernissen des Kampfes gegen die Konterrevolution und für die Demokratie in Deutschland. Am verhängnisvollsten war, daß gerade zu dem Zeitpunkt, als die Reaktion in Österreich und Preußen mit brutaler Gewalt, unter rücksichtslosem Einsatz aller Machtmittel, die Revolution in ihren Ländern niedergeschlagen hatte, die Frankfurter Linke das Volk dazu aufrief, auf jeden gewaltsamen Widerstand gegen die Konterrevolution zu verzichten. Die These vom »gesetzlichen Widerstand« ist, wie die »Neue Rheinische Zeitung« damals schrieb, »die beliebte Phrase aller derer, welche mit schönen Redensarten und Kammeroppositionen eine Revolution umgehen zu können glauben«, sie ist ein Deckmantel für »Halbheit, Unentschlossenheit und Redseligkeit«.[4] Nachdem die österreichische und preußische Regierung ihre antinationalen Absichten nicht nur offen enthüllt, sondern im gewissen Grade auch bereits verwirklicht hatten, konnte die deutsche Revolution nur durch eine ideologisch-politisch vorbereitete revolutionäre Erhebung der Volksmassen siegreich zu Ende geführt werden. Mit seinen pazifistischen Losungen wirkte der CMV dieser Aufgabe entgegen, desorientierte das Volk und nährte unter ihm parlamentarische Illusionen. Damit machte er sich zu einem »bewußtlosen Werkzeug der Konterrevolution«.[5]

Ebenfalls illusionär war das Bestreben der Frankfurter demokratischen Abgeordneten, mit Teilen der liberalen Bourgeoisie, die seit dem Pariser Juniaufstand von einer indirekten immer mehr zu einer offenen Unterstützung der Konterrevolution übergegangen war, eine gemeinsame Organisation zu bilden. Das beruhte auf einer falschen Einschätzung ihrer Klassenposition und auf der typisch kleinbürgerlichen Neigung zu Kompromissen. »Die Linke macht sich zur Mitschuldigen an diesem großen Betruge, indem sie dem Volke die so teuer erkaufte Einsicht wieder zu rauben, die Parteiunterschiede wieder zu verwischen und die Parteien miteinander zu vereinbaren sucht, die nur im Kampfe miteinander abrechnen können.«[6] Tatsächlich gelang es nicht, die Masse der linksliberalen Abgeordneten der Paulskirche und der unter liberaler Führung stehenden Vereine in Deutschland für den CMV zu gewinnen.

Wie die Linke der Paulskirche die politischen Potenzen der liberalen Bourgeoisie falsch beurteilte, so verkannten ihrerseits die Liberalen das Wesen des CMV gründlich, wenn sie ihn als Keim eines Gegenparlaments gegen die deutsche Nationalversammlung betrachteten und in ihm eine Organisation sahen, die sich die Verbreitung revolutionärer Gedanken im Volk zum Ziele gesetzt habe.

Karl MARX und Friedrich ENGELS und die »Neue Rheinische Zeitung« lehnten den CMV entschieden ab, da er geeignet war, die revolutionäre Volksbewegung zu demoralisieren. Sie bezeichneten es als »die Pflicht jedes guten Demokraten, seinem Treiben nach Kräften entgegenzuwirken.«[7] Karl MARX wies es als eine Verleumdung zurück, als der CMV versuchte, vor der deutschen Öffentlichkeit die »Neue Rheinische Zeitung« als ein mit ihm in enger Verbindung stehendes Organ zu bezeichnen. Die Polemik gegen diese Organisation der Frankfurter Linken durchzieht die »Neue Rheinische Zeitung« von Dezember 1848 bis zu ihrer Unterdrückung Mitte Mai

1849. In ihr offenbarte sich der Gegensatz zwischen einer revolutionären, sich vor allem auf die Arbeiterklasse und die entschiedensten Teile des Kleinbürgertums stützenden Demokratie, die der konsequente Sachwalter der Interessen der Nation war, und einer gemäßigten Demokratie, die aus Furcht vor einer revolutionären Erhebung des Volkes mit den Verbündeten der Konterrevolution paktierte.

2. Organisation und Tätigkeit des CMV

Der CMV war eine Massenorganisation mit gering entwickelter Verbandsdemokratie. Seine Grundorganisationen bildeten die Märzvereine, die sog. Zweigvereine, die sich auf provinzieller oder Länderebene jeweils einem Zentralausschuß unterstellten, der gewählt oder der Ausschuß des Märzvereins der größten Stadt des Landes oder der Provinz sein konnte. Diese Zentralausschüsse hatten die Hauptlast der politischen Tätigkeit zu tragen. Über den Lokal-, Provinzial- und Länderorganisationen stand der Centralverein, den alle dem CMV beigetretenen Abgeordneten der Paulskirche bildeten. Der Vorstand des CMV wurde nur von den Angehörigen des Centralvereins, nicht von einer Generalversammlung des Gesamtvereins gewählt, die in den Organisationsgrundsätzen gar nicht vorgesehen war. Er entzog sich damit der Kontrolle durch die Mitglieder. Der Centralverein nahm für sich das Recht in Anspruch, die politische Linie des CMV allein zu bestimmen, und hatte nur die Verpflichtung, »die übrigen Vereine von denjenigen Schritten, deren Vornahme er für zweckmäßig hält, in Kenntnis zu setzen«.[8] Die Arbeit des Centralvereins und des Vorstandes des CMV war darauf gerichtet, den Zweigvereinen über die Zentralausschüsse Direktiven zu geben, durch deren Verwirklichung das parlamentarische Wirken der Frankfurter Linken unterstützt wurde. Eine eigenständige Tätigkeit sollten die lokalen und regionalen Märzvereine nicht entwickeln. Der CMV war nicht als politisches Kampfinstrument, sondern als politische Propagandaorganisation konzipiert. Der Centralverein bildete zahlreiche Kommissionen entsprechend den in der Nationalversammlung zur Debatte stehenden und zur Entscheidung gelangenden Fragen, ähnlich den Ausschüssen des Parlaments. Im Centralverein wurden Probleme vorbesprochen, die Diskussionsredner der Linken für die Debatten bestimmt und ein gemeinsames Vorgehen bei den Abstimmungen im Parlament vereinbart.

Dem CMV kam es in erster Linie darauf an, sich bereits bestehende demokratische oder liberale Vereine als Zweigvereine anzugliedern. Diese konnten sich in »Märzverein« umbenennen oder ihren bisherigen Namen beibehalten, wofür sie sich in der Regel entschieden. Am raschesten breitete sich der CMV in jenen Gebieten Deutschlands aus, in deren Sozialstruktur Proletariat und Bourgeoisie nur eine geringe Rolle spielten und das städtische und ländliche Kleinbürgertum absolut dominierte. Da das proletarische Element in der Volksbewegung dieser Gebiete weitgehend fehlte, waren die demokratischen Vereine meist auf politisch gemäßigten Positionen verblieben und entsprachen damit dem ideologischen Niveau der Frankfurter Linken. »Es ist dies eine Demokratie ohne Saft und Kraft, der es gerade so sehr an Klarheit der Auffassung wie an Energie des Handelns fehlt und welche ... zum größten Teil nicht weiß, was sie will.«[9]

So unterstellte sich ohne größere Auseinandersetzungen die kleinbürgerliche Demokratie Badens, die durch die zwei mißglückten Putschversuche vom April und September in ihrer Entwicklung zurückgeworfen worden war, dem CMV. Die in ihrem Charakter recht gemäßigten, nicht eindeutig republikanischen Volksvereine Württembergs verwandelten sich in Bestandteile des CMV »mit einem Enthusiasmus und einer Einhelligkeit, die im übrigen Deutschland nicht bestanden hat.«[10] In Bayern gab es die beiden miteinander rivalisierenden Zentren München und Nürnberg, von wo aus das Netz der Märzvereine ausgedehnt wurde. Eine starke Stütze war hier der *Verband der fränkischen Vereine für Volksfreiheit*, der sich geschlossen dem CMV angliederte. Bayern war der einzige deutsche Staat, in dem der CMV in geringem Umfang Einfluß auf liberal-konstitutionelle Vereine erhielt.

In diesen süddeutschen Staaten trug die Agitation des CMV mit dazu bei, daß im Frühjahr 1849 die Vereinsbewegung weiter zahlenmäßig rasch anwuchs. Vereine, die sich erst zu diesem Zeitpunkt bildeten, nannten sich nun auch durchweg »Märzverein«.

Das war auch in einigen thüringischen Staaten der Fall. Hier wurden Altenburg und Rudolstadt Zentren der Organisation. In den Monaten Dezember und Januar 1848/49 sammelten sich in diesen Märzvereinen die Republikaner, deren Vereine durch das Eingreifen der Frankfurter Zentralgewalt im Herbst 1848 sich selbst hatten auflösen müssen oder unterdrückt worden waren. Gegenüber ihrer Haltung in den vorausgegangenen Monaten war mit dem Hinüberwechseln zu den Märzvereinen unverkennbar eine Abschwächung ihrer politischen Entschiedenheit verbunden.

Aus dem norddeutschen Bereich schlossen sich nach anfänglichem Schwanken, das durch die Abneigung gegen die vorübergehende parlamentarische Zusammenarbeit der Frankfurter Linken mit den Ultramontanen und den konservativen österreichischen Abgeordneten verursacht war, nur die Volksvereine Schleswig-Holsteins dem CMV an, die einen ganz ähnlichen Charakter wie die süddeutschen besaßen.

Die Vaterlandsvereine Sachsens, die weit radikaler als die demokratischen Vereine anderer deutscher Länder waren, traten dem CMV bei, weil ihnen die führende Mitarbeit der Abgeordneten der äußersten Linken, von denen viele wie W. A. von Trützschler aus Sachsen stammten, die Gewähr zu bieten schien, daß die neugebildete Organisation nicht vor revolutionären Konsequenzen zurückschrecken werde. Da sie irrtümlich annahmen, daß mit dem CMV die deutsche Demokratie ein entschiedenes Führungszentrum gewonnen habe und sein Programm nur eine taktische Verschleierung revolutionärer Zielsetzungen sei, lehnten die Delegierten der sächsischen Vaterlandsvereine auf ihrer 4. Generalversammlung am 2. Dezember 1848 einen bisher allseitig unterstützten Antrag ab, die sächsischen Abgeordneten aus der Paulskirche abzuberufen, und beschlossen, die Anerkennung des Berliner *Centralausschusses* aufzuschieben, bis der CMV ihm gegenüber seine Haltung festgelegt haben würde. Sogar die links von den Vaterlandsvereinen stehenden republikanischen Splittergruppen in Sachsen, die sich am

27. Dezember 1848 zum *Demokratisch-Republikanischen Zentralverband* vereinigt hatten, traten unter dem Eindruck dieser Fehleinschätzung dem CMV bei. Es wird damit deutlich, daß dem CMV eine beträchtliche Zahl von Vereinen angehörte, die in ihrer demokratischen Haltung wesentlich entschiedener waren als die Frankfurter Linke.

Neben den Organisationen der kleinbürgerlich-demokratischen Partei stießen nicht selten auch Arbeitervereine zum CMV, die unter kleinbürgerlicher Führung standen und eng mit den demokratischen Vereinen liiert waren. In Sachsen war die Haltung der Arbeitervereine zum CMV nicht einheitlich; während viele sich infolge ihrer engen organisatorischen Bande zu Vaterlandsvereinen als automatisch dem CMV angeschlossen betrachteten, befragten andere darüber das Leipziger Zentralkomitee der *Arbeiterverbrüderung*, das von einem Beitritt abriet.

In einigen demokratischen Organisationen, besonders in Schlesien und in Hessen-Darmstadt, kam es unter dem Einfluß der »Neuen Rheinischen Zeitung« zu lebhaften Auseinandersetzungen über die Zweckmäßigkeit eines Anschlusses, die in den meisten Fällen damit endeten, daß die Vereine eine Verbindung zum CMV mieden und sich dem radikaleren Berliner *Centralausschuß* unterstellten, der der Märzvereinsbewegung ablehnend gegenüberstand.

Auf dem Höhepunkt seiner Entwicklung, Ende März 1849, umfaßte der CMV 950 demokratische Vereine verschiedenen politischen Charakters mit mehr als 500 000 Mitgliedern.

Neben dem Auftreten in der Nationalversammlung erstreckte sich die Tätigkeit der Führung des CMV vor allem auf das Abfassen von lithographierten Artikeln, Rundschreiben, Aufrufen und Manifesten, die über die Zentralausschüsse der Länder und Provinzen an die Zweigvereine gesandt wurden und die die demokratische Bewegung koordinieren und für die Unterstützung der Frankfurter Linken mobilisieren sollten.

Die Rundschreiben und Artikel nahmen zu aktuellen politischen Fragen Stellung. Einer der ersten dieser Artikel beschäftigte sich mit der oktroyierten preußischen Verfassung vom 5. Dezember 1848. Zahlreiche Aufrufe verbreitete der CMV im Zusammenhang mit der Verkündung der Grundrechte. Diese waren eine Zusammenfassung der bürgerlichen Freiheitsrechte nach dem Vorbild westeuropäischer Verfassungen. Durch ihre Publizierung wollte sich die Frankfurter Nationalversammlung ins Gedächtnis der Nation zurückrufen und eine erste Abschlagszahlung auf die künftige deutsche Reichsverfassung leisten. Der CMV rief das deutsche Volk auf, den 18. Januar 1849, den Tag der Einführung der Grundrechte, mit großen Feiern zu begehen. Als sich die größeren deutschen Regierungen weigerten, die Grundrechte anzuerkennen und in Geltung zu setzen, forderte der CMV zur Absendung von Petitionen an die Regierungen und Kammern und zur Abhaltung von Volksversammlungen auf.

Über die Beurteilung der Grundrechte kam es zur ersten großen Auseinandersetzung innerhalb der vom CMV beherrschten demokratischen Bewegung. Während die gemäßigt-demokratischen Vereine in ihnen die Garantie für eine demokratische Entwicklung Deutschlands sahen, wiesen die radikalen Vereine und Presseorgane auf ihren begrenzt bürgerlichen Charakter und auf die Tatsache hin, daß sie so lange bedeutungslos blieben, wie die Nationalversammlung kein Mittel fand, die widerstrebenden Regierungen zur Annahme zu zwingen.

Bei den Auseinandersetzungen über die Formulierung der Reichsverfassung, die das Geschehen in der Nationalversammlung seit Herbst 1848 bis Ende März 1849 erfüllten, ging es der Linken um den Anschluß der deutschen Teile Österreichs an das künftige deutsche Reich, um die Verhinderung eines preußischen Erbkaisertums und um die Verankerung möglichst vieler demokratischer Prinzipien in der Verfassung. Ihr parlamentarischer Kuhhandel mit ultramontanen und schwarzgelben Kräften einerseits und mit der preußisch orientierten Erbkaiserpartei andererseits führte zur Aufnahme des allgemeinen Wahlrechts in die Verfassung. Das bewertete der CMV in dem Aufruf an die Märzvereine vom 3. März 1849 als einen ersten großen Sieg. Dabei machte er die angeblich mangelhafte politische Aktivität der Volksbewegung dafür verantwortlich, daß die Verfassung nicht noch demokratischer gestaltet worden sei, und rief zu einem Adressenfturm mit diesem Ziel auf: »Noch ist es Zeit, die Verfassung abzuändern. Durch Petitionen im großartigsten Maße mit Millionen von Unterschriften, durch Volksversammlungen, durch die Presse, in Vereinen und in den Volksvertretungen der Einzelländer muß das Volk dahin streben, die dringend notwendigen Verbesserungen der Reichsverfassung durchzusetzen.«[11] Insgesamt erhielt der CMV etwa 1 400 Adressen, die in vielen Fällen eine sehr energische Sprache führten und mit einer neuen Revolution drohten, wenn die Forderungen des Volkes nicht erfüllt werden würden. Durch solche Resolutionen allein, bei denen es der CMV bewenden ließ, konnte die großbürgerlich-liberale Mehrheit der Paulskirche allerdings nicht beeindruckt und zum Nachgeben gegenüber den Forderungen der Linken veranlaßt werden.

3. Die Rolle des CMV beim Kampf um die Durchsetzung der Reichsverfassung

Mit der Wahl des preußischen Königs zum deutschen Kaiser wurde am 28. März 1849 das Verfassungswerk der deutschen Nationalversammlung abgeschlossen. Es war das Resultat eines Kompromisses zwischen einem Teil der gemäßigten Linken und der Erbkaiserpartei. Für das Zugeständnis des allgemeinen Wahlrechts hatte die gemäßigte Linke dazu beigetragen, daß ein bei den demokratischen Massen verhaßter Fürst zum Oberhaupt des deutschen Reiches gewählt worden war, wobei einige Abgeordnete der Linken offen für FRIEDRICH WILHELM IV. gestimmt hatten.

Obwohl ein preußisches Erbkaisertum an der Spitze Deutschlands ein Hohn auf die Demokratie war, und ungeachtet zahlreicher undemokratischer Einzelbestimmungen, stellte sich die gesamte Frankfurter Linke geschlossen hinter die Reichsverfassung und trat für ihre unbedingte Verwirklichung ein. Die Linke, die sich damit formell einem Mehrheitsbeschluß beugte, entschied sich zu diesem Schritt auch in dem Wunsch, die Revolution mit einem, wenn auch mageren, positiven Resultat abzuschließen und so einer neuen revolutionären Erhebung vorzubeugen. Sie geriet aber sofort in größte Schwierig-

keiten, als sich der preußische König weigerte, die ihm angetragene Kaiserkrone anzunehmen, und als die Regierungen der größeren deutschen Staaten es ablehnten, die Reichsverfassung anzuerkennen.

Jetzt brachen die schon seit seiner Gründung schwelenden Differenzen im CMV offen aus und bedrohten seine weitere Existenz.

Die revolutionären Kräfte innerhalb der deutschen Demokratie, die sich mit Recht durch die Reichsverfassung um die Früchte ihrer Bemühungen während der Revolution gebracht sahen und deutlich erkannten, daß die Reichsverfassung am Widerstand der Regierungen scheitern werde und ein einiges demokratisches Deutschland nur durch eine neue, revolutionäre Erhebung zu erkämpfen sei, griffen jetzt den CMV frontal an und lösten ihre Verbindungen zu ihm. Unverhüllt gingen sie gegen die antirevolutionäre Gesinnung der Führung des CMV an.

In seinem »Offenen Sendschreiben an die Märzvereine« vom 4. April 1849 lehnte es der Heidelberger *Volksbund* als mit der Würde der Demokratie unvereinbar ab, entsprechend einer Aufforderung des CMV erneut Sympathieerklärungen an die Nationalversammlung zu richten. Das Volk habe als einzige Waffe nur noch die Revolution, die in der Vergangenheit weniger durch ihre offenen Feinde als durch solche »Volksfreunde« zugrunde gerichtet worden sei, »welche den größten Teil des Märzvereins« ausmachten. In diesem Sendschreiben, das den Beifall der »Neuen Rheinischen Zeitung« fand, wurde klar die verhängnisvolle Funktion des CMV erkannt: »Die Mitglieder des Märzvereins haben durch Zögern und Unentschlossenheit die alte Revolution erstickt und dadurch die neue notwendig gemacht; jetzt aber suchen sie dieselbe nach Kräften zu verhindern.«[12] Von der Erkenntnis der objektiv verräterischen Rolle der Mehrheit der Frankfurter Linken ließ sich auch der Jenenser demokratische Verein leiten, als er sich am 9. April 1849 auf einem Kongreß der demokratischen Organisationen Thüringens in Apolda vom CMV lossagte.

Zwei Tage später, am 11. April 1849, brach das Frankfurter Führungsgremium des CMV, der Centralverein, auseinander. In ihrer Ratlosigkeit darüber, wie nach der Ablehnung der Kaiserkrone durch FRIEDRICH WILHELM IV.

die Reichsverfassung verwirklicht werden könne, setzte die Mehrheit der Linken weiterhin ihre Hoffnungen auf ein erfolgreiches Zusammenwirken mit der liberalen Bourgeoisie, auf die Einsicht und schließliche Nachgiebigkeit der deutschen Regierungen und erklärte deshalb in einem Beschluß ausdrücklich, an allen Bestimmungen der Verfassung, auch an der erbkaiserlichen Spitze, unverändert festhalten zu wollen. Daraufhin beschlossen unter der Führung W. A. VON TRÜTZSCHLERS 24 Abgeordnete der *FD* – die knappe Mehrheit dieser Fraktion –, jede fernere Koalition mit der Kaiserpartei abzulehnen und erklärten ihren Austritt aus der »vereinigten Linken« und dem CMV. Sie hielten zwar im allgemeinen an der Reichsverfassung fest, waren aber der Meinung, daß die Frage, wer an die Spitze Deutschlands treten solle, wieder offen und nur im republikanisch-demokratischen Sinne zu lösen sei.

Diese äußerste Linke der Frankfurter Nationalversammlung fand, unterstützt von der sich radikalisierenden Massenbewegung in Deutschland, jetzt zu revolutionären Positionen und unternahm den Versuch, die dem CMV angeschlossenen Vereine auf ihre Linie zu ziehen. In einem Aufruf an die Märzvereine in Deutschland vom 20. April erklärte sie, der CMV gefährde die Entschiedenheit der demokratischen Partei, erschwere durch sein Bündnis mit der liberalen Bourgeoisie die Durchführung konsequent demokratischer Grundsätze und biete nicht die Gewähr für einen erfolgreichen Kampf um die Verwirklichung der Volkssouveränität. Zugleich wurde in dem Aufruf mitgeteilt, daß die Abgeordneten der äußersten Linken mit den Zentralausschüssen des CMV in den Ländern und Provinzen in Verbindung getreten seien, um die entschieden demokratischen Vereine Deutschlands in einer wirksamen Weise zu zentralisieren.

Es zeigte sich jetzt, daß die revolutionären Kräfte des deutschen Kleinbürgertums die Bewegung für die Reichsverfassung benutzen wollten, um sie nach Möglichkeit über ihre Grenzen hinaus zur Erkämpfung der demokratischen Republik zu führen. Obwohl diese Initiative vielerorts Beifall fand – auch die »Neue Rheinische Zeitung« begrüßte sie, wenn sie auch keine zu großen Hoffnungen daran knüpfte –, so kam sie doch zu spät, um noch entscheidende Wirkungen zeitigen zu können. Die Autorität des CMV blieb in dem überwiegenden Teil der von ihm beherrschten demokratischen Bewegung des deutschen Südens unerschüttert.

In den entscheidenden Wochen der Reichsverfassungskampagne im Mai und Juni 1849 blieb die politische Taktik des CMV hilflos und war nach wie vor von dem Bestreben geleitet, die Aktivität der Volksmassen nicht bis zur revolutionären Erhebung zu steigern. Als es der im wesentlichen von den Märzvereinen getragenen Volksbewegung in Württemberg gelang, den König zur Anerkennung der Reichsverfassung zu zwingen, sah sich der CMV für einen Augenblick in der Richtigkeit seines Vorgehens bestätigt. Er hoffte durch zahlreiche Volksversammlungen, durch Adressen und Petitionen an die widerstrebenden Einzelregierungen, der Reichsverfassung zur Anerkennung zu verhelfen. Seine geräuschvolle, sich in Erklärungen und Manifesten erschöpfende Aktivität machte auf gemäßigt-demokratische Kreise noch Eindruck. Während die entschieden republikanischen Kräfte sich von ihm abwandten, erklärte am 6. Mai der *Verband der demokratisch-konstitutionellen Vereine der Rheinprovinz und Westfalens* auf seinem Kongreß in Deutz den Anschluß an den CMV, »um zur Vollziehung der für die Durchführung der Reichsverfassung zu beschließenden Maßregeln einen Zentralpunkt zu erlangen.«[13]

Als die preußische und sächsische Regierung in provokatorischer Weise ihre für die Reichsverfassung eintretenden Kammern auflösten und damit ihre Entschlossenheit zeigten, sich weiterhin der Volksbewegung zu widersetzen, sah sich der CMV zur Überprüfung seiner Taktik gezwungen. Zu diesem Zweck fand am 6. Mai 1849 die einzige Generalversammlung des CMV in Frankfurt (Main) statt, zu der annähernd 2000 Delegierte der Zweigvereine erschienen. Den Vorsitz führte Julius FRÖBEL. Die einleitenden Ausführungen F. RAVEAUX' warnten vor Überstürzung, ermahnten zur Einigkeit und ließen erkennen, daß die Frankfurter Linke trotz der vor der Tür stehenden Konterrevolution noch keinesfalls ihre parlamentarischen Illusionen überwunden hatte. Der Vorschlag einer Gruppe von Delegierten, wonach die Linke aus der

Paulskirche austreten und die Führung der Revolution in die Hand nehmen sollte, wurde abgelehnt. Mit der Losung, daß gegenwärtig nicht der Kampf, sondern die Vorbereitung des Kampfes auf der Tagesordnung stünde, gelang es, viele der nach Taten drängenden Delegierten für die Beschlüsse des Kongresses zu gewinnen.

Es wurden zwei Aufrufe angenommen. Der erste richtete sich an das deutsche Heer und forderte die Soldaten auf, Ehre und Vaterlandsliebe höher zu stellen, als die Treue gegenüber der Willkürherrschaft der Fürsten. In recht geschickter Weise appellierte der Aufruf an die materiellen Interessen der einfachen Soldaten. Der CMV wollte mit der Gewinnung der Soldaten für die Nationalversammlung den konterrevolutionären Regierungen ihre schärfste Waffe im Kampf gegen die Reichsverfassung aus der Hand schlagen.

Der Aufruf an das deutsche Volk wies auf die von Preußen und Rußland drohenden Gefahren für Deutschland hin und schloß mit der Aufforderung: »Wer Waffen tragen kann, rüste sich, sie zu gebrauchen. Bildet Wehrvereine, schließt euch aneinander! Schließt euch uns und dem Centralmärzverein an. Einheit tut vor allem not! Einheit des Planes, Einheit der Tat! Einzeln können wir unterliegen, vereinigt müssen wir siegen!«[14]

Zugleich faßte die Generalversammlung noch einige Beschlüsse über die weitere Organisation und Politik des CMV. Eine Kommission, engerer Vertrauensausschuß genannt, wurde mit der geheimen Organisation des CMV — »bei der offenen Revolution vor der Tür«, wie die »Neue Rheinische Zeitung« sarkastisch ergänzte[15] — beauftragt, während ein Wehrausschuß die Vorbereitung des bewaffneten Kampfes in Angriff nehmen sollte. Die Ablehnung eines Antrages, die eben in der Pfalz ausgebrochene Erhebung gegen die Konterrevolution zu unterstützen, und die weitere Politik der Frankfurter Linken beweisen aber, daß diese Maßnahmen nicht ernst gemeint waren. Auch auf den Volksversammlungen der nächsten Tage wiegelten führende Mitglieder des CMV die zur Erhebung bereiten Massen mehr ab, als daß sie sie zum Kampf ermunterten. Die Führung des CMV blieb bei ihrer Linie, auch fernerhin nur die Vorbereitung des Kampfes zu predigen,

zu einem Zeitpunkt, wo an vielen Stellen in Deutschland bereits mit der Waffe in der Hand gekämpft wurde.

Die weitere Geschichte des CMV ist mit der Agonie der deutschen Nationalversammlung identisch. In dieser erlangten im letzten Drittel des Mai mit dem Austritt der Erbkaiserlichen und anderer Gruppen die Linken die Mehrheit. Die drohende Besetzung Frankfurts durch preußische Truppen veranlaßte das Rumpfparlament, sich für einen anderen Tagungsort zu entscheiden. Anstatt sich aber nach Baden, in das Zentrum der Reichsverfassungskampagne zu begeben, schwankte die Linke nur, ob sie Stuttgart oder Darmstadt wählen solle. Mit dem Beschluß, nach Stuttgart zu gehen, wich sie erneut dem revolutionären Kampf aus, ohne aber in dem Eifer, Aufrufe an das deutsche Volk zu richten, nachzulassen. Seit dem 6. Juni in Stuttgart tagend, setzte sie eine 5köpfige Reichsregentschaft ein, von der bombastische Befehle erteilt wurden, die aber niemand befolgte. Schließlich wurde das Rumpfparlament am 18. Juni 1849 von württembergischem Militär auseinandergejagt.

4. Quellen und Literatur

Die Akten des CMV wurden am 15. Mai 1849 verbrannt, um sie dem Zugriff der Konterrevolution zu entziehen. Die wichtigste Quelle ist die zeitgenössische demokratische Tagespresse, in der die Aufrufe des CMV erschienen sind. In ihren Korrespondenzberichten aus Süd- und Südwestdeutschland, zuweilen auch in Leitartikeln, hat sich insbesondere die »Neue Rheinische Zeitung« intensiv mit dem CMV auseinandergesetzt. Das geschah vor allem in Nr. 181 vom 29. Dezember 1848 und Nr. 248 vom 14. März 1849.

Die einzige dem Gegenstand direkt gewidmete Arbeit ist die kurze Broschüre von Hugo Geßner[16], die den CMV von der Position des Renegatentums behandelt. In der neueren Literatur wurde verschiedentlich im Zusammenhang mit der Erforschung der demokratischen Bewegung und des Frankfurter Parlaments auf den CMV eingegangen. Seine widerspruchsvollen Beziehungen zur Fraktion Donnersberg untersuchte Gunther Hildebrandt[17], während Werner Boldt[18] und Rolf

Weber[19] sein Verhältnis zur württembergischen bzw. sächsischen Demokratie
analysierten. Wichtige Hinweise auf die Ent-
stehungsgeschichte des CMV enthalten die
von Ludwig Bergsträßer herausgegebenen
Briefe und Tagebücher.[20]

Anmerkungen

1 Das Frankfurter Parlament in Briefen und Tagebüchern. Hrsg. Ludwig Bergsträßer, Frankfurt 1929, S. 165.
2 Flugblatt. In: Museum für Geschichte der Stadt
Leipzig, Abt. Arbeiterbewegung.
3 Ebenda.
4 Neue Rheinische Zeitung, Nr. 181 vom
29. 12. 1848.
5 Ebenda.
6 Ebenda, Nr. 248 vom 17. 3. 1849.
7 Ebenda, Nr. 181 vom 29. 12. 1848.
8 Siehe Anm. 2.
9 Neue Rheinische Zeitung, Nr. 273 vom
15. 4. 1849, 2. Ausgabe.
10 Jacques Droz: Les révolutions Allemandes de
1848, Paris 1957, S. 581.
11 Dresdner Zeitung, Nr. 63 vom 15. 3. 1849.
12 Neue Rheinische Zeitung, Nr. 263 vom
4. 4. 1849.
13 Ebenda, Nr. 292 vom 8. 5. 1849. Außerordentliche Beilage.
14 Zit. in: Veit Valentin: Geschichte der deutschen
Revolution 1848–1849, Berlin 1931, Bd. 2,
S. 463.
15 Neue Rheinische Zeitung, Nr. 295 vom
11. 5. 1849.
16 Hugo Geßner: Der Central-März-Verein, ein
Fragment zur Beleuchtung der deutschen Bewegung, München 1850.
17 Gunther Hildebrandt: Parlamentsopposition auf
Linkskurs. Die kleinbürgerlich-demokratische
Fraktion Donnersberg in der Frankfurter Nationalversammlung 1848/49 = Akademie der
Wissenschaften der DDR, Schriften des Zen-
tralinstituts für Geschichte, Bd. 41, Berlin
1975.
18 Werner Boldt: Die württembergischen Volksvereine 1848–1852 = Veröffentlichungen der
Kommission für geschichtliche Landeskunde in
Baden-Württemberg, Bd. 59, Stuttgart 1970.
19 Rolf Weber: Die Revolution in Sachsen 1848/49.
Entwicklung und Analyse ihrer Triebkräfte,
Berlin 1970.
20 Ludwig Bergsträßer (Hrsg.): Das Frankfurter
Parlament in Briefen und Tagebüchern, Frankfurt 1929.

Rolf Weber

Centralstelle für Vorbereitung von Handelsverträgen (CVH) 1897–1919

Der CVH war eine vom Verein zur Wahrung der Interessen der chemischen Industrie getragene Interessenorganisation von Handels-, Bank- und Industriekreisen, die für eine Fortführung der Handelsvertrags- und Zollpolitik Caprivis eintraten und sich gegen die von den Interessen des Großgrundbesitzes und der Schwerindustrie diktierte Schutzzollpolitik wandten. Mit der zeitweisen Abschwächung der innerindustriellen Interessengegensätze nach der Annahme des Zolltarifes von 1902 erfolgte im Rahmen der Industriellen Interessengemeinschaft eine Annäherung an den ↗ Zentralverband Deutscher Industrieller (ZDI) und damit bei weiterer formaler Selbständigkeit die Aufgabe einer eigenständigen wirtschaftspolitischen Wirksamkeit. Im April 1919 ging die CVH im neugebildeten ↗ Reichsverband der Deutschen Industrie (RDI) auf.

Vorsitzender des Geschäftsführenden Ausschusses

Carl Alexander MARTIUS (1897–1919)

I. Stellvertreter des Vorsitzenden

Ludwig Max GOLDBERGER (1897–1914); Louis RAVENÉ (1914–1919)

Geschäftsführer

Max VOSBERG-REKOW (1897–1907; August ETIENNE (1907–1919)

Mitglieder

1898 32 korporative, 452 Einzelmitglieder
1902 57 korporative, 492 Einzelmitglieder

Generalversammlungen (sämtlich in Berlin)

1. am 17. Dezember 1898
2. am 19. und 20. Januar 1900
3. am 22. Januar 1901
4. am 22. Februar 1902
5. am 23. Mai 1903
6. am 6. Dezember 1904
7. am 24. Januar 1906[1]

Publikationen

»Schriften der Centralstelle für Vorbereitung von Handelsverträgen«, Heft 1 (1898) – Heft 26 (1906)

Die seit den 70er Jahren wachsende Bedeutung der zoll- und handelspolitischen Aktivitäten des Staates verstärkte die Bestrebungen der wirtschaftlichen Interessenorganisationen der herrschenden Klassen, Einfluß auf die entsprechenden wirtschaftspolitischen Entscheidungen des Staatsapparates zu nehmen. Während der ↗ ZDI bereits seit dem Übergang zur Schutzzollpolitik 1879 feste Positionen in der Zusammenarbeit mit den Reichsbehörden erreicht hatte, beklagten vor allem die exportorientierte Fertigwarenindustrie, die neueren Industriezweige wie die Chemieindustrie, aber auch die Handelskammern noch während der Kanzlerschaft CAPRIVIS ihre unzureichende Heranziehung bei der Ausarbeitung der Zollsätze. Versuche des *Deutschen Handelstages* (↗ *Deutscher Industrie- und Handelstag [DIHT]*) in den Jahren 1893/94, einen ständigen Zollbeirat zur Sammlung und Auswertung der industriellen Tarifforderungen aufzubauen, scheiterten an der Ablehnung des *ZDI*.[2] Als Anfang 1897 sich die Absichten der Reichsregierung abzuzeichnen begannen, die Handelsvertragspolitik zugunsten einer von den Interessen des Großgrundbesitzes und der Schwerindustrie diktierten Schutzzollpolitik aufzugeben, trat der *Verein zur Wahrung der Interessen der chemischen Industrie Deutschlands* am 23. März 1897 mit einem Aufruf zur Gründung einer Zentralstelle hervor, die eine ständige industrielle Einflußnahme auf die Gestaltung des Zolltarifs und der Handelsverträge gewährleisten sollte.[3] Die damit verbundene Forderung, daß die Leitung einer derartigen Organisation nicht in die Hände einer Körperschaft gelegt werden dürfe, die als Vertretung eines »wirtschaftlichen Parteiprogramms« betrachtet würde war in erster Linie gegen den *ZDI* gerichtet.[4] Dementsprechend rief das Projekt unterschiedliche Reaktionen hervor. Während der ZDI eine Beteiligung kategorisch ablehnte[5] und der *Deutsche Handelstag* sich abwartend verhielt, nahm der ↗ *Bund der Industriellen (BdI)* an den Vorbereitungsarbeiten der CVH teil.

An der Gründungsversammlung der CVH am 23. August 1897 in Berlin beteiligten sich Vertreter von 48 Vereinen und Verbänden. Die Gründung der CVH war nicht nur von scharfen Angriffen seitens des *ZDI* begleitet[6], sondern insbesondere von den parallellaufenden Vorbereitungen der Konstituierung des *Wirtschaftlichen Ausschusses zur Vorbereitung und Begutachtung handelspolitischer Maßnahmen.* Die Bildung dieses Ausschusses beim Reichsamt des Innern institutionalisierte nicht nur das Bündnis zwischen Großgrundbesitzern und Montanmonopolisten, sondern bildete auch einen direkten Gegenschlag des ZDI gegen die CVH. Neben dem *Deutschen Handelstag* sah auch der *Bund der Industriellen* den Wirtschaftlichen Ausschuß als eine ausreichende Lösung an, um bei der Vorbereitung zur Neuregelung der Handelsverträge seine Forderungen durchzusetzen, und verzichtete dementsprechend auf eine weitere Zusammenarbeit mit der CVH.[7] So konzentrierten sich in der CVH in erster Linie Unternehmen der Chemieindustrie, des Brauereigewerbes, zahlreiche Handelskammern, darunter Leipzig und Frankfurt (Main), kleinere industrielle Fachverbände wie der *Deutsche Papierverein*, der *Verein Deutscher Düngerfabrikanten*, der *Deutsche Tabakverein*, traditionell freihändlerische Organisationen wie der *Verband deutscher Baumwollgarn-Konsumenten* sowie kleinere und mittlere Betriebe der Fertigwaren- und Exportindustrie. Entscheidend geprägt wurde die CVH vom *Verein zur Wahrung der Interessen der chemischen Industrie Deutschlands* und vom *Verein Berliner Kaufleute und Industrieller*, dessen Vorsitzender L. M. GOLDBERGER neben dem Chemieindustriellen C. A. MARTIUS das Profil der CVH wesentlich bestimmte. Seit 1901 gehörte Georg GOTHEIN, Reichstagsabgeordneter der ↗ *Freisinnigen Vereinigung (FVg)*, dem Großen Ausschuß

der CVH an, in den im Mai 1903 auch Felix DEUTSCH, Direktor der AEG, gewählt wurde. Hjalmar SCHACHT begann seine Laufbahn im Dienste des deutschen Imperialismus als wissenschaftlicher Mitarbeiter in der Verwaltung der CVH.

In seinen Satzungen stellte sich die CVH die Aufgabe,

»alle diejenigen Angehörigen der Erwerbsstände zusammenzuschließen, welche die Weltmarktstellung Deutschlands durch Verfolgung einer sachkundigen und steten Handelspolitik sichern und kräftigen wollen.«[8] Dieses Ziel versuchte die CVH zu erreichen durch »1. Förderung des Abschlusses von Handels- und Schiffahrtsverträgen. 2. Beschaffung und Bearbeitung des erforderlichen Materials. 3. eine der Entwicklung des deutschen Außenhandels günstige Ausgestaltung der Zolltarife und des Verkehrswesens. 4. Einwirkung auf den Abschluß internationaler Verträge im Sinne einer dem deutschen Interesse entsprechenden Regelung des gewerblichen Rechtsschutzes im Auslande. 5. Berichte an die Mitglieder, durch Besprechungen in der Öffentlichkeit, sowie durch Herausgabe von Abhandlungen und Schriften über die Bedürfnisse der nationalen Wirtschaft, über die Produktions- und Verkehrsverhältnisse des In- und Auslandes, über die Lage des Weltmarktes, über den Absatz in den einzelnen Ländern und über die Bedeutung der hauptsächlichsten Welthandelsgüter. 6. Auskunftserteilung über Fragen der Handelspolitik, der Zollpolitik, des Tarifwesens, der Zollbehandlung und des internationalen Verkehrs überhaupt, sowie durch Raterteilung bei Streitigkeiten aus der Zollabfertigung und dem Grenzverkehr.«[9]

Die CVH mußte die Realisierung dieser Aufgabenstellung in scharfer Auseinandersetzung mit dem *ZDI* durchzusetzen versuchen. In einem denunziatorischen Schreiben an den Staatssekretär des Reichsamtes des Innern ging Geschäftsführer Henry Axel BUECK davon aus, daß die Bestrebungen der CVH »durchaus nicht darauf gerichtet sind, das Prinzip des Schutzes der nationalen Arbeit zu vertreten«, und daß das Vorgehen der CVH geeignet sei, »die Absichten und Maßnahmen des ›Wirtschaftlichen Ausschusses zur Vorbereitung und Begutachtung handelspolitischer Maßnahmen‹ zu durchkreuzen«.[10] H. A. BUECK stellte dem Staatssekretär anheim, mit dem Wirtschaftlichen Ausschuß »geeignete Maßnahmen gegen das Vorgehen der Centralstelle zu ergreifen«.[11] In der Presse des *ZDI* wurde die CVH als »freihändlerische

Centralstelle« charakterisiert[12], die in den »Kreisen der weniger umfangreichen Industrien die Befürchtungen zu erwecken (suche), daß ihren Interessen (im Wirtschaftlichen Ausschuß, H. G.) nicht die erforderliche Beachtung und Wahrung zuteil werden würde, weil sich nicht von allen diesen Industrien direkte Vertreter unter den Mitgliedern des ›Wirtschaftlichen Ausschusses‹ befinden«.[13] Zwar war die CVH bestrebt, jede offene Stellungnahme gegen den *Wirtschaftlichen Ausschuß* zu vermeiden, betonte vielmehr sogar, daß sie seine Arbeiten »zu ergänzen und zu unterstützen« bestrebt sei[14], bildete aber — seit 1900 gemeinsam mit dem von der CVH unterstützten ↗ *Handelsvertragsverein (Hv)* — in den Zolltarifkämpfen der Jahrhundertwende einen wichtigen Antipoden zur Zollpolitik der Junker und Montanindustriellen. Die Resolution der 1. Generalversammlung der CVH wandte sich »entschieden gegen extrem agrarische Forderungen« und betonte die »unumgängliche Notwendigkeit der Behauptung der ehrenvollen und gewinnbringenden Stellung, welche sich der deutsche Gewerbefleiß auf dem Weltmarkt errungen hat«.[15]

Zur Popularisierung dieser Grundposition der CVH konzentrierte sie sich 1898/99 auf die Herausgabe angeblich »klärender, handelspolitischer Schriften«, z. B. über die Handelspolitik der Hauptkonkurrenten des deutschen Imperialismus auf dem Weltmarkt, England und die Vereinigten Staaten, sowie eine Kritik der amtlichen Statistik des deutschen Außenhandels. Daneben erteilte die CVH ihren Mitgliedern vor allem Auskünfte in Zoll- und Frachtangelegenheiten. Mit dem weiteren Ausbau der Organisation ging die CVH verstärkt dazu über, handelspolitische Aufsätze und Mitteilungen der Tagespresse zu übermitteln[16] und durch Denkschriften und Eingaben an die Reichsbehörden wirksam zu werden. Gegenstand dieser Eingaben waren insbesondere die »ungerechtfertigte Zollbehandlung von Waren deutscher Herkunft in einzelnen Ländern des Weltmarktes« und die »Wahrung der deutschen Handelsinteressen im Auslande«.[17] Im Jahre 1900 erhielt die CVH eine zweifache Verstärkung, und zwar einmal durch den Beitritt der führenden deutschen Reedereien (Hamburg-Amerika-Linie, Norddeutscher Lloyd und Deutsche Levante-Linie), zum anderen durch die Gründung des *Hv*. Für die CVH war der *Hv* Ausdruck der wachsenden Erkenntnis in »den Kreisen des Handels und der Industrie«, daß es »für die Abwehr agrarischer Ansprüche einer systematischen Arbeit bedarf und daß für diese Arbeit ein agitatorisches Werkzeug geschaffen werden müsse«.[18] CVH und *Hv* verband »der Natur der Sache nach ein gutes, freundnachbarliches Verhältnis«[19], der organisatorische Ausbau des *Hv* wurde von der CVH durch Beamte ihres Apparates unterstützt (u. a. von Walter BORGIUS).

Die 4. Generalversammlung der CVH stand im Zeichen der Veröffentlichung des Entwurfs des neuen Zolltarifs. Die CVH begrüßte die feinere Detaillierung des Tarifs, die den Interessen der verschiedenen Industriezweige besser entsprach[20], beklagte aber Art und Ausmaß der Zollsätze. In einer Resolution erblickte die CVH »in der Sonderbegünstigung für landwirtschaftliche Produkte, insbesondere in der Einschaltung eines Minimaltarifs für Getreide, eine so bedenkliche Abweichung von den bis dahin mit Erfolg angewendeten handelspolitischen Grundsätzen, daß demgegenüber das Zustandekommen der künftigen Handelsverträge geradezu in Frage gestellt scheint«.[21] Die sich frühzeitig abzeichnende Mehrheit für eine schutzzöllnerische Handelspolitik veranlaßte die CVH zur Klage über die mangelnde Geschlossenheit der »Handelsvertragsfreunde«, über ihre Unfähigkeit, »sich auf einer mittleren und sachlichen Basis zu einer großen und maßgeblichen Handelsvertragspartei zusammenzuschließen … Die ganze große Rechte bis tief in die Mittelparteien hinein steht mutatis mutandis gegen Handelsverträge, — und die Handelsvertragspartei?«[22] Richard ROESICKE, führender Vertreter der ↗ *FVg* und Mitglied des Großen Ausschusses der CVH, forderte auf der 4. Generalversammlung dazu auf, daß angesichts der »fortgesetzten rücksichtslosen Steigerung der agrarischen Forderungen … der Industrie nichts anderes übrig (bleibe), als mit gleicher Rücksichtslosigkeit nur ihre eigenen Interessen zu betonen«.[23] Die Annahme des Bülowschen Zolltarifs, dessen Kernstück in der Erhöhung der Einfuhrzölle auf Agrarprodukte bestand, mußte demgemäß in der CVH eine negative Einschätzung finden. Im Jahresbericht 1902 wurde festgestellt, daß

»für den Außenhandel ungünstige Entscheidungen grundsätzlicher Art in dem neuen Tarifwerke untergelaufen sind« und sich nun die entscheidende Frage stellt, »ob es möglich sein wird, auf der Grundlage des neuen Zolltarifes langfristige Handelsverträge abzuschließen«. Mit dieser Bewertung des Zolltarifs war das Eingeständnis verbunden, daß nur ein Teil der Anträge und Anregungen, die die CVH der Zolltarifskommission des Reichstages unterbreitet hatte, Berücksichtigung gefunden hatte: »Viele andere freilich sind mit den Hoffnungen, welche ein großer Teil insbesondere der Ausfuhrindustrie auf den Tarif gesetzt hat, zu Grabe getragen worden.«[24] Angesichts dieser für die CVH unbefriedigenden handelspolitischen Gesamtkonstellation forderte sie eine »Politik der Schaffung von Kompensationen für die durch das neue System in erster Linie herbeigeführte Beeinträchtigung oder Erschwerung des Ausfuhrgeschäftes«.[25] Eine solche Kompensation erblickte die CVH vor allem in der Einführung der Zollrückvergütung und in der gesetzlichen Festlegung und Ausgestaltung des Veredlungsverkehrs.

Diese neuen, langfristigen Aufgabenstellungen, das verstärkte Bemühen, die Auskunftserteilung in Zollfragen zu intensivieren, die unveränderte Versorgung der Presse mit handelspolitischen Mitteilungen und auch die Erarbeitung eines Zollhandbuches konnten nicht verbergen, daß die CVH mit der Annahme des Zolltarifes und der darauf fußenden Handelsverträge sich die Frage nach der Berechtigung ihrer weiteren Existenz stellen mußte. Bereits im Jahresbericht 1903 sprach M. VOSBERG-REKOW davon, daß die CVH an der »sog. Übersättigung mit handelspolitischen Dingen« zu leiden habe.[26] Die CVH suchte angesichts der Lockerung ihrer Beziehungen zum *Verein zur Wahrung der Interessen der chemischen Industrie Deutschlands* und damit verbundener finanzieller Probleme die Zukunft ihrer Organisation durch Anlehnung an die führenden industriellen Unternehmerverbände zu sichern. Die Bildung der *Industriellen Interessengemeinschaft* im Dezember 1905 zwischen der CVH und dem *ZDI* wurde dadurch erleichtert, daß sich mit dem Abschluß der Handelsverträge 1905 die handelspolitischen Konfliktstoffe zeitweilig abschwächten. Die Initiierung der *Industriel-*

len Interessengemeinschaft, der der *BdI* und 1908 auch der *Verein zur Wahrung der Interessen der chemischen Industrie Deutschlands* beitraten, bedeutete einen Sieg des *ZDI* und das faktische Ende einer eigenen handelspolitischen Konzeption der CVH.[27] Die Aufnahme des Vorsitzenden und des Geschäftsführers der CVH in den Ausschuß des *ZDI* konnte diesen Sachverhalt nur notdürftig kaschieren. Das Auftreten von H. A. BUECK, STRESEMANN, August KEIM vom ↗ *Deutschen Flotten-Verein (DFV)* und Hermann PAASCHE, dem nationalliberalen Vizepräsidenten des Reichstages, auf der 7. Generalversammlung im Januar 1906 unterstrich die endgültige Einordnung der CVH in die reaktionäre Politik des deutschen Imperialismus. Die Notwendigkeit der *Industriellen Interessengemeinschaft* wurde bezeichnenderweise auch damit begründet, daß

»sich düster und bedenklich gemeinsame Gegner und Feinde zur Rechten und zur Linken (erheben), welche die Industrie und den Handel mit nicht mißzuverstehender Deutlichkeit darauf hinweisen, wie nötig es für sie und ihre Interessenvertretung ist, endlich einmal einig zu sein. Die agrarische Agitation mit ihrer einmütigen Energie und seltenen Geschlossenheit hat uns allen zum mindesten imponiert. Mit ähnlicher Energie und ähnlicher Rücksichtslosigkeit stehen auf der anderen Seite die Arbeitermassen zusammen, und die Zeit ist nahe herbeigekommen, in welcher die soziale Frage auch für die Handelspolitik eine Frage von allererster Bedeutung werden wird.«[28]

In den wirtschaftspolitischen Auseinandersetzungen vor dem ersten Weltkrieg spielte die CVH keine eigenständige Rolle mehr, wenn man davon absieht, daß führende Vertreter der CVH wie L. M. GOLDBERGER und L. RAVENÉ, 1909 in das Direktorium des ↗ *Hansa-Bundes für Gewerbe, Handel und Industrie (HB)* eintraten. Im Rahmen der *Industriellen Interessengemeinschaft* war die CVH im Frühjahr 1911 an einer für die Regierung bestimmten Denkschrift über »Deutschlands zollpolitische Stellung gegenüber dem Auslande« beteiligt. Während des ersten Weltkrieges beteiligte sich die CVH an den Mitteleuropaplanungen des deutschen Imperialismus. In einer diesbezüglichen Denkschrift wurden Vorschläge »für die zukünftige Gestaltung der handelspolitischen Beziehungen« zwischen Deutschland und Österreich-Ungarn unterbreitet.[29] Mit der

Bildung des *↗ Reichsverbandes der Deutschen Industrie (RDI)* im April 1919 ging die CVH in dem neuen Spitzenverband auf.

Quellen und Literatur

Einen guten Einblick in die Entwicklung und Tätigkeit der CVH vermitteln die »Schriften der Centralstelle für Vorbereitung von Handelsverträgen«. Die Hefte 6, 11, 15, 19, 23 und 26 enthalten die Berichte über die 1.–5. und die 7. Generalversammlung. Einzelne Materialien befinden sich im ZStA Potsdam, RMdI, Nr. 7897. Über die Entstehung der CVH gibt die Arbeit von Claus Ungewitter einen gewissen Aufschluß.[30] Über das Verhältnis der CVH zum Bund der Industriellen vermittelt Hans-Peter Ullmann »Der Bund der Industriellen. Organisation, Einfluß und Politik klein- und mittelbetrieblicher Industrieller im Deutschen Kaiserreich 1895–1914« (Göttingen 1976) bestimmte Aufschlüsse. Eine Darstellung der CVH liegt bisher nicht vor.

Anmerkungen

1 Weitere Generalversammlungen sind nicht nachweisbar.
2 Siehe Der Deutsche Handelstag. 1861–1911. Hrsg. vom Deutschen Handelstag, Berlin 1913, Bd. 2, S. 483.
3 Siehe Verein zur Wahrung der Interessen der chemischen Industrie Deutschlands. Ausgewählte Kapitel aus der chemisch-industriellen Wirtschaftspolitik. 1877–1927. Überreicht der 50jährigen Hauptversammlung von Claus Ungewitter, Berlin 1927, S. 382.
4 Ebenda, S. 383.
5 Verhandlungen, Mitteilungen und Berichte des Zentralverbandes Deutscher Industrieller, Nr. 74, Berlin 1897, S. 8.
6 Siehe Bericht über die Erste ordentliche Generalversammlung der Centralstelle für Vorbereitung von Handelsverträgen am 17. Dezember 1898, Berlin 1899, S. 2f.
7 Siehe Deutsche Industrie-Zeitung, Nr. 24 von Mitte Dezember 1898, S. 565.
8 ZStA Potsdam, Reichsamt des Innern, Nr. 7897, Bl. 16.
9 Ebenda.
10 H. A. Bueck an Arthur Graf von Posadowsky, 24. 1. 1898, In: Ebenda, Bl. 13.
11 Ebenda, Bl. 15.
12 Deutsche Industrie-Zeitung, Nr. 2 vom 11. 1. 1900, S. 18.
13 H. A. Bueck: Zur Abwehr gegen die Centralstelle zur Vorbereitung von Handelsverträgen. In: Ebenda, Nr. 16 von Mitte August 1898.
14 Bericht über die Erste ordentliche Generalversammlung, S. 3.
15 Ebenda, S. 6.
16 Siehe Bericht über die Zweite ordentliche Generalversammlung der Centralstelle für Vorbereitung von Handelsverträgen am 19. und 20. Januar 1900, Berlin 1900, S. 6.
17 Ebenda, S. 10.
18 Bericht über die Dritte ordentliche Generalversammlung der Centralstelle für Vorbereitung von Handelsverträgen am 22. Januar 1901, Berlin 1901, S. 5.
19 Ebenda.
20 Siehe Bericht über die Vierte ordentliche Generalversammlung der Centralstelle für Vorbereitung von Handelsverträgen am 22. Februar 1902, Berlin 1902, S. 32f.
21 Ebenda, S. 46. Siehe auch Mitteilungen des Handelsvertragsvereins, Nr. 17 vom 1. 3. 1902.
22 Bericht über die Vierte ordentliche Generalversammlung, S. 7.
23 Ebenda, S. 41.
24 Bericht über die Fünfte ordentliche Generalversammlung der Centralstelle für Vorbereitung von Handelsverträgen am 23. Mai 1903, Berlin 1903, S. 3 und 5.
25 Max Vosberg-Rekow: Nach dem Tarifkampfe. Handelspolitische Aufgaben der nächsten Zukunft, Berlin 1903, S. 19. (Schriften der Centralstelle für Vorbereitung von Handelsverträgen, H. 24).
26 Bericht über die Fünfte ordentliche Generalversammlung der Centralstelle für Vorbereitung von Handelsverträgen am 23. Mai 1903, Berlin 1903, S. 13. (Schriften der Centralstelle für Vorbereitung von Handelsverträgen, H. 23).
27 Siehe Frankfurter Zeitung, 18. 12. 1905.
28 Bericht über die Siebente ordentliche Generalversammlung der Centralstelle für Vorbereitung von Handelsverträgen am 24. Januar 1906, Berlin 1906, S. 21.
29 Siehe Verein zur Wahrung der Interessen der chemischen Industrie Deutschlands, S. 385.
30 Siehe Anm. 3.

Herbert Gottwald

Centralverein deutscher Staatsbürger jüdischen Glaubens e. V. (CV) 1893–1938

Der CV wurde von Menschen jüdischer Herkunft gegründet, die sich während des 19. Jh. im deutschen Volk assimiliert hatten, jedoch an ihrer Religion festhielten. Er kämpfte gegen den Antisemitismus und trat für die vollständige juristische und soziale Gleichstellung aller jüdischen Bürger des Deutschen Kaiserreiches ein. Das Programm des CV und das Klasseninteresse seiner zumeist bürgerlichen und kleinbürgerlichen Mitgliedschaft, unter deren führenden Kräften sich eine erhebliche Zahl von Großkapitalisten und Angehörigen der Intelligenz befand, stellte ihn an die Seite der bürgerlich-liberalen Kräfte. Mit ihnen stützte er auch die Politik des deutschen Imperialismus im ersten Weltkrieg. Er rief seine Mitglieder zur »Vaterlandsverteidigung« auf und berief sich nach Kriegsende auf das von jüdischen Deutschen auf den Schlachtfeldern vergossene Blut. Die weitgehende faktische Gleichstellung der Deutschen jüdischer Herkunft und Religionszugehörigkeit gehörte zu den demokratischen Ergebnissen der Novemberrevolution. Mit dem Aufkommen des Faschismus wurde das Errungene erneut und vollständig gefährdet. Dagegen setzte sich der CV wie andere antinazistische bürgerliche Kräfte mit untauglichen Mitteln zur Wehr. Am Beginn der faschistischen Diktatur rechnete die Vereinsführung noch damit, daß sie durch eine staatstreue Haltung den Antisemitismus und die Judenverfolgungen der Machthaber mäßigen und sich gar mit ihnen verständigen könne. Diese Absicht scheiterte. Immer stärker konzentrierte sich der CV, der keinerlei politischen Einfluß mehr besaß, auf die Hilfe für die Verfolgten, einschließlich der Fluchthilfe. Auf diesem Feld ließen ihn die Machthaber eine Zeitlang gewähren, bestand ihr Ziel doch zunächst in der Vertreibung aller Menschen jüdischer Herkunft aus dem Reich. 1938 erfolgte das Verbot des CV.

Vorsitzende

Martin MENDELSOHN (1893); Maximilian HORWITZ (1894–1917); Eugen FUCHS (1917–1923); Julius BRODNITZ (1923–1936); Ernst HERZFELD (1936 bis zum Verbot)

Mitglieder

1893 1 420
1913 36 000
1926 ca. 60 000, dann bis zum Ende der Weimarer Republik gleichbleibend

Organisation

1929 31 Landesverbände mit 550 Ortsgruppen; besondere Frauen- und Jugendgruppen

Presse

»Im Deutschen Reich« (Monatsschrift, 1895–1922)
»CV-Zeitung. Blätter für Deutschtum und Judentum« (Wochenschrift, 1922–1938, Auflagenhöhe 1926 ca. 65 000 bei kostenloser Versendung an alle Mitglieder)
»CV-Zeitung. Monatsausgabe für nichtjüdische Bürger« (Auflagenhöhe 1926: ca. 30 000, 1929 ca. 55 000 bei kostenloser Versendung als Aufklärungsschrift)

1. Die Entstehung des CV und seine Entwicklung im Kaiserreich und in der Weimarer Republik

Mit der Gründung des CV antworteten Staatsbürger jüdischer Herkunft auf den im Deutschen Kaiserreich sich ausbreitenden Antisemitismus. Diese reaktionäre ideologische

Strömung, in der sich der Übergang zum Imperialismus signalisierte, hatte Anfang der 80er Jahre zur Gründung mehrerer ↗ *Antisemitischer Parteien (1879–1894)* geführt, die zeitweilig einen – in den einzelnen Territorien des Reiches sehr unterschiedlichen – Einfluß in kleinbürgerlichen Kreisen erlangten. Die deutsche Sozialdemokratie bildete den entschiedensten Gegner des religiös und rassistisch motivierten Antisemitismus, der von den sozialen Hauptfragen abzulenken und verkehrte Kampffronten zu errichten trachtete.

Die Gründung des CV ging mit einer ideologisch-politischen Auseinandersetzung innerhalb der jüdischen Deutschen einher. In Raphael LÖWENFELDS Pamphlet »Schutzjuden oder Staatsbürger?« (1893) wurde jener veralteten Konzeption, wonach die jüdischen Menschen ihre Interessen dadurch sichern sollten, daß sie bei den jeweiligen Regenten oder Regierungen um besonderen Schutz nachsuchten, mit der Forderung entgegengetreten, die staatsbürgerliche Gleichberechtigung zu verteidigen oder – wo sie noch nicht erreicht war – zu erringen. Darin drückte sich der geistige und praktische Standort der Mehrheit der jüdischen Deutschen aus, die im Verlauf des 19. Jh. sich dem deutschen Volk fortschreitend assimiliert hatte, auf dem Glauben der Väter jedoch beharrte, wobei sie sich in übergroßer Zahl zum liberalen und nur noch in Resten zum orthodoxen Judentum bekannte.

In der Traditionslinie Gabriel RIESSERS und dessen Kampfes in der Frankfurter Nationalversammlung 1848/49 um die rechtliche Gleichstellung jüdischer Bürger stehend formulierte R. LÖWENFELD 6 Leitsätze:

»1. Wir sind nicht deutsche Juden, sondern deutsche Staatsbürger jüdischen Glaubens.
2. Wir brauchen als Staatsbürger keinen anderen Schutz als den der verfassungsmäßigen Rechte.
3. Wir gehören als Juden keiner politischen Partei an. Die politische Anschauung ist, wie die religiöse, Sache des einzelnen.
4. Wir stehen fest auf dem Boden der Nationalität. Wir haben mit den Juden anderer Länder keine andere Gemeinschaft, als die Katholiken und Protestanten mit den Katholiken und Protestanten anderer Länder.
5. Wir haben keine andere Moral als die unserer andersgläubigen Mitbürger.
6. Wir verdammen unsittliche Handlungen des einzelnen, wes Glaubens er sei. Wir lehnen die Verantwortung für die Handlungen des einzelnen Juden ab und verwahren uns gegen die Verallgemeinerung, mit der fahrlässige oder böswillige Beurteiler die Handlung des einzelnen Juden der Gesamtheit der jüdischen Staatsbürger zur Last legen.«[1]

Diese Leitsätze bildeten die Grundlage für das Programm des CV, der am 26. März 1893 gegründet wurde und im Mai des Jahres mit einem Aufruf an die Öffentlichkeit trat. Das Bekenntnis zur deutschen Staatsbürgerschaft und den aus ihr sich herleitenden Rechten und Pflichten und das Bekenntnis zum jüdischen Glauben, beides häufig auf die Kurzformel gebracht »Deutscher und Jude«, bildeten die Eckpfeiler der neuen Organisation. Damit war Standort bezogen und abgegrenzt. Zurückgewiesen war, und das entsprach dem Klasseninteresse bzw. Klassenverständnis des jüdischen Bürgertums und Kleinbürgertums, jedwede revolutionäre Haltung und Tätigkeit. Abgewiesen wurde jede zionistische Position, welche die Existenz einer jüdischen Nation oder eines jüdischen Volkes behauptete und sie als den ersten und am meisten verpflichtenden Bezugspunkt jüdischer Haltung markierte. 1913 wurde ein scharfer Trennungsstrich gegen den Zionismus und das Wirken der ↗ *Zionistischen Vereinigung für Deutschland (ZV)* gezogen und bestimmt, daß die Zugehörigkeit zum CV und die Anerkennung der These von der einheitlichen jüdischen Nation unvereinbar wären. Das schloß nicht aus, daß der CV Siedlungsprojekte – auch solche in Palästina – unterstützte, die er als die Errichtung von Zufluchtsstätten für verfolgte Juden verstand. Doch wandte er sich strikt gegen jede auf ein jüdisches Zentrum gerichtete Politik und gegen jedweden weltmissionarischen Anspruch.

Abgelehnt wurde auch jede dezidierte Parteinahme zugunsten einer politischen Partei oder einer religiösen Richtung, worin sich die organisatorische Auffächerung der jüdischen Deutschen in politische und Glaubensrichtungen widerspiegelte. Dennoch vergingen nach seiner Gründung rund anderthalb Jahrzehnte, bis die orthodoxe Richtung des Judentums die Bestrebungen des CV zu unterstützen begann. Verworfen wurde aber auch die Taufe – von jedem Schritt zum Atheismus ganz zu schweigen –, in der eine zunehmende Zahl jüdischer Menschen ihren letzten und abschließenden Schritt in einem langwierigen, sich über Generationen erstreckenden Assimilationsprozeß erblickten.

Die Satzung des CV legte fest: »Der CV deutscher Staatsbürger jüdischen Glaubens e. V. bezweckt, die deutschen Staatsbürger jüdischen Glaubens ohne Unterschied der religiösen und politischen Richtung zu sammeln, um sie in der tatkräftigen Wahrung ihrer staatsbürgerlichen und gesellschaftlichen Gleichstellung sowie in der unbeirrbaren Pflege deutscher Gesinnung zu stärken.« (§ 1)[2]

Diese Bestimmung enthielt eine gewisse Beschönigung der juristischen und tatsächlichen Situation der jüdischen Deutschen im Kaiserreich. Zwar war durch die Reichsgesetzgebung die Gleichberechtigung der Staatsbürger jüdischer Herkunft fixiert, faktisch aber wurden sie gerade durch den Staat bei der Besetzung von Posten — etwa im Behördenapparat des Reiches, der Länder und Gemeinden, in Armee und Justiz, im Dienst an Universitäten und Hochschulen sowie in der Diplomatie — ganz ausgeschlossen oder hintangesetzt. Die Gleichstellung war demnach keineswegs nur zu wahren, sie mußte in manchem Belang erst noch erkämpft werden. In Landesgesetzen fanden sich gar noch antijüdische Rechtsregeln.

Angesichts des Anwachsens des Antisemitismus, auf Grund des Interesses der jüdischen Bürger nach gleichen Rechten und Chancen und wegen seiner breiten Plattform, gewann der CV rasch an Einfluß und wurde die mitgliederstärkste Organisation der Deutschen jüdischen Glaubens. Doch selbst in der Zeit seines größten Wachstums — am Ende der Weimarer Republik — erfaßte er nur wenig mehr als ein Zehntel aller Menschen mit jüdischem Religionsbekenntnis. Der CV verstand sich als eine Organisation, welche die Rechte der jüdischen Deutschen gegenüber jedermann vertrat, für die Abwehr des ideologischen und praktischen Antisemitismus focht, Aufklärung über die Geschichte der Juden und die jüdische Religion betrieb und für einen gewissen Zusammenhalt der Deutschen jüdischen Glaubens sorgte.

Die Verfechtung der geschmälerten oder gar ganz vorenthaltenen Rechtsansprüche rückte die juristische Arbeit in der Tätigkeit des CV auf einen bevorzugten Platz. Nicht zufällig gehörte zu den Gründern und leitenden Mitgliedern der Organisation eine große Zahl von Juristen. 1896 gründete der CV eine Rechtsschutzstelle, die alle jüdischen Deutschen in Rechtsfragen kostenfrei beriet und auch ihre kostenlose Verteidigung sicherstellte, sofern sie wegen ihres Judentums angegriffen worden waren. Die geistige Abwehr des Antisemitismus, dem der CV mit seiner Zeitschrift, durch die Verbreitung von Broschüren und Flugblättern, durch die Förderung wissenschaftlicher Arbeiten und deren Publikation und durch Vorträge entgegentrat, konzentrierte sich vor allem auf die Zurückweisung der gängigsten antijüdischen Hetze wie der Lüge vom Ritualmord, der Verleumdung des Talmud als einer Quelle jüdischer Unsittlichkeit, darunter insbesondere der Behauptung, er enthalte eine ausdrückliche Meineidserlaubnis, und dem Versuch, das rituale Schächten als Ausdruck besonderer Grausamkeit der Juden hinzustellen. Gleichzeitig wies der CV die wissenschaftliche Haltlosigkeit der antijüdischen Rassentheorien nach (↗ *Verein zur Abwehr des Antisemitismus [Abwehrverein]*). So viel Scharfsinniges auch von den Propagandisten des CV über den Antisemitismus gesagt und geschrieben wurde, der Erfolg aller Anstrengungen wurde schon im Ansatz dadurch entscheidend beeinträchtigt, daß der Antisemitismus als eine individual-, gruppen- oder massenpsychologische Erscheinung angesehen, als eine Krankheit genommen wurde, die im Rahmen des bürgerlichen Systems durch Aufklärung ausgeheilt werden könne.

So hinderten soziale und geistige Barrieren die Führer des CV daran, ihre Bestrebungen den revolutionären Klassenkämpfen zu- und einzuordnen. Mehr noch: mit der Betonung der staatsbürgerlichen Treuepflicht half der CV, die Deutschen jüdischen Glaubens dem imperialistischen Herrschaftssystem einzugliedern. Dieser Widerspruch in der Tätigkeit des CV, der einerseits bürgerlich-demokratische Forderungen im Hinblick auf die jüdischen Deutschen und deren Gleichstellung erhob, andererseits aber ein soziales und staatliches System bejahte, dessen geschichtliches Bewegungsgesetz in eine antidemokratische Richtung wies, zog seiner Tätigkeit insgesamt enge Erfolgsgrenzen.

Der CV trachtete vor dem ersten Weltkrieg auch danach, Einfluß auf die Entscheidungen in den Parlamenten zu gewinnen. Der anfänglich unternommene Versuch, mit eigenen Kandidaten zum Erfolg zu gelangen (1899 bei den Wahlen zum Preußischen Abgeordnetenhaus), stand im Widerspruch zur Satzung und löste den Protest von Teilen der Mitgliederschaft aus, die entweder ihr eigenes freies Bekenntnis zu bürgerlich-liberalen Parteien attackiert sahen oder aber die Aussichtslosigkeit, ja Gefährlichkeit dieses Schrittes zu beurteilen vermochten. So legte sich der CV bis 1933 darauf fest, Kandidaten, die Antisemiten waren, durch Unterstützung ihrer jeweiligen Gegner zu bekämpfen, und generell jene Parteien zu unterstützen, die den Antisemitismus ablehnten. Davon blieben revolutionäre Kandidaten und Parteien stets ausgeschlossen.

Als die aggressivsten Kräfte des kaiserlichen deutschen Imperialismus den ersten Weltkrieg auslösten, bezog auch der CV die Position der »Vaterlandsverteidigung«. Selbst nationalistisch verblendet, sah ein Teil der jüdischen Deutschen in der mörderischen militärischen Auseinandersetzung geradezu die Gelegenheit, Deutschtum und Staatstreue zu beweisen und den Antisemitismus durch die vermeintlich patriotische Tat ad absurdum zu führen. In diesem Sinne feierte der Vereinsvorsitzende E. Fuchs den Krieg als den »größten Einiger der Volksgenossen«, der auch die Klassenunterschiede nichtig werden lasse.[3] Ein Aufruf verlangte von den jüdischen Deutschen, sich freiwillig zum Kriegsdienst zu melden[4], und im Sinne des reaktionären Burgfriedensgebots wurde auch der Kampf gegen den Antisemitismus eingestellt. Diesen Schritt honorierten die offenen und geheimen Antisemiten in der Führung des Kaiserreichs nicht. Mitten im Kriege ließen sie eine offizielle Enquête anstellen, die über den Kriegseinsatz der jüdischen Deutschen Auskunft geben sollte. Der Schritt allein war dazu geeignet, diesen Teil des Volkes als Drückeberger zu diffamieren. In dem Maße, wie entscheidende militärische Erfolge ausblieben, der Krieg sich hinzog und im Volke die Unlust anwuchs, ihn weiterzuführen, begannen die Antisemiten die »Juden« als diejenigen hinzustellen, welche den Sieg behinderten oder sabotierten. Tatsächlich ließen, wie in den Jahren der Weimarer Republik exakt nachgewiesen wurde − um der sich dann noch stärker verbreiteten Lüge von der »jüdischen Schuld« an der Kriegsniederlage entgegenzutreten −, 12 000 Menschen jüdischen Glaubens zwischen 1914 und 1918 ihr Leben für die imperialistischen Kriegsziele.

Trotz ihrer Niederlage vermochten die revolutionären Kräfte in der Novemberrevolution dem Volke demokratische Rechte und Freiheiten zu erkämpfen. Die juristische und die tatsächliche staatsbürgerliche Stellung der jüdischen Deutschen fielen nicht mehr so weit auseinander wie im Kaiserreich. Menschen jüdischer Herkunft vermochten in hohe Staatsämter zu gelangen. Erzberger und Rathenau wurden Reichsminister. An beider Ermordung zeigte sich aber auch die Stärke des Antisemitismus in der Weimarer Republik, der nahezu von allen nationalistischen und militaristischen Organisationen getragen wurde. Der aufkommende Faschismus, insbesondere die ↗ NSDAP, bildeten den aggressivsten Teil der breiten antijüdischen Front, die − ungeachtet aller Verfassungsbestimmungen − antijüdische Kundgebungen veranstaltete, Zeitschriften wie den von Julius Streicher herausgegebenen »Stürmer« verbreitete und eine Flut von Büchern und Broschüren rassistischen Inhalts herstellen und unter das Volk bringen ließ. Zu den hauptsächlichsten abstrusen, aber in ihrer sozialen und politischen Wirkung genau berechneten Anklagen gegen die jüdischen Deutschen und das »internationale Judentum« gehörten die Behauptungen, sie hätten die Kriegsniederlage und die Revolution herbeigeführt, den Sieg des Bolschewismus in Rußland verursacht und in der UdSSR ein jüdisches Regime aufgerichtet, das nach Weltherrschaft strebe, sie hätten dem deutschen Volk die Last der Reparationszahlungen aufgebürdet und endlich gar die Inflation mit ihren verheerenden sozialen Folgen auf dem Gewissen.

In dieser Situation focht der CV für die alten Ziele mit den alten Mitteln. An seiner Spitze wirkten nach dem Tode von E. Fuchs der 1920 zum Vorsitzenden gewählte Justizrat J. Brodnitz, der zuvor in der Rechtsschutzkommission gearbeitet hatte und auch deren Leiter gewesen war, sowie der Vereins-Syndicus Alfred Wiener, der dieses Amt seit

1923 bekleidete und vorher in gleicher Funktion im Berliner Landesverband tätig gewesen war.

Der CV versuchte sich in der Abwehr des Antisemitismus vor allem auf die Parteien der Weimarer Koalition, in erster Linie die ↗ *DDP* und die Sozialdemokratie − im katholischen ↗ *Zentrum* gab es selbst einen religiös motivierten Antisemitismus − zu stützen und bürgerlich-demokratische und -liberale Kräfte im Staatsapparat gegen Judenhetze und Judenverfolgung mobil zu machen. Gleichzeitig steigerte er seine eigene publizistische Aktivität. 1919 wurde der Philo-Verlag geschaffen, dessen Gründer und Direktor (bis 1933) Ludwig HOLLÄNDER war, ein Mitglied der *DDP* und Angehöriger des Berliner Vorstandes dieser Partei. Ihm folgte in der Verlagsleitung Alfred HIRSCHBERG nach, der nach A. WIENERS Emigration auch dessen Aufgabenbereiche übernahm. Die Vereinszeitung erschien seit 1922 wöchentlich und erhielt 1925 eine besondere Monatsausgabe, die für die Verbreitung unter nichtjüdischen Gegnern des Antisemitismus bestimmt war und in größeren Mengen gratis versandt wurde. 1924 wurde ein Handbuch für die antisemitische Abwehr unter dem Titel »Anti-Anti« herausgegeben, das in den folgenden Jahren mehrfach neu aufgelegt wurde. 1929 begann im Philo-Verlag die »Zeitschrift für die Geschichte der Juden« zu erscheinen, die viermal im Jahr − bis 1938 − herausgegeben wurde. Mit ihr verstärkten sich die Anstrengungen des CV, bei unveränderter Betonung der Zugehörigkeit zum deutschen Volk die Zusammengehörigkeit der Juden geschichtlich zu deuten, die sie in der gemeinsamen ethnischen Herkunft aus dem in einem historischen Prozeß untergegangenen jüdischen Volk, in der gemeinsamen Religion und in der Pflicht zur Wahrung religiöser Werte erblickte.

Erneut hatte sich der CV mit dem gefälschten antijüdischen Dokument, den sog. Protokollen der Weisen von Zion, auseinanderzusetzen, das trotz seines verlogenen, die Juden der totalsten Weltherrschaftsbestrebungen zeihenden Inhalts legal verbreitet werden konnte. Indem der CV durch seine Publikationen auf das Ausmaß des Antisemitismus und des antijüdischen Vandalismus, der sich beispielsweise in einer Kette von Friedhofs-schändungen äußerte, aufmerksam machte, hoffte er, Regierung, Polizei und Justiz zu entschiedenerem Vorgehen gegen die Aufhetzung der nichtjüdischen Deutschen veranlassen zu können. Indessen kam es nicht zu einer durchgreifenden Verfolgung oder Unterdrückung der antisemitischen Kräfte. Im Staatsapparat der Republik saßen selbst genügend Judenfeinde.

2. Der CV und der deutsche Faschismus

Gegen Ende der Weimarer Republik trat in der Tätigkeit des CV die Abwehr des nazifaschistischen Antisemitismus als der gemeinsten und gefährlichsten Spielart des Antisemitismus in den Vordergrund. Doch fielen mit der sich verschärfenden faschistischen Gefahr die objektiven Erfordernisse des Kampfes und die subjektiven Aktivitäten des CV immer weiter auseinander. Die rührige Rechtsschutzstelle des CV, deren Arbeit sich auf die große Zahl jüdischer Juristen stützen konnte, vermochte zwar in 200 Fällen Verurteilungen wegen Boykotthetze durchzusetzen und auch namhafte Führer der *NSDAP* vor die Justiz des Weimarer Staates zu bringen. Erreicht aber war damit wenig, denn die Urteile waren milde, und die Tätigkeit der Nazifaschisten wurde durch sie nicht behindert.

Selbst aktiver hervortretend, so gegen die haßerfüllten »Schulgebete«, die der *NSDAP*-Innenminister Thüringens, Wilhelm FRICK, 1930 die Kinder aufsagen ließ[5], und gegen die Berufung des Rasseideologen Hans F. K. GÜNTHER auf eine Jenaer Professur, suchte der CV vor allem mit Politikern nichtnazistischer bürgerlicher Parteien und mit reformistischen Führern in der Arbeiterbewegung bei der Abwehr des Antisemitismus enger zusammenzuarbeiten. Zu diesem Zweck gab er ihnen auch das Wort in der »CV-Zeitung«, in der u. a. Reichsinnenminister Joseph WIRTH, Wilhelm KÜLZ, Otto NUSCHKE schrieben und die auch den »Appell an die Vernunft« von Thomas MANN − es handelte sich um dessen am 17. Oktober 1930 unter dem Eindruck der Reichstagswahl gehaltenen Vortrag im Berliner Beethoven-Saal − veröffentlichte[6].

Es war dieser Wahlausgang, der L. HOLLÄN-DER fordern ließ »Bindet den Helm fester!«, doch blieb die Aufgabenstellung des CV weiter auf »die Überwindung des Judenhasses« beschränkt, während die Bekämpfung des politischen und wirtschaftlichen Programms des Nazifaschismus erneut zur Sache der politischen Parteien erklärt wurde.[7] Die hatten allerdings, nach A. WIENERS Auffassung, wie der 14. September 1930 bewiesen habe, versagt.[8] Nichtsdestoweniger suchte der CV, auch die Grenzen und Nachteile direkten eigenen Hervortretens ermessend, vor allem Kräfte in der *DDP*, der *SPD*, dem *Reichsbanner »Schwarz-Rot-Gold«* und in den freien Gewerkschaften zum Kampf gegen die Judenhetze und die sich häufenden judenfeindlichen Terrorakte der Nazis zu mobilisieren. Zu diesem Zweck wurde eine besondere Arbeitsstelle, das sog. Wilhelmstraßen-Büro, errichtet, das Max BRUNZLOW *(DDP)* leitete und dessen Tätigkeit sowohl direkt von jüdischen Kapitalisten wie auch vom CV gefördert wurde.[9] Die Plazierung dieses Büros im Regierungsviertel wies bereits auf die Adressaten seiner Bemühungen hin, die nazistische antisemitische Tätigkeit laufend zu erfassen, sie zu Informationen zu verarbeiten und diese an Regierungsstellen, Parteizentralen, Presseredaktionen u. a. politische Kräfte zu versenden, von denen man sich eine ideologische und politische Abwehr des Antisemitismus versprach.

In diesem Büro wurde im Sommer 1932 eine umfangreiche Denkschrift »Die Stellung der NSDAP zur Judenfrage, eine Materialsammlung vorgelegt vom CV« erarbeitet, die Reichspräsident HINDENBURG in der Hoffnung zugeleitet wurde, das Staatsoberhaupt würde sich dem nazifaschistischen Antisemitismus entgegenstellen. Dieser übergab das Dokument indessen lediglich an das Reichsministerium des Innern, das zur Zeit der PAPEN-Regierung aber gerade dabei war, die polizeiliche Observierung der Nazipartei einzustellen. Kaum mehr Erfolg dürfte mit einer anderen Zusammenstellung erzielt worden sein, mit der sich A. WIENER im Herbst 1932, ausgerüstet mit einer Empfehlung Max M. WARBURGS, zu Industriellen begab, um deren Einfluß und Mittel gegen die *NSDAP* zu mobilisieren. So offenbarte sich gerade in den ideologischen und praktischen Abwehr-schriften des CV, daß seine Führer sich auf politische Kreise und Personen orientierten, die entweder selbst bar jedes erfolgreichen Konzepts zur Verteidigung der Weimarer Republik waren oder aber gar selbst deren Untergang herbeizuführen suchten. Zu den ersteren gehörte etwa der Staatssekretär im Preußischen Innenministerium, Wilhelm ABEGG *(DDP)*, dessen Wirken — wie dem der gesamten BRAUN-SEVERING-Regierung — durch den PAPEN-Staatsstreich am 20. Juli 1932 ein ruhmloses Ende gesetzt wurde.

Das Jahr 1933 änderte die Lage der Deutschen jüdischer Herkunft total. Die einflußstärksten Kreise des deutschen Imperialismus hatten durchgesetzt, daß die Staatsmacht den nazifaschistischen Führern übergeben und damit eine Gruppe von Politikern mit den Regierungsgeschäften betraut wurde, welche die Verfolgung imperialistischer Ziele ideologisch und politisch mit einem extremen, geschichtlich beispiellosen Rassenantisemitismus verknüpften. Die Juden wurden als die Urheber des Bolschewismus und des Plutokratismus hingestellt, als die Hauptfeinde des deutschen Volkes wie der Menschheit überhaupt bezeichnet und als Wesen beschimpft, die dem Tierreich näherstünden als dem Menschenreich. Dieser Rassenantisemitismus diente im Innern als geistiges Bindemittel einer verlogenen »nationalsozialistischen Volksgemeinschaft« sog. Arier, deren angebliche Mission es sein sollte, »Deutschland« zum Herrn der Welt zu machen. Der infame, seinem Inhalt wie seiner Konsequenz nach mörderische Rassenantisemitismus der Nazifaschisten und die Strategie ihrer antijüdischen Politik waren zunächst nicht identisch. Der zur Staatsdoktrin erhobene Judenhaß mündete vorerst in der offen ausgesprochenen Forderung, die Deutschen jüdischer Herkunft aus dem Deutschen Reich zu vertreiben. Das Tempo dieser Verdrängung wurde bis 1938 vor allem durch ökonomische Rücksichten auf die Kriegsvorbereitung und — in ungleich geringerem und schwindendem Maße — durch außenpolitische Erwägungen verlangsamt.

Der CV stand mithin seit 1933 vor einer gänzlich veränderten Situation. Die von ihm verfochtene ideologische und programmatische Konzeption galt nun als staatsfeindlich. Die Außerkraftsetzung der Weimarer Verfassung und die Mißachtung anderer formal noch geltender Rechtsvorschriften durch den Staat, die sich in erster Linie gegen Kommunisten, Sozialdemokraten und Demokraten richtete, drängte den CV in eine hilflose Lage, zumal seine Führer wie die Mitglieder auf eine wehrhafte Vertretung ihrer Interessen gemeinsam mit Kräften des antifaschistischen Widerstandes in keiner Weise eingestellt oder vorbereitet waren. Als die ↗ *SA* am 1. März 1933 im Zuge jener Terrorakte, für die der Reichstagsbrand die Rechtfertigung schaffen sollte, auch die Hauptgeschäftsstelle des CV überfiel, versicherten J. BRODNITZ und A. WIENER zwei Tage darauf Hermann GÖRING während eines Besuchs, daß sie mit den Kommunisten nichts gemein hätten.[10]

Wie andere nichtnazistische Kreise des deutschen Bürger- und Kleinbürgertums suchte der CV sein Heil in der Distanzierung von der am meisten verfolgten *KPD* und in der Anpassung an die neuen Machthaber. Er versuchte zu verdeutlichen, daß die jüdischen Deutschen auch in einem faschistischen Staat weder Störenfriede noch Fremdkörper sein wollten. Aus dieser Haltung entsprang u. a. das zustimmende Votum des CV zu jenem demagogischen Volksentscheid, mit dem am 12. November 1933 die faschistische Führung den provokatorischen Austritt aus dem Völkerbund nachträglich sanktionieren ließ.[11] Gleichzeitig hoffte die CV-Führung, auch darin die Illusionen der Mehrheit der jüdischen Deutschen teilend und sie zugleich stärkend, auf eine Mäßigung des nazifaschistischen Antisemitismus. In HINDENBURG und im Vizekanzler PAPEN wurden fälschlich Politiker gesehen, die dem Rassismus der *NSDAP* Grenzen setzen würden. Beide waren deshalb auch die bevorzugten Adressaten von Klage- und Bittschriften, die jüdische Organisationen und Einzelpersonen verfaßten.

Die Judenverfolgungen seitens des Staates, die 1933 zunächst vor allem Staatsbeamte, Wissenschaftler, Künstler und Journalisten trafen und ihnen die Existenzgrundlagen im Deutschen Reich entzogen, zwangen alle Organisationen jüdischer Deutscher, ohne daß sie ihre unvereinbaren ideologischen und politischen Standpunkte aufgegeben hätten, ihre Schritte zur Verteidigung der Interessen der unter rassistischen Vorwänden verfolgten Menschen zu koordinieren. Zunächst kam es

in Essen unter maßgeblicher Beteiligung jüdischer Großkapitalisten, so der Bankiers Georg S. HIRSCHLAND und M. M. WARBURG, sowie von Aktivisten des CV am 23. Juli 1933 zu einer vorbereitenden Besprechung. An ihr nahmen etwa 25 Persönlichkeiten aus dem Deutschen Reich teil, jedoch blieben die Vertreter der zionistischen Richtung noch fern. Nach weiteren Verhandlungen gelang am 26. September 1933 die Gründung einer ↗ *Reichsvertretung der deutschen Juden (Reichsvertretung)*, in der auch der *Reichsverband der jüdischen Frontsoldaten (RjF)* und weitere politische und religiöse Vereinigungen mitarbeiteten. Leo BAECK, Rabbiner in Berlin und Vorsitzender der *Rabbiner-Vereinigung* in Deutschland sowie Mitglied des CV-Hauptvorstandes, wurde Präsident dieses Zusammenschlusses, der nur korporative Mitgliedschaften kannte. In der Leitung der *Reichsvertretung* war der CV als die stärkste Organisation der jüdischen Deutschen auch am zahlreichsten vertreten. Er entsandte mit L. BAECK außerdem Otto HIRSCH und Rudolf CALLMANN in das Gremium, dem weiter Leopold LANDENBERGER *(RjF)*, Siegfried MOSES und Franz MEYER *(ZV)*, Julius L. SELIGSON für die liberale und Jakob HOFFMANN für die orthodoxe religiöse Richtung sowie Heinrich STAHL für die Jüdische Gemeinde Berlin angehörten. Für die Bewältigung ihrer umfangreichen, sich bis 1939 infolge des Anwachsens der Judenverfolgungen immer mehr ausweitenden Aufgaben schuf sich die *Reichsvertretung* ein zentrales Büro, in dem Funktionäre des CV maßgeblich mitarbeiteten. Noch im Herbst 1933 wurde der *Reichsvertretung* auch der 1933 geschaffene und von Ludwig TIETZ und Carl MELCHIOR, Mitarbeiter des Bankhauses M. M. Warburg & Co., geleitete *Zentralausschuß für Hilfe und Aufbau* eingegliedert.

In die *Reichsvertretung* floß ein erheblicher Teil der Aktivitäten des rührigen Teils der CV-Mitgliederschaft ein, während das bisherige organisatorische Leben immer mehr zurückging. Die bei der Polizei anzumeldenden Versammlungen aller jüdischen Organisationen wurden von der Gestapo überwacht, die zugleich den Leitungen vollständige Mitgliederverzeichnisse abforderte. Während aber den Veranstaltungen der Zionisten, welche die Auswanderung nach Palästina propagierten, mit einem gewissen Wohlwollen begegnet wurde, galt der CV wegen seines traditionellen Eintretens für die Assimilation als besonders verdächtig. Auch jede innerorganisatorische Propaganda für das Bekenntnis zum deutschen Volk wurde ihm verboten. Ein umfassendes, unter Teilnahme des CV zustande gekommenes Werk, in dem der Nachweis für die großen Leistungen jüdischer Menschen zur deutschen Kultur erbracht wurde, konnte 1935 nicht mehr erscheinen. Dennoch trat der CV weiter für das Aushalten der jüdischen Deutschen in ihrem Vaterland ein. Andererseits wanderte eine zunehmende Zahl seiner Mitglieder aus, darunter sehr einflußreiche wie A. WIENER, der in den Niederlanden die Information des Auslands über die Judenverfolgungen in Deutschland organisieren half.

Mit den »Nürnberger Gesetzen« erreichte die geistige Diffamierung der jüdischen Deutschen und ihre praktische Verfolgung 1935 eine neue Stufe. Die im Deutschen Reich verbliebene jüdische Minderheit sollte in ihrem Vaterland vollständig isoliert werden. Mit den Lebensbedingungen verschlechterten sich auch die Arbeitsbedingungen der Verfolgten rasch, wiewohl noch nicht mit Gesetzen gegen die wirtschaftliche Betätigung der Juden in Industrie, Handel und Handwerk vorgegangen wurde. In dieser Situation glaubte der CV noch immer gegen eine geistige Isolierung der jüdischen Deutschen wirken zu können.

Praktisch mußten alle Kräfte der Organisation im Rahmen der *Reichsvertretung* aufgeboten werden, um die Hilfe für alte, kranke und mittellose Menschen zu organisieren, das jüdische Schulwesen auszubauen, da Kinder jüdischer Herkunft in den allgemeinen Schulen quälenden Diffamierungen ausgesetzt waren (z. B. nicht am Schwimmunterricht teilnehmen durften), Arbeitsplätze zu beschaffen, die Auswanderung zu ermöglichen und vorzubereiten und für alle diese Zwecke die finanziellen Mittel aufzutreiben. Seine traditionelle Position aufgebend, traten der CV und der Rat bei der *Reichsvertretung* in einem gemeinsamen Aufruf (22. November 1936) für eine »Auswanderung in alle Länder« ein, womit er sich noch einmal indirekt von einer einseitigen Hinwendung nach Palästina abgrenzte.[12]

Der Pogrom vom 9./10. November 1938 sollte nach der Absicht seiner Urheber zu einer Massenflucht aus dem Deutschen Reich führen. Arbeits-, Verdienst- und Profitmöglichkeiten wurden den jüdischen Deutschen nahezu ganz entzogen. Der CV, der zwangsweise sich immer wieder andere Namen hatte geben müssen (seit 1935 CV der Juden in Deutschland, seit 1936 Jüdischer Centralverein) und dessen Leitung nach dem Tode von J. BRODNITZ sein Schwager E. HERZFELD (Mitinhaber der Rechtsanwaltsfirma Abel, Herzfeld und Krombach in Essen) übernommen hatte, wurde ebenfalls verboten. Gleiches geschah seiner Presse, die wie alle jüdischen Periodika bereits vordem nicht mehr an Zeitungskiosken oder auf andere Weise öffentlich hatte angeboten werden dürfen, praktisch also auf ihre Abonnenten angewiesen war. Der Philo-Verlag, der 1935 noch ein Lexikon, 1936 ein Zitatenlexikon und 1938 einen Atlas — er enthielt sogar Hinweise auf Emigrationsmöglichkeiten — hatte herausgeben können, fiel ebenfalls den faschistischen Verboten zum Opfer.

Einige führende Kräfte des CV vermochten sich 1939 noch in das Ausland zu retten, darunter der letzte Vorsitzende E. HERZFELD, der nach Palästina emigrierte. Andere Mitglieder und Funktionäre des CV betätigten sich in den folgenden Jahren vor allem im organisatorischen Rahmen der 1939 zwangsweise geschaffenen *Reichsvereinigung der Juden in Deutschland (Reichsvereinigung)*, deren Wirken die Machthaber zuließen, um die Flucht ihrer Opfer zu organisieren und karitative Aufgaben zu lösen, die sonst den Kommunen zugefallen wären. Später griffen die Faschisten, die von der Politik der Vertreibung der jüdischen Deutschen zur Politik der Vernichtung aller in ihrem durch den Krieg und durch Bündnisse erweiterten Machtbereich übergegangen waren, selbst auf die Mithilfe der *Reichsvereinigung* bei der Deportation zurück, die der Ermordung der jüdischen Menschen in den Ghettos und Vernichtungslagern im besetzten Territorium Polens und der UdSSR vorausging.

Vor allem über diese Schlußphase der Existenz und des Wirkens der *Reichsvereinigung* entbrannte nach Kriegsende eine scharfe Kontroverse unter Vertretern verschiedener Richtungen des Judentums, die bis heute anhält. Dabei wird meist übersehen oder ignoriert, daß es die generelle Aussöhnung und Zufriedenheit mit den monopolkapitalistischen Verhältnissen war, die es den jüdischen Organisationen insgesamt und insbesondere dem CV unmöglich machten, sich jenen Kräften zu verbinden, die den Faschismus an der Wurzel bekämpften.

3. Quellen und Literatur

Archivalische Quellen konnten nicht ermittelt werden. Eine umfassende Darstellung zur Geschichte des CV gibt es noch nicht. In der marxistischen Literatur wird der Hintergrund für die Entwicklung des CV vor allem von Walter Mohrmann[13] und in dem Band »Juden unterm Hakenkreuz«[14] erhellt. Seine erste Entwicklungsphase (bis 1918) wurde in Rückblicken seiner führenden Vertreter[15] und von Marjorie Lamberti[16] dargestellt. Für die späteren Zeitabschnitte existieren neben den zeitgenössischen Quellen bruchstückhafte Erinnerungen aus der Feder einzelner seiner Funktionäre und Mitarbeiter.[17] Siehe auch Willy Menke „Centralverein deutscher Staatsbürger jüdischen Glaubens" (in: HBP, Bd. I, Leipzig 1968, S. 236–240).

Anmerkungen

1 Paul Rieger: Ein Vierteljahrhundert im Kampf um das Recht und die Zukunft der deutschen Juden. Ein Rückblick des CV in den Jahren 1893–1918, Berlin 1918, S. 14f.
2 Jüdisches Lexikon. Hrsg. Georg Herlitz/Bruno Kirschner, Bd. I, Berlin 1927, S. 1290.
3 Eugen Fuchs: Kriegsvortrag. In: Um Deutschtum und Judentum, Frankfurt (Main) 1919, S. 142.
4 P. Rieger, S. 60.
5 Wilhelm Frick war vom 13. 1. 1930 bis 1. 4. 1931 Innenminister und Volksbildungsminister im Lande Thüringen. In den von ihm erlassenen Schulgebeten waren u. a. folgende Sätze enthalten: »Herr, mach uns frei von Betrug und Verrat« oder »Ich weiß, daß Gottlosigkeit und

Vaterlandsverrat unser Volk zerriß und vernichtete.« Siehe CV-Zeitung, 23. 5. 1930.
6 CV-Zeitung, 19. 9. 1930 und 24. 10. 1930.
7 Ebenda, 26. 9. 1930.
8 Ebenda, 19. 9. 1930.
9 Siehe dazu vor allem die Erinnerungen von Hans Reichmann, früher Mitarbeiter des CV und für die Koordinierung der Aktivitäten gegen den Nazifaschismus verantwortlich, in: Zwei Welten. Siegfried Moses zum 75. Geburtstag. Hrsg. Hans Tramer, Tel Aviv 1962.
10 CV-Zeitung, 9. 3. 1933.
11 Max Grunewald: Der Anfang der Reichsvertretung. In: Deutsches Judentum – Aufstieg und Krise. Vierzehn Monographien, Stuttgart 1963, S. 320.
12 Bis Mitte 1938 waren aus dem Deutschen Reich (ohne das im März 1938 annektierte Österreich) 143 000 jüdische Deutsche ausgewandert. (Siehe Werner Rosenstock: Exodus 1933–1939. In: Deutsches Judentum. Aufstieg und Krise. Hrsg. Robert Weltsch, Stuttgart 1963, S. 386). Die Verfolgungen der zweiten Hälfte des Jahres 1938 steigerte die Zahl der Flüchtlinge drastisch. Insgesamt sind aus dem Deutschen Reich (gerechnet in den Grenzen von 1937) von 1933 bis Kriegsbeginn schätzungsweise 236 000 jüdische Deutsche emigriert. So die Angaben von Salomon Adler-Rudel: Jüdische Selbsthilfe unter dem Naziregime, Tübingen 1974, S. 216.
13 Walter Mohrmann: Antisemitismus. Ideologie und Geschichte im Kaiserreich und in der Weimarer Republik, Berlin 1972.
14 Klaus Drobisch/Rudi Goguel/Werner Müller unter Mitwirkung von Horst Dohle: Juden unterm Hakenkreuz. Verfolgung und Ausrottung der deutschen Juden 1933–1945, Berlin 1973.
15 Siehe Anm. 1. Ders.: Vom Heimatrecht der deutschen Juden, Berlin 1931. Eugen Fuchs: Um Deutschtum und Judentum, Frankfurt (Main) 1919. Ludwig Holländer: Deutsch-jüdische Probleme der Gegenwart, Berlin 1929.
16 Siehe Marjorie Lamberti: Jewish Activism in Imperial Germany. The Struggle for Civil Equality, New Haven – London 1978.
17 Dazu zählen Erinnerungsberichte und Aufsätze im Jahrbuch des Leo-Baeck-Instituts (London), in der Festschrift Zwei Welten (siehe Anm. 9) und im Sammelband Deutsches Judentum – Aufstieg und Krise. Vierzehn Monographien, Stuttgart 1963. Siehe auch Arnold Paucker: Der jüdische Abwehrkampf, Hamburg 1968.

Kurt Pätzold

Centralverein für Handelsgeographie und Förderung deutscher Interessen im Auslande (CHF) 1878–1925

Der CHF gehörte zu den ersten nach der Reichsgründung entstandenen kolonialen Vereinen. Er vereinte Züge der älteren Auswanderungsvereine mit Elementen einer kolonialen Propagandaorganisation. Anfang der 80er Jahre spielte der CHF bei der Weckung und Verstärkung kolonialexpansionistischer Bestrebungen eine bedeutende Rolle. Nach der Gründung der ↗ Deutschen Kolonialgesellschaft (DKG) sank der CHF auf die Stufe einer zweitrangigen Beratungs- und Auskunftsstelle für Auswanderer- und Außenhandelsfragen.

Vorsitzender

Robert JANNASCH (1878–1919); Emil BRASS (1919–1925)

Presse

»Geographische Nachrichten für Welthandel und Volkswirtschaft. Organ für Auswanderungs- und Kolonisationswesen« (1879/80); »Export. Organ des Centralvereins für Handelsgeographie und Förderung deutscher Interessen im Auslande« (1879–1925)

Mitglieder

1882 etwa 2200;
1883 3300;
1920 etwa 1200

Kongreß

Erster Kongreß für Handelsgeographie und Förderung deutscher Interessen im Auslande am 26.–28. Oktober 1880 in Berlin

In den Jahren vor und nach der Reichseinigung konzentrierten sich die noch sporadisch ausgeprägten kolonialpolitischen Aktivitäten vorwiegend in den städtischen Auswanderungsvereinen und geographischen Gesellschaften. Bestrebungen des Leipziger und des Berliner *Geographischen Vereins*, durch Auswanderungslenkung diese Kräfte für das »Deutschtum« zu erhalten und in Ackerbau- und Siedlungskolonien zu konzentrieren, trafen sich mit Interessen exportinteressierter Industriekreise nach Ausdehnung des deutschen Handels und Anlegung überseeischer Handelsplätze und Handelsausstellungen. R. JANNASCH, dem früheren Direktor des Dresdner statistischen Büros, gelang es, gemeinsam mit dem Afrikareisenden Otto KER-STEN den unterschiedlichen Aktivitäten in dem am 9. Oktober 1878 gegründeten CHF eine einheitliche organisatorische Basis zu geben. Nach seinen Satzungen erkannte es der CHF als seine Aufgabe,

»einen regen Verkehr zwischen den im Auslande lebenden Deutschen und dem Mutterlande anzubahnen und zu unterhalten, sowie über die Natur- und die gesellschaftlichen Verhältnisse der Länder, wo Deutsche angesiedelt sind, Aufklärung zu gewinnen und zu verbreiten. Auf Grund der gewonnenen Kenntnisse des Auslandes ist der Verein bestrebt, die Auswanderung nach den Ländern zu fördern, welche der Ansiedlung Deutscher günstig sind und in welchen das deutsche Volksbewußtsein sich lebendig zu erhalten vermag. Der Verein hofft durch Errichtung von Handels- und Schiffahrtsstationen die Begründung deutscher Kolonien bewirken zu können.«[1]

Der CHF erkannte ferner in der »Förderung der Handelsgeographie eine seiner hauptsächlichsten Aufgaben«.[2]

Mit diesem Programm gelang es dem CHF bereits im ersten Jahr seines Bestehens, einen relativ großen Kreis von Geographen, Statistikern, Schriftstellern, Vulgärökonomen, Forschungsreisenden, Offizieren sowie insbesondere Vertretern der exportorientierten Fertigwarenindustrie zu erfassen. Mitglied der CHF waren u. a. Adolph WAGNER, Friedrich RATZEL, Wilhelm ANNECKE (Generalsekretär des *Deutschen Handelstages* – ↗ *Deutscher Industrie- und Handelstag [DIHT]* –), Albrecht VON STOSCH (Chef der Kaiserlichen Admiralität), Leopold SONNEMANN sowie die Legationsräte Heinrich VON KUSSEROW und Theodor VON BUNSEN. Die Zielstellungen des CHF, insbesondere Ausdehnung des deutschen Handels und die Nutzbarmachung der deutschen Auswanderung zur Eroberung von Kolonien, fanden auch das Interesse von Schiffahrtsunternehmungen (Baltischer Lloyd, Rheinisch-Westfälischer Lloyd), von Vertretern des Bankkapitals (Georg VON SIEMENS, Adolph VON HANSEMANN) und auch der Schwerindustrie (Hermann GRUSON, Julius VAN DER ZYPEN, Felten & Guilleaume Carlswerke A.G.). Enge Kontakte hielt der CHF mit zahlreichen geographischen Gesellschaften. Regionale Schwerpunkte des CHF waren neben Berlin Rheinland, Sachsen, Süddeutschland und Thüringen. In diesen Regionen entstand auch in den Jahren 1879/80 der größte Teil der Zweigvereine.

In der Tätigkeit des CHF besaß die Auswanderungsfrage zunächst gewisse Priorität. R. JANNASCH betrachtete die Auswanderung als notwendiges Übel, die so zu organisieren sei, daß eine »Absorption der deutschen Auswanderung in fremden Ländern«[3] verhindert werden könne. Durch Lenkung der Auswanderung in geschlossene Siedlungsgebiete sollten nach den Intensionen des CHF »Außenwerke deutscher Interessen« entstehen und als »Hochburgen des nationalen Geistes dem Mutterlande erhalten bleiben«.[4] Der vom CHF im Oktober 1880 veranstaltete erste Kongreß für Handelsgeographie und Förderung deutscher Interessen im Auslande stand unter der Aufgabenstellung, wie »der deutschen Auswanderung und dem deutschen Export ein nationales Gepräge zu verleihen«[5] sei. Bedingt durch die große Zahl von Exportinteressenten in der Mitgliederschaft des CHF wurde von seiner Führung nach dem handelsgeographischen Kongreß der Exportförderung stärkere Aufmerksamkeit zugewandt. Das Organ des CHF, die Wochenschrift »Export«, trat mit dem Anspruch auf, »dem deutschen Handel und der deutschen Industrie wichtige Mitteilungen über die merkantilen Verhältnisse des Auslandes in kürzester Frist zu übermitteln«.[6] Das vom CHF eingerichtete »Exportbüro« vermittelte durch laufende Export- und Importofferten bereits in den ersten 5 Jahren über 700 Geschäftskontakte. Zur umfangreichen Tätigkeit des CHF gehörten auch die Organisierung von Landesausstellungen (1881/82 in Porto Allegre) und eigene Forschungsreisen zur Erkundung von Absatzgebieten und Rohstoffmärkten (1886 Marokko).[7]

Im Vergleich zur Auswanderungs- und Exportfrage besaßen die kolonialpolitischen Pläne des CHF einen weitgehend unkonkreten Charakter. Zwar ging R. JANNASCH davon aus, daß »die auf die deutsche Auswanderungs-, Kolonial- und Handelspolitik bezüglichen Fragen kaum voneinander zu trennen«[8] sind, doch blieb die »Begründung deutscher Handelskolonien« lediglich das »Endziel seiner Tätigkeit«.[9] Auf der Generalversammlung am 27. November 1879 kennzeichnete R. JANNASCH die Stellung des CHF zur Kolonialfrage wie folgt: »Wir wollen allerdings deutsche Kolonien im Auslande haben, aber keine Kolonien politischer Natur, mit denen wir die unterjochten Völker beherrschen, sondern Handelsfaktoreien, Stützpunkte an fremden Küsten für unseren Export und für die wissenschaftliche Forschung.«[10]

Diese Zielstellung entsprach dem Übergangscharakter des CHF zwischen Auswanderungsverein und den späteren kolonialen Propagandaorganisationen des deutschen Imperialismus und war nicht geeignet, die sich seit Anfang der 80er Jahre in zunehmendem Maße auf koloniale Expansion orientierende Großbourgeoisie längerfristig an den CHF zu binden. Die von der Agitations-Kommission des CHF vorrangig umworbenen Zielgruppen »Handels- und Gewerbekammern, Gewerbevereine, Ingenieurvereine, Handelsschulen, Industrielle und Kaufleute«[11] schlossen sich seit 1882 vorwiegend dem ↗ Deutschen Kolonialverein (DKv) als dem neuen Sammelbecken kolonialer Bestrebungen an. Mit dem Übergang der beiden wichtigsten Zweigvereine des CHF, des Vereins für Handelsgeographie und Kolonialpolitik in Leipzig und des ↗ Westdeutschen Vereins für Kolonisation und Export (WVKE) zum DKv verlor der CHF seine anfängliche Bedeutung. In den Auseinandersetzungen zwischen dem DKv und der ↗ Gesellschaft für deutsche Kolonisation (GdK) stand der CHF nach anfänglichen Differenzen auf der Seite der GdK, ohne damit aber das Kräfteverhältnis maßgeblich zu beeinflussen. Gemeinsam mit der GdK veranstaltete der CHF im September 1886 den Allgemeinen Deutschen Kongreß zur Förderung überseeischer Interessen. Der Vereinigung des DKv und der GdK zur ↗ DKG schloß sich der CHF nicht an, vermochte aber damit nicht zu verhindern, daß er im Schatten dieser neuen zentralen Organisation weiter an Bedeutung verlor. Der CHF versuchte durch erneute Konzentration auf das Auswandererwesen und die »Förderung der Interessen des Deutschtums im Auslande« dieser Entwicklung entgegenzuwirken. In der zweiten Hälfte der 80er Jahre richtete der CHF mehrere Resolutionen an die Reichsregierung mit der Forderung nach gesetzlicher Regelung des Auswanderungswesens und nach einem staatlichen Auswanderungsamt. Als ein derartiges Gesetz im Jahre 1893 vom Reichstag verabschiedet wurde, nahm der CHF durch zahlreiche Abänderungsvorschläge an der endgültigen Fassung aktiven Anteil. In einer Resolution im April 1893 wies der CHF auf die Bedeutung des »energischen Schutzes« des Deutschtums im Auslande hin und erklärte weiter: »Durch die Agitation aller patriotischen Vereine ist dahin zu wirken, daß die heranwachsende Generation die Förderung der deutschen Interessen und des ausländischen Deutschtums als ein Gebot der nationalen Kulturpolitik in deren ganzem Umfang betrachte.«[12] Die vom CHF im Jahre 1902 eingerichtete Blumenau-Stiftung hatte den Zweck, deutsche Schulen und andere Bildungsstätten in Südbrasilien zu unterstützen. Nach der Jahrhundertwende verengte sich die Tätigkeit des CHF in noch stärkerem Maße auf die Beratung von Ausgewanderten und Auswanderungswilligen, während die handelsgeographische Information weiter zurückging.

Während des ersten Weltkrieges unterstützte der CHF in vollem Umfang die Politik des deutschen Imperialismus.[13] Nach dem Tode von R. JANNASCH im April 1919 unternahm der CHF einen nochmaligen Versuch, seinen Aktionsradius zu verbreitern. In einem Aufruf an die »überseeischen Mitglieder, Mitarbeiter und Freunde« rief der Vorstand des CHF dazu auf, die »alten Beziehungen zu unserem Verein wieder aufzunehmen«.[14] Der CHF wollte »Berater sein für alle die Deutschen, welche die Heimat verlassen, sowie auch für diejenigen Landsleute, die von drüben irgendwelche wirtschaftliche Auskunft zu haben wünschen. Er wird, soweit er es kann, alle berechtigten Bestrebungen auf Erhaltung deutscher Art, Sprache und Sitte in Kirche, Schule und Haus in Anlehnung an schon in Deutschland bestehende, auf diesem

Gebiet arbeitende Vereine unterstützen.«[15] In diesem Sinne veröffentlichte der CHF im Jahre 1920 »Ratschläge für Auswanderer nach Südbrasilien«. Nach dem Abschluß des Rapallo-Vertrages versuchte der CHF, durch ein spezielles Beiblatt zu seinem Organ »Export«, das »ausschließlich den osteuropäischen Wirtschaftsinteressen gewidmet« war,[16] einen neuen Interessentenkreis für sich zu mobilisieren.

Nachdem »Export« im Jahre 1925 sein Erscheinen einstellte, ist eine weitere Tätigkeit des CHF nicht nachweisbar.

Quellen und Literatur

Einen guten Einblick in die Entwicklung und Tätigkeit des CHF vermitteln die von ihm herausgegebene Wochenschrift »Export« sowie für die Anfangsjahre die »Geographischen Nachrichten«. Eine kurze verbandseigene Darstellung der Geschichte des CHF bis zur Jahrhundertwende liegt im Rahmen der »Festschrift zum Deutschen Kolonialkongreß. Berlin, am 10. und 11. Oktober 1902« vor. Eine marxistische Einschätzung des CHF und seiner Tätigkeit in den ersten Jahren seines Bestehens gibt Gudrun Heier »Rolle und Funktion der deutschen bürgerlichen sozialökonomischen Geographie in Zeit der Vorbereitung der kolonialen Expansion. Von der Mitte des 19. Jahrhunderts bis zum Eintritt Deutschlands in die Reihe der Kolonialmächte im Jahr 1884« (päd. Diss., Potsdam 1970). Wichtiges Material, besonders über das Verhältnis des CHF zu anderen Kolonialverbänden, ist bei Klaus J. Bade »Friedrich Fabri und der Imperialismus in der Bismarckzeit. Revolution – Depression – Expansion« (Freiburg [Breisgau] 1975) enthalten.

Anmerkungen

1 Geographische Nachrichten für Welthandel und Volkswirtschaft. Organ für Auswanderungs- und Colonisationswesen, I. Jg. 1879, S. 44.
2 Ebenda.
3 Robert Jannasch: Der Centralverein für Handelsgeographie und Förderung deutscher Interessen im Auslande. In: Jahrbuch für Gesetzgebung, Verwaltung und Volkswirtschaft im Deutschen Reiche, 7. Jg. 1883, S. 192.

4 R. Jannasch: Die Aufgaben des Centralvereins für Handelsgeographie und Förderung deutscher Interessen im Auslande. In: Geographische Nachrichten, I. Jg. 1879, S. 5.
5 Alphons Thun: Der XIX. volkswirtschaftliche und der I. handelsgeographische Kongreß in Berlin im Oktober 1880. In: Jahrbuch für Gesetzgebung, 5. Jg. 1881, S. 328.
6 So eine häufige stereotype Wendung im Titel der Wochenschrift »Export«.
7 Der Centralverein für Handelsgeographie und Förderung deutscher Interessen im Auslande. In: Festschrift zum Deutschen Kolonialkongreß. Berlin, am 10. und 11. Oktober 1902, S. 8 ff.
8 R. Jannasch: Die Aufgaben des Centralvereins, S. 10.
9 R. Jannasch: Der Centralverein, S. 192.
10 Zit. in: Festschrift zum Deutschen Kolonialkongreß, S. 6.
11 Geographische Nachrichten, I. Jg. 1879, S. 54.
12 Export, XV. Jg., Nr. 16 vom 20. 4. 1893.
13 Siehe R. Jannasch: Was tut dem deutschen Exporthandel nach dem Kriege not? Vortrag im Centralverein für Handelsgeographie und Förderung deutscher Interessen im Auslande am 3. Dezember 1915.
14 Export, Nr. 5–8 vom 15. 2. 1920.
15 Ebenda.
16 Ebenda, Nr. 23 vom 15. 10. 1922.

Herbert Gottwald

Central-Verein für Social-Reform auf religiöser[1] und constitutionell-monarchischer Grundlage (Cv) 1877–1881

Der Cv war eine christlichsoziale Organisation, die mit antikapitalistischen Losungen Reformen zur Lösung der »sozialen Frage« mit dem Ziel der Bindung der Arbeiterklasse an die Hohenzollernmonarchie propagierte. Er scheiterte sowohl an seiner heterogenen als auch irrealen sozialkonservativen Zielsetzung und schloß sich schließlich der ↗ Christlichsozialen Partei (CSP) an.

Der Cv wurde am 5. Dezember 1877 von Landpfarrer Rudolf TODT, dem Verfasser des wenige Monate vorher erschienenen Buches »Der radikale deutsche Sozialismus und die christliche Gesellschaft«, dem Kathedersozialisten Prof. Adolph WAGNER und dem Sozialkonservativen Rudolf MEYER gegründet.

Der von R. TODT geleitete Vorstand versandte ein Rundschreiben an Interessenten,[2]

in dem er es als »eine vergebliche Hoffnung« bezeichnete, »daß die Arbeiterpartei, in welcher mit Nationalnotwendigkeit der vierte Stand seine Organisation zu bewerkstelligen versucht, jemals verschwinde«. Ihre Vermehrung werde nur dann zur Gefahr, »wenn der widerchristliche und vaterlandsfeindliche Zug, der dem heutigen Sozialismus anhaftet, sich erhalten oder gar verstärken sollte. Wenn derselbe bleibt – darüber täusche man sich nicht –, so bedeutet er die Blutvergiftung unseres Arbeiterstandes und unseres Volkslebens, den Ruin der deutschen Kultur und die soziale Revolution in Permanenz.«
Da »weder Staat noch Kirche, weder die einzelnen noch die Gesellschaft sich genügsam« um die Lösung dieser Frage kümmerten, wandte sich der Aufruf an alle, »welche die zwei Grundsäulen der staatlichen und moralischen Ordnung – Monarchie und Religion – vor den um sich fressenden Spülwellen der republikanischen und religionsfeindlichen Sozialdemokratie sicherstellen wollen. Möglich ist diese Sicherstellung nur dadurch, daß die monarchischen und religiösen Faktoren des Staatslebens den Arbeitern auf dem Wege der Sozialreform entgegenkommen und das in Arbeiterkreisen wachsende gehässige Mißtrauen gegen Monarchie und Geistlichkeit verbannen.«
Die Vorbereitung sozialer Reformen auf religiöser und konstitutionell-monarchischer Grundlage sollte, wie es im Statut heißt, von folgenden »Fundamentalsätzen« ausgehen[3]:
a) »Das allgemeine und gleiche Stimmrecht in monarchischen Staaten fordert eine Politik durchgreifender sozialer Reformen und zur Verwirklichung derselben ein Vertrauensverhältnis zwischen Monarchie und Arbeiterstand sowie eine starke arbeiterfreundliche Initiative der Regierung.
b) Die Lösung der sozialen Frage ist nicht denkbar ohne die Mitwirkung der sittlich-religiösen Faktoren und ohne das Eintreten der Kirche für die berechtigten Forderungen des vierten Standes.«

Der Cv sah es als seine zunächst wichtigste Aufgabe an, einen Schriftenverlag zu schaffen, der sich nicht nur auf sozialpolitische Literatur beschränken, sondern auch alle anderen Bildungszweige umfassen sollte, die »zur Bekämpfung sozialdemokratischer, republikanischer, atheistischer und materialistischer Strömungen dienlich erscheinen«. Durch Geldspenden und »reichliche« Schenkungen sollte weiterhin ein »eiserner Geldfonds« gebildet werden. Auf der ersten Generalversammlung am 25. Februar 1879 in Berlin mußte jedoch festgestellt werden, daß diese Pläne nicht hatten realisiert werden können, da es sowohl an »antimaterialistischen« Schriften als auch an Geld fehle.
Das Organ des Cv war die Wochenschrift »Der Staats-Socialist«, deren Probenummer Ende 1877 in Berlin erschien und zu deren Mitarbeitern A. WAGNER und Albert SCHÄFFLE gehörten. Sie wollte »der Monarchie erleuchtete Diener schaffen, der praktischen Religionsübung neue Gebiete der Liebestätigkeit anweisen ... in monarchischer Hinsicht die Loyalität durch Intelligenz und in religiöser den guten Willen durch Kenntnis zeitgemäßer Wege stärken«.[4]
Außerdem gab der Cv Flugblätter heraus, in denen vor allem Reden Adolf STOECKERS veröffentlicht wurden. A. STOECKER hatte dem Cv nur wenige Wochen angehört und am 5. Januar 1878 die *Christlichsoziale Arbeiter-*

partei (CSAP) gegründet. Dabei schwebte ihm eine Arbeitsteilung vor, wonach seine Partei für die »Besitzenden« zuständig sein sollte.[5] Für die mündliche Agitation waren hauptamtliche »Reiseredner« tätig, von denen sich einer im Frühjahr 1878 in Rheinland-Westfalen aufhielt und Vorträge über die Ziele des Cv hielt, während der andere in Sachsen warb. Ihre Zahl sollte bis auf 12 vermehrt werden.[6] Der Cv verfügte im April 1878 über 15 Organisationen außerhalb Berlins, die bis zu 100 Mitglieder hatten. In »großen Mitgliedschaften« sah er die Gewähr, seine Ziele zu erreichen und »eine starke geistige Strömung in der Öffentlichkeit zu erzeugen«.[7]

Am 1. Juni 1878 veröffentlichte der »Staats-Socialist« das endgültige Programm des Cv. Es forderte u. a. Staatsmonopole, von denen die Mittel für sozialreformerische Maßnahmen zur Beruhigung der arbeitenden Bevölkerung beschafft werden sollten. Die Macht der Geldaristokratie sollte eingeschränkt und die Bedeutung des Grundeigentums und der Landbevölkerung erhöht werden. Das Programm sprach sich für eine »soziale Monarchie« und »eine in der Masse der Bevölkerung wurzelnde Machtfülle der Fürstengewalt« aus. »Wir wollen nicht, daß die Minorität des Volkes über eine Majorität durch einen Scheinparlamentarismus herrscht. Wir wollen aber auch nicht das im Deutschen Reich eingebürgerte allgemeine, gleiche, direkte Wahlrecht zugunsten einer zu verschärfenden Klassengesetzgebung in Frage gestellt wissen.«

Beschwörend wandte sich der Vorstand des Cv in einem Flugblatt an »die Besitzenden und Gebildeten des deutschen Volkes« und forderte sie mit dem Hinweis auf den »finstren, materialistischen, revolutionären Geist«, der im Volk umherschliche, auf, »Vorbild und Führer zu sein den unteren Volksklassen in der Gottesfurcht und auf dem Wege sittlicher und bürgerlicher Tüchtigkeit«.[8]

Die programmatischen Ziele des Cv entsprachen seiner heterogenen Zusammensetzung. Allein in seinem 5köpfigen Vorstand waren zwar in vielen Fragen übereinstimmende, aber in nicht geringem Maße ebenso untereinander divergierende kathedersozialistische, christlichsoziale und schutzzöllnerisch-agrarische Bestrebungen wirksam. Gemeinsam war ihnen ein illusionärer Anti-

kapitalismus, der R. Todt »Zwangskorporationen« der Arbeiter als Fortschritt bezeichnen ließ. Dann »in den Staatsorganismus eingereiht«, sollte die Regierung in diesen eine stärkere Stütze als im »herzlos(en), vaterlandslos(en)« Kapital haben.[9]

Wegen seiner abstrusen Forderungen rief der Cv innerhalb der herrschenden Klassen nur Ablehnung hervor. »Den Liberalen zu eng, den Konservativen zu weit; in nationalökonomischer Beziehung den einen zu radikal, den anderen zu unbestimmt; unter religiösem Gesichtspunkt für die Rechten unannehmbar, weil ohne positives Bekenntnis, für die Linken schon wegen der Beteiligung zweier positiver Geistlicher verdächtig; den Sozialisten ein Produkt der Reaktion, den Reaktionären ein Kind des Sozialismus: so muß es sich der arme Verein gefallen lassen, wacker kritisiert und getadelt zu werden.«[10]

Ein Erlaß des Evangelischen Oberkirchenrates vom 20. Februar 1879 über die Aufgaben der Geistlichen und Gemeindekirchenräte »gegenüber den aus der sozialistischen Arbeiterbewegung entstandenen Gefahren« verurteilte die Tätigkeit des Cv, dem auch Bismarck ablehnend gegenüberstand.

Der Cv verlor immer mehr seine Existenzfähigkeit und näherte sich der *CSAP*, mit der er sich auf Beschluß seiner Generalversammlung vom 1. Dezember 1879 offiziell vereinigte, ohne aber zunächst seine organisatorische Selbständigkeit zu verlieren. Die Zahl seiner Mitglieder sank bis Oktober 1880 von 800 auf 400. Der »Staats-Socialist«, der Mitte 1880 zugleich das Organ der *CSAP* geworden war, hatte nur noch 450 von seinen anfänglich 1500 Abonnenten. Ende März 1881 mußte er sein Erscheinen einstellen. Der Cv hörte endgültig auf zu bestehen. Als *Christlichsozialer Zentralverein* wurde er in die ↗ *Christlichsoziale Partei (CSP)* eingegliedert.

Quellen und Literatur

Die besten Aufschlüsse über den Cv geben seine eigenen Veröffentlichungen, vor allem »Der Staats-Socialist« und seine Flugblätter. Interessante Einblicke vermitteln die im NL Stoecker (ZStA Merseburg, Rep. 92) vorhandenen Korrespondenzen und Flugblätter sowie die im StA Potsdam befindlichen Akten über die CSP (Rep. 30 Berlin C, Nr. 15 066 ff). An älteren Darstellungen kommen vor allem in Frage: Paul Göhre: »Die evangelisch-soziale Bewegung. Ihre Geschichte und ihre Ziele« (Leipzig 1896) und August Erdmann »Die christliche Arbeiterbewegung in Deutschland« (Stuttgart 1908).

Anmerkungen

1 Seit dem 25. Februar 1879 hieß es »christlicher« statt »religiöser«.
2 StA Potsdam, Rep. 30 Berlin C, Nr. 15 066, Bl. 10.
3 Ebenda, Bl. 11 R.
4 Der Staats-Socialist, 20. 2. 1877.
5 StA Potsdam, Rep. 30 Berlin C, Nr. 15 066, Bl. 101 ff, und Der Staats-Socialist, 13. 4. 1878.
6 StA Potsdam, Rep. 30 Berlin C, Nr. 15 066, Bl. 92 f.
7 Ebenda, Bl. 93.
8 »An die Besitzenden und Gebildeten des deutschen Volkes«. In: ZStA Merseburg, Rep. 92, NL Stoecker, IX 1, Bl. 9 und 11 R.
9 Flugblatt Nr. 7 des Central-Vereins für Social-Reform auf religiöser und constitutionell-monarchischer Grundlage, S. 4.
10 Neue Evangelische Kirchenzeitung, 12. 1. 1878, Sp. 19.

Dieter Fricke

Christlich-Nationale Bauern- und Landvolkpartei (CNBL) 1928—1933

(Deutsches Landvolk)

Die CNBL wurde durch ehemalige Reichstagsabgeordnete der ↗ DNVP bzw. der ↗ DVP sowie leitende Funktionäre des ↗ Reichs-Landbundes (RLB) gegründet. Ihr Aufbau erfolgte mit Hilfe regionaler Organisationen, vor allem des Thüringer und des Hessischen Landbundes. Ihre politische Entwicklung wurde im wesentlichen von den Interessen der Großagrarier sowie durch das Verhältnis der Führung des RLB zur Brüning-Regierung bestimmt. Trotz erheblicher Differenzen mit Vertretern des ostelbischen Flügels im RLB vertrat die CNBL im Prinzip die gleiche Politik. Die CNBL bewies, daß sie fest im Lager des Agrarkonservatismus verankert war und sich zunehmend auf die ↗ NSDAP orientierte. Dem objektiv notwendigen Bündnis zwischen Arbeitern und Bauern wirkte sie somit entgegen.

1. Gründung und Entwicklung der CNBL 1928—1930
2. Die politische Tätigkeit der CNBL 1930—1933
3. Quellen und Literatur

Parteivorsitzende

Erwin BAUM (1928—1930); Ernst HÖFER (1930—1931); Wolfgang VON HAUENSCHILD-TSCHEIDT (1931—1933)

Reichstagswahlergebnisse

Jahr	Stimmen	Abgeord-nete
1928	581 800	10
1930	1 108 700	19
1932 (Juli)	90 555	1
1932 (November)	46 378	

Parteitage

1928 Hannover
1929 Frankfurt (Main)
1930 Berlin
1931 Weimar

Presse

»Christlich-Nationale Bauern- und Landvolk-partei — Nachrichtenblatt« bzw.
»Landvolk-Nachrichten«; »Deutsches Land-volk«; »Der Thüringer Landbund«

1. Gründung und Entwicklung der CNBL 1928—1930

Am 17. Februar 1928 erfuhr die Öffentlichkeit der Weimarer Republik durch eine lakonische Pressemeldung, daß 3 ehemalige Reichs-tagsabgeordnete der *DNVP* und Funktionäre des *Reichs-Landbundes (RLB)*, Friedrich DÖBRICH, Wilhelm DORSCH und Franz HÄN-SE, dem Reichspräsidenten ihre Absicht mit-geteilt hätten, eine neue bürgerliche Partei, die Christlich-Nationale Bauern- und Landvolk-partei, zu gründen.[1]
Dieser Schritt signalisierte, daß sich die Bindungen zwischen der *DNVP* und dem *RLB* zu lockern begannen und die Deutsch-nationalen ihre integrative Funktion im kon-servativen Lager mehr und mehr einbüßten. Einige agrarkonservative Kräfte gaben der nie ganz aufgegebenen Idee von einer »reinen Bauernpartei« wieder einmal neue Nahrung. Regionale Organisationen des *RLB*, ins-besondere in Thüringen, Hessen, Hannover, Westfalen, Baden und Franken unterstützten den Aufbau der Partei und wurden selbst zu Parteiorganisationen umgebaut.
Das alles vollzog sich auf dem Hintergrund einer chronischen Agrarkrise, die in den Jahren 1927/28 in ein akutes Stadium eintrat und mit einer wachsenden Ruinierung vieler Bauernhöfe einherging. Immer mehr land-wirtschaftliche Erzeuger litten unter den sinkenden Preisen ihrer Produkte. Die daraus resultierende Schuldenlast erzeugte auch steigende Zinsen, die von vielen Kreditneh-

mern nicht mehr bezahlt werden konnten.[2] Dieser Prozeß beeinträchtigte nicht nur kleine und kleinste bäuerliche Wirtschaften, sondern auch zunehmend Großbetriebe.[3]

All das ließ bei vielen Bauern eine Kampfstimmung gegen die Weimarer Republik und auch gegen die sie stützenden bürgerlichen Parteien entstehen. Zu Beginn des Jahres 1928 kam es in einigen Kreisstädten Schleswig-Holsteins zu Massendemonstrationen, die zunächst völlig unter großbäuerlichem Einfluß standen, denen sich aber schon bald auch Klein- und Mittelbauern in anderen Orten anschlossen und die sich schließlich zur sog. ↗ Landvolkbewegung ausweiteten und dem RLB zeitweise außer Kontrolle gerieten. Der Gedanke, diese politische Bewegung der Bauern nicht allein passiv zu beobachten, sondern für eigene Ziele nutzbar zu machen, aktivierte einige Landbund-Funktionäre in ihren Bemühungen um eine neue Organisation, die vor allem »Bewegung« und »Revolte gegen das herrschende System« sein sollte.[4] Dabei wollte man keine Zeit verlieren, zumal die KPD gerade in dieser Zeit durch eine wirksamere massenpolitische Tätigkeit auch auf dem Lande größere Erfolge erzielte. Sie organisierte den außerparlamentarischen Kampf und knüpfte besser als bisher an die unmittelbaren Bedürfnisse der werktätigen Bauern an.

In dieser Situation entstand die CNBL. Sie konstituierte sich am 8. März 1928 in Weimar endgültig zu einer Partei. Die Delegierten wählten E. BAUM vom Thüringer Landbund zu ihrem Vorsitzenden. Die Wahl eines Landbündlers aus Thüringen erfolgte nicht zufällig, durfte sich doch seine Organisation als geistiger Vater der neuen Bauernpartei bezeichnen. Der Thüringer Landbund wirkte auf die CNBL profilbestimmend und erhielt aus Hessen starke Unterstützung.[5] Er kandidierte bei Wahlen zum Thüringer Landtag auf eigenen Listen und versuchte dieses Modell auf das Reichsgebiet zu übertragen.

Die CNBL war in Landesverbände gegliedert, hielt anfangs regelmäßig Parteitage ab und wählte dort den Vorstand, der zeitweise aus einem Vorsitzenden, 2 Stellvertretern und 4 weiteren Mitgliedern bestand.[6] Die CNBL verkündete eine programmatische Entschließung, die das Hauptziel der Partei erkennen ließ. Es bestand in der Sicherung und dem Ausbau des Masseneinflusses der herrschenden Klasse unter der werktätigen Landbevölkerung. Die Funktionäre der CNBL verschleierten ihre wahren Absichten, indem sie sich wie schon der ↗ Bund der Landwirte (BdL) und der RLB als Beschützer und Interessenvertreter aller Bauern ausgaben. Sie wiederholten die demagogischen Forderungen sowie nationalen und religiösen Phrasen, mit denen über Jahrzehnte hinweg die antagonistischen Widersprüche zwischen der herrschenden Klasse in Industrie und Landwirtschaft einerseits und den werktätigen Massen in Stadt und Land andererseits überbrückt werden sollten. Das äußerte sich besonders in den Programmpunkten über den Aufbau des Staates auf berufsständischer Grundlage, die Erhaltung des Privateigentums, die »Liebe zur Scholle« oder die »christliche Weltanschauung«.[7] Auch die Phrase von der Pflicht zur »wertschaffenden Arbeit« entsprach der Mentalität vieler Bauern ebenso, wie die von der »Versklavung der wertschaffenden Arbeit durch das internationale, unpersönliche Finanzkapital« ihren meist spontanen antiimperialistischen Vorstellungen entgegenkam. Die Arbeiterbewegung und der Sozialismus wurden im Programm diskreditiert, indem die Weimarer Republik als »Staatssozialismus«, der den »selbständigen Unternehmer« vernichte, dargestellt wurde. Darüber hinaus spielten klerikale und nationalistische Parolen eine wesentliche Rolle.[8] Mit diesem Programm bot die CNBL keine Alternative zu dem zwar geschwächten, aber immer noch einflußreichen RLB.

Die bevorstehenden Reichstagswahlen im Mai 1928 im Blick, bezeichnete die KPD in einer ersten Reaktion die Gründung der CNBL als »demagogisches Manöver zur Einseifung von Bauernwählern im Interesse der Deutschnationalen Partei«.[9] In der Tat ist die Abspaltung der Partei von der DNVP vier Monate vor den Wahlen mehr als ein Zufall gewesen. Immerhin hatten Männer aus den eigenen Reihen der DNVP den Schwanengesang bereits prophezeit.[10] Davon mußte zwangsläufig auch der RLB negativ berührt werden. Die Angst vor einer möglichen Wahlniederlage stimulierte somit jene Kräfte, die einer Bauernpartei wohlwollend gegenüberstanden. Eine einheitliche Auffassung im agrarkonservativen Lager sowie in der *DNVP* existierte allerdings nicht. Größte Bedenken gegen eine agrarische Sonderpartei äußerte Kuno GRAF VON WESTARP. Bereits im Februar 1928 wies er darauf hin, daß durch Gründung der CNBL ein Angriff auf das bis dahin wirksamste politische Machtinstrument der Monopolbourgeoisie, gegen die *DNVP*, erfolge.[11] Besonders im Präsidium des *RLB* stießen die Anhänger der *DNVP* und der CNBL heftig aufeinander. Der Streit um die neue Partei war ein Indikator dafür, daß die herrschende Klasse, insbesondere auch Vertreter der agrarkapitalistischen Kreise gezwungen waren, nach neuen Wegen zur Sicherung ihrer Massenbasis auf dem Lande zu suchen. Daß diese Diskussionen unmittelbar vor den Reichstagswahlen an Schärfe gewannen, war normal. Jedoch schwelten sie schon längere Zeit und bildeten schließlich den Anfang eines Prozesses, der erst mit der Gründung des faschistischen ↗ *Reichsnährstandes (RN)* sein Ende fand.

Mit dem Heranrücken des Wahltermins verschärften sich die Gegensätze zwischen denjenigen Kräften im Präsidium des *RLB*, die von einer weitestgehenden Identität von *DNVP* und Verband ausgingen, und denen, die die CNBL unterstützten. Die erste Gruppierung sammelte sich um den pommerschen Rittergutsbesitzer Hans BONE VON SCHWERIN-SPANTEKOW, der zweite Flügel gruppierte sich um den ehemaligen Reichstagsabgeordneten der *DVP* und Präsidenten des *RLB*, Karl HEPP.[12] Vom Ausgang des Streites dieser »rivalisierenden« Kräfte im *RLB* hing somit auch die politische Entwicklung der neugegründeten CNBL ab.

Der Rückgang des Masseneinflusses der Deutschnationalen und das Überwechseln bekannter Landbundführer wie K. HEPP, Heinrich VON SYBEL und Albrecht WENDHAUSEN zur CNBL erhöhten die Anziehungskraft dieser Partei und ließen nicht nur bei ihren Funktionären die Hoffnung auf einen großen Wahlerfolg aufkommen. Bei den Reichstagswahlen 1928 kandidierte die CNBL in 29 Wahlkreisen und konnte 10 Mandate erringen. Neben F. DÖBRICH, W. DORSCH, F. HÄNSE und K. HEPP wurden auch Robert BAUER, Hermann JULIER, Willi NEDDENRIEP, Hans SCHLANGE-SCHÖNINGEN, H. VON SYBEL und A. WENDHAUSEN in den Reichstag ge-

wählt. Die meisten Stimmen erhielt die CNBL besonders in den ländlichen Wahlkreisen Hessen-Nassau, Hessen-Darmstadt, Osthannover, Thüringen und Württemberg. Damit verbuchte die CNBL einen gewissen Erfolg, konnte aber keine Fraktionsstärke erreichen. Die Funktionäre der Partei wirkten dieser Einschränkung der parlamentarischen Tätigkeit entgegen, indem sie sich mit den Abgeordneten des ↗ *Christlich-Sozialen Volksdienstes (CSVD)* zu einer Fraktion vereinigten.[13]

Die Abgeordneten der CNBL stellten im Reichstag einige Anträge, die sich zum Teil auch an den Interessen der kleineren und mittleren Bauern orientierten.[14] Die CNBL beschränkte sich allerdings nicht nur auf die Agrarpolitik. Sie unterstützte beispielsweise den Panzerkreuzerbau und trat gegen Lohnerhöhungen der Arbeiter auf. Auf ihrem Parteitag in Frankfurt (Main) forderte sie die bedingungslose Räumung der rheinischen Gebiete sowie die Rückgliederung der Saar und trat entschieden gegen den YOUNG-Plan auf.[14] Damit vertrat die CNBL objektiv die Politik der reaktionären Monopolkreise und bremste die revolutionäre Entwicklung der Bündnispartner der Arbeiterklasse.

In der folgenden Zeit verstärkte die Partei den Ausbau ihrer Organisation. In Auseinandersetzung mit den Gegnern der CNBL polemisierte der Vorsitzende des *Thüringer Landbundes*, E. HÖFER, gegen den Vorwurf einer einfachen Abkommandierung der CNBL von der *DNVP* und verwies in diesem Zusammenhang auf eine Zielstellung der Partei. E. HÖFER forderte, daß eine Brücke zwischen den beiden christlichen Konfessionen zu schlagen sei.[15] Es war ein schon lange verfolgtes Ziel des *BdL* und des *RLB*, auch die Vorherrschaft über die ↗ *Vereinigung der deutschen Bauernvereine (VdB)* zu erlangen.

Ebenso wie die *VdB* wurde zeitweise die *Deutsche Bauernpartei* umworben. Die meisten Verbände dieser Organisation lehnten aber ein Zusammengehen mit der CNBL ab. Selbst in den Reihen der CNBL ließen F. DÖBRICH und F. HÄNSE keinen Zweifel daran, daß man die anderen Verbände zu integrieren suchte, d. h. unter großagrarischen Einfluß bringen wollte; denn die CNBL verstand sich als Zubringer für die bürgerliche

Rechte, die keine »feindseligen Tendenzen gegen die Deutschnationalen hegte«.[16] Andererseits verhielt sich auch die *DNVP* gegenüber der CNBL in der Öffentlichkeit loyal.[17]

Dennoch erfüllte es die Führung der *DNVP* und die Gegner der CNBL innerhalb des *RLB* mit Zorn, wenn die Werbetätigkeit der neuen Partei dazu führte, daß ein Teil des Wählerpotentials der Deutschnationalen geschlossen zur CNBL übertrat. So beschimpfte beispielsweise Georg SCHIELE, ein Bruder des ehemaligen Ministers Martin SCHIELE, die CNBL als »Partei der Banausen«, als im Juli 1929 das Mitglied des Reichswirtschaftsrates und Vorsitzender des *Kreislandbundes Torgau*, Günther GEREKE, seine Organisation, die zu den stärksten in der Provinz Sachsen zählte, geschlossen in die neue Partei überführte.[18] Einige Zeitungen kommentierten diese Vorgänge auch als »Bauernabfall von Hugenberg«.[19] Bis zu den Wahlen 1928 hatte sich HUGENBERG gegen K. VON WESTARP und M. SCHIELE nicht durchsetzen können, M. SCHIELE und weitere Spitzenfunktionäre des *RLB* betrachteten die offene Gewaltpolitik vorerst als aussichtslos. Sie zweifelten am Erfolg des Hugenbergschen Kurses und setzten dem neuen Parteiführer mehrfach Widerstand entgegen.

2. Die politische Tätigkeit der CNBL 1930–1933

Den Führern der CNBL schien der Erfolg zunächst recht zu geben, daß ihre Partei eine sehr geeignete Form der Sammlungsbewegung unter den Bedingungen der sich ständig weiter verschärfenden Agrarkrise sei. So rüstete die CNBL in einer euphorischen Stimmung zu den Wahlen vom September 1930. Besonders nach dem Austritt von M. SCHIELE aus der *DNVP* und seinem Anschluß an die CNBL sowie der Absplitterung weiterer Deutschnationaler glaubten einige Spitzenfunktionäre an einen überwältigenden Wahlerfolg. Tatsächlich brachte die Wahl vom 14. September 1930 der CNBL einen relativ großen Erfolg. Bei genauerer Betrachtung des Wahlergebnisses wird aber deutlich, daß die *NSDAP* zum eigentlichen Wahl-

gewinner in den ländlichen Gebieten geworden war. Ihr Stimmenzuwachs zwischen 1928 und 1930 betrug nahezu 20 %.[20] Von nun an sahen sich die Funktionäre der CNBL immer öfter veranlaßt, den Standort ihrer Partei gegenüber der Nazipartei zu bestimmen. Als im März 1930 BRÜNING zum Reichskanzler ernannt worden war, stellte sich die CNBL ebenso wie anfangs der *RLB* hinter den Zentrumspolitiker. Die BRÜNING-Regierung wurde vor allem wegen ihrer kompromißlosen Haltung gegenüber allen marxistischen Ideen unterstützt. Auf dem Sektor der Agrarpolitik identifizierte sich die CNBL mit der berüchtigten »Osthilfe« und der damit bevorzugten Behandlung des Großgrundbesitzes. In einer Entschließung des Parteivorstandes hieß es nach den Wahlen: »Der bei der Wahl zutage getretene Volkswille verlangt eine entscheidende nationale Politik und eine stärkere Berücksichtigung der rechtsgerichteten Kreise auch in der Regierung ...« Weiterhin wurde eine »Umbildung der Reichsregierung auch unter Heranziehung der Nationalsozialistischen Deutschen Arbeiterpartei« gefordert und eine »Regierung, die marxistisch beeinflußt ist oder auch nur von marxistischen Parteien geduldet wird«, abgelehnt.[21] Der Parteitag der CNBL 1930 ließ erkennen, daß ihre Führungsgremien die Faschisierungspolitik der Monopolbourgeoisie unterstützten und daß sie eine Beschleunigung dieses reaktionären Kurses verlangten.[22] Das zunächst eindeutige Votum der Mehrheit der CNBL-Funktionäre für die BRÜNING-Regierung führte wenige Monate später zu weiteren verschärften Auseinandersetzungen mit den HUGENBERG unterstützenden *RLB*-Funktionären aus Pommern, Ostpreußen und Schlesien, deren Einfluß stärker wurde und schließlich nach dem Eintritt M. SCHIELES in die Regierung BRÜNINGS zur Wahl Eberhard GRAF VON KALCKREUTHS ins Präsidium des *RLB* führte. K. HEPP und E. HÖFER protestierten gegen die Wahl E. VON KALCKREUTHS zum Nachfolger M. SCHIELES mit der Niederlegung ihrer Funktionen im *RLB*. Sie erklärten, daß jetzt der östliche Grundbesitz das Übergewicht in den Führungsgremien des *RLB* innehätte.[23] Diese Auseinandersetzungen beschleunigten den Austritt der reaktionärsten Kräfte aus der CNBL. Dazu gehörten vor allem A. WEND-

HAUSEN und H. VON SYBEL. Sie schlossen sich später der *NSDAP* an.

Mit der Neuwahl des Präsidiums des *RLB* und mit dessen Kampf gegen BRÜNING, der die Wünsche einiger extrem-reaktionärer Kräfte nach Errichtung der offenen Diktatur noch nicht konsequent genug erfüllte, verlor die CNBL ihre politische, finanzielle und organisatorische Basis sowie die Unterstützung maßgeblicher Kreise der Monopolbourgeoisie und Großagrarier.[24] Jene Tendenz des Stimmenverlustes der CNBL und des Zuwachses bei der *NSDAP*, die sich im Juni 1930 bei den Landtagswahlen in Sachsen gezeigt hatte, setzte sich nunmehr im ganzen Reichsgebiet fort. Die Wahlniederlage der CNBL vom Juli 1932 machte deutlich, daß die Partei bereits zur politischen Bedeutungslosigkeit geschrumpft war.

Der *Thüringer Landbund* brachte immer öfter die Sympathie der CNBL gegenüber der Nazipartei zum Ausdruck. Schon im Jahre 1931 hieß es: »Hitler hat das Programm der Landvolkvertretung genau so entwickelt, wie es Höfer, Baum, kurz unsere Führer seit 10 Jahren tun.«[25] Im Thüringer Landtag saßen der Intimus HITLERS Wilhelm FRICK, thüringischer Innen- und Volksbildungsminister, und E. BAUM, Finanzminister, bereits 2 Jahre gemeinsam in einer Regierung. Nach Ansicht einiger CNBL-Funktionäre zeigte sich am Thüringer Beispiel der »Mut der Bauern«, es mit der »Erziehung der Nazis zur Verantwortung« versucht zu haben.[26]

Je mehr bestimmte Gemeinsamkeiten zwischen der CNBL und der *NSDAP* betont wurden, verringerte sich die Kritik an den Nazis, die ohnehin lediglich nur auf deren vermeintlich sozialistische Absichten zielte. Mit den großen Wahlerfolgen der *NSDAP* auch in ländlichen Gebieten versickerten allmählich auch die finanziellen Zuwendungen, die die CNBL von den HUGENBERG-Gegnern in der Industrie anfangs in beträchtlicher Höhe erhalten hatte.[27]

Die CNBL, die politisch wirkungslos geworden war, unterstützte durch ihre Presse auch die profaschistische Regierung PAPEN und verzichtete schließlich zur Märzwahl 1933 auf die Aufstellung eigener Kandidaten. Die faschistische Diktatur wurde von ihren Funktionären als sichtbarer Ausdruck deutschen »Lebens- und Freiheitswillens« begrüßt.[28]

Die CNBL hat den Faschisierungsprozeß auf dem Lande, der ein wesentlicher Bestandteil der Gesamtstrategie des deutschen Imperialismus am Ende der Weimarer Republik war, begünstigt, indem sie einen Teil der Bauernschaft der *NSDAP* zutrieb.

3. Quellen und Literatur

Im ZStA Potsdam enthält das Pressearchiv des RLB eine Artikelsammlung aus der CNBL-Presse. Darüber hinaus ist die Akte Neue Reichskanzlei, Teil 2, Film 19 192 von Interesse. Ein aufschlußreiches Bild bieten die Verhandlungen des Reichstages während der IV. und V. Legislaturperiode. Wichtige Hinweise enthält auch die Zeitschrift »Der Thüringer Landbund«.

Marxistische Arbeiten sind nicht vorhanden. Von den bürgerlichen Darstellungen über Agrarverbände in der Weimarer Republik ist besonders die von Dieter Gessner[29] von Interesse.

Anmerkungen

1 Vossische Zeitung, 24.2.1928.
2 Siehe Manfred Nußbaum: Wirtschaft und Staat in Deutschland während der Weimarer Republik, Bd.2, Berlin 1978, S.336.
3 Siehe Volker Klemm: Ursachen und Verlauf der Krise der deutschen Landwirtschaft von 1927/28 bis 1933. Ein Beitrag zur Agrarkrisentheorie, Habilitations-Schrift Berlin 1965, S.135.
4 Deutsches Tageblatt, 6.5.1928.
5 Der Thüringer Landbund, 7.3.1928.
6 Deutsche Tageszeitung, 24.11.1929.
7 Ein direkter Vergleich der Programme der CNBL und des RLB läßt zum Teil eine wörtliche Übereinstimmung erkennen.
8 Altenburger Landeszeitung, 9.3.1928.
9 Rote Fahne, 18.2.1928.
10 Elard von Oldenburg-Januschau an Kuno Graf von Westarp, 19.4.1928. Zit. in: Dieter Gessner: Agrarverbände in der Weimarer Republik. Wirtschaftliche und soziale Voraussetzungen agrarkonservativer Politik vor 1933, Düsseldorf 1976, S.111.
11 Siehe ebenda.
12 Ebenda, S.109ff.
13 ZStA Potsdam, NL Reinhard Mumm, Nr.284, Bl.237.
14 Der Jungdeutsche, 3.7.1929.
15 Gothaer Neuste Nachrichten, 28.7.1930.

16 Reichsbote, 25.2.1930.
17 Hessischer Landbund, 25.2.1928.
18 Günther Gereke: Ich war königlich-preußischer Landrat, Berlin 1970, S.150ff.
19 Berliner Volkszeitung, 18.7.1929.
20 Siehe Lutz Fahlbusch: Zu Problemen der wachsenden nationalsozialistischen Massenbeeinflussung auf dem Lande in den Jahren 1928 bis 1932. In: JBP, Nr.43, 1978, S.29ff.
21 Landvolk-Nachrichten, 4.10.1930.
22 Ebenda.
23 Nassauische Bauernzeitung, 25.10.1932.
24 Siehe Deutscher Geschichtskalender 1932. Begründet von Karl Wippermann. Hrsg. Friedrich Purlitz und Sigfrid H.Steinberg, Leipzig, o.J., S.56.
25 Der Thüringer Landbund, 11.2.1931.
26 Der Thüringer Landbund, 21.6.1930.
27 Siehe D.Gessner, S.236.
28 Deutsches Landvolk-Nachrichtenblatt, 10.2.1933.
29 Siehe Anm.10.

Lutz Fahlbusch/Werner Methfessel

Christlichsoziale Partei (CSP)
1878–1918

(1878–1881 Christlichsoziale Arbeiterpartei [CSAP])

Die CSP war eine von dem Hofprediger Adolf Stoecker gegründete und von ihm entscheidend geprägte sozialkonservative Partei, die neben kirchenpolitischen Zielen zunächst hauptsächlich dem Kampf gegen die sozialistische Arbeiterbewegung diente und sich nach dessen Scheitern verstärkt auf das städtische Kleinbürgertum orientierte. Sie bediente sich hierzu sozialkonservativer, antisemitischer und antisozialistischer Losungen sowie einer antikapitalistischen Phraseologie. Von 1881 bis 1896 gehörte sie als selbständige Gruppe der Deutschkonservativen Partei (DkP) (↗ Konservative Partei [KoP]) an und spielte anfänglich in der »Berliner Bewegung« eine relativ große Rolle. Nach ihrer Neugründung 1896 hatte sie nur noch geringe Bedeutung. Die CSP, die 1907 nicht mehr als rund 9 000 Mitglieder besaß, schloß sich Ende 1918 der ↗ DNVP an.

1. Die Christlichsoziale Arbeiterpartei (CSAP)
2. Die CSP als selbständige Gruppe der Deutschkonservativen Partei (1881 bis 1895/96)
3. Die Neugründung der CSP und ihre Entwicklung bis 1918
4. Die CSP im ersten Weltkrieg
5. Quellen und Literatur

Präsidenten bzw. Vorsitzende

A. STOECKER (1878–1909); Franz BEHRENS (1909–1912); Wilhelm PHILIPPS (1912–1916); Georg BURCKHARDT »mit Unterstützung« von Wilhelm WALLBAUM (1916–1918)

Parteitage (seit der Neugründung der CSP)

26. Februar 1896 in Frankfurt (Main)
10.–11. Oktober 1898 in Gießen
1899 in Bielefeld
9.–10. Oktober 1900 in Wetzlar
5.–6. November 1901 in Barmen
1.–2. Oktober 1902 in Siegen
22.–23. September 1903 in Mülheim (Ruhr)
27.–28. September 1904 in Frankfurt (Main)
17.–19. September 1905 in Essen
30. September–1. Oktober 1906 in Weimar
9.–10. September 1907 in Elberfeld
17.–20. Oktober 1908 in Herford
26.–28. September 1909 in Darmstadt
11.–13. September 1910 in Siegen
10.–12. September 1911 in Wiesbaden
29.–30. September 1912 in Düsseldorf
7.–8. September 1913 in Bielefeld

8. Oktober 1917 in Elberfeld
15. April 1917 in Düsseldorf (Parteikonferenz)

Publikationsorgane

In enger Beziehung zur Christlichsozialen Arbeiterpartei standen »Der Reichsbote« und die »Neue Evangelische Kirchenzeitung«. Von Mitte 1880 bis März 1881 war der »Staats-Socialist« Zentralorgan der CSP. Wöchentlich erschien dann das »Christlich-Soziale Correspondenzblatt. Organ für christliche Sozialpolitik. Bekanntmachungsorgan der Christlichsozialen Partei«. Seit November 1888 war die Tageszeitung »Das Volk« das parteioffiziöse Blatt der CSP. Neben einigen anderen Zeitungen und Wochenschriften erschien von 1904 bis 1911 in Berlin »Das Reich. Nationale Tageszeitung für soziale Reform«.

Zahl der Reichstagsmandate

1898	1
1903	2
1907	3
1912	3

1. Die Christlichsoziale Arbeiterpartei (CSAP)

In der zweiten Hälfte der 70er Jahre sah sich auch die Leitung der Evangelischen Kirche im verstärkten Maße dazu genötigt, zu sozialen Fragen Stellung zu nehmen. Wie 2 Zirkularerlasse des Evangelischen Oberkirchenrates von 1877 zeigen,[1] war sie darum bemüht, die Lösung jener Fragen im wesentlichen auf die seelsorgerische Tätigkeit und auf den Bereich von »Thron und Altar« zu begrenzen. Scharf verurteilte sie Bestrebungen evangelischer Geistlicher, die darüber hinausgingen und der für sie bedrohlich anwachsenden sozialistischen Arbeiterbewegung auf dem Gebiet der Parteipolitik entgegenzuwirken suchten.

Organisierte Bestrebungen zeigten sich in dieser Richtung zunächst Ende 1877 mit der Gründung des ↗ Central-Vereins für Social-Reform auf religiöser und constitutionell-monarchischer Grundlage (Cv). Anteil an ihr hatte der Hofprediger A. STOECKER. Da ihm der Cv jedoch zu akademisch und zu wenig massenwirksam war, wandte er sich bereits wenige Wochen später von ihm ab und betrieb die Gründung einer eigenen Partei. Mit ihr sollte »der Bann« durchbrochen werden, der »durch die sozialdemokratische Bewegung, ihre Versammlungen wie ihre Presse, ihre offene wie geheime Parteiorganisation auf die Arbeiterkreise gelegt war«.[2] Diese sollten der Hohenzollernmonarchie und den herrschenden Klassen völlig untergeordnet werden. Mit der christlichsozialen Bewegung wurde weiterhin das Ziel verfolgt, die evangelische Kirche politisch wirksam zu machen.

Auftakt für die Gründung der CSAP sollte eine Versammlung im Berliner »Eiskeller« am 3. Januar 1878 sein. A. STOECKERS Referent, der Schneider Emil GRÜNEBERG, setzte als ein aus der deutschen Sozialdemokratie ausgeschlossener Lumpenproletarier die christlichsoziale Bewegung von vornherein ins rechte Licht.[3] Von den etwa 1 000 Anwesenden stimmten nur 17 einer Resolution gegen A. STOECKER und für die Sozialdemokratie nicht zu. Die Versammlung endete mit Hochrufen auf die Sozialdemokratie und dem Absingen der Arbeitermarseillaise.

Die Gründung der CSAP mußte A. STOECKER am 5. Januar 1878 in einem kleinen Kreis von Anhängern unter Ausschluß der Öffentlichkeit vollziehen. Eines ihrer prominentesten Mitglieder war der Kathedersozialist Prof. Adolph WAGNER, der später Ehrenvorsitzender der Partei wurde. Am 14. Januar 1878 legte E. GRÜNEBERG dem Berliner Polizeipräsidenten im Auftrage des Präsidenten A. STOECKER Statuten vor, die aber ohne Bedeutung waren.[4] Nachdem A. STOECKER

am 25. Januar 1878 auf einer weiteren »Eiskeller«-Versammlung über den Programmentwurf für die CSAP referiert und zum »Masseneintritt« in diese aufgefordert hatte,[5] wurden Statut und Programm auf einer geschlossenen Mitgliederversammlung am 1. Februar 1878 angenommen.[6] Das Programm der CSAP wurde durch die folgenden »Allgemeinen Grundsätze« eingeleitet[7]:

»1. Die christlichsoziale Arbeiterpartei steht auf dem Boden des christlichen Glaubens und der Liebe zu König und Vaterland.
2. Sie verwirft die gegenwärtige Sozialdemokratie als unpraktisch, unchristlich und unpatriotisch.
3. Sie erstrebt eine friedliche Organisation der Arbeiter, um in Gemeinschaft mit den anderen Faktoren des Staatslebens die notwendigen praktischen Reformen anzubahnen.
4. Sie verfolgt als Ziel die Verringerung der Kluft zwischen reich und arm und die Herbeiführung einer größeren ökonomischen Sicherheit.«

Es folgte dann eine größere Zahl einzelner Forderungen in bezug auf Arbeiterorganisation, Arbeiterschutz, Staatsbetrieb und Besteuerung, die aus kathedersozialistischen, sozialdemokratischen, katholischsozialen und zünftlerischen Quellen herrührten. Sie appellierten zum größten Teil an eine »Staatshilfe«. Von der Geistlichkeit forderte das Programm: »Die liebevolle und tätige Teilnahme an allen Bestrebungen, welche auf eine Erhöhung des leiblichen und geistigen Wohles wie auf die sittlich-religiöse Hebung des gesamten Volkes gerichtet sind.«

»Die besitzenden Klassen« sollten ein »bereitwilliges Entgegenkommen gegen die berechtigten Forderungen der Nichtbesitzenden« zeigen, »speziell durch Einwirkung auf die Gesetzgebung, durch tunlichste Erhöhung der Löhne und Abkürzung der Arbeitszeit.« Abschließend wurde im Programm in bezug auf die »Selbsthilfe« erklärt:

»A. Freudige Unterstützung der fachgenossenschaftlichen Organisation als eines Ersatzes dessen, was in den Zünften gut und brauchbar war.
B. Hochachtung der persönlichen und Berufsehre, Verbannung aller Roheit aus den Vergnügungen und Pflege des Familienlebens im christlichen Geiste.«

Das Programm verdeutlicht, daß die CSAP nur in der Lage war, äußere Erscheinungen der sozialen Frage anzusprechen. In ihrer Kritik an der Not und dem Elend der werktätigen Massen, aber auch am »Mammonismus« und am »Tanz ums Goldene Kalb« suchte sie die Sozialdemokraten zu übertreffen, ohne daß sie jedoch mehr als Appelle an Nächstenliebe und christliches Pflichtgefühl als Alternative zu bieten hatte. »... unser ganzes soziales Gebäude«, erklärte A. STOECKER 1880, »ruht darauf, daß die Nichtbesitzenden und Ungebildeten von Respekt und Ehrfurcht erfüllt sind gegen die oberen Klassen.«[8] A. STOECKER fehlten, wie selbst bürgerliche Sozialreformer feststellten,[9] die einfachsten Kenntnisse über die wirtschaftlichen und gesellschaftlichen Zusammenhänge:

»... der sozialistischen Phantasie, das Privateigentum aufzuheben, (ist) nur (zu) begegnen ..., wenn wir mit zwei Gedanken des Sozialismus vollkommen Ernst machen, mit dem einen: das wirtschaftliche Leben wieder in eine organische Form zu bringen, und mit dem anderen: die Kluft zwischen reich und arm mehr zu schließen«.[10] Die Verstaatlichung von Post und Eisenbahn war für ihn bereits »ein Stück gesunder Sozialismus«.[11] Und der ganze Eklektizismus der von ihm und der CSP verfolgten Politik äußerte sich in der Feststellung: »Unser Programm war ... durchaus konservativ; wir ließen die Grundpfeiler der heutigen Gesellschaftsordnung festgemauert stehen, nur gaben wir rückhaltlos den Sozialdemokraten Recht, wo sie recht hatten.«[12]

Mit ihrem Programm wollte die CSAP zunächst besonders auf die Arbeiter und erst in zweiter Linie auf protestantische Handwerker und kleine Kaufleute einwirken. Wie sie hierfür die Sozialistenhetze in den Wochen nach den beiden Attentaten auf WILHELM I. zu nutzen suchte, verdeutlicht ihr erstes Wahlflugblatt, in dem sie der Sozialdemokratie den besonderen Kampf ansagte: »... das rote Gespenst des Umsturzes hat Fleisch und Blut angenommen, es hat Königsblut vergossen«.[13] Trotz der für sie günstigen Situation konnte die CSAP bis zum 18. Mai 1878 der Berliner politischen Polizei nur 1778 Mitglieder nennen, wobei nicht ersichtlich ist, wie viele davon schon nicht mehr der Partei angehörten.[14] Der größte Teil der Mitgliederschaft bestand aus Arbeitslosen und Unbemittelten, »welche durch die den bedürftigen Mitgliedern in Aussicht gestellten Unterstützungen und Arbeitsnachweise angelockt worden sind«.[15] Zu ihnen soll auch Max HÖDEL gehört haben, wie E. GRÜNEBERG nach seinem Abfall von A. STOECKER erklärte.

A. STOECKERS Behauptung von Anfang Juli 1878, die Partei zähle 3000 Mitglieder, wurde wenig später ad absurdum geführt. Bei den Reichstagswahlen vom 30. Juli 1878 erhielten die Christlichsozialen in Berlin 1422 und insgesamt 2310 Stimmen. Das war eine vernichtende Niederlage, die faktisch bereits das Ende der CSAP bedeutete.

A. STOECKER war es nicht gelungen, der Sozialdemokratie bzw. der ↗ Deutschen Fortschrittspartei (DFP) ernsthaft den Einfluß streitig zu machen, den diese in Berlin unter den Arbeitern besaßen. Nur einige Renegaten wie die ehemaligen Berliner Sozialdemokraten Karl FINN und Wilhelm KÖRNER erklärten sich für A. STOECKER und lobten ihn vergeblich als einen »hochachtbaren Arbeiterfreund«.[16] Außerhalb Berlins war der Einfluß der Partei zu dieser Zeit verschwindend gering. Lediglich in Sorau, Frankfurt (Oder), Hamburg, Dresden und Kassel gab es christlichsoziale Vereine.

Die Unterstützung, die sich die CSAP von der Regierung erhofft hatte, war ausgeblieben. Dieser waren die von A. STOECKER inszenierten Versammlungstumulte bald so unangenehm geworden, daß der Berliner Polizeipräsident wegen seiner »lässigen Haltung« getadelt wurde.[17] Der Evangelische Oberkirchenrat bekräftigte A. STOECKERS Niederlage, als er diesem am 21. Oktober 1878 mitteilte, daß er seine Teilnahme »an den politischen Parteibewegungen und Wahlagitationen« nicht billige.[18] Einzelne Theologen wie Prof. Adolf WACH wandten sich sehr entschieden gegen die CSAP und bezeichneten ihre Gründung als »Verirrung«.[19]

Die Beziehungen der CSAP zur Regierung und speziell zu BISMARCK verschlechterten sich noch mehr, als A. STOECKER in einer christlichsozialen Parteiversammlung am 11. Juni 1880 in Berlin BISMARCKS Bankier Gerson BLEICHRÖDER angriff. Die CSAP war dazu übergegangen, ihre antisozialistische und antikapitalistische Agitation durch antisemitische Hetze zu ergänzen. Diese war anfänglich bei ihr gar nicht so sehr in Erscheinung getreten. Noch im ersten Wahlflugblatt der CSAP zu den Reichstagswahlen von 1878 hieß es: »Wir achten die Juden als unsere Mitbürger und ehren das Judentum als die untere Stufe der göttlichen Offenbarung.«[20]

Den Verfechtern des Antisemitismus in der CSAP hatte sich bald auch A. STOECKER angeschlossen. Am 19. September 1879 hielt er in einer Versammlung der CSAP seine Rede

»Unsere Forderungen an das moderne Judentum«, in der er sich für die »Kräftigung des christlich-germanischen Geistes« und für Gesetze gegen das »jüdische Kapital« und gegen die Juden überhaupt aussprach.[21] Wenig später folgten mehrere andere Reden, in denen er den Antisemitismus propagierte.[22]

A. STOECKER empfand sich als »Begründer der antisemitischen Bewegung«,[23] und er nahm für sich und die CSP in Anspruch, wie er am 24. Januar 1893 im preußischen Abgeordnetenhaus erklärte, »die Judenfrage aus dem literarischen Gebiet in die Volksversammlungen und damit in die politische Praxis eingeführt« zu haben. Im Vergleich zu den noch radikaleren antisemitischen Strömungen dieser Zeit, mit denen sich die CSP nicht vereinigte, spielte im Antisemitismus A. STOECKERS der Rassismus keine bzw. nur eine untergeordnete Rolle, ohne daß dadurch jedoch dessen verhängnisvolle Wirkung auf bedeutende Teile des Kleinbürgertums und anderer Schichten des deutschen Volkes in irgendeiner Weise abgeschwächt wurde. Die antisemitische Agitation der CSP fand bei vielen Kleinbürgern besonders große Resonanz. Sie litten noch an den Folgen der Krise von 1873 und der sich ihr anschließenden Depression. Die Versammlungen der CSP, auf denen A. STOECKER 1880/81 seine antisemitischen Reden hielt, hatten vielfach bis zu 3 000 Teilnehmer aufzuweisen.[24]

Diese Versammlungserfolge sowie auch die positive Haltung zahlreicher evangelischer Geistlicher zur CSAP und der Beschluß der Generalversammlung des *Cv* vom 1. Dezember 1879, sich mit der CSAP zu vereinigen, konnten nicht über das Scheitern ihrer Bestrebungen hinwegtäuschen, unter den Arbeitern Anhänger und politischen Einfluß zu gewinnen.

2. Die CSP als selbständige Gruppe der Deutschkonservativen Partei (1881–1895/96)

Die Christlichsozialen zogen am 3. Januar 1881 die Konsequenz aus dem Fiasko ihres Kampfes gegen die Sozialdemokratie. Eine Bezirksversammlung beschloß, das Wort »Arbeiter« aus dem Namen der Partei zu streichen und sie in *Christlichsoziale Partei* umzubenennen.[25]

Wenn sich die CSP nun verstärkt auf die Gewinnung kleinbürgerlicher Elemente orientierte, entsprach das einem in der CSAP bereits ausgeprägt vorhandenen Bestreben. Von dieser war mehrfach darauf hingewiesen worden, daß sie »keine Organisation des Arbeiterstandes zur Bekämpfung der anderen Stände« sein könne, »wie denn auch in der Tat Fabrikanten, selbständige Handwerker, Eigentümer, Beamte zu ihren Mitgliedern und zu ihrem Vorstand gehören«.[26]

Die Wandlungen in ihrem Charakter, die die CSP mit der Änderung ihres Namens zum Ausdruck brachte, führten zu einer Festigung ihrer Beziehungen zu den Deutschkonservativen. 1881 schloß sie sich formal der *DkP* (↗ *KoP*) als selbständige Gruppe an. A. STOECKER selbst war seit 1879 als Landtags- und seit 1881 als Reichstagsabgeordneter Mitglied der deutschkonservativen Fraktionen. Ihm schwebte die Gründung einer »christlich-konservativen Volkspartei auf sozialer Grundlage« vor,[27] die damals auch andere Konservative anstrebten.[28] Am 1. April 1881 erklärte er in einer Rede in Stuttgart über eine solche Partei, es gäbe »konservative Schichten, die sind so vornehm kühl, daß sie meinen, es schicke sich nicht, in Volksversammlungen hereinzutreten und da im Staube des Schlachtfeldes Kämpfe auszufechten«.[29]

A. STOECKER und seine Anhänger schlossen sich faktisch nicht mit allen Deutschkonservativen zusammen. Ihnen standen sowohl die großagrarischen Kräfte ablehnend gegenüber als auch Sozialkonservative wie Hermann WAGENER, die in der CSP einen »Verschönerungsverein« für die Unterdrückungsmaßnahmen gegen die Arbeiterschaft sahen.[30] Die CSP verband sich mit der ihr gleichgesinnten deutschkonservativen Gruppe, die sich um die »Kreuzzeitung« und ihren Leiter, Wilhelm FREIHERR VON HAMMERSTEIN, gebildet hatte.

Bis 1884/85 nahm die CSP einen relativ großen Aufschwung. Die antisemitische Agitation wuchs besonders in Berlin weiter an. Es entwickelte sich hier unter A. STOECKER und W. VON HAMMERSTEIN die »Berliner Bewegung« als Vereinigung der »antifortschrittlichen«, d. h. gegen die Sozialdemokratie und die *DFP* gerichteten konservativen Parteien. Ihren Kern bildete die CSP, deren führende Mitglieder im Rahmen der »Berliner Bewegung« auf zahlreichen Versammlungen als Redner auftraten. Die CSP verfügte damals über bedeutende Geldmittel, die vor allem von dem Berliner Großkonfektionär Rudolf HERZOG herrührten. Bei ihm handelte es sich offensichtlich um den »Geldbriefträger« der Regierung und des Bismarckschen »Reptilienfonds«.[31] Zu den Gönnern A. STOECKERS in den herrschenden Kreisen gehörten damals so einflußreiche Kräfte wie der spätere Kaiser WILHELM II., der preußische Minister des Innern, Robert VON PUTTKAMER und Alfred GRAF VON WALDERSEE.

BISMARCK, der sich 1879/80 ernsthaft mit dem Gedanken getragen hatte, die CSAP, die schon seit Frühjahr 1878 wie die Sozialdemokratie polizeilich überwacht worden war, mit Hilfe des Sozialistengesetzes zu verbieten, hatte in der Folgezeit eine widersprüchliche Haltung zur CSP eingenommen. Am 14. Oktober 1881 schrieb er an seinen Sohn Wilhelm: »Stoeckers Wahl ist dringend zu wünschen: einmal als Nichtwahl des Gegners, dann weil er ein außerordentlicher, streitbarer, nützlicher Kampfgenosse ist, aber sobald man für ihn eintritt, indossiert man der Wirkung nach alles, was er früher gesagt hat, resp. alle anderen Antisemiten, und das kann doch en bloc nicht von mir kontrasigniert werden.«[32]

BISMARCK blieb die CSP letzten Endes verdächtig, weil er in ihr, wie er 1895 schrieb, den Versuch sah, »ein von der Staatsregierung unabhängiges protestantisches Zentrum neben dem katholischen herzustellen«.[33]

Die Zahl der für die Konservativen in Berlin abgegebenen Stimmen konnte infolge der Wirksamkeit der CSP bedeutend gesteigert werden. Sie betrug 1878 14 000, 1881 46 000 und 1884 56 000. Besonders aktiv wurde die CSP in dem 1881 gegründeten *Kyffhäuserverband der Vereine Deutscher Studenten (KVDS)*.

Der CSP gelang es jedoch weiterhin nicht, mit ihrer antisozialdemokratischen Politik größere Erfolge zu erzielen. So scheiterten die Versuche A. STOECKERS und A. WAGNERS, bei den Reichstagswahlen von 1881 mit den Berliner Sozialdemokraten einen faulen Wahlkompromiß einzugehen. In den Stichwahlen wollte die CSP zwei sozialdemokratische

Kandidaten unterstützen, wenn sich die Partei August BEBELS und Wilhelm LIEBKNECHTS öffentlich zur bürgerlichen Sozialpolitik bekannt hätte.[34] Als die CSP 1882/83 die wiedererstarkende Gewerkschaftsbewegung in antisozialistische Bahnen zu lenken suchte, erlitt sie erneut Schiffbruch.

Die »Berliner Bewegung« hatte nur zeitweise die Gegensätze zwischen den in ihr vereinigten konservativen Parteien überbrücken können.[35] Mit ihrem Zerfall 1885/86 sank auch die Bedeutung der CSP immer mehr. Das lag einmal an den Differenzen, die zu dieser Zeit zwischen den um die »Kreuzzeitung« gruppierten Deutschkonservativen und BISMARCK ausbrachen, andererseits daran, daß die CSP in dem 1887 gebildeten Kartell keinen Platz fand.

Die »Norddeutsche Allgemeine Zeitung« schrieb, daß sie überhaupt keine politische Partei, sondern nur ein totes Gewicht sei, mit dem sich die Kartellparteien nicht amalgamieren sollten.[36] Äußerst suspekt waren BISMARCK und seinen Anhängern die Versuche extrem rechter Konservativer, zu denen auch A. STOECKER gehörte, den Prinzen WILHELM an ihre Politik zu binden. Nach der Versammlung im Hause Waldersee am 28. November 1887, die diese Bestrebungen besonders deutlich hervortreten ließ, wurde A. STOECKER von der Kartellpresse scharf angegriffen.[37] Bei den führenden Kreisen verloren er und seine Partei allen Kredit. Das betraf auch den Prinzen WILHELM, der wenig später Kaiser wurde und sich noch 1885 nachdrücklich bei WILHELM I. für den »armen Stoecker« verwandt hatte.[38] Anfang April 1889 mußte A. STOECKER für WILHELM II. eine schriftliche Erklärung abgeben. Da er nach den »gemachten Erfahrungen ... zunächst jede Freudigkeit verloren (habe), den öffentlichen Kampf gegen den Umsturz auf politischem, sozialem und religiösem Gebiet in der bisherigen Weise fortzusetzen«, verpflichtete er sich, »den politischen Parteikampf überhaupt für sich wie für die christlichsoziale Partei einzustellen«.[39] Die CSP vegetierte in der Folgezeit dahin und trat nur noch durch ihre im November 1888 gegründete Zeitung »Das Volk« hervor. In der Folgezeit war A. STOECKER zwar weiterhin die Symbolfigur der CSP, aber nicht mehr ihre treibende Kraft.

Hinzu kam, daß er seine Wirksamkeit außerhalb der CSP verstärkte. So war er führend an der Gründung des ↗ *Evangelisch-sozialen Kongresses (ESK)* am 28. April 1890 beteiligt. Im November 1890 trat er mit einer *Sozialmonarchischen Vereinigung* hervor, »um in Berlin und anderen Großstädten sowie überall da, wo der politische und soziale Umsturz dem Volksleben Gefahr droht, zur Bekämpfung desselben die staatserhaltenden Kräfte zu verbinden«.[40]
Als dieser Gründungsversuch scheiterte, orientierte sich A. Stoecker wieder verstärkt auf die *DkP*, in der er zu Beginn der 90er Jahre mit W. von Hammerstein zeitweilig wieder stärkeren Einfluß erhielt, den er besonders 1892 bei der Abfassung des Tivoliprogramms und auf dem Tivoliparteitag selbst wirksam machte. A. Stoecker wurde sogar Mitglied des Elferausschusses der *DkP*. Die Gründung des ↗ *Bundes der Landwirte (BdL)* im Februar 1893 führte zu einer Stärkung der großagrarischen Kräfte und zu einer Schwächung der Positionen W. von Hammersteins und A. Stoeckers in der *DkP*.
Innerhalb der CSP wuchs das Streben nach Belebung und Verselbständigung der CSP durch deren Lösung von der *DkP*. Ein »Christlichsoziales Manifest« kündigte zu den Reichstagswahlen von 1893 die Aufstellung eigener Kandidaten im Anschluß an die Deutschkonservativen »entschiedener Richtung« an.[41] Die in ihm erhobene Forderung nach einer Beibehaltung des allgemeinen, gleichen und direkten Wahlrechts rief den Protest rechtskonservativer Mitglieder der CSP hervor.[42] Auf einer Delegiertenversammlung der CSP in Berlin am 1. Juni 1893 wurde die Bildung selbständiger Organisationen beschlossen, ohne daß jedoch diese Festlegung zunächst verwirklicht wurde. Die CSP verlor 1893 einen großen Teil ihrer Anhänger, die die Zersplitterung der antisemitischen Bewegung auf die Bindung der CSP an die *DkP* zurückführten und sich den anderen antisemitischen Parteien anschlossen.
Während der Debatten über die Umsturzvorlage griffen Scharfmacher wie Karl Ferdinand Freiherr von Stumm-Halberg die CSP heftig an. In der großbourgeoisen Presse wurde konstatiert, daß die CSP mit »Rücksicht ... auf die Gunst der Massen« immer

mehr »in die Tiefen der Demokratie« hinabgleiten würde.[43] Im Frühjahr 1895 wurden W. von Hammerstein Unterschlagungen, Wechselfälschungen und andere kriminelle Delikte nachgewiesen. In dieser Situation fand am 6. Juni 1895 in Eisenach ein Parteitag der CSP statt. A. Stoecker erklärte, daß die CSP »nach wie vor« innerhalb der *DkP* eine selbständige Gruppe sei. Zugleich distanzierte er sich von der ↗ *Deutschsozialen Reformpartei (DSRP)* und erklärte, daß die CSP mit der Gruppe getrennt marschieren würde, die sich um Friedrich Naumanns Zeitschrift »Die Hilfe« geschart hatte. Das waren die »jungen« Christlichsozialen, vor allem Geistliche und Lehrer, die mit dem konservativen Kurs der CSP nicht einverstanden waren.
Der Eisenacher Parteitag der CSP nahm ein neues Programm an, dessen einleitender Teil folgenden Wortlaut hatte[44]:
»1. Die Christlichsoziale Partei erstrebt auf dem Grunde des Christentums und der Vaterlandsliebe die Sammlung der vom christlichsozialen Geiste durchdrungenen Volkskreise aller Schichten und Berufe. Indem sie, gemäß der dringenden Aufgabe der Zeit, ihre Aufmerksamkeit und Fürsorge besonders der Kräftigung des Mittelstandes und der Hebung der arbeitenden Klassen zuwendet, will sie doch allen schaffenden Ständen in Stadt und Land, der Landwirtschaft wie der Industrie und dem Handwerk, mit gleicher Freudigkeit dienen und auch für die gerechten Forderungen der Angestellten, besonders der mittleren und kleineren, in Staats-, Kommunal- und Privatbetrieben kräftig eintreten.
2. Die Christlichsoziale Partei bekämpft deshalb alle unchristlichen und undeutschen Einrichtungen, welche den inneren Zusammenbruch und den äußeren Umsturz herbeiführen müssen; insbesondere richtet sie ihre Waffen gegen den falschen Liberalismus und die drückende Kapitalherrschaft, gegen das übergreifende Judentum und die revolutionäre Sozialdemokratie. Indem sie eine auf der Solidarität der Gesellschaft beruhende Wirtschaftsordnung anstrebt, verwirft sie ebenso die Forderung staatlicher Maßnahmen im einseitigen Interesse des Besitzes, wie die Ausgestaltung der sozialen Bewegung zu einer Kampforganisation gegen den Besitz und die Besitzenden.
3. Die Christlichsoziale Partei erblickt die vornehmste Hilfe für die Schäden unseres Volkes in der Geltendmachung der Lebenskräfte des Evangeliums auf allen Gebieten. Sie will Staat und Gesellschaft, Haus und Persönlichkeit unter den Einfluß des lebendigen und praktischen Christentums zurückführen und dadurch für die Erneuerung des

deutschen Geistes die allein wirksame Grundlage
schaffen helfen. Als eine der ersten Bedingungen
dazu fordert sie die Besetzung der Beamtenstellen,
besonders der hervorragenden und autoritativen,
mit sittlich tüchtigen Persönlichkeiten.
4. Die Christlichsoziale Partei sieht in dem korporativen Aufbau des Volkes unter Festhaltung
seiner politischen Rechte das unbedingt notwendige
Mittel wider den gewaltsamen Umsturz des Bestehenden. Sie erstrebt eine mit Pflichten und
Rechten ausgestattete Berufsorganisation für alle
Stände und die Übertragungen politischer Rechte
auf diese korporativen Genossenschaften.
5. Die Christlichsoziale Partei verfolgt als Ziel die
friedliche Lösung der sozialen Schwierigkeiten auf
dem Wege einer starken Sozialreform durch die
Verringerung der Kluft zwischen reich und arm und
das ehrliche Zusammenwirken aller Stände an der
Einheit, Freiheit, Ehre und Größe des Vaterlandes
unter der Führung eines volkstümlichen Kaisertums.«
Im zweiten Teil des Programms wurde eine große
Zahl von Einzelforderungen aufgestellt, so u. a.
nach einer starken Monarchie, nach der Konfes-
sionalität der Schule, nach der Umgestaltung der
Staatsbetriebe zu »arbeiterfreundlichen Muster-
betrieben« und nach der »Verstaatlichung geeigneter Berufszweige und Betriebe da, wo es das Interesse des Gemeinwohls erfordert«. Zur »Erhaltung
eines gesunden und zur Einschränkung eines übergroßen Grundbesitzes« sollten staatliche Maßnahmen getroffen werden. Weiterhin wurden obligatorische Fachgenossenschaften bzw. Innungen für
das Handwerk, die Beseitigung des »unlauteren
Wettbewerbs« und eine Reform der Börse verlangt.
Das Programm sprach sich für eine Reihe sozialpolitischer Maßnahmen und für eine energische
Kolonialpolitik aus. Juden sollten nicht mehr ein-
wandern dürfen, aus allen »obrigkeitlichen« Ämtern ausgeschlossen und zu anderen nur nach dem
Bevölkerungsverhältnis zugelassen werden.

Mit diesem konservativen Programm wollte
die CSP in erster Linie die kleinbürgerlichen
Schichten ansprechen. Dabei wurden nationalistische, religiöse und antikapitalistische Losungen mit antisemitischer Hetze
verbunden.
Das Programm wurde vor allem von den
westdeutschen Mitgliedern der CSP unterstützt. Obwohl es hier auch bei führenden
Kräften Vorbehalte gab,[45] sahen doch die
meisten von ihnen im neuen Programm einen
wichtigen Schritt zur Scheidung von der DkP
und eine Gewähr dafür, daß »der Junker nicht
über den Christen herrschen« würde.[46]
Rechtskonservative Mitglieder wie Waldemar
GRAF VON ROON erklärten aus Protest gegen

das Programm ihren Austritt aus der CSP.[47]
Andere übten auf A. STOECKER wegen der
scharfen, gegen die Deutschkonservativen
gerichteten Schreibweise des »Volk« einen so
starken Druck aus, daß er dessen Redakteure,
Hellmut VON GERLACH und Heinrich OBER-
WINDER, ohne den Parteivorstand zu befra-
gen, im Sommer 1896 entließ. Ihrem Nachfolger in der Redaktion, Dietrich VON OERT-
ZEN, gab er die Instruktion: »Schreiben Sie
konservativer als konservativ und rechter als
rechts.«[48]
Um die Jahreswende 1895/96 führte der
Skandal um W. VON HAMMERSTEIN zu heftigen
Auseinandersetzungen zwischen A. STOEK-
KER und der großagrarischen Führungsgruppe
in der DkP. Im konservativen Lager kam es
zu einem Sturm der Entrüstung, als der »Vorwärts« am 5. September 1895 einen Brief
A. STOECKERS vom 14. August 1888 an W. VON
HAMMERSTEIN veröffentlichte. In diesem
»Scheiterhaufenbrief« waren Maßnahmen
gegen BISMARCK und seine Kartellpolitik erwogen worden, die die Beziehungen zwischen
ihm und dem Kaiser stören sollten.[49] Die
Auseinandersetzungen mit der Führung der
DkP, die noch durch ein zunehmendes Streben nach Selbständigkeit in der CSP verstärkt
wurden, hatten A. STOECKERS Ausscheiden
aus dem Elferausschuß der DkP am 1. Februar 1896 und damit aus dieser selbst zum
Ergebnis. In einer Versammlung der CSP am
8. Februar 1896 in Berlin ging A. STOECKER
ausführlich auf die neue Situation ein, in der
sich die Partei befand. Dabei hob er besonders
hervor, daß sich die CSP weiterhin an der
Seite der Deutschkonservativen befände.
»Ich habe in den Zeitungen gelesen: die
Konservativen gehen jetzt nach rechts,
Stoecker nach links. Nein, m. H., das werden
Sie nie erleben. Wir gehen noch rechtser.«[50]

3. Die Neugründung der CSP und ihre Entwicklung bis 1918

Am 26. Februar 1896 billigte der Parteitag der
CSP A. STOECKERS Ausscheiden aus der DkP,
konstituierte die CSP zu einer selbständigen
Partei und bestätigte das Eisenacher Programm von 1895. Eine wesentliche Rolle
spielte die Frage nach der Stellung der CSP
zu den »jungen« Christlichsozialen um

F. NAUMANN, der der CSP niemals angehört hatte. In einer Resolution wurde »ein politisches Zusammengehen mit der sog. jüngeren christlichsozialen Richtung trotz mancherlei innerer Berührungspunkte« für nicht möglich erklärt.[51] Wesentliche Differenzpunkte bestanden in der Stellung zu den Junkern. Während A. STOECKER sie weiterhin hofierte, bekämpfte sie F. NAUMANN, weil er in ihnen die Hauptgegner bei der weiteren Durchsetzung bürgerlich-demokratischer Verhältnisse vor allem auch auf dem Lande sah. Seine Versuche, in der Arbeiterklasse durch soziale Reformen Bundesgenossen gegen die Junker zu gewinnen,[52] stießen bei führenden Kräften in der CSP, wie G. BURCKHARDT, auf strikte Ablehnung.[53] Die CSP verlor in diesen Monaten eine kleine Gruppe aktiver Mitglieder, zumeist junge Pfarrer und Lehrer, die sich dem ↗ Nationalsozialen Verein (NsV) anschlossen oder im ↗ Gesamtverband evangelischer Arbeitervereine Deutschlands (GEA) tätig wurden. A. WAGNER, der auf dem Frankfurter Parteitag zum Ehrenvorsitzenden gewählt worden war, legte aus Protest gegen diese Entwicklung sein Amt wenig später nieder.

Der Rechtskurs der CSP wurde ihr von den Scharfmachern nicht honoriert. Für K. F. VON STUMM-HALBERG bestand weiterhin kein wesentlicher Unterschied zwischen den »älteren« und »jüngeren« Christlichsozialen. Öffentlich erklärte er: »In der Verhetzung der Massen sind sie gleich.«[54] Die freikonservative »Post« konnte am 15. Mai 1896 ein Telegramm WILHELMS II. vom 28. Februar 1896 veröffentlichen, in dem dieser indirekt für K. F. VON STUMM-HALBERG Stellung genommen und sich sehr abfällig über A. STOECKER geäußert hatte. »Stoecker hat geendigt, wie ich es vor Jahren vorausgesagt habe ... christlichsozial ist Unsinn und führt zur Selbstüberhebung und Unduldsamkeit ...«

Mit dem Ausscheiden A. STOECKERS aus der DkP und der Neukonstituierung der CSP waren nicht alle führenden Christlichsozialen einverstanden gewesen. So sprach sich der spätere Präsident der CSP, W. PHILIPPS, dagegen aus, weil er fürchtete, daß ein zu großer Verlust an Wählern eintreten würde. Er empfahl A. STOECKER, innerhalb der DkP eine besondere »konservative volksparteiliche Gruppe« zu bilden und später dann die geistige Führung der gesamten konservativen Partei anzustreben.[55] W. PHILIPPS' Pessimismus bewahrheitete sich. Auf dem Gießener Parteitag der CSP von 1898 mußte A. STOECKER feststellen, daß die Christlichsozialen eine kleine Schar geworden seien, die nicht mehr von der günstigen Strömung der 80er Jahre getragen werde.

Im Vergleich zu anderen bürgerlichen Parteien blieb die Mitgliederzahl der CSP äußerst gering. Unseres Wissens ist ihr Vorstand von der Praxis, die Mitgliederzahlen zu verheimlichen, nur in seinem Bericht an den Elberfelder Parteitag von 1907 abgegangen. Danach verfügte die CSP über 171 Ortsgruppen mit 7 700 Mitgliedern und weiteren 1 300 Einzelmitgliedern.[56] In einem so entscheidenden Zentrum der CSP wie in den 3 Reichstagswahlkreisen Düsseldorf 1 (Lennep), 2 (Elberfeld) und 3 (Solingen) hatte sie bei 7 065 Reichstagswählern nur 1 166 Mitglieder.[57] Versuche des Hauptvorstandes 1903/04, durch eine Mustersatzung für die christlichsozialen Vereine die CSP straffer zu organisieren, stießen wegen der schwachen und labilen Mitgliedschaft an der Basis auf Unverständnis bzw. Ablehnung.[58] Eine gewisse Massenbasis hatte die CSP im GEA, dessen Vorsitzender Ludwig WEBER ein führender Christlichsozialer war. Die christlichen Gewerkschaften wurden von ihr als Gegengewicht gegen die sozialistische Arbeiterbewegung aufgefaßt und nach Kräften unterstützt. Der spätere Präsident der CSP, F. BEHRENS, war seit 1905 Generalsekretär des Gewerkvereins christlicher Bergarbeiter Deutschlands und seit 1906 stellvertretender Vorsitzender des ↗ Gesamtverbandes der christlichen Gewerkschaften Deutschlands (GCG) und leitete den Ausschuß des ↗ Deutschen Arbeiterkongresses (DA).

Unter dem entscheidenden Einfluß der CSP stand auch die am 20. Oktober 1903 in Berlin gegründete und von Reinhard MUMM als Generalsekretär geleitete Soziale Geschäftsstelle für das evangelische Deutschland, die der Förderung der »christlichnationalen« Arbeiterbewegung und vornehmlich der evangelischen Arbeitervereine diente.

Der CSP selbst gehörten in den seltensten Fällen Arbeiter an. Unter den 220 Delegierten des Gießener Parteitages von 1898 waren 90 Pfarrer, 20 Lehrer, 17 Kandidaten und

Studenten, 19 Landwirte, 15 Fabrikanten und Kaufleute, 12 Beamte, 9 Handwerker, 5 Amtsrichter und 5 Professoren.[59] Ihre Versammlungen waren in der Regel so angelegt, daß sie Arbeiter nur abstoßen mußten.[60] Hinzu kam, daß die CSP mit völlig verschwommenen Losungen Anhänger zu gewinnen suchte. So definierte »Das Volk« am 28. September 1902 als das Ziel der CSP,

»daß in jedem Wahlkreis ein königstreuer, christlich gesinnter, sozial denkender Mann zur Wahl gestellt werden kann, damit die mittleren und kleineren Leute nicht gezwungen sind, wenn sie königstreu wählen wollen, einem unsozialen Großkapitalisten oder doch einem Gefolgsmann derselben ihre Stimme zu geben, oder, wenn sie ihren sozialen Interessen bei der Wahl Rechnung tragen wollen, einen königs- und vaterlandsfeindlichen Sozialisten zu erkiesen«.

Die CSP, die bei den Reichstagswahlen von 1898 nur ein Mandat erhalten hatte, konnte bei denen von 1903 nur noch ein weiteres hinzufügen. Ihre 2 Abgeordneten schlossen sich im Dezember 1903 mit den Abgeordneten des ↗ BdL, des ↗ Bayerischen Bauernbundes (BB), der ↗ Deutschsozialen Partei (DSP) (1900–1914) und anderer kleiner Parteien und Gruppen zur Wirtschaftlichen Vereinigung zusammen, um sich so im Reichstag die Rechte einer Fraktion zu verschaffen.

Besonders enge Bindungen hatte die CSP zu den Antisemiten um Max LIEBERMANN VON SONNENBERG in der ↗ DSRP bzw. dann seit 1900 zur ↗ DSP. »Das Volk« sprach z. B. am 22. Oktober 1898 die Hoffnung aus, die DSRP möchte sich bald ihrer »radikalen demokratischen Elemente vollends entledigen«. Dann würde »auch die Praxis der Deutschsozialen mit der Stellung der Christlichsozialen nahezu zusammenfallen«. Im Januar 1911 führten die DSP und die CSP in Frankfurt (Main) einen gemeinsamen Landesparteitag durch.[61] Der Vorsitzende der DSP, Wilhelm LATTMANN, sprach im November 1913 auf einer von der CSP einberufenen Versammlung in Berlin über das Thema »Feinde ringsum, Deutschland sei wach!«[62]

Der Schwerpunkt der CSP hatte sich noch stärker nach Westdeutschland verlagert. Er befand sich hier vor allem im Siegerland, wo die Ausbeutung von Kleinbürgertum und Arbeiterklasse durch das Monopolkapital besonders schroffe Formen angenommen

hatte. Mit Rücksicht auf ihre kleinbürgerlichen Anhänger wandte sich die CSP verschiedentlich gegen besonders extreme Erscheinungen des Monopolkapitals. Sie protestierte gegen die »rücksichtslose, die Interessen des gesamten Volkslebens schädigende Politik« des Rheinisch-Westfälischen Kohlensyndikats[63] und gegen »den Mammonssinn und den einseitigen Kapitalismus, der Deutschland mit Syndikaten und Trusts zu überziehen droht und vielfach nur daran denkt, dem Großkapital freieste Bahn zur Zurückdrängung des Mittelstandes und der Arbeiterschaft zu schaffen«.[64] Tatsächlich dienten aber diese antimonopolkapitalistischen Losungen dazu, das Kleinbürgertum zu verwirren und weiterhin ideologisch der Macht des deutschen Monopolkapitals unterzuordnen. Den gleichen Sinn hatte die Forderung nach einem »christlichen Sozialismus auf monarchischer und deutschnationaler Grundlage«.[65]

Der Weltmachtpolitik des deutschen Imperialismus stand die CSP positiv gegenüber. Sie wurde von ihr als notwendig für die deutschen Arbeiter bezeichnet[66] und sollte lediglich in christlichsozialem Geist durchgeführt werden. »Ich halte es für erlaubt«, erklärte A. STOECKER am 17. März 1904 im Reichstag, »daß christliche Kulturvölker Länder, die Naturvölkern angehören, unter ihre Botmäßigkeit bringen, um christliche Kultur einzuführen.«

Auf dem Wiesbadener Parteitag der CSP von 1911 wurde in einem Referat die Frage bejaht, ob das »deutsche Volk« ein christlich-sittliches Recht habe, imperialistische Weltmachtpolitik zu treiben. Es könne dann »am deutschen Wesen einmal die Welt genesen«. Ein anderer Redner, ein Generalmajor, nahm zu der Frage Stellung, ob die Macht für eine erfolgreiche Welt- und Kolonialpolitik vorhanden sei. Er führte u. a. aus[67]:

»Menschlichem Ermessen nach sei unser Heer und unsere Flotte allen Gefahren gewachsen ... Es ist ein Frevel an der deutschen Volksseele, wenn man dem Volk die halt- und wesenlose Idee eines ewigen Völkerfriedens vorgaukelt. An jedes Volk tritt von Zeit zu Zeit die Forderung heran, eine Kraftprobe abzulegen. Der Krieg ist ein gewaltiger Erzieher des Menschengeschlechts. In ihm entfalten sich die edelsten Triebe im Menschen.«

Die CSP erwies sich auch unter den Bedin-

gungen der imperialistischen Epoche als
erbitterter Gegner der sozialistischen Arbeiterbewegung. Sie bekämpfte den »rohen
Klassenkampf der Sozialdemokratie, der die
Arbeiterschaft nur ins Unglück stürzen kann
und Deutschland in zwei feindliche Nationen
zu spalten droht«.[68] A. STOECKER ließ im
Reichstag keine Gelegenheit vorübergehen,
die deutsche Sozialdemokratie zu verunglimpfen. »Es ist wirklich ungeheuer feig«,
sagte er hier am 15. Dezember 1905 demagogisch, »beständig zur Revolution zu hetzen,
Volksmassen mit diesen unsinnigen Gedanken zu erfüllen, so eine revolutionäre Maul-
und Klauenseuche in das Land hineinzutragen und dann ruhig dazusitzen und sich die
Geschichte (die Revolution in Rußland, D. F.)
von ferne anzusehen.«
A. STOECKER soll mehrmals von reichen
Junkern und Fabrikanten bedeutende Geldsummen zur Bekämpfung der Sozialdemokratie erhalten haben. So stiftete ihm ein
konservativer ostelbischer Großgrundbesitzer nach dem sozialdemokratischen Wahlsieg
von 1903 zur Begründung eines »Anti-
Vorwärts« 150000 Mark.[69] Mit diesem Betrag
wurde dann die christlichsoziale Zeitung »Das
Reich«, die seit 1904 in Berlin erschien, finanziert.
Am 1. Oktober 1906 veröffentlichte die christlichsoziale Presse einen Aufruf A. STOEK
KERS, in dem er von »Freunden und Gönnern, welche die Größe der sozialen Gefahr kennen«, 60000 M forderte und die
Revolution in Rußland diffamierte. Dieses
Geld sollte dem weiteren Zusammenschluß
aller bürgerlichen Arbeiterorganisationen im
Sinne des DA dienen. Außerdem wird es für
den *Nationalen Arbeiterwahlausschuß* bestimmt gewesen sein, der zu dieser Zeit im
Ruhrgebiet gegründet wurde und die Wahl
christlichsozialer Arbeiter in die Parlamente
unterstützen sollte. Mit seiner Hilfe erlangte
dann auch F. BEHRENS 1907 ein Reichstagsmandat.
Nach dem Tode A. STOECKERS im Jahre 1909
war eine längst erforderliche Überarbeitung
des Parteiprogramms möglich geworden. Die
in der Parteiführung vorhandenen unterschiedlichen Positionen[70] führten dazu, daß
das dann vom Siegener Parteitag 1910 angenommene Programm, ungeachtet neuer
Einzelforderungen und des Fortfalls der anti

semitischen Phrasen, keine grundsätzlichen
Änderungen enthielt.[71]
Die CSP befand sich in einer solchen Krise,
daß ihr neuer Präsident F. BEHRENS wenige
Monate nach der Übernahme seiner Funktion
feststellen mußte:
»... wenn es uns nicht gelingt bzw. nicht möglich
ist, eine großangelegte und klar durchgeführte
christlichsoziale Realpolitik zu treiben, so halte ich
es für eine politisch-sittliche Pflicht, unsere Selbständigkeit als Partei aufzugeben und *uns der
konservativen Partei anzuschließen.* Unser jetziger
Parteibetrieb, unsere Abhängigkeit durch die
Konzentration auf wenige Kreise und unsere Stellung im Parlament als Anhängsel einer aus Anhängsel bestehenden Fraktion, die uns gar noch
durch Fraktionszwang verpflichtet ist, ist unerträglich.«[72]
Zwischen der CSP und der *DkP* hatte seit 1896
ein im Prinzip gutes Verhältnis bestanden.
Differenzen waren vor allem aufgetaucht,
seitdem diese bemüht war, auch im industriellen Westen Fuß zu fassen, und dabei Domänen der CSP antastete. Als der konservative
»Reichsbote« im November 1910 die Nachricht von einer baldigen Vereinigung der CSP
mit der *DkP* veröffentlichte, wurde sie von
führenden Christlichsozialen überaus scharf
zurückgewiesen. Auf einem Bezirkstag der
CSP in Hagen wurde eine Resolution angenommen, in der die Anwesenden alle
Christlichsozialen aufforderten, »sich an der
von unverantwortlicher Stelle in der Presse
angeregten Fusionsidee mit der Konservativen Partei nicht zu beteiligen«. Statt dessen
sollten sie am »Ausbau der christlichsozialen
Organisation« arbeiten und »treu zu den
Führern« stehen.[73]
Auch die Deutschkonservativen betrachteten
die Möglichkeit einer Fusion mit der CSP
zunächst äußerst skeptisch. Auf dem Parteitag der Konservativen Westfalens in Herford
erklärte Ernst VON HEYDEBRAND UND DER
LASA am 23. November 1910, die CSP würde
zu wenig berücksichtigt, »daß es auch Arbeitgeber gibt und daß die Arbeitgeber Autorität brauchen«. Er forderte von der CSP, daß
sie die Richtung, »die sich zu ausschließlich
im Interesse des Arbeiters bewegt, nicht
schärfer betonen möchte, als geboten ist«.
Beide Parteien sollten »grundsätzlich bestehen bleiben, ... aber zusammenarbeiten
und diejenigen gemeinschaftlichen Punkte
hervorkehren und durchführen, die ihnen

gemeinschaftliche Arbeit ganz von selbst auferlegt«.[74]

Wenig später konnten sich jedoch innerhalb der CSP jene Kräfte durchsetzen, die für eine Vereinigung mit der *DkP* eintraten und es bezweifelten, daß sich die CSP zu »einer wirklich lebensfähigen christlichsozialen Partei« entwickeln könne.[75] Zu ihnen gehörte neben F. BEHRENS vor allem W. PHILIPPS, der auf dem Düsseldorfer Parteitag von 1912 zum neuen Präsidenten der CSP gewählt wurde, wobei er sich zuvor mit einem »maßgebenden Führer der Konservativen« verständigt hatte.[76] Führende Deutschkonservative, wie Kuno GRAF VON WESTARP, waren für die Fusion mit der CSP, weil sie diese für ihre Bestrebungen brauchten, im industriellen Westen Einfluß zu gewinnen und »Zugang zur Arbeiterschaft« zu finden.[77] Die konservative Presse nahm daher auch die Veränderung in der Spitze der CSP beifällig auf und sah in deren Führung durch »die *besonnenen und maßgebenden Elemente*« die »Vorbedingung« für ein möglichst enges Zusammengehen beider Parteien erfüllt.[78] Als die CSP am 26. April 1914 in Berlin eine nationalistische Massenveranstaltung durchführte, war K. VON WESTARP einer der Referenten.[79]

4. Die CSP im ersten Weltkrieg

Während des ersten Weltkrieges war die Tätigkeit der CSP weitgehend eingeschränkt und über das Auftreten ihrer parlamentarischen Vertreter hinaus nur wenig sichtbar. Die Versammlungen in den wenigen noch weiterhin arbeitenden Ortsgruppen dienten besonders »der Aufklärung über die Notwendigkeiten und Pflichten der Zeit, der Hebung der Siegesstimmung, der Stählung des Willens zum Durchhalten,, der Werbung für die Kriegsanleihen«.[80] Die Führer der CSP begrüßten den Krieg, weil er Deutschland angeblich an die »Schwelle eines starken Staatssozialismus« geführt hatte[81] und weil ein deutscher Sieg ihre maßlosen Kriegsziele, die u. a. auf »Kolonisationsland im Osten«, ein »Königreich Flandern« und ein »deutsches Mittelafrika« gerichtet waren, verwirklichen sollte.[82] In dieser Beziehung standen sie, wie R. MUMM, »nicht fernab« vom ↗ *Alldeutschen Verband (ADV)*[83] und unterhielten dann enge Beziehungen zur ↗ *Deutschen Vaterlandspartei (DVLP)*.[84]

Die Verständigungsverhandlungen mit der *DkP*, die durch den Ausbruch des ersten Weltkrieges unterbrochen worden waren, wurden seitens der CSP Ende 1914 mit einem Programm von für die Deutschkonservativen nicht akzeptablen Bedingungen wieder aufgenommen.[85] Während F. BEHRENS, W. PHILIPPS, W. WALLBAUM u. a. für den Anschluß an die *DkP* bei weiterer Existenz der CSP-Organisation waren, andere wie ROTH (Hamburg) einen Zusammenschluß mit den Deutschsozialen in der ↗ *Deutschvölkischen Partei (DvP)* anstrebten, gehörte R. MUMM zu den Hauptgegnern der Fusion und zu den Befürwortern eines Kartells »einer großen Rechten«.[86] Die Differenzen zeigten sich im Frühjahr 1916 besonders in den Fragen der Vereinsgesetzänderung und des U-Boot-Krieges sowie in der Stellung zur Regierung BETHMANN HOLLWEG. Hier vertraten die drei MdR der CSP, F. BEHRENS, G. BURCKHARDT und R. MUMM, einen gemäßigteren Standpunkt als die *DkP*. Als diese aus der deutschkonservativen Fraktion ausschieden und sich der neugegründeten *Deutschen Fraktion* anschlossen, legte W. PHILIPPS am 22. April 1916 aus Protest den Vorsitz der CSP nieder und erklärte seinen Austritt.[87]

Der Elberfelder Parteitag vom Oktober 1917 verdeutlichte, daß die Differenzen innerhalb der CSP weiter zugenommen hatten. Der Parteitag konnte keine Einigung über die Friedensfrage herbeiführen.[88] Die für einen imperialistischen Siegfrieden eintretenden Durchhaltepolitiker wie R. MUMM und J. K. VIETOR waren gegen F. BEHRENS und G. BURCKHARDT, die im Reichstag für die Friedensresolution gestimmt hatten.[89] Beide Richtungen bekämpften die revolutionäre proletarische Antikriegsbewegung und unterschieden sich nur in taktischen Fragen voneinander. Es war vor allem F. BEHRENS, der mit der im *DA* vereinigten »christlich-nationalen« Arbeiterbewegung »auf christlicher Lebensanschauung für den monarchischen Gedanken – für die Kommandogewalt, gegen die Parlamentsherrschaft – und für den sozialen Gedanken – für die Gemeinbürgerschaft der Stände« kämpfen und damit das Gegengewicht zur »demokratischen Arbeiterbewegung« schaffen wollte.[90] In den letzten

Wochen des Krieges forderte F. BEHRENS »eine stärkere Einstellung der christlichsozialen Politik auf die Arbeiterschaft«.[91] Während sich führende CSP-Politiker 1914 noch für die Beibehaltung des preußischen Dreiklassenwahlrechts als »Bollwerk ... gegen die demokratischen Einflüsse« erklärt hatten,[92] beschloß der Politische Ausschuß der CSP am 26. Februar 1918 den Kampf für das Verhältniswahlrecht und eine Umgestaltung des Herrenhauses zu einer »Ständekammer«.[93]

In den Tagen der Novemberrevolution forderte die CSP anfänglich ihre Mitglieder auf, die Organisation und vor allem ein Vertrauensmännersystem neu aufzubauen. Alle Christen seien durch die Revolution auf die Schanzen gerufen worden.[94] In gleichem Sinne propagierte R. MUMM die Konterrevolution, wenn er als Pflicht der Christlichsozialen »in der Gegenwart ... die Opposition« bezeichnete und zur Vorbereitung der Wahlen zur Nationalversammlung, um die Monarchie zu retten, aufforderte. »Das Wort ist frei, die Versammlung ist frei. So haben wir denn zu agitieren und zu organisieren.«[95]

Nach dem 9. November 1918 führte der Hauptvorstand der CSP erneut eine Reihe von Verhandlungen über den Zusammenschluß mit anderen konservativen Parteien und Gruppen. Erste Erwägungen, sich der in Bildung befindlichen ↗ Deutschen Demokratischen Partei (DDP) anzuschließen,[96] wurden sehr schnell verworfen, als sich der Charakter dieser Neugründung herausstellte. Erfolglos blieben auch die Versuche von F. BEHRENS und W. WALLBAUM, in Verbindung mit anderen Führern der »christlich-nationalen« Arbeiterbewegung alle auf dem Boden des DA stehenden Organisationen zu einer Partei zusammenzufassen. Daraufhin wurden Verhandlungen mit der kurz vor ihrer Gründung stehenden ↗ DNVP aufgenommen, bei denen die CSP auf eine Reihe christlichsozialer Forderungen, wie die nach der Monarchie und einem Großdeutschland, verzichten mußte.[97] Die Situation war so aussichtslos, daß die Verhandlungen über die Auflösung der CSP geführt werden mußten, ohne vom Hauptvorstand autorisiert worden zu sein.[98] Um die Jahreswende 1918/19 fanden Vertrauensmännerversammlungen der CSP statt, die den Beitritt ihrer Organisation zur DNVP er-

klärten.[99] Innerhalb der DNVP stellten die Christlichsozialen unter der Führung R. MUMMS eine Strömung dar, die sich dann im ↗ Christlich-Sozialen Volksdienst (CSVD) verselbständigte.

5. Quellen und Literatur

Von der CSP selbst stammendes Quellenmaterial liegt vornehmlich für die Zeit bis 1896 im NL Adolf Stoecker im ZStA Merseburg und in relativ hohem Umfang für das letzte Jahrzehnt der CSP im NL Reinhard Mumm im ZStA Potsdam vor. Aufschlußreich sind die Akten der Berliner politischen Polizei über die CSP im StA Potsdam, Nr. 15066 bis 15073. Hier steht noch eine sicherlich ergiebige Analyse der Überwachungsberichte von Versammlungen der CSAP und CSP (1878–1896) aus.

Wenn von zahlreichen Schriften A. Stoeckers abgesehen wird, liegen von der CSP selbst relativ wenige gedruckte Quellen vor. So erschienen z. B. keine Parteitagsprotokolle, sondern nur zusammenfassende Berichte im »Volk«. An Darstellungen der CSP wären vor allem der wenig aufschlußreiche Aufsatz von Ludwig Weber »Die Christlichsozialen« (in: Handbuch der Politik. Hrsg. Paul Laband, Adolf Wach u. a., 2. Aufl., Bd. 2, 1. Teil: Die Aufgaben der Politik, Berlin – Leipzig 1914, S. 11 ff.) und die Arbeit von Siegfried Kaehler »Stoeckers Versuch, eine christlich-soziale Arbeiterpartei in Berlin zu begründen« (in: Deutscher Staat und deutsche Parteien. Beiträge zur deutschen Partei- und Ideengeschichte. Friedrich Meinecke zum 60. Geburtstag dargebracht von Hermann Bächtold, Hans Fraenkel u. a., München und Berlin 1922, S. 227 ff.), der allerdings das vorhandene Archivmaterial noch nicht ausgewertet hat, zu nennen.

Über die Rolle der CSP in der »Berliner Bewegung« vermittelt einen gewissen, allerdings begrenzten Einblick: Heinrich Heffter »Die Kreuzzeitungspartei und die Kartellpolitik Bismarcks« (Leipzig 1927). Zu beachten ist auch Erich Hoener »Die Geschichte der christlich-konservativen Partei in Minden-Ravensberg von 1866 bis 1896« (Diss., München 1923).

Materialreich für das Thema ist auch Dietrich

von Oertzen »Adolf Stoecker. Lebensbild und Zeitgeschichte« (Bd. 1 und 2, Berlin 1910). Walter Franks Biographie »Hofprediger Adolf Stoecker und die christlichsoziale Bewegung« (Berlin 1928, 2. Aufl. Hamburg 1935) enthält eine große Zahl wertvoller Materialien, steht aber völlig auf faschistischem Standpunkt.

Anmerkungen

1 Zirkularverfügung vom 7. März 1877 über die Sonntagsruhe und Sonntagsheiligung. Zirkularerlaß vom 7. November 1877 über die Teilnahme von Geistlichen an politischen Parteibewegungen, insbesondere Wahlagitationen.

2 Adolf Stoecker: Christlich-Sozial. Reden und Aufsätze, Bielefeld – Leipzig 1885, S. XI.

3 Für A. Stoeckers Vorliebe, sich mit deklassierten Elementen zu umgeben, sind auch seine Beziehungen zu dem langjährigen Polizeispitzel Heinrich Oberwinder charakteristisch. Über diesen siehe Dieter Fricke: Bismarcks Prätorianer. Die Berliner politische Polizei im Kampf gegen die deutsche Arbeiterbewegung (1871 bis 1898), Berlin 1962, S. 223 ff. u. a. Über A. Stoeckers zwielichtige Haltung informieren u. a. Franz Mehring: Herr Hofprediger Stoecker der Sozialpolitiker. Eine Streitschrift, Bremen 1882, und die eigentlich zur Verteidigung der CSP geschriebene Broschüre von G. C. Nöltingk: Die christlich-soziale Partei in Deutschland, Bernburg – Leipzig 1882.

4 Siehe StA Potsdam, Rep. 30, Berlin C, Nr. 15 066, Bl. 8.

5 Flugblatt Nr. 3 der Christlich-sozialen Arbeiterpartei, S. 8. In: ZStA Merseburg, Rep. 92, NL Stoecker, IX 6 Bl. 13–16 R.

6 Siehe Evangelische Kirchenzeitung, 9. 2. 1878, Sp. 82 ff.

7 Siehe seinen vollständigen Wortlaut in: StA Potsdam, Rep. 30 Berlin C, Nr. 15 067, Bl. 22, und A. Stoecker: Christlich-Sozial, S. 21 ff.

8 Reden und Aufsätze von Adolf Stoecker. Hrsg. Reinhold Seeberg, Leipzig 1913, S. 175.

9 Siehe Adolf Damaschke: Zeitenwende. Aus meinem Leben. Bd. 2, Leipzig – Zürich 1925, S. 65 f.

10 A. Stoecker: Sozialdemokratisch, Sozialistisch und Christlich-Sozial. Vortrag, gehalten in Braunschweig am 30. März 1880, S. 9.

11 Ebenda.

12 Ebenda, S. 13.

13 ZStA Merseburg, Rep. 92, NL Stoecker, IX 1, Bl. 3.

14 Siehe die Mitgliederverzeichnisse in: StA Potsdam, Rep. 30 Berlin C, Nr. 15 066, Bl. 72 ff, 109 ff und 167 ff.

15 Der Berliner Polizeipräsident an den Minister des Innern, 22. 4. 1878. In: Ebenda, Bl. 91.

16 Siehe Der Sozialdemokrat, 18. 7. und 22. 8. 1880.

17 Christoph von Tiedemann an Bismarck, 14. 12. 1878. In: ZStA Potsdam, Reichskanzlei, Nr. 646/5, Bl. 109 R. Siehe auch den Bericht des Berliner Polizeipräsidenten vom 22. April 1878 an den Minister des Innern mit der Frage, ob nicht der christlichsozialen Bewegung »in geeigneter Weise entgegenzuwirken« sei. In: StA Potsdam, Rep. 30 Berlin C, Nr. 15 066, Bl. 92 R.

18 Siehe Dietrich von Oertzen: Adolf Stoecker. Lebensbild und Zeitgeschichte, Bd. 1, Berlin 1910, S. 184 f.

19 Siehe Adolf Wach: Die christlichsoziale Arbeiterpartei, Leipzig 1878, S. 27. Neue Evangelische Kirchenzeitung, 11. 5. 1878, Sp 291 ff., und 25. 5. 1878, Sp 336 u. a.

20 StA Potsdam, Rep. 30 Berlin C, Nr. 15 066, Bl. 161.

21 Siehe Flugblatt Nr. 13 der Christlich-sozialen Arbeiterpartei. In: ZStA Merseburg, Rep. 92, NL Stoecker, IX 6, Bl. 115 ff.

22 Siehe hierzu u. a. Flugblatt Nr. 14, 17, 18, 27 und 34 der CSAP bzw. CSP sowie A. Stoeckers Vortrag vom 4. Februar 1880 »Das unzweifelhaft Berechtigte, Edle und Notwendige der gegenwärtigen antijüdischen Bewegung«. In: Ebenda, Bl. 127–244 R (passim).

23 Siehe A. Stoeckers Brief vom 21. 7. 1893. In: Ebenda, III 10, Bl. 30. Über Entwicklung und Charakter der antisemitischen Parteien im Deutschen Reich: ↗ Antisemitische Parteien (1879–1894).

24 Siehe die polizeilichen Überwachungsberichte. In: StA Potsdam, Rep. 30 Berlin C, Nr. 15 069 ff.

25 Siehe StA Potsdam, Rep. 30 Berlin C, Nr. 15 069, Bl. 235 ff.

26 Neue Evangelische Kirchenzeitung, 21. 12. 1878.

27 Siehe sein Schreiben an die Redaktion. In: Ebenda, 5. 10. 1878, Sp. 630.

28 Siehe Reichsfreiherr von Fechenbach: Promemoria zur Sammlung aller christlich-konservativen Parteigruppen auf der Basis eines gemeinschaftlichen sozialpolitischen Programms eventuell zur Reorganisation resp. Neubildung einer großen Christlich-Konservativen Partei in Deutschland, München 1880.

29 A. Stoecker: Christlich-Sozial, S. 358.

30 Siehe Hermann Wagener: Die Mängel der christlichsozialen Bewegung, Minden 1885, S. 37.

31 Siehe Hellmut von Gerlach: Erinnerungen eines Junkers, Berlin 1925, S. 79 f.

32 Bismarcks Briefe an seinen Sohn Wilhelm.

Hrsg. Wolfgang Windelband, Berlin 1922, S. 16.

33 Hermann Hofmann: Fürst Bismarck 1890–1898, Bd. 2, Stuttgart 1913, S. 322.

34 Siehe Der Sozialdemokrat, 24. 11. 1881.

35 Siehe den Brief Wilhelm Bruhns, einer der Führer der »Berliner Bewegung«, an A. Stoecker über die nicht mehr existierende »Einheit unserer Bewegung ...; des Hasses und der Bosheit ist zu viel ausgespien worden«, 16. 2. 1885. In: ZStA Merseburg, Rep. 92 NL Stoecker, I 2, Bl. 93.

36 Siehe A. Stoecker: Dreizehn Jahre Hofprediger und Politiker. In: Reden und Aufsätze von Adolf Stoecker, S. 65.

37 Siehe Freiherr Lucius von Ballhausen: Bismarck-Erinnerungen, Stuttgart – Berlin 1921, S. 409. Gustav Seeber u. a.: Bismarcks Sturz. Zur Rolle der Klassen in der Endphase des preußisch-deutschen Bonapartismus 1884/85 bis 1890, Berlin 1977, S. 192 f.

38 »Stoecker – trotz all seiner Fehler – ist die mächtigste Stütze, ist der tapferste, rücksichtsloseste Kämpfer für Deine Monarchie und Deinen Thron im Volk!« – Prinz Wilhelm an Kaiser Wilhelm I., 5. 8. 1885. In: ZStA Potsdam, 90 Mu 3 NL Reinhard Mumm, Nr. 82, B. 27.

39 Reden und Aufsätze von Adolf Stoecker, S. 117.

40 Siehe Satzungen und Organisationsstatut der Sozialmonarchischen Vereinigung. In: A. Stoecker: Sozialdemokratie und Sozialmonarchie, Leipzig 1891, S. 30 ff.

41 Siehe Das Volk, 14. 5. 1893.

42 Siehe Waldemar Graf von Roon an A. Stoecker, 10. 5. 1893. In: ZStA Merseburg, Rep. 92 NL Stoecker, I 4c, Bl. 33 f.

43 Deutsche Volkswirtschaftliche Correspondenz, 22. 1. 1895.

44 ZStA Potsdam, 90 Mu 3 NL Reinhard Mumm, Nr. 2, Bl. 239.

45 Siehe Georg Burckhardt an A. Stoecker, 3. 9. 1895: »Überhaupt hat es hier seine Schwierigkeiten. Ich als Vorsitzender der D(eutsch) Kons(ervativen) Partei Rheinlands muß das Tivoliprogramm vertreten. Die Arbeitervereine haben das Programm der ev. Arbeitervereine, nun würde ein drittes Programm dazukommen. Also für uns ist dazu kein Bedürfnis.« In: ZStA Merseburg, Rep. 92 NL Stoecker, I 2, Bl. 156.

46 Pfarrer Coerper an A. Stoecker, 6. 2. 1895. In: Ebenda, I 22, Bl. 115.

47 Siehe W. von Roon an A. Stoecker, 22. 3. 1895. In: Ebenda, I 4c, Bl. 35–36.

48 H. von Gerlach: Von rechts nach links, Zürich 1937, S. 107.

49 Siehe auch das Faksimile des Briefes in: Vorwärts, 3. 11. 1895.

50 Das Volk, 9. 2. 1896.

51 Norddeutsche Allgemeine Zeitung, 28. 2. 1896.

52 Siehe Friedrich Naumann an A. Stoecker, 22. 6. 1895. In: ZStA Merseburg, Rep. 92 NL Stoecker, I 3f, Bl. 29 f.

53 Siehe G. Burckhardt an A. Stoecker, 3. 9. 1895. In: Ebenda, I 2, Bl. 157 R.

54 Kölnische Zeitung, 14. 4. 1896.

55 Siehe Wilhelm Philipps: Erinnerungen an Stoecker, Berlin o. J., S. 55 f.

56 Siehe Das Volk, 11. 9. 1907. Einen gewissen Vergleich bietet die Tatsache, daß »Das Volk« Ende 1898 8 500 feste Abonnenten hatte, davon die eine Hälfte in Rheinland-Westfalen, die andere in der »Diaspora-Gemeinde im Reich« und 600 in Berlin. Siehe D. von Oertzen an A. Stoecker, 14. 1. 1899. In: ZStA Merseburg, Rep. 92 NL Stoecker, I 4a, Bl. 20.

57 Siehe ZStA Potsdam, 90 Mu 3 NL Reinhard Mumm, Nr. 2, Bl. 188.

58 Siehe Vorstand der CSP-Ortsgruppe Düsseldorf an R. Mumm, 15. 3. 1905. In: Ebenda, Nr. 28, Bl. 4 f.

59 Siehe Das Volk, 16. 10. 1898.

60 Siehe die Kritik eines Christlichsozialen am 10. 5. 1898 gegenüber A. Stoecker am Ablauf einer christlichsozialen Versammlung in Berlin. In: ZStA Merseburg, Rep. 92 NL Stoecker, I 24, Bl. 257–259.

61 Siehe Das Volk, 26. 1. 1911.

62 Siehe Staatsbürger-Zeitung, 9. 11. 1913.

63 Siehe Das Volk, 2. 10. 1904.

64 Aus dem Wahlaufruf der CSP von 1906. In: Staatsbürger-Zeitung, 19. 12. 1906.

65 Das Volk, 13. 9. 1907.

66 Siehe ebenda, 14. 9. 1911.

67 Ebenda, 14. 9. 1911.

68 Aus dem Wahlaufruf der CSP von 1906.

69 Siehe Reinhard Mumm: Der christlichsoziale Gedanke. Bericht über eine Lebensarbeit in schwerer Zeit, Berlin 1933, S. 43.

70 Siehe u. a. Karl Neuhaus an R. Mumm, 1. 9. und 8. 9. 1910, sowie Franz Behrens an R. Mumm, 8. 9. 1910. In: ZStA Potsdam, 90 Mu 3 NL Reinhard Mumm, Nr. 30, Bl. 14–20.

71 Siehe den vollständigen Wortlaut des Programms. In: Das Volk, 15. 9. 1910, und bei Ludwig Weber: Die Christlichsozialen. In: Handbuch der Politik. Hrsg. Paul Laband/Adolf Wach u. a., 2. Aufl., Bd. 2, 1. Teil: Die Aufgaben der Politik, Berlin und Leipzig 1914, S. 12 ff.

72 F. Behrens an R. Mumm, 20. 8. 1909, in: ZStA Potsdam, 90 Mu 3, NL Reinhard Mumm, Nr. 31, Bl. 235 R/236.

73 Das Volk, 8. 12. 1910.

74 Zit. in: Handbuch der Deutschkonservativen Partei, 4. Aufl., Berlin 1911, S. 74 f.

75 W. Philipps: Erinnerungen an Stoecker, S. 71.

76 Siehe ebenda, S. 72. Höchstwahrscheinlich

handelte es sich hierbei um Martin Schiele. Siehe R. Mumm: Der christlich-soziale Gedanke, S. 94. In Frage käme aber auch der Konservative Ernst von Bodelschwingh-Schwarzenhasel, der sich später als »ein Bindeglied« zwischen der Deutschkonservativen Partei und der CSP von 1914 bezeichnete. Siehe Zentralblatt des Nationalverbandes Deutscher Berufsverbände, 1. 5. 1922, S. 54.

77 Siehe (Kuno) Graf (von) Westarp: Konservative Politik im letzten Jahrzehnt des Kaiserreiches, Bd. 1, Berlin 1935, S. 403.

78 Der Reichsbote, 3. 10. 1912.

79 Siehe (K.) Graf (von) Westarp: Konservative Politik ..., Bd. 1, S. 353f.

80 Das Volk, 11. 10. 1917.

81 Der Reichsbote, 14. 4. 1915.

82 Siehe »Die Kriegsziele der Christlichsozialen Partei, einmütig beschlossen durch den Hauptvorstand im Frühjahr 1916« mit zehn annexionistischen Hauptforderungen. In: ZStA Potsdam, 90 Mu 3 NL Reinhard Mumm, Nr. 31, Bl. 77.

83 Siehe R. Mumm: Der christlichsoziale Gedanke, S. 83f.

84 Siehe R. Mumm an Prof. Lindt, 7. 1. 1918. In: ZStA Potsdam, 90 Mu 3 NL Reinhard Mumm, Nr. 31, Bl. 26.

85 Siehe das Protokoll der Sitzung des Geschäftsführenden Ausschusses der CSP am 29./30. 11. 1914. In: Ebenda, Nr. 32, Bl. 302f.

86 Siehe sein Memorandum. In: Ebenda, Nr. 31, Bl. 59–62.

87 Siehe W. Philipps an R. Mumm, 22. 4. 1916. In: Ebenda, Bl. 198 und 190.

88 Siehe die drei Beschlußanträge. In: Ebenda, Bl. 40.

89 Siehe J. K. Vietor an R. Mumm, 14. 9. 1917, bzw. an F. Behrens, 22. 9. 1917. In: Ebenda, Bl. 54 und 46f.

90 Hauptvorstandssitzung der CSP, 13. 6. 1916. In: Ebenda, Nr. 32 (ohne Blattangabe).

91 Hauptvorstandssitzung der CSP, 14. 10. 1918. In: Ebenda.

92 Siehe J. K. Vietor an F. Behrens, 21. 8. 1914. In: Ebenda, Nr. 31, Bl. 290.

93 Ebenda, Nr. 32 (ohne Blattangabe).

94 Siehe Der Reichsbote, 16. 11. 1918.

95 R. Mumm: Opposition. In: Der Reichsbote, 12. 11. 1918.

96 Siehe den Beschluß des Politischen Ausschusses der CSP vom 14. 11. 1918. In: ZStA Potsdam, 90 Mu 3 NL Reinhard Mumm, Nr. 32 (ohne Blattangabe).

97 Siehe das Rundschreiben Wilhelm Wallbaums vom 27. 11. 1918 an die Mitglieder des Hauptvorstandes der CSP. In: Ebenda, Nr. 31, Bl. 7f.

98 Siehe ebenda, Bl. 7, und R. Mumm: Der christlichsoziale Gedanke, S. 94.

99 Siehe Das Volk, 30. 12. 1918.

Dieter Fricke

Christlich-Soziale Reichspartei (CSRP) 1920–1933

(1920–1925/26: Christlich-Soziale Partei, ab 1921 mit der zusätzlichen Bezeichnung Bayerisches Zentrum; 1931–1933: Arbeiter- und Bauernpartei Deutschlands [Christlich-radikale Volksfront] [ABPD])

Der als Stütze des ↗ Zentrums (Z) in Bayern entstandenen Christlich-Sozialen Partei gehörten katholische Werktätige an, die für einen »christlichen Sozialismus« eintraten und in Opposition zur reaktionären, partikularistischen Politik der ↗ BVP standen. Mitte der 20er Jahre löste sie ihre Bindungen zum Z und dehnte sich auf Westdeutschland und auf andere Gebiete aus. Die CSRP entwickelte sich zu einer linkskatholischen kleinbürgerlich-demokratischen Partei. Sie bekannte sich zum Klassenkampf des Proletariats, trat für die Einheitsfront aller Werktätigen ein und arbeitete verschiedentlich mit der KPD zusammen. Vom katholischen Klerus sowie von Führern des Z, der BVP und der christlichen Gewerkschaften rigoros bekämpft, blieb ihr Masseneinfluß eng begrenzt. Die CSRP bzw. ABPD unterstützte von fortschrittlichen christlichen Positionen aus den Kampf der KPD gegen die militaristische Reaktion und gegen den drohenden Faschismus. Nach der Errichtung der faschistischen Diktatur wurde sie verboten.

1. Die Bildung der Christlich-Sozialen Partei in Bayern und ihre Entwicklung zur CSRP
2. Das Programm der CSRP und ihre Haltung 1927–1929
3. Die CSRP bzw. ABPD in den Jahren 1929–1933
4. Quellen und Literatur

Vorsitzender

Vitus HELLER

Mitglieder

ca. 5 000 (1927)

Reichstagswahlergebnisse

	Stimmen	Stimmen in %
1928	110 704	0,4
1930	271 291	0,8

(gemeinsam mit der ↗ Reichspartei für Volksrecht und Aufwertung [Volksrechtpartei])

Publikationsorgane

»Das Neue Volk« (Würzburg)
»Die junge Tat. Kampfblatt der Christlich-Sozialen Jugend Deutschlands«

Angeschlossene Organisation

Christlich-Soziale Jugend Deutschlands; gegründet 1929

1. Die Bildung der Christlich-Sozialen Partei in Bayern und ihre Entwicklung zur CSRP

Während der Novemberrevolution waren das ↗ Zentrum (Z) und die ihm nahestehenden katholischen Organisationen bemüht, sich der neuen historischen Situation anzupassen. Bei ihren ideologischen Verwirrungsmanövern nutzten sie die von verschiedenen Kreisen, so vor allem von Heinrich PESCH, entwickelten Pläne eines »christlichen Sozialismus«. In Würzburg machte der dortige Sekretär des ↗ Volksvereins für das katholische Deutschland (VkD), V. HELLER, den »christlichen Sozialismus« zur ideologischen Grundorientierung seiner ab 15. November 1918 erscheinenden Wochenzeitung »Das Neue Volk«. Als Sonderdruck des »Neuen Volkes« gab er 1919 ein »Programm des christlichen Sozialismus« heraus, in dem erklärt wurde, daß die zu erstrebende »Neuordnung« auf der Grundlage des »christlichen Sozialismus oder besser gesagt der christlichen Solidarität« erfolgen und »zwischen Kapitalismus und Sozialismus« liegen müsse.[1] Gleichzeitig bekämpfte er entschieden die Sonderbestrebungen der vom *Z* abgespaltenen *BVP*, insbesondere die partikularistischen und separatistischen Auffassungen Georg HEIMS. Seine Anhänger suchte er in der *Gesellschaft der Freunde des Christlichen Sozialismus* zu sammeln. Ähnliche Bestrebungen gingen auch von dem durch Josef KRAL in München gegründeten *Bund christlicher Sozialisten* und von anderen Kräften aus. Am 5. September 1920 führten die verschiedenen in Opposition zur *BVP* stehenden Gruppen in Treuchtlingen eine Konferenz durch und bildeten für Bayern die Christlich-Soziale Partei.[2] Im hier beschlossenen Programm hieß es:

»Die Christlich-Soziale Partei als Partei des christlichen Sozialismus erstrebt grundsätzlich eine Ordnung, welche der christlichen Solidarität entspricht, die sowohl die unbeschränkte Freiheit eines liberalkapitalistischen Systems als auch das Zwangssystem eines marxistischen Sozialismus und Kollektivismus ablehnt. Nicht Freiheit, sondern Regelung, nicht Zwang, sondern Organisation, nicht Klassenkampf, sondern Solidarität.«[3]

Führende Politiker des *Z*, zu denen sowohl ERZBERGER als auch Heinrich BRAUNS und Adam STEGERWALD gehörten, wollten mit der Christlich-Sozialen Partei ein Gegengewicht zur *BVP* in Bayern schaffen und unterstützten sie politisch und finanziell. So erhielt V. HELLER von ERZBERGER 20 000 M, während A. STEGERWALD durch die Zentrale der christlichen Gewerkschaften 14 000 M anweisen ließ.[4]. Auf dem außerordentlichen Parteitag am 24. April 1921 in Ingolstadt erklärte V. HELLER, der zum Parteivorsitzenden gewählt wurde, Ziel der Parteigründung sei es gewesen, »daß wir in Bayern selbst wieder ein Zentrum erhalten«.[5] Es wurde beschlossen, die Arbeitsgemeinschaft mit dem *Z* durch die neue Bezeichnung »Christlich-Soziale Partei — Bayerisches Zentrum« zum Ausdruck zu bringen. Der Christlich-Sozialen Partei gelang es jedoch nicht, größere Massen hinter sich zu bringen und die Positionen der *BVP* ernsthaft zu erschüttern. Bei der Landtagswahl 1924 konnte sie lediglich ein Mandat erlangen, das der linkskatholische Schriftsteller und Pädagoge Leo WEISMANTEL erhielt. L. WEIS-

MANTEL war nicht direkt Mitglied der Christlich-Sozialen Partei, stand aber in enger freundschaftlicher Verbindung zu V. HELLER.[6] Im Landtag trat L. WEISMANTEL, der sich der kleinen Fraktion der *Freien Vereinigung* angeschlossen hatte, insbesondere gegen die reaktionäre Kultur- und Schulpolitik der bayerischen Regierung auf.[7]

1924/25 nahm die Christlich-Soziale Partei gegenüber dem *Z* immer stärker eine kritische Haltung ein. Die Rechtsschwenkung des *Z*, wie sie vornehmlich durch die Regierungsbeteiligung am Bürgerblockkabinett Hans LUTHER und durch die Unterstützung dessen reaktionärer Steuer- und Zollpolitik sichtbar geworden war, bewog die Christlich-Soziale Partei, Mitte 1925 die Arbeitsgemeinschaft mit dem *Z* zu lösen.[8]

Die Trennung vom *Z* hatte zur Folge, daß die Christlich-Soziale Partei ihre Tätigkeit nicht mehr auf Bayern beschränkte und sich zu einer »Reichspartei« zu entwickeln begann. Es entstanden Landesverbände mit eigenen Landesleitungen in Baden, Bayern, Hessen-Nassau, im Rheinland, in Westfalen, Württemberg und Berlin. Ab 1926 nannte sie sich Christlich-Soziale Reichspartei.[9]

Die CSRP orientierte sich nach der Lösung der Bindungen an das *Z* immer stärker nach links und suchte Anschluß an die antiimperialistisch-demokratische Bewegung. Die auf Initiative der *KPD* 1925/26 eingeleitete Volksbewegung gegen die Fürstenabfindung wurde von ihr tatkräftig unterstützt. V. HELLER sprach sich für die Mitarbeit aus, »ganz gleich von welcher Seite der Anstoß ausgegangen sei[10], und trat dem Einheitskomitee in Würzburg bei. Auf die Diffamierungen des *Z* und der *BVP*, die CSRP würde damit gegen das »7. Gebot Gottes« verstoßen, erklärte V. HELLER in einem Aufruf zum Volksentscheid: »Wir bekennen uns voll und ganz zu den Geboten Gottes, wir bekennen uns zum 7. Gebot! Aber wir erklären ebenso: Bei der Frage der Fürstenabfindung steht das Stehlen bei den Fürsten und nicht beim Volke, darum ist das 7. Gebot für das Volk und nicht für die Fürsten anzuwenden!«[11] Entschieden wandte sich die CSRP gegen den am 1. Juni 1926 von den katholischen Bischöfen erlassenen Hirtenbrief, in dem diese ebenfalls die Fürstenenteignung als Verstoß gegen die Gebote Gottes darzustellen versuchten. So schloß sich der Provinzialverband Berlin-Brandenburg der CSRP dem *Reichsausschuß der katholischen Jugend zum Schutz des 7. Gebotes gegen die Fürsten* an, der gegen den Hirtenbrief Stellung nahm und erklärte, die ungeheure materielle und sittliche Not der breiten unterdrückten Massen unseres Volkes mache es erforderlich, »durch die Arbeit des Volkes geschaffene Werte jenen wieder zu nehmen, die sich ihrer durch Krieg und Gewalt bemächtigt haben«.[12] Die CSRP, die inzwischen dem *Ausschuß zur Durchführung des Volksentscheides für entschädigungslose Enteignung der Fürsten (Kuczynski-Ausschuß)* beigetreten war, rief alle Katholiken auf, beim Volksentscheid am 20. Juni mit »Ja« zu stimmen. Noch enger gestalteten sich die Verbindungen zur *KPD* und zu anderen Arbeiterorganisationen. In Köln bildeten z. B. *KPD* (Bezirk Mittelrhein), *Roter Frontkämpferbund, Rote Hilfe* und CSRP ein Einheitskomitee »zur Organisierung des Kampfes für die entschädigungslose Fürstenenteignung«. Das Komitee erklärte, daß es auch nach dem Volksentscheid weiter bestehen und »den gemeinsamen Kampf für die sozialpolitischen Forderungen der Werktätigen organisieren« wolle.[13] Am 17. Juni 1926 führte die CSRP eine große Kundgebung in Berlin durch, auf der V. HELLER zum Thema »Das christliche Gewissen − für Volksentscheid« sprach.[14] Er betonte nachdrücklich, daß die Katholiken, bei »aller Hochachtung vor der Autorität der Bischöfe«, Gott mehr gehorchen müßten als den Menschen und es beim Volksentscheid um mehr gehe als um »den Mammon der Fürsten«.[15]

Auch nach Abschluß der Fürstenenteignungskampagne setzte die CSRP die Zusammenarbeit mit Arbeiterorganisationen fort, insbesondere auf sozialpolitischem Gebiet. Sie unterstützte den Vorschlag der *KPD*, einen Kongreß der Werktätigen einzuberufen, und arbeitete in den Komitees der Werktätigen mit, die zu dessen Vorbereitung gebildet wurden.[16] Dem zum gleichen Zweck im September 1926 gegründeten Reichsausschuß gehörte als Vertreter der CSRP A. WAHLICH an. Als der Kongreß der Werktätigen Anfang Dezember 1926 in Berlin zusammentrat, befanden sich unter den Delegierten auch 9 Mitglieder der CSRP.[17] In verschiedenen Orten entwickelte sich in der Kommunal-

politik eine gute Zusammenarbeit zwischen Vertretern der *KPD* und der CSRP, so in Wiesdorf (heute Stadtteil von Leverkusen), wo beide Parteien im Stadtparlament die Mehrheit hatten.[18] Angehörige der CSRP beteiligten sich ebenfalls an den Reisen von Arbeiterdelegationen in die Sowjetunion, so 1926 Willi HAMMELRATH und 1927 Paul FELTRIN. Ihre positiven Berichte über den sozialistischen Aufbau in der UdSSR[19] trugen dazu bei, antisowjetische Vorbehalte abzubauen und linkskatholische Kräfte für die deutsch-sowjetische Freundschaft zu gewinnen.

Im August 1926 fand in Würzburg die erste Reichskonferenz der CSRP statt, die den neuen Kurs der Partei bestätigte und eine Reichsparteileitung wählte, an deren Spitze V. HELLER, Carl KREUZER und Adam ULRICH standen.[20] 1926/27 konnte die CSRP ihren Einfluß weiter ausdehnen. Zu ihr stießen insbesondere viele Mitglieder katholischer Jugendorganisationen, vor allem der *Werkjugend*, die von der reaktionären Wirtschafts- und Sozialpolitik des *Z* enttäuscht waren und radikale, gegen das inhumane kapitalistische Gesellschaftssystem gerichtete Forderungen vertraten.[21] Eine beachtliche Stärkung erfuhr die CSRP durch den Anschluß der von Franz HÜSKES geführten *Christlich-Sozialen Volksgemeinschaft*. Ein entsprechender Beschluß des Vorstandes dieser Organisation vom November 1926 trat ab 1. Januar 1927 in Kraft.[22] Ihr, deren Basis in Westfalen und im Rheinland lag, gehörten zahlreiche katholische Arbeiter an, die in *Erzbergerbünden* organisiert waren. Die *Christlich-Soziale Volksgemeinschaft* hatte sich bereits 1922 vom *Z* abgespalten und war bei den Reichstagswahlen 1924 mit einer eigenen Kandidatenliste aufgetreten.[23] Es gelang jedoch nicht, Joseph WIRTH oder andere namhafte Vertreter des linken Flügels des *Z* für die CSRP zu gewinnen. Dadurch blieben die Möglichkeiten für die weitere Ausbreitung der Partei begrenzt.

2. Das Programm der CSRP und ihre Haltung 1927−1929

Die CSRP sah eine ihrer Hauptaufgaben in der Auseinandersetzung mit dem Rechtskurs des *Z* und der von Wilhelm MARX Anfang 1927 gebildeten reaktionären Bürgerblockregierung, in der die ↗ *DNVP* starke Positionen innehatte. *Z* und *BVP* wurde vorgeworfen, es gehe ihnen nicht um christliche Grundsätze, sondern in erster Linie »um Macht, Besitz, Unterordnung«.[24] Auf einer Kundgebung der CSRP im Juni 1927 in Berlin polemisierte V. HELLER scharf gegen die Zentrumsführung, wobei er sich auch gegen die sog. Politik der Mitte aussprach. Er erklärte, der Kapitalismus sei »die Urquelle des inneren Unfriedens und der Kriege zwischen den Völkern«. Man könne nicht »durch Sozialpolitik und Sozialreform« den Kapitalismus bekämpfen, die Arbeiter müßten vielmehr »selbst die Herren der Maschinen werden«.[25] Die »Rote Fahne« orientierte in ihrem Bericht über die Veranstaltung auf die weitere Zusammenarbeit zwischen *KPD* und CSRP. Die Bedeutung der CSRP bestehe darin, erklärte die *KPD*, »daß sie den Arbeitern, die aus Weltanschauungsgründen den Weg zur revolutionären Arbeiterbewegung nicht finden, die Notwendigkeit der Einheitsfront aller Werktätigen im Kampf gegen das Kapital, die Notwendigkeit der Beseitigung des kapitalistischen Unterdrückungs- und Ausbeutungssystems klarmacht«.[26]

Die CSRP hielt weiter am »Christlichen Sozialismus« fest. Die von V. HELLER proklamierten Grundsätze, die ein klares Bekenntnis zum Klassenkampf des Proletariats beinhalteten, bedeuteten aber ein deutliches Abrücken vom alten Programm aus dem Jahre 1920. Im neuen Programm der CSRP wurde die

»Zerschlagung und Enteignung des Großgrundbesitzes gegen Entschädigung und Siedlungspolitik unter Bereitstellung staatlicher Mittel« und »Auflösung aller Aktiengesellschaften, Trusts, Syndikate und kapitalistischer Unternehmungen« sowie »Bildung von Arbeitergenossenschaften, welche Bergwerke, Fabriken und Betriebe übernehmen«, verlangt.[27] Dies wurde von der christlichen Weltanschauung her begründet: »Der oberste Besitzer aller Güter der Erde ist Gott. Die Menschen haben nur Nutznießung und Verwaltung im Geiste christlicher Liebe. Es gibt kein absolutes freies Privateigentumsrecht. Eigentum und Arbeit müssen sich dem Wohle der Allgemeinheit unterordnen.«[28]

Auch den Staat führte das Programm – ähnlich wie beim *Z* und der *BVP* – auf Gott zurück und forderte einen »christlichen, demokratischen, föderativen Volksstaat«.

Die CSRP bekannte sich zur republikanischen Staatsform und erklärte, daß sie die Weimarer Verfassung »als Grundlage für eine freiheitliche, christliche, aufwärtsstrebende soziale Entwicklung des deutschen Volkes« anerkenne und »gegen alle verfassungswidrigen Angriffe schützen« werde.[29] Später ging sie über diese Haltung hinaus. Anfang 1929 erklärte V. HELLER: »Der heutige Staat als Werkzeug des Kapitalismus mit seinen alten Parteien und Systemen wird zerbrechen müssen, um dem Staat des schaffenden Volkes, den das Proletariat bilden muß, Platz zu machen.«[30] Einen wichtigen Platz im Programm der CSRP nahm der Kampf für den Frieden und gegen den Militarismus ein:

»Die Partei verlangt die Herabsetzung des Heeresetats und, sobald dazu die internationale Möglichkeit besteht, die volle Abschaffung des Heeres und die Verweigerung jedes Wehretats und Kriegskredits. Die Partei hat sich gegen jede Kriegshetze und jede Vorbereitung zum Kriege zu wenden und alle Kraft einzusetzen, um Kriege zu verhindern. Sie wird den Geist des Friedens in ihrer Presse, in ihren Versammlungen und in der Erziehungsarbeit des Volkes pflegen.«[31]

Die außenpolitischen Forderungen der CSRP, so das Eintreten für die Völkerversöhnung, die Schaffung eines »wahren Völkerbundes«, Abrüstung aller Staaten u. a. m.[32], stimmten weitgehend mit den Zielen der ↗ *Deutschen Friedensgesellschaft (DFG)* und anderer pazifistischer Organisationen überein, mit denen sie eng zusammenarbeitete.

Die CSRP strebte die »sittliche Erneuerung« des Menschen an. Sie trat für eine »gründliche und ernste Lebensreform, eine Lebenserneuerung auf allen Gebieten, mit Einschluß und unter Mithilfe der Politik, auf der Grundlage der Lehre Christi« ein.[33] Dazu rechnete sie eine grundlegende Schul- und Erziehungsreform ebenso wie den Kampf gegen den Alkohol, gegen eine ungesunde Ernährungsweise und gegen die »Modenarrheiten«. In diesen lebensreformerischen Forderungen stimmte sie mit der von Ernst THRASOLT, Herausgeber der Zeitschrift »Vom frohen Leben«, geführten katholischen *Großdeutschen Volksgemeinschaft* überein[34], von der sie auch immer stärker unterstützt wurde.

Durch das Programm und durch viele andere

programmatische Stellungnahmen zog sich die Erkenntnis, daß die Trennlinie nicht zwischen Protestanten und Katholiken, sondern zwischen Proletariern und Kapitalisten liege und die katholischen Arbeiter viel mehr mit den kommunistischen und sozialdemokratischen Arbeitern verbinde, als mit den katholischen Kapitalisten. Anstelle der vom Z beschworenen Einheit des deutschen Katholizismus forderte die CSRP die Einheitsfront aller Werktätigen. Sie erstrebte die Bildung eines »großen Linkskartells« des schaffenden Volkes zum Kampf gegen »die heute herrschenden Mächte der Banken, Trusts, des Besitzes« und zur Errichtung einer neuen sozialen Ordnung.[35] Dementsprechend trat sie auch für die Schaffung einer Einheitsgewerkschaft ein. So lange diese noch nicht vorhanden sei, müßten freie und christliche Gewerkschaften eng zusammenarbeiten.[36]

Die Führungen von Z und BVP, die um den Erhalt ihrer Massenbasis unter den katholischen Werktätigen besorgt waren, setzten sich intensiv mit dem Programm der CSRP auseinander. Grundtenor war hierbei der Vorwurf der »Schwarmgeisterei« und die Warnung, der Weg der CSRP führe »von dem wahren Christentum, wie es die katholische Kirche repräsentiert«, weg.[37] Besonders betont wurde, daß die Hauptforderungen des Programms auch im Widerspruch zur katholischen Soziallehre stünden und unüberbrückbare Gegensätze zwischen christlichen und kommunistischen Arbeitern vorhanden seien.[38] Mit Hilfe des katholischen Klerus und unterstützt von den Führern der christlichen Gewerkschaften versuchte das Z, zur CSRP übergegangene ehemalige Zentrumsmitglieder wieder zurückzugewinnen. Einen gewissen Erfolg erzielte es in Westdeutschland, insbesondere bei Anhängern der ehemaligen *Christlich-Sozialen Volksgemeinschaft*. So traten z. B. im Herbst 1927 H. HORSTMANN, Stadtverordneter der CSRP in Essen und Mitbegründer der *Christlich-Sozialen Volksgemeinschaft*, und F. HÜSKES, deren ehemaliger Geschäftsführer, wieder zum Z über.[39] F. HÜSKES stellte sich in der Folgezeit dem Z zur propagandistischen Bekämpfung der CSRP zur Verfügung.[40]

Die CSRP führte den Wahlkampf zu den Reichstagswahlen 1928 in erster Linie gegen das Z. Als die Zentrumsfraktion im März 1928

den Bau des Panzerkreuzers A befürwortete, sah die CSRP darin eine grundsätzliche Entscheidung zugunsten der aggressiven Politik des deutschen Imperialismus und prangerte die promilitaristische Haltung des Z scharf an. Gleichzeitig entlarvte sie deren reaktionären Kurs in sozialpolitischen Fragen.[41] Unterstützt wurde sie durch eine Reihe katholischer Jugendorganisationen (*Quickborn, Jungborn, Kreuzfahrer, Großdeutsche Jugend, Herrgottsknechte* und *Normannsteiner*) sowie durch die *Großdeutsche Volksgemeinschaft*, die mit Nikolaus EHLEN sogar den Spitzenkandidaten der CSRP für die Reichstagswahlen stellte.[42] Auch im ↗ *Friedensbund Deutscher Katholiken (FDK)* gab es Kräfte, so Pater Franziskus STRATMANN, dessen 2. Vorsitzender und geistiger Führer, die sich aus Protest gegen den promilitaristischen Kurs des Z für die Wahl der Kandidaten der CSRP aussprachen.[43] In ihrer Wahlpropaganda suchte die CSRP alternative Vorstellungen zur bisherigen Regierungspolitik der alten Parteien zu entwickeln, die »im großen ganzen eine Politik für den Reichtum gegen die Armut, für die Ausbeutung gegen die Arbeit, für den Kapitalismus gegen das sittliche Menschentum und die sittliche Familie, für neue Rüstung gegen das radikale Friedensschaffen« gewesen sei. Sie forderte »den Sturz der heutigen kapitalistischen Unordnung«, den »Neubau einer Wirtschafts- und Gesellschaftsordnung, in der jeder Arbeit hat und arbeiten kann«, eine »großzügige Wohnungspolitik« durch den Staat und einen »radikalen Abbau« des heutigen Steuersystems. Gleichzeitig setzte sie sich für eine Außenpolitik ein, die »mit dem Osten, mit Polen und Rußland« eine Politik der Verständigung und des Friedens anstreben sollte.[44]

Bei der Reichstagswahl am 20. Mai 1928 hatte das Z zwar starke Verluste zu verzeichnen, die aber nur zu geringem Teil der CSRP zugute kamen.[45] Viele vom Z enttäuschte katholische Arbeiter hatten der SPD und KPD ihre Stimme gegeben. Die CSRP erhielt zwar rund 110 000 Stimmen, erlangte aber kein Mandat. Unter den Mitgliedern und Anhängern der CSRP war die Enttäuschung über das Wahlergebnis groß. Viele verließen die Partei bzw. zogen sich von der aktiven Mitarbeit zurück. Trotz des Rückschlages ließen sich aber V. Heller und die anderen Führer der CSRP nicht entmutigen. Die CSRP beteiligte sich aktiv am Kampf gegen den Panzerkreuzerbau und unterstützte das von der *KPD* eingeleitete Volksbegehren.[46] Gleichzeitig setzte sie sich mit der promilitaristischen Haltung der rechtssozialdemokratischen Führer auseinander, die entgegen dem Wahlversprechen der *SPD* dem Bau des Panzerkreuzers zugestimmt hatten: »Nachdem die SPD im Kampf gegen den Kapitalismus versagt, versagt sie nun auch im Kampf gegen den Zwillingsbruder des Kapitalismus, gegen den Militarismus.«[47]

Verstärkt mußte sich die CSRP gegen Angriffe des katholischen Klerus zur Wehr setzen. Im Juni 1929 gab der Erzbischof von Freiburg einen Erlaß heraus, in dem vor dem »Neuen Volk« gewarnt wurde, da die hier erscheinenden Artikel »direkt der katholischen Glaubens- und Sittenlehre zuwiderlaufen«, die »katholische Einheit« gefährden und »Verwirrung in das katholische Volk« tragen würden. Den Geistlichen verbot der Erzbischof »unter dem kanonischen Gehorsam« jede Mitarbeit an der Zeitschrift.[48] Von den Erzbischöfen bzw. Bischöfen von Köln, Trier, Mainz und Rottenburg wurde der Erlaß übernommen. Die CSRP sah in dem Erlaß einen »untragbaren Mißbrauch der Religion und kirchlichen Autorität zu parteipolitischen Zwecken«, der unmittelbar der Unterstützung des *Z* bei den badischen Landtagswahlen diene.[49]

3. Die CSRP bzw. ABPD in den Jahren 1929–1933

Die CSRP wandte sich dagegen, die Lasten der sich entfaltenden Weltwirtschaftskrise auf die Werktätigen abzuwälzen. Als Sofortmaßnahmen schlug z. B. der im Februar 1930 tagende Landesparteitag der CSRP Bayerns vor, den Siebenstundentag einzuführen, Großunternehmen zu sozialisieren sowie die Riesendividenden und hohen Einkommen für die Arbeitslosenfürsorge heranzuziehen.[50] Eine grundsätzliche Rettung erhoffte sich die CSRP von einem »wirklichen Staat des schaffenden Volkes«, einem »wirklichen, konsequenten Sozialismus und durch ein

wirklich gelebtes, konsequentes Christentum«.[51]

Verstärkt nahm sich die CSRP der Nöte und Sorgen der werktätigen Bauern an[52], die unter der verheerenden Agrarkrise schwer zu leiden hatten. Zur Vorbereitung des Europäischen Bauernkongresses fand am 5. Januar 1930 in Würzburg eine große Bauernkonferenz statt, an der sich die CSRP beteiligte. V. Heller ging in seiner Rede auf die Notlage der werktätigen Bauern in Süddeutschland ein und trat für deren Trennung von den reaktionären großagrarischen Organisationen und für ihren selbständigen Zusammenschluß ein. Mit der *KPD* traf die CSRP eine Vereinbarung über den gemeinsamen Kampf gegen Großgrundbesitz und Kapitalismus, gegen die reaktionären Bauernorganisationen und die drohende Kriegsgefahr und für die Herstellung des Bündnisses zwischen Arbeiterklasse und werktätigen Bauern.[53]

Gegen den sozialreaktionären Kurs der Brüning-Regierung nahm die CSRP wiederholt Stellung. Sie bezeichnete das Kabinett Brüning als die »reaktionärste Regierung der Republik«, die allein eine »Politik für die oberen Zehntausend« betreibe.[54] Gegen die »kalte Faschisierung« durch Brüning rief sie zu einer »Einheitsfront der Ausgebeuteten« auf. Gleichzeitig verurteilte sie die Tolerierungspolitik der rechten Führer der *SPD*.[55] Den Wahlkampf zur Reichstagswahl im September 1930 führte die CSRP unter der Losung »Die Front der Schaffenden, Bauern und Arbeiter gegen die Diktatur der herrschenden Klasse! Für den Staat des schaffenden Volkes!«[56] Sie ging ein Wahlabkommen mit der ↗ *Reichspartei für Volksrecht und Aufwertung (Volksrechtpartei) (VRP)* ein und stellte mit ihr eine gemeinsame Kandidatenliste auf. Doch wiederum gelang es nicht, ein Mandat zu erringen. Beide Parteien erhielten zwar 271 291 Stimmen, erreichten aber in keinem Wahlkreis die erforderlichen 60 000 Stimmen.

Ende Januar 1931 beschloß die Führung der CSRP auf einer Reichstagung in Würzburg, die Partei in Arbeiter- und Bauernpartei Deutschlands (Christlich-radikale Volksfront) umzubenennen. Damit sollte die enge Verbundenheit der Partei mit dem Kampf der Arbeiter und Bauern zum Ausdruck gebracht und zugleich eine Abgrenzung gegen reaktionäre christlich-soziale Organisationen vorgenommen werden.[57] Als ihr Ziel sah die ABPD den Sturz des bestehenden Klassenstaates, die Beseitigung der Klassenverhältnisse, die Vernichtung des gesamtkapitalistischen Systems »aus den sittlichen Erfordernissen der christlichen Grundsätze heraus« an[58]. Sie sprach sich für das Bündnis mit der Sowjetunion und für enge Zusammenarbeit mit der *KPD* aus. Hierbei suchte sie aber stets ihre Eigenständigkeit zu wahren und wies wiederholt auf die insbesondere in weltanschaulichen Fragen vorhandenen Unterschiede zur *KPD* hin.[59] Dennoch war einigen der ABPD nahestehenden Gruppen, so der *Großdeutschen Volksgemeinschaft*, die Orientierung auf die revolutionäre Arbeiterbewegung zu weitgehend, was zu wachsenden Differenzen führte.[60]

Die anwachsende Gefahr des Faschismus veranlaßte die ABPD, sich verstärkt mit der Nazipartei zu beschäftigen und deren Demagogie zu entlarven.[61] Bereits 1929/30 hatten V. HELLER und andere im »Neuen Volk« eine klassenmäßige Einschätzung der ↗ *NSDAP* vorgenommen und auf die hinter dieser stehenden Kreise des Großkapitals und der Hochfinanz hingewiesen.[62] »Die Hitlerpartei«, erklärte die ABPD Ende 1931, »ist nichts anderes als die Schutzgarde des neudeutschen Monopolkapitals!« Nachdrücklich wurde betont, eine Bekämpfung des Faschismus sei »ohne Bekämpfung des Monopolkapitals« nicht denkbar.[63]

In der Auseinandersetzung mit dem Faschismus orientierte sich die ABPD weitgehend am antifaschistischen Kampf der *KPD* und unterstützte deren Anstrengungen, die Werktätigen zur Verteidigung ihrer sozialen Rechte und politischen Forderungen zusammenzuschließen. So bejahte sie z. B. das von der *KPD* herausgegebene Bauernhilfsprogramm und beteiligte sich aktiv an den Aktionen werktätiger Bauern gegen Junkertum, Monopolkapital und Faschismus. Unter den Delegierten des ersten Deutschen Reichsbauernkongresses, der am 23. und 24. Januar 1932 in Berlin tagte, befanden sich 4 Mitglieder der ABPD, darunter P. FELTRIN.[64]

Erneut dokumentierte die ABPD ihr Vertrauen zur *KPD*, als sie bei den Reichspräsidentenwahlen angesichts »der notwendigen revolutionären Einheitsfront« gegen den Fa-

schismus und das herrschende System zur Wahl Ernst THÄLMANNS aufrief. »Wenn wir den ›Atheisten‹ Thälmann wählen«, erklärte die ABPD, »wählen wir christlicher, als wenn wir Hindenburg oder Hitler wählen würden. Denn jene sind die Stützen und Vertreter des kapitalistischen Systems, jenes Systems, das Religion und Sittlichkeit untergräbt.«[65] Auch die *KPD* sah in der ABPD einen wichtigen Bündnispartner. Als Ernst THÄLMANN in seinem Aufsatz über die Zentrumspartei auf die wachsende Radikalisierung christlicher Arbeiter einging, wies er ausdrücklich auf die katholischen Arbeiter und Werktätigen hin, die von der ABPD V. HELLERS erfaßt seien.[66]

Nach der Errichtung der faschistischen Diktatur waren die Mitglieder der ABPD zunehmend Verfolgungen ausgesetzt. Die Polizeidirektion München verbot Ende März 1933 das weitere Erscheinen der Zeitung »Das Neue Volk«. V. HELLER und andere führende Vertreter der Partei wurden eingekerkert. Am 15. Juli 1933 erfolgte dann das Verbot der ABPD.[67] Am antifaschistischen Widerstandskampf nahmen ehemalige Mitglieder der ABPD aktiv teil, so z. B. in der 1942 in Süddeutschland entstandenen Widerstandsorganisation *Antinazistische Deutsche Volksfront*.

4. Quellen und Literatur

Archivalische Quellen befinden sich im ZStA Potsdam (RKO, Nr. 279) sowie im Archiv des Hauptvorstandes der CDU, Berlin (Zentrum, Nr. 112 und 566). Den NL Vitus Heller, der von Prof. Arno Klönne, Münster, verwaltet wird, hat Franz Focke (siehe Anm. 1) ausgewertet. Wichtige Angaben zur Entwicklung der CSRP enthält deren Wochenzeitung »Das Neue Volk«. Anton Retzbach setzt sich in seiner Schrift »Die Christlich-Soziale Reichspartei« (München 1929) aus der Sicht des katholischen Klerus bzw. des Zentrums mit dem Programm und der Politik der CSRP auseinander. In verschiedenen in der BRD erschienenen Arbeiten, so in der Darstellung Dieter Riesenbergers über die katholische Friedensbewegung (siehe Anm. 2), wird die CSRP wegen ihrer Zusammenarbeit mit der KPD abgewertet, dem »antidemokratischen

Linksextremismus« zugerechnet und für mitschuldig am Untergang der Weimarer Republik erklärt. Von den marxistischen Arbeiten, die bestimmte Aspekte der Entwicklung der CSRP behandeln, ist die Dissertationsschrift von Konrad Breitenborn (siehe Anm. 21) besonders wichtig. Siehe auch Werner Methfessel »Christlich-Soziale Reichspartei« (in: HBP, Bd. I, Leipzig 1968, S. 256–258).

Anmerkungen

1 Das Programm des Christlichen Sozialismus. Der Versuch eines Programms zum Neuaufbau einer Wirtschafts-, Gesellschafts-, Staats- und Völkerordnung auf christlicher Grundlage von Vitus Heller, Würzburg o. J. (1919), S. 5. Zit. in: Franz Focke: Sozialismus aus christlicher Verantwortung. Die Idee eines christlichen Sozialismus in der katholisch-sozialen Bewegung und in der CDU, Wuppertal 1978, S. 127f.

2 Bayerischer Kurier, Nr. 253 vom 9.9.1920 und Nr. 254 vom 10.9.1920. Siehe auch Dieter Riesenberger: Die katholische Friedensbewegung in der Weimarer Republik. Mit einem Vorwort von Walter Dirks, Düsseldorf 1976, S. 68ff.

3 Abgedruckt in: A. Retzbach: Die Christlich-Soziale Reichspartei, München 1929, S. 9.

4 Siehe D. Riesenberger, S. 73.

5 Das Neue Volk, Nr. 95 vom 26.4.1921. Zit. in: D. Riesenberger, S. 74.

6 Siehe Franz Gerth: Leo Weismantel, Berlin 1968, S. 24ff. (Reihe Christ in der Welt, H. 21).

7 Siehe Leo Weismantel: Bayern und die Wende der Bildung. Reden und Gegenreden, Würzburg 1926.

8 Siehe Vitus Heller: Der neue Kurs des Zentrums. In: Das Neue Volk, Nr. 33 vom 15.8.1925.

9 Siehe ZStA Potsdam, RKO, Nr. 279, Bl. 26.

10 Mitteilungen des Ausschusses zur Durchführung des Volksentscheids für entschädigungslose Enteignung der Fürsten, Nr. 2 vom 27.1.1926.

11 Das Neue Volk, Nr. 22 vom 29.5.1926.

12 Aufruf »Katholiken! Auf zum Volksentscheid!« In: ZStA Potsdam, RKO, Nr. 278, Bl. 55.

13 Dokumente und Materialien zur Geschichte der deutschen Arbeiterbewegung, Bd. VIII, Berlin 1975, S. 342.

14 ZStA Potsdam, RKO, Nr. 278, Bl. 54.

15 Frankfurter Zeitung, Nr. 447 vom 18.6.1926.

16 Siehe Die Rote Fahne, Nr. 157 vom 9.7.1926.

17 Siehe ZStA Potsdam, RKO, Nr. 279, Bl. 29.

18 Siehe CSRP. Unsere Antwort an die Zentrumspartei, hrsg. von der Stadtverordnetenfraktion der CSRP, Wiesdorf bei Köln 1928, S. 9ff und 13f.

19 Siehe ZStA Potsdam, RKO, Nr. 279, Bl. 16, 24f, 30, 73 und 77. Siehe auch Ein katholischer Arbeiterdelegierter über Sowjetrußland. In: Die Rote Fahne, 27.8.1926.

20 ZStA Potsdam, RKO, Nr. 279, Bl. 26.

21 Siehe Konrad Breitenborn: Zentrum und katholische Jugend. Zur politisch-ideologischen Beeinflussung der katholischen Jugendorganisationen durch die Deutsche Zentrumspartei in der Weimarer Republik, phil. Diss. (MS), Jena 1980, S. 183ff. und 211ff.

22 Siehe Franz Hüskes: Eine politische Partei? Das Wesen der Christlich-Sozialen Reichspartei (Heller-Bewegung), Essen o.J., S. 7f.

23 Bei den Reichstagswahlen im Mai 1924 erreichte die Christlich-Soziale Volksgemeinschaft 124451 Stimmen; im Dezember 1924 erhielt sie 41530 Stimmen. Ihre Anhänger kamen zumeist aus den katholischen Arbeitervereinen und den christlichen Gewerkschaften. Es gehörten ihr aber auch viele andere katholische Werktätige an. Sie verstand sich zunächst als Sammelbecken zur Schaffung der von Adam Stegerwald 1921 in Essen postulierten großen christlichen Volkspartei, nahm aber dann eine immer entschiedenere oppositionelle Haltung zum Zentrum ein, da dieses »stets zugunsten des Besitzes, noch richtiger gesagt, des großkapitalistischen Besitzes« Stellung bezogen hätte (Die Volksgemeinschaft, 5.4.1924. Zit. in: F. Focke, S. 119).

24 Das Neue Volk, Nr. 22 vom 28.5.1927.

25 Der Riß im Zentrumsturm. Vitus Heller in Berlin. In: Die Rote Fahne, Nr. 147 vom 25.6.1927.

26 Ebenda. Die KPD hielt an der Orientierung, die CSRP als Bündnispartner zu betrachten, prinzipiell fest. Es traten aber auch mitunter enge, sektiererische Auffassungen auf. So wurde z.B. in einem Referentenmaterial, das von der KPD im Ruhrgebiet während des Wahlkampfes 1928 herausgegeben worden war, die CSRP als »verkappte Zentrumspartei« bezeichnet. In: ZStA Potsdam, RKO, Nr. 279, Bl. 93ff.

27 A. Retzbach, S. 30f.

28 Ebenda, S. 30.

29 Ebenda, S. 10.

30 Das Neue Volk, Nr. 5 vom 2.2.1929.

31 A. Retzbach, S. 28.

32 Ebenda, S. 27f.

33 Was ist das Wesentliche unserer christlich-sozialen Bewegung? In: Das Neue Volk, 23.4.1927.

34 Siehe D. Riesenberger, S. 76f.

35 A. Retzbach, S. 47.

36 Siehe F. Hüskes: Eine politische Partei?, S. 17f.

37 A. Retzbach, S. 23f.

38 Siehe ebenda, S. 50, sowie F. Hüskes: Die Hellerbewegung (Christlich-Soziale Reichspartei), Essen o. J., S. 2.

39 Siehe D. Riesenberger, S. 88f.

40 Siehe F. Hüskes: Eine politische Partei? und ders.: Die Hellerbewegung sowie Archiv beim Hauptvorstand der CDU, Berlin (AHV), Zentrum, Nr. 566. Bei der Abwendung F. Hüskes von der CSRP spielte deren zunehmend klareres Bekenntnis zum Klassenkampf des Proletariats und zum Sozialismus eine große Rolle. Er trat für die »vollständige Freiheit des einzelnen im Wirtschaftsleben« ein und erklärte »den Sozialismus als Wirtschaftsordnung für unsinnig« (F. Hüskes: Eine politische Partei?, S. 9 und 39).

41 Siehe D. Riesenberger, S. 92ff.

42 Siehe K. Breitenborn, S. 268ff.

43 ZStA Potsdam, Friedensbund Deutscher Katholiken, Nr. 163, Bl. 113f.

44 Wahlaufruf der CSRP »An das deutsche Volk!« In: AHV, Zentrum, Nr. 112.

45 Siehe K. Breitenborn, S. 278ff.

46 Siehe u. a. Das Neue Volk, 15. 9. 1928.

47 Das Neue Volk, Nr. 2 vom 12. 1. 1929.

48 Abgedruckt in Das Neue Volk, Nr. 26 vom 29. 6. 1929.

49 V. Heller: Die Warnung vor dem »Neuen Volk«. In: Ebenda. Siehe auch Das Neue Volk, Nr. 29 vom 20. 7. 1929 und Nr. 31 vom 3. 8. 1929. Bei den badischen Landtagswahlen am 27. Oktober 1929 erhielt die CSRP nur 5 086 Stimmen.

50 Siehe Das Neue Volk, Nr. 9 vom 1. 3. 1930.

51 Ebenda sowie V. Heller: Die Neuordnung der Gesellschaft. In: Ebenda, Nr. 19 vom 10. 5. 1930.

52 So erschien z. B. Das Neue Volk nunmehr regelmäßig mit der Beilage »Schaffender Bauer«.

53 Siehe Klaus Mammach: Der Kampf der KPD um die Einbeziehung der Bauern in die antiimperialistische, antimilitaristische Kampffront. Zum Europäischen Bauernkongreß im März 1930 in Berlin. In: BzG, 1960, H. 2, S. 282 und 287.

54 Das Neue Volk, Nr. 16 vom 19. 4. 1930 und Nr. 20 vom 17. 5. 1930.

55 Siehe ebenda, Nr. 43 vom 25. 10. 1930 und Nr. 49 vom 6. 12. 1930.

56 Ebenda, Nr. 30 vom 26. 7. 1930.

57 Siehe ebenda, Nr. 5 vom 31. 1. 1931.

58 Ebenda, Nr. 13 vom 28. 3. 1931.

59 Siehe u. a. Das Neue Volk, Nr. 13 vom 28. 3. 1931, Nr. 8 vom 20. 2. 1932 und Nr. 11 vom 12. 3. 1932.

60 Siehe z. B. Wir und das »Neue Volk«. In: Vom frohen Leben, 10. Jg. (1930/31), S. 242.

61 Siehe u. a. Vierzehn Fragen an Adolf Hitler. In: Das Neue Volk, Nr. 22 vom 30. 5. 1931.

62 Siehe z. B. Das Neue Volk, Nr. 37 vom 14. 9. 1929 und Nr. 33 vom 16. 8. 1930.

63 Ebenda, Nr. 45 vom 5. 12. 1931.

64 Siehe Die Rote Fahne, 25. und 26. 1. 1932 sowie das Neue Volk, Nr. 5 vom 30. 1. 1932.

65 Das Neue Volk, Nr. 6 vom 6. 2. 1932.

66 Siehe Ernst Thälmann: Das Zentrum, die führende Partei der deutschen Bourgeoisie. In: Die Internationale, 1932, H. 1, S. 26.

67 Freiburger Tagespost, Nr. 163 vom 17. 7. 1933.

Werner Fritsch

Christlich-Sozialer Volksdienst (CSVD) 1929–1933

Der CSVD entwickelte sich aus zwei Strömungen des bürgerlich-protestantischen Lagers. In der Zeit der Weltwirtschaftskrise und der Faschisierung gelang es ihm, eine größere Gruppe von Protestanten des städtischen und besonders des ländlichen Kleinbürgertums zu erfassen. Diese Position nutzte er zur fast bedingungslosen Unterstützung der Brüningschen Faschisierungspolitik und zur Tolerierung der Hitlerbewegung aus. Damit förderte der CSVD objektiv die Entwicklung der faschistischen Diktatur in Deutschland und trug auch gleichzeitig zur Abwanderung eines großen Teils seiner Anhänger zur ↗ NSDAP bei. Zu Beginn der faschistischen Diktatur hatte er stark an Einfluß verloren und löste sich selbst auf.

1. Entstehung des CSVD
2. Ziele und politische Tätigkeit
3. Stellung des CSVD zur NSDAP und zur faschistischen Diktatur in Deutschland
4. Quellen und Literatur

1. Vorsitzender

Wilhelm SIMPFENDÖRFER

Presse

»Christlich-soziale Stimmen« (Berlin, ab Juli 1930 »Christlich-sozialer Volksdienst«)
»Tägliche Rundschau« (Berlin, ab August 1933 »Das Volk«)

Reichstagungen

1926 Kassel (Christlicher Volksdienst)
1927 Nürnberg (Christlicher Volksdienst)
1928 Bad Nauheim (Christlicher Volksdienst)
1930 Kassel (CSVD)
1931 Leipzig (CSVD)

1. Entstehung des CSVD

Die Vorgeschichte der Gründung des CSVD reicht bis in die Jahre 1918/19 zurück. Im Gefolge der Novemberrevolution und der damit verbundenen Umformierung der bürgerlichen Parteien in Deutschland schloß sich die ehemalige ↗ *Christlichsoziale Partei (CSP)* unter Führung von Reinhard MUMM der ↗ *DNVP* an. Ein kleiner Teil der christlich-sozialen Kräfte aber ging vor allem in den Wahlkreisen Minden-Ravensberg eigene Wege. Bereits im Jahre 1922 trat Pastor Samuel JAEGER aus dem Landesvorstand der *DNVP* aus. Enttäuscht wandte er sich von

Reichstagswahlergebnisse

Jahr	Stimmen	Abgeordnete
1930	868 807	14
1932 (Juli)	364 573	4 (teils zusammen mit der *Volksrechtpartei*[1])
1932 (Nov.)	403 666	5
1933	362 476	4 (*Christlich-nationaler Block*)

↗ *Reichspartei für Volksrecht und Aufwertung*

den Deutschnationalen ab. Er opponierte besonders gegen deren monarchistische und chauvinistische Politik. Neben der Forderung nach einer evangelischen Kirche, die frei vom Staat sein sollte, trat S. JAEGER für ein starkes Staatsoberhaupt sowie die Ersetzung des Reichstages durch eine berufsständische Vertretung, den Reichswirtschaftsrat, ein.

Anfang der 20er Jahre wurden mehrere evangelische Organisationen auf regionaler Ebene gegründet. Darunter befand sich auch die 1924 in Nürnberg gebildete *Christliche Arbeitsgemeinschaft*, die sich bald darauf *Christlicher Volksdienst* nannte und deren Name von S. JAEGER später übernommen worden ist.[1]

Am 13. März 1924 rief S. JAEGER von den Bodelschwinghschen Anstalten in Bethel bei Bielefeld aus zur Bildung der »Christlichsozialen Gesinnungsgemeinschaften« auf. Sein Schritt fand zunächst wenig Resonanz. Lediglich aus einer evangelischen Freigemeinde in Korntal bei Stuttgart, die sich zu einer Brüdergemeinde nach dem Vorbild der Evangelischen Brüder-Unität in Herrnhut bei Löbau selbständig neben der Landeskirche entwickelte und eine weitreichende Missionsarbeit betrieb, kam ein positiver Widerhall. Vor allem W. SIMPFENDÖRFER, Schriftleiter der Zeitschrift »Christlicher Volksdienst«, und Rechnungsrat Paul BAUSCH begrüßten S. JAEGERS Initiative und strebten eine neue Organisationsform für bürgerlich-protestantische Christen an. Einen wesentlichen Anstoß zu deren Gründung bildeten die Maiwahlen des Jahres 1924. Die Reichstagswahlen stellten eine zahlenmäßig geringe Gruppe liberal und demokratisch gesinnter Kleinbürger, die sich offen als evangelische Christen bekannten, vor die Frage, welche Partei sie wählen sollten. Sie empfanden zunehmend die *DNVP* vor allem wegen ihres bürgerlichen Nationalismus als eine unchristliche Partei. Andererseits fanden sie entsprechend ihrer Klassenlage und ihrer Weltanschauung keinen Weg zu den Arbeiterparteien. In ihrem Sammlungsaufruf wurde deshalb auch gesagt: ». . . Keiner der bisherigen Parteien können wir unsere Stimme geben. Die einzige, der wir sie mit gutem Gewissen und freudigen Herzens gegeben hätten, die Christlich-soziale, ist leider im Dezember 1918 verschwunden. Sie fehlt, sie muß in neuer, nicht in der alten Form, wiedererstehen als das Gewissen unseres Volkes, als der evangelische Zeuge Christi im öffentlichen Leben, als der Führer zur Erneuerung und Erhebung unseres Volkes . . .«[2] Neben der Korntaler Organisation, die sich seit ihrer Teilnahme an den Gemeindewahlen 1925 *Christlicher Volksdienst (CVD)* nannte, existierte eine zweite Strömung im bürgerlich-protestantischen Lager. Prominente Persönlichkeiten wie Reinhard MUMM, ein Schwiegersohn Adolf STOECKERS, des Begründers der ↗ *CSP*, Emil HARTWIG und Franz BEHRENS vertraten nationalistische und monarchistische Auffassungen. Sie versuchten, einem größeren Konflikt mit der *DNVP* entgegenzuwirken und sahen vorerst keinen Anlaß zum offenen Bruch mit ihr. Eine Zusammenarbeit mit den Korntalern lehnten sie anfangs wegen deren »allzu demokratischen Richtung«[3] ab.

Anfang 1927 hatte sich der *CVD* weiter gefestigt, so daß eine »Reichsgeschäftsstelle« mit einem Verlag in Korntal entstand.[4] Auf der bedeutsamen Reichskonferenz des *CVD* in Nürnberg wurde im gleichen Jahr auch offenkundig, daß sich sein Einflußbereich vergrößert und stärker nach Württemberg verlagert hatte. Der *CVD* beteiligte sich mit Erfolg an den Landtagswahlen im Jahre 1928 in Württemberg. Er erhielt 43 440 Stimmen und 3 Sitze im Landesparlament. Das war für einige führende Funktionäre wie P. BAUSCH und Herrmann KLING das Signal, den Einfluß der Organisation weiter über das ganze Land auszudehnen. Die Änderung im Untertitel des Kopfes des »Christlichen Volksdienstes« von »Evangelisch-soziales Wochenblatt Süddeutschlands« in »Evangelisch-soziales Wochenblatt Deutschlands« seit Januar 1929[5] wies auf diese Zielstellung hin. H. KLING unternahm einige Werbereisen und erzielte weitere organisatorische Erfolge. 1928/29 gewann der *CVD* auch in den evangelischen Gebieten des Rheinlandes und Westfalens sowie in Baden neue Anhänger. Der wachsende Einfluß der Christlich-sozialen Kräfte vollzog sich unmittelbar unter dem Einfluß der beginnenden Weltwirtschaftskrise. Besonders erfolgreich agierten sie in den ländlichen Gebieten, deren Bewohner evangelischen Glaubens waren.

Zur gleichen Zeit führte eine Krise des Konservatismus zunächst zur Spaltung der *DNVP*. Während HUGENBERG und seine Anhänger sich für ein Bündnis mit den Faschisten und gegen die Zusammenarbeit mit den traditionellen bürgerlichen Parteien aussprachen, plädierte eine zweite Gruppe, der sich auch die christlich-sozialen Abgeordneten anschlossen, für eine gemäßigtere Politik. Insbesondere Gustav HÜLSER, Walter LAMBACH und E. HARTWIG lehnten den Hugenbergschen Kurs ab. Eine gewisse organisatorische Form hatten diese oppositionellen Kräfte bereits durch die Gründung einer *Christlich-sozialen Reichsvereinigung* im Juni 1928 gefunden.[6] Die Kritik der Funktionäre und ihrer christlichen Wähler an HUGENBERG richtete sich besonders gegen seine skrupellose Geschäftätigkeit als Aufsichtsratsvorsitzender des August-Scherl-Verlages und dessen »Nachtausgabe«. Auf der ersten Reichstagung am 19. August 1928 in Bielefeld beantwortete der neugewählte Vorstand der *Christlich-sozialen Reichsvereinigung* die Frage einer Trennung von der *DNVP* noch immer negativ, wenngleich er bereits vorsichtig andeutete, daß sich alle Christlich-sozialen zu einer nichtparteigebundenen Organisation zusammenschließen sollten.[7] In einer offiziellen Verlautbarung der 59 Teilnehmer, davon 11 vom *CVD*, hieß es: »Die hier vertretenen Organisationen halten z. Zt. eine politische Gemeinschaft aller entweder durch Anschluß an die Deutschnationale Volkspartei oder an den Christlichen Volksdienst, oder durch Neubildung einer Evangelischen Partei für ausgeschlossen.«[8]

Jedoch war nun bereits offensichtlich geworden, daß zwischen der *Christlich-sozialen Reichsvereinigung* und dem süddeutschen *CVD* Gespräche um eine mögliche Fusion beider Organisationen begonnen hatten. Vielleicht wären diese Versuche auch am Widerstand der Kräfte um R. MUMM gescheitert, wenn nicht die Auseinandersetzungen mit HUGENBERG immer schärfere Formen angenommen und schließlich zum Ausschlußverfahren gegen den Vorsitzenden des *Deutschnationalen Arbeiterbundes* E. HARTWIG, den Geschäftsführer des ↗ *Deutschnationalen Handlungsgehilfen-Verbandes (DHV)* in Berlin, W. LAMBACH, und den Reichstagsabgeordneten G. HÜLSER geführt hätten. Insbesondere G. HÜLSER und E. HARTWIG charakterisierten den Parteivorsitzenden und seine Umgebung als feindselig und besonders antisozial. Sie beklagten sich über mangelndes Mitspracherecht in der Partei und sahen mithin keine Möglichkeit mehr, »an der Verwirklichung des christlich-sozialen Gedankengutes arbeiten zu können«.[9] In rascher Folge traten 9 weitere Abgeordnete aus der *DNVP* aus, unter ihnen auch R. MUMM, F. BEHRENS, G. HÜLSER und Georg KLIESCH. Trotz weiterhin vorhandener Divergenzen, zum Beispiel in der Frage der Haltung zur Sozialdemokratie, zu den evangelischen Gewerkschaften und zum YOUNG-Plan, führten mehrere Beratungen zwischen der *Christlich-sozialen Reichsvereinigung* und dem *CVD* am 22. Dezember 1929 zur Verständigung über die Gründung des CSVD.[10] Diese Fusion basierte auf einem Kompromiß, der insbesondere in der Stellung zur Republik gefunden werden mußte. Während die Korn-

taler die Staatsform der Weimarer Republik bejahten, blieben die Funktionäre um R. MUMM Anhänger der Monarchie. Beide Seiten einigten sich schließlich auf die Formel »einer christlichen Anerkennung des heutigen Staates«.[11] Konkrete politische Fragen wurden bei den Fusionsgesprächen ausgeklammert, die politische Arbeit aber als Gottesdienst und Mission verstanden, der sich Christen nicht entziehen dürften. Damit war ein wichtiges Problem berührt, das von G. HÜLSER so beschrieben worden ist: »Wir können im Volksdienst Millionen Wähler gebrauchen, die völlig unpolitisch sind und bleiben wollen. Auch unpolitische Mitarbeiter können wir brauchen. Was wir aber auf keinen Fall gebrauchen und verdauen können, sind unpolitische Führer!«[12]

Am Vormittag des 26. Dezember 1929 versammelten sich die Abgeordneten des CSVD im Reichstag und legten mittags am Grab A. STOECKERS einen Kranz nieder. Mit dem Ruf »Der deutschen Zwietracht mitten ins Herz!«[13] wurde die Gründung der neuen bürgerlichen Partei endgültig besiegelt.

Nun galt es, die neue Partei politisch und organisatorisch weiter zu festigen. Es bestanden Vorstellungen über eine Reichsführung, bestehend aus den 3 Vorsitzenden W. SIMPFENDÖRFER, G. HÜLSER und Paul SCHMIDT; eine Reichsleitung aus 15 Mitgliedern sowie über eine Reichsvertretertagung als letzte Instanz. Landesverbände, Wahlkreisgruppen, Kreisgruppen und Ortsgruppen sollten den Organisationsaufbau vervollständigen.

2. Ziele und politische Tätigkeit

Die Reichstagsabgeordneten des CSVD versuchten, ihre parlamentarische Tätigkeit durch die Gründung einer *Christlich-nationalen Arbeitsgemeinschaft*, der auch Abgeordnete der ↗ *Christlich-Nationalen Bauern- und Landvolkpartei (CNBL)* angehörten, aufrechtzuerhalten. Mit 21 Mitgliedern erreichte diese Vereinigung 1928 auch Fraktionsstärke.[14] Die politische Tätigkeit des *CSVD* war darauf gerichtet, in den protestantischen Kreisen der Bauernschaft, dem städtischen Kleinbürgertum und auch der Arbeiterklasse einen Massenanhang zu gewinnen. Dieser sollte die bürgerliche Staats- und Gesellschaftsordnung gegen eine soziale Revolution verteidigen. Dabei spekulierten die führenden Vertreter des CSVD auf den Einfluß des Protestantismus in den kleinbürgerlichen Schichten Deutschlands und gaben ihre Partei als evangelische Verfassungspartei oder Bewegung aus. Diese fand besonders bei den Protestanten Süddeutschlands Zuspruch, weil sie schon seit Jahrhunderten die Vormachtstellung des Katholizismus spürten. Der CSVD nutzte bewußt die Religion zur Verteidigung der bürgerlichen Klassenherrschaft aus. Deshalb verbanden sich in seiner Agitation und Propaganda religiöse Schwärmerei und Phrasenhaftigkeit mit bürgerlichem Nationalismus, kleinbürgerlich-utopischen sozialen Vorstellungen und sozialer Demagogie. Daran änderten auch einige gelegentlich geäußerte liberale und demokratische Gedanken einzelner Funktionäre, insbesondere des ehemaligen CVD, nichts. Gemessen an ihren Taten blieben die meisten Äußerungen reine Demagogie. P. BAUSCH stellte die Ziele seiner Organisation dar und schrieb u. a.:

»Nicht bürgerlich, nicht sozialistisch, sondern christlich! ... Weder bürgerlich noch sozialistisch ... Der Christliche Volksdienst lehnt die beiden umstrittenen Gesellschaftsordnungen vom christlichen Standpunkt aus ab ... Ob zur Erzeugung bestimmter Güter die Privatwirtschaft oder die Gemeinwirtschaft, die freie oder die gebundene Wirtschaftsform anzuwenden ist, ist eine reine Zweckmäßigkeitsfrage, welche nicht von den Christen, sondern von dem Staatsmann und Wirtschaftspolitiker zu entscheiden ist ...«[15]
Unmißverständlich äußerte sich R. MUMM, indem er schrieb: »Bei aller Gegnerschaft gegen die unsozialen Tendenzen der Deutschnationalen, gegen die wirren positiven Anschauungen der Nationalsozialisten und bei aller Abneigung gegen die Art ihrer Agitation haben wir nie vergessen, daß uns mit ihnen mehr als mit den Sozialdemokraten verbindet. Wir haben auch nicht vergessen, daß die ärgste Gefahr die Bolschewisierung Deutschlands ist.«[16]

In seinen Leitsätzen, die eine Art Parteiprogramm darstellten, umriß der CSVD seine politische Zielstellung. Ausgehend von dem Bekenntnis zur Weimarer Republik hieß die Losung:

»Nicht Revolution, sondern Reformation des politischen Lebens ...« Weiter wurde gesagt: »Wir lehnen deshalb jede Klassenfront und jeden Klassenkampf, ob sie nun von Rechts oder Links, vom Marxismus oder Kapitalismus kommen, ab.« Dann wurde von der zum »Mammonismus entarteten« kapitalistischen Wirtschaft gesprochen, aber gleich hinzugefügt: »Nicht die Abschaffung des Eigentums überwindet die Not! Freiheit der Persönlichkeit und Eigentum gehören zusammen. Aber Eigentum verpflichtet. Deshalb lehnen wir den Abbau der Sozialpolitik ab, ohne uns der Notwendigkeit ihrer Reform zu verschließen. In der gegenseitigen Ergänzung von Selbsthilfe und Staatshilfe liegt die Lösung.«

Schließlich wurde die »freie Entfaltungsmöglichkeit der christlichen Bekenntnisschule« neben Schutz und Freiheit für die Entfaltung der Kirchen und der religiösen Gemeinschaften gefordert. Schund und Schmutz sollten in Presse und Kunst energisch bekämpft werden. Auch rief der CSVD »über alle Parteischranken auf zu gemeinsamem Dienst an Volk und Staat.« Ebenso forderte er das Bekenntnis aller evangelischen Männer und Frauen zu einer »Politik des Glaubens und des Gehorsams gegen Gott nach dem Wort: ›Gerechtigkeit erhöht ein Volk, aber die Sünde ist der Leute Verderben!‹«[17]
Unter diesen Losungen, bei denen auch die »Knechtung durch äußere Gegner« nicht fehlte, zog der CSVD in den Wahlkampf zu den Reichstagswahlen 1930 und errang 14 Mandate. Eine nicht unbeträchtliche Rolle spielte dabei die Tatsache, daß der CSVD sich als eine christlich-protestantische »Bewegung« und nicht als eine politische Partei bezeichnete, die eine ähnlich dauerhafte Massenbasis anstrebte, wie sie das katholische ↗ Zentrum (Z) besaß. Gleichzeitig bestand darin auch ein Problem für die Funktionäre des CSVD. Einige Mitglieder forderten, daß der CSVD sich nicht parteipolitisch betätigen sollte, weil sie befürchteten, daß sich die Führung auch auf Wähler stützen würde, »denen das Wesen der Gemeinde Jesu innerlich fremd ist«.[18] Jene Mitglieder wollten den CSVD in eine Art Gebetsgemeinschaft umwandeln. Große Unterstützung erhielt die Partei durch viele evangelische Gemeinden, deren kleinbürgerliche Mitglieder die parteipolitische Betätigung des CSVD anerkannten, aber unter der Parole »Nicht rechts noch links, sondern Jesus Christus!« ebenfalls einer echten politischen Entscheidung auswichen.[19] Hinzu kamen Wähler aus den Kreisen

evangelischer Land- und Industriearbeiter, die bisher der *DNVP* oder ihren Massenorganisationen angehört hatten und nun infolge des HUGENBERG-Kurses von diesen abschwenkten.

Nach der Stimmabgabe zur Reichstagswahl 1930 waren die Anhänger und Mitglieder des CSVD hauptsächlich in den ländlichen Gebieten Ostpreußens, Westfalens, Hessen-Nassaus, Württembergs, Badens und im Wahlkreis Düsseldorf-Ost zu suchen. Hier wählten vor allem die Frauen von Kleinbauern und Landarbeitern sowie kleineren und mittleren Gewerbetreibenden die neue Partei. Der Grund dafür, daß insgesamt zwei Drittel aller Wähler Frauen waren, lag in erster Linie in deren meist starker Bindung zur Kirche. Insbesondere die Frauen betätigten sich aktiv in Organisationen der Kirche, wie z. B. in der *Evangelischen Frauenhilfe*.[20] Eine Ausnahme machte der Wahlkreis Chemnitz-Zwickau, wo evangelische Arbeiter und städtische Kleinbürger die Masse der 46 362 Wähler bildeten.

Wie jede bürgerliche Partei in der Weimarer Republik, vertrat der CSVD objektiv die Interessen des Finanzkapitals, hier insbesondere jener Kräfte, die hinter BRÜNING standen. Die Reichsleitung und die Fraktion des CSVD unterstützten anfangs fast bedingungslos insbesondere die Außenpolitik BRÜNINGS und halfen mehrmals mit, den Sturz der Regierung zu verhindern (beispielsweise durch ihre Entscheidung in den Reichstagssitzungen vom 6. Dezember 1930, 16. Oktober 1931 und 26. Februar 1932).

Dabei bediente sich der CSVD einer Taktik der öffentlichen Zugeständnisse in bestimmten Einzelfragen, um das Ganze zu retten. So faßte die Fraktion im Juni 1931 z. B. folgenden Entschluß: »Die Fraktion hat zur Person des Kanzlers Vertrauen. Sie hält aber einzelne Mitglieder des Kabinetts für eine schwere Belastung und wird daraus bei gegebener Gelegenheit die Folgerungen ziehen.«[21] Dieselbe Taktik wandte der CSVD auch in anderer Hinsicht an, so bei der Verteidigung der Brüningschen Notverordnungspolitik und der »Osthilfe«. Alle diese politischen Entscheidungen wurden geschickt mit der Forderung verbunden, die »Tributverträge« zu revidieren. Während die *KPD* im Reichstag den Antrag stellte, die auf Grund des YOUNG-

Planes erfolgenden Zahlungen einzustellen, sah der mit absoluter Stimmenmehrheit angenommene Antrag des CSVD die Einleitung von Revisionsverhandlungen vor. Die Führung des CSVD gab BRÜNING zu verstehen, daß er nur dann mit einer Unterstützung rechnen könne, wenn »die Regierung in den bevorstehenden außenpolitischen Kämpfen auch weiterhin den festen Willen erkennen läßt, die endgültige Befreiung von den Tributen mit zielklarer Entschlossenheit und unbeugsamer Härte zu sichern«.[22]

Während W. SIMPFENDÖRFER die BRÜNING-Regierung zunächst als ein »Kabinett der sachlichen Arbeit und des nationalen Dienstes« begrüßt und G. HÜLSER dem Reichskanzler ebenfalls alle Unterstützung zugesichert hatte[23], modifizierten besonders unter dem Eindruck des rapiden Anwachsens des Masseneinflusses der *NSDAP* einige Funktionäre des CSVD ihre Haltung zur zweiten BRÜNING-Regierung. W. SIMPFENDÖRFER schrieb Ende 1931: »Ich bin restlos enttäuscht von dem Kabinett Brüning. Schneller hat noch kaum eine Regierung ein ungeheures Vertrauensgut verwirtschaftet als dieses Kabinett.«[24] Auch aus regionalen Organisationen kam die Aufforderung an die Reichstagsfraktion des CSVD, »dem Reichskanzler Brüning ... nicht wieder das Vertrauen auszusprechen«.[25] Schließlich faßte der CSVD in einer Fraktionssitzung den Beschluß, »bei Brüning auszuharren«. Aber, so schrieb R. MUMM an W. SIMPFENDÖRFER, trotz der Unterstützung der BRÜNING-Regierung dürfe sich die Partei »keine vermeidbare Blöße gegenüber der nationalen Welle geben. Daß wir ein starkes Nationalgefühl, sich ausbreitend, haben, ist im letzten Grunde doch eines der wenigen hoffnungsfreudigen Zeichen der Zeit. Darum bäte ich auch, daß wir Abrüstungsfragen stets nur verstandesmäßig und niemals gefühlsmäßig behandeln, daß also keine Äußerung aus unseren Reihen kommt, die als internationaler Pazifismus würde angesehen werden.«[26] Der CSVD unterstützte jenen Teil der herrschenden Klasse, der für die Einbeziehung der *NSDAP* in die Regierungskoalition oder sogar für die Übernahme der gesamten Staatsgewalt durch die Faschisten eintrat.

3. Stellung des CSVD zur NSDAP und zur faschistischen Diktatur in Deutschland

Der CSVD wurde häufig von der *NSDAP* und der *DNVP* als »Anhängsel« der *SPD* bzw. des *Z* angegriffen, so z. B. wegen der Wahl Paul LÖBES zum Reichstagspräsidenten, der Unterstützung BRÜNINGS und der Befürwortung des Reichsstädtehauptgesetzes im Wohnungsausschuß des Reichstags. Andererseits gab es in Einzelfragen heftige Kritiken der christlich-sozialen Abgeordneten an der *NSDAP* und ihren Vertretern. Aber die Zustimmung zum deutschnationalen-faschistischen Plebiszit zur Auflösung des preußischen Landtages hatte bewiesen, daß es dennoch nicht an Versuchen der Führer des CSVD fehlte, sich bei den Faschisten anzubiedern. Im November 1931 schrieb G. KLIESCH:

»Das 3. Reich wird weder durch Brüning noch durch Braun oder Severing aufgehalten werden. Wenn man diese Überzeugung hat, kann gar keine andere Konsequenz bleiben als das ungeheure Risiko eben einzugehen und die Nationalsozialisten an die Verantwortung zu lassen. Ich sehe die Größe des Risikos ganz nüchtern. Es geht dabei außen- und innenpolitisch auf Tod und Leben. Ich halte aber eine Fortführung des heutigen Systems – für genau so gefährlich, und wenn der Nationalsozialismus regieren soll, soll er es vor diesem und in diesem schweren Winter tun.«[27]

G. KLIESCH forderte die Reichsführung des CSVD auf, die Konsequenzen aus dem Scheitern der BRÜNING-Regierung zu ziehen und die Nazis wissen zu lassen, daß der CSVD für den Sturz von BRÜNING eintreten werde. Am 22. März 1932 hatten W. SIMPFENDÖRFER und G. HÜLSER eine Unterredung mit HITLER. Die CSVD-Funktionäre versicherten HITLER, daß sie sich immer dafür eingesetzt hätten, den Nationalsozialisten den Weg in die Regierung offen zu halten. Als W. SIMPFENDÖRFER von HITLER gefragt wurde, wie er sich das Verhältnis zwischen der *NSDAP* und dem CSVD vorstelle, antwortete dieser, daß der CSVD mehr Möglichkeiten zur Zusammenarbeit mit der Nazipartei als mit den Deutschnationalen sehen würde.[28]

Die antidemokratischen Kräfte im CSVD, die besonders durch R. MUMM verkörpert wurden, setzten sich in der Führung der Partei immer mehr durch. Deshalb trat diese schließlich für eine offene Diktatur ein. Die Haltung der Führer des CSVD hat wesentlich dazu beigetragen, daß die Partei bei den Reichstagswahlen 1932 die Hälfte ihrer Wähler verlor. Zu einem wesentlichen Teil mußte sie diese an die *NSDAP* abgeben. So schrieben selbst politische Freunde des CSVD, »... daß maßgebliche Gemeinschaftsführer der NSDAP Stimmen geliehen haben, die noch 1930 dem Volksdienst zuflossen, jetzt aber durch eine Angleichung an Hitler nutzbringender verwandt werden sollten«.[29] Symptomatisch für diesen Prozeß war der Übertritt des MdR Gustav Hermann TEUTSCH zu den Faschisten. Auch erhielt der CSVD als Splitterpartei nur geringe Unterstützung durch die herrschenden Monopolgruppen.[30] Das beeinflußte sicher die Organisation des CSVD. Während der Endphase der Weimarer Republik verlor die Partei zunehmend an Einfluß und schloß deshalb im Februar 1933 mit der ↗ *DVP* und der *Deutschen Bauernpartei* ein Wahlabkommen für die Reichstagswahlen ab. Wenn sie auch wiederum 4 Mandate erhielt, war ihr Niedergang doch nicht mehr aufzuhalten. Angebote an die Faschisten wie der Beschluß, nicht mehr Partei, sondern eine »evangelisch gebundene politische Gesinnungsgemeinschaft« sein zu wollen, verhinderten nicht das Ende des CSVD.[31] Später wurde bekannt, daß die Reichsleitung die Auflösung des CSVD beschlossen und den Abgeordneten das Recht zugesichert hatte, als Hospitanten den Fraktionen der *NSDAP* beitreten zu können.[32] Am 23. März 1933 erklärte W. SIMPFENDÖRFER, daß der CSVD die innen- und vor allem die außenpolitischen Ziele der HITLER-Regierung unterstützt und dem Ermächtigungsgesetz seine Zustimmung gibt.[33] Das zeigte deutlich, daß die Führung des CSVD die Errichtung der faschistischen Diktatur gefördert hat, obgleich es andererseits gewisse Divergenzen mit den Faschisten gab. Nur wenige Politiker des CSVD kämpften später aktiv gegen die faschistische Diktatur, wie der Pfarrer Lizentiat Albert SCHMIDT, der von den Faschisten ermordet wurde. Das mindert nicht die historische Schuld seiner Partei, ideologisch und auch durch die politische Praxis objektiv die Errichtung der faschistischen Diktatur unterstützt zu haben.

4. Quellen und Literatur

Reichhaltiges Quellenmaterial enthalten der NL Reinhard Mumm sowie ein Aktenband des Pressearchivs des RLB im ZStA Potsdam. Die Schriften von Reinhard Mumm »Der christlich-soziale Gedanke« (Berlin 1933), Albert Schmidt »Der christlichsoziale Volksdienst« (Hamburg 1932), die im Rahmen der vom CSVD herausgegebenen Schriftenreihe (1928–1932) erschienen sind, sowie Karl Buchheim »Geschichte der christlichen Parteien in Deutschland« (München 1953) basieren auf interessantem Material zur Geschichte und Politik des CSVD. Günter Opitz' Monographie »Der Christlich-soziale Volksdienst, Versuch einer protestantischen Partei in der Weimarer Republik« (Düsseldorf 1969) bietet auf einer guten Quellenbasis einen Überblick über die Geschichte des CSVD. G. Opitz verzichtet aber auf die Hervorhebung der objektiv reaktionären Rolle dieser bürgerlich-protestantischen Partei und verschleiert deren Mitschuld bei der Errichtung der faschistischen Diktatur.

Anmerkungen

1 Siehe Günter Opitz: Der Christlich-soziale Volksdienst, Versuch einer protestantischen Partei in der Weimarer Republik. Beiträge zur Geschichte des Protestantismus und der politischen Parteien, Bd. 37, Düsseldorf 1969, S. 42.

2 Schwäbischer Merkur, 21.3.1924.

3 Karl Buchheim: Geschichte der christlichen Parteien in Deutschland, München 1953, S. 380.

4 Siehe G. Opitz, S. 120.

5 Siehe ebenda.

6 Der Reichsvereinigung gehörten an: die Christlich-soziale Gesellschaft Berlin; die Christlich-soziale Vereinigung Westdeutschlands, Siegen; die Schlesische christlich-soziale Vereinigung Breslau; der Christlich-soziale Verein Berlin. ZStA Potsdam, NL R. Mumm, Nr. 282, Bl. 124.

7 Siehe ebenda, Bl. 188.

8 Ebenda, Bl. 177.

9 Um die neue Front. Die Vereinigung der Stoeckerschen Christlich-sozialen (Christlich-

soziale Reichsvereinigung) mit dem Christlichen Volksdienst, Schriften des Christlichen Volksdienstes, Nr. 5, o. J., S. 8.

10 Siehe ZStA Potsdam, NL R. Mumm, Nr. 284, Bl. 26.

11 G. Opitz, S. 153.

12 ZStA Potsdam, NL R. Mumm, Nr. 333, Bl. 126.

13 Siehe G. Opitz, S. 155.

14 Siehe ZStA Potsdam, NL R. Mumm, Nr. 284, Bl. 237.

15 Paul Bausch: Der Kampf um die Freiheit der evangelischen Christen im politischen Leben. Zit. in: Albert Schmidt: Der christlichsoziale Volksdienst, Hamburg 1932, S. 13ff.

16 R. Mumm an Wilhelm Simpfendörfer, 25.5.1931. In: ZStA Potsdam, NL R. Mumm, Nr. 333, Bl. 304 und 305.

17 Christlicher Volksdienst, 16.6.1930.

18 ZStA Potsdam, NL R. Mumm, Nr. 343, Bl. 15.

19 Volkskonservative Stimmen, 30.6.1932.

20 Siehe G. Opitz, S. 181f.

21 Tägliche Rundschau, 17.6.1931.

22 ZStA Potsdam, NL R. Mumm, Nr. 334, Bl. 68.

23 Christlicher Volksdienst, 5.4.1930.

24 ZStA Potsdam, NL R. Mumm, Nr. 341, Bl. 96.

25 Ebenda, Nr. 342, Bl. 202.

26 R. Mumm an W. Simpfendörfer, 19.12.1931. In: Ebenda, Nr. 333, Bl. 369 und 379.

27 Ebenda, Nr. 330, Bl. 276 und 277.

28 Siehe den streng vertraulichen Bericht über die Besprechung mit Adolf Hitler am 22. März 1932 von W. Simpfendörfer und G. Hülser. In: Ebenda, Bl. 387.

29 Siehe Anm. 19.

30 Der CSVD finanzierte sich im wesentlichen aus Mitgliederbeiträgen, Einnahmen aus der Presse sowie Spenden christlicher Gewerkschaften und Einzelpersonen. Für den Ankauf der »Täglichen Rundschau« erhielt die Partei von der Bausparkasse der »Deutsch-Evangelischen Heimstättengesellschaft« einen Kredit in Höhe von ca. 40 000 RM. Zusammen mit der Deutschen Ring Lebensversicherung-Aktiengesellschaft Hamburg gründete der CSVD eine Sterbegeldversicherung. Siehe G. Opitz, S. 158, und ZStA Potsdam, NL R. Mumm, Nr. 337, Bl. 17, und Nr. 341, Bl. 140.

31 Vossische Zeitung, 21.5.1933.

32 Siehe Christlich-sozialer Volksdienst, 15.7.1933.

33 Siehe StBVRei., 8. Wahlperiode, Bd. 457, S. 38.

Lutz Fahlbusch/Werner Methfessel

Christlich-Soziale Vereine (CSV) 1868–1878

Die CSV entstanden zwischen 1860 und 1870 im rheinisch-westfälischen Industriegebiet. Unter Berufung auf die Ideen und Anregungen des Bischofs Wilhelm Emanuel Freiherr von Ketteler suchten sie eine »christliche« Lösung der sozialen Frage gegen Liberalimus und Sozialismus durchzusetzen. Zu ihren Mitgliedern zählten neben Fabrikarbeitern auch handwerkliche Kreise sowie Kleinbauern. Zumeist unter klerikaler Leitung stehend, gelang es lediglich den Vereinen in Aachen und Essen, sich für bestimmte Zeit aus der Abhängigkeit des katholischen Klerus zu lösen, die Schranken eines klerikal-kleinbürgerlichen Programms zu überwinden und soziale Forderungen der Arbeiterklasse aufzugreifen. Durch den Kulturkampf verloren die CSV rasch an Wirksamkeit. Die letzten CSV fielen dem Sozialistengesetz zum Opfer.

Tagungen

29. und 30. Juni 1868 in Krefeld (Gründungstagung)
6.–8. März 1870 in Elberfeld (Delegiertenversammlung von 150 Vertretern aus 14 CSV)
Juni 1870 in Aachen (Tagung der Vertreter der CSV aus dem Regierungsbezirk Aachen)
1.–3. Dezember 1873 in Aachen (Kongreß der christlichen Arbeiter von Rheinland und Westfalen)
7.–8. November 1875 in Aachen (2. Kongreß der christlichen Arbeiter von Rheinland und Westfalen)

Presse

Zentrales Publikationsorgan der CSV waren die »Christlich-sozialen Blätter«. 1868 in Aachen gegründet, zunächst redigiert vom geistlichen Rektor Josef Schings, ab 1877 vom Vikar Arnold Bongartz. Die Auflage betrug im Jahre 1874 1 500 Exemplare.

Die in der Revolution 1848/49 durch den deutschen Katholizismus eingeleitete stärkere Organisierung des katholischen Volksteils führte auch zur Gründung erster katholischer Arbeitervereine, wie des *St.-Josephs-Arbeiter-Unterstützungsvereins* in Regensburg. Sie entstanden zumeist im Rahmen der *Pius-Vereine* und verstanden sich als katholische Standesvereine, die in der Fortbildung ihrer Mitglieder in religiöser, sittlicher und beruflicher Beziehung ihre eigentliche Aufgabe sahen.[1] Nach dem Sieg der Konterrevolution setzte seit dem Beginn der 50er Jahre im katholisch-sozialen Vereinswesen

mit Ausnahme der *Kolpingschen Gesellenvereine* (↗ *Katholische Gesellenvereine [KGv]*) wieder eine rückläufige Tendenz ein. Erst mit dem Anwachsen der sozialistischen Arbeiterbewegung zu Beginn der 60er Jahre, aber auch durch die liberale Genossenschaftsbewegung veranlaßt, begannen im katholisch-sozialen Bereich neue Entwicklungen. Vor allem durch das Wirken des Mainzer Bischofs W. E. von Ketteler[2], der zur »Assoziation auf christlicher Grundlage« aufrief, entstand nun eine Reihe katholischer Vereine mit einem aber zunächst vorwiegend kleinbürgerlichen Charakter. Nach einer zeitgenössischen Statistik entstanden zwischen 1861 und 1869 10 Knappenvereine und zwischen 1864 und 1869 8 Arbeitervereine.[3] Im Juni 1868 begannen in Aachen die »Christlich-sozialen Blätter« zu erscheinen, die auf den Vorstellungen von Bischof W. E. von Ketteler aufbauten.

Mit der Förderung des katholisch-sozialen Vereinswesens vollzog sich Ende der 60er Jahre eine Wendung in der Sozialpolitik des deutschen Katholizismus. Statt der bisher vorherrschenden Orientierung auf die Restauration kleinbürgerlich-zünftlicher Verhältnisse orientierten sich die katholischen Sozialreformer nunmehr stärker auf die direkte Einflußnahme in der Arbeiterklasse und auf die Gründung selbständiger katholisch-sozialer Organisationen.

Auf Initiative der »Christlich-sozialen Blätter« fand im Juni 1868 in Krefeld die erste Tagung der katholischen Arbeitervereine statt. Es verdeutlicht den weitgespannten Begriff »christlich-sozial«, daß die Einladung nicht nur an die am Niederrhein konzentrierten katholischen Arbeitervereine erging, sondern auch an die katholischen Spar- und Kreditvereine der Handwerker und Kaufleute sowie an den *Westfälischen Bauernverein.* Auf der Krefelder Tagung, die nur von den christlich-sozialen Vereinen in Aachen, Elberfeld und Recklinghausen beschickt wurde, faßte man den Beschluß, eine engere Bindung einzugehen, einen »Centralvorstand« für das christlich-soziale Vereinswesen in Rheinland und Westfalen zu wählen und die »Christlich-sozialen Blätter« zum zentralen Vereinsorgan zu bestimmen.[4] Den inhaltlichen Schwerpunkt der Tagung bildeten Fragen der weiteren Entwicklung des Kleingewerbes, wie auch in den »Christlich-sozialen Blättern« die »Arbeiterfrage« häufig von Handwerkerproblemen in den Hintergrund gedrängt wurde.

Neue Impulse erhielten die CSV durch die von Bischof W. E. von KETTELER im Juli 1869 auf der Liebfrauenheide in Offenbach gehaltene Rede, die unter dem Titel »Die Arbeiterbewegung und ihr Streben im Verhältnis zu Religion und Sittlichkeit« publiziert wurde.[5] Hier ging W. E. von KETTELER in gewissem Sinne über die kleinbürgerlich-restaurativen Vorstellungen früherer katholischer Sozialreformer hinaus, indem er einige Forderungen der Arbeiterklasse, wie die nach Erhöhung der Löhne und Verkürzung der Arbeitszeit, aufgriff. Zugleich trat er jedoch für eine »religiös-sittliche Erneuerung« der Arbeiterklasse ein, d. h. für eine stärkere Infiltration katholisch-religiösen Gedankengutes, und lehnte den Klassenkampf ab. Es war nicht zufällig, daß zur gleichen Zeit die »Christlich-sozialen Blätter« die offene Auseinandersetzung mit der Sozialdemokratie begannen, und im Frühjahr 1870 bezeichnete diese Zeitschrift die Mitgliedschaft in den CSV als unvereinbar mit der Zugehörigkeit zu sozialdemokratischen Organisationen.[6]

Auf der ↗ *Generalversammlung der Katholiken Deutschlands* 1869 in Düsseldorf kam es erstmals zur Bildung einer »Sektion für die soziale Frage«, doch wurde ein von den »Christlich-sozialen Blättern« ausgehender Antrag, diese ständige soziale Sektion als »Zentralvorstand der christlich-sozialen Partei« einzurichten, abgelehnt.[7] So sehr die führenden Vertreter des deutschen Katholizis-

mus an der Schaffung einer starken antisozialistischen katholischen Volksbewegung interessiert waren, so mißtrauisch, wenn nicht ablehnend, standen sie dem Plan der Gründung einer zentralisierten und selbständigen katholischen Arbeiterbewegung gegenüber. Aus diesem Grund kam die Düsseldorfer Katholikenversammlung lediglich zu folgendem Beschluß: »Die Generalversammlung bestellt eine ständige Sektion für soziale Fragen, welche die Aufgabe hat, die Bildung christlich-sozialer Vereine zum Zwecke der ökonomischen wie moralischen Hebung des Arbeiterstandes und die Verbreitung der einschlägigen literarischen Erscheinungen zu fördern.«[8]

Die »Sektion für soziale Fragen« mit dem westfälischen Großagrarier Burghard FREIHERR VON SCHORLEMER-ALST an der Spitze erließ am 22. November 1869 einen »Aufruf an die christlich-sozialen Vereine Deutschlands und ihre Förderer«. Der auf den Grundsätzen W. E. von KETTELERS basierende Aufruf ist vor allem deshalb bedeutsam, weil in ihm von führenden Kräften des deutschen Katholizismus erstmalig der Gegensatz zwischen der christlich-sozialen Bewegung und der sozialistischen Arbeiterbewegung offen hervorgehoben wurde. Auf »christlicher Grundlage errichtete soziale Vereine« seien notwendig, weil die Arbeiter »sonst überall in die Hände von Parteien fallen, die sich um das Christentum entweder gar nicht kümmern oder dasselbe befeinden (Schulze-Delitzsch, Sozialdemokratie), oder wenigstens außerhalb der katholischen Kirche stehen«.[9] Trotzdem sah die »Soziale Sektion« nicht ihre Aufgabe darin, den Zusammenschluß der CSV selbst in die Hand zu nehmen, geschweige denn die Leitung zu übernehmen, vielmehr wollte sie nur »eine Anregung geben, welche vielleicht in weiteren Kreisen nachwirkt und so allmählich eine Organisation hervorruft, ohne welche (man) zur Ohnmacht verurteilt« bleibe.[10] Im Sinne dieser lediglich »anregenden« Funktion lud die »Soziale Sektion« die Vertreter und Freunde der christlich-sozialen Vereine des Rheinlands und Westfalens für den 6.–8. März 1870 nach Elberfeld ein. 150 Teilnehmer, die jedoch nur 14 Vereine vertraten, fanden sich in Elberfeld ein. Da die Einladung nicht nur an Arbeitervereine, sondern auch an Knappenvereine, Bauernvereine sowie Kredit- und

Sparvereine ergangen war, spiegelte die Elberfelder Tagung den diffusen Gesamtcharakter und das unterentwickelte Organisationsbewußtsein der CSV wider. Der von den »Christlich-sozialen Blättern« erhobene Anspruch, zentrales Publikationsorgan der »christlich-sozialen Partei« zu sein, wurde auch durch die Elberfelder Tagung in keiner Weise gerechtfertigt. Die Notwendigkeit einer wirksamen organisatorischen Zusammenfassung der CSV, geschweige denn die Bildung einer nicht nur als »soziale Richtung« verstandenen, sondern lebensfähigen »christlich-sozialen Partei« stand in Elberfeld nicht einmal auf der Tagesordnung. Die Ursachen lagen sowohl in der klassenmäßig heterogenen Zusammensetzung und unterschiedlichen Zielsetzung der CSV, innerhalb deren die eigentlichen christlich-sozialen Arbeitervereine nur begrenztes Gewicht besaßen, als auch in der von Vorsicht und Mißtrauen geprägten Haltung des katholischen Klerus. Mit der Gründung des ↗ Zentrums (Z) war der Plan zur Schaffung einer einheitlichen christlich-sozialen Partei endgültig gescheitert.

Im Mittelpunkt der Elberfelder Verhandlungen standen Fragen der Kredit-, Spar- und Unterstützungskassen, Möglichkeiten zum Bau von Arbeiterwohnungen durch Genossenschaften sowie die Verbreitung und Unterstützung von christlichen Bauernvereinen. Die Frage des konfessionellen Charakters der CSV wurde auf dem Elberfelder Kongreß nicht entschieden. Zahlreiche Teilnehmer der Elberfelder Tagung sprachen sich dafür aus, daß die CSV interkonfessionellen Charakter besitzen sollten. Ihr Einfluß kam darin zum Ausdruck, daß man die Bezeichnung »christlich-sozial« beibehielt und nicht mit »katholisch-sozial« vertauschte. In diesem Sinne lautete auch ein Beschluß des Kongresses: »Die Angriffe der Gegner sind wesentlich materialistischer und atheistischer Natur, also auch durchaus unchristlicher Natur, die das Wesen der christlichen Gesellschaft in Frage stellen. So ist von einer christlichen Partei die Rede, in der alles, was Christennamen trägt ... zur ernstesten Verteidigung berechtigt wie verpflichtet ist.«[11] Die in der Folgezeit gegründeten CSV verhielten sich in dieser Frage nicht einheitlich. Vornehmlich setzten sie sich aus Katholiken zusammen, doch war in einzelnen Gebieten auch der Anteil an Protestanten unter den Mitgliedern der CSV recht hoch. In Wuppertal und in der Gegend von Bochum war die Hälfte der Mitglieder der CSV protestantisch.[12] Die größte Ausbreitung fanden die CSV im Ruhrgebiet und am Niederrhein. Außerhalb Preußens bestanden CSV in Regensburg, Augsburg und Amberg. Nach der Gründung des Z und dem Beginn des Kulturkampfes konzentrierte sich die Führung des deutschen Katholizismus in ihrer Politik wieder stärker auf eine spezifisch katholische Orientierung. Sie verlor das Interesse an der weiteren Förderung einer teilweise interkonfessionell ausgerichteten christlich-sozialen Bewegung. Klagen bürgerlicher Historiker darüber, daß es die Zentrumsführung nicht verstand, »Kräfte und Ideen des sozialen Katholizismus politisch wie personell in die junge Partei zu integrieren«,[13] verkennen, daß die großagrarisch-adligen und klerikalen Führungskräfte der Zentrumspartei bewußt die »soziale Frage« ignorierten und auf die einigende Kraft der Kulturkampfklammer vertrauten. Die wachsende Isolation der CSV machte zudem deutlich, daß die Mehrzahl dieser Vereine nicht genügend selbständig und gefestigt war, um eine längerfristige nennenswerte Wirksamkeit zu entfalten. Allein in Aachen und Essen gewann die christlich-soziale Bewegung eine über den lokalen Rahmen hinausreichende Bedeutung.

In Aachen wurde am 8. September 1869 durch den katholischen Kaplan Eduard CRONENBERG der *Arbeiterverein zum hl. Paulus für Aachen und Burtscheid* gegründet, der als *Paulus-Verein* bald über die Grenzen Aachens hinaus Aufsehen erregte und auf dem Höhepunkt seiner Entwicklung 1875 5000 Mitglieder zählte. Aus den Statuten des *Paulus-Vereins* geht hervor, daß er die »soziale Hebung des Arbeiterstandes« vor allem durch folgende Mittel zu erreichen hoffte: durch »Pflege einer echt christlichen Gemeinsamkeit unter den Arbeitern«, durch »Ausbildung des Geistes und Beförderung der Wissenschaft des christlichen Sozialismus«, durch Vorträge, Fortbildungsunterricht und Verbreitung religiöser Schriften sowie durch »praktische Tätigkeit auf dem sozialen Gebiet zur Beratung und zum Schutze der Arbeiter und zur Verbesserung ihrer sozialen Lage«.[14] E. CRONENBERGS theoretisches Verständnis der »sozialen Frage« wie seine praktische Tätigkeit, z. B. sein aktives Eintreten für streikende Arbeiter in Eupen im Sommer 1872, verdeutlichten, daß er im Unterschied zu den »Christlich-sozialen Blättern« und ihrem Herausgeber J. SCHINGS die restaurativ-reaktionäre, kleinbürgerliche Einordnung der »Arbeiterfrage« als einen Aspekt der »sozialen Frage« nicht teilte, sondern ihr einen besonderen Eigenwert beimaß. Der Anklang des *Paulus-Vereins* bei den Aachener Arbeitern ergab sich in erster Linie daraus, daß E. CRONENBERG echte Anliegen der Arbeiter aufgriff und als berechtigt anerkannte. Eine Lösung der »materiellen Arbeiternot« hielt E. CRONENBERG aber nur auf dem Boden des Christentums für möglich und begründete damit seinen erbitterten Kampf gegen alle Versuche der revolutionären Arbeiterbewegung, in Aachen Fuß zu fassen.[15] Obwohl E. CRONENBERG seine Ablehnung der Sozialdemokratie und seine Bindung an die katholische Kirche ständig ostentativ betonte, konnte er nicht verhindern, daß sich sehr rasch Konflikte und Auseinandersetzungen mit der katholischen Bourgeoisie der Stadt und dem Erzbischöflichen Generalvikariat in Köln entwickelten. Das Mißtrauen entzündete sich sowohl an der sozialpolitischen Aufklärungsarbeit des *Paulus-Vereins*, der ungeschminkten Anerkennung von Klassengegensätzen, der Forderung nach staatlichem Arbeiterschutz, als auch an der praktisch sozialen Arbeit des *Paulus-Vereins*. Dazu gehörte insbesondere die Gründung einer *Arbeiterwohnungsbaugenossenschaft* und das Eingreifen des Vereins in den Eupener Streik.

Der unter der Regie E. CRONENBERGS stehende Kongreß der christlichen Arbeiter von Rheinland und Westfalen Anfang Dezember 1873 in Aachen unterstrich die beträchtlichen Veränderungen der christlich-sozialen Arbeitervereinsbewegung seit der Elberfelder Tagung 1870. Unter dem Einfluß des örtlichen Komitees wurden vom Kongreß eine Reihe von Empfehlungen verabschiedet, die im Unterschied zu den diffusen Elberfelder Resolutionen teilweise sehr weitgehende Forderungen beinhalten. So wurde u. a. beschlossen, »mit allen gesetzlichen Mitteln für eine unverkürzte Erhaltung der Koalitionsfreiheit der Arbeiter tätig zu sein« und ge-

fordert: »Einführung eines Normalarbeitstages von höchstens zehn Stunden in den Fabriken«, »in den Fabriken die Frauenarbeit abzuschaffen«, »Mitbeteiligung der Arbeitnehmer an der Aufstellung der Fabrikordnung und der Festsetzung und Verwendung von Strafgeldern« sowie »Abschaffung der Sonntagsarbeit mit Ausnahme des wirklichen Notfalles«.[16] Einige weitere Anträge des Aachener Lokalkomitees, wie z. B. eine Adresse für die Einführung des allgemeinen, direkten und geheimen Wahlrechts für alle parlamentarischen Wahlen, fanden auf dem Kongreß keine Mehrheit. Dies und die Nichtteilnahme der christlich-sozialen Arbeitervereine, die den Intentionen der »Christlichsozialen Blätter« verbunden waren, machten die unterschiedlichen ideologischen und politischen Standorte der christlich-sozialen Arbeitervereine deutlich. Der im November 1875 wiederum in Aachen abgehaltene zweite Kongreß der christlich-sozialen Arbeiter von Rheinland und Westfalen unterstrich aber eine wachsende Orientierung der christlich-sozialen Arbeitervereine an den Grundsätzen und Forderungen des Aachener *Paulus-Vereins*. Neben einer Bestätigung der Beschlüsse von 1873 erhob der Kongreß nun auch die Forderung nach einem Zusammenschluß aller christlich-sozialen Arbeitervereine zu einem Zentralverein sowie nach Aufnahme von Christen aller Konfessionen in die CSV und trat für die Aufstellung eigener Kandidaten zu den Reichstagswahlen ein. In unmittelbarem Zusammenhang damit wurde die auf dem 1. Kongreß von 1873 gefaßte Resolution, den katholischen Klerus um die Mitwirkung bei der Gründung von Arbeitervereinen zu bitten, fallengelassen.

In den Resolutionen des Kongresses spiegelten sich die Erfahrungen wider, die insbesondere der Aachener *Paulus-Verein* mit dem hohen katholischen Klerus und der Zentrumspartei gesammelt hatte. Nachdem der *Paulus-Verein* bei den Reichs- und Landtagswahlen 1870/71 die Kandidaten der katholisch-bürgerlichen, mit dem Z eng verbundenen *Constantia-Gesellschaft* in Aachen unterstützt hatte, forderte er bei den Landtagswahlen 1873 die Nominierung von E. CRONENBERG als dritten Abgeordneten des Aachener Wahlkreises.[17] Die brüske Ablehnung der Eingabe des *Paulus-Vereins* führte dazu, daß bei den Reichstagswahlen 1874 E. CRONENBERG als Vertreter der neugegründeten *Katholischen Volkspartei* gegen den Kandidaten des *Z* auftrat. Das Programm der *Katholischen Volkspartei* enthielt u. a. folgende Forderungen:

»Freiheit der Kirche auf ihrem ganzen Gebiete«; »Wahrung der verfassungsmäßigen Freiheit vor dem Gesetz, daher Aufhebung aller Ausnahmegesetze«; »Einführung der direkten und geheimen Wahlen für alle Vertretungen und Bewilligung von Diäten für Reichstagsdeputierte« und »Berücksichtigung der gerechten Forderungen des Arbeiterstandes, insbesondere des Koalitionsrechtes, des Normalarbeitstages, der Lohnfrage, der Frauen- und Kinderarbeit und die Teilnahme der Arbeiter bei der Aufstellung von Fabrikordnungen.«[18]

In einem Aufruf zur Reichstagswahl wandte sich E. CRONENBERG an die Aachener Arbeiter: »Mit wem wollt ihr wählen? Wollt ihr wählen mit der Constantia-Partei – oder mit uns? Mit den Herren – oder mit den Arbeitern? Mit den Männern, welche Euch, gemäß Euerem eigenen Zeugnis, mehr drücken und schlechter bezahlen, als irgendein Andersgläubiger – oder mit uns, die wir mit Euch unter dem Joch schlecht bezahlter Arbeit seufzen und der Willkür des Geldsacks unterstehen?«[19] Gegenüber dem Vorwurf der *Constantia-Gesellschaft*, daß E. CRONENBERG die Katholiken Aachens spalten würde, verteidigte sich der Kaplan im Vereinsorgan: »eine Spaltung hat freilich stattgefunden und zwar so, daß sich die materiell ausgebeuteten Katholiken von ihren katholischen Ausbeutern in Ausübung ihrer bürgerlichen Rechte fernerhin nicht mehr wollen bevormunden lassen.«[20] E. CRONENBERG unterlag dem Zentrumskandidaten am 10. Januar 1874 wie auch bei einer Reichstagsersatzwahl am 9. Januar 1875. Bei beiden Wahlen erreichte E. CRONENBERG etwa ein Drittel der abgegebenen Stimmen. Bei den Reichstagswahlen am 10. Januar 1877 kandidierte ein enger Mitarbeiter von E. CRONENBERG, der Kaplan Johannes LAAF. Erst in einer Stichwahl am 22. Januar 1877 konnte sich der Zentrumskandidat, der vom Aachener katholischen Pfarrkapitel massiv unterstützt wurde, gegen J. LAAF knapp durchsetzen. Seit dem offenen Auftreten E. CRONENBERGS gegen die *Constantia-Gesellschaft* begann die katholische Bourgeoisie Aachens gemeinsam mit dem Kölner Generalvikariat gegen den aufsässigen Kaplan einen planmäßigen Verfolgungs- und Vernichtungsfeldzug, der im November 1878 mit der Verurteilung E. CRONENBERGS wegen angeblichen Betrugs endete. Über den Kampf der Aachener Bourgeoisie gegen E. CRONENBERG und die mit ihm verbündeten Kapläne J. LAAF und Hermann Joseph LITZINGER schrieb Franz MEHRING: »Sie wurden, natürlich unter dem segnenden Beistand der heiligen Kirche, mit einer Energie abgetan wie nur je ähnliche Frevler in dem Revier, wo die gottloseste Bourgeoisie herrscht.«[21]

Das Scheitern der christlich-sozialen Bewegung in Aachen war sowohl auf die lokale Isoliertheit, die enge Abhängigkeit des *Paulus-Vereins* von seiner führenden Persönlichkeit, E. CRONENBERG, als auch darauf zurückzuführen, daß der *Paulus-Verein* trotz seines Kampfes gegen die Aachener Zentrumsbourgeoisie der sozialistischen Arbeiterbewegung ablehnend gegenüberstand und damit zwangsläufig in eine ausweglose Situation geriet.

Zu ähnlichen Kämpfen zwischen christlich-sozialen Arbeitern und der katholischen Bourgeoisie kam es auch in Essen. Im Gegensatz zu den Ereignissen in Aachen setzte sich aber in Essen der christlich-soziale Kandidat Gerhard STÖTZEL, ein Metallarbeiter aus den Kruppwerken, bei den Reichstagswahlen 1877 gegen den offiziellen Zentrumskandidaten durch. Die in Essen flexibler agierende Zentrumspartei nahm G. STÖTZEL nach seinem Wahlsieg in die Partei auf, und bis etwa zur Jahrhundertwende figurierte G. STÖTZEL in der Reichstagsfraktion des *Z* als einziger Abgeordneter, der aus der Arbeiterklasse hervorgegangen war.

Die Vorgänge in Aachen und Essen bildeten den Höhepunkt, aber zugleich auch den Abschluß der Bewegung der CSV in den 70er Jahren des 19. Jh. in Deutschland. Der größte Teil der Vereine war bereits zu Anfang der 70er Jahre nach dem Beginn des Kulturkampfes in das Fahrwasser kirchlicher Politik gezogen worden, wobei ursprüngliche soziale Programmpunkte zwangsläufig in den Hintergrund traten. Unter dem Sozialistengesetz wurden auch einzelne CSV aufgelöst, während andere sich in rein religiöse Kongregationen umwandelten. Der Plan zur Schaffung

einer christlich-sozialen Partei war bereits mit
der Gründung des Z endgültig gescheitert.
Einzelne Elemente der christlich-sozialen
Bewegung wurden von den katholischen
Arbeitervereinen und der christlichen Ge-
werkschaftsbewegung aufgegriffen.

Quellen und Literatur

Die immer noch relativ beste Darstellung der
CSV ist von August Erdmann »Die christliche
Arbeiterbewegung in Deutschland« (Stuttgart
1908). Von der unhaltbaren These des Wett-
laufs von »schwarzer und roter Internationale« ist die Arbeit von Eberhard Naujoks
»Die katholische Arbeiterbewegung und der
Sozialismus in den ersten Jahren des Bis-
marckschen Reiches« (Berlin 1939) bestimmt.
Im Rahmen der Vorgeschichte des ↗ Volks-
vereins für das katholische Deutschland gibt
Emil Ritter »Die katholisch-soziale Bewegung
Deutschlands im neunzehnten Jahrhundert
und der Volksverein« (Köln 1954) auch eine
kurze Darstellung der christlich-sozialen
Bewegung. Eine materialreiche Darstellung
und eine umfassende Quellensammlung zum
Aachener Paulus-Verein liegen von Herbert
Lepper vor.[22]
Wichtigste Quelle für die CSV sind die
»Christlich-sozialen Blätter«. Einige Angaben
über den Aachener Paulus-Verein befinden
sich im ZStA Merseburg, Rep. 77, tit. 865,
Nr. 7.

Anmerkungen

1 Siehe Hermann S. Scholl: Katholische Arbeiterbewegung in Westeuropa, Bonn 1966, S. 102.
2 Siehe Rolf Weber: Zur historischen Beurteilung
Bischof Kettelers. Seine sozial- und nationalpolitische Konzeption in den sechziger Jahren.
In: Die großpreußisch-militaristische Reichsgründung. 1871, Bd. 1. Hrsg. Horst Bartel/Ernst
Engelberg, Berlin 1971, S. 438 ff.

3 Siehe Arnold Bongartz: Das katholisch-soziale
Vereinswesen in Deutschland. Geschichte,
Bedeutung und Statistik desselben, Würzburg
1879, S. 102.
4 Siehe August Erdmann: Die christliche Arbeiterbewegung in Deutschland, Stuttgart 1908,
S. 75 f.
5 Siehe Fritz Vigener: Ketteler. Ein deutsches
Bischofsleben des 19. Jahrhunderts, München
und Berlin 1924, S. 552 ff.
6 Siehe R. Weber, S. 449.
7 Sozialer Katholizismus in Aachen. Quellen zur
Geschichte des Arbeitervereins zum hl. Paulus
für Aachen und Burtscheid 1869–1878(88). Eingeleitet und bearbeitet von Herbert Lepper,
Mönchengladbach 1977, S. 57. = Veröffentlichungen des Bischöflichen Diözesanarchivs
Aachen, Bd. 36.
8 Verhandlungen der 20. Generalversammlung
der Katholiken Deutschlands zu Düsseldorf
1869, amtlicher Bericht, S. 254 f.
9 Christlich-soziale Blätter, Nr. 11 vom 15. 11.
1869.
10 Ebenda.
11 Zitiert nach Michael Gasteiger: Die christliche
Arbeiterbewegung in Süddeutschland, München 1908, S. 41 f.
12 Siehe Die christlichen Gewerkschaften. In: Ar-
beiter-Bibliothek, H. 2, Mönchengladbach 1908,
S. 8.
13 H. Lepper: Einleitung. In: Sozialer Katholizismus in Aachen, S. 60.
14 Statuten des Arbeitervereins zum heiligen
Paulus für Aachen und Burtscheid. In: Ebenda,
Dokument Nr. 3, S. 5.
15 Siehe H. Lepper: Kaplan F. E. Cronenberg und
die christlich-soziale Bewegung in Aachen,
1868–1878. In: Zeitschrift des Aachener Geschichtsvereins, Jg. 79, Aachen 1968, S. 67.
16 Zit. in: Ebenda, S. 80.
17 Siehe ebenda, S. 83.
18 Zit. in: Ebenda, S. 86.
19 Zur Reichstagswahl. In: Paulus. Christlichsoziales Volksblatt (Hrsg. Eduard Cronenberg),
Nr. 21 vom 22. 11. 1874.
20 Ebenda, Nr. 23 vom 6. 12. 1874.
21 Franz Mehring: Ultramontaner Sozialismus. In:
Politische Publizistik 1891 bis 1904, Berlin 1964,
S. 537. = Gesammelte Schriften, Bd. 14.
22 Siehe Anm. 13 und 15.

Herbert Gottwald

Demokratische Partei (DP)
1885–1895

Die DP war eine politisch heterogene lose Vereinigung kleinbürgerlicher Demokraten und linksliberaler Kräfte vor allem der städtischen Mittelschichten in Norddeutschland. Ihre Mitglieder rekrutierten sich zum überwiegenden Teil aus ehemaligen Anhängern der ↗ Deutschen Fortschrittspartei (DFP), die eine Fusion ihrer Partei mit der ↗ Liberalen Vereinigung (LVg) ablehnten und der ↗ Deutschen Freisinnigen Partei (DFsP) nicht beitraten. Die DP betonte insbesondere in ihren Presseorganen die Grundsätze bürgerlich-demokratischer Politik, sie bekämpfte entschieden Militarismus, Bonapartismus und Ausnahmegesetze. Mit der Sammlung und Organisierung kleinbürgerlich-demokratischer Kräfte in Norddeutschland sollten zugleich Voraussetzungen für eine spätere Vereinigung mit der ↗ Deutschen Volkspartei (DtVp) und damit für die Konstituierung einer gesamtnationalen kleinbürgerlich-demokratischen Partei geschaffen werden. Die DP existierte nur kurze Zeit und blieb zahlenmäßig klein, hatte aber Zukunftsbedeutung für die Bewahrung und Fortentwicklung demokratischer Grundsätze in den nichtproletarischen Schichten des deutschen Volkes.

1. Gründung und Organisation
2. Programm und politische Wirksamkeit
3. Quellen und Literatur

Parteitage

13. September 1885 Hamburg
16. September 1888 Leipzig
7. Oktober 1894 Berlin[1]

Presseorgane

»Demokratische Blätter« (21. Juni 1884 bis 11. Juli 1887; erschien wöchentlich; hrsg. von Adolf PHILLIPS und Julius LENZMANN, ab 8. Juli 1885 von Georg LEDEBOUR im Verlag der Berliner »Volks-Zeitung«; Auflage 1884: 650, 1886: 2000).

»Der Demokrat. Korrespondenz der Demokratischen Partei« (ab August 1887; erschien ca. monatlich; Erscheinungsort Leipzig)

1. Gründung und Organisation

Nach der nur kurzzeitigen Existenz des ↗ *Demokratischen Vereins (DVe)* in Berlin und ähnlicher Vereine in Leipzig und anderen Städten zu Beginn der 70er Jahre des 19. Jh. gab es in Norddeutschland keine organisatorische Grundlage für die Sammlung kleinbürgerlich-demokratischer Kräfte. Die ↗ *DtVp* begnügte sich in partikularistischer Selbstbeschränkung und mit Rücksicht auf die ↗ *Deutsche Fortschrittspartei (DFP)* mit ihrem Einfluß auf Landesteile vor allem südlich des Mains. Soweit die kleinbürgerlichen Demokraten in Norddeutschland nicht gänzlich resigniert oder sich auf eine lokal begrenzte Wirksamkeit beschränkt hatten, gehörten sie der *DFP* an.

Der verstärkt reaktionäre Kurs der BISMARCK-Regierung Ende der 70er Jahre (Sozialistengesetz, Schutzzollpolitik) hatte zum ersten Male seit der Gründung des deutschen Kaiserreiches die liberale Bourgeoisie und Teile des Kleinbürgertums zu einer breiten und heftigen Opposition herausgefordert, die zeitweilig ihrem Charakter und ihrem Umfang nach einer antibonapartistischen Volksbewegung nahekam. Damit eröffneten sich den kleinbürgerlich-demokratischen Kräften neue Wirkungsmöglichkeiten.

Bereits in den Erörterungen zum neuen Parteiprogramm der *DFP* Ende 1878 traten kleinbürgerliche Demokraten mit eigenen Entwürfen oder Anträgen für eine demokratische Orientierung und gegen eine weitere Annäherung ihrer Partei an nationalliberale Gruppierungen ein. Ende der 70er und zu Beginn der 80er Jahre gründeten kleinbürgerliche Demokraten in Berlin, Dortmund, Hamburg, Leipzig und in anderen Orten neue Vereine der *DFP*; verschiedentlich – so in Berlin – erlangten sie bestimmenden Einfluß auf bereits bestehende Vereine. Der Sammlung kleinbürgerlich-demokratischer Kräfte diente u. a. auch der 1882 in Berlin gegründete

Verein für Rechtsschutz und Justizreform.[2]
Eine herausragende Rolle bei der Formierung
einer kleinbürgerlich-demokratischen Gruppierung in Norddeutschland spielte die Berliner »Volks-Zeitung«, die unter der redaktionellen Leitung von A. PHILLIPS mit
zunehmender Konsequenz bürgerlich-demokratische Grundsätze – sowohl in ihrem
Verhältnis zur Arbeiterbewegung als auch
zum preußisch-deutschen Staat – verteidigte
und propagierte.

Die unter strengster Geheimhaltung vorbereitete und vollzogene Fusion der *DFP* mit
der ↗ *Liberalen Vereinigung (LVg)* zur
↗ *Deutschen Freisinnigen Partei (DFsP)* im
März 1884 zerstörte zugleich alle Hoffnungen
auf eine demokratischere Orientierung der
DFP. Zahlreiche Vertreter der kleinbürgerlich-demokratischen Opposition innerhalb
der *DFP,* die immer offener und entschiedener gegen die politische Inkonsequenz sowie
gegen die antisozialistische Orientierung der
Parteiführung unter Eugen RICHTER aufgetreten waren, lehnten die Fusion ab und blieben
außerhalb der neugebildeten Partei, darunter
die MdR A. PHILLIPS, Gustaf WENDT und
J. LENZMANN.

Nachdem im Mai 1884 27 MdR der *DFsP* für
die Verlängerung des Sozialistengesetzes
gestimmt hatten und einige Abgeordnete, die
gegen dieses Terrorgesetz stimmen wollten,
von der Parteiführung vor der Abstimmung
abkommandiert worden waren, begannen
einige ehemalige Mitglieder der *DFP* mit intensiven Vorbereitungen für die Gründung
einer eigenen Partei. Dazu erschien am
21. Juni 1884 die erste Nummer der »Demokratischen Blätter«, hrsg. vom Chefredakteur der Berliner »Volks-Zeitung«, A. PHIL-
LIPS, und dem MdR J. LENZMANN. Am
11. Dezember 1884 veröffentlichte die Berliner »Volks-Zeitung« einen Aufruf »An die
Demokraten Norddeutschlands«, eine programmatische Erklärung zur Bildung einer
Demokratischen Partei. Der Aufruf forderte
von allen »demokratisch gesinnten Männern«,
dem »Drängen nach rechts ein energisches
Halt entgegenzusetzen«, die »im Volke vorhandenen demokratischen Elemente« zu sammeln und zu diesem Zweck überall demokratische Vereine zu bilden sowie »allerorten die
Grundsätze der Demokratie durch Wort und
Schrift zu verbreiten«.[3]

Am 13. September 1885 fand der Gründungsparteitag in Hamburg mit nur 21 Delegierten, 2 Gästen vom Frankfurter Verein
der *DtVp* und ca. 50 Gästen aus Hamburg
statt. Schon die geringe Delegiertenzahl
zeugte davon, daß der Aufruf vom Dezember
1884 nicht die erhoffte Resonanz gefunden
hatte. Der neuen Partei schlossen sich bereits
bestehende demokratische Vereine in Berlin,
Hamburg, Leipzig und Rheinland-Westfalen
sowie einige linksliberale Vereine, teilweise
unter ihren alten Namen, an. Die größten
Vereine der DP entwickelten sich in Berlin,
Hamburg, Leipzig, Dortmund und Elberfeld.

Die Delegierten beschlossen Programm und
Statut der DP. Das Organisationsstatut sah
nur eine lose Struktur vor. Es bestimmte die
Aufgaben des Parteitages, der alle 3 Jahre
zusammentreten sollte, sowie die Zusammensetzung und die Aufgaben der leitenden Organe (engerer und weiterer Ausschuß), enthielt aber keine Bestimmungen über die Mitgliedschaft von Einzelpersonen und ganzen
Vereinen. Das Statut beschränkte die Wirksamkeit der DP auf die norddeutschen Länder
und Provinzen.[4]

Zum Sitz des engeren Ausschusses wurde
1885 Leipzig bestimmt. In den weiteren Ausschuß wurden gewählt: Eduard KÄMPFFER
(Leipzig) als Vorsitzender, Karl MELOS
(Leipzig) als Geschäftsführer, Otto HELL-
MANN (Elberfeld), Friedrich KOHN (Dortmund), G. LEDEBOUR (Berlin), Gustav RICH-
TER (Mühlräditz) und M. TÜRKHEIM (Hamburg). Die gewählte Leitung der DP trat in den
folgenden Jahren kaum in Erscheinung. Hinweise für die Tätigkeit der Vereine der DP und
eine politische Orientierung vermittelten vor
allem die »Demokratischen Blätter« und die
Berliner »Volks-Zeitung«.

2. Programm und politische Wirksamkeit

Das Programm der DP vom 13. September
1885 war nach heftigen Auseinandersetzungen zustande gekommen. Die wichtigsten
politischen Forderungen lauteten:

»Die Demokratie heischt die Befreiung des Volkes
und jedes einzelnen von jeder Art von Knechtschaft. Sie verlangt also nicht nur die Durchführung

des freien Volksstaates, sondern auch eine Gestaltung der wirtschaftlichen Verhältnisse dahin,
daß der einzelne gegen Ausbeutung und Unterdrückung geschützt wird.

I. Die Demokratische Partei fordert daher, daß der
Wille des Volkes durch die bestimmende Mitwirkung der Volksvertretung bei der Gesetzgebung
und Staatsverwaltung zur vollen Geltung gelangt,
daß demzufolge der Etat und die Friedenspräsenz
alljährlich festgestellt werden, daß die Minister nur
so lange im Amte bleiben, wie sie sich mit der
Mehrheit der Volksvertretung in Übereinstimmung
befinden, und daß ihre Verantwortlichkeit gegenüber den Parlamenten durch ein Ministeranklage-
gesetz gesichert wird. Damit der Wille des Volkes
in seinen Vertretungen rein zum Ausdruck kommt,
will die Partei das allgemeine, gleiche und direkte
Wahlrecht mit garantierter geheimer Abstimmung
für das Reich, die Einzelstaaten und Gemeinden,
sowie die Gewährung von Diäten an alle Abgeordneten.

II. Um den Ruin des Volkes durch den Militarismus
zu verhüten, verlangt die Partei bei wirklicher
Durchführung der allgemeinen Wehrpflicht: Abkürzung der Dienstzeit, das Anbahnen allgemeiner
Abrüstung, Aufhebung aller militärischen Privilegien wie: der Steuerfreiheit, der Militärgerichts-
barkeit, des Instituts der Einjährig-Freiwilligen. Zur
Entscheidung über Krieg und Frieden soll die
Zustimmung des Reichstages erforderlich sein. Die
Partei wird ferner alle Bestrebungen unterstützen,
welche auf friedliche Ausgleichung der zwischen
einzelnen Völkern entstehenden Streitigkeiten ab-
zielen; insbesondere durch internationale Schiedsgerichte.

III. Die gebotene Durchführung des Rechtsstaates
bedingt die Aufhebung aller Ausnahmegesetze,
vollständige Sicherung der Vereins- und Versammlungsfreiheit durch Reichsgesetz, vollkommene
Preßfreiheit, Revision des Strafrechts und des
Strafprozesses auf demokratischer Grundlage ...«[5]

Das Programm forderte weiterhin eine —
möglichst international geregelte — Arbeiterschutzgesetzgebung, die »volle, allseitige
Wahrung der Bewegungsfreiheit der Arbeiter,
um in Vereinen, Genossenschaften, Kassen-
verbänden usw. selbsttätig die Verbesserung
ihrer Lage herbeizuführen«, die Beseitigung
indirekter Steuern und die Einführung einer
»progressive(n)   Einkommensteuer   mit
Selbsteinschätzung«, die Trennung der Kirche von Staat und Schule, eine allgemeine
Volksschulerziehung und »Nationalitätento-
leranz«, d.h. »das Recht einer jeden Nationalität, in jedem Staate frei und ungehindert
sich entfalten und ihr Volkstum pflegen zu

können«.[6] Die umstrittene partikularistische
Forderung nach »völliger Autonomie der
Einzelstaaten in ihren Sonderangelegenhei-
ten« sollte eine gute Zusammenarbeit mit der
DtVp ermöglichen.

Mit diesem Programm vermochte die DP
nicht, sich eine soziale Grundlage zu schaffen: den Handwerkern bot es zu wenig, die
Bauern berücksichtigte es gar nicht und der
mittleren Bourgeoisie war es zu radikal.
Überdies herrschte selbst bei den führenden
Vertretern   keine   Übereinstimmung,   auf
welche sozialen Kräfte sich die neue Partei
stützen sollte. Guido WEISS appellierte an die
Handelsbourgeoisie und an demokratisch
gesinnte Industrielle.[7] J. LENZMANN wiederum
glaubte, der Sozialdemokratie Konkurrenz
machen zu können.[8] In den »Demokratischen
Blättern« wurde eine wesentlich realisti-
schere Auffassung über die sozialen Wirkungsmöglichkeiten der DP entwickelt. In
einem Leitartikel (»Über Demokratie und
Verwandtes«) hieß es, die neue Partei »werde
nach menschlicher Voraussicht das fest ge-
gliederte Gefüge der Sozialdemokratie nicht
sprengen. Dies Ziel ist überhaupt unerreichbar für jede politische Partei«.[9] Im Interesse
ihrer Ausbreitung müsse die Partei im Handwerk und in der Bauernschaft Fuß fassen.
Diese Auffassungen wurden allerdings in der
politischen Arbeit der Vereine nicht berücksichtigt.

Die soziale Zusammensetzung der DP ist
bisher noch nicht genauer untersucht worden.
Nach spärlichen Hinweisen in der zeitgenössischen Presse zu urteilen, gehörten ihr insbesondere kleinere, in Einzelfällen auch
mittlere Unternehmer sowie Kaufleute und
Handwerker, in rheinisch-westfälischen Gebieten jedoch auch Arbeiter an.[10] In der
Parteiführung dominierten Journalisten, Juristen, Lehrer. Die DP vertrat vornehmlich die
Interessen der kleinen Unternehmer und
größerer Handwerksbetriebe.

Die DP war ein erklärter Feind jeglicher
Ausnahmegesetzgebung. Sie unterstützte alle
Bestrebungen zur Beseitigung des Sozialistengesetzes im Parlament, in Versammlungen und in der Presse. Die DP forderte eine
Demokratisierung des öffentlichen Lebens
und bekämpfte die militaristische Willkür im
BISMARCK-Staat ebenso wie die Heuchelei der
bürgerlichen Oppositionsparteien, die ihre

Bereitschaft zu weitgehenden Kompromissen dem preußisch-deutschen Staat gegenüber mit wortreichen öffentlichen Erklärungen überdeckten. Bei den Bemühungen um eine konsequente demokratische Politik spielten die Redakteure der »Demokratischen Blätter«, A. PHILLIPS, Hermann TRESCHER und G. LEDEBOUR, eine beachtenswerte Rolle. Sie waren in der Regel zugleich für die Berliner »Volks-Zeitung« tätig. Auch Franz MEHRING, damals Redakteur der Berliner »Volks-Zeitung«, veröffentlichte in beiden Organen wichtige theoretische und aktuell-politische Beiträge. Sie alle betrachteten die Sozialdemokraten als Bundesgenossen im Kampf gegen Militarismus, bonapartistische Diktatur und Kriegspolitik. G. LEDEBOUR als einer der konsequentesten Vertreter dieser Gruppe schloß sich später — wie Franz MEHRING — der *Sozialdemokratischen Partei Deutschlands* an.

Der kämpferische Demokratismus solcher Journalisten wie A. PHILLIPS, H. TRESCHER und G. LEDEBOUR beeinflußte die Tätigkeit der demokratischen Vereine und setzte die DP ständigen Angriffen durch die Führung der *DFsP* aus.

Mit Rücksicht auf die *DtVp*, mit der man sich später zu einer gesamtdeutschen demokratischen Organisation vereinigen wollte, beschränkte die DP ihren Wirkungskreis bewußt auf die norddeutschen Gebiete.

Die Haltung der *DtVp* zur DP war jedoch sehr differenziert. Die Frankfurter Gruppe um Leopold SONNEMANN und Josef STERN strebte nach einer gesamtnationalen demokratischen Partei und hatte die Organisationsbestrebungen der norddeutschen kleinbürgerlichen Demokraten von Anfang an tatkräftig unterstützt. Die süddeutschen Führer der *DtVp* um Karl MAYER und Friedrich PAYER dagegen waren mit der *DFsP* eng verbunden und bekämpften die DP. Diese gegensätzlichen Auffassungen führten zu heftigen Auseinandersetzungen innerhalb der *DtVp*; sie wurden in dem Maße gegenstandslos, wie sich die politische Wirkungslosigkeit der DP abzeichnete.

Im Jahre 1887 beteiligte sich die DP an den Reichstagswahlen; die Ergebnisse der Wahlen offenbarten, daß die DP keinen Einfluß auf die Wähler erlangt hatte. J. LENZMANN, der einzige Reichstagsabgeordnete der DP,

wurde nicht wiedergewählt. Mitte Juli 1887 stellten die »Demokratischen Blätter« ihr Erscheinen ein. Unter dem Eindruck dieses offensichtlichen Mißerfolgs resignierten einige Mitglieder der DP und schlossen sich der *DtVp* bzw. der *DFsP*, andere der Sozialdemokratie an.

In den Jahren nach 1887 trat die DP öffentlich politisch kaum noch in Erscheinung. Programmänderungen und der auf dem Leipziger Parteitag von 1888 gebildete *Allgemeine demokratische Verein für Deutschland* vermochten daran nichts mehr zu ändern. Der Berliner Parteitag der DP im Oktober 1894 konstatierte den Rückgang der Partei und orientierte die Vereine auf den Anschluß an die *DtVp*, damit auf die Selbstauflösung der DP. Bis Ende 1895 war der Übergang der demokratischen Vereine zur *DtVp* im wesentlichen vollzogen.

Die DP scheiterte u. a., weil es in ihr keine übereinstimmende Auffassung über die Interessenvertretung bestimmter sozialer Schichten gab, weil sie die eigentlichen sozialen Stützen der kleinbürgerlich-demokratischen Bewegung, die städtischen und ländlichen Mittelschichten, der in Norddeutschland einflußreichen *DFsP* kampflos überließ und somit ohne soziale Grundlage blieb. Außerdem kam die Gründung der DP zu spät: 1885 war die antibonapartistische Volksbewegung bereits im Abflauen. Mit dem Beginn einer forcierten reaktionären Innen- und Außenpolitik Mitte der 80er Jahre schwanden besonders in Preußen die Chancen für die Ausbreitung einer neuen kleinbürgerlich-demokratischen Organisation, die sich überdies zwischen zwei traditionsreiche, festgefügte Parteien (die *DFsP* und die Sozialdemokratie) stellen mußte.

In einem Grundsatzartikel »Über bürgerliche Demokratie« erklärte 1887 die Berliner »Volks-Zeitung«: Für die Klärung des politischen Urteils der mittleren Schichten der Nation gebe es »keine bessere Lehrmeisterin, als eine jahrelange reaktionäre Wirtschaft. Und wenn die letztere sich überlebt hat . . ., wird auch die bürgerliche Demokratie wieder auf dem Platz sein, sei es in den alten, sei es in neuen Parteiformen.«[11] Obwohl die DP nur für einen kurzen Zeitraum existierte und ohne sichtbaren Erfolg wirkte, trug sie zur Bewahrung kleinbürgerlich-demokratischer Ideen und ihrer Fortentwicklung unter neuen gesellschaftlichen Verhältnissen wesentlich bei.

3. Quellen und Literatur

Archivalische Quellen zur Geschichte der DP sind bisher kaum erschlossen. Von wesentlicher Bedeutung sind daher die verschiedenen Hinweise und Materialien in zeitgenössischen Zeitungen zur DP, insbesondere den »Demokratischen Blättern«, der Berliner »Volks-Zeitung« und der »Frankfurter Zeitung«.

Darstellungen: Von der bürgerlichen Parteigeschichtsschreibung wurde die DP bisher gänzlich ignoriert. Erstmalig beschäftigten sich mit der DP Thomas Höhle in einer Untersuchung zum Entwicklungsweg Franz Mehrings[12] und Gustav Seeber in seiner Arbeit zur Geschichte des Linksliberalismus zwischen 1871 und 1893.[13] Die bisher einzige zusammenfassende Darstellung legten G. Seeber und Walter Wittwer in ihrer Schrift über die kleinbürgerliche Demokratie im Bismarck-Staat vor.[14] Neue Aspekte und Details für die Entwicklung der DP in Preußen erschloß Rainer Bettermann in seiner Dissertation über die preußische kleinbürgerliche Demokratie zwischen 1871 und 1900.[15]

Anmerkungen

1 Zwei Parteitage zwischen 1888 und 1895 konnten bisher nicht ermittelt werden.
2 Siehe Volks-Zeitung, Berlin, Nr. 194 vom 20. 8. 1882, Nr. 216 vom 15. 9. 1882 und Nr. 221 vom 21. 9. 1882.
3 Ebenda, Nr. 291 vom 11. 12. 1884 und Demokratische Blätter, Berlin, Nr. 25, Jg. 1884, S. 202.
4 Demokratische Blätter, Nr. 37, Jg. 1885, S. 296.
5 Ebenda.
6 Ebenda.
7 Siehe ebenda, Nr. 27, Jg. 1885, S. 214f.
8 Siehe Volks-Zeitung, Nr. 15 vom 18. 1. 1885 (Kleine Chronik).
9 Demokratische Blätter, Nr. 1, Jg. 1885, S. 1.
10 Siehe Gustav Seeber/Walter Wittwer: Kleinbürgerliche Demokratie im Bismarck-Staat. Entwicklungstendenzen und Probleme, Berlin 1971, S. 133f. (= Schriften der LDPD, H. 9.)
11 Volks-Zeitung, Nr. 60 vom 12. März 1887.
12 Thomas Höhle: Franz Mehring. Sein Weg zum Marxismus 1869–1891, 2. verbesserte und erweiterte Aufl., Berlin 1958.
13 G. Seeber: Zwischen Bebel und Bismarck. Zur Geschichte des Linksliberalismus in Deutschland 1871–1893, Berlin 1965.
14 Siehe Anm. 10.
15 Rainer Bettermann: Die Entwicklung der kleinbürgerlichen Demokratie in Preußen von 1871 bis 1900, phil. Diss., Jena 1976.

Walter Wittwer

Demokratischer Klub (DK)
1919–1933

Der DK war ein politisch-ideologisches Führungszentrum und hatte die Aufgabe, Mittler zwischen der ↗ *DDP* und deren großkapitalistischen Hintermännern, vor allem den Vertretern der Berliner Banken und der Industrie, zu sein und wichtige Fragen der Parteipolitik vorzuberaten.

Im Januar 1919 riefen der *DDP* angehörende Unternehmer, Bankiers, Politiker, Diplomaten, ehemalige Offiziere und hohe Beamte zum »engeren Zusammenschluß« in der »Form des Klubs« auf, um durch »Meinungsaustausch, politische Anregung und Belehrung« die Politik der *DDP* zu unterstützen. Mit diesem Aufruf, der u. a. von Otto FISCHBECK, Karl KANZOW, Hjalmar SCHACHT und Sali SEGALL unterzeichnet war, wurden führende Persönlichkeiten von Wirtschaft und Politik zum Beitritt aufgefordert.[1] Die offizielle Gründung erfolgte dann am 9. März 1919 im Hotel Bristol in Berlin. Erster Präsident (später Ehrenpräsident) des Klubs war der Diplomat Johann Heinrich GRAF VON BERNSTORFF.

Die Mitglieder des DK wurden sorgfältig ausgewählt und ihre Zahl bewußt eingeschränkt. Neue Bewerber mußten durch Klubmitglieder eingeführt und vorgeschlagen werden. Über jeden Aufnahmeantrag wurde beraten. Der jährliche Mitgliedsbeitrag betrug 60 M; 1928 wurde er auf 100 M erhöht. Dem DK gehörten nach dem Mitgliederverzeichnis vom 31. Dezember 1928 1 177 Mitglieder an. Darunter befanden sich 65 Bankdirektoren bzw. Bankiers, 139 Fabrikbesitzer, Fabrikdirektoren oder Generaldirektoren, 102 Direktoren (ohne nähere Angaben), 101 Rechtsanwälte und Notare, 13 Syndizi sowie 125 Schriftsteller, Journalisten, Künstler, Lehrer, Ärzte usw. Daneben gab es auch eine Anzahl höherer Beamter aus verschiedenen Verwaltungsbereichen. Groß war der Anteil der jüdischen Mitglieder im DK, der einen Anziehungspunkt für die vom Antisemitismus der Rechtsparteien abgestoßenen jüdischen Kreise des deutschen Bürgertums bildete.[2]

Kennzeichnend war, daß ausgesprochene Interessenvertreter der rheinisch-westfälischen Schwerindustrie im DK nicht in Erscheinung traten, dafür aber die Beauftragten von Elektro- und Chemiekonzernen, der Porzellan-, Textil- und Papierindustrie sowie von Großbrauereien und Spirituosenfabriken. Einen bedeutsamen Einfluß übten der führende Bankier H. SCHACHT und Carl MELCHIOR (Teilhaber des für die Beziehungen des deutschen Imperialismus zu den USA wichtigen Bankhauses M. M. Warburg und Co.) aus. Besonders stark war auch das mittlere Bankkapital vertreten. Dem gewählten Präsidium des DK gehörten 1929 u. a. Hermann FISCHER (Mitglied des Aufsichtsrates der Discontogesellschaft bzw. der Deutschen Bank sowie der AEG und seit 1922 Präsident des ↗ *Hansa-Bundes für Gewerbe, Handel und Industrie [HB]*), Wilhelm KLEEMANN (Direktor und Vorstandsmitglied der Dresdner Bank), Curt SOBERNHEIM (Direktor der Commerz- und Privat-Bank), Richard POHL, der Verbindungen zur Dresdner Bank besaß, und der Chefredakteur Richard WOLFF an. Mitglieder des DK waren die führenden Vertreter der *DDP*, so Erich KOCH-WESER, Theodor HEUSS, Hermann HÖPKER-ASCHOFF, Wilhelm KÜLZ, Ernst LEMMER, Otto NUSCHKE und Carl PETERSEN.

Politische Zielstellung, organisatorische Richtlinien, Zusammensetzung und Tätigkeit des DK wiesen ihn als Klub der *DDP* aus.[3] Nach seinen Satzungen konnte nur Mitglied des DK werden, wer sich zur »demokratischen Staatsauffassung« bekannte und nicht organisiertes Mitglied einer anderen Partei war.[4] Die Mitgliedschaft in der *DDP* war jedoch nicht Bedingung. So bildete der DK für die *DDP* – ähnlich wie der ↗ *Deutsche Herrenklub (DHK)* für die reaktionärsten Kreise des Monopolkapitals und der Junker einschließlich ihrer Parteien – ein politisch-ideologisches Führungs- und Verbindungszentrum. Auf »zwanglosen« Klubabenden konnten hier die Führer der *DDP* mit Vertretern des Finanzkapitals, des Staatsapparates und anderen gesellschaftlichen Institutionen zum Meinungsaustausch zusammentreffen. Der DK bot auch die Möglichkeit, jüngere Kräfte der Partei und dieser Nahestehende in das politische Leben einzuführen.

Zur Erfüllung dieser Aufgaben entfaltete der DK eine rege Vortrags- und Veranstaltungstätigkeit. Von 1919 bis 1929 wurden etwa 330 Vorträge, zum größten Teil von führenden Politikern der *DDP*, im Klub gehalten. Die Thematik umfaßte allgemeinpolitische, ökonomische, staatsrechtliche, kultur- und parteipolitische Probleme.[5] Die Reichstagsfraktion, führende Parteigremien sowie die Ausschüsse der *DDP* hielten in den Räumen des DK ihre Beratungen ab. Daneben tagten zahlreiche von der *DDP* ins Leben gerufene Verbände, berufsständische Vereine oder der Partei nahestehende überparteiliche Organisationen. Dazu gehörten u. a. die *Jungdemokraten*, die *Demokratischen Frauen Großberlins*, der *Demokratische Anwaltsverein*, der *Bund freiheitlicher Akademiker* und der ↗ *Republikanische Reichsbund (RRB)*[6]. Darüber hinaus wurden in den Klubräumen Feiern, Gedenkstunden und auch gesellige Veranstaltungen durchgeführt.

Als Organ des DK erschienen die »Mitteilungen des Demokratischen Klubs« (jährlich 9 Hefte). Darin wurden die Mitglieder über die Veranstaltungen, den Inhalt der Vorträge, über den Verlauf der Mitgliederversammlungen sowie über Personalveränderungen u. ä. informiert. Die Jahresberichte des 1928 in Köln entstandenen Demokratischen Klubs,

der mit dem Berliner DK in enger Verbindung stand,[7] wurden ebenfalls in den Mitteilungen veröffentlicht. Im November 1929 stellte dieses Organ sein Erscheinen ein.

In den Jahren der Weltwirtschaftskrise schwand der politische Einfluß der *DDP* immer mehr. Der Versuch, sich mit dem ↗ *Jungdeutschen Orden (Jungdo)* zu verbinden, und die Umwandlung der *DDP* in die *Deutsche Staatspartei* wirkte sich auch auf die weitere Entwicklung des DK aus. Seine Mitgliederzahl hatte sich 1931 bereits auf 900 verringert.[8] Der Niedergangsprozeß der *Deutschen Staatspartei* ließ den ihr nahestehenden DK immer bedeutungsloser werden. 1933 löste er sich auf.

Anmerkungen

1 ZStA Potsdam, NL Friedrich Naumann, Nr. 13, Bl. 2.
2 Siehe Mitgliederverzeichnis des Demokratischen Klubs e. V. Berlin, abgeschlossen am 31. 12. 1928, Verlag Demokratischer Klub Berlin (erschienen als Anhang zu den »Mitteilungen des Demokratischen Klubs«).
3 Ein anderer bedeutender parteigebundener Klub war der Reichsklub der ↗ DVP.
4 Siehe § 3 der Satzung des Demokratischen Klubs. In: Mitteilungen des Demokratischen Klubs, Berlin 1929, H. 1, S. 3.
5 Siehe 10 Jahre Demokratischer Klub, Berlin. Festschrift, hrsg. vom Präsidium des Demokratischen Klubs, Berlin 1929, S. 19.
6 Siehe Mitteilungen des Demokratischen Klubs, Berlin 1927 und 1928.
7 Siehe ebenda, 1928, H. 7, S. 5.
8 Siehe Maximilian Müller-Jabusch: Handbuch des öffentlichen Lebens, Berlin 1931, S. 465.

Werner Fritsch/Rupprecht Weidle

Demokratischer Turnerbund und Deutscher Turnerbund (DemTB und DeuTB) 1848–1868

Nach Gründung »öffentlicher Turnplätze« seit 1811 und sich bildender Turnvereine nach 1842 war der DemTB (3. 7. 1848) die erste fortschrittliche Vereinigung als geschlossene Organisation für Körperkultur in Deutschland. Die politische Zielsetzung von 1811 zur Befreiung von der Fremdherrschaft und Schaffung der Einheit Deutschlands war in den 40er Jahren in neuer Qualität zur Erringung der bürgerlichen Freiheit und des bürgerlichen Nationalstaates auch wieder die tragende Idee, der das Turnen als körperliche Ertüchtigung untergeordnet war. Eingebettet in die bürgerlich-demokratische Oppositionsbewegung, strebte der DemTB nach Errichtung einer demokratischen Republik mit revolutionären Mitteln.

Viele seiner Mitglieder rekrutierten sich aus dem Proletariat und dem demokratischen Klein-bürgertum. Führende Kräfte standen der jungen Arbeiterbewegung nahe. Nach der Niederlage der Revolution von 1848/49 trat im Zuge des sozial-ökonomischen Differenzierungsprozesses in den 50er und 60er Jahren der kleinbürgerliche Charakter der Turnbewegung immer deutlicher hervor.

Der DeuTB (2. 4. 1848), ein Vierteljahr vor dem DemTB gegründet und wegen Ablehnung politischer Aktivitäten von den meisten Mitgliedern verlassen, vertrat seit seiner Wieder-gründung (3. 7. 1848) eindeutig die Interessen der liberalen Bourgeoisie. Er erlangte aber kaum Bedeutung. Sein Führungsgremium legte die vorwiegend aus dem Kleinbürgertum stammenden Mitglieder auf eine »unpolitische Linie« fest. So zeigt sich nach nur dreimonatiger Existenz einer ersten umfassenden nationalen Turnerorganisation im Nebeneinander der beiden Turnbünde die seit 1848 ausgeprägte Differenzierung zwischen bürgerlichen Liberalen und kleinbürgerlichen Demokraten als ein Spiegelbild im Bereich der Körperkultur.

1. Die Turnfeste und ihre politische Aus-strahlungskraft als Wegbereiter einer er-sten gesamtdeutschen Turnorganisation
2. Die Gründung der beiden Turnbünde
3. Die demokratischen Turner in den re-volutionären Kämpfen von 1848/49
4. Quellen und Literatur

Vorsitzender

August SCHÄRTTNER (DeuTB und DemTB), Hanau

Schriftwart

Friedrich ENGEL (DemTB)

Turntage

1. Hanauer Turntag 2. 4. 1848: Gründung des DeuTB, Vorort oder geschäftsführender Verein Hanau
2. Hanauer Turntag 3. 7. 1848: Gründung des DemTB, Vorort Hanau, Wiedergründung des DeuTB, Vorort Marburg, später Leipzig
1. Eisenacher Turntag 27. 8. 1849: Gründung des *Allgemeinen Deutschen Turnerbundes (ADTB)*, Vorort Braunschweig

2. Eisenacher Turntag 1. 4. 1850: Kassel neuer Vorort für *ADTB*, Hannover für DeuTB
Turnfest in Coburg 18. 6. 1860
Deutscher Turntag in Weimar 20. 7. 1868: Gründung der ↗ *Deutschen Turnerschaft (DT)*

Publikationsorgan

»Mainzer Zeitung« (DemTB)

1. Die Turnfeste und ihre politische Ausstrahlungskraft als Wegbereiter einer ersten gesamtdeutschen Turnorganisation

Von den vielen südwestdeutschen Turnfesten der 40er Jahre, die neben der Leistungsschau immer stärker den Charakter politischer Volksfeste annahmen, stellte das Frankfurter Turnfest im Jahre 1847 einen agitatorischen Höhepunkt dar. Der hier beschlossene Vor-schlag zur Konstituierung einer allgemeinen deutschen Turnerschaft[1] brachte das Streben der Turner nach organisatorischem Zusammenschluß zum Ausdruck. Die Delegierten beschlossen die Bildung eines »allgemeinen Bundes der Freiheit, der Gleichheit und des Wirkens gegen die Tyrannei«.[2] In einem an viele Turngemeinden versandten Protokoll hieß es: »Das Turnwesen in Deutschland ist ein allgemeiner Männerbund zum Sturze der Tyrannei, zur Begründung der Freiheit, des Lichtes und der Einengung der Willkür.«[3] Das bereits 1846 in Heilbronn von dem Darmstädter Kupferstecher und Turnwart Heinrich FELSING vorgeschlagene Turnwappen (Schwert und Flammenkeule in rot und gold auf schwarzem Grund mit der Umschrift »frisch, fröhlich frei«) wurde in Frankfurt (Main) angenommen.[4] Auf diesem Turnfest wurden die beiden wichtigsten und bedeutsamsten Ziele der Turnbewegung auf die Tagesordnung der nächsten Monate gesetzt. Einmal wurde die Gründung einer einheitlichen und nationalen Turnorganisation beschlossen, gleichzeitig, wie schon auf dem Turnfest selbst, die Vereinigung mit anderen oppositionellen Kräften zur Verstärkung der revolutionären Stoßkraft gefordert. Die Turner strebten die Einbeziehung der Gesangs- und Lesevereine sowie der religiös-oppositionellen Gruppen der ↗ Deutschkatholischen Bewegung und der ↗ Protestantischen Lichtfreunde (PLf) an.[5]

Die zu diesem Zeitpunkt in Vereinen organisierten deutschen Turner, deren Zahl mit ca. 180 000 angegeben wird[6], stellten eine bedeutende demokratische Kraft dar.

Der Frankfurter Konstituierungsvorschlag nannte als Gesamtziel die »sittliche und geistige Veredlung des deutschen Volkes«, forderte die Erringung von »freien Regierungsprinzipien«, von »Öffentlichkeit«, »Mündigkeit« und »Pressefreiheit«. Er enthielt außerdem noch folgende Forderungen:

»Zusammenschluß der in Städten und Dörfern bestehenden bzw. zu bildenden Turn-, Gesangs- und Lesevereine zu einer allgemeinen deutschen Turnerschaft; enge Kontaktaufnahme zu den religiös-oppositionellen Gruppen; Bildung von je vier einzelnen Sektionen in einer Stadt, deren Vorsitzende eng zusammenarbeiten sollten; den gemeinsamen Kampf um demokratische Rechte; Anlegung von Waffendepots; Vereidigung aller auf die schwarz-rot-goldene Turnfahne mit dem Bekenntnis zum Kampf für das Vaterland gegen Tyrannei und Knechtschaft, ohne Furcht vor Tod und Kerker; Austausch und Verbreitung von fortschrittlicher Literatur; Anwendung des demokratischen Leitungsprinzips, Wahl ehrenamtlicher ›Sektionschefs‹ und eines ›Turngenerals‹.«[7]

Die im November 1847 von den Turnern durchgeführte Heppenheimer Tagung[8] zeigte bereits sehr deutlich die revolutionäre Kampfbereitschaft der fortschrittlichen Vertreter des deutschen Turnens. Man beriet die Gründung einer »deutschen Freischar« gegen den aristokratisch und jesuitisch beeinflußten, sich der repräsentativ-demokratischen Verfassung widersetzenden Schweizer Sonderbund. Unmittelbar vor Ausbruch der Revolution nahm die Initiative der Turner zur Aufklärung und Werbung für eine umfassende nationale Turnorganisation erheblich zu. Bei der Mobilisierung vieler fortschrittlich denkender Deutscher spielten besonders die Flugblätter eine wesentliche Rolle. Von vielen sei nur der »Deutsche Turnerkatechismus« genannt. Er war ein Bekenntnis zur Republik und zugleich ein revolutionär-demokratisches Aktionsprogramm. Diese Flugschrift beinhaltete folgende Grundgedanken:

»Der Turner ist ein freier Mann; sein Zweck ist, ein Glied zu sein in der großen Kette, die einst die Tyrannen umschließen wird. Die Hilfsmittel zum Knechten der Völker muß man den Henkern entziehen durch die Organe der Freiheit wie die ›Mannheimer Abendzeitung‹ und den ›Deutschen Zuschauer‹, die alle Schlechtigkeiten der ›Polizeihunde, Büroscheusale und sonstigen Regierungsschufte‹ vor dem Volke aufdecken. Durch Verbreitung geheimer Schriften müssen das Volk und besonders die Soldaten davor bewahrt werden, sich als Henkersknechte und Tyrannen mißbrauchen zu lassen. Durch Wirken in den Wirtshäusern, durch Verbrüderung mit dem Volk, mit den Handwerksgesellen und Soldaten kann dies erreicht werden. Der Glaube der Turner an den Fortschritt und an die Kraft der Einigkeit wird durch eine Revolution eine freie deutsche Republik mit schaffen helfen. Der Turner benimmt sich ›artig‹ und ›unschuldig‹, spricht für den Uneingeweihten davon, daß ›Turnen‹ körperkräftigende Übungen bedeute. Wenn ein Turnverein aufgelöst wird, so soll man nur scheinbar auseinandergehen, im geheimen aber zusammenbleiben. Wenn es zur Schlacht kommt, stehen alle Turner aus allen Enden Deutschlands auf, greifen zu den Waffen und treten offen auf. Die Fürsten mit ihren Soldaten werden vor den deutschen Turnern fliehen. Wenn die ganze Jugend gewonnen ist, wird man gerüstet dem Feind entgegentreten mit dem Schlachtruf ›Es lebe die Freiheit! Es lebe die deutsche Republik!‹«[9]

Die engen Kontakte der deutschen Turner zu vielen oppositionellen Gruppen ermöglichten einen lebhaften Austausch der politischen Ansichten. Anfang Dezember 1847 führten in Bergen bei Hanau Turner, Sänger und Vertreter der religiösen Opposition vieler deutscher Städte eine gemeinsame Beratung über den Zusammenschluß durch. Die profiliertesten Vertreter unter ihnen waren der Mainzer Turnwart und Mitglied des *Bundes der Kommunisten* Germain METTERNICH, der Mannheimer Turnwart, Redakteur und Vorsteher der *Deutschkatholiken* Gustav VON STRUVE, die Führer der *PLf* Gustav Adolf WISLICENUS und DOWIAT. G. VON STRUVE warb für die Verwandlung der Turnvereine in »Pflanzschulen der Demokratie« und für die Schaffung eines »Proletarierbewußtseins«.[10]

Die vom Frankfurter Turnverein am 9. Januar 1848 nach Hattersheim einberufene Turnerversammlung setzte die Reihe der politischen Zusammenkünfte der südwestdeutschen Turner fort. Allein aus Frankfurt (Main) waren über 300, aus Hanau, Idstein, Offenbach, Heidelberg, Mannheim, Darmstadt, Weinheim, Karlsruhe, Heppenheim u. a. ebenfalls viele Hunderte von Turnern erschienen. Der Anteil der Arbeiter, Handwerksgesellen und auch der Bauern in den Turnvereinen war inzwischen erheblich gestiegen. Die Fechenheimer rekrutierten sich vorwiegend aus dem Proletariat; in Hochheim, Hattersheim, Bockenheim gehörten den Turnvereinen in großer Zahl Bauern an. Die Verbindung zur Burschenschaftsbewegung äußerte sich durch die aktive Teilnahme des Studenten und Mannheimer Burschenschaftsturners Karl BLIND, der einstimmig zum Präsidenten der Turnerversammlung gewählt worden war, sowie durch das progressive Auftreten des Heidelberger Studenten und Burschenschaftsturners Friedrich Wilhelm SCHLÖFFEL. Während K. BLIND besonders die Aufklärung und die Werbung der Arbeiter und Handwerksgesellen forderte, wies F. W. SCHLÖFFEL auf die Notwendigkeit der Bewaffnung hin. Der Hamburger Turner FÄRBER riet zur engen Kontaktaufnahme mit dem Militär. Der Lehrer HETZEL verlas ein »Kommunistisches Glaubensbekenntnis«,

der Frankfurter Metallarbeiter und Turner GRAF empfahl die Gründung eines »Proletariervereins«. Auch emigrierte polnische Offiziere nahmen an der Hattersheimer Turnerversammlung teil.[11]

Mit Beginn des Revolutionsjahres setzte sich die Bewaffnung in den Turngemeinschaften verhältnismäßig schnell durch. Am 29. Februar 1848 wurde sie vom Turnverein Karlsruhe beschlossen, viele andere folgten und stellten »Turnerfreischaren« auf. Am 19. März 1848 rief der kleinbürgerliche Demokrat Friedrich HECKER auf der Offenburger Turnerversammlung alle Turner zur Bewaffnung auf, und in Eßlingen proklamierte der Turnführer Theodor GEORGII die Bildung bewaffneter Turnerscharen. Überall entstanden nun Turnerwaffenscharen und Turnerwehren, in denen sich die große Mehrheit der Turner an die Seite des revolutionären Volkes stellte.

Die politische Reife der aus Arbeitern, Bauern, Gesellen und patriotischen Bürgern bestehenden badischen Turnvereine zeigte sich im März deutlich in der Vereinigung zum *Oberrheinischen Turnerbund*.[12] Dessen Hauptforderung lautete: Der Turner muß ins politische Leben eingreifen, um den Kampf für die Republik zu unterstützen. Die radikaldemokratischen Turnführer wie G. METTERNICH, G. VON STRUVE u. a. riefen am 31. März 1848 in Frankfurt (Main) die Republik aus. Der Versuch mißlang jedoch.

2. Die Gründung der beiden Turnbünde

Das seit der Mitte der 40er Jahre immer stärker gewordene Streben der Turner nach organisatorischem Zusammenschluß fand am 2. April 1848 in der Wallonischen Kirche zu Hanau mit der Gründung des DeuTB seinen vorläufigen Abschluß. Die Hanauer Turner äußerten selbst dazu: »Was uns bewog, den Turntag binnen so kurzer Frist festzusetzen, war der Wunsch und das sich aufdrängende Bedürfnis, die zu Frankfurt zur Stiftung eines deutschen Parlaments zusammentretenden Volksmänner für unsere Sache zu gewinnen und ihnen unsere Beihilfe zu versichern, so wie wir es für unsere Pflicht erachten, der zusammentretenden Volksvertretung unseren Bund als Stütze und Hilfe darzustellen.«[13]

Aus allen Teilen Deutschlands waren abgeordnete Turner von 42 Turngemeinden zumeist in Waffen erschienen und beteiligten sich leidenschaftlich an den Diskussionen. Die politische Kluft zwischen den Demokraten und den Liberalen, die mitten durch die Turnbewegung ging, wurde sichtbar, als — von den Führern der kleinbürgerlich-demokratischen Oppositionsbewegung G. VON STRUVE und F. HECKER unterstützt —, der Antrag an die Delegierten gestellt wurde: »Abgabe einer Verbindlichkeitserklärung der Turngemeinden zum Kampf für die Einführung der Republik und Zugeständnis zur Kampfbereitschaft mit Gut und Blut.«[14]

Trotz unterschiedlicher politischer Anschauungen hinsichtlich der künftigen Staatsform (Republik oder konstitutionelle Monarchie) hatten die demokratisch und die liberal orientierten Turner in ihrem gemeinsamen Kampf um den deutschen Nationalstaat sich zunächst verbündet. Die Zielsetzung des DeuTB bestand in der Erringung der deutschen Einheit, in der Weckung des »Brudersinns« und in der Hebung der körperlichen und geistigen Kräfte des Volkes.[15]

Unmittelbar nach dem 1. Hanauer Turntag forderte der Vorort Hanau mit dem Vorsitzenden A. SCHÄRTTNER, Emissär des *Bundes der Kommunisten*, in einem Rundschreiben alle deutschen Turnvereine zum Beitritt auf. A. SCHÄRTTNER schloß mit den Worten: »Laßt uns nun zu einer Zeit, wo Einigkeit und Einheit des Volkes vor allem not tut, unsere Kräfte mit denen des ganzen Volkes verschmelzen, schließen wir uns dem Volke und Vaterland innig an, damit wir ein durch Wollen und Können starkes Ganzes bilden, der Freiheit eine Stütze und dem Vaterland eine Wacht gegen alle Feinde, die es bedrohen.«[16]

Der nur organisatorische Zusammenschluß der Turnvereine ohne einheitliche, fortschrittliche politische Grundkonzeption konnte jedoch den Erfordernissen der weiteren revolutionären Auseinandersetzungen — auch angesichts des sich anbahnenden Bündnisses der liberalen Bourgeoisie mit dem Adel —, nicht gerecht werden. Bereits am 6. Juni 1848 berief der Vorort des DeuTB den 2. Hanauer Turntag für den 2. Juli des Jahres ein. Inzwischen gehörten dem DeuTB 172 Vereine an. Etwa 800 Turner kamen zum 2. Hanauer Turntag, unter ihnen auch der greise Turnvater Friedrich Ludwig JAHN. Die Festlegungen für die Abstimmung, daß nur 172 Vertreter eine Stimme abgeben können, schlossen den inzwischen gegen die »roten Turner« schimpfenden F. L. JAHN von der Stimmabgabe aus.

Den Vorsitz auf dem 2. Hanauer Turntag führte der kleinbürgerlich-demokratische und der Frankfurter Nationalversammlung angehörende Mainzer Journalist Ludwig BAMBERGER; sein Stellvertreter war der Eßlinger Turnführer Th. GEORGII.

In der Abstimmung über die politische Zielsetzung des Bundes kam es erneut zu einer knappen Niederlage der Demokraten mit 91:81 Stimmen. In einer über vierstündigen, leidenschaftlich geführten Debatte war es den für eine deutsche Republik eintretenden Demokraten nicht gelungen, die Mehrheit zu erlangen. Sie beantragten Vertagung und Beratung innerhalb der Gruppen.

Ein Einigungsversuch durch die Vermittlung des Dresdener Turnvertreters schlug wiederum fehl. Daraufhin gründeten am 3. 7. 1848 die liberalen Turner in der »Wallonischen Kirche« erneut einen DeuTB mit Marburg als geschäftsführender Turngemeinschaft, die im August 1848 an Leipzig überging.

Die demokratischen Turner mit der konsequenten Zielstellung der Schaffung einer deutschen Republik gründeten in der »Deutschen Volkshalle« den DemTB, der die progressiven Traditionen der Turnbewegung würdig fortsetzte.

Überhaupt war es typisch, daß viele Turnführer zu den Liberalen gehörten, während die Masse der Mitglieder Demokraten waren. Zahlreich traten deshalb Turnvereine, durch die Mitglieder gedrängt, sofort dem neuen DemTB bei, wie beispielsweise der im März 1848 geschaffene *Oberrheinische Turnerbund* geschlossen mit allen Vereinen, die Turnvereine aus Dortmund, Köln, Mannheim, Marburg und viele andere. Selbst aus Marburg, dem Vorort des wiedergegründeten DeuTB, erließ der Turner Karl BAYRHOFFER einen »Aufruf an die Turngemeinde zu Marburg und die übrigen Glieder des DeuTB«, in dem er sie aufforderte, in einer Zeit der »politischen Umwälzung« sich klar zu bekennen und dem DemTB beizutreten.[17]

3. Die demokratischen Turner in den revolutionären Kämpfen von 1848/49

Der DemTB konnte in den Revolutionsmonaten seine Mitgliederzahl ständig erhöhen und gewann so die Führung der deutschen Turnbewegung während der Revolution. Positiv wirkte sich die Verbreitung sozialistischer und kommunistischer Ideen dabei aus, die übrigens in großem Umfang durch die wandernden Handwerksgesellen erfolgte. Friedrich ENGELS stellte dazu fest, daß sich die Mitglieder des *Bundes der Kommunisten* überall dort, wo keine Arbeitervereine gegründet werden konnten, an die Gesangs- und Turnvereine wandten. Diesen Prozeß unterstützten die Regierungen unbeabsichtigt, indem sie »jeden mißliebigen Arbeiter — und das war in neun Fällen aus zehn ein Bundesglied — durch Ausweisung in einen Emissär verwandelten.«[18] Ein herausragendes Beispiel für die politische Aktivität der Turner ist die Anfang 1848 aus einem Turnverein in Frankfurt (Main) hervorgegangene Frankfurter Gemeinde des *Bundes der Kommunisten*, die sich »*Demokratischer Verein*« bzw. »*Volksverein*« nannte.[19]

Nach der Ernüchterung durch die Niederlage der demokratischen Kräfte lebte im Sommer 1848 überall in Deutschland die demokratische Volksbewegung wieder auf. Eingebettet in diese politischen Aktivitäten, konsolidierte sich auch die demokratische Turnbewegung unter der Führung des DemTB mit dem Vorsitzenden A. SCHÄRTTNER.

Einen Höhepunkt erreichte die demokratische Bewegung in der Septemberkrise 1848. Die Preisgabe Schleswig-Holsteins durch den preußischen König bewirkte, daß vielerorts Freiwilligenverbände gegen die dänische Okkupation entstanden. Zu ihnen gehörte auch das aus 80 Turnern und 120 Studenten gebildete *Kieler Turner- und Studentenkorps*, das sich heldenmütig im Volkskampf gegen das dänische Militär schlug. Seine Führer waren der Buchbindergeselle und aktiv gediente Unteroffizier Robert HENNE und der Medizinstudent und Burschenschaftsturner Friedrich VON ESMARCH. Der dänische Offizier VON SCHLEPPERGRELL berichtete über das Gefecht bei Bau, daß er gegen ein so heldenhaft kämpfendes Korps noch nie gefochten habe.[20] Auch während des Frankfurter Septemberaufstandes 1848, ausgelöst durch die nachträgliche Anerkennung des Vertrages von Malmö durch die Frankfurter Nationalversammlung, die einem Verrat des Volkskampfes gleichkam, waren viele demokratische Turner an den Barrikadenkämpfen aktiv beteiligt. Sie wurden angeführt vom Mainzer Turnwart G. METTERNICH.

In der Reichsverfassungskampagne 1849 standen wiederum demokratische Turner an der Seite des revolutionären Volkes und kämpften für die Rechte der Massen. In Sachsen gehörte der »sächsische Turnvater« Otto Leonhard HEUBNER zur provisorischen Regierung, der Turnlehrer Eduard FELDNER aus Hainichen war Sekretär. Die sächsischen Turnvereine bildeten bewaffnete Gruppen und unterstützten die kämpfenden Volksmassen. Frankenberger Turner verteidigten die Barrikade an der Dresdner Frauenkirche unter Leitung des Baumeisters Gottfried SEMPER. Die Dresdner Turnerwaffenschar unter Leitung von Dr. MUNDE kämpfte an vielen Brennpunkten der Stadt.

Auch im Rheinland und in Westfalen kämpften mit dem städtischen Proletariat, den Landarbeitern und Kleinbauern viele demokratische Turner, wie beispielsweise auf den Barrikaden in Elberfeld, Solingen, Düsseldorf.

In der Pfalz und in Baden waren vorrangig geschlossene Turnerabteilungen innerhalb der revolutionären Volksarmee, zumeist unter militärischer Führung polnischer Offiziere, vertreten. Beispielgebend waren die Turnvereine des *Oberrheinischen Turnerbundes*, die dem DemTB geschlossen angehörten, das *Hanauer Turnerbataillon* unter der politischen Führung A. SCHÄRTTNERS und der militärischen Leitung des polnischen Offiziers WOYNICKI. Die *Brezenheimer Turnerkompanie* unter Sebastian DITT gehörte dem *Rheinhessischen Korps* an.

Im *Willichschen Freikorps*, in dem Friedrich ENGELS Adjutant war, kämpften neben einer Arbeiterkompanie und einer Studentenkompanie auch drei Turnerkompanien.[21]

Das *Hanauer Turnerbataillon* hatte sich innerhalb der badischen Revolutionsarmee mit der *Mannheimer Arbeiterlegion* und Württemberger Turnern vereinigt und als etwa 600 Mann starke Truppe preußisches Militär im Kampf von Waghäusel bis nach Philippsburg zurückgeschlagen (21./22.6.1849). Dennoch ging der Volkskampf gegen die Reaktion verloren.

Nach der Niederlage der bürgerlich-demokratischen Revolution von 1848/49 wurde auch die revolutionäre Kraft der Turner durch die Maßnahmen der reaktionären Regierungen in den deutschen Bundesstaaten weitgehend gebrochen. Die liberalen Turnführer gewannen in den 50er Jahren wieder stärkeren Einfluß und stimmten der Gründung einer umfassenden deutschen Turnorganisation ohne Bekenntnis zu einer Republik, der ↗ DT zu, die sich in Weimar konstituierte.

4. Quellen und Literatur

Als archivalische Quellen sind vom ZStA Merseburg die Bestände des Auswärtigen Amtes (AA), des Innenministeriums (Rep. 77), der Preußischen Gesandtschaft Darmstadt (Rep. 81, Darmstadt) sowie kleine Erwerbungen (Rep. 94) zu benutzen: AA, I, Rep. 4, Nr. 2066, Bd. 19 und Nr. 2265; Rep. 77, Tit. 925, Nr. 1, Bd. 2; Rep. 81, Darmstadt III, Sect. II, Nr. 28; Rep. 94, IV. Ni., Nr. 73.

Aufschlußreich sind einige Hinweise von Karl Marx (siehe Anm. 18) und Friedrich Engels (siehe Anm. 21).

Als weitere Quelle kann herangezogen werden: »Der Turner, Zeitschrift gegen geistige und leibliche Verkrüppelung« (Hrsg. Ernst Steglich, Dresden, Jg. 1848).

An Darstellungen sind zu nennen: Fritz Eckhardt »Die turnerische Bewegung von 1848/49« (In: Schriftenreihe »Die Paulskirche«, Frankfurt [Main] 1925). Günter Erbach (siehe Anm. 14). Norbert Heise »Die Turnbewegung und die Burschenschaften als Verfechter des Einheits- und Freiheitsgedankens in Deutschland 1811 bis 1847« (phil. Diss. [MS], Halle 1965). A. Lutz »Geschichte der Turngemeinde zu Hanau 1837 bis 1887. Festschrift zur Feier des fünfzigjährigen Bestehens« (Hanau 1887).

Anmerkungen

1 ZStA Merseburg, Rep. 77, Tit. 925, Nr. 1, Bd. 2, fol. 144 ff.

2 ZStA Merseburg, AA, I, Rep. 4, Nr. 2060, fol. 15, 72 und 96.

3 ZStA Merseburg, Rep. 81, Darmstadt III, Sect. II, Nr. 28, fol. 6 ff.

4 ZStA Merseburg, Rep. 77, Tit. 925, Nr. 1, Bd. 2, fol. 146.

5 Ebenda, fol. 144 ff., §§ 1, 3 und 10 sowie Rep. 94, IV. Ni., Nr. 73, S. 59. Protestantische Lichtfreunde gaben sich auch andere Namen, in Frankfurt (Main) »Montagskränzchen«, in Mannheim »Montagsverein«, in anderen Orten »protestantische Reformfreunde«.

6 ZStA Merseburg, Rep. 94, IV. Ni., Nr. 73, S. 68.

7 ZStA Merseburg, Rep. 77, Tit. 925, Nr. 1, Bd. 2, fol. 144 ff. §§ 2, 12, 15, 21, 10, 13, 6, 7, 14, 22.

8 ZStA Merseburg, Rep. 94, IV. Ni., Nr. 75, S. 68, Heppenheimer Tagung am 11. November 1847.

9 Ebenda, S. 74. Redakteur des »Deutschen Zuschauers« war der Republikaner Gustav von Struve (zugleich Vorsitzender des Mannheimer Turnvereins).

10 ZStA Merseburg, Rep. 77, Tit. 925, Nr. 1, Bd. 2, fol. 94 ff.

11 ZStA Merseburg, AA, I, Rep. 4, Sect. I, Nr. 2265, fol. 239 ff. und Rep. 94, IV. Ni, Nr. 73, S. 74 f.

12 Der Turner, Zeitschrift gegen geistige und leibliche Verkrüppelung. Hrsg. Ernst Steglich, Dresden, Nr. 13 vom 30.3.1848, S. 167.

13 Ebenda, Nr. 18 vom 4.5.1848, S. 146.

14 Theodor Georgii. In: Deutsche Turnzeitung, Nr. 7 vom 12.2.1891, S. 100. Siehe Günther Erbach: Der Anteil der Turner am Kampf um ein einheitliches und demokratisches Deutschland in der Periode der Revolution und Konterrevolution in Deutschland 1848–1852, päd. Diss. [MS], Leipzig 1957, S. 95.

15 ZStA Merseburg, Rep. 94, IV. Ni., Nr. 73, S. 265.

16 Der Turner, Nr. 18 vom 4.5.1848, S. 146.

17 Ebenda, Nr. 31 vom 3.8.1848, S. 248 f.

18 Karl Marx: Enthüllungen über den Kommunistenprozeß zu Köln, Berlin 1952, S. 12. Siehe auch ZStA Merseburg, Rep. 105, Nr. 18. a–o fol. 60–63.

19 ZStA Merseburg, Rep. 94, IV. Ni., Nr. 73, S. 380 f. und Rep. 89 D I. 83. fol. 2–5, 17–45.

20 Siehe Westergaard: Das Kieler Turner- und Studentenkorps im Jahre 1848. In: Deutsche Turnzeitung, Nr. 10 vom 8.3.1894.

21 Friedrich Engels: Die deutsche Reichsverfassungskampagne. In: MEW, Bd. 7, Berlin 1960, S. 156.

Norbert Heise

Demokratischer Verein (DVe) 1871–1873

Der Demokratische Verein war die Organisation kleinbürgerlich-demokratischer Kräfte in Berlin, die die gegen die Kompromißpolitik der ↗ Deutschen Fortschrittspartei (DFP) opponierenden demokratischen Kräfte umfaßte und die Voraussetzungen für eine im gesamtstaatlichen Rahmen wirkende demokratische Partei zu schaffen suchte.

1. Vorgeschichte und Gründung, soziale Basis und Organisation
2. Das antimilitaristische Programm und das Verhältnis zur Sozialdemokratie
3. Quellen und Literatur

Parteiführung

Vorstand des Demokratischen Wahlvereins Februar 1871: Dr. Hermann SEEMANN; Dr. Guido WEISS; William SPINDLER; G. DUMAS; MUNCK; Dr. BRAM; L. MAY; M. J. LEVY
Vorstand des Demokratischen Vereins April 1871: G. WEISS; H. SEEMANN; Julius VOIGT; Dr. MEYLITZ; Robert FLATOW; S. FALK

Reichstagswahlergebnis

März 1871 für Johann JACOBY (in allen 6 Berliner Wahlkreisen) 6393 Stimmen.

Presseorgane

»Die Zukunft«, 1. Januar 1867 bis 31. März 1871
»Demokratische Zeitung«, 1. Oktober 1871 bis Juli 1873, täglich, Auflage: 2000

1. Vorgeschichte und Gründung, soziale Basis und Organisation

Der Sieg Preußens im preußisch-österreichischen Krieg 1866 und die danach erfolgte Gründung des Norddeutschen Bundes unter Vorherrschaft Preußens waren eine Niederlage der demokratischen Kräfte in Nord- und Süddeutschland. Während sich die süddeutschen Demokraten auf die neuen Bedingungen der staatlichen Veränderungen einzustellen suchten, unternahm eine Gruppe von demokratischen Kräften in Preußen unter der Führung des Königsberger Arztes und Landtagsabgeordneten J. JACOBY den Versuch, die demokratischen Kräfte in Norddeutschland

zu sammeln und die ↗ Deutsche Fortschrittspartei (DFP) auf demokratische Positionen zu drängen. Zu diesem Zweck gründete J. JACOBY mit einem kleinen Kreis Berliner Demokraten im September 1867 die Tageszeitung »Die Zukunft«, die ab 1. Januar 1867 erschien. Die Zeitung unter der Redaktion von G. WEISS wirkte im Sinne der programmatischen Rede J. JACOBYS vom 6. Mai 1867 im Abgeordnetenhaus, in der dieser sich gegen die »preußische Militärherrschaft« ausgesprochen hatte.[1] Da die übergroße Mehrheit der *DFP* J. JACOBY und seine Anhänger zu isolieren suchte, sich — vor allem im Zusammenhang mit den Wahlen zum Zollvereinsparlament — in Süddeutschland Ende 1867/Anfang 1868 die antipreußische Stimmung ausbreitete und den Demokraten günstigere Wirkungsmöglichkeiten bot, stellte sich die Frage der Gründung einer gesamtnationalen demokratischen Partei. Anfang 1868 nahmen diese Bestrebungen Gestalt an. Am 30. Januar 1868 hielt J. JACOBY eine programmatische Rede, die unter dem Titel »Das Ziel der deutschen Volkspartei« veröffentlicht wurde, und am 1. März veröffentlichte »Die Zukunft« den Leitartikel »Die Notwendigkeit der Organisation einer demokratischen Partei«.[2] Nach einer Anfrage des *Demokratischen Vereins von Hamburg* vom 28. April 1868 antwortete J. JACOBY am 24. Mai 1868 mit einem Brief, der faktisch ein Aufruf zur Gründung einer Partei war.[3] Trotz verschiedener Verhandlungen und demonstrativer Bekenntnisse gelang es nicht, eine solche Partei zu schaffen.
Am 20. September gründeten süddeutsche Demokraten in Stuttgart die ↗ Deutsche Volkspartei (DtVp), die sich zwar programmatisch an J. JACOBYS Ausführungen vom Mai anlehnte, jedoch vornehmlich im süddeutschen Raum wirkte.

Auch der Versuch, im Juni 1870 in Berlin alle demokratischen Kräfte aus den Staaten des Norddeutschen Bundes angesichts bevorstehender Wahlen durch Gründung eines Zentralwahlkomitees zusammenzufassen[4], gelang nicht, da noch unterschiedliche Auffassungen über Grundforderungen bestanden und der kurz danach ausbrechende Deutsch-Französische Krieg den Bewegungsspielraum der Demokraten radikal einschränkte. So sammelten sich unter der Fahne des »Entwurfs eines Programms der demokratischen Partei«, den die »Zukunft« am 18. Juni 1870 publizierte, vornehmlich die demokratischen Kräfte Berlins, die sich damit endgültig von der DFP lösten.[5]

Die Berliner Demokraten stemmten sich gegen den mit Kriegsausbruch um sich greifenden Nationalismus und bekannten sich öffentlich in einer am 16. Oktober 1870 in der »Zukunft« veröffentlichten Erklärung mit 101 Unterschriften zu J. JACOBY und gegen die Annexion von Elsaß-Lothringen.

In Vorbereitung der Reichstagswahlen vom März 1871 gründete eine Gruppe um G. WEISS, W. SPINDLER, Ludwig DEVEREUX, BRAM u. a. den Demokratischen Wahlverein, der mit einem Aufruf zur Wahl J. JACOBYS und mit einem Programm an die Öffentlichkeit trat.[6]

Am 23. April 1871 reichte J. VOIGT beim Polizeipräsidium die Vorstands- und Mitgliederliste des Demokratischen Vereins ein.[7] Das Programm des DVe umfaßte 3 grundsätzliche Forderungen:

1. Wesentliche Erweiterung der Rechte des Reichstages, vor allem Entscheidung des Reichstages über Krieg und Frieden sowie die »Schaffung eines verantwortlichen Ministeriums«; jährliche Feststellung des Militärbudgets und Einführung der Diäten für Abgeordnete.
2. Verfassungsrechtliche Einführung und Garantie der Grundrechte wie Pressefreiheit, unbeschränktes Versammlungs- und Vereinsrecht, Glaubens- und Gewissensfreiheit sowie Gleichheit aller religiösen Bekenntnisse; freier Unterricht und Zivilehe; Abschaffung der Staatskirche. Zugleich wurde dazu die Garantie der Freizügigkeit und der Gewerbefreiheit gefordert.
3. Wesentliche Einschränkung des Militarismus durch Umwandlung der dreijährigen Dienstzeit in eine einjährige milizähnliche Ausbildung; Verminderung der Präsenzstärke des Heeres, jährliche Bewilligung des Militärbudgets.

Die Notwendigkeit einer gesamtnationalen demokratischen Partei wurde vom DVe immer wieder betont. Die Bemühungen scheiterten jedoch an der völlig ablehnenden Haltung der süddeutschen Demokraten und deren partikularistischen Ressentiments.

Der DVe gab am 1. Oktober die »Demokratische Zeitung« heraus. Als Herausgeber fungierten Carl LÜBECK und J. VOIGT – letzterer war in dieser Eigenschaft auch Mitglied des Vereinsvorstandes; ab November war C. LÜBECK alleiniger Herausgeber. Die Zeitung hatte eine Auflage von ca. 2000 und wurde von vermögenden Mitgliedern des Vereins wie W. SPINDLER, L. DEVEREUX und Paul SINGER, der auch Vorsitzender des Verwaltungsrates der Zeitung war, finanziell gestützt.[8] Der Verein mit ca. 130 eingeschriebenen Mitgliedern veranstaltete wöchentlich öffentliche Versammlungen und ab und an größere Kundgebungen.

Dabei kämpfte der relativ kleine Verein unter schwierigsten Bedingungen. Nicht nur, daß konservative Kräfte gegen die Demokraten hetzten, vor allem die Berliner Politiker der DFP, die Berlin als ihre Hochburg angegriffen sahen, versuchten mit Demagogie und massiven politischen Angriffen die Anhänger J. JACOBYS zu isolieren, was ihnen angesichts des traditionellen Einflusses der DFP in Berlin auch gelang.[9]

Seine soziale Basis hatte der DVe vor allem in kleinbürgerlichen Schichten. Die Mehrheit der Mitglieder des DVe waren Handwerker, vor allem aus dem Bereich der Dienstleistung, oder waren im Handel tätig.[10] Auffallend ist die Mitgliedschaft mehrerer Ärzte. Bemerkenswert ist, daß viele Mitglieder sich als Fabrikanten bezeichneten, wobei es sich nachweisbar um Besitzer von kleineren Werkstätten für Textilien, Modeartikel und Luxusgegenstände handelte. Allerdings zeigen die Beispiele von W. SPINDLER und P. SINGER, daß auch Besitzer größerer Unternehmen als engagierte Demokraten wirkten; sie haben nicht zuletzt durch ihre finanziellen Mittel die Arbeit des Vereins ermöglicht.

2. Das antimilitaristische Programm und das Verhältnis zur Sozialdemokratie

Die Berliner Demokraten erkannten als entscheidendes Hindernis für eine demokratische Entwicklung Deutschlands den Militarismus. Der konsequent antimilitaristischen Programmatik entsprach die politische Agitation in der »Demokratischen Zeitung« und in den Vereinsveranstaltungen.[11] Dabei erkannten sie den Zusammenhang zwischen der Rolle Preußens im Prozeß der Herstellung des Nationalstaates, insbesondere der Stellung der Monarchie der Hohenzollern, und der militaristischen Entwicklung. »Die Dynastie bedarf des Heeres zu ihrer Erhaltung«, hieß es.[12] Dementsprechend war das antimilitaristische Konzept des DVe mit dem Antimonarchismus verknüpft. Zugleich erkannten die Berliner Demokraten die beherrschende Stellung des Junkertums als einer klassenmäßigen Stütze von Monarchie und Militarismus, wie ihre Debatten über die Kreisordnung zeigten.[13]

In ihrem Kampf gegen Militarismus und für demokratische Rechte des Volkes sah die Mehrheit der Mitglieder des DVe die Sozialdemokraten (»Eisenacher«) als ihre engsten Verbündeten an. Es kam hinzu, daß der DVe entsprechend den Auffassungen von J. JACOBY das soziale Problem als ein Grundproblem jeder demokratischen Bewegung betrachtete. Sie begriffen das Zusammenwirken mit Sozialdemokraten jedoch nicht als ein Bündnis, sondern interpretierten – wie J. JACOBY – den Kampf der Arbeiterklasse von einer ethischen Gesellschaftskonzeption aus und glaubten demzufolge an eine Verschmelzung kleinbürgerlich-demokratischer und sozialdemokratischer Bestrebungen.

Diese Position wurde insofern begünstigt, als auch die »Eisenacher« in Berlin keine klare Auffassung von einer Bündnispolitik entwickelten, sondern durch ihre Mitgliedschaft im DVe und Mitarbeit in der »Demokratischen Zeitung« zunehmend für Verwirrung und schließlich für Auseinandersetzungen sorgten.[14] So nahm der DVe zwar das Programm der »Eisenacher« an, geriet aber ab Ende 1872, als in der »Demokratischen Zeitung« stärker sozialdemokratische Positionen vertreten wurden, in eine Krise.

Die fehlende Massenbasis des DVe und auch die Unklarheiten über die eigenständigen, von der sozialdemokratischen Politik zu unterscheidenden Aufgaben führten schließlich im November 1873 zur Auflösung des DVe.

Das Verdienst des DVe bestand darin, einen Beitrag zur Kontinuität der kleinbürgerlich-demokratischen Bewegung speziell in Preußen geleistet zu haben. Seine Anhänger gruppierten sich in der Folgezeit um die von G. WEISS seit 1873 herausgegebene »Wage« und wirkten nach 1878 in der sich ausbreitenden Volksbewegung.

3. Quellen und Literatur

Archivalische Quellen über den DVe finden sich im StA Potsdam, Pr. Br., Rep. 30, Tit. 95.

Wichtigste gedruckte Quelle ist die »Demokratische Zeitung«. Außerdem: Johann Jacoby »Gesammelte Schriften und Reden« (Bd. 1 und 2, Hamburg 1877). Johann Jacoby »Briefwechsel 1850–1877« (Bonn 1978).

Während die bürgerliche Historiographie die demokratischen Kräfte in Preußen nach 1871 und damit auch den DVe völlig ignoriert hat, ist durch marxistisch-leninistische Darstellungen in Anknüpfung an die wichtigsten Arbeiten von Franz Mehring[15] durch Heinrich Gemkow, Gustav Seeber / Walter Wittwer und Rainer Bettermann die Geschichte des DVe aufgearbeitet worden.[16]

Anmerkungen

1 Siehe Johann Jacoby: Gesammelte Schriften und Reden, Bd. 2, Hamburg 1877, S. 322 ff. Zur Gründung und Rolle der »Zukunft« siehe auch Thomas Höhle: Franz Mehring. Sein Weg zum Marxismus 1869–1891, Berlin 1958² (= Schriftenreihe des Instituts für Deutsche Geschichte an der Karl-Marx-Universität Leipzig. Hrsg. Ernst Engelberg, Bd. 1), S. 41 ff.

2 Siehe Das Ziel der deutschen Volkspartei. Rede des Abgeordneten Dr. Johann Jacoby vor seinen Berliner Wählern am 30. Januar 1868, Berlin 1868. Auch in: Die Zukunft, Nr. 26 vom 31. 1. 1868 (Beilage).

3 Die Hamburger Anfrage und der Brief J. Jacobys in: J. Jacoby: Briefwechsel 1850–1877. Hrsg. Edmund Silberner, Bonn 1978, S. 455 ff. und 460 ff. (= Veröffentlichungen des Instituts für Sozialgeschichte Braunschweig–Bonn).

4 Siehe ebenda, S. 510ff.
5 Die Zukunft, Nr. 139 vom 16.6.1870.
6 Aufruf und Programm in: StA Potsdam, Pr. Br., Rep. 30 C, Tit. 95, Sect. 5, Nr. W 31, Bl. 9.
7 Ebenda, Bl. 13ff.
8 Siehe Heinrich Gemkow: Paul Singer. Vom bürgerlichen Demokraten zum Führer der deutschen Arbeiterbewegung (1862–1890), phil. Diss., Berlin 1959, S. 140/141.
9 Zu den Angriffen der DFP siehe Der Volksfreund. Hrsg. Ludolf Parisius, 3. Jg., Nr. 25 vom 23.6.1870, Nr. 26 vom 30.6.1870, Nr. 27 vom 7.7.1870 und 4. Jg., Nr. 6 vom 10.2.1871. Siehe dazu auch William Spindler: Die »Demokratische Zeitung« und die Partei. Ein Rückblick und ein Mahnruf, II. In: Demokratische Zeitung, Nr. 70 vom 21.12.1871, Beilage.
10 Die Angaben über die soziale Zusammensetzung des DVe wurden durch den Vergleich der Mitgliederliste mit dem Berliner Adressenbuch gewonnen. Siehe StA Potsdam, Pr. Br., Rep. 30 C, Tit. 95, Sect. 5, Nr. W 31, Bl. 13 und Adreß-Kalender für die Kgl. Haupt- und Residenzstädte auf das Jahr 1872 und ff.
11 Siehe Demokratische Zeitung, Nr. 5 vom 6.10.1871.
12 Ebenda.
13 Siehe Volkszeitung, Nr. 35 vom 11.2.1872.
14 Siehe H. Gemkow, S. 143ff. Anfang November bis Anfang Dezember wirkte der Sozialdemokrat Carl Hirsch als Redakteur der »Demokratischen Zeitung«, ab 1872 war Max Kayser sogar als zweiter Redakteur der Zeitung tätig.
15 Siehe Franz Mehring: Gesammelte Schriften, Bd. 7, Berlin 1965, S. 169ff. Ders.: Johann Jacoby und die wissenschaftlichen Sozialisten. In: Archiv für die Geschichte des Sozialismus und der Arbeiterbewegung, Bd. 1, H. 3.
16 H. Gemkow. Gustav Seeber/Walter Wittwer: Kleinbürgerliche Demokraten im Bismarck-Staat. Entwicklungstendenzen und Probleme. Berlin 1971. Rainer Bettermann: Die Entwicklung der kleinbürgerlichen Demokratie in Preußen von 1871 bis 1900, phil. Diss., Jena 1976.

Gustav Seeber

Demokratischer Volksbund (DVb) 1918

Die Bildung des DVb war ein Ausdruck der Sammlungsbestrebungen der deutschen Bourgeoisie während der Novemberrevolution. Der DVb setzte sich zum Ziel, die erschütterte Macht des Monopolkapitals retten zu helfen und propagierte die unverzügliche Einberufung einer Nationalversammlung. Ein weitergehender Zusammenschluß gelang jedoch nicht, so daß der DVb bereits nach wenigen Tagen wieder aufgelöst wurde.

Der DVb wurde am 16. November 1918 auf einer Zusammenkunft führender Vertreter der Bourgeoisie in Berlin, die auf Initiative RATHENAUS einberufen worden war, gegründet. Auf der Gründungsversammlung legte RATHENAU dar, daß es notwendig sei, alle Kräfte des Bürgertums zu sammeln, um die »revolutionären Gefahren« abzuwenden. Er erklärte:

»In dieser Zeit ist nur die Vereinigung, nur das Bindende die einzige Macht, die uns bleibt, um einer Diktatur gegenüber uns zu halten und dafür einzutreten, daß die Verhältnisse eines revolutionären Geschehens, das hinter uns liegt, und das, wie wir alle hoffen, zum Guten führen wird – daß dieses Ereignis sich nicht in Überstürzung dem Abgrunde entgegenrollt, sondern daß sich dieses Ereignis in geordneten organischen Formen weiter vollzieht.«[1]

Dabei betonte er, daß der DVb keine neue Partei darstellen solle, da sich das nicht »mit dem Gedanken der absoluten Solidarität und Einigung« vereinbaren lasse. Er forderte dazu auf, »alle Gegensätze zurückzustellen« und über alles Trennende hinweg alle Kräfte zusammenzuschließen für die Forderung nach Einberufung einer Nationalversammlung.[2] Entsprechend den Vorschlägen RATHENAUS wurde von den Teilnehmern der Gründungsversammlung ein Aufruf angenommen, der in den nächsten Tagen in der Presse erschien.[3] Die Kernsätze dieses Aufrufes lauteten:

»Wir treten ein für die unverzügliche Einberufung der Nationalversammlung für Deutschland und Deutsch-Österreich auf Grund des allgemeinen, geheimen und direkten Wahlrechts in der Form der Verhältniswahl mit gleichem Recht für beide Geschlechter. Wir erwarten, daß eine Gesetzgebung, die in die Grundlagen unseres geistigen, sozialen und wirtschaftlichen Aufbaues eingreift, nicht beginnt, bevor die Nationalversammlung gesprochen hat.«[4]

Der Aufruf brachte das Bestreben der Bourgeoisie zum Ausdruck, angesichts der Gefahr für den Bestand der kapitalistischen Ordnung die Gegensätze zurückzustellen und die imperialistische Klassenherrschaft in Form der bürgerlich-parlamentarischen Republik zu erhalten. Zu den über 100 Unterzeichnern, von denen manche bereits im 1917 gegründeten ↗ Volksbund für Freiheit und Vaterland (VfFV) mitgewirkt hatten, gehörten bekannte Großindustrielle (u. a. Ernst VON BORSIG, Robert BOSCH, Felix DEUTSCH, Maximilian KEMPNER, RATHENAU, Carl Friedrich VON SIEMENS, Hugo STINNES), zahlreiche Intellektuelle (u. a. Lujo BRENTANO, Friedrich MEINECKE, Hermann ONCKEN, Werner SOMBART, Ernst TROELTSCH) sowie einige bürgerliche Politiker (u. a. Johann Heinrich GRAF VON BERNSTORFF, Johannes GIESBERTS, Theodor HEUSS, Ernst JÄCKH, Wichard VON MOELLENDORFF, Friedrich NAUMANN, Adam STEGERWALD). Auch einige rechte Sozialdemokraten, so Heinrich BRAUN und Konrad HAENISCH, hatten unterschrieben. Die Gründung des DVb war zwar auch von einigen Vertretern der herrschenden Klasse unterstützt worden, die extrem reaktionäre Positionen annahmen, so von E. VON BORSIG und H. STINNES. Den dominierenden Einfluß übten jedoch Kräfte aus, die zu einer pseudoliberalen Politik tendierten. Ein Großteil der Mitglieder waren Vertreter der Berliner Elektro-Konzerne AEG und Siemens oder standen in engen Beziehungen zu ihnen.[5] Die Gründung des DVb wurde, wie RATHENAU selbst eingestehen mußte, von der Arbeiterklasse äußerst mißtrauisch aufgenommen und als Ausdruck der Sammlung der Reaktion gewertet.[6] Auch bei linksbürgerlichen Kreisen fand sie wenig Resonanz. Albert EINSTEIN, Richard DEHMEL, Franz OPPENHEIMER und Alfred WEBER, die zunächst den Gründungsaufruf unterzeichnet hatten, erklärten nach wenigen Tagen ihren Austritt. Die am 20. November 1918 gegründete ↗ DDP, die in ihm ein Konkurrenzunternehmen sah, distanzierte sich ebenfalls vom DVb.

Nachdem die bürgerlichen Parteien sich neu konstituiert hatten und alle konterrevolutionären Kräfte bis hin zu den rechten Führern der SPD sich die Forderung nach Wahlen zur Nationalversammlung zu eigen gemacht hatten, wurde eine Konkretisierung der Ziele des DVb notwendig. RATHENAU schwebte vor, den DVb zu einem überparteilichen Sammlungsorgan für diejenigen Kreise der Bourgeoisie zu machen, die zu einer wendigen Politik gegenüber der Arbeiterklasse neigten. Um den DVb von der DDP abzugrenzen, faßte RATHENAU auch eine Namensänderung ins Auge.[7] Er entwarf einen Aufruf,[8] der den DVb auf eine neue programmatische Grundlage stellen sollte. Darin hieß es, der DVb stehe »auf dem Boden der deutschen Revolution« und strebe »ein freies Land und Volk mit der Verfassung eines sozialen Freistaates« an. Es wurde u. a. gefordert: »Jeder Deutsche hat Anspruch auf Arbeit und Bildung. Niemand darf unverschuldet Not leiden.« Weiterhin enthielt er folgenden Passus: »Syndikate unterstehen dem Staat. Geeignete Betriebe werden verstaatlicht.«

Dieser Aufruf, der die staatsmonopolistischen Ideen RATHENAUS sowie seine sozialpolitischen Auffassungen zum Ausdruck brachte, wurde von der Mehrheit der im DVb zusammengeschlossenen Kräfte nicht gebilligt und als zu weitgehend abgelehnt. Die taktischen Differenzen innerhalb der herrschenden Klasse traten mit der zunehmenden Veränderung des Kräfteverhältnisses der Klassen zugunsten der Bourgeoisie wieder stärker hervor. Von den Unternehmern solidarisierte sich lediglich R. BOSCH mit den Auffassungen RATHENAUS. Gegen ihn trat vornehmlich C. F. VON SIEMENS auf, der sich gegen zu weitgehende Zugeständnisse in sozialen Fragen wandte.[9] Am 26. November 1918 löste sich der DVb auf. In einem Brief an R. BOSCH vom 27. November 1918 schrieb RATHENAU darüber: »Der Demokratische Volksbund konnte nicht bestehen, weil sich herausstellte, daß das Bürgertum nach wie vor dem sozialen Gedanken abgeneigt ist und sich auf nichts Bestimmteres einigen konnte als auf den farblosen Aufruf zur Nationalversammlung ...«[10] RATHENAU schloß sich nach der Auflösung des DVb der ↗ DDP an.

Quellen und Literatur

Die Rede Rathenaus auf der Gründungsversammlung des DVb ist veröffentlicht in Walther Rathenau »Gesammelte Reden« (Berlin 1924). Wichtige Hinweise sind in verschiedenen Briefen Rathenaus zu finden.[11] Spezielle Darlegungen zum DVb enthalten die Rathenau-Biographie von Harry Graf Kessler sowie die Arbeiten von Lothar Albertin und Hans Martin Barth.[12]

Anmerkungen

1 Walther Rathenau: Gesammelte Reden, Berlin 1924, S. 36.
2 Siehe ebenda, S. 36ff.
3 Abgedruckt in: Harald von Koenigswald: Revolution 1918, Breslau 1933, S. 93f.
4 Ebenda, S. 93.
5 Siehe Hans Martin Barth: Der Demokratische Volksbund. Zu den Anfängen des politischen Engagements der Unternehmer der Berliner Elektrogroßindustrie im November 1918. In: Jahrbuch für die Geschichte Mittel- und Ostdeutschlands, Bd. 16/17(1968), S. 261.
6 Siehe W. Rathenau: Politische Briefe, Dresden 1929, S. 215 und 218.
7 Siehe ebenda, S. 216.
8 Abgedruckt in: Harry Graf Kessler: Walther Rathenau. Sein Leben und sein Werk, Berlin 1928, S. 270.
9 Carl Friedrich von Siemens hatte zunächst aktiv die Gründung des DVb unterstützt, um das Bürgertum »zusammenzuraffen«. Grundsätzliche politische und soziale Veränderungen sollten der »mit aller Macht anzustrebenden Nationalversammlung« überlassen werden. Er warf Rathenau vor, diesen Boden verlassen zu haben und einseitig vorgegangen zu sein. (Siehe Brief C. F. von Siemens an Rathenau, 25. 11. 1918. Zit. in: Lothar Albertin: Liberalismus und Demokratie am Anfang der Weimarer Republik. Eine vergleichende Analyse der Deutschen Demokratischen Partei und der Deutschen Volkspartei, Düsseldorf 1972, S. 29ff.
10 W. Rathenau: Politische Briefe, S. 219f.
11 Siehe Anm. 6.
12 Siehe Anm. 8, 9 und 5.

Werner Fritsch

Demokratische Vereinigung (DV) 1908–1918

Die DV war eine kleine bürgerlich-demokratische Partei, die im Ergebnis der Kritik an der antidemokratischen Entwicklung des Linksliberalismus entstand. Ihre Schaffung stellte einen Versuch zur Sammlung bürgerlicher Kräfte für den Kampf um demokratische und konstitutionelle Rechte und Freiheiten dar. Diese Ziele wollte die Führung der DV im taktischen Bündnis mit der Sozialdemokratischen Partei Deutschlands gegen alle offen reaktionären Kräfte und Bestrebungen der wilhelminischen Zeit durchsetzen. Die Partei scheiterte an dem Widerspruch zwischen den bürgerlich-demokratischen, antimilitaristischen Erfordernissen und der Unfähigkeit breitester bürgerlicher Schichten zu einem solchen Handeln an der Seite der Arbeiterbewegung. Existenz und Wirksamkeit der DV bilden eine wertvolle Tradition des demokratischen Kampfes bürgerlicher Kräfte, an die später bürgerlich-demokratische Bestrebungen unter veränderten Bedingungen mit größerem Erfolg anknüpfen konnten.

1. Entstehung, Programm, Organisation, soziale Basis
2. Entwicklung und Rolle der DV (1908 bis 1918)
3. Quellen und Literatur

Vorsitzende

Rudolf BREITSCHEID (1908–1912); Hellmut VON GERLACH (1912–1918)

Mitglieder

1908 (Mai)   700
1909 (April) 5 000
1911 (Juni) 11 000

Reichstagswahlergebnis

1912   29 400 Stimmen   kein Mandat

Gründungsversammlung am 16. Mai 1908 in Berlin

Parteitage
1. 12. April 1909 in Berlin
2. 16.–17. Mai 1910 in Köln
3. 5.–6. Juni 1911 in Gotha
4. 27.–28. Mai 1912 in Nürnberg
5. 11.–12. Mai 1913 in Magdeburg
6. 31. Mai – 1. Juni 1914 in Dortmund

Presse

»Das Freie Volk. Demokratisches Wochenblatt«, Berlin, 1. Jg. 1910 bis 5. Jg. 1914, begründet und bis 1912 hrsg. von R. BREITSCHEID
»Das Blaubuch«, Wochenschrift, Berlin, hrsg. von Heinrich ILGENSTEIN unter Mitwirkung von Theodor BARTH, H. VON GERLACH, R. BREITSCHEID u. a., ab 3. Jg. 1908 ff.
»Der Demokrat«, Wochenschrift, Berlin, 1. Jg. 1909 bis 7. Jg. 1915 (ab September 1911 unter dem Titel »Der Weg«), nur bis Dezember 1909 mit der DV verbunden
»Berliner Volkszeitung«, der DV nahestehende Tageszeitung
»Die Welt am Montag«, Berlin, hrsg. von H. VON GERLACH

1. Entstehung, Programm, Organisation, soziale Basis

Die DV entstand im Ergebnis der Abspaltung einer bürgerlich-demokratischen Gruppe unter Führung Th. BARTHS von der ↗ *Freisinnigen Vereinigung (FVg).* Am 25. April 1908 beschloß die Generalversammlung des *Sozialliberalen Vereins zu Berlin* den Austritt aus der *FVg.* Eine weitere Generalversammlung am 16. Mai 1908 führte zur Konstituierung der Demokratischen Vereinigung (Sozialliberaler Verein zu Berlin). Im § 1 des Statuts wurde erklärt: »Die Demokratische Vereinigung (Sozialliberaler Verein in Berlin) bezweckt den Zusammenschluß aller Männer und Frauen, die gewillt sind, energisch an der Demokratisierung von Reich, Staat und Gemeinde mitzuarbeiten.«[1]   R. BREITSCHEID wurde zum Vorsitzenden gewählt; Th. BARTH und H. VON GERLACH gehörten dem 15köpfigen Vorstand an. Bei der Gründung umfaßte die DV 3 Berliner Ortsgruppen sowie Einzelmitglieder aus 38 Orten.

Auf der Generalversammlung am 25. Oktober 1908 wurde die Umwandlung in eine Partei auf Reichsebene beschlossen. R. BREITSCHEID begründete die Notwendigkeit, gegenüber dem »Scheinliberalismus« der linksliberalen Fraktionsgemeinschaft eine Partei zu gründen, die demokratische Politik betreibe. Die Versammlung zog die Bilanz der Entwicklung seit der Trennung vom Freisinn, beschloß ein Organisationsstatut und bestätigte den im Mai gewählten Parteivorstand. Einstimmig wurde die von Th. BARTH vorgeschlagene Resolution angenommen:

»Gegenüber der in der preußischen Thronrede für eine unbestimmte Zukunft in Aussicht gestellten organischen Weiterentwicklung des elendesten aller Wahlsysteme hält die Demokratische Vereinigung nur um so nachdrücklicher daran fest, daß nur die Einführung des allgemeinen, gleichen, geheimen und direkten Wahlrechts den Forderungen der Gerechtigkeit und den wahren Interessen Preußens und Deutschlands entspricht. Zur Herbeiführung dieser dringendsten aller politischen Reformen erscheint die energische Handhabung des parlamentarischen Steuerbewilligungsrechts in Preußen wie im Reich geboten.
Keine Neubelastung des Volkes ohne Erweiterung der Volksrechte!
Keine neuen indirekten Steuern ohne entsprechende Ermäßigung der unerträglichen Steuern und Zölle auf notwendige Lebensmittel!
Sparsamkeit im Reiche da, wo es wirklich lohnt, insbesondere auf militärischem Gebiet; und als sicherstes Mittel zur Erreichung dieses Zieles direkte Reichssteuern unter progressiver Heranziehung der Wohlhabenderen.«[2]

Berlin blieb das Zentrum und der Schwerpunkt der DV. Der Partei schlossen sich einige Vereine der ↗ Deutschen Volkspartei (DtVp) an, darunter die von Dortmund und Leipzig. Das Organisationsstatut von 1908 bestimmte den alljährlich zusammentretenden Delegiertentag als oberste Instanz, der sich aus den Delegierten der Vereine, den 9 Mitgliedern des Zentralvorstandes sowie 5 Vertretern des Zentralausschusses zusammensetzte. Der Mitgliedsbeitrag betrug 3 M. jährlich. Anträge zum Parteitag von 1910, die DV nunmehr als »Partei« zu bezeichnen, wurden abgelehnt, da sie sich noch nicht in einer Reichstagswahl bewähren konnte.
In programmatischer Hinsicht wurde die Aufgabe gestellt, das Bürgertum für die Durchsetzung bürgerlich-demokratischer

Forderungen und die Zurückdrängung des Junkertums zu gewinnen. Unter den Mitgliedern gab es republikanische Ideen, die jedoch nicht der Auffassung der Mehrheit und der offiziellen Haltung der Partei entsprachen. Der zweite Parteitag 1910 beschloß das Programm der Partei. Seine charakteristischen Forderungen waren: Das allgemeine, gleiche, geheime und direkte Wahlrecht für alle Vertretungskörper, gerechte Einteilung der Wahlkreise, Ablehnung von Ausnahmegesetzen, volle staatsbürgerliche Gleichberechtigung der Frau, Freihandel und Gewerbefreiheit, Ablehnung monopolistischer Ringbildungen, Bodenreform, Koalitionsfreiheit und Anerkennung der Berufsvereine, progressive direkte Steuern und Beseitigung der Steuern und Zölle auf lebensnotwendige Dinge, Umgestaltung des Heeres zu einem Volksheer, Trennung von Staat und Kirche, von Kirche und Schule, eine auswärtige Politik des Friedens, der Minderung der Rüstungen und der Beilegung von Streitfragen durch Schiedsgerichte. Eine Schwäche des Programms bestand in der unscharfen und unverbindlichen Fixierung einiger Programmpunkte. Die Stellungnahme gegen Militarismus und Krieg war inkonsequent. Bemerkenswert war, daß für entscheidende Fragen Volksabstimmung sowie die Verstaatlichung oder Kommunalisierung da gefordert wurden, wo der Privatbetrieb den Interessen der Allgemeinheit zuwiderliefe. Mit solchen sowie der Gesamtheit der innen-, sozial-, kultur- und bildungspolitischen Zielstellungen unterschied sich die DV eindeutig von allen anderen bürgerlichen Parteien. Dabei war das Programm keineswegs revolutionär-demokratisch; es war im wesentlichen eine liberal-demokratische Plattform, geeignet, die vom Freisinn enttäuschten bürgerlich-demokratischen Kräfte zu sammeln und zu mobilisieren.
Die DV besaß ihre soziale Basis hauptsächlich in Kreisen des Kleinbürgertums und der Intelligenz sowie in einigen kapitalistischen Gruppen in Berlin und anderen Großstädten. Die Führung orientierte sich zur Gewinnung einer Massenbasis vorrangig auf Angestellte und Beamte, darüber hinaus auf Lehrer, unter bürgerlichem Einfluß stehende Arbeiter (Gewerkvereine) sowie auf die liberale und die demokratische Richtung der bürgerlichen

Frauenbewegung. Der Parteitag 1910 befaßte sich speziell mit den Angestellten und erklärte, daß die DV als erste Partei den Angestellten völlig gerecht werde. Als einzige bürgerliche Partei vor 1918 trat sie für die volle staatsbürgerliche Gleichberechtigung der Frau ein. An der Spitze der mit ihr verbundenen Gruppen der bürgerlichen Frauenbewegung standen Tony BREITSCHEID, Minna CAUER, Regine DEUTSCH (Mitglied des Parteivorstandes) und Adele SCHREIBER-KRIEGER, die die Wochenschrift »Frauenfortschritt«, Berlin, herausgab. Der Ausgang der Reichstagswahlen 1912 bewies, daß die DV unter keiner dieser Schichten und Gruppen bedeutenden Einfluß gewonnen hatte.

Die finanzielle Lage der Partei war keineswegs günstig. Das behinderte ihre Arbeitsfähigkeit, beispielsweise bei den Wahlkämpfen und bei der Herausgabe von Zeitungen. Die entschiedene sozialpolitische Konzeption, darunter die Kritik an der volksfeindlichen Politik des ↗ Hansa-Bundes für Gewerbe, Handel und Industrie (HB) sowie anderer Unternehmerverbände und Parteien, führte 1910/11 zum Ausscheiden zahlreicher bourgeoiser Mitglieder. Die demokratische Zielsetzung der Partei stieß bei den regierenden Kreisen wie in allen einflußreichen Fraktionen der Bourgeoisie auf Ablehnung und Widerstand. Daher blieben jene Subventionen aus, die den großen bürgerlichen Parteien zuflossen.

2. Entwicklung und Rolle der DV (1908—1918)

Die DV entstand unter den Bedingungen eines breiten politisch-parlamentarischen Blocks aller bürgerlichen Parteien — das ↗ Zentrum aus taktischen Momenten ausgenommen — unter dem Kanzler BÜLOW. Sie trat mit der Kritik an diesem konservativ-liberalen Block und besonders an der Haltung der linksliberalen Fraktionsgemeinschaft hervor. Führende Kreise strebten von Anbeginn ein loyales Verhältnis zur Sozialdemokratie und eine bedingte Aktionsgemeinschaft mit ihr an. Diese Umstände bestimmten ihre Gesamtentwicklung; aus ihnen erklären sich sowohl die Bedeutung dieser kleinen bürgerlichen Partei wie ihre Schwäche und ihr Scheitern.

Unmittelbar nach dem Bruch mit dem Freisinn, dem er jahrzehntelang in führender Position angehört hatte, erklärte Th. BARTH Anfang Mai 1908 in einer Volksversammlung in Berlin:

»Wir müssen versuchen, das Bürgertum wieder in demokratische Bahnen zu lenken. Der Sozialdemokratie kann diese Aufgabe allein nicht überlassen werden, da sie allein nicht stark genug dazu ist. Vielmehr muß sich das Bürgertum darauf besinnen, daß es seine Aufgabe ist, den demokratischen Gedanken zur Durchführung zu bringen. Es wäre eine Schande für das liberale Bürgertum, wenn es nicht das Seine dazu tun wollte, um zur bürgerlichen Freiheit zu gelangen.«[3]

Die Auffassungen Th. BARTHS über den »demokratischen Gedanken« waren wesentlich durch mehrere Reisen in die USA und nach England sowie durch enge persönliche Beziehungen zu Politikern dieser Länder geformt worden.

Die konkrete politische Frontstellung der DV wurde durch die Bedingungen und Anlässe ihrer Entstehung bestimmt. Sie konzentrierte ihre Angriffe auf den konservativ-liberalen Block und alle Kräfte, die diesen Block stützten oder förderten — von den Konservativen über BÜLOW bis zu den früheren Kampfgefährten in der FVg. Nach dem Eintritt der freisinnigen Parteien in den konservativ-liberalen Block hatten sich die Meinungsverschiedenheiten im liberalen Lager 1907/08 vor allem hinsichtlich der Stellung zum diskriminierenden »Sprachenparagraphen« des Reichsvereinsgesetzes und zum reaktionären preußischen Dreiklassenwahlrecht vertieft und verschärft. Als BÜLOW im Januar 1908 einen freisinnigen Wahlrechtsantrag zurückgewiesen hatte, lehnte sich eine Minderheit unter Th. BARTH und H. VON GERLACH gegen die fortschreitende Preisgabe liberaler Grundsätze und die Weiterführung der Blockpolitik auf. Durch die Unversöhnlichkeit der programmatischen und taktischen Positionen kam es im April 1908 zum endgültigen politisch-organisatorischen Bruch.

Damit schieden sich auch die Wege von Th. BARTH und Friedrich NAUMANN, deren Namen nach 1900 zum Inbegriff einer sozialliberalen Neuorientierung des Freisinns geworden waren. Die Trennung signalisierte das Scheitern dieses Versuchs. Zurückgekehrt von einer USA-Reise und unter dem

Eindruck der »Berührung mit der amerikanischen Demokratie«, hatte sich Th. BARTH bereits am 30. September 1907 in einem Brief an F. NAUMANN entschieden gegen die Blockpolitik ausgesprochen:

»Was im günstigsten Falle von sogenannten praktischen Resultaten dabei herauskommen kann, wiegt nicht im Entferntesten die Selbstkastrierung des Liberalismus auf, die in dem fortgesetzten Verzicht auf einen ernsthaften Kampf gegen die Konservativen liegt. Die nächste Landtagswahlbewegung in Preußen wird die reine Farce werden, wenn die konservativ-liberale Verbrüderung nicht vorher in die Brüche gegangen und damit die Möglichkeit eines ernsthaften Wahlkampfes gegen die Konservativen wieder möglich geworden ist.«[4]

In der Gründungsphase der DV stand die Forderung nach der sofortigen Einführung des allgemeinen, gleichen, geheimen und direkten Wahlrechts in Preußen im Mittelpunkt der regen politischen und propagandistischen Tätigkeit der Führung, der Ortsgruppen und Mitglieder. Zur Unterstützung dieser Bemühungen erschien eine umfassende historisch-politische und staatsrechtliche Darstellung des Wahlrechtsproblems von H. VON GERLACH.[5]

In zwei polemischen Flugschriften setzten sich Th. BARTH und R. BREITSCHEID mit dem konservativ-liberalen Block und der Rolle der Linksliberalen auseinander.

»Die Blockpolitik der Freisinnigen kann kaum abfällig genug beurteilt werden.« Th. BARTH fügte hinzu, daß »der Kampf gegen die Demokratie ... das eigentliche Ziel« der Blockpolitik BÜLOWS sei.[6] R. BREITSCHEID stellte fest: »Mit einem Wort: Die bürgerliche Linke ist Regierungspartei mit allen Rechten, nur daß sie nicht an der Regierung beteiligt wird. Die Regierung stützt sich auf den Liberalismus, arbeitet aber auf ihn gestützt nach den bewährten konservativ-bürokratischen Rezepten. Freiheitlichen und fortschrittlichen Ideen wird Rechnung getragen werden, nur müssen sie sich von liberalem Doktrinarismus so weit entfernt halten, daß auch dem Feudalismus und der Klerikalismus ihnen unbedenklich zustimmen können.«[7]

Beide Schriften dienten zugleich der politischen Begründung der neu entstehenden Partei sowie der Verbreitung ihrer Anschauungen und Ziele.

Aus der parlamentarisch-demokratischen Orientierung der DV ergab sich ihre scharfe

Stellungnahme in der Daily-Telegraph-Affäre. In zahlreichen Versammlungen wurde der Empörung breiter bürgerlicher Kreise Ausdruck gegeben. Th. BARTH und R. BREITSCEID bewerteten die Vorfälle als Bankrotterklärung des Systems und des Junkertums, als Schlag gegen das Ansehen und die auswärtigen Beziehungen Deutschlands und kennzeichneten die Gefahren, z. B. die Verwicklung in einen Krieg, die sich aus der Handlungsweise der regierenden Kreise ergeben könnten. Sie forderten, dem Volkswillen und den parlamentarischen Grundsätzen bereits innerhalb der bestehenden Reichsverfassung zu größerem Einfluß zu verhelfen. In einer Flugschrift verlangte R. BREITSCHEID, aus der Affäre die notwendigen verfassungspolitischen und -rechtlichen Schlußfolgerungen zu ziehen. Er äußerte sich auch zur Notwendigkeit des Zusammengehens mit der *Sozialdemokratischen Partei Deutschlands* im Kampf um demokratische Fortschritte:

»Wer das parlamentarische System anzustreben behauptet und dabei von einem Einvernehmen mit der Arbeiterschaft, die nun einmal zum größten Teil in der Sozialdemokratie organisiert ist, nichts wissen will, verdient ebensowenig Glauben wie der, der sich als Anhänger des allgemeinen und gleichen Wahlrechts ausgibt und gleichzeitig die Regierung und die Rechte seiner Unterstützung im Kampfe gegen die äußerste Linke versichert.«[8]

Mit dieser Kritik am neuerlichen Versagen des Freisinns präzisierte R. BREITSCHEID die Vorstellungen für das unumgängliche Bündnis gegen die herrschende Reaktion.

Auf dem Parteitag 1909 kam es zwischen einem republikanischen und demokratischen Flügel und der konstitutionell-monarchistischen, liberalen Mehrheit zu Auseinandersetzungen in der Programmfrage und der Stellung zur Staatsform. In einer Grundsatzresolution wurde die Aufgabe der »Demokratisierung« im Reich folgendermaßen umrissen:

»Diese Demokratisierung erfordert vor allem die Durchführung des Prinzips der vollsten staatsbürgerlichen Rechtsgleichheit gegenüber dem System der Bevorzugungen, wie es allenthalben in Deutschland, besonders in Preußen, in Übung ist und in dem elendesten aller Wahlsysteme seinen reaktionärsten Ausdruck gefunden hat; ferner gegenüber den Ausflüssen des persönlichen Regiments die Durchführung einer Regierung, bei der der Volkswille in letzter Linie entscheidend ist (parlamentarische Regierung), sowie die Verwirklichung der Grundsätze einer aufrichtigen Selbstverwaltung.«[9]

In seinem Referat auf diesem Parteitag bezeichnete Th. BARTH die Schaffung der DV als »ein Gebot politischer Notwendigkeit«, nachdem die liberalen Parteien das Ziel der Demokratisierung Deutschlands unter Verzicht auf einen ernsthaften Kampf gegen die reaktionären Parteien aus den Augen verloren hatten. Wenige Wochen später verlor die DV mit dem Tode von Th. BARTH (2. Juni 1909) ihren eigentlichen Initiator und Gründer, der im Gegensatz zur proimperialistischen und antisozialistischen Grundtendenz im liberalen Bürgertum und in seinen Parteien in den letzten Lebensjahren zunehmend demokratische und antimilitaristische Auffassungen entwickelt hatte. Soweit die seitherige bürgerliche Geschichtsschreibung den Weg von Th. BARTH und die DV überhaupt berücksichtigt, wird deren Folgerichtigkeit und Notwendigkeit im Kampf um bürgerlich-demokratische Belange und Ziele bestritten.[10]

Auch mit anderen bürgerlich-demokratischen Forderungen stand die DV im wesentlichen auf dem Boden des sozialdemokratischen Minimalprogramms und nahm damit den äußersten linken Platz unter den bürgerlichen Parteien ein. Nicht zufällig widmete sich die Partei in ihrem Gründungsjahr und später der Pflege der vom Freisinn vernachlässigten Traditionen von 1848. Ihre fortgeschrittensten Kräfte gelangten in den Vorkriegsjahren zu einem tieferen historisch-politischen Verständnis der Krise des Liberalismus, der neuen demokratischen Erfordernisse des Kampfes gegen Imperialismus und Militarismus sowie der Notwendigkeit und geschichtlichen Rolle der revolutionären Arbeiterbewegung. Das bedeutete in wichtigen innen- und außenpolitischen Fragen eine Annäherung an die Linken in der Sozialdemokratie und die Verschärfung des Gegensatzes zu allen antinationalen und antidemokratischen Kräften.

Die Fehden mit dem Freisinn beschränkten sich nicht auf die Lebensdauer des konservativ-liberalen Blocks, sondern wurden auch nach der Gründung der ↗ *Fortschrittlichen Volkspartei (FoVp)* fortgesetzt. Sie wurden

beiderseits teilweise sehr scharf geführt und ergaben sich notwendig aus der immer engeren Verflechtung der liberalen Parteien mit den herrschenden Klassen und ihren innen- und außenpolitischen Zielen. Die führenden Köpfe der DV gelangten in diesen Auseinandersetzungen zu kritischen Einschätzungen über den Niedergang des Liberalismus:

»Gestehen wir es offen ein: vom bürgerlichen Liberalismus ist kein Heil mehr zu erwarten; er ist unrettbar einer Machtpolitik nach außen wie nach innen hin verfallen, die in der Berücksichtigung der einflußreichen Stände die Aufgabe des Staates als erfüllt ansieht und die Masse des Volkes nur insoweit unwillig berücksichtigt, als sie ihre Gegenwirkung zu fürchten Ursache hat. Von diesem Liberalismus ist wohl noch die Bekämpfung von Vorrechten zu erwarten, die einseitig dem Adel und der Bürokratie zufallen, ein Feilschen um ›einen Platz an der Sonne‹ auch für Industrie und Handel, aber kein ernsthafter und aufrichtiger Kampf für Volksfreiheiten und für die wirtschaftlichen Interessen der Masse. Mehr wie je ist neben der Sozialdemokratie eine bürgerliche Demokratie, ohne den Klassencharakter jener Partei, vonnöten.«[11]

Diese demokratische, objektiv antiimperialistische Grundorientierung bestimmte das Streben nach einem Zusammengehen mit der von der *Sozialdemokratischen Partei Deutschlands* repräsentierten proletarischen Demokratie. Die frühere liberale Zwiespältigkeit wurde zunehmend zugunsten der Interessen des Kampfes für bürgerlich-demokratische Fortschritte überwunden. Th. BARTH hatte von Anbeginn diese entscheidende bündnispolitische Bedingung des Wirkens der DV erkannt und vertreten.

R. BREITSCHEID betonte 1909 die Unmöglichkeit, gleichzeitig für eine Parlamentarisierung und den »heiligen Krieg gegen die Sozialdemokratie« einzutreten. Die Verständigung mit der »Arbeiterschaft« und ihrer Partei sei unerläßliche Vorbedingung für wesentliche Erfolge im Kampf für bürgerlich-demokratische Fortschritte. Im Rahmen der Wahlrechtskämpfe sprachen er und andere führende Mitglieder der Partei sich auch für die Anwendung demokratischer Kampfmittel wie Straßendemonstrationen aus. In den Reichstagswahlen 1912 gab die DV für die Stichwahlen die Parole aus, immer den am weitesten linksstehenden Kandidaten – d. h. Sozialdemokraten auch gegenüber Kandidaten der *FoVp* – zu unterstützen. Der Mißerfolg in diesen Wahlen veranlaßte R. BREITSCHEID zum Verlassen der DV und zum Eintritt in die *Sozialdemokratische Partei Deutschlands.*

Das enttäuschende Ergebnis in den Reichstagswahlen 1912 führte zum Ausscheiden von fast 3000 Mitgliedern aus der Partei; eine Schwächung, die in der Folgezeit nicht mehr durch Neuaufnahmen kompensiert werden konnte. Angesichts der Gegensätze zur *FoVp* wie zur Sozialdemokratie unterstrich der Parteitag in Nürnberg die Existenzberechtigung der DV, beschloß die Fortsetzung der Arbeit und wählte H. VON GERLACH zum Vorsitzenden. Die Schwäche und Perspektivlosigkeit der Partei waren aber offensichtlich geworden. Die DV hatte als Organisation den Höhepunkt ihrer Entwicklung überschritten.

Aus der demokratischen und antimilitaristischen Konzeption der Partei ergab sich ihre Anziehungskraft auf fortschrittliche Intellektuelle. Bereits im Februar 1908 hatte Wilhelm HERZOG aus München bei Th. BARTH angefragt, ob er nicht »Die Nation« – deren Erscheinen im März 1907 eingestellt worden war – wieder herausgeben wolle als »ein Organ ... für die wirklichen Demokraten« und Ausdruck »eines freien radikalen, rücksichtslosen Geistes«. Er verhandele mit einem Berliner Verleger über eine Zeitschrift, »deren Herausgabe Heinrich Mann und ich übernehmen sollten«.[12]

Nach der Gründung der Demokratischen Verlagsanstalt im November 1909 setzte die ab Januar 1910 erscheinende Wochenzeitung »Das Freie Volk« die besten Traditionen der »Nation« fort. Die Beiträge von R. BREITSCHEID (Leitartikel), T. BREITSCHEID (Frauenbewegung), H. VON GERLACH (Innen- und Parteipolitik), Richard GÄDKE (Militarismus, Rüstung, Friedensbewegung) und W. HERZOG (Kunst und Literatur, Ästhetik) prägten das demokratische und antimilitaristische Profil der Zeitung. In ihr veröffentlichte Heinrich MANN und begann Carl VON OSSIETZKY seine publizistische Tätigkeit, der außerdem die Hamburger Gruppe der DV leitete.

Für die preußischen Landtagswahlen 1913 orientierte die Führung der DV erneut auf das Zusammengehen mit der Sozialdemokratie. In den innenpolitischen Auseinandersetzungen bekannten Siegfried AUFHÄUSER,

R. GÄDKE, H. VON GERLACH, C. VON OSSIETZKY u. a. ihre Sympathien für die Linken in der *Sozialdemokratischen Partei Deutschlands* – insbesondere für Clara ZETKIN, Karl LIEBKNECHT und Rosa LUXEMBURG – und äußerten eine sich vertiefende Skepsis gegenüber der rechtsopportunistischen Ideologie und Politik. H. VON GERLACH, der 1894 Friedrich ENGELS in London besucht hatte, schrieb später über Karl LIEBKNECHT: »Ich habe vor dem Kriege viel in Sachen der russischen politischen Flüchtlinge mit ihm gearbeitet. Dabei bekam ich den höchsten Respekt vor seiner Selbstlosigkeit und seiner Willensstärke.«[13]

Es entsprach dieser radikaldemokratischen Tendenz, daß auch Kampfformen wie Massen- oder Generalstreik zur Durchsetzung demokratischer Ziele befürwortet wurden. Zur Auseinandersetzung um dieses Thema auf dem sozialdemokratischen Jenaer Parteitag hieß es:

»Die revolutionäre Energie hat auf diesem Parteitage nur verächtlichen Spott erfahren. Es spricht sicherlich für die Bedeutung von Rosa Luxemburg, daß gerade sie die meisten Angriffe zu erfahren hatte und daß dabei mehr persönliche als sachliche Momente herhalten mußten. Sachlich, das muß gesagt werden, war die Luxemburgsche Rede über den Massenstreik weit über dem Niveau der meisten Parteitagsreden, ...«.[14]

Mit solchen entschieden demokratischen Positionen befanden sich führende Köpfe der DV über dem ideologischen und politischmoralischen Niveau der von ihnen zunehmend attackierten rechtssozialdemokratischen Politiker. Das äußerte sich auch in der antimilitaristischen, auf die Abwendung der Kriegsgefahr, auf Abrüstung und friedliche Regelung von Konflikten gerichteten Propaganda und Aktivität in der unmittelbaren Vorkriegsperiode. Der Magdeburger Parteitag 1913 beschloß nach einem Referat von R. GÄDKE über die Wehrvorlagen einstimmig folgende Resolution:

»Der Parteitag mißbilligt die von der Regierung ohne genügende Unterlagen eingebrachten Wehrvorlagen. Er bedauert, daß dadurch eine neue Aera des Wettrüstens eingeleitet worden ist. Entschlossen, dem Vaterland alles zu geben, was zur Verteidigung seiner Ehre und Wohltat erforderlich ist, hält der Parteitag jedoch eine wesentliche Verkürzung der Dienstzeit schon jetzt für zulässig. Die

Übergriffe der Militärgewalt in das bürgerliche Leben, ihre Einmischung in die politischen Kämpfe des Tages und ihre Angriffe auf die Ehre und Unabhängigkeit von Staatsbürgern, die von ihren gesetzlichen Rechten Gebrauch machen, verurteilt der Parteitag aufs schärfste und verlangt hiergegen erhöhten, auch strafgesetzlichen Schutz und eine wirksame Aufsicht des Parlaments über die Kommandogewalt. Der Parteitag erkennt an, daß Rüstungsbeschränkungen nur auf dem Wege internationaler Verständigung erreichbar sind, und erwartet, daß Regierung und Parlament sich zu einer solchen nicht nur theoretisch bereit erklären, sondern die hierzu erforderlichen Schritte ohne Säumen und mit voller Aufrichtigkeit einleiten.«[15]

Publizistisch wirkte vor allem R. GÄDKE, ehemaliger Oberst und Regimentskommandeur, als entschiedener Gegner der Kriegspolitik und Militarisierung. In seinen Beiträgen im »Freien Volk« deckte er soziale Wurzeln der Aufrüstung und der aggressiven Politik auf: »Je mehr die Gegensätze zwischen den Völkern sich steigern, je mehr die gegenseitigen Rüstungen wachsen, um so mehr blüht das Geschäft. Der internationale Konzern der Rüstungsindustrie ist der größte Feind der internationalen Friedensbestrebungen, um so gefährlicher und verbrecherischer, als er sich mit Vorliebe in das Gewand des lautersten Patriotismus zu hüllen weiß.«[16] Am 7. Mai 1914 wurden C. VON OSSIETZKY (als Autor) und der verantwortliche Redakteur Heinrich GLASER wegen des in Nr. 27/1913 erschienenen Artikels »Das Erfurter Urteil« zu je 200 M Geldstrafe verurteilt. In dem Beitrag war ein für die damalige Klassenjustiz charakteristisches Urteil gegen einige Reservisten kritisiert worden.
In der letzten Nummer dieser Wochenzeitung vom 8. August 1914 wurde — dem vorherrschenden chauvinistisch-militaristischen Taumel folgend — ein Aufruf der Führungsgremien an die Mitglieder zur Unterstützung des Krieges veröffentlicht. Der Parteivorsitzende H. VON GERLACH, der bei Kriegsausbruch im Ausland weilte, lehnte die Unterzeichnung ab. Später schrieb er darüber:

»Ich sehnte mich nach Berlin, um dort mit politisch vernünftigen Leuten endlich einmal wieder politisch vernünftig reden zu können. Deshalb suchte ich in erster Linie meine Freunde von der Demokratischen Vereinigung auf. Die legten mir als Vorsitzendem dieser Vereinigung eine Erklärung zur Unterzeichnung vor, in der von ›dem uns aufgezwungenen Kriege‹ die Rede war. Ich verweigerte meine Unterschrift, da ich mit meinem Namen keinen Schwindel decken wollte. Die Erklärung erschien trotzdem, natürlich ohne meinen Namen.«[17]

Mit dem Kriegsausbruch verlor die DV jede Bedeutung, da ihr nunmehr eine einheitliche antimilitaristische und demokratische Konzeption ebenso fehlte wie eine ausreichende Massenbasis, parlamentarische Vertreter und ein den erschwerten Bedingungen genügender organisatorischer Apparat. Bestimmte pazifistische Bemühungen blieben auf die Tätigkeit einzelner Persönlichkeiten wie H. VON GERLACH beschränkt.
Mitte November 1918 fand eine letzte Zusammenkunft insbesondere mit den Vorständen der Berliner Vereine der Partei statt. Die etwa 250 Teilnehmer nahmen nach dem Referat H. VON GERLACHS und einer lebhaften Diskussion gegen 3 Stimmen die folgende Resolution an:

»Die Vertreter von 22 demokratischen Vereinen Groß-Berlins erklären mit überwältigender Mehrheit es für die Pflicht aller ihrer Mitglieder und Gesinnungsgenossen, sich der neuen Demokratischen Partei anzuschließen, und wünschen, daß möglichst alle demokratischen Vereine ihre Organisationen der Demokratischen Partei zur Verfügung stellen, um in dieser für die Durchsetzung ihrer radikalen, sozialen und demokratischen Programme zu sorgen.«[18]

Damit endete der bedeutendste Versuch zur Bildung einer bürgerlich-demokratischen Partei, der zwischen 1870/71 und 1917/18 in Deutschland unternommen worden war.

3. Quellen und Literatur

Hauptsächliche archivalische Quellen sind die NL Theodor Barth und Friedrich Naumann im ZStA Potsdam, im letzteren insbesondere die Briefe von Th. Barth an F. Naumann. Neben den von der DV herausgegebenen oder ihr verbundenen Periodika bilden die Bestände 6194 und 4371 des ehemaligen Pressearchivs des Bundes der Landwirte im ZStA Potsdam eine nützliche Ergänzung. Als Selbstdarstellungen sind vor allem die Flugschriften von Th. Barth, Rudolf Breitscheid und Hellmut von Gerlach zu nennen, die im Text berücksichtigt und in den Anmerkungen genannt sind.

Erinnerungen und Biographien: Ernst Feder »Theodor Barth und der demokratische Gedanke« (Gotha 1919). H. von Gerlach »Erinnerungen eines Junkers« (Berlin 1924). H. von Gerlach »Von rechts nach links« (Hrsg. Emil Ludwig, Zürich 1937). Ruth Greuner »Wandlungen eines Aufrechten. Lebensbild Hellmut von Gerlachs« (Berlin (1965). »Maud von Ossietzky erzählt. Ein Lebensbild« (Berlin 1966). Eckhard Trümpler »Vom bürgerlichen Demokraten zum Mitbegründer der antifaschistischen Volksfront. Rudolf Breitscheid« (in: BzG, Berlin, 3/1976, S. 513–524). Dem Artikel sind weitere Literaturhinweise zur Biographie R. Breitscheids beigefügt. Konstanze Wegner »Theodor Barth und die Freisinnige Vereinigung« (Tübingen 1968 = Tübinger Studien zur Geschichte und Politik, Bd. 24). Die DV wird darin nur sehr knapp und ihrer spezifischen historisch-politischen Rolle nicht gerecht werdend erwähnt und eingeschätzt.

Darstellungen: Eine monographische Darstellung der Geschichte der DV gibt es bisher nicht. Eine relativ geschlossene Darstellung der Vorgeschichte und Entstehung sowie der charakteristischen Merkmale und Entwicklungsetappen der DV findet sich in der Geschichte der linksliberalen Parteien vor 1918 von Ludwig Elm.[19] Die weitgehende Nichtbeachtung der DV und ihrer führenden Repräsentanten durch die bürgerliche Geschichtsschreibung belegt in aufschlußreicher Weise das Desinteresse — wenn nicht gar die Gegnerschaft — gegenüber den wirklich demokratischen Bewegungen und Bestrebungen unter den Bedingungen des Imperialismus.

Anmerkungen

1 Berliner Volkszeitung, 18. 5. 1908.
2 Ebenda, 26. 10. 1908.
3 Berliner Tageblatt, 8. 5. 1908.
4 ZStA Potsdam, NL Friedrich Naumann, Nr. 143, Bl. 15 f.
5 Hellmut von Gerlach: Die Geschichte des preußischen Wahlrechts, Berlin-Schöneberg 1908.
6 Theodor Barth: Der Freisinn im Block. Ein Kapitel aus der Entwicklungsgeschichte des Liberalismus, Berlin [1908], S. 9.
7 Rudolf Breitscheid: Der Bülowblock und der Liberalismus, München 1908, S. 79.
8 R. Breitscheid: Persönliches Regiment und konstitutionelle Garantien, Berlin 1909, S. 13 f. = Demokratische Flugblätter, Nr. 1.
9 Th. Barth/R. Breitscheid: Die Aufgaben der Demokratischen Vereinigung, Berlin 1909, S. 18 f. = Demokratische Flugblätter, Nr. 2.
10 Siehe beispielsweise Konstanze Wegner: Theodor Barth und die Freisinnige Vereinigung, Tübingen 1968, S. 134 ff. = Tübinger Studien zur Geschichte und Politik, Bd. 24.
11 Richard Gädke: Zum 18. Oktober. In: Das Freie Volk, Berlin, Nr. 42, 18. 10. 1913.
12 ZStA Potsdam, NL Th. Barth, Nr. 28, Bl. 2 f.
13 H. von Gerlach: Erinnerungen eines Junkers, Berlin 1924, S. 105.
14 Ernst Stein: 333 gegen 142. In: Das Freie Volk, Nr. 38 vom 20. 9. 1913.
15 Zit. in: Deutscher Geschichtskalender, Leipzig, Jg. 1913, I. Bd., Januar — Juni, S. 338.
16 R. Gädke: Vaterlandsliebe? In: Das Freie Volk, Berlin, Nr. 17 vom 26. 4. 1913.
17 H. von Gerlach: Von rechts nach links. Hrsg. Emil Ludwig, Zürich 1937, S. 234.
18 Berliner Tageblatt, 21. 11. 1918.
19 Ludwig Elm: Zwischen Fortschritt und Reaktion. Geschichte der Parteien der liberalen Bourgeoisie in Deutschland 1893–1918, Berlin 1968.

Ludwig Elm

Demokratische Volkspartei
1863—1866

Die Demokratische Volkspartei war eine von kleinbürgerlichen Demokraten der 48er Revolution ins Leben gerufene Sammlungsbewegung, die alle demokratischen Patrioten zum Kampf für einen durch die nationale Volksbewegung zu schaffenden großdeutsch-demokratischen Staat zusammenfassen und mobilisieren wollte. Ihr entschiedenster Flügel erstrebte die nationale Einigung durch eine Revolution der Volksmassen. Eine Lösung der deutschen Frage durch das reaktionär-militaristische Preußen wurde von ihr ebenso bekämpft wie die habsburgischen Hegemoniebestrebungen. Obwohl im Prinzip republikanisch gesinnt, erklärten sich die meisten Anhänger der Demokratischen Volkspartei auch mit konstitutionell-demokratischen Übergangslösungen einverstanden. Ein Teil der Führungskräfte versuchte, die deutsche Arbeiterbewegung in die Sammlungsbewegung einzubeziehen. Die Demokratische Volkspartei wurde im wesentlichen von kleinbürgerlichen Intellektuellen getragen, nur in Württemberg erlangte sie unter der kleinbürgerlichen Bevölkerung eine Massenbasis. Starke Differenzen innerhalb der Bewegung verhinderten bis 1866 das Entstehen einer fest organisierten Partei.

1. Die Herausbildung demokratischer Strömungen in der nationalen Bewegung 1863
2. Die Versuche zur Gründung einer Demokratischen Volkspartei 1864/65
3. Die Haltung der Demokraten auf dem Höhepunkt der national-politischen Krise 1866
4. Quellen und Literatur

Provisorischer Ausschuß 1864/65

Ludwig ECKARDT (Karlsruhe, Mannheim); Karl MAYER (Stuttgart); Adam TRABERT (Hanau); Alfred GROOTE (Düsseldorf); Heinrich BÜRGERS (Köln)

Sitz der provisorischen Leitung

Karlsruhe, Mannheim (1864/65); Nürnberg (1865), Stuttgart (1866), Frankfurt (Main) (1866)

Tagungen

18. Oktober 1863 Leipzig
30. Oktober 1864 Eisenach
18. September 1865 Darmstadt
27. Dezember 1865 Bamberg
20. Mai 1866 Frankfurt (Main)

Parteipresse

»Deutsches Wochenblatt« (1865–1867); Ort: Mannheim; Abonnenten: 2000
»Der Beobachter«; Ort: Stuttgart

»Neue Frankfurter Zeitung«; Ort: Frankfurt (Main); Abonnenten: 10000

1. Die Herausbildung demokratischer Strömungen in der nationalen Bewegung 1863

Im ↗ *Deutschen Nationalverein (Nationalverein)* und in den Fortschrittsparteien der einzelnen deutschen Staaten hatten sich Ende der 50er, Anfang der 60er Jahre zahlreiche ehemalige Achtundvierziger Demokraten mit den liberal-konstitutionellen Kräften zusammengeschlossen. Während viele von ihnen sich die politischen Positionen der liberalen Bourgeoisie zu eigen machten, blieb ein Teil seinen demokratischen Überzeugungen treu. Dieser trat jedoch mit seiner Kritik am propreußischen Liberalismus erst stärker hervor, als die bürgerliche Nationalbewegung mit dem Beginn des Verfassungskonfliktes in Preußen, der Einsetzung des Ministeriums BISMARCK und dem erfolglosen Kampf des preußischen liberalen Abgeordnetenhauses gegen das verfassungsbrüchige Regime in eine tiefe Krise geraten war. Der Hohenzollernstaat, auf dem die nationalen Hoffnungen des größeren Teils der liberalen Bourgeoisie ruhten, erwies sich jetzt als militante, antiliberale Macht und zeigte keinerlei Bereitschaft, die Initiative zur staatlichen Einigung Deutschlands unter Ausschluß Österreichs zu ergreifen. Die ↗ *Deutsche Fortschrittspartei* in Preußen scheute sich, zur Überwindung des BISMARCK-Regimes an das Volk zu appellieren und zum außerparlamentarischen Kampf überzugehen. Unter diesen Bedingungen war das antidemokratisch-propreußische Programm des *Nationalvereins*, das die nationale Aktionsbereitschaft einer liberalen preußischen Regierung voraussetzte, undurchführbar geworden.

Unter dem Einfluß nach Deutschland zurückgekehrter kleinbürgerlich-demokratischer Emigranten von 1849 entwickelte sich im Laufe des Jahres 1863 auf dem Boden des *Nationalvereins* eine demokratische Opposition gegen den preußisch orientierten Liberalismus. Sie hatte ihre Stützpunkte in Hamburg, Frankfurt (Main) und Coburg und zielte auf die Einbeziehung der von der Bourgeoisie absichtlich vernachlässigten werktätigen Bevölkerungsschichten in die nationale Bewegung. Zugleich richteten sich ihre Forderungen gegen die kleindeutsche Konzeption der Einigung Deutschlands unter preußischer Führung und gegen den Ausschluß Deutsch-Österreichs aus dem künftigen Nationalstaat. Da diese demokratischen Oppositionszentren, die nicht nur von kleinbürgerlichen Intellektuellen, sondern auch von Angehörigen der Bourgeoisie getragen wurden, jedoch zahlenmäßig schwach und unkoordiniert blieben, konnten ihre Vertreter auf der Leipziger Generalversammlung des *Nationalvereins* im Oktober 1863 keine politischen Wirkungen erzielen. Auf Betreiben L. ECKARDTS, Professor für Literaturgeschichte und Bibliothekar am großherzoglichen Hofe in Karlsruhe, suchte sich im unmittelbaren Anschluß an diese Generalversammlung der linke Flügel des *Nationalvereins* zu organisieren und Agitationslosungen festzulegen, die, wie z. B. »Reichsverfassung«, »Grundrechte« und »Volksheer«, dem Arsenal der demokratischen Bewegung von 1849 entnommen und durchaus geeignet waren, die bürgerliche Einheitsbewegung voranzutreiben. Mit seinem Ziel, den *Nationalverein* zu einer bürgerlich-demokratischen Organisation umzugestalten, bildete dieser Versuch den frühesten Ansatz für die Schaffung der in den nächsten Jahren immer wieder angestrebten Demokratischen Volkspartei.

Viele kleinbürgerliche Demokraten setzten sich seit Anfang der 60er Jahre dafür ein, die Nationalbewegung durch die Eingliederung der Arbeiter zu stärken. Sie forderten die Herabsetzung der Mitgliedsbeiträge des *Nationalvereins*, um dadurch auch den Arbeitern den Beitritt zu ermöglichen, und befürworteten politische Diskussionen in den Arbeitervereinen.

Als Ferdinand LASSALLE im Frühjahr 1863 einen kleinen Teil der deutschen Arbeiterklasse organisatorisch-politisch von der Bourgeoisie löste und eine selbständige politische Arbeiterorganisation ins Leben rief, nahmen fast alle damals schon auf demokratischen Positionen stehenden Patrioten aus dem Bürger- und Kleinbürgertum gegen diese Bestrebungen Stellung. Sie befürchteten in erster Linie von einer selbständigen Arbeiterbewegung die Spaltung der einheitlichen nationalen Volksbewegung, die nur der Reaktion nütze. Die meisten von ihnen waren so in den ideologischen Auffassungen der liberalen Bourgeoisie befangen, daß sie die Existenz eines Klassengegensatzes zwischen Bourgeoisie und Proletariat leugneten. Im Sinne von Hermann SCHULZE-DELITZSCH vertrauten sie — teils ehrlich, teils demagogisch — darauf, daß die Macht der Bildung und die Wirkung der Konsumgenossenschaften ausreichen würden, das Los der Arbeiter im Kapitalismus zu bessern. Soweit die Demokraten schon mit einer revolutionären Bewegung als letzter Möglichkeit rechneten, um zu einem demokratischen Nationalstaat zu gelangen, überschätzten sie 1863 noch stark die politischen Potenzen des deutschen Bürgertums. Manche fürchteten, eine selbständige Arbeiterbewegung werde der Bourgeoisie Angst vor einer sozialen Revolution einflößen und sie in die Arme der Reaktion treiben.

Daher war die Zahl der kleinbürgerlichen Demokraten nicht gering, die sich am 7. Juni 1863 auf dem Vereinstag in Frankfurt (Main) als Vorsitzende oder Mitglieder von Arbeiterbildungsvereinen an der Gründung des ↗ *Verbandes deutscher Arbeitervereine (VdA)* beteiligten. Dieser war eine lockere, gegen den *Allgemeinen Deutschen Arbeiterverein* Ferdinand LASSALLES gerichtete Organisation, die zunächst unter der Führung der liberalen Bourgeoisie stand. Charakteristisch für die widerspruchsvolle Haltung des Vorsitzenden dieses Vereinstages, Leopold SONNEMANN, ist, daß er als Angehöriger des linken Flügels des *Nationalvereins* einerseits für die Förderung der demokratischen Volksbewegung eintrat, andererseits aber im Sinne der Bourgeoisie die Erörterung politischer Fragen auf den Zusammenkünften des Vereinstages und eine politische Orientierung der Arbeiterbildungsvereine ablehnte.

2. Die Versuche zur Gründung einer Demokratischen Volkspartei 1864/65

Die verschiedenen bürgerlich-demokratischen Gruppierungen traten zwar alle in den 60er Jahren für einen mehr oder weniger aus der Volksinitiative hervorgehenden deutschen Nationalstaat ein, unterschieden sich aber meist beträchtlich in der Haltung zu konkreten politischen Einzelfragen.

Die Übergriffe Dänemarks, vor allem der Versuch, Schleswig völlig in den dänischen Staatsverband einzuverleiben, und das Bemühen des neuen dänischen Königs, sich zum Herzog von Schleswig-Holstein zu machen, führten seit November 1863 in Deutschland zur Entstehung einer patriotischen Massenbewegung, deren Ziel es war, beide Herzogtümer von dänischer Unterdrückung zu befreien und für Deutschland zurückzugewinnen.

In dieser Schleswig-Holstein-Krise verfolgte fast jede demokratische Gruppe eine eigene politische Linie, ohne Fühlung zu anderen Gruppen zu haben. Der Kreis um L. SONNEMANN und August RÖCKEL in Frankfurt war politisch am entschiedensten, indem er die Befreiung der Elbherzogtümer durch Freiwilligenverbände nach dem Vorbild Giuseppe GARIBALDIS anstrebte und größten Wert auf ein von den dynastischen Regierungen und der liberalen Bourgeoisie unabhängiges Vorgehen der Volksbewegung legte. Ihm schien ein selbständiges Handeln der Massen zugunsten Schleswig-Holsteins die Möglichkeit einer Volksrevolution zur Schaffung der deutschen Republik zu eröffnen. Daher vertrat er unablässig den Gedanken der Wehrertüchtigung und Bewaffnung des Volkes.

Solchen Plänen stand auch die Gruppe um Gustav VON STRUVE und Fedor STREIT im thüringischen Raum nahe, die allerdings noch den *Nationalverein* als führende Kraft der Schleswig-Holstein-Bewegung anerkannte. Der Karlsruher Kreis um L. ECKARDT lehnte sich an die Konzeption der badischen Regierung an und unterstützte von vornherein die augustenburgischen Erbansprüche. Sein Standpunkt unterschied sich zunächst nur in der stärkeren Betonung der Volksbewaffnung von dem der liberalen Bourgeoisie. Im Verlauf der wechselvollen politischen Konstellationen während der Krise verschoben sich die ursprünglichen Positionen mehrmals, und es kam vorübergehend zu einer weitgehenden Annäherung an die Linie der liberalen Bourgeoisie, die ihre Hoffnungen auf ein energisches Handeln der »national« gesinnten deutschen Einzelregierungen zugunsten des Augustenburgers setzte. Gemeinsam war allen kleinbürgerlich-demokratischen Gruppen die starke Förderung der Volksbewegung und der Versuch, aus Anlaß der Schleswig-Holstein-Frage Fortschritte im Kampf um die demokratische Einheit Deutschlands zu erzielen.

Nachdem Preußen und Österreich durch ihr militärisches Eingreifen die Lostrennung der Herzogtümer vom dänischen Staat erreicht hatten, über ihren politischen Status innerhalb Deutschlands aber noch keine Entscheidung getroffen war, trat die demokratische Publizistik für das Selbstbestimmungsrecht der schleswig-holsteinischen Bevölkerung ein. Das bedeutete in der Praxis zwar eine Unterstützung der augustenburgischen Agitation, war aber das einzige Mittel, um einer Annexion Schleswig-Holsteins durch Preußen vorzubeugen.

Mit ihrer Unfähigkeit, eine von der dynastischen Politik unabhängige politische Linie bei der Wahrnehmung nationaler Interessen gegenüber einem so kleinen Staat wie Dänemark zu entwickeln und erfolgreich durchzusetzen, hatte die liberale Bourgeoisie die Volksbewegung erneut desorientiert und sich selbst vor den Massen bloßgestellt. Sie trug mit die Verantwortung dafür, daß BISMARCK diese Frage im Widerspruch zur Volksbewegung und im Interesse der preußischen Machtausdehnung lösen konnte. Die hier erstmals sichtbar werdende preußische Annexionspolitik in Deutschland signalisierte die Möglichkeit einer von Preußen ausgehenden kleindeutschen Einigung auf reaktionär-volksfeindlicher Basis. Da Teile der norddeutschen Bourgeoisie durchaus bereit waren, BISMARCK auf dieser Bahn zu folgen, durch ihn ihre nationalen Wünsche erfüllen zu lassen, zeigten sich die ersten deutlichen Konturen des Klassenbündnisses von Bourgeoisie und Junkertum.

Diese neuen Tendenzen in der deutschen Politik, vor allem das offenkundige Versagen und der Verrat der liberalen Bourgeoisie, veranlaßten zu Anfang 1864 demokratische Patrioten, selbständige nationalpolitische Konzeptionen auszuarbeiten, sich unabhängig vom Liberalismus zu organisieren und den Widerstand des Volkes gegen eine preußische Eroberungspolitik zu mobilisieren. Infolge der entwicklungsbedingten Schwäche der deutschen Arbeiterklasse, die noch nicht in der Lage war, den Volkskampf um nationale Einigung und Demokratie zu führen, und angesichts der so offenkundig gewordenen Unfähigkeit der Bourgeoisie, diese Aufgabe zu erfüllen, war den kleinbürgerlichen Demokraten damit eine hohe nationale Verantwortung auferlegt und erneut eine Chance zu politischer Bewährung gegeben. Zunächst unabhängig voneinander, gingen die Bestrebungen zur Bildung einer Demokratischen Volkspartei vom württembergischen und vom badischen Raum aus.

Indem sie die *Schleswig-Holstein-Komitees* für sich gewann und an die noch recht lebendigen Traditionen der demokratischen Partei von 1848/49 anknüpfte, gelang es der kleinbürgerlichen Demokratie Württembergs, in sehr kurzer Zeit eine von ihr beherrschte Volkspartei auf provinzieller Ebene aufzubauen. Auf einer Landesversammlung am 8. Mai 1864 konsolidierte sie sich organisatorisch und hatte am Ende des Jahres auch ihre volle Unabhängigkeit vom württembergischen Liberalismus erreicht. Im Hinblick auf Württemberg war die Wiedererlangung aller demokratischen Rechte, die die Volksmassen 1848/49 errungen hatten, ihr Ziel. Als wichtigste gesamtdeutsche Aufgabe erkannte sie die Verhinderung der preußischen Machtausdehnung in Deutschland. Sie wollte das aber nicht durch eine Volksrevolution, sondern auf dem Wege einer Koalition der Mittel- und Kleinstaaten lösen, die zugleich den Ausgangspunkt der nationalen Einigung Deutschlands bilden sollte. In diesem durchaus schädlichen Programm war ein stark partikularistischer Zug sowie die Bereitschaft zur vorübergehenden Zusammenarbeit mit den klein- und mittelstaatlichen Dynastien enthalten. In Übereinstimmung mit dieser Zielsetzung und ihrem extremen Föderalismus entsprechend erstrebte die württembergische Demokratie nur den Aufbau einer Demokratischen Volkspartei auf dem Territorium der deutschen Mittel- und Kleinstaaten. Sie war in ihrem Charakter gemäßigt, zu Kompromissen geneigt und bei aller Wertschätzung außerparlamentarischer Arbeit antirevolutionär, obwohl sie sich prinzipiell zur republikanischen Staatsauffassung bekannte. In dem städtischen Handwerkertum und den klein- und mittelbäuerlichen Schichten Schwabens verfügte die württembergische Volkspartei über eine soziale Massenbasis; sie zählte aber auch kapitalistische Unternehmer in ihren Reihen. Ihre politischen Führer wären K. MAYER, Ludwig PFAU und Julius HAUSSMANN.

Auf Initiative L. ECKARDTS entstand nach mehreren kleinen Zusammenkünften süd- und südwestdeutscher Patrioten im Januar 1864 ein aus 4 bekannten Achtundvierzigern bestehender Ausschuß in Karlsruhe, dessen erklärtes Ziel die »Wiederherstellung der Volkspartei« war. Vorübergehend von der kleinbürgerlichen Illusion geleitet, die badische Regierung werde — nach dem Vorbild Piemonts in der italienischen Einigungsbewegung — im Bündnis mit der Volksbewegung den Schleswig-Holstein-Konflikt zur Schaffung der nationalen Einigung Deutschlands im Kampf gegen Preußen und Österreich ausnutzen, wollte L. ECKARDT mit dem Aufbau einer demokratischen Volkspartei den Volksmassen eine Führung geben. Auch nach dem Scheitern dieser Erwartung setzte der Karlsruher Ausschuß auf halblegalem Wege die Sammlung deutscher Demokraten zur Vorbereitung revolutionärer Aktionen fort. Solange noch die Möglichkeit eines europäischen Konflikts wegen der Schleswig-Holstein-Frage bestand, wurden praktische Maßnahmen zur Durchsetzung der Volksbewaffnung erörtert, die bis zum Sommer 1864 die agitatorische Hauptlosung dieses

Kreises war. Die Gruppe um L. ECKARDT, im Unterschied zur württembergischen Demokratie entschiedener und in nationalpolitischer Beziehung in vielem klarsichtiger, beabsichtigte den Aufbau einer gesamtdeutschen Demokratischen Volkspartei; sie orientierte auf die Arbeit der Demokraten in den Turn-, Wehr-, Schützen- und Arbeitervereinen und suchte trotz mancher Widersprüche die subjektiven Bedingungen einer nationalrevolutionären Volkserhebung zu schaffen. Mit dem Abflauen der Volksbewegung für Schleswig-Holstein im Sommer 1864 scheiterten ihre Bestrebungen zunächst. Der starke katholische Einfluß und die politische Abhängigkeit des badischen Bürger- und Kleinbürgertums von ihrer gemäßigt-liberalen Regierung machten es ihr unmöglich, in Baden festen Fuß zu fassen; sie blieb daher auf schwache bürgerliche und kleinbürgerliche Gruppen, vor allem die Intelligenz, beschränkt.

Da die Bildung einer Demokratischen Volkspartei auf gesamtdeutscher Ebene bisher nicht gelungen war, unternahmen L. ECKARDT und seine politischen Freunde im Herbst 1864 erneut den Versuch, über die Gewinnung und Umgestaltung des *Nationalvereins* eine demokratische Partei zu errichten. Auf der zu diesem Zweck am 30. Oktober 1864 unmittelbar vor der Generalversammlung des *Nationalvereins* nach Eisenach einberufenen Tagung demokratischer Persönlichkeiten, die über 60 Teilnehmer umfaßte, verhinderte die Führung der württembergischen Volkspartei L. ECKARDTS parteipolitische Pläne. Aus föderalistischen Erwägungen heraus lehnte sie sowohl eine Beteiligung an einer aus dem *Nationalverein* oder auch unabhängig von ihm entstehenden deutschen Volkspartei ab. Sie war der Meinung, eine demokratische Partei dürfe nicht offiziell gegründet werden, sondern müsse sich mit dem Anwachsen der demokratischen Bewegung spontan bilden. Da auch unüberbrückbare programmatische Gegensätze bestanden, begnügten sich die Tagungsteilnehmer mit der Ernennung eines provisorischen Geschäftsführenden Ausschusses aus 5 Personen, der die Verbindung zwischen den demokratischen Zentren in Deutschland aufrechterhalten und künftig ähnliche Zusammenkünfte vorbereiten sollte. Das Schwergewicht der weiteren Arbeit wurde auf publizistischem Gebiet gesehen. Auf der Generalversammlung des *Nationalvereins* in Eisenach trat mit L. ECKARDT, H. BÜRGERS und F. STREIT der linke Flügel in der Diskussion stark in Erscheinung; er vermochte auch den bürgerlichen Liberalismus zum Manövrieren zu zwingen, ohne aber einen durchschlagenden Erfolg zu erzielen. Viele Angehörige der demokratischen Parteiströmung traten nach der Generalversammlung in Eisenach aus dem *Nationalverein* aus.

Mit der Zuspitzung der politischen Krise in Deutschland 1865 entwickelte der ECKARDT-Flügel eine lebhafte Aktivität, um die Basis der demokratischen Strömung innerhalb der nationalen Bewegung zu verbreitern. Er suchte beide Richtungen der deutschen Arbeiterbewegung an sich heranzuziehen, schaltete sich in die entstehende bürgerliche Frauenbewegung ein, förderte die Jugendwehrbewegung und bemühte sich um Einfluß auf die fortschrittlichen Teile der Studentenschaft. In dem Maße, wie die Volksbewegung stärker wurde und die Arbeiterbewegung immer mehr in Erscheinung trat, wurde der Flügel um L. ECKARDT politisch entschiedener und propagierte immer unverhüllter revolutionär-demokratische Auffassungen. In ihm gab es Anhänger einer unitarischen deutschen Republik wie auch Vertreter republikanisch-föderalistischer Zielsetzungen. Ungenügend organisiert, beschränkte sich sein Einflußgebiet auf West-, Südwest- und Mitteldeutschland. Neben L. ECKARDT war der Darmstädter Arzt und Vulgärmaterialist Ludwig BÜCHNER der profilierteste Politiker dieser Parteiströmung.

Mit dem Abschluß des preußisch-österreichischen Vertrages von Gastein im August 1865, einem vorübergehenden Kompromiß beider Mächte in der Schleswig-Holstein-Frage, rückte die Entscheidung über die Zukunft Deutschlands näher, und die Gefahr einer preußischen Annexion wurde akuter. Das trieb die demokratische Sammlungsbewegung zu erhöhter Eile an. Am 18. September 1865 veranstaltete sie in Darmstadt eine neue Konferenz mit über 40 Teilnehmern aus allen Teilen Deutschlands, um über »Sammlung, Organisation und Verständigung« zu beraten. Hier konnte zwischen der württembergischen Parteiführung und dem Flügel um L. ECKARDT in wichtigen sozial- und nationalpolitischen Fragen wiederum keine Übereinstimmung erzielt werden. Als vorläufiges Programm wurden die von beiden Seiten unbestrittenen Punkte beschlossen:

»1. Demokratische Grundlage der Verfassung und Verwaltung der Einzelstaaten; allgemeines und direktes Wahlrecht; parlamentarische Regierung; Selbstverwaltung des Volkes in den Gemeinde- und Bezirksverbänden; Ersetzung des stehenden Heeres durch allgemeine Volkswehr; Erziehung des Volkes zu politischer Selbständigkeit und geistiger Freiheit.
2. Keine preußische, keine österreichische Spitze, föderative Verbindung der gesamten unter sich gleichberechtigten deutschen Staaten und Stämme, mit einer über den Einzelregierungen stehenden Bundesgewalt und Nationalvertretung.
3. In dem Verkehr mit anderen Nationen gegenseitige Anerkennung der Prinzipien der Nationalität und des Selbstbestimmungsrechtes, der Freiheit und Gerechtigkeit.«[1]

Aus diesem Programm geht hervor, daß einheitliche Auffassungen nur in so allgemeinen Fragen wie dem Widerstand gegen eine Einigung Deutschlands »von oben«, der Anerkennung des allgemeinen Wahlrechts und der Volkssouveränität bestanden, während die Frage nach dem Weg zum künftigen einheitlichen Deutschland und nach seiner Staatsform offenblieb. Die Auseinandersetzungen waren in Darmstadt so heftig, daß die Führer der württembergischen Volkspartei die Konferenz vorzeitig verließen und tags darauf eine Separatveranstaltung durchführten, um Anhänger für ihr extrem föderalistisches Programm zu werben. Dennoch wurde ein vollständiger Bruch vermieden, und der ECKARDT-Flügel betrachtete die Demokratische Volkspartei trotz der großen programmatischen Gegensätze als konstituiert. Da die Zersplitterung in der Führung der Partei nicht überwunden werden konnte — es existierten verschiedene parteipolitische Zentren, wie der von L. ECKARDT geführte provisorische Ausschuß, Nürnberg als provisorischer Vorort der Partei und die mit der Vorlage eines neuen Programms beauftragte württembergische Parteiführung, nebeneinander — blieb sie als Ganzes weithin aktionsunfähig.
Die in Darmstadt zur Organisation der Partei gefaßten Beschlüsse sahen zentrale Zusammenkünfte der führenden Persönlichkeiten, Aussprachen der Redakteure der Parteizeitungen über gemeinsames Vorgehen und die Unterstützung der volkstümlichen Vereinsbewegung, wie der Arbeiter-, Turn- und Wehrvereine, vor. Zum Organ der Partei wurde das von L. ECKARDT redigierte »Deutsche Wochenblatt« bestimmt. Die Sammlung der deutschen Demokraten sollte im einzelstaatlichen Rahmen erfolgen, was eine Übertragung des Föderalismus auf das Organisationsprinzip darstellte. Tatsächlich konnte in den nächsten Monaten bis zum Ausbruch des preußisch-österreichischen Krieges der württembergische Flügel der Partei durch die Bildung zahlreicher Volksvereine seine organisatorische Grundlage stärken. Der Einfluß des ECKARDT-Flügels dagegen erstreckte sich mehr auf bereits bestehende Arbeitervereine und blieb vorwiegend ideologischer Natur.
L. ECKARDT und L. BÜCHNER unternahmen im Frühsommer 1865 den Versuch, die beiden Strömungen der deutschen Arbeiterbewegung, die Arbeitervereine und die Lassaleaner, zu vereinigen und geschlossen an die Demokratische Volkspartei heranzuziehen. Dabei waren das allgemeine Wahlrecht und Produktivgenossenschaften mit Staatshilfe, gegeben vom künftigen demokratischen Staat, die Forderungen, mit denen sie unter den Arbeitern agitierten. Auf einem Arbeitertag des Maingaugebietes am 16. Juli 1865 in Darmstadt, auf dem Angehörige beider Richtungen der Arbeiterbewegung vertreten waren, rief L. ECKARDT den Arbeitern zu: »Die Demokratie und die Arbeiterpartei müssen zusammengehen, wenn wir sie anders noch als zwei Elemente ansehen wollen. Anerkennt die Pflicht, mit uns die Freiheit, den politischen und religiösen Fortschritt zu erringen, wir wollen Euch hinwieder die Gleichheit und die soziale Reform erkämpfen helfen. Verstärkt unsere Selbsthilfe, und wir bringen Euch mit einem freien Staat eine gesunde Staatshilfe.«[2]
Als dieser weitgesteckte Plan mißlang, sollten beide Arbeitergruppierungen von der kleinbürgerlichen Demokratie gesondert gewonnen werden. Im Hinblick auf die Lassalleaner, die bereits zu einer mehr proletarischen Einstellung gefunden hatten, scheiterte das mit Notwendigkeit. Dennoch wären gerade sie für die von L. ECKARDT angestrebte einheitliche Anti-BISMARCK-Front nicht un-

wichtig gewesen, da sie ihre Basis vor allem in Preußen hatten, wo die Volkspartei kaum über Anhänger verfügte und wo die Entscheidung über die politische Zukunft Deutschlands fallen mußte.

Erfolgreicher war der ECKARDT-Flügel bei der Gewinnung der Arbeitervereine für die Positionen der demokratischen Partei. Hierbei kam ihm der Entwicklungsprozeß innerhalb dieser Vereine zustatten, deren Mitglieder sich mit der Zuspitzung der politischen Situation in Deutschland und dem Wachsen des Klassenbewußtseins immer mehr vom Einfluß der liberalen Bourgeoisie befreiten und am Kampf um eine demokratische Einigung Deutschlands von einer kleinbürgerlich-demokratischen Plattform aus teilnahmen. Zu ihrem Teil haben L. ECKARDT, L. BÜCHNER, Friedrich Albert LANGE und ihre Freunde diesen politischen Reifeprozeß unter den deutschen Arbeitern gefördert. Sie haben die Unzulänglichkeit der sozialen Rezepte eines H. SCHULZE-DELITZSCH kritisiert und bewußt daran gearbeitet, die Arbeitervereine dem Einfluß der Bourgeoisie zu entziehen. Auf dem Stuttgarter Vereinstag des *VdA* Anfang September 1865 vollzogen unter unmittelbarer Mitwirkung von L. ECKARDT und F. A. LANGE die deutschen Arbeitervereine den Übergang ins politische Lager der kleinbürgerlichen Demokratie. Das bedeutete für diese Vereine ohne Zweifel einen Fortschritt und das Erreichen einer notwendig zu durchlaufenden Entwicklungsetappe, obwohl damit die Erlangung ihrer ideologisch-politischen Selbständigkeit verzögert wurde.

Zum überwiegenden Teil vertraten die kleinbürgerlichen Demokraten des ECKARDT-Flügels nicht den ablehnenden Standpunkt der Bourgeoisie gegenüber der 1865 stark in Erscheinung tretenden Streikbewegung des deutschen Proletariats für höhere Löhne und kürzere Arbeitszeit. Vielerorts nahmen Demokraten für die Streikenden Partei und leisteten den Arbeitern mit der Zurückweisung der bourgeoisen Argumente von der Nutzlosigkeit der Streikkämpfe für die Verbesserung ihrer Lebenslage wertvolle Dienste.

Es gelang der Gruppe um L. ECKARDT und L. BÜCHNER allerdings nicht, sich mit ihren fortschrittlichen sozialpolitischen Auffassungen in der entstehenden Demokratischen Volkspartei durchzusetzen. Die Führung der

württembergischen Volkspartei widmete — teils aus Gleichgültigkeit, teils aus bourgeoiser Einstellung — der Arbeiterbewegung weit weniger Aufmerksamkeit und verhinderte sowohl auf der Darmstädter als auch auf der Bamberger Tagung, daß das Prinzip der Sozialreform in das Programm der Volkspartei Eingang fand. Dieser Umstand erschwerte es den Demokraten, unter den Arbeitern im Sinne ihrer sozialen, politischen und nationalen Ziele zu wirken.

Obwohl F. A. LANGE und L. BÜCHNER im Frühjahr 1866 Mitglieder der I. Internationale wurden und L. ECKARDT versuchte, Karl MARX und Friedrich ENGELS für die Mitarbeit am »Deutschen Wochenblatt« zu gewinnen, vermochten sie sich nicht auf den proletarischen Klassenstandpunkt zu stellen. Ihre Annäherung an die Arbeiterbewegung überschritt die kleinbürgerlichen Klassenschranken nicht, und sie traten auch weniger für die Förderung als vielmehr für die Abschwächung des Klassenkampfes zwischen Bourgeoisie und Proletariat ein. Dennoch war vielen Demokraten die Überzeugung gemeinsam, die das »Deutsche Wochenblatt« am 1. Januar 1867 aussprach: »Die Klasse der Arbeiter ist bereits zu einem Moment der Weltgeschichte und zur Hoffnung der Zukunft geworden.«

3. Die Haltung der Demokraten auf dem Höhepunkt der nationalpolitischen Krise 1866

Nachdem BISMARCK 1865 mit Österreich den Gasteiner Vertrag geschlossen hatte, der von den demokratischen Zeitungen sehr unterschiedlich beurteilt wurde, drängte er im Frühjahr 1866 auf eine Entscheidung im Kampf um die Hegemonie in Deutschland, indem er in der Auseinandersetzung mit Österreich die deutsche Frage in den Vordergrund rückte. Angesichts des bevorstehenden Bruderkrieges herrschte in der Demokratischen Volkspartei Übereinstimmung darüber, daß Preußen als die stärkste antidemokratische Macht in seinem Kampf gegen Österreich auf keinen Fall unterstützt werden dürfe. Drei unterschiedliche Auffassungen gab es in der Partei aber darüber, welche antipreußische Position man im Kriegsfall beziehen sollte. Der von bourgeoisen Klassenkräften getragene Kreis um L. SONNE-MANN trat von vornherein für die Kriegsteilnahme des deutschen Volkes an der Seite Österreichs ein. Die Demokratische Volkspartei in Württemberg erklärte sich für die bewaffnete Neutralität der deutschen Mittel- und Kleinstaaten und propagierte erneut als Nahziel die Herstellung eines demokratisch drapierten Bundes dieser Staaten als angeblich besten Schutz gegen die Annexionspläne der deutschen Großmächte. Der revolutionäre Flügel der Partei, der im wesentlichen die Gruppe um L. ECKARDT und L. BÜCHNER umfaßte, vermied zunächst die Orientierung auf Österreich oder die Klein- und Mittelstaaten, da er auf eine starke Volksbewegung hoffte, die den dynastischen Krieg in einen revolutionären Volkskrieg für die demokratische Einigung Deutschlands umwandeln könnte. Diese Meinungsverschiedenheiten raubten der Demokratischen Volkspartei einen Teil ihrer ohnedies schwachen Kraft und hinderten sie daran, rasch aktionsfähig zu werden und die zweifellos schwierige Situation zu meistern.

An der Spitze der seit April einen großen Aufschwung nehmenden Volksbewegung, die sich in zahlreichen, außerordentlich stark besuchten Volksversammlungen vor allem in Süd- und Mitteldeutschland äußerte, standen vorwiegend kleinbürgerliche Demokraten. Sie protestierten gegen die Gefährdung des Friedens und die Vergewaltigung Schleswig-Holsteins durch Preußen sowie gegen eine mögliche Einmischung ausländischer Mächte in deutsche Angelegenheiten. In der Rheinpfalz gründeten L. ECKARDT und A. RÖCKEL einen *Verein zum Schutze des linken Rheinufers* und warben in vielen Versammlungen für ihn. Die Hauptforderungen der Demokraten waren in der politischen Krise vor Ausbruch des Bruderkrieges Einberufung eines konstituierenden deutschen Parlaments und Volksbewaffnung. Es gelang den Demokraten an mehreren Orten, Ansätze für eine Einheitsfront von kleinbürgerlichen Demokraten, Mitgliedern der Arbeiterbildungsvereine und Lassalleanern gegen die preußische Annexionspolitik zu erreichen. Als Gegendemonstration gegen den liberalen Abgeordnetentag veranstalteten führende Persönlichkeiten der demokratischen Partei-

strömung am 20. Mai 1866 in Frankfurt (Main) eine von 3 500 Teilnehmern besuchte Volksversammlung, der gesamtnationale Bedeutung zukam. Als wichtigster Punkt der einmütig angenommenen Resolution wurde der bewaffnete Widerstand Deutschlands gegen die friedensbrecherische Politik der preußischen Regierung gefordert. Schleswig-Holstein sollte als selbständiger Staat innerhalb des deutschen Staatsverbandes begründet werden. Von den »bundestreuen« Regierungen wurden die Einführung der Grundrechte und der allgemeinen Volksbewaffnung sowie das Eintreten für ein konstituierendes deutsches Parlament verlangt. Schließlich wurden die Massen aufgerufen, überall Volksvereine zu bilden.[3] Die Einberufer der Versammlung, unter ihnen der junge August BEBEL, ließen sich zum provisorischen Ausschuß der deutschen Volkspartei erklären, bekundeten ihre Entschlossenheit, nun endgültig die Volkspartei zu begründen, und ließen am 31. Mai ein vorläufiges Programm erscheinen, das in seinem prinzipiellen Teil mit den 1865 in Darmstadt angenommenen Grundsätzen identisch war und zudem diejenigen Punkte der soeben gefaßten Resolution enthielt, die den Massen die Orientierung in der unmittelbaren politischen Situation geben sollten. Von dieser Versammlung gingen erneut Ansätze einer strafferen Organisation der demokratischen Parteiströmung aus, die aber bis zum Kriegsbeginn nicht mehr ausreiften.

Kurz vor Kriegsausbruch entschieden sich alle Fraktionen der Demokratischen Volkspartei dafür, Österreich in der militärischen Auseinandersetzung mit Preußen zu unterstützen. Diese Entscheidung war überwiegend nicht aus Sympathie für die Habsburgermonarchie gefällt, sondern aus der Einsicht geboren, daß Neutralität in einem Bürgerkrieg unmöglich ist, daß Österreich von zwei Übeln das kleinere sei und daß ein österreichischer Sieg der Demokratie voraussichtlich weniger politische Nachteile als ein preußischer bringen werde. Für den Fall einer militärischen Niederlage Preußens wurde auch mit einer Revolution in Berlin gerechnet, die den revolutionären Kräften des deutschen Volkes Möglichkeiten des Handelns verschaffen könne.

Während des preußisch-österreichischen

Krieges traten der provisorische Ausschuß der Volkspartei und viele führende demokratische Persönlichkeiten für die Beteiligung des ganzen deutschen Volkes am Krieg gegen Preußen ein, um ihm den Charakter eines Volkskrieges zu geben. Diese Parolen waren aber illusionär und gingen an der politischen Wirklichkeit vorbei, vor allem nachdem die preußische Armee bei Königgrätz die kriegsentscheidende Schlacht geschlagen hatte.

Eine Einschätzung der demokratischen Sammlungsbewegung zwischen 1863 und 1866 hat zu berücksichtigen, daß die publizistische Tätigkeit der Demokraten und ihr Auftreten in Volksversammlungen dazu beigetragen haben, die nationale Volksbewegung zu mobilisieren und ihr eine antipreußische, antimilitaristische und teilweise republikanische Orientierung zu geben. Da sie unter den Massen den Gedanken einer demokratischen Einigung propagierten, an ihre politische Schöpferkraft appellierten und volksverbunden waren, vertraten sie fortschrittlichere ideologisch-politische Positionen als der tonangebende bürgerliche Liberalismus. Sie repräsentierten die politischen Stimmungen und Wünsche eines beträchtlichen Teils der Bevölkerung in Südwest- und Mitteldeutschland.

Unter kleinbürgerlicher Führung stehend und den Wirkungen der deutschen Kleinstaaterei ausgesetzt, vermochte die demokratische Sammlungsbewegung nur ein geringes Maß von politischer Zielbewußtheit zu entwickeln und war insbesondere unfähig zu straffer parteipolitischer Organisation. Daher blieb ihre Anziehungskraft auf die Volksmassen auch nur gering. In Österreich, Preußen und im ganzen norddeutschen Raum erlangte sie kaum Anhängerschaft. Im Scheitern der Demokratischen Volkspartei spiegelte sich die seit 1848 noch gewachsene politische Zerfahrenheit und Entschlußlosigkeit des deutschen Kleinbürgertums wider. Statt die Repräsentanten seiner eigenen politischen Interessen zu unterstützen, wahrte es in seiner überwiegenden Mehrheit politische Neutralität oder folgte der liberalen Bourgeoisie oder gar der konservativ-reaktionären Propaganda. »Aber es sammelte sich«, so charakterisierte Franz MEHRING die wiederholten Bemühungen kleinbürgerlicher Politiker um eine eigene demokratische Partei, »regelmäßig nur eine Handvoll Ideologen um diese Fahne, die, kaum entfaltet, immer wieder in den Staub sank. Die große Masse des deutschen Kleinbürgertums blieb taub für alle Aufrufe zu einer einsichtigen und tapferen Klassenpolitik.«[4]

4. Quellen und Literatur

Von einer Anzahl zeitgenössischer Broschüren, Flugblätter und Verhandlungsprotokolle des Nationalvereins abgesehen, erschließt sich die Geschichte der kleinbürgerlich-demokratischen Parteibestrebungen dieser Jahre am ehesten aus den demokratischen Zeitungen. Neben dem »Deutschen Wochenblatt«, dem »Beobachter« und der »Neuen Frankfurter Zeitung« sind hier insbesondere noch August Röckels Zeitung »Frankfurter Reform« (1863/66), die »Allgemeine Deutsche Arbeiterzeitung« (Coburger Arbeiterzeitung 1863/66), die »Deutsche Wehrzeitung« (1864/66), »Der deutsche Eidgenosse« (1865/67) und die »Wochenschrift des Nationalvereins« (1860/65) zu nennen. Über die Anfänge des Eckardt-Flügels in Baden 1863/64 unterrichten die Materialien des NL Karl Ludwig Zitelmann im ZStA Merseburg. Aufschlüsse sind auch aus den NL handelnder Politiker in verschiedenen Archiven und Bibliotheken zu gewinnen.

Die Geschichte der Demokratischen Volkspartei bis 1866 ist ausführlich von Rolf Weber[5] behandelt worden. Die Beziehungen der Arbeiterbewegung zur kleinbürgerlichen Demokratie stellte in knapper Form Karl-Heinz Leidigkeit[6] dar. Theo Austermühle[7] hat sich mit dem Wirken der Demokraten in der volkstümlichen Vereinsbewegung beschäftigt. Die Dissertationen von Gerlinde Runge[8] und Dieter Langewiesche[9] bieten ergänzendes Material zur Demokratischen Volkspartei in Württemberg. Die älteren bürgerlichen Arbeiten von Adolf Rapp[10] und Gustav Mayer[11] sind von einem propreußischen Standpunkt geschrieben und werten die Bemühungen der Demokraten als utopisch und doktrinär ab.

Anmerkungen

1 Deutsches Wochenblatt, Mannheim, Nr. 39 vom 24.9.1865.

2 ZStA Merseburg, Rep. 77, Tit. 343 A, Nr. 121, Vol. 6, Bl. 98/99.

3 Siehe August Bebel: Aus meinem Leben, Berlin 1964, Bd. 1, S. 136.

4 Franz Mehring: Geschichte der deutschen Sozialdemokratie. 1. Teil: Von der Julirevolution bis zum preußischen Verfassungsstreite 1830 bis 1863, Berlin 1960, S. 420. = Ders.: Gesammelte Schriften, Bd. 1.

5 Rolf Weber: Kleinbürgerliche Demokraten in der deutschen Einheitsbewegung 1863–1866, Berlin 1962.

6 Wilhelm Liebknecht und August Bebel in der deutschen Arbeiterbewegung 1862–1869, Berlin 1958².

7 Theo Austermühle: Die Volkswehrbestrebun-gen der Turn-, Schützen-, Wehr- und Arbeitervereine in Deutschland und ihr Einfluß auf die Versuche zur Reformierung des deutschen Turnens 1859–1869, päd. Diss., Halle 1971.

8 Gerlinde Runge: Die Volkspartei in Württemberg von 1864 bis 1871, Stuttgart 1970.

9 Dieter Langewiesche: Liberalismus und Demokratie in Württemberg zwischen Revolution und Reichsgründung, Düsseldorf 1974.

10 Adolf Rapp: Die Württemberger und die nationale Frage 1863 bis 1871, Stuttgart 1910.

11 Gustav Mayer: Die Trennung der proletarischen von der bürgerlichen Demokratie 1863–70. In: Archiv für die Geschichte des Sozialismus und der Arbeiterbewegung, Bd. 1, H. 1, Leipzig 1911.

Rolf Weber

Deutschbanner Schwarz-weiß-rot (Deutschbanner) 1926–1933

(1931–1933 Deutschbanner Schwarz-weiß-rot. Front der Kaiserlichen)

Das Deutschbanner war eine militaristische Organisation, die sich die Wiederaufrüstung Deutschlands und die Wiederherstellung der Hohenzollernmonarchie zum Ziel setzte. Seine zahlenmäßige Stärke war gering.

Führer
Oberst a. D. John BODE (1926–1928); Hauptmann a. D. Walter ENGELBRECHT (1928 bis 1932); Leutnant a. D. Wilhelm ARERA (1932 bis 1933)

Nach der zeitweiligen Stabilisierung des parlamentarischen Systems und der Aufdeckung der Putschpläne militaristischer Organisationen im Frühjahr 1926 durch die preußische Polizei griff die Zersetzung innerhalb jener reaktionären Kreise, die die Weimarer Republik gewaltsam beseitigen wollten, weiter um sich. Hermann EHRHARDT und andere ehemalige Putschistenführer erkannten die Aussichtslosigkeit dieses Weges und akzeptierten die auf die politische Eroberung des Staates von innen abzielende Losung des ↗ *Stahlhelm-Bundes der Frontsoldaten (Stahlhelm)* »Hinein in den Staat!«. Sie stellten sich auf eine Politik auf lange Sicht ein.

Eine Gruppe ehemaliger Offiziere jedoch wollte den offenen, terroristischen Kampf gegen die parlamentarische Republik und für die Wiedererrichtung der Monarchie fortsetzen. An der Spitze dieser Gruppe standen der Oberst a. D. J. BODE, der Oberst a. D. WITTE, der Chefredakteur der dem ↗ *Alldeutschen Verband (ADV)* nahestehenden »Deutschen Zeitung« und ehemalige Wikingführer von Berlin, Major a. D. Hans VON SODENSTERN, sowie der Hauptmann a. D. W. ENGELBRECHT. Diese Gruppe, die dem *Nationalverband Deutscher Offiziere* angehörte, verkündete am 2. September 1926, dem »Tag von Sedan«, die Gründung des Deutschbanners Schwarz-weiß-rot. Verkörperte das *Reichsbanner »Schwarz-Rot-Gold«*

in den Augen dieser monarchistischen Offiziere das parlamentarisch-republikanische System so sollte mit dem Deutschbanner die Einheitsfront aller Monarchisten zum Sturz der Republik geschaffen werden. Zu diesem Zweck wurden Verhandlungen mit dem *Stahlhelm,* dem ↗ *Jungdeutschen Orden (Jungdo)* und mit kleineren Verbänden aufgenommen. Das Deutschbanner trat auch den ↗ *Vereinigten vaterländischen Verbänden Deutschlands (VvVD)* bei. Auf einer Kundgebung am 9. November 1926 in Berlin distanzierte sich H. VON SODENSTERN scharf von H. EHRHARDT und erklärte: »Der Kampf wird soweit durchgeführt werden, bis kein Mensch mehr die schwarzrotgelbe Fahne zu zeigen wagt.«[1] In der programmatischen Erklärung, die im Februar 1927 veröffentlicht wurde, hieß es:

»Wir sind Gegner des heutigen Systems und kämpfen mit offenem Visier. Wir wollen nicht positiv mitarbeiten an einer Sache, die wir für falsch halten, wir wollen nicht ›Hinein in den Staat‹, weil es kein Staat ist. Wir fügen uns nicht willig, sondern zähneknirschend und mit der Faust in der Tasche den bestehenden Gesetzen und erreichen unser Ziel mit den Mitteln der Freiheit, die uns die Weimarer Verfassung gelassen hat ...
Wir kämpfen gegen das Judentum und das mit ihm verbündete internationale Kapital ...
Wir kämpfen gegen eine Verständigungspolitik mit einem Feinde, der uns bedrückt und aussaugt. Wir sind das Volk ohne Raum, das Raum braucht ...
Wir kämpfen für die monarchische Staatsform, für das dritte Reich mit einem deutschen Kaiser an der Spitze ...
Wir kämpfen für den sozialen Ausgleich ...
Wir kämpfen schließlich für die Erhaltung des Wehrgedankens ...«[2]

Aus ihrer monarchistischen und aggressiven Zielsetzung machten die Führer des Deutschbanners – im Unterschied zu manchen Führern anderer reaktionärer Organisationen – kein Hehl. So erklärte W. ENGELBRECHT auf einer öffentlichen »Kaisergeburtstagsfeier« am 27. Januar 1928 im Berliner Kriegervereinshaus vor 3 000 Anwesenden: »Für uns ist der durch Versailles ausgesprochene Verzicht deutschen Landes und deutscher Volksgenossen keine bestehende Tatsache. Für uns gibt es keinen Vertrag von Locarno. Wir warten auf den Tag, an dem wir uns deutsches Land und deutsche Volksgenossen zurückerobern.«[3] Seit März 1931 führte die Organisation hinter ihrem Namen Deutschbanner die Zusatzbezeichnung »Front der Kaiserlichen«. In einem Aufruf des Bundesrates vom 2. September 1931 wurde dem deutschen Volk als »Ausweg« aus der Not der Wirtschaftskrise verkündet: »Glaube, Deutsches Volk, an Gott und dich selbst, so wird Gott der Herr mit dir sein im Kampf für dich und deinen Staat: Das Deutsche Kaiserreich! Alles ist möglich dem, der da glaubt! Mit Gott für Kaiser und Reich, für Volk und Vaterland!«[4] Mit solchen Phrasen gewann das Deutschbanner keinen Masseneinfluß und infolgedessen auch nicht die Gunst kapitalkräftiger Bourgeoisiekreise. Lediglich eine Gruppe fanatischer Monarchisten zählte zu seinem Anhang. Die erstrebte Zusammenfassung aller reaktionären Verbände unter seiner Führung gelang nicht einmal im Ansatz. Das 1926 herausgegebene »Nachrichtenblatt« mußte bereits nach wenigen Nummern sein Erscheinen einstellen. Das Deutschbanner blieb eine der zahlreichen Splitterorganisationen, da die einflußreichen monarchistischen Kräfte bereits seit langem ihr politisches Tätigkeitsfeld in der ↗ DNVP und im *Stahlhelm* besaßen.

Ungeachtet seiner geringen zahlenmäßigen Stärke versuchte das Deutschbanner, Einfluß auf die Regierungspolitik zu nehmen. Am 21. September 1932 wandte sich W. ENGELBRECHT mit einem persönlichen Schreiben an Reichskanzler PAPEN und versprach ihm seine volle Unterstützung, »wenn die Reichsregierung die Verfassung kurzerhand außer Kraft setzen würde, um in der Form einer harten Diktatur die verführten Massen zur Vernunft zu bringen ... Die Kraft dieser Minderheit (der militaristischen Verbände, K. F.) genügt, um Ihnen, Herr Reichskanzler, die ›ultima ratio‹ zu ermöglichen.«[5]

Dem Reichswehrminister SCHLEICHER und dem Reichsinnenminister Wilhelm FREIHERR VON GAYL stellte W. ENGELBRECHT in einem anderen Brief die Frage, »warum jetzt noch Wahlen stattfinden sollen, statt ohne Parlament diktatorisch zu regieren«.[6] Er war der Ansicht, »daß unser Volk reif ist für die Diktatur«.[7] So entsprach es voll und ganz dem Wesen seiner Politik, wenn das Deutschbanner 1933 die Bildung der HITLER-HUGENBERG-Regierung begrüßte.

Im Juni 1933 vereinigte sich das Deutsch-Banner mit dem *Hohenzollernbund (Bund zur Pflege des Hohenzollerngedankens)*.

Die vereinigte Organisation nannte sich *Hohenzollernbund, Front der Kaiserlichen.* Ihre Führer waren der Kaufmann Friedrich Karl SCHMITZ (Krefeld) vom alten *Hohenzollernbund* und Leutnant a. D. W. ARERA (Mainz) vom Deutschbanner. W. ARERA war gleichzeitig Führer der Schutzstaffel des Bundes. Der Bund bekannte sich zum »Volkskanzler Adolf Hitler«[8], erhoffte jedoch von ihm die Inthronisation eines Hohenzollernkaisers. Als es sich im Verlaufe des Jahres 1933 zeigte, daß diese Hoffnung unerfüllt bleiben würde, begann der *Hohenzollernbund*, heftige Angriffe gegen HITLER und die ↗ NSDAP zu richten. Ende 1933 wurde er darum von den Faschisten aufgelöst, sein Führer F. K. SCHMITZ für kurze Zeit inhaftiert. Die faschistische Justiz erkannte jedoch die ehemaligen Mitglieder des Deutschbanners als »Kämpfer für die nationale Erhebung«[9] an.

Quellen und Literatur

Archivalisches Material befindet sich im ZStA Potsdam, RMdI. Die »Deutsche Zeitung« von 1926 bis 1933 enthält Mitteilungen über die Tätigkeit der Organisation sowie Verlautbarungen ihrer Führung. In Darstellungen wurde das Deutschbanner bisher kaum erwähnt.

Anmerkungen

1 Der Jungdeutsche, 11. 11. 1926.
2 Deutsche Zeitung, 19. 2. 1927.

3 Ebenda, 28.1.1928.
4 Ebenda, 2.9.1931.
5 ZStA Potsdam, RMdI, Nr. 25 668/5, Bl. 9.
6 Ebenda, Bl. 6.
7 Ebenda.

8 Deutsche Zeitung, 7.6.1933.
9 ZStA Potsdam, RMdI, Nr. 25 960, Bl. 35 (Ausführungsbestimmungen zum Gesetz über die Versorgung der Kämpfer für die nationale Erhebung vom 27.2.1934).

Kurt Finker

Deutschbund (Db)
1894 — etwa 1943

Als elitäre, ordensmäßige Vereinigung bezweckte der antisemitische, antisozialistische und später dann faschistische Db das »Streben zu immer reinerem Deutschtum«. Mit seinem »völkischen« Charakter stand er in enger Beziehung zum ↗ Alldeutschen Verband (ADV), zur ↗ Deutschsozialen Reformpartei (DSRP), zum ↗ Deutschnationalen Handlungsgehilfenverband (DHV) und zu ähnlichen Organisationen, auf die er durch seine vorwiegend aus den städtischen Mittelschichten und der Intelligenz stammenden Mitglieder einwirkte. In den Jahren der Weimarer Republik wirkte der Db bei der ideologischen und vor allem rassistischen Rechtfertigung und Prägung »deutschvölkischer« Politik mit. Personell eng mit der ↗ NSDAP verflochten, war der Db im faschistischen Deutschland an der Ausarbeitung und Propagierung der faschistischen Ideologie beteiligt.

1. Der Db im Wilhelminischen Kaiserreich
2. Entwicklung und Ausprägung des Db zu einer faschistischen Organisation 1918 bis 1943
3. Quellen und Literatur

Bundeswart

Friedrich LANGE (1894–1907); Paul LANGHANS (1907–1942); Ferdinand WERNER (1942 bis 1943)

Bundesgroßmeister

Max Robert GERSTENHAUER (1921–1940); F. WERNER (1941–1942)

Bundeskanzler

Heinrich BLUME (1923–1939); Otto KRIEGER (1939–1943)

Bundeskammer

Sie bestand in der Regel aus 10–12 Mitgliedern und stand dem Bundeswart zur Seite.

Bundestage

Bis 1939 fanden 45 statt, die in der Regel jährlich zu Pfingsten durchgeführt wurden.

Mitglieder

Oktober 1894 etwa 200; März 1895 395; April 1896 609; 1904 etwa 800; 1910 etwa 1 100; 1914 1 534; 1925 3 250 (davon 2 331 Bundesbrüder); 1939 1 100

Regionale Schwerpunkte (Gaue)

1925: Kurhessen-Waldeck, Südwestdeutschland, Rheinisch-Westfälisches Industriegebiet, Schlesien-Lausitz, Südharz, Groß-Berlin und Ravensberg
1934: Rheinland-Westfalen, Ravensberg-Münsterland, Niedersachsen, Nibelungengau (Darmstadt–Mainz–Wiesbaden), Hessen-Waldeck, Südharz, Sachsen – Thüringen, Groß-Berlin

Presse

»Die Volksrundschau« (1. 9. 1894–1. 3. 1896); »Deutschbund-Blätter« (1896–1942); »Deutsche Zeitung« (1896–1917); »Deutschbund-Mitteilungsblatt. Für wesensdeutsche Geistespflege« (1931–1940); »Deutschbund-Nachrichten. Mitteilungen an unsere Mitglieder« (1938–1943); »Deutscher Volkswart« (1914–1926/27). Dem Db standen u. a. nahe: »Deutsche Zeitung« (1917–1934); »Die Sonne. Monatsschrift für Nordische Weltanschauung und Lebensgestaltung« (1924 bis 1939)
Seit 1930 verfügte der Db über einen von Otto TRÖBES geleiteten »Großdeutschen Pressedienst« und später noch über einen »Völkischen Pressedienst«.

1. Der Db im Wilhelminischen Kaiserreich

Aus Protest gegen den Abschluß des deutschrussischen Handelsvertrages erschien am 1. April 1894 ein Aufruf zur Gründung des Db, der weder ein neuer Verein noch eine neue Partei, sondern eine »Burschenschaft für

Erwachsene« sein sollte.[1] Sein Verfasser war
F. LANGE, der als Herausgeber der »Täglichen
Rundschau« und führender Ideologe der
↗ *Gesellschaft für deutsche Kolonisation
(GdK)* bzw. der ↗ *Deutschen Kolonialgesellschaft (DKG)* im Sinne der rassistisch-biologischen Lehren Paul Anton DE LAGARDES
und Arthur GOBINEAUS »völkische« Auffassungen propagierte. Ihnen hatte er in seiner
Schrift »Reines Deutschtum. Grundzüge nationaler Weltanschauung«[2] geschlossenen
Ausdruck verliehen. Zur Propagierung der
politischen und ideologischen Bestrebungen
des Db gab F. LANGE in Berlin und mit Ausgaben für Sachsen (Magdeburg) und Pommern (Stettin) seit 1. September 1894 »Die
Volksrundschau. Tageszeitung für den deutschen Mittelstand«[3] heraus. Nachdem diese
wegen einer zu geringen Abonnentenzahl
(40 000–62 000 Exemplare) und eines für den
Verleger zu stark betonten Antisemitismus
am 1. März 1896 ihr Erscheinen einstellen
mußte – in Magdeburg bereits am 9. April
1895 –, gab F. LANGE die »Deutsche Zeitung.
Unabhängiges Tageblatt für nationale Politik«
heraus, die dann 1917 vom ↗ *Alldeutschen
Verband (ADV)* übernommen wurde.
Nach einer vorbereitenden Versammlung am
9./10. Mai übersandte F. LANGE den Mitgliedern einen Bericht über jene, den Entwurf
der Satzungen und der Verfassung des Db
sowie Adressen zur gezielten Werbung weiterer Mitglieder.[4] An der Gründung des Db auf
dem »Weihefest« am 18. Oktober 1894 in
Berlin nahmen etwa 100 Mitglieder und
30 Frauen teil.[5] Der Db hatte zu dieser Zeit
Gemeinden in Berlin (80 Mitglieder), Gnadenfrei, Halle, Hamburg-Altona, Koblenz, Leipzig, Magdeburg, Mainz und Wiesbaden. Die
Gründung des Db war ein Ausdruck der
Opposition gegen die Innen- und Außenpolitik
CAPRIVIS und zugleich ein Bekenntnis zu
BISMARCK. Als politisch-ideologisches Symptom des beschleunigten Übergangs zum
Imperialismus in Deutschland war sie ein Teil
der in diesen Jahren erstarkenden alldeutschen Bewegung und stand in engem
Zusammenhang mit der am 12. Februar 1894
von Ludwig SCHEMANN in Freiburg (Breisgau)
ins Leben gerufenen *Gobineau-Vereinigung*,
die der Herausgabe und Verbreitung der
Schriften A. GOBINEAUS diente.
Mit zum Teil okkulten Methoden propagierte

der angeblich unpolitische Db einen durch
»Bluterbschaft« bedingten Zusammenschluß
aller »Bewußt-Deutschen« und die »Vertiefung des Deutschgedankens«[6] zum Kampf
gegen die diesem drohenden inneren Gefahren.
Dementsprechend erklärte der Db 1899:

»Die liberale Politik der allgemeinen Gleichmacherei hat bewirkt, daß alle unsere Verhältnisse, die
wirtschaftlichen wie die politischen, auf den Proletarier zugeschnitten sind, daß diejenige Schicht
der Bevölkerung, die die beste Kraft und den
deutschesten Kern *nicht* darstellt, dennoch wegen
ihrer Zahl die eigentlich maßgebende Partei bildet.
Die Sozialdemokratie wird in ihrer das Deutschtum
zerstörenden Tätigkeit unterstützt indirekt durch
den Ultramontanismus und direkt durch das Judentum, das die Leitung der Sozialdemokratie in
Händen hat und außerdem durch sein Kapital auf
die Politik der Regierungen und durch seine Herrschaft in der Presse auf die Strömungen der Volksmeinung einen unheilvollen Einfluß gewonnen
hat.«[7]

Durch die Entfaltung aller »natürlichen
Triebe unseres deutschen Wesens«[8] sollte
eine geistige und kulturelle Erneuerung des
deutschen Volkes erreicht werden. So wollte
der Db an die Stelle von »Umsturzlehre und
Vaterlandslosigkeit … deutsche Ordnungsund Vaterlandsliebe« setzen und auf gewaltlosem Wege die sozialistische Arbeiterbewegung überwinden.[9] Mit dem Glauben an
»das Wunder der Volksseele« rechtfertigte
der Db jeden Aggressionskrieg gegen andere
Völker. In seinen Satzungen betonte er, »daß
wir Menschenliebe nicht besser betätigen
können, als wenn wir unser eigenes Volkstum
erhalten, kräftigen und veredeln. Für diesen
Zweck scheuen wir auch den Krieg nicht,
denn solch ein Krieg bedeutet uns nicht
Unrecht, sondern eine heilige Pflicht und ein
höchstes Opfer für Volkstum und Menschheit«.[10]
Entsprechend seinem extrem »völkischen«
Charakter propagierte der Db einen rassistischen Antisemitismus und forderte von jedem
Mitglied »Eifer in aller gesetzlichen Abwehr
des Juden und … ehrliche Hilfeleistungen an
seinen deutschen Brüdern gegen den Juden,
damit seine List nicht mehr finde, womit er
uns überliste, noch seine Macht, womit er uns
übermöge, noch sein Blut, womit er uns
vermische und entarte.«[11]
Um entsprechend den Satzungen die

»Deutschgesinnung« zu fördern, legte der Bundeswart in einem vertraulichen Arbeitsplan für 1894/95 u. a. die folgenden Aufgaben für die Gemeinden bzw. die einzelnen Mitglieder fest:[12] die Erarbeitung einer Liste mit den 50 und später dann 75 »besten Deutschschriften«, in denen sich »deutsches Wesen am reinsten und kräftigsten« offenbare;[13] die Herausgabe eines »Deutschbund-Kalenders«, von dem der erste 1896 erschien;[14] die Bildung einer Darlehnskasse für »deutschgesinnte Arbeiter, Handwerker und kleine Gewerbetreibende und Witwen«.[15] Jede Gemeinde sollte ein Adreßbuch der deutschen Geschäfte anlegen[16] und bestrebt sein, »anstelle des törichten Standesdünkels das Gefühl der Volksgemeinsamkeit zu setzen, um die abgerissene Brücke des freimütigen Vertrauens zwischen arm und reich, hoch und niedrig wiederherzustellen«.[17] In der Folgezeit sah der Db eine seiner wichtigsten Aufgaben darin, »deutsch-völkische« Publikationen seiner Mitglieder, wie Adolf BARTELS, Theodor FRITSCH, M. R. GERSTENHAUER und P. LANGHANS, zu fördern. An der Spitze des Db standen der Bundeswart und eine 10köpfige Bundeskammer.[18] Zu ihren bekannteren Mitgliedern gehörten der Jenaer Jurist Max PORZIG, deutschkonservatives MdR, und der Altenburger Baurat WANCKEL, die mit F. LANGE Mitbegründer und Vorstandsmitglieder des ↗ Reichsverbandes gegen die Sozialdemokratie (RgS) waren.

Der elitäre Charakter des Db kam sowohl in der diktatorischen Macht des Bundeswarts als auch in der Mitgliedschaft selbst zum Ausdruck. Nach seinen Satzungen rechnete der Db alle Deutschen zu sich, in denen, wenn auch noch unbewußt, »der Trieb zum Deutschtum« wirksam war.[19] Die Mitglieder, die sich zunächst vor allem aus dem Leserkreis der »Täglichen Rundschau« rekrutierten und hauptsächlich aus den städtischen Mittelschichten und der Intelligenz kamen, hatten vor ihrer Aufnahme eine »Prüfungszeit« zu absolvieren. Sie wurde mit dem »Gelöbnis der Brüderschaft« auf dem jährlichen Bundestag abgeschlossen, der in einem mystischen Zeremoniell verlief. Die Mitglieder waren in Gemeinden organisiert, deren Vorsitzende als Vertrauensmänner des Bundeswarts eingesetzt wurden. 1903 bestanden folgende Gemeinden des Db:[20]

Unterweser (Bremerhaven), Thüringen (Gotha), Osterland (Altenburg), Hannoverland (Hannover), Kassel, Halle, Bremen, Darmstadt, Frankfurt (Main), Leipzig, Jena, Niederschlesien, Hamburg, Berg (Elberfeld), Rudolstadt, Mittelschlesien, Minden, Sondershausen, Pyrmont, Heidelberg, Harz (Goslar), Wilmersdorf, Berlin W., Hinterpommern, Dresden, Herford, Wonnegau (Worms), Magdeburg, Breisgau, Mecklenburg, Lübeck, Südpomerellen, Straßburg (Elsaß), Wiesenthal, Wartburg (Eisenach).

Im Jahre 1912 konzentrierten sich die 37 Gemeinden und 23 »selbständigen Pflegschaften« des Db hauptsächlich auf Thüringen (besonders um Gotha[21]) mit 5 Gemeinden und 7 »Pflegschaften«, Osterland (um Altenburg), Hannover-Minden und Niederschlesien (um Görlitz).[22] Von 1901 bis 1924 hatte der Db, der mit dem ↗ Verein für das Deutschtum im Ausland (VDA) eng zusammenarbeitete, in Valdivia (Chile) eine Gemeinde; weitere bestanden in Wien und Windhuk.

Der Db faßte seine Gemeinden und Mitglieder als »Organisatoren und Offiziere der Deutschbewegung«[23] auf, über die er in zahlreiche andere nationalistische und »völkische« Organisationen hineinwirkte, so u. a. in den Deutschen Sprachverein, Deutschen Schulverein, ↗ Evangelischen Bund zur Wahrung der deutsch-protestantischen Interessen (EB), ↗ Gustav-Adolf-Verein (GAV), ↗ Deutschen Ostmarkenverein (DOV), ↗ Deutschen Flotten-Verein (DFV), die ↗ DKG und in nationalistische Jugend- und Turnvereine.

Besonders enge Beziehungen bestanden zum ↗ ADV, durch den der Db zunächst seinen Einfluß erweitern wollte. Als das zu dessen Gunsten erfolgte, grenzte sich der Db stärker von ihm ab und betonte als seine Spezifik den »engen persönlichen Zusammenschluß« der Mitglieder und den Kampf auch gegen »die inneren« Gefahren des Deutschtums.[24] Der spätere Vorsitzende des ADV, Heinrich CLASS, gehörte 1894 zu den Gründungsmitgliedern des Db und wurde durch diesen besonders in seinem Antisemitismus entscheidend geprägt. Mehrere Gemeinden des Db, wie die 1897 von H. CLASS in Mainz geleitete, wurden zu lokalen Keimzellen des ADV. Zahlreiche führende Mitglieder der ↗ Deutschsozialen Reformpartei (DSRP), wie ihr Vorsitzender Max LIEBERMANN VON SONNENBERG[15], gehörten dem Db an und bescheinigten ihm, dieser »sehr wertvolle Kräfte zugeführt« zu haben.[26] Auch in der Führung des *DHV* war eine Reihe von Db-Mitgliedern vertreten, so Richard DÖHRING, Alfred ROTH und Albert ZIMMERMANN.

Der Db propagierte den »Mittelstand« als den »hauptsächlichsten Träger des Deutschtums« und setzte sich für dessen materielle Förderung ein.[27] Zu diesem Zweck veröffentlichte F. LANGE 1895 das für den Db gedachte Programm »Grundzüge einer deutschen Wirtschaftsreform und Mittelstandspolitik«.[28] Um die städtischen und ländlichen Mittelschichten vor der kapitalistischen Konkurrenz zu schützen, sollten sich alle Angehörigen einer Gewerbe- bzw. Berufsgruppe unter Mithilfe des Staates zu jeweils einer großen »Zwangsgenossenschaft« zusammenschließen. Dementsprechend sollten auch die parlamentarischen Körperschaften berufsständisch zusammengesetzt werden.

F. LANGE konnte zwar sein Programm auf dem Bundestag mit 61 gegen 42 Stimmen durchsetzen; er mußte jedoch bald feststellen, daß es angesichts der von den Konservativen geförderten Mittelstandsorganisationen und der antagonistischen Klassengegensätze keine Aussicht auf Erfolg haben konnte. Diese Ursachen ließen auch seinen Plan zur Gründung einer »Deutschpartei« von vornherein scheitern.[29] Infolgedessen entwickelte sich der Db in der Folgezeit zu einer reinen Propagandaorganisation, wobei jedem »Deutschbruder« freigestellt wurde, wie er die Ziele des Db verwirklichte; »ob er durch Mitarbeiterschaft und Einfluß bei Zeitungen, durch gesellschaftliches Wirken, durch Erziehung und Unterricht, Einfluß auf wirtschaftliche Veranstaltungen, Herausgabe von Druckwerken oder sonst in geeigneter Weise seine Deutschgesinnung zu betätigen sucht: das soll ganz in seiner freien Wahl stehen, sofern nicht der Bundeswart Einspruch erhebt«.[30]

Infolge des Ausscheidens von F. LANGE aus der »Täglichen Rundschau« machte der Db 1895/96 eine Krise durch, die jedoch durch die vor allem mit der finanziellen Hilfe des aktiven Db-Mitgliedes Georg VON STÖSSEL am 1. April 1896 erfolgte Gründung der »Deutschen Zeitung« überwunden werden konnte.

Vor allem auf Bestreben F. LANGES verfolgte der Db das Ziel, für die Reichstagswahlen von 1898 ein »Deutsch-Kartell« zur Sammlung der *Deutschkonservativen Partei (DkP)* (↗ *Konservative Partei [KoP]*), der ↗ *Nationalliberalen Partei (NLP)*, der ↗ *DSRP* und des ↗ *Bundes der Landwirte (BdL)* zu bilden. Es sollte sich gegen die Sozialdemokratie richten, »die schlimmsten Übel der ultramontan-demokratischen Herrschaft« beseitigen, »einer stramm-deutschen Regierung ... festen Halt gewähren« und »die Vorstufe für eine große Deutschpartei« sein.[31] Dieses von BISMARCK gebilligte Vorhaben[32] stieß jedoch auf* den Widerstand der angesprochenen Parteien. So lehnten die deutschreformerischen Kräfte in der *DSRP* ein Zusammenwirken mit der *DkP* und der *NLP* strikt ab.[33] Ein zweiter Versuch in dieser Richtung erfolgte durch die Gründung des *Nationalen Reichswahlverbandes* am 2. März 1902, der sich 1905 dem ↗ *RgS* anschloß.

Größere Aktivitäten entfalteten einzelne Mitglieder des Db bei der Gründung und Leitung lokaler »vaterländischer« Arbeiter-, Handwerker- und Bauernvereine, wobei als deren Muster der von Baurat WANCKEL begründete *Vaterländische Arbeiterverein* in Altenburg hingestellt wurde. Dabei tauchte für F. LANGE immer wieder die Frage auf, ob in diesen Organisationen der »nationale Geist« in der Lage sei, die »soziale Begehrlichkeit wirksam bremsen« zu können. »Jede innere Abwehr der sozialdemokratischen Gefahr, welche ihr die *Arbeiter* abwendig machen will, kann nur erfolgreich sein, wenn sie den Weg der Konkurrenz, d. h. der Überbietung der Sozialdemokratie betritt. Also Teufel durch Beelzebub!«[34]

Unmittelbar vor dem ersten Weltkrieg referierte der Syndikus des ↗ *Ausschusses zur Förderung der Bestrebungen vaterländischer Arbeitervereine (FA)*, Karl SCHEDA, auf dem Bundestag des Db in Frankfurt (Main) über das Thema »Völkische Arbeiterpolitik« und eröffnete damit eine Aussprache über die Rolle des Db beim Ausbau der nationalistischen Arbeitervereine.

Für die beiden ersten Jahrzehnte der Existenz des Db ist besonders charakteristisch, daß ihn immer stärker ein rassistischer Antisemitismus, der als »bewußter Nationalismus« hingestellt wurde, durchdrang. Eines seiner führenden Mitglieder, A. BARTELS, erklärte 1913: »Wer in unserer Zeit nicht Antisemit ist, der ist auch kein guter Deutscher.«[35] In den letzten Vorkriegsmonaten beschloß der Db einen »Rassenarbeitsplan« zur Beschaffung von Material zur Rasseforschung und beteiligte sich führend an der Gründung einer *Deutsch-völkischen Hauptstelle.* Für den Zusammenschluß »aller deutsch-völkischen Kreise« sollte sie u. a. eine »Stammrolle der deutschen Rasse« mit »Verzeichnissen der Fremdstämmigen, der Mischlinge und ihrer Gefolgschaft« für jeden Ort anfertigen und Sammlungen für einen »Wehrschatz« gegen den inneren Feind der deutschen Rasse veranstalten.[36]

Der Db verherrlichte den imperialistischen ersten Weltkrieg als einen »große(n) Erzieher«[37] des deutschen Volkes und als »Kulturfortschritt der Menschheit«, weil sich in ihm »der Charakter der Deutschen als der einzige Träger der germanischen Kulturüberlieferung ... geläutert und geklärt« habe.[38] Unter Aufgabe der bisherigen Arbeiten ging es der Leitung darum, die Presseorgane des Db aufrechtzuerhalten. Der Db schloß sich den annexionistischen Kriegszielforderungen des ↗ *ADV* an und forderte hauptsächlich Land als »Siegesbeute«.[39] Die gleiche Forderung erhob die Vertrauensmänner-Versammlung des Db am 30. Mai 1915 in Gotha. Sie beriet eine geplante Eingabe zur Gefahr der Judeneinwanderung aus dem Osten.[40] Am Ende des Krieges war der Db durch P. LANGHANS maßgeblich an dem vom ↗ *ADV* im September 1918 initiierten »Judenausschuß« beteiligt.

2. Entwicklung und Ausprägung des Db zu einer faschistischen Organisation 1918–1943

In den Nachkriegsjahren sah der Db seine Hauptaufgabe darin, zunächst einmal der durch die Novemberrevolution und den »Versklavungsfrieden« von Versailles bewirkten »Entnationalisierung« des »Deutschtums« entgegenzuwirken und für eine »Umgestaltung und Erneuerung unserer wirtschaftlichen Verhältnisse in germanischem Geiste«, vor allem zunächst für die Erhaltung des Bauern- und städtischen Mittelstandes,

einzutreten.[41] Erst dann sollte versucht werden, »die Krankheit des Rassenverfalls« zu heilen, die im deutschen Volk stecken würde.[42]

Der Db machte eine schwere Krise durch. Die Zahl seiner Mitglieder ging beträchtlich zurück; mehrere Gemeinden hörten zu existieren auf bzw. wurden zu »Stammtischen«.

Der auf die Beseitigung der Ergebnisse der Novemberrevolution orientierte Db ließ seine Mitglieder zur Sammlung der »wirklich nationalen« Kräfte zunächst vornehmlich in der ↗ *DNVP* wirksam werden. M. R. GERSTENHAUER gehörte zu ihren Mitbegründern in Thüringen. Der Db beteiligte sich aktiv an den Versuchen zur Zusammenfassung der »völkischen« Kräfte. Ein u. a. von M. R. GERSTENHAUER, P. LANGHANS, A. ROTH und F. WERNER unterzeichneter Aufruf und eine Beratung am Sitz des Db in Gotha am 12./13. April 1919 führten im Juni 1919 zur Bildung der *Gemeinschaft der Deutschvölkischen Bünde,* aus der am 1. Oktober 1919 der ↗ *Deutschvölkische Schutz- und Trutzbund (DSTB)* hervorging. Unter Führung von M. R. GERSTENHAUER, A. BARTELS, H. BLUME, FREIHERR VON LICHTENBERG u. a. setzte sich im Db gegen P. LANGHANS eine extrem »völkische« und rassistische Strömung durch. Sie lenkte den Db völlig in das Fahrwasser des ↗ *DSTB* und war bestrebt, aus ihm durch eine »stärkere Betonung des kämpferischen Geistes und des Führergedankens neben dem bis dahin vorwiegenden Brudergedanken« einen autoritär geführten »Kampfbund« zu machen.[43] Diesem Ziel dienten auch die neuen Satzungen von 1921, in denen als Zweck des Db bezeichnet wurde

»die Erziehung seiner Mitglieder zu vertiefter völkischer Weltanschauung, zu deutschbewußtem Denken, Wollen und Tun, die Weckung und Förderung deutschen Wesens und germanischer Art, die Pflege des reinen Deutschtums auf allen Gebieten des Lebens, sowohl der einzelnen deutschen Volksgenossen wie der Volksgemeinschaft [...] Der Deutschbund ist besonders in der gegenwärtigen Notzeit ein geistig-völkischer Kampfbund. Sein Ziel ist die Rettung und Erhaltung unseres Volkstums, seine besondere Aufgabe die Schaffung der geistigen Voraussetzungen und Grundlagen eines künftigen völkischen Staates.«

Der Db wollte der »Vorbereitung der völkischen Befreiung« dienen und an »der Erweckung und Sammlung der neuen deutschen Führerschicht« mitwirken.[44]

Wegen Begünstigung der Rathenaumörder erhielten 3 Mitglieder des Db Gefängnisstrafen. Der Db übernahm das Hakenkreuzsymbol und war eine der Organisationen, von denen auf lokaler Ebene die Anfänge der *NSDAP* ausgingen. Nach dem Verbot des Db vom Juli 1922 bis Januar 1923 gewann dann P. LANGHANS wieder größeren Einfluß in der Führung.

In der Periode der relativen Stabilisierung des Kapitalismus erweiterte der Db seine bisherigen ideologischen Schwerpunkte – Rasseforschung und »deutsch-christliche« Religion – um zwei weitere. Mit dem von ihm gegründeten *Bund für Deutsche Lebenserneuerung* schuf er sich eine Organisation zur Bekämpfung des Alkoholismus und der materialistischen Lebensweise. Der Orientierung auf die »wirtschaftlich-soziale Seite des völkischen Gemeinschaftslebens«[45] und auf eine »praktisch-nationalpolitische Tätigkeit«[46] dienten die 1924 veröffentlichten »Richtlinien für die kommenden Wahlen«, in denen u. a. die folgenden Forderungen erhoben wurden:[47]

»1. Eine starke Regierungsgewalt, die über dem Parteiengetriebe stehend befähigt ist, eine einheitliche kraftvolle Politik nach außen und nach innen durchzuführen.

2. Amtlicher Kampf gegen die Kriegsschuldlüge. Ablehnung der rechtlichen Verbindlichkeiten des Versailler Vertrages [...]

3. [...] Wiederherstellung der Wehrhaftigkeit Deutschlands [...]

4. Säuberung des deutschen Bodens von allen unerwünschten Ausländern, besonders den Ostjuden [...] Fremdenpolitik unter der Losung: Deutschland für die Deutschen.

5. Ablehnung jeder Form des Internationalismus [...] Beseitigung der Vormachtstellung des Judentums im öffentlichen Leben des deutschen Volkes, in Politik, Presse, Rechtspflege und Volkswirtschaft.

Geschichtliche, christliche und vaterländische Erziehung unserer Jugend.

6. Grundsätzliche Stellung gegen den marxistischen Klassenkampf. Förderung der Volksgemeinschaft und Herbeiführung einer gesetzlich geordneten Interessengemeinschaft zwischen Arbeitgebern und Arbeitnehmern (Werksgemeinschaft).

7. Durchgreifende Maßnahmen gegen die spekulative Ausbeutung der deutschen Not, sei es durch die Machenschaften des internationalen Kapitals an

der Börse, im Großhandel und in den Industrien, sei es durch Schieber- und Wuchertum. Strenge Überwachung aller monopol- und trustmäßigen Preisbildungen auf den verschiedenen lebenswichtigen Bedarfsgebieten.

8. Schutz der nationalen Arbeit [...] Förderung der Ertragfähigkeit des deutschen Grund und Bodens [...] Großzügige, verständige Siedlungspolitik in Verbindung mit einer produktiven Erwerbslosenfürsorge.

9. Gleichgewicht in den Haushalten [...] Sparsamkeit [...] Reform des unerträglich gewordenen Steuerwesens [...] Unbedingte Verhinderung eines neuen Zusammenbruchs der Währung.

10. Eigenleben der Länder und Gemeinden nach Bismarckschen Grundsätzen unter gleichzeitiger Wahrung einer straffen Reichseinheit.«

Der Austritt M. R. GERSTENHAUERS 1924 aus der ↗ *DNVP* kennzeichnete eine verstärkte Orientierung des Db auf die »völkischen« Verbände und die Verlagerung seiner Tätigkeit auf die von ihm gesteuerten »Zweckgemeinschaften«, und zwar: *Deutsche Kunstgesellschaft, Rassenamt, Deutschchristliche Arbeitsgemeinschaft, Deutschvölkische Hauptstelle, Gesellschaft der Freunde der Heimatschule Bad Berka*. Mit der 1928 erneuerten *Deutschvölkischen Hauptstelle*, die sich zur Dachorganisation von 25 »völkischen« Bünden entwickelte, begründete der Db den Germanentag. Dieser sollte der »Zusammenarbeit der germanischen Völker« und dem gemeinsamen Kampf gegen einen »allgemeinen Völkermischmasch« dienen.[48]

Der Db führte 1926 scharfe Auseinandersetzungen mit dem ↗ *Jungdo* sowie überhaupt mit den Jung- und Volkskonservativen. Seine Bemühungen, ihm nahestehende Organisationen wie ↗ *ADV*, ↗ *Vereinigte vaterländische Verbände Deutschlands (VvVD)*, *Fichtegesellschaft*, ↗ *Stahlhelm* und ↗ *Wehrwolf* mit seinem »geistigen Inhalt« zu erfüllen, blieben ohne Erfolg.

Wie andere »völkische« Organisationen nahm auch der Db für sich in Anspruch, daß die »wissenschaftliche Begründung der völkischen Weltanschauung und Ethik ... in erster Linie sein Werk« gewesen sei und er sich »früher als alle anderen Verbände« dem »Gebiet der Rassenlehre und Rassenpflege« gewidmet habe.[49] In einer Eingabe an die Reichsregierung forderte der Germanentag vom Juli 1932 in Rostock die Einberufung

eines Ausschusses für »Erbgesundheitspflege« mit »ausmerzenden« Aufgaben.[50] Diese Eingabe wurde 1933 bei der faschistischen Regierung erneut eingebracht.[51]
Seinen Kampf gegen »Rassenvermischung und -verschlechterung, Zerstörung der nationalen Kultur durch fremdländischen Geist und internationale Großstadtzivilisation« richtete der Db zugleich gegen das »industrialistisch-kapitalistische System«, gegen »westlerische(n) Demokratismus und Liberalismus«[52]. So widmete sich die 38. Bundestagung des Db der Aufgabe, GOETHES Leben und Werk »deutschvölkisch« zu verfälschen und so das »Zerrbild vom liberalistischen Weltbürger Goethe« zu beseitigen.[53] Auf dem Detmolder Hermannsfest des Db von 1931 referierten Georg STAMMLER und Dietrich KLAGGES über eine »völkische Erziehung«, wobei dieser den Lehrer als »Kulturträger und Hort der völkischen Weltanschauung« bezeichnete.[54]
Der Db wandte sich gegen die »Auswucherung des deutschen Volkes durch das Großkapital mit dem unsinnig hohen Kapitalzins« und propagierte als Alternative die »Änderung des ganzen nachrevolutionären Systems und der ›Weltordnung von Versailles‹«. Die Rettung Deutschlands sollte nur »eine völkische Staatsauffassung und idealistische Weltanschauung« im Sinne FICHTES, »los vom Materialismus und Mammonismus«, bringen können.[55] Symbol einer solchen Alternative war die Losung »suum cuique«, die D. KLAGGES wie folgt deutete: »Was jedem zukommt: das ist deutscher Sozialismus«.[56]
Es waren vor allem M. R. GERSTENHAUER und H. BLUME, die eine programmatische Übereinstimmung des Db mit der ↗ NSDAP bewirkten und ihn zu dieser hinführten. Nachdem sich A. BARTELS und Ernst GRAF ZU REVENTLOW bereits früher der NSDAP angeschlossen hatten, trat ihr 1930 die gesamte Leitung des Db bei. Jedes Mitglied wurde verpflichtet, mit der nazistischen Bewegung zusammenzuarbeiten.[57] Auf der Harzburger Tagung 1931 war der Db durch M. R. GERSTENHAUER, Emil HERFURTH, D. KLAGGES und E. ZU REVENTLOW vertreten. Maßgebliche Db-Mitglieder, wie D. KLAGGES und Alfred ROSENBERG, spielten in der ↗ NSDAP eine führende Rolle. M. R. GERSTENHAUER arbeitete 1930/31 eng mit dem faschistischen

Innen- und Volksbildungsminister der Thüringer Regierung, Wilhelm FRICK, zusammen. Das führte u. a. 1930 zur Ernennung des aktiven Db-Mitgliedes und führenden Rassenideologen Hans F. K. GÜNTHER zum Professor an der Universität Jena. 1932 orientierte sich der Db in Opposition gegen die PAPEN-Regierung unmittelbar auf die nazifaschistische Machtergreifung.[58]
Im Sinne einer von M. R. GERSTENHAUER abgegebenen Erklärung vom 7. März 1933 bekannte sich der Db auf seiner 39. Bundestagung vom 9. bis 12. Juni 1933 in Potsdam »freudig zu Adolf Hitler und der Nationalen Revolution ..., des eigenen Wesens bewußt, dabei die Überzeugung hegend, daß niemand die Eigenart und den Wert des Bundes mehr schätzen wird als gerade Adolf Hitler selbst und seine besten Mitkämpfer«.[59] Die nächsten Monate zeigten jedoch, daß die Existenz des Db trotz solcher Bekenntnisse von der NSDAP zunächst in Frage gestellt wurde. Viele Mitglieder des Db sahen ihn außerdem nun als überflüssig an und erklärten ihren Austritt. Durch einen Beschluß des Obersten Parteigerichts der NSDAP vom 25. April 1934 wurde es dann jedoch dem Db als einziger »völkischer« Organisation gestattet, daß seine Mitglieder zugleich auch der NSDAP angehören konnten.
Nach einer Anordnung des Bundesgroßmeisters, M. R. GERSTENHAUER, orientierte sich der Db in seiner weiteren Tätigkeit »im engsten Einvernehmen« mit den entsprechenden faschistischen Institutionen auf den »Kampf für die unverfälschte völkische, nationalsozialistische Weltanschauung (das ›Reine Deutschtum‹), ... gegen alle Gegner derselben, insbesondere Freimaurer, Römlinge, Okkultisten, getarnte Liberalisten und Reaktionäre, auch soweit sie sich der Taktik bedienen, sich als angebliche Kämpfer für kirchliche oder religiöse Fragen zu tarnen«. Soweit möglich, sollte eine »weitere Behandlung des Rassengedankens und der Rassenwissenschaft und Fortführung der Tätigkeit auf dem Gebiet der Rassenpflege und -förderung« erfolgen.[60]
In der Leitung des Db, der sich 1936 korporativ dem Nordischen Ring anschloß, mehrten sich die Klagen darüber, daß er immer mehr an Einfluß und Bedeutung verlor. Ursachen hierfür waren seine Stellung zur

NSDAP, Nachwuchsmangel durch Überalterung und innere Streitigkeiten. P. LANGHANS mußte 1936 feststellen, daß der Db »heute keine Einheit in der Gesinnung mehr« darstelle.[61] Unterschiedliche Auffassungen über die Rolle des Db führten am 19. Juni 1941 zu einer Aussprache mit dem faschistischen Staatsminister Otto MEISSNER, in der erneut bestätigt wurde, daß der Db »nur als Helfer der Partei denkbar und tragbar (wäre). Er ist Hüter der Tradition, die Partei lebendige Gegenwart«.[62] Dementsprechend wollte der Db durch eine verstärkte Orientierung auf die »völkischen« Traditionen »geistiges Rüstzeug« für den faschistischen Krieg liefern.[63] Seit dem Beginn des zweiten Weltkrieges fanden keine Bundestage und nur noch selten Beratungen der Bundesleitung statt. Das letzte Zeichen von der Existenz des Db, von dem 1942 noch 39 Gemeinden bestanden haben sollen, ist die Septemberausgabe der »Deutschbund-Nachrichten« von 1943.

3. Quellen und Literatur

Die Geschichte des Db ist noch nicht erforscht und der Verbleib seines Archivs nicht bekannt. Aufschlüsse für die Anfangszeit geben der NL Friedrich Lange im ZStA Potsdam, je eine Akte im ZStA Merseburg und im StA Potsdam für die 90er Jahre und eine für 1922–1928 im ZStA Potsdam (RKO, Nr. 360) sowie für die Gesamtgeschichte des Db die vorwiegend von ihm selbst stammenden, im Artikel zitierten Publikationen.

Anmerkungen

1 Der Aufruf wurde am 1. April 1894 in der »Täglichen Rundschau« veröffentlicht. Siehe Auszüge in Friedrich Lange: Reines Deutschtum. Grundzüge einer nationalen Weltanschauung. Mit einem Anhang: Nationale Arbeit und Erlebnisse, 3. Aufl., Berlin 1904, S. 350 f.
2 Berlin 1894. Siehe auch ZStA Potsdam, 90 La 5 NL F. Lange, Nr. 25/26.
3 Siehe über deren Zielsetzung das Flugblatt »Deutsche Bürger und Bauern!« In: ZStA Merseburg, Rep. 77, Tit. 662, Nr. 91, Bl. 7.
4 Siehe das Rundschreiben F. Langes vom 26. 5. 1894. In: Ebenda, Bl. 30/31 und 3–6.
5 Siehe das Programm des ersten »Weihefestes« und den Bericht des Berliner Polizeipräsidenten an den Minister des Innern, 23. 10. 1894. In: Ebenda, B. 18–21 und 10–15.
6 Taschen-Büchlein für Deutschbrüder. Im Auftrage und unter Mitwirkung der Bundeskammer hrsg. von G. Holle, Bremerhaven 1899, S. 25.
7 Ebenda, S. 27 f.
8 F. Lange: Was ist und will der Deutschbund? In: Deutschbund-Blätter. Sonderabdruck 1894, S. 4.
9 Ebenda, S. 3.
10 F. Lange: Reines Deutschtum (1904), S. 353.
11 Taschen-Büchlein, S. 5.
12 Siehe Arbeitsplan des Deutschbundes (Entwurf des Bundeswarts). In: ZStA Merseburg, Rep. 77, Tit. 662, Nr. 91, Bl. 10.
13 Siehe Fünfundsiebzig der besten Deutschschriften, o. O. 1911. Siehe auch F. Lange: Reines Deutschtum, S. 371 ff.
14 Siehe ZStA Merseburg, Rep. 77, Tit. 662, Nr. 91, Bl. 39 f.
15 Ebenda, Bl. 27.
16 »Deutschbund-Adreßbücher« gab es seit Ende 1894 für Berlin und etwas später auch für andere deutsche Städte.
17 Siehe ZStA Merseburg, Rep. 77, Tit. 662, Nr. 91, Bl. 27 R.
18 Siehe die Namen der Mitglieder der ersten Bundeskammer. In: Ebenda, Bl. 10.
19 F. Lange: Was ist und will der Deutschbund?, S. 3.
20 Siehe F. Lange: Reines Deutschtum, S. 362.
21 Vor 1914 soll der Db hier »eine hochangesehene und tonangebende Gemeinschaft« gewesen sein, »zu deren Veranstaltungen auch das Herzogspaar mit Gefolge wiederholt erschien«. (August Ludwig: Deutschbund-Erinnerungen. In: Deutschbund-Blätter, 42. Jg. 1937, 5. Stück.)
22 Siehe (Paul Langhans): Karte der Verbreitung und Gliederung des Deutschbundes (Stand 1912), o. O., o. J.
23 F. Lange: Reines Deutschtum, S. 374.
24 Taschen-Büchlein, S. 27.
25 Siehe Max Liebermann von Sonnenberg an Friedrich Lange, 13. 10. 1894. In: ZStA Potsdam, 90 La 5 NL F. Lange, Nr. 3, Bl. 32.
26 Siehe Wilhelm Giese an F. Lange, 14. 4. 1897. In: Ebenda, Nr. 4, Bl. 59 R. Siehe auch W. Giese über seine grundsätzliche Stellung zum Db in seinem Schreiben vom 20. 4. 1897. In: Ebenda, Bl. 61–67 R.
27 Taschen-Büchlein, S. 26.
28 Siehe seinen Text in: Tägliche Rundschau, 6. 11. 1895.
29 Siehe F. Lange: Reines Deutschtum, S. 370.
30 Taschen-Büchlein, S. 11.
31 Nach dem Aufruf, den F. Lange am 4. 12. 1896 unter dem Titel »Um Bismarcks Erbe« veröffentlichte. In: F. Lange: Reines Deutschtum, S. 435.

32 »Ich glaube, daß der von Ihnen empfohlene Zusammenschluß der vier Parteien für unsere politische Entwicklung von großem Nutzen sein würde, befürchte aber, daß die Verwirklichung an dem Selbständigkeitsgefühl der Fraktionen scheitern wird.« (Bismarck an F. Lange, 25. 12. 1896. In: Deutschbund-Blätter, 42. Jg. 1937, 6. Stück.)

33 Siehe W. Giese an F. Lange, 14. 4. 1897.

34 F. Lange: Reines Deutschtum, (1904), S. 358f.

35 Adolf Bartels: Der deutsche Verfall. Vortrag, gehalten am 21. Januar 1913 zu Berlin, Leipzig 1913, S. 46. Siehe auch Max Robert Gerstenhauer: Rassenlehre und Rassenpflege (1913).

36 Siehe Deutschbund-Blätter, 19. Jg. 1914, Nr. 8 (August).

37 Ebenda,   20. Jg.   1915,   Nr. 1/2   (Januar/Februar).

38 Ebenda, 19. Jg. 1914, Nr. 11/12 (November/Dezember 1914).

39 Siehe ebenda, 20. Jg. 1915, Nr. 3/4 (März/April).

40 Siehe ebenda, Nr. 6/7 (Juni/Juli).

41 M. R. Gerstenhauer: Rassenlehre und Rassenpflege, 2. Aufl., Zeitz 1920, S. 61 u. 66.

42 Ebenda, S. 61.

43 M. R. Gerstenhauer: Der völkische Gedanke in Vergangenheit und Zukunft, Leipzig 1933, S. 63f.

44 Ebenda, S. 64.

45 Deutschbund-Blätter, 29. Jg. 1924, Nr. 1–3 (Januar–März).

46 Siehe den Bericht über die Tagung des Db in Hildburghausen vom 14.–16. Juni 1924. In: Ebenda, Nr. 7 (Juli).

47 Siehe ihren Text in: Ebenda, Nr. 1–3.

48 Deutschbund-Mitteilungsblatt, Jg. 1932, Folge 9.

49 Entschließung des 38. Bundestages über Wesen und Aufgaben des Db. In: Ebenda, Jg. 1932, Folge 10.

50 Ebenda, Folge 16.

51 Siehe ebenda, Jg. 1933, Folge 2.

52 Entschließung des 38. Bundestages ...

53 Deutschbund-Blätter, Jg. 1932, Folge 10.

54 Ebenda, Jg. 1931, Folge 12.

55 M. R. Gerstenhauer: Rettung Deutschlands aus der Wirtschaftskatastrophe. In: Ebenda, Folge 22.

56 Ebenda, Folge 12.

57 Siehe M. R. Gerstenhauer: Der völkische Gedanke, S. 79 u. 81.

58 Siehe den Wahlaufruf des Db in: Ebenda, S. 98 ff.

59 Ebenda, Jg. 1933, Folge 7.

60 Deutschbund-Blätter, 39. Jg. 1934, 3. Stück.

61 Ebenda, 42. Jg. 1937, 2. Stück.

62 Deutschbund-Nachrichten, 4. Jg. 1941, 3. Folge.

63 Siehe ebenda, 3. Jg. 1940, 1. Folge und 4. Jg. 1941, 1. Folge. Siehe die Ausführungen des Bundeswarts, Ferdinand Werner, über die gegenwärtige Tätigkeit des Db. In: Deutschbund-Blätter, 47. Jg. 1942, 3. Stück.

Dieter Fricke

Deutsch-demokratischer Gewerkschaftsbund (DdG) 1918–1919

Der DdG entstand als antikommunistisches und proimperialistisches »Abwehrkartell« der Mehrzahl der bürgerlichen Arbeiter-, Angestellten- und Beamtenorganisationen gegen die revolutionären Bestrebungen der Arbeiterklasse in der Novemberrevolution. Der DdG war eine lockere Organisation, die nach der Niederlage der Arbeiterklasse und dem Wiedererstarken der imperialistischen Klassenherrschaft zerfiel. Nach dem Austritt des ↗ Verbandes der Deutschen Gewerkvereine (Hirsch-Duncker) (VDG) und anderer »liberaler« bürgerlicher Gewerkschaftsverbände erfolgte im November 1919 die Umbildung des DdG zum ↗ Deutschen Gewerkschaftsbund (DGB) als Dachorganisation der »christlich-nationalen« bürgerlichen Gewerkschaftsorganisationen.

Vorsitz

Die Geschäfte des DdG wurden von einem mehrköpfigen Ausschuß unter dem Vorsitz von Adam STEGERWALD und Gustav HARTMANN besorgt.

Mitglieder

November 1918 ca. 1 250 000
März 1919 ca. 1 500 000

Presse

Der DdG verfügte über kein eigenes Publikationsorgan. Verlautbarungen und Mitteilungen des DdG erschienen in der Presse der angeschlossenen Organisationen.

Dem DdG angehörende Verbände

Allgemeiner Eisenbahnerverband (AEV)
Deutscher Angestelltenverband
Deutscher Gruben- und Fabrikbeamten-Verband, Bochum
Deutscher Privatbeamtenverein, Magdeburg
↗ Deutschnationaler Handlungsgehilfen-Verband (DHV)
↗ Gesamtverband der christlichen Gewerkschaften Deutschlands (GCG)
Gewerkschaft deutscher Eisenbahner e. V.
Kaufmännischer Verband für weibliche Angestellte
Kaufmännischer Verein von 1858, Hamburg
Reichskartell der Staatsangestellten, Elberfeld
↗ Verband der Deutschen Gewerkvereine (Hirsch-Duncker) (VDG)
Verband deutscher Handlungsgehilfen zu Leipzig
Verband Deutscher Privateisenbahn-Beamter E. V.

Verbündete kaufmännische Vereine für weibliche Angestellte

Zahlreiche, vor allem von der ↗ *Gesellschaft für soziale Reform (GfsR)* getragene Versuche, bereits in den Jahren nach der Jahrhundertwende alle bürgerlichen Arbeiterorganisationen zu einem einheitlichen, gegen die deutsche Sozialdemokratie und die freien Gewerkschaften gerichteten Block zusammenzuschließen, scheiterten sowohl an weltanschaulichen Differenzen, an Konkurrenzaspekten als auch vor allem daran, daß der Antisozialismus als alleiniges tragendes Moment für eine intensivere Zusammenarbeit nicht ausreichte.[1] Obwohl sich unter den besonderen Bedingungen des ersten Weltkrieges die Gegensätze zwischen den antisozialistischen Arbeiterorganisationen abgeschwächt hatten, standen sich noch im Sommer 1918 der vom ↗ *GCG* maßgeblich geprägte ↗ *Deutsche Arbeiterkongreß (DA)* und der vom *VDG* geleitete *Kongreß freiheitlich-nationaler Arbeiter- und Angestelltenverbände* gegenüber. Erst in der Novemberrevolution, durch die die Grundlagen der kapitalistischen Ordnung und damit auch die Existenzmöglichkeiten bürgerlicher Arbeiterorganisationen ernsthaft bedroht waren, kam es zur Bildung eines konterrevolutionären Kartells der wichtigsten bürgerlichen Arbeiter-, Angestellten- und Beamtenorganisationen unter Führung des *GCG* und des *VDG*. Die Gründungsversammlung des DdG fand am 20. November 1918 in Berlin statt, nachdem auf Initiative des *GCG* ein schnell gebildeter Ausschuß die Vorarbeiten erledigt hatte. Die Referate auf der Gründungsversammlung hielten A. STEGERWALD in seiner Eigenschaft als Generalsekretär des *GCG* und der Vorsitzende des *VDG*, G. HARTMANN. Die Klage über die Niederlage des imperialistischen Deutschlands im ersten Weltkrieg und die Suche nach geeigneten Möglichkeiten des Kampfes gegen die revolutionäre Arbeiterklasse bildeten den Grundtenor der Ansprachen. Zwar gab G. HARTMANN die Erklärung ab, daß sich der DdG »auf den Boden der gegebenen Tatsachen«[2] stelle, doch blieb davon die grundsätzliche Gegnerschaft gegenüber jeder revolutionären Veränderung der gesellschaftlichen Verhältnisse und die uneingeschränkte Bereitschaft, sich in den Prozeß der Formierung der konterrevolutionären Kräfte einzuordnen, unberührt. So bezeichnete G. HARTMANN in Übereinstimmung mit der konterrevolutionären Taktik der entscheidenden Gruppen des deutschen Imperialismus die »Aufrechterhaltung von Ruhe und Ordnung« als vordringlichste Aufgabe und forderte als ein Mittel zum »Klassenfrieden« den Ausbau des Einigungswesens mit einem Reichseinigungsamt an der Spitze.[3] Die proimperialistische Konzeption des DdG zeigte sich auf der Gründungsversammlung schließlich auch in der unverhüllten Ablehnung einer »gewaltsamen Enteignung der Betriebe«. G. HARTMANN erklärte zu dieser Frage: »Die Vergesellschaftung ist nicht immer die beste Lösung der Produktionsfrage, sie hat recht wesentliche Schattenseiten und muß mit aller Vorsicht behandelt werden, wenn nicht für unser Wirtschaftsleben schwerer Schaden entstehen soll.«[4]

A. STEGERWALD unterbreitete dem Gründungskongreß ein Aktionsprogramm, das von einem vorbereitenden Ausschuß ausgearbeitet worden war und folgende Punkte enthielt:

»1. Einberufung der konstituierenden Nationalversammlung. 2. Ein großdeutsches Reich als Wirtschaftseinheit mit wirklich demokratischer Verwaltung und Verfassung. 3. Gleichheit aller hinsichtlich der staatsbürgerlichen Rechte. 4. Freie Bahn den Tüchtigen in Staatsleitung, Verwaltung, Kunst und Wissenschaft. 5. Organische und planmäßige Sozialisierung unserer Wirtschaft unter Aufrechterhaltung der persönlichen Initiative und Tüchtigkeit, sowie der Weltkonkurrenzfähigkeit. 6. Unbedingte Mitwirkung der Gewerkschaften und Berufsvereine bei allen wirtschaftlichen Maßnahmen der Regierung, insbesondere bei der Sozialisierung einzelner Industrie- und Gewerbezweige. 7. Garantie der Bezüge und Pensionen aller Staatsbediensteten.«[5]

Mit der Forderung nach Einberufung der Nationalversammlung reihte sich der DdG in die Kräfte ein, die an der Aufrechterhaltung der imperialistischen Machtverhältnisse interessiert waren, während die Bereitschaft zur »organischen Sozialisierung« Illusionen über die Bereitschaft des DdG erwecken sollte, eine Vergesellschaftung der Produktionsmittel zu unterstützen.

Im Mittelpunkt eines Aufrufes des DdG-Ausschusses vom 23. November 1918 unter dem Titel »Präliminarfrieden und Brot« stand neben den Forderungen nach »Herbeiführung eines baldigen Präliminarfriedens« und der »Wiederbelebung und Sicherung unseres Wirtschaftslebens« ebenfalls wieder die Forderung nach »schleuniger Einberufung der Nationalversammlung«[6]. Die Begründung für diese Forderungen mußte der Antikommunismus und Antisowjetismus liefern: »Wir dürfen nicht ruhig zusehen, daß, wie in Rußland, alles zerstört wird; wir müssen aufbauen.«[7]

Das endgültige Programm des DdG erschien im Dezember 1918. In der Einleitung wurden als Grundsätze des DdG proklamiert:

»1. Wir fördern die wirtschaftlichen, politischen und kulturellen Interessen der deutschen Arbeiter, Angestellten und Beamten durch die Erneuerung von Staat und Gesellschaft. 2. Wir glauben an die erneuernde Kraft der Gesinnung. 3. Keine menschliche Gemeinschaftseinrichtung ist Selbstzweck. Jeder dient dem Wohle des Volkes und seiner Entwicklung.«[8] Der »wahre Volksstaat«, in dem diese Grundsätze ihre Erfüllung finden sollten, setzte nach Auffassung des DdG voraus, daß die »Gegenbegriffe ›Bürgertum‹ und ›Proletariat‹ entfallen.«[9]

Von den wirtschaftlichen Programmpunkten sind bemerkenswert die Forderungen nach Verstaatlichung der Bodenschätze und »geeigneter Betriebe« sowie nach Aufhebung der Fideikommisse. Diese Programmpunkte waren Konzessionen an das unter dem Eindruck der revolutionären Ereignisse gereifte Klassenbewußtsein auch der Arbeiter bürgerlicher Arbeiterorganisationen. Sie wurden in dem Maße fallengelassen, in dem sich die erschütterten Positionen des deutschen Imperialismus schrittweise wieder festigten. Die

raffinierte konterrevolutionäre Taktik des
DdG kam vor allem darin zum Ausdruck, daß
er eifrig bemüht war, seine Vertreter in die
Arbeiter- und Soldatenräte einzuschleusen,
um deren »revolutionären und volksschädlichen Charakter zu lähmen«.[10]
Der Schwerpunkt der Arbeit des DdG lag in
den ersten zwei Monaten seines Bestehens
auf der Vorbereitung der Wahlen zur Nationalversammlung, in der eine »sozialistische
Mehrheit« unter allen Umständen verhindert
werden sollte.[11] Um diese Zielstellung zu
realisieren, beschränkte sich der DdG nicht
auf die Aufforderung an die Mitglieder seiner
Verbände, den Kandidaten des DdG für die
Nationalversammlung zum Siege zu verhelfen[12], sondern er leistete den bürgerlichen
Parteien auch direkte Schützenhilfe. Bei der
Rettung der durch die Novemberrevolution
aufs stärkste bedrohten Herrschaft der deutschen Großbourgeoisie übernahmen die
bürgerlichen Gewerkschaftsführer — seit
Jahrzehnten in der Schürung demokratischer
und »sozialpolitischer« Illusionen innerhalb
der Arbeiterklasse erfahren — die Aufgabe,
bei der Umwandlung der bürgerlichen Parteien in »demokratische« und »Volkspar-
teien« aktiv mitzuhelfen und sie damit den
veränderten Bedingungen des Klassenkampfes anzupassen. So wurden im November und
Dezember 1918 die Programme der meisten
bürgerlichen Parteien von Vertretern des
DdG, insbesondere von christlichen Gewerkschaftsführern, ausgearbeitet.[13] In der
Nationalversammlung wie auch in den Lan-
desversammlungen waren die Funktionäre
des DdG in allen bürgerlichen Parteien vertreten. Damit stimmte überein, daß der DdG
offiziell allen bürgerlichen Parteien gleich
freundlich gegenüberstand, auch wenn naturgemäß die christlichen Verbände mehr
zum ↗ Zentrum (Z), die liberalen Arbeiter-
und Angestelltenorganisationen mehr zur
↗ DDP und ↗ DVP tendierten. Mit der Übernahme zahlreicher Vertreter des DdG in ihre
Fraktionen honorierten die bürgerlichen
Parteien den Umstand, daß — wie Wilhelm
WIEDFELD mit gewisser Überspitzung feststellte — »der erste, der kräftigste und er-
folgreichste Widerstand des Volkes gegen die
Mächte des Bolschewismus«[14] vom DdG und
in ihm besonders von den christlichen Gewerkschaften ausging.

In der Endphase der Novemberrevolution
brachen die zeitweise durch die gemeinsame
Gegnerschaft zur Revolution und zur revolutionären Arbeiterbewegung niedergehal-
tenen Gegensätze innerhalb der bürgerlichen
Gewerkschaften erneut hervor. Insbesondere
die Differenzen zwischen dem GCG und dem
VDG traten nun wieder stärker hervor.
Während der VDG seine angebliche »weltanschauliche Neutralität« wieder stärker betonte, aber auch die engen Bindungen zwischen dem Z und den christlichen Gewerkschaften ablehnte, gingen diese weiterhin von
einer klerikalen Fundierung ihrer Tätigkeit
aus. Hinzu kamen »Schwierigkeiten ge-
werkschaftlich-organisatorischer Natur«.[15]
Hinter dieser Formel verbarg sich die wieder
aufbrechende Konkurrenz zwischen den verschiedenen bürgerlichen Gewerkschaftsorganisationen in der täglichen Arbeit und in
der Mitgliederwerbung. Die dadurch entstandenen Spannungen wurden in der Öffentlichkeit erstmals sichtbar, als der Ausschuß
des DdG am 19. März 1919 die Umbenennung
des DdG in ↗ Deutscher Gewerkschaftsbund
(DGB) beschloß.[16] Obwohl offiziell diese
Namensänderung lediglich damit begründet
wurde, daß »der Deutsche Gewerkschaftsbund unter seinem früheren Namen des öfte-
ren mit der Deutsch-demokratischen Partei
identifiziert worden ist«[17], weist die weitere
Entwicklung doch auf tiefere Ursachen hin.
Die klerikal geprägten neuen Satzungen des
DGB führten dazu, daß der Zentralrat des
VDG am 14. November 1919 seinen Austritt
aus dem DGB erklärte und im November 1920
mit anderen aus dem DGB ausgeschiedenen
liberalen Gewerkschaftsverbänden den ↗ Gewerkschaftsring deutscher Arbeiter-, Ange-
stellten- und Beamtenverbände (Gwr) bildete.
Am 22. November 1919 erfuhr der DGB eine
grundlegende Umbildung, indem er nunmehr
auf eine ausschließlich »christlich-nationale«
Grundlage gestellt wurde und alle angeschlossenen Verbände satzungsgemäß auf die
Grundsätze der christlichen Gewerkschaften
festgelegt wurden. Nach Auffassung der
christlichen Gewerkschaften bedeutete diese
Umbildung »für die christliche Gewerk-
schaftsrichtung eine Erhöhung ihrer Stoßkraft«[18], wobei der Unterschied zwischen
dem DGB und dem DdG wie folgt gesehen
wurde: »Der deutsche demokratische Ge-

werkschaftsbund faßte ungleichartige Elemente zusammen, deren einheitliche Auffassung nur in der Ablehnung des Radikalismus und des sozialdemokratischen Terrors bestand. Der Deutsche Gewerkschaftsbund hingegen gilt als Vereinigung gleichgesinnter Organisationen, die auf die Betonung der Wichtigkeit christlichnationaler Ideen für die Gewerkschaftsarbeit nicht verzichten zu können glauben.«[19]

Quellen und Literatur

Wichtiges Material zum DdG enthält das Protokoll der Gründungstagung.[20] Einen guten Einblick in die Entwicklung und Tätigkeit des DdG gibt die Presse der ihm angeschlossenen Verbände, insbesondere das »Zentralblatt der christlichen Gewerkschaften Deutschlands«. In der apologetischen Arbeit von Wilhelm Wiedfeld über den Deutschen Gewerkschaftsbund ist der DdG kurz behandelt. Eine knappe marxistische Einschätzung des DdG geben Horst van der Meer[21] und L. D. Chodorkovskij[22].

Anmerkungen

1 Siehe Dieter Fricke: Bürgerliche Sozialreformer und die Zersplitterung der antisozialistischen Arbeiterorganisationen vor 1914. In: ZfG, 23. Jg. (1975), H. 10, S. 1 177 ff.
2 Zweck und Ziele des Deutsch-demokratischen Gewerkschaftsbundes, Berlin 1919, S. 8. =

Schriften des Deutsch-demokratischen Gewerkschaftsbundes, H. 1.
3 Ebenda, S. 11.
4 Ebenda, S. 13.
5 Zentralblatt der christlichen Gewerkschaften Deutschlands, Nr. 25 vom 2. 12. 1918.
6 Ebenda.
7 Ebenda.
8 Ebenda, Nr. 1 vom 6. 1. 1919.
9 Ebenda.
10 Wilhelm Wiedfeld: Der Deutsche Gewerkschaftsbund, Leipzig 1933, S. 19. = Männer und Mächte, Bd. 16.
11 Siehe Franz Josef Stegmann: Geschichte der sozialen Ideen im deutschen Katholizismus. In: Geschichte der sozialen Ideen in Deutschland. Hrsg. Helga Grebing, München–Wien 1969, S. 474. = Deutsches Handbuch der Politik, Bd. 3.
12 Zentralblatt der christlichen Gewerkschaften Deutschlands, Nr. 1 vom 6. 1. 1919.
13 Siehe 25 Jahre christliche Gewerkschaftsbewegung 1899–1924, Berlin 1924, S. 29.
14 W. Wiedfeld, S. 22.
15 Ebenda, S. 25.
16 Zentralblatt der christlichen Gewerkschaften Deutschlands, Nr. 7 vom 31. 3. 1919.
17 Deutsche Allgemeine Zeitung, Nr. 137 vom 21. 3. 1919.
18 Die christlichen Gewerkschaften im Jahre 1919. In: Zentralblatt der christlichen Gewerkschaften Deutschlands, Nr. 20 vom 27. 9. 1920.
19 Ebenda.
20 Siehe Anm. 2.
21 Horst van der Meer: Politischer Klerikalismus contra Gewerkschaftseinheit, Berlin 1964.
22 L. D. Chodorkovskij: Katolicizm i rabočij klass Germanii 1871–1933, Moskva 1978.

Herbert Gottwald

Deutsche Adelsgenossenschaft (DAg)
1874—1945

Als politische Interessenvertretung des mittleren und kleineren Adels verfolgte die DAg das Ziel, seinen durch die bürgerliche Umwälzung bewirkten Niedergang aufzuhalten, den Adel und die Gesellschaft ständisch sowie den Staat autoritär zu »erneuern«. Die DAg trug einen interkonfessionellen, antipartikularistischen Charakter. Erklärter Hauptgegner war für sie zunächst der Liberalismus, an dessen Stelle dann immer mehr die revolutionäre Arbeiterbewegung trat. Die Ereignisse von 1918/19 bestärkten die DAg in ihrem Antidemokratismus und Antikommunismus. Sie suchte nunmehr eine Politik zu betreiben, die sowohl den politischen wie ökonomischen Interessen des Monopolkapitals als auch den spezifischen Bedürfnissen des Adels entsprach. Das wachsende Gewicht jungkonservativ-faschistischer Kräfte gegenüber dem altkonservativ-monarchistischen Flügel führte dazu, daß die DAg Anfang der 30er Jahre die ↗ NSDAP unterstützte und sich nach 1933 nahtlos in das faschistische Regime einfügte.

1. Gründung, Charakter und Entwicklung bis zur Jahrhundertwende
2. In der Epoche des Imperialismus: Die DAg von 1898 bis 1914
3. Im ersten Weltkrieg
4. Die DAg in der revolutionären Nachkriegskrise
5. Die DAg 1924—1933
6. Die DAg in der Zeit der faschistischen Diktatur
7. Quellen und Literatur

1. Vorsitzender (ab 1925 *Adelsmarschall*)

Georg VON KNEBEL-DOEBERITZ (1874—1880); Werner GRAF VON DER SCHULENBURG-BEETZENDORF (1881—1903); Wilhelm VON WEDEL-PIESDORF (1903—1915); Interregnum bis 1920; Friedrich VON BERG-MARKIENEN (1920 bis 1932); Adolf FÜRST ZU BENTHEIM-TECKLENBURG AUF RHEDA (Westfalen) (1932 bis 1945)

Ehrenpräsident bzw. -vorsitzender auf Lebenszeit

Ernst Günther HERZOG ZU SCHLESWIG-HOLSTEIN; HINDENBURG (1920—1934)

Adelstag

Als Generalversammlung der DAg fand der Adelstag seit 1874 zunächst in der Regel jährlich im Februar in Berlin statt. Von 1929 bis 1939 wurde er von Jahr zu Jahr wechselnd in den einzelnen Landesabteilungen durchgeführt. In besonderen Fällen fanden ao. Adelstage statt.

Mitgliederbewegung

1875	50	1907	2 329	1925	17 000[1]
1883	174	1914	2 400	1930	17 000
1887	556	1918	1 600	1939	19 700[2]
1897	1 603	1921	5 000		
1902	1 983	1923	14 000		

[1] Hinzu kamen 72 Familienverbände
[2] Mit 182 Familienverbänden. Von den Mitgliedern waren 4 570 Kinder

Presse und periodische Veröffentlichungen

»Deutsches Adelsblatt« (1883—1944); seit 1. April 1884 offizielles Organ der DAg. Der Untertitel wechselte mehrmals. Er lautete zunächst »Wochenschrift für die Interessen des deutschen Adels beider Confessionen«; seit 1888 »Wochenschrift für die Aufgaben des christlichen Adels«, dem seit 1894 hinzugefügt wurde »Organ der Deutschen Adelsgenossenschaft«. »Kalender der Deutschen Adelsgenossenschaft«; erschien seit 1896 jährlich in Berlin (ab 1926: »Jahrbuch ...«). »Jahrbuch des Deutschen Adels«, Bd. 1 (1896), 2 (1898) und 3 (1899).

1. Gründung. Charakter und Entwicklung bis zur Jahrhundertwende

Die Gründung der DAg erfolgte am 26. Februar 1874 in Berlin durch 30 »grundgesessene Edelleute« aus den preußischen Provinzen Brandenburg, Pommern, Ostpreußen, Sachsen und Schlesien. Die Gründungsversammlung stand unter dem Eindruck der schweren Wirtschaftskrise von 1873. Zahlreiche Schwindelunternehmungen, zu deren »Gründern« vielfach auch Angehörige des Adels gehört hatten, waren bereits zusammengebrochen. Hinzu kam das für die Konservativen äußerst ungünstige Ergebnis der Wahlen zum Preußischen Abgeordnetenhaus vom Herbst 1873 und zum Reichstag vom Januar 1874. Diese Ereignisse verstärkten bei den Gründungsmitgliedern die Sorge um das weitere Schicksal des Adels, der durch die bürgerliche Umwälzung und die »Revolution von oben« zu einer verschwindend geringen Minorität im Deutschen Reich geworden war und ein großes Maß an feudalen Vorrechten eingebüßt hatte.[1] In dem Bestreben, diese Entwicklung zugunsten des Adels zu verändern, setzte sich die DAg im § 2 ihres auf der Gründungsversammlung beschlossenen Programms folgende Ziele:[2]

»1. Freies Festhalten an dem apostolischen Glaubensbekenntnis.
2. Ehrlicher Kampf gegen den Materialismus und Egoismus unserer Zeit, insbesondere auch durch Heilighaltung des Sonntags und Sorge für das geistige und leibliche Wohl der Untergebenen.
3. Die besondere Aufgabe des Adels ist nicht in der Geltendmachung exklusiver Rechte und Interessen, sondern in der Hingabe für das gemeine Wohl und in der Wahrung der überkommenen Treue für Thron und Vaterland zu suchen.
4. Eine gewissenhafte christliche Erziehung der Kinder, gleichzeitig gerichtet auf Anstand, Sitte, Ehrbarkeit, Arbeitsamkeit, wissenschaftliches Streben, Mäßigkeit in materiellen Genüssen, und auf Ausbildung der körperlichen Kraft und Gewandtheit.
5. Trost und Hilfe für menschliches Elend jeder Art, namentlich bei Standesgenossen in Fällen unverschuldeten Unglücks.
6. Wahrung und Pflege des ererbten Grund und Bodens und Widerstreben gegen eine Veräußerung desselben ohne zwingende Notwendigkeit.«

Im Unterschied zu anderen ultrarechten konservativen junkerlichen Kreisen ging die DAg nicht auf einen offenen Oppositionskurs gegen BISMARCK. Wesentlich durch ihren elitären Charakter bedingt, isolierte sie sich zunächst von der Öffentlichkeit und stagnierte mehrere Jahre lang als eine kleine Gruppe von etwa 60 Junkern. Auf den Adelstagen wurde, wie z. B. auf dem von 1875, über die Einführung von Ehrengerichten für den gesamten Adel und den »sittlichen Boden des Staates« diskutiert. Beratungsgegenstände waren auch das »gemeingefährliche Treiben der Juden und Börsenmänner« oder die Frage »Welche Staatseinrichtungen sind es, die vorzugsweise zu der überall hervortretenden Entsittlichung des Volkes führen?«[3]

Anfang der 80er Jahre setzte ein Umschwung in der Tätigkeit der DAg ein. Zu ihrer strafferen Organisierung wurde seit 1881 ein ständiger Ausschuß gewählt und in Berlin ein ständiges Büro mit einem Geschäftsführer eingerichtet. 1882 fand der erste öffentliche Adelstag statt. Eine Änderung des Statuts beseitigte Einschränkungen bei der Aufnahme von Mitgliedern, für die allerdings weiterhin die Ballotage galt. Während der Beitritt zunächst vom Besitz an Grund und Boden sowie von der Vollendung des 30. Lebensjahres abhängig gemacht worden war, genügten nun das 24. Lebensjahr und der Besitz einer »standesgemäßen sozialen Position«.[4] Weiterhin strebte jedoch die DAg danach, »daß ihr Knochengerüst durch den grundbesitzenden Adel« gebildet werden sollte.[5]

Das seit dem 1. April 1883 von Paul FREIHERR VON ROËLL herausgegebene »Deutsche Adelsblatt« stellte sich das Ziel, »für die auf Sammlung, Reorganisation und Zusammenstehen in Schutz und Trutz gerichteten Bestrebungen des deutschen Adels geistiger Mittelpunkt und Fahne zu sein.«[6] Das Blatt entwickelte sich in der Folgezeit hauptsächlich infolge seiner geschickten und profilierten Redaktion zu einem relativ bedeutenden konservativen Organ, das zeitweilig eine in mancher Hinsicht größere Bedeutung und Wirksamkeit als die DAg hatte.

Die DAg wollte vor allem ihren Einfluß unter den Junkern erweitern. Bei der Propagierung ihrer Ziele und Bestrebungen, die zunächst selbst vielen Mitgliedern der DAg unklar waren, traten die folgenden, dem Programm entsprechenden Grundzüge besonders deutlich hervor.

Von ähnlichen Bestrebungen METTERNICHS ausgehend und unter Berufung auf diesen, wollte die DAg Sammelpunkt für eine »allmähliche Neuorganisation« bzw. »umfassende Rekonstruktion des Adels als Stand« sein.[7] Darin sah sie die einzige Garantie, um dem weiteren Niedergang des Adels und damit der »Kerntruppe des Widerstandes gegen die Heere der Revolution«[8] Einhalt zu gebieten. Im »Deutschen Adelsblatt« wurde der Kapitalismus als »Geldmacht« zum Hauptfeind schlechthin erklärt. Je stärker dieser werden würde, »desto größer wird das Proletariat, desto lockerer und brüchiger der Gesellschaftsbau, desto näher rückt die Gefahr des Zusammensturzes«[9].

In diesem Sinne distanzierte sich die DAg sowohl vom besitzlosen als auch vom »Geldadel« sowie von dem »sittlichen Verfall« eines großen Teils der adligen Jugend, der »fest am Leitseil des bedenkenlosen Börsenjobber-Roués« hängen würde.[10]

Die DAg erinnerte immer wieder an die »entsetzlichen Lehren« von 1789. Nach ihren elitären Vorstellungen war es völlig unverständlich, wenn für den »beschränkten Banausen der Handarbeit« gleiche Geltung und gleicher Lohn gefordert wurde.[11] Das allgemeine Wahlrecht bedeutete für sie, »die soziale Anarchie auf das politische Gebiet« zu übertragen.[12] Selbst der Konstitutionalismus wurde in seinem Wesen als die Verfassungsform aufgefaßt, in der »die Geldherrschaft am klarsten und kräftigsten« zum Ausdruck kam.[13] Scharfe Kritik übte die DAg an den kapitalistischen Großindustriellen, denen sie bescheinigte, »daß mancher alte Sklavenhalter für seine Sklaven menschenfreundlicher gesorgt haben wird, als jetzt mancher Industrielle für seine Lohnsklaven«.[14] Entsprechend der reaktionären, feudal-sozialistischen Konzeption der DAg sollte sich die Gesellschaft »allmählich in eine breite Masse arbeitender, nach ihrem Berufe organisierter Gruppen umbilden«, auf der sodann »unmittelbar und ohne Übergang das Königtum als soziales Königtum« und »nationales Heiligtum« mit dem Adel als »politischer Leibwache« stehen würde.[15] Der aus dieser Konzeption resultierende sozialkonservative Genossenschaftsgedanke wurde vor allem

unter Berufung auf Viktor Aimé HUBER propagiert. Zu seinen eifrigsten Verfechtern gehörte P. VON ROËLL, der bereits bei der Gründung des ↗ Central-Vereins für Social-Reform auf religiöser und constitutionell-monarchischer Grundlage (Cv) eine führende Rolle gespielt hatte.

Als »korporative Zusammenfassung aller Kräfte« sollte sich der Sozialismus entweder auf einem demokratischen oder aristokratischen Weg durchsetzen können.[16] Bei allem Haß gegenüber der sozialistischen Arbeiterbewegung sah die DAg zunächst nicht in den »Faktoren der nackten Revolution« die Hauptgefahr für einen Sieg des demokratischen Weges. Mit ihnen glaubte sie leichter fertig zu werden »als mit den hof- und salonfähigen Liberalen, welche dem Umsturz in tadelloser Haltung und Toilette die Bahn brechen«[17].

Die entscheidende Garantie und der Träger für den aristokratischen Weg sollte und konnte nur ein Adel sein, der sich vom »Drohnentum« seines Standes geläutert habe und »die Hauptnerven des Volksempfindens« in sich trage.[18] Diesen Typ des Adels propagierte die DAg auf eine penetrant moralisierende Weise, wobei im »Deutschen Adelsblatt« immer wieder Beiträge über die ethische Bedeutung des »Edelmannes« und entsprechende Appelle an die Leser erschienen.[19] Für die »besonderen Pflichten«, die dem deutschen Adel von der DAg zugeschrieben wurden, war auch die Resolution des 14. Adelstages von 1895 charakteristisch:

»In der Zeit der Gärung und des Kampfes erwächst dem deutschen Adel mehr als je die ernste Pflicht, unter strenger Wahrung der Bekenntnistreue und Festhaltung des Gedankens der Monarchie von Gottes Gnaden, mit voller Energie einzutreten in den Kampf für Religion, Sitte und Ordnung, sich abzuwenden vor der Selbstsucht und dem Materialismus der heutigen Zeit und, den gegenwärtigen Zeitverhältnissen Rechnung tragend, zur früheren Einfachheit in den Lebensgewohnheiten zurückzukehren.«[20]

In ihrer Mitgliederwerbung konzentrierte sich die DAg in erster Linie auf den grundbesitzenden Adel. Von jedem »echte(n) deutsche(n) Edelmann« verlangte sie, »sich als Agrarier (zu) fühlen«[21]. Weitere adlige Zielgruppen waren dann das Offizierskorps als »das Rittertum des modernen Staates«[22], Richter, Höflinge und höhere Beamte.

Von den 174 Mitgliedern der DAg 1883 waren 93 Großagrarier, 36 aktive und 21 inaktive Offiziere, 15 Juristen bzw. höhere Beamte. Die Mitglieder der DAg gehörten zumeist dem mittleren und niederen Adel an. Hohe Adlige und Fürsten waren in der Regel nur mit etwa einem Prozent vertreten.

Unter den Mitgliedern dominierten – 1898 mit 70% – die in Preußen lebenden, zumeist protestantischen Adligen. Dennoch betonte sie im Interesse der auf den gesamten Adel gerichteten Bestrebungen ihren interkonfessionellen und föderalistischen Charakter. So wollte das »Deutsche Adelsblatt« im Unterschied zur »Kreuz-Zeitung« »kein spezifisch-preußisches und kein partikular-konfessionelles Organ« sein.[23] Äußerst positiv reagierte es auf den »mustergültigen« Gründungsaufruf des ↗ *Volksvereins für das katholische Deutschland (VkD)*. Dessen Einheit und Geschlossenheit stellte es dem »in zahlreichen Denominationen, Fraktionen und Fraktiönchen zersplissenen Protestantismus« gegenüber.[24] 1892 war das Blatt für ein »schwarzes Kartell« zwischen der *Deutschkonservativen Partei (DkP)* (↗ *Konservative Partei [KoP]*) und dem deutschen politischen Katholizismus und bezeichnete die DAg hierfür als beispielgebend.

Den politischen Parteien gegenüber verhielt sich die DAg distanziert. Das entsprach ihrer ständischen Orientierung; sollte es doch erst dann möglich sein, den »Gottesordnungen« mit gesalbten Monarchen neues Leben zu geben, wenn es gelang, »an die Stelle der aus öden Abstraktionen hervorgegangenen politischen Tagesparteien lebendige politische Stände zu setzen«.[25] Von dieser Position aus übte sie immer wieder Kritik an der *DkP*, der viele ihrer führenden Mitglieder in oft einflußreichen Funktionen angehörten und zu der sie noch die engsten Bindungen hatte. Rückhaltlos bekannte sie sich zum ↗ *Bund der Landwirte (BdL)* und pries dessen radikales Vorgehen im Interesse der Großagrarier als »eine *patriotische, rettende* Tat«[26]. Hinsichtlich des ↗ *Zentrums (Z)* orientierte sich die DAg auf dessen rechtsextreme, junkerliche Kräfte bei gleichzeitiger Distanzierung von solchen Repräsentanten der katholischen Bourgeoisie wie Ernst LIEBER. Nichts gemein hatte sie mit den Nationalliberalen als einer »Partei der Vergangenheit«[27]. Bei gleichzeitiger Kritik am Radauantisemitismus sprach sich die DAg für einen »zielbewußten und dabei maßvollen« Antisemitismus aus.[28]

Nach der Entlassung BISMARCKS wollte die DAg zunächst in ihm den Gründer und Führer einer nationalen Reformpartei sehen. Wenig später grenzte sie sich dann aber vom »Partei-Chauvinismus« der BISMARCK-Fronde ab und bezeichnete es als klar, daß der Adel zum Kaiser hielte.[29]

In der DAg dominierte die Behandlung parteipolitisch neutraler, »gemeinnütziger« Themen. Die Adelstage beschäftigten sich in höherem Maße mit solchen Fragen wie Ehrengerichten für den Adel, Duellen, Rentenstiftung, Errichtung adliger Damenheime, dem Fideikomiß und der Einrichtung von Adelsmatrikeln. Für »hilfsbedürftige und würdige« Adlige wurde 1888 der *Central-Hilfsverein der DAg* gegründet.

Nachdem sich der Ausschuß der DAg besonders seit 1884 um eine Ausweitung des innerorganisatorischen Lebens durch die Schaffung »geselliger Vereinigungen« in größeren Städten bemüht hatte, wurden seit 1888 Landes- bzw. Bezirksabteilungen der DAg mit eigenen Vorständen und Delegierten für den Adelstag gegründet. Zur Unterstützung des Vorstandes wurden, nach dem revidierten Statut von 1891, 4 Arbeitsabteilungen gebildet, und zwar: a) »für die Aufrechterhaltung und Verbreitung der sittlichen Grundsätze« der DAg, b) »zur Erledigung von Unterstützungs- und Versorgungsangelegenheiten«, c) »zur Erhaltung und Hebung des materiellen Wohlstandes«, d) »für Wappen-, Geschlechter- und Siegelkunde«.

2. In der Epoche des Imperialismus: Die DAg von 1898 bis 1914

Eine nicht unwesentliche Aufwertung erhielt die DAg, als W. VON WEDEL-PIESDORF 1903 ihr erster Vorsitzender wurde. Als langjähriger preußischer Hausminister (1888–1907) gehörte er der Hofkamarilla an und besaß großen Einfluß. Nicht zuletzt auch wegen seiner byzantinistischen Haltung[30] verkörperte er in seiner Person die enge Bindung zwischen dem kaiserlichen Hof und der DAg. Nach seinem Sturz als Minister im September 1907 blieb W. VON WEDEL-PIESDORF dennoch so einflußreich, daß er 1911 als Vorsitzender der *DkP* in Erwägung gezogen und 1912 Mitglied ihres Geschäftsführenden Ausschusses wurde. W. VON WEDEL-PIESDORF war 1884 bis 1886 Präsident des Reichstages und wurde 1912 Präsident des Preußischen Herrenhauses.

Im Interesse ihres Anliegens, den »christlichen Adel« zu einigen, betonte die DAg weiterhin ihren überkonfessionellen und angeblich überparteilichen Charakter, den sie hauptsächlich in einem »christlichen Konservatismus« gewährleistet sah. Sie forderte eine »schleunige Umkehr von den verderblichen Ideen des modernen Halb- und Liberal-Konservatismus«[31] und verurteilte den von Adolf GRABOWSKY seit 1911 propagierten »Kultur-Konservatismus« äußerst scharf. Obwohl sie die Parteien und »ihr Treiben« als »nicht die rechte Schule für den Edelmann« ablehnte[32], empfahl sie ihren Mitgliedern doch, bei Wahlen drei politische Parteirichtungen zu unterstützen: »die Konservativen, die Agrarier und das Zentrum alter Observanz, das Zentrum der Schorlemer, der Windthorst und Preysing«[33]. Angesichts seines liberalismusfreundlichen, gegen das *Z* gerichteten Charakters bekämpfte die DAg den Bülowblock als eine »Mißgeburt«[34], während sie den ↗ *Deutschen Arbeiterkongreß (DA)* als Verkörperung der »christlich-monarchisch-nationalen Prinzipien« rückhaltlos begrüßte.[35]

Die DAg bejahte die Weltmachtpolitik des deutschen Imperialismus und verlangte, daß diese »im vollen, frischen Glauben an seinen christlichen Beruf« betrieben werden sollte.[36] Der englische und amerikanische Imperialismus war dagegen für sie von einem »Handels-, Industrie- und Krämervolk« beherrscht, von einem »jüdischen, ganz und gar ungermanischen Geist«. Diesen »größten Feind des wahren Deutschtums mit aller Macht zu bekämpfen«, wurde als »eine wahrhaft deutsche Tat und deshalb eine *Hauptaufgabe der Aristokratie*« bezeichnet.[37] Wie St. Georg gegen den Drachen wollte die DAg gegen den »schlimmsten und neuesten Imperialismus« kämpfen, der zu »heidnisch-undeutschem Wesen« verführen würde und »über Länder und Meere« nach Deutschland gekommen wäre »wie der Dieb in der Nacht«.[38]

In der neuen Epoche wurde die DAg maßgeblich durch die Tatsache bestimmt, daß die Lage des Adels noch komplizierter und widersprüchlicher geworden war. Der Prozeß der bürgerlichen Umwälzung war im wesentlichen abgeschlossen und »das große Grundeigentum, trotz seiner feudalen Koketterie und seines Rassestolzes, ... durch die Entwicklung der modernen Gesellschaft vollständig verbürgerlicht«.[39]

Während die politische Bedeutung des Adels immer mehr schwand, erfolgte zugleich eine dem Wesen des junkerlich-bourgeoisen Imperialismus und Militarismus entsprechende Aufwertung seiner feudalen Ideale in weiten Kreisen der Monopolbourgeoisie und der Mittelschichten. Angesichts dieser Tendenzen verstärkte die DAg ihre Bemühungen, den Adel weiter aufzuwerten. Eine wesentliche Rolle spielten dabei die Genealogie und die Heraldik. Nachdem der Adelstag 1891 die Erarbeitung einer Matrikel des damaligen Bestandes des deutschen Adels beschlossen hatte, gab die DAg bis 1899 ein dreibändiges genealogisches Jahrbuch über die altadligen Geschlechter in Deutschland heraus.[40] Voll tiefer Empörung nahm die DAg verschiedentlich gegen die »unwürdigen« Geldheiraten der Offiziere und gegen »das Drohnentum unseres Standes«[41] überhaupt Stellung.

Dem feudalen »Rassestolz« entsprach die weitere Zunahme eines charismatischen Elitebewußtseins und des Antisemitismus. Das »Deutsche Adelsblatt« diffamierte die Juden als antinational und »allenthalben die treibenden Kräfte des Umsturzes« und empfahl nachdrücklich das Studium der »vortreffliche(n) politische(n) Betrachtungen und Reformvorschläge« in der antisemitischen Zeitschrift »Hammer« von Theodor FRITSCH.[42]

Hatte ihr elitäres Denken die DAg zunächst daran gehindert, die sozialistische Arbeiterbewegung zum Hauptfeind zu erklären, so erhielt sie angesichts deren Erstarken und der besonderen Verschärfung des Widerspruchs zwischen Kapital und Arbeit einen unverhüllt antisozialistischen Charakter. Das neue Jahrhundert wurde als »das Jahrhundert sozialer Kämpfe« gewertet, in dem bei einem Sieg des Sozialismus der Untergang der nationalen

Kultur drohe. »Die Furcht vor der Masse, vor ihren Ausschreitungen und Gewalttaten, wirkt lähmend auf den Gang der Politik, auf die Verhandlungen der Parlamente und die Tätigkeit der Gesetzgebung.«[43] Daraus wurde gefolgert, daß es gegenüber der Sozialdemokratie »nur Feindschaft, nur den Kampf«[44] geben könne.

Eine besondere Verschärfung erfuhr der Antisozialismus der DAg seit der bürgerlich-demokratischen Revolution von 1905/07 in Rußland. Die DAg rechtfertigte das brutale Einschreiten der zaristischen Truppen gegen die Arbeiter als »den einzig möglichen und einzig richtigen Weg«.[45] In ihrem Organ häuften sich die Forderungen nach einem neuen Sozialistengesetz und nach einer internationalen Vereinigung gegen den Umsturz. In einer von der Redaktion veröffentlichten Leserzuschrift wurde im Kampf gegen die »rote Gefahr« die Losung ausgegeben: »Klar zum Gefecht, und zwar mit scharfer Waffe!«[46] Zugleich übte die DAg aktive Solidarität mit den konterrevolutionären baltischen »Standesgenossen« in den russischen Ostseeprovinzen.[47]

Die verschärfte antisozialistische Hetze der DAg bedingte ihren verstärkten Antidemokratismus und Antihumanismus. Massendemonstrationen gegen das reaktionäre Landtagswahlrecht in Sachsen und Preußen wurden als »Vorbereitung der Revolution in Deutschland«[48], als Angriffe auf Preußen, den »historisch berufenen Hort der Autorität«[49], verurteilt. Aus »der angeborenen, gottgewollten Verschiedenheit« des Menschen wurden »naturnotwendig« eine soziale Ungleichheit und damit auch unterschiedliche Pflichten und Rechte abgeleitet und so das gleiche Wahlrecht als »das *größte* Unrecht« diffamiert.[50] Nachdrücklich setzte sich die DAg für die Beseitigung des Reichstagswahlrechts ein, an dessen Stelle die Wahl »berufsständischer« Parlamentarier treten sollte.

Am Vorabend des ersten Weltkrieges gehörte die DAg zu den extrem reaktionären Kräften, die sich mit dem Gedanken eines Staatsstreichs trugen und, wie angeblich »alle Deutschen«, nach »dem starken Mann« riefen.[51] Im Kampf gegen »die Tendenzen und Endziele des Umsturzgeistes« ging es ihnen »ums Ganze«. Immer näher rückte für sie »der Entscheidungskampf zwischen dem christ-lichen und antichristlichen, dem autoritären und revolutionären, dem monarchischen und republikanischen Prinzip«.[52]

3. Im ersten Weltkrieg

Die Entfesselung des ersten Weltkrieges durch den deutschen und österreichischen Imperialismus wurde von der DAg wie »eine Erlösung von zentnerschwerer Last« empfunden.[53] Für diese selbst brachte der Krieg einen desolaten Zustand. Die Zahl der Mitglieder ging bis 1918 um ein Drittel zurück, in der Leitung bestand seit 1915 ein Interregnum, und das innerorganisatorische Leben verlagerte sich noch stärker auf die Landesabteilungen. Eine dominierende Rolle spielten karitative und militärseelsorgerische Bestrebungen.

Die Propagierung der Kriegspolitik des deutschen Imperialismus erfolgte hauptsächlich durch das »Deutsche Adelsblatt«. Es verherrlichte den imperialistischen Krieg als Kampf für das »Deutschtum« und gegen die »Scheinmonarchien« England und Rußland, diese »sittlich entwurzelten Völker« und »gottverlassene Rotte ehr- und treuloser Schelme und raubgieriger Friedensbrecher«, für die kein Galgen hoch genug sei.[54] Der Krieg hätte eine »Verjüngung des ganzen Volkes« bewirkt, die »tiefgehende materielle Durchseuchung« des Volkes zum Stillstand gebracht und es sich selbst »als solches wiedergeboren«. Der deutsche Militarismus wurde als »ein großartiges Erziehungssystem« gepriesen.[55]

Das Blatt brachte in seiner Ausgabe vom 9. August 1914 bereits einen langen, scharfen Artikel über den »staatsfeindlichen« Charakter der deutschen Sozialdemokratie, den die Redaktion mit einer nach der Bewilligung der Kriegskredite im Reichstag am 4. August 1914 geschriebenen Vorbemerkung widerrufen mußte. Sie nahm den offenen Übertritt der rechten Führer der deutschen Sozialdemokratie in das Kriegslager des deutschen Imperialismus zum Beweis für »die siegverheißende Macht des gemeinsamen Stammesbewußtseins«[56]. Warnend wurde aber bald auch darauf hingewiesen: »Sobald die christlich-nationale Hochwelle abzuebben beginnt, werden aus der Tiefe des Volkslebens die undeutschen Kräfte wieder emporzustreben versuchen.«[57] Für den »inneren Kampf nach dem Kriege« wurden sowohl »verschärfte legislatorische Maßnahmen gegen die Sozialdemokratie« als auch eine soziale Gesetzgebung erwogen, durch die »die Mehrheit der ärmeren Schichten ... zu staatserhaltenden Bürgern« gemacht werden sollten.[58]

Im Interesse einer »gesunden Machtpolitik« des deutschen Imperialismus vertrat die DAg dessen annexionistische Kriegsziele auf dem Boden des ↗ Unabhängigen Ausschusses für einen Deutschen Frieden (UA).[59]

Von der Großen Sozialistischen Oktoberrevolution erhoffte sich die DAg einen raschen Frieden im Osten, um militärisch im Westen doch noch zu einem Erfolg, zumindest zu einem »ehrenvollen« Frieden zu gelangen, um noch einmal die innere Lage stabilisieren zu können. Ein Friede mit dem revolutionären Rußland aber sollte von der Position deutscher Stärke erfolgen: Es »ist mit aller Entschiedenheit zu betonen, daß das Deutsche Reich seine Machtstellung nach Osten stärken und sich in einer Weise konsolidieren muß, die jede Erschütterung unmöglich macht. Ist das geschehen, so wird alles andere uns von selbst zufallen.«[60] Zu der Idee eines möglichen Bündnisses mit Rußland trat bald die Hoffnung, die siegreiche Revolution rückgängig machen zu können; ein immer schärfer werdender Antikommunismus und Antisowjetismus griff um sich.[61] Die Kanzlerschaften BETHMANN HOLLWEGS, MICHAELIS' und HERTLINGS betrachtete die DAg als »nur eine Etappe auf dem Wege, der zu dem Ziele der völligen Demokratisierung und Parlamentarisierung des Reiches« führe.[62] Dieser Weg werde Deutschland in schwerste Erschütterungen stürzen. Das zu verhindern, sei Aufgabe einer »Oberklasse«, die dem Volke Führer liefere und die »in ihm aufgespeicherte Kraft zu nutzen und auszulösen« wisse.[63] Der »Stand« aber, der dies könne, sei der Adel. Es müsse die Monarchie so gestaltet werden, daß ihr Fortbestand gesichert sei: »Der Konservatismus als Staatsgedanke und politischer Faktor hat drei Hauptaufgaben: Schutz für die verfassungsmäßigen Rechte des Herrschers wie des Volkes und der Kirche, Eintreten für Gott, König und Volkswohl. Er (der Konservatismus, U. R.) solle die Krone schützen vor den Übertreibungen der Volksrechte und ebenso die Untertanen vor

Übergriffen der Herrschermacht, die unteren Klassen vor Bedrückung und Ausbeutung der oberen.« Der Sieg der Arbeiter, Bauern und Soldaten in Rußland und der große Munitionsarbeiterstreik im Januar/Februar 1918, der vom Überspringen des revolutionären Funkens auf Deutschland kündete, ließen es angeraten erscheinen, für »soziale Reformen und soziale Fürsorge« zu plädieren, auf eine »Förderung der geistigen, sittlichen, gesundheitlichen« Werte sowie auf eine »wirtschaftliche Hebung aller Berufsstände« zu drängen, wobei besonderer Wert auf einen »genügenden Schutz der nationalen Produktion«, d. h. der kapitalistischen Wirtschaft, gelegt wurde.[64]

In zunehmendem Maße beschäftigte man sich in der DAg mit der modernen imperialistischen Wirtschaft, so mit der »wirtschaftlichen Rentabilität« der Monpole und aus den ihnen erwachsenden Problemen für die Sonderstellung des Adels. Es wurde darauf hingewiesen, daß die Banken und die Großunternehmen »der Kriegswirtschaft ganz bedeutende Dienste geleistet« hätten.[65] Zugleich wurde versucht, die Positionen des Adels (und damit auch der DAg selbst) in der veränderten gesellschaftlichen Situation zu bestimmen. Die DAg konnte jedoch kaum aktiv in das politische Geschehen eingreifen. Weder der wenig befriedigende Zustand in der Führungsspitze noch ihr Organisationsgrad ließen dies zu; so repräsentierte die Genossenschaft 1918 etwa 1,7 Prozent aller adligen Namensträger[66] und zudem vor allem nur den »niederen Adel«, der unmittelbar nur wenig Einfluß auf die Politik hatte.

4. Die DAg in der revolutionären Nachkriegskrise

Angesichts der sich in der zweiten Hälfte des Jahres 1918 überstürzenden gesellschaftlichen Ereignisse betrachteten es führende Kräfte der DAg zunächst als ihr vordringlichstes Anliegen, diese zu reorganisieren und zu zentralisieren sowie die in den Reihen des Adels verbreitete Auffassung vom karitativen Charakter der DAg zu überwinden.[67] Die Sammlungsbestrebungen zeitigten bald erste Erfolge: Anfang der 20er Jahre bildeten sich 10 neue Landesabteilungen (vor 1918 gab es

8), und die Mitgliederzahl stieg auf 5 000 im Jahre 1921.

Auf dem 34. Deutschen Adelstag 1920 wurde der letzte Chef des Zivilen Kabinetts WILHELMS II., F. VON BERG-MARKIENEN, zum 1. Vorsitzenden gewählt und ein neues Statut beschlossen. Der preußische Staat erklärte wegen eines formalen Fehlers des Adelstages dessen Beschlüsse für ungültig, so daß am 2. Dezember 1920 eine Wiederholung der Generalversammlung stattfinden mußte, die die vorangegangenen Beschlüsse bestätigte.[68]

Im § 1 der neuen Satzung wurde als das allgemeine Ziel der DAg deklariert, »den gesamten deutschen Adel im vaterländischen Interesse zusammenzuschließen zur Erhaltung seiner Überlieferung und Eigenart«. Dabei hielt man (»unter Beachtung der bestehenden Gesetze«) an den 1884 postulierten Grundsätzen prinzipiell fest, ergänzte diese jedoch um zwei Punkte: »Hingabe für das Wohl der Allgemeinheit und treue, vaterländische, monarchische Gesinnung« und »Pflege der Familiengeschichtsforschung«.[69] Als eine der ersten Organisationen in der Weimarer Republik nahm die DAg den »Arierparagraphen« in ihre Statuten auf.[70] Ab 1921 wurde den weiblichen Angehörigen des Adels der Eintritt in die DAg gewährt. Adlige, die sich zur bürgerlich-parlamentarischen Republik bekannten, wurden diffamiert und ausgeschlossen.[71]

Einig war man sich in der DAg darüber, daß sie nicht unmittelbar in die Politik eingreifen konnte, weil dafür weder die erforderliche innere Festigkeit erreicht noch der Zeitpunkt dazu herangereift waren. War deshalb vor der Novemberrevolution das Experiment ↗ Deutsche Vaterlandspartei (DVLP) aufmerksam verfolgt worden, so optierte die DAg nunmehr für die ↗ Deutschnationale Volkspartei (DNVP). Der Adel wurde aufgerufen, deren Reihen zu stärken.[72] Auch die ↗ DVP wurde als eine politische Partei betrachtet, der sich der Adel anschließen könne. Die ↗ Deutsche Demokratische Partei (DDP) dagegen habe sich noch nicht im »nationalen Sinne« artikuliert, weshalb sie nicht in Frage käme. Der programmatische Aufruf der DAg vom Mai sowie das Programm vom Dezember 1921[73] machten deutlich, daß es der DAg nicht um eine völlige Ablehnung des bürgerlichen

Parteienwesens und des Parlamentarismus ging. Vielmehr wollte sie sich selbst zu einer zutiefst politischen Organisation entwickeln, die in bestimmten bürgerlichen Parteien und in verschiedenen Institutionen des imperialistischen Staates ihren Einfluß geltend machen konnte.[74]

Im Ringen um die Durchsetzung ihrer Ziele verbündete sich die DAg mit zahlreichen Verbänden, in denen Adlige organisiert waren. Sie gehörte neben dem *Johanniter-Orden*, der *Genossenschaft katholischer Edelleute in Bayern*, dem *St. Georgenverein der Württembergischen Ritterschaft*, dem *Landesverein katholischer Edelleute Südwestdeutschlands*, dem *Rheinisch-Westfälischen Verein katholischer Edelleute*, dem *Verein katholischer Edelleute in Schlesien*, dem *Verein Schlesischer Malteser-Ritter*, dem *Verein der Standesherren* sowie der *Genossenschaft Rheinisch-Westfälischer Malteser-Devotionsritter* und dem 1922 gebildeten *Ehrenschutzbund* an. 1923/24 schloß sich die DAg anderen konservativen, nationalistischen, vaterländischen, völkischen und präfaschistischen Vereinen an, unter anderem den ↗ *Vereinigten vaterländischen Verbänden Deutschlands (VvVD)*, dem ↗ *Deutschen Herrenklub (DHK)*, der *»Ring«-Bewegung*, der *Gesellschaft »Deutscher Staat«* (alle 1923), dem *Aufklärungsausschuß Hamburg* (15. 12. 1924) und dem *Reichsverein für vaterländische Lichtspiele* (10. 12. 1924).[75]

In den Jahren bis 1923 begannen in der DAg zwei Strömungen hervorzutreten, die als alt- und jungkonservativ gekennzeichnet werden können. Um F. VON BERG-MARKIENEN sammelten sich jene Kräfte, die einem unbedingten traditionellen Monarchismus huldigten. Diesen standen mehr aktivistische, jungkonservative Kräfte gegenüber, die sich einstweilen um die Schriftleitung des »Adelsblattes« konzentrierten und zunächst an den Ideen des *DHK*, Oswald SPENGLERS und des Herausgebers der »Preußischen Jahrbücher«, Walther SCHOTTE (er wurde 1923/24 zum Leitartikelschreiber des »Deutschen Adelsblatts«), orientierten. Hier beschäftigte man sich bereits im Frühjahr 1923 mit Fragen nach der Bedeutung des Faschismus für Deutschland:

»Faszismus, Nationalsozialismus, die Bauernhochschulbewegung und zahlreiche ähnliche Erscheinungen« seien nichts anderes »als Anzeichen dafür, daß der Ekel über die Geldherrschaft und die hohlen Phrasen der Demokratie die Welt ergreift, daß das von leeren Versprechen hochtrabender Parlamentsreden enttäuschte Volk eine starke Staatsautorität, die diesen Augiasstall (die Weimarer Republik, U. R.) ausmistet, zurücksehnt ... Etwas Neues ist im Werden begriffen, etwas Neues, das an Altes anknüpft, etwas dem Preußentum verwandtes, vielleicht gar Preußentum in seiner reinsten Form.«[76]

5. Die DAg 1924–1933

Ein zentrales Problem, das im Selbstverständnis des deutschen Adels und der DAg als seiner umfassendsten politischen Repräsentanz eine wesentliche Rolle spielte, war die Stellung des Adels im imperialistischen Machtgefüge. Heinrich FREIHERR VON GLEICHEN-RUSSWURM wies 1924 darauf hin, daß bereits im kaiserlichen Deutschland »der geschichtliche Adel deutscher Nation eine geschichtslose Staffage« geworden war, die nur noch vom »Standpunkt der Monarchie und des Heeres aus ernst genommen« worden sei[77]. Die Frage nach der Stellung des Adels blieb stets gekoppelt mit einem traditionellen Monarchismus[78], mit zukunfterwartenden Vorstellungen eines dem Monarchismus ähnlichen autoritären Staatswesens (die in wachsendem Maße mit faschistischen Gesellschaftserwartungen übereinstimmten)[79] sowie mit einem extremen Nationalismus und Rassismus, insbesondere Antisemitismus. Die Wahl HINDENBURGS, des Ehrenvorsitzenden der DAg, zum Reichspräsidenten 1925 wurde als ein wichtiger Schritt in Richtung der von der DAg verfolgten gesellschaftspolitischen Ziele gesehen. Doch breitete sich unter den etwa 96 000 adligen Namensträgern[80] immer mehr die Erkenntnis aus, daß der Adel als selbständige soziale Klasse oder Schicht nicht mehr existiere[81]. Man verstand sich als »Traditions-, Bluts- und Geistesgemeinschaft« und war bemüht, ein Solidaritätsgefühl zu erhalten.[82] 1924/25 erfolgte eine Profilierung der leitenden Gremien in ein arbeitsfähiges dreiteiliges Instrument: Adelsmarschall (zuvor 1. Vorsitzender), Hauptausschuß, Adelskapitel (zuvor Adelsausschuß). In der zweiten Hälfte der 20er Jahre erfuhr die Frage nach der sozialen Rolle des

Adels eine Wandlung im Sinne der faschistischen Führerideologie. So forderte Manfred VON BINZER im Geschäftsbericht an den 43. Adelstag 1929 die Errichtung eines »Dritten Reichs«, in dem der Adel »Kern und richtungweisender Faktor« der »künftige(n) Oberschicht« bilden müsse:
»Eine Schicht, die im deutschen Volke in Zukunft herrschen will, bedarf der Rassenreinheit. Die festeste Grundlage für die Führung eines Volkes liegt in dem Besitz von Grund und Boden; ihn zu erhalten, ist dementsprechend eine der vornehmsten Aufgaben des Adels.«[83] Aus gleichem Anlaß rief der Adelsmarschall zur Mitarbeit in den vaterländischen Verbänden auf: »Jetzt müssen wir beweisen, ob der Adel sich bewährt, ob er fähig ist, die Führung in bessere Zeiten zu übernehmen.«[84]
In das Jahr 1929 fiel eine Reihe von Entscheidungen, die für die weitere Entwicklung der DAg von Bedeutung waren. Sie nahm an der vom ↗ *Alldeutschen Verband (ADV)* initiierten und vom *Stahlhelm-Bund der Frontsoldaten (Stahlhelm)* sowie von der *DNVP* entfachten und der ↗ *NSDAP* forcierten nationalistischen Hetze gegen die Annahme des YOUNG-Plans teil. M. VON BINZER stellte im Juni 1930 fest, daß die Forderungen des »deutschen Nationalismus« identisch seien mit denen des deutschen Faschismus, und wenn letzterer es verstehe, die Forderungen so in die Tat umzusetzen, wie dies dem italienischen Faschismus gelänge, »dann her mit dem Faschismus, lieber heute als morgen!«[85] Dies machte deutlich, daß die in der DAg organisierten Teile des Adels zusehends Interesse an der faschistischen Partei gewannen. In einem Lagebericht des Landeskriminalpolizeiamts Berlin vom 1. Mai 1930 wurde entsprechend festgestellt, daß die DAg sich politisch an der *DNVP* und an der *NSDAP* orientiere und einen politischen Verein darstelle, der »republik- und verfassungsfeindlich eingestellt« sei.[86] Die enge Verbindung von Teilen der DAg mit der Hitlerpartei 1930 machte Leopold BARON VON VIETINGHOFF-SCHEEL deutlich: »Dank meiner Stellung habe ich mit allen nationalen und völkischen Kreisen«, die sich um den Faschismus bemühen, »stetige Fühlung, nehme an unzähligen Besprechungen usw. teil, und ich darf sagen, daß bei alledem der Adel, wenn

man seine im Verhältnis zu anderen Kreisen geringe Zahl berücksichtigt, gar nicht so schlecht vertreten ist. Namentlich im Jungadel regen sich auch recht viele frische Kräfte (sehr richtig! Die Schriftleitung).«[87] Es war die Furcht vor allem der jüngeren Mitglieder der DAg, daß der »passive Konservatismus der alten Herren« den »Anschluß« an eine faschistische Diktatur kosten könne; deshalb kam es zu einer Radikalisierung, die zugleich das »Ende der Identifizierung des organisierten Adels mit dem Kaiserreich« bedeutete.[88] Die Divergenzen zwischen der altkonservativen und der mehr faschistisch orientierten Richtung kamen zum Durchbruch, als der Adelsmarschall am 6. Februar 1932 einen Aufruf veröffentlichte, in den Reichspräsidentenwahlen für HINDENBURG zu votieren. Dies war nicht nur ein Verstoß gegen »parteipolitische Neutralität«, sondern zugleich ein Affront gegen die »Harzburger Front«, der die Mehrheit der Mitglieder anhing.[89] Eine allgemeine Entrüstung »vom äußersten Südwesten bis zum fernsten Nordosten«[90] zwang F. VON BERG-MARKIENEN, sein Amt niederzulegen. Am 27. Juni 1932 wählte das Adelskapitel A. ZU BENTHEIM-TECKLENBURG zum Adelsmarschall. Stellvertretender Vorsitzender wurde Generalleutnant a.D. Walter FREIHERR VON SCHLEINITZ, da auch Generalleutnant a.D. Ernst VON BELOW zurücktrat. Damit hatten sich jene Kräfte durchgesetzt, die für ein faschistisches Regime unter Einschluß der NSDAP eintraten.

6. Die DAg in der Zeit der faschistischen Diktatur

Als am 30. Januar 1933 HITLER zum Reichskanzler berufen wurde, glaubten viele Mitglieder der DAg ihr politisches Hoffen erfüllt, daß die NSDAP letztlich auf die »von Geburt und Stand« zur Führung berufenen Kräfte, also auf den Adel, zurückgreifen müsse. So schien sich hinter dem Staatsakt im März 1933 in der Potsdamer Garnisonskirche sowie der Kranzniederlegung an den Särgen FRIEDRICH WILHELMS I. und FRIEDRICHS II. durch HINDENBURG und HITLER eine tiefere Symbolik zu verbergen; sie wurden als Akt dafür gewertet, daß ein neuer deutscher Staat entstan-

den sei, der von der »lebendigen Idee des preußisch-deutschen Staatsgedankens« erfüllt sei.[91]
Im April 1933 ließ A. ZU BENTHEIM-TECKLENBURG durch den SA-Führer Georg VON DETTEN bei HITLER um Audienz nachsuchen, die am 22. Juni gewährt wurde. Sie hatte zum Ergebnis, daß die DAg weder »gleichgeschaltet« noch aufgelöst wurde. Die DAg war zu einem immanenten Bestandteil des faschistischen Staates geworden. Die Tagung des Adelskapitels am 12. September 1933 in Berlin verabschiedete einen Brief an HITLER und stellte darin fest: »So gelobt denn der Deutsche Adel Ihnen, dem Führer des deutschen Volkes, als dessen untrennbares, durch Blut und Boden, Geschichte und Tradition verbundenes Glied sich der deutsche Adel fühlt, die Treue, die zahllose deutsche Edelleute in Freiheit und Pflicht dem Volke voran zu allen Zeiten und auf allen Schlachtfeldern mit ihrem Tode besiegelt haben.«[92] Weiterhin wurde mitgeteilt, daß sich die DAg im Sinne der Absprachen vom 22. Juni reorganisieren würde. Dementsprechend wurden dann in den Hauptvorstand berufen: SA-Oberführer Professor VON ARNIM; Gruppenführer Sonderkommissar der Obersten SA-Führung und Preußischer Staatsrat G. VON DETTEN; Obergruppenführer VON JAGOW; Sturmbannführer VON ROCHOW; Reichssportführer und Gruppenführer Hans VON TSCHAMMER UND OSTEN. Den Landesverbänden standen nunmehr »Landesführer« vor, und es wurde eine Art »Ermächtigungsgesetz« der DAg eingeführt, das dem Adelsmarschall sämtliche Rechte einräumte. Am krassesten kam die Einordnung der DAg in das faschistische Regime in der von HITLER ausdrücklich gebilligten zusätzlichen Verschärfung des »Arierparagraphen« zum Ausdruck, der nunmehr einen arischen »Ahnennachweis« seit 1750 erforderlich machte.[93] Zur Prüfung der »Reinblütigkeit« des Adels wurde ein »Adelsgerichtshof«[94] eingerichtet, in dem Vertreter des Reichsinnenministeriums mitarbeiteten. Diese Verschärfung fand jedoch nicht die einhellige Billigung der Mitglieder. Selbst A. ZU BENTHEIM-TECKLENBURG mußte einräumen, daß es etwa 1,5 bis 2 Prozent (= etwa 250 Mitglieder) Fälle »ungeheurer Tragik« gäbe, doch sei der Adel früher »beste Blutsgemeinschaft« gewesen, und »zur erneuten

Befestigung unserer uralten Tradition« werde nunmehr wieder der erste Schritt getan.[95]

Die vom Adelsmarschall geforderte bedingungslose Einordnung in das faschistische Regime fand bei Teilen der Mitgliederschaft aus Standesdünkel nur wenig Gegenliebe, was selbst zu Divergenzen zwischen HINDENBURG und A. ZU BENTHEIM-TECKLENBURG führte. Landesabteilungen wie Berlin und Bayern wollten an einem monarcho-konservativen Staatsideal festhalten, doch gelang es A. ZU BENTHEIM-TECKLENBURG 20 der 22 Landesabteilungen hinter die Politik der Führung zu ziehen. Daß es dann gerade die extrem-völkisch ausgerichtete Landesabteilung Hinterpommern war, die sich auf Befehl des Landesführers Ewald GRAF VON KLEIST-WENDISCH-TYCHOW auflöste, da die DAg den monarchischen Gedanken aufgegeben habe, macht wohl deutlich, daß der Adel nicht die erhoffte Rolle innerhalb der faschistischen Ordnung spielte. Auch protestierten Adlige, die nicht der DAg, aber seit langem der NSDAP angehörten[96], daß ihre spätgekommenen »Standesgenossen« sich jetzt ins »bereitete Nest« setzten, wie dies Joseph GOEBBELS' Adjutant Friedrich Christian PRINZ ZU SCHAUMBURG-LIPPE bereits 1934 drastisch ausdrückte.[97]

Die vagen Zusagen HITLERS[98], der DAg den Status einer »Körperschaft des öffentlichen Rechts« zu gewähren, blieben unerfüllt. So suchte der Adelsmarschall 1937 erneut um eine Audienz nach, die allerdings auch zu keinem Ergebnis führte. Innerhalb der DAg begann sich deshalb der Eindruck auszubreiten, daß das faschistische Regime kein Interesse am Aufbau eines neuen »gereinigten« Adels habe.[99]

Sehr begrüßt wurde von der DAg die Wiedereinführung der allgemeinen Wehrpflicht[100], sah man doch hier die Möglichkeit, auf einem traditionellen Gebiet adliges Führertum proben und realisieren zu können.[101] Nach der Entfesselung des zweiten Weltkrieges beteuerte der Adelsmarschall die Bereitschaft der Genossenschaftsmitglieder, »bereiter denn jemals um unser Leben zu kämpfen«.[102] Mit dem Überfall auf die Sowjetunion wurde die Hoffnung verbunden, daß das »bolschewistische System« vernichtet werde, um den Rücken frei zu bekommen für den »atlantischen Entscheidungskampf«.[103] Infolge des Krieges sollte das »Deutsche Adelsblatt« bereits 1943 sein Erscheinen einstellen, doch konnte es dann noch bis September 1944 monatlich erscheinen.

Eine Minderheit von Mitgliedern der DAg schloß sich dem Widerstand gegen den Faschismus, insbesondere den Kreisen um Ludwig BECK und Carl GOERDELER, an. Ihrer Haltung und Handlung lagen meist antihitleristische Motive, teilweise eine echte patriotische Gesinnung zugrunde. Obwohl die Ereignisse vom 20. Juli die weitere Tätigkeit der DAg erschwerten, überlebte die DAg als Organisation das Kriegsende weitgehend unbehelligt.

Die DAg überstand ebenfalls schadlos die ersten Nachkriegsjahre. Ähnlich wie nach 1918 vollzog sich ihre Tätigkeit nach 1945 zunächst auf Landesebene, wobei die 1945 gegründete Zeitschrift »Das deutsche Adelsarchiv« eine organisierende, zentralisierende Rolle spielte. 1956 wurde die *Vereinigung der Deutschen Adelsverbände e. V.* (Sitz: Bonn-Bad Godesberg) gebildet. Aus dem »Adelsarchiv« wurde 1951 wieder »Das deutsche Adelsblatt«.

7. Quellen und Literatur

Das Archiv der Hauptgeschäftsstelle der DAg wurde während des zweiten Weltkrieges durch Bombeneinwirkung zerstört. Im Deutschen Adelsarchiv (Marburg [Lahn]) befinden sich Restakten der Landesabteilungen Bayern und Sachsen der DAg für die Zeit ab etwa 1925. Ihre Auswertung erfolgte in der Studie des amerikanischen Historikers G. H. Kleine. Einzelne Akten über die DAg befinden sich im ZStA Potsdam in den Beständen RMdI und Stahlhelm, Bund der Frontsoldaten sowie im ZStA Merseburg, Rep. 77, und in verschiedenen Abteilungen des BA Koblenz. Eine sich hauptsächlich auf das »Deutsche Adelsblatt« stützende Skizze über die Rezeption des italienischen Faschismus durch die DAg legte Udo Rößling vor (siehe Anm. 79).

Eine Kritik der DAg aus theologischer Sicht übte 1893 der Theologie-Professor der Jenaer Universität Friedrich Nippold.[104] Andere zeitgenössische Arbeiten beschäftigten sich mit dem Problem »Adel und Bürgertum« und

»Adel und Judenfrage«.[105] Rolle, Aufgabe, Stellung und einzunehmende Haltung des Adels nach 1918 spiegeln sich in mehreren Schriften wider.[106]

Anmerkungen

1 Siehe Wolfgang Schröder: Junkertum und großpreußisch-militaristische Reichsgründung 1871. In: Die großpreußisch-militaristische Reichsgründung 1871, Berlin 1971, Bd. II, S. 170 ff.
2 Deutsches Adelsblatt, 16. 11. 1884, S. 556, und Kalender der Deutschen Adelsgenossenschaft 1896, Berlin o. J. (im folgenden: Kalender), S. 129 f. Eine Veränderung dieses lange Zeit gültigen Paragraphen erfolgte um 1890 nur bei Punkt drei, der seitdem lautete: »Hingabe für das gemeine Wohl und Wahrung der überkommenen Treue für Thron und Vaterland.«
3 Kalender 1896, S. 132.
4 Siehe ebenda, S. 130 f.
5 Die Deutsche Adelsgenossenschaft, was sie erstrebt und warum man ihr beitreten soll. In: Deutsches Adelsblatt, 14. 12. 1884, S. 604.
6 Ebenda, 1. 4. 1883, S. 23.
7 Die Deutsche Adelsgenossenschaft, was sie erstrebt ... In: Ebenda, 23. 11. 1884, S. 567, und 14. 12. 1884, S. 605.
8 Kalender 1901, Vorwort.
9 Die Aufgabe des historischen Adels. In: Deutsches Adelsblatt, 10. 7. 1883, S. 137. Für die jedoch insgesamt differenziertere Haltung der DAg zum Kapitalismus ist schon allein die Entwicklung Roëlls charakteristisch. Bevor er das »Deutsche Adelsblatt« herausgab, war er bis 1882 im industriellen Verbandswesen tätig. Roëll, der 1873 Redakteur der »Deutschen Börsen- und Handelszeitung« war, gehörte seit 1876 dem Ausschuß des ↗ Zentralverbandes Deutscher Industrieller an. Gleichzeitig gab er die »Deutsche Volkswirtschaftliche Korrespondenz« heraus.
10 Kalender 1900, Vorwort.
11 Kalender 1906, S. 317.
12 Das allgemeine Wahlrecht. In: Deutsches Adelsblatt, 6. 4. 1884, S. 166.
13 Der gegenwärtige Stand der sozialen Frage. In: Ebenda, 20. 5. 1883, S. 101.
14 Kaiser Wilhelm II. und die Großindustriellen. In: Ebenda, 10. 8. 1890, S. 536.
15 Die Deutsche Adelsgenossenschaft, was sie erstrebt ... In: Ebenda, 23. 11. 1884, S. 580, und Das soziale Königtum als nationales Heiligtum. In: Ebenda, 16. 11. 1884, S. 554.
16 Das allgemeine Stimmrecht und die Krise. In: Ebenda, 11. 6. 1893, S. 465.
17 Über den Parteien. In: Ebenda, 7. 10. 1894, S. 769.
18 Kalender 1903, S. IV f.
19 Siehe z. B. die Artikelfolgen »Der Edelmann als Mitbürger und Volksfreund« und »Der Edelmann als Vorbild des Volkes«. In: Deutsches Adelsblatt, XI. Jg. 1893, S. 325 ff. und 674 ff.
20 Kalender 1896, S. 155 f.
21 Der Bund der Landwirte. In: Deutsches Adelsblatt, 8. 10. 1893, S. 771.
22 Die Armee im Reichstag. In: Ebenda, 15. 4. 1883, S. 42.
23 Die Nationalliberalen und die Preußische Staatsidee. In: Ebenda, 3. 7. 1893, S. 533.
24 Ebenda, 9. 11. 1890, S. 896.
25 Der Nationalliberalismus und die Preußische Staatsidee. In: Ebenda, 3. 7. 1892, S. 535.
26 Das energische Vorgehen des Bundes der Landwirte. In: Ebenda, 5. 11. 1893, S. 855.
27 Ebenda, 18. 11. 1894, S. 879.
28 Ebenda, 31. 7. 1892, S. 628.
29 Edelmännische Gepflogenheiten und Partei-Chauvinismus. In: Ebenda, 14. 8. 1892, S. 685.
30 Siehe Graf Robert Zedlitz-Trützschler: Zwölf Jahre am deutschen Kaiserhof, Berlin—Leipzig 1924, S. 166 f.
31 Was beabsichtigt und fordert die Deutsche Adelsgenossenschaft? In: Deutsches Adelsblatt, 20. 1. 1901, S. 42.
32 Partei und Adel. In: Ebenda, 3. 11. 1901, S. 723.
33 Die Deutsche Adelsgenossenschaft und die politischen Parteien. In: Ebenda, 15. 9. 1907, S. 462.
34 Halbe Arbeit. In: Ebenda, 22. 11. 1908, S. 622.
35 Paul Rüffer: Der dritte deutsche Arbeiterkongreß. In: Ebenda, 30. 11. 1913, S. 769.
36 Weltpolitik. In: Ebenda, 19. 8. 1900, S. 543.
37 Was beabsichtigt und fordert die Deutsche Adelsgenossenschaft? In: Ebenda, 24. 2. 1901, S. 129.
38 Republikanischer Imperialismus. In: Ebenda, 11. 1. 1903, S. 22.
39 Karl Marx: Der achtzehnte Brumaire des Louis Bonaparte. In: MEW, Bd. 8, S. 139.
40 Siehe Jahrbuch der Deutschen Adelsgenossenschaft, Bd. 1—3, Berlin 1896, 1898 und 1899. Bd. 1 erschien in 1 500 Ex., von denen aber 1897 erst ein Drittel abgesetzt war.
41 Kalender 1903, S. IV.
42 Auf dem Wege zum Umsturz. In: Deutsches Adelsblatt, 3. 6. 1906, S. 327 f., und Die Juden und die Hilfsaktion für die Deutschen in Rußland. In: Ebenda, 14. 1. 1906, S. 16 f.
43 Der Wiederbeginn der parlamentarischen Arbeit. In: Ebenda, 21. 5. 1905, S. 329.

44 Was sollen wir tun? Eine Mahnung für die deutschen Junker. In: Ebenda, 22. 4. 1906, S. 235.

45 Ebenda, 5. 2. 1905, S. 87.

46 Revolution und Gegenwehr. In: Ebenda, 19. 8. 1906, S. 485.

47 Siehe Aufruf und Danksagung des DAg-Vorstandes. In: Ebenda, 21. 1. und 29. 4. 1906.

48 Ebenda, 31. 12. 1905, S. 783.

49 Heinrich von Wedel: Das Prinzip der Autorität und das Machtgewicht der Persönlichkeit. In: Ebenda, 19. 1. 1908, S. 33.

50 Auf dem Wege zum Umsturz. In: Ebenda, 5. 6. 1906, S. 326.

51 Aristokratisches und demokratisches Empfinden in Deutschland. In: Ebenda, 19. 4. 1914, S. 275.

52 Eberhard von der Decken: Mehr Klarheit und Grundsatzfestigkeit. In: Ebenda, 6. 7. 1913, S. 409 ff.

53 H. von Wedel: Endlich! In: Ebenda, 2. 8. 1914, S. 525.

54 Unausrottbare Gefühlsduselei. In: Ebenda, 20. 12. 1914, S. 630 f.

55 Heinrich Pudor: Zur Ethik des Krieges. In: Ebenda, 24. 1. 1915, S. 2 f.

56 Die Sozialdemokratie und der Krieg. In: Ebenda, 9. 8. 1914, S. 538.

57 Echte Monarchien und Scheinmonarchien. In: Ebenda, 22. 11. 1914, S. 612.

58 H. von Zittwitz: Der innere Kampf nach dem Kriege. In: Ebenda, 28. 5. 1916, S. 107.

59 Ebenda, 10. 9. 1916, S. 206 f.

60 Freiherr von Saß: Die Presse und die deutsche Politik nach Osten. In: Ebenda, 23. 12. 1917. Siehe auch: Ein sofortiger Friedensschluß — das einzige Rettungsmittel des Vielverbandes. In: Ebenda, 21. 7. 1917.

61 Siehe u. a. F. Beerbaum: Überlieferung und Adel als Träger der Kultur. In: Ebenda, 21. 7. 1918.

62 Von Saß: Der abermalige Kanzlerwechsel. In: Ebenda, 16. 12. 1917.

63 F. Beerbaum: Überlieferung und Adel.

64 E. von der Decken: Grundsätze. III. In: Deutsches Adelsblatt, 31. 3. 1918.

65 Siehe C. Heiß: Ursachen und Ziele der Kartelle und Trusts. In: Ebenda, 28. 4. (24. 5.) 1918. F. B(eerbaum?): Lebensbedingungen des Großunternehmens. In: Ebenda, 23. 6. 1918.

66 Berechnet nach: W. K. Prinz von Isenburg: Zur Statistik des deutschen Adels. In: Ebenda, 9. 1. 1937.

67 Siehe Generalmajor Graf von Dürckheim: Aufgaben des Adels. In: Ebenda, 30. 6. 1919. Oberst z. D. von Dücker: Die Pflichten des deutschen Adels in der Gegenwart im Hinblick auf seine Geschichte. In: Ebenda, 1. 7. 1919.

68 Siehe ebenda, 31. 10. 1920.

69 Jahrbuch (Kalender) der Deutschen Adelsgenossenschaft 1926, Berlin o. J., S. 14.

70 § 4 Ziffer 8 lautet: »Wer unter seinen Vorfahren im Mannesstamm einen nach dem Jahre 1800 geborenen Nichtarier hat oder zu mehr als einem Viertel anderer als arischer Rasse entstammt oder mit jemand verheiratet ist bzw. gewesen ist, bei dem dies zutrifft, kann nicht Mitglied der DAg werden.« Und Ziffer 12 enthält die Formulierung: »Die Mitgliedschaft erlischt durch ... Heirat mit einer Persönlichkeit, welche unter ihren Großeltern mehr als einen Nichtarier hat« (Ebenda, S. 15). Siehe auch von Vietinghoff: Sie wissen nicht, was sie tun. In: Kreuz-Zeitung, 10. 10. 1919 (die »Kreuz-Zeitung« stand der DAg nahe). A. Freiherr von Wangenheim: Streiter und Führer gesucht. In: Deutsches Adelsblatt, 30. 12. 1919. W. von Zeddelmann: Aufgaben der Genossenschaft. In: Ebenda, 31. 1. 1920.

71 So wurde der Thüringer Ministerpräsident Freiherr von Brandenstein als »bekannter Novembersozialist« verunglimpft, und linksorientierte und sozialkritische Schriftsteller und Pazifisten wie Hellmut von Gerlach, Fritz von Unruh, Walter von Molo, General a. D. von Schoenaich wurden wiederholt attackiert oder — wie Eduard Graf Keyserling nach seinem Tode — in Verruf gebracht. Siehe K. von Hagen: Die Deutsche Adelsgenossenschaft und die Politik. In: Deutsches Adelsblatt, 1. 9. 1922. A. von Ernsthausen: Adel und Preußentum. In: Ebenda, 15. 4. 1923. Noch 1929 betonte F. von Berg-Markienen »die Notwendigkeit, dort, wo seitens des Adels vaterländische Belange durch Gleichgültigkeit und Lauheit verletzt werden, strafend« eingreifen zu wollen. In: Ebenda, 27. 7. 1929. Dazu G. H. Kleine: Adelsgenossenschaft und Nationalsozialismus. In: VjZ, 1978, H. 1, S. 108 und Anm. 29.

72 Siehe von Saß: Die Deutsche Vaterlandspartei. In: Deutsches Adelsblatt, 14. 10. 1917. Dücker: Die Pflichten ... (Hans?) von Luck: Unterstützung der Partei. In: Deutsches Adelsblatt, 30. 10. 1919.

73 Deutsches Adelsblatt, 15. 5. und 15. 12. 1921.

74 Siehe K. von Hagen: Die Deutsche Adelsgenossenschaft und die Politik.

75 Siehe ZStA Potsdam, RMdI, Nr. 26 015, Bl. 2, 2 v, 4. Jahrbuch 1926, S. 3 f. Jahrbuch (Kalender) der Deutschen Adelsgenossenschaft 1927, Berlin o. J., S. 5. H(ans?) Frank: Geheimnisvolle Querverbindungen über Deutschland. Der Deutsche Herrenklub u. a., München 1932, S. 28 und 35. Deutsches Adelsblatt, 1. 10. und 15. 11. 1923.

76 A. von Ernsthausen: Adel und Preußentum.

77 Heinrich Freiherr von Gleichen-Russwurm: Adel – eine politische Forderung. In: Preußische Jahrbücher, Bd. 197 (1924), H. 2, S. 133. Siehe auch ders.: Die Lehre des Jahres. In: Deutsches Adelsblatt, 1. 1. 1925.

78 Deutsches Adelsblatt, 1. 5. und 1. 10. 1926.

79 Siehe Udo Rößling: Der italienische Faschismus im Kalkül der Deutschen Adelsgenossenschaft in den Jahren der Weimarer Republik. In: JBP, Nr. 44, 1980.

80 Berechnet nach von Isenburg: Zur Statistik des deutschen Adels.

81 Siehe u. a. Manfred von Binzer: Der Gemeinschaftsgedanke im Staatsaufbau. Vortrag auf dem 43. Adelstag, Königsberg, 30. 6. 1929. In: Deutsches Adelsblatt, 10. 8. 1929. Ders.: Adelsdämmerung – Adelserneuerung. In: Ebenda, 1. 2. 1930.

82 Siehe z. B. den Werberuf des Adelsmarschalls (Anm. 84) sowie den Aufruf seines Nachfolgers: Warum Deutsche Adelsgenossenschaft? Ein Mahnruf. In: Ebenda, 1. 1. 1933.

83 Der 43. Adelstag. Geschäftsbericht (M. von Binzer). In: Ebenda, 27. 7. 1929.

84 Der 43. Adelstag. Eröffnungsrede (F. von Berg-Markienen). In: Ebenda. Siehe den Aufruf F. von Berg-Markienens an den deutschen Adel. In: Deutsche Zeitung, 10. 2. 1931. In: ZStA Potsdam, RMdI, Nr. 26 015, Bl. 6 und 61 Sta 1, Nr. 1 835, Bl. 21.

85 M. von Binzer: Deutscher Faszismus? In: Deutsches Adelsblatt, 21. 6. 1930.

86 ZStA Potsdam, RMdI, Nr. 26 015, Bl. 2, 2 v.

87 L(eopold Baron) von Vietinghoff-Scheel: Neuadel. In: Deutsches Adelsblatt, 29. 11. 1930.

88 Diese Auffassung Kleines enthält zweifelsohne einen rationalen Kern. Siehe G. H. Kleine: Adelsgenossenschaft und Nationalsozialismus, S. 114.

89 Siehe ebenda, S. 115.

90 Bogen-Schönstedt an Leonrod, 5. 3. 1932. In: Deutsches Adelsarchiv, Marburg (Lahn), Landesabteilung Bayern, 6. Zit. in: Ebenda.

91 W(alter) E(berhard) (Freiherr) von Medem: Aufbruch der Nation. In: Deutsches Adelsblatt, 11. 3. 1933. Siehe auch ebenda, 17. 3. 1934 (Titelblattt).

92 Kreuz-Zeitung, 16. 9. 1933. Siehe auch National-Zeitung, 11. 10. 1933. Berliner Börsen-Zeitung, 16. 9. 1933. Völkischer Beobachter, 22. 9. 1933. Alle in: ZStA Potsdam, 61 Sta 1, Nr. 1 835, Bl. 16, 13, 17 und 15.

93 Siehe die Aufrufe in: Deutsches Adelsblatt, 30. 3. 1933.

94 1936 mußte die Bezeichnung aufgegeben werden, um Verwechslungen mit staatlichen Stellen zu vermeiden. BA Koblenz, R 43/1 550, nach G. H. Kleine: Adelsgenossenschaft und Nationalsozialismus, S. 121 und Anm. 71.

95 A. Fürst zu Bentheim-Tecklenburg: Unser Weg. In: Deutsches Adelsblatt, 1. 1. 1934. Siehe auch die Ausführungen Bentheims auf dem 48. Adelstag in Kassel (22./23. Juni 1939). In: Ebenda, 15. 7. 1939.

96 Siehe H. Höhne: Der Orden unter dem Totenkopf. Die Geschichte der SS, Frankfurt (Main) 1969, S. 134 ff. 1938 waren von den 117 höchsten SS-Führern (Brigade- bis Obergruppenführer) 15 (= 12,8 %) adlig (davon 7 Angehörige der DAg). 1942: 3,2 % adlige Obersturmbannführer, 2,55 % adlige Sturmbannführer (je 6 von 26 bzw. 54 gehörten der DAg an). Siehe G. H. Kleine: Adelsgenossenschaft und Nationalsozialismus, S. 126, Anm. 89.

97 Wo war der Adel? Hrsg. Prinz Friedrich Christian zu Schaumburg-Lippe, Berlin 1934.

98 Siehe G. H. Kleine: Adelsgenossenschaft und Nationalsozialismus, S. 118.

99 Siehe Walter Freiherr von Schleinitz an A. zu Bentheim-Tecklenburg, 2. 3. 1944. In: Fürstlich-Bentheimsches Hausarchiv (nach: Ebenda).

100 Deutsches Adelsblatt, 23. 3. 1935.

101 Siehe u. a. W. von Keiser: Seelische Probleme soldatischer Erziehung. In: Ebenda, 14. 9. 1935. V. von Metzsch: Vortrag über Adel und Wehrfrage am 16. Februar 1939 an der Lessing-Hochschule zu Berlin. In: Ebenda, 25. 2. 1939.

102 Erklärung A. zu Bentheim-Tecklenburgs anläßlich des Kriegsbeginns. In: Ebenda, 9. 9. 1939.

103 V. von Metzsch: Zur außenpolitischen Lage. In: Ebenda, 1. 7. 1941.

104 F(riedrich) Nippold: Der christliche Adel deutscher Nation. Ein Rückblick und Ausblick auf seine Vergangenheit und Zukunft. Mit besonderer Beziehung auf die deutsche Adelsgenossenschaft und das Adelsblatt, Berlin 1893.

105 Adel und Bürgertum. Zeitgemäße Betrachtungen von einem Adligen, Berlin (1889). Adel und Judenfrage vom Standpunkt des Adels v. C. v. H., Frankfurt (Main) (1893).

106 E. von Wolzogen: Harte Worte, die gesagt werden müssen, Leipzig 1919. Ders.: Offenes Sendschreiben an den christlichen Adel deutscher Nation, Leipzig (1920). W. von Schlieffen/O. Skrowronski (Hrsg.): Deutscher Adel von Geist und Geburt, Berlin (1924).

Dieter Fricke (Kap. 1–3) /
Udo Rößling (Kap. 4–6)

Deutsche Arbeiter- und Angestellten-Partei (DAAP) 1918—1920

(Seit November 1918 im Untertitel zusätzlich: Großdeutsche Volkspartei)

Die DAAP war die Vorform einer faschistischen Partei. Ihre Gründung stellte den ersten Versuch reaktionärster Elemente der deutschen Großbourgeoisie dar, sich in der Arbeiterschaft eine Massenbasis in Gestalt einer nach außen hin selbständigen nationalistischen »Arbeiterpartei« zu schaffen.

Parteigründer und Vorsitzender

Wilhelm GELLERT

Stellvertretender Vorsitzender

Wilhelm MAROHN

Die DAAP ging aus der ↗ *Deutschen Vaterlandspartei (DVLP)* hervor, nachdem auch deren Hintermännern klargeworden war, daß die »Arbeiterfrage« eine »Kernfrage des Weltkrieges« darstellte.[1] Sie waren mit wachsender Intensität darum bemüht, ihre Massenbasis bis in die Arbeiterschaft hinein auszudehnen, wobei es ihnen vor allem darauf ankam, die sozialistischen Arbeiter von ihren Führern zu trennen und auf den »nationalen Boden« zu ziehen. Die Mißerfolge dieser Bemühungen führten sie »zu der Erkenntnis, daß die Parolen Nationalismus und Wirtschaftsfrieden durch neue ideologische Versatzstücke ergänzt werden müßten, ebenso wie das praktizierte Organisationsmodell durch parteipolitische Neubildungen.«[2] Was 1916 noch strikt abgelehnt worden war — nämlich jeder Gedanke an die Zulässigkeit von selbständigen »nationalen Arbeiterparteien« — dafür war jetzt der Boden bereitet.

In dieser Situation unterbreitete der Angestellte des Kalisyndikats W. GELLERT, Mitglied der *DVLP*, dem zweiten Vorsitzenden dieser Partei, Wolfgang KAPP, in einem Brief vom 8. November 1917 den ausführlich begründeten Vorschlag zur Gründung einer nationalen Arbeiter- und Angestelltenpartei.[3] W. GELLERT entwickelte dabei folgende Gedanken: die Sozialdemokratie habe nach seiner Beobachtung die Arbeiter in erster Linie durch die Betonung des Arbeiterstandpunktes in der Lohnfrage hinter sich gebracht.

Bei Angestellten wie Arbeitern bestehe ein »Sehnen« nach einer eigenen Partei, die ihre Interessen »voll wahrnehmen« würde, ohne internationalen Phrasen zu huldigen, die kein Mensch ernst nähme. Wenn man dieses »Sehnen« erfüllen könne, dann »dürfte die Möglichkeit gegeben sein, eine Wendung in der Arbeiterbewegung nach der vaterländischen Seite hin herbeizuführen«. Wenn nicht, dann eröffne sich die traurige Aussicht, »daß die Arbeiterschaft nach ihrer Rückkehr aus dem Feld nur die alten Organisationen vorfindet und ihr dann nichts weiter übrig bleibt, als diesen wieder beizutreten, so daß sich für den Sozialismus wieder Gelegenheit bietet, Triumphe zu feiern.« Man dürfe nicht bereits bestehende Organisationen ausbauen, sondern müsse etwas Neues schaffen, wenn man eine Wendung herbeiführen wolle. Nur dann habe man die Möglichkeit, »die Arbeiterbewegung in eine bestimmte Richtung, wie man sie für richtig und den Arbeitern wie dem Reiche für nützlich hält, zu lenken«. Eile tue not angesichts der politischen Entwicklung der letzten Zeit.

Sodann legte W. GELLERT dar, daß diese neue Organisation nach außen hin unabhängig vom Bürgertum sein müsse. »Ich denke mir die Deutsche Arbeiterpartei nicht als ein Anhängsel der Vaterlandspartei, sondern als völlig selbständige Partei, weil sie nur als solche Aussicht hätte, gegen die Sozialdemokratie aufkommen zu können, sonst wäre die Partei eine Totgeburt. Die Vaterlandspartei dürfte kaum tief in die Arbeiterschaft eindringen, wohl aber vermag das eine reine Arbeiterpartei, die zunächst fast die gleichen Ziele hat.«

Auf diesen Brief hin bestellte W. KAPP W. GELLERT zu einer persönlichen Unterredung, um sich von dessen Brauchbarkeit und Zuverlässigkeit zu überzeugen. Die Überprüfung W. GELLERTS ergab die Förderungswürdigkeit seiner Person und seines Vorhabens. W. GELLERT wurde vom Vorstand der DVLP mit Adressenmaterial und ihren Druckschriften versorgt, und schließlich nahm sich auf W. KAPPS Veranlassung der Hauptgeschäftsführer der DVLP, Wilhelm SCHIELE, persönlich seiner an und bereitete mit ihm die Gründung der projektierten Partei vor. Eine Pressemitteilung über die Gründung der Deutschen Arbeiter- und Angestellten-Partei erfolgte Anfang März 1918.

Unterzeichnet war der Gründungsaufruf von 13 Personen, mit W. GELLERT als Vorsitzendem und dem Werkzeugmacher W. MAROHN aus Berlin als stellvertretendem Vorsitzenden. Von den 13 Gründern waren 6 Angestellte, 2 Selbständige, 1 »Arbeitersekretär« (offenbar eines gelben Verbandes), 1 »Vorsitzender des Bezirksverbandes Bitterfeld« (offenbar auch ein Funktionär eines gelben Verbandes), 1 Militärinvalide ohne Berufsangabe und 2 Arbeiter.[4]

Die neue Partei fand eine sehr freundliche Aufnahme seitens des ↗ Zentralverbandes Deutscher Industrieller (ZDI). Das Verbandsorgan »Arbeitgeber« begrüßte die DAAP, weil sie zur Stärkung der Kräfte beitrage, die als »staatserhaltend und unternehmerfreundlich« anzusprechen seien.[5] Der sozialdemokratische »Vorwärts« dagegen schrieb am 10. März 1918, es handele sich bei der neuen Partei um eine Verquickung von »alldeutscher, antisemitischer, mittelständischer und wirtschaftsfriedlich->gelber< Bewegung«.[6]

W. KAPP setzte offenbar auf die neue Partei große Hoffnungen. Er erwirkte beim Kalisyndikat die Freistellung W. GELLERTS für seine Tätigkeit als Parteivorsitzender[7] und setzte sich mit Erfolg dafür ein, daß W. GELLERT nicht zum Militärdienst eingezogen wurde.[8] Nach Lösung seines Angestelltenverhältnisses beim Syndikat übte W. GELLERT seine Tätigkeit als Parteivorsitzender unter unmittelbarer Anleitung von W. SCHIELE aus, in dessen Dienststelle er untergebracht wurde.[9]

Die DAAP erfüllte jedoch nicht die in sie gesetzten Hoffnungen. Als kurz vor Kriegsende, am 12. Oktober 1918, im 1. Berliner Wahlkreis eine Reichstagsersatzwahl stattfand, bei der sich auch W. GELLERT als Kandidat aufstellen ließ, wurde der Fehlschlag dieser Parteigründung offenbar: obwohl seine Kandidatur vom Berliner Deutsch-Konservativen Wahlverein unterstützt wurde, erhielt er nur 180 Stimmen![10]

Dennoch überlebte die DAAP die Revolution. W. KAPP und seine Freunde ließen W. GELLERT nicht fallen, sondern unternahmen mit der DAAP erneut den Versuch, in der Arbeiterschaft ideologische Eroberungen zu machen. Bereits wenige Tage nach der Revolution, um die Mitte November 1918, erwachte die DAAP zu neuer Aktivität. Um diese Zeit ergänzte sie ihren Namen durch den Zusatz »Großdeutsche Volkspartei«[11]. Seit Februar 1919 gab die DAAP gedruckte »Mitteilungen« heraus.[12] Bis Herbst 1919 arbeitete W. GELLERT noch im Büro von W. SCHIELE.[13] Sein Ausscheiden aus diesem Büro dürfte ein Symptom dafür sein, daß W. KAPP nunmehr den Glauben an den Nutzen dieser Partei verloren hatte; im Herbst 1919 war er bereits damit beschäftigt, den Sturz der Weimarer Republik durch einen bewaffneten Staatsstreich vorzubereiten. W. GELLERT führte die DAAP noch bis zum 1. August 1920 weiter, um sie dann in einer Neugründung, dem Deutschen Ring (einer Vereinigung verschiedener nicht mehr lebensfähiger völkischer Vereine), aufgehen zu lassen.[14]

Der Anfang März 1918 veröffentlichte Gründungsaufruf der DAAP stellte eine Überarbeitung des Entwurfes dar, den W. GELLERT am 8. November 1917 an W. KAPP geschickt hatte. Da die Überarbeitung auf der Grundlage der KAPP'schen Hinweise und mit direkter Beteiligung des Hauptgeschäftsführers der DVLP, W. SCHIELE, erfolgte, ist aus diesem Dokument abzulesen, mit welchen Argumenten und Losungen diese extremreaktionären Vertreter der Großbourgeoisie die Arbeiter auf ihre Seite zu ziehen hofften.

Die ersten drei Absätze des Dokumentes sollten die Notwendigkeit der Parteigründung nachweisen:

»Deutsche Arbeiter und Privatangestellte!· Der
Krieg geht seinem Ende entgegen, und es gilt, die
Ernte der blutigen Saat in die Scheuern zu bringen ... Die alten Parteien haben abgewirtschaftet,
und etwas Neues muß an ihre Stelle treten. Nur aus
der Tiefe des deutschen Volkes heraus kann uns die
Rettung aus dieser Not kommen. Und so rufen wir
auf zur Gründung der Deutschen Arbeiter- und
Angestellten-Partei! Denn Arbeiter und Angestellte
haben als Arbeitnehmer gemeinsame Interessen,
und Einigkeit macht stark!«[15]
Im weiteren Text wurden die vorgeblichen Schrek-
ken eines Friedens ohne Annexionen für die Arbeiter, die Angestellten, für die aus dem Felde
heimkehrenden Soldaten, für die Kriegsbeschädigten und Kriegerwitwen ausgemalt: »Also gewaltige
Steuern, teurer Lebensunterhalt, niedrige Arbeitslöhne und deshalb lange Arbeitszeit, größte Arbeitslosigkeit sowie schließlich Verzicht auf Sozialpolitik wegen Mangels an Mitteln! Das ist das gewollte oder ungewollte Ziel der Reichstagsmehrheit! Das ist der Dank für siegreiche Schlachten,
erstattet von den ›Volksvertretern‹ an ihre Wähler!
Dieser Friede wird schlimmer werden als der Krieg!
Wir gewinnen die Schlachten und die Engländer den
Krieg! ...
Der Stimme des Reichstages stellen wir die Stimme
des Volkes entgegen! Wir wünschen, daß der Friede
von Hindenburg und Ludendorff geschlossen
werde, nicht von unfähigen Diplomaten! Der gesunde Menschenverstand sei unser Programm!«

Dieser Gründungsaufruf macht deutlich, daß
die DAAP sich zum Ziele stellte, eine Massenbasis in der Arbeiterschaft und bei den
Angestellten für die Durchhaltepolitik des
deutschen Imperialismus bis zum Siegfrieden
und für eine Militärdiktatur zu schaffen.
Dem Aufruf folgte ein Forderungsprogramm
von 17 Punkten, das bereits manche Anklänge
an das 25-Punkte-Programm der ↗ NSDAP
erkennen läßt:

»Unsere Forderungen lauten:
Für den deutschen Sieg!
Für Entschädigungen, Siedlungsland und Sicherun-
gen!
Für ausreichende Abfindung der Kriegsbeschädig-
ten und der Kriegerwitwen und -waisen!
Frei Luft, Licht und Raum für unser wachsendes
Volk!
Für den Anschluß der gesamten Deutschbalten im
Osten und der niederdeutschen Flamen im Westen
an das Deutsche Reich!
Für den Zusammenschluß aller germanischen
Völker!
Gegen den brutalen englisch-amerikanischen Groß-
kapitalismus!

Gegen den Verelendungsfrieden!
Weg mit diesem überalterten Reichstag!
Für eine starke Monarchie und eine starke Rü-
stung!
Gegen die demokratischen Kriegsverlängerer, die
jeden Sonderfrieden zu hintertreiben suchen und
auch im Innern den Krieg aller gegen alle erstre-
ben!
Für ein freiheitliches Wahlrecht nach dem Grund-
satz: Freie Bahn den Tüchtigen und Fleißigen!
Aber:
Gegen die politische Vergewaltigung der nichtso-
zialistischen Arbeiter und Angestellten durch den
Erzberger-Scheidemann-Dittmannschen Block!
Gegen die Herrschaft des jüdisch-demokratischen
Geldsacks!
Für den Schutz der deutschen Arbeitskraft gegen
den Lohndruck bedürfnisloser Ausländer!
Gegen das sozialistische Ernährungssystem, das
uns dem Verhungern nahegebracht, Wucher und
Schleichhandel großgezogen hat!
Für den freien Handel und Beseitigung der Kriegs-
gesellschaften!«[16]

Aufruf und Forderungsprogramm lassen
deutlich erkennen, daß hier bereits Elemente
vorhanden sind, die ihre volle Entfaltung in
den faschistischen Parteien nach dem Kriegsende, insbesondere in der ↗ NSDAP, fanden.
Von dieser unterschied sich die DAAP indessen durch das Fehlen von extremem Antibolschewismus sowie dadurch, daß sie nicht
die gewaltsame Vernichtung der Arbeiterbewegung proklamierte und ihre Werbung
unter den Arbeitern nicht mit Antikapitalis-
mus- und Sozialismusdemagogie betrieb. Das
Fehlen dieser vom Faschismus untrennbaren
Elemente bei der DAAP hatte objektive und
subjektive Ursachen.
So blieb denn die DAAP die Vorform einer
faschistischen Partei. Dieser erste Versuch
zur Gründung einer nationalistischen Arbeiterpartei bedeutete jedoch den ersten organisatorischen Schritt zur Schaffung von
Parteien faschistischen Typs in Deutschland,
dem weitere Schritte, welche die früheren
Erfahrungen berücksichtigten, mit Sicherheit
folgen mußten.

Quellen und Literatur

Im ZStA Merseburg befindet sich im NL
Wolfgang Kapp eine Akte (Rep. 92, Bd.
DX 77, Beamtenstellvertreter W. Gellert) mit

dem Briefwechsel zwischen W. Kapp und Wilhelm Gellert vom November 1917 bis zum Juli 1919. Diese Akte enthält auch Parteimaterialien, die W. Gellert zur Information seinen Briefen an W. Kapp beilegte. Eine weitere Quelle bilden Zeitungsmeldungen über die DAAP. Schließlich ist eine Broschüre W. Gellerts »Das Wunder des deutschen Aufstiegs« (Berlin 1919) zu nennen, in der auch einige Parteimaterialien abgedruckt sind.

In der Literatur wird die DAAP erstmals von Werner Jochmann erwähnt, jedoch nur im Zusammenhang mit ihrer antisemitischen Stoßrichtung.[19] Die bisher einzige, jedoch sehr ausführliche, auf eigenen Forschungen beruhende Darstellung der kurzen Geschichte der DAAP findet sich in einem Aufsatz von Dirk Stegmann.[20] Marxistische Forschungen zur Geschichte dieser Partei liegen bislang nicht vor.

Anmerkungen

1 Siehe Richard Sichler / Joachim Tiburtius: Die Arbeiterfrage, eine Kernfrage des Weltkrieges. Ein Beitrag zur Erklärung des Kriegsausgangs, Berlin o. J.

2 Siehe Dirk Stegmann: Zwischen Repression und Manipulation: Konservative Machteliten und Arbeiter- und Angestelltenbewegung 1910 bis 1918. Ein Beitrag zur Vorgeschichte der DAP/NSDAP. In: Archiv für Sozialgeschichte, hrsg. von der Friedrich-Ebert-Stiftung, Bd. XII 1972, Bonn—Bad Godesberg 1972, S. 392ff.

3 ZStA Merseburg, Rep. 92, NL Wolfgang Kapp, DX 77 (Beamtenstellvertreter W. Gellert), Bl. 39f.

4 D. Stegmann, S. 417ff.

5 Ebenda, S. 398.

6 Ebenda, S. 395.

7 ZStA Merseburg, NL W. Kapp, DX 77, Bl. 3.

8 Ebenda.

9 Ebenda.

10 D. Stegmann, S. 401.

11 Ebenda, S. 410.

12 Ebenda.

13 Ebenda.

14 Ebenda, S. 411.

15 Ebenda, S. 417.

16 Ebenda, S. 418f.

17 ZStA Merseburg, NL W. Kapp, DX 77, Bl. 26f.

18 Ebenda, Bl. 42.

19 Werner Jochmann: Die Ausbreitung des Antisemitismus. In: Deutsches Judentum in Krieg und Revolution 1916–1923, Tübingen 1971, S. 409ff.

20 Siehe Anm. 2.

Kurt Gossweiler

Deutsche Arbeitsfront (DAF) 1933–1945

Die DAF erfaßte als spezifische Zwangsorganisation der ↗NSDAP breite Massen des werktätigen Volkes. Sie diente insbesondere zur Desorganisation, Bespitzelung, Terrorisierung und ideologischen Beeinflussung der Arbeiterklasse. Unter Beibehaltung ihrer Überwachungsfunktion erfolgte ab 1934/35 eine stärkere Profilierung der DAF als ein Instrument des Finanzkapitals zur weiteren Verhinderung von Streiks und anderen Massenaktionen des Proletariats, zur Durchsetzung des faschistischen Führer-Gefolgschafts-Prinzips sowie zur forcierten Militarisierung und zur Steigerung der Ausbeutung in den Betrieben. In der zweiten Hälfte der 30er Jahre hatte sie alle Leistungsreserven der Arbeiter für die Erfüllung der Rüstungsprogramme zu mobilisieren und wurde verstärkt in den Dienst einer umfassenden ideologischen, psychischen, physischen und materiellen Kriegsvorbereitung gestellt. Im zweiten Weltkrieg spielte die DAF eine wichtige Rolle bei der Überwachung der deutschen Werktätigen und der nach Deutschland deportierten Zwangsarbeiter, bei der Sicherstellung des Arbeitseinsatzes in kriegswichtigen Betrieben, beim Aufspüren weiterer Leistungsreserven sowie raffinierterer Ausbeutungsmethoden. Auch mit Hilfe der sozialen Demagogie der DAF sowie der zu diesem Zweck und zur Überwachung der Freizeit der Werktätigen gegründeten »Nationalsozialistischen Gemeinschaft ›Kraft durch Freude‹« (KdF) gelang es dem faschistischen deutschen Imperialismus nicht, im gewünschten Maße in das klassenbewußte Proletariat einzubrechen. Mit der Befreiung des deutschen Volkes vom Faschismus war auch die Liquidierung der DAF verbunden.

1. Die Gründung der DAF und ihre Entwicklung 1933/34
2. Stellung und Aufgaben der DAF in der offen terroristischen Diktatur des faschistischen deutschen Imperialismus
3. Der Beitrag der DAF zur Kriegsvorbereitung
4. Die DAF während des zweiten Weltkrieges
5. Quellen und Literatur

Führer

Robert LEY (1933–1945)

Mitglieder siehe Tabellen auf Seite 549.

Presse

Das Presseamt der DAF gab 1938 heraus:
90 fachliche Schulungsblätter, die den DAF-Mitgliedern monatlich kostenlos geliefert wurden,
22 Mitteilungen der Fach- und Reichsämter,
62 Gau-Mitteilungsblätter und KdF-Propagandahefte,
17 Zeitschriften im freien Handel,
410 Werkzeitungen (Auflagenhöhe rd. 2,8 Mill.).
Die Gesamtauflage der DAF *(KdF)*-eigenen Presse stieg von 1935 mit rd. 15 Mill. auf rd. 20,5 Mill. im Jahre 1938. Die wichtigsten Zeitungen, Zeitschriften usw. der DAF waren: »Der Deutsche. Tageszeitung der DAF« (Mai 1933 – Januar 1935), Hauptschriftleiter: Karl BUSCH. »Der Angriff. Tageszeitung der DAF« (ab Februar 1935–1945), Hrsg. Joseph GOEBBELS, Auflagenhöhe 1939: 150000
»Arbeitertum« (1931–1944) (1931–Mai 1933 »Blätter für Theorie und Praxis der NSBO«, Mai 1933–November 1936 »Blätter für Theorie und Praxis der NSBO. Amtliches Organ der DAF«, ab Dezember 1936 »Amtliches Organ der DAF einschließlich der Nationalsozialistischen Gemeinschaft »Kraft durch Freude«), Hrsg. Reinhold MUCHOW (bis September 1933), Walter SCHUHMANN (bis Dezember 1933), Hauptschriftleiter: Hans BIALLAS, Auflagenhöhe: März 1931 13000, Dezember 1931 40000, September 1932 80000, April 1933 176000, Mai 1933 4 Mill., Sommer 1933 5 Mill., Oktober 1933 3,1 Mill., Januar 1934 2,1 Mill., Oktober 1935 1,84 Mill., 1938 3,15 Mill., 1939 4,2 Mill. »Der Aufbau. Amtliches Organ der NS-Hago und der RBG-Handwerk und Handel in der DAF« (1933 bis 1939), Hrsg. Dr. Theodor Adrian von RENTELN, Auflagenhöhe 1938: 660000

Mitglieder a) DAF

Gesamtzahl der Mitglieder im Jahre[1]

Monat	1933	1934	1935	1936	1937	1938
Januar	–	9 145 279	14 048 443	16 342 027	17 295 809	18 005 492
Juni	5 236 764	11 370 454	15 276 148	16 927 059	17 610 303	18 540 830
Dezember	9 024 705	13 480 000	15 984 954	17 240 214	18 017 376	20 487 449

Mitgliederbewegung in der DAF 1933–1942[2]

Monat, Jahr	Angestellte	Arbeiter	zusammen
Mitte Juli 1933	1 320 000	4 000 000	5 320 000
Ende Oktober 1933	1 933 453	7 199 339	9 132 892
Ende Dezember 1933			9 359 533
1. April 1934			rd. 14 000 000
1. Juni 1934			rd. 16 000 000
1. April 1935			rd. 21 000 000
September 1939			rd. 22 000 000
September 1942			rd. 25 000 000

b) Werkscharen[3]

Monat, Jahr	Anzahl der Werkscharen	Mitgliederstärke
Oktober 1936	1 987	57 929
Oktober 1937	5 500	147 255
Oktober 1938	9 143	297 706
Mitte 1939	9 500	rd. 340 000

»Der Ruhrarbeiter« (1932 ff.) (ab 1932 »Wochenzeitung der NSBO«, ab Mai 1933 »Wochenzeitung der NSBO. Organ der DAF«), Hrsg. Fritz JOHLITZ, Essen
»Informationsdienst. (In-die) Amtliche Artikel-Korrespondenz der DAF« (1933–1936), erschien ab 1936 als »Deutsche Arbeitskorrespondenz (DAK)«, Hauptschriftleiter: H. BIALLAS
»Amtliches Nachrichtenblatt der DAF und der NSG ›Kraft durch Freude‹« (1935 ff.), Hrsg. Dr. R. LEY
»NS-Sozialpolitik« (1933–1941), aufgegangen in »Die deutsche Sozialpolitik« (1941–1943), Hrsg. Carl PEPPLER

»Monatshefte für NS-Sozialpolitik«, Beilage: »Der Vertrauensrat« (1933 ff.) Hrsg. Fritz MENDE bzw. C. PEPPLER
»Wirtschafts- und Sozialpolitische Rundschau« (1936 ff.), Hrsg. Arbeitswissenschaftliches Institut (AWI) der DAF
»Neue internationale Rundschau der Arbeit« (1936 ff.), Hrsg. AWI der DAF
»Freude und Arbeit. Offizielles Organ des Internationalen Zentralbüros ›Freude und Arbeit‹« (1936 ff.), Hauptschriftleiter: Walter KIEHL
»Schönheit der Arbeit« (1936 ff.), Hrsg. Amt »Schönheit der Arbeit« in der Nationalsozialistischen Gemeinschaft »Kraft durch Freude«

1. Die Gründung der DAF und ihre Entwicklung 1933/34

Als am 10. Mai 1933 unter der »Schirmherrschaft des Führers« der Gründungskongreß der DAF stattfand, umriß HITLER in seiner Rede auch die mit der DAF verfolgten Zielvorstellungen unmißverständlich. Er forderte von ihr die »Überwindung des November 1918« und verlangte die Schaffung einer Kriegsbegeisterung wie im Sommer 1914.[4] Die Hauptaufgaben der DAF wurden in der möglichst restlosen organisatorischen Erfassung »aller schaffenden Menschen (alle Unternehmer, alle Angestellte, alle Arbeiter, Handel, Handwerk und Gewerbe)« mit Ausnahme des »Landvolkes« sowie der Beamten, und ihrer »Erziehung zur Gemeinschaft« im Interesse eines »wehrhaften Vaterlandes« gesehen.[5]

Mit der Gründung der DAF und der Ernennung R. Leys zu ihrem Führer war zugleich eine wichtige Vorentscheidung gegen die ↗ Nationalsozialistische Betriebszellen-Organisation (NSBO) und gegen andere Projekte zur Lösung des sog. Gewerkschaftsproblems der herrschenden Klasse gefallen.

Um möglichst viele Werktätige zum Beitritt in die DAF-Verbände zu zwingen, wurde mit Methoden brutalen Terrors gearbeitet. Die DAF-Führer verkündeten in dieser Anfangsphase bei ihren Auftritten, daß die Mitgliedschaft in der DAF Voraussetzung für tarifliche Entlohnung und für das Recht auf Arbeit überhaupt sei, Nichtmitglieder würden außer Landes verwiesen u. a. m. Gleichzeitig regte R. Ley bereits im Mai 1933 zur durchgängigen Überwachung der Arbeiter in den Betrieben den Aufbau eines eigenen Spitzelsystems an.[6]

Am 18. Mai 1933 wurde vom »Reichskommissar für die Deutsche Wirtschaft«, Dr. Otto Wilhelm Wagener, und von R. Ley ein Streikverbot[7] und am 19. Mai 1933 das »Gesetz über Treuhänder der Arbeit« erlassen.[8] Mit diesem Gesetz, das auf Betreiben Ernst Poensgens, des Vorsitzenden des Vereins Deutscher Eisen- und Stahlindustrieller, zustandegekommen war[9], wurde die DAF auf einem der wichtigsten Betätigungsfelder der ehemaligen Gewerkschaften, dem Abschluß von Tarifverträgen und der Regelung der Arbeitsverhältnisse, weitestgehend ausgeschaltet. Die dem Reichsarbeitsministerium unterstellten »Treuhänder der Arbeit« (TdA), ausnahmslos sozialpolitisch erfahrene Sachwalter des Monopolkapitals, erhielten diktatorische Vollmachten zur Regelung der Lohn- und Arbeitsverhältnisse, waren für die Aufrechterhaltung des sog. sozialen Friedens und schließlich für die Kontrolle der DAF-

Tätigkeit in ihren Gebieten zuständig. Gleichzeitig wurde mit dem Gesetz über die TdA das staatliche Schlichtungswesen der Weimarer Republik beseitigt und dessen Aufgaben durch Gesetz vom 20. Juli 1933 teilweise den TdA übertragen.[10] Das Gesetz vom 19. Mai stellte eine Zwischenstation dar auf dem Wege zu einer umfassenden Neugestaltung der »Sozialverfassung« im faschistischen Sinne.

Bereits am 23. Mai und Anfang Juni erläuterte R. Ley wesentliche Grundgedanken des künftigen »Gesetzes der Arbeit«[11], des späteren »Gesetzes zur Ordnung der nationalen Arbeit« (AOG), das der »Überwindung des Klassenkampfes« diene. Diese Gedanken R. Leys fanden die ungeteilte Zustimmung der »Deutschen Bergwerks-Zeitung«[12] und entsprachen so weit den Gesamtinteressen der Monopolbourgeoisie, daß sie ihre direkten Vertreter im Juni in den Großen und Kleinen Arbeitskonvent der DAF, die 1934 ihre Bedeutung gänzlich verloren und auch formal durch die »Leipziger Vereinbarung« 1935 aufgelöst wurden, entsandten. Blieb der Große Arbeitskonvent im wesentlichen bedeutungslos und sollte in demagogischer Absicht als eine Art gewerkschaftsähnliche Vertretungskörperschaft erscheinen, so diente die Aufnahme von 30 Unternehmern, wodurch sie allerdings bezeichnenderweise gegenüber den Vertretern der DAF bzw. anderen Klassen und Schichten völlig überrepräsentiert waren, mehr der symbolhaften Demonstration ihres Willens zum Einheitsverband von Arbeitern, Angestellten und Unternehmern. Dem Eintritt von Dr. Carl Köttgen, Vorsitzender der ↗ Vereinigung der Deutschen Arbeitgeberverbände (VgDA) von 1932 bis 1933 und Vizepräsident des Reichsstandes der Deutschen Industrie (↗ Reichsgruppe Industrie [RI]) seit 19. Juni 1933, Dr. Roland Brauweiler, Geschäftsführer der VgDA von 1926 bis 1933, sowie Dr. Gerhard Erdmann, Leiter der sozialpolitischen Abteilung des Reichsstandes der Deutschen Industrie, in den Kleinen Arbeitskonvent, der zeitweilig die Arbeit der DAF-Zentralämter überwachte, kontrollierte und praktisch Entscheidungsinstanz der DAF in wichtigen Fragen war[13], ist dagegen weit mehr Bedeutung beizumessen. Damit hatten diese Kräfte die Möglichkeit, eine Art Oberaufsicht über die DAF auszuüben, deren Aktivitäten direkt entsprechend ihren Interessen zu lenken und darüber zu wachen, daß die DAF ihre Aufgaben nicht auf dem Gebiet der Tarifpolitik und der Festlegung der Arbeitsbedingungen suchte.

In hohem Maße wurde die Taktik der DAF-Führung durch die Furcht vor systemgefährdenden Massenaktionen bestimmt und bewies damit deren Abhängigkeit vom Klassenkräfteverhältnis. Überzeugender Ausdruck dessen waren bis Jahresende Kompromisse gegenüber dem Proletariat und die pragmatische Improvisation bei der Ausgestaltung der DAF. Den Arbeitern wurde die »Sicherung« ihrer erworbenen Rechte und finanziellen Leistungen aus den ehemaligen Gewerkschaften, Beitragssenkung, Abbau des Verwaltungsapparates und sogar noch Steigerung der Leistungen der DAF an ihre Mitglieder im Vergleich zu den früheren Gewerkschaften versprochen. Auch die anfängliche Verbandsstruktur der DAF – so existierten der *Gesamtverband der Deutschen Arbeiter* unter Leitung W. SCHUHMANNS mit 14 Teilverbänden und der *Gesamtverband der Deutschen Angestellten* unter Leitung des Danziger Gauleiters Albert FORSTER mit 9 Teilverbänden (letzterer hauptsächlich durch Kader des ↗ *Deutschnationalen Handlungsgehilfen-Verbandes [DHV]* errichtet), die eigene Führungsgremien, Finanz- und Personalhoheit besaßen – war in demagogischer Absicht dem gewerkschaftlichen Selbstverständnis der Arbeiter geschuldet. In diesem ersten Stadium wurde die Organisation durch die 13 »Bezirksleiter der DAF« (bis 1935), jeweils für einen Landesarbeitsamts-Bezirk eingesetzt, und das anfänglich aus 9, Ende 1933 aus 11 Ämtern bestehende Zentralbüro als Spitzengliederung der DAF ergänzt.

Eine raffiniert ausgeklügelte soziale Demagogie flankierte diese Taktik mit dem Ziel, größere Teile des Proletariats in den faschistischen Massenanhang einzubeziehen und diese politisch-ideologisch zu erobern. Unter propagandistischer Ausnutzung der Arbeiterverratspolitik der reformistischen *SPD*- und Gewerkschaftsführer versuchten die Nazis, den Arbeitern zu suggerieren, daß die DAF als »Einheitsorganisation« – im Mai 1933 wurde teilweise sogar von »Einheitsgewerkschaft« gesprochen – von Arbeitern, Angestellten und Unternehmern die Arbeiterinteressen besser als die früheren Gewerkschaften vertrete und die Verwirklichung des langgehegten Wunsches des Proletariats nach Überwindung der politisch-ideologischen und organisatorischen Zersplitterung der Arbeiterklasse darstelle. Neben der weiteren propagandistischen Ausschlachtung des faschistisch verfälschten 1. Mai stand vor allem das Versprechen, die Arbeitslosigkeit zu beseitigen und soziale Sicherheit für alle Werktätigen zu schaffen.

Nachdem die Nazis die weitgehende Bereitschaft führender Funktionäre der christlichen Gewerkschaften zur Zusammenarbeit bis Sommer 1933 für die Konsolidierung der DAF ausgenutzt hatten, wurden Friedrich BALTRUSCH, Franz BEHRENS, Theodor BRAUER, Bernhard OTTE, Heinrich IMBUSCH und Adam STEGERWALD nach dem Scheitern des Versuchs, die DAF auch zur Durchbrechung der außenpolitischen Isolierung zu benutzen, als »Verräter« aus ihren DAF-Funktionen entfernt und am 24. Juni der ↗ *Gesamtverband der christlichen Gewerkschaften Deutschlands (GCG)* liquidiert.[14]

Die weitere Entwicklung der DAF verlief allerdings nicht komplikationslos. Getrieben vom Druck der DAF-Mitglieder auf Interessenvertretung und aufgeputscht von den sozialdemagogischen Parolen ihrer Führung, kam es immer wieder auch zu sozialpolitischen Forderungen und sog. Übergriffen durch untere DAF-Chargen. Diese Aktivitäten mündeten im Sommer 1933 in den »Ruf nach der zweiten Revolution«, der vorwiegend von der ↗ *NSBO* und Teilen der ↗ *SA* getragen wurde, und führten schließlich zum »gemeinsamen Aufruf« Kurt SCHMITTS, Franz SELDTES, Wilhelm KEPPLERS und R. LEYS vom 27. November 1933. In ihm wurde der DAF zwar die »Erziehung« ihrer Mitglieder im Geiste der faschistischen Ideologie zugestanden, gleichzeitig aber erklärt, die DAF sei »nicht die Stätte, wo die materiellen Fragen des täglichen Arbeitslebens entschieden, die natürlichen Unterschiede der Interessen ... abgestimmt werden«.[15] Ebenfalls am 27. November kündigte R. LEY die Auflösung der bisherigen DAF-Verbände an, weil sie noch zu sehr die »Spuren der Gewerkschaftsform« in sich trügen sowie die »Gefahr der Entwicklung einer einseitigen gewerkschaftlichen Mentalität« bestehe[16], und verfügte den Aufbau eines Einheitsverbandes von Arbeitern, Angestellten und Unternehmern. Daraufhin riefen die Unternehmerverbände ihre Mitglieder zum Eintritt in die DAF auf, der sie künftig als Privatpersonen angehörten und nicht als Besitzer oder Leiter von Betrieben. In dieser Funktion unterstanden sie weiterhin ausschließlich ihrem Verband bzw. dem Reichswirtschaftsminister.[17]

Ebenso wurde am 27. November in demagogischer Absicht die Gründung der KdF-Organisation (kurzzeitig hieß sie in Anlehnung an das italienische Vorbild »Nach der Arbeit« — NdA —) verkündet, deren Hauptaufgaben darin bestanden, die Freizeit des Arbeiters unter faschistische Kontrolle zu bringen und damit weitere Bespitzelungsmöglichkeiten sowie neue Formen ideologischer Beeinflussung zu erschließen und für das Ausbleiben tatsächlicher und durchgreifender sozialer Verbesserungen kulturpolitischen Ersatz zu finden. In enger Zusammenarbeit mit Karl BURHENNE, dem Leiter der »Sozialpolitischen Abteilung« des Siemens-Konzerns[18], sowie dem AEG-Konzern wurde bereits im Mai 1933 das Programm der künftigen KdF-Arbeit entwickelt und in der Folgezeit getestet.[19] Nicht zufällig avancierte der »Vertrauensmann der NS-Betriebsgemeinschaft der AEG-Werke«, Horst DRESSLER-ANDRESS[20], später zum Leiter der KdF-Organisation. Kurze Zeit nach ihrer Gründung traten z. B. solche Firmen wie das Deutsche Kalisyndikat oder die Deutsche Bank und Disconto-Gesellschaft und ihre Direktoren als »Fördernde Mitglieder« der KdF-Organisation bei und unterstützten sie materiell und finanziell.[21] Die IG Farben ernannten den Staatskommissar Hans HINKEL zu ihrem »Ratgeber« und Verbindungsmann in allen KdF-Fragen.[22] Diese und andere Unternehmer hatten offensichtlich sehr frühzeitig den profitablen Zusammenhang zwischen der Lohnpolitik und der Tätigkeit der KdF-Organisation erkannt. Der Direktor des Singer-Werkes, Wilhelm STARCKE, gab unumwunden zu, daß der Bau von Sportanlagen, Kegelbahnen, Schießständen, Kameradschaftshäusern usw. lediglich »einmalige Ausgaben (bedeuteten), die ein großes Werk wohl aufbringen konnte«, ebenso wie die relativ niedrigen Unterhaltungskosten derartiger Anlagen. Dagegen sei jede Lohnerhöhung eine »dauernde Belastung ... Woche für Woche, Monat für Monat, Jahr für Jahr...«[23]

Die propagandistische Wirksamkeit der KdF-Tätigkeit erklärt sich vor allem daraus, daß die Nazifaschisten an reale Interessen und Bedürfnisse der Arbeiter und anderer Werktätiger wie denen nach Urlaub, Urlaubsgestaltung, Sport, Verschönerung der Arbeitsplätze, betrieblichen Sozialeinrichtungen, fachlicher und Allgemeinbildung schlechthin sowie Kultur im umfassenden Sinne anknüpften. Als Aushängeschild der Nazis für den »Sozialismus« im »Nationalsozialismus« mißbraucht, war die KdF-Organisation neben der Nationalsozialistischen Volkswohlfahrt und dem Nationalsozialistischen Winterhilfswerk ein wichtiges Glied des »organisierten Wohltätigkeitssystems von oben«.[24]

Im Gefolge von rd. 60 000 Betriebsbesichtigungen des Amtes »Schönheit der Arbeit« bis zum 30. Juni 1938 wurde eine Anzahl von Arbeitsräumen, Werkhöfen und Grünanlagen, Speise- und Aufenthaltsräumen, Waschanlagen und Umkleideräumen, Kameradschaftshäusern und Ferienheimen, Sportanlagen usw. verbessert bzw. neu errichtet. Im Interesse physischer Fitneß der Arbeiter sowie einer allgemeinen wehrsportlichen Ausbildung führte das Sportamt im gleichen Zeitraum rd. 1,3 Mill. Veranstaltungen mit ca. 27,4 Mill. Teilnehmern durch.[25] Daneben wurden verschiedenartige »Weiterbildungskurse« und Werkkonzerte abgehalten, verbilligte Eintrittskarten für den Pflichtbesuch von Theater- und Konzertvorstellungen vergeben u. a. m.

Nachdem sich z. B. auch die KdF-Reisen als propagandistischer Treffer erwiesen hatten, wurden von größeren Unternehmen dafür nicht selten Urlaubsbeihilfen gezahlt. Von den 9 bis 10 Mill. KdF-Reisenden aus den Jahren 1934 bis 1939 waren jedoch nur etwa 5 bis 6% (eine halbe Million) Menschen tatsächlich im Ausland.[26] Die Nutznießer dieser Reisen waren in erster Linie Angestellte, Beamte und hauptamtlich tätige Nazis, denn selbst die Inlandsreisen waren für viele Arbeiterfamilien zu kostspielig.

Insgesamt gesehen erwies sich die KdF-

Organisation als großer Volksbetrug, der noch dazu aus Arbeitergroschen finanziert wurde. Von 1934 bis 1942 mit 240 Mill. RM von der DAF (also mit Mitgliedsbeiträgen) subventioniert[27], wurden darüber hinaus jedem Arbeiter monatlich 30 Pfennig vom Lohn für *KdF* abgezogen, was ab 1938 bei 20 Mill. Einzelmitgliedern der DAF (jeder DAF-Angehörige war gleichzeitig *KdF*-Mitglied) jährlich 72 Mill. RM ausmachte. Alle Mittel − dazu gehörten u. a. auch das Unterstützungs- und Versicherungswesen der DAF − die von der DAF *(KdF)* auf sozialpolitischem Gebiet tatsächlich verausgabt wurden, waren »Mindestaufwendungen zur Erhaltung der Arbeitskraft, wie sie in jedem kapitalistischen Staat ausgegeben werden«.[28]

Deutlicher zeigte sich das reaktionäre Wesen faschistisch-imperialistischer Sozialpolitik in dem am 12. Januar von der Reichsregierung beschlossenen und am 20. Januar 1934 erlassenen AOG, das am 1. Mai desselben Jahres in Kraft trat.[29] Der »Berater des Stellvertreters des Führers«, der bayerische Industrielle Albert PIETZSCH, der selbst führendes Mitglied des ↗ *RDI* und anderer Unternehmerverbände bzw. entscheidender wirtschaftspolitischer Gremien war, hatte »besonderen Anteil« an der »Schaffung« des AOG.[30] Mit dem AOG wurde das faschistische »Führer-Gefolgschafts-Prinzip« in der Organisation der Arbeit allgemein eingeführt, das dem Unternehmer als »Führer des Betriebes« den »Herr-im-Hause-Standpunkt« sowie alleinige Entscheidungsgewalt in allen innerbetrieblichen Angelegenheiten gegenüber den Arbeitern und Angestellten, die zur treuepflichtigen »Gefolgschaft« degradiert wurden, sicherte. Der Hauptstoß dieses Gesetzes richtete sich gegen das bis dahin formal noch bestehende, faktisch jedoch in hohem Maße bereits beseitigte Betriebsrätegesetz und die Tarifvertragsordnung. Folgerichtig wurden die Betriebsräte liquidiert und durch sog. Vertrauensräte unter dem Kommando des »Betriebsführers« ersetzt. Der faschistische »Vertrauensrat« hatte nur beratende Funktion und war als ein zusätzliches Bespitzelungsinstrument in der Hand der Unternehmer gedacht, der sie außerdem in Fragen der Steigerung der Arbeitsleistung beriet. Der »Vertrauensrat« wurde laut Gesetz auf der Grundlage einer vom »Betriebsführer« ge-

meinsam mit dem *NSBO*-Obmann oder Betriebswalter der DAF erarbeiteten Vorschlagsliste »gewählt«, bei Ablehnung der Kandidaten durch die Werktätigen vom TdA diktatorisch eingesetzt. Der Leiter des Ende Juli 1933 in die DAF eingegliederten »Deutschen Instituts für Nationalsozialistische Technische Arbeitsforschung und -schulung« (Dinta), Carl ARNHOLD, brachte die Hauptaufgabe des »Vertrauensrates« auf die knappe Formel: für den »Betriebsführer Schutz und Schirm zu sein, damit all der ›kleine Dreck‹ nicht bis an ihn heranspritzt« und unermüdlich »dafür Sorge zu tragen, daß sich in der Gefolgschaft nirgendwo Giftstoffe bilden, die zersetzend auf den Gemeinschaftsgeist wirken könnten.«[31]

Mit Hilfe der im AOG fixierten »sozialen Ehrengerichtsbarkeit« konnten für die »Störung des Arbeitsfriedens« gegenüber der Arbeiterklasse drakonische Strafmaßnahmen (fristlose Entlassung, Geldstrafen bis zu 10 000 RM u. a. m.) ergriffen werden, die der Unternehmerwillkür Tür und Tor öffneten. Andererseits sollte mit der scheinbaren Gleichstellung von Arbeitern und Unternehmern vor den »sozialen Ehrengerichten« bzw. den »Rechtsberatungsstellen« der DAF den Werktätigen die verwirklichte »Volksgemeinschaft« suggeriert werden.

Die DAF wurde mit dem AOG, das in engem Zusammenhang mit dem »Gesetz über die Vorbereitung des organischen Aufbaus der deutschen Wirtschaft« vom 27. Februar 1934 stand,[32] endgültig aus den entscheidenden sozialpolitischen Gebieten, der Festlegung der Lohn- und Arbeitsverhältnisse, ausgeschaltet und auf zweitrangige Gebiete der Sozialpolitik (z. B. Versicherungs- und Unterstützungswesen) verwiesen.

Die Quittung für diese antisoziale und antidemokratische Politik erhielten die Nazis zu den faschistischen »Vertrauensrätewahlen« vom März/April 1934, die unter Führung der *KPD* ausgenutzt wurden und sich zu einem gewissen Höhepunkt des antifaschistischen Kampfes der Arbeiterklasse entwickelten. Obwohl das Ergebnis dieser Wahlfarce nie veröffentlicht wurde, gestand R. LEY am 27. April 1935 ein, daß die Wahlbeteiligung nicht einmal 40 % betragen hatte, so daß mit ca. 75 % Neinstimmen für die Kandidaten der Faschisten gerechnet werden kann.[33]

Die krisenhafte Entwicklung der faschistischen Diktatur führte schließlich zur sog.
Röhm-Affäre. In deren Ergebnis wurde die
↗ NSBO als eigenständige Organisation
faktisch ausgeschaltet und mit ihr gleichzeitig
eine Anzahl von DAF-Führern verschiedener
Ebenen, die Verfechter der spätestens am
30. Juni 1934 gescheiterten Konzeption waren
bzw. weitreichende sozialpolitische Befugnisse für die DAF verlangten.

Dagegen wurde die Umorganisation der
DAF entsprechend den Vorstellungen
R. Leys, der bereits Anfang Mai durch eine
Anordnung die ehemaligen Gesamtverbände
der DAF aufgelöst hatte, im Sinne eines
»Einheitsverbandes« von Arbeitern, Angestellten und Unternehmern bis Oktober 1934
im wesentlichen abgeschlossen. Die DAF
wurde in eine regionale Gliederung umgewandelt, die derjenigen der NSDAP entsprach und die sich beide gebietlich deckten.
Daneben waren entsprechend dem AOG eine
»betriebsorganische« Einteilung vorgenommen und die Mitglieder der DAF-Verbände in
die »Betriebsgemeinschaften« überführt
worden. In der »betriebsorganischen« Organisationsform waren alle Angehörigen eines
bestimmten Wirtschaftszweiges über die
Betriebs-, Ortsbetriebs-, Kreisbetriebs- und
Gaubetriebsgemeinschaft in einer Reichs-
betriebsgemeinschaft erfaßt. Insgesamt existierten 18 solcher Reichsbetriebsgemein-
schaften (RBG), die bis zum Mai 1934 zunächst die Bezeichnung Reichsbetriebsgrup-
pen geführt hatten. Mit dieser Umorganisation erhielt das System der Zwangsmitglied-
schaft in der DAF faktisch seine Vollendung.

Für die Erfüllung ihrer arbeiterfeindlichen
Aufgaben stand der DAF ein riesiger Amts-
walterapparat (ab Mai 1937 wurden alle
DAF-Walter Obmänner genannt) zur Verfügung. Allein das Zentralbüro der DAF beschäftigte 7000 Mitarbeiter.[34] Im Sommer
1934 zählte das Amtswalterkorps der DAF
rund 1,5 Mill. Personen (davon 241 000 KdF-
Warte, 821 555 DAF-Walter, 245 000 RBG-
Walter, 190 000 Reichsfachgruppenwalter).[35]
1937 gehörten ihm 1 536 000 Personen an, von
denen ca. 36 000 hauptamtlich beschäftigt
waren.[36] Im Jahre 1939 betrug die Zahl haupt-
amtlicher Mitarbeiter bereits 44 437 und die
der ehrenamtlichen 2 Mill. Die DAF besaß

einen Apparat von 22 000 umgeschulten In-
strukteuren, von denen 91 % ehemalige Fach-
arbeiter der höchsten Lohngruppen und 9 %
Ingenieure und Techniker waren.[37]

Zu den gängigsten Methoden der Korrumpierung ehrenamtlicher DAF-Mitarbeiter in den
Betrieben (die bis zu 10 % der Beschäftigten
ausmachten[38]) durch die Unternehmer gehörten Versetzungen an bessere Arbeitsplätze, Zuteilung von höher entlohnter Arbeit,
Beförderungen zu Vorarbeitern und Meistern, Einstufung in höhere Lohn- und Ge-
haltsgruppen, Bevorzugung bei der Vergabe
von Werkswohnungen, von den Unternehmern finanzierte Autofahrten, »lustige
Abende« mit Freibier usw. Ein erheblicher
Teil des Amtswalterkorps sah in der DAF eine
Pfründe zur zusätzlichen persönlichen Be-
reicherung, was nicht zuletzt die vielen
Korruptionsprozesse z. B. wegen Unterschla-
gung von DAF-Geldern bestätigen.

2. Stellung und Aufgaben der DAF in der offen terroristischen Diktatur des faschistischen deutschen Imperialismus

Am 24. Oktober 1934 erließ Hitler eine Verordnung »Über Wesen und Ziel der DAF«[39],
mit der die DAF zu einer Gliederung (Ende
März 1935 zu einem angeschlossenen Verband) der NSDAP erklärt und in allen wichtigen Fragen Hitler direkt unterstellt wurde.
Alle Versuche R. Leys u. a., mit Hilfe dieser
Verordnung und entgegen dem AOG bestimmte Aufgaben der TdA im Interesse
höherer Massenwirksamkeit durch die DAF
übernehmen zu lassen und somit der sich
»breitmachenden Mißstimmung« unter den
Werktätigen besser begegnen zu können,
scheiterten am Widerstand Hjalmar
Schachts, der die Hitler-Verordnung
ignorierte.[40] Nach der Gründung der »Organisation der gewerblichen Wirtschaft« (OgW)
— diesem staatsmonopolistischen Regulie-
rungs- und Machtorgan — am 27. November
1934, ging H. Schacht im Interesse seiner
monopolbourgeoisen Hintermänner daran,
die Aufgaben der DAF endgültig im Sinne des
AOG festzulegen.
Diesem Ziel diente die am 21. März geschlos-

sene und am 26. März 1935 während der bis dahin größten Reichstagung von 4 000 DAF-Waltern in Leipzig verkündete »Leipziger Vereinbarung« zwischen der DAF und OgW, getroffen zwischen H. SCHACHT, F. SELDTE und R. LEY. HITLER billigte in einem Erlaß vom 21. März die »Leipziger Vereinbarung« ausdrücklich und begrüßte sie.[41]

In der Folgezeit und auf der Grundlage dieser Vereinbarung wurden in Gestalt der sog. sozialen Selbstverantwortungsorgane (Reichsarbeits- und Wirtschaftsrat, Arbeits- und Wirtschaftsräte sowie Arbeitsausschüsse) neue Institutionen zur scheinbaren »Überbrückung« der Klassengegensätze und als ein Ort zur Abstimmung des arbeitsteiligen Vorgehens von DAF, Monopolen und Staat gegen die Arbeiterklasse geschaffen. Diese Organe blieben jedoch ebenso wie der korporative Beitritt der OgW zur DAF im wesentlichen bedeutungslos, weil sie über keinerlei Entscheidungsgewalt verfügten und sozialpolitische Fragen nur unverbindlich behandeln durften.

Der eigentliche Kern der »Leipziger Vereinbarung« bestand für H. SCHACHT darin, sich die DAF in allen wirtschafts- und sozialpolitischen Fragen bedingungslos zu unterwerfen und sie dauerhaft auf den Status eines Befehlsempfängers der mächtigsten Monopole sowie des faschistischen Staates festzulegen. H. SCHACHT, der wie der »tatsächliche Oberbefehlshaber über die Arbeitsfront« auftrat[42], hatte bereits anläßlich der Verkündung der »Leipziger Vereinbarung« am 26. März 1935 sehr nachdrücklich darauf verwiesen, daß die OgW und die DAF »nicht Kampforganisationen gegeneinander, sondern Erziehungsorganisationen füreinander« seien und gefordert, daß dieser »Gegensatz ... unter allen Umständen vermieden werden« müsse. Für »Fragen grundsätzlicher Art« seien ohnehin die staatlichen TdA zuständig.[43] Deshalb forderte auch Dr. Wolfgang POHL, der von H. SCHACHT mit der praktischen Durchführung der »Leipziger Vereinbarung« beauftragt worden war[44] und deswegen von R. LEY zum DAF-Amtsleiter ernannt wurde, daß sich die DAF »auf manchen Tätigkeitsgebieten umstellen« müsse.[45] Zur Realisierung einer solchen Politik schlug Dr. Paul HILLAND, der Geschäftsführer der Abteilung Industrie- und Handelskammer in der Reichs-

wirtschaftskammer, als dringend erforderliche Maßnahme vor, eine entsprechende organisatorische »Verbindung« zwischen OgW und DAF herbeizuführen.[46] Dieser Schritt wurde mit der Errichtung des in der »Leipziger Vereinbarung« vorgesehenen Wirtschaftsamtes der DAF getan. Die Geschäftsstelle der Reichswirtschaftskammer fungierte von nun an gleichzeitig als das Wirtschaftsamt der DAF, »das dem Reichswirtschaftsminister untersteht«, und die Geschäftsführungen der Bezirkswirtschaftskammern wurden ebenfalls die Bezirkswirtschaftsämter der DAF.[47] Als Chef des Wirtschaftsamtes der DAF setzte der Leiter der Reichswirtschaftskammer, Dr. Ewald HECKER, nach Zustimmung H. SCHACHTS den Geschäftsführer der Reichswirtschaftskammer, Dr. G. ERDMANN, ein.[48] Neben der »weitgehenden Angleichung« der RBG, der späteren Fachämter der DAF, an die OgW sowie der Errichtung der dem Reichswirtschaftsminister unterstehenden Wirtschaftsämter der DAF wurde ebenso verstärkt zum Mittel der Personalunion gegriffen. Viele Unternehmer und Manager der Monopole, die in der OgW an »leitender Stelle tätig waren«, wurden in die DAF-Hierarchie eingebaut und übernahmen dort wichtige Funktionen. Im Gau Franken bestand so z. B. ein »Großteil« der »Gaubetriebsgemeinschaftswalter« aus »Betriebsführern«.[49] Diese Personalunion wurde Anfang des Jahres 1936 auch verstärkt für die Leitungen der RBG auf Reichsebene eingeführt. Zu stellvertretenden RBG-Leitern wurden ernannt: Dr. Eugen VÖGLER (RBG Bau), Rudolf BLOHM (Eisen und Metall), Werner STÖHR (Textil), Otto JUNG (Bekleidung), Dr. Karl SEELIGER (Druck), Hans GOEBBELS (Banken und Versicherungen, Arbeitsgebiet Versicherungen), Dr. Otto Christian FISCHER (Banken und Versicherungen, Arbeitsgebiet Banken), Ernst AMMER (Leder[50]), (Heinrich) WISSELMANN (Bergbau[51]).

Wilhelm Georg SCHMIDT, der als Reichshandwerksmeister dem Vorstand der Reichswirtschaftskammer angehörte, war zugleich Leiter der RBG Handwerk. Daneben existierten regelrechte Verbindungsstäbe zwischen den mächtigsten Monopolen und der DAF zur Abstimmung des arbeitsteiligen Vorgehens gegen die Arbeiter und anderen Werktätigen, wie z. B. beim IG-Farben-Konzern.

Allerdings kam auch die Realisierung der »Leipziger Vereinbarung« wegen ihrer kontroversen Interpretierung nur schleppend voran.

Der direkten Unterordnung der DAF unter die OgW und H. SCHACHT versuchten R. LEY und andere DAF-Führer zu entgehen, denn sie hatten beabsichtigt, mit der »Leipziger Vereinbarung« durch eine organisatorische Verschmelzung von OgW und DAF mehr Einfluß auf die Wirtschafts- und Sozialpolitik zu erhalten, um ihre Konzeption imperialistisch-faschistischer Sozialpolitik durchzusetzen.[52] R. LEY und sein DAF-Amtswalterkorps wurden ständig mit der sich verschlechternden Lebenslage der Werktätigen und ihren Forderungen, z. B. auf lohnpolitischem Gebiet, konfrontiert. Davon und von der tatsächlichen Stimmung insbesondere unter der Arbeiterklasse ausgehend, verfolgte R. LEY das Ziel, den brutalen Terror und die gesteigerte Ausbeutung durch geringfügige soziale Zugeständnisse zu ergänzen, um den Kräfteverschleiß der Werktätigen zu kompensieren und für den kommenden Krieg gewissermaßen prophylaktisch die Gefahr eines neuen 9. November 1918 zu bannen. Die Anhänger dieser Konzeption kalkulierten, daß sich bereits minimale sozialpolitische Konzessionen politisch für die faschistische Diktatur auszahlen, zur Festigung und Verbreiterung der faschistischen Massenbasis beitragen und darüber hinaus zu gesteigerter Arbeitsproduktivität der Arbeiter und Profiterhöhung für die Monopole führen.

Über die unterste Grenze des Existenzminimums und sozialpolitische »Belastbarkeit« der Arbeiter vertraten z. B. H. SCHACHT und Georg THOMAS, Leiter des Wehrwirtschaftsstabes im Reichskriegsministerium, andere Ansichten.[53] Sie sahen keine politische Notwendigkeit für derartige Zugeständnisse, sondern lehnten diese als Hemmnisse für die uneingeschränkte Aufrüstung ab. Deshalb konnte es R. LEY auch nicht gelingen, im monopolbourgeoisen Gesamtinteresse die DAF in eine Art »Oberkommando zur staatsmonopolistischen Regulierung der Beziehungen Kapital–Arbeit« umzuwandeln, und so war die »DAF-Variante sozialer Korrumpierung der Arbeiterklasse« zum Scheitern verurteilt.[54]

Die Aktivitäten R. LEYs, mit Hilfe der »Leip-

ziger Vereinbarung«, über seine »Grundsätzlichen Anweisungen zu der Verordnung des Führers vom 24. Oktober 1934 und 11. November 1934«[55] und durch verschiedene Gesetzentwürfe bis in das Jahr 1938 hinein mehr Einfluß auf die imperialistisch-faschistische Sozialpolitik zu erlangen und damit die Durchsetzung der von ihm vertretenen Konzeption zu ermöglichen, wurden hauptsächlich durch H. SCHACHT und später auch Hermann GÖRING im Interesse der hinter ihnen stehenden monopolbourgeoisen Kreise zu Fall gebracht. Die DAF wurde in allen wirtschafts- und sozialpolitischen Fragen dem Reichswirtschafts- bzw. Reicharbeitsministerium und später der Vierjahresplanbehörde unterstellt.[56]

Allerdings waren diese wie auch andere Auseinandersetzungen nicht grundsätzlicher Art. Diktiert von der konkreten Klassenkräftekonstellation, monopolbourgeoisen Sonderinteressen und daraus folgend unterschiedlichen Antworten auf die Fragen nach der effektivsten Ausgestaltung der faschistischen Diktatur und Kriegsvorbereitung, kam es zu heftigen Kontroversen, Macht- und Interessenkämpfen. Diese Kämpfe, die quer durch die Reihen des Staatsapparates sowie durch die Führung der Nazi-Partei gingen und häufig zwischen einzelnen Personen ausgetragen wurden, waren entscheidend geprägt durch die Funktion ihrer Träger im arbeitsteiligen Herrschaftssystem. Diese Auseinandersetzungen standen unter dem Motto: »Getrennt marschieren, vereint schlagen!«, wobei das getrennte Marschieren »auf ein gemeinsames Ziel in fortwährender geistiger ›Tuchfühlung‹ und in planvoller Zusammenarbeit (geschieht)«.[57]

3. Der Beitrag der DAF zur Kriegsvorbereitung

In den ersten Monaten des Jahres 1935 richtete sich das Augenmerk der DAF auf die Vorbereitung der faschistischen »Vertrauensratswahlen« vom 11./12. April 1935. Die von den Unternehmern aufgestellten Kandidatenlisten, die gleichzeitig die Abstimmungsfarce leiteten und überwachten, führten dazu, daß sich in vielen Betrieben nicht einmal 50% der

Belegschaften beteiligten.[58] Die nominierten Kandidaten stießen mitunter selbst bei Amtswaltern der DAF auf heftigen Widerstand, so daß in 6 913 Betrieben gar keine »Wahl« zustande kam. Die Zahl der Gegenstimmen lag in vielen Fällen zwischen 25 und 70% der abgegebenen Stimmen. Darüber hinaus wurden die Ergebnisse in einer großen Anzahl von Betrieben verschwiegen.[59]

Damit sich derartige Mißerfolge nicht wiederholen konnten, wurden die Amtszeit der »Vertrauensräte« ab 1936 jährlich verlängert und die »Vertrauensratswahlen«, die laut Rudolf HESS ohnehin dem faschistischen Führerprinzip widersprächen[60], nicht mehr durchgeführt.

Die wahren Ursachen für dieses taktische Verhalten der führenden Naziclique deutete der berüchtigte SS-Gruppenführer Reinhard HEYDRICH zu Beginn des Jahres 1936 an, als er die Wirksamkeit des antifaschistischen Widerstandskampfes unter Führung der KPD nach der Brüsseler Parteikonferenz analysierte:

»Trotzdem die in Deutschland arbeitenden illegalen Organisationen, die wir bis jetzt nur hemmen, aber nicht zerschlagen konnten, nur teilweise auf die Dimitroffsche Taktik (gemeint ist die Taktik des Trojanischen Pferdes, R. G.) ausgerichtet waren, sind die Erfolge bereits so groß, daß wir z. B. in diesem Jahr gezwungen waren, die Vertrauensratswahlen auszusetzen und vielleicht noch dazu gezwungen werden können, das ganze Vertrauensratssystem zu zerschlagen, wenn nicht gar die Fortführung der DAF als Massenorganisation für uns eine Unmöglichkeit wird.«[61]

Dieses aufschlußreiche Eingeständnis unterstreicht die richtige Orientierung der KPD im Kampf gegen die faschistische Diktatur und die Furcht der Nazis vor der geeinten Arbeiterklasse. Gerade die soziale Zusammensetzung der DAF und die sozialdemagogischen Parolen ihrer Führer, z. B. von der Lohn- und Arbeitsplatzgestaltung, erwiesen sich als ausgesprochen anfällig gegen die Taktik des Trojanischen Pferdes.

Während R. LEY ab 1935 in der Öffentlichkeit für die Arbeiter einen »gerechten Lohn« forderte, legte sein Sozialamt in internen Rundschreiben alle DAF-Dienststellen auf die Lohnstop-Politik der Reichsregierung fest.[62] Geringfügige Lohnerhöhungen in einzelnen Berufszweigen und Gebieten in der zweiten Hälfte der 30er Jahre waren das Ergebnis des Druckes der Arbeiter in den Betrieben (die den auftretenden Facharbeiter- und später Arbeitskräftemangel für ihre Forderungen ausnutzten) bzw. konjunkturbedingtes Resultat des kapitalistischen Konkurrenzkampfes (Wegengagieren von Arbeitskräften mit Hilfe von »Locklöhnen«, betrieblichen Sozialeinrichtungen usw.). Gleichzeitig versetzte das weitere Vorantreiben differenzierter Löhne die Unternehmer in die Lage, den Lohn zu einem noch wirkungsvolleren »Instrument der Arbeitshetze und der Konkurrenz unter den Arbeitern« zu machen.[63] Schließlich war das gesteigerte Gesamteinkommen der Werktätigen auf Vollbeschäftigung und Überstundenarbeit zurückzuführen — keinesfalls auf das Wirken der DAF, wie ihre Führer glauben machen wollten.

Der Übergang zum »zweiten Vierjahresplan« im Jahre 1936 signalisierte deutlich den Beginn einer neuen Etappe der Kriegsvorbereitungen durch den faschistischen deutschen Imperialismus und erfolgte mit der Zielstellung, Armee und Wirtschaft in vier Jahren »einsatzfähig« und »kriegsfähig« zu haben.[64] Deshalb forderte H. GÖRING, der selbst der eifrigste Verfechter der Losung »Kanonen statt Butter« war, in seiner bekannten Berliner Sportpalast-Rede am 28. Oktober 1936 vom »deutschen Arbeiter« Verzicht auf Lohnforderungen sowie Verständnis für Einschränkungen in der Lebensmittelversorgung, und daß er »arbeitet und immer wieder arbeitet... vom Morgen bis zum Abend«. Gleichzeitig drohte H. GÖRING, den faschistischen Terrorapparat gegen alle Andersdenkenden brutal einzusetzen.[65] Sichtbarster Ausdruck der Unterordnung der DAF unter die Vierjahresplan-Behörde war die Errichtung einer »Zentralstelle für den Vierjahresplan bei der DAF« am 24. Oktober 1936, die mit weitgehenden Vollmachten ausgestattet wurde. Diese Zentralstelle hatte die DAF-Tätigkeit »auf die besonderen Erfordernisse des Vierjahresplanes auszurichten« und war berechtigt, »grundsätzliche Maßnahmen« zu treffen sowie deren Auswirkungen zu verfolgen.[66] Als Leiter dieser Zentralstelle wurde Rudolf SCHMEER eingesetzt, der 1938 gleichzeitig zum Ministerialdirektor und Chef der Hauptabteilung III im Reichswirtschaftsministerium (verantwortlich für Wirtschaftsorganisation, Handel, Handwerk und gewerbepolizeiliche Angelegenheiten) avancierte.[67] Folgerichtig wurde das Wirtschaftsamt der DAF, das ebenfalls in den Zuständigkeitsbereich R. SCHMEERS fiel, am 9. Mai 1938 von R. LEY aufgelöst und dessen bisherige Aufgaben der »Zentralstelle für den Vierjahresplan bei der DAF« übertragen.[68] Weitere zahlreiche organisatorische (strukturelle, personelle) Veränderungen um die Jahreswende 1936/37 und 1937/38, wie z. B. die Umwandlung der RBG in reine Fachämter der DAF Anfang des Jahres 1938, erwuchsen aus dem Bestreben, das gesamte Organisationsgefüge zu vereinfachen, übersichtlicher, straffer und insgesamt vor allem wirkungsvoller zu gestalten sowie den aktuellen Erfordernissen der konkreten Situation in der Frage der Kriegsvorbereitung besser anzupassen.

Um diese Aufgaben zu bewältigen, wurde das Amtswalterkorps der DAF und insbesondere das Betriebsobmänner-Netz quantitativ sowie qualitativ bis 1939 und der faschistische Repressivapparat durch die Erweiterung des Spitzelsystems der DAF vervollkommnet. Jeder Betriebsobmann (Betriebswalter) hatte die »Überwachung der gesamten Belegschaft« zu garantieren.[69]

Über jedes Betriebsmitglied wurde eine Karteikarte mit 53 Fragen zur Verfügung des Ortsgruppenleiters der NSDAP angefertigt.[70] Alle Amtsträger und Dienststellen der DAF wurden angewiesen, »auf dem schnellsten Wege« alle auftretenden Angelegenheiten und Fragen, zu deren Klärung die Mitwirkung der Gestapo für erforderlich gehalten wurde, dem »Amt Information« im Zentralbüro der DAF, zu melden.[71] Diese Spitzelzentrale der DAF mit ihren regionalen Untergliederungen arbeitete engstens mit der Gestapo und dem »Sicherheitsdienst« (SD) der ↗ SS zusammen. Neben der Überwachung der Arbeiter in den Betrieben nutzten die Nazis die gesamte Tätigkeit der KdF-Organisation für die zusätzliche Bespitzelung der Werktätigen aus. So wurden alle Veranstaltungen der KdF-Ämter »Feierabend«, »Sport« sowie »Reisen, Wandern und Urlaub« von Gestapo- und SD-Leuten auf Kosten der DAF beschickt.[72]

1935 entwickelte R. LEY den Plan, aus der »Zusammenfassung aller aktivistischen nationalsozialistischen Kräfte im Betrieb«[73] und unter Einbeziehung eines Teils der Arbeiterklasse der Nazi-Führung in den Betrieben eine Elitetruppe zur terroristischen Niederhaltung des Proletariats zu schaffen, mit deren Hilfe die faschistische Massenbasis zu vergrößern und alle Kräfte im Interesse einer beschleunigten Kriegsvorbereitung zu aktivieren. Diese Funktion war den Werkscharen als »Stoßtrupp der DAF im Betrieb« zugedacht, deren Aufbau besonders in den Jahren 1936 bis 1938 forciert wurde. Die Werkscharen wurden von der SA militärisch geführt, organisiert und ausgebildet (Exerzieren, Schießen, Boxen u. a. m.). In der Öffentlichkeit traten sie bei Akklamationsakten aller Art uniformiert auf. Unter dem Schlachtruf »Der Führer hat immer recht!«[74] sollten die Werkscharen alle Betriebsbelegschaften »über jeden toten Punkt hinwegreißen«.[75]

Allerdings scheiterte der Versuch, in den Werkscharen 8 bis 10% aller männlichen Betriebsbelegschaftsmitglieder zu erfassen[76], in erster Linie am Widerstand der Arbeiterklasse, die sehr bald erkannte, daß sich DAF und Unternehmer in den Werkscharen eine Art zusätzliche Werkpolizei heranzüchten wollten.[77] Darüber hinaus befürchteten führende Nazis und große Teile des Monopolkapitals, daß die Werkscharen eine ähnliche Entwicklung wie die frühere NSBO nehmen könnten oder sogar die KPD unter Ausnutzung ihrer Taktik des Trojanischen Pferdes die Werkscharen in ein äußerst wirkungsvolles Instrument zur Bekämpfung der faschistischen Diktatur umwandeln könnte. Deshalb erklärte R. LEY, es müsse »mit allen Mitteln verhindert werden«, daß sich die Werkscharen zu einer »Klassentruppe« entwickeln.[78]

Folgerichtig wurden im Mai 1938 das überbetriebliche »Werkscharführerkorps« sowie alle »Werkschardienststellen« auf Reichs-, Gau-, Kreis- und Ortsebene aufgelöst, ihre Mitarbeiter vom DAF-Schulungsamt übernommen, das gleichzeitig in »Amt Werkschar und Schulung« umbenannt wurde.[79] Damit existierten die Werkscharen in der Folgezeit »nur als Kern der Betriebsgemeinschaft unter Führung des Betriebsobmännes«[80], ihre Aufgaben — Erfüllung der Erfordernisse des Vierjahresplanes — blieben im wesentlichen unverändert. Zur besseren Kontrolle und Verhinderung einer unerwünschten »Sonderentwicklung« wurden die Werkscharen im Mai 1939 in die Organisation der »Politischen Leiter« der *NSDAP* eingegliedert.

Unmittelbar nach Kriegsausbruch, im September 1939, wurden die Werkscharen durch alle im Betrieb tätigen Angehörigen der *NSDAP*, ihrer Gliederungen und Verbände aufgefüllt und weiter ausgebaut.[81] Sie stellten den harten Kern zur Überwachung der Belegschaften und Aufrechterhaltung der Produktion. Ähnliche Aufgaben hatten die seit 1936/37 unter Leitung der »sozialen Betriebsarbeiterinnen« aufgebauten Werkfrauengruppen in Betrieben mit überwiegend weiblichen Arbeitskräften, die jedoch keine größere Bedeutung erlangten.

Von der zweiten Jahreshälfte 1936 an wurde die DAF zunehmend zur Erfüllung der angestrengten Rüstungsprogramme eingesetzt. Im Zentralbüro und insbesondere im 1935 gegründeten »Arbeitswissenschaftlichen Institut« (AWI) der DAF, das sich unter seinem Leiter, Dr. W. POHL, in der Folgezeit zu einer sozialpolitischen Schaltzentrale zwischen DAF *(NSDAP)*-Monopolen und Staat entwickelte, wurde fieberhaft nach noch raffinierteren Ausbeutungsmethoden gesucht, bei denen die Arbeitsleistung zum einzigen Maßstab der Persönlichkeit gemacht wurde. Eckpfeiler dieses auf Maximalprofit der Monopole orientierten »sozialen Wettkampfes« waren die »Reichsberufswettkämpfe der deutschen Jugend« und der »Leistungskampf der deutschen Betriebe«.

Die Reichsberufswettkämpfe, die angeblich auf eine »Idee« Artur AXMANNS, des Obergebietsführers der *HJ*, engsten Mitarbeiters und späteren Nachfolgers Baldur VON SCHIRACHS, aus dem Jahre 1933 zurückgingen[82], wurden erstmals vom 9. bis 15. April 1934 durchgeführt und in der Krupp-Zeche »Friedrich-Ernestine« in Essen eröffnet. In der Folgezeit alljährlich bis 1939 und dann noch einmal 1943/44 ausgetragen, verfolgten sie das Ziel, das »absolute Leistungsvermögen« der Jugend festzustellen und »auf das höchste Maß« zu steigern[83], um »auf weite Sicht gesehen, dem deutschen Facharbeitermangel wirksam begegnen« zu können.[84] Die Reichsberufswettkämpfe wurden auf Orts-, Gau- und schließlich Reichsebene durchgeführt. Die Teilnehmer, aufgeschlüsselt nach Berufen, Alters- bzw. Leistungsklassen, mußten einen berufspraktischen und berufstheoretischen Teil absolvieren, »weltanschauliche« Fragen beantworten und ab Gauebene bestimmte Normen des sportlichen Leistungsabzeichens der *HJ* ablegen.

Um die Attraktivität der Reichsberufswettkämpfe zu erhöhen und unter den Jugendlichen zusätzliche Motivationen zu schaffen, wurden sie mit demagogischen Phrasen drapiert und zum Teil mit materiellen Stimuli verbunden. So propagierte B. VON SCHIRACH den Reichsberufswettkampf als Bestandteil des »deutschen Sozialismus«[85], und für A. AXMANN war er gar »ein Bekenntnis der antikapitalistischen Gesinnung« und eine »bewußte Demonstration der jungen Generation ... für den Adel der Leistung und vor allem gegen den Geist des Profits«.[86] Die einem Teil — vor allem der Reichs- und Gausieger — gewährten materiellen Stimuli, getragen von Unternehmen, Untergliederungen der OgW und der DAF, reichten von Urlaubsreisen bis zur Verkürzung der Lehrzeit und der Vergabe von Stipendien zum Besuch von beruflichen Fortbildungslehrgängen, Fach- und anderen Schulen. Bei den Reichsberufswettkämpfen stiegen die Teilnehmerzahlen von 500 000 im Jahre 1934 auf 3 600 000 im Jahre 1939 und erreichten im Jahre 1943/44 noch einmal 2 500 000 Teilnehmer. Die gestiegenen Teilnehmerzahlen erklären sich weniger aus der Tatsache, daß die Reichsberufswettkämpfe ab 1937/38 auf alle Werktätigen ausgedehnt wurden, als vielmehr daraus, daß ab 1936/37 die Teilnahme der Jugendlichen faktisch obligatorisch wurde, denn die Zahl teilnehmender Erwachsener betrug 1938 lediglich 700 000 und 1939 rd. 1 Mill.[87]

Zur organisatorischen Absicherung der Reichsberufswettkämpfe wurde ein riesiger Apparat aufgebaut, der 1935 125 000 Personen zählte. An dessen Spitze stand der »Reichsausschuß des Reichsberufswettkampfes«, zusammengesetzt aus Vertretern der Ministerien, Behörden, der OgW und *NSDAP* (DAF).[88] Im Jahre 1937 wurde dann im Zentralbüro der DAF eine selbständige Dienststelle »Berufswettkampf aller schaffenden Deutschen« errichtet, als deren Leiter R. LEY A. AXMANN einsetzte.[89]

Im Interesse der Überwindung des Facharbeiter- und in zunehmendem Maße Arbeitskräftemangels wurden die Reichsberufswettkämpfc von einer ganzen Reihe weiterer Maßnahmen der DAF flankiert. An erster Stelle sind hier die sog. zusätzlichen Berufserziehungs-, Berufsschulungs- und Umschulungsmaßnahmen, aber auch Berufsaufklärungsaktionen, die Durchführung »wirtschaftskundlicher Fahrten« u. a. m. zu nennen. Koordiniert wurden diese Maßnahmen vom »Amt für Betriebsführung und Berufserziehung« im Zentralbüro der DAF. Dessen Leiter war C. ARNHOLD, der im Auftrag führender Monopolisten bereits seit Mitte der 20er Jahre als Chef des Dinta nach neuen Ausbeutungsmethoden gesucht hatte und den »betriebsharten (Fach-)Arbeiter« heranzüchten wollte.[90] Die Aktivitäten des Arnholdschen Amtes zielten darauf, den Unternehmern qualifizierte Arbeitskräfte mit politisch motivierter Einstellung zu Höchstleistungen zur Verfügung zu stellen und der faschistischen Diktatur insgesamt politisch zuverlässige Arbeiter.

Denselben Zielen diente auch der von R. LEY bereits 1934 angeregte »Leistungskampf der deutschen Betriebe«.[91] Diesen Absichten folgend, kündigte R. LEY am 1. Mai 1936 endgültig den »Leistungskampf der deutschen Betriebe« an[92], der nach einer Verfügung HITLERS vom 29. August 1936 erstmalig im Jahre 1937 und dann jährlich (im Krieg als »Kriegsleistungskampf«) durchgeführt wurde. In dieser Verfügung hieß es, daß Betrieben, »in denen der Gedanke der nationalsozialistischen Betriebsgemeinschaft im Sinne des Gesetzes zur Ordnung der nationalen Arbeit und im Geiste der Deutschen Arbeitsfront vom Führer des Betriebes und seiner Gefolgschaft auf das vollkommenste verwirklicht ist«, die Auszeichnung »nationalsozialistischer Musterbetrieb« verliehen werden könne.[93] Diese Auszeichnung erfolgte jährlich am 1. Mai für die Dauer eines Jahres und konnte bei Erfüllung der vorgegebenen Kriterien an dieselben Betriebe jährlich erneut vergeben werden. Voraussetzung dafür war die offiziell erklärte Teilnahme am »Leistungskampf« und die Auszeichnung des Betriebes durch den Gauleiter mit dem »Gaudiplom für hervorragende Leistungen«. Aus dem Kreis der Träger dieses »Gaudiploms« wurden dann die »Musterbetriebe« ausgewählt. Die Gesamtleitung des »Leistungskampfes« übertrug R. LEY an Dr. Theodor HUPFAUER[94], der 1944 im Speerschen Rüstungsministerium zum Chef des Zentralamtes avancierte, und dessen »Amt für Soziale Selbstverantwortung« im Zentralbüro der DAF. Das Ziel des »Leistungskampfes« erblickte Th. HUPFAUER darin, »auf dem schnellsten Wege ein gesundes, schaffensfreudiges und leistungsfähiges Volk zu bekommen«, dessen »zwangsläufiges Ergebnis eine gewaltige Produktions- und Qualitätssteigerung«[95] sei. Waren bis zum Kriegsausbruch die in den umfänglichen Durchführungsbestimmungen, Richtlinien und Bewertungskriterien ausgewiesenen »sozialen Leistungen«[96] wenigstens mit in Rechnung gestellt worden, spielten sie danach überhaupt keine Rolle mehr. Die Auszeichnung – nunmehr als »NS-Kriegsmusterbetrieb« – wurde nur noch an Großbetriebe mit Rekordleistungen in der (Rüstungs-)Produktion vergeben. Die Zahlen der teilnehmenden, in erster Linie großen Betriebe entwickelten sich folgendermaßen:[97]

1937/38	–	80 559 Betriebe
1938/39	–	164 239 Betriebe
1939/40	–	272 763 Betriebe
1940/41	–	290 322 Betriebe

Zur Vervollkommnung dieses Systems verschärfter Arbeitshetze und Erhöhung der Teilnehmerzahlen stiftete R. LEY außerdem folgende »Leistungsabzeichen«: im April 1936 für »vorbildliche Berufserziehung«; am 1. Mai 1937 für »vorbildliche Sorge um die Volksgesundheit«, »vorbildliche Heimstätten und Wohnungen«, »vorbildliche Förderung von ›Kraft durch Freude‹«, im Juni 1938 für »vorbildlichen Kleinbetrieb«.

Einem ähnlichen Zweck diente auch die von HITLER im Jahre 1940 geschaffene Auszeichnung »Pionier der Arbeit«, die besonders verdienstvolle Unternehmer, Spitzen in der Staatsbürokratie und Nazipartei erhielten. Die erstmalige Verleihung erfolgte am 7. August bezeichnenderweise an Gustav KRUPP VON BOHLEN UND HALBACH, dem Wilhelm MESSERSCHMITT, Robert BOSCH, Hermann RÖCHLING, Albert VÖGLER, Claudius DORNIER, Max AMANN, die Minister

Wilhelm OHNESORGE, Julius DORPMÜLLER und andere folgten.

Es war nur zu verständlich und wies auf die wahren Nutznießer dieser DAF-Aktivitäten hin, wenn führende Monopolisten und Manager, wie z. B. der »Betriebsführer« der AEG, Hermann BÜCHER[98], und der Hauptgeschäftsführer der Wirtschaftsgruppe Bekleidungsindustrie, O. JUNG[99], die »Reichsberufswettkämpfe« und die »Leistungskämpfe« öffentlich begrüßten. Der DAF-Gauobmann Sachsens, Helmuth PEITSCH, bezifferte allein den materiellen Wert aller im »Leistungskampf« 1937/38 erbrachten Leistungen für die sächsischen Betriebe mit 106 Mill. RM.[100]

Darüber hinaus sahen die Nazis gerade in der DAF ein Instrument zur Manipulierung der Werktätigen, wie die massive ideologische Kriegsvorbereitung ein wichtiger Aspekt für die Gründung der DAF selbst gewesen war. Ebenso wie in den unzähligen Versammlungen, auf Kundgebungen mit DAF-Rednern, bei sog. Betriebsappellen usw. die »Betriebsgemeinschafts«-Demagogie (»Der Betrieb ist unsere Burg!«) als wichtiger Bestandteil der faschistischen »Volksgemeinschafts«-Ideologie und »Wehrgemeinschaft« gepredigt wurde, galt die DAF als »Exerzierplatz der Betriebs- bzw. Volksgemeinschaft« (R. LEY). Die Mitarbeiter der DAF (Amtswalter bzw. Obmänner, *KdF*-Warte, Mitglieder der »Vertrauensräte«, Arbeitsausschüsse, Rechtsberatungsstellen, Arbeitskammern, Beiräte) wurden vom Schulungsamt der DAF, das der Leiter des Hauptschulungsamtes der *NSDAP* in Personalunion führte, in mehrwöchigen Kursen auf Betriebs-, Orts-, Kreis-, Gau- und Reichsebene abgerichtet. Von 1933 bis 1938 organisierte das Schulungsamt der DAF 45 000 Lehrgänge für »weltanschauliche und sozialpolitische Schulung«, an denen 1,5 Mill. DAF-Walter und *KdF*-Warte, 530 000 »Vertrauensratsmitglieder« und 82 000 »Betriebsführer« teilnahmen. Bis 1939 gab die DAF allein für Schulungszwecke 65,5 Mill. RM aus.[101] Im Jahre 1940 entfielen auf den Bereich der politischen Schulung 22,2 Mill. RM und wurden zusätzlich für Presse und Propaganda 10,0 Mill. RM ausgegeben.[102]

Ihren aufgeblähten, kostspieligen Organisationsapparat finanzierte die DAF im wesentlichen aus zwei Quellen: den Mitgliedsbeiträgen der DAF-Angehörigen und ihren wirtschaftlichen Unternehmungen. Der monatliche Durchschnittsbeitrag entwickelte sich von 1,57 RM 1935 bis 2,24 RM 1940, war jedoch in den Gauen entsprechend der Bevölkerungs-, Wirtschaftsstruktur und Verdienstlage unterschiedlich.[103] Insgesamt erbrachten die DAF-Beiträge[104] 1935 23 Mill. RM monatlich und 276 Mill. RM jährlich, 1936 28 Mill. RM monatlich und 336 Mill. RM jährlich. Der riesige DAF-Konzern, dessen Grundstock die den ehemaligen Gewerkschaften geraubten Unternehmen bildeten, gliederte sich 1943 für den »Sektor der reichsdeutschen DAF-Unternehmung« in 10 größere Unternehmungsgruppen (Bank der Deutschen Arbeit AG, Versicherungsgesellschaften, Bau- und Siedlungsgesellschaften, Verlage, Volkswagenwerk, Werftgesellschaften usw.) mit 200 000 Beschäftigten.[105] Die gesamten Einnahmen der DAF, in erster Linie aus diesen beiden Quellen, beliefen sich auf: 280 884 959,97 RM 1935; 346 311 994,75 RM 1936; 391 347 852,77 RM 1937; 453 407 428,85 RM 1938; 538 831 103,98 RM 1939; 619 545 013,02 RM 1940.

Der jährliche Gesamtüberschuß wurde 1940 mit 202 763 890,65 RM ausgewiesen.[106]

4. Die DAF während des zweiten Weltkrieges

Nach der Entfesselung des Krieges mußte die DAF beweisen, ob sie in der Lage war, in der Kriegs- und Antirevolutionsstrategie des faschistischen deutschen Imperialismus den ihr zugedachten Platz auszufüllen: unter Kriegsbedingungen einen wirkungsvollen Beitrag zur Herrschaftssicherung zu leisten und vor allem mit ihren Mitteln und Möglichkeiten eine revolutionäre Entwicklung wie im ersten Weltkrieg zu verhindern. Folgerichtig blieb die Aufrechterhaltung innenpolitischer Friedhofsruhe die Hauptaufgabe der DAF.[107] Mit fortschreitender Kriegsdauer erhöhte sich der Stellenwert der DAF im gesamten System der Sicherung der Herrschaftsverhältnisse sogar erheblich. Das stand in engem Zusammenhang mit ihrer zweiten wichtigen Aufgabe: »Erhöhung und Erhaltung der Arbeitsleistung« in erster Linie zur Erfüllung der Rüstungsprogramme und auch der anderen Produktionsaufgaben.[108]

Die organisatorische Umschaltung auf die Kriegsbedingungen verlief relativ problemlos, war langfristig vorbereitet und etwa Ende des Jahres 1938 von ihrem »Mob- und Abwehrbeauftragten« im Zentralbüro, NUSSBRUCH, der gleichzeitig »Leiter der Hauptgeschäftsstelle beim Geschäftsführer der DAF« sowie »Verbindungsmann zum Stab des Stellvertreters des Führers (Abteilung ›M‹)« war, abgeschlossen worden.[109]

Bereits in der ersten Phase des Krieges rückte die Tätigkeit des »Amtes für Berufsertüchtigung (später Leistungsertüchtigung, R. G.), Berufserziehung und Betriebsführung« (LBB) und des »Amtes für Arbeitseinsatz« im Zentralbüro immer mehr in den Mittelpunkt der DAF-Arbeit. In enger Zusammenarbeit mit der ↗ RI, dem Reichsarbeitsministerium, dem Reichswirtschaftsministerium, dem Speerschen Rüstungsministerium und dem »Generalbevollmächtigten für den Arbeitseinsatz«, Fritz SAUCKEL, wurden die erforderlichen Maßnahmen zur Aufrechterhaltung der Versorgung der Bevölkerung und Steigerung der Kriegsproduktion getroffen.

Zur Behebung des ständig ansteigenden Facharbeiter- und Arbeitskräftemangels entwickelte die DAF ihr System beruflicher Qualifizierungsmaßnahmen zügig weiter. Diesem Ziel dienten u. a. das »deutsche Leistungsertüchtigungswerk« (LEW) der DAF, Kurzkurse, Schnellunterweisungen, Wiederholungslehrgänge, die Rückgliederung von Rentnern in den Arbeitsprozeß, die Verlagerung des Einsatzes in kriegswichtige Betriebe, das Aufspüren und der Einsatz noch nicht erfaßter Frauen. 1940 existierten bereits 50 000 »Lehrgemeinschaften« und »Aufbaukameradschaften« mit 1,6 Mill. Teilnehmern des LEW. Ihre Zahl stieg bis 1943 auf 80 000 mit 3,6 Mill. Teilnehmern. Der vom LBB ins Leben gerufenen »Förderungsgemeinschaft für Kriegsversehrte« (Leiter Hanns OBERLINDOBER) gelang es, bis März 1944 über 500 000 Kriegsversehrte anzulernen bzw. weiterzuqualifizieren und wieder in den Produktionsprozeß einzugliedern. Ebenso wurde die berufliche Qualifizierung der Lehrlinge forciert, um sie so frühzeitig wie möglich in den Produktionsprozeß einzubinden und aus ihnen zusätzliche Profite herauszupressen. Deshalb erhöhte die DAF die Anzahl ihrer Lehrwerkstätten bis 1943 auf ca. 5 000 mit 300 000 Lehrlingen (gegenüber 167 mit 16 000 Lehrlingen 1933).[110]

Von größter Bedeutung war für die Nazis ebenfalls die »Werks- und Gemeinschaftsverpflegung«, die deshalb seit Kriegsbeginn von der DAF ständig ausgebaut wurde. Existierten 1939 etwa 9 000 Werks- und Lagerküchen, so erhöhte sich deren Anzahl bis 1943 auf 29 000. Die Zahl der Werks- und Lagerverpflegten stieg im gleichen Zeitraum von 2,5 Mill. auf über 9 Mill. an.[111]

Die Politik brutaler Unterdrückung und Arbeitshetze in den Betrieben wurde durch materielle Korrumpierung, insbesondere jedoch durch nationale sowie soziale Demagogie ergänzt. So gab HITLER am 15. November 1940 einen »Erlaß über die Vorbereitung des Wohnungsbaues nach dem Kriege« heraus und ernannte R. LEY am 18. November 1940 zum »Reichskommissar für den sozialen Wohnungsbau«. Am 15. Dezember 1940 erteilte HITLER an R. LEY den Auftrag, eine »umfassende und großzügige Altersversorgung des deutschen Volkes« auszuarbeiten. Von R. LEY als »Staatssozialismus« gepriesen, zielten solche Propagandaparolen darauf, die Werktätigen auf die Nachkriegszeit zu vertrösten, deren Kraftreserven zu mobilisieren und die »Front der Schaffenden« zu errichten. Parallel hierzu verstärkte die DAF ihre politische Schulungstätigkeit und erhöhte die Ausgaben für Presse und Propaganda.

Nach dem Überfall auf die UdSSR und dem Scheitern des Blitzkrieges unternahm die DAF erhöhte Anstrengungen bei der Aufrechterhaltung und Steigerung der Kriegsproduktion. 1942 wurde z. B. »auf Befehl des Führers« von der DAF die Parole »Schafft Waffen — schafft Munition!« in die Betriebe getragen. Unter dieser Losung führte die DAF 1942 allein 961 Großveranstaltungen (mit 42 Auftritten R. LEYS) in Werken der Rüstungsindustrie durch, die von 50 000 Veranstaltungen der DAF-Gau-Dienststellen unterstützt wurden.[112]

Auf Grund einer Vereinbarung übertrug F. SAUCKEL der DAF im Kriege die »Betreuung« aller in nichtlandwirtschaftlichen Betrieben beschäftigten ausländischen und der in Lagern untergebrachten deutschen Arbeitskräfte, einschließlich der bei allen »wehrpolitischen Bauten« in Lagern eingesetzten. Die DAF konnte dabei auf ihre langjährigen Erfahrungen z. B. vom Autobahn- und Westwallbau zurückgreifen. Anfang des Jahres 1944 »betreute« die DAF 22 000 Gemeinschaftslager mit ca. 3 Mill. Menschen und war für die Verpflegung von fast 4 Mill. ausländischen Zwangsarbeitern aufgekommen, die bis Ende 1943 mit 6 000 Transporten nach Deutschland verschleppt worden waren.[113] Unter maßgeblicher Mitwirkung der DAF wurde eine »ausländische Betreuungsorganisation« aufgebaut, von der Ende 1943 »Reichsverbindungsstellen« für 21 Nationen mit über 500 »Gauverbindungsmännern« arbeiteten.

Die DAF gab in enger Zusammenarbeit mit dem GOEBBELS-Ministerium fremdsprachige Zeitungen und Zeitschriften heraus (wöchentliche Gesamtauflage: 150000), baute Büchereien auf, hielt Sprachkurse ab usw. Diese Organisation hatte die ausländischen Arbeitskräfte über die »Unvermeidlichkeit« bestimmter Maßnahmen »aufzuklären«, wie z. B. Wegfall von Familienheimfahrten, Urlaubssperren, verhinderte Rückkehr nach Ablauf der befristeten »Arbeitsverträge«, verbunden mit Zwangsverpflichtungen, Umsetzungen in andere Betriebe u. a. m. Das Spektrum der Ausländer- und Lagerbetreuung umfaßte praktisch alle Maßnahmen zur Aufrechterhaltung von »Ordnung und Disziplin«, angefangen von der Bespitzelung bis hin zur Durchsetzung der Lagerordnungen und organisierten Freizeitgestaltung.[114]

Aus der mit fortschreitender Kriegsdauer rasch anwachsenden Zahl zwangsverschleppter Arbeitskräfte nach Deutschland und dem verstärkten Einsatz Kriegsgefangener in den Betrieben leitete die DAF als eine Hauptaufgabe für das LEW ab, den erforderlichen Bestand an männlichen und weiblichen »Unterführern« zur Aufrechterhaltung der Produktion zu sichern. Besonders wichtig erschien der DAF die Heranzüchtung solcher »Unterführer« in den Rüstungsbetrieben. Von der DAF wurde deshalb die Absicht verfolgt, »jeden deutschen Arbeiter zu einem betrieblichen Unterführer zu entwickeln«.[115] Allein 1943 hatte die DAF 110000 männliche und weibliche »Unterführer« ausgebildet und auf ihre Überwachungs- sowie Antreiberaufgaben abgerichtet.[116]

Einen nicht zu unterschätzenden Beitrag leistete die DAF ebenfalls bei der Installie-

rung der Okkupationsregimes des faschistischen deutschen Imperialismus in allen annektierten Gebieten. Das reichte vom Aufbau der DAF und Einführung des AOG im Jahre 1938 in Österreich, der Errichtung der DAF oder ähnlicher Organisationen in »Danzig-Westpreußen«, im »Reichsgau Wartheland«, in »Oberschlesien«, in Elsaß-Lothringen, Eupen, Malmedy und Moresnet bis hin zum Einsatz von Sonderstäben zur Ausplünderung des »Generalgouvernements« und der UdSSR.

Der grundlegende Umschwung im Verlauf des zweiten Weltkrieges und die Proklamierung des totalen Krieges erforderten von der DAF die Mobilisierung der letzten Kraftreserven ihrer Obmänner und insbesondere aller Werktätigen. Ganz im Sinne C. ARNHOLDS, der den »betriebsharten Arbeiter« schaffen wollte und »Leistung durch Führung!« verlangte, wurde die beispiellose Militarisierung des Arbeitsprozesses weiter vorangetrieben. Gemeinsam wachten die DAF und das Rüstungsministerium Albert SPEERS mit seinen Dienststellen darüber, daß die »Mannschaftsführung im Betrieb exerziert wird«.[117]

Am 1. Mai 1943 forderte R. LEY zur Erfüllung der angestrengten Rüstungsprogramme von allen Werktätigen: »Schafft mehr Waffen und noch mehr Munition! Laßt nicht nach! Gebt alle Kräfte für den Sieg! Unsere Parole heißt: Leistungssteigerung — Panzerschichten — betriebliches Vorschlagswesen — höchster Fraueneinsatz und andere leistungssteigernde Dinge!«[118]

Die zunehmende Zahl fehlender Arbeitskräfte versuchte die DAF gemeinsam mit den entsprechenden staatlichen Stellen durch verschiedene Maßnahmen zu kompensieren:

1. Rückgliederung bereits Ausgeschiedener (Rentner),
2. Verlagerung von Arbeitskräften aus nicht kriegswichtigen in kriegswichtige Betriebe,
3. Einsatz noch nicht erfaßter Frauen.

In erster Linie wurde jedoch zum Mittel gesteigerter Arbeitshetze gegriffen.

Eine besonders raffinierte Methode zur mißbräuchlichen Ausnutzung der Schöpferkraft des werktätigen Volkes war das von der DAF initiierte »betriebliche Vorschlagswesen«.

Sein Ziel bestand darin, durch Erfindungen und Verbesserungsvorschläge, wozu Arbeiter, Meister usw. aufgerufen wurden, vornehmlich in der Rüstungsindustrie die Produktion zu erhöhen sowie Material und Arbeitskräfte einzusparen. Zur Stimulierung solcher Aktivitäten stiftete HITLER 1943 den »Dr.-Fritz-Todt-Preis« und R. LEY im gleichen Jahr das »Leistungsbuch der Schaffenden für besondere Leistungen im betrieblichen Vorschlagswesen«.[119] Während sich in Großbetrieben nur 5% der Beschäftigten am Vorschlagswesen beteiligten, waren es in Mittelbetrieben rund 25%. Im »Heinkel«-Flugzeugwerk war es angeblich gelungen, 485 Flugzeuge mehr zu bauen, 350 durch Zeit- und 135 durch Materialeinsparung.[120]

Als der Krieg Anfang des Jahres 1944 in seine letzte Periode trat, forderte die DAF unter der Losung »Totale Kräftemobilisierung für den Sieg!«, die »deutsche und europäische Arbeitskraft in ihrer Totalität dem Kriegsgeschehen nutzbar zu machen« und den »Erfolg« mit »Härte sicherzustellen«.[121] Neben der Fortführung der bereits laufenden Maßnahmen unternahm die DAF große Anstrengungen beim schnellen Wiederaufbau zerstörter Betriebe. In den bombengeschädigten Gebieten wurden von ihr zur Soforthilfe »Einsatzstäbe« geschaffen, die ebenso für die Unterbringung der erforderlichen Arbeitskräfte bzw. gegebenenfalls Verlagerung von Produktionsstätten zur Verfügung standen. Darüber hinaus wurde die DAF ab 1944 verstärkt zur organisatorischen Absicherung der »kriegswichtigen Heimarbeit« von über einer halben Million Menschen eingesetzt.[122]

So konnte im Jahre 1944 der Geschäftsführer der DAF, Otto MARRENBACH, folgende Bilanz ziehen:

»Die in den Jahren 1933 bis 1939 immer wieder in Betriebsappellen, Kundgebungen und Betriebsbesuchen gepredigte Idee der Betriebsgemeinschaft ist heute, das kann besonders an der Arbeitsdisziplin und Arbeitshaltung der deutschen Gefolgschaften erkannt werden, nicht nur Theorie geblieben, sondern Wirklichkeit geworden. Im Jahre 1917 gingen durch politische Streiks nahezu 2 Mill. Arbeitstage verloren, im Jahre 1918 waren es bereits 5 Mill. Arbeitstage. Im Jahre 1943 hingegen wurden Millionen von Arbeitsstunden zusätzlich zur Leistungssteigerung gewonnen – nicht einmal eingerechnet die hinzugekommene Arbeitsleistung der ausländischen Arbeiter.«[123]

Allerdings gelang es den Faschisten trotz der verschiedenen drakonischen Zwangsmaßnahmen (raffiniert ausgeklügelten Methoden der Leistungssteigerung usw.) nicht, das Problem des Facharbeiter- und Arbeitskräftemangels zu lösen.

Die Kriegsarbeit der DAF beschränkte sich jedoch nicht auf die angeführten Gebiete. Nach Kriegsbeginn wurde die gesamte KdF-Organisation zu 80% für die Truppenbetreuung eingesetzt.[124] Die 12 KdF-Schiffe hatten sich sofort in Truppentransporter und Lazarettschiffe verwandelt. Diese Funktion erfüllten sie erstmalig bei der Rückführung der »Legion Condor« aus Spanien. Die 209 000 RM Kosten dafür wurden aus DAF-Beiträgen aufgebracht.[125] Ähnlich war der Betrug am deutschen Volk mit dem sog. KdF- oder Volkswagen, den mit Arbeitergeldern finanzierten Wehrmachtsfahrzeugen. Die KdF-Organisation führte vom 1. September 1939 bis zum 1. August 1944 836 000 Veranstaltungen in der Truppenbetreuung durch.[126] Erfaßt wurden die Soldaten an der Front, in Reservestellungen und Lazaretten, der ↗ Reichsarbeitsdienst (RAD) sowie die Arbeitslager. Das KdF-Sportamt beteiligte sich z. B. an der Durchführung des »Verwundetensportes« und am Verwundetentransport. Die ab 1936 gebauten Landerholungsheime und Seebäder wurden zu Armeelazaretten. Als im Rahmen der Kriegsvorbereitungen 1938 der »Westwall« errichtet wurde, übernahm die DAF organisatorisch und finanziell Unterbringung, Verpflegung und Betreuung der 300 000 Dienstverpflichteten.

In den okkupierten Gebieten finanzierte die DAF (KdF) kriegs- und rüstungswichtige Bauten, wie z. B. den Bau von Soldatenheimen in Norwegen, Frankreich und Polen. So betrug allein der Umsatz der Deutschen Bau AG der DAF im Jahre 1943 für Bauten der Wehrmacht, der Organisation Todt, der Reichsbahn und für rüstungswichtige Industriebauten bei einem Gesamtumsatz von 33 Mill. RM rund 29,3 Mill. RM.[127]

Die enge Zusammenarbeit zwischen der DAF- und Wehrmachtsführung in diesen und anderen Fragen wurde über das »Wehrmachtsamt« der DAF, das sich in Amt Oberkommando der Wehrmacht, Amt Heer, Amt Kriegsmarine und Amt Luftwaffe untergliederte, das *KdF*-Amt Wehrmachtsheime, das AWI der DAF sowie andere Verbindungsstellen und persönliche Kontakte abgewickelt. Hinzu kam noch die Hauptabteilung DAF – RAD, die die Zusammenarbeit zwischen der DAF und dem halbmilitärischen *RAD* regelte.

Als 1944, in Anbetracht der herannahenden vollständigen Niederlage Hitlerdeutschlands, der faschistische deutsche Imperialismus seine geheimen Nachkriegsplanungen forcierte[128], versuchten insbesondere R. LEY und das AWI der DAF die sozialpolitischen Komponenten faschistischer Antirevolutionsstrategie auszuarbeiten.[129] Die Bindeglieder ihrer Konzeption zur Festigung der Herrschaft des faschistischen deutschen Imperialismus und der faschistischen Koalition insgesamt waren der Antikommunismus sowie die Angst der regierenden Cliquen vor einer Volksrevolution. Der Erarbeitung dieser sozialpolitischen Konzeption dienten die »Sozialwissenschaftliche Aussprachetagung« in Bad Salzbrunn (Schlesien) vom 14. bis 19. März und die Tagung des »Salzbrunner Arbeitskreises« vom 20. bis 24. Oktober 1944. Die Teilnehmer beider Tagungen setzten sich in der Mehrzahl aus bekannten Sozialpolitikern und Wissenschaftlern zusammen und kamen aus 17 Staaten Europas, die entweder von der faschistischen Wehrmacht besetzt oder mit dem faschistischen deutschen Regime verbündet waren. Unter den Parolen »Europa ohne Proletarier!«, »Gemeinschaft, Persönlichkeit, Leistung« und »völkischer Sozialismus« wurde auf der Grundlage der faschistischen »Volksgemeinschafts«-Ideologie ein Programm entworfen, um die Arbeiterklasse in die faschistischen Regimes fest zu integrieren und revolutionäre Entwicklungen auszuschalten.[130]

Aber weder diese noch andere Versuche konnten die totale Niederlage des faschistischen deutschen Imperialismus verhindern. Mit der Befreiung des deutschen Volkes vom Faschismus war auch die Liquidierung der DAF verbunden, wobei der relativ rasch und problemlos erfolgende Aufbau neuer und einheitlicher Gewerkschaften die Erfolglosigkeit der DAF bei der geplanten Eroberung der Masse des klassenbewußten Proletariats unterstrich.

5. Quellen und Literatur

Im ZStA Potsdam befindet sich eine Sammlung einiger Akten des Zentralbüros der DAF (Adjutantur Ley, Spitzelapparat, Handakte Theodor Hupfauers, Auslandstätigkeit). Ergiebiger sind die in Akten des Reichsarbeits-, Reichswirtschafts-, Reichsinnen- und Reichsverkehrsministeriums verstreuten Dokumente zur Wirtschafts- und Sozialpolitik der faschistischen Regierung sowie zu bestimmten Vorgängen in der DAF. Aufschlußreich ist der umfangreiche Bestand der Zeitungsausschnittsammlung (ZAS) des AWI der DAF im ZStA Potsdam. Wichtige Akten über unterschiedliche DAF-Fragen enthält das NSDAP-Hauptarchiv im BA in Koblenz. Darüber hinaus befinden sich zahlreiche Quellen in verschiedenen anderen Archiven, einschließlich Betriebsarchiven.

Die zeitgenössische Literatur der DAF bzw. über die DAF ist fast unübersehbar. So existieren allein 30 Dissertationen über sie und weitere 130 über verwandte bzw. Teilgebiete. Eine ausführliche Bibliographie enthält die Arbeit Hans-Gerd Schumanns (siehe Anm. 2).

Die marxistisch-leninistische Geschichtswissenschaft der DDR widmete sich der Problematik Faschismus und Arbeiterklasse bzw. DAF in vielen Studien und Standardwerken. Neben den Arbeiten von Kurt Gossweiler,[131] Dietrich Eichholtz,[132] Kurt Pätzold und Manfred Weißbecker[133] sind die von Elke Reuter (siehe Anm. 32), Jochen Eckhardt (siehe Anm. 38) und Reinhard Giersch (siehe Anm. 40), die sich ganz gezielt mit dem Thema befassen, zu nennen. Von den Studien, die sich verwandten bzw. Teilproblemen zuwenden, sind die Arbeiten von Horst Bednareck,[134] Günther Groß (siehe Anm. 33), Fritz Petrick (siehe Anm. 44) und Jürgen Kuczynski hervorzuheben.

Die bürgerliche Geschichtsschreibung über die DAF ist ebenso differenziert wie die über den faschistischen deutschen Imperialismus. Ihre Thesen, die im Kern die mit der DAF verfolgten Klasseninteressen ignorieren, reichen von einer völligen Bagatellisierung der Rolle der DAF bis hin zur These vom »DAF-Staat«.[135] Hervorzuheben sind in erster Linie die Arbeiten von H.-G. Schumann und Timothy W. Mason (siehe Anm. 53). Die Arbeit

H.-G. Schumanns basiert auf der Auswertung gedruckter Quellen sowie veröffentlichter Literatur und gilt in der bürgerlichen Historiographie nach wie vor als Standardwerk zur Politik der NSDAP gegenüber der Arbeiterklasse. Der Verfasser geht zwar von antifaschistischen Grundpositionen aus, es gelingt ihm jedoch nicht, den ursächlichen Zusammenhang von Faschismus und Imperialismus zu erkennen. Er verfällt immer wieder der antikommunistischen Totalitarismusdoktrin. Die von T. W. Mason herausgegebenen 244 Dokumente zur Wirtschafts- und Sozialgeschichte des faschistischen Deutschland bestätigen eindeutig die marxistisch-leninistische Faschismustheorie. In seiner Einleitung gelangt der Autor zu einer Reihe richtiger Einsichten über die Rolle des Terrors und der Sozialdemagogie, über den Primat der Kriegsvorbereitungen bei wichtigen Entscheidungen, über die ablehnende Haltung des klassenbewußten Proletariats gegenüber der faschistischen Diktatur, die DAF usw. Die Fehleinschätzungen T. W. Masons über das Verhältnis Monopole – Staat – NSDAP oder seine Apologetik von NSDAP und DAF, die Arbeiterinteressen vertreten haben sollen u. a., resultieren aus seinen unklaren Auffassungen über das Verhältnis von Faschismus und Imperialismus.[136]

Anmerkungen

1 Parteistatistik der NSDAP. Hrsg. v. Reichsorganisationsleiter der NSDAP, bearb. v. Hauptorganisationsamt der NSDAP mit besonderer Unterstützung des Organisationsamtes der DAF, o. O., o. J., Stand von 1939. Diesen wie allen weiteren Zahlenangaben der Nazi-Statistik ist mit größten Vorbehalten zu begegnen.

2 Hans-Gerd Schumann: Nationalsozialismus und Gewerkschaftsbewegung, Hannover-Frankfurt (Main) 1958, S. 168. Für die Jahre 1934 und 1935 liegen die Angaben offensichtlich zu hoch.

3 Otto Marrenbach: Fundamente des Sieges. Die Gesamtarbeit der DAF 1933–1940, Berlin 1941, S. 60.

4 Zit. in: Sozialismus wie ihn der Führer sieht. Worte des Führers zu sozialen Fragen, zusammengestellt von Fritz Meystre, Schriftleiter, München 1935, S. 48.

5 Robert Ley im Völkischen Beobachter. Norddeutsche Ausgabe, 8. 9. und 10. 6. 1933. (Wenn

nicht anders vermerkt, künftig nach der Norddeutschen Ausgabe zitiert.)

6 Siehe ebenda.

7 Der Deutsche, 18. 5. 1933.

8 RGBL, Berlin, Teil I, Nr. 52 vom 20. 5. 1933, S. 285.

9 Siehe Ingeborg Esenwein-Rothe: Die Wirtschaftsverbände von 1933 bis 1945, Berlin 1965, S. 42. = Schriften des Vereins für Sozialpolitik, Gesellschaft für Wirtschafts- und Sozialwissenschaften, NF, Bd. 37.

10 RGBL, Berlin, Teil I, Nr. 85 vom 22. 7. 1933, S. 520.

11 R. Ley im Völkischen Beobachter, 24. 5., 8., 9. und 10. 6. 1933.

12 Siehe Deutsche Bergwerks-Zeitung, 10. 6. 1933. In: ZStA Potsdam, RVM, Nr. 8864, Bl. 4.

13 Siehe die Rundschreiben vom 3. 8., 25. 8. und 19. 10. 1933 des Deutschen Büro- und Behördenangestellten-Verbandes (DBV) in der DAF. In: Zentralbibliothek der Gewerkschaften, Berlin. Ferner die Sonderdrucke aus dem Reichsarbeitsblatt, Berlin, Teil II, über den Aufbau der DAF, NSBO und NS-Hago von 1933 und 1934.

14 Siehe H.-G. Schumann, S. 80f.

15 Der Deutsche, 29. 11. 1933.

16 Willy Müller: Das soziale Leben im neuen Deutschland unter besonderer Berücksichtigung der DAF, Berlin 1938, S. 77.

17 Siehe ebenda, S. 78. Hans Jöstlein: Die Deutsche Arbeitsfront. Werden, Wesen und Aufgaben, Diss., Würzburg 1935, S. 14.

18 Siehe Chup Friemert: Produktionsästhetik im Faschismus. Das Amt »Schönheit der Arbeit« von 1933 bis 1939, Damnitz (Breisgau) 1980 (zitiert nach dem Manuskript, S. 50ff.).

19 Siehe Der Betrieb, 15. 12. 1933, S. 3ff.

20 Völkischer Beobachter, 29. 11. 1934.

21 So der Schatzmeister von DAF und KdF Paul Brinckmann in einem Interview. In: Der Betrieb, 15. 2. 1934, S. 5f.

22 Deutsche Führerbriefe, 13. 3. 1934.

23 Wilhelm Starcke: Im Ringen um die Werksgemeinschaft, Frankfurt (Main) 1938, S. 29f.

24 Siehe A. A. Galkin: Die Ideologie des Faschismus und der Neofaschismus. In: Sowjetwissenschaft. Gesellschaftswissenschaftliche Beiträge, H. 12, Dezember 1975, S. 1272ff.

25 Anatol von Hübbenet (Hrsg.): Die NS-Gemeinschaft »Kraft durch Freude«. Aufbau und Arbeit, Sonderdruck, Berlin 1939, S. 28ff.

26 Hans-Joachim Knebel: Soziologische Strukturwandlungen im modernen Tourismus, Stuttgart 1960, S. 60.

27 Wolfhard Buchholz: Die nationalsozialistische Gemeinschaft »Kraft durch Freude«. Freizeitgestaltung und Arbeiterschaft im Dritten Reich, Diss., München 1976, S. 214.

28 Horst Bednareck: Gewerkschafter im Kampf gegen die Todfeinde der Arbeiterklasse und des deutschen Volkes, Berlin o.J., S. 32f. = Beiträge zur Geschichte der Gewerkschaftsbewegung, 8.

29 RGBL, Berlin, Teil I, Nr. 7 vom 23. 1. 1934, S. 45–56.

30 Der deutsche Volkswirt, Berlin, Nr. 30 vom 27. 4. 1934, S. 1302.

31 Carl Arnhold: Umrisse einer deutschen Betriebslehre, Leipzig 1936, S. 57.

32 Der enge Zusammenhang beider Gesetze wurde besonders vom Reichswirtschaftsminister K. Schmitt und R. Ley hervorgehoben. Siehe Elke Reuter: Die Politik der NSDAP zur Einbeziehung der Arbeiterklasse in den faschistischen Massenanhang (1930–1934), Diss., Berlin 1976, Anhang, S. 74f. (Dokument 13).

33 Günther Groß: Der gewerkschaftliche Widerstandskampf der deutschen Arbeiterklasse während der faschistischen Vertrauensrätewahlen 1934, Berlin 1962, S. 23 ff.

34 Charles Bettelheim: Die deutsche Wirtschaft unter dem Nationalsozialismus, München 1974, S. 65.

35 R. Ley, Rede zum Reichs-Parteitag 1934, Berlin 1934, S. 15.

36 ZStA Potsdam, DAF, ZAS, Nr. 271/1, Bl. 1.

37 I. M. Faingar: Die Entwicklung des deutschen Monopolkapitals. Grundriß, Berlin 1959, S. 276f.

38 Jochen Eckhardt: Die Tätigkeit der Deutschen Arbeitsfront im faschistischen Betrieb 1936–1939. Ein Beitrag zum Verhältnis Faschismus an der Macht und Arbeiterklasse, Diss., Berlin 1980, S. 47ff.

39 Zit. in: Rudolf Schmeer: Aufgaben und Aufbau der Deutschen Arbeitsfront. In: Die Verwaltungs-Akademie. Ein Handbuch für den Beamten im nationalsozialistischen Staat, Bd. III, Nr. 51, Berlin 1935, S. 4ff.

40 Siehe Reinhard Giersch: Die »Deutsche Arbeitsfront« (DAF) – ein Instrument zur Sicherung der Herrschaft und zur Kriegsvorbereitung des faschistischen deutschen Imperialismus (1933–1938), Diss., Jena 1981, S. 118ff.

41 Hans Biallas/Gerhard Starcke: Leipzig – das Nürnberg der Deutschen Arbeitsfront, Berlin 1935, S. 7ff.

42 Walter Ulbricht: Um den Wiederaufbau der freien Gewerkschaften Deutschlands. In: Ders.: Zur Geschichte der deutschen Arbeiterbewegung, Bd. II, Zusatzband, Berlin 1966, S. 17.

43 Zit. in: H. Biallas/G. Starcke, S. 17.

44 Siehe Fritz Petrick: Zur sozialen Lage der Arbeiterjugend in Deutschland 1933 bis 1939, Berlin 1974, S. 38f.

45 Zit. in: Deutsches Arbeitsrecht, H. 4, April 1935, S. 91 ff.

46 Siehe Deutsche Führerbriefe, 13. 3. 1935.

47 H. Biallas/G. Starcke, S. 8.

48 Anordnung 43/45. In: Amtliches Nachrichtenblatt der DAF, 6. 7. 1935.

49 Siehe Alfred Koller: Deutsche Arbeitsfront und Organisation der gewerblichen Wirtschaft mit besonderer Berücksichtigung der Beziehungen zwischen beiden Organisationen, Diss., Erlangen 1940, S. 66f.

50 Anordnung 17/36. In: Amtliches Nachrichtenblatt der DAF, 7. 3. 1936.

51 Soziale Praxis, 19. 11. 1937, Sp. 1402f.

52 Siehe R. Giersch, S. 154ff.

53 Zu den Kontroversen R. Ley und G. Thomas siehe Timothy W. Mason: Arbeiterklasse und Volksgemeinschaft. Dokumente und Materialien zur deutschen Arbeiterpolitik 1936–1939, Opladen 1975, S. 177ff.

54 Siehe J. Eckhardt, S. 25ff., 41f., 156.

55 Amtliches Nachrichtenblatt der DAF, 2. 9. 1936.

56 Siehe R. Giersch, S. 171ff., 184ff.

57 A. Koller, S. 75.

58 Hans-Joachim Reichhardt: Die Deutsche Arbeitsfront. Ein Beitrag zur Geschichte des nationalsozialistischen Deutschlands und zur Struktur des totalitären Herrschaftssystems, Diss., Berlin (West) 1956, S. 120. Obwohl H.-J. Reichhardt z. T. schwer zugängliches Zahlenmaterial über die DAF (KdF) verwendet, findet seine Studie selbst in der bürgerlichen Geschichtsschreibung kaum Beachtung, weil sie im Vergleich zu anderen Arbeiten qualitativ stark abfällt.

59 ITF-Berichte und Dokumente zur Lage der Arbeiterschaft unter Faschistischer Diktatur. Organ der Internationalen Transportarbeiter-Föderation, Amsterdam, 18. 5. und 15. 6. 1935. (Im folgenden: ITF-Berichte.)

60 ZStA Potsdam, RWM, Nr. 10 286, Bl. 29.

61 Zit. in: Fritz Salm: Im Schatten des Henkers. Vom Arbeiterwiderstand in Mannheim gegen faschistische Diktatur und Krieg, Frankfurt (Main) 1973, S. 118. = Bibliothek des Widerstandes.

62 Rundschreiben des Sozialamtes der DAF Nr. 157 vom 4. 1. 1937, im Wortlaut wiedergegeben im Schreiben des RBG-Leiters Nahrung und Genuß, Wolkersdörfer, an den Reichsfachgruppenwalter Altvater, 8. 1. 1937. In: Zentralbibliothek der Gewerkschaften, Berlin.

63 Jürgen Kuczynski: Die Geschichte der Lage der Arbeiterklasse unter dem Kapitalismus, Bd. 6, Berlin 1964, S. 298.

64 Siehe Deutschland im zweiten Weltkrieg, hrsg. von einem Autorenkollektiv, Bd. 1: Vorberei-

tung, Entfesselung und Verlauf des Krieges bis zum 22. Juni 1941, Berlin 1975, S. 90 ff.

65 Dokumente der deutschen Politik, Berlin 1937, S. 275.

66 Siehe Anordnung 55/36 und die Anordnung über die organisatorische Neuordnung der Ämter der DAF. In: Amtliches Nachrichtenblatt der DAF, 24. 10. 1936 und 23. 1. 1937. Arbeitertum, 15. 6. 1937, S. 4 f.

67 Deutsches Arbeitsrecht, H. 3, März 1938, S. 76.

68 Anordnung 32/38. In: Amtliches Nachrichtenblatt der DAF, 9. 5. 1938.

69 Abschrift eines Berichtes des Berliner Oberbürgermeisters vom 11. 12. 1934 an den Reichsinnenminister. In: ZStA Potsdam, RVM, Nr. 8866, Bl. 89–93.

70 ITF-Berichte, 9. 3. 1935.

71 Zit. in: H.-J. Reichhardt, S. 54. Siehe zur Entwicklung des Amtes Information auch R. Giersch: Zu Rolle und Funktion der Deutschen Arbeitsfront (DAF) im staatsmonopolistischen Herrschaftssystem der faschistischen Diktatur in Deutschland. In: JBP, H. 37/38 (1976), S. 52 ff.

72 MA Potsdam, WS 03.33/1., Bl. 45–69.

73 Anordnung 12/37. In: Amtliches Nachrichtenblatt der DAF, 5. 3. 1937.

74 Der Schulungsbrief, Berlin, 6. (Sonder-)Folge, Mai 1937, S. 201.

75 Wesen und Aufgaben der Werkscharen. Hrsg. Dr. R. Ley, Berlin 1937, unpag.

76 Anordnung 12/37. In: Amtliches Nachrichtenblatt der DAF, 5. 3. 1937.

77 ITF-Berichte, 12. 12. 1936.

78 Artikel R. Leys in der Tagespresse, April 1938. In: ZStA Potsdam, DAF, Film-Nr. 10 873, Bild-Nr. 78 935 f.

79 Anordnung 29/38. In: Amtliches Nachrichtenblatt der DAF, 9. 5. 1938.

80 O. Marrenbach an Gauleiter Lohse. In: ZStA Potsdam, DAF, Film-Nr. 10 873, Bild-Nr. 78 925.

81 H.-J. Reichhardt, S. 129.

82 Artur Axmann: Der Reichsberufswettkampf, Berlin 1938, S. 19 f.

83 Hans Wiese, der stellvertretende Leiter der Reichsberufswettkämpfe. In: V. Kongress des Internationalen Amtes für berufliches Bildungswesen, Bd. 1, Berlin 1938, S. 259.

84 A. Axmann an K. Schmitt, 10. 1. 1934. Zit. in: F. Petrick, S. 30.

85 Der Angriff, 16. 2. 1935.

86 Arbeitertum, 15. 5. 1935, S. 29 f.

87 O. Marrenbach: Die Deutsche Arbeitsfront. In: Die Verwaltungsakademie, 2. Aufl., Bd. I, Gruppe 2, Nr. 14, Berlin 1939, S. 9. Schulungs-Unterlage Nr. 28. Sammelsendung Januar/Februar 1944, hrsg. v. Reichsorganisations-

leiter der NSDAP u. dem Hauptschulungsamt der NSDAP, Berlin, S. 12.

88 Arbeitertum, 15. 4. 1935, S. 12 und 15. 5. 1935, S. 5.

89 Anordnung 47/37. In: Amtliches Nachrichtenblatt der DAF, 25. 9. 1937.

90 Siehe Ernst Michel: Sozialgeschichte der industriellen Arbeitswelt, Frankfurt (Main) 1947, S. 153 ff.

91 R. Ley, Rede zum Reichs-Parteitag 1934, S. 13.

92 Arbeitertum, 1. 5. 1936, S. 12.

93 Amtliches Nachrichtenblatt der DAF, 2. 9. 1936.

94 Anordnung 18./37. In: Amtliches Nachrichtenblatt der DAF, 8. 5. 1937.

95 ZStA Potsdam, DAF, ZAS, Nr. 205, Bl. 86 ff.

96 Siehe die Anordnung 4/37 mit den Anlagen I–III. In: Amtliches Nachrichtenblatt der DAF, 6. 7. 1937. Arbeitertum, 1. 5. 1937, S. 15.

97 H.-J. Reichhardt, S. 149.

98 Schreiben Büchers an das Arbeitertum. In: Arbeitertum, 15. 5. 1935, S. 9.

99 ZStA Potsdam, DAF, ZAS, Nr. 205, Bl. 86 ff. Ähnlich auch verschiedene sächsische Unternehmer. Zit. in: 18. Brief an die Betriebsführer im Gau Sachsen. Hrsg. Gauobmann der DAF, Gauwaltung Sachsen, Dresden, Juli 1938.

100 Ebenda.

101 Gerhard Starcke: Die Deutsche Arbeitsfront. Darstellung über Zweck, Leistungen und Ziele, Berlin 1940, S. 53 und 149.

102 Zit. in: H.-J. Reichhardt, S. 64.

103 Ebenda.

104 Deutsche Arbeitskorrespondenz (DAK), 18. 12. 1936.

105 Leistungsbericht 1943. Zentralstelle für die Finanzwirtschaft der Deutschen Arbeitsfront. Amt für die wirtschaftlichen Unternehmungen. In: BA Koblenz, NS 5 I, Bd. 33, unpag. Die aus dem BA Koblenz verwendeten Materialien wurden mir von Prof. Dr. Manfred Weißbekker, Jena, zur Verfügung gestellt.

106 Zit. in: H.-J. Reichhardt, S. 64.

107 Die Front der Schaffenden. In: Die Partei im Kriege (X). In: Völkischer Beobachter, Münchener Ausg., 26. 7. 1940.

108 Ebenda.

109 Siehe ZStA Potsdam, DAF, Film-Nr. 14 249, Bild-Nr. 3859. MA Potsdam, W. 61.50/123.

110 Siehe Die deutsche Arbeitsfront. Hrsg. Propagandaamt der DAF, Berlin, März 1944, R I 43, S. 9 f.

111 Völkischer Beobachter, 3. 5. 1943. Die Deutsche Arbeitsfront, März 1944, RI 43, S. 12.

112 Siehe ebenda. Aufgaben und Leistung der DAF und der NS-Gemeinschaft »KdF«, Kriegsjahre 1939–1942. In: BA Koblenz, NS 26, Bd. 319.

113 Die Deutsche Arbeitsfront, März 1944, RI 43, S. 12.

114 Ebenda, Mai 1944, RI 45, S. 18 ff.

115 Ebenda, S. 29 f.

116 Ebenda, März 1944, RI 43, S. 10.

117 Ebenda, November 1943, RI 42, S. 25 f.

118 Völkischer Beobachter, 1./2. 5. 1943.

119 Die Deutsche Arbeitsfront, November 1943, RI 42, S. 21 ff.

120 Ebenda, März 1944, RI 43, S. 11.

121 Die Deutsche Arbeitsfront. Betriebs-Information. Nur für den Dienstgebrauch!, Berlin, Nr. 7/1944. Die Deutsche Arbeitsfront, Mai 1944, RI 45, S. 7 f.

122 Ebenda, S. 19 ff.

123 Zit. in: Ebenda, März 1944, RI 43, S. 4.

124 H.-G. Schumann, S. 159.

125 Hans-Joachim Winkler: Legenden um Hitler, Berlin (West) 1963, S. 36. = Zur Politik und Zeitgeschichte, 7.

126 H.-J. Reichhardt, S. 168.

127 Leistungsbericht 1943. Zentralstelle für die Finanzwirtschaft der Deutschen Arbeitsfront. Amt für die wirtschaftlichen Unternehmungen.

128 Siehe Konzept für die »Neuordnung« der Welt. Die Kriegsziele des faschistischen deutschen Imperialismus im zweiten Weltkrieg. Hrsg. Autorenkollektiv unter Leitung von Wolfgang Schumann, Berlin 1977.

129 W. Schumann: Politische Aspekte der Nachkriegsplanungen des faschistischen deutschen Imperialismus in der Endphase des zweiten Weltkrieges. In: ZfG, H. 5, 1979, S. 395 ff.

130 Siehe R. Giersch: Zum Platz der sozialen Demagogie in der Nachkriegsplanung des faschistischen deutschen Imperialismus. In: JBP, H. 45 (1981), S. 81–108.

131 Kurt Gossweiler: Kapital, Reichswehr und NSDAP 1919–1924, Berlin 1982.

132 Dietrich Eichholtz/K. Gossweiler (Hrsg.): Faschismus-Forschung, Positionen, Probleme, Polemik, Berlin 1980.

133 Kurt Pätzold/Manfred Weißbecker: Hakenkreuz und Totenkopf. Partei des Verbrechens, Berlin 1981.

134 H. Bednareck: Die Gewerkschaftspolitik der KPD — fester Bestandteil ihres Kampfes um die antifaschistische Einheits- und Volksfrontpolitik zum Sturz der Hitlerdiktatur und zur Verhinderung des Krieges (1935 bis August 1939), Berlin 1969.

135 Zur Einschätzung der bürgerlichen Literatur siehe E. Reuter, S. VI f. J. Eckhardt, S. 7 ff. R. Giersch: Die »Deutsche Arbeitsfront« (DAF) — ein Instrument zur Sicherung der Herrschaft und zur Kriegsvorbereitung des faschistischen deutschen Imperialismus, S. XV ff. Gerhard Lozek/Rolf Richter: Legende oder Rechtfertigung? Zur Kritik der Faschismustheorien in der bürgerlichen Geschichtsschreibung, Berlin 1979.

136 Siehe die Rezensionen der Dokumentation von T. W. Mason: K. Gossweiler. In: Deutsche Literaturzeitung für Kritik der internationalen Wissenschaft, Berlin, H. 7/8, Juli/August 1978, Sp. 536 ff. K. Pätzold. In: ZfG, H. 7, 1978, S. 638 f. Siehe die Annotation von Lotte Zumpe. In: Ebenda, H. 8, S. 762 zu T. W. Mason: Sozialpolitik im Dritten Reich, Opladen 1977.

Reinhard Giersch

Deutsche Bauernschaft (DBs) 1927–1933

Die DBs ging aus dem Zusammenschluß des Reichsverbandes landwirtschaftlicher Klein- und Mittelbetriebe, des ↗ Deutschen Bauernbundes (DB) und des ↗ Bayerischen Bauernbundes (BB) hervor und war eine Dachorganisation verschiedener relativ selbständiger bäuerlicher Lokalverbände. Innerhalb der DBs sammelten sich gewisse Teile der bäuerlichen Massen, die sich vom Einfluß der Großagrarier zu lösen versuchten. Die Führung der DBs lehnte ein Bündnis mit der Arbeiterklasse ab und trat allen revolutionären Bestrebungen entgegen. Sie bekannte sich zur Weimarer Republik und suchte durch Appelle und Vorschläge an die Regierungen und Parlamente wirtschaftliche Erleichterungen und Verbesserungen für die Bauernschaft im Rahmen des kapitalistischen Systems zu erlangen.

Vorsitzender

Professor Anton FEHR (bis 1928); Emil MARTH (ab 1928)

Vorsitzender des geschäftsführenden Ausschusses

Friedrich WACHHORST DE WENTE

Geschäftsführer

Heinrich LÜBKE und Arthur MÜLLER

Mitglieder

1927/28 etwa 100 000

Presse

»Deutsche Bauernzeitung«, Berlin (1927 bis 1933)

Angeschlossene Organisationen

BB (bis 1930); *Braunschweiger Bauernbund; Fränkischer Bauern- und Mittelstandsbund; Hannoversche Bauernschaft; Hessische Bauernschaft; Heuerleute- und Kleinbauernbund* (Osnabrück); *Märkische Bauernschaft; Mitteldeutscher Bauernbund* (Magdeburg); *Oldenburger Bauernschaft; Ostpreußische Bauernschaft; Pommersche Bauernschaft; Schlesischer Bauernbund; Schleswig-Holsteiner Bauernverein; Thüringer Pächter- und Kleinbauernbund; Verband christlicher Heuerleute, Pächter und Kleinbauern* (Lingen a. d. Ems); *Verband der Kleinbauern und Pächter Anhalts; Westfälischer Bauernbund.*

Die zunehmende Verschlechterung der Lage der Bauern und der offene Ausbruch der Agrarkrise führten 1927/28 zu einem Aufschwung der bäuerlichen Bewegung und zu Protestaktionen gegen die Agrarpolitik der Reichsregierung. Teile der Bauernschaft suchten nach neuen Wegen, um ihre Interessen wirksamer zu vertreten, und begannen, sich von der Führung durch die Großagrarier und den ↗ *Reichs-Landbund (RLB)* zu lösen und mit selbständigen Forderungen aufzutreten. Die Vorstände der neben dem *RLB* bestehenden rein bäuerlichen Verbände waren bestrebt, durch einen Zusammenschluß den Forderungen der Bauernschaft im Reichstag und gegenüber der Regierung mehr Gewicht zu verleihen und größeren Einfluß unter den bäuerlichen Massen zu erlangen. Gleichzeitig verfolgten sie damit das Ziel, ein Übergehen der aufbegehrenden Bauernschaft an die Seite der Arbeiterklasse und des von der *KPD* geführten *Reichsbauernbundes* zu verhindern.[1] Die verstärkten Bestrebungen bäuerlicher Kreise, sich politisch selbständig zu organisieren, waren auch auf die wachsenden Differenzen zur Agrarpolitik der *SPD* und der bürgerlich-republikanischen Parteien zurückzuführen. Der *Reichsverband landwirtschaftlicher Klein- und Mittelbetriebe*[2] zeigte sich insbesondere über die ablehnende Haltung der *SPD* zur Einführung von Schutzzöllen enttäuscht. Er verlangte zwar auch die Zollfreiheit für Futtermittel, wandte sich aber gegen die Forderung der *SPD* nach Aufhebung des Roggenzolls.[3] Im ↗ *Deutschen Bauernbund (DB)*, der seit 1918 die ↗ *DDP* unterstützt hatte, zeichneten sich gleichfalls Veränderungen in der politischen Orientierung ab. Als sich die *DDP* 1924 im Interesse der exportinteressierten Industrie gegen Zoll-beschränkungen aussprach, nahmen dieses führende Vertreter des *DB* zum Anlaß, um ihren Übertritt zur ↗ *DVP* zu erklären. Die *DDP* revidierte zwar ihre Haltung in Zoll-fragen und stellte 1927 ein »Bauernpro-gramm« auf, doch gelang es ihr nicht, den Rückgang ihres Einflusses auf den *DB* auf-zuhalten. Teile des *DB* schlossen sich dem *RLB* an. Die maßgeblichen Kräfte der Füh-rung und auch die Mehrzahl der Mitglieder orientierten sich hingegen auf den Zusam-menschluß mit dem *Reichsverband land-wirtschaftlicher Klein- und Mittelbetriebe* und dem ↗ *BB*, zu dem bereits seit 1924 enge Verbindungen bestanden.[4]

Am 8. April 1927 fanden Verhandlungen zwischen den Vorständen des *Reichsverban-des landwirtschaftlicher Klein- und Mittel-betriebe*, des *DB* und des *BB* statt, die zur Gründung der DBs führten. Die endgültige Konstituierung erfolgte am 9. September 1927 auf einer Vertretertagung in Berlin. Es wurde ein Vorstand gewählt, an dessen Spitze A. FEHR (Landwirtschaftsminister in Bayern und führendes Mitglied des *BB*) stand und dem weiterhin August HILLEBRAND (Mittel-bauer, 2. Vorsitzender des *Schlesischen Bauernbundes*), Peter REIMERS (Kleinbauer, Vorstandsmitglied der *Hannoverschen Bauernschaft*), Heinrich KUHR (Neusiedler, Vorsitzender des *Verbandes christlicher Heuerleute, Pächter und Kleinbauern* in Lin-gen a. d. Ems), E. MARTH (Großbauer, Vor-sitzender der *Pommerschen Bauernschaft*) und Gustav EVERS (Großbauer, ehemaliges Mitglied des *DB*) angehörten.[5] Vorsitzender des geschäftsführenden Ausschusses wurde F. WACHHORST DE WENTE (ehemaliger Vor-sitzender des *DB* und Mitglied der *DDP*). Die Geschäftsführung übernahmen H. LÜBKE[6] (bisheriger Geschäftsführer des *Reichsver-bandes landwirtschaftlicher Klein- und Mittel-betriebe*, Mitglied des ↗ *Zentrums [Z]*) und A. MÜLLER (bisheriger Geschäftsführer des *DB*, Mitglied der *DDP*).

Die DBs bekannte sich zum Weimarer Staat, kritisierte aber wiederholt die ungenügende Berücksichtigung der Interessen der Bauern-schaft durch die Reichsregierung. Sie be-zeichnete sich als »bäuerliche Spitzenvertre-tung« der deutschen Landwirtschaft und er-klärte, daß sie sich für die Verwirklichung der Bauernforderungen einsetzen wolle. Zwar trat sie dafür ein, auf bestimmten Gebieten, so beim Schutzzoll, mit großagrarischen Or-ganisationen zusammenzuarbeiten, betonte jedoch die unterschiedlichen Interessen ge-genüber den Großgrundbesitzern in Sied-lungs-, Pacht- und Kreditfragen sowie in der Steuerlastenverteilung.[7]

Einige Gruppen innerhalb der DBs, zu denen vor allem der *BB* und der *Schlesische Bauern-bund* gehörten, versuchten, die DBs in eine selbständige Bauernpartei umzuwandeln. Bei den Reichstagswahlen 1928 reichten sie eine eigene Kandidatenliste unter dem Namen *Deutsche Bauernpartei* ein und erhielten 8 Mandate. In den Gebieten außerhalb Bay-erns lag der Stimmenanteil der *Deutschen Bauernpartei* nur um 1 Prozent. Neben Ver-tretern des *BB*, der bisher bereits bei den Reichstagswahlen mit einer eigenen Liste aufgetreten war, wurde lediglich A. HILLE-BRAND vom *Schlesischen Bauernbund* ge-wählt. Auch bei Landtags- und Kommunal-wahlen trat die *Deutsche Bauernpartei* ver-schiedentlich mit eigenen Kandidaten auf. Für die Anhänger außerhalb Bayerns gab sie die Zeitschrift »Die grüne Zukunft« heraus, in der vornehmlich Vertreter des *Schlesischen Bauernbundes* (A. HILLEBRAND, Paul HILT-MANN u. a.) ihre Auffassungen publizier-ten.[8]

Die Mehrzahl der in der DBs zusammen-geschlossenen Verbände unterstützte die Bestrebungen zur Bildung einer Bauernpartei nicht und war gewillt, die Verbindungen zur *SPD* sowie zu den bürgerlichen Parteien (vor allem zur *DDP* und *DVP*) aufrechtzuerhalten. Bereits am 26. Februar 1928 war eine Erklä-rung in der »Deutschen Bauernzeitung« er-schienen, in der betont wurde, daß die DBs »an der Gründung der Deutschen Bauern-partei unbeteiligt« sei und daß sie sich zu ihr »ebenso neutral verhalten wird, wie sie dies gegenüber allen übrigen politischen Parteien tut, die die berechtigten Interessen des deut-schen Bauerntums wahrzunehmen gewillt sind«. Auf Veranlassung von F. WACHHORST DE WENTE und anderen Vertretern bürger-licher Parteien verurteilte der Geschäfts-führende Ausschuß der DBs in einer Sitzung am 22. März 1928 ausdrücklich die Aufstel-lung von Sonderlisten und rief dazu auf, am Grundsatz der »politischen Neutralität« festzuhalten. Gleichzeitig wurde A. FEHR durch E. MARTH im Vorsitz der DBs abgelöst.[9]

Als 1929 unter der demagogischen Parole von der »Einheit aller schaffenden Kräfte der Landwirtschaft« die ↗ Grüne Front (GF) gebildet wurde, schloß sich ihr zunächst auch die DBs an. A. FEHR gehörte zu den Unterzeichnern des Gründungsaufrufes. Es zeigte sich jedoch immer deutlicher, daß die GF in erster Linie die Interessen des Großgrundbesitzes vertrat und in ihr der RLB eine dominierende Rolle spielte. Nach der Bildung der BRÜNING-Regierung, in der der Präsident des RLB, Martin SCHIELE, Ernährungsminister wurde und in jeder Weise die Großgrundbesitzer begünstigte, häufte sich unter der Mitgliedschaft der DBs die Kritik an der Haltung A. FEHRS und anderer Anhänger der GF.[10] Ende 1930 trat die DBs aus der GF aus. Die Differenzen in der Stellung zur GF und in der Haltung zur Zollpolitik der Regierung führten am 27. November 1930 zum Ausscheiden A. FEHRS aus dem Vorstand und zur Loslösung des BB. Die bei den Reichstagswahlen vom September 1930 auf der Liste der Deutschen Bauernpartei gewählten Abgeordneten schlossen sich, soweit sie Mitglieder des BB waren, der Fraktion der ↗ Christlich-Nationalen Bauern- und Landvolkpartei (CNBL) an, während A. HILLEBRAND der Fraktion der Deutschen Staatspartei als Hospitant beitrat.[11]

Die DBs übte wiederholt Kritik an der Agrarpolitik der BRÜNING-Regierung. Diese richtete sich vor allem gegen die Subventionierung der Junker durch die sog. Osthilfe.[12] Das im Mai 1931 von der KPD verkündete Bauernhilfsprogramm, das zahlreiche konstruktive Vorschläge zur Linderung der Not der werktätigen Bauern enthielt und ihnen einen Ausweg im gemeinsamen Kampf mit der Arbeiterklasse wies, fand bei Mitgliedern der DBs großes Interesse. Gemeinsam mit revolutionären Arbeitern wirkten sie oftmals in Dorfkomitees, die sich aus Angehörigen verschiedener bäuerlicher Organisationen zusammensetzten, gegen Zwangsversteigerungen und Steuerpfändungen.[13] Einzelne Vertreter der DBs arbeiteten in der Reichsbauernkongreßbewegung eng mit dem von der KPD geführten Reichsbauernbund zusammen, so z. B. Johannes NAU, führendes Mitglied der DBs in Hessen-Nassau.[14] Der Vorstand der DBs

lehnte jedoch weiterhin ein Zusammengehen mit der KPD und dem Reichsbauernbund ab. Er beschränkte seine Tätigkeit immer mehr auf rein landwirtschaftliche Fragen und nahm zu den politischen Ereignissen kaum noch Stellung. Bei den Reichspräsidentenwahlen 1932 rief die DBs in Anlehnung an die Haltung der bürgerlichen »Mittel«parteien und der SPD zur Wahl HINDENBURGS auf.[15]

Die DBs unternahm keinerlei Schritte, um der anwachsenden faschistischen Gefahr entgegenzutreten. Auch bei der Errichtung der faschistischen Diktatur verhielt sich die DBs passiv. Am 11. Juli 1933 löste sich die DBs auf. H. LÜBKE, der auf der letzten Tagung die »Abschiedsworte« sprach, forderte die Mitglieder auf, in den faschistischen Bauernorganisationen »loyal und positiv« mitzuarbeiten.[16]

Quellen und Literatur

Aufschlußreiches Material über die DBs enthält das im ZStA Potsdam befindliche Pressearchiv des RLB (Nr. 891–894). Wichtige Hinweise sind in der »Deutschen Bauernzeitung« sowie in der Zeitschrift »Die grüne Zukunft« zu finden. Größere Darstellungen liegen nicht vor. Die KPD bzw. der Reichsbauernbund haben verschiedentlich zur Haltung der DBs Stellung genommen. Verwiesen sei vor allem auf die vom Reichsbauernbund herausgegebene Broschüre »Was ist und was will die Deutsche Bauernschaft?« (Berlin [1928]).

Anmerkungen

1 Siehe Was ist und was will die Deutsche Bauernschaft? Hrsg. vom Reichsbauernbund, Berlin (1928) und Heinrich Rau: Der Weg der Deutschen Bauernschaft. In: Die Rote Fahne, 22. 2. 1929.

2 Bei dem 1922 gegründeten Reichsverband handelte es sich um eine Dachorganisation relativ selbständiger Kleinbauern-, Pächter- und Siedlerorganisationen, die in den ersten Jahren der Weimarer Republik in verschiedenen Gebieten entstanden waren. Bis 1925 nannte er sich Reichsverband landwirtschaftlicher Kleinbetriebe. Mitte der 20er Jahre hatte er etwa 60–70 000 Mitglieder. Zu den stärksten und aktivsten Organisationen gehörte der Schlesi-

sche Bauernbund. Vertreter der SPD sowie auch andere Parteien der Weimarer Koalition übten im Reichsverband großen Einfluß aus. Zeitweilig bestanden auch Kontakte zu den der KPD nahestehenden Bauernorganisationen, deren Forderungen mit denen des Reichsverbandes in vielen Punkten übereinstimmten. Die antikommunistische Grundhaltung der maßgeblichen Verbandsfunktionäre verhinderte jedoch eine engere Zusammenarbeit.

3 Siehe u. a. Deutsche Bauernzeitung, 20. 2. 1927 (Bericht über die Vertretertagung des Reichsverbandes landwirtschaftlicher Klein- und Mittelbetriebe am 11. Februar 1927) sowie ebenda, 27. 2. u. 6. 3. 1927 (Bericht über den 3. Schlesischen Bauerntag).

4 Bei den Reichstagswahlen vom Dezember 1924 hatten der Deutsche Bauernbund und der Bayerische Bauernbund in Franken eine gemeinsame Wahlliste aufgestellt. Siehe Alois Hundhammer: Die landwirtschaftliche Berufsvertretung in Bayern, München 1926, S. 85 ff.

5 Siehe Deutsche Bauernzeitung, 17. 4., 18. 9. u. 25. 9. 1927 sowie Westdeutscher Bauer, Münster i. W., 13. 9. 1927.

6 .Als Mitarbeiter faschistischer Baustäbe beteiligte sich Heinrich Lübke später maßgeblich am Bau von Anlagen für Konzentrationslager. Von 1959 bis 1969 war er Bundespräsident der BRD.

7 Siehe Deutsche Bauernzeitung, 22. 5. und 26. 6. 1927 sowie ZStA Potsdam, Pressearchiv des RLB, Nr. 891, Bl. 21 ff.

8 Siehe Die grüne Zukunft, Zeitschrift für deutsche Bauernpolitik (Breslau), Jg. 1, November und Dezember 1928.

9 Siehe Frankfurter Zeitung, 24. 3. 1928 und Deutsche Bauernzeitung, 1. 4. 1928.

10 Siehe Westdeutscher Bauer, 3. 12. 1929, sowie Deutsche Bauernzeitung, 8. 12. 1929 und 16. 2. 1930.

11 Siehe Deutsche Bauernzeitung, 7. 12. 1930 und 4. 1. 1931 sowie Pressedienst des Bayerischen Bauern- und Mittelstandsbundes, Nr. 158 vom 3. 12. 1930.

12 Siehe Deutsche Bauernzeitung, 5. 7. 1931, 14. 2. und 23. 10. 1932.

13 Siehe Elfriede Liening: Das Bauernhilfsprogramm der Kommunistischen Partei Deutschlands und die Anfänge einer Bauernbewegung unter Führung der Arbeiterklasse gegen den drohenden Faschismus in Deutschland, Diss., Berlin 1965, S. 92 ff.

14 Auf dem ersten deutschen Bauernkongreß im Januar 1932 gab Johannes Nau einen Bericht über die Ergebnisse der Reise einer Bauerndelegation in die Sowjetunion. Er wurde in das als ständiges Führungszentrum gebildete Reichsbauernkomitee gewählt, dem u. a. auch Ernst Putz und Bodo Uhse angehörten. Siehe Das Bauernkomitee. Offizielles Organ und Informationsdienst des Europäischen Bauernkomitees (Berlin-Charlottenburg), 4. Jg. 1932, Nr. 4 (57), Sonder-Nummer: Bericht über den Deutschen Reichs-Bauern-Kongreß, Nr. 6 (59) und Nr. 9 (62).

15 Siehe Deutsche Bauernzeitung, 28. 2. 1932.

16 Siehe Deutsche Bauernzeitung, 23. 7. 1933.

Werner Fritsch

Deutsche Demokratische Partei (DDP) 1918–1933

(1930–1933 Deutsche Staatspartei [DStP])

Die DDP wurde während der Novemberrevolution durch den Zusammenschluß der ↗ Fortschrittlichen Volkspartei (FoVp) mit Teilen der ↗ Nationalliberalen Partei (NLP) und bürgerlich-demokratischen Gruppen gegründet. 1918/19 spielte sie eine bedeutende Rolle bei der Rettung der erschütterten Klassenherrschaft der Bourgeoisie und hatte wesentlichen Anteil an der Bildung und Formung der Weimarer Republik. Sie war eine großbürgerliche Partei, die die wendig-parlamentarische Taktik bestimmter Gruppen des Monopolkapitals vertrat und in der bürgerlich-parlamentarischen Herrschaftsform und in der Zusammenarbeit mit den rechten Führern der SPD die beste Garantie für die Aufrechterhaltung der kapitalistischen Gesellschaftsordnung sah. Ihre außenpolitische Konzeption richtete sich darauf, die durch die Kriegsniederlage verlorengegangenen Positionen des deutschen Imperialismus schrittweise wiederzugewinnen. Politiker der DDP unterstützten in führenden Funktionen des Weimarer Staates das Wiedererstarken des deutschen Imperialismus und Militarismus und begünstigten durch ihre antikommunistisch ausgerichtete Politik und Ideologie die zunehmende Rechtsentwicklung. Den entscheidenden Einfluß übten in der DDP Bankiers, Konzernherren der Elektroindustrie sowie Vertreter der Fertigwarenindustrie und des Großhandels aus. Eine große Rolle spielte in der DDP die nichtmonopolistische Bourgeoisie. Ihre Massenbasis hatte die Partei vorwiegend in der Angestellten- und Beamtenschaft, in Kreisen der Intelligenz sowie im gewerblichen Mittelstand. Sie versuchte mit Hilfe des Liberalismus, der als »weltanschauliche Grundlage« der Partei angesehen wurde, kleinbürgerliche Massen an die Partei zu binden und soziale und politische Gegensätze zu überbrücken. In der DDP wirkten auch bürgerlich-demokratische und pazifistische Kräfte, die eine tendenziell progressive Haltung einnahmen. Sie entwickelten zeitweilig große Aktivitäten im Kampf um die Verteidigung der bürgerlich-demokratischen und sozialen Rechte und gegen die Rechtskräfte, konnten jedoch den Kurs der Partei nicht entscheidend beeinflussen. Mit der zunehmenden Festigung der imperialistischen Herrschaft und der einsetzenden Rechtsentwicklung wandte sich das Monopolkapital immer mehr von der DDP ab. Seit 1920 ging ihr Masseneinfluß ständig zurück. 1930 verband sie sich mit der reaktionären ↗ Volksnationalen Reichsvereinigung (VR) zur DStP. Der Niedergangsprozeß wurde durch dieses Bündnis, das bald wieder zerbrach, sowie durch die Unterstützung der Präsidialdiktatur Brünings weiter verstärkt. Die Parteiführung nahm gegenüber der ↗ NSDAP eine inkonsequente Haltung ein und verhinderte einen wirksamen antifaschistischen Kampf. Nachdem ihre Vertreter im Reichstag dem Ermächtigungsgesetz zugestimmt hatten, löste sich die DStP Ende Juni 1933 auf.

Parteivorsitzende bzw. Vorsitzende des Parteiausschusses

Friedrich NAUMANN (1919); Carl PETERSEN (1919 bis 1924); Erich KOCH-WESER (1924–1930); Artur MAHRAUN und E. KOCH-

WESER (1930); Hermann DIETRICH (1930 bis 1932); H. DIETRICH, C. PETERSEN, Reinhold MAIER (1932–1933)

Ehrenvorsitzende

Friedrich VON PAYER; Helene LANGE; C. PETERSEN; Johannes HIEBER

Stellvertretende Parteivorsitzende sowie stellvertretende Vorsitzende des Parteiausschusses

Prof. Heinrich GERLAND (1919–1924); J. HIEBER (1919–1929); Gertrud BÄUMER (1919–1930); Willy HELLPACH (1925–1930); Anton ERKELENZ (1929–1930); Hermann FISCHER (1929–1930); August WEBER (1930–1932); Heinrich RÖNNEBURG (1931 bis 1932); Marie Elisabeth LÜDERS (1931 bis 1932)

Vorsitzende des Vorstandes

Prof. Alfred WEBER (1918); Otto FISCHBECK (1918–1919); Robert FRIEDBERG (1919–1920); C. PETERSEN (1920–1921); A. ERKELENZ (1921–1929); E. KOCH-WESER (1929–1930)

Stellvertretende Vorsitzende des Vorstandes

C. PETERSEN (1919–1920); Otto NUSCHKE (1919–1921); H. FISCHER (1920–1929); Oscar MEYER und Ernst LEMMER (1929–1930)

Hauptgeschäftsführer bzw. Leiter der Reichsgeschäftsstelle

Otto SCHREIBER (1919–1920); Robert JANSEN (1920–1922); Werner STEPHAN (1922–1929); Wilhelm REXRODT (1929–1930); O. NUSCHKE (1931–1933)

Fraktionsvorsitzender in der Deutschen Nationalversammlung bzw. im Deutschen Reichstag

F. VON PAYER (Februar–Juni 1919); Eugen SCHIFFER (Juni–Oktober 1919); F. VON PAYER (1919–1920); E. SCHIFFER (1920–1921); C. PETERSEN (1921–1924); E. KOCH-WESER (1924–1928); Ludwig HAAS (1928–1929); O. MEYER (1929–1930); August WEBER (1930–1932)

Mitglieder (nach parteioffiziellen Angaben)

1919	ca. 900 000	1927	116 873
1922	209 530	1929	113 323
1925	131 794		

Wahlergebnisse bei den Reichstagswahlen

Jahr	Stimmen in Mill.	abgegebene gültige Stimmen in %	Abgeordnete
1919 (Nationalversammlung)	5,6	18,6	75
1920	2,3	8,4	39
1924 (Mai)	1,7	5,7	28
1924 (Dezember)	1,9	6,3	32
1928	1,5	4,9	25
1930	1,3	3,8	20
1932 (Juli)	0,4	1,0	4
1932 (November)	0,3	0,9	2
1933	0,3	0,8	5

Parteitage

19.–22. Juli 1919 in Berlin
13.–15. Dezember 1919 in Leipzig (ao. Parteitag)
11.–14. Dezember 1920 in Nürnberg
12.–14. November 1921 in Bremen
9.–10. Oktober 1922 in Elberfeld
5.–6. April 1924 in Weimar
1.–2. November 1924 in Berlin (ao. Parteitag)
4.–6. Dezember 1925 in Breslau
21.–24. April 1927 in Hamburg
4.–6. Oktober 1929 in Mannheim
8. November 1930 in Hannover (ao. Parteitag, Auflösung der DDP)
9.–10. November 1930 in Hannover (Gründungsparteitag der DStP)
26.–27. Sept. 1931 in Berlin (ao. Parteitag)

Presse- und Publikationsorgane

a) offizielle
»Demokratische Parteikorrespondenz«, Berlin (1918–1920)
»Demokratischer Zeitungsdienst«, Berlin (1922–1933)
»Mitteilungen für die Mitglieder der Deutschen Demokratischen Partei«, Berlin (1919/1920)
»Der Demokrat«, hrsg. von der Reichsgeschäftsstelle, Berlin (1920–1930)

»Blätter der Staatspartei. Organ der Deutschen Staatspartei«, Berlin (1930/31)
»Deutscher Aufstieg, Wochenblatt der Deutschen Staatspartei«, Magdeburg (1931–1933)
»Der Herold. Organ des Reichsbundes Deutscher Demokratischer Jugend«, Berlin

b) nahestehende
»Vossische Zeitung«, Berlin (Auflage 1923: 32 000, 1925: 36 000, 1929:70 000, 1931: 81 000, 1933: 57 000)
»Berliner Tageblatt« (Auflage 1923: 250 000)
»Berliner Morgenpost« (Auflage 1925: 492 000, 1928: 607 000)
»Berliner Volks-Zeitung« (Auflage 1932: 75 000)
»Frankfurter Zeitung und Handelsblatt«, Frankfurt (Main) (Auflage 1920: 60 000)
»Hamburger Fremdenblatt« (Auflage 1925 bis 1933 etwa 150 000)
»Neue Leipziger Zeitung« (Auflage 1927:100 000)
»Die Hilfe. Wochenschrift für Politik, Literatur und Kunst«, Berlin, hrsg. von F. NAUMANN, nach seinem Tode von G. BÄUMER und A. ERKELENZ (Auflage 1928: 8 300, 1932: 3 000)
»Demokratie. Zeitschrift für Politik, Wissenschaft, Kultur« (1919)
»Das demokratische Deutschland«, (ab 1924 »Deutsche Einheit«)
»Die Deutsche Nation«, Berlin
Außerdem erschienen zahlreiche lokale Organe. 1928 gab es insgesamt 180 der DDP nahestehende Zeitungen.

Angeschlossene Organisationen

↗ *Demokratischer Klub (DK)*
Deutscher Demokratischer Presseverein
Reichsbund Deutscher Demokratischer Jugend (1925 etwa 12 000 Mitglieder)
Reichsbund der Staatsbürgerlichen Jugend (ab 1930)
Reichsbund Deutscher Demokratischer Studenten
Reichsbund Republikanischer Studenten (ab 1930)

1. Die Gründung der DDP und ihre Rolle in der Novemberrevolution 1918/19

Die militärische Niederlage des deutschen Imperialismus im ersten Weltkrieg und der Ausbruch der antiimperialistischen Volksrevolution im November 1918 führten zu einer schweren Krise des imperialistischen Herrschaftssystems. Die Hauptkräfte des deutschen Monopolkapitals orientierten darauf, durch ein Bündnis mit den rechten Führern der Sozialdemokratie und der Gewerkschaften und die Aufspaltung der revolutionären Bewegung sowie durch Zugeständnisse und ideologische Verwirrungsmanöver eine Weiterführung der Revolution zu verhindern und ihre angeschlagenen Machtpositionen zu retten. Angesichts der schweren Erschütterung der imperialistischen Herrschaft und der in der Revolution bewiesenen Stärke der Arbeiterklasse traten die Gegensätze zwischen den verschiedenen Gruppen des Monopolkapitals zeitweise in den Hintergrund. Maßgebliche Kreise der Monopolbourgeoisie waren bemüht, eine große »liberale« Sammelpartei zu schaffen, um so eine möglichst breite Massenbasis zu gewinnen und beim Aufbau der angestrebten bürgerlich-parlamentarischen Herrschaftsform einen starken Einfluß ausüben zu können. Bereits im Oktober 1918 hatte der Präsident des ↗ *Hansa-Bundes für Gewerbe, Handel und Industrie (HB)* und Vorsitzende des ↗ *Zentralverbandes des deutschen Bank- und Bankiergewerbes (ZDB)*, Jakob RIESSER, erklärt, man könne sich den »Luxus zweier liberaler Parteien« nicht mehr leisten.[1] Nach Ausbruch der Novemberrevolution unterstützten auch der Ruhrmagnat Hugo STINNES, der Maschinenbauindustrielle Ernst VON BORSIG, der Direktor der Darmstädter- und Nationalbank Hjalmar SCHACHT und andere Monopolherren und Bankiers sowie zahlreiche Politiker der ↗ *Fortschrittlichen Volkspartei (FoVp)* und der ↗ *Nationalliberalen Partei (NLP)* diese Auffassung und setzten sich für die sofortige Schaffung einer einheitlichen liberalen Partei ein. Am Vormittag des 9. November 1918 hatten die Fraktionsvorsitzenden der *NLP* und der *FoVp*, STRESEMANN und O. FISCHBECK, Verbindung aufgenommen. Wenige Tage später begannen Verhandlungen zwischen Vertretern beider Parteien, die sich insbesondere auf den Abschluß eines Wahlbündnisses für die Wahlen zur Nationalversammlung erstreckten, bei denen aber auch über einen möglichen Zusammenschluß beraten wurde.[2] Einige Vertreter der herrschenden Klasse hielten es für ratsam, Kurs auf die Gründung einer »neuen« Partei zu nehmen, die sich den veränderten Bedingungen anpaßte und die Losung der »Demokratie« aufgriff. Der in der Regel bisher bei der Bourgeoisie verpönte Begriff der Demokratischen Partei wurde nunmehr demagogisch für den Stimmenfang genutzt. Es bewahrheiteten sich die Worte Friedrich ENGELS', daß im Moment der Revolution die »reine Demokratie« als »äußerste bürgerliche Partei« und »letzter Rettungsanker der ganzen bürgerlichen und selbst feudalen Wirtschaft momentane Bedeutung bekommen kann« und »alles, was reaktionär war«, sich dann »demokratisch« gebärdet.[3]

Viele führende Politiker der alten bürgerlichen Parteien waren durch ihre Unterstützung des kaiserlichen Regimes und ihre Haltung im ersten Weltkrieg kompromittiert, so daß weniger belastete Persönlichkeiten bei der Parteigründung vorgeschoben werden sollten. Nachdem sie sich der Unterstützung Berliner Industrieller und Bankiers versichert hatten, kamen H. SCHACHT, Kurt VON KLEEFELD, Theodor VOGELSTEIN und andere Vertreter bourgeoiser Kreise auf einer Beratung am 10. November 1918 überein, mit dem Chefredakteur des großbürgerlich-liberalen »Berliner Tageblatts«, Theodor WOLFF, der während des Krieges verschiedentlich gegen Annexionsabsichten aufgetreten war, Verbindung aufzunehmen. Sie bewogen ihn, die Initiative bei der Gründung der neuen »demokratischen Partei« in die Hand zu nehmen. Th. WOLFF entwarf einen Gründungsaufruf, der auf einer Zusammenkunft führender Persönlichkeiten des Bürgertums beraten und unterzeichnet wurde. Auf dieser Beratung kam es mit H. SCHACHT und einigen ehemaligen Mitgliedern der NLP zu Auseinandersetzungen über das Bekenntnis zur Republik. Man akzeptierte lediglich die abgeschwächte Formulierung »... wir (stellen) uns auf den Boden der republikanischen Staatsform«. Keine Zustimmung fand die Herausstellung von Gemeinsamkeiten mit der SPD, gegen die sich neben H. SCHACHT auch O. FISCHBECK und Georg GOTHEIN wandten.[4]

Am 16. November 1918 erschien der Gründungsaufruf im »Berliner Tageblatt«. Er trug die Unterschriften zahlreicher Professoren (u. a. des Physikers Albert EINSTEIN, des Soziologen Alfred WEBER, des Sozialreformers Heinrich HERKNER, des Staatsrechtlers Hugo PREUSS), einiger Journalisten (Th. WOLFF, Max WIESSNER, Hellmut VON GERLACH, O. NUSCHKE u. a.) und verschiedener »Arbeitnehmer«vertreter – u. a. des Vorsitzenden des ↗ Verbandes der Deutschen Gewerkvereine (Hirsch-Duncker) (VDG) Gustav HARTMANN und des Generalsekretärs des Verbandes der unteren Post- und Telegraphenbeamten Ernst REMMERS. Auch einige Großindustrielle, Großkaufleute und Bankiers hatten den Gründungsaufruf unterschrieben. Neben H. SCHACHT sind hier vor allem der Generaldirektor der Rütgerswerke Sali SEGALL und Otto SCHOTT (Jena) zu nennen. Von den führenden Vertretern bzw. Reichstagsabgeordneten der alten bürgerlichen Parteien hatten ihn u. a. O. FISCHBECK, G. GOTHEIN und Bernhard DERNBURG (FoVp) sowie Hartmann FREIHERR VON RICHTHOFEN und Johannes JUNCK (NLP) unterzeichnet. Der Gründungsaufruf enthielt eine Anerkennung der durch die Novemberrevolution geschaffenen Tatsachen und ein Bekenntnis zur republikanischen Staatsform. Er sprach sich gegen die Weiterführung der Revolution und für die Bekämpfung des »bolschewistischen Terrors« aus und rief zur baldigen Durchführung von Wahlen zur Nationalversammlung auf. Um einen möglichst breiten Einfluß unter den werktätigen Massen zu erlangen und sie von einem Anschluß an die revolutionäre Bewegung abzuhalten, waren eine Reihe sozialer und demokratischer Forderungen aufgenommen worden, die teilweise eine antimonopolistische Tendenz aufwiesen. Im Aufruf hieß es z. B.:

»Die Zeit erfordert die Gestaltung einer neuen sozialen und wirtschaftlichen Politik. Sie erfordert, für monopolistisch entwickelte Wirtschaftsgebiete die Idee der Sozialisierung aufzunehmen, die Staatsdomänen aufzuteilen und zur Einschränkung des Großgrundbesitzes zu schreiten, damit das Bauerntum gestärkt und vermehrt werden kann.

Notwendig sind stärkste Erfassung des Kriegsgewinnes, einmalige progressive Vermögensabgabe, andere tiefgreifende Steuermaßnahmen, gesetzliche Garantierung der Arbeiter-, Angestellten- und Beamtenrechte, Sicherung der Ansprüche der Kriegsteilnehmer, ihrer Witwen und Waisen, Stützung der selbständigen Mittelschicht, Freiheit für den Aufstieg der Tüchtigen und die internationale Durchführung eines sozialistischen Mindestprogramms.«[5]

Bei den entscheidenden Verhandlungen am 18. November 1918 konnte keine Einigung zwischen der Gruppe um Th. WOLFF und den maßgeblichen Kreisen der ↗ NLP um STRESEMANN erzielt werden. Um das Ansehen der neuen Partei nicht zu diskreditieren und die Wähler nicht abzuschrecken, war auf Initiative von Th. WOLFF und Alfred WEBER vom Gründungsausschuß beschlossen worden, daß Personen, die für annexionistische Kriegsziele, die Kriegsverlängerung und die Beibehaltung des preußischen Dreiklassenwahlrechts eingetreten waren und dadurch eine große »Belastung« für die Partei bedeuteten, in der DDP nicht in führender Stellung hervortreten sollten. Dieser Beschluß richtete sich vor allem gegen STRESEMANN, der sich besonders stark komprommittiert hatte. Die Führung der ↗ FoVp und auch einige Vertreter der ↗ NLP gaben ihr Einverständnis zur Gründung der DDP, so daß diese am 20. November 1918 offiziell verkündet werden konnte.[6] Damit hatte sich die DDP als erste bürgerliche Partei neu konstituiert. Die beabsichtigte Schaffung einer einheitlichen liberalen Partei war aber nicht gelungen. Hiervon zeigten sich der HB sowie eine Reihe Organisationen der Mittelschichten enttäuscht. Auf einer Beratung am 28. November forderten sie in einer gemeinsamen Erklärung dazu auf, den »Zusammenschluß der liberalen Parteien doch noch mit allen Mitteln anzustreben« und unterbreiteten Vorschläge für ein »Einigungsprogramm« sowie für die Aufnahme von Vertretern der Wirtschafts- und Berufsverbände in die Führung der Einheitspartei.[7] Infolge der konterrevolutionären Tätigkeit des »Rates der Volksbeauftragten«, der Befürwortung von Wahlen zu einer Nationalversammlung seitens der meist unter rechtssozialdemokratischen Einfluß geratenen Arbeiter- und Soldatenräte und des Vormarsches der Konterrevolution war jedoch ein Zusammenschluß der Bourgeoisie um jeden Preis nicht mehr unbedingt erforderlich. Dies ermöglichte es den einzelnen Gruppen der Bourgeoisie, wieder stärker ihre Sonderinteressen in den Vordergrund zu stellen. Auf der Grundlage dieser Veränderungen im Kräfteverhältnis der Klassen gelang es STRESEMANN und anderen Führern der Nationalliberalen, ein völliges Aufgehen der NLP in der DDP zu verhindern und Mitte Dezember 1918 die ↗ DVP zu gründen. Ein bedeutender Teil der NLP, vor allem der linke Flügel und die Jungliberalen, schloß sich der DDP an. Auch der Parteivorsitzende R. FRIEDBERG trat nach längerem Schwanken Anfang Dezember 1918 der DDP bei. Nahezu geschlossen hatten die FoVp sowie die ↗ Demokratische Vereinigung (DV) den Übertritt zur DDP vollzogen.[8]

Parallel zur Entwicklung auf zentraler Ebene, wenn auch teilweise mit erheblichen Unterschieden, erfolgte die Konstituierung der DDP in den einzelnen Landesteilen. In Norddeutschland setzte sich die Partei überwiegend aus den Organisationen der FoVp zusammen, während sich ihr nur wenige Nationalliberale anschlossen. Ein starkes Übergewicht besaß die FoVp auch in vielen Orten Westdeutschlands. In Sachsen gingen hingegen viele Organisationen der NLP fast geschlossen zur DDP über. Am weitestgehenden gelang der Zusammenschluß in Bayern, Baden und Württemberg, wo bereits seit langem eine enge Zusammenarbeit beider Parteien bestand, sowie in Anhalt.[9]

Die DDP ging in allen entscheidenden Fragen mit der konterrevolutionären Politik der rechtssozialdemokratischen Führer und des »Rates der Volksbeauftragten« konform.[10] Dies kam auch deutlich in der Haltung derjenigen Staatssekretäre zum Ausdruck, die der DDP angehörten (H. PREUSS, E. SCHIFFER, Wilhelm SOLF). So hatte z. B. H. PREUSS, der von Friedrich EBERT zum Staatssekretär des Reichsamtes des Innern ernannt und mit der Vorbereitung einer Verfassung beauftragt wurde, im »Berliner Tageblatt« heftig die Rätebewegung angegriffen und davor gewarnt, den neuen Staat »unter Zurückdrängung seines Bürgertums« zu konstituieren, da dies »unabwendbar zum bolschewistischen Terror« führen würde.[11] Die DDP verband ihre Forderung nach Einberufung einer Nationalversammlung immer enger mit Hetzpropaganda gegen die Arbeiter- und Soldatenräte, die sie als »einseitige Klassenherrschaft« der Arbeiter, die mit »wahrer Demokratie« unvereinbar sei, diffamierte.[12] Die Positionen ihrer Anhänger in den Räten, hauptsächlich Angestellte, Beamte und Soldaten, nutzte sie zur Zersetzung der Rätebewegung und zum Kampf gegen eine Weiterführung der Revolution. Auf dem Reichsrätekongreß Mitte Dezember 1918 unterstützte die Fraktion der DDP, die 25 Mitglieder zählte, nachdrücklich die Haltung der rechtssozialdemokratischen Führer.[13] Die DDP sah die »Abwehr des Bolschewismus« als vordringliche Aufgabe an. »Der Liberalismus«, erklärte F. NAUMANN, »muß sich dem Bolschewismus mit allen Kräften widersetzen, damit wir nicht russische Zustände bekommen.«[14] F. NAUMANN unterhielt enge Beziehungen zur ↗ Antibolschewistischen Liga (AL) und benutzte jede Gelegenheit, um vor der Gefährlichkeit des Spartakusbundes zu warnen und die Entwaffnung der revolutionären Arbeiter zu fordern.[15] Am 29. Dezember 1918 beteiligte sich die DDP in Berlin an einer Demonstration gegen die Politik des Spartakusbundes und für die Herstellung von »Ruhe und Ordnung«.[16]

In der Führung der DDP verlor die bürgerlich-demokratische Gruppe um Th. WOLFF und Alfred WEBER immer mehr an Einfluß, wenn dies auch in der Öffentlichkeit nicht so deutlich sichtbar war. Hierzu trug wesentlich bei, daß die DDP die Parteiapparate der FoVp und vielfach auch der NLP übernommen hatte und sich nun auf sie stützte. Die praktische Arbeit lag weitgehend in den Händen von O. FISCHBECK, der faktisch als Leiter der Reichsgeschäftsstelle fungierte, sowie der beiden Generalsekretäre der alten Parteien, Reinhold ISSBERNER und Hermann KALKOFF.[17] Mitte Dezember 1918 legte Alfred WEBER, der zunächst als Vorsitzender des vorläufigen Hauptvorstandes fungiert hatte, sein Amt nieder.[18] An seine Stelle trat O. FISCHBECK. Neben ihm gehörten Anfang 1919 dem provisorischen Geschäftsführenden Ausschuß der DDP u. a. Richard Otto FRANKFURTER, Otto FRENTZEL, R. FRIEDBERG, H. GERLAND, Karl KANZOW, Maximilian KEMPNER, O. NUSCHKE, E. REMMERS, H. VON RICHTHOFEN, H. SCHACHT und M. WIESSNER

an. Mitglieder des vorläufigen Hauptvorstandes waren u. a. F. NAUMANN, Carl Friedrich VON SIEMENS, Hermann HUMMEL und H. FISCHER.[19] Besonders deutlich zeigte sich der dominierende Einfluß der Politiker der ehemaligen FoVp und der NLP bei der Aufstellung der Kandidatenliste für die Wahlen zur Nationalversammlung. Spitzenkandidaturen erhielten beispielsweise B. DERNBURG, O. FISCHBECK, G. GOTHEIN, Conrad HAUSSMANN, F. VON PAYER, H. VON RICHTHOFEN und E. SCHIFFER. Im Berliner Wahlkreis wurde F. NAUMANN zum Spitzenkandidaten bestimmt. Auch viele seiner Anhänger konnten sich durchsetzen, z. B. G. BÄUMER, Wilhelm HEILE, E. KOCH-WESER und C. PETERSEN. Um den Charakter als »Volkspartei« zu betonen, wurden auch eine Reihe Vertreter der bürgerlichen Beamten-, Angestellten-, Handwerker- und Bauernorganisationen auf die Kandidatenliste gesetzt.[20]

Die DDP führte den Wahlkampf vor allem unter den Losungen »für freie Demokratie« und »gegen Sozialismus und Bolschewismus«. Der Wahlaufruf vom 14. Dezember 1918, der von H. SCHACHT verfaßt worden war, spiegelte das veränderte Verhältnis der Klassenkräfte und den stärkeren Einfluß großbourgeoiser Kreise in der DDP wider und unterschied sich bereits wesentlich vom Gründungsaufruf. Im Wahlaufruf sprach sich die DDP klar für die Aufrechterhaltung der kapitalistischen Wirtschaftsordnung aus. Eine »Sozialisierung« sollte nur in begründeten Einzelfällen erfolgen. Gewisse sozialpolitische Forderungen sowie zahlreiche Versprechungen für die einzelnen Schichten des Kleinbürgertums wurden in den Vordergrund gestellt, um möglichst breite Wählermassen zu gewinnen.[21] Der vorläufige Geschäftsführende Ausschuß erklärte am 18. Dezember 1918 zum Ziel des Wahlkampfes:

»Die Deutsche Demokratische Partei ist in erster Linie dazu berufen, das Zustandekommen einer sozialistischen Mehrheit zu verhindern ... Unser durch den Ausgang des Krieges schwer betroffenes Vaterland kann sich wirtschaftlich nur erholen, wenn wir die Privatwirtschaft mit aller in ihr ruhenden Tatkraft und Arbeitslust aufrechterhalten, gleichzeitig aber das Deutsche Reich vor neuen inneren Stürmen bewahren.«[22]

Über die Taktik im Wahlkampf und dabei

insbesondere über das Verhältnis zur *SPD* kam es auf der Sitzung des vorläufigen Hauptvorstandes am 7. Januar 1919 zu einer Auseinandersetzung, nachdem O. Nuschke, der in der Reichsgeschäftsstelle für die Wahlagitation verantwortlich war, eine Listenverbindung mit der *SPD* als »wünschenswert« bezeichnet hatte. Da es gelte, »eine Mehrheit der Sozialdemokratie zu verhüten«, lehnte dies jedoch der Vorstand ab. R. Friedberg betonte, die Sozialdemokratie müsse »von den bürgerlichen Parteien abhängig bleiben«. Nur so könne die DDP damit rechnen, »in der Nationalversammlung mit den maßvollen Sozialdemokraten zusammen zu wirken, um Ruhe und Ordnung zu schaffen«.[23] Auf der gleichen Sitzung sprach sich K. Kanzow besorgt über die Entwicklung der »inneren Zustände« aus. Unter Anspielung auf die Berliner Januarkämpfe erklärte er, die Sozialdemokratie habe »gänzlich versagt«. Gegen die »Feinde des Bürgertums« könne »nur mit Gewalt etwas ausgerichtet werden«.[24]

Die DDP war besonders gut geeignet, ihr Eintreten für die bürgerlich-parlamentarische Demokratie einigermaßen glaubhaft erscheinen zu lassen und den Volksmassen einen grundlegenden Wandel vorzutäuschen. Ihre flexible Politik und Taktik entsprach während der Novemberrevolution nicht nur den Interessen der unmittelbaren Hintermänner, sondern den allgemeinen Bedürfnissen und Bestrebungen der herrschenden Klasse. Demzufolge wurde sie auch bei den Wahlen zur Nationalversammlung von breiten Kreisen der Bourgeoisie unterstützt. Ihr standen reiche finanzielle Mittel zur Verfügung[25], so daß sie eine großzügige Wahlpropaganda betreiben konnte. Allein eine Million Mark erhielt sie von dem im Dezember 1918 konstituierten »Kuratorium für den Wiederaufbau des deutschen Wirtschaftslebens«, das sich insbesondere aus Vertretern der Berliner Elektro-, Metall- und Textilindustrie zusammensetzte und an dessen Spitze C. F. von Siemens stand. H. Schacht beschaffte Geld aus einem Sammlungsfonds der Banken. 100 000 M überwies der HB.[26] Der Berliner Bankier Isidor Stern übernahm weitgehend die Finanzierung der auf Initiative von F. Naumann, W. Heile und Ernst Jäckh gegründeten »Staatsbürgerschule«, auf der

Wahlagitatoren für die DDP ausgebildet wurden. Auch die AEG stellte hierfür 30 000 M zur Verfügung.[27]

Auf Grund der umfassenden finanziellen Unterstützung durch das Großkapital konnte die DDP die modernsten Mittel der Massenagitation anwenden. So wurde z. B. ein Werbefilm hergestellt, der in zahlreichen Filmtheatern Deutschlands gezeigt wurde. Außerdem betrieb die DDP eine großzügige »Flugzeugpropaganda«, für die B. Dernburg, der enge Verbindungen zu den Bankkreisen besaß, die erforderlichen Geldmittel besorgte.[28] Nach parteioffiziellen Angaben war die DDP während des Wahlkampfes in der Lage, Flugblätter in einer Gesamtauflage von 15,5 Mill. Stück herauszugeben.[29] Auch im Reich zeigten sich die Unternehmer sehr spendefreudig, da sie in der DDP den entscheidenden »Schutzwall gegen den Sozialismus« erblickten. Außerdem hatte die Reichsgeschäftsstelle den Wahlkreisverbänden rund 1,5 Mill. M an Unterstützung für die Wahlen zur Verfügung gestellt.[30]

Die Wahlen zur Nationalversammlung brachten der DDP einen bedeutenden Erfolg. Mit 75 Mandaten wurde sie drittstärkste Partei in der Nationalversammlung (nach der *SPD* und dem ↗ *Zentrum [Z]*). Sie hatte ihr Ziel, eine »sozialistische« Mehrheit zu verhindern, erreicht und sich als wirksames Instrument zur Rettung der Klassenherrschaft des deutschen Imperialismus und zur Erhaltung seines Einflusses unter den Massen erwiesen. Mit ihrer Herausstellung demokratischer und sozialer Forderungen war es der DDP gelungen, diejenigen Teile der Mittelschichten, die mit der Arbeiterklasse sympathisiert hatten, vom Anschluß an die revolutionäre Bewegung abzuhalten und erneut den Klasseninteressen der Monopolbourgeoisie unterzuordnen.

Unter den Bedingungen der fortdauernden Revolution war die Bildung einer Regierung aus Vertretern der bürgerlichen Parteien nicht möglich. Die DDP sah daher in der Zusammenarbeit mit den rechten Führern der *SPD* eine grundlegende Voraussetzung für die Sicherung und Festigung der Macht der Monopolbourgeoisie und der endgültigen Niederwerfung der Revolution. Mit der *SPD* und dem *Z* bildete sie die Weimarer Koalition und erhielt in der am 12. Februar 1919 gebildeten Regierung Scheidemann 3 Ministerposten: Inneres (H. PREUSS), Finanzen (E. SCHIFFER) und Schatzamt (G. GOTHEIN). Der Außenminister, Ulrich GRAF VON BROCKDORFF-RANTZAU, stand ebenfalls der DDP nahe. E. SCHIFFER fungierte zugleich als Vizekanzler. Die *SPD* hatte bei den Koalitionsverhandlungen die Anerkennung der republikanischen Staatsform, eine Finanzpolitik mit »scharfer Heranziehung von Vermögen und Besitz« sowie eine »tiefgehende Sozialpolitik mit Sozialisierung der hierzu geeigneten Betriebe« verlangt.[31] Diesen Forderungen konnte die DDP zustimmen, da sie nicht über einen bürgerlichen Reformismus hinausgingen und im Verlauf der Revolution deutlich geworden war, daß die rechten Führer der *SPD* unter »Sozialisierung« keineswegs die Beseitigung des kapitalistischen Privateigentums an Produktionsmitteln, sondern staatsmonopolistische Maßnahmen verstanden. Einig war man sich darüber, daß die Rätebewegung schnellstens zerschlagen werden müsse. Als der Vorstand der DDP am 4. Februar 1919 zur Regierungsbeteiligung Stellung nahm, war dies zur wichtigsten Forderung erhoben worden. C. PETERSEN hatte z. B. erklärt, es sei »absolut notwendig«, daß die Arbeiter- und Soldatenräte »entweder ganz unschädlich gemacht, oder — was noch besser wäre — vollständig abgeschafft würden«.[32]

Unter maßgeblicher Mitwirkung der DDP ging die Reichsregierung daran, die Arbeiter- und Soldatenräte zu beseitigen und die von der *KPD* und linken Kräften der *USPD* geführte revolutionäre Bewegung in den verschiedenen Teilen des Landes militärisch niederzuwerfen. Neben der verstärkten Anwendung militärischer Machtmittel mußte jedoch die Regierung gleichzeitig zu neuen taktischen Mitteln und Methoden greifen. Die im Februar und Anfang März 1919 sich ausbreitenden Massenstreiks im rheinisch-westfälischen und mitteldeutschen Industriegebiet sowie in Berlin, bei denen u. a. die Sozialisierung der Grundstoff- und Schwerindustrie, die Erhaltung der Räte und die Anerkennung revolutionärer Betriebsräte gefordert wurde, zwangen die Reichsregierung zu Zugeständnissen und taktischen Manövern. Die *SPD* brachte Anfang März 1919 »Sozialisierungsgesetze« in die Nationalversammlung ein, in denen u. a. dem Reich

das Recht eingeräumt wurde, bestimmte Betriebe gegen Entschädigung in die Hände des Staates zu überführen, und die Anerkennung der Betriebsräte verlangt wurde.[33] Die DDP erhob zwar eine Reihe Bedenken, doch bei der Schlußabstimmung am 13. März stimmte sie ihnen »unter Vorbehalt« zu. Die Gesetze dienten der Neuorganisation des staatsmonopolistischen Kapitalismus. Sie hatten mit einer wirklichen Sozialisierung nichts zu tun und tasteten in keiner Weise den Besitz der kapitalistischen Monopole an. Gleichwohl führte die Zustimmung der DDP-Fraktion zu heftigen Auseinandersetzungen in der Partei. Bourgeoise Kreise, die die DDP als »Schutzwall gegen den Sozialismus« angesehen hatten und sich nun »verraten« glaubten, erhoben scharfe Vorwürfe gegen die Parteiführung, teilweise kam es auch zu Parteiaustritten. Auf Antrag von Bruno MARWITZ beschäftigte sich der Vorstand am 12. und 13. April auf einer außerordentlichen Sitzung mit der Frage, ob die Zustimmung zu den Sozialisierungsgesetzen nicht einen Verstoß gegen das »Parteiprogramm«[34] darstellen würde. Die Diskussion zeigte, daß die unterschiedlichen Auffassungen innerhalb der Monopolbourgeoisie (↗ *RDI*) über die einzuschlagende Taktik gegenüber der Arbeiterbewegung und über die geeignetste wirtschaftliche Konzeption auch in die DDP hinein wirkten.[35] Gegen die Sozialisierungsgesetze traten u. a. H. FISCHER und Otto KEINATH auf. Die Forderung, aus der Regierung auszuscheiden, lehnte jedoch die Mehrheit ab. Maßgebliche Politiker der DDP sahen die »Sozialisierungsprojekte« als unentbehrliches Mittel der sozialen Demagogie an, um die Massen irrezuführen und von einem konsequenten Kampf gegen das Monopolkapital abzulenken. So erklärte R. FRIEDBERG, »im gegenwärtigen Augenblick komme es auf ein bißchen mehr oder weniger Sozialisierung gar nicht an. Die spätere Zeit (werde) etwaige Auswüchse schon wieder hinwegschwemmen«.[36]

Auch die Haltung zu der von der Regierung zugestandenen Anerkennung der Betriebsräte als wirtschaftliche Interessenvertretungen und der »Verankerung der Räte in der Verfassung« war in der DDP umstritten. Während insbesondere die Vertreter der zahlenmäßig starken Angestelltenorganisationen sich für den Ausbau des Mitbestimmungsrechtes aussprachen, befürchteten Unternehmerkreise eine Einschränkung ihrer Macht in den Betrieben. Die Führung der DDP trat dafür ein, daß die Befugnisse von Arbeiterräten nicht über deren »Mitwirkung bei der Vorbereitung der Gesetzgebung hinausgehen« dürften und jede Einflußnahme auf die Leitung der Betriebe verwehrt werden müsse.[37] Ebenso wie die rechtssozialdemokratischen Führer sahen maßgebliche Politiker der DDP in der Gewährung von Zugeständnissen die einzige Möglichkeit, der Rätebewegung den revolutionären Charakter zu rauben und sie zu Anhängseln des bürgerlich-imperialistischen Staates zu machen. Die der DDP nahestehende Presse setzte sich mit dem »Ruf nach den Räten« auseinander und forderte, »gegen die wilde Agitation der Extremen« ein »Gegengewicht« zu schaffen und »die Revolution durch Evolution ihrer ruhigen Vollendung zuzuführen«.[38] Auf dem II. Reichsrätekongreß, der vom 8. bis 14. April tagte, brachte die Fraktion der DDP einen Antrag ein, in dem die »Unterordnung der Rätevertretungen unter die politischen Volksvertretungen« und die »Beschränkung der Aufgaben der Räteorganisation auf wirtschaftliche und sozialpolitische Angelegenheiten« verlangt wurden.[39] Gleichzeitig traten maßgebliche Führer der DDP für die endgültige militärische Niederwerfung der revolutionären Bewegung ein.[40] Als im April 1919 in Bayern eine Räterepublik errichtet wurde, stellte sich die DDP auf die Seite der nach Bamberg geflüchteten konterrevolutionären Regierung HOFFMANN und rief ihre Anhänger zum Eintritt in die ↗ Freikorps auf, »um die Ordnung wiederherzustellen« und »die Demokratie vor Bolschewismus und Reaktion« zu retten.[41]

2. Programm und Organisationsstruktur der DDP

Angesichts der starken Inhomogenität der DDP war die Ausarbeitung eines von allen akzeptierten Parteiprogramms schwierig und langwierig. Ansätze zur Schaffung eines Programms hatte es schon Ende 1918 gegeben[42], die jedoch durch die vordringlicheren Aufgaben im Wahlkampf nicht weitergeführt

wurden. Ende März 1919 setzte dann der Geschäftsführende Ausschuß eine Kommission unter Leitung des Berliner Rechtsanwalts R. O. FRANKFURTER ein, die einen Programmentwurf ausarbeiten und dem 1. Parteitag der DDP vorlegen sollte. Die Programmkommission, der u. a. auch R. FRIEDBERG, H. GERLAND und M. KEMPNER angehörten, schloß Ende April die Arbeiten ab.[43]
Bereits in der Programmkommission waren viele Punkte umstritten, insbesondere der Teil »Volkswirtschaft«. So enthielt der erste Entwurf noch ein Bekenntnis zum Manchestertum, das dann nach Protesten einiger Kommissionsmitglieder wieder herausgenommen wurde.[44] Dem 1. Parteitag der DDP, der im Juli 1919 in Berlin tagte, lagen mehrere Gegenentwürfe und etwa 200 Abänderungsvorschläge vor. Da trotz ausführlicher Diskussion keine Einigung erzielt werden konnte, beschloß der Parteitag, zur Ausarbeitung eines neuen Entwurfs erneut eine Programmkommission zu bilden.[45] Die ursprüngliche Absicht, neben dem »Grundsatzprogramm« ein »Aktionsprogramm« herauszugeben, wurde vom Vorstand aufgegeben, da es hier besonders schwierig war, die Interessengegensätze zu überbrücken. Auf einem außerordentlichen Parteitag im Dezember 1919 in Leipzig gaben schließlich die Delegierten einem neuen, wesentlich veränderten Entwurf[46] ihre prinzipielle Zustimmung. Die endgültige Fertigstellung wurde dem Vorstand und der Reichstagsfraktion übertragen, die am 12. Februar 1920 das Parteiprogramm endgültig verabschiedeten.[47]
Im Programm der DDP[48] hieß es einleitend:

»In der höchsten Not unseres Vaterlandes ist die Deutsche Demokratische Partei geboren. Sie will das ganze Volk vorwärts und aufwärts führen in stetiger Entwicklung. Freiheit und Recht sind ihre Wegemarken ... Unbeirrt durch den Streit des Tages und durch eigensüchtige Versuche, das Unglück des Vaterlandes auszumünzen für die Wiedererrichtung der alten Gewaltherrschaft oder für neue Diktaturen, geht unsere Partei der Aufgabe nach, die deutsche Republik mit wahrhaftigem, staatsbürgerlichem und sozialem Geist zu erfüllen.«
Zur Innenpolitik wird erklärt: »Die Deutsche Demokratische Partei steht auf dem Boden der Weimarer Verfassung; zu ihrem Schutz und zu ihrer Durchführung ist sie berufen ... In Gesetzgebung und Verwaltung muß gleiches Recht für alle gelten; die noch bestehenden Zurücksetzungen der Frauen

sind zu beseitigen. Die Verwaltung des Reiches muß unter Wahrung des Berufsbeamtentums organisiert werden, aber auch unter starker Beteiligung des Laienelements ... Das uns aufgezwungene Söldnerheer ist baldigst durch ein Milizsystem mit allgemeiner Wehrpflicht zu ersetzen, das geeignet ist zur Verteidigung unserer nationalen Unabhängigkeit.« In der Stellung zur Außenpolitik sind stark nationalistische Töne spürbar. Es heißt u. a.: »Ausgangspunkt und Inhalt der äußeren Politik Deutschlands ist für die nächste Zeit die Revision der Friedensverträge von Versailles und St. Germain ... Niemals nehmen wir das Diktat der Gewalt als bleibende Rechtsordnung hin. Niemals erkennen wir die Absplitterung deutscher Volksteile vom Vaterland an ... Deutschlands Anteil an der geistigen Hebung der Menschheit verbürgt ihm den Anspruch auf kolonisatorische Betätigung. Auch den Raub unserer Kolonien fechten wir an ... Nationale Pflicht ist es, den Volksgenossen unter fremder Herrschaft ihr Volkstum erhalten zu helfen ... Die letzte Verwirklichung unserer Gedanken kann dauernd nur erzielt werden durch einen Bund freier Staaten. Wir treten daher ein für einen Völkerbund, dessen erste Aufgabe das Zusammenwirken der Nationen ist und der zugleich eine internationale Arbeitsgemeinschaft darstellt. Eine Mächteallianz aber, die dem deutschen Volke die Gleichberechtigung vorenthält, lehnen wir ab, denn sie fördert nur den Völkerhaß und die Völkerverhetzung.«

Die kulturpolitischen Forderungen nahmen im Programm einen größeren Raum ein als bei anderen bürgerlichen Parteien. Dies hing vornehmlich mit der großen Anzahl der Anhänger aus den Kreisen der Intelligenz zusammen. Hier sind eine Reihe progressiver Tendenzen aus der bürgerlich-liberalen Tradition enthalten. So wird z. B. gesagt:

»Die Lehrerbildung ist ein ausschließliches Recht des Staates ... Alle Privatschulen, die die Kinder nach Stand, Vermögen oder Bekenntnis der Eltern sondern, lehnen wir ab ... Der Unterricht an den öffentlichen Schulen muß unentgeltlich werden. Begabten soll der Staat erforderlichenfalls die Mittel für die Weiterbildung und auch für den Unterricht während der Lernzeit gewähren ... Grundsätzlich muß die Trennung von Staat und Kirche allmählich durchgeführt werden ...«

Das volkswirtschaftliche Programm der DDP ist ein eindeutiges Bekenntnis zum Kapitalismus und zur Privatwirtschaft, durchsetzt mit einigen sozialreformerischen Grundsätzen und der Kritik an gewissen Erscheinungs-formen des Monopolkapitalismus. Die DDP bezeichnet sich als »Partei der Arbeit«, deren

Ziel »der Staat des sozialen Rechts« sei. Grundsätzlich abgelehnt wird die Vergesellschaftung der Produktionsmittel, weil sie eine »tödliche Bürokratisierung der Wirtschaft und verhängnisvolle Minderung ihres Ertrages« nach sich ziehe. Die Forderung »monopolartige Herrschaftsmacht in der Hand weniger oder kleinerer Gruppen darf nicht geduldet werden« trug den Bestrebungen der nichtmonopolistischen Bourgeoisie Rechnung und diente dazu, Teile der Mittelschichten sowie Arbeiter und Angestellte für die Partei zu gewinnen. Die Aufnahme dieses Grundsatzes in das Parteiprogramm hinderte jedoch die DDP nicht, in ihrer praktischen Politik in erster Linie die Interessen der hinter ihr stehenden Kreise des Monopolkapitals zu vertreten. Die DDP sprach sich weiterhin für die »Aufteilung von Großgrundbesitz zur Schaffung von selbstwirtschaftlichen bäuerlichen Familienbetrieben und zur Ansiedlung von Landarbeitern« aus. Einen Ausgleich der »übermäßigen Unterschiede in Besitz und Einkommen« erwartete sie vor allem von der Steuergesetzgebung. Gleichzeitig heißt es aber: »Bei allen Maßnahmen muß jedoch auf die Neubildung von Kapital Rücksicht genommen werden ...« Die DDP forderte eine »Demokratisierung der Wirtschaft« und trat für die Schaffung eines Arbeitsrechts ein, das die Klassengegensätze ausgleichen und ein »Gemeinschaftsverhältnis« zwischen Unternehmer und Arbeiter herstellen sollte.

Entsprechend den Satzungen der DDP[49], die auf dem Berliner Parteitag im Juli 1919 beschlossen und in einigen Punkten noch auf dem Leipziger Parteitag im Dezember 1919 ergänzt worden waren, erfolgte der organisatorische Aufbau der Partei nach den Reichstagswahlkreisen, wobei allerdings auch die Bildung darüber hinausgehender Bezirks- bzw. Landesverbände zulässig war. Die DDP legte anfangs großes Gewicht auf eine straffe Organisation und die Schaffung eines festen Mitgliederstammes. Dies kam auch darin zum Ausdruck, daß der Maßstab für die Anzahl der auf die einzelnen Wahlkreisverbände entfallenden Parteitagsdelegierten die Mitgliederzahlen und nicht, wie z. B. bei der *DVP*, die Wählerstimmen waren. Es gelang allerdings der DDP nicht, diese Prinzipien zur beständigen Grundlage des Parteilebens zu machen. Mit dem Rückgang des Masseneinflusses der DDP wurde auch das Parteigefüge immer lockerer.

Die höchsten Organe der DDP waren der Parteitag, der Parteiausschuß, der Vorstand (bis zum ersten Parteitag Geschäftsführender Ausschuß) und ein Revisionsausschuß. Der Parteitag galt als oberste Instanz und trat anfangs jährlich, später alle zwei Jahre zusammen. Der Vorsitzende des Parteiausschusses (zugleich Parteivorsitzender) und seine 3 Stellvertreter wurden auf dem Parteitag gewählt. Der Parteiausschuß, dem bis zu 200 Mitglieder angehören durften, hatte über die politischen Grundfragen zu entscheiden, während der Vorstand, der aus 23 Mitgliedern bestand, die laufenden Geschäfte führte. Dem Vorstand unterstand auch die Reichsgeschäftsstelle, deren Leiter, der zugleich Hauptgeschäftsführer war, ebenfalls Sitz und Stimme im Vorstand hatte. Beim Vorstand bestanden außerdem einige Ausschüsse, die die speziellen Interessen der verschiedenen Schichten und Gruppen vertreten und dem Vorstand beratend zur Seite stehen sollten (u. a. Reichsausschuß für Handel, Industrie und Gewerbe, Mittelstandsausschuß, Reichsbeamtenausschuß, Reichsarbeitnehmerausschuß, Kulturausschuß, Schulausschuß, Agrarausschuß, Reichsfrauenausschuß). Der Reichsausschuß für Handel, Industrie und Gewerbe übte einen bestimmenden Einfluß auf die gesamte Tätigkeit der DDP aus. Die übrigen Ausschüsse hatten vor allem eine gewisse Bedeutung für die engere Bindung der Mitglieder an die Partei. Wie bei anderen bürgerlichen Parteien wurden die wichtigsten politischen Entscheidungen zumeist von der Reichstagsfraktion getroffen. Der Parteiausschuß besaß wenig politisches Eigengewicht und bestätigte vielfach lediglich rückwirkend die Beschlüsse der Fraktion. Auch der Vorstand, der sich immer stärker mit technischen und anderen Aufgaben beschäftigte, verlor seine anfängliche dominierende Position. Er folgte meist den Empfehlungen der Fraktion bzw. des Parteivorsitzenden.

3. Politische Grundkonzeption, Klassencharakter und Finanzierung der DDP

Die politische Grundkonzeption der DDP entsprach in starkem Maße jenem Wesenszug imperialistischer Machtausübung, den

W. I. LENIN als »Methode des ›Liberalismus‹, der Schritte in der Richtung auf die Entfaltung politischer Rechte, in der Richtung auf Reformen, Zugeständnisse usw.«[50] charakterisiert. Ihre Politik war darauf gerichtet, die bürgerliche Klassenherrschaft in der Form der parlamentarischen Republik zu erhalten und zu festigen sowie durch sozialpolitische Zugeständnisse und die Gewährung gewisser demokratischer Rechte den Einfluß auf die Massen auszubauen und den Einfluß der revolutionären Arbeiterbewegung zurückzudrängen. Zur Sicherung der imperialistischen Herrschaft suchte sie die Spaltung der Arbeiterklasse zu vertiefen und die rechten Führer der *SPD* an den bürgerlichen Staat im Rahmen der »Weimarer Koalition« bzw. der »Großen Koalition« zu binden. In den rechten Sozialdemokraten sah sie in erster Linie Bundesgenossen, um Deutschland vor der Ausstrahlung der Ideen der Großen Sozialistischen Oktoberrevolution abzuschirmen. Sie war bestrebt, »durch die Unterstützung der Menschewisten den Bolschewismus zu verhüten«, wie F. NAUMANN Anfang 1919 vor der DDP-Fraktion der Nationalversammlung erklärt hatte.[51]

Von allen bürgerlichen Parteien bekannte sich die DDP am klarsten zur Weimarer Republik und wandte sich bis 1929/30 gegen Versuche, die bürgerlich-parlamentarische Demokratie abzubauen. Gleichzeitig rechtfertigte sie den Gebrauch von Gewalt gegen die revolutionäre Arbeiterbewegung als »rechtsstaatliches Mittel«. Die außenpolitische Konzeption der DDP zielte darauf, die durch die Niederlage im ersten Weltkrieg verlorengegangenen Positionen des deutschen Imperialismus schrittweise wiederzugewinnen. Ihr Bestreben, zu einer Verständigung mit den Siegermächten zu gelangen, war von ständigen Friedensbeteuerungen begleitet.

Im System der bürgerlichen Parteien spielte die DDP eine große Rolle bei der Bindung von demokratisch gesinnten Kreisen der Intelligenz und des Kleinbürgertums an die Politik der herrschenden Klasse und an die bürgerliche Ideologie. Sie hatte wesentlichen Anteil an der Verhinderung eines Bündnisses dieser Schichten mit der Arbeiterklasse. Auf Grund der Koalitionspolitik mit der *SPD* glaubten viele demokratische und fortschrittliche Kräfte in den Reihen des Kleinbürgertums und der Intelligenz, daß ihr Bestreben, bei der Sicherung der Demokratie und im Kampf gegen Militarismus und Faschismus mit der Arbeiterschaft zusammenzuarbeiten, am besten durch die DDP gewahrt würde.

Die Politik der DDP tendierte im wesentlichen zur wendig-parlamentarischen Linie imperialistischer Machtausübung, hinter der damals vor allem Konzernherren der elektrotechnischen und chemischen Industrie und des Maschinenbaus sowie die Deutsche Bank standen. Die Haltung der Gruppe Elektro-Chemie zu politischen und wirtschaftlichen Grundfragen war in gewissem Grade auch mit der etatistischen Linie des staatsmonopolistischen Kapitalismus und gleichzeitig mit der »Erfüllungspolitik« identisch.[52] In den ersten Jahren der Weimarer Republik stützte sich die Gruppe Elektro-Chemie in starkem Maße auf die DDP. Führende Repräsentanten dieser Monopolgruppierung, z. B. RATHENAU, gehörten ihr an.

In der DDP gab es zahlreiche Angehörige der nichtmonopolistischen Bourgeoisie, vor allem aus der Textil-, Porzellan- und Nahrungsmittelindustrie. Sie besaßen in der Führung der Partei und in einigen Landesorganisationen, insbesondere in Sachsen, Thüringen, Württemberg und Baden, beträchtlichen Einfluß. Da die DDP die einzige bürgerliche Partei war, die sich dem mehr und mehr hervortretenden Antisemitismus verschloß, wurde sie auch in sehr starkem Maße von jüdischen Industriellen, Bankiers und Großkaufleuten unterstützt.

Die nichtmonopolistischen Kreise in der DDP vertraten in einigen wirtschaftlichen Fragen (z. B. in der Steuer- und Zollpolitik) ihre spezifischen Interessen und wandten sich verschiedentlich gegen die »Bevorteilung« der Monopole durch den Staat. Sie forderten vom Staat Schutzmaßnahmen gegen die übermächtige Konkurrenz der Monopole und eine Einschränkung ihrer Macht. In politischen Grundfragen unterstützten sie jedoch größtenteils die Haltung der Monopolgruppe Elektro-Chemie.

Der DDP gehörten einflußreiche Vertreter der Großbourgeoisie an bzw. standen ihr nahe. Genannt seien hier: RATHENAU, langjähriger Präsident der AEG; C. F. VON SIEMENS, Chef des Siemenskonzerns, stellvertretender Vorsitzender des ↗ RDI, MdR von 1920 bis 1924;

Robert BOSCH, Aufsichtsratsvorsitzender der gleichnamigen Werke in Stuttgart (Elektrotechnik, Feinmechanik, Maschinen- und Apparatebau, Mitglied des Präsidiums des RDI; H. SCHACHT, Direktor der Nationalbank bzw. der Darmstädter- und Nationalbank, später Reichsbankpräsident; Oscar WASSERMANN, Direktor und Vorstandsmitglied der Deutschen Bank sowie Mitglied zahlreicher Aufsichtsräte; Carl MELCHIOR, Teilhaber des Bankhauses Warburg & Co., das enge Verbindungen zum amerikanischen Finanzkapital besaß; M. KEMPNER, Aufsichtsratsvorsitzender des Deutschen Kalisyndikats sowie Mitglied zahlreicher Aufsichtsräte; Curt SOBERNHEIM, Direktor der Commerz- und Privatbank und Mitglied zahlreicher Aufsichtsräte; Wilhelm KLEEMANN, Direktor der Dresdner Bank und Mitglied zahlreicher Aufsichtsräte; H. FISCHER, Mitglied des Aufsichtsrates der Discontogesellschaft bzw. der Deutschen Bank sowie der AEG, Aufsichtsratsmitglied von etwa 50 Industriebetrieben und Eisenbahngesellschaften, Präsident des HB seit 1922, MdR von 1920 bis 1932; Philipp WIELAND, Vorsitzender des Aufsichtsrates der Wielandwerke in Ulm und Mitglied weiterer Aufsichtsräte der Metall- und elektrotechnischen Industrie, Mitglied der Nationalversammlung, MdR von 1920 bis 1930; H. HUMMEL, Direktor der Badischen Anilin- und Sodafabriken, Mitglied des Aufsichtsrates der IG-Farben, MdR von 1924 bis 1930; S. SEGALL, Generaldirektor der Rütgerswerke in Berlin (Erdölverarbeitung und chemische Produktion); August WEBER, Mitglied des Aufsichtsrates der Commerz- und Privatbank sowie Vorsitzender verschiedener Aufsichtsräte, besonders der Textilindustrie; Oscar TIETZ, Leiter des Warenhauskonzerns Hermann Tietz.

Großen Einfluß auf die DDP hatten auch die nach 1918 führenden Pressekonzerne Ullstein und Mosse. Nicht nur die beiden Tageszeitungen »Vossische Zeitung« (Ullstein) und »Berliner Tageblatt« (Mosse) vertraten im wesentlichen die Innen- und Außenpolitik der DDP, sondern auch die vor allem auf die kleinbürgerlichen Massen, z. T. sogar auf Arbeiterleser eingestellten Zeitungen wie die »Berliner Morgenpost«, die die größte Auflage unter allen Tageszeitungen hatte, oder die »Berliner Volks-Zeitung«.

In der Führung der DDP traten einige Unternehmer, Großkaufleute und Bankiers direkt hervor. So hatte z. B. H. FISCHER als Stellvertreter des Vorsitzenden des Vorstandes bzw. als stellvertretender Parteivorsitzender großen Anteil an der Festlegung der Politik der DDP. Größtenteils wurden jedoch die Parteifunktionen von Beamten und Intellektuellen besetzt, um den Klassencharakter der DDP nicht so offensichtlich in Erscheinung treten zu lassen. Die Vertreter der Großbourgeoisie übten vor allem einen maßgeblichen Einfluß auf die Politik der Partei über den Reichsausschuß für Handel, Industrie und Gewerbe aus, der beim Parteivorstand gebildet worden war. Dem Vorstand dieses Ausschusses gehörten 1920 H. FISCHER, C. MELCHIOR, S. SEGALL, C. F. VON SIEMENS, O. WASSERMANN, Ph. WIELAND sowie einige Vertreter der Konsumgüterindustrie und des Großhandels an. Vorsitzender war zunächst C. F. VON SIEMENS, später Ph. WIELAND.

Der Reichsausschuß für Handel, Industrie und Gewerbe trat regelmäßig zu Beratungen über die Grundfragen von Wirtschaft und Politik zusammen und gab »Empfehlungen« an den Parteivorstand. An diesen Beratungen nahmen Vertreter aller der DDP nahestehenden Kreise der Industrie, des Handels und des Bankwesens teil. Bei der offiziellen Konstituierung des Reichsausschusses am 16. Oktober 1920 (vorher hatte schon ein auf Berlin begrenzter Ausschuß bestanden) waren z. B. über 180 Industrielle, Großkaufleute und Bankiers anwesend.[53] Enge Kontakte bestanden zum ↗ RDI. Auf Anregung seines Vorsitzenden, Ph. WIELAND, hatte der Reichsausschuß 1922 mit der Geschäftsstelle des RDI vereinbart, sich gegenseitig in wirtschaftspolitischen Fragen abzustimmen. Nach einer »sachlichen Klärung« im RDI sollte das taktische Vorgehen zur Durchsetzung entsprechender Maßnahmen in Parlament und Regierung abgesprochen werden. Diesem Zweck diente auch die Zuwahl von Ph. WIELAND in den Vorstand des RDI.[54]

Eine große Rolle bei der Einflußnahme der Wirtschaftskreise auf die Haltung der DDP spielte auch der ↗ DK, dessen Präsidium u. a. H. FISCHER, C. SOBERNHEIM und W. KLEEMANN angehörten. Neben maßgeblichen Vertretern der Wirtschaft waren auch zahlreiche Führer der DDP Mitglieder des DK, so daß hier die Möglichkeit bestand, die wichtigsten Fragen der Parteipolitik regelmäßig im »engeren Kreis« zu beraten.[55]

Die Finanzierung der DDP erfolgte, wie bei anderen bürgerlichen Parteien, weniger durch die Mitgliedsbeiträge, sondern in erster Linie aus den »Spenden« der Unternehmerverbände bzw. einzelner Unternehmer. F. NAUMANN teilte z. B. in einem vertraulichen Schreiben vom 28. Juli 1919 an führende Politiker der DDP über die Finanzlage der Partei mit, daß die Einnahmen aus Mitgliedsbeiträgen in 7 Monaten noch nicht einmal 10 000 M betragen hätten, und orientierte auf einer Vorstandssitzung am 8. August 1919 darauf, verstärkt Mittel aus der Industrie zu beschaffen. H. FISCHER wurde zum »Schatzmeister« bestimmt. Zusammen mit H. SCHACHT, M. KEMPNER u. a. gehörte er dem Finanzausschuß an.[56] Finanzielle Mittel stellten insbesondere Unternehmer der Elektro-, Metall-, Textil-, Porzellan- und Nahrungsgüterindustrie sowie Bankiers und Vertreter des Großhandels zur Verfügung. Darunter befanden sich viele jüdische Unternehmer. Nach den Bilanzen der Reichsgeschäftsstelle der DDP stammten 1921 drei Viertel und 1922 etwa zwei Drittel der Einnahmen aus einmaligen Spenden kapitalkräftiger Geldgeber.[57] Bei der Finanzierung der DDP spielte der Reichsausschuß für Handel, Industrie und Gewerbe eine wichtige Rolle. Der Schatzmeister der DDP, H. FISCHER, war zugleich stellvertretender Vorsitzender dieses Ausschusses. Spendenaktionen in Wirtschaftskreisen wurden oftmals vom Ausschuß aus organisiert. H. FISCHER konnte z. B. auf dem Parteitag im Dezember 1920 in Nürnberg berichten, daß die DDP vornehmlich über Kreise des Ausschusses etwa 1 Mill. M erhalten hatte, wobei der Wahlfonds noch nicht berücksichtigt war.[58] Die Mitglieder des Ausschusses zeichneten auch selbst einmalige und Jahresbeiträge. Im Februar 1921 bestand z. B. ein »Garantiefonds« von 71 000 M.[59]

Von der Parteiführung wurde zwar immer wieder versucht, eine Eigenfinanzierung aus regelmäßigen Mitgliedsbeiträgen zu sichern bzw. wenigstens deren Anteil zu erhöhen.[60] Insbesondere O. NUSCHKE, A. ERKELENZ sowie Vertreter des »Arbeitnehmer«-Ausschusses setzten sich dafür ein, die Partei

»unabhängig« zu machen.[61] Angesichts der sinkenden Mitgliederzahlen und der Mängel in der Organisationsarbeit blieben diese Bemühungen jedoch ergebnislos. 1924 kamen nur noch 5 % der Parteieinnahmen aus Mitgliedsbeiträgen.[62] Auch die Einführung von Pflichtbeiträgen für Vorstands- und Parteiausschußmitglieder sowie Abgeordnete änderte nichts daran, daß die Weiterexistenz der DDP in erster Linie von den Spenden reicher Geldgeber abhängig blieb. In einer Tagebuchaufzeichnung vom 9. Juni 1926 klagte der Parteivorsitzende E. KOCH-WESER: »Aber Politik machen zu müssen in dem Gefühl, daß man ohne Zuwendungen kapitalkräftiger Kreise verloren ist, ist eine unerfreuliche Aufgabe.«[63]

Während der DDP bei den Wahlen zur Nationalversammlung umfangreiche finanzielle Mittel zur Verfügung standen, ließen die Geldquellen im Verlauf der weiteren Entwicklung immer mehr nach. Zahlreiche Konzern- und Bankherren nahmen eine Umorientierung auf die *DVP* vor, der sich auch viele mittlere und kleinere Unternehmer anschlossen. Das Kuratorium für den Wiederaufbau des deutschen Wirtschaftslebens setzte sich zwar überwiegend aus der DDP nahestehenden Unternehmerkreisen zusammen, vergab aber immer größere finanzielle Mittel an die *DVP* und ↗ *DNVP*. Die Gewährung von Zuwendungen an die DDP wurde von der Erfüllung bestimmter Forderungen abhängig gemacht. C. F. VON SIEMENS erklärte, es dürften keine Gelder »zur freien Verfügung« gestellt werden, sondern es sei Zweck des Kuratoriums, Männern der Wirtschaft größeren Anteil am politischen Leben zu ermöglichen.[64] Das Kuratorium war mit den von der DDP in wirtschaftlichen und sozialen Fragen eingeräumten Zugeständnissen unzufrieden. So beschwerte sich C. F. VON SIEMENS am 7. November 1919 bei H. FISCHER über das »Unverständnis« der DDP in Wirtschaftsfragen. Daher sei »eine Bindung von Beiträgen für längere Zeit« nicht möglich, man wolle aber noch einmal den Versuch machen, »die Demokratische Partei zu erziehen«.[65] Über das Kuratorium erlangten die Unternehmerverbände immer größeren Einfluß auf die Politik der DDP sowie auf die Kandidatenaufstellung bei den Wahlen. Nachdem C. F. VON SIEMENS bei den

Reichstagswahlen 1920 die Spitzenposition im Berliner Wahlkreis eingeräumt bekommen hatte, festigten sich wieder die Verbindungen zum Kuratorium, und die DDP erhielt erneut etwa 1 Mill. M für die Wahlpropaganda. Die Gelder wurden aber nur bei einem »Wohlverhalten« gegenüber den Wünschen der Unternehmerkreise zur Verfügung gestellt.[66] Die finanzielle Abhängigkeit der Parteiführung trat besonders deutlich bei der Kandidatenaufstellung zu den Wahlen zutage. Neben einem zentralen Beitrag für die Partei wurden die Gelder immer stärker für einzelne Kandidaten gezahlt. So unterstützte das Kuratorium die Kandidatur C. F. VON SIEMENS' bei der Reichstagswahl im Mai 1924 allein mit 100 000 M.[67] In einem Rechenschaftsbericht der Reichsgeschäftsstelle der DDP hieß es, es sei ein »unhaltbarer Zustand, daß die DDP »ihre Existenz den Kassen einiger Verbände verdanken soll, die, ihrer Macht bewußt, rücksichtslos mit ihren Kandidatenansprüchen hervortreten«.[68]

4. Politisch-ideologische Gruppierungen in der DDP

Die in der DDP vorhandenen tiefen sozialen und politisch-ideologischen Gegensätze hatten zur Herausbildung unterschiedlicher Gruppierungen geführt:

a) Eine proimperialistische, pseudoliberale Gruppierung, die in allen entscheidenden Fragen die flexiblen Kräfte des Monopolkapitals unterstützte und den Liberalismus lediglich zur Verbrämung ihrer antidemokratischen, fortschrittsfeindlichen Politik benutzte. Ihre Repräsentanten bezogen vielfach nationalistische Positionen und traten für eine beschleunigte Wiederaufrüstung ein.

b) Eine liberaldemokratische bzw. kleinbürgerlich-demokratische Gruppierung, die eine antimonopolistische Haltung einnahm und sich für die Verteidigung der bürgerlich-demokratischen Rechte und Freiheiten einsetzte. Sie wandte sich zwar gegen großbourgeoise Interessen, gegen Reaktion und Faschismus, ging aber über eine Kritik an Einzelerscheinungen der kapitalistischen Gesellschaft nicht hinaus.

Zwischen beiden Gruppierungen, die auch als rechter und linker Parteiflügel bezeichnet werden, bestanden sowohl Differenzen in Grundfragen als auch bei vielen Einzelentscheidungen. Zeitweilig waren die Gegensätze so gravierend, daß der Parteivorsitzende E. KOCH-WESER es 1926 kaum noch für möglich ansah, die Partei zusammenzuhalten.[69] Andererseits waren die beiden Gruppierungen nicht klar abgegrenzt und in sich uneinheitlich. Auch gab es fließende Übergänge und wechselnde Haltungen bei Einzelfragen.

Zum rechten Flügel gehörten die Gruppen der Industriellen, Bankiers und Großkaufleute, deren prominenteste Vertreter H. FISCHER, Ph. WIELAND, B. DERNBURG, H. SCHACHT und C. F. VON SIEMENS waren, zahlreiche höhere Beamte (C. PETERSEN, E. SCHIFFER, Otto GESSLER, E. KOCH-WESER, H. DIETRICH u. a.), Vertreter des gewerblichen Mittelstandes (Franz BARTSCHAT) sowie einige Intellektuelle (u. a. H. GERLAND, Theodor HEUSS, Friedrich MEINECKE, Paul ROHRBACH). Der rechte Flügel, der maßgeblich die Politik der DDP bestimmte, setzte sich besonders entschieden für die Belange der kapitalistischen Wirtschaft ein, trat allen »zu weit« gehenden Forderungen der Arbeiter in sozialen Fragen entgegen und orientierte sich auf die Bildung einer »Großen Koalition« unter Einbeziehung der DVP. Von seiner Seite gingen auch starke Bestrebungen nach einem stärkeren Abrücken von der SPD und einem Zusammenschluß mit der DVP aus. Teile des rechten Flügels spalteten sich von der DDP ab und traten zur DVP über. Allerdings kam es auch oft innerhalb der hinter der DDP stehenden Gruppen der Bourgeoisie zu Meinungsverschiedenheiten über die einzuschlagende Wirtschaftspolitik, den Grad und den Umfang der sozialpolitischen Zugeständnisse, die Taktik bei der Festigung und Stärkung der Klassenherrschaft, die Stellung zu den rechten Führern der SPD und das Verhältnis zur DVP und DNVP. RATHENAU und seine Anhänger propagierten die Idee einer »neuen Wirtschaft« und setzten sich für eine direkte staatsmonopolistische Regulierung in der Wirtschaftsführung ein. Dies stieß bei großen Teilen der der DDP nahestehenden Industriekreise auf Ablehnung, während sie vom »Arbeitnehmer«flügel (A. ERKELENZ) unterstützt wurde. H. FISCHER, Ph. WIELAND u. a. traten gegen die Auffassungen RATHENAUS

auf und forderten die »freie Wirtschaft«. Auch C. F. VON SIEMENS, der mit dem Stinnes-Konzern wirtschaftlich liiert war, stellte sich in vielen Fragen gegen RATHENAU.[70]

Der linke Flügel hatte vor allem in der Intelligenz sowie in Kreisen der Arbeiter, Angestellten und unteren Beamten eine gewisse Basis. Zum linken Flügel gehörte eine Gruppe bürgerlicher Demokraten (O. NUSCHKE[71], H. VON GERLACH) sowie Vertreter der Jungdemokraten (Otto STÜNDT, Julie MEYER und Erich E. LÜTH), die in vielfältiger Weise gegen monarchistische, militaristische und faschistische Bestrebungen auftraten. Zu dieser Gruppe tendierten auch H. PREUSS, R. O. FRANKFURTER, L. HAAS und Theodor TANTZEN, die allerdings mitunter eine widersprüchliche Haltung einnahmen. Vor allem müssen hier die Vertreter der ↗ DFG und anderer pazifistischer Organisationen genannt werden, die zu einem großen Teil Mitglieder der DDP waren (Ludwig QUIDDE, Walther SCHÜCKING, General a. D. Paul FREIHERR VON SCHOENAICH, H. VON GERLACH u. a.). Zum linken Flügel sind auch zahlreiche Vertreter der Hirsch-Dunckerschen Gewerkvereine sowie der ihnen nahestehenden Angestelltenverbände zu rechnen (A. ERKELENZ, G. HARTMANN, Gustav SCHNEIDER, Albert PIEPER u. a.). Sie setzten sich für eine stärkere Mitbestimmung der Arbeiter und Angestellten in den Betrieben ein und wandten sich verschiedentlich gegen antisoziale Bestrebungen der Unternehmer. Die Gegensätze zwischen »Arbeitgebern« und »Arbeitnehmern« beruhten auf dem objektiven Widerspruch zwischen Arbeit und Kapital und brachen immer wieder auf. Auf Grund dieser Gegensätze konnte auch keine Einigung über ein »demokratisches« Wirtschaftsprogramm erzielt werden. 1921 legte der Reichsarbeitnehmerausschuß der DDP einen »Gegenentwurf« zu den wirtschaftspolitischen Richtlinien des Unternehmerausschusses vor.[72] Er fand jedoch weder Billigung der Unternehmerkreise noch der Mehrheit des Parteivorstandes. Auch der auf dem Mannheimer Parteitag 1929 unternommene Versuch, ein für alle verbindliches Wirtschaftsprogramm zu erarbeiten, scheiterte.[73]

Alle Gruppen des linken Flügels der DDP sprachen sich nachhaltig für eine enge Zusammenarbeit mit der Sozialdemokratie im

Rahmen der Weimarer Koalition aus, lehnten einen Anschluß an die *DVP* ab und wandten sich gegen die »Große Koalition« bzw. gegen die Beteiligung der DDP an einer Bürgerblockregierung. Bei ihrer Orientierung auf die Koalitionspolitik mit der *SPD* hatten sie vor allem einen gewissen Rückhalt unter der Mitgliedschaft der DDP in Preußen, da hier die Weimarer Koalition zu einer festen und dauerhaften Grundlage der Regierungstätigkeit geworden war. Die zum linken Flügel der DDP gehörenden Kräfte hatten größtenteils antikommunistische Vorbehalte und konnten sich nicht zu umfassenden antiimperialistischen Positionen durchringen. Der Vorstand der DDP mußte verschiedentlich den Auffassungen und Bestrebungen des linken Flügels Rechnung tragen und sich zu Kompromissen und Zugeständnissen bereit erklären. Einige dem linken Flügel zuzurechnende Politiker nahmen auch zeitweilig führende Positionen in Parteigremien ein, so A. ERKELENZ (Vorsitzender des Vorstandes), O. NUSCHKE (stellv. Vorsitzender des Vorstandes), L. HAAS (Vorsitzender der Reichstagsfraktion), R. O. FRANKFURTER (Vorsitzender des Organisationsausschusses). Einen bestimmenden Einfluß erlangte der linke Flügel jedoch nicht. Nach und nach wurden seine Vertreter aus der Partei hinausgedrängt, wie z. B. H. VON GERLACH (1922) und P. VON SCHOENAICH (1928), bzw. verloren ihre Positionen in der Führung, so 1929 A. ERKELENZ und R. O. FRANKFURTER. Bei der Umwandlung der DDP in die DStP 1930 traten viele Mitglieder, die zum linken Flügel gehörten, aus der Partei aus.

Eine gewisse »Sonderstellung« nahmen die »Nationalsozialen« ein, wie sich die Anhänger F. NAUMANNS immer noch bezeichneten. Die Koppelung von nationalistischen und sozialreformistischen Auffassungen (↗ *Nationalsozialer Verein [NsV]*) entsprach den Bestrebungen der Führung der DDP, die unterschiedlichen Gruppen in der Partei zusammenzuhalten und Differenzen zwischen dem Unternehmerflügel und den Kreisen der Arbeiter und Angestellten auszugleichen. Viele ehemalige Nationalsoziale erlangten deshalb führende Funktionen in der Partei. Auf dem ersten Parteitag im Juli 1919 wurde F. NAUMANN an die Spitze der DDP gestellt. Auch nach seinem Tode blieben die Ideen F. NAU-

MANNS von bestimmendem Einfluß auf die Grundorientierung der Partei. Die Nachfolger im Parteivorsitz, C. PETERSEN und E. KOCH-WESER, gehörten ebenfalls zu den Anhängern F. NAUMANNS.

Die »Nationalsozialen« sind zumeist dem rechten Parteiflügel zuzurechnen, z. B. G. BÄUMER, Th. HEUSS, E. JÄCKH und P. ROHRBACH. Das schloß jedoch nicht aus, daß einige von ihnen bei Einzelfragen, die soziale Probleme tangierten, mit dem linken Flügel zusammengingen. Andererseits zählte z. B. A. ERKELENZ, der als einer der Führer des linken Parteiflügels galt, ebenfalls zu den Anhängern F. NAUMANNS.

5. Weltanschaulich-ideologische Grundpositionen und Massenbasis der DDP

Breite Teile der Bevölkerung waren durch die Oktoberrevolution und die deutsche Novemberrevolution politisch aktiviert worden und hatten einen tiefen Bewußtseinswandel durchlaufen. Dieser Situation mußte die DDP Rechnung tragen. Nachdrücklich wiesen führende Politiker auf den engen Zusammenhang der Machtfrage mit Fragen der Weltanschauung und Ideologie hin. F. NAUMANN erklärte, daß »die Politik in viel höherem Grade Weltanschauungsfrage« werde. »Es besteht«, so betonte er weiter, »keine Macht, wo kein Glaube ist an die Notwendigkeit der Macht.«[74] In ihrem Bestreben, der starken Anziehungskraft sozialistischer Ideen entgegenzuwirken, stützte sich die DDP auf die verschiedenartigsten Spielarten der bürgerlichen Ideologie. Diese reichten vom Antikommunismus und Antisowjetismus, bürgerlichen Nationalismus, von Auffassungen über eine Klassenharmonie und Volksgemeinschaft bis zur Lobpreisung des bürgerlichen Parlamentarismus und Demokratismus sowie des bürgerlichen Pazifismus. Eine dominierende Rolle nahm jedoch der Liberalismus ein, der als »weltanschauliche Grundlage« der Partei angesehen wurde. Der Liberalismus war eng mit dem Kapitalismus der freien Konkurrenz und der aufsteigenden Bourgeoisie verbunden. Mit der Entwicklung zum Monopolkapitalismus und dem Beginn der Epoche des Imperialismus hatte er sich historisch überlebt. Bedingt durch den reaktionären Charakter des Imperialismus und die Herausbildung der Monopolbourgeoisie, geriet er in eine tiefe Krise und zersetzte sich immer mehr.[75] Dennoch hielt die DDP an ihm fest. Sie versuchte mit Hilfe des Liberalismus, der als politisch-ideologische Strömung im Kampf gegen Feudalismus und Reaktion bei Teilen des Kleinbürgertums und der Intelligenz noch einen gewissen Anklang hatte, die kleinbürgerlichen Massen und die nichtmonopolistische Bourgeoisie fest an die Partei zu binden sowie die ökonomisch bedingten Gegensätze zwischen den Angehörigen der verschiedenen Klassen und Schichten auszugleichen und politische Differenzen zu überbrücken. Unter Anknüpfung an seine antidemokratischen Wesenszüge sowie durch Entleerung und Umkehrung früherer progressiver Leitbilder stellte sie den Liberalismus in den Dienst der Monopolbourgeoisie und nutzte ihn insbesondere im Kampf gegen die revolutionäre Arbeiterbewegung.[76]

Die veränderten Bedingungen und Erfordernisse 1918/19 zwangen die DDP dazu, den Liberalismus der neuen Situation »anzupassen«. Anfangs vermied sie sogar, diesen Begriff zu verwenden, da er durch die Haltung vieler »liberaler« Politiker während des ersten Weltkrieges diskreditiert war. Sie bezeichnete sich als demokratische Volkspartei und erklärte zum obersten Prinzip ihres Handelns den »demokratischen Gedanken«. Der von der DDP eifrig beteuerte Demokratismus bezweckte nichts anderes, als unter Zuhilfenahme demagogischer Mittel für die Aufrechterhaltung der kapitalistischen Gesellschaftsordnung zu kämpfen. Im Vergleich zu den liberalen Traditionen des 19. Jh. war der hier strapazierte Demokratie-Begriff weiter eingeschrumpft und in erster Linie auf den Aufbau der bürgerlich-kapitalistischen Weimarer Republik bezogen. Gewisse progressive liberale Auffassungen wirkten jedoch in der DDP fort. Sie zeigten sich vor allem in der antijunkerlichen Einstellung, im Eintreten für die Erhaltung der bürgerlich-demokratischen Rechte und Freiheiten sowie in fortschrittlichen Zügen in der Kultur- und Schulpolitik. Einige Persönlichkeiten, die zum linken Parteiflügel gehörten, suchten die progressiven Ideen des Liberalismus aus dem

19. Jh. in Richtung eines konsequenten Demokratismus weiterzuentwickeln. Doch kamen diese Bestrebungen über Ansätze nicht hinaus. Nur in wenigen Fällen führten sie zu einem Bündnis mit der Arbeiterklasse.

In ihrer propagandistischen Wirksamkeit konzentrierte sich die DDP insbesondere auf die politischen Forderungen des Liberalismus. Sie sprach von der Notwendigkeit, den alten Obrigkeitsstaat in einen »Volksstaat« umzuwandeln, der allen Schichten der Bevölkerung politische Freiheit und politische Mitarbeit sichere.[77] Mit der Aufnahme einiger traditioneller bürgerlich-liberaler Grundsätze in die Weimarer Verfassung, an deren Ausarbeitung H. PREUSS, Max WEBER, Conrad HAUSSMANN, F. NAUMANN und andere Politiker der DDP maßgeblich beteiligt waren[78], sah sie die politischen Forderungen des Liberalismus weitgehend als erfüllt an.

Führende Ideologen der DDP waren bestrebt, den Liberalismus aus seinen klassenmäßigen Zusammenhängen zu lösen und ihn vorrangig auf liberale Leitsätze und Leitbilder zurückzuführen, insbesondere auf die »Freiheit des Individuums«. Die DDP sei eine »individualistische Partei«, erklärte R. O. FRANKFURTER in seiner Programmrede auf dem 1. Parteitag. »Für uns rotiert die Weltbewegung um das Zentrum der Persönlichkeit.«[79] Die DDP bemühte sich zwar, ihre Freiheitsauffassung als absoluten, zeitlos gültigen »Wert« darzustellen. Doch zeigte sich der Klassencharakter deutlich in der Betonung, daß die Freiheit des einzelnen ihre Basis im Privateigentum an den Produktionsmitteln habe.[80] Die im Kampf gegen den Feudalismus entstandene Freiheitsauffassung der liberalen Bourgeoisie wurde im Interesse der Machtsicherung des Monopolkapitals umfunktioniert. Zum einen diente sie der DDP zur Begründung ihrer antikommunistischen und antisowjetischen Grundhaltung. Zum anderen benutzte sie sie dazu, dem Streben der Massen nach Freiheit von Ausbeutung und Unterdrückung den sozialen Inhalt zu nehmen, die tatsächlichen Machtverhältnisse zu verschleiern und über den Widerspruch zwischen den proklamierten bürgerlich-demokratischen Rechten und Freiheiten und der gesellschaftlichen Wirklichkeit hinwegzutäuschen. Hierin bestanden enge Berührungspunkte zur Ideologie der rechtssozialdemokratischen Führer.

Wiederholt erklärten Politiker der DDP, in den politischen Auffassungen bestände weitgehende Übereinstimmung mit der Sozialdemokratie.[81] In der Übernahme einiger Elemente des Liberalismus durch den Revisionismus sahen sie eine zusätzliche Rechtfertigung für ihre politische Zusammenarbeit mit den rechten Führern der *SPD*. Die Sozialdemokratie habe, so erklärte A. ERKELENZ, »mehr mit dem Kalb des demokratischen Liberalismus, als mit ihrem eigenen gepflügt« und würde »Naumanns Ideen realisieren, nicht ihre eigenen«.[82] Andererseits betonte die DDP, es beständen in wirtschaftlichen Fragen prinzipielle Unterschiede, da es in der *SPD* »klassenkämpferische Tendenzen« gäbe und sie an sozialistischen Zielvorstellungen festhielte. Die DDP trat für eine »Klassenversöhnung« ein und bezeichnete sich als Partei des »Interessenausgleichs«. Sie sah es als eine ihrer wichtigsten Aufgaben an, zur Integration der Arbeiterklasse in den imperialistischen Weimarer Staat beizutragen und forderte die Herstellung einer Volksgemeinschaft: »Demokratie heißt Überwindung des Klassenkampfgedankens durch Volksgemeinschaft« und »Demokratie ist Arbeitsgemeinschaft der Klassen«.[83] Dabei nahm sie eine gewisse Abgrenzung zum Volksgemeinschaftsbegriff der Rechtsparteien vor und betonte, die »wahre Volksgemeinschaft« diene der Stärkung des Weimarer Staates und beruhe auf »staatsbürgerlicher Gemeinschaftsgesinnung«.[84]

Bei den Diskussionen innerhalb der DDP über eine Neubestimmung der »liberalen Grundsätze« spielte das Verhältnis von Wirtschaft und Staat eine wichtige Rolle. Wiederholt wurde in offiziellen Stellungnahmen erklärt, daß die DDP eine absolute Freiheit der Wirtschaft im Sinne des sog. Manchestertums ablehne und dem Staat »Eingriffe« in die Wirtschaft zugestanden werden müßten. Insbesondere trat sie für Förderungs- und Schutzmaßnahmen im Interesse der kleinen und mittleren Unternehmer sowie der Handwerker und Gewerbetreibenden ein.[85] Andererseits waren H. FISCHER und andere Vertreter des *HB* für einen weitgehenden Rückzug des Staates aus der Wirtschaft und

sprachen sich für die »freie Wirtschaft« aus. Der Arbeitnehmerausschuß trat hingegen für staatliche Lenkungsmaßnahmen sowie für die »Wirtschaftsdemokratie« und den Primat der Sozialpolitik ein.

Die DDP bekannte sich zu einem »sozialen Kapitalismus« und versuchte, anknüpfend an Vorstellungen F. NAUMANNS, sich als »sozialliberale Partei« zu profilieren. Die Abhängigkeit der DDP von ihren industriellen Förderern ließ sich aber auf die Dauer nicht ideologisch verbrämen. Ihre soziale Demagogie geriet in einen immer deutlicher erkennbaren Widerspruch zur Haltung in der Praxis. In weiten Kreisen der Bevölkerung galt die DDP als »Partei des Großkapitalismus«.[86]

Die weltanschaulich-ideologische Beeinflussung der Mitglieder und Anhänger der DDP war wenig stabil. Die Versuche der Parteiführung, die liberalen Grundsätze den neuen Bedingungen anzupassen, brachten nicht die erhoffte Wirkung. Der Liberalismus erwies sich immer weniger geeignet, breite Massen an die Partei zu binden und die sozialen Gegensätze zu überbrücken. Resignierend mußte E. KOCH-WESER 1928 eingestehen, daß die von der DDP behandelten »großen Fragen ... überhaupt kein Echo mehr in der Bevölkerung finden«.[87] In der DDP breitete sich die Auffassung aus, der Liberalismus sei überlebt und könne keine tragende Grundlage mehr für die Partei darstellen. Doch hielten viele ehemalige Freisinnige weiter am Liberalismus fest. Vertreter des rechten Parteiflügels, die sich auf einen Zusammenschluß mit der *DVP* orientierten, versuchten sogar Mitte der 20er Jahre, den Liberalismus neu zu beleben und gründeten eine ↗ *Liberale Vereinigung* (*LVg*). Diesen Bestrebungen traten A. ERKELENZ, R. O. FRANKFURTER und andere Vertreter des linken Flügels entgegen. Auf der Sitzung des Parteiausschusses am 28. November 1926 erklärte R. O. FRANKFURTER: »Der Liberalismus ist überwunden. Wir sind nicht liberal, sondern sozial und demokratisch ...«.[88] Dem widersprachen E. KOCH-WESER, O. FISCHBECK, O. MEYER und andere prominente Politiker der DDP.[89] Doch blieb das Unbehagen über die geringe Anziehungskraft liberaler Ideen bestehen. Der Vorstand setzte einen Ausschuß mit R. O. FRANKFURTER als Vorsitzendem ein, der Vorschläge für »Reformen« in der Partei ausarbeiten sollte. Das von R. O. FRANKFURTER auf der Vorstandssitzung am 21. Juni 1927 unterbreitete »Reformprogramm«, das vorsah, einen entschiedenen Kampf gegen das Großkapital zu führen und die DDP in eine Partei der Angestellten, Beamten, Handwerker und Bauern umzuwandeln, fand jedoch keine Zustimmung.[90] Die DDP orientierte sich weiter nach rechts und gab verstärkt nationalistischen und antidemokratischen Auffassungen Raum. In der Endphase der Weimarer Republik, vor allem im Zusammenhang mit der Umwandlung der Partei in die DStP, wurde der Liberalismus immer mehr beiseite geschoben.

Die DDP kam mit ihrer Betonung, eine »demokratische Mittelpartei« zu sein, der schwankenden Haltung der Mittelschichten zwischen Arbeiterklasse und Bourgeoisie in besonders starkem Maße entgegen. Sie fand ihre soziale Basis vorwiegend in der Angestellten- und Beamtenschaft, in Kreisen der Intelligenz sowie im gewerblichen Mittelstand. Einen besonders großen Zustrom hatte sie 1918/19 aus der Angestelltenschaft und von seiten der unteren und mittleren Beamten. Sie konnte sich auf eine Reihe zahlenmäßig starker Angestellten- und Beamtenorganisationen stützen. Enge Verbindungen bestanden zum ↗ *Gewerkschaftsring deutscher Arbeiter-, Angestellten- und Beamtenverbände (Gwr)*, dem 1920 über 600 000 Mitglieder angehörten. Den größten Anteil hatten hier die Angestellten (↗ *Gewerkschaftsbund der Angestellten [GDA]*), während die Anzahl der Arbeiter, die im *VDG* organisiert waren, relativ gering war und ständig zurückging. Eine wichtige Rolle spielte auch der ↗ *Deutsche Beamtenbund (DBB)*, der sich zwar parteipolitisch für »neutral« erklärte, in dessen Führung aber Mitglieder der DDP beträchtlichen Einfluß ausübten, so vor allem E. REMMERS und Wilhelm FLÜGEL. Bis Ende der 20er Jahre besaß die DDP in den Angestellten sowie bei unteren und mittleren Beamten eine stabile Massenbasis, wenn es auch immer wieder zu Konflikten wegen der unzureichenden Berücksichtigung der sozialpolitischen Forderungen mit der Parteiführung kam. Anders war es beim gewerblichen Mittelstand, von dem sich 1918/19 zunächst auch erhebliche Teile der DDP anschlossen. Nachdem sie jedoch als Regierungspartei

wesentlichen Anteil an der starken steuerlichen Belastung der Handwerker, Einzelhändler und sonstigen Gewerbetreibenden hatte, wandten sich viele wieder enttäuscht von ihr ab. Die schwere Wahlniederlage der DDP 1920 war in starkem Maße auf die Abwanderung von Angehörigen des gewerblichen Mittelstandes zur *DVP* zurückzuführen, die es verstanden hatte, mit nationalistischen Parolen auf sie einzuwirken. Nach 1924 verlor die DDP dann viele »mittelständische« Anhänger an die ↗ *Reichspartei des deutschen Mittelstandes (Wirtschaftspartei [WP])*. Unter den Bauern hatte die DDP von vornherein nur geringen Einfluß, obgleich sie in den ersten Jahren der Weimarer Republik vom ↗ *DB* unterstützt wurde. Der Geschäftsführer des Verbandes, Karl BÖHME, und andere führende Mitglieder waren in den Vorstand der DDP aufgenommen und auf deren Listen in die Nationalversammlung bzw. preußische Landesversammlung gewählt worden. Auch stellte die DDP dem Bund erhebliche finanzielle Zuschüsse zur Verfügung.[91] Die Bauern wandten sich trotzdem nach und nach von der DDP und vielfach ebenfalls vom *DB* ab. Als sich schließlich die DDP 1924 im Interesse der exportinteressierten Industrie gegen Zollbeschränkungen aussprach, kam es zum offenen Bruch zwischen der Mehrheit des Bundes und der Partei.

Auf Grund der von der DDP propagierten liberalen und humanistischen Auffassungen und ihres Eintretens für gewisse demokratische Grundsätze im Schulwesen übte sie dauernd eine starke Anziehungskraft auf einige Teile der Intelligenz aus.[92] Viele Angehörige der sog. freien Berufe, vor allem Schriftsteller und Künstler, Journalisten, Rechtsanwälte und Ärzte, gehörten der DDP an. Eine Reihe bekannter Wissenschaftler der verschiedensten Gebiete spielten in ihr eine hervorragende Rolle. Hier sind vor allem die Historiker F. MEINECKE, Ludwig BERGSTRÄSSER und Walter GOETZ, die Juristen H. PREUSS und Willibalt APELT, die Nationalökonomen M. WEBER, Moritz Julius BONN und Gerhard KESSLER sowie die Theologen P. Martin RADE, Ernst TROELTSCH, Otto BAUMGARTEN und Johannes HERZ zu nennen. Besonders unter den Lehrern aller Kategorien fand die Partei bis zuletzt relativ viele Anhänger. Das galt vor allem für die Volks-schullehrer, die, soweit sie einer bürgerlichen Partei ihre Stimme gaben, die DDP wegen ihrer antiklerikalen Haltung bevorzugten. Z und Rechtsparteien wollten den Kirchen mehr oder weniger großen Einfluß auf die Volks-schule einräumen, während die DDP an der Forderung nach der sog. Simultanschule festhielt und sie in einigen Landesregierun-gen, auf die sie Einfluß hatte, auch durch-setzte. Auch hatte sich die DDP nachdrück-lich für die akademische Ausbildung der Volksschullehrer eingesetzt und dieses Ziel gemeinsam mit den Arbeiterparteien in den Ländern Sachsen und Hamburg erreicht.

Über den prozentualen Anteil der einzelnen Bevölkerungsschichten am Mitgliederbe stand liegen keine genauen Angaben vor. Gewisse Rückschlüsse lassen sich aus einer Tabelle[93] über die soziale Zusammensetzung des Funktionärskörpers in Sachsen von 1919 (Landesausschuß der DDP) ziehen:

Unternehmer, Fabrikdirektoren usw.	22%
Leitende Beamte und Angestellte	11%
Lehrer	15%
Freie Berufe	7%
Selbständige Gewerbetreibende	12%
Untere und mittlere Beamte	4%
Untere und mittlere Angestellte	10%
Bauern	3%
Arbeiter	2%
Ohne Beruf oder Berufsangabe	14%

Bei den Mitgliedern machten naturgemäß die Unternehmer und höheren Beamten einen geringeren Prozentsatz aus, während der Anteil der Angestellten sowie der unteren und mittleren Beamten noch höher lag.

Unter den Mitgliedern der DDP spielten die Frauen eine erheblich größere Rolle als in anderen bürgerlichen Parteien. Die bekannten Führerinnen der bürgerlichen Frauenbewe-gung H. LANGE, G. BÄUMER, Marie BAUM, M. E. LÜDERS waren in wichtigen Stellungen an der Führung der Partei beteiligt. In den Fraktionen des Reiches und der Länder traten die Frauen zahlenmäßig und im politischen Einfluß ebenfalls stärker hervor als bei den anderen bürgerlichen Parteien.

Die DDP besaß auch eine eigene Jugend-organisation, den *Reichsbund Deutscher Demokratischer Jugend*, der 1919 gegründet worden war. An seiner Spitze stand längere Zeit E. LEMMER. Die vielfach taktisch la-vierende Haltung, die die DDP innerhalb der Weimarer Koalition einnahm, vermochte die bürgerliche Jugend wenig anzuziehen. An den großen Universitäten und Hochschulen be-standen demokratische Studentengruppen, die fast überall nur 10 bis 20 Mitglieder hatten; zeitweise schlossen sich diese mit den so-zialdemokratischen, mit pazifistischen und anderen linksgerichteten Studentenvereini-gungen bei den AStA-Wahlen zu Wahlkar-tellen zusammen, um ein Gegengewicht gegen die chauvinistisch-antisemitischen Bestre-bungen der ↗ *Deutschen Studentenschaft (DSt)* zu schaffen.

Die DDP war eine Partei, deren Mitglieder und Anhänger sich überwiegend aus den evangelischen Gebieten Deutschlands rekru-tierten; in ausgesprochen katholischen Ge-genden hat die Partei von vornherein nicht entscheidend Fuß zu fassen vermocht, weil hier die für ihre Anhängerschaft in erster Linie in Frage kommenden mittel- und klein-bürgerlichen Kreise im Z bzw. in der ↗ BVP ihre Vertretung sahen. Einige Verbindungen bestanden zu den Kreisen des liberalen und fortschrittlichen Protestantismus (↗ *Deut-scher Protestantenverein [DPV]*). Viele sozial-politische und sozialreformerische For-derungen, mit denen die DDP unter Beibe-haltung der kapitalistischen Wirtschafts-ordnung glaubte, offenkundige soziale Schä-den beheben zu können, stammten deutlich aus der Gedankenwelt des ↗ *Evangelisch-sozialen Kongresses (ESK)*, an dessen Spitze lange Zeit der Kirchenhistoriker Adolf VON HARNACK gestanden hatte. Der Marburger Theologie-Professor P. M. RADE, Heraus-geber der liberal-protestantischen Zeitschrift »Christliche Welt«, war als stellvertretender Fraktionsvorsitzender der verfassunggeben-den Preußischen Landesversammlung ein be-sonders profilierter Politiker der DDP.

Der Einfluß der DDP in den einzelnen Ge-bieten Deutschlands wies große Unterschiede auf. Während sie z. B. in den süddeutschen Ländern Württemberg und Baden, in denen die liberalen Traditionen des 19. Jh. noch lebendig waren, starke Positionen besaß, spielte sie in Ostdeutschland oder auch in

Bayern keine nennenswerte Rolle. In West- und Mitteldeutschland konnte sie bei Wahlen insbesondere in den Mittel- und Kleinstädten relativ günstige Ergebnisse erzielen.

Große Auswirkungen auf Stärke und Einfluß der DDP hatten die Landes- und Kommunalpolitik. In Preußen bestand mit ganz unwesentlichen Unterbrechungen bis zum Staatsstreich PAPENS vom 20. Juli 1932 eine Regierung der Weimarer bzw. der Großen Koalition; die DDP war somit an sämtlichen Regierungen beteiligt. Während sich die Partei noch in der verfassunggebenden Preußischen Landesversammlung vor allem durch R. FRIEDBERG für einen Einheitsstaat einsetzte, fand sie sich später mit der Eigenstaatlichkeit Preußens ab und suchte sich gerade hier eine feste Position zu schaffen, die den Verfall der DDP im Reichsmaßstab um einige Jahre überdauerte. Wirtschaftlich wichtige Ministerien wie das Finanzministerium (Hermann HÖPKER-ASCHOFF) und das Handelsministerium (O. FISCHBECK und Walther SCHREIBER) waren lange Zeit in der Hand der DDP. Die DDP hatte auch großen Einfluß auf die Schul- und die Hochschulpolitik in Preußen.

In den übrigen deutschen Ländern mit vorwiegend evangelischer Bevölkerung nahm die DDP ebenfalls wichtige Positionen ein. In diesen Ländern fehlte das Z entweder völlig oder war als Regierungspartner zu schwach. Die DDP konnte daher auch bei relativ geringer Fraktionsstärke oft einen weitgehenden Einfluß auf die Landesregierungen ausüben. In Sachsen hatte die DDP z. B. seit 1926 nur noch 5 Landtagsabgeordnete, trotzdem besetzte sie hier eine Zeitlang das Finanz- und das Volksbildungsministerium und bis 1930 das wichtige Innenministerium durch den Leipziger Staatsrechtsprofessor W. APELT. Eine große Rolle spielte die DDP in der Kommunalpolitik. Regierender Bürgermeister in Hamburg war lange Zeit C. PETERSEN. Als Oberbürgermeister der 1920 geschaffenen Stadt Großberlin fungierte der ebenfalls der DDP angehörende Gustav Böss[94], der 1930 wegen Verwicklung in den SKLAREK-Skandal zum Rücktritt gezwungen wurde. In Dresden war mehrere Jahre Wilhelm KÜLZ Oberbürgermeister[95], in Leipzig der zunächst parteilose Karl ROTHE, der sich später der DStP anschloß, in Nürnberg der Führer der baye-

rischen DDP, Hermann LUPPE. Unbestreitbar haben viele dieser Kommunalpolitiker organisatorisch und verwaltungsmäßig für die von ihnen geleiteten Städte beachtliche fachliche Leistungen vollbracht. Grundsätzlich haben aber auch diese Mitglieder der DDP eine Politik getrieben, die nicht den Interessen der Arbeiterklasse, sondern denen der Bourgeoisie diente.

6. Die DDP in den Jahren 1919–1923

Nach der Niederlage der Novemberrevolution war die deutsche Monopolbourgeoisie bemüht, ihre angeschlagenen Machtpositionen wieder zu festigen. Infolge ihrer bürgerlich-liberalen Grundhaltung war die DDP besonders geeignet, beim Ausbau der parlamentarischen Herrschaftsform mitzuwirken. Sie spielte eine entscheidende Rolle bei der Bildung der Weimarer Republik und wurde eine der wichtigsten Stützen dieser bürgerlich-parlamentarisch verbrämten Diktatur der Monopolbourgeoisie. Bei den starken ideologischen Gegensätzen, die zwischen den beiden anderen Partnern der Weimarer Koalition bestanden, konnte die DDP vielfach ihren vermittelnden Standpunkt durchsetzen und gewann damit ein über ihre zahlenmäßige Bedeutung hinausgehendes politisches Gewicht. Auf der anderen Seite zeigte sich, daß die Fraktion der DDP selbst in vielen grundsätzlichen Fragen nicht einig war, was umsomehr zutage trat, als sie ihren Mitgliedern fast immer die Abstimmung freistellte und keinen Fraktionszwang ausübte. Das wurde deutlich bei der Abstimmung über den Friedensvertrag von Versailles, den die Partei als »vertragswidrig, unsittlich, unerfüllbar« bezeichnete und deshalb für »unannehmbar« erklärte.[96] Sieben Abgeordnete folgten jedoch dieser Parteiparole nicht, darunter F. VON PAYER, der im Zusammenhang damit sein Amt als Fraktionsvorsitzender niederlegte. Auch schied die DDP infolge ihrer ablehnenden Stellung zum Versailler Vertrag aus der Reichsregierung aus und gehörte dem am 21. Juni 1919 gebildeten Kabinett Gustav A. BAUER nicht an. Erst im Oktober 1919 trat sie mit den Ministern E. KOCH-WESER (Inneres), E. SCHIFFER (Justiz) und O. GESSLER (Wiederaufbau) diesem bei.

An der Schaffung der Weimarer Verfassung war die DDP nicht nur durch H. PREUSS maßgebend beteiligt, sondern auch durch ihre aktive Mitarbeit im Verfassungsausschuß, der unter der Leitung ihres Abgeordneten C. HAUSSMANN stand.[97] Nicht in allen Punkten vermochten sich aber die Vorstellungen durchzusetzen, die H. PREUSS und die DDP von der künftigen Verfassung hatten; so wurde z. B. der unitarische Charakter des Entwurfs stark verwässert. Vielfach mußte sich die DDP zu Kompromissen bereitfinden. Das gilt z. B. von Artikel 146 der Reichsverfassung über das Schulwesen, wo der Absatz 1 die »gemeinsame Grundschule« zwar zum Regeltyp erhebt, der Absatz 2 aber die Möglichkeit der Einrichtung besonderer Bekenntnis- oder Weltanschauungsschulen innerhalb der einzelnen Gemeinden zuläßt. Bei der Schlußabstimmung am 31. Juli 1919 in der Nationalversammlung stimmte die Fraktion der DDP geschlossen für die Weimarer Verfassung, in der viele traditionelle Forderungen des Liberalismus aufgenommen worden waren. Fortan bezeichnete sich die DDP als die »eigentliche Verfassungspartei«.[98] Dennoch bestanden bei vielen Politikern der DDP weiterhin Vorbehalte gegenüber der Weimarer Republik. Sie hatten mit innerem Widerstreben den Weg von der Monarchie zur Republik mitgemacht und blieben monarchistischen, antidemokratischen Auffassungen verhaftet. Kennzeichnend für die Haltung dieser »Vernunftrepublikaner« war die Äußerung Eduard HAMMS: »Die meisten von uns sind zunächst nur Republikaner geworden durch den Zwang der Ereignisse.«[99]

In sozialpolitischen Fragen lehnte sich die DDP vielfach an die Politik der rechten Führer der *SPD* an. Sie sprach sich gegen jedes Antasten der kapitalistischen Ordnung aus, war jedoch zu sozialen Zugeständnissen bereit und arbeitete in der Sozialisierungskommission mit. Bei den Auseinandersetzungen über das Betriebsrätegesetz war sie bestrebt, die Räte zu Organen der »Arbeitsgemeinschaft« zwischen Unternehmern und Arbeitern zu machen und ihnen eng begrenzte ökonomische und soziale Aufgaben zuzuweisen. Allerdings waren einigen Unternehmergruppen in der DDP die im Betriebsrätegesetz verankerten sozialen Rechte noch zu weitgehend, und sie drohten, die weitere finanzielle Unterstützung einzustellen.[100] Auf dem 2. außerordentlichen Parteitag der DDP im Dezember 1919 kam es zwischen dem Unternehmerflügel und der »Arbeitnehmer«-Gruppe zu scharfen Auseinandersetzungen über die Stellung zum Betriebsrätegesetz. Obwohl Friedrich RASCHIG, der das Referat über Wirtschaftsfragen hielt, berichten konnte, daß der Entwurf des Betriebsrätegesetzes durch die Mitarbeit der Fraktion der DDP so »verbessert« worden sei, »daß ihm die allerschlimmsten Giftzähne ausgezogen sind«[101], sprachen sich H. FISCHER und andere Vertreter der Unternehmerkreise gegen ein »zu weitgehendes« Mitbestimmungsrecht der Arbeiter aus und lehnten zahlreiche Punkte des Betriebsrätegesetzes ab. Andererseits kritisierte eine Reihe Delegierter aus den Kreisen der Arbeiter und Angestellten die einseitige Vertretung der Unternehmerinteressen durch die Führung und verlangte, daß die Partei sich hinter das Betriebsrätegesetz stelle.[102] Mit Rücksicht auf ihre Koalitionspolitik mit der *SPD* und unter dem Druck der »Arbeitnehmer«-Gruppe in der Partei stimmte die DDP Anfang 1920 in der Nationalversammlung für das Betriebsrätegesetz, wobei jedoch 44 Abgeordnete der Abstimmung fernblieben, darunter C. PETERSEN, O. FISCHBECK, G. BÄUMER, E. SCHIFFER, Ph. WIELAND und andere namhafte Führer der DDP.[103]

Beim KAPP-Putsch schloß sich die DDP der Front gegen die rechtsextremistischen Verschwörer an und trug damit der Ablehnung einer Militärdiktatur durch das demokratische Bürgertum Rechnung. Am 14. März rief die Führung der DDP die Mitglieder und Anhänger auf, sich am Generalstreik zu beteiligen.[104] C. PETERSEN betonte aber, daß es sich lediglich um »eine politische Demonstration durch Arbeitsruhe im Einverständnis mit den Arbeitgebern und zugunsten der Regierung« handele.[105] Heftige Vorwürfe richtete die Parteiführung gegen die *DNVP* und *DVP* als die »moralisch und politisch Verantwortlichen«, aus deren Agitationswerkstätten »die Forderungen Kapps stammten«.[106]

Unter dem Eindruck des machtvollen einheitlichen Auftretens der Arbeiterklasse reihten sich viele Mitglieder der DDP, insbesondere Arbeiter, Angestellte und Beamte, in die

Volksbewegung ein. In zahlreichen Orten gehörten Vertreter der DDP den Aktionsausschüssen der Arbeiterklasse an. O. NUSCHKE organisierte in Berlin Flugblattaktionen gegen die Kappisten und stellte die »Berliner Volks-Zeitung« in den Dienst der Volksbewegung.[107] Die Führung der DDP bemühte sich, die »nationale Arbeitsruhe« auf die bloße Verteidigung der Weimarer Republik zu beschränken. E. SCHIFFER, der als Beauftragter der Reichsregierung in Berlin zurückgeblieben war, verhandelte mit Wolfgang KAPP und versuchte ihn zum schnellen Rücktritt zu bewegen, um eine Ausweitung der Kampfaktionen der Arbeiterklasse zu verhindern. Als ernste Gefahr sah E. KOCHWESER die »Vereinigung aller Arbeiter und die Räterepublik« an.[108] Nachdem W. KAPP zurückgetreten war, verlangte die Führung der DDP den sofortigen Abbruch des Generalstreiks und widersetzte sich den Forderungen der Arbeiter, wirksame Maßnahmen gegen die Konterrevolution und für die Sicherung und Erweiterung der Demokratie zu ergreifen. Die Einschätzung W. I. LENINS bestätigte sich: »Der Liberale fürchtet die Bewegung der Massen und die konsequente Demokratie *mehr* als die Reaktion ... Der Liberale verteidigt die politische Freiheit und die Verfassung stets mit Einschränkungen...«.[109]

Bei den Verhandlungen der Gewerkschaftsführer mit Mitgliedern der Reichsregierung und Regierungsparteien vom 18. bis 20. März 1920 über das von den Gewerkschaften aufgestellte Neunpunkteprogramm wandten sich die DDP-Vertreter gegen die von den Werktätigen erhobenen Forderungen.[110] Um mit Hilfe der rechten Gewerkschaftsführer den Abbruch des Generalstreiks zu erreichen, mußten sie aber in einigen Punkten nachgeben. Die Mehrheit des Vorstandes und der Fraktion der DDP erklärte jedoch, daß sie sich nicht an die Verhandlungsergebnisse gebunden fühle, und wich einer klaren Stellungnahme aus. Lediglich einige Vertreter des linken Parteiflügels, so O. NUSCHKE, G. HARTMANN, Wilhelm GLEICHAUF und E. REMMERS, sprachen sich für die Annahme der Gewerkschaftsforderungen aus. Die Führung der DDP, die die alte Koalitionspolitik fortsetzen wollte, trat vor allem den Bestrebungen, eine Arbeiter- oder Gewerk-

schaftsregierung zu bilden, entschieden entgegen.[111]

Am 27. März 1920 wurde erneut eine Regierung der Weimarer Koalition gebildet, an der sich die DDP wiederum beteiligte. O. GESSLER erhielt das Reichswehrministerium, das er bis 1928 innehatte. Obwohl die DDP viele Jahre dieses wichtige Ministerium besetzte, übte sie als Partei keinen direkten Einfluß auf die Reichswehr aus. Den alten kaiserlichen Generälen, die an der Spitze der Reichswehr standen, war es andererseits sehr erwünscht, daß ein Politiker der DDP als Reichswehrminister fungierte und sie gegenüber Kritiken bürgerlich-republikanischer Kräfte abschirmte.

Das Monopolkapital ging immer mehr zum Ausbau seiner Machtpositionen und zu einer Offensive gegen die sozialen und demokratischen Errungenschaften der Novemberrevolution über. Da die DDP durch ihr Eintreten für einige soziale und demokratische Rechte und ihre enge Bindung an die Sozialdemokratie festgelegt war und sich als Regierungspartei bereits in starkem Maße vor den Massen kompromittiert hatte, erschien sie für die Durchsetzung dieser Bestrebungen ungeeignet. Immer größere Teile der Bourgeoisie orientierten sich auf die *DVP*, die den neuen Erfordernissen besser entsprach und es unter der Führung STRESEMANNS verstanden hatte, sich stärker in den Vordergrund zu schieben. Die Unterstützung der DDP durch die Unternehmerverbände ließ merklich nach. Bereits Ende 1919 war im Zusammenhang mit den Auseinandersetzungen über das Betriebsrätegesetz in Unternehmerkreisen die Meinung laut geworden, daß die DDP »unzuverlässig« sei und ein »Anhängsel der Sozialdemokratie« bilde. Die DDP geriet in eine Krise, die bereits Anfang 1920 deutlich in Erscheinung trat, als es zu heftigen Angriffen von Vertretern des rechten Flügels auf die Haltung der Partei während des KAPP-Putsches und zu Übertritten einiger Industrieller bzw. ehemaliger Nationalliberaler zur *DVP* kam.[112]

Bei den Reichstagswahlen im Juni 1920 hatte die DDP einen beträchtlichen Stimmenrückgang zu verzeichnen. Gegenüber den Wahlen zur Nationalversammlung verlor sie etwa die Hälfte der Stimmen und Mandate. Diese eindeutige Wahlniederlage der DDP stand im

engen Zusammenhang mit der Umorientierung einiger Kreise der Bourgeoisie, die bisher die DDP unterstützt hatten, auf die *DVP*
und war ein Ausdruck der Veränderung des
Kräfteverhältnisses der Klassen zugunsten
der Reaktion. Nach den Erfolgen der Konterrevolution und nach der Stabilisierung der
bürgerlichen Ordnung hatten sich breite kleinbürgerliche Schichten wieder den Rechtsparteien zugewandt, die unter Ausnutzung des
Versailler Vertrages eine zügellose nationalistische und revanchistische Hetze betrieben.
Andererseits machten viele Angehörige der
Mittelschichten die DDP, die das Bestreben
des Monopolkapitals unterstützte, die Lasten
des Versailler Vertrages einseitig auf die
werktätigen Massen abzuwälzen, für die
ständigen Steuererhöhungen und die zunehmende Verelendung verantwortlich und
wandten sich enttäuscht von ihr ab.

Nach den Reichstagswahlen nahmen maßgebliche Führer der DDP Kurs auf eine engere
Zusammenarbeit mit der *DVP* und deren
Einbeziehung in eine Regierung der Großen
Koalition. Gleichzeitig sprachen sie sich für
eine stärkere Betonung der bürgerlich-kapitalistischen Grundhaltung der DDP und eine
klarere Abgrenzung zur Sozialdemokratie
aus, um das »Vertrauen« der Unternehmer-
schaft zurückzugewinnen. Einige Politiker
der DDP gingen über diese Linie noch hinaus
und forderten, Fusionsverhandlungen mit der
DVP einzuleiten. Die DDP trat in die nach den
Reichstagswahlen gebildete rein bürgerliche
Regierung FEHRENBACH ein, an der sich erstmalig die *DVP* beteiligte. Die Regierungsbeteiligung erfolgte gegen den Widerstand des
linken Flügels der Partei, der sich nach wie
vor auf eine enge Zusammenarbeit mit der
SPD orientierte und die »Liebäugelei« mit der
DVP ablehnte.[113]

Im 1921 gebildeten Kabinett WIRTH, das
wiederum eine Regierung der Weimarer
Koalition mit sozialdemokratischer Beteiligung, aber unter bürgerlicher Führung darstellte, war die DDP durch E. SCHIFFER,
O. GESSLER und RATHENAU vertreten, der
zunächst das Wiederaufbauministerium übernahm. RATHENAU schätzte die Lage des
deutschen Monopolkapitals nüchtern ein. Im
Unterschied zu den »Katastrophenpolitikern«
um H. STINNES trat er für die Leistung von
Reparationen »im Rahmen des Möglichen«

ein. Gegen diesen Grundsatz der imperialistischen »Erfüllungspolitik« bestanden in der
DDP seit ihrer Ablehnung des Versailler
Vertrages noch starke Ressentiments. Die
Vorbehalte zeigten sich bei der Reichstagsabstimmung im Mai 1921 über das sog.
Londoner Ultimatum, das die Anerkennung
der auf 132 Milliarden Goldmark festgelegten
deutschen Zahlungsverpflichtungen verlangte. Mehr als die Hälfte der Fraktion der
DDP stimmte gegen die Annahme des Ultima-
tums.[114] Angesichts der im Oktober 1921 vom
Völkerbund beschlossenen Teilung Ober-
schlesiens griffen führende Politiker der DDP
erneut die Erfüllungspolitik an. Auf der gemeinsamen Sitzung des Parteivorstandes mit
dem Reichstags- und Landtagsabgeordneten
und Mitgliedern anderer Gremien am
13. Oktober 1921 wurde von der Mehrheit der
Redner der Rücktritt des Kabinetts WIRTH
gefordert. Einige prominente Politiker, so G.
GOTHEIN, H. GERLAND und Bernhard FALK,
bekannten sich sogar offen zur »Katastrophenpolitik«.[115] Ende Oktober beschloß
schließlich die Reichstagsfraktion den Regie-
rungsaustritt und zog ihre Minister E. SCHIF-
FER und RATHENAU zurück. Dieser Beschluß
stand im Mittelpunkt der Auseinandersetzungen auf dem Parteitag der DDP im November
1921 in Bremen. RATHENAU verteidigte in
einem grundsätzlichen Referat die Konzeption der Erfüllungspolitik. Er bekannte sich
zur Großen Koalition, trat jedoch gleichzeitig
für eine klare Abgrenzung gegenüber der
DVP ein und kritisierte die unklare Haltung
zum Kabinett WIRTH. A. ERKELENZ, H.
PREUSS und andere Vertreter des linken
Flügels unterstützten die Auffassungen
RATHENAUS. Sie verurteilten entschieden den
von der Mehrheit der Reichstagsfraktion
gefaßten Beschluß sowie die einseitige Orientierung auf die Bildung einer Regierung der
Großen Koalition mit der *DVP*.[116] Die Auseinandersetzungen endeten zwar nicht mit
einer klaren Entscheidung, doch die DDP
bekannte sich in der Folgezeit eindeutiger
zur Erfüllungspolitik. Mit Zustimmung der
Reichstagsfraktion der DDP trat RATHENAU
Anfang 1922 erneut in das Kabinett WIRTH
ein und übernahm das Außenministerium.
Im April 1922 unterzeichnete RATHENAU den
Rapallovertrag, der die Grundlage für eine
friedliche Zusammenarbeit zwischen

Deutschland und Sowjetrußland legte und den Interessen beider Völker entsprach. RATHENAU repräsentierte jene realistisch denkenden Kreise der herrschenden Klasse, die — ohne die außenpolitische Orientierung auf die Westmächte aufzugeben — die Zusammenarbeit mit dem Sowjetstaat nutzen wollten, um den Niedergang der deutschen Wirtschaft zu überwinden, und sich in ihren Auffassungen den Ideen der friedlichen Koexistenz näherten. Zu diesen Kräften gehörte insbesondere auch L. HAAS, der erklärte, Rußland und Deutschland könnten sich »wertvolle Dienste leisten«, und den Rapallovertrag als Frieden der »Vernunft und der ehrlichen Verständigung« bezeichnete.[117] Die Normalisierung der Beziehungen zu Sowjetrußland war von DDP-Politikern seit langem als wünschenswert angesehen worden. So sagte O. NUSCHKE am 13. Februar 1922 im Preußischen Landtag, es sei notwendig, »endlich einmal reinen Tisch (zu) machen, indem man die Sowjetregierung politisch anerkennt.«[118] Die Zustimmung der Reichstagsfraktion der DDP zum Rapallovertrag bedeutete nicht, daß Einmütigkeit über das deutsch-sowjetische Verhältnis bestand. Auf der Sitzung des Parteiausschusses am 28. Mai 1922 schätzte Georg BERNHARD, der über die Konferenz in Genua referierte, den Vertrag positiv ein, während der Korreferent, M. J. BONN, vor den Folgen des Vertragsabschlusses warnte, die er vor allem in der Verschlechterung der Aussichten auf Gewährung von Anleihen durch die Westmächte sah. Auch in der Reichstagsfraktion hatte es, berichtete C. PETERSEN, »Zweifel über die Zweckmäßigkeit des Vertrages« gegeben.[119] Viele Politiker sahen im Rapallovertrag in erster Linie ein Druckmittel gegen die imperialistischen Siegermächte. Er und andere empfänden den Vertrag als »starkes Warnungszeichen gegenüber der Entente«, schrieb E. KOCH-WESER an RATHENAU.[120]

1922/23 wurde der Einfluß der reaktionärsten Gruppen des Monopolkapitals auf die Innen- und Außenpolitik Deutschlands immer stärker. Hierbei spielte die Ausdehnung und wirtschaftliche Machtentfaltung des Stinnes-Konzerns eine große Rolle. Auch Teile der der DDP nahestehenden Wirtschaftskreise gerieten in ökonomische Abhängigkeit zu H. STINNES, so beispielsweise C. F. VON SIEMENS, der durch die Ende 1920 gebildete Siemens-Rhein-Elbe-Schuckert-Union in den Stinnes-Konzern einbezogen worden war. In der DDP machte sich wieder stärker das Bestreben bemerkbar, eine Anlehnung nach rechts zu suchen. Ein Ausdruck dieser Tendenz war die Bildung einer »parlamentarischen Arbeitsgemeinschaft« zwischen DDP, DVP und Z. Vor allem aber wurde die Rechtsentwicklung deutlich sichtbar, als sich die DDP an der Ende 1922 gebildeten Regierung des Hapag-Generaldirektors CUNO beteiligte, die weitgehend die Linie der Stinnesgruppe vertrat. Der CUNO-Regierung gehörten von der DDP Rudolf OESER (Innenminister) sowie der Reichswehrminister O. GESSLER an. Das wichtige Amt des Staatssekretärs in der Reichskanzlei übernahm E. HAMM. O. GESSLER wandte sich gegen alle Forderungen nach einer »Republikanisierung« der Reichswehr und unterstützte den Chef der Heeresleitung, General Hans VON SEECKT, beim Aufbau einer »Schwarzen Reichswehr«, deren Angehörige größtenteils aus den republikfeindlichen ehemaligen Freikorpsverbänden kamen. In der DDP kam es immer häufiger zu Auseinandersetzungen über die Reichswehrpolitik O. GESSLERS. So kritisierte z. B. T. TANTZEN auf einer Vorstandssitzung die Personalpolitik O. GESSLERS und erklärte, die »Entpolitisierung der Reichswehr« habe zur »Entrepublikanisierung« geführt. O. GESSLER wies diesen Vorwurf mit dem Argument zurück, ihm sei »die Hauptsache nicht die Republik, sondern das Vaterland«.[121]

Mit ihrer Regierungsbeteiligung deckte die DDP die »Katastrophenpolitik« der reaktionärsten Gruppen des Monopolkapitals. Als die französische und belgische Regierung die provozierte Verschleppung der deutschen Reparationszahlungen zum Anlaß nahmen, das Ruhrgebiet zu besetzen, unterstützte die DDP voll den vom Kabinett CUNO proklamierten »passiven Widerstand«. Der Vorstand nahm am 27. Januar 1923 eine Entschließung an, in der die »treudeutsche Haltung« der rheinisch-westfälischen Bevölkerung begrüßt, die Bewunderung für den Abwehrwillen »aller deutschen Volksteile« gegen die »räuberischen Übergriffe des französischen Imperialismus« ausgesprochen und zu passivem Widerstand aufgerufen wurde.[122] Wenngleich die DDP sich von den extrem reaktionären Kräften abzugrenzen versuchte, breiteten sich in der Partei verstärkt nationalistische Tendenzen aus. Angesichts der wachsenden Verelendung breiter Schichten der Bevölkerung und der Massenbewegung gegen die reaktionäre Politik der CUNO-Regierung mehrten sich in der DDP die Stimmen, die auf eine rasche Verständigung mit Frankreich drängten.[123] Nachdem CUNOS Außenpolitik völlig gescheitert war, wurde er im Gefolge eines Generalstreiks der Arbeiterklasse durch STRESEMANN abgelöst. Mit dem von ihm im August 1923 gebildeten Kabinett der sog. Großen Koalition war im Reich erstmalig die von der DDP angestrebte Form der Regierungsbildung verwirklicht. Die von den »Katastrophenpolitikern« forcierte Inflation hatte inzwischen einen solchen Grad erreicht, daß weite Kreise der Industrie nunmehr auf eine Währungsstabilisierung Kurs nahmen. Auch in Parteigremien der DDP war mehrfach über Möglichkeiten zur Eindämmung der Inflation beraten worden.[124] An der Stabilisierung der Währung wirkte vornehmlich H. SCHACHT mit, der zum Währungskommissar der Reichsregierung und später zum Reichsbankpräsidenten berufen wurde.

Als im Herbst 1923 in Sachsen und Thüringen Arbeiterregierungen aus linken Sozialdemokraten und Kommunisten gebildet worden waren, war es neben STRESEMANN vor allem O. GESSLER, der energisch eine bewaffnete Intervention gegen diese Länder forderte. Nach der Besetzung Sachsens durch Reichswehrtruppen bedauerte die DDP die dabei erfolgten Übergriffe und »Kompetenzüberschreitungen«, rechtfertigte aber prinzipiell die Absetzung der verfassungsmäßig gebildeten Landesregierung.[125] Andererseits unternahm die Reichsregierung nichts gegen die verfassungswidrigen Zustände in Bayern, das von Gustav RITTER VON KAHR zu einer reaktionären »Ordnungszelle« ausgebaut wurde. Die DDP, die sich dafür ausgesprochen hatte, »sowohl in Bayern als auch in Sachsen« Ordnung zu schaffen, beließ es bei einem Protest bei STRESEMANN gegen die Verschleppung der Entscheidung gegen Bayern.[126] Die Übertragung der gesamten vollziehenden Gewalt an den General H. VON SEECKT und die Unterdrückung der revolutionären Arbeiterorganisationen fand die volle Billigung der DDP.[127] Sie stimmte auch dem

Ermächtigungsgesetz für die am 30. November 1923 gebildete Regierung Wilhelm MARX zu. Als Regierungspartei, die mit E. HAMM den Wirtschaftsminister stellte, trug sie für deren sozialreaktionäre Maßnahmen eine besonders große Verantwortung. Die Unzufriedenheit vieler Mitglieder spiegelte sich in einer Entschließung des Reichsarbeitnehmerausschusses wider, in der gegen den »Ansturm eines erheblichen Teils des Unternehmertums gegen die Sozialpolitik« protestiert wurde.[128]

7. Die DDP in den Jahren 1924–1929

In der Periode der relativen Stabilisierung des Kapitalismus hatte sich die übergroße Mehrheit der deutschen Monopolbourgeoisie vorläufig mit der bürgerlich-parlamentarischen Form ihrer Herrschaft abgefunden und war bestrebt, stärkeren Einfluß auf den Weimarer Staat zu nehmen (↗ RDI). Die DVP und auch die DNVP traten immer stärker in der unmittelbaren Machtausübung und bei der Bestimmung des innen- und außenpolitischen Kurses in Erscheinung, während die DDP zunehmend an Bedeutung verlor. Infolge der Abwanderung vieler Geldgeber zur DVP und des Nachlassens der Unterstützungen durch die Unternehmerverbände wuchsen bei der DDP die finanziellen Schwierigkeiten. Sie mußte den Organisationsapparat weiter einschränken und die Wahlkosten niedrig halten.[129] Dennoch nahm die Verschuldung ständig zu. Gleichzeitig erhöhte sich dadurch die Abhängigkeit von den ihr noch verbliebenen finanziellen Förderern.[130]

Bei den Reichstagswahlen im Mai 1924 war sichtbar geworden, daß der Niedergangsprozeß der DDP weiter anhielt. Gegenüber den Wahlen im Juni 1920 hatte sie erneut beträchtliche Stimmenverluste zu verzeichnen und nur noch 28 Mandate erlangt. Im Herbst 1924 kam es zu Krisenerscheinungen in der Führung der DDP, die vor allem durch die Auseinandersetzung über die Stellung zu einer Regierungsbeteiligung mit der DNVP hervorgerufen wurden. Einige prominente Vertreter des rechten Flügels traten für die Einbeziehung der DNVP in die Regierung ein, die Mehrheit des Vorstandes sprach sich jedoch aus Rücksicht auf die Wählermassen, die einen solchen Schritt kaum gebilligt hätten, dagegen aus. Daraufhin erklärten der stellvertretende Parteivorsitzende H. GER-LAND, E. SCHIFFER, C. F. VON SIEMENS und andere Vertreter des rechten Flügels den Austritt und bildeten die ↗ LVg. Einzelne Politiker der DDP (u. a. O. KEINATH) gingen unmittelbar zur DVP über. Gleichzeitig traten auch einige führende Vertreter des ↗ DB (u. a. K. BÖHME und Hermann WESTERMANN) aus, die mit der ablehnenden Haltung der DDP gegenüber landwirtschaftlichen Schutzzöllen nicht einverstanden waren.[131] Die in der DDP verbliebenen Gruppen des rechten Flügels waren keineswegs prinzipiell gegen eine Zusammenarbeit mit der DNVP. So erklärte z. B. E. KOCH-WESER, der seit Anfang 1924 Parteivorsitzender war, in einem Brief an H. GER-LAND, daß die DDP die Beteiligung der DNVP an der Regierung nicht grundsätzlich ablehne, sondern nur deshalb, weil hierfür die Zeit »noch nicht reif« sei.[132] Die der DDP nahestehenden Bevölkerungskreise waren mit der Koalitionsaussage gegen die DNVP einverstanden. Dies zeigten die Ergebnisse der Reichstagswahlen im Dezember 1924, bei der die Partei leichte Stimmengewinne erzielen konnte. Gegenüber der im Januar 1925 unter Einschluß der DNVP gebildeten Bürgerblockregierung Hans LUTHER nahm die DDP jedoch keine konsequente oppositionelle Haltung ein. Teilweise unterstützte sie sogar die von dieser betriebene Politik. So stimmte sie z. B. der in Absprache mit dem RDI eingeleiteten Steuerreform zu[133], die u. a. die Steuern für die hohen Einkommen sowie die Körperschaftssteuer herabgesetzt hatte, während die Werktätigen mit neuen Verbrauchersteuern belastet wurden. Große Probleme ergaben sich für die DDP vor allem dadurch, daß auch im Kabinett H. LUTHER O. GESSLER als Reichswehrminister fungierte. Er galt zwar als »nichtparteigebunden«, gehörte aber weiterhin der DDP an. Vertreter des linken Parteiflügels distanzierten sich von der Reichswehrpolitik O. GESSLERS, insbesondere von der von ihm unterstützten illegalen Aufrüstung. Die Kräfte um E. KOCH-WESER, die einen öffentlichen Konflikt scheuten, versuchten zwar diese Kritik abzublocken, mußten aber eingestehen, daß O. GESSLER eine Belastung für die DDP bedeute.[134]

Der rechte Flügel der DDP orientierte sich immer stärker auf STRESEMANN und strebte einen baldigen Zusammenschluß mit der DVP an. Ein entscheidendes Organ für eine allmähliche Annäherung zwischen DDP und DVP sollte die LVg darstellen, die 1925 durch den Eintritt führender Politiker der DVP und DDP umgebildet worden war. Ihr gehörten u. a. die Reichstagsabgeordneten O. FISCH-BECK, Julius KOPSCH und Georg SPARRER an.[135] Die DDP hielt gleichzeitig ihre Verbindungen zur SPD aufrecht, mit der sie nach wie vor in Preußen und anderen Ländern eng zusammenarbeitete. Eine wichtige Rolle spielte hierbei das auf Initiative rechtssozialdemokratischer Führer 1924 gegründete Reichsbanner »Schwarz-Rot-Gold«, das sich zum Ziel setzte, die Weimarer Republik gegen »rechts und links« zu verteidigen. Die Führung des Reichsbanners setzte sich aus Politikern der Weimarer Koalitionsparteien zusammen. Als Vertreter der DDP arbeiteten A. ERKELENZ, L. HAAS, E. KOCH-WESER, W. KÜLZ, O. NUSCHKE, H. PREUSS und Th. WOLFF aktiv mit.

Bei der Reichspräsidentenwahl im Frühjahr 1925 stellte die DDP im ersten Wahlgang den badischen Staatspräsidenten W. HELLPACH auf. Seine Kandidatur, die 1 568 398 (= 5,8 % der Gesamtzahl) Stimmen auf sich vereinigte, konnte von vornherein nur als Zählkandidatur gewertet werden. Beim zweiten Wahlgang hatten sich die Parteien der Weimarer Koalition auf den Zentrumspolitiker W. MARX als Kandidaten geeinigt. Es fiel der DDP schwer, ihre Mitglieder und Anhänger für eine entsprechende Stimmabgabe zu gewinnen. Unter Berufung auf die antiklerikalen Traditionen der Partei lehnten insbesondere die Vertreter Württembergs und Hamburgs im Vorstand und Parteiausschuß die Wahl von W. MARX ab.[136] Die Opposition unter der Mitgliedschaft äußerte sich in zahlreichen Parteiaustritten. Einige Ortsgruppen traten sogar für die Wahl des Kandidaten der Rechtsparteien, HINDEN-BURG, ein.[137] Nach der Wahl HINDENBURGS stellte sich die DDP ebenso wie ihre anderen Partner der Weimarer Koalition vorbehaltlos hinter den neuen Reichspräsidenten und vertraute dessen Loyalitätserklärungen, die Weimarer Verfassung zu achten.

Die DDP unterstützte die pazifistisch drapierte Außenpolitik STRESEMANNS, die darauf

abzielte, durch die schrittweise Rückgewinnung der Großmachtstellung Deutschlands günstige Ausgangspunkte für die Expansions- und Aggressionspläne des deutschen Imperialismus zu schaffen. Nachdem die DDP bereits 1924 dem Dawesplan zugestimmt hatte, setzte sie sich vorbehaltlos für den Locarnopakt und den Eintritt Deutschlands in den Völkerbund ein. In ihren außenpolitischen Vorstellungen suchte sie die Forderung nach Revision des Versailler Vertrages eng mit dem Bekenntnis zur Verständigungspolitik und Völkerversöhnung zu verbinden.[138] Nachdrücklich trat die DDP für die Revision der Ostgrenzen, den Anschluß Österreichs und die Rückgabe der früheren deutschen Kolonien ein.[139] Verschiedentlich wurde versucht, die expansionistischen Ziele mit dem Schlagwort vom »Volk ohne Raum« zu begründen[140] und die Mitteleuropapläne F. NAUMANNS neu zu beleben. E. KOCH-WESER erklärte, daß der »Lebensraum Deutschlands« in Mitteleuropa liege und »gen Südosten zu erweitern« sei.[141] Zunehmend breiteten sich in der DDP antisowjetische Tendenzen aus, wenn auch führende Politiker an der Auffassung von der »Brückenfunktion« Deutschlands zwischen Ost und West festhielten.[142] Es gab allerdings unter den Mitgliedern auch weiterhin Persönlichkeiten, die für ein gutnachbarliches Verhältnis zur Sowjetunion und für den Ausbau der Rapallo-Politik eintraten. Zu ihnen gehörten u. a. L. HAAS, W. HELLPACH, O. NUSCHKE, P. VON SCHOENAICH und Professor Hermann Anders KRÜGER (Fraktionsvorsitzender der DDP im Thüringer Landtag). Mit Reiseberichten über ihren Aufenthalt in der Sowjetunion, in denen sie sich anerkennend über die neuen gesellschaftlichen Verhältnisse äußerten, trugen P. VON SCHOENAICH und H. A. KRÜGER zum Ausbau der deutsch-sowjetischen Freundschaft bei.[143]
Im Oktober 1925 zog die *DNVP*, die sich gegen die Außenpolitik STRESEMANNS stellte, ihren Minister aus der Reichsregierung zurück. HINDENBURG beauftragte im Dezember 1925 E. KOCH-WESER mit der Regierungsbildung. Dieser konnte aber keine programmatische Grundlage zustandebringen, die *DVP* und *SPD* gleichzeitig befriedigt hätte. Nach dem Scheitern seiner Versuche wurde wiederum H. LÜTHER mit der Bildung einer Re-

gierung beauftragt. In dieser Regierung erhielt die DDP neben dem Reichswehrministerium das Innen- und das Finanzministerium zugesprochen. Innenminister wurde W. KÜLZ, der bisher im wesentlichen nur als Kommunalpolitiker hervorgetreten war, Finanzminister der bisherige sächsische Finanzminister Peter REINHOLD. Letzterer galt als ein Vertreter des rechten Flügels der Partei und als ein Vertrauensmann der sächsischen Industrie, die vorwiegend eine Industrie der Konsumgüter (Textilien) und der exportinteressierten Branchen war. Die drei Minister der DDP wurden im Mai 1926 nach dem Sturz H. LUTHERS, dessen Bestreben, durch eine Flaggenverordnung auf verfassungswidrige Weise den Farben Schwarz-Weiß-Rot wieder Geltung zu verschaffen, von der DDP mißbilligt worden war[144], in das neue Kabinett W. MARX übernommen.
Die auf Initiative der *KPD* eingeleitete Volksbewegung für die entschädigungslose Enteignung der Fürsten, der sich auch die *SPD* und die Gewerkschaften anschlossen, stellte die DDP vor eine wichtige Entscheidung. Sie war aufgerufen, gemeinsam mit der Arbeiterklasse für eine allgemein-demokratische Forderung einzutreten und durch die Tat zu beweisen, daß ihre antimonarchistischen und republikanischen Bekenntnisse ernst gemeint waren. Die Führung der DDP widersetzte sich jedoch unter Hinweis auf die »Gefährdung des Privateigentums« durch die Fürstenenteignung dem Anschluß an die Volksbewegung und lehnte eine Unterstützung des Volksbegehrens ab. Sie beteiligte sich an der Ausarbeitung eines »Kompromißentwurfes«[145], der die Errichtung eines Reichssondergerichts sowie »Enteignungen« gegen Entschädigungen vorsah und darauf abzielte, das Volksbegehren zu verhindern. Die tiefe Kluft zwischen den Vertretern des Großkapitals und den Interessen der Mehrheit der Mitglieder trat erneut offen zutage. Große Teile der Mitglieder widersetzten sich den Festlegungen der Parteiführung, lehnten den »Kompromißentwurf« ab und reihten sich in die Volksbewegung ein. So beschlossen z. B. der Bezirk Großberlin des *Reichsbundes Deutscher Demokratischer Jugend*, eine Mitgliederversammlung der DDP in Hamburg, die *Jungdemokratische Arbeitsgemeinschaft* in Bayern sowie der Landesverband Pom-

mern der DDP, am Volksbegehren teilzunehmen.[146] Unter Leitung von O. NUSCHKE bildete sich in Berlin ein »Staatsbürgerlicher Ausschuß zur Förderung des Volksbegehrens«, der betonte, daß »Volkswohl über Fürstenvorrecht« gestellt werden müsse.[147] Diesem Ausschuß gehörten zahlreiche preußische Landtagsabgeordnete und andere prominente Mitglieder der DDP an. Auf der Sitzung des Parteiausschusses am 10. März 1926 setzten sich O. NUSCHKE, Conrad BERNDT, Hermann GROSSMANN, R. O. FRANKFURTER u. a. für die Beteiligung am Volksbegehren ein und forderten die Freigabe der Stimmen.[148] Ihr Antrag wurde jedoch mit 90 gegen 13 Stimmen abgelehnt.

Nachdem die Verhandlungen mit anderen bürgerlichen Parteien über den »Kompromißentwurf« gescheitert waren, konnte die Führung der DDP ihre ablehnende Haltung nicht mehr länger aufrechterhalten. Unter dem Druck der Mitgliedermassen und des linken Flügels nahm der Vorstand am 20. Mai 1926 mit 18 gegen 2 Stimmen eine Entschließung an, in der die Stimmabgabe bei dem für den 20. Juni angesetzten Volksentscheid freigestellt wurde.[149] Diese Entscheidung wurde zwar den Erfordernissen der Volksbewegung und auch dem Willen vieler Mitglieder der DDP keineswegs gerecht, hob sich jedoch von der Haltung der anderen bürgerlichen Parteien ab, die zum Boykott des Volksentscheids aufgerufen hatten. Die am weitesten rechts stehenden Kreise der DDP wandten sich scharf gegen diese Neutralitätserklärung. H. SCHACHT, der vor der Sitzung des Parteivorstandes in einem Brief an E. KOCH-WESER in ultimativer Form eine eindeutige Entscheidung gegen den Volksentscheid verlangt hatte, trat am 21. Mai 1926 aus der DDP aus.[150] Ihm schlossen sich der Publizist P. ROHRBACH und andere Mitglieder der DDP an. Vertreter des rechten Flügels der DDP veröffentlichten einen von G. GOTHEIN, J. JUNCK, F. MEINECKE u. a. unterzeichneten Aufruf, in dem die Stimmfreigabe als »unheilvoll« bezeichnet und zur Nichtbeteiligung am Volksentscheid aufgefordert wurde.[151] Andererseits sprachen sich der Staatsbürgerliche Ausschuß zur Förderung des Volksentscheids, der *Reichsbund Deutscher Demokratischer Jugend* sowie einzelne Wahlkreise und Ortsgruppen sowie Organisationen

der Jungdemokraten offen für die entschädigungslose Enteignung der Fürsten aus.[152]

Zu erneuten schweren Differenzen kam es innerhalb der DDP, als der Reichsinnenminister W. KÜLZ Ende 1926 einen Gesetzentwurf »zur Bekämpfung von Schund- und Schmutzschriften« im Reichstag einbrachte. Das hier vorgeschlagene Verfahren, einen Index verbotener Bücher aufzustellen, erinnerte peinlich an die Praktiken des alten preußischen Polizeistaates, die von den Liberalen aller Richtungen seinerzeit scharf bekämpft worden waren. In der DDP selbst waren es vor allem die Kreise der Intelligenz, die aufs schärfste gegen die geplanten Gesetze agitierten und die Forderung erhoben, daß W. KÜLZ von der Partei zur Rechenschaft gezogen würde. Nur der rechte Flügel, als dessen Sprecher sich von jetzt an mehr und mehr Th. HEUSS betätigte, trat ihm zur Seite. Bemerkenswert war, daß die der DDP nahestehende Presse fast einmütig gegen W. KÜLZ Stellung nahm. Th. WOLFF trat sogar aus Protest gegen das Schund- und Schmutzgesetz aus der DDP aus. Bei der Schlußabstimmung im Reichstag spaltete sich die Fraktion der DDP. 15 Abgeordnete (u. a. E. KOCH-WESER, L. HAAS, A. ERKELENZ, L. BERGSTRÄSSER) stimmten gegen, 12 für das Gesetz.[153]

Auch mit der Politik des Reichsfinanzministers P. REINHOLD konnten sich viele Mitglieder und Anhänger der DDP nicht einverstanden erklären. Seine Steuerpolitik, mit der er den Haushalt nach seinen eigenen Worten »hart an die Grenze des Defizits«[154] brachte, fand zwar den Beifall der kapitalistischen Unternehmer, von denen er auf Tagungen mehrfach gefeiert wurde, aber den lebhaften Widerspruch der Arbeiter und Angestellten, die bei ihren sozialpolitischen Forderungen jetzt darauf hingewiesen wurden, daß der Reichshaushalt nach Durchführung der Reinholdschen Umsatzsteuersenkungen hierfür keine Möglichkeiten mehr biete.

Anfang 1927 wurde eine Rechtsregierung gebildet, in der die *DNVP* starke Positionen innehatte. In dieser Regierung war die DDP nicht mehr vertreten. Nur der Reichswehrminister O. GESSLER, der Ende 1926 aus der DDP ausgetreten war, verblieb in der Regierung. Die DDP stand jetzt 1$^1/_2$ Jahre in der

»Opposition« zur Reichsregierung. Ihre Kritik richtete sich vornehmlich gegen die *DNVP*, die »noch nicht für die Regierung reif« sei. Gleichzeitig bemühte sie sich, nicht »zu nahe an die Sozialdemokratie heran(zu)geraten« und keine »Opposition um jeden Preis« zu betreiben.[155] Bei wichtigen Gesetzesvorlagen schwenkte sie meist auf die Linie der Regierungsparteien ein bzw. suchte mit Rücksicht auf die Anhänger aus den Reihen der Mittelschichten zu lavieren.[156] Selbst ihre Oppositionshaltung zum Reichsschulgesetzentwurf, der im klaren Gegensatz zu den programmatischen Forderungen der DDP stand, war äußerst farblos und inkonsequent, da sie Rücksicht auf die Koalition in Preußen mit dem *Z* nehmen mußte. Der preußische Finanzminister H. HÖPKER-ASCHOFF hatte bereits am 12. Februar 1927 warnend im Parteivorstand erklärt, in Schul- und Kirchenfragen könnten »leicht Konflikte eintreten, die auch die jetzige Koalition in Preußen erschüttern und aufheben« würden.[157]

1927/28 unternahm die DDP einige Schritte, um ihren Einfluß unter der Bauernschaft, die durch die sich verschärfende Agrarkrise schwer zu leiden hatte, wieder etwas zu verbessern. Sie veranstaltete am 29. und 30. Januar 1927 in Braunschweig einen »Reichsbauerntag«, auf dem Grundsätze für ein Bauernprogramm beraten wurden.[158] Unter dem Druck der in der DDP verbliebenen »Bauernvertreter« aus dem *DB* und dem *Reichsverband landwirtschaftlicher Klein- und Mittelbetriebe* sah sich die Führung gezwungen, Zugeständnisse in der Zollfrage zu machen. Wie die Beratungen im Parteivorstand sowie auf dem Hamburger Parteitag im April 1927 zeigten, gab es in der Partei gegen das Bauernprogramm zunächst noch Vorbehalte, so daß es in seiner endgültigen Formulierung erst am 21. Juni 1927 auf einer Vorstandssitzung verabschiedet werden konnte.[159] Im Bauernprogramm wandte sich die DDP gegen die einseitige Förderung des Großgrundbesitzes und trat für Enteignungen von Junkerland gegen Entschädigungen und für eine »entschlossene bäuerliche Siedlungspolitik« ein. Das Programm enthielt zahlreiche Einzelvorschläge zur Verbesserung der Lage der Bauernschaft, die sich in vielen Punkten mit den Forderungen der der DDP nahestehenden Bauernverbände deckten. Vor

allem sprach sich die DDP, wenn auch in etwas verklausulierter Form, nunmehr dafür aus, Zollschutz für landwirtschaftliche Erzeugnisse, »insbesondere für Erzeugnisse bäuerlicher und gärtnerischer Veredlungsarbeit (Vieh, Viehprodukte, Geflügel, Gemüse, Obst, Wein, Handelsgewächse)« zu gewähren.[160] Die Bemühungen der DDP um die Gewinnung der Bauernschaft hatten wenig Erfolg. Die 1927 durch den Zusammenschluß verschiedener Bauernverbände entstandene ↗ *Deutsche Bauernschaft (DBs)* unterhielt zwar durch einige führende Vertreter (Friedrich WACHHORST DE WENTE) Beziehungen zur DDP, betonte jedoch immer stärker ihre Selbständigkeit. Bei den Wahlen traten sogar verschiedene Gruppen mit einer eigenen Liste auf.

Als im März 1928 der Reichstag aufgelöst wurde und am 20. Mai Neuwahlen stattfanden, gaben viele Wähler ihrer Enttäuschung gegenüber der DDP mit dem Wahlzettel Ausdruck. Ein Teil der Stimmengewinne von *SPD* und ↗ *WP* ging auf Kosten der DDP, die mit 25 Abgeordneten eine ausgesprochen kleine und für die großen Entscheidungen bedeutungslose bürgerliche Partei geworden war. Die tiefe Enttäuschung über die erneute Wahlniederlage spiegelte sich auf der Vorstandssitzung am 14. und 15. Juni 1928 wider, auf der es zu einer breiten Diskussion über die Ursachen des Stimmenrückgangs kam. E. KOCH-WESER sah die Hauptursache im »Sich-Vordrängen wirtschaftlicher Interessen« und der geringen Anziehungskraft des »republikanischen Gedankens«. Von E. LEMMER mußte eingestanden werden, daß die DDP nach wie vor als »Partei des Hochkapitalismus« gelte und zu wenig getan worden sei, »um diesen Eindruck zu verhindern«.[161] Vertreter des linken Flügels wandten sich gegen die Auffassung, die einzige Rettung für die Partei läge im Anschluß an die *DVP*, und kritisierten in diesem Zusammenhang die Übernahme des Ehrenvorsitzes durch E. KOCH-WESER in der *LVg.*[162]

In dem neuen Kabinett der Großen Koalition unter Hermann MÜLLER übernahmen H. DIETRICH das Ernährungsministerium und der Parteivorsitzende E. KOCH-WESER das Justizministerium, das er aber vereinbarungsgemäß im April 1929 wieder abgeben mußte, nachdem es gelungen war, weitere Zentrumspolitiker zur Beteiligung an der Regierung zu gewinnen. Die Agrarpolitik H. DIETRICHS stand in vielerlei Hinsicht in Widerspruch zum Bauernprogramm der DDP. Die unter dem Druck des ↗ RLB durchgeführte »Osthilfe« sowie die Zollmaßnahmen dienten vornehmlich dem Großgrundbesitz.[163]

In den Mittelpunkt der politischen Auseinandersetzungen rückte 1928 immer mehr der Bau einer Serie von Panzerkreuzern, mit dem die deutschen Imperialisten und Militaristen die Wiederaufrüstung forcieren wollten. Die DDP hatte sich Anfang 1928 im Reichstag gegen den Panzerkreuzerbau ausgesprochen und war während des Wahlkampfes mit antimilitaristischen Losungen aufgetreten. Trotzdem stimmten auch ihre Minister am 10. August 1928 im Kabinett für den Bau des Panzerkreuzers A. Entsprechend der von E. KOCH-WESER empfohlenen Taktik, Zurückhaltung zu üben und »der Sozialdemokratie den Vortritt (zu) lassen«[164], suchte die DDP die Verantwortung auf die rechtssozialdemokratischen Führer abzuschieben. Offiziell begründete die DDP die Zustimmung zum Panzerkreuzerbau damit, daß sie eine Regierungskrise vermeiden wolle und es ihr Ziel sei, die bestehende Regierungskoalition aufrechtzuerhalten.[165] Große Teile der Mitgliederschaft, insbesondere die Anhänger pazifistischer Organisationen und die Jungdemokraten, erklärten sich mit dieser Haltung nicht einverstanden. Auch unter den führenden Politikern der DDP gab es unterschiedliche Positionen. Auf der Parteiausschußsitzung am 20. und 21. Oktober 1928 befürworteten H. DIETRICH und Th. HEUSS den Panzerkreuzerbau, während ihn Wilhelm COHNSTÄDT, O. NUSCHKE und Peter STUBMANN ablehnten. Ein Resolutionsentwurf gegen den Panzerkreuzerbau wurde mit 74 gegen 53 Stimmen abgelehnt.[166] Bei den Jungdemokraten kam es zu einer offenen Spaltung. Gruppen um O. STÜNDT und E. E. LÜTH traten aktiv gegen den Panzerkreuzerbau auf. Der Gesamtvorstand der Jungdemokraten mißbilligte die Haltung seines Bundesvorsitzenden E. LEMMER, der in einer Rede im Reichstag die Zustimmung der DDP zum Panzerkreuzerbau zu begründen versucht hatte.[167] Durch die Panzerkreuzerfrage verschärften sich vor allem die seit Jahren schwelenden Spannungen zwischen den bürgerlichen Pazifisten und den rechten, nationalistischen Kräften in der Partei.[168] Die ↗ DFG, in der L. QUIDDE und andere Mitglieder der DDP führende Positionen innehatten, unterstützte das von der KPD eingeleitete Volksbegehren gegen den Panzerkreuzerbau. Auf ihrer Generalversammlung im Oktober 1928 wurde der für ein Referat vorgesehene offizielle Vertreter der DDP, Johannes FISCHER, durch Proteste zum Verlassen der Tagung gezwungen. Daraufhin erklärte E. KOCH-WESER, daß dieser Vorgang »unerträglich« sei, und er lehnte eine weitere Zusammenarbeit mit »radikalen Pazifisten« ab.[169] Die Gegensätze vertieften sich weiter durch die 1929 vom Vorstand der DDP herausgegebenen »Richtlinien für Wehrfragen«.[170] Die promilitaristische Haltung maßgeblicher Kräfte der Parteiführung veranlaßte eine Reihe bürgerlicher Pazifisten, aus der DDP auszuscheiden oder sich von der aktiven Parteipolitik zurückzuziehen.

8. Die Umwandlung der DDP in die DStP und die Haltung der DStP in den Jahren 1930–1932

Die DDP unterstützte das Bestreben des Monopolkapitals, die Lasten der sich entfaltenden Weltwirtschaftskrise auf die Werktätigen abzuwälzen. Sie orientierte sich auf diejenigen großbourgeoisen Kreise, die den Abbau der sozialen und demokratischen Rechte allmählich und unter vorläufiger Beibehaltung der republikanischen Staatsform vornehmen wollten. Die von der Hermann-MÜLLER-Regierung verfügten Lohnkürzungen, Massensteuererhöhungen und Senkungen der Sozialleistungen, an deren Durchsetzung die DDP maßgeblich mitwirkte, genügten den Hauptkräften des Monopolkapitals nicht mehr. Entsprechend der vom Präsidium des RDI am 2. Dezember 1929 veröffentlichten Denkschrift »Aufstieg oder Niedergang« gingen sie zu einer großangelegten Offensive gegen die Werktätigen über und nahmen Kurs auf die schrittweise Beseitigung des bürgerlich-parlamentarischen Systems und eine Ausschaltung der SPD als Regierungspartei. Obwohl die DDP besonders eng mit der Weimarer Republik verbunden war, setzte sie dem Faschisierungsprozeß, der mit dem Sturz der Hermann-MÜLLER-Regierung und der Bildung des Kabinetts BRÜNING begann, keinen energischen Widerstand entgegen. Um das erschütterte kapitalistische System retten zu helfen und dem Anwachsen der revolutionären Massenbewegung entgegenzuwirken, trat sie in das Kabinett BRÜNING ein, das unter weitgehender Ausschaltung des Parlaments und gestützt auf Sondervollmachten des Reichspräsidenten regierte. H. DIETRICH, der als Vizekanzler fungierte, unterstützte den autoritären Kurs BRÜNINGS und genoß dessen volles Vertrauen.[171] Er übernahm zunächst das Wirtschaftsministerium, dann ab Juni 1930 das Finanzministerium. Die Zustimmung der DDP zur Präsidialregierung BRÜNINGS, mit der sie wichtige Grundsätze der Weimarer Verfassung preisgab, wurde von großen Teilen der Mitgliederschaft nicht gebilligt und führte erneut zu Krisenerscheinungen in der Partei. Eine Reihe Landesverbände, so Hessen-Nassau, Hamburg und Westfalen-Süd sowie Organisationen der Jungdemokraten protestierten gegen die Unterstützung einer »Rechtsregierung«. Th. TANTZEN, der bereits zu den entschiedensten Gegnern der Agrarpolitik H. DIETRICHS in der Hermann-MÜLLER-Regierung gehört hatte, erklärte Ende April 1930 den Parteiaustritt.[172] E. KOCH-WESER und andere führende Politiker versuchten die Regierungsbeteiligung damit zu rechtfertigen, daß eine Staatskrise vermieden und das Vertrauen des Auslands zur Stabilität und Sicherheit der deutschen Wirtschaft erhalten worden sei. Gleichzeitig erklärte E. KOCH-WESER, der Sozialdemokratie müsse gezeigt werden, es gehe »zur Not auch ohne sie«, wenn auch vermieden werden sollte, daß deren »parlamentarische Opposition« sich zu einer »grundsätzlichen Opposition gegen den heutigen Staat entwickelt«.[173] Die DDP hielt auch an ihrer Unterstützung der BRÜNING-Regierung fest, als deren sozialreaktionäre Maßnahmen, die von der Mehrheit des Reichstages am 18. Juli 1930 abgelehnt worden waren, durch eine Notverordnung wieder in Kraft gesetzt und damit die Regeln des bürgerlich-parlamentarischen Systems preisgegeben wurden.

Maßgebliche Kreise der Parteiführung, die bereits seit Jahren für einen Zusammenschluß mit der DVP eingetreten waren, drängten verstärkt darauf, die alten liberalen Grundsätze aufzugeben und durch einen Zusammenschluß mit rechts von der DDP stehenden Parteien und Gruppen eine neue Partei zu schaffen, die eine zuverlässige Stütze der Staatsmacht darstellen könne. Die Bildung einer solchen »Staatspartei« lag vor allem auch im Interesse der hinter der BRÜNING-Regierung stehenden Monopolgruppen, die die Weiterführung des Präsidialkurses zu sichern suchten, sich hierbei aber nicht allein auf das Z stützen konnten. Ein unmittelbarer Zusammenschluß mit der DVP wurde jedoch nach dem Tod STRESEMANNS und der zunehmenden Beherrschung der Partei durch den schwerindustriellen Flügel, der eine Annäherung an die DNVP anstrebte, immer aussichtsloser. Teile des rechten Flügels der DDP orientierten sich daher bei den Sammlungsbestrebungen auf die ↗ Volksnationale Reichsvereinigung (VR), an deren Spitze A. MAHRAUN und andere Führer des ↗ Jungdeutschen Ordens (Jungdo) standen.

Bereits 1929 waren Kontakte zwischen Vertretern der VR und der DDP geknüpft worden. Im Frühjahr 1930 kam es dann zu Verhandlungen über einen Zusammenschluß, an denen der Parteivorsitzende E. KOCH-WESER sowie G. BÄUMER, W. KÜLZ, E. LEMMER und W. STEPHAN teilnahmen.[174] Der Zusammenschluß wurde vor allem von einigen ehemaligen Nationalsozialen unterstützt. Insbesondere G. BÄUMER bewertete den Jungdo sehr positiv und wies auf die weitgehende Übereinstimmung zwischen dessen nationalistischer Ideologie und F. NAUMANNS Auffassungen vom »nationalen Machtstaat« hin.[175] Zwischen der DDP und dem Jungdo bestanden gewisse Gemeinsamkeiten in den nationalistischen und antikommunistischen Grundpositionen. Im übrigen waren jedoch erhebliche Unterschiede im Charakter beider Organisationen vorhanden, die ein Bündnis als unreal erscheinen lassen mußten. Diese Unterschiede ergaben sich vor allem aus der Bindung der DDP an das vom Jungdo seit Jahren bekämpfte bürgerlich-parlamentarische System und aus dem Charakter des Jungdo als einem militaristischen Wehrverband, der einen betonten Antisemitismus vertrat und den Liberalismus strikt ablehnte.

Wenn sich die maßgeblichen Führer der DDP trotzdem zu einem Zusammengehen entschlossen, so zeigt das, wie weit ihre Rechtsorientierung ging und in welch starkem Maße sie bereit waren, demokratische und liberale Auffassungen zu opfern. Auf Grund des reaktionären Charakters des *Jungdo* und der *VR* mußten sie mit einem breiten Widerstand in der Partei rechnen. Daher hielt die Gruppe um E. KOCH-WESER die Verhandlungen lange Zeit geheim und wagte es auch nicht, den Parteivorstand in Kenntnis zu setzen. Nur wenige Politiker wurden später noch hinzugezogen, so H. DIETRICH, H. HÖPKER-ASCHOFF, O. MEYER und August WEBER. Als HINDENBURG am 18. Juli 1930 auf Ersuchen BRÜNINGS den Reichstag auflöste und Neuwahlen angesetzt wurden, traten die Verhandlungen in ein neues Stadium, in dem der unmittelbare Zusammenschluß auf der Tagesordnung stand. Am 23. Juli begannen die entscheidenden Verhandlungen zwischen E. KOCH-WESER und anderen Führern der DDP mit den Vertretern des *Jungdo* und der *VR* sowie einigen wenigen Mitgliedern der *DVP* (u. a. Josef WINSCHUH und Theodor ESCHENBURG). Diese Verhandlungen führten am 27. Juli 1930 zur Gründung der Deutschen Staatspartei. Am 28. Juli 1930 erschien der von den Verhandlungsteilnehmern unterzeichnete Gründungsaufruf [176], der eine deutliche Verurteilung der bisherigen Parteipolitik enthielt. Es wurde ein vorläufiger Aktionsausschuß gebildet, an dessen Spitze E. KOCH-WESER als »parlamentarischer« und A. MAHRAUN als »außerparlamentarischer« Führer standen. Die endgültige Konstituierung sollte nach den Reichstagswahlen erfolgen. Die Parteiausschußsitzung der DDP am 30. Juli 1930 beschloß nach einer heftigen Debatte, gegen 5 Stimmen (u. a. von L. QUIDDE und O. STÜNDT) der Gründung der DStP zuzustimmen und ihr die Parteiorganisation für den Wahlkampf zur Verfügung zu stellen. [177] Die DDP blieb vorläufig noch bestehen, da nach den Satzungen die Auflösung nur von einem Parteitag vorgenommen werden konnte. Erhebliche Teile des linken Flügels waren mit dem Zusammenschluß nicht einverstanden. A. ERKELENZ und L. BERGSTRÄSSER erklärten ihren Austritt und schlossen sich der *SPD* an. Auch die in der Partei noch verbliebenen pazifistischen Gruppen sowie viele Jungdemokraten lehnten den Zusammenschluß mit einem militaristischen Wehrverband ab. Führende Vertreter dieser Kreise gründeten zusammen mit anderen demokratisch eingestellten Intellektuellen im August 1930 die *Vereinigung Unabhängiger Demokraten*, der u. a. L. QUIDDE, die ehemaligen DDP-Mitglieder H. VON GERLACH und P. VON SCHOENAICH, die Jungdemokraten E. E. LÜTH und O. STÜNDT sowie G. BERNHARD und Willi BRAUBACH beitraten. Aus ihr ging im November 1930 die ↗ *Radikal-Demokratische Partei (RDP)* hervor, die jedoch eine Splitterpartei blieb.

Es gelang der DStP nicht, weitere Gruppen zum Anschluß zu bewegen. Vor allem scheiterte der Versuch, zu einer Einigung mit der *DVP* zu kommen. In einem letzten offiziellen Gespräch mit H. HÖPKER-ASCHOFF am 7. August 1930 wies der Parteivorsitzende der *DVP*, Ernst SCHOLZ, der einem Zusammenschluß nur unter Führung der *DVP* und unter Einbeziehung der von der *DNVP* abgesplitterten Gruppen zustimmen wollte, das Fusionsangebot zurück und schlug ein »Aufgehen« der DStP in der *DVP* vor. [178].

Die DStP trat am 22. August 1930 mit einem Manifest [179] an die Öffentlichkeit, das als programmatische Grundlage für die neue Partei anzusehen war. In diesem Manifest wurden die liberalen Grundsätze der DDP weitgehend preisgegeben und dafür einige Schlagworte aus der Propaganda des *Jungdo* übernommen. Ausdrücklich erklärte das Manifest, die Partei werde der Sozialdemokratie »entschlossenen Widerstand entgegensetzen«, während die Abgrenzung nach rechts sehr unverbindlich ausgedrückt war. In Anlehnung an die Ziele der *VR* wurde im innenpolitischen Teil »die Fortentwicklung der Deutschen Republik zum wahrhaft sozialen und nationalen deutschen Volksstaat« gefordert. Im außenpolitischen Abschnitt des Manifests fehlte ein Bekenntnis zur Verständigungspolitik. Wirtschaftspolitisch wurde das Privateigentum ausdrücklich bejaht, »sozialistische Experimente« wurden abgelehnt und ein »sozialer Kapitalismus« angestrebt sowie eine »Beschränkung der öffentlichen Hand« auf wirtschaftlichem Gebiet gefordert. In der Kulturpolitik war — eine Konzession an den neuen Partner, der sich betont christlich gab — die stärkere Hervorkehrung christlich-religiöser Grundsätze bemerkenswert: »Die deutsche Kultur ist wesentlich durch die Kräfte des Christentums bestimmt und geformt worden«. Die Schule solle »religiös-sittliche Kräfte« vermitteln, »volkszersetzende Einflüsse« seien zu bekämpfen.

Beim Wahlkampf für die Septemberwahlen zeigte sich bereits die Heterogenität der neuen Partei. Zwischen DDP-Politikern und »Volksnationalen«, denen man vielfach die Spitzenkandidaturen hatte einräumen müssen, traten grundsätzliche ideologische Gegensätze zutage. Verschiedentlich übten auch Organisationen der »Volksnationalen« Kritik an der Aufstellung jüdischer Kandidaten.[180] Gewählt wurden insgesamt 20 Abgeordnete der DStP, von denen 6 der *VR* angehörten. Der katastrophale Wahlausgang zeigte, daß es der DStP unmöglich war, den radikalisierten Mittelschichten eine glaubhafte Alternative zu bieten und sich zu einer Massenpartei zu entwickeln. Im vorläufigen Aktionsausschuß kam es unmittelbar nach der Wahl zu heftigen Auseinandersetzungen zwischen den Politikern der DDP und den Vertretern der *VR* über den Charakter der neuen Partei und die Machtverhältnisse in der Führung. Die Führer der DDP konnten sich mit Rücksicht auf ihre Koalition mit der *SPD* in Preußen nicht entschließen, die Verbindungen zur *SPD* völlig zu lösen. Während z. B. O. MEYER die DStP als »Partei der linken Mitte« charakterisierte, bestanden A. MAHRAUN und seine Anhänger auf einem völligen Bruch mit den bisherigen Auffassungen der DDP. Als schließlich die *VR* forderte, O. MEYER und H. HÖPKER-ASCHOFF aus der Parteiführung zu entfernen, kam es zum endgültigen Bruch. Am 7. Oktober 1930 erklärten A. MAHRAUN und seine Anhänger den Austritt aus der DStP.[181] Damit hatte der Sammlungsversuch der Gruppe um E. KOCH-WESER ein völliges Fiasko erlitten. Der Zusammenschluß mit den nationalistischen und antisemitischen Kräften des *Jungdo* hatte dem Ansehen der Partei schwer geschadet und zu einer weiteren Schwächung durch die Abspaltung von Teilen des linken Flügels geführt. E. KOCH-WESER, der für dieses Fiasko die Hauptverantwortung trug, legte den Parteivorsitz nieder und stellte sein Reichstagsmandat zur Verfügung.

Nach dem Ausscheiden der *VR* hatte die DStP im Reichstag nur noch 14 Mandate und besaß damit nicht einmal mehr Fraktionsstärke. Sie konnte erst im Dezember 1930 durch den Übertritt des Abgeordneten August HILLEBRAND von der *Deutschen Bauernpartei* wieder Fraktionsstärke erlangen.[182]

Die Führung der DDP hielt auch nach dem fehlgeschlagenen Sammlungsversuch an der Rechtsschwenkung fest. Auf einem außerordentlichen Parteitag am 8. November 1930 wurde gegen den Widerstand von Vertretern des linken Flügels die Auflösung der DDP beschlossen. Die endgültige Konstituierung der DStP erfolgte auf dem anschließenden Gründungsparteitag. Zum neuen Parteivorsitzenden wurde H. DIETRICH gewählt. Dem geschäftsführenden Vorstand der DStP gehörten außerdem u. a. G. BÄUMER, H. FISCHER, Th. HEUSS, H. HÖPKER-ASCHOFF, M. E. LÜDERS, G. SCHNEIDER, J. WINSCHUH sowie August WEBER als Vorsitzender der Reichstagsfraktion und B. FALK als Vorsitzender der preußischen Landtagsfraktion an.[183] Der Parteitag zeigte besonders deutlich die betont nationalistische Grundhaltung der DStP. Professor Erich OBST wies in seinem Referat über »Grundzüge einer aktiven deutschen Außenpolitik« auf den Osten als »Raum ohne Volk« hin und forderte die Rückgabe des Weichselkorridors, Danzigs, des Memelgebietes und der Kolonien. Gleichzeitig trat er für die »deutsche Rüstungsfreiheit« ein.[184]

Das Anwachsen des Einflusses der ⬀ *NSDAP* erforderte immer dringender, eine breite Front aller Antifaschisten herzustellen. Die DStP orientierte sich jedoch nicht auf die konsequente Verteidigung der Demokratie und den gemeinsamen Kampf mit der Arbeiterklasse zur Verhinderung einer faschistischen Diktatur. Sie war vielmehr bestrebt, die nach rechts abwandernden Anhänger durch die Preisgabe bürgerlich-parlamentarischer Grundsätze zurückzugewinnen und suchte ihre Verbündeten unter den antidemokratischen Kräften. Ihre Politik war in erster Linie darauf gerichtet, die Krise des kapitalistischen Systems überwinden und die revolutionäre Massenbewegung unter der Führung der *KPD* zurückdrängen zu helfen. Die DStP gehörte sowohl der BRÜNING-Regierung als auch der sozialdemokratisch geführten preußischen Landesregierung an. Sie benutzte diese Position, um die rechten Führer der *SPD* fest an die Präsidialdiktatur Brünings zu binden und sie in ihrer Tolerierungspolitik zu bestärken. Die von ihr entwickelten Pläne für eine Reichsreform[185] sahen insbesondere die Beseitigung des Dualismus' Reich — Preußen und die Schaffung von »Verwaltungsgemeinschaften« vor. Als erster Schritt sollte z. B. eine Personalunion zwischen Vizekanzler und preußischem Ministerpräsident hergestellt und die preußischen Minister des Innern und der Justiz zu Reichsministern ihres Ressorts ernannt werden. Dabei ging es den maßgeblichen Führern der DStP darum, über einen »Pakt zwischen Braun und Brüning« zu einer »autoritären Regierung auf parlamentarischer Grundlage« zu gelangen.[186]

In Erklärungen der DStP war viel von der Rettung der Demokratie und der Stärkung der Weimarer Republik zu lesen. In Wirklichkeit führte jedoch ihre Haltung, vor allem ihr Bekenntnis zur Notverordnungsdiktatur Brünings, zur Aushöhlung der Demokratie und unterstützte den Faschisierungsprozeß. Wie weitgehend die DStP den Abbau der Demokratie befürwortete, geht aus verschiedenen Äußerungen führender Politiker hervor. So erklärte z. B. der Parteivorsitzende H. Dietrich bereits im Dezember 1930 auf einer Vorstandssitzung, daß angesichts der erwiesenen »Unfähigkeit des Parlaments« in dieser Situation eine »gemäßigte Diktatur vielleicht das Beste« sei.[187] Noch deutlicher kommt dies in den folgenden Ausführungen H. Höpker-Aschoffs auf der Sitzung des Gesamtvorstandes am 15. August 1931 zum Ausdruck: »Die parlamentarisch-demokratische Regierungsform muß ein Volk und einen Staat in das Unglück hineinführen. Wenn wir nicht eine starke Führung, eine Autorität der Regierung herausarbeiten können, so müssen wir uns mit einer Diktatur abfinden. Wenn sie in Form von Brüning kommt, ist sie tragbar, weil nicht ein Abenteurer diese Diktatur führen würde.«[188]

Mit der Verschärfung der Weltwirtschaftskrise und der steigenden Notlage der werktätigen Massen wurde H. Dietrich, der als Finanzminister in besonders starkem Maße für die ständigen Lohnsenkungen, Steuererhöhungen und Kürzungen der Sozialleistungen bei gleichzeitigen steuerlichen Ver-

günstigungen und direkten Subventionen für die Monopolisten verantwortlich war, zu einer schweren Belastung für die DStP. O. Nuschke übte auf der Sitzung des geschäftsführenden Vorstandes am 30. Juli 1931 heftige Kritik an der Regierungspolitik und erklärte, es wäre besser gewesen, wenn H. Dietrich vor der letzten Notverordnung zurückgetreten wäre.[189] Auf der Sitzung des Gesamtvorstandes am 26. September 1931 mußte W. Goetz z. B. berichten: »Die Tatsache, daß unser Parteiführer zugleich der Verantwortliche für die Notverordnungen sei, habe schon ganze Ortsgruppen gesprengt.«[190] Obwohl in der Partei starke Stimmungen vorhanden waren, sich von Brünings Notverordnungsdiktatur zu distanzieren und in die Opposition zu gehen, konnte sich die Führung nicht zu einer klaren Entscheidung durchringen und beließ H. Dietrich in der Regierung.

Die breite Unzufriedenheit in der Partei spiegelte sich auch auf dem außerordentlichen Parteitag der DStP wider, der am 26. und 27. September 1931 in Berlin stattfand. Die Beschwichtigungsversuche August Webers und das Bemühen H. Dietrichs, die von ihm als Finanzminister getroffenen Entscheidungen zu rechtfertigen, konnten die Delegierten nicht zufriedenstellen. Mehrere Diskussionsredner wandten sich gegen die sozialreaktionären Maßnahmen der Brüning-Regierung und kritisierten das Fehlen klarer konzeptioneller Vorstellungen der Parteiführung.[191] Auf dem Parteitag wurde auch über die vom Vorstand vorgelegten »Richtlinien der Deutschen Staatspartei« beraten, die ein Ausschuß unter Leitung von W. Külz ausgearbeitet hatte.[192] In den Richtlinien, die als programmatische Grundorientierung dienen sollten, bekannte sich die DStP zur demokratischen Republik, sprach sich aber gleichzeitig dafür aus, »das politische Führertum zur Geltung« zu bringen und die »Mängel des deutschen Parlamentarismus zu überwinden«. Die Ursachen der Wirtschaftskrise wurden nicht im kapitalistischen System gesehen, sondern in den »Sünden, die der Krieg, die Friedensdiktate und die Wirtschaftspolitik der kapitalistischen Länder gegen den Geist der Freiheit und der wirtschaftlichen Vernunft« begangen hätten.[193] Die Neubelebung gewisser liberaler wirtschaftspolitischer Auffassungen kam auch im Diskussionsbeitrag des Wirtschaftsexperten der Partei, Gustav STOLPER, zum Ausdruck, der eine Rückkehr »zum Geist des Liberalismus« forderte. Bei der unmittelbar vor dem Parteitag erfolgten Gründung des *Reichsausschusses für Handel, Handwerk und Industrie* erklärte der badische Industrielle Richard FREUDENBERG, die Weltwirtschaftskrise sei das Ergebnis einer Politik, die die »Gesetze der freien Marktwirtschaft« ignoriert habe. Sie sei nur durch eine »Erweiterung des Spielraums der Unternehmerinitiative« zu überwinden.[194] Mehrere Delegierte trugen Bedenken gegen die »Richtlinien« vor. Der Arbeitnehmerausschuß hatte einen Abänderungsvorschlag eingereicht, der sich gegen die »altliberalen« Grundsätze wandte, die »freie Wirtschaft« ablehnte und ein »verstärktes Kontrollrecht des Staates gegenüber den Monopolen und monopolartigen Organisationen« forderte.[195] Angesichts der gegensätzlichen Auffassungen sah sich der Parteivorstand außerstande, eine Neufassung der »Richtlinien« vorzunehmen. Unter Hinweis auf deren »vorläufigen« Charakter und der Zusage, bald ein »Aktionsprogramm« auszuarbeiten, wurden sie vom Parteitag bestätigt.

Die Haltung der DStP zur ↗ *NSDAP* war zwiespältig und inkonsequent. Die von Politikern der DStP vertretenen Positionen reichten von kapitulantenhaften, objektiv den Faschismus begünstigenden Stellungnahmen bis zu klaren antifaschistisch-demokratischen Positionen. H. DIETRICH bagatellisierte wiederholt die Gefahr des Faschismus. Auf einer vom geschäftsführenden Vorstand gemeinsam mit der Reichstags- und Preußischen Landtagsfraktion am 30. Juli 1931 durchgeführten Veranstaltung erklärte er, im Unterschied zu den Kommunisten seien die Nazis gegenwärtig »ungefährlich«.[196] Einige Politiker der DStP, so H. FISCHER und O. MEYER, sprachen sich sogar dafür aus, die *NSDAP* an der Regierung zu beteiligen.[197] Andererseits kritisierten O. NUSCHKE, H. RÖNNEBURG und andere Mitglieder der DStP die »Untätigkeit des Reichskabinetts« gegenüber der Gefahr des Hitlerfaschismus.[198] Immer deutlicher trat zutage, daß das Kabinett BRÜNING »zur Durchführung eines Kampfes mit den Nationalsozialisten« nicht geeignet war, wie August WEBER Ende 1931

eingestehen mußte.[199] Das Bestreben der Führung der DStP, durch die Mitwirkung in der BRÜNING-Regierung einer Rechtsentwicklung entgegenwirken zu können, hatte sich als illusionär erwiesen. Vielmehr wurden dadurch die antifaschistischen Potenzen der Partei weitgehend gelähmt und eine Sammlung aller Antifaschisten erschwert.

Zweifellos gab es in der DStP viele ehrliche Antifaschisten, die bestrebt waren, die Errichtung einer faschistischen Diktatur zu verhindern. Sie wurden jedoch durch die antikommunistische Politik der Führung und durch die enge Bindung an die Notverordnungsdiktatur BRÜNINGs desorientiert und vom gemeinsamen Kampf mit der Arbeiterklasse gegen den Faschismus abgehalten. Die Führer der DStP waren nicht in der Lage, den Massen einen Ausweg aus der Krise zu zeigen, ja mehr noch, ihre Unterstützung der Verelendungspolitik der Monopole und der BRÜNING-Regierung trieb viele Mitglieder und Anhänger in die Arme der *NSDAP*. Das Anwachsen der Hitlerbewegung und der zunehmende faschistische Terror, der sich teilweise auch gegen Mitglieder der DStP richtete, zwang die Führung verschiedentlich, gegen die *NSDAP* in scharfer Form Stellung zu nehmen. So sagte z. B. P. REINHOLD auf dem Wahlkreisparteitag für Hessen-Nassau im Dezember 1931: »Mit Hitler gibt es kein Paktieren, sondern nur Kampf.«[200] Der Vorsitzende der Reichstagsfraktion, August WEBER, hielt im Februar 1932 im Reichstag eine mutige Rede gegen die *NSDAP*, in der er sie der Lüge und der Verhetzung der Bevölkerung beschuldigte und ihr vorwarf, »auf dem Wege des politischen Mordes vorangegangen« zu sein.[201] Auch der Gesamtvorstand der DStP forderte am 12. Juni 1932 in einer Entschließung dazu auf, »die Rechte und Freiheiten des Volkes gegen Nationalsozialismus und Diktatur mit aller Entschiedenheit zu verteidigen.«[202]

Die Kritik der DStP an der *NSDAP* erfolgte jedoch nicht vom Boden eines konsequenten Demokratismus aus und war zumeist mit antikommunistischen Ausfällen verbunden. Sie beschränkte sich vorwiegend auf die Ablehnung der brutalen Terrormethoden und des »sozialistischen Anstrichs« der *NSDAP*. Auf einer Sitzung des Gesamtvorstandes am 5. April 1932 erklärte z. B. W. SCHREIBER, man müsse stärker als bisher darauf hinweisen, »daß der Sozialismus des Hitlertums für die bürgerliche Welt nicht weniger gefährlich ist als jede andere Form der Sozialisierung.«[203] Einige führende Vertreter der DStP, vor allem aus dem Kreis der NAUMANN-Anhänger, brachten sogar gegenüber der *NSDAP* eine gewisse Sympathie zum Ausdruck und versuchten, die Gefahren einer faschistischen Diktatur zu bagatellisieren. G. BÄUMER betonte z. B. die Übereinstimmung mit gewissen »inhaltlichen Zielen« der *NSDAP* und zog in Erwägung, ob nicht eventuell die Verwirklichung des »nationalsozialen Staates« durch den Faschismus erfolgen könne.[204] Einen ähnlichen Standpunkt nahm auch Th. HEUSS ein. Auf der Sitzung des Geschäftsführenden Vorstandes der DStP am 28. April 1932 erklärte er z. B.: »Unter den Nationalsozialisten befinden sich gerade Leute, die dem Staate gegenüber·denselben Standpunkt einnehmen wie vor 40 Jahren Eugen Richter. Ferner sind die Nationalsozialisten Protestler gegen den Klerikalismus. Was dabei herauskommen wird, läßt sich jetzt noch gar nicht sagen.«[205] Diese wohlwollende Haltung ist ebenfalls in seinem Buch über den Nationalsozialismus zu finden, in dem er die »Spannkraft« HITLERS bewunderte, von einer »inneren Verwandtschaft« zwischen HITLERS »Mein Kampf« und August BEBELS »Die Frau und der Sozialismus« sprach und Alfred ROSENBERGS »Mythus des zwanzigsten Jahrhunderts« als »fleißigste und ernsthaftigste Bemühung des nationalsozialistischen Schrifttums« charakterisierte.[206] Bemerkenswert war auch, daß führende Monopolisten und Bankiers, die in den ersten Jahren der Weimarer Republik aktiv die DDP unterstützt hatten, so C. F. VON SIEMENS und H. SCHACHT, sich nunmehr für die *NSDAP* aussprachen und sie als »Bollwerk« gegen den Kommunismus priesen.[207] Die Führung der DStP, die sich zwar weiterhin in Erklärungen gegen die Hitlerfaschisten wandte, unterstützte objektiv jene Kräfte, die schließlich den Untergang der Weimarer Republik herbeiführten. Dies wurde bei den Reichspräsidentenwahlen im Frühjahr 1932 deutlich, als führende Mitglieder der DStP in dem vom Berliner Oberbürgermeister und späteren Nazidiplomaten Heinrich SAHM geführten »überparteilichen« Ausschuß mitwirkten, der die Wiederwahl HINDENBURGS

propagierte. Für sie war HINDENBURG der Kandidat BRÜNINGS, dessen Taktik darauf gerichtet sei, wie H. HÖPKER-ASCHOFF behauptete, »den Nationalsozialismus auszuhöhlen und zu vernichten.«[208] Die Wiederwahl HINDENBURGS sah die DStP – ähnlich wie die *SPD* – als großen Erfolg im Kampf gegen den Faschismus an. Zugleich hoffte die DStP, daß die Wiederwahl HINDENBURGS ihren politischen Einfluß erhalten und die Chancen bei den bevorstehenden Preußenwahlen verbessern würde. Dies erwies sich jedoch als Fehlspekulation. Auf Betreiben maßgeblicher Kreise des Monopolkapitals und der Junker, die den Faschisierungsprozeß weiter vorantreiben wollten, wurde BRÜNING gestürzt und damit auch die DStP aus der Reichsregierung ausgeschaltet. Bereits vorher war der völlige Bankrott der DStP sichtbar geworden. Sie hatte bei der preußischen Landtagswahl vom 24. April 1932 nur noch 2 Mandate erhalten (gegenüber 21 Mandaten im bisherigen Landtag). Angesichts dieser katastrophalen Wahlniederlage kam es auf der Sitzung des Geschäftsführenden Vorstandes am 28. April 1932 zu Auseinandersetzungen über das Weiterbestehen der DStP.[209] O. MEYER und andere Mitglieder traten für die Auflösung der Partei ein. O. NUSCHKE wandte sich gegen die »elende Miesmacherei« und betonte, daß es gerade jetzt die Pflicht der DStP sei, im Reichstag gegen·die Nazipartei aufzutreten.[210] Auf der Sitzung des Gesamtvorstandes am 12. Juni 1932 schloß sich W. KÜLZ dieser Auffassung an und erklärte, er werde »bis zum letzten Augenblick« kämpfen.[211] Die Mehrheit des Vorstandes setzte ihre Hoffnung auf den Zusammenschluß mit anderen bürgerlichen Parteien bzw. die Neugründung einer großen Partei der »bürgerlichen Mitte«. Dieser erneute Sammlungsversuch, der im Juni 1932 zur Bildung eines *Arbeitsausschusses für bürgerliche Sammlung* (↗ *Deutscher Nationalverein [NV]*) geführt hatte, scheiterte jedoch.

9. Das Ende der DStP

Nach dem Sturz BRÜNINGS ging die DStP zur Opposition gegen die nunmehr von PAPEN geführte Reichsregierung über. Es gelang jedoch nicht, den Niedergang der Partei aufzuhalten. Aus den Reichstagswahlen vom Juli 1932 ging sie als völlig geschlagene Splittergruppe hervor. PAPENS Staatsstreich vom 20. Juli 1932 hatte sie zuvor auch des Einflusses beraubt, den sie durch ihre Minister noch in Preußen ausübte. Durch die Papenschen Gewaltmaßnahmen wurden auch viele preußische Beamte, die der DStP angehörten, ihres Amtes enthoben und in den Ruhestand versetzt. Das war das Signal für eine Reihe noch der Partei angehörender preußischer Staatsbeamter, nunmehr ihren Austritt aus der Partei zu erklären. Mit dem Ausscheiden der DStP aus der Reichsregierung und der Preußenregierung und ihrem Herabsinken zu einer Splitterpartei hatte sie auch für diejenigen Kreise der Bourgeoisie, die sie bisher noch unterstützt hatten, jede Bedeutung verloren.[212] Ihre Geldgeber wandten sich fast restlos ab, viele in der DStP noch verbliebenen Unternehmer, Bankiers und Großkaufleute traten aus. Auch der Schatzmeister, H. FISCHER, der bereits im Juni 1932 sein Amt niedergelegt hatte, zog sich immer mehr von der aktiven Parteiarbeit zurück.[213]

Auf einer Sitzung des Geschäftsführenden Vorstandes am 2. September 1932 trat die Mehrzahl der Anwesenden für die sofortige Auflösung der Partei ein. Der Gesamtvorstand stimmte dieser Entscheidung jedoch nicht zu und beschloß am 11. September 1932, die Partei weiter aufrechtzuerhalten. Ausschlaggebend für diesen Beschluß war vor allem die Haltung der Organisationen in Württemberg, Baden und Hamburg, wo die DStP noch einen gewissen Einfluß hatte. Der geschäftsführende Vorstand wurde durch einen 16köpfigen »Arbeitsausschuß« ersetzt, der von H. DIETRICH (Baden), C. PETERSEN (Hamburg) und R. MAIER (Württemberg) kollegialisch geleitet wurde, da H. DIETRICH sich geweigert hatte, weiter den Parteivorsitz zu übernehmen.[214]

Maßgebliche Kreise der Führung der DStP versuchten im Herbst 1932, durch weitere Zugeständnisse an die Reaktion einen Anschluß nach rechts herzustellen. Die DStP gab ihre Opposition gegenüber der PAPEN-Regierung immer mehr auf und unterstützte nunmehr deren Politik in einigen wesentlichen Fragen. H. DIETRICH betonte in einem Rundschreiben vom 19. September 1932, daß es im bevorstehenden Wahlkampf darauf ankomme, »unseren republikanisch-demokratischen Standpunkt zu wahren und gleichzeitig in wirtschaftlichen Dingen dem Standpunkt der gegenwärtigen Regierung da, wo wir es verantworten können, uns zu nähern«.[215] Diese neue Stellung zur PAPEN-Regierung kam auch sehr deutlich auf der Kundgebung der DStP am 2. Oktober 1932 in Mannheim, mit der sie den Wahlkampf eröffnete, zum Ausdruck. Hier erklärte R. MAIER: »Wir halten es für unsere staatspolitische Pflicht, die Reichsregierung in ihren wirtschaftspolitischen Bemühungen zu unterstützen.«[216] Damit eng verbunden waren die Preisgabe weiterer Punkte der Weimarer Verfassung und das Bekenntnis zur Präsidialdiktatur. H. DIETRICH erhob z. B. die Forderung nach einer »Ausgestaltung des Reichsrats zu einer Ersten Kammer mit gleichen Rechten wie der Reichstag«.[217] Dieser Vorschlag deckte sich mit den Plänen PAPENS, ein Zweikammersystem mit einem Oberhaus einzuführen.

Auch die Haltung der Partei zur *NSDAP* war immer stärker dadurch gekennzeichnet, gewisse Gemeinsamkeiten festzustellen und die eigene »nationale« Einstellung zu betonen. Dies kam z. B. in der im Herbst 1932 ausgegebenen Losung von der »nationalen Demokratie« zum Ausdruck. In der DStP machte sich auch zunehmend die Tendenz bemerkbar, die Einbeziehung der *NSDAP* in die Regierung, vor allem eine Koalition zwischen *Z* und *NSDAP*, zu befürworten.[218] Gleichzeitig verstärkte die DStP ihren Kampf gegen die *KPD* und trat gegen die Bildung der proletarischen Einheitsfront auf. Im »Deutschen Aufstieg« erschien z. B. ein Artikel, in dem es hieß: »Wenn die marxistische Einheitsfront zustande kommt, dann fällt die Führung in ihr sehr schnell den radikaleren und aktiveren Kommunisten zu, dann kommen wir sehr bald zu revolutionären Zuckungen, Aufruhr und Generalstreik, dann ist Ruhe und Ordnung aufs schwerste bedroht, und die Aussicht auf Belebung der Wirtschaft schwindet in nebelhafte Ferne.«[219]

Parallel mit der weiteren Preisgabe bürgerlich-demokratischer Grundauffassungen ging der ergebnislose Versuch einiger Vertreter der DStP, durch die Bildung des *NV* einen Zusammenschluß mit der gleichfalls völlig zusammengebrochenen *DVP* und anderen

Splitterparteien herbeizuführen. Die Reichstagswahlen vom November 1932 brachten der DStP einen erneuten Stimmenverlust. Sie erhielt nur 2 Mandate (H. DIETRICH und R. MAIER). Die beiden Abgeordneten bezeichneten sich im Reichstag nur noch als »Süddeutsche Demokraten«.

Bei der Errichtung der faschistischen Diktatur befand sich die DStP bereits in voller Desorganisation. Einzelne Politiker der DStP nahmen dennoch mutig gegen die Hitlerdiktatur Stellung. So prangerte O. NUSCHKE am 4. Februar in einer Rede im Preußischen Landtag die Entlassung verfassungstreuer Beamter und die »Eingriffe in die Presse- und Versammlungsfreiheit« an und wies darauf hin, daß es der HITLER-Regierung nicht um die »versprochene sachliche Rettungsarbeit«, sondern um die »Erringung der politischen Gewalt, um die ungestörte Ausübung brutalster Parteimacht« gehe. Der »gewalttätige und rassenkämpferische Nationalsozialismus« werde in einiger Zeit »nur noch eine peinliche Erinnerung sein«.[220] Bei den Reichstagswahlen im März 1933 ging die DStP eine Listenverbindung mit der *SPD* ein und errang noch einmal 5 Mandate. Auf der Reichstagssitzung am 23. März 1933 stimmten diese 5 Abgeordneten (H. DIETRICH, Th. HEUSS, E. LEMMER, Heinrich LANDAHL, R. MAIER) für das Ermächtigungsgesetz. R. MAIER erklärte vor dem Reichstag:

»Wir fühlen uns in den großen nationalen Zielen durchaus mit der Auffassung verbunden, wie sie heute vom Herrn Reichskanzler hier vorgetragen wurde … Wir verstehen, daß die gegenwärtige Reichsregierung weitgehende Vollmachten verlangt, um ungestört arbeiten zu können … Im Interesse von Volk und Vaterland und in der Abwartung einer gesetzmäßigen Entwicklung werden wir unsere ernsten Bedenken zurückstellen und dem Ermächtigungsgesetz zustimmen.«[221]

Th. HEUSS, E. LEMMER und die anderen Vertreter der DStP stimmten dem Ermächtigungsgesetz zu, das der HITLER-Regierung uneingeschränkte Machtbefugnisse gab und die Weimarer Verfassung vollends außer Kraft setzte. Ihre kapitulantenhafte Haltung war zugleich der Schlußstrich unter den Verrat der DStP an der bürgerlich-parlamentarischen Demokratie. Die 5 Abgeordneten gaben am 24. März 1933 eine Erklärung für die Mitgliederschaft ab[222], in der sie beteuerten, »daß mit der Annahme des Ermächtigungsgesetzes die Sprengung der Gesetzlichkeit in der zentralen Stelle der Reichsführung vermieden wurde«. Die »Sprengung der Gesetzlichkeit« war jedoch längst erfolgt, u. a. durch die Annullierung der Reichstagsmandate der *KPD*. Die Erklärung der Abgeordneten der DStP mußte daher zu einer Desorientierung der Mitglieder über die politische Lage und den Charakter des Hitlerfaschismus führen.

Der Gesamtvorstand sprach sich auf seiner Sitzung vom 14. Mai 1933 zunächst noch für das Weiterbestehen der Partei aus. In der von Th. HEUSS entworfenen Resolution wurden die Anhänger gebeten, der DStP »die Treue zu bewahren«, und auf die Bedeutung der bürgerlichen Freiheit »für den Aufbau des deutschen Nationalbewußtseins« hingewiesen. Gleichzeitig forderte sie aber dazu auf, dem Staat »um des Vaterlandes willen, wie bisher, treu zu dienen«.[223] Die völlige Unterwerfung der DStP unter das faschistische Regime kam auch in den Stellungnahmen und Kommentaren zu Maßnahmen der HITLER-Regierung zum Ausdruck. Die DStP lobte z. B. die von der HITLER-Regierung durchgeführte »Reichsreform« und das preußische Erbhofgesetz. Sie wies besonders auf die angebliche »innerpolitische Konsolidierung« und die »konsequente und ehrliche Friedenspolitik der Regierung« hin.[224] In einem Artikel im »Deutschen Aufstieg« wurde u. a. erklärt: »An unserer ehrlichen Bereitschaft zur Mitarbeit beim Aufbau einer neuen Volksgemeinschaft darf kein Zweifel bestehen … Die Herstellung der deutschen Volksgemeinschaft, die moralische Eroberung der deutschen Arbeiterschaft, die Einswerdung des Volkes in der Nation, diese Ziele der neuen Regierung sind auch die unsrigen.«[225]

Alle Anbiederungsversuche nützten jedoch der DStP nichts. Unter dem Druck des Hitlerregimes vollzog die Führung der DStP am 28. Juni 1933 die Auflösung der Partei. Die DStP schied mit einer nochmaligen Verbeugung vor der *NSDAP* aus dem politischen Leben. In einem neben der Auflösungserklärung veröffentlichten Kommentar hieß es: »… wir können uns heute nur der Tatsache freuen, daß die herrschende Partei den Eigennutz so schroff abweist und die Volksgemeinschaft betont«.[226]

In der Zeit des Hitlerfaschismus verhielt sich die Mehrzahl der ehemaligen Angehörigen der DDP bzw. DStP passiv und fand sich mit den herrschenden Verhältnissen ab. Einige Politiker der DDP wie W. STEPHAN und E. LEMMER unterstützten direkt oder indirekt das Hitlerregime. Der ehemalige Hauptgeschäftsführer W. STEPHAN trat bereits 1933 als Regierungsrat in das Goebbelssche Propagandaministerium ein. Andererseits waren viele Mitglieder der DDP, die an liberalen und demokratischen Auffassungen festhielten, Verfolgungen und Verhaftungen ausgesetzt, so u. a. W. KÜLZ, M. E. LÜDERS, H. LUPPE, O. NUSCHKE, E. SCHIFFER und Th. WOLFF. Der ehemalige Präsident der Hamburger Bürgerschaft, Max EICHHOLZ, wurde von den Faschisten ermordet. Auf Grund der Repressalien, die sich vor allem gegen die jüdischen Mitglieder der DDP richteten, sahen sich zahlreiche Politiker der DDP gezwungen, in die Emigration zu gehen. Einige Politiker der DDP unterstützten die Verschwörung des 20. Juli 1944 gegen Hitler (u. a. O. GESSLER, E. HAMM und Th. TANTZEN).[227] Für eine Zusammenarbeit mit der Arbeiterklasse im antifaschistischen Widerstandskampf sprachen sich aus der ehemalige Chefredakteur der »Vossischen Zeitung«, G. BERNHARD, der den Volksfrontaufruf von 1936 unterzeichnete, sowie August WEBER und Wilhelm ABEGG, ehemaliger Staatssekretär im preußischen Innenministerium, die in der Emigration zeitweilig die Bewegung »Freies Deutschland« unterstützten.[228]
Nach 1945 schlossen sich zahlreiche ehemalige Mitglieder der DDP (u. a. O. NUSCHKE und W. KÜLZ) auf dem Gebiet der DDR im Demokratischen Block eng mit der Partei der Arbeiterklasse zusammen und arbeiteten aktiv am antifaschistisch-demokratischen Neuaufbau mit. Viele Politiker der DDP (Th. HEUSS, R. MAIER, H. HÖPKER-ASCHOFF u. a.) spielten eine führende Rolle bei der Bildung der BRD.

10. Quellen und Literatur

Archivalien: Teile der Parteiakten der DDP bzw. der DStP, die u. a. die Protokolle der Sitzungen des Vorstandes, des Parteiausschusses und der Parteitage sowie Rundschreiben und Anweisungen der Reichsgeschäftsstelle enthalten, sind überliefert (BA Koblenz, R 45 III sowie ZStA Potsdam, Film-Nr. 4099–4103). Die Sitzungsprotokolle der Führungsgremien wurden inzwischen auch in einer Quellenpublikation herausgegeben.[229] Wertvolle Hinweise über interne Vorgänge in der Partei geben die NL führender Politiker der DDP. Besonders wichtig sind die NL Friedrich Naumann (ZStA Potsdam), Erich Koch-Weser, Anton Erkelenz, Eugen Schiffer, Wilhelm Külz, Georg Gothein und Hermann Dietrich (BA Koblenz).
Zeitgenössische Schriften: Reichhaltiges Material zur Entwicklung der DDP bzw. der DStP enthalten der Demokratische Pressedienst, die Zeitschriften »Der Demokrat«, »Blätter der Staatspartei« und »Deutscher Aufstieg«. Sehr aufschlußreich sind die Protokolle der Parteitage (bis April 1924 gesondert veröffentlicht; danach nur noch teilweise in den Parteizeitschriften, vollständig aber in den Parteiakten wiedergegeben). Aus dem umfangreichen parteioffiziellen Schrifttum sind besonders von Bedeutung: »Zehn Jahre deutsche Republik. Ein Handbuch für republikanische Politik« (Hrsg. Anton Erkelenz, Berlin 1928). »Organisationshandbuch der Deutschen Demokratischen Partei« (Berlin 1926). Reinhold Ißberner »Demokratisches ABC-Buch« (Berlin 1920). »Das ABC der DDP« (Im Auftrage der Deutschen Demokratischen Landtagsfraktion unter Mitwirkung der meisten Mitglieder der Reichstags- und Landtagsfraktionen und namhafter Parteiführer zusammengestellt und herausgegeben von Oswald Riedel, Berlin 1927). »Schriftenreihe für politische Werbung. Hrsg. von der Reichsgeschäftsstelle der Deutschen Demokratischen Partei«. »Materialien zur demokratischen Politik«. »Die Deutsche Demokratische Partei im Berichtsjahr 1925. Jahresbericht der Parteileitung« (Berlin 1926). »Die Deutsche Demokratische Partei, ihr Programm und ihre Organisation« (Berlin 1920). »Die Programme der Deutschen Demokratischen Partei. Allgemeines Programm, Bauern-Programm, Beamten-Programm. Hrsg. von der Reichsgeschäftsstelle der Deutschen Demokratischen Partei« (Berlin o. J.). »Die Richtlinien der Deutschen Staatspartei« (Berlin 1931). Außerdem liegen zahlreiche Reden und Schriften führender Ver-

treter der DDP bzw. DStP vor. Verwiesen sei hier auf: Erich Koch-Weser »Deutschlands Außenpolitik in der Nachkriegszeit 1919–1929« (Berlin 1929). Gertrud Bäumer »Grundlagen demokratischer Politik« (Karlsruhe 1928). Haas/Friedberg »Die Deutsche Demokratische Partei und der Kapp-Putsch. Zwei Reden deutsch-demokratischer Parteiführer« (Berlin 1920). Gustav Stolper »Die wirtschaftlich-soziale Weltanschauung der Demokratie« (Berlin 1929). Hermann Dietrich »Ein Jahr Agrarpolitik« (Berlin 1929). A. Erkelenz »Junge Demokratie. Reden und Schriften politischen Inhalts« (Berlin 1925). H. Dietrich/Carl Petersen/Reinhold Maier »Der Weg der nationalen Demokratie. Reden auf der Kundgebung der Deutschen Staatspartei in Mannheim am 2. Oktober 1932« (Mannheim [1932]). Otto Nuschke »Reden und Aufsätze 1919–1950« (Berlin 1957).

Eine Bibliographie der bis 1928 erschienenen Literatur zur DDP ist zu finden in »Politisches Jahrbuch 1926« (Hrsg. Georg Schreiber, München-Gladbach 1927, S. 601 ff.) und »Politisches Jahrbuch 1927/28« (Hrsg. G. Schreiber, München-Gladbach 1928, S. 765 ff.).

Memoiren und Tagebücher: Theodor Wolff »Der Marsch durch zwei Jahrzehnte« (Amsterdam 1936). Hjalmar Schacht »76 Jahre meines Lebens« (Bad Wörishofen 1953). Willy Hellpach »Wirken und Wirren. Lebenserinnerungen« (Bd. 1 und 2, Hamburg 1948/49). Eugen Schiffer »Ein Leben für den Liberalismus« (Berlin 1951). Oscar Meyer »Von Bismarck zu Hitler. Erinnerungen und Betrachtungen« (New York 1944, 2., verb. Aufl., Offenbach 1948). Marie Elisabeth Lüders »Fürchte dich nicht. Persönliches und Politisches aus mehr als 80 Jahren. 1878–1962« (Köln-Opladen 1963). O. Geßler »Reichswehrpolitik in der Weimarer Zeit« (Stuttgart 1958). Johann Heinrich Graf Bernstorff »Erinnerungen und Briefe« (Zürich 1936). Theodor Heuss »Erinnerungen 1900–1933« (Tübingen 1963). M. J. Bonn »So macht man Geschichte. Bilanz eines Lebens« (München 1953). Ernst Lemmer »Manches war doch anders. Erinnerungen eines deutschen Demokraten« (Frankfurt [Main] 1968). Friedrich Payer »Autobiographisches. Aufzeichnungen und Dokumente. Bearb. von Günther Bradler« (Göppingen 1974). Erich

Lüth »Viele Steine lagen am Wege. Ein Querkopf berichtet« (Hamburg 1966). Ernst Feder »Heute sprach ich mit ... Tagebücher eines Berliner Publizisten 1926–1932« (Stuttgart 1971). Nichtveröffentlichte Erinnerungen befinden sich im BA Koblenz: August Weber »Lebenserinnerungen 1871–1956«. Bernhard Falk »Lebenserinnerungen 1867–1944«. Judith Schrag-Haas »Erinnerungen an meinen Vater Dr. Ludwig Haas« (Kleine Erwerbungen, Nr. 384, 385 und 373).

Darstellungen: Folgende marxistische Arbeiten gehen auf die Entwicklung der DDP bzw. DStP ein: Manfred Weißbecker »Untersuchungen über die Auswirkungen der Großen Sozialistischen Oktoberrevolution und der Novemberrevolution auf die Parteien und das Parteiensystem des deutschen Imperialismus in den Jahren 1917 bis 1923« (phil. Habil., Jena 1967). Herbert Bertsch/M. Weißbecker »Die bürgerlichen Parteien in Deutschland und die Große Sozialistische Oktoberrevolution.« In: »Die Große Sozialistische Oktoberrevolution und Deutschland« (Bd. 1, Berlin 1967). H. Bertsch „Die FDP und der deutsche Liberalismus 1789–1963« (Berlin 1965). »Protokoll der Arbeitstagung zu Fragen des Liberalismus am 19. September 1966« (JBP, H. 18, Februar 1967). Armin Behrendt »Wilhelm Külz. Aus dem Leben eines Suchenden« (Berlin 1968). Rolf Albrecht »Zur Rolle des politischen Neoliberalismus in der Weimarer Republik. (Ein Beitrag zur Auseinandersetzung mit der Strategie und Taktik der deutschen Monopolbourgeoisie)« (Diss. A, Halle 1974). Über Haltungen und Auffassungen von Vertretern des linken Parteiflügels geben Aufschluß: »Deutsche Demokraten. Die nichtproletarischen demokratischen Kräfte in der deutschen Geschichte 1830 bis 1945« (Hrsg. von einem Autorenkollektiv unter der Leitung von Dieter Fricke, Berlin 1981). Werner Fritsch »Nichtproletarische demokratische Kräfte und revolutionäre Arbeiterbewegung. Die Herausbildung und Entwicklung von Bündnisbeziehungen zur Arbeiterklasse 1917–1933 in Deutschland« (Diss. B, Jena 1978). Mit den ideologischen Positionen führender Vertreter der DDP setzt sich Reinhard Opitz auseinander (siehe Anm. 76). Detailuntersuchungen werden in einer Reihe Diplomarbeiten vorgenommen.[230]

In der bürgerlichen Parteiengeschichts-schreibung ist die DDP/DStP lange Zeit vernachlässigt worden.[231] Mit der verstärkten Orientierung auf die »parlamentarische Traditionslinie« der BRD und insbesondere im Zusammenhang mit der Bildung der Koalition aus SPD und FDP wurde ihr größere Aufmerksamkeit geschenkt. Die historischen Erfahrungen in der Zusammenarbeit von rechtssozialdemokratischen Führern und bürgerlichen Liberalen werden in verschiedenen Arbeiten analysiert, so bei Hartmut Schustereit (siehe Anm. 12). Untersuchungen zu einzelnen Entwicklungsabschnitten der DDP bzw. zu Teilfragen[232] sowie über führende Politiker[233] zielen darauf ab, die Führungsrolle der Bourgeoisie historisch zu begründen und Schlußfolgerungen für die Funktionsfähigkeit des bürgerlichen Parteiensystems und generell für den Herrschaftsmechanismus zu ziehen. Diese zumeist der flexiblen imperialistischen Strömung zuzurechnenden Arbeiten stellen die Verdienste der DDP bei der Schaffung und Gestaltung der Weimarer Republik heraus, während ihre Rolle bei der Rechtsentwicklung bzw. Faschisierung bagatellisiert wird. Von diesen Ausgangspunkten her üben einige Autoren auch verschiedentlich partiell Kritik an der Politik der DDP und an den »Unterlassungssünden« einzelner Politiker. Einige struktur- und sozialgeschichtlich angelegte Darstellungen, z. B. die Arbeiten von Lothar Albertin und Werner Schneider (siehe Anm. 4 und 57), enthalten wichtige Teilergebnisse, so über die soziale Zusammensetzung der Mitglieder, den Einfluß von Unternehmergruppen auf die Partei und die Konflikte zwischen den Interessen der Mitglieder und der Politik der Führung. Der von Werner Stephan (siehe Anm. 174) unternommene Versuch, eine Gesamtgeschichte vorzulegen, bleibt weitgehend in einer oberflächlichen Beschreibung der Politik der DDP/DStP stecken und stellt in vielem eine Rechtfertigung der eigenen und der Haltung anderer Parteipolitiker dar. Siehe auch Werner Fritsch/Heinz Herz »Deutsche Demokratische Partei« (in: HBP, Bd. I, Leipzig 1968, S. 302–332).

Anmerkungen

1 Vossische Zeitung, 14. 10. 1918 (Morgenausgabe).

2 ZStA Potsdam, Deutsche Volkspartei, Nr. 1, Bl. 1 ff. und 107 ff. (Film-Nr. 239). Siehe auch Wolfgang Ruge: Stresemann. Ein Lebensbild, Berlin 1965, S. 41.

3 Friedrich Engels an August Bebel, 11. Dezember 1884. In: MEW, Bd. 36, Berlin 1967, S. 252.

4 Siehe Theodor Wolff: Der Marsch durch zwei Jahrzehnte, Amsterdam 1936, S. 203 und 207. Hjalmar Schacht: 76 Jahre meines Lebens, Bad Wörishofen 1953, S. 192 ff. Siehe auch Ludwig Luckemeyer: Die Deutsche Demokratische Partei von der Revolution bis zur Nationalversammlung 1918–1919, Diss., Gießen 1975, S. 36 ff. und 78 ff. sowie Lothar Albertin: Liberalismus und Demokratie am Anfang der Weimarer Republik. Eine vergleichende Analyse der Deutschen Demokratischen Partei und der Deutschen Volkspartei, Düsseldorf 1972, S. 62 f.

5 Otto Nuschke: Wie die Deutsche Demokratische Partei wurde, was sie leistete und was sie ist. In: Zehn Jahre deutsche Republik. Ein Handbuch für republikanische Politik. Hrsg. Anton Erkelenz, Berlin 1928, S. 25 f.

6 Siehe ebenda, S. 28.

7 ZStA Potsdam, Deutsche Volkspartei, Nr. 1, Bl. 167 ff. (Film-Nr. 239).

8 Siehe O. Nuschke: Wie die Deutsche Demokratische Partei wurde, S. 28 ff.

9 Siehe L. Luckemeyer, S. 131 ff. sowie Eberhart Schulz: Die Deutsche Volkspartei in Sachsen in den Jahren von 1918 bis 1923, Diss. A, Jena 1971, S. 56 ff.

10 Der Großindustrielle Robert Bosch, einer der eifrigsten Förderer der DDP, schrieb z. B. am 20. November 1918 an Ernst Jäckh, daß die DDP »die Forderungen der Sozialdemokratie, so wie sie jetzt aufgestellt sind, sich zu eigen« machen müsse, sonst gehe es »erst recht nach links« und der Bolschewismus habe »die größten Aussichten«. (ZStA Potsdam, NL Friedrich Naumann, Nr. 11, Bl. 29).

11 Hugo Preuß: Volksstaat oder verkehrter Obrigkeitsstaat. In: Berliner Tageblatt, 14. 11. 1918.

12 Siehe Hartmut Schustereit: Linksliberalismus und Sozialdemokratie in der Weimarer Republik. Eine vergleichende Betrachtung der Politik von DDP und SPD 1919–1930, Düsseldorf 1975, S. 48.

13 Siehe BA Koblenz, DDP/Deutsche Staatspartei, R 45 III, Nr. 2, Bl. 7 ff. Siehe auch H. Schustereit, S. 46 f.

14 Friedrich Naumann: Wie es kam. In: Die Hilfe, Nr. 47 vom 21. 11. 1918.

15 ZStA Potsdam, NL Friedrich Naumann, Nr. 11, Bl. 122, 168 f., 188, 200; Nr. 13, Bl. 159 f.; Nr. 14, Bl. 183 ff.

16 Siehe Die Kundgebung der Deutschen Demokratischen Partei. In: Die Welt am Montag, Nr. 52 vom 30..12. 1918 sowie ZStA Potsdam, NL Friedrich Naumann, Nr. 11, Bl. 200.

17 Siehe L. Luckemeyer, S. 257 ff.

18 Siehe BA Koblenz, R 45 III, Nr. 9, Bl. 17.

19 Die Parteiorganisation. Monatsschrift für die Vertrauensmänner der Deutschen Demokratischen Partei, Nr. 1, Januar 1919, sowie Mitteilungen für die Mitglieder der Deutschen Demokratischen Partei, 1919, Nr. 1 und 2.

20 Siehe L. Luckemeyer, S. 269 ff.

21 Siehe Mitteilungen für die Mitglieder der Deutschen Demokratischen Partei, 1919, Nr. 1, S. 7 ff.

22 O. Nuschke: Wie die Deutsche Demokratische Partei wurde, S. 31.

23 BA Koblenz, R 45 III, Nr. 15, Bl. 12, 16 f. und 24 ff.

24 Ebenda, Bl. 10.

25 Nach Angaben von H. Schacht, der als Vorsitzender der Finanzkommission der DDP genauen Einblick hatte, waren etwa 3 Mill. M gespendet worden, von denen 2,4 Mill. ausgegeben wurden. Siehe L. Luckemeyer, S. 264.

26 L. Albertin, S. 170 f. und 179 sowie BA Koblenz, R 45 III, Nr. 9, Bl. 6.

27 L. Luckemeyer, S. 267 und ZStA Potsdam, NL Friedrich Naumann, Nr. 12, Bl. 132.

28 BA Koblenz, R 45 III, Nr. 9, Bl. 31 ff. und 38.

29 Bericht über die Verhandlungen des 1. Parteitages der Deutschen Demokratischen Partei, abgehalten in Berlin vom 19. bis 22. Juli 1919, Berlin (1919), S. 14.

30 ZStA Potsdam, NL Friedrich Naumann, Nr. 30, Bl. 14 f. Siehe auch L. Luckemeyer, S. 266.

31 Protokoll über die Verhandlungen des Parteitages der Sozialdemokratischen Partei Deutschlands, abgehalten in Weimar vom 10. bis 15. Juni 1919, S. 56.

32 BA Koblenz, R 45 III, Nr. 15, Bl. 40 ff.

33 Siehe Illustrierte Geschichte der deutschen Novemberrevolution 1918/1919, Berlin 1978, S. 357 ff.

34 Gemeint war damit der Wahlaufruf der DDP vom 14. 12. 1918 (siehe Anm. 21).

35 Siehe BA Koblenz, R 45 III, Nr. 15, Bl. 87 ff.

36 Ebenda, Bl. 106.

37 Siehe ebenda, Bl. 93 ff, 104 und 107.

38 Arthur Feiler: Der Ruf nach den Räten. Sonderabdruck aus der Frankfurter Zeitung, Frankfurt (Main) 1919, S. 34.

39 II. Kongreß der Arbeiter-, Bauern- und Soldatenräte Deutschlands am 8. bis 14. April 1919 im Herrenhaus zu Berlin. Stenographisches Protokoll, Berlin o. J., S. 179.

40 So hatte z. B. F. Naumann bereits auf einer Fraktionssitzung Anfang März 1919 erklärt, das wichtigste sei die Besiegung des Bolschewismus. Dieser sei »Marodeurtum, gegen das nur Gewalt hilft. Hier ist Noske der Mann.« (Zit. in: L. Albertin, S. 295.)

41 Nachrichtenblatt der Deutschen Demokratischen Partei in Bayern. In: IML, ZPA, S. 236/7/34/12.

42 So beauftragte im November 1918 der Geschäftsführende Ausschuß eine Kommission unter dem Vorsitz von F. Naumann, ein Parteiprogramm auszuarbeiten. Umfassende Vorstellungen für ein Parteiprogramm legte im Dezember 1918 Ludwig Bergsträsser: Die Deutsche Demokratische Partei und ihr Programm, Greifswald 1918, vor. Siehe ferner Georg Bernhard: Die Demokratische Politik. Grundlinien zu einem Parteiprogramm, Berlin 1919.

43 Der Programmentwurf wurde Anfang Mai 1919 im H. 5 der »Mitteilungen für die Mitglieder der DDP« veröffentlicht.

44 Siehe Richard Otto Frankfurter: Das Programm der Demokratie. Rede auf dem Parteitag der Deutschen Demokratischen Partei. In: Demokratie, 1. Jg. 1919, H. 4, S. 27.

45 Siehe Bericht über die Verhandlungen des 1. Parteitages der Deutschen Demokratischen Partei, S. 165 ff., 178 und 272 sowie ZStA Potsdam, NL Friedrich Naumann, Nr. 30, Bl. 54 ff.

46 Den Abschnitt »Staat« hatten H. Preuß, W. Schücking, L. Quidde und Heinrich Gerland, den Abschnitt »Kultur« Martin Rade, den Abschnitt »Wirtschaft« A. Feiler, Robert Kauffmann und Hermann Fischer bearbeitet. Die Gesamtfassung wurde erneut von R. O. Frankfurter vorgenommen. Siehe Bericht über die Verhandlungen des 2. außerordentlichen Parteitages der Deutschen Demokratischen Partei, abgehalten in Leipzig vom 13.–15. Dezember 1919, Berlin o. J., S. 94.

47 Siehe Mitteilungen für die Mitglieder der Deutschen Demokratischen Partei, 1920, Nr. 2.

48 Abgedruckt u. a. in: Deutsche Reichsgeschichte in Dokumenten. Urkunden und Aktenstücke zur inneren und äußeren Politik des Deutschen Reiches, Bd. II: 1906–1926, 2. Aufl. Leipzig o. J., S. 775–780.

49 Siehe Bericht über die Verhandlungen des 2. außerordentlichen Parteitages. S. 253–256.

50 W. I. Lenin: Die Differenzen in der europäischen Arbeiterbewegung. In: Werke, Bd. 16, Berlin 1962, S. 356.

51 Nach dem Bericht von O. Nuschke (siehe O. Nuschke: Friedrich Naumann, Berlin 1919, S. 4).

52 Siehe u. a. Manfred Nussbaum: Wirtschaft und

Staat in Deutschland während der Weimarer Republik, Berlin 1978, S. 87 ff. und Kurt Gossweiler: Großbanken – Industriemonopole – Staat. Ökonomie und Politik des staatsmonopolistischen Kapitalismus in Deutschland 1914–1932, Berlin 1971, S. 85 ff. und 103 ff.

53 Protokoll der Gründungsversammlung des Reichsausschusses für Handel, Industrie und Gewerbe beim Haupt-Vorstand der DDP vom 16. Oktober 1920, Berlin (1920), S. 14 ff. und 76 ff.

54 Siehe L. Albertin, S. 193 f.

55 Siehe Zehn Jahre Demokratischer Klub, 1919 bis 1929, Berlin 1929.

56 Siehe ZStA Potsdam, NL Friedrich Naumann, Nr. 30, Bl. 1 ff.

57 Siehe Werner Schneider: Die Deutsche Demokratische Partei in der Weimarer Republik 1924–1930, München 1978, S. 70.

58 Bericht über die Verhandlungen des 2. ordentlichen Parteitages der Deutschen Demokratischen Partei, abgehalten in Nürnberg, 11.–14. Dezember 1920, Berlin o. J., S. 24.

59 Siehe L. Albertin, S. 192.

60 Nach der Satzung war jeder Wahlkreisverband verpflichtet, einen bestimmten Monatsbeitrag pro Mitglied, die sog. Kopfsteuerquote, an die Reichsgeschäftsstelle abzuführen. Bereits 1919 ging aber nur ein Drittel des »Solls« ein. Die auf Parteitagen und Sitzungen der Führungsgremien ständig ausgesprochenen Mahnungen an die Wahlkreisverbände änderten daran wenig.

61 So erklärte O. Nuschke auf dem 1. Parteitag in seinem Geschäftsbericht, die Partei müsse auf Einnahmen aus Mitgliedsbeiträgen basieren, »damit sie niemals in die Abhängigkeit wohlmeinender Kapitalisten oder gar von Interessenten gerät« (Bericht über die Verhandlungen des 1. Parteitages der Deutschen Demokratischen Partei, S. 14).

62 Siehe W. Schneider, S. 70.

63 BA Koblenz, NL Erich Koch-Weser, Nr. 34, Bl. 237. Zwei Jahre später, am 4. 2. 1928, vermerkte E. Koch-Weser nochmals: »Die Partei beruht in ihrem finanziellen Bestande auf Maßnahmen hereinzuholender Spenden.« (Ebenda, Nr. 37, Bl. 77.)

64 C. F. von Siemens an H. Schacht, 16. 9. 1919 (siehe L. Albertin, S. 181).

65 Antwort C. F. von Siemens vom 7. 11. 1919 auf ein Schreiben H. Fischers, in dem um eine langfristige Beitragszeichnung gebeten wurde (siehe ebenda, S. 184).

66 Siehe L. Albertin, S. 188 ff.

67 Siehe W. Schneider, S. 72.

68 Rechenschaftsbericht der DDP – Reichsgeschäftsstelle für die erste Reichstagswahl 1924 vom 25. 7. 1924 (W. Schneider, S. 73).

69 Siehe W. Schneider, S. 64.

70 Siehe u. a. Bericht über die Verhandlungen des 2. ordentlichen Parteitages der Deutschen Demokratischen Partei, S. 106 ff., 125 ff., 141 ff., 147 ff. und 171 ff. Siehe auch K. Gossweiler, S. 114 ff.

71 Wilhelm Pieck hob z. B. später hervor, daß O. Nuschke in der Weimarer Republik »zu der in Deutschland leider immer nur sehr kleinen Gruppe der demokratischen Politiker (gehörte), denen der Kampf um die Demokratie, der Kampf gegen Militarismus und Krieg und für friedliche Beziehungen zwischen den Völkern nicht nur ein Lippenbekenntnis war« (Erinnerungen an Otto Nuschke. Berichte und Zeugnisse von Zeitgenossen, Berlin 1973, S. 69).

72 Siehe Bericht über die Verhandlungen der 2. ordentlichen Tagung des Reichs-Arbeitnehmerausschusses der Deutschen Demokratischen Partei, abgehalten am 17. und 18. September 1921 in Berlin, Berlin o. J., S. 74 ff.

73 Siehe BA Koblenz, R 45 III, Nr. 7 und Nr. 43, Bl. 14 ff. Siehe auch W. Schneider, S. 170 ff.

74 F. Naumann: Kulturfragen. In: Demokratie, 1. Jg. 1919, H. 4, S. 14.

75 Siehe hierzu u. a. Protokoll der Arbeitstagung zu Fragen des Liberalismus am 19. September 1966. In: JBP, H. 18 (Februar 1967) sowie Ludwig Elm: Zwischen Fortschritt und Reaktion. Geschichte der Parteien der liberalen Bourgeoisie in Deutschland 1893–1918, Berlin 1968, S. 261 ff.

76 Siehe Rolf Albrecht: Zur Rolle des politischen Neoliberalismus in der Weimarer Republik. (Ein Beitrag zur Auseinandersetzung mit der Strategie und Taktik der deutschen Monopolbourgeoisie), Diss. A, Halle 1974, S. 39 ff. und 90 ff. Zu den ideologischen Positionen führender Vertreter der DDP, insbesondere auch in außenpolitischen Fragen, siehe Reinhard Opitz: Der deutsche Sozialliberalismus 1917–1933, Köln 1973.

77 Siehe u. a. F. Naumann: Demokratie in der Nationalversammlung, Berlin 1919, S. 4 ff. und ders.: Demokratie als Staatsgrundlage, Berlin 1919 (Demokratische Reden, Nr. 1 und 5) sowie Friedrich Meinecke: Nach der Revolution. Geschichtliche Betrachtungen über unsere Lage, München–Berlin 1919, S. 63.

78 Siehe R. Albrecht, S. 98 ff. und 104 ff.

79 R. O. Frankfurter, S. 26.

80 Siehe z. B. Bericht über die Verhandlungen des 1. Parteitages der Deutschen Demokratischen Partei, S. 196 ff. (Referat Robert Kauffmanns über Wirtschaftsfragen).

81 Siehe R. O. Frankfurter, S. 25.

82 Bericht über die Verhandlungen des 3. (ordent-

lichen) Parteitages der Deutschen Demokratischen Partei, abgehalten in Bremen vom 12. bis 14. November 1921, Berlin o. J., S. 69.

83 Der Demokrat, 1924, S. 78.

84 Ebenda, S. 282 (Wahlaufruf vom Oktober 1924).

85 Auf dem Hamburger Parteitag 1927 erklärte z. B. Heino Bollinger, der das Referat zur Mittelstandspolitik hielt, der gegenwärtige Liberalismus müsse »an die Stelle der schrankenlosen Freiheit« den Grundsatz »der geordneten Freiheit« setzen. Daraus ergäbe sich »die Notwendigkeit eines staatlichen Eingreifens in einem gewissen Umfang zugunsten des Mittelstandes« (BA Koblenz, R 45 III, Nr. 6, Bl. 221).

86 So E. Lemmer auf der Sitzung des Vorstandes der DDP am 21. 6. 1927 (BA Koblenz, R 45 III, Nr. 20, Bl. 98).

87 Protokoll der Sitzung des Vorstandes der DDP vom 14./15. 6. 1928 (Ebenda, Nr. 20, Bl. 206).

88 Ebenda, Nr. 13, Bl. 97.

89 Siehe ebenda, Bl. 98, 102 und 107.

90 Siehe BA Koblenz, R 45 III, Nr. 20, Bl. 91 ff. Noch deutlicher wurde R. O. Frankfurter in einem Brief an A. Erkelenz vom 27. 4. 1928, in dem er erklärte, er sei gegen die »Idee von der Zusammenfassung des gesamten Liberalismus«, weil dahinter »die Zusammenfassung der Großmächte der Wirtschaft als Herrscher über das Parlament, ... die Scheidung zwischen Besitz und Besitzlosen und ... der Krieg nach außen und die Revolution nach innen« stehe (Ebenda, NL Anton Erkelenz, Nr. 125).

91 Siehe BA Koblenz, R 45 III, Nr. 9, Bl. 5 ff.

92 Siehe hierzu Christl Pippus: Die schul- und kulturpolitischen Auffassungen der DDP und ihr Einfluß auf die Intelligenz in den ersten Jahren der Weimarer Republik (1919–1923), Diplomarbeit, Jena 1977.

93 Sächsische Demokratische Korrespondenz. Im Auftrage der Deutschen Demokratischen Partei im Bundesstaate Sachsen hrsg. von Joh. Brüss, Generalsekretär, 1. Jg., Nr. 29 vom 20. 11. 1919. Siehe E. Schulz, S. 64.

94 Siehe Ruth Wimmer: Die Wirtschaftspolitik des Berliner Magistrats unter der Amtsführung des Oberbürgermeisters Gustav Böß (1921 bis 1929), Diss., Berlin 1965.

95 Siehe Armin Behrendt: Wilhelm Külz. Aus dem Leben eines Suchenden, Berlin 1968, S. 99 ff.

96 Kundgebung der Fraktionen der Nationalversammlung und der preußischen Landesversammlung (Berliner Tageblatt, 11. 5. 1919). Der Hauptvorstand der DDP erklärte in seiner Sitzung am 18. Mai 1919 die volle Übereinstimmung mit dem »Unannehmbar« der Fraktion

(BA Koblenz, R 45 III, Nr. 15, Bl. 148 ff.). Siehe auch Jürgen C. Heß: »Das ganze Deutschland soll es sein«. Demokratischer Nationalismus in der Weimarer Republik am Beispiel der Deutschen Demokratischen Partei, Stuttgart 1978, S. 76 ff. und L. Albertin, S. 324 ff.

97 Siehe Ernst Portner: Die Verfassungspolitik der Liberalen 1919. Ein Beitrag zur Deutung der Weimarer Reichsverfassung, Bonn 1973, S. 46 ff.

98 Siehe u. a. O. Nuschke: Wie die Deutsche Demokratische Partei wurde, S. 38.

99 ZStA Potsdam, Film-Nr. 4100, Bd. 738 (Außerordentlicher Parteitag der DDP am 2. 11. 1924).

100 Siehe L. Albertin, S. 183 f.

101 Bericht über die Verhandlungen des 2. außerordentlichen Parteitages, S. 86.

102 Siehe ebenda, S. 103 ff.

103 Siehe Wilhelm Ziegler: Die Deutsche Nationalversammlung 1919/1920 und ihr Verfassungswerk, Berlin 1932, S. 35 ff. und Reinhold Ißberner: Demokratisches ABC-Buch, Berlin 1920, S. 24 ff.

104 Arbeiterklasse siegt über Kapp und Lüttwitz. Quellen, ausgewählt u. bearbeitet von Erwin Könnemann, Brigitte Berthold und Gerhard Schulze, Bd. I, Berlin 1971, S. 140 f.

105 ZStA Potsdam, Film-Nr. 4101, Bd. 746 (Referat C. Petersen auf der Sitzung des Parteiausschusses der DDP am 17./18. 4. 1920).

106 Demokratische Partei-Korrespondenz, Nr. 80 vom 19. 4. 1920.

107 Siehe Erwin Könnemann/Hans-Joachim Krusch: Aktionseinheit contra Kapp-Putsch. Der Kapp-Putsch im März 1920 und der Kampf der deutschen Arbeiterklasse sowie anderer Werktätiger gegen die Errichtung der Militärdiktatur und für demokratische Verhältnisse, Berlin 1972, S. 293 ff. und 272 sowie O. Nuschke: Reden und Aufsätze 1919–1950, Berlin 1957, S. 199 ff.

108 BA Koblenz, NL Erich Koch-Weser, Nr. 26, Bl. 23 (Tagebuch-Aufzeichnung vom 14. 3. 1920).

109 W. I. Lenin: Die Kadetten und die Agrarfrage. In: Werke, Bd. 18, Berlin 1962, S. 269.

110 Siehe Arbeiterklasse siegt über Kapp und Lüttwitz, Bd. I, S. 179 ff.

111 Siehe BA Koblenz, R 45 III, Nr. 16, Bl. 21 ff. sowie L. Albertin, S. 377 ff. und H. Schustereit, S. 89 ff. und 273 f.

112 Siehe Mitteilungen für die Mitglieder der Deutschen Demokratischen Partei, Nr. 3, März 1920 und Nr. 4, April 1920.

113 Siehe Der Demokrat, Nr. 2 vom 21. 10. 1920, Nr. 8 vom 8. 12. 1920 sowie ZStA Potsdam, Film-Nr. 4101, Bd. 746 (Protokoll der Sitzung des Parteiausschusses der DDP 22. 6. 1920).

114 Siehe Ultimatum und Regierungsbildung. Die Haltung der Deutschen Demokratischen Partei, Berlin (1921), S. 47f.

115 Siehe ZStA Potsdam, Film-Nr. 4099, Bd. 727 (Protokoll vom 13. 10. 1921).

116 Siehe Bericht über die Verhandlungen des 3. (ordentlichen) Parteitages der Deutschen Demokratischen Partei, S. 34ff.

117 Ludwig Haas: Ergebnisse von Genua. In: Die Hilfe, 1922, Nr. 14, S. 211.

118 O. Nuschke: Reden und Aufsätze 1919–1950, S. 18f.

119 BA Koblenz, R 45 III, Nr. 11, Bl. 135ff.

120 Ebenda, NL Erich Koch-Weser, Nr. 74, Bl. 41ff. (E. Koch-Weser an Rathenau, 6. 5. 1922).

121 ZStA Potsdam, Film-Nr. 4099, Bd. 729 (Protokoll der Vorstandssitzung der DDP vom 25. 11. 1922). Siehe auch ebenda, Film-Nr. 4101, Bd. 749 (Protokoll der Parteiausschußsitzung der DDP vom 23. 9. 1923).

122 Ebenda, Film-Nr. 4099, Bd. 729 (Protokoll der Vorstandssitzung der DDP vom 27. 1. 1923) sowie Der Demokrat, Nr. 4 vom 5. 2. 1923.

123 Siehe H. Schustereit, S. 95ff.

124 Siehe ZStA Potsdam, Film-Nr. 4099, Bd. 729 (Protokolle der Vorstandssitzungen der DDP vom 28. 7. und 11. 11. 1923).

125 Siehe ebenda, Film-Nr. 4099, Bd. 721 (Vertrauliche Mitteilungen der Reichsgeschäftsstelle der DDP vom 31. 10. 1923).

126 Ebenda.

127 Siehe ebenda, Film-Nr. 4101, Bd. 749 (Protokoll der Parteiausschußsitzung der DDP vom 27. 1. 1924).

128 Ebenda (Erklärung des Arbeitnehmer-Ausschusses vom 17. 12. 1923).

129 So betrugen die Ausgaben der Reichsgeschäftsstelle für Reichstagswahlen im Dezember 1924 300 000, bei den Reichspräsidentenwahlen 1925 90 000 und bei den Reichstagswahlen 1928 450 000 M. Siehe W. Schneider, S. 232.

130 Siehe ebenda, S. 230ff.

131 Siehe Der Demokrat, Nr. 36/37 vom 6. 11. 1924 und Nr. 38/39 vom 20. 11. 1924 sowie ZStA Potsdam, RKO, Nr. 277, Bl. 10.

132 Siehe Die Liberale Vereinigung (Materialien zur demokratischen Politik, Nr. 120, hrsg. von der Reichsgeschäftsstelle der DDP, Berlin 1924).

133 Siehe ZStA Potsdam, Film-Nr. 4101, Bd. 749 (Protokoll der Parteiausschußsitzung der DDP vom 20. 9. 1925).

134 Siehe ebenda (Protokoll der Parteiausschußsitzung der DDP vom 4. 12. 1925). Siehe auch W. Schneider, S. 113ff.

135 Siehe Das ABC der DDP. Im Auftrag der Deutschen Demokratischen Landtagsfraktion unter Mitwirkung der meisten Mitglieder der Reichstags- und Landtagsfraktionen und namhafter Parteiführer zusammengestellt und herausgegeben von Oswald Riedel, Berlin 1927, S. 131f.

136 Siehe ZStA Potsdam, Film-Nr. 4099, Bd. 729 (Protokoll der Vorstandssitzung der DDP vom 2. 4. 1925) und ebenda, Film-Nr. 4101, Bd. 749 (Protokoll der Parteiausschußsitzung der DDP vom 5. 4. 1925).

137 Siehe W. Schneider, S. 113.

138 Siehe Erich Koch-Weser: Deutschlands Außenpolitik in der Nachkriegszeit 1919–1929, Berlin 1929, S. 57ff. und Johann Heinrich Graf Bernstorff: Erinnerungen und Briefe, Zürich 1936, S. 210ff.

139 Siehe u. a. Rededisposition für den Wahlkampf, Berlin 1924, S. 2.

140 Siehe Gertrud Bäumer: Grundlagen demokratischer Politik, Karlsruhe 1928, S. 68.

141 E. Koch-Weser: Deutschlands Außenpolitik, S. 122.

142 Siehe ebenda, S. 11ff. und 85.

143 P. von Schoenaich hatte 1925 eine ausgedehnte Studienreise in die Sowjetunion unternommen, H. A. Krüger gehörte der internationalen Lehrerdelegation an, die im gleichen Jahr die UdSSR besuchte. Siehe u. a. Paul von Schoenaich: Lebende Bilder aus Sowjet-Rußland, Halberstadt 1925 und H. A. Krüger: Die Nationalitätenfrage im neuen Rußland. In: Das neue Rußland, 2. Jg. 1925, H. 7/8.

144 Siehe BA Koblenz, R 45 III, Nr. 20, Bl. 8ff. und 21ff.

145 Der von Vertretern des Z, der DDP, DVP, BVP und Wirtschaftlichen Vereinigung am 2. 2. 1926 vorgelegte »Kompromißentwurf« wurde als Abänderung zum Gesetzentwurf der DDP vom 23. 11. 1925 ausgegeben, verkehrte aber die Forderung der DDP, die Vermögensauseinandersetzung mit den ehemaligen Fürsten auf politischem Weg zu lösen, ins Gegenteil. Siehe Ulrich Schüren: Der Volksentscheid zur Fürstenenteignung 1926, Düsseldorf 1978, S. 49ff. und 102ff.

146 Siehe Heinz Karl: Die deutsche Arbeiterklasse im Kampf um die Enteignung der Fürsten (1925/1926), Berlin 1957, S. 28 sowie IML, ZPA, St. 17/50/1116 und Mitteilungen des Ausschusses zur Durchführung des Volksentscheids für entschädigungslose Enteignung der Fürsten, Nr. 5 vom 20. 2. 1926.

147 Aufruf des Staatsbürgerlichen Ausschusses zur Förderung des Volksbegehrens. In: Frankfurter Zeitung, Nr. 177 vom 7. 3. 1926 (2. Morgenausgabe).

148 Siehe BA Koblenz, R 45 III, Nr. 13, Bl. 55ff.

149 Siehe ebenda, Nr. 20, Bl. 23ff.

150 Siehe Der Demokrat, Nr. 12 vom 17. 6. 1926.

151 Siehe Der deutsche Gedanke, Nr. 11 vom 16. 6. 1926.

152 Siehe Frankfurter Zeitung, Nr. 406 vom 3. 6. 1926; Nr. 416 vom 7. 6. 1926; Nr. 440 vom 16. 6. 1926.

153 Siehe Der Demokrat, Nr. 23 vom 9. 12. 1926.

154 Siehe z. B. die Rede P. Reinholds auf einer Tagung der Fraktionen der DDP im Reichstag und in den Landtagen Ende Oktober 1926 (Berliner Tageblatt, 23. 10. 1926). Siehe auch W. Schneider, S. 190 ff.

155 So in Reden von E. Koch-Weser und A. Erkelenz im Parteivorstand am 12. 2. 1927 (BA Koblenz, R 45 III, Nr. 20, Bl. 59 f.).

156 Siehe Die Bilanz des Rechtsblocks (Materialien zur demokratischen Politik, Nr. 136, hrsg. von der Reichsgeschäftsstelle, Berlin 1928) sowie W. Schneider, S. 103 ff.

157 BA Koblenz, R 45 III, Nr. 20, Bl. 62.

158 Siehe Der Demokrat, Nr. 3 vom 20. 2. 1927.

159 Abänderungsanträge kamen insbesondere von G. Gothein, der u. a. die Forderungen zu Zoll- und Siedlungsfragen als zu weitgehend ansah und sich gegen eine »Zwangsenteignung« von Großgrundbesitzern aussprach. Aus Protest über die Ablehnung seiner Anträge legte er am 21. 6. 1927 sein Vorstandsmandat nieder. Siehe BA Koblenz, R 45 III, Nr. 6, Bl. 100 ff. und 146 ff. sowie Nr. 20, Bl. 72 und 87 f.

160 Die Programme der Deutschen Demokratischen Partei. Allgemeines Programm, Bauern-Programm, Beamten-Programm. Hrsg. von der Reichsgeschäftsstelle der DDP, Berlin o. J., S. 14.

161 BA Koblenz, R 45 III, Nr. 20, Bl. 208 und 212.

162 Siehe ebenda, Bl. 210 ff.

163 Siehe W. Schneider, S. 195 ff. »Dietrichs Ernährungspolitik«, erklärte der Parteivorsitzende E. Koch-Weser, »ist ein vollkommener Fehlschlag. Sie entfremdet uns die Konsumenten, ohne uns auch nur einen einzigen Bauern zu gewinnen ... Tatsächlich tut er nichts, als die dringenden Wünsche der Agrarier zur Hälfte zu befriedigen ...« (ebenda, S. 199).

164 Siehe BA Koblenz, R 45 III, Nr. 13, Bl. 194.

165 Siehe Der Demokrat, Nr. 17/18 vom 20. 9. 1928.

166 Siehe BA Koblenz, R 45 III, Nr. 13, Bl. 190 ff. und 225.

167 Siehe Hans Kallmann: Der Panzerkreuzerbau. In: Der Herold der deutschen Jungdemokratie, 1928, H. 9, S. 189 f. und ders.: Zur politischen Lage. In: Ebenda, H. 12, S. 247.

168 Siehe Karl Holl: Pazifismus oder liberaler Neu-Imperialismus? Zur Rolle der Pazifisten in der Deutschen Demokratischen Partei 1918–1930. In: Imperialismus im 20. Jahrhundert. Gedenkschrift für George W. F. Hall-

garten. Hrsg. Joachim Radkau/Imanuel Geiss, München 1976, S. 177 ff.

169 Siehe Die Friedens-Warte, 1928, H. 12, S. 375 f. und BA Koblenz, R 45 III, Nr. 13, Bl. 182.

170 Siehe Der Demokrat, Nr. 7 vom 5. 4. 1929.

171 Siehe Heinrich Brüning: Memoiren 1918–1934, Stuttgart 1970, S. 167, 216 und 522.

172 Siehe Der Demokrat, Nr. 10 vom 20. 5. 1930 sowie W. Schneider, S. 139 ff.

173 ZStA Potsdam, Film-Nr. 4101, Bd. 750 (Referat E. Koch-Wesers auf der Sitzung des Parteiausschusses der DDP am 25. 5. 1930). Siehe auch Der Demokrat, Nr. 7 vom 5. 4. 1930 und Nr. 11 vom 5. 6. 1930.

174 Siehe Karl-Hermann Beeck: Die Gründung der Deutschen Staatspartei im Jahre 1930 im Zusammenhang der Neuordnungsversuche des Liberalismus, phil. Diss., Köln 1957, S. 99 sowie Werner Stephan: Aufstieg und Verfall des Linksliberalismus 1918–1933. Geschichte der Deutschen Demokratischen Partei, Göttingen 1973, S. 442 ff.

175 Siehe u. a. Die Hilfe, 4. 1. und 2. 8. 1930.

176 Siehe Der Demokrat, Nr. 14/15 vom 5. 8. 1930.

177 Ebenda und ZStA Potsdam, Film-Nr. 4101, Bd. 750 (Protokoll der Sitzung des Parteiausschusses der DDP vom 30. 7. 1930).

178 Siehe Warum scheiterte die bürgerliche Sammlung? Hrsg. von der Reichsgeschäftsstelle der Deutschen Volkspartei, 15. August 1930 (Archiv beim Hauptvorstand der CDU, Berlin, Zentrum, Nr. 202).

179 Siehe Der Demokrat, Nr. 17 vom 5. 9. 1930.

180 Siehe W. Stephan, S. 458 ff.

181 Siehe Der Demokrat, Nr. 19 vom 10. 10. 1930 und Nr. 20 vom 20. 10. 1930.

182 Ebenda, Nr. 24 vom 20. 12. 1930.

183 Blätter der Staatspartei, Nr. 22 vom 22. 11. 1930.

184 Ebenda und ZStA Potsdam, Film-Nr. 4100, Bd. 742 (Protokoll des Gründungsparteitages der Deutschen Staatspartei).

185 So wurde auf der Sitzung des Gesamtvorstandes am 15. 8. 1931 eine Entschließung zur Reichsreform angenommen und ein Reichsreform-Ausschuß gebildet. Siehe ZStA Potsdam, Film-Nr. 4102, Bd. 775 (Protokoll der Sitzung des Gesamtvorstandes der Deutschen Staatspartei vom 15. 8. 1931) und Film-Nr. 4103, Bd. 786 (Ausschuß für Reichsreform). Siehe auch Erich Matthias/Rudolf Morsey: Die Deutsche Staatspartei. In: Das Ende der Parteien 1933. Hrsg. E. Matthias/ R. Morsey, Düsseldorf 1960, S. 42 ff. Zur Entwicklung der Reichsreformpläne der herrschenden Kreise generell ↗ Bund zur Erneuerung des Reiches.

186 H. Höpker-Aschoff auf der Vorstandssitzung

der DStP am 15.8.1931 (ZStA Potsdam, Film-Nr.4102, Bd.775).

187 Ebenda, Film-Nr.4102, Bd.773 (Protokoll der Sitzung des Geschäftsführenden Vorstandes der Deutschen Staatspartei mit den Wahlkreisvorsitzenden und den Fraktionen des Reiches und der Länder vom 17.12.1930).

188 Ebenda, Film-Nr.4102, Bd.775 (Protokoll der Sitzung des Gesamtvorstandes der Deutschen Staatspartei vom 15.8.1931).

189 Ebenda, Film-Nr.4102, Bd.773 (Protokoll der Sitzung des Geschäftsführenden Vorstandes in Gemeinschaft mit der Reichstagsfraktion und der Preußischen Landtagsfraktion vom 30.7.1931).

190 Ebenda, Film-Nr.4102, Bd.775 (Protokoll der Sitzung des Gesamtvorstandes der Deutschen Staatspartei vom 26.9.1931).

191 Siehe ebenda, Film-Nr.4103, Bd.784 (Protokoll des außerordentlichen Parteitages der Deutschen Staatspartei vom 26. und 27.9.1931). Siehe auch Deutscher Aufstieg, Nr.5 vom 4.10.1931.

192 Siehe ebenda, Film-Nr.4103, Bd.780–783 (Materialien des Programmausschusses).

193 Richtlinien der Deutschen Staatspartei, Berlin 1931.

194 ZStA Potsdam, Film-Nr.4103, Bd.784. In ähnlicher Weise äußerte sich auch H. Fischer. Man müsse herausstellen, betonte er, »daß die gegenwärtige Krise Deutschlands und der Weltwirtschaft keine Krise des gegenwärtigen Wirtschaftssystems ist, sondern eine Folge außenwirtschaftlicher, zumeist politischer Verstöße gegen die ehernen Wirtschaftsgesetze« (Deutscher Aufstieg, Nr.11 vom 15.11.1931).

195 ZStA Potsdam, Film-Nr.4103, Bd.781 (Stellungnahme des Reichsarbeitnehmerausschusses vom 11.9.1931 zum Entwurf der »Richtlinien der Deutschen Staatspartei«. In der Stellungnahme wurde weiterhin die Aufnahme des folgenden Passus verlangt: »Der unorganisierte oder falschorganisierte, einzig auf Gewinn und nicht auf Bedarfsdeckung eingestellte Kapitalismus hat auf der ganzen Linie versagt. Es ist Aufgabe des Staates, ihm das Gesetz des Handelns in all den Fällen vorzuschreiben, in denen die kapitalistische Wirtschaft sich unfähig erweist, ihre wichtigste und vornehmste Aufgabe zu erfüllen: die Bedarfsdeckung der breiten Massen zu den günstigsten Bedingungen.«

196 BA Koblenz, R45III, Nr.51, Bl.61.
197 Siehe ebenda, Nr.52, Bl.77 und 79.
198 Siehe ebenda, Nr.51, Bl.84.
199 Ebenda, Bl.93.
200 Deutscher Aufstieg, Magdeburg, Nr.15 vom 13.12.1931.

201 StBV Rei., V. Wahlperiode 1930, Bd.446, Berlin 1932, S.2303.
202 Deutscher Aufstieg, Nr.25 vom 19.6.1932.
203 BA Koblenz, R45III, Nr.50, Bl.47.
204 Die Hilfe, Nr.29 vom 16.7.1932 und Nr.43 vom 22.10.1932.
205 BA Koblenz, R45III, Nr.52, Bl.54.
206 Siehe Theodor Heuß: Hitlers Weg. Eine historisch-politische Studie über den Nationalsozialismus, Stuttgart–Berlin–Leipzig 1932, S.3, 13ff. und 34.
207 Siehe z.B. W.Ruge: Weimar – Republik auf Zeit, 2. überarb. Aufl., Berlin 1980, S.241, 263f. und 305.
208 BA Koblenz, R45III, Nr.50, Bl.23.
209 Siehe ebenda, Nr.52, Bl.50ff.
210 Ebenda, Bl.57f.
211 Ebenda, Nr.50, Bl.91.
212 Siehe A.Behrendt, S.276f.
213 Siehe BA Koblenz, R45III, Nr.50, Bl.148ff. Siehe auch E.Matthias/R.Morsey, S.64.
214 Siehe BA Koblenz, R45III, Nr.50, Bl.135ff. und Nr.52, Bl.115ff.
215 Zit. in: E.Matthias/R.Morsey, S.56.
216 Hermann Dietrich/Carl Petersen/Reinhold Maier: Der Weg der nationalen Demokratie. Reden auf der Kundgebung der Deutschen Staatspartei in Mannheim am 2.Oktober 1932, Mannheim (1932), S.25.
217 Ebenda, S.10.
218 Siehe Deutscher Aufstieg, Nr.37 vom 11.9.1932, Nr.47 vom 20.11.1932 und Nr.52 vom 25.12.1932 (Beilage).
219 Ebenda, Nr.47 vom 20.11.1932.
220 O.Nuschke: Reden und Aufsätze, S.91f.
221 Siehe Deutscher Aufstieg, Nr.23 vom 4.6.1933.
222 Abgedruckt bei E.Matthias/R.Morsey, S.93f.
223 ZStA Potsdam, Film-Nr.4102, Bd.779 (Protokoll der Sitzung des Gesamtvorstandes der Deutschen Staatspartei vom 14.5.1933).
224 Siehe Deutscher Aufstieg, Nr.23 vom 4.6.1933 und Nr.24 vom 11.6.1933.
225 Ebenda, Nr.23 vom 4.6.1933.
226 Ebenda, Nr.27 vom 2.7.1933.
227 Siehe Walter Hammer: Hohes Haus in Henkers Hand. Rückschau auf die Hitlerzeit, auf Leidensweg und Opfergang deutscher Parlamentarier, 2. erw. Auflage, Frankfurt (Main) 1956.
228 Siehe Deutsche Demokraten. Die nichtproletarischen demokratischen Kräfte in der deutschen Geschichte 1830 bis 1945. Von einem Autorenkollektiv unter Leitung von Dieter Fricke, Berlin 1981, S.333ff. und 362ff.
229 Siehe Linksliberalismus in der Weimarer Republik. Die Führungsgremien der Deutschen Demokratischen Partei und der Deutschen

Staatspartei 1918–1933. Eingeleitet von L. Albertin, bearbeitet von Konstanze Wegner in Verbindung mit L. Albertin, Düsseldorf 1980 = Quellen zur Geschichte des Parlamentarismus und der politischen Parteien, Dritte Reihe, Bd. 5.

230 Siehe u. a. Werner Gölker: Die Deutsche Demokratische Partei und ihre Beziehungen zur Industrie in den ersten Jahren der Weimarer Republik, Jena 1965. Günter Klement: Die Politik der Deutschen Demokratischen Partei in den ersten Jahren der revolutionären Nachkriegskrise (unter besonderer Berücksichtigung der drei sächsischen Wahlkreise, Potsdam 1965. Rupprecht Weidle: Untersuchungen zum Klassencharakter der Deutschen Staatspartei, Potsdam 1962. Sabine Weiß: Die Rolle und Politik der Deutschen Demokratischen Partei von 1918 bis 1921 in Preußen, Jena 1977. Ch. Pippus: Die schul- und kulturpolitischen Auffassungen der DDP und ihr Einfluß auf die Intelligenz in den ersten Jahren der Weimarer Republik (1919–1923), Jena 1977. Rolf Puppe: Die Politik und Taktik der Deutschen Demokratischen Partei in der Periode der relativen Stabilisierung des Kapitalismus von 1924 bis 1929, Jena 1977.

231 In den 50er und 60er Jahren erschienen die Arbeiten von K.-H. Beeck und E. Matthias/R. Morsey (siehe Anm. 174 und 185) sowie ferner Günther Fischenberg: Der deutsche Liberalismus und die Entstehung der Weimarer Republik. Die Krise einer politischen Bewegung, phil. Diss., Münster 1958 und Regina Gottschalk: Die Linksliberalen zwischen Kaiserreich und Weimarer Republik. Von der Julikrise 1917 bis zum Bruch der Weimarer Koalition im Juni 1919, Mainz 1969.

232 Siehe die Arbeiten von L. Albertin, L. Lukkemeyer, W. Schneider, J. C. Heß, E. Portner (Anm. 4, 57, 96 und 97). Siehe auch Peter M. Bowers: The failure of the German Democratic Party 1918–1930, Diss., Pittsburgh 1973. Robert A. Pois: The Bourgeois Democrats of Weimar Germany, Philadelphia 1976.

233 Siehe u. a. Werner Huber: Gertrud Bäumer. Eine politische Biographie, phil. Diss., München 1970. Werner Schiefel: Bernhard Dernburg 1865–1937. Kolonialpolitiker und Bankier im wilhelminischen Deutschland, Zürich–Freiburg 1974. J. C. Heß: Theodor Heuss vor 1933. Ein Beitrag zur Geschichte des demokratischen Denkens in Deutschland, Stuttgart 1973.

Werner Fritsch

Deutsche Fortschrittspartei (DFP) 1861–1884

Die Deutsche Fortschrittspartei war in ihrer ersten Entwicklungsperiode – von der Gründung 1861 bis zur Abspaltung der späteren nationalliberalen Politiker 1866 – die politische Vertretung der Mehrheit der preußischen Bourgeoisie und eines großen Teils des Kleinbürgertums. Sie brachte die politischen Bestrebungen der Bourgeoisie nach der Einigung Deutschlands unter preußischer Führung zum Ausdruck, konnte jedoch wegen ihrer antidemokratischen und antisozialistischen Grundhaltung den Konflikt zwischen Abgeordnetenhaus und Regierung sowie den Charakter des Einigungsprozesses nicht zugunsten der Bourgeoisie entscheiden. Nach der Abspaltung der großbourgeoisen Elemente 1866 vertrat die DFP in ihrer zweiten Entwicklungsperiode bis 1884 einen Teil der mittleren und kleinen Bourgeoisie und des Kleinbürgertums in Deutschland. Die Politik der bourgeoisen Führung, die weiterhin eine antidemokratische und antisozialistische Grundkonzeption verfocht, ließ die Ansätze einer wirklichen Opposition gegen den preußisch-deutschen Machtstaat weitgehend verkümmern. Dadurch geriet die Partei in den 70er Jahren in eine Krise. Erst unter dem Sozialistengesetz entwickelte sich eine starke politische Aktivität bürgerlicher und kleinbürgerlicher Kreise, die zu einem Aufschwung der Partei und zu einer Vergrößerung ihrer politischen Kräfte führte. Aus antidemokratischen Motiven versuchte die bourgeoise Parteiführung, die konsequent oppositionell auftretenden Kräfte zurückzudrängen. Sie trat daher für eine Fusion mit der ↗ Liberalen Vereinigung (Sezessionisten) (LV) ein, die 1884 vollzogen wurde und zur Verdrängung demokratischer und konsequent liberaler Elemente führte.

1. Gründung, Programm und Organisation (bis 1866)
2. Sozialökonomische Basis der Partei und Zusammensetzung der Führungsorgane (bis 1866)
3. Die politische Konzeption in der nationalen Frage und die Haltung im Heereskonflikt
4. Die Stellung zur Arbeiterbewegung und der liberale Antisozialismus
5. Die soziale Grundlage und Zusammensetzung der Führungsorgane (1867 bis 1884)
6. Die Stellung zur Reichsgründung, die Krise der Partei und die Haltung zum Sozialistengesetz
7. Der Parteitag von 1878, das neue Programm und die Organisation
8. Die verstärkte Aktivität der Parteianhänger und die antidemokratische Politik der Führung bis zur Fusion von 1884
9. Quellen und Literatur

Führungsorgane der Partei.

1861, 1862 und 1863 Zentralwahlkomitee (Vorsitzender: Hans Victor von Unruh);

November 1866 Geschäftsleitender Ausschuß des Zentralwahlkomitees (Vorsitz: Dr. Wilhelm Loewe-Calbe, Stellvertreter: Franz Duncker);
Juni 1867 Vorstand des Wahlvereins der DFP (W. Loewe-Calbe, F. Duncker, Heinrich Runge);
Anfang 1874 Geschäftsführender Ausschuß (Vorsitzender: W. Loewe-Calbe, Mitglieder: F. Duncker, Ludolf Parisius, Eugen Richter, H. Runge);
April 1877 Geschäftsführender Ausschuß (Vorsitzender: Dr. Paul Langerhans, Mitglieder: L. Parisius, Hugo Hermes, E. Richter, Robert Zelle);
1878–1884 Zentralwahlkomitee (Vorsitzender: Moritz Klotz, Stellvertreter: Prof. Dr. Rudolf Virchow);
1878–1884 Geschäftsführender Ausschuß des Zentralwahlkomitees (Vorsitzender: P. Lan-

Zahl der örtlichen (Wahl-)Vereine

1877	17	1881	110
1878	43	1884	169
1880	78		

Fraktionsstärke der DFP im preußischen Abgeordnetenhaus

Legislaturperiode	Fraktion	Legislaturperiode	Fraktion
6. 1862	104	11. 1870/73	49
7. 1862/63	133	12. 1873/76	68
8. 1863/66	141	13. 1877/79	63
9. 1866/67	61	14. 1879/82	38
10. 1867/70	48	15. 1882/85	53 (↗ Deutsche Freisinnige Partei)

Reichstagswahlergebnisse der DFP

Wahljahr	Stimmen	% der Stimmen	Mandate	% der Mandate
1867 (Konstituierender Reichstag)			19	
1867 (Norddeutscher Reichstag)			29	
1871	342 000	8,8	45	12,0
1874	447 500	8,6	49	12,3
1877	417 800	7,7	35	8,8
1878	385 100	6,7	26	6,5
1881	649 300	12,8	59	15,1

GERHANS, Mitglieder: L. PARISIUS, H. HERMES, R. ZELLE und E. RICHTER).
Die Vorstände der Fraktionen im preußischen Abgeordnetenhaus und im Reichstag bestanden aus mehreren Abgeordneten.

Parteitage

Generalversammlungen des Wahlvereins der DFP 6. Dezember 1867 in Berlin; 11. Dezember 1868 in Berlin
Parteitage der DFP 24.–26. November 1878 in Berlin; 16. März 1884 in Berlin

Wichtigste Presse- und Publikationsorgane

»Der Volksfreund« (1868–1872), hrsg. von L. PARISIUS, Berlin, erschien wöchentlich
»Reichstagswahlkorrespondenz« (1876–1877, Nr. 1–25), hrsg. vom Büro des Zentralwahlkomitees der DFP, Berlin, erschien unregelmäßig
»Aus der deutschen Fortschrittspartei«, Par-

lamentarische Korrespondenz (1877–1884), hrsg. von den Abgeordneten L. PARISIUS und E. RICHTER, Berlin, Auflage: 1877 ca. 2 000, 1880 ca. 9 000, 1881 ca. 20 000, 1883 ca. 14 000, erschien bis 1880 zehn-, dann zwölfmal jährlich
»Der Reichsfreund« (1882 ff.), hrsg. von H. HERMES, L. PARISIUS und E. RICHTER, Berlin, Auflage: 1883 ca. 10 800, 1884 ca. 24 000, erschien wöchentlich

An größeren Tageszeitungen standen der DFP nahe:
»Berliner Reform«, Berlin 1861–1866
»Nationalzeitung«, Berlin (bis 1866)
»Volkszeitung«, Berlin 1878–1884 ca. 15 000 bis 22 000
»Vossische Zeitung«, Berlin 1878–1884 ca. 18 000 bis 24 000

Angeschlossener Verein

Verein Waldeck, Berlin.

1. Gründung, Programm und Organisation (bis 1866)

Die 1857 einsetzende Wirtschaftskrise und deren nachteilige wirtschaftliche wie durch verstärkte Aktivität der Arbeiterklasse sichtbar werdende soziale Folgen regten die deutsche Bourgeoisie zu verstärkter wirtschaftspolitischer und politischer Tätigkeit an. Veränderungen in der preußischen Monarchie – am 7. Oktober 1858 wurde PRINZ WILHELM zum Regenten eingesetzt – und die Deutschland direkt berührende internationale Aktivität Napoleons III. forcierten den Politisierungsprozeß breiter Schichten des Volkes. Nach den Wahlen vom November 1858 gewannen mit der »altliberalen« *Fraktion Vincke* (150 Abgeordnete) und der »liberalkonservativen« *Fraktion Mathis* (50 Abgeordnete) die Liberalen im preußischen Abgeordnetenhaus die absolute Mehrheit gegenüber den reaktionären Junkervertretern, ohne jedoch mit ihrer politischen Maxime gegenüber der Regierung »nur nicht drängen« Entscheidungen im Hinblick auf die innere Politik Preußens und in der Frage der Einheit Deutschlands herbeiführen zu können.

Zu Beginn der Landtagssession 1860 wurden die Vertreter der liberalen Bourgeoisie in Preußen vor eine schwerwiegende Entscheidung gestellt. Die Regierung legte einen Gesetzentwurf über die Verpflichtung zum Kriegsdienst vor, damit verbunden einen Nachtrag zum Staatshaushaltsgesetz und einen Entwurf über die Erhöhung der Steuern. Im Mittelpunkt aller weiteren Verhandlungen stand die mit dem Kriegsdienstgesetz beabsichtigte Heeresreform. Der Regierung ging es um eine wesentliche Vergrößerung des Heeres und die Erhöhung seiner Kampfkraft. Dabei sollte die Landwehr aus der mobilen Feldarmee herausgenommen, also das einst demokratische Element der preußischen Heeresverfassung wesentlich zurückgedrängt werden. Außerdem sollte die Dienstzeit wieder volle 3 Jahre dauern. Diese Reform sollte und konnte den reaktionären Kräften in Preußen dienen. Aber wollte Preußen in nationaler Hinsicht eine Initiative entwickeln, was ja die Bourgeoisie wünschte, so mußte es sich militärisch stärken. Die Liberalen durften auf keinen Fall sofort eine feindliche Haltung zur Heeresreform einnehmen. Die liberale Bourgeoisie »mußte im Gegenteil diese Reorganisation und die dafür zu bewilligenden Gelder benutzen, um sich dafür von der ›Neuen Ära‹ möglichst viel Äquivalente zu kaufen, um die 9 oder 10 Millionen neue Steuern in möglichst viel politische Gewalt für sich selbst umzusetzen«.[1] Allein, die liberale Bourgeoisie war politisch nicht fähig, ihre nationalen Wünsche, die auf eine Einheit Deutschlands unter preußischer Führung abzielten, mit den praktischen militärischen Erfordernissen in Übereinstimmung zu bringen. Anstatt die positiven Seiten der Heeresvorlage aufzugreifen und offensiv mit der Regierung in politische Verhandlungen zu treten, sperrten sich die liberalen Abgeordneten und sahen nur die Beseitigung der Landwehr und die dreijährige Dienstzeit. Die Regierung zog den Gesetzentwurf zurück. Die Liberalen wußten keinen anderen Ausweg, als der Regierung am 15. Mai 1860 »zur einstweiligen Vervollständigung derjenigen Maßnahmen, welche für die fernere Kriegsbereitschaft und erhöhte Streitbarkeit des Heeres erforderlich« waren, bis zum Juni 1861 9 Mill. Taler zu bewilligen.[2] Damit hatte die Regierung das Geld zur Reform, und die Liberalen gingen in politischer Hinsicht leer aus.

Angesichts der sich zuspitzenden innenpolitischen Situation in Preußen – einerseits drängten junkerlich-militaristische Kräfte auf eine reaktionäre Wende in der Regierungspolitik, andererseits verstärkte sich die oppositionelle Bewegung breiter Schichten des Volkes – suchten einige Abgeordnete der *Fraktion Vincke* der Programmlosigkeit der Liberalen ein Ende zu setzen. Initiiert von Heinrich BEHREND, Max VON FORCKENBECK und Leopold FREIHERR VON HOVERBECK – Mitgliedern des Ständigen Ausschusses der »Volkswirtschaftlichen Gesellschaft für Ost- und Westpreußen« – wurde am 12. Januar 1861 ein Programmentwurf diskutiert, der von der Gesamtfraktion am 16. Januar mit 70 gegen 30 Stimmen abgelehnt wurde.[3] Am 8. Februar traten daher 11 Abgeordnete, darunter M. VON FORCKENBECK und L. VON HOVERBECK, aus der *Fraktion Vincke* aus. Diese Gruppe – genannt *Junglithauen* – stimmte gegen ein Extraordinarium (außerordentliche Ausgaben) von über 4 Mill.

Talern für militärische Zwecke, das die Mehrheit des Abgeordnetenhauses der Regierung erneut gewährte.

Die oppositionellen Kräfte der preußischen Bourgeoisie, deren Sprecher die *Fraktion Junglithauen* war, suchten, da 1862 Neuwahlen bevorstanden, eine Wendung herbeizuführen und auf die stärkere politische Aktivität breiter Volksschichten zu reagieren.[4] Sie führten daher Verhandlungen mit Berliner Demokraten und Liberalen um eine Parteigründung, an denen sich neben Benedikt Franz Leo WALDECK, M. VON FORCKENBECK und Hermann SCHULZE-DELITZSCH u. a. noch R. VIRCHOW, der Althistoriker Theodor MOMMSEN und Werner VON SIEMENS beteiligten.[6]

In diesen Verhandlungen entstand auf der Basis des Programms der Gruppe *Junglithauen* vom Januar 1861 ein Wahlprogramm, das zugleich das Gründungsdokument der Deutschen Fortschrittspartei wurde und bis 1878 als Parteiprogramm galt. Nach einigen Verhandlungen um den Namen der Partei[7] wurde das Dokument am 6. Juni 1861 verabschiedet und am 9. sowie 11. Juni in der Berliner Presse publiziert.[8]

Einleitend hieß es in dem Programm: Man sei zu der Erkenntnis gekommen, »daß die Existenz und die Größe Preußens abhängt von einer festen Einigung Deutschlands, die ohne eine starke Zentralgewalt in den Händen Preußens und ohne gemeinsame deutsche Volksvertretung nicht gedacht werden kann«. (Siehe Abschn. 3.) Für die innere Entwicklung Preußens forderte die DFP die »konsequente Verwirklichung des verfassungsmäßigen Rechtsstaates«. Dazu gehörten Beseitigung des Anklagemonopols der Staatsanwaltschaft, »wirkliche Verantwortlichkeit der Beamten« und Wiederherstellung der Geschworenengerichte für politische und Pressevergehen.

Entscheidend war die Forderung des in Artikel 61 der preußischen Verfassung in Aussicht gestellten Gesetzes über die Verantwortlichkeit der Minister. Wie die Forderung nach einer Gemeinde –, Kreis- und Provinzialordnung unter Beseitigung des ständischen Prinzips und der gutsherrlichen Polizei war auch die geforderte Reform des Herrenhauses gegen die Machtpositionen der Junker gerichtet. Im Zusammenhang mit einer Reform der Gewerbegesetzgebung – damit »die wirtschaftlichen Kräfte des Landes gleichzeitig entfesselt« würden –, sollte so die politische und ökonomische Macht der Bourgeoisie entscheidend erweitert werden.

Militärpolitisch forderte die DFP »größte Sparsamkeit für den Militäretat im Frieden«, »die Aufrechterhaltung der Landwehr, die allgemein einzuführende körperliche Ausbildung der Jugend, die erhöhte Aushebung der waffenfähigen Mannschaft bei zweijähriger Dienstzeit …« Schließlich forderte die neue Partei die Trennung des Staates von der Kirche, Gleichberechtigung der Religionsgemeinschaften, obligatorische Zivilehe und nicht zuletzt ein neues Unterrichtsgesetz, das die verfassungswidrigen ministeriellen Regulative aufheben sollte.

Das Programm spiegelte die Interessen der deutschen Bourgeoisie wider, und seine Verwirklichung hätte die Bourgeoisie zur entscheidenden politischen Kraft in Preußen werden lassen.

Einige Programmforderungen enthielten auch demokratische Ansätze, die von der Partei selbst aber nicht weiter verfolgt wurden. H. SCHULZE-DELITZSCH schrieb, daß die Gründer »unter der ausgesprochenen und bewußten Losung der Koalition«[9] von demokratischen und liberalen Elementen zusammengebracht wurden.

Die großbürgerlichen, die »gothaischen«[10], Elemente führten schon vor der eigentlichen Parteigründung eine politisch bedeutsame Entscheidung herbei. Bei der Programmberatung ging es auch um das allgemeine und gleiche Wahlrecht, das in Volksversammlungen gefordert worden war. L. VON HOVERBECK und einige Berliner Demokraten traten dafür ein, aber die großbürgerlichen Kräfte setzten durch, daß in den »politischen Grundsätzen« der Partei die Wahlrechtsfrage nicht einmal erwähnt wurde. In einem Begleitschreiben zum Programm hieß es nur, daß »die Frage des allgemeinen gleichen Wahlrechts als offene betrachtet (wird), zumal eine Lösung derselben durch die nächste Legislatur nicht zu erwarten ist«.[11] Die Entscheidung über das Wahlrecht hatte prinzipiellen Charakter, weil sich die neue Partei damit gegen die politische Aktivität der Volksmassen wandte.

So zeigten die Gründung der DFP und ihr

Programm zwar eine Linksschwenkung der Bourgeoisie besonders in Preußen an, doch machte sich schon in den ersten Monaten der Tätigkeit der Partei der Geist des Kompromisses und des Zurückweichens bemerkbar. In dem ersten Aufruf des Zentralwahlkomitees hieß es dann auch: »Wir beabsichtigen keineswegs eine prinzipielle Opposition gegen die gegenwärtige Regierung.«[12]

Sehr bald nach der Gründung versuchte die DFP eine Organisation aufzubauen. Im September 1861 konstituierte sich ein Zentralwahlkomitee unter der Leitung H. V. von Unruhs in Berlin.[13] Diesem gehörten sowohl Parlamentarier als auch Nichtparlamentarier an. Es hatte vornehmlich die Aufgabe, die Wahlen vorzubereiten, Aufrufe zu verfassen und zu verschicken sowie Einfluß auf die Aufstellung geeigneter Kandidaten zu nehmen. Ein solches Komitee wurde nach jeder Legislaturperiode neu gebildet.

Das Komitee setzte Schriftführer oder Geschäftsführer, die die Hauptarbeit zu leisten hatten, und zeitweise auch ein Wahlbüro ein. In dem Programm vom 6. Juni 1861 wurde dazu aufgerufen, lokale Vereine oder Komitees zu bilden, die die Wahl vorbereiten sollten. So entstand in Berlin am 2. Juli 1861 der *Volkstümliche Wahlverein* unter dem Vorsitz des Demokraten Adolf Streckfuss. Der Verein bekannte sich zum Programm der DFP, geriet aber ob seiner stärker demokratisch orientierten Politik in Widerspruch zu den führenden Politikern der DFP. Im November 1861 wurde die Aufstellung von A. Streckfuss für Parlamentswahlen von der DFP-Führung hintertrieben; bereits am 17. Dezember 1861 beschloß der *Volkstümliche Wahlverein* seine Auflösung. Die außerparlamentarische Organisation der DFP kam – nicht zuletzt wegen der antidemokratischen Position der Parteiführung und dem daraus entspringenden Mißtrauen gegenüber den Massen – bis in die Mitte der 70er Jahre über Anfänge nicht hinaus. Allgemein trat das Zentralwahlkomitee oder – bis 1871 – mehr noch die Fraktion des Abgeordnetenhauses als DFP auf. Die Fraktion wählte einen Vorstand von 5 Personen. Die politisch profiliertesten Abgeordneten galten als die Parteiführer. In den Jahren bis 1866 waren das vor allem L. von Hoverbeck, Karl Twesten, M. von Forckenbeck, H. V. von Unruh,

H. Schulze-Delitzsch und B. F. L. Waldeck.

Entsprechend der relativ lockeren Organisation verfügte die Partei nicht über eigene Presseorgane. Allerdings vertraten viele Herausgeber und Redakteure von Zeitungen und Zeitschriften die politischen Auffassungen der DFP. So die »Nationalzeitung« in Berlin unter der Redaktion von Dr. Otto Michaelis, die »Volkszeitung«, Berlin, die von F. Duncker geleitet wurde, und die »Vossische Zeitung« in Berlin. Heinrich Bernhard Oppenheim gab die »Deutschen Jahrbücher für Politik und Literatur« ab 1861 heraus, die »die Fortschrittspartei als ihr sozusagen ›wissenschaftliches‹ Organ anerkannte...«[14] »Die Berliner Reform« unterstützte die Linken, speziell die Demokraten, innerhalb der DFP.

2. Sozialökonomische Basis der Partei und Zusammensetzung der Führungsorgane (bis 1866)

Über die klassenmäßige Struktur der DFP gibt die Zusammensetzung der Fraktionen des Abgeordnetenhauses wichtige Aufschlüsse. Wir können uns dabei auf eine Session beschränken (I. Session der VII. Legislaturperiode, Mai bis Oktober 1862), weil bis 1866 keine grundsätzlichen Veränderungen in der Zusammensetzung sichtbar werden.[15]

Zusammensetzung der Fraktion:[16]

Ritterguts- und Gutsbesitzer und Landwirte	28
Fabrikanten, Rentiers und Bankiers	19
Handwerker	3
Rechtsanwälte, Ärzte, Journalisten und Buchhändler	22
Kommunalbeamte	7
Professoren und Lehrer	6
Verwaltungsbeamte	2
Beamte a. D.	11
richterliche Beamte	34
Beruf unbekannt	3

Bourgeoisie und Großgrundbesitzer waren durch ca. 50 Abgeordnete vertreten. Bei den Vertretern der Bourgeoisie handelte es sich zum kleineren Teil um Besitzer und Direktoren von Unternehmen, die entsprechend dem damaligen Entwicklungsstand der Industrie als große Betriebe bezeichnet werden können. Die Großbourgeoisie der industriell entwikkeltsten Provinzen Schlesien, Rheinland und Westfalen hatte in ihrer Mehrheit die Linksschwenkung der preußischen Bourgeoisie nicht gebilligt und unterstützte die DFP nicht. Prominente Vertreter wie Gustav MEVISSEN und David HANSEMANN traten sogar direkt gegen die neue Partei auf. In der Mehrzahl waren die kapitalistischen Vertreter Unternehmer mittlerer Größenordnung, deren Betriebe sich allerdings z. T. sehr schnell ent- -wickelten. Die Großgrundbesitzer waren in der Mehrheit nichtadlige Guts- bzw. Rittergutsbesitzer, die vornehmlich aus den ost- und westpreußischen Gebieten kamen und durch den Getreideexport sehr stark mit der Handelsbourgeoisie verbunden waren, teilweise Fabriken besaßen und infolge ihrer kapitalistischen Tätigkeit auch bürgerlich-liberale Ansichten vertraten.[17] Zu den politisch aktiven Vertretern der DFP gehörte eine relativ große Zahl von Beamten. Diese aus bürgerlichen und kleinbürgerlichen Kreisen stammenden Staatsangestellten gerieten in der Zeit des kapitalistischen Aufschwungs in den 50er und 60er Jahren in Widerspruch zu den feudal-bürokratischen Praktiken der Regierung und der höheren Beamtenschaft in der Verwaltung. »Schwerfälligkeit und Langsamkeit« waren die Hauptkennzeichen dieser Verwaltung.[18] Die so in Opposition geratenen Beamten fanden mit ihren antifeudalen, antibürokratischen Ansichten in der DFP ihre politische Heimat und profilierten sich vor allem als Vertreter der Rechtsstaatstheorie. Ihr bekanntester Repräsentant war Eduard LASKER. Für die politische Einstellung der richterlichen Beamten waren ähnliche Beweggründe maßgebend. Die Rechtsanwälte kamen sämtlich aus den Städten und waren sowohl beruflich als auch politisch Interessenvertreter des Bürgertums und des Kleinbürgertums. Ein nicht unwesentlicher Gesichtspunkt bei der Beurteilung der politischen Bestrebungen der hier genannten Gruppen ist, daß sie — wie Lehrer, Professoren und Journalisten — ein durch Bildung und Erziehung bedingtes großes Interesse an den von der DFP verkündeten Ansichten über die Einheit Deutschlands hatten.

Die Vertreter der DFP wurden vornehmlich in den Städten, und zwar von bürgerlich-kapitalistischen und kleinbürgerlichen Schichten gewählt. Infolge des Dreiklassenwahlrechts traten dabei die kleinbürgerlichen Wähler, die aus Handwerk und Handel kamen, in den Fraktionen nicht in Erscheinung. Das gleiche trifft auf die bäuerlichen Wähler der Gutsbesitzer zu. In großen Städten wie Berlin, Hamburg, Breslau, Magdeburg zählten auch lange Zeit Arbeiter — in Berlin waren es besonders die Maschinenbauer — zu den Wählern der DFP. Allerdings verlor die DFP diese Gruppe der Wähler besonders in den 70er Jahren an die Sozialdemokratie. Der größte Teil der Abgeordneten der DFP kam aus Gebieten, die sich in den 60er Jahren durch eine schnelle kapitalistische Entwicklung auszeichneten.[19] Von der sozialen Stellung her gesehen waren sehr unterschiedliche Elemente innerhalb der DFP vertreten. Wir können zwei größere Gruppen feststellen, nämlich einerseits Vertreter der Großbourgeoisie, mittlerer Kapitalisten und Großgrundbesitzer und andererseits Repräsentanten mittlerer Bourgeois, kleinbürgerlicher Schichten und der Intelligenz. Insgesamt gesehen entsprach diesen Gruppierungen auch das politische Profil: die großbourgeoisen Vertreter traten als gemäßigte Liberale hervor, linksliberale DFP-Politiker fanden ihre Basis vornehmlich in den Zwischenschichten. Waren die großkapitalistischen Elemente auch zahlenmäßig nicht stark vertreten, so hatten sie doch führende Positionen innerhalb der Fraktion inne. H. V. VON UNRUH, ein Großunternehmer[20], war lange Zeit Vorsitzender des Zentralwahlkomitees und hatte entscheidenden Einfluß. Der bedeutende Techniker W. VON SIEMENS, einer der erfolgreichsten Unternehmer des 19. Jh., der geschäftlich sehr enge Beziehungen zum preußischen Militärstaat unterhielt, hatte bereits an den Gründungsberatungen teilgenommen und war ein einflußreicher Abgeordneter der Partei.[21] Zu dieser Gruppe von Abgeordneten gehörte u. a. auch der mit dem Bergbau eng verbundene Friedrich HAMMACHER. Um diese Vertreter der Großbourgeoisie gruppierten sich Politiker, die — nicht direkt mit der Großindustrie verbunden – eng mit großbürgerlichen Politikern des ↗ *Deutschen Nationalvereins (Nationalverein)* und führenden Vertretern des ↗ *Kongresses deutscher Volkswirte* zusammenarbeiteten. Hierzu gehörte z. B. die »kleine volkswirtschaftliche Fraktion«[22] mit dem einflußreichen Redakteur der »Nationalzeitung« O. MICHAELIS, mit John PRINCE-SMITH und Julius FAUCHER – ausgesprochenen Ideologen der Bourgeoisie. Die politische Konzeption dieser Kräfte zeigte immer einen Trend zum Kompromiß mit junkerlich-militaristischen Kräften. Zu diesen Politikern gesellten sich auch jüngere Parteiführer wie M. VON FORCKENBECK und K. TWESTEN.

Neben den Vertretern der Großbourgeoisie gab es in der DFP eine große Gruppe von bürgerlichen Abgeordneten, die weniger profiliert war, zeitweise den Großbourgeois folgte, aber an entscheidenden Wendepunkten wie 1866 nicht zu prinzipienloser Kompromißpolitik bereit war. Aus dieser Gruppe ragte L. VON HOVERBECK heraus.

Kleinbürgerliche Politiker waren in der Fraktion relativ zahlreich vertreten, als Demokraten bekannten sich allerdings nur ganz wenige wie Johann JACOBY, A. STRECKFUSS, Friedrich MARTINY und Jodocus Donatus Hubertus TEMME. Sie erlangten jedoch kaum Einfluß, und verschiedene Versuche, die Demokraten und einige als Demokraten von 1848/49 bekannte Abgeordnete in einer eigenen Fraktion zusammenzufassen, scheiterten.[23] Das resultierte vor allem aus der Tatsache, daß das Kleinbürgertum in Preußen relativ zersplittert war und politisch im Kielwasser der liberalen Bourgeoisie schwamm. Einige linksliberale Mitglieder der DFP entwickelten sich im Verlaufe der weiteren politischen Kämpfe zu kleinbürgerlichen Demokraten, so z. B. Friedrich Albert LANGE, Guido WEISS, Wilhelm ANGERSTEIN, Fritz BANDOW, Paul SINGER und Julius FRESE.

Der Kompromißcharakter der DFP war vielen Politikern schon bei der Gründung klar. Freilich zeigten sich die inneren Widersprüche und die taktischen Konzeptionen der einzelnen Gruppen nicht sofort und nicht immer in aller Schärfe. Der allgemeine politische Aufschwung, die Wahlerfolge und auch die Entwicklung des Heeres bzw. Verfassungskonflikts verdeckten zeitweilig die Unterschiedlichkeit der politischen Inter-essen. Aber mit der Entwicklung des Konflikts, vor allem in der Phase, in der eine Lösung unumgänglich wurde, brachen die Gegensätze auch mehr und mehr auf und führten schließlich zur Spaltung der DFP im Jahre 1866.

3. Die politische Konzeption in der nationalen Frage und die Haltung im Heereskonflikt

Die DFP war die Repräsentantin großer Teile der preußischen Bourgeoisie und brachte in ihrem Programm und ihrer Politik deren Interessen zum Ausdruck. Darüber hinaus ruhten die Hoffnungen – zumindest bis 1863 – der immer stärker in Bewegung geratenden Volksschichten in Preußen und in anderen deutschen Staaten auf dieser Partei. Gestützt auf die Sympathie breiter Schichten des Volkes, trug die DFP schließlich dazu bei, daß die preußische Monarchie Anfang der 60er Jahre in eine Krise geriet. Die politische Konzeption und die Taktik der DFP verhinderten jedoch die Lösung der Krise im Sinne des historischen Fortschritts.

Das entscheidende politische Problem der 60er Jahre, die Zuendeführung der bürgerlichen Umwälzung und deren inhaltliche Hauptfrage, die Einigung Deutschlands, war von der DFP aufgegriffen worden. Über das Programm schrieb H. SCHULZE-DELITZSCH: »Die deutsche Frage ist vorangestellt – Zentralgewalt in den Händen Preußens mit deutscher Volksvertretung, wie sich von selbst versteht.«[24] Die Selbstverständlichkeit, mit der die DFP die Einigung unter preußischer Führung forderte, entsprang letztlich ökonomischen Ursachen: Einerseits bot Preußen von allen Staaten des Deutschen Bundes noch die relativ günstigste Basis für die Entwicklung des Kapitalismus, andererseits war die preußische Bourgeoisie selbst in ökonomischen Fragen von der preußischen Regierung abhängig.[25] Politisch war diese Forderung ein Symptom des sich seit 1848 herausbildenden Klassenkompromisses zwischen Bourgeoisie und Junkertum, das auf einer von beiden Seiten vertretenen antirevolutionären und antidemokratischen Konzeption der Politik basierte. Für die

Bourgeoisie war Preußen der stärkste Schutz gegen revolutionäre Bestrebungen und gegen ausländische Gegner einer Einigung Deutschlands.

Die Einheitskonzeption der DFP hatte grundsätzlich kleindeutschen Charakter. Im März 1862 erklärte die DFP durch K. TWESTEN im Zusammenhang mit einem Konflikt Preußens mit den Mittelstaaten, »daß die Konstituierung eines Österreich ausschließenden Bundesstaates mit einer der Krone Preußens übertragenen Zentralgewalt und deutscher Volksvertretung das notwendige Ziel einer anzustrebenden Reform der deutschen Bundesverfassung sei...« In diesem Zusammenhang wurde in einer Resolution vom »deutschen Beruf« Preußens gesprochen.[26]

Franz MEHRING sprach daher einmal vom »konfusen preußischen Patriotismus«[27] der Liberalen. Konfus deshalb, weil die Forderung nach der Einigung unter preußischer Führung von Anfang an in Widerspruch zu den Vorstellungen der Liberalen über den Charakter eines einheitlichen Deutschlands stand. Preußen war ein Junkerstaat. »Die Verkennung dieser sehr einfachen und ganz unumstößlichen Tatsache hat die preußischen Liberalen unter den Schlitten des Junkertums geworfen.«[28]

Dieser innere Widerspruch der nationalen Konzeption der DFP ist von der Mehrheit der Anhänger und Vertreter der DFP nie klar erkannt oder zumindest nicht ausgesprochen worden. Nur der radikale B. F. L. WALDECK sagte im Zusammenhang mit der Debatte über die schleswig-holsteinische Frage im Dezember 1863, »daß Preußen für Deutschlands Freiheit und Einheit gar nichts tun kann, so lange es innerlich in seinen Verfassungskämpfen gebunden und nicht zur Freiheit gelangt ist«.[29] Da aber die DFP ein einiges Deutschland mit größeren Rechten für die Bourgeoisie wollte, d. h. von der Konzeption her nur ein liberales, von der Bourgeoisie politisch stark beeinflußtes Preußen an der Spitze eines einheitlichen kleindeutschen Reiches sehen wollte, verknüpften sich die innerpreußischen Auseinandersetzungen zwischen dem Abgeordnetenhaus und der Regierung sehr eng mit der nationalen Politik der Partei. Ja, die Rolle der liberalen Bourgeoisie und ihrer politischen Vertretung in diesem Kampf mußte entscheidende Konse-

quenzen für den Charakter der Einigung Deutschlands haben. Während die konsequenten Linksliberalen für eine Liberalisierung Preußens als Voraussetzung der Einigung Deutschlands kämpften, trat in der Politik der gemäßigten Liberalen das Problem der »Freiheit« immer mehr hinter der Forderung nach unbedingter nationaler Vereinigung zurück.

Die entscheidende Frage des Kampfes der DFP mit der preußischen Regierung war die Militärfrage. Die Ablehnung der Heeresreform durch das Abgeordnetenhaus vor der Gründung der DFP und die zweimalige Bewilligung außerordentlicher Mittel, mit denen die Regierung die Reform faktisch durchführte, brachten die DFP in eine außerordentlich schwierige Situation. Die Regierung legte dem im Mai 1862 gewählten Abgeordnetenhaus schon Ende Mai den Etat auch für 1863 vor. Im Etat für 1863 waren wiederum die Kosten für die Heeresreform aufgeführt. Die DFP mußte sich entscheiden. Lehnte sie kurzerhand alle geforderten Militärausgaben ab, über die zum Teil schon verfügt worden war, so war der Bruch mit der Regierung unvermeidlich. Innerhalb der DFP trat vor allem K. TWESTEN dafür ein, die Militärforderungen nicht einfach abzulehnen, sondern kleine Einsparungen und vor allem die zweijährige Dienstzeit gegen Anerkennung der Heeresreform zu erhandeln.[30] Aber die Politiker der DFP waren nicht in der Lage, die Situation zu meistern. K. TWESTEN schrieb über das Scheitern einer Einigung: »... was dann? Darüber hat und sieht wohl niemand einen bestimmten Plan. Leider wird das Vorgehen ganz der Regierung überlassen bleiben und das Abgeordnetenhaus lediglich auf die Defensive beschränkt sein, so daß auch hier von einem eigentlichen Organisationsplan kaum die Rede sein kann.«[31] Da auch die Regierung die Frage mit gemischten Gefühlen ansah, schien sich zunächst eine Einigung anzubahnen. Allerdings scheiterte sie an dem Nein des Königs. Das Abgeordnetenhaus strich schließlich die Militärausgaben völlig aus dem Etat für 1862 und auch ein Extraordinarium.

Damit war die Entscheidung gefallen. Am 24. September wurde BISMARCK zum Ministerpräsidenten ernannt, und im Oktober gab die Regierung bekannt, sie werde, da sich beide Häuser des Landtags nicht über den Etat geeinigt hätten, ohne ein vom Parlament beschlossenes Etatgesetz regieren. Damit entwickelte sich der Heereskonflikt zum Verfassungskonflikt. Für die DFP gab es im Grunde nur eine Lösungsmöglichkeit: durchhalten. Friedrich ENGELS kennzeichnete die Situation: »Die Bourgeoisie hat sich durch Überschätzung ihrer eigenen Kräfte in die Lage versetzt, daß sie an dieser Militärfrage erproben muß, ob sie im Staate das entscheidende Moment oder gar nichts ist. Siegt sie, so erobert sie zugleich die Macht, Minister ab- und einzusetzen, wie das englische Unterhaus sie besitzt. Unterliegt sie, so kommt sie auf verfassungsmäßigem Wege nie mehr zu irgendwelcher Bedeutung.«[32]

Um den Sieg zu erlangen, mußte die DFP eine offensive Politik führen. Dazu konnte sie sich jedoch nicht aufschwingen. In den nächsten Legislaturperioden wurden die Etatgesetze immer wieder behandelt und auch beschlossen, obwohl die Regierung die so vom Parlament gestalteten Budgetgesetze einfach ignorierte. Als sich im Zusammenhang mit dem Januaraufstand 1863 in Polen und den reaktionären Maßnahmen der BISMARCK-Regierung der Konflikt in Preußen außerordentlich zuspitzte und sich vor allem eine starke Volksbewegung entwickelte, als also die national-revolutionäre Krise auf dem Höhepunkt angelangt war, zeigte sich, daß die DFP nicht in der Lage und willens war, die Volksbewegung zu führen und damit den inneren Konflikt Preußens und die nationale Frage einer demokratischen Lösung entgegenzuführen. H. SCHULZE-DELITZSCH erzählte nur von »stiller Vorbereitung zum Kampf«, und schrieb — offensichtlich in dem Bewußtsein, daß eine entscheidende Änderung der Lage nur durch Kampfmittel zu erreichen war, die über den bisher praktizierten »gesetzlichen« Widerstand im Parlament hinausgingen —: »Ungeduld und übereiltes Handeln wäre jetzt der größte Fehler.«[33] Hinter diesen offenen Aufwiegeleien stand die Angst der Bourgeoisie vor dem Volk. Vor allem war den bürgerlichen Politikern die Aktivität der Arbeiterbewegung, die die Führer der DFP bereits im November 1862 abzubremsen suchten (vgl. Abschn. 4), zuwider. Die antidemokratische Grundposition der DFP offenbarte sich im Zusammenhang mit der schleswig-holsteinischen Frage, die Ende 1863 das ganze deutsche Volk bewegte. In dem im September 1863 neugewählten Abgeordnetenhaus beriet die DFP wiederum den Etat. Die Frage J. JACOBYS, ob nicht angesichts der Lage das Budgetgesetz grundsätzlich verworfen werden und alle Ausgaben verweigert werden müßten, wurde von der DFP abgelehnt. Von dem Geist, der in jener Zeit die Fraktion der DFP beherrschte, schreibt der Demokrat J. D. H. TEMME: »Es war der der kleinlichen, mutlosen Rücksichtnahme nach allen Seiten — auch auf das Volk?«[34] Ja, aber die Volksbewegung sollte nur ausgenutzt werden. »Nur irgend etwas Starkes«, schrieb ein Liberaler, »damit jetzt die Bewegung sich nicht an den halben Zusagen staut, aber auch, damit nicht die Viechkerle, die alles verderben, die roten Republikmacher über Nacht uns die Sache mit Putschen ruinieren.«[35] Das war die politische Grundlinie fast der gesamten DFP. Allerdings kam es zu Widersprüchen innerhalb der Fraktion. Während der rechte Flügel unter K. TWESTENS Führung nicht abgeneigt war, der Regierung Mittel für eine militärische Aktion gegen Dänemark zu bewilligen und die Einsetzung des Augustenburgers forderte, trat eine Minderheit unter B. F. L. WALDECKS Führung (ca. 40 Abgeordnete) für die Verweigerung aller Mittel ein. B. F. L. WALDECK spielte sogar mit der Absicht, eine eigene Fraktion zu bilden, schreckte davor in letzter Konsequenz jedoch zurück.[36] Die Position B. F. L. WALDECKS war zwar radikal, jedoch unfruchtbar, denn er betrachtete den Kampf mit der Regierung als eine Rechtsfrage und nicht als eine Machtfrage, wie BISMARCK dies völlig richtig tat.

Auf die nun folgenden Ereignisse konnte die DFP kaum Einfluß nehmen. Das Abgeordnetenhaus trat erst Anfang 1865 wieder zusammen, und das Zentralwahlkomitee schwieg zu den entscheidenden Fragen. Diese Haltung resultierte vor allem aus den Widersprüchen innerhalb der Fraktion, die sich angesichts der wirtschaftspolitischen Erfolge der Regierung im Sommer 1864 — Erneuerung des Zollvereins — noch verstärkten. Obwohl die Gesamtfraktion die Kriegsausgaben ablehnte, sprach K. TWESTEN doch anerkennend von den Erfolgen BISMARCKS, und O. MICHAELIS brachte sogar eine Resolution ein, die

Preußen faktisch freie Hand in Schleswig-Holstein zugestand und gegen die BISMARCK »so viel nicht einzuwenden« hatte.[37] Hier zeigten sich bereits Tendenzen, die später zur Spaltung der Partei führten.

Das Abgeordnetenhaus wurde nur noch einmal Anfang 1866 für einen Monat einberufen. BISMARCK bereitete den Bruderkrieg gegen Österreich vor. Am 9. Mai, als der Krieg unvermeidlich geworden war, wurde das Abgeordnetenhaus aufgelöst. In den folgenden Monaten vor und während des Krieges war die DFP ohnmächtiger denn je. Zwar war die Mehrheit der Partei gegen den Krieg, aber weder Fraktion noch Zentralwahlkomitee traten mit einer Veröffentlichung hervor.[38] Der Bismarcksche Antrag, ein deutsches Parlament nach allgemeinem, gleichem Wahlrecht zu berufen und eine Reform der Bundesverfassung in Angriff zu nehmen, verwirrte die Liberalen vollends.

Im neuen Abgeordnetenhaus, das am Tage der Schlacht von Königgrätz, am 3. Juli 1866, gewählt wurde, erhielten die Konservativen weit über 100 Sitze, während die Fraktion der DFP auf 83 Mitglieder zusammenschmolz. Die Regierung zielte nach dem militärischen und politischen Erfolg auf eine Beilegung des Konflikts ab. Sie verlangte Indemnität, die das Abgeordnetenhaus auch mit großer Mehrheit gewährte. Unter den Zustimmenden befanden sich auch Abgeordnete der DFP, und zwar vornehmlich ihres rechten, großbourgeoisen Flügels (H. V. VON UNRUH, W. VON SIEMENS, F. HAMMACHER, K. TWESTEN, O. MICHAELIS, M. VON FORCKENBECK u. a.). Eine fast gleiche Spaltung der Partei trat bei der Abstimmung über die außerordentlichen Ausgaben für Militär- und Marineverwaltung ein, die am 23. September der Regierung gewährt wurden. Diese Abstimmungen zeigten deutlich, daß die großbourgeoisen Elemente und ihre parlamentarischen Vertreter geradewegs auf einen Kompromiß mit der Regierung BISMARCK hinarbeiteten, hatte doch Preußen entscheidende Wünsche der Bourgeoisie — nämlich die kleindeutsche Einigung — dem Ziele wesentlich nähergebracht.

Ende September veröffentlichten 24 Abgeordnete — darunter 15 von der DFP — eine Erklärung, die als erstes Dokument der ↗ Nationalliberalen Partei (NLP) zu bewer-

ten ist. Am 17. November 1866 konstituierte sich auch eine entsprechende Fraktion.

Damit spaltete sich die DFP. Die Kapitulation des rechten Flügels der preußischen Bourgeoisie vor BISMARCK bedeutete die Niederlage der gesamten Bourgeoisie gegenüber dem Junkerstaat. Diese für die weitere nationale Entwicklung schwerwiegende Entscheidung wurde nicht zuletzt durch die antidemokratische Politik der DFP herbeigeführt.

4. Die Stellung zur Arbeiterbewegung und der liberale Antisozialismus

Eine wesentliche Ursache für die Niederlage der preußischen Bourgeoisie und ihrer parlamentarischen Vertretung im Kampf gegen den preußischen Militärstaat lag in der grundsätzlichen Ablehnung jeder wirklich demokratischen oder gar revolutionären Volksbewegung. Eine Konsequenz war schließlich die ablehnende Haltung der DFP gegenüber der Arbeiterbewegung und die Entwicklung des Antisozialismus.

Die Grundlage des liberalen Antisozialismus war der Klassengegensatz zwischen Bourgeoisie und Proletariat.

Als 1862 die Führer der DFP eine aktivere Beteiligung der Arbeiter am politischen Kampf brüsk ablehnten — es ging dabei vor allem um das allgemeine Wahlrecht und den Beitritt zum Nationalverein —, wandten sich die Arbeiter an Ferdinand LASSALLE, und unter seiner Führung trennte sich die Arbeiterbewegung 1863 von der liberalen Bourgeoisie.[39]

In diese Zeit fällt die ausführliche Darlegung der liberalen Auffassung von der Klassenfrage und die Herausbildung des liberalen Antisozialismus. Die in dieser Zeit entwickelten Grundthesen vertrat die DFP bis zu ihrem Ende.

Der liberale Antisozialismus fügte sich in die wirtschaftspolitischen Ansichten der liberalen Bourgeoisie ein. Diese Ansichten wurden, wie Karl MARX hervorhob, wesentlich durch die Lehre Frédéric BASTIATS, »des flachsten und daher gelungensten Vertreters vulgärökonomischer Apologetik«, geprägt.[40]

Als Ferdinand LASSALLE sich an die Spitze der Arbeiterbewegung gestellt hatte, trat H. SCHULZE-DELITZSCH als Wortführer der

Liberalen mit seinem Arbeiterkatechismus an die Öffentlichkeit.[41] H. SCHULZE-DELITZSCH ging in seinen Darlegungen, die sich eng an F. BASTIAT anschlossen[42], von dem Grundsatz aus, »daß die einzelnen, welche das Kollektivwesen ›Gesellschaft‹ ausmachen, Wesen sind, welche von der Natur zum gesellschaftlichen Leben geschaffen sind, und daß daher die Gesetze ihres, des menschlichen Einzellebens, mit den Gesetzen der Gesellschaft nicht in Widerspruch stehen können, vielmehr mit ihnen zusammenfallen«.[43]

Damit war jeder Klassengegensatz aus der Welt geschafft. Das Problem der sozialen Stellung des einzelnen, des Individuums, reduzierte sich nach H. SCHULZE-DELITZSCH darauf, die jedem Menschen von der Natur gegebenen Bedürfnisse und die zu deren Befriedigung gleichfalls gegebenen Kräfte in Einklang zu bringen. »Selbsthilfe und Bildung« – das war daher das liberale Rezept zur Lösung der sozialen Probleme, der »Arbeiterfrage«. Mit der Losung »Selbsthilfe und Bildung« wurde die »Arbeiterfrage« von den Ideologen der Bourgeoisie bewußt aus dem Bereich des Politischen gezogen und auf die wirtschaftliche Ebene beschränkt.[44]

Die Grundlage der Stellung des Linksliberalismus zur Arbeiterbewegung und zur Sozialdemokratie war also die aus der Apologetik der kapitalistischen Ausbeutung entspringende These, daß es keinen antagonistischen Gegensatz zwischen Bourgeoisie und Proletariat gäbe und geben könne. Und der für die Stellung des Linksliberalismus zur Arbeiterbewegung entscheidende Punkt der liberalen Auffassungen bestand darin, daß das Proletariat nicht als Klasse anerkannt wurde. Seine Rolle als entscheidende, Mehrwert schaffende Produktivkraft wurde geleugnet. Daher wurde auch eine selbständige politische und soziale Interessenvertretung der Arbeiterklasse für völlig »unnatürlich« erklärt.

Von diesen Grundthesen gingen auch alle politischen Vertreter des Liberalismus bei ihrem antisozialistischen Kampf aus. So H. B. OPPENHEIM, der spätere Nationalliberale, in seiner ersten wütenden Abwehr der Angriffe Ferdinand LASSALLES[45], so besonders E. RICHTER in allen seinen Schriften und Reden[46] und auch Ludwig BAMBERGER, der noch 1878 jede Zuspitzung von Gegensätzen

zwischen »Besitzenden« und »Schwachen«, wie er sich ausdrückte, leugnete.[47]

Die politische Trennung des Proletariats von der Bourgeoisie, insbesondere das Auftreten Ferdinand LASSALLES, wurde von der liberalen Bourgeoisie als Verrat im Kampf gegen BISMARCK bezeichnet. Bei dieser Argumentation kamen den Liberalen die Spekulationen Ferdinand LASSALLES über die Rolle des preußischen Staates und die einseitige Frontstellung Ferdinand LASSALLES gegen die Bourgeoisie sowie die bonapartistischen Bemühungen BISMARCKS sehr gelegen. Auf Grund der unmittelbaren Klasseninteressen und des Wissens um die eigene Unzulänglichkeit und Zaghaftigkeit im Kampf gegen BISMARCK entwickelten die Politiker der DFP die »geniale« These, daß die Sozialdemokratie weiter nichts sei, als »eine Nachgeburt des Polizeistaates«, wie E. RICHTER das 1878 formulierte.[48] Sogleich nach dem ersten Auftreten Ferdinand LASSALLES hatte H. B. OPPENHEIM von verräterischer Demagogie, die »meistens im Solde des Feudalismus« stehe, gesprochen.[49] Die These, daß die Sozialdemokratie »wesentlich und in der Hauptsache ein Kunstprodukt gewesen ist«, das von dem reaktionären Staat und speziell BISMARCK großgezogen und unterstützt wurde[50], blieb in der Folgezeit ein Hauptargument der Liberalen.

Die in den 60er Jahren entstandene Auffassung vom angeblichen Zusammenhang zwischen Polizeiregime und Arbeiterbewegung und ihre Propagierung war in zweierlei Hinsicht bedeutungsvoll: Zunächst wurde der demokratische Kampf der Arbeiterbewegung nicht in die politischen Pläne der DFP einbezogen. Vor allem aber wurde dadurch bei den Kräften — vornehmlich aus dem Kleinbürgertum —, die dem reaktionären preußischen Staat und dem Militarismus oppositionell gegenüberstanden, Mißtrauen gegenüber der sozialistitischen Arbeiterbewegung gezüchtet, das ein Zusammengehen dieser Kräfte mit dem Proletariat im Kampf gegen den Militarismus erschwerte.

Standen die sozialistischen Bestrebungen der Arbeiterklasse nach Ansicht der liberalen Politiker im Gegensatz zur »freiheitlichen Entwicklung der Volkswirtschaft«, so konnte, wenn auch von der Regierung gezüchtet und unterstützt, eine gewisse Breitenwirkung der sozialistischen Ideen nur durch die Tätigkeit »gewissenloser Demagogen« erreicht werden. So wurde die Legende von der Demagogie und damit die persönliche Diffamierung zum entscheidenden Argument der liberalen Sozialistentöter. Diese Grundthesen, die zum großen Teil in das politische Arsenal der Antikommunisten übernommen wurden, gebrauchte die DFP in ihrem Kampf gegen die Arbeiterbewegung. Sie bestimmte den Inhalt der Presse und nicht zuletzt die Haltung der Politiker in den Parlamenten, wenn wichtige Gesetze, die die Interessen der Arbeiterklasse berührten, behandelt wurden.

Wie in der Auseinandersetzung mit dem preußischen Militärstaat in der Zeit des Heeres- und Verfassungskonflikts, so gereichte der militante Antisozialismus der DFP auch später der liberalen Bourgeoisie und dem Kleinbürgertum zum Schaden beim Kampf um die Durchsetzung eigener Ziele.

5. Die soziale Grundlage und Zusammensetzung der Führungsorgane (1867 bis 1884)

Die Abspaltung der späteren Nationalliberalen von der DFP 1866/67 verkleinerte die ökonomischen und damit auch die politischen Potenzen der Partei. Von nun an vertrat sie nicht mehr die übergroße Mehrheit der preußischen bzw. deutschen Bourgeoisie wie etwa in der Zeit des Verfassungskonflikts. Der Austritt der großkapitalistischen Vertreter und Politiker verringerte zunächst das bourgeoise Element. Großkapitalistische Gönner und Mitglieder waren fortan sehr wenig in der DFP zu finden – insbesondere nach 1874 –, aber die relativ große Zahl der mittleren und kleinen Unternehmer sah in der DFP nach wie vor ihre politische Interessenvertreterin. Diese Schicht der Bourgeoisie bzw. die mit ihr verbundenen Politiker stellten aber weiterhin die Führungskräfte der Partei. Die Mehrheit der Wähler und Anhänger kam aus dem Kleinbürgertum und den mittleren und unteren Schichten der Intelligenz. Im Mai 1878 – für frühere Jahre stehen keine konkreten Materialien zur Verfügung – setzte sich z. B. der 600 Mitglieder umfassende Wahlverein der DFP im 6. Berliner Wahlkreis wie folgt zusammen: 22 % Handwerker, 16 % Kaufleute,

7 % Fabrikanten. Daneben wurden viele Gastwirte, Makler, Beamte, Angestellte und »Eigentümer« verschiedener Art gezählt.[51] Ähnlich war die Wählerschaft zusammengesetzt. Bis zur Mitte der 70er Jahre zählten auch die Arbeiter großer Industriestädte wie Berlin, Hamburg, Breslau zu den Wählern der DFP. In einzelnen bäuerlichen Bezirken hatte die Partei ebenfalls einen festen Wählerstamm, so in Schleswig-Holstein und im Gebiet Liegnitz.

Betrachtet man die Leitungsgremien der örtlichen Wahlvereine – solche Vereine wurden seit Ende der 70er Jahre geschaffen, und ab 1880 steht uns Material darüber zur Verfügung –, so zeigt sich schon ein größerer Anteil der kapitalistischen Elemente. Wir stellen jeweils Zahlen aus der Zeit 1880/81 (vor der Wahl) und 1884 (vor der Wahl) zusammen, um neben einem allgemeinen Überblick auch die Tendenz der Veränderung in diesen Jahren festzustellen.[52]

Zahl der lokalen Vereine

1880   78;   1884 (Januar)   169

Anteil an den Vorständen

	1881 in %	1884 in %
Fabrikbesitzer, Industrielle	18,1	14,6
Kaufleute	18,1	22,7
kleine Gewerbetreibende oder Handwerker	10,0	16,0

Daneben wirkten Ärzte, Rechtsanwälte, Lehrer und Redakteure in größerer Zahl in den Vereinsvorständen. Werfen wir einen Blick auf die Zusammensetzung der Fraktionen der DFP[53] – zunächst bis 1870 –, so zeigt sich folgendes Bild: Im Konstituierenden Reichstag des Norddeutschen Bundes waren von den 19 Abgeordneten 25,2 % Kapitalisten und Gutsbesitzer und 52,5 % Advokaten, Professoren, Lehrer und Journalisten. Im Norddeutschen Reichstag erhöhte sich der Anteil der Gruppe der Kapitalisten und Gutsbesitzer auf 31,0 %; Juristen, Lehrer, Journalisten stellten aber immerhin noch mit 48,2 % fast die Hälfte der Abgeordneten (die restlichen Abgeordneten setzten sich aus verschiedenen Kategorien von Beamten, teilweise auch Handwerkern u. a. zusammen).

Von der Zusammensetzung her waren die Möglichkeiten gegeben, daß sich die DFP zu einer bürgerlichen Oppositionspartei entwickelte, die eine konsequente Politik verfolgte.

Aber die politische Situation nach 1871 — der Sieg des preußischen Militarismus, die nationalistische Welle und nicht zuletzt der schnelle wirtschaftliche Aufschwung — bedingte eine Verschiebung der Kräfte innerhalb der Führungsgremien der DFP.

Den Anteil der Bourgeois und Gutsbesitzer in den einzelnen Fraktionen im Reichstag zeigt folgende Aufstellung:

1871–1873 41,9% von 45 Mitgliedern
1874–1877 46,8% von 49 Mitgliedern
1877–1878 38,5% von 31 Mitgliedern
1878–1881 27,0% von 23 Mitgliedern
1881–1884 23,3% von 60 Mitgliedern

Die Wirkungen der Krise von 1873, die schließlich langsam einsetzende Aktivierung kleinbürgerlicher Kreise und die nach 1878 beginnende oppositionelle Bewegung gegen das BISMARCK-Regime führten nach 1877 zu einer Zurückdrängung der ausgesprochen kapitalistischen Elemente.

In der Politik der DFP spiegelten sich diese Veränderungen wider. Allerdings behielt immer die kapitalistisch orientierte Gruppe die Führung der Partei in der Hand. Als Parteiführer galten L. VON HOVERBECK (bis zu seinem Tode 1875), W. LOEWE-CALBE (bis 1874), R. VIRCHOW, Prof. Dr. Albert HÄNEL und schließlich E. RICHTER, der sich seit Ende der 60er Jahre immer mehr in den Vordergrund schob. Diese Politiker vertraten direkt — wie etwa W. LOEWE-CALBE —, oder bedingt durch ihren politischen Werdegang, die Interessen der bürgerlichen Klasse.

6. Die Stellung zur Reichsgründung, die Krise der Partei und die Haltung zum Sozialistengesetz

Der Krieg von 1866 war ein entscheidender Schritt zur Einigung Deutschlands von oben. Die DFP war politisch zwar geschlagen, sah

aber ihre nationalen Wünsche doch weitgehend von BISMARCK erfüllt. So stellte sie sich »auf den Boden der einmal gegebenen Tatsachen« — wie es in einem gemeinsam mit den Nationalliberalen herausgegebenen Aufruf zur Wahl des Konstituierenden Reichstags des Norddeutschen Bundes hieß.[54]

Die DFP forderte den Ausbau des Bundes zu einem ganz Deutschland umfassenden Nationalstaat unter preußischer Führung. Da die Nationalliberalen gegenüber dem BISMARCK-Regime aber außerordentlich kompromißbereit waren, kam es zu größeren Auseinandersetzungen über die Verfassung, der die DFP schließlich die Zustimmung versagte.

In einem Antrag auf motivierte Ablehnung der Verfassung[55] faßte die Partei ihre politischen Forderungen zusammen und legte damit ihre Ansicht über die innere politische Gestaltung eines einheitlichen Deutschlands dar. Größere Rechte des Parlaments, vor allem in Militärfragen, und verfassungsmäßig gesicherte Grundrechte standen dabei im Vordergrund. Die Erklärung war schärfer und konkreter als alle bisherigen Verlautbarungen der DFP abgefaßt, was nicht zuletzt daraus resultierte, daß die großbourgeoisen Kompromißpolitiker nicht mehr der Partei angehörten. Die Linksschwenkung der DFP wurde jedoch weiterhin politisch nicht wirksam. Es war vor allem die wirtschaftspolitische Gesetzgebung in den drei Parlamenten — Norddeutscher Reichstag, Zollparlament und preußisches Abgeordnetenhaus —, die die politischen Forderungen in den Hintergrund drängte und — so scheint es — fast völlig vergessen ließ.

Die Konzentration der DFP auf wirtschaftliche Fragen ließ den alten Gegensatz innerhalb der Partei wieder ausbrechen. Bereits 1867 hatte J. JACOBY mit G. WEISS in Berlin die demokratische Zeitung »Die Zukunft« gegründet[56], die unter den Anhängern der DFP in Berlin einen relativ großen Einfluß hatte. 1868 trat J. JACOBY aus der DFP aus. Seine Bestrebungen führten dazu, daß die Berliner DFP auf einer Versammlung 1868 programmatische Forderungen aufstellte, die die DFP aktivieren und ihren politischen Kampf verstärken sollten.[57] Den Führern der Partei gelang es jedoch, diese Bewegung abzuschwächen. Daher unternahmen J. JACOBY und G. WEISS 1870 den Versuch, in Berlin eine demokratische Partei zu gründen.[58] Über diese Bestrebungen kam es zu heftigen Auseinandersetzungen in der Berliner DFP. Die rechten Führer konnten jedoch die Anhänger J. JACOBYS isolieren.

Die Auseinandersetzungen innerhalb der DFP wurden faktisch durch den Krieg von 1870/71 beendet. Dieser Krieg war der letzte entscheidende Akt der Einigung Deutschlands von oben. Ein Teil der Führer der DFP erkannte die Bedeutung des Krieges für die nationale Entwicklung und veröffentlichte, nicht zuletzt unter dem Druck der Berliner Parteianhänger, am 25. September 1870 eine programmatische Erklärung.[59] Noch einmal wurden in diesem Aufruf die politischen und verfassungsrechtlichen Forderungen der DFP für die Gestaltung des einheitlichen Deutschlands formuliert.

Fürsten und ihre Unterhändler, so hieß es, hätten bereits die Verhandlungen über die Verfassung eines geeinten Deutschlands begonnen, und es sei Zeit, »daß das Volk lebendig werde«. Die Führer der DFP forderten eine Verfassung mit gesicherten Rechtszuständen im Innern, getragen durch ein »mit allen Rechten und Vorzügen einer wahren Volksvertretung ausgestattetes Parlament«. Zu den Rechten dieses Parlaments sollten gehören: »Volle Teilnahme an der Gesetzgebung und an dem Abschlusse internationaler Verträge, ungeschmälertes Budgetrecht, die Mitentscheidung über Krieg und Frieden...«, Verantwortlichkeit des Ministeriums vor dem Parlament. In dem Berliner Aufruf wurde auch die Bedeutung des Einnahmebewilligungsrechts der Volksvertretung hervorgehoben und die Einführung direkter Steuern verlangt.

Neben der Forderung nach Verkürzung der militärischen Dienstzeit fixierte der Aufruf noch einmal den militärpolitischen Grundsatz des Linksliberalismus: »Dem Reichstage muß es zustehen, durch jährliche Geldbewilligung die jedesmalige Ermächtigung der Militärverwaltung zu regeln.« Darüber hinaus wurde gefordert, »daß die Grundrechte der einzelnen Bürger und nicht minder die Grundzüge der Gemeindefreiheit durch Aufnahme in die Reichsverfassung gesichert werden«. Selbstverwaltung der Kreise und Provinzen und »verfassungsmäßige Schranken für die Willkür der Verwaltung namentlich der Polizei«

waren Forderungen, die den Erfahrungen der Linksliberalen mit der preußischen Junkerwirtschaft entsprangen.

Diese Forderungen liefen auf eine grundsätzliche Erweiterung der Rechte des Parlaments und auf eine einschneidende Beschränkung der Machtpositionen der Junker in Staatsführung, Verwaltung, Justiz und Polizei hinaus. Wenn auch nicht von allen linksliberalen Politikern als Konsequenz dieses programmatischen Dokumentes erkannt, beinhaltete es den Anspruch der politischen Vorherrschaft der Bourgeoisie in Deutschland.

Der Aufruf vom September 1870 hätte durchaus Grundlage für eine wirklich konstruktive bürgerliche Opposition gegen die Bismarcksche Diktatur sein können. Doch die antidemokratische Konzeption der DFP, der Druck der Reaktion, der Siegestaumel über die Erfolge der preußisch-deutschen Armee im Kriege und nicht zuletzt auch Illusionen, die durch die relativ schnelle und umfangreiche Gesetzgebung auf wirtschaftspolitischem Gebiet von 1867 bis 1870 entstanden, lähmten die Partei und führten zu einem verhängnisvollen politischen Rückzug. Das zeigte der Aufruf zur Reichstagswahl von 1871.[60] Zwar wurde betont, daß das Ziel der Partei nach wie vor — entsprechend dem Programm von 1861 — »die Freiheit im geeinigten Deutschland« sei, aber es fehlten die konkreten Forderungen.

Das Bewußtsein des Sieges gegenüber Frankreich und der nun endlich erreichten Einheit, das die Bourgeoispolitiker völlig beherrschte, wurde ergänzt durch eine gewisse Resignation solcher Politiker wie H. SCHULZE-DELITZSCH, der noch die Erklärung vom September unterzeichnet hatte, aber bald darauf schrieb: »Denn in der deutschen Frage wird nicht viel anderes zu erstreben sein, fürchte ich, als daß wir mit den Süddeutschen womöglich unter Dach kommen. An den inneren Ausbau wird eine spätere Zeit Hand anlegen müssen.«[61]

Von diesen Gedanken war die am 3. März 1871 gewählte, 45 Abgeordnete zählende Fraktion der DFP beherrscht, als die Regierung dem Reichstag die Verfassung zur »Redaktion« vorlegte. »Annehmen oder die Einheit Deutschlands ist in Gefahr« — das war die geschickte Losung, mit der BISMARCK vor den Reichstag trat.

Die DFP hatte nicht die Absicht, eine grundsätzliche Debatte über die einst verworfene Verfassung zu führen. Die Forderungen, die ein halbes Jahr vorher noch formuliert worden waren, schienen völlig vergessen zu sein. Das wurde besonders deutlich bei der Debatte über die politischen Grundrechte. Das ↗ Zentrum (Z) und einige wenige Demokraten beantragten, die Grundrechte (Garantie der Presse-, Versammlungs- und Vereinsfreiheit), wie sie in der preußischen Verfassung formuliert waren, in die Reichsverfassung aufzunehmen. Durch den Mund von H. SCHULZE-DELITZSCH bekämpfte die DFP diese Forderungen als »unzeitgemäß«.

Aber nicht nur in wichtigen innenpolitischen Fragen fügte sich die DFP dem Kanzler. Zur Außenpolitik vermochte die DFP bis zu ihrem Ende keine eigenen Gedanken, viel weniger ein eigenes Programm zu entwickeln. BISMARCK wurde auch von der DFP als der geniale Außenpolitiker und Diplomat gefeiert.

Die DFP hatte jubelnd dem Raub von Elsaß-Lothringen zugestimmt[62], der ja entscheidende Konsequenzen hatte. Jeder weitblickenden Politik unfähig und im nationalistischen Taumel befangen, schrieb »Der Volksfreund«, der die Politik der DFP vertrat, im August 1870: »Unter allen Maßregeln, welche durch den Friedensschluß zu treffen sind, um Frankreich zu hindern, fernerhin den Frieden Europas zu stören und Deutschland zu überfallen, muß oben anstehen: Herausgabe von Elsaß und Deutsch-Lothringen an Deutschland.«[63]

Da die DFP beständig an der Annexion festhielt, geriet sie angesichts des sich daraus entwickelnden Gegensatzes zwischen Deutschland und Frankreich und der damit zusammenhängenden immer größer werdenden deutschen Rüstungen in eine Zwickmühle: trat sie aus verfassungspolitischen und materiellen Gründen gegen die Ausdehnung des Militarismus auf, so mußte sie doch die materiellen Forderungen der Militaristen genehmigen. Die Ansätze einer antimilitaristischen Politik wurden dadurch immer wieder untergraben und abgestumpft.

So zeigte sich bereits 1871, daß die bourgeoisen Führer der DFP nicht willens und nicht fähig waren, eine wirkliche politische Alternative gegenüber der Bismarckschen reaktionären Politik zu entwickeln.

Die DFP konzentrierte sich in den Jahren unmittelbar nach der Reichsgründung auf den wirtschaftlichen Ausbau des Reiches und stimmte der Mehrheit der entsprechenden Gesetze zu. Es standen jedoch auch wichtige politische Fragen zur Diskussion. Die politische Festigung des Reiches, die Abwehr aller partikularistischen Elemente mußte vom Programm her das innerste Anliegen der DFP sein. Aber gerade hier zeigte sich, daß die Bourgeoisie und ihre Repräsentanten in der DFP nicht mehr die Fähigkeiten entwickeln konnten, eine positive Lösung dieser Fragen anzustreben.

Statt durch Hervorhebung der politischen Forderungen, wie sie noch im September 1870 formuliert wurden, dem Z das Wasser abzugraben, überließen die linksliberalen Politiker ihren klerikalen Gegnern das Feld. Diese konnten sich dadurch den Mantel der bürgerlichen Opposition und der Vertreter der Volksrechte umhängen. Die Führer der DFP wähnten sich bei all den Auseinandersetzungen in vorderster Front eines »Kulturkampfes« – R. VIRCHOW gebrauchte diesen Begriff zuerst – und ließen sich von ihren eigentlichen Aufgaben ablenken. Während des »Kulturkampfes« stimmte der größte Teil der fortschrittlichen Fraktionen Kampfgesetzen zu, die den Charakter von Ausnahmegesetzen hatten und der liberalen Auffassung vom Rechtsstaat widersprachen.

Nur einige wenige Politiker der DFP deuteten zaghaft eine andere Konzeption im Hinblick auf den Kampf gegen das Z an, wenn sie – wie E. RICHTER schon während der Beratungen über den Kanzelparagraphen 1871 – darauf hinwiesen, daß durch die Politik der Ausnahmegesetze nur Märtyrer geschaffen würden. Dieser Standpunkt, dem überdies eine klare politische Konzeption fehlte, konnte sich jedoch nicht durchsetzen.[64] Die politische Atmosphäre, in die die Führung der DFP geraten war, spiegelte sich deutlich in den Verhandlungen um die Kreisordnung für einige preußische Provinzen wider. Diese Ordnung wurde zwar gegen den Willen der reaktionären Junker durchgesetzt, doch schmälerte sie keineswegs die Rechte der Junker als Klasse. Nicht zuletzt bedingt durch den verbohrten Widerstand der Junker, täuschten sich die Liberalen beider Richtungen über die Bedeutung der Kreisordnung und stimmten einem Kompromiß zu, der kaum als Erfolg zu werten war.

Obwohl bis zum Jahre 1873 keineswegs die grundsätzlichen Forderungen der DFP erfüllt waren, zeigten sich im Wahlaufruf der Partei vom März 1873 Selbstzufriedenheit und Illusionen. Dieser Aufruf wurde sogar von der »Norddeutschen Allgemeinen Zeitung«, dem Sprachrohr Bismarcks, gelobt. Die neue Kreisordnung wurde in völliger Verkennung ihrer Bedeutung als ein Werk bezeichnet, das »die Schranken des Feudalismus niedergebrochen« habe.[65] Von den noch 1867 und 1870 klar formulierten Forderungen der DFP war in dem von R. Virchow abgefaßten Wahlaufruf fast nichts zu finden.

Wie weit sich die DFP von ihren einstigen politischen Prinzipien entfernt und sich in das Schlepptau der NLP begeben hatte, offenbarte sich im Zusammenhang mit einem Antrag des Z vom 26. November 1873 auf Einführung des allgemeinen und gleichen Wahlrechts in Preußen.[66] Fast die gesamte Fraktion der DFP stimmte für die Vertagung des Antrages, was Ablehnung bedeutete. Die Haltung der DFP in dieser Frage war ein Ausdruck des politischen Rückzuges der Partei seit 1870. Einige linksliberale Abgeordnete stimmten allerdings dem nationalliberalen Antrag nicht zu; es deutete sich auch hier ein innerer Zwiespalt an.

Angesichts einer solchen Situation geriet die DFP in eine Krise. Einerseits hatte sie die Funktion einer bürgerlichen Oppositionspartei seit 1871 immer mehr verloren — und zwar an das Z. Auf der anderen Seite konnte sie aber auch nicht für sich in Anspruch nehmen, die verschiedensten parlamentarischen Entscheidungen maßgeblich bestimmt zu haben. So konnten und mußten der Politik der Partei von zwei Seiten Kritiker erwachsen.

Zunächst kam die Kritik von links. Die Vertreter des ↗ Verbandes der Deutschen Gewerkvereine (Hirsch-Duncker) (VDG), der linksliberalen Arbeiterorganisation, griffen die Politik der DFP an. Bereits 1871 hatte der VDG in Berlin ein spezielles Wahlprogramm aufgestellt[67], das sich im wesentlichen an die Erklärung der Fortschrittspolitiker vom September 1870 anschloß und offensiver als der Wahlaufruf der DFP gehalten war. Auf dem Verbandstag des Jahres 1873 erlebte die Opposition des VDG gegen die Politik der DFP einen Höhepunkt. Der »Gewerkverein«, das Organ des VDG, hatte bereits geschrieben, daß die DFP nur noch Interesse für »den einseitigen Klassenstandpunkt der Unternehmer« habe und nur die »Freiheit für die großen Unternehmer und Kapitalbesitzer« vertrete.[68] Die Angriffe der Gewerkvereinsvertreter auf die Politik der DFP hatten jedoch noch keine unmittelbare Wirkung.

Die Wahlen vom 10. Januar 1874 erfolgten noch auf der Linie des von R. Virchow konzipierten Wahlaufrufs von 1873 und der Rückzugspolitik der Jahre seit 1871. Die neugewählte, 49 Abgeordnete zählende Reichstagsfraktion der DFP wies dann auch den höchsten Prozentsatz von Vertretern der besitzenden Klassen — 46,8% — aller Reichstagsfraktionen der Partei von 1871 bis 1884 auf. Darunter befanden sich solche Exponenten der Schwerindustrie wie W. Loewe-Calbe, Louis Berger und Adolf Kreutz.[69]

Dem neuen Reichstag legte die Regierung sofort ein umfassendes Militärgesetz vor, das die Machtansprüche des Militarismus deutlich machte.[70] Die Nationalliberalen gingen einen Kompromiß ein, und das Septennat kam zustande. Für die DFP waren die Forderungen der Regierung unannehmbar. Vor allem widersprach die beabsichtigte völlige Ausschaltung des Parlaments in Etatfragen den militärpolitischen und verfassungsrechtlichen Grundsätzen des Linksliberalismus. In den Reichstagsdebatten verweigerten alle Redner der DFP der Vorlage die Zustimmung. Vor der entscheidenden Abstimmung kam es jedoch zur Abspaltung einer 11 Abgeordnete umfassenden Gruppe, die von den Vertretern der Schwerindustrie, W. Loewe-Calbe, L. Berger und A. Kreutz geführt wurde. W. Loewe-Calbe hatte lange Zeit eine führende Position innerhalb der DFP eingenommen. Er versuchte mit seinen Anhängern die DFP völlig aus der Opposition zu führen und auch in der allerdings gravierenden Frage des Militärgesetzes mit der NLP zusammenzugehen.

Die Krise der Partei war damit auf dem Höhepunkt angelangt, denn der Abfall der Gruppe um W. Loewe-Calbe bedeutete einen schweren moralischen Schlag für den Linksliberalismus, zumal diese »kleine Sezession« von den linken Nationalliberalen als

Anlaß für ihr Umkippen bei der entscheidenden Abstimmung über die Militärvorlage bezeichnet wurde.

Der Austritt der 11 Abgeordneten aus der DFP führte jedoch nicht unmittelbar zur Beendigung der Parteikrise im Sinne einer stärkeren Betonung der seit 1871 fast vergessenen politischen Grundforderungen des Linksliberalismus. Auch bei den Verhandlungen und der Abstimmung über ein Pressegesetz des Reiches im Jahre 1874 machte sich noch sehr stark jener Kompromißgeist des Linksliberalismus bemerkbar, der für unmittelbare Profitinteressen wichtige politische Rechte verschacherte. Die Anhänger der DFP verstärkten aber im Gefolge der Krise von 1873 ihre politische Aktivität, und L. PARISIUS schrieb — ohne Zweifel etwas übertreibend —: »... von der Zeit an, wo alles was ihr (der DFP, G. S.) innerlich fremd geworden war, sich von ihr abtrennte, trat sie fester und entschlossener als je zuvor im Reichstage und im Landtage für die alten Grundsätze des Liberalismus ein ...«[71] Die DFP wandte sich nach dem Kompromiß über das Preßgesetz immer mehr von der *NLP* ab. Als BISMARCK dann im Oktober 1875 in verschiedenen Reden seine Pläne über eine Steuerreform — Vermehrung der indirekten Steuern — und die Verstaatlichung der Eisenbahnen darlegte, mußten die Führer der DFP einsehen, daß nur eine Politik der verstärkten Opposition gegenüber der Kanzlerpolitik etwas auszurichten vermochte. In einem gemeinsamen Beschluß der Parteivertretungen im Reichstag und im preußischen Abgeordnetenhaus vom 22. Januar 1876 gegen die Verstaatlichungspläne wurden wieder politische Gesichtspunkte, wie die Stellung und die Macht des Reichstages, hervorgehoben.[72]

Den völligen Bruch zwischen DFP und Nationalliberalen brachten dann die Verhandlungen um die Justizgesetze Ende 1876, in denen die DFP gegen die Preisgabe aller liberaler Forderungen auftrat und gegen die Gesetze stimmte. Im Sinne einer konsequenteren Opposition war der Aufruf vom 23. Dezember 1876 für die Anfang 1877 stattfindenden Reichstagswahlen abgefaßt.[73] Zum ersten Mal seit Bestehen des Reiches formulierte die DFP konkrete Forderungen, in denen der politische Führungsanspruch der Bourgeoisie wieder zum Ausdruck kam. Mehr Rechte für den Reichstag — Diäten, Sicherung der Rechte des Parlaments im Budget- und Rechnungswesen, vor allem aber eine einheitliche Exekutive, ein »verantwortliches Reichsministerium« — wurden verlangt.

Die Besinnung auf die einstmals von der Partei aufgestellten politischen Ziele, die stärkere Tendenz zu einer wirklichen Oppositionspolitik gegenüber den Machtansprüchen BISMARCKS und der hinter diesem stehenden Großindustriellen, Junker und Militaristen wurde jäh unterbrochen. Die Sozialdemokratie errang bei den Reichstagswahlen von 1877 einen großen Erfolg. Unfähig, die gesellschaftlichen Entwicklungstendenzen einigermaßen nüchtern zu betrachten und danach die Parteipolitik auszurichten, entfachte die Führung der DFP unter Leitung E. RICHTERS eine wüste Hetzkampagne gegen die Sozialdemokratie. Dabei knüpften die Propagandisten der DFP direkt an die in den 60er Jahren entwickelten Thesen und Argumente an.

Aus der Vielzahl von Beschimpfungen der Sozialdemokraten hoben sich einige strategische und taktische Erwägungen der Führung der DFP ab, die für die weitere Politik sehr bedeutsam waren. So sagte E. RICHTER in einer Rede, die bald als Broschüre in einigen tausend Exemplaren vertrieben wurde: »Lassen Sie uns den Kampf der Fortschrittspartei mit den anderen politischen Parteien nach rechts hin immer als Nebensache betrachten, und verweisen wir unsere Freunde wie andere politische Parteien darauf, daß es unsere Hauptaufgabe ist, den uns allen gemeinsamen Gegner, die Sozialdemokratie, zu besiegen.«[74] Diese Konzeption mußte notwendigerweise zu einem politischen Rückzug führen. Aber die antisozialistische Kampagne brachte politische Vorschläge von noch weittragenderer Bedeutung hervor. In einer Artikelserie in der Berliner »Volkszeitung« über die Bekämpfung der Sozialdemokratie hieß es, daß »die Strafgesetze zu wenig Schutz gegen die Aufwiegelungskünste der Demagogie bieten«. »Brächte man solch ein Gesetz gegen das eigentliche Wesen der Demagogie ein, so würden die freisinnigen Parteien nicht aus Parteiorthodoxie dem entgegen sein dürfen.«[75] Hier wurde jene Gesetzmäßigkeit sichtbar, die seitdem von der liberalen Bourgeoisie immer wieder mißachtet wurde: Antisozialismus — und in seiner modernen Form der Antikommunismus – untergräbt und beseitigt schließlich jede demokratische, ja auch jede liberale Politik. Die linksliberalen Politiker bereiteten somit politisch und psychologisch das dann von BISMARCK durchgesetzte Ausnahmegesetz gegen die Sozialdemokratie vor. Die Hinweise realer denkender kleinbürgerlicher Politiker, daß die antisozialistische Politik die antimilitaristischen und antijunkerlichen Potenzen der Arbeiterbewegung ignoriere und damit im Grunde die Reaktion stärke[76], gingen in der literarischen und politischen Sozialistenhatz völlig unter.

Die Führung der DFP wurde erst durch die konkreten Maßnahmen der Regierung ernüchtert. Aber ihre Hetzkampagne hatte nicht unwesentlich dazu beigetragen, daß BISMARCK auch die nötige parlamentarische Unterstützung für das Ausnahmegesetz fand.

Die Mehrheit der Anhänger und Vertreter der DFP lehnte das Sozialistengesetz aus prinzipiellen Erwägungen ab. Bei genauer Analyse der Stellung der Führung der DFP zum Sozialistengesetz, die man im Zusammenhang mit ihren Äußerungen vor den beiden Attentaten auf WILHELM I. sehen muß, zeigt sich allerdings eine sehr interessante Mischung von prinzipiellen und taktischen Motiven für die Ablehnung. In einer Reichstagsrede vom 23. Mai 1878 wies E. RICHTER recht eindrucksvoll nach, daß das Ausnahmegesetz ein Ausdruck der allgemeinen reaktionären Politik der Regierung sei und sich im Prinzip auch gegen die Liberalen richte. Aber das Schwergewicht seiner Argumentation lag auf dem antisozialistischen Aspekt. Er warf der Regierung ungeschickte Handhabung der bestehenden Gesetze vor.

Entschieden weiter als E. RICHTER ging A. HÄNEL, Hauptredner der DFP in den Verhandlungen um die zweite Vorlage des Sozialistengesetzes. Auch er trat gegen das Ausnahmegesetz auf. Aber er erklärte sich bereit, für bestimmte neue Gesetze zu stimmen, wenn sie auf dem »Boden des gemeinen Rechts« stehen würden. Dieser Vorschlag wurde zwar von der Mehrheit der Anhänger der DFP abgelehnt, aber A. HÄNEL brachte ihn in den Kommissionssitzungen ein, indem er für Anträge zur Verschärfung des § 130 des Strafgesetzbuches plädierte, der dann, wie Franz MEHRING schrieb, »tatsächlich auch

nur ein gegen die arbeitende Klasse gerichtetes Ausnahmegesetz« gewesen wäre.[77]

Die Beratungen über das Sozialistengesetz zeigten, inwieweit der Antisozialismus die Politik der Führer der DFP bestimmte und inwieweit sie bereit waren, die eigenen Prinzipien über den Haufen zu werfen. Es wurde hier schon deutlich, daß die Führer auf Grund ihres Antisozialismus die Prinzipien des Linksliberalismus auch in der Periode der verstärkten Reaktion nicht rückhaltlos zu vertreten bereit waren. Immer wieder bewirkte dieser Antisozialismus als stärkster Ausdruck antidemokratischer Politik taktische Eskapaden und politische Rückzüge, die den Linksliberalismus schwächten und der reaktionären Diktatur BISMARCKS in die Hände arbeiteten (↗ *Deutsche Freisinnige Partei [DFsP]*).

7. Der Parteitag von 1878, das neue Programm und die Organisation

Im Wahlaufruf der DFP vom Dezember 1876 hatte die Parteiführung das Programm von 1861 noch als ausreichend bezeichnet. Während der Wahlvorbereitung wurden jedoch innerhalb der Partei Stimmen laut, die zur Aktivierung der Partei ein neues Programm forderten.[78] Diese Bestrebungen wurden von der Parteiführung aufgegriffen und abgefangen, indem sie auf Beschluß der Fraktionen des Reichstages und des preußischen Abgeordnetenhauses eine Zehnerkommission einsetzte, die sog. Hauptzielpunkte ausarbeitete und im März 1877 veröffentlichte. Ursprünglich sollte im Mai 1878 bereits ein allgemeiner Parteitag der DFP über das Programm beraten, die Fraktionen vertagten ihn jedoch auf die nächste parlamentarische Saison.

Die Diskussion über das neue Programm wurde fast völlig durch die nach den Wahlen von 1877 einsetzende antisozialistische Kampagne überdeckt. Das hatte insofern weittragende Folgen, als ja nicht nur eine eingehende Prüfung einzelner Forderungen verhindert wurde, sondern auch die in der Hetzkampagne dargelegte politische Konzeption im Programm ihren Niederschlag fand. Erst im September 1878 beschäftigte sich die

Parteiführung wieder mit der Programmfrage und berief den Parteitag für den 24. bis 26. November 1878 ein.

Der Parteitag der DFP tagte angesichts der mit dem Sozialistengesetz eingeleiteten verstärkten Reaktion.[79] Seine Verhandlungen trugen daher zwiespältigen Charakter: Auf der einen Seite zeigte sich jene antisozialistische Grundeinstellung der entscheidenden Führer und vieler Mitglieder, auf der anderen Seite wurden Überlegungen angestellt, wie gegen die Reaktion wirkungsvoll anzukämpfen sei. Es gelang der Parteiführung um E. RICHTER, das von den Fraktionen (in Reichstag und Abgeordnetenhaus) vorgelegte Programm, das auf den Hauptzielpunkten vom März 1877 fußte, durchzusetzen. Es enthielt folgende Zielsetzungen:

»1. Die Entwicklung der parlamentarischen Verfassung durch die Kräftigung der Rechte des Reichstages, und durch Einrichtung eines demselben verantwortlichen Reichsministeriums. Erhalten des allgemeinen, gleichen, direkten und geheimen Wahlrechts und der dreijährigen Legislaturperiode, Gewährung von Diäten an die Reichstagsmitglieder.

2. Volle Durchführung des Rechtsstaates, insbesondere Gleichheit vor dem Gesetze ohne Ansehen des Standes und der Partei; Aburteilen von politischen und Preßvergehen durch Geschworene; Sicherung der Preß-, Versammlungs- und Vereinsfreiheit.

3. Entwicklung der vollen Wehrkraft des Volkes unter Schonung der wirtschaftlichen Interessen, daher Verminderung und gleichmäßigere Verteilung der Militärlast durch Abkürzung der Dienstzeit und volle Durchführung der allgemeinen Wehrpflicht. Jährliche Feststellung der Friedenspräsenzstärke durch das Etatgesetz.

4. Erhaltung des Rechtes des Reichstages auf jährliche Steuerbewilligung; bis zur vollen Sicherstellung dieses Rechtes in anderer Form Beibehaltung der Matrikularbeiträge unter Annahme eines gerechteren Verteilungsmaßstabes. Verteilung der Steuerlast nach Maßgabe der Steuerkraft; insbesondere keine Überbürdung der weniger bemittelten Volksklassen durch unverhältnismäßige Besteuerung allgemeiner Verbrauchsgegenstände, Festhaltung der bewährten Grundsätze der Zollvereinspolitik; keine Steuer- und Zollpolitik im Dienste einseitiger Interessen. — Keine Monopole.

5. Aufrechterhaltung der Freizügigkeit der Gewerbefreiheit, der Koalitionsfreiheit. Weiterer Ausbau der wirtschaftlichen Gesetzgebung, insbesondere zum Schutze für Leben und Gesundheit der Arbeiter, der Frauen und der Kinder; Erweiterung der Haftpflicht; gewerbliche Schiedsgerichte, gesetzliche Anerkennung der auf Selbsthilfe begründeten Vereinigungen (Pensionskassen, Arbeitgeberverbände, Gewerkvereine, Einigungsämter). Förderung der allgemeinen und technischen Bildung der arbeitenden Klasse, Reform der Aktiengesetzgebung.«

Im 6. Punkt wandte sich die DFP gegen das Bismarcksche Reichseisenbahnprojekt. Im 7. Punkt forderte sie Glaubens- und Gewissensfreiheit und Ordnung des Verhältnisses von Staat und Kirche durch ein Staatsgesetz.

Das Programm war im Vergleich zu anderen programmatischen Äußerungen der Partei seit 1871 ein wesentlicher Fortschritt. Allerdings kam es auf dem Parteitag zu einer bedeutsamen Auseinandersetzung, als Parteivertreter aus den großen Städten Berlin, Dortmund, Leipzig und Magdeburg mit eigenen Programmentwürfen bzw. Grundsatzanträgen auftraten, die weitergehende Forderungen beinhalteten. Diese Politiker gingen von der richtigen Voraussetzung aus, daß es angesichts der 1878 eingeleiteten reaktionären Politik BISMARCKS nicht genüge, sich auf die Verteidigung der Interessen der Bourgeoisie und des Kleinbürgertums einzustellen, sondern, daß es jetzt darauf ankomme, Programmforderungen zu formulieren, die eine offensive Politik und damit die Aktivierung breiterer Schichten des Volkes ermöglichen würden. So wurde ein klares Bekenntnis der Partei zum allgemeinen und gleichen Wahlrecht auch für die Länder und Gemeinden gefordert, die Aufnahme von Grundrechten über Presse-, Vereins- und Versammlungsfreiheit in die Verfassung und nicht zuletzt eine präzisere Fassung aller die Militärfragen berührenden Programmpunkte, darunter auch die Entscheidung des Reichstags über Krieg und Frieden. In den Begründungsreden warfen die in der Minderheit befindlichen Redner der Führung der Partei vor, daß sie sich nicht eindeutig genug von den Nationalliberalen abgrenze und mit ihrer schroffen Haltung gegenüber der Sozialdemokratie der Partei selbst schade. Die Minderheit konnte sich zwar auf dem Parteitag nicht durchsetzen, aber ihr Auftreten und ihre politische Konzeption zeigte deutlich, daß innerhalb der DFP Kräfte wirkten, die einen offensiven Kurs der Partei forderten. Im ganzen blieb der Parteitag auf der Position, die R. VIRCHOW in seiner Eröffnungsrede gekennzeichnet hatte, als er sagte: »Wir müssen uns als unabhängige Männer, nach oben gegen die Regierung, nach unten gegen die Massen, ˙welche die Gesellschaft ˙bedrohen, hinstellen ... Ich meine daher, daß wir unsere Unterstützung nach rechts suchen müssen in den unabhängigen Männern, in dem arbeitsamen Volke, in den Besitzenden, in Mitte des guten alten deutschen Bürgertums.«[80]

Mit einer solchen Konzeption konnte jedoch die DFP nicht die Interessen der kleinbürgerlichen Anhänger und der mittleren und kleineren Kapitalisten wirkungsvoll gegen die immer stärker hervortretende Reaktion verteidigen. Eine wesentliche Belebung der Parteitätigkeit erhoffte sich der seit dem Tode von L. VON HOVERBECK als Führer der Partei immer mehr in den Vordergrund tretende E. RICHTER von einer besseren Parteiorganisation. Nach der Spaltung von 1866 hatte die DFP in Berlin einen Wahlverein gegründet, der jedoch kaum wirksam wurde. Seit 1876/77 wurde vor allem auf Initiative E. RICHTERS aus antisozialistischen Motiven die Organisationsarbeit der DFP verstärkt.

Die verschiedenen Bestrebungen, die Organisation der Partei zu festigen, wurden durch Beschlüsse des Parteitages zusammengefaßt und zum Teil erweitert. Danach war das entscheidende Organ der Partei das Zentralwahlkomitee. Es setzte sich aus den in Berlin anwesenden Parteivertretern im Reichstag und im preußischen Abgeordnetenhaus zusammen und hatte die Aufgabe, die Parteigrundsätze zu verbreiten, Wahlaufrufe zu erlassen und – nach Bedarf – einen Parteitag einzuberufen. Das Zentralwahlkomitee konstituierte sich nach jeder Reichstagswahl und wählte einen Vorsitzenden und einen Stellvertreter.

Des weiteren wählte dieses Komitee aus seiner Mitte einen Geschäftsführenden Ausschuß für die Dauer einer Legislaturperiode. Dieser aus 5 Berliner Abgeordneten bestehende Ausschuß war das eigentliche Leitungsgremium der Partei. Der leitende Kopf des Geschäftsführenden Ausschusses war E. RICHTER. Zwischen dem Geschäftsführenden Ausschuß und den Vereinen im Lande sollte laut Statut die Verbindung durch Korrespondenten aufrechterhalten werden. Im Organisationsbeschluß des Parteitages wurde weiterhin festgelegt, daß in den Provinzen und Ländern spezielle Parteitage zusammentreten sollten. Sie dienten vor allem der Vorbereitung von Wahlen.

Der Parteitag bestätigte auch, daß die »Parlamentarische Korrespondenz« als Organ des Zentralwahlkomitees und des Geschäftsführenden Ausschusses – also als offizielles Parteiorgan – erscheinen sollte. In einer speziellen Resolution des Parteitages wurde dazu aufgefordert, in allen Wahlkreisen Wahlvereine der DFP zu gründen. Parteitage wurden laut Statut nur nach Bedarf einberufen. Es fand auch lediglich 1884 ein Parteitag statt, auf dem die Führung die Fusion mit der ↗ *Liberalen Vereinigung (Sezessionisten) (LV)* bekanntgab.

Die Organisation war so aufgebaut, daß die eigentliche Leitung der Partei, die Fraktion bzw. deren Vorstände und der Geschäftsführende Ausschuß, weitgehend der Kontrolle der Parteimitglieder entzogen war. Die seit 1877/78 einsetzende systematische Organisationsarbeit der DFP auf zentraler und lokaler Ebene war wesentlich ein Werk E. RICHTERS. Ursprünglich vor allem in Abwehr gegen die immer stärker auftretende Sozialdemokratie geplant, spielte die Organisation besonders auf lokaler Ebene in der Zeit von 1878 bis 1884 im Zusammenhang mit der Verstärkung der oppositionellen Bewegung gegen das BISMARCK-Regime auch eine positive Rolle.

8. Die verstärkte Aktivität der Parteianhänger und die antidemokratische Politik der Führung bis zur Fusion von 1884

Der Parteitag der DFP vom November 1878 konnte die Krise der Partei noch nicht beenden, weil die Führung sich nicht zu einer offensiven Politik und konsequenten Opposition gegenüber der reaktionären Politik der Regierung entschließen konnte. Das änderte sich jedoch relativ schnell, weil – besonders seit den Verhandlungen um die Zoll- und Finanzreform im ersten Halbjahr 1879 – weite Kreise der mittleren und kleinen Kapitalisten und des Kleinbürgertums ihre unmittelbaren Interessen bedroht sahen. Ermuntert durch das mutige Auftreten der Arbeiterklasse und auch durch die Opposition eines Teils der Großbourgeoisie z. B. auf dem Städtetag im Mai 1879 wurden auch die Anhänger der DFP aktiv. Die Berliner »Volkszeitung« konnte im Juli 1879 bereits feststellen, »daß sich infolge der Politik des Reichstages in allen großen Städten eine Diversion nach links vollzieht ...«[81] Unter diesem Eindruck trat die DFP in die Vorbereitungen der Wahlen für das preußische Abgeordnetenhaus ein, und E. RICHTER veröffentlichte einen großen Artikel — »Die Reaktion« —, der mit der Forderung endete: »Der Herr Reichskanzler Fürst Bismarck muß fort von seinem Platze.«[82] Diese Losung wurde seit 1866 zum ersten Mal von der DFP erhoben und hatte »im Lande, wie Briefe, Telegramme, Zeitungsausschnitte aus Kreisen bekunden, mit denen der Fortschrittspartei bisher jede Bindung fehlte, einen Widerhall gefunden, lebendiger als manche große und sachlich inhaltsvolle Rede«.[83] »Fort mit Bismarck« — das hätte die zentrale Losung für eine große Teile des Volkes einschließlich der liberalen Bourgeoisie umfassende Bewegung werden können. Sie war auch politisch richtig, weil der Sturz der bonapartistischen Diktatur der erste Schritt zu einer weiteren Demokratisierung oder zumindest Liberalisierung des Reiches sein mußte. Aber das Schicksal dieser Losung kennzeichnet die Rolle der linksliberalen Führer in einer entstehenden oppositionellen Bewegung. Nach scharfen Angriffen der Reaktion, die kurzerhand die DFP mit der »staatsgefährlichen« Sozialdemokratie in einen Topf warf, also das »bewährte« Mittel der antisozialistischen Denunziation anwandte, zog E. RICHTER die Losung zurück. Dabei spielte wieder der Antisozialismus eine Rolle.

Trotz der schwankenden Stellung der Parteiführung und der Niederlage bei den preußischen Landtagswahlen 1879 verstärkte sich die politische Aktivität der DFP. In vielen Orten entstanden neue Vereine (siehe Tabelle S. 634), und die Mitgliederzahlen stiegen sprunghaft an. In Großstädten wie Berlin, Hamburg und Dortmund traten darüber hinaus Kräfte hervor, die politisch an die Vor-

stellungen der Minderheit des Parteitages von 1878 anknüpften. So entstand im November 1879 in Berlin die *Freie Vereinigung* der Fortschrittspartei, die wöchentliche Diskussionen durchführte und in der demokratisch gesinnte Kräfte unter Führung des Redakteurs der »Volkszeitung«, Dr. Adolf PHILLIPS, auftraten. Als Ziel des Vereins wurde festgestellt: »Wir wollen die Fortschrittspartei nach links schieben.«[84] Auch der seit 1877 in Berlin bestehende *Verein Waldeck*, der die Aufgabe hatte, junge Leute für die DFP zu gewinnen, trat für eine aktivere und offensive Parteipolitik ein.[85]

Die *Freie Vereinigung* der Fortschrittspartei stimmte von Anfang an der 1879 von E. RICHTER ausgegebenen Losung »Fort mit Bismarck« zu. Wie weit die Diskussionen in dem Verein über die bisherigen Ansichten der DFP und ihrer Führer hinausgingen, zeigte sich in den Ausführungen besonders von A. PHILLIPS über die Bismarcksche Außenpolitik. Erstmalig wurde hier klar ausgesprochen, daß eine Trennung der Innen- und Außenpolitik einen wirksamen Kampf gegen den Militarismus verhindere. Die internationalen Spannungen und die Rüstungspolitik hingen ursächlich mit dem Frankfurter Frieden und der sich daraus ergebenden außenpolitischen Konzeption BISMARCKS zusammen.[86]

Angesichts der 1880 im Reichstag zu behandelnden Militärvorlage gewannen diese Diskussionen an Bedeutung. Die Vereine wurden aktiver, und es fanden auch große Protestversammlungen gegen die Militärforderungen der Regierung statt.

Auch die Stellung zur Sozialdemokratie veränderte sich. In den Vereinen wurde das Sozialistengesetz abgelehnt und außerdem ein Zusammengehen mit der Sozialdemokratie in einigen politischen Fragen gefordert.

Die politische Aktivität der Vereine und der steigende Einfluß von Politikern, die eine mehr demokratische und konsequent oppositionelle Politik verfolgten, wurden von den Führern der DFP mit großem Mißtrauen betrachtet. So versuchte E. RICHTER, den Abgeordneten der DFP das Auftreten in den Vereinen zu verbieten. Die Stimmung innerhalb der Gesamtpartei war jedoch so, daß sich E. RICHTER nicht durchsetzte. Es kam sogar dazu, daß einer der bekanntesten Parteipolitiker, R. VIRCHOW, auf einer von über

12 000 Menschen besuchten Veranstaltung der *Freien Vereinigung*[87] ein Referat hielt, in dem er sich von seinem Standpunkt, den er noch 1878 auf dem Parteitag vertreten hatte, distanzierte. Er gab offen zu, daß sich die Auffassung der Parteitagsminderheit in der gesamten Partei ausgebreitet hätte. Auch R. VIRCHOW trat nun für eine offensivere Politik ein, forderte eine klare Abgrenzung von den Nationalliberalen und ein Zusammengehen mit demokratischen Kräften. E. RICHTER mußte auf einem Provinzialparteitag Ende 1880 feststellen: »Die Strömung kommt von unten, drängt von dort herauf.«[88] Das Ergebnis der Reichstagswahlen von 1881 war eine schwere Niederlage für BISMARCK. Neben dem Erfolg der Sozialdemokratie, die trotz Stimmenverlust ihre Standhaftigkeit bewies, war das Abschneiden der DFP sehr aufschlußreich. Als einzige Partei konnte sie größere Stimmengewinne verbuchen. Ihre Stimmenzahl stieg von 385 100 (1878) auf 649 300. Sie erhöhte die Zahl ihrer Mandate um 33 auf 59 und siegte auch noch in zwei bald folgenden Nachwahlen.

Auch für die innerparteiliche Situation war die Wahl nicht ohne Folgen. Von den 59 Abgeordneten waren nur 16 schon vorher als Abgeordnete tätig gewesen. Unter den Neulingen in der Fraktion befand sich ein Teil derer, die in den Vereinen die treibenden Kräfte gewesen waren. Das bedeutete eine stärkere Orientierung der DFP auf eine offensive Politik. Bereits im Februar und März 1882 kam es zu großen von der DFP organisierten Protestversammlungen gegen das von der Regierung vorgelegte Tabakmonopol. Auf diesen wurde von den Rednern der DFP besonders auf die Gefahr des Militarismus hingewiesen. Angesichts dieses Aufschwunges der Oppositionsbewegung gegen die Regierung gab die »Volkszeitung« im Juni 1882 die Losung »Von der Verteidigung zum Angriff« aus und forderte, daß die DFP neue Gebiete der Politik und weitergehende Forderungen aufgreifen müsse.

Die kleinbürgerlich-demokratischen Kräfte in der DFP hatten jedoch die Positionen der kapitalistisch-antisozialistischen Führer unterschätzt. Die rechten Kräfte um A. HÄNEL griffen die Politik der Partei an und plädierten im August 1882 für ein Zusammengehen mit den Nationalliberalen bei den preußischen Landtagswahlen. Dabei ging es A. HÄNEL und seinen Anhängern prinzipiell um »den Gedanken einer Solidarität der bürgerlichen Parteien dem letzten Ziele des Sozialismus gegenüber«, wie sie später verlautbarten.[89] Stellte sich auch E. RICHTER zunächst aus wahltaktischen Motiven nicht auf den Standpunkt A. HÄNELS, so schwenkte er doch auch sehr bald wieder in einen stärker antisozialistischen Kurs ein. Die konsequenteren Vertreter der DFP im Reichstag hatten 1882 und Anfang 1883 verschiedene Anträge der Sozialdemokratie unterstützt; E. RICHTER und seine Anhänger stimmten gegen diese Anträge und verstärkten in den Debatten und durch Publikationen die Angriffe auf die Sozialdemokratie. Als 1883 bei der Stadtverordnetenwahl in Berlin die linken Kräfte der DFP für einen gemeinsamen Kampf der DFP mit der Sozialdemokratie gegen die reaktionäre Diktatur BISMARCKS eintraten, hintertrieb E. RICHTER diese Bestrebungen, dessen antidemokratisch orientierte Gruppe sich in ihren Führungspositionen bedroht fühlte, zumal Ende 1883 neue Elemente der oppositionellen Bewegung sichtbar wurden. Die Gründung des *Allgemeinen Deutschen Bauern-Vereins* sowie antimilitaristische Kundgebungen in Oldenburg ließen das deutlich werden. Auch für einige Zeitgenossen wurde sichtbar, daß E. RICHTER »nicht mehr so sicher stand in seiner eigenen Partei«.[90] Die Führung der DFP stand vor einer wichtigen Entscheidung. Ein wirkungsvoller Kampf gegen die Diktatur BISMARCKS verlangte eine konsequente Politik und daher die volle Anerkennung der Intentionen der oppositionellen Bewegung und großer Teile des Volkes sowie deren beharrliche Führung. Aus ihrer antidemokratischen und antisozialistischen Grundeinstellung heraus wählten E. RICHTER und eine kleine Gruppe einen anderen Weg. Mit Beginn des Jahres 1884 leiteten sie geheime Verhandlungen mit den Führern der *LV* über eine Fusion beider Parteien ein. Bei der schließlich zustande gekommenen Fusion ging es E. RICHTER nicht nur um wahltaktische Fragen – die Reichstagswahlen 1884 standen bevor –, sondern er erhoffte sich in erster Linie durch das Zusammengehen mit großbourgeoisen Kräften eine Paralysierung der kleinbürgerlich-demokratischen Elemente der DFP. E. RICHTER gelang dieses Spiel, und am 16. März 1884 stimmte ein Parteitag der DFP dem bereits beschlossenen Aufgehen der Partei in der ↗ *DFsP* gegen wenige Gegenstimmen zu.

Die folgende Entwicklung des Linksliberalismus zeigte, daß damit von der Führung der DFP eine Chance im Kampf um die Demokratisierung Deutschlands vertan wurde.

9. Quellen und Literatur

Archivalische Quellen zur Geschichte der DFP finden sich in den NL Max von Forckenbeck, Karl Twesten und Benedikt Franz Leo Waldeck im ZStA Merseburg. Umfangreicher und relativ ergiebig für die Zeit nach 1871 sind die Bestände der Berliner politischen Polizei im StA Potsdam, speziell Pr. Br., Rep. 30, Berlin C, Tit. 94 und Tit. 95.[91]

Wichtiges gedrucktes Quellenmaterial enthalten die im Artikelkopf genannten Presseorgane. Außerdem liegen vor: »Der erste Parteitag der deutschen Fortschrittspartei. Verhandlungen desselben, Programm und Organisation der Partei« (Berlin 1879) (Politische Zeitfragen, Nr. 10). »Vereinskalender der Deutschen Fortschrittspartei zum Handgebrauch für das Jahr 1880/81, 1881, 1882 und 1884« (jeweils Berlin). Außerdem müssen die verschiedenen Flugschriften und Broschüren, vor allem von Eugen Richter, herangezogen werden. Briefe für die Zeit vor 1871 in: »Deutscher Liberalismus im Zeitalter Bismarcks. Eine politische Briefsammlung«, Bd. 1: »Die Sturmjahre der preußisch-deutschen Einigung 1859 bis 1870«. In: Politische Briefe aus dem Nachlaß liberaler Parteiführer«. Hrsg. Julius Heyderhoff (Bonn und Leipzig 1925). Material auch in: »Hermann Schulze-Delitzsch's Schriften und Reden«. Hrsg. Friedrich Thorwart, 5 Bde. (Berlin 1909 ff.).

Die parteioffizielle Geschichtsliteratur stammt ausschließlich aus der Feder von Ludolf Parisius: »Deutschlands politische Parteien und das Ministerium Bismarck. Mit einem Vorwort über die gegenwärtige Kanzlerkrisis« (Berlin 1878). »Die Deutsche Fortschrittspartei von 1861 bis 1878. Eine geschichtliche Skizze« (Berlin 1879) (Politische Zeitfragen, Nr. 9). »Leopold Freiherr von

Hoverbeck. Ein Beitrag zur vaterländischen Geschichte« (Bd. 1, Berlin 1897, Bd. 2/1, Berlin 1898, Bd. 2/2, Berlin 1900).

Erinnerungen und Biographien: Eugen Richter »Im alten Reichstag. Erinnerungen« (Band 1 und 2, Berlin 1894–1896). Martin Philippson »Max von Forckenbeck. Ein Lebensbild« (Dresden – Leipzig 1898). Heinrich Bernhard Oppenheim »Benedikt Franz Leo Waldeck, der Führer der preußischen Demokratie (1848–1870)« (Berlin 1880).

Darstellungen: Anknüpfend an die Arbeiten von Friedrich Engels und Franz Mehring[92] haben Gerd Fesser, Nadja Süßmilch und Gustav Seeber in monographischen Arbeiten und Spezialstudien – zum Teil biographischen Charakters – eine marxistisch-leninistische Analyse der Entwicklung und Rolle der DFP vorgelegt.[93] Dabei wurden sowohl die sozialökonomischen Grundlagen und die daraus resultierenden grundsätzlichen Entwicklungstendenzen der Partei als auch spezielle Fragen wie die Stellung zur Arbeiterbewegung untersucht.

Neuere bürgerliche Arbeiten haben sich mit der Organisationsentwicklung der DFP befaßt und wichtige Phasen der Parteienentwicklung – vor allem die Zeit des Verfassungskonflikts der 60er Jahre – untersucht.[94] Die Arbeiten enthalten teilweise neues Material, stoßen jedoch nicht zu den klassenbedingten Ursachen der DFP vor, zumal sie weder die Problematik der Alternativität in der bürgerlichen Umwälzung aufgreifen noch die objektiven Möglichkeiten des Kampfes gegen die bonapartistische Diktatur nach der Revolution von oben mit der Politik der DFP konfrontieren.

Anmerkungen

1 Friedrich Engels: Die preußische Militärfrage und die deutsche Arbeiterpartei. In: MEW, Bd. 16, Berlin 1962, S. 58.
2 Ludolf Parisius: Leopold Freiherr von Hoverbeck. Ein Beitrag zur vaterländischen Geschichte, Bd. 1, Berlin 1897, S. 175.
3 Ebenda, S. 186.
4 Ernst Engelberg: Deutschland von 1849 bis 1871. Von der Niederlage der bürgerlich-demokratischen Revolution bis zur Reichseinigung, 2., durchges. Aufl., 1962, S. 124f. = Lehrbuch der deutschen Geschichte (Beiträge), Bd. 7.

5 L. Parisius: Leopold Freiherr von Hoverbeck, Band 1, S. 208.

6 Siehe Hermann Oncken: Rudolf Benningsen, Bd. 1: Bis zum Jahr 1866, Stuttgart – Leipzig 1910, S. 524.

7 Werner Siemens: Erinnerungen, Berlin 1892, S. 188.

8 Abgedruckt bei L. Parisius: Leopold Freiherr von Hoverbeck, Bd. 1, S. 210 ff.

9 H. Oncken, S. 524. Siehe dazu auch L. Parisius: Die Deutsche Fortschrittspartei von 1861 bis 1878. Eine geschichtliche Skizze, Berlin 1879, S. 6.

10 L. Parisius: Leopold Freiherr von Hoverbeck, Bd. 1, S. 208. Siehe auch Martin Philippson: Max von Forckenbeck. Ein Lebensbild, Dresden – Leipzig 1898, S. 75.

11 L. Parisius: Deutschlands politische Parteien und das Ministerium Bismarck. Mit einem Vorwort über die gegenwärtige Kanzlerkrisis, Berlin 1878, S. 39.

12 Ebenda, S. 46.

13 Ebenda, S. 43. Zur Organisation siehe auch Thomas Nipperdey: Die Organisation der deutschen Parteien vor 1918, Düsseldorf 1961, S. 176 ff. = Beiträge zur Geschichte des Parlamentarismus und der politischen Parteien, Bd. 18 und Ursula Steinbrecher: Liberale Parteiorganisation unter besonderer Berücksichtigung des Linksliberalismus 1871–1893, phil. Diss., Köln 1960.

14 Franz Mehring, Geschichte der deutschen Sozialdemokratie, 1. Teil: Von der Julirevolution bis zum preußischen Verfassungsstreite 1830 bis 1863, Berlin 1960, S. 687. = Ders.: Gesammelte Schriften, Bd. 1.

15 Siehe dazu Franz Lauter: Preußens Volksvertretung in der Zweiten Kammer und im Haus der Abgeordneten vom Februar 1849 bis Mai 1877, Berlin o. J.

16 Das Material entnahmen wir der neueren bürgerlichen Arbeit von Adalbert Hess: Das Parlament, das Bismarck widerstrebte. Zur Politik und sozialen Zusammensetzung des preußischen Abgeordnetenhauses der Konfliktzeit (1862–1866), Köln – Opladen 1964, S. 53 ff. (Politische Forschungen, Bd. 6.)

17 Siehe dazu vor allem Eckart Kehr: Das soziale System der Reaktion in Preußen unter dem Ministerium Puttkammer. In: Die Gesellschaft, 6. Jg., 1929, Bd. 2, S. 272 ff.

18 Walter Breywisch: Hans Victor von Unruh. In: Mitteldeutsche Lebensbilder, Bd. 4: Lebensbilder des 18. und 19. Jahrhunderts, Magdeburg 1929, S. 276.

19 A. Hess, S. 54.

20 Siehe W. Breywisch, S. 288.

21 Siehe W. Siemens. In: Deutsche Techniker aus sechs Jahrhunderten, Leipzig 1963, S. 80 ff.

22 Siehe Heinrich Bernhard Oppenheim: Benedikt Franz Leo Waldeck, der Führer der preußischen Demokratie (1848–1870), Berlin 1880, S. 197.

23 Siehe dazu Jodocus Donatus Hubertus Temme: Erinnerungen. Hrsg. Stephan Born, Leipzig 1883, S. 488 f. Siehe auch: Deutscher Liberalismus im Zeitalter Bismarcks. Eine politische Briefsammlung, Bd. 1: Die Sturmjahre der preußisch-deutschen Einigung 1859–1870, Politische Briefe aus dem Nachlaß liberaler Parteiführer. Hrsg. Julius Heyderhoff, Bonn – Leipzig 1925, S. 196, Twesten an Lipke, 6. 12. 1863. (Im folgenden: Heyderhoff.)

24 H. Oncken, S. 524.

25 Siehe F. Engels, S. 65.

26 L. Parisius: Leopold Freiherr von Hoverbeck, Bd. 2/1, S. 13 f.

27 F. Mehring: Auf halbem Wege. In: Leipziger Volkszeitung, Nr. 195 vom 24. 8. 1898.

28 Ebenda.

29 L. Parisius: Leopold Freiherr von Hoverbeck, Bd. 2/1, S. 192.

30 Heyderhoff, S. 101, Twesten an Lipke, 21. 6. 1862.

31 Ebenda, S. 120.

32 F. Engels, S. 64.

33 Heyderhoff, S. 161, Schulze-Delitzsch an Freytag, 12./14. 7. 1863.

34 J. D. H. Temme, S. 487.

35 Heyderhoff, S. 188, Vischer an Hölder, 27. 11. 1863.

36 Ebenda, S. 196.

37 L. Parisius, Leopold Freiherr von Hoverbeck, Bd. 2/2, S. 50.

38 L. Parisius: Deutschlands politische Parteien, S. 74.

39 Siehe dazu Karl-Heinz Leidigkeit: Wilhelm Liebknecht und August Bebel in der deutschen Arbeiterbewegung 1862–1869, 2. verbesserte Aufl., Berlin 1958, S. 16 ff. = Schriftenreihe des Instituts für deutsche Geschichte an der Karl-Marx-Universität Leipzig, Bd. 3.

40 Karl Marx: Das Kapital, Bd. 1. In: MEW, Bd. 23, Berlin 1962, S. 21.

41 Hermann Schulze-Delitzsch: Kapitel zu einem deutschen Arbeiterkatechismus. In: Hermann Schulze-Delitzsch's Schriften und Reden. Hrsg. F. Thorwart, Bd. 2, Berlin 1910, S. 26 ff. (Im folgenden: Thorwart.)

42 Siehe Frédéric Bastiat: Volkswirtschaftliche Harmonien, Berlin 1850.

43 H. Schulze-Delitzsch: Soziale Rechte und Pflichten. In: Thorwart, S. 249.

44 Siehe Koburger Arbeiterzeitung, Nr. 2 vom 11. 1. 1863 und H. Schulze-Delitzsch: Kapitel zu einem deutschen Arbeiterkatechismus. In: Thorwart, S. 122.

45 Deutsche Jahrbücher für Politik und Literatur, Bd. 9, Berlin 1863, S. 319 ff.

46 Siehe dazu Eugen Richter: Die Fortschrittspartei und die Sozialdemokratie, 2. Aufl., Berlin 1878, S. 11. = Politische Zeitfragen, Nr. 1. Ders.: Die Sozialdemokraten, was sie wollen und wie sie wirken, Berlin 1878. = Politische Zeitfragen, Nr. 5. Ders.: Attentat und Sozialistengesetz, Berlin 1878. = Politische Zeitfragen, Nr. 7.

47 Ludwig Bamberger: Deutschland und der Sozialismus, Leipzig 1878, S. 118.

48 E. Richter: Die Fortschrittspartei und die Sozialdemokratie, S. 12.

49 Deutsche Jahrbücher für Politik und Literatur, Bd. 9, Berlin 1863, S. 220.

50 E. Richter: Attentat und Sozialistengesetz, S. 11.

51 StA Potsdam, Pr. Br., Rep. 30 C, Tit. 95, Sect. 5, Lit. W, Nr. 44, (Der Wahlverein der deutschen Fortschrittspartei für den 6. Berliner Reichstagswahlkreis 1877–1881) Vol. I (Nr. 15 565), Bl. 24 ff.

52 Zusammengestellt nach: Vereinskalender der Deutschen Fortschrittspartei zum Handgebrauch für das Jahr 1880/81, Berlin 1880 und Vereinskalender der Deutschen Fortschrittspartei zum Handgebrauch für das Jahr 1884, Berlin 1884.

53 Zusammengestellt nach: Historisch-politisches Jahrbuch. Hrsg. Adolf Phillips, 1. Jg., 1. Hälfte, Berlin 1880.

54 L. Parisius: Deutschlands politische Parteien, S. 81.

55 Ebenda, S. 95 ff.

56 Siehe Thomas Höhle: Franz Mehring. Sein Weg zum Marxismus 1869–1891, 2. verbesserte und erw. Aufl., Berlin 1958, S. 41. = Schriftenreihe des Instituts für deutsche Geschichte an der Karl-Marx-Universität Leipzig, Bd. 1.

57 L. Parisius: Deutschlands politische Parteien, S. 129 f.

58 Siehe Der Volksfreund, Berlin, Nr. 25 vom 23. 6. 1870.

59 Ebenda, Nr. 39 vom 29. 9. 1870.

60 Siehe L. Parisius: Deutschlands politische Parteien, S. 140 f., Anm.

61 F. Thorwart: Hermann Schulze-Delitzsch. Leben und Wirken, Berlin 1913, S. 318.

62 Siehe Der Volksfreund, Nr. 30 vom 28. 7. 1870.

63 Ebenda, Nr. 32 vom 11. 8. 1870.

64 L. Parisius: Leopold Freiherr von Hoverbeck, Bd. 2/2, S. 261.

65 L. Parisius: Deutschlands politische Parteien, S. 151.

66 Siehe dazu Walter Gagel: Die Wahlrechtsfrage in der Geschichte der deutschen liberalen Parteien 1848 bis 1918, Düsseldorf 1958, S. 75 ff. = Beiträge zur Geschichte des Parlamentarismus und der politischen Parteien, Bd. 12.

67 Abgedruckt bei Wilhelm Gleichauf: Geschichte des Verbandes der Deutschen Gewerkvereine (Hirsch-Duncker), Berlin-Schöneweide 1907, S. 25.

68 Ebenda, S. 65.

69 Siehe L. Parisius: Leopold Freiherr von Hoverbeck, S. 301 f., Anm. 7.

70 Siehe dazu Harald Müller: Die Auseinandersetzungen über das Reichsmilitärgesetz von 1874, phil. Diss. [MS], Berlin 1960.

71 L. Parisius: Deutschlands politische Parteien, S. 205.

72 L. Parisius: Die Deutsche Fortschrittspartei von 1861 bis 1871. Eine geschichtliche Skizze, Berlin 1879, S. 49. – Politische Zeitfragen, Nr. 9.

73 Ebenda, S. 55 und 56.

74 E. Richter: Die Deutsche Fortschrittspartei und die Sozialdemokratie, 2. Aufl., Berlin 1878, S. 31. = Politische Zeitfragen, Nr. 1.

75 Volkszeitung, Berlin, Nr. 251 vom 27. 10. 1877, Bl. 1.

76 Siehe Die Wage, Berlin, Nr. 41 vom 12. 10. 1877 und folgende Nr. sowie J.(osef) G.(abriel) Findel: Der Kampf wider die Sozialdemokratie und die Deutsche Fortschrittspartei. Ein ketzerisches Votum, Leipzig 1877.

77 F. Mehring: Geschichte der deutschen Sozialdemokratie, 2. Teil: Von Lassalles »Offenem Antwortschreiben« bis zum Erfurter Programm 1863 bis 1891, Berlin 1960, S. 506. = Ders.: Gesammelte Schriften, Bd. 2.

78 Zur Organisation siehe die materialreiche Arbeit von U. Steinbrecher.

79 Zum Parteitag siehe Der erste Parteitag der deutschen Fortschrittspartei. Verhandlungen desselben, Programm und Organisation der Partei, Berlin 1879. = Politische Zeitfragen, Nr. 10.

80 Ebenda, S. 23.

81 Volkszeitung, Berlin, Nr. 159 vom 10. 7. 1879, Bl. 1.

82 Ebenda, Nr. 165 vom 18. 7. 1879, Bl. 2.

83 Ebenda, Nr. 199 vom 14. 8. 1879, Bl. 3.

84 Siehe StA Potsdam, Pr. Br., Rep. 30 C, Tit. 95, Sect. 5, Lit. F, Nr. 63 (neue Nr. 15 129). Die ›Freie Vereinigung‹ der Fortschrittspartei.

85 Siehe ebenda, Lit. W, Nr. 50, Vol. 2 bis Vol. 7 (neue Nr. 15 566–15 571).

86 Siehe dazu Volkszeitung, Berlin, Nr. 20 vom 24. 1. 1880, Bl. 1 und Nr. 21 vom 25. 1. 1880, Bl. 2.

87 Siehe die Akte über die ›Freie Vereinigung‹ der Fortschrittspartei sowie weiterhin Volkszeitung, Berlin Nr. 102 vom 2. 5. 1880, Bl. 1.

88 Volkszeitung, Berlin, Nr. 239 vom 12. 10. 1880, Bl. 1.

89 Kieler Zeitung, Nr. 13 701 vom 1. 6. 1890, Bl. 1.

90 Mary L. Lyschinska: Henriette Schrader-Brymann. Ihr Leben aus Briefen und Tagebü-

chern zusammengestellt und erläutert, Bd. 2, Berlin – Leipzig 1927, S. 261.

91 Siehe Spezialinventar des StA Potsdam zur Geschichte der bürgerlichen Parteien und Verbände in Deutschland bis 1945, bearb. von Rudolf Knaack, Potsdam 1967.

92 Siehe vor allem F. Engels: Die preußische Militärfrage und die deutsche Arbeiterpartei. In: MEW, Bd. 16, Berlin 1962, S. 41 ff. Ders.: Die Rolle der Gewalt in der Geschichte. In: Ebenda, Bd. 21, Berlin 1962, S. 407 ff. F. Mehring: Geschichte der deutschen Sozialdemokratie, Bd. 1 und 2, Berlin 1960 (Gesammelte Schriften, Bd. 1 und 2). Siehe außerdem die vornehmlich biographischen Aufsätze zum Linksliberalismus in: F. Mehring: Zur deutschen Geschichte von der Revolution 1848/49 bis zum Ende des 19. Jahrhunderts, Berlin 1965 (Gesammelte Schriften, Bd. 7).

93 Gerd Fesser: Linksliberalismus und Arbeiterbewegung. Die Stellung der Deutschen Fortschrittspartei zur Arbeiterbewegung 1861–1866, Berlin 1976. Nadja Süßmilch: Die Entwicklung des Linksliberalismus in Preußen von 1864 bis 1871, phil. Diss., Berlin 1978. Gustav Seeber: Zwischen Bebel und Bismarck. Zur Geschichte des Linksliberalismus in Deutschland 1871 bis 1893, Berlin 1965. G. Fesser: Zur Struktur und politischen Konzeption der deutschen Fortschrittspartei in der Konfliktszeit. In: Bourgeoisie und bürgerliche Umwälzung in Deutschland 1789–1871. Hrsg. Helmut Bleiber unter Mit-

wirkung von Gunther Hildebrandt und Rolf Weber, Berlin 1977, S. 457 ff. N. Süßmilch: Die Position der Deutschen Fortschrittspartei im preußisch-österreichischen Krieg 1866. In: Ebenda, S. 475 ff. G. Fesser: Adolf Streckfuß und der »Berliner Volkstümliche Wahlverein« im Jahre 1861. In: WZ Jena, 2/1972, S. 285 ff. G. Seeber: Eduard Lasker. Rechtsstaatstheorie und Klassenkompromiß. In: Gestalten der Bismarckzeit, Hrsg. G. Seeber, Berlin 1978, S. 153 ff.

94 Eugene N. Anderson: The social und political Conflict in Prussia 1858–1864, University of Nebraska 1954. W. Gagel: Die Wahlrechtsfrage in der Geschichte der deutschen liberalen Parteien 1848–1918, Düsseldorf 1958 (Beiträge zur Geschichte des Parlamentarismus und der politischen Parteien, Bd. 12). Heinrich August Winkler: Preußischer Liberalismus und deutscher Nationalstaat. Studien zur Geschichte der Deutschen Fortschrittspartei 1861–1866, Tübingen 1964. (Tübinger Studien zur Geschichte und Politik, Nr. 17) U. Steinbrecher: Liberale Parteiorganisation unter besonderer Berücksichtigung des Linksliberalismus 1871–1893. Ein Beitrag zur deutschen Parteiengeschichte, phil. Diss., Köln 1960. A. Hess: Das Parlament, das Bismarck widerstrebte. Zur Politik und sozialen Zusammensetzung des preußischen Abgeordnetenhauses der Konfliktzeit (1862 bis 1866), Köln – Opladen 1964. (Politische Forschungen, Bd. 6).

Gustav Seeber

Deutsche Freiheitspartei (DFp)
1937–1941

Die DFp war ein lockerer Zusammenschluß von konservativen, liberalen und katholischen Emigranten innerhalb der bürgerlichen Opposition gegen die hitlerfaschistische Diktatur des deutschen Imperialismus. Sie wirkte hauptsächlich in Frankreich und England, versuchte aber den Anschein zu erwecken, als bestünde ihre Organisation innerhalb des Deutschen Reiches. Gegenüber den antifaschistischen Kräften der Arbeiterklasse und des Bürgertums betrieb sie nicht nur eine Freiheitsapologie, sondern auch eine strikte, von Positionen der Totalitarismus-Doktrin ausgehende Politik der Volksfront »ohne« bzw. sogar gegen die Kommunisten. Dadurch schwächte sie die antifaschistische Widerstandsbewegung. Um die Jahreswende 1940/41 scheiterte sie, als sie die Unterstützung durch bourgeoise Kräfte in Großbritannien verlor.

Presse

»Deutsche Freiheitsbriefe« (1937–1939)
»Das wahre Deutschland. Auslandsblätter der Deutschen Freiheitspartei« (1938–1940; Auflage: 3 500)

Die DFp wurde an der Jahreswende 1936/37 ins Leben gerufen, nachdem deutsche Emigranten in Paris auf Initiative der *KPD* und unter der Leitung von Heinrich MANN einen *Ausschuß zur Vorbereitung einer deutschen Volksfront* gegründet hatten, dieser eine erfolgreiche Arbeit zu leisten begann, sich aber weder stabilisieren noch zu einem führenden Organ der proletarischen Einheitsfront und der antifaschistischen Volksfront entwickeln konnte.[1] Zum Scheitern des Pariser Volksfrontausschusses trugen auch jene bürgerlichen Kräfte bei, die ihren Kampf gegen die ↗ *NSDAP* und das faschistische Regime in Deutschland »im Sinne der alten Koalitionspolitik unter Ausschaltung der aktivsten antifaschistischen Kräfte«[2] führen wollten und ihn mit Antikommunismus und Antisowjetismus verknüpften. Da es ihnen jedoch nicht gelang, im Pariser Volksfrontausschuß die Führung zu übernehmen und diesen zu einer Vereinigung gegen die Kommunisten umzugestalten, suchten sie nach einer Möglichkeit der eigenständigen Organisierung bürgerlich-antinational-sozialistischer Kräfte. Der Mißbrauch, den sie mit dem Freiheitsbegriff trieben, wurde von den Kommunisten entlarvt[3], ohne daß es ihnen gelang, alle Mitglieder des Volksfrontausschusses von der Richtigkeit ihrer Analyse zu überzeugen. Die Initiative zur Schaffung der DFp ging vor allem von Carl SPIECKER aus, der Mitglied des ↗ *Zentrums (Z)* und 1930 Sonderbeauftragter der Reichsregierung zur Bekämpfung des Nationalsozialismus gewesen war. Unterstützung fand er zunächst auch durch Otto KLEPPER, der der ↗ *Deutschen Demokratischen Partei (DDP)* angehört und 1931/32 das Finanzressort in der preußischen Regierung geleitet hatte. Die DFp distanzierte sich jedoch bereits im Mai 1937 von ihm, da er den von C. SPIECKER geforderten Grundsatz der Anonymität verletzt und die Organisation als eine Angelegenheit lediglich von Emigranten bezeichnet hatte.[4] C. SPIECKER stand auch mit Willi MÜNZENBERG in enger Verbindung, der sich in der Mitte der 30er Jahre von der *KPD* entfernte und zum rechtsopportunistischen Renegaten wurde. W. MÜNZENBERG und sein engster Mitarbeiter, Karl EMONTS, stellten der DFp Teile des von der *KPD* aufgebauten Apparates zum Vertrieb von Flugblättern nach Deutschland zur Verfügung. Sie unterstützten die DFp in der von W. MÜNZENBERG herausgegebenen Zeitschrift »Die Zukunft« (1938–1940) in einem solchen Maße, daß die deutschen Faschisten in dieser sogar das Organ der DFp vermuteten.[5]
Trotz gegenteiliger Beteuerungen liefen die programmatischen Erklärungen der DFp auf die Forderung nach einer Wiederherstellung der bürgerlich-parlamentarischen Verhältnisse der Weimarer Republik hinaus:

»Die Deutsche Freiheitspartei will die freiheitlichen Bürger des deutschen Volkes sammeln, sie aufrufen und anfeuern zum Kampf für die Wiedererlangung der deutschen Freiheit. Die Despotie der NSDAP ist der Todfeind der persönlichen Freiheit, der

Freiheit des Geistes, des Gewissens, der religiösen Überzeugung. Die Gewalthaber von heute haben aus der Unfreiheit, aus Nötigung und Zwang ein System, ein Regime, einen Selbstzweck geschaffen ...
Wer die Ehre der Nation nicht stets im Munde führt, sie sicher geborgen wissen will im Schoße seines Volkes selbst; wer unsere Ehre rein wissen will von Schmach, die ein Regime der Knechtschaft uns Deutschen angetan hat; wer von der deutschen Ehre abwaschen will die Schande der Konzentrationslager, der Gestapo, der ungesühnten Morde, des Gesinnungsterrors, der Schnüffelei und des Sykophantentums – mit einem Wort, der Sklaverei – der gehört zu uns; Der gehört zur Deutschen Freiheitspartei.
Denn die Deutsche Freiheitspartei will die Wohlfahrt des deutschen Volkes in der Freiheit. Freiheit nach außen, aber auch im Innern ... Wahre Freiheit ist Feind jeder Zügellosigkeit. Sie muß darum in hohem Verantwortungsgefühl und straffer Selbstdisziplin verwurzelt sein. Die Deutsche Freiheitspartei predigt nicht die Rückkehr nach Weimar. Die Demokratie, der sie dienen will, muß und wird eine Demokratie der eisernen Selbstbehauptung, der Manneszucht, der nationalen Disziplin, der sozialen Gerechtigkeit und des gerechten Friedens sein. Die Deutsche Freiheitspartei bejaht unser Volksheer; sie bejaht das geeinte Deutsche Reich; sie bejaht aber vor allem das unveräußerliche Recht des deutschen Bürgers auf Freiheit!«[6]
Die DFp gab für Ende 1938 an, daß ihre Anhängerschar »gar nicht gering an Zahl!« sei; sie wolle »in ruhiger Sicherheit feststellen«, daß die DFp »zu einer politischen Macht im Dritten Reich geworden ist«.[7] Auch in der bürgerlichen Literatur wird mitunter davon gesprochen, das Echo sei »über Erwarten stark« gewesen.[8] Diese Angaben entsprechen nicht dem realen Umfang und Einfluß der DFp. Die recht locker aufgebaute Organisation besaß hauptsächlich ihre Anhänger unter einigen Emigranten in Frankreich und England, kaum aber in Deutschland selbst, wo im August 1938 Georg WALTER (Mitglied des *Nationalsozialistischen Kraftfahrerkorps*), Hermann LUPPE (ehemaliger Oberbürgermeister von Nürnberg und Angehöriger der *DDP*) und Oskar WAGNER (ehemaliger Funktionär der *SPD*) als »Mittelspersonen« der DFp verhaftet wurden. Die Gestapo konnte H. LUPPE nichts nachweisen und mußte ihn auf freien Fuß setzen.
In »Das wahre Deutschland« wurde nur in einem Fall der Name eines Mitglieds genannt, und zwar als Hermann RAUSCHNING seine Absage an HITLER von 1934 wiederholte und mit einem öffentlichen Bekenntnis zur DFp verknüpfte.[9] Über H. RAUSCHNING stand die DFp auch mit BRÜNING und Gottfried Reinhold TREVIRANUS in Verbindung. Zu Differenzen zwischen C. SPIECKER und H. RAUSCHNING kam es allerdings, als Gerüchte auftraten, letzterer wolle in der Emigration eine deutsche Gegenregierung schaffen und verfolge das Ziel, »Chef des Generalstabs im psychologischen Krieg« und »Präsident der künftigen Vereinigten Staaten von Europa« zu werden.[10] Da sich die DFp niemals konkret über ihre Vorstellungen zur Gestaltung der gesellschaftlichen Verhältnisse in Deutschland nach dem Sturz HITLERS geäußert hat, kann nicht gesagt werden, ob und in welchem Maße H. RAUSCHNING ihr Programm vertrat, als er den »konservativen Neubeginn«, die Schaffung von »Staatsgewerkschaften«, ein »festes Ordnungsgerippe« und ein »autoritäres Direktorium« forderte.[11]
Ein weiterer führender Mitarbeiter der DFp und des Organs »Das wahre Deutschland« war vor allem Hans Albert KLUTHE, der früher Mitglied des Reichsparteiausschusses der ↗ *DDP* gewesen und seit 1936 im Exil war. Als August WEBER, der frühere Vorsitzende der Reichstagsfraktion der *Deutschen Staatspartei* und Vorstandsmitglied des ↗ *Reichsverbandes der Deutschen Industrie (RDI)*, 1939 nach England emigrierte, begann auch er hauptsächlich Artikel über wirtschaftspolitische Fragen zu veröffentlichen.[12] Beiträge stammten ferner von Richard SAMUEL, einem Germanisten, der an der London School of Economics tätig war, Johannes UHLIG, ehemaliger Wirtschaftsredakteur der »Frankfurter Zeitung«, Fritz BORINSKI, Hans STIERER, Pater REICHENBERGER und Johannes REINHOLZ, wobei letzterer engen Kontakt zu Hans SCHLANGE-SCHÖNINGEN unterhielt.
1939/40 verlagerte sich das Schwergewicht in der Tätigkeit der DFp von Frankreich nach England, wo diese vor allem von H. A. KLUTHE und A. WEBER organisiert, aber in wachsendem Maße den Schwankungen der britischen Politik gegenüber den deutschen Emigranten[13] unterworfen wurde. C. SPIECKER übersiedelte erst im Sommer 1940 nach England und verfügte hier bald über einen »Freiheitssender«, der einen nicht unwesentlichen Bestandteil der englischen »grauen

Propaganda« gegen das faschistische Deutschland bildete.[14] Er bemühte sich intensiv darum, »Das wahre Deutschland« — für das ihm bis 1940 pro Ausgabe aus nicht genau zu ermittelnden Quellen 100 englische Pfund zur Verfügung gestanden hatten — auch weiterhin erscheinen zu lassen. Mit Hilfe dieses Blattes glaubte er seine Aufgabe, einen »antibolschewistischen und wenn möglich bürgerlichen Umsturz« in Deutschland vorzubereiten, am besten verwirklichen zu können.[15]

Allerdings ging C. SPIECKER bereits im Frühjahr 1941 nach Kanada, was zweifellos auch das Ende der DFp bedeutete. Bei der englischen Regierung, die seit Mai 1940 von CHURCHILL geleitet wurde und die nicht mehr nach einem politischen Ausgleich mit dem deutschen Faschismus strebte, bestand nur noch wenig Interesse an dieser Emigrantengruppe, die allen Einfluß in Deutschland und unter den antifaschistischen Emigranten verloren hatte. »Das wahre Deutschland« mußte daher Ende 1940 sein Erscheinen einstellen. Die zunehmenden Schwierigkeiten äußerten sich auch in einer Zuspitzung gewisser taktischer Differenzen, die es zwischen C. SPIECKER und H. A. KLUTHE von Anfang an gegeben hatte. Letzterer bezog immer deutlicher Stellung gegen den von C. SPIECKER vertretenen Grundsatz der Anonymität im Auftreten der DFp. Er akzeptierte ihn zwar für die illegale Arbeit in Deutschland, nicht aber für die im Exil. Außerdem forderte er die Schaffung einer straffen Organisation mit festen Stützpunkten, was sich zu diesem Zeitpunkt jedoch nicht mehr realisieren ließ. A. WEBER löste sich schon Anfang 1940 von der DFp, weil diese nach seiner Auffassung weder in Deutschland noch im Ausland ihren reellen Hintergrund habe[16]; 1941 versuchte er gemeinsam mit dem Sozialdemokraten Karl HÖLTERMANN und anderen Emigranten eine sog. parlamentarische Auslandsvertretung der deutschen Opposition zu schaffen[17], 1943/44 nahm er zeitweilig an der Tätigkeit der *Freien Deutschen Bewegung in Großbritannien* teil.

Daß C. SPIECKER Kontakte zur Gruppe des 20. Juli 1944 um Carl GOERDELER besaß, ist zwar oft behauptet[18], aber nirgends bewiesen worden. C. SPIECKER lebte bis 1945 in Kanada, kehrte in die amerikanische Besatzungszone

zurück und trat 1949 vom durch ihn selbst wieder gegründeten *Z* zur *CDU* über. Das Parteienwesen der BRD knüpfte in keiner Weise an die Vorstellungen der DFp an.

Quellen und Literatur

Material geringen Umfangs enthält der NL Carl Spiecker, der sich im ZStA Potsdam befindet. Beatrix Bouvier, von der die bisher einzige Darstellung zur Geschichte der DFp stammt — leider ist sie in einigen Details unsauber gearbeitet und antikommunistischen Tendenzen untergeordnet —, konnte das aufschlußreiche Privatarchiv von Hans Albert Kluthe (Eschwege/BRD) benutzen. In der marxistischen Literatur wird die DFp bisher nur erwähnt, jedoch nicht ausführlich behandelt.[19] Zum Verhältnis von Antifaschismus und Antikommunismus hat sich Thomas Doerry geäußert.[20]

Anmerkungen

1 Siehe Deutsche Demokraten. Die nichtproletarischen demokratischen Kräfte in der deutschen Geschichte 1830 bis 1945. Hrsg. von einem Autorenkollektiv unter Leitung von Dieter Fricke, Berlin 1980, S. 332 ff.

2 So Walter Ulbricht, Paul Merker und Willi Münzenberg in ihrem Brief an Rudolf Breitscheid vom 21.5.1937. In: Walter Ulbricht: Zur Geschichte der deutschen Arbeiterbewegung. Aus Reden und Aufsätzen. Bd. II: 1933–1946, 2. Zusatzband, Berlin 1968, S. 83.

3 Am 10.10.1937 veröffentlichte die »Deutsche Volkszeitung« einen Artikel »Alles für die deutsche Volksfront« von Walter Ulbricht, in dem es hieß: »Es ist eine Illusion zu glauben, daß durch die Hetze gegen die KPD und durch Konzessionen an den Nationalsozialismus mehr Chancen bestehen, kapitalistische Kreise und Reichswehrkräfte für die Unterstützung einer solchen ›Front‹ zu gewinnen. Damit würde nur die Zersplitterung der entscheidenden Kraft der Volksfrontbewegung, der Arbeiterklasse, erreicht und der gemeinsame Kampf mit den Verbündeten in Stadt und Dorf sowie die Aktivierung auch bürgerlicher Kreise gehindert.«

4 Wahrscheinlich unterschieden sich C. Spiecker und O. Klepper auch hinsichtlich der Intensität ihres Antikommunismus und Antisowjetismus. O. Klepper wollte eine »neue politische Bewegung« schaffen, die offensichtlich nur als

Führungskraft gegenüber Kommunisten und Sozialdemokraten gedacht war (Europäische Freiheit, in: Das Neue Tagebuch, Nr. 52 vom 26. 12. 1936, S. 1231 f.). Am 11. 12. 1935 hatte er an C. Spiecker geschrieben, man brauche die »große concordatio discordantium« und meine alles, »was von den Kommunisten bis . . . zu dem alten Zentrum reicht, nicht als Koalition von politisch Schiffbrüchigen, sondern als Kampftruppe für ein geschlossenes Programm zusammenbringen.« (ZStA Potsdam, NL Spiecker, Nr. 8, Bl. 57.) O. Klepper organisierte nach 1936 den Bund Freiheit und Vaterland.

5 Beatrix Bouvier: Die Deutsche Freiheitspartei (DFp). Ein Beitrag zur Geschichte der Opposition gegen den Nationalsozialismus, phil. Diss., Frankfurt (Main) 1969, S. 19.

6 Die Deutsche Freiheitspartei. In: Das wahre Deutschland. Auslandsblätter der Deutschen Freiheitspartei (im folgenden: Das wahre Deutschland), Januar 1938, S. 6 und 8.

7 Ins zweite Jahr. In: Das wahre Deutschland, Januar 1939, S. 2.

8 Babette Gross: Willi Münzenberg. Eine politische Biographie, Stuttgart 1967, S. 309.

9 Siehe B. Bouvier, S. 30.

10 So H. A. Kluthe in Briefen vom 15. 6. 1919 und 26. 2. 1940 an C. Spiecker. Zit. in: B. Bouvier, S. 91.

11 Zit. in: Karl Retzlaw: Spartakus. Aufstieg und Niedergang. Erinnerungen eines Parteiarbeiters, Frankfurt (Main) 1971, S. 424.

12 Siehe die Lebenserinnerungen von A. Weber (Manuskript). In: BA Koblenz, Kleine Erwerbungen, Nr. 384. Sein Buch »Hitler calls this living« erschien im Mai 1939 unter dem Namen der DFp.

13 Siehe Bruno Retzlaff-Kresse: Illegalität – Kerker – Exil. Erinnerungen aus dem antifaschistischen Kampf, Berlin 1980, S. 267 ff.

14 Siehe Sefton Delmer: Die Deutschen und ich, Hamburg 1962, S. 443. Die erhalten gebliebenen Manuskripte der Sendungen C. Spieckers stammen aus der Zeit vom 9. 6. 1940 bis 15. 3. 1941.

15 So im Brief vom 25. 9. 1939 an H. A. Kluthe. Zit. in: B. Bouvier, S. 40.

16 Brief von A. Weber an H. A. Kluthe vom 12. 3. 1940. Zit in: Bouvier, S. 127.

17 Siehe Werner Röder: Die deutschen sozialistischen Exilgruppen in Großbritannien. Ein Beitrag zur Geschichte des Widerstandes gegen den Nationalsozialismus, Hannover 1968, S. 31.

18 Siehe Ger van Roon: Widerstand im Dritten Reich. Ein Überblick, München 1979, S. 198.

19 Siehe Deutsche Demokraten, S. 340 f.

20 Siehe Thomas Doerry: Antifaschismus in der Bundesrepublik. Vom antifaschistischen Konsens 1945 bis zur Gegenwart, Frankfurt (Main) 1980, S. 15 ff.

Manfred Weißbecker

Deutsche Freischar (DF)
1926–1930
(Bund der Wandervögel und Pfadfinder, 1926)

Die DF erwuchs aus der Erneuererbewegung in der deutschen Pfadfinderbewegung sowie aus der ↗ Wandervogelbewegung (WV). Sie war ein erster Höhepunkt der zahlreichen Versuche, einen bürgerlichen und kleinbürgerlichen »großen Bund« der sog. Bündischen Jugend zu schaffen. Diese verstand sich in der Weimarer Republik als eine autonome Gemeinschaft, die an die Tradition der ↗ WV anknüpfte und wesentliche Formen des Pfadfinder- und Soldatentums aufnahm. Durch Unterordnung des einzelnen unter die Interessen des Bundes, orientiert an einem überpersönlichen Ideal, wollte die DF wie viele andere Organisationen der Bündischen Jugend eine gesellschaftliche und politische Neuordnung von Volk und Staat erreichen. Wesentliche Elemente ihrer ideologischen Haltung bestanden in der vom Neupfadfindertum kommenden Idee vom »neuen Reich«, der scheinbar apolitischen Wandervogelromantik und in dem von Stefan George geprägten Reichsmythos.

Bundesführer

Hans DEHMEL (1926–1928); Ernst BUSKE (1928–1930); H. DEHMEL (1930); Vizeadmiral a. D. Adolf VON TROTHA (1930)

Presse

»Rundbrief der Bundesleitung« (Bund der Wandervögel und Pfadfinder, 1926)
»Deutsche Freischar« (Führerzeitschrift)
»Die Jungenschaft« (Jungenführerzeitschrift)

Bundestage

Erster Bundestag, Barby Pfingsten 1929

Bundesarbeitslager

Dassel (Solling) (8.–28. 4. 1926)
Boberhaus (Schlesien) (14. 3.–1. 4. 1927; 1. Arbeitslager für Arbeiter, Bauern und Studenten)
Hermannsburg (Lüneburger Heide) (4. bis 25. 4. 1927)
Colborn (Hannover) (2.–22. 4. 1928)
Boberhaus (7.–27. 3. 1929; 2. Arbeitslager für Arbeiter, Bauern und Studenten)
Boberhaus (23. 3.–19. 4. 1930)

Bundesarbeitswochen/Jungmannschaftslager

Bundesarbeitswoche der Mädchen und Frauen, Neuhaldensleben (Pfingsten 1928)
Jungmannschaftslager, Colborn, Thema: Bund und soziale Fragen (3.–24. 4. 1929)
Leuchtenburgtreffen, Thema: Partei und Jugend (28. 9.–1. 10. 1929)

Arbeitswoche »Bund und Politik«, Boberhaus (2.–6. 10. 1929)
Arbeitswoche »Die religiöse Lage und die Wirklichkeit«, Burg Camburg (2.–7. 1. 1930)
Arbeitslager der Jungmannschaft, Musikheim Frankfurt (Oder): Notwendigkeiten und Möglichkeiten des Einsatzes im deutschen Osten (30. 3.–19. 4. 1930)

Seit 1918 gab es von seiten der beiden großen Strömungen in der bürgerlich-kleinbürgerlichen *Bündischen Jugend* — ↗ *Wandervogelbewegung (WV)* und Pfadfinder (↗ *Deutscher Pfadfinderbund [DPfB]*) — ständig Bestrebungen, einen großen Einheitsbund zu bilden. Auf einem Führertreffen der *Bündischen Jugend* im April 1922 wurde darauf bereits Kurs genommen. Einen ersten Höhepunkt bildete dann das Grenzfeuer von 19 Bünden im Fichtelgebirge am 3./4. August 1923. Hier schlossen sich der *Altwandervogel (AWV)* mit dem *WV/Wehrbund*, dem *WV/Jungenbund* und dem *Schlesischen WV-Jungenbund* zusammen. Etwa zur gleichen Zeit versandte der *Bund Deutscher Neupfadfinder (BDN)* einen Verfassungsentwurf für einen »Hochbund«[1], der jedoch auf Ablehnung stieß.[2] Dieses sog. Fichtelgebirgsbündnis brach bald wieder auseinander (Februar 1924).[3] Anläßlich des 10. Jahrestages der Schlacht von Langemarck riefen der *BDN*, der *Reichsstand deutscher Wandervögel*, der *Deutschwandervogel*, der ↗ *DPfB* und die *Jungmannschaft Königsbühl* zu einer

»Totenfeier der bündischen Jugend« am 2./3. April 1924 in der Hohen Rhön auf.[4] An diesem sog. Hohewacht-Bündnis beteiligten sich zahlreiche Bünde, es kam jedoch erneut zu keiner Einigung. Erfolgreicher verliefen zunächst die Einigungsbestrebungen im Pfadfinderlager: Am 30. November 1925 schlossen sich der *BDN*, der *Bund Deutscher Reichspfadfinder (BDR)* zum *Großdeutschen Pfadfinderbund (GDP)* zusammen.[5]

Mit dem Zusammenschluß von *AWV* und *GDP* am 7. März 1926 zur *Deutschen Jungenschaft-Bund der Wandervögel und Pfadfinder* kam es erstmals zum Zusammenschluß dieser beiden Strömungen[6], der von Bestand sein sollte und zum Kern für einen weiteren Zusammenschluß wurde: Im Arbeitslager in Dassel (Solling) (8. bis 28. April 1926) schlossen sich am 17./18. April zusammen: *GDP; AWV – Deutsche Jungenschaft; WV Deutscher Jungenbund E. V.; Reichsstand deutscher Wandervögel; Gefolgschaft Deutscher Wandervögel; Deutsch-Akademische Gildenschaft; Schlesische Jungenschaft.*[7] Der neue Bund nannte sich nunmehr *Bund der Wandervögel und Pfadfinder (BWP)*; sein Führer war H. DEHMEL. Im gleichen Jahr noch gingen der *DPfB* und der *Köngener Bund* mit dem *BWP* ein Bündnis ein.[8] Grundlage der Bündigung bildeten vor allem die Hervorhebung gemeinsamer Grundzüge: Führergedanke, Schargedanke, Bundesidee, Auslese- und Eliteprinzip, Autoritätsdenken, Sehnsucht nach einem »Jugendreich« und Hoffen auf eine deutsche Volksgemeinschaft. Auf dem Bundesarbeitslager in Hermannsburg (Lüneburger Heide) nahm der *BWP* 1927 den Namen Deutsche Freischar an, was programmatischen Charakter trug.

Das Leben der DF gipfelte alljährlich in Bundestagen und Bundesarbeitswochen, die oftmals zu Pfingsten stattfanden, sowie in »Arbeitslagern«. Die Elite der Nation, so verstand man sich selbst, sollte auf diese Weise die Probleme sozial unterprivilegierter Schichten kennenlernen, um für künftige Führungsaufgaben gewappnet zu sein. In den Arbeitslagern wurden zahlreiche Vorträge zu Fragen gehalten, die den Mitgliedern der DF und der eingeladenen Bünde interessant erschienen (u. a. Ost- oder Westorientierung, Bündnis mit oder gegen die Sowjetunion, Bolschewismus oder Faschismus, für oder gegen die Arbeiterklasse, für oder gegen die Weimarer Republik).

Am Arbeitslager im April 1926 nahmen 120 Jugendliche teil, die täglich 5 Stunden im Straßenbau und im Forst- und Rodewesen arbeiteten. Daneben wurden Vorträge von E. BUSKE, Georg GÖTSCH, Eugen ROSENSTOCK, Hans FREYER, Fritz KLATT, Wilhelm ADICKES, Martin LUSERKE, Günther PACYNA gehört. Ähnlich waren die Programme in den folgenden Arbeitslagern[9]. Als sich seit 1929 die Diskussion der genannten Fragen zuzuspitzen begann, erweiterte sich der Kreis der Referenten. Im gewissen Sinne spiegelte das die beginnende Polarisierung innerhalb der DF wie in der *Bündischen Jugend* überhaupt wider und war zugleich Ausdruck der Suche nach einer Alternative, die der Weimarer Staat nicht bieten konnte. Referenten der Camburg-Tagung der Köngener in der DF über das Problem Krieg und Frieden waren z. B. der Züricher religiöse Sozialist Prof. RAGAZ (Sinn der Friedensbewegung) und der Kommunist Ernst SCHNELLER (Bedeutung der Friedensbewegung für das Proletariat und seinen Klassenkampf). Die Berichterstatter stimmten darin überein, daß die Ausführungen des Letzteren die besondere Aufmerksamkeit vieler Teilnehmer fanden. Dr. Rudolf CRÄMER vom *Jungnationalen Bund (Junab)* sprach über das Thema »Völkische Bewegung und Friedensbewegung«, und von seiten der DF referierte Prof. Wilhelm HAUER über »Krieg und Frieden als Schicksal«.[10]

Mit dem Ausbruch der Weltwirtschaftskrise setzte eine rasche Politisierung der *Bündischen Jugend* ein. Waren es bis 1928/29 nur einzelne Bünde, die sich zum Faschismus bekannten (wie die *Adler und Falken*, die *Geusen* und der *Junab*[11]), so sollte sich in den folgenden Jahren zeigen, daß die ideologischen Komponenten diese Jugend insgesamt in die Nähe bzw. teilweise in das faschistische Lager geführt hatten. Faschistisch disponierte Ideologen wie Ernst JÜNGER oder ideologische Wirrköpfe wie Ernst NIEKISCH, dessen »nationalbolschewistische Ideen« den weltanschaulichen Eklektizismus in den Reihen der *Bündischen Jugend* verstärkten, gewannen rasch an Einfluß. Sie setzten jene ideologische Traditionslinie fort, die die Geschichte der bürgerlichen deutschen Jugend-

bewegung seit der Jahrhundertwende durch-
zog, die bei Friedrich NIETZSCHE, Julius
LANGBEHN und Paul Anton DE LAGARDE
begann und ihre Fortsetzung fand bei Oswald
SPENGLER und Artur MOELLER VAN DEN
BRUCK sowie bei den Schriftstellern Rudolf
BINDING, Franz SCHAUWECKER, Frank
THIESS, Richard GRABENHORST, Georg
STAMMLER und Hans GRIMM. Darüber hinaus
wurde aber auch an Ludwig RENN und Erich
Maria REMARQUE, Hermann HESSE, Hein-
rich VON KLEIST, Friedrich HÖLDERLIN, Lud-
wig TIECK, NOVALIS, Wilhelm Heinrich
WACKENRODER, Joseph VON EICHENDORFF,
Eduard MÖRICKE, Hermann LÖNS und be-
sonders S. GEORGE angeknüpft.

In den Auseinandersetzungen von 1929 waren
es besonders E. JÜNGER, A. MOELLER VAN
DEN BRUCK, E. NIEKISCH u. a., deren »na-
tionalrevolutionärer« Habitus sich für große
Teile der *Bündischen Jugend* als anziehend
erwies. E. JÜNGER avancierte zum Schirm-
herrn der von Werner LASS (aus dem Umfeld
Kapitän Hermann EHRHARDTS kommend) geführten *Freischar Schill*[12], fungierte zeitweilig
als Herausgeber der überbündischen Zeitschrift »Die Kommenden«, und E. NIEKISCH
aktivierte mit seiner gegen die Annahme des
YOUNG-Plans gerichteten »Aktion der Jugend«[13] — an ihr beteiligten sich etwa 70 Jugendverbände[14] — die Bünde in Richtung der
sich ausbreitenden antidemokratischen
Ideen, die das Aufmarschfeld des deutschen
Faschismus bildeten. Hierbei erwies sich die
große Affinität der stark nationalistisch und
antiliberal geprägten *Bündischen Jugend* zum
Faschismus.

Über die politische Differenziertheit dieser
Jugend und ihre Haltung zu den einzelnen
Parteien gibt in begrenztem Maße eine Umfrage Aufschluß, die Ende 1930 von der Berliner *Bündischen Gesellschaft* ausging und
deren Ergebnisse mit einer Umfrage aus dem
Jahre 1928 verglichen werden können: *SPD*
35 % (53 %); ↗ *NSDAP* 20 % (4 %); ↗ *DNVP*
2 % (3 %); *Konservative Volkspartei* 18 % (–);
*Alte Sozialdemokratische Partei Deutsch-
lands* – (5 %); *Völkisch-nationaler Block* –
(5 %); ↗ *DVP* 4 % (5 %); ↗ *DDP* – (3 %);
Deutsche Staatspartei 30 % (–); *KPD* 4 % (–);
Nichtwähler 5 % (5 %).[15]
Als HINDENBURG 1930 seine Unterschrift
unter den YOUNG-Plan setzte, wandte sich

Karl Otto PAETEL in einem offenen Brief
gegen den Reichspräsidenten. Dies wurde von
seiten der DF zum Anlaß genommen, ihn aus
ihren Reihen auszuschließen. K. O. PAETEL
gründete daraufhin die *Gruppe Sozial-
revolutionärer Nationalisten*, die sich hauptsächlich an E. JÜNGER orientierte, dessen
faschistisch determiniertes Krisenlösungs-
rezept in dem Essay »Die totale Mobilmachung« (1930) und dem Buch »Der Arbeiter.
Herrschaft und Gestalt« (1932) kulminierte.
Damit wurde eine neue Phase bündischen
Lebens eingeleitet. Bereits 1929 war es zu
einem Bündnis von *Junab* und *Großdeut-
schem Jungenbund (GJB)* gekommen[16], das in
einer zeitweiligen Vereinigung von *GJB* und
DF am 1. Mai 1930 seine Fortsetzung fand.
Die neue DF stand unter Führung von A. VON
TROTHA und hatte etwa 16 000 Mitglieder; ihr
schloß sich wenig später der *DPfB* an.[17] Doch
der Ausschluß K. O. PAETELS hatte bereits
angedeutet, daß dem Vereinigungsbestreben
der bürgerlichen Jugendbewegung noch zahlreiche Hindernisse im Weg standen. Besonders an den Fragen des Verhältnisses zwischen Führer und Gefolgschaft sowie zwischen Jungenschaft und Älterenbund schieden sich bald die Geister. Bereits auf ihrem
ersten Richttreffen im Oktober 1930 in
Wernigerode spaltete sie sich. Es bildete sich
wieder die alte DF unter Hellmut KITTEL und
Karl ERDMANN, Franz Ludwig HABBEL, Ludwig VOGGENREITER und Martin VOELKEL —
sie erlangte allerdings keine Bedeutung mehr
— sowie (hervorgegangen aus dem *GJB*) die
Freischar junge Nation, an deren Spitze
A. VON TROTHA, Paul HÖVEL, Luise VON
MÜLLER, Gerhard REBSCH, Erich KÜSEL und
Ottheinrich SCHULZE standen.[18] Es wurde
deutlich, daß jene Führergeneration, die
bislang den Bünden vorstand, der bündischen
Bewegung nur noch wenige Impulse zu geben
vermochte. Neue Kräfte waren herangereift,
die Leben und Diskussion der Bündischen
aktivierten, wobei immer stärker eine Polarisierung unter der Losung »Hie Kommunismus — hie Nationalsozialismus« erfolgte.
Eberhard KOEBEL, der sich selbst TUSK
nannte und nach seiner Lapplandfahrt die
Deutsche autonome Jungenschaft (dj. 1. 11.)
gegründet hatte, wirkte mit ihr bald bis in die
größten Bünde hinein. Die zunehmende
Orientierung TUSKS auf die Arbeiterklasse,

deren Rolle als gesellschaftliche Hauptkraft gespürt wurde (wobei dem Beispiel Sowjetunion besondere Bedeutung zukam)[19], trug Unruhe in die Mitgliederscharen der *Bündischen Jugend.* Die von TUSK initiierte Rotgraue Aktion[20] und letztlich sein 1932 erfolgter Eintritt in die *KPD* riefen in der *Bündischen Jugend* ebenso Auseinandersetzungen hervor wie dies bereits 1930 der Übertritt des ehemaligen Reichswehrleutnants Richard SCHERINGER in die *KPD* getan hatte.[21]

Quellen und Literatur

Die archivalischen Quellen zur Geschichte der bürgerlichen Jugendbewegung, darunter der DF, sind teilweise während des zweiten Weltkrieges verlorengegangen. Im ZStA Potsdam erweist sich besonders der NL Joachim G. Boeckh (Königsbühl) als relevant. In der BRD sind für Forschungen zur Geschichte der DF das Archiv der deutschen Jugendbewegung (Burg Ludwigstein/Witzenhausen), das Archiv der schlesischen Jugendbewegung, Boberhausenkreis (Kaiserslautern), das Archiv der Deutschen Freischar (Neudorf-Piatendorff) und das Schriftgut des Jungnationalenbundes und der Freischar junger Nation (Kiel) bedeutsam. Einen gut dokumentierten Überblick bietet die von W. Kindt herausgegebene Quellensammlung »Die deutsche Jugendbewegung 1920 bis 1933. Die bündische Zeit«.[22] Aus marxistischer Sicht liegen keine speziellen Untersuchungen zur Geschichte der DF vor.

Anmerkungen

1 Entwurf einer Verfassung der deutschen Jugendbünde; Erläuterung zum Verfassungsentwurf. In: ZStA Potsdam, NL Boeckh, Nr. 4, Bl. 4–6. Abgedruckt in: Der Weiße Ritter, 1924, H. 1.
2 Der Weiße Ritter, 1924, H. 1.
3 W. Kindt: Das Ende des Fichtelgebirgsbündnisses. In: ZStA Potsdam, NL Boeckh, Nr. 4, Bl. 1–3.
4 ZStA Potsdam, NL Boeckh, Nr. 3, Bl. 182 und Nr. 1, Bl. 177.
5 Protokoll (über die Vorbereitung des Bündnisses vom 7./8. November 1925). In: Ebenda, Nr. 8, Bl. 119, 119 R. Rundschreiben Martin Voelkels vom 9. 11. 1925. In: Ebenda, Nr. 7, Bl. 298.
6 Ebenda, Nr. 7, Bl. 315.
7 Rundschreiben im Herbst 1926. In: Ebenda, Nr. 6, Bl. 1. Bund der Wandervögel und Pfadfinder. Rundbriefe der Bundesleitung, Nr. 1 vom 1. Mai 1926. In: Ebenda, Nr. 7, Bl. 328–331.
8 Bund der Wandervögel und Pfadfinder, Rundbriefe, Nr. 3 vom November 1926. In: Ebenda, Nr. 7, Bl. 373.
9 Siehe ZStA Potsdam, NL Boeckh, Nr. 6, Bl. 1 ff. und 6 ff. Siehe auch Nr. 5, Bl. 88 und Nr. 7, Bl. 403 f.
10 Ebenda, Nr. 5, Bl. 82 ff. Siehe auch R. Crämer: Krieg und Frieden als Schicksal. In: Das junge Volk, 10. (1929), H. 10 (Juli).
11 Siehe Die Geusen, 1928, H. 3. Völkischer Beobachter, 24. 5. 1928. Das junge Volk, 10. (1929), H. 5/6 (Februar/März).
12 E. Jünger an W. Lass, 11. 10. 1928. In: Das junge Volk, 10. (1928), H. 3 (Dezember).
13 E. Niekisch: Die Aktion der Jugend. Eine Rede an das deutsche Nachkriegsgeschlecht, Berlin 1929.
14 Siehe u. a. Der Tag, 23. 2., 16. 3. 1930. In: ZStA Potsdam, Stahlhelm, Nr. 2052, Bl. 26.
15 Siehe K. O. Paetel: Die deutsche Jugendbewegung als politisches Phänomen. In: Politische Studien. Monatsschrift der Hochschule für Politische Wissenschaften München, H. 86, 1957, S. 10.
16 Siehe Das junge Volk, 10. (1929), H. 5/6.
17 Siehe ebenda, 11. (1930), H. 8 (Mai), H. 11 (August), H. 12 (September).
18 Siehe ebenda, H. 14 vom 1. November 1930.
19 Siehe u. a. R. von Bistram: Das neue Rußland. In: Die Kommenden, 22. Folge vom 30. Maien 1930. Bündische Rußlandtagung am 26./27. 11. 1932 in Brieselang bei Nauen (Referenten Claus Mehnert, Roderich von Bistram, Jurij Semjonoff von der sowjetischen Botschaft). In: Ebenda, 47./48. Folge vom 20./27. 11. 1932.
20 In: Das junge Volk, 12. (1931), H. 11.
21 Siehe Die Kommenden, 33. Folge vom 16. Ernting 1931.
22 Quellenschriften, Düsseldorf – Köln 1974, S. 1050 ff.

Udo Rößling

Deutsche Freisinnige Partei (DFsP)
1884–1893

Die durch Vereinigung der ⟋ Deutschen Fortschrittspartei (DFP) mit der ⟋ Liberalen Vereinigung (Sezessionisten) (LV) entstandene DFsP war die politische Organisation eines Teils der Großbourgeoisie (Bank- und Handelskapital) und mittlerer und kleiner Kapitalisten, die der Regierungspolitik in den 80er Jahren oppositionell gegenüberstanden. Aus unmittelbar ökonomischen Interessen trat sie gegen die Schutzzollpolitik auf. Ihre grundsätzlich antidemokratische und antisozialistische Einstellung machte es der Partei jedoch unmöglich, eine wirkliche Alternative zur Bismarckschen Politik zu entwickeln; sie hoffte auf eine politische Wende nach dem Thronwechsel. Es gelang den großkapitalistischen Elementen der ehemaligen Sezessionisten, den politischen Kurs der Partei zu bestimmen und deren oppositionelle Haltung immer mehr abzuschwächen, insbesondere in der Militärfrage. Der Widerspruch zwischen den Interessen der großkapitalistischen Kräfte und den Vertretern der mittleren und kleinen Kapitalisten, die auch im Kleinbürgertum Anhänger hatten, führte schließlich zum Zusammenbruch der Partei im Jahre 1893.

1. Gründung, Organisation, Presse und parlamentarische Vertretungen
2. Das Parteiprogramm und die Stellung zur Arbeiterbewegung
3. Die Stellung zum Militarismus und der Zusammenbruch der Partei
4. Quellen und Literatur

Parteiführung

Vorsitzender des Zentralkomitees
Franz August FREIHERR SCHENK VON STAUFFENBERG (1884–1893)

Geschäftsführender Ausschuß

Vorsitzender: Rudolf VIRCHOW (1884 bis 1893)
Stellvertreter: Ludwig BAMBERGER (1884 bis 1893)

Engerer Ausschuß (wichtigstes Führungsgremium der Partei)

Vorsitzende: Eugen RICHTER (1884–Mai 1890); Karl SCHRADER (Mai 1890–Juni 1890); E. RICHTER (Juni 1890–1893)
Stellvertreter: Heinrich RICKERT (1884–Mai 1890); Robert ZELLE (Mai 1890–Juni 1890); K. SCHRADER (Juni 1890–1893)
Zahl der Vereine (nach parteioffiziellen Angaben)
Mai/Juni 1886: 210

Die Reichstagsfraktion wurde für jeweils eine Legislaturperiode von einem Fraktionsvor-

Reichstagswahlergebnisse (1881 und 1893 zum Vergleich angegeben)

Jahr	Stimmen	% der Stimmen	Man-date
1881 *(DFP)*	649 300	21,2	59
(LV)	429 200	21,2	46
1884	997 000	17,6	67
1887	973 100	12,9	32
1890	1 159 900	16,0	66
1893 *(⟋ Freisinnige Volkspartei [FVp])*	666 400	12,6	24
(⟋ Freisinnige Vereinigung [FVg])	258 500	12,6	13

stand geleitet, dem 8 führende Parteipolitiker angehörten. Das gleiche gilt für die Fraktion des preußischen Abgeordnetenhauses.

Wichtigste Presse- und Publikationsorgane

»Parlamentarische Korrespondenz« (ab 1884 offizielles Parteiorgan), Auflage: 1884 10 000, 1886 5 000, 1887 3 500
»Freisinnige Zeitung« (ab 1885), hrsg. von E. RICHTER, Auflage: 1885 17 600, ab 1887 8 500–9 500, erschien täglich
»Der Reichsfreund«, hrsg. von E. RICHTER,

Ludolf PARISIUS und Hugo HERMES, Auflage: bis 1886 20 000—24 000, ab 1887 8 000—12 000, erschien wöchentlich
»Deutsches Reichsblatt«, hrsg. von H. RIKKERT, Auflage: 1884 15 000, ab 1885 20 000—22 000, erschien wöchentlich
»Die Nation«, hrsg. von Theodor BARTH, Auflage: 1884/85 5 000, ab 1887 3 000—3 500, erschien wöchentlich

1. Gründung, Organisation, Presse und parlamentarische Vertretungen

Seit dem 25. Januar 1884 fanden geheime Verhandlungen zwischen einer kleinen Gruppe von Vertretern der ↗ *Deutschen Fortschrittspartei (DFP)* — nicht einmal R. VIRCHOW wurde genau informiert — und den Sezessionisten über eine Vereinigung der Parteien und ein gemeinsames Programm statt. Die Führer der ↗ *Liberalen Vereinigung (Sezessionisten) (LV)* wollten mit Hilfe der Fusion ihre politische Position halten und erweitern, da sie anderenfalls keine Möglichkeit sahen, in dem bevorstehenden Reichstagswahlkampf zu bestehen. Die von ihnen erhoffte »große liberale Partei« sollte eine parlamentarische Stütze für den als liberal geltenden Thronfolger werden.
Für die Führer der *DFP* spielten zwar auch wahltaktische Gesichtspunkte eine Rolle, E. RICHTER und Albert HÄNEL kam es aber vor allem darauf an, die in der Partei seit 1878/79 immer stärker hervortretenden demokratisch orientierten Kräfte durch ein Gegengewicht zu paralysieren. Dabei spielte die antidemokratische und antisozialistische Grundeinstellung dieser Führer eine Rolle.
Am 5. März 1884 traten die Reichstagsfraktionen der *LV* und der *DFP* zu einer gemeinsamen Beratung zusammen, auf der ihnen die Parteiführer überraschend eröffneten, daß sich beide Parteien zur DFsP vereinigen würden.
Die Fraktionen stimmten zu. Am 15. bzw. 16. März fanden Parteitage der beiden politischen Organisationen statt, die mit nur wenigen Gegenstimmen die Fusion sanktionierten.
Der neuen Organisation lag folgendes Statut zugrunde[1]:

»I. Für die Parteiorganisation wird, soweit es erforderlich, dem Namen Deutsche freisinnige Partei der Zusatz ›(liberal-fortschrittliche Vereinigung)‹ hinzugefügt.
II. Abänderungen des Programms und Organisationsstatuts der Partei unterliegen der Beschlußfassung des allgemeinen Parteitages. Der Parteitag kann auch zu anderen im Interesse der Partei liegenden Zwecken berufen werden.
Zuständig für die Berufung des Parteitages ist das Zentral-Komitee (III). Zur Teilnahme am Parteitage sind berechtigt:
1) Die Mitglieder der Reichstagsfraktion,
2) die Parteigenossen in den gesetzgebenden Körperschaften der Einzelstaaten,
3) die Parteigenossen, welche seit November 1881 dem Reichstage angehört haben, einschließlich derjenigen Parteigenossen, welche in dieser Zeit als Mitglieder der deutschen Fortschrittspartei oder der liberalen Vereinigung dem Reichstage angehörten,
4) Die Mitglieder des geschäftsführenden Ausschusses, welche nicht unter 1) und 2) fallen,
5) Delegierte der Partei.
Die Zahl der Teilnahme ad 2) und 5) darf in jeder Kategorie die Zahl von 3 für jeden Reichstagswahlkreis nicht übersteigen.
III. Das Zentral-Komitee besteht aus denjenigen Mitgliedern der Reichstagsfraktion und der Parteifraktionen gesetzgebender Körperschaften, welche zur Zeit der Berufung oder des Zusammentritts des Zentral-Komitees in Berlin oder dessen Umgebung anwesend sind.
Das Zentral-Komitee konstituiert sich nach jeder Neuwahl zum Reichstage und wählt für die Dauer der Legislaturperiode einen Vorsitzenden und zwei Stellvertreter.
Das Zentral-Komitee wählt für dieselbe Zeit die Mitglieder des geschäftsführenden Ausschusses.
Das Zentral-Komitee muß innerhalb der ersten drei Monate jedes Kalenderjahres berufen werden behufs Rechnungsablage und Dechargierung des geschäftsführenden Ausschusses. Die Dechargierung erfolgt auf Grund des Berichts von Revisoren, welche von den Büchern und Kassenbeständen Einsicht nehmen.
IV. Der geschäftsführende Ausschuß besteht aus höchstens 13 Personen. Ihm liegt besonders die Feststellung allgemeiner Wahlaufrufe und der Erlaß von politischen Kundgebungen ob.
Zur Führung der Geschäfte bestellt der Ausschuß einen engeren Ausschuß von höchstens 7 Mitgliedern, darunter ein Schatzmeister und ein oder mehrere Geschäftsführer.
V. Das Zentral-Komitee bestimmt, in welchem Organ die Mitteilungen desselben und des geschäftsführenden Ausschusses den Parteigenossen bekannt gemacht werden.
VI. Von Zeit zu Zeit treten Vertrauensmänner der

Partei aus dem Bereiche größerer, mehrere Reichswahlkreise umfassender Bezirke zu Provinzialparteitagen oder Landesparteitagen zusammen. Die Berufung solcher Parteitage kann durch den geschäftsführenden Ausschuß oder die von diesen Parteitagen dazu bestellten Organe geschehen. In jeder Parteiversammlung kann sich der geschäftsführende Ausschuß durch seine Mitglieder vertreten lassen. Von allen Parteiversammlungen, welche über den Bereich eines Reichswahlkreises hinausgehen, ist dem geschäftsführenden Ausschuß unter Mitteilung der vorbereiteten Anträge rechtzeitig Kenntnis zu geben. Durch die vorerwähnten Parteitage oder durch den geschäftsführenden Ausschuß mit Vorbehalt der Zustimmung des nächsten Parteitages können Geschäftsführer für den Bereich mehrerer Reichswahlkreise bestellt werden, welche den geschäftsführenden Ausschuß innerhalb dieses Bezirkes zu unterstützen haben.
VII. Die Verbindung des geschäftsführenden Ausschusses mit den einzelnen Wahlkreisen und Orten wird durch Korrespondenten vermittelt.«

In der 9jährigen Geschichte der Partei fand jedoch kein einziger Parteitag statt.
Zum Vorsitzenden des Zentralkomitees wurde F. A. SCHENK VON STAUFFENBERG gewählt, seine Stellvertreter waren A. HÄNEL und R. VIRCHOW.
Das entscheidende politische Führungs- und Organisationsgremium der Partei war der engere Ausschuß — allgemein als Siebener-Ausschuß bezeichnet —, der sich aus folgenden Politikern zusammensetzte: E. RICHTER (Vorsitzender), H. HERMES (Schatzmeister), L. PARISIUS und R. ZELLE von der ehemaligen Fortschrittspartei; H. RICKERT (Stellvertretender Vorsitzender), Th. BARTH und K. SCHRADER von den Sezessionisten.
Seit Juni 1890 war K. SCHRADER stellvertretender Vorsitzender des engeren Ausschusses.
Die neue Partei stützte sich auf die örtlichen Wahlvereine der DFP, wovon 169 im Jahre 1884 bestanden, und auf die lokalen Organisationen der LV, die allerdings weder so zahlreich noch so fest organisiert wie die der DFP waren.
Im Mai/Juni 1886 bekannten sich ca. 210 lokale Vereine zur DFsP. In Berlin bestanden neben den 6 großen Vereinen des jeweiligen Wahlkreises noch 28 Bezirksvereine.
Wie im Statut vorgesehen, fanden in einzelnen Ländern oder Provinzen Parteitage statt, die sich vornehmlich mit Fragen der Wahlvorbereitung für die Einzellandtage beschäf-

tigten und die zum Teil sog. Provinzialausschüsse wählten.
Zu einer völligen Verschmelzung der Organisationen der DFP und der LV ist es vor allem auf Grund der verschiedenen Tradition und Klassenstruktur der beiden Gruppen nie gekommen. So unterhielt Hugo HINZE bis 1887 für die ehemaligen Sezessionisten ein von der Geschäftsführung der Gesamtpartei unabhängiges Büro. Erst 1887 wurde H. HINZE Angestellter der Partei. Auch auf lokaler Ebene bestanden vielfach zwei Vereine nebeneinander.
Dieses Nebeneinander spiegelte sich auch in der freisinnigen Presse wider. Es gab eigentlich kein bedeutendes, die Gesamtpartei repräsentierendes Organ. Die »Parlamentarische Korrespondenz« der ehemaligen Fortschrittspartei erschien zwar als offizielles Parteiorgan, hatte aber kaum noch Bedeutung.
Die ehemaligen Sezessionisten bestimmten nach wie vor den Inhalt der »Liberalen Korrespondenz«. H. RICKERT gab weiterhin das seit 1881 erscheinende »Deutsche Reichsblatt« heraus, und Th. BARTH führte sein Wochenblatt »Die Nation« weiter. A. HÄNEL, der zu den rechten Kräften der Fortschrittspartei gehört hatte, ein eifriger Befürworter der Fusion war und bald völlig auf die Positionen der ehemaligen Sezessionisten überging, hatte in der »Kieler Zeitung« sein spezielles Organ. K. SCHRADER verfocht zu Beginn der 90er Jahre seine Interessen durch das »Berliner Tageblatt«, die Zeitung mit der höchsten Auflage (70 000) in Berlin. Die ehemalige Fortschrittspartei wurde zwar von verschiedenen liberalen Tageszeitungen unterstützt — so von der »Vossischen Zeitung« und teilweise auch von der Berliner »Volkszeitung« —, der Gruppe um E. RICHTER stand aber zunächst nur das seit 1882 erscheinende Wochenblatt »Der Reichsfreund« zur Verfügung. 1885 gründete E. RICHTER dann die täglich erscheinende »Freisinnige Zeitung«, »eine trockene Registratur der kapitalistischen Interessenwirtschaft«.[2] E. RICHTER wollte mit dieser Zeitung seine Position innerhalb der Partei festigen, benutzte sie aber vor allem auch als Kampfmittel gegen die sozialistische Arbeiterbewegung und gegen demokratische Kritiker der Partei. E. RICHTERS Position als offizieller Parteiführer und

als Herausgeber der Zeitung war sehr oft ein Angriffspunkt der ehemaligen Sezessionisten. Diesen persönlichen Streitereien lag die Verschiedenartigkeit der Interessen zugrunde.

Als am 6. März 1884 die neue Session des Reichstags eröffnet wurde, zogen 98 Abgeordnete der DFsP in das Reichsparlament ein (einige Abgeordnete der beiden alten Parteien hatten sich der Vereinigung nicht angeschlossen). Einige Hospitanten zugerechnet, stellte die Partei die stärkste Fraktion des Hauses. Die liberale Bourgeoisie hatte damit eine sehr starke parlamentarische Position erlangt.

Auch in den parlamentarischen Vertretungen der Einzelstaaten bestanden Fraktionen der DFsP. Im größten dieser Parlamente, im preußischen Abgeordnetenhaus, besaß die Partei 40 Mandate 1885 (1883: *DFP* 38 und *LV* 19) und 28 Mandate 1888. Für das Jahr 1886 ergab sich folgendes Bild: preußisches Abgeordnetenhaus 43, Kammer der Abgeordneten in Bayern 22; 2. Kammer des Königreichs Sachsen 16, Landtag Sachsen — Weimar-Eisenach 1, Speziallandtag Gotha 5, Speziallandtag Coburg 3, Landtag in Oldenburg 5, Provinzialrat Fürstentum Birkenfeld 2, Landtag Reuß jüngere Linie 4, Landtag Lippe-Detmold 10, Hamburger Bürgerschaft 41, Bremer Bürgerschaft 6, Lübecker Bürgerschaft 22 Mandate.

2. Das Parteiprogramm und die Stellung zur Arbeiterbewegung

In den geheimen Verhandlungen zwischen den Führern der *DFP* und der *LV* wurde folgendes Programm ausgearbeitet:[3]

»I. Entwicklung eines wahrhaft konstitutionellen Verfassungslebens in gesichertem Zusammenwirken zwischen Regierung und Volksvertretung und durch gesetzliche Organisation eines verantwortlichen Reichsministeriums.
Abwehr aller Angriffe auf die Rechte der Volksvertretung, insbesondere Aufrechterhaltung der einjährigen Finanzperiode, der jährlichen Einnahmebewilligung, der Redefreiheit.
II. Wahrung der Rechte des Volks: Erhaltung des geheimen, allgemeinen, direkten Wahlrechts; Sicherung der Wahlfreiheit, insbesondere auch durch Bewilligung von Diäten; Preß-, Versammlungs-,

Vereinsfreiheit; Gleichheit vor dem Gesetz ohne Ansehen der Person und der Partei; volle Gewissens- und Religionsfreiheit; gesetzliche Regelung des Verhältnisses zwischen dem Staate und den Religionsgesellschaften unter gleichem Rechte für alle Bekenntnisse.
III. Förderung der Volkswohlfahrt auf Grund der bestehenden Gesellschaftsordnung.
Bei voller Wahrung der Gleichberechtigung, der Selbsttätigkeit und des freien Vereinigungswesens der arbeitenden Klassen, Eintreten für alle auf Hebung derselben zielenden Bestrebungen. Bekämpfung auch des Staatssozialismus sowie der auf Bevormundung und Fesselung des Erwerbs- und Verkehrslebens der Gewerbefreiheit und Freizügigkeit gerichteten Maßregeln.
IV. Im Steuersystem Gerechtigkeit und Schonung der Volkskraft; Entlastung der notwendigen Lebensbedürfnisse; keine Zoll- und Wirtschaftspolitik im Dienste von Sonderinteressen, keine Monopole; Gesetzgebung und wirksame Aufsicht des Reiches im Eisenbahnwesen.
V. Erhaltung der vollen Wehrkraft des Volkes; volle Durchführung der allgemeinen Dienstpflicht bei möglichster Abkürzung der Dienstzeit; Feststellung der Friedenspräsenzstärke innerhalb jeder Legislaturperiode.
Dies alles zur Befestigung der nationalen Einigung Deutschlands in Treue gegen den Kaiser und auf dem verfassungsmäßigen Boden des Bundesstaates.«

Das Programm fußte teilweise auf dem Programm der *DFP* von 1878, enthielt aber vor allem in der Militärfrage (s. u.) eine wesentliche Abschwächung. Die Parteiführer hatten auf dieses Programm zurückgegriffen, um möglichst wenige Anhänger der Fortschrittspartei, die einen aktiven Kampf gegen die Bismarcksche Diktatur forderten, als Wähler zu verlieren. Die einzelnen Programmpunkte waren, wie die »Volkszeitung« am 7. März 1884 schrieb, »möglichst weit gefaßt«. Das resultierte vor allem aus der verschiedenen klassenmäßigen Zusammensetzung der beiden jetzt zusammengeschlossenen Parteien ↗ *DFP* und ↗ *LV*, deren Führer sich nicht durch ein Programm die Hände binden lassen wollten. Die Forderungen waren hauptsächlich auf die Erhaltung der verschiedenen bürgerlichen Rechte und Freiheiten gerichtet, setzten allerdings keine neuen Kampfziele und zeigten vor allem keinen Weg des aktiven Kampfes.

Von entscheidender Bedeutung mußte die Stellung der Partei zu den im Programm aufgestellten Forderungen sein. Ein konsequenter Kampf um ihre Durchsetzung hätte angesichts der zahlenmäßigen Stärke der Partei und der sich entwickelnden Krisensituation des Bonapartismus eine Veränderung der innenpolitischen Situation einleiten können. Aber gerade hier sollte sich der demagogische Charakter des Programms erweisen.

Ein entscheidendes Element der Politik der führenden Kräfte der Sezessionisten und der Fortschrittspartei war der Antisozialismus (↗ DFP). Er hatte seine klassenmäßigen Wurzeln in dem antagonistischen Gegensatz zwischen Bourgeoisie und Proletariat. Aus diesem Gegensatz entwickelte sich auf Grund der bourgeoisen Angst um den Profit der Antisozialismus der Liberalen, der in der Form von Sozialistenhetze politisch wirksam wurde. Dieser militante Antisozialismus führte dazu, daß die Parteiführer ihr eigenes Programm verrieten und ihre politische Position schwächten.

Kurz nach der Gründung der DFsP stand im Reichstag die zweite Verlängerung des Sozialistengesetzes zur Debatte. Wurde zunächst von den Sprechern der Partei das Gesetz abgelehnt, so zeigte sich doch sehr bald, daß ein Teil der ehemaligen Sezessionisten nicht gewillt war, für den Programmpunkt »Gleichheit vor dem Gesetz ohne Ansehen der Person und der Partei« einzutreten.

Die Führer der Partei hatten Angst vor einer wegen Ablehnung des Sozialistengesetzes von BISMARCK provozierten Auflösung des Reichstages und der dann folgenden Neuwahl. Auch E. RICHTER, der zunächst die Partei auf Ablehnung festzulegen suchte, beugte sich den rechten Kräften und entwarf auch noch das perfide Rezept, wie man aus der mißlichen Situation herauskommen könnte: Es wurde in geheimen Absprachen festgelegt, wieviel Abgeordnete für das Gesetz stimmen sollten und wieviel Gegner des Gesetzes »abkommandiert« werden mußten. So wurde das Sozialistengesetz mit 189:157 Stimmen verlängert; die Stimmen der »Abkommandierten« und »Jasager« aus der DFsP hätten zur Ablehnung ausgereicht. Ein solcher durch den Antisozialismus verursachter Verrat an den im Parteiprogramm formulierten Grundsätzen mußte das Vertrauen vieler Anhänger und Wähler in die

Partei erschüttern und den Linksliberalismus schwächen. Darüber hinaus trug das Einschwenken E. RICHTERS zu einer Stärkung der Positionen der ehemaligen Sezessionisten bei. So schrieb L. BAMBERGER: »Ich sprach mit Hobrecht und mit Blum (beide Nationalliberale, G. S.), um ihnen zu Gemüte zu führen, wie wenig nach diesem Erlebnis sie das Recht hätten zu befürchten, wir seien Richter in die Hände gefallen, auch gestanden mir beide zu, daß R(ichter) ganz anders gewesen sei als früher.«[4]

Der Antisozialismus hatte auch zur Folge, daß die nicht sonderlich starke Kampfkraft der liberalen Bourgeoisie gegen die reaktionäre Politik BISMARCKS direkt untergraben wurde. Abgesehen davon, daß die Führung der DFsP die antimilitaristischen und antijunkerlichen Potenzen der revolutionären Arbeiterbewegung ignorierte, zersplitterte sie durch den Kampf gegen die Sozialdemokratie ihre Kräfte. Ganz deutlich wurde das im Wahlkampf 1887, als die Parteiführung nicht ihre ganze Kraft gegen die zu einem Kartell zusammengeschlossenen reaktionären, auf BISMARCK eingeschworenen Parteien richtete, sondern eine Kampagne gegen die Sozialdemokratie einleitete und, wie E. RICHTER am 17. Februar in seiner »Freisinnigen Zeitung« schrieb, »einen großen Teil« ihrer Kräfte gegen die Sozialisten mobilisierte.

In engstem Zusammenhang mit dem Antisozialismus der freisinnigen Parteiführer stand auch die Verdrängung der kleinbürgerlich-demokratischen Kräfte aus der Partei, die in der Fortschrittspartei politisch aktiv gewirkt hatten. Ein Teil dieser Kräfte resignierte nach der Fusion, die aktivsten Kräfte gründeten 1885 die ↗ Demokratische Partei (DP). Die Führung der DFsP bekämpfte diese Kräfte vor allem deshalb, weil von ihnen ein politisches Zusammengehen der bürgerlich-oppositionellen Parteien mit der Sozialdemokratie gegen die Diktatur BISMARCKS gefordert wurde. Besonders E. RICHTER untergrub durch eine Pressekampagne die Versuche nord- und süddeutscher Demokraten, eine gesamtnationale demokratische Organisation zu schaffen. Schließlich verdrängten die großbourgeoisen Elemente der DFsP auch die Befürworter einer variablen Sozialpolitik, wie sie etwa durch R. VIRCHOW, Albert TRÄGER und Johann Friedrich Heinrich HALBEN vertreten wurde und die die Forderungen der Arbeiterklasse zum Teil anerkannten. Das war insofern bedeutsam, als dadurch der sture Antisozialismus gefestigt wurde.

Die antidemokratische Politik der Partei, besonders ihr Verhalten bei der Verlängerung des Sozialistengesetzes, war die hauptsächlichste Ursache für ihre Wahlniederlage im Oktober 1884. Sie verlor $1/3$ der Mandate und 100 000 Stimmen. Nur 67 Abgeordnete zogen in den Reichstag ein.

3. Die Stellung zum Militarismus und der Zusammenbruch der Partei

Obwohl sich schon 1884 gezeigt hatte, daß die liberale Opposition durch eine Politik des Rückzugs und der Kapitulation vor der Reakion nur verlieren konnte, setzte sich auch in der Folgezeit die auf Defensive eingestellte Strategie der großbourgeoisen Elemente in der Partei mehr und mehr durch.

Bereits vor den Wahlen von 1884 sorgte K. SCHRADER dafür, daß der Wahlaufruf der Partei von H. RICKERT ausgearbeitet wurde. Er verhinderte damit, daß die Partei »einen alt fortschrittlichen Wahlaufruf« erhielt und in die »Richtersche Richtung gedrängt« wurde, wie er schrieb.[5]

Die engem Klassenegoismus und politischer Unfähigkeit entspringende Orientierung der großbourgeoisen Elemente auf den Thronwechsel ($\nearrow LV$), der jeden Tag eintreten konnte, ließ die Parteiführung immer vorsichtiger werden. Jede politische Initiative in Richtung auf einen antibonapartistischen Kampf wurde unterdrückt. Außerparlamentarische Aktionen, wie etwa 1882 gegen das Tabakmonopol, wurden nicht in Erwägung gezogen. Die »Liberale Korrespondenz« trat im September 1885 sogar gegen eine aktive parlamentarische Politik der Partei auf und schrieb: »In liberalen Kreisen überwiegt die Überzeugung, daß seitens der liberalen Minorität in dieser Richtung bisher schon eher zuviel als zu wenig geschehen ist.«[6] Damit wurde der Regierung, insbesondere BISMARCK, die politische Initiative in jeder Hinsicht überlassen.

Die Inaktivität und grundsätzlich defensive Politik der Führung der DFsP hatte weittra-gende politische Folgen. Abgesehen davon, daß mit einer solchen Politik keine neuen Anhänger gewonnen werden konnten, gelang es den reaktionären Kräften mit Hilfe einer zielgerichteten Beeinflussung vor allem des politisch labilen Kleinbürgertums (mittlere Beamte, mittlere Intelligenz u. a.), wie sie der preußische Innenminister Robert VON PUTT-KAMER betrieb, große Teile der bisherigen Wähler des Freisinns zu gewinnen oder sie zumindest in ihrer politischen Haltung unsicher zu machen. Das zeigte sich dann sehr deutlich bei der Wahl von 1887. Einen Tiefpunkt erreichte die Kapitulationspolitik der DFsP in ihrer Stellung zum Problem des Militarismus, das mit der Militärvorlage 1886/87 in den Mittelpunkt der Diskussion gestellt wurde.

In der Militärfrage hatten die Sezessionisten bereits mit dem Programm von 1884 einen Rückzug des Linksliberalismus durchgesetzt. Hatte die Fortschrittspartei früher die jährliche Bewilligung der Friedenspräsenzstärke des Heeres durch den Reichstag gefordert, so wurde in dem Programm von 1884 nur eine einmalige Bewilligung in jeder Legislaturperiode gefordert. Auch die Forderung nach sparsamer Verwendung der Mittel für Militärfragen − damit hatte E. RICHTER große Popularität errungen − wurde in dem neuen Programm nicht erhoben. Bereits 1884 hatte A. HÄNEL, der damals die Vereinigungsverhandlungen für die Fortschrittspartei führte, geschrieben: »Stelle ich mich auf den einseitigen Standpunkt der Fortschrittspartei, so ist sie es, die die weitaus größten Opfer bringt... Sie ersetzt ein festes formuliertes Programm durch Einigungspunkte, die gerade an dem für ihre Geschichte entscheidenden Punkte (Militärfrage) einfach den Standpunkt der Sezession konzedieren.«[7]

Im Programm der DFsP wurde in den Militärfragen ein Standpunkt vertreten, der die wenigen Ansätze einer antimilitaristischen Agitation, wie sie die Politik der Fortschrittspartei geboten hatte, liquidierte.

Die systematische »Knochenerweichung« des Linksliberalismus durch die rechten Kräfte der DFsP fand ihren Höhepunkt in einem Artikel, den Th. BARTH am 1. Januar 1887 in der »Nation« veröffentlichte. Th. BARTH schrieb, daß die Opposition die Richtigkeit ihrer Ansichten nicht durch die Regierungsübernahme beweisen könne und ihr deshalb nur übrigbliebe, den Forderungen der Regierung zuzustimmen. Auf die Verhandlungen um die Militärvorlage angewandt, formulierte die »Liberale Korrespondenz« diese »Theorie« wie folgt: »Die deutschfreisinnige Partei ist von der Ansicht ausgegangen, daß eine parlamentarische Partei, welche nicht selbständig über die Mehrheit verfügt, nicht berechtigt ist, Forderungen, welche die Regierung nach ihrer Überzeugung im Sinne der Wehrkraft der Nation stellt, ganz oder zum Teil abzulehnen, da sie nicht an die Stelle der Regierung treten und die Verantwortlichkeit für ihre Beschlüsse dem Lande gegenüber übernehmen kann.«[8]

Das war nicht nur die völlige Kapitulation gegenüber den Forderungen der Militaristen, sondern auch die Bankrotterklärung der bürgerlichen Opposition im politischen System Deutschlands. Das Zurückweichen vor dem Militarismus 1886/87 hatte weittragende Folgen, wollte doch BISMARCK mit seinen ungeheuren materiellen Forderungen nicht nur eine Stärkung des Militarismus durchsetzen, sondern auch seine Diktatur festigen.

Entsprechend der von Th. BARTH ausgesprochenen Konzeption hatten die ehemaligen Sezessionisten schon seit August 1886 auf E. RICHTER eingewirkt, keine »absolute Opposition gegen jede Vermehrung der milit(ärischen) Ausgaben« zu propagieren.[9] Anfang November fanden direkte Verhandlungen zwischen L. BAMBERGER und K. SCHRADER einerseits und E. RICHTER, L. PARISIUS und H. HERMES andererseits statt, in denen E. RICHTER zum Rückzug bewogen wurde.[10] Eine weitere Verhandlung verlief dann »ganz glatt« im Sinne der Sezessionisten, wie L. BAMBERGER berichtete.[11] Die rechten Kräfte in der DFsP setzten sich durch. E. RICHTER mußte seine oppositionellen Bestrebungen zurückstellen, und die Partei bewilligte »jeden Mann und jeden Groschen«. Um nicht ganz das Gesicht zu verlieren, forderten jedoch die Freisinnigen die Bewilligung der Regierungsvorlage auf nur 3 Jahre. BISMARCK genügte das nicht, und der Reichstag wurde aufgelöst. Bei den Reichstagswahlen vom Februar 1887 erhielt die DFsP die Quittung für ihre rückgratlose Politik. Während alle Parteien, außer einigen

Splittergruppen, auf Grund der hohen Wahlbeteiligung z.T. beträchtliche Stimmengewinne zu verzeichnen hatten — die Sozialdemokratie gewann gegenüber 1884 über 200 000 Wähler —, verloren die Freisinnigen über 20 000 Wählerstimmen. Die Partei verlor 50% ihrer Mandate; nur durch die Unterstützung der Sozialdemokratie in den Stichwahlen brachte sie es auf 32 Abgeordnetensitze.

Durch diese beispiellose Wahlniederlage war die DFsP »zu einer Gruppe von einflußlosen Ideologen herabgesunken«, wie »Der Sozialdemokrat« am 11. März 1887 konstatierte. Das Aufgeben einer offensiven Politik, das Zurückweichen vor dem Militarismus — das waren die Ursachen für die faktische Zerschlagung der DFsP im Jahre 1887.

Als im Jahre 1888 der Thronwechsel erfolgte, war die »große liberale Partei« nur noch eine verlorene Illusion, und die geheime Beratertätigkeit einiger ehemaliger Sezessionisten (besonders L. BAMBERGER) am kaiserlichen Hofe gewann keine Bedeutung für die politische Entwicklung Deutschlands.

Bis zum Jahre 1890 spielte die DFsP keine entscheidende politische Rolle. Erst als sich das Ende der Diktatur BISMARCKS ankündigte, traten die freisinnigen Politiker aktiver hervor. Im Aufruf für die Reichstagswahlen von 1890 wurde auch ein schärferer Ton angeschlagen: »Der Zeitpunkt ist gekommen, den freiheitlichen Ausbau des Reiches auf Grund der gemachten Erfahrungen und mit schonender Berücksichtigung bestehender Verhältnisse, aber zielbewußter und kräftig wieder aufzunehmen.«[12]

Die Wahlen vom 20. Februar 1890 brachten der DFsP einen Erfolg, allerdings »nicht durch eigenes Verdienst«, wie die Berliner »Volkszeitung« bereits am 17. Februar 1889 vorausgesagt hatte, »sondern durch den Widerwillen des Volkes gegen das System Bismarcks ...« Die Partei zog mit 66 Abgeordneten in den neuen Reichstag ein.

Die neue politische Situation — eine neue Regierung und vor allem auch ein für die Opposition günstiger zusammengesetzter Reichstag — stellte die Partei vor die Frage, welche Politik einzuschlagen sei. Aber die Partei war von inneren Widersprüchen zerrissen.

Die großbourgeoisen Elemente — vor allem

die Vertreter der Deutschen Bank K. SCHRA-
DER, Th. BARTH, Georg VON SIEMENS und
deren Gesinnungsgenossen — versuchten nun,
mit der Regierung zusammenzuarbeiten. Die
Interessen einer solchen Institution wie der
Deutschen Bank, deren imperialistische
Machtansprüche immer stärker hervortraten,
erlaubten keine konsequente Opposition gegenüber der Regierung. Während der Bismarckschen Diktatur war es bereits sehr oft
zu Reibungen und Konflikten zwischen den
ehemaligen Sezessionisten und der Gruppe
um E. RICHTER gekommen. Diese Auseinandersetzungen nahmen häufig die Form persönlicher Streitereien an, hatten aber ihre
Wurzeln in den unterschiedlichen Klasseninteressen der Politiker. Nach 1890 brachen die Gegensätze offen aus.
So bildete der mit der weiteren Entwicklung
des Kapitalismus, insbesondere mit dem
Hervortreten imperialistischer Tendenzen,
sich verstärkende Differenzierungsprozeß
innerhalb der Bourgeoisie den Untergrund für
den Zersetzungsprozeß des Linksliberalismus.
Eine Zusammenarbeit mit der Regierung, wie
sie von den großbourgeoisen Elementen angestrebt wurde, verlangte aber einen hohen
Preis — die Zustimmung zu den enormen
militärischen Forderungen.
Die rechten Kräfte der Fraktion plädierten
daher zunächst auch für »das äußerste von
möglicher Nachgiebigkeit« in der Militärfrage.[13] E. RICHTER sah sich jedoch angesichts
der ungeheuren materiellen Forderungen des
Militarismus einerseits und der wachsenden
antimilitaristischen Stimmung breiter Volksschichten andererseits gezwungen, gegen die
Militärvorlagen zu opponieren. So war es kein
Zufall, daß nach der Konstituierung des
Zentralkomitees der DFsP am 19. Mai 1890 —
wenige Tage, nachdem eine neue Militärvorlage im Reichstag eingebracht worden war —
die rechten Kräfte der Partei einen »kleinen
Staatsstreich« organisierten. In einer kurz-
fristig angesetzten Sitzung des Dreizehner-
Ausschusses wurden nicht E. RICHTER und
H. RICKERT, sondern K. SCHRADER und
R. ZELLE zu Vorsitzenden des engeren Aus-
schusses (Siebener-Ausschuß) gewählt.
Damit sollte E. RICHTER ausgeschaltet wer-
den.
Die Stimmung in der Partei war jedoch für die

Rechten nicht günstig. Vor allem R. VIRCHOW
erhob Einspruch gegen die Wahl, und am 9.
und 10. Juni wurden die Parteiorgane neu
gewählt. E. RICHTER wurde wieder Vorsitzender des Siebener-Ausschusses und K. SCHRA-
DER sein Stellvertreter.
Die Rechten waren gezwungen, den Rückzug
anzutreten und mußten schließlich auch gegen die Militärvorlage stimmen. Aber sie versuchten immer wieder die oppositionelle Haltung der Partei abzubauen, um ihre ökonomischen Interessen durchzusetzen. So schrieb
K. SCHRADER, der 1891 mit CAPRIVI in Verbindung getreten war: »Die Regierung wird
noch manche Dinge machen, die in unserer
Linie liegen und bei welchen wir einen wichtigen Einfluß auf die Regierung gewinnen
können...«[14] Allerdings standen den Bestrebungen, die DFsP zu einem »leistungsfähigen
und zuverlässigen Bundesgenossen« der Regierung zu machen[15], die Forderungen der
Militaristen entgegen. Im Juli 1892 schrieb
L. BAMBERGER an einen Freund: »Wenn man
doch Caprivi beibringen könnte, die Militärvorlage noch ein Jahr zu vertagen, damit kein
Zankapfel zwischen uns komme.«[16] Aber die
Militärvorlage kam, und mit ihr brachen die
inneren Gegensätze der DFsP wieder auf.
Die Rechten in der Partei standen vor einer
schwierigen Situation. Sie wollten CAPRIVI,
an dessen Handelsvertragspolitik sie großes
Interesse hatten, retten, konnten aber angesichts der antimilitaristischen Aktionen des
Volkes nicht wagen, offen für die Annahme
der Militärvorlage zu stimmen. Sie versuchten, ihre Anhänger mit der Reaktion zu
schrecken. So schrieb Th. BARTH in der »Nation«: »Wir haben schon früher zum Ausdruck gebracht, daß wir den Rücktritt des
Grafen Caprivi bedauern müßten. Die Kon-
fusion würde sich erheblich steigern und der
politischen Intrige wären Tür und Tor ge-
öffnet.«[17]
Allerdings konnten die großbourgeoisen Elemente der DFsP niemanden davon überzeugen, daß die extrem militaristischen und reaktionären Kräfte mit einer Zustimmung zu
den Militarisierungsplänen gebremst werden
könnten.
Es kam zu scharfen Auseinandersetzungen
zwischen den Rechten und E. RICHTER.
E. RICHTER zeigte trotz seiner Kompromißpolitik in den vergangenen Jahren angesichts

der Militärvorlage und den von der Sozialdemokratie geführten antimilitaristischen Aktionen ein gewisses Verständnis für die neue Qualität der Aufrüstungspolitik in Deutschland. Das war kein persönliches Verdienst, sondern spiegelte nur den Widerspruch zwischen den Trägern der militaristischen Politik imperialistischer Tendenz und den Interessen breiter Schichten des Volkes wider.

Nachdem Verhandlungen der ehemaligen Sezessionisten mit CAPRIVI über einen Kompromiß, der es der gesamten DFsP ermöglichen sollte, der Militärvorlage zuzustimmen, gescheitert waren, mußte die Abstimmung im Reichstag eine Entscheidung bringen. Am 6. Mai 1893 stimmten 6 Abgeordnete des Freisinns — an ihrer Spitze der Direktor der Deutschen Bank, G. VON SIEMENS, — der Militärvorlage zu. Noch am gleichen Tage beantragte E. RICHTER den Ausschluß der 6 Abgeordneten aus der Fraktion, worüber sich die Partei spaltete. Das war das Ende der Partei. Die ehemaligen Sezessionisten und die Anhänger A. HÄNELS bildeten fortan die ↗ *Freisinnige Vereinigung (FVg)* und die Anhänger E. RICHTERS die ↗ *Freisinnige Volkspartei (FVp)*. In den nachfolgenden Reichstagswahlen wurden die Gruppen fast aufgerieben.

4. Quellen und Literatur

Wichtige archivalische Quellen zur Geschichte der DFsP befinden sich im StA Potsdam: Rep. 30, Berlin C, Tit. 94, 14 071, 14 073; Tit. 95, 15 131, 15 547 bis 15 552. Wichtiges Material, vor allem für die Politik der ehemaligen Sezessionisten, enthalten die NL im ZSt Potsdam: Ludwig Bamberger, Theodor Barth, Max Broemel, Eduard Lasker, Franz August Freiherr Schenk von Stauffenberg. Außerdem im ZStA Merseburg: NL Max von Forckenbeck.

Gedrucktes Quellenmaterial ist enthalten in: »Deutscher Liberalismus im Zeitalter Bismarcks. Eine politische Briefsammlung.« Bd. 2: »Im Neuen Reich 1871—1890« (ausgewählt und bearbeitet von Paul Wentzke, Bonn — Leipzig 1926). Parteioffizielles Material zur Organisation enthält der »Vereinskalender der Deutschen Freisinnigen

Partei zum Handgebrauch für das Jahr 1866« (Berlin 1886).

Eine marxistisch-leninistische Darstellung erfuhr die DFsP in der Monographie von Gustav Seeber.[18] Der Zusammenbruch der Partei wird auch von Ludwig Elm behandelt.[19]

Von bürgerlicher Seite ist die Geschichte der DFsP bisher nicht ausführlich untersucht worden. Eine ältere Dissertation von Adolf Rubinstein gibt nur einen Überblick.[20] Auch in der Arbeit von Heinz Edgar Matthes[21] wird trotz ausführlicherer Behandlung der Freisinnigen auf die Probleme der Klassengrundlage der Politik und die entscheidenden politischen Fragen nicht eingegangen.

Anmerkungen

1 Volkszeitung, Berlin, Nr. 56 vom 6. 3. 1884, Bl. 2.

2 Franz Mehring: Eugen Richter. In: Die Neue Zeit, 24. Jg. (1905/06), Bd. 1, S. 803.

3 Volkszeitung, Berlin, Nr. 56 vom 6. 3. 1884, Bl. 2.

4 ZStA Potsdam, NL Franz August Freiherr Schenk von Stauffenberg, Nr. 1: Brief von Ludwig Bamberger an F. A. Schenk von Stauffenberg (16. 5. 1884).

5 Ebenda, Nr. 69, Bl. 6/7: Brief von Karl Schrader an F. A. Schenk von Stauffenberg (21. 8. 1884) und Bl. 9: Brief von K. Schrader an F. A. Schenk von Stauffenberg (25. 9. 1884).

6 Volkszeitung, Berlin, Nr. 225 vom 25. 9. 1885, Bl. 1.

7 Zit. in: Felix Rachfahl: Eugen Richter und der Linksliberalismus. In: Zeitschrift für Politik, Bd. V, 1912, H. 2/3, S. 328.

8 Abgedruckt in: Volkszeitung, Berlin, Nr. 8 vom 11. 1. 1887, Bl. 2.

9 ZStA Potsdam, NL F. A. Schenk von Stauffenberg, Nr. 2, Bl. 27: Brief von L. Bamberger an F. A. Schenk von Stauffenberg (23. 8. 1886).

10 Ebenda, Bl. 28: Brief von L. Bamberger an F. A. Schenk von Stauffenberg (3. 11. 1886).

11 Ebenda, Bl. 30/31: Brief von L. Bamberger an F. A. Schenk von Stauffenberg (9. 11. 1886).

12 Deutsches Reichsblatt, Berlin, Nr. 6 vom 8. 2. 1890.

13 ZStA Potsdam, NL F. A. Schenk von Stauffenberg, Nr. 2, Bl. 94: Brief von L. Bamberger an F. A. Schenk von Stauffenberg (11. 4. 1890).

14 Ebenda, Nr. 69, Bl. 24/25: Brief von K. Schrader an F. A. Schenk von Stauffenberg (3. 4. 1891).

15 Ebenda.

16 ZStA Potsdam, NL Max Broemel, Nr. 4, Bl. 124:

Brief von L. Bamberger an M. Broemel (2.2.1892).

17 Die Nation, Berlin, Nr. 5 vom 19. 10. 1892. Siehe auch Nr. 7 vom 12. 11. 1892.

18 Gustav Seeber: Zwischen Bebel und Bismarck. Zur Geschichte des Linksliberalismus in Deutschland 1871–1893, Berlin 1965.

19 Ludwig Elm: Zwischen Fortschritt und Reaktion. Geschichte der Parteien der Liberalen Bourgeoisie in Deutschland 1893–1918, Berlin 1968.

20 Adolf Rubinstein: Die Deutsch-Freisinnige Partei bis zu ihrem Auseinanderbruch (1884–1893), phil. Diss., Basel 1935. Wegen der heute nicht mehr zugänglichen Materialien aus dem NL Albert Hänel ist wichtig: F. Rachfahl (siehe Anm. 7).

21 Heinz Edgar Matthes: Die Spaltung der Nationalliberalen Partei und die Entwicklung des Linksliberalismus bis zur Auflösung der Deutsch-Freisinnigen Partei (1878–1893). Ein Beitrag zur Geschichte der Krise des Liberalismus, phil. Diss., Kiel 1953.

Gustav Seeber

Deutsche Friedensgesellschaft (DFG) 1892–1933

Die DFG entstand als bürgerlich-demokratische pazifistische Vereinigung, deren Mitglieder aus den Mittelschichten, der Intelligenz und dem Bürgertum kamen. Sie einte das gemeinsame Streben nach einer Welt ohne Krieg und des friedlichen Zusammenlebens der Völker. Obwohl sie, durch viele pazifistische Illusionen belastet, den gesetzmäßigen Zusammenhang von Kapitalismus und Krieg, von Sozialismus und Frieden ebensowenig erkannten wie das Wesen des Imperialismus und Militarismus, führten sie dennoch einen mutigen, historisch bedeutsamen Kampf gegen diesen. In dem Maße, wie sich in der DFG vor 1914 eine Richtung entschiedener Pazifisten gegenüber den Reformpazifisten durchsetzte, konnte die DFG eine politisch wirksamere Rolle spielen. Während des ersten Weltkrieges war sie mit dem ↗ Bund Neues Vaterland (BNV) das Zentrum der bürgerlichen Antikriegsbewegung, wobei sie sich bei der Entlarvung der annexionistischen Kriegspolitik des deutschen Imperialismus besondere Verdienste erwarb. Der Sturz des monarchistisch-militaristischen Obrigkeitsstaates durch die Novemberrevolution wurde von ihr begrüßt, eine Weiterführung der Revolution jedoch abgelehnt. Enge Verbindungen entwickelten sich zu rechtsopportunistischen und zentristischen Kräften der Arbeiterbewegung sowie zu pseudoliberalen Kreisen der herrschenden Klasse. Die DFG suchte die Außenpolitik der Weimarer Republik in pazifistischem Sinne zu beeinflussen. Ihre führenden Vertreter unterstützten die auf eine schrittweise Revision des Versailler Vertrages gerichteten Bestrebungen und forderten den Eintritt Deutschlands in den Völkerbund. Der wachsende Einfluß linkspazifistischer Kräfte bewirkte, daß der Kampf gegen die militaristische Reaktion, gegen Schwarze Reichswehr und Aufrüstung immer stärker in den Mittelpunkt der Tätigkeit der DFG rückte. Bei verschiedenen antimilitaristischen Aktionen kam es zu einem zeitweiligen, begrenzten Zusammenwirken mit der KPD. Anfang der 30er Jahre verband die DFG den Kampf gegen den Militarismus mit dem Kampf gegen den drohenden Faschismus. Ihre Auseinandersetzung mit der faschistischen ↗ NSDAP und deren aggressiven Bestrebungen erfolgte jedoch weitgehend isoliert von der antifaschistischen Massenbewegung. Nach der Errichtung der faschistischen Diktatur wurden zahlreiche Mitglieder der DFG eingekerkert oder in die Emigration getrieben.

Vorsitzende bzw. geschäftsführende Vorsitzende

Anfänglich nur kurzfristig ausgeübt, u. a. von Wilhelm Julius FOERSTER; Joseph KOHLER; Richard GRELLING, Hermann HETZEL; Karl NESSLER (1896); A. SEYDEL (1895–1897); Max HIRSCH (1897–1900); Adolf RICHTER (1900–1914); Ludwig QUIDDE (1914–1929); Fritz KÜSTER (1929–1933)

Präsident

Paul FREIHERR VON SCHOENAICH (1929 bis 1933)

Stellvertretende Vorsitzende bzw. Mitvorsitzende

Otto UMFRID (1900–1917); Gustav RÜHLE (1917–1919); Hellmut VON GERLACH

(1919–1925 und 1926–1927); Helene STÖCKER (1919–1925); P. VON SCHOENAICH und Heinrich STRÖBEL (1926); F. KÜSTER (1927–1929); Albert FALKENBERG (1926–1928); Hans LANGE (1928–1929)

Schriftführer (bis 1910/11), Sekretär bzw. Generalsekretär

Wilhelm HARTMANN (1900–1911); Arthur WESTPHAL (1911–1914); Fritz RÖTTCHER (1915–1920); Georg GROSCH (1915–1919); Carl VON OSSIETZKY (1919–1920); Gerhart SEGER (1923–1928)

Mitglieder

1898	8 000	1923	17 000
1913	8 500	1924	20 000
1914	10 000	1925	25 000
1919	6 000	1926	30 000
1920	11 000	1927	25 000
1921	12 000	1930	18 000
1922	15 000	1931	14 000
		Anfang 1933	5 000

Haupt- und Generalversammlungen (ab 1930 Bundestage)[1]

12. Dezember 1893 in Berlin
 7. Dezember 1894 in Berlin
14. Juli 1895 in Berlin
28. Juni 1896 in Frankfurt (Main)
 9. Mai 1897 in Berlin
 6. März 1898 in Frankfurt (Main)
27. November 1898 in Berlin
 2. Juli 1899 in Berlin
 3. Dezember 1899 in Frankfurt (Main)
24. März 1901 in Stuttgart
23. Februar 1902 in Gotha
 8. März 1903 in Schweinfurt
20. März 1904 in Kassel
19. Februar 1905 in Mannheim
25. Februar 1906 in Frankfurt (Main)
 3. März 1907 in Eisenach
6.–7. November 1915 in Leipzig
1.–2. Dezember 1917 in Erfurt
(gemeinsam mit der ↗ Zentralstelle Völkerrecht [ZVr])
13.–15. Juni 1919 in Berlin
(gemeinsam mit der ZVr; zugleich VIII. deutscher Pazifistenkongreß)
24.–26. Oktober 1919 in Kassel
(außerordentliche Hauptversammlung)
30. September 1920 in Braunschweig
5.–6. Oktober 1921 in Bochum

5.–6. Oktober 1922 in Leipzig
6.–7. Oktober 1923 in Magdeburg
9. Oktober 1924 in Berlin
28.–30. September 1925 in Dortmund
9.–10. Oktober 1926 in Mannheim
8.–9. Oktober 1927 in Erfurt
6.–7. Oktober 1928 in Nürnberg
10. Februar 1929 in Berlin
(außerordentliche Generalversammlung)
27.–29. September 1929 in Braunschweig
5.–6. Oktober 1930 in Frankfurt (Main)
1.–4. Oktober 1931 in Trenthorst (Holstein)
14.–16. Oktober 1932 in Bruchsal

Nationale Friedens- bzw. Deutsche Pazifisten-Kongresse

I. 9.–10. Mai 1908 in Jena
II. 14.–16. Mai 1909 in Stuttgart
III. 21.–23. Mai 1910 in Wiesbaden
IV. 20. Mai 1911 in Frankfurt (Main)
V. 26.–27. Oktober 1912 in Berlin
VI. 24.–25. Mai 1913 in Mannheim
VII. 22.–24. Mai 1914 in Kaiserslautern
VIII. 13.–15. Juni 1919 in Berlin
IX. 1.–3. Oktober 1920 in Braunschweig
X. 7.–9. Oktober 1921 in Essen
XI. 2.–4. Oktober 1922 in Leipzig
XII. 7.–8. Oktober 1926 in Heidelberg

Presse- und Publikationsorgane

»Die Waffen nieder! Monatsschrift zur Förderung der Friedensbewegung«, hrsg. von Bertha VON SUTTNER, 1892–1899 in Berlin bzw. Dresden
»Monatliche Friedenskorrespondenz«, redigiert von Franz WIRTH bzw. Alfred Hermann FRIED, 1893–1899 in Frankfurt (Main) bzw. Berlin
»Die Friedens-Warte. Zeitschrift für internationale Verständigung«, hrsg. von A. H. FRIED (seit 1924 Hans WEHBERG), 1899–1945 in Berlin – Wien – Leipzig, als »Blätter für zwischenstaatliche Organisation. Ergänzungs-Hefte zur ›Friedens-Warte‹«, ab März 1915 zeitweilig in Zürich
»Friedensblätter« bzw. seit 1910 »Völker-Friede. Organ der Deutschen Friedensgesellschaft«, hrsg. von O. UMFRID, 1899–1919 in Eßlingen, als Ersatz für den verbotenen »Völker-Friede« erschien vom Januar 1916 bis Januar 1917 die von F. RÖTTCHER herausgegebene Zeitschrift »Menschen- und Völkerleben«

»Korrespondenz für internationales Leben«, als Zeitungskorrespondenz 1902 gegründet durch A. H. FRIED
»Politisch-Pazifistische Korrespondenz«, hrsg. von A. H. FRIED und B. VON SUTTNER, gegr. 1907
»Mitteilungen der Deutschen Friedensgesellschaft«, 1920–1923
»Die Menschheit«
»Der Pazifist«, 1921–1924
»Das Andere Deutschland«, 1925–1933

1. Von der Gründung der DFG bis zum Beginn der Epoche des Imperialismus

Vom 23. bis 27. Juni 1889 fanden sich in Paris die Vertreter von etwa 100 Friedensgesellschaften zum ersten Weltfriedenskongreß zusammen. Mit ihm und dem 1892 in Bern zur Koordinierung der Friedensbewegung in den einzelnen Ländern errichteten *Internationalen Friedensbüro* erreichte die internationale Friedensbewegung eine neue Stufe ihrer Entwicklung. Das geschah unter dem Eindruck der zunehmenden Gefährdung des Friedens, die besonders auch von den Rüstungen der Großmächte ausging. »Seit fünfundzwanzig Jahren«, schrieb Friedrich ENGELS 1893, »rüstet ganz Europa in bisher unerhörtem Maß. Jeder Großstaat sucht dem anderen den Rang abzugewinnen in Kriegsmacht und Kriegsbereitschaft. Deutschland, Frankreich, Rußland erschöpfen sich in Anstrengungen, eins das andere zu überbieten.« Er warnte Europa vor dem Weg in eine Sackgasse, aus der es außer »durch einen Verwüstungskrieg, wie die Welt noch keinen gesehen hat«, nur die Alternative der Abrüstung als »die Garantie des Friedens« gab.[2]
Unmittelbarer Anlaß zur Gründung der DFG am 9. November 1892 in Berlin war die von der Regierung im Reichstag im selben Monat eingebrachte Militärvorlage. Mit der in ihr vorgesehenen bedeutenden Erhöhung der Friedenspräsenzstärke des Heeres und damit auch der Rüstungskosten stieß sie in breiten Kreisen der Bevölkerung und selbst bei einigen bürgerlichen Parteien auf Widerstand. Entscheidende Anstöße zur Gründung der DFG waren weiterhin der 1890 erschienene Roman B. VON SUTTNERS »Die Waffen nie-

der!« und die von ihr herausgegebene und von A. FRIED gegründete Monatsschrift »Die Waffen nieder!«, die seit Februar 1892 erschien. Einige Monate zuvor war außerdem die *Österreichische Friedensgesellschaft* gegründet worden.
Die Gründung einer DFG wurde von zwei unabhängig voneinander wirkenden Komitees versucht. Während das eine, das u. a. aus Paul BARTH, Heinrich DOHRN und Rudolf VIRCHOW bestand, wegen politischer Differenzen seine Arbeit bald einstellte, hatte das andere Erfolg. Ihm gehörten führende bürgerliche Pazifisten wie W. J. FOERSTER, A. H. FRIED, H. HETZEL, A. RICHTER und F. WIRTH an. Letzterer hatte bereits 1886 in Frankfurt (Main) mit dem englischen Pazifisten Hodgson PRATT eine Friedensgesellschaft gegründet, die jedoch wenig hervorgetreten war. Eugen SCHLIEF, der Verfasser des gerade 1892 erschienenen, für die bürgerliche Friedensbewegung grundlegenden Werkes »Der Friede in Europa«, hatte eine Beteiligung an der Gründung abgelehnt, da ihm der Charakter der DFG als zu »allgemein und unbestimmt« und letztlich als »das Ergebnis eines gänzlich unpraktischen und verschwommenen Kosmopolitismus« erschien.[3]
Bei der Gründung der DFG waren jedoch noch nicht die Voraussetzungen vorhanden, um ihr im Sinne E. SCHLIEFS den Charakter einer rein politischen Partei zu geben, die Einfluß auf die Regierung anstreben sollte. Infolgedessen war es bürgerlichen Pazifisten der verschiedensten Richtungen möglich, sich der DFG anzuschließen. Aus humanistischen, religiösen, linksliberalen oder bürgerlich-demokratischen Motiven kämpften sie in ihr gemeinsam gegen Militarismus, Rüstungspolitik und Krieg, strebten sie nach einer friedliebenden, menschenwürdigen Gesellschaft. Dieser Kampf war außerordentlich mutig, stieß er doch auf eine Welt des Unverständnisses und des Hasses. Zugleich war er seitens derjenigen, die ihn führten, mit vielen Illusionen belastet, die sich aus ihrer klassenmäßigen Herkunft ebenso ergaben wie aus ihrer Isolierung von der revolutionären Arbeiterbewegung und ihrem Unverständnis gegenüber dem gesetzmäßigen Zusammenhang zwischen Kapitalismus und Krieg.
Der Aufruf »An das deutsche Volk«, mit dem

sich die DFG nach ihrer Gründung an die Öffentlichkeit wandte, verdeutlicht ihr Bestreben, den Krieg durch eine entsprechende Regelung der völkerrechtlichen, zwischenstaatlichen Beziehungen aus der Welt zu schaffen. Über die Ziele der DFG wurde hier u. a. festgestellt:[4]

»Sie soll einen Vereinigungspunkt für alle bilden, denen es wünschenswert erscheint, daß die aufeinander angewiesenen Staaten sich durch Verträge verpflichten, alle unter ihnen entstehenden Streitigkeiten durch internationale Schiedsgerichte zu entscheiden. Ihre Selbständigkeit und der gegenwärtige Stand ihres Besitzes soll durch diese Verträge nicht angetastet werden ...
Wir verfolgen dieses Ziel mit praktischen Mitteln, von allen diesen Mitteln ist das mächtigste die öffentliche Meinung: wenn die Zahl der Mitglieder der Friedensgesellschaften erst so groß geworden ist, daß der Ausdruck ihres Willens der Ausdruck des Volkswillens ist, dann wird keine Macht imstande sein, einen Krieg zu entfesseln, dann, und nur dann wird auch die Furcht vor dem Kriege und mit ihr die Ursache der zur unerträglichen Last gewordenen Rüstungen verschwinden, unter der Europa seufzt.«

Diese Ziele wurden auch in den folgenden Jahren von führenden Vertretern der DFG öffentlich bekräftigt.[5]
Der Aufruf hatte zum Ergebnis, daß sich der DFG mehr als 200 Mitglieder anschlossen und in Breslau, Königsberg, Konstanz, Leipzig, Siegen und Ulm Ortsgruppen gebildet wurden. Die bereits in Frankfurt (Main) und Wiesbaden bestehenden Friedensgesellschaften gingen mit der DFG ein Kartellverhältnis ein. Von den Ortsgruppen, deren Zahl sich in den folgenden Jahren beträchtlich vermehrte, wurde vielfach eine sehr rege, vorwiegend propagandistische Tätigkeit entfaltet, die vor allem auf die Gewinnung von Angehörigen der Intelligenz und hier besonders von Lehrern orientiert war. Zu den Themen, die 1896 u. a. von DFG-Ortsgruppen behandelt wurden, gehörten: »Der ewige Friede und die soziale Frage« (Berlin); »Erziehung zum Frieden« (Hamburg-Altona); »Recht oder Macht in Völkerstreitigkeiten«. Seit 1896 führte die internationale Friedensbewegung am 22. Februar einen gemeinsamen Friedenstag durch[6], an dem die DFG-Ortsgruppen Friedensfeiern veranstalteten. 1897 konnten 5 Ortsgruppen in Baden für eine Petition gegen Kriegspropaganda und Chauvinismus

im Schulunterricht und für dessen Reform insgesamt 2 000 Unterschriften sammeln.
Vielfach erfolgte die Gründung lokaler Organisationen, nachdem führende und besonders aktive Mitglieder der DFG, wie Moritz VON EGIDY, Richard FELDHAUS, Adolf HEILBERG, L. QUIDDE, A. RICHTER, Heinrich RÖSSLER, Oskar SCHWONDER, O. UMFRID und F. WIRTH, mit oft begeisternden Vorträgen den Boden vorbereitet hatten.
Der Historiker L. QUIDDE hatte sich 1893 in München der Friedensbewegung angeschlossen. Besondere Verdienste erwarb er sich mit seiner 1893 veröffentlichten Broschüre »Der Militarismus im heutigen Deutschen Reich. Eine Anklageschrift« und mit seiner glänzenden satirischen Schrift »Caligula. Eine Studie über römischen Cäsarenwahnsinn«, in der 1894 den Byzantinismus WILHELMS II. mutig anprangerte und die zu einer politischen Sensation wurde. Durch L. QUIDDE, der bald in der ↗ Deutschen Volkspartei führend hervortrat, wurden die sowieso schon engen Beziehungen zwischen dieser und der DFG noch weiter vertieft.
Für die Entwicklung der DFG, die sich nach ihrer Gründung dem Internationalen Friedensbüro in Bern angeschlossen hatte, wurde der achte Weltfriedenskongreß stimulierend, der vom 12. bis 16. August 1897 in Hamburg tagte.
Im November 1898 nahm ein Delegiertentag der DFG einen dem Delegiertentag vom 9. Mai 1897 vorgelegten und dann in den Ortsgruppen diskutierten Entwurf eines Programms der DFG an. In ihm wurde der Krieg als im Widerspruch mit »der heutigen Kulturstufe zivilisierter Nationen« erklärt und seine Beseitigung als »vom Standpunkte der Religion, der Sittlichkeit und der Volkswohlfahrt gleichmäßig geboten« und als eine »im höchsten Grade patriotische Pflicht« bezeichnet. Da eine der »Hauptwurzeln« des Krieges in den »von dem altbarbarischen Fremdenhaß stammenden Vorurteilen und Leidenschaften« gesehen wurde, spielte die Gestaltung »mannigfaltiger und inniger« Beziehungen zwischen den Völkern für die DFG eine zentrale Rolle. Ihr sollten auch die zu schaffenden Friedensinstitutionen dienen, die mit Hilfe internationaler Schiedsgerichte das Verhältnis der Nationen statt durch Gewalt durch »das Recht« bestimmen sollten. In

ihrem Programm wandte sich die DFG gegen den »bewaffnete(n) Frieden, in Wahrheit ein schleichender Krieg«, und gegen das Wettrüsten, das »am Mark der Völker zehrt und die Beseitigung sozialer Mißstände und die Erfüllung der notwendigsten Kulturaufgaben in hohem Grade erschwert«. Mitglieder der DFG konnten alle »ohne Unterschied des Geschlechts, des Standes, des Glaubens und der Partei« werden.[7] Auf der Mannheimer Generalversammlung am 19. Februar 1905 wurde ein neues Programm angenommen, das unter Einbeziehung der ersten Haager Konferenz im wesentlichen dem Programm von 1898 entsprach.[8]

Den Zielen der bürgerlichen Friedensbewegung, durch Schiedsgerichte die Anarchie in den zwischenstaatlichen Beziehungen zu beseitigen und durch eine internationale Rechtsordnung den Frieden zu sichern, schien die internationale Haager Konferenz zu entsprechen. Sie wurde 1899 unter Beteiligung von 26 Staaten durchgeführt und war ein Ausdruck dafür, daß die imperialistischen Mächte begannen, im Kampf um die Behauptung ihrer Macht auch zu pazifistischen Methoden Zuflucht zu nehmen.[9] Ein in München gegründetes Komitee koordinierte die vielfältigen Aktivitäten der DFG zur Haager Konferenz, u. a. die Kampagne für eine Petition an den Reichstag und eine in Württemberg verbreitete Sympathieerklärung, die 13 000 Unterschriften erhielt.

1898 gehörten der DFG 8 000 Mitglieder an. Sie waren in 74 Ortsgruppen organisiert, deren Wirksamkeit für die DFG bis 1914 weitaus bestimmender war als deren zentrale Gremien. Als die Leitung der DFG in Berlin faktisch zu bestehen aufhörte, war es die Stuttgarter Ortsgruppe, die 1900 »in die Bresche« trat und es ermöglichte, daß der Sitz der DFG nach Stuttgart verlegt werden konnte.[10] Württemberg, wo im Oktober 1899 der erste Landesverband der DFG gegründet wurde, war immer stärker zu ihrem territorialen Schwerpunkt geworden. Die nachstehende Aufstellung gibt einen Überblick über die Orte, in denen 1899 bzw. 1912 lokale Organisationen der DFG bestanden:[11]

Aalen (1899); Alsfeld (Hessen) (1899); Altensteig (Württemberg) (1912); Auernhafen (Bayern) (1912); Backnang (Württemberg); Baisingen (Württemberg) (1912); Balingen (Württemberg) (1912); Berlin; Biedenkopf (Hessen-Nassau); Bietigheim (Württemberg); Blaubeuren (1899); Böblingen (Württemberg) (1899); Bönnigheim (Württemberg) (1912); Breslau; Calw (Württemberg) (1912); Colmar (1912); Creglingen (Württemberg) (1912); Danzig (1912); Dresden; Dürkheim (Pfalz) (1899); Düsseldorf; Ebingen (Württemberg) (1912); Eisenach (1912); Elberfeld-Barmen (1899); Erbach (Württemberg) (1899); Erfurt (1899); Erlangen (1899); Eßlingen; Frankenthal (Pfalz); Frankfurt (Main); Freiburg (Breisgau) (1912); Freudenstadt (Württemberg) (1912); Friedrichroda (1899); Geislingen (Württemberg) (1912); Gera; Giengen (Brenz) (1899); Glogau; Görlitz; Gotha, Großbottwar (Württemberg) (1899); Hagenbüchach (Mittelfranken) (1899); Hamburg, Hanau (1899); Hannover (1912); Heckingen (Hohenzollern) (1912); Heidelberg (1912); Heidenheim (Württemberg); Heilbronn; Jena (1912); Kaiserslautern (1899); Karlsruhe (1912); Kassel (1899); Kassel-Niederzwehren (1912); Kirchheim (Taunus) (1899); Kirchheimbolanden (Bayer. Pfalz) (1899); Köln (1912); Königsberg; Königstein (Taunus) (1899); Konstanz (1899); Kornwertheim (Württemberg) (1912); Kronberg (Taunus); Künzelau (Württemberg) (1899); Laichingen (Württemberg) (1912); Laupheim (Württemberg) (1912); Leipzig (1912); Lörrach (1899); Löwenberg (Schlesien); Lübeck; Magdeburg (1899); Mainz; Mannheim; Metzingen (Württemberg); Münchaurach (Mittelfranken) (1899); München; Münsingen (Württemberg) (1899); Nagold (Württemberg) (1912); Naumburg; Neustadt-Haardt; Neustadt (Aisch) (1899); Neuwied (1912); Nürnberg; Nürtingen (1912); Offenburg (1899); Osnabrück (1912); Pforzheim; Pößneck (1899); Reinsbronn (Württemberg) (1912); Reusten (Württemberg) (1899); Reutlingen (1912); Rottweil (1912); Schmölln (1899); Schorndorf (Württemberg); Schwäbisch-Gmünd (1912); Schwäbisch-Hall; Schweinfurt; Schwenningen (1912); Siegen (1899); Sindelfingen (1899); Söflingen (1899); Sonneberg (1899); Stendal; Stettin (1912); Stuttgart; Straßburg (Elsaß) (1912); Strümpfelbach (Württemberg) (1912); Tailfingen (Württemberg) (1912); Treuen (Vogtland) (1899); Tübingen (1912); Ulm; Vaihingen (Württemberg); Waiblingen (Württemberg); Waldmannshofen (1912); Weikersheim

(Württemberg) (1912); Weinsberg (Württemberg) (1912); Wiesbaden; Winnenden (Württemberg) (1912); Zoppot (1912).

2. Die DFG in der Periode des Vorkriegsimperialismus

Die in der DFG vorhandenen starken Illusionen über den Charakter und die Ergebnisse der Haager Konferenz wichen infolge der mit dem Übergang zum Imperialismus einsetzenden Verschärfung aller Widersprüche des Kapitalismus bald der Ernüchterung. Nicht nur bei französischen, sondern auch bei deutschen Pazifisten wandelten sich infolge des Spanisch-Amerikanischen und des Transvaalkrieges Hoffnungen in »Verzweiflung«.[12] Die DFG ließ durch ihr Münchener Komitee eine Erklärung gegen den Transvaalkrieg verbreiten, die 1900 dem Reichskanzler mit 70 000 Unterschriften vorgelegt werden konnte. Während die imperialistischen Greueltaten in China von der DFG einmütig verurteilt wurden und es ihr gelang, den deutschen Militarismus wirkungsvoll anzuklagen[13], wollten einige ihrer führenden Mitglieder in der gemeinsamen Aggression der imperialistischen Mächte nicht nur einen Verteidigungskrieg, sondern auch »Lichtpunkte« sehen: »Der europäischen Armee muß notwendig ein europäischer Staatenverband auf dem Fuß folgen. Die gemeinsame Gefahr, die Erkenntnis des Vorteils eines gemeinsamen Vorgehens wird in den Kolonien wie in Europa dem Frieden dienen.«[14] Die DFG sah es nicht als ihre Aufgabe an, wie eine Feuerwehr bereits ausgebrochene Kriege zum Erlöschen zu bringen, sondern sie orientierte sich auf die Schaffung von Institutionen und Methoden wie die Schiedsverträge, »die den Ausbruch von Kriegen zu verhindern geeignet sind«[15]. Da die bürgerlichen Pazifisten jedoch nicht in der Lage waren, das Wesen der imperialistischen Politik zu erkennen, deuteten sie die Schiedsverträge, die seit 1903 zwischen den europäischen Mächten abgeschlossen wurden, als »die Entwicklung der vor sich gehenden *Organisation der Kulturgemeinschaft*«.[16] Aus den vor allem auch durch die neue Waffentechnik bedingten Umstellungen und Veränderungen im Heereswesen schluß-

folgerten sie fälschlich, daß »die Abrüstung ... en marche« sei.[17] Die zu Beginn der Epoche des Imperialismus erfolgte Verschärfung der innen- und außenpolitischen Widersprüche führte in der DFG zu einer weiteren Schwächung des Einflusses derjenigen Kräfte, die für einen mehr esoterischen Charakter der Gesellschaft waren. Statt dessen setzte sich noch mehr der Gedanke durch, die DFG »in die Arena des politischen Lebens« treten zu lassen.[18] Seit Oktober 1902 gab A. H. FRIED unter dem Titel »Korrespondenz für internationales Leben« eine von ihm redigierte Zeitungskorrespondenz heraus, die etwa 300 Zeitungen in Deutschland, Österreich und der Schweiz den honorarfreien Abdruck von Artikeln erlauben sollte. Das gleiche Ziel verfolgte die von ihm und B. VON SUTTNER ebenfalls 1907 erstmals herausgegebene   »Politisch-Pazifistische Korrespondenz«. Beide Korrespondenzen fanden jedoch bei den Redaktionen keine größere Resonanz.[19] Die DFG orientierte sich nun auch noch gezielter auf die Gewinnung von Frauen und Jugendlichen für die bürgerliche Friedensbewegung. Besonders dringend fehlten ihr für diese »Offiziere und Unteroffiziere«, die sie sich hauptsächlich aus den Kreisen der Intelligenz erhoffte.[20] Allerdings mußte sie gerade hier feststellen, daß bei deren Angehörigen zumeist Sympathien für den Pazifismus mit der Abneigung gegen dessen organisierte Form verknüpft waren.[21] Es war vor allem das Verdienst O. UMFRIDS, daß die Ideen der DFG in Theologenkreise hineingetragen und hier trotz dominierender Vorbehalte so namhafte Theologen wie P. Martin RADE gewonnen wurden.[22] Während des Russisch-Japanischen Krieges prangerte die DFG die Schrecken des Krieges an[23] und trat für dessen Beilegung durch die Anwendung der Haager Konvention ein. Die Pazifisten empörten sich über die blutigen Repressalien der zaristischen Regierung gegen die Revolution in Rußland von 1905–1907 und erkannten es auch als berechtigt an, wenn sich die Revolutionäre deshalb verteidigten. »Gewalt«, schrieb B. VON SUTTNER, »bewaffnete Gewalt ist nötig – aber nur um vor Gewalt zu schützen.«[24] Da jedoch innenpolitische Konflikte ebenso wie außenpolitische durch friedliche Übereinkünfte geregelt werden sollten, erhofften sich zwar die fortgeschrittensten Mitglieder der DFG von der Revolution den Sturz des zaristischen Despotismus. Die Versprechungen im Oktobermanifest des Zaren genügten aber auch ihnen bereits, um dieses als »die richtige, die einzig rettende Geste« zu bezeichnen.[25]

In der DFG herrschte die Auffassung vor, daß der »Krieg« zwischen den Bürgern innerhalb der Staaten im wesentlichen beseitigt sei, diese sich »bereits in einer rechtlichen Organisation« befänden und ihre Gegensätze »auf geistigem Wege und in der Regel nicht durch Gewalt« beigelegt würden.[26] Dementsprechend nahm die DFG zur sozialistischen Arbeiterbewegung eine sehr widersprüchliche Haltung ein. Sie betonte die Gemeinsamkeiten mit der proletarischen Friedensbewegung, erklärte eine Annäherung an diese für wünschenswert und hielt es am Vorabend des ersten Weltkrieges sogar für möglich, daß sie in ihrem Kampf gegen Rüstungswahnsinn, Chauvinismus und Völkerverhetzung sowie für eine »Friedensdiplomatie« und die Förderung internationaler Interessenverbände von der Sozialdemokratie »unterstützt« werden könnte.[27] Um sich über die in der Arbeiterbewegung vorhandenen Positionen zur Friedensfrage eingehender zu informieren, versandte die DFG 1906 an die freien und bürgerlichen Gewerkschaften einen ausführlichen Fragebogen.[28] Die Antwort der Generalkommission der freien Gewerkschaften kommentierte A. H. FRIED mit den für den Charakter der DFG und ihr Verhältnis zur sozialistischen Arbeiterbewegung charakteristischen Worten: »Daß der Weltfriede nur durch die Gesetze, denen der Kapitalismus unterliegt, gefährdet wird und nicht eher gesichert werden kann, ehe nicht die kapitalistische Weltordnung gestürzt und an ihre Stelle die sozialistische eingeführt worden ist, erscheint uns unrichtig.«[29]

Bei den fortgeschrittensten Mitgliedern der DFG setzte sich die Erkenntnis durch, daß jede Friedensbewegung utopisch bleiben mußte, solange sie nicht »aus dem Untergrund des Sozialismus ausreichende Kraft« ziehen konnte.[30] Maßgebliche Führer der DFG orientierten sich jedoch auf die Mittelschichten als der im Vergleich zur Arbeiterklasse angeblich einflußreicheren und bedeutenderen sozialen Kraft. Erst sie sollte es der Sozialdemokratie in Verbindung mit dem Pazifismus ermöglichen, nicht mehr einem »Schwungrad zu gleichen, dem der Transmissionsriemen fehlt; sie würde direkten Einfluß auf die Staatsmaschine nehmen können«.[31]

Allen Mitgliedern der DFG war die Auffassung gemeinsam, daß die Sozialdemokratie jedoch nur dann als Bündnispartner in Frage käme, wenn sie ihren revolutionären, marxistischen Charakter verlöre und die hinter ihr stehenden Massen für die Friedensarbeit »aus den Gefängnisbanden der marxistischen Doktrin« entließe.[32] Nur wenn sie die revisionistischen Auffassungen eines Jean JAURÈS zu den ihren mache, könne sie »das Friedenswerk, das sie bisher in Deutschland dadurch untergraben hat, daß sie den Pazifisten die Massen vorwegnahm ... ganz bedeutend fördern«[33].

Mit der vom Imperialismus heraufbeschworenen Kriegsgefahr setzte sich in der DFG zunehmend eine weitere Abwendung von einer »Propaganda ins Blaue« durch, »die den Boden der Tatsachen verachtet ..., die glaubt, alles gewonnen zu haben, wenn sie sich in Schmähungen gegen die Greuel der Schlachtfelder ergeht oder von idyllischen Schilderungen der Wohltaten des Friedens überflutet«.[34] Die Befürworter einer realistischeren, massenwirksameren Friedenspropaganda gehörten zu der Richtung entschiedener Pazifisten, die sich besonders seit 1905/06 und nach der zweiten Haager Friedenskonferenz in der DFG herausbildete. An ihrer Spitze stand A. H. FRIED, der für seinen mutigen Kampf gegen den Krieg — gleich B. VON SUTTNER 1905 — im Jahre 1911 mit dem Friedensnobelpreis ausgezeichnet wurde.

Im Gegensatz zu den »Reformpazifisten«, die sich vor allem auf den ↗ *Verband für internationale Verständigung (VIV)* orientierten, wollten die entschiedenen Pazifisten der Kriegsgefahr nicht mit den alten Losungen von der Abrüstung und den Schiedsgerichten entgegentreten, sondern sie fragten nach deren Ursachen und orientierten sich im Kampf gegen diese vor allem auf die Werbung neuer Mitglieder und Anhänger sowie auf die Erziehung zum Frieden.

Um der DFG hierfür eine größere Massenwirksamkeit zu geben und den Pazifismus »aus dem Rahmen der Vereinsangelegenheiten heraustreten und zu einer öffentlichen Sache« werden zu lassen,[35] wurden die bisherigen Generalversammlungen der DFG entsprechend dem Beispiel ausländischer Friedensgesellschaften seit 1908 als nationale Friedenskongresse durchgeführt.

Die DFG bildete ein Komitee für Propaganda unter den Studenten, das sich 1908 in Aufrufen an eine Anzahl von Universitätsprofessoren wandte, bei diesen jedoch eine sehr geringe Resonanz fand. Das gleiche Anliegen verfolgte der 1909 von der DFG-Geschäftsstelle an über 300 deutsche studentische Verbindungen und Gesellschaften versandte »Aufruf an die akademische Jugend Deutschlands«. Maßgeblich von der DFG gefördert, entstanden von 1911 bis 1913 an den Universitäten Berlin, Bonn, Freiburg, Göttingen, Heidelberg, Leipzig und München pazifistische *Internationale Studentenvereine.* Diese gründeten im Juli 1912 den *Verband der deutschen internationalen Studentenvereine,* der sich der 1898 in Turin begründeten und 1905 in Lüttich neu organisierten pazifistischen Vereinigung *Corda Fratres. Fédération internationale des Etudiants* anschloß. Großen Wert legte die DFG auch auf die Gewinnung von Lehrern. Wie hoch der Anteil von Angehörigen der Intelligenz unter ihren Mitgliedern war, verdeutlichen die Berufe von 79 DFG-Ortsgruppenvorsitzenden 1912/13. Von ihnen waren u. a. 15 Lehrer, 13 Fabrikanten, Bankiers und Kaufleute, 9 Juristen und Anwälte, 5 Pfarrer, 4 Professoren und je 2 Ärzte und Schriftsteller.[36]

Eine eigene Frauenorganisation der DFG wurde im Mai 1914 auf dem Deutschen Friedenskongreß in Kaiserslautern gegründet. Im *Frauenbund der DFG* waren zwei Richtungen wirksam: eine gemäßigtere, durch seine Vorsitzende Emilie ENDRISS verkörperte, und eine radikalere unter Frida PERLEN, die eine größere Selbständigkeit des Frauenbundes anstrebte.

Die DFG war jedoch nicht in der Lage, zu den eigentlichen Ursachen der Rüstungen und des Krieges vorzudringen. Diese bestanden für sie letztlich nur in der »internationalen Unordnung, in der Staatenanarchie«, der sie nichts anderes als die Losung »Organisiert die Welt!« entgegenzusetzen hatten.[37] Auch die fortgeschrittensten Mitglieder der DFG konnten nicht die Illusionen überwinden, die

sie sowohl von ihrer eigenen Stärke als auch von der Gefährlichkeit des deutschen Imperialismus hatten. Sie bestritten, daß die Arbeiterklasse »der einzige zuverlässige Bürge des Friedens« war und stellten das »international verquickte Kapital mit seinem Ruhebedürfnis und seiner Empfindlichkeit« als einen ebenso wichtigen Friedensfaktor hin.[38] Ihren »besten Bundesgenossen« erblickten die Pazifisten im »Wirtschaftsimperialismus«, da er für eine »immer größere Organisation der Welt« und damit eine »allmähliche Verringerung der Kriege« sorge.[39]

Über den Charakter der DFG bestanden in deren Führung unterschiedliche Auffassungen. So betonte ihr Vizepräsident O. UMFRID im Gegensatz zu L. QUIDDE »die unbedingte Parteilosigkeit unserer Anschauung«.[40] Wenn die DFG sich in ihren öffentlichen Verlautbarungen als neutral und unpolitisch bezeichnete, dann lag das einmal an ihrem berechtigten Interesse, alle friedliebenden Menschen ohne Unterschied von Geschlecht, Konfession und Weltanschauung für sich zu gewinnen. Zum anderen resultierte diese Haltung aber auch aus dem Verkennen der tatsächlichen Machtverhältnisse. Enge Beziehungen unterhielt die DFG weiterhin zur ⁊ *Deutschen Volkspartei (DtVp),* während ihr die anderen linksliberalen Parteien gleichgültig oder sogar, wie die ⁊ *Freisinnige Volkspartei (FVp),* ablehnend gegenüberstanden.[41]

Mit der zweiten Haager Friedenskonferenz 1907, dem Weltfriedenskongreß in München 1908 und einem zeitweiligen Rückgang der Kriegsgefahr 1908 wurden in der DFG Fehleinschätzungen über das tatsächliche Kräfteverhältnis und auch über die Gefahr eines Krieges genährt. Dieser wurde in Europa für »nicht mehr wahrscheinlich« und »*im Sterben*« liegend gehalten.[42]

In gleicher Weise wurde dann 1913 aus dem friedlichen Ausgang des Balkankonflikts geschlußfolgert, daß damit »für alle künftigen Konflikte das Kriegsventil verrammelt« worden sei.[43] Solchen gefährlichen Fehlurteilen entsprachen zunehmende Illusionen über den deutschen Imperialismus und seine führenden Politiker. So sollte kein anderer mehr als WILHELM II. dazu berufen sein, ein »Weltreich der auf Vernunft und Recht begründeten Föderation« zu gründen.[44] In völliger Verkennung des aggressiven, friedensfeindlichen Charakters des deutschen Imperialismus sahen die Pazifisten die Ideen der DFG »teilweise schon in das Programm der Reichsregierung aufgenommen«.[45]

Wenn auch der Wirksamkeit der DFG weiterhin enge Grenzen gesetzt blieben, so spielte sie dennoch im Kampf gegen die drohende Gefahr eines Krieges eine wichtige Rolle. Allein vom Februar bis April 1913 veröffentlichte die DFG 14 verschiedene Korrespondenzartikel, Resolutionen und Eingaben an den Reichskanzler gegen die geplante Rüstungsvorlage und das ziellose Wettrüsten. Der 100. Jahrestag der Befreiungskriege bot der DFG Anlaß zu einem Friedensappell an die Geistlichen und Hochschullehrer der evangelischen Landeskirchen. Der von 395 Theologen unterzeichnete Aufruf wandte sich gegen das »Gewaltmittel der Waffen« und forderte einen »internationalen Rechtszustand«.

Mutig kämpfte die DFG gegen die Politiker und Ideologen des ↗ Alldeutschen Verbandes (ADV), ↗ Deutschen Flotten-Vereins (DFV) und ↗ Deutschen Wehrvereins (DWV) und klagte sie vor der Welt an, »nicht nur den kriegerischen Geist« zu züchten, sondern »direkt mit der Empfehlung neuer Rüstungen, die angeblich den Frieden schützen sollen, den Krieg mit seinen Schrecken« vorzubereiten.[47] Die verstärkten Rüstungen und die wachsende Kriegsgefahr führten zu einer erhöhten Wirksamkeit der unter entscheidender Mitwirkung der DFG gegründeten Verständigungskomitees zwischen Deutschland und Großbritannien bzw. Frankreich. Unmittelbar vor dem Beginn des ersten Weltkrieges wurde weiterhin ein deutsch-russisches Freundschaftskomitee gegründet.

Die erhöhte Aktivität der DFG äußerte sich auch in einem Ansteigen der Zahl ihrer Mitglieder. Hatte diese lange Zeit stagniert, so erhöhte sie sich von 1913 bis Mai 1914 von 8500 auf 10000 Mitglieder, die in 95 bzw. 100 Ortsgruppen organisiert waren.

3. Die DFG in den Kriegsjahren 1914–1917

Wie die anderen pazifistischen Organisationen war auch die DFG von Beginn des Krieges an verschärften Unterdrückungsmaßnah-

men ausgesetzt. Öffentliche Vorträge und Versammlungen der DFG wurden verboten, ihre Publikationen waren einer schikanösen Zensur ausgesetzt. Die Verwirrung und Lähmung, die Teile der Mitglieder erfaßte, ließ eine Reihe von ihnen völlig inaktiv werden oder auch offen in das Kriegslager des deutschen Imperialismus übertreten. Zahlreiche führende Mitglieder der DFG mußten in das neutrale Ausland emigrieren.

In der Führung der DFG herrschte zunächst die Auffassung vor, »in der Haltung Rußlands ... die Gefahr für den Weltfrieden« zu sehen.[48] Durch eine rasche Beendigung des Krieges im Westen sollte »die volle Kraft nach dem Osten gegen die Unkultur« gelenkt werden, um so aus dem »Gemetzel ein neues und glückliches Europa« erstehen zu lassen.[49] In seinem »Zweiten Kriegsflugblatt« vom 15. August 1914 forderte der Vorstand jedes Mitglied dazu auf, »seine Pflichten gegenüber dem Vaterlande genau wie jeder andere Deutsche zu erfüllen« und sich »an patriotischer Hingabe« nicht übertreffen zu lassen.[50] Obwohl jedoch auch die fortgeschrittensten Mitglieder der DFG zunächst nicht über eine bloße Verneinung des Krieges hinauskamen, unterschied sich dennoch ihre Haltung grundsätzlich von der chauvinistischen Kriegsbegeisterung, wie sie damals unter den Mittelschichten und dem Bürgertum vorherrschte. Einzelne DFG-Ortsgruppen wie die in Berlin, Frankfurt (Main), Hamburg, München, Stuttgart und Wiesbaden verlangten Aktionen gegen den Krieg. Der Frauenbund der DFG rief die Frauen und vor allem die Mütter zum Protest gegen den Krieg auf und forderte dessen sofortige Beendigung in einem am 12. Oktober 1914 an den Reichskanzler gerichteten Brief F. PERLENS.

Nach den ersten Kriegsmonaten zeichneten sich in der DFG fester umrissene Positionen des Antikriegskampfes ab. So war O. UMFRID und anderen Pazifisten nicht verborgen geblieben, daß zwischen »wütender Profitgier« und außenpolitischem, zum Kriege führendem Annexionismus ein unlösbarer Zusammenhang bestand.[51] Sie sahen die »Quelle des Unglücks« im Imperialismus, den sie jedoch nur als »uferlose Weltpolitik«[52], das Ergebnis der »zwischenstaatlichen Anarchie«[53] und des Nationalismus[53], aber nicht in seinem eigentlichen Wesen verstanden.

Besonderes Augenmerk richtete die DFG darauf, die Kontakte mit den Pazifisten der kriegführenden Länder nicht abreißen zu lassen. Nach einer Beratung mit schweizerischen Pazifisten am 31. Oktober 1914 nahmen A. H. FRIED, A. HEILBERG und L. QUIDDE an der Tagung des *Internationalen Friedensbüros* am 6./7. Januar 1915 in Bern teil. Anstatt sich hier eindeutig von den Verletzungen des Völkerrechts durch den deutschen und österreichischen Imperialismus zu distanzieren, stimmten sie jedoch gegen eine Resolution, die diese deswegen verurteilte. Mit Vertretern des ↗ *Bundes Neues Vaterland (BNV)* beteiligte sich L. QUIDDE an der internationalen Konferenz, die im April 1915 in Den Haag über die Schaffung der Grundlagen eines dauernden Friedens durchgeführt wurde (↗ *BNV*). Diese Konferenz hatte die Gründung der *Zentralorganisation für einen dauernden Frieden* zum Ergebnis, deren Mindestprogramm die Geschäftsleitung der DFG àm 15. Juni 1915 zustimmte. Enge Beziehungen bestanden auch zwischen der DFG und dem auf einem internationalen Frauenkongreß Ende April 1915 in Den Haag gegründeten *Internationalen Frauenausschuß für dauernden Frieden*, dem Vorläufer der *Internationalen Frauenliga für Frieden und Freiheit*. Im Frühjahr 1915 entstand dementsprechend in Deutschland der *Deutsche Frauenausschuß für dauernden Frieden*. An den antiannexionistischen Aktionen, die seit Mai 1915 vom ↗ *BNV* ausgingen und hauptsächlich von diesem getragen wurden, hatte die DFG entscheidenden Anteil. Ihr Vorsitzender, L. QUIDDE, der zugleich im *BNV* eine führende Rolle spielte, sah in den Annexionsforderungen eine »furchtbare(n) nationale(n) Gefahr. Wir müssen alles tun, um die Gegnerschaft der vernünftigen Seite zu organisieren.«[54] Am 6./7. November 1915 führte die DFG in Leipzig mit 150 Teilnehmern aus 36 Ortsgruppen ihre Hauptversammlung durch. Auf ihr referierten L. QUIDDE über die jetzige und künftige Arbeit der DFG und O. UMFRID über ihr Verhältnis zu befreundeten Organisationen. Weiterhin standen u. a. zur Debatte: der *Frauenbund der DFG* und andere Frauenorganisationen; der ausländische Pazifismus während des Krieges. In Auseinandersetzung

mit einer von Wilhelm HERZOG und Franz PFEMFERT vertretenen Minderheit setzte sich die »realpolitische Auffassung« des Vorstandes durch, daß die DFG bei der Vertretung ihrer Ziele »auf die militärische Lage und auf die bei der Regierung, bei der Heeresleitung und bei den Massen herrschenden Vorurteile irgendwie Rücksicht zu nehmen« habe, weil sie sich sonst zur »völligen Einflußlosigkeit« verurteile.[55] Die Hauptversammlung faßte eine Reihe von Beschlüssen, die jedoch nicht veröffentlicht werden durfte. Ihre beiden politisch wichtigsten über die Friedensziele und die Aufhebung der Zensur für die Erörterung der Kriegsziele wurden dem Reichstag und dem Reichskanzler zugeleitet. In ihrem ersten Beschluß bezeichnete die DFG den Augenblick als nahe,

»in dem es möglich ist, dem gegenwärtigen schrecklichen Kriege unter Wahrung der wohlverstandenen Interessen des deutschen Volkes ein Ende zu machen. Diese wohlverstandenen Interessen fordern die dauernde Sicherung des deutschen Volkes und der übrigen zivilisierten Völker gegen die Wiederkehr eines Krieges. Der abzuschließende Friede soll die politischen, wirtschaftlichen und nationalen Interessen des deutschen Volkes sicherstellen und ihm die seiner kulturellen Bedeutung entsprechende Geltung unter den gleichberechtigten Gliedern der Völkergemeinschaft gewährleisten. Der Friede soll aber auch trotz der grenzenlosen Verbitterung, die jetzt weite Kreise der kriegführenden Staaten beherrscht, die Grundlagen für eine bleibende Rechts- und Kulturgemeinschaft der Völker erneuern und sichern. Beiden Forderungen widerspricht das trotz des Verbotes der Erörterung der Kriegsziele von manchen Seiten vertretene Verlangen von Annexionen innerhalb Europas, bei denen der Wille der Bevölkerung vergewaltigt werden soll.«

Die DFG legte der Reichsregierung nahe, öffentlich ihre Bereitschaft zu Friedensverhandlungen auf diesen Grundlagen zu erklären, »sobald und sooft sich dazu eine geeignete Gelegenheit bietet«.[56] Die anderen Beschlüsse hatten zum Inhalt: Danksagung an den Papst für seine Bemühungen um die Sache des Friedens; Protest gegen die Kriegshetze; Sympathieerklärung für alle unterdrückten und mißhandelten Völker; Jugenderziehung; Fortbestehen des

Frauenbundes der DFG; Finanzen; Versammlungspropaganda.[57]
Am 16. November 1915 fand auf Wunsch L. QUIDDES eine Unterredung zwischen ihm und dem Reichskanzler statt, in der er diesem – allerdings erfolglos – die auf der Hauptversammlung erörterten Grundpositionen der DFG darlegte.[58]
Seit dem Beginn des Krieges hatten viele, vor allem kleinere Ortsgruppen der DFG ihre Tätigkeit eingestellt. Größere, wie die in Berlin, Frankfurt (Main), Hamburg, Jena, Kassel, Leipzig, München, Stuttgart und Wiesbaden, führten mehr oder weniger regelmäßig Mitgliederversammlungen durch. Auf ihre Wirksamkeit ist es hauptsächlich zurückzuführen, daß der DFG 1914/15 etwa 1 000 neue Mitglieder beitraten.[59]
Wie gegen den ↗ *BNV* setzte seit November 1915 auch für die DFG eine Verschärfung der Verfolgungs- und Unterdrückungsmaßnahmen ein.[60] Am 17. November 1915 wurde das Organ der DFG »Der Völkerfriede«, das seit Ende 1914 einer Vorzensur unterworfen war, verboten. Nachdem L. QUIDDE am 6. März 1916 jede pazifistischen Bestrebungen dienende Tätigkeit untersagt hatte und die kurz vor Kriegsbeginn gegründete Buchhandlung der DFG am 10. April geschlossen worden war, wurde der DFG am 30. Mai 1916 jede karitative Betätigung verboten.
Die in das neutrale Ausland und vornehmlich in die Schweiz emigrierten Mitglieder der DFG wurden daraufhin noch entschiedener und zielgerichteter im Kampf für die Ziele der bürgerlichen Antikriegsbewegung wirksam.[61]
In Deutschland selbst wurde versucht, für den *BNV* und die DFG mit der seit Ende August 1916 wirksamen ↗ *ZVr* eine Nachfolgeorganisation zu schaffen, die aber bereits am 25. Januar 1917 verboten wurde.
Die Wende vom imperialistischen Krieg zum imperialistischen Frieden, wie sie sich seit der Jahreswende 1916/17 abzeichnete, bedeutete auch für die bürgerliche Antikriegsbewegung eine neue Situation. Ihr suchte eine Beratung gerecht zu werden, die Vertreter der DFG, des ↗ *BNV*, des *Nationalen Frauenausschusses für dauernden Frieden*, der *ZVr* und des ↗ *VIV* am 22. Januar 1917 in Frankfurt (Main) zusammenführte. Sie berieten über gemeinsame Aktionen im Kampf für den Frieden, besonders über eine koordinierte Herausgabe

und Verbreitung pazifistischer Schriften, die Durchführung gemeinsamer Veranstaltungen sowie über einheitliche Maßnahmen gegen die Zensur. Als Ergebnis dieser Tagung wurde dem Reichstag am 1. Juli 1917 ein umfangreiches Dokument über die Verfolgung der nichtproletarischen Kriegsgegner durch den Militärstaat vorgelegt.[62]
Der Sieg der bürgerlich-demokratischen Februarrevolution in Rußland wurde von den fortgeschrittensten Mitgliedern der DFG als »ein loderndes Menetekel, ein verheißungsvolles Zukunftsversprechen«[63] begrüßt. In einer Botschaft an die »russischen Friedensfreunde« sprach die DFG die Hoffnung aus, »wenn die Krieger aus den Schützengräben heimkehrten, werde auch Deutschland einstimmen in den Ruf nach Freiheit, Gleichheit, Brüderlichkeit, der einzelnen und der Nationen. Vergewaltigungen und Kriege werden vor dem einmütigen Willen der Völker, sich freier und friedlicher Arbeit zu widmen, zur Unmöglichkeit werden.«[64]
Die DFG rief ihre Mitglieder dazu auf, die Impulse der Februarrevolution zu nutzen, damit die »neuen Möglichkeiten friedlicher Verständigung sorgsam beachtet, durch ein entschlossenes, konsequentes Vorgehen verwertet und nicht durch eine Politik der Halbheiten verdorben« werden.[65] Im Auftrage der DFG und drei anderer pazifistischer Organisationen erarbeitete L. QUIDDE die Denkschrift »Die Friedensfrage nach der russischen Revolution«, in der sich neue, durch den revolutionären Kampf der Arbeiter und Bauern geprägte Erkenntnisse niederschlugen. Die Denkschrift forderte einen Frieden ohne Annexionen und Kontributionen mit dem »neuen freien Rußland« und eine »Erneuerung (des) inneren politischen Lebens« in dem nun zum »Hort der Reaktion« gewordenen Deutschen Reich.[65] Die zunächst als Eingabe an den Reichstag vorgesehene Denkschrift wurde dann als Broschüre gedruckt und verbreitet.
Einzelne Mitglieder begannen 1916/17 zu erkennen, daß sie in ihrem Kampf gegen den Krieg gleiche Ideale wie die von den deutschen Linken geführten revolutionären Antikriegskräfte anstrebten, und sie bekundeten das auch, indem sie sich in wichtigen Fragen des Kampfes um Frieden und Demokratie mit den deutschen Linken solidarisierten. Infolge

der durch die Wende zum imperialistischen Frieden verstärkt von den flexibleren Kreisen in der Monopolbourgeoisie und der Reichsregierung angewandten »pazifistischen« Methoden wuchsen jedoch zugleich in der DFG falsche und damit schädliche Auffassungen über die Alternative zum imperialistischen Krieg und über den zu ihr führenden Weg.

4. Der Einfluß der Oktoberrevolution und die Haltung der DFG während der Novemberrevolution 1918/19

Die Große Sozialistische Oktoberrevolution zeigte den Weg zur Beendigung des Völkermordens und schuf eine klare geschichtliche Alternative zum imperialistischen Krieg. In Sowjetrußland besaßen nunmehr alle friedliebenden Kräfte eine starke Stütze im Kampf gegen die imperialistische Aggressionspolitik und für die Sicherheit der Völker.
1917/18 fand in der DFG die Friedensinitiative des jungen Sowjetstaates große Beachtung. Viele Mitglieder begannen zu begreifen, daß zwischen ihren Friedensbestrebungen und der Friedenspolitik Sowjetrußlands enge Berührungspunkte und Gemeinsamkeiten bestanden. Sie begrüßten die im Leninschen Friedensdekret enthaltene Aufforderung an alle Völker und deren Regierungen, sofort Verhandlungen über einen gerechten, demokratischen Frieden, einen Frieden ohne Annexionen und Kontributionen, aufzunehmen wie auch die Bereitschaft der Sowjetregierung, einen derartigen Frieden unverzüglich zu unterzeichnen. Dies spiegelte sich auf der Hauptversammlung der DFG und der ZVr wider, die Anfang Dezember 1917 in Erfurt stattfand. A. HEILBERG, Vorstandsmitglied der DFG, bezeichnete in seinem Hauptreferat den Rat der Volkskommissare als »Regierung des Friedens und der Friedensverhandlungen«, der gegenüber die vorherigen Regierungen »Kriegsregierungen« gewesen seien.[68] In Eingaben an den Reichstag, auf öffentlichen Versammlungen und in Presseartikeln brachten Vertreter der DFG ihre positive Haltung zum sowjetischen Friedensvorschlag zum Ausdruck.[69] Allerdings hatten sie sich noch nicht von ihren Illusionen über die Politik der deutschen Regierung

befreien können. Sehr bald zeigte sich, daß imperialistisch-militaristische Kräfte ihr Kriegszielprogramm nicht aufgegeben hatten und umfangreiche Annexionen im Osten anstrebten.[70] Gegen diese bei den Brest-Litowsker-Friedensverhandlungen immer klarer zutage tretenden räuberischen Absichten erhob nicht nur die deutsche Arbeiterklasse leidenschaftlichen Protest, auch bürgerliche Kriegsgegner begannen, die Ziele der deutschen Imperialisten und Militaristen zu durchschauen. H. VON GERLACH bezeichnete die räuberischen Forderungen der deutschen Verhandlungsdelegation als Zumutungen, gegen die »jeder deutsche Demokrat sich erheben muß«.[71] Im Friedensprogramm der Sowjetregierung sah er »ein wahrhaft demokratisches Programm, das in der Hauptsache von den Demokraten der ganzen Welt einschließlich der deutschen unterschrieben werden konnte«.[72] Am 6. Januar und 15. Februar 1918 wandten sich die DFG und andere pazifistische Organisationen mit Eingaben an den Reichstag, in denen sie sich von der Haltung der deutschen Delegation bei den Brest-Litowsker Friedensverhandlungen distanzierten, die Annexionspolitik kritisierten und die Achtung des Selbstbestimmungsrechtes der Völker verlangten.[73] Die führenden Kreise der DFG um L. QUIDDE blieben jedoch bei diesem Protest stehen und erkannten nicht, daß es notwendig war, gemeinsam mit der Arbeiterklasse politische Aktionen einzuleiten. Auch gingen sie über eine Unterstützung der sowjetischen Friedensinitiative nicht hinaus und standen den revolutionären Maßnahmen des jungen Sowjetstaates mit großen Vorbehalten gegenüber. Erst in späteren Jahren, als sich die Sowjetmacht gefestigt hatte und der sozialistische Aufbau voranschritt, wurde der fördernde Einfluß, den die Sowjetunion bei der Annäherung pazifistischer Kräfte an die revolutionäre Arbeiterbewegung ausübte, stärker wirksam.
Die DFG hatte auf ihrer Generalversammlung in Erfurt bekräftigt, daß sie an dem Grundsatz der Völkerverständigung und eines Verständigungsfriedens festhalten wolle, und Vorstellungen für einen Friedensschluß entwickelt. Das im Januar 1918 vom USA-Präsidenten WILSON verkündete 14-Punkte-Programm, das eine imperialistische Gegen-

konzeption zur sowjetischen Friedensinitiative darstellte und — durch allgemeine Friedensphrasen verdeckt — die Kriegsziele des amerikanischen Imperialismus enthielt, löste große Hoffnungen unter den deutschen Pazifisten aus. Am 17. Februar 1918 wandten sich die DFG und andere pazifistische Organisationen in einer Eingabe an den Reichstag, in der sie sich mit einzelnen Vorschlägen WILSONS eingehend beschäftigten und vom Reichskanzler eine klare Stellungnahme verlangten.[74] Mit der Orientierung auf die Friedensvorschläge WILSONS und der Beschränkung auf Appelle an die Regierung und den Reichstag befand sich die DFG in deutlichem Gegensatz zu den revolutionären Kräften der Arbeiterklasse. Ihre Haltung diente objektiv den Absichten der Monopolbourgeoisie, den Ausweg aus dem imperialistischen Krieg in einem imperialistischen Frieden zu suchen. Verstärkt wurden die reaktionären Wesenszüge des bürgerlichen Pazifismus sichtbar. Sie bestanden darin, daß er »den Arbeitern Vertrauen zur Bourgeoisie einflößt, die imperialistischen Regierungen und die Abmachungen, die sie untereinander getroffen haben, beschönigt und die Massen von der herangereiften, durch die Ereignisse auf die Tagesordnung gestellten sozialistischen Revolution ablenkt«.[75]

Als im Frühjahr 1918 die herrschenden Kreise die zeitweiligen militärischen Erfolge der deutschen Truppen an der Westfront dazu ausnutzten, um erneut Hoffnungen auf den »Endsieg« zu wecken, widerstanden die bürgerlichen Pazifisten diesem Siegestaumel und blieben bei ihrer Forderung, einen sofortigen Frieden ohne Annexionen zu schließen. Führende Vertreter der DFG übten an der Haltung der Reichstagsmehrheit scharfe Kritik, weil diese von ihrer »Friedensresolution« vom Juli 1917 abzurücken begann. In einer von L. QUIDDE, H. VON GERLACH und H. RÖSSLER unterzeichneten Erklärung an die Vorstände der Reichstagsfraktionen des ↗ Zentrums (Z), der ↗ Fortschrittlichen Volkspartei (FoVp) und der SPD vom 10. Mai 1918 protestierte die ↗ ZVr entschieden dagegen, die Haltung zum Friedensschluß von der wechselnden Kriegslage abhängig zu machen. Gleichzeitig rief die Leitung der DFG zu öffentlichen Versammlungen und Mitgliederversammlungen auf, in denen ein

klarer Verzicht auf Annexionen gefordert werden sollte.[76] Der Aufschwung des revolutionären Antikriegskampfes der Arbeiterklasse bewirkte, daß Mitglieder der DFG immer stärker ihre Hoffnungen auf die Arbeiterklasse setzten und eine Zusammenarbeit mit deren Organisationen suchten. H. VON GERLACH, H. WEHBERG und andere bürgerliche Pazifisten gewannen die Erkenntnis, daß nur durch eine Revolution dem blutigen Völkermorden ein Ende gemacht werden könne.[77]

Führende Vertreter des DFG begrüßten den Ausbruch der Novemberrevolution, von der sie die Beseitigung des Militarismus erhofften. In einer von der Berliner Ortsgruppe am 18. November 1918 angenommenen Resolution wurde die Revolution als »erste Voraussetzung zu Weltfrieden und Völkerbund« bezeichnet und von der »Revolutionsregierung« die Fortsetzung des angebahnten Weges »zu einer wahrhaften äußeren und inneren Befreiung des deutschen Volkes und die schärfste Bekämpfung und Beseitigung jeder Art von Gewaltherrschaft und Gegenrevolution« verlangt.[78] Über den am 11. November 1918 unterzeichneten Waffenstillstandsvertrag war die DFG bitter enttäuscht. Die Geschäftsleitung trat am 15. November mit einer »Kundgebung«[79] an die Öffentlichkeit, in der sie einen Frieden forderte, wie ihn die DFG »während des ganzen Krieges unermüdlich für alle unsere Kriegsgegner vom deutschen Volke und von seiner Regierung verlangt« hätte. Sie erklärte, das neue Deutschland habe »die entschiedensten Gegner des zusammengebrochenen militärisch-monarchistischen Systems an seine Spitze gestellt«; daher könne die neue Regierung beanspruchen, »daß man auf der Grundlage gegenseitigen Vertrauens mit ihr verhandle«. Die DFG leitete eine breite Versammlungskampagne für die Herbeiführung eines »Rechtsfriedens« ein. So veranstaltete sie z. B. gemeinsam mit anderen pazifistischen Organisationen am 8. Dezember im Berliner Opernhaus eine große Kundgebung, auf der u. a. Walther SCHÜCKING und H. STÖCKER sprachen. In einer Resolution wurde erklärt, daß auf den furchtbarsten aller Kriege »ein neues Zeitalter des Völkerfriedens folgen müsse«, die Deutschland angedrohte Versklavung und Ausbeutung künf tiger Generationen aber »den Völkerbund nur zu einem Instrument der Niederhaltung Deutschlands machen« würden. Nachdrücklich verlangten die Teilnehmer »die ehrliche Durchführung von Wilsons allseitig angenommenen Bedingungen«.[80]

Große Hoffnungen setzte die DFG auf den Plan WILSONS zur Schaffung eines Völkerbundes, in dem sie eine Möglichkeit sah, alte pazifistische Ideale zu verwirklichen. Um für den deutschen Imperialismus möglichst günstige Friedensbedingungen zu erlangen, erklärten gleichzeitig auch Vertreter der herrschenden Klasse sowie rechtssozialdemokratische Führer, die sich nunmehr immer stärker pazifistischer Phrasen bedienten, ihre Bereitschaft zur Mitarbeit bei der Realisierung des Völkerbundgedankens. Sie bemühten sich hierbei um enge Verbindungen mit prominenten bürgerlichen Pazifisten und suchten diese in den Dienst der außenpolitischen Ziele des deutschen Imperialismus zu stellen. So wurden in die am 17. Dezember 1918 auf Initiative des Zentrumpolitikers ERZBERGER gegründete ↗ *Deutsche Liga für Völkerbund (DLfV)*, die mit Regierungskreisen eng zusammenarbeitete und in der zahlreiche auf eine wendig-parlamentarische Linie orientierte imperialistische Politiker mitwirkten, L. QUIDDE, W. SCHÜCKING, H. WEHBERG und andere führende Vertreter der DFG aufgenommen.[81]

Die Führung der DFG hielt an dem Grundsatz der »Neutralität« in innenpolitischen Fragen fest und trat mit offiziellen Stellungnahmen während der Novemberrevolution kaum hervor. Viele bürgerliche Pazifisten unterstützten jedoch in den Klassenauseinandersetzungen um die Weiterführung der Revolution die konterrevolutionäre Politik des »Rates der Volksbeauftragten«. So trat L. QUIDDE im provisorischen Nationalrat Bayerns, dessen Vizepräsident er war, gegen die Arbeiter- und Soldatenräte auf und bezeichnete diese als »einseitige Vertretung bestimmter Klassen des Volkes«.[82] Er forderte, Wahlen für eine Nationalversammlung und für den bayerischen Landtag abzuhalten, und wirkte in diesem Sinne auf Kurt EISNER ein. Von Hans FRANCKE wurde betont, daß der Pazifismus zwar auf sozialem Gebiet »eine Strecke weit« mit den Arbeiter- und Soldatenräten gehen könne, doch müsse er sich in »prinzipiellen

Gegensatz« zum Rätesystem stellen und an die Stelle des »Interessenkampfes« ethische Grundsätze im Sinne einer »allseitigen Gerechtigkeit« setzen.[83] Gleichzeitig traten A. H. FRIED, Friedrich Wilhelm FOERSTER und andere bürgerliche Pazifisten gegen die Politik des *Spartakusbundes* auf und verleumdeten den revolutionären Kampf des Proletariats als »Militarismus von unten«.[84] Ihre Hoffnungen setzte die DFG auf die Wahlen zur Nationalversammlung. Sie sollten der »Gesetzlosigkeit ein Ende machen« und einen »großdeutschen Freistaat als Glied der Völkergemeinschaft« errichten, wie es in einem Aufruf der Geschäftsleitung hieß. Die Mitglieder sollten dahingehend wirken, daß nur solche Kandidaten aufgestellt und gewählt würden, »die sich vorbehaltlos für die großdeutsche Republik, für den zu konstituierenden Völkerbund aussprechen«.[85] Gruppen der DFG in Württemberg schlugen vor, mit eigenen Kandidaten aufzutreten, und gründeten im Dezember 1918 eine *Deutsche Friedenspartei*. Die Mehrheit des Vorstandes sprach sich jedoch dafür aus, innerhalb der bestehenden politischen Parteien im pazifistischen Sinne zu wirken.[86] L. QUIDDE, W. SCHÜCKING und andere prominente bürgerliche Pazifisten unterstützten aktiv die ↗ *DDP*. Enge Kontakte bestanden aber auch zur *SPD* und *USPD*.

5. Veränderungen in der Struktur, Führung und Programmatik der DFG. Der Kampf gegen Nationalismus und Reaktion 1919–1923

Die DFG setzte große Erwartungen in die Weimarer Republik und hoffte, deren Außenpolitik im pazifistischen Sinne beeinflussen zu können. Viele Pazifisten erkannten nicht, daß dieser bürgerlich-parlamentarische Staat eine neue Form der imperialistischen Klassenherrschaft war und die Restauration des Militarismus bedeutete. Sie sahen in der Konstituierung der Weimarer Republik, wie L. QUIDDE erklärte, eine Umwälzung, die »so tiefgehend wie niemals eine in der deutschen Geschichte gewesen« sei.[87] »Aus einem Obrigkeit- und Machtstaat«, erklärte F. RÖTTCHER, »ist inzwischen das Deutsche Reich zu

einem Volksstaat geworden, wir haben eine wirkliche politische Demokratie und wenigstens den Versuch einer ehrlichen pazifistischen auswärtigen Politik.«[88]
Die DFG nahm in den ersten Jahren der Weimarer Republik einen beträchtlichen Aufschwung. 1919/20 konnte sie ihre Mitgliederzahl von 6000 auf 11000 erhöhen. 1922 besaß sie 15000 Mitglieder, die in 102 Ortsgruppen organisiert waren.[89] Im Unterschied zur Zeit vor dem ersten Weltkrieg spielte sie nunmehr im gesellschaftlichen Leben eine weitaus größere Rolle. Hierfür waren folgende Faktoren ausschlaggebend:
Durch den ersten Weltkrieg erhielt der bürgerliche Pazifismus neuen Auftrieb. Die Schrecken und Leiden des Krieges hatten die Friedensbestrebungen breiter Massen verstärkt und zur Ausbreitung pazifistischer Auffassungen unter allen Schichten der Bevölkerung geführt.
Die' auf eine wendig-parlamentarische Linie imperialistischer Machtausübung orientierten Kreise der Monopolbourgeoisie tarnten ihre außenpolitischen Ziele mit pazifistischen Phrasen. Sie zogen prominente bürgerliche Pazifisten, die durch ihre aufrechte Haltung während des Weltkrieges Ansehen im Ausland besaßen, zur Mitarbeit heran und unterstützten die Propagierung pazifistischer Auffassungen.
Es entwickelte sich eine enge Zusammenarbeit rechtsopportunistischer und zentristischer Kräfte in der Arbeiterbewegung mit den bürgerlichen Pazifisten. Bei der Entwicklung ihrer außenpolitischen Anschauungen stützten sich rechte Führer der SPD und USPD auf den Pazifismus. In der Arbeiterbewegung verbreiteten sie sozialpazifistische Auffassungen und versuchten mit deren Hilfe, die Arbeiterklasse vom revolutionären Kampf abzuhalten.
Diese unterschiedlichen Prozesse führten zu Veränderungen in der Struktur und Führung sowie auch in der Programmatik der DFG. Während sich die Mitgliederschaft vor dem ersten Weltkrieg fast ausschließlich aus Angehörigen nichtproletarischer Schichten zusammengesetzt hatte, gehörten ihr nun auch viele Arbeiter an, die zumeist Mitglieder der SPD oder USPD waren oder diesen Parteien nahestanden. Es gelang aber nicht, eine größere Zahl Bauern, Handwerker und andere Gewerbetreibende zu gewinnen. Nach wie vor bildeten Vertreter der Intelligenz und des Bürgertums den Kern der pazifistischen Organisationen. Sie übten auch in der Führung einen entscheidenden Einfluß aus. Parteipolitisch waren diese Kreise zumeist in der DDP organisiert (L. QUIDDE, H. VON GERLACH, W. SCHÜCKING, A. HEILBERG, Otto NUSCHKE, Harry GRAF VON KESSLER). In zunehmendem Maße nahmen aber Mitglieder der SPD und der USPD in den Vorständen wichtige Positionen ein. Auf dem Berliner Pazifistenkongreß im Juni 1919 wurde eine neue Führung der DFG gewählt, an deren Spitze nunmehr ein 3köpfiges Präsidium mit L. QUIDDE, H. VON GERLACH und H. STÖCKER stand. Dem Vorstand gehörten ferner Eduard BERNSTEIN, H. FRANCKE, A. HEILBERG, Georg Friedrich NICOLAI, O. NUSCHKE, W. SCHÜCKING, Ewald VOGTHERR und H. WEHBERG an.[91] Der Sitz des Vorstandes wurde wieder nach Berlin verlegt. In Stuttgart verblieb die Buchhandlung der DFG, die mit dem neuen Verlag »Friede durch Recht« verbunden wurde. Als Sekretäre der DFG wirkten nunmehr C. VON OSSIETZKY (Berlin) und F. RÖTTCHER (Stuttgart).
Die Neukonstituierung der DFG auf dem Berliner Pazifistenkongreß erfolgte im Rahmen einer breiten Aussprache über die Ziele und Aufgaben der Gesellschaft. G. F. NICOLAI und andere Teilnehmer kritisierten die kompromißlerische Haltung der Führung unter L. QUIDDE während des Krieges und verlangten, die DFG zu einer »radikalen Friedensorganisation« umzugestalten.[92] Viele Redner sprachen sich für eine stärkere Hinwendung zu den konkreten Fragen des Kampfes gegen Militarismus und Nationalismus aus und forderten eine engere Zusammenarbeit mit der Arbeiterschaft und deren Organisationen, womit aber zumeist nur die reformistische Arbeiterbewegung gemeint war.[93]
Der Kongreß zeigte deutlich, daß in der DFG unterschiedliche politisch-ideologische Strömungen vorhanden waren. Großen Einfluß besaß nach wie vor die auf einer bürgerlich-liberalen Grundhaltung basierende Richtung des »organisatorischen Pazifismus«, (W. SCHÜCKING, H. WEHBERG u. a.), die im Kampf um die Verhinderung von Kriegen die alten Forderungen nach Schaffung einer in-

ternationalen Rechtsordnung und nach Abrüstung in den Mittelpunkt stellen wollte. Die Vertreter dieser Richtung beschäftigten sich vorwiegend mit völkerrechtlichen Fragen und setzten ihre Hoffnungen auf die Ausgestaltung des Genfer Völkerbundes. Die durch den Weltkrieg gewonnenen Erfahrungen und Erkenntnisse hatten zur klareren Profilierung einer kleinbürgerlich-demokratischen Gruppierung geführt, die stark von sittlich-moralischen Motiven geprägt war und sich auf antimilitaristische Propaganda- und Erziehungsarbeit und den direkten Kampf gegen den Militarismus orientierte. Ihre führenden Vertreter waren 1919/20 H. STÖCKER, G. F. NICOLAI und C. VON OSSIETZKY.

In das neue Programm der DFG, das auf einer außerordentlichen Generalversammlung Ende Oktober 1919 beschlossen wurde, waren die Vorstellungen beider Richtungen aufgenommen worden. An seiner Abfassung hatte G. F. NICOLAI, der auch das Referat zur Begründung des Programms hielt, maßgeblich mitgewirkt.[94] Die Gruppe um L. QUIDDE behielt jedoch weiterhin ihre führenden Positionen in der DFG.[95]

Im neuen Programm wurde betont, daß »die Anerkennung der Heiligkeit des Rechts und des Menschenlebens« der äußeren wie der inneren Politik gemeinsam sein müsse. Es enthielt u. a. folgende Forderungen:

»Bekämpfung der Verherrlichung des Krieges in Presse und Schule, in Kirche und Familie«; »Weiterbildung der heute schon vorhandenen internationalen Rechtsorganisationen, insbesondere des Völkerbundes, zu einer Gemeinschaft der Völker, die in einem zukünftigen Weltparlament ihre Krönung findet«; »Stärkung des Völkerbundgedankens durch Verbot aller Sonderbündnisse, durch Beseitigung von Geheimdiplomatie und Geheimverträgen«; »Schaffung eines unparteiischen, obligatorischen Schiedsgerichtes zur Schlichtung aller Streitfälle zwischen den Staaten«; »Wahrung des Selbstbestimmungsrechtes der Völker«; »Schutz der nationalen Minderheiten«; »allgemeine Abschaffung der Wehrpflicht und vollständige Abrüstung aller Staaten bis auf ein zur Ausübung staatlicher und zwischenstaatlicher Polizeigewalt ausreichendes Mindestmaß«.[96]

Die Neubestimmung der Ziele und Grundsätze der DFG war eng mit Auseinandersetzungen über die Haltung zum Versailler Vertrag und zur sog. Schuldfrage verbunden. Der von den imperialistischen Siegerstaaten diktierte Friedensvertrag widersprach den Vorstellungen der DFG von einem »Rechtsfrieden« und wurde von ihr als ungerecht charakterisiert. Während die KPD aber ihren Kampf gegen den imperialistischen Raubfrieden nicht nur gegen die ausländischen Unterdrücker richtete, sondern in erster Linie gegen das deutsche Monopolkapital, das die Beschränkung der Souveränität Deutschlands durch seinen Aggressionskrieg verschuldet hatte, ließ sich die DFG von klassenindifferenten Positionen leiten. Dies ermöglichte es pseudoliberalen Kräften der herrschenden Klasse, führende Pazifisten in den Dienst ihrer Anti-Versailles-Propaganda zu stellen. So hatte L. QUIDDE als Sprecher der ↗ DDP am 12. Mai 1919 in der Nationalversammlung heftige Kritik an den Friedensbedingungen geübt und sie als »unannehmbar« bezeichnet.[97] Diese Haltung stieß jedoch auf heftigen Widerspruch bei linkspazifistischen Kräften, die ein stärkeres Auftreten gegen die von der herrschenden Klasse entfachte chauvinistische Verhetzung der Bevölkerung forderten.[98] Nach der Unterzeichnung des Versailler Vertrages am 28. Juni 1919 gab die DFG einen Aufruf heraus, in dem sie sich gegen die »Aufpeitschung der nationalen Leidenschaften« wandte und eine Revision des Friedensvertrages auf friedlichem Wege forderte.[99] Eine Revision, so betonte die DFG, sei nicht durch leere Proteste möglich, sondern nur »im Rahmen des Völkerbundes und in engster Zusammenarbeit mit den ausländischen Gesinnungsfreunden«.[100]

Bei den im Zusammenhang mit dem Versailler Vertrag geführten Diskussionen über die sog. Schuldfrage gingen die bürgerlichen Pazifisten zumeist von abstrakt-moralisierenden Positionen aus und stellten den Schuldanteil einiger prominenter Vertreter des kaiserlichen Regimes in den Vordergrund, vermochten aber nicht, zu den tieferen Ursachen des Weltkrieges vorzudringen. Starke Differenzen gab es in der DFG über das Ausmaß der Schuld Deutschlands am Ausbruch des ersten Weltkrieges.[101] Während H. VON GERLACH, A. H. FRIED, F. W. FOERSTER und G. F. NICOLAI die Auffassung vertraten, daß Deutschland die Hauptschuld trug, räumten L. QUIDDE und W. SCHÜCKING lediglich eine gewisse »Mitschuld« der deutschen Regierung ein und verlangten, zur Klärung der Schuldfrage eine überparteiliche Untersuchungskommission einzusetzen.

Die DFG trat der von den herrschenden Kreisen entfachten chauvinistischen Hetze entgegen und nahm aktiv am Kampf gegen die sich ausbreitenden Rechtskräfte teil. Sie wurde deshalb von der Reaktion verfolgt und terrorisiert. Freikorpssöldner und Angehörige nationalistischer Verbände verübten 1919/20 zahlreiche Überfälle auf Versammlungen der DFG sowie auf deren führende Repräsentanten.[102] Aus dem KAPP-Putsch zogen linkspazifistische Kräfte die Konsequenz, stärker den reaktionären Charakter der Reichswehr anzuprangern. Auf der Hauptversammlung der DFG 1921 in Bochum stellte die Berliner Ortsgruppe den Antrag, in einer Resolution die Abschaffung der Reichswehr zu verlangen. In der Begründung wurde die Reichswehr als »Herd monarchistischer, reaktionärer Bestrebungen« bezeichnet, »die Quelle ständiger Gefahr für den Bestand der Republik, eine dauernde Beunruhigung und Provokation der Arbeiterschaft und damit die Hauptursache des Bürgerkrieges« sei.[103] Obwohl sich L. QUIDDE, H. VON GERLACH und andere führende Pazifisten, die zwar ebenfalls die reaktionären Umtriebe der Reichswehr bekämpften, aber die Forderung nach »Republikanisierung der Reichswehr« als angemessen ansahen, gegen den Antrag aussprachen, wurde er mit großer Mehrheit angenommen.[104] Das Streben nach aktivem Auftreten gegen Militarismus und Krieg kam auch in den seit 1920 aus Anlaß des Jahrestages des Kriegsbeginns jährlich im Berliner Lustgarten durchgeführten Massenkundgebungen unter der Losung »Nie wieder Krieg« zum Ausdruck. Sie wurden von einem Aktionsausschuß organisiert, dem Vertreter der verschiedenen pazifistischen Organisationen angehörten. Die Initiative hierzu hatte der 1919 gegründete *Friedensbund der Kriegsteilnehmer* ergriffen, dem u. a. C. VON OSSIETZKY, Kurt TUCHOLSKY, Otto LEHMANN-RUSSBÜLDT, Karl MARMULA, Hauptmann a. D. Willy MEYER und Karl VETTER (politischer Redakteur der »Berliner Volks-Zeitung«) angehörten.[105]

L. QUIDDE, W. SCHÜCKING, H. WEHBERG und andere Führer der DFG sahen im baldigen Beitritt Deutschlands zum Völkerbund die Kernfrage der deutschen Außenpolitik. Sie ließen sich von kleinbürgerlichen Illusionen über die Möglichkeit eines friedlichen Zusammenlebens und einer Gleichheit der Nationen unter dem Kapitalismus[106] leiten und verkannten die Rolle des Völkerbundes als Instrument imperialistischer Großmächte, vornehmlich Frankreichs und Großbritanniens. Der Völkerbund wurde als bedeutsamer Fortschritt auf dem Wege zu einer weltumspannenden Rechts- und Friedensordnung, als »großartigste Schöpfung pazifistischer Natur«[107] angesehen. Bürgerliche Pazifisten unterbreiteten der Öffentlichkeit mehrfach Vorschläge zur demokratischen Ausgestaltung des Völkerbundes.[108] Nachdrücklich wurde auf dem Essener Pazifistenkongreß 1921 an die deutsche Regierung appelliert, unverzüglich die Aufnahme Deutschlands in den Völkerbund zu beantragen und dazu beizutragen, daß die bei den Alliierten vorhandenen Bedenken beseitigt würden.[109]

Die Orientierung auf den Völkerbund und auf die Aussöhnung Deutschlands mit den Entente-Staaten prägten die Haltung der DFG zu allen außenpolitischen Fragen, insbesondere auch die Stellung zu Sowjetrußland. Sie verurteilte die ausländische Intervention gegen Sowjetrußland und trat für dessen Beitritt zum Völkerbund ein. Bereits auf ihrer Hauptversammlung im Oktober 1919 in Kassel hatte sie in einer Resolution gegen »jede Einmischung in die inneren Angelegenheiten Rußlands« sowie gegen »das Eingreifen deutscher Soldaten und Offiziere« Stellung genommen.[110] Die Entwicklung der deutschsowjetischen Beziehungen fand dennoch wenig Unterstützung bei der DFG. Auch beim Abschluß des Rapallo-Vertrages 1922 verhielt sie sich zurückhaltend. Einige Pazifisten äußerten sogar Bedenken gegen den Vertrag, da er die Aufnahme Deutschlands in den Völkerbund gefährden würde.[111]

Als es infolge der provozierten Verschleppung der Reparationszahlungen durch einflußreiche Gruppen der deutschen Monopolbourgeoisie zu einer schweren Krise in den Beziehungen zwischen den imperialistischen Staaten kam und französische sowie belgische Truppen im Januar 1923 das Ruhrgebiet besetzten, durchschauten führende Vertreter der DFG weder den reaktionären, abenteuerlichen Kurs der eng mit den Monopolisten liierten CUNO-Regierung, noch erkannten sie die Erfordernisse des antiimperialistischen Volkskampfes. Auf Initiative der DFG trat das ⟋ *Deutsche Friedenskartell (DFK)* mit einer Entschließung an die Öffentlichkeit, in der es sich gegen die nationalistische Verhetzung der Bevölkerung und alle Gewaltakte wandte, gleichzeitig jedoch zur Unterstützung des von der Reichsregierung proklamierten »passiven Widerstands« aufrief. L. QUIDDE bemühte sich um enge Verbindungen zur CUNO-Regierung und gab Ratschläge, wie dem Vorgehen Frankreichs zu begegnen wäre (u. a. Vermittlung durch den Völkerbund, Untersuchung durch das Haager Schiedsgericht oder den Weltgerichtshof).[112] Er betonte, daß man die Hoffnung auf die »durchaus pazifistischen Methoden friedlichen passiven Widerstandes« setzen könne und die Regierung »vom Volke jetzt gedeckt werden« müsse.[113] Diese Haltung stimmte in vielerlei Hinsicht mit den Positionen der rechten Führer der *SPD* überein, die sich erneut − wie 1914 − auf den Boden der Burgfriedenspolitik gestellt hatten. Einige Gruppen in der DFG, deren Auffassungen und Motivationen aber sehr unterschiedlich waren, wandten sich gegen den Kurs des Vorstandes. F. W. FOERSTER und der Kreis um die Zeitschrift »Die Menschheit« bekämpften von Anfang an die CUNO-Regierung und den passiven Widerstand und richteten heftige Vorwürfe gegen L. QUIDDE, wobei sie jedoch teilweise Positionen einnahmen, die auf eine Rechtfertigung der französischen Okkupation hinausliefen.[114] Im März 1923 gaben die südwestfälische und die westdeutsche Arbeitsgemeinschaft der DFG einen Aufruf heraus, in dem sie für eine »Einheitsfront der Wahrheit und Gerechtigkeit gegen die deutschnationale und die französische imperialistische Einheitsfront des Schwindels und der gleichgearteten Ungerechtigkeit« eintraten und den Rücktritt der CUNO-Regierung verlangten.[115] Dieser Forderung schlossen sich zahlreiche Ortsgruppen sowie einige führende Pazifisten, so H. VON GERLACH und Rudolf GOLDSCHEID, an. Die Mehrheit des Vorstandes sah jedoch den Sturz CUNOS als »innenpolitisch sehr gefährlich« an und wandte sich gegen eine Annäherung an die von der *KPD* geführte antimo-

nopolistische Volksbewegung.[116] Unter dem wachsenden Druck der oppositionellen Kräfte richtete die Führung der DFG am 30. Juni 1923 ein Schreiben an den Reichskanzler, in dem sie die Notwendigkeit eines deutschen Reparationsangebotes mit »gebührender Belastung der deutschen Sachwertbesitzer« unterstrich und von der Regierung forderte, sich zu Verhandlungen über den Abbau des passiven Widerstandes bereitzuerklären.[117]
Die Terroranschläge reaktionärer nationalistischer Kräfte im Ruhrgebiet und die Ausbreitung der faschistischen Bewegung veranlaßten die DFG, von der Reichsregierung ein energisches Einschreiten zu verlangen.[118] Umstritten in der DFG war jedoch die Haltung zu den proletarischen Selbstschutzorganisationen, zu deren Bildung die *KPD* angesichts der wachsenden faschistischen Gefahr aufgerufen hatte. Während sich z. B. H. VON GERLACH sowie Vertreter der südwestfälischen Arbeitsgemeinschaft der DFG für einen bewaffneten Widerstand gegen den Faschismus aussprachen, vertraten H. VON KESSLER und H. WEHBERG den Standpunkt, daß dies mit den pazifistischen Grundsätzen unvereinbar sei und die Gefahr des Bürgerkrieges nur erhöhe. Auf einer gemeinsamen Sitzung der Geschäftsleitung der DFG und des *DFK* Ende April 1923 konnte man sich lediglich darauf einigen, daß es notwendig sei, einen unbewaffneten Saalschutz zu organisieren.[119]
Nach dem Sturz der CUNO-Regierung und der Entwicklung einer revolutionären Krise im Herbst 1923 nahm die DFG erneut zur Frage eines Bürgerkrieges Stellung. Auf ihrer Hauptversammlung Anfang Oktober 1923 in Magdeburg sprach sie sich gegen den Bürgerkrieg aus und forderte die Auflösung und Entwaffnung aller »ungesetzlichen Organisationen«. Gleichzeitig nahm sie aber gegen eine einseitige Auflösung der republikanischen und sozialistischen Abwehrorganisation Stellung und erklärte, falls es durch »die Provokationen der Gewaltpolitiker« trotzdem zu einem Bürgerkrieg komme, stehe die DFG »auf der Seite der Verteidiger der Republik«.[120] Eine breite Protestbewegung entwickelte sich in der DFG gegen das Verbot der »Menschheit«, die einen Artikel von O. LEHMANN-RUSSBÜLDT über die »Schwarze Reichswehr« veröffentlicht hatte.[121] Als die

Reaktion nach der Niederschlagung des Proletariats im Herbst 1923 einen Terrorfeldzug gegen revolutionäre Arbeiter entfachte, setzte sich die DFG für die Freilassung widerrechtlich eingekerkerter Kommunisten ein und forderte die Aufhebung des militärischen Ausnahmezustandes.[122]

6. Antimilitaristische Aktionen 1924–1929

In der Periode der relativen Stabilisierung des Kapitalismus stand der Kampf gegen die Aufrüstung im Mittelpunkt der Tätigkeit der DFG. Das von den USA und anderen imperialistischen Mächten ökonomisch und politisch geförderte Wiedererstarken des deutschen Imperialismus hatte ein bedeutendes Anwachsen der militaristischen Reaktion bewirkt. Unter dem Deckmantel einer Friedens- und Verständigungsdemagogie wurden schrittweise die Expansion des deutschen Imperialismus vorbereitet und entscheidende Grundlagen für den auf lange Sicht geplanten Revanchekrieg geschaffen. Gleich den Kommunisten stellten sich der Wiederaufrüstung zahlreiche bürgerliche Friedenskämpfer entgegen. Sie deckten bis ins einzelne die geheime Aufrüstung und deren Finanzierung, die Rolle der Schwarzen Reichswehr und die militärische Zusammenarbeit zwischen Reichswehr und militaristischen Wehrverbänden auf. Anfang Januar 1924 beteiligte sich die DFG an einer Eingabe des ↗DFK an die Reichsregierung, in der die »vertrags- und gesetzwidrige Erweiterung der Reichswehr« nachgewiesen und eine genaue Untersuchung verlangt wurde.[123] Diese Forderung war mit der Androhung eines Strafverfahrens wegen »Landesverats« und der Verhaftung L. QUIDDES beantwortet worden.[124] Auch gegen viele andere Mitglieder der DFG, so gegen F. KÜSTER, F. RÖTTCHER, G. SEGER und P. VON SCHOENAICH, wurden wegen ihres Kampfes gegen die geheime Aufrüstung auf Betreiben der Reichswehrführung »Landesverratsprozesse« bzw. ähnliche Verfahren eingeleitet. Doch die DFG ließ sich nicht einschüchtern. Unaufhörlich enthüllte sie im »Anderen Deutschland«, in der »Menschheit« und in anderen pazifistischen Presseorganen die Umtriebe der

Reichswehr. Großes Aufsehen erregte z. B. ein Artikel im »Anderen Deutschland« über ein Unglück bei einer Reichswehrübung auf der Weser, in dem nachgewiesen wurde, daß viele der Ertrunkenen »Zeitfreiwillige« waren und die Reichswehrführung weiterhin die Beschränkungen auf ein 100 000 Mann Heer umging.[125] Gemeinsam mit anderen pazifistischen Organisationen bildete die DFG einen besonderen Ausschuß, der die Tätigkeit der geheimen militärischen Organisationen und deren Ausbildung durch die Reichswehr untersuchte. Im Februar 1926 unterbreitete er dem Reichstag eine Eingabe mit umfangreichem Material, in der von den Abgeordneten eine genaue Prüfung und ein energisches Eingreifen verlangt wurden.[126]

Das Wirken der DFG, das sich oftmals mit gleichartigen Bestrebungen und Aktionen der revolutionären Arbeiterbewegung vereinte, trug dazu bei, die deutsche Aufrüstung zu verzögern und Teile der Bevölkerung im antimilitaristischen Sinne zu beeinflussen. Da die DFG die Systembedingtheit von Krieg und Militarismus verkannte, traten jedoch immer wieder Inkonsequenzen und Halbheiten auf. Vor allem vermochte sie nicht, die Friedens- und Verständigungsdemagogie der deutschen Regierung zu durchschauen, mit der die expansionistischen und aggressiven Pläne getarnt wurden. L. QUIDDE vertrat die Auffassung, daß es notwendig sei, »bei aller Kritik im einzelnen die Bekehrung zur Politik friedlicher Verständigung anzuerkennen«.[127] Die Führung der DFG unterstützte weitgehend die Außenpolitik STRESEMANNS und begrüßte die Abkommen mit den imperialistischen Westmächten als friedensfördernd. Besonders deutlich zeigte sich dies beim Abschluß des Locarnopaktes im Oktober 1925, der die Gebietsansprüche des deutschen Imperialismus in östliche Richtung lenkte und ihn fester in die internationale Antisowjetkoalition einbezog. Von der DFG wurde er hingegen als »Friedenswerk« gepriesen, das die Bahn für die Verwirklichung der Ziele des Pazifismus freimache. Ebenso feierte sie den Beitritt Deutschlands zum Völkerbund als Krönung ihres langjährigen Kampfes für den Völkerbundgedanken.[128] Allerdings äußerten Vertreter linkspazifistischer Kreise, so H. STÖCKER und Kurt HILLER, wiederholt starke Zweifel daran, daß der Völkerbund das entscheidende

Mittel zur Sicherung des Friedens sei.[129] Sie wandten sich verstärkt der Propagierung der Kriegsdienstverweigerung und des Massenstreiks zu. Ihre ablehnende Haltung zur Politik der deutschen Regierung behielt auch die »Menschheit« bei. Vornehmlich F. W. FOERSTER und Carl MERTENS übten hier scharfe Kritik an der Außenpolitik STRESEMANNS, da sie im Dienst der deutschen Aufrüstung stehe.[130] Die Gruppe um L. QUIDDE hielt aber an ihrer illusionären Vorstellung fest, daß es im Rahmen des kapitalistischen Systems, durch internationale Abkommen und die Einsicht der Staatsmänner und Regierungen, möglich sei, Krieg und Militarismus abzuschaffen. Sie orientierte sich weiterhin auf die Ausgestaltung des Völkerbundes und bemühte sich insbesondere um eine Verbesserung der Völkerbundsatzung. Diese Grundhaltung prägte auch ihren Kampf gegen die Wiederaufrüstung, in der sie eine Gefährdung der Stresemannschen »Verständigungspolitik« sah. Stets waren L. QUIDDE, W. SCHÜCKING, H. WEHBERG und andere bürgerliche Pazifisten bestrebt, ihre Kritik an Aufrüstungsmaßnahmen so zu führen, daß die Zusammenarbeit mit Regierungsstellen und den republikanischen Parteien fortgesetzt werden konnte.[131] Diese Taktik wurde jedoch innerhalb der DFG immer mehr abgelehnt.

Der westdeutsche Landesverband, dessen Sprachrohr die von F. KÜSTER herausgegebene Wochenzeitung »Das Andere Deutschland« war, ging zu einem Antimilitarismus der Tat über und nahm eine klare Frontstellung gegen die Reichswehr und gegen alle Kräfte ein, die die Militarisierung förderten. So erhob z. B. der Vertretertag des westdeutschen Landesverbandes im April 1926 scharfen Protest gegen die Bewilligung des beträchtlich erhöhten Reichswehretats durch die republikanischen Parteien. In einer Resolution forderten die Delegierten die konsequente Bekämpfung der Reichswehr als »Kern des neuen deutschen Militarismus«.[132] Die Gruppe um F. KÜSTER gewann immer stärkeren Einfluß in der Führung der DFG. Im Oktober 1927 wählte die Erfurter Generalversammlung F. KÜSTER neben L. QUIDDE und A. FALKENBERG zum gleichberechtigten Vorsitzenden und faßte gleichzeitig Beschlüsse, die der Durchsetzung der Linie F. KÜSTERS dienten und die Verbreitung des »Anderen Deutschland« in der gesamten Organisation sicherten.[133] Nachdem es zu erneuten Auseinandersetzungen zwischen den verschiedenen Richtungen gekommen war, traten schließlich L. QUIDDE, A. FALKENBERG, H. VON KESSLER und andere im Februar 1929 von der Geschäftsleitung zurück. Es kam zur Bildung einer neuen Führung mit P. VON SCHOENAICH als Präsidenten und F. KÜSTER als geschäftsführendem Vorsitzenden.[134]

Die Gruppe um F. KÜSTER bemühte sich verstärkt um die Gewinnung der Kriegsgeneration, insbesondere von Arbeitern. Sie entwickelte eine Reihe neuer Methoden der antimilitaristischen Agitation unter den Massen und war bestrebt, die DFG zu einer schlagkräftigen Organisation auszubauen. Als ein wichtiges Kampfmittel sah sie die Kriegsdienstverweigerung an und versuchte, diese zu einer Massenbewegung zu machen. Nach dem Beispiel englischer Pazifisten wurde 1927 im Zwickauer Gebiet und in Rheinland-Westfalen eine Unterschriftensammlung durchgeführt, im Rahmen derer über 220 000 Personen erklärten, sie würden im Falle eines Krieges der Regierung die Unterstützung versagen und den Kriegsdienst verweigern.[135] Wenngleich diese Bewegung auch nur begrenzt zur Friedenssicherung geeignet war und die schädliche Illusion erwecken konnte, es sei mit dem Bekenntnis »Ohne mich« bereits alles getan, so kam doch hierin in bestimmtem Umfange das aufrichtige Bemühen pazifistischer Kreise zum Ausdruck, mit hoher persönlicher Einsatzbereitschaft zur Bekämpfung des Militarismus beizutragen.

Im Kampf gegen die Reichswehr, im Eintreten für die Kriegsdienstverweigerung und in einigen anderen Fragen bestand Übereinstimmung zwischen den Kreisen um F. KÜSTER und den linkspazifistischen Kräften um H. STÖCKER und K. HILLER, die sich im Juli 1926 zu einer *Gruppe Revolutionärer Pazifisten* zusammengeschlossen hatten. Dennoch bestanden zwischen beiden Gruppierungen starke Meinungsverschiedenheiten, die ein Zusammenwirken verhinderten. Von der *Gruppe Revolutionärer Pazifisten* wurde stärker der Zusammenhang von Imperialismus und Krieg erkannt. Sie sah »eine Hauptquelle der Kriege in der kapitalistischen Gesellschaftsordnung« und nannte »jede Arbeit für den Frieden illusionär ..., die nicht zugleich Arbeit für die soziale Revolution« sei.[136] Gegensätzliche Auffassungen bestanden vornehmlich in der Stellung zur Sowjetunion. Die *Gruppe Revolutionärer Pazifisten* brachte ihr große Sympathie entgegen. Sie trat z. B. 1927 entschieden den antisowjetischen Provokationen reaktionärer Kreise Englands entgegen und setzte sich für den Schutz der Sowjetunion ein.[137] Auf die politische Linie der Gruppe um F. KÜSTER übten hingegen die ausgeprägt antisowjetischen Anschauungen F. W. FOERSTERS großen Einfluß aus. So hatte z. B. der westdeutsche Landesverband den 1926 abgeschlossenen Berliner Vertrag, in dem sich Deutschland und die UdSSR zur gegenseitigen Neutralität im Falle eines Konfliktes mit einem dritten Staat verpflichteten und der in der Öffentlichkeit breite Unterstützung fand, mit der Begründung abgelehnt, daß er »die größte Gefahrenquelle für die Entfesselung des osteuropäischen und damit eines neuen Weltkrieges« sei.[138] Die zentralen Forderungen der DFG und anderer pazifistischer Organisationen nach dauerhaftem Frieden und Abrüstung konnten nur im Bunde mit der Sowjetunion realisiert werden. Die von F. W. FOERSTER und seinen Anhängern verbreiteten antisowjetischen Parolen von der angeblichen Gefahr eines »roten Militarismus«[139] waren daher nicht nur gegen die Sowjetunion, sondern auch gegen die ureigensten Interessen der Pazifisten gerichtet.

Der von der Sowjetunion der Weltöffentlichkeit im November 1927 unterbreitete Plan zur allgemeinen und vollständigen Abrüstung führte bei vielen Mitgliedern der DFG zu neuen Einsichten über die Rolle der Sowjetunion im Friedenskampf. H. STÖCKER, P. VON SCHOENAICH u. a. begrüßten nachdrücklich den sowjetischen Vorschlag und forderten dessen Realisierung. Auch L. QUIDDE, H. VON GERLACH und H. WEHBERG beschäftigten sich ausführlich mit dem sowjetischen Abrüstungsplan; sie standen ihm aber skeptisch gegenüber und bezweifelten die Ehrlichkeit der sowjetischen Friedenspolitik. Am weitesten in dieser Hinsicht ging F. W. FOERSTER, der der Sowjetunion das moralische Recht absprach, einen Abrüstungsvorschlag zu machen.[140] Die Mehrheit der DFG sprach sich jedoch für die so-

wjetischen Vorschläge aus. In einer Mitte Juni 1928 an die Reichstagsabgeordneten der *SPD*, der *DDP* und des ⁊ *Z* gerichteten Kundgebung trat sie für »das Ziel der allgemeinen radikalen Abrüstung im Sinne der Genfer Abrüstungsvorschläge der Sowjetunion« ein und forderte, die deutsche Außenpolitik solle »den Grundgedanken der russischen Vorschläge aufnehmen, daß ein Abrüstungsvertrag mit Aussicht auf rasche Verständigung nur dann geschlossen werden kann, wenn er unter Verzicht auf die Unmasse technischer Details, ausgehend vom gegenwärtigen Stand der Rüstungen, Vereinbarungen über Fristen trifft, in denen die vollkommene Aufhebung aller Heere und Flotten erfolgt«.[141]

Immer deutlicher trat zutage, daß es im Kampf gegen die militaristische Reaktion und die Rechtskräfte objektive Gemeinsamkeiten zwischen DFG und revolutionärer Arbeiterbewegung gab. Dennoch kam es nur zu einem zeitweiligen, begrenzten Zusammenwirken, so z. B. 1926 in der von der *KPD* initiierten Volksbewegung gegen die Fürstenabfindung. In dem zur Vorbereitung und Durchführung des Volksentscheids für entschädigungslose Enteignung der Fürsten gebildeten *Kuczynski-Ausschuß* wirkte u. a. H. STÖCKER aktiv mit. Im Unterschied zur Haltung anderer pazifistischer Organisationen schloß sich aber die DFG dem Ausschuß nicht an, da in der Geschäftsleitung kein einheitlicher Standpunkt erreicht werden konnte. H. STÖCKER, K. HILLER und G. SEGER traten für die Mitwirkung ein, während sich L. QUIDDE und H. VON KESSLER mit Vorbehalten wegen der geforderten entschädigungslosen Enteignung dagegen aussprachen.[142] L. QUIDDE vertrat die Meinung, daß eine entschädigungslose Enteignung »prinzipiell vollkommen antipazifistisch« sei und im Gegensatz zur Forderung »Frieden durch Recht« stehe.[143] Die Geschäftsleitung stellte Landesverbänden und Ortsgruppen die Entscheidung frei. Gleichzeitig wurde in einer am 8. Februar 1926 beschlossenen Erklärung betont, daß die Geschäftsleitung der DFG »im Interesse der Friedensbewegung die Mittel der militaristischen und nationalistischen Reaktion nicht durch die beabsichtigte reiche Entschädigung der Fürsten gestärkt zu sehen wünscht« und sie daher allen denjenigen empfiehlt, »die den Standpunkt der Mehrheit der Geschäftsleitung teilen, sich der Bewegung für den Volksentscheid anzuschließen«.[144]

Ein erneutes Zusammenwirken ergab sich im Herbst 1928, als die *KPD* gegen den Bau des Panzerkreuzers A, mit dem eine neue Etappe in der Wiederaufrüstung begann, ein Volksbegehren einleitete. Viele Ortsgruppen der DFG veranstalteten, unmittelbar nachdem bekannt wurde, daß die sozialdemokratisch geführte Reichsregierung dem Panzerkreuzerbau zugestimmt hatte, Protestversammlungen und verurteilten den Bruch der bei den Reichstagswahlen im Mai 1928 abgegebenen Wahlversprechungen durch die *SPD* und *DDP*.[145] Der westdeutsche Landesverband forderte gleichzeitig dazu auf, »das von den Kommunisten eingeleitete Volksbegehren (zu) unterstützen«.[146] Da jedoch viele Mitglieder der *SPD* angehörten, war die Entscheidung nicht leicht, zumal auch die der Führung der DFG angehörenden Sozialdemokraten unterschiedliche Positionen einnahmen. So sprachen sich z. B. auf der Sitzung des Präsidiums am 20. September 1928 G. SEGER und H. STRÖBEL gegen, F. KÜSTER für die Unterstützung des Volksbegehrens aus.[147]

Die unterschiedlichen Standpunkte traten insbesondere in der Generalversammlung Anfang Oktober 1928 in Nürnberg hervor. Die Empfehlung G. SEGERS, sich nicht am Volksbegehren zu beteiligen, sowie ein Vorschlag R. GOLDSCHEIDS, den Mitgliedern die Einzeichnung freizustellen, wurden zurückgewiesen. Sowohl die Kräfte um F. KÜSTER als auch die Kreise um L. QUIDDE und H. VON GERLACH traten für die Unterstützung des Volksbegehrens ein. Es kam zur Annahme einer Resolution, in der alle Mitglieder aufgefordert wurden, sich für das Volksbegehren einzutragen.[148] Obgleich sich die DFG eindeutig gegen den promilitaristischen Kurs der rechten *SPD*-Führer wandte, scheute sie doch vor einer engeren Zusammenarbeit mit der *KPD* zurück. Das Präsidium der DFG forderte die Mitglieder auf, »die agitatorische Arbeit ohne organisatorische Verbindung« mit der *KPD* durchzuführen.[149]

Die antikommunistischen Vorbehalte führender Vertreter der DFG traten bei den Mai-Ereignissen 1929 erneut hervor. H. STÖCKER beantragte am 25. April 1929 im ⟋ *DFK*, dieses solle, um unnötiges Blutvergießen zu verhindern, bei den preußischen Behörden vorstellig werden und die Aufhebung des vom sozialdemokratischen Polizeipräsidenten Berlins, Karl ZÖRGIEBEL, verhängten Demonstrationsverbots für den 1. Mai fordern. F. KÜSTER und andere Pazifisten erklärten jedoch, sie könnten dem Antrag nur zustimmen, wenn gleichzeitig die Haltung der *KPD* mißbilligt würde. Die Mehrheit des Kartells lehnte dies ab. Im Ergebnis der Auseinandersetzungen, die sich durch scharfe Polemiken zwischen K. HILLER und F. KÜSTER zugespitzt hatten, erklärte schließlich die DFG am 17. Juni 1929 ihren Austritt aus dem ⟋ *DFK*.[150]

7. Im Kampf gegen den drohenden Faschismus 1929–1933

Angesichts der außerordentlichen Verschärfung der Klassenauseinandersetzungen in der Periode der Weltwirtschaftskrise wandte sich die DFG verstärkt innenpolitischen Fragen zu. Wichtige Grundlagen hierfür wurden auf der Generalversammlung Ende September 1929 in Braunschweig gelegt, die den konsequent antimilitaristischen Kurs der neuen Führung um P. VON SCHOENAICH und F. KÜSTER bestätigte und weiter ausbaute.[151] Die Generalversammlung nahm ein neues Programm[152] an, das insbesondere die Auffassungen der um das »Andere Deutschland« gruppierten linkspazifistischen Kräfte enthielt. Es wurde erklärt:

»Um den Krieg zu überwinden, ist es notwendig, seine Ursachen aufzudecken.« Hauptsächliche Ursachen für Kriege seien der Militarismus, der Nationalismus und die Wirtschaftsform. »Die bestehende Wirtschaftsform drängt mit innerer Gesetzmäßigkeit zu außenpolitischen Konflikten und bildet dadurch eine ständige Kriegsgefahr. Insbesondere führt sie zu politischer Entrechtung und wirtschaftlicher Ausbeutung des eigenen Volkes und anderer Völker (Kolonialimperialismus).« Im Programm wurde u. a. gefordert: »Abschaffung der Heere und Kriegsflotten in allen Ländern«; »Verhinderung aller Versuche illegaler Aufrüstung und Abschaffung aller Gesetzesbestimmungen, die deren Aufdeckung als Landesverrat verfolgen«; »Anerkennung des unbedingten Rechts des Einzelnen auf Verweigerung des Kriegs- und Arbeitsdienstes als eines sittlichen Grundrechtes«.

Weiterhin enthalten waren die traditionellen

Forderungen der DFG zur Völkerverständigung, zur Wahrung des Selbstbestimmungsrechtes der Völker sowie zum Ausbau der bestehenden und zur Schaffung neuer überstaatlicher Organisationen. Gegen das neue Programm traten einige Anhänger L. QUIDDES auf. Als deren Sprecher wandte sich A. HEILBERG insbesondere dagegen, den Kapitalismus »als Kriegsursache« anzusehen, sowie gegen die Aufnahme der Kriegsdienstverweigerung in das Programm.[153] Die übergroße Mehrheit der Delegierten gab dem Programm aber ihre Zustimmung (141 gegen 3 Stimmen bei 2 Enthaltungen). Wenngleich das Programm eine Reihe Unzulänglichkeiten aufwies, z. B. die Herausstellung rein ethischer Prinzipien und die ungenügende Berücksichtigung des Imperialismus als internationale Erscheinung, so stellte es dennoch mit seiner Orientierung auf den Kampf gegen die bestehenden gesellschaftlichen Verhältnisse einen bedeutenden Fortschritt in der Entwicklung der DFG dar.

Die DFG verband immer stärker den Kampf gegen Militarismus und Aufrüstung mit dem Kampf gegen den Faschismus. Unter der Losung »Stahlhelm und Hakenkreuz sind Deutschlands Untergang« führte sie 1930 zahlreiche Massenveranstaltungen durch, auf denen F. KÜSTER, P. von SCHOENAICH, Heinz KRASCHUTZKI und andere den reaktionären Charakter der NSDAP entlarvten und sich mit der faschistischen Ideologie auseinandersetzten.[154] Bei dieser breiten Versammlungskampagne bewährte sich die neugeschaffene straffe Organisation der DFG. Eine wichtige Rolle im antifaschistischen Kampf spielte insbesondere das »Andere Deutschland«.

Auf dem Bundestag Anfang Oktober 1930 in Frankfurt (Main) wurde in einer Entschließung festgelegt, daß es »die Hauptaufgabe aller Pazifisten und entschiedenen Republikaner ist, Faschismus und Militarismus auf das schärfste zu bekämpfen« und hierzu das »einmütige Zusammenstehen aller Pazifisten in einer geschlossenen Einheitsfront« erforderlich sei.[155] Als besonders wichtig sah die DFG die »engste Zusammenarbeit mit der Arbeiterschaft« an, wie P. VON SCHOENAICH in seiner Eröffnungsrede betont hatte.[156] Hiervon zeugte auch die Übernahme des Hauptreferats zum Thema »Die Arbeiterbewegung und der Weltfriede« durch den

Sekretär des *Internationalen Transportarbeiterverbandes* Edo FIMMEN (Niederlande). Er setzte sich von sozialistischen Positionen aus mit dem Genfer Völkerbund auseinander und erklärte, es sei unmöglich, den Krieg ohne Änderung der Gesellschaftsordnung zu überwinden. Seine Orientierung auf die »aktive Kriegsbekämpfung« und die Bereitschaft zur »revolutionären Aktion« fand die Zustimmung der Delegierten. Auf Beschluß des Vorstandes wurde sein Referat in der gesamten Organisation verbreitet.[157]

Die DFG wandte sich gegen die Notverordnungsdiktatur BRÜNINGS[158] und kämpfte aktiv gegen dessen forcierte Aufrüstungspolitik. Nachdrücklich wies sie die Öffentlichkeit auf die ständige Erhöhung des Reichswehretats hin und rief zu »entschlossenem Kampf gegen den neudeutschen Militarismus und seine Steigbügelhalter in den Parteien« auf.[159] Eine besonders wichtige Rolle spielte hierbei die propagandistische Arbeit gegen das Flottenbauprogramm und den Bau des Panzerkreuzers B.[160]

Im Kampf gegen den sozialreaktionären Kurs der BRÜNING-Regierung und gegen die Aufrüstungspolitik bestanden weitgehende Übereinstimmungen mit der KPD.[161] Viele aufrechte Pazifisten sahen in ihr die »einzig zuverlässige Oppositionspartei«.[162] Dennoch waren die antikommunistischen Vorbehalte noch so groß, daß es zu keinem engeren Zusammenschluß kam. Völlig verkannt wurden von der Gruppe um F. KÜSTER die im Programm der KPD zur nationalen und sozialen Befreiung enthaltenen Ziele. Sie warf der KPD vor, »nationalistisch« geworden zu sein und erklärte, daß nunmehr nur noch die DFG die einzige Kraft sei, die sich »ohne Vorbehalte zum internationalen Gedanken« bekenne.[163]

Mit dem voranschreitenden Faschisierungsprozeß verstärkten sich Unterdrückung und Terror gegen bürgerliche Friedenskämpfer, die sich der Reaktion entgegenstellten. Symptomatisch hierfür war der großangelegte »Weltbühne-Prozeß«, in dem C. VON OSSIETZKY wegen »Landesverrat« im November 1931 zu einer Gefängnishaft von 18 Monaten verurteilt wurde.[164] Von den Unterdrückungsmaßnahmen, mit denen Staatsapparat und Justiz gegen alle fortschrittlichen Kräfte vorgingen, wurde in zunehmendem

Maße auch die DFG betroffen. Immer häufiger erließen die Behörden Verbote gegen das »Andere Deutschland« und andere pazifistische Zeitungen. In die Verleumdungskampagne gegen die DFG schaltete sich sogar der Reichspräsident HINDENBURG persönlich ein. Gestützt auf einen Hetzartikel der »Kreuz-Zeitung« vom 9. März 1931, verlangte er von BRÜNING, gegen die DFG energische Maßnahmen zu ergreifen.[165] Der Reichswehrminister Wilhelm GROENER ließ mit ausdrücklicher Zustimmung BRÜNINGS am 29. November 1931 in der »Deutschen Allgemeinen Zeitung« einen Artikel unter der Schlagzeile »Staatsverleumdung« veröffentlichen, in dem er die Pazifisten wegen ihres Kampfes gegen die geheime Aufrüstung des Landesverrats beschuldigte und üble Schmähungen gegen P. VON SCHOENAICH, O. LEHMANN-RUSSBÜLDT und andere Antimilitaristen richtete. Protestbriefe P. VON SCHOENAICHS, die dieser daraufhin als Präsident der DFG an BRÜNING richtete, blieben unbeantwortet.[166] Bei ihrer Hetzpropaganda gegen die Pazifisten nutzten die reaktionären Kräfte die Differenzen innerhalb der DFG aus. Nach dem auf Betreiben F. KÜSTERS erfolgten Ausschluß K. HILLERS aus der DFG war dieser Anfang 1930 mit seiner Behauptung, die DFG und andere pazifistische Organisationen hätten finanzielle Zuwendungen aus Frankreich und der Tschechoslowakei erhalten, an die Öffentlichkeit getreten. Die reaktionäre Presse von der »Berliner Börsenzeitung« bis zum »Völkischen Beobachter« griff diese »Enthüllungen« auf und entfachte eine regelrechte Kampagne gegen die Pazifisten[167], boten sie doch die Möglichkeit, der antimilitaristischen Propaganda der DFG entgegenzuwirken und diese als »national unzuverlässig« und unglaubwürdig hinzustellen. Die breite Pressekampagne 1930/31 über die »Pazifistenaffäre«, die immer wieder durch gegenseitige Beschuldigungen von K. HILLER und F. KÜSTER, Gerichtsprozesse F. KÜSTERS gegen Redakteure und Zeitungen u.a.m. neue Nahrung erhielt, fügte der DFG schweren Schaden zu und führte zeitweilig zu einer Lähmung ihrer Arbeit.

1930/31 verschärften sich auch die Konflikte zwischen der DFG und den rechtssozialdemokratischen Führern. Die DFG wandte sich entschieden gegen deren Tolerierung der BRÜNING-Regierung sowie gegen den promilitaristischen Kurs, wie er erneut bei der Haltung zum Bau des Panzerkreuzers B zutage getreten war. Sie arbeitete immer stärker mit jenen oppositionellen linken Kräften in der SPD zusammen, die gemeinsam mit der KPD im Reichstag gegen den Bau des Panzerkreuzers B gestimmt hatten und nach ihrem Ausschluß aus der Partei die *Sozialistische Arbeiterpartei Deutschlands (SAP)* gründeten. Unter dem Vorsitz von F. KÜSTER war Ende Juli 1931 eine *Arbeitsgemeinschaft für linkssozialistische Politik* gebildet worden, der vornehmlich Mitglieder der DFG angehörten. Bei der Konstituierung der SAP schloß sich die Arbeitsgemeinschaft dieser an.[168] Die rechten Führer der SPD nahmen dies zum Anlaß, um endgültig die Verbindung zur DFG abzubrechen. Ebenso wie die *Deutsche Staatspartei* (↗ DDP) untersagten sie ihren Mitgliedern die Zugehörigkeit zur DFG.[169] Da Sozialdemokraten in besonders hohem Maße in der DFG vertreten waren, mußte dies zu einer ernsten Gefährdung ihrer Tätigkeit führen.

Auf dem Bundestag der DFG Anfang Oktober 1931 in Trenthorst (Holstein) stand das Verhältnis zur SPD im Mittelpunkt der Diskussion. H. VON GERLACH, der als Vertreter der Berliner Ortsgruppe an der Tagung teilnahm, gab F. KÜSTER für das Zerwürfnis mit der SPD die Schuld und setzte sich für eine »Versöhnung« mit ihr ein.[170] Hierin wurde er vom norddeutschen Landesverband unterstützt. Ein von diesem eingebrachter Antrag forderte, daß die führenden Mitglieder der DFG »Äußerungen und Handlungen unterlassen, die Zweifel an dem überparteilichen Charakter der Friedensgesellschaft erwecken können«.[171] Dieser offensichtlich gegen F. KÜSTER gerichtete Vorstoß wurde von den Delegierten mit 105 gegen 42 Stimmen abgelehnt. Angenommen wurde lediglich eine allgemeine Erklärung über die Überparteilichkeit der DFG.

Nachdem die »Versöhnung« mit der SPD gescheitert war, traten H. VON GERLACH, L. QUIDDE und andere Anhänger der alten Führung aus der DFG aus. L. QUIDDE unterstützte fortan den bereits im November 1930 vom ehemaligen Vorsitzenden der Berliner Ortsgruppe, Arnold FREYMUTH, gegründeten *Deutschen Friedensbund*, der jedoch keine größere Bedeutung erlangte.[172] In der DFG vollzog sich eine zunehmende Wandlung in den Führungsgruppen. An der Spitze vieler Landesverbände standen linkssozialdemokratische Kräfte, hingegen zogen sich bürgerlich-demokratische Kreise aus dem Bürgertum und der Intelligenz, die die Tätigkeit der DFG auf den Kampf um den Frieden beschränkt wissen wollten, immer mehr zurück.

Angesichts der Gefahr einer faschistischen Diktatur rückte die DFG 1932 den Kampf gegen die Hitlerfaschisten in den Mittelpunkt ihrer propagandistischen Arbeit. Hierbei lag der Schwerpunkt auf der Auseinandersetzung mit der faschistischen Ideologie und der Anprangerung des faschistischen Terrors. Führende Vertreter der DFG wiesen im »Anderen Deutschland« und anderen Publikationsorganen warnend und mahnend auf die vom Hitlerfaschismus ausgehende Kriegsgefahr hin und entlarvten dessen nationale und soziale Demagogie.[173] Im Erkennen des Klassencharakters der Nazipartei war besonders bei P. VON SCHOENAICH eine Annäherung an die Faschismusauffassungen der KPD spürbar.[174] Die DFG bemühte sich gleichzeitig, alternative Vorstellungen zu entwickeln. Sie erklärte, »ein kommendes Deutschland« müsse ein »anderes Deutschland« sein »als die erste, verpfuschte Republik«. Es gelte ein »neues, friedliches, angesehenes Deutschland aufzubauen«, keine Kompromisse mit der Reaktion zu dulden und einen »wahren Volksstaat«, eine »zweite Republik« zu errichten.[175] Die DFG strebte den Zusammenschluß aller Antifaschisten und die Bildung einer starken Abwehrfront gegen die faschistische Gefahr an. Von entscheidender Bedeutung sei die »Einheitsfront von der KPD bis zu den Organisationen der Eisernen Front«[176], erklärte F. KÜSTER. Bei der Herstellung der proletarischen Einheitsfront bot sie sich als »Vermittler« an. Doch war die DFG weitgehend isoliert von der antifaschistischen Massenbewegung und in ihren Wirkungsmöglichkeiten sehr begrenzt. Dies war nicht nur auf die Unterdrückungsmaßnahmen durch die Reaktion, sondern auch auf die inneren Gegensätze zurückzuführen, die zu immer neuen Absplitterungen[177] und zu einem starken Mitgliederrückgang führten.

P. VON SCHOENAICH und andere Vertreter der DFG gewannen zunehmend die Einsicht, daß der Kampf gegen Faschismus und Krieg allein im Bündnis mit der KPD und der von ihr gebildeten Antifaschistischen Aktion erfolgreich sein könne. Fortschritte in der Zusammenarbeit zwischen Kommunisten und bürgerlichen Pazifisten wurden vor allem beim Internationalen Antikriegskongreß Ende August 1932 in Amsterdam sichtbar, der auf Initiative der kommunistischen Weltbewegung zustande gekommen war. Die Einberufung dieses Kongresses wurde von führenden Mitgliedern der DFG lebhaft begrüßt. P. VON SCHOENAICH setzte seine Unterschrift unter den Aufruf zum Antikriegskongreß und erklärte seine Bereitschaft zur Teilnahme. Bei der öffentlichen Begründung dieses höchst bedeutsamen Schrittes erklärte P. VON SCHOENAICH, er habe die Einsicht gewonnen, daß das Trennende viel kleiner sei als das, was ihn mit dem beabsichtigten Kongreß einen würde. Er trat der antikommunistischen Hetzpropaganda entgegen und betonte, er halte den Kongreß, »gerade weil er von kommunistischer Seite geistig und organisatorisch mitbeeinflußt wird, vom pazifistischen Standpunkt aus für eine dankbar zu begrüßende Tat«.[178] Mit dieser Haltung unterschied er sich grundlegend von L. QUIDDE, der sich in der »Friedens-Warte« mit antisowjetischen Verleumdungen gegen eine Beteiligung von Pazifisten am Kongreß wandte.[179] Der deutschen Delegation gehörte eine starke Gruppe bürgerlicher Pazifisten an. Im internationalen Maßstab kam es erstmals zu einem intensiven Gedankenaustausch und zum Zusammenwirken zwischen der revolutionären Arbeiterbewegung und Führern pazifistischer Organisationen. Dabei bekräftigten die Vertreter der kommunistischen Weltbewegung ihre Bereitschaft, mit allen ehrlichen Pazifisten zusammenzugehen und sie zu Aktionen gegen den imperialistischen Krieg heranzuziehen.[180] Auf dem Antikriegskongreß wurde ein ständiges Weltkomitee für den Kampf gegen den imperialistischen Krieg gebildet, dem auch P. VON SCHOENAICH angehörte. Ebenso vertrat er die DFG in dem Deutschen Kampfkomitee gegen den imperialistischen Krieg, das sich nach der Rückkehr der deutschen Delegation unter Vorsitz des Arztes Felix BOENHEIM konstituierte.[181] Der Amsterdamer Antikriegskongreß löste ein positives Echo in der DFG aus. Der Vorsitzende des westdeutschen Landesverbandes, Friedrich KAYSER, erklärte, der Verlauf des Kongresses habe gezeigt, daß von der *KPD* heute »ehrlicher Pazifismus als gleichberechtigter Kampfgefährte beachtet und geachtet wird«. Trotz Vorbehalten dürften sich die Pazifisten einer Zusammenarbeit mit der *KPD* »nicht entziehen«.[182] In Auswertung des Kongresses forderte P. VON SCHOENAICH dazu auf, überall in den örtlichen und regionalen Kampfkomitees gegen den imperialistischen Krieg mit den Kommunisten zusammenzuarbeiten. Er bekräftigte seine Auffassung, daß »das Trennende beiseite und das Einende in den Vordergrund gestellt werden muß«.[183]

Als die reaktionärsten Elemente des Finanzkapitals am 30. Januar 1933 eine faschistische Diktatur errichteten, begann für viele Mitglieder der DFG eine schwere Zeit der Verfolgung und Demütigung.[184] Der Haß der Faschisten richtete sich nicht nur gegen die Kommunisten, sondern auch gegen die pazifistischen Kräfte, die mutig gegen Faschismus und Krieg gekämpft hatten. Nachdem bereits am 5. März die Geschäftsstelle der DFG durchsucht worden war, wurde am 11. März 1933 das »Andere Deutschland« verboten. Die letzte Ausgabe war am 4. März 1933 mit der Schlagzeile »Keine Stimme den Volksverderbern« erschienen. Die Faschisten kerkerten P. VON SCHOENAICH, F. KÜSTER und viele Mitglieder der DFG ein. Ehemals führende Vertreter der DFG, so H. VON GERLACH, L. QUIDDE und H. STÖCKER, wurden in die Emigration getrieben. Zahlreiche bürgerliche Antimilitaristen mußten, wie C. VON OSSIETZKY, für die Idee des Friedens ihr Leben lassen.

Nach 1945 nahm die DFG ihre antimilitaristische Tätigkeit in den Westzonen wieder auf. Sie setzt sich für die internationale Entspannung ein und vertritt in wichtigen Fragen realpolitische Positionen.

8. Quellen und Literatur

Die in der DDR befindlichen archivalischen Quellen sind zumeist staatlicher Provenienz und haben allgemein die Überwachung der pazifistischen Bewegung seit Beginn des ersten Weltkrieges zum Gegenstand. Das betrifft im ZStA Potsdam: Reichsamt (Reichsministerium) des Innern, Nr. 12 295, 12 296, 25 991 und 26 022; RKO, Nr. 484; in diesem Archiv auch wichtig der Mikrofilm Nr. 13 325/13 326 von Reichskanzlei, R 43 I, Nr. 510–514 sowie einige Restakten der DFG 1930/31 (Deutsche Friedensgesellschaft, Nr. 1–6). ZStA Merseburg: Rep. 77, Tit. 885, Nr. 4, Bd. 1–4 (Kriegs- und Friedensziele 1914–1918). StA Potsdam: Rep. 30 Berlin C, Tit. 95, Sekt. 7, Lit. F, Nr. 5 (pazifistische Bestrebungen 1914–1918); Tit. 94, Lit. Q, Nr. 19 (über Ludwig Quidde 1894–1900). Sehr ergiebig sind die im BA Koblenz befindlichen NL Ludwig Quidde, Walther Schücking und Hans Wehberg. Für die DFG sind hier ferner relevant: Reichskanzlei R 43 I, Nr. 510–514; Deutsche Demokratische Partei/Deutsche Staatspartei, R 45 III, Nr. 62; Zeitgeschichtliche Sammlung 1, Nr. 29.

Die umfangreiche zeitgenössische Publizistik der DFG und ihrer führenden Mitglieder ist aus dem Artikelkopf bzw. den Anmerkungen ersichtlich. Besonders hinzuweisen ist auf: Alfred Hermann Fried »Handbuch der Friedensbewegung. Erster Teil. Grundlagen, Inhalt und Ziele der Friedensbewegung« (2. Aufl., Leipzig 1911) und »Zweiter Teil. Geschichte, Umfang und Organisation der Friedensbewegung« (2. Aufl., Berlin–Leipzig 1913), hier auch S. 423–462 umfangreiche bibliographische Angaben. »Die Friedensbewegung. Ein Handbuch der Weltfriedensströmungen der Gegenwart« (Hrsg. Kurt Lenz/Walter Fabian, Berlin 1922). Walther Schücking »Der Bund der Völker. Studien und Vorträge zum organisatorischen Pazifismus« (Leipzig 1918). Hans Wehberg »Deutschland und der Genfer Völkerbund« (Leipzig 1923). Ders. »Die Führer der deutschen Friedensbewegung (1890 bis 1923)« (Leipzig 1923). Ders. »Die Ächtung des Krieges« (Berlin 1930). Paul Freiherr von Schoenaich »Zehn Jahre Kampf für Frieden und Recht 1918–1928« (Hamburg-Bergedorf 1929). Programme und andere Dokumente der DFG sind abgedruckt in »Sturm läutet das Gewissen. Nichtproletarische Demokraten auf der Seite des Fortschritts« (Hrsg. Werner Fritsch/Siegfried Schmidt/Gustav Seeber/Rolf Weber/Manfred Weißbecker unter Leitung von Dieter Fricke, Berlin 1980).

Biographisches: Bertha von Suttner »Lebenserinnerungen« (Berlin 1968). Friedrich Wilhelm Foerster »Erlebte Weltgeschichte 1869–1953. Memoiren« (Nürnberg 1953). H. Wehberg »Als Pazifist im Weltkrieg« (Leipzig o. J.); Hellmut von Gerlach »Von rechts nach links« (Hrsg. Emil Ludwig, Zürich 1937). Harry Graf von Kessler »Tagebücher 1918–1937« (Frankfurt [Main] 1961). Kurt Hiller »Leben gegen die Zeit (Logos)« (Reinbek bei Hamburg 1969). P. von Schoenaich »Mein Damaskus. Erlebnisse und Bekenntnisse« (Berlin-Hessenwinkel 1926). Ders. »Mein Finale« (Flensburg–Hamburg 1947). Lida Gustava Heymann in Zusammenarbeit mit Anita Augspurg »Erlebtes – Erschautes. Deutsche Frauen kämpfen für Freiheit, Recht und Frieden 1850–1940 (Meisenheim [Glan] 1972).
Folgende marxistische Darstellungen gehen auf die Entwicklung der DFG ein: »Deutsche Demokraten. Die nichtproletarischen demokratischen Kräfte in der deutschen Geschichte 1830 bis 1945« (Hrsg. von einem Autorenkollektiv unter der Leitung von D. Fricke, Berlin 1981). Werner Fritsch »Nichtproletarische demokratische Kräfte und revolutionäre Arbeiterbewegung. Die Herausbildung und Entwicklung von Bündnisbeziehungen zur Arbeiterklasse 1917–1933 in Deutschland« (Diss. B, Jena 1978). Heinz Habedank »Der Feind steht rechts. Bürgerliche Linke im Kampf gegen den deutschen Militarismus (1925–1933)« (Berlin 1965). Rosemarie Schumann »Pazifismus in der Entscheidung. Die Deutsche Friedensgesellschaft in den Jahren 1929 bis 1933« (Diss. A, Berlin 1975). Günter Höhne »Pazifismus und Außenpolitik. Auffassungen des organisierten bürgerlichen deutschen Pazifismus zur Außenpolitik des deutschen Imperialismus in den ersten Jahren der Weimarer Republik (1918/19 bis 1923)«. (Diss. A, Jena 1982). Wertvoll sind auch einige biographische Arbeiten über führende Vertreter der DFG bzw. ihr nahestehende bürgerliche Demokraten und Antimilitaristen[185], wie H. von Gerlach[186], Carl von Ossietzky[187] und Helene Stöcker.[188]
Aus bürgerlich-humanistischer, antimilitaristischer Sicht wurde die Geschichte der DFG in Arbeiten bzw. Quellenpublikationen von Richard Barkeley,[189] Walter Diehl,[190] Helmut Donat/Lothar Wieland[191] und Karl Holl[192] behandelt.
Im Zusammenhang mit der Herausbildung und Entwicklung der bürgerlichen Friedens- und Konfliktforschung sowie der weiteren Hinwendung zu den von der bürgerlichen Sozialgeschichte aufgeworfenen Fragen hat in der BRD eine verstärkte Beschäftigung mit der Geschichte des Pazifismus eingesetzt.[193] Sie dient objektiv dazu, die bürgerliche Friedensbewegung in das in der BRD vorherrschende imperialistische Geschichtsbild einzuordnen, wobei partiell Kritik am deutschen Imperialismus und Militarismus geübt, jedoch die DFG losgelöst von den Grundfragen der Klassenauseinandersetzung dargestellt wird. Die Arbeiten von Roger Chickering[194] und Friedrich-Karl Scheer[195], die sich speziell mit der Geschichte der DFG beschäftigen, standen den Vf. nicht zur Verfügung.
Siehe auch Fritz Köhler »Deutsche Friedensgesellschaft« (in: HBP, Bd. I, Leipzig 1968, S. 364–377).

Anmerkungen

1 Seit 1893 wurden zunächst Jahresversammlungen bzw. Delegiertentage durchgeführt, an deren Stelle von 1908 bis 1914 Nationale Friedenskongresse traten.

2 Friedrich Engels: Kann Europa abrüsten? In: MEW, Bd. 22, Berlin 1963, S. 373.

3 Eugen Schlief an Alfred Hermann Fried, 6. 11. 1892. In: Alfred Hermann Fried: Nachruf für Eugen Schlief. In: Die Friedens-Warte, XIV. Jg. 1912, H. 2, S. 55.

4 Die Waffen nieder! Monatsschrift zur Förderung der Friedensbewegung, II. Jg. 1893, S. 402 f. Siehe auch StA Potsdam, Rep. 30, Berlin C, Tit. 94, Lit. Q, Nr. 19, Bl. 6.

5 Siehe A. H. Fried: Friedens-Katechismus. Ein Compendium der Friedenslehre zur Einführung in die Friedensbewegung, Dresden–Leipzig–Wien 1896, S. 80.

6 Dem Geburtstag George Washingtons. Später gingen viele pazifistische Organisationen dazu über, den 18. Mai, den Tag der Eröffnung der ersten Haager Konferenz, als Friedenstag zu begehen.

7 Siehe den Text des Programms in: Die Waffen nieder!, VIII. Jg. 1899, S. 59 f.

8 Siehe dessen Text in: Die Friedens-Warte, VII. Jg. 1905, S. 53 f. und XXVI. Jg. 1926, S. 327 f.

9 Siehe A. S. Jerussalimski: Die Außenpolitik

und die Diplomatie des deutschen Imperialismus Ende des 19. Jahrhunderts, Berlin 1954, S. 730.

10 Siehe Otto Umfrid an Hans Wehberg, 4. 6. 1913. In: BA Koblenz, NL Wehberg, Nr. 88.

11 Nach den Verzeichnissen und ergänzenden Angaben in: Die Waffen nieder!, VIII. Jg. 1899, Nr. 4, S. 145–147, und A. H. Fried: Handbuch der Friedensbewegung. Zweiter Teil, Berlin–Leipzig 1913, S. 288 f. Falls die Gruppe nur für 1899 oder 1912 angeführt worden ist, wird darauf durch die betr. Jahreszahl nach dem Ortsnamen verwiesen. Bei einer fehlenden Jahreszahl wurde die Gruppe sowohl 1899 als auch 1912 genannt.

12 Der führende französische Pazifist Frédéric Passy an A. H. Fried, 12. 10. 1899. In: Die Friedens-Warte, I. Jg. 1899, Nr. 16, S. 97.

13 Siehe ebenda, VII. Jg. 1905, Nr. 7, S. 130–136.

14 A. H. Fried: Und wieder ein Krieg. In: Ebenda, II. Jg. 1900, Nr. 25, S. 99.

15 A. H. Fried: Handbuch der Friedensbewegung. Zweiter Teil, S. 153.

16 A. H. Fried: Die moderne Friedensbewegung, Leipzig 1907, S. 25.

17 A. H. Fried: Die zweijährige Dienstzeit als Symptom der Abrüstung. In: Die Friedens-Warte, V. Jg. 1903, Nr. 7/8, S. 53.

18 A. H. Fried: Zur Ausgestaltung der Friedensaktion. In: Ebenda, IV. Jg. 1902, Nr. 11, S. 3.

19 Siehe Die Po-Pa-Ko. In: Ebenda, IX. Jg. 1907, Nr. 2, S. 38.

20 Siehe ebenda, VI. Jg. 1904, Nr. 4, S. 77.

21 Siehe ebenda, V. Jg. 1903, S. 85 f. und 104 f.

22 Siehe O. Umfrid an H. Wehberg, 10. 6. 1913. In: BA Koblenz, NL Wehberg, Nr. 88.

23 Siehe die Artikelserie »Kriegsbriefe eines Pazifisten« von A. H. Fried. In: Die Friedens-Warte, VI. Jg. 1904.

24 Bertha von Suttner: Der Bankerott des Totschlages. In: Ebenda, VII. Jg. 1905, Nr. 2, S. 19.

25 B. von Suttner: Randglossen zur Zeitgeschichte. In: Ebenda, Nr. 11, S. 219 f.

26 Der Zweck der Friedensgesellschaften. In: Ebenda, X. Jg. 1908, Nr. 2, S. 37.

27 Siehe A. H. Fried: Sozialdemokratie und Friedensbewegung. In: Ebenda, XIII. Jg. 1911, S. 131 f.

28 Siehe ebenda, VIII. Jg. 1906, Nr. 9, S. 161 f.

29 A. H. Fried: Die Friedensbewegung und die Arbeiter. In: Ebenda, S. 163.

30 Rudolf Goldscheid: Friedensbewegung und Menschenökonomie, Berlin 1912, S. 60.

31 A. H. Fried: Die Friedensbewegung und die Arbeiter, S. 164.

32 A. H. Fried: Zeichen und Wunder. In: Die Friedens-Warte, XI. Jg. 1909, Nr. 5, S. 83.

33 Redaktionelle Nachbemerkung zu Jean Jaurès: Sozialdemokratie und Pazifismus. In: Ebenda, X. Jg. 1908, Nr. 11, S. 207.

34 Die Propaganda ins Blaue. In: Ebenda, VII. Jg. 1905, Nr. 1, S. 5.

35 Ebenda, VIII. Jg. 1906, Nr. 5, S. 82.

36 Siehe A. H. Fried: Handbuch der Friedensbewegung. Zweiter Teil, S. 288 f.

37 Siehe A. H. Fried: Organisiert die Welt! In: Friedens-Warte, VIII. Jg., Nr. 1, S. 1 ff.

38 A. H. Fried: Die Sozialdemokratie über Schiedsgericht und Abrüstung. In: Ebenda, XII. Jg. 1910, S. 159.

39 Hans Wehberg: Die internationale Friedensbewegung, Mönchengladbach 1911, S. 14.

40 O. Umfrid an H. Wehberg, 4. 6. 1913. In: BA Koblenz, NL Wehberg, Nr. 88.

41 Siehe Richard Reuter: Zur Rückständigkeit der Friedensbewegung in Deutschland, insonderheit das Verhalten der freisinnigen Partei. In: Die Friedens-Warte, VI. Jg. 1904, Nr. 2, S. 27 ff.

42 A. H. Fried: Der kranke Krieg. In: Ebenda, X. Jg. 1908, Nr. 12, S. 223.

43 A. H. Fried: Die Überwindung des Balkankonflikts. In: Ebenda, XV. Jg. 1913, S. 163.

44 A. H. Fried: Aus meiner Mappe. In: Ebenda, X. Jg. 1908, Nr. 4, S. 64.

45 A. H. Fried: Vor zwanzig Jahren. In: Ebenda, XV. Jg. 1913, S. 363.

46 Siehe Walter Bredendiek: Die Friedensappelle deutscher Theologen von 1907/08 und 1913, o. O. 1963, S. 13 ff.

47 O. Umfrid: Der deutsche Wehrverein. In: Die Friedens-Warte, XIV. Jg. 1912, S. 48.

48 Siehe »Erstes Kriegsflugblatt der DFG« vom 29. 7. 1914.

49 A. H. Fried: Aus meinem Kriegstagebuch. In: Die Friedens-Warte, XVI. Jg. 1914, S. 290.

50 Ebenda, S. 308 f.

51 O. Umfrid: Was soll werden? In: Weltverbesserer und Weltverderber. Eine Sammlung von Kriegs-Aufsätzen, Zürich 1916, S. 103.

52 O. Umfrid: Imperialismus. In: Ebenda, S. 13.

53 A. H. Fried: Europäische Wiederherstellung, Zürich 1915, S. 26 ff.

54 L. Quidde an H. Wehberg, 23. 6. 1915. In: BA Koblenz, NL Wehberg, Nr. 69.

55 Ludwig Quidde: Der deutsche Pazifismus während des Weltkrieges 1914–1918. Aus dem Nachlaß Ludwig Quiddes hrsg. von Karl Holl, Boppard (Rhein) 1979, S. 85 f.

56 Siehe den vollständigen Text der Resolution in: Sturm läutet das Gewissen. Nichtproletarische Demokraten auf der Seite des Fortschritts. Hrsg. Werner Fritsch u. a., Berlin 1980, S. 285.

57 Siehe ihren Text in L. Quidde: Pazifismus und Belagerungszustand. Eine Eingabe an den Deutschen Reichstag, Frankfurt (Main) 1917, S. 52–54.

58 Siehe L. Quidde: Der deutsche Pazifismus, S. 92f. und 256–260.

59 Siehe ebenda, S. 96.

60 Siehe den entsprechenden Erlaß des preußischen Kriegsministers vom 7.11.1915. In: StA Potsdam, Rep. 30 Berlin C, Tit. 95, Sekt. 7, Lit. F, Nr. 5, Bl. 4f.

61 Siehe Deutsche Demokraten. Die nichtproletarischen demokratischen Kräfte in der deutschen Geschichte 1830 bis 1945. Von einem Autorenkollektiv unter der Leitung von Dieter Fricke, Berlin 1981, S. 161f.

62 Siehe ZStA Potsdam, Reichsamt des Innern, Nr. 12295, Bl. 229–231 R und 353–358.

63 A. H. Fried: Mein Kriegs-Tagebuch, Bd. III, Zürich 1919, S. 185f. Siehe Sturm läutet das Gewissen, S. 291–294.

64 Nach der nicht wörtlichen Wiedergabe L. Quiddes. In: L. Quidde: Der deutsche Pazifismus, S. 137.

65 Der Völkerfriede, 17. Jg., April 1917, S. 3f. Zit. in: Deutschland im ersten Weltkrieg, Bd. 2: Januar 1915 bis Oktober 1917. Von einem Autorenkollektiv unter der Leitung von Willibald Gutsche, Berlin 1968, S. 655.

66 Siehe ebenda, S. 655f.

67 Siehe Deutsche Demokraten, S. 162.

68 Adolf Heilberg: Die Friedenskundgebungen der letzten Jahre und die nächsten Aufgaben des Pazifismus. In: Völker-Friede, 18. Jg. 1918, H. 1/2, S. 10.

69 Siehe Völker-Friede, 18. Jg. 1918, H. 1/2 und 3 sowie die Friedens-Warte, XIX. Jg. 1917, S. 314.

70 Siehe Deutschland im ersten Weltkrieg, Bd. 3. Von einem Autorenkollektiv unter Leitung von Joachim Petzold, Berlin 1969, S. 90f. und 95ff.

71 Hellmut von Gerlach: Die Seifenblase. In: Die Welt am Montag, 7.1.1918.

72 Ders.: Das ausgeschaltete Volk. In: Ebenda, 21.1.1918.

73 Siehe Völker-Friede, 18. Jg. 1918, H. 1/2, S. 17f. und H. 3, S. 32f. Siehe auch L. Quidde: Der deutsche Pazifismus, S. 174ff und 288f.

74 Siehe Eingabe an den Deutschen Reichstag »Friede im Westen« vom 17.2.1918. In: Völker-Friede, 18. Jg. 1918, H. 3, S. 33. Siehe auch L. Quidde: Der deutsche Pazifismus, S. 165ff. und 183ff.

75 W. I. Lenin: An die Arbeiter, die den Kampf gegen den Krieg und gegen die auf die Seite ihrer Regierungen übergegangenen Sozialisten unterstützen. In: Werke, Bd. 23, Berlin 1975, S. 238.

76 Siehe BA Koblenz, R 45 III, Nr. 62, Bl. 14ff. und 24ff. Ebenda, NL Hans Wehberg, Nr. 16, Bl. 40. Völker-Friede, 18. Jg. 1918, H. 5, S. 55 und H. 6, S. 64.

77 Siehe H. von Gerlach: 70 Jahre Geduld. In: Die Welt am Montag, 18.3.1918 und ders.: Halbe Männer, halbe Maßregeln. In: Ebenda, 21.10.1918 sowie H. Wehberg: Als Pazifist im Weltkrieg, Leipzig o. J., S. 22.

78 Völker-Friede, 18. Jg. 1918, H. 12, S. 120.

79 Abgedruckt bei L. Quidde: Der deutsche Pazifismus, S. 295ff.

80 Siehe Walther Schücking/Helene Stöcker/Elisabeth Rotten: Durch zum Rechtsfrieden. Ein Appell an das Weltgewissen, Berlin 1919, S. 2 (Flugschriften des Bundes Neues Vaterland, Nr. 2).

81 Siehe Detlev Acker: Walther Schücking (1875–1935), Münster 1970, S. 147ff.

82 Siehe Verhandlungen des Provisorischen Nationalrates des Volksstaates Bayern im Jahre 1918/1919. Stenographische Berichte Nr. 1–10, München (1919), S. 55ff. Siehe auch L. Quidde: Der deutsche Pazifismus, S. 223ff.

83 Siehe Hans Francke: Warum muß der Pazifismus das Rätesystem ablehnen? In: Völker-Friede, 19. Jg. 1919, H. 7, S. 51f.

84 Siehe A. H. Fried: Aus meinem Kriegstagebuch. In: Die Friedens-Warte, XX. Jg. 1918, H. 11/12, S. 287 und XXI. Jg. 1919, H. 1, S. 22 sowie Friedrich Wilhelm Foerster: Mein Kampf gegen das militaristische und nationalistische Deutschland. Gesichtspunkte zur deutschen Selbsterkenntnis und zum Aufbau eines neuen Deutschland, Stuttgart 1920, S. 20ff.

85 Zit. in: L. Quidde: Der deutsche Pazifismus, S. 227.

86 Siehe Völker-Friede, 19. Jg. 1919, H. 2/3, S. 23 und H. 7, S. 58f.

87 Ludwig Quidde. Ein deutscher Demokrat und Vorkämpfer der Völkerverständigung. Eingeleitet und zusammengestellt von Hans Wehberg, Offenbach (Main) 1948, S. 58 (Rede in der Nationalversammlung am 12.5.1919).

88 Achter deutscher Pazifistenkongreß, einberufen von der Deutschen Friedensgesellschaft und der Zentralstelle Völkerrecht, Charlottenburg 1919, S. 42.

89 Siehe Mitteilungen der Deutschen Friedensgesellschaft, 2. Jg. 1921, Nr. 2, S. 12 und Nr. 10/12, S. 70 sowie 3. Jg. 1922, Nr. 10/12, S. 65.

90 Genaue statistische Angaben liegen nicht vor. Nach einem Tätigkeitsbericht von 1927, dem Angaben zur Parteizugehörigkeit von 58 Ortsgruppen der DFG zugrunde lagen, gehörten von den Mitgliedern 44 % der SPD, 26 % der DDP, 5 % dem Zentrum an. 25 % waren partei-

los (siehe Die Friedens-Warte, XXVII. Jg. 1927, H. 11, S. 323).

91 Achter deutscher Pazifistenkongreß, S. 79 und 123.

92 Siehe ebenda, S. 35, 38, 43 und 48.

93 Siehe ebenda, S. 43, 51, 59 und 172 f.

94 Siehe Fritz Röttcher: Hauptversammlung der Deutschen Friedensgesellschaft vom 24.–26. Oktober 1919 in Kassel. In: Die Friedens-Warte, XXI. Jg. 1919, Nr. 9/10, S. 171 und Georg F. Nicolai: Aufruf an die Europäer. Gesammelte Aufsätze zum Wiederaufbau Europas. Hrsg. H. Wehberg, Leipzig–Wien– Zürich 1921, S. 235 ff. und 243 ff.

95 Der Antrag G. F. Nicolais, eine Neuwahl der Führung vorzunehmen, fand keine Mehrheit. Er trat daraufhin aus dem Vorstand der DFG aus. 1920 legte auch C. von Ossietzky seine Funktion als Sekretär der DFG nieder.

96 Die Friedens-Warte, XXVI. Jg. 1926, H. 10, S. 329 f.

97 Ludwig Quidde. Ein deutscher Demokrat und Vorkämpfer der Völkerverständigung, S. 51 ff.

98 Siehe Achter deutscher Pazifistenkongreß, S. 35, 43 und 66 f. sowie Mitteilungen des Bundes Neues Vaterland, NF, Nr. 4 (August 1919), S. 7 ff.

99 IML, ZPA, DF VII/59/3.

100 Resolution der Hauptversammlung der DFG vom 24.–26. 10. 1919. In: Die Friedens-Warte, XXI. Jg. 1919, H. 9/10, S. 172.

101 Die unterschiedliche Haltung führender Pazifisten in der Kriegsschuldfrage war besonders auf dem Berliner Pazifistenkongreß sichtbar geworden und hatte auch in den dort angenommenen drei verschiedenen, miteinander in Widerspruch stehenden Resolutionen ihren Niederschlag gefunden. (Siehe Achter deutscher Pazifistenkongreß, S. 71 ff., 124 ff., 151 ff., 169 ff. und 177). Siehe auch L. Quidde: Die Schuldfrage, Berlin 1922 und F. W. Foerster: Mein Kampf gegen das militaristische und nationalistische Deutschland, S. 35 ff.

102 Siehe H. von Gerlach: Von rechts nach links. Hrsg. Emil Ludwig, Zürich 1937, S. 255 ff. sowie Die Verfolgung der Pazifisten im neuen Deutschland. In: Die Friedens-Warte, XXII. Jg. 1920, H. 10, S. 280 ff.

103 Mitteilungen der Deutschen Friedensgesellschaft, 1921, Nr. 9, S. 60.

104 Siehe ebenda, Nr. 10/12, S. 73.

105 Siehe Carl von Ossietzky: »Nie wieder Krieg!« Der Rundlauf einer Parole. In: Die Friedens-Warte, XXIII. Jg. 1923, H. 6, S. 208 sowie Nie wieder Krieg. Monatliche Mitteilungen des Friedensbundes der Kriegsteilnehmer, 1921, Nr. 11.

106 Siehe W. I. Lenin: Ursprünglicher Entwurf der Thesen zur nationalen und kolonialen Frage. In: Werke, Bd. 31, Berlin 1959, S. 134.

107 H. Wehberg: Drei Jahre Völkerbund. In: Die Friedens-Warte, XXIII. Jg. 1923, H. 1/2, S. 5. Siehe auch Mitteilungen der Deutschen Friedensgesellschaft, 1921, Nr. 10–12, S. 85. (Resolution des Essener Pazifistenkongresses 1921).

108 Siehe u. a. Harry Graf von Kessler: Richtlinien über einen wahren Völkerbund. In: Die Friedens-Warte, XXII. Jg. 1920, H. 5/6, S. 151 ff. und ders.: Der Völkerbund als Wirtschafts- und Arbeitsgemeinschaft. Rede, gehalten auf dem IX. Deutschen Pazifisten-Kongreß zu Braunschweig in der Sitzung vom 2. Oktober 1920. In: Ebenda, S. 209 ff.

109 Siehe Mitteilungen der Deutschen Friedensgesellschaft, 1921, Nr. 10–12, S. 85.

110 Die Friedens-Warte, XXI. Jg. 1919, H. 9/10, S. 172.

111 So warf H. von Gerlach der deutschen Delegation eine »völkerbundsgegnerische Haltung« vor und erklärte, der Abschluß des Rapallo-Vertrages sei »ein schwerer politischer Fehler«. Siehe Genua — Vorsicht! Zerbrechlich! In: Die Welt am Montag, 24. 4. 1922 und Das Rätsel Rathenau. In: Ebenda, 6. 6. 1922. Siehe auch Der Pazifist (Hagen [Westfalen]), 2. Jg. 1922, Nr. 5.

112 Siehe Die Friedens-Warte, XXIII. Jg. 1923, H. 3, S. 100 und BA Koblenz, Reichskanzlei, R 43 I, Nr. 510, Bl. 133 ff. und 158.

113 BA Koblenz, NL H. Wehberg, Nr. 17, Bl. 26 und Die Menschheit, 1923, Nr. 5 (Bericht über eine Rede L. Quiddes am 18. 1. 1923 in München).

114 Siehe F. W. Foerster: Streiflichter zur gegenwärtigen Lage. In: Die Menschheit, 1923, Nr. 5, 6 und 14.

115 Die Friedens-Warte, XXIII. Jg. 1923, H. 4/5, S. 168 f.

116 BA Koblenz, NL H. Wehberg, Nr. 17, Bl. 35 f. (Protokoll der Sitzung der Geschäftsleitung der DFG vom 10. 4. 1923).

117 Die Friedens-Warte, XXIII. Jg. 1923, H. 7/8, S. 284 f.

118 Siehe BA Koblenz, Reichskanzlei, R 43 I, Nr. 510, Bl. 153 ff.

119 Siehe H. Wehberg: Grundsätzliche Erörterungen zur Politik der deutschen Friedensbewegung. In: Die Friedens-Warte, XXVII. Jg. 1927, H. 6, S. 164 f. sowie BA Koblenz, NL H. Wehberg, Nr. 17, Bl. 40 f.

120 Die Friedens-Warte, XXIII. Jg. 1923, H. 9/10, S. 353.

121 Siehe Die Menschheit, 1923, Nr. 38 und Die Friedens-Warte, XXIII. Jg. 1923, H. 9/10, S. 347 und H. 11/12, S. 411 f.

122 Siehe Die Friedens-Warte, XXIII. Jg. 1923,

H. 11/12, S. 411 ff. und ZStA Potsdam, Sammlung Paul Löbe, Nr. 97, Bl. 93.

123 BA Koblenz, Reichskanzlei, R 43 I, Nr. 511, Bl. 4 ff.

124 Siehe ebenda, Bl. 9 ff, 17, 27 ff. Siehe auch Gerhart Seger: Der Fall Quidde. Tatsachen und Dokumente, 2. Aufl., Leipzig (1924).

125 Siehe Berthold Jacob: Das Zeitfreiwilligengrab in der Weser. Herr Geßler, antworten Sie! In: Das Andere Deutschland, 11.4.1925.

126 ZStA Potsdam, RKO, Nr. 484, Bl. 194 ff.

127 L. Quidde: Die Krisis in der Deutschen Friedensgesellschaft und ihre Lösung. In: Berliner Volks-Zeitung, 15.10.1927.

128 Siehe u. a. H. Wehberg: Der Friedenspakt von Locarno. In: Die Friedens-Warte, XXV. Jg. 1925, H. 11, S. 321 ff. und ders.: Von Haag nach Genf. In: Ebenda, XXVI. Jg. 1926, H. 3, S. 66 ff. sowie ebenda, H. 11, S. 347 f.

129 Siehe u. a. H. Stöcker: Verkünder und Verwirklicher, Berlin 1928, S. 28 ff. und Kurt Hiller: Ist Genf der Friede? Rede auf dem 12. Deutschen Pazifistenkongreß zu Heidelberg am 8. Oktober 1926, Berlin 1927.

130 Siehe Die Menschheit, Jg. 1927, Nr. 29, 30, 31, 35 und 38. Exemplare der »Menschheit« wurden im September 1927 an die Delegierten der Völkerbundmitglieder in Genf verteilt. Stresemann beschimpfte daraufhin die Kreise um F. W. Foerster als Lumpen, die ständig »neue Lügen gegen Deutschland« erfinden (Gustav Stresemann: Vermächtnis, Bd. III, Berlin 1933, S. 221).

131 Siehe u. a. L. Quidde: Die Krisis in der Deutschen Friedensgesellschaft und ihre Lösung. In: Berliner Volkszeitung, 15.10.1927 sowie Die Friedens-Warte, XXIX. Jg. 1929, H. 4, S. 117 f.

132 Die Friedens-Warte, XXVI. Jg. 1926, H. 6, S. 192.

133 Siehe H. Wehberg: Der Erfurter Friedenstag. In: Ebenda, XXVII. Jg. 1927, H. 11, S. 317 ff.

134 Siehe ebenda, XXIX. Jg. 1929, H. 3, S. 89 f. und H. 4, S. 116 ff.

135 Siehe Gewalt und Gewaltlosigkeit. Handbuch des aktiven Pazifismus. Im Auftrage der Internationale der Kriegsdienstgegner hrsg. v. Franz Kobler, Zürich–Leipzig 1928, S. 364 ff.

136 Die Friedens-Warte, XXVI. Jg. 1926, H. 9, S. 288.

137 Siehe Erklärung der Gruppe Revolutionärer Pazifisten zum drohenden Krieg gegen Rußland. In: Ebenda, XVII. Jg. 1927, H. 10, S. 311.

138 Siehe Die Friedens-Warte, XXVI. Jg. 1926, H. 6, S. 192.

139 Siehe Die Pazifisten in der Antisowjetfront. In: Die Rote Fahne, 8.10.1927.

140 Siehe Die Friedens-Warte, XXVIII. Jg. 1928, H. 1, S. 24 und H. 5, S. 142 sowie H. Stöcker: Verkünder und Verwirklicher, Berlin 1928, S. 50 ff.

141 Ebenda, H. 7, S. 219.

142 Siehe BA Koblenz, NL H. Wehberg, Nr. 19 (Protokoll der Sitzung der Geschäftsleitung der DFG vom 8.2.1926).

143 Ebenda (Erklärung L. Quiddes vom 1.2.1926).

144 Die Friedens-Warte, XXVI. Jg. 1926, H. 3, S. 87.

145 Siehe Das Andere Deutschland, 18.8. und 1.9.1928 sowie Die Friedens-Warte, XXVIII. Jg. 1928, H. 10/11, S. 322.

146 Das Andere Deutschland, 22.9.1928.

147 Siehe BA Koblenz, NL H. Wehberg, Nr. 21 (Protokoll der Präsidialsitzung der DFG vom 20.9.1928).

148 Siehe Die Friedens-Warte, XXVIII. Jg. 1928, H. 12, S. 375 ff.

149 Siehe ebenda, H. 10/11, S. 323.

150 Siehe ebenda, XXIX. Jg. 1929, H. 8, S. 245 f.

151 Siehe G. Seger: Die Generalversammlung der Deutschen Friedensgesellschaft. In: Ebenda, H. 12, S. 368 ff.

152 Ebenda, S. 380. Abgedruckt auch in: Sturm läutet das Gewissen. S. 391 ff.

153 Siehe G. Seger: Die Generalversammlung der Deutschen Friedensgesellschaft. In: Ebenda, S. 373.

154 Siehe u. a. Das Andere Deutschland, 29.3.1930 sowie ZStA Potsdam, RMdI, Nr. 26 022, Bl. 7 ff.

155 Die Friedens-Warte, XXX. Jg. 1930, H. 11, S. 346.

156 Frankfurter Zeitung, 5.10.1930.

157 Edo Fimmen: Weltfriede und Arbeiterbewegung, hrsg. von der Deutschen Friedensgesellschaft, Bund der Kriegsgegner, Berlin (1930). Siehe auch Die Friedens-Warte, XXX. Jg. 1930, H. 11, S. 347.

158 Siehe z. B. Deutschland im Zeichen der Notverordnungen. Als Flugschrift hrsg. vom Verlag des Anderen Deutschland, Berlin (1932).

159 Militärdiktatur droht! In: Das Andere Deutschland, 5.7.1930 (der Aufruf wurde am 3.7.1930 an den Plakatsäulen Berlins angebracht). Siehe auch Kritische Bemerkungen zum Heeres-Etat 1930. Bearb. von XXX, Militärsachverständiger. Hrsg. von der Deutschen Friedensgesellschaft, Bund der Kriegsgegner, Berlin o. J.

160 Siehe Das Andere Deutschland, 17.5. und 15.11.1930 sowie Die Marine, ihr Etat und der Panzerkreuzer B. Bearb. von E. Aboldt, Marinesachverständiger des Reichstagsuntersuchungsausschusses. Hrsg. im Selbstverlag von der Deutschen Friedensgesellschaft, Bund der Kriegsgegner, Berlin (1930).

161 Siehe z. B. die Antwort der KPD auf die Wahl-forderungen der DFG zur Reichstagswahl 1930 (Das Andere Deutschland, 6. 9. 1930).

162 So Erich Schairer in seiner in Stuttgart er-scheinenden pazifistischen »Sonntagszeitung« am 31. 8. 1930. In der Ausgabe vom 14. 9. 1930 empfahl er den Pazifisten »kommunistisch zu wählen«. In einem Lagebericht der Polizei hieß es hierzu, daß diese Stellungnahme Beachtung verdiene, da die »Abwanderung der entschie-denen Pazifisten in das Lager der sozialisti-schen Linken nicht vereinzelt« erfolge. (ZStA Potsdam, RMdI, Nr. 26022, Bl. 21.)

163 Die KPD wird national. In: Das Andere Deutschland, 6. 9. 1930.

164 Siehe Bruno Frei: Carl von Ossietzky. Ritter ohne Furcht und Tadel, Berlin—Weimar 1966, S. 151 ff.

165 Siehe BA Koblenz, Reichskanzlei, R 43 I, Nr. 513, Bl. 115 ff.

166 Siehe ebenda, Bl. 148 ff., 203 ff. und 234.

167 Siehe ZStA Potsdam, Deutsche Friedens-gesellschaft, Nr. 1–6. Hintergründe und Zu-sammenhänge der Pressekampagne gegen die Pazifisten 1930/31 sind ausführlich dargestellt bei Rosemarie Schumann: Pazifismus in der Entscheidung. Die Deutsche Friedensgesell-schaft in den Jahren 1929 bis 1933, Diss. A, Berlin 1975, S. 67 ff.

168 Siehe Hanno Drechsler: Die Sozialistische Arbeiterpartei Deutschlands (SAPD). Ein Beitrag zur Geschichte der deutschen Arbei-terbewegung am Ende der Weimarer Republik, Meisenheim (Glan) 1965, S. 86 ff. und 138.

169 Siehe R. Schumann: Pazifismus in der Ent-scheidung, S. 416 ff.

170 Siehe H. von Gerlach: Krisentagung der Deutschen Friedensgesellschaft. In: Die Frie-dens-Warte, XXXI. Jg. 1931, H. 11, S. 325 ff.

171 Ebenda, S. 328.

172 Siehe R. Schumann: Pazifismus in der Ent-scheidung, S. 443 ff.

173 Siehe u. a. Das Andere Deutschland, 14. 5., 21. 5., 11. 6. und 27. 7. 1932.

174 Siehe z. B. Paul Freiherr von Schoenaich: Farbe bekennen! In: Wie kämpfen wir gegen ein Drittes Reich? Einheitsfront gegen das Hakenkreuz. 78 Beiträge von Arbeitern, An-gestellten, Schriftstellern, Künstlern und Poli-tikern, Berlin 1931, S. 37.

175 Deutschlands doppeltes Gesicht. Die Hilfestel-lung der Republikaner. Hrsg. im Verlag Das Andere Deutschland, Berlin (1932), S. 37 f. Siehe auch Deutschland unter den Herrenrei-tern. Als Broschüre hrsg. vom Verlag Das Andere Deutschland, Berlin (1932).

176 Fritz Küster: Wie kann die Naziseuche ge-bannt werden? In: Das Andere Deutschland, 9. 1. 1932.

177 So hatte im August 1932 Franz Keller, der der Führung der DFG angehörte und in Süd-deutschland großen Einfluß besaß, seinen Austritt erklärt. Im Oktober 1932 trat die Hamburger Ortsgruppe, die zu den stärksten und ältesten Ortsgruppen der DFG gehörte, aus Protest gegen den Kurs F. Küsters aus der Friedensgesellschaft aus. Schließlich bildete sich am 4. 12. 1932 als »Gegenorganisation« zur DFG der Allgemeine Deutsche Friedensbund, dessen Vorsitzender Professor Georg Schümer wurde (siehe R. Schumann: Pazifismus in der Entscheidung, S. 456 ff. und 466 ff.).

178 Dortmunder Generalanzeiger, 16. 8. 1932. Ent-halten in: P. von Schoenaich: Mein Finale, Flensburg—Hamburg 1947, S. 103.

179 L. Quidde: Ein Kampfkongreß gegen den im-perialistischen Krieg. In: Die Friedens-Warte, XXXII. Jg. 1932, H. 8, S. 227 ff.

180 Siehe IML, ZPA, St. 10/111/1/259 ff., St. 10/112/35 ff. sowie Die Kommunistische Inter-nationale vor dem VII. Weltkongreß. Materia-lien, Moskau—Leningrad 1935, S. 73.

181 Siehe IML, ZPA, St. 10/65/2/115, St. 10/111/1/259 und St. 10/112/91 f.

182 Friedrich Kayser: Weltkongreß gegen den imperialistischen Krieg (27.—29. August in Amsterdam). In: Das Andere Deutschland, 10. 9. 1932.

183 P. von Schoenaich: Amsterdam und wir. In: Das Andere Deutschland, 1. 10. 1932.

184 Siehe R. Schumann: Pazifismus in der Ent-scheidung, S. 478 ff.

185 Siehe Ruth Greuner: Gegenspieler. Profile linksbürgerlicher Publizisten aus Kaiserreich und Weimarer Republik, Berlin 1969.

186 Siehe dies.: Wandlungen eines Aufrechten. Lebensbild Hellmut von Gerlachs, Berlin 1965.

187 Siehe z. B. Anm. 164.

188 Siehe Petra Rantzsch: Helene Stöcker – eine Kämpferin für Frieden, Demokratie und die Emanzipation der Frau 1869—1943 (Ein Beitrag zu ihrer Biographie), Diss. A, Leipzig 1980.

189 Richard Barkeley: Die deutsche Friedens-bewegung 1870 bis 1933, Hamburg 1948.

190 Deutsche Friedensgesellschaft 1892—1962. 70 Jahre für eine Welt ohne Krieg durch all-gemeine Abrüstung und überstaatliche Rechtsordnung, zusammengestellt und be-arbeitet von Walter Diehl, hrsg. vom West-deutschen Landesverband der Deutschen Friedensgesellschaft, Herne 1962.

191 Das Andere Deutschland. Eine Auswahl (1925—1933). Hrsg. Helmut Donat/Lothar Wieland. Mit einem Vorwort von Ingeborg Küster, München 1980.

192 Karl Holl: Die deutsche Friedensbewegung im Wilhelminischen Reich., Wirkung und Wir-

kungslosigkeit. In: Kirche zwischen Krieg und Frieden. Studien zur Geschichte des deutschen Protestantismus. Hrsg. Wolfgang Hubert/ Johannes Schwerdtfeger, Stuttgart 1976, S. 321–372. Ders. (Hrsg.): Ludwig Quidde: Der deutsche Pazifismus während des Weltkrieges 1914–1918. Aus dem Nachlaß Ludwig Quiddes, Boppard (Rhein) 1979.

193 Siehe u. a. Dorothee Stiewe: Die bürgerliche deutsche Friedensbewegung als soziale Bewegung bis zum Ende des Ersten Weltkrieges, phil. Diss., Freiburg (Breisgau) 1972. Wilfried Eisenbeiß: Die bürgerliche Friedensbewegung in Deutschland während des Ersten Weltkrieges. Organisation, Selbstverständnis und politische Praxis 1913/14–1919, Frankfurt (Main) 1980. Rolf R. Schlüter: Probleme der deutschen Friedensbewegung in der Weimarer Republik, phil. Diss., Bonn 1974. Detlev Acker:

Walther Schücking (1875–1935), Münster 1970. Peter K. Keiner: Bürgerlicher Pazifismus und »neues« Völkerrecht. Hans Wehberg (1885–1962), jur. Diss., Freiburg (Breisgau) 1976. Hans-Ulrich Wehler (Hrsg.): Ludwig Quidde. Caligula. Schriften über Militarismus und Pazifismus, Frankfurt (Main) 1977.

194 Roger Chickering: Imperial Germany and a World without War. The Peace Movement and German Society (1892–1914), Princeton 1975.

195 Friedrich-Karl Scheer: Die Deutsche Friedensgesellschaft (1892–1933). Organisation – Ideologie – Politische Ziele. Ein Beitrag zur Entwicklung des Pazifismus in Deutschland, Diss. Bochum 1974. Unter demselben Haupttitel 1981 in Frankfurt (Main) erschienen.

Dieter Fricke (Kap. 1–3)/*Werner Fritsch* (Kap. 4–7)

Deutsche Gesellschaft 1914 (DG) 1915–1934

Von den Klubs und Zirkeln, die während des ersten Weltkrieges in Deutschland als neue Form der aktiven politischen Betätigung und Einflußnahme der herrschenden Klassen entstanden, besaß die DG eine besonders große Bedeutung. Im Mittelpunkt der politischen Wirksamkeit der DG stand das Ziel, die Regierungspolitik zu unterstützen und damit vor allem das Bemühen, den zu Beginn des Krieges von der Regierung erklärten »Burgfrieden« aufrecht- und den immer wieder beschworenen »Geist von 1914« wachzuhalten. Daß an die Spitze der Gesellschaft als ihr Vorsitzender ein Vertreter der Reichsregierung trat, der Staatssekretär des Reichskolonialamtes Wilhelm Solf, charakterisiert die DG als ein Instrument der Regierungspolitik. Diese exponierte politische Stellung eines Staatsbeamten war für die damalige Zeit keineswegs üblich. Sie zeigt, welch große Bedeutung die Regierung der Tätigkeit einer solchen Gesellschaft beimaß. In ihr wirkten neben W. Solf dann auch weitere Regierungsvertreter mit, wie z. B. Unterstaatssekretär Arnold Wahnschaffe und Staatssekretär Karl Helfferich.

Am 28. November 1915 wurde die DG gegründet. Auf der Gründungsversammlung hielt W. SOLF eine programmatische Antrittsrede. Er erklärte, daß die DG allen Schichten und Klassen ein Forum zu einem »vorurteilsfreien und zwanglosen« Verkehr sein wolle. Die anwesenden Vertreter der verschiedensten politischen Gruppierungen rief er auf, in der Gesellschaft zu »Aussprachen von Mensch zu Mensch« zusammenzukommen. Auf diese Weise solle sich, führte er aus, die zu Beginn des Krieges entstandene »Einheit des Volkes« fortsetzen und zu einer bleibenden »Einheit des Vaterlandes« werden.[1] Schon vorher hatte Helmuth VON MOLTKE in seiner Eröffnungsrede diesen Gedanken der »Einigkeit der Gesinnung« als Hauptaufgabe der DG betont und dazu aufgerufen, sie als höchstes Gut zu wahren und zu pflegen.[2] Bald nach ihrer Gründung erreichte die DG die Zahl von 900 Mitgliedern, die nicht nur aus Berlin kamen. Sie unterschied sich darin erheblich von anderen Klubs, die zumeist auf einen relativ kleinen, exklusiven und auf Berlin konzentrierten Teilnehmerkreis beschränkt blieben, wie z. B. der ↗ »Mittwochabend« (Delbrück) (MD) und die ↗ Mittwoch-Gesellschaft (Bassermann-Stein) (MG). Insgesamt hat die Mitgliederzahl der DG während der Zeit ihres Bestehens aber die Grenze von ca. 2 000 nicht überschritten. Zu den einflußreichsten und prominentesten Mitgliedern der DG gehörten die Großindustriellen Robert BOSCH, RATHENAU, Gustav KRUPP VON BOHLEN UND HALBACH, HUGENBERG sowie der Direktor der Dresdener Bank, Herbert GUTMANN. Als Ideologen waren vertreten die Professoren Hans DELBRÜCK, Ernst TROELTSCH, Adolf VON HARNACK, Max SERING und Friedrich MEINECKE. Auch einflußreiche Militärs, wie die Admirale Henning VON HOLTZENDORFF und Eduard VON CAPELLE und der Leiter der Sektion Politik im Stellvertretenden Generalstab, Rudolf NADOLNY, bekannten sich zu den von der DG proklamierten Zielen. Dieser Kreis wurde schließlich ergänzt durch einige führende Politiker der bürgerlichen Parteien, zu denen u. a. die Abgeordneten Siegfried VON KARDORFF, ERZBERGER, Eugen SCHIFFER und Robert FRIEDLÄNDER gehörten.[3] Doch konnte das gesteckte Ziel, den »Burgfrieden« und den »Geist von 1914« im Innern zu erhalten, das von dem in der DG vereinigten Teil der herrschenden Klasse als notwendige Voraussetzung für die Sicherung der Aggression nach außen erkannt worden war, nur erreicht werden, wenn es gelang, auch einen entsprechenden Einfluß auf die Arbeiterklasse auszuüben. Deshalb wurde besonderer Wert darauf gelegt, führende Vertreter der Sozialdemokratie und der sozialdemokratischen Gewerkschaften zur Mitarbeit zu gewinnen. Selbstverständlich kamen nur solche Vertreter der Sozialdemokratie und der Gewerkschaften in Frage, die sich im August 1914 durch ihre Verratspolitik auf die Seite der herrschenden Klassen gestellt hatten. Zur Mitarbeit haben sich dann auch Revisionisten wie Albert SÜDEKUM, Carl LEGIEN, Robert SCHMIDT und Eduard DAVID[4] bereit erklärt.

Die DG wurde vornehmlich von dem Industriellen R. BOSCH finanziert. Er erwarb auch für sie in Berlin in der Wilhelmstraße 67 das sog. Pringsheimsche Palais und stellte es ihr für ihre Zusammenkünfte kostenlos zur Verfügung.[5] Die Mitglieder und Gäste der DG trafen sich dort wöchentlich einmal zu Vorträgen und Diskussionen.

Die Gründung der DG wurde unter besonders aktiver Teilnahme von Ernst JÄCKH, der zu den damaligen führenden Propagandisten der »Weltgeltung« Deutschlands gehörte, vorbereitet. Dieser versicherte sich der Zustimmung des Reichskanzlers BETHMANN HOLLWEG und der eng mit dem Reichskanzler verbundenen Teilnehmer eines der wichtigsten politischen Kreise jener Zeit, des sog. »Holtzendorff-Tisches«. Der Leiter dieses Kreises, Arndt VON HOLTZENDORFF, Direktor der Hamburg-Amerika-Linie, war in Berlin der Verbindungsmann für Albert BALLIN. Er versammelte bei sich, ebenfalls auf Anregung E. JÄCKHS, alle führenden Persönlichkeiten, vom Reichskanzler über die Staatssekretäre und Parteiführer bis zu den führenden Monopolisten, Gelehrten und Künstlern.[6]

Ohne Zweifel gelang es der DG, zeitweilig im Sinne der Burgfriedenspolitik zu wirken. Doch gelang es ihr nicht — mit fortschreitender Kriegsdauer immer weniger —, die ihr übertragene Aufgabe, nämlich die umfassende »Einigkeit der Gesinnung« vom Konservativen bis zum Sozialdemokraten, vom Großindustriellen bis zum Gewerkschaftsführer zu erwirken, voll zu erfüllen. Ihre durch die Person ihres Vorsitzenden W. SOLF nach außen allzu deutlich dokumentierte enge Verbindung zur Reichsregierung und zum Reichskanzler BETHMANN HOLLWEG bewirkte die Distanzierung der zu BETHMANN HOLLWEG in Opposition stehenden konservativen Kräfte aus Politik und Wirtschaft von der DG. Wenn Vertreter dieser Kreise auch am Klubleben teilnahmen, zum Teil sogar Mitglieder wurden, hielten sich aber doch die bedeutendsten konservativen Vertreter von ihr fern. So lehnte z. B. Kuno GRAF VON WESTARP, Vorsitzender der deutschkonservativen Reichstagsfraktion, obwohl immer

wieder aufgefordert, von Anfang an eine Mitgliedschaft ab.[7] Die Mitgliedschaft der DG blieb, wie die führenden Persönlichkeiten belegen, somit auf Vertreter jener flexiblen Gruppierung des Finanz- und Monopolkapitals sowie Vertreter der sie politisch repräsentierenden bürgerlichen Parteien und jene Ideologen beschränkt, die der außen- und innenpolitischen Konzeption BETHMANN HOLLWEGS nahestanden bzw. diese auch direkt beeinflußt hatten.[8] Damit war die DG neben ihrer Hauptfunktion, für die Erhaltung des »Burgfriedens« einzutreten, zugleich Sprachrohr dieser Gruppierung, über das sie gegen die Kriegsziele alldeutscher Provenienz und für die Konzeption eines mitteleuropäischen Wirtschaftsverbandes unter deutscher Führung agierte, gegen einen »verfrühten« uneingeschränkten U-Boot-Krieg auftrat und für innenpolitische Reformen im Sinne des von BETHMANN HOLLWEG vertretenen liberalen Konservatismus plädierte.

W. SOLF hatte in seiner Funktion als Staatssekretär des Reichskolonialamtes schon zu Beginn des Krieges auf den Teil des Bethmannschen Septemberprogramms eingewirkt, der die Bildung eines deutschen Zentralafrikas vorsah. Mit diesem Kriegsziel wollte speziell W. SOLF die öffentliche Meinung von Annexionen in Europa ablenken.[9]

Die DG war auch die Plattform, von der aus in der zweiten Hälfte des Krieges der liberalistische Flügel der deutschen Bourgeoisie für einen Verständigungsfrieden mit den Westmächten nach dem Motto eintrat: »Nach Osten schlagen, nach Westen sich verteidigen und den Angriffswillen der Engländer durch eine politische Offensive lähmen.« In diesem Sinne einer psychologischen Kriegführung, die die deutschen Kriegsziele »ethisch« begründen sollte, hielt W. SOLF noch am 20. August 1918 einen Vortrag in der DG.[10] Er führte damit die Gedankengänge weiter, die Paul ROHRBACH vor dem gleichen Kreis schon im September 1917 ausgesprochen hatte und die vor allem der außenpolitischen Linie von Max PRINZ VON BADEN entsprachen. Innenpolitisch unterstützten die führenden Vertreter der DG ebenfalls die Anstrengungen M. VON BADENS, mit der »Revolution von oben« der drohenden Revolution von unten zuvorzukommen.

Die DG stand damit in einer Reihe mit den in

gleicher Richtung agierenden anderen politischen Kreisen, dem *MD*, der ↗ *Freien Vaterländischen Vereinigung (FVV)* und dem ↗ *Deutschen Nationalausschuß für einen ehrenvollen Frieden (DNA)*. Diese Klubs und Vereinigungen waren von Anfang an durch ihre führenden Mitglieder personell miteinander verbunden und hatten es verstanden, durch eine Verteilung der Aufgaben ihre Wirksamkeit zu erhöhen.

Die DG blieb auch nach der Novemberrevolution bestehen. Der Vorsitz ging an den ehemaligen nationalliberalen Abgeordneten E. SCHIFFER über, der Mitglied der ↗ *DDP* geworden war. Entsprechend bezog die DG politisch den Standpunkt dieser Partei, bei deren Gründung sie auch Pate gestanden hatte. Die Tatsache, daß die *DDP* in den ersten Jahren der Weimarer Republik erheblichen politischen Einfluß besaß, sich an den Koalitionsregierungen beteiligte und einige Minister stellte, zu denen vor allem die Mitglieder der DG RATHENAU und E. SCHIFFER gehörten, sicherte auch der DG Einfluß und Bedeutung. Zum Zentrum der DG entwickelte sich das von ihrem Vorsitzenden E. SCHIFFER 14täglich veranstaltete »Frühstück«, bei dem ca. 30 Teilnehmer zu Vorträgen und Diskussionen aktueller Themen erschienen. Der in den ersten Jahren der Weimarer Republik häufige Wechsel der Regierungskabinette bewirkte, daß an diesen Zusammenkünften auch eine große Anzahl von Ministern a. D. teilnahmen.

In personeller Anlehnung an die DG bildete sich ein Außenpolitisches Komitee, das im wesentlichen den Charakter einer wissenschaftlichen Forschungsgemeinschaft trug. Der Teilnehmerkreis setzte sich aus Beamten, Diplomaten, Professoren, Militärs, Kaufleuten und Bankiers zusammen. Die politischen Ansichten und Ziele des Komitees wurden von der von Prof. Adolf GRABOWSKY herausgegebenen »Zeitschrift für Politik« und dem von R. SCHMIDT herausgegebenen »Lehrbuch für Politik« bestimmt. Das Komitee wirkte in den ersten Jahren der Weimarer Republik in loser Verbindung als Forschungsabteilung des Auswärtigen Amtes. Doch trat, als STRESEMANN das Außenministerium übernahm, diese Funktion immer mehr in den Hintergrund.[11]

Gegen Ende der Weimarer Republik verringerte sich der politische Einfluß der DG mehr und mehr. Die immer noch vertretene Linie, im Sinne einer gemäßigten politischen Richtung der Mitte wirken zu wollen, hatte angesichts der zunehmenden Verschärfung des Klassenkampfes keinerlei Aussicht auf Erfolg. So scheiterten auch W. SOLFS 1932 unternommene Bemühungen, mit Hilfe der DG alle Mittelparteien gegen die »radikalen Strömungen von rechts und links« zu sammeln.[12] Dieser letzte Versuch, die Klassengegensätze zu versöhnen und überbrücken zu wollen, bedeutete faktisch das Ende der politischen Tätigkeit der DG. Ihre Auflösung im August 1934 war nur noch ein Akt, die bereits vorher politisch tote Organisation nun auch formal zu beseitigen.

Quellen und Literatur

Archivalien zur Geschichte der DG konnten außer im NL Kuno Graf von Westarp im ZStA Potsdam, der einige Schriftstücke an und über die DG enthält, nicht festgestellt werden. Dokumentarischen Wert besitzen die Reden Wilhelm Solfs und Helmuth von Moltkes auf der Gründungsversammlung, die veröffentlicht wurden: W. Solf »Rede zur Gründung der ›Deutschen Gesellschaft 1914‹« (Berlin 1915), Generaloberst H. von Moltke »Erinnerungen, Briefe, Dokumente 1877–1916« (Stuttgart 1922, S. 443 ff. – Ansprache bei Eröffnung der »Deutschen Gesellschaft 1914« am 28. 11. 1915).

Als hauptsächliche Quellen, die aber alle keine ausführliche Darstellung zur Genesis der DG enthalten, sondern nur im Zusammenhang mit der jeweiligen politischen Linie einige Detailfragen behandeln, kommen die Memoiren von Ernst Jäckh[13], K. von Westarp[14], Friedrich Meinecke[15], Paul Rohrbach[16] und Eugen Schiffer[17] in Betracht.

Die DG war bislang noch nicht Gegenstand einer monographischen Arbeit. Eine ausführlichere Erwähnung findet sie vor allem in den bürgerlichen Darstellungen von Eberhard von Vietsch (siehe Anm. 1), Helmut Weidmüller (siehe Anm. 3) und Theodor Heuss (siehe Anm. 5).

Anmerkungen

1 Zit. in: Eberhard von Vietsch: Wilhelm Solf, Botschafter zwischen den Zeiten, Tübingen 1961, S. 142 ff.

2 Generaloberst Helmuth von Moltke: Erinnerungen, Briefe, Dokumente 1877–1916, Stuttgart 1922, S. 443 ff.

3 Siehe Anm. 1 sowie Helmut Weidmüller: Die Berliner Gesellschaft während der Weimarer Republik, phil. Diss. (MS), Berlin (West) 1956, S. 36 ff.

4 Das Kriegstagebuch des Reichstagsabgeordneten Eduard David 1914 bis 1918, in Verbindung mit Erich Matthias bearb. von Susanne Müller, Düsseldorf 1966, S. 165, 193, 221 und 275.

5 Theodor Heuss: Robert Bosch, Leben und Leistung, Stuttgart–Tübingen 1948, S. 305 ff.

6 Ernst Jäckh: Der Goldene Pflug. Lebensernte eines Weltbürgers, Stuttgart 1954, S. 184 ff.

7 Graf Westarp: Konservative Politik im letzten Jahrzehnt des Kaiserreiches, Bd. 2, Berlin 1935, S. 10 ff.

8 Siehe Willibald Gutsche: Erst Europa — und dann die Welt. Probleme der Kriegszielpolitik des deutschen Imperialismus im ersten Weltkrieg. In: ZfG, XII. Jg. 1964, H. 5, S. 745 ff.

9 Siehe Fritz Fischer: Griff nach der Weltmacht. Die Kriegszielpolitik des kaiserlichen Deutschland 1914/18, 3., verbesserte Aufl., Düsseldorf (1964), S. 115 f.

10 E. von Vietsch, S. 190 ff.

11 H. Weidmüller, S. 36 ff.

12 E. von Vietsch, S. 308.

13 Siehe Anm. 6.

14 Siehe Anm. 7.

15 F. Meinecke: Straßburg–Freiburg–Berlin 1901 bis 1919. Erinnerungen, Stuttgart 1949.

16 Paul Rohrbach: Um des Teufels Handschrift. Zwei Menschenalter erlebter Weltgeschichte, Hamburg 1953.

17 Eugen Schiffer: Ein Leben für den Liberalismus, Berlin (West) 1951.

Johanna Schellenberg

Deutsche Gesellschaft für Wehrpolitik und Wehrwissenschaften (DGW) 1933–1945

Die DGW stellte eine Kaderorganisation der herrschenden Klasse im faschistischen Deutschland zur militärtheoretischen, ideologischen und propagandistischen Vorbereitung des zweiten Weltkrieges dar. Ihre Mitglieder waren vornehmlich ehemalige Generale und Offiziere; besonders hoch war der Anteil ehemaliger Generalstabsoffiziere. Sie gehörte zu den Einrichtungen, die entscheidenden Anteil an der Ausarbeitung und Entwicklung der faschistischen Militärdoktrin und Militärtheorie hatten. Durch ihren bestimmenden Einfluß auf die Richtung der »Wehrpropaganda« in den Gliederungen und angeschlossenen Organisationen der ↗NSDAP sowie durch die umfangreiche publizistische Tätigkeit ihrer Mitglieder wirkte die DGW auf breite Kreise der Bevölkerung.

1. Die militärischen Gesellschaften und andere Vorläufer der DGW
2. Ziele, Aufgaben, Führung und Arbeitsweise der DGW
3. Die Verbindungen der DGW zur Wehrmachtführung, zum Monopolkapital, zur NSDAP und zum faschistischen Staatsapparat
4. Der Einfluß der DGW auf die Jugend. Ihre Entwicklung im zweiten Weltkrieg
5. Quellen und Literatur

Präsident

General der Flieger Friedrich VON COCHENHAUSEN

Ehrenpräsident

Reichsstatthalter General der Infanterie a. D. Franz RITTER VON EPP

Vizepräsidenten

Admiral z. V. Walter PRENTZEL (Erster Vizepräsident);
Prof. Dr. Fritz BACHER (1934–1939; ab 1939 nicht mehr verzeichnet)

Generalsekretär

Oberst a. D. Dr. Bernhard VON EGGELING

Mitglieder

1933/34: ca. 750 Einzel- und korporative Mitglieder,
1935: 724 Einzel- und 199 korporative Mitglieder,
1937: ca. 1 400 Einzel- und 800 korporative Mitglieder,
1942/43: ca. 4 200 Einzel- und korporative Mitglieder

Jahreshauptversammlungen

Jährlich im Mai in Berlin (Entgegennahme von Berichten des Präsidenten und der Leiter einzelner Arbeitsgemeinschaften)

Presse

»Wissen und Wehr«, Monatsschrift (1933–1944 Organ der Gesellschaft), Berlin; Auflagenhöhe 1936: 2 500, 1938: 2 800, Hauptschriftleiter: Karl LINNEBACH
»Deutsche Gesellschaft für Wehrpolitik und Wehrwissenschaften. Abhandlungen« (1933–1944, seit 1935: »Abhandlungen der Deutschen Gesellschaft für Wehrpolitik und Wehrwissenschaften«)
»Militärwissenschaftliche Mitteilungen«, Monatsschrift (seit 1938 Organ der Gesellschaft mit spezifisch großdeutscher Propaganda), Wien

1. Die militärischen Gesellschaften und andere Vorläufer der DGW

Die DGW knüpfte an das Wirken zahlreicher deutscher Militärgesellschaften an, deren Traditionen bis in das 18. Jh. zurückreichten. Kleine Gruppen von Offizieren, die kritisch die Erfahrungen des Siebenjährigen Krieges und später der französischen Revolutionskriege auswerteten, forderten ein regeres geistiges Leben und eine gewisse wissenschaftliche Bildung des Offizierskorps. Aus diesen Gruppen ragte die der Herausgeber der Zeitschrift »Bellona« (1781–1787) heraus. Die erste bedeutsame Militärgesellschaft in Deutschland war die 1801 durch Gerhard Johann David VON SCHARNHORST gegründete *Militärische Gesellschaft in Berlin*. Sie bestand bis 1805 und bildete zugleich den Höhepunkt im Wirken deutscher Militärgesellschaften. 1842 wurde in Berlin die unter dem Protektorat der preußischen Könige und später der Kaiser stehende *Jüngere Militärische Gesellschaft zu Berlin* gegründet. Seit 1868 bestand eine *Militärische Gesellschaft* in München, die allerdings wenig Bedeutung erlangte. Die Mitglieder dieser Gesellschaften — in der Regel aktive Generale und Offiziere — hatten es sich zur Aufgabe gemacht, brennende Probleme des Militärwesens, der Kriegskunst und der Einstellung der Bevölkerung zu den militärischen Fragen zu erörtern und so der Weiterbildung des aktiven Offizierskorps zu dienen. Propagandistische Tätigkeit über den Rahmen der Armee hinaus war für sie nicht typisch.

Nach der Niederlage des deutschen Imperialismus und Militarismus im ersten Weltkrieg entstand eine völlig neue Situation. Der Versailler Vertrag gestattete nur ein Hunderttausend-Mann-Heer mit einem kleinen Führungsstab ohne Einrichtungen für militärwissenschaftliche oder -historische Forschung. Hunderte Generale und Tausende Berufsoffiziere mußten aus dem Dienst entlassen werden. Sie organisierten sich in einer Reihe von ↗ *Offiziersverbänden*. Gleichzeitig bildeten einige ehemalige Generale und höhere Offiziere militärtheoretische Arbeitsgemeinschaften, die sich das Ziel stellten, Kriegserfahrungen und die Ursachen der Niederlage von 1918 kritisch zu erörtern sowie neue militärwissenschaftliche Fragen zu diskutieren. Diesen Gruppen gehörten in der Regel jene Kräfte an, die sich auch durch eine rege publizistische Tätigkeit auszeichneten und jeglichen Pazifismus bekämpften. Die Führung der Reichswehr unterstützte diese Vereinigungen. Sie wollte, ungeachtet der alliierten Kontrolle und über ihre eigenen beschränkten Möglichkeiten hinaus, den ersten Weltkrieg wissenschaftlich auswerten und das Militärwesen eventueller Gegner in einem neuen Krieg studieren lassen. Im Ergebnis dieser Bestrebungen entstanden die

Vereinigung Scharnhorst-Vorträge (Initiator: Generalleutnant a. D. Constantin VON ALTROCK, ehemaliges Mitglied der *Jüngeren Militärischen Gesellschaft zu Berlin*) und 1929 die *Wehrwissenschaftliche Arbeitsgemeinschaft (»Wewia«*; Initiator: Oberst a. D. Prof. Dr. Siegfried KLEFEKER, Direktor der Deutschen Heeresbücherei). Beide wirkten in engem Kreise und widmeten sich in erster Linie der Erörterung von Fragen der neu entwickelten Theorie des »totalen« Krieges.

2. Ziele, Aufgaben, Führung und Arbeitsweise der DGW

Mit der Errichtung der offen terroristischen Diktatur des deutschen Imperialismus entstanden für die theoretisch-publizistisch tätigen Kräfte des Militarismus neue Bedingungen und neue Aufgaben. Sie sahen im faschistischen Herrschaftssystem das Mittel zur Wiedererrichtung einer Millionenarmee, dem Instrument zur Verwirklichung ihrer langgehegten Pläne zur Revision der Ergebnisse des ersten Weltkrieges. Schon nach kurzer Zeit bekannte sich die Mehrheit der deutschen Militärtheoretiker offen zur nazifaschistischen Ideologie.[1] Sie nutzten intensiv die Möglichkeit, mit Hilfe des faschistischen Staates die militärtheoretische Arbeit wesentlich zu verstärken, ihre Basis zu verbreitern, sie straffer zu leiten und in einheitlich organisierter Form voranzutreiben. Von der Öffentlichkeit isolierte Gruppen reichten nicht mehr aus, um diese Ziele erreichen zu können.

Am 28. Juni 1933, dem Jahrestag des Friedensvertrages von Versailles, wurde die DGW in Berlin gegründet. Im Einvernehmen mit dem Reichswehrministerium wurde die »Wewia« eingegliedert und deren Vorsitzender ihr Präsident. Die DGW formulierte in ihrem Statut als ihre allgemeine Aufgabe, der »Zusammenfassung aller schöpferischen wehrpolitischen Bestrebungen und der Förderung wehrwissenschaftlicher Arbeit dienen« zu wollen. Sie erklärte ausdrücklich, sich nicht mit Fragen der militärischen Strategie und Taktik, Organisation und Ausbildung zu beschäftigen, die der Reichswehr und anderen staatlichen Einrichtungen vorbehalten seien. Da sie aber den neuen Krieg als eine »Angelegenheit des ganzen Volkes« betrachtete, wolle sie »mittelbar der Partei und der Wehrmacht dienen, indem sie alle jene nicht rein militärischen Wissensgebiete fördert, die in irgendeiner bedeutsamen Beziehung zur Landesverteidigung stehen«.[2] Im einzelnen sah die DGW ihre Aufgaben:

1. in der verstärkten Weiterführung der militärtheoretischen Arbeit zur Vorbereitung eines Aggressionskrieges. Diese Arbeit erfolgte im wesentlichen nach der Aufgabenstellung der Wehrmachtführung;

2. in der Unterstützung der Reichswehr- bzw. Wehrmachtführung bei der Heranbildung der Kader für die aufzustellende Massenarmee;

3. in der Bearbeitung von kriegswirtschaftlichen und -technischen Problemen der vollständigen Einbeziehung der Wirtschaft in die Vorbereitung eines »totalen« Krieges sowie in der Vertiefung des »wehrpolitischen« und »wehrwissenschaftlichen« Verständnisses unter den verantwortlichen Kadern in Staats- und Wirtschaftsapparat;

4. in der Schaffung der theoretischen Grundlagen und der Vorbereitung der Kader für eine wirksame »Wehrpropaganda« im Rahmen der ideologischen Vorbereitung eines neuen Raubkrieges;

5. in der Einflußnahme auf die Organe der Volksbildung und die Hochschulen sowie in der Unterstützung der faschistischen Jugendorganisationen bei der faschistisch-militaristischen Verseuchung der deutschen Jugend und der Heranbildung einer »wehrpolitisch geschulten zivilen Führerschicht«.[3]

Die DGW diente also unmittelbar den ideologischen und militär-theoretischen Vorbereitungen des faschistischen Raubkrieges. Im Unterschied zu den vor dem ersten Weltkrieg existierenden Militärgesellschaften lag der Schwerpunkt ihrer Tätigkeit nicht in der Weiterbildung aktiv dienender Offiziere. Ihre Hauptaufgabe bestand im Einwirken auf die außerhalb der Armee stehenden Kader, die befähigt werden sollten, im Falle eines Krieges als Reserveoffiziere oder an verantwortlichen kriegswichtigen Stellen von Staat und Wirtschaft zur Erreichung der Kriegsziele einheitlich und entschlossen zu handeln. Die militärtheoretische Arbeit bildete zunächst den Schwerpunkt der DGW. Durch die militärwissenschaftlichen und kriegsgeschicht-lichen Untersuchungen ihrer Mitglieder zu grundsätzlichen Fragen der Heereserweiterung, Rüstung und Kriegführung und deren Erörterung in den verschiedensten Gremien, unterstützte sie die Arbeit der militärwissenschaftlichen und kriegsgeschichtlichen Abteilungen der Generalstäbe der Wehrmachtteile und gehörte zu den militärtheoretisch maßgebenden Institutionen des faschistischen Deutschlands. Die Gremien der DGW wurden in die Diskussion einer Reihe grundsätzlicher Fragen der Auswertung des ersten und der Vorbereitung des zweiten Weltkrieges eingeschaltet. Dabei kam es verschiedentlich zu heftigem Meinungsstreit, der in einigen Fällen erst durch Ausschaltung der unliebsamen Kritiker beendet wurde.

Durch die Herausgabe von Handbüchern, Sammelwerken und einzelnen Abhandlungen, sowie durch die publizistische Tätigkeit der Mitglieder und ihren maßgeblichen Einfluß in den Redaktionen der gesamten »Wehrpresse« verbreitete die Gesellschaft die im militärtheoretischen Denken des faschistischen Deutschlands vorherrschenden Ansichten unter einem großen Leserkreis.[4] Dies entsprach der eigenen Aufgabenstellung auf dem Gebiete der »Wehrpropaganda«. Dazu hieß es in einem redaktionellen Artikel von »Wissen und Wehr« anläßlich des 60. Geburtstages F. VON COCHENHAUSENS: »... Aber es genügte nicht, die soldatischen Werte von Ein- und Unterordnung, von Disziplin und Kameradschaft wieder zu wecken, sondern daneben mußte nun auch das Verständnis aller Kreise der Volksgemeinschaft für die Ziele der nationalsozialistischen Wehrpolitik und für die Forderungen der Landesverteidigung vertieft werden.«[5]

Die DGW war nach dem faschistischen »Führerprinzip« aufgebaut. Der Präsident besaß alle Vollmachten. Ihm zur Seite standen der Erste Vizepräsident und von 1934 bis 1939 ein weiterer Vizepräsident. Der Generalsekretär regelte das innere Geschäftsleben der Gesellschaft und die Herausgabe der Druckmaterialien, ihm unterstanden auch die haupt- und nebenberuflichen Mitarbeiter des Generalsekretariats. Ein Finanzbeirat befaßte sich mit Haushaltsfragen. Der Fachbeirat besaß in der Gesellschaft großen Einfluß. Ihm gehörten die Leiter der einzelnen DGW-Arbeitsgemeinschaften und andere führende

Mitglieder der Gesellschaft an. Er unterstützte den Präsidenten bei der Leitung der theoretischen Arbeit und half ihm, Entscheidungen auf diesem Gebiet zu treffen und den nachgeordneten Organen die entsprechenden Aufgaben zu stellen.

Bei den Mitgliedern unterschied man Einzelmitglieder (Mitarbeiter und Förderer) und korporative Mitglieder (Gliederungen der *NSDAP* und weitere nationalsozialistische Organisationen, Polizeidienststellen, Herrenklubs, Universitäten und andere Institutionen). Persönlichkeiten, an denen die Gesellschaft besonders interessiert war, wurden zu Ehrenmitgliedern ernannt.

Die Arbeit der Gesellschaft erfolgte hauptsächlich in den Arbeitsgemeinschaften (AG) und deren geheimen Studienausschüssen. Bis 1938/39 waren folgende Arbeitsgemeinschaften ins Leben gerufen worden, die in den Wintermonaten regelmäßig Sitzungen abhielten:

— Kriegsphilosophie
— Kriegsgeschichte
— Kriegsrecht
— Wehrpolitik
— Wehrpsychologie
— Wehrwirtschaft
— Wehrverkehrsfragen
— Wehrtechnik
— Luftschutz
— Gasschutz
— Marinefragen
— Wehrpublizistik

1935 begann man mit der Errichtung von Zweigstellen, die zeitweilig auch Zentralstellen genannt wurden. Während des zweiten Weltkrieges wurden außerdem beim Sitz der Wehrkreiskommandos Hauptstützpunkte und in einigen Orten Stützpunkte der Gesellschaft geschaffen. 1943 bestanden Zweigstellen in folgenden Städten: Wien, Leipzig, Stuttgart, München, Konstanz, Magdeburg, Hamburg, Kattowitz (Katowice), Hannover und Breslau. In einigen Zweigstellen wurden auch eigene Arbeitsgemeinschaften gebildet.

Der Schwerpunkt der Arbeit lag bei den zentralen Einrichtungen, die in der Regel in Berlin tagten, wo auch Vortrags- und Diskussionsabende — unter anderem zum Thema »Die ethischen Grundlagen der allgemeinen Wehrpflicht« — durchgeführt wurden. Das Arbeitsjahr erstreckte sich vom Oktober bis zum Mai. Seinen Inhalt bestimmt der Arbeitsplan, der jeweils auf der im Monat Mai in Berlin stattfindenden Jahreshauptversammlung bekanntgegeben wurde.[6]

3. Die Verbindungen der DGW zur Wehrmachtführung, zum Monopolkapital, zur NSDAP und zum faschistischen Staatsapparat

Die DGW war im Prinzip ein Organ der Wehrmachtführung. Ihr Sitz befand sich zunächst in der Deutschen Heeresbücherei. Nach der Bildung des Oberkommandos der Wehrmacht (OKW) siedelte sie 1938 in dessen Räume über und verlor endgültig ihre scheinbare Selbständigkeit. Die Aufgabenstellung an die Mitglieder der DGW erfolgte in enger Abstimmung mit der Wehrmachtführung.[7] Es ist schwer, den Anteil von DGW- und Wehrmachtführung hierbei zu trennen. In den grundsätzlichen militärtheoretischen und -politischen Fragen bestand prinzipielle Übereinstimmung. Weiterhin waren die tonangebenden Mitglieder der DGW als aktive Offiziere oder Beamte selbst Leiter oder Mitarbeiter wichtiger Wehrmachtstellen. So war z. B. der Leiter der AG Kriegsgeschichte, Oberstleutnant a. D. Wolfgang FOERSTER, Präsident der kriegsgeschichtlichen Forschungsanstalt des Heeres und persönlich mit dem Chef des Generalstabes des Heeres, Ludwig BECK, befreundet. Der Leiter der AG Wehrpsychologie, Major Max SIMONEIT, war stellvertretender Leiter der Hauptstelle der Wehrmacht für Psychologie und Rassenkunde. Das Mitglied der DGW Generalleutnant Dr. h. c. Friedrich VON RABENAU war Chef der Heeresarchive, General der Infanterie Waldemar ERFURTH war Oberquartiermeister V und für die Kriegsgeschichtsschreibung zuständig. Die Verbindungen zur Wehrmacht erfolgten weiterhin durch Exkursionen der Mitglieder und Besichtigungen von Wehrmachtseinrichtungen sowie durch den Kontakt der Zweigstellen zu den Standorten. Der DGW waren die meisten Reichsministerien und höchsten Reichsbehörden als korporative Mitglieder beigetreten. Besonders enge Verbindungen bestanden zum Reichsministerium des Innern, zum Ministerium für Wissenschaft, Erziehung und Volksbildung und zum Reichswirtschaftsministerium.[8]

Unabhängig davon, daß ein Teil der Mitglieder der DGW eine Mitgliedschaft in der *NSDAP* aus den verschiedensten Gründen ablehnte und den allzu brutalen faschistischen Terror zunächst mißbilligte, war die DGW eine Organisation, die sich als Ganzes zu den faschistischen »Idealen«, besonders zu den militär- und außenpolitischen Zielen der *NSDAP*, bekannte. Bereits vor 1933 stimmten die später in der Gesellschaft tonangebenden Kräfte in ihren militärtheoretischen Anschauungen mit denen der Nazifaschisten überein. Der Leiter des Wehrpolitischen Amtes der *NSDAP*, Reichsstatthalter General der Infanterie a. D. F. VON EPP, war bereits 1933 Ehrenpräsident der DGW geworden. Der Leiter der wehrpolitischen Abteilung an der Deutschen Hochschule für Politik, Horst VON METZSCH, war ebenso aktives Mitglied der Gesellschaft wie der Reichsarbeitsführer und frühere Militärexperte der *NSDAP*, Constantin HIERL, und der Stabschef beim »Beauftragten des Führers für die Überwachung der gesamten geistigen und weltanschaulichen Schulung der NSDAP«, Dr. Hellmut STELLRECHT. Hohe Vertreter der Parteiführung wie Rudolf HESS und Heinrich HIMMLER nahmen gelegentlich an Vortragsabenden der DGW teil.[9] Die *NSDAP* beauftragte die DGW mit der systematischen Ausbildung der »wehrpolitischen« Schulungsreferenten und Vortragsredner der ↗ SA, ↗ SS und anderer Gliederungen sowie der ihnen angeschlossenen militaristisch-faschistischen Organisationen. Die DGW stellte diesen Organisationen zu speziellen militärpolitischen Themen Referenten und belieferte sie mit den von ihr herausgegebenen Druckmaterialien und Referentenanleitungen. Seit 1935 veranstaltete sie regelmäßig einmal im Jahr Lehrgänge, an denen jeweils etwa 200 Vortragsredner teilnahmen. So trug sie wesentlich zur Vereinheitlichung der ideologischen Kriegsvorbereitung bei und erzielte, ohne selbst eine Massenorganisation zu sein, eine große Breitenwirkung.[10]

Die vielfältigsten Verbindungen unterhielt die DGW auch zur deutschen Wirtschaft. Leitende Vertreter der IG-Farben und der Auergesellschaft gehörten zu ihren Mitgliedern. Der Flickkonzern und andere Monopole entsandten ihre Experten als Referenten. Fritz THYSSEN stand in persönlicher Verbindung mit einem Mitarbeiter der DGW, dem damaligen Major Dr. Kurt HESSE. Zwischen verschiedenen Arbeitsgemeinschaften und den Experten führender Konzerne bestanden rege wechselseitige und intensive Beziehungen. In gewisser Hinsicht fungierten insbesondere Arbeitsgemeinschaften und deren Studienausschüsse als Bindeglieder zwischen Wehrmacht, Staatsapparat und Wirtschaft und wurden in den alles beherrschenden staatsmonopolistischen Mechanismus mit einbezogen.

Die Arbeitsgemeinschaften Wehrwirtschaft, Wehrtechnik, Wehrverkehrsfragen, Gasschutz und zum Teil auch die AG Luftschutz untersuchten im Interesse der Vorbereitung des »totalen« Krieges in engem Zusammenwirken mit Wehrmacht, Staatsapparat und Industrie Grundsatzfragen der Vorbereitung einer umfassenden Kriegswirtschaft. Sie nahmen zu Fragen der Produktion von Waffen und Gerät Stellung und wirkten an der Vorbereitung der Ausplünderung fremder Länder mit. 1937 wurde Dr. Paul OSTHOLD, ein fanatischer Antikommunist, Leiter der AG Wehrwirtschaft. Er war 1933 bis 1936 als Hauptschriftleiter der Zeitschrift »Der deutsche Unternehmer« tätig gewesen und lenkte später als stellvertretender Hauptschriftleiter des »Deutschen Volkswirts« die wehrwirtschaftliche Publizistik in der Unternehmerpresse.[11]

4. Der Einfluß der DGW auf die Jugend. Ihre Entwicklung im zweiten Weltkrieg

Ein spezielles Aufgabengebiet der DGW bestand in der Einflußnahme auf die »Weckung des Wehrgedankens« an den Schulen, Hochschulen und Universitäten. Bereits 1933 wurden die meisten deutschen Universitäten auf Grund einer Weisung des Reichsministeriums des Innern korporative Mitglieder der DGW.[12] Sie belieferte diese Einrichtungen ständig mit Druckmaterialien und lud die Vertreter des Lehrkörpers zu ihren Veranstaltungen ein. Bereits vor 1933 hatten an einigen Universitäten und Hochschulen Lehrbeauftragte für Kriegsgeschichte und Wehrwissenschaften ihre Tätigkeit aufgenommen, die fast alle

Mitglieder der DGW wurden. Diese bemühte sich um Lehraufträge an den restlichen Hochschulen und um die Vereinheitlichung der wehrwissenschaftlichen Arbeit. Besondere Schwerpunkte des Einflusses der DGW bildeten die wehrwissenschaftlichen Fakultäten und Lehrstühle an den technischen Hochschulen und die kriegsgeschichtlichen Abteilungen an den historischen Seminaren der Universitäten Berlin und München. Bereits seit der Gründung der DGW gehörte ihr eine Reihe namhafter Professoren des faschistischen Deutschlands an. So befanden sich unter den Mitgliedern die Historiker Willy ANDREAS, Walter ELZE, Eugen VON FRAUENHOLZ, Paul SCHMITTHENNER, der Geopolitiker Karl HAUSHOFER, der Mediziner Fritz WIRTH u. a. Es gehörte zur Regel, daß Wissenschaftler der entsprechenden Fachrichtungen zur Erörterung wichtiger Fragen an den Veranstaltungen der DGW teilnahmen.

Mit der Herausgabe des Handbuches »Erziehung zum Wehrwillen«[13], der Erarbeitung von Lehrhilfen für den Unterricht in Mathematik, Physik, Geschichte und Deutsch und der Schulung von Funktionären des *Nationalsozialistischen Deutschen Lehrerbundes* dehnte die DGW ihren geistigen Einfluß auf Anordnung des »Beauftragten des Führers für die Überwachung der gesamten geistigen und weltanschaulichen Erziehung der NSDAP« auch auf die Volks-, Mittel-, Berufs- und Oberschulen aus.

Im zweiten Weltkrieg wurde ein großer Teil der aktiven Mitglieder zur Wehrmacht einberufen, die Arbeit der meisten Arbeitsgemeinschaften begann zu stagnieren. Die übrigen Kader der DGW, ältere ehemalige Offiziere und Generale mit Kriegserfahrung, bildeten ein geeignetes Reservoir für die Entwicklung einer zielstrebigen, »fachgerechten« und massenwirksamen Kriegspropaganda. Seit 1939 verlagerte die DGW auf Anordnung des Oberkommandos der Wehrmacht den Schwerpunkt ihres Wirkens auf die Vortragstätigkeit. Die theoretische Arbeit wurde stark reduziert und im wesentlichen dieser Aufgabe untergeordnet. In der ersten Stellungnahme F. VON COCHENHAUSENS zur Entfesselung des neuen Krieges hieß es daher: »Es darf nie wieder vorkommen, daß das deutsche Volk kritiklos auf trügerische Versprechungen unserer Feinde hineinfällt.

Wir alle haben bei unserer Arbeit die Überzeugung gewonnen, daß es heutzutage eine der Hauptaufgaben wehrpolitisch geschulter Männer sein muß, die Wirkung des geistigen Krieges unserer Gegner zunichte zu machen. Dieser Aufgabe will sich die Gesellschaft jetzt hauptsächlich widmen.«[14]

Mit Unterstützung der Reichspropagandaleitung und des Oberkommandos der Wehrmacht wurden in allen Gauen der NSDAP »Beauftragte für das militärische Vortragswesen« (B. m. V.) bei den Gaupropagandaleitungen eingesetzt. »Sie sind Organe der Gesellschaft und damit des OKW, sie sind die Mittler und Verbindungsorgane der Zentrale in Berlin zu den Vortragsrednern in den Gauen, Verbindungsstellen zu den Gauleitungen und Wehrkreiskommandos«, heißt es in einer Veröffentlichung der Gesellschaft.[15] Zur Unterstützung der Vortragstätigkeit wurde die Zeitschrift »Wissen und Wehr« bis 1944 weiter herausgegeben, ebenso die »Abhandlungen« und die von Zeit zu Zeit erscheinenden Literaturzusammenstellungen.

Gegen Ende des Krieges kam die Arbeit der DGW zum Erliegen. Ihr Präsident wurde 1944 in den Ruhestand versetzt. Einige ihrer Mitglieder oder ihr früher nahestehende Offiziere und Beamte, wie Dr. Wilhelm DIECKMANN und Oberst Claus GRAF SCHENK VON STAUFFENBERG, waren in die Ereignisse im Zusammenhang mit dem Attentat auf HITLER vom 20. Juli 1944 verwickelt und fielen dem Terror der Gestapo zum Opfer. Eines der Mitglieder der DGW, Generalmajor Dr. Otto KORFES, trat in sowjetischer Gefangenschaft dem *Nationalkomitee »Freies Deutschland«* bei und stellte nach der Rückkehr in die Heimat seine Kraft dem Aufbau der Deutschen Demokratischen Republik zur Verfügung. Die Mehrzahl der Mitglieder der DGW unterstützte den Faschismus bis zum Ende des Krieges. Einige dieser reaktionären Kräfte wie W. FOERSTER, W. ERFURTH, Erich MURAWSKI, Georg FEUCHTER u. a. förderten die 1952 in München erfolgte Gründung der *Gesellschaft für Wehrkunde*.[16]

5. Quellen und Literatur

Folgende marxistische Darstellungen vermitteln einen Einblick in das Wirken der DGW: Gerhard Förster »Totaler Krieg und

Blitzkrieg. Die Theorie des totalen Krieges und des Blitzkrieges in der Militärdoktrin des faschistischen Deutschlands am Vorabend des zweiten Weltkrieges« (Berlin 1967. = Militärhistorische Studien, 10, NF). Peter Kolmsee »Zur Rolle und Funktion der Deutschen Gesellschaft für Wehrpolitik und Wehrwissenschaften bei der Vorbereitung des zweiten Weltkrieges durch das faschistische Deutschland« (phil. Diss. [MS], Leipzig 1966). Helmut Schnitter »Militärwesen und Militärpublizistik« (Berlin 1967. = Militärhistorische Studien, 9, NF). Reinhard Brühl »Militärgeschichte und Kriegspolitik. Zur Militärgeschichtsschreibung des preußisch-deutschen Generalstabes 1816–1945« (Berlin 1973).

Die treffendste Charakteristik der DGW und ihrer Vorläufer gibt in der bürgerlichen Literatur: Ernst August Nohn »Militärische Gesellschaften in Deutschland«. In: »Wehrkunde« (München, Jg. 1958, H. 5 und 6).

Von den Veröffentlichungen der DGW enthalten das wichtigste Quellenmaterial und geben den besten Einblick in das Wirken der Vereinigung: »Jahrbuch der ›Gesellschaft für Wehrpolitik und Wehrwissenschaften‹« (seit 1937/38 »Jahrbuch für Wehrpolitik und Wehrwissenschaften«, Hamburg). Das Jahrbuch trug 1933 den Haupttitel: »Wehrgedanken«, 1934 den Haupttitel: »Durch Wehrhaftigkeit zum Frieden«, 1935 den Haupttitel: »Wehrfreiheit« und 1936 den Haupttitel: »Volk und Wehrkraft«. Ferner die Jahrgänge der Zeitschrift »Wissen und Wehr« (Berlin 1933/44) und das »Handbuch der neuzeitlichen Wehrwissenschaften« (Hrsg. Hermann Franke, 4 Bde., Berlin–Leipzig 1936/39).

Anmerkungen

1 In der Gesellschaft wurde das Jahr 1934 zum »Jahr des Bekenntnisses zum Nationalsozialismus«. Ihr Organ »Wissen und Wehr« brachte in diesem Jahr eine Fülle von Artikeln, in denen sich führende Militärtheoretiker und -historiker offen zur faschistischen Diktatur bekannten. Siehe auch die Literaturempfehlungen in diesem Jg. der Zeitschrift.
2 Zit. in: Friedrich von Cochenhausen: Deutsche Gesellschaft für Wehrpolitik und Wehrwissenschaften, Aufgaben und Ziele, o.O. 1943, unpag.
3 Diese Übersicht wurde zusammengestellt nach F. von Cochenhausen: Zum Geleit. In: Jahrbuch der »Gesellschaft für Wehrpolitik und Wehrwissenschaften« (im folgenden: Jahrbuch der Gesellschaft), 1935, S. 12. Die Wehrwissenschaften der Gegenwart. Hrsg. F. von Cochenhausen, Berlin 1934, S. 11.
4 Übersichten über die gesamte publizistische Tätigkeit der Mitglieder befinden sich in jedem Jahrbuch der Gesellschaft.
5 Die Deutsche Gesellschaft für Wehrpolitik und Wehrwissenschaften. In: Wissen und Wehr, Jg. 1939, H. 7, S. 485 f.
6 Siehe Satzungen und Arbeitsordnung der Deutschen Gesellschaft für Wehrpolitik und Wehrwissenschaften, e. V., Berlin 1933 (als Manuskript gedruckt).
7 Siehe Mitteilung darüber in: Wissen und Wehr, Jg. 1939, H. 1, S. 79.
8 Siehe Handbuch der neuzeitlichen Wehrwissenschaften. Hrsg. Hermann Franke, Bd. I: Wehrpolitik und Kriegführung, Berlin–Leipzig 1936, S. 47.
9 Siehe Tätigkeitsbericht des Präsidenten der Gesellschaft und Übersicht über die vor der Gesellschaft gehaltenen Vorträge. In: Jahrbuch der Gesellschaft, 1934.
10 Siehe Bericht über die Lehrgänge für Schulungsredner in den Jahrbüchern der Gesellschaft, ferner Anm. 3.
11 Besonders aufschlußreich über die Verbindungen zum Finanzkapital ist ein stenografischer Bericht über einen Vortrag eines exponierten Mitgliedes der Gesellschaft im Industrie-Club Düsseldorf. Der Bericht ist seit 1964 im Besitz der Deutschen Bücherei in Leipzig: Kurt Hesse: Das personelle Moment in der Wehr- und Kriegswissenschaft, Vortrag im Industrie-Club Düsseldorf, gehalten am 27. 2. 1936. Als Stenogramm gedruckt (Düsseldorf 1936).
12 ZStA Potsdam, RMdI, Wehrwissenschaften an Hochschulen 15. Juni 1933–Juli 1934, Nr. 26 886, Bl. 61.
13 Erziehung zum Wehrwillen. Pädagogisch-methodisches Handbuch für Erzieher. Mit Unterstützung und unter Förderung der Deutschen Gesellschaft für Wehrpolitik und Wehrwissenschaften hrsg. von Dr. Szliszka, Stuttgart 1937.
14 Wissen und Wehr, Jg. 1939, H. 9, S. 641 f.
15 Siehe Anm. 2.
16 Siehe Werner Hübner: Die Gesellschaft für Wehrkunde. Die Gesellschaft für Wehrkunde und ihre Rolle im System der Militarisierung Westdeutschlands (1952–1968), Berlin 1970, 237 S., Tab., Kt.

Peter Kolmsee

Deutsche Industriellenvereinigung (DI)
1924–1940

1926–1936 Bund für Nationalwirtschaft und Werksgemeinschaft (BNW)
1936–1940 Bund für Nationalwirtschaft

Die DI wurde von einer Gruppe extrem-reaktionärer Ideologen und Unternehmer gegründet, die den Reparations- und Stabilisierungskurs insbesondere des ↗ Reichsverbandes der Deutschen Industrie (RDI) ablehnte sowie die Errichtung einer offenen Diktatur, die Zerschlagung der Gewerkschaften, die Revision der sozialen »Novemberzugeständnisse« und des Versailler Vertrages zum Ziel hatte. Sie fand vor allem unter nichtmonopolistischen Industriellen Resonanz, da sie »Werksgemeinschaft« und »nationalwirtschaftliche Autarkie« in Verbindung mit »mittelständischen« Parolen propagierte und eine Reihe staatsmonopolistischer Maßnahmen angriff. Während die DI in der praktischen Politik und im industriellen Organisationswesen nahezu bedeutungslos blieb, erlangte sie als Sammelpunkt jungkonservativer und anderer ideologischer Wegbereiter des deutschen Faschismus Gewicht. Sie arbeitete eng mit der Gesellschaft »Deutscher Staat« reaktionärer Hochschullehrer zusammen. Nach der Errichtung der faschistischen Diktatur versuchte der BNW, Einfluß auf die wirtschaftspolitischen Planungen und auf die Zerschlagung der Gewerkschaften zu nehmen. Nach der »Röhm-Affäre« führte er nur noch ein Schattendasein.

Vorsitzender

Alfred MÖLLERS

Stellvertretende Vorsitzende

Georg KAUTZ; Max ROCKSTROH

Geschäftsführende Vorstandsmitglieder

Paul BANG; anfangs auch Eduard STADTLER

Mitglieder

1928 850 ordentliche und 150 außerordentliche Mitglieder

Tagungen

19. Mai 1924 in Berlin (Gründungsversammlung)
23./24. August 1924 in Erfurt (Programmversammlung)
23. März 1925 in Leipzig
14./15. Mai 1926 in Berlin (Gründung des BNW)
21. Mai 1927 in Chemnitz
2. Juni 1928 in Berlin
19./20. April 1929 in Essen
26./27. Juni 1930 in Bochum
16. Mai 1931 in Dresden

Publikationsorgane

»Wirtschafts-Nachrichten« (1925–1940)
»Nationalwirtschaft. Blätter für organischen Wirtschaftsaufbau« (1927–1930)
»Soziale Erneuerung. Unabhängige Zeitschrift für Nationalwirtschaft und organische Sozialpolitik« (1932–1935), 1934/35 mit dem Untertitel »Blätter für organische Nationalwirtschaft und soziale Gestaltung«
»Flugblattserie der Deutschen Industriellenvereinigung« bzw. »Schriftenreihe des Bundes für Nationalwirtschaft und Werksgemeinschaft«

Als die Führung des ↗ RDI am 24. April 1924 dem Sachverständigengutachten über die Reparationsregelung prinzipiell zustimmte und sich damit unmißverständlich für die Annahme des DAWES-Planes aussprach, gründete eine Gruppe extremreaktionärer Ideologen und nichtmonopolistischer Unternehmer am 14. Mai 1924 in Berlin die DI und führte am 19. Mai in Berlin deren Gründungsversammlung mit etwa 500 Teilnehmern durch.[1] Sie lehnte den »Vernunftrepublikanismus« der *RDI*-Führung und der Führung der ↗ *Vereinigung der Deutschen Arbeitgeber-*

verbände (VgDA) sowie die Fortsetzung der »Arbeitsgemeinschaftspolitik« ab, bezeichnete in der Entschließung den DAWES-Plan als »Versklavung der deutschen Industrie« und forderte die *RDI*-Führung zur »Nachprüfung« ihrer Entscheidung auf. Ernst VON BORSIG unternahm auf der Gründungsversammlung im Auftrag des RDI-Präsidiums einen letzten Ausgleichsversuch, verließ aber nach den nicht unberechtigten Vorwürfen der DI, die *RDI*-Führung habe materielle Interessen an der Durchführung des DAWES-Planes, demonstrativ die Versammlung.

Bei allen taktischen Differenzen und trotz ihres Interesses an der Verbreitung extrem rechter Ideologie waren sich die tonangebenden Kreise der deutschen Monopolbourgeoisie in der *RDI*-Führung darin einig, diesen Versuch einer organisierten Opposition gegen ihren derzeitigen Kurs zu unterbinden. Präsidium und Vorstand des *RDI* nahmen am 23. Mai zur Gründung der DI Stellung. Sie bekräftigten ihr prinzipielles Ja zum DAWES-Plan, lehnten jede weitere Erörterung ab und forderten die Mitglieder per Rundschreiben auf zu erklären, ob sie der DI beitreten wollten, was den Ausschluß aus dem *RDI* nach sich ziehen würde.[2] In der Folgezeit distanzierten sich diejenigen Fachgruppen bzw. Mitgliedsverbände des *RDI*, unter deren Mitgliedern die Auffassungen der DI einen gewissen, wenn auch geringen Einfluß erlangt hatten, von der neuen Organisation, so u. a. der *Eisen- und Stahlwaren-Industrie-Bund*, der *Verein Deutscher Maschinenbauanstalten*, die *Vereine deutscher Papier- und Zellstoffabrikanten*, der *Verband Keramischer Gewerbe* sowie die Regionalverbände *Bayerischer Industriellen-Verband* und *Verband der Mitteldeutschen Industrie*, während sich der *Verband Sächsischer Industrieller (VSI)*, in dessen Organisationsbereich die DI am meisten Resonanz fand, offiziell zurückhielt.[3] Auf der Hauptausschußtagung am 3. Juli 1924 sicherte sich das *RDI*-Präsidium mit 110 gegen 10 Stimmen bei 12 Stimmenthaltungen die Zustimmung der Fachgruppen zu der Reparationspolitik und die Ablehnung der DI, deren Vertreter Bernhard KRAWINKEL in der Diskussion vergeblich um Unterstützung warb. Zwar wiederholten die Deutschnationalen HUGENBERG und Moritz KLÖNNE ihre Vorbehalte gegen den DAWES-Plan, sprachen sich dann aber doch für ihn als das »kleinere Übel« aus. Mit dieser Tagung wurde im *RDI* ein Schlußstrich unter die Auseinandersetzungen um den DAWES-Plan gezogen und die DI auch vor der Öffentlichkeit als extreme Oppositionsgruppe außerhalb des Spitzenverbandes gestellt.[4] Sie galt von nun an mehr oder weniger als eine rechtsradikale »Fronde der Winkelindustriellen«. Zu den Begründern der DI gehörten P. BANG[5] und E. STADTLER[6] sowie die Industriellen A. MÖLLERS (Direktor der Rütgerswerke AG), Friedrich Carl VOM BRUCK (Bruck-Werke) und M. ROCKSTROH (Rockstroh-Werke Heidenau). Über Reinhold Georg QUAATZ hielt die DI Verbindung zu dem Kreis rechtsgerichteter Manager und Politiker um Albert VÖGLER und M. KLÖNNE, die 1924 über die ↗ *Nationalliberale Reichspartei (NLRP)* den Anschluß des rechten Flügels der ↗ *DVP* an die ↗ *DNVP* versuchten und »werksgemeinschaftliche« Bestrebungen förderten. Die Verbindungen zu den alldeutschen und völkischen Kreisen liefen vor allem über P. BANG, den geistigen Kopf der DI. P. BANG saß in den Leitungsgremien des ↗ *Alldeutschen Verbandes (ADV)*, der ↗ *Vereinigten vaterländischen Verbände Deutschlands (VvVD)*, der *Gesellschaft »Deutscher Staat«* und des Berliner ↗ *Nationalklubs (NK)*, war 1919 einer der Mitbegründer des ↗ *Deutschvölkischen Schutz- und Trutzbundes (DSTB)* und 1920 führend am KAPP-Putsch beteiligt.

Im Vorfeld der Reichstagsabstimmung über die DAWES-Gesetze führte die DI am 23. und 24. August 1924 in Erfurt ihre Programmversammlung unter dem Motto »Der Weg zur wirtschaftlichen Freiheit« durch und stellte folgende Forderungen auf:

»1. Befreiung der Wirtschaft von allen ihre Triebkräfte einengenden Fesseln, von der zwangsmäßigen Nivellierung der Leistung, des Lohnes und des Preises. Diese Befreiung ist Voraussetzung der unentbehrlichen Wirtschaftsrentabilität und damit der Bildung eigenen Kapitals.

2. Wiederherstellung eines starken Innenmarktes unter Förderung der gesunden Ausfuhrmöglichkeiten. Dazu bedarf es einer Intensivierung der deutschen Landwirtschaft, die der wichtigste Absatzmarkt der deutschen Industrie bleiben und in wachsendem Maße werden muß. Wir machen uns aus diesen Erwägungen die Steuer- und Zollforderungen der Landwirtschaft zu eigen.

3. Zur Stärkung des deutschen Innenmarktes

a) Schutz der in Deutschland vorhandenen Rohstoffe,

b) eine durchgreifende Reform des Eisenbahntarif-
wesens,

c) eine gleich gründliche Reform des gegenwärtigen raubwirtschaftlichen, substanzzerstörenden
Steuersystems,

d) eine wirtschaftsfördernde Geldpolitik. Wir ver-
urteilen die übernötige Überspannung der Kredit-
not durch die amtliche deutsche Geldpolitik.

Anstelle der klassenkämpferischen Zerreißung der
Betriebe muß die Werksgemeinschaft treten.
Freie Entschließung der Arbeiter und Unternehmer, sich in der Werksgemeinschaft zu finden! Weg
mit allen hindernden staatlichen Vorschriften!

Völlige innenpolitische Umstellung, Ausdehnung
des deutschen Innenmarktes auf das deutsche
Österreich, Wiederherstellung des deutschen Kolonialbesitzes und Befreiung von entehrendem,
entmutigendem ausländischen Druck sind die Voraussetzungen für ein erfolgreiches wirtschaftliches
Schaffen des deutschen Volkes.«[7]

Das Programm knüpfte mit seiner Forderung,
die Lohn- und Preisregelung völlig in die Hand
der Unternehmer zu legen und die staatlichen
Schlichtungs-, Tarif- und Koalitionsvor-
schriften zu beseitigen, unmittelbar an die
↗ RDI- und VgDA-Tagung vom März 1924
an; andererseits widersprachen das vor-
behaltlose Eintreten für die großagrarischen
Forderungen und für die wirtschaftliche
»Autarkie« sowie der revanchistische Anspruch ausschließlich auf Österreich dem
wirtschaftspolitischen Kurs und den weiter-
gesteckten imperialistischen »Mitteleuropa«-Plänen der tonangebenden Kreise des
deutschen Monopolkapitals. P. BANG versuchte in einem Grundsatzartikel in der Zeitschrift »Spectator«, die dem RDI nahestand,
sein dem Erfurter Programm zugrunde liegen-
des »Nationalwirtschafts«-Konzept zu rechtfertigen.[8]

P. BANGS vielpubliziertes wirtschafts- und
sozialpolitisches Konzept[9] beruhte auf
Othmar SPANNS »Universalismus«- und
Ständemodell. Er trat für eine »völkische
Wirtschaft« auf kapitalistisch-mittelständi-
scher Grundlage und – ähnlich dem Programm der ↗ NSDAP – unter Ablehnung des
»raffenden Finanzkapitals« ein. Er griff die
staatliche Sozialpolitik ebenso wie die Ko-
alitions- und »Arbeitsgemeinschafts«-Politik
gegenüber SPD- und Gewerkschaftsführern
an und lieferte dem politischen Rechtskurs
der deutschen Monopolbourgeoisie, ihrem

Programm des verstärkten Abbaus der sozialen Zugeständnisse und der reaktionären
Umgestaltung der Sozialgesetzgebung Ideen
und Schlagworte. Seine Konzeption erwies
sich also im Konzert der verschiedenen
demagogischen Konzepte als brauchbar, in
der praktischen Politik aber als vorerst ungeeignet und wurde von den Spitzenverbänden daher nicht favorisiert. Sein »Werks-
gemeinschafts«-Konzept – eines unter vielen
– kam den großindustriellen Spitzenverbänden bei ihren Versuchen gelegen, die op-
portunistischen und bürgerlichen Gewerkschaftsführer unter Druck zu setzen und sie
zu zwingen, die »Arbeitsgemeinschafts«-
Politik mit den Unternehmerverbänden auch
unter den Bedingungen des verschärften
Sozialabbaus fortzusetzen. Da P. BANGS
Konzeption aber jegliche »Arbeitsgemeinschafts«-Politik verwarf und mit der Vernichtung der Gewerkschaften auch die Auflösung des industriellen Verbandswesens
forderte[10], wurde sie von RDI und VgDA
scharf zurückgewiesen.

Bereits 1920/23 hatte P. BANG zusammen mit
dem alldeutschen Fabrikanten F. C. VOM
BRUCK und dem Syndikus Adolf KLENTER in
den bergischen Industriestädten Elberfeld,
Mettmann und Velbert den Versuch unternommen, den Einfluß der Gewerkschaften
durch eine Verbandsgründung auf »werks-
gemeinschaftlicher« Grundlage zu brechen.
Ende 1922 wurde die Gründung einer »Zentrale für Werksgemeinschaftsbewegung« in
Elberfeld vorbereitet und am 27. Januar 1923
in einer Rede P. BANGS vor dem Wirtschaftsverband des Kreises Mettmann begründet,
konnte aber infolge der Ruhrbesetzung nicht
verwirklicht werden.[11] Der im Dezember
gegründete Verband und sein der DI angehörender Syndikus A. KLENTER spielten
1924/25 die herausragende Rolle in den Bestrebungen verschiedener Unternehmerverbände, durch organisatorische Manipulatio-
nen und auf dem Rechtswege das Tarif- und
Schlichtungswesen zu unterlaufen.[12] Mit
seiner Elberfelder Rede vom 14. Januar 1924
und dem vielzitierten Ausspruch »Ceterum
censeo Societates esse delendas. (Die Gewerkschaften müssen zerstört werden)«[13]
hatte A. KLENTER den scharfmacherischen
Tönen vieler Unternehmer den spektakulär-
sten Ausdruck verliehen. Die Spitzenver-

bände distanzierten sich aus taktischen Gründen von diesem Vorstoß.

Obwohl P. BANG und seine Mitstreiter das Sozialabbauprogramm der Spitzenverbände und ihre Angriffe auf die staatliche Lohnpolitik, das Streikrecht und das Schlichtungswesen publizistisch und mit Eingaben — so am 11. September 1925 gegen die sog. Preissenkungsaktion der Reichsregierung —[14] unterstützten, bezogen sie zunehmend »mittelständische« Positionen, um sich als Vertreter wirtschaftlicher Interessen von Klein- und Mittelunternehmern und der Landwirtschaft attraktiv zu halten.[15] Sie kritisierten nicht nur den Reparationskurs und die auf zeitweilige Verständigung mit den imperialistischen Westmächten gerichtete Außenpolitik, sondern auch das Programm indirekter staatsmonopolistischer Regulierung, das der *RDI* in seiner sog. Weihnachtsdenkschrift 1925 vorlegte.[16] Zugleich versuchten sie, sich enger an die ↗ *DNVP* anzuschließen.[17] Mit diesem Kurs gerieten sie immer mehr an den Rand des bürgerlichen Organisationswesens.

Daran änderte sich auch nichts durch die großspurige Umbenennung der DI 1925 in Deutsche Industriellenvereinigung (Nationalverband Deutscher Wirtschaft) und 1926 in BNW. P. BANG entwickelte aus dem Erfurter Programm eine detaillierte Programmschrift[18], die als »Bibel der Wirtschaft« angepriesen wurde und zusammen mit der programmatischen Werbeschrift »Was wir wollen!« der Neugründung als BNW am 15. Mai 1926 zugrunde lag.[19] Mit dem Referat E. STADTLERS reihte sich der BNW in die forcierten »werksgemeinschaftlichen« Bestrebungen ein, wie sie etwa in der Vöglerschen Gründung des *Deutschen Instituts für Technische Arbeitsschulung (DINTA)* vom Mai 1925 zum Ausdruck kamen. Mit den Referaten von P. BANG (»Die Verfilzung von Staat und Wirtschaft«) und R. G. QUAATZ sowie einer entsprechenden Entschließung stellte sich die Tagung ausdrücklich hinter die von den Spitzenverbänden vorbereitete Aktion gegen die »kalte Sozialisierung«.

Gleichzeitig versuchten die DI- bzw. BNW-Führer, die Repräsentanten der Spitzenverbände des deutschen Monopolkapitals von ihrer betont »überparteilichen« Position und ihrem Kurs einer Evolution der Weimarer Republik nach rechts abzubringen und vor der

Öffentlichkeit auf extremreaktionäre Vorstöße festzulegen. Hans VON SODENSTERN forderte am 24. Februar 1926 im Rahmen der Putsch-Pläne des ↗ *Bundes Wiking (BW)* die Berliner Großunternehmen Borsig, Siemens, Schwartzkopff und Knorrbremse auf, »größere Arbeitermassen auf die Straße (zu) werfen«, um einen »Kommunistenputsch« zu provozieren, und bezeichnete diese Großindustriellen dabei als RDI-Mitglieder. Die Äußerungen gingen durch die Presse. Die *RDI*-Führung dementierte am 5. Juni 1926 in der »Berliner Börsen-Zeitung« jegliche Verbindungen ihrer Mitglieder zu den Putschplänen und zum BNW.[20]

Trotz Absprachen zwischen A. MÖLLERS und dem *RDI*-Geschäftsführer Ludwig KASTL gesellte sich der BNW nach der Dresdner Tagung des ↗ *RDI* zu den extremen Kritikern der SILVERBERG-Rede, wobei P. BANG versuchte, die Positionen L. KASTLS und Carl DUISBERGS gegen diejenige Paul SILVERBERGS auszuspielen.[21] Das veranlaßte die *RDI*-Führung, sich erneut von dieser Organisation, die die »Einheitlichkeit des wirtschaftlichen und sozialpolitischen Vorgehens« störe[22], und von der taktischen Unbeweglichkeit ihrer Führer zu distanzieren. Trotz mehrmonatiger Verhandlungen konnte der BNW nicht die Gründung der ↗ *Gesellschaft für deutsche Wirtschafts- und Sozialpolitik (GWS)* am 5. November 1926 verhindern, die mit einem ähnlichen Programm hervortrat. In seiner Erklärung bedauerte der BNW-Vorsitzende die Zersplitterung auf dem rechten Flügel und appellierte an die *GWS*, eine »einheitliche Front gegen den Marxismus« zu bilden.[23]

Um aus dem organisationspolitischen Dilemma herauszukommen und sich der herrschenden Klasse publizistisch unentbehrlich zu machen, intensivierte der BNW die Zusammenarbeit mit der *Gesellschaft »Deutscher Staat«*, einer 1920 gegründeten Vereinigung reaktionärer Universitäts- und Hochschullehrer unter Vorsitz des »völkischen« Philosophen Max WUNDT. Auf der »Wissenschaftlichen Tagung über Nationalwirtschaft und Werksgemeinschaft« am 6./7. Oktober 1926 wurde eine gemeinsame »Forschungsstelle für Werksgemeinschaftsfragen« gegründet.[24] Im Auftrag beider Organisationen gaben seit 1927 P. BANG, die führenden Jungkonservativen Edgar Julius JUNG und Martin SPAHN sowie bekannte reaktionäre Professoren, unter anderen O. SPANN, Friedrich LENT (Erlangen), M. WUNDT (Jena), Andreas VOIGT (Frankfurt [Main]) und Wilhelm REIN (Jena), die Zeitschrift »Nationalwirtschaft« heraus, die sich mit Artikeln über den italienischen Faschismus[25] und zur »Werksgemeinschaft«[26] in programmatischer Weise an der Diskussion der Vor- und Nachteile einer faschistischen Lösung der »sozialen Frage« beteiligte. Über die Zeitschrift wurden auch Tagungen organisiert, so am 14./15. Juni 1930 zusammen mit der ↗ Deutschen Adelsgenossenschaft (DAg) eine »Nationalwirtschaftliche Tagung« zur Propagierung der »organischen« Ideen des Faschismus.[27]

1929 trat der BNW mit einem Gesetzentwurf von Gustav TREUNER, des Mitarbeiters P. BANGS, zur »Werksgemeinschaft und Selbstverwaltung der Wirtschaft« hervor[28] und beteiligte sich an dem reaktionären »Reichsausschuß für das deutsche Volksbegehren gegen den Young-Plan«.[29] Je mehr bei der großindustriellen Förderung extrem-reaktionärer Organisationen die Hitlerfaschisten in den Vordergrund traten, desto bedeutungsloser wurden solche Organisationen wie der BNW. P. BANG schloß sich nunmehr eng an den rechten Flügel der ↗ DNVP an, wurde ein Vertrauter HUGENBERGS für das Zusammenspiel mit der ↗ NSDAP und dessen Kontaktmann zu HITLER.[30] Im Rahmen der »nationalen Opposition« bzw. der »Harzburger Front« unterstützten P. BANG und der BNW die Bestrebungen zur Errichtung einer faschistischen Diktatur, griffen den Kurs des »sozialen Generals« SCHLEICHER und des ↗ Tatkreises an[31] und gaben zu diesem Zweck seit Oktober 1932 die Zeitschrift »Soziale Erneuerung« heraus. Ihr Mitherausgeber Gustav HARTZ schrieb im Dezember-Heft 1932: »Herr Hitler, halten auch Sie die Augen auf! wir kämpfen nicht gegen den Nationalsozialismus, sondern für ihn, für den wahren deutschen Gemeinsinn, der das Wesen und Wollen der nationalsozialistischen Bewegung ausmacht und darum nirgendwo mit jenen gefährlichen und lebensfremden Ideen eine Gemeinsamkeit haben darf, wenn er sich nicht selbst gefährden will.«[32]

Die Errichtung der faschistischen Diktatur wurde als die »Erfüllung jahrelanger Kämpfe« »mit tiefer Genugtuung« und mit der Erklärung begrüßt, daß sich der BNW hinter die »nationale Regierung« stelle, da HUGENBERG zum Wirtschafts- und Ernährungsminister ernannt worden sei. Mit einer richtigen Personalpolitik solle der Führer des ↗ Stahlhelm-Bundes der Frontsoldaten (Stahlhelm) und Reichsarbeitsminister Franz SELDTE zum Mittler zwischen HITLER und HUGENBERG werden, damit die faschistische Regierung nicht am »sozialen Gedanken« scheitere.[33] Unter HUGENBERGS Fittichen versuchten die BNW-Führer, sich in die wirtschaftspolitischen Entscheidungsprozesse einzuschalten. P. BANG wurde im Februar 1933 als Staatssekretär in das Reichswirtschaftsministerium berufen[34] und versuchte, seine Konzeption der »nationalen Wirtschaft« umzusetzen, die nach außen die Anwendung der »Politik der vollendeten Tatsachen« und nach innen eine Begrenzung großindustrieller Interessen zugunsten der »Wiederherstellung des Mittelstandes« vorsah.[35] A. MÖLLERS wurde im Rahmen der Auseinandersetzungen um die ↗ RDI-Spitze Ende März/Anfang April 1933 Mitglied des RDI-Präsidiums und der Geschäftsleitung und galt dort als »Vertrauensmann deutschnationaler Wirtschaftskreise«. Am 24. April ernannte HUGENBERG ihn und Otto WAGENER zu Reichskommissaren für den RDI und die übrige Wirtschaft.[36] Die BNW-Organe veröffentlichten zahlreiche Artikel zur Zerschlagung der Gewerkschaften und zum Aufbau entsprechender Organisationen.[37]

Die Ausschaltung HUGENBERGS im Juni 1933, die Stabilisierung des faschistischen Herrschaftssystems und die staatsmonopolistische Neuordnung der Unternehmerverbände (Reichsstand der Deutschen Industrie) setzten diesen Bestrebungen ein Ende. Im März 1934 schied P. BANG aus dem Ministerium aus. Nach der »Röhm-Affaire« standen er und seine Mitarbeiter unter Kontrolle; monatelang erschienen die BNW-Organe. P. BANG versuchte, den BNW als eine Art wirtschaftspolitischer Informationseinrichtung zu erhalten, benannte ihn 1936 entsprechend um, blieb aber infolge seiner vor allem finanzpolitischen Vorbehalte gegen den Kurs der beschleunigten Kriegsvorbereitung in Konflikt mit dem faschistischen Regime. 1940 wurde die Organisation aufgelöst.

Quellen und Literatur

Neben den Publikationen der DI bzw. des BNW finden sich in verschiedenen Archivalien, Pressenotizen sowie in den RDI-Veröffentlichungen verstreute Hinweise. Aufschluß über die Ideologieproduktion im Umkreis der DI bzw. des BNW geben insbesondere die zahlreichen Veröffentlichungen Paul Bangs. Regelmäßige Informationen über die BNW-Tätigkeit enthält die von E. Stadtler herausgegebene Zeitschrift »Das Großdeutsche Reich« (1926–1933). Marxistische Veröffentlichungen liegen nicht vor. Hinweise auf die Rolle P. Bangs als Verbindungsmann zwischen DNVP/ADV und Hitler gibt Joachim Petzold »Claß und Hitler. Über die Förderung der frühen Nazibewegung durch den Alldeutschen Verband und dessen Einfluß auf die nazistische Ideologie« (in: »Jahrbuch für Geschichte«, Bd. 21, Berlin 1980, S. 272 ff., 285 ff.). P. Bangs Arbeiten sind von bürgerlichen Positionen aus einer detaillierten und sehr informativen Analyse unterzogen worden.[38]
Siehe auch Christa Thieme »Deutsche Industriellenvereinigung« (in: HBP, Bd. I. Leipzig 1968, S. 387–389).

Anmerkungen

1 Siehe Eduard Stadtler: »Reichsverband der Deutschen Industrie« und »Deutsche Industriellen-Vereinigung«, Berlin (1924), S. 23f. Paul Bang: Die Sachverständigen-Berichte nach Ursprung, Inhalt und Folgen. Rede, gehalten auf der Tagung der »Deutschen Industriellen-Vereinigung« am 19. Mai 1924, Berlin (1924).

2 Siehe StA Dresden, Außenministerium (AM), Nr. 7050, Bl. 229.

3 Siehe Geschäftliche Mitteilungen des Reichsverbandes der Deutschen Industrie (GM), Nr. 13 vom 6. 6. 1924, S. 91, Nr. 15 vom 30. 6. 1924, S. 105f., Nr. 16 vom 15. 7. 1924, S. 115f., Nr. 17 vom 1. 8. 1924, S. 123, Nr. 22 vom 11. 10. 1924, S. 171. StA Dresden, AM, Nr. 7050, Bl. 240ff.

4 Siehe GM, Nr. 16 vom 15. 7. 1924, S. 113ff.

5 Siehe Dieter Niederstadt: Rechtsradikale Wirtschafts- und Gesellschaftsvorstellungen in der Weimarer Republik zwischen Spannschule und Nationalsozialismus unter besonderer Berücksichtigung von Paul Bang, phil. Diss., Münster 1974, S. 82ff.

6 Zu Stadtler siehe Joachim Petzold: Konservative Theoretiker des deutschen Faschismus. Jungkonservative Ideologen in der Weimarer Republik als geistige Wegbereiter der faschistischen Diktatur, Berlin 1978, S. 37ff., 47ff.

7 Was wir wollen!, Berlin 1926, S. 5. ZStA Potsdam, Reichsarbeitsministerium (RAM), Nr. 6552, Bl. 92.

8 (P.) Bang: Aus eigener Kraft! Dawes-Plan oder nationale Wirtschaft? In: Spectator, Nr. 28 vom 23. 8. 1924 (ZStA Potsdam, NL Arthur Dix, Nr. 98, Bl. 32).

9 Siehe D. Niederstadt, S. 138ff.

10 Siehe (P.) Bang: Die Aga als Werksgemeinschaft? In: Wirtschafts-Nachrichten, Nr. 7 vom 1. 9. 1925, S. 47ff.

11 (P.) Bang: Durch Werksgemeinschaft zur Volksgemeinschaft. Eine Ansprache an die deutsche Industrie. In: Deutschlands Erneuerung, H. 5 (Mai 1923), S. 247ff. Die Rede trug programmatischen Charakter und enthielt scharfe Angriffe auf die Arbeitsgemeinschaftspolitik der Unternehmerverbände.

12 Siehe ZStA Potsdam, RAM, Nr. 6552, Bl. 122, 128, 155, 161ff, 245, 255ff, 286 und Nr. 6553, Bl. 32f, 65f, 68, 81ff, 93ff, 122, 131 und 165.

13 Siehe ebenda, Nr. 6553, Bl. 55.

14 Siehe Gewerkschafts-Zeitung, Nr. 39 vom 26. 9. 1925, S. 562.

15 Siehe u. a. Wirtschafts-Nachrichten, Nr. 3 vom 1. 7. 1925, S. 16.

16 Siehe ebenda, Nr. 2 vom 15. 1. 1926, S. 7f.

17 Siehe u. a. ebenda, Nr. 12 vom 15. 11. 1925, S. 72f.

18 (P.) Bang: Deutsche Wirtschaftsziele, Langensalza 1926 (Schriften zur politischen Bildung, hrsg. v. d. Gesellschaft »Deutscher Staat«, III. Reihe, H. 3).

19 Siehe Wirtschafts-Nachrichten, Nr. 11 vom 1. 6. 1926, S. 101f. und Nr. 12 vom 15. 6. 1926, S. 115ff. ZStA Potsdam, Reichsbank (RB), Nr. 2176, Bl. 17.

20 Siehe ebenda, Bl. 21 und 23.

21 Siehe Wirtschafts-Nachrichten, Nr. 18 vom 15. 9. 1926, S. 189ff. und Nr. 20 vom 15. 10. 1926, S. 211f.

22 Siehe StA Dresden, AM, Nr. 7041, Bl. 86f. (RDI-Rundschreiben vom 2. 10. 1926).

23 Siehe Wirtschafts-Nachrichten, Nr. 23 vom 1. 12. 1926, S. 247f.

24 Siehe ebenda, Nr. 18 vom 15. 9. 1926, S. 187f. und Nr. 20 vom 15. 10. 1926, S. 213f.

25 Siehe u. a. Eugen M. Kogon: Der faschistische Korporativstaat. In: Nationalwirtschaft, 1927/28, H. 2, S. 233ff. (Kogon wurde später ein scharfer Gegner des faschistischen Regimes, ins KZ verschleppt und verfaßte 1946 das bekannte Buch »Der SS-Staat«). Walter Heinrich: Die Staats- und Wirtschaftsverfassung des Faschismus. In: Ebenda, 1928/29, H. 3, S. 273ff., H. 4, S. 437ff, H. 5, S. 591ff., H. 6, S. 746ff. Hans Henningsen: Faschistische Agrarpolitik. In:

Ebenda, H. 6, S. 774ff. W. Heinrich: Wirtschaftsdemokratie oder ständische Wirtschaftsordnung. In: Ebenda, 1929/30, H. 3, S. 239ff. Emmy Wagner: Der Faschismus in Italien. In: Ebenda, S. 268ff. W. Heinrich: Vertragsstaat oder Autoritätsstaat. In: Ebenda, H. 4, S. 366ff. Carlo Costamagna: Faschismus, Sowjetismus und »traditionelles« Recht. In: Ebenda, H. 5/6, S. 492ff.

26 Siehe u. a. (P.) Bang: Werksgemeinschaft. In: Nationalwirtschaft, 1927/28, H. 2, S. 149ff. (Friedrich) Lent: Gewerkschaft oder Werksgemeinschaft. In: Ebenda, H. 4, S. 521ff. Gerhard Albrecht: Zur Frage der Werksgemeinschaft. In: Ebenda, H. 6, S. 790ff.

27 Siehe Die Deutsche Arbeitgeber-Zeitung, Nr. 24 vom 15. 6. 1930.

28 Siehe Gustav Treuner: Das Gesetz betreffend Werksgemeinschaft und Selbstverwaltung der Wirtschaft, München 1929. Entschließung der Mitgliederversammlung vom 19./20. 4. 1929. In: Wirtschafts-Nachrichten, Beilage zu Nr. 9 vom 1. 5. 1929.

29 Siehe ZStA Potsdam, RB, Nr. 1856, Bl. 163 (Entschließung des BNW vom 12. 6. 1929). (P.) Bang: Politische Lage und Volksbegehren, Dresden 1929 (Schriften der Deutschnationalen Volkspartei in Sachsen/Arbeitsgemeinschaft, H. 32). Auf den Vorwurf, mit dem Volksbegehren erkenne die »nationale Opposition« das demokratische Prinzip an und verbeuge sich vor der Weimarer Republik, antwortete P. Bang: »Wer aus einem Gefängnis ausbrechen will, benutzt auch die Gefängnisleiter, ohne sich dabei zum Gefängnis zu bekennen.« (Siehe ebenda, S. 7).

30 Siehe Eberhard Czichon: Wer verhalf Hitler zur Macht? Zum Anteil der deutschen Industrie an der Zerstörung der Weimarer Republik, Köln 1967, S. 18. D. Niederstadt, S. 92.

31 Siehe Gustav Hartz: Der Bolschewismus des Tatkreises. In: Soziale Eneuerung. H. 3 (Dezember 1932), S. 65ff. Siehe auch: Ebenda, H. 4 (Januar 1933), S. 97ff. und H. 5 (Februar 1933),

S. 129ff. (P.) Bang: Herum das Steuer. In: Wirtschafts-Nachrichten, Nr. 2 vom 15. 1. 1933, S. 18ff.

32 G. Hartz, S. 68.

33 Reichsarbeitsminister Seldte, räumen Sie aus! In: Soziale Erneuerung, H. 5 (Februar 1933), S. 157f. Erklärung des BNW zum Regierungswechsel. In: Wirtschafts-Nachrichten, Nr. 4 vom 15. 2. 1933, S. 49. Zehn Jahre BNW. In: Ebenda, Nr. 10 vom 15. 5. 1934, S. 151ff. (P.) Bang, Gestern und heute. 10 Jahre »Bund für Nationalwirtschaft und Werksgemeinschaft«, Berlin 1934 (Schriftenreihe des BNW, H. 29), S. 25.

34 Siehe Wirtschafts-Nachrichten, Nr. 4 vom 15. 2. 1933, S. 49ff.

35 Siehe (P.) Bang: Was wir wollen. In: Ebenda, Nr. 5 vom 1. 3. 1933, S. 65ff.

36 Siehe ebenda, Nr. 8 vom 15. 4. 1933, S. 117. Berliner Börsen-Zeitung, Nr. 157 vom 2. 4. 1933. Udo Wengst: Der Reichsverband der Deutschen Industrie in den ersten Monaten des Dritten Reiches. Ein Beitrag zum Verhältnis von Großindustrie und Nationalsozialismus. In: Vierteljahrshefte für Zeitgeschichte, 1980, H. 1, S. 101f. und 105f.

37 Siehe u. a. Der Aufbau der Berufsstände im neuen Reiche. In: Wirtschafts-Nachrichten, Nr. 8 vom 15. 4. 1933, S. 121ff. (P.) Bang: Deutsche Gewerkschaft. In: Ebenda, Nr. 10 vom 15. 5. 1933, S. 153ff. Wilhelm Rehm: Arbeitsteilung, Berufsstände und Unternehmertum. In: Ebenda, S. 159ff. G. Hartz: Entkollektivierung der Wirtschaft! In: Soziale Erneuerung, H. 6 (März 1933), S. 161ff. Emmanuel Hugo Vogel: Sozial-organischer, nicht »ständischer« Ausbau der Wirtschaftsverfassung. In: Ebenda, S. 170ff. G. Hartz: Um die Gewerkschaftsfrage. In: Ebenda, H. 7 (April 1933), S. 201ff. (P.) Bang: Zum berufsständischen Aufbau. In: Ebenda, H. 9 (Juni 1933), S. 265ff. W. Rehm: Deutsche Revolution der Wirtschaft. In: Ebenda, H. 10 (Juli 1933), S. 319ff.

38 Siehe Anm. 5.

Jürgen John

Deutsche Jakobiner (DJ)

Die DJ waren revolutionäre bürgerliche Demokraten, die vornehmlich der fortschrittlichen Intelligenz und dem Kleinbürgertum entstammten und unter dem Einfluß der Französischen Revolution in den 90er Jahren des 18. Jh. die feudalen Verhältnisse in Deutschland revolutionär beseitigen wollten. Sie strebten eine bürgerlich-demokratische Ordnung mit demokratischer Gleichheit und bürgerlichen Rechten für alle an und orientierten sich an den revolutionären Errungenschaften in Frankreich.

Die DJ versuchten, das politische Bewußtsein des Volkes zu entwickeln, um gemeinsam mit den Volksmassen, deren Ziele sie objektiv repräsentierten, den revolutionären Umsturz der bestehenden Verhältnisse durchzuführen. Ihre politische Tätigkeit bestand vor allem in publizistischen Aktivitäten, in einer weitverbreiteten Agitation mit Flugschriften und in der Bildung demokratischer Klubs. Mit den DJ begann die erste Etappe im Prozeß der bürgerlich-demokratischen Parteibildung.

Führende Persönlichkeiten

Felix Anton BLAU; Johann Georg Adam FORSTER; Andreas Joseph HOFMANN; Georg Friedrich LIST, Matthias METTERNICH; Andreas Georg Friedrich REBMANN; Friedrich Wilhelm VON SCHÜTZ; Georg Christian Gottlieb WEDEKIND

Wichtige Klubs

Gesellschaft der Freunde der Freiheit und Gleichheit Mainz; *Jakobinerklub Worms; Jakobinerklub Speyer; Société de lecture* Hamburg; Klub *Einigkeit und Toleranz* Hamburg/Altona; *Jakobinerklub echter Republikaner* Altona; *Patriotischer Klub* Kiel

Wichtige Publikationsorgane[1]

»Annalen der leidenden Menschheit« (Altona. Hrsg. August VON HENNINGS); »Argos oder der Mann mit hundert Augen« (Straßburg. Hrsg. Eulogius SCHNEIDER); »Der Bürgerfreund« (Mainz. Hrsg. M. METTERNICH); »Die Geißel« (Upsala. Hrsg. A. G. F. REBMANN); »Genius der Zeit« (Altona. Hrsg. A. VON HENNINGS); »Laterne bei Tag für die mittlere Volksklasse« (Paris. Hrsg. A. G. F. REBMANN); »Hamburger Merkur, historisch, politisch und literarischen Inhalts« (Hamburg. Hrsg. F. W. VON SCHÜTZ); »Niedersächsischer Merkur, sehr vermischten Inhaltes« (Altona. Hrsg. F. W. VON SCHÜTZ); »Der Patriot« (Mainz. Hrsg. G. Ch. G. WEDEKIND); »Obskuranten – Almanach« (Paris. Hrsg. A. G. F. REBMANN); »Der neue Protheus, sehr vermischten Inhaltes« (Altona. Hrsg. F. W. VON SCHÜTZ); »Die Schildwache« (Paris. Hrsg. A. G. F. REBMANN); »Die neue Schildwache« (Paris. Hrsg. A. G. F. REBMANN); »Das neue graue Ungeheuer« (Upsala. Hrsg. A. G. F. REBMANN); »Die neue Mainzer Zeitung oder der Volksfreund« (Mainz. Hrsg. J. G. A. FORSTER)

Kurze Zeit nach dem Sturm auf die Bastille fand die Französische Revolution auch in Deutschland ein starkes Echo. Vor allem Schriftsteller und Wissenschaftler bekundeten vielfach ihre Sympathie. Als sich die Lage im Innern Frankreichs aber zuspitzte und die konterrevolutionären Bestrebungen mit radikalen Mitteln niedergeworfen wurden, distanzierten sich viele der ursprünglichen Anhänger von den Vorgängen in Frankreich. In diesem Prozeß kristallisierten sich Kräfte heraus, die durch ihr Bekenntnis zum revolutionären Vorgehen der französischen Jakobiner und durch ihr Bestreben, auch in Deutschland auf revolutionärem Wege die bürgerliche Demokratie durchzusetzen, zu den DJ wurden.

Wesentliches Kriterium für die DJ ist das Bekenntnis zum konsequenten bürgerlichen Demokratismus und das Bestreben, die revolutionär-demokratischen Grundansichten in der Praxis anzuwenden.[2] In diesem Sinne meldeten sich schon in der ersten Phase der Französischen Revolution Publizisten zu Wort, die in Flugschriften und eigenen Zeitschriften die Ereignisse in Frankreich kommentierten und den Blick auch auf Deutschland lenkten. Im Jahre 1792, nach den ersten Erfolgen Frankreichs über die feudalen Interventionsarmeen, belebte sich die jakobinische Agitation in Deutschland, und es kam zur Gründung illegaler demokratischer Organisationen und informeller Freundeskreise von Anhängern der Französischen Revolution. So verbreitete F. W. VON SCHÜTZ, der zu einer Zentralfigur des norddeutschen Jakobinismus wurde, seit Juli 1792 in seinem »Niedersächsischen Merkur« demokratisches Ideengut.[3] In Hamburg entstand eine *Société de lecture*, deren begüterte Mitglieder durch die vorsichtige Namenswahl von ihren politischen Zielen ablenken wollten, an einer Einbeziehung des einfachen Volkes in die Diskussionen im Klub aber kein Interesse zeigten. Im Klub *Einigkeit und Toleranz* versammelten sich Hamburger und Altonaer Demokraten, und der *Jakobinerklub echter Republikaner* in Altona, dessen Repräsentanten vorwiegend plebejischer Herkunft waren, verteilte handschriftliche Flugblätter und hatte auch Kontakt zu den DJ in Hamburg. Im November 1792 trat der *Patriotische Klub* Kiel, mit etwa 200 Mitgliedern die größte Organisation der DJ in Norddeutschland, mit verschiedenen publizistischen Aktivitäten hervor, und selbst in Berlin wurden demokratische Flugblätter verteilt.

Neben den Bestrebungen der norddeutschen Jakobiner gelang es den DJ vor allem im Rheingebiet, in direktem Kontakt mit den französischen Revolutionstruppen oder gar unter deren politischem und militärischem Schutz, Anhänger zu gewinnen. Noch vor den Klubgründungen in Norddeutschland konstituierte sich am 23. Oktober 1792 die *Gesellschaft der Freunde der Freiheit und Gleichheit* in Mainz.[4] Dieser Klub konnte sich rasch entwickeln, hatte schon im November etwa 500 Mitglieder aus allen bürgerlichen Schichten der Stadt und der Umgebung und propagierte in öffentlichen Versammlungen, mit Zeitungen und Flugschriften die Vorzüge der bürgerlichen Gesellschaft. Ihre führenden Vertreter waren der Mathematikprofessor M. METTERNICH, der Professor des Naturrechts A. J. HOFMANN und der Naturforscher und damalige Universitätsbibliothekar J. G. A. FORSTER. Die Mainzer Jakobiner gingen unter den Ausnahmebedingungen, die durch die französische Besetzung ihres Gebietes gegeben waren, vom revolutionären Enthusiasmus für

die Vorgänge in Frankreich schon bald dazu über, auch für das eigene Gebiet nicht mehr nur Reformen, sondern revolutionäre Veränderungen zu fordern.

»Mainz gewinnt durch eine Revolution, die Mainzer sind schuldig, eine Revolution zu unternehmen, und wer ihnen zu einer bloßen Verbesserung der alten Verfassung rät, der rät ihnen übel«[5], verkündete G. Ch. G. WEDEKIND schon am 27. 10. 1792 in einer Rede im Mainzer Klub. J. G. A. FORSTER schrieb etwas später, daß man »entweder für absolute Freiheit oder für absolute Tyrannei« sei, ein Mittelding gebe es nicht.[6] Die Mainzer Jakobiner bewirkten trotz der zögernden Haltung des Kommandeurs der französischen Truppen in Mainz, General Adam Philippe CUSTINE, die Amtsenthebung der alten Landesregierung und führten in scharfer Auseinandersetzung mit den Anhängern des ancien régime Wahlen zum Rheinisch-deutschen Nationalkonvent durch. Dieser wurde am 17. März 1793 eröffnet und erklärte einen Tag später das Gebiet zwischen Bingen und Landau zum Freistaat. Damit war die Gründung der Mainzer Republik, der ersten bürgerlich-demokratischen Staatsordnung auf deutschem Boden, vollzogen. Aus der Einsicht heraus, die neue Ordnung nur unter dem Schutz des republikanischen Frankreich gegen die feudalen Kräfte in Deutschland verteidigen zu können, beschloß der Konvent am 21. März 1793 den Zusammenschluß der Mainzer Republik mit dem revolutionären Nachbar im Westen und beauftragte J. G. A. FORSTER, in Paris den Mainzer »Wunsch zur Vereinigung und Einverleibung und eine Adresse vom hiesigen Konvent an den dortigen zu überbringen«[7]. Wenige Tage später stießen jedoch preußische Truppen in das Gebiet um Bingen vor und schlossen die Mainzer ein. Nach monatelanger Belagerung mußte die Stadt am 23. Juli 1793 kapitulieren. Während die Bestrebungen der DJ mit der Proklamation der Mainzer Republik ihren Höhepunkt erreichten, bildeten sich auch in Worms und Speyer revolutionäre Klubs. Gleichzeitig intensivierten in anderen Teilen Deutschlands Publizisten wie A. G. F. REBMANN und F. W. VON SCHÜTZ ihre jakobinische Agitation. Viele Demokraten, die die gesellschaftlichen Verhältnisse in den deutschen Partikularstaaten als zu unentwickelt für revolutionäre Veränderungen betrachteten, siedelten nach Paris oder ins Elsaß über, um dort im Sinne ihres politischen Ideals wirksam zu werden. So rief der ehemalige Mönch E. SCHNEIDER von Straßburg aus die DJ immer wieder zu revolutionärer Konsequenz auf.[8] »Wollt ihr es ausbessern oder ganz niederreißen?«, schrieb er 1792 an die Adresse der DJ in Mainz, Worms und Speyer, und er fuhr fort: »Ihr habt die Revolution Frankreichs in der Nähe gesehen, und ihr müßt daraus gelernt haben, daß eine halbe Revolution so gut wie keine Revolution ist.«[9]

Seit 1793 verschlechterten sich die Kampfbedingungen für die DJ. Während die Mainzer Jakobiner den Vorteil hatten, in der Aufstiegsphase der Französischen Revolution zum Zuge zu kommen[10], lehnte Maximilien-Marie-Isodore de ROBESPIERRE auf dem Höhepunkt der Revolution eine politische Einflußnahme in den besetzten Gebieten mit dem Hinweis ab, daß bewaffnete Missionare nirgends beliebt seien. Am 13. April 1793 beschloß der französische Konvent den Verzicht auf jegliche Einmischung in die inneren Angelegenheiten anderer Länder. Da die französischen Jakobiner ihre ganze Kraft zudem für die Aufgaben im Innern ihres Landes benötigten, kam es trotz objektiver Übereinstimmung der Interessen während ihrer Diktatur zu keiner Unterstützung der DJ.

Die nach dem 9. Thermidor an die Macht gelangenden Vertreter der Bourgeoisie hoben den Nichteinmischungsbeschluß zwar auf, doch strebten sie vor allem die wirtschaftliche Ausbeutung besetzter Gebiete an, behinderten vielfach jakobinische Aktivitäten und arrangierten sich schon bald mit den feudalen Regimes. Trotzdem blieben jakobinische Publizisten in Deutschland weiterhin aktiv. A. G. F. REBMANN wurde sich mehr und mehr über den bourgeoisen Charakter der französischen Republik klar und forderte die Selbstbefreiung der Deutschen. Von den Franzosen erwartete er, daß sie zu den jakobinischen Prinzipien zurückkehren. A. G. F. REBMANN meinte, daß die Interessen des Volkes nur dann durchgesetzt werden könnten, wenn in Frankreich wieder »eine Art von revolutionärer Diktatur mit Mäßigung ausgeübt«[11] werde.

In Süddeutschland kam es neben vielfältiger Flugblattpropaganda und Widerstand gegen die Kriegssteuern 1796 zu regelrechten Bauernunruhen.[12] Der antifeudalen Bewegung, die ein Bündnis mit Frankreich anstrebte, fehlte es aber an Einheitlichkeit und an der Führung durch eine starke Bourgeoisie.[13]

Während eine Offensive der DJ zu Beginn des Rastatter Kongresses 1797 ohne Erfolg blieb[14], konnte am linken Rheinufer die Cisrhenanische Republik gebildet und am 13. November 1797 Volkssouveränität sowie die Aufhebung feudaler Lasten, Rechte und Privilegien proklamiert werden.[15] Dabei hatte das französische Direktorium das Streben der Cisrhenanen nach einer *selbständigen* demokratischen Republik verhindert und sie vor die Entscheidung gestellt, entweder auf nationaler Selbständigkeit zu bestehen, dabei ohne Unterstützung zu bleiben und somit objektiv der feudalen Reaktion ausgeliefert zu werden, oder aber demokratische Errungenschaften auf deutschem Boden durchzusetzen, dabei jedoch den Anschluß an Frankreich zu vollziehen. Wie schon die DJ in Mainz 1793 gingen die Cisrhenanen den zu dieser Zeit für Deutschland einzig möglichen Weg der Trennung vom Reich und verkündeten die Vereinigung mit der fränkischen Republik.

Nach erneuten jakobinischen Aktivitäten, die vor allem für Süddeutschland und Bayern zu verzeichnen waren und die durch die cisrhenanische Agitation und durch die Ausstrahlung der helvetischen Revolution gefördert wurden, liefen die demokratischen Bestrebungen in Deutschland nach dem Staatsstreich Napoleon BONAPARTES am 18. Brumaire 1799 allmählich aus. Anfang März des gleichen Jahres hatten die DJ mit dem in Basel gedruckten, in Schwaben und am Oberrhein in großer Anzahl verteilten »Entwurf einer republikanischen Verfassungsurkunde, wie sie in Deutschland taugen möchte«, nochmals ein bemerkenswertes Programm vorgelegt, in dem sie neben der Ausarbeitung der verfassungsmäßigen Struktur des künftigen republikanischen Deutschland auch konkrete Anweisungen zum Handeln gaben und für die radikale Ausrottung des Feudalismus plädierten.[16] Der Entwurf ging in seinem Demokratismus verschiedentlich noch über die französische Direktorialverfassung hinaus. Er orientierte klar auf ein einheitliches bürgerliches Deutschland und betonte dessen eigene Souveränität unter Ausschluß jeglicher Art von Bevormundung, wendete sich also auch gegen die immer stärker werdenden annexionistischen Tendenzen der französischen Bourgeoisie. Wesentliche Kerngedanken des Verfassungsentwurfs werden bereits in seinen ersten drei Grundartikeln deutlich:

«1. Die deutsche Völkerschaft ist ihr einziger Oberherr. Sie verfasset und vollziehet ihre Gesetze und strafet die Übertreter derselben.
2. Sie bildet einen einzigen unzerteilbaren Körper unter einem und demselben Gesetze; keine Abteilung derselben hat eine abgesonderte Gewalt. Sie ist der eine und unzerteilbare deutsche Freistaat.
3. Keine Macht und kein Ausspruch kann je einen Teil von ihr trennen. Sie handhabet ihre Oberherrschaft und die Unzerteilbarkeit ihrer Besitzungen durch Aufbietung aller ihrer Kräfte und macht mit niemandem Friede, der sich einen Teil ihrer Oberherrschaft oder ihrer Besitzungen anmaßet, bis dieser genötigt ist, von seinen Anmaßungen abzustehen.»[17]

Dem Wirken der DJ stand eine Reihe von Hindernissen im Wege. Einerseits erschwerte das Fehlen eines geistigen und politischen Mittelpunkts und die territoriale Zerrissenheit in Deutschland ein koordiniertes Vorgehen, andererseits fehlte den DJ auf Grund der nur schwach entwickelten Bourgeoisie letztlich die notwendige breite Basis. So wandten sich die DJ an die Volksmassen und riefen diese zum Kampf auf, doch waren sie objektiv Vorreiter für die Interessen der Bourgeoisie, die sich in Deutschland politisch noch kaum artikulierte.
Die DJ blieben in starkem Maße von der Unterstützung durch die französische Republik abhängig, und ihre Vaterlandsliebe durfte den Wunsch nach Befreiung, Freiheit und Gleichheit, die Hoffnung auf den Sieg der Franzosen also, nicht ausschließen. Patriotismus und Kosmopolitismus bildeten im Denken und im politischen Handeln der DJ eine dialektische Einheit.[18]
Die Höhepunkte ihrer Wirksamkeit hatten die DJ immer dann, wenn die Politik Frankreichs ihre Bestrebungen förderte oder, wie in Mainz 1792–1793, militärisch schützte. Als die französische Bourgeoisie jedoch mit den herrschenden Fürsten in Deutschland Bünd-

nisse einging, half sie damit objektiv der feudalen Reaktion im Kampf gegen die revolutionären Aktivitäten der DJ, und diese machten folgerichtig nach 1795 zunehmend Vorbehalte gegen die französische Außenpolitik geltend.
Die DJ konnten ihren Hauptaufgaben, der politischen Umwälzung in Deutschland und der Lösung der nationalen Frage, nicht gerecht werden. Von Mainz abgesehen, wurden sie auch keine »Jakobiner *mit* dem Volk«.[19] Sie stritten jedoch vielfach in »*plebejischer Manier*«, um »mit den *Feinden der Bourgeoisie ... fertig zu werden*«[20], suchten Unterstützung und eine breite Basis bei den Volksmassen und traten mit ihren Forderungen *für* die Interessen des Volkes ein.

Quellen und Literatur

In einer Vielzahl von Archiven existiert Aktenmaterial aus der Tätigkeit der staatlichen Unterdrückungsorgane in Deutschland, das die Bestrebungen der DJ und die Resonanz, die diese fanden, belegt. Außerdem gibt eine große Anzahl an überlieferten Flugschriften, Klubprotokollen, Briefen und zeitgenössischen Zeitungen und Zeitschriften ein eindrucksvolles Bild von den vielfältigen Aktivitäten der DJ.
Die Quellen zur Tätigkeit der DJ blieben lange Zeit verschüttet und fanden bei der bürgerlichen Historiographie bis auf die umfangreiche, jedoch sehr einseitig ausgewählte Edition von Joseph Hansen[21] kaum Beachtung. Erst die marxistische Geschichtsschreibung der DDR hat sich der Aufgabe gestellt, die archivalische Hinterlassenschaft der DJ in großem Umfang aufzubereiten und auszuwerten. Trotz beträchtlicher Anstrengungen auf diesem Gebiet ist das vorhandene Material, selbst wichtige jakobinische Zeitschriften von Herausgebern wie Andreas Georg Friedrich Rebmann und Friedrich Wilhelm von Schütz, bislang nur zum Teil analysiert.
Einen hervorragenden Platz unter den Forschungen zum deutschen Jakobinismus nehmen die Arbeiten von Heinrich Scheel ein. Neben einer Reihe von kleineren Publikationen[22] sind seine Untersuchungen zu den süddeutschen Jakobinern mit der dazugehörigen

Quellenedition[23] und vor allem sein auf drei Bände berechnetes Werk zur Mainzer Republik[24] zu nennen. In letzterem finden die revolutionären Bestrebungen der Mainzer Jakobiner, die in der Errichtung der ersten bürgerlich-demokratischen Staatsordnung auf deutschem Boden gipfelten, mit der Veröffentlichung der Protokolle des Mainzer Jakobinerklubs und der Materialien des Rheinisch-deutschen Nationalkonvents sowie mit einer auf dieser breiten Quellenbasis aufbauenden monographischen Darstellung der Mainzer Republik ihre umfassende Darstellung und Würdigung.

Neben den Arbeiten H. Scheels sind weitere Quelleneditionen[25], Neuausgaben von wichtigen Werken einzelner Jakobiner[26] und biographische Arbeiten[27] von Bedeutung. Umfangreiche Forschungsarbeit zum deutschen Jakobinismus leistete der israelische Historiker Walter Grab, der auch neues Material zur Tätigkeit der DJ in Norddeutschland lieferte.[28]

Anmerkungen

1 Bei einigen Zeitschriften wurden aus Zensurrücksichten ausländische Erscheinungsorte angegeben (zumeist Upsala), obwohl sie in Deutschland redigiert und auch gedruckt wurden.

2 Siehe Heinrich Scheel: Deutsche Jakobiner. In: ZfG, H. 9, 1969, S. 1130f. Siehe auch Deutsche Demokraten. Die nichtproletarischen demokratischen Kräfte in der deutschen Geschichte 1830–1945. Von einem Autorenkollektiv unter Leitung von Dieter Fricke, Berlin 1981, S. 2ff.

3 Siehe Walter Grab: Norddeutsche Jakobiner. Demokratische Bestrebungen zur Zeit der Französischen Revolution (= Studien zur neueren Geschichte, Bd. 8), Frankfurt (Main) 1967. Ders.: Leben und Werke norddeutscher Jakobiner (= Deutsche revolutionäre Demokraten, Bd. 5), Stuttgart 1973. Ders.: Demokratische Strömungen in Hamburg und Schleswig-Holstein zur Zeit der ersten Französischen Republik, Hamburg 1966.

4 Siehe Die Mainzer Republik, Teil 1: Protokolle des Jakobinerklubs. Hrsg. H. Scheel, Berlin 1975. Ders.: Die Begegnung deutscher Aufklärer mit der Revolution, Berlin 1973.

5 Georg Wedekind: Drei Anreden an seine Mitbürger, gehalten am 27., 28. und 29. Oktober in der Gesellschaft der Volksfreunde in Mainz. In: Claus Träger (Hrsg.): Mainz zwischen Rot und Schwarz, Berlin 1963, S. 161.

6 Georg Forster: Brief an Therese Forster, 4. Februar 1793. In: G. Forster: Werke in vier Bänden. Hrsg. Gerhard Steiner, Bd. 4, Leipzig o. J., S. 831.

7 Ders.: Brief an Therese Forster, 25. März 1793. In: Ebenda, S. 836.

8 Siehe W. Grab (Hrsg.): Freyheit oder Mordt und Todt. Revolutionsaufrufe deutscher Jakobiner, Berlin (West) 1979, S. 56–60.

9 Eulogius Schneider: An die Freunde der Freiheit zu Speyer, Mainz und Worms. In: Argos oder der Mann mit hundert Augen, Nr. XXXVI vom 2. November 1792, S. 281–287. Zit. in: W. Grab: Freyheit oder Mordt und Todt, S. 58.

10 Siehe Jakobinische Flugschriften aus dem deutschen Süden Ende des 18. Jahrhunderts. Hrsg. H. Scheel, Berlin 1965, S. 1ff.

11 Andreas Georg Friedrich Rebmann: Die neue Schildwache, 2. Stück, Paris 1793, S. 97.

12 Siehe H. Scheel: Süddeutsche Jakobiner. Klassenkämpfe und republikanische Bestrebungen im deutschen Süden Ende des 18. Jahrhunderts, Berlin 1980, S. 114f.

13 Siehe ebenda, S. 147–149.

14 Siehe ebenda, S. 353ff.

15 Siehe Quellen zur Geschichte des Rheinlandes im Zeitalter der Französischen Revolution 1780–1801. Hrsg. Joseph Hansen, Bd. 4, Bonn 1938, S. 315–326.

16 Entwurf einer republikanischen Verfassungsurkunde, wie sie in Deutschland taugen möchte. Im 7. Jahr der Mutterrepublik. Zit. in: Jakobinische Flugschriften, S. 130–182.

17 Entwurf einer republikanischen Verfassungsurkunde, S. 136f.

18 Siehe H. Scheel: Deutsche Jakobiner, S. 1139. Ders.: Deutscher Jakobinismus und deutsche Nation. Ein Beitrag zur nationalen Frage im Zeitalter der Großen Französischen Revolution, Berlin 1966.

19 Siehe W. I. Lenin: Die Konterrevolution geht zum Angriff über. In: Werke, Bd. 24, Berlin 1969, S. 537.

20 Karl Marx: Die Bourgeoisie und die Konterrevolution. In: MEW, Bd. 6, Berlin 1959, S. 107.

21 Quellen zur Geschichte des Rheinlandes im Zeitalter der Französischen Revolution 1780–1801. Hrsg. Joseph Hansen, 4 Bde., Bonn 1931–1938.

22 Siehe Anm. 2 und 18. Ders.: Der Jakobinerklub zu Worms 1792/93. Dokumentation. In: Jahrbuch für Geschichte, Bd. 16, Berlin 1977. Ders.: Die Statuten des Mainzer Jakobinerklubs. In: Ebenda, Bd. 5, Berlin 1971. Ders.: Spitzelberichte aus dem jakobinischen Mainz. In: Ebenda, Bd. 6, Berlin 1972. Ders.: Die Begegnung deutscher Aufklärer mit der Revolution, Berlin 1973.

23 Siehe Anm. 10 und 12.

24 Berlin 1973 ff. Bd. 3 lag bei Redaktionsschluß noch nicht vor.

25 Vor allem Hedwig Voegt: Die deutsche jakobinische Literatur und Publizistik 1789–1800, Berlin 1955. C. Träger: Mainz zwischen Rot und Schwarz, Berlin 1963.

26 Unter anderem Georg Forsters Werke. Sämtliche Schriften, Tagebücher, Briefe. Hrsg. von der Deutschen Akademie der Wissenschaften zu Berlin, Institut für Deutsche Sprache und Literatur, Berlin 1958 ff. A. G. F. Rebmann: Hans Kiekindiewelts Reisen in alle vier Weltteile und andere Schriften. Hrsg. H. Voegt, Berlin 1958.

27 Etwa Nadeshda von Wrasky: A. G. F. Rebmann. Leben und Werke eines Publizisten zur Zeit der großen französischen Revolution, phil. Diss., Heidelberg 1907.

28 Siehe Anm. 3 und 8. Außerdem ders.: Eroberung oder Befreiung? Deutsche Jakobiner und die Franzosenherrschaft im Rheinland 1792–1799 (= Schriften aus dem Karl-Marx-Haus, Heft 4), Trier 1971. Ders.: Friedrich von der Trenck. Hochstapler und Freiheitsmärtyrer und andere Studien zur Revolutions- und Literaturgeschichte, Kronberg (Taunus) 1977. Deutsche revolutionäre Demokraten. Hrsg. W. Grab, Stuttgart 1971 ff.

Werner Greiling

Deutsche Kolonialgesellschaft (DKG) 1887–1936

Die DKG war die wichtigste kolonialpolitische Organisation des deutschen Monopolkapitals und des Junkertums. Sie nutzte verschiedenartige Interessen großer Teile der herrschenden Klasse, der Intelligenz und kleinbürgerlicher Schichten an deutschem Kolonialbesitz für die Formierung einer relativ breiten kolonialpolitischen Bewegung aus, die sich zunächst darauf konzentrierte, dem Deutschen Reich einen möglichst großen Anteil an Kolonien bei der zu Ende gehenden Aufteilung der Welt zu sichern und die Kolonien auszubeuten.

Die Gründung und die Entwicklung der DKG bis zum Ausgang des 19. Jh. reflektierten, daß sich im Prozeß des unmittelbaren Übergangs zum Imperialismus die reaktionären und aggressiven Wesenszüge der Kolonialpolitik der herrschenden Klasse in Deutschland schärfer ausprägten. Die DKG trug dazu bei, die Kolonialpolitik zu einem integrierenden Bestandteil des Weltmachtstrebens des deutschen Imperialismus und als Mittel zur Erzielung von Monopolprofit zu entwickeln. Seit dem Eintritt in die imperialistische Epoche richtete sie ihren Kampf deutlicher auf das Ziel einer Neuverteilung der Kolonien zugunsten des Deutschen Reiches. Diese Linie fortsetzend, gehörte die DKG während des ersten Weltkrieges zu den sich um den ↗ Alldeutschen Verband (ADV) gruppierenden Verfechtern extrem aggressiver Kriegsziele. Der enge Zusammenhang der außenpolitischen Konzeption der DKG mit ihren reaktionären innenpolitischen Zielen wurde vor allem in ihrer umfangreichen Aktivität zur Verbreitung imperialistischer Ideologie sichtbar, wobei besonders geopolitische, nationalistische und rassistische Varianten hervortraten. Seit der Novemberrevolution von 1918/19 beherrschten der Antikommunismus und ein speziell auf die Rückeroberung der ehemaligen deutschen Kolonien gerichteter Revanchismus die Tätigkeit der DKG.

Auf der Grundlage politischer und ideologischer Gemeinsamkeiten festigte sich im Prozeß der von den reaktionärsten Kreisen des deutschen Finanzkapitals betriebenen Faschisierung die Zusammenarbeit der DKG mit der ↗NSDAP seit 1929 zusehends. Die DKG begrüßte die Errichtung der faschistischen Diktatur und gliederte sich bereits 1933 in den Reichskolonialbund ein. Im Jahre 1936 löste sie sich auf.

1. Die Rolle der DKG bei der Ausprägung der Grundzüge imperialistischer Kolonialpolitik (1887–1900)
2. Die verschärfte Orientierung der DKG auf die Neuverteilung der Kolonien zugunsten des deutschen Imperialismus (1900 bis 1914)
3. Die Kriegszielpolitik der DKG (1914 bis 1918)
4. Der Kolonialrevanchismus der DKG (1918 bis 1936)
5. Quellen und Literatur

Präsidenten

Hermann FÜRST ZU HOHENLOHE-LANGEN-BURG (19. 12. 1887–15. 1. 1895); Johann Albrecht HERZOG VON MECKLENBURG-SCHWE-RIN (15. 1. 1895–14. 2. 1920); Theodor SEITZ (7. 5. 1920–6. 12. 1930); Heinrich SCHNEE (6. 12. 1930–13. 6. 1936)

Geschäftsführende Vizepräsidenten (eingeführt nach Satzungsänderung vom 12. Juni 1897)

Adolf SACHSE (ab 13. 6. 1897); Vizeadmiral z. D. VALOIS (1900–1902); VON POMMER-ESCHE (9. 10. 1902–Ende 1903); Theodor VON HOLLEBEN (28. 12. 1903–1913); Egon Friedrich Karl FREIHERR VON GAYL (1913–30. 6. 1917); Franz STRAUCH (ab 30. 6. 1917)

Stellvertretende Präsidenten (seit 1887 4, seit 1912 5)

Wilhelm SIMON (1. Stellvertreter 1887 bis 3. 12. 1898); Carl PETERS (1887–1889); Felix Wilhelm Leonhard GRAF VON BEHR-BANDELIN (1887–1889); Friedrich HAMMACHER (1887–1892); Staatsminister a. D. VON HOFMANN (ab 1889); Traugott Hermann GRAF VON ARNIM-MUSKAU (ab 1892); Franz PRINZ

VON ARENBERG (1892–25. 3. 1907); Otto AMMON (1898–1901); Rudolf VON BITTER (ab 11. 6. 1908); F. STRAUCH (u. a. 1911–1917); LIVONIUS (u. a. 1917); Prof. Dr. Hermann PAASCHE (u. a. 1921); Friedrich VON LINDEQUIST (20er und 30er Jahre); Konrad ADENAUER (ab 29. 5. 1931); Albert HAHL (u. a. 1932); Paul STAUDINGER (20er und 30er Jahre); Albrecht FREIHERR VON RECHENBERG (u. a. 1932 und 1933)

Generalsekretäre

Dr. BOKEMEYER (29. 5. 1888–1895); Christian VON BORNHAUPT (8. 10. 1895–Mai 1898); Erich DUEMS (bis 1936)

Mitglieder der DKG

1887	14 483	1908	38 509
1889	15 399	1909	38 928
1890	16 996	1911	39 902
1891	17 709	1912	ca. 43 000
1892	18 250	1914	43 152
1894	16 514	1917	36 803
1896	17 500	1918 (Januar)	35 341
1897	21 140	1919 (Januar)	34 596
1898	ca. 26 000	(Dezem-	
1899	ca. 36 000	ber)	31 553
1900	ca. 35 000	1922	26 488
1901	ca. 32 500	1925	ca. 24 000
1904	31 390	1933 (Januar)	21 420
1905	32 159	(Septem-	
1906	32 787	ber)	28 026
1907	36 950		

Abteilungen (Grundorganisationen für bestimmte Gebiete oder Orte, z. T. in Ortsgruppen untergliedert)

1887	109	1912	397
1888	138	1913	462
1890	186	Ende 1919	368
1891	243	1925	250
1897	263	1933	276
1899	330		

Leitungsorgane

Vorstand (100 gewählte, maximal 50 kooptierte Mitglieder, außerdem die zu den Sitzungen entsandten Vertreter der Abteilungen)

Ausschuß (Präsident, seine Stellvertreter, maximal 14 gewählte Vorstandsmitglieder und 6 kooptierte Mitglieder)

Ab 14. Juni 1930 trat an die Stelle des Vorstandes und des Ausschusses der Hauptausschuß (Präsident, seine Stellvertreter sowie 18 gewählte, kooptierte und durch den Präsidenten ernannte Mitglieder)

Ab. 5. Mai 1933 fungierte als einziges Leitungsgremium der Arbeitsausschuß, der aus dem mit unbeschränkten Vollmachten ausgestatteten Präsidenten und 10 von ihm ernannten Mitgliedern bestand.

Hauptversammlungen

laut Satzungen alljährlich (außer 1915 bis 1919) bis spätestens Ende Juni, zu einem späteren Zeitpunkt in den Jahren 1888 (22. 11. in Berlin), 1910 (1. 12. in Elberfeld) und 1932 (15. 10. in Berlin)

Presse

»Deutsche Kolonialzeitung. Organ der Deutschen Kolonialgesellschaft« (Berlin 1888–1922), erschien meist wöchentlich, danach unter verschiedenen Titeln: »Der Kolonialdeutsche« (bis 1929)

»Übersee- und Kolonialzeitung. Deutsche Kolonialzeitung« (1929–1933)

»Deutsche Kolonial-Zeitung, zugleich Die Brücke zur Heimat. Monatsschrift der Deutschen Kolonialgesellschaft, verbunden mit dem Deutschen Kolonialverein. Organ des Reichskolonialbundes« (ab Januar 1934)

Deutscher Kolonialatlas mit Jahrbuch. Hrsg. von der Deutschen Kolonialgesellschaft (Jg. 1–18 = Ausgaben 1897 bis 1914, Jg. 19 = Ausgabe 1918, 20. Jg. = Ausgabe 1936)

»Mitteilungen der Deutschen Kolonialgesellschaft« (Berlin 1899–1936 mit Unterbrechungen), dienten auch als Pressekorrespondenz

»Beiträge zur Kolonialpolitik und Kolonialwirtschaft« (Berlin 1899–1903), jährlich 20 Hefte in zwangloser Folge, übergeleitet in die

»Zeitschrift für Kolonialpolitik, Kolonialrecht und Kolonialwirtschaft« (Berlin 1904 ff.)

»Deutsch-Übersee. Korrespondenz des Aktionsausschusses der Deutschen Kolonialgesellschaft« (Berlin 1914–1918, 1920 ff.)

»Der Tropenpflanzer«, Organ des Kolonial-Wirtschaftlichen Komitees (Berlin 1896 ff.)

1. Die Rolle der DKG bei der Ausprägung der Grundzüge imperialistischer Kolonialpolitik (1887—1900)

Die DKG wurde am 19. Dezember 1887 durch die Vereinigung des ↗ Deutschen Kolonialvereins (DKv) mit der ↗ Gesellschaft für deutsche Kolonisation (GdK) gegründet. Im § 2 der Satzungen wurden als Ziele der Gesellschaft bestimmt:

»1. Die nationale Arbeit der deutschen Kolonisation zuzuwenden und die Erkenntnis der Notwendigkeit derselben in immer weitere Kreise zu tragen;
2. die praktische Lösung kolonialer Fragen zu fördern;
3. deutsch-nationale Kolonisationsunternehmungen anzuregen und zu unterstützen;
4. auf die geeignete Lösung der mit der deutschen Auswanderung zusammenhängenden Fragen hinzuwirken;
5. den wirtschaftlichen und geistigen Zusammenhang der Deutschen im Auslande mit dem Vaterlande zu erhalten und zu kräftigen;
6. für alle auf diese Ziele gerichteten, in unserem Vaterlande getrennt auftretenden Bestrebungen einen Mittelpunkt zu bilden«[1].

Unterstützt auch von den beiden »Mutterverbänden« der DKG, hatte sich das Deutsche Reich seit 1884 in kurzer Zeit fast seinen gesamten Kolonialbesitz angeeignet. Von wenigen Ausnahmen abgesehen, waren nun die Möglichkeiten einer weiteren Aufteilung von Kolonialgebieten unter die kapitalistischen Staaten erschöpft. Aber der deutsche Kapitalismus, historisch spät zur Entfaltung gekommen, hatte bei dieser Aufteilung relativ wenige, außerdem verstreute Kolonien erhalten, die seinen wachsenden ökonomischen Potenzen objektiv nicht entsprachen. Andererseits hatte die praktische Kolonialpolitik Ergebnisse gebracht, die im umgekehrten Verhältnis zu den Erwartungen standen, die auch die beiden Verbände an sie geknüpft und verkündet hatten.[2] Die Kolonien bewährten sich nicht als das erhoffte aufnahmefähige Absatzgebiet (wenn man von der Steigerung des Exports von minderwertigem Spiritus absieht). Die primitiven Formen ihrer Ausraubung brachten nicht die hohen Profite, die das Großkapital auf anderen Gebieten erzielen konnte. Als Kapitalanlagesphäre waren die Kolonien wegen der unsicheren Verwer-

tungsbedingungen zunächst wenig attraktiv, und auch als Rohstoffquellen rangierten sie hinter anderen Möglichkeiten, die das deutsche Kapital profitabler nutzen konnte, zumal der Reichtum an Rohstoffen noch wenig bekannt war und ihre Erschließung langwierige und aufwendige Maßnahmen erforderlich machte. Trotz der sich in den 80er Jahren weiter entwickelnden Monopolisierung war die Expansionskraft des deutschen Kapitals noch nicht so groß, daß es die zusammengerafften Kolonialgebiete in kurzer Zeit in den Wirtschaftsmechanismus des Deutschen Reiches hätte integrieren können. Die allgemeine Ernüchterung der Kolonialenthusiasten ergriff auch die Führungskräfte und die Mitglieder des DKv und der GdK. Die Auseinandersetzungen über Inhalt und Methoden ihrer Politik zeigten zwar die Unzufriedenheit mit den bisherigen Ergebnissen an, brachten aber zugleich den Willen der maßgebenden Kräfte beider Organisationen zum Ausdruck, durch ihre Vereinigung die errungenen kolonialpolitischen Positionen besser zu nutzen. Vertreter der rheinisch-westfälischen Schwerindustrie und anderer monopolistischer Kräfte traten häufiger mit Erklärungen hervor, die offensichtlich von weitgehenden Einsichten in die reale Möglichkeit bestimmt waren, mit Hilfe der Kolonialpolitik Monopolprofit zu erzielen. Obwohl solche Äußerungen noch nicht dominierten und diese Kreise auf Grund des noch relativ niedrigen Niveaus der Monopolisierung eine typisch imperialistische Kolonialpolitik auch nicht praktizieren konnten, erkannten sie doch die Bedeutung der Kolonien als potentielle Kapitalanlagesphären und Rohstoffquellen. Die Tatsache, daß die bisher annektierten Kolonien diesen Ansprüchen ebensowenig genügten wie als Absatzgebiete, stachelte nur die Ambitionen an, sie zu erweitern, und ließ wiederholt bereits in den 80er Jahren Forderungen nach einer Neuverteilung durchklingen. Aber immer noch war die Absicht, der deutschen Industrie Absatzgebiete zu sichern, das vorherrschende Motiv. Große Teile der in beiden Organisationen vertretenen anderen Gruppen der herrschenden Klassen sahen in der Verschmelzung die Möglichkeit einer umfassenden Aktivierung der Kolonialpolitik. Ohne daß die Streitpunkte beseitigt waren, wurde unter diesen Bedingungen doch die Auffassung vorherrschend, daß vor allem der langjährige kolonialpolitische Methodenstreit durch eine Synthese der bisher alternativ gegenübergestellten Methoden (Propaganda oder »praktische Kolonialpolitik«) abgelöst werden müsse. Viele andere Differenzpunkte traten in diesem Zusammenhang — zumindest zeitweise — in den Hintergrund. Als einigendes Moment wirkte auch die Absicht, dem Einfluß der revolutionären Arbeiterbewegung und anderer demokratischer Kräfte entgegenzuwirken. Erst im Prozeß des Übergangs zum Imperialismus setzten sich auch in der DKG während der 90er Jahre die imperialistischen Motive der Kolonialpolitik immer mehr als bestimmend durch. »Den zahlreichen ›alten‹ Motiven der Kolonialpolitik fügte das Finanzkapital noch den Kampf um Rohstoffquellen hinzu, um Kapitalausfuhr, um ›Einflußsphären‹ ... und schließlich um das Wirtschaftsgebiet überhaupt.«[3] Die DKG stellte in zunehmendem Maße die genannten Motive in den Mittelpunkt ihrer Tätigkeit. Obwohl dies das Auftreten anderer, an einer liberalen Wirtschaftspolitik orientierten Bestrebungen innerhalb der DKG nicht ausschloß, förderte sie die imperialistischen Tendenzen der Kolonialpolitik des Deutschen Reiches beträchtlich und wurde mehr und mehr ein Schrittmacher dieser Entwicklung.

Von den 17 489 Mitgliedern der DKG am Ende des Jahres 1892 wurden 7 099 (= 40,59%) als »Kaufleute, Fabrikanten und Gewerbetreibende« geführt. 2 298 Mitglieder (= 13,14%) waren Regierungsbeamte, 1 462 (= 8,36% Offiziere. Unter den 3 213 Angehörigen intellektueller Berufe (= 18,37%) befanden sich 1 115 Richter, Anwälte und Notare (= 6,38%), 1 063 Geistliche und Lehrer (= 6,08%), 826 Ärzte (= 4,72%) sowie 209 Gelehrte, Schriftsteller und Künstler (= 1,2%). 149 Standesherren und Angehörige des hohen Adels (= 0,85%) waren zu diesem Zeitpunkt Mitglieder der DKG. 370 Mitglieder (=2,12%) wurden als Rentiers, 2 477 (= 14,16%) als »Diverse« geführt.[4]

Die Berücksichtigung der Mitgliederlisten bestätigt den relativ hohen Anteil der Kapitalisten. In großer Zahl waren rheinisch-westfälische Schwerindustrielle, Großbankiers und auch andere Monopolkapitalisten persönlich Mitglieder der DKG, mit einem sehr hohen Anteil auch mittlere und kleine Kapitalisten. Mit der ersten Anteilzahl sind außerdem relativ viele Angehörige der städtischen Mittelschichten erfaßt, deren Mitgliedschaft in gewissen Grenzen auch durch die Aussicht auf materielle Vorteile aus der Kolonialpolitik motiviert gewesen ist, in viel größerem Maße aber durch ihre enge Bindung an die Bourgeoisie. Der hohe Anteil von Beamten und Intellektuellen weist nicht nur auf eine ähnliche Motivierung hin, sondern ist auch auf eine zielgerichtete Werbung solcher Mitglieder zurückzuführen, die als Multiplikatoren der »Kolonialidee« wirken konnten.

Unmittelbar nach der Gründung der DKG begann eine demagogische Kampagne gegen die Sklaverei, die die deutsche Kolonialpolitik und insbesondere den Ausbau der Machtpositionen in den deutschen Kolonien moralisch rechtfertigen sollte. Auf der Hauptversammlung vom 22. November 1888 wurde eine Kommission zur Bekämpfung der Sklaverei gebildet, und auf Betreiben der DKG bildete sich das *Antisklaverei-Komitee* unter Leitung von Wilhelm FÜRST ZU WIED. Unter dem Vorwand, den Sklavenhandel unterbinden zu wollen, stationierte es Dampfer- und Schleppkähne auf afrikanischen Seen und Flüssen, die als Stützpunkte für die Unterdrückung des antikolonialen Widerstandskampfes und für die wirtschaftliche Ausbeutung der Kolonien benutzt wurden.[5] Die DKG bildete ab 6. Dezember 1891 einen »Fonds zur Bekämpfung des Sklavenhandels«.[6] Die Mittel wurden für den Bau und Transport der Schiffe sowie für die Propaganda der DKG verwandt, so auch für Herstellung und Vertrieb der Broschüre »Gegen den Sklavenhandel« (Auflage: 200 000).[7] Daß das Deutsche Reich kolonialpolitisch saturiert sei, akzeptierten die bestimmenden Kräfte in der Führung der DKG im Gegensatz zu vereinzelt geäußerten Meinungen keinesfalls. Den Sansibar-Helgoland-Vertrag vom 1. Juli 1890 lehnten sie ab. Dennoch fällt auf, daß die diesbezügliche Stellungnahme des Vorstandes vom 30. Juni 1880 außergewöhnliche Milde gegenüber der Regierung walten ließ.[8] Diese Zurückhaltung lag im Interesse des relativ breiten reaktionären Bündnisses verschiedener Gruppen, das sich in der DKG manifestierte; sie war auch eine Geste, die der Regierung die Bereitschaft zur weiteren Zusammenarbeit anzeigen sollte. Die in den Anfangsjahren ständig wiederkehrende Heraushebung der Bedeutung praktischer Arbeit war zweifellos auch durch das Interesse diktiert, den Mitte der 80er Jahre außerordentlich schnell zusammengerafften Kolonialbesitz unter festere Kontrolle zu bekommen. Das schloß zwar die Ausschau nach weiteren Eroberungen und auch die Propaganda für weitgreifende Kolonialpläne nicht aus, aber dominierte doch gegenüber solchen Aufgaben. »Anstelle der Erweiterungsbestrebungen in den Machtgebieten (sei) die ernste Arbeit getreten, die Gebiete wirklich zu kolonisieren.«[9] Hierzu gehörten die Beteiligung am Bau der Usambara-Eisenbahn und verschiedene Siedlungsprojekte. Der Vorstand beschloß am 25. März 1892, eine Siedlungsgesellschaft für Südwestafrika zu gründen, für die seine Mitglieder sofort eine ansehnliche Kapitalmasse in Form von Anteilscheinen sicherstellten. Außerdem war die DKG selbst an dieser und anderen Siedlungsgesellschaften beteiligt.[10] Die DKG unterbreitete der Regierung detaillierte Pläne für die Gestaltung eines »deutschen« Südwestafrika, die es von vornherein als selbstverständlich erachteten, daß die Rechte der afrikanischen Völker auf ihre Heimat, ihren Besitz und ihre Kultur den Belangen »wirtschaftlicher und verwaltungstechnischer Erfordernisse«, d. h. den Plänen imperialistischer Unterjochung unterzuordnen waren. Der Siedlungsplan konzentrierte sich zunächst auf das Gebiet um Windhoek.[11] Der Jahresbericht für 1891 ließ den engen Zusammenhang solcher Projekte mit den reaktionären innenpolitischen Zielen erkennen. Es sei bisher ein »Übelstand« gewesen, »daß der Arbeitsnachweis sich ... mangels jeder kolonisatorischen Tätigkeit ... auf das engere Heimatland beschränkt. Krisen ... werden wiederkehren, jede Wiederholung bringt auch eine Verschärfung der Kalamitäten mit sich ...« Es sei ein »soziales Sicherheitsventil, ... denen, die keine Arbeit finden«, die Möglichkeit zur Auswanderung zu geben.[12] Um die Auswanderung in die neue »Heimat« zu lenken, wurde die bereits 1884 vom *DKv* gegründete »Zentral-Auskunftsstelle für Auswanderer« zu einem agilen Auskunftsbüro entwickelt, das es sich angelegen sein ließ, besonders »Arbeitern aus der Industriebranche« die Möglichkeit »besseren Erwerbs« in den Kolonien schmackhaft zu machen.[13] Neben der Lenkung der Auswanderung in bereits bestehende Kolonien versuchte die DKG, durch Schaffung deutscher Ansiedlungen Vorposten für die Kolonialpolitik zu schaffen. Deshalb strebten maßgebliche Führungskräfte eine »kompakte Konzentration der Auswanderer in den südamerikanischen Südstaaten ... in handelspolitischem als in rein politischem Interesse an«.[14] Unter dem Vorwand des Rechtsschutzes für Ausgewanderte forderte die DKG gesetzliche Grundlagen für die Einmischung des Deutschen Reiches in die inneren Angelegenheiten anderer Staaten und eventuelle Aggressionen, z. B. ein Reichsgesetz, das »unter Anerkennung des Grundsatzes der Auswanderungsfreiheit Maßnahmen vorbereitet ..., die der Ausübung des Schutzes und der Fürsorge für die Auswandernden dienen«.[15]

Seit April 1891 bestand eine von der DKG eingerichtete Dampferverbindung mit »Deutsch-Südwestafrika« (Walfischbai), durch die Siedler in die Kolonie gebracht wurden.[16]

Die Orientierung auf die praktische Arbeit hatte für die DKG zwei besonders schwerwiegende Folgen. Erstens gab es zahlreiche in Angriff genommene Projekte, deren praktische Ergebnisse im Vergleich mit den ihnen zugrunde liegenden Plänen kläglich waren. Angesichts der Bilanz dieser Jahre sah man sich wiederholt zu dem Gesamturteil veranlaßt, daß man durch die praktische Arbeit »wenig erreicht« habe, daß Unternehmen »... gefördert wurden, die nachher vollständig ergebnislos gewesen sind«, und daß die DKG »mit den verhältnismäßig kleinen Mitteln« nicht in der Lage war, die angekündigte große Kolonialpolitik selbständig zu betreiben.[17] Zweitens war die Propaganda zurückgeblieben und nicht geeignet, »in die breiten Schichten des Volkes« einzudringen.[18] Der Vorstand schätzte Mitte 1895 ein, daß die DKG in den Jahren 1893 und 1894 eine »vorübergehende Krise« durchlaufen habe, die auch im Rückgang der Mitgliederzahl zum Ausdruck kam.[19] Die Konsequenzen aus diesen Einsichten waren keine plötzlichen Veränderungen, die einen neuen Entwicklungsabschnitt mit klar erkennbarer Zäsur einleiteten. Aber seit Ende 1894 gab es im Vorstand der DKG doch verstärkte Bemühungen um eine planmäßigere, besser organisierte, konzeptionell einheitlich orientierte und in die größeren politischen Zusammenhänge eingeordnete Tätigkeit der Gesellschaft. Ein Resümee dieser Anstrengungen formulierte der Vizepräsident W. SIMON am 3. Dezember 1896, indem er konstatierte, daß sich der Vorstand im Gegensatz zur Hast früherer Jahre in letzter Zeit bei allen Vorhaben zunächst über die Erreichbarkeit der Ziele, die Eignung der verantwortlichen Personen und die finanziellen Voraussetzungen informiert habe.[20] Die an bürgerlich-parlamentarischen Gepflogenheiten orientierte Vorbereitung und Durchführung der Ausschuß- und Vorstandssitzungen sowie der Hauptversammlungen demonstrieren dank der vorliegenden gewissenhaft geführten Protokolle diese Akribie in der Organisation und inhaltlichen Gestaltung reaktionärer Politik besonders eindrucksvoll. Der organisatorischen, »verfeinerten« Verbindung von praktischer Tätigkeit und Propaganda und einer größeren Massenwirksamkeit wurde dabei erhöhte Aufmerksamkeit gewidmet, auch wenn relativ zahlreiche Vorstandsmitglieder wie Dietrich SCHÄFER »der Ansicht... (waren), daß die Kolonialgesellschaft als reine Agitationsgesellschaft« fungieren müsse.[21] Als Resultate solcher und entgegengesetzter Verabsolutierungen ergab sich, daß die Propaganda der DKG einen höheren Stellenwert erhielt, der den Erfordernissen der imperialistischen Politik entsprach. Seit 1896 wurden einige neue Schritte unternommen, um die »Deutsche Kolonialzeitung« »zu einem volkstümlichen, lebhafter gehaltenen Blatte« auszugestalten. Wissenschaftliche Aufsätze erschienen im allgemeinen nicht mehr in der Zeitung, sondern im »Kolonialen Jahrbuch« und in anderen Organen.[22] Von den zahlreichen Propagandaschriften, die die DKG seit Mitte der 90er Jahre in wachsender Zahl und Vielgestaltigkeit herausgab, bewährte sich der »Kleine Deutsche Kolonial-Atlas« als ein überaus wirksames Werbungsmittel.[23] Erhebliche ideologische Ausstrahlung hatte die Beteiligung der DKG an der ersten Deutschen Kolonialausstellung, die unter dem Protektorat des Präsidenten der Gesellschaft vom 1. Mai bis 15. Oktober 1896

stattfand. Das »Kolonialhaus zum Vertriebe der Erzeugnisse der deutschen Kolonien« in Berlin wurde im gleichen Jahr als ständige Einrichtung von der DKG mitbegründet und hatte an der festen Verwurzelung des Terminus »Kolonialwaren« im Wortschatz der deutschen Sprache seinen Anteil.[24] Um die Aktionsfähigkeit der DKG für die praktische Kolonialpolitik zu sichern, wurden ihr durch WILHELM II. am 16.11.1896 die Rechte einer juristischen Person verliehen.[25] Die Beteiligung an Kolonialunternehmen brachte der DKG beträchtliche Gewinne. Schon nach der Bilanz für 1895 verfügte sie über ein Vermögen von 216 734 M, wozu ein reservierter Fonds von Gewinnen aus den Dampferunternehmen in Höhe von 117 022 M gehörte.[26] Der Vorstoß in größere Dimensionen der praktischen Arbeit führte 1896 zur Bildung des *Kolonialwirtschaftlichen Komitees*, das sich offiziell als »*Wirtschaftlicher Ausschuß der Deutschen Kolonialgesellschaft*« bezeichnete[27] und in der zweiten Hälfte der 90er Jahre die verschiedensten wirtschaftlichen Aktivitäten der DKG übernahm. Der Vorstand der DKG konnte sich dadurch mehr den Grundfragen der Kolonialpolitik und der Propaganda widmen, wobei er stets auch die politische Leitung des *Kolonialwirtschaftlichen Komitees* in der Hand behielt. Zu den wirtschaftlichen Unternehmen, die, auf die Festsetzung deutschen Kapitals in den Kolonien orientiert, oft als Wohltätigkeit für die »Eingeborenen« deklariert wurden, gehörten der Bau von Bewässerungsanlagen, die Erkundung von Wasserreservoiren, Bodenschätzen und Möglichkeiten der landwirtschaftlichen Nutzung der Kolonien, Maßnahmen zur Bekämpfung von Viehseuchen, Arbeiten zur Verkehrserschließung und wissenschaftliche Forschungen verschiedener Art.[28] Im Februar 1898 genehmigte WILHELM II. der DKG die Veranstaltung einer »Wohlfahrtslotterie zu Zwecken der deutschen Schutzgebiete«, für die im Interesse der Tarnung mit einem karitativen Anstrich der *Frauenverein für Krankenpflege* als Träger mit herangezogen wurde.[29] Für die Verbreitung des Rassismus hatte die von der DKG organisierte »Hinaussendung« deutscher Mädchen relativ große Bedeutung. Diese Aktionen wurden mit einer intensiven

Propaganda gegen »Mischehen« und vielerlei Schilderungen der »Gefahren« verbunden, die den einsamen deutschen »Afrikanern« durch die exotischen Reize ihrer neuen Umwelt drohten. Seit 1896 machte die DKG Reklame für die Übersiedlung, sie stellte Reisebeihilfen zur Verfügung und schickte schließlich 1898 den ersten Transport von »Bräuten« zwecks »Schaffung eines bodenständigen unvermischten Deutschtums« auf die Reise. Allerdings konnten in 8 Jahren die Sehnsüchte von nur 122 Frauen und Mädchen nach »Südwest« gelenkt werden.[30]

Die zahlreichen Expeditionen, an denen sich die DKG größtenteils unter dem Vorwand wissenschaftlicher Interessen beteiligte und die sie als »Kulturbringer« etikettierte, waren meist mit grausamen Gewaltakten gegen die Bevölkerung der afrikanischen Länder verbunden und dienten häufig der Erweiterung des deutschen Kolonialbesitzes. Im Jahre 1894 half eine Expedition der DKG in Kamerun, die französische Regierung so unter Druck zu setzen, daß sie durch das Abkommen vom 15. März einer beträchtlichen Erweiterung der deutschen Kolonie zustimmte.[31]

Im gleichen Jahr gründete die DKG das *Togo-Komitee*, das die Aufgabe erhielt, die deutsche Kolonie in nördlicher Richtung zu erweitern. Mit den durch Sammlungen eingebrachten Mitteln und mit staatlicher Unterstützung rüstete die DKG eine Expedition aus, die durch die üblichen betrügerischen Vertragsabschlüsse das betreffende Gebiet »erwarb« und dem »Schutz« des Reiches empfahl.[32] Das Vorgehen in der Togo-Frage war mit dem Auswärtigen Amt sorgsam abgestimmt.[33] Obwohl Afrika der Schwerpunkt der Kolonialpolitik der DKG war, förderte sie die Expansion des deutschen Kapitals in allen Teilen der Erde. Die Hauptversammlung vom 17. März 1894 verlangte die Revision der Samoaakte vom 14. Juni 1889 und »die Herstellung eines ausschließlich deutschen Regiments«, weil nur das »die umfangreichen deutschen Handels- und Plantageninteressen« wahren könne. Der Vorstand forderte die militärische Unterjochung der Inselbevölkerung unter dem Vorwand, »dem Kriegszustande, in welchem sich die Eingeborenen untereinander befinden, durch Entwaffnung derselben ... ein Ende« zu machen.[34] Die

Annexion von Kiautschou im Jahre 1897 entsprach der seit 1895 durch die DKG erhobenen Forderung nach Schaffung maritimer Stützpunkte im Fernen Osten und fand ihren Beifall. Durch den inzwischen abgeschlossenen betrügerischen »Pachtvertrag« schien der DKG die Verfügungsgewalt über das annektierte Gebiet so sicher, daß sie sich zu einer relativ offenen Sprache veranlaßt sah. Das galt vorzugsweise für die Vorhaben, massenhaft besonders billige Arbeitskraft zu kaufen, was in zunehmendem Maße zum Bestandteil imperialistischer Kolonialpolitik wurde: »Wir sind infolge unserer Kiautschou-Erwerbung in der glücklichen Lage, kräftige und geschickte Arbeiter *direkt* beziehen zu können.« Kiautschou müsse »so schnell als möglich ein Verschiffungshafen für Kulis« werden. Da man aber für die deutschen Kolonien »Kulis« aus tropischen Ländern brauche, sei noch »die Erwerbung eines südlicheren Hafens an der chinesischen Küste« empfehlenswert. Die Rechtfertigung des ganzen Vorhabens entsprach der Logik imperialistischer Denkweise: »In der wirtschaftlichen Konkurrenz ... müssen wir eben mit den besten Arbeitskräften uns *bald* versehen. Wir können nicht warten, bis der langsame Prozeß der Erziehung des Negers zur Arbeit vorgeschritten ist, da wir wirtschaftlich zu sehr in das Hintertreffen kommen würden, sondern müssen schnell und energisch handeln.«[35] Die DKG gehörte neben dem ↗ *Alldeutschen Verband (ADV)* zu den ersten Propagandisten der Flottenrüstung. Bereits am 13. Dezember 1893 forderte sie vom Reichstag die Bewilligung der Mittel für eine rasche Vermehrung der Flotte. Die Hauptversammlung von 1895 gestand aber der Regierung zu, nicht verabsäumt zu haben, was erreichbar war. Sie faßte deshalb einen flexibel zu handhabenden Beschluß: »Die Hauptversammlung hält es für wünschenswert, daß auf die Errichtung von deutschen Flottenstationen in fremden Gewässern Bedacht genommen wird, und stellt es dem Präsidenten anheim, zu geeigneter Zeit bei der Reichsregierung vorstellig zu werden.«[36] Als »geeignete Zeiten« wurden vor allem solche Situationen betrachtet, in denen die Regierung zu zaghaft vorging bzw. der Widerstand ihrer Opponenten zu paralysieren war. Beide Voraussetzungen schienen dem Ausschuß im

September 1895 gegeben. Die Eingabe wurde am 24. September abgeschickt.[37]

Zu Beginn des Jahres 1896 erhielt die Flottenagitation der DKG starken Auftrieb. WILHELM II. hatte sich am 18. Januar 1896 im Zusammenhang mit einer deutlichen Absichtserklärung hinsichtlich der »Weltpolitik« für eine forcierte Flottenrüstung ausgesprochen.[38] Der Ausschuß der DKG beschloß am 21. Januar, die Flottenagitation unter Bezugnahme auf diese Rede zu verstärken.[39] Die DKG unterstützte die Annahme des Flottengesetzes vom 28. März 1898 durch eine langfristig vorbereitete Kampagne. Nach Beschlüssen der Hauptversammlung vom 12. Juni 1897 wurden durch den Vorstand und die Leitung auf allen Ebenen Vereinbarungen mit anderen reaktionären Organisationen für ein »geschlossenes Vorgehen« getroffen. Als Sprecher der rheinisch-westfälischen Schwerindustriellen begrüßte Theodor REIS-MANN-GRONE, »daß die deutschen Schiffswerften die Arbeit erhalten und die ... Millionen im Lande bleiben«.[40] Sein demagogischer Versuch, die finanziellen Belastungen der Werktätigen mit einem angeblichen Nutzen für den »kleinen Mann« zu rechtfertigen, kann als charakteristisch für die Argumentationsweise der kommenden Jahre bezeichnet werden. In Auswertung der Hauptversammlung wurde ein »Komitee für den Flottenwerbungsfonds« gebildet. Sein Aufruf zur Bildung des Fonds wurde bis Mitte Oktober 1897 in etwa 1 000 Zeitungen veröffentlicht.[41]

Die DKG arbeitete seit Oktober 1897 gemeinsam mit Vertretern des Reichsmarineamts an der organisatorischen Zusammenfassung der im Ausland bestehenden deutschen Flottenvereine, die schließlich mit der Gründung des *Hauptverbandes Deutscher Flottenvereine im Auslande (HV)* am 8. Juni 1898 Gestalt annahm.

Bis zum Ende des 19. Jh. hatte sich die DKG zu einer einflußreichen Organisation entwickelt, deren Tätigkeit den grundlegenden Interessen des deutschen Imperialismus entsprach und zugleich in zunehmendem Maße von den Zielen der aggressivsten Gruppen des Monopolkapitals bestimmt wurde. WIL-HELM II. formulierte seine Anerkennung für die Hilfe im Dienst der deutschen »Weltpolitik« und zugleich den Anspruch auf die weitere Unterstützung der aggressiven Außenpolitik des deutschen Imperialismus, wenn er am 3. Dezember 1898 erklärte: »Ich weiß, daß ich in meinem Wirken für Deutschlands Größe auch jenseits der Meere allezeit auf die Unterstützung der Deutschen Kolonialgesellschaft rechnen kann.«[42]

2. Die verschärfte Orientierung der DKG auf die Neuverteilung der Kolonien zugunsten des deutschen Imperialismus (1900—1914)

Der durch die deutsche »Weltpolitik« seit 1897/1898 stimulierte Auftrieb der DKG setzte sich nach der Jahrhundertwende fort. Ohne daß das Ziel eines großen deutschen Kolonialreiches in Afrika und anderer Erweiterungen aus dem Auge gelassen wurde, dominierten in den ersten Jahren des neuen Jahrhunderts die Versuche zur Festigung der Kolonialpositionen, zur Brechung des Widerstandes der unterdrückten Völker und zur Gewinnung einer breiteren Massenbasis, vor allem auch in der Arbeiterklasse Deutschlands. Diese Bestrebungen waren mit einer stärkeren ideologischen Durchdringung der gesamten Tätigkeit verbunden. Vor allem Friedrich RATZEL, der bereits Mitglied des *DKv* gewesen war, hatte mit seiner Anthropogeographie pseudowissenschaftliche Grundlagen für eine von der DKG verbreitete Variante imperialistischer Ideologie geschaffen, in der die reaktionären geopolitischen Maximen eng mit nationalistischen und rassistischen Komponenten verbunden waren, die sich in besonders starkem Maße auf den Sozialdarwinismus stützten. Die Auffassungen Heinrich VON TREITSCHKES waren gut geeignet, das dieser extrem reaktionären Variante imperialistischer Ideologie gemäße Geschichtsbild zu vermitteln.

Unter den Projekten praktischer Kolonialarbeit hatte die Besiedlung der südwestafrikanischen Kolonie einen besonderen Rang. Sie wurde nach einem Plan begonnen, dessen detaillierte Ausarbeitung und praktische Durchführung nach vorgegebenen Richtlinien im Jahre 1905 einem Sonderausschuß übertragen wurde.[43] Die Dimensionen dieses Projekts schlossen die Beschränkung auf Initia-

tiven und Mittel der Gesellschaft aus. Es
sollten nur »einzelne Maßnahmen des Besied-
lungsplanes aus den Mitteln der Gesellschaft
oder mit Hilfe besonderer, von ihr beein-
flußter Gesellschaften« ausgeführt, im übrigen aber über die Kolonialverwaltung die
staatliche Initiative durch entsprechende
Vorschläge und eine umfassende öffentliche
Mitarbeit gesichert werden.[44] Zunächst sollten Wasserstellen als »Ausgangspunkte der
landwirtschaftlichen Besiedlung ... und als
Zufluchtsstätten für unruhige Zeiten« erschlossen werden.[45] Die DKG unterstützte die
sog. »Wehrsiedlung«, d. h. die Ansiedlung von
Militärangehörigen — vorzugsweise von zivil-
versorgungsberechtigten Unteroffizieren —
»mit besonderer Berücksichtigung der technischen Waffen«. Zu den vorgeschlagenen
zahlreichen Vergünstigungen gehörten die
»unentgeltliche Überweisung von Regie-
rungsland, konfiszierten Ländereien unbot-
mäßiger Stämme« und Zuweisung von
Kriegsgefangenen oder strafverurteilten Eingeborenen als Arbeitskräfte. Als Gegenleistung sollte Dienst in militärischen Organisationen abgeleistet werden.[46] Gleichzeitig
beteiligte sich die DKG in größerem Umfang
als bisher an anderen wirtschaftlichen Unternehmen, seit 1905 am Guttapercha- und
Kautschukunternehmen in Neuguinea.[47]
Obwohl in den Führungsgremien der DKG im
Zusammenhang mit der Marokko-Krise von
1905 Hoffnungen auf eine Vergrößerung der
deutschen Kolonien gehegt wurden, lehnte
der Ausschuß entsprechende Anträge mit der
Begründung ab, daß »während der zwischen
Deutschland und Frankreich schwebenden
Verhandlungen« Eingaben »unzulässig und
falsch« seien, weil sie »mehr schaden als
nützen könnten«.[48] Gleichzeitig wurde aber
die Situation für Forderungen nach verstärkter Flottenrüstung ausgenutzt. Dabei berücksichtigte die DKG, daß die revolutionäre
Arbeiterbewegung und große Teile der Volksmassen die räuberische Kolonialpolitik ablehnten, was z. B. am 9. Juli 1905 eine große
Friedenskundgebung gegen die Marokkopolitik in Berlin und internationale Veranstaltungen der Sozialdemokratie zum Ausdruck
gebracht hatten. Die Expansions- und Rü-
stungsforderungen wurden mit einer Friedensheuchelei umgeben, für die der Beschluß
des Vorstandes vom 1. Oktober 1905 so rich-

tungweisend war, daß er noch in späteren
Auseinandersetzungen um die wirkungsvoll-
sten Formulierungen als eine Art Modell
verwendet wurde. Es hieß hier: »Die Deutsche Kolonialgesellschaft ... erblickt in der
baldigen Ausgestaltung der deutschen, die
Streitkräfte des Landheeres ergänzenden
Flotte zu einem vollwertigen Machtfaktor des
Reiches das aussichtsvollste Mittel zur Erhaltung des Friedens und damit des Bestandes, der Sicherheit und der Wohlfahrt des
Vaterlandes.«[49]
Die DKG unterstützte die grausame Niederschlagung des Maji-Maji-Aufstandes in Ostafrika und forderte in diesem Zusammenhang
die Aufstellung einer »farbigen Schutztruppe«, die in allen Kolonien eingesetzt
werden sollte, weil »in fremder Gegend ...
deren Zuverlässigkeit am besten verbürgt«
sei.[50]
Seit der Jahrhundertwende ging der Masseneinfluß der DKG zurück, und die Organisation kam in eine etwa 7 Jahre dauernde
Krise. Vom 1. Oktober bis 30. November 1901
traten 1 787 Mitglieder aus, während nur 153
aufgenommen wurden.[51] Der Bericht Paul
VON LETTOW-VORBECKS über die Abteilung
Oldenburg kennzeichnete die Situation in
vielen Grundorganisationen:»Leider herrscht
hier ein so geringes Interesse für die Ko-
lonialsache, daß es mir nur durch meinen
persönlichen Einfluß gelingt, die Mitgliederzahl der hiesigen Abteilung auf der Höhe von
50 zu erhalten.«[52] Offensichtlich hat die ablehnende Haltung der revolutionären Arbeiterbewegung und größerer Teile der Volksmassen gegenüber der Intervention in China
auch diese Entwicklung beeinflußt. Die Auswirkungen der Wirtschaftskrise von 1900 bis
1903 lenkten die Interessen der Arbeiter, der
kleinbürgerlichen Schichten und auch größerer Teile der Bourgeoisie auf die brennenden
wirtschaftlichen Probleme, für deren Lösung
die Kolonialpolitik keine wirkungsvollen
Mittel bot. Nachdem jahrelang ihre segens-
reichen Auswirkungen in Aussicht gestellt
worden waren, brachte die tiefgreifende
wirtschaftliche Depression auch eine kolonialpolitische Ernüchterung. Dazu kam, daß
die für das Deutsche Reich relativ komplikationslos und schnell erreichten ersten Erfolge
imperialistischer Kolonialpolitik seit 1897 der
DKG viele unbeständige Anhänger zugeführt

hatten, die durch die »mageren« Ergebnisse der folgenden Jahre wieder abfielen.[53]

Schließlich machten andere reaktionäre Organisationen, insbesondere der ↗ *Deutsche Flotten-Verein (DFV)*, der DKG einen Teil der Anhänger abspenstig.[54]

Der Vorstand der DKG reagierte auf diese Erscheinungen mit neuen Anstrengungen zur Festigung der Organisation und zur Verstärkung ihres Masseneinflusses.

Seit 1899 drängte er mit Erfolg auf die Schaffung zusätzlicher Lehrstühle für Erdkunde und die Errichtung neuer Lehrstühle für Völkerkunde sowie auf deren Besetzung mit ihm genehmen Professoren.[55] Ähnliche Bemühungen richteten sich auf die Beeinflussung des Schulunterrichts, z.B. auf die Gestaltung der Lesebücher, was Aufgabe einer »Lesebuchkommission« wurde.[56]

Ausdruck der zunehmenden Orientierung der DKG auf Massenbeeinflussung war ihre führende Rolle bei der Vorbereitung und Gestaltung der ↗ *Deutschen Kolonialkongresse (DKg)* (ab 1902). Die eindeutigere antisozialistische Stoßrichtung der Politik der DKG bestimmte u.a. den Beschluß des Vorstandes, »das Interesse der Arbeiterschaft an der Fortentwicklung der Schutzgebiete in volkstümlichen Aufsätzen« darzulegen, was »in großem Stile in die Wege geleitet« wurde.[57]

Die Verschärfung der imperialistischen Kolonialpolitik, die innenpolitisch in der Auflösung des Reichstages am 13. Dezember 1906 und der Aktivierung der reaktionären Kräfte im Zusammenhang mit den Wahlen vom 25. Januar 1907 am deutlichsten in Erscheinung trat, stabilisierte die Position der DKG. Das kam auch in einer ungewöhnlich starken Steigerung der Mitgliederzahlen zum Ausdruck. Allein in den ersten 3 Monaten des Jahres 1907 traten 3 846 Mitglieder bei.

Die DKG unterstützte die grausame Unterdrückung der Hereros und Hottentotten mit materiellen Mitteln, vor allem aber durch eine intensive chauvinistische Propaganda, die sich sowohl gegen die afrikanischen Völker als auch gegen die sozialistische Arbeiterbewegung und alle demokratischen und antikolonialistischen Kräfte wandte. Der 1908 auf Initiative der DKG gegründete *Kolonialkriegerdank*, dessen »Schutzherr« J. A. VON MECKLENBURG-SCHWERIN wurde, erhielt die

Aufgabe, die chauvinistischen Stimmungen wachzuhalten und weiter anzustacheln. Diese Einrichtung setzte die Arbeit des bereits Anfang 1904 gegründeten »Zentral-Hilfskomitees« fort, das unter der offiziellen Leitung J. A. VON MECKLENBURG-SCHWERINS, des Reichskanzlers BÜLOW und anderer namhafter Repräsentanten der herrschenden Klasse mit großem Propagandaaufwand sog. Hilfeleistungen für die »Volksgenossen« in Südwestafrika organisierte. Die Zusammenarbeit der DKG mit dem Reichskolonialamt wurde noch enger. Zwischen dem Staatssekretär F. VON LINDEQUIST und dem Präsidenten der DKG bestand bestes Einvernehmen. Einen Eindruck von der detaillierten Kooperation vermitteln die Absprachen, die Anfang 1910 zur »Eindeutschung« von Orts- und Straßennamen, geographischen Namen usw. getroffen wurden.[58]

Am 5. Dezember 1907 wurde auf einer außerordentlichen Hauptversammlung beschlossen, die Satzungen zu ändern. Die in diesem Zusammenhang WILHELM II. vorgelegten Begründungen liefen darauf hinaus, der DKG einen genauer bestimmten Platz im imperialistischen Herrschaftssystem zuzuweisen, sie verbindlicher festzulegen und als Schrittmacher der Kolonialpolitik einzusetzen sowie ihre Organisation zu festigen. In den bisher gültigen Satzungen vom 30. Mai 1896, so wurde besonders hervorgehoben, fehle es

»an einer Bestimmung, die der Gesellschaft in Zeiten wichtiger Entscheidungen das Eintreten für den kolonialen Gedanken zur Pflicht macht«. Außerdem eröffne die neue Fassung durch den zweiten Absatz des § 1 »die Erörterung von kolonialen Zukunftsideen«.[59] Der § 1 erhielt folgende Fassung:

»Zweck und Ziele der Gesellschaft

Die Deutsche Kolonialgesellschaft bezweckt, im Dienste des Vaterlandes die Erkenntnis von der Notwendigkeit deutscher Kolonien zum Gemeingut des deutschen Volkes zu machen.

Sie stellt sich zur Aufgabe die Pflege und Förderung des vorhandenen deutschen Kolonialbesitzes in organisatorischer, wirtschaftlicher und wissenschaftlicher Beziehung wie auch die Klärung und öffentliche Vertretung aller sonstigen kolonialen und überseeischen Interessen der deutschen Nation.

Unter Ablehnung jeder Stellungnahme zu parteipolitischen Fragen ist die Deutsche Kolonialgesellschaft bestrebt, alle Parteien im Deutschen

Reiche für die deutschkoloniale Sache zu gewinnen und insbesondere in Zeiten wichtiger Entscheidungen in solchem Sinne zu wirken.«[60]

Während der Marokko-Krise des Jahres 1911 unterstützte die DKG das aggressive Vorgehen des Auswärtigen Amtes. Ihre offizielle Haltung während der deutsch-französischen Verhandlungen war zurückhaltend. Im Gegensatz zu verschiedenen Kräften innerhalb des Vorstandes, die forderten, die Regierung auf einen schärferen Kurs zu drängen, hielt die Mehrheit das mit Rücksicht auf die zunehmende internationale Isolierung Deutschlands und die Stimmung der Volksmassen »weder für praktisch noch würdig«.[61] Nach dem Abschluß des Marokko-Kongo-Vertrages vom 4. November 1911 kam es nach heftigen Kontroversen zu einer Kompromiß-Resolution, die die »unbefriedigenden Ergebnisse« bedauerte, sich aber auf den Boden der Tatsachen stellte und energische praktische kolonialpolitische Schritte verlangte.[62] Karl HELFFERICH lehnte die Resolution ab, weil »die deutsche Politik in der ganzen Angelegenheit eine starke Hand gezeigt habe« und weitere Erfolge durch Resolutionen nicht zu erreichen seien: Die Forderung der gegenwärtigen Stunde sei für ihn: »Mund halten und Schiffe bauen.«[63]

Zu einem harten Zusammenprall führten die Einwände von Generalleutnant KELLER, der meinte, es sei unnütz, sich mit England »in einen Wettlauf einlassen zu wollen. Auch ungeheure Opfer würden ... die wünschenswerte Überlegenheit nicht verschaffen.« Man solle vielmehr »zu Lande jederzeit die Übermacht sicherstellen«.[64] Von seiner Entschließung, die »einen beschleunigten Ausbau der Flotte« forderte, ließ sich der Vorstand nicht abbringen.[65] Die Rüstungspolitik der DKG richtete sich hauptsächlich gegen Großbritannien als den wichtigsten Rivalen bei der kolonialen Expansion.

Seit der Marokko-Krise von 1911 war die gesamte Tätigkeit der DKG auf die Vorbereitung eines Krieges orientiert. Da ein »furchtbar erbittertes, blutiges Ringen bis aufs Messer zwischen Weiß und Schwarz« bevorstehe, forderte der Vorstand:

a) Maßnahmen der Regierung zum »Schutz der Deutschen«, besonders im Kriegsfalle, in erster Linie die Verstärkung der »Schutztruppe« in Südwestafrika,

b) eine für 6 Monate ausreichende Staatsreserve an Proviant für alle Deutschen in den Kolonien,

c) mehr Waffen und Munition für die Zivildeutschen,

d) verstärkte Ausstattung der Kolonien mit allem Kriegsmaterial, Errichtung zentraler Verteidigungslager, Schaffung von Freiwilligeneinheiten und Formierung von Artillerie- und MG-Truppen.[66]

In den Plänen der DKG trat der Gedanke hervor, den Völkern in den Kolonien durch die Demonstration wirtschaftlicher, politischer und militärischer Macht eine fatalistische Grundhaltung aufzuzwingen und den Krieg so vorzubereiten, daß die deutsche Überlegenheit jeden Widerstand sinnlos werden ließ. Es übe eine gewaltige Wirkung auf die Eingeborenen aus, wenn große Dampfer immer wieder Weiße und »schier unerschöpfliche Mengen von Lebensmitteln, Waffen und Munition« brächten.[67] Daraus ergab sich nach der Auffassung der DKG, sowohl die Flottenrüstung als auch den Ausbau der militärischen Positionen in den Kolonien in bisher nicht gekannten Dimensionen zu betreiben. Dazu gehörte selbstverständlich der Einsatz der modernsten Kampfmittel, z. B. von Flugzeugen.[68]

Die DKG beteiligte sich seit Ende 1911 nach Absprachen mit Arthur GRAF VON POSADOWSKY-WEHNER an einer »nationalen Flugspende«.[69] Das Kolonialwirtschaftliche Komitee finanzierte die Ausbildung von »Ostafrikanern«, d. h. Deutschen aus der Kolonie Ostafrika, als Flugzeugführer.[70]

Die Propaganda erschöpfte sich auch in den Vorkriegsjahren nicht in der plumpen rassistischen Hetze. Sie schützte häufig die »Anhänglichkeit« der afrikanischen Bevölkerung vor, betonte in manchen Zusammenhängen die Notwendigkeit der Fürsorge, wozu bestimmte praktische Maßnahmen ausgenutzt wurden. Daß die Bekämpfung der Schlafkrankheit durch einen Beitrag von 100 000 M aus dem Fonds der »Wohlfahrtslotterie« unterstützt wurde, gab z. B. Stoff für jahrelange Propaganda. Für die propagandistische Verwertung »karitativer« Arbeit erlangte der vom Vorstand der DKG gegründete, formal »unabhängige« und im Juni 1912 als korporatives Mitglied aufgenommene *Frauenbund der Deutschen Kolonialgesell-*

schaft besondere Bedeutung.[71] Im Zentrum der Propaganda der letzten Vorkriegsmonate stand die Vorbereitung der »Zweiten allgemeinen deutsch-ostafrikanischen Landesausstellung«, die vom 15. bis 30. August 1914 in Daressalam stattfinden sollte. WILHELM II., der inzwischen auch Besitzer von Farmen in Südwestafrika geworden war[72], förderte das Unternehmen u. a. durch die Genehmigung einer Lotterie für das Jahr 1914. Als deren Träger wurde die DKG vorgeschoben.[73] Sie verschleierte die Verwendung der Gelder durch die Mitteilung der Halbwahrheit, sie würden für freie Reisen von Deutschen aller Berufe bereitgestellt.[74] Die Ausstellung sollte möglichst große Teile der Bourgeoisie zu aktiverer Beteiligung an der imperialistischen Kolonialpolitik stimulieren. Einer der Hauptbeteiligten war das Krupp-Gruson-Werk in Magdeburg.

Zu Beginn des Jahres 1913 gab es verstärkte Bemühungen im Vorstand der DKG, an Teile der Arbeiterklasse heranzukommen. Über Friedrich LANGE, der aktives Mitglied der DKG war, wurde eine engere Zusammenarbeit mit dem Hauptausschuß nationaler Arbeitervereine (↗ *Hauptausschuß nationaler Arbeiter- und Berufsverbände Deutschlands [HA]*) angebahnt.[75] Die Hauptversammlung der DKG am 4. und 5. Juni 1913 orientierte mit Nachdruck auf die Werbung von Arbeitern für die DKG.[76] Eine Werbekommission arbeitete detaillierte Empfehlungen für die »Aufklärung der Arbeiterschaft über koloniale Fragen« aus. Besonderer Wert wurde dabei auf neue Methoden (Lichtbilder u. a.) und die Berücksichtigung solcher Anknüpfungspunkte gelegt, die »die eigensten Lebensinteressen der Arbeiter« berührten. So sollte z. B. die spezifische Abhängigkeit der einzelnen Industriezweige von Rohstofflieferungen aus den Kolonien verdeutlicht werden.[77]

Im Frühjahr 1914 wurden Tendenzen sichtbar, die die Entwicklung zu einer neuen Stufe imperialistischer Interessenvertretung durch die DKG erkennen lassen. Unter Zustimmung des Präsidenten wurde das Betätigungsfeld der DKG als zu eng kritisiert. Die kolonialpolitischen Aufgaben dürften nicht isoliert und die »nationalen Aufgaben« nicht vergessen werden. Deshalb wurde die Bildung einer »Übersee-Kommission« vorbereitet, die sich der Verstärkung des wirtschaftlichen und kulturellen Einflusses in der Welt widmen sollte. Sie war als Vorform eines weltwirtschaftlichen Komitees gedacht, das weiterreichende Aufgaben zu übernehmen hätte als das kolonialwirtschaftliche, nämlich die »wirtschaftliche und kulturelle Machtstellung Deutschlands in der Weltwirtschaft« zu festigen.[78]

3. Die Kriegszielpolitik der DKG (1914–1918)

Durch den Ausbruch des ersten Weltkrieges entfielen für die DKG die wesentlichen Aufgaben der bisherigen sog. praktischen Arbeit. In den Mittelpunkt ihrer Tätigkeit rückten die Kriegszielpropaganda und eine vielgestaltige, vorwiegend als humanitäre Hilfeleistung drapierte Unterstützung der Kriegspolitik, die sich in die Konzeptionen der aggressivsten Kräfte des deutschen Imperialismus einfügte.

Im Frühjahr 1915 bekannte sich J. A. VON MECKLENBURG-SCHWERIN zur Kriegszieldenkschrift von Heinrich CLASS[79] und unterbreitete eine Denkschrift, die ein geschlossenes deutsches Kolonialreich in Mittelafrika und die Verdrängung Großbritanniens und Frankreichs vom afrikanischen Kontinent forderte. Die Denkschrift ließ keinen Zweifel daran, daß das Kolonialprogramm nur eine Seite der imperialistischen Expansionspolitik der DKG war, die in der Verwirklichung eines annexionistischen Mitteleuropaprogramms die Voraussetzung für die Sicherung der deutschen Vorherrschaft auf der ganzen Erde sah. Weite Gebiete im Westen und im Osten sollten mit Deutschen, vor allem ehemaligen Soldaten und »Volksdeutschen« aus Rußland, besiedelt werden. Die Vorschläge in bezug auf Belgien lauteten: »Wollen wir dieses alte deutsche Kulturland wieder ... dem Deutschen Reich einverleiben, so müssen wir konsequent sein und dürfen die fremdrassige, degenerierte Wallonenbevölkerung nicht mit übernehmen, sondern müssen sie ihren Freunden, den Franzosen und Engländern, zur Verwendung und Entschädigung überlassen.«[80] Eine orientierende Zusammenfassung der Kriegsziele beschloß der Ausschuß der DKG am 16. Juni 1916 in Form von Leitsätzen, in denen es u. a. hieß:

»1. Überseeische und insbesondere koloniale Betätigung ist völkisch, politisch, wirtschaftlich und ethisch unentbehrlich, wenn das deutsche Volk ein führendes Weltvolk ... bleiben will.

2. Eine Vergrößerung des eigenen Gebietes in Europa ist sicherlich für das Deutsche Reich und Volk ebenso geboten wie ein möglichst enger politischer, militärischer und wirtschaftlicher Zusammenschluß mit befreundeten Staaten in Mitteleuropa und nach dem Orient hin; der Besitz eigener Kolonien bietet aber die durchaus notwendige Ergänzung des europäischen Deutschlands, wodurch dieses zugleich für seine Bundesgenossen in noch höherem Maße ein wirtschaftlich und politisch wertvoller Freund wird ...

7. Der große Bedarf Deutschlands ... an kolonialen Rohstoffen, die Notwendigkeit der Sicherung von Absatzgebieten ... lassen die Erwerbung eines großen Kolonialbesitzes ohne kleinmütige Ängstlichkeit um so mehr geboten erscheinen, als eine gleich günstige Gelegenheit sich dazu nicht so bald wieder bieten dürfte.

8. So anziehend der Gedanke auch zunächst erscheinen mag, sich auf ein geschlossenes Kolonialreich zu beschränken..., so zeigt doch ein Blick auf die ... Interessen des Deutschen Reiches, daß ein in Afrika allein zu errichtendes Kolonialreich uns nicht genügen kann ...«[81]

Nach dem Abschluß des Vertrages von Brest-Litowsk und den Anfangserfolgen der Frühjahrsoffensive an der Westfront konkretisierte die DKG ihre Kriegsziele, die mit dem Reichskolonialamt »eingehend erörtert« und diesmal ohne Einschränkung als Ziele von hohem »Dringlichkeitswert« anerkannt worden waren.[82] J. A. VON MECKLENBURG-SCHWERIN forderte ein großes mittelafrikanisches Kolonialreich, dessen Verbindung mit anderen Teilen eines deutsch-kolonialen Weltreiches durch Stützpunkte und die Beherrschung des Suezkanals (Übernahme der französischen und englischen Aktien) gesichert werden sollte.[83]
Für die Übereinstimmung dieser Ziele mit dem alldeutschen Programm hatte die Mitarbeit Max VON GRAPOWS, der enger Vertrauter von H. CLASS und J. A. VON MECKLENBURG-SCHWERIN war und zugleich eng mit dem Reichskolonialamt kooperierte, besondere Bedeutung.[84] In den internen Erörterungen kam zum Ausdruck, daß die in den öffentlichen Erklärungen hervorgehobenen Interessen an »Kolonialwaren«, Edelhölzern und landwirtschaftlichen Produkten nicht den Vorrang hatten. Es ging vielmehr um Roh-

stoffe, die vor allem für die Schwerindustrie große Bedeutung hatten. An erster Stelle standen die Erzreichtümer Katangas. Die Führung der DKG ließ im Detail untersuchen, welchen Wert die einzelnen Kolonien insbesondere als Rohstofflieferanten hätten. Ein Musterbeispiel dieser Motivation imperialistischer Kolonialpolitik war die Denkschrift »Die französische Kolonie Ober-Senegal und Niger. Ein Beitrag zur Rohstofffrage«.[85] Durch die Konkurrenz werde »die Rohstofffrage zur Magenfrage in dem Sinne des ›Friß oder werde selbst gefressen‹«. Weiter hieß es: »Wenn zwei hungern, nur der eine aber noch einen Brotvorrat hat, so wird er den anderen verhungern lassen ... Das Vae victis gilt denen, die den Augenblick nicht benutzen, um sich die Rohstoffgebiete zu schaffen ...«[86]
Begünstigt durch die heterogene Zusammensetzung der DKG, die nach dem Urteil ihres Präsidenten »vom linken Freisinn über Nationalliberale und Zentrum bis zu den Hochkonservativen« alles in ihren Reihen hatte, »was sich irgendwie für die überseeischen Besitzungen Deutschlands einsetz(t)e«[87], verschärften sich die Differenzen in einer Reihe wesentlicher Fragen (Kriegsziele, Verhältnis zur Regierung BETHMANN HOLLWEG bzw. zu verschiedenen Parteien und Verbänden) so stark, daß die DKG im Verlauf des Jahres 1917 in eine neue Krise geriet. Die durch den ↗ ADV vorbereitete Gründung eines »Volksrates«, einer »Vereinigung der nationalen Verbände«, wurde von einflußreichen Führungskräften der DKG abgelehnt, so daß ihr alldeutsch gesinnter Präsident[88] den Charakter dieser »Kartellierung« verhüllen mußte. Er formulierte persönlich wichtige Passagen eines Aufrufs, die die antisozialistische Grundorientierung verstärkten, strich aber die versteckten Angriffe gegen die Regierung, weil sie ein »Zankapfel« würden.[89] Die Intensität seiner Mitarbeit auch im Detail wird durch seine Mitteilung charakterisiert, er habe sich tagelang »den Gedanken durch den Kopf gehen lassen, ... einen kurzen bezeichnenden Ausdruck zu finden, der leicht ins Ohr fällt«. Das aufschlußreiche Ergebnis des Nachdenkens war der Vorschlag des Namens »Vaterlandsbund«.[90] Schließlich versuchte J. A. VON MECKLENBURG-SCHWERIN, mit alldeutscher Hilfe einen Antrag der Abteilung Berlin in die Vorstandssitzung am 30. Juni

1917 zu lancieren, den er selbst formuliert hatte: »Die Abteilung bittet, daß sich der Vorstand ausdrücklich dem Vorgehen des Präsidenten anschließen möge und daß an diesen gleichzeitig die Bitte gerichtet wird, mit anderen vaterländischen Vereinen in nähere Fühlung zu treten, um einen Zusammenschluß dieser Vereine zur gemeinsamen Erreichung unserer vaterländischen Ziele zu fördern.«[91] J. A. von Mecklenburg-Schwerin rechnete mit einer gewissen Opposition, die er aber durch ein taktisch geschicktes Vorgehen, vor allem durch die Ausnutzung einer manipulierten »Mitgliedermeinung«, überwinden wollte. Er empfahl, daß die Abteilung Berlin ihren Antrag an die wichtigsten Abteilungen der DKG mit der Bitte schickte, sich anzuschließen. Erst nach dem Beschluß des Vorstandes sollte, die herrschende Stimmung ausnutzend, die Übernahme des Vorsitzes in der »Vereinigung« durch J. A. von Mecklenburg-Schwerin erfolgen.[92] Das Vorhaben scheiterte an dem Widerstand mehrerer Abteilungen. Am gefährlichsten erschien dem Präsidenten der Protest von Mitgliedern des ↗ Zentrums (Z), die sich in der »aufsässigen Ortsgruppe Charlottenburg« konzentrierten.[93] Sämtliche Mitglieder des Berliner Abteilungsvorstandes lehnten den Antrag ab. Die Übernahme des Vorsitzes in der *Deutschbaltischen Gesellschaft* durch J. A. von Mecklenburg-Schwerin wurde ebenfalls als unvereinbar mit den Aufgaben der DKG kritisiert. Die DKG müßte sich mit Rücksicht auf die Regierung und die Sozialdemokraten möglichst zurückhalten.[94] Mit dem Scheitern dieses Vorhabens gab J. A. von Mecklenburg-Schwerin seine Bemühungen, die DKG auf den alldeutschen Kurs zu drängen, nicht auf. Sein Bekenntnis zur ↗ *Deutschen Vaterlandspartei (DVLP)*, das in seiner Wahl zum Ehrenvorsitzenden demonstrativ zum Ausdruck gebracht wurde, ist auch als ein Versuch zu werten, den Auftrieb der nationalistischen Stimmungen in der DKG, der als Reaktion auf die »Friedensresolution« des Reichstags entstand, für diesen Zweck zu nutzen. Der Ausschuß folgte in der Grundlinie den Bestrebungen des Präsidenten. Im Gegensatz zu Vorstandsmitgliedern, die angesichts der wachsenden Kriegsmüdigkeit der Volksmassen und des abnehmenden Einflusses der DKG zu größerer

Zurückhaltung mahnten, wies er die Leitungen auf allen Ebenen an, mit dem *ADV*, dem *Volksbund für Freiheit und Vaterland* und mit der *DVLP* enger zusammenzuarbeiten.[95] Die Propaganda wurde in den Jahren 1917 und 1918 erheblich verstärkt und mit neuen Mitteln betrieben. Ein Flugblatt über den »Zwang zur Kolonialpolitik« wurde in »beliebigen Mengen« zur Verfügung gestellt, eine Denkschrift, die »den hohen Wert der deutschen Südsee für unsere Volkswirtschaft« gegen die »irrige Meinung« verteidigte, man könne sich mit einem deutschen Mittelafrika bescheiden, diente als Orientierung für die Abteilungen, in den prinzipiellen Zielstellungen keine Kompromisse zuzulassen. Besondere Anweisungen ergingen zur Beeinflussung des Schulunterrichts, wofür Schulleitungen und Lehrern Material zur Verfügung gestellt wurde.[96] Seit 1917 bemühte sich der Ausschuß um den Einsatz des Filmes in großem Maßstab; Anfang 1918 war es ihm gelungen, die Aufführung von 10 Spielfilmen in etwa 3 000 Lichtspieltheatern zu arrangieren.[97] Die Tätigkeit des »Kolonialen Hilfsausschusses«, des »Aktionsausschusses«, der »Zentralauskunftstelle« mit ihrem groß aufgezogenen Suchdienst und die »humanitäre« Arbeit für die Gefangenen in den Kolonien sowie andere Aktivitäten fügten sich in die Versuche ein, die Organisation der DKG zu stabilisieren, den reaktionären Kurs zu verstärken und ihren Einfluß zu erweitern. Die »HerzogJohann-Albrecht-Spende für die deutschen Kolonien«, die bis Ende 1916 etwa 500 000 M einbrachte, war keineswegs nur eine Aktion zur Beschaffung finanzieller Mittel, sondern diente der Festigung der Autorität des Präsidenten und damit der Orientierung der DKG auf den durch ihn verfolgten schärferen Kurs.

4. Der Kolonialrevanchismus der DKG (1918–1936)

Die Führung der DKG erfaßte von ihrer reaktionären Position aus, daß für sie die neue Situation nach der Niederlage des deutschen Imperialismus im ersten Weltkrieg nicht nur durch den Verlust der deutschen Kolonien gekennzeichnet war, sondern daß das kapitalistische System ins Wanken geraten war.

Die Beseitigung der Monarchie wurde zwar bedauert, die Republik aber als einzig mögliche Staatsform, die die Erhaltung des kapitalistischen Systems unter den gegebenen Bedingungen noch ermöglichte, durchaus akzeptiert. Bereits kurz nach Abschluß des Waffenstillstandes forderte die DKG, »baldigst die Nationalversammlung einzuberufen«, von der sie »einen entschlossenen Widerstand gegen die die deutsche koloniale Zukunft vernichtenden Bestimmungen des Entwurfs des Friedensvertrages« erhoffte.[98]

Im Dezember 1918 sah sie ihre wichtigste Aufgabe darin, Unterschriften für einen »Aufruf für die Wiedererlangung der Kolonien« zu sammeln. Bis 1919 war er von über 4 Mill. Personen unterzeichnet. Der Vorstand unterbreitete dem Rat der Volksbeauftragten Vorschläge für die Entsendung von »kolonialen Sachverständigen«, die dieser keineswegs zurückwies.[99] Ein Brief der DKG an den USA-Präsidenten WILSON, der in riesigen Auflagen in Deutschland und in anderen Ländern verbreitet wurde, war ebenfalls Gegenstand der revanchistischen, reaktionären Propaganda.[100] Mit Konsequenz orientierte sie sich dabei auf die Erhaltung der Grundlagen des kapitalistischen Systems und ordnete die kolonialpolitischen Forderungen diesem meist mit nationalistischen Phrasen verkleideten Anliegen unter. In einem Aufruf forderten Präsidium und Ausschuß Mitte 1919, in erster Linie dafür zu sorgen, daß »der Geist der Ordnung« wiederkehre. Die DKG müsse »dem deutschen Volke ... den Blick offen halten und das Verständnis schärfen ... für die großen Fragen der Weltpolitik« und ihre »vaterländischen Ziele ... unter Ablehnung jeder Parteipolitik verfolgen«.[101] Im Rückblick auf die Novemberrevolution sah sich Th. SEITZ zu dem Eingeständnis gezwungen, es sei der DKG in ihrer »dreißigjährigen Geschichte nicht gelungen, die große Mehrheit des deutschen Volkes von der Bedeutung der Kolonialpolitik zu überzeugen«.[102]

Es gab in den Erklärungen der führenden Kräfte der DKG auch während und nach der Revolution keinen Ansatz, der ein Abrücken von der Forderung nach kolonialer Expansion erkennen ließ. Der Kolonialrevanchismus der DKG nutzte die Not in der Nachkriegszeit und insbesondere den räuberischen Charakter des Versailler Vertrages in demagogischer Weise aus. So wurde z. B. mitgeteilt, welche Mengen an Ölen und Fetten, Palmkernen, Kopra, Phosphaten usw. nach Deutschland gekommen wären, wenn es seine Kolonien noch besessen hätte.[103] In einem Aufruf der ersten Hauptversammlung nach dem ersten Weltkrieg hieß es: »Eine der schmerzlichsten Wunden, die uns der Versailler Gewaltakt geschlagen hat, ist der Verlust unseres gesamten Kolonialbesitzes ... Deutschland, gedenke Deiner Kolonien!«[104] Die Korrespondenz »Deutsch-Übersee«, die nach der Unterzeichnung des Versailler Vertrages für kurze Zeit ihr Erscheinen einstellen mußte, aber bereits ab Januar 1920 wieder herausgegeben wurde, hat die kolonialrevanchistischen Forderungen der DKG in viele Zeitungen lanciert.[105] Die im Jahre 1921 in rechtsorientierten Presseorganen häufig auftauchende Parole »Unauslöschlich ist Deutschlands Recht auf seine Kolonien!« ging auf das Ersuchen des Ausschusses der DKG an die Redaktionen zurück, diese Zeile regelmäßig und in kurzen Abständen in auffallendem Druck zu bringen.[106]

Der Versuch, mit der Kolonialpropaganda mehr in die Arbeiterklasse einzudringen, ließ teilweise heftige Meinungsverschiedenheiten aufbrechen. Neben den zahlreichen Stimmen, die eine solche Propaganda als aussichtslos bezeichneten und deshalb meist auf eine getarnte Kolonialpropaganda orientierten[107], versuchten die bestimmenden Führungskräfte, die Umorientierung der DKG auf die werktätigen Massen ohne taktische Zurückstellung der prinzipiellen Programmpunkte durchzusetzen. Wie die meisten Abteilungen bestätigten, war es eine Fiktion, wenn die Abteilung Essen im Juni 1919 einschätzte, daß »bis in die heimischen Arbeiterkreise hinein das Bewußtsein immer lebendiger wird, daß die Wiedererlangung (des) ... Kolonialbesitzes eine Ehren- und Lebensfrage für die Wiederaufrichtung der deutschen Volkswirtschaft ist«.[108] Manche Führungskräfte verharrten völlig starr in ihrer reaktionären Position und wehrten jedes taktische Zugeständnis ab. Als der Ausschuß der DKG Anfang 1921 versuchte, ein Mitglied der SPD aufzunehmen, trat Wilhelm ARNING aus der DKG aus.[109]

Seit Beginn der Novemberrevolution zeigten

sich in der Organisation der DKG Zerfalls-erscheinungen, die auch in den Jahren 1919 und 1920 unverändert spürbar waren. Die meisten Abteilungen sahen sich nicht in der Lage, Mitgliedsbeiträge zu erheben, weil sie mit dem Austritt der Mehrheit der Mitglieder rechnen mußten.[110] Nachdem in den Jahren 1916 und 1917 etwa je 2000 und 1918 2263 Abmeldungen erfolgt waren (einschließlich Todesfälle), traten vom 1. Januar bis 30. November 1919 3643 Mitglieder offiziell aus (wobei die 8200 im Ausland lebenden Mitglieder nicht mit berücksichtigt wurden).[111]

Erhebliche Schwierigkeiten entstanden dem Vorstand der DKG durch die Weigerung einflußreicher monopolkapitalistischer Kreise, den offenen Revanchismus zu unterstützen. Vor allem große Handelsunternehmen plädierten in der Nachkriegssituation in ihrem Profitinteresse für größere Zurückhaltung. Die Woermann-Linie AG betonte wiederholt, man müsse sich »im stillen wieder den Platz zurückerobern«, den man gehabt habe. Für weitergreifende Pläne halte man »die Zeit noch nicht für gekommen«. Sie kritisierte besonders die »phänomenale Ungeschicklichkeit« in der Propaganda. Reklame müsse »auf weit spätere Zeiten verschoben werden«, man sei froh, daß man in einem großen Teil Deutschlands von ihr nichts wisse, und bat die DKG offiziell, daß die »Propaganda möglichst noch hinausgeschoben wird, damit nicht das mühsam von den Kaufleuten und Schiffahrtsleuten Errungene ... verloren geht«.[112] Die Differenzen über die politische Grundlinie und vor allem über die Taktik kamen im Zusammenhang mit der Vorbereitung von Satzungsänderungen in zugespitzter Form zur Geltung. F. VON LINDEQUIST, Ch. VON BORNHAUPT und andere Vorstandsmitglieder wollten eine Änderung möglichst vermeiden, weil sie befürchteten, daß eine Diskussion über die Satzungen die Regierung veranlassen könnte, die Tätigkeit der DKG zu behindern. Sie könne sogar sagen: »Wir haben keine Kolonien, und infolgedessen fallen die Hauptzweckbestimmungen fort.« Dagegen hielten andere Vorstandsmitglieder die Satzungsänderungen für unerläßlich, um den Mitgliedern zu zeigen, daß man sich »den neuen Verhältnissen anpassen« wolle.[113] Am 4. April 1919 mußte sich der Ausschuß mit der Zu-

rückweisung des Vorschlags befassen, die DKG demonstrativ eine »Bewegung nach links« machen zu lassen. Zu den entsprechenden Forderungen gehörten neben Satzungsänderungen der Rücktritt J. A. VON MECKLEN-BURG-SCHWERINS, der Vizepräsidenten und des Ausschusses.[114] Diese Meinungsverschiedenheiten widerspiegelten sich in den Auseinandersetzungen über zahlreiche Details, z. B. über Vorschläge zur Namensänderung, zum organisatorischen Aufbau und zu den Leitungsprinzipien. F. VON LINDEQUIST und Ch. VON BORNHAUPT hatten sich der Forderung zu erwehren, daß »in den Satzungen ein möglichst demokratisches Prinzip zur Anwendung« komme, was mit der Gefahr gerechtfertigt wurde, daß sonst nur noch Angehörige der ↗ Deutschnationalen Volkspartei (DNVP) und der ↗ Deutschen Volkspartei (DVP) in der DKG bleiben würden.[115] Die im Frühjahr 1919 unter der Leitung von F. VON LINDEQUIST gebildete Satzungskommission konnte auf Grund der Meinungsverschiedenheiten nach fast einjähriger Arbeit keinen Entwurf vorlegen. Die für den 12. Februar 1920 vorgesehene Hauptversammlung wurde auf den 7. Mai 1920 verlegt.[116] Hier wurde die neue Satzung beschlossen, die nach einer nochmaligen Abänderung durch den Vorstand am 20. Mai 1921 folgende Fassung für den § 1 festlegte:

»Die Deutsche Kolonialgesellschaft bezweckt, im Dienste des Vaterlandes die kolonialen und überseeischen Interessen des deutschen Volkes zu pflegen. Sie will der Erkenntnis Geltung verschaffen, daß Deutschland eine seiner Bevölkerungszahl, seinen Bedürfnissen und seiner Leistungsfähigkeit entsprechende koloniale Betätigung nicht entbehren kann und Kolonien besitzen muß. Sie will ferner bei allen auf die geistige und wirtschaftliche Förderung und Erhaltung des überseeischen Deutschtums gerichteten Bestrebungen tatkräftig mitarbeiten und sich insbesondere der überseeischen Auswanderung mit Rat und Tat annehmen. Wirtschaftspolitisch tritt sie für die Freiheit der Meere und den Grundsatz der offenen Tür ein. Unter Ablehnung jeder Parteipolitik will die Deutsche Kolonialgesellschaft das Verständnis für koloniale und überseeische Fragen zum Gemeingut des ganzen deutschen Volkes machen und für diese Bestrebungen einen Sammelpunkt bilden.«[117]

Bereits in den ersten Jahren der revolutionären Nachkriegskrise versuchte die DKG, die Kräfte der verschiedenen kolonial-politischen Organisationen zusammenzufassen oder mit ihnen zumindest aus bestimmten Anlässen oder auf bestimmten Gebieten ihrer Politik zusammenzuarbeiten. Am 27. Dezember beschloß der Ausschuß, den ⁊ *Reichsverband der Kolonialdeutschen und Kolonialinteressierten (RKK)* zu unterstützen und die Zusammenarbeit auch mit anderen Organisationen anzustreben.[118] Die weiteren Bemühungen um die Konzentration der Kräfte führten 1922 zur Gründung der ⁊ *Kolonialen Reichsarbeitsgemeinschaft (Korag)*.

Durch den Beitritt zur *Arbeitsgemeinschaft für vaterländische Aufklärung* schuf sich die DKG zusätzliche Möglichkeiten für die Kooperation mit weiteren 19 extrem reaktionären Organisationen, u. a. mit dem ⁊ *Deutschen Ostmarkenverein (DOV)*, dem ⁊ *Deutschvölkischen Schutz- und Trutzbund (DSTB)*, dem ⁊ *Reichs-Landbund (RLB)* und dem ⁊ *Deutschen Wehrverein (DWV)*. Die Abteilungen wurden angewiesen, mit den Vorsitzenden der betreffenden Vereine auf lokaler Ebene Verbindung aufzunehmen, »damit eine einheitliche Arbeit geschaffen und jede Zersplitterung ... vermieden wird«[119]. Die Hauptversammlung des Jahres 1921 beschloß schließlich zusätzliche Maßnahmen, »um in gemeinsamer Arbeit mit Jugendorganisationen das Verständnis für koloniale und überseeische Interessen ... zu wecken und zu fördern«.[120]

Die umfangreiche Propaganda der DKG war in erster Linie darauf gerichtet, den Revanchismus in allen Schichten des Volkes zu schüren. Die Forderungen nach »Wiedererlangung« der Kolonien standen dabei zwar im Mittelpunkt, griffen aber trotz einiger Absicherungen, mit denen sich die Legalität der DKG formal rechtfertigen ließ, das Versailler System als Ganzes an. Obwohl häufig Vertragsbestimmungen, bestimmte Ereignisse oder wirtschaftliche Ziele Gegenstand der Propaganda waren, dominierte die ideologische Komponente, war die Propaganda darauf gerichtet, Nationalismus, Rassismus und militaristischen Geist zu züchten, das proletarische Klassenbewußtsein und demokratisches Ideengut zu verdrängen. Die Formen der Propaganda wurden immer vielfältiger. Plakate sowie Flugblätter und -schriften in großen Auflagen, wissenschaftliche Abhandlungen, die Pressepropaganda, Filme, Kund-gebungen, Unterschriftensammlungen u. a. berücksichtigten in differenzierter Weise die Ansprechbarkeit breiter Schichten in den unterschiedlichsten Situationen des täglichen Lebens. Mit großer Intensität widmete sich die DKG der Beeinflussung der Schuljugend. Der Beschluß des Ausschusses vom 3. Juni 1921, wonach »die dem Deutschen Reich ... entrissenen Gebiete in den Atlanten und Karten ... als solche deutlich kenntlich zu machen und nur solche Atlanten und Karten im Unterricht und in der Öffentlichkeit zu benutzen«[121] waren, gehörte zu einer langen Reihe ähnlicher Forderungen, für deren Umsetzung die DKG möglichst durch eigene Aktivität Modelle anbot. Die Karten wurden z. B. durch die DKG auf allen Bahnhöfen und in ungezählten anderen Einrichtungen ausgehängt und wie andere Materialien massenweise den Schuldirektoren oder auch den Lehrern direkt zugestellt. Die ideologische Verwertung der Traditionen der DKG im Interesse der reaktionären Politik des deutschen Imperialismus war ein Prinzip ihrer Tätigkeit, das durch eine Stellungnahme vom Juni 1921 zur Rheinlandbesetzung treffend charakterisiert wurde:

»Die ... Hauptversammlung der Deutschen Kolonialgesellschaft erblickt in der Besetzung des Rheinlandes durch farbige Truppen eine schwere Gefahr für die rheinische Bevölkerung und die ganze weiße Rasse. Die militärische Verwendung Farbiger gegenüber einem hochstehenden Kulturvolk schlägt allen kulturellen und sittlichen Forderungen sowie aller kolonialen Erfahrung ins Gesicht. Die deutsche Kolonialgesellschaft erhebt daher im Namen der Menschlichkeit ... Protest.«[122]

Nach Abschluß des Versailler Vertrages sah sich die Führung der DKG gezwungen, ihre Kolonialpolitik den neuen Bedingungen anzupassen. Sie berücksichtigte, daß eine sofortige Rückgabe der Kolonien an Deutschland nicht zu erreichen war, und orientierte sich deshalb auf die Ausnutzung des Mandatsystems des Völkerbundes zugunsten des deutschen Imperialismus. Die Frage, ob und in welcher Weise diese Anpassung erfolgen sollte, gehörte zu den wichtigsten Differenzpunkten in der einjährigen Satzungsdiskussion. Im Zusammenhang mit dem Beschluß über die Abänderungen faßte Th. SEITZ die neue Taktik auf der Vorstandssitzung am 5. und 6. Mai 1920 in einer neuen Parole zusammen: »Revision über den Völkerbund«.[123] In der Führungsspitze der DKG wurde die Orientierung auf die gewaltsame Revision des imperialistischen Kolonialsystems zugunsten des deutschen Imperialismus nie aufgegeben, aber man sah das nur als eine Möglichkeit in fernerer Zukunft und betrachtete den Kampf um das im Rahmen des Mandatssystems Erreichbare, verbunden mit einer intensiven Propaganda, zugleich als Vorbereitung für eine eventuelle Gewaltlösung. Auf diesem Wege zu erreichende Teilerfolge sollten sowohl wirtschaftliche und politische Stützpunkte in den potentiellen deutschen Kolonien schaffen als auch den »kolonialen Optimismus« erhalten. Unter Berufung auf die Satzung des Völkerbundes erklärte die DKG, daß die ehemals deutschen Kolonien nicht Eigentum der Siegermächte geworden seien. Sie verlangte, daß Deutschland Mandatsträger zumindest für einige seiner früheren Kolonien werde. Schließlich forderte die DKG vom Völkerbund unter dem Vorwand, die Interessen der unterdrückten Völker zu vertreten, daß die Kolonien aller Staaten unter Mandat gestellt werden und Deutschland die offene Tür in allen Kolonien gewährt werde.[124] Unter dieser Voraussetzung befürwortete sie den Eintritt Deutschlands in den Völkerbund. Diese Linie setzte sich innerhalb des Vorstandes gegen alle Einwände durch und fand in den oben zitierten Abänderungen des § 1 der Satzung ihren Niederschlag. Eine Eingabe vom 18. September 1920 forderte den Reichskanzler FEHRENBACH auf, dieser Konzeption entsprechende Vorschläge an den Völkerbund zu richten. Das Dokument wurde von 69 kolonialpolitischen Organisationen, wirtschaftlichen Unternehmen und anderen Institutionen unterzeichnet. Seine wesentlichen Gedanken fanden in einer Denkschrift der Reichsregierung an den Völkerbund vom 12. November 1920 Berücksichtigung.[125] Nach der Ablehnung der Vorschläge durch den Völkerbund und der Beschlußfassung über die Mandatsbestimmungen bezog die DKG deren Ausnutzung in ihre kolonialpolitischen Pläne ein, ohne allerdings von den Forderungen nach Veränderung des Mandatssystems zugunsten der deutschen Beteiligung abzurücken.

Die innenpolitischen Probleme, wie die Auswirkungen der Weltwirtschaftskrise von 1920 bis 1922 und die Verschärfung der Inflation in den Jahren 1922 und 1923, die Zuspitzung der Klassenkämpfe in Deutschland, die Auseinandersetzungen um die Reparationsfrage, die Ruhrbesetzung und die erhöhte Kriegsgefahr ließen die kolonialpolitischen Pläne seit 1921 zeitweise mehr in den Hintergrund treten.

Nach der Aufnahme Deutschlands in den Völkerbund verzichtete die DKG zwar nicht auf die »Eigentumsrechte« an den Kolonien, verlangte aber mit größerem Nachdruck die Respektierung des Mandatssystems durch die Siegermächte. K. ADENAUER hat diese Linie wie folgt begründet: »Die koloniale Betätigung des Deutschen Reiches unter der Form des Kolonial-Mandats ist natürlich weniger wünschenswert als der Besitz eigener Kolonien. Man sollte meines Erachtens zunächst das Kolonial-Mandat anstreben, um wenigstens einen Schritt weiterzukommen, darüber aber das Ziel, eigene Kolonien frei zu besitzen, niemals aus dem Auge lassen.«[126] Das Ziel dieser Konzeption war, die direkte Annexion der ehemaligen deutschen Kolonien, insbesondere des unter britischem und belgischem Mandat stehenden Ostafrika, durch Großbritannien zu verhindern, die Beteiligung Deutschlands als Mandatar zu ermöglichen und die inzwischen praktizierte Ausnutzung des Mandatssystems zu vervollkommnen. Anfang 1928 gab die DKG ein im März durch die ↗ Korag übernommenes Kolonialprogramm bekannt, in dem der Rechtsanspruch Deutschlands »zum mindesten auf mandatarische Verwaltung seiner Kolonien« geltend gemacht wurde: Das Programm ließ besonders deutlich erkennen, daß die DKG die Kontinuität ihrer imperialistischen Kolonialpolitik durch die Ausnutzung des Mandatssystems nicht im geringsten gefährdete. Die Einsetzung Deutschlands als Mandatar wurde als Voraussetzung für seine nationale Selbsterhaltung bezeichnet, wobei die Notwendigkeit eigener großer Siedlungsgebiete für den Bevölkerungsüberschuß und eigener kolonialer Rohstoff- und Absatzgebiete hervorgehoben wurde. Die Tendenz einer schärferen Tonart war in der Feststellung zu erkennen, daß der wirtschaftliche und politische Friede gefährdet sei, wenn Deutschland als Wirtschaftsgroßmacht nicht über hinreichende Entfaltungsräume verfüge, vor allem aber in der nur wenig verhüllten Drohung, im Falle

der Nichtberücksichtigung der deutschen Ansprüche die Reparationszahlungen einzustellen.[127] In den Jahren nach dem Eintritt Deutschlands in den Völkerbund verstärkte die DKG ihre Zusammenarbeit mit deutschnationalistischen Kräften in den ehemaligen Kolonien, vor allem mit dem *Deutschen Bund für Südwestafrika*. Diese Organisation, deren Vorsitzender, Albert VOIGTS, mit F. VON LINDEQUIST und Th. SEITZ eng zusammenarbeitete, unternahm nach den Ratschlägen der DKG besonders seit Anfang 1929 Vorstöße zur »weiteren Ausgestaltung« des Mandatssystems, um dessen »Aushöhlung« durch Großbritannien zu verhindern, es aber zugunsten Deutschlands zu nutzen und schließlich zu unterminieren. Der *Deutsche Bund für Südwestafrika* trat mit einem Programm auf, dessen nächstes Ziel die Umwandlung des C-Mandats in ein A-Mandat war. Dieses Ziel wurde für am ehesten erreichbar gehalten, »weil es sich innerhalb der Völkerbundsatzung bewegt«. Eine solche Umwandlung, die damit gerechtfertigt wurde, daß Südwestafrika »kein Eingeborenenland, sondern von Weißen bevölkert ist«, sollte die Möglichkeit zur Einführung der deutschen Sprache als dritte Amtssprache und zur Gewinnung stärkerer wirtschaftlicher und politischer Positionen schaffen. Im Hintergrund dieses Projekts sahen seine Urheber die Schaffung eines aus dem Mandatssystem herausgelösten, an Deutschland angeschlossenen Staates.[128] Die Leitung der DKG stützte sich in ihrer Propaganda immer wieder auf diese »Wünsche«, die sie mit allen Mitteln zu stimulieren versuchte. Dazu gehörten u. a. die wirtschaftliche Kooperation, die Unterstützung deutscher Schulen und die Propaganda. Für die Sicherung einer stabilen Rundfunkverbindung hat sich die DKG wiederholt eingesetzt.[129] Aber die Ergebnisse blieben für die DKG unbefriedigend.[130] Dennoch gab ihre Politik der deutschen Regierung wichtigen Rückhalt für ihre Forderungen zur Ausnutzung des Mandatssystems, die mit der Linie der DKG im wesentlichen übereinstimmten.[131]
Die DKG nutzte in Übereinstimmung mit besonders reaktionären Teilen des Finanzkapitals die Weltwirtschaftskrise für eine erhebliche Verschärfung ihres aggressiven Kurses aus. Sie spekulierte dabei auf die mit

der Krise wachsenden Widersprüche zwischen allen imperialistischen Staaten und ordnete sich zugleich in den Faschisierungskurs ein. Am 26. Mai 1930 fand auf Initiative der DKG eine Besprechung statt, an der neben Th. SEITZ und H. SCHNEE u. a. teilnahmen: Arnold Heinrich AMSINCK (Vorsitzender des Vorstandes der Woermann-Linie AG und der Deutschen Ost-Afrika-Linie), Max COHEN-REUSS (Mitglied des Reichswirtschaftsrates), Ludwig KASTL (Geschäftsführendes Präsidialmitglied des Reichsverbandes der Deutschen Industrie) und Johannes KIEHL (Vorstandsmitglied der Deutschen Bank).[132] Hier wurde eine »Richtlinie für die Behandlung der deutschen Kolonialfrage« vereinbart. Sie ging davon aus, daß es nach der Ratifizierung des Abkommens über die Reparationen und der Räumung des Rheinlandes geboten sei, »die bisher dahinter zurückgetretene deutsche Kolonialfrage mehr in den Vordergrund zu schieben«. Im einzelnen legte sie fest: »Unter Benutzung der ... Bestimmungen über die gleichen Rechte der Angehörigen von Mitgliedsstaaten des Völkerbundes mit denen der Mandatarstaaten ist die Niederlassung und Betätigung von Deutschen in den ... Kolonien anzustreben. Auch in fremden Kolonien ist für die deutsche Betätigung volle wirtschaftliche Gleichberechtigung ... anzustreben.« Zum »Schutz der deutschen Kultur in den Mandatsgebieten« wurden beschlossen: Errichtung weiterer deutscher Schulen, Einsatz von Wissenschaftlern, Stärkung christlicher Missionen, Unterstützung der Seuchenbekämpfung und der allgemeinen Gesundheitspflege. Mit dem demagogischen Hinweis auf die Zurückgebliebenheit der Völker Afrikas und einiger anderer Gebiete hob man die Notwendigkeit »der Anleitung und Fürsorge durch europäische Nationen« hervor, wobei man sich auch auf einen Beschluß berief, den die *Sozialistische Internationale* im August 1928 gefaßt hatte. Die Bedeutung der Kolonien als Rohstoffbasis fand im Zusammenhang mit der Notwendigkeit Erwähnung, die deutsche Zahlungsbilanz zu verbessern. Weiter hob die »Richtlinie« die Propaganda besonders unter den Arbeitern als erstrangige Aufgabe hervor.[133]
Entgegen diesem relativ offen aggressiven Programm gab es Konzeptionen innerhalb der

herrschenden Klasse und auch in Regierungskreisen, die unter den gegebenen Verhältnissen solche politischen Forderungen für verfehlt hielten und mehr auf die »friedliche« Durchdringung setzten. Ein Beispiel dafür, wie diese Kräfte seitens der DKG attackiert wurden, ist die Kritik von Th. SEITZ an Wilhelm SOLF. Th. SEITZ konstatierte, daß man sich über das »Recht« auf die Kolonien einig sei, aber nicht hinsichtlich der Folgerungen. Die von W. SOLF »empfohlene Politik des Schweigens« führe dazu, daß »in spätestens 10 Jahren deutsche Kolonialpolitik nichts mehr sein wird als eine blasse Erinnerung«.[134]

Im Prozeß der weiteren Rechtsorientierung der Regierungspolitik wurde die Zusammenarbeit zwischen Regierungsinstanzen und der DKG immer enger und wurde sie auch stärker im Bewußtsein grundsätzlicher Gemeinsamkeit und gegenseitigen Vorteils betrieben. Im August 1932 registrierte man in der Führungsspitze der DKG, »daß die gegenwärtige Regierung entschlossen ist, eine aktivere Kolonialpolitik einzuleiten«.[135] Mit der PAPEN-Regierung, vor allem mit dem Reichskanzler persönlich und mit dem Außenminister Konstantin FREIHERR VON NEURATH, arbeitete die Leitung der DKG, insbesondere F. VON LINDEQUIST, eng zusammen.[136] Im Zuge dieser Entwicklung festigte sich auch die Zusammenarbeit der DKG mit der ↗ DNVP, der ↗ DVP und vor allem mit der ↗ NSDAP. Bereits am 1. Oktober 1931 registrierte Th. SEITZ, daß die Nationalsozialisten »außerordentlich geschickt und rührig« vorgingen. Aber bei aller Sympathie gab es auch einen gewissen Konkurrenzneid. So versuchte die Leitung der DKG, den Einfluß der Nazis auf die Jugend durch die Aktivierung der Kolonialpfadfinder zu begrenzen, aber dabei die Kooperation mit ihnen dennoch zu fördern. Dazu gehörte auch der Versuch, den Deutschen Kolonial-Pfadfinderbund und den Bund Deutscher Kolonialjugend, die der DKG angeschlossen waren, zu einem »Deutschen Kolonialsturm« zu vereinigen und diesen mit der Jugend des Deutschen Kolonialkriegerbundes sowie des Frauenbundes der DKG im Jungkolonialen Ring unter der Leitung von Franz RITTER VON EPP zusammenzuschließen. Der 1932 gebildete Jungkoloniale Ring blieb eine lose Arbeitsgemein-

schaft, die schon auf Grund ihrer vielfältigen personellen Verflechtung und politischen Übereinstimmung mit den faschistischen Kräften nicht in der Lage war, die von manchen Führern der DKG gewünschte »Selbständigkeit der kolonialen Jugend gegenüber der Hitlerjugend« zu gewährleisten.[137] Das grundsätzliche Einvernehmen mit den Hitlerfaschisten betonten die Führer der DKG ausdrücklich. Sie sahen jedoch in der zeitweiligen taktischen Zurückhaltung der Faschisten in der Kolonialfrage zugunsten der Forderung nach »Erweiterung des deutschen Raumes nach Osten« die Gefahr einer Vernachlässigung der Kolonialpolitik in anderen Erdteilen. Dazu erklärte Th. SEITZ:

»Auch wir fühlen, wie Adolf Hitler, die brennende Wunde im Osten des Reichs und sind der Ansicht, daß die Hauptaufgabe der deutschen Gegenwart der Kampf gegen den Ansturm des Slawentums im Osten ist. Wir verlangen wie er Rückgabe der alten deutschen Gebiete ... aber wir halten das Ziel nur für erreichbar durch Heranziehung überseeischer, besonders auch tropischer Gebiete, die uns an Rohstoffen und Genußmitteln im wesentlichen das bieten, was Mitteleuropa nicht zu produzieren vermag.«

Außerdem warf er HITLER vor, die »Söhne des Vaterlandes« in den Kolonien, die »deutsches Land gewesen«, vergessen zu haben. Er orientiere sich zu einseitig auf die politische Macht, während es das Ziel der DKG sei, die politische Macht und die Kolonien zu erringen.[138]

Nach der Errichtung der faschistischen Diktatur erklärte der Vorstand der DKG, nun sei »auch endlich die Stunde der Deutschen Kolonialgesellschaft gekommen«.[139] Nach H. SCHNEE war damit die Voraussetzung geschaffen, um die »Lüge von der Unfähigkeit der Deutschen, Herr zu sein über eingeborene farbige Völker«, zu zerreißen.[140] HITLER und Joseph GOEBBELS wurde die Ehrenmitgliedschaft der DKG angetragen.[141] Charakteristisch für die Übereinstimmung mit der faschistischen Führung war ein Gespräch, das H. SCHNEE am 30. März 1933 mit HITLER führte. Nachdem er dem Naziführer u. a. versichert hatte, daß die DKG der »Ostsiedlung« positiv gegenübersteht, wurde als eine der Möglichkeiten zur Wiedererlangung von Kolonien erörtert, wie das Mandatssystem des Völkerbundes zu unterminieren sei. Japan sei darin zu bestärken, nach seinem Austritt aus dem Völkerbund seine Mandatsrechte weiter zu beanspruchen. Dieses Vorgehen, das dem Mandatssystem die Grundlagen entziehe, sollte dann zum Anlaß genommen werden, um die gesamte Kolonialfrage neu aufzurollen.[142] Die DKG gliederte sich auf der Kolonialtagung vom 8. bis 11. Juni 1933 bei gleichzeitiger Fusion mit dem *DKv* (7 200 Mitglieder) wie alle anderen kolonial-politischen Organisationen dem *Reichskolonialbund* an, der aus der ⌐ *Korag* hervorgegangen war. Sie trug offiziell die Bezeichnung »Deutsche Kolonialgesellschaft. Führender Verband des Reichskolonialbundes«. Der Präsident der DKG sollte zugleich Bundesführer des *Reichskolonialbundes* sein.[143] Innerhalb des *Reichskolonialbundes* führte die DKG nur in begrenztem Maße ein Eigenleben. Die Führer der DKG versuchten zwar, führende Positionen innerhalb des *Reichskolonialbundes* zu behalten und sich die Macht mit der *NSDAP* zu teilen. Doch die Führung der *NSDAP* sicherte ihre Führung gegenüber der DKG innerhalb des *Reichskolonialbundes* mit Maßnahmen, die die anfänglichen Einwände mehr und mehr verstummen ließen. So wurde Mitte 1934 durch Robert Ley verfügt, daß die Gauleiter des *Reichskolonialbundes* Mitglied der *NSDAP* sein müssen und den Kolonialreferenten der *NSDAP* unterstellt werden.[144] M. Cohen-Reuss wurde bereits im April 1933 aus dem Hauptausschuß mit der »Begründung« entfernt, daß sein Verbleiben als Jude in Leitungsfunktionen den Interessen der DKG schade.[145] Am 5. Mai 1933 trat der Hauptausschuß zurück, nachdem er dem Präsidenten die Vollmacht für eine »Reform« der DKG gegeben hatte. Eine neue Satzung legte in Anpassung an das faschistische Führerprinzip die neue Stellung des Präsidenten fest.[146] Der Präsident berief einen zehnköpfigen Arbeitsausschuß, für den eine Mehrheit von *NSDAP*-Mitgliedern obligatorisch war. Die Funktion der stellvertretenden Präsidenten wurde beseitigt.[147] Noch 1935 war die DKG auf der Grundlage von Vereinbarungen mit der *NSDAP* für die faschistische Kolonialpropaganda eingesetzt. Sie war führend an der Gestaltung der Deutschen Kolonialausstellung beteiligt, die 1935 in 6 Städten gezeigt und von 219 000 Personen besucht

wurde. In Düsseldorf, Hannover und Hamburg veranstaltete sie gemeinsam mit der *NSDAP* große Kundgebungen. Damit wurde zugleich das Bestreben der Hitlerfaschisten sichtbar gemacht, eine faschistische kolonial-politische Massenbewegung zu entfachen. Obwohl die DKG entscheidende Vorarbeit für eine solche Bewegung sowie für den Faschismus überhaupt geleistet hatte, war sie für die Hitlerfaschisten wertlos geworden. Ihre, wenn auch nur noch kümmerliche, Selbständigkeit, ihre Organisation, Arbeitsweise und manche ihrer Traditionen erschienen als Störfaktor für die faschistische Kolonialpolitik. Auch die feste Eingliederung der DKG in den *Reichskolonialbund* genügte den Anforderungen der Faschisten nicht. Um die Voraussetzungen für eine direkt von der *NSDAP* geleitete faschistische Kolonialbewegung zu schaffen, wurde der *Reichskolonialbund* von einer Dachorganisation zu einer einheitlichen, der *NSDAP* angeschlossenen kolonialpolitischen Organisation umgestaltet und die DKG gleichzeitig aufgelöst. Den Beschluß über die Auflösung faßte eine Vertreterversammlung der DKG am 13. Juni 1936.

5. Quellen und Literatur

Die wichtigsten archivalischen Quellen enthält das Archiv der DKG.[148]
Die DKG betreffende Materialien befinden sich auch in den Akten der Reichskanzlei[149] und des Königlichen Geheimen Zivilkabinetts.[150]
Die NL Wilhelm Solf und Heinrich Schnee standen dem Verfasser nicht zur Verfügung.[151]
Die DKG hat einige Selbstdarstellungen ihrer Geschichte herausgegeben, von denen die von Erich Duems und Willibald von Stuemer die umfassendste ist.[152]
Marxistische Studien zur Politik der DKG haben Jürgen Kuczynski[153] sowie Helmut Müller und Hans-Joachim Fieber vorgelegt.[154] In beiden Darstellungen werden die Entwicklung der DKG zu einem Instrument imperialistischer Kolonialpolitik und die Dialektik von Kontinuität und Wandel in der Erfüllung ihrer Funktion in den verschiede-

nen Entwicklungsetappen des deutschen Imperialismus nachgewiesen.

In der marxistischen Literatur wird die Tätigkeit der DKG in einer Vielzahl von Publikationen in ihrem engen Zusammenhang mit der Herausbildung und Entwicklung des deutschen Imperialismus dargestellt. Besondere Beachtung findet die DKG in den meisten der zahlreichen Untersuchungen zur Kolonialpolitik des deutschen Imperialismus.[155]

In der bürgerlichen Geschichtsschreibung der BRD hat die Kolonialpolitik bis in die Mitte der 60er Jahre relativ wenig Beachtung gefunden.[156]

In den inzwischen erschienenen zahlreichen Publikationen herrscht der Versuch vor, den Zusammenhang von Monopolkapital und imperialistischer Kolonialpolitik mit verschiedenen Methoden auszuklammern. Durch die Reduzierung des Imperialismusbegriffes auf die koloniale Expansion wird die Politik der DKG von ihrer sozialökonomischen Grundlage losgelöst und zur Entlastung des Monopolkapitals überhöht.[157] Die von Hans-Ulrich Wehler vertretene Auffassung, nach der der Imperialismus eine soziologisch bedingte Ablenkungsstrategie darstellt, erzielt den gleichen Effekt.[158] Von der Position eines bürgerlich-antiimperialistisch orientierten Historikers hat Fritz Fischer die Politik der DKG kritisch eingeschätzt.[159]

Anmerkungen

1 Satzungen der DKG. In: ZStA Potsdam, DKG, Nr. 255, Bl. 90.
2 Siehe Manfred Nussbaum: Vom »Kolonialenthusiasmus« zur Kolonialpolitik der Monopole. Zur deutschen Kolonialpolitik unter Bismarck, Caprivi, Hohenlohe, Berlin 1962, S. 124 ff.
3 W. I. Lenin. Der Imperialismus als höchstes Stadium des Kapitalismus. In: Werke, Bd. 22, Berlin 1960, S. 305.
4 Siehe Jahresbericht der Deutschen Kolonialgesellschaft, 1892, Berlin 1893, S. 5.
5 Siehe Bericht über die Sitzung des Vorstandes der DKG vom 3. 12. 1896. In ZStA Potsdam, DKG, Nr. 249, Bl. 1.
6 Siehe Deutsche Kolonialzeitung (im folgenden: DKZ), Nr. 13 vom 10. 12. 1892.
7 Siehe ebenda, Nr. 1 vom 9. 1. 1892.
8 Die Deutsche Kolonialgesellschaft 1882–1907, Berlin 1908, S. 61 f.
9 DKZ, Nr. 4 vom 2. 4. 1892.
10 Bericht über die Sitzung des Ausschusses der

DKG am 26. 5. 1905. In: ZStA Potsdam, DKG, Nr. 248, Bl. 246–248,
11 DKZ, Nr. 4 vom 2. 4. 1892.
12 Ebenda.
13 Ebenda.
14 Ebenda.
15 Ebenda.
16 Siehe DKZ, Nr. 12 vom 12. 11. 1892.
17 Bericht über die Sitzung des Vorstandes der DKG vom 3. 12. 1896, S. 7. In: ZStA Potsdam, DKG, Nr. 249, Bl. 1.
18 Ebenda, S. 22.
19 Bericht über die ordentliche Hauptversammlung vom 6. 6. 1895. In: ZStA Potsdam, DKG, Nr. 249, Bl. 35.
20 Bericht über die Sitzung des Vorstandes der DKG vom 3. 12. 1896, S. 7. In: Ebenda, Bl. 1.
21 Bericht über die Sitzung des Vorstandes der DKG vom 4. 12. 1897, S. 27. In: Ebenda, Bl. 3.
22 Siehe Bericht über die Sitzung des Vorstandes der DKG vom 3. 12. 1896, S. 149. In: Ebenda, Bl. 1–14. Siehe auch Koloniales Jahrbuch. Beiträge und Mitteilungen aus dem Gebiete der Kolonialwissenschaft und Kolonialpraxis. Hrsg. Gustav Meinecke, Berlin 1889 ff.
23 Siehe DKZ, Nr. 18 vom 5. 5. 1898.
24 Bericht über die Sitzung des Ausschusses der DKG vom 27. 2. 1896. In: ZStA Potsdam, DKG, Nr. 249, Bl. 23.
25 Siehe den Schriftwechsel zwischen Wilhelm II. und den verantwortlichen Ministern vom November 1896. In: ZStA Merseburg, 2.2.1. Nr. 32 515, Bl. 97–108.
26 Justizminister, Minister des Innern und Minister für Handel und Gewerbe an Wilhelm II., 7. 11. 1896. In: Ebenda, Bl. 98.
27 Die Deutsche Kolonialgesellschaft 1882–1907, S. 156.
28 Siehe Bericht über die Sitzung des Vorstandes der DKG vom 3. 12. 1896, S. 4 f. In: ZStA Potsdam, DKG, Nr. 249, Bl. 1.
29 Hohenlohe-Schillingsfürst an Wilhelm II., 2. 2. 1898. In: ZStA Merseburg, 2.2.1. Nr. 32 515, Bl. 86–89 R. Siehe auch Wilhelm II. an Hohenlohe-Schillingsfürst, 9. 2. 1898. In: Ebenda. DKZ, Nr. 27 vom 7. 7. 1898.
30 Erich Duems/Willibald von Stuemer: Fünfzig Jahre Deutsche Kolonialgesellschaft. 1882 bis 1932, Berlin (1932), S. 36 f.
31 Bericht über die Sitzung des Vorstandes der DKG vom 4. 12. 1897, S. 20. In: ZStA Potsdam, DKG, Nr. 249, Bl. 3.
32 Siehe ebenda, S. 39 und 46 und Bericht über die Sitzung des Vorstandes der DKG vom 3. 12. 1896, S. 3. In: Ebenda, Bl. 2.
33 Siehe Bericht über die Sitzung des Ausschusses der DKG vom 1. 12. 1896. In: Ebenda, Bl. 8.
34 Bericht über die Sitzung des Vorstandes der

DKG vom 4.12.1897, S.35f. In: Ebenda, Bl.3.

35 DKZ, Nr.30 vom 28.7.1898.

36 Bericht über die ordentliche Hauptversammlung der DKG am 6.6.1895, S.12–14. In: ZStA Potsdam, DKG, Nr.249, Bl.35.

37 Bericht über die Sitzung des Ausschusses der DKG vom 8.10.1895. In: Ebenda, Nr.669, Bl.44.

38 Ernst Engelberg: Deutschland von 1871 bis 1897 (Deutschland in der Übergangsperiode zum Imperialismus), Berlin 1965, S.376.

39 Bericht über die Sitzung des Ausschusses der DKG vom 21.1.1896. In: ZStA Potsdam, DKG, Nr.249, Bl.32 R.

40 Bericht über die ordentliche Hauptversammlung der DKG am 12.6.1897, S.18. In: Ebenda, Bl.7.

41 Bericht über die Sitzung des Ausschusses der DKG am 19.10.1897. In: Ebenda, Bl.27.

42 DKZ, Nr.49 vom 8.12.1898.

43 Bericht über die Sitzung des Ausschusses der DKG am 26.5.1905. In: ZStA Potsdam, DKG, Nr.248, Bl.246–248.

44 Ebenda, Bl.248.

45 Ebenda.

46 Bericht über die Sitzung des Ausschusses der DKG am 9.6.1905. In: Ebenda, Bl.265.

47 Bericht über die Sitzung des Ausschusses der DKG am 20.10.1905. In: Ebenda, Nr.249, Bl.4.

48 Bericht über die Sitzung des Ausschusses der DKG am 9.6.1905. In: Ebenda, Nr.248, Bl.257 R und 265.

49 Bericht über die Sitzung des Vorstandes der DKG am 1.10.1905, S.62. In: Ebenda, Nr.250, Bl.25.

50 Bericht über die Sitzung des Ausschusses der DKG am 9.6.1905. (Entschließung an den Reichskanzler). In: ZStA Potsdam, DKG, Nr.248, Bl.263 R.

51 Bericht Hoffmanns, Dezember 1901. In: Ebenda, Nr.653, Bl.86.

52 Paul von Lettow-Vorbeck an die DKG, 15.1.1902 (Abschrift). In: Ebenda, Bl.22.

53 Siehe Bericht Hoffmanns, Dezember 1901. In: Ebenda, Bl.86–106 und Bericht über die Sitzung des Ausschusses der DKG am 20.12.1901 (Strauch). In: Ebenda, Bl.60.

54 Siehe ebenda, Bl.56ff. und Bericht Hoffmanns, Dezember 1901. In: Ebenda, Bl.105. Siehe auch Valois an Hoffmann, 15.1.1902. In: Ebenda, Bl.46ff.

55 Die Deutsche Kolonialgesellschaft 1882–1907, S.136. Jürgen Kuczynski: Die Deutsche Kolonialgesellschaft. In: Studien zur Geschichte des deutschen Imperialismus, Bd.II: Propagandaorganisationen des Monopolkapitals, Berlin 1950, S.136.

56 Die Deutsche Kolonialgesellschaft 1882–1907, S.186.

57 Ebenda, S.174.

58 Friedrich von Lindequist an J.Albrecht, 15.1.1910. In: ZStA Potsdam, DKG, Nr.553, Bl.276.

59 Schreiben an Wilhelm II., 14.5.1908. In: Ebenda, Bl.53.

60 Satzungen der DKG. In: ZStA Potsdam, DKG, Nr.804, Bl.87.

61 Bericht über die Sitzung des Vorstandes der DKG am 21.11.1911, S.6. In: Ebenda, Nr.250, Bl.25.
über die Sitzung des Ausschusses der DKG am 1.12.1911. In: Ebenda, B.12.

62 Ebenda, Text der Resolution siehe Bericht

63 Bericht über die Sitzung des Vorstandes der DKG am 21.11.1911, S.16ff. In: Ebenda, Bl.25.

64 Ebenda, S.63.

65 Ebenda, S.115.

66 Ebenda, S.72f.

67 Ebenda, S.74.

68 Bericht über die ordentliche Hauptversammlung der DKG am 4. und 5.6.1913, S.105. In: Ebenda, Nr.252, Bl.26.

69 Bericht über die Sitzung des Ausschusses der DKG am 14.6.1912. In: Ebenda, Bl.95. DKG an Fritz Riesel, 22.6.1912. In: Ebenda, Bl.94.

70 Ebenda.

71 Siehe die Materialien zur Vorbereitung einer Vereinbarung mit dem Frauenbund der DKG und der Sitzung des Ausschusses der DKG am 14.6.1912. In: Ebenda, Nr.689, Bl.137ff.

72 Siehe Mitteilung Adolf Friedrichs zu Mecklenburg-Schwerin, 18.5.1912. In: ZStA Merseburg, 2.2.1. Nr.32 515, Bl.39.

73 Wilhelm Solf u.a. an Wilhelm II., 16.4.1914. In: Ebenda, Bl.22–25.

74 E.Duems/W.von Stuemer, S.50.

75 Siehe den Schriftwechsel zwischen Friedrich Lange, der Abteilung Lippe der DKG und dem Vorstand der DKG, Februar 1913. In: ZStA Potsdam, DKG, Nr.690, Bl.347ff.

76 Siehe Bericht über die ordentliche Hauptversammlung der DKG am 4. und 5.6.1913 in Breslau. In: Ebenda, Bl.283.

77 Bericht über die Sitzung der Werbekommission, 8.10.1913. In: Ebenda, Bl.75.

78 Abteilung Berlin der DKG an Johann Albrecht Herzog von Mecklenburg-Schwerin, 28.4.1914. In: Ebenda, Nr.691. Bl.246. Siehe auch J.A. von Mecklenburg-Schwerin an Abteilung Berlin, 1.3.1914. In: Ebenda, Bl.248.

79 Heinrich Claß: Wider den Strom, Bd.2, S.75 (MS). In: BA Koblenz, Kleine Erwerbungen.

80 Zit. in: Fritz Fischer: Griff nach der Welt-

macht. Die Kriegszielpolitik des kaiserlichen Deutschland 1914/18, Düsseldorf 1961, Bl. 215.

81 Bericht über die Sitzung des Ausschusses der DKG, 16. 6. 1916. In: ZStA Potsdam, DKG, Nr. 526/1, Bl. 252.

82 W. Solf an J. A. von Mecklenburg-Schwerin, 28. 3. 1918. In: Ebenda, Reichskanzlei, Nr. 2641.

83 Denkschriften J. A. von Mecklenburg-Schwerins vom 8. 1. 1918 und vom 25. 3. 1918. In: Ebenda.

84 Siehe H. Claß: Wider den Strom, Bd. 2, S. 64 ff.

85 Die französische Kolonie Ober-Senegal und Niger. Ein Beitrag zur Rohstofffrage. Von Fr. Hupfeld und Dr. Karstedt. Hrsg. von der Deutschen Kolonialgegellschaft. Vertraulich. In: ZStA Merseburg, 2.2.1. Nr. 32 515, Bl. 6 bis 13 R.

86 Ebenda, Bl. 7–13 R (S. 3–14).

87 H. Claß, S. 77.

88 J. A. von Mecklenburg-Schwerin gehörte zu den Gründern des ADV, war im Herbst 1909 aus persönlicher Verärgerung ausgetreten und wurde 1917 wieder Mitglied. Ebenda, S. 74.

89 J. A. von Mecklenburg-Schwerin an K. von Gebsattel, 20. 5. 1917. In: ZStA Potsdam, NL K. von Gebsattel, Bd. 6, Bl. 436. Der Entwurf stammte von Dietrich Schäfer.

90 Ebenda, Bl. 437.

91 K. von Gebsattel an J. A. von Mecklenburg-Schwerin, 25. 5. 1917. In: Ebenda, Bl. 439. Siehe auch J. A. von Mecklenburg-Schwerin an K. von Gebsattel, 20. 5. 1917. In: Ebenda, Bl. 437.

92 Siehe ebenda, Bl. 437 f.

93 H. Claß, S. 77.

94 K. von Gebsattel an J. A. von Mecklenburg-Schwerin, 25. 5. 1917. In: ZStA Potsdam, NL K. von Gebsattel, Bd. 6, Bl. 439 f.

95 Mitteilungen an die Vorstandsmitglieder, Gauverbände und Abteilungen der DKG, 10. 4. 1918. In: Ebenda, DKG, Nr. 328, Bl. 64.

96 Ebenda.

97 Bericht über die Sitzung des Ausschusses der DKG am 12. 4. 1918. In: Ebenda, Bl. 60.

98 E. Duems/W. von Stuemer, S 55.

99 Jahresbericht der DKG für das Jahr 1919, Berlin 1920, S. 11. In: ZStA Potsdam, DKG, Nr. 693, Bl. 222 ff.

100 Text des Briefes in: Ebenda, Nr. 527, Bl. 3 f. Siehe auch Bericht über die Sitzung des Ausschusses der DKG am 4. 4. 1919. In: Ebenda, Bl. 10.

101 Aufruf und Schreiben Strauchs an die Abteilungen der DKG, 9. 7. 1919. In: Ebenda, Nr. 803, Bl. 183.

102 Theodor Seitz: Die künftigen Aufgaben der Deutschen Kolonialgesellschaft (Sonderdruck aus der »Kolonialen Rundschau. Zeitschrift für Kolonialpolitik und Weltwirtschaft«, H. 5, 1920), S. 5. In: Ebenda, Nr. 654, Bl. 13.

103 Ebenda.

104 Aufruf vom 7. 5. 1920. In: Ebenda, Nr. 803, Bl. 1.

105 Jahresbericht der DKG für das Jahr 1919, S. 14, Berlin 1920. In: Ebenda, Nr. 693, Bl. 222 ff.

106 Bericht über die Sitzung des Ausschusses der DKG am 3. 6. 1921. In: Ebenda, Bl. 47.

107 Siehe Berichte der Abteilungen, 1919. In: Ebenda, Nr. 803, Bl. 114 ff.

108 Jahresbericht der Abteilung Essen, 26. 6. 1919. In: Ebenda, Bl. 165.

109 Wilhelm Arning an H. Claß, 1. 3. 1921. In: Ebenda, Alldeutscher Verband, Nr. 248, Bl. 122. Dr. med. W. Arning war Kolonialexperte der ↗ Nationalliberalen Partei (NLP) und Abgeordneter des Reichstages (1907–1912) und führend im ADV tätig (Hannover).

110 Siehe Berichte der Abteilungen, 1919. In: Ebenda, DKG, Nr. 803, Bl. 114.

111 Jahresbericht der DKG für das Jahr 1919, S. 25. In: Ebenda, Nr. 693, Bl. 234.

112 Woermann-Linie AG und Deutsche Ost-Afrika-Linie an Th. Seitz, 14. 12. 1921. In: Ebenda, Nr. 329, Bl. 29.

113 Bericht über die Sitzung der Satzungskommission, 14. 8. 1919. In: Ebenda, Nr. 804, Bl. 147.

114 Vertrauliche Vorlage Prof. Dr. Claus Schillings für die Sitzung des Ausschusses am 4. 4. 1919. In: Ebenda, Nr. 654, Bl. 16.

115 Bericht über die Sitzung der Satzungskommission, 14. 8. 1919. In: Ebenda, Nr. 804, Bl. 147.

116 DKG an das Polizeipräsidium von Berlin, 3. 11. 1919. In: Ebenda, Bl. 19.

117 Satzungen der DKG. In: Ebenda, Bl. 4 ff.

118 Jahresbericht der DKG für das Jahr 1919, S. 11. In: Ebenda, Nr. 693, Bl. 227.

119 DKG an ihre Abteilungen. In: Ebenda, Nr. 340, Bl. 494.

120 Bericht über die Sitzung des Ausschusses der DKG am 3. 6. 1921. In: Ebenda, Nr. 693, Bl. 47.

121 Ebenda.

122 Ebenda.

123 E. Duems/W. von Stuemer, S. 69–71.

124 Ebenda, S. 69 ff.

125 Hans-Joachim Fieber/Helmut Müller: Deutsche Kolonialgesellschaft (DKG) 1882 (1887) bis 1933. In: HBP, Bd. I, Leipzig 1968, S. 400 f.

126 Europäische Gespräche. Hamburger Monatshefte für Auswärtige Politik, Dezember 1927, S. 611.

127 E. Duems/W. von Stuemer, S. 72 f.

128 Th. Seitz an Albert Voigts, 15. 3. 1929. In: ZStA Potsdam, DKG, Nr. 534, Bl. 123. Siehe auch Th. Seitz an F. von Lindequist, 15. 3. 1929 und

748   Deutsche Kolonialgesellschaft

vertrauliche Protokolle der Sitzung des Zentralwahlausschusses in Windhoek, 6. 2. 1929. In: Ebenda, Bl. 125 f. bzw. 127–149 und 150–157.
129 Siehe Deutscher Bund für Südwestafrika an DKG, 13. 1. 1931 und DKG an Schauroth, 21. 6. 1930. In: Ebenda, Nr. 535, Bl. 441 bzw. 442.
130 Hans Grimm an R. Matthieessen, 1. 10. 1933. In: Ebenda, Bl. 12. Die Südafrikanische Union war Mandatar für Südwestafrika.
131 H.-J. Fieber/H. Müller, S. 401 f.
132 Richtlinie für die Behandlung der deutschen Kolonialfrage. In: ZStA Potsdam, DKG, Nr. 552, Bl. 55.
133 Ebenda.
134 Th. Seitz an W. Solf, 13. 3. 1930. In: Ebenda, Nr. 669, Bl. 78.
135 E. Duems an Th. Seitz, 15. 8. 1932. In: ZStA Potsdam, DKG, Bl. 83.
136 Bericht über die Sitzung des Hauptausschusses am 28. 9. 1932. In: ZStA Potsdam, DKG, Nr. 710, Bl. 52 ff.
137 Th. Seitz an E. Duems, 1. 10. 1931. In: Ebenda, Nr. 669, Bl. 34. E. Duems an Th. Seitz, 30. 5. 1933. In: Ebenda, Bl. 47.
138 Th. Seitz: Nationalsozialistische Arbeiterpartei und Kolonialpolitik. In: Ebenda, Bl. 140. Siehe auch DKZ, Nr. 8 vom 1. 8. 1931, S. 171–174.
139 Mitteilungen der Deutschen Kolonialgesellschaft, Nr. 3 vom 15. 3. 1933.
140 DKZ, H. 7 vom 1. 7. 1934, S. 130.
141 Bericht über die Sitzung des Arbeitsausschusses der DKG am 23. 5. 1933. In: ZStA Potsdam, DKG, Nr. 712, Bl. 315–317.
142 Bericht über die Sitzung des Hauptausschusses der DKG am 31. 3. 1933. In: ZStA Potsdam, DKG, Nr. 710, Bl. 6.
143 Kolonialer Kampf. Mitteilungen der Deutschen Kolonialgesellschaft, 15. 6. 1933.
144 Bericht über die Sitzung des Arbeitsausschusses der DKG am 15. 9. 1934. In: ZStA Potsdam, DKG, Nr. 712, Bl. 59–61.
145 M. Cohen-Reuß an H. Schnee, 28. 4. 1933. In: Ebenda, Nr. 708, Bl. 14.
146 Bericht über die Sitzung des Hauptausschusses der DKG am 5. 5. 1933. In: Ebenda, Nr. 710, Bl. 4.
147 Bericht über die Sitzung des Arbeitsausschusses der DKG am 23. 5. 1933. In: Ebenda, Nr. 712, Bl. 315–317.

148 ZStA Potsdam, DKG.
149 Ebenda, Reichskolonialamt, Nr. 911 u. a.
150 ZStA Merseburg, 2.2.1. Nr. 32 515.
151 BA Koblenz, NL Wilhelm Solf (jetzt als Film im ZStA Potsdam vorhanden) und Geheimes Staatsarchiv Stiftung Preußischer Kulturbesitz, Berlin (West), NL Heinrich Schnee.
152 E. Duems/W. von Stuemer: Fünfzig Jahre Deutsche Kolonialgesellschaft. 1882–1932, Berlin (1932). Die Arbeit der Deutschen Kolonialgesellschaft 1888–1902, Berlin 1902. Die Deutsche Kolonialgesellschaft 1882 bis 1907, Berlin 1908. G. A. Schmidt: Das Kolonial-Wirtschaftliche Komitee. Ein Rückblick auf seine Entstehung und seine Arbeiten aus Anlaß des Gedenkjahres 50jähriger deutscher Kolonialarbeit, Berlin 1934.
153 J. Kuczynski: Die Deutsche Kolonialgesellschaft. In: J. Kuczynski: Studien zur Geschichte des deutschen Imperialismus, Bd. II: Propagandaorganisationen des Monopolkapitals, Berlin 1950, S. 117–159.
154 H.-J. Fieber/H. Müller, S. 390–407.
155 M. Nussbaum: Vom »Kolonialenthusiasmus« zur Kolonialpolitik der Monopole. Zur deutschen Kolonialpolitik unter Bismarck, Caprivi, Hohenlohe, Berlin 1962. A. S. Jerussalimski: Der deutsche Imperialismus. Geschichte und Gegenwart, Berlin 1968, S. 495–528.
156 Siehe M. Nussbaum: Die gegenwärtige westdeutsche Historiographie zur deutschen Kolonialgeschichte. In: Jahrbuch für Wirtschaftsgeschichte 1963, Teil II, Berlin 1963, S. 237–245.
157 Siehe Hans-Christoph Schröder: Sozialismus und Imperialismus. Die Auseinandersetzung der deutschen Sozialdemokratie mit dem Imperialismus und der »Weltpolitik« vor 1914, Teil I, Hannover 1968, S. 7 ff. Wolfgang J. Mommsen: Der moderne Imperialismus als innergesellschaftliches Phänomen. Versuch einer universalgeschichtlichen Einordnung. In: Der moderne Imperialismus. Hrsg. W. J. Mommsen, Stuttgart–Berlin (West)–Köln–Mainz 1971, S. 17 ff.
158 Hans-Ulrich Wehler: Das Deutsche Kaiserreich 1871–1918, Göttingen 1973, S. 170 ff.
159 Fritz Fischer: Griff nach der Weltmacht. Die Kriegszielpolitik des kaiserlichen Deutschland 1914/18, Düsseldorf 1961, S. 22 ff. F. Fischer verwechselt die Bezeichnungen DKG und DKV (S. 214, 602, 785, 786).

Edgar Hartwig

Deutsche Liga für Menschenrechte (DLfM) 1922–1933

Die aus dem ↗ Bund Neues Vaterland (BNV) hervorgegangene DLfM war eine bürgerlich-demokratische, antimilitaristische Organisation, der vorwiegend fortschrittlich gesinnte Intellektuelle angehörten. Durch ihre aktive propagandistische Tätigkeit unterstützte sie die antiimperialistische Bewegung bei der Verteidigung der bürgerlich-demokratischen Rechte und Freiheiten, gegen Klassenjustiz und Reaktion. Sie setzte sich für die Völkerverständigung ein und trat gemeinsam mit den im ↗ Deutschen Friedenskartell (DFK) zusammengeschlossenen Organisationen gegen Militarismus und Wiederaufrüstung auf. Von humanistischen, links-demokratischen Positionen aus kämpfte die DLfM gegen die Notverordnungspolitik Brünings sowie gegen den drohenden Faschismus. Nach der Errichtung der faschistischen Diktatur mußte sie ihre Tätigkeit einstellen.

1. Die Umwandlung des BNV in die DLfM und deren Tätigkeit 1922/23
2. Die DLfM 1924–1929
3. Die DLfM 1929–1933
4. Quellen und Literatur

Generalsekretär

Otto LEHMANN-RUSSBÜLDT (1922–1926); Kurt R. GROSSMANN (1926–1933)

Mitglieder

Ende 1922	232	1927	1 300
1924	1 011	1932 etwa	2 000

Mitgliederversammlungen

wurden jährlich zumeist in Berlin durchgeführt

Publikationsorgane

»Warte für Menschenrechte« (1925/26 als Beilage der Wochenzeitung »Das Andere Deutschland«)
»Die Menschenrechte« (1926–1932), Schriftleiter: Jürgen KUCZYNSKI, ab August 1926 K. R. GROSSMANN, ab November 1927 Walther LEVINTHAL

Angeschlossene Organisation

Jugendliga für Menschenrechte (gegr. 1930)

1. Die Umwandlung des BNV in die DLfM und deren Tätigkeit 1922/23

Der ↗ BNV hatte sich im Rahmen seines Kampfes gegen Nationalismus und Revanchismus seit 1920 verstärkt für eine Aus- söhnung und Verständigung zwischen Deutschland und Frankreich eingesetzt.[1] Dies führte zu immer engeren Kontakten mit französischen bürgerlichen Demokraten und Pazifisten, insbesondere mit Vertretern der Französischen Liga für Menschenrechte (FLfM), die im politischen Leben Frankreichs beachtlichen Einfluß besaß.[2] Auf einer Vorstandssitzung der FLfM am 26. Dezember 1921, an der Harry GRAF VON KESSLER als Vertreter des BNV teilnahm, wurde die Bildung einer Arbeitsgemeinschaft zwischen beiden Organisationen vereinbart. Vom 3. bis 10. Januar 1922 führte eine Delegation des BNV (Hellmut VON GERLACH, O. LEHMANN-RUSSBÜLDT und Georg Friedrich NICOLAI) in Paris Gespräche mit den Führern der FLfM Ferdinand BUISSON, Victor BASCH u. a., die zur Unterzeichnung eines gemeinsamen Aufrufes »An die Demokratien Deutschlands und Frankreichs!« führten.[3] Dieser von humanistischem Geist getragene Appell, in dem zur Wiederversöhnung und zur Zusammenarbeit der Werktätigen beider Länder für eine Welt ohne Krieg und Haß aufgerufen wurde, unterschrieben im Verlauf des Jahres 1922 viele weitere fortschrittliche Persönlichkeiten Deutschlands und Frankreichs. Als Ausdruck der zunehmend engeren Zusammenarbeit nahm der BNV Ende Januar 1922 den Namen Deutsche Liga für Menschenrechte an. Am 28. Mai 1922 erfolgte dann in Paris die Gründung der Internationalen Liga für Menschenrechte. An der Gründungsveranstaltung nahmen Delegationen aus zahlreichen Ländern teil, darunter als Vertreter der DLfM Robert René KUCZYNSKI und Milly ZIRKER.[4]

Das Programm und die Satzungen des *BNV* aus dem Jahre 1918 blieben weiter gültig. Der § 1 der etwas modifizierten Satzung[5] lautete:

»Die Deutsche Liga für Menschenrechte (vormals Bund Neues Vaterland) ist eine Vereinigung von Männern und Frauen, die sich zusammenschließen, um ohne Verpflichtung auf ein bestimmtes Parteiprogramm an dem Aufbau der deutschen sozialistischen Republik auf demokratischer Grundlage und darüber hinaus an dem großen Werke der Völkerversöhnung mitzuarbeiten. Von den Grundsätzen echter Demokratie ausgehend, will die Liga an deren Vertiefung, Verbreitung und damit Verwirklichung mitwirken.«

Das Bekenntnis zu einer deutschen sozialistischen Republik sei »nicht im Sinne einer Parteidoktrin« zu verstehen, und auch Mitglieder nichtsozialistischer Parteien und Organisationen würden der Liga angehören, hieß es in einer Erläuterung. 1927 wurde dann eine neue Satzung angenommen, die diese Forderung nicht mehr enthielt und den Kampf für die »Erringung und Wahrung der Menschenrechte« zum Hauptziel der Liga erklärte.[6] Die Führung blieb zunächst in der alten Zusammensetzung bestehen. Dem Vorstand gehörten H. VON GERLACH, Alfons HORTEN, H. VON KESSLER, Helene STÖCKER und Heinrich STRÖBEL an. Sekretär war O. LEHMANN-RUSSBÜLDT.

Der Vorstand strebte nicht den Ausbau der Liga zu einer großen Mitgliederorganisation an. Ihr Wirken war in starkem Maße auf Berlin konzentriert und glich mehr der Tätigkeit eines politisch-wissenschaftlichen Klubs. Nach und nach bildeten sich jedoch in verschiedenen Gebieten Arbeitsgemeinschaften, die eigene Initiativen entwickelten. Die Mitgliederzahl stieg bis 1924 von 200 auf über 1 000 an. Außerdem waren zahlreiche Ortsgruppen der ↗ *Deutschen Friedensgesellschaft (DFG)* und des ↗ *Deutschen Monistenbundes (DMB)* sowie Gewerkschaftskartelle und andere Verbände der DLfM korporativ angeschlossen.[7] Auf das politische Leben nahm die Liga durch öffentliche Veranstaltungen sowie durch die Herausgabe von Denkschriften und anderen Publikationen Einfluß. Sie unterhielt enge Beziehungen zu anderen bürgerlich-demokratischen und pazifistischen Organisationen und arbeitete aktiv im ↗ *Deutschen Friedenskartell (DFK)* mit.

In ihrer propagandistischen Tätigkeit konzentrierte sich die Liga auf bestimmte Schwerpunkte. 1922/23 stand weiterhin der Kampf für die deutsch-französische Verständigung im Vordergrund. Einen Höhepunkt stellte der Besuch einer repräsentativen Delegation der *FLfM* im Juni 1922 in Berlin und im Ruhrgebiet dar. Auf einer großen Kundgebung am 11. Juni im Plenarsaal des Reichstages, die von H. VON GERLACH geleitet wurde und an der sich auch die anderen Organisationen des *DFK* beteiligten, erklärte V. BASCH, der Besuch der französischen Delegation diene dazu, den »Abgrund« zwischen beiden Völkern zu überbrücken und die militärische Abrüstung auf beiden Seiten durch die moralische, »die Entwaffnung des Hasses« zu vervollkommnen. Nachdrücklich wies er darauf hin, daß das Werk der Völkerversöhnung im Proletariat beider Länder eine starke Stütze habe.[8] Dieser Gedanke wurde auf einer Versammlung am 13. Juni im Lehrervereinshaus in Berlin von R. R. KUCZYNSKI unterstützt: »Die französischen und deutschen Kapitalisten sind sich ihres gemeinsamen Klasseninteresses voll bewußt ... Die Parole darf also nicht lauten: eine Einheitsfront von Deutschland gegen Frankreich, von Frankreich gegen Deutschland, sondern: der deutsche Arbeiter mit dem französischen Arbeiter gegen den deutschen und den französischen Kapitalisten!«[9]

Die Besetzung des Ruhrgebiets durch französische und belgische Truppen im Januar 1923, die durch die Verschleppung der deutschen Reparationszahlungen provoziert worden war, gefährdete die Weiterführung der deutsch-französischen Aussöhnung und stellte für die DLfM eine ernste Bewährungsprobe dar. Diese hatte zunächst die Resolution des *DFK* »Zur Ruhrbesetzung« unterzeichnet, in der der von der CUNO-Regierung proklamierte »passive Widerstand« — bei gleichzeitiger Aufforderung zur Besonnenheit und friedlichen Verständigung — unterstützt wurde.[10] Als sich immer deutlicher zeigte, daß die CUNO-Regierung den »passiven Widerstand« zur nationalistischen Verhetzung der Bevölkerung benutzte, distanzierte sich die Liga von deren Politik. Sie setzte ihre enge Zusammenarbeit mit der *FLfM* fort, die in über 1 000 Versammlungen und Kundgebungen sowie durch ihre Abgeordneten im Parlament gegen die Ruhrbesetzung protestiert und die Gewalttaten der französischen Militaristen verurteilt hatte.[11] Im April 1923 leitete die DLfM eine Propagandaaktion für sofortige Verhandlungen zur Beilegung des Ruhrkonflikts ein. In einem Aufruf »An die Funktionäre der demokratisch-republikanischen Parteien!« (Juli 1923) forderte sie diese auf, von der Regierung die Mißbilligung des »aktiven Widerstandes«, die Auflösung der »Schwarzen Reichswehr«, den Eintritt Deutschlands in den Völkerbund und die Entsendung eines neuen Botschafters nach Paris zu verlangen.[12] Gleichzeitig erhob O. LEHMANN-RUSSBÜLDT heftige Vorwürfe gegen den Vorsitzenden der *DFG*, Ludwig QUIDDE, wegen dessen enger Zusammenarbeit mit der CUNO-Regierung.[13]

Als im Herbst 1923 zur gewaltsamen Niederwerfung der Arbeiterklasse der militärische Ausnahmezustand verhängt und eine parlamentarisch verbrämte Militärdiktatur errichtet wurde, waren auch bürgerliche Demokraten und Pazifisten Verfolgungen ausgesetzt. Die DLfM forderte auf mehreren Versammlungen die sofortige Aufhebung des Ausnahmezustandes, so auf einer Veranstaltung am 21. November 1923 zum Thema »Reichswehr und Republik«.[14] Der Ausnahmezustand veranlaßte die Liga, sich eingehend mit dem Artikel 48 der Weimarer Verfassung zu beschäftigen. Auf ihre Anregung hin gab das *DFK* eine von Senatspräsident Arnold FREYMUTH verfaßte Denkschrift über den Artikel 48 heraus, die u. a. eine klare Eingrenzung der Befugnisse des Reichspräsidenten und ein Verbot der Übertragung der vollziehenden Gewalt an die Militärbehörden verlangte.[15]

2. Die DLfM 1924–1929

In der Periode der relativen Stabilisierung des Kapitalismus trat die DLfM dem antidemokratischen Kurs der herrschenden Klasse und der zunehmenden Rechtsentwicklung auf vielfältige Weise entgegen. Sie stand hierbei oftmals in einer Front mit der *KPD*. Während diese aber den Kampf um die Demokratie als Klassenkampf gegen die Monopolbourgeoisie führte und sich stets der

Grenzen der bürgerlichen Demokratie und der Notwendigkeit ihrer Ablösung durch die sozialistische Demokratie bewußt war, beschränkte sich die Liga auf die Sicherung der in der Weimarer Verfassung enthaltenen demokratischen Rechte und auf den Kampf gegen einzelne reaktionäre Erscheinungen und Institutionen. Neben dem Friedenskampf wandte sie sich immer stärker innenpolitischen Fragen zu. Ebenso wichtig wie der Kampf der Liga gegen den Krieg, betonte R. R. KUCZYNSKI in einer Rede, sei der »Kampf gegen die Klassenjustiz, der Kampf gegen militaristische Untaten«, wobei er speziell auf die »gewaltsame Beseitigung der sächsischen verfassungsmäßigen Regierung im Jahre 1923« verwies.[16] Vielfach führte sie jedoch ihren Kampf von allgemein-humanistischen Positionen aus, was eine inkonsequente und teilweise auch fehlerhafte Haltung ergab. In der Stellung zur Gewalt nahm sie pazifistische, klassenindifferente Grundpositionen ein. R. R. KUCZYNSKI erklärte in der angeführten Rede, die die offizielle Auffassung der Führung zum Ausdruck brachte, die Liga werde »einem Kriegshetzer, der in seinen Menschenrechten gekränkt würde, ebenso beispringen, wie einem Pazifisten«.[17] In der Folgezeit führte dies u. a. dazu, daß die DLfM sich mehrfach für in der Sowjetunion verurteilte Konterrevolutionäre einsetzte und sich mit Protesten an die Sowjetregierung wandte.[18]

Die bestimmende Tendenz blieb aber ihr Kampf gegen die reaktionäre Politik der herrschenden Kreise und ihre erbitterte Gegnerschaft zur Reichswehrführung, zu Justizorganen und anderen staatlichen Institutionen. Hauptsächlich durch ihre praktische Tätigkeit unterstützte sie tatkräftig die antiimperialistische Bewegung. Die beim *Jugendbund Schwarz-Rot-Gold* bestehende *Republikanische Beschwerdestelle* wurde im Herbst 1924 durch die Liga zu einer selbständigen Institution ausgebaut, an deren Spitze O. LEHMANN-RUSSBÜLDT und Justizrat Alfred FALK standen. Gestützt auf Artikel 126 der Weimarer Verfassung deckte sie reaktionäre Maßnahmen und Praktiken von Behörden bzw. republikfeindlichen Beamten auf.[19] Die *Republikanische Beschwerdestelle* war ständigen Angriffen der Rechtskräfte ausgesetzt. Die Reichswehrführung erblickte in ihr eine

»verderbliche Einrichtung«, die sich »das Recht der Kontrolle und Bespitzelung der Behörden« anmaße.[20] Ein Hauptschwerpunkt der Tätigkeit der DLfM war der Kampf gegen die reaktionäre Klassenjustiz. Sie setzte die Untersuchungen über die Mordtaten der militaristischen und faschistischen Kräfte und deren »Behandlung« durch die Justizorgane fort, die der *BNV* mit der Herausgabe von Arbeiten Emil J. GUMBELS begonnen hatte.[21] Mehrfach trat sie beim Reichspräsidenten für eine Amnestie der politischen Gefangenen ein. In vielen Veranstaltungen forderte sie die Freilassung Felix FECHENBACHS, des Kampfgefährten Kurt EISNERS, sowie von Erich MÜHSAM und Max HOELZ. Die von der Liga eingerichtete Rechtsstelle gewährte Rechtsschutz und erwirkte in vielen Fällen Strafminderungen bzw. Begnadigungen.[22] Große Beachtung fand ihre Denkschrift »Das Zuchthaus – die politische Waffe«[23], in der die reaktionären Machenschaften der Justiz am Beispiel vieler einzelner Fälle entlarvt wurden. Auch auf internationaler Ebene setzte sich die DLfM für die politischen Gefangenen ein, so für eingekerkerte Revolutionäre in Bulgarien, Polen und Ungarn. Am 13. Mai 1927 führte sie eine Protestveranstaltung gegen die Hinrichtung der unschuldig zum Tode verurteilten amerikanischen Arbeiter Nicola SACCO und Bartolomeo VANZETTI durch.[24]

Im Kampf gegen die bürgerliche Klassenjustiz bestanden enge Verbindungen zur *Roten Hilfe* Deutschlands. In einem Bericht stellte diese 1926 fest, daß »ein großer Teil der linksbürgerlichen Pazifisten eine der Roten Hilfe wohlwollende Haltung« einnehme und u. a. auch die DLfM bereits einige Aktionen gemeinsam mit ihr durchgeführt hätte.[25] Zur *Internationalen Arbeiterhilfe (IAH)* unterhielt die Liga ebenfalls Kontakte. Als z. B. im August 1924 der *IAH* die Ausreiseerlaubnis für den Transport von deutschen Arbeiterkindern, die die Ferien bei französischen Familien verbringen sollten, verweigert wurde, sprang die DLfM ein und übernahm den Transport der Kinder nach Frankreich. Ab 1926 richtete sie dann selbst einen regelmäßigen deutsch-französischen Schüleraustausch ein.[26]

Das Wirken für die deutsch-französische Verständigung nahm weiterhin einen festen Platz in der Tätigkeit der Liga ein. Im Herbst 1924 sprachen z. B. Mitglieder der DLfM in mehreren französischen und Mitglieder der *FLfM* in mehreren deutschen Städten.[27] Als die europäischen Westmächte und Deutschland im Oktober 1925 den Locarnopakt abschlossen, der eine Garantieerklärung für die deutsch-französische und die deutsch-belgische Grenze enthielt, wurde dies von der Liga begrüßt. Gleich anderen pazifistischen Kräften verkannte sie die von Locarno ausgehenden Gefahren für die Einbeziehung Deutschlands in die internationale Antisowjetkoalition und der Wiederaufrüstung und faßte den Locarnopakt — wie die pazifistisch verbrämte Außenpolitik STRESEMANNS überhaupt — als Beitrag zur deutsch-französischen Verständigung und zur Sicherung des Friedens auf. Andererseits erklärte sie jedoch, daß der Locarnopakt eine »Ergänzung« durch die Regelung der Ostgrenzen erfahren müßte. Sie wandte sich gegen den 1925 von der deutschen Regierung entfachten Wirtschaftskrieg gegen Polen und trat dem antipolnischen Nationalismus und Revanchismus entgegen. Für die deutsch-polnische Verständigung setzte sich insbesondere H. VON GERLACH ein, der enge Beziehungen zu polnischen Demokraten unterhielt. Am 25. Oktober 1925 führte die DLfM gemeinsam mit polnischen Pazifisten in Danzig eine Konferenz durch, auf der eine ständige deutsch-polnische Kommission gebildet und Leitsätze für die künftige gemeinsame Arbeit beschlossen wurden.[28]

Die DLfM stellte sich der Mitte der 20er Jahre forcierten deutschen Aufrüstung entgegen. Sie setzte sich für die konsequente Erfüllung der militärischen Bestimmungen des Versailler Vertrages ein. Dies verband sie mit der Aufforderung zur Abrüstung an alle Staaten. Entschieden wies sie Vorwürfe, sie würde gegen die »nationalen Interessen« handeln, zurück und erklärte ihre Verbundenheit mit allen Kräften, die den Militarismus ihres Landes bekämpften.[29] Mitglieder der Liga deckten bis ins einzelne die geheime Aufrüstung und deren Finanzierung, die Rolle der *Schwarzen Reichswehr* und die Wahrheit über die Fememorde auf. Bereits 1923, als es erste Anzeichen für die Existenz einer *Schwarzen Reichswehr* gab, hatte O. LEHMANN-RUSSBÜLDT die Öffentlichkeit darauf aufmerksam gemacht, worauf das Reichswehr-ministerium einen Prozeß gegen ihn einlei-tete.[30] Auf Drängen der Liga richtete schließ-lich das ↗ DFK im Januar 1924 eine Eingabe an die Reichsregierung, in der die »vertrags- und gesetzwidrige Erweiterung der Reichs-wehr« nachgewiesen und eine genaue Unter suchung verlangt wurde.[31] Als daraufhin der Vorsitzende des DFK, L. QUIDDE, verhaftet wurde und auch Verfolgungen gegen Mit-glieder der Liga einsetzten, ließ sie sich nicht einschüchtern. 1925 veröffentlichte sie eine von E. J. GUMBEL, Berthold JACOB, Polizei-oberst a. D. Hans LANGE, O. LEHMANN-RUSSBÜLDT, Lothar PERSIUS und Paul FREI-HERR VON SCHOENAICH verfaßte Denkschrift »Deutschlands geheime Rüstung?«, die als »Weißbuch über die Schwarze Reichswehr« auch im Buchhandel erschien.[32] Bei der Be-ratung des Etats des Reichswehrministeriums mußte sich der Reichstag mit ihr in mehreren Sitzungen beschäftigen. Die Enthüllungen rüttelten die Öffentlichkeit wach und aktivier-ten die friedliebenden Kräfte. Eine große Rolle spielten hierbei auch die Veröffentli-chungen von Carl MERTENS und E. J. GUMBEL über die Fememorde und die nationalistischen Geheimbünde[33], für deren Verbreitung die Liga sorgte. Große Beachtung fand auch die seit 1926 von B. JACOB gemeinsam mit ande-ren Antimilitaristen herausgegebene Kor-respondenz »Zeit-Notizen«, die Informatio-nen über die Umtriebe der militaristischen Reaktion enthielt. Das hier veröffentlichte Material über die Teilnahme eines Sohnes des ehemaligen Kronprinzen an einer »Zeitfrei-willigenübung« der Reichswehr trug z. B. zur Ablösung des Generals Hans VON SEECKT als Chef der Heeresleitung bei.[34]

Mit erbittertem Haß verfolgte die Reaktion die Tätigkeit der DLfM. Auf Betreiben der Reichswehrführung leiteten die Justizbehör-den Verfahren wegen »Landesverrats« gegen Mitglieder der Liga sowie gegen andere bürgerliche Antimilitaristen wegen der Ent-hüllungen über geheime Rüstungen ein. Die DLfM beschäftigte sich eingehend mit diesen Landesverratsprozessen und wies nach, daß sie verfassungswidrig seien. Nachdrücklich betonte sie, jeder Staatsbürger sei verpflich-tet, Verstöße gegen die Verfassung und das Völkerrecht aufzudecken.[35]

Die Orientierung der DLfM auf die de-mokratische Volksbewegung zeigte sich auch in ihrer Traditionspflege. So führte sie an-läßlich des 400. Jahrestages des deutschen Bauernkrieges am 22. Mai 1925 in Berlin und Zwickau Kundgebungen durch. Außerdem gab die Arbeitsgemeinschaft Zwickau eine von Anna SIEMSEN verfaßte Schrift »Zum 400. Todestage von Thomas Müntzer« her-aus.[36]

Ihr konsequentes Eintreten für die demokra-tischen Volksrechte stellte die DLfM 1925/26 bei der auf Initiative der KPD entfachten Bewegung gegen die Fürstenabfindung unter Beweis. Auf Anregung der Liga beauftragte das DFK R. R. KUCZYNSKI, H. STÖCKER und L. QUIDDE, eine Besprechung verschiedener bürgerlich-demokratischer und pazifistischer Organisationen über die Haltung zur Fürsten-abfindung herbeizuführen. Diese fand am 17. Dezember 1925 in den Räumen der DLfM statt und führte zur Bildung eines vorläufigen Ausschusses unter Vorsitz von R. R. KU-CZYNSKI. Der Ausschuß nahm Verbindung zur KPD und SPD sowie zu weiteren Organi-sationen auf. Bei der zweiten Zusammenkunft am 6. Januar 1926, an der Vertreter der KPD teilnahmen, wurde ein Ausschuß zur Durch-führung des Volksentscheids für entschä-digungslose Enteignung der Fürsten (Kuczyn-ski-Ausschuß) gebildet und ein Gesetzent-wurf für das Volksbegehren beraten und bestätigt.[37] Die DLfM schloß sich dem Kuczynski-Ausschuß an und nahm auf dessen Tätigkeit durch die aktive Mitarbeit führender Liga-Mitglieder maßgebenden Einfluß.

Unter der Redaktion von Emil RABOLD wur-den die »Mitteilungen des Ausschusses zur Durchführung des Volksentscheids für ent-schädigungslose Enteignung der Fürsten« herausgegeben. Mitglieder der Liga beteilig-ten sich an der Abfassung und Verbreitung von Agitationsmaterialien für das Volks-begehren und den Volksentscheid. R. R. KU-CZYNSKI, O. LEHMANN-RUSSBÜLDT und an-dere nahmen Verbindungen zu sozialdemo-kratischen Politikern auf und trugen zur Ein-beziehung der SPD und der ihr nahestehenden Organisationen bei. Vor allem aber hatten sie maßgeblichen Anteil an der Gewinnung von Teilen der Mittelschichten und des Bürger-tums für die Volksbewegung gegen die Für-stenabfindung.[38]

Einige bürgerliche Pazifisten waren mit der

Haltung der Liga bei der Fürstenenteignungskampagne sowie mit ihrem konsequenten Kampf gegen die Umtriebe der Reichswehrführung und anderer »republikanischer« Institutionen nicht einverstanden. In diesem Zusammenhang wurde ebenfalls Kritik an der »selbstherrlichen« Geschäftsführung O. LEHMANN-RUSSBÜLDTS geübt. Auch spielten 1925 geführte Diskussionen über die Annahme ausländischer Gelder durch die Liga mit hinein.[39] Die politischen Meinungsverschiedenheiten standen im Mittelpunkt einer außerordentlichen Mitgliederversammlung am 4. Juli 1926 und führten zum Austritt von H. VON GERLACH, A. FREYMUTH, L. PERSIUS, H. STRÖBEL und anderen führenden Mitgliedern der Liga. Nachdem Einigungsversuche gescheitert waren, wurde auf einer erneuten außerordentlichen Mitgliederversammlung am 1. August 1926 ein neuer Vorstand gewählt und beschlossen, den bisherigen Kurs der Liga fortzusetzen.[40] Dem neuen Vorstand gehörten u. a. Fritz DANZIGER, E. J. GUMBEL, R. R. KUCZYNSKI, O. LEHMANN-RUSSBÜLDT, Carl VON OSSIETZKY, Carl RIESS und Kurt TUCHOLSKY an. Neuer Generalsekretär wurde K. R. GROSSMANN. 1927 kamen außerdem noch Arthur HOLITSCHER und P. VON SCHOENAICH hinzu.

Die 1927 einsetzenden antisowjetischen Provokationen, die eine akute Kriegsgefahr heraufbeschworen, wurden von der DLfM verurteilt. Sie wandte sich gegen eine Teilnahme Deutschlands in jeder Form »an der Einkreisungspolitik der imperialistischen Mächte gegen Sowjetrußland«.[41] Gleichzeitig begrüßte sie den sowjetischen Abrüstungsvorschlag und setzte sich im DFK für dessen Unterstützung ein.[42] Enge Kontakte bestanden zur Gesellschaft der Freunde des neuen Rußland, in der H. STÖCKER, A. HOLITSCHER und andere Ligamitglieder aktiv mitarbeiteten. Zu den Feierlichkeiten anläßlich des 10. Jahrestages der Großen Sozialistischen Oktoberrevolution in Moskau waren auch Vertreter der Liga eingeladen, u. a. R. R. KUCZYNSKI, O. LEHMANN-RUSSBÜLDT, A. HOLITSCHER, E. RABOLD und H. STÖCKER. Nach deren Rückkehr führte die DLfM am 15. Dezember 1927 im Plenarsaal des preußischen Landtagsgebäudes in Berlin einen Vortragsabend zum Thema »Erlebnisse in Moskau« durch, auf dem über einzelne Be

reiche des sozialistischen Aufbaus und über das alltägliche Leben in der Sowjetunion sehr positiv berichtet wurde.[43]

Entschieden trat die Liga der beschleunigten Aufrüstung entgegen, wie sie im Bau des Panzerkreuzers A zum Ausdruck kam. Nachdem bekannt wurde, daß die Hermann-MÜLLER-Regierung dem Panzerkreuzerbau zugestimmt hatte, erhob sie am 24. August 1928 auf einer öffentlichen Versammlung Protest gegen den Bruch der Wahlversprechungen durch SPD und ↗ DDP. Sie erklärte, der Bau von Panzerkreuzern müsse »unbedingt unterbleiben«; falls er nicht anders zu verhindern sei, sollte der »Weg des Volksbegehrens« beschritten werden. Das von der KPD eingeleitete Volksbegehren wurde von der DLfM unterstützt; eine Mitarbeit in dem zu dessen Vorbereitung gebildeten Reichsausschuß lehnte sie aber ab.[44]

Die DLfM bemühte sich, stärker ihre »überparteiliche« Haltung zu betonen. Als im DFK eine Entschließung beraten wurde, in der der sozialdemokratische Berliner Polizeipräsident, Karl ZÖRGIEBEL, aufgefordert werden sollte, sein Demonstrationsverbot für den 1. Mai 1929 aufzuheben, machten die Vertreter der Liga ihre Zustimmung von einer gleichzeitigen Verurteilung der »unnachgiebigen« Haltung der KPD abhängig. Nachdem dies abgelehnt worden war, kam es im DFK zu heftigen Auseinandersetzungen. Sie führten schließlich dazu, daß die DLfM gemeinsam mit der DFG am 17. Juni 1929 den Austritt aus dem DFK erklärten.[45]

Der Berliner Blutmai, bei dem 31 Arbeiter ermordet wurden, veranlaßte die Liga, einen Untersuchungsausschuß zu bilden, dem Hans W. FISCHER von der »Welt am Montag«, der Arzt Max HODANN, Rechtsanwalt Heinz KAHN, Polizeioberst a. D. H. LANGE und der Historiker Veit VALENTIN angehörten. Der Ausschuß beschränkte seine Untersuchungen vorwiegend auf die Ereignisse bei der Maidemonstration und bemühte sich, den Opfern des Polizeiterrors Rechtsschutz zu gewähren. Obgleich die politischen Hintergründe weitgehend ausgeklammert wurden, machte der abschließende Bericht die Verantwortung K. ZÖRGIEBELS und der Polizei deutlich. Die aus den Vorgängen gezogenen Konsequenzen waren aber sehr zurückhaltend formuliert und liefen im wesentlichen auf die Einsetzung eines parlamentarischen Untersuchungsausschusses hinaus.[46] Eine weit entschiedenere Haltung nahm der von C. von Ossietzky und Stefan Grossmann geleitete Ausschuß zur öffentlichen Untersuchung der Maivorgänge ein, dessen öffentliche Zeugenvernehmungen zu Volkstribunalen über die blutigen Ausschreitungen der Polizei wurden und der die Amtsenthebung K. Zörgiebels forderte.

3. Die DLfM 1929–1933

Die DLfM wandte sich gegen die Bestrebungen des deutschen Monopolkapitals, die Lasten der sich entfaltenden Weltwirtschaftskrise auf die Werktätigen abzuwälzen und die sozialen und demokratischen Rechte weiter abzubauen. In ihren im Herbst 1930 der Öffentlichkeit unterbreiteten Vorstellungen[47] zur Krisenbekämpfung übte sie heftige Kritik am sozialreaktionären Kurs der Brüning-Regierung und erklärte, »Gehaltsabbau, Lohnabbau, Agrarhilfe« und »Finanzsanierung« würden eine »weitere Begünstigung des Unternehmers auf Kosten des Konsumenten« bezwecken. Sie forderte von der Regierung, zur Bekämpfung der Arbeitslosigkeit die 44-Stundenwoche einzuführen, zur Hebung der Kaufkraft sämtliche Schutzzölle abzubauen und zur Sanierung der Finanzen die Erbschaftssteuer auszubauen und den Reichswehretat zu kürzen. Unter den Mitgliedern der Liga kam es auch zu lebhaften Diskussionen über die Ursachen der Krise und über den Ausweg für das deutsche Volk. Während jedoch viele Werktätige damals ihren Blick auf den sozialistischen Aufbau in der Sowjetunion richteten, der eine grundsätzliche, historische Alternative zur tiefen kapitalistischen Krise darstellte, wich die Führung der DLfM einer klaren Stellungnahme aus. Zweifellos hing dies mit der 1930 von der Reaktion auf breiter Front entfalteten antisowjetischen Hetzkampagne zusammen, die sich auch auf die Tätigkeit der Liga auswirkte. Auf der Mitgliederversammlung am 22. und 23. Februar 1930 hatte sich eine »grundsätzliche antisowjetische Opposition« formiert, als deren Sprecher Felix Stössinger dem Vorstand vorwarf, er habe in den letzten Jahren zu wenig getan, »um gegen die Verletzung der Menschenrechte in Sowjet-Rußland zu protestieren«. Der Vorstand, der erklärt hatte, die Liga dürfe weder eine prosowjetische noch eine antisowjetische Haltung einnehmen, wurde verpflichtet, »die Vorgänge in Rußland intensiv zu verfolgen«.[48] Der von der »Roten Fahne« konstatierte Rechtsruck[49] spiegelte sich auch in der Vorstandswahl wider. Hier erhielt z. B. A. Holitscher, dessen Sympathien für die Sowjetunion bekannt waren, nicht die erforderliche Stimmenzahl, während Leopold Schwarzschild, Herausgeber des »Tage-Buchs«, neu in den Vorstand aufgenommen wurde.

In der Tätigkeit der Liga nahm der Kampf gegen die Notverordnungsdiktatur Brünings einen wichtigen Platz ein. Sie setzte sich wiederholt mit einzelnen Notverordnungen auseinander und enthüllte deren antidemokratischen, reaktionären Charakter.[50] So erhob sie z. B. gegen die Einschränkung der Pressefreiheit durch die Notverordnung vom 18. Juli 1931 Protest und forderte die »Aufhebung aller die Pressefreiheit einschränkenden Bestimmungen«. Als im September 1931 die »Rote Fahne« für 4 Wochen verboten wurde, sah sie darin eine »eklatante Verletzung des Art. 118 der Reichsverfassung« und protestierte entschieden gegen diese Willkürmaßnahme.[51] Es waren vor allem der *KPD* nahestehende Mitglieder der Liga, die auf einen konsequenten Kampf gegen die Notverordnungsdiktatur drängten. So bezeichnete es z. B. J. Kuczynski, der dem Politischen Beirat der DLfM angehörte, als ungenügend, einzelne Maßnahmen zu kritisieren, und forderte, den systematischen Abbau der Demokratie zu bekämpfen und die Gegner der Präsidialdiktatur zu sammeln.[52] Die DLfM sah von jeher im Kampf gegen den internationalen und nationalen Faschismus eine ihrer Hauptaufgaben[53]. Sie hatte sich an dem von der *KPD* gemeinsam mit den Bruderparteien, demokratischen Intellektuellen und anderen Antifaschisten aus verschiedenen Ländern organisierten internationalen Antifaschistenkongreß beteiligt, der im März 1929 in Berlin stattfand. Wiederholt setzte sie sich in ihren Publikationen mit der faschistischen Ideologie auseinander. Im September 1930 gab sie einen von führenden Vertretern des öffentlichen Lebens unterzeichneten »Aufruf gegen den Antisemitismus« heraus, in dem dieser als »Kulturschande ersten Ranges« bezeichnet wurde.[54] Der Erfolg der Nazipartei bei den Reichstagswahlen 1930 bewog die Liga, sich noch intensiver mit Fragen des Faschismus zu beschäftigen.[55] In den »Menschenrechten« erschien im November 1930 ein Artikel, der den »sozialistischen Anstrich« der Nazipartei entlarvte und diese als Werkzeug der Schwerindustrie und der Finanzaristokratie charakterisierte.[56] Als ihre besondere Verpflichtung sah es die Liga an, den faschistischen Terror anzuprangern. 1931 gab sie eine von E. J. GUMBEL verfaßte Flugschrift über die von 1924 bis 1931 verübten Mordtaten der Faschisten heraus. In ihr wurde das gefährliche Anwachsen faschistischer Mordüberfälle verdeutlicht, gleichzeitig aber auch darauf hingewiesen, daß der faschistische Terror einen wichtigen Platz in der Politik der Nazipartei einnehme. In den Bluttaten des Faschismus offenbare dieser »sein wahres Gesicht« und führe dem deutschen Volk die Methoden vor, »derer er sich bedienen würde, wenn er zur Macht kommen sollte«.[57] Als faschistische und nationalistische Kräfte immer stärker dazu übergingen, fortschrittliche, humanistisch gesinnte Hochschullehrer zu verleumden und zu terrorisieren, so Prof. E. J. GUMBEL in Heidelberg und Prof. Günther DEHN in Halle, nahm die DLfM den Kampf gegen die Hochschulreaktion auf und führte stark beachtete Solidaritätsveranstaltungen durch.[58]

Die DLfM setzte sich für den Zusammenschluß aller Antifaschisten und die Bildung einer starken Abwehrfront gegen die drohende faschistische Diktatur ein. Der Überfall der Naziborden auf Arbeiterviertel in Braunschweig am 18. Oktober 1931 veranlaßte die Liga, sich noch stärker auf den Kampf gegen die faschistische Gefahr zu konzentrieren und ein Komitee zu bilden, das sich für den gemeinsamen Abwehrkampf gegen den Faschismus einsetzen sollte.[59] Ihre Versuche, bei der Herstellung der proletarischen Einheitsfront – ähnlich wie bei der Fürstenenteignungskampagne 1925/26 – unterstützend zu wirken, blieben aber ergebnislos. Erneut setzte sich die Liga mit dem Nationalsozialismus in dem im Februar 1932 verbreiteten Flugblatt »An alle Denkenden!« auseinander.[60] Im Juni 1932 rief sie wiederum zur Einheit gegen den Faschismus auf und forderte, dem Rechtsblock einen »Linksblock der republikanischen Parteien« entgegenzustellen.[61] Gleichzeitig gab sie zu den bevorstehenden Reichstagswahlen Plakate heraus, in denen auf die Kriegsgefahr hingewiesen und an die Bevölkerung appelliert wurde: »Wenn Ihr dem Leben der Menschheit dienen und die Toten des Weltkrieges wahrhaft ehren wollt, wählet links!«[62]

Am Amsterdamer Antikriegskongreß im August 1932, der auf Initiative der kommunistischen Weltbewegung zustande gekommen war, nahm als Vertreter der DLfM O. LEHMANN-RUSSBÜLDT teil. In seinem Diskussionsbeitrag sprach er über die Rolle der international verflochtenen Rüstungsindustrie, über die er eine in der Weltöffentlichkeit stark beachtete und in mehreren Auflagen erschienene Schrift[63] veröffentlicht hatte. Nach der Rückkehr der deutschen Delegation bildete sich unter Vorsitz des Arztes Felix BOENHEIM ein *Deutsches Kampfkomitee gegen den imperialistischen Krieg*, dem auch O. LEHMANN-RUSSBÜLDT angehörte.[64]

Mit der Errichtung der faschistischen Diktatur setzten verstärkte Repressalien gegen die DLfM ein. Eine für den 3. Februar 1933 vorgesehene Kundgebung »Gegen die Kulturreaktion«, auf der C. VON OSSIETZKY sprechen sollte, wurde verboten. Letztmalig traten führende Vertreter der Liga gemeinsam mit zahlreichen Wissenschaftlern, Künstlern, Journalisten und anderen Persönlichkeiten am 19. Februar 1933 auf dem in der Krolloper in Berlin durchgeführten Kongreß »Das Freie Wort« an die Öffentlichkeit, der leidenschaftlich Protest gegen die Unterdrückung der Rede- und Pressefreiheit erhob. An der Vorbereitung dieses Kongresses hatte das Büro der DLfM maßgeblichen Anteil.[65] Bald setzten Durchsuchungen der Geschäftsräume und Verhaftungen führender Mitglieder der Liga ein, so daß eine weitere Arbeit nicht möglich war. Mitte März 1933 stellte sie ihre Tätigkeit ein.[66] Viele Mitglieder der Liga wurden von den Faschisten in die Emigration getrieben. Mit Hilfe der *Internationalen Liga für Menschenrechte* und insbesondere der *FLfM* bildeten sie in verschiedenen europäischen Städten Gruppen der DLfM, so in Paris (H. VON GERLACH, E. J. GUMBEL, M. ZIRKER), Straßburg (B. JACOB, A. FALK), London (O. LEHMANN-RUSSBÜLDT, Rudolf OLDEN) und Prag (K. R. GROSSMANN). Sie unterstützten aktiv die Solidaritätsbewegung für alle von den Hitlerfaschisten Verfolgten. 1934 ging von ihnen die Anregung aus, eine weltweite Kampagne zur Verleihung des Friedens-Nobelpreises an den von den Faschisten eingekerkerten C. VON OSSIETZKY einzuleiten.[67] Vertreter der Liga wirkten auch Mitte der 30er Jahre in dem von Heinrich MANN geleiteten Pariser *Ausschuß zur Vorbereitung einer deutschen Volksfront* mit.

4. Quellen und Literatur

Archivalische Quellen befinden sich im ZStA Potsdam (Deutsche Liga für Menschenrechte, Nr. 1–2; RMdI, Nr. 25 675/5 und 25 988; RKO, Nr. 485), im IML (ZPA, St 3/1179–1182 und D. F. VII/59) und im BA Koblenz (NL Hans Wehberg, insbesondere Nr. 30; Zeitgeschichtliche Sammlung 1, Nr. 13).
Von den zeitgenössischen Veröffentlichungen sind vor allem die Zeitschrift der Liga »Die Menschenrechte«, die u. a. die jährlichen Geschäftsberichte des Vorstandes enthält, sowie die Arbeit von Otto Lehmann-Rußbüldt »Der Kampf der Deutschen Liga für Menschenrechte, vormals Bund Neues Vaterland für den Weltfrieden 1914–1927« (Berlin 1927) sehr ergiebig. Außer den in den Anmerkungen enthaltenen Schriften sind noch wichtig: Robert Kuczynski »Wenn Friedensfreunde reden. Vorträge in Frankreich« (Berlin 1924), Carl Mertens/O. Lehmann-Rußbüldt/Konrad Widerhold »Die deutsche Militärpolitik seit 1918« (Berlin 1926), »Denkschrift zum Reparations- und Abrüstungsproblem. Auf Anregung der Deutschen Liga für Menschenrechte bearbeitet von Otto Lehmann-Rußbüldt« (Berlin 1932) und Kurt Großmann »13 Jahre ›Republikanische‹ Justiz« (Berlin 1932).
Eine Gesamtdarstellung liegt nicht vor. In verschiedenen Arbeiten werden jedoch wichtige Aspekte der Tätigkeit der DLfM behandelt.[68]

Anmerkungen

1 Siehe Otto Lehmann-Rußbüldt: Der Kampf der Deutschen Liga für Menschenrechte, vormals Bund Neues Vaterland für den Weltfrieden 1914–1927, Berlin 1927, S. 100 ff.

2 Die Französische Liga für Menschenrechte war 1898 von fortschrittlichen Intellektuellen im Kampf um die Revision des Dreyfus-Prozesses gegründet worden. Sie stellte sich zur Aufgabe, die persönliche Freiheit und das Recht aller Staatsbürger gegen Justizirrtümer und Willkür zu schützen. Seit dem ersten Weltkrieg wandte sie sich auch außenpolitischen Fragen zu und schloß sich der pazifistischen Bewegung an. Anfang der 20er Jahre hatte sie über 100 000 Mitglieder.
3 Siehe O. Lehmann-Rußbüldt: Die Brücke über den Abgrund. Für die Verständigung zwischen Deutschland und Frankreich. Bericht über den Besuch der Französischen Liga für Menschenrechte in Berlin und im Ruhrgebiet, Berlin (1922), S. 4 und 23 ff.
4 Siehe ebenda, S. 5.
5 Die Menschenrechte, 1926, Nr. 1 (1. 4. 1926).
6 O. Lehmann-Rußbüldt: Der Kampf der Deutschen Liga für Menschenrechte, S. 129 ff.
7 Siehe ebenda, S. 127 sowie IML, ZPA, D. F. VII/59/18.
8 O. Lehmann-Rußbüldt: Die Brücke über den Abgrund, S. 11 f.
9 Zit. in: Jürgen Kuczynski: René Kuczynski. Ein fortschrittlicher Wissenschaftler in der ersten Hälfte des 20. Jahrhunderts, Berlin 1957, S. 73.
10 Siehe Die Friedens-Warte, XXIII. Jg. 1923, H. 3, S. 100.
11 Siehe O. Lehmann-Rußbüldt: Der Kampf der Deutschen Liga für Menschenrechte, S. 102.
12 ZStA Potsdam, RKO, Nr. 485, Bl. 18. Siehe auch BA Koblenz, Reichskanzlei, R 43 I, Nr. 510, Bl. 204 und 213 f.
13 Siehe Schreiben O. Lehmann-Rußbüldts »An die Mitglieder der Geschäftsleitung der DFG« vom 14. 6. 1923. In: BA Koblenz, NL Hans Wehberg, Nr. 17, Bl. 54 f.
14 Siehe O. Lehmann-Rußbüldt: Der Kampf der Deutschen Liga für Menschenrechte, S. 119.
15 Siehe Arnold Freymuth: Denkschrift für ein Ausführungsgesetz zum Art. 48 der Reichsverfassung, Berlin 1924 sowie Tätigkeitsbericht der Deutschen Liga für Menschenrechte über das Jahr 1924 (im folgenden: Tätigkeitsbericht 1924). In: Die Friedens-Warte, XXIV. Jg. 1924, H. 12, S. 343.
16 O. Lehmann-Rußbüldt: Der Kampf der Deutschen Liga für Menschenrechte, S. 124.
17 Ebenda.
18 Siehe u. a. Die Menschenrechte, 1927, Nr. 10 und 1929, Nr. 7/8.
19 Siehe O. Lehmann-Rußbüldt: Der Kampf der Deutschen Liga für Menschenrechte, S. 120 und ZStA Potsdam, RMdI, Nr. 13 203.
20 BA Koblenz, Reichskanzlei, R 43 I, Nr. 768, Bl. 63 (Schreiben Schleichers vom 24. 12. 1924 an die Reichskanzlei).

21 Siehe Emil J. Gumbel: Zwei Jahre Mord. Mit einem Vorwort von Prof. G. F. Nicolai, Berlin 1921. Ders.: Vier Jahre politischer Mord, Berlin-Fichtenau 1922. Ders.: Denkschrift des Reichsjustizministeriums zu »Vier Jahre politischer Mord«, Berlin 1924.

22 Siehe O. Lehmann-Rußbüldt: Der Kampf der Deutschen Liga für Menschenrechte, S. 118 ff. In der Rechtsstelle der Liga leisteten u. a. Rudolf Olden und Robert M. W. Kempner, später Anklagevertreter der USA bei den Nürnberger Prozessen und Verfasser mehrerer antifaschistischer Bücher, eine wertvolle Arbeit.

23 Das Zuchthaus – die politische Waffe. Acht Jahre politische Justiz. Eine Denkschrift der Deutschen Liga für Menschenrechte, Berlin 1927.

24 Siehe O. Lehmann-Rußbüldt: Der Kampf der Deutschen Liga für Menschenrechte, S. 117 f.

25 Ein Jahr Klassenjustiz und Rote Hilfe, Berlin 1926, S. 6 f.

26 Siehe Tätigkeitsbericht 1924, S. 341 sowie Die Menschenrechte, 1927, Nr. 3, S. 13.

27 Siehe Tätigkeitsbericht 1924.

28 Siehe Die Friedens-Warte, XXV. Jg. 1925 H. 12, S. 377 f. Siehe auch Rosemarie Schumann: Initiativen deutscher Pazifisten gegen die reaktionäre Polenpolitik in der Weimarer Republik. In: ZfG, 1974, H. 11, S. 1223 ff.

29 Siehe O. Lehmann-Rußbüldt: Der Kampf der Deutschen Liga für Menschenrechte, S. 115.

30 Siehe ebenda.

31 BA Koblenz, Reichskanzlei, R 43 I, Nr. 511, Bl. 4 ff.

32 Weißbuch über die Schwarze Reichswehr, hrsg. von der Deutschen Liga für Menschenrechte, Berlin-Hessenwinkel 1925.

33 Siehe Carl Mertens: Verschwörer und Fememörder, Charlottenburg 1926. E. J. Gumbel: Verschwörer. Beiträge zur Geschichte und Soziologie der deutschen nationalistischen Geheimbünde seit 1918, Wien 1924. Ders.: »Verräter verfallen der Feme«. Opfer, Mörder, Richter 1919–1929, Berlin 1929.

34 Siehe Ruth Greuner: Gegenspieler. Profile linksbürgerlicher Publizisten aus Kaiserreich und Weimarer Republik, Berlin 1969, S. 322 f.

35 Siehe u. a. Kurt Großmann: Die Pflicht zum »Landesverrat«. In: Die Menschenrechte, 1927, Nr. 12 und ders.: Der Landesverratsprozeß gegen Pazifisten. In: Ebenda, 1928, Nr. 3.

36 Siehe O. Lehmann-Rußbüldt: Der Kampf der Deutschen Liga für Menschenrechte, S. 121 ff.

37 Siehe ebenda, S. 124 ff. und Die Menschenrechte, 1926, Nr. 1.

38 Siehe J. Kuczynski, S. 83 ff. und 155 ff.

39 Durch Vermittlung von Prof. Friedrich Wilhelm Foerster hatte die DLfM 1924/25 erhebliche Summen aus dem Ausland erhalten. Da der Verdacht aufkam, es könne sich um Regierungsgelder handeln, wurde eine Untersuchungskommission eingesetzt, der u. a. H. von Gerlach, A. Freymuth und H. Ströbel angehörten. In ihrem Bericht vom 29. 11. 1925 kam sie zu dem Ergebnis, es läge kein Beweis vor, daß die Mittel von der tschechischen oder einer anderen Regierung stammen würden. (BA Koblenz, NL H. Wehberg, Nr. 30). Hans Schwann, 2. Geschäftsführer der Liga, dem man Eigenmächtigkeiten bei der Verwendung der Gelder vorwarf, wurde entlassen. – Im Herbst 1926 ließ der Vorstand nochmals eine Erklärung veröffentlichen, in der betont wurde, daß die Annahme finanzieller Mittel aus dem Ausland von »Organisationen pazifistischen Charakters« die Liga nie gehindert habe, »gegen eine imperialistische Politik der Staaten, aus denen die Gelder stammten, zu polemisieren« (Die Menschenrechte, 1926, Nr. 15, 1. November 1926).

40 Siehe Die Menschenrechte, 1926, Nr. 10 (16. August 1926) sowie BA Koblenz, Zeitgeschichtliche Sammlung 1, Nr. 13/2/6 und 13/2/7.

41 Die Menschenrechte, 1928, Nr. 1, S. 9.

42 Siehe ebenda, 1929, Nr. 1, S. 3.

43 Siehe ebenda, 1928, Nr. 1, S. 10 sowie IML, ZPA, St 3/1 182, 25 ff.

44 Die Menschenrechte, 1928, Nr. 6/7, S. 8 sowie 1929, Nr. 1, S. 4.

45 Siehe Die Friedens-Warte, XXIX. Jg. 1929, H. 8, S. 245 f.

46 Siehe Die Menschenrechte, 1929, Nr. 9/10 sowie IML, ZPA, St 3/1181.

47 Drei Forderungen zur Krise. In: Die Menschenrechte, 1930, Nr. 9, S. 1 ff. Die Forderungen wurden u. a. an die Regierungen, Parlamente, Gewerkschaften und Presse übersandt sowie in Flugblättern verbreitet.

48 Die Menschenrechte, 1930, Nr. 3, S. 12 ff.

49 Siehe Die Rote Fahne, Nr. 47 vom 25. 2. 1930.

50 Siehe ZStA Potsdam, Deutsche Liga für Menschenrechte, Nr. 1.

51 Ebenda, Bl. 26 und 36 sowie Die Menschenrechte, 1931, Nr. 8, S. 145 f. und Nr. 10, S. 193.

52 Siehe ZStA Potsdam, Deutsche Liga für Menschenrechte, Nr. 1, 55 ff. und 65.

53 So fand z. B. am 17. 3. 1927 in Berlin eine von A. Holitscher geleitete Kundgebung zum Thema »Mussolini und der Faschismus« statt (ZStA Potsdam, RKO, Nr. 485, Bl. 296). Im März 1929 veranstaltete die Liga eine große Kundgebung gegen den Faschismus, auf der u. a. Henri Barbusse sprach (Die Menschenrechte, 1930, Nr. 1/2, S. 6).

54 Die Menschenrechte, 1930, Nr. 7, S. 8 f.

55 Siehe ebenda, Nr. 8, S. 13 und 20.

56 Siehe Alexander Bloch: Front gegen die

Schwerindustrie. In: Die Menschenrechte, Nr. 9, S. 3 ff.

57 »Laßt Köpfe rollen«. Faschistische Morde 1924–1931. Im Auftrage der Deutschen Liga für Menschenrechte dargestellt von E. J. Gumbel, Berlin (1931), S. 23.

58 Die Menschenrechte, 1931, Nr. 6/7, S. 99 ff., Nr. 8, S. 143 und 1932, Nr. 1, S. 1 ff.

59 Siehe IML, ZPA, St. 3/1 180/32 ff.

60 Siehe ebenda, Bl. 10.

61 Die Menschenrechte, 1932, Nr. 5, S. 100.

62 IML, ZPA, St. 3/1 182/221.

63 Siehe O. Lehmann-Rußbüldt: Die blutige Internationale der Rüstungsindustrie, 5. Auflage, Berlin 1933 (1. Auflage 1929).

64 Siehe R. Schumann: Pazifismus in der Entscheidung. Die Deutsche Friedensgesellschaft in den Jahren 1929 bis 1933, Diss. A, Berlin 1975, S. 350 f. und 362.

65 Siehe IML, ZPA, St. 3/1 182/2 ff. sowie R. Greuner, S. 250 f.

66 Berliner Tageblatt, 15. 3. 1933.

67 Siehe Bruno Frei: Carl v. Ossietzky. Ritter ohne Furcht und Tadel, Berlin–Weimar 1966, S. 243 f. und 247 ff. sowie ZStA Potsdam, NL Milly Zirker.

68 Siehe u. a.: Heinz Habedank: Der Feind steht rechts. Bürgerliche Linke im Kampf gegen den deutschen Militarismus (1925–1933), Berlin 1965. J. Kuczynski. (Anm. 9). R. Greuner (Anm. 34). Horst Kramer: Der Kampf der Deutschen Liga für Menschenrechte für Frieden und Völkerverständigung unter Berücksichtigung ihres Annäherungsprozesses an die Positionen der Arbeiterklasse, Diplomarbeit, Jena 1973. Werner Fritsch: Nichtproletarische demokratische Kräfte und revolutionäre Arbeiterbewegung. Die Herausbildung und Entwicklung von Bündnisbeziehungen zur Arbeiterklasse 1917 bis 1933 in Deutschland, Diss. B, Jena 1978. Deutsche Demokraten. Die nichtproletarischen demokratischen Kräfte in der deutschen Geschichte 1830 bis 1945. Hrsg. von einem Autorenkollektiv unter der Leitung von Dieter Fricke, Berlin 1981.

Werner Fritsch